HIPPOCRENE STANDARD DICTIONARY

ENGLISH-SWEDISH
SWEDISH-ENGLISH

HIPPOCRENE STANDARD DICTIONARY

SWEDISH-ENGLISH
ENGLISH-SWEDISH

Vincent Petti and Kerstin Petti

HIPPOCRENE BOOKS
New York, NY

Originally published by Norstedts Förlag.

Hippocrene paperback edition, 1995.
Sixth printing, 2004

For information, address:
Hippocrene Books, Inc.
171 Madison Avenue
New York, NY 10016

ISBN 0-7818-0379-9

Printed in the United States of America.

Contents

Ordbokstecken

~ betecknar hela uppslagsordet

[ ] används kring ord och uttryck som kan uteslutas samt kring uttalsbeteckning

( ) används kring ord eller ordgrupper som kan ersätta närmast föregående ord (synonym eller alternativ)

används också kring uppgift om böjning eller annan grammatisk upplysning

⁅ ⁆ används kring konstruktionsmönster eller belysande exempel

används i engelsk-svenska delen också kring del av engelsk fras som inte översätts. Motsvaras i översättningen av tre punkter Exempel: **fright:** ⁅***her new hat***⁆ ***is a ~*** ... är förskräcklig

□ används för att markera avdelning med ledord (i fet stil) i alfabetisk ordning

Exempel ur engelsk-svenska delen

uppslagsord
– med bindestreck
– särskrivet
– hopskrivet

ord med samma stavning men olika ursprung

delbetydelser

konstruktion

belysande engelska språkexempel

amerikansk engelska

ordklass

uttal

ordklassmarkering

böjning

□ avdelning med ledord

fraser med översättningar

stilnivåer

blood-donor ['blʌdˌdəʊnə] *s* blodgivare

blood heat ['blʌdhi:t] *s* normal kroppstemperatur

bloodhound ['blʌdhaʊnd] *s* blodhund

1 base [beɪs] *adj* tarvlig; ~ ***metals*** oädla metaller

2 base [beɪs] **I** *s* bas; grundval; sockel **II** *vb tr* basera

bar [bɑ:] **I** *s* **1 a)** stång; ribba; tacka [*gold* ~]; ~ of chocolate chokladkaka; ***a ~ of soap*** en tvål **b)** bom; pl. ~***s*** äv. galler [*behind* ~*s*] **2** hinder [*to* för], spärr **3** a) bardisk b) avdelning på en pub [*the saloon* ~] **4** mus. takt, taktstreck **5** skrank i rättssal; ***the prisoner at the*** ~ den anklagade **II** *vb tr* **1** a) bomma till (igen) b) spärra, blockera [~ *the way*] **2** hindra; utesluta; avstänga [~ *ap. from a race*]; förbjuda **III** *prep* vard. utom [~ *one*]

basis ['beɪsɪs] (pl. *bases* ['beɪsi:z]) *s* bas; basis

bring [brɪŋ] (*brought brought*) *vb tr* **1** komma med, ha (föra) med sig; hämta **2** a) frambringa, framkalla; medföra b) förmå, bringa, få [*to* till att] □ ~ **about** få till stånd, framkalla [~ *about a crisis*]; ~ **back** ta (ha) med sig tillbaka; väcka [~ *back memories*]; ~ **in** föra in, bära in, ta in; ~ **out** ge ut [~ *a new book*]; ~ **round** få att kvickna till; ta med; ~***a p. round to one's point of view*** omvända ngn till sin åsikt; ~ **up** uppfostra, föda upp; ta (dra) upp [~ *up a question*], föra på tal

bee [bi:] *s* bi; ***have a ~ in one's bonnet*** ha en fix idé

balcony ['bælkənɪ] *s* **1** balkong **2** *the* ~ teat. (vanl.) andra raden; amer. första raden

bow-wow ['baʊwaʊ] *s* barnspr. vovve

bra [brɑ:] *s* vard. bh, behå

broad [brɔ:d] **I** *adj* **1** bred; vid, vidsträckt; ~ ***beans*** bondbönor; ***in ~ daylight*** mitt på ljusa dagen **2** huvudsaklig, stor [~ *outline (outlines)*] **II** *s* amer. sl. fruntimmer, brud

Svensk-engelska delen följer samma mönster

Till användaren

Vi har försökt att göra ordboken så lättläst som möjligt. Det skall gå att använda den och hitta vad man söker utan en mängd svårtillgängliga regler och symboler. Om du bara tar det lugnt, läser noga och använder din språkliga fantasi så kommer du långt. Ändå lönar det sig för dig att läsa igenom följande lilla bruksanvisning, om du vill ha ut det mesta möjliga av din ordbok.

Hur hittar man i ordboken?

Uppslagsordens form

Ordboken består av två delar: en engelsk-svensk och en svensk-engelsk. Mellan de båda delarna finns en sektion med en förteckning över engelska oregelbundna verb, engelska och amerikanska mått, vikter m. m.

I den svensk-engelska delen går vi ju från det för oss kända (svenskan) till det okända (engelskan). Om du t. ex. skall översätta *stränderna* eller *har burit* så räknar vi med att din egen språkkänsla leder dig till grundformerna **strand,** dvs. obestämd form singular för substantiv, och **bära** dvs. infinitiv för verb. Ibland har vi dock använt en annan form än grundformen, t. ex. **adoptivföräldrar** *s pl.*

Har du däremot en engelsk text som skall översättas till svenska kan det vara svårt att veta vilken form av t. ex. verbet du träffar på. Därför har vi i engelsk-svenska delen tagit upp oregelbundna former av verb (t. ex. imperfekt *forgave,* perfekt particip *forgiven*) och av substantiv (pl. *geese*) som uppslagsord med uttal och hänvisning till grundformen, infinitiv och substantiv i singularform.

Alfabetisk ordning

Uppslagsorden står i strikt alfabetisk ordning, antingen de är enkla eller sammansatta. Bindestreck, punkt m. m. räknas ej.

Exempel ur engelsk-svenska delen	svensk-engelska
blood-donor	**aska**
blood heat	**A-skatt**
bloodhound	**askfat**

V och W räknas i svenskan som en och samma bokstav, i engelskan som två olika.

Stavning

Stavningen av de engelska orden är normalt den brittiska engelskans. Den amerikanska formen anges då den är oförutsebar. Specifikt amerikanska ord ges i regel med enbart amerikansk stavning.

Ord som stavas lika

Ord som ser likadana ut men har helt olika betydelser (och ursprung) — t.ex. **resa** = färdas och **resa** = sätta upp — har blivit två olika uppslagsord i ordboken, med en siffra framför.

Varianter

Likbetydande ord har sammanförts, förutsatt att den alfabetiska ordningen inte bryts. Exempel: **anta** o. **antaga**

Hur hittar man i artiklarna?

Ordningen inom artiklarna

Med *artikel* menar vi här uppslagsordet och den text som hör dit, dvs. översättning, språkexempel etc.

De olika typer av information som ges i en artikel följer i regel samma ordning. Ett enkelt fall med de flesta typerna representerade:

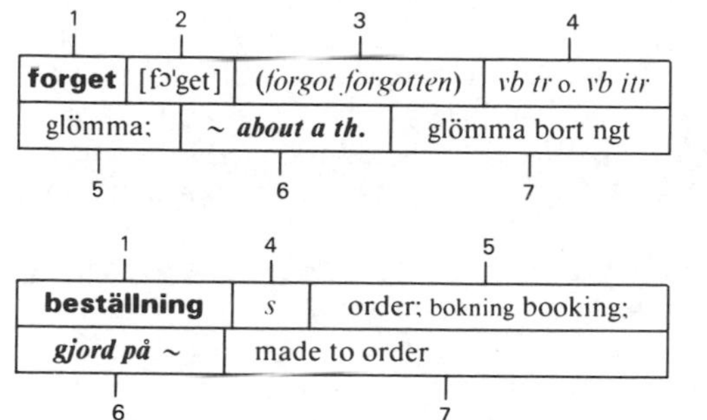

1. Uppslagsord
2. Uttal } i engelsk-
3. Böjning } svenska delen
4. Ordklass
5. Översättning av uppslagsordet
6. Språkexempel
7. Översättning av språkexemplet

Tecknet ~ ersätter uppslagsordet inne i artikeln, i språkexempel m. m.

Uttal

Uppgifter om de engelska ordens uttal hittar du i den engelsk-svenska delen, där varje uppslagsord har fonetisk transkription. De fonetiska tecknen finner du på sidan XX.

Böjning

För svenska ord ges i allmänhet inte böjningsuppgifter. För engelska ord ges uppgift om böjning när den är eller kan vara oregelbunden. En förteckning över engelska oregelbundna verb ges i mittsektionen.

Ordklasser

Varje uppslagsord har ordklassmarkering, t. ex. *s* för substantiv, *vb tr* för transitivt verb, *vb itr* för intransitivt verb osv. Ofta kan ett ord tillhöra mer än en ordklass:
djup är både adjektiv och substantiv,
resa och **travel** kan vara verb eller substantiv.

För att det ska gå lättare att hitta i artikeln, har den delats in efter ordklasserna, och varje sådan avdelning inleds då med en romersk siffra (**I** **II** etc.). Du vinner alltså tid på att från början göra klart för dig vilken ordklass ordet har, som du ska översätta. En särskild förteckning över ordklasser finns på sidan XV. Observera att verben kan indelas i olika ordklasser: transitivt verb, intransitivt verb, reflexivt verb.

Betydelser

Ett visst ord kan ha flera mer eller mindre närliggande betydelser eller motsvaras av flera olika ord i engelskan — t. ex. **stor** great, big, large, tall etc. För att du ska ledas till rätt översättning bland flera har vi satt in förklaringar med liten stil. Så det gäller att inte ha för bråttom och fastna för den första översättning som ges.
Skaffa dig i stället först en överblick över samtliga betydelser och titta sedan närmare på den som passar bäst i sammanhanget.
Närliggande betydelser skiljs ofta åt bara av ett komma eller semikolon, medan mer klart åtskilda skiljs åt av siffror eller **a)** **b)** etc.
De förkortningar som används i lilla stilen finns förklarade på sidan XVI.

Exempel

Läs exemplen noga, de ger mer hjälp än man kan tro. De oöversatta kursiva exemplen i 'piggparentes' [ ] i den engelsk-svenska delen exemplifierar den föregående översättningen, och ger dig direkt ordet i dess sammanhang, t. ex.

bring: väcka [~ *back memories*].

De översatta exemplen (i halvfet kursiv) är ofta mer fasta uttryck som ges en träffande översättning, ofta utöver grundöversättningen, t. ex.

leg: ***pull a p.'s ~*** vard. driva med någon
storm: ***en ~ i ett vattenglas*** a storm in a teacup, amer. a tempest in a teapot

Ibland kan det vara svårt att veta under vilket uppslagsord man ska söka en fras. Den kan ligga på det första ordet i uttrycket, eller under något ord som uppfattas som huvudord. Ge alltså inte upp om du inte hittar frasen vid första försöket, utan slå istället på nästa tänkbara ord.

Ordningen mellan fraser

Om en artikel innehåller många fraser står dessa ofta i någon logisk eller alfabetisk ordning. Särskilt gäller detta fraser efter tecknet □. Här har fraserna placerats alfabetiskt efter ett ledord i halvfet stil. Ofta gäller det verb med betonad partikel, t. ex. i artikeln **gå:**

□ ~ **an** ~ **av** ~ **bort** ~ **efter** ~ **emot** etc.

i artikeln **bring:**
□ ~ **about** ~ **back** ~ **in** ~ **out** ~ **round** ~ **up**

Uppgifter om konstruktion m. m.

I vissa fall ger ordboken information utöver själva översättningen. Särskilt när bruket i svenskan och engelskan skiljer sig, ger vi uppgift om hur orden skall konstrueras, dvs. om exempelvis efterföljande verb skall stå i singular eller plural:

polis *s* **1** myndighet o. koll. police pl.

Med koll. (= kollektivt) menas polis som grupp, ej enstaka polisman. Pl. innebär att verbet skall stå i plural: *polisen har* ... heter således 'the police have ...' Likaså:

alla *pron* everybody, everyone (båda sg.)
Ex. *alla är* = everybody (everyone) is ...
pengar money sg.
Ex. *pengarna är* = the money is ...

De olika verbbeteckningarna kan även ses som ett slags konstruktionsuppgift: *vb tr* innebär att verbet kan följas av objekt (t. ex. *läsa en bok*) medan *vb itr* betyder att det inte kan följas av objekt (t. ex *blunda*). Ofta kan verbet vara både transitivt och intransitivt, och får då beteckningen *vb tr* o. *vb itr* (t. ex. *borra*). Ibland förändras betydelsen och då är en uppdelning nödvändig:
bulta I *vb tr* bearbeta beat (osv.) **II** *vb itr* knacka knock

vb rfl innebär att verbet (uppslagsordet) är reflexivt. Översättningen behöver inte nödvändigtvis vara reflexiv:
lära: II *vb rfl*, ~ *sig* learn
Ex. *vi lär oss* heter således 'we learn'

Uppgifter om preposition m. m. ges ibland inom tecknet [ ] efter översättningen:

medlemskap *s* membership [*i* of]
bring *vb tr:* få [*to* till att]

Ibland förekommer punkter i översättningen. De visar ordföljden när den avviker, t. ex. vid adjektiv:

fabriksny *adj* ... fresh from the factory
Punkterna visar huvudordets plats.

förena *vb tr:* bring ... together
Här visar punkterna objektets plats.

Se även under *Ordbokstecken* på sidan VII.

Översättning

När vi ger en översättning utan förklaring är det ordets normala betydelse som avses. Om ordet har någon specialbetydelse utöver grundbetydelsen anger vi detta med en förklaring i liten stil före översättningen. Exempel:

hagel *s* **1** hail **2** blyhagel shot, small shot
beställning *s* order; bokning booking

Vissa ord saknar motsvarighet i det andra språket. Det kan vara maträtter, eller ord som hör ihop med olika seder och bruk, s. k. kulturspecifika ord. I sådana fall ger vi antingen en ungefärlig översättning eller en förklaring (definition). Exempel:

kasperteater *s* ung. Punch and Judy show
Här har vi försökt ge en översättning som ger motsvarande associationer i det andra språket.

En annan lösning är att ge en förklaring, som inte kan användas som översättning men ändå bidrar till språkförståelsen. Exempel:

fastlagsris *s* twigs pl. with coloured feathers [used as a decoration during Lent]
dagbarn *s* child in the care of a childminder; ***ha*** ~ be a childminder

Ytterligare ett sätt är att ge ett förslag till översättning med efterföljande förklaring, t. ex.

secondary: ~ ***school*** sekundärskola mellan- och högstadieskola samt gymnasieskola för åldrarna 11 – 18

Förkortningar

I konstruktionsmönster:

a p.	a person
a p.'s	a person's
a th.	a thing
a th.'s	a thing's
ngn	någon (objektet är en person)
ngns	någons
ngt	något (objektet är en sak)
ngts	någots

Ordklasser:

adj	adjektiv
adv	adverb
best art	bestämd artikel
demonstr pron	demonstrativt pronomen
dep	deponens (verb som slutar på -s utan att ha passiv betydelse)
determ pron	determinativt pronomen
hjälpvb	hjälpverb
huvudvb	huvudverb
indef pron	indefinit pronomen
interj	interjektion
interr pron	frågande pronomen
komp	komparativ
konj	konjunktion
obest art	obestämd artikel
pers pron	personligt pronomen
poss pron	possessivt pronomen
perf p	perfekt particip
prep	preposition
pres p	presens particip
pron	pronomen
rel pron	relativt pronomen
rfl pron	reflexivt pronomen
räkn	räkneord
s	substantiv
s pl	substantiv i pluralform
subst adj	substantiverat adjektiv
vb	verb
vb itr	intransitivt verb (kan ej ha objekt)
vb rfl	reflexivt verb
vb tr	transitivt verb (kan ha objekt)

Övrigt:

adj. adjektiv; adjektivisk
adv. adverb; adverbial; adverbiell
allm. allmänt, i allmän (ej speciell) betydelse
amer. amerikansk; amerikansk engelska; i Amerika (USA)
anat. anatomi
anv. används; användning
arkit. arkitektur
astrol. astrologi
astron. astronomi
bank. bankväsen, bankterm
barnspr. barnspråk
bibl. biblisk; i Bibeln
bil. biltrafik; bilteknik
bildl. bildlig; bildligt
bilj. biljard
biol. biologi
bokf. bokföring
boktr. boktryckeri
bot. botanik
boxn. boxning
britt. brittisk
brottn. brottning
byggn. byggnadskonst; byggnadsverksamhet
data. dataterm
dial. dialektal
dipl. diplomati
eg. egentlig (ej bildlig) betydelse
ekon. ekonomi
el. eller
elektr. elektronik; elteknik
end. endast
eng. engelsk; engelska
etc. etcetera
farmakol. farmakologi
film. filmterm
flyg. flygväsen, flygteknik
fonet. fonetik
fotb. fotboll
foto. fotografering
fys. fysik
fysiol. fysiologi
följ. följande; följande ord
förb. förbindelse
förk. förkortning
försäkr. försäkringsväsen
geogr. geografi, geografisk
geol. geologi
geom. geometri
golf. golf
gram. grammatik
gymn. gymnastik
hand. handel
hist. historisk, ej längre existerande företeelse; historia
högtidl. högtidlig stil
inf. infinitiv
irl. irländsk; i Irland
iron. ironisk
itr. intransitivt verb (kan ej ha objekt)
jakt. jaktterm
jfr jämför
jur. juridik
järnv. järnvägsterm
kapplöpn. kapplöpning
katol. katolsk
kem. kemi
kir. kirurgi
kok. kokkonst
koll. kollektiv
konst. konst; konstvetenskap
konstr. konstruktion; konstrueras
kortsp. kortspel
kyrkl. kyrklig
lantbr. lantbruk
lat. latin; latinsk
litt. litterär stil, litteratur
mat. matematik
med. medicin
meteor. meteorologi
metrik. metrik, verslära
mil. militärväsen
miner. mineralogi
m.m. med mera
m.fl. med flera
motor. motorteknik
motsv. motsvarande
mus. musik
myt. mytologi
mål. måleri (konst el. hantverk)
naturv. naturvetenskap
neds. nedsättande
ngn någon
ngns någons
ngt något
o. och
opers. opersonlig (konstrueras med 'det')
ordspr. ordspråk
osv. och så vidare
parl. parlamentarisk term
pers. person; personlig
pl. plural (till form och/eller konstruktion)
poet. poetisk stil
polit. politik; politisk

post.	postterm
prep.	preposition; prepositions-
psykol.	psykologi
pyrotekn.	pyroteknik
®	inregistrerat varumärke
radar.	radarteknik
radio.	radio; radioteknik
relig.	religion; religiös
resp.	respektive
ridn.	ridning; ridterm
rom.	romersk
schack.	schackterm
sg.	singular (till form och/eller konstruktion)
simn.	simning
sjö.	sjöfart
skol.	skolväsen
skotsk.	skotsk; i Skottland
skämts.	skämtsam; skämtsamt
sl.	slang
slakt.	slakteriterm
spel.	i sällskapsspel
sport.	sport, idrott
språkv.	språkvetenskap
Storbr.	Storbritannien
subst.	substantiv; substantivisk
sv.	svensk; svenska
sömnad.	sömnad
teat.	teater
tekn.	teknik
tele.	telekommunikation
t.ex.	till exempel
textil.	textilterm
tidn.	tidningsväsen, tidningsspråk
tr.	transitivt verb (kan ha objekt)
trafik.	trafikväsen
trädg.	trädgårdsterm
tull.	tullväsen
TV.	television
univ.	universitetsväsen
ung.	ungefär
uttr.	uttryckande
vanl.	vanligen
vard.	vardaglig; vardagligt
vetensk.	vetenskaplig
vulg.	vulgär stil
vävn.	vävnadsteknik, vävnadskonst
zool.	zoologi
åld.	äldre språkbruk
äv.	även

Uttal

Vokaler

Långa		Korta	
[iː]	steel	[ɪ]	ring
		[e]	pen
		[æ]	back
[ɑː]	father	[ʌ]	run
[ɔː]	call	[ɒ]	top
[uː]	too	[ʊ]	put
[ɜː]	girl	[ə]	about

Diftonger

[eɪ]	name
[aɪ]	line
[ɔɪ]	boy
[əʊ]	phone
[aʊ]	now
[ɪə]	here
[eə]	there
[ʊə]	tour

Konsonanter

Tonande		Tonlösa	
[b]	back	[p]	people
[d]	drink	[t]	too
[g]	go	[k]	call
[v]	very	[f]	fish
[ð]	there	[θ]	think
[z]	freeze	[s]	strike
[ʒ]	usual	[ʃ]	shop
[dʒ]	job	[tʃ]	check
[j]	you		
		[h]	here

[m]	my
[n]	next
[ŋ]	ring
[l]	long
[r]	red
[w]	win

Huvudtryck markeras med lodrätt accenttecken *i överkant,* som placeras *före* den stavelse som uppbär huvudtrycket: **about** [ə'baʊt]

Bitryck markeras med lodrätt accenttecken *i nederkant,* som placeras *före* den stavelse som uppbär bitrycket: **academic** [ˌækə'demɪk]

Ljud som kan utelämnas i uttalet omges av rund parentes: **cushion** ['kʊʃ(ə)n]

Engelsk-svensk

A

A, a [eɪ] *s* A, a; ***A flat*** mus. ass; ***A sharp*** mus. aiss

a el. framför vokal **an** [ə, respektive ən] *obest art* **1** en, ett **2** ***twice a day*** två gånger om dagen

aback [ə'bæk] *adv,* ***be taken ~*** häpna

abandon [ə'bændən] **I** *vb tr* **1** ge upp [~ *an attempt*] **2** överge **II** *s,* ***with ~*** uppsluppet

abase [ə'beɪs] *vb tr* förnedra

abash [ə'bæʃ] *vb tr* göra generad

abate [ə'beɪt] *vb itr* avta, mojna

abbess ['æbes] *s* abbedissa

abbey ['æbɪ] *s* kloster, klosterkyrka

abbot ['æbət] *s* abbot

abbreviate [ə'bri:vɪeɪt] *vb tr* förkorta

abbreviation [əˌbri:vɪ'eɪʃ(ə)n] *s* förkortning

abdicate ['æbdɪkeɪt] *vb itr* o. *vb tr* abdikera; avsäga sig [~ *the throne*]

abdication [ˌæbdɪ'keɪʃ(ə)n] *s* abdikation, avsägelse

abdomen ['æbdəmen] *s* buk, mage, underliv

abduct [æb'dʌkt] *vb tr* röva bort, enlevera

aberration [ˌæbə'reɪʃ(ə)n] *s* villfarelse; avvikelse; ***in a moment of ~*** i ett anfall av sinnesförvirring

abet [ə'bet] *vb tr* medverka till brott

abeyance [ə'beɪəns] *s,* ***fall into ~*** komma ur bruk

abhor [əb'hɔ:] *vb tr* avsky

abhorrence [əb'hɒr(ə)ns] *s* avsky, fasa

abide [ə'baɪd] *vb itr* o. *vb tr* **1** ***~ by*** stå fast vid, foga sig efter **2** stå ut med

abiding [ə'baɪdɪŋ] *adj* bestående, varaktig

ability [ə'bɪlətɪ] *s* skicklighet, duglighet; ***to the best of my ~*** efter bästa förmåga; ***a man of ~*** en begåvad man

abject ['æbdʒekt] *adj* ynklig; usel

ablaze [ə'bleɪz] *adv* o. *adj* i brand, i lågor

able ['eɪbl] *adj* skicklig, duglig; ***be ~ to do a th.*** kunna göra ngt

abnormal [æb'nɔ:m(ə)l] *adj* abnorm, onormal

aboard [ə'bɔ:d] *adv* o. *prep* ombord, ombord på

abolish [ə'bɒlɪʃ] *vb tr* avskaffa

abolition [ˌæbə'lɪʃ(ə)n] *s* avskaffande

abominable [ə'bɒmɪnəbl] *adj* avskyvärd

abominate [ə'bɒmɪneɪt] *vb tr* avsky

aboriginal [ˌæbə'rɪdʒənl] **I** *adj* ursprunglig **II** *s* urinvånare

aborigine [ˌæbə'rɪdʒɪnɪ] (pl. *aborigines* [ˌæbə'rɪdʒɪni:z]) *s* urinvånare

abortion [ə'bɔ:ʃ(ə)n] *s* abort; missfall

abortive [ə'bɔ:tɪv] *adj* misslyckad

abound [ə'baʊnd] *vb itr* finnas i överflöd; ***~ in (with)*** vimla av

about [ə'baʊt] **I** *prep* **1** omkring i (på) **2** på sig [*I have no money ~ me*]; hos [*there's something ~ him I don't like*] **3** om [*tell me ~ it*]; ***be ~*** handla om; ***what (how) ~...?*** hur är det med...?, hur skulle det smaka med...?; ska vi...? **4** sysselsatt med; ***while you are ~ it*** medan du ändå håller på **5** omkring, ungefär, cirka **II** *adv* **1** omkring, runt **2** ute, i rörelse, i farten; ***be ~*** finnas; ***be out and ~*** el. ***be ~*** vara uppe (igång, i farten) **3** ungefär, nästan; ***be ~ to*** + infinitiv stå i begrepp att

about-turn [əˌbaʊt'tɜ:n] *s* helomvändning

above [ə'bʌv] **I** *prep* över, ovanför; ***~ all*** framför allt; ***over and ~*** förutom **II** *adv* ovan, ovanför; upptill

above-board [əˌbʌv'bɔ:d] *adj* öppen, ärlig

above-mentioned [əˌbʌv'menʃ(ə)nd] *adj* ovannämnd

abracadabra [ˌæbrəkə'dæbrə] *s* abrakadabra

abreast [ə'brest] *adv* i bredd, bredvid varandra; ***~ of (with)*** i jämnhöjd med; ***~ of the times*** med sin tid

abridge [ə'brɪdʒ] *vb tr* förkorta, korta av

abroad [ə'brɔ:d] *adv* **1** utomlands, i (till) utlandet **2** ***there is a rumour ~*** det går ett rykte

abrupt [ə'brʌpt] *adj* tvär, abrupt; brysk

ABS [ˌeɪbi:'es] (förk. för *antilock brake system* el. *braking system*), ***~ brakes*** ABS-bromsar

abscess ['æbses] *s* böld, bulnad

abscond [əb'skɒnd] *vb itr* avvika, rymma

absence ['æbs(ə)ns] *s* frånvaro

absent ['æbs(ə)nt] *adj* frånvarande

absentee [ˌæbs(ə)n'ti:] *s* frånvarande

absent-minded [ˌæbs(ə)nt'maɪndɪd] *adj* tankspridd, förströdd

absolute ['æbsəlu:t] *adj* absolut; total; ren, komplett [*an ~ fool*]

absolutely ['æbsəlu:tlɪ] *adv* absolut; helt

absolve [əb'zɒlv] *vb tr* frikänna; frita

absorb [əb'sɔ:b] *vb tr* **1** absorbera; införliva **2** helt uppta; ***be absorbed in*** vara försjunken i

absorbent [əb'sɔ:bənt] *adj* absorberande

absorbing [əb'sɔ:bɪŋ] *adj* absorberande; bildl. fängslande
absorption [əb'sɔ:pʃ(ə)n] *s* **1** absorbering **2** försjunkenhet
abstain [əb'steɪn] *vb itr* avstå; avhålla sig
abstainer [əb'steɪnə] *s* **1** absolutist **2** valskolkare, soffliggare
abstemious [æb'sti:mjəs] *adj* återhållsam
abstention [əb'stenʃ(ə)n] *s* **1** *~ from voting* el. *~* röstnedläggelse **2** återhållsamhet
abstinence ['æbstɪnəns] *s* avhållsamhet, återhållsamhet
abstinent ['æbstɪnənt] *adj* avhållsam, återhållsam
abstract ['æbstrækt] *adj* abstrakt
abstruse [æb'stru:s] *adj* svårfattlig, dunkel
absurd [əb'sɜ:d] *adj* orimlig, absurd
absurdity [əb'sɜ:dətɪ] *s* orimlighet, absurditet
abundance [ə'bʌndəns] *s* överflöd, stor mängd; rikedom
abundant [ə'bʌndənt] *adj* överflödande, riklig; rik [*in* på]
abuse [substantiv ə'bju:s, verb ə'bju:z] **I** *s* **1** missbruk [*drug (alcohol) ~*] **2** ovett **II** *vb tr* **1** missbruka **2** skymfa
abusive [ə'bju:sɪv] *adj* ovettig, smädlig
abyss [ə'bɪs] *s* avgrund
AC [ˌeɪ'si:] (förk. för *alternating current*) växelström
academic [ˌækə'demɪk] **I** *adj* akademisk **II** *s* akademiker
academy [ə'kædəmɪ] *s* akademi
accede [æk'si:d] *vb itr, ~ to* a) tillträda ämbete b) gå med på
accelerate [ək'seləreɪt] *vb tr* o. *vb itr* accelerera
acceleration [əkˌselə'reɪʃ(ə)n] *s* acceleration; accelerationsförmåga
accelerator [ək'seləreɪtə] *s* gaspedal; fys. el. kem. accelerator
accent [substantiv 'æks(ə)nt, verb æk'sent] **I** *s* **1** betoning, tonvikt **2** accent, brytning **3** accenttecken **II** *vb tr* betona
accentuate [æk'sentjʊeit] *vb tr* betona, accentuera
accept [ək'sept] *vb tr* anta, acceptera; godta
acceptable [ək'septəbl] *adj* antagbar, acceptabel; godtagbar
acceptance [ək'sept(ə)ns] *s* antagande, accepterande; godtagande
access ['ækses] *s* tillträde; tillgång
accessible [ək'sesəbl] *adj* tillgänglig
accessory [ək'sesərɪ] *s* **1** pl. ***accessories*** tillbehör, accessoarer **2** medbrottsling
accidence ['æksɪd(ə)ns] *s* språkv. formlära
accident ['æksɪd(ə)nt] *s* **1** tillfällighet; ***by ~*** av en händelse (slump) **2** olycksfall, olycka
accidental [ˌæksɪ'dentl] *adj* tillfällig, oavsiktlig
acclaim [ə'kleɪm] *vb tr* hylla
acclimatize [ə'klaɪmətaɪz] *vb tr* acklimatisera
accommodate [ə'kɒmədeɪt] *vb tr* inhysa, logera, inkvartera
accommodating [ə'kɒmədeɪtɪŋ] *adj* tillmötesgående
accommodation [əˌkɒmə'deɪʃ(ə)n] *s* bostad, husrum, logi
accompaniment [ə'kʌmpənɪmənt] *s* tillbehör; mus. ackompanjemang
accompanist [ə'kʌmpənɪst] *s* ackompanjatör
accompany [ə'kʌmpənɪ] *vb tr* åtfölja, följa med; beledsaga; mus. ackompanjera
accomplice [ə'kʌmplɪs] *s* medbrottsling
accomplish [ə'kʌmplɪʃ] *vb tr* utföra, uträtta
accomplished [ə'kʌmplɪʃt] *adj* fulländad; fint bildad
accomplishment [ə'kʌmplɪʃmənt] *s* **1** utförande, uträttande **2** prestation; ***~s*** talanger
accord [ə'kɔ:d] **I** *vb tr* bevilja **II** *s* **1** samstämmighet; ***with one ~*** enhälligt **2** överenskommelse **3** ***of one's own ~*** självmant
accordance [ə'kɔ:d(ə)ns] *s, **in ~ with*** i överensstämmelse med
according [ə'kɔ:dɪŋ], ***~ to*** preposition enligt, efter [*~ to circumstances*]
accordingly [ə'kɔ:dɪŋlɪ] *adv* **1** i enlighet därmed, därefter **2** följaktligen
accordion [ə'kɔ:djən] *s* dragspel
accost [ə'kɒst] *vb tr* gå fram till och tilltala; antasta
account [ə'kaʊnt] **I** *vb tr* o. *vb itr, **~ for*** redovisa, redovisa för; ***that ~s for it*** det förklarar saken **II** *s* **1** räkning, konto; pl. ***~s*** räkenskaper; ***settle ~s with a p.*** bildl. göra upp räkningen med ngn; ***on one's own ~*** för egen räkning; ***on that ~*** för den sakens skull; ***on no ~*** el. ***not on any ~*** på inga villkor; ***on ~ of*** på grund av **2** redovisning; ***call*** (***bring***) ***a p. to ~*** ställa ngn till svars **3** uppskattning; ***leave out of ~*** lämna ur räkningen; ***take into ~***

ta med i beräkningen; ***of no ~*** utan betydelse **4** berättelse, redogörelse; ***by all ~s*** efter allt vad man har hört
accountable [ə'kaʊntəbl] *adj* ansvarig
accountant [ə'kaʊntənt] *s* räkenskapsförare; ***chartered*** (amer. ***certified public***) ~ auktoriserad revisor
accredit [ə'kredɪt] *vb tr* ackreditera [*to* hos]
accrue [ə'kru:] *vb itr* **1** tillfalla [*to a p.* ngn] **2** växa till; ***accrued interest*** upplupen ränta
accumulate [ə'kju:mjʊleɪt] *vb tr* o. *vb itr* samla, ackumulera; hopa sig, ackumuleras
accumulation [əˌkju:mjʊ'leɪʃ(ə)n] *s* anhopning, ackumulation; samlande
accumulator [ə'kju:mjʊleɪtə] *s* ackumulator
accuracy ['ækjʊrəsɪ] *s* exakthet, precision
accurate ['ækjʊrət] *adj* exakt, precis
accusation [ˌækju:'zeɪʃ(ə)n] *s* anklagelse
accusative [ə'kju:zətɪv] *s* ackusativ
accuse [ə'kju:z] *vb tr* anklaga [*of* för]
accustom [ə'kʌstəm] *vb tr* vänja [*to* vid]
accustomed [ə'kʌstəmd] *adj* van [*to* vid]
ace [eɪs] **I** *s* ess, äss **II** *adj* vard. toppen [*it was absolutely ~*]
acetate ['æsɪteɪt] *s* kem. acetat
acetone ['æsɪtəʊn] *s* aceton
acetylsalicylic [ˌəsɪtaɪlsælə'sɪlɪk] *adj*, ***~ acid*** acetylsalicylsyra
ache [eɪk] **I** *vb itr* värka **II** *s* värk
achieve [ə'tʃi:v] *vb tr* **1** uträtta; åstadkomma **2** uppnå
achievement [ə'tʃi:vmənt] *s* prestation, insats
Achilles [ə'kɪli:z] Akilles; ***Achilles' heel*** akilleshäl
acid ['æsɪd] **I** *adj* sur **II** *s* syra
acidification [əˌsɪdɪfɪ'keɪʃ(ə)n] *s* försurning
acknowledge [ək'nɒlɪdʒ] *vb tr* **1** erkänna **2** kännas vid
acknowledgement [ək'nɒlɪdʒmənt] *s* erkännande
acme ['ækmɪ] *s* höjdpunkt
acne ['æknɪ] *s* med. akne
acorn ['eɪkɔ:n] *s* ekollon
acoustic [ə'ku:stɪk] *adj* o. **acoustical** [ə'ku:stɪk(ə)l] *adj* akustisk
acoustics [ə'ku:stɪks] *s* akustik
acquaint [ə'kweɪnt] *vb tr*, ***be acquainted with*** vara bekant med; vara insatt i
acquaintance [ə'kweɪnt(ə)ns] *s* **1** bekantskap [*with* med]; kännedom [*with* om] **2** bekant
acquiesce [ˌækwɪ'es] *vb itr* samtycka [*in* till]
acquire [ə'kwaɪə] *vb tr* förvärva, skaffa sig
acquirement [ə'kwaɪəmənt] *s* **1** förvärvande **2** pl. ***~s*** färdigheter, talanger
acquisition [ˌækwɪ'zɪʃ(ə)n] *s* förvärvande; förvärv
acquisitiveness [ə'kwɪzɪtɪvnəs] *s* habegär
acquit [ə'kwɪt] *vb tr* frikänna [*of* från]
acquittal [ə'kwɪtl] *s* frikännande
acre ['eɪkə] *s* ytmått 'acre' (4 047 m²); ungefär tunnland
acrid ['ækrɪd] *adj* bitter, skarp, kärv, frän
acrimonious [ˌækrɪ'məʊnjəs] *adj* bitter, frän [*~ dispute*]
acrobat ['ækrəbæt] *s* akrobat
acrobatic [ˌækrə'bætɪk] *adj* akrobatisk
acrobatics [ˌækrə'bætɪks] *s* akrobatik
across [ə'krɒs] **I** *adv* över; på tvären **II** *prep* över, tvärsöver, genom
across-the-board [əˌkrɒsðə'bɔ:d] *adj* allmän, generell; över hela linjen [*an ~ wage increase*]
acrylic [ə'krɪlɪk] *s* akryl
act [ækt] **I** *s* **1** handling; ***caught in the ~*** tagen på bar gärning **2** beslut [*Act of Parliament*]; lag **3** teat. akt; nummer [*a circus ~*] **II** *vb itr* **1** handla; agera **2** fungera [*as* som] **3** teat. spela
acting ['æktɪŋ] **I** *adj* tillförordnad [*~ headmaster*] **II** *s* teat. spel, spelsätt
action ['ækʃ(ə)n] *s* **1** handling, aktion; agerande; ***take ~*** ingripa **2** inverkan; verkan [*the ~ of the drug*] **3** funktion; ***put out of ~*** sätta ur funktion
activate ['æktɪveɪt] *vb tr* aktivera
active ['æktɪv] **I** *adj* aktiv; verksam; livlig **II** *s* gram., ***the ~*** aktiv
activity [æk'tɪvətɪ] *s* **1** aktivitet, verksamhet **2** pl. ***activities*** verksamhet, sysselsättningar
actor ['æktə] *s* skådespelare, aktör
actress ['æktrəs] *s* skådespelerska, aktris
actual ['æktʃʊəl] *adj* faktisk, verklig; ***in ~ fact*** i själva verket
actually ['æktʃʊəlɪ] *adv* egentligen, i själva verket, faktiskt
acumen ['ækjʊmen] *s* skarpsinne
acupuncture ['ækjʊpʌŋktʃə] *s* akupunktur
acupuncturist [ˌækjʊ'pʌŋktʃərɪst] *s* akupunktör

acute [ə'kju:t] *adj* **1** akut **2** skarp, häftig; fin
AD [ˌeɪ'di:, ˌænəʊ'dɒmɪnaɪ] (förk. för *Anno Domini*) e. Kr.
ad [æd] *s* vard. kortform för *advertisement*
adapt [ə'dæpt] *vb tr* lämpa, anpassa; bearbeta
adaptable [ə'dæptəbl] *adj* anpassningsbar
adaptation [ˌædæp'teɪʃ(ə)n] *s* anpassning; bearbetning
add [æd] *vb tr* o. *vb itr* tillägga; tillsätta; addera, summera [*up* ihop]; ~ ***to*** öka, förhöja
added ['ædɪd] *adj* ökad, extra
adder ['ædə] *s* huggorm
addict [verb ə'dɪkt, substantiv 'ædɪkt] **I** *vb tr, **be addicted to*** vara begiven på **II** *s, **drug*** (***dope***) ~ narkoman
addiction [ə'dɪkʃ(ə)n] *s* begivenhet [*to* på]
addition [ə'dɪʃ(ə)n] *s* **1** tillägg, tilläggande; ***in*** ~ dessutom; ***in*** ~ ***to*** förutom **2** mat. addition
additional [ə'dɪʃənl] *adj* ytterligare; extra
additive ['ædətɪv] *s* tillsatsämne; ***food*** ~ livsmedelstillsats
address [ə'dres] **I** *vb tr* **1** hålla tal till; vända sig till, tilltala **2** adressera **II** *vb rfl,* ~ ***oneself to*** vända sig till **III** *s* **1** adress **2** offentligt tal
addressee [ˌædre'si:] *s* adressat
adduce [ə'dju:s] *vb tr* anföra, andraga
adenoids ['ædənɔɪdz] *s pl* polyper
adept ['ædept] *adj* skicklig [*at* i], erfaren
adequate ['ædɪkwət] *adj* tillräcklig; fullgod, adekvat
adhere [əd'hɪə] *vb itr,* ~ ***to*** a) sitta fast vid b) stå fast vid
adherent [əd'hɪər(ə)nt] *s* anhängare [*of*]
adhesive [əd'hi:sɪv] *adj* självhäftande, häft- [~ *plaster*]; ~ ***tape*** tejp
adjacent [ə'dʒeɪs(ə)nt] *adj* angränsande
adjective ['ædʒɪktɪv] *s* adjektiv
adjoin [ə'dʒɔɪn] *vb tr* o. *vb itr* gränsa till, gränsa till varandra
adjoining [ə'dʒɔɪnɪŋ] *adj* angränsande
adjourn [ə'dʒɜ:n] *vb tr* o. *vb itr* ajournera, ajournera sig
adjust [ə'dʒʌst] *vb tr* rätta, rätta till; justera
adjustable [ə'dʒʌstəbl] *adj* inställbar, justerbar
adjustment [ə'dʒʌstmənt] *s* inställning, justering
ad-lib [ˌæd'lɪb] *vb tr* o. *vb itr* vard. improvisera
administer [əd'mɪnɪstə] *vb tr* administrera, förvalta
administration [ədˌmɪnɪ'streɪʃ(ə)n] *s* administrering, förvaltning; administration
administrative [əd'mɪnɪstrətɪv] *adj* administrativ, förvaltande
administrator [əd'mɪnɪstreɪtə] *s* förvaltare; administratör
admirable ['ædmərəbl] *adj* beundransvärd
admiral ['ædmər(ə)l] *s* amiral
admiration [ˌædmə'reɪʃ(ə)n] *s* beundran
admire [əd'maɪə] *vb tr* beundra
admirer [əd'maɪərə] *s* beundrare
admission [əd'mɪʃ(ə)n] *s* **1** tillträde; inträde; intagning **2** medgivande
admit [əd'mɪt] *vb tr* o. *vb itr* **1** släppa in; anta **2** ha plats för **3** medge **4** ~ ***of*** tillåta; ~ ***to*** erkänna
admittance [əd'mɪt(ə)ns] *s* inträde; ***no*** ~ tillträde förbjudet
admonish [əd'mɒnɪʃ] *vb tr* tillrättavisa
admonition [ˌædmə'nɪʃ(ə)n] *s* tillrättavisning
ado [ə'du:] *s* ståhej, väsen; ***without further*** ~ utan vidare spisning
adolescence [ˌædə'lesns] *s* uppväxttid, ungdomstid ungefär mellan 13 och 19 år
adolescent [ˌædə'lesnt] *s* ung människa ungefär mellan 13 och 19 år; ungdom
adopt [ə'dɒpt] *vb tr* **1** införa; anta, godkänna **2** adoptera
adoption [ə'dɒpʃ(ə)n] *s* **1** införande; antagande, godkännande **2** adoptering
adoptive [ə'dɒptɪv] *adj,* ~ ***parents*** adoptivföräldrar
adorable [ə'dɔ:rəbl] *adj* vard. förtjusande
adoration [ˌædə'reɪʃ(ə)n] *s* dyrkan
adore [ə'dɔ:] *vb tr* dyrka; vard. avguda
adorn [ə'dɔ:n] *vb tr* pryda, smycka
adornment [ə'dɔ:nmənt] *s* prydande; prydnad
ADP [ˌeɪdi:'pi:] (förk. för *automatic data processing*) ADB (förk. för automatisk databehandling)
adrenaline [ə'drenəlɪn] *s* adrenalin
Adriatic [ˌeɪdrɪ'ætɪk] *adj* o. *s, **the*** ~ ***Sea*** el. ***the*** ~ Adriatiska havet
adrift [ə'drɪft] *adv* o. *adj* på drift
adroit [ə'drɔɪt] *adj* skicklig; händig
adult ['ædʌlt, ə'dʌlt] *adj* o. *s* vuxen
adultery [ə'dʌltərɪ] *s* äktenskapsbrott
advance [əd'vɑ:ns] **I** *vb tr* o. *vb itr* **1** flytta fram (framåt); gå framåt, avancera; göra framsteg **2** avancera, bli befordrad

3 förskottera lån **II** *s* **1** framryckande; framsteg; närmande **2** förskott **3** stegring i pris **4** ***in ~*** på förhand, i förväg, i förskott
advanced [əd'vɑ:nst] *adj* **1** långt framskriden; ***~ in years*** ålderstigen **2** avancerad [*~ ideas*]
advancement [əd'vɑ:nsmənt] *s* befordran; främjande
advantage [əd'vɑ:ntɪdʒ] *s* fördel äv. i tennis; förmån; ***have the ~ of*** ha övertaget över; ***take ~ of*** utnyttja
advantageous [ˌædvən'teɪdʒəs] *adj* fördelaktig, förmånlig
Advent ['ædvent] *s,* ***~ calendar*** adventskalender
adventure [əd'ventʃə] *s* äventyr
adventurer [əd'ventʃərə] *s* äventyrare
adventurous [əd'ventʃərəs] *adj* äventyrslysten
adverb ['ædvɜ:b] *s* adverb
adverbial [əd'vɜ:bjəl] *adj,* ***~ modifier*** adverbial
adversary ['ædvəs(ə)rɪ] *s* motståndare
adverse ['ædvɜ:s] *adj* **1** ogynnsam **2** kritisk [*~ comments*]
adversity [əd'vɜ:sətɪ] *s* motgång, motighet
advert ['ædvɜ:t] *s* vard. (kortform för *advertisement*) annons
advertise ['ædvətaɪz] *vb tr* o. *vb itr* annonsera, göra reklam för; göra reklam
advertisement [əd'vɜ:tɪsmənt] *s* **1** annons **2** reklam; annonsering
advertiser ['ædvətaɪzə] *s* annonsör
advertising ['ædvətaɪzɪŋ] *s* annonsering, reklam; ***~ agency*** annonsbyrå
advice [əd'vaɪs] *s* råd; ***a piece*** (***bit, word***) ***of ~*** ett råd
advisable [əd'vaɪzəbl] *adj* tillrådlig
advise [əd'vaɪz] *vb tr* råda [*on* angående, i]; ***~ against*** avråda från
adviser [əd'vaɪzə] *s* rådgivare
advisory [əd'vaɪzərɪ] *adj* rådgivande
advocate [substantiv 'ædvəkət, verb 'ædvəkeɪt] **I** *s* förespråkare [*of* för] **II** *vb tr* förespråka
advt se *advert*
aerial ['eərɪəl] **I** *adj* luft-, flyg- [*~ photograph*] **II** *s* radio. o.d. antenn
aerobics [eə'rəʊbɪks] *s* aerobics, gymping
aerodrome ['eərədrəʊm] *s* flygfält, flygplats
aerodynamic [ˌeərəʊdaɪ'næmɪk] *adj* aerodynamisk
aerogram ['eərəʊgræm] *s* aerogram
aeroplane ['eərəpleɪn] *s* flygplan
aerosol ['eərə(ʊ)sɒl] *s,* ***~ container*** aerosolförpackning
aerospace ['eərəʊspeɪs] *s* rymd inom rymdtekniken
aesthetic [i:s'θetɪk] *adj* estetisk
afar [ə'fɑ:] *adv,* ***from ~*** ur fjärran
affable ['æfəbl] *adj* förbindlig, vänlig
affair [ə'feə] *s* **1** angelägenhet, sak, affär **2** ***have an ~ with a p.*** ha ett förhållande (en kärleksaffär) med ngn
1 affect [ə'fekt] *vb tr* **1** beröra, påverka; drabba, angripa **2** göra intryck på, röra
2 affect [ə'fekt] *vb tr* låtsas ha (känna)
affectation [ˌæfek'teɪʃ(ə)n] *s* tillgjordhet
1 affected [ə'fektɪd] *adj* **1** angripen **2** rörd, gripen [*by* av] **3** påverkad
2 affected [ə'fektɪd] *adj* tillgjord, affekterad
affection [ə'fekʃ(ə)n] *s* tillgivenhet, ömhet
affectionate [ə'fekʃənət] *adj* tillgiven, öm
affectionately [ə'fekʃənətlɪ] *adv* tillgivet; ***Yours ~*** i brev Din (Er) tillgivne
affinity [ə'fɪnətɪ] *s* släktskap; frändskap
affirm [ə'fɜ:m] *vb tr* o. *vb itr* försäkra, bestämt påstå; intyga
affirmative [ə'fɜ:mətɪv] *adj* o. *s* bekräftande; ***answer in the ~*** svara jakande
affix [ə'fɪks] *vb tr* fästa [*~ a stamp to an envelope*]
afflict [ə'flɪkt] *vb tr* plåga, hemsöka, drabba
affliction [ə'flɪkʃ(ə)n] *s* **1** bedrövelse; lidande, sjukdom **2** hemsökelse; olycka
affluence ['æflʊəns] *s* rikedom, välstånd
affluent ['æflʊənt] *adj* rik, förmögen; ***the ~ society*** överflödssamhället
afford [ə'fɔ:d] *vb tr* **1** ***I can ~ it*** jag har råd med det **2** ge, bereda [*~ great pleasure*]
affront [ə'frʌnt] **I** *vb tr* skymfa **II** *s* skymf
Afghan ['æfgæn] **I** *s* **1** afghan invånare **2** afghanhund **II** *adj* afghansk
Afghanistan [æf'gænɪstɑ:n]
afloat [ə'fləʊt] *adv* o. *adj* flytande; i gång; i omlopp
afoot [ə'fʊt] *adv* o. *adj* i (på) gång [*plans are ~*]
afraid [ə'freɪd] *adj* rädd [*of* för]; ***I'm ~ not*** tyvärr inte
afresh [ə'freʃ] *adv* ånyo, på nytt
Africa ['æfrɪkə] Afrika
African ['æfrɪkən] **I** *s* afrikan **II** *adj* afrikansk
Afro ['æfrəʊ] (pl. *~s*) *s* afrofrisyr
Afro-Asian [ˌæfrəʊ'eɪʃ(ə)n] *adj* afroasiatisk

aft [ɑ:ft] *adv* sjö. akter ut (över)
after ['ɑ:ftə] **I** *adv* o. *prep* efter; bakom; ~ ***all*** när allt kommer omkring, ändå **II** *konj* sedan
aftereffect ['ɑ:ftərɪˌfekt] *s* efterverkning
afterlife ['ɑ:ftəlaɪf] *s* liv efter detta; ***in ~*** senare i livet
aftermath ['ɑ:ftəmæθ] *s* efterdyningar
afternoon [ˌɑ:ftə'nu:n] *s* eftermiddag
afters ['ɑ:ftəz] *s pl* vard. efterrätt
aftershave ['ɑ:ftəʃeɪv] *s*, ~ ***lotion*** el. ~ rakvatten, aftershave
afterwards ['ɑ:ftəwədz] *adv* efteråt
again [ə'gen, ə'geɪn] *adv* **1** igen, åter; ~ ***and ~*** el. ***time and ~*** gång på gång; ***never ~*** aldrig mer; ***over ~*** omigen **2** däremot, å andra sidan
against [ə'genst, ə'geɪnst] *prep* mot, emot; intill
agaric ['ægərɪk, ə'gærɪk] *s* skivling, skivsvamp; ***fly ~*** flugsvamp
age [eɪdʒ] **I** *s* **1** ålder; ***old ~*** ålderdom, ålderdomen; ***come of ~*** bli myndig; ***ten years of ~*** tio år gammal; ***under ~*** minderårig **2** tid [*the Ice Age*]; ***the atomic ~*** atomåldern; ***the Middle Ages*** medeltiden **3** ***for ~s*** i (på) evigheter **II** *vb itr* o. *vb tr* åldras; göra gammal
aged [betydelse *1* eɪdʒd, betydelse *2* 'eɪdʒɪd] *adj* **1** i en ålder av; ***a man ~ forty*** en fyrtioårig man **2** åldrig, ålderstigen; ***the ~*** de gamla
ageing ['eɪdʒɪŋ] *adj* åldrande
ageism ['eɪdʒɪzm] *s* åldersdiskriminering
agency ['eɪdʒənsɪ] *s* **1** agentur; byrå **2** förmedling **3** inverkan
agenda [ə'dʒendə] *s* dagordning
agent ['eɪdʒ(ə)nt] *s* **1** agent, ombud **2** medel [*chemical ~*]
aggrandize [ə'grændaɪz] *vb tr* förstora, upphöja
aggravate ['ægrəveɪt] *vb tr* **1** förvärra **2** vard. reta, förarga
aggravating ['ægrəveɪtɪŋ] *adj* **1** försvårande **2** vard. retsam, förarglig
aggregate ['ægrɪgət] *s* summa; ***in the ~*** totalt
aggression [ə'greʃ(ə)n] *s* aggression
aggressive [ə'gresɪv] *adj* aggressiv
aggressor [ə'gresə] *s* angripare
aggrieved [ə'gri:vd] *adj* sårad, kränkt
aghast [ə'gɑ:st] *adj* förskräckt, bestört
agile ['ædʒaɪl, amer. 'ædʒəl] *adj* vig, rörlig
agility [ə'dʒɪlətɪ] *s* vighet, rörlighet
agitate ['ædʒɪteɪt] *vb tr* o. *vb itr* uppröra; agitera [*for* för]
agitation [ˌædʒɪ'teɪʃ(ə)n] *s* oro; agitation
agitator ['ædʒɪteɪtə] *s* agitator, uppviglare
ago [ə'gəʊ] *adv* för…sedan; ***it was years ~*** det var för flera år sedan; ***as long ~ as 1960*** redan 1960
agonize ['ægənaɪz] *vb tr* pina
agonizing ['ægənaɪzɪŋ] *adj* kvalfull, upprivande
agony ['ægənɪ] *s* vånda; svåra plågor
agree [ə'gri:] *vb itr* o. *vb tr* **1** samtycka **2** komma (vara) överens **3** passa, stämma
agreeable [ə'grɪəbl] *adj* **1** angenäm **2** vard. villig
agreement [ə'gri:mənt] *s* **1** överenskommelse, avtal; ***make*** (***come to***) ***an ~ with a p.*** komma överens med ngn **2** överensstämmelse; enighet
agricultural [ˌægrɪ'kʌltʃər(ə)l] *adj* jordbruks-
agriculture ['ægrɪkʌltʃə] *s* jordbruk
aground [ə'graʊnd] *adv* o. *adj* på grund
ahead [ə'hed] *adv* o. *adj* före; framåt; ***straight ~*** rakt fram; ~ ***of*** framför; före; ***go ~!*** sätt i gång!, fortsätt!
aid [eɪd] **I** *vb tr* hjälpa, bistå **II** *s* hjälp, bistånd; hjälpmedel [*visual ~*]
aide-de-camp [ˌeɪddə'kɒŋ] *s* mil. adjutant
Aids o. **AIDS** [eɪdz] *s* med. (förk. för *acquired immune deficiency syndrome* förvärvat immunbristsyndrom) AIDS
ail [eɪl] *vb itr*, ***be ailing*** vara krasslig
ailment ['eɪlmənt] *s* krämpa, sjukdom
aim [eɪm] **I** *vb tr* o. *vb itr* sikta med [*aim a gun at*, (på)]; ~ ***at*** sikta på, sträva efter **II** *s* **1** ***take ~*** ta sikte [*at* på] **2** mål, målsättning; avsikt
ain't [eɪnt] ovårdat el. dial. för *am (are, is) not, have not, has not*
1 air [eə] **I** *s* **1** luft; ***by ~*** per (med) flyg; ***go by ~*** flyga; ***on the ~*** i radio (TV) **2** flyg-, luft-; ***the Royal Air Force*** (förk. *RAF*) brittiska flygvapnet **II** *vb tr* vädra, lufta
2 air [eə] *s* **1** utseende; ***an ~ of luxury*** en luxuös prägel **2** min; ***give oneself*** (***put on***) ***~s*** spela förnäm
3 air [eə] *s* melodi
airbag ['ɛəbæg] *s* krockkudde, airbag
air base ['ɛəbeɪs] *s* flygbas
air-conditioning ['eəkənˌdɪʃənɪŋ] *s* luftkonditionering
aircraft ['eəkrɑ:ft] (pl. lika) *s* flygplan; ~ ***carrier*** hangarfartyg

airdrop ['ɛədrɒp] **I** *s* luftlandsättning **II** *vb tr* luftlandsätta
airfield ['eəfi:ld] *s* flygfält
airflow ['ɛəfləʊ] *s* luftström, luftströmning
air force ['eəfɔ:s] *s* flygvapen
airgun ['eəgʌn] *s* luftgevär, luftbössa
air hostess ['eəˌhəʊstɪs] *s* flygvärdinna
air letter ['eəˌletə] *s* aerogram
airlift ['eəlɪft] *s* luftbro
airline ['eəlaɪn] *s* **1** flyglinje **2** flygbolag
airliner ['eəˌlaɪnə] *s* trafikflygplan
airmail ['eəmeɪl] *s* flygpost
airman ['eəmən] *s* flygare
airplane ['eəpleɪn] *s* amer. flygplan
air pocket ['eəˌpɒkɪt] *s* luftgrop
airport ['eəpɔ:t] *s* flygplats
airproof ['eəpru:f] *adj* lufttät
air raid ['eəreɪd] *s* flygräd, flyganfall
air route ['eəru:t] *s* flygväg, luftled
airsick ['ɛəsɪk] *adj* flygsjuk
airstrip ['eəstrɪp] *s* start- och landningsbana
airtight ['eətaɪt] *adj* lufttät; ***an ~ alibi*** ett vattentätt alibi
airway ['eəweɪ] *s* **1** flyg. luftled **2** flygbolag
airy ['eərɪ] *adj* **1** luftig **2** lättsinnig, nonchalant
airy-fairy [ˌeərɪ'feərɪ] *adj* verklighetsfrämmande, flummig [*~ ideals*]
aisle [aɪl] *s* sidoskepp i kyrka; mittgång, gång mellan bänkrader
ajar [ə'dʒɑ:] *adv* på glänt
akin [ə'kɪn] *adj* släkt, besläktad [*to* med]
alarm [ə'lɑ:m] **I** *s* **1** larmsignal, larm; ***give the ~*** slå larm **2** oro **3** väckarklocka **II** *vb tr* **1** larma **2** oroa
alarm clock [ə'lɑ:mklɒk] *s* väckarklocka
alarming [ə'lɑ:mɪŋ] *adj* oroväckande
alas [ə'læs] *interj* ack, tyvärr
Albania [æl'beɪnjə] Albanien
Albanian [æl'beɪnjən] **I** *s* **1** alban **2** albanska språket **II** *adj* albansk
albino [æl'bi:nəʊ] (pl. *~s*) *s* albino
album ['ælbəm] *s* album, skivalbum
albumen ['ælbjʊmɪn] *s* äggvita; äggviteämne
alcohol ['ælkəhɒl] *s* alkohol, sprit
alcoholic [ˌælkə'hɒlɪk] **I** *adj* alkoholhaltig **II** *s* alkoholist
alcoholism ['ælkəhɒlɪz(ə)m] *s* alkoholism
alcove ['ælkəʊv] *s* alkov, nisch
alert [ə'lɜ:t] **I** *adj* vaken, på alerten **II** *s* **1** flyglarm **2** ***on the ~*** på utkik **III** *vb tr* larma
algal ['ælgəl] *s, ~ **bloom*** algblomning
algebra ['ældʒɪbrə] *s* algebra
Algeria [æl'dʒɪərɪə] Algeriet
Algerian [æl'dʒɪərɪən] **I** *s* algerier **II** *adj* algerisk
Algiers [æl'dʒɪəz] Alger
alias ['eɪlɪəs] *adv* o. *s* alias
alibi ['ælɪbaɪ] *s* alibi
alien ['eɪljən] **I** *adj* utländsk; främmande [*to* för] **II** *s* främling; utlänning
alienate ['eɪljəneɪt] *vb tr* fjärma; stöta bort
1 alight [ə'laɪt] *vb itr* stiga av; landa
2 alight [ə'laɪt] *adj* upptänd, tänd; ***catch ~*** ta eld
align [ə'laɪn] *vb tr* ställa upp i rät linje, rikta, rikta in
alike [ə'laɪk] **I** *adj* lik, lika **II** *adv* på samma sätt
alimony ['ælɪmənɪ] *s* underhåll, understöd
alive [ə'laɪv] *adj* **1** i livet, vid liv; levande [*be buried ~*] **2** ***be ~ to*** vara medveten om
alkali ['ælkəlaɪ] *s* alkali
alkaline ['ælkəlaɪn] *adj* alkalisk
all [ɔ:l] **I** *adj* o. *pron* **1** all, allt, alla; ***~ at once*** alla (allt) på en gång; ***~ but*** a) alla (allt) utom b) nästan; ***three ~*** tre lika; ***not at ~*** inte alls; ***not at ~!*** ingen orsak!; ***once and for ~*** en gång för alla; ***in ~*** inalles; ***best of ~*** allra bäst **2** hela [*~ the, ~ my* etc.] **3** hel- [*~ wool*] **II** *adv* alldeles, helt och hållet; ***~ along*** a) preposition utefter hela b) adverb hela tiden [*I knew it ~ along*]; ***~ at once*** plötsligen; ***go ~ out*** ta ut sig helt; ***~ over*** a) preposition över hela b) adverb över hela kroppen; ***that is Tom ~ over*** det är typiskt Tom, sådan är Tom; ***it's ~ over (up) with him*** det är ute med honom; ***it's (it's quite) ~ right*** a) det går bra b) för all del, det gör ingenting; ***it will be ~ right*** det ordnar sig nog; ***~ the more*** så mycket (desto) mera; ***~ the same*** ändå, i alla fall; ***it's ~ the same to me*** det gör mig detsamma
allay [ə'leɪ] *vb tr* stilla; mildra
allegation [ˌælɪ'geɪʃ(ə)n] *s* anklagelse; beskyllning
allege [ə'ledʒ] *vb tr* anföra, uppge; påstå
allegiance [ə'li:dʒ(ə)ns] *s* tro och lydnad; lojalitet
allergenic [ˌælə'dʒenɪk] *adj* allergiframkallande
allergic [ə'lɜ:dʒɪk] *adj* allergisk [*to* mot]
allergy ['ælədʒɪ] *s* allergi
alleviate [ə'li:vɪeɪt] *vb tr* lindra, mildra
alleviation [əˌli:vɪ'eɪʃ(ə)n] *s* lindring
alley ['ælɪ] *s* **1** gränd; ***blind ~***

återvändsgränd **2** allé, gång speciellt i park **3** kägelbana, bowlingbana
alliance [ə'laɪəns] *s* förbund; allians
allied [ə'laɪd, attributivt 'ælaɪd] *adj* släkt [*to, with* med]; allierad
alligator ['ælɪgeɪtə] *s* alligator
all-in [ˌɔ:l'ɪn] *adj* **1** ~ ***price*** allt-i-ett-pris, allomfattande; ~ ***wrestling*** fribrottning **2** vard. slutkörd
all-mains [ˌɔ:l'meɪnz] *adj*, ~ ***receiver*** allströmsmottagare
allocate ['æləkeɪt] *vb tr* tilldela, fördela; anslå
allocation [ˌælə'keɪʃ(ə)n] *s* tilldelning
allot [ə'lɒt] *vb tr* fördela; tilldela
allow [ə'laʊ] *vb tr* o. *vb itr* **1** tillåta, låta; bevilja, ge **2** ~ ***for*** ta i betraktande, räkna med **3** ~ ***of*** medge, tillåta
allowance [ə'laʊəns] *s* **1** underhåll; anslag, bidrag **2** ranson, tilldelning **3** avdrag, rabatt **4** ***make ~ for*** el. ***make ~s for*** ta hänsyn till
alloy ['ælɔɪ] *s* legering
all-round [ˌɔ:l'raʊnd] *adj* mångsidig
allude [ə'lu:d] *vb itr*, ~ ***to*** hänsyfta på
allure [ə'ljʊə] *vb tr* locka; tjusa
allurement [ə'ljʊəmənt] *s* lockelse
alluring [ə'ljʊərɪŋ] *adj* lockande, förförisk
allusion [ə'lu:ʒ(ə)n] *s* anspelning
ally [verb ə'laɪ, substantiv 'ælaɪ] **I** *vb tr* förena, alliera **II** *s* bundsförvant, allierad
almanac ['ɔ:lmənæk] *s* almanack, kalender
almighty [ɔ:l'maɪtɪ] *adj* allsmäktig; vard. väldig; ***God Almighty!*** vard. herregud!
almond ['ɑ:mənd] *s* mandel
almost ['ɔ:lməʊst] *adv* nästan, nära
alms [ɑ:mz] *s* allmosa, allmosor
aloft [ə'lɒft] *adv* o. *adj* i höjden; upp, uppåt, högt upp, till väders
alone [ə'ləʊn] **I** *adj* ensam **II** *adv* endast
along [ə'lɒŋ] **I** *prep* längs; ~ ***the street*** längs gatan, gatan fram **II** *adv* **1** framåt, åstad **2** ***come ~!*** kom nu!, raska på! **3** ~ ***with*** tillsammans med, jämte **4** ***all*** ~ hela tiden
alongside [ə'lɒŋsaɪd] **I** *adv* vid sidan; ~ ***of*** långsides med **II** *prep* vid sidan av
aloof [ə'lu:f] *adv* o. *adj* reserverad; ***stand*** ~ hålla sig undan
aloud [ə'laʊd] *adv* högt, med hög röst
alpaca [æl'pækə] *s* alpacka
alphabet ['ælfəbet] *s* alfabet
alphabetical [ˌælfə'betɪk(ə)l] *adj* alfabetisk
alpine ['ælpaɪn] *adj* alpin, alpinsk
already [ɔ:l'redɪ] *adv* redan
Alsatian [æl'seɪʃjən] *s* schäfer hund
also ['ɔ:lsəʊ] *adv* också, även
altar ['ɔ:ltə] *s* altare
alter ['ɔ:ltə] *vb tr* o. *vb itr* förändra, ändra; förändras
alteration [ˌɔ:ltə'reɪʃ(ə)n] *s* förändring, ändring
alternate [adjektiv ɔ:l'tɜ:nət, verb 'ɔ:ltəneɪt] **I** *adj* omväxlande, alternerande **II** *vb tr* låta växla, växla
alternately [ɔ:l'tɜ:nətlɪ] *adv* omväxlande, växelvis
alternation [ˌɔ:ltə'neɪʃ(ə)n] *s* växling
alternative [ɔ:l'tɜ:nətɪv] *adj* o. *s* alternativ
alternator ['ɔ:ltəneɪtə] *s* elektr. växelströmsgenerator; omformare
although [ɔ:l'ðəʊ] *konj* fastän, även om
altitude ['æltɪtju:d] *s* höjd
alto ['æltəʊ] (pl. ~s) *s* mus. alt; altstämma
altogether [ˌɔ:ltə'geðə] **I** *adv* helt och hållet, alldeles; sammanlagt **II** *s* vard., ***in the*** ~ spritt naken
alum ['æləm] *s* alun
aluminium [ˌæljʊ'mɪnjəm] *s* aluminium
aluminum [ə'lu:mənəm] *s* amer. aluminium
always ['ɔ:lweɪz, 'ɔ:lwəz] *adv* alltid, jämt
am [æm, obetonat əm], ***I am*** jag är; se vidare *be*
a.m. [ˌeɪ'em] förk. f.m., på förmiddagen (morgonen)
amalgam [ə'mælgəm] *s* kem. amalgam
amalgamate [ə'mælgəmeɪt] *vb tr* o. *vb itr* amalgamera; slå (slås) samman
amaryllis [ˌæmə'rɪlɪs] *s* bot. amaryllis
amass [ə'mæs] *vb tr* hopa, lägga på hög
amateur ['æmətə, ˌæmə'tɜ:] *s* amatör
amateurish ['æmətərɪʃ] *adj* amatörmässig
amaze [ə'meɪz] *vb tr* förbluffa, göra häpen
amazement [ə'meɪzmənt] *s* häpnad
amazing [ə'meɪzɪŋ] *adj* häpnadsväckande
ambassador [æm'bæsədə] *s* ambassadör
amber ['æmbə] *s* bärnsten
ambiguous [æm'bɪgjʊəs] *adj* tvetydig
ambition [æm'bɪʃ(ə)n] *s* ärelystnad; ambition
ambitious [æm'bɪʃəs] *adj* ärelysten; ambitiös
amble ['æmbl] *vb itr* gå i passgång; lunka
ambulance ['æmbjʊləns] *s* ambulans
ambush ['æmbʊʃ] **I** *s* bakhåll **II** *vb tr* överfalla från bakhåll
ameliorate [ə'mi:ljəreɪt] *vb tr* förbättra
amen [ˌɑ:'men, ˌeɪ'men] *interj* amen!

amenable [ə'mi:nəbl] *adj* foglig, medgörlig
amend [ə'mend] *vb tr* rätta
amendment [ə'mendmənt] *s* rättelse; ändringsförslag
amends [ə'mendz] *s*, ***make ~ for*** gottgöra
amenity [ə'mi:nətɪ] *s* **1** behag, behaglighet **2** bekvämlighet; ***every ~*** alla moderna bekvämligheter **3** tjänst [*amenities offered by our bank*]
America [ə'merɪkə] Amerika
American [ə'merɪkən] **I** *adj* amerikansk **II** *s* amerikan
amethyst ['æmɪθɪst] *s* ametist
amiable ['eɪmjəbl] *adj* vänlig, älskvärd
amicable ['æmɪkəbl] *adj* vänskaplig, vänlig
amid [ə'mɪd] *prep* mitt i, ibland
amidst [ə'mɪdst] *prep* mitt i, ibland
amino-acid [əˌmi:nəʊ'æsɪd] *s* aminosyra
amiss [ə'mɪs] *adv* o. *adj* på tok, fel; ***not ~*** inte illa; ***take it ~*** ta illa upp
amity ['æmətɪ] *s* vänskap; vänskaplighet
ammonia [ə'məʊnjə] *s* ammoniak
ammonium [ə'məʊnjəm] *s* ammonium
ammunition [ˌæmjʊ'nɪʃ(ə)n] *s* ammunition
amnesty ['æmnəstɪ] *s* amnesti, benådning
amok [ə'mɒk] *adv*, ***run ~*** löpa amok
among [ə'mʌŋ] *prep* bland, ibland
amongst [ə'mʌŋst] *prep* bland, ibland
amorous ['æmərəs] *adj* amorös; kärleksfull
amount [ə'maʊnt] **I** *vb itr*, ***~ to*** a) belöpa sig till b) vara detsamma som **II** *s* **1** belopp **2** mängd; ***any ~ of*** massvis med
ampere ['æmpeə] *s* ampere
amphetamine [ˌæm'fetəmaɪn] *s* amfetamin
amphibious [æm'fɪbɪəs] *adj* amfibisk
ample ['æmpl] *adj* rymlig; fyllig; riklig; fullt tillräcklig
amplify ['æmplɪfaɪ] *vb tr* utvidga; förstärka
amply ['æmplɪ] *adv* rikligt, mer än nog
ampoule ['æmpu:l] *s* ampull
amputate ['æmpjʊteɪt] *vb tr* amputera
amputation [ˌæmpjʊ'teɪʃ(ə)n] *s* amputering
amuck [ə'mʌk] *adv*, ***run ~*** löpa amok
amulet ['æmjʊlət] *s* amulett
amuse [ə'mju:z] *vb tr* roa, underhålla
amusement [ə'mju:zmənt] *s* nöje; ***~ park (ground)*** nöjesfält, tivoli
amusing [ə'mju:zɪŋ] *adj* lustig, rolig
an [ən, n, betonat æn] *obest art* se *a*
anabolic [ˌænə'bɒlɪk] *adj*, ***~ steroids*** anabola steroider
anachronism [ə'nækrənɪz(ə)m] *s* anakronism
anaemia [ə'ni:mjə] *s* blodbrist, anemi
anaemic [ə'ni:mɪk] *adj* blodfattig, anemisk
anaesthesia [ˌænəs'θi:zjə] *s* bedövning
anaesthetic [ˌænəs'θetɪk] *s* bedövningsmedel; narkos
anal ['eɪn(ə)l] *adj* anal
analgesic [ˌænæl'dʒi:zɪk] *adj* smärtstillande
analogy [ə'nælədʒɪ] *s* analogi
analyse ['ænəlaɪz] *vb tr* analysera
analysis [ə'næləsɪs] (pl. *analyses* [ə'næləsi:z]) *s* analys
analyst ['ænəlɪst] *s* analytiker
analytic [ˌænə'lɪtɪk] *adj* o. **analytical** [ˌænə'lɪtɪk(ə)l] *adj* analytisk
anarchist ['ænəkɪst] *s* anarkist
anarchy ['ænəkɪ] *s* anarki
anatomical [ˌænə'tɒmɪk(ə)l] *adj* anatomisk
anatomy [ə'nætəmɪ] *s* anatomi
ancestor ['ænsəstə] *s* stamfader; pl. ***~s*** förfäder
ancestry ['ænsəstrɪ] *s* börd, anor; förfäder
anchor ['æŋkə] **I** *s* ankare; ***weigh ~*** lätta ankar **II** *vb tr* o. *vb itr* förankra, ankra
anchorage ['æŋkərɪdʒ] *s* ankarplats
anchovy ['æntʃəvɪ, æn'tʃəʊvɪ] *s* sardell
ancient ['eɪnʃ(ə)nt] *adj* forntida, gammal, forn
and [ənd, ən, betonat ænd] *konj* och; ***~ so on*** el. ***~ so forth*** och så vidare (osv.)
Andorra [æn'dɔ:rə]
anecdote ['ænɪkdəʊt] *s* anekdot
anemone [ə'nemənɪ] *s* anemon
anew [ə'nju:] *adv* ånyo, på nytt
angel ['eɪndʒ(ə)l] *s* ängel
angelic [æn'dʒelɪk] *adj* änglalik
anger ['æŋgə] **I** *s* vrede, ilska **II** *vb tr* reta upp
angina [æn'dʒaɪnə] *s* med. angina
1 angle ['æŋgl] *s* vinkel; hörn; synvinkel
2 angle ['æŋgl] *vb itr* meta, fiska med krok
angler ['æŋglə] *s* metare, sportfiskare
angling ['æŋglɪŋ] *s* metning, mete
Anglo-American [ˌæŋgləʊə'merɪkən] **I** *s* angloamerikan **II** *adj* engelsk-amerikansk
Anglo-Saxon [ˌæŋgləʊ'sæksən] *adj* anglosaxisk; fornengelsk
Anglo-Swedish [ˌæŋgləʊ'swi:dɪʃ] *adj* engelsk-svensk
Angola [æŋ'gəʊlə]
Angolan [æŋ'gəʊlən] **I** *s* angolan **II** *adj* angolansk
angry ['æŋgrɪ] *adj* ond, arg, ilsken

anguish ['æŋgwɪʃ] *s* pina, vånda, ångest
angular ['æŋgjʊlə] *adj* kantig; vinklig
aniline ['ænɪli:n] *s* anilin; ~ ***dye*** anilinfärg
animal ['ænəm(ə)l] **I** *s* djur **II** *adj* djur-, animalisk
animate ['ænɪmeɪt] *vb tr* **1** ge liv åt **2** liva upp; ***animated discussion*** livlig (animerad) diskussion **3** ***animated cartoon*** tecknad film
animation [ˌænɪ'meɪʃ(ə)n] *s* livlighet, liv
animosity [ˌænɪ'mɒsətɪ] *s* förbittring, animositet
ankle ['æŋkl] *s* vrist, fotled, ankel
annex [ə'neks] **I** *vb tr* annektera, införliva **II** *s* speciellt amer., se *annexe*
annexation [ˌænek'seɪʃ(ə)n] *s* annektering
annexe ['æneks] *s* annex; tillbyggnad
annihilate [ə'naɪəleɪt] *vb tr* tillintetgöra
annihilation [əˌnaɪə'leɪʃ(ə)n] *s* tillintetgörelse
anniversary [ˌænɪ'vɜ:sərɪ] *s* årsdag
annotate ['ænəteɪt] *vb tr* kommentera
annotation [ˌænə'teɪʃ(ə)n] *s* anteckning
announce [ə'naʊns] *vb tr* tillkännage, kungöra, meddela
announcement [ə'naʊnsmənt] *s* tillkännagivande, kungörelse; dödsannons etc. annons
announcer [ə'naʊnsə] *s* radio. el. TV. hallåman (hallåa)
annoy [ə'nɔɪ] *vb tr* förarga, reta
annoyance [ə'nɔɪəns] *s* förargelse, förtret
annoying [ə'nɔɪɪŋ] *adj* förarglig, retsam
annual ['ænjʊəl] *adj* årlig; ettårig
annually ['ænjʊəlɪ] *adv* årligen; årsvis
annuity [ə'nju:ətɪ] *s* livränta; tidsränta
annul [ə'nʌl] *vb tr* annullera, upphäva
Annunciation [əˌnʌnsɪ'eɪʃ(ə)n] *s*, ~ ***Day*** Marie Bebådelsedag 25 mars
anonymity [ˌænə'nɪmətɪ] *s* anonymitet
anonymous [ə'nɒnɪməs] *adj* anonym
anorak ['ænəræk] *s* anorak
anorexia [ˌænə'reksɪə] *s* med., ~ ***nervosa*** ([nɜ:'vəʊsə]) anorexi
another [ə'nʌðə] *indef pron* **1** en annan **2** en till **3** ***one*** ~ varandra
answer ['ɑ:nsə] **I** *s* svar [*to* på] **II** *vb tr* o. *vb itr* svara [*to* på]; besvara, svara på; ~ ***for*** stå till svars för; ~ ***the bell*** (***door***) gå och öppna
answerable ['ɑ:nsərəbl] *adj* ansvarig [*to* inför]
ant [ænt] *s* myra
antagonism [æn'tægənɪz(ə)m] *s* fiendskap; antagonism
antagonist [æn'tægənɪst] *s* motståndare, antagonist
antagonize [æn'tægənaɪz] *vb tr* egga (reta) upp
antarctic [ænt'ɑ:ktɪk] **I** *adj* antarktisk; ***the Antarctic Ocean*** Södra ishavet **II** *s*, ***the Antarctic*** Antarktis
antecedent [ˌæntɪ'si:d(ə)nt] *s* föregångare [*of* till]
antelope ['æntɪləʊp] *s* antilop
antenna [æn'tenə] *s* radio. speciellt amer. antenn
anterior [æn'tɪərɪə] *adj* föregående
anthem ['ænθəm] *s*, ***national*** ~ nationalsång
ant-hill ['ænthɪl] *s* myrstack
anthology [æn'θɒlədʒɪ] *s* antologi
anthropologist [ˌænθrə'pɒlədʒɪst] *s* antropolog
anthropology [ˌænθrə'pɒlədʒɪ] *s* antropologi
anti-abortionist [ˌæntɪə'bɔ:ʃənɪst] *s* abortmotståndare
anti-aircraft [ˌæntɪ'eəkrɑ:ft] *adj* luftvärns-
antibiotic [ˌæntɪbaɪ'ɒtɪk] **I** *s* antibiotikum **II** *adj* antibiotisk
antic ['æntɪk] *s*, pl. **~s** upptåg
anticipate [æn'tɪsɪpeɪt] *vb tr* förutse, vänta sig; förekomma, föregripa
anticipation [ænˌtɪsɪ'peɪʃ(ə)n] *s* förväntan; föregripande; ***in*** ~ i förväg
anticlimax [ˌæntɪ'klaɪmæks] *s* antiklimax
anti-clockwise [ˌæntɪ'klɒkwaɪz] *adv* moturs
antidote ['æntɪdəʊt] *s* motgift, antidot
antifreeze [ˌæntɪfri:z] *s* kylarvätska
antipathy [æn'tɪpəθɪ] *s* motvilja, antipati
anti-pollution [ˌæntɪpə'lu:ʃ(ə)n] *adj*, ~ ***campaign*** miljövårdskampanj
antiquated ['æntɪkweɪtɪd] *adj* föråldrad
antique [æn'ti:k] **I** *adj* antik; forntida; föråldrad **II** *s* antikvitet
antiquity [æn'tɪkwətɪ] *s* **1** uråldrighet **2** antiken
antiracism [ˌæntɪ'reɪsɪzm] *s* antirasism
antirust [ˌæntɪ'rʌst] *adj* rostskyddande, rostskydds-; ~ ***agent*** rostskyddsmedel
anti-Semite [ˌæntɪ'si:maɪt] *s* antisemit
anti-Semitism [ˌæntɪ'semɪtɪzm] *s* antisemitism
antiseptic [ˌæntɪ'septɪk] **I** *adj* antiseptisk **II** *s* antiseptiskt medel
antisocial [ˌæntɪ'səʊʃ(ə)l] *adj* asocial
antler ['æntlə] *s* horn på hjortdjur
anus ['eɪnəs] *s* anus, analöppning

anvil ['ænvɪl] *s* städ
anxiety [æŋ'zaɪətɪ] *s* ängslan, bekymmer
anxious ['æŋʃəs] *adj* ängslig, orolig; angelägen
any ['enɪ] *indef pron* **1** någon, något, några **2** vilken (vilket, vilka) som helst, varje [~ *child knows that*]
anybody ['enɪ,bɒdɪ] *indef pron* **1** någon [*has ~ been here?*] **2** vem som helst
anyhow ['enɪhaʊ] *adv* **1** på något sätt **2** i alla (varje) fall **3** lite hur som helst
anyone ['enɪwʌn] *indef pron = anybody*
anything ['enɪθɪŋ] *indef pron* **1** något, någonting **2** vad som helst; ~ ***but pleasant*** allt annat än trevlig; ***not for ~*** inte för allt i världen; ***easy as ~*** hur lätt som helst
anyway ['enɪweɪ] *adv = anyhow*
anywhere ['enɪweə] *adv* **1** någonstans; ~ ***else*** någon annanstans; ***not ~ near so good*** inte på långt när så bra **2** var som helst
apart [ə'pɑ:t] *adv* **1** åt sidan, avsides; ***joking ~*** skämt åsido **2** fristående, för sig själv; ***~ from*** frånsett; ***I can't tell them ~*** jag kan inte skilja på dem **3** isär, ifrån varandra
apartheid [ə'pɑ:theɪt, ə'pɑ:thaɪt] *s* apartheid [~ *policy* (politik)]
apartment [ə'pɑ:tmənt] *s* **1** pl. ***~s*** möblerad våning, möblerade rum **2** speciellt amer. våning, lägenhet; ~ ***house*** hyreshus
apathetic [,æpə'θetɪk] *adj* apatisk; likgiltig
apathy ['æpəθɪ] *s* apati; likgiltighet
ape [eɪp] **I** *s* svanslös apa **II** *vb tr* apa efter, härma
Apennines ['æpenaɪnz] *s pl, **the ~*** Apenninerna
aperitif [ə'perɪtɪf] *s* aperitif
aperture ['æpətjʊə] *s* öppning
apex ['eɪpeks] *s* spets, topp
apiece [ə'pi:s] *adv* per styck; per man
apologetic [ə,pɒlə'dʒetɪk] *adj* ursäktande
apologize [ə'pɒlədʒaɪz] *vb itr* be om ursäkt
apology [ə'pɒlədʒɪ] *s* ursäkt
apoplectic [,æpə'plektɪk] *adj* apoplektisk; ***~ fit (stroke)*** slaganfall
apoplexy ['æpəpleksɪ] *s* apoplexi, slag; ***fit of ~*** slaganfall
apostle [ə'pɒsl] *s* apostel
apostrophe [ə'pɒstrəfɪ] *s* apostrof
appal [ə'pɔ:l] *vb tr* förfära, förskräcka; ***appalling*** skrämmande, förfärlig
apparatus [,æpə'reɪtəs] *s* apparat; apparatur; redskap
apparel [ə'pær(ə)l] *s* poet. el. amer. dräkt, kläder
apparent [ə'pær(ə)nt] *adj* synbar, uppenbar
apparently [ə'pær(ə)ntlɪ] *adv* synbarligen, uppenbarligen
apparition [,æpə'rɪʃ(ə)n] *s* andesyn; spöke
appeal [ə'pi:l] **I** *vb itr* **1** vädja **2** ~ ***against*** överklaga **3** ~ ***to*** tilltala, falla i smaken **II** *s* **1** vädjan; appell **2** jur. överklagande; ***court of ~*** appellationsdomstol **3** lockelse, attraktion
appealing [ə'pi:lɪŋ] *adj* **1** lockande, tilltalande, attraktiv **2** vädjande
appear [ə'pɪə] *vb itr* **1** visa sig; framträda, uppträda; komma ut, publiceras **2** synas, tyckas, verka
appearance [ə'pɪər(ə)ns] *s* **1** framträdande, uppträdande; ***put in an ~*** visa sig, infinna sig **2** utgivning, publicering **3** utseende; ***keep up ~s*** bevara skenet
appease [ə'pi:z] *vb tr* stilla [~ *one's hunger*], blidka genom eftergifter
appendicitis [ə,pendɪ'saɪtɪs] *s* blindtarmsinflammation
appendix [ə'pendɪks] *s* **1** bihang, bilaga **2** blindtarmen
appetite ['æpətaɪt] *s* aptit, matlust
appetizing ['æpətaɪzɪŋ] *adj* aptitretande
applaud [ə'plɔ:d] *vb tr* o. *vb itr* applådera
applause [ə'plɔ:z] *s* applåder; ***loud ~*** en stark applåd
apple ['æpl] *s* äpple
appliance [ə'plaɪəns] *s* anordning, apparat
applicable ['æplɪkəbl] *adj* tillämplig
applicant ['æplɪkənt] *s* sökande [*for* till]
application [,æplɪ'keɪʃ(ə)n] *s* **1** anbringande, applicering; tillämpning **2** ansökan [*for* om]; ***on ~*** på begäran
apply [ə'plaɪ] *vb tr* o. *vb itr* **1** anbringa, applicera; använda, tillämpa; vara tillämplig [*to* på] **2** ansöka [*to a p.* hos ngn; *for a th.* om ngt]
appoint [ə'pɔɪnt] *vb tr* **1** bestämma, fastställa **2** utnämna, förordna
appointment [ə'pɔɪntmənt] *s* **1** avtalat möte, träff **2** utnämning **3** anställning, befattning
appreciable [ə'pri:ʃəbl] *adj* märkbar
appreciate [ə'pri:ʃɪeɪt] *vb tr* o. *vb itr* **1** uppskatta, värdera **2** inse **3** stiga i värde
appreciation [ə,pri:ʃɪ'eɪʃ(ə)n] *s*

1 uppskattning **2** uppfattning; förståelse [*of* för] **3** värdestegring
appreciative [ə'pri:ʃjətɪv] *adj* uppskattande
apprehend [ˌæprɪ'hend] *vb tr* **1** anhålla **2** uppfatta
apprehension [ˌæprɪ'henʃ(ə)n] *s* **1** anhållande **2** farhåga; oro
apprehensive [ˌæprɪ'hensɪv] *adj* ängslig
apprentice [ə'prentɪs] **I** *s* lärling **II** *vb tr* sätta i lära
approach [ə'prəʊtʃ] **I** *vb itr* o. *vb tr* närma sig; söka kontakt med **II** *s* **1** närmande **2** infart, infartsväg **3** inställning
approachable [ə'prəʊtʃəbl] *adj* åtkomlig
approbation [ˌæprə'beɪʃ(ə)n] *s* gillande
appropriate [adjektiv ə'prəʊprɪət, verb ə'prəʊprɪeɪt] **I** *adj* lämplig, passande **II** *vb tr* anslå; tillägna sig
approval [ə'pru:v(ə)l] *s* gillande; godkännande; ***on ~*** till påseende
approve [ə'pru:v] *vb itr* o. *vb tr* **1** *~ of* gilla, samtycka till **2** godkänna [*~ a decision*]
approximate [ə'prɒksɪmət] *adj* **1** approximativ, ungefärlig **2** *~ to* närmande sig, liknande
approximately [ə'prɒksɪmətlɪ] *adv* ungefär, cirka
apricot ['eɪprɪkɒt] *s* aprikos
April ['eɪpr(ə)l] *s* april; ***~ fool!*** april, april!; ***~ Fools' Day*** 1 april då man narras april
apron ['eɪpr(ə)n] *s* förkläde
apron strings ['eɪprənstrɪŋz] *s pl, **be tied to a p.'s ~*** gå i ngns ledband
apt [æpt] *adj* lämplig; träffande; benägen [*to* att]
aptitude ['æptɪtju:d] *s* anlag
aquarium [ə'kweərɪəm] *s* akvarium
Aquarius [ə'kweərɪəs] astrol. Vattumannen
aquatic [ə'kwætɪk] *adj* som växer (lever) i vatten
aquavit ['ækwəvɪt] *s* akvavit
Arab ['ærəb] **I** *s* arab **II** *adj* arabisk
Arabian [ə'reɪbjən] **I** *s* arab **II** *adj* arabisk
Arabic ['ærəbɪk] **I** *adj* arabisk **II** *s* arabiska språket
arable ['ærəbl] *adj* odlingsbar
arbitrary ['ɑ:bɪtrərɪ] *adj* **1** godtycklig **2** egenmäktig
arbitration [ˌɑ:bɪ'treɪʃ(ə)n] *s* skiljedom; medling
arbitrator ['ɑ:bɪtreɪtə] *s* skiljedomare; medlare
arbour ['ɑ:bə] *s* berså, lövsal, lövvalv
arc [ɑ:k] *s* båge
arcade [ɑ:'keɪd] *s* valvgång; arkad
1 arch [ɑ:tʃ] *s* **1** valvbåge, valv **2** hålfot; ***~ support*** hålfotsinlägg
2 arch [ɑ:tʃ] *adj* skälmaktig
archaeologist [ˌɑ:kɪ'ɒlədʒɪst] *s* arkeolog
archaeology [ˌɑ:kɪ'ɒlədʒɪ] *s* arkeologi
archaic [ɑ:'keɪɪk] *adj* ålderdomlig
archbishop [ˌɑ:tʃ'bɪʃəp] *s* ärkebiskop
arched [ɑ:tʃt] *adj* välvd; bågformig
arch-enemy [ˌɑ:tʃ'enəmɪ] *s* ärkefiende
archer ['ɑ:tʃə] *s* bågskytt
archery ['ɑ:tʃərɪ] *s* bågskytte
archipelago [ˌɑ:kɪ'peləgəʊ] (pl. *~s*) *s* skärgård, arkipelag; ögrupp
architect ['ɑ:kɪtekt] *s* arkitekt
architectural [ˌɑ:kɪ'tektʃər(ə)l] *adj* arkitektonisk
architecture ['ɑ:kɪtektʃə] *s* arkitektur
archives ['ɑ:kaɪvz] *s pl* arkiv
arctic ['ɑ:ktɪk] **I** *adj* arktisk; ***the Arctic Circle*** norra polcirkeln; ***the Arctic Ocean*** Norra ishavet **II** *s, **the Arctic*** Arktis
ardent ['ɑ:d(ə)nt] *adj* ivrig, varm [*an ~ admirer*], brinnande [*~ desire*]
ardour ['ɑ:də] *s* glöd, iver
arduous ['ɑ:djʊəs] *adj* svår, mödosam
are [ɑ:, obetonat ə], ***they/we/you ~*** de/vi/du/ni är; se vidare *be*
area ['eərɪə] *s* **1** yta, areal **2** område, trakt; kvarter [*shopping ~*]
arena [ə'ri:nə] *s* arena, stridsplats
aren't [ɑ:nt] = *are not*
Argentina [ˌɑ:dʒən'ti:nə]
Argentine ['ɑ:dʒəntaɪn] **I** *adj* argentinsk **II** *s* **1** argentinare **2** ***the ~*** Argentina
Argentinian [ˌɑ:dʒən'tɪnjən] **I** *adj* argentinsk **II** *s* argentinare
argue ['ɑ:gju:] *vb itr* o. *vb tr* argumentera, resonera; tvista, gräla; hävda
argument ['ɑ:gjʊmənt] *s* argument; resonemang; dispyt
argumentative [ˌɑ:gjʊ'mentətɪv] *adj* diskussionslysten
aria ['ɑ:rɪə] *s* aria
arid ['ærɪd] *adj* torr; ofruktbar, kal
Aries ['eəri:z] astrol. Väduren
arise [ə'raɪz] (*arose arisen*) *vb itr* uppstå, framträda; härröra
arisen [ə'rɪzn] se *arise*
aristocracy [ˌærɪ'stɒkrəsɪ] *s* aristokrati
aristocrat ['ærɪstəkræt] *s* aristokrat
aristocratic [ˌærɪstə'krætɪk] *adj* aristokratisk
arithmetic [ə'rɪθmətɪk] *s* räkning

1 arm [ɑ:m] *s* **1** arm; ***at arm's length*** på avstånd **2** ärm **3** armstöd
2 arm [ɑ:m] **I** *s*, pl. ***~s*** vapen; ***~s race*** kapprustning; ***be up in ~s against*** vara på krigsstigen mot **II** *vb tr* o. *vb itr* väpna [*armed forces*], rusta, armera; väpna sig
armada [ɑ:'mɑ:də] *s* stor flotta, armada
armadillo [ˌɑ:mə'dɪləʊ] (pl. *~s*) *s* zool. bältdjur, bälta
armament ['ɑ:məmənt] *s* **1** krigs rustning; ***~ race*** el. ***~s race*** kapprustning **2** pl. ***~s*** krigsmakt
armband ['ɑ:mbænd] *s* armbindel; ärmhållare
armchair ['ɑ:mtʃeə] *s* fåtölj
Armenia [ɑ:'mi:njə] Armenien
Armenian [ɑ:'mi:njən] **I** *adj* armenisk **II** *s* **1** armenier **2** armeniska språket
armistice ['ɑ:mɪstɪs] *s* vapenvila
armlet ['ɑ:mlət] *s* armbindel
armour ['ɑ:mə] **I** *s* rustning; pansar **II** *vb tr* pansra; ***armoured car*** pansarbil; ***armoured forces*** pansartrupper
armour-plate ['ɑ:məpleɪt] *s* pansarplåt
armpit ['ɑ:mpɪt] *s* armhåla
armrest ['ɑ:mrest] *s* armstöd
army ['ɑ:mɪ] *s* armé
aroma [ə'rəʊmə] *s* arom
aromatic [ˌærə'mætɪk] *adj* aromatisk
arose [ə'rəʊz] se *arise*
around [ə'raʊnd] **I** *adv, **all** ~* runt omkring, omkring **II** *prep* runtom, runt omkring; ***~ the clock*** dygnet runt
arousal [ə'raʊz(ə)l] *s* uppväckande
arouse [ə'raʊz] *vb tr* väcka
arrack ['ærək] *s* arrak
arrange [ə'reɪndʒ] *vb tr* o. *vb itr* ordna, ställa i ordning; arrangera; göra upp [*~ with a p.*]
arrangement [ə'reɪndʒmənt] *s* **1** ordnande **2** ordning; anordning; uppställning; arrangemang
array [ə'reɪ] **I** *vb tr* pryda, styra ut **II** *s* **1** stridsordning **2** imponerande samling
arrear [ə'rɪə] *s*, pl. ***~s*** resterande skulder; ***be in ~s*** vara efter
arrest [ə'rest] **I** *vb tr* hejda; anhålla, arrestera **II** *s* anhållande, arrestering; ***place (put) under ~*** sätta i arrest
arresting [ə'restɪŋ] *adj* bildl. fängslande
arrival [ə'raɪv(ə)l] *s* ankomst; ***on ~*** vid framkomsten
arrive [ə'raɪv] *vb itr* anlända, ankomma
arrogance ['ærəgəns] *s* arrogans, övermod
arrogant ['ærəgənt] *adj* arrogant, övermodig
arrow ['ærəʊ] *s* pil projektil el. symbol
arse [ɑ:s] *s* vulg. arsle
arsehole ['ɑ:shəʊl] *s* vulg. som skällsord arsle
arsenal ['ɑ:sənl] *s* arsenal äv. bildl.
arsenic ['ɑ:snɪk] *s* arsenik
arson ['ɑ:sn] *s* mordbrand
art [ɑ:t] *s* **1** konst; ***~ gallery*** konstgalleri **2** ***the Faculty of Arts*** humanistiska fakulteten
arteriosclerosis [ɑ:ˌtɪərɪəʊsklɪə'rəʊsɪs] *s* arterioskleros, åderförkalkning
artery ['ɑ:tərɪ] *s* pulsåder
artful ['ɑ:tf(ʊ)l] *adj* slug, listig
arthritis [ɑ:'θraɪtɪs] *s* ledinflammation; ***rheumatoid ~*** ledgångsreumatism
artichoke ['ɑ:tɪtʃəʊk] *s*, ***globe ~*** el. ***~*** kronärtskocka; ***Jerusalem ~*** jordärtskocka
article ['ɑ:tɪkl] *s* **1** hand. artikel, vara **2** artikel [*newspaper ~*] **3** gram. artikel
articulate [adjektiv ɑ:'tɪkjʊlət, verb ɑ:'tɪkjʊleɪt] **I** *adj* tydlig, klar **II** *vb tr* o. *vb itr* artikulera, tala tydligt
articulation [ɑ:ˌtɪkjʊ'leɪʃ(ə)n] *s* artikulation
artifice ['ɑ:tɪfɪs] *s* konstgrepp, knep
artificial [ˌɑ:tɪ'fɪʃ(ə)l] *adj* konstgjord, konst- [*~ silk*]; konstlad
artificiality [ˌɑ:tɪfɪʃɪ'ælətɪ] *s* konstgjordhet; förkonstling
artillery [ɑ:'tɪlərɪ] *s* artilleri
artisan [ˌɑ:tɪ'zæn] *s* hantverkare
artist ['ɑ:tɪst] *s* konstnär, artist
artiste [ɑ:'ti:st] *s* artist scenisk konstnär
artistic [ɑ:'tɪstɪk] *adj* konstnärlig, artistisk
artistry ['ɑ:tɪstrɪ] *s* konstnärskap, artisteri
artless ['ɑ:tləs] *adj* naiv; enkel; naturlig
as [æz, obetonat əz] **I** *adv* o. *konj* **1** så [*twice ~ heavy*], lika [*I'm ~ tall as you*] **2** jämförande som **3** såsom, till exempel **4** medgivande hur...än [*absurd ~ it seems, it is true*]; ***try ~ he might*** hur han än försökte **5** tid just när (som) **6** orsak då, eftersom **II** *rel pron* som [*the same ~*]; såsom **III** särskilda uttryck: ***~ for*** vad beträffar; ***~ good ~*** så gott som; ***~ if*** som om; ***~ it is*** redan nu; ***~ it were*** så att säga; ***~ regards*** el. ***~ to*** vad beträffar; ***~ yet*** ännu så länge
asbestos [æs'bestɒs] *s* asbest
ascend [ə'send] *vb tr* bestiga, stiga uppför; stiga uppåt
Ascension [ə'senʃ(ə)n] *s*, ***~ Day*** Kristi Himmelsfärdsdag

ascent [ə'sent] *s* bestigning; uppstigning
ascertain [ˌæsə'teɪn] *vb tr* förvissa sig om
ascetic [ə'setɪk] **I** *adj* asketisk **II** *s* asket
ascribe [ə'skraɪb] *vb tr* tillskriva
1 ash [æʃ] *s* ask träd; ***mountain ~*** rönn
2 ash [æʃ] *s* **1** vanl. pl. ***ashes*** aska **2** pl. ***ashes*** stoft
ashamed [ə'ʃeɪmd] *adj* skamsen; ***be (feel) ~*** äv. skämmas [*of* för, över]
ash-blond [ˌæʃ'blɒnd] *adj* ljusblond, askblond
ashcan ['æʃkæn] *s* amer. soptunna
ashen ['æʃn] *adj* askliknande, askgrå
ashore [ə'ʃɔ:] *adv* i land; på land
ashtray ['æʃtreɪ] *s* askkopp, askfat
Asia ['eɪʃə] Asien; ***~ Minor*** Mindre Asien
Asian ['eɪʃ(ə)n] **I** *adj* asiatisk **II** *s* asiat
Asiatic [ˌeɪʃɪ'ætɪk] **I** *adj* asiatisk **II** *s* asiat
aside [ə'saɪd] **I** *adv* **1** avsides, åt sidan; ***joking ~*** skämt åsido **2** i enrum **II** *s* teat. avsidesreplik
asinine ['æsɪnaɪn] *adj* åsnelik; dum
ask [ɑ:sk] *vb tr* o. *vb itr* **1** fråga [*about* om]; ***~ for*** fråga efter; ***if you ~ me*** om jag får säga min mening; ***be asked*** bli tillfrågad **2** begära; be [*for* om]; ***~ a p.'s advice*** fråga ngn till råds **3** bjuda, inbjuda; ***~ a p. to dance*** bjuda upp ngn
askance [ə'skæns] *adv, **look ~ at a p.*** snegla misstänksamt på ngn
askew [ə'skju:] **I** *adj* sned, skev **II** *adv* snett, skevt
asleep [ə'sli:p] *adv* o. *adj* sovande; ***be ~*** sova; ***fall ~*** somna
asocial [eɪ'səʊʃ(ə)l, ə'səʊʃ(ə)l] *adj* asocial
asparagus [ə'spærəgəs] *s* sparris
aspect ['æspekt] *s* aspekt; sida
aspen ['æspən] *s* asp
asphalt ['æsfælt] **I** *s* asfalt **II** *vb tr* asfaltera
aspiration [ˌæspə'reɪʃ(ə)n] *s* längtan, strävan, strävande
aspire [ə'spaɪə] *vb itr* sträva [*to* efter]
aspirin ['æsprɪn] *s* aspirin
1 ass [æs] *s* åsna
2 ass [æs] *s* amer. vulg. arsle
assail [ə'seɪl] *vb tr* angripa, överfalla
assailant [ə'seɪlənt] *s* angripare
assassin [ə'sæsɪn] *s* mördare, lönnmördare
assassinate [ə'sæsɪneɪt] *vb tr* mörda, lönnmörda
assassination [əˌsæsɪ'neɪʃ(ə)n] *s* mord, lönnmord
assault [ə'sɔ:lt] **I** *s* **1** anfall, angrepp **2** stormning **3** överfall; ***~ and battery*** jur. övervåld och misshandel **II** *vb tr* anfalla; storma; överfalla
assemble [ə'sembl] *vb tr* o. *vb itr* församla; samla, samlas
assembly [ə'semblɪ] *s* **1** församling, samling; sällskap; ***~ hall*** samlingssal, aula **2** hopsättning; ***~ line*** monteringsband, löpande band
assembly room [ə'semblɪru:m] *s* festsal; pl. ***~s*** festvåning
assent [ə'sent] **I** *vb itr* samtycka, instämma **II** *s* samtycke, bifall
assert [ə'sɜ:t] *vb tr* hävda, förfäkta
assertion [ə'sɜ:ʃ(ə)n] *s* bestämt påstående
assess [ə'ses] *vb tr* **1** uppskatta, bedöma **2** beskatta, taxera
assessment [ə'sesmənt] *s* **1** uppskattning, bedömning **2** beskattning, taxering
asset ['æset] *s* tillgång; ***~s and liabilities*** tillgångar och skulder
asshole ['æshəʊl] *s* amer. vulg. som skällsord arsle
assiduity [ˌæsɪ'dju:ətɪ] *s* trägenhet, flit
assiduous [ə'sɪdjʊəs] *adj* trägen, flitig
assign [ə'saɪn] *vb tr* tilldela, anvisa
assignment [ə'saɪnmənt] *s* **1** tilldelning, anvisning **2** uppgift, uppdrag; skol. beting
assimilate [ə'sɪmɪleɪt] *vb tr* o. *vb itr* assimilera, uppta; assimileras, upptas
assist [ə'sɪst] **I** *vb tr* o. *vb itr* hjälpa, hjälpa till, assistera, bistå **II** *s* sport. assist, målgivande passning
assistance [ə'sɪstəns] *s* hjälp, bistånd
assistant [ə'sɪstənt] **I** *adj* assisterande, biträdande **II** *s* medhjälpare; biträde [äv. *shop ~*]
associate [substantiv ə'səʊʃɪət, verb ə'səʊʃɪeɪt] **I** *s* kompanjon; kollega **II** *vb tr* o. *vb itr* **1** förena, förbinda **2** associera **3** umgås
association [əˌsəʊsɪ'eɪʃ(ə)n] *s* **1** förening, sammanslutning **2** förbund; ***Association football*** vanlig fotboll i motsats till rugby **3** förbindelse
assortment [ə'sɔ:tmənt] *s* **1** sortering **2** sort, klass **3** sortiment; blandning t.ex. av karameller
assume [ə'sju:m] *vb tr* **1** anta, förutsätta, förmoda **2** anta, anlägga; ***assumed name*** antaget namn **3** tillträda [*~ an office*], överta; ta på sig [*~ a responsibility*]
assumption [ə'sʌmʃ(ə)n] *s* **1** antagande; ***on the ~ that*** under förutsättning att **2** tillträdande; övertagande

assurance [ə'ʃʊər(ə)ns] *s* **1** försäkran **2** självsäkerhet **3** livförsäkring

assure [ə'ʃʊə] *vb tr* **1** försäkra, förvissa [*of* om] **2** säkerställa, trygga **3** livförsäkra

assured [ə'ʃʊəd] *adj* **1** säker, viss; säkerställd **2** förvissad [*of* om] **3** trygg; självsäker

aster ['æstə] *s* bot. aster

asterisk ['æstərɪsk] *s* asterisk, stjärna (*)

astern [ə'stɜ:n] *adv* akter ut (över)

asthma ['æsmə] *s* astma

asthmatic [æs'mætɪk] **I** *adj* astmatisk **II** *s* astmatiker

astigmatic [ˌæstɪg'mætɪk] *adj* astigmatisk

astir [ə'stɜ:] *adv* o. *adj* i rörelse

astonish [ə'stɒnɪʃ] *vb tr* förvåna

astonishing [ə'stɒnɪʃɪŋ] *adj* förvånande

astonishment [ə'stɒnɪʃmənt] *s* förvåning

astound [ə'staʊnd] *vb tr* förbluffa

astounding [ə'staʊndɪŋ] *adj* förbluffande

astray [ə'streɪ] *adv* vilse [*go* ~]

astride [ə'straɪd] *prep* o. *adv* grensle, grensle över

astrologer [ə'strɒlədʒə] *s* astrolog

astrological [ˌæstrə'lɒdʒɪk(ə)l] *adj* astrologisk

astrology [ə'strɒlədʒɪ] *s* astrologi

astronaut ['æstrənɔ:t] *s* astronaut

astronomer [ə'strɒnəmə] *s* astronom

astronomic [ˌæstrə'nɒmɪk] *adj* o. **astronomical** [ˌæstrə'nɒmɪk(ə)l] *adj* astronomisk

astronomy [ə'strɒnəmɪ] *s* astronomi

astute [ə'stju:t] *adj* skarpsinnig; knipslug

asunder [ə'sʌndə] *adv* isär, sönder

asylum [ə'saɪləm] *s* asyl, fristad

asymmetric [ˌæsɪ'metrɪk] *adj* asymmetrisk

at [æt, obetonat ət] *prep* **1** på [~ *the hotel*]; vid [~ *my side*; ~ *midnight*], i [~ *Oxford*; ~ *the last moment*]; ~ ***my aunt's*** hos min faster; ~ ***home*** hemma; ~ ***my place*** (***house***) hemma hos mig **2** med [~ *a speed of*]; för, till ett pris av; ~ ***a loss*** med förlust; ~ ***that*** till på köpet **3** ***be ~ a p.*** vara 'på ngn; ***he has been ~ it all day*** han har hållit på hela dagen

ate [et, speciellt amer. eɪt] se *eat*

atheism ['eɪθɪɪz(ə)m] *s* ateism

atheist ['eɪθɪɪst] *s* ateist

Athens ['æθɪnz] Aten

athlete ['æθli:t] *s* friidrottsman

athletic [æθ'letɪk] *adj* idrotts-; spänstig; atletisk

athletics [æθ'letɪks] *s* **1** (konstrueras med pl.) friidrott **2** (konstrueras med sg.) idrott, idrottande

at-home [ət'həʊm] *s* mottagning hemma

Atlantic [ət'læntɪk] **I** *adj* atlant-; ***the ~ Ocean*** Atlanten, Atlantiska oceanen **II** *s*, ***the ~*** Atlanten

atlas ['ætləs] *s* atlas, kartbok

ATM [ˌeɪti:'em] (förk. för *automated* el. *automatic teller machine*) Bankomat ®

atmosphere ['ætməˌsfɪə] *s* atmosfär

atom ['ætəm] *s* atom [~ *bomb*]

atomic [ə'tɒmɪk] *adj* atom- [~ *bomb (energy)*]; ~ ***pile*** atomreaktor; ~ ***radiation*** radioaktiv strålning

atomizer ['ætəmaɪzə] *s* sprej

atone [ə'təʊn] *vb itr*, ~ ***for*** sona; gottgöra

atrocious [ə'trəʊʃəs] *adj* ohygglig, avskyvärd; vard. gräslig

atrocity [ə'trɒsətɪ] *s* ohygglighet, grymhet; illdåd

attach [ə'tætʃ] *vb tr* o. *vb itr* **1** fästa, sätta fast (på) [*to* på, vid] **2** bildl., ***be attached to*** a) vara fäst vid b) vara knuten till **3** ~ ***to*** vara förknippad med

attaché [ə'tæʃeɪ] *s* attaché; ***attaché case*** [ə'tæʃɪkeɪs] attachéväska

attachment [ə'tætʃmənt] *s* **1** fastsättning **2** tillgivenhet

attack [ə'tæk] **I** *s* anfall; angrepp [*on* mot]; attack **II** *vb tr* angripa, anfalla, attackera

attain [ə'teɪn] *vb tr* uppnå, nå

attainment [ə'teɪnmənt] *s* **1** uppnående **2** vanl. pl. ***~s*** kunskaper, färdigheter

attempt [ə'temt] **I** *vb tr* försöka **II** *s* **1** försök **2** ***an ~ on a p.'s life*** ett attentat mot ngn

attend [ə'tend] *vb tr* o. *vb itr* **1** bevista, besöka **2** uppvakta **3** åtfölja; ***attended with difficulties*** förenad med svårigheter **4** vårda, sköta; betjäna t.ex. kunder **5** vara uppmärksam; ~ ***on*** passa upp på; ~ ***to*** uppmärksamma; expediera [~ *to a customer*], sköta om **6** närvara, delta

attendance [ə'tendəns] *s* **1** närvaro [*at*, *on* vid, på], deltagande [*at*, *on* i] **2** antal närvarande, publik **3** betjäning, uppassning; uppvaktning; tillsyn

attendant [ə'tendənt] **I** *s* **1** vakt [*park* ~]; serviceman; skötare **2** följeslagare, tjänare [*on* hos, åt] **II** *adj* **1** åtföljande **2** uppvaktande [*on* hos]

attention [ə'tenʃ(ə)n] **I** *s* uppmärksamhet; kännedom [*bring a th. to a p.'s* ~]; vård, tillsyn, passning; ***attract ~*** tilldra sig uppmärksamhet; ***pay ~ to*** ägna

uppmärksamhet åt; ***stand at (to)*** ~ stå i givakt **II** *interj* **1** mil. givakt! **2** ~ ***please!*** i t.ex. högtalare hallå, hallå!
attentive [ə'tentɪv] *adj* uppmärksam
attest [ə'test] *vb tr* vittna om; bevittna [~ *a signature*]; vidimera
attic ['ætɪk] *s* vind, vindsrum
attire [ə'taɪə] **I** *vb tr* kläda **II** *s* klädsel
attitude ['ætɪtju:d] *s* inställning, attityd
attorney [ə'tɜ:nɪ] *s* **1** ***power of*** ~ fullmakt **2** amer. advokat; ***district*** ~ allmän åklagare
Attorney-General [ə,tɜ:nɪ'dʒen(ə)rl] *s* **1** i Storbritannien kronjurist, ungefär justitiekansler **2** amer. justitieminister
attract [ə'trækt] *vb tr* dra till sig, attrahera; locka; tilldra sig, väcka [~ *attention*]
attraction [ə'trækʃ(ə)n] *s* **1** attraktion; dragningskraft; lockelse **2** attraktionsnummer; pl. ***~s*** nöjen
attractive [ə'træktɪv] *adj* attraktiv, tilldragande; tilltalande
attribute [substantiv 'ætrɪbju:t, verb ə'trɪbju:t] **I** *s* attribut; utmärkande drag **II** *vb tr* tillskriva [*a th. to a p.* ngn ngt]
aubergine ['əʊbəʒi:n] *s* aubergine, äggplanta
auburn ['ɔ:bən] *adj* kastanjebrun, rödbrun
auction ['ɔ:kʃ(ə)n] **I** *s* auktion **II** *vb tr,* ~ el. ~ ***off*** auktionera bort
auctioneer [,ɔ:kʃə'nɪə] *s* auktionsförrättare
audacious [ɔ:'deɪʃəs] *adj* djärv; fräck
audacity [ɔ:'dæsətɪ] *s* djärvhet; fräckhet
audibility [,ɔ:də'bɪlətɪ] *s* hörbarhet
audible ['ɔ:dəbl] *adj* hörbar
audience ['ɔ:djəns] *s* **1** publik; åhörare **2** ***obtain an*** ~ ***with*** få audiens hos
audio-visual [,ɔ:dɪəʊ'vɪzjʊəl] *adj,* ~ ***aids*** audivisuella hjälpmedel
audit ['ɔ:dɪt] *vb tr* revidera, granska
audition [ɔ:'dɪʃ(ə)n] *s* provsjungning, provspelning för t.ex. engagemang
auditor ['ɔ:dɪtə] *s* revisor
auditorium [,ɔ:dɪ'tɔ:rɪəm] *s* hörsal; teatersalong
aught [ɔ:t] *s,* ***for*** ~ ***I know*** inte annat än jag vet
augment [ɔ:g'ment] *vb tr* o. *vb itr* öka; ökas
August ['ɔ:gəst] *s* augusti
august [ɔ:'gʌst] *adj* majestätisk
aunt [ɑ:nt] *s* tant; faster, moster
auntie o. **aunty** ['ɑ:ntɪ] *s* smeksamt för *aunt*
au pair [,əʊ'peə] *adj* o. *s,* ~ ***girl*** el. ***au pair*** au pair, au pair flicka
auspicious [ɔ:'spɪʃəs] *adj* gynnsam
austere [ɒs'tɪə] *adj* sträng, allvarlig; spartansk; stram
austerity [ɒ'sterətɪ] *s* stränghet; spartanskhet; stramhet
Australia [ɒ'streɪljə] Australien
Australian [ɒ'streɪljən] **I** *adj* australisk **II** *s* australiensare
Austria ['ɒstrɪə] Österrike
Austrian ['ɒstrɪən] **I** *adj* österrikisk **II** *s* österrikare
authentic [ɔ:'θentɪk] *adj* autentisk, äkta
authenticity [,ɔ:θen'tɪsətɪ] *s* äkthet, autenticitet
author ['ɔ:θə] *s* författare, författarinna
authoress ['ɔ:θərəs] *s* författarinna
authoritarian [,ɔ:θɒrɪ'teərɪən] *adj* auktoritär
authoritative [ɔ:'θɒrɪtətɪv] *adj* auktoritativ; myndig
authority [ɔ:'θɒrətɪ] *s* **1** myndighet, makt, maktbefogenhet; ***those in*** ~ de makthavande; ***on one's own*** ~ på eget bevåg **2** bemyndigande; fullmakt **3** auktoritet, expert **4** stöd, belägg
authorization [,ɔ:θəraɪ'zeɪʃ(ə)n] *s* bemyndigande
authorize ['ɔ:θəraɪz] *vb tr* auktorisera, bemyndiga; godkänna
authorship ['ɔ:θəʃɪp] *s* författarskap
autobiographic ['ɔ:tə,baɪə'græfɪk] *adj* o. **autobiographical** ['ɔ:tə,baɪə'græfɪk(ə)l] *adj* självbiografisk
autobiography [,ɔ:təbaɪ'ɒgrəfɪ] *s* självbiografi
autocrat ['ɔ:təkræt] *s* envåldshärskare, autokrat
autograph ['ɔ:təgrɑ:f] *s* autograf
automate ['ɔ:təmeɪt] *vb tr* automatisera
automatic [,ɔ:tə'mætɪk] **I** *adj* automatisk; självgående, självverkande **II** *s* automatvapen
automation [,ɔ:tə'meɪʃ(ə)n] *s* automation
automatize [ɔ:'tɒmətaɪz] *vb tr* automatisera
automobile ['ɔ:təməbi:l] *s* speciellt amer. bil
autopilot ['ɔ:təʊ,paɪlət] *s* autopilot
autopsy ['ɔ:tɒpsɪ] *s* obduktion
autumn ['ɔ:təm] *s* höst; för ex. jfr *summer*
auxiliary [ɔ:g'zɪljərɪ] **I** *adj* hjälp- [~ *verb (troops)*] **II** *s* **1** pl. ***auxiliaries*** hjälptrupper **2** hjälpverb
AV [,eɪ'vi:] förk. för *audiovisual*

avail [əˈveɪl] **I** *vb tr* o. *vb itr,* ***~ oneself of*** begagna sig av **II** *s,* ***of no ~*** till ingen nytta
available [əˈveɪləbl] *adj* tillgänglig, disponibel; anträffbar
avalanche [ˈævəlɑːnʃ] *s* lavin
avarice [ˈævərɪs] *s* girighet
avaricious [ˌævəˈrɪʃəs] *adj* girig; sniken
avenge [əˈvendʒ] *vb tr* hämnas
avenue [ˈævənjuː] *s* allé; trädkantad uppfartsväg; aveny, boulevard
average [ˈævrɪdʒ] **I** *s* genomsnitt; ***on an (the) ~*** el. ***on ~*** i genomsnitt, i medeltal **II** *adj* genomsnittlig; ordinär
averse [əˈvɜːs] *adj,* ***be ~ to*** ogilla
aversion [əˈvɜːʃ(ə)n] *s* motvilja, aversion; ***my pet ~*** min fasa
avert [əˈvɜːt] *vb tr* **1** vända bort; avleda [*~ suspicion*] **2** avvärja
aviation [ˌeɪvɪˈeɪʃ(ə)n] *s* flygning, flygkonst
aviator [ˈeɪvɪeɪtə] *s* flygare; pilot
avid [ˈævɪd] *adj* ivrig; glupsk
avocado [ˌævəˈkɑːdəʊ] (pl. *~s*) *s* avocado
avoid [əˈvɔɪd] *vb tr* undvika; undgå
avoidable [əˈvɔɪdəbl] *adj,* ***it was ~*** det hade kunnat undvikas
avoidance [əˈvɔɪdəns] *s* undvikande; ***tax ~*** skatteplanering
await [əˈweɪt] *vb tr* invänta, avvakta
awake [əˈweɪk] (*awoke awoken*) *vb itr* o. *vb tr* vakna; väcka; ***be ~ to*** vara medveten om
awaken [əˈweɪk(ə)n] *vb tr* o. *vb itr* väcka; vakna
awakening [əˈweɪknɪŋ] *s* uppvaknande
award [əˈwɔːd] **I** *vb tr* tilldela, tilldöma; belöna med **II** *s* pris, belöning
aware [əˈweə] *adj* medveten [*of* om]; uppmärksam [*of* på]
away [əˈweɪ] **I** *adv* **1** bort, i väg; undan, ifrån sig, åt sidan [*put a th. ~*] **2** borta **3** vidare, ˈpå [*eat ~*] **4** ***straight (right) ~*** med detsamma, genast **II** *adj* sport. borta- [*~ match*]
awe [ɔː] **I** *s* vördnad **II** *vb tr* inge vördnad
awe-inspiring [ˈɔːɪnˌspaɪərɪŋ] *adj* respektinjagande
awe-struck [ˈɔːstrʌk] *adj* skräckslagen; fylld av vördnad
awful [ˈɔːfl] *adj* ohygglig, fruktansvärd; vard. förfärlig, hemsk
awkward [ˈɔːkwəd] *adj* **1** tafatt, klumpig **2** förlägen, osäker **3** besvärlig
awl [ɔːl] *s* syl, pryl
awning [ˈɔːnɪŋ] *s* markis
awoke [əˈwəʊk] se *awake*
awoken [əˈwəʊk(ə)n] se *awake*
awry [əˈraɪ] *adj* sned, på sned
ax [æks] *s* amer., se *axe*
axe [æks] **I** *s* yxa, bila **II** *vb tr* vard. skära ned
axes [ˈæksiːz] *s* se *axis*
axiomatic [ˌæksɪəˈmætɪk] *adj* axiomatisk
axis [ˈæksɪs] (pl. *axes* [ˈæksiːz]) *s* mat. axel
axle [ˈæksl] *s* hjulaxel
ay [aɪ] **I** *interj* dial. ja **II** *s* jaröst
azalea [əˈzeɪljə] *s* azalea
azure [ˈæʒə, ˈeɪʒə] *adj* azurblå, himmelsblå

B

B, b [bi:] *s* B, b; ***B*** mus. h; ***B flat*** mus. b; ***B sharp*** mus. hiss
BA [ˌbi:ˈeɪ] (förk. för *Bachelor of Arts*) ungefär fil. kand.
babble [ˈbæbl] **I** *vb itr* babbla; pladdra **II** *s* babbel; pladder
babe [beɪb] *s* litt. spädbarn, barnunge
baboon [bəˈbu:n] *s* babian
baby [ˈbeɪbɪ] *s* **1** spädbarn, baby **2** vard. sötnos
baby boy [ˌbeɪbɪˈbɔɪ] *s* gossebarn
baby buggy [ˈbeɪbɪˌbʌgɪ] *s* paraplyvagn; amer. barnvagn
baby girl [ˌbeɪbɪˈgɜ:l] *s* flickebarn
babyish [ˈbeɪbɪɪʃ] *adj* barnslig
baby-minder [ˈbeɪbɪˌmaɪndə] *s* dagmamma
baby-sat [ˈbeɪbɪsæt] se *baby-sit*
baby-sit [ˈbeɪbɪsɪt] (*baby-sat baby-sat*) *vb itr* sitta barnvakt
baby-sitter [ˈbeɪbɪˌsɪtə] *s* barnvakt
baccy [ˈbækɪ] *s* vard. tobak
bachelor [ˈbætʃ(ə)lə] *s* **1** ungkarl **2** ***Bachelor of Arts (Science)*** ungefär filosofie kandidat
bacillus [bəˈsɪləs] (pl. *bacilli* [bəˈsɪlaɪ]) *s* bacill
back [bæk] **I** *s* **1** rygg; ***break a p.'s ~*** bildl. ta knäcken på ngn; ***put (get) a p.'s ~ up*** reta upp ngn; ***be glad to see the ~ of a p. (a th.)*** vara glad att bli kvitt ngn (ngt) **2** baksida; bakre del; ***at the ~ of*** bakom **3** sport. back **II** *adj* på baksidan, bak-; ***~ page*** sista sida av tidning; ***take a ~ seat*** bildl. hålla sig i bakgrunden **III** *adv* bakåt; tillbaka, åter, igen **IV** *vb tr* o. *vb itr* **1** backa [*~ a car*]; röra sig bakåt, gå (träda) tillbaka; rygga **2** ***~ up*** backa upp; ***~ down*** retirera, backa ur; ***~ out*** gå baklänges ut [*of* ur]; backa ut, hoppa av **3** hålla (satsa) på [*~ a horse*]
backache [ˈbækeɪk] *s* ont i ryggen, ryggont
back-bencher [ˌbækˈbentʃə] *s* parl. icke-minister
backbit [ˈbækbɪt] se *backbite*
backbite [ˈbækbaɪt] (*backbit backbitten*) *vb itr* tala illa om folk
backbiter [ˈbækˌbaɪtə] *s* baktalare
backbiting [ˈbækˌbaɪtɪŋ] *s* förtal
backbitten [ˈbækbɪtn] se *backbite*
backbone [ˈbækbəʊn] *s* ryggrad; ***to the ~*** helt igenom
backbreaking [ˈbækˌbreɪkɪŋ] *adj* slitsam, hård
backchat [ˈbæktʃæt] *s* vard. skämtsam replikväxling; uppkäftighet
backcloth [ˈbækklɒθ] *s* teat. fondkuliss
backer [ˈbækə] *s* stödjare, hjälpare
backfire [ˌbækˈfaɪə] *vb itr* bil. baktända; bildl. slå slint
background [ˈbækgraʊnd] *s* bakgrund, fond; miljö
backhand [ˈbækhænd] *s* sport. backhand äv. slag
backing [ˈbækɪŋ] *s* **1** backning **2** stöd, uppbackning
backlash [ˈbæklæʃ] *s* motreaktion
back number [ˌbækˈnʌmbə] *s* gammalt nummer av tidning el. tidskrift
back pay [ˈbækpeɪ] *s* retroaktiv lön
backside [ˌbækˈsaɪd] *s* **1** baksida **2** vard. ända, rumpa
backslid [ˌbækˈslɪd] se *backslide*
backslide [ˈbækˈslaɪd] (*backslid backslid*) *vb itr* återfalla i t.ex. brott, synd; avfalla
backstage [ˌbækˈsteɪdʒ] *adv* o. *adj* bakom kulisserna (scenen)
backstroke [ˈbækstrəʊk] *s* ryggsim
back tax [ˈbæktæks] *s* kvarskatt
backward [ˈbækwəd] **I** *adj* **1** bakåtriktad, bakåtvänd **2** begåvningshämmad, efterbliven **II** *adv* se *backwards*
backwards [ˈbækwədz] *adv* bakåt, bakut, baklänges, tillbaka; ***~ and forwards*** fram och tillbaka; ***know a th. ~*** kunna ngt utan och innan
backwash [ˈbækwɒʃ] *s* **1** svallvågor **2** bildl. efterverkningar, efterdyningar
backwater [ˈbækˌwɔ:tə] *s* **1** bakvatten **2** bildl. dödvatten, ankdamm; avkrok
backwoods [ˈbækwʊdz] *s pl* **1** speciellt amer. avlägsna skogstrakter, obygder **2** se *backwater 2*
backyard [ˌbækˈjɑ:d] *s* bakgård; amer. trädgård på baksidan av huset
bacon [ˈbeɪk(ə)n] *s* bacon; saltat o. rökt sidfläsk
bacteria [bækˈtɪərɪə] *s* se *bacterium*
bacteriological [bækˌtɪərɪəˈlɒdʒɪk(ə)l] *adj* bakteriologisk [*~ warfare*]
bacterium [bækˈtɪərɪəm] (pl. *bacteria* [bækˈtɪərɪə]) *s* bakterie
bad [bæd] (*worse worst*) *adj* **1** dålig; svår [*a ~ blunder (cold)*]; sorglig [*~ news*]; ***~ luck*** otur; ***go ~*** ruttna, bli skämd; ***that's too***

~! vard. vad tråkigt!, vad synd! **2** oriktig, falsk **3** ond; fördärvad; ~ ***language*** svordomar

bade [bæd, beɪd] se *bid I*

badge [bædʒ] *s* märke, emblem

badger ['bædʒə] **I** *s* grävling **II** *vb tr* trakassera; tjata på

badly ['bædlɪ] (*worse worst*) *adv* dåligt, illa; svårt

badminton ['bædmɪntən] *s* badminton

bad-tempered [ˌbæd'tempəd] *adj* på dåligt humör, sur

baffle ['bæfl] *vb tr* förvirra, förbrylla, gäcka

bag [bæg] **I** *s* **1** påse; säck; bag; väska **2** jaktbyte, fångst **II** *vb tr* **1** fånga **2** vard. knycka, lägga beslag på

bagatelle [ˌbægə'tel] *s* **1** bagatell **2** fortunaspel

baggage ['bægɪdʒ] *s* bagage, resgods

baggy ['bægɪ] *adj* påsig, säckig

bagpiper ['bægˌpaɪpə] *s* säckpipblåsare

bagpipes ['bægpaɪps] *s pl* säckpipa

1 bail [beɪl] *vb tr* o. *vb itr,* ~ ***out*** el. ~ ösa, ösa ut [~ *water*]

2 bail [beɪl] **I** *s* borgen för anhållens inställelse inför rätta **II** *vb tr,* ~ ***out*** el. ~ utverka frihet åt anhållen genom att ställa borgen för honom

bailiff ['beɪlɪf] *s* utmätningsman

bait [beɪt] **I** *vb tr* **1** hetsa, plåga **2** reta **3** agna krok; sätta bete på **II** *s* agn, bete vid fiske

baize [beɪz] *s* boj slags grönt filttyg; filt

bake [beɪk] *vb tr* o. *vb itr* baka, ugnssteka, ugnsbaka; stekas, bakas

baker ['beɪkə] *s* bagare

bakery ['beɪkərɪ] *s* bageri

baking-tin ['beɪkɪŋtɪn] *s* bakform

balance ['bæləns] **I** *s* **1** våg, balansvåg; vågskål **2** balans äv. bildl. [*lose one's* ~]; jämvikt **3** hand. balans; återstod, rest; ~ ***brought*** (***carried***) ***forward*** ingående (utgående) saldo; ***strike a*** ~ finna en medelväg **4** vard., ***the*** ~ resten **II** *vb tr* **1** avväga, väga **2** balansera **3** motväga, uppväga

balcony ['bælkənɪ] *s* **1** balkong **2** ***the*** ~ teat. (vanl.) andra raden; amer. första raden

bald [bɔːld] *adj* flintskallig

1 bale [beɪl] *s* bal, packe

2 bale [beɪl] *vb itr* o. *vb tr* **1** ~ ***out*** hoppa med fallskärm **2** ~ ***out*** el. ~ ösa, ösa ut

balk [bɔːk, bɔːlk] *vb tr* o. *vb itr* **1** hindra ngns planer **2** om häst tvärstanna; bildl. dra sig [*at* för]

Balkans ['bɔːlkənz] *s pl,* ***the*** ~ Balkan

1 ball [bɔːl] *s* bal, dans

2 ball [bɔːl] *s* **1** boll; klot; kula **2** nystan [~ *of wool*] **3** vulg., pl. ~***s*** a) ballar testiklar b) skitprat

ballad ['bæləd] *s* folkvisa

ballast ['bæləst] *s* barlast

ball bearing [ˌbɔːl'beərɪŋ] *s* kullager

ballet ['bæleɪ] *s* balett

balloon [bə'luːn] *s* ballong; ~ el. ~ ***glass*** aromglas

ballot ['bælət] *s* **1** röstsedel, valsedel **2** sluten omröstning

ballot box ['bælətbɒks] *s* valurna

ballot paper ['bælətˌpeɪpə] *s* röstsedel

ballpen ['bɔːlpen] *s* kulpenna

ballpoint ['bɔːlpɔɪnt] *s,* ~ ***pen*** el. ~ kulpenna

ballroom ['bɔːlruːm] *s* balsal; danssalong

ballyhoo [ˌbælɪ'huː] *s* vard. ståhej

balm [bɑːm] *s* balsam; lindring

balmy ['bɑːmɪ] *adj* **1** doftande **2** lindrande

balsam ['bɔːlsəm] *s* balsam

Baltic ['bɔːltɪk] **I** *adj* baltisk; ***the*** ~ ***Sea*** Östersjön; ***the*** ~ ***States*** Baltikum **II** *s,* ***the*** ~ Östersjön

bamboo [ˌbæm'buː] *s* bambu; bamburör

ban [bæn] **I** *s* officiellt förbud; ***put a*** ~ ***on*** förbjuda **II** *vb tr* förbjuda; bannlysa

banal [bə'nɑːl] *adj* banal

banana [bə'nɑːnə] *s* banan

band [bænd] **I** *s* **1** band; snodd **2** trupp, skara **3** mindre orkester, musikkår **II** *vb itr,* ~ ***together*** förena sig

bandage ['bændɪdʒ] **I** *s* bandage, förband, binda **II** *vb tr* förbinda

bandit ['bændɪt] *s* bandit, bov

bandmaster ['bændˌmɑːstə] *s* kapellmästare

bandstand ['bæn(d)stænd] *s* musikestrad

bandy ['bændɪ] **I** *vb tr,* ~ el. ~ ***about*** kasta fram och tillbaka, bolla med **II** *adj* om ben hjulbent

bane [beɪn] *s* fördärv; förbannelse

bang [bæŋ] **I** *vb tr* o. *vb itr* banka, smälla, slå **II** *s* slag, smäll, knall **III** *interj* o. *adv* bom, pang; ***go*** ~ smälla till

bangle ['bæŋgl] *s* armring

banish ['bænɪʃ] *vb tr* **1** landsförvisa **2** bannlysa; slå bort [~ *cares*]

banishment ['bænɪʃmənt] *s* landsförvisning

banisters ['bænɪstəz] *s pl* trappräcke

banjo ['bændʒəʊ] (pl. ~*s*) *s* banjo

1 bank [bæŋk] *s* **1** sluttning **2** bank, vall

2 bank [bæŋk] **I** *s* **1** bank; ~ ***account*** bankkonto; ~ ***holiday*** allmän helgdag, bankfridag; ~ ***manager*** bankkamrer, bankdirektör **2** spelbank **II** *vb itr* **1** ~ ***with*** ha bankkonto hos **2** ~ ***on*** vard. lita på
banker ['bæŋkə] *s* bankir; spel. bankör
banknote ['bæŋknəʊt] *s* bank- sedel
bankrupt ['bæŋkrʌpt] **I** *s* person som har gjort konkurs; bankruttör **II** *adj* bankrutt; ***go*** ~ göra konkurs (bankrutt)
bankruptcy ['bæŋkrəptsɪ] *s* konkurs; bankrutt
banner ['bænə] *s* baner, fana
banns [bænz] *s pl*, ***publish*** (***read***) ***the*** ~ avkunna lysning
banquet ['bæŋkwɪt] *s* bankett, festmåltid
banter ['bæntə] **I** *s* skämt, skämtande **II** *vb itr* skämta, raljera
baptism ['bæptɪz(ə)m] *s* dop
baptize [bæp'taɪz] *vb tr* döpa
bar [bɑ:] **I** *s* **1 a)** stång; ribba; tacka [*gold* ~]; ~ ***of chocolate*** chokladkaka; ***a*** ~ ***of soap*** en tvål **b)** bom; pl. ~***s*** äv. galler [*behind* ~*s*] **2** hinder [*to* för], spärr **3** a) bardisk b) avdelning på en pub [*the saloon* ~] **4** mus. takt, taktstreck **5** skrank i rättssal; ***the prisoner at the*** ~ den anklagade **II** *vb tr* **1** a) bomma till (igen) b) spärra, blockera [~ *the way*] **2** hindra; utesluta; avstänga [~ *a p. from a race*]; förbjuda **III** *prep* vard. utom [~ *one*]
barbarian [bɑ:'beərɪən] *s* barbar
barbaric [bɑ:'bærɪk] *adj* barbarisk
barbarism ['bɑ:bərɪz(ə)m] *s* barbari
barbarous ['bɑ:bərəs] *adj* barbarisk
barbecue ['bɑ:bɪkju:] *s* utomhusgrill; grillfest
barbed [bɑ:bd] *adj*, ~ ***wire*** taggtråd
barber ['bɑ:bə] *s* barberare; ***barber's shop*** frisersalong
bar-code ['bɑ:kəʊd] *s* streckkod
bare [beə] *adj* **1** bar [~ *hands*], naken; kal **2** blott, blotta [*the* ~ *idea*]; knapp [*a* ~ *majority*]
barefaced ['beəfeɪst] *adj* oblyg, skamlös, fräck [*a* ~ *lie*]
barefoot ['beəfʊt] *adj* o. *adv* barfota
bareheaded [ˌbeə'hedɪd] *adj* barhuvad
barely ['beəlɪ] *adv* **1** nätt och jämnt, knappt **2** sparsamt, torftigt
bargain ['bɑ:gɪn] **I** *s* **1** förmånlig, god affär; uppgörelse; ***that's a*** ~***!*** avgjort!; ***strike a*** ~ ***with a p.*** träffa avtal med ngn; ***into the*** ~ till på köpet **2** gott köp; kap, fynd, klipp **3** attributivt, ~ ***price*** fyndpris **II** *vb itr* **1** köpslå, pruta **2** förhandla, göra upp [*for* om] **3** vard., ~ ***for*** räkna med, vänta sig
barge [bɑ:dʒ] **I** *s* pråm **II** *vb itr* vard. **1** törna, rusa [*into* in i, på] **2** ~ ***in*** tränga sig på
baritone ['bærɪtəʊn] *s* baryton
1 bark [bɑ:k] *s* bark
2 bark [bɑ:k] **I** *vb itr* skälla [*at* på] **II** *s* skall, skällande
barley ['bɑ:lɪ] *s* korn sädesslag
barmaid ['bɑ:meɪd] *s* kvinnlig bartender
barman ['bɑ:mən] *s* bartender
barn [bɑ:n] *s* lada, loge; amer. ladugård
barometer [bə'rɒmɪtə] *s* barometer
baron ['bær(ə)n] *s* baron
baroness ['bærənəs] *s* baronessa
barrack ['bærək] *s*, pl. ~***s*** kasern, barack
barrage ['bærɑ:ʒ] *s* mil. spärreld
barrel ['bær(ə)l] *s* **1** fat, tunna **2** gevärspipa
barrel organ ['bærəlˌɔ:gən] *s* positiv
barren ['bær(ə)n] *adj* ofruktbar; steril
barricade [ˌbærɪ'keɪd] **I** *s* barrikad **II** *vb tr* barrikadera
barrier ['bærɪə] *s* barriär; spärr
barring ['bɑ:rɪŋ] *prep* utom; bortsett från
barrister ['bærɪstə] *s* advokat med rätt att föra parters talan vid överrätt
barrow ['bærəʊ] *s* skottkärra
bartender ['bɑ:ˌtendə] *s* bartender
barter ['bɑ:tə] **I** *vb itr* o. *vb tr* idka byteshandel, byta ut [*for* mot], schackra **II** *s* byteshandel
1 base [beɪs] *adj* tarvlig; ~ ***metals*** oädla metaller
2 base [beɪs] **I** *s* bas; grundval; sockel **II** *vb tr* basera
baseball ['beɪsbɔ:l] *s* baseboll
basement ['beɪsmənt] *s* källarvåning
bases ['beɪsi:z] *s* se *basis*
bash [bæʃ] *vb tr* vard. slå; klå upp
bashful ['bæʃf(ʊ)l] *adj* blyg, skygg
basic ['beɪsɪk] *adj* grundläggande, fundamental
basically ['beɪsɪklɪ] *adv* i grund och botten
basil ['bæzl] *s* basilika krydda
basin ['beɪsn] *s* fat, handfat; skål
basis ['beɪsɪs] (pl. *bases* ['beɪsi:z]) *s* bas; basis
bask [bɑ:sk] *vb itr*, ~ ***in the sun*** sola sig
basket ['bɑ:skɪt] *s* korg
basketball ['bɑ:skɪtbɔ:l] *s* basketboll
1 bass [bæs] *s* zool. havsabborre
2 bass [beɪs] mus. **I** *s* bas **II** *adj* bas-; låg
bassoon [bə'su:n] *s* fagott

bastard ['bɑ:stəd] *s* **1** utomäktenskapligt barn; bastard **2** sl. knöl, jävel
1 bat [bæt] *s* fladdermus
2 bat [bæt] *s* slagträ i kricket m.m.; racket i bordtennis
batch [bætʃ] *s* **1** bak av samma deg; sats **2** hop, hög [*a ~ of letters*]; bunt
bate [beɪt] *vb tr* minska; ***with bated breath*** med återhållen andedräkt
bath [bɑ:θ, pl. bɑ:ðz] **I** *s* **1** bad **2** badkar, badbalja **3** *~s* a) badhus, badinrättning b) kuranstalt, kurort; ***swimming ~s*** simhall **II** *vb tr* o. *vb itr* bada
bath chair ['bɑ:θtʃeə] *s* rullstol för sjuka
bathe [beɪð] **I** *vb tr* o. *vb itr* **1** bada **2** badda [*~ one's eyes*] **II** *s* bad i det fria
bathing ['beɪðɪŋ] *s* badning, bad
bathing beach ['beɪðɪŋbi:tʃ] *s* badstrand
bathing cap ['beɪðɪŋkæp] *s* badmössa
bathing costume ['beɪðɪŋˌkɒstju:m] *s* baddräkt
bathing hut ['beɪðɪŋhʌt] *s* badhytt
bathing pool ['beɪðɪŋpu:l] *s* badbassäng, pool
bathing suit ['beɪðɪŋsu:t] *s* baddräkt
bathing trunks ['beɪðɪŋtrʌŋks] *s pl* badbyxor
bathrobe ['bɑ:θrəʊb] *s* badkappa, badrock
bathroom ['bɑ:θru:m] *s* badrum; amer. äv. toalett
bath towel ['bɑ:θˌtaʊəl] *s* badhandduk
bathtub ['bɑ:θtʌb] *s* badkar; badbalja
batik [bə'ti:k] *s* batik
Batman ['bætmæn] seriefigur Läderlappen, Batman
baton ['bæt(ə)n] *s* **1** batong **2** taktpinne
batsman ['bætsmən] *s* slagman i t.ex kricket
battalion [bə'tæljən] *s* bataljon
1 batter ['bætə] *vb tr* o. *vb itr* **1** slå, slå in (ned) **2** illa tilltyga **3** hamra, bulta
2 batter ['bætə] *s* kok. smet; *~ **pudding*** ung. ugnspannkaka
battered ['bætəd] *adj* sönderslagen, illa medfaren
battery ['bætərɪ] *s* batteri
battle ['bætl] **I** *s* strid, batalj, fältslag **II** *vb itr* kämpa
battle-axe ['bætl-æks] *s* stridsyxa
battle cry ['bætlkraɪ] *s* stridsrop
battlefield ['bætlfi:ld] *s* slagfält
battleship ['bætlʃɪp] *s* slagskepp
Bavaria [bə'veərɪə] Bayern
Bavarian [bə'veərɪən] **I** *adj* bayersk **II** *s* bayrare
bawl [bɔ:l] *vb itr* o. *vb tr* vråla

1 bay [beɪ] *s* lagerträd
2 bay [beɪ] *s* vik, bukt
3 bay [beɪ] *s* **1** utrymme, avdelning, bås **2** burspråk
bay leaf ['beɪli:f] (pl. *bay leaves* ['beɪli:vz]) *s* lagerblad
bayonet ['beɪənət] *s* bajonett
bay tree ['beɪtri:] *s* lagerträd
bazaar [bə'zɑ:] *s* basar
BBC [ˌbi:bi:'si:] (förk. för *British Broadcasting Corporation*) BBC, brittiska radion och televisionen
BC [ˌbi:'si:] (förk. för *before Christ*) f. Kr.
be [bi:, bɪ] (*was been*; presens indikativ *I am, you are, he/she/it is*, pl. *they/we are*; imperfekt *I was, you were, he/she/it was*, pl. *they/we were*) *vb itr* **I** *huvudvb* **1 a)** vara; bli [*the answer was...*] **b)** ***there is*** el. ***there are*** det är, det finns **2** gå [*we were at school together*]; ligga [*it is on the table*]; sitta [*he is in prison*]; stå [*the verb is in the singular*]; [***he is dead***], ***isn't he?*** ...eller hur?; ***he is wrong*** han har fel; ***how are you?*** hur mår du? □ *~* **about** handla om; ***he was about to*** han skulle just; *~* **for** förorda, vara för; ***now you are for it!*** det kommer du att få för!; *~* **off** ge sig iväg (av) **II** *hjälpvb* **1** ***be*** + perfekt particip a) passivbildande bli b) vara; ***he was saved*** han räddades, han blev räddad; ***when were you born?*** när är du född? **2** ***be*** + ing-form: ***they are building a house*** de håller på och bygger ett hus; ***the house is being built*** huset håller på att byggas; ***he is leaving tomorrow*** han reser i morgon **3** ***be + to*** infinitiv **a)** ***am*** (***are, is***) ***to*** skall [*when am I to come back?*] **b)** ***was*** (***were***) ***to*** skulle [*he was never to come back again; if I were to tell you...*]
beach [bi:tʃ] *s* sandstrand; badstrand; *~ **ball*** badboll
beacon ['bi:k(ə)n] *s* fyr; båk; flygfyr
bead [bi:d] *s* pärla av glas, trä etc.
beaker ['bi:kə] *s* glasbägare för laboratorieändamål; mugg
beam [bi:m] **I** *s* **1** bjälke **2** ljusstråle **II** *vb itr* stråla [*~ with happiness*]
bean [bi:n] *s* böna
1 bear [beə] *s* björn
2 bear [beə] (*bore borne*, äv. *born*, se detta ord) *vb tr* o. *vb itr* **1** högtidl. bära, föra **2** bildl. bära [*~ a name*]; äga, ha [*~ some resemblance to*]; inneha; *~ **in mind*** komma ihåg **3** uthärda; tåla, stå ut med **4** bära [*~ fruit*]; frambringa; föda [*~ a*

child] **5** bära, hålla [*the ice doesn't ~*] **6** tynga, trycka, vila [*on, against* mot, på] **7** ***bring to ~*** utöva [*bring pressure to ~*] **8** föra, ta av [*~ to the right*] □ **~ down on (upon)** a) styra ned mot b) störta (kasta) sig över; **~ out** stödja, bekräfta; **~ up** hålla uppe, hålla modet uppe

bearable ['beərəbl] *adj* uthärdlig, dräglig

beard [bɪəd] *s* skägg

bearded ['bɪədɪd] *adj* skäggig, med skägg

bearer ['beərə] *s* bärare

bearing ['beərɪŋ] *s* **1** hållning, uppträdande **2** betydelse [*on* för]; ***it has no ~ on the subject*** det har inte med saken att göra **3** läge; sjö. pejling, bäring; ***find one's ~s*** orientera sig **4** tekn. lager

Béarnaise [ˌbeɪə'neɪz] *s*, ***~ sauce*** bearnaisesås

beast [bi:st] *s* **1** fyrfota djur; best **2** bildl. odjur, fä

beastly ['bi:stlɪ] *adj* vard. avskyvärd, gräslig

beat [bi:t] **I** (*beat beaten*) *vb tr* o. *vb itr* **1** slå; piska; bulta, hamra; klappa [*his heart is beating*]; ***~ time*** slå takten **2** vispa [*~ eggs*] **3** slå [*~ a record*], besegra; ***it ~s me how*** vard. jag fattar inte hur **II** *s* **1** slag; taktslag; bultande **2** rond; pass **III** *adj*, *~* el. ***dead ~*** vard. helt utmattad

beaten ['bi:tn] *adj* o. *perf p* (av *beat*) slagen; besegrad

beating ['bi:tɪŋ] *s* **1** slående **2** stryk, smörj

beautiful ['bju:təf(ʊ)l] *adj* skön, vacker

beautify ['bju:tɪfaɪ] *vb tr* försköna, pryda

beauty ['bju:tɪ] *s* skönhet; ***~ parlour*** skönhetssalong

beaver ['bi:və] *s* bäver; bäverskinn

became [bɪ'keɪm] se *become*

because [bɪ'kɒz] **I** *konj* emedan, därför att **II** *adv*, ***~ of*** på grund av

beckon ['bek(ə)n] *vb itr* o. *vb tr* göra tecken; göra tecken åt; vinka, vinka till sig

become [bɪ'kʌm] (*became become*) *vb itr* o. *vb tr* **1** bli, bliva **2** ***what has ~ of it?*** vart har det tagit vägen? **3** passa, anstå, klä

becoming [bɪ'kʌmɪŋ] *adj* passande; klädsam

bed [bed] *s* bädd; säng; ***~ and breakfast*** rum inklusive frukost; ***twin ~s*** två enkelsängar; ***make the ~*** (***the ~s***) bädda; ***put to ~*** lägga

bedclothes ['bedkləʊðz] *s pl* sängkläder

bedding ['bedɪŋ] *s* sängkläder

bedridden ['bedˌrɪdn] *adj* sängliggande

bedroom ['bedru:m] *s* sängkammare, sovrum

bedside ['bedsaɪd] *s*, ***at the ~*** vid sängkanten; ***at*** (***by***) ***a sick p.'s ~*** vid ngns sjukbädd; ***~ table*** nattduksbord

bed-sitter [ˌbed'sɪtə] *s* möblerad enrummare

bedsore ['bedsɔ:] *s* liggsår

bedspread ['bedspred] *s* sängöverkast

bedstead ['bedsted] *s* sängstomme; säng

bedtime ['bedtaɪm] *s* läggdags

bee [bi:] *s* bi; ***have a ~ in one's bonnet*** ha en fix idé

beech [bi:tʃ] *s* bot. bok

beef [bi:f] *s* oxkött, nötkött

beefsteak ['bi:fsteɪk] *s* biff, biffstek

beefy ['bi:fɪ] *adj* om person kraftig, muskulös

beehive ['bi:haɪv] *s* bikupa

bee-keeper ['bi:ˌki:pə] *s* biodlare

been [bi:n, bɪn] se *be*

beep [bi:p] **I** *s* tut, pip **II** *vb itr* tuta, pipa

beer [bɪə] *s* öl

beet [bi:t] *s* bot. beta

beetle ['bi:tl] *s* skalbagge

beetroot ['bi:tru:t] *s* rödbeta

befall [bɪ'fɔ:l] (*befell befallen*) *vb tr* o. *vb itr* litt. hända, ske

befallen [bɪ'fɔ:l(ə)n] se *befall*

befell [bɪ'fel] se *befall*

before [bɪ'fɔ:] **I** *prep* framför, inför, för; före; ***~ long*** inom kort **II** *konj* innan, förrän

beforehand [bɪ'fɔ:hænd] *adv* på förhand; i förväg; före

beg [beg] *vb tr* o. *vb itr* **1** tigga **2** be (tigga) om; ***I ~ to inform you*** jag får härmed meddela

began [bɪ'gæn] se *begin*

beggar ['begə] *s* **1** tiggare, fattig stackare **2** vard. rackare; ***you lucky ~!*** din lyckans ost!

begging ['begɪŋ] *s* tiggande, tiggeri

begin [bɪ'gɪn] (*began begun*) *vb itr* o. *vb tr* börja, börja med; ***to ~ with*** a) för det första b) till att börja med

beginner [bɪ'gɪnə] *s* nybörjare

beginning [bɪ'gɪnɪŋ] *s* början, begynnelse; ***at the ~*** i början

begonia [bɪ'gəʊnjə] *s* begonia

begrudge [bɪ'grʌdʒ] *vb tr* **1** inte unna, missunna **2** inte gilla [*~ spending money*]

begun [bɪ'gʌn] se *begin*

behalf [bɪ'hɑ:f] *s*, ***on*** (amer. ***in***) ***a p.'s ~*** i ngns ställe, för ngns räkning

behave [bɪ'heɪv] *vb itr* o. *vb rfl* uppföra sig väl; bete sig
behaviour [bɪ'heɪvjə] *s* beteende; uppförande, uppträdande
behead [bɪ'hed] *vb tr* halshugga
beheld [bɪ'held] se *behold*
behind [bɪ'haɪnd] **I** *prep* bakom, efter **II** *adv* bakom; baktill; efter; kvar [*stay* ~] **III** *s* vard. bak, stuss
behindhand [bɪ'haɪndhænd] *adv* o. *adj* efter, på efterkälken
behold [bɪ'həʊld] (*beheld beheld*) *vb tr* litt. skåda; ~*!* si!
beholder [bɪ'həʊldə] *s* åskådare
beige [beɪʒ] *s* o. *adj* beige
being ['bi:ɪŋ] **I** *adj*, ***for the time ~*** för närvarande; tillsvidare **II** *s* **1** tillvaro; ***come into ~*** bli till **2** väsen natur **3** väsen; varelse [*human* ~]
belch [beltʃ] **I** *vb itr* o. *vb tr* rapa; spy ut t.ex. eld **II** *s* rapning
Belgian ['beldʒ(ə)n] **I** *adj* belgisk **II** *s* belgare
Belgium ['beldʒəm] Belgien
Belgrade [bel'greɪd] Belgrad
belie [bɪ'laɪ] *vb tr* motsäga, strida mot
belief [bɪ'li:f] *s* tro [*in* på]; ***to the best of my ~*** så vitt jag vet
believe [bɪ'li:v] *vb itr* o. *vb tr* tro, tro på; ***~ in*** tro på; ***make ~*** låtsas
believer [bɪ'li:və] *s* troende; ***a ~*** en troende; ***he is a ~ in*** han tror på
belittle [bɪ'lɪtl] *vb tr* minska; förringa
bell [bel] *s* ringklocka; bjällra, skälla
belle [bel] *s* skönhet, vacker kvinna
belligerent [bɪ'lɪdʒər(ə)nt] **I** *adj* **1** krigförande **2** stridslysten **II** *s* krigförande makt
bellow ['beləʊ] *vb itr* böla, råma; ryta
bellows ['beləʊz] (pl. lika) *s* bälg, blåsbälg
belly ['belɪ] *s* buk; mage
belly-ache ['belɪeɪk] *s* ont i magen
belong [bɪ'lɒŋ] *vb itr*, ***~ to*** tillhöra
belonging [bɪ'lɒŋɪŋ] *s*, pl. ***~s*** tillhörigheter
Belorussia [ˌbeləʊ'rʌʃə] Vitryssland
Belorussian [ˌbeləʊ'rʌʃ(ə)n] **I** *adj* vitrysk **II** *s* vitryss
beloved [bɪ'lʌvd, attributivt o. som substantiv vanl. bɪ'lʌvɪd] **I** *adj* älskad **II** *s* älskling
below [bɪ'ləʊ] *prep* o. *adv* nedan, nedanför, under
belt [belt] *s* bälte; skärp, livrem, svångrem; gehäng; tekn. drivrem; ***~ bag*** midjeväska
beltway ['beltweɪ] *s* amer. kringfartsled
bench [bentʃ] *s* bänk; säte; arbetsbänk
bend [bend] **I** (*bent bent*) *vb tr* o. *vb itr* böja, kröka; vika; böja (kröka) sig, böjas **II** *s* böjning; krök; kurva
beneath [bɪ'ni:θ] *adv* o. *prep* nedan, nedanför, under; ***~ contempt*** under all kritik
benediction [ˌbenɪ'dɪkʃ(ə)n] *s* välsignelse
benefactor ['benɪfæktə] *s* välgörare
beneficial [ˌbenɪ'fɪʃ(ə)l] *adj* välgörande
benefit ['benɪfɪt] **I** *s* förmån, fördel, nytta; ***give a p. the ~ of the doubt*** hellre fria än fälla ngn **II** *vb tr* o. *vb itr* göra ngn gott (nytta), gagna; ***~ by (from)*** ha (dra) nytta av
benevolence [bə'nevələns] *s* välvilja
benevolent [bə'nevələnt] *adj* **1** välvillig **2** välgörenhets- [~ *society*]
Bengal [beŋ'gɔ:l] Bengalen
benign [bɪ'naɪn] *adj* välvillig; med. godartad
bent [bent] **I** *s* böjelse **II** imperfekt av *bend* **III** *perf p* o. *adj* **1** böjd, krokig, krökt **2** ***be ~ on*** ha föresatt sig, vara inriktad på
benzine [ben'zi:n] *s* bensin för rengöring
bequeath [bɪ'kwi:ð, bɪ'kwi:θ] *vb tr* testamentera, lämna i arv
bequest [bɪ'kwest] *s* testamentarisk gåva
bereave [bɪ'ri:v] (*bereft bereft* el. *bereaved bereaved*) *vb tr* beröva, frånta; perfekt particip ***bereaved*** efterlämnad, sörjande
bereavement [bɪ'ri:vmənt] *s* smärtsam förlust genom dödsfall; sorg; dödsfall
bereft [bɪ'reft] se *bereave*
beret ['bereɪ] *s* basker, baskermössa
Berlin [bɜ:'lɪn]
Bermuda [bə'mju:də] Bermuda; ***the ~s*** Bermudaöarna
berry ['berɪ] *s* **1** bär **2** ***brown as a ~*** brun som en pepparkaka
berth [bɜ:θ] *s* koj, kojplats, sovplats; hytt
beseech [bɪ'si:tʃ] (*besought besought*) *vb tr* litt. bönfalla, be enträget
besetting [bɪ'setɪŋ] *adj*, ***~ sin*** skötesynd
beside [bɪ'saɪd] *prep* **1** bredvid, intill **2** ***~ oneself*** utom sig [*with* av]
besides [bɪ'saɪdz] **I** *adv* dessutom; för övrigt **II** *prep* förutom, jämte
besiege [bɪ'si:dʒ] *vb tr* belägra
besought [bɪ'sɔ:t] se *beseech*
best [best] **I** *adj* o. *adv* (superlativ av *good* o. *2 well*) bäst; ***the ~ part of an hour*** nära nog en timme; ***as ~ he could*** så gott han kunde **II** *s* det, den, de bästa; ***all the ~ of luck!*** el. ***all the ~!*** lycka till!; ***look one's ~***

vara mest till sin fördel; ***get the ~ of it*** få övertaget; ***make the ~ of*** göra det bästa möjliga av; ***to the ~ of one's knowledge*** såvitt man vet; ***dressed in one's Sunday ~*** söndagsklädd

bestial ['bestjəl] *adj* djurisk; bestialisk

bestow [bɪ'stəʊ] *vb tr* skänka

bet [bet] **I** *s* vad; ***make (lay) a ~*** slå vad **II** (*bet bet*; ibland *betted betted*) *vb tr* o. *vb itr* slå vad, slå vad om; ***~ on*** [***a horse***] hålla (satsa) på...; ***you ~!*** vard. det kan du skriva upp!

betray [bɪ'treɪ] *vb tr* **1** förråda **2** svika [*~ a p.'s confidence*] **3** röja [*~ a secret*]

betrayal [bɪ'treɪəl] *s* **1** förrådande; förräderi, svek **2** avslöjande

better ['betə] **I** *adj* o. *adv* o. *s* (komparativ av *good, 2 well*) bättre; hellre; ***his ~ half*** hans äkta hälft; ***be ~ off*** ha det bättre ställt; ***no ~ than*** inte annat än...; ***so much the ~*** el. ***all the ~*** så mycket (desto) bättre; ***the sooner the ~*** ju förr dess bättre; ***for ~ or for worse*** vad som än händer; ***get the ~ of*** få övertaget över; ***think ~ of it*** komma på bättre tankar; ***you had ~ try*** det är bäst att du försöker **II** *s,* ***one's ~s*** folk som är förmer än man själv **III** *vb tr* förbättra; bättra på

betterment ['betəmənt] *s* förbättring

betting ['betɪŋ] *s* vadhållning

between [bɪ'twi:n] *prep* o. *adv* emellan, mellan

beverage ['bevərɪdʒ] *s* dryck speciellt tillagad

beware [bɪ'weə] *vb itr,* ***~ of*** akta sig för; ***~ of pickpockets!*** varning för ficktjuvar!

bewilder [bɪ'wɪldə] *vb tr* förvirra, förbrylla

bewitch [bɪ'wɪtʃ] *vb tr* förhäxa; förtrolla

beyond [bɪ'jɒnd] **I** *prep* **1** bortom [*~ the bridge*] **2** senare än, efter [*~ the usual hour*] **3** utom, utöver; över [*live ~ one's means*]; ***it is ~ me*** a) det går över mitt förstånd b) det är mer än jag förmår **II** *adv* **1** bortom, på andra sidan **2** därutöver

bias ['baɪəs] **I** *s* förutfattad mening; fördomar **II** (*biased biased* el. *biassed biassed*) *vb tr* göra partisk (fördomsfull)

biased o. **biassed** ['baɪəst] *adj* partisk; fördomsfull

bib [bɪb] *s* haklapp

bible ['baɪbl] *s* bibel; ***the Bible*** Bibeln

biblical ['bɪblɪk(ə)l] *adj* biblisk; bibel-

bibliography [ˌbɪblɪ'ɒgrəfɪ] *s* bibliografi, litteraturförteckning

bicarbonate [baɪ'kɑ:bənət] *s* kem. bikarbonat

biceps ['baɪseps] (pl. lika) *s* biceps

bicker ['bɪkə] *vb itr* gnabbas, käbbla

bicycle ['baɪsɪkl] **I** *s* cykel **II** *vb itr* cykla

bicyclist ['baɪsɪklɪst] *s* cyklist

bid [bɪd] **I** (*bid bid*; i betydelse *2*: imperfekt *bade*; perfekt particip *bidden*) *vb tr* o. *vb itr* **1** bjuda på auktion el. i kortspel **2** i högre stil befalla, bjuda; ***~ a p. welcome*** hälsa ngn välkommen **II** *s* bud på auktion el. i kortspel; ***make a ~ for*** vara ute efter

bidden ['bɪdn] se *bid I*

bier [bɪə] *s* likbår, likvagn

big [bɪg] **I** *adj* stor, kraftig; ***great ~*** vard. stor stark [*a great ~ man*]; ***~ brother*** storebror; ***~ business*** storfinansen; ***~ dipper*** berg-och-dalbana; ***the Big Dipper*** amer. vard. (astron.) Karlavagnen; ***do things in a ~ way*** slå på stort; ***look ~*** se viktig ut **II** *adv* vard. malligt, stöddigt [*act ~*]; ***talk ~*** vara stor i orden

bigamist ['bɪgəmɪst] *s* bigamist

bigamy ['bɪgəmɪ] *s* bigami, tvegifte

bighead ['bɪghed] *s* vard. viktigpetter, stropp

bigheaded [ˌbɪg'hedɪd] *adj* vard. uppblåst

bigot ['bɪgət] *s* bigott person

bigoted ['bɪgətɪd] *adj* bigott; trångsynt

bigwig ['bɪgwɪg] *s* sl. högdjur, höjdare

bike [baɪk] vard. **I** *s* cykel **II** *vb itr* cykla

bikini [bɪ'ki:nɪ] *s* bikini

bilateral [baɪ'lætər(ə)l] *adj* bilateral, ömsesidig

bilberry ['bɪlbərɪ] *s* blåbär

bile [baɪl] *s* galla

bilingual [baɪ'lɪŋgw(ə)l] *adj* tvåspråkig

1 bill [bɪl] *s* näbb

2 bill [bɪl] *s* **1** lagförslag; proposition; motion **2** räkning, nota **3** affisch; ***~ of fare*** matsedel **4** växel [äv. *~ of exchange*] **5** amer. sedel [*dollar ~*]

billiards ['bɪljədz] *s* biljard; biljardspel

billion ['bɪljən] *s* miljard

billionaire [ˌbɪljə'neə] *s* miljardär

billow ['bɪləʊ] **I** *s* litt. stor våg, bölja **II** *vb itr* bölja, svalla; ***~ out*** välla ut

billy ['bɪlɪ] *s* amer. klubba; polisbatong

bin [bɪn] *s* lår, binge; låda; skrin, burk för bröd

bind [baɪnd] (*bound bound;* se äv. *1 bound*) *vb tr* **1** binda, binda fast, fästa [*to* vid] **2** binda om; ***~*** el. ***~ up*** förbinda **3** förbinda, förplikta

binding [ˈbaɪndɪŋ] **I** *s* **1** bindning **2** bokband **II** *adj* bindande [*on* för]
bingo [ˈbɪŋgəʊ] *s* bingo
binocular [bɪˈnɒkjʊlə] *s*, pl. **~s** kikare; ***a pair of ~s*** en kikare
biocide [ˈbaɪəsaɪd] *s* biocid
biographic [baɪəˈgræfɪk] *adj* o. **biographical** [baɪəˈgræfɪk(ə)l] *adj* biografisk
biography [baɪˈɒgrəfɪ] *s* biografi, levnadsteckning
biological [ˌbaɪəˈlɒdʒɪk(ə)l] *adj* biologisk
biologist [baɪˈɒlədʒɪst] *s* biolog
biology [baɪˈɒlədʒɪ] *s* biologi
birch [bɜːtʃ] *s* björk
bird [bɜːd] *s* **1** fågel; ***~s of a feather flock together*** ordspr. lika barn leka bäst; ***~ of prey*** rovfågel; ***kill two ~s with one stone*** ordspr. slå två flugor i en smäll; ***a ~ in the hand is worth two in the bush*** bättre en fågel i handen än tio i skogen **2** sl. brud, tjej
birdcage [ˈbɜːdkeɪdʒ] *s* fågelbur
bird cherry [ˈbɜːdˌtʃerɪ] *s* bot. hägg
bird nest [ˈbɜːdnest] *s* fågelbo
bird's-eye view [ˌbɜːdzaɪˈvjuː] *s* fågelperspektiv
bird's nest [ˈbɜːdznest] *s* fågelbo
bird-watcher [ˈbɜːdˌwɒtʃə] *s* fågelskådare
Biro [ˈbaɪrəʊ] (pl. *~s*) *s* ® kulspetspenna
birth [bɜːθ] *s* födelse; ***~ certificate*** födelseattest; ***give ~ to*** föda; bildl. ge upphov till; ***by ~*** till börden; född [*Swedish by ~*]
birth control [ˈbɜːθkənˌtrəʊl] *s* födelsekontroll
birthday [ˈbɜːθdeɪ] *s* födelsedag; ***happy ~ to you!*** el. ***happy ~!*** har den äran på födelsedagen!
birthmark [ˈbɜːθmɑːk] *s* födelsemärke
birthplace [ˈbɜːθpleɪs] *s* födelseort
birthrate [ˈbɜːθreɪt] *s* nativitet, födelsetal
biscuit [ˈbɪskɪt] *s* käx
bishop [ˈbɪʃəp] *s* **1** biskop **2** schack. löpare
bison [ˈbaɪsn] *s* bisonoxe; visent
1 bit [bɪt] *s* **1** borr, borrjärn **2** bett på betsel
2 bit [bɪt] *s* **1** bit, stycke; ***a ~*** vard. lite, något; ***not a ~*** vard. inte ett dugg; ***quite a ~*** en hel del; ***go to ~s*** gå i småbitar; ***~s and pieces*** småsaker **2** ***two ~s*** amer. sl. 25 cent
3 bit [bɪt] se *bite I*
bitch [bɪtʃ] *s* hynda; sl. satkärring
bite [baɪt] **I** (*bit bitten*) *vb tr* o. *vb itr* **1** bita [*at* efter], bita i (på), bitas **2** nappa, hugga [*at* på] **3** ***~ off more than one can chew*** ta sig vatten över huvudet **II** *s* **1** bett; stick **2** napp, hugg **3** munsbit; matbit
biting [ˈbaɪtɪŋ] *adj* bitande, stickande
bitten [ˈbɪtn] se *bite I*
bitter [ˈbɪtə] *adj* **1** bitter, besk; ***to the ~ end*** till det bittra slutet, in i det sista **2** förbittrad, hätsk
biz [bɪz] *s* vard., se *show business*
bizarre [bɪˈzɑː] *adj* bisarr
blab [blæb] *vb itr* o. *vb tr* sladdra; sladdra om
black [blæk] **I** *adj* svart; mörk; ***~ box*** flyg. vard. färdskrivare; ***~ coffee*** kaffe utan grädde; ***~ eye*** blått öga efter slag; ***the Black Forest*** Schwarzwald; ***Black Maria*** vard. Svarta Maja polisens piketbil; ***the ~ market*** svarta börsen; ***the Black Sea*** Svarta havet; ***beat ~ and blue*** slå gul och blå; ***he is not as ~ as he is painted*** han är bättre än sitt rykte **II** *s* **1** svart; svärta **2** svart person **III** *vb tr* o. *vb itr* **1** svärta; blanka **2** ***~ a p.'s eye*** ge ngn ett blått öga
blackberry [ˈblækbərɪ] *s* björnbär
blackbird [ˈblækbɜːd] *s* koltrast
blackboard [ˈblækbɔːd] *s* svart tavla
blackcurrant [ˌblækˈkʌr(ə)nt] *s* svart vinbär
blacken [ˈblæk(ə)n] *vb tr* o. *vb itr* **1** svärta; svärta ned [*a p.'s character* ngn] **2** svartna
blackguard [ˈblægɑːd] *s* skurk, slyngel
blackhead [ˈblækhed] *s* pormask
blacking [ˈblækɪŋ] *s* skosvärta
blackleg [ˈblækleg] *s* svartfot, strejkbrytare
blackmail [ˈblækmeɪl] **I** *s* utpressning **II** *vb tr* öva utpressning mot
blackmailer [ˈblækˌmeɪlə] *s* utpressare
black-marketeer [ˈblækˌmɑːkɪˈtɪə] *s* svartabörshaj
blackout [ˈblækaʊt] *s* mörkläggning; med. blackout [*have a ~*]
blacksmith [ˈblæksmɪθ] *s* smed, grovsmed
bladder [ˈblædə] *s* blåsa; anat. urinblåsa
blade [bleɪd] *s* blad på kniv, åra, till rakhyvel m.m.; klinga
blame [bleɪm] **I** *vb tr* klandra; förebrå [*~ oneself*]; ***I have myself to ~*** jag får skylla mig själv **II** *s* skuld; ***lay*** (***put, throw***) ***the ~ on a p.*** lägga skulden på ngn
blameless [ˈbleɪmləs] *adj* oklanderlig
blameworthy [ˈbleɪmˌwɜːðɪ] *adj* klandervärd

blanch [blɑ:ntʃ] *vb tr* göra blek; bleka; ***blanched celery*** blekselleri
blancmange [blə'mɒnʒ] *s* blancmangé
bland [blænd] *adj* förbindlig; blid; mild [~ *air*]
blank [blæŋk] **I** *adj* **1** ren, tom, blank, oskriven; ~ ***cartridge*** lös patron **2** tom, uttryckslös; ***look*** ~ se oförstående ut; ***my mind went*** ~ jag blev alldeles tom i huvudet **II** *s* **1** tomrum, lucka **2** ***draw a*** ~ dra en nit **3** lös patron
blanket ['blæŋkɪt] *s* sängfilt
blare [bleə] **I** *vb itr* smattra **II** *s* smatter
blasé ['blɑ:zeɪ] *adj* blasé
blaspheme [blæs'fi:m] *vb itr* o. *vb tr* häda, smäda
blasphemy ['blæsfəmɪ] *s* hädelse, blasfemi
blast [blɑ:st] **I** *s* **1** vindstöt **2** tryckvåg vid explosion; explosion; ~ ***effect*** sprängkraft **3** ***in*** (***at***) ***full*** ~ vard. i full fart, för fullt **4** trumpetstöt, signal; tjut **II** *vb tr* **1** spränga **2** förinta **3** vard., ~ ***it!*** jäklar också!
blasted ['blɑ:stɪd] *adj* vard. sabla, jäkla
blatant ['bleɪt(ə)nt] *adj* påfallande, flagrant
blaze [bleɪz] **I** *s* **1** låga; flammande eld; ***in a*** ~ i ljusan låga; ***a*** ~ ***of colour*** ett hav av glödande färger **2** eldsvåda **3** vard., ***go to*** ~***s!*** dra åt skogen!; [***he ran***] ***like*** ~***s*** ...som bara den **II** *vb itr* **1** flamma, brinna **2** skina klart (starkt)
blazer ['bleɪzə] *s* klubbjacka
bleach [bli:tʃ] **I** *vb tr* o. *vb itr* bleka; blekas **II** *s* blekmedel
bleak [bli:k] *adj* **1** kal [*a* ~ *landscape*] **2** kulen; råkall **3** dyster [~ *prospects*]
bleat [bli:t] **I** *vb itr* bräka **II** *s* bräkande
bled [bled] se *bleed I*
bleed [bli:d] **I** (*bled bled*) *vb itr* blöda; ~ ***to death*** förblöda **II** *s* blödning
bleeding ['bli:dɪŋ] **I** *adj* blödande; ~ ***heart*** bot. löjtnantshjärta **II** *s* blödning
bleeper ['bli:pə] *s* personsökare mottagaranordning
blemish ['blemɪʃ] **I** *vb tr* vanställa, fläcka **II** *s* fläck, skönhetsfel
blend [blend] **I** *vb tr* o. *vb itr* blanda [~ *tea*]; förena; blanda sig, blandas **II** *s* blandning [~ *of tea (tobacco)*]
bless [bles] *vb tr* **1** välsigna; ***God*** ~ ***you!*** a) Gud bevare dig! b) prosit! **2** lyckliggöra; ***blessed with talent*** begåvad med talang **3** ***I'm blessed if I know*** det vete katten!
blessed [adjektiv 'blesɪd, perfekt particip blest] **I** *adj* **1** välsignad **2** lycklig; salig [~ *are the poor*] **3** helig [*the Blessed Virgin*] **4** vard. förbaskad **II** *perf p* se *bless*
blessing ['blesɪŋ] *s* **1** välsignelse **2** nåd, gudagåva; glädjeämne; ***a*** ~ ***in disguise*** tur i oturen
blew [blu:] se *1 blow*
blight [blaɪt] **I** *s* bot. mjöldagg, rost **II** *vb tr* fördärva
blighter ['blaɪtə] *s* sl. rackare; ***lucky*** ~***!*** lyckans ost!
blimey ['blaɪmɪ] *interj* sl. jösses!
blimp [blɪmp] *s* vard. stockkonservativ typ
blind [blaɪnd] **I** *adj* **1** blind [~ *in (of)* (på) *one eye*]; ~ ***alley*** återvändsgränd; ~ ***date*** 'blindträff' med obekant person; ***turn a*** ~ ***eye to a th.*** blunda för ngt **2** ***he did not take a*** ~ ***bit of notice of it*** han brydde sig inte ett dugg om det **II** *adv*, ~ ***drunk*** vard. dödfull **III** *s* **1** rullgardin; markis; ***Venetian*** ~ persienn **2** täckmantel **IV** *vb tr* göra blind; blända; bildl. förblinda
blindfold ['blaɪndfəʊld] **I** *vb tr* binda för ögonen på **II** *adj* o. *adv* med förbundna ögon
blindman's-buff [ˌblaɪndmænz'bʌf] *s* blindbock
blink [blɪŋk] *vb itr* o. *vb tr* **1** blinka; plira [*at* mot]; blinka med **2** bildl. blunda för [~ *the fact*]
blinking ['blɪŋkɪŋ] *adj* vard. förbaskad
bliss [blɪs] *s* lycksalighet, lycka
blissful ['blɪsf(ʊ)l] *adj* lycksalig
blister ['blɪstə] *s* blåsa; blemma
blithe [blaɪð] *adj* bekymmerslös, tanklös [~ *disregard*]
blizzard ['blɪzəd] *s* häftig snöstorm
bloated ['bləʊtɪd] *adj* uppsvälld, plufsig
bloater ['bləʊtə] *s* lätt saltad rökt sill
blob [blɒb] *s* droppe; klick [*a* ~ *of paint*]
block [blɒk] **I** *s* **1** kloss, kubb, stock, block av sten, trä **2** ~ ***letter*** tryckbokstav **3** byggnadskomplex; ~ ***of flats*** hyreshus; ***walk round the*** ~ gå runt kvarteret **II** *vb tr* blockera, spärra, spärra av, täppa till, stänga av [äv. ~ *up*]
blockade [blɒ'keɪd] **I** *s* blockad **II** *vb tr* blockera
blockhead ['blɒkhed] *s* vard. dumskalle
bloke [bləʊk] *s* vard. kille
blond [blɒnd] **I** *adj* blond **II** *s* blond person
blonde [blɒnd] **I** *adj* blond [*a* ~ *girl*] **II** *s* blondin
blood [blʌd] *s* blod; ***stir up bad*** ~ väcka

ont blod; ***his ~ is up*** hans blod är i svallning; ***in cold ~*** kallblodigt, med berått mod; ***it runs in the ~*** det ligger i blodet (släkten)
blood count ['blʌdkaʊnt] *s* blodvärde
blood-curdling ['blʌdˌkɜ:dlɪŋ] *adj* bloddrypande; hårresande
blood-donor ['blʌdˌdəʊnə] *s* blodgivare
blood heat ['blʌdhi:t] *s* normal kroppstemperatur
bloodhound ['blʌdhaʊnd] *s* blodhund
bloodless ['blʌdləs] *adj* blodlös; oblodig
blood-poisoning ['blʌdˌpɔɪznɪŋ] *s* blodförgiftning
bloodshed ['blʌdʃed] *s* blodsutgjutelse
bloodshot ['blʌdʃɒt] *adj* blodsprängd
bloodstained ['blʌdsteɪnd] *adj* blodfläckad, blodstänkt
blood test ['blʌdtest] *s* blodprov
bloodthirsty ['blʌdˌθɜ:stɪ] *adj* blodtörstig
blood vessel ['blʌdˌvesl] *s* blodkärl åder
bloody ['blʌdɪ] **I** *adj* blodig; sl. förbannad, djävla **II** *adv* sl. förbannat; ***not ~ likely!*** i helvete heller!
bloom [blu:m] **I** *s* blomma; ***be in ~*** stå i blom **II** *vb itr* blomma, stå i full blom
bloomer ['blu:mə] *s* vard. tabbe, blunder
blossom ['blɒsəm] **I** *s* blomma; blomning; ***be in ~*** stå i blom **II** *vb itr* **1** slå ut i blom, blomma **2** bildl., ***~ forth*** (***out***) blomma upp
blot [blɒt] **I** *s* plump, bläckfläck **II** *vb tr* **1** bläcka (plumpa) ner **2** torka med läskpapper **3** ***~ out*** skymma; utplåna, utrota
blotch [blɒtʃ] *s* större fläck
blotting-paper ['blɒtɪŋˌpeɪpə] *s* läskpapper
blouse [blaʊz] *s* blus
1 blow [bləʊ] (*blew blown*; i betydelse *3 blowed*) *vb itr* o. *vb tr* **1** blåsa, blåsa i; ***~ one's nose*** snyta sig; ***~ one's own trumpet*** bildl. slå på trumman för sig själv **2** ***~ sky-high*** spränga i luften **3** sl., ***~ it!*** jäklar också!; ***blowed if I know!*** det vete katten! □ **~ out a)** slockna **b)** släcka, blåsa ut [*~ out a candle*] **c)** ***the storm has blown itself out*** stormen har bedarrat **d)** ***~ out one's brains*** skjuta sig för pannan; **~ over** a) blåsa omkull b) om t.ex. oväder dra förbi, gå över; **~ up** a) blåsa, (pumpa) upp [*~ up a tyre*] b) spränga (flyga) i luften
2 blow [bləʊ] *s* slag, stöt; bildl. hårt slag [*to* för]; ***come to ~s*** råka i slagsmål (handgemäng)
blow-dry ['bləʊdraɪ] *vb tr* föna håret
blowlamp ['bləʊlæmp] *s* blåslampa
blown [bləʊn] se *1 blow*
blowtorch ['bləʊtɔ:tʃ] *s* amer. blåslampa
blow-up ['bləʊʌp] *s* foto. (vard.) förstoring
blow-wave ['bləʊweɪv] *vb tr* föna håret
blub [blʌb] *vb itr* vard. lipa
blue [blu:] **I** *adj* **1** blå; ***~ cheese*** ädelost; ***once in a ~ moon*** sällan eller aldrig **2** vard. deppig **3** vard. porr- [*a ~ film*] **II** *s* **1** blått **2** ***the ~*** poet. a) skyn, himlen b) havet **3** konservativ [*a true ~*] **4** pl., ***have the ~s*** vard. deppa, vara nere
bluebell ['blu:bel] *s* i Nordengland liten blåklocka; i Sydengland engelsk klockhyacint
blueberry ['blu:bərɪ] *s* blåbär
bluebottle ['blu:ˌbɒtl] *s* spyfluga
blue-collar ['blu:ˌkɒlə] *adj*, ***~ worker*** blåställsarbetare
blue tit ['blu:tɪt] *s* blåmes
bluff [blʌf] **I** *vb tr* o. *vb itr* bluffa **II** *s* bluff; ***call a p.'s ~*** testa om ngn bluffar
blunder ['blʌndə] **I** *vb itr* dumma sig **II** *s* blunder, tabbe
blunt [blʌnt] **I** *adj* **1** slö, trubbig **2** trög, slö **3** rättfram **II** *vb tr* göra slö, trubba av
bluntly ['blʌntlɪ] *adv* rakt på sak
blur [blɜ:] **I** *s* sudd, suddighet; surr [*a ~ of voices*] **II** *vb tr* o. *vb itr* göra suddig (otydlig); bli suddig
blurred [blɜ:d] *adj* suddig, otydlig
blurt [blɜ:t] *vb tr*, ***~ out*** vräka ur sig
blush [blʌʃ] **I** *vb itr* rodna; blygas **II** *s* rodnad, rodnande
bluster ['blʌstə] **I** *vb itr* domdera; skrävla **II** *s* gormande; skrävel
BO [ˌbi:'əʊ] (vard. förk. för *body odour*) kroppslukt
boa ['bəʊə] *s* boaorm
boar [bɔ:] *s* galt; ***wild ~*** vildsvin
board [bɔ:d] **I** *s* **1** bräde, bräda **2** anslagstavla, svart tavla **3** kost [*free ~*]; ***~ and lodging*** kost och logi, inackordering; ***full ~*** helpension **4** råd, styrelse; nämnd; ***~ of directors*** styrelse, direktion för t.ex. bolag **5** ***on ~*** ombord, ombord på (i) fartyg, flygplan, amer. äv. tåg **II** *vb tr* **1** brädfodra; ***~ up*** sätta bräder för **2** ***~ a p.*** ha ngn inackorderad **3** gå ombord på
boarder ['bɔ:də] *s* **1** inackorderingsgäst, pensionatsgäst, matgäst **2** internatselev
boarding house ['bɔ:dɪŋhaʊs] *s* pensionat

boarding school ['bɔ:dɪŋsku:l] *s* internatskola
boast [bəʊst] **I** *s* skryt; stolthet **II** *vb itr* o. *vb tr* skryta; kunna skryta med
boaster ['bəʊstə] *s* skrytmåns
boastful ['bəʊstf(ʊ)l] *adj* skrytsam
boat [bəʊt] **I** *s* båt **II** *vb itr* åka båt, segla
boatman ['bəʊtmən] (pl. *boatmen* ['bəʊtmən]) *s* båtkarl
boat race ['bəʊtreɪs] *s* kapprodd
boatswain ['bəʊsn] *s* båtsman
bob [bɒb] **I** *s* **1** knyck, ryck **2** bobbat hår **II** *vb itr* guppa, hoppa
bobbin ['bɒbɪn] *s* spole, trådrulle
bobby ['bɒbɪ] *s* vard. 'bobby', polisman
bodily ['bɒdəlɪ] **I** *adj* kroppslig, fysisk **II** *adv* **1** kroppsligen **2** helt och hållet
body ['bɒdɪ] *s* **1** kropp; lekamen **2** lik; död kropp **3** huvuddel, viktigaste del; stomme, skrov **4** samfund, församling [*a legislative ~*]; ***governing ~*** styrande organ **5** skara, grupp **6** body plagg
body-building ['bɒdɪˌbɪldɪŋ] *s* body-building, kroppsbyggande
bodyguard ['bɒdɪgɑ:d] *s* livvakt
body odour ['bɒdɪˌəʊdə] *s* kroppslukt
bodysuit ['bɒdɪsu:t] *s* body
bog [bɒg] **I** *s* mosse, myr **II** *vb tr,* ***be (get) bogged down*** vard. ha kört fast
bogus ['bəʊgəs] *adj* fingerad, sken-
Bohemian [bə'hi:mjən] **I** *s* bohem **II** *adj* bohemisk
1 boil [bɔɪl] *s* böld, varböld, spikböld
2 boil [bɔɪl] **I** *vb tr* o. *vb itr* koka, sjuda □ **~ away** koka bort; koka för fullt; **~ down** koka ihop (av); ***it all ~s down to...*** det hela går i korthet ut på... **II** *s,* ***be at (on) the ~*** vara i kokning; ***bring a th. to the ~*** koka upp ngt
boiler ['bɔɪlə] *s* **1** kokkärl, kokare **2** ångpanna; ***~ room*** pannrum; ***~ suit*** overall
boiling-point ['bɔɪlɪŋpɔɪnt] *s* kokpunkt
boisterous ['bɔɪstərəs] *adj* bullrande
bold [bəʊld] *adj* **1** djärv, dristig **2** framfusig
Bolivia [bə'lɪvɪə]
Bolivian [bə'lɪvɪən] **I** *s* bolivian **II** *adj* boliviansk
Bolshevik ['bɒlʃəvɪk] *s* bolsjevik
bolster ['bəʊlstə] **I** *s* lång underkudde **II** *vb tr,* vanl. ***~ up*** stödja [*~ up a theory*]
bolt [bəʊlt] **I** *s* **1** bult **2** låskolv, regel; slutstycke i skjutvapen **3** ***make a ~ for*** rusa mot **II** *vb itr* o. *vb tr* **1** rusa i väg **2** vard. kasta i sig mat **3** fästa med bult (bultar); regla
bomb [bɒm] **I** *s* bomb **II** *vb tr* o. *vb itr* bomba
bombard [bɒm'bɑ:d] *vb tr* bombardera
bombardment [bɒm'bɑ:dmənt] *s* bombardemang
bombastic [bɒm'bæstɪk] *adj* bombastisk
bomber ['bɒmə] *s* bombare, bombplan
bombproof ['bɒmpru:f] *adj* bombsäker
bond [bɒnd] *s* **1** förbindelse; borgen, säkerhet **2** obligation; revers [*for* på] **3** band [*~ (~s) of friendship*]
bone [bəʊn] **I** *s* **1** ben; benknota; ***be chilled (frozen) to the ~*** frysa ända in i märgen; ***work a p. to the ~*** låta ngn arbeta som en slav; ***work one's fingers to the ~*** arbeta som en slav **2 a)** ***~ of contention*** tvistefrö **b)** ***have a ~ to pick with a p.*** vard. ha en gås oplockad med ngn **c)** ***he made no ~s about the fact that...*** vard. han stack inte under stol med att... **II** *vb tr* bena fisk; bena ur
bone-dry [ˌbəʊn'draɪ] *adj* snustorr
bonfire ['bɒnˌfaɪə] *s* bål, brasa
bonnet ['bɒnɪt] *s* **1** hätta för barn; huva; bahytt **2** motorhuv på bil
bonny ['bɒnɪ] *adj* söt, fager [*a ~ lass*]
bonus ['bəʊnəs] *s* premie; gratifikation; bonus
bony ['bəʊnɪ] *adj* benig, full av ben
boo [bu:] **I** *interj* bu!, fy! **II** *s* burop, fyrop **III** *vb itr* o. *vb tr* bua; bua åt
boob [bu:b] *s* vard. **1** dumskalle **2** tabbe, blunder
boobs [bu:bz] *s pl* sl. tuttar bröst
booby ['bu:bɪ] *s* klantskalle; drummel
booby prize ['bu:bɪpraɪz] *s* jumbopris
booby trap ['bu:bɪtræp] *s* **1** elakt skämt, fälla **2** mil. minförsåt, minfälla
boohoo [ˌbʊ'hu:] *vb itr* vard. tjuta, storgråta
book [bʊk] **I** *s* **1** bok; häfte; ***be in a p.'s good (bad, black) ~s*** ligga bra (dåligt) till hos ngn **2** telefonkatalog [*he is* (står) *in the ~*] **II** *vb tr* **1** notera, bokföra, boka; skriva upp [*be booked for an offence*]; sport. ge en varning **2** boka, beställa, förhandsbeställa, reservera biljett, plats, rum
bookcase ['bʊkkeɪs] *s* bokhylla skåp
book club ['bu:kklʌb] *s* bokklubb, bokcirkel; läsecirkel
booking ['bʊkɪŋ] *s* **1** beställning, förhandsbeställning **2** sport. varning
booking-office ['bʊkɪŋˌɒfɪs] *s* biljettkontor, biljettlucka

bookkeeper ['bʊkˌki:pə] *s* bokhållare
bookkeeping ['bʊkˌki:pɪŋ] *s* bokföring
booklet ['bʊklət] *s* liten bok, häfte
bookmaker ['bʊkˌmeɪkə] *s* bookmaker
bookmark ['bʊkmɑ:k] *s* bokmärke
book matches ['bʊkˌmætʃɪz] *s pl* avrivningständstickor i tändsticksplån
bookmobile ['bʊkməˌbi:l] *s* amer. bokbuss
bookseller ['bʊkˌselə] *s* bokhandlare
bookshelf ['bʊkʃelf] *s* bokhylla enstaka hylla
bookshop ['bʊkʃɒp] *s* bokhandel
bookstall ['bʊkstɔ:l] *s* bokstånd; tidningskiosk
bookstore ['bʊkstɔ:] *s* bokhandel
book token ['bʊkˌtəʊk(ə)n] *s* presentkort på böcker
1 boom [bu:m] **I** *vb itr* dåna, dundra **II** *s* dån, dunder
2 boom [bu:m] *s* hausse; högkonjunktur
boomerang ['bu:məræŋ] *s* bumerang äv. bildl.
boon [bu:n] *s* välsignelse, förmån
boor [bʊə] *s* tölp, bondlurk
boorish ['bʊərɪʃ] *adj* tölpaktig
boost [bu:st] **I** *vb tr* **1** höja, öka; ~ ***morale*** stärka moralen **2** puffa för **II** *s* höjning, ökning, lyft
booster ['bu:stə] *s*, ~ ***rocket*** startraket
boot [bu:t] **I** *s* **1** känga; pjäxa; stövel; ***get the*** ~ sl. få sparken **2** bagagelucka, bagageutrymme **II** *vb tr* sparka; ~ ***out*** vard. ge sparken
booth [bu:ð, bu:θ] *s* **1** stånd, bod **2** bås avskärmad plats **3** telefonkiosk
bootleg ['bu:tleg] *vb tr* o. *vb itr* langa sprit
bootlegger ['bu:tˌlegə] *s* langare
bootlicker ['bu:tˌlɪkə] *s* tallriksslickare
booty ['bu:tɪ] *s* byte, rov
booze [bu:z] vard. **I** *vb itr* supa **II** *s* sprit; fylleskiva
boozer ['bu:zə] *s* vard. fyllbult, suput
boracic [bə'ræsɪk] *adj*, ~ ***acid*** borsyra
border ['bɔ:də] **I** *s* **1** kant; rand **2** gräns **3** bård; list **II** *vb tr* o. *vb itr* kanta, begränsa; ~ ***on*** gränsa till
borderline ['bɔ:dəlaɪn] *s* gränslinje; ~ ***case*** gränsfall
1 bore [bɔ:] se *2 bear*
2 bore [bɔ:] **I** *s* borrhål; gevärslopp **II** *vb tr* o. *vb itr* borra [~ *for* (efter) *oil*]
3 bore [bɔ:] **I** *s* **1** ***he*** (***the film***) ***is a*** ~ han (filmen) är långtråkig; ***what a*** ~*!* vad tråkigt! **2** tråkmåns **II** *vb tr* tråka ut
bored [bɔ:d] *adj* uttråkad, ointresserad
boredom ['bɔ:dəm] *s* långtråkighet; leda
boring ['bɔ:rɪŋ] *adj* tråkig, långtråkig
born [bɔ:n] *adj* o. *perf p* (av *2 bear*) född; ***he is a*** ~... han är som skapt till...; ***an Englishman*** ~ ***and bred*** en äkta engelsman
borne [bɔ:n] *perf p* (av *2 bear*) **1** buren etc., burit etc.; jfr *2 bear* **2** född [~ *by Eve*]
borough ['bʌrə] *s* stad (stadsdel) som administrativt begrepp; ~ ***council*** kommunfullmäktige, stadsfullmäktige
borrow ['bɒrəʊ] *vb tr* o. *vb itr* låna [*from* av]
bosh [bɒʃ] *s* vard. struntprat
Bosnia ['bɒznɪə] Bosnien
Bosnian ['bɒznɪən] **I** *s* bosnier **II** *adj* bosnisk
bosom ['bʊzəm] *s* barm, bröst; famn; ~ ***friend*** hjärtevän
boss [bɒs] vard. **I** *s* boss, bas **II** *vb tr*, ~ ***a p. about*** köra med ngn
bossy ['bɒsɪ] *adj* vard. dominerande
botanic [bə'tænɪk] *adj* o. **botanical** [bə'tænɪk(ə)l] *adj* botanisk
botany ['bɒtənɪ] *s* botanik
botch [bɒtʃ] *vb tr* förfuska
both [bəʊθ] **I** *pron* båda, bägge **II** *adv*, ~ ***you and me*** både du och jag
bother ['bɒðə] **I** *vb tr* o. *vb itr* **1** plåga, besvära, störa; göra sig besvär [*about* med]; ***I can't be bothered*** jag orkar (gitter) inte; ***not*** ~ ***about*** strunta i **2** ~ ***it!*** el. ~*!* tusan också! **II** *s* besvär; bråk
Bothnia ['bɒθnɪə] *s*, ***the Gulf of*** ~ Bottenviken, Bottniska viken
bottle ['bɒtl] **I** *s* **1** butelj, flaska **2** vard. mod, kurage **II** *vb tr* **1** tappa på flaska; ***bottled beer*** flasköl **2** lägga in på glas; konservera
bottle bank ['bɒtlbæŋk] *s* glasigloo
bottleneck ['bɒtlnek] *s* flaskhals
bottle-opener ['bɒtlˌəʊpənə] *s* kapsylöppnare
bottom ['bɒtəm] *s* botten, undre del; vard. ända, stjärt; ***at the*** ~ ***of*** nederst på; ***at*** ~ i grund och botten; ***be at the*** ~ ***of*** ligga bakom; ***get to the*** ~ ***of*** gå till botten med
bough [baʊ] *s* speciellt större trädgren
bought [bɔ:t] se *buy I*
boulder ['bəʊldə] *s* större sten, stenblock
boulevard ['bu:ləvɑ:d] *s* boulevard
bounce [baʊns] **I** *vb itr* o. *vb tr* studsa **II** *s* studs, studsning, hopp
1 bound [baʊnd] **I** imperfekt av *bind* **II** *perf p* o. *adj* inbunden, bunden; ***be*** ~ ***over*** jur. få villkorlig dom; ***be*** ~ ***to*** vara skyldig

(tvungen) att; ***he is ~ to win*** han vinner säkert
2 bound [baʊnd] *adj* destinerad [*for* till]
3 bound [baʊnd] **I** *vb itr* studsa; skutta **II** *s* skutt, hopp, språng
4 bound [baʊnd] **I** *s*, pl. ***~s*** gräns, gränser; ***out of ~s*** speciellt skol. el. mil. förbjudet område, på förbjudet område; ***keep within ~s*** hålla måttan **II** *vb tr* begränsa
boundary ['baʊndərɪ] *s* gräns
bounder ['baʊndə] *s* vard. bracka; knöl
bountiful ['baʊntɪf(ʊ)l] *adj* givmild
bounty ['baʊntɪ] *s* **1** välgörenhet, frikostighet **2** ekon. premie [*export ~*]
bouquet [bʊ'keɪ] *s* bukett
bourgeois ['bʊəʒwɑː] **I** *s* småborgare **II** *adj* småborgerlig
bourgeoisie [ˌbʊəʒwɑː'ziː] *s* bourgeoisie, borgarklass, medelklass
bout [baʊt] *s* **1** dust, kamp [*wrestling ~*] **2** anfall [*~ of activity*], släng [*~ of influenza*]
1 bow [baʊ] **I** *vb tr* o. *vb itr* böja [*~ one's head*], kröka; buga, buga sig [*to* för]; ***be bowed down with*** vara nertyngd av **II** *s* bugning; ***take a ~*** ta emot applåderna
2 bow [baʊ] *s* sjö., pl. ***~s*** bog; för, stäv
3 bow [bəʊ] *s* **1** båge; ***~ window*** burspråksfönster **2** pilbåge **3** stråke **4** knut, rosett
bowels ['baʊəls] *s pl* inälvor; mage
bower ['baʊə] *s* berså
1 bowl [bəʊl] *s* skål, bunke
2 bowl [bəʊl] *vb tr* o. *vb itr* i kricket kasta; ***~*** el. ***~ out*** slå ut slagmannen
bow-legged ['bəʊlegd] *adj* hjulbent
bowler ['bəʊlə] *s* kubb, plommonstop
bowling ['bəʊlɪŋ] *s* **1** bowling **2** bowls spel **3** i kricket kastande
bow tie [ˌbəʊ'taɪ] *s* rosett, fluga
bow-wow ['baʊwaʊ] *s* barnspr. vovve
1 box [bɒks] *s* **1** låda; ask, dosa, box; ***the ~*** vard. teve, TV **2** avbalkning, bås; ***~ number*** [*222*] post. box..., fack... **3** loge på teater
2 box [bɒks] **I** *s*, ***~ on the ears*** örfil **II** *vb tr* o. *vb itr* boxa; boxas; ***~ a p.'s ears*** ge ngn en örfil
3 box [bɒks] *s* buxbom träslag och träd
boxer ['bɒksə] *s* boxare
boxing ['bɒksɪŋ] *s* boxning
Boxing Day ['bɒksɪŋdeɪ] *s* annandag jul; om första dagen efter juldagen är en söndag tredjedag jul
box office ['bɒksˌɒfɪs] *s* biljettkontor för t.ex. teater
boxwood ['bɒkswʊd] *s* buxbom träslag
boy [bɔɪ] *s* pojke, gosse, grabb
boycott ['bɔɪkɒt] **I** *vb tr* bojkotta **II** *s* bojkott
boyfriend ['bɔɪfrend] *s* pojkvän
boyhood ['bɔɪhʊd] *s* pojkår, barndom
boyish ['bɔɪɪʃ] *adj* pojkaktig; pojk-
bra [brɑː] *s* vard. bh, behå
brace [breɪs] **I** *s*, pl. ***~s*** hängslen [*a pair of ~s*] **II** *vb tr*, ***~ oneself*** ta sig samman
bracelet ['breɪslət] *s* armband
bracing ['breɪsɪŋ] *adj* uppiggande [*~ air*]
bracken ['bræk(ə)n] *s* bräken; ormbunke
bracket ['brækɪt] **I** *s* **1** konsol, vinkeljärn **2** parentes; ***in ~s*** inom parentes **II** *vb tr* **1** sätta inom parentes **2** ***~ together*** el. ***~*** jämställa
brag [bræg] *vb itr* skryta, skrävla
braggart ['brægət] *s* skrävlare
braid [breɪd] *s* fläta av hår
braille [breɪl] *s* blindskrift
brain [breɪn] **I** *s* hjärna; ***cudgel*** (***rack***) ***one's ~s*** bry sin hjärna; ***he has got ~s*** han är intelligent; ***have*** (***have got***) ***a th. on the ~*** ha fått ngt på hjärnan **II** *vb tr* slå in skallen på
brainwash ['breɪnwɒʃ] *vb tr* hjärntvätta
brainwashing ['breɪnˌwɒʃɪŋ] *s* hjärntvätt
brainwave ['breɪnweɪv] *s* snilleblixt, ljus idé
brainy ['breɪnɪ] *adj* vard. begåvad, klyftig
braise [breɪz] *vb tr* kok. bräsera
brake [breɪk] **I** *s* broms **II** *vb tr* o. *vb itr* bromsa
brake disc ['breɪkdɪsk] *s* bromsskiva
brake fluid ['breɪkfluɪd] *s* bromsvätska
brake light ['breɪklaɪt] *s* bromsljus
brake lining ['breɪkˌlaɪnɪŋ] *s* bromsband
braking ['breɪkiŋ] *adj*, ***~ distance*** bromssträcka
bran [bræn] *s* kli, sådor
branch [brɑːntʃ] *s* **1** gren, kvist **2** förgrening, utgrening **3** filial
brand [brænd] **I** *s* **1** brännjärn **2** brännmärke **3** hand. sort [*~ of coffee*], märke [*~ of cigarettes*] **II** *vb tr* märka med brännjärn; brännmärka
brandish ['brændɪʃ] *vb tr* svänga t.ex. vapen
brand-new [ˌbrænd'njuː] *adj* splitterny
brandy ['brændɪ] *s* konjak
brass [brɑːs] *s* **1** mässing; ***~ hat*** mil. vard. höjdare; ***get down to ~ tacks*** komma till saken **2** ***~ band*** mässingsorkester

brassiere ['bræsɪə, amer. brə'zɪə] *s* bysthållare, bh, behå
brat [bræt] *s* satunge; rackarunge
Bratislava [ˌbrætɪ'slɑ:və]
bravado [brə'vɑ:dəʊ] *s* skryt, övermod
brave [breɪv] **I** *adj* modig, tapper **II** *vb tr* trotsa, tappert möta
bravery ['breɪvərɪ] *s* mod, tapperhet
bravo [ˌbrɑ:'vəʊ] *interj* bravo!
brawl [brɔ:l] *vb itr* bråka, gorma
brawn [brɔ:n] *s* **1** muskelstyrka **2** kok. sylta
brawny ['brɔ:nɪ] *adj* muskulös, stark
bray [breɪ] *vb itr* om åsna skria
brazen ['breɪzn] *adj* fräck [*a ~ lie*]
brazier ['breɪzjə] *s* fat med glödande kol
Brazil [brə'zɪl] Brasilien
Brazilian [brə'zɪljən] **I** *adj* brasiliansk **II** *s* brasilian
brazil nut [brə'zɪlnʌt] *s* paranöt
breach [bri:tʃ] **I** *s* **1** brytning; brytande; *~ **of discipline*** disciplinbrott; *~ **of duty*** tjänstefel; *~ **of promise*** brutet äktenskapslöfte **2** bräsch; hål; ***step into (fill) the ~*** bildl. rycka in **II** *vb tr* slå en bräsch i
bread [bred] *s* bröd; matbröd; ***a slice (piece) of ~ and butter*** en smörgås utan pålägg
breadbin ['bredbɪn] *s* brödburk, brödskrin
breadboard ['bredbɔ:d] *s* skärbräda
breadcrumb ['bredkrʌm] *s* brödsmula; ***~s*** äv. rivebröd
breadth [bredθ] *s* bredd, vidd
breadwinner ['bredˌwɪnə] *s* familjeförsörjare
break [breɪk] **I** (*broke broken*) *vb tr* o. *vb itr* **1** bryta, bryta av (sönder); knäcka; ha sönder; gå sönder, spricka, brytas, brytas sönder; brista; gå av [*the rope broke*], knäckas; *~ **open*** bryta upp **2** krossa [*~ a p.'s heart*] **3** bryta mot [*~ the law*] **4** *~ **the ice*** bildl. bryta isen; *~ **the news to a p.*** meddela ngn nyheten **5** ***dawn is breaking*** det gryr **6** bryta fram, ljuda [*a cry broke from her lips*] **7** *~ **into*** **a)** bryta ut i, brista ut i [*~ into laughter*] **b)** *~ **into a house*** bryta sig in i ett hus □ ~ **away** slita sig loss; göra sig fri; ~ **down** a) bryta ner; slå in en dörr b) dela (lösa) upp c) bryta samman; få ett sammanbrott d) gå sönder, strejka; ~ **in** a) bryta sig in b) rida in, köra in [*~ in a horse*] c) röka in [*~ in a pipe*]; ~ **off** avbryta; ~ **out** **a)** bryta ut **b)** *~ **out laughing*** brista ut i skratt **c)** *~ **out into a sweat*** råka i svettning; ~ **up** a) bryta (slå) sönder b) upplösa, skingra [*the police broke up the crowd*] c) sluta [*school ~s up today*]
II *s* **1** brytande, brytning; brott **2** spricka, avbrott; paus, rast **3** ***at ~ of day*** vid dagens inbrott **4** vard., ***a bad ~*** otur; ***a lucky ~*** tur **5** vard. chans [*give him a ~*]
breakdown ['breɪkdaʊn] *s* **1** sammanbrott, misslyckande **2** *~ **lorry (van)*** bärgningsbil **3** analys
breaker ['breɪkə] *s* bränning, brottsjö
breakfast ['brekfəst] **I** *s* frukost, morgonmål; *~ **food*** flingor m.m. **II** *vb itr* äta frukost
breaking-point ['breɪkɪŋpɔɪnt] *s* bristningsgräns
breakthrough ['breɪkθru:] *s* genombrott
breakup ['breɪkʌp] *s* upplösning [*the ~ of a marriage*]; brytning
breakwater ['breɪkˌwɔ:tə] *s* vågbrytare
bream [bri:m] *s* braxen
breast [brest] *s* bröst; ***make a clean ~ of it*** lätta sitt samvete
breast-fed ['brestfed] se *breast-feed*
breast-feed ['brestfi:d] (*breast-fed breast-fed*) *vb tr* amma
breaststroke ['breststrəʊk] *s*, ***the ~*** bröstsim
breath [breθ] *s* **1** andedräkt; anda; andning; ***take a p.'s ~ away*** få ngn att tappa andan; ***waste one's ~ on*** spilla ord på; ***out of ~*** andfådd **2** andetag, andedrag; pust, fläkt; ***a ~ of fresh air*** en nypa frisk luft
breathalyser ['breθəlaɪzə] *s* alkotestapparat
breathe [bri:ð] *vb itr* o. *vb tr* andas; *~ **one's last*** dra sin sista suck
breather ['bri:ðə] *s*, ***take a ~*** pusta ut
breathing-space ['bri:ðɪŋspeɪs] *s* andrum
breathless ['breθləs] *adj* andfådd; andlös
breathtaking ['breθˌteɪkɪŋ] *adj* nervkittlande; hisnande
bred [bred] se *breed I*
breeches ['brɪtʃɪz] *s pl* knäbyxor
breed [bri:d] **I** (*bred bred*) *vb tr* **1** föda upp djur; odla **2** skapa, väcka, föda [*war ~s misery*], avla **II** *s* **1** ras, avel; *~ **of cattle*** kreatursstam **2** sort, slag [*of the same ~*]
breeding ['bri:dɪŋ] *s* **1** uppfödande **2** fostran **3** fortplantning **4** god uppfostran, hyfs
breeze [bri:z] **I** *s* bris, fläkt **II** *vb itr* vard., *~ **in*** komma insusande

brethren ['breðrən] *s pl* se *brother 2*
Breton ['bret(ə)n] *adj* bretonsk
brevity ['brevətɪ] *s* korthet; koncishet
brew [bru:] **I** *vb tr* o. *vb itr* **1** brygga, bryggas; ~ ***up tea*** el. ~ ***tea*** koka te **2** vara i görningen [*there is something brewing*] **II** *s* brygd
brewer ['bru:ə] *s* bryggare
brewery ['bru:ərɪ] *s* bryggeri
briar ['braɪə] *s* törnbuske, nyponbuske
bribe [braɪb] **I** *s* mutor, muta **II** *vb tr* muta
bribery ['braɪbərɪ] *s* tagande av mutor
brick [brɪk] *s* **1** tegel, tegelsten; ***hard as*** (***as hard as***) ***a*** ~ stenhård; ***drop a*** ~ vard. trampa i klaveret **2** byggkloss **3** vard. hedersprick, bussig människa
bricklayer ['brɪkˌleɪə] *s* murare
bridal ['braɪdl] *adj* brud- [~ *gown*], bröllops-
bride [braɪd] *s* brud
bridegroom ['braɪdgru:m] *s* brudgum
bridesmaid ['braɪdzmeɪd] *s* brudtärna
1 bridge [brɪdʒ] *s* kortsp. bridge
2 bridge [brɪdʒ] **I** *s* bro; brygga; kommandobrygga **II** *vb tr* slå en bro över, överbrygga
bridgehead ['brɪdʒhed] *s* mil. brohuvud
bridle ['braɪdl] **I** *s* betsel **II** *vb tr* tygla
brief [bri:f] **I** *s*, pl. ~***s*** trosor **II** *adj* kort, kortfattad; ***be*** ~ fatta sig kort; ***in*** ~ i korthet
brief case ['bri:fkeɪs] *s* portfölj
brier ['braɪə] *s* törnbuske, nyponbuske
brigade [brɪ'geɪd] *s* brigad
bright [braɪt] *adj* **1** klar, ljus **2** skärpt, begåvad
brighten ['braɪtn] *vb tr* o. *vb itr* göra (bli) ljus (klar), göra (bli) ljusare (klarare); lysa upp [*his face brightened up*]
brilliance ['brɪljəns] *s* glans, briljans; begåvning
brilliant ['brɪljənt] *adj* glänsande, lysande, briljant; strålande [*a* ~ *idea*]; mycket begåvad
brim [brɪm] *s* **1** brädd, kant **2** brätte
brine [braɪn] *s* saltvatten, saltlake
bring [brɪŋ] (*brought brought*) *vb tr* **1** komma med, ha (föra) med sig; hämta **2** a) frambringa, framkalla; medföra b) förmå, bringa, få [*to* till att] □ ~ **about** få till stånd, framkalla [~ *about a crisis*]; ~ **back** ta (ha) med sig tillbaka; väcka [~ *back memories*]; ~ **in** föra in, bära in, ta in; ~ **out** ge ut [~ *out a new book*]; ~ **round** få att kvickna till; ta med; ~ ***a p. round to one's point of view*** omvända ngn till sin åsikt; ~ **up** uppfostra, föda upp; ta (dra) upp [~ *up a question*], föra på tal
brink [brɪŋk] *s* rand, brant [*on the* ~ *of ruin*]
brisk [brɪsk] *adj* livlig, rask [*at a* ~ *pace*]
bristle ['brɪsl] **I** *s* borsthår; skäggstrå; vanl. pl. ~***s*** kollektivt borst **II** *vb itr*, ~ ***with*** bildl. vimla av [~ *with difficulties*]
Brit [brɪt] *s* vard. britt, engelsman
Britain ['brɪtn] **1** ***Great*** ~ el. ~ Storbritannien; ibland England **2** hist. Britannien
British ['brɪtɪʃ] **I** *adj* brittisk; engelsk **II** *s*, ***the*** ~ britterna, engelsmännen
Briton ['brɪtn] *s* britt äv. hist.
Brittany ['brɪtənɪ] Bretagne
brittle ['brɪtl] *adj* spröd, skör
broach [brəʊtʃ] *vb tr* bringa på tal [~ *a subject*]
broad [brɔ:d] **I** *adj* **1** bred; vid, vidsträckt; ~ ***beans*** bondbönor; ***in*** ~ ***daylight*** mitt på ljusa dagen **2** huvudsaklig, stor [~ *outline (outlines)*] **II** *s* amer. sl. fruntimmer, brud
broadcast ['brɔ:dkɑ:st] **I** (*broadcast broadcast*; ibland *broadcasted broadcasted*) *vb tr* o. *vb itr* **1** sända, sända i radio (TV) **2** uppträda i radio (TV) **II** *s* radioutsändning, TV-sändning
broadcasting ['brɔ:dˌkɑ:stɪŋ] *s* radio; ***the British Broadcasting Corporation*** brittiska radion och televisionen, BBC
broaden ['brɔ:dn] *vb tr* o. *vb itr* göra bred (bredare); bli bred (bredare)
broad-minded [ˌbrɔ:d'maɪndɪd] *adj* vidsynt
broad-shouldered [ˌbrɔ:d'ʃəʊldəd] *adj* bredaxlad
broccoli ['brɒkəlɪ] *s* broccoli, sparriskål
brochure ['brəʊʃjʊə] *s* broschyr; prospekt
broil [brɔɪl] *vb tr* o. *vb itr* halstra, grilla; halstras, grillas
broiling ['brɔɪlɪŋ] *adj* brännhet, stekhet
broke [brəʊk] **I** imperfekt av *break I* **II** *adj* vard. pank
broken ['brəʊk(ə)n] *perf p* o. *adj* **1** bruten, knäckt, sönderslagen **2** tämjd, dresserad [ofta ~ *in*]
broken-hearted [ˌbrəʊk(ə)n'hɑ:tɪd] *adj* nedbruten av sorg
broker ['brəʊkə] *s* mäklare
bronchitis [brɒŋ'kaɪtɪs] *s* bronkit, luftrörskatarr
bronze [brɒnz] **I** *s* brons **II** *vb tr* bronsera; göra brun (solbränd)

brooch [brəʊtʃ] *s* brosch
brood [bru:d] **I** *s* kull **II** *vb itr* ligga på ägg, ruva; grubbla
brook [brʊk] *s* bäck
broom [bru:m] *s* **1** kvast; sopborste **2** bot. ginst
broth [brɒθ] *s* buljong; köttsoppa
brothel ['brɒθl] *s* bordell
brother ['brʌðə] *s* **1** bror, broder **2** (pl. ofta *brethren*) relig. trosbroder
brotherhood ['brʌðəhʊd] *s* broderskap
brother-in-law ['brʌð(ə)rɪnlɔ:] (pl. *brothers-in-law* ['brʌðəzɪnlɔ:]) *s* svåger
brotherly ['brʌðəlɪ] *adj* broderlig
brought [brɔ:t] se *bring*
brow [braʊ] *s* panna; ***knit one's ~s*** rynka pannan (ögonbrynen)
brown [braʊn] **I** *adj* brun; ***~ paper*** omslagspapper; ***in a ~ study*** försjunken i grubbel; ***~ sugar*** farinsocker **II** *s* brunt
browse [braʊz] *vb itr*, ***~ among*** [***a p.'s books***] botanisera bland…
bruise [bru:z] **I** *s* blåmärke **II** *vb tr* ge blåmärken
brunette [bru:'net] *s* brunett
brush [brʌʃ] **I** *s* **1** borste; kvast; pensel **2** borstning, avborstning **II** *vb tr* borsta, borsta av; skrubba; ***~ up*** borsta upp; friska upp [*~ up one's English*]
brusque [brʊsk] *adj* burdus, brysk
Brussels ['brʌslz] Bryssel
Brussels sprouts [,brʌsl'spraʊts] *s pl* brysselkål
brutal ['bru:tl] *adj* brutal, rå
brutality [bru:'tælətɪ] *s* brutalitet, råhet
brute [bru:t] *s* **1** oskäligt djur **2** brutal människa; vard. odjur
B.Sc. [,bi:es'si:] (förk. för *Bachelor of Science*) ungefär fil. kand.
bubble ['bʌbl] *s* o. *vb tr* bubbla
bubble bath ['bʌblbɑ:θ] *s* skumbad, bubbelbad
buccaneer [,bʌkə'nɪə] *s* sjörövare
buck [bʌk] *s* **1** bock, hanne av dovhjort, stenbock, kanin m.fl. **2** amer. vard. dollar
bucket ['bʌkɪt] *s* pyts, hink; ***kick the ~*** sl. kola av
bucketful ['bʌkɪtfʊl] *s* spann, hink [*of* med]
buckle ['bʌkl] **I** *s* spänne, buckla **II** *vb tr* o. *vb itr* spänna [*on* på]; ***~ up*** el. ***~*** böja (kröka) sig
bud [bʌd] **I** *s* knopp; ***nip a th. in the ~*** kväva ngt i sin linda **II** *vb itr* knoppas
Buddhism ['bʊdɪzm] *s* buddism
Buddhist ['bʊdɪst] *s* buddist
budding ['bʌdɪŋ] *adj* knoppande; bildl. blivande [*~ talent*]
buddy ['bʌdɪ] *s* amer. vard. kompis, polare; i tilltal du [*listen ~*]
budge [bʌdʒ] *vb itr* o. *vb tr* röra (röra sig) ur fläcken, flytta sig
budgerigar ['bʌdʒərɪgɑ:] *s* undulat
budget ['bʌdʒɪt] **I** *s* budget **II** *vb itr* göra upp en budget
budgie ['bʌdʒɪ] *s* vard. undulat
buff [bʌf] *s* **1** sämskskinn **2** mattgul färg
buffalo ['bʌfələʊ] (pl. *~s*) *s* buffel; bisonoxe
buffer ['bʌfə] *s* buffert
1 buffet ['bʌfɪt] *vb tr* slå till, knuffa
2 buffet ['bʊfeɪ] *s* **1** möbel buffé, skänk **2** buffé restaurang el. mål
buffoon [bə'fu:n] *s* pajas
bug [bʌg] *s* **1** vägglus; amer. insekt **2** vard. bacill
bugger ['bʌgə] *s* vulg. sate, jävel; *~!* djävlar!
buggy ['bʌgɪ] *s* paraplyvagn; amer. barnvagn [äv. *baby ~*]
bugle ['bju:gl] *s* jakthorn; mil. signalhorn
build [bɪld] **I** (*built built*) *vb tr* o. *vb itr* bygga **II** *s* kroppsbyggnad
builder ['bɪldə] *s* byggare; byggmästare
building ['bɪldɪŋ] *s* byggnad; hus
built [bɪlt] se *build I*
built-up ['bɪltʌp] *adj* tätbebyggd [*~ area*]
bulb [bʌlb] *s* **1** blomlök **2** glödlampa
Bulgaria [bʌl'geərɪə, bʊl'geərɪə] Bulgarien
Bulgarian [bʌl'geərɪən, bʊl'geərɪən] **I** *s* **1** bulgar **2** bulgariska språket **II** *adj* bulgarisk
bulge [bʌldʒ] **I** *s* bula, buckla; utbuktning **II** *vb itr* bukta (svälla) ut, puta ut
bulimia [bjʊ'lɪmɪə] *s* med. bulimi, hetsätning
bulk [bʌlk] *s* volym; omfång; ***the ~*** huvuddelen; ***in ~*** i stora partier
bulky ['bʌlkɪ] *adj* skrymmande, klumpig
bull [bʊl] *s* tjur; ***like a ~ at a gate*** buffligt, på ett buffligt sätt
bulldog ['bʊldɒg] *s* bulldogg
bulldozer ['bʊl,dəʊzə] *s* bulldozer, bandschaktare
bullet ['bʊlɪt] *s* kula till t.ex. gevär
bulletin ['bʊlɪtɪn] *s* bulletin; rapport; ***~ board*** amer. anslagstavla
bulletproof ['bʊlɪtpru:f] *adj* skottsäker
bullfight ['bʊlfaɪt] *s* tjurfäktning
bullfighter ['bʊl,faɪtə] *s* tjurfäktare
bullfinch ['bʊlfɪntʃ] *s* domherre
bullock ['bʊlək] *s* stut, oxe

bull's-eye ['bʊlzaɪ] *s* skottavlas prick; fullträff
bullshit ['bʊlʃɪt] *s* vard. skitsnack
bully ['bʊlɪ] **I** *s* översittare **II** *vb tr* o. *vb itr* spela översittare mot; spela översittare
bullying ['bʊlɪɪŋ] *s* pennalism, översitteri
bulrush ['bʊlrʌʃ] *s* **1** säv **2** kaveldun
bulwark ['bʊlwək] *s* bålverk
bum [bʌm] *s* **1** vulg. rumpa, ända; ~ ***bag*** midjeväska; vard. magsäck **2** amer. vard. luffare; odåga
bumble-bee ['bʌmblbi:] *s* humla
bump [bʌmp] **I** *s* **1** stöt, duns **2** bula; knöl; ojämnhet på väg; gupp **II** *vb tr* o. *vb itr* stöta, dunka
bumper ['bʌmpə] *s* **1** stötfångare, kofångare på bil; ~ ***car*** radiobil på nöjesfält **2** attributivt rekord- [~ *crop*]
bumpy ['bʌmpɪ] *adj* om väg ojämn, guppig
bun [bʌn] *s* **1** bulle; ***hot cross*** ~ korsmärkt bulle som äts på långfredagen **2** hårknut
bunch [bʌntʃ] *s* **1** klase [~ *of grapes*]; bukett [~ *of flowers*], knippa [~ *of keys*], bunt **2** vard. samling, hop
bundle ['bʌndl] *s* bunt, knyte, bylte
bungalow ['bʌŋgələʊ] *s* bungalow; enplansvilla
bungle ['bʌŋgl] *vb tr* förfuska, fördärva
bungler ['bʌŋglə] *s* fuskare, klåpare
bunion ['bʌnjən] *s* öm knöl på stortån
bunk [bʌŋk] *s* brits; sovhytt
bunker ['bʌŋkə] *s* bunker
bunny ['bʌnɪ] *s* barnspr. kanin
buoy [bɔɪ] *s* sjö. boj
buoyant ['bɔɪənt] *adj* **1** som lätt flyter **2** elastisk, spänstig [*with a* ~ *step*]; om person gladlynt
burbot ['bɜ:bət] *s* zool. lake
burden ['bɜ:dn] **I** *s* börda [*to, on* för], last; ***beast of*** ~ lastdjur **II** *vb tr* belasta, betunga
bureau ['bjʊərəʊ] *s* **1** sekretär; skrivbord **2** ämbetsverk; byrå [*information* ~] **3** amer. byrå möbel
bureaucracy [bjʊə'rɒkrəsɪ] *s* byråkrati
bureaucratic [ˌbjʊərə'krætɪk] *adj* byråkratisk
burglar ['bɜ:glə] *s* inbrottstjuv
burglary ['bɜ:glərɪ] *s* inbrott, inbrottsstöld
burgle ['bɜ:gl] *vb itr* o. *vb tr* göra inbrott; göra inbrott i
Burgundy ['bɜ:gəndɪ] Bourgogne
burgundy ['bɜ:gəndɪ] *s* bourgognevin
burial ['berɪəl] *s* begravning; ~ ***ground*** begravningsplats
burly ['bɜ:lɪ] *adj* kraftig, kraftigt byggd
Burma ['bɜ:mə] hist.; se *Myanmar*
Burmese [ˌbɜ:'mi:z] **I** *adj* burmansk, burmesisk **II** (pl. lika) *s* burman, burmes
burn [bɜ:n] **I** (*burnt burnt*) *vb tr* o. *vb itr* **1** bränna, förbränna; bränna (elda) upp; brännas vid; brännas **2** brinna, brinna upp; lysa, glöda **II** *s* brännskada, brännsår
burner ['bɜ:nə] *s* brännare; låga på gasspis
burnish ['bɜ:nɪʃ] **I** *vb tr* o. *vb itr* blankskura, polera; bli blank **II** *s* glans
burnt [bɜ:nt] **I** se *burn* **II** *adj* bränd
burp [bɜ:p] vard. **I** *s* rapning, rap **II** *vb itr* rapa
burrow ['bʌrəʊ] **I** *s* kanins m.fl. djurs håla, lya **II** *vb itr* gräva ner sig
burst [bɜ:st] **I** (*burst burst*) *vb itr* o. *vb tr* **1** brista, spricka; krevera; spränga [~ *a balloon*], spräcka **2** komma störtande [*he* ~ *into the room*]; ~ ***in*** a) störta in b) avbryta; ~ ***into flames*** flamma upp, ta eld; ~ ***into laughter*** brista i skratt; ~ ***out laughing*** brista i skratt **II** *s* **1** ~ ***of gunfire*** skottsalva **2** anfall [*a* ~ *of energy*]; storm [*a* ~ *of applause*]; ~ ***of laughter*** skrattsalva
bury ['berɪ] *vb tr* begrava
bus [bʌs] *s* buss
bush [bʊʃ] *s* buske; ***beat about the*** ~ gå som katten kring het gröt
bushy ['bʊʃɪ] *adj* buskig; yvig [*a* ~ *tail*]
business ['bɪznəs] *s* **1** (utan pl.) affär, affärer, affärsliv; ***go into*** ~ bli affärsman; ***on*** ~ i affärer **2** (med pl. *businesses*) affär, företag, firma **3** (med pl. *businesses*) bransch [*the oil* ~; *show* ~] **4** (utan pl.) uppgift, sak; syssla; arbete [~ *before pleasure*]; ***I made it my*** ~ ***to*** jag åtog mig att; ***he means*** ~ vard. han menar allvar **5** (utan pl.) angelägenhet, sak; ***a bad*** ~ en sorglig historia; ***it's none of your*** ~ det angår dig inte; ***mind your own*** ~***!*** vard. sköt du ditt!; ***sick of the whole*** ~ led på alltsammans
business-like ['bɪznɪslaɪk] *adj* affärsmässig
businessman ['bɪznɪsmæn] *s* affärsman
bus stop ['bʌsstɒp] *s* busshållplats
bust [bʌst] *s* **1** byst **2** bröst, barm
bustle ['bʌsl] **I** *vb itr* jäkta, flänga [~ *about*]; **II** *s* fläng, jäkt
busy ['bɪzɪ] **I** *adj* **1** sysselsatt, upptagen; ***be*** ~ ***packing*** hålla på att packa **2** flitig **3** bråd [~ *season*]; ~ ***street*** livligt trafikerad gata **II** *vb tr*, ~ ***oneself*** sysselsätta sig

busybody ['bɪzɪˌbɒdɪ] *s, **he is a ~*** han lägger sig i allting
but [bʌt, obetonat bət] **I** *konj* o. *prep* **1** men; ***not only...~ also*** el. ***not only...~*** inte bara...utan också **2 a)** utom [*all ~ he*]; om inte [*whom should he meet ~ me?*] **b)** ~ ***for*** bortsett från...; ***~ for you*** om inte du hade varit **c)** ***first ~ one*** tvåa, som tvåa; ***the last ~ one*** den näst sista **3** än [*who else ~ he could have done it?*] **II** *adv* bara [*he is ~ a child*] **III** *s* men; aber
butcher ['bʊtʃə] **I** *s* slaktare **II** *vb tr* slakta brutalt
butler ['bʌtlə] *s* hovmästare, förste betjänt
1 butt [bʌt] *s* **1** tjockända; kolv **2** cigarrstump; fimp
2 butt [bʌt] *s* skottavla
3 butt [bʌt] *vb tr* o. *vb itr* **1** stöta, stöta till med huvud el. horn; stånga, stångas **2** ~ ***in*** vard. blanda (lägga) sig i
butter ['bʌtə] **I** *s* smör **II** *vb tr* **1** bre smör på **2** ~ ***up*** vard. fjäska för
butter bean ['bʌtəbi:n] *s* vaxböna
buttercup ['bʌtəkʌp] *s* smörblomma
butterfingers ['bʌtəˌfɪŋgəz] *s* klumpig (fumlig) person som lätt tappar saker
butterfly ['bʌtəflaɪ] *s* fjäril
buttermilk ['bʌtəmɪlk] *s* kärnmjölk
buttock ['bʌtək] *s*, pl. ***~s*** bak, ända, stuss
button ['bʌtn] **I** *s* knapp **II** *vb tr*, ~ ***up*** el. ~ knäppa ihop
buttonhole ['bʌtnhəʊl] *s* knapphål
buttress ['bʌtrəs] *s* strävpelare, stöd
buxom ['bʌksəm] *adj* om kvinna frodig
buy [baɪ] **I** (*bought bought*) *vb tr* o. *vb itr* köpa; ~ ***off*** friköpa, lösa ut **II** *s* vard. köp
buyer ['baɪə] *s* köpare, spekulant
buzz [bʌz] **I** *s* surr, surrande **II** *vb itr* surra
buzzard ['bʌzəd] *s* ormvråk
buzzer ['bʌzə] *s* summer
by [baɪ] **I** *prep* **1** vid, bredvid, hos [*~ me*]; i adress per; ***~ land and sea*** till lands och sjöss; ***~ oneself*** ensam, för sig själv; på egen hand **2** förbi [*he went ~ me*]; genom [*~ a side door*]; över, via [*~ Paris*]; ***~ the way*** el. ***~ the by*** apropå; förresten **3** uttryckande medel genom; vid, i [*lead ~ the hand*]; ***~ itself*** av sig själv; ***~ oneself*** på egen hand; ***multiply ~ six*** multiplicera med sex **4** i tidsuttryck till, senast [*be home ~ six*]; ***~ this time tomorrow*** i morgon så här dags; ***~ night*** om natten; per [*paid ~ the hour*]; ***day ~ day*** dag för dag **5** av [*a portrait ~ Watts*] **6** i måttsuttryck, ***the price rose ~ 10%*** priset steg 10%; ***three metres long ~ four metres broad*** tre meter lång och fyra meter bred; ***bit ~ bit*** bit för bit; ***one ~ one*** en och en **7** uttryckande förhållande till [*a lawyer ~ profession*]; ***Brown ~ name*** vid namn Brown; ***go ~ the name of*** gå under namnet **II** *adv* i närheten, bredvid, intill [*close (near) ~*]; förbi [*pass ~*]; undan, av [*put money ~*]; ***~ and ~*** så småningom; ***~ and large*** i stort sett
bye-bye [ˌbaɪ'baɪ] *interj* vard. ajö, ajö!
by-election ['baɪɪˌlekʃ(ə)n] *s* fyllnadsval
Byelorussia [bɪˌeləʊ'rʌʃə] Vitryssland
Byelorussian [bɪˌeləʊ'rʌʃ(ə)n] **I** *adj* vitrysk **II** *s* vitryss
bygone ['baɪgɒn] **I** *adj* gången, svunnen [*~ days*] **II** *s, **let ~s be ~s*** låta det skedda vara glömt
bypass ['baɪpɑ:s] **I** *s* **1** förbifartsled **2** kir. bypass **II** *vb tr* leda förbi; kringgå
bystander ['baɪˌstændə] *s* åskådare

C

C, c [si:] *s* C, c; ***C flat*** mus. cess; ***C sharp*** mus. ciss
C (förk. för *Celsius, Centigrade*) C
c. förk. för *cent, cents, cubic*
cab [kæb] *s* taxi
cabaret ['kæbəreɪ] *s*, ~ el. ~ ***show*** kabaré
cabbage ['kæbɪdʒ] *s* kål; speciellt vitkål
cab-driver ['kæbˌdraɪvə] *s* taxichaufför
cabin ['kæbɪn] *s* **1** stuga, koja **2** sjö. hytt **3** flyg. kabin
cabin boy ['kæbɪnbɔɪ] *s* sjö. hyttuppassare
cabinet ['kæbɪnət] *s* **1** skåp med lådor el. hyllor; badrumsskåp, vitrinskåp; låda, hölje på TV el. radio **2** polit. kabinett, ministär
cable ['keɪbl] **I** *s* **1** kabel; vajer **2** telegram [~ *address*] **II** *vb tr* telegrafera till
cablegram ['keɪblgræm] *s* kabeltelegram
cackle ['kækl] **I** *vb itr* kackla **II** *s* kackel
cactus ['kæktəs] *s* kaktus
cad [kæd] *s* vard. bracka; knöl
caddie ['kædɪ] *s* golf. caddie; ~ ***car*** (***cart***) golfvagn
caddy ['kædɪ] *s* **1** teburk, tedosa **2** = *caddie*
cadet [kə'det] *s* kadett
cadge [kædʒ] *vb itr* o. *vb tr* snylta, snylta till sig
cadmium ['kædmɪəm] *s* kadmium
café ['kæfeɪ] *s* kafé; konditori med servering
cafeteria [ˌkæfə'tɪərɪə] *s* cafeteria
caffeine ['kæfi:n] *s* koffein
cage [keɪdʒ] **I** *s* bur; hisskorg **II** *vb tr* sätta i bur
cake [keɪk] *s* **1** tårta, kaka; bakelse; ~ ***mix*** kakmix **2** platt bulle, krokett [*fish* ~] **3** ***a ~ of soap*** en tvålbit
calamity [kə'læmətɪ] *s* olycka, katastrof
calcium ['kælsɪəm] *s* kalcium
calculate ['kælkjʊleɪt] *vb tr* o. *vb itr* beräkna, kalkylera; räkna; ~ ***on*** räkna med
calculating ['kælkjʊleɪtɪŋ] *adj* beräknande
calculation [ˌkælkjʊ'leɪʃ(ə)n] *s* beräkning
calculator ['kælkjʊleɪtə] *s* **1** räknare **2** räknemaskin, kalkylator
calendar ['kæləndə] *s* almanacka; kalender
1 calf [kɑ:f] (pl. *calves* [kɑ:vz]) *s* vad kroppsdel
2 calf [kɑ:f] (pl. *calves* [kɑ:vz]) *s* **1** kalv **2** kalvskinn
calibre ['kælɪbə] *s* kaliber
calico ['kælɪkəʊ] *s* kalikå; kattun
California [ˌkælɪ'fɔ:njə] Kalifornien
Californian [ˌkælɪ'fɔ:njən] *adj* kalifornisk
call [kɔ:l] **I** *vb tr* o. *vb itr* **1** kalla, benämna; uppkalla [*after*]; ***be called*** heta **2** kalla på, tillkalla, larma [~ *the police*]; ringa till; telefonera, ringa [*for* efter]; ~ ***attention to*** fästa uppmärksamheten på **3** väcka **4** ropa [*to* åt]; ~ ***for*** a) ropa på (efter) b) mana till; påkalla, kräva; ~ ***on*** påkalla, uppmana, anmoda **5** hälsa 'på; ~ ***at*** besöka; ~ ***for*** komma och hämta; ~ ***on*** hälsa 'på, besöka □ ~ **in** a) kalla (ropa) in b) inkalla, tillkalla c) titta in till ngn; ~ **off** inställa, avlysa [~ *off a meeting*], avblåsa [~ *off a strike*]; ~ **out** a) kalla ut b) kommendera ut c) ropa ut, ropa upp [~ *out the winners*] d) ta ut i strejk; ~ **over** ropa upp; ~ **up** a) kalla fram (upp) b) tele. ringa upp c) mil. inkalla **II** *s* **1** rop **2** anrop; påringning; telefonsamtal **3** kallelse; maning **4** skäl, anledning [*there is no ~ for you to worry*] **5** hand. efterfrågan [*for* på] **6** besök, visit; ***port of ~*** anlöpningshamn
callbox ['kɔ:lbɒks] *s* telefonkiosk
caller ['kɔ:lə] *s* besökande, besökare
call-in ['kɔ:lɪn] *s* speciellt amer., se *phone-in*
calling ['kɔ:lɪŋ] *s* kall, yrke
callous ['kæləs] *adj* känslolös; känslokall
call-over ['kɔ:lˌəʊvə] *s* namnupprop
call-up ['kɔ:lʌp] *s* mil. inkallelse
callus ['kæləs] *s* valk, förhårdnad
calm [kɑ:m] **I** *adj* o. *s* lugn **II** *vb tr* o. *vb itr* lugna; ~ ***a p. down*** lugna ner ngn; ~ ***down*** lugna sig
calorie ['kælərɪ] *s* kalori
calumny ['kæləmnɪ] *s* förtal, smädelse
calves [kɑ:vz] *s* se *1 calf, 2 calf*
Cambodia [kæm'bəʊdjə] Kambodja
Cambodian [kæm'bəʊdjən] **I** *adj* kambodjansk **II** *s* kambodjan
camcorder ['kæmˌkɔ:də] *s* videokamera
came [keɪm] se *come*
camel ['kæm(ə)l] *s* kamel
camellia [kə'mi:ljə] *s* bot. kamelia
cameo ['kæmɪəʊ] (pl. ~*s*) *s* kamé
camera ['kæmərə] *s* kamera
cameraman ['kæm(ə)rəmæn] *s* kameraman, fotograf
camomile ['kæməmaɪl] *s* kamomill
camouflage ['kæmʊflɑ:ʒ] **I** *s* camouflage **II** *vb tr* camouflera

camp [kæmp] **I** *s* läger; koloni [*summer ~*] **II** *vb itr* slå läger; ligga i läger; tälta, campa; ***go camping*** åka ut och campa
campaign [kæm'peɪn] **I** *s* kampanj; fälttåg **II** *vb itr* delta i (organisera) en kampanj
camp bed [ˌkæmp'bed] *s* fältsäng, tältsäng
camper ['kæmpə] *s* campare, tältare
camping ['kæmpɪŋ] *s* camping, lägerliv
camping-ground ['kæmpɪŋgraʊnd] *s* o. **camping-site** ['kæmpɪŋsaɪt] *s* campingplats
1 can [kæn, obetonat kən] (nekande *cannot, can't;* imperfekt *could*) *hjälpvb* presens kan, kan få, får
2 can [kæn] **I** *s* kanna; burk; dunk **II** *vb tr* konservera
Canada ['kænədə]
Canadian [kə'neɪdjən] **I** *adj* kanadensisk **II** *s* kanadensare
canal [kə'næl] *s* grävd, konstgjord kanal
canalize ['kænəlaɪz] *vb tr* kanalisera
canapé ['kænəpeɪ] *s* kanapé, sandwich
Canary [kə'neərɪ] *s, **the ~ Islands*** el. ***the Canaries*** Kanarieöarna
canary [kə'neərɪ] *s* kanariefågel
cancel ['kæns(ə)l] *vb tr* **1** stryka, korsa över; stämpla över [*~ stamps*] **2** annullera; upphäva; inställa; avbeställa [*~ an order*]
cancellation [ˌkænsə'leɪʃ(ə)n] *s* överstrykning; annullering; upphävande; inställande; avbeställning
cancer ['kænsə] *s* **1** med. cancer **2** astrol., ***Cancer*** Kräftan
candelabra [ˌkændə'læbrə] *s* kandelaber
candid ['kændɪd] *adj* öppen, uppriktig; ***~ camera*** dolda kameran
candidate ['kændɪdət] *s* kandidat, sökande
candied ['kændɪd] *adj* kanderad [*~ fruit*]
candle ['kændl] *s* ljus av t. ex. stearin; levande ljus
candle grease ['kændlgri:s] *s* stearin
candlestick ['kændlstɪk] *s* ljusstake
candour ['kændə] *s* uppriktighet, öppenhet
candy ['kændɪ] *s* kandisocker; amer. äv. konfekt, godis
cane [keɪn] **I** *s* **1** rör; sockerrör **2** käpp, spanskrör **3** rotting, spö **II** *vb tr* prygla, piska
canine ['keɪnaɪn] *adj* **1** hund- **2** ***~ teeth*** hörntänder
caning ['keɪnɪŋ] *s* prygel; ***get a ~*** få stryk
canister ['kænɪstə] *s* kanister; bleckdosa
cannabis ['kænəbɪs] *s* cannabis
canned [kænd] *adj* konserverad [*~ beef*], på burk [*~ peas*]; ***~ goods*** konserver
cannibal ['kænɪb(ə)l] *s* kannibal
cannibalism ['kænɪbəlɪz(ə)m] *s* kannibalism
cannon ['kænən] *s* kanon
cannot ['kænɒt] kan (får) inte
canoe [kə'nu:] **I** *s* kanot **II** *vb itr* paddla
canonize ['kænənaɪz] *vb tr* kanonisera, helgonförklara
can-opener ['kænˌəʊpənə] *s* konservöppnare, burkoppnare
cant [kænt] *s* **1** förbrytarspråk **2** floskler
can't [kɑ:nt] = *cannot*
canteen [kæn'ti:n] *s* marketenteri; kantin
canter ['kæntə] **I** *s* kort galopp; ***at a ~*** i galopp; ***win at a ~*** vinna lätt och ledigt **II** *vb itr* rida i kort galopp
canvas ['kænvəs] *s* **1** a) segelduk, tältduk b) kanfas; brandsegel **2** kollektivt segel **3** tält **4** tavla, målarduk **5** boxn. ringgolv
canvass ['kænvəs] *vb tr* o. *vb itr* **1** gå runt och bearbeta [*~ a district*], värva röster i **2** grundligt dryfta **3** agitera; *~* el. ***~ for votes*** värva röster **4** ***~ for*** vara ackvisitör för
canvasser ['kænvəsə] *s* **1** röstvärvare, valarbetare **2** ackvisitör
cap [kæp] *s* **1** mössa; keps **2** kapsyl, hätta, huv **3** ***percussion ~*** tändhatt
capability [ˌkeɪpə'bɪlətɪ] *s* förmåga, skicklighet
capable ['keɪpəbl] *adj* **1** skicklig; duktig **2** ***~ of*** i stånd (kapabel) till
capacious [kə'peɪʃəs] *adj* rymlig
capacity [kə'pæsətɪ] *s* **1** plats, utrymme; ***seating ~*** antalet sittplatser **2** kapacitet **3** egenskap, ställning; ***in the ~ of*** i egenskap av **4** attributivt, ***~ house*** (***audience***) fullsatt hus
1 cape [keɪp] *s* udde, kap
2 cape [keɪp] *s* cape, krage
1 caper ['keɪpə] *s*, pl. ***~s*** kapris krydda
2 caper ['keɪpə] *s* tilltag; ***cut ~s*** göra glädjesprång
capital ['kæpɪtl] **I** *adj* **1** utmärkt **2** ***~ letter*** stor bokstav **3** ***~ punishment*** dödsstraff **II** *s* **1** huvudstad **2** stor bokstav **3** kapital; förmögenhet; ***make ~ of*** (***out of***) bildl. slå mynt av
capitalism ['kæpɪtəlɪz(ə)m] *s* kapitalism
capitalist ['kæpɪtəlɪst] *s* kapitalist
capitulate [kə'pɪtjʊleɪt] *vb itr* kapitulera

capitulation [kəˌpɪtjʊ'leɪʃ(ə)n] *s* kapitulation
caprice [kə'pri:s] *s* kapris; nyck, infall
capricious [kə'prɪʃəs] *adj* nyckfull, lynnig
Capricorn ['kæprɪkɔ:n] *s* astrol. Stenbocken
capsize [kæp'saɪz] *vb itr* kapsejsa, kantra
capstan ['kæpstən] *s* sjö. ankarspel, gångspel
capsule ['kæpsju:l] *s* kapsel; kapsyl
captain ['kæptɪn] *s* **1** kapten; sport. lagkapten **2** amer. a) ungefär poliskommissarie b) brandkapten
caption ['kæpʃ(ə)n] *s* överskrift; bildtext
captivate ['kæptɪveɪt] *vb tr* fängsla, tjusa
captive ['kæptɪv] **I** *adj* fången; ***be taken ~*** bli tagen till fånga **II** *s* fånge
captivity [kæp'tɪvətɪ] *s* fångenskap
capture ['kæptʃə] **I** *s* **1** tillfångatagande; gripande; erövring **2** fångst, byte **II** *vb tr* ta till fånga; gripa; erövra, inta; bildl. fånga
car [kɑ:] *s* bil; ***~ bombing*** bilbombsattentat; ***a ~ park*** en bilparkering
carafe [kə'ræf] *s* karaff
caramel ['kærəmel] *s* **1** bränt socker, karamell **2** kola
carat ['kærət] *s* karat
caravan ['kærəvæn] *s* **1** karavan **2** husvagn; ***~ site*** campingplats för husvagnar
caraway ['kærəweɪ] *s* kummin
carbohydrate [ˌkɑ:bə'haɪdreɪt] *s* kolhydrat
carbon ['kɑ:bən] *s* kem. kol; ***~ dioxide*** koldioxid, kolsyra; ***~ monoxide*** koloxid
carbonic [kɑ:'bɒnɪk] *adj*, ***~ acid*** kolsyra
carbon paper ['kɑ:bənˌpeɪpə] *s* karbonpapper, kopiepapper
carburettor [ˌkɑ:bjʊ'retə] *s* förgasare
carcass ['kɑ:kəs] *s* **1** kadaver **2** djurkropp, slaktkropp
carcinogenic [ˌkɑ:sɪnə'dʒenɪk] *adj* med. cancerframkallande
card [kɑ:d] *s* kort, spelkort, visitkort; ***~s*** kortspel; ***~ index*** kortregister, kartotek; ***play ~s*** spela kort
cardamom ['kɑ:dəməm] *s* kardemumma
cardboard ['kɑ:dbɔ:d] *s* papp, kartong
cardigan ['kɑ:dɪgən] *s* cardigan, kofta
cardinal ['kɑ:dɪnl] **I** *adj* väsentlig [*of ~ importance*]; ***~ number*** grundtal; ***the ~ points*** de fyra väderstrecken **II** *s* kardinal
care [keə] **I** *s* **1** bekymmer **2** omtänksamhet; noggrannhet; ***take ~ to*** vara noga med att; ***take ~ not to*** akta sig för att **3** vård [*under the ~ of*]; ***take ~ of*** ta hand om, vara rädd om; ***take ~ of yourself!*** el. ***take ~!*** sköt om dig!; ***~ of*** (förk. *c/o*) på brev adress, c/o **II** *vb itr* **1** bry sig om [*I don't ~ what he says*]; ***~ about*** bry (bekymra) sig om; ***~ for*** a) bry sig om, ha lust med [*I shouldn't ~ for that*] b) tycka om, hålla av; ***would you ~ for?*** vill du ha?; ***I don't ~*** det gör mig detsamma; ***I couldn't ~ less*** vard. det struntar jag i **2** ***~ to*** ha lust att, gärna vilja
career [kə'rɪə] **I** *s* **1** bana, yrke [*choose a ~*]; karriär **2** ***in full ~*** i full fart **II** *vb itr* rusa [*about; along*]
careerist [kə'rɪərɪst] *s* karriärist, streber
carefree ['keəfri:] *adj* bekymmerslös, sorgfri
careful ['keəf(ʊ)l] *adj* **1** försiktig; aktsam [*of* om, med] **2** omsorgsfull, noggrann
careless ['keələs] *adj* slarvig, vårdslös
carelessness ['keələsnəs] *s* slarv, vårdslöshet
caress [kə'res] **I** *vb tr* smeka **II** *s* smekning
caretaker ['keəˌteɪkə] *s* **1** vaktmästare; fastighetsskötare, portvakt **2** ***~ government*** expeditionsministär
cargo ['kɑ:gəʊ] (pl. *cargoes*) *s* skeppslast
Caribbean [ˌkærɪ'bi:ən] **I** *adj* karibisk [*the ~ Sea*] **II** *s*, ***the ~*** Karibiska havet
caricature ['kærɪkəˌtjʊə] **I** *s* karikatyr **II** *vb tr* karikera
carnation [kɑ:'neɪʃ(ə)n] *s* nejlika
carnival ['kɑ:nɪv(ə)l] *s* karneval
carol ['kær(ə)l] *s*, ***~*** el. ***Christmas ~*** julsång
1 carp [kɑ:p] (pl. lika) *s* zool. karp
2 carp [kɑ:p] *vb itr* gnata; ***~ at*** hacka på
Carpathians [kɑ:'peɪθjənz] *s pl*, ***the ~*** Karpaterna
carpenter ['kɑ:pəntə] *s* snickare
carpet ['kɑ:pɪt] *s* större mjuk matta
carphone ['kɑ:fəʊn] *s* biltelefon
carport ['kɑ:pɔ:t] *s* carport vägglöst garage
carriage ['kærɪdʒ] *s* **1** vagn, ekipage **2** järnv. personvagn **3** transport, frakt
carrier ['kærɪə] *s* **1** a) bärare; stadsbud b) transportföretag **2** ***aircraft ~*** hangarfartyg **3** pakethållare
carrier bag ['kærɪəbæg] *s* bärkasse
carrier pigeon ['kærɪəˌpɪdʒɪn] *s* brevduva
carrion ['kærɪən] *s* kadaver, as
carrion crow [ˌkærɪən'krəʊ] *s* svartkråka
carrot ['kærət] *s* morot
carry ['kærɪ] *vb tr* o. *vb itr* **1** bära; bära på;

ha med (på) sig, medföra **2** frakta, transportera **3** föra, driva; leda t.ex. ljud **4** ha plats för, rymma **5** ***be carried*** om t.ex. motion gå igenom, bli antagen **6** hålla, föra kropp, huvud □ ~ **away a)** bära (föra) bort **b)** bildl. hänföra; ***be carried away by*** ryckas med av; ~ **back** föra tillbaka; ~ **forward** bokf. transportera; ***amount carried forward*** el. ***carried forward*** transport till ngt; ~ **off a)** bära (föra) bort **b)** hemföra, vinna [~ *off a prize*] **c)** ~ ***it off*** sköta (klara) sig bra; ~ **on** a) föra [~ *on a conversation*]; bedriva, utöva b) fortsätta, gå vidare c) vard. bära sig åt, bråka; ~ **out** utföra; genomföra, fullfölja; ~ **over a)** bära (föra, ta) över **b)** hand. överföra; bokf. transportera; ***amount carried over*** el. ***carried over*** transport; ~ **through** genomföra; driva igenom

carryall ['kærɪɔ:l] *s* amer. rymlig bag (väska)

carrycot ['kærɪkɒt] *s* babylift bärkasse för spädbarn

cart [kɑ:t] **I** *s* tvåhjulig kärra; skrinda; ***put the ~ before the horse*** börja i galen ända **II** *vb tr* **1** köra, forsla **2** kånka på

cartel [kɑ:'tel] *s* kartell

carter ['kɑ:tə] *s* åkare, körare

cartilage ['kɑ:təlɪdʒ] *s* anat. brosk

carton ['kɑ:t(ə)n] *s* kartong, pappask; paket; ***a ~ of cigarettes*** en limpa cigaretter

cartoon [kɑ:'tu:n] *s* **1** skämtteckning; politisk karikatyr **2** tecknad serie **3** ~ el. ***animated ~*** tecknad film

cartoonist [kɑ:'tu:nɪst] *s* skämttecknare

cartridge ['kɑ:trɪdʒ] *s* **1** patron **2** kassett, cartridge

carve [kɑ:v] *vb tr* o. *vb itr* **1** skära, snida **2** skära för (upp), tranchera kött

carver ['kɑ:və] *s* förskärare

carving ['kɑ:vɪŋ] *s* träsnideri

carving-knife ['kɑ:vɪŋnaɪf] *s* förskärarkniv, trancherkniv

cascade [kæ'skeɪd] *s* kaskad

1 case [keɪs] *s* **1** fall; förhållande; ***as the ~ may be*** alltefter omständigheterna; ***in ~*** (***just in ~***) ***I forget*** ifall jag skulle glömma; ***in ~ of*** i händelse av; ***in any ~*** i varje fall; ***in that ~*** i så fall **2 a)** jur. rättsfall; mål; sak **b)** jur. el. friare bevis; argument, skäl; ***state one's ~*** framlägga fakta, framlägga sin sak **3** sjukdomsfall **4** gram. kasus

2 case [keɪs] *s* **1** låda; ask; skrin; fodral, etui; packlår **2** väska, portfölj; boett **3** glas- monter

casement ['keɪsmənt] *s* sidohängt fönster

cash [kæʃ] **I** *s* kontanter, reda pengar [äv. *ready ~*]; ***pay*** (***pay in***) ~ el. ~ ***down*** betala kontant **II** *vb tr* o. *vb itr* lösa in [~ *a cheque*]; ~ ***in on*** slå mynt av

cash-and-carry [ˌkæʃən(d)'kærɪ] *s* hämtköp

cashbook ['kæʃbʊk] *s* kassabok

cashbox ['kæʃbɒks] *s* kassaskrin

cashdesk ['kæʃdesk] *s* kassa där man betalar

cash discount [ˌkæʃ'dɪskaʊnt] *s* kassarabatt

cash dispenser ['kæʃdɪˌspensə] *s* Bankomat ®

cashier [kæ'ʃɪə] *s* kassör, kassörska

cash machine ['kæʃməˌʃi:n] *s* Bankomat ®

cashpoint ['kæʃpɔɪnt] *s* **1** kassa i snabbköp, varuhus **2** Bankomat ®

cash price [ˌkæʃ'praɪs] *s* kontantpris

cash register ['kæʃˌredʒɪstə] *s* kassaapparat

casino [kə'si:nəʊ] (pl. ~*s*) *s* kasino äv. kortspel

cask [kɑ:sk] *s* fat, tunna

casket ['kɑ:skɪt] *s* **1** skrin **2** amer. likkista

Caspian ['kæspɪən] *adj*, ***the ~ Sea*** Kaspiska havet

casserole ['kæsərəʊl] *s* gryta eldfast form o. maträtt

cassette [kə'set] *s* kassett för bandspelare, TV, film; ~ ***deck*** kassettdäck; ~ ***recorder*** kassettbandspelare

cast [kɑ:st] **I** (*cast cast*) *vb tr* **1** kasta speciellt bildl. [~ *a shadow*]; ~ ***one's vote*** avge sin röst **2** gjuta, stöpa, forma □ ~ **aside** kasta bort, kassera; ~ **away** kasta bort; ***be ~ away*** sjö. lida skeppsbrott; ~ **off** kasta bort, kassera; lägga av kläder; ~ **out** fördriva, driva ut

II *s* **1** a) avgjutning b) gjutform; ***plaster ~*** med. gipsförband **2** teat. **a)** rollbesättning **b)** ***the ~*** de medverkande; ***an all-star ~*** en stjärnensemble

castanets [ˌkæstə'nets] *s pl* kastanjetter

castaway ['kɑ:stəweɪ] *s* skeppsbruten

casting vote [ˌkɑ:stɪŋ'vəʊt] *s* utslagsröst

cast iron [ˌkɑ:st'aɪən] *s* gjutjärn

castle ['kɑ:sl] *s* slott, borg

castor oil [ˌkɑ:stər'ɔɪl] *s* ricinolja

castrate [kæ'streɪt] *vb tr* kastrera

casual ['kæʒjʊəl] *adj* **1** tillfällig; flyktig; ~ ***labourer*** tillfällighetsarbetare; ~ ***sex*** tillfälliga sexuella förbindelser **2** planlös,

lättvindig **3** nonchalant; ledig; ~ ***jacket*** fritidsjacka
casualty ['kæʒjʊəltɪ] *s* **1** olycksfall; ~ ***ward*** (***department***) olycksfallsavdelning på sjukhus **2** offer i t.ex. krig, olyckshändelse
cat [kæt] *s* katt; ***it's raining ~s and dogs*** regnet står som spön i backen; ***let the ~ out of the bag*** prata bredvid mun; ***see which way the ~ jumps*** känna efter varifrån vinden blåser; ***he is like a ~ on hot bricks*** vard. han sitter som på nålar
catalogue ['kætəlɒg] **I** *s* katalog, förteckning; uppräkning **II** *vb tr* katalogisera
catalyser ['kætəlaɪzə] *s* o. **catalyst** ['kætəlɪst] *s* kem. katalysator
catalytic [ˌkætə'lɪtɪk] *adj* kem. katalytisk; ~ ***converter*** katalytisk avgasrenare
catapult ['kætəpʌlt] *s* **1** katapult **2** slangbåge
cataract ['kætərækt] *s* **1** med. grå starr **2** vattenfall
catarrh [kə'tɑ:] *s* katarr
catastrophe [kə'tæstrəfɪ] *s* katastrof
catastrophic [ˌkætə'strɒfɪk] *adj* katastrofal
catcall ['kætkɔ:l] *s* busvissling som protest
cat car ['kætkɑ:] *s* vard. katbil, bil med katalysator
catch [kætʃ] **I** (*caught caught*) *vb tr* o. *vb itr* **1** fånga; fånga upp, få tag i; ta (få) fast, gripa; om eld antända **2** hinna i tid till [~ *the train*] **3** komma på [~ *a p. stealing*]; ~ ***a p. out*** avslöja (ertappa) ngn **4** ådra sig; smittas av; ~ ***a cold*** el. ~ ***cold*** bli förkyld **5** fatta, begripa; ~ ***sight of*** få syn på **6** lura **7** ~ ***up*** hinna ifatt, hinna upp; ta igen vad man försummat; ~ ***up with*** hinna ifatt **II** *s* **1** i bollspel lyra; ***that was a good ~*** det var bra taget **2** fångst **3** ***there's a ~ in it*** det är något lurt med det **4** spärr, hake; knäppe, lås
catching ['kætʃɪŋ] *adj* smittande, smittsam
catchphrase ['kætʃfreɪz] *s* slagord
catchword ['kætʃwɜ:d] *s* slagord
catchy ['kætʃɪ] *adj* klatschig, slående
categorical [ˌkætə'gɒrɪk(ə)l] *adj* kategorisk
category ['kætəg(ə)rɪ] *s* kategori
cater ['keɪtə] *vb itr* **1** leverera mat (måltider) **2** ~ ***for*** servera mat till; tillgodose
catering ['keɪtərɪŋ] *s* servering av måltider (mat); ***the ~ trade*** restaurangbranschen
caterpillar ['kætəpɪlə] *s* **1** fjärilslarv **2** ~ el. ~ ***tractor*** bandtraktor
cathedral [kə'θi:dr(ə)l] *s* katedral, domkyrka
Catholic ['kæθəlɪk] **I** *adj* katolsk **II** *s* katolik [äv. *a Roman ~*]
Catholicism [kə'θɒlɪsɪz(ə)m] *s* katolicism
cattle ['kætl] *s pl* nötkreatur, boskap
catty ['kætɪ] *adj* småelak, spydig
Caucasian [ˌkɔ:'keɪzjən] **I** *adj* kaukasisk **II** *s* kaukasier, vit
Caucasus ['kɔ:kəsəs] *s*, ***the ~*** Kaukasus
caught [kɔ:t] se *catch I*
cauldron ['kɔ:ldr(ə)n] *s* kittel
cauliflower ['kɒlɪflaʊə] *s* blomkål
cause [kɔ:z] **I** *s* **1** orsak, grund [*of* till], anledning [*of* till] **2** sak [*work for a good ~*] **II** *vb tr* orsaka, vålla; förmå; ~ ***a th. to be done*** låta göra ngt
caution ['kɔ:ʃ(ə)n] **I** *s* **1** varsamhet **2** varning; tillrättavisning **II** *vb tr* varna [*against* för; *not to* för att + infinitiv]
cautious ['kɔ:ʃəs] *adj* försiktig, varsam
cavalcade [ˌkævəl'keɪd] *s* kavalkad
cavalry ['kævəlrɪ] *s* kavalleri
cavalryman ['kævəlrɪmən] *s* kavallerist
cave [keɪv] **I** *s* håla, grotta **II** *vb itr*, ~ ***in*** störta in, rasa
cavern ['kævən] *s* håla, jordkula; grotta
caviar o. **caviare** ['kævɪɑ:] *s* kaviar
cavity ['kævətɪ] *s* hålighet, håla
caw [kɔ:] **I** *vb itr* kraxa **II** *s* kraxande, krax
c.c. [ˌsi:'si:] förk. för *cubic centimetre (centimetres)*
CD [ˌsi:'di:] *s* (förk. för *compact disc*) CD-skiva
cease [si:s] *vb itr* o. *vb tr* upphöra, sluta upp [*from* med]; sluta, upphöra med; ~ ***fire!*** mil. eld upphör!
cease-fire [ˌsi:s'faɪə] *s* eldupphör
ceaseless ['si:sləs] *adj* oupphörlig, ändlös
cedar ['si:də] *s* ceder; cederträ
ceiling ['si:lɪŋ] *s* innertak, tak äv. bildl.
celebrate ['seləbreɪt] *vb tr* o. *vb itr* fira; fira en högtid; vard. festa
celebrated ['seləbreɪtɪd] *adj* berömd
celebration [ˌselə'breɪʃ(ə)n] *s* firande; fest
celebrity [sə'lebrətɪ] *s* celebritet, kändis
celeriac [sə'lerɪæk] *s* rotselleri
celery ['selərɪ] *s* selleri; ***blanched ~*** blekselleri
celibacy ['selɪbəsɪ] *s* celibat, ogift stånd
celibate ['selɪbət] **I** *adj* ogift **II** *s*, ***he is a ~*** han lever i celibat
cell [sel] *s* cell
cellar ['selə] *s* källare; vinkällare
cellist ['tʃelɪst] *s* cellist

cello ['tʃeləʊ] (pl. *~s*) *s* cello
Cellophane ['selə(ʊ)feɪn] *s* ® cellofan
cellulose ['seljʊləʊs] *s* cellulosa
Celsius ['selsjəs] *s*, *~ **thermometer*** celsiustermometer
Celt [kelt] *s* kelt
Celtic ['keltɪk, fotbollslag 'seltɪk] **I** *adj* keltisk **II** *s* **1** keltiska språket **2** namn på skotskt fotbollslag
cement [sɪ'ment] **I** *s* cement; kitt **II** *vb tr* cementera; kitta
cemetery ['semətrɪ] *s* kyrkogård ej vid kyrka
censor ['sensə] **I** *s* censor **II** *vb tr* censurera
censorship ['sensəʃɪp] *s* censur
censure ['senʃə] **I** *s* klander, tadel; ***vote of** ~* misstroendevotum [*on* mot]; ***pass ~ on*** rikta kritik mot **II** *vb tr* kritisera, fördöma
census ['sensəs] *s* folkräkning
cent [sent] *s* **1** ***per ~*** procent **2** mynt cent
centenary [sen'ti:nərɪ] *s* hundraårsjubileum
center ['sentə] *s* amer. se *centre*
centigrade ['sentɪgreɪd] *adj*, ***20 degrees ~*** 20 grader Celsius
centigram o. **centigramme** ['sentɪgræm] *s* centigram
centilitre ['sentɪˌli:tə] *s* centiliter
centimetre ['sentɪˌmi:tə] *s* centimeter
centipede ['sentɪpi:d] *s* tusenfoting insekt
central ['sentr(ə)l] *adj* central; mellerst; *~ **heating*** centralvärme
centralize ['sentrəlaɪz] *vb tr* centralisera
centre ['sentə] **I** *s* centrum, center, mitt, medelpunkt; central för verksamhet; sport. inlägg; *~ **forward*** center; *~ **of gravity*** tyngdpunkt **II** *vb tr* centrera; fotb. lägga in mot mitten
century ['sentʃərɪ] *s* århundrade, sekel; ***in the 20th ~*** på 1900-talet
cep [sep] *s* bot. stensopp, karljohanssvamp
cereal ['sɪərɪəl] *s* sädesslag; pl. *~s* äv. flingor m.m. som morgonmål [*breakfast ~s*]
cerebral ['serəbrəl] *adj*, *~ **haemorrhage*** hjärnblödning
ceremonial [ˌserɪ'məʊnjəl] **I** *adj* ceremoniell, högtids- [*~ dress*] **II** *s* ceremoniel
ceremonious [ˌserɪ'məʊnjəs] *adj* ceremoniös; omständlig
ceremony ['serəmənɪ] *s* ceremoni; ceremonier, formaliteter; ***stand on ~*** hålla på etiketten (formerna)
cerise [sə'ri:z] *s* cerise
certain ['sɜ:tn] *adj* **1** säker [*of, about* på]; ***make ~ of*** förvissa sig om; ***for ~*** alldeles säkert **2** viss [*a ~ improvement*]
certainly ['sɜ:tnlɪ] *adv* säkert; säkerligen; visserligen; som svar ja visst; *~ **not!*** visst inte!
certainty ['sɜ:tntɪ] *s* säkerhet, visshet; ***a ~*** en given sak; ***that's a ~*** det är säkert
certificate [sə'tɪfɪkət] *s* skriftligt intyg, bevis, attest [*of* om, på]; certifikat; ***health ~*** friskintyg
certify ['sɜ:tɪfaɪ] *vb tr* **1** attestera handling; intyga, betyga; ***this is to ~ that*** härmed intygas att **2** *~* el. *~ **as insane*** sinnessjukförklara
cf. [kəm'peə, ˌsi:'ef] jfr, jämför
CFC [ˌsi:ef'si:] (förk. för *chlorofluorocarbon*) Freon ®
chafe [tʃeɪf] *vb tr* o. *vb itr* **1** gnida varm **2** skava **3** gnida sig, skrapa **4** bildl. reta upp sig [*at* över]
1 chaff [tʃɑ:f] *s* agnar
2 chaff [tʃɑ:f] vard. **I** *s* drift; skoj **II** *vb itr* o. *vb tr* skoja, retas; skoja (retas) med
chaffinch ['tʃæfɪntʃ] *s* bofink
chagrin ['ʃægrɪn] **I** *s* förtret **II** *vb tr* förtreta
chain [tʃeɪn] **I** *s* **1** kedja; kätting **2** pl. *~s* bojor **3** bildl. kedja; följd, rad [*~ of events*] **II** *vb tr* kedja fast [*to* vid]; lägga bojor (kedjor) på
chain-smoker ['tʃeɪnˌsməʊkə] *s* kedjerökare
chain store ['tʃeɪnstɔ:] *s* filial, kedjebutik
chair [tʃeə] **I** *s* **1** stol **2** lärostol, professur **3** ***be in the ~*** sitta som ordförande; ***take the ~*** inta ordförandeplatsen **II** *vb tr* **1** vara (sitta som) ordförande vid [*~ a meeting*] **2** bära i gullstol
chairman ['tʃeəmən] (pl. *chairmen* ['tʃeəmən]) *s* ordförande; styrelseordförande
chairperson ['tʃeəˌpɜ:sn] *s* ordförande
chalk [tʃɔ:k] **I** *s* krita **II** *vb tr* skriva (rita) med krita
challenge ['tʃælɪndʒ] **I** *s* utmaning; stimulerande uppgift **II** *vb tr* utmana [*~ a p. to a duel*]
challenger ['tʃælɪndʒə] *s* utmanare
challenging ['tʃælɪndʒɪŋ] *adj* utmanande; stimulerande
chamber ['tʃeɪmbə] *s* kammare; *~ **music*** kammarmusik; *~ **of horrors*** skräckkammare
chambermaid ['tʃeɪmbəmeɪd] *s* städerska på hotell
chamber pot ['tʃeɪmbəpɒt] *s* nattkärl

chamois leather ['ʃæmɪleðə] *s* sämskskinn
champagne [ʃæm'peɪn] *s* champagne
champers ['ʃæmpəz] *s* vard. champis, skumpa champagne
champion ['tʃæmpjən] **I** *s* **1** mästare [*world ~*] **2** förkämpe [*of* för] **II** *vb tr* kämpa för, förfäkta
championship ['tʃæmpjənʃɪp] *s* **1** mästerskap, mästerskapstävling **2** försvar, kämpande [*of* för]
chance [tʃɑ:ns] **I** *s* **1** ***by ~*** händelsevis; ***game of ~*** hasardspel **2** chans; gynnsamt tillfälle; möjlighet, utsikt, utsikter [*of* till]; ***the ~s are that*** det mesta talar för att **II** *adj* tillfällig [*~ likeness*] **III** *vb itr* hända (slumpa) sig; råka [*I chanced to be out*]; ***~ on*** råka på
chancellor ['tʃɑ:nsələ] *s* kansler; ***Chancellor of the Exchequer*** i Storbritannien finansminister
chancy ['tʃɑ:nsɪ] *adj* vard. chansartad
chandelier [ˌʃændə'lɪə] *s* ljuskrona, takkrona
change [tʃeɪndʒ] **I** *vb tr* o. *vb itr* **1** ändra, förändra [*into* till]; ändra på, förvandla; ändras, förändras, förvandlas, ändra sig; ***~ one's mind*** ändra sig **2** byta; byta ut [*for* mot]; skifta [*~ colour*], byta om; ***~ places*** byta plats **3** växla pengar **II** *s* **1** ändring; svängning [*a sudden ~*]; växling; skifte **2** ombyte, byte; omväxling; ***it makes a ~*** det blir en smula omväxling; ***~ of air*** luftombyte; ***for a ~*** för omväxlings (en gångs) skull **3** ombyte [*a ~ of clothes*] **4** växel, småpengar [äv. *small ~*]; ***exact ~*** jämna pengar; ***keep the ~!*** det är jämna pengar!
changeable ['tʃeɪndʒəbl] *adj* föränderlig, ostadig; ombytlig
change-over ['tʃeɪndʒˌəʊvə] *s* övergång; omläggning; omslag
changing-room ['tʃeɪndʒɪŋru:m] *s* omklädningsrum
channel ['tʃænl] *s* **1** kanal, sund; ***the English Channel*** el. ***the Channel*** Engelska kanalen **2** ränna, kanal för vätskor **3** radio. el. TV. kanal **4** bildl. medium, kanal; ***through the official ~s*** tjänstevägen
chant [tʃɑ:nt] **I** *vb tr* o. *vb itr* skandera, ropa taktfast **II** *s* taktfast ropande
chanterelle [ˌʃɑ:ntə'rel] *s* kantarell
chaos ['keɪɒs] *s* kaos
chaotic [keɪ'ɒtɪk] *adj* kaotisk
1 chap [tʃæp] **I** *vb tr* o. *vb itr* om hud spräcka; få sprickor **II** *s* spricka i huden
2 chap [tʃæp] *s* vard. karl; kille; ***old ~!*** gamle gosse!
chapel ['tʃæp(ə)l] *s* kapell; kyrka
chaperon ['ʃæpərəʊn] **I** *s* bildl. förkläde **II** *vb tr* vara förkläde åt
chaplain ['tʃæplɪn] *s* präst, pastor ofta t.ex. regements-, sjömans-
chapstick ['tʃæpstɪk] *s* amer. cerat
chapter ['tʃæptə] *s* kapitel
character ['kærəktə] *s* **1** karaktär; natur; egenart; beskaffenhet **2** personlighet [*public ~*]; vard. individ, original **3** gestalt, figur; roll; typ **4** skriv- tecken, bokstav
characteristic [ˌkærəktə'rɪstɪk] **I** *adj* karakteristisk, kännetecknande [*of* för] **II** *s* kännemärke, kännetecken
characterization [ˌkærəktəraɪ'zeɪʃ(ə)n] *s* karakterisering, karakteristik
characterize ['kærəktəraɪz] *vb tr* karakterisera, beteckna [*as* såsom]; känneteckna
charcoal ['tʃɑ:kəʊl] *s* träkol; ***~ tablet*** koltablett
charge [tʃɑ:dʒ] **I** *vb tr* o. *vb itr* **1** anklaga **2** ta [*how much do you charge?*]; ta betalt [*~ extra for a seat*] **3** hand. debitera, belasta ett konto **4** ladda **5** storma fram mot; rusa på; storma (rusa) fram [*at* mot]; fotb. tackla **II** *s* **1** anklagelse, beskyllning **2** pris, avgift, taxa; ***free of ~*** gratis **3** fast utgift **4** tekn. el. elektr. laddning **5** ***man in ~*** vakthavande; ***be in ~ of*** ha hand om, ha vården om; ***take ~ of a th.*** ta hand om ngt **6** mil. m.m. anfall, chock; fotb. tackling
charisma [kə'rɪzmə] *s* karisma, utstrålning
charitable ['tʃærɪtəbl] *adj* **1** medmänsklig; välgörenhets- [*~ institution*] **2** välvillig
charity ['tʃærətɪ] *s* **1** människokärlek; överseende **2** välgörenhet; allmosor; välgörenhetsinrättning
charlady ['tʃɑ:ˌleɪdɪ] *s* städerska
charlatan ['ʃɑ:lət(ə)n] *s* charlatan, bluff
charm [tʃɑ:m] **I** *s* **1** charm, tjuskraft; tjusning; pl. ***~s*** behag, skönhet **2** trollformel; trolldom **3** amulett; berlock **II** *vb tr* charmera, tjusa; förtrolla
charmer ['tʃɑ:mə] *s* charmör, tjusare
charming ['tʃɑ:mɪŋ] *adj* charmfull, charmig, förtjusande
charred [tʃɑ:d] *adj* kolad, förkolnad
chart [tʃɑ:t] **I** *s* **1** tabell; diagram; karta

[*weather* ~] **2** väggplansch [äv. *wall* ~] **3** sjökort **II** *vb tr* kartlägga
charter ['tʃɑ:tə] **I** *s* **1** privilegiebrev **2** charter; ***a ~ flight*** en chartrad flygresa; ***~ flights*** charterflyg **II** *vb tr* **1** bevilja privilegier **2** chartra, befrakta
chartered ['tʃɑ:təd] *adj* **1** auktoriserad [~ *accountant*] **2** chartrad [~ *aircraft*]
charwoman ['tʃɑ:ˌwʊmən] (pl. *charwomen* ['tʃɑ:ˌwɪmɪn]) *s* städerska
chary ['tʃeərɪ] *adj,* ***be ~ of*** akta sig för; vara mån om [~ *of one's reputation*]
chase [tʃeɪs] **I** *vb tr* jaga; förfölja **II** *s* jakt
chasm ['kæz(ə)m] *s* klyfta, avgrund
chassis ['ʃæsɪ] *s* chassi; underrede
chaste [tʃeɪst] *adj* kysk
chastise [tʃæ'staɪz] *vb tr* straffa, aga
chastity ['tʃæstətɪ] *s* kyskhet
chat [tʃæt] **I** *vb itr* prata **II** *s* prat, pratstund
chatter ['tʃætə] **I** *vb itr* pladdra **II** *s* pladder
chatterbox ['tʃætəbɒks] *s* vard. pratkvarn, pratmakare
chatty ['tʃætɪ] *adj* **1** pratsam **2** kåserande
chauffeur ['ʃəʊfə] *s* privatchaufför
chauvinism ['ʃəʊvɪnɪz(ə)m] *s* chauvinism; ***male*** ~ manschauvinism
chauvinist ['ʃəʊvɪnɪst] *s* chauvinist; ***male*** ~ manschauvinist; ***male ~ pig*** vard. mullig mansgris
cheap [tʃi:p] *adj* billig
cheapen ['tʃi:p(ə)n] *vb tr* göra billig (billigare)
cheapskate ['tʃi:pskeɪt] *s* vard. snåljåp
cheat [tʃi:t] **I** *vb tr* o. *vb itr* lura; fuska; fiffla; ***~ on a p.*** bedra ngn [~ *on one's wife*] **II** *s* svindlare, skojare, fuskare
check [tʃek] **I** *s* **1** hinder; broms; bakslag **2** ***keep (hold) in ~*** hålla i schack; ***keep (put) a ~ on*** hålla i schack **3** kontroll [*make a* ~], prov; ***keep a ~ on*** kontrollera **4** amer. check **5** restaurangnota **6** rutigt mönster [äv. ~ *pattern*] **II** *vb tr* o. *vb itr* **1** hejda, hämma, bromsa, hindra, blockera **2** tygla, hålla i styr, hejda **3** kontrollera [äv. ~ *up*]; ***~ up on a th.*** kontrollera ngt **4** amer., ~ el. ~ ***up*** stämma [*with*] **5** ~ ***in*** a) boka in sig [~ *in at a hotel*] b) stämpla in på arbetsplats; ***~ into a hotel*** ta in på ett hotell
checkbook ['tʃekbʊk] *s* amer. checkhäfte
checked [tʃekt] *adj* rutig [~ *material*]
checkmate ['tʃekmeɪt] *s* schackmatt; ***~!*** schack och matt!
check-up ['tʃekʌp] *s* kontroll, undersökning
cheek [tʃi:k] **I** *s* **1** kind **2** bildl., vard. 'mage'; fräckhet; ***what ~!*** vad fräckt!; ***I like your*** ~ iron. du är inte lite fräck du! **II** *vb tr* vard. vara fräck mot
cheekbone ['tʃi:kbəʊn] *s* kindben
cheeky ['tʃi:kɪ] *adj* vard. fräck, uppkäftig
cheep [tʃi:p] **I** *vb itr* o. *vb tr* om småfåglar pipa **II** *s* om småfågels pip
cheer [tʃɪə] **I** *s* **1** hurrarop; ***three ~s for*** ett trefaldigt (svensk motsvarighet fyrfaldigt) leve för **2** vard., ***~s!*** skål! **3** glädje, munterhet **II** *vb tr* o. *vb itr* **1** ~ ***up*** pigga (liva) upp; bli gladare **2** heja på [äv. ~ *on*], hurra, heja; hurra för
cheerful ['tʃɪəf(ʊ)l] *adj* **1** glad, gladlynt **2** glädjande, trevlig
cheerfulness ['tʃɪəf(ʊ)lnəs] *s* gladlynthet
cheerio [ˌtʃɪərɪ'əʊ] *interj* vard. **1** hej då!, ajö! **2** skål!
cheerleader ['tʃɪəˌli:də] *s* sport. ledare av hejarklack
cheerless ['tʃɪələs] *adj* glädjelös, dyster
cheery ['tʃɪərɪ] *adj* glad, munter
cheese [tʃi:z] *s* ost
cheetah ['tʃi:tə] *s* gepard
chef [ʃef] *s* köksmästare, kock
chemical ['kemɪk(ə)l] **I** *adj* kemisk **II** *s* kemikalie
chemist ['kemɪst] *s* **1** kemist **2** apotekare; ***chemist's shop*** ungefär apotek, färghandel
chemistry ['keməstrɪ] *s* kemi
cheque [tʃek] *s* check
cheque book ['tʃekbʊk] *s* checkhäfte
cherish ['tʃerɪʃ] *vb tr* hysa [~ *a hope*], nära [~ *feelings*]
cheroot [ʃə'ru:t] *s* cigarill
cherry ['tʃerɪ] *s* körsbär; ***whiteheart ~*** bigarrå
cherub ['tʃerəb] (pl. *cherubim* ['tʃerəbɪm]) *s* kerub
cherubic [tʃe'ru:bɪk] *adj* kerubisk; änglalik
cherubim ['tʃerəbɪm] se *cherub*
chervil ['tʃɜ:vɪl] *s* körvel
chess [tʃes] *s* schack, schackspel
chessboard ['tʃesbɔ:d] *s* schackbräde
chest [tʃest] *s* **1** kista, låda; ***~ of drawers*** byrå **2** bröst, bröstkorg
chestnut ['tʃesnʌt] *s* kastanj
chew [tʃu:] **I** *vb tr* tugga **II** *s* tuggning; buss; tugga
chewing-gum ['tʃu:ɪŋgʌm] *s* tuggummi
chic [ʃi:k] **I** *s* stil, elegans **II** *adj* chic, elegant
Chicago [ʃɪ'kɑ:gəʊ]

chick [tʃɪk] *s* **1** nykläckt kyckling **2** fågelunge **3** sl. tjej, brud
chicken ['tʃɪkɪn] **I** *s* kyckling; speciellt amer. äv. höna; höns; ***count one's ~s before they are hatched*** ungefär sälja skinnet innan björnen är skjuten **II** *adj* vard. feg, skraj
chickenpox ['tʃɪkɪnpɒks] *s* vattkoppor
chickenrun ['tʃɪkɪnrʌn] *s* hönsgård
chicory ['tʃɪkərɪ] *s* **1** endiv; amer. chicorée, frisée, frisésallat **2** cikoria; cikoriarot
chief [tʃi:f] **I** *s* chef, ledare; ~ ***of staff*** stabschef **II** *adj* **1** i titlar chef-, chefs-, huvud- [~ *editor*] **2** huvud-, förnämst, störst; ledande
chiefly ['tʃi:flɪ] *adv* framför allt, först och främst; huvudsakligen
chieftain ['tʃi:ftən] *s* ledare; hövding
chilblain ['tʃɪlbleɪn] *s* frostknöl, kylskada
child [tʃaɪld] (pl. *children* ['tʃɪldr(ə)n]) *s* barn; ~ ***abuse*** barnmisshandel; ~ ***allowance*** a) barnavdrag vid skatt b) barnbidrag; ~ ***benefit*** barnbidrag; ***with*** ~ gravid, havande
childbearing ['tʃaɪldˌbeərɪŋ] *s* barnafödande
childbirth ['tʃaɪldbɜ:θ] *s* förlossning; barnsäng [*die in* ~]
childhood ['tʃaɪldhʊd] *s* barndom; ***be in one's second*** ~ vara barn på nytt
childish ['tʃaɪldɪʃ] *adj* barnslig, enfaldig
childlike ['tʃaɪldlaɪk] *adj* barnslig, lik ett barn
childminder ['tʃaɪldˌmaɪndə] *s* dagmamma, dagbarnvårdare
childproof ['tʃaɪldpru:f] *adj* barnsäker [~ *locks*]
children ['tʃɪldr(ə)n] se *child*
child-welfare ['tʃaɪldˌwelfeə] *adj* o. *s,* ~ ***centre*** barnavårdscentral
Chile ['tʃɪlɪ]
Chilean ['tʃɪlɪən] **I** *s* chilen, chilenare **II** *adj* chilensk
chill [tʃɪl] **I** *s* kyla, köld; ***catch a*** ~ förkyla sig; ***take the*** ~ ***off*** ljumma upp **II** *vb tr* kyla, kyla av
chilli ['tʃɪlɪ] *s* chili spansk peppar
chilly ['tʃɪlɪ] *adj* kylig, kall; frusen
chime [tʃaɪm] **I** *s* klockspel **II** *vb itr* o. *vb tr* **1** ringa, klinga **2** ~ ***in*** inflika; instämma **3** ***the clock chimed twelve*** klockan slog tolv
chimney ['tʃɪmnɪ] *s* skorsten; rökgång
chimney pot ['tʃɪmnɪpɒt] *s* skorsten, skorstenspipa ovanpå taket
chimney-sweep ['tʃɪmnɪswi:p] *s* o. **chimney-sweeper** ['tʃɪmnɪˌswi:pə] *s* skorstensfejare, sotare
chimpanzee [ˌtʃɪmpən'zi:] *s* schimpans
chin [tʃɪn] *s* haka
China ['tʃaɪnə] Kina
china ['tʃaɪnə] *s* porslin
Chinaman ['tʃaɪnəmən] (pl. *Chinamen* ['tʃaɪnəmən]) *s* neds. kinaman, kines
Chinatown ['tʃaɪnətaʊn] *s* kineskvarter
Chinese [ˌtʃaɪ'ni:z] **I** *adj* kinesisk; ~ ***lantern*** kulört lykta **II** *s* **1** (pl. lika) kines **2** kinesiska språket
1 chink [tʃɪŋk] *s* **1** spricka; ***a*** ~ ***in one's armour*** bildl. en sårbar punkt **2** springa
2 chink [tʃɪŋk] *vb itr* om t.ex. mynt klirra, klinga
chip [tʃɪp] **I** *s* **1** flisa, spån; skärva **2** pl. ~***s*** a) pommes frites b) amer. potatischips **3** hack i t.ex. porslinsyta **4** sl. spelmark **5** data. chip, halvledarbricka **II** *vb tr* **1** flisa; ***chipped potatoes*** pommes frites **2** slå en flisa ur; ***chipped*** kantstött
chip basket ['tʃɪpˌbɑ:skɪt] *s* spånkorg
chipboard ['tʃɪpbɔ:d] *s* fibermaterial; ***a sheet of*** ~ en spånskiva
chiropodist [kɪ'rɒpədɪst] *s* fotvårdsspecialist
chiropractor [ˌkaɪərə'præktə] *s* kiropraktor
chirp [tʃɜ:p] **I** *vb itr* o. *vb tr* kvittra **II** *s* kvitter
chisel ['tʃɪzl] **I** *s* mejsel; stämjärn **II** *vb tr* mejsla
chivalrous ['ʃɪvəlrəs] *adj* chevaleresk; ridderlig
chivalry ['ʃɪvəlrɪ] *s* **1** ridderlighet **2** ridderskap
chives [tʃaɪvz] *s pl* kok. gräslök
chlamydia [klə'mɪdɪə] *s* med. klamydia
chlorinate ['klɔ:rɪneɪt] *vb tr* klorera
chlorine ['klɔ:ri:n] *s* klor, klorgas
chlorofluorocarbon ['klɔ:rəʊˌflɔ:rə'kɑ:bn] *s* Freon ®
chloroform ['klɒrəfɔ:m] *s* kloroform
chlorophyll ['klɒrəfɪl] *s* klorofyll
chock-full [tʃɒk'fʊl] *adj* fullpackad, proppfull
chocolate ['tʃɒklət] *s* choklad; ***a*** ~ en fylld chokladbit, en chokladpralin; ***a bar of*** ~ en chokladkaka
choice [tʃɔɪs] **I** *s* **1** val; ***I have no*** ~ ***in the matter*** el. ***I have no*** ~ jag har inget annat val **2** urval, sortiment **II** *adj* utsökt, utvald
choir ['kwaɪə] *s* **1** kör **2** kor i kyrka
choirboy ['kwaɪəbɔɪ] *s* korgosse

choke [tʃəʊk] **I** *vb tr* o. *vb itr* **1** kväva; strypa; kvävas; storkna **2** ~ *off* vard. avskräcka **II** *s* bil. choke
cholera ['kɒlərə] *s* kolera
cholesterol [kə'lestərɒl] *s* kolesterol
choose [tʃu:z] (*chose chosen*) *vb tr* o. *vb itr* **1** välja, välja ut, utkora **2** föredra **3** ha lust, vilja; gitta [*I don't* ~ *to work*]
choosy ['tʃu:zɪ] *adj* kinkig, kräsen
chop [tʃɒp] **I** *vb tr* hugga, hacka, hacka sönder; ~ ***a ball*** sport. skära en boll **II** *s* **1** hugg **2** kotlett med ben
chopper ['tʃɒpə] *s* **1** huggare [*wood* ~] **2** köttyxa, hackkniv
choppy ['tʃɒpɪ] *adj* sjö. krabb [*a* ~ *sea*]
choral ['kɔ:r(ə)l] *adj* sjungen i kör, kör-
choreographer [ˌkɒrɪ'ɒgrəfə] *s* koreograf
chorus ['kɔ:rəs] *s* korus, kör; refräng; balett i revy
chorus girl ['kɔ:rəsgɜ:l] *s* balettflicka
chose [tʃəʊz] se *choose*
chosen ['tʃəʊzn] se *choose*
Christ [kraɪst] Kristus; ~*!* Herre Gud!
christen ['krɪsn] *vb tr* döpa, döpa till
Christendom ['krɪsndəm] *s* kristenheten
christening ['krɪsnɪŋ] *s* dop
Christian ['krɪstʃ(ə)n] **I** *adj* kristen, kristlig; ~ ***name*** förnamn **II** *s* kristen
Christianity [ˌkrɪstɪ'ænətɪ] *s* kristendom, kristendomen
Christmas ['krɪsməs] *s* julen; juldagen; ~ ***box*** julpengar, julklapp till brevbärare m.fl.; ~ ***Eve*** julaftonen; ~ ***carol*** julsång; ~ ***present*** julklapp; ~ ***pudding*** plumpudding; ~ ***tree*** julgran
chrome [krəʊm] *s* krom
chromium ['krəʊmjəm] *s* krom metall
chromium-plated [ˌkrəʊmjəm'pleɪtɪd] *adj* förkromad
chromosome ['krəʊməsəʊm] *s* kromosom
chronic ['krɒnɪk] *adj* kronisk; inrotad
chronicle ['krɒnɪkl] **I** *s* krönika **II** *vb tr* uppteckna, skildra
chronological [ˌkrɒnə'lɒdʒɪk(ə)l] *adj* kronologisk [*in* ~ *order*]
chrysanthemum [krɪ'sænθəməm] *s* krysantemum
chubby ['tʃʌbɪ] *adj* knubbig; trind
chuck [tʃʌk] *vb tr* vard. slänga, kasta
chucker-out [ˌtʃʌkər'aʊt] (pl. *chuckers-out* [ˌtʃʌkəz'aʊt]) *s* vard. utkastare
chuckle ['tʃʌkl] **I** *vb itr* skrocka **II** *s* skrockande
chum [tʃʌm] *s* kamrat, kompis
chunk [tʃʌŋk] *s* tjockt stycke, stor bit
church [tʃɜ:tʃ] *s* kyrka
churchgoer ['tʃɜ:tʃˌgəʊə] *s* kyrkobesökare
churchgoing ['tʃɜ:tʃˌgəʊɪŋ] *s* kyrkobesök
churchyard ['tʃɜ:tʃjɑ:d] *s* kyrkogård kring kyrka
churn [tʃɜ:n] **I** *s* **1** smörkärna **2** mjölkkanna för transport av mjölk **II** *vb tr* **1** kärna **2** ~ ***out*** spotta fram (ur sig)
chutney ['tʃʌtnɪ] *s* chutney slags pickles
CIA [ˌsi:aɪ'eɪ] (förk. för *Central Intelligence Agency*) CIA den federala underrättelsetjänsten i USA
cider ['saɪdə] *s* cider, äppelvin
cig [sɪg] *s* o. **ciggy** ['sɪgɪ] *s* vard. cig, cigg cigarett
cigar [sɪ'gɑ:] *s* cigarr
cigarette [ˌsɪgə'ret] *s* cigarett
cigarette-case [ˌsɪgə'retkeɪs] *s* cigarettetui
cigarette end [ˌsɪgə'retend] *s* cigarettstump, fimp
cigarette holder [ˌsɪgə'retˌhəʊldə] *s* cigarettmunstycke
cigarette lighter [ˌsɪgə'retˌlaɪtə] *s* cigarettändare
ciggy ['sɪgɪ] *s* vard. cig cigarett
cinder ['sɪndə] *s* **1** slagg; sinder **2** pl. ~***s*** aska
Cinderella [ˌsɪndə'relə] Askungen
cine-camera ['sɪnɪˌkæmərə] *s* filmkamera
cinema ['sɪnəmə] *s* bio, biograflokal; ***go to the*** ~ gå på bio
cinemagoer ['sɪnəməˌgəʊə] *s* biobesökare
cinnamon ['sɪnəmən] *s* kanel
cipher ['saɪfə] *s* **1** siffra **2** chiffer, chifferskrift
circle ['sɜ:kl] **I** *s* **1** cirkel i olika betydelser; ring; krets **2** teat., ***the dress*** ~ första raden; ***the upper*** ~ andra raden **II** *vb tr* kretsa runt (över)
circuit ['sɜ:kɪt] *s* **1** kretsgång, omlopp; tur, runda **2** område; krets **3** elektr. krets; ***short*** ~ kortslutning **4** turnéväg, turnérutt **5** sport. racerbana; mästerskap, turnering [*golf (tennis)* ~]
circular ['sɜ:kjʊlə] **I** *adj* cirkelrund; cirkelformig, cirkulär; ~ ***letter*** cirkulär; ~ ***road*** kringfartsled, ringväg; ~ ***tour*** rundresa **II** *s* cirkulär, rundskrivelse
circularize ['sɜ:kjʊləraɪz] *vb tr* skicka cirkulär till
circulate ['sɜ:kjʊleɪt] *vb tr* o. *vb itr* låta cirkulera, sätta (vara) i omlopp; skicka omkring; cirkulera
circulation [ˌsɜ:kjʊ'leɪʃ(ə)n] *s* **1** cirkulation; omlopp **2** upplaga av tidning

circumcise ['sɜ:kəmsaɪz] *vb tr* omskära
circumference [sə'kʌmfər(ə)ns] *s* omkrets
circumstance ['sɜ:kəmstəns] *s* omständighet; förhållande; ***in*** (***under***) ***the ~s*** under sådana omständigheter
circus ['sɜ:kəs] *s* **1** cirkus **2** runt torg, rund plan
CIS [ˌsi:aɪ'es] (förk. för *Commonwealth of Independent States*) OSS (förk. för Oberoende staters samvälde)
cistern ['sɪstən] *s* cistern; behållare, tank
citadel ['sɪtədl] *s* citadell
cite [saɪt] *vb tr* åberopa; anföra, citera
citizen ['sɪtɪzn] *s* medborgare; invånare
citizenship ['sɪtɪznʃɪp] *s* medborgarskap
city ['sɪtɪ] *s* stor stad; ***the City*** City Londons affärskvarter; ~ ***centre*** centrum
civics ['sɪvɪks] *s* samhällslära
civil ['sɪvl] *adj* **1** medborgerlig; ~ ***war*** inbördeskrig **2** hövlig **3** civil; ~ ***aviation*** civilflyg; ***Civil Defence*** civilförsvar; ~ ***servant*** statstjänsteman, tjänsteman inom civilförvaltningen; ***the Civil Service*** civilförvaltningen statsförvaltningen utom den militära o. kyrkliga
civilian [sɪ'vɪljən] **I** *s* civil, civilperson **II** *adj* civil [~ *life*]; ***in ~ life*** i det civila
civilization [ˌsɪvəlaɪ'zeɪʃ(ə)n] *s* civilisation
civilize ['sɪvəlaɪz] *vb tr* civilisera
clad [klæd] **I** poet., se *clothe* **II** *adj* klädd
claim [kleɪm] **I** *vb tr* **1** fordra, kräva **2** göra anspråk på **3** göra gällande; hävda **II** *s* **1** fordran, krav; yrkande; anspråk; påstående; ***lay ~ to*** göra anspråk på **2** rätt [*to a th.* till ngt]
clamber ['klæmbə] *vb itr* klättra, kravla
clammy ['klæmɪ] *adj* fuktig och klibbig
clamour ['klæmə] **I** *s* rop, skrik; larm **II** *vb itr* skrika, larma; protestera
clamp [klæmp] **I** *s* **1** krampa; klämma **2** skruvtving **II** *vb itr* vard., ~ ***down on*** klämma åt [~ *down on football hooligans*]
clan [klæn] *s* klan äv. bildl.; stam
clandestine [klæn'destɪn] *adj* hemlig
clang [klæŋ] **I** *s* skarp metallisk klang **II** *vb itr* o. *vb tr* klinga, klämta; klämta med
clank [klæŋk] *vb itr* o. *vb tr* rassla, skramla; rassla (skramla) med
clap [klæp] **I** *vb tr* o. *vb itr* klappa [~ *one's hands*]; klappa händerna, applådera **II** *s* **1** knall [~ *of thunder*] **2** handklappning, applåd
claptrap ['klæptræp] *s* vard. klyschor, tomma fraser
claret ['klærət] *s* rödvin av bordeauxtyp

clarification [ˌklærɪfɪ'keɪʃ(ə)n] *s* klargörande, förtydligande
clarify ['klærɪfaɪ] *vb tr* o. *vb itr* klargöra, klarlägga; klarna
clarinet [ˌklærɪ'net] *s* klarinett
clarinettist [ˌklærɪ'netɪst] *s* klarinettist
clarity ['klærətɪ] *s* klarhet
clash [klæʃ] **I** *vb itr* råka i konflikt, inte stämma [*with* med]; skära sig; drabba samman; ***the two programmes ~*** de två programmen kolliderar **II** *s* **1** skräll, smäll **2** sammanstötning
clasp [klɑ:sp] **I** *s* **1** knäppe, spänne; lås på t.ex. väska **2** omfamning; handslag **II** *vb tr* omfamna, krama; ~ ***hands*** skaka hand
clasp knife ['klɑ:spnaɪf] *s* fällkniv
class [klɑ:s] **I** *s* **1** klass i samhället el. skol. **2** ***evening classes*** kvällskurser **II** *vb tr* o. *vb itr* klassa; klassificera; räknas [*as* som]; ~ ***among*** räkna bland
class-conscious [ˌklɑ:s'kɒnʃəs] *adj* klassmedveten
class distinction [ˌklɑ:sdɪ'stɪŋkʃ(ə)n] *s* klasskillnad
classic ['klæsɪk] **I** *adj* klassisk **II** *s* klassiker
classical ['klæsɪk(ə)l] *adj* klassisk
classified ['klæsɪfaɪd] *adj* **1** klassificerad **2** hemligstämplad [~ *information*]
classify ['klæsɪfaɪ] *vb tr* **1** klassificera; rubricera **2** hemligstämpla
classmate ['klɑ:smeɪt] *s* klasskamrat
clatter ['klætə] **I** *vb itr* o. *vb tr* slamra, klappra; slamra (klappra) med **II** *s* slammer [~ *of cutlery*], klapper [~ *of hoofs*]
clause [klɔ:z] *s* **1** gram. sats; ***main ~*** huvudsats **2** klausul, moment i paragraf
claustrophobia [ˌklɔ:strə'fəʊbjə] *s* klaustrofobi, cellskräck
claw [klɔ:] **I** *s* klo **II** *vb tr* klösa
clay [kleɪ] *s* **1** lera, lerjord **2** tennis. grus; ~ ***court*** grusbana
clean [kli:n] **I** *adj* **1** ren; renlig **2** fullständig [*a ~ break with the past*]; ***make a ~ sweep*** göra rent hus **II** *adv* alldeles [*I ~ forgot*], rent, rakt, tvärt **III** *vb tr* o. *vb itr* **1** rengöra, göra ren; snygga upp; putsa; borsta [~ *shoes*]; tvätta, kemtvätta; städa, städa i; rensa; rensa upp **2** tömma, länsa [~ *one's plate*] □ ~ **out** rensa, tömma; städa; ~ **up** a) rensa upp i, städa undan i; göra rent i b) städa, göra rent efter sig; snygga till sig **IV** *s* vard. rengöring, städning, putsning, borstning, kemtvätt

clean-cut [ˌkli:n'kʌt] *adj* skarpt skuren; klar, väl avgränsad
cleaner ['kli:nə] *s* **1** städerska, städare; tvättare; ***send one's clothes to the ~s*** (***the dry ~s***) skicka kläderna på kemtvätt **2** rensare [*pipe-cleaner*], renare
cleanly [adverb 'kli:nlɪ, adjektiv 'klenlɪ] **I** *adv* rent **II** *adj* ren, renlig
cleanse [klenz] *vb tr* rengöra; rensa
clean-shaven [ˌkli:n'ʃeɪvn] *adj* slätrakad
clean-up ['kli:nʌp] *s* **1** grundlig rengöring, uppröjning; sanering **2** utrensning
clear [klɪə] **I** *adj* **1** klar; ren; tydlig **2** fri [*of* från; *~ of snow*]; klar, öppen [*~ for traffic*]; ***all ~!*** faran över! **3** hel, full [*six ~ days*] **II** *vb tr* o. *vb itr* **1** klara; klarna, ljusna; *~* ***the air*** rensa luften; *~* ***one's throat*** klara strupen **2** befria [*of* från]; göra (ta) loss; reda ut; rensa; skingra sig [*the clouds cleared*]; *~* ***the table*** duka av; *~* ***the way*** bana väg **3** klarera varor i tullen **4** betala; klara, täcka [*~ expenses*]; förtjäna netto **5** godkänna [*the article was cleared for publication*]; *~* ***a p.*** säkerhetskontrollera ngn □ *~* **away** röja undan, ta (rensa) bort; duka av; dra bort, skingra sig; *~* **off (out)** rensa ut (bort); vard. sticka, dunsta; *~* ***off*** (***out***)! stick!; *~* **up** a) ordna, städa, göra rent i b) klargöra, reda upp c) klarna
clearance ['klɪər(ə)ns] *s* **1** undanröjande; sanering, rensning; ***slum ~*** slumsanering **2** tullbehandling, tullklarering **3** *~* ***sale*** el. *~* utförsäljning **4** ***security ~*** el. *~* intyg om verkställd säkerhetskontroll **5** spelrum; trafik. fri höjd
clear-cut [ˌklɪə'kʌt] *adj* skarpt skuren, ren [*~ features*]; klar, entydig
clear-sighted [ˌklɪə'saɪtɪd] *adj* klarsynt
cleavage ['kli:vɪdʒ] *s* **1** klyvning; spaltning; splittring **2** djup urringning
cleave [kli:v] (imperfekt *cleft* el. *cleaved*; perfekt particip *cleft*) *vb tr* klyva sönder; bildl. splittra sönder
cleft [kleft] se *2 cleave*
clemency ['klemənsɪ] *s* mildhet; förbarmande, nåd
clementine ['klemənta ɪn] *s* klementin frukt
clench [klentʃ] *vb tr* bita ihop [*~ one's teeth*], pressa hårt samman; *~* ***one's fist*** knyta näven
clergy ['klɜ:dʒɪ] *s* prästerskap, präster
clergyman ['klɜ:dʒɪmən] (pl. *clergymen* ['klɜ:dʒɪmən]) *s* präst speciellt inom engelska statskyrkan
clerical ['klerɪk(ə)l] *adj* **1** prästerlig; *~* ***collar*** prästs rundkrage **2** *~* ***staff*** kontorspersonal
clerk [klɑ:k, amer. klɜ:k] *s* **1** kontorist; tjänsteman; bokhållare **2** amer. butiksbiträde
clever ['klevə] *adj* **1** begåvad, intelligent **2** skicklig, duktig
cliché ['kli:ʃeɪ] *s* klyscha, kliché
click [klɪk] **I** *vb itr* o. *vb tr* **1** knäppa till; knäppa med; *~* ***one's heels*** slå ihop klackarna **2** vard. lyckas; klaffa **II** *s* knäppning
client ['klaɪənt] *s* klient; kund
clientele [ˌkli:ɒn'tel] *s* klientel; kundkrets
cliff [klɪf] *s* klippa; bergvägg
climacteric [ˌklaɪmæk'terɪk] *s* klimakterium, övergångsålder
climate ['klaɪmət] *s* klimat
climax ['klaɪmæks] *s* klimax, kulmen
climb [klaɪm] **I** *vb itr* o. *vb tr* klättra, klänga; kliva, stiga; klättra (klänga, kliva) uppför (upp på), bestiga **II** *s* klättring; stigning
climber ['klaɪmə] *s* **1** klättrare, bestigare [*mountain ~*] **2** streber
clinch [klɪntʃ] **I** *s* boxn. clinch **II** *vb itr* o. *vb tr* **1** boxn. gå i clinch **2** avgöra [*~ an argument*]; göra upp [*~ a sale*]
cling [klɪŋ] (*clung clung*) *vb itr* klänga sig fast, klamra sig fast [*to* (*on to*) vid]; hålla sig [*to* intill]; fastna, sitta fast [*to* i, vid]; *~* ***to*** hålla fast vid; *~* ***together*** hålla ihop
clingfilm ['klɪŋfɪlm] *s* o. **clingwrap** ['klɪŋræp] *s* plastfolie
clinic ['klɪnɪk] *s* klinik
clinical ['klɪnɪk(ə)l] *adj* klinisk; *~* ***thermometer*** febertermometer
1 clink [klɪŋk] **I** *vb itr* o. *vb tr* klirra med **II** *s* klirr
2 clink [klɪŋk] *s* vard. finka fängelse
1 clip [klɪp] **I** *vb tr*, *~* ***together*** fästa (klämma) ihop med gem (klämma) **II** *s* gem, klämma
2 clip [klɪp] *vb tr* klippa [*~ tickets*]
clique [kli:k] *s* klick, kotteri
clit [klɪt] *s* vard. kittlare, klitoris
clitoris ['klɪtərɪs] *s* klitoris, kittlare
cloak [kləʊk] *s* **1** slängkappa, mantel **2** bildl. täckmantel
cloakroom ['kləʊkru:m] *s* **1** a) kapprum, garderob b) effektförvaring; *~* ***attendant*** rockvaktmästare **2** toalett
clock [klɒk] **I** *s* **1** klocka, väggur, tornur; ***round the ~*** dygnet runt **2** sl. fejs ansikte **II** *vb itr*, *~* ***in*** (***on***) stämpla in på stämpelur

clocking-in [ˌklɒkɪŋ'ɪn] *adj*, ~ ***card*** stämpelkort
clockwise ['klɒkwaɪz] *adv* medurs
clockwork ['klɒkwɜ:k] *s* urverk; ~ ***train*** mekaniskt tåg
clod [klɒd] *s* **1** klump av t.ex. jord, lera **2** tölp
clog [klɒg] **I** *s* träsko **II** *vb tr* o. *vb itr* täppa (täppas) till
cloister ['klɔɪstə] *s* **1** kloster **2** klostergång
1 close [kləʊz] **I** *vb tr* o. *vb itr* **1** stänga; slå igen; sluta till (ihop); stänga av; lägga ner [~ *a factory*]; stängas, slutas till; sluta sig; gå att stänga; ~ ***one's eyes to*** bildl. blunda för; ~ ***down*** stänga, lägga ner **2** sluta, avsluta; avslutas □ ~ **down** om t.ex. affär stänga, stängas, slå igen, läggas ner; ~ **in** komma närmare, falla på; ~ ***in on*** omringa **II** *s* slut [*the* ~ *of day*]
2 close [kləʊs] **I** *adj* **1** nära [*a* ~ *relative*]; intim; omedelbar; ***at*** ~ ***quarters*** (***range***) på nära håll; ***it was a*** ~ ***shave*** (***thing***) vard. det var nära ögat **2** tät **3** ingående, grundlig [~ *investigation*]; noggrann [~ *analysis*]; nära [*a* ~ *resemblance*] **4** kvav, kvalmig **5** mycket jämn [*a* ~ *contest (finish)*]; ***the*** ~ ***season*** olaga tid för jakt o. fiske **II** *adv* tätt, nära, strax [*by, to* intill; *on, upon* efter]; tätt ihop, nära tillsammans [ofta ~ *together*]; ~ ***at hand*** strax intill; nära förestående; ~ ***on a p.'s heels*** tätt i hälarna på ngn; ~ ***on*** preposition inemot, uppemot [~ *on 100*]
closed-circuit ['kləʊzdˌsɜ:kɪt] *adj*, ~ ***television*** intern-TV
close-fitting [ˌkləʊs'fɪtɪŋ] *adj* tätt åtsittande
closely ['kləʊslɪ] *adv* **1** nära [~ *related*], intimt **2** tätt [~ *packed*] **3** ingående, grundligt
close-shaven [ˌkləʊs'ʃeɪvn] *adj* slätrakad
closet ['klɒzɪt] *s* **1** klosett, toalett **2** speciellt amer. skåp; garderob
close-up ['kləʊsʌp] *s* film. el. bildl. närbild
closing ['kləʊzɪŋ] *adj* stängnings- [~ *time*]
clot [klɒt] **I** *s* **1** klimp, klump **2** ~ ***of blood*** el. ~ blodpropp **II** *vb itr* bilda klimpar, levra sig; om sås m.m. stelna
cloth [klɒθ] *s* **1** tyg **2** trasa för t.ex. putsning **3** duk
clothe [kləʊð] (*clothed clothed*, poet. *clad clad*) *vb tr* klä, bekläda; täcka, hölja
clothes [kləʊðz] *s pl* kläder
clothes hanger ['kləʊðzˌhæŋə] *s* klädgalge
clothes line ['kləʊðzlaɪn] *s* klädstreck
clothespin ['kləʊðzpɪn] *s* amer. klädnypa
clothing ['kləʊðɪŋ] *s* beklädnad; kläder
cloud [klaʊd] **I** *s* moln; ***be*** (***have one's head***) ***in the*** ~***s*** vara i det blå **II** *vb itr* höljas i moln [ofta ~ *over*], mulna
cloudberry ['klaʊdbərɪ] *s* hjortron
cloudburst ['klaʊdbɜ:st] *s* skyfall
cloudy ['klaʊdɪ] *adj* molnig; mulen
clove [kləʊv] *s* kryddnejlika
clover ['kləʊvə] *s* klöver; ***be in*** ~ vara på grön kvist
clown [klaʊn] **I** *s* clown, pajas **II** *vb itr*, ~ ***about*** el. ~ spela pajas, spexa
club [klʌb] **I** *s* **1** klubba; grov påk **2** kortsp. klöverkort; pl. ~***s*** klöver **3** klubb **II** *vb tr* o. *vb itr* klubba till (ned); ~ ***together*** dela kostnaderna lika
cluck [klʌk] **I** *vb itr* skrocka **II** *s* skrockande
clue [klu:] *s* ledtråd, spår; ~***s across*** (***down***) i korsord vågräta (lodräta) ord; ***I haven't a*** ~ det har jag ingen aning om; ***he hasn't a*** ~ han är korkad
clumsy ['klʌmzɪ] *adj* klumpig; tafatt
clung [klʌŋ] se *cling*
cluster ['klʌstə] **I** *s* klunga, klase **II** *vb itr* klunga ihop sig
clutch [klʌtʃ] **I** *vb tr* o. *vb itr* gripa tag i (om), gripa om; gripa [*at* efter] **II** *s* **1** grepp, tag **2** tekn. koppling; bil. kopplingspedal; ~ ***plate*** kopplingslamell **3** pl. ***clutches*** bildl. klor [*get into a p.'s clutches*]
clutter ['klʌtə] *vb tr*, ~ ***up*** el. ~ belamra, skräpa ned i (på)
cm. (förk. för *centimetre, centimetres*) cm
Co. [kəʊ, 'kʌmpənɪ] (förk. för *Company*) Co. företag [*Smith & Co.*]
c/o (förk. för *care of*) på brev c/o, adress [*c/o Smith*]
coach [kəʊtʃ] **I** *s* **1** a) galavagn, kaross b) turistbuss, långfärdsbuss c) järnv. personvagn **2** a) privatlärare, handledare b) sport. tränare **II** *vb tr* ge privatlektioner, preparera [*for* till examen; *in* i ämne]; träna
coagulate [kəʊ'ægjʊleɪt] *vb itr* koagulera
coal [kəʊl] *s* kol; speciellt stenkol; ***carry*** ~***s to Newcastle*** ge bagarbarn bröd
coalbin ['kəʊlbɪn] *s* kolbox
coalfield ['kəʊlfi:ld] *s* kolfält
coalfish ['kəʊlfɪʃ] *s* gråsej
coalition [ˌkəʊə'lɪʃ(ə)n] *s* **1** sammansmältning, förening **2** koalition; ~ ***government*** samlingsregering

coalmine ['kəʊlmaɪn] *s* kolgruva
coalmining ['kəʊlˌmaɪnɪŋ] *s* kolbrytning
coalpit ['kəʊlpɪt] *s* kolgruva
coal tit ['kəʊltɪt] *s* svartmes
coarse [kɔːs] *adj* **1** grov [~ *sand*] **2** rå, ohyfsad
coast [kəʊst] **I** *s* kust **II** *vb itr* **1** segla längs kusten **2** på cykel åka nedför utan att trampa; i bil rulla (åka) nedför med kopplingen ur
coaster ['kəʊstə] *s* kustfartyg
coastguard ['kəʊstgɑːd] *s* medlem av sjöräddningen (kustbevakningen)
coat [kəʊt] **I** *s* **1** a) rock; kappa b) kavaj; ~ ***of arms*** vapensköld, vapen **2** på djur päls **3** lager, skikt; ***apply a ~ of paint to*** stryka färg på **II** *vb tr* täcka, belägga, bestryka
coated ['kəʊtɪd] *adj* belagd [~ *tongue*]
coat hanger ['kəʊtˌhæŋə] *s* rockhängare, galge
coax [kəʊks] *vb tr* lirka med; övertala
cobbler ['kɒblə] *s* skomakare
cobblestone ['kɒblstəʊn] *s* kullersten
cobra ['kɒbrə] *s* kobra; ***Indian ~*** glasögonorm
cobweb ['kɒbweb] *s* spindelnät, spindelväv
Coca-Cola [ˌkəʊkə'kəʊlə] *s* ® Coca-Cola
cocaine [kə'keɪn] *s* kokain
cock [kɒk] **I** *s* **1** tupp **2** speciellt i sammansättningar hanne av fåglar **3** kran, pip, tapp **4** hane på gevär; ***at half ~*** på halvspänn **5** vulg. kuk **II** *vb tr* **1** sticka rätt upp; ~ ***one's ears*** spetsa öronen **2** spänna hanen på, osäkra
cock-a-doodle-doo ['kɒkəˌduːdl'duː] *interj* kuckeliku
cocker spaniel [ˌkɒkə'spænjəl] *s* cockerspaniel
cock-eyed ['kɒkaɪd] *adj* skelögd, vindögd
cockle ['kɒkl] *s* hjärtmussla
cockney ['kɒknɪ] *s* **1** cockney londonbo som talar londondialekten **2** cockney londondialekten
cockpit ['kɒkpɪt] *s* cockpit, förarkabin
cockroach ['kɒkrəʊtʃ] *s* kackerlacka
cock sparrow [ˌkɒk'spærəʊ] *s* sparvhane
cocksure [ˌkɒk'ʃʊə] *adj* tvärsäker; självsäker, stöddig
cocktail ['kɒkteɪl] *s* cocktail; ~ ***cabinet*** barskåp; ~ ***lounge*** cocktailbar
cocky ['kɒkɪ] *adj* vard. stöddig, mallig
cocoa ['kəʊkəʊ] *s* kakao; choklad som dryck
coconut ['kəʊkənʌt] *s* kokosnöt; ~ ***matting*** kokosmatta
COD [ˌsiːəʊ'diː] (förk. för *cash* (amer. *collect*) *on delivery*) mot efterkrav (postförskott)
cod [kɒd] *s* torsk; ***dried ~*** kabeljo
code [kəʊd] **I** *s* **1** kod; chifferspråk **2** ***dialling*** (amer. ***area***) ~ tele. riktnummer **II** *vb tr* koda, chiffrera
codeine ['kəʊdiːn] *s* kodein
codfish ['kɒdfɪʃ] *s* torsk
codify ['kəʊdɪfaɪ] *vb tr* kodifiera
cod-liver, ~ ***oil*** [ˌkɒdlɪvər'ɔɪl] fiskleverolja
coerce [kəʊ'ɜːs] *vb tr* betvinga
coexistence [ˌkəʊɪg'zɪst(ə)ns] *s* samtidig förekomst; samlevnad [*peaceful* ~]
coffee ['kɒfɪ] *s* kaffe
coffee bar ['kɒfɪbɑː] *s* kaffebar, cafeteria
coffee break ['kɒfɪbreɪk] *s* kaffepaus
coffee-grinder ['kɒfɪˌgraɪndə] *s* kaffekvarn
coffee pot ['kɒfɪpɒt] *s* kaffekanna; kaffepanna
coffin ['kɒfɪn] *s* likkista
cog [kɒg] *s* kugge
cogitate ['kɒdʒɪteɪt] *vb itr* o. *vb tr* tänka, fundera; tänka (fundera) ut
cognac ['kɒnjæk] *s* cognac; konjak
coherence [kə'hɪər(ə)ns] *s* sammanhang
coherent [kə'hɪər(ə)nt] *adj* sammanhängande; följdriktig
cohesion [kə'hiːʒ(ə)n] *s* sammanhållande kraft; sammanhang
coiffure [kwɑː'fjʊə] *s* frisyr
coil [kɔɪl] **I** *vb tr* rulla (ringla) ihop [ofta ~ *up*] **II** *s* rulle, rörspiral
coin [kɔɪn] **I** *s* slant, mynt, peng **II** *vb tr* **1** mynta, prägla **2** mynta, bilda, skapa [~ *a word*]
coinage ['kɔɪnɪdʒ] *s* myntsystem, myntsort
coincide [ˌkəʊɪn'saɪd] *vb itr* sammanfalla; stämma överens
coincidence [kəʊ'ɪnsɪd(ə)ns] *s* sammanträffande, tillfällighet
coitus ['kəʊɪtəs] *s* speciellt med. samlag
Coke [kəʊk] *s* ® vard. Coca-Cola
coke [kəʊk] *s* koks
colander ['kʌləndə] *s* durkslag grov sil
cold [kəʊld] **I** *adj* kall, frusen; ***I feel (am)*** ~ jag fryser **II** *s* **1** köld, kyla **2** förkylning; ***catch (get) a ~*** förkyla sig, bli förkyld
cold-blooded [ˌkəʊld'blʌdɪd] *adj* kallblodig
cold storage [ˌkəʊld'stɔːrɪdʒ] *s* kylrum
colic ['kɒlɪk] *s* kolik
collaborate [kə'læbəreɪt] *vb itr* samarbeta
collaboration [kəˌlæbə'reɪʃ(ə)n] *s* samarbete
collaborator [kə'læbəreɪtə] *s* medarbetare

collapse [kə'læps] **I** *s* **1** kollaps; sammanbrott **2** sammanstörtande, ras **II** *vb itr* **1** kollapsa, klappa ihop **2** störta samman, rasa
collapsible [kə'læpsəbl] *adj* hopfällbar
collar ['kɒlə] *s* **1** krage **2** halsband t.ex. på hund
collar bone ['kɒləbəʊn] *s* nyckelben
collate [kə'leɪt] *vb tr* kollationera
colleague ['kɒli:g] *s* kollega, arbetskamrat
collect [kə'lekt] *vb tr* o. *vb itr* **1** samla, samla in (ihop); samlas, samla sig; hopas **2** avhämta; ***a ~ call*** tele. ett ba-samtal
collected [kə'lektɪd] *adj* samlad
collection [kə'lekʃ(ə)n] *s* **1** samlande, hopsamling; insamling **2** brevlådstömning; post. äv. tur [*2nd ~*] **3** samling [*~ of books*]
collective [kə'lektɪv] *adj* samlad, sammanlagd, kollektiv
collector [kə'lektə] *s* samlare
college ['kɒlɪdʒ] *s* **1** college; internatskola **2** fack- högskola; ***~ of education*** lärarhögskola **3** skola, institut
collide [kə'laɪd] *vb itr* kollidera, krocka
collie ['kɒlɪ] *s* collie hundras
collier ['kɒlɪə] *s* kolgruvearbetare
colliery ['kɒljərɪ] *s* kolgruva
collision [kə'lɪʒ(ə)n] *s* kollision; sammanstötning, krock
colloquial [kə'ləʊkwɪəl] *adj* som tillhör talspråket, talspråksaktig
Cologne [kə'ləʊn] **I** Köln **II** *s, **cologne*** eau-de-cologne
Colombia [kə'lɒmbɪə]
Colombian [kə'lɒmbɪən] **I** *s* colombian **II** *adj* colombiansk
colon ['kəʊlən] *s* **1** skiljetecken kolon **2** med. grovtarm
colonel ['kɜ:nl] *s* överste
colonial [kə'ləʊnjəl] *adj* kolonial
colonize ['kɒlənaɪz] *vb tr* kolonisera
colonizer ['kɒlənaɪzə] *s* kolonisatör
colony ['kɒlənɪ] *s* koloni; nybygge
color amer., se *colour*
coloratura [ˌkɒlərə'tʊərə] *s* mus. koloratur
colossal [kə'lɒsl] *adj* kolossal; väldig
colossus [kə'lɒsəs] *s* koloss
colour ['kʌlə] **I** *s* **1** färg, kulör **2** pl. ***~s*** **a)** ett lags färger; klubbdräkt **b)** flagga, fana; ***join the ~s*** ta värvning; ***come off with flying ~s*** klara sig med glans **c)** ***show one's true ~s*** visa sitt rätta ansikte; ***see a th. in its true ~s*** se ngt i dess rätta ljus **II** *vb tr* o. *vb itr* färga, måla, kolorera; få färg; rodna [äv. *~ up*]
colour bar ['kʌləbɑ:] *s* rasdiskriminering på grund av hudfärg
colourful ['kʌləf(ʊ)l] *adj* färgrik, färgstark
colt [kəʊlt] *s* föl, fåle
coltsfoot ['kəʊltsfʊt] (pl. *~s*) *s* bot. tussilago, hästhov
columbine ['kɒləmbaɪn] *s* bot. akleja
column ['kɒləm] *s* **1** kolonn; pelare **2** kolumn, spalt
columnist ['kɒləmnɪst] *s* kåsör, kolumnist
coma ['kəʊmə] *s* koma medvetslöshet
comb [kəʊm] **I** *s* kam **II** *vb tr* kamma; ***~ out*** el. *~* bildl. finkamma
combat ['kɒmbæt] **I** *s* kamp, strid **II** *vb tr* bekämpa
combatant ['kɒmbət(ə)nt] *s* stridande
combination [ˌkɒmbɪ'neɪʃ(ə)n] *s* **1** kombination; sammanställning **2** sammanslutning; förening
combine [verb kəm'baɪn, substantiv 'kɒmbaɪn] **I** *vb tr* o. *vb itr* ställa samman; förena; kombinera; förena sig; samverka **II** *s* sammanslutning
combustion [kəm'bʌstʃ(ə)n] *s* förbränning
come [kʌm] (*came come*) *vb itr* o. *vb tr* **1** komma **2** ***come, come!*** el. ***come now!*** a) se så!, så ja! b) försök inte!; ***~ easy to a p.*** gå lätt för ngn.; ***~ expensive*** ställa sig dyr; ***~ loose*** lossna; ***~ undone*** (***untied***) gå upp, lossna; ***~ what may*** hända vad som hända vill; ***how ~ ?*** hur kommer det sig?; ***in days to ~*** under kommande dagar **3** ***~ to*** + infinitiv a) komma för att [*he has ~ here to work*] b) komma att [*I've ~ to hate this*]; ***~ to think of it*** när man tänker efter **4** vard. spela, agera; ***~ the great lady*** spela fin dam; ***~ it over*** spela herre över, toppride; ***don't ~ it with me!*** försök inte med mig!

□ ~ **about** ske, hända, gå till; ~ **across** komma över; råka på; ~ **along a)** komma (gå) med; ***~ along!*** kom nu! **b)** ta sig, arta sig; ~ **by** a) komma förbi b) få tag i, komma över; ~ **down a)** komma (gå) ner **b)** ***~ down to*** kunna reduceras till [*it ~s down to this*] **c)** ***~ down in favour of*** ta ställning för; ~ **forward** träda fram, stiga fram; erbjuda sig; ***~ forward with a proposal*** lägga fram ett förslag; ~ **from a)** komma (vara) från; ***coming from you*** [***that's a compliment***] för att komma från dig... **b)** komma sig av [*that ~s from being so impatient*]; ~ **in a)** komma in;

komma i mål **b)** ~ ***in handy*** (***useful***) komma väl till pass **c)** ~ ***in for*** få del av, få, få sig; ~ **into a)** få ärva [~ *into a fortune*] **b)** ~ ***into blossom*** gå i blom; ~ ***into fashion*** komma på modet; ~ ***into play*** träda i verksamhet; spela in; ~ ***into power*** komma till makten; ~ ***into the world*** komma till världen; ~ **of a)** komma sig av [*this ~s of carelessness*]; ***no good will ~ of it*** det kommer inte att leda till något gott; ***that's what ~s of your lying!*** där har du för att du ljuger! **b)** härstamma från; ***he ~s of a good family*** han är av god familj; ~ **off a)** gå ur, lossna från **b)** ramla av (ner) **c)** ~ ***off it!*** försök inte! **d)** äga rum, bli av **e)** lyckas; avlöpa, gå [*did everything ~ off all right?*] **f)** klara sig [*he came off best*]; ~ **on a)** komma, närma sig **b)** träda fram **c)** bryta in, falla på [*night came on*] **d)** ta sig, utveckla sig **e)** ~ ***on!*** kom nu!, skynda på!; ~ **out a)** komma ut **b)** ~ ***out on strike*** el. ~ ***out*** gå i strejk **c)** gå ur [*these stains won't ~ out*] **d)** komma i dagen, komma fram **e)** visa sig, visa sig vara [~ *out all right*] **f)** rycka ut [~ *out in defence of a p.*] **g)** ~ ***out at*** bli, uppgå till; ~ **over a)** komma över **b)** känna sig, bli [*she came over queer*] **c)** ***what had ~ over her?*** vad gick (kom) det åt henne?; ~ **round a)** komma över, titta in; ~ ***round and see a p.*** komma och hälsa på ngn **b)** kvickna till; ~ **to a)** komma till, nå **b)** kvickna till; ***whatever are we coming to?*** vad ska det bli av oss?, var ska det sluta?; ***he had it coming to him*** vard. han hade sig själv att skylla; ***no harm will ~ to you*** det ska inte hända dig något ont **c)** belöpa sig till, komma (gå) på; ***how much does it ~ to?*** hur mycket blir det? **d)** leda till; ~ ***to nothing*** gå om intet; ***it ~s to the same thing*** det kommer på ett ut; ***when it ~s to it*** när det kommer till kritan; ~ **up a)** komma upp; komma fram; dyka upp **b)** komma på tal **c)** ~ ***up against*** kollidera med; råka ut för **d)** ~ ***up to*** nå (räcka) upp till; uppgå till; motsvara, uppfylla **e)** ~ ***up with*** komma med [~ *up with a new suggestion*]

comeback ['kʌmbæk] *s* comeback

comedian [kə'mi:djən] *s* komiker

comedienne [kəˌmi:dɪ'en] *s* komedienn

come-down ['kʌmdaʊn] *s* steg nedåt speciellt socialt

comedy ['kɒmədɪ] *s* komedi, lustspel

comer ['kʌmə] *s*, ***all ~s*** alla som ställer upp

comet ['kɒmɪt] *s* komet

comfort ['kʌmfət] **I** *s* **1** tröst; lättnad **2 a)** ~ el. pl. ***~s*** komfort, bekvämligheter **b)** komfort, välbefinnande **3** ~ ***station*** amer. bekvämlighetsinrättning **II** *vb tr* trösta; ***be comforted*** låta trösta sig

comfortable ['kʌmfətəbl] *adj* **1** bekväm, komfortabel **2** som har det bra; ***be in ~ circumstances*** ha det bra ställt **3** tillräcklig, trygg

comforter ['kʌmfətə] *s* **1** tröstare **2** yllehalsduk **3** tröstnapp

comic ['kɒmɪk] **I** *adj* komisk; komedi-; ~ ***opera*** operett; ~ ***paper*** skämttidning, serietidning; ~ ***strip*** skämtserie **II** *s* **1** skämttidning, serietidning; skämtserie **2** komiker på varieté

comical ['kɒmɪk(ə)l] *adj* komisk, festlig

coming ['kʌmɪŋ] **I** *adj* **1** kommande, förestående; annalkande **2** lovande; ~ ***man*** framtidsman **II** *s* **1** ankomst; annalkande **2** pl. ***~s and goings*** spring ut och in, folk som kommer och går

comma ['kɒmə] *s* kommatecken; ***inverted ~s*** anföringstecken

command [kə'mɑ:nd] **I** *vb tr* o. *vb itr* **1** befalla **2** kommendera **3** förfoga över **4** erbjuda utsikt över **5** betinga ett pris **II** *s* **1** befallning; mil. order, kommando [*at his ~*] **2** herravälde; befäl [*under the ~ of*], kommendering; ***take ~ of*** ta befälet över; ***in ~*** kommenderande, befälhavande; ***be in ~*** föra befälet [*of* över]; ***have a good ~ of a language*** behärska ett språk bra

commandant [ˌkɒmən'dænt] *s* kommendant; befälhavare

commander [kə'mɑ:ndə] *s* befälhavare

commander-in-chief [kəˌmɑ:ndərɪn'tʃi:f] (pl. *commanders-in-chief* [kəˌmɑ:ndəzɪn'tʃi:f]) *s* överbefälhavare

commanding [kə'mɑ:ndɪŋ] *adj* **1** befälhavande, kommenderande; ~ ***officer*** mil. chef, befälhavare **2** imponerande [~ *appearance*]

commandment [kə'mɑ:ndmənt] *s* bud, budord; ***the ten ~s*** tio Guds bud

commando [kə'mɑ:ndəʊ] (pl. *~s*) *s* kommandotrupp; kommandosoldat

commemorate [kə'meməreɪt] *vb tr* fira (bevara) minnet av

commemoration [kəˌmemə'reɪʃ(ə)n] *s* åminnelse, firande [*in* (till) ~ *of*]

commence [kə'mens] *vb itr* o. *vb tr* börja, inleda
commencement [kə'mensmənt] *s* början, begynnelse, inledning
commend [kə'mend] *vb tr* lovorda, prisa
commendable [kə'mendəbl] *adj* lovvärd
comment ['kɒment] **I** *s* kommentar, anmärkning; ***no ~!*** inga kommentarer! **II** *vb itr*, *~* ***on*** (***about***) kommentera; kritisera
commentary ['kɒməntrɪ] *s* **1** kommentar [*on* till] **2** referat, reportage
commentator ['kɒmenteɪtə] *s* kommentator
commerce ['kɒməs] *s* handeln
commercial [kə'mɜ:ʃ(ə)l] **I** *adj* kommersiell; *~* ***television*** reklam-TV; *~* ***traffic*** yrkestrafik **II** *s* i radio el. TV reklaminslag, annons
commercialize [kə'mɜ:ʃəlaɪz] *vb tr* kommersialisera
commission [kə'mɪʃ(ə)n] **I** *s* **1** uppdrag, order **2** speciellt mil. officersfullmakt **3** hand. provision **II** *vb tr* **1** bemyndiga; ge officersfullmakt; ***commissioned officer*** officer **2** a) uppdra åt [*~ an artist*] b) beställa [*~ a portrait*]
commissionaire [kə,mɪʃə'neə] *s* vaktmästare, dörrvakt på t.ex. biograf, varuhus
commit [kə'mɪt] *vb tr* **1** föröva [*~ a crime*], begå [*~ an error*] **2** anförtro [*to* åt]; *~* ***to memory*** lägga på minnet, lära sig utantill; *~* ***to paper*** skriva ned **3** *~* ***oneself*** ta ställning; binda sig, engagera sig; förbinda sig, åta sig [*~ oneself to*]
commitment [kə'mɪtmənt] *s* **1** åtagande, förpliktelse **2** t.ex. polit. engagemang [*to* i]
committee [kə'mɪtɪ] *s* **1** kommitté, utredning; ***standing ~*** ständigt utskott **2** styrelse i t.ex. förening
commodity [kə'mɒdətɪ] *s* handelsvara
common ['kɒmən] **I** *adj* **1** gemensam; ***the Common Market*** gemensamma marknaden, EG **2** vanlig, allmän, gängse; ***the ~ man*** den enkle medborgaren; ***the ~ people*** gemene man; *~* ***or garden*** vard. helt vanlig **3** vulgär, tarvlig **II** *s* allmänning; ***in ~*** gemensamt; ***interests in ~*** gemensamma intressen
commonly ['kɒmənlɪ] *adv* **1** vanligen, allmänt **2** vanligt
commonplace ['kɒmənpleɪs] **I** *s* banalitet **II** *adj* vardaglig, banal
common room ['kɒmənru:m] *s* kollegierum, lärarrum
commons ['kɒmənz] *s*, ***the House of Commons*** el. ***the Commons*** underhuset
common sense [,kɒmən'sens] *s* sunt förnuft
common-sense ['kɒmənsens] *adj* förnuftig
commonwealth ['kɒmənwelθ] *s*, ***the British Commonwealth*** el. ***the Commonwealth*** Brittiska samväldet
commotion [kə'məʊʃ(ə)n] *s* tumult, uppståndelse
communicate [kə'mju:nɪkeɪt] *vb tr* o. *vb itr* meddela; *~* ***with*** sätta sig i förbindelse med, kommunicera med
communication [kə,mju:nɪ'keɪʃ(ə)n] *s* **1** meddelande **2** kommunikation, kommunikationer, förbindelse, förbindelser; ***means of ~*** kommunikationsmedel, samfärdsmedel
communicative [kə'mju:nɪkətɪv] *adj* meddelsam, öppenhjärtig
communiqué [kə'mju:nɪkeɪ] *s* kommuniké
Communism ['kɒmjʊnɪz(ə)m] *s* kommunism
Communist ['kɒmjʊnɪst] **I** *s* kommunist **II** *adj* kommunistisk [*the ~ Party*]
community [kə'mju:nətɪ] *s* **1** ***the ~*** det allmänna, samhället **2** samhälle; samfund [*a religious ~*] **3** *~* ***singing*** allsång
commute [kə'mju:t] *vb itr* trafik. pendla
commuter [kə'mju:tə] *s* trafik. pendlare; *~* ***train*** pendeltåg
1 compact [substantiv 'kɒmpækt, adjektiv kəm'pækt] **I** *s* liten puderdosa **II** *adj* kompakt, tätt packad; *~* ***disc*** CD-skiva
2 compact ['kɒmpækt] *s* pakt, fördrag
companion [kəm'pænjən] *s* **1** följeslagare; kamrat **2** motstycke, make; *~* ***volume*** kompletterande band **3** handbok [*The Gardener's Companion*]
companionship [kəm'pænjənʃɪp] *s* kamratskap; sällskap
company ['kʌmpənɪ] *s* **1** sällskap; ***part ~*** skiljas [*with* från] **2** främmande, besök [*expect ~*] **3** hand. bolag; företag, kompani **4** mil. kompani
comparable ['kɒmpərəbl] *adj* jämförlig, jämförbar
comparative [kəm'pærətɪv] **I** *adj* **1** komparativ äv. gram.; ***the ~ degree*** komparativen **2** relativ [*in ~ comfort*] **II** *s* gram. komparativ

comparatively [kəm'pærətɪvlɪ] *adv* jämförelsevis, relativt
compare [kəm'peə] **I** *vb tr* o. *vb itr* **1** jämföra; kunna jämföras (jämställas); ~ *to* jämföra med, likna vid **2** gram. komparera **II** *s*, *beyond* ~ utan jämförelse; makalöst
comparison [kəm'pærɪsn] *s* jämförelse; *there is no ~ between them* de går inte att jämföra
compartment [kəm'pɑ:tmənt] *s* **1** avdelning, fack, rum **2** järnv. kupé; *driver's* ~ förarhytt
compass ['kʌmpəs] *s* **1** kompass; *point of the* ~ kompasstreck, väderstreck; *take a ~ bearing* ta bäring **2** pl. *compasses* passare; *a pair of compasses* en passare
compassion [kəm'pæʃ(ə)n] *s* medlidande
compassionate [kəm'pæʃənət] *adj* medlidsam
compatible [kəm'pætəbl] *adj* förenlig, överensstämmande
compatriot [kəm'pætrɪət] *s* landsman
compel [kəm'pel] *vb tr* tvinga; framtvinga
compendium [kəm'pendjəm] *s* kompendium
compensate ['kɒmpenseɪt] *vb tr* o. *vb itr* **1** ~ *a p. for* kompensera (ersätta) ngn för **2** kompensera; uppväga **3** ~ *for* kompensera, uppväga
compensation [ˌkɒmpen'seɪʃ(ə)n] *s* kompensation; skadestånd
compete [kəm'pi:t] *vb itr* **1** tävla, konkurrera **2** delta [~ *in a race*]
competent ['kɒmpət(ə)nt] *adj* kompetent; duglig
competition [ˌkɒmpə'tɪʃ(ə)n] *s* **1** konkurrens, tävlan **2** tävling
competitive [kəm'petətɪv] *adj* **1** konkurrenskraftig [~ *prices*] **2** tävlings-, konkurrensbetonad
competitor [kəm'petɪtə] *s* tävlande; medtävlare; konkurrent
complacent [kəm'pleɪsnt] *adj* självbelåten
complain [kəm'pleɪn] *vb itr* klaga, beklaga sig [*of, about* över]
complaint [kəm'pleɪnt] *s* **1** klagomål **2** åkomma, sjukdom
complement [substantiv 'kɒmplɪmənt, verb 'kɒmplɪment] **I** *s* **1** komplement **2** fullt antal **3** gram. predikatsfyllnad **II** *vb tr* komplettera
complete [kəm'pli:t] **I** *adj* komplett, fullständig, fullkomlig [*a ~ stranger*]; avslutad **II** *vb tr* **1** avsluta, slutföra, fullborda **2** komplettera, fullständiga **3** fylla i [~ *a form*]
complex ['kɒmpleks] **I** *adj* sammansatt; komplicerad, invecklad **II** *s* komplex
complexion [kəm'plekʃ(ə)n] *s* **1** hy, ansiktsfärg **2** bildl. utseende; prägel
complexity [kəm'pleksətɪ] *s* invecklad (komplicerad) beskaffenhet
complicate ['kɒmplɪkeɪt] *vb tr* komplicera
complicated ['kɒmplɪkeɪtɪd] *adj* komplicerad, invecklad
complication [ˌkɒmplɪ'keɪʃ(ə)n] *s* komplikation; krånglighet
compliment [substantiv 'kɒmplɪmənt, verb 'kɒmplɪment] **I** *s* **1** komplimang **2** pl. *~s* hälsningar, hälsning; *my ~s to your wife* hälsa din fru; *with the ~s of the season* med önskan om en god jul och ett gott nytt år **II** *vb tr* komplimentera [*on* för]; gratulera
complimentary [ˌkɒmplɪ'mentrɪ] *adj* **1** berömmande, smickrande **2** fri-, gratis- [~ *ticket*]
comply [kəm'plaɪ] *vb itr* ge efter, foga sig; ~ *with* lyda, rätta sig efter
component [kəm'pəʊnənt] **I** *adj*, ~ *part* beståndsdel **II** *s* komponent, beståndsdel
compose [kəm'pəʊz] *vb tr* o. *vb itr* **1** bilda, utgöra; *be composed of* bestå av **2** mus. komponera, tonsätta **3** utarbeta, sätta ihop [~ *a speech*], författa, dikta, skriva
composed [kəm'pəʊzd] *adj* lugn, samlad
composer [kəm'pəʊzə] *s* kompositör, tonsättare
composite ['kɒmpəzɪt] *adj* sammansatt
composition [ˌkɒmpə'zɪʃ(ə)n] *s* **1** sammansättning **2** mus. komposition **3** skol. uppsats
compost ['kɒmpɒst] *s* kompost
composure [kəm'pəʊʒə] *s* fattning, lugn
compound [verb kəm'paʊnd, adjektiv o. substantiv 'kɒmpaʊnd] **I** *vb tr* blanda; sätta (ihop) **II** *adj* sammansatt; ~ *interest* ränta på ränta **III** *s* **1** sammansättning; sammansatt ämne; kem. förening **2** gram. sammansatt ord, sammansättning
comprehend [ˌkɒmprɪ'hend] *vb tr* **1** begripa, förstå **2** inbegripa, innefatta
comprehensible [ˌkɒmprɪ'hensəbl] *adj* begriplig, förståelig
comprehension [ˌkɒmprɪ'henʃ(ə)n] *s* fattningsförmåga
comprehensive [ˌkɒmprɪ'hensɪv] *adj* **1** omfattande; allsidig; ~ *insurance* allriskförsäkring; ~ *car insurance*

helförsäkring för motorfordon **2** ~ ***school*** el. ~ ungefär grund- och gymnasieskola för elever över 11 år
compress [verb kəm'pres, substantiv 'kɒmpres] **I** *vb tr* pressa (trycka) ihop (samman); komprimera **II** *s* kompress; vått omslag
comprise [kəm'praɪz] *vb tr* omfatta, innefatta; inbegripa
compromise ['kɒmprəmaɪz] **I** *s* kompromiss **II** *vb itr* o. *vb tr* kompromissa; kompromettera
compromising ['kɒmprəmaɪzɪŋ] *adj* kompromissvillig; komprometterande
compulsion [kəm'pʌlʃ(ə)n] *s* tvång
compulsive [kəm'pʌlsɪv] *adj* tvångsmässig; ***be a ~ eater*** hetsäta, tröstäta
compulsory [kəm'pʌlsərɪ] *adj* obligatorisk
compute [kəm'pju:t] *vb tr* beräkna, kalkylera
computer [kəm'pju:tə] *s*, ~ el. ***electronic*** ~ dator
computerization [kəm,pju:təraɪ'zeɪʃ(ə)n] *s* datorisering; databehandling
computerize [kəm'pju:təraɪz] *vb tr* datorisera; databehandla
comrade ['kɒmreɪd] *s* kamrat
concave [,kɒn'keɪv] *adj* konkav [~ *lens*]
conceal [kən'si:l] *vb tr* dölja [*from* för]; ***concealed lighting*** indirekt belysning
concealment [kən'si:lmənt] *s* döljande
concede [kən'si:d] *vb tr* medge, bevilja
conceit [kən'si:t] *s* inbilskhet, egenkärlek
conceited [kən'si:tɪd] *adj* inbilsk, egenkär
conceivable [kən'si:vəbl] *adj* fattbar; tänkbar, möjlig
conceive [kən'si:v] *vb tr* o. *vb itr* **1** tänka ut, hitta på **2** föreställa sig; fatta **3** ~ ***of*** föreställa sig
concentrate ['kɒnsəntreɪt] *vb tr* o. *vb itr* koncentrera; inrikta [~ *one's attention on*]; koncentreras; koncentrera sig
concentration [,kɒnsən'treɪʃ(ə)n] *s* koncentration; ~ ***camp*** koncentrationsläger
concept ['kɒnsept] *s* begrepp
conception [kən'sepʃ(ə)n] *s* föreställning, uppfattning; begrepp
concern [kən'sɜ:n] **I** *vb tr* **1** angå, röra **2** bekymra, oroa **II** *s* **1** angelägenhet, affär, sak; ***it is no ~ of mine*** det angår mig inte **2** hand. företag, firma **3** bekymmer, oro
concerned [kən'sɜ:nd] *perf p* o. *adj* **1** bekymrad, orolig [*about* över] **2** inblandad; ***be ~ with*** ha att göra med; ***as far as I am ~*** vad mig beträffar, för min del; ***the parties ~*** de berörda parterna
concerning [kən'sɜ:nɪŋ] *prep* angående, beträffande
concert ['kɒnsət] *s* **1** konsert; ~ ***hall*** konsertsal **2** samförstånd [*in* ~]
concertgoer ['kɒnsət,gəʊə] *s* konsertbesökare
concert grand [,kɒnsət'grænd] *s* konsertflygel
concerto [kən'tʃeətəʊ] (pl. vanl. ~*s*) *s* konsert musikstycke för soloinstrument och orkester
concession [kən'seʃ(ə)n] *s* medgivande, eftergift; beviljande
conciliate [kən'sɪlɪeɪt] *vb tr* blidka, försona
conciliatory [kən'sɪlɪətrɪ] *adj* försonlig
concise [kən'saɪs] *adj* koncis, kortfattad
conclude [kən'klu:d] *vb tr* o. *vb itr* **1** avsluta, slutföra; sluta; avslutas; ***to*** ~ till sist **2** dra slutsatsen [*that* att]
conclusion [kən'klu:ʒ(ə)n] *s* **1** slut, avslutning; ***in*** ~ slutligen; ***bring to a*** ~ slutföra **2** resultat, slutresultat; ***come to the ~ that...*** komma till den slutsatsen att...
concoct [kən'kɒkt] *vb tr* laga till, koka ihop
concoction [kən'kɒkʃ(ə)n] *s* tillagning; hopkok
concord ['kɒŋkɔ:d] *s* endräkt; harmoni
concrete ['kɒnkri:t] **I** *adj* **1** konkret **2** av betong, betong- **II** *s* betong
concussion [kən'kʌʃ(ə)n] *s* häftig stöt; med. hjärnskakning
condemn [kən'dem] *vb tr* **1** döma [*condemned to death*]; fördöma **2** kassera, utdöma
condemnation [,kɒndem'neɪʃ(ə)n] *s* **1** fördömelse **2** kasserande, utdömning
condense [kən'dens] *vb tr* o. *vb itr* kondensera; kondenseras
condescend [,kɒndɪ'send] *vb itr* nedlåta sig
condescending [,kɒndɪ'sendɪŋ] *adj* nedlåtande
condition [kən'dɪʃ(ə)n] *s* **1** villkor, förutsättning; pl. ~*s* förhållanden; ***on no*** ~ på inga villkor **2** tillstånd, skick [*in good* ~]; speciellt sport. kondition
conditional [kən'dɪʃ(ə)nl] **I** *adj* villkorlig;

beroende [*on* av, på]; gram. konditional **II** *s* gram. konditionalis
conditioned [kən'dɪʃ(ə)nd] *adj* betingad
condolence [kən'dəʊləns] *s* beklagande, deltagande, kondoleans
condom ['kɒndɒm] *s* kondom
condone [kən'dəʊn] *vb tr* överse med
conduct [substantiv 'kɒndʌkt, verb kən'dʌkt] **I** *s* **1** uppförande, uppträdande **2** skötsel **II** *vb tr* o. *vb itr* **1** föra, leda; sköta; ***conducted tour*** sällskapsresa; guidad tour **2** anföra, leda; mus. dirigera
conductor [kən'dʌktə] *s* **1** konduktör på buss, spårvagn, amer. äv. på tåg **2** mus. dirigent
cone [kəʊn] *s* kon; kotte; strut [*ice cream ~*]
confectioner [kən'fekʃnə] *s*, ***confectioner's shop*** el. ***confectioner's*** godsaksaffär
confectionery [kən'fekʃnərɪ] *s* **1** sötsaker, konfekt **2** godsaksaffär
confederate [kən'fedərət] **I** *s* **1** förbundsmedlem **2** medbrottsling **II** *adj* förbunden, förenad
confederation [kən,fedə'reɪʃ(ə)n] *s* förbund, konfederation
confer [kən'fɜː] *vb tr* o. *vb itr* **1** förläna, tilldela [*a th. on a p.* ngn ngt], skänka [*~ power on a p.*] **2** konferera, rådslå
conference ['kɒnfər(ə)ns] *s* konferens, överläggning; ***be in ~*** sitta i sammanträde
confess [kən'fes] *vb tr* o. *vb itr* **1** bekänna, erkänna [*~ to a crime*] **2** bikta; bikta sig
confession [kən'feʃ(ə)n] *s* **1** bekännelse, erkännande **2** bikt
confetti [kən'fetɪ] *s* konfetti
confide [kən'faɪd] *vb itr*, ***~ in*** lita på; ***~ in a p.*** anförtro sig åt ngn
confidence ['kɒnfɪd(ə)ns] *s* **1** förtroende; tillit; ***take a p. into one's ~*** göra ngn till sin förtrogne; ***vote of ~*** förtroendevotum; ***vote of no ~*** misstroendevotum; ***~ trick*** bondfångarknep **2** självförtroende
confident ['kɒnfɪd(ə)nt] *adj* tillitsfull; säker; självsäker
confidential [,kɒnfɪ'denʃ(ə)l] *adj* förtrolig; konfidentiell
confine [substantiv 'kɒnfaɪn, verb kən'faɪn] **I** *s*, pl. ***~s*** gräns, gränser **II** *vb tr* **1** spärra in; sätta in; ***be confined to barracks*** mil. ha kasernförbud; ***be confined to bed*** vara sängliggande **2** inskränka
confirm [kən'fɜːm] *vb tr* **1** bekräfta; godkänna **2** befästa, styrka **3** kyrkl. konfirmera
confirmation [,kɒnfə'meɪʃ(ə)n] *s* **1** bekräftelse; godkännande **2** befästande, styrkande **3** kyrkl. konfirmation
confirmed [kən'fɜːmd] *adj* inbiten [*~ bachelor*]
confiscate ['kɒnfɪskeɪt] *vb tr* konfiskera, beslagta
confiscation [,kɒnfɪs'keɪʃ(ə)n] *s* konfiskering, beslag
conflict [substantiv 'kɒnflɪkt, verb kən'flɪkt] **I** *s* konflikt **II** *vb itr* drabba samman
conflicting [kən'flɪktɪŋ] *adj* motstridande, motsägande
conform [kən'fɔːm] *vb tr* o. *vb itr* **1** anpassa [*to* till, efter], rätta sig [*to* efter] **2** överensstämma [*to, with* med]
conformity [kən'fɔːmətɪ] *s* **1** överensstämmelse, likformighet **2** anpassning [*to* till, efter]
confound [kən'faʊnd] *vb tr* **1** förvirra; förväxla **2** vard., ***~ it!*** jäklar!
confront [kən'frʌnt] *vb tr* konfrontera; ***be confronted by*** (***with***) ställas (bli ställd) inför
confrontation [,kɒnfrʌn'teɪʃ(ə)n] *s* konfrontation
confuse [kən'fjuːz] *vb tr* förvirra, göra konfys; förväxla, blanda ihop
confused [kən'fjuːzd] *adj* förvirrad, förbryllad [*at* över]; konfys; virrig
confusion [kən'fjuːʒ(ə)n] *s* förvirring, oreda; förväxling
congenial [kən'dʒiːnjəl] *adj* sympatisk, tilltalande; behaglig; passande
conger ['kɒŋgə] *s* o. **conger eel** [,kɒŋgər'iːl] *s* havsål
Congo ['kɒŋgəʊ] floden, ***the ~*** Kongo
Congolese [,kɒŋgə'liːz] **I** (pl. lika) *s* kongoles **II** *adj* kongolesisk
congratulate [kən'grætjʊleɪt] *vb tr* gratulera, lyckönska
congratulation [kən,grætjʊ'leɪʃ(ə)n] *s* gratulation, lyckönskan; ***Congratulations!*** gratulerar!
congregate ['kɒŋgrɪgeɪt] *vb tr* o. *vb itr* samla ihop; församla; samlas
congregation [,kɒŋgrɪ'geɪʃ(ə)n] *s* **1** samling **2** församling äv. kyrkl.
congress ['kɒŋgres] *s* **1** kongress **2** ***the Congress*** el. ***Congress*** kongressen lagstiftande församlingen i USA
Congressman ['kɒŋgresmən] (pl. *Congressmen* ['kɒŋgresmən]) *s* amer. kongressledamot
coniferous [kə'nɪfərəs] *adj*, ***~ tree*** barrträd

conjecture [kən'dʒektʃə] **I** *s* gissning, förmodan **II** *vb tr* gissa sig till, förmoda
conjugate ['kɒndʒʊgeɪt] *vb tr* gram. konjugera, böja
conjugation [ˌkɒndʒʊ'geɪʃ(ə)n] *s* gram. konjugation, böjning
conjunction [kən'dʒʌŋkʃ(ə)n] *s* **1** förbindelse; ***in ~ with*** i samverkan med **2** gram. konjunktion
conjurer ['kʌndʒərə] *s* trollkarl
conjuring ['kʌndʒərɪŋ] *s*, ***~ tricks*** trollkonster
connect [kə'nekt] *vb tr* förbinda, förena, anknyta; koppla samman; förknippa [*with* med]; tekn. koppla ihop (in, om, till); ***be connected with*** ha förbindelse (stå i samband) med
connected [kə'nektɪd] *adj* o. *perf p* **1** sammanhängande **2** besläktad; förbunden
connection [kə'nekʃ(ə)n] *s* förbindelse, förening; sammanhang, anknytning, samband
connoisseur [ˌkɒnə'sɜː] *s* kännare, förståsigpåare, konnässör
conquer ['kɒŋkə] *vb tr* o. *vb itr* erövra; besegra; segra
conqueror ['kɒŋkərə] *s* erövrare; segrare
conquest ['kɒŋkwest] *s* erövring; seger
conscience ['kɒnʃ(ə)ns] *s* samvete
conscientious [ˌkɒnʃɪ'enʃəs] *adj* samvetsgrann
conscious ['kɒnʃəs] *adj* **1** medveten [*of* om] **2** vid medvetande
consecutive [kən'sekjʊtɪv] *adj* i rad, i följd [*~ days*]
consent [kən'sent] **I** *s* samtycke, bifall **II** *vb itr* samtycka, ge sitt samtycke; ***~ to*** gå med på...
consequence ['kɒnsɪkwəns] *s* **1** följd, konsekvens; slutsats; ***in ~*** följaktligen **2** vikt, betydelse [*a th. of ~*]; ***it is of no ~*** det betyder ingenting
consequently ['kɒnsɪkwəntlɪ] *adv* följaktligen
conservation [ˌkɒnsə'veɪʃ(ə)n] *s* bevarande; konservering; naturvård; miljövård
conservatism [kən'sɜːvətɪz(ə)m] *s* konservatism
conservative [kən'sɜːvətɪv] **I** *adj* konservativ; ***at a ~ estimate*** vid en försiktig beräkning **II** *s* konservativ person; ***Conservative*** konservativ, högerman
conservatory [kən'sɜːvətrɪ] *s* drivhus
conserve [kən'sɜːv] **I** *vb tr* **1** bevara; vidmakthålla **2** koka in frukt **II** *s*, vanl. pl. ***~s*** inlagd frukt
consider [kən'sɪdə] *vb tr* **1** tänka (fundera) på, överväga **2** beakta; anse
considerable [kən'sɪdərəbl] *adj* betydande; ***~ trouble*** åtskilligt besvär
considerably [kən'sɪdərəblɪ] *adv* betydligt
considerate [kən'sɪdərət] *adj* hänsynsfull
consideration [kənˌsɪdə'reɪʃ(ə)n] *s* **1** övervägande, betraktande; beaktande; ***give a th. ~*** ta ngt under övervägande; ***on further ~*** el. ***on ~*** vid närmare eftertanke **2** hänsyn, omtanke; ***take a th. into ~*** ta hänsyn till ngt
considering [kən'sɪdərɪŋ] **I** *prep* o. *konj* med tanke på, med hänsyn till **II** *adv* efter omständigheterna
consignment [kən'saɪnmənt] *s* varusändning
consist [kən'sɪst] *vb itr* bestå [*of* av]
consistent [kən'sɪst(ə)nt] *adj* **1** konsekvent; följdriktig **2** jämn [*the team has been ~*]
consolation [ˌkɒnsə'leɪʃ(ə)n] *s* tröst
console [kən'səʊl] *vb tr* trösta
consolidate [kən'sɒlɪdeɪt] *vb tr* o. *vb itr* konsolidera, befästa; bli fast, konsolideras
consommé [kən'sɒmeɪ] *s* köttbuljong, consommé
consonant ['kɒnsənənt] *s* konsonant
conspicuous [kən'spɪkjʊəs] *adj* iögonfallande, tydlig
conspiracy [kən'spɪrəsɪ] *s* sammansvärjning, komplott
conspirator [kən'spɪrətə] *s* konspiratör, sammansvuren
conspire [kən'spaɪə] *vb itr* konspirera, sammansvärja sig
constable ['kʌnstəbl, 'kɒnstəbl] *s* polis, polisman; ***Chief Constable*** polismästare
Constance ['kɒnst(ə)ns], ***Lake ~*** Bodensjön
constant ['kɒnst(ə)nt] *adj* ständig; beständig, konstant
constantly ['kɒnst(ə)ntlɪ] *adv* ständigt, stadigt, konstant
constellation [ˌkɒnstə'leɪʃ(ə)n] *s* konstellation äv. bildl.; stjärnbild
consternation [ˌkɒnstə'neɪʃ(ə)n] *s* bestörtning
constipate ['kɒnstɪpeɪt] *vb tr*, ***be constipated*** ha förstoppning, vara hård i magen

constipation [ˌkɒnstɪˈpeɪʃ(ə)n] *s* förstoppning
constituency [kənˈstɪtjʊənsɪ] *s* valkrets
constitute [ˈkɒnstɪtjuːt] *vb tr* utgöra, bilda
constitution [ˌkɒnstɪˈtjuːʃ(ə)n] *s* **1** författning, konstitution **2** kroppskonstitution **3** sammansättning, beskaffenhet
constitutional [ˌkɒnstɪˈtjuːʃənl] *adj* konstitutionell
construct [kənˈstrʌkt] *vb tr* konstruera; uppföra
construction [kənˈstrʌkʃ(ə)n] *s* konstruktion; uppförande; byggnad
constructive [kənˈstrʌktɪv] *adj* konstruktiv
constructor [kənˈstrʌktə] *s* konstruktör
consul [ˈkɒns(ə)l] *s* konsul
consulate [ˈkɒnsjʊlət] *s* konsulat
consult [kənˈsʌlt] *vb tr* rådfråga, konsultera; slå upp i [~ *a dictionary*]
consultation [ˌkɒnsəlˈteɪʃ(ə)n] *s* överläggning; konsultation
consume [kənˈsjuːm] *vb tr* förtära, förbruka, konsumera
consumer [kənˈsjuːmə] *s* konsument; ~ ***goods*** konsumtionsvaror
consumption [kənˈsʌmʃ(ə)n] *s* **1** förtäring; ***unfit for human*** ~ otjänlig som människoföda **2** konsumtion, förbrukning **3** åld. lungsot
contact [ˈkɒntækt] **I** *s* kontakt, beröring, förbindelse [*come in (into)* ~ *with*]; ~ ***lenses*** kontaktlinser **II** *vb tr* komma i kontakt med, kontakta
contagious [kənˈteɪdʒəs] *adj* smittsam
contain [kənˈteɪn] *vb tr* innehålla, rymma
container [kənˈteɪnə] *s* behållare, kärl; container
contaminate [kənˈtæmɪneɪt] *vb tr* förorena; smitta ner
contamination [kənˌtæmɪˈneɪʃ(ə)n] *s* förorening; nedsmittning
contemplate [ˈkɒntəmpleɪt] *vb tr* **1** betrakta **2** fundera på; ha planer på
contemplation [ˌkɒntəmˈpleɪʃ(ə)n] *s* betraktande; begrundande
contemporary [kənˈtemprərɪ] **I** *adj* samtidig; samtida; nutida **II** *s* samtida
contempt [kənˈtemt] *s* förakt; ***hold in*** ~ hysa förakt för
contemptible [kənˈtemtəbl] *adj* föraktlig
contemptuous [kənˈtemtjʊəs] *adj* föraktfull
contend [kənˈtend] *vb itr* o. *vb tr* **1** strida, kämpa, sträva; tävla **2** hävda
contender [kənˈtendə] *s* speciellt sport. tävlande, utmanare
1 content [ˈkɒntent] *s* innehåll
2 content [kənˈtent] **I** *s* belåtenhet; ***to one's heart's*** ~ av hjärtans lust **II** *adj* nöjd, belåten **III** *vb tr,* ~ ***oneself*** nöja sig [*with* med]
contented [kənˈtentɪd] *adj* nöjd, belåten
contention [kənˈtenʃ(ə)n] *s* **1** strid **2** påstående; åsikt
contentment [kənˈtentmənt] *s* belåtenhet
contents [ˈkɒntents] *s pl* innehåll [*the* ~ *of a book*]; ***table of*** ~ innehållsförteckning
contest [substantiv ˈkɒntest, verb kənˈtest] **I** *s* strid, kamp; tävling [*a song* ~], match **II** *vb itr* o. *vb tr* strida, tävla [*for* om]; tävla om
contestant [kənˈtestənt] *s* stridande part; tävlande
context [ˈkɒntekst] *s* sammanhang; kontext
continent [ˈkɒntɪnənt] *s* **1** världsdel, kontinent **2** fastland; ***the Continent*** kontinenten Europas fastland
continental [ˌkɒntɪˈnentl] **I** *adj* kontinental **II** *s* fastlandseuropé
contingency [kənˈtɪndʒ(ə)nsɪ] *s* eventualitet
continual [kənˈtɪnjʊəl] *adj* ständig, oavbruten
continuation [kənˌtɪnjʊˈeɪʃ(ə)n] *s* fortsättning
continue [kənˈtɪnjʊ] *vb tr* o. *vb itr* fortsätta
continuity [ˌkɒntɪˈnjuːətɪ] *s* kontinuitet
continuous [kənˈtɪnjʊəs] *adj* kontinuerlig; ständig; ~ ***performance*** nonstopföreställning; ~ ***tense*** gram. progressiv form
contort [kənˈtɔːt] *vb tr* förvrida; förvränga
contour [ˈkɒnˌtʊə] *s* kontur; gränslinje; ~ ***map*** höjdkarta
contraception [ˌkɒntrəˈsepʃ(ə)n] *s* födelsekontroll, användning av preventivmedel
contraceptive [ˌkɒntrəˈseptɪv] *s* preventivmedel
contract [substantiv ˈkɒntrækt, verb kənˈtrækt] **I** *s* kontrakt **II** *vb tr* **1** dra samman (ihop) **2** få, ådra sig [~ *a disease*]
contraction [kənˈtrækʃ(ə)n] *s* sammandragning, hopdragning
contractor [kənˈtræktə] *s* leverantör; entreprenör

contradict [ˌkɒntrəˈdɪkt] *vb tr* o. *vb itr* säga emot
contradiction [ˌkɒntrəˈdɪkʃ(ə)n] *s* motsägelse; ~ ***in terms*** självmotsägelse
contradictory [ˌkɒntrəˈdɪktərɪ] *adj* motsägande, motstridig
contralto [kənˈtræltəʊ] *s* mus. **1** alt **2** kontraalt
contraption [kənˈtræpʃ(ə)n] *s* vard. apparat, anordning, manick
contrary [ˈkɒntrərɪ] **I** *adj* o. *adv* motsatt; stridande [*to* mot]; ~ ***to*** tvärtemot, i strid mot [~ *to the rules*] **II** *s*, ***on the*** ~ tvärtom
contrast [substantiv ˈkɒntrɑːst, verb kənˈtrɑːst] **I** *s* kontrast, motsättning, motsats; ***in*** ~ ***to*** (***with***) i motsats till (mot) **II** *vb tr* ställa upp som motsats **III** *vb itr* kontrastera, bilda en kontrast
contribute [kənˈtrɪbjuːt] *vb tr* o. *vb itr* bidra med, ge; ge (lämna) bidrag; bidra, medverka
contribution [ˌkɒntrɪˈbjuːʃ(ə)n] *s* bidrag; insats
contributor [kənˈtrɪbjʊtə] *s* bidragsgivare; medarbetare i t.ex. tidskrift [*to* i]
contrivance [kənˈtraɪv(ə)ns] *s* anordning; inrättning
contrive [kənˈtraɪv] *vb tr* **1** tänka ut, hitta på **2** finna utvägar (medel) till
control [kənˈtrəʊl] **I** *s* **1** kontroll; herravälde [*he lost* ~ *of* (över) *his car*]; reglering [*import* ~]; behärskning; ***passport*** ~ passkontroll; ***circumstances beyond one's*** ~ omständigheter som man inte råder över; ***be in*** ~ ha ledning, bestämma; ***be in*** ~ ***of*** ha makten (tillsynen) över; ***the situation was getting out of*** ~ man började tappa kontrollen över situationen **2** pl. ~***s*** kontrollinstrument, reglage; ***at the*** ~***s*** flyg. vid spakarna
II *vb tr* kontrollera, behärska; dirigera; reglera; bemästra; hålla ordning på [~ *a class*]; styra, tygla [~ *one's temper*]; ~ ***oneself*** behärska sig
controller [kənˈtrəʊlə] *s* kontrollant
controversial [ˌkɒntrəˈvɜːʃ(ə)l] *adj* kontroversiell
controversy [kənˈtrɒvəsɪ, ˈkɒntrəvɜːsɪ] *s* kontrovers
convalesce [ˌkɒnvəˈles] *vb itr* tillfriskna
convalescence [ˌkɒnvəˈlesns] *s* tillfrisknande, konvalescens
convalescent [ˌkɒnvəˈlesnt] **I** *adj*, ~ ***home*** konvalescenthem **II** *s* konvalescent
convene [kənˈviːn] *vb itr* o. *vb tr* sammanträda; sammankalla; inkalla
convener [kənˈviːnə] *s* sammankallande ledamot, sammankallande
convenience [kənˈviːnjəns] *s* **1** lämplighet; bekvämlighet; ~ ***food*** snabbmat; ***do it at your*** ~ gör det när det passar dig **2** ***a flat with modern*** ~***s*** (förk. *mod cons*) en modern lägenhet; ***public*** ~ bekvämlighetsinrättning, offentlig toalett
convenient [kənˈviːnjənt] *adj* lämplig, läglig; bekväm; behändig; välbelägen, central; ***if it is*** ~ om det passar
convent [ˈkɒnv(ə)nt] *s* nunnekloster
convention [kənˈvenʃ(ə)n] *s* **1** konvent [*national* ~] **2** konvention, konventionen, vedertaget bruk
conventional [kənˈvenʃ(ə)nl] *adj* konventionell; sedvanlig; vedertagen; traditionell
converge [kənˈvɜːdʒ] *vb itr* löpa (stråla) samman
conversant [kənˈvɜːs(ə)nt] *adj*, ~ ***with*** insatt i, förtrogen med
conversation [ˌkɒnvəˈseɪʃ(ə)n] *s* konversation, samtal
conversational [ˌkɒnvəˈseɪʃ(ə)nl] *adj* samtals-
converse [kənˈvɜːs] *vb itr* konversera, samtala
conversion [kənˈvɜːʃ(ə)n] *s* **1** omvandling, förvandling **2** relig. omvändelse **3** ekon. konvertering; omräkning
convert [substantiv ˈkɒnvɜːt, verb kənˈvɜːt] **I** *s* omvänd; konvertit; ***be a*** ~ ***to*** [***Catholicism***] ha gått över till... **II** *vb tr* **1** omvandla, förvandla, göra om [*into* till] **2** relig. omvända **3** ekon. konvertera, omsätta [~ *into cash*]
convertible [kənˈvɜːtəbl] **I** *adj* **1** som kan omvandlas (omvändas); omsättlig **2** om bil med suflett **II** *s* cabriolet
convey [kənˈveɪ] *vb tr* **1** föra, befordra, forsla; framföra t.ex. hälsning **2** leda t.ex. vatten **3** meddela; uttrycka
conveyance [kənˈveɪəns] *s* **1** befordran, transport **2** fortskaffningsmedel
conveyer o. **conveyor** [kənˈveɪə] *s* transportör, transportband [äv. ~ *band (belt)*]
convict [verb kənˈvɪkt, substantiv ˈkɒnvɪkt] **I** *vb tr* fälla [*of* för], förklara skyldig [*of* till] **II** *s* straffånge
conviction [kənˈvɪkʃ(ə)n] *s* **1** brottslings

fällande; fällande dom [*of* mot]; ***he had three previous ~s*** han var straffad tre gånger tidigare **2** övertygelse; ***carry ~*** verka övertygande
convince [kən'vɪns] *vb tr* övertyga [*of* om]
convivial [kən'vɪvɪəl] *adj* **1** festlig, glad **2** sällskaplig
convoy ['kɒnvɔɪ] **I** *vb tr* konvojera; eskortera **II** *s* konvoj
convulsion [kən'vʌlʃ(ə)n] *s,* mest pl. ***~s*** konvulsion, konvulsioner, krampanfall
coo [ku:] *vb itr* o. *vb tr* kuttra
cook [kʊk] **I** *s* kock; kokerska; ***she is a good ~*** hon lagar god mat **II** *vb tr* o. *vb itr* **1** laga till, laga mat; koka, steka; laga mat; kokas, stekas; tillagas **2** vard., ***~ up*** koka ihop, hitta på [*~ up a story*]
cookbook ['kʊkbʊk] *s* speciellt amer. kokbok
cooker ['kʊkə] *s* **1** spis **2** matäpple
cookery ['kʊkərɪ] *s* kokkonst, matlagning
cookery book ['kʊkərɪbʊk] *s* kokbok
cookie ['kʊkɪ] *s* amer. småkaka; kex
cooking ['kʊkɪŋ] *s* tillagning, matlagning; kokning, stekning; ***do the ~*** laga maten; ***~ apple*** matäpple; ***~ chocolate*** blockchoklad; ***~ oil*** matolja
cool [ku:l] **I** *adj* **1** sval, kylig **2** kylig; kallsinnig **3** lugn; ***keep ~!*** ta det lugnt!; ***a ~ customer*** en fräck en **II** *s* **1** svalka **2** vard., ***lose one's ~*** tappa huvudet; ***keep one's ~*** hålla huvudet kallt **III** *vb tr* o. *vb itr* göra sval (svalare); svala av, kyla; svalka; svalna, kylas av
coop [ku:p] *s* bur för ligghöns
co-op ['kəʊɒp] *s* vard. (kortform för *co-operative society* el. *shop* el. *store*) konsum
co-operate [kəʊ'ɒpəreɪt] *vb itr* samarbeta
co-operation [kəʊˌɒpə'reɪʃ(ə)n] *s* **1** samarbete; samverkan **2** kooperation
co-operative [kəʊ'ɒpərətɪv] *adj* **1** samarbetsvillig **2** kooperativ [*~ society*]; ***~ shop (store)*** äv. konsumbutik; ***the Co-operative Wholesale Society*** ungefär Kooperativa förbundet
co-opt [kəʊ'ɒpt] *vb tr* välja in [*on to* i]
co-ordinate [kəʊ'ɔ:dɪneɪt] *vb tr* koordinera, samordna
co-ordination [kəʊˌɔ:dɪ'neɪʃ(ə)n] *s* samordning, koordination
cop [kɒp] sl. **I** *s* **1** snut polis; ***the ~s*** snuten **2** kap; byte **II** *vb tr, ~ **it*** få på pälsen
cope [kəʊp] *vb itr* klara det; vard. stå pall
Copenhagen [ˌkəʊpn'heɪg(ə)n] Köpenhamn
co-pilot [ˌkəʊ'paɪlət] *s* flyg. andrepilot
copious ['kəʊpjəs] *adj* riklig, kopiös
1 copper ['kɒpə] *s* sl. snut polis
2 copper ['kɒpə] *s* **1** koppar **2** kopparmynt
copy ['kɒpɪ] **I** *s* **1** kopia; avskrift; ***fair (clean) ~*** renskrift; ***rough ~*** koncept, kladd; ***top ~*** original maskinskrivet huvudexemplar **2** exemplar, nummer av t.ex. bok, tidning **II** *vb tr* **1** kopiera; ***~ down*** el. ***~*** skriva av; ***~ out*** skriva ut **2** imitera; härma
copyright ['kɒpɪraɪt] **I** *s* copyright, upphovsrätt; ***~ reserved*** eftertryck förbjudes **II** *vb tr* få copyright på
coquette [kɒ'ket] *s* kokett
coquettish [kɒ'ketɪʃ] *adj* kokett
coral ['kɒr(ə)l] *s* korall
cord [kɔ:d] *s* **1** rep, snöre, snodd; amer. elektr. sladd **2** anat., ***spinal ~*** ryggmärg; ***vocal ~s*** stämband
cordial ['kɔ:djəl] **I** *adj* hjärtlig [*a ~ smile*] **II** *s* **1** hjärtstärkande medel **2** fruktsaft
cordiality [ˌkɔ:dɪ'ælətɪ] *s* hjärtlighet
cordon ['kɔ:dn] **I** *s* kordong; ***police ~*** poliskedja, polisspärr **II** *vb tr, ~ **off*** el. ~ spärra av med poliskedja
corduroy ['kɔ:dərɔɪ] *s* manchestersammet; pl. ***~s*** manchesterbyxor
core [kɔ:] *s* **1** kärnhus **2** bildl. kärna; kärnpunkt; ***to the ~*** alltigenom, genom-
cork [kɔ:k] **I** *s* kork **II** *vb tr* korka
corkscrew ['kɔ:kskru:] *s* korkskruv
1 corn [kɔ:n] *s* **1** säd, spannmål **2** a) i större delen av Storbritannien speciellt vete b) skotsk. el. irl. havre c) amer., ***Indian ~*** el. ***~*** majs; ***~ on the cob*** kokta majskolvar maträtt **3** sädeskorn
2 corn [kɔ:n] *s* liktorn
corncob ['kɔ:nkɒb] *s* majskolv
cornea ['kɔ:nɪə] *s* anat. hornhinna
corner ['kɔ:nə] **I** *s* **1** hörn, hörna; ***turn the ~*** vika om hörnet; bildl. klara det värsta; ***be in a tight ~*** vara i knipa **2** sport. hörna **II** *vb tr* o. *vb itr* **1** tränga in i ett hörn; bildl. sätta i knipa **2** ta kurvor (kurvorna)
corner kick ['kɔ:nəkɪk] *s* fotb. hörna
cornet ['kɔ:nɪt] *s* **1** mus. kornett **2** glasstrut
cornflakes ['kɔ:nfleɪks] *s pl* cornflakes, majsflingor
cornflour ['kɔ:nflaʊə] *s* **1** majsmjöl **2** finsiktat mjöl
cornflower ['kɔ:nflaʊə] *s* blåklint
corny ['kɔ:nɪ] *adj* vard. banal och sentimental; larvig, töntig
coronary ['kɒrən(ə)rɪ] *s* hjärtinfarkt

coronation [ˌkɒrəˈneɪʃ(ə)n] *s* kröning
coroner [ˈkɒrənə] *s* coroner undersökningsdomare som utreder orsaken till dödsfall vid misstanke om mord; ***coroner's inquest*** förhör om dödsorsaken
1 corporal [ˈkɔːpər(ə)l] *s* mil. korpral, högre furir
2 corporal [ˈkɔːpər(ə)l] *adj* kroppslig; ~ ***punishment*** kroppsaga, aga
corporation [ˌkɔːpəˈreɪʃ(ə)n] *s* **1** korporation **2** statligt bolag [*British Broadcasting Corporation*]; amer. aktiebolag **3** styrelse **4** vard. kalaskula
corps [kɔː] (pl. *corps* [kɔːz]) *s* kår
corpse [kɔːps] *s* lik
corpulent [ˈkɔːpjʊlənt] *adj* korpulent, fet
correct [kəˈrekt] **I** *vb tr* rätta; rätta till, korrigera, justera **II** *adj* korrekt, rätt
correction [kəˈrekʃ(ə)n] *s* rättelse; korrigering, justering
correspond [ˌkɒrɪˈspɒnd] *vb itr* **1** motsvara varandra; ~ ***to*** (***with***) motsvara **2** brevväxla
correspondence [ˌkɒrɪˈspɒndəns] *s* **1** motsvarighet [*to*]; överensstämmelse [*with*] **2** brevväxling; ~ ***school*** korrespondensinstitut, brevskola
correspondent [ˌkɒrɪˈspɒndənt] *s* **1** brevskrivare **2** tidnings- korrespondent; ***our special*** ~ vår utsände medarbetare
corresponding [ˌkɒrɪˈspɒndɪŋ] *adj* motsvarande
corridor [ˈkɒrɪdɔː] *s* korridor; ~ ***train*** genomgångståg
corroborate [kəˈrɒbəreɪt] *vb tr* bestyrka, bekräfta
corroboration [kəˌrɒbəˈreɪʃ(ə)n] *s* bestyrkande, bekräftelse, bekräftande
corrode [kəˈrəʊd] *vb tr* o. *vb itr* fräta; fräta (frätas) sönder
corrosion [kəˈrəʊʒ(ə)n] *s* korrosion; frätning
corrosive [kəˈrəʊsɪv] **I** *adj* frätande **II** *s* frätande ämne
corrugate [ˈkɒrʊgeɪt] *vb tr* räffla; korrugera [*corrugated iron* (järnplåt)]; ***corrugated cardboard*** (tunn ***paper***) wellpapp
corrupt [kəˈrʌpt] **I** *adj* fördärvad, depraverad; korrumperad **II** *vb tr* fördärva, göra depraverad; korrumpera
corruption [kəˈrʌpʃ(ə)n] *s* korruption
corset [ˈkɔːsɪt] *s* korsett, snörliv
Corsica [ˈkɔːsɪkə] Korsika
Corsican [ˈkɔːsɪkən] **I** *adj* korsikansk **II** *s* korsikan, korsikanare
cortisone [ˈkɔːtɪzəʊn] *s* cortison
cosmetic [kɒzˈmetɪk] **I** *adj* kosmetisk **II** *s* skönhetsmedel; pl. ***~s*** kosmetika
cosmic [ˈkɒzmɪk] *adj* kosmisk [~ *rays*]
cosmonaut [ˈkɒzmənɔːt] *s* kosmonaut
cosmopolitan [ˌkɒzməˈpɒlɪt(ə)n] *adj* kosmopolitisk
cosmos [ˈkɒzmɒs] *s*, ***the*** ~ kosmos
Cossack [ˈkɒsæk] *s* kosack
cost [kɒst] **I** (*cost cost*) *vb itr* o. *vb tr* kosta; ~ ***a p. dear*** (***dearly***) stå ngn dyrt **II** *s* **1** kostnad; ***the*** ~ ***of living*** levnadskostnaderna; ~ ***price*** inköpspris, självkostnadspris; ***at the*** ~ ***of*** bildl. på bekostnad av; till priset av; ***at all ~s*** till varje pris; ***as I know to my*** ~ som jag vet av bitter erfarenhet **2** jur., pl. ***~s*** rättegångskostnader
costermonger [ˈkɒstəˌmʌŋgə] *s* frukt- och grönsaksmånglare på gatan
costly [ˈkɒstlɪ] *adj* dyrbar, kostbar; dyr
costume [ˈkɒstjuːm] *s* **1** klädedräkt, dräkt; promenaddräkt; ~ ***ball*** maskeradbal **2** teat. kostym
cosy [ˈkəʊzɪ] *adj* hemtrevlig, trivsam, mysig
cot [kɒt] *s* babysäng, spjälsäng
coterie [ˈkəʊtərɪ] *s* kotteri
cottage [ˈkɒtɪdʒ] *s* **1** litet hus; stuga; ***country*** ~ litet landställe **2** attributivt, ~ ***cheese*** keso®; ~ ***loaf*** runt matbröd med liten topp på
cotton [ˈkɒtn] *s* bomull; bomullstråd
cotton wool [ˌkɒtnˈwʊl] *s* råbomull; bomull
couch [kaʊtʃ] *s* dyscha, schäslong, soffa; bänk för t.ex. massage
couchette [kuːˈʃet] *s* järnv. liggvagnsplats; ~ ***car*** el. ~ liggvagn
cough [kɒf] **I** *vb itr* o. *vb tr* hosta **II** *s* hosta
cough drop [ˈkɒfdrɒp] *s* halstablett, hosttablett
cough mixture [ˈkɒfˌmɪkstʃə] *s* hostmedicin
could [kʊd, obetonat kəd] *hjälpvb* (imperfekt av *can*) kunde; skulle kunna
couldn't [ˈkʊdnt] = *could not*
council [ˈkaʊnsl] *s* råd; rådsförsamling; ***town*** (***city***) ~ kommunfullmäktige, stadsfullmäktige
councillor [ˈkaʊnsələ] *s* rådsmedlem; ***town*** ~ el. ~ kommunfullmäktig, stadsfullmäktig

counsel ['kaʊns(ə)l] **I** *s* **1** rådplägning, överläggning **2** råd; ***keep one's own ~*** behålla sina tankar för sig själv **3** (pl. lika) advokat som biträder part vid rättegång; ***~ for the defence*** försvarsadvokat, försvarsadvokaten **II** *vb tr* råda ngn
counsellor ['kaʊnsələ] *s* rådgivare
1 count [kaʊnt] *s* icke-brittisk greve
2 count [kaʊnt] **I** *vb tr* o. *vb itr* **1** räkna [*~ up to* (ända till) *ten*]; räkna till [*~ three*], räkna in (ihop, upp) **2** ***six, counting the driver*** sex, föraren medräknad **3** anse som, hålla ngn för; ***~ oneself lucky*** skatta sig lycklig **4** gälla för [*the ace ~s ten*] **5** räknas, betyda något; räknas med □ **~ in** räkna med; **~ on** räkna på (med); **~ out** a) räkna upp t.ex. pengar b) boxn. räkna ut c) inte räkna med [*~ me out*]; **~ up** räkna ihop **II** *s* **1** sammanräkning; ***keep ~ of*** hålla räkning på; ***lose ~*** tappa räkningen **2** boxn. räkning; ***take the ~*** gå ner för räkning **3** jur. anklagelsepunkt
countable ['kaʊntəbl] **I** *adj* räknebar; gram. äv. pluralbildande **II** *s* gram. räknebart (pluralbildande) substantiv
countdown ['kaʊntdaʊn] *s* nedräkning vid t.ex. start
countenance ['kaʊntənəns] **I** *s* ansikte **II** *vb tr* tillåta
1 counter ['kaʊntə] *s* **1** i t.ex. butik disk [*sell under the ~*]; bardisk; kassa **2** spelmark; bricka
2 counter ['kaʊntə] **I** *adj, **be ~ to*** strida mot **II** *adv, **~ to*** tvärt emot **III** *vb tr* motarbeta; bemöta
counteract [ˌkaʊntər'ækt] *vb tr* motverka
counter-attack ['kaʊntərəˌtæk] **I** *s* motanfall **II** *vb tr* o. *vb itr* göra motanfall mot; göra motanfall
countermeasure ['kaʊntəˌmeʒə] *s* motåtgärd
counter-offensive ['kaʊntərəˌfensɪv] *s* motoffensiv
counterpart ['kaʊntəpɑːt] *s* **1** motstycke **2** motsvarighet, motpart
counter-revolution ['kaʊntərevəˌluːʃ(ə)n] *s* kontrarevolution
countess ['kaʊntəs, 'kaʊntes] *s* **1** icke-brittisk grevinna **2** countess earls maka el. änka
countless ['kaʊntləs] *adj* otalig, oräknelig
country ['kʌntrɪ] *s* **1** land, rike; ***appeal (go) to the ~*** utlysa val (nyval) **2** landsbygd; landsort; ***in the ~*** a) på landet b) i landsorten **3** område; trakt
country house [ˌkʌntrɪ'haʊs] *s* **1** herrgård, gods **2** landställe, hus på landet
countryman ['kʌntrɪmən] *s* **1** landsman **2** lantbo
countryside ['kʌntrɪsaɪd] *s* landsbygd; trakt, landskap; natur
county ['kaʊntɪ] *s* **1** grevskap; ***the Home Counties*** grevskapen närmast London; ***~ council*** grevskapsråd; motsvarande landsting **2** amer. storkommun i vissa delstater
coup [kuː] *s* kupp
coup d'état [ˌkuːdeɪ'tɑː] *s* statskupp
coupe [kuːp] *s* glasscoupe
couple ['kʌpl] **I** *s* par **II** *vb tr* koppla; koppla ihop; para
coupon ['kuːpɒn] *s* kupong; ***pools ~*** tipskupong
courage ['kʌrɪdʒ] *s* mod; tapperhet
courageous [kə'reɪdʒəs] *adj* modig, tapper
courier ['kʊrɪə] *s* **1** kurir **2** reseledare
course [kɔːs] *s* **1** bana **2** riktning; sjö. el. flyg. kurs **3** förlopp, gång [*the ~ of events*]; ***in the ~ of*** inom loppet av; ***in ~ of time*** med tiden; ***in due ~*** i vederbörlig ordning **4** ***of ~*** naturligtvis; ***it is a matter of ~*** det är en självklar sak **5** ***~ of action*** handlingssätt; ***your best ~ is to...*** det bästa är att... **6** serie; ***~ of lectures*** föreläsningsserie; ***~ of study*** studieplan **7** kurs, studiegång **8** rätt vid en måltid; ***first ~*** förrätt **9** med. kur **10** hand. kurs [*~ of exchange*] **11** kapplöpningsbana, golfbana
court [kɔːt] **I** *s* **1** kringbyggd gård, gårdsplan **2** sport. plan, bana [*tennis ~*] **3** hov **4** jur. domstol, rätt; rättssal; ***~ of appeal*** appellationsdomstol; ***in ~*** inför rätten; ***go to ~*** dra saken inför rätta **II** *vb tr* **1** göra ngn sin kur, fria till **2** utsätta sig för; ***~ disaster*** utmana ödet
courteous ['kɜːtjəs] *adj* artig; hövisk
courtesy ['kɜːtəsɪ] *s* artighet; höviskhet; ***by the ~ of*** el. ***by ~ of*** med benäget tillstånd av; ***~ title*** hövlighetstitel
court-martial [ˌkɔːt'mɑːʃ(ə)l] (pl. äv. *courts-martial*) *s* krigsrätt
courtroom ['kɔːtruːm] *s* rättssal
courtship ['kɔːt-ʃɪp] *s* uppvaktning, kurtis
court shoes ['kɔːtʃuːz] *s pl* pumps
courtyard ['kɔːtjɑːd] *s* gård, gårdsplan
cousin ['kʌzn] *s* kusin; ***second ~*** syssling
cover ['kʌvə] **I** *vb tr* **1** täcka, täcka över; översålla; klä; belägga **2** dölja, skyla **3** sträcka sig över, omfatta **4** tidn., radio. m.m. bevaka, täcka **5** tillryggalägga,

avverka **6** ~ ***up*** hölja (täcka) över; dölja, skyla över **II** *s* **1** täcke, överdrag; hölje, omslag **2** lock **3** pärm, pärmar, omslag **4** kuvert; ***under plain*** ~ med diskret avsändare **5** skydd; ***under the*** ~ ***of*** el. ***under*** ~ ***of*** a) i skydd av b) under täckmantel av **6** hand. täckning **7** bordskuvert
cover charge ['kʌvətʃɑ:dʒ] *s* kuvertavgift
cover girl ['kʌvəgɜ:l] *s* omslagsflicka
coverlet ['kʌvələt] *s* överkast på säng
covet ['kʌvət] *vb tr* åtrå
covetous ['kʌvətəs] *adj* lysten, girig
cow [kaʊ] *s* **1** ko **2** neds., om kvinna apa; kossa
coward ['kaʊəd] *s* feg stackare, ynkrygg
cowardice ['kaʊədɪs] *s* feghet, rädsla
cowardly ['kaʊədlɪ] *adj* feg
cowboy ['kaʊbɔɪ] *s* cowboy
cower ['kaʊə] *vb itr* krypa ihop; kuscha [*before* för]
cowhouse ['kaʊhaʊs] *s* ladugård
cowl [kaʊl] *s* **1** munkkåpa **2** huva **3** rökhuv
co-worker [ˌkəʊ'wɜ:kə] *s* medarbetare
cowshed ['kaʊʃed] *s* ladugård
cowslip ['kaʊslɪp] *s* gullviva
coy [kɔɪ] *adj* blyg, pryd, sipp; skälmsk
crab [kræb] *s* krabba; kräftdjur
crack [kræk] **I** *vb itr* o. *vb tr* **1** knaka; braka; knalla, smälla **2** spricka, brista; spräcka; knäcka [~ *nuts*] **3** kollapsa, knäckas [~ *under the strain*] **4** om röst brytas **5** ~ ***jokes*** vitsa, skämta □ ~ **down on** vard. slå ner på, klämma åt; ~ **up** vard. klappa ihop **II** *s* **1** brak, knall, smäll **2** spricka **3** ~ ***of dawn*** vard. gryning **4** ***have a*** ~ ***at a th.*** vard. försöka sig på ngt **III** *adj* vard. mäster- [*a* ~ *shot*]; elit- [*a* ~ *team*]
cracker ['krækə] *s* **1** pyrotekn. smällare, svärmare **2** ***Christmas*** ~ el. ~ smällkaramell **3** tunt smörgåskex; amer. kex i allm.
crackers ['krækəz] *adj* vard. knasig, knäpp
crackle ['krækl] **I** *vb itr* knastra **II** *s* knaster
cradle ['kreɪdl] *s* vagga
craft [krɑ:ft] *s* **1** hantverk, yrke, konst; ***arts and*** ~***s*** pl. konsthantverk **2** (pl. lika) fartyg, båt, farkost, flygplan
craftsman ['krɑ:ftsmən] *s* hantverkare; skicklig yrkesman; konstnär
craftsmanship ['krɑ:ftsmənʃɪp] *s* hantverk; hantverksskicklighet
crafty ['krɑ:ftɪ] *adj* listig, slug
crag [kræg] *s* brant klippa
cram [kræm] *vb tr* o. *vb itr* **1** proppa full, stuva (stoppa) in **2** proppa mat i, göda; proppa i sig mat **3** plugga [*for* på, till en examen]
cramp [kræmp] **I** *s* kramp **II** *vb tr* hämma
cramped [kræmpt] *perf p* o. *adj* **1** alltför trång **2** hopträngd stil
cranberry ['krænbərɪ] *s* tranbär
crane [kreɪn] **I** *s* **1** fågel trana **2** lyftkran **II** *vb tr* sträcka på [~ *one's neck*]
crane fly ['kreɪnflaɪ] *s* harkrank
crank [kræŋk] *s* **1** vev **2** vard. excentrisk individ, original
crap [kræp] *s* vard. skit; skitsnack
crash [kræʃ] **I** *vb itr* o. *vb tr* **1** a) braka, skrälla b) krossas, gå i kras **2** braka iväg, rusa med ett brak; ~ ***into*** smälla ihop med **3** flyg. störta **4** bildl. krascha, göra bankrutt **5** kasta med ett brak; kvadda, krascha **II** *s* **1** brak, krasch **2** olycka [*killed in* (vid) *a car* ~]; smäll, krock
crashbag ['kræʃbæg] *s* bil. krockkudde
crash helmet ['kræʃˌhelmɪt] *s* störthjälm
crash-land ['kræʃlænd] *vb itr* o. *vb tr* kraschlanda; kraschlanda med
crash-landing ['kræʃˌlændɪŋ] *s* kraschlandning
crate [kreɪt] *s* spjällåda; öl- back
crater ['kreɪtə] *s* krater
cravat [krə'væt] *s* kravatt
crave [kreɪv] *vb tr* o. *vb itr* **1** be om **2** ~ ***for*** el. ~ längta efter
craving ['kreɪvɪŋ] *s* begär, åtrå [*for* efter]
crawl [krɔ:l] **I** *vb itr* **1** krypa; kravla, kräla; bildl. fjäska [*to* för] **2** myllra, krylla [*with* av] **3** simn. crawla **II** *s* **1** krypande etc., jfr *crawl I* **2** simn. crawl
crawlers ['krɔ:ləz] *s pl* krypbyxor
crayfish ['kreɪfɪʃ] *s* zool. kräfta
crayon ['kreɪən] *s* färgkrita
craze [kreɪz] *s* mani, dille [*for* på]; modefluga; ***the latest*** ~ sista skriket
crazy ['kreɪzɪ] *adj* tokig, galen
creak [kri:k] **I** *vb itr* knarra, knaka **II** *s* knarr, knakande
creaky ['kri:kɪ] *adj* knarrande
cream [kri:m] **I** *s* **1** grädde; ***double*** (***single***) ~ tjock (tunn) grädde **2** kok. kräm; pralin med krämfyllning **3** kräm för hud, skor m.m. **4** bildl. grädda [*the* ~ *of society*] **II** *adj* krämfärgad **III** *vb tr* skumma grädden av
cream cheese [ˌkri:m'tʃi:z] *s* mjuk gräddost; ***fresh*** ~ el. ~ keso®; kvark

crease [kri:s] **I** *s* veck: a) rynka, skrynkla b) pressveck **II** *vb tr* o. *vb itr* pressa; skrynkla; skrynkla (rynka) sig
creaseproof ['kri:spru:f] *adj* skrynkelfri
create [krɪ'eɪt] *vb tr* skapa; frambringa; upprätta [~ *new jobs*]; väcka [~ *a sensation*]
creation [krɪ'eɪʃ(ə)n] *s* **1** skapande; skapelse **2** modeskapelse
creative [krɪ'eɪtɪv] *adj* skapande [*a ~ artist*]
creator [krɪ'eɪtə] *s* skapare; upphovsman
creature ['kri:tʃə] *s* **1** varelse; människa [*a lovely ~*]; typ [*that horrid ~*] **2** djur
credence ['kri:d(ə)ns] *s* tilltro
credible ['kredəbl] *adj* trovärdig; trolig
credit ['kredɪt] **I** *s* **1** tilltro; ***give ~ to*** sätta tro till **2** ära, förtjänst; heder, beröm; ***be a ~ to*** vara en heder för; ***get ~ for*** få beröm för; ***take the ~*** ta åt sig äran **3** hand. **a)** kre'dit; ***on ~*** på kredit (räkning); ~ ***account*** kundkonto i varuhus; ~ ***card*** köpkort, kreditkort; ~ ***squeeze*** kreditåtstramning **b)** tillgodohavande; ~ ***note*** tillgodokvitto **II** *vb tr* **1** tro; ~ ***a p. with a th.*** a) tro ngn om ngt b) tillskriva ngn ngt **2** hand. kreditera
creditable ['kredɪtəbl] *adj* hedrande, aktningsvärd
creditor ['kredɪtə] *s* kreditor, fordringsägare
credulous ['kredjʊləs] *adj* lättrogen
creed [kri:d] *s* trosbekännelse; troslära
creek [kri:k] *s* **1** liten vik (bukt) **2** amer. å, bäck; biflod
creep [kri:p] (*crept crept*) *vb itr* krypa; kräla; smyga, smyga sig
creeper ['kri:pə] *s* krypväxt, klätterväxt
creepers ['kri:pəz] *s pl* amer. krypbyxor
cremate [krɪ'meɪt] *vb tr* kremera, bränna
cremation [krɪ'meɪʃ(ə)n] *s* kremering
crematorium [ˌkremə'tɔ:rɪəm] *s* krematorium
crepe [kreɪp] *s* **1** tyg kräpp **2** ~ ***paper*** kräppapper; ~ ***rubber*** rågummi till skor
crept [krept] se *creep*
crescent ['kresnt] *s* **1** månskära; halvmåne **2** svängd husrad (gata)
cress [kres] *s* krasse
crest [krest] *s* **1** kam på tupp **2** ätts vapen [*family ~*] **3** krön, topp
crestfallen ['krestˌfɔ:l(ə)n] *adj* nedslagen
cretonne ['kretɒn] *s* kretong
crevice ['krevɪs] *s* skreva, springa
1 crew [kru:] se *1 crow*
2 crew [kru:] *s* **1** sjö. el. flyg. besättning; ***ground ~*** markpersonal **2** neds. gäng
crew cut ['kru:kʌt] *s*, ***have a ~*** vara snaggad
crib [krɪb] **I** *s* **1** krubba; babykorg; amer. babysäng, spjälsäng **2** vard. plagiat; fusklapp **II** *vb tr* o. *vb itr* vard. knycka; planka; fuska
1 cricket ['krɪkɪt] *s* zool. syrsa
2 cricket ['krɪkɪt] *s* kricket spel
cricketer ['krɪkɪtə] *s* kricketspelare
crime [kraɪm] *s* brott; brottslighet
Crimea [kraɪ'mɪə], ***the ~*** Krim
crime passionel [ˌkri:mpæsjə'nel] *s* svartsjukedrama brott
criminal ['krɪmɪnl] **I** *adj* **1** brottslig, kriminell **2** kriminal-; ~ ***case*** brottmål; ***he has a ~ record*** han finns i straffregistret **II** *s* brottsling, förbrytare
crimson ['krɪmzn] **I** *s* karmosinrött **II** *adj* karmosinröd, högröd
crinkle ['krɪŋkl] **I** *vb itr* o. *vb tr* rynka (skrynkla) sig; rynka, krusa **II** *s* veck, skrynkla
crinoline ['krɪnəlɪn] *s* krinolin
cripple ['krɪpl] **I** *s* krympling **II** *vb tr* **1** göra till krympling **2** lamslå
crippled ['krɪpld] *adj* lam, lytt; lamslagen
crippling ['krɪplɪŋ] *adj* förlamande
crisis ['kraɪsɪs] (pl. *crises* ['kraɪsi:z]) *s* kris
crisp [krɪsp] **I** *adj* **1** krusig, krullig **2** knaprig, frasig, mör, spröd **II** *s*, ***potato ~s*** potatischips
crispbread ['krɪspbred] *s* knäckebröd
crispy ['krɪspɪ] *adj* **1** krusig **2** frasig
criterion [kraɪ'tɪərɪən] (pl. *criteria* [kraɪ'tɪərɪə]) *s* kriterium
critic ['krɪtɪk] *s* kritiker
critical ['krɪtɪk(ə)l] *adj* kritisk [*of* mot]
criticism ['krɪtɪsɪz(ə)m] *s* kritik [*of* av, över]
criticize ['krɪtɪsaɪz] *vb tr* o. *vb itr* kritisera
croak [krəʊk] **I** *vb itr* kraxa; om groda kväka **II** *s* kraxande; kväkande
Croat ['krəʊæt] *s* kroat
Croatia [krəʊ'eɪʃə] Kroatien
Croatian [krəʊ'eɪʃ(ə)n] *adj* kroatisk
crochet ['krəʊʃeɪ] **I** *s* virkning; ~ ***hook*** (***needle***) virknål **II** *vb tr* o. *vb itr* virka
crockery ['krɒkərɪ] *s* porslin; lergods
crocodile ['krɒkədaɪl] *s* krokodil
crocus ['krəʊkəs] *s* krokus
croissant ['krwɑ:sɑ:nt] *s* kok. giffel
crony ['krəʊnɪ] *s* mest neds. stallbroder

crook [krʊk] **I** *s* **1** krök, krok **2** vard. skojare, svindlare **II** *vb tr* kröka, böja
crooked ['krʊkɪd] *adj* **1** krokig, krökt **2** sned [*a ~ smile*] **3** oärlig, skum
croon [kru:n] *vb tr* o. *vb itr* nynna, gnola
crop [krɒp] **I** *s* **1** skörd; gröda **2** kräva **II** *vb tr* o. *vb itr* skära (hugga) av; ~ ***up*** dyka upp
croquet ['krəʊkɪ, 'krəʊkeɪ] *s* krocketspel
croquette [krɒ'ket, krəʊ'ket] *s* kok. krokett
cross [krɒs] **I** *s* **1** kors; kryss; ***make the sign of the ~*** göra korstecken **2** korsning; mellanting **II** *adj* vard. ond, arg [*with* på] **III** *vb tr* **1** lägga i kors, korsa [~ *one's legs*]; ***keep one's fingers crossed*** bildl. hålla tummarna **2** stryka [*off the list* från listan]; ~ ***out*** korsa, (stryka) över **3** fara (gå) över **4** biol. korsa
crossbar ['krɒsbɑ:] *s* stång på herrcykel; sport. målribba
crossbreed ['krɒsbri:d] *s* blandras
cross-examination ['krɒsɪg,zæmɪ'neɪʃ(ə)n] *s* korsförhör
cross-examine [,krɒsɪg'zæmɪn] *vb tr* korsförhöra
cross-eyed ['krɒsaɪd] *adj* vindögd, skelögd
crossfire ['krɒs,faiə] *s* korseld
crossing ['krɒsɪŋ] *s* **1** överresa **2** korsning; gatukorsning, vägkorsning; ***pedestrian*** (med ränder ***zebra***) ~ övergångsställe
cross-question [,krɒs'kwestʃ(ə)n] *vb tr* korsförhöra
crossroad ['krɒsrəʊd] *s*, ~***s*** vägkorsning [*a ~s*]
cross-section [,krɒs'sekʃ(ə)n] *s* genomskärning, tvärsnitt äv. bildl.
crosstalk ['krɒstɔ:k] *s* **1** tele. el. radio. överhörning **2** vard. snabb replikväxling
crosswalk ['krɒswɔ:k] *s* amer. övergångsställe
crosswind ['krɒswɪnd] *s* sidvind
crossword ['krɒswɜ:d] *s*, ~ ***puzzle*** el. ~ korsord [*do a ~*]
crotch [krɒtʃ] *s* anat. skrev, gren
crouch [kraʊtʃ] *vb itr*, ~ ***down*** el. ~ huka sig
croup [kru:p] *s* med. krupp
1 crow [krəʊ] (imperfekt *crowed* el. *crew*) *vb itr* gala [*the cock crew*]
2 crow [krəʊ] *s* kråka; ***as the ~ flies*** fågelvägen
crowbar ['krəʊbɑ:] *s* kofot
crowd [kraʊd] **I** *s* folkmassa, folksamling; vard. gäng [*a nice ~*] **II** *vb itr* o. *vb tr* **1** trängas; tränga sig; strömma i skaror; trängas i (på) [~ *a hall*] **2** packa full [~ *a bus*]
crowded ['kraʊdɪd] *perf p* o. *adj* **1** fullpackad; full, fullsatt [*a ~ bus*] **2** späckad [*a ~ programme*]
crown [kraʊn] **I** *s* **1** krona **2** valuta krona [*a Swedish ~*] **II** *vb tr* kröna; ***to ~ it all*** till råga på allt
crucial ['kru:ʃ(ə)l] *adj* avgörande; kritisk
crucifix ['kru:sɪfɪks] *s* krucifix
crucify ['kru:sɪfaɪ] *vb tr* korsfästa
crude [kru:d] *adj* **1** rå; obearbetad **2** grov, plump [~ *jokes*]
cruel [krʊəl] *adj* grym
cruelty ['krʊəltɪ] *s* grymhet
cruet ['kru:ɪt] *s* **1** flaska till bordställ **2** bordställ
cruise [kru:z] **I** *vb itr* **1** kryssa omkring **2** köra i lagom fart; ~ ***at*** ha en marschfart av (på) **II** *s* kryssning; ~ ***control*** bil. automatisk farthållare
cruiser ['kru:zə] *s* kryssare
crumb [krʌm] *s* smula av bröd m.m.
crumble ['krʌmbl] *vb itr* smula sig; förfalla
crumpet ['krʌmpɪt] *s* tekaka som rostas och ätes varm
crumple ['krʌmpl] *vb tr* o. *vb itr*, ~ ***up*** el. ~ skrynkla, knyckla till (ihop); skrynkla sig
crunch [krʌntʃ] **I** *vb tr* o. *vb itr* **1** knapra på; knapra **2** knastra **II** *s* knaprande; knastrande
crusade [kru:'seɪd] **I** *s* korståg; bildl. äv. kampanj **II** *vb itr* delta i ett korståg (bildl. äv. en kampanj)
crush [krʌʃ] **I** *vb tr* krossa; klämma illa **II** *s* **1** vard., ***have a ~ on*** svärma för **2** fruktdryck
crust [krʌst] *s* skorpa, kant på t.ex. bröd
crutch [krʌtʃ] *s* **1** krycka **2** anat. skrev, gren
crux [krʌks] *s* krux, stötesten
cry [kraɪ] **I** *vb itr* o. *vb tr* **1** ropa, skrika **2** gråta; ~ ***oneself to sleep*** gråta sig till sömns □ ~ **down** fördöma, göra ner; ~ **for** ropa på (efter); gråta efter; ~ **out** ropa högt, skrika till; ropa; ~ ***out for*** ropa på, fordra; ~ **up** prisa, höja till skyarna **II** *s* **1** rop, skrik; ***in full ~*** i full fart **2** gråtstund; ***have a good ~*** vard. gråta ut
cry-baby ['kraɪ,beɪbɪ] *s* vard. lipsill; gnällmåns
crying ['kraɪɪŋ] *adj* skriande, trängande [~ *need*]; ***a ~ shame*** en evig skam
cryptic ['krɪptɪk] *adj* kryptisk
crystal ['krɪstl] *s* **1** kristall [*salt ~s*] **2** kristallglas

crystal-clear [ˌkrɪstl'klɪə] *adj* kristallklar äv. bildl.
crystallize ['krɪstəlaɪz] *vb tr* o. *vb itr* kristallisera
cub [kʌb] *s* **1** unge av varg, björn, lejon m.m. **2** vard. pojkvalp
Cuba ['kju:bə] Kuba
Cuban ['kju:bən] **I** *s* kuban **II** *adj* kubansk
cube [kju:b] *s* **1** kub; tärning **2** mat. kub; ~ ***root*** kubikrot
cubic ['kju:bɪk] *adj* kubisk; ~ ***metre*** kubikmeter
cubicle ['kju:bɪkl] *s* hytt, bås
cuckoo ['kʊku:] *s* gök; ~ ***clock*** gökur
cucumber ['kju:kʌmbə] *s* gurka; ***cool as a ~*** vard. lugn som en filbunke
cud [kʌd] *s,* ***chew the ~*** idissla
cuddle ['kʌdl] **I** *vb tr* o. *vb itr* krama, kela med, kelas; ~ ***up*** el. ~ krypa tätt tillsammans **II** *s* kramning
cuddly ['kʌdlɪ] *adj* kelig, smeksam
cudgel ['kʌdʒ(ə)l] **I** *s* knölpåk **II** *vb tr* klå
1 cue [kju:] *s* **1** teat. stickreplik **2** signal; vink, antydning
2 cue [kju:] *s* biljardkö
1 cuff [kʌf] **I** *vb tr* örfila upp **II** *s* örfil
2 cuff [kʌf] *s* **1** ärmuppslag; amer. äv. byxuppslag **2** manschett
cuff link ['kʌflɪŋk] *s* manschettknapp
cul-de-sac [ˌkʊldə'sæk] (pl. *culs-de-sac* [uttalas som sg.]) *s* återvändsgränd, återvändsgata
culinary ['kʌlɪnərɪ] *adj* kulinarisk
culminate ['kʌlmɪneɪt] *vb itr* kulminera
culmination [ˌkʌlmɪ'neɪʃ(ə)n] *s* kulmen
culottes [kjʊ'lɒts] *s pl* byxkjol
culprit ['kʌlprɪt] *s,* ***the ~*** den skyldige
cult [kʌlt] *s* kult; dyrkan
cultivable ['kʌltɪvəbl] *adj* odlingsbar
cultivate ['kʌltɪveɪt] *vb tr* bruka, bearbeta jord; odla
cultivated ['kʌltɪveɪtɪd] *adj* **1** kultiverad, bildad **2** uppodlad
cultivation [ˌkʌltɪ'veɪʃ(ə)n] *s* brukning, bearbetning av jord; kultur; odling
cultural ['kʌltʃər(ə)l] *adj* kulturell, bildnings-
culture ['kʌltʃə] **I** *s* **1** kultur [*Greek ~*]; bildning; ~ ***shock*** kulturchock **2** biol. odling; kultur [~ *of bacteria*]; ~ ***pearls*** odlade pärlor **II** *vb tr* odla, bilda; ***cultured pearls*** odlade pärlor; ***cultured people*** kultiverade människor
cunning ['kʌnɪŋ] **I** *adj* slug **II** *s* slughet
cunt [kʌnt] *s* vulg. fitta
cup [kʌp] **I** *s* **1** kopp **2** pokal, cup; ***challenge ~*** vandringspokal **II** *vb tr* kupa [~ *one's hand*]
cupboard ['kʌbəd] *s* skåp; skänk
cupful ['kʌpfʊl] *s,* ***a ~ of...*** en kopp...
cup tie ['kʌptaɪ] *s* fotb. cupmatch
cur [kɜ:] *s* hundracka, byracka
curate ['kjʊərət] *s* kyrkoadjunkt
curb [kɜ:b] **I** *s* **1** kontroll bromsande effekt [*a ~ on* (över) *prices*]; ***put a ~ on*** lägga band på **2** amer. trottoarkant **II** *vb tr* tygla
curbstone ['kɜ:bstəʊn] *s* amer., se *kerbstone*
curd [kɜ:d] *s,* vanl. pl. ***~s*** ostmassa; ~ ***cheese*** el. ~ kvark
curdle ['kɜ:dl] *vb tr* o. *vb itr* ysta; löpna, ysta sig
cure [kjʊə] **I** *s* **1** botemedel [*for* mot] **2** kur [*of* mot, för]; bot [*of* för, mot] **II** *vb tr* **1** bota [*of* från] **2** konservera, salta, röka
curettage [kjʊə'retɪdʒ] *s* med. skrapning
curfew ['kɜ:fju:] *s* utegångsförbud
curiosity [ˌkjʊərɪ'ɒsətɪ] *s* **1** vetgirighet; nyfikenhet **2** kuriositet
curious ['kjʊərɪəs] *adj* **1** vetgirig; nyfiken [*about* på] **2** egendomlig
curl [kɜ:l] **I** *vb tr* o. *vb itr* krulla, ringla, locka; locka sig; ~ ***up*** rulla ihop sig; kura ihop sig **II** *s* hårlock
curler ['kɜ:lə] *s* papiljott; hårspole
curlew ['kɜ:lju:] *s* zool. storspov
curly ['kɜ:lɪ] *adj* lockig, krullig
currant ['kʌr(ə)nt] *s* **1** korint **2** vinbär
currency ['kʌrənsɪ] *s* **1** a) utbredning, spridning [*give ~ to* (åt) *a report*] b) gångbarhet; omlopp, cirkulation **2** valuta
current ['kʌr(ə)nt] **I** *adj* **1** gångbar; gängse, allmänt utbredd; aktuell [~ *fashions*], rådande [*the ~ crisis*] **2** innevarande [*the ~ year*] **II** *s* **1** ström **2** elektrisk ström
curriculum [kə'rɪkjʊləm] *s* lärokurs; läroplan
1 curry ['kʌrɪ] *s* curry; curryrätt
2 curry ['kʌrɪ] *vb tr,* ~ ***favour*** ställa sig in [*with* hos]
curse [kɜ:s] **I** *s* **1** förbannelse; svordom **2** gissel, plåga **II** *vb tr* o. *vb itr* förbanna; svära [*at* över]
cursed ['kɜ:sɪd] *adj* förbannad, fördömd
curt [kɜ:t] *adj* brysk, snäv, tvär
curtail [kɜ:'teɪl] *vb tr* förkorta, beskära; inskränka
curtain ['kɜ:tn] *s* **1** gardin; draperi, förhänge; ***draw the ~s*** dra för gardinerna **2** ridå; ***safety ~*** teat. järnridå

curtain call ['kɜ:tnkɔ:l] *s* teat. inropning
curtain rod ['kɜ:tnrɒd] *s* gardinstång
curtsey o. **curtsy** ['kɜ:tsɪ] **I** *s* nigning **II** *vb itr* niga
curvaceous [kɜ:'veɪʃəs] *adj* vard., om kvinna kurvig
curve [kɜ:v] **I** *s* kurva, båge, krök **II** *vb tr* o. *vb itr* böja, kröka; böja (kröka) sig
curved [kɜ:vd] *adj* böjd, krökt
cushion ['kʊʃ(ə)n] **I** *s* kudde, dyna **II** *vb tr* **1** madrassera, stoppa [*cushioned seats*] **2** dämpa, mildra
cushy ['kʊʃɪ] *adj* vard. latmans- [*a ~ job*]
cuspidor ['kʌspɪdɔ:] *s* amer. spottlåda, spottkopp
cuss [kʌs] *s* vard., ***I don't give a ~*** det skiter jag i; ***not worth a ~*** inte värd ett dugg
cussed ['kʌsɪd] *adj* vard. envis, tvär
custard ['kʌstəd] *s* vaniljkräm; vaniljsås
custody ['kʌstədɪ] *s* **1** förmynderskap; vård **2** förvar; ***take into ~*** anhålla; ***in ~*** i häkte; ***in safe ~*** i säkert förvar
custom ['kʌstəm] *s* **1** sed, bruk; kutym **2** pl. ***~s*** tull, tullar, tullavgift, tullavgifter; ***the Customs*** tullverket, tullen; ***~s examination*** tullbehandling, tullvisitation
customary ['kʌstəmərɪ] *adj* vanlig, bruklig
customer ['kʌstəmə] *s* **1** kund **2** vard. individ; ***queer*** (***odd***) ***~*** konstig prick; ***ugly ~*** otrevlig typ
custom-made ['kʌstəmmeɪd] *adj* speciellt amer. måttbeställd, skräddarsydd
cut [kʌt] **I** (*cut cut*) *vb tr* o. *vb itr* **1** skära i (av, för); klippa av; skära, hugga, klippa; bryta; ***have one's hair ~*** klippa (låta klippa) håret **2** ***~ one's teeth*** få tänder **3** skära ner, minska; förkorta **4** bryta, klippa av t.ex. filmning, del av program; stryka [*~ a scene*]; stänga av [ofta *~ off*]; sluta med [*~ (~ out) that noise!*]; ***~ a p. short*** avbryta ngn tvärt; ***~ a th. short*** stoppa ngt **5** skära (hugga) till (ut); gravera; slipa; göra [*~ a key*] **6** kortsp. kupera [*~ the cards*] **7** vard., ***~ a p. dead*** el. ***~ a p.*** behandla ngn som luft □ ~ **down** a) hugga ner, fälla b) knappa in på, skära ner, minska; ~ **in** blanda sig i samtalet, avbryta; ~ **off** a) hugga (skära, kapa) av (bort) b) skära av, isolera, avstänga c) göra slut på, dra in [*~ off an allowance*] d) stänga av, avbryta; ~ **out a)** skära (hugga) ut, klippa ut; klippa (skära) till; ***be ~ out for*** vara som klippt och skuren för **b)** vard. skära bort, stryka, hoppa över; sluta upp med, låta bli; ***~ it out!*** lägg av!; ~ **up** a) skära sönder (upp), stycka; hugga sönder b) klippa (skära) till c) vard. bedröva, uppröra [*she was ~ up after his death*]
II *adj*, ***~ flowers*** lösa blommor, snittblommor; ***~ glass*** slipat glas, kristall; ***at ~ price*** till underpris; ***~ and dried*** (***dry***) fix och färdig
III *s* **1** skärning; klippning; hugg, stick; skåra, snitt, rispa **2** nedsättning, reduktion [*~ in prices*], nedskärning **3** stycke; skiva, bit [*a ~ off the joint*] **4** strykning, klipp **5** snitt; ***short ~*** genväg **6** kupering av kort
cute [kju:t] *adj* vard. **1** klipsk; fiffig **2** speciellt amer. söt, rar
cuticle ['kju:tɪkl] *s* nagelband
cutlery ['kʌtlərɪ] *s* matbestick
cutlet ['kʌtlət] *s* **1** kotlett; köttskiva **2** pannbiff
cut-price ['kʌtpraɪs] *adj*, ***~ shop*** ungefär lågprisaffär
cut-throat ['kʌtθrəʊt] **I** *s* mördare, bandit **II** *adj* bildl. mördande [*~ competition*]
cutting ['kʌtɪŋ] *adj* skärande, vass; bitande
cuttlefish ['kʌtlfɪʃ] *s* bläckfisk
cyanide ['saɪənaɪd] *s*, ***potassium ~*** cyankalium
cyclamen ['sɪkləmən] *s* cyklamen
cycle ['saɪkl] **I** *s* **1** cykel **2** kretslopp **3** cykel; period **II** *vb itr* **1** cykla **2** kretsa
cyclist ['saɪklɪst] *s* cyklist
cyclone ['saɪkləʊn] *s* cyklon
cylinder ['sɪlɪndə] *s* **1** cylinder, vals **2** lopp, rör i eldvapen
cynic ['sɪnɪk] *s* cyniker
cynical ['sɪnɪk(ə)l] *adj* cynisk
cynicism ['sɪnɪsɪz(ə)m] *s* cynism
cypress ['saɪprəs] *s* cypress
Cypriot ['sɪprɪət] **I** *adj* cypriotisk **II** *s* cypriot
Cyprus ['saɪprəs] Cypern
cyst [sɪst] *s* med. cysta
czar [zɑ:] *s* tsar
Czech [tʃek] **I** *s* tjeck **II** *adj* tjeckisk; ***the ~ Republic*** Tjeckiska republiken, Tjeckien
Czechoslovakia [ˌtʃekəslə'vækɪə] Tjeckoslovakien
Czechoslovakian [ˌtʃekəslə'vækɪən] **I** *adj* tjeckoslovakisk **II** *s* tjeckoslovak

D

D, d [diː] *s* D, d; ***D flat*** mus. dess; ***D sharp*** mus. diss
'd [d] = *had; would, should* [*he'd = he had, he would*]
dab [dæb] *vb tr* o. *vb itr* klappa lätt, badda
dabbler ['dæblə] *s* dilettant, klåpare
dachshund ['dæksənd] *s* tax
Dacron ['dækrɒn, 'deɪkrɒn] *s* ® dacron
dad [dæd] *s* vard. pappa, farsa
daddy ['dædɪ] *s* vard. pappa
daddy-longlegs [ˌdædɪ'lɒŋlegz] (pl. lika) *s* pappa långben harkrank
daffodil ['dæfədɪl] *s* påsklilja, gul narciss
daft [dɑːft] *adj* vard. tokig, fånig
dagger ['dægə] *s* dolk
dahlia ['deɪljə, amer. vanl. 'dæljə] *s* dahlia
daily ['deɪlɪ] **I** *adj* daglig, om dagen **II** *adv* dagligen, om dagen **III** *s* **1** dagstidning **2** daghjälp [äv. *~ help*]
dainty ['deɪntɪ] **I** *s* läckerbit, godbit **II** *adj* **1** läcker **2** nätt, späd; skör
dairy ['deərɪ] *s* **1** mejeri **2** mjölkaffär
dairy cattle ['deərɪˌkætl] *s pl* mjölkboskap
dairy farm ['deərɪfɑːm] *s* gård med mjölkdjur
dairymaid ['deərɪmeɪd] *s* mejerska
daisy ['deɪzɪ] *s* tusensköna, bellis
dale [deɪl] *s* poet. liten dal
dam [dæm] **I** *s* damm, fördämning **II** *vb tr, ~ **up*** el. *~* dämma av (upp)
damage ['dæmɪdʒ] **I** *s* **1** (utan pl.) skada, skadegörelse [*to* på] **2** pl. ***~s*** jur. skadestånd **II** *vb tr* o. *vb itr* skada; skadas
dame [deɪm] *s* **1** poet., ***Dame Fortune*** fru Fortuna **2** sl. fruntimmer, brud
damn [dæm] **I** *vb tr* **1** vard. förbanna; *~ **it!*** jäklar också!; ***well I'll be damned!*** det var som tusan! **2** bringa i fördärvet **II** *s* vard., ***I don't care (give) a ~ if...*** jag ger sjutton i om... **III** *adj* vard. förbaskad [*~ fool!*] **IV** *interj* vard. jäklar, också!
damnable ['dæmnəbl] *adj* fördömlig; vard. förbaskad
damnation [dæm'neɪʃ(ə)n] *s* fördömelse
damned [dæmd] *adj* **1** fördömd **2** vard. förbaskad
damp [dæmp] **I** *s* fukt **II** *adj* fuktig
dampen ['dæmp(ə)n] *vb tr* o. *vb itr* **1** fukta; bli fuktig **2** bildl. dämpa; dämpas
damson ['dæmz(ə)n] *s* krikon plommonsort
dance [dɑːns] **I** *vb itr* o. *vb tr* dansa **II** *s* dans; danstillställning
dance band ['dɑːnsbænd] *s* dansorkester
dance hall ['dɑːnshɔːl] *s* danslokal
dancer ['dɑːnsə] *s* dansande [*the ~s*]; dansare, dansör, dansös
D and C [ˌdiːən(d)'siː] (förk. för *dilatation and curettage*) med. skrapning
dandelion ['dændɪlaɪən] *s* maskros
dandruff ['dændrʌf] *s* mjäll
dandy ['dændɪ] *s* dandy
Dane [deɪn] *s* **1** dansk **2** ***Great ~*** grand danois hund
danger ['deɪndʒə] *s* fara, risk [*of* for]
dangerous ['deɪndʒərəs] *adj* farlig [*for, to* för]; *~ **driving*** vårdslös körning; ***play a ~ game*** spela ett högt spel
dangle ['dæŋgl] *vb itr* o. *vb tr* dingla; dingla med
Danish ['deɪnɪʃ] **I** *adj* dansk; *~ **pastry*** wienerbröd **II** *s* **1** danska språket **2** se *Danish pastry*
Danube ['dænjuːb] *s, **the** ~* Donau
dare [deə] *vb itr* o. *vb tr* o. *hjälpvb* **1** våga, tordas [*he ~ not (he does not ~ to) come*]; våga sig på; ***I ~ you to do it!*** gör det om du törs! **2** ***I ~ say you know*** du vet nog; ***I ~ say*** kanske det
daredevil ['deəˌdevl] *s* våghals
daren't [deənt] = *dare not*
daresay [ˌdeə'seɪ] se *dare say* under *dare 2*
daring ['deərɪŋ] **I** *adj* djärv; vågad **II** *s* djärvhet
dark [dɑːk] **I** *adj* **1** mörk **2** hemlig [*keep a th. ~*] **3** *~ **horse*** om person dark horse, oskrivet blad **4** ***the Dark Ages*** medeltidens mörkaste århundraden **II** *s* mörker; ***be in the ~ about*** sväva i okunnighet om
darken ['dɑːk(ə)n] *vb itr* o. *vb tr* bli mörk, mörkna; förmörka
darkness ['dɑːknəs] *s* mörker; dunkel
darling ['dɑːlɪŋ] *s* älskling, raring
1 darn [dɑːn] *vb tr* sl., *~ **it!*** förbaskat också!
2 darn [dɑːn] *vb tr* stoppa [*~ socks*]
darned [dɑːnd] *adj* sl. förbaskad
darning-needle ['dɑːnɪŋˌniːdl] *s* stoppnål
darning-wool ['dɑːnɪŋwʊl] *s* stoppgarn
dart [dɑːt] *s* **1** pil **2** ***~s*** dart; ***play ~s*** kasta pil, spela dart
dash [dæʃ] **I** *vb tr* o. *vb itr* **1** slå, kasta [*down*]; stöta, köra ngt mot ngt; slå, törna [*against*] **2** sl., *~ **it!*** förbaskat också! **3** störta, rusa [*at*] **II** *s* **1** rusning [*for* för

att nå] **2** sport. sprinterlopp **3** stänk; skvätt **4** tankstreck **5** käckhet, kläm

dashboard ['dæʃbɔ:d] *s* instrumentbräda, instrumentpanel på bil, flygplan

dashing ['dæʃɪŋ] *adj* käck, hurtig; stilig

DAT (förk. för *digital audio tape*) digitalt inspelat band, DAT

data ['deɪtə] *s* data, information

1 date [deɪt] *s* **1** dadel **2** dadelpalm

2 date [deɪt] **I** *s* **1** datum; ***out of*** ~ omodern; ***to*** ~ hittills; till (tills) dato; ***up to*** ~ à jour; med sin tid; ***bring up to*** ~ göra aktuell; modernisera; **2** vard. träff; avtalat möte **II** *vb tr* o. *vb itr* **1** datera; ~ ***from*** (***back to***) datera sig från (till) **2** vard. stämma träff med **3** vara gammalmodig [*his books* ~]

dated ['deɪtɪd] *adj* gammalmodig, föråldrad

dative ['deɪtɪv] *s* dativ

daub [dɔ:b] **I** *vb tr* o. *vb itr* bestryka; smeta; mål. kludda **II** *s* mål. kludd

daughter ['dɔ:tə] *s* dotter

daughter-in-law ['dɔ:tərɪnlɔ:] (pl. *daughters-in-law* ['dɔ:təzɪnlɔ:]) *s* svärdotter, sonhustru

dawdle ['dɔ:dl] *vb itr* söla

dawn [dɔ:n] **I** *vb itr* gry, dagas; ~ ***on*** gry (dagas) över; bildl. gå upp för **II** *s* gryning, början; ***at*** ~ i gryningen

day [deɪ] *s* **1** dag; ***the*** ~ ***after tomorrow*** i övermorgon; ***the*** ~ ***before yesterday*** i förrgår; ***the other*** ~ häromdagen; ***some*** ~ en dag; en vacker dag; ***let's call it a*** ~ vard. nu räcker det för i dag; ~ ***off*** ledig dag; ~ ***by*** ~ dag för dag; ***by*** ~ om (på) dagen; ***for*** **~*s on end*** flera dagar i rad **2** dygn [äv. ~ *and night*] **3** ofta pl. **~*s*** tid; tidsålder; ***it has had its*** ~ den har spelat ut sin roll; ***those were the*** **~*s!*** det var tider det!; ***at the present*** ~ i närvarande stund; ***in the old*** **~*s*** förr i världen

daybreak ['deɪbreɪk] *s* gryning, dagning

daycare ['deɪkeə] *adj,* ~ ***centre*** daghem

daydream ['deɪdri:m] **I** *s* dagdröm **II** *vb itr* dagdrömma

daydreamer ['deɪˌdri:mə] *s* dagdrömmare

daylight ['deɪlaɪt] *s* dagsljus; gryning; ***in broad*** ~ mitt på ljusa dagen

day nursery ['deɪˌnɜ:sərɪ] *s* daghem

day-return [ˌdeɪrɪ'tɜ:n] *adj,* ~ ***ticket*** endagsbiljett för återresa samma dag

daytime ['deɪtaɪm] *s* dag; ***in*** (***during***) ***the*** ~ om (på) dagen

daze [deɪz] **I** *vb tr* förvirra; blända **II** *s, **in a*** ~ omtumlad

dazzle ['dæzl] **I** *vb tr* blända; förblinda **II** *s* bländande skimmer

DC [ˌdi:'si:] förk. för *direct current* (likström); *District of Columbia* [*Washington* ~]

DDT [ˌdɪ:dɪ:'tɪ:] *s* DDT bekämpningsmedel

deacon ['di:k(ə)n] *s* diakon

dead [ded] **I** *adj* **1** död; ~ ***end*** återvändsgränd; slutpunkt **2** ~ ***heat*** dött (oavgjort) lopp; ~ ***weight*** livlös massa **3** ***on a*** ~ ***level*** precis på samma plan, jämsides **4** vard. tvär, plötslig; absolut, fullständig [~ *certainty*], ren [~ *loss*]; ***he was in*** ~ ***earnest*** han menade fullt allvar; ~ ***silence*** dödstystnad **5** exakt; ***hit the*** ~ ***centre of the target*** träffa mitt i prick

II *s* **1** ***the*** ~ de döda **2** ***in the*** (***at***) ~ ***of night*** mitt i natten; ***in the*** ~ ***of winter*** mitt i kallaste vintern

III *adv* **1** vard. död- [~ *certain*; ~ *drunk*], döds- [~ *tired*]; ~ ***slow*** mycket sakta **2** ~ ***against*** rakt emot

deaden ['dedn] *vb tr* bedöva; döva; dämpa

deadlock ['dedlɒk] *s* dödläge

deadly ['dedlɪ] *adj* **1** dödlig, dödsbringande; ~ ***nightshade*** bot. belladonna **2** döds- [~ *enemies*]

deaf [def] *adj* döv; ~ ***and dumb*** dövstum; ***turn a*** ~ ***ear to*** slå dövörat till för

deaf-aid ['defeɪd] *s* hörapparat

deafen ['defn] *vb tr* göra döv; ***deafening*** öronbedövande

1 deal [di:l] *s* **1** granplanka, furuplanka **2** virke gran, furu

2 deal [di:l] **I** *s* **1** ***a great*** (***good***) ~ en hel del **2** vard. affär, affärstransaktion; uppgörelse; ***that's a*** **~*!*** då säger vi det! **3** vard., ***give a p. a fair*** (***square***) ~ behandla ngn rättvist **4** kortsp. giv; ***whose*** ~ ***is it?*** vem skall ge?

II (*dealt dealt*) *vb tr* o. *vb itr* **1** utdela [äv. ~ *out*]; kortsp. ge **2** handla, göra affärer **3** ~ ***with*** ha att göra med; behandla; ta itu med [~ *with a problem*]; handlägga ärende; handla om

dealer ['di:lə] *s* handlande [*in* med]; i sammansättningar -handlare

dealing ['di:lɪŋ] *s,* vanl. pl. **~*s*** affärer; förbindelse, förbindelser; umgänge; samröre

dealt [delt] se *2 deal II*

dean [di:n] *s* domprost

dear [dɪə] **I** *adj* **1** kär [*to* för]; rar;

hälsningsfras i brev äv. bäste [*Dear Mr. Brown*]; ***Dear Sir*** (***Madam***) i formella brev: utan motsvarighet i sv. **2** dyr, kostsam **II** *s* **1** speciellt i tilltal, ***dearest*** kära du; ***my ~*** kära du; [***carry this for me,***] ***there's a ~*** vard. ...så är du snäll **2** raring [*she is a ~*] **III** *interj*, ***~ me!*** uttryckande t.ex. förvåning kors!, nej men!; ***oh ~!*** oj då!, aj,aj!
dearly ['dɪəlɪ] *adv* innerligt, högt [*love ~*]
dearth [dɜ:θ] *s* brist, knapphet
death [deθ] *s* död; frånfälle; dödsfall; ***it will be the ~ of me*** det blir min död; ***be at death's door*** ligga för döden; ***frightened*** (***scared***) ***to ~*** dörädd; ***sick*** (***bored, tired***) ***to ~ of a th.*** (***a p.***) utled på ngt (ngn); ***put to ~*** avliva, avrätta
deathbed ['deθbed] *s* dödsbädd
deathblow ['deθbləʊ] *s* bildl. dödsstöt, dråpslag
death duties ['deθˌdju:tɪz] *s pl* olika slags arvsskatt
deathly ['deθlɪ] *adj* dödlig; dödslik
death rate ['deθreɪt] *s* dödstal, dödlighet
death warrant ['deθˌwɒr(ə)nt] *s* dödsdom
debacle [deɪ'bɑ:kl] *s* katastrof, sammanbrott, debacle; stort nederlag
debar [dɪ'bɑ:] *vb tr* **1** utesluta **2** förhindra
debase [dɪ'beɪs] *vb tr* **1** försämra **2** förnedra
debatable [dɪ'beɪtəbl] *adj* diskutabel
debate [dɪ'beɪt] **I** *vb itr* o. *vb tr* diskutera, debattera **II** *s* diskussion, debatt
debater [dɪ'beɪtə] *s* debattör
debauchery [dɪ'bɔ:tʃərɪ] *s* utsvävningar
debility [dɪ'bɪlətɪ] *s* svaghet, kraftlöshet
debit ['debɪt] **I** *s* debet **II** *vb tr* debitera
debonair [ˌdebə'neə] *adj* charmig; gladlynt
debris ['deibri:, 'debri:] *s* spillror; skräp
debt [det] *s* skuld; ***I owe you a ~ of gratitude*** jag står i tacksamhetsskuld till dig; ***be in a p.'s ~*** stå i skuld hos ngn; ***be in ~*** vara skuldsatt; ***run into ~*** sätta sig i skuld; ***out of ~*** skuldfri
debtor ['detə] *s* gäldenär
debunk [di:'bʌŋk] *vb tr* vard. avslöja, säga sanningen om
debut ['deɪbu:] *s* debut
decade ['dekeɪd] *s* decennium, årtionde
decadent ['dekəd(ə)nt] *adj* dekadent, förfallen
decanter [dɪ'kæntə] *s* karaff med propp
decathlete [dɪ'kæθli:t] *s* sport. tiokampare
decathlon [dɪ'kæθlɒn] *s* sport. tiokamp
decay [dɪ'keɪ] **I** *vb itr* o. *vb tr* **1** förfalla; tära på **2** multna; vissna **3** vara angripen av karies; orsaka karies i **II** *s* **1** förfall **2** förmultning, förruttnelse **3** kariesangrepp
decayed [dɪ'keɪd] *adj* **1** förfallen **2** skämd, murken; kariesangripen
decease [dɪ'si:s] *s* frånfälle, död
deceased [dɪ'si:st] **I** *adj* avliden **II** *s*, ***the ~*** den avlidne, de avlidna
deceit [dɪ'si:t] *s* **1** bedrägeri **2** bedräglighet
deceitful [dɪ'si:tf(ʊ)l] *adj* bedräglig, svekfull
deceive [dɪ'si:v] *vb tr* o. *vb itr* bedra, vilseleda; lura
deceiver [dɪ'si:və] *s* bedragare
December [dɪ'sembə] *s* december
decency ['di:snsɪ] *s* **1** anständighet **2** hygglighet
decent ['di:snt] *adj* **1** anständig **2** hygglig
decentralize [di:'sentrəlaɪz] *vb tr* decentralisera
deception [dɪ'sepʃ(ə)n] *s* bedrägeri
deceptive [dɪ'septɪv] *adj* bedräglig
decibel ['desɪbel] *s* fys. decibel
decide [dɪ'saɪd] *vb tr* o. *vb itr* avgöra, döma; bestämma sig för
decided [dɪ'saɪdɪd] *adj* bestämd, avgjord
deciding [dɪ'saɪdɪŋ] *adj* avgörande
deciduous [dɪ'sɪdjʊəs] *adj* lövfällande; ***~ forest*** lövskog
decimal ['desɪm(ə)l] **I** *adj* decimal- [*~ system*]; ***~ fraction*** decimalbråk; ***~ point*** decimalkomma i sv. [*0.26* läses vanl. *point two six*] **II** *s* decimal; decimalbråk
decipher [dɪ'saɪfə] *vb tr* dechiffrera; tyda
decision [dɪ'sɪʒ(ə)n] *s* avgörande; beslut; ***come to*** (***arrive at***) ***a ~*** fatta ett beslut
decisive [dɪ'saɪsɪv] *adj* avgörande; bestämd
deck [dek] *s* **1** sjö. däck **2** våning, plan i t.ex. buss **3** amer. kortlek
deckchair ['dektʃeə] *s* däcksstol; fällstol
declaration [ˌdeklə'reɪʃ(ə)n] *s* **1** förklaring [*~ of war*], tillkännagivande **2** deklaration; ***customs ~*** tulldeklaration
declare [dɪ'kleə] *vb tr* o. *vb itr* **1** förklara, tillkännage, deklarera; förklara (uttala) sig; ***~ war on*** (***against***) förklara krig mot; ***well, I ~!*** det må jag då säga! **2** deklarera; [***have you anything***] ***to ~?*** ...att förtulla?
declension [dɪ'klenʃ(ə)n] *s* gram. deklination; böjning
decline [dɪ'klaɪn] **I** *vb itr* o. *vb tr* **1** slutta nedåt; böja ned, luta **2** bildl. gå utför, avta; förfalla **3** avböja, tacka nej **4** gram.

böja **II** *s* **1** avtagande, nedgång; ***on the ~*** i avtagande **2** nedgång, minskning
declutch [ˌdiːˈklʌtʃ] *vb itr* bil. koppla (trampa) ur
decode [ˌdiːˈkəʊd] *vb tr* dechiffrera; data. avkoda; radio. el. TV. dekoda
decoder [ˌdiːˈkəʊdə] *s* data. avkodare; radio. el. TV. dekoder
décolletage [ˌdeɪkɒlˈtɑːʒ] *s* dekolletage, urringning
decompose [ˌdiːkəmˈpəʊz] *vb itr* vittra; ruttna
décor [ˈdeɪkɔː] *s* teat. dekor, dekorationer
decorate [ˈdekəreɪt] *vb tr* **1** dekorera; pryda **2** måla och tapetsera; inreda
decoration [ˌdekəˈreɪʃ(ə)n] *s* **1** dekorering, prydande; ***interior ~*** heminredning **2** dekoration
decorative [ˈdekərətɪv] *adj* dekorativ
decorator [ˈdekəreɪtə] *s* **1** dekoratör **2** ***painter and ~*** el. **~** målare hantverkare; ***interior ~*** inredningsarkitekt
decorous [ˈdekərəs] *adj* anständig, korrekt
decoy [ˈdiːkɔɪ] *s* lockfågel; lockbete
decrease [verb vanl. dɪˈkriːs, substantiv ˈdiːkriːs] **I** *vb itr* o. *vb tr* minskas, avta; minska **II** *s* minskning; ***on the ~*** i avtagande
decree [dɪˈkriː] **I** *s* dekret, påbud **II** *vb tr* påbjuda, bestämma
decrepit [dɪˈkrepɪt] *adj* skröplig; fallfärdig
dedicate [ˈdedɪkeɪt] *vb tr* **1** ägna; ***~ oneself to*** ägna sig åt **2** tillägna [*a th. to a p.* ngn ngt]
dedicated [ˈdedɪkeɪtɪd] *adj* o. *perf p* hängiven, starkt engagerad
dedication [ˌdedɪˈkeɪʃ(ə)n] *s* **1** hängivenhet [*to* för]; engagemang **2** tillägnan, dedikation
deduce [dɪˈdjuːs] *vb tr* sluta sig till, härleda
deduct [dɪˈdʌkt] *vb tr* dra av (ifrån); ***be deducted from*** avgå från summa
deduction [dɪˈdʌkʃ(ə)n] *s* **1** avdrag, avräkning **2** härledning; slutledning
deed [diːd] *s* **1** handling; gärning **2** bragd, bedrift **3** dokument, handling
deejay [diːˈdʒeɪ] *s* vard. diskjockey, skivpratare
deep [diːp] **I** *adj* djup; djupsinnig; ***go off the ~ end*** vard. bli rasande **II** *adv* djupt; ***~ down in his heart*** el. ***~ down*** innerst inne **III** *s*, ***the ~*** havet, djupet
deepen [ˈdiːp(ə)n] *vb tr* o. *vb itr* fördjupa, fördjupas; göra (bli) djupare
deep-freeze [ˌdiːpˈfriːz] **I** (*deep-froze deep-frozen*) *vb tr* djupfrysa **II** *s* frys
deep-froze [ˌdiːpˈfrəʊz] se *deep-freeze I*
deep-frozen [ˌdiːpˈfrəʊzn] se *deep-freeze I*
deep-fry [ˌdiːpˈfraɪ] *vb tr* fritera
deer [dɪə] (pl. lika) *s* hjort; rådjur
deface [dɪˈfeɪs] *vb tr* vanställa, vanpryda
defamation [ˌdefəˈmeɪʃ(ə)n] *s* ärekränkning
defamatory [dɪˈfæmət(ə)rɪ] *adj* ärekränkande
defeat [dɪˈfiːt] **I** *s* nederlag; sport. äv. förlust **II** *vb tr* besegra, slå; ***be defeated*** äv. förlora
defeatist [dɪˈfiːtɪst] *s* defaitist
defect [substantiv ˈdiːfekt, verb dɪˈfekt] **I** *s* brist; defekt; lyte; ***speech ~*** talfel **II** *vb itr* polit. hoppa av
defection [dɪˈfekʃ(ə)n] *s* polit. avhopp
defective [dɪˈfektɪv] *adj* bristfällig; defekt; ***mentally ~*** efterbliven
defector [dɪˈfektə] *s* polit. avhoppare
defence [dɪˈfens] *s* **1** försvar; skydd **2** jur. försvarstalan; ***the ~*** svarandesidan
defend [dɪˈfend] *vb tr* försvara; skydda
defendant [dɪˈfendənt] *s* o. *adj* jur. svarande
defender [dɪˈfendə] *s* försvarare; sport. försvarsspelare
defense [dɪˈfens] *s* amer. = *defence*
defensive [dɪˈfensɪv] *adj* defensiv, försvars-
1 defer [dɪˈfɜː] *vb tr* o. *vb itr* skjuta upp, dröja
2 defer [dɪˈfɜː] *vb itr*, ***~ to*** böja sig för
deference [ˈdefər(ə)ns] *s* hänsyn; aktning
defiance [dɪˈfaɪəns] *s* utmaning; trots
defiant [dɪˈfaɪənt] *adj* utmanande; trotsig
deficiency [dɪˈfɪʃ(ə)nsɪ] *s* bristfällighet; brist
deficient [dɪˈfɪʃ(ə)nt] *adj* bristfällig; ***mentally ~*** efterbliven; ***be ~ in*** sakna
deficit [ˈdefɪsɪt] *s* underskott, brist
1 defile [dɪˈfaɪl] **I** *s* pass, trång passage **II** *vb itr* defilera
2 defile [dɪˈfaɪl] *vb tr* förorena; besudla
definable [dɪˈfaɪnəbl] *adj* definierbar
define [dɪˈfaɪn] *vb tr* bestämma, precisera, fastställa; definiera
definite [ˈdefɪnət] *adj* bestämd äv. gram. [*the ~ article*]; avgränsad; fastställd; avgjord; exakt, definitiv
definitely [ˈdefɪnətlɪ] *adv* absolut, avgjort
definition [ˌdefɪˈnɪʃ(ə)n] *s* **1** definition **2** skärpa på TV-bild el. foto

deflate [dɪ'fleɪt] *vb tr* **1** släppa luften ur **2** åstadkomma en deflation av
deflation [dɪ'fleɪʃ(ə)n] *s* deflation
deflect [dɪ'flekt] *vb tr o. vb itr* få att böja (vika) av; böja (vika) av
deflection [dɪ'flekʃ(ə)n] *s* böjning åt sidan, krökning; avvikelse
deform [dɪ'fɔ:m] *vb tr* deformera, vanställa
deformed [dɪ'fɔ:md] *adj* vanställd; vanskapad, missbildad
deformity [dɪ'fɔ:mətɪ] *s* deformitet, missbildning, lyte
defraud [dɪ'frɔ:d] *vb tr* bedraga [*of* på]
defray [dɪ'freɪ] *vb tr* bestrida, bära [~ *the costs*]
defrost [ˌdi:'frɒst] *vb tr* tina upp t.ex. fruset kött; frosta av t.ex. kylskåp, vindruta
defroster [ˌdi:'frɒstə] *s* bil. defroster
deft [deft] *adj* flink, händig, skicklig
defy [dɪ'faɪ] *vb tr* **1** trotsa [~ *the law*]; gäcka **2** utmana
degenerate [adjektiv dɪ'dʒenərət, verb dɪ'dʒenəreɪt] **I** *adj* degenererad **II** *vb itr* degenerera, degenereras
degradation [ˌdegrə'deɪʃ(ə)n] *s* degradering; förnedring
degrade [dɪ'greɪd] *vb tr* degradera; förnedra
degree [dɪ'gri:] *s* **1** grad; ***by ~s*** gradvis; ***to a certain*** (***to some***) ~ i viss (någon) mån **2** rang **3** mat., univ. m.fl. grad; univ. äv. examen
dehydrate [di:'haɪdreɪt] *vb tr* torka; ***dehydrated eggs*** äggpulver
deign [deɪn] *vb itr,* ~ ***to*** nedlåta sig att
deity ['di:ətɪ] *s* gudom; gudomlighet
deject [dɪ'dʒekt] *vb tr* göra nedslagen
delay [dɪ'leɪ] **I** *vb tr o. vb itr* **1** dröja med; dröja **2** fördröja; ***delaying tactics*** förhalningstaktik **II** *s* fördröjning; dröjsmål; försening
delegate [substantiv 'delɪgət, verb 'delɪgeɪt] **I** *s* delegat, fullmäktig **II** *vb tr* delegera, bemyndiga
delegation [ˌdelɪ'geɪʃ(ə)n] *s* **1** delegering; befullmäktigande **2** delegation
delete [dɪ'li:t] *vb tr* stryka, stryka ut
deliberate [adjektiv dɪ'lɪbərət, verb dɪ'lɪbəreɪt] **I** *adj* avsiktlig **II** *vb itr* **1** överväga **2** överlägga [*on* om]
deliberation [dɪˌlɪbə'reɪʃ(ə)n] *s* **1** moget övervägande **2** överläggning
delicacy ['delɪkəsɪ] *s* **1** finhet; klenhet, ömtålighet; känslighet **2** delikatess, läckerhet
delicate ['delɪkət] *adj* **1** fin, utsökt; klen; skör; delikat, ömtålig [*a ~ situation*] **2** läcker [~ *food*]
delicatessen [ˌdelɪkə'tesn] *s* **1** delikatessaffär **2** färdiglagad mat; delikatesser
delicious [dɪ'lɪʃəs] *adj* läcker, utsökt; härlig
delight [dɪ'laɪt] **I** *s* nöje, glädje; förtjusning; ***take*** (***take a***) ~ ***in*** finna nöje i; njuta av **II** *vb tr o. vb itr* glädja; ~ ***in*** finna nöje i, njuta av [*he ~s in teasing me*]
delighted [dɪ'laɪtɪd] *adj* glad, förtjust [*at (with) a th.* över ngt]
delightful [dɪ'laɪtf(ʊ)l] *adj* förtjusande, härlig
delimit [dɪ'lɪmɪt] *vb tr* avgränsa, begränsa
delinquent [dɪ'lɪŋkwənt] *s,* ***juvenile*** ~ ungdomsbrottsling
delirious [dɪ'lɪrɪəs] *adj* yrande; vild; yr
deliver [dɪ'lɪvə] *vb tr* **1** överlämna; hand. leverera; dela ut **2** befria [*from*]; frälsa [~ *us from evil*] **3** framföra, hålla [~ *a speech*]
delivery [dɪ'lɪvərɪ] *s* **1** överlämnande, leverans; utdelning, utbärning [~ *of letters*]; posttur; ~ ***note*** följesedel; ***cash*** (amer. ***collect***) ***on*** ~ mot efterkrav, mot postförskott **2** framförande [~ *of a speech*] **3** förlossning
delphinium [del'fɪnɪəm] *s* riddarsporre
delude [dɪ'lu:d] *vb tr* lura, förleda [*into* till]
deluge ['delju:dʒ] **I** *s* översvämning, syndaflod; bildl. störtflod **II** *vb tr* översvämma, dränka
delusion [dɪ'lu:ʒ(ə)n] *s* illusion, inbillning
de luxe [də'lu:ks] *adj* luxuös, lyx-
demagogic [ˌdemə'gɒgɪk] *adj* demagogisk
demagogue ['deməgɒg] *s* demagog
demand [dɪ'mɑ:nd] **I** *vb tr* begära, fordra, kräva **II** *s* **1** begäran [*for* om], fordran, krav [*for* på]; ***on*** ~ vid anfordran **2** efterfrågan [*for* på]; ~ ***and supply*** tillgång och efterfrågan; ***in*** ~ efterfrågad
demanding [dɪ'mɑ:ndɪŋ] *adj* fordrande, krävande
demeanour [dɪ'mi:nə] *s* uppträdande, hållning
demented [dɪ'mentɪd] *adj* sinnessjuk
demilitarize [ˌdi:'mɪlɪtəraɪz] *vb tr* demilitarisera
demob [ˌdi:'mɒb] *vb tr* mil. vard. kortform för *demobilize*; ***be*** (***get***) ***demobbed*** mucka
demobilization [ˌdi:ˌməʊbɪlaɪ'zeɪʃ(ə)n] *s* demobilisering; hemförlovning

demobilize [di:ˈməʊbɪlaɪz] *vb tr* demobilisera; hemförlova
democracy [dɪˈmɒkrəsɪ] *s* demokrati
democrat [ˈdeməkræt] *s* demokrat
democratic [ˌdeməˈkrætɪk] *adj* demokratisk
demolish [dɪˈmɒlɪʃ] *vb tr* demolera, förstöra
demolition [ˌdeməˈlɪʃ(ə)n] *s* demolering
demon [ˈdi:mən] *s* **1** demon; djävul **2** vard. överdängare
demonstrate [ˈdemənstreɪt] *vb tr* o. *vb itr* **1** bevisa; uppvisa **2** demonstrera
demonstration [ˌdemənsˈtreɪʃ(ə)n] *s* **1** bevisning; uppvisande **2** demonstration
demonstrative [dɪˈmɒnstrətɪv] *adj* **1** demonstrativ, öppenhjärtig **2** gram. demonstrativ
demonstrator [ˈdemənstreɪtə] *s* demonstrant
demoralize [dɪˈmɒrəlaɪz] *vb tr* demoralisera
demure [dɪˈmjʊə] *adj* blyg, sedesam vanl. om kvinna
den [den] *s* **1** djurs håla, lya, kula **2** tillhåll, håla [*an opium* ~]; vard. lya, krypin
denial [dɪˈnaɪ(ə)l] *s* **1** förnekande **2** dementi
denim [ˈdenɪm] *s* **1** denim jeanstyg **2** pl. ***~s*** denimjeans
Denmark [ˈdenmɑ:k] Danmark
denomination [dɪˌnɒmɪˈneɪʃ(ə)n] *s* **1** valör; myntenhet **2** kyrkosamfund
denote [dɪˈnəʊt] *vb tr* beteckna; ange; tyda på
dénouement [deɪˈnu:mɑ:ŋ] *s* upplösning i drama
denounce [dɪˈnaʊns] *vb tr* **1** stämpla; brännmärka **2** ange brottsling
dense [dens] *adj* **1** tät; kompakt **2** dum
density [ˈdensətɪ] *s* täthet
dent [dent] **I** *s* buckla **II** *vb tr* buckla till
dental [ˈdentl] *adj* tand-; tandläkar-; ~ ***floss*** tandtråd; ~ ***surgeon*** tandläkare
dentist [ˈdentɪst] *s* tandläkare
denture [ˈdentʃə] *s* tandprotes, tandgarnityr
denunciation [dɪˌnʌnsɪˈeɪʃ(ə)n] *s* fördömande, brännmärkning
deny [dɪˈnaɪ] *vb tr* **1** neka till, bestrida; dementera **2** neka, vägra [*a p. a th.*] **3** ~ ***oneself*** neka sig, försaka
deodorant [dɪˈəʊdərənt] *s* deodorant
depart [dɪˈpɑ:t] *vb itr* **1** avresa; om t.ex. tåg avgå **2** ~ ***from*** frångå [~ *from routine*]
departed [dɪˈpɑ:tɪd] **I** *adj* gången, svunnen **II** *s*, ***the*** ~ den avlidne, de avlidna
department [dɪˈpɑ:tmənt] *s* **1** avdelning; fack, gren; ~ ***store*** varuhus **2** departement, regeringsdepartement; ***the Department of State*** el. ***the State Department*** amer. utrikesdepartementet
departure [dɪˈpɑ:tʃə] *s* avresa, avfärd, avgång
depend [dɪˈpend] *vb itr* **1** bero [*on* på]; ***that*** (***it all***) ***~s*** vard. det beror på **2** lita [*on* på]
dependable [dɪˈpendəbl] *adj* pålitlig
dependence [dɪˈpendəns] *s* beroende, avhängighet [*on* av]
dependent [dɪˈpendənt] *adj* beroende [*on* av]; underordnad
depict [dɪˈpɪkt] *vb tr* avbilda; skildra
deplorable [dɪˈplɔ:rəbl] *adj* beklagansvärd
deplore [dɪˈplɔ:] *vb tr* djupt beklaga
depopulate [di:ˈpɒpjʊleɪt] *vb tr* avfolka
depopulation [di:ˌpɒpjʊˈleɪʃ(ə)n] *s* avfolkning
deport [dɪˈpɔ:t] *vb tr* deportera, förvisa
deportation [ˌdi:pɔ:ˈteɪʃ(ə)n] *s* deportering
depose [dɪˈpəʊz] *vb tr* **1** avsätta t.ex. kung **2** jur. vittna om
deposit [dɪˈpɒzɪt] **I** *vb tr* **1** lägga ned **2** deponera; sätta in [~ *money in a bank*] **II** *s* **1** deposition; insättning [*savings-bank's ~s*] **2** pant; handpenning
depository [dɪˈpɒzɪt(ə)rɪ] *s* förvaringsställe; ***night*** ~ amer. servicebox, nattfack
depot [ˈdepəʊ] *s* **1** depå, förråd; nederlag **2** bussgarage
depraved [dɪˈpreɪvd] *adj* depraverad
depreciate [dɪˈpri:ʃɪeɪt] *vb tr* o. *vb itr* minska (falla) i värde; falla
depreciation [dɪˌpri:ʃɪˈeɪʃ(ə)n] *s* värdeminskning
depress [dɪˈpres] *vb tr* **1** trycka ned **2** deprimera
depressed [dɪˈprest] *adj* nedstämd, nere, deprimerad, deppig
depressing [dɪˈpresɪŋ] *adj* deprimerande
depression [dɪˈpreʃ(ə)n] *s* depression; nedstämdhet, deppighet
deprive [dɪˈpraɪv] *vb tr* beröva [*a p. of a th.* ngn ngt]
depth [depθ] *s* djup; djuphet; djupsinne; ***in the ~ of winter*** mitt i vintern; ***be out of one's ~*** vara på djupet; bildl. vara ute på hal is
deputation [ˌdepjʊˈteɪʃ(ə)n] *s* deputation
deputy [ˈdepjʊtɪ] *s* **1** deputerad; ombud

2 ställföreträdare, vikarie; attributivt ställföreträdande
derange [dɪˈreɪndʒ] *vb tr* **1** rubba; störa **2** ***mentally deranged*** mentalsjuk
Derby [ˈdɑːbɪ, amer. ˈdɜːbɪ] *s* **1** sport. derby **2** ***derby*** amer. plommonstop, kubb
deregulate [diːˈregjʊleɪt] *vb tr* avreglera
derelict [ˈderɪlɪkt] *adj* övergiven, herrelös
deride [dɪˈraɪd] *vb tr* håna, förlöjliga
derision [dɪˈrɪʒ(ə)n] *s* hån, förlöjligande
derive [dɪˈraɪv] *vb tr* o. *vb itr* dra, få, erhålla; härleda, härstamma
derogatory [dɪˈrɒgətrɪ] *adj* förklenande, förringande [*~ remarks*]
descend [dɪˈsend] *vb itr* o. *vb tr* **1** gå (komma, stiga) ned, sänka sig [*on* över]; stiga (gå) nedför **2** slutta **3** gå i arv
descendant [dɪˈsendənt] *s* avkomling [*of* till]
descent [dɪˈsent] *s* **1** nedstigning; nedgång **2** sluttning, nedförsbacke
describe [dɪˈskraɪb] *vb tr* beskriva
description [dɪˈskrɪpʃ(ə)n] *s* **1** beskrivning **2** slag, sort
desecrate [ˈdesɪkreɪt] *vb tr* vanhelga
1 desert [dɪˈzɜːt] *s*, ***get one's deserts*** få vad man förtjänar
2 desert [adjektiv o. substantiv ˈdezət, verb dɪˈzɜːt] **I** *adj* öde, obebodd; öken- **II** *s* öken **III** *vb tr* o. *vb itr* överge; desertera från; desertera, rymma; perfekt particip ***deserted*** äv. öde
deserter [dɪˈzɜːtə] *s* desertör
desertion [dɪˈzɜːʃ(ə)n] *s* **1** övergivande **2** desertering, rymning
deserve [dɪˈzɜːv] *vb tr* förtjäna, vara värd
deserving [dɪˈzɜːvɪŋ] *adj* förtjänstfull, värdig, värd; ***a ~ case*** om person ett ömmande fall
desiccated [ˈdesɪkeɪtɪd] *adj*, ***~ coconut*** kokosflingor
design [dɪˈzaɪn] **I** *vb tr* o. *vb itr* **1** formge; teckna; göra utkast till, rita [*~ a building*]; skapa **2** planlägga **3** avse [*a room designed for children*] **II** *s* **1** formgivning, design; planläggning; ritning; utförande; modell **2** mönster **3** plan; avsikt, syfte
designate [ˈdezɪgneɪt] *vb tr* beteckna
designation [ˌdezɪgˈneɪʃ(ə)n] *s* beteckning, benämning
designer [dɪˈzaɪnə] *s* formgivare, designer
desirable [dɪˈzaɪərəbl] *adj* önskvärd
desire [dɪˈzaɪə] **I** *vb tr* **1** önska; ***leave much*** (***a great deal***) ***to be desired*** lämna mycket övrigt att önska **2** begära, be **II** *s* **1** önskan; längtan, begär [*for, of* efter, till] **2** önskemål
desirous [dɪˈzaɪərəs] *adj* ivrig, lysten [*of* efter]
desist [dɪˈzɪst] *vb itr* avstå; upphöra
desk [desk] *s* **1** skrivbord; skolbänk; ***teacher's ~*** kateder **2** kassa i butik
desktop [ˈdesktɒp] *s*, ***~ computer*** bordsdator
desolate [ˈdesələt] *adj* **1** ödslig; enslig **2** ensam och övergiven
desolation [ˌdesəˈleɪʃ(ə)n] *s* **1** ödeläggelse **2** övergivenhet
despair [dɪˈspeə] **I** *s* förtvivlan; ***be in ~*** vara förtvivlad **II** *vb itr* förtvivla
desperado [ˌdespəˈrɑːdəʊ] (pl. *~s*) *s* desperado
desperate [ˈdespərət] *adj* desperat, förtvivlad
desperation [ˌdespəˈreɪʃ(ə)n] *s* förtvivlan; desperation
despicable [dɪˈspɪkəbl] *adj* föraktlig
despise [dɪˈspaɪz] *vb tr* förakta
despite [dɪˈspaɪt] *prep* trots, oaktat
despondent [dɪˈspɒndənt] *adj* förtvivlad, modfälld
despot [ˈdespɒt] *s* despot, tyrann
despotic [deˈspɒtɪk] *adj* despotisk
dessert [dɪˈzɜːt] *s* dessert
dessertspoon [dɪˈzɜːtspuːn] *s* dessertsked
destination [ˌdestɪˈneɪʃ(ə)n] *s* destination; bestämmelseort
destine [ˈdestɪn] *vb tr* bestämma, ämna [*for* för, till]
destiny [ˈdestɪnɪ] *s* öde, livsöde
destitute [ˈdestɪtjuːt] *adj* utblottad [*of* på]; utfattig
destroy [dɪˈstrɔɪ] *vb tr* förstöra; tillintetgöra
destroyer [dɪˈstrɔɪə] *s* förstörare; sjö. jagare
destruction [dɪˈstrʌkʃ(ə)n] *s* förstörande, förintelse; ödeläggelse
destructive [dɪˈstrʌktɪv] *adj* destruktiv
detach [dɪˈtætʃ] *vb tr* **1** lösgöra, skilja **2** mil. detachera, avdela
detachable [dɪˈtætʃəbl] *adj* löstagbar
detached [dɪˈtætʃt] *adj* **1** avskild, enstaka **2** opartisk; likgiltig
detachment [dɪˈtætʃmənt] *s* **1** lösgörande, avskiljande **2** opartiskhet; likgiltighet **3** mil. detachering
detail [ˈdiːteɪl, speciellt amer. dɪˈteɪl] **I** *vb tr* **1** utförligt relatera; specificera **2** mil. avdela, detachera [*for* till] **II** *s* detalj, detaljer

detailed ['di:teɪld] *adj* detaljerad
detain [dɪ'teɪn] *vb tr* **1** uppehålla, försena **2** hålla i häkte
detect [dɪ'tekt] *vb tr* upptäcka; spåra
detection [dɪ'tekʃ(ə)n] *s* upptäckt
detective [dɪ'tektɪv] **I** *adj* detektiv-; ~ ***inspector*** kriminalinspektör **II** *s* detektiv
detector [dɪ'tektə] *s* tekn. el. radio. detektor; ***sound ~*** lyssnarapparat
détente [deɪ'tɒnt] *s* polit. avspänning
detention [dɪ'tenʃ(ə)n] *s* **1** uppehållande **2** kvarhållande i häkte; ~ ***camp*** mil. interneringsläger
deter [dɪ'tɜ:] *vb tr* avskräcka, avhålla [*from*]
detergent [dɪ'tɜ:dʒ(ə)nt] *s* tvättmedel, diskmedel, rengöringsmedel
deteriorate [dɪ'tɪərɪəreɪt] *vb tr* o. *vb itr* försämra; försämras
deterioration [dɪˌtɪərɪə'reɪʃ(ə)n] *s* försämring
determination [dɪˌtɜ:mɪ'neɪʃ(ə)n] *s* **1** beslutsamhet; fast föresats **2** fastställande
determine [dɪ'tɜ:mɪn] *vb tr* o. *vb itr* **1** bestämma; fastställa **2** besluta; besluta sig
deterrent [dɪ'ter(ə)nt] **I** *adj* avskräckande **II** *s* avskräckningsmedel
detest [dɪ'test] *vb tr* avsky
detestable [dɪ'testəbl] *adj* avskyvärd
dethrone [dɪ'θrəʊn] *vb tr* störta från tronen; detronisera
detonate ['detəneɪt] *vb tr* o. *vb itr* få att detonera; detonera
detonation [ˌdetə'neɪʃ(ə)n] *s* detonation
detour ['di:tʊə] *s* omväg; avstickare
detract [dɪ'trækt] *vb itr*, ~ ***from*** förringa
detrimental [ˌdetrɪ'mentl] *adj* skadlig [*to* för]
1 deuce [dju:s] *s* spel. tvåa; i tennis fyrtio lika, deuce
2 deuce [dju:s] *s* vard., ***what the ~?*** vad tusan?; ***the ~ of a row*** ett fasligt uppträde (gräl)
devaluation [ˌdi:væljʊ'eɪʃ(ə)n] *s* devalvering, nedskrivning av valuta
devalue [ˌdi:'vælju:] *vb tr* devalvera
devastate ['devəsteɪt] *vb tr* ödelägga
devastation [ˌdevə'steɪʃ(ə)n] *s* ödeläggelse
develop [dɪ'veləp] *vb tr* o. *vb itr* **1** utveckla; utnyttja, exploatera; utveckla sig, utvecklas [*into* till]; ***developing country*** utvecklingsland, u-land **2** foto. framkalla
development [dɪ'veləpmənt] *s* **1** utveckling; utnyttjande, exploatering **2** foto. framkallning
deviate ['di:vɪeɪt] *vb itr* avvika
deviation [ˌdi:vɪ'eɪʃ(ə)n] *s* avvikelse
device [dɪ'vaɪs] *s* **1** plan; påhitt **2** anordning, apparat **3** emblem, märke på sköld, vapen **4** ***leave a p. to his own ~s*** låta ngn klara sig själv
devil ['devl] *s* djävul, fan, sate; ***what the ~...?*** vad tusan (i helsike)...?; ***run like the ~*** springa som tusan; ***go to the ~*** dra åt helsike; ***play the ~ with*** ta kål på; ***talk of the ~ and he will appear*** el. ***talk of the ~*** ordspr. när man talar om trollen, så står de i farstun el. när man talar om trollen; ***between the ~ and the deep*** (***the deep blue***) ***sea*** ordspr. i valet och kvalet
devilish ['devlɪʃ] *adj* djävulsk; vard. jäkla
devious ['di:vjəs] *adj* **1** slingrande **2** bedräglig
devise [dɪ'vaɪz] *vb tr* hitta på, tänka ut
devoid [dɪ'vɔɪd] *adj*, ~ ***of*** blottad på, utan
devote [dɪ'vəʊt] *vb tr* uppoffra; ~ ***oneself to*** ägna sig åt
devoted [dɪ'vəʊtɪd] *adj* o. *perf p* **1** hängiven; tillgiven **2** bestämd [*to* åt]
devotion [dɪ'vəʊʃ(ə)n] *s* **1** tillgivenhet [*to* för]; hängivenhet [*to* för]; ~ ***to duty*** plikttrohet **2** uppoffrande
devour [dɪ'vaʊə] *vb tr* sluka
devout [dɪ'vaʊt] *adj* from; andäktig
dew [dju:] *s* dagg
dexterity [dek'sterətɪ] *s* fingerfärdighet
dexterous ['dekstərəs] *adj* fingerfärdig
dextrose ['dekstrəʊz] *s* druvsocker
diabetes [ˌdaɪə'bi:ti:z] *s* diabetes, sockersjuka
diabetic [ˌdaɪə'betɪk] *s* diabetiker, sockersjuk patient
diabolical [ˌdaɪə'bɒlɪk(ə)l] *adj* diabolisk, djävulsk
diagnose ['daɪəgnəʊz] *vb tr* diagnostisera
diagnosis [ˌdaɪəg'nəʊsɪs] (pl. *diagnoses* [ˌdaɪəg'nəʊsi:z]) *s* diagnos
diagonal [daɪ'ægənl] *adj* o. *s* diagonal
diagram ['daɪəgræm] *s* diagram
dial ['daɪ(ə)l] **I** *s* **1** urtavla **2** visartavla **3** radio. stationsskala **4** tele. fingerskiva **5** solur **II** *vb tr* o. *vb itr* ringa upp; slå telefonnummer; slå på fingerskivan
dialect ['daɪəlekt] *s* dialekt
dialectal [ˌdaɪə'lektl] *adj* dialektal
dialogue ['daɪəlɒg] *s* dialog, samtal
diameter [daɪ'æmɪtə] *s* diameter

diamond ['daɪəmənd] *s* **1** diamant **2** kortsp. ruterkort; pl. ***~s*** ruter
diaper ['daɪəpə] *s* amer. blöja
diaphragm ['daɪəfræm] *s* **1** anat. diafragma **2** foto. bländare
diarrhoea [ˌdaɪə'rɪə] *s* diarré
diary ['daɪərɪ] *s* dagbok; almanacka
dice [daɪs] *s pl* tärningar; tärningsspel
dictate [substantiv 'dɪkteɪt, verb dɪk'teɪt] **I** *s* diktat, påbud, föreskrift **II** *vb tr* o. *vb itr* diktera; föreskriva
dictation [dɪk'teɪʃ(ə)n] *s* diktamen
dictator [dɪk'teɪtə] *s* diktator
dictatorial [ˌdɪktə'tɔ:rɪəl] *adj* diktatorisk
dictatorship [dɪk'teɪtəʃɪp] *s* diktatur
dictionary ['dɪkʃənrɪ] *s* ordbok, lexikon
did [dɪd] se *1 do*
didn't ['dɪdnt] = *did not*
1 die [daɪ] *s* **1** (pl. *dice* [daɪs]) tärning **2** pl. ***~s*** präglingsstämpel, myntstämpel
2 die [daɪ] *vb itr* **1** dö, omkomma, avlida **2** dö ut, slockna **3** ***I'm dying to do it*** jag längtar efter att få göra det! **4** ***~ down*** (***away***) dö bort
diesel ['di:z(ə)l] *s*, ***~ engine*** motor, dieselmotor
diet ['daɪət] **I** *s* diet; kost; ***be on a ~*** hålla diet; banta **II** *vb itr* hålla diet; banta
differ ['dɪfə] *vb itr* **1** vara olik (olika); avvika [*from* från] **2** vara av olika mening
difference ['dɪfr(ə)ns] *s* **1** olikhet; skillnad; ***it makes no ~ to me*** det gör mig detsamma; ***it doesn't make much ~*** det spelar inte så stor roll **2** meningsskiljaktighet
different ['dɪfr(ə)nt] *adj* olik, olika, skild, annorlunda; helt annan
differentiate [ˌdɪfə'renʃɪeɪt] *vb tr* o. *vb itr* differentiera; ***~ between*** göra åtskillnad mellan
difficult ['dɪfɪk(ə)lt] *adj* svår; besvärlig
difficulty ['dɪfɪkəltɪ] *s* svårighet, svårigheter
diffuse [adjektiv dɪ'fju:s, verb dɪ'fju:z] **I** *adj* **1** spridd; diffus **2** omständlig **II** *vb tr* o. *vb itr* sprida (spridas) omkring
dig [dɪg] **I** (*dug dug*) *vb tr* o. *vb itr* **1** gräva [*for* efter]; gräva i; ***~ out*** gräva fram **2** stöta, sticka **II** *s* vard. stöt, stick; bildl. pik, känga
digest [daɪ'dʒest] *vb tr* **1** smälta t.ex. mat, kunskaper **2** tänka över
digestion [daɪ'dʒestʃ(ə)n] *s* matsmältning; digestion
digit ['dɪdʒɪt] *s* ensiffrigt tal, siffra
digital ['dɪdʒɪtl] *adj* digital [*~ recording* (inspelning)]
dignified ['dɪgnɪfaɪd] *adj* värdig; förnäm
dignify ['dɪgnɪfaɪ] *vb tr* göra värdig
dignitary ['dɪgnɪtərɪ] *s* dignitär
dignity ['dɪgnətɪ] *s* värdighet; ***stand on one's ~*** hålla på sin värdighet
digs [dɪgz] *s pl* vard. hyresrum, lya
dilapidated [dɪ'læpɪdeɪtɪd] *adj* förfallen
dilatation [ˌdaɪleɪ'teɪʃ(ə)n] *s* utvidgning
dilate [daɪ'leɪt] *vb tr* o. *vb itr* vidga; vidga sig
dilemma [dɪ'lemə] *s* dilemma
dilettante [ˌdɪlɪ'tæntɪ] *s* dilettant
diligent ['dɪlɪdʒ(ə)nt] *adj* flitig, arbetsam
dilute [daɪ'lju:t] *vb tr* spä ut, blanda ut
dim [dɪm] **I** *adj* dunkel [*~ memories*]; oklar, vag **II** *vb tr* bil., ***~ one's*** (***the***) ***headlights*** amer. blända av vid möte
dime [daɪm] *s* amer. tiocentare; ***~ store*** billighetsaffär
dimension [dɪ'menʃ(ə)n] *s* dimension
diminish [dɪ'mɪnɪʃ] *vb tr* o. *vb itr* förminska; förminskas
diminutive [dɪ'mɪnjʊtɪv] *adj* diminutiv äv. gram.; mycket liten
dimmer ['dɪmə] *s* bil. amer. ljusomkopplare, avbländare
dimple ['dɪmpl] *s* smilgrop
din [dɪn] *s* dån, buller, larm
dine [daɪn] *vb itr* äta middag
diner ['daɪnə] *s* **1** middagsgäst **2** järnv. restaurangvagn **3** amer. matställe
dinghy ['dɪŋgɪ] *s* jolle
dingy ['dɪndʒɪ] *adj* smutsig; sjaskig
dining-car ['daɪnɪŋkɑ:] *s* järnv. restaurangvagn
dining-hall ['daɪnɪŋhɔ:l] *s* större matsal
dining-room ['daɪnɪŋru:m] *s* matsal, matrum
dinner ['dɪnə] *s* middag; ***sit down to ~*** sätta sig till bords
dinner jacket ['dɪnəˌdʒækɪt] *s* smoking
dinner party ['dɪnəˌpɑ:tɪ] *s* middagsbjudning
dinner plate ['dɪnəpleɪt] *s* flat tallrik
dinosaur ['daɪnəsɔ:] *s* dinosaurie, skräcködla
diocese ['daɪəsɪs] *s* kyrkl. stift, biskopsdöme
dip [dɪp] **I** *vb tr* o. *vb itr* **1** doppa, sänka ned [*in, into*]; dyka, doppa sig **2** ***~ into*** bläddra i [*~ into a book*] **3** bil., ***~ the*** (***one's***) ***headlights*** blända av vid möte **II** *s* doppning, sänkning; vard. dopp, bad

diphtheria [dɪf'θɪərɪə] *s* difteri
diphthong ['dɪfθɒŋ] *s* diftong
diploma [dɪ'pləʊmə] *s* diplom
diplomacy [dɪ'pləʊməsɪ] *s* diplomati
diplomat ['dɪpləmæt] *s* diplomat
diplomatic [ˌdɪplə'mætɪk] *adj* diplomatisk
dipstick ['dɪpstɪk] *s* bil. oljemätsticka
dipswitch ['dɪpswɪtʃ] *s* bil. avbländare, ljusomkopplare
direct [dɪ'rekt] **I** *vb tr* o. *vb itr* **1** rikta [*at, to, towards* mot] **2** leda, dirigera; regissera [*~ a film*] **3** visa vägen [*can you ~ me to the station?*] **4** adressera [*~ a letter to a p.*] **5** befalla, beordra, föreskriva; bestämma
II *adj* **1** direkt; rak [*the ~ opposite*], rät; omedelbar; ***~ current*** likström; ***~ hit*** fullträff **2** rättfram
III *adv* direkt; rakt, rätt
direction [dɪ'rekʃ(ə)n] *s* **1** riktning; ***in every ~*** åt alla håll; ***in the ~ of*** mot, åt...till; ***sense of ~*** lokalsinne **2** ofta pl. ***~s*** anvisning, anvisningar; föreskrifter, föreskrift
directly [dɪ'rektlɪ] **I** *adv* **1** direkt; rakt **2** genast **II** *konj* så snart som
director [dɪ'rektə] *s* **1** direktör; chef; ***~ of studies*** studierektor; ***board of ~s*** bolagsstyrelse **2** film. el. teat. regissör
directory [dɪ'rektərɪ] *s, **telephone ~*** telefonkatalog
dirt-cheap [ˌdɜ:t'tʃi:p] *adj* o. *adv* jättebillig; jättebilligt
dirty ['dɜ:tɪ] **I** *adj* **1** smutsig, oren **2** snuskig [*a ~ story*]; ***give a p. a ~ look*** ge ngn en mördande blick; ***a ~ mind*** en snuskig fantasi; ***~ play*** sport. ojust spel; ***a ~ trick*** ett fult spratt; ***do the ~ work*** göra slavgörat **3** om väder ruskig **II** *vb tr* smutsa ner
disability [ˌdɪsə'bɪlətɪ] *s* **1** oduglighet **2** invaliditet
disable [dɪs'eɪbl] *vb tr* **1** göra oduglig **2** göra till invalid
disabled [dɪs'eɪbld] *adj* handikappad
disadvantage [ˌdɪsəd'vɑ:ntɪdʒ] *s* nackdel; ***at a ~*** i ett ofördelaktigt läge
disadvantageous [ˌdɪsædvɑ:n'teɪdʒəs] *adj* ofördelaktig
disagree [ˌdɪsə'gri:] *vb itr* **1** inte samtycka, inte instämma; ***I ~*** det håller jag inte med om **2** inte komma (stämma) överens **3** om t.ex. mat, ***this food ~s with me*** jag tål inte den här maten
disagreeable [ˌdɪsə'grɪəbl] *adj* obehaglig, otrevlig
disagreement [ˌdɪsə'gri:mənt] *s* meningsskiljaktighet; oenighet
disallow [ˌdɪsə'laʊ] *vb tr* underkänna, förklara ogiltig
disappear [ˌdɪsə'pɪə] *vb itr* försvinna
disappearance [ˌdɪsə'pɪər(ə)ns] *s* försvinnande
disappoint [ˌdɪsə'pɔɪnt] *vb tr* göra besviken [*with* på]
disappointing [ˌdɪsə'pɔɪntɪŋ] *adj, **it was ~*** det var en besvikelse
disappointment [ˌdɪsə'pɔɪntmənt] *s* besvikelse, missräkning
disapproval [ˌdɪsə'pru:v(ə)l] *s* ogillande
disapprove ['dɪsə'pru:v] *vb tr* o. *vb itr, **~ of*** el. ~ ogilla
disarm [dɪs'ɑ:m] *vb tr* o. *vb itr* nedrusta
disarmament [dɪs'ɑ:məmənt] *s* nedrustning
disarrange [ˌdɪsə'reɪndʒ] *vb tr* ställa till oreda i
disarray [ˌdɪsə'reɪ] *s* oreda, oordning
disaster [dɪ'zɑ:stə] *s* olycka; katastrof
disastrous [dɪ'zɑ:strəs] *adj* katastrofal
disbelief [ˌdɪsbɪ'li:f] *s* misstro [*in* till]
disbelieve [ˌdɪsbɪ'li:v] *vb tr* o. *vb itr, **~ in*** el. ~ inte tro på, tvivla på
disc [dɪsk] *s* **1** rund skiva, platta; bricka **2** grammofonskiva
discard [dɪs'kɑ:d] *vb tr* kasta; förkasta; kassera
discern [dɪ'sɜ:n] *vb tr* urskilja, skönja
discerning [dɪ'sɜ:nɪŋ] *adj* omdömesgill
discharge [dɪs'tʃɑ:dʒ] **I** *vb tr* **1** lasta av; lossa **2** avlossa, skjuta **3** elektr. ladda ur **4** med. avsöndra, utsöndra **5** frige [*~ a prisoner*]; skriva ut [*~ a patient*]; avskeda **6** betala [*~ a debt*]; fullgöra [*~ one's duties*]
II *s* **1** avlastning **2** elektr. urladdning **3** med. flytning; avsöndring, utsöndring **4** frigivning [*~ of a prisoner*]; utskrivning [*~ of a patient*]; avsked, avskedande; speciellt mil. hemförlovning **5** betalning [*~ of a debt*]; fullgörande [*~ of one's duties*]
disciple [dɪ'saɪpl] *s* lärjunge; anhängare
disciplinary ['dɪsɪplɪnərɪ] *adj* disciplinär
discipline ['dɪsɪplɪn] **I** *s* disciplin **II** *vb tr* disciplinera
disc jockey ['dɪskˌdʒɒkɪ] *s* vard. diskjockey, skivpratare
disclose [dɪs'kləʊz] *vb tr* bringa i dagen; avslöja [*~ a secret to* (för) *a p.*]
disco ['dɪskəʊ] (pl. *~s*) *s* vard. disco

discolour [dɪs'kʌlə] *vb tr* avfärga; missfärga
discomfort [dɪs'kʌmfət] **I** *s* obehag **II** *vb tr* orsaka obehag
disconcert [ˌdɪskən'sɜ:t] *vb tr* bringa ur fattningen; perfekt particip ***disconcerted*** förlägen
disconnect [ˌdɪskə'nekt] *vb tr* avbryta förbindelsen mellan; skilja; koppla av (ifrån), stänga av [~ *the telephone*]
disconsolate [dɪs'kɒnsələt] *adj* otröstlig
discontent [ˌdɪskən'tent] *s* missnöje
discontented [ˌdɪskən'tentɪd] *adj* missnöjd
discontinue [ˌdɪskən'tɪnjʊ] *vb tr* avbryta; sluta med; lägga ned [~ *the work*]; dra in [~ *a bus line*]
discord ['dɪskɔ:d] *s* **1** oenighet, missämja **2** mus. dissonans; mus. el. bildl. disharmoni
discotheque ['dɪskətek] *s* diskotek
discount ['dɪskaʊnt] **I** *s* rabatt; ~ ***store*** lågprisvaruhus **II** *vb tr* dra av; bortse ifrån
discourage [dɪs'kʌrɪdʒ] *vb tr* **1** göra modfälld **2** inte uppmuntra till; avskräcka [~ *a p. from doing a th.*]
discouragement [dɪs'kʌrɪdʒmənt] *s* **1** modfälldhet **2** avskräckande; motgång
discouraging [dɪs'kʌrɪdʒɪŋ] *adj* nedslående [*a ~ result*]; avskräckande
discourteous [dɪs'kɜ:tjəs] *adj* ohövlig
discover [dɪ'skʌvə] *vb tr* upptäcka; finna
discovery [dɪ'skʌvərɪ] *s* upptäckt
discredit [dɪs'kredɪt] **I** *s*, ***be a ~ to*** vara en skam för; ***bring*** (***throw***) ~ ***on*** bringa i vanrykte, misskreditera **II** *vb tr* misskreditera
discreditable [dɪs'kredɪtəbl] *adj* vanhedrande
discreet [dɪ'skri:t] *adj* diskret, taktfull
discrepancy [dɪs'krepənsɪ] *s* avvikelse; diskrepans
discretion [dɪ'skreʃ(ə)n] *s* **1** urskillningsförmåga, omdöme; diskretion, takt **2** ***at one's own ~*** el. ***at ~*** efter behag; ***use your ~*** gör som du själv finner för gott
discriminate [dɪ'skrɪmɪneɪt] *vb tr* o. *vb itr* **1** skilja [*between* på, mellan]; urskilja **2** göra skillnad [*between* på, mellan]; ~ ***against*** diskriminera
discriminating [dɪ'skrɪmɪneɪtɪŋ] *adj* omdömesgill, skarpsinnig [~ *judgement*]
discrimination [dɪˌskrɪmɪ'neɪʃ(ə)n] *s* **1** skiljande; diskriminering [*race ~*]; åtskillnad [*without ~*] **2** urskillning; skarpsinne
discus ['dɪskəs] *s* diskus
discuss [dɪs'kʌs] *vb tr* diskutera
discussion [dɪs'kʌʃ(ə)n] *s* diskussion
disdain [dɪs'deɪn] **I** *s* förakt **II** *vb tr* förakta
disdainful [dɪs'deɪnf(ʊ)l] *adj* föraktfull
disease [dɪ'zi:z] *s* sjukdom, sjukdomar
diseased [dɪ'zi:zd] *adj* sjuklig
disembark [ˌdɪsɪm'bɑ:k] *vb itr* landstiga, debarkera
disengage [ˌdɪsɪn'geɪdʒ] *vb tr* frigöra, lossa [*from*]; koppla loss
disfigure [dɪs'fɪgə] *vb tr* vanställa, vanpryda
disgrace [dɪs'greɪs] **I** *s* **1** vanära; skamfläck; ***this is a ~!*** detta är rena skandalen! **2** onåd **II** *vb tr* **1** vanhedra; skämma ut **2** bringa i onåd
disgraceful [dɪs'greɪsf(ʊ)l] *adj* skamlig; skandalös
disgruntled [dɪs'grʌntld] *adj* missnöjd; sur
disguise [dɪs'gaɪz] **I** *vb tr* **1** förkläda, klä ut, maskera **2** förställa [~ *one's voice*] **3** maskera **II** *s* **1** förklädnad; mask; ***in ~*** förklädd **2** förställning; maskering
disgust [dɪs'gʌst] **I** *s* avsky, avsmak [*at*, *with* för] **II** *vb tr* äckla
disgusting [dɪs'gʌstɪŋ] *adj* äcklig; vidrig
dish [dɪʃ] **I** *s* **1** fat; karott; flat skål; assiett [*butter ~*]; ***dirty dishes*** el. ***dishes*** odiskad disk; ***wash*** (***wash up***) ***the dishes*** diska **2** maträtt **3** [***satellite***] ~ parabolantenn **II** *vb tr* **1** ~ ***up*** lägga upp [~ *up the food*]; sätta fram, servera; ~ ***out*** dela ut **2** vard. lura; knäcka besegra
dishabille [ˌdɪsæ'bi:l] *s*, ***in ~*** i negligé
disharmonious [ˌdɪshɑ:'məʊnjəs] *adj* disharmonisk
dishcloth ['dɪʃklɒθ] *s* disktrasa; kökshandduk
dishearten [dɪs'hɑ:tn] *vb tr* göra modfälld; ***disheartening*** nedslående
dishevelled [dɪ'ʃev(ə)ld] *adj* ovårdad, rufsig [~ *hair*]
dishonest [dɪs'ɒnɪst] *adj* oärlig, ohederlig
dishonesty [dɪs'ɒnɪstɪ] *s* oärlighet
dishonour [dɪs'ɒnə] *s* o. *vb tr* vanära
dishonourable [dɪs'ɒnərəbl] *adj* **1** vanhedrande **2** ohederlig
dishwasher ['dɪʃˌwɒʃə] *s* **1** diskmaskin **2** diskare
dishwater ['dɪʃˌwɔ:tə] *s* diskvatten; vard. teblask

disillusioned [ˌdɪsɪ'lu:ʒənd] *adj* desillusionerad
disinfect [ˌdɪsɪn'fekt] *vb tr* desinficera
disinfectant [ˌdɪsɪn'fektənt] *s* desinfektionsmedel
disinherit [ˌdɪsɪn'herɪt] *vb tr* göra arvlös
disintegrate [dɪs'ɪntɪgreɪt] *vb tr* o. *vb itr* sönderdela, sönderdelas
disinterested [dɪs'ɪntrəstɪd] *adj* oegennyttig; opartisk
disk [dɪsk] *s* **1** speciellt amer., se *disc* **2** data. skiv- [~ *storage* (skivminne)]
diskette [dɪ'sket] *s* data. diskett
dislike [dɪs'laɪk] **I** *vb tr* tycka illa om, ogilla **II** *s* motvilja, aversion [*of* mot]
dislocate ['dɪsləkeɪt] *vb tr* med. vrida ur led, vricka
dislodge [dɪs'lɒdʒ] *vb tr* rycka loss, rubba
disloyal [dɪs'lɔɪəl] *adj* illojal; otrogen
disloyalty [dɪs'lɔɪəltɪ] *s* illojalitet; otrohet
dismal ['dɪzm(ə)l] *adj* dyster, trist
dismantle [dɪs'mæntl] *vb tr* demontera
dismay [dɪs'meɪ] **I** *s* bestörtning **II** *vb tr* göra bestört
dismiss [dɪs'mɪs] *vb tr* **1** avskeda **2** upplösa församling etc. **3** slå ur tankarna; avfärda; avslå **4** jur. ogilla; ~ ***the case*** avskriva målet
dismissal [dɪs'mɪs(ə)l] *s* **1** avskedande **2** upplösning av församling etc. **3** avvisande; avslag
dismount [ˌdɪs'maʊnt] *vb itr* stiga av (ned, ur)
disobedience [ˌdɪsə'bi:djəns] *s* olydnad
disobedient [ˌdɪsə'bi:djənt] *adj* olydig
disobey [ˌdɪsə'beɪ] *vb tr* o. *vb itr* inte lyda
disorder [dɪs'ɔ:də] *s* **1** oordning; ***throw into*** ~ ställa till oreda i **2** oroligheter [*political* ~*s*] **3** med. rubbning
disorderly [dɪs'ɔ:dəlɪ] *adj* **1** oordnad **2** bråkig, störande [~ *conduct*]
disorganize [dɪs'ɔ:gənaɪz] *vb tr* desorganisera; ställa till oreda i
disown [dɪs'əʊn] *vb tr* inte kännas vid
disparage [dɪ'spærɪdʒ] *vb tr* nedvärdera; tala nedsättande om
dispassionate [dɪs'pæʃənət] *adj* lidelsefri; opartisk
dispatch [dɪ'spætʃ] **I** *vb tr* avsända, expediera **II** *s* **1** avsändning, expediering **2** rapport, depesch
dispatch box [dɪ'spætʃbɒks] *s* dokumentskrin
dispatch rider [dɪ'spætʃˌraɪdə] *s* mil. ordonnans
dispel [dɪ'spel] *vb tr* fördriva, skingra
dispensary [dɪ'spensərɪ] *s* apotek på sjukhus
dispense [dɪ'spens] *vb tr* o. *vb itr* **1** dela ut, fördela, ge; ***dispensing chemist*** apotekare **2** skipa [~ *justice*] **3** ~ ***with*** avvara, undvara
disperse [dɪ'spɜ:s] *vb tr* o. *vb itr* sprida; skingra; sprida (skingra) sig
displace [dɪ'spleɪs] *vb tr* **1** flytta på, rubba **2** tränga undan (ut); ***displaced person*** tvångsförflyttad, flykting
display [dɪ'spleɪ] **I** *vb tr* **1** visa fram; skylta med [~ *goods in the window*] **2** visa prov på [~ *courage*]; visa upp **II** *s* **1** förevisning, uppvisning [*a fashion* ~]; utställning; ***window*** ~ fönsterskyltning; ~ ***of colours*** färgprakt **2** uttryck [*of* för], prov [*a* ~ *of* (på) *courage*]; ***make a*** ~ ***of*** ståta med **3** data. bildskärm
displease [dɪs'pli:z] *vb tr* väcka missnöje hos; ***be displeased*** vara missnöjd
displeasing [dɪs'pli:zɪŋ] *adj* misshaglig
displeasure [dɪs'pleʒə] *s* missnöje
disposable [dɪ'spəʊzəbl] *adj* **1** disponibel, till förfogande **2** engångs- [~ *paper plates*]
disposal [dɪ'spəʊz(ə)l] *s* **1** bortskaffande, undanröjning **2** avyttrande, försäljning **3** anordning, disposition **4** ***be at a p.'s*** ~ stå till ngns förfogande
dispose [dɪ'spəʊz] *vb itr*, ~ ***of*** bli (göra sig) av med; klara av; förfoga över, disponera
disposed [dɪ'spəʊzd] *adj* benägen, upplagd, disponerad [*to, for* för]
disposition [ˌdɪspə'zɪʃ(ə)n] *s* **1** anordning; uppställning; disposition **2** sinnelag, lynne **3** benägenhet
disproportionate [ˌdɪsprə'pɔ:ʃənət] *adj* oproportionerlig
disprove [ˌdɪs'pru:v] *vb tr* motbevisa
dispute [dɪ'spju:t] *vb itr* o. *vb tr* disputera, tvista [*about, on* om]; bestrida [~ *a claim*]
disqualification [dɪsˌkwɒlɪfɪ'keɪʃ(ə)n] *s* diskvalificering
disqualify [dɪs'kwɒlɪfaɪ] *vb tr* diskvalificera
disregard [ˌdɪsrɪ'gɑ:d] **I** *vb tr* ignorera, nonchalera [~ *a warning*], åsidosätta [~ *a p.'s wishes*] **II** *s* ignorerande, nonchalerande
disrepair [ˌdɪsrɪ'peə] *s* dåligt skick, förfall
disreputable [dɪs'repjʊtəbl] *adj* illa beryktad
disrepute [ˌdɪsrɪ'pju:t] *s* vanrykte
disrespect [ˌdɪsrɪ'spekt] *s* brist på respekt

disrupt [dɪs'rʌpt] *vb tr* splittra, söndra; störa
dissatisfaction ['dɪˌsætɪs'fækʃ(ə)n] *s* missnöje, missbelåtenhet
dissatisfied [ˌdɪ'sætɪsfaɪd] *adj* missnöjd, missbelåten
dissect [dɪ'sekt] *vb tr* dissekera
disseminate [dɪ'semɪneɪt] *vb tr* sprida
dissension [dɪ'senʃ(ə)n] *s* meningsskiljaktighet; oenighet, missämja
dissent [dɪ'sent] **I** *vb itr* skilja sig i åsikter, avvika [*from* från]; reservera sig [*from* mot] **II** *s* meningsskiljaktighet
dissenter [dɪ'sentə] *s* **1** oliktänkande person **2** dissenter, frikyrklig
dissertation [ˌdɪsə'teɪʃ(ə)n] *s* doktorsavhandling [*on* om, över]
disservice [ˌdɪ'sɜːvɪs] *s* otjänst, björntjänst [*do a p. a* ~]
dissident ['dɪsɪd(ə)nt] *s* oliktänkande
dissimilar [ˌdɪ'sɪmɪlə] *adj* olik, olika; ~ ***to a th.*** olik ngt
dissimilarity [ˌdɪsɪmɪ'lærətɪ] *s* olikhet
dissipated ['dɪsɪpeɪtɪd] *adj* utsvävande [~ *life*]
dissipation [ˌdɪsɪ'peɪʃ(ə)n] *s* utsvävningar, festande
dissolute ['dɪsəluːt] *adj* **1** utsvävande **2** härjad [*look* ~]
dissolve [dɪ'zɒlv] *vb tr* o. *vb itr* upplösa [~ *a partnership*]; lösa; upplösa sig, upplösas; lösa sig
dissuade [dɪ'sweɪd] *vb tr* avråda
distance ['dɪst(ə)ns] **I** *s* avstånd; distans; sträcka; ***keep one's*** ~ el. ***keep at a*** ~ hålla sig på avstånd; ***in the*** ~ i fjärran **II** *vb tr* distansera
distant ['dɪst(ə)nt] *adj* **1** avlägsen; långt bort **2** reserverad
distaste [ˌdɪs'teɪst] *s* avsmak; motvilja [*for* mot, för], olust
distend [dɪ'stend] *vb tr* o. *vb itr* utvidga, utvidgas, svälla
distil [dɪ'stɪl] *vb tr* o. *vb itr* destillera, bränna; destilleras
distillation [ˌdɪstɪ'leɪʃ(ə)n] *s* destillering, destillation
distillery [dɪ'stɪlərɪ] *s* bränneri; spritfabrik
distinct [dɪ'stɪŋkt] *adj* **1** tydlig, klar, distinkt **2** olik, olika; skild [*two* ~ *groups*]
distinction [dɪ'stɪŋkʃən] *s* **1** skillnad; distinktion; ***draw a*** ~ göra skillnad [*between* på, mellan]; ***without*** ~ utan åtskillnad **2** betydelse, värde [*a novel of* ~]
distinctive [dɪ'stɪŋktɪv] *adj* särskiljande, utmärkande
distinguish [dɪ'stɪŋgwɪʃ] *vb tr* **1** tydligt skilja, särskilja; urskilja **2** känneteckna, utmärka
distinguished [dɪ'stɪŋgwɪʃt] *adj* **1** framstående; förnämlig, lysande [*a* ~ *career*] **2** distingerad
distort [dɪ'stɔːt] *vb tr* **1** förvrida; ***distorting mirror*** skrattspegel **2** förvränga, förvanska [~ *facts*]
distortion [dɪ'stɔːʃ(ə)n] *s* **1** förvridning; förvrängning, förvanskning **2** vrångbild
distract [dɪ'strækt] *vb tr* distrahera; förvirra
distracted [dɪ'stræktɪd] *adj* **1** förvirrad, ifrån sig **2** vansinnig
distraction [dɪ'strækʃ(ə)n] *s* **1** förvirring, oreda **2** sinnesförvirring; ***to*** ~ till vanvett
distress [dɪ'stres] **I** *s* **1** trångmål; nödläge; nöd; sjönöd [*a ship in* ~]; ~ ***signal*** nödrop; nödsignal **2** smärta, sorg, bedrövelse **II** *vb tr* plåga, pina
distressed [dɪ'strest] *adj* **1** nödstalld, svårt betryckt **2** olycklig; bedrövad
distressing [dɪ'stresɪŋ] *adj* plågsam, smärtsam; beklämmande
distribute [dɪ'strɪbjuːt] *vb tr* dela ut; fördela; distribuera
distribution [ˌdɪstrɪ'bjuːʃ(ə)n] *s* utdelning [*prize* ~]; fördelning; distribution
distributor [dɪ'strɪbjʊtə] *s* utdelare, distributör; fördelare i bil
district ['dɪstrɪkt] *s* område, distrikt
distrust [dɪs'trʌst] *s* o. *vb tr* misstro
distrustful [dɪs'trʌstf(ʊ)l] *adj* misstrogen
disturb [dɪ'stɜːb] *vb tr* störa; oroa, ofreda
disturbance [dɪ'stɜːb(ə)ns] *s* **1** oro; störning **2** oordning; bråk [*a political* ~]
disuse [ˌdɪs'juːs] *s*, ***fall into*** ~ komma ur bruk
disused [ˌdɪs'juːzd] *adj* avlagd; nedlagd
ditch [dɪtʃ] *s* dike; grav
ditchwater ['dɪtʃˌwɔːtə] *s*, ***as dull as*** ~ vard. dödtråkig
dither ['dɪðə] *vb itr* vackla, tveka
ditto ['dɪtəʊ] *adv* o. *s* hand. el. vard. dito
ditty ['dɪtɪ] *s* liten visa (sång)
diva ['diːvə] *s* diva
divan [dɪ'væn] *s* divan soffa
dive [daɪv] **I** *vb itr* dyka [*for* efter]; ~ ***in*** hoppa i **II** *s* dykning; sport. simhopp
diver ['daɪvə] *s* dykare
diverge [daɪ'vɜːdʒ] *vb itr* gå isär; avvika [*from*]

divergence [daɪ'vɜ:dʒ(ə)ns] *s* avvikelse
diverse [daɪ'vɜ:s] *adj* olika; mångfaldig
diversion [daɪ'vɜ:ʃ(ə)n] *s* **1** avledande; skenmanöver; omläggning [*traffic ~*] **2** tidsfördriv
diversity [daɪ'vɜ:sətɪ] *s* mångfald
divert [daɪ'vɜ:t] *vb tr* **1** avleda; dirigera (lägga) om [*~ the traffic*] **2** roa, underhålla
divest [daɪ'vest] *vb tr* beröva, frånta [*a p. of a th.* ngn ngt]
divide [dɪ'vaɪd] *vb tr* o. *vb itr* **1** dela upp; fördela [äv. *~ up*]; dela upp sig [*into* i] **2** mat. dividera, dela **3** dela, splittra, göra oense
dividend ['dɪvɪdend] *s* utdelning på t.ex. aktier; återbäring
divine [dɪ'vaɪn] **I** *adj* **1** gudomlig **2** vard. förtjusande, bedårande [*a ~ hat*] **II** *s* vard. teolog **III** *vb tr* o. *vb itr* **1** sia om, sia, spå **2** ana sig till
diving-board ['daɪvɪŋbɔ:d] *s* trampolin
divinity [dɪ'vɪnətɪ] *s* **1** gudomlighet **2** skol. religionskunskap
division [dɪ'vɪʒ(ə)n] *s* **1** delning; indelning [*into* i] **2** mat. el. mil. el. sport. division **3** avdelning **4** skiljelinje; gräns
divorce [dɪ'vɔ:s] **I** *s* jur. skilsmässa; äktenskapsskillnad **II** *vb tr* o. *vb itr* skilja sig från [*~ one's wife*]; skilja makar; skilja sig, skiljas
divorcée [dɪˌvɔ:'si:] *s* frånskild kvinna
divulge [daɪ'vʌldʒ, dɪ'vʌldʒ] *vb tr* avslöja, röja
DIY [ˌdi:aɪ'waɪ] (förk. för *do-it-yourself*) gör-det-själv [*~ shop (store)*]
dizzy ['dɪzɪ] *adj* **1** yr **2** svindlande [*~ heights*]
DJ förk. för *disc jockey*
1 do [du:] (*did done*; *he/she/it does*) *vb* (se äv. *done, don't*) **I** *vb tr* o. *vb itr* **1** göra; utföra; *~ **one's homework*** läsa (göra) sina läxor; *~ **sums*** (***arithmetic***) räkna; *~ **the rumba*** dansa rumba; ***what can I ~ for you?*** vad kan jag stå till tjänst med?; ***please ~!*** varsågod!, ja gärna! **2** syssla med [*~ painting*]; arbeta på (med) **3** klara (sköta) sig [*how is he doing?*]; må [*she is doing better now*]; ***how do you ~?*** hälsningsfras god dag! **4** vard. lura, snuva [*out of* på] **5** vard. vara lagom för, räcka för; passa [*this room will ~ me*]; gå an [*it doesn't ~ to offend him*]; räcka, vara lagom; ***that'll do*** det är bra, det räcker □ *~* **away with** avskaffa; *~* **in** sl. a) fixa mörda b) ta kål på; *~* **out a)** städa upp i; måla och tapetsera **b)** *~ **a p. out of a th.*** lura ifrån ngn ngt; *~* **up a)** reparera, renovera, snygga upp **b)** slå (packa) in [*~ up a parcel*] **c)** knäppa [*~ up one's coat*]; knyta **d)** ***be done up*** vara slut (tröttkörd); *~* **with a)** ***it has (is) nothing to ~ with you*** det har ingenting med dig att göra **b)** ***I can ~ with two*** jag behöver två; ***I could ~ with a drink*** det skulle smaka bra med en drink **c)** ***be done with*** vara över (slut); ***let's have done with it*** låt oss få slut på det; [***buy it***] ***and have done with it*** ...så är det gjort; ***when you have done with the knife*** när du är färdig med kniven; *~* **without** klara sig utan
II *hjälpvb* **1** ersättningsverb göra; [***do you know him?***] ***yes, I ~*** ...ja, det gör jag; ***you saw it, didn't you?*** du såg det, eller hur? **2** betonat: ***I ~ wish I could help you*** jag önskar verkligen att jag kunde hjälpa dig; *~ **come!*** kom för all del!
3 omskrivande: *~ **you like it?*** tycker du om det?; ***doesn't he know it?*** vet han det inte?; ***I don't dance*** jag dansar inte
2 do [du:] *s* **1** fest, kalas **2** ***do's and dont's*** regler och förbud
doc [dɒk] *s* vard. doktor
docile ['dəʊsaɪl] *adj* läraktig; foglig
1 dock [dɒk] *s* förhörsbås i rättssal; ***be in the ~*** sitta på de anklagades bänk
2 dock [dɒk] *s* **1** skeppsdocka; hamnbassäng **2** ofta pl. ***~s*** hamn; varv; kaj
docker ['dɒkə] *s* hamnarbetare
dockyard ['dɒkjɑ:d] *s* skeppsvarv; ***naval ~*** örlogsvarv
doctor ['dɒktə] *s* **1** univ. doktor; ***Doctor of Philosophy*** filosofie doktor **2** läkare, doktor; ***family ~*** husläkare; ***doctor's certificate*** läkarintyg
doctrine ['dɒktrɪn] *s* doktrin, lära
document ['dɒkjʊmənt] *s* dokument, handling
documentary [ˌdɒkjʊ'mentrɪ] *s* reportage i TV o. radio; dokumentärfilm
dodge [dɒdʒ] **I** *vb itr* o. *vb tr* vika undan, hoppa åt sidan, smita; slingra sig; slingra sig ifrån; smita från **II** *s* knep
dodgem ['dɒdʒ(ə)m] *s* radiobil på nöjesfält
dodger ['dɒdʒə] *s* filur, skojare; ***tax ~*** skattesmitare
doe [dəʊ] *s* **1** hind **2** harhona, kaninhona
does [dʌz, obetonat dəz] ***he/she/it does*** se vidare *1 do*
doesn't ['dʌznt] = *does not*

dog [dɒg] **I** *s* **1** hund; ***the ~s*** vard. hundkapplöpningen; ***he is going to the ~s*** vard. det går utför med honom **2** vard., ***dirty ~*** fähund; ***lazy ~*** lathund; ***lucky ~*** lyckans ost **II** *vb tr* förfölja
dog-eared ['dɒgˌɪəd] *adj* om bok med hundöron, skamfilad
dogged ['dɒgɪd] *adj* envis, ihärdig, seg
doggy ['dɒgɪ] *s* vard. vovve; ***~ bag*** påse för (med) överbliven mat som en restauranggäst får med sig hem
dog kennel ['dɒgˌkenl] *s* hundkoja
dogma ['dɒgmə] *s* dogm; trossats
dogmatic [dɒg'mætɪk] *adj* dogmatisk
dog-tired [ˌdɒg'taɪəd] *adj* dödstrött
doing ['du:ɪŋ] *s, **it will take some ~*** det är inte gjort utan vidare; pl. ***~s*** förehavanden
doldrums ['dɒldrəmz] *s pl* stiltje; stiltjeområden; ***in the ~*** bildl. nedstämd; utan liv, flau
dole [dəʊl] **I** *s* **1** allmosa **2** vard. arbetslöshetsunderstöd; ***be (go) on the ~*** gå och stämpla **II** *vb tr, ~ **out*** dela ut
doleful ['dəʊlf(ʊ)l] *adj* sorglig; sorgsen
doll [dɒl] **I** *s* docka leksak **II** *vb tr* o. *vb itr, ~ **up*** vard. klä (snofsa) upp, klä (snofsa) upp sig
dollar ['dɒlə] *s* dollar [*five ~s*]
dolphin ['dɒlfɪn] *s* delfin
domain [dəʊ'meɪn] *s* domän; område
dome [dəʊm] *s* kupol
domestic [də'mestɪk] **I** *adj* **1** hus-, hushålls-; ***~ duties*** hushållsgöromål; ***~ help*** hemhjälp; ***~ life*** hemliv; ***~ science*** hushållslära; skol. hemkunskap **2** huslig, hemkär **3** inrikes [*~ policy*] **4** ***~ animal*** husdjur **II** *s* hembiträde
domesticate [də'mestɪkeɪt] *vb tr* **1** ***she (he) is not domesticated*** hon (han) är inte huslig **2** tämja [*domesticated animals*]
dominance ['dɒmɪnəns] *s* herravälde; dominans
dominant ['dɒmɪnənt] *adj* härskande; förhärskande; dominerande
dominate ['dɒmɪneɪt] *vb tr* o. *vb itr* behärska, dominera; härska över; härska
domination [ˌdɒmɪ'neɪʃ(ə)n] *s* herravälde
domineer [ˌdɒmɪ'nɪə] *vb itr* dominera, härska
domino ['dɒmɪnəʊ] *s, **dominoes*** dominospel
Donald Duck [ˌdɒnld'dʌk] seriefigur Kalle Anka
donate [dəʊ'neɪt] *vb tr* skänka; donera
donation [dəʊ'neɪʃ(ə)n] *s* bidragsgivande; gåva; donation
done [dʌn] *perf p* o. *adj* **1** gjort, gjord etc., jfr *1 do*; ***it can't be ~*** det går inte; ***well ~!*** bravo!, det gjorde du bra!; ***have you ~ talking?*** har du pratat färdigt? **2** vard. lurad **3** kok. färdigkokt, färdigstekt **4** ***it isn't ~*** det är inte passande
donkey ['dɒŋkɪ] *s* åsna äv. om person; ***for donkey's years*** vard. på (i) många herrans år
donor ['dəʊnə] *s* donator; givare [*blood ~*]
don't [dəʊnt] **I** *vb = do not; ~!* låt bli! **II** *s* skämts. förbud
doom [du:m] **I** *s* **1** ont öde; undergång **2** ***the day of ~*** domens dag **II** *vb tr* döma, förutbestämma
doomed [du:md] *adj* dömd [*~ to die*]; dödsdömd
doomsday ['du:mzdeɪ] *s* domedag
door [dɔ:] *s* dörr; port; ingång; lucka; ***the car is at the ~*** bilen är framkörd; ***be at death's ~*** ligga för döden; ***out of ~s*** utomhus; ***within ~s*** inomhus
doorknob ['dɔ:nɒb] *s* runt dörrhandtag
doorknocker ['dɔ:ˌnɒkə] *s* portklapp
doorstep ['dɔ:step] *s* **1** dörrtröskel **2** ofta pl. ***~s*** yttertrappa, farstutrappa
door-to-door [ˌdɔ:tə'dɔ:] *adj, **~ salesman*** dörrknackare
doorway ['dɔ:weɪ] *s* dörröppning; port
dope [dəʊp] *s* **1** vard. knark, narkotika; ***~ fiend (addict)*** knarkare, narkoman; ***~ merchant (pedlar, pusher)*** knarklangare, narkotikalangare **2** sl. dummer, fåntratt
dormice ['dɔ:maɪs] se *dormouse*
dormitory ['dɔ:mətrɪ] *s* sovsal; ***~ suburb*** sovstad
dormouse ['dɔ:maʊs] (pl. *dormice* ['dɔ:maɪs]) *s* sjusovare; hasselmus
dorsal ['dɔ:s(ə)l] *adj, **~ fin*** ryggfena på fisk
dosage ['dəʊsɪdʒ] *s* dosering; dos
dose [dəʊs] **I** *s* dos, dosis **II** *vb tr* **1** ge medicin **2** dosera
dossier ['dɒsɪeɪ] *s* dossier
dot [dɒt] **I** *s* punkt, prick [*the ~ over an i*]; ***on the ~*** vard. punktligt, prick **II** *vb tr* **1** pricka, punktera [*~ a line*]; sätta prick över [*~ one's i's*] **2** ligga spridd över
dote [dəʊt] *vb itr, ~ **on*** avguda
dotted ['dɒtɪd] *adj* o. *perf p* **1** prickad [*~ line*]; prickig; ***sign on the ~ line*** skriva under **2** översållad [*with* med, av]
double ['dʌbl] **I** *adj* dubbel; tvåfaldig; ~

figures tvåsiffriga tal; ***play a ~ game*** bildl. spela dubbelspel
II *s* **1** exakt kopia; avbild; dubbelgångare **2** mil., ***at*** (***on***) ***the ~*** i språngmarsch **3** i tennis m.m., ***~s*** dubbel, dubbelmatch
III *vb tr* o. *vb itr* **1** fördubbla, dubblera; fördubblas, bli dubbel **2** vika; ***~ up*** böja (vika) ihop; vika sig dubbel, vrida sig [*~ up with laughter*]; ***~ oneself up*** krypa ihop **3** sjö. runda, dubblera [*~ a cape*] **4** mil. utföra språngmarsch
double-barrelled [ˌdʌblˈbær(ə)ld] *adj*, ***~ name*** dubbelnamn
double bass [ˌdʌblˈbeɪs] *s* mus. kontrabas
double-breasted [ˌdʌblˈbrestɪd] *adj* om plagg dubbelknäppt, tvåradig
double cream [ˌdʌblˈkri:m] *s* tjock grädde, vispgrädde
double-cross [ˌdʌblˈkrɒs] vard. *vb tr* spela dubbelspel med, lura
double-decker [ˌdʌblˈdekə] *s* dubbeldäckare [om buss äv. *~ bus*]
double-faced [ˈdʌblfeɪst] *adj* falsk
double-glazed [ˌdʌblˈgleɪzd] *adj*, ***~ window*** dubbelfönster
double standard [ˌdʌblˈstændəd] *s* dubbelmoral
doubt [daʊt] **I** *s* tvivel; ovisshet; tvekan; ***give a p. the benefit of the ~*** hellre fria än fälla ngn; ***beyond*** (***past***) ***~*** utom allt tvivel; ***be in ~*** tveka; ***when in ~*** i tveksamma fall **II** *vb itr* o. *vb tr* tvivla [*of* på], tveka; betvivla, tvivla på [*~ the truth of a th.*]; misstro
doubtful [ˈdaʊtf(ʊ)l] *adj* tvivelaktig [*a ~ case*]; oviss [*a ~ fight*]; om person tveksam
dough [dəʊ] *s* **1** deg **2** sl. kosing pengar
doughnut [ˈdəʊnʌt] *s* kok., slags munk
doughy [ˈdəʊɪ] *adj* degig
dour [dʊə] *adj* sträng; envis; kärv, seg
dove [dʌv] *s* duva
dowager [ˈdaʊədʒə] *s*, ***queen ~*** änkedrottning
1 down [daʊn] *s* högländ kuperat hedland
2 down [daʊn] *s* dun, ludd; fjun
3 down [daʊn] **I** *adv* o. *adj* **1** ned, ner; nedåt; nere; i korsord lodrätt; **2** kontant [*pay £10 ~*]; ***cash ~*** kontant **3** minus; ***be one ~*** sport. ligga under med ett mål **4** ***note*** (***write***) ***~*** anteckna, skriva upp □ **~ in** *the mouth* vard. nedslagen, moloken; *be* **~ on** *a p.* hacka på ngn; **~ to**: ***~ to*** [***our time***] ända (fram) till...; ***~ to the last detail*** in i minsta detalj; *be* **~ with** [*the flu*] ligga sjuk i...
II *adj* **1** nedåtgående, avgående, från stan [*the ~ traffic*]; ***~ platform*** plattform för avgående tåg **2** kontant [*~ payment*]; ***~ payment*** äv. handpenning
III *prep* nedför, utför; i [*throw a th. ~ the sink*], nedåt; borta i [*~ the hall*], nere i; längs med; ***walk ~ the street*** gå gatan fram; [***there's a pub***] ***~ the street*** ...längre ner på gatan
downcast [ˈdaʊnkɑ:st] *adj* nedslagen [*~ eyes*]
downfall [ˈdaʊnfɔ:l] *s* **1** skyfall **2** fall, undergång
downgrade [ˈdaʊngreɪd] *s*, ***on the ~*** på tillbakagång
downhearted [ˌdaʊnˈhɑ:tɪd] *adj* nedstämd
downhill [ˌdaʊnˈhɪl] *adv* nedför, utför; ***go ~*** bildl. förfalla
downpour [ˈdaʊnpɔ:] *s* störtregn
downright [ˈdaʊnraɪt] **I** *adj* ren, fullkomlig **II** *adv* riktigt; fullkomligt
downstairs [ˌdaʊnˈsteəz] *adv* nedför trappan (trapporna), ner [*go ~*]; nere
down-to-earth [ˌdaʊntʊˈɜ:θ] *adj* realistisk
downtown [ˌdaʊnˈtaʊn, adjektiv ˈdaʊntaʊn] *adv* o. *adj* speciellt amer. in till (ner mot) stan (centrum); i centrum (city)
downward [ˈdaʊnwəd] **I** *adj* nedåtgående, sjunkande [*a ~ tendency*]; ***~ slope*** nedförsbacke **II** *adv* nedåt
downwards [ˈdaʊnwədz] *adv* nedåt
dowry [ˈdaʊərɪ] *s* hemgift
doyen [ˈdɔɪən] *s* **1** dipl. doyen **2** nestor
doze [dəʊz] **I** *vb itr* dåsa; ***~ off*** slumra till **II** *s* lätt slummer; tupplur
dozen [ˈdʌzn] *s* dussin [*two ~ knives*; *some ~s of knives*], dussintal; ***by the ~*** dussinvis; ***do one's daily ~*** vard. göra sin morgongymnastik
dozenth [ˈdʌznθ] *adj* tolfte
Dr o. **Dr.** (förk. för *Doctor*) dr, d:r
drab [dræb] *adj* **1** trist **2** gråbrun, smutsgul
draft [drɑ:ft] äv. amer. stavning för *draught*, se detta ord **I** *s* **1** speciellt mil. uttagning, detachering; amer. äv. inkallelse till militärtjänst **2** plan, utkast, koncept **II** *vb tr* **1** mil. detachera; amer. äv. kalla in **2** göra utkast till, skissera
drafty [ˈdrɑ:ftɪ] *adj* amer. dragig [*a ~ room*]
drag [dræg] **I** *vb tr* o. *vb itr* **1** släpa, dra; röra sig långsamt [*the time seemed to ~*]; sacka efter **2** ***~ out*** (***on***) el. ***~*** dra ut på, förhala; ***~ on*** dra ut på tiden **II** *s*

1 hämsko, broms äv. bildl.; hinder **2** sl. **a)** tråkmåns **b)** ***it's a ~*** det är dötrist **3** sl. 'drag race' accelerationstävling för bilar
dragnet ['drægnet] *s* dragnät, släpnot
dragon ['dræg(ə)n] *s* drake
drain [dreɪn] **I** *vb tr* o. *vb itr* **1** ~ ***off*** (***away***) el. ~ låta rinna av; rinna av (bort); tappa ut **2** dränera **3** tömma; dricka ur **II** *s* **1** dräneringsrör, avlopp; ***it has gone down the ~*** vard. det har gått åt pipan; ***throw*** (***pour***) ***money down the ~*** vard. kasta pengarna i sjön **2** ***it is a great ~ on his strength*** det tar (tär) på hans krafter
drainage ['dreɪnɪdʒ] *s* **1** dränering, avvattning, avtappning **2** en trakts vattenavlopp; avloppsledningar
drainpipe ['dreɪnpaɪp] *s* avloppsrör
drake [dreɪk] *s* ankbonde, andrake
dram [dræm] *s* hutt, sup
drama ['drɑːmə] *s* drama, skådespel
dramatic [drə'mætɪk] *adj* dramatisk; ~ ***critic*** teaterkritiker
dramatist ['dræmətɪst] *s* dramatiker
dramatization [ˌdræmətaɪ'zeɪʃ(ə)n] *s* dramatisering
dramatize ['dræmətaɪz] *vb tr* dramatisera
drank [dræŋk] se *drink I*
drape [dreɪp] *vb tr* drapera
draper ['dreɪpə] *s* klädeshandlare, manufakturhandlare
drapery ['dreɪpərɪ] *s* **1** klädesvaror, manufakturvaror **2** klädeshandel **3** draperi
drastic ['dræstɪk] *adj* drastisk
draught [drɑːft] *s* **1** klunk; dos **2** drag; ***there is a ~*** det drar **3** teckning, utkast **4** ~***s*** dam, damspel
draught beer [ˌdrɑːft'bɪə] *s* fatöl
draughty ['drɑːftɪ] *adj* dragig [*a ~ room*]
draw [drɔː] **I** (*drew drawn*) *vb tr* o. *vb itr* **1** dra **2** dra åt (till); ~ ***a curtain*** dra för (undan) en gardin **3** rita, teckna **4** dra till sig, attrahera [~ *crowds*]; ***he drew my attention to*** han fäste min uppmärksamhet på **5** pumpa (dra) upp **6** sport. spela oavgjort **7** locka fram [~ *applause*], framkalla **8** tjäna, uppbära [~ *£1000 a month*]; lyfta [~ *one's salary*] **9** hand. dra, trassera **10** ~ ***near*** närma sig, nalkas **11** dra lott [*for* om] □ ~ **aside**: ~ ***a p. aside*** ta någon avsides; ~ **away** dra sig tillbaka (undan); ~ **back** dra sig tillbaka (undan); ~ **on** nalkas, närma sig [*winter is drawing on*]; ~ ***on a p.*** dra blankt mot ngn; ~ **out** dra (ta) ut; dra ut på [~ *out a meeting*]; ~ **to** dra för [~ *the curtain to*]; ~ ***to a close*** (***an end***) närma sig slutet; ~ **up** dra upp (närmare); avfatta, utarbeta, sätta upp [~ *up a document*]; stanna **II** *s* **1** drag, dragning; ***be quick on the ~*** dra snabbt t.ex. en revolver **2** vard. attraktion, dragplåster **3** lottdragning, dragning **4** oavgjord match; ***end in a ~*** sluta oavgjort
drawback ['drɔːbæk] *s* nackdel, avigsida
drawbridge ['drɔːbrɪdʒ] *s* klaffbro; vindbrygga
drawer ['drɔːə] *s* byrålåda, bordslåda; ***chest of ~s*** byrå
drawers [drɔːz] *s pl* underbyxor, kalsonger
drawing ['drɔːɪŋ] *s* ritning, teckning; ritkonst
drawing-pin ['drɔːɪŋpɪn] *s* häftstift
drawing-room ['drɔːɪŋruːm] *s* salong, sällskapsrum
drawl [drɔːl] **I** *vb itr* o. *vb tr* släpa på orden, tala släpigt; säga i en släpande ton **II** *s* släpigt tal
drawn [drɔːn] se *draw I*
dread [dred] **I** *vb tr* frukta **II** *s* fruktan [*of* för]; fasa
dreadful ['dredf(ʊ)l] *adj* förskräcklig, hemsk
dream [driːm] **I** *s* dröm **II** (*dreamt dreamt* [dremt] el. *dreamed dreamed* [dremt el. driːmd]) *vb tr* o. *vb itr* drömma; ~ ***up*** fantisera ihop
dreamer ['driːmə] *s* drömmare; svärmare
dreamt [dremt] se *dream II*
dreamy ['driːmɪ] *adj* drömmande, svärmisk
dreary ['drɪərɪ] *adj* tråkig, trist
dredge [dredʒ] **I** *s* släpnät, mudderverk **II** *vb tr* o. *vb itr* **1** fiska upp **2** muddra t.ex. sjöbotten
dregs [dregz] *s pl* drägg, bottensats; bildl. äv. avskum
drench [drentʃ] *vb tr* genomdränka
dress [dres] **I** *vb tr* o. *vb itr* **1** klä; klä sig [~ *well*]; klä på sig; ***get dressed*** klä sig; ~ ***up*** klä ut; klä sig fin; klä ut sig **2** bearbeta, bereda [~ *furs*] **3** anrätta, tillaga [~ *a salad*] **4** förbinda, lägga om [~ *a wound*] **5** vard., ~ ***down*** skälla ut **II** *s* dräkt, klädsel, klänning; toalett; ~ ***rehearsal*** generalrepetition
dresser ['dresə] *s* köksskåp med öppna överhyllor; hyllskänk; amer. toalettbord
dressing ['dresɪŋ] *s* **1** påklädning

2 tillredning **3** salladssås, dressing [*salad ~*] **4** gödsel; ***top ~*** övergödslingsmedel **5** omslag, förband
dressing-gown ['dresɪŋgaʊn] *s* morgonrock
dressing-room ['dresɪŋru:m] *s* omklädningsrum
dressing-table ['dresɪŋˌteɪbl] *s* toalettbord
dressmaker ['dresˌmeɪkə] *s* sömmerska
dress shirt [ˌdres'ʃɜ:t] *s* frackskjorta
drew [dru:] se *draw I*
dribble ['drɪbl] **I** *vb itr* o. *vb tr* **1** droppa, drypa **2** dregla **3** sport. dribbla **II** *s* **1** droppe **2** sport. dribbling
drier ['draɪə] *s* torkare; hårtork
drift [drɪft] **I** *s* **1** drivande, drift **2** driva [*a ~ of snow*] **3** tendens [*the general ~*]; tankegång **II** *vb itr* driva med strömmen; glida; ***~ apart*** glida ifrån varandra
drill [drɪl] **I** *vb tr* o. *vb itr* **1** drilla, borra; borra sig [*into* in i] **2** exercera, drilla **II** *s* **1** drillborr; borrmaskin **2** exercis, drill
drink [drɪŋk] **I** (*drank drunk*) *vb tr* o. *vb itr* dricka; supa; ***~ up*** dricka ur; ***~ to a p.*** dricka ngn till; dricka ngns skål; ***~ to a p.'s health*** dricka ngns skål **II** *s* **1** dryck [*food and ~*] **2** drickande, dryckenskap **3** klunk; glas, sup, drink
drink-driver [ˌdrɪŋk'draɪvə] *s* rattfyllerist
drink-driving [ˌdrɪŋk'draɪvɪŋ] *s* rattfylleri
drip [drɪp] *vb itr* o. *vb tr* drypa; droppa
drip-dry [ˌdrɪp'draɪ] *vb itr* o. *vb tr* dropptorkas; dropptorka
dripping ['drɪpɪŋ] *s* **1** droppande **2** stekflott, flottyr
drive [draɪv] **I** (*drove driven*) *vb tr* o. *vb itr* **1** driva; driva på (fram), drivas, drivas fram **2** köra [*~ a car*] **3** tvinga [*into, to* till]; ***~ a p. mad*** (***crazy***) göra ngn galen **4** slå (driva, köra) in **5** ***~ at*** syfta på; ***what are you driving at?*** vart vill du komma?
II *s* **1** åktur, färd; körning; ***go for a ~*** ta en åktur **2** körväg; privat uppfartsväg **3** energi [*plenty of ~*]; kläm **4** kampanj, satsning, 'drive'; attack, offensiv
drivel ['drɪvl] *s* dravel, smörja, dösnack
driven ['drɪvn] se *drive I*
driver ['draɪvə] *s* förare, chaufför; ***driver's licence*** körkort
driving ['draɪvɪŋ] *s* körning; ***~ licence*** körkort; ***~ mirror*** backspegel; ***~ school*** trafikskola, bilskola; ***~ test*** körkortsprov; ***take one's ~ test*** äv. köra upp
drizzle ['drɪzl] **I** *vb itr* dugga **II** *s* duggregn
dromedary ['drɒməd(ə)rɪ] *s* dromedar
drone [drəʊn] **I** *s* **1** drönare, hanbi **2** surr; entonigt tal **II** *vb itr* surra; tala entonigt
drool [dru:l] *vb itr* dregla
droop [dru:p] *vb itr* o. *vb tr* sloka, hänga; sloka (hänga) med
drop [drɒp] **I** *s* **1** droppe **2** vard. tår, slurk [*a ~ of beer*] **3** fall, nedgång
II *vb itr* o. *vb tr* **1** droppa (falla, sjunka) ned, tappa, släppa; spilla; släppa ner; ***~ a p. a hint*** ge ngn en vink; ***~ me a postcard!*** skriv ett kort! **2** drypa, droppa **3** låta falla bort, utelämna **4** överge, upphöra med [*~ a bad habit*]; sluta umgås med **5** sätta (lämna) av [*I'll ~ you at the station*] □ ~ **behind** sacka (komma) efter; ~ **off** falla av; avta, minska; ~ **out** falla ur; dra sig ur, hoppa av; ~ **over** titta ˈöver, hälsa ˈpå
dropout ['drɒpaʊt] *s* avhoppare från t.ex. studier; en socialt utslagen
dropsy ['drɒpsɪ] *s* **1** med. vattusot **2** sl. mutor
drought [draʊt] *s* torka, regnbrist
drove [drəʊv] se *drive I*
drown [draʊn] *vb itr* o. *vb tr* drunkna, dränka; ***be drowned*** drunkna
drowsy ['draʊzɪ] *adj* sömnig; dåsig
drudgery ['drʌdʒərɪ] *s* slavgöra, slit
drug [drʌg] **I** *s* drog, apoteksvara; läkemedel; pl. ***~s*** äv. narkotika **II** *vb tr* **1** blanda sömnmedel (narkotika) i **2** droga; bedöva, söva
drug abuse ['drʌgəˌbju:s] *s* narkotikamissbruk
drug addict ['drʌgˌædɪkt] *s* narkoman
drug dealer ['drʌgˌdi:lə] *s* o. **drug pusher** ['drʌgˌpʊʃə] *s* narkotikalangare
drugstore ['drʌgstɔ:] *s* amer. drugstore, apotek och kemikalieaffär med bar m. m.
drum [drʌm] **I** *s* **1** trumma **2** tekn. trumma; vals, cylinder; ***~ brake*** trumbroms **3** i örat trumhinna **II** *vb itr* o. *vb tr* trumma; ***~ a th. into a p.*** slå i ngn ngt
drummer ['drʌmə] *s* trumslagare
drunk [drʌŋk] **I** se *drink I* **II** *adj* drucken, berusad **III** *s* fyllo, fyllerist
drunkard ['drʌŋkəd] *s* fyllbult, drinkare
drunken ['drʌŋk(ə)n] *adj* full, berusad; ***~ driver*** rattfyllerist; ***~ driving*** rattfylleri
dry [draɪ] **I** *adj* torr **II** *vb tr* o. *vb itr* torka; torka ut; förtorka, förtorkas; ***~ up*** a) torka ut b) vard. tystna [*he dried up suddenly*]
dry-clean [ˌdraɪ'kli:n] *vb tr* kemtvätta

dry-cleaner [ˌdraɪˈkliːnə] *s*, ***dry-cleaner's*** kemtvätt
dual [ˈdjuːəl] *adj* tvåfaldig, dubbel
dubious [ˈdjuːbjəs] *adj* tvivelaktig, tveksam
duchess [ˈdʌtʃəs] *s* hertiginna
duck [dʌk] **I** *s* anka; and [*wild* ~] **II** *vb itr* **1** dyka ned o. snabbt komma upp igen; doppa sig **2** böja sig hastigt; ducka
duckling [ˈdʌklɪŋ] *s* ankunge
dud [dʌd] vard. **I** *s* **1** blindgångare **2** falskt mynt, falsk sedel **II** *adj* oduglig, skräp-; falsk
dude [djuːd, duːd] *s* **1** speciellt amer. vard. snobb, dandy **2** stadsbo, turist **3** snubbe, person; i tilltal äv. du [*hey* ~]
due [djuː] **I** *adj* **1** som skall betalas; ***be (fall)* ~** förfalla till betalning **2** tillbörlig [*with ~ respect*]; ***in ~ course of time*** el. ***in ~ course*** i vederbörlig ordning **3 *~ to*** beroende på; på grund av; ***be ~ to*** bero på, ha sin grund i **4** väntad; ***the train is ~ at 6*** tåget beräknas ankomma kl. 6
II *adv* rakt, precis; ~ ***north*** rätt (rakt) norrut
III *s* **1 *a p.'s* ~** ngns rätt (del, andel) **2** pl. ***~s*** tull; avgift
duel [ˈdjuːəl] *s* duell
duet [djʊˈet] *s* duett
1 dug [dʌg] *s* juver; spene
2 dug [dʌg] se *dig I*
dug-out [ˈdʌgaʊt] *s* underjordiskt skyddsrum
duke [djuːk] *s* hertig
dull [dʌl] *adj* **1** matt, mulen **2** tråkig, trist **3** långsam, trög **4** dov [~ *ache*] **5** slö [*a ~ razor*]
duly [ˈdjuːlɪ] *adv* vederbörligen, tillbörligt
dumb [dʌm] *adj* **1** stum, mållös; ~ ***animals*** oskäliga djur **2** vard. dum [*a ~ blonde*]
dumbbell [ˈdʌmbel] *s* hantel
dumbfound [dʌmˈfaʊnd] *vb tr* göra mållös
dummy [ˈdʌmɪ] **I** *s* **1** attrapp; skyltdocka; buktalares docka **2** barns napp, tröst **II** *adj* falsk, sken-, blind-
dump [dʌmp] **I** *vb tr* stjälpa av, tippa [~ *the coal*], dumpa; slänga **II** *s* **1** avfallshög; avstjälpningsplats, soptipp **2** vard. håla, kyffe
dumpling [ˈdʌmplɪŋ] *s* kok. klimp som kokas i t.ex. soppa; ***apple* ~** äppelknyte
dunce [dʌns] *s* dumhuvud, dummerjöns
dung [dʌŋ] *s* dynga, gödsel
dungeon [ˈdʌndʒ(ə)n] *s* fängelsehåla
dunghill [ˈdʌŋhɪl] *s* gödselhög; sophög
dupe [djuːp] *vb tr* lura, dupera
duplicate [substantiv ˈdjuːplɪkət, verb ˈdjuːplɪkeɪt] **I** *s* **1** dubblett, kopia; ***in* ~** i två exemplar **2** pantkvitto **II** *vb tr* **1** fördubbla **2** duplicera
durable [ˈdjʊərəbl] *adj* varaktig; hållbar
during [ˈdjʊərɪŋ] *prep* under [~ *the day*]
dusk [dʌsk] *s* skymning; dunkel
dusky [ˈdʌskɪ] *adj* dunkel; svartaktig
dust [dʌst] **I** *s* **1** damm, stoft; ***throw ~ in a p.'s eyes*** slå blå dunster i ögonen på ngn **2** sopor **II** *vb tr* damma ner; damma av [äv. ~ *off*]
dustbin [ˈdʌstbɪn] *s* soptunna, soplår
dustcart [ˈdʌstkɑːt] *s* sopkärra, sopvagn
dustcover [ˈdʌstˌkʌvə] *s* skyddsomslag på bok
duster [ˈdʌstə] *s* dammtrasa; tavelsudd
dust jacket [ˈdʌstˌdʒækɪt] *s* skyddsomslag på bok
dustman [ˈdʌstmən] (pl. *dustmen* [ˈdʌstmən]) *s* sophämtare
dusty [ˈdʌstɪ] *adj* dammig
Dutch [dʌtʃ] **I** *adj* holländsk, nederländsk **II** *s* **1** nederländska språket; ***double* ~** rotvälska **2 *the Dutch*** holländarna
Dutchman [ˈdʌtʃmən] (pl. *Dutchmen* [ˈdʌtʃmən]) *s* holländare
dutiable [ˈdjuːtjəbl] *adj* tullpliktig
dutiful [ˈdjuːtɪf(ʊ)l] *adj* plikttrogen
duty [ˈdjuːtɪ] *s* **1** plikt, skyldighet **2** uppdrag; ***off* ~** tjänstledig; ***on* ~** a) i tjänst, tjänstgörande b) vakthavande, jourhavande c) på post; ***the officer on* ~** dagofficeren **3** hand. pålaga, avgift [*customs* ~], skatt, tull
duty-free [ˌdjuːtɪˈfriː] *adj* tullfri
dwarf [dwɔːf] **I** *s* dvärg **II** *vb tr* hämma i växten, förkrympa; få att verka mindre
dwell [dwel] (*dwelt dwelt*) *vb itr* **1** litt. vistas, bo **2 ~ *on*** dröja vid [~ *on a subject*]
dwelling [ˈdwelɪŋ] *s* boning; bostad
dwelt [dwelt] se *dwell*
dwindle [ˈdwɪndl] *vb itr* smälta (krympa) ihop; förminskas
dye [daɪ] **I** *s* färg; färgämne; färgmedel **II** *vb tr* färga
dying [ˈdaɪɪŋ] **I** *s* döende; ***to my ~ day*** så länge jag lever **II** *adj* döende
dynamic [daɪˈnæmɪk] *adj* dynamisk
dynamite [ˈdaɪnəmaɪt] **I** *s* dynamit **II** *vb tr* spränga med dynamit
dynamo [ˈdaɪnəməʊ] (pl. *~s*) *s* generator
dynasty [ˈdɪnəstɪ, ˈdaɪnəstɪ] *s* dynasti
dysentery [ˈdɪsntrɪ] *s* dysenteri

E

E, e [i:] *s* E, e; ***E flat*** mus. ess; ***E sharp*** mus. eiss
E (förk. för *east*) O, Ö
each [i:tʃ] *pron* **1 a)** var för sig, varje särskild; självständigt var och en för sig **b)** vardera; [*they cost*] ***one pound ~*** ...ett pund styck **2 ~ *other*** varandra
eager ['i:gə] *adj* ivrig, angelägen
eagle ['i:gl] *s* örn
1 ear [ɪə] *s* sädesax
2 ear [ɪə] *s* öra; ***be all ~s*** vara idel öra; ***give*** (***lend an***) ***~ to*** lyssna till; ***play by ~*** spela efter gehör
earache ['ɪəreɪk] *s* örsprång, öronvärk
eardrum ['ɪədrʌm] *s* trumhinna
earl [3:l] *s* brittisk greve
early ['3:lɪ] **I** *adv* tidigt; för tidigt; ***~ tomorrow morning*** i morgon bitti **II** *adj* tidig; för tidig; snar; ***the ~ bird catches the worm*** ordspr. morgonstund har guld i mund; ***in the ~ forties*** i början av (på) fyrtiotalet
earmark ['ɪəmɑ:k] *vb tr* anslå, reservera
earn [3:n] *vb tr* förtjäna, tjäna
earnest ['3:nɪst] **I** *adj* allvarlig [*an ~ attempt*]; enträgen **II** *s, **in real ~*** på fullt allvar; ***are you in ~?*** menar du allvar?
earnings ['3:nɪŋz] *s pl* förtjänst, intäkt, intäkter, inkomst, inkomster
earphone ['ɪəfəʊn] *s* hörlur; öronmussla
earring ['ɪərɪŋ] *s* örhänge
earshot ['ɪəʃɒt] *s, **within ~*** inom hörhåll
ear-splitting ['ɪəˌsplɪtɪŋ] *adj* öronbedövande
earth [3:θ] **I** *s* **1** jord; mull, mylla; mark [*fall to the ~*]; ***it costs the ~*** vard. det kostar en förmögenhet; ***how*** (***what, why***) ***on ~...?*** hur (vad, varför) i all världen...?; ***this place looks like nothing on ~*** vad här ser ut! **2** jakt. lya, kula; ***run*** (***go***) ***to ~*** om t.ex. räv gå under, gå i gryt **3** elektr. jord, jordledning **II** *vb tr* elektr. jorda
earthen ['3:θ(ə)n] *adj* jord-, ler- [*an ~ jar*]
earthenware ['3:θ(ə)nweə] *s* lergods
earthly ['3:θlɪ] *adj* **1** jordisk, världslig **2** vard., ***not an ~ chance*** el. ***not an ~*** inte skuggan av en chans
earthquake ['3:θkweɪk] *s* jordskalv, jordbävning
earthworm ['3:θw3:m] *s* daggmask
earthy ['3:θɪ] *adj* jordaktig, jordnära
earwig ['ɪəwɪg] *s* tvestjärt
ease [i:z] **I** *s* **1** välbefinnande; lugn, ro; ***at ~*** el. ***at one's ~*** a) i lugn och ro b) väl till mods; ***stand at ~!*** el. ***at ~!*** mil. manöver!; ***ill at ~*** illa till mods; ***put*** (***set***) ***a p. at ~*** få ngn att känna sig väl till mods **2** lätthet **II** *vb tr* o. *vb itr* **1** lindra [*~ the pain*] **2** lätta [*~ the pressure*] **3** lossa litet på [*~ the lid*], lätta på; ***~ off*** el. ~ lätta, minska; ***~ up*** ta det lugnare
easel ['i:zl] *s* staffli
easily ['i:zəlɪ] *adv* **1** lätt, med lätthet; mycket väl [*it may ~ happen*] **2** lugnt
east [i:st] **I** *s* **1** öster, öst, ost; ***to the ~ of*** öster om **2 *the East*** Östern; ***the Far East*** Fjärran Östern; ***the Middle East*** Mellanöstern **II** *adj* östlig, östra, öst- [*on the ~ coast*]; ***East Germany*** hist. Östtyskland; ***the East Indies*** Ostindien **III** *adv* mot (åt) öster, österut; ***~ of*** öster om
eastbound ['i:stbaʊnd] *adj* östgående
Easter ['i:stə] *s* påsk, påsken; ***~ Day*** (***Sunday***) påskdag, påskdagen; ***~ Monday*** annandag påsk
easterly ['i:stəlɪ] *adj* östlig, ostlig
eastern ['i:stən] *adj* **1** östlig, ostlig, östra, öst- **2 *Eastern*** österländsk
eastward ['i:stwəd] **I** *adj* ostlig **II** *adv* mot öster
eastwards ['i:stwədz] *adv* mot öster
easy ['i:zɪ] **I** *adj* **1** lätt, enkel **2** bekymmerslös [*lead an ~ life*], lugn; ***at an ~ pace*** sakta och makligt **II** *adv* vard. lätt [*easier said than done*]; ***go ~!*** el. ***~!*** sakta!, försiktigt!; ***take it ~!*** ta det lugnt!
easy-chair [ˌi:zɪ'tʃeə, 'i:zɪtʃeə] *s* fåtölj, länstol
easy-going ['i:zɪˌgəʊɪŋ] *adj* bekväm, slapp
eat [i:t] (*ate* [et, speciellt amer. eɪt] *eaten* ['i:tn]) *vb tr* o. *vb itr* äta; ***~ away*** fräta bort; ***~ into*** fräta sig in i
eatable ['i:təbl] *adj* ätbar njutbar
eaten ['i:tn] se *eat*
eau-de-Cologne [ˌəʊdəkə'ləʊn] *s* eau-de-cologne
eaves [i:vz] *s pl* takfot, takskägg
eavesdrop ['i:vzdrɒp] *vb itr* tjuvlyssna
eavesdropper ['i:vzˌdrɒpə] *s* tjuvlyssnare
ebb [eb] *s* ebb; ***~ and flow*** ebb och flod; ***be at a low ~*** stå lågt
ebony ['ebənɪ] *s* ebenholts
EC [ˌi:'si:] (förk. för *the European*

Communities) EG (förk. för Europeiska gemenskaperna)
eccentric [ɪk'sentrɪk] **I** *adj* excentrisk **II** *s* original, underlig figur
eccentricity [ˌeksen'trɪsətɪ] *s* excentricitet; originalitet
ECG [ˌi:si:'dʒi:] (förk. för *electrocardiogram*) EKG
echo ['ekəʊ] **I** (pl. *echoes*) *s* eko, genklang **II** *vb itr* eka, genljuda
eclipse [ɪ'klɪps] **I** *s* förmörkelse, eklips **II** *vb tr* **1** förmörka **2** bildl. ställa i skuggan
ecofreak ['ekəʊfri:k] *s* vard. miljöaktivist
ecofriendly ['ekəʊˌfrendlɪ] *adj* miljövänlig
ecological [ˌi:kə'lɒdʒɪkəl] *adj* ekologisk
ecology [i:'kɒlədʒɪ] *s* ekologi
economic [ˌi:kə'nɒmɪk] *adj* ekonomisk, nationalekonomisk
economical [ˌi:kə'nɒmɪk(ə)l] *adj* ekonomisk, sparsam
economics [ˌi:kə'nɒmɪks] *s* nationalekonomi; ekonomi
economist [ɪ'kɒnəmɪst] *s* ekonom; nationalekonom
economize [ɪ'kɒnəmaɪz] *vb itr* spara [*on* på], vara sparsam (ekonomisk) [*on* med]
economy [ɪ'kɒnəmɪ] *s* **1** sparsamhet, ekonomi; ~ ***size*** ekonomiförpackning **2** ekonomi
ecstasy ['ekstəsɪ] *s* **1** extas, hänryckning; ***go into ecstasies over*** råka i extas över **2** vard. ecstasy narkotika
ecstatic [ek'stætɪk] *adj* extatisk
ecu ['ekju:] (förk. för *European currency unit*) *s* ecu myntenhet
Ecuador ['ekwədɔ:]
Ecuadorian [ˌekwə'dɔ:rɪən] **I** *s* ecuadorian **II** *adj* ecuadoriansk
eczema ['eksəmə] *s* eksem
eddy ['edɪ] **I** *s* strömvirvel **II** *vb itr* virvla
edge [edʒ] **I** *s* **1** egg, kant; ***on*** ~ på helspänn, nervös; ***it set my nerves on*** ~ det gick mig på nerverna **2** kant [*the* ~ *of a table*], rand **II** *vb tr* o. *vb itr* **1** kanta **2** ~ ***one's way*** tränga sig fram; ~ ***out*** utmanövrera **3** maka (lirka) sig
edible ['edəbl] *adj* ätlig, ätbar
edict ['i:dɪkt] *s* edikt, påbud
edifice ['edɪfɪs] *s* större el. ståtlig byggnad
Edinburgh ['edɪnbərə]
edit ['edɪt] *vb tr* redigera; vara redaktör för, ge ut
edition [ɪ'dɪʃ(ə)n] *s* upplaga, utgåva
editor ['edɪtə] *s* redaktör; utgivare
editorial [ˌedɪ'tɔ:rɪəl] **I** *adj* redigerings-, redaktionell [~ *work*] **II** *s* ledare i tidning
educate ['edjʊkeɪt] *vb tr* utbilda, uppfostra
education [ˌedjʊ'keɪʃ(ə)n] *s* bildning [*classical* ~]; uppfostran; undervisning, utbildning
educational [ˌedjʊ'keɪʃənl] *adj* undervisnings-, utbildnings-
EEA [ˌi:i:'eɪ] (förk. för *European Economic Area*) EES (förk. för Europeiska ekonomiska samarbetsområdet)
eel [i:l] *s* ål
efface [ɪ'feɪs] *vb tr* utplåna, stryka
effect [ɪ'fekt] **I** *s* effekt, verkan [*cause and* ~], verkning [*the* ~*s of the war*], inverkan, påverkan, inflytande; ***in*** ~ i själva verket; ***come into*** (***take***) ~ träda i kraft; ***words to that*** ~ ord i den stilen **II** *vb tr* åstadkomma [~ *changes*], verkställa
effective [ɪ'fektɪv] *adj* effektiv, verksam
effeminate [ɪ'femɪnət] *adj* feminin
efficacious [ˌefɪ'keɪʃəs] *adj* effektiv
efficiency [ɪ'fɪʃənsɪ] *s* effektivitet
efficient [ɪ'fɪʃ(ə)nt] *adj* effektiv, kompetent
effort ['efət] *s* ansträngning; prestation; ***make an*** ~ ***to*** anstränga sig för att; ***with*** ~ med möda
effusive [ɪ'fju:sɪv] *adj* översvallande
e.g. [ˌi:'dʒi:, fərɪg'zɑ:mpl] = *for example* t.ex.
1 egg [eg] *vb tr*, ~ ***a p. on*** egga (driva på) ngn
2 egg [eg] *s* ägg; ***put*** (***have***) ***all one's*** ~***s in one basket*** sätta allt på ett kort
egghead ['eghed] *s* vard. intelligenssnobb, ägghuvud
ego ['i:gəʊ, 'egəʊ] *s* jag, ego
egocentric [ˌi:gə'sentrɪk, ˌegəʊ'sentrɪk] **I** *adj* egocentrisk **II** *s* egocentriker
egoism ['i:gəʊɪz(ə)m, 'egəʊɪz(ə)m] *s* egoism, egennytta
egoist ['i:gəʊɪst, 'egəʊɪst] *s* egoist
egotism ['i:gətɪz(ə)m, 'egəʊtɪz(ə)m] *s* självförhävelse, egotism; egenkärlek
egotist ['i:gətɪst, 'egətɪst] *s* egocentriker; egoist
Egypt ['i:dʒɪpt] Egypten
Egyptian [ɪ'dʒɪpʃ(ə)n] **I** *s* egyptier **II** *adj* egyptisk
eh [eɪ] *interj*, ~*!* va för nåt?; eller hur?, va? [*nice*, ~*?*]
eider ['aɪdə] *s* zool. ejder
eiderdown ['aɪdədaʊn] *s* **1** ejderdun **2** duntäcke

eight [eɪt] *räkn* o. *s* åtta
eighteen [ˌeɪ'ti:n] *räkn* o. *s* arton
eighteenth [ˌeɪ'ti:nθ] *räkn* o. *s* artonde; artondel
eighth [eɪtθ] *räkn* o. *s* åttonde; åttondel
eightieth ['eɪtɪɪθ] *räkn* o. *s* åttionde; åttiondel
eighty ['eɪtɪ] **I** *räkn* åttio **II** *s* åttio; åttiotal; ***in the eighties*** på åttiotalet
Eire ['eərə]
either ['aɪðə, speciellt amer. 'i:ðə] **I** *indef pron* **1** a) endera, ettdera, vilken (vilket) som helst b) någon, någondera, något, någotdera **2** vardera, vartdera; båda, bägge **II** *adv* heller [*he won't come* ~] **III** *konj*, ~***...or*** a) antingen...eller [*he is* ~ *mad or drunk*] b) både...och [*he is taller than* ~ *you or me*] c) vare sig...eller
ejaculate [ɪ'dʒækjʊleɪt] *vb tr* **1** utropa, utstöta **2** fysiol. ejakulera
ejaculation [ɪˌdʒækjʊ'leɪʃ(ə)n] *s* **1** utrop **2** sädesuttömning; fysiol. ejakulation
eject [ɪ'dʒekt] *vb tr* kasta (driva, stöta) ut
ejection [ɪ'dʒekʃ(ə)n] *s* utkastande; ~ ***seat*** katapultstol
elaborate [adjektiv ɪ'læbərət, verb ɪ'læbəreɪt] **I** *adj* i detalj utarbetad; omständlig; komplicerad **II** *vb tr* o. *vb itr* i detalj utarbeta; uttala sig närmare [*on* om]
elapse [ɪ'læps] *vb itr* förflyta, förgå
elastic [ɪ'læstɪk] **I** *adj* **1** elastisk; tänjbar **2** resår-, gummi- **II** *s* resår, gummiband
elasticity [ˌelæ'stɪsətɪ] *s* elasticitet; spänst
elated [ɪ'leɪtɪd] *adj* upprymd, glad, hänförd
elation [ɪ'leɪʃ(ə)n] *s* upprymdhet, glädje
elbow ['elbəʊ] **I** *s* armbåge **II** *vb tr*, ~ ***oneself forward*** armbåga sig fram
elbow room ['elbəʊru:m] *s* svängrum
elder ['eldə] *adj* (komparativ av *old*) äldre speciellt om släktingar
elderberry ['eldəˌberɪ] *s* fläderbär
elderly ['eldəlɪ] *adj* äldre [*an* ~ *gentleman*], rätt gammal
eldest ['eldɪst] *adj* (superlativ av *old*) äldst speciellt om släktingar
elect [ɪ'lekt] *vb tr* välja genom röstning
election [ɪ'lekʃ(ə)n] *s* val speciellt genom röstning; ***a general*** ~ allmänna val
elective [ɪ'lektɪv] *adj*, ~ ***subject*** skol. tillvalsämne
elector [ɪ'lektə] *s* väljare, valman
electorate [ɪ'lektərət] *s* väljarkår; ***the*** ~ äv. väljarna

electric [ɪ'lektrɪk] *adj* elektrisk; ~ ***bulb*** glödlampa; ~ ***cooker*** elspis, elektrisk spis
electrician [ɪlek'trɪʃ(ə)n] *s* elektriker, elmontör
electricity [ɪlek'trɪsətɪ] *s* elektricitet, el
electrocardiogram [ɪˌlektrəʊ'kɑ:djəʊgræm] *s* elektrokardiogram
electron [ɪ'lektrɒn] *s* elektron
electronic [ɪlek'trɒnɪk] *adj* elektronisk; ~ ***computer*** dator
electronics [ɪlek'trɒnɪks] *s* elektronik
electrostatic [ɪˌlektrə'stætɪk] *adj* elektrostatisk
elegance ['elɪgəns] *s* elegans
elegant ['elɪgənt] *adj* elegant
element ['elɪmənt] *s* **1** kem. grundämne **2** element; ***be in one's*** ~ vara i sitt rätta element (i sitt esse) **3** beståndsdel
elementary [ˌelɪ'mentrɪ] *adj* elementär, enkel
elephant ['eləfənt] *s* elefant
elevate ['elɪveɪt] *vb tr* lyfta upp, höja
elevation [ˌelɪ'veɪʃ(ə)n] *s* **1** upphöjande, lyftande **2** upphöjning [*an* ~ *in the ground*] **3** upphöjelse [~ *to the throne*] **4** höjd över havsytan (marken)
elevator ['elɪveɪtə] *s* elevator; speciellt amer. hiss
eleven [ɪ'levn] *räkn* o. *s* elva
eleventh [ɪ'levnθ] *räkn* o. *s* elfte; elftedel; ***at the*** ~ ***hour*** i elfte timmen
eligibility [ˌelɪdʒə'bɪlətɪ] *s* valbarhet, berättigande
eligible ['elɪdʒəbl] *adj* valbar [*for* till]; berättigad [~ *for a pension*], kvalificerad [~ *for membership*]
eliminate [ɪ'lɪmɪneɪt] *vb tr* eliminera; utesluta [~ *a possibility*]; ***eliminated*** sport. utslagen
elimination [ɪˌlɪmɪ'neɪʃ(ə)n] *s* **1** eliminering **2** sport. utslagning; ~ ***competition*** utslagningstävling
élite [ɪ'li:t, eɪ'li:t] *s* elit
elixir [ɪ'lɪksə] *s* elixir; universalmedel
elk [elk] *s* älg
elliptical [ɪ'lɪptɪk(ə)l] *adj* **1** språkv. elliptisk, ellips- **2** geom. elliptisk
elm [elm] *s* alm
elocution [ˌelə'kju:ʃ(ə)n] *s* talarkonst, talteknik
elongate ['i:lɒŋgeɪt] *vb tr* förlänga, dra ut
elope [ɪ'ləʊp] *vb itr* rymma för att gifta sig
eloquence ['eləkw(ə)ns] *s* vältalighet
eloquent ['eləkw(ə)nt] *adj* vältalig

else [els] *adv* **1** annars; ***or*** **~** eller också **2** annan, mer, fler [t.ex. *anybody ~ (else's)*], annat, mer [t.ex. *anything ~*], andra [*everybody* (alla) ~; *who* (vilka) ~?], annars [*who* (vem) ~?]; ***everywhere*** **~** på alla andra ställen; ***little*** **~** föga annat; ***nowhere*** **~** ingen annanstans

elsewhere [ˌels'weə] *adv* någon annanstans, på annat håll

elucidate [ɪ'lu:sɪdeɪt] *vb tr* klargöra, belysa

elude [ɪ'lu:d] *vb tr* undkomma, undgå; gäcka, trotsa

elusive [ɪ'lu:sɪv] *adj* svårfångad, gäckande [~ *shadow*]

emaciate [ɪ'meɪʃɪeɪt] *vb tr* utmärgla

emancipate [ɪ'mænsɪpeɪt] *vb tr* frige [~ *the slaves*], frigöra, emancipera

embalm [ɪm'bɑ:m] *vb tr* balsamera

embankment [ɪm'bæŋkmənt] *s* **1** invallning **2** fördämning; vägbank

embargo [em'bɑ:gəʊ] (pl. *embargoes*) *s* embargo; handelsförbud

embark [ɪm'bɑ:k] *vb tr* o. *vb itr* embarkera, ta (gå) ombord; **~ *on*** inlåta sig i; ge sig in på

embarrass [ɪm'bærəs] *vb tr* göra förlägen (generad)

embarrassed [ɪm'bærəst] *perf p* o. *adj* förlägen, generad [*at* över]

embarrassing [ɪm'bærəsɪŋ] *adj* pinsam, genant

embassy ['embəsɪ] *s* ambassad

embellish [ɪm'belɪʃ] *vb tr* försköna, utsmycka

ember ['embə] *s* glödande kol

embezzle [ɪm'bezl] *vb tr* försnilla, förskingra

embezzlement [ɪm'bezlmənt] *s* förskingring

embezzler [ɪm'bezlə] *s* förskingrare

embitter [ɪm'bɪtə] *vb tr* förbittra

emblem ['embləm] *s* emblem, sinnebild

embodiment [ɪm'bɒdɪmənt] *s* förkroppsligande; inkarnation, personifikation

embody [ɪm'bɒdɪ] *vb tr* **1** förkroppsliga; ***be embodied in*** få uttryck i **2** inbegripa, innehålla

embrace [ɪm'breɪs] **I** *vb tr* o. *vb itr* **1** omfamna, krama; omfamna varandra, kramas **2** omfatta, innefatta **II** *s* omfamning, kram

embroider [ɪm'brɔɪdə] *vb tr* brodera

embroidery [ɪm'brɔɪdərɪ] *s* broderi

embryo ['embrɪəʊ] (pl. *~s*) *s* embryo

emend [ɪ'mend] *vb tr* emendera, korrigera text

emerald ['emər(ə)ld] *s* smaragd

emerge [ɪ'mɜ:dʒ] *vb itr* dyka upp, uppstå

emergency [ɪ'mɜ:dʒənsɪ] *s* **1** nödläge, kris, kritiskt läge; ***in an*** **~** el. ***in case of*** **~** i ett nödläge; ***state of*** **~** undantagstillstånd **2** attributivt reserv-; nöd- [~ *landing*], kris- [~ *meeting*]; **~ *brake*** nödbroms; **~ *exit*** (***door***) reservutgång; **~ *ward*** akutmottagning på sjukhus

emery paper ['emərɪˌpeɪpə] *s* smärgelpapper

emigrant ['emɪgr(ə)nt] *s* utvandrare, emigrant

emigrate ['emɪgreɪt] *vb itr* utvandra, emigrera

emigration [ˌemɪ'greɪʃ(ə)n] *s* utvandring, emigration

émigré ['emɪgreɪ] *s* politisk emigrant

eminence ['emɪnəns] *s* **1** högt anseende **2** ***His*** (***Your***) ***Eminence*** Hans (Ers) Eminens

eminent ['emɪnənt] *adj* framstående

emissary ['emɪsərɪ] *s* emissarie, sändebud

emission [ɪ'mɪʃ(ə)n] *s* utsändande; utstrålning [~ *of light*]

emit [ɪ'mɪt] *vb tr* sända ut, stråla ut, avge [~ *heat*], ge ifrån sig [~ *an odour*]

emolument [ɪ'mɒljʊmənt] *s* extra löneförmån, naturaförmån

emotion [ɪ'məʊʃ(ə)n] *s* sinnesrörelse; stark känsla

emotional [ɪ'məʊʃənl] *adj* känslo- [~ *life*], känslomässig, emotionell; känslosam

emperor ['empərə] *s* kejsare

emphasis ['emfəsɪs] (pl. *emphases* ['emfəsi:z]) *s* eftertryck; tonvikt, betoning

emphasize ['emfəsaɪz] *vb tr* betona, framhäva, poängtera

emphatic [ɪm'fætɪk] *adj* eftertrycklig, kraftig, emfatisk

empire ['empaɪə] *s* kejsardöme, rike [*the Roman* ~]; imperium, välde

employ [ɪm'plɔɪ] **I** *vb tr* **1** sysselsätta, ge arbete åt; anställa **2** använda **II** *s*, ***in a p.'s*** **~** anställd hos ngn

employee [ˌemplɔɪ'i:] *s* arbetstagare, anställd

employer [ɪm'plɔɪə] *s* arbetsgivare

employment [ɪm'plɔɪmənt] *s* **1** sysselsättning, arbete, anställning; **~ *agency*** (***bureau***) arbetsförmedlingsbyrå **2** användning

empress ['emprɪs] *s* kejsarinna

empty ['emtɪ] **I** *adj* tom **II** *vb tr* o. *vb itr* tömma, tömma ut; tömmas
empty-handed [ˌemtɪ'hændɪd] *adj* tomhänt
enable [ɪ'neɪbl] *vb tr*, ~ ***a p. to*** sätta ngn i stånd att
enamel [ɪ'næm(ə)l] **I** *s* emalj; lackfärg **II** *vb tr* emaljera; lackera
enamoured [ɪ'næməd] *adj* betagen [*of* i]
encampment [ɪn'kæmpmənt] *s* lägerplats; läger
encase [ɪn'keɪs] *vb tr* innesluta; omge
enchant [ɪn'tʃɑ:nt] *vb tr* tjusa, hänföra
enchanting [ɪn'tʃɑ:ntɪŋ] *adj* förtjusande
enchantment [ɪn'tʃɑ:ntmənt] *s* tjuskraft; förtjusning
enchantress [ɪn'tʃɑ:ntrəs] *s* tjuserska
encircle [ɪn'sɜ:kl] *vb tr* omge; omringa
enclose [ɪn'kləʊz] *vb tr* **1** inhägna; omge, omsluta **2** i t.ex. brev bifoga, bilägga; ***enclosed please find*** härmed bifogas
encompass [ɪn'kʌmpəs] *vb tr* omge; omfatta
encore [ɒŋ'kɔ:] **I** *interj* dakapo! **II** *s* **1** extranummer, dakapo **2** dakaporop
encounter [ɪn'kaʊntə] **I** *vb tr* möta, råka, träffa på **II** *s* möte
encourage [ɪn'kʌrɪdʒ] *vb tr* uppmuntra; stödja, befrämja
encouragement [ɪn'kʌrɪdʒmənt] *s* uppmuntran; främjande, understöd
encroach [ɪn'krəʊtʃ] *vb itr* inkräkta [*on* på]
encumber [ɪn'kʌmbə] *vb tr* **1** betunga, belasta **2** belamra [*a room encumbered with furniture*]
encyclopaedia o. **encyclopedia** [enˌsaɪklə'pi:djə] *s* encyklopedi, uppslagsbok
end [end] **I** *s* **1** slut; avslutning; ände, ända; ***change ~s*** byta sida i bollspel; ***make*** (***make both***) ***~s meet*** få det att gå ihop; ***put an ~ to*** sätta stopp för; ***I liked the book no ~*** vard. jag tyckte väldigt mycket om boken; ***there is*** (***are***) ***no ~ of...*** vard. det finns massor med... □ *be* **at** *an ~* vara slut (förbi); ***at the ~*** vid (i, på) slutet; till sist, till slut; **in** *the ~* till slut, till sist; **on** *~* a) på ända b) i sträck, i ett kör; **to** *the very ~* ända till slutet; ***bring to an ~*** avsluta, sluta; ***come to an ~*** ta slut **2** mål [*with this ~ in view*], ändamål, syfte
II *vb tr* o. *vb itr* sluta, avsluta; göra slut på; upphöra, ta slut; ***all's well that ~s well*** ordspr. slutet gott, allting gott; ***~ up in*** sluta (hamna) i
endanger [ɪn'deɪndʒə] *vb tr* äventyra, riskera
endear [ɪn'dɪə] *vb tr* göra avhållen (omtyckt)
endearing [ɪn'dɪərɪŋ] *adj* älskvärd
endearment [ɪn'dɪəmənt] *s* ömhetsbetygelse; ***term of ~*** smeksamt uttryck
endeavour [ɪn'devə] **I** *vb itr* sträva [*to* efter att], försöka **II** *s* strävan, försök [*to do*]
ending ['endɪŋ] *s* **1** slut, avslutning; ***happy ~*** lyckligt slut **2** gram. ändelse
endive ['endɪv] *s* chicorée frisée, frisésallat; amer. endiv
endorse [ɪn'dɔ:s] *vb tr* **1** skriva sitt namn på baksidan av, endossera [*~ a cheque*] **2** stödja [*~ a plan*], bekräfta, godkänna
endow [ɪn'daʊ] *vb tr* **1** donera pengar till **2** begåva, utrusta [*be endowed with great talent*]
endowment [ɪn'daʊmənt] *s* **1** donation **2** pl. ***~s*** anlag; natur- gåvor
endurance [ɪn'djʊər(ə)ns] *s* uthållighet; ***beyond*** (***past***) ~ outhärdligt
endure [ɪn'djʊə] *vb tr* o. *vb itr* **1** uthärda [*~ pain*], utstå; stå ut med, tåla **2** räcka, vara; bestå [*his work will ~*] **3** hålla ut
enduring [ɪn'djʊərɪŋ] *adj* varaktig, bestående [*~ value*]
enema ['enɪmə] *s* lavemang
enemy ['enəmɪ] *s* fiende
energetic [ˌenə'dʒetɪk] *adj* energisk, kraftfull
energy ['enədʒɪ] *s* energi
energy-saving ['enədʒɪˌseɪvɪŋ] *adj* energisnål
enervate ['enɜ:veɪt] *vb tr* försvaga, förslappa
enforce [ɪn'fɔ:s] *vb tr* upprätthålla respekten för [*~ law and order*]; driva igenom [*~ one's principles*]
enforcement [ɪn'fɔ:smənt] *s* upprätthållande [*~ of law and order*], genomdrivande
engage [ɪn'geɪdʒ] *vb tr* o. *vb itr* **1** anställa, engagera, anlita **2** i passiv, ***be engaged*** förlova sig **3** uppta [*work ~s much of his time*] **4** ***~ in*** engagera sig i, ägna sig åt [*~ in business*]
engaged [ɪn'geɪdʒd] *adj* **1** upptagen [*he is ~ at the moment*]; engagerad; sysselsatt [*in, on* med]; anställd; ~ på t.ex. toalettdörr

upptaget; ~ ***tone*** tele. upptagetton; ***be ~ in*** delta i **2** förlovad
engagement [ɪn'geɪdʒmənt] *s* **1** åtagande, engagemang; avtalat möte **2** förlovning [*to* med] **3** anställning [~ *as secretary*]
engaging [ɪn'geɪdʒɪŋ] *adj* vinnande, intagande [*an ~ smile*]
engine ['endʒɪn] *s* **1** motor; maskin **2** lok
engine-driver ['endʒɪn,draɪvə] *s* lokförare
engineer [,endʒɪ'nɪə] *s* **1** ingenjör; tekniker **2** sjö. maskinist
engineering [,endʒɪ'nɪərɪŋ] *s* ingenjörsvetenskap, ingenjörskonst; teknik
engine room ['endʒɪnru:m] *s* maskinrum
England ['ɪŋglənd]
English ['ɪŋglɪʃ] **I** *adj* engelsk **II** *s* **1** engelska språket; ***the King's (Queen's) ~*** ungefär riktig (korrekt) engelska **2** ***the ~*** engelsmännen
Englishman ['ɪŋglɪʃmən] (pl. *Englishmen* ['ɪŋglɪʃmən]) *s* engelsman
Englishwoman ['ɪŋglɪʃ,wʊmən] (pl. *Englishwomen* ['ɪŋglɪʃ,wɪmɪn]) *s* engelska
engrave [ɪn'greɪv] *vb tr* rista in, ingravera
engraving [ɪn'greɪvɪŋ] *s* **1** ingravering **2** gravyr
engross [ɪn'grəʊs] *vb tr* uppta [*the work engrossed him*]; ***be engrossed in*** vara helt upptagen av; ***engrossing*** adjektiv fängslande
enhance [ɪn'hɑ:ns] *vb tr* höja, öka [~ *the value of a th.*]
enigma [ɪ'nɪgmə] *s* gåta; mysterium
enigmatic [,enɪg'mætɪk] *adj* gåtfull, dunkel
enjoy [ɪn'dʒɔɪ] *vb tr* **1** njuta av; finna nöje i; ha roligt på [*did you ~ the party?*]; ***I am enjoying it here*** jag trivs här **2** ***~ oneself*** ha trevligt, roa sig
enjoyable [ɪn'dʒɔɪəbl] *adj* njutbar, trevlig
enjoyment [ɪn'dʒɔɪmənt] *s* njutning; nöje, glädje
enlarge [ɪn'lɑ:dʒ] *vb tr* o. *vb itr* förstora, förstora upp [~ *a photo*], vidga [~ *a hole*]; förstoras, vidgas; ***~ on*** breda ut sig över
enlargement [ɪn'lɑ:dʒmənt] *s* förstorande, förstoring [*an ~ from a negative*]
enlighten [ɪn'laɪtn] *vb tr* upplysa, ge upplysningar [~ *a p. on a subject*]
enlist [ɪn'lɪst] *vb tr* o. *vb itr* **1** mil. värva [~ *recruits*]; ta värvning **2** söka få [~ *a p.'s help*]
enlistment [ɪn'lɪstmənt] *s* mil. värvning
enliven [ɪn'laɪvn] *vb tr* liva upp, ge liv åt
enmity ['enmətɪ] *s* fiendskap
ennoble [ɪ'nəʊbl] *vb tr* adla; bildl. förädla
enormous [ɪ'nɔ:məs] *adj* enorm, väldig
enough [ɪ'nʌf] *adj* o. *adv* nog, tillräckligt; ***it's ~ to drive one mad*** det är så man kan bli galen; ***will you be kind ~ to...*** vill du vara vänlig och...
enquire [ɪn'kwaɪə] se *inquire*
enquiry [ɪn'kwaɪərɪ] *s* se *inquiry*
enrage [ɪn'reɪdʒ] *vb tr* göra rasande (ursinnig)
enraged [ɪn'reɪdʒd] *adj* rasande, ursinnig
enrich [ɪn'rɪtʃ] *vb tr* **1** göra rik; berika **2** anrika
enrichment [ɪn'rɪtʃmənt] *s* **1** berikande **2** anrikning
enrol o. **enroll** [ɪn'rəʊl] *vb tr* o. *vb itr* speciellt mil. enrollera; sjö. mönstra på; värva; skriva in; ta upp [~ *a p. in (a p. as a member of) a society*]; enrollera sig; skriva in sig
enrolment [ɪn'rəʊlmənt] *s* enrollering; påmönstring; inskrivning; inregistrering
ensemble [ɑ:n'sɑ:mbl] *s* ensemble
ensign ['ensaɪn] *s* nationalflagga; fana; baner, standar
enslave [ɪn'sleɪv] *vb tr* förslava
ensue [ɪn'sju:] *vb itr* **1** följa; ***ensuing*** följande **2** bli följden; uppstå
ensure [ɪn'ʃʊə] *vb tr* **1** tillförsäkra, garantera; säkerställa; ***~ that...*** se till att... **2** garantera **3** skydda [~ *oneself against loss*]
entail [ɪn'teɪl] *vb tr* medföra
entangle [ɪn'tæŋgl] *vb tr* trassla (snärja) in
enter ['entə] *vb itr* o. *vb tr* **1** gå (komma) in, stiga in (på); gå (komma, stiga) in i; stiga upp i (på), stiga på [~ *a bus (train)*]; gå in vid [~ *the army*]; ***it never entered my head (mind)*** det föll mig aldrig in **2** anmäla sig, ställa upp; inge, avge [~ *a protest*]; ***~ oneself (one's name) for*** anmäla sig till **3** anteckna, notera □ **~ into** a) gå (tränga) in i b) ge sig in i (på), inlåta sig i (på), öppna, inleda c) gå in på (i) [~ *into details*]; **~ on (upon) a)** slå in på; ***~ on (upon) one's duties*** tillträda tjänsten **b)** inlåta sig i (på); påbörja, börja
enterprise ['entəpraɪz] *s* **1** företag, vågstycke **2** affärsföretag **3** företagsamhet [*private ~*]
enterprising ['entəpraɪzɪŋ] *adj* företagsam
entertain [,entə'teɪn] *vb tr* o. *vb itr* **1** bjuda; ha bjudningar; ***~ some friends***

to dinner ha några vänner på middag **2** underhålla, roa **3** hysa [~ *hopes*]
entertainer [ˌentəˈteɪnə] *s* entertainer, underhållare
entertaining [ˌentəˈteɪnɪŋ] *adj* underhållande, roande
entertainment [ˌentəˈteɪnmənt] *s* underhållning, nöje; tillställning
enthral o. **enthrall** [ɪnˈθrɔːl] *vb tr* hålla trollbunden [~ *one's audience*], fängsla
enthralling [ɪnˈθrɔːlɪŋ] *adj* fängslande
enthuse [ɪnˈθjuːz] *vb itr* o. *vb tr* **1** bli entusiastisk **2** entusiasmera
enthusiasm [ɪnˈθjuːzɪæz(ə)m] *s* entusiasm
enthusiastic [ɪnˌθjuːzɪˈæstɪk] *adj* entusiastisk
entice [ɪnˈtaɪs] *vb tr* locka, förleda, lura
enticement [ɪnˈtaɪsmənt] *s* lockelse, frestelse; lockmedel
entire [ɪnˈtaɪə] *adj* **1** hel, fullständig, absolut; i sin helhet **2** hel, intakt
entirely [ɪnˈtaɪəlɪ] *adv* helt, fullständigt
entirety [ɪnˈtaɪərətɪ] *s* helhet [*in its* ~]
entitle [ɪnˈtaɪtl] *vb tr* **1** betitla, benämna; ***a book entitled...*** en bok med titeln... **2** berättiga; ***be entitled to*** vara berättigad till (att)
entity [ˈentətɪ] *s* **1** enhet **2** väsen
entrails [ˈentreɪlz] *s pl* inälvor
1 entrance [ˈentr(ə)ns] *s* **1** ingång, entré [*the main* ~]; uppgång; infart, infartsväg **2** inträde, inträdande; entré, inträde på scenen; intåg **3** inträde, tillträde [~ *into a club*]
2 entrance [ɪnˈtrɑːns] *vb tr* hänföra, hänrycka
entrance fee [ˈentr(ə)nsfiː] *s* **1** inträdesavgift, entréavgift **2** anmälningsavgift
entrance hall [ˈentr(ə)nshɔːl] *s* hall, entré
entreat [ɪnˈtriːt] *vb tr* bönfalla
entreaty [ɪnˈtriːtɪ] *s* enträgen bön
entrecôte [ˈɑːntrəkəʊt] *s* kok. entrecote
entrepreneur [ˌɑːntrəprəˈnɜː] *s* företagare; entreprenör
entrust [ɪnˈtrʌst] *vb tr,* ***~ a th. to a p.*** el. ***~ a p. with a th.*** anförtro ngn ngt (ngt åt ngn)
entry [ˈentrɪ] *s* **1** inträde, inträdande; ***~ permit*** inresetillstånd; ***make one's ~*** träda in, göra sin entré **2** anteckning; post **3** uppslagsord; artikel i uppslagsverk
enumerate [ɪˈnjuːməreɪt] *vb tr* räkna upp, nämna; räkna
envelop [ɪnˈveləp] *vb tr* svepa in; hölja
envelope [ˈenvələʊp] *s* kuvert
enviable [ˈenvɪəbl] *adj* avundsvärd
envious [ˈenvɪəs] *adj* avundsjuk
environment [ɪnˈvaɪər(ə)nmənt] *s* **1** miljö; förhållanden [*social* ~] **2** omgivning
environs [ɪnˈvaɪər(ə)nz] *s pl* omgivningar, omnejd
envisage [ɪnˈvɪzɪdʒ] *vb tr* föreställa sig; förutse
envoy [ˈenvɔɪ] *s* sändebud
envy [ˈenvɪ] **I** *s* avundsjuka **II** *vb tr* avundas
epaulette [epəˈlet] *s* epålett
epic [ˈepɪk] **I** *adj* episk **II** *s* episk dikt
epidemic [ˌepɪˈdemɪk] *s* epidemi äv. bildl.
epigram [ˈepɪgræm] *s* epigram
epilepsy [ˈepɪlepsɪ] *s* med. epilepsi
epileptic [ˌepɪˈleptɪk] **I** *adj* epileptisk **II** *s* epileptiker
epilogue [ˈepɪlɒg] *s* epilog
Epiphany [ɪˈpɪfənɪ] *s* trettondagen, trettondag jul
episode [ˈepɪsəʊd] *s* episod; avsnitt
epistle [ɪˈpɪsl] *s* epistel; brev
epitaph [ˈepɪtɑːf] *s* gravskrift, inskrift
epithet [ˈepɪθet] *s* epitet
epitomize [ɪˈpɪtəmaɪz] *vb tr* vara typisk för
EPNS [ˌiːˈpiːˌenˈes] (förk. för *electroplated nickel-silver*) nysilver
epoch [ˈiːpɒk] *s* epok
equal [ˈiːkw(ə)l] **I** *adj* **1** lika, lika stor [*to* som]; samma [*of ~ size*]; jämställd; ***be on an ~ footing with*** stå på jämlik fot med **2** ***be ~ to*** bildl. klara av; vara lika bra som; ***be ~ to the occasion*** vara situationen vuxen **II** *s* like, make; jämlike **III** *vb tr* vara lik, vara jämlik med; mat. vara lika med [*two times two ~s four*]
equality [ɪˈkwɒlətɪ] *s* likhet; jämlikhet, likställdhet
equalize [ˈiːkwəlaɪz] *vb tr* o. *vb itr* utjämna; sport. kvittera
equally [ˈiːkwəlɪ] *adv* lika [~ *well*]; jämnt [*spread* ~]
equal sign [ˈiːkwəlsaɪn] *s* o. **equals sign** [ˈiːkwəlzsaɪn] *s* likhetstecken
equanimity [ˌekwəˈnɪmətɪ] *s* jämnmod, sinneslugn
equate [ɪˈkweɪt] *vb tr* jämställa, likställa
equation [ɪˈkweɪʒ(ə)n] *s* ekvation
equator [ɪˈkweɪtə] *s* ekvator
equatorial [ˌekwəˈtɔːrɪəl] *adj* ekvatorial
equestrian [ɪˈkwestrɪən] *adj* rid- [~ *skill*]; ***~ sports*** hästsport
equilateral [ˌiːkwɪˈlætər(ə)l] *adj* liksidig
equilibrium [ˌiːkwɪˈlɪbrɪəm] *s* jämvikt

equinox ['i:kwɪnɒks] *s, **autumnal** ~* höstdagjämning; ***vernal** (**spring**) ~* vårdagjämning
equip [ɪ'kwɪp] *vb tr* utrusta, ekipera
equipment [ɪ'kwɪpmənt] *s* utrustning; ekipering; mil. mundering; materiel; artiklar [*sports ~*]
equivalent [ɪ'kwɪvələnt] **I** *adj* likvärdig [*to* med]; motsvarande [*to this* detta] **II** *s* motsvarande värde; motsvarighet [*of, to* till]
equivocal [ɪ'kwɪvək(ə)l] *adj* dubbeltydig
era ['ɪərə] *s* era; tidevarv
eradicate [ɪ'rædɪkeɪt] *vb tr* utrota
eradication [ɪˌrædɪ'keɪʃ(ə)n] *s* utrotning
erase [ɪ'reɪz] *vb tr* radera; radera (sudda) ut
eraser [ɪ'reɪzə] *s* radergummi, kautschuk
erasing head [ɪ'reɪzɪŋhed] *s* raderhuvud på bandspelare
ere [eə] *prep* poet. före i tiden; *~ **long*** inom kort
erect [ɪ'rekt] **I** *adj* upprätt, rak **II** *vb tr* resa [*~ a statue*], uppföra [*~ a building*]
erection [ɪ'rekʃ(ə)n] *s* **1** uppförande, byggande; uppställande; uppresande **2** fysiol. erektion
ermine ['ɜ:mɪn] *s* hermelin
erode [ɪ'rəʊd] *vb tr* o. *vb itr* fräta bort; frätas bort
erosion [ɪ'rəʊʒ(ə)n] *s* frätning; bortfrätande
erotic [ɪ'rɒtɪk] *adj* erotisk
err [ɜ:] *vb itr* missta sig, ta fel; fela
errand ['er(ə)nd] *s* ärende, uppdrag
errand-boy ['er(ə)ndbɔɪ] *s* springpojke
erratic [ɪ'rætɪk] *adj* oregelbunden; oberäknelig
erroneous [ɪ'rəʊnjəs] *adj* felaktig, oriktig
error ['erə] *s* fel, felaktighet
erupt [ɪ'rʌpt] *vb itr* ha utbrott [*the volcano erupted*]
eruption [ɪ'rʌpʃ(ə)n] *s* utbrott
escalation [ˌeskə'leɪʃ(ə)n] *s* upptrappning
escalator ['eskəleɪtə] *s* rulltrappa
escapade [ˌeskə'peɪd] *s* eskapad; upptåg
escape [ɪ'skeɪp] **I** *vb itr* o. *vb tr* **1** fly, rymma; undkomma; undgå, slippa [*~ punishment*] **2** strömma (läcka) ut **II** *s* rymning, flykt; ***that was a narrow ~!*** det var nära ögat!
escapism [ɪ'skeɪpɪz(ə)m] *s* eskapism, verklighetsflykt
escort [substantiv 'eskɔ:t, verb ɪ'skɔ:t] **I** *s* eskort; följe, skydd **II** *vb tr* eskortera, ledsaga
Eskimo ['eskɪməʊ] (pl. *~s*) *s* eskimå
espalier [ɪ'spæljə] *s* **1** spaljé **2** spaljéträd
especial [ɪ'speʃ(ə)l] *adj* särskild, speciell
especially [ɪ'speʃəlɪ] *adv* särskilt, speciellt
espionage [ˌespɪə'nɑ:ʒ] *s* spionage
espresso [e'spresəʊ] (pl. *~s*) *s* **1** espressokaffe, espresso **2** *~ **bar*** espressobar
Esq. [ɪ'skwaɪə] (förk. för *Esquire*) herr [i brevadress *John Miller, ~*]
esquire [ɪ'skwaɪə] *s* herr; se *Esq.*
essay ['eseɪ] *s* essä, uppsats [*on* om, över]
essence ['esns] *s* **1** innersta väsen (natur) **2** essens [*fruit ~*]
essential [ɪ'senʃ(ə)l] **I** *adj* väsentlig, nödvändig [*to* för] **II** *s* väsentlighet [*concentrate on ~s*]; grunddrag [*of* i]; ***in all ~s*** i allt väsentligt
essentially [ɪ'senʃəlɪ] *adv* väsentligen; i huvudsak; väsentligt
establish [ɪ'stæblɪʃ] *vb tr* **1** upprätta, grunda, grundlägga **2** etablera; införa [*~ a rule*]; stadfästa [*~ a law*] **3** fastställa, fastslå [*~ a p.'s identity*], konstatera, påvisa
establishment [ɪ'stæblɪʃmənt] *s* **1** upprättande, grundande, grundläggande; tillkomst; etablerande; införande; upprättande; fastställande **2** mil. el. sjö. styrka, besättning **3** offentlig institution, inrättning, anstalt [*an educational ~*] **4** företag, etablissemang **5** ***the Establishment*** det etablerade samhället, etablissemanget
estate [ɪ'steɪt] *s* **1** gods, lantegendom; *~ **agent*** a) fastighetsmäklare b) godsförvaltare; *~ **car*** herrgårdsvagn, kombivagn **2** ***housing** ~* bostadsområde **3** dödsbo, kvarlåtenskap; förmögenhet; ***wind up an** ~* göra en boutredning; *~ **duty** (**tax**)* arvskatt
esteem [ɪ'sti:m] **I** *vb tr* uppskatta, högakta **II** *s* högaktning
estimable ['estɪməbl] *adj* aktningsvärd
estimate [verb 'estɪmeɪt, substantiv 'estɪmət] **I** *vb tr* uppskatta, värdera, beräkna [*at* till] **II** *s* **1** uppskattning, värdering, beräkning; kalkyl **2** uppfattning
estimation [ˌestɪ'meɪʃ(ə)n] *s* **1** uppskattning, värdering, beräkning **2** uppfattning
Estonia [e'stəʊnjə] Estland

Estonian [e'stəʊnjən] **I** *adj* estnisk **II** *s* **1** est, estländare **2** estniska språket

estrange [ɪ'streɪndʒ] *vb tr* göra främmande, fjärma; stöta bort [~ *one's friends*]

estuary ['estjʊərɪ] *s* bred flodmynning

ET [ˌi:'ti:] förk. för *extraterrestrial*

etc. [et'setrə] ibland skrivet *&c* (förk. för *et cetera*) etc., osv.

et cetera [et'setrə] *adv* etcetera, och så vidare

etch [etʃ] *vb tr* o. *vb itr* etsa

etching ['etʃɪŋ] *s* etsning

eternal [ɪ'tɜ:nl] *adj* evig; ständig [*these ~ strikes*]

eternity [ɪ'tɜ:nətɪ] *s* evighet; ~ ***ring*** alliansring

ether ['i:θə] *s* eter

ethereal [ɪ'θɪərɪəl] *adj* eterisk, översinnlig

ethical ['eθɪk(ə)l] *adj* etisk, moralisk, sedlig

ethics ['eθɪks] *s* etik

Ethiopia [ˌi:θɪ'əʊpjə] Etiopien

Ethiopian [ˌi:θɪ'əʊpjən] **I** *s* etiopier, etiop **II** *adj* etiopisk

ethnic ['eθnɪk] *adj* etnisk; ras-, folk- [~ *minorities*]

etiquette ['etɪket] *s* etikett, god ton

etymology [ˌetɪ'mɒlədʒɪ] *s* etymologi

eucalyptus [ˌju:kə'lɪptəs] *s* eukalyptus

euphemism ['ju:fəmɪz(ə)m] *s* eufemism, förskönande omskrivning

Europe ['jʊərəp] Europa

European [ˌjʊərə'pi:ən] **I** *adj* europeisk **II** *s* europé

Eurovision ['jʊərəʊˌvɪʒ(ə)n] *s* TV. Eurovision; ***the ~ Song Contest*** schlager-EM, melodifestivalen

euthanasia [ˌju:θə'neɪzjə] *s* dödshjälp

evacuate [ɪ'vækjʊeɪt] *vb tr* **1** evakuera; utrymma **2** tömma

evacuation [ɪˌvækjʊ'eɪʃ(ə)n] *s* **1** evakuering; utrymning **2** uttömning

evacuee [ɪˌvækjʊ'i:] *s* evakuerad person

evade [ɪ'veɪd] *vb tr* undvika; slingra sig undan; smita från [~ *taxes*]

evaluate [ɪ'væljʊeɪt] *vb tr* bedöma, utvärdera

evaluation [ɪˌvæljʊ'eɪʃ(ə)n] *s* bedömning, utvärdering

evangelical [ˌi:væn'dʒelɪk(ə)l] *adj* evangelisk

evaporate [ɪ'væpəreɪt] *vb itr* o. *vb tr* dunsta bort; komma att dunsta bort

evaporation [ɪˌvæpə'reɪʃ(ə)n] *s* avdunstning

evasion [ɪ'veɪʒ(ə)n] *s* undvikande; undanflykt, undanflykter

evasive [ɪ'veɪsɪv] *adj* undvikande; ***be*** ~ slingra sig

eve [i:v] *s* **1** afton, kväll; ***Christmas Eve*** julafton **2** ***on the ~ of*** kvällen (dagen) före, tiden omedelbart före

even ['i:v(ə)n] **I** *adj* **1** jämn; slät, plan; ***make*** ~ jämna; ~ ***with*** i jämnhöjd med; ***keep ~ with*** hålla jämna steg med **2** ***get ~ with a p.*** bli kvitt med ngn; ***get ~ with a p. for a th.*** ge ngn igen för ngt **II** *adv* **1** även, också, till och med; ***not*** ~ inte ens; ~ ***as a child*** redan som barn; ~ ***if*** även om, om också; ~ ***so*** ändå, likväl; ~ ***then*** redan då; ändå, likafullt **2** vid komparativ ännu, ändå [~ *better*] **III** *vb tr*, ~ ***out*** jämna ut (till)

evening ['i:vnɪŋ] *s* **1** kväll, afton; ***this*** ~ i kväll (afton); ***in the*** ~ på kvällen **2** attributivt kvälls-, afton- [*the ~ star*]; ~ ***classes (school)*** aftonskola; ~ ***dress*** aftonklänning; frack

evenly ['i:v(ə)nlɪ] *adv* jämnt; lika [*divide ~*]

event [ɪ'vent] *s* **1** händelse, tilldragelse; evenemang; ***the course of ~s*** händelseförloppet; ***at all ~s*** i alla händelser, i varje fall **2** sport. tävling, nummer på tävlingsprogram; tävlingsgren

eventful [ɪ'ventfʊl] *adj* händelserik

eventual [ɪ'ventʃʊəl] *adj* **1** slutlig **2** möjlig, eventuell

eventuality [ɪˌventʃʊ'ælətɪ] *s* möjlighet, eventualitet

eventually [ɪ'ventʃʊəlɪ] *adv* slutligen, till slut; så småningom

ever ['evə] *adv* **1** någonsin [*better than ~*]; ***hardly (scarcely)*** ~ nästan aldrig; ***nothing ~ happens*** det händer aldrig någonting **2** ***as*** ~ som alltid, som vanligt; ***for*** ~ för alltid; jämt och ständigt [*for ~ grumbling*]; ***Scotland for ~!*** leve Skottland!; [***they lived happily***] ~ ***after*** ...i alla sina dagar; ~ ***since*** alltsedan, ända sedan; ***Yours*** ~ i brevslut Din (Er) tillgivne **3** vard., ***who (how, where)*** ~ vem (hur, var) i all världen; ~ ***so*** hemskt, jätte- [*I like it ~ so much*]; ***the greatest film*** ~ alla tiders största film **4 a)** framför komparativ allt; ***an ~ greater amount*** en allt större mängd **b)** se sammansättningar med *ever-*

evergreen ['evəgri:n] **I** *adj* vintergrön **II** *s* **1** vintergrön (ständigt grön) växt **2** evergreen, långlivad schlager
everlasting [ˌevə'lɑ:stɪŋ] **I** *adj* evig; ständig; varaktig; idelig [~ *complaints*] **II** *s* **1** evighet **2** bot. eternell
evermore [ˌevə'mɔ:] *adv* evigt
every ['evrɪ] *indef pron* varje, var, varenda; ~ ***reason to...*** allt (alla) skäl att...; ~ ***other*** (***second***) ***day*** el. ~ ***two days*** varannan dag; ***one child out of*** (***in***) ~ ***five*** vart femte barn; ~ ***one of them*** (***us***) varenda en; ~ ***now and then*** (***again***) då och då
everybody ['evrɪˌbɒdɪ] *indef pron* var och en; varje människa [~ *has a right to...*], alla [*has ~ seen it?*]; ~ ***else*** alla andra
everyday ['evrɪdeɪ] *adj* daglig; vardags- [~ *clothes*]; vardaglig
everyone ['evrɪwʌn] *indef pron* se *everybody*
everything ['evrɪθɪŋ] *indef pron* allt, allting; varenda sak; alltsammans
everywhere ['evrɪweə] *adv* överallt
evict [ɪ'vɪkt] *vb tr* vräka; fördriva
evidence ['evɪd(ə)ns] *s* **1** bevis, belägg, tecken [*of* på], vittnesmål; spår, märke [*of* av, efter] **2** ***be in*** ~ synas; förekomma
evident ['evɪd(ə)nt] *adj* tydlig, uppenbar
evidently ['evɪd(ə)ntlɪ] *adv* tydligen, uppenbarligen
evil ['i:vl] **I** *adj* ond [~ *deeds*], ondskefull; fördärvlig **II** *s* ont [*a necessary* ~], det onda
evoke [ɪ'vəʊk] *vb tr* framkalla; frammana
evolution [ˌi:və'lu:ʃ(ə)n] *s* utveckling; evolution
evolve [ɪ'vɒlv] *vb tr* o. *vb itr* utveckla, frambringa, framställa; utvecklas
ewe [ju:] *s* tacka fårhona; ~ ***lamb*** tacklamm
ewer ['ju:ə] *s* vattenkanna, handkanna
ex [eks] *s*, ***my*** ~ min före detta
ex- [eks] *prefix* f.d., ex- [*ex-husband; ex-president*]
exact [ɪg'zækt] **I** *adj* exakt; noggrann **II** *vb tr* kräva, fordra
exacting [ɪg'zæktɪŋ] *adj* fordrande, krävande
exactly [ɪg'zæktlɪ] *adv* **1** exakt, precis; egentligen [*what is your plan ~?*]; *~!* ja, just det! **2** noggrant
exaggerate [ɪg'zædʒəreɪt] *vb tr* överdriva
exaggeration [ɪgˌzædʒə'reɪʃ(ə)n] *s* överdrift
exalt [ɪg'zɔ:lt] *vb tr* upphöja; lyfta, stärka
exaltation [ˌegzɔ:l'teɪʃ(ə)n] *s* **1** upphöjelse **2** hänförelse
exalted [ɪg'zɔ:ltɪd] *adj* o. *perf p* **1** upphöjd, hög **2** hänförd, exalterad
exam [ɪg'zæm] *s* vard. (kortform för *examination*) examen, tenta
examination [ɪgˌzæmɪ'neɪʃ(ə)n] *s* **1** undersökning [*of, into* av]; granskning; ***customs'*** ~ tullvisitering **2** examen; tentamen, prov; ***fail in an*** ~ bli underkänd i ett prov (en tentamen); ***pass an*** (***one's***) ~ klara ett prov (en tentamen); ***sit for*** (***take***) ***an*** ~ gå upp i ett prov (en examen)
examine [ɪg'zæmɪn] *vb tr* **1** undersöka; pröva, granska **2** examinera
example [ɪg'zɑ:mpl] *s* exempel [*of* på]; ***set a good*** ~ föregå med gott exempel; ***for*** ~ till exempel
exasperate [ɪg'zæspəreɪt] *vb tr* göra förtvivlad, förarga
exasperation [ɪgˌzæspə'reɪʃ(ə)n] *s* förbittring; ursinne
excavate ['ekskəveɪt] *vb tr* gräva ut (upp)
excavation [ˌekskə'veɪʃ(ə)n] *s* grävning; utgrävning
excavator ['ekskəveɪtə] *s* **1** grävare, schaktare; utgrävare **2** grävmaskin
exceed [ɪk'si:d] *vb tr* överskrida [~ *the speed limit*]; överstiga, överskjuta; överträffa
excel [ɪk'sel] *vb itr* o. *vb tr* vara främst; överträffa
excellence ['eksələns] *s* förträfflighet
excellency ['eksələnsɪ] *s* titel excellens
excellent ['eksələnt] *adj* utmärkt
except [ɪk'sept] **I** *vb tr* undanta **II** *prep* utom; ~ ***for*** bortsett från, utan
excepting [ɪk'septɪŋ] *prep* utom
exception [ɪk'sepʃ(ə)n] *s* undantag; ***take ~ to*** ta illa upp
exceptional [ɪk'sepʃənl] *adj* exceptionell
excerpt ['eksɜ:pt] *s* utdrag, excerpt
excess [ɪk'ses, attributivt 'ekses] *s* **1** omåttlighet; överdrift **2** attributivt, ~ ***luggage*** överviktsbagage; ~ ***postage*** tilläggsporto **3** ***in ~ of*** överstigande
excessive [ɪk'sesɪv] *adj* överdriven; omåttlig
exchange [ɪks'tʃeɪndʒ] **I** *s* **1** byte; ~ ***of letters*** brevväxling; ~ ***of views*** meningsutbyte; ***in ~ for*** i utbyte mot **2** hand. **a)** växling av pengar; ***rate of*** ~ växelkurs **b)** växel [äv. *bill of* ~] **c)** börs [*the Stock Exchange*] **3** telefonstation,

telefonväxel **II** *vb tr* byta, byta ut; växla [~ *words*], skifta
exchequer [ɪks'tʃekə] *s*, ***Chancellor of the Exchequer*** i Storbritannien finansminister
excitable [ɪk'saɪtəbl] *adj* lättretlig, hetsig
excite [ɪk'saɪt] *vb tr* **1** hetsa upp **2** uppväcka; framkalla
excited [ɪk'saɪtɪd] *adj* o. *perf p* upphetsad, upprörd; spänd
excitement [ɪk'saɪtmənt] *s* sinnesrörelse, spänning; uppståndelse; upprördhet, upphetsning
exciting [ɪk'saɪtɪŋ] *adj* spännande; upphetsande
exclaim [ɪks'kleɪm] *vb tr* utropa, skrika [*'what!' he exclaimed*]
exclamation [ˌekskləˈmeɪʃ(ə)n] *s* utrop; ~ ***mark*** (***sign***) utropstecken
exclude [ɪk'sklu:d] *vb tr* utesluta, utestänga
exclusion [ɪk'sklu:ʒ(ə)n] *s* uteslutning, utestängande
exclusive [ɪk'sklu:sɪv] *adj* **1** exklusiv **2** särskild, speciell [~ *privileges*]
exclusively [ɪk'sklu:sɪvlɪ] *adv* uteslutande
excrement ['ekskrəmənt] *s* exkrement
excursion [ɪks'kɜ:ʃ(ə)n] *s* utflykt, utfärd
excuse [verb ɪks'kju:z, substantiv ɪks'kju:s] **I** *vb tr* **1** förlåta, ursäkta; ~ ***me*** förlåt, ursäkta **2** befria, frita **II** *s* ursäkt; bortförklaring; ***make an*** ~ ursäkta sig; ***make*** **~*s*** komma med bortförklaringar
execute ['eksɪkju:t] *vb tr* **1** utföra [~ *orders*], verkställa; uträtta, fullgöra **2** avrätta
execution [ˌeksɪ'kju:ʃ(ə)n] *s* **1** utförande, verkställande; fullgörande **2** avrättning
executioner [ˌeksɪ'kju:ʃənə] *s* bödel
executive [ɪg'zekjʊtɪv] **I** *adj* utövande, verkställande **II** *s* **1** ***the*** ~ den verkställande myndigheten **2** företagsledare; chef
exemplary [ɪg'zemplərɪ] *adj* exemplarisk
exemplify [ɪg'zemplɪfaɪ] *vb tr* exemplifiera
exempt [ɪg'zemt] **I** *adj* fritagen, befriad [~ *from tax*] **II** *vb tr* frita, befria, ge dispens
exemption [ɪg'zemʃ(ə)n] *s* frikallande, befrielse [~ *from military service*]; dispens
exercise ['eksəsaɪz] **I** *s* **1** utövande [*the ~ of authority*], utövning **2** övning, träning; motion **3** övningsuppgift, övning **II** *vb tr* **1** öva, utöva [~ *power*] **2** öva, träna
exercise book ['eksəsaɪzbʊk] *s* skrivbok, övningsbok
exert [ɪg'zɜ:t] *vb tr* **1** utöva [~ *influence*]; använda **2** ~ ***oneself*** anstränga sig
exertion [ɪg'zɜ:ʃ(ə)n] *s* **1** utövande [*the ~ of authority*] **2** ansträngning
exhaust [ɪg'zɔ:st] **I** *vb tr* **1** uttömma [~ *one's patience*] **2** utmatta **II** *s* avgas; ~ ***fumes*** bilavgaser
exhausted [ɪg'zɔ:stɪd] *adj* o. *perf p* **1** uttömd **2** utmattad
exhaustion [ɪg'zɔ:stʃ(ə)n] *s* **1** uttömmande **2** utmattning
exhaustive [ɪg'zɔ:stɪv] *adj* uttömmande; ingående
exhibit [ɪg'zɪbɪt] *vb tr* o. *vb itr* förevisa [~ *a film*]; ställa ut; ha utställning
exhibition [ˌeksɪ'bɪʃ(ə)n] *s* utställning; förevisande
exhibitionist [ˌeksɪ'bɪʃənɪst] *s* exhibitionist
exhilarate [ɪg'zɪləreɪt] *vb tr* liva upp; göra upprymd
exhort [ɪg'zɔ:t] *vb tr* uppmana, mana
exile ['eksaɪl, 'egzaɪl] **I** *s* **1** landsflykt, exil **2** landsförvisad **II** *vb tr* landsförvisa
exist [ɪg'zɪst] *vb itr* finnas; existera; förekomma
existence [ɪg'zɪst(ə)ns] *s* tillvaro, existens; förekomst; ***in*** ~ existerande
existing [ɪg'zɪstɪŋ] *adj* **1** existerande **2** nu (då) gällande
exit ['eksɪt, 'egzɪt] **I** *vb itr* gå ut **II** *s* **1** sorti [*make one's* ~] **2** utträde; ~ ***permit*** utresetillstånd **3** utgång, väg ut
exonerate [ɪg'zɒnəreɪt] *vb tr* frita, frikänna
exorbitant [ɪg'zɔ:bɪt(ə)nt] *adj* omåttlig
exotic [ɪg'zɒtɪk] *adj* exotisk, främmande
expand [ɪk'spænd] *vb tr* o. *vb itr* vidga, utvidga; utvidga sig, utvidgas, expandera
expanse [ɪk'spæns] *s* vidd, vid yta
expansion [ɪk'spænʃ(ə)n] *s* utbredande; expansion; utvidgning
expatriate [eks'pætrɪət] *s* utvandrare
expect [ɪk'spekt] *vb tr* o. *vb itr* **1** vänta, vänta sig, förvänta **2** vard. förmoda [*I ~ so* (det)] **3** vard., ***be expecting*** vänta barn
expectant [ɪk'spekt(ə)nt] *adj*, ~ ***mothers*** blivande mödrar
expectation [ˌekspek'teɪʃ(ə)n] *s* **1** väntan, förväntan; ***arouse*** (***raise***) **~*s*** väcka förväntningar; ***in*** ~ ***of*** i avvaktan på **2** sannolikhet för ngt
expectorant [ek'spektərənt] *s* slemlösande medel

expedient [ɪk'spi:djənt] **I** *adj* ändamålsenlig; fördelaktig, opportun **II** *s* utväg, lösning
expedition [ˌekspɪ'dɪʃ(ə)n] *s* expedition, forskningsfärd
expel [ɪk'spel] *vb tr* **1** driva ut, fördriva **2** utvisa; relegera
expend [ɪk'spend] *vb tr* lägga ut, lägga ner, använda; förbruka
expenditure [ɪk'spendɪtʃə] *s* **1** förbrukning **2** utgifter
expense [ɪk'spens] *s* utgift; bekostnad; ***travelling ~s*** resekostnader
expensive [ɪk'spensɪv] *adj* dyr, kostsam
experience [ɪk'spɪərɪəns] **I** *s* **1** erfarenhet; rön **2** upplevelse, händelse **II** *vb tr* uppleva
experienced [ɪk'spɪərɪənst] *adj* erfaren, rutinerad
experiment [substantiv ɪk'sperɪmənt, verb ɪk'sperɪment] **I** *s* försök, experiment **II** *vb itr* experimentera
experimental [eksˌperɪ'mentl] *adj* **1** försöks-, experiment- **2** experimenterande
expert ['ekspɜ:t] **I** *adj* **1** sakkunnig, expert- [*~ work*] **2** kunnig, skicklig, förfaren **II** *s* expert, specialist, sakkunnig
expire [ɪk'spaɪə] *vb tr* o. *vb itr* **1** andas ut **2** löpa ut [*the period has expired*]; upphöra **3** dö
explain [ɪk'spleɪn] *vb tr* förklara, klargöra
explanation [ˌeksplə'neɪʃ(ə)n] *s* förklaring
explanatory [ɪk'splænətərɪ] *adj* förklarande
explicable [ek'splɪkəbl] *adj* förklarlig
explicit [ɪk'splɪsɪt] *adj* tydlig; uttrycklig; ***be ~*** uttrycka sig tydligt
explode [ɪk'spləʊd] *vb tr* o. *vb itr* få att explodera; explodera, spränga (springa) i luften
1 exploit ['eksplɔɪt] *s* bragd
2 exploit [ɪk'splɔɪt] *vb tr* exploatera; egennyttigt utnyttja
exploitation [ˌeksplɔɪ'teɪʃ(ə)n] *s* exploatering, utnyttjande
exploration [ˌeksplɔ:'reɪʃ(ə)n] *s* utforskning
explore [ɪk'splɔ:] *vb tr* utforska
explorer [ɪk'splɔ:rə] *s* forskningsresande, upptäcktsresande
explosion [ɪk'spləʊʒ(ə)n] *s* explosion
explosive [ɪk'spləʊsɪv] **I** *adj* explosiv **II** *s* sprängämne
expo ['ekspəʊ] (pl. *~s*) *s* vard. expo
export [substantiv 'ekspɔ:t, verb ek'spɔ:t] **I** *vb tr* exportera **II** *s* exportvara; pl. ***~s*** export, exporten
expose [ɪk'spəʊz] *vb tr* **1** utsätta [*~ to* (för) *danger*] **2** exponera, ställa ut **3** avslöja [*~ a swindler*] **4** foto. exponera
exposition [ˌekspə'zɪʃ(ə)n] *s* **1** framställning **2** utläggning, förklaring **3** utställning
exposure [ɪk'spəʊʒə] *s* **1** utsättande [*~ to* (för) *ridicule*]; att vara utsatt [*~ to* (för) *rain*] **2** exponering äv. foto. **3** utställande, exponerande **4** avslöjande
expound [ɪk'spaʊnd] *vb tr* **1** förklara **2** utveckla, framställa [*~ a theory*]
express [ɪk'spres] **I** *adj* **1** uttrycklig, tydlig [*~ command*], särskild, speciell **2** express-, snäll-; ***~ letter*** expressbrev; ***~ train*** expresståg; snälltåg **II** *adv* med ilbud, express [*send a th. ~*] **III** *s* **1** ***send a th. by*** (***per***) ***~*** skicka ngt express **2** expresståg; snälltåg **IV** *vb tr* uttrycka [*~ one's surprise*]
expression [ɪk'spreʃ(ə)n] *s* **1** yttrande, uttryckande; ***~ of sympathy*** sympatiyttring **2** uttryck; uttryckssätt **3** ansiktsuttryck; känsla [*play with ~*]
expressive [ɪk'spresɪv] *adj* **1** *~ of* som uttrycker **2** uttrycksfull
expressway [ɪk'spresweɪ] *s* amer. motorväg
expropriate [ek'sprəʊprɪeɪt] *vb tr* expropriera
expulsion [ɪk'spʌlʃ(ə)n] *s* utdrivande; uteslutning, utstötande; utvisning
exquisite [ek'skwɪzɪt] *adj* utsökt, fin
extend [ɪk'stend] *vb tr* o. *vb itr* **1** sträcka ut, räcka ut; sträcka sig [*a road that ~s for miles and miles*]; breda ut sig; räcka, vara **2** förlänga [*~ one's visit*]; utvidga; utsträckas; utvidgas; hand. prolongera [*~ a loan*] **3** ge, erbjuda [*~ aid*]
extension [ɪk'stenʃ(ə)n] *s* **1** utsträckande, utvidgande; sträckning; förlängning [*an ~ of my holiday*] **2** tillbyggnad; utbyggnad; förlängning; ***~ flex*** (amer. ***cord***) förlängningssladd **3** tele. anknytning, anknytningsapparat
extensive [ɪk'stensɪv] *adj* vidsträckt; omfattande; utförlig
extent [ɪk'stent] *s* **1** utsträckning, omfattning, omfång; ***to some*** (***a certain***) ***~*** i viss mån **2** sträcka, yta
extenuating [ek'stenjʊeɪtɪŋ] *adj*, ***~ circumstances*** förmildrande omständigheter

exterior [ek'stɪərɪə] **I** *adj* yttre, ytter-, utvändig **II** *s* yttre; utsida, exteriör [*the ~ of a building*]
exterminate [ɪk'stɜ:mɪneɪt] *vb tr* utrota
extermination [ɪksˌtɜ:mɪ'neɪʃ(ə)n] *s* utrotande, förintande
external [ek'stɜ:nl] *adj* yttre [*~ factors*]; utvändig [*an ~ surface*]; ***for ~ use only*** endast för utvärtes bruk
extinct [ɪk'stɪŋkt] *adj* **1** slocknad [*an ~ volcano*] **2** utdöd [*an ~ species*]; ***become ~*** dö ut
extinction [ɪk'stɪŋkʃ(ə)n] *s* **1** släckande **2** utdöende [*the ~ of a species*]
extinguish [ɪk'stɪŋgwɪʃ] *vb tr* **1** släcka **2** utrota
extol [ɪk'stəʊl] *vb tr* lovprisa, berömma
extort [ɪk'stɔ:t] *vb tr* tvinga fram
extortionate [ɪk'stɔ:ʃənət] *adj* orimlig, ocker- [*~ prices; ~ interest*]
extra ['ekstrə] **I** *adv* extra **II** *adj* extra, ytterligare; *~ **time*** sport. förlängning **III** *s* **1** extra sak; extraavgift **2** film. m.m. statist
extract [verb ɪk'strækt, substantiv 'ekstrækt] **I** *vb tr* **1** dra (ta) ut [*~ teeth*] **2** extrahera, pressa, pressa ut [*~ juice*] **3** tvinga fram [*~ money from a p.*] **II** *s* **1** extrakt [*meat ~*] **2** utdrag [*~ from* (ur) *a book*]
extraction [ɪk'strækʃ(ə)n] *s* **1** utdragning, uttagning **2** börd, härkomst
extradition [ˌekstrə'dɪʃ(ə)n] *s* utlämning till annan stat
extraordinary [ɪk'strɔ:dənərɪ] *adj* särskild; extraordinär; märklig
extraterrestrial [ˌekstrətə'restrɪəl] *adj*, *~ **being*** (förk. *ET*) rymdvarelse
extravagance [ɪk'strævəgəns] *s* extravagans, överdåd, onödig lyx
extravagant [ɪk'strævəgənt] *adj* extravagant, överdådig; omåttlig
extreme [ɪk'stri:m] **I** *adj* **1** ytterst [*the ~ Left*] **2** extrem; drastisk **II** *s*, ***go to ~s*** gå till ytterligheter (överdrift); ***in the ~*** i högsta grad, ytterst
extremely [ɪk'stri:mlɪ] *adv* ytterst, oerhört
extremism [ɪk'stri:mɪzm] *s* extremism
extremist [ɪk'stri:mɪst] *s* extremist
extremity [ɪk'stremətɪ] *s* **1** yttersta del (punkt) **2** anat., pl. ***extremities*** extremiteter **3** nödläge, tvångsläge
extricate ['ekstrɪkeɪt] *vb tr* lösgöra, frigöra
exuberant [ɪg'zju:bərənt] *adj* **1** sprudlande, översvallande [*~ praise*], levnadsglad **2** överflödande; ymnig
exult [ɪg'zʌlt] *vb itr* jubla, triumfera
exultation [ˌegzʌl'teɪʃ(ə)n] *s* jubel, triumf
eye [aɪ] **I** *s* **1** öga; synförmåga; blick; ***the naked ~*** blotta ögat; ***close*** (***shut***) ***one's ~s to*** blunda för; ***have an ~ for*** ha blick (sinne, öga) för; ***have one's ~ on a th.*** vard. ha ett gott öga till något; ***keep one's ~s open*** vard. ha ögonen med sig; ***keep an ~ on*** hålla ett öga på; ***keep an ~ out for*** hålla utkik efter; ***make ~s at*** flörta med; ***before*** (***under***) ***the very ~s of a p.*** mitt för näsan (ögonen) på ngn; ***in the ~*** (***the ~s***) ***of the law*** enligt lagen; ***be in the public ~*** vara föremål för offentlig uppmärksamhet; ***see ~ to ~ with a p.*** se på saken på samma sätt som ngn; ***be up to the*** (***one's***) ***~s in work*** ha arbete upp över öronen; ***with an ~ to*** i avsikt att **2** nålsöga **II** *vb tr* betrakta, mönstra
eyeball ['aɪbɔ:l] *s* ögonglob, ögonsten
eyebrow ['aɪbraʊ] *s* ögonbryn
eye-catching ['aɪˌkætʃɪŋ] *adj* som fångar ögat
eyeful ['aɪfʊl] *s* vard. **1** ***get an ~ of this!*** kolla in det här! **2** ***she is an ~*** hon är något att vila ögonen på
eyeglass ['aɪglɑ:s] *s*, pl. ***eyeglasses*** glasögon
eyelash ['aɪlæʃ] *s* ögonfrans, ögonhår
eyelid ['aɪlɪd] *s* ögonlock
eye-opener ['aɪˌəʊpnə] *s* tankeställare
eyeshadow ['aɪˌʃædəʊ] *s* kosmetisk ögonskugga
eyesight ['aɪsaɪt] *s* syn [*have a good ~*]
eyesore ['aɪsɔ:] *s* skönhetsfläck
eyewash ['aɪwɒʃ] *s* **1** ögonvatten, ögonbad **2** vard. humbug; bluff
eyewitness ['aɪ'wɪtnəs] **I** *s* ögonvittne **II** *vb tr* vara ögonvittne till

F

F, f [ef] *s* F, f; ***F flat*** mus. fess; ***F sharp*** mus. fiss
fable ['feɪbl] *s* fabel; saga, myt
fabric ['fæbrɪk] *s* **1** tyg [*silk ~s*], väv **2** uppbyggnad; stomme **3** struktur, textur
fabricate ['fæbrɪkeɪt] *vb tr* **1** dikta ihop, fabricera [*~ a story*] **2** montera ihop
fabulous ['fæbjʊləs] *adj* **1** fabel- [*~ animal*] **2** fabulös, sagolik; vard. fantastisk
face [feɪs] **I** *s* **1** ansikte; uppsyn, min; ***have the ~ to*** ha mage att; ***keep a straight ~*** hålla masken; ***make*** (***pull***) ***~s*** göra grimaser; ***pull a long ~*** bli lång i ansiktet; ***on the ~ of it*** (***things***) vid första påseendet; ***to a p.'s ~*** mitt i ansiktet på ngn **2** urtavla **3** ***~ value*** nominellt värde; ***take a th. at*** (***at its***) ***~ value*** bildl. ta ngt för vad det är
II *vb tr* o. *vb itr* **1** möta [*~ dangers*]; se i ögonen [*~ death*]; räkna med [*we will have to ~ that*]; inte blunda för [*~ reality*]; ***~ up to*** modigt möta; ta itu med **2** stå inför [*~ ruin*] **3** vända ansiktet mot; ligga (vetta) mot (åt); vara (stå) vänd, vända sig [*towards* mot]; vetta, ligga [*to, towards* mot]; ***the picture ~s page 10*** bilden står mot sidan 10 **4** mil., ***about ~!*** helt om!; ***right*** (***left***) ***~!*** höger (vänster) om!
face cloth ['feɪsklɒθ] *s* tvättlapp
face-lift ['feɪslɪft] *s* ansiktslyftning äv. bildl.
face lotion ['feɪsˌləʊʃ(ə)n] *s* ansiktsvatten
face-off ['feɪsɒf] *s* sport. tekning, nedsläpp
facet ['fæsɪt] *s* **1** fasett **2** sida, aspekt
facetious [fə'siːʃəs] *adj* skämtsam, lustig
face tissue ['feɪsˌtɪʃuː] *s* ansiktsservett
face towel ['feɪsˌtaʊ(ə)l] *s* toaletthandduk
facial ['feɪʃ(ə)l] **I** *adj* ansikts- [*~ expression (treatment)*] **II** *s* ansiktsbehandling
facile ['fæsaɪl, amer. 'fæsl] *adj* lättsam, ledig
facilitate [fə'sɪlɪteɪt] *vb tr* underlätta, förenkla
facility [fə'sɪlətɪ] *s* **1** lätthet, ledighet **2** pl. ***facilities*** möjligheter, resurser; anordningar, faciliteter; ***bathing facilities*** badmöjligheter; ***modern facilities*** moderna bekvämligheter
facsimile [fæk'sɪmɪlɪ] *s* faksimile
fact [fækt] *s* faktum; ***a matter of ~*** ett faktum; ***as a matter of ~*** el. ***in*** (***in actual***) ***~*** el. ***in point of ~*** i själva verket
faction ['fækʃ(ə)n] *s* polit. fraktion, klick, falang
factor ['fæktə] *s* faktor
factory ['fæktərɪ] *s* fabrik; verk; ***~ hand*** (***worker***) fabriksarbetare
factual ['fæktʃʊəl] *adj* saklig; verklig
faculty ['fækəltɪ] *s* **1** förmåga; ***~ for*** förmåga till, fallenhet för, sinne för; ***be in possession of all one's faculties*** vara vid sina sinnens fulla bruk **2** univ. fakultet
fad [fæd] *s* modefluga; fluga, dille
fade [feɪd] *vb itr* o. *vb tr* **1** vissna **2** blekna; bli urblekt; mattas; bleka; ***~ away*** (***out***) så småningom försvinna, dö bort; tona bort; tyna (vissna) bort **3** film. m.m., ***~ out*** tona bort; ***~ in*** tona in
Faeroe ['feərəʊ] *s*, ***the ~s*** el. ***the ~ Islands*** Färöarna
fag [fæg] **I** *vb itr* o. *vb tr* slita, knoga; trötta ut, tröttköra **II** *s* **1** slit, knog; ***it's too much*** (***much of a***) ***~*** det är för jobbigt **2** vard. cig, tagg cigarrett
fag-end ['fægend] *s* vard. cigarettfimp
faggot ['fægət] *s* risknippe, knippe bränsle
Fahrenheit ['færənhaɪt] *s* Fahrenheit, Fahrenheits skala med fryspunkten vid 32°och kokpunkten vid 212°
fail [feɪl] *vb itr* o. *vb tr* **1** misslyckas; kuggas, bli kuggad; kugga; bli kuggad i [*~ an exam*] **2** strejka [*the engine failed*]; stanna [*his heart failed*] **3** tryta; inte räcka till [*if his strength ~s*]; avta, försämras [*his health is failing*] **4** svika, lämna i sticket; ***words ~ me*** jag saknar ord **5** ***~ to*** a) försumma att b) vägra att, inte vilja [*the engine failed to start*] c) undgå att [*he failed to see it*] d) misslyckas med att; ***~ to come*** utebli, inte komma
failing ['feɪlɪŋ] **I** *s* fel, brist, svaghet [*we all have our ~s*] **II** *adj* avtagande [*~ eyesight*], vacklande [*~ health*] **III** *prep* i brist på; om det inte finns; ***~ this*** (***that***) i annat fall
fail-safe ['feɪlseɪf] *adj* idiotsäker
failure ['feɪljə] *s* **1** a) misslyckande, fiasko b) misslyckad person **2** underlåtenhet, försummelse; brist, avsaknad [*of* på] **3** fel; ***heart ~*** hjärtförlamning
faint [feɪnt] **I** *adj* **1** svag, matt [*a ~ voice*] **2** otydlig [*~ traces*]; ***I haven't the faintest idea*** el. ***I haven't the faintest*** jag har inte den ringaste aning **II** *s* svimning **III** *vb itr* svimma; ***fainting fit*** svimningsanfall
1 fair [feə] *s* **1** marknad **2** hand. mässa
2 fair [feə] **I** *adj* **1** rättvis, just [*to, on* mot]; skälig, rimlig; ***~ and square*** öppen och

ärlig; ~ ***play*** fair play, rent spel; ***give a th. a ~ trial*** pröva ngt ordentligt; ***give a p. a ~ warning*** varna ngn i tid **2** a) ganska stor (bra); ansenlig b) rimlig [~ *prices*] **3** ~ ***weather*** el. ~ uppehållsväder **4** gynnsam; ***have a ~ chance*** ha goda utsikter **5** ljuslagd, blond, ljus [*a ~ complexion*] **6** poet. fager; ***the ~ sex*** det täcka könet
II *adv* **1** rättvist, just, hederligt **2** ~ ***and square*** rätt, rakt; öppet, ärligt
fairground ['feəgraʊnd] *s* nöjesplats, marknadsplats
fairly ['feəlɪ] *adv* **1** rättvist; ärligt, hederligt **2** tämligen, rätt, ganska [~ *good*]
fair-minded [ˌfeə'maɪndɪd] *adj* rättsinnig
fairness ['feənəs] *s* **1** rättvisa; ärlighet; ***in all ~*** el. ***in ~*** i rättvisans namn **2** blondhet
fair-sized ['feəsaɪzd] *adj* ganska stor, medelstor
fairway ['feəweɪ] *s* **1** farled **2** golf. fairway klippt del av spelfält
fairy ['feərɪ] **I** *s* fe **II** *adj* fe-, älv- [~ *queen*]; sago- [~ *prince*]; ~ ***godmother*** god fe
fairyland ['feərɪlænd] *s* sagoland
fairy story ['feərɪˌstɔ:rɪ] *s* o. **fairy tale** ['feərɪteɪl] *s* saga; historia
faith [feɪθ] *s* **1** tro [*in* på]; förtroende [*in* för] **2** troslära
faithful ['feɪθf(ʊ)l] *adj* **1** trogen **2** exakt, noggrann
faithfully ['feɪθfəlɪ] *adv* **1** troget; ***promise ~*** vard. lova säkert; ***Yours ~*** i brevslut Högaktningsfullt **2** exakt
faithless ['feɪθləs] *adj* trolös; vantrogen
fake [feɪk] **I** *vb tr* o. *vb itr* **1** fuska med; förfalska; dikta ihop **2** simulera [~ *illness*]; bluffa **II** *s* **1** förfalskning; uppdiktad historia; bluff **2** bluffmakare
falcon ['fɔ:lkən] *s* jaktfalk
fall [fɔ:l] **I** (*fell fallen*) *vb itr* **1** falla; falla omkull, ramla; sjunka [*the price fell*]; störtas [*the government fell*]; infalla, inträffa [*Easter Day ~s on a Sunday*]; ***his face fell*** han blev lång i ansiktet **2** ~ ***ill*** bli sjuk; ~ ***asleep*** somna □ ~ **away** a) falla ifrån, svika b) falla bort; vika undan; ~ **back**: ~ ***back on*** bildl. falla tillbaka på, ta till; ~ **behind** bli efter; ***have fallen behind with*** vara på efterkälken med; ~ **below** understiga, inte gå upp till beräkning m.m.; ~ **down** falla (ramla) ned; ~ **for** a) falla för [~ *for a p.'s charm*] b) gå ˈpå, låta lura sig av; ~ **in a)** falla (ramla) in, falla ihop **b)** mil. falla in i ledet; ~ ***in!*** uppställning! **c)** ~ ***in with*** gå (vara) med på, foga sig efter; ~ **into** a) falla ned i; bildl. falla i [~ *into a deep sleep*]; råka i b) komma in i, förfalla till [~ *into bad habits*]; ~ **off** a) falla (ramla) av b) avta, minska, sjunka, mattas; ~ **on** a) falla på, åligga b) anfalla, överfalla; kasta sig över; ~ **out** a) falla (ramla) ut b) utfalla, avlöpa c) mil. gå ur ledet d) bli osams, råka i gräl; ~ **through** misslyckas; falla igenom; ~ **under** falla (komma, höra) under
II *s* **1** fall; fallande, sjunkande; nedgång **2** amer. höst; för ex. jfr *summer* **3** speciellt pl. ~***s*** vattenfall [*the Niagara Falls*]
fallacy ['fæləsɪ] *s* vanföreställning
fallen ['fɔ:l(ə)n] se *fall I*
fallible ['fæləbl] *adj* felbar
falling-off [ˌfɔ:lɪŋ'ɒf] *s* avtagande, nedgång
Fallopian [fə'ləʊpɪən] *adj*, ~ ***tube*** anat. äggledare
false [fɔ:ls] *adj* falsk; felaktig; otrogen; lös- [~ *teeth (beard)*]
falsehood ['fɔ:lshʊd] *s* lögn, osanning
falsetto [fɔ:l'setəʊ] (pl. ~*s*) *s* mus. falsett
falsify ['fɔ:lsɪfaɪ] *vb tr* förfalska
falsity ['fɔ:lsətɪ] *s* oriktighet; falskhet
falter ['fɔ:ltə] *vb itr* **1** stappla, vackla **2** vara osäker
fame [feɪm] *s* ryktbarhet, berömmelse
famed [feɪmd] *adj* ryktbar, berömd
familiar [fə'mɪljə] *adj* **1** förtrolig [*on a ~ footing*]; bekant [*the name is ~*] **2** familjär, närgången
familiarity [fəˌmɪlɪ'ærətɪ] *s* **1** förtrogenhet [*with* med]; förtrolighet **2** närgångenhet
familiarize [fə'mɪljəraɪz] *vb tr* göra bekant (förtrogen)
family ['fæmlɪ] *s* **1** familj; ***a wife and ~*** hustru och barn; ***be in the ~ way*** vard. vara med barn; ~ ***allowance*** barnbidrag, familjebidrag **2** släkt; ***it runs in the ~*** det ligger i släkten
famine ['fæmɪn] *s* hungersnöd
famished ['fæmɪʃt] *adj* utsvulten; ***I'm ~*** vard. jag är döhungrig
famous ['feɪməs] *adj* berömd, ryktbar
1 fan [fæn] **I** *s* solfjäder; tekn. fläkt **II** *vb tr* fläkta på; fläkta
2 fan [fæn] *s* vard. entusiast, fantast, supporter, fan
fanatic [fə'nætɪk] *s* fanatiker
fanatical [fə'nætɪk(ə)l] *adj* fanatisk
fanaticism [fə'nætɪsɪz(ə)m] *s* fanatism
fan belt ['fænbelt] *s* fläktrem

fanciful ['fænsɪf(ʊ)l] *adj* nyckfull, fantasifull; fantastisk
fancy ['fænsɪ] **I** *s* **1** fantasi **2** inbillning; infall; nyck **3** tycke; ***it caught (took) my ~*** det föll mig i smaken; ***take a ~ to*** bli förtjust i, fatta tycke för **II** *adj* **1** fantasi-, lyx-; ***~ dress*** maskeraddräkt **2** fantastisk, godtycklig; ***~ price*** fantasipris **3** av högsta kvalitet [*~ crabs*] **III** *vb tr* **1** föreställa sig, tänka sig; tycka sig finna; inbilla sig **2** tycka om, gilla; vara pigg på [*I don't ~ doing it*]; fatta tycke för; önska sig, vilja ha; ***~ oneself*** tro att man är något
fancy-dress [ˌfænsɪ'dres, attributivt 'fænsɪdres] *s* maskeraddräkt, fantasikostym; ***~ ball*** maskeradbal
fanfare ['fænfeə] *s* fanfar
fang [fæŋ] *s* huggtand; orms gifttand
fanny pack ['fænɪpæk] *s* amer. midjeväska; vard. magsäck
fantasize ['fæntəsaɪz] *vb itr* fantisera [*about* om]
fantastic [fæn'tæstɪk] *adj* fantastisk
fantasy ['fæntəsɪ] *s* fantasi; illusion
far [fɑː] (*farther farthest* el. *further furthest*) **I** *adj* **1** fjärran, avlägsen; ***the Far East*** Fjärran östern **2** bortre [*the ~ end (*del*)*]; ***at the ~ end of*** vid bortersta ändan av **II** *adv* **1** långt [*how ~ is it?*]; långt bort (borta); ***~ and wide*** vitt och brett; ***be ~ from*** vara långtifrån; ***~ from it*** långt därifrån; ***~ be it from me to...*** jag vill ingalunda...; ***as ~ as*** a) preposition ända till b) konjunktion så vitt [*as ~ as I know*]; ***so ~*** hittills; ***in so ~ as*** i den mån **2** vida, långt, mycket [*~ better*]; ***~ too much*** alldeles för mycket; ***by ~*** i hög grad, avgjort
far-away ['fɑːrəweɪ] *adj* avlägsen, fjärran
farce [fɑːs] *s* fars
fare [feə] **I** *s* **1** passageraravgift, biljettpris [*pay one's ~*], taxa **2** en el. flera passagerare, resande [*he drove his ~ home*]; körning [*the taxi-driver got a ~*] **3** kost; ***bill of ~*** matsedel **II** *vb itr* klara sig [*~ well (badly)*]
farewell [ˌfeə'wel] *s* farväl
far-fetched [ˌfɑː'fetʃt] *adj* långsökt
farm [fɑːm] **I** *s* lantgård, bondgård; för djuruppfödning farm **II** *vb tr* o. *vb itr* bruka [*~ land* (jorden)]; odla; driva jordbruk
farmer ['fɑːmə] *s* **1** lantbrukare, bonde **2** djuruppfödare farmare [*fox-farmer*]
farm hand ['fɑːmhænd] *s* lantarbetare, jordbruksarbetare
farmhouse ['fɑːmhaʊs] *s* bondgård
farming ['fɑːmɪŋ] *s* **1** jordbruk, lantbruk **2** uppfödning [*pig-farming*], odling [*fish-farming*]
farmstead ['fɑːmsted] *s* bondgård
farmyard ['fɑːmjɑːd] *s* gård vid bondgård
far-off [ˌfɑːr'ɒf] *adj* avlägsen, fjärran
far-reaching [ˌfɑː'riːtʃɪŋ] *adj* vittgående
far-sighted [ˌfɑː'saɪtɪd] *adj* **1** framsynt **2** långsynt
fart [fɑːt] vulg. **I** *s* prutt **II** *vb itr* prutta
farther ['fɑːðə] (komparativ av *far*, för ex. se äv. *further*) **I** *adj* bortre [*the ~ bank of the river*], avlägsnare **II** *adv* längre [*we can't go ~*], längre bort
farthermost ['fɑːðəməʊst] *adj* borterst
farthest ['fɑːðɪst] (superlativ av *far*) **I** *adj* borterst, avlägsnast **II** *adv* längst; längst bort
fascia ['feɪʃə] (pl. *~s*) *s* bil. instrumentbräda
fascinate ['fæsɪneɪt] *vb tr* fascinera, fängsla
fascinating ['fæsɪneɪtɪŋ] *adj* fascinerande
fascination [ˌfæsɪ'neɪʃ(ə)n] *s* tjusning
Fascism ['fæʃɪz(ə)m] *s* fascism
Fascist ['fæʃɪst] **I** *s* fascist **II** *adj* fascistisk
fashion ['fæʃ(ə)n] **I** *s* **1** sätt, vis [*in* (på) *this ~*]; ***after a ~*** på sätt och vis **2** mod, mode; ***it is all the ~*** det är senaste modet (sista skriket); ***~ designer*** modetecknare; ***~ parade*** modevisning **3** fason, mönster **II** *vb tr* forma, fasonera; formge
fashionable ['fæʃənəbl] *adj* **1** modern, på modet **2** förnäm, societets-; elegant
1 fast [fɑːst] **I** *s* fasta **II** *vb itr* fasta
2 fast [fɑːst] **I** *adj* **1** snabb, hastig; snabbgående; ***~ food*** snabbmat; ***~ lane*** trafik. omkörningsfil; ***~ train*** snälltåg; ***my watch is ~*** min klocka går före **2** fastsittande; hållbar, tvättäkta [*~ colours*]; ***make ~*** göra (binda) fast **3** utsvävande, lättsinnig **II** *adv* **1** fort [*run ~*]; snabbt **2** fast [*stand ~*]; stadigt, hårt, tätt; ***hold ~ to*** hålla stadigt (fast) i; bildl. hålla fast vid; ***be ~ asleep*** sova djupt
fasten ['fɑːsn] *vb tr* o. *vb itr* **1** fästa [*to* vid, i, på]; göra fast, binda [*to* vid, på]; regla, säkra; knyta, knyta till; ***~ up*** fästa ihop; ***~ up one's coat*** knäppa igen sin rock **2** fastna; gå att stänga; fästas **3** ***~ on*** ta fasta på, fästa sig vid
fastener ['fɑːsnə] *s* knäppanordning; hållare; hake; spänne, lås
fastidious [fə'stɪdɪəs] *adj* kräsen, petnoga
fat [fæt] **I** *adj* tjock, fet **II** *s* fett; ***cooking ~***

matfett; ***the ~ is in the fire*** vard. det osar hett
fatal ['feɪtl] *adj* **1** dödlig, dödande; livsfarlig; ~ ***accident*** dödsolycka **2** ödesdiger
fate [feɪt] *s* öde
fateful ['feɪtf(ʊ)l] *adj* ödesdiger
father ['fɑ:ðə] *s* fader, far, pappa; ~ ***Christmas*** jultomten
father-in-law ['fɑ:ðərɪnlɔ:] (pl. *fathers-in-law* ['fɑ:ðəzɪnlɔ:]) *s* svärfar
fatherland ['fɑ:ðəlænd] *s* fädernesland
fatherly ['fɑ:ðəlɪ] *adj* faderlig
fathom ['fæðəm] **I** *s* famn mått (1,83 m) **II** *vb tr* fatta, komma underfund med
fatigue [fə'ti:g] **I** *s* trötthet, utmattning **II** *vb tr* trötta ut, utmatta
fatness ['fætnəs] *s* fetma
fatten ['fætn] *vb tr* o. *vb itr* göda; bli fet
fattening ['fætnɪŋ] *adj* fettbildande
fatty ['fætɪ] **I** *adj* fetthaltig, fet **II** *s* vard. tjockis
fatuous ['fætjʊəs] *adj* dum, enfaldig
faucet ['fɔ:sɪt] *s* speciellt amer. kran på ledningsrör
fault [fɔ:lt] *s* **1** fel; brist, skavank; ***find ~ with*** klandra, kritisera **2** skuld, fel [*it is his ~*]; ***through no ~ of his*** (***his own***) utan egen förskyllan; ***be at ~*** vara skyldig **3** sport. felserve
faultless ['fɔ:ltləs] *adj* felfri; oklanderlig
faulty ['fɔ:ltɪ] *adj* felaktig; bristfällig
favour ['feɪvə] **I** *s* gunst, ynnest; tjänst [*do me a ~!*]; ***be out of ~*** a) vara i onåd [*with a p.* hos ngn] b) inte vara populär längre; ***in ~ of*** till förmån för; ***in our ~*** till vår förmån (favör) **II** *vb tr* **1** gilla; understödja; vara gynnsam för; perfekt particip ***favoured*** gynnad **2** favorisera, gynna
favourable ['feɪvərəbl] *adj* **1** välvillig [*to* mot] **2** gynnsam, fördelaktig [*to* för]
favourite ['feɪvərɪt] *s* favorit
1 fawn [fɔ:n] *s* **1** hjortkalv, dovhjortskalv **2** ljust gulbrun färg
2 fawn [fɔ:n] *vb itr* bildl. svansa, krypa, fjäska [*on* för]
fax [fæks] **I** *s* telefax, fax **II** *vb tr* faxa
fear [fɪə] **I** *s* **1** fruktan, rädsla [*of* för]; ***be in ~ of*** vara rädd för **2** farhåga; ***be in ~ of one's life*** frukta för sitt liv; ***no ~!*** aldrig i livet! **II** *vb tr* o. *vb itr* frukta; vara rädd för; vara rädd
fearful ['fɪəf(ʊ)l] *adj* **1** rädd [*of* för]; räddhågad **2** förskräcklig
feasible ['fi:zəbl] *adj* genomförbar, görlig
feast [fi:st] **I** *s* **1** fest, högtid **2** festmåltid; kalas; njutning, fest, fröjd **II** *vb tr* traktera; festa, kalasa [*on* på]; ~ ***one's eyes on*** låta ögat njuta av **III** *vb itr* festa, kalasa [*on* på]
feat [fi:t] *s* bragd, bedrift; prestation
feather ['feðə] **I** *s* fjäder; ***they are birds of a ~*** de är av samma skrot och korn; ***birds of a ~ flock together*** ordspr. lika barn leka bäst **II** *vb tr* fjädra; ~ ***one's*** (***one's own***) ***nest*** sko sig, skaffa sig fördelar
feature ['fi:tʃə] **I** *s* **1** pl. ***~s*** anletsdrag **2** särdrag; kännetecken; inslag [*~s in the programme*]; huvudnummer **II** *vb tr* **1** känneteckna **2** visa, presentera som huvudsak, särskild attraktion
February ['febrʊərɪ] *s* februari
fed [fed] se *feed I*
federal ['fedər(ə)l] *adj* förbunds- [*~ republic*]
federation [ˌfedə'reɪʃ(ə)n] *s* sammanslutning, förbund, federation
fee [fi:] *s* **1** honorar, arvode **2** avgift
feeble ['fi:bl] *adj* svag; klen; matt
feed [fi:d] **I** (*fed fed*) *vb tr* o. *vb itr* **1** fodra, ge mat; bespisa; föda; mata **2** vard., ***be fed up with*** vara trött (utled) på **3** om djur äta, beta; om person äta, käka **4** ~ ***on*** livnära sig på, äta **II** *s* **1** utfodring; matande **2** foder; foderranson **3** vard. mål, kalas
feel [fi:l] (*felt felt*) *vb tr* o. *vb itr* **1** känna [*~ pain*], märka; ha en känsla av; känna på **2** sondera; ~ ***one's way*** treva sig fram **3** tycka, anse; inse **4** känna; känna sig, må [*how do you ~?*]; ***how do you ~ about that?*** vad tycker du om det?; ~ ***for*** känna för; ~ ***sorry for*** tycka synd om; ~ ***cold*** frysa; ~ ***like*** ha lust med [*do you ~ like a walk?*] **5** kännas [*your hands ~ cold*]
feeler ['fi:lə] *s* **1** zool. känselspröt, antenn **2** bildl. trevare
feeling ['fi:lɪŋ] *s* **1** känsel **2** känsla; medkänsla [*for* med]; ***bad ~*** missämja; ***hurt a p.'s ~s*** såra ngn (ngns känslor); ~ (***~s***) ***ran high*** känslorna råkade i svallning
feet [fi:t] *s* se *foot I*
feign [feɪn] *vb tr* **1** hitta på, dikta upp **2** låtsa, låtsas; simulera
feint [feɪnt] *s* skenmanöver; fint; list
1 fell [fel] se *fall I*
2 fell [fel] *vb tr* fälla, hugga ner [*~ a tree*]
fellow ['feləʊ] *s* **1** vard. karl, kille, grabb; ***a***

queer ~ en konstig prick **2** medlem, ledamot av ett lärt sällskap **3** attributivt (ofta) med- [~ *passenger*]; ~ ***actor*** medspelare, skådespelarkollega; ~ ***being*** (***creature***) medmänniska; ~ ***citizen*** (***countryman***) landsman; ~ ***student*** studiekamrat; ~ ***traveller*** a) reskamrat b) medlöpare; ~ ***worker*** arbetskamrat

fellowman [ˌfeləʊˈmæn] (pl. *fellowmen* [ˌfeləʊˈmen]) *s* medmänniska

fellowship [ˈfeləʃɪp] *s* kamratskap

1 felt [felt] *feel*

2 felt [felt] *s* filt tyg; ~ ***pen*** tuschpenna

female [ˈfiːmeɪl] **I** *adj* kvinno-, kvinnlig; av honkön; ~ ***elephant*** elefanthona; ~ ***sex*** kvinnokön **II** *s* fruntimmer

feminine [ˈfemɪnɪn] *adj* kvinnlig, kvinno-; feminin äv. gram. [*the ~ gender*]

femininity [ˌfemɪˈnɪnətɪ] *s* kvinnlighet

feminism [ˈfemɪnɪzɪm] *s* **1** kvinnosaken; feminism **2** kvinnorörelsen

feminist [ˈfemɪnɪst] *s* feminist

fen [fen] *s* kärr, träsk, myr, sankmark

fence [fens] **I** *s* **1** stängsel, staket; ***sit*** (***be***) ***on the*** ~ vard. inta en avvaktande hållning **2** sl. hälare **II** *vb tr* o. *vb itr* **1** inhägna, omgärda [äv. ~ *in (up)*] **2** fäkta

fencer [ˈfensə] *s* fäktare

fencing [ˈfensɪŋ] *s* **1** fäktning, fäktkonst **2** stängsel **3** sl. häleri

fend [fend] *vb tr* o. *vb itr* **1** ~ ***off*** el. ~ avvärja, parera **2** vard., ~ ***for oneself*** sörja för sig själv

fender [ˈfendə] *s* **1** eldgaller framför eldstad **2** amer. flygel, stänkskärm

fennel [ˈfenl] *s* bot. fänkål

ferment [substantiv ˈfɜːment, verb fəˈment] **I** *s* jäsningsämne; jäsning **II** *vb itr* jäsa

fermentation [ˌfɜːmənˈteɪʃ(ə)n] *s* jäsning

fern [fɜːn] *s* ormbunke

ferocious [fəˈrəʊʃəs] *adj* vildsint, vild, grym

ferocity [fəˈrɒsətɪ] *s* vildhet, grymhet

ferret [ˈferət] *s* zool. jaktiller, frett

ferry [ˈferɪ] **I** *s* färja; ~ ***service*** färjtrafik, färjförbindelse **II** *vb tr* färja, transportera

ferryboat [ˈferɪbəʊt] *s* färja

fertile [ˈfɜːtaɪl, amer. ˈfɜːtl] *adj* **1** bördig, fruktbar; fruktsam **2** bildl. produktiv [*a ~ author*]; ***a ~ imagination*** en rik fantasi

fertility [fəˈtɪlətɪ] *s* bördighet, fruktbarhet

fertilization [ˌfɜːtɪlaɪˈzeɪʃ(ə)n] *s* **1** gödsling **2** befruktning

fertilize [ˈfɜːtɪlaɪz] *vb tr* **1** gödsla, göda **2** befrukta

fertilizer [ˈfɜːtɪlaɪzə] *s* gödningsmedel

fervent [ˈfɜːv(ə)nt] *adj* glödande [~ *zeal*], brinnande [~ *prayers*], ivrig

fervour [ˈfɜːvə] *s* glöd, brinnande iver

fester [ˈfestə] *vb itr* om sår m.m. vara sig, vara

festival [ˈfestəv(ə)l] *s* **1** relig. högtid, fest **2** festival, festspel

festive [ˈfestɪv] *adj* festlig, fest-

festivity [feˈstɪvətɪ] *s* **1** feststämning [äv. *air of* ~] **2** ofta pl. ***festivities*** festligheter, högtidligheter

festoon [feˈstuːn] *s* girland

fetch [fetʃ] *vb tr* **1** hämta, skaffa **2** inbringa [*it fetched £600*]; betinga [~ *a high price*]

fetching [ˈfetʃɪŋ] *adj* tilltalande

fête [feɪt] *s* stor fest; välgörenhetsfest, basar

fetish [ˈfiːtɪʃ, ˈfetɪʃ] *s* fetisch

fetter [ˈfetə] **I** *s* boja **II** *vb tr* **1** fjättra **2** bildl. klavbinda, binda, hämma

fettle [ˈfetl] *s*, ***in fine ~*** i fin form; på gott humör

fetus [ˈfiːtəs] *s* anat. speciellt amer. foster

feud [fjuːd] *s* fejd, strid, tvist

feudal [ˈfjuːdl] *adj* läns-; feodal- [~ *system*]

feudalism [ˈfjuːdəlɪz(ə)m] *s* feodalism

fever [ˈfiːvə] *s* feber; febersjukdom; ***at ~ heat*** (***pitch***) bildl. vid kokpunkten

feverish [ˈfiːvərɪʃ] *adj* **1** ***he is ~*** han har feber **2** bildl. het, brinnande [~ *desire*], febril

few [fjuː] *adj* o. *s* få, lite, litet; ***a ~*** några få, några, några stycken, lite, litet; ***not a ~*** el. ***quite a ~*** el. ***a good ~*** inte så få (så litet); ***the ~*** fåtalet, minoriteten; ***the first*** (***last***) ***~ days*** de allra första (senaste) dagarna

fewer [ˈfjuːə] *adj* o. *s* (komparativ av *few*) färre; mindre

fewest [ˈfjuːɪst] *adj* o. *s* (superlativ av *few*) fåtaligast, minst

fiancé [fɪˈɑːnseɪ] *s* fästman

fiancée [fɪˈɑːnseɪ] *s* fästmö

fiasco [fɪˈæskəʊ] (pl. *~s*) *s* fiasko, misslyckande

fib [fɪb] vard. **I** *s* smålögn; ***tell ~s*** småljuga **II** *vb itr* småljuga

fibre [ˈfaɪbə] *s* **1** fiber äv. i kost **2** bildl. virke [*of solid* (gott) ~]

fibreboard [ˈfaɪbəbɔːd] *s* träfiberplatta

fibreglass [ˈfaɪbəglɑːs] *s* glasfiber

fickle [ˈfɪkl] *adj* ombytlig, nyckfull

fiction ['fɪkʃ(ə)n] *s* **1** ren dikt, påhitt **2** skönlitteratur men vanligen endast på prosa
fictitious [fɪk'tɪʃəs] *adj* uppdiktad; fingerad
fiddle ['fɪdl] **I** *s* **1** fiol; ***fit (as fit) as a ~*** frisk som en nötkärna; ***have a face as long as a ~*** vara lång i ansiktet **2** vard. fiffel **II** *vb itr* vard. **1** spela fiol **2 a)** ***~ about with*** el. ***~ with*** fingra (pilla) på; mixtra med **b)** fjanta [*~ about doing nothing*] **3** fiffla
fiddler ['fɪdlə] *s* **1** fiolspelare, spelman **2** vard. fifflare
fidelity [fɪ'deləti] *s* trohet; naturtrogen återgivning av ljud m.m.
fidget ['fɪdʒɪt] *vb itr* inte kunna sitta (vara) stilla
fidgety ['fɪdʒətɪ] *adj* nervös, orolig
field [fi:ld] *s* **1** fält; åker **2** bildl. område, fält, fack **3** fys. fält; ***magnetic ~*** magnetfält **4** mil. slagfält **5** sport. **a)** plan [*football ~*]; ***sports ~*** idrottsplats; ***~ events*** tävlingar i hopp och kast **b)** kollektivt fält deltagare i t.ex. tävling, jakt
field glasses ['fi:ld,glɑ:sɪz] *s pl* fältkikare
field marshal ['fi:ld,mɑ:ʃ(ə)l] *s* fältmarskalk
fieldmouse ['fi:ldmaʊs] (pl. *fieldmice* ['fi:ldmaɪs]) *s* sork
fiend [fi:nd] *s* **1** djävul; ond ande **2** vard. slav under last; entusiast; ***dope ~*** narkoman; ***fresh-air ~*** friluftsfantast
fiendish ['fi:ndɪʃ] *adj* djävulsk, ondskefull
fierce [fɪəs] *adj* **1** vild **2** våldsam, häftig
fiery ['faɪərɪ] *adj* **1** brännande [*~ heat*], flammande **2** eldig, hetsig [*a ~ temper*]
fifteen [,fɪf'ti:n] *räkn* o. *s* femton
fifteenth [,fɪf'ti:nθ] *räkn* o. *s* femtonde; femtondel
fifth [fɪfθ] *räkn* o. *s* femte; femtedel
fiftieth ['fɪftɪɪθ] *räkn* o. *s* femtionde; femtiondel
fifty ['fɪftɪ] **I** *räkn* femtio **II** *s* femtio; femtiotal; ***in the fifties*** på femtiotalet av ett århundrade
fifty-fifty [,fɪftɪ'fɪftɪ] *adj* o. *adv* fifty-fifty, jämn, jämnt; ***on a ~ basis*** på lika basis; ***a ~ chance*** femtioprocents chans; ***go ~ with a p.*** dela lika med ngn
fig [fɪg] *s* fikon
fight [faɪt] **I** (*fought fought*) *vb itr* o. *vb tr* slåss, kämpa, boxas; bekämpa, kämpa mot, slåss med **II** *s* slagsmål, kamp, strid; boxningsmatch; ***put up a good ~*** kämpa tappert
fighter ['faɪtə] *s* slagskämpe; boxare
fighting ['faɪtɪŋ] *s* strid, strider [*street ~*], kamp; slagsmål
figment ['fɪgmənt] *s* påfund, påhitt; ***~ of the imagination*** fantasifoster
figurative ['fɪgjʊrətɪv] *adj* bildlig
figure ['fɪgə] **I** *s* **1 a)** siffra; pl. ***~s*** äv. uppgifter, statistik; ***he is good at ~s*** han räknar bra **b)** vard. belopp, pris **2** figur [*she has a good (*snygg*) ~*]; gestalt, person [*a public (*offentlig*) ~*]; ***cut a poor (sorry) ~*** göra en slät figur **3** figur, illustration, bild **II** *vb tr* o. *vb itr* **1** beräkna; ***~ out*** räkna ut; komma underfund med **2** amer. anta, förmoda **3** ***~ on*** amer. räkna med; lita på; räkna (spekulera) på **4** framträda, figurera, förekomma
figure head ['fɪgəhed] *s* galjonsfigur
figure-skating ['fɪgə,skeɪtɪŋ] *s* konståkning på skridsko
filament ['fɪləmənt] *s* tråd i glödlampa
1 file [faɪl] **I** *s* fil verktyg **II** *vb tr* fila
2 file [faɪl] **I** *s* **1** samlingspärm, pärm; dokumentskåp **2** dokumentsamling, kortsystem; ***on our ~s*** i vårt register **II** *vb tr* sätta in, arkivera; registrera
3 file [faɪl] **I** *s* rad av personer el. saker efter varandra; led **II** *vb itr* gå i en lång rad
filial ['fɪljəl] *adj* sonlig, dotterlig
filings ['faɪlɪŋz] *s pl* filspån
fill [fɪl] **I** *vb tr* **1** fylla **2** tillfredsställa; mätta **3** besätta, tillsätta en tjänst; ***~ a p.'s place*** inta ngns plats **4** ***~ up*** fylla upp, fylla i [*~ up a form* (blankett)]; fylla igen **II** *s* **1** lystmäte; ***eat one's ~*** äta sig mätt **2** fyllning; ***a ~ of tobacco*** en stopp
fillet ['fɪlɪt] **I** *s* kok. filé; ***~ of sole*** sjötungsfilé **II** *vb tr* filea; ***filleted sole*** sjötungsfilé
filling ['fɪlɪŋ] **I** *adj* mättande; fyllande; fyllnads- **II** *s* **1** fyllande; ifyllning **2** fyllnad, fyllning, plomb [*a gold ~*]
filling station ['fɪlɪŋ,steɪʃ(ə)n] *s* bensinstation
filly ['fɪlɪ] *s* stoföl; ungsto
film [fɪlm] **I** *s* **1** hinna, tunt skikt, film [*a ~ of oil*] **2** film; filmrulle; ***~ director*** filmregissör; ***~ producer*** filmproducent; ***~ star*** filmstjärna **II** *vb tr* filma
filmgoer ['fɪlm,gəʊə] *s* biobesökare
filmstrip ['fɪlmstrɪp] *s* bildband
filter ['fɪltə] **I** *s* filter **II** *vb tr* o. *vb itr* filtrera, sila; filtreras, silas
filth [fɪlθ] *s* smuts, lort; vard. smörja; snusk
filthy ['fɪlθɪ] *adj* smutsig, lortig; snuskig
fin [fɪn] *s* fena

final ['faɪnl] **I** *adj* slutlig, sista, avgörande, slutgiltig [*the ~ result*] **II** *s* sport., ~ el. pl. ***~s*** final, sluttävlan
finale [fɪ'nɑ:lɪ] *s* final
finalist ['faɪnəlɪst] *s* finalist
finally ['faɪnəlɪ] *adv* slutligen, till sist
finance ['faɪnæns] **I** *s* **1** finans **2** pl. ***~s*** a) stats finanser b) enskilds ekonomi **II** *vb tr* finansiera
financial [faɪ'nænʃ(ə)l] *adj* finansiell, ekonomisk [*~ aid*]
financier [faɪ'nænsɪə] *s* finansman
finch [fɪntʃ] *s* fink
find [faɪnd] **I** (*found found*) *vb tr* **1** finna; hitta, påträffa; se, upptäcka; ***be found*** finnas, påträffas **2** skaffa [*~ a p. work*]; ***~ one's*** (***the***) ***way*** leta sig fram, hitta vägen **3** anse, tycka ngn (ngt) vara; inse, märka [*I found that I was mistaken*] **4** jur., ***~ guilty*** förklara skyldig; ***~ not guilty*** frikänna **5** ***~ out*** ta (leta) reda på; söka upp; upptäcka; tänka ut, hitta (komma) på **II** *s* fynd
1 fine [faɪn] **I** *s* böter [*sentence a p. to a ~*] **II** *vb tr* bötfälla; ***he was fined*** han fick böta
2 fine [faɪn] **I** *adj* **1** fin **2** utsökt [*a ~ taste*], förfinad; ***the ~ arts*** de sköna konsterna **3** om väder vacker **4** om t.ex. metaller ren [*~ gold*] **5** ***I feel ~*** jag mår riktigt bra; ***one of these ~ days*** en vacker dag, endera dagen; ***you're a ~ one!*** iron. du är just en fin (snygg) en! **II** *adv* fint; ***that will suit me ~*** vard. det passar mig utmärkt
finery ['faɪnərɪ] *s* finkläder, stass; prakt
finesse [fɪ'nes] *s* takt, finess
finger ['fɪŋgə] **I** *s* finger; ***first ~*** pekfinger; ***little ~*** lillfinger; ***middle ~*** långfinger; ***he has it at his ~*** (***fingers'***) ***ends*** han har (kan) det på sina fem fingrar; ***have a ~ in the pie*** ha ett finger med i spelet; ***lay*** (***put***) ***a ~ on*** röra, röra vid; ***let a chance slip through one's ~s*** låta en chans gå sig ur händerna **II** *vb tr* fingra på
fingermark ['fɪŋgəmɑ:k] *s* märke efter ett smutsigt finger
fingernail ['fɪŋgəneɪl] *s* fingernagel
fingerprint ['fɪŋgəprɪnt] *s* fingeravtryck
fingertip ['fɪŋgətɪp] *s* fingerspets; ***have a th. at one's ~*** kunna (ha) ngt på sina fem fingrar
finicky ['fɪnɪkɪ] *adj* petig
finish ['fɪnɪʃ] **I** *vb tr* o. *vb itr* **1** sluta, avsluta, slutföra; bli färdig med; göra slut på; upphöra, bli färdig [äv. *~ off*; *~ up*]; ***~ eating*** äta färdigt; ***~ off*** el. ~ vard. ta kål på; ***we finished up at a pub*** till slut hamnade vi på en pub **2** sport. sluta [*he finished third* (som trea)] **II** *s* **1** slut, avslutning; finish, upplopp; ***bring to a ~*** avsluta; ***a fight to the ~*** en kamp på liv och död **2** finish, polering
finished ['fɪnɪʃt] *adj* **1** färdig; fulländad **2** vard. slut [*I'm ~, I can't go on*]
finishing ['fɪnɪʃɪŋ] *adj*, ***~ tape*** sport. målsnöre; ***give a th. the ~ touch*** el. ***give*** (***put***) ***the ~ touch to a th.*** lägga sista handen vid ngt
Finland ['fɪnlənd]
Finn [fɪn] *s* finne, finländare
Finnish ['fɪnɪʃ] **I** *adj* finsk, finländsk **II** *s* finska språket
fir [fɜ:] *s* gran; speciellt ädelgran; ***Scotch ~*** tall
fire ['faɪə] **I** *s* **1** eld, elden i allm.; ***catch ~*** fatta eld; ***set ~ to*** el. ***set on ~*** sätta eld på, sätta i brand; ***on ~*** i brand; ***be on ~*** brinna, stå i lågor **2** eld i eldstad; brasa; låga; ***electric ~*** elkamin **3** eldsvåda, brand; ***~!*** elden är lös! **4** mil. eld, skottlossning; ***be under ~*** vara under beskjutning; bildl. vara i skottgluggen (elden) **II** *vb tr* o. *vb itr* **1** avskjuta, fyra av, avlossa, bränna av; ge eld, ge fyr [*at, on* mot, på]; ***~ questions at a p.*** bombardera ngn med frågor; ***~ away*** bildl. sätta igång **2** antända **3** vard. sparka avskeda **4** bildl. elda upp, egga, stimulera [*~ a p.'s imagination*]
fire alarm ['faɪərə,lɑ:m] *s* brandalarm
firearms ['faɪərɑ:mz] *s pl* skjutvapen, eldvapen
fire brigade ['faɪəbrɪ,geɪd] *s* brandkår
fire engine ['faɪər,endʒɪn] *s* brandbil
fire escape ['faɪərɪ,skeɪp] *s* **1** brandstege **2** reservutgång
fire extinguisher ['faɪərɪk,stɪŋgwɪʃə] *s* brandsläckare
fireman ['faɪəmən] (pl. *firemen* ['faɪəmən]) *s* brandman, brandsoldat
fireplace ['faɪəpleɪs] *s* eldstad, öppen spis
fireproof ['faɪəpru:f] *adj* brandsäker; eldfast
fireside ['faɪəsaɪd] *s*, ***by the ~*** vid brasan
fire station ['faɪə,steɪʃ(ə)n] *s* brandstation
firewood ['faɪəwʊd] *s* ved
fireworks ['faɪəwɜ:ks] *s pl* fyrverkeripjäser; fyrverkeri
firing-squad ['faɪərɪŋskwɒd] *s* exekutionspluton
1 firm [fɜ:m] *s* firma

2 firm [fɜːm] **I** *adj* fast; stadig **II** *adv* fast [*stand* ~]
first [fɜːst] **I** *adj* o. *räkn* första, förste; förnämsta; ~ ***aid*** första hjälpen; ~ ***name*** förnamn; ~ ***night*** premiär; ***in the ~ place*** i första rummet; för det första; ***at ~ sight*** vid första anblicken (ögonkastet [*love at ~ sight*]); ***you don't know the ~ thing about it*** du vet inte ett dyft om det **II** *adv* **1** först; ~ ***of all*** allra först; först och främst **2** i första klass [*travel* ~] **3** ***come*** (***finish***) ~ komma (sluta) som etta **III** *s* **1** ***at*** ~ först, i början **2** första, förste **3** sport. förstaplats; etta **4** motor. ettans växel
first-aid [ˌfɜːst'eɪd] *adj*, ~ ***kit*** förbandslåda
first-class [ˌfɜːst'klɑːs, attributivt 'fɜːstklɑːs] *adj* förstaklass-; förstklassig [*a ~ hotel*]; ***a ~ row*** vard. ett ordentligt gräl
first-hand [ˌfɜːst'hænd] **I** *adj* förstahands-, i första hand [~ *information*] **II** *adv* i första hand [*learn* (få veta) *a th.* ~]
firstly ['fəːstlɪ] *adv* för det första
first-rate [ˌfɜːst'reɪt] *adj* första klassens, förstklassig, utmärkt
firth [fɜːθ] *s* fjord, fjärd, havsarm
fish [fɪʃ] **I** (pl. *fishes* el. kollektivt ~) *s* **1** fisk; ~ ***and chips*** friterad fisk och pommes frites; ***he is like a ~ out of water*** han är inte i sitt rätta element; ***drink like a ~*** dricka som en svamp **2** vard., ***odd*** (***queer***) ~ lustig kurre **II** *vb tr* o. *vb itr* fiska, fånga, dra upp [~ *trout*]; ~ ***for*** fiska [~ *for trout*]; ~ ***for compliments*** vard. gå med håven; ~ ***out*** fiska upp
fishcake ['fɪʃkeɪk] *s* kok., slags fiskkrokett
fisherman ['fɪʃəmən] (pl. *fishermen* ['fɪʃəmən]) *s* yrkesfiskare
fishery ['fɪʃərɪ] *s* fiskeri; fiske
fishfingers ['fɪʃˌfɪŋgəz] *s pl* kok. fiskpinnar
fishing ['fɪʃɪŋ] *s* fiskande; ~ ***village*** fiskeläge
fishing-line ['fɪʃɪŋlaɪn] *s* metrev
fishing-rod ['fɪʃɪŋrɒd] *s* metspö
fishknife ['fɪʃnaɪf] *s* fiskkniv
fishmonger ['fɪʃˌmʌŋgə] *s* fiskhandlare
fish sticks ['fɪʃstɪks] *s pl* kok. speciellt amer. fiskpinnar
fishy ['fɪʃɪ] *adj* **1** fisklik, fisk- [*a ~ smell*] **2** vard. skum, misstänkt
fission ['fɪʃ(ə)n] *s*, ***nuclear*** ~ fys. fission, kärnklyvning
fist [fɪst] *s* knytnäve, näve; ***shake one's*** ~ hytta med näven
1 fit [fɪt] *s* anfall, attack av t.ex. sjukdom; krampanfall; ~ ***of apoplexy*** slaganfall; ~ ***of laughter*** skrattanfall; ***fainting ~*** svimningsanfall; ***it gave me a ~*** el. ***I nearly had a ~*** jag höll på att få slag; ***by ~s and starts*** ryckvis
2 fit [fɪt] **I** *adj* **1** lämplig, duglig; passande, värdig [*you are not ~ to...*]; ***think*** (***see***) ~ ***to*** anse lämpligt att **2** spänstig; kry; ***keep*** ~ hålla sig i form **II** *vb tr* **1** passa i (till); passa; om kläder äv. sitta; ~ ***in with*** passa ihop med **2** göra lämplig, avpassa [*to* efter] **3** passa in, sätta på [~ *a tyre on to a wheel*]; prova in **4** utrusta, förse **III** *s* passform; [***these shoes***] ***are your ~*** ...passar dig; ***be a tight ~*** sitta åt
fitful ['fɪtf(ʊ)l] *adj* ryckig, ryckvis
fitness ['fɪtnəs] *s* **1** kondition [*physical ~*] **2** lämplighet
fitter ['fɪtə] *s* **1** montör **2** provare, tillskärare
fitting ['fɪtɪŋ] **I** *adj* **1** passande, lämplig **2** i sammansättningar -sittande [*badly-fitting*] **II** *s* **1** a) avpassning; utrustning b) provning [*go to the tailor's for a ~*] c) om kläder storlek, passform; om skor läst [*a broader ~*] **2** pl. ~***s*** tillbehör; beslag på t.ex. dörrar, fönster; armatur [*electric (electric light) ~s*]
five [faɪv] **I** *räkn* fem **II** *s* femma
fiver ['faɪvə] *s* vard. fempundssedel; amer. femdollarssedel
five-year-old ['faɪvjərəʊld] **I** *adj* femårig, fem års **II** *s* femåring
fix [fɪks] **I** *vb tr* o. *vb itr* **1** fästa, anbringa, montera, sätta fast [*to* vid, i, på]; sätta upp [~ *a shelf to* (på) *the wall*] **2** fästa, rikta [*he fixed his eyes* (blicken) *on me*] **3** fastställa, bestämma, fastslå; ~ ***on*** bestämma sig (fastna) för **4** arrangera, placera, ställa [äv. ~ *up*]; ~ ***a p. up with a th.*** ordna (fixa) ngt åt ngn **5** vard. a) fixa, greja, göra klar; sätta ihop, laga [~ *a broken lock*], laga till [~ *lunch*] b) fixa, göra upp [*the match was fixed*] **II** *s* knipa [*in an awful ~*]
fixation [fɪk'seɪʃ(ə)n] *s* psykol. fixering
fixed [fɪkst] *adj* **1** fix; fästad, fast **2** fastställd, bestämd [~ *price*]
fixer ['fɪksə] *s* vard. fixare
fixture ['fɪkstʃə] *s* **1** fast tillbehör (inventarium) **2** sport. tävling, match; ~ ***list*** lagens säsongprogram
fizz [fɪz] **I** *vb itr* om kolsyrad dryck brusa **II** *s* **1** brus **2** vard. skumpa speciellt champagne; brus kolsyrad dryck
fizzle ['fɪzl] *vb itr*, ~ ***out*** spraka till och

slockna; vard. rinna ut i sanden, gå i stöpet
flabby ['flæbɪ] *adj* slapp [*~ muscles*], sladdrig; plussig
1 flag [flæg] *s* flagga; fana
2 flag [flæg] *vb itr* mattas, sacka efter, börja gå trögt [*the conversation flagged*]
flagon ['flægən] *s* vinkanna, vinkrus
flagpole ['flægpəʊl] *s* flaggstång
flagrant ['fleɪgr(ə)nt] *adj* flagrant; skriande
flagstaff ['flægstɑ:f] *s* flaggstång
flair [fleə] *s* väderkorn; näsa, känsla; stil
flake [fleɪk] **I** *s* flaga; flinga [*~s of snow*]; flak [*~s of ice*]; skiva **II** *vb tr* o. *vb itr* flisa, flaga, flaga (skiva) sig
flamboyant [flæm'bɔɪənt] *adj* översvallande [*~ manner*]
flame [fleɪm] **I** *s* flamma, låga; ***be in ~s*** stå i lågor **II** *vb itr* flamma, låga
flamingo [flə'mɪŋgəʊ] (pl. *~s*) *s* flamingo
Flanders ['flɑ:ndəz] Flandern
flank [flæŋk] **I** *s* flank; flygel **II** *vb tr* flankera
flannel ['flænl] *s* **1** flanell **2** flanelltrasa; tvättlapp **3** pl. ***~s*** flanellbyxor
flap [flæp] **I** *vb tr* o. *vb itr* flaxa med; vifta med; flaxa **II** *s* **1** vingslag, flaxande **2** flik [*the ~ of an envelope*]; lock [*the ~ of a pocket*]
flare [fleə] **I** *vb itr* om låga fladdra; blossa; ***~ up*** flamma upp; bildl. brusa upp **II** *s* fladdrande låga; signalljus, lysraket
flash [flæʃ] **I** *vb itr* o. *vb tr* **1** lysa fram, blänka till; blixtra; låta lysa (blixtra) [*~ a light*]; lysa med [*~ a torch*]; blinka med [*~ headlights*]; ***~ by*** susa förbi **2** bildl. radiera, telegrafera **II** *s* plötsligt sken, stråle [*~ of light*]; blixt; blink från t.ex. fyr, signallampa; ***~ of lightning*** blixt; ***in a ~*** på ett ögonblick; som en blixt
flashback ['flæʃbæk] *s* tillbakablick, återblick i berättelse
flashbulb ['flæʃbʌlb] *s* foto. blixtljuslampa, fotoblixt
flashcube ['flæʃkju:b] *s* foto. blixtkub
flashlamp ['flæʃlæmp] *s* **1** ficklampa **2** foto. blixtljuslampa
flashlight ['flæʃlaɪt] *s* **1** blinkfyr **2** foto. blixtljus **3** ficklampa
flashy ['flæʃɪ] *adj* skrikig; vräkig
flask [flɑ:sk] *s* flaska; fickflaska, plunta
1 flat [flæt] *s* lägenhet, våning; ***block of ~s*** hyreshus
2 flat [flæt] **I** *adj* **1** plan, platt [*~ roof*]; ***~ plates*** flata tallrikar; ***~ race*** slätlopp; ***~ tyre*** (amer. ***tire***) punktering; ***~ rate*** enhetstaxa **2** fadd, duven, avslagen [*~ beer*] **3** mus. a) sänkt en halv ton; med ♭-förtecken b) falsk; ***A ~*** etc., se respektive bokstav **II** *adv* **1** exakt, blankt [*in* (på) *ten seconds ~*]; rent ut [*he told me ~ that...*]; ***~ out*** för fullt, i full fart **2** plant, platt; ***sing ~*** sjunga falskt **III** *s* **1** flata av hand, svärd m.m. **2** mus. ♭-förtecken, ♭ **3** punktering [*I had a ~*]
flatfooted [ˌflæt'fʊtɪd] *adj* plattfotad
flat-iron ['flætˌaɪən] *s* strykjärn
flatly ['flætlɪ] *adv*, ***~ refuse*** vägra blankt
flatten ['flætn] *vb tr* o. *vb itr* platta till; ***~ out*** el. ***~*** bli plan (platt)
flatter ['flætə] *vb tr* smickra
flatterer ['flætərə] *s* smickrare
flattery ['flætərɪ] *s* smicker
flaunt [flɔ:nt] *vb tr* **1** briljera med, skylta med [*~ one's knowledge*] **2** nonchalera
flavour ['fleɪvə] **I** *s* smak; arom, doft **II** *vb tr* smaksätta, krydda
flaw [flɔ:] *s* **1** spricka **2** fel, skavank
flawless ['flɔ:ləs] *adj* felfri; fläckfri [*a ~ reputation*]; fulländad
flax [flæks] *s* lin
flaxen ['flæks(ə)n] *adj* linartad; lingul
flay [fleɪ] *vb tr* flå; hudflänga
flea [fli:] *s* loppa
fleck [flek] *s* fläck, stänk; korn [*~s of dust*]
fled [fled] se *flee*
flee [fli:] (*fled fled*) *vb itr* o. *vb tr* fly, ta till flykten; fly från (ur)
fleece [fli:s] **I** *s* fårs ull, päls **II** *vb tr* **1** klippa får **2** vard. skinna, klå [*of* på]
fleet [fli:t] *s* flotta; eskader, flottilj
Flemish ['flemɪʃ] *adj* flamländsk
flesh [fleʃ] *s* kött äv. bildl. [*my own ~ and blood*]; ***go the way of all ~*** gå all världens väg dö; ***put on ~*** lägga på hullet; ***in the ~*** livs levande, i egen person
flesh-coloured ['fleʃˌkʌləd] *adj* hudfärgad
flew [flu:] se *1 fly I*
flex [fleks] **I** *s* elektr. sladd **II** *vb tr* böja [*~ one's arms*]; spänna muskel
flexible ['fleksəbl] *adj* **1** böjlig, smidig, mjuk, elastisk **2** bildl. flexibel [*a ~ system*], smidig; ***~ working hours*** flextid
flexitime ['fleksɪtaɪm] *s* o. **flextime** ['flekstaɪm] *s* flextid
flick [flɪk] **I** *vb tr* snärta till, smälla, smälla till; ***~ away*** (***off***) slå (knäppa) bort **II** *s* lätt slag; knäpp, snärt; snabb vridning [*a ~ of the wrist*]
flicker ['flɪkə] **I** *vb itr* fladdra [*the candle*

flickered], flimra **II** *s* fladdrande; glimt [*a ~ of hope*]

1 flight [flaɪt] *s* **1 a)** flykt [*the ~ of a bird*] **b)** flygning [*a solo ~*], flygtur; ***~ recorder*** färdskrivare **c)** bana väg [*the ~ of an arrow*] **2** skur, regn [*a ~ of arrows*] **3** trappa [äv. *~ of stairs*]; ***two ~s up*** två trappor upp

2 flight [flaɪt] *s* flykt, flyende; ***put to ~*** jaga på flykten

flighty ['flaɪtɪ] *adj* flyktig; lättsinnig

flimsy ['flɪmzɪ] *adj* tunn [*a ~ wall*]; svag, bräcklig [*a ~ cardboard box*], klen

flinch [flɪntʃ] *vb itr* **1** rygga tillbaka **2** rycka till av smärta; ***without flinching*** utan att blinka

fling [flɪŋ] **I** (*flung flung*) *vb tr* kasta, slunga, slänga [*~ a stone*]; ***~ open*** slå (slänga) upp **II** *s* **1** kast **2** ***have a ~ at*** a) ge sig i kast med b) ge ngn en gliring **3** ***have a ~*** slå runt, festa om

flint [flɪnt] *s* flinta; stift i tändare

flip [flɪp] *vb tr* **1** knäppa iväg [*~ a ball of paper*] **2** ***~ through*** bläddra igenom

flippant ['flɪpənt] *adj* nonchalant, lättvindig

flipper ['flɪpə] *s* simfot; fenlik vinge hos pingvin

flirt [flɜːt] **I** *vb itr* flörta **II** *s* flört person

flirtation [flɜː'teɪʃ(ə)n] *s* flört, kurtis

flirtatious [flɜː'teɪʃəs] *adj* flörtig

flit [flɪt] *vb itr* **1** fladdra, flyga **2** flacka [*~ from place to place*]

flitter ['flɪtə] *vb itr* fladdra omkring, flaxa

float [fləʊt] **I** *vb itr* o. *vb tr* **1** flyta [*cork ~s; let the pound ~*]; hålla flytande **2** sväva [*dust floating in the air*] **3** flotta [*~ logs*] **4** starta, grunda [*~ a company*] **II** *s* **1** flotte **2** flöte; simdyna

floating ['fləʊtɪŋ] *adj* flytande; svävande; ***~ dock*** flytdocka; ***~ kidney*** vandrande njure

flock [flɒk] **I** *s* **1** flock, skock [*~ of geese*]; hjord [*~ of sheep*] **2** om personer skara **II** *vb itr* flockas, skocka sig

flog [flɒg] *vb tr* prygla, piska, aga [*~ with a cane*]

flogging ['flɒgɪŋ] *s* prygel, aga, smörj

flood [flʌd] **I** *s* högvatten, flod, ström; översvämning **II** *vb tr* översvämma; få att svämma över; ***flooded with light*** dränkt av ljus

floodlight ['flʌdlaɪt] *s* strålkastare; pl. ***~s*** strålkastarbelysning, strålkastarljus

floor [flɔː] **I** *s* **1** golv; ***take the ~*** börja dansen **2** våning våningsplan; ***the first ~*** en trappa upp; amer. bottenvåningen **II** *vb tr* **1** lägga golv i **2** slå omkull, golva boxare; ***be floored by a problem*** gå bet på ett problem

floorshow ['flɔːʃəʊ] *s* kabaré, krogshow

flop [flɒp] **I** *vb itr* **1** flaxa, smälla, slå; ***~ about*** a) om sko kippa, glappa b) om person gå och hänga **2** ***~ down*** dimpa (dunsa) ner **3** vard. göra fiasko, spricka **II** *s* **1** flaxande; smäll, duns; plums **2** vard. fiasko, flopp

floppy ['flɒpɪ] *adj* **1** flaxande, slak; svajig **2** ***~ disk*** data. diskett, flexskiva

florid ['flɒrɪd] *adj* rödblommig [*~ complexion*]

florist ['flɒrɪst] *s, **florist's shop*** el. ***florist's*** blomsteraffär

floss [flɒs] *s, **dental ~*** tandtråd

1 flounce [flaʊns] *s* volang, garnering

2 flounce [flaʊns] *vb itr* rusa, störta [*she flounced out of the room*]

1 flounder ['flaʊndə] *s* zool. flundra, skrubbskädda

2 flounder ['flaʊndə] *vb itr* **1** sprattla, tumla; ***~ about*** irra omkring **2** stå och hacka

flour ['flaʊə] *s* mjöl

flourish ['flʌrɪʃ] **I** *vb itr* o. *vb tr* **1** blomstra; florera **2** svänga, svinga [*~ a sword*] **3** lysa med [*~ one's wealth*] **II** *s* **1** snirkel, släng **2** elegant sväng [*he took off his hat with a ~*]

flourishing ['flʌrɪʃɪŋ] *adj* blomstrande

flout [flaʊt] *vb tr* trotsa [*~ the law*]; nonchalera

flow [fləʊ] **I** *vb itr* flyta, rinna, strömma; om t.ex. hår bölja, svalla **II** *s* **1** flöde, flod, ström **2** tidvattnets flod [*ebb and ~*]

flower ['flaʊə] **I** *s* **1** blomma **2** ***be in ~*** stå i blom, blomma **II** *vb itr* blomma, stå i blom

flowerbed ['flaʊəbed] *s* rabatt

flowerpot ['flaʊəpɒt] *s* blomkruka

flower show ['flaʊəʃəʊ] *s* blomsterutställning

flowery ['flaʊərɪ] *adj* blomrik; blomsterprydd; blommig [*a ~ carpet*]

flown [fləʊn] se *1 fly I*

flu [fluː] *s* vard. influensa, flunsa

fluctuate ['flʌktjʊeɪt] *vb itr* variera, växla, skifta

fluctuation [ˌflʌktjʊ'eɪʃ(ə)n] *s* variation, växling, skiftning

flue [fluː] *s* rökgång, rökkanal

fluent ['flu:ənt] *adj* flytande [*speak ~ French*]
fluently ['flu:əntlɪ] *adv* flytande [*speak French ~*]
fluff [flʌf] *s* ludd, ulldamm; dun
fluffy ['flʌfɪ] *adj* luddig; luftig, fluffig
fluid ['flu:ɪd] **I** *adj* flytande **II** *s* vätska
fluke [flu:k] *s* vard. lyckträff, tur, flax
flung [flʌŋ] se *fling I*
flunk [flʌŋk] *vb tr* speciellt amer. vard. kugga i examen
fluorescent [flɔ:'resnt] *adj*, ~ ***lamp*** lysrörslampa
fluorine ['flʊəri:n] *s* fluor
flurry ['flʌrɪ] **I** *s* nervös oro; jäkt **II** *vb tr* uppröra, förvirra
1 flush [flʌʃ] *vb tr* skrämma upp; jaga bort
2 flush [flʌʃ] **I** *vb itr* o. *vb tr* **1** blossa upp, rodna; göra röd, få att rodna **2** spola ren [*~ the pan (the lavatory pan)*] **II** *s* **1** renspolning **2** svall; rus, yra [*the first ~ of victory*] **3** häftig rodnad; glöd; feberhetta
3 flush [flʌʃ] *adj* **1** vid kassa; rik **2** jämn, slät, grad, plan; ~ ***with*** i jämnhöjd med **3** om slag rak, direkt
fluster ['flʌstə] **I** *vb tr* förvirra, göra nervös **II** *s*, ***in a ~*** nervös och orolig
flute [flu:t] *s* flöjt
flutter ['flʌtə] **I** *vb itr* fladdra; vaja, sväva **II** *s* **1** fladdrande **2** uppståndelse; ***be in a ~*** vara uppjagad
flux [flʌks] *s*, ***in a state of ~*** stadd i omvandling
1 fly [flaɪ] **I** (*flew flown*) *vb itr* o. *vb tr* **1** flyga, köra [*~ an aeroplane*]; flyga över [*~ the Atlantic*]; ***the bird has flown*** bildl. fågeln är utflugen; ~ ***high*** bildl. sikta högt **2** ila, flyga; ~ ***into a rage*** bli rasande; ***send a p. flying*** slå omkull ngn **3** fladdra, vaja [*the flags were flying*] **II** *s*, ~ el. pl. ***flies*** gylf
2 fly [flaɪ] *s* fluga; ***he wouldn't hurt a ~*** han gör inte en fluga förnär; ***a ~ in the ointment*** bildl. smolk i bägaren
flying ['flaɪɪŋ] **I** *s* flygning **II** *adj* o. attributivt *s* **1** flygande; ~ ***fish*** flygfisk; ~ ***range*** flygplans aktionsradie; ~ ***saucer*** flygande tefat **2** ~ ***visit*** blixtvisit; ~ ***squad*** polispiket som sätts in vid t.ex. bankrån
flyleaf ['flaɪlɪ:f] *s* boktr. försättsblad
fly-swatter ['flaɪˌswɒtə] *s* flugsmälla
flyweight ['flaɪweɪt] *s* sport. flugvikt
flywheel ['flaɪwi:l] *s* mek. svänghjul
foal [fəʊl] *s* föl
foam [fəʊm] **I** *s* skum, fradga, lödder; ~ ***extinguisher*** skumsläckare; ~ ***rubber*** skumgummi **II** *vb itr* skumma, fradga
focus ['fəʊkəs] **I** *s* fokus, brännpunkt; ***the picture is out of ~*** bilden är oskarp; ***the ~ of attention*** bildl. centrum för uppmärksamheten **II** *vb tr* o. *vb itr* **1** fokusera, samla; fokuseras, samlas; ~ ***on*** bildl. fästa huvudvikten vid; ~ ***one's attention on*** koncentrera sin uppmärksamhet på **2** ställa in; ställa in skärpan
fodder ['fɒdə] *s* torrfoder
foe [fəʊ] *s* poet. fiende, motståndare
foetus ['fi:təs] *s* foster i livmodern
fog [fɒg] *s* dimma; ~ ***light*** (***lamp***) dimljus
fogey ['fəʊgɪ] *s*, ***old ~*** vard. gammal stofil
foggy ['fɒgɪ] *adj* dimmig; ***I haven't the foggiest*** (***the foggiest idea***) jag har inte den blekaste aning
foible ['fɔɪbl] *s* svaghet
1 foil [fɔɪl] *s* folie; foliepapper
2 foil [fɔɪl] *vb tr* omintetgöra, gäcka
3 foil [fɔɪl] *s* i fäktning florett
1 fold [fəʊld] *s* fålla, inhägnad
2 fold [fəʊld] **I** *vb tr* o. *vb itr* **1** vika, vika ihop; vecka; vikas, vika (vika ihop) sig; ~ ***up*** lägga (vika) ihop **2** fälla ihop [äv. *~ up*; *~ up a chair*] **II** *s* **1** veck **2** vindling, slinga
folder ['fəʊldə] *s* **1** folder; broschyr **2** samlingspärm; mapp
folding ['fəʊldɪŋ] *adj* hopvikbar, hopfällbar; ~ ***bed*** fällsäng, tältsäng; ~ ***doors*** vikdörrar; skjutdörrar
foliage ['fəʊlɪɪdʒ] *s* löv, lövverk
folk [fəʊk] *s* **1** folk, människor; ***my ~*** (***folks***) mina anhöriga, min familj **2** attributivt folk-; ~ ***dance*** folkdans; ~ ***song*** folkvisa
follow ['fɒləʊ] *vb tr* o. *vb itr* **1** följa, följa bakom (på, efter) i rum el. tid; komma efter; efterträda; ***as ~s*** på följande sätt; ***to ~*** efter, ovanpå; ~ ***on*** (adverb) följa (fortsätta) efter **2** följa, lyda [*~ advice*] **3** ägna sig åt yrke **4** följa med, hänga med; ***do you ~ ?*** fattar du? **5** vara en följd [*from* av]
follower ['fɒləʊə] *s* följeslagare; anhängare
following ['fɒləʊɪŋ] **I** *adj* följande; ***the ~ day*** följande dag **II** *s* följe, anhängare
follow-up ['fɒləʊʌp] *s* uppföljning
folly ['fɒlɪ] *s* dårskap
foment [fə'ment] *vb tr* underblåsa [*~ rebellion*]
fond [fɒnd] *adj* tillgiven, kärleksfull, öm; ***be ~ of*** tycka om, vara förtjust i

fondle ['fɒndl] *vb tr* kela med, smeka
fondue ['fɒ:ndju:] *s* kok. fondue
food [fu:d] *s* mat [~ *and drink*]; föda, näring; livsmedel; födoämne; ~ ***poisoning*** matförgiftning; ~ ***processor*** matberedare
foodstuff ['fu:dstʌf] *s* födoämne
fool [fu:l] **I** *s* **1** dåre, dumbom; ***live in a fool's paradise*** leva i lycklig okunnighet **2** narr; ***All Fools' Day*** ([ˌɔ:l'fu:lzdeɪ]) första april då man narras april; ***make a ~ of a p.*** göra ngn löjlig; ***play*** (***act***) ***the ~*** spela pajas **II** *vb tr* o. *vb itr* skoja (driva) med; lura; larva sig; ~ ***about*** (***around***) ***with*** el. ~ ***with*** leka (plocka) med, fingra på
foolery ['fu:lərɪ] *s* dårskap, narraktighet
foolhardy ['fu:lˌhɑ:dɪ] *adj* dumdristig
foolish ['fu:lɪʃ] *adj* dåraktig, dum
foolproof ['fu:lpru:f] *adj* idiotsäker
foot [fʊt] **I** (pl. *feet* [fi:t]) *s* **1** fot; ***my ~!*** vard. nonsens!; ***be on one's feet*** a) stå; resa sig b) vara på benen; ***go on ~*** gå till fots; ***put one's ~ down*** säga bestämt ifrån; ***put one's ~ in it*** vard. trampa i klaveret; ***rise to one's feet*** resa sig; ***rush a p. off his feet*** bringa ngn ur fattningen; ***by ~*** till fots; ***on ~*** till fots; i rörelse; i gång, i verket **2** fot [*at the ~ of the mountain*]; fotända [~ *of a bed*] **3** fot mått (= 12 *inches* ungefär = 30,5 cm); ***five ~*** (***feet***) ***six*** 5 fot 6, 5 fot 6 tum **II** *vb tr*, ~ ***the bill*** vard. betala räkningen (kalaset)
foot-and-mouth disease [ˌfʊtən'maʊθdɪˌzi:z] *s* mul- och klövsjuka
football ['fʊtbɔ:l] *s* fotboll
footballer ['fʊtbɔ:lə] *s* fotbollsspelare
footfall ['fʊtfɔ:l] *s* steg, ljud av steg
foothold ['fʊthəʊld] *s* fotfäste
footing ['fʊtɪŋ] *s* **1** fotfäste; ***put a business on a sound ~*** konsolidera ett företag **2** ***be on an equal*** (***friendly***) ***~*** stå på jämlik (vänskaplig) fot med
footlights ['fʊtlaɪts] *s pl* teat. **1** ramp; rampljus **2** ***the ~*** scenen
footman ['fʊtmən] (pl. *footmen* ['fʊtmən]) *s* betjänt, lakej
footpath ['fʊtpɑ:θ] *s* gångstig
footprint ['fʊtprɪnt] *s* fotspår; fotavtryck
footstep ['fʊtstep] *s* **1** steg, fotsteg **2** fotspår
footstool ['fʊtstu:l] *s* pall
footwear ['fʊtweə] *s* fotbeklädnad, skodon
fop [fɒp] *s* snobb, sprätt
foppish ['fɒpɪʃ] *adj* sprättig

for [fɔ:, obetonat fə] **I** *prep* **1** för; mot [*new lamps ~ old*]; till [*here's a letter ~ you*; *the train ~ London*]; åt [*I can hold it ~ you*]; efter [*ask ~ a p.*], om [*ask ~ help*]; på; till ett belopp av [*a bill ~ £100*]; av [*cry ~ joy*; *~ this reason*] **2** trots; ***he is kind ~ all that*** han är snäll trots allt **3** vad beträffar, i fråga om [*the worst year ever ~ accidents*]; ***~ all I care*** vad mig beträffar, gärna för mig; [***he is dead***] ***~ all I know*** ...vad jag vet; ***so much ~ that!*** det var det!, nog om den saken!; ***as ~*** vad beträffar; ***as ~ me*** för min del **4** såsom, för; som; ***~ instance*** (***example***) till exempel; ***I ~ one*** jag för min del; ***~ one thing*** för det första; ***I know it ~ certain*** (***~ a fact***) det vet jag säkert (bestämt) **5** för, för att vara [*not bad ~ a beginner*] **6** ***oh ~*** [***a cup of tea***]***!*** den som hade...!; ***what's this ~?*** vard. a) vad är det här till? b) vad är det här bra för? **7** i tidsuttryck: på [*I haven't seen him ~ a long time*]; [***be away***] ***~ a month*** ...en (...i en) månad; ***~ several months*** (***months past***) sedan flera månader tillbaka **8** i rumsuttryck: ***~ kilometres*** på (under) flera kilometer; ***it is not ~ me to judge*** det är inte min sak att döma **II** *konj* för, ty [*I asked her to stay, ~ I had something to tell her*]
forage ['fɒrɪdʒ] **I** *s* foder åt hästar o. boskap **II** *vb itr* **1** söka efter föda **2** leta, rota [äv. *~ about (round)*; *for* efter]
forbade [fə'bæd, fə'beɪd] se *forbid*
1 forbear ['fɔ:beə] *s*, pl. ***~s*** förfäder
2 forbear [fɔ:'beə] (*forbore forborne*) *vb tr* o. *vb itr*, ***~ from*** avhålla sig från, låta bli
forbearance [fɔ:'beər(ə)ns] *s* fördragsamhet, tålamod
forbid [fə'bɪd] (*forbade forbidden*) *vb tr* **1** förbjuda **2** utesluta, hindra
forbidden [fə'bɪdn] se *forbid*
forbidding [fə'bɪdɪŋ] *adj* frånstötande [*a ~ appearance* (yttre)]
forbore [fɔ:'bɔ:] se *2 forbear*
forborne [fɔ:'bɔ:n] se *2 forbear*
force [fɔ:s] **I** *s* **1** styrka, kraft; makt; ***~ of habit*** vanans makt; ***by ~ of*** i kraft av; ***in great ~*** el. ***in ~*** mil. i stort antal **2** styrka, trupp; ***the Force*** polisen; pl. ***~s*** stridskrafter [*naval ~s*]; ***air ~*** flygvapen; ***armed ~s*** väpnade styrkor; ***join ~s with*** förena (alliera) sig med **3** våld [*use ~*]; ***brute ~*** fysiskt våld; ***by ~*** med våld **4** laga kraft; ***come into ~*** träda i kraft **II** *vb tr* **1** tvinga, nödga; forcera; ***~ the***

pace driva upp farten (tempot) **2** bryta upp, spränga [~ *a lock*] **3** tvinga fram, tvinga till sig [*from, out of* av], pressa fram [*from, out of* ur, från]
forced [fɔ:st] *adj* o. *perf p* **1** tvingad, nödgad; tvungen; påtvingad, tvångs- [~ *feeding*; ~ *labour*]; ~ ***landing*** nödlandning **2** konstlad, ansträngd [*a* ~ *manner*]
forceful ['fɔ:sf(ʊ)l] *adj* kraftfull, stark
forceps ['fɔ:seps] (pl. lika) *s* kirurgisk tång, pincett
forcible ['fɔ:səbl] *adj* kraftig, eftertrycklig
ford [fɔ:d] **I** *s* vadställe **II** *vb tr* vada över
fore [fɔ:] *s*, ***come to the*** ~ framträda; bli aktuell
1 forearm ['fɔ:rɑ:m] *s* underarm
2 forearm [ˌfɔ:r'ɑ:m] *vb tr* beväpna på förhand; se *forewarn*
foreboding [fɔ:'bəʊdɪŋ] *s* ond aning, föraning
forecast ['fɔ:kɑ:st] **I** (*forecast forecast* el. *forecasted forecasted*) *vb tr* förutse; förutsäga **II** *s* prognos; ***weather*** ~ väderrapport
forefather ['fɔ:ˌfɑ:ðə] *s* förfader
forefinger ['fɔ:ˌfɪŋgə] *s* pekfinger
forefront ['fɔ:frʌnt] *s*, ***be in the*** ~ bildl. vara högaktuell, stå i förgrunden
foregone ['fɔ:gɒn] *adj*, ***a*** ~ ***conclusion*** en given sak
foreground ['fɔ:graʊnd] *s* förgrund
forehead ['fɒrɪd, 'fɔ:hed] *s* panna
foreign ['fɒrən] *adj* **1** utländsk; utrikes- [~ *trade*]; ***the Foreign and Commonwealth Secretary*** i Storbritannien utrikesministern **2** främmande [*to* för]
foreigner ['fɒrənə] *s* utlänning
foreleg ['fɔ:leg] *s* framben
foreman ['fɔ:mən] (pl. *foremen* ['fɔ:mən]) *s* förman, verkmästare
foremost ['fɔ:məʊst] *adj* o. *adv* främst [*the* ~ *representative*; *first and* ~]
forenoon ['fɔ:nu:n] *s* förmiddag
forensic [fə'rensɪk] *adj* juridisk, rättslig; ~ ***medicine*** rättsmedicin
foreplay ['fɔ:pleɪ] *s* förspel vid samlag
forerunner ['fɔ:ˌrʌnə] *s* förelöpare
foresaw [fɔ:'sɔ:] se *foresee*
foresee [fɔ:'si:] (*foresaw foreseen*) *vb tr* förutse
foreseeable [fɔ:'si:əbl] *adj* förutsebar
foreseen [fɔ:'si:n] se *foresee*
foreshadow [fɔ:'ʃædəʊ] *vb tr* förebåda
foresight ['fɔ:saɪt] *s* förutseende
forest ['fɒrɪst] *s* stor skog
forestall [fɔ:'stɔ:l] *vb tr* förekomma
foretaste ['fɔ:teɪst] *s* försmak [*of* av]
foretell [fɔ:'tel] (*foretold foretold*) *vb tr* förutsäga
forethought ['fɔ:θɔ:t] *s* förtänksamhet
foretold [fɔ:'təʊld] se *foretell*
forever [fə'revə] *adv* för alltid; jämt
forewarn [fɔ:'wɔ:n] *vb tr* varsko, förvarna; ***forewarned is forearmed*** varnad är väpnad
foreword ['fɔ:wɜ:d] *s* förord, företal
forfeit ['fɔ:fɪt] **I** *s* **1** bötessumma **2** förverkande, förlust **II** *vb tr* förverka, gå miste om
forgave [fə'geɪv] se *forgive*
1 forge [fɔ:dʒ] *vb itr*, ~ ***ahead*** kämpa (pressa) sig fram (förbi)
2 forge [fɔ:dʒ] **I** *s* **1** smedja **2** smidesugn **II** *vb tr* **1** smida **2** förfalska
forger ['fɔ:dʒə] *s* förfalskare
forgery ['fɔ:dʒərɪ] *s* förfalskning, efterapning
forget [fə'get] (*forgot forgotten*) *vb tr* o. *vb itr* glömma; ~ ***about a th.*** glömma bort ngt
forgetful [fə'getf(ʊ)l] *adj* glömsk
forgetfulness [fə'getf(ʊ)lnəs] *s* glömska
forget-me-not [fə'getmɪnɒt] *s* förgätmigej
forgive [fə'gɪv] (*forgave forgiven*) *vb tr* o. *vb itr* förlåta
forgiven [fə'gɪvn] se *forgive*
forgiveness [fə'gɪvnəs] *s* förlåtelse
forgiving [fə'gɪvɪŋ] *adj* förlåtande, överseende
forgo [fɔ:'gəʊ] (*forwent forgone*) *vb tr* avstå från, försaka [~ *pleasures*]
forgone [fɔ:'gɒn] se *forgo*
forgot [fə'gɒt] se *forget*
forgotten [fə'gɒtn] se *forget*
fork [fɔ:k] **I** *s* **1** gaffel **2** grep **3** förgrening; vägskäl; korsväg **II** *vb tr* o. *vb itr* **1** vard., ~ ***out*** punga ut med, punga ut med stålarna **2** ~ ***left*** ta av till vänster
forlorn [fə'lɔ:n] *adj* **1** ensam och övergiven **2** hopplös [*a* ~ *cause*; *a* ~ *hope* (företag)]
form [fɔ:m] **I** *s* **1** form; ***be in great*** ~ vara i högform **2** etikett, form; ***it is bad*** ~ det passar sig inte; ***it is good*** ~ det hör till god ton **3** formulär, blankett [*fill up a* ~] **4** bänk utan rygg **5** skol. klass; årskurs **6** gjutform **II** *vb tr* o. *vb itr* **1** bilda [~ *a Government*]; forma; gestalta; formas, ta form; bildas **2** utforma, göra upp [~ *a plan*]; bilda (göra) sig [~ *an opinion*] **3** utgöra [~ *part* (en del) *of*]

formal ['fɔ:m(ə)l] *adj* formell; formlig, uttrycklig; stel; formalistisk
formality [fɔ:'mæləti] *s* formalism; formalitet [*customs formalities*]; formsak
format ['fɔ:mæt] *s* boks format
formation [fɔ:'meɪʃ(ə)n] *s* **1** formande, utformning; gestaltning **2** formering; gruppering
former ['fɔ:mə] *adj* **1** föregående, tidigare **2** förra, förre, f.d. [*the ~ headmaster*] **3** *the* ~ den förre (förra), det (de) förra [*the ~... the latter...*]
formerly ['fɔ:məlɪ] *adv* förut; förr; ~ ***ambassador in*** f.d. ambassadör i
formidable ['fɔ:mɪdəbl] *adj* fruktansvärd; formidabel, överväldigande
formula ['fɔ:mjʊlə] *s* formel
formulate ['fɔ:mjʊleɪt] *vb tr* formulera
forsake [fə'seɪk] (*forsook forsaken*) *vb tr* överge, svika
forsaken [fə'seɪk(ə)n] se *forsake*
forsook [fə'sʊk] se *forsake*
forswear [fɔ:'sweə] (*forswore forsworn*) *vb tr* avsvärja sig; förneka
forswore [fɔ:'swɔ:] se *forswear*
forsworn [fɔ:'swɔ:n] se *forswear*
fort [fɔ:t] *s* fort, fäste
forte ['fɔ:teɪ] *s* stark sida [*singing is not my ~*]
forth [fɔ:θ] *adv* **1** framåt; vidare; ***and so*** ~ osv. **2** fram, ut [*bring (come) ~*]
forthcoming [fɔ:θ'kʌmɪŋ] *adj* **1** förestående; stundande; ~ ***events*** kommande program t.ex. på bio **2** vard. tillmötesgående
forthright ['fɔ:θraɪt] *adj* rättfram, öppen
forthwith [ˌfɔ:θ'wɪθ] *adv* genast
fortieth ['fɔ:tɪɪθ] *räkn* o. *s* fyrtionde; fyrtiondel
fortification [ˌfɔ:tɪfɪ'keɪʃ(ə)n] *s* **1** mil. befästande **2** befästning; speciellt pl. ~***s*** befästningsverk
fortify ['fɔ:tɪfaɪ] *vb tr* **1** mil. befästa **2** förstärka; ***fortified wine*** starkvin
fortitude ['fɔ:tɪtju:d] *s* mod, själsstyrka
fortnight ['fɔ:tnaɪt] *s* fjorton dagar (dar); ***every*** ~ el. ***once a*** ~ var fjortonde dag
fortress ['fɔ:trəs] *s* fästning
fortunate ['fɔ:tʃənət] *adj* lycklig; lyckad; ***be*** ~ ha tur
fortunately ['fɔ:tʃənətlɪ] *adv* lyckligtvis
fortune ['fɔ:tʃu:n] *s* **1** lycka, öde, tur; ***tell a p. his*** ~ spå ngn; ***try one's*** ~ pröva lyckan **2** förmögenhet
fortune-hunter ['fɔ:tʃu:nˌhʌntə] *s* lycksökare
fortune-teller ['fɔ:tʃu:nˌtelə] *s* spåman; spåkvinna
forty ['fɔ:tɪ] *räkn* fyrtio; ~ ***winks*** vard. en liten tupplur
forum ['fɔ:rəm] *s* forum; domstol
forward ['fɔ:wəd] **I** *adj* **1** främre; framåtriktad; framåt **2** framfusig **II** *s* sport. forward, anfallsspelare **III** *adv* framåt, fram **IV** *vb tr* **1** främja **2** vidarebefordra, eftersända; ***please*** ~ på brev eftersändes **3** sända; befordra, expediera
forwards ['fɔ:wədz] *adv* framåt; ***backwards and*** ~ fram och tillbaka
forwent [fɔ:'went] se *forgo*
fossil ['fɒsl] *s* fossil
foster ['fɒstə] *vb tr* utveckla [*~ ability*]; befordra, gynna
fought [fɔ:t] se *fight I*
foul [faʊl] **I** *adj* **1** illaluktande; vidrig [*~ smell*]; äcklig [*a ~ taste*]; smutsig; ~ ***air*** förpestad luft; ~ ***weather*** ruskväder **2** ***fall (run)*** ~ ***of*** a) kollidera med b) komma i konflikt med [*fall ~ of the law*] **3** gemen, skamlig [*a ~ deed*]; rå, oanständig [*~ language*]; vard. otäck, ruskig **4** ojust, regelvidrig; ~ ***play*** a) ojust spel b) oredlighet; brott **II** *s* ojust spel, ruff; boxn. foul; ***commit a*** ~ ruffa **III** *vb itr* o. *vb tr* **1** sport. spela ojust; spela (vara) ojust mot, ruffa **2** smutsa ned, förorena
1 found [faʊnd] se *find I*
2 found [faʊnd] *vb tr* **1** grunda, lägga grunden till, grundlägga **2** grunda, basera [*on* på]
foundation [faʊn'deɪʃ(ə)n] *s* **1** grundande **2** stiftelse **3** grund; underlag
founder ['faʊndə] *s* grundare, grundläggare
foundry ['faʊndrɪ] *s* gjuteri; järnbruk
fountain ['faʊntən] *s* **1** fontän **2** bildl. källa
fountain pen ['faʊntənpen] *s* reservoarpenna
four [fɔ:] **I** *räkn* fyra **II** *s* fyra; fyrtal; ***on all ~s*** på alla fyra
four-cylinder ['fɔ:ˌsɪlɪndə] *adj* fyrcylindrig
four-dimensional [ˌfɔ:dɪ'menʃənl] *adj* fyrdimensionell
fourfold ['fɔ:fəʊld] **I** *adj* fyrdubbel, fyrfaldig **II** *adv* fyrdubbelt, fyrfaldigt
four-footed [ˌfɔ:'fʊtɪd] *adj* fyrfota-, fyrfotad
four-legged [ˌfɔ:'legd, ˌfɔ:'legɪd] *adj* fyrbent
four-letter [ˌfɔ:'letə] *adj*, ~ ***words*** [ˌfɔ:letə'wɜ:dz] runda ord sexord

fourteen [ˌfɔːˈtiːn] *räkn* o. *s* fjorton
fourteenth [ˌfɔːˈtiːnθ] *räkn* o. *s* fjortonde; fjortondel
fourth [fɔːθ] *räkn* o. *s* fjärde; fjärdedel
fowl [faʊl] *s* hönsfågel; fjäderfä
fox [fɒks] **I** *s* räv **II** *vb tr* vard. lura; förbrylla
foxhunting [ˈfɒksˌhʌntɪŋ] *s* rävjakt till häst med hundar
foyer [ˈfɔɪeɪ] *s* foajé
fraction [ˈfrækʃ(ə)n] *s* **1** bråkdel **2** mat. bråk
fracture [ˈfræktʃə] **I** *s* benbrott, fraktur **II** *vb tr* o. *vb itr* bryta; brytas
fragile [ˈfrædʒaɪl, amer. ˈfrædʒ(ə)l] *adj* bräcklig, ömtålig, skör, spröd
fragment [ˈfrægmənt] *s* stycke, bit, fragment
fragrance [ˈfreɪgr(ə)ns] *s* vällukt, doft
fragrant [ˈfreɪgr(ə)nt] *adj* välluktande, doftande
frail [freɪl] *adj* bräcklig, klen
frailty [ˈfreɪltɪ] *s* bräcklighet, klenhet
frame [freɪm] **I** *vb tr* **1** utforma; utarbeta **2** rama in **II** *s* **1** stomme; ram t.ex. på cykel **2** ram [~ *of a picture*], karm **3** kropp, kroppsbyggnad [*his powerful* ~] **4** ~ ***of mind*** sinnesstämning **5** bildruta på t.ex. filmremsa
framework [ˈfreɪmwɜːk] *s* stomme; skelett; ram, struktur [*the* ~ *of society*]
franc [fræŋk] *s* franc myntenhet
France [frɑːns] Frankrike
frank [fræŋk] *adj* öppenhjärtig, rättfram, uppriktig [*with* mot]
frankfurter [ˈfræŋkfɜːtə] *s* frankfurterkorv, wienerkorv
frantic [ˈfræntɪk] *adj* ursinnig; rasande
fraternal [frəˈtɜːnl] *adj* broderlig, broders-
fraternity [frəˈtɜːnətɪ] *s* **1** broderskap, broderlighet **2** broderskap; samfund
fraternize [ˈfrætənaɪz] *vb itr* fraternisera; förbrödra sig
fraud [frɔːd] *s* **1** bedrägeri; svindel; bluff **2** bedragare, bluff
fraudulent [ˈfrɔːdjʊlənt] *adj* bedräglig
fray [freɪ] *vb tr* göra trådsliten; ***frayed cuffs*** trasiga manschetter
freak [friːk] *s* **1** nyck, infall **2** missfoster; vidunder
freckle [ˈfrekl] **I** *s* fräkne **II** *vb tr* o. *vb itr* göra (bli) fräknig
freckled [ˈfrekld] *adj* o. **freckly** [ˈfreklɪ] *adj* fräknig
free [friː] **I** *adj* **1** fri; frivillig; ***he is ~ to*** det står honom fritt att; ***leave a p. ~ to*** ge ngn fria händer att; ***set ~*** frige; frigöra; ~ ***kick*** fotb. frispark **2** fri, ledig [*have a day* ~] **3** befriad, fritagen; ~ ***from*** utan **4** kostnadsfri, gratis [äv. ~ *of charge*] **5** ~ ***and easy*** otvungen, naturlig **6** frikostig, generös **II** *vb tr* befria, frige, frigöra
freedom [ˈfriːdəm] *s* frihet, oberoende; frigjordhet
freely [ˈfriːlɪ] *adv* **1** fritt **2** frivilligt; villigt, gärna [~ *grant a th.*] **3** rikligt
freemason [ˈfriːˌmeɪsn] *s* frimurare
freesia [ˈfriːzjə] *s* bot. fresia
freestyle [ˈfriːstaɪl] *s* fristil; frisim, fribrottning
freeway [ˈfriːweɪ] *s* amer. motorväg
freeze [friːz] **I** (*froze frozen*) *vb itr* o. *vb tr* frysa; frysa till (fast) [*to* vid]; komma att frysa; frysa ned (in), djupfrysa [~ *meat*] **II** *s* köldknäpp; ***wage ~*** el. ~ lönestopp
freeze-dry [ˌfriːzˈdraɪ] *vb tr* frystorka
freezer [ˈfriːzə] *s* frys
freezing [ˈfriːzɪŋ] *adj* bitande kall, iskall
freezing-compartment [ˈfriːzɪŋkəmˌpɑːtmənt] *s* frysfack
freezing-point [ˈfriːzɪŋpɔɪnt] *s* fryspunkt
freight [freɪt] *s* fraktgods; frakt
French [frentʃ] **I** *adj* fransk; ~ ***bean*** skärböna; haricot vert; ~ ***fried*** el. ~ ***fried potatoes*** el. ~ ***fries*** pommes frites; ~ ***horn*** mus. valthorn; ***take ~ leave*** vard. smita, avdunsta; ~ ***letter*** vard. kondom; ~ ***loaf*** pain riche **II** *s* **1** franska språket **2** ***the*** ~ fransmännen
Frenchman [ˈfrentʃmən] (pl. *Frenchmen* [ˈfrentʃmən]) *s* fransman
frenzy [ˈfrenzɪ] *s* ursinne, raseri; vanvett
Freon [ˈfriːɒn] *s* ® Freon
frequency [ˈfriːkwənsi] *s* frekvens
frequent [adjektiv ˈfriːkwənt, verb frɪˈkwent] **I** *adj* ofta förekommande, vanlig [*a* ~ *sight*]; tät [~ *visits*]; frekvent **II** *vb tr* ofta besöka, frekventera [~ *a café*]
frequently [ˈfriːkwəntlɪ] *adv* ofta
fresh [freʃ] *adj* **1** ny [*a* ~ *paragraph*]; färsk [~ *bread*]; frisk, fräsch **2** vard. påflugen; ***don't get ~!*** var inte så fräck!
freshen [ˈfreʃn] *vb tr,* ~ ***up*** el. ~ friska (fräscha) upp
freshwater [ˈfreʃˌwɔːtə] *adj* sötvattens- [~ *fish*]
fret [fret] **I** *vb itr* o. *vb tr* **1** gräma sig; gräma **2** fräta, tära; fräta bort **II** *s, **be in a*** ~ vara på dåligt humör
fretful [ˈfretf(ʊ)l] *adj* sur, grinig; retlig
fretsaw [ˈfretsɔː] *s* lövsåg

friar ['fraɪə] *s* relig. munk; broder
friction ['frɪkʃ(ə)n] *s* friktion; bildl. äv. motsättningar
Friday ['fraɪdeɪ, 'fraɪdɪ] *s* fredag; ***last*** **~** i fredags; ***Good*** **~** långfredagen
fridge [frɪdʒ] *s* vard. kylskåp
friend [frend] *s* vän, väninna; kamrat; ***be ~s with*** vara god vän med; ***be bad ~s*** vara ovänner
friendly ['frendlɪ] **I** *adj* vänlig, vänskaplig [*to, with* mot] **II** *s* sport. vänskapsmatch
friendship ['frendʃɪp] *s* vänskap
frigate ['frɪgət] *s* fregatt
fright [fraɪt] *s* **1** skräck, förskräckelse; ***get (have) a ~*** bli skrämd; ***give a p. a ~*** skrämma ngn **2** vard. fasa; [***her new hat***] ***is a ~*** ...är förskräcklig
frighten ['fraɪtn] *vb tr* skrämma, förskräcka; **~** ***a p. to death*** skrämma livet ur ngn
frightful ['fraɪtf(ʊ)l] *adj* förskräcklig, förfärlig
frigid ['frɪdʒɪd] *adj* **1** kall; bildl. kylig **2** med. frigid
frigidity [frɪ'dʒɪdətɪ] *s* **1** bildl. kylighet, kyla **2** med. frigiditet
frill [frɪl] *s* **1** krås **2** pl. **~*s*** vard. grannlåter, krusiduller
frilly ['frɪlɪ] *adj* krusad, plisserad; snirklad
fringe [frɪndʒ] **I** *s* **1** frans; bård **2** marginal; ytterkant; **~** ***group*** polit. grupp på ytterkanten **3** lugg **II** *vb tr* fransa
frisk [frɪsk] *vb itr*, **~** ***about*** hoppa, skutta
1 fritter ['frɪtə] *s* kok., ***apple ~s*** friterade äppelringar
2 fritter ['frɪtə] *vb tr*, **~** ***away*** plottra (slösa) bort [**~** *away one's time*]
frivolity [frɪ'vɒlətɪ] *s* flärd, lättsinne
frivolous ['frɪvələs] *adj* lättsinnig; tramsig
1 frizzle ['frɪzl] *vb tr* o. *vb itr* steka, fräsa
2 frizzle ['frɪzl] *vb tr* krusa, krulla [**~** *hair*]
frizzly ['frɪzlɪ] *adj* o. **frizzy** ['frɪzɪ] *adj* krusig, krullig [**~** *hair*]
fro [frəʊ] *adv*, ***to and ~*** fram och tillbaka, av och an
frock [frɒk] *s* klänning
frock coat [,frɒk'kəʊt] *s* bonjour
frog [frɒg] *s* groda; ***have a ~ in the (one's) throat*** vara rostig i halsen, vara hes
frogman ['frɒgmən] (pl. *frogmen* frɒgmən]) *s* grodman
frolic ['frɒlɪk] **I** *s* skoj, upptåg **II** *vb itr* leka, skutta
from [frɒm] *prep* **1** från; ur; **~** ***a child*** ända från barndomen **2** av [*steel is made* **~** *iron*] □ **~ above** ovanifrån; **~ among** ur, fram ur, från; **~ behind** bakifrån; **~ below** nedifrån; **~ without** utifrån
front [frʌnt] **I** *s* **1** framsida, främre del; ***in ~*** framtill, före [*walk in* **~**]; ***in ~ of*** framför, inför; träda i förgrunden **2** mil. el. meteor. front [*cold* **~**] **3** 'fasad'; täckmantel; **~** ***organization*** täckorganisation; **II** *adj* fram-, främre, front-; **~** ***door*** ytterdörr, port; **~** ***page*** förstasida av tidning; **~** ***room*** rum åt gatan; **~** ***row*** teat. m.m. första bänk; **~** ***seat*** framsäte; plats framtill **III** *vb tr* **1** ligga emot **2** bekläda framsidan av [**~** *a house with stone*]
frontier ['frʌntɪə] *s* politisk statsgräns, gräns
frontispiece ['frʌntɪspi:s] *s* titelplansch
frost [frɒst] **I** *s* **1** frost; ***ten degrees of ~*** Celsius tio grader kallt **2** rimfrost **II** *vb tr* o. *vb itr* **1** göra frostbiten, frostskada **2** betäcka med rimfrost; **~** ***over (up)*** täckas av rimfrost **3** mattslipa, mattera [*frosted glass*]
frostbite ['frɒstbaɪt] *s* köldskada
frostbitten ['frɒst,bɪtn] *adj* frostbiten
frosty ['frɒstɪ] *adj* frost- [**~** *nights*], frostig
froth [frɒθ] *s* fradga, skum [**~** *on the beer*]
frothy ['frɒθɪ] *adj* fradgande, skummande
frown [fraʊn] **I** *vb itr* **1** rynka pannan **2** **~** ***at (on)*** se ogillande på **II** *s* rynkad panna; bister uppsyn
froze [frəʊz] se *freeze I*
frozen ['frəʊzn] **I** se *freeze I* **II** *adj* djupfryst [**~** *food*]; ofta om tillgångar fastfrusen, bunden [**~** *credits*]; maximerad [**~** *prices*]
frugal ['fru:g(ə)l] *adj* sparsam; mattlig; enkel [*a* **~** *meal*]
fruit [fru:t] *s* frukt
fruit drop ['fru:tdrɒp] *s* syrlig karamell med fruktsmak
fruiterer ['fru:tərə] *s* frukthandlare
fruitful ['fru:tf(ʊ)l] *adj* fruktbar; givande
fruitless ['fru:tləs] *adj* fruktlös, gagnlös
fruit machine ['fru:tmə,ʃi:n] *s* enarmad bandit
frustrate [frʌ'streɪt] *vb tr* omintetgöra, motverka; frustrera
frustration [frʌ'streɪʃ(ə)n] *s* omintetgörande; frustrering
fry [fraɪ] *vb tr* steka i panna; bryna, fräsa
frying-pan ['fraɪɪŋpæn] *s* stekpanna; ***out of the ~ into the fire*** ordspr. ur askan i elden
ft. [fʊt, resp. fi:t] förk. för *foot* resp. *feet*
fuchsia ['fju:ʃə] *s* bot. fuchsia

fuck [fʌk] vulg. **I** *vb tr* o. *vb itr* **1** knulla, ha samlag med **2** ~ ***it!*** fan också!; ~ ***you!*** el. ~ ***off!*** dra åt helvete! **II** *s* knull samlag

fucking ['fʌkɪŋ] *adj* vulg. jävla

fudge [fʌdʒ] *s* fudge slags mjuk kola

fuel [fjʊəl] **I** *s* bränsle, drivmedel **II** *vb tr* o. *vb itr* förse med bränsle, tanka; bunkra

fug [fʌg] *s* vard. instängdhet, kvalmighet

fugitive ['fju:dʒɪtɪv] *s* flykting; rymling

fulfil [fʊl'fɪl] *vb tr* **1** uppfylla, infria; fullgöra, utföra [~ *one's duties*] **2** fullborda [~ *a task*]

full [fʊl] **I** *adj* **1** full, fylld [*of* av, med], fullsatt; ***I'm ~ up*** el. ***I'm ~*** vard. jag är mätt; ~ ***house*** teat. utsålt hus **2** ~ ***moon*** fullmåne; ~ ***stop*** punkt i skrift; ***in ~ view of*** klart synlig för **3** mäktig, fyllig **II** *s*, ***in ~*** fullständigt, till fullo; ***to the ~*** fullständigt, till fullo

full-blooded [ˌfʊl'blʌdɪd] *adj* kraftfull, passionerad

full-bodied [ˌfʊl'bɒdɪd] *adj* fyllig, mustig

full-fledged [ˌfʊl'fledʒd] *adj* fullfjädrad

full-grown [ˌfʊl'grəʊn] *adj* fullväxt; fullvuxen

full-length [ˌfʊl'leŋθ] *adj* hellång [*a ~ skirt*]; hel; ***a ~ film*** en långfilm; ***a ~ portrait*** en helbild

full-scale ['fʊlskeɪl] *adj* **1** i naturlig skala [*a ~ drawing*] **2** omfattande, total

full-time ['fʊltaɪm] *adj* heltids- [~ *work*]

fully ['fʊlɪ] *adv* **1** fullt, fullständigt, till fullo **2** drygt, 'hela' [~ *two days*]

fully-fashioned [ˌfʊlɪ'fæʃ(ə)nd] *adj* formstickad, fasonstickad

fumble ['fʌmbl] *vb itr* o. *vb tr* fumla; famla [*for* efter]; treva; fumla med; missa [~ *a chance*]

fume [fju:m] **I** *s*, oftast pl. ***~s*** rök [*~s of a cigar*]; utdunstningar; ångor **II** *vb itr* vara rasande [*at* över]

fumigate ['fju:mɪgeɪt] *vb tr* desinficera genom rökning

fun [fʌn] *s* **1** nöje; skämt, upptåg, skoj; ***for ~*** för skojs skull; ***in ~*** på skämt; ***it was such ~*** det var så roligt; ***make ~ of*** el. ***poke ~ at*** driva med; ***~ and games*** vard. skoj **2** attributivt, vard. rolig, kul

function ['fʌŋkʃ(ə)n] **I** *s* **1** funktion **2** ceremoni; tillställning, högtidlighet **II** *vb itr* fungera; verka

functionary ['fʌŋkʃənərɪ] *s* funktionär

fund [fʌnd] *s* **1** fond, stor tillgång, förråd **2** vard., pl. ***~s*** tillgångar; penning- medel

fundamental [ˌfʌndə'mentl] **I** *adj* fundamental; grundläggande [*to* för] **II** *s*, vanl. pl. ***~s*** grundprinciper

funeral ['fju:nər(ə)l] *s* begravning; ***~ procession*** el. ~ begravningståg

fun fair ['fʌnfeə] *s* vard. nöjesfält, tivoli

fungus ['fʌŋgəs] (pl. *fungi* ['fʌŋgaɪ]) *s* svamp, svampbildning

funk [fʌŋk] *s* vard., ***be in a ~*** vara skraj (byxis)

funnel ['fʌnl] *s* **1** tratt **2** skorsten på båt el. lok; rökfång

funny ['fʌnɪ] *adj* **1** rolig, lustig; komisk **2** konstig, egendomlig

fur [fɜ:] *s* **1** päls på vissa djur **2 a)** skinn av vissa djur **b)** ~ el. pl. ***~s*** päls, pälsverk

furious ['fjʊərɪəs] *adj* rasande, ursinnig

furl [fɜ:l] *vb tr* rulla ihop; fälla ihop [~ *an umbrella*]

furnace ['fɜ:nɪs] *s* masugn, smältugn

furnish ['fɜ:nɪʃ] *vb tr* **1** förse, utrusta **2** inreda, möblera

furniture ['fɜ:nɪtʃə] (utan pl.) *s* möbler; möblemang; ***a piece of ~*** en möbel; ***~ remover*** flyttkarl; ***~ van*** flyttbil

furrier ['fʌrɪə] *s* körsnär

furrow ['fʌrəʊ] **I** *s* **1** plogfåra **2** t.ex. i ansiktet fåra; ränna, räffla **II** *vb tr* plöja; fåra

further ['fɜ:ðə] **I** *adj* (komparativ av *far*) **1** bortre, avlägsnare, längre bort **2** ytterligare; ***without ~ consideration*** utan närmare övervägande; ***~ education*** vidareutbildning, fortbildning; ***until ~ notice (orders)*** tills vidare **II** *adv* (komparativ av *far*) **1** längre, längre bort; ***~ on*** längre fram; ***I'll see you ~ first*** vard. aldrig i livet!; ***wish a p. ~*** vard. önska ngn dit pepparn växer **2** vidare, ytterligare **III** *vb tr* främja, gynna

furthermore [ˌfɜ:ðə'mɔ:] *adv* vidare, dessutom

furthermost ['fɜ:ðəməʊst] *adj* avlägsnast, borterst

furthest ['fɜ:ðɪst] (superlativ av *far*) **I** *adj* borterst, avlägsnast **II** *adv* längst bort, ytterst

furtive ['fɜ:tɪv] *adj* förstulen, hemlig

fury ['fjʊərɪ] *s* raseri, ursinne [*in a ~*]

1 fuse [fju:z] **I** *vb tr* o. *vb itr* **1** smälta; smälta samman **2** ***the bulb (lamp) had fused*** proppen hade gått **II** *s* säkring, propp

2 fuse [fju:z] *s* brandrör, tändrör; stubintråd

fuselage ['fju:zɪlɑ:ʒ] *s* flygkropp

fusion ['fju:ʒ(ə)n] *s* sammansmältning; fusion
fuss [fʌs] **I** *s* bråk, uppståndelse, ståhej; ***make a ~*** göra (föra) väsen, bråka; ***without any ~*** utan att göra stor affär av det **II** *vb itr* bråka, tjafsa; ***~ over the children*** pyssla om (pjoska med) barnen
fussy ['fʌsɪ] *adj* fjäskig; petig, tjafsig
fusty ['fʌstɪ] *adj* unken, mögelluktande
futile ['fju:taɪl, amer. 'fju:tl] *adj* fåfäng, meningslös
futility [fjʊ'tɪlətɪ] *s* fåfänglighet, gagnlöshet
future ['fju:tʃə] **I** *adj* framtida, kommande; senare [*a ~ chapter*]; ***the ~ tense*** gram. futurum **II** *s* **1** framtid; ***the immediate ~*** den närmaste framtiden; ***in ~*** i fortsättningen, framöver; ***in the ~*** i framtiden **2** gram., ***the ~*** futurum
fuzzy ['fʌzɪ] *adj* **1** fjunig, luddig **2** krusig [*~ hair*]

G

G, g [dʒi:] *s* G, g; ***G flat*** mus. gess; ***G sharp*** mus. giss
g. (förk. för *gramme, grammes, gram, grams*) gram, g
gab [gæb] *s* vard., ***have the gift of the ~*** ha gott munläder
gabble ['gæbl] **I** *vb itr* babbla **II** *s* babbel
gaberdine [ˌgæbə'di:n] *s* gabardin
gable ['geɪbl] *s* gavel
gad [gæd] *vb itr, **~ about*** stryka omkring
gadget ['gædʒɪt] *s* grej, tillbehör, finess
gag [gæg] **I** *vb tr* o. *vb itr* **1** lägga munkavle på **2** teat. el. film. improvisera; komma med gags **II** *s* **1** munkavle **2** gag, skämt
gaiety ['geɪətɪ] *s* glädje, munterhet
gaily ['geɪlɪ] *adv* glatt, muntert
gain [geɪn] **I** *s* **1** a) vinst i allm.; förvärv; fördel b) vinning **2** pl. ***~s*** affärsvinst, inkomst **3** ökning [*a ~ in weight*] **II** *vb tr* o. *vb itr* **1** vinna, skaffa sig [*~ permission*], erhålla; öka, gå upp [*~ in weight*]; ***~ 2 kilos*** öka (gå upp) 2 kilo **2** tjäna [*~ one's living*] **3** nå [*~ one's ends* (mål)] **4** om klocka forta sig **5** ***~ on*** a) vinna (ta in) på [*~ on the others in a race*] b) dra ifrån [*~ on one's pursuers*]
gait [geɪt] *s* gång, sätt att gå [*limping ~*]
gaiter ['geɪtə] *s* damask
gala ['gɑ:lə, 'geɪlə] *s* stor fest; gala
galaxy ['gæləksɪ] *s* **1** astron. galax **2** lysande samling [*a ~ of famous people*]
gale [geɪl] *s* hård vind, storm; sjö. kuling
1 gall [gɔ:l] *s* galla
2 gall [gɔ:l] *vb tr* **1** skava sönder **2** plåga, reta
gallant ['gælənt] *adj* tapper, modig
gallantry ['gæləntrɪ] *s* **1** mod, hjältemod **2** artighet, galanteri
gall bladder ['gɔ:lˌblædə] *s* gallblåsa
galleria [ˌgælə'ri:ə] *s* galleria täckt gågata med butiker m.m.
gallery ['gælərɪ] *s* **1** galleri; ***art ~*** konstgalleri, konstsalong **2** läktare inomhus; teat. översta (tredje) rad **3** läktarpublik, galleripublik **4** täckt bana [*shooting-gallery*]
galley ['gælɪ] *s* sjö. hist. galär
gallivant ['gælɪvænt, ˌgælɪ'vænt] *vb itr* gå och driva
gallon ['gælən] *s* gallon rymdmått speciellt för

våta varor **a)** britt., ***imperial ~*** el. ~ = 4,5 liter **b)** amer. = 3,8 liter
gallop ['gæləp] **I** *vb itr* galoppera **II** *s* galopp; ***ride at a*** (***at full***) ~ rida i galopp
gallows ['gæləʊz] *s* galge
gallstone ['gɔ:lstəʊn] *s* gallsten
galore [gə'lɔ:] *adv*, ***whisky*** ~ massor av whisky
galosh [gə'lɒʃ] *s* galosch
galvanize ['gælvənaɪz] *vb tr* **1** galvanisera **2** bildl. egga, entusiasmera
gamble ['gæmbl] **I** *vb itr* spela; ~ ***on*** vard. slå vad om, tippa **II** *s* spel
gambler ['gæmblə] *s* spelare
gambling ['gæmblɪŋ] *s* hasardspel
gambling-den ['gæmblɪŋden] *s* spelhåla
gambling-house ['gæmblɪŋhaʊs] *s* spelkasino
gambol ['gæmb(ə)l] **I** *s* hopp, skutt **II** *vb itr* göra glädjesprång
1 game [geɪm] **I** *s* **1** spel; lek [*children's ~s*]; pl. ***~s*** äv. sport, idrott; ***the ~ is up*** spelet är förlorat; ***give the ~ away*** vard. avslöja alltihop; ***play the*** ~ spela (uppföra sig) just; ***beat a p. at his own*** ~ slå ngn med hans egna vapen **2** a) match [*let's play another ~*] b) parti; ***a ~ of chess*** ett parti schack **3** game i tennis; set i bordtennis el. badminton **4** knep, tricks; lek, skämt; ***none of your ~s!*** kom inte med några dumheter!; ***what ~ is he up to?*** vad har han för sig? **5** a) vilt, villebråd b) byte; mål; ***big*** ~ storvilt; ***be easy ~ for a p.*** vara ett lätt byte för ngn **II** *adj* **1** jakt-, vilt- **2** hågad [*for a th.*]; ***be ~ for anything*** gå med på allting
2 game [geɪm] *adj* ofärdig, lam [*a ~ leg*]
gamekeeper ['geɪm,ki:pə] *s* skogvaktare
gaming-table ['geɪmɪŋ,teɪbl] *s* spelbord
gammon ['gæmən] *s* saltad o. rökt skinka
gamut ['gæmət] *s* skala, register
gander ['gændə] *s* gåskarl
gang [gæŋ] **I** *s* **1** arbetslag **2** liga; gäng **II** *vb itr*, ~ ***up*** gadda ihop sig [*on, against* mot]; ~ ***up on*** äv. mobba
gangplank ['gæŋplæŋk] *s* landgång
gangrene ['gæŋgri:n] *s* kallbrand
gangster ['gæŋstə] *s* gangster
gangway ['gæŋweɪ] *s* **1** gång, passage speciellt mellan bänkrader **2** sjö. landgång; gångbord
gaol [dʒeɪl] **I** *s* fängelse **II** *vb tr* sätta i fängelse
gaolbird ['dʒeɪlbɜ:d] *s* fängelsekund
gaoler ['dʒeɪlə] *s* fångvaktare
gap [gæp] *s* **1** öppning, hål, gap **2** lucka; mellanrum, tomrum; klyfta [*generation ~*]
gape [geɪp] *vb itr* gapa
gaping ['geɪpɪŋ] *adj* gapande [*a ~ hole*]
garage ['gærɑ:ʒ, 'gærɑ:dʒ, speciellt amer. gə'rɑ:ʒ] *s* garage; bilverkstad, servicestation; ~ ***mechanic*** bilmekaniker
garb [gɑ:b] *s* dräkt, skrud, kostym
garbage ['gɑ:bɪdʒ] *s* **1** avfall; amer. äv. sopor; ~ ***can*** amer. soptunna **2** smörja, skräp
garble ['gɑ:bl] *vb tr* förvanska, vanställa
garden ['gɑ:dn] *s* trädgård; tomt; ***everything in the ~ is lovely*** vard. allt är frid och fröjd; ***lead a p. up the ~*** (***up the ~ path***) vard. lura ngn
garden centre ['gɑ:dn,sentə] *s* handelsträdgård
garden city [,gɑ:dn'sɪtɪ] *s* trädgårdsstad, villastad
gardener ['gɑ:dnə] *s* trädgårdsmästare
gardenia [gɑ:'di:njə] *s* gardenia
gardening ['gɑ:dnɪŋ] *s* trädgårdsskötsel; trädgårdsarbete
gargle ['gɑ:gl] **I** *vb tr* o. *vb itr* gurgla sig i; gurgla, gurgla sig **II** *s* gurgelvatten
garish ['geərɪʃ] *adj* prålig [*~ dress*], vräkig
garland ['gɑ:lənd] *s* krans, girland
garlic ['gɑ:lɪk] *s* vitlök
garment ['gɑ:mənt] *s* klädesplagg; pl. ***~s*** kläder
garnet ['gɑ:nɪt] *s* miner. granat
garnish ['gɑ:nɪʃ] kok. **I** *vb tr* garnera **II** *s* garnering
garret ['gærət] *s* vindskupa
garrison ['gærɪsn] *s* garnison
garrulous ['gærʊləs] *adj* pratsam, pratsjuk
garter ['gɑ:tə] *s* strumpeband
gas [gæs] **I** *s* **1** gas **2** amer. vard. (kortform för *gasoline*) bensin; ***step on the*** ~ trampa på gasen, gasa på, skynda på **II** *vb itr* o. *vb tr* **1** vard. snacka, babbla **2** gasa; gasförgifta
gasbag ['gæsbæg] *s* vard. pratkvarn
gas cooker ['gæs,kʊkə] *s* gasspis
gas fire ['gæs,faɪə] *s* gaskamin
gash [gæʃ] *s* lång djup skåra, gapande skärsår
gasket ['gæskɪt] *s* bil. packning, topplockspackning
gasoline ['gæsəli:n] *s* amer. bensin
gasometer [gæ'sɒmɪtə] *s* gasklocka
gasp [gɑ:sp] **I** *vb itr* dra efter andan, flämta **II** *s* flämtning; ***at one's last*** ~ nära att ge upp andan, utpumpad
gas station ['gæs,steɪʃ(ə)n] *s* bensinmack

gas stove ['gæsstəʊv] *s* gasspis, gaskök
gastric ['gæstrɪk] *adj*, ~ ***flu*** maginfluensa; ~ ***ulcer*** magsår
gastritis [gæ'straɪtɪs] *s* magkatarr, gastrit
gasworks ['gæswɜ:ks] *s* gasverk
gate [geɪt] *s* **1** port [*a city* ~]; grind **2** sport. publiktillströmning [*a big* ~]
gateau ['gætəʊ] (pl. *gateaux* ['gætəʊz]) *s* tårta
gatecrash ['geɪtkræʃ] *vb itr* o. *vb tr* vard., ~ ***into*** el. ~ objuden dimpa ner på [~ (~ *into) a party*]; smita in på; ~ ***on a p.*** våldgästa ngn
gatecrasher ['geɪtˌkræʃə] *s* vard. snyltgäst
gateway ['geɪtweɪ] *s* **1** port **2** bildl. inkörsport
gather ['gæðə] *vb tr* o. *vb itr* **1** samla [~ *a crowd*] **2** samla ihop (in); plocka [~ *flowers*]; samlas; samla sig; ~ ***together*** samla (plocka) ihop **3** skaffa sig, inhämta [~ *information*]; ~ ***speed*** få fart **4** dra den slutsatsen, förstå
gaudy ['gɔ:dɪ] *adj* prålig, brokig, skrikig
gauge [geɪdʒ] **I** *vb tr* **1** mäta; justera mått o. vikter; gradera **2** sondera, pejla [~ *people's reactions*] **II** *s* **1** standard- mått; kaliber; ***take the*** ~ ***of*** ta mått på **2** spårvidd **3** mätare
gaunt [gɔ:nt] *adj* mager, avtärd
gauze [gɔ:z] *s* gas, flor; ~ ***bandage*** gasbinda
gave [geɪv] se *give I*
gawky ['gɔ:kɪ] *adj* tafatt, klumpig
gay [geɪ] **I** *adj* **1** homosexuell **2** glad, munter **II** *s* homofil bög
gaze [geɪz] **I** *vb itr* stirra [*at* på]; ***he gazed into her eyes*** han såg henne djupt i ögonen **II** *s* blick [*a steady* ~]
gazelle [gə'zel] *s* gasell
gazette [gə'zet] *s* officiell tidning
GB [ˌdʒi:'bi:] förk. för *Great Britain*
gear [gɪə] *s* **1** redskap, utrustning **2** bil. växel; ***change*** ~ (~***s***) växla; ***in top*** ~ på högsta växeln; ***drive in second*** ~ köra på tvåans växel; ***throw out of*** ~ bildl. bringa i olag **3** tillhörigheter, saker
gearbox ['gɪəbɒks] *s* växellåda
gearlever ['gɪəˌli:və] *s* växelspak
gearshift ['gɪəʃɪft] *s* växelspak
gee [dʒi:] *interj* jösses!, oh då!
geese [gi:s] se *goose*
gel [dʒel] *s* hårgelé
gelatine [ˌdʒelə'ti:n] *s* gelatin
gem [dʒem] *s* **1** ädelsten, juvel **2** bildl. klenod, pärla
Gemini ['dʒemɪnaɪ, 'dʒemɪni:] *s* astrol. Tvillingarna
gender ['dʒendə] *s* gram. genus
genealogical [ˌdʒi:njə'lɒdʒɪk(ə)l] *adj*, ~ ***table*** stamtavla
general ['dʒenər(ə)l] **I** *adj* **1** allmän; generell; ***in*** ~ el. ***as a*** ~ ***rule*** i allmänhet, på det hela taget; ***a*** ~ ***election*** allmänna val; ~ ***knowledge*** allmänbildning; ~ ***practitioner*** allmänpraktiserande läkare **2** general- [~ *agent*] **3** i titlar efterställt huvudordet general- [*consul-general*] **II** *s* mil. general
generalization [ˌdʒenərəlaɪ'zeɪʃ(ə)n] *s* generalisering; allmän slutsats
generalize ['dʒenərəlaɪz] *vb itr* generalisera
generally ['dʒenərəlɪ] *adv* **1** i allmänhet, i regel **2** allmänt [*the plan was* ~ *welcomed*]
generate ['dʒenəreɪt] *vb tr* alstra, frambringa, utveckla, generera [~ *electricity*], framkalla [~ *hatred*]
generation [ˌdʒenə'reɪʃ(ə)n] *s* **1** alstring, frambringande **2** generation
generosity [ˌdʒenə'rɒsətɪ] *s* generositet, givmildhet; storsinthet
generous ['dʒenərəs] *adj* **1** storsint, generös, givmild **2** riklig, stor [*a* ~ *helping* (portion)]
genetics [dʒə'netɪks] (konstrueras med sg.) *s* genetik
Geneva [dʒə'ni:və] Genève
genial ['dʒi:njəl] *adj* **1** mild, gynnsam [*a* ~ *climate*] **2** gemytlig
genitals ['dʒenɪtlz] *s pl* könsorgan, könsdelar
genitive ['dʒenətɪv] *s* genitiv
genius ['dʒi:njəs] *s* geni, snille
genocide ['dʒenəsaɪd] *s* folkmord
gent [dʒent] *s* vard. (kortform för *gentleman*) **1** herre **2** ~***s*** herrtoalett
genteel [dʒen'ti:l] *adj* förnäm av sig, struntförnäm
gentile ['dʒentaɪl] *s* icke-jude
gentle ['dʒentl] *adj* mild, blid, vänlig; lätt, varsam; måttlig, lagom [~ *heat*]
gentlefolk ['dʒentlfəʊk] *s* herrskapsfolk, fint folk
gentleman ['dʒentlmən] (pl. *gentlemen* ['dʒentlmən]) *s* **1** herre; ***gentlemen's lavatory*** herrtoalett **2** gentleman [*a fine old* ~]
gentlemanly ['dʒentlmənlɪ] *adj* gentlemannalik

gently ['dʒentlɪ] *adv* sakta, varsamt; milt, vänligt, mjukt

genuine ['dʒenjʊɪn] *adj* äkta; genuin; verklig

geographical [dʒɪə'græfɪk(ə)l] *adj* geografisk

geography [dʒɪ'ɒgrəfɪ] *s* geografi

geologist [dʒɪ'ɒlədʒɪst] *s* geolog

geology [dʒɪ'ɒlədʒɪ] *s* geologi

geometry [dʒɪ'ɒmətrɪ] *s* geometri

geranium [dʒə'reɪnjəm] *s* pelargonia

geriatric [ˌdʒerɪ'ætrɪk] **I** *adj*, **~ *care*** åldringsvård **II** *s* åldring; vard. gamling

geriatrics [ˌdʒerɪ'ætrɪks] (konstrueras med sg.) *s* med. geriatri, geriatrik

germ [dʒɜːm] *s* bakterie; mikrob

German ['dʒɜːmən] **I** *adj* tysk; **~ *measles*** med. röda hund; **~ *sausage*** medvurst **II** *s* **1** tysk; tyska **2** tyska språket

Germany ['dʒɜːmənɪ] Tyskland

germicide ['dʒɜːmɪsaɪd] *s* bakteriedödande medel (ämne)

germinate ['dʒɜːmɪneɪt] *vb itr* gro, spira

gesticulate [dʒe'stɪkjʊleɪt] *vb itr* gestikulera

gesture ['dʒestʃə] *s* gest

get [get] (*got got*; perfekt particip amer. ofta äv. *gotten*) *vb tr* **1** få; lyckas få, skaffa sig [~ *a job*] **2** fånga, få in; få tag i; vard. få fast [*they got the murderer*] **3** vard. fatta, haja [*do you ~ what I mean?*] **4** ***have got*** ha; ***have got to*** vara (bli) tvungen att **5** **~ *a th. done*** se till att ngt blir gjort; få ngt gjort; **~ *one's hair cut*** låta klippa sig, låta klippa håret **6** **~ *a p.* (*a th.*) *to*** få (förmå) ngn (ngt) att **7** komma [~ *home*] **8** **~ *to*** småningom komma att, lära sig att [*I got to like him*]; **~ *to know*** få reda på, få veta, lära känna; **~ *talking*** börja prata; **~ *going*** komma i gång **9** bli [~ *better*]; **~ *married*** gifta sig

~ about a) resa omkring, komma ut b) komma ut, sprida sig om rykte; **~ along a)** klara (reda) sig **b)** ***I must be getting along*** jag måste ge mig i väg; **~ at a)** komma åt, nå **b)** syfta på, mena; ***what are you getting at?*** vart är det du vill komma?; **~ away a)** komma i väg **b)** komma undan, rymma; **~ *away with*** komma undan med; **~ *away with it*** klara sig, slippa undan; **~ back a)** få igen (tillbaka) **b)** återvända **c)** **~ *one's own back*** ta revansch; **~ by** a) komma förbi b) klara sig; **~ down a)** få ned, få i sig **b)** ***don't let it ~ you down*** ta inte vid dig så hårt för det **c)** gå (komma) ned (av) **d)** **~ *down to*** ta itu med; **~ in** ta sig in, komma in; **~ into** a) stiga (komma) in i (upp på) b) råka (komma) i [~ *into danger*], komma in i, få [~ *into bad habits*]; **~ off a)** få (ta) av (upp, loss) **b)** slippa (klara sig) undan [*he got off lightly* (lindrigt)] **c)** ge sig av, komma i väg; **~ *off to bed*** gå och lägga sig; **~ *off to sleep*** somna in **d)** gå (stiga) av **e)** **~ *off work*** bli ledig från arbetet; **~ on a)** få (sätta) på, ta (få) på sig **b)** gå (stiga) på; sätta sig på; **~ *on one's feet*** stiga (komma) upp; resa sig för att tala; bildl. komma på fötter; ***she ~s on my nerves*** hon går mig på nerverna **c)** lyckas, ha framgång; trivas; ***how is he getting on?*** hur har han det?; ***how is the work getting on?*** hur går det med arbetet?; **~ *on with it!*** el. **~ *on!*** skynda (raska) på! **d)** komma bra överens, trivas [*with a p.* med ngn]; ***he is easy to ~ on with*** han är lätt att umgås med **e)** ***he is getting on*** (***getting on in years*** el. ***life***) han börjar bli gammal; ***time is getting on*** tiden går; ***be getting on for*** närma sig, gå mot [*he is getting on for 70*] **f)** **~ *on to*** komma upp på [~ *on to a bus*]; **~ out a)** få fram [~ *out a few words*], ta (hämta) fram [*he got out a bottle of wine*]; få ut (ur), ta ut (ur) **b)** gå (komma, stiga, ta sig) ut [*of* ur], komma upp [*of* ur]; **~ *out of*** komma ifrån [~ *out of a habit*]; **~ over** a) få undangjord b) komma över [~ *over one's shyness*], hämta sig från [~ *over an illness*], glömma; **~ round a)** kringgå [~ *round a law*]; komma ifrån **b)** lyckas övertala; ***she knows how to ~ round him*** hon vet hur hon ska ta honom **c)** **~ *round to*** få tillfälle till; **~ through** a) gå (komma, klara sig) igenom; bli färdig med b) komma fram äv. i telefon c) göra slut på; **~ to a)** komma fram till, nå; **~ *to bed*** komma i säng **b)** sätta i gång med **c)** ***where has it got to?*** vard. vart har det tagit vägen?; **~ together** få ihop, samla, samla ihop; **~ up a)** få upp **b)** gå (stiga) upp [~ *up early in the morning*]; resa sig; **~ *up to*** komma till **c)** ställa till [~ *up to mischief*]

getaway ['getəweɪ] *s* vard. flykt; ***make a ~*** rymma, smita

get-together ['getəgeðə] *s* vard. träff, sammankomst

get-up ['getʌp] *s* vard. utstyrsel, klädsel

geyser ['gɪ:zə] *s* **1** gejser **2** varmvattenberedare
ghastly ['gɑ:stlɪ] *adj* hemsk; vard. gräslig
gherkin ['gɜ:kɪn] *s* inläggningsgurka
ghetto ['getəʊ] *s* getto
ghost [gəʊst] *s* **1** spöke; döds ande, vålnad **2** ***the Holy Ghost*** den Helige Ande **3** skymt [*the ~ of a smile*]
ghostly ['gəʊstlɪ] *adj* spöklik
giant ['dʒaɪənt] *s* jätte; gigant
gibber ['dʒɪbə] *vb itr* pladdra; sluddra
gibberish ['dʒɪbərɪʃ] *s* rotvälska
gibe [dʒaɪb] **I** *vb itr,* ~ ***at*** håna, pika **II** *s* glinng
giddiness ['gɪdɪnəs] *s* yrsel, svindel
giddy ['gɪdɪ] *adj* yr i huvudet
gift [gɪft] **I** *s* gåva, skänk; talang, begåvning; ~ ***token*** (***voucher***) ungefär presentkort **II** *vb tr* begåva, förläna, utrusta
gifted ['gɪftɪd] *adj* begåvad, talangfull
gigantic [dʒaɪ'gæntɪk] *adj* gigantisk, enorm
giggle ['gɪgl] **I** *vb itr* fnittra **II** *s* fnitter
gigolo ['dʒɪgələʊ] (pl. *~s*) *s* gigolo
gild [gɪld] *vb tr* förgylla
gill [gɪl] *s* gäl
gilt [gɪlt] **I** *adj* förgylld **II** *s* förgyllning
gimlet ['gɪmlət] *s* handborr, vrickborr
gimmick ['gɪmɪk] *s* vard. gimmick, jippo
gin [dʒɪn] *s* gin
ginger ['dʒɪndʒə] **I** *s* ingefära **II** *adj* vard. rödgul, rödblond [*~ hair*]
ginger ale [ˌdʒɪndʒər'eɪl] *s* o. **ginger beer** [ˌdʒɪndʒə'bɪə] *s* kolsyrat ingefärsdricka
gingerbread ['dʒɪndʒəbred] *s* pepparkaka
gingerly ['dʒɪndʒəlɪ] *adv* försiktigt
ginseng ['dʒɪnseŋ] *s* ginseng
gipsy ['dʒɪpsɪ] **I** *s* zigenare, zigenerska **II** *adj* zigenar-
giraffe [dʒɪ'ræf] *s* giraff
girder ['gɜ:də] *s* bärbjälke, balk
girdle ['gɜ:dl] **I** *s* gördel; bälte; höfthållare **II** *vb tr* omgjorda, omge
girl [gɜ:l] *s* **1** flicka äv. flickvän **2** tjänsteflicka **3** ~ ***guide*** (amer. ***scout***) flickscout
girlfriend ['gɜ:lfrend] *s* flickvän fästmö; flickbekant, väninna
girlhood ['gɜ:lhʊd] *s* flicktid
girlish ['gɜ:lɪʃ] *adj* flick-; flickaktig
giro ['dʒaɪrəʊ] *s* postgiro; ~ ***account*** postgirokonto
gist [dʒɪst] *s* kärnpunkt, huvudpunkt
give [gɪv] **I** (*gave given;* jfr *given*) *vb tr* o. *vb itr* **1** ge, skänka; ~ ***me...any day*** (***every time***)*!* el. ~ ***me...!*** tacka vet jag...!; ~ ***my compliments*** (***love***) ***to*** hälsa så mycket till **2** ~ ***way*** ge vika, brista [*the ice (rope) gave way*], svikta, vika undan [*to* för], lämna företräde [*to* åt; ~ *way to traffic from the right*]; hemfalla, hänge sig [*to* åt]; ge efter [*to* för] **3** offra t.ex. tid, kraft [*to* på]; ~ ***one's mind to*** ägna (hänge) sig åt **4** frambringa, ge som produkt, resultat [*a lamp ~s light*]; framkalla, väcka [*~ offence* (anstöt)], vålla, orsaka [*~ a p. pain*] **5** framföra, hålla [*~ a talk* (ett föredrag)]; teat. ge [*they are giving Hamlet*]; utbringa [*~ a toast* (skål) *for;* ~ *three cheers for*] **6** ~ ***a cry*** (***scream***) skrika till, ge till ett skrik; ~ ***a start*** rycka till □ ~ **away** a) ge bort, skänka bort b) vard., oavsiktligt förråda, avslöja [*~ away a secret*]; ~ **in** **a)** lämna in **b)** ~ ***in one's name*** anmäla sig **c)** ge sig, ge vika, ge med sig, ge upp [*I ~ in*]; ~ **out** a) dela ut [*~ out tickets*] b) tillkännage c) avge [*~ out heat*] d) tryta, ta slut; svika [*his strength gave out*]; ~ **up** **a)** lämna ifrån sig, avlämna, överlämna, utlämna; ~ ***oneself up*** överlämna sig, anmäla sig för polisen **b)** ge upp [*~ up the attempt*] **c)** upphöra; ***he gave up smoking*** han slutade röka **II** *s,* ~ ***and take*** ömsesidiga eftergifter
giveaway ['gɪvəweɪ] *s* **1** avslöjande **2** ~ ***price*** vrakpris
given ['gɪvn] *adj* o. *perf p* (av *give*) **1** given, skänkt; ~ ***name*** speciellt amer. förnamn **2** ~ ***to*** begiven på; fallen för, lagd för; hemfallen åt **3** bestämd, given [*a ~ time*] **4** förutsatt
glacier ['glæsjə] *s* glaciär, jökel
glad [glæd] *adj* glad [*about, at* över, åt], belåten [*about, at* med]; ***I'm ~ to hear that...*** det var roligt att höra att...; ***I shall be ~ to come*** jag kommer gärna
gladden ['glædn] *vb tr* glädja, fröjda
glade [gleɪd] *s* glänta, glad
gladiator ['glædɪeɪtə] *s* gladiator
gladiolus [ˌglædɪ'əʊləs] (pl. *gladioli* [ˌglædɪ'əʊlaɪ] el. *gladioluses* [ˌglædɪ'əʊləsɪz]) *s* gladiolus
gladly ['glædlɪ] *adv* med glädje, gärna
gladness ['glædnəs] *s* glädje
glamorous ['glæmərəs] *adj* glamorös
glamour ['glæmə] *s* glamour, tjuskraft; ~ ***boy*** charmgosse; ~ ***girl*** 'glamour girl', tjusig flicka
glance [glɑ:ns] **I** *vb itr* **1** titta hastigt

(flyktigt), ögna [*at* i; *over, through* igenom] **2** blänka till, glänsa till **II** *s* hastig (flyktig) blick, titt [*at* på]; ögonkast [*at* (vid) *the first* ~]
gland [glænd] *s* körtel
glare [gleə] **I** *vb itr* **1** blänka, glänsa **2** glo, stirra [*at* på] **II** *s* **1** bländande ljus **2** stirrande blick, ilsken blick
glaring ['gleərɪŋ] *adj* **1** bländande, skarp **2** stirrande [~ *eyes*] **3** bjärt, gräll [~ *colours*], iögonenfallande [~ *faults*]
Glasgow ['glɑ:zgəʊ, 'glɑ:sgəʊ]
glass [glɑ:s] *s* **1** glas [*made of* ~] **2 a)** dricksglas [*a* ~ *of wine*] **b)** spegel **c)** barometer [*the* ~ *is rising*] **d)** pl. ***glasses*** glasögon **3** kollektivt glassaker, glas
glassful ['glɑ:sfʊl] *s* glas mått
glasshouse ['glɑ:shaʊs] *s* växthus, drivhus
glassware ['glɑ:sweə] *s* glasvaror, glas
glassy ['glɑ:sɪ] *adj* **1** glas-, glasaktig **2** bildl. glasartad [*a* ~ *look* (blick)]
glaucoma [glɔ:'kəʊmə] *s* med. glaukom, grön starr
glaze [gleɪz] **I** *vb tr* o. *vb itr* **1** sätta glas i [~ *a window*] **2** glasera [~ *cakes*]; ***glazed earthenware*** fajans; ***glazed tiles*** kakel **3** om blick bli glasartad, stelna **II** *s* **1** glasyr **2** glans
glazier ['gleɪzjə] *s* glasmästare
gleam [gli:m] **I** *s* glimt, stråle **II** *vb itr* glimma
glean [gli:n] *vb tr* **1** plocka [~ *ears* (ax)] **2** samla
glee [gli:] *s* uppsluppen glädje
gleeful ['gli:f(ʊ)l] *adj* glad, munter
glen [glen] *s* trång dal, dalgång, däld
glib [glɪb] *adj* talför, munvig; lättvindig
glide [glaɪd] **I** *vb itr* glida **II** *s* glidning
glider ['glaɪdə] *s* glidflygplan, segelflygplan
gliding ['glaɪdɪŋ] *s* glidning; segelflygning
glimmer ['glɪmə] **I** *vb itr* glimma, skimra **II** *s* **1** skimmer, glimrande **2** glimt, skymt [*a* ~ *of hope*]
glimpse [glɪmps] **I** *s* skymt [*of* av]; ***catch*** (***get***) ***a*** ~ ***of*** se en skymt av **II** *vb tr* se en skymt av
glint [glɪnt] **I** *vb itr* glittra, blänka **II** *s* glimt [*a* ~ *in his eye*]
glisten ['glɪsn] *vb itr* glittra, glimma, glänsa
glitter ['glɪtə] **I** *vb itr* glittra, blänka **II** *s* glitter, glimmer; prakt
gloat [gləʊt] *vb itr,* ~ ***over*** vara skadeglad över [~ *over a p.'s misfortunes*]
global ['gləʊb(ə)l] *adj* global, världsomspännande
globe [gləʊb] *s* **1** klot, kula **2** ***the*** ~ jordklotet
gloom [glu:m] *s* **1** dunkel **2** dysterhet, förstämning
gloomy ['glu:mɪ] *adj* **1** dunkel **2** dyster
glorify ['glɔ:rɪfaɪ] *vb tr* lovprisa; glorifiera
glorious ['glɔ:rɪəs] *adj* strålande, underbar, härlig; lysande [*a* ~ *victory*]
glory ['glɔ:rɪ] **I** *s* **1** ära [*win* ~] **2** prydnad, stolthet **3** härlighet; ***in all one's*** ~ el. ***in one's*** ~ i sitt esse **II** *vb itr,* ~ ***in*** vara stolt över; glädja sig åt
1 gloss [glɒs] **I** *s* glans, glänsande yta **II** *vb tr* göra glansig; ~ ***over*** släta över
2 gloss [glɒs] **I** *s* glossa, not; kommentar **II** *vb tr* glossera; kommentera
glossary ['glɒsərɪ] *s* ordlista
glossy ['glɒsɪ] *adj* glansig, glänsande
glove [glʌv] *s* handske, fingervante; ~ ***locker*** (***compartment***) handskfack i bil
glow [gləʊ] **I** *vb itr* glöda [~ *with* (av) *enthusiasm*], brinna [*with* av] **II** *s* glöd [*the* ~ *of sunset*]; frisk rodnad
glowing ['gləʊɪŋ] *pres p* o. *adj* glödande [~ *enthusiasm*], entusiastisk [*a* ~ *account* (skildring)]
glow-worm ['gləʊwɜ:m] *s* lysmask
glucose ['glu:kəʊs] *s* glykos, glukos
glue [glu:] **I** *s* lim [*fish* ~] **II** *vb tr* limma, limma fast, limma ihop
glum [glʌm] *adj* trumpen, surmulen
glut [glʌt] **I** *vb tr* **1** översvämma [~ *the market with fruit*] **2** proppa full, mätta **II** *s* överflöd
glutton ['glʌtn] *s* matvrak, frossare
glycerin o. **glycerine** ['glɪsərɪn, ˌglɪsə'ri:n] *s* glycerin
GMT ['dʒi:'em'ti:] (förk. för *Greenwich Mean Time*) GMT
gnarled [nɑ:ld] *adj* knotig, knölig
gnash [næʃ] *vb tr,* ~ ***one's teeth*** gnissla med tänderna, skära tänder
gnat [næt] *s* mygga; knott
gnaw [nɔ:] (*gnawed gnawed*) *vb tr* o. *vb itr* gnaga på, gnaga [*gnawing hunger*; *at* på]; plåga [*gnawed with* (av) *anxiety*]
gnome [nəʊm] *s* gnom, bergtroll
GNP [ˌdʒi:en'pi:] (förk. för *gross national product*) internationell BNP (förk. för bruttonationalprodukt) svensk bruttonationalprodukt motsvaras av *Gross Domestic Product (GDP)*
go [gəʊ] **I** (*went gone*; *he/she/it goes;* se äv.

going, gone) *vb itr* **1** fara, resa, åka, köra; ge sig av; ***look where you are going!*** se dig för!; ~ ***fishing*** gå och fiska **2** om tid gå; ***to*** ~ kvar [*only five minutes to go*] **3** utfalla, gå [*how did the voting ~?*] **4** bli [~ *bad (blind)*] **5** ha sin plats, bruka vara (stå, hänga, ligga) [*where do the cups ~?*]; få plats [*they will ~ in the bag*] **6** ljuda, lyda; ***how does the tune ~?*** hur låter (går) melodin?; ***the story goes that...*** det berättas (sägs) att... **7** räcka, förslå [*this sum won't ~ far*] **8** ~ ***to*** tjäna till att; ***it goes to prove*** (***show***) ***that...*** det bevisar att...; ***the qualities that ~ to make a teacher*** de egenskaper som är nödvändiga för en lärare

□ ~ **about** a) gå (fara etc.) omkring b) ta itu med [~ *about one's work*]; ~ **against** strida (vara) emot, bjuda ngn emot; ~ **ahead** a) sätta i gång, börja; fortsätta b) gå framåt c) ta ledningen speciellt sport.; ~ **along a)** gå (fara) vidare, fortsätta **b)** ~ ***along with*** följa med; hålla med [*I can't ~ along with you on* (i) *that*]; ~ **at** rusa på, gå lös på; ~ **back** a) gå (fara) tillbaka, återvända b) bryta [~ *back on one's word*], svika; ~ **beyond** gå utöver, överskrida; ~ **by a)** gå (fara) förbi; ~ ***by air*** flyga; ~ ***by car*** åka bil **b)** gå (rätta sig) efter [*nothing to ~ by*] **c)** ~ ***by the name of...*** gå under namnet...; ~ **down a)** gå ner; falla, sjunka **b)** minska [~ *down in weight*], försämras **c)** sträcka sig fram till en tidpunkt; ~ ***down to*** (***in***) ***history*** gå till historien **d)** slå an, gå in (hem) [*with* hos]; ~ **for a)** ~ ***for a walk*** ta en promenad; ~ ***for a swim*** gå och bada **b)** gå efter, hämta **c)** gå lös på, ge sig på **d)** gälla [*that goes for you too!*] **e)** vard. gilla [*I ~ for that!*]; ~ **in a)** gå in; gå i **b)** ~ ***in for*** gå in för, satsa på, ägna sig åt [~ *in for farming*], slå sig på [~ *in for golf*]; gå upp i [~ *in for an examination*]; ~ **into** a) gå in i (på); gå med i, delta i b) gå in på [~ *into details*], ge sig in på, undersöka; ~ **off a)** ge sig i väg **b)** om skott o. eldvapen gå av, brinna av, smälla **c)** bli skämd; bli sämre **d)** ~ ***off to sleep*** falla i sömn; ~ **on a)** gå (fara) vidare, fortsätta; ~ ***on about*** tjata om **b)** ~ ***on to*** gå över till **c)** pågå, hålla på **d)** försiggå, stå på [*what's going on here?*]; vara på (i) gång **e)** tändas, komma på [*the lights went on*] **f)** gå efter [*the only thing we have to ~ on*] **g)** göra, ge sig ut på [~ *on a journey*]; ~ **out a)** gå (fara) ut **b)** slockna [*my pipe has gone out*] **c)** ~ ***all out*** göra sitt yttersta, ta ut sig helt **d)** ~ ***out of*** gå ur, komma ur [~ *out of use*] **e)** ~ ***out with*** vard. sällskapa med; ~ **over** a) gå över b) stjälpa, välta c) vard. slå an, göra succé d) gå igenom, granska, se över; ~ **round a)** gå runt (omkring), fara runt (omkring) **b)** ~ ***round to*** gå över till, hälsa på; ~ **through a)** gå igenom **b)** göra av med, göra slut på [~ *through all one's money*] **c)** ~ ***through with*** genomföra, fullfölja; ~ **to** a) gå i [~ *to school (to church)*]; gå på [~ *to the theatre*]; gå till [~ *to bed*] b) ta på sig [~ *to a great deal of trouble*]; ~ **under a)** gå under **b)** ~ ***under the name of...*** gå (vara känd) under namnet...; ~ **up** a) gå upp, stiga; resa [~ *up to town*] b) tändas, komma på [*the lights went up*] c) gå (fara) uppför; ~ **with** a) gå (fara) med, följa med b) höra till; höra ihop med c) passa (gå) till; ~ **without a)** bli (vara) utan **b)** ***it goes without saying*** det säger sig självt

II *s* vard. **1** ***be on the ~*** vara i farten (i gång) **2** fart, ruter [*there's no ~ in him*] **3** (pl. *goes*); ***have a ~ at it*** el. ***have a ~*** göra ett försök; ***it's your ~*** det är din tur; ***at one ~*** på en gång

goad [gəʊd] **I** *s* pikstav **II** *vb tr* **1** driva på med en pikstav **2** bildl., ~ ***a p. into doing a th.*** sporra ngn att göra ngt

go-ahead ['gəʊəhed] **I** *adj* företagsam, energisk **II** *s* klarsignal, klartecken

goal [gəʊl] *s* mål [*the ~ of his ambition*]; ***keep ~*** stå i mål; ***score a ~*** göra mål

goalkeeper ['gəʊlˌki:pə] *s* målvakt

goalkick ['gəʊlkɪk] *s* inspark

goalless ['gəʊlləs] *adj* sport. mållös, utan mål

goalpost ['gəʊlpəʊst] *s* målstolpe

goat [gəʊt] *s* get

gobble ['gɒbl] *vb tr*, ~ ***up*** (***down***) el. ~ glufsa i sig, slafsa i sig

go-between ['gəʊbɪˌtwi:n] *s* mellanhand

goblet ['gɒblət] *s* glas på fot, remmare

goblin ['gɒblɪn] *s* elakt troll, nisse

god [gɒd] *s* gud

godchild ['gɒdtʃaɪld] (pl. *godchildren* ['gɒdtʃɪldrən]) *s* gudbarn, fadderbarn

goddam o. **goddamn** ['gɒdæm] amer. vard. **I** *interj* fan också! **II** *adj* djävla, förbannad

goddess ['gɒdɪs] *s* gudinna

godfather ['gɒdˌfɑ:ðə] *s* gudfar; manlig fadder

God-fearing ['gɒdˌfɪərɪŋ] *adj* gudfruktig

godforsaken [ˌgɒdfə'seɪkn] *adj* gudsförgäten, eländig
godmother ['gɒdˌmʌðə] *s* gudmor; kvinnlig fadder
godsend ['gɒdsend] *s* gudagåva; evig lycka
go-getter ['gəʊˌgetə, ˌgəʊ'getə] *s* vard. handlingsmänniska; neds. gåpåare
goggles ['gɒglz] *s pl* **1** skyddsglasögon, bilglasögon **2** sl. brillor
going ['gəʊɪŋ] **I** *s* **1** gående, gång **2** före [*heavy* ~]; ***it's heavy*** ~ bildl. det går trögt; ***go while the ~ is good*** gå medan det ännu finns en chans **II** *adj* o. *pres p* **1 a)** väl inarbetad [*a* ~ *concern*] **b)** ***get*** ~ komma i gång; sätta i gång [*get* ~*!*] **c)** ***get a th.*** ~ få ngt i gång **2** som finns att få [*the best coffee* ~]; ***he ate anything*** ~ han åt allt som fanns att få; ***are there any*** ~*?* finns det några att få? **3** ~***,*** ~***, gone!*** vid auktion första, andra, tredje! **4** ***be ~ on for*** närma sig [*she is* ~ *on for forty*] **5** ***be ~ to*** + infinitiv skola, tänka [*what are you* ~ *to do?*], ämna
goitre ['gɔɪtə] *s* med. struma
gold [gəʊld] *s* guld; ***as good as*** ~ förfärligt snäll
golden ['gəʊld(ə)n] *adj* guld- [~ *earrings*], av guld; gyllene; ***a ~ opportunity*** ett utmärkt tillfälle
goldfinch ['gəʊldfɪntʃ] *s* fågel steglits
goldfish ['gəʊldfɪʃ] *s* guldfisk
gold leaf [ˌgəʊld'li:f] *s* bladguld, bokguld
gold mine ['gəʊldmaɪn] *s* guldgruva äv. bildl. [*this shop is a* ~]
gold plate [ˌgəʊld'pleɪt] *s* gulddoublé
gold-plated ['gəʊldˌpleɪtɪd] *adj* förgylld
goldsmith ['gəʊldsmɪθ] *s* guldsmed
golf [gɒlf] **I** *s* golf **II** *vb itr* spela golf
golf club ['gɒlfklʌb] *s* **1** golfklubba **2** golfklubb
golf course ['gɒlfkɔ:s] *s* golfbana
golfer ['gɒlfə] *s* golfspelare
golf links ['gɒlflɪŋks] *s* golfbana
Goliath [gə'laɪəθ] Goliat
golliwog ['gɒlɪwɒg] *s* svart trasdocka
golly ['gɒlɪ] *interj*, ~*!* vard. kors!
gondola ['gɒndələ] *s* gondol
gondolier [ˌgɒndə'lɪə] *s* gondoljär
gone [gɒn] *adj* o. *perf p* (av *go*) **1** borta, försvunnen [*the book is* ~]; slut [*my money is* ~] **2** ***be far*** ~ a) vara starkt utmattad (svårt sjuk) b) vara långt framskriden **3** förgången, gången; förbi; ***it is past and*** ~ det tillhör det förflutna; ***it's just ~ four*** klockan är litet över fyra
gong [gɒŋ] *s* gonggong
gonorrhoea [ˌgɒnə'rɪə] *s* gonorré
goo [gu:] *s* vard. gegga
good [gʊd] **I** (*better best*) *adj* **1** god, bra [*a* ~ *knife*]; ***she has a ~ figure*** hon har en snygg figur **2 a)** nyttig, hälsosam; ***it is ~ for colds*** det är bra mot förkylningar **b)** färsk inte skämd **3** duktig, bra [*at* i] **4** vänlig, snäll **5** ordentlig, riktig **6** i hälsnings- och avskedsfraser: ~ ***afternoon*** god middag; god dag; adjö; ~ ***day*** god dag; adjö; ~ ***evening*** god afton; god dag; adjö; ~ ***morning*** god morgon; god dag; adjö; ~ ***night*** god natt; god afton; adjö **7** med substantiv: ***Good Friday*** långfredagen; ~ ***gracious!*** el. ~ ***Heavens!*** du milde!; ~ ***nature*** godmodighet; ***all in ~ time*** i lugn och ro; ***all in ~ time!*** ta det lugnt! **8** ***make*** ~ a) gottgöra [*make* ~ *a loss*], ersätta, återställa b) hålla [*make* ~ *a promise*]; vard. göra sin lycka **II** *adv*, ***as ~ as*** så gott som **III** *s* **1** gott [~ *and evil* (ont)]; det goda; nytta, gagn; ***it is for*** (***all for***) ***your own*** ~ det är till (för) ditt eget bästa; ***it is no*** ~ det tjänar ingenting till; ***what's the ~ of that?*** vad ska det vara bra för?; ***he is up to no*** ~ han har något rackartyg i sikte **2** ***for*** ~ för gott, för alltid
goodbye [gʊd'baɪ] *s* o. *interj* adjö, farväl
good-for-nothing ['gʊdfəˌnʌθɪŋ] *s* odåga
good-humoured [ˌgʊd'hju:məd] *adj* godlynt, gladlynt
good-looking [ˌgʊd'lʊkɪŋ] *adj* snygg, vacker
goodly ['gʊdlɪ] *adj* betydande, ansenlig
good-natured [ˌgʊd'neɪtʃəd] *adj* godmodig
goodness ['gʊdnəs] *s* godhet; ~ ***knows*** a) det vete gudarna b) Gud ska veta [~ *knows I've tried hard*]; ***thank*** ~*!* gudskelov!; ~ ***gracious!*** el. ***my*** ~*!* el. ~*!* du milde!; ***for goodness' sake!*** för Guds skull!; ***I wish to ~ that...*** jag önskar verkligen att...
goods [gʊdz] *s pl* **1** lösören, tillhörigheter; ***worldly*** ~ jordiska ägodelar **2** varor, artiklar, gods; frakt på järnväg, fraktgods
good-tempered [ˌgʊd'tempəd] *adj* godlynt
goodwill [ˌgʊd'wɪl] *s* goodwill; samförstånd
gooey ['gu:ɪ] *adj* vard. geggig
goof [gu:f] sl. **I** *s* **1** klantskalle **2** tabbe, tavla, groda **II** *vb itr* göra en tabbe
goose [gu:s] (pl. *geese* [gi:s]) *s* gås

gooseberry ['gʊzbərɪ, 'gu:zbərɪ] *s* krusbär
gooseflesh ['gu:sfleʃ] *s* gåshud
1 gore [gɔ:] *s* mest litt. levrat blod
2 gore [gɔ:] *vb tr* stånga ihjäl; genomborra
gorge [gɔ:dʒ] **I** *s* trång klyfta, trångt pass **II** *vb itr* o. *vb tr* frossa; **~ *oneself with*** proppa i sig, frossa på
gorgeous ['gɔ:dʒəs] *adj* praktfull [*a ~ sunset*]; vard. härlig
gorilla [gə'rɪlə] *s* gorilla
gorse [gɔ:s] *s* ärttörne
gory ['gɔ:rɪ] *adj* blodig, blodbesudlad
gosh [gɒʃ] *interj,* **~!** kors!, jösses!
go-slow [ˌgəʊ'sləʊ] *s* maskning vid arbetskonflikt
gospel ['gɒsp(ə)l] *s* evangelium
gossip ['gɒsɪp] **I** *s* **1** skvaller, sladder **2** skvallerbytta **II** *vb itr* skvallra, sladdra
got [gɒt] se *get*
gotten ['gɒtn] se *get*
goulash ['gu:læʃ] *s* kok. gulasch
gourd [gʊəd] *s* kurbits; kalebass
gourmand ['gʊəmənd] *s* gourmand
gourmet ['gʊəmeɪ] *s* gourmet, finsmakare
gout [gaʊt] *s* gikt
govern ['gʌv(ə)n] *vb tr* o. *vb itr* styra, regera; leda, bestämma
governess ['gʌvənəs] *s* guvernant
governing ['gʌvənɪŋ] *adj* regerande; styrande; ledande
government ['gʌvnmənt] *s* **1** regering **2** attributivt regerings- [*in Government circles*]; stats- [*Government control*] **3 *Government official*** ämbetsman
governor ['gʌvənə] *s* **1** ståthållare; guvernör **2 a)** direktör [*~ of a prison*]; chef **b)** styrelsemedlem; ***board of ~s*** el. ***~s*** styrelse
governor-general [ˌgʌvənə'dʒenər(ə)l] *s* generalguvernör
gown [gaʊn] *s* **1** finare klänning [*dinner ~*] **2** kappa ämbetsdräkt för akademiker, domare m.fl.
GP [ˌdʒi:'pi:] förk. för *general practitioner*
grab [græb] **I** *vb tr* o. *vb itr* hugga, gripa [*at* efter]; roffa åt sig **II** *s* hastigt grepp, hugg [*for (at)* efter]; ***make a ~ at*** försöka gripa tag i
grace [greɪs] **I** *s* **1** behag, grace, elegans **2 *with* (*with a*) *good ~*** godvilligt; ***with* (*with a*) *bad ~*** motvilligt **3 *be in a p.'s good ~s*** vara väl anskriven hos ngn; ***fall from ~*** råka i onåd; ***by the ~ of God*** med Guds nåde **4** bordsbön [*say ~*] **5 *His* (*Her, Your*) *Grace*** Hans (Hennes, Ers) nåd **II** *vb tr* pryda, smycka
graceful ['greɪsf(ʊ)l] *adj* behagfull, graciös
graceless ['greɪsləs] *adj* charmlös, klumpig
gracious ['greɪʃəs] *adj* **1** älskvärd **2 *good ~!*** el. ***goodness ~!*** el. ***~ me!*** du milde!, herre Gud!
gradation [grə'deɪʃ(ə)n] *s* gradering; skala
grade [greɪd] **I** *s* **1** grad; steg, stadium; rang; nivå **2** amer. klass, årskurs **3** speciellt amer. betyg, poäng **4** kvalitet; sort; ***make the ~*** bildl. vard. lyckas **II** *vb tr* gradera; sortera; dela in (upp) i kategorier; klassificera
gradient ['greɪdjənt] *s* t.ex. vägs stigning
gradual ['grædʒʊəl] *adj* gradvis; successiv
gradually ['grædʒʊəlɪ] *adv* gradvis, successivt; så småningom
graduate [substantiv 'grædʒʊət, verb 'grædjʊeɪt] **I** *s* akademiker, person med akademisk examen **II** *vb itr* o. *vb tr* **1** ta akademisk examen; kvalificera sig [*as* till] **2** gradera [*graduated in inches*]
graduation [ˌgrædjʊ'eɪʃ(ə)n] *s* **1** akademisk examen; amer. skol. avgångsexamen **2** gradering [*~ of a thermometer*]
graffiti [græ'fi:ti:] *s pl* väggklotter, klotter
1 graft [grɑ:ft] *vb tr* ympa; ympa in [*in, into, on* i, på]
2 graft [grɑ:ft] *s* vard. korruption, mutor
grain [greɪn] *s* **1** sädeskorn, gryn [*a ~ of rice*], frö **2** säd, spannmål **3** korn [*~s of sand (salt)*], gryn; bildl. grand, gnutta [*not a ~ of truth*]; ***take a th. with a ~ of salt*** ta ngt med en nypa salt **4** gran minsta eng. vikt = 0,0648 g **5** ytas kornighet; ådring; textur; ***against the ~*** a) mot luggen b) mot fibrernas längdriktning; ***it goes against the ~ for me to*** bildl. det strider mot min natur att
gram [græm] *s* speciellt amer. gram
grammar ['græmə] *s* grammatik
grammarian [grə'meərɪən] *s* grammatiker
grammatical [grə'mætɪk(ə)l] *adj* grammatisk
gramme [græm] *s* gram
gramophone ['græməfəʊn] *s* grammofon
granary ['grænərɪ] *s* spannmålsmagasin
grand [grænd] **I** *adj* **1** stor, pampig; storslagen [*a ~ view*]; förnäm, fin; **~ *old man*** grand old man, nestor; **~ *opera*** opera seriös o. utan talpartier; **~ *piano*** flygel **2** stor, störst, förnämst **3** vard. utmärkt **II** *s* mus. flygel

grandchild ['græntʃaɪld] (pl. *grandchildren* ['græntʃɪldr(ə)n]) *s* barnbarn
granddad ['grændæd] *s* vard. farfar; morfar
granddaughter ['græn,dɔ:tə] *s* sondotter; dotterdotter
grandeur ['grændʒə] *s* storslagenhet, prakt
grandfather ['grænd,fɑ:ðə] *s* farfar; morfar; ~ (***grandfather's***) ***clock*** golvur
grandiose ['grændɪəʊs] *adj* storslagen
grandma ['grænmɑ:] *s* o. **grandmamma** ['grænmə,mɑ:] *s* vard. farmor; mormor
grandmother ['grænd,mʌðə] *s* farmor; mormor
grandpa ['grænpɑ:] *s* o. **grandpapa** ['grænpə,pɑ:] *s* vard. farfar; morfar
grandparents ['grænd,peər(ə)nts] *s* farföräldrar; morföräldrar
grandson ['grændsʌn] *s* sonson; dotterson
grandstand ['grændstænd] *s* huvudläktare, åskådarläktare vid tävlingar
grange [greɪndʒ] *s* lantgård; utgård
granite ['grænɪt] *s* granit
granny ['grænɪ] *s* vard. farmor; mormor
grant [grɑ:nt] **I** *vb tr* **1** bevilja; tillerkänna **2** anslå pengar [*towards* till]; skänka **3** medge; ***take a th. for granted*** ta ngt för givet **II** *s* **1** anslag, bidrag; stipendium; ***government*** ~ statsanslag, statsbidrag **2** beviljande, anslående
granulate ['grænjʊleɪt] *vb tr* göra kornig, granulera; ***granulated sugar*** strösocker
grape [greɪp] *s* vindruva; ~ ***hyacinth*** pärlhyacint
grapefruit ['greɪpfru:t] *s* grapefrukt
graphite ['græfaɪt] *s* grafit, blyerts
grapple ['græpl] *vb itr*, ~ ***with*** strida (slåss) med [~ *with the enemy*]; brottas med
grasp [grɑ:sp] **I** *vb tr* **1** fatta tag i, gripa; gripa om, hålla fast **2** fatta, begripa [~ *the point*] **II** *s* **1** grepp, tag; ***beyond*** (***within***) ***his*** ~ utom (inom) räckhåll för honom **2** uppfattning, förståelse; ***have a good ~ of the subject*** ha ett bra grepp om ämnet
grass [grɑ:s] *s* **1** gräs **2** sl. marijuana
grasshopper ['grɑ:s,hɒpə] *s* gräshoppa
grass roots [,grɑ:s'ru:ts] *s pl*, ***the*** ~ bildl. gräsrötterna, det enkla folket
grass widow [,grɑ:s'wɪdəʊ] *s* gräsänka
grass widower [,grɑ:s'wɪdəʊə] *s* gräsänkling
1 grate [greɪt] *vb tr* o. *vb itr* **1** riva [~ *cheese*]; smula sönder **2** gnissla, knarra; skorra illa; ~ ***one's teeth*** skära tänder
2 grate [greɪt] *s* rist, spisgaller; öppen spis
grateful ['greɪtf(ʊ)l] *adj* tacksam [*to* mot]
grater ['greɪtə] *s* rivjärn; skrapare, rasp
gratification [,grætɪfɪ'keɪʃ(ə)n] *s* tillfredsställelse; nöje, njutning
gratify ['grætɪfaɪ] *vb tr* tillfredsställa; göra belåten
gratifying ['grætɪfaɪɪŋ] *adj* glädjande, angenäm
1 grating ['greɪtɪŋ] *adj* gnisslande; skärande, skorrande [~ *voice*]
2 grating ['greɪtɪŋ] *s* galler, gallerverk
gratitude ['grætɪtju:d] *s* tacksamhet [*to* mot]
gratuity [grə'tju:ətɪ] *s* drickspengar
1 grave [greɪv] *adj* allvarlig, grav
2 grave [greɪv] *s* grav; gravvård
grave-digger ['greɪv,dɪgə] *s* dödgrävare
gravel ['græv(ə)l] *s* grus, grov sand
graveyard ['greɪvjɑ:d] *s* kyrkogård, begravningsplats
gravitation [,grævɪ'teɪʃ(ə)n] *s* gravitation, tyngdkraft
gravity ['grævətɪ] *s* **1** allvar **2** tyngd, vikt; ***centre of*** ~ tyngdpunkt; ***specific*** ~ densitet **3** tyngdkraft; ***the law of*** ~ tyngdlagen, gravitationslagen
gravy ['greɪvɪ] *s* köttsaft; sky
gray [greɪ] *adj* amer. grå
1 graze [greɪz] **I** *vb tr* o. *vb itr* **1** snudda vid, tuscha **2** skrapa, skrubba [~ *one's knee*]; ~ ***against*** snudda vid, skrapa mot **II** *s* skrubbsår
2 graze [greɪz] *vb itr* o. *vb tr* beta; låta beta; valla [~ *sheep*]
grease [gri:s] **I** *s* fett, talg, flott; smörja **II** *vb tr* smörja, rundsmörja
greasepaint ['gri:speɪnt] *s* teat. smink
greaseproof ['gri:spru:f] *adj*, ~ ***paper*** smörgåspapper, smörpapper
greasy ['gri:sɪ, 'gri:zɪ] *adj* fet [~ *food*]; oljig; hal [*a* ~ *road*]; flottig
great [greɪt] *adj* **1** stor; ***Great Britain*** Storbritannien; ***Great Dane*** grand danois; ***a ~ big man*** vard. en stor stark karl; ~ ***friends*** mycket goda vänner **2** stor, framstående **3** om tid lång [*a ~ interval*]; hög [*a ~ age*]; ***a ~ while*** en lång stund **4** vard. härlig, underbar [*a ~ sight*]; storartad; ***that's ~!*** el. ~ fint!, utmärkt!; ***we had a ~ time*** vi hade jättetrevligt
greatcoat ['greɪtkəʊt] *s* överrock
great-grandchild [,greɪt'græntʃaɪld] (pl. *great-grandchildren* [,greɪt'græn,tʃɪldr(ə)n]) *s* barnbarnsbarn

great-granddaughter [ˌgreɪtˈgrænˌdɔːtə] *s* sons (dotters) sondotter (dotterdotter)
great-grandfather [ˌgreɪtˈgrændˌfɑːðə] *s* farfars (farmors) far; morfars (mormors) far
great-grandmother [ˌgreɪtˈgrændˌmʌðə] *s* farfars (farmors) mor; morfars (mormors) mor
great-grandson [ˌgreɪtˈgrændsʌn] *s* sons (dotters) sonson (dotterson)
greatly [ˈgreɪtlɪ] *adv* mycket, i hög grad
greatness [ˈgreɪtnəs] *s* **1** storlek i omfång, grad **2** storhet
grebe [griːb] *s* zool. dopping
Grecian [ˈgriːʃ(ə)n] *adj* grekisk i stil [~ *nose*]
Greece [griːs] Grekland
greed [griːd] *s* glupskhet; girighet
greedy [ˈgriːdɪ] *adj* glupsk; girig
greedy-guts [ˈgriːdɪgʌts] *s* sl. matvrak
Greek [griːk] **I** *s* **1** grek; grekinna **2** grekiska språket **II** *adj* grekisk
green [griːn] **I** *adj* **1** grön; ***keep a p.'s memory ~*** hålla ngns minne levande **2** oerfaren, 'grön'; naiv **II** *s* **1** grönt **2** allmän gräsplan; plan, bana [speciellt i sammansättningar *bowling-green*]; ***the village ~*** byallmänningen **3** grönska **4** pl. ***~s*** vard. grönsaker
greenery [ˈgriːnərɪ] *s* grönska
greenfly [ˈgriːnflaɪ] *s* bladlus
greengage [ˈgriːngeɪdʒ] *s* renklo, reine claude slags plommon
greengrocer [ˈgriːnˌgrəʊsə] *s* frukt- och grönsakshandlare
greengrocery [ˈgriːnˌgrəʊsərɪ] *s* **1** frukt- och grönsaksaffär **2** frukt och grönsaker handelsvaror
greenhorn [ˈgriːnhɔːn] *s* bildl. gröngöling
greenhouse [ˈgriːnhaʊs] *s* växthus; ***~ effect*** växthuseffekt
Greenland [ˈgriːnlənd] Grönland
Greenwich [ˈgrɪnɪdʒ] geogr.; ***~ Mean Time*** Greenwichtid standardtid
greet [griːt] *vb tr* **1** hälsa [*he greeted me with a nod*] **2** välkomna, ta emot t.ex. gäst **3** om syn, ljud möta [*a surprising sight greeted us*]
greeting [ˈgriːtɪŋ] *s* hälsning; ***~s telegram*** lyckönskningstelegram, lyxtelegram
grenade [grɪˈneɪd] *s* mil. granat
grenadier [ˌgrenəˈdɪə] *s* grenadjär
grew [gruː] se *grow*
grey [greɪ] **I** *adj* grå **II** *s* grått **III** *vb itr* gråna
greyhound [ˈgreɪhaʊnd] *s* vinthund; ***~ racing*** hundkapplöpning
grid [grɪd] *s* **1** galler; rist **2** kraftledningsnät
gridiron [ˈgrɪdˌaɪən] *s* halster; grill; rost
grief [griːf] *s* sorg, bedrövelse [*for* över; *at* vid, över]; ***come to ~*** råka illa ut; gå omkull, stranda
grievance [ˈgriːv(ə)ns] *s* missnöjesanledning; ***have a ~*** ha något att klaga över
grieve [griːv] *vb itr* sörja [*at, for* över]
grievous [ˈgriːvəs] *adj* sorglig, smärtsam, pinsam, svår; allvarlig [*a ~ error*]
grill [grɪl] **I** *vb tr* **1** halstra, grilla, steka på halster **2** bildl. halstra, grilla i korsförhör **II** *s* **1** grillrätt **2** halster, grill
grille [grɪl] *s* **1** skyddsgaller **2** grill på bil
grillroom [ˈgrɪlruːm] *s* grill restaurang
grim [grɪm] *adj* **1** hård, sträng [~ *determination*] **2** bister [*a ~ expression*]
grimace [grɪˈmeɪs] **I** *s* grimas **II** *vb itr* grimasera
grime [graɪm] **I** *s* ingrodd smuts, sot **II** *vb tr* smutsa (sota) ned
grimy [ˈgraɪmɪ] *adj* smutsig, sotig
grin [grɪn] **I** *vb itr* flina, grina; ***~ and bear it*** hålla god min i elakt spel **II** *s* flin; grin
grind [graɪnd] **I** (*ground ground*) *vb tr* o. *vb itr* **1** mala **2** slipa; polera; ***ground glass*** matt (mattslipat) glas **3** skrapa, skrapa med, skava [*on, against* på, mot]; ***~ one's teeth*** skära tänder; ***~ to a halt*** stanna med ett gnissel; bildl. köra fast **4** vard., ~ (***~ away***) ***at one's studies*** plugga **II** *s* vard. knog, slit, slitgöra
grinder [ˈgraɪndə] *s* kvarn [*coffee-grinder*]; slipmaskin
grindstone [ˈgraɪndstəʊn] *s* slipsten
grip [grɪp] **I** *s* **1** grepp, tag, fattning [*of* om] **2** handtag, grepp på väska m.m. **3** hårklämma **4** ***get*** (***come***) ***to ~s with*** bildl. komma inpå livet, ge sig i kast med **II** *vb tr* **1** gripa om, fatta tag i [~ *the railing*] **2** bildl. gripa, fängsla
gripping [ˈgrɪpɪŋ] *adj* gripande, fängslande
grisly [ˈgrɪzlɪ] *adj* hemsk, kuslig, gräslig
gristle [ˈgrɪsl] *s* i kött brosk
grit [grɪt] **I** *s* **1** sandkorn; sand, grus **2** bildl. vard. gott gry, fasthet, kurage **II** *vb tr* gnissla med; ***~ one's teeth*** skära tänder
gritty [ˈgrɪtɪ] *adj* grusig, sandig, grynig
grizzle [ˈgrɪzl] *vb itr* om barn grina, gnälla
grizzled [ˈgrɪzld] *adj* gråsprängd

grizzly ['grɪzlɪ] **I** *adj* gråaktig; gråhårig; ~ ***bear*** nordamerikansk gråbjörn **II** *s* gråbjörn
groan [grəʊn] **I** *vb itr* stöna [~ *with* av]; digna [*under, beneath* under börda]; om t.ex. trä knaka **II** *s* stönande, jämmer
grocer ['grəʊsə] *s* specerihandlare; ***grocer's*** el. ***grocer's shop*** (speciellt amer. ***store***) speceriaffär
grocery ['grəʊsərɪ] *s* **1** mest pl. ***groceries*** specerier **2** speceriaffär [amer. äv. ~ *store*]
grog [grɒg] *s* sjö. toddy på rom, whisky el. konjak
groggy ['grɒgɪ] *adj* vard. ostadig; vacklande; speciellt sport. groggy
groin [grɔɪn] *s* ljumske; vard. skrev
groom [gru:m] **I** *s* **1** brudgum **2** stalldräng **II** *vb tr* **1** sköta, ansa hästar **2** göra snygg; ***badly groomed*** ovårdad **3** träna, trimma [~ *a political candidate*]
groove [gru:v] *s* **1** fåra, räffla, skåra; spår i t.ex. grammofonskiva; fals; gänga på skruv **2** bildl. hjulspår, slentrian
groovy ['gru:vɪ] *adj* sl. toppenskön, mysig
grope [grəʊp] *vb itr* o. *vb tr* treva, famla [*for* efter]; ~ ***one's way*** treva sig fram
gross [grəʊs] **I** *adj* **1** grov, rå, krass [~ *materialism*]; skriande, flagrant [~ *injustice*]; ~ ***negligence*** jur. grov oaktsamhet **2** fet, uppsvälld **3** total-, brutto-; ~ ***national product*** (förk. *GNP*) se *GNP* **II** *s* gross 12 dussin [*two ~ pens*]
grossly ['grəʊslɪ] *adv* grovt, starkt [~ *exaggerated*]
grotesque [grəʊ'tesk] *adj* grotesk; barock [*that is quite* ~]
grotto ['grɒtəʊ] (pl. *~s*) *s* grotta
1 ground [graʊnd] se *grind I*
2 ground [graʊnd] **I** *s* **1** mark; jord; grund; ~ ***crew*** (***staff***) flyg. markpersonal; ***it would suit me down to the*** ~ vard. det skulle passa mig alldeles precis **2** terräng; plats [*parade* ~], plan [*football* ~]; anläggning, stadion; ***gain*** ~ vinna terräng; ***hold*** (***stand***) ***one's*** ~ hävda sin ställning, stå på sig; ***lose*** ~ förlora terräng **3** pl. ***~s*** inhägnat område, stor tomt **4** pl. ***~s*** bottensats, sump [*coffee-grounds*] **5** speciellt amer. elektr. jordkontakt, jordledning **6** grund; underlag, botten [*on a white* ~] **7** anledning, grund, orsak; ***there is no*** ~ (***are no ~s***) ***for anxiety*** det finns ingen anledning till oro; ***on the*** ~ ***of*** el. ***on the ~s of*** med anledning (på grund) av **II** *vb tr* **1** grunda, bygga, basera [*on* på] **2** flyg. tvinga att landa; förbjuda (hindra) att flyga; ***all aircraft are grounded*** inga plan kan starta **3** elektr. jorda
ground floor [,graʊnd'flɔ:] *s* bottenvåning, första våning, bottenplan
groundless ['graʊndləs] *adj* grundlös, ogrundad
group [gru:p] **I** *s* grupp **II** *vb tr* o. *vb itr* gruppera; gruppera sig
1 grouse [graʊs] *s* zool. ripa
2 grouse [graʊs] vard. **I** *s* knot, knorrande **II** *vb itr* knota, knorra [*about* över]
grove [grəʊv] *s* skogsdunge; lund
grovel ['grɒvl] *vb itr* kräla i stoftet, krypa
grovelling ['grɒvlɪŋ] *adj* krypande, inställsam
grow [grəʊ] (*grew grown*) *vb itr* o. *vb tr* **1** växa, växa upp; utvecklas; utvidgas; stiga, öka, ökas; låta växa; ~ ***up*** växa upp, bli fullvuxen; ***be grown up*** vara vuxen (stor); ~ ***a beard*** lägga sig till med skägg **2** småningom bli [~ *better*]; ***be growing*** börja bli [*be growing old*] **3** ~ ***to*** + infinitiv mer och mer börja, komma att [*I grew to like it*] **4** odla [~ *potatoes*]
grower ['grəʊə] *s* odlare, producent
growl [graʊl] **I** *vb itr* morra, brumma [*at* åt] **II** *s* morrande
grown [grəʊn] **I** se *grow* **II** *adj* fullvuxen
grown-up ['grəʊnʌp] **I** *adj* vuxen [*a ~ son*] **II** *s* vuxen
growth [grəʊθ] *s* **1** växt; tillväxt [*the ~ of the city*]; utveckling [*the ~ of trade*]; utvidgning **2** odling **3** växt, växtlighet, vegetation
grub [grʌb] **I** *vb itr* gräva, rota, böka **II** *s* **1** zool. larv, mask **2** vard. käk
grubby ['grʌbɪ] *adj* smutsig; sjaskig
grudge [grʌdʒ] **I** *vb tr* **1** knorra över **2** missunna, avundas **II** *s* avund; ***have a ~ against a p.*** hysa agg till ngn
grudging ['grʌdʒɪŋ] *adj* motvillig; missunnsam
gruel [grʊəl] *s* välling
gruelling ['grʊəlɪŋ] *adj* vard. mycket ansträngande; sträng [*a ~ cross-examination*]
gruesome ['gru:səm] *adj* hemsk, kuslig
gruff [grʌf] *adj* grov; sträv, barsk
grumble ['grʌmbl] **I** *vb itr* knota, knorra [*about, at* över] **II** *s* morrande; knot
grumpy ['grʌmpɪ] *adj* knarrig, butter
grunt [grʌnt] **I** *vb itr* grymta **II** *s* grymtning
guarantee [,gærən'ti:] **I** *s* **1** garanti; säkerhet **2** garant **II** *vb tr* garantera [~ *peace*]; gå i borgen för, gå i god för; ***this***

clock is guaranteed for one year det är ett års garanti på den här klockan
guarantor [ˌgærən'tɔ:] *s* garant; borgensman
guard [gɑ:d] **I** *vb tr* o. *vb itr* **1** bevaka, vakta; vara på sin vakt [*against* mot] **2** skydda, bevara; gardera **II** *s* **1** vakthållning, bevakning; *~ of honour* hedersvakt; *keep ~* hålla (stå på) vakt; *be off one's ~* inte vara på sin vakt; *catch a p. off his ~* överrumpla ngn **2** vakt, väktare **3** pl. *~s* garde [*Horse Guards*] **4** konduktör på tåg
guarded ['gɑ:dɪd] *adj* **1** bevakad, vaktad **2** förbehållsam [*a ~ reply*]
guardian ['gɑ:djən] *s* **1** väktare; bevakare; attributivt skydds- [*~ angel*] **2** jur. förmyndare
guardroom ['gɑ:dru:m] *s* mil. vaktrum, vaktlokal; arrestrum
guardsman ['gɑ:dsmən] *s* gardesofficer; gardist
Guatemala [ˌgwɑ:tə'mɑ:lə]
Guernsey ['gɜ:nzɪ]
guerrilla [gə'rɪlə] *s* **1** *~ warfare* gerillakrigföring **2** gerillasoldat; pl. *~s* äv. gerillatrupper, gerilla
guess [ges] **I** *vb tr* o. *vb itr* **1** gissa **2** speciellt amer. vard. tro, förmoda; *I ~ so* jag tror det **II** *s* gissning, förmodan; *at a ~* gissningsvis
guesswork ['geswɜ:k] *s* gissning, gissningar
guest [gest] *s* gäst; främmande; *~ of honour* hedersgäst
guest-house ['gesthaʊs] *s* pensionat, gästhem
guffaw [gʌ'fɔ:] **I** *s* gapskratt, flabb **II** *vb itr* gapskratta, flabba
guidance ['gaɪd(ə)ns] *s* ledning; vägledning; rådgivning [*marriage ~*]
guide [gaɪd] **I** *vb tr* leda, vägleda, ledsaga **II** *s* **1** vägvisare; guide, reseledare; ledning [*serve as a ~*] **2** handbok, resehandbok, guide, katalog; *railway ~* tågtidtabell **3** flickscout
guidebook ['gaɪdbʊk] *s* resehandbok, guide
guideline ['gaɪdlaɪn] *s* riktlinje
guild [gɪld] *s* gille, skrå; sällskap
guildhall [ˌgɪld'hɔ:l] *s* gilleshus, rådhus
guile [gaɪl] *s* svek, förräderi; list
guillotine [ˌgɪlə'ti:n] **I** *s* giljotin **II** *vb tr* giljotinera
guilt [gɪlt] *s* skuld [*proof of his ~*]
guilty ['gɪltɪ] *adj* **1** skyldig [*~ of* (till) *murder*]; *find a p. ~* förklara ngn skyldig; *plead ~* erkänna sig skyldig **2** skuldmedveten [*a ~ look*]; *a ~ conscience* dåligt samvete
guinea pig ['gɪnɪpɪg] *s* **1** marsvin **2** försökskanin
guise [gaɪz] *s*, *in the ~ of* förklädd till; *under the ~ of* under sken av
guitar [gɪ'tɑ:] *s* gitarr
guitarist [gɪ'tɑ:rɪst] *s* gitarrist
gulf [gʌlf] *s* **1** golf, bukt; vik; *the Gulf Stream* Golfströmmen; *the Gulf of Mexico* Mexikanska golfen **2** bildl. klyfta
gull [gʌl] *s* mås; trut
gullet ['gʌlɪt] *s* matstrupe; strupe
gullible ['gʌləbl] *adj* lättlurad, lättrogen
gulp [gʌlp] **I** *vb tr*, *~ down* el. *~* svälja, stjälpa i sig **II** *s* sväljning; klunk
1 gum [gʌm] *s*, mest pl. *~s* tandkött
2 gum [gʌm] **I** *s* **1** gummi; kåda **2** slags gelékaramell **3** *~ boots* gummistövlar **II** *vb tr* gummera; *~ together* klistra ihop
gun [gʌn] **I** *s* **1** kanon; bössa, gevär **2** vard. revolver; pistol **3** *grease ~* smörjspruta **4** *big ~* sl. stor kanon; pamp; *stick to one's ~s* bildl. stå på sig **II** *vb tr* vard., *~ down* skjuta ner
gunboat ['gʌnbəʊt] *s* kanonbåt
gunfire ['gʌnˌfaɪə] *s* artillerield
gunge [gʌndʒ] *s* o. **gunk** [gʌŋk] *s* vard. gegga, smörja, kladd
gunman ['gʌnmən] (pl. *gunmen* ['gʌnmən]) *s* gangster, revolverman, bandit
gunner ['gʌnə] *s* kanonjär; artillerist
gunpowder ['gʌnˌpaʊdə] *s* krut
gunrunner ['gʌnˌrʌnə] *s* vapensmugglare
gunwale ['gʌnl] *s* reling
gurgle ['gɜ:gl] **I** *vb itr* **1** klunka, klucka **2** gurgla **II** *s* porlande; gurglande ljud
gush [gʌʃ] **I** *vb itr* **1** välla fram, forsa, strömma **2** vard. vara översvallande **II** *s* **1** ström, stråle **2** vard. sentimentalt svammel, flum
gusset ['gʌsɪt] *s* kil i klädesplagg
gust [gʌst] *s* häftig vindstöt, kastvind
gusto ['gʌstəʊ] *s*, *with great ~* med stort välbehag
gusty ['gʌstɪ] *adj* byig, stormig
gut [gʌt] **I** *s* **1** tarm; tarmkanal **2** tarmsträng, kattgut **3** tafs till metrev; gut **II** *vb tr* **1** rensa fisk **2** tömma, rensa; *gutted by fire* utbränd av eld
guts [gʌts] *s pl* sl. **1** inälvor, tarmar

2 mage, buk **3** kurage; ***he has got no ~*** han är feg

gutter ['gʌtə] *s* **1** rännsten; ***~ press*** skandalpress **2** avloppsränna, avloppsrör **3** takränna

guttersnipe ['gʌtəsnaɪp] *s* **1** rännstensunge **2** vard. knöl, tölp

guy [gaɪ] *s* vard. karl, kille

guzzle ['gʌzl] *vb itr* o. *vb tr* supa, pimpla; vräka i sig

guzzler ['gʌzlə] *s* fylltratt; matvrak

gym [dʒɪm] *s* vard. kortform för *gymnasium, gymnastics*

gymnasium [dʒɪm'neɪzjəm] *s* gymnastiksal, idrottslokal

gymnast ['dʒɪmnæst] *s* gymnast

gymnastic [dʒɪm'næstɪk] **I** *adj* gymnastisk **II** *s,* ***~s*** gymnastik

gynaecological [ˌgaɪnɪkə'lɒdʒɪk(ə)l] *adj* gynekologisk

gynaecologist [ˌgaɪnɪ'kɒlədʒɪst] *s* gynekolog

gypsy ['dʒɪpsɪ] *s* o. *adj* se *gipsy*

gyrate [ˌdʒaɪ'reɪt] *vb itr* rotera, virvla runt

gyrocompass ['dʒaɪrəˌkʌmpəs] *s* gyrokompass

gyroscope ['dʒaɪərəskəʊp] *s* gyroskop

H

H, h [eɪtʃ] *s* H, h

ha [hɑ:] *interj* ha!, åh!; *~ ~!* ha, ha!

habit ['hæbɪt] *s* **1** vana; ***a bad ~*** en ovana, en dålig (ful) vana; ***be in the ~ of*** ha för vana att, bruka **2** litt. dräkt

habitable ['hæbɪtəbl] *adj* beboelig

habitation [ˌhæbɪ'teɪʃ(ə)n] *s* **1** beboende **2** litt. boning, bostad

habit-forming ['hæbɪtˌfɔ:mɪŋ] *adj* vanebildande

habitual [hə'bɪtjʊəl] *adj* **1** invand, inrotad; vanemässig **2** inbiten, vane- [*a ~ drunkard*] **3** vanlig [*a ~ sight*]

habitually [hə'bɪtjʊəlɪ] *adv* jämt

hack [hæk] **I** *vb tr* hacka; hacka sönder **II** *vb itr* data. hacka (bryta) sig in i datasystem

hacker ['hækə] *s* data. hacker

hackneyed ['hæknɪd] *adj* banal, utnött

hacksaw ['hæksɔ:] *s* bågfil metallsåg

had [hæd, obetonat həd] se *have*

haddock ['hædək] *s* kolja

hadn't ['hædnt] = *had not*

haemorrhage ['hemərɪdʒ] *s* blödning; ***cerebral ~*** hjärnblödning

haemorrhoids ['hemərɔɪdz] *s pl* hemorrojder

haft [hɑ:ft] *s* handtag, skaft på dolk, kniv

hag [hæg] *s* häxa; hagga

haggard ['hægəd] *adj* utmärglad, tärd

haggle ['hægl] *vb itr* pruta; köpslå

Hague [heɪg] *s,* ***The ~*** Haag

1 hail [heɪl] **I** *s* hagel; bildl. skur [*a ~ of blows*] **II** *vb itr* hagla

2 hail [heɪl] **I** *vb tr* o. *vb itr* **1** hälsa, hylla [*~ a p. (~ a p. as) leader*] **2** kalla på; ropa till sig **3** ***~ from*** vara från, höra hemma i [*he ~s from Boston*] **II** *interj* hell!

hailstone ['heɪlstəʊn] *s* hagel

hailstorm ['heɪlstɔ:m] *s* hagelby, hagelskur

hair [heə] *s* hår; hårstrå; ***do one's ~*** kamma sig; ***have one's ~ cut*** klippa sig, klippa håret; ***split ~s*** ägna sig åt hårklyverier

hairbrush ['heəbrʌʃ] *s* hårborste

hair clip ['heəklɪp] *s* hårklämma

hair curler ['heəˌkɜ:lə] *s* hårspole, papiljott

haircut ['heəkʌt] *s* hår- klippning; ***have (get) a ~*** klippa sig

hairdo ['heədu:] (pl. *~s*) *s* vard. frisyr

hairdresser [ˈheəˌdresə] *s* frisör; hårfrisörska; ***hairdresser's*** frisersalong
hair drier [ˈheəˌdraɪə] *s* hårtork
hairgrip [ˈheəgrɪp] *s* hårklämma
hair lotion [ˈheəˌləʊʃ(ə)n] *s* hårvatten
hairpiece [ˈheəpiːs] *s* postisch
hairpin [ˈheəpɪn] *s* hårnål
hair-raising [ˈheəˌreɪzɪŋ] *adj* hårresande
hairslide [ˈheəslaɪd] *s* hårspänne
hairsplitting [ˈheəˌsplɪtɪŋ] *s* hårklyveri, hårklyverier, spetsfundigheter
hair style [ˈheəstaɪl] *s* frisyr
hairy [ˈheərɪ] *adj* hårig; luden
hake [heɪk] *s* zool. kummel
hale [heɪl] *adj*, ***~ and hearty*** frisk och kry
half [hɑːf] **I** (pl. *halves* [hɑːvz]) *s* **1** halva, hälft; ***too clever by ~*** väl (lite för) slipad; ***cut in ~*** skära itu **2** sport. halvlek **II** *adj* halv [*~ my time*]; ***~ an hour*** en halvtimme **III** *adv* halvt, till hälften, halv- [*~ cooked*]; ***at ~ past five*** (vard. ***at ~ five***) klockan halv sex
half-caste [ˈhɑːfkɑːst] *s* halvblod
half-hearted [ˌhɑːfˈhɑːtɪd] *adj* halvhjärtad
half-mast [ˌhɑːfˈmɑːst] *s*, ***at ~*** på halv stång
halfpence [ˈheɪp(ə)ns] *s* värdet av en halvpenny
halfpenny [ˈheɪpnɪ] *s* halvpenny mynt
halfway [ˌhɑːfˈweɪ, attributivt ˈhɑːfweɪ] **I** *adj* som ligger halvvägs **II** *adv* halvvägs
halibut [ˈhælɪbət] *s* hälleflundra
hall [hɔːl] *s* **1** sal; hall; aula; ***lecture ~*** föreläsningssal **2** ***concert ~*** konserthus; ***town*** (***city***) ***~*** stadshus, rådhus **3** entré, hall, farstu
hallelujah [ˌhælɪˈluːjə] *s* o. *interj* halleluja
hallmark [ˈhɔːlmɑːk] *s* **1** guldsmedsstämpel, kontrollstämpel **2** kännemärke
hallo [həˈləʊ] *interj* hallå!, hej!
hallow [ˈhæləʊ] *vb tr* helga; ***hallowed*** [ˈhæləʊɪd] ***be thy name*** bibl. helgat varde ditt namn
Hallowe'en [ˌhæləʊˈiːn] *s* speciellt skotsk. el. amer. allhelgonaafton 31 oktober
hallucination [həˌluːsɪˈneɪʃ(ə)n] *s* hallucination, synvilla
halo [ˈheɪləʊ] (pl. *~s* el. *haloes*) *s* gloria
halt [hɔːlt] **I** *s* halt, rast, paus, uppehåll **II** *vb itr* stanna, göra halt
halve [hɑːv] *vb tr* **1** halvera **2** minska till hälften
halves [hɑːvz] *s* se *half I*
ham [hæm] *s* **1** skinka [*a slice of ~*] **2** pl. ***~s*** anat. skinkor, bakdel
hamburger [ˈhæmbɜːgə] *s* kok. hamburgare
hamlet [ˈhæmlət] *s* liten by speciellt utan kyrka
hammer [ˈhæmə] **I** *s* **1** hammare; slägga äv. sport. **2** auktionsklubba **II** *vb tr* o. *vb itr* hamra på; spika fast (upp); hamra, slå, dunka
hammock [ˈhæmək] *s* hängmatta; ***garden ~*** hammock
1 hamper [ˈhæmpə] *s* korg [*luncheon ~*]
2 hamper [ˈhæmpə] *vb tr* hindra, hämma
hamster [ˈhæmstə] *s* hamster
hand [hænd] **I** *s* **1** hand; ***win ~s down*** vinna med lätthet; ***~s off!*** bort med tassarna!; ***~s up!*** a) upp med händerna! b) räck upp en hand!; ***wait on a p. ~ and foot*** passa upp på ngn; ***get*** (***gain***) ***the upper ~*** få (ta) övertaget; ***change ~s*** övergå i andra händer; ***give*** (***lend***) ***a p. a ~*** ge ngn en hjälpande hand; ***have a ~ in a th.*** vara inblandad i ngt □ *close (near)* **at ~** till hands; nära förestående; **by ~** för hand [*done by ~*]; **in ~ a)** i hand (handen); till sitt förfogande [*money in ~*] **b)** i sin hand, under kontroll **c)** ***one game in ~*** en match mindre spelad; ***take in ~*** ta hand om; *play* **into** *a p.'s ~s* spela i händerna på ngn; **off ~** på rak arm; ***get a th. off one's ~s*** slippa ifrån ngt; **on ~** till hands; i sin ägo; **out of ~** ur kontroll, oregerlig
2 visare på ur [*second-hand*] **3** ***on one*** (***on the one***) ***~...on the other ~*** å ena sidan...å andra sidan; ***learn a th. at first ~*** få veta ngt i första hand **4** person **a)** arbetare, man [*how many ~s are employed?*] **b)** ***a bad*** (***good***) ***~ at*** dålig (duktig) i **5** handstil **6** vard. applåder; ***give a p. a big ~*** ge ngn en stor applåd
II *vb tr* räcka, lämna, ge [*a th. to a p.*]; ***~ down*** lämna i arv, låta gå i arv; ***~ in*** lämna in, inge; ***~ on*** skicka (låta gå) vidare; ***~ out*** dela ut, lämna ifrån sig; ***~ over to*** överlåta (överlämna) åt (till)
handbag [ˈhændbæg] *s* handväska
handbrake [ˈhændbreɪk] *s* handbroms
handclap [ˈhændklæp] *s* handklappning
handcuff [ˈhændkʌf] **I** *s* handklove, handboja **II** *vb tr* sätta handklovar (handbojor) på
handful [ˈhændfʊl] *s* handfull
handicap [ˈhændɪkæp] **I** *s* **1** sport. handicap

2 handikapp **II** *vb tr* **1** sport. ge handicap **2** handikappa
handicraft ['hændɪkrɑ:ft] *s* hantverk, slöjd
handiwork ['hændɪwɜ:k] *s* skapelse; verk
handkerchief ['hæŋkətʃɪf] *s* näsduk
handle ['hændl] **I** *vb tr* **1** ta i, beröra **2** hantera [~ *tools*]; handha, handskas (umgås) med **3** sköta; ta, behandla, handskas med; klara [~ *a situation*] **II** *s* handtag, skaft; vev
handlebar ['hændlbɑ:] *s,* pl. **~s** styrstång, styre på cykel
handling ['hændlɪŋ] *s* hantering, behandling; ***his ~ of...*** hans sätt att handskas med...
handmade ['hænd'meɪd] *adj* handgjord, tillverkad för hand
handout ['hændaʊt] *s* vard. **1** stencil som delas ut **2** reklamlapp **3** allmosa, gåva
handpick [ˌhænd'pɪk] *vb tr* handplocka äv. bildl.
handrail ['hændreɪl] *s* ledstång, räcke
handshake ['hændʃeɪk] *s* handslag
handsome ['hænsəm] *adj* **1** vacker, stårlig, stilig **2** fin, storslagen, ansenlig
hand-to-hand [ˌhændtə'hænd] *adj,* ~ ***fighting*** strider man mot man, handgemäng
handwriting ['hændˌraɪtɪŋ] *s* handstil, skrift
handy ['hændɪ] *adj* **1** händig, skicklig, praktisk **2** till hands [*have a th.* ~]
hang [hæŋ] **I** (*hung hung;* i betydelsen avliva genom hängning *hanged hanged*) *vb tr* o. *vb itr* hänga; ~ ***it!*** vard. jäklar också!; ***well I'll be hanged!*** det var som tusan! □ ~ **about** (**around**) gå och driva; hänga i (på); ~ **behind** hålla sig bakom (efter); ~ **on** **a)** hänga (bero) på **b)** hänga (hålla) fast, hänga (hålla) sig fast [*to* vid, i] **c)** ~ ***on a moment*** (***minute***)! vard. dröj (vänta) ett ögonblick!; ~ **up** a) fördröja [*the work was hung up by the strike*] b) ringa av, lägga på luren **II** *s* **1** fall [*the ~ of a gown*] **2** vard., ***get the ~ of*** komma underfund med, få grepp på **3** vard., ***I don't give*** (***care***) ***a ~*** det bryr jag mig inte ett dugg om
hangar ['hæŋə, 'hæŋgɑ:] *s* hangar
hanger ['hæŋə] *s* hängare, galge
hanging ['hæŋɪŋ] *s* **1** upphängning **2** hängning straff **3** oftast pl. **~s** förhängen, draperier
hangout ['hæŋaʊt] *s* vard. tillhåll
hangover ['hæŋˌəʊvə] *s* vard. baksmälla
hangup ['hæŋʌp] *s* vard. komplex, fix idé
hanker ['hæŋkə] *vb itr,* ~ ***after*** längta efter
hanky ['hæŋkɪ] *s* vard. näsduk
hanky-panky [ˌhæŋkɪ'pæŋkɪ] *s* vard. **1** smussel, fuffens **2** vänsterprassel
haphazard [ˌhæp'hæzəd] *adj* tillfällig, slumpmässig
happen ['hæp(ə)n] *vb itr* **1** hända [*to a p.* ngn], ske, inträffa; ***how did it ~?*** hur gick det till?; ***as it ~s*** (***happened***) händelsevis; ***as it ~s, I have...*** jag råkar ha...; ***you don't ~ to have matches on you?*** du har väl händelsevis inte tändstickor på dig? **2** amer., ~ ***in*** titta in
happening ['hæpənɪŋ] *s* händelse
happily ['hæpəlɪ] *adv* lyckligt; lyckligtvis
happiness ['hæpɪnəs] *s* lycka, glädje
happy ['hæpɪ] *adj* lycklig, glad; lyckad; ***A Happy New Year!*** gott nytt år!
happy-go-lucky [ˌhæpɪgəʊ'lʌkɪ] *adj* sorglös, lättsinnig
harangue [hə'ræŋ] *s* harang
harass ['hærəs, speciellt amer. hə'ræs] *vb tr* plåga; trakassera
harbour ['hɑ:bə] **I** *s* hamn **II** *vb tr* härbärgera, ge skydd åt, hysa
hard [hɑ:d] **I** *adj* **1** hård, fast; ~ ***cash*** (***money***) reda pengar, kontanter **2** hård, häftig [*a ~ fight*]; ~ ***labour*** jur. straffarbete **3** svår [*a ~ question*]; ***be ~ of hearing*** höra dåligt **4** hård, känslolös; sträng; tung [*a ~ life*], tryckande; om klimat sträng, hård, svår; ~ ***lines*** (***luck***) vard. otur; ***be ~ on a p.*** vara hård (sträng) mot ngn **II** *adv* **1** hårt, häftigt, kraftigt; strängt; flitigt **2** ***be ~ up*** vard. ha ont om pengar
hard-and-fast [ˌhɑ:dən'fɑ:st] *adj* orubblig, benhård [~ *rules*]
hardback ['hɑ:dbæk] **I** *adj* inbunden om bok **II** *s* inbunden bok
hard-boiled [ˌhɑ:d'bɔɪld] *adj* **1** hårdkokt [~ *eggs*] **2** hårdkokt, kallhamrad
harden ['hɑ:dn] *vb tr* o. *vb itr* göra hård (hårdare); härda; förhärda; hårdna; härdas; förhärdas; ***hardened*** förhärdad [*a hardened criminal*], luttrad
hard-hearted [ˌhɑ:d'hɑ:tɪd] *adj* hård
hard-hit [ˌhɑ:d'hɪt] *adj* hårt drabbad
hardly ['hɑ:dlɪ] *adv* knappt, knappast [*that is ~ right*], inte gärna; ~ ***ever*** nästan aldrig
hardship ['hɑ:dʃɪp] *s* vedermöda, prövning
hardware ['hɑ:dweə] *s* **1** järnvaror; ~ ***store*** amer. järnhandel **2** data. hårdvara, maskinvara

hard-working ['hɑ:dˌwɜ:kɪŋ] *adj* arbetsam
hardy ['hɑ:dɪ] *adj* härdad, tålig, härdig
hare [heə] *s* **1** hare **2** sport., hundkapplöpning hare
harebell ['heəbel] *s* bot., liten blåklocka
harelipped ['heəlɪpt] *adj* harmynt
harem ['hɑ:ri:m, hɑ:'ri:m, amer. hæ'rəm] *s* harem
haricot ['hærɪkəʊ] *s*, *~ **bean*** el. ~ trädgårdsböna; speciellt skärböna, brytböna
hark [hɑ:k] *vb itr* lyssna
harm [hɑ:m] **I** *s* skada, ont; ***there is no ~ in trying*** det skadar inte att försöka; ***do ~*** vålla skada; ***I meant no ~*** jag menade inget illa; ***out of harm's way*** i säkerhet; ***keep out of harm's way*** hålla sig undan, akta sig **II** *vb tr* skada, göra ngn ont (illa)
harmful ['hɑ:mf(ʊ)l] *adj* skadlig, fördärvlig
harmless ['hɑ:mləs] *adj* oskadlig, ofarlig
harmonica [hɑ:'mɒnɪkə] *s* munspel
harmonious [hɑ:'məʊnjəs] *adj* harmonisk
harmonize ['hɑ:mənaɪz] *vb itr* o. *vb tr* harmoniera, stämma överens; harmonisera
harmony ['hɑ:mənɪ] *s* harmoni
harness ['hɑ:nɪs] **I** *s* sele, seldon **II** *vb tr* **1** sela; spänna för **2** utnyttja, exploatera
harp [hɑ:p] **I** *s* mus. harpa **II** *vb itr*, *~ **on*** tjata om
harpoon [hɑ:'pu:n] **I** *s* harpun **II** *vb tr* harpunera
harpsichord ['hɑ:psɪkɔ:d] *s* mus. cembalo
harrow ['hærəʊ] **I** *s* harv **II** *vb tr* **1** harva **2** plåga, pina
harry ['hærɪ] *vb tr* härja, plundra
harsh [hɑ:ʃ] *adj* hård, sträv, skorrande, sträng [*~ treatment*]
hart [hɑ:t] *s* hjort hanne
harvest ['hɑ:vɪst] **I** *s* skörd [*ripe for ~*]; ***reap the ~*** skörda frukten **II** *vb tr* skörda
harvester ['hɑ:vɪstə] *s* **1** skördeman, skördearbetare **2** skördemaskin
has [hæz, obetonat həz], ***he/she/it ~*** han/hon/den/det har; se vidare *have*
has-been ['hæzbɪn] *s* vard. fördetting
hash [hæʃ] **I** *vb tr* hacka sönder t.ex. kött **II** *s* kok., slags ragu; hachis; ***make a ~ of*** bildl. göra pannkaka av, röra till
hashish ['hæʃi:ʃ] *s* haschisch
hasn't ['hæznt] = *has not*
hasp [hɑ:sp] *s* hasp; klinka; spänne
hassle ['hæsl] vard. **I** *s* käbbel; krångel; trakasseri **II** *vb itr* o. *vb tr* käbbla; krångla; trakassera
hassock ['hæsək] *s* knäkudde, knäpall
haste [heɪst] *s* hast; brådska, jäkt; ***make ~*** raska på, skynda sig
hasten ['heɪsn] *vb tr* o. *vb itr* påskynda, driva på; skynda, skynda sig
hasty ['heɪstɪ] *adj* **1** brådskande, skyndsam, snabb, hastig [*a ~ glance*] **2** förhastad
hat [hæt] *s* hatt; ***top*** (***high***) ~ hög hatt; ***my ~!*** vard. du store!, kors!; ***talk through one's ~*** vard. prata i nattmössan; ***keep a th. under one's ~*** hålla tyst om ngt
1 hatch [hætʃ] *s* **1** lucka, öppning; **2** sjö. skeppslucka **3** ***down the ~!*** vard. skål!
2 hatch [hætʃ] *vb tr* o. *vb itr* kläcka, kläcka ut; kläckas, kläckas ut
hatchback ['hætʃbæk] *s* bil. halvkombi
hatchet ['hætʃɪt] *s* yxa; ***bury the ~*** begrava stridsyxan
hate [heɪt] **I** *s* hat, avsky **II** *vb tr* hata
hateful ['heɪtf(ʊ)l] *adj* förhatlig [*to* för]
hat rack ['hætræk] *s* hatthylla
hatred ['heɪtrɪd] *s* hat, ovilja, avsky
hatter ['hætə] *s* hattmakare; ***as mad as a ~*** spritt språngande galen
hat trick ['hættrɪk] *s* hat trick i fotboll: tre mål av samma spelare i en match
haughty ['hɔ:tɪ] *adj* högdragen, högmodig
haul [hɔ:l] **I** *vb tr* speciellt sjö. hala, dra, släpa **II** *s* **1** halning, drag **2** kap, byte
haulage ['hɔ:lɪdʒ] *s*, *~ **contractors*** åkeri
haunch [hɔ:ntʃ] *s* höft, länd; ***sit on one's haunches*** sitta på huk
haunt [hɔ:nt] **I** *vb tr* **1** ofta besöka, hålla till i **2** spöka i; ***haunted castle*** spökslott **3** om t.ex. tankar förfölja **II** *s* tillhåll
haunting ['hɔ:ntɪŋ] *adj* oförglömlig [*its ~ beauty*]; efterhängsen [*a ~ melody*]
have [hæv, obetonat həv] (*had had*; *he/she/it has*) **I** *hjälpvb* ha [*I ~ (had) done it*] **II** *vb tr* o. *vb itr* **1** ha, äga; ***~ a cold*** vara förkyld **2** göra, få sig, ta [*~ a walk (a bath)*] **3** få [*I had a letter from him*]; äta [*~ dinner*], dricka **4** ***~ it*** i speciella betydelser: ***rumour has it that*** ryktet går att; ***he's had it*** sl. det är slut med honom; ***~ it your own way!*** gör som du vill!; ***~ it in for*** vard. ha ett horn i sidan till; ***~ it out with a p.*** göra upp (tala ut) med ngn **5** ***~ to*** + infinitiv vara (bli) tvungen att; ***I ~ to go*** jag måste gå; ***that will ~ to do*** det får duga **6** ***~ a th. done*** se till att ngt blir gjort; få ngt gjort; ***~ one's hair cut*** klippa sig **7** ***~ a p. do a th.*** låta ngn göra ngt [*~ your doctor examine her*]; ***I won't ~ you***

playing in my room! jag vill inte att ni leker i mitt rum! **8** itr., ***you had better ask him*** det är bäst att du frågar honom □ ~ **on** ha kläder på sig [*he had nothing on*]; ***I ~ nothing on this evening*** vard. jag har inget för mig i kväll; ~ *a tooth* **out** låta dra ut en tand

haven ['heɪvn] *s* hamn

haven't ['hævnt] = *have not*

haversack ['hævəsæk] *s* tornister, ryggsäck

havoc ['hævək] *s* ödeläggelse; ***make ~*** anställa förödelse; ***make (play) ~ with*** gå illa åt

Hawaii [hə'waɪi:]

hawk [hɔ:k] *s* hök; falk

hawthorn ['hɔ:θɔ:n] *s* hagtorn

hay [heɪ] *s* hö; ***hit the ~*** vard. knyta sig, krypa till kojs; ***make ~*** bärga hö; ***make ~ of*** bildl. vända upp och ned på; göra kål (slut) på; ***make ~ while the sun shines*** smida medan järnet är varmt; ta tillfället i akt

hay fever ['heɪˌfi:və] *s* höfeber

haystack ['heɪstæk] *s* höstack

hazard ['hæzəd] **I** *s* **1** slump, hasard **2** risk, fara **II** *vb tr* riskera; våga [~ *a guess*]

hazardous ['hæzədəs] *adj* riskfylld

haze [heɪz] *s* dis, töcken

hazel ['heɪzl] **I** *s* hasselnöt **II** *adj* ljusbrun, nötbrun [~ *eyes*]

hazelnut ['heɪzlnʌt] *s* hasselnöt

hazy ['heɪzɪ] *adj* **1** disig, dimmig **2** bildl. dunkel, suddig [*a ~ recollection*]

he [hi:, obetonat hɪ] **I** (objektsform *him*) *pron* **1** han **2** den om person i allmän betydelse [~ *who lives will see*] **II** (pl. ~*s*) *s* hanne, han [*our dog is a ~*] **III** *adj* i sammansättningar vid djurnamn han- [*he-dog*]; -hanne

head [hed] **I** *s* **1** huvud **a)** med annat substantiv: ***~ over ears (heels) in debt (in love)*** upp över öronen skuldsatt (förälskad); ***from ~ to foot*** från topp till tå, fullständigt; ***turn ~ over heels*** slå (göra) en kullerbytta (volt) **b)** som objekt: ***keep one's ~*** hålla huvudet kallt, bibehålla fattningen; ***laugh one's ~ off*** vard. skratta ihjäl sig; ***if they lay (put) their ~s together*** om de slår sina kloka huvuden ihop; ***lose one's ~*** bildl. tappa huvudet, förlora fattningen **c)** med preposition el. adverb: ***he is taller than Tom by a ~*** han är huvudet längre än Tom; ***win by a ~*** vinna med en huvudlängd; ***~ first (foremost)*** huvudstupa; ***whatever put that into your ~?*** hur kunde du komma på den tanken (idén)?; ***go to a p.'s ~*** stiga ngn åt huvudet **2** chef, ledare, rektor; ***~ of state*** statschef **3 a)** ***a (per) ~*** per man (skaft) **b)** ***twenty ~ of cattle*** tjugo stycken nötkreatur **4 a)** topp, spets; ***the ~ of the table*** övre ändan av bordet, hedersplatsen **b)** huvud [*the ~ of a nail*]; ***a ~ of cabbage*** ett kålhuvud **c)** ***~s or tails?*** krona eller klave?; ***I cannot make ~ or tail of it*** vard. jag blir inte klok på det **d)** ***bring matters to a ~*** driva saken till sin spets; ***come to a ~*** komma till en kris

II *adj* huvud- [~ *office*], över-; främsta, första

III *vb tr* o. *vb itr* **1** anföra, leda [~ *a procession*]; stå i spetsen för; ***~ the list*** stå överst på listan **2** förse med huvud (rubrik) **3** vända, rikta, styra [~ *one's ship for* (mot) *the harbour*], sträva, sätta kurs; ***headed for*** på väg mot, destinerad till **4** fotb. nicka, skalla **5** bildl., ***be heading for a th.*** gå ngt till mötes

headache ['hedeɪk] *s* huvudvärk

headcheese ['hedtʃi:z] *s* amer. pressylta

headdress ['heddres] *s* huvudbonad

header ['hedə] *s* fotb. nick, skalle

headgear ['hedgɪə] *s* huvudbonad

heading ['hedɪŋ] *s* **1** rubrik, överskrift, titel **2** avdelning, stycke **3** fotb. nickning, skallning

headlamp ['hedlæmp] *s* bil. strålkastare

headland ['hedlənd] *s* hög udde

headlight ['hedlaɪt] *s* bil. strålkastare; ***drive with ~s on*** köra på helljus

headline ['hedlaɪn] *s* rubrik; ***hit (make) the ~s*** bli (vara) rubrikstoff

headlong ['hedlɒŋ] *adv* huvudstupa [*fall ~*]; besinningslöst [*rush ~ into danger*]

headmaster [ˌhed'mɑ:stə] *s* rektor

headmistress [ˌhed'mɪstrəs] *s* kvinnlig rektor

head-on [ˌhed'ɒn] *adj* o. *adv* med huvudet före; ***~ collision*** frontalkrock

headphone ['hedfəʊn] *s*, vanl. pl. ***~s*** hörlurar; hörtelefon

headquarters [ˌhed'kwɔ:təz] (pl. lika) *s* högkvarter; högkvarteret

headrest ['hedrest] *s* huvudstöd, nackstöd

headroom ['hedru:m] *s* trafik. fri höjd

headstrong ['hedstrɒŋ] *adj* egensinnig

head teacher [ˌhed'ti:tʃə] *s* rektor

head waiter [ˌhed'weɪtə] *s* hovmästare

headway ['hedweɪ] *s*, ***make ~*** komma framåt, göra framsteg
headword ['hedwɜ:d] *s* uppslagsord
heal [hi:l] *vb tr* o. *vb itr* bota, läka, läkas
health [helθ] *s* **1** hälsa, hälsotillstånd; ***~ certificate*** friskintyg; ***~ food store*** hälsokostbod; ***~ insurance*** sjukförsäkring; ***~ service*** hälsovård **2** ***drink to a p.'s ~*** el. ***drink a p.'s ~*** dricka ngns skål; ***your ~!*** el. ***good ~!*** skål!
health resort ['helθrɪˌzɔ:t] *s* kurort
healthy ['helθɪ] *adj* frisk; vid god hälsa [*be ~*]; sund, hälsosam
heap [hi:p] **I** *s* hög, hop **II** *vb tr*, ***~ up (together)*** el. ***~*** hopa, lägga i en hög, stapla; råga [*a heaped spoonful*]
hear [hɪə] (*heard heard*) *vb tr* o. *vb itr* **1** höra; lyssna på (till); få höra, få veta; ***~! ~!*** utrop av bifall ja!, ja!, instämmer!; ***~ of*** höra talas om; ***I won't ~ of such a thing*** jag vill inte veta av något sådant **2** jur. förhöra [*~ a witness*]
heard [hɜ:d] se *hear*
hearer ['hɪərə] *s* åhörare
hearing ['hɪərɪŋ] *s* **1** hörsel; ***be hard of ~*** vara lomhörd, höra dåligt **2** ***in a p.'s ~*** i ngns närvaro, så att ngn hör; ***within (out of) ~*** inom (utom) hörhåll **3** åhörande; förhör; ***gain a ~*** vinna gehör; ***give a p. a fair ~*** ge ngn en chans att försvara sig
hearing aid ['hɪərɪŋeɪd] *s* hörapparat
hearsay ['hɪəseɪ] *s* hörsägen, rykte, rykten
hearse [hɜ:s] *s* likvagn
heart [hɑ:t] *s* **1** hjärta; sinne [*a man after my (after my own) ~*]; ***~ failure*** hjärtslag; ***change of ~*** sinnesförändring; ***~ and soul*** adverb med liv och lust, med hela sin själ; ***bless my ~ and soul!*** el. ***bless my ~!*** vard. kors i all min dar!; ***put one's ~ and soul into...*** el. ***put one's ~ into...*** lägga ner hela sin själ i...; ***break a p.'s ~*** krossa ngns hjärta; ***it breaks my ~ to see...*** det skär mig i hjärtat att se...; ***he had his ~ in his mouth*** han hade hjärtat i halsgropen; ***lose ~*** tappa modet; ***set one's ~ on a th.*** fästa sig vid ngt; ***at ~*** i själ och hjärta, i grund och botten; ***we have it very much at ~*** det ligger oss mycket varmt om hjärtat; ***at the bottom of one's ~*** innerst inne; ***by ~*** utantill, ur minnet; ***to one's heart's content*** av hjärtans lust; så mycket man vill **2** kortsp. hjärterkort; pl. ***~s*** hjärter
heartache ['hɑ:teɪk] *s* hjärtesorg
heartbreaking ['hɑ:tˌbreɪkɪŋ] *adj* hjärtskärande
heartbroken ['hɑ:tˌbrəʊk(ə)n] *adj* med krossat hjärta, tröstlös
hearten ['hɑ:tn] *vb tr* uppmuntra
heartfelt ['hɑ:tfelt] *adj* djupt känd, hjärtlig
hearth [hɑ:θ] *s* härd; eldstad, spis
heartily ['hɑ:təlɪ] *adv* hjärtligt; friskt; innerligt, fullständigt
heart-to-heart [ˌhɑ:ttə'hɑ:t] *adj* förtrolig [*a ~ talk*]
hearty ['hɑ:tɪ] *adj* **1** hjärtlig [*a ~ welcome*]; uppriktig **2** kraftig [*a ~ blow*]; **3** riklig [*a ~ meal*]
heat [hi:t] **I** *s* **1** hetta; värme; ***in the ~ of the moment*** i ett ögonblick av upphetsning **2** sport. heat, lopp; ***dead ~*** dött lopp **3** brunst; ***in (on, at) ~*** brunstig **II** *vb tr*, ***~ up*** upphetta, värma upp
heated ['hi:tɪd] *perf p* o. *adj* upphettad; het, animerad, livlig [*a ~ discussion*]
heater ['hi:tə] *s* värmeapparat; värmare [*car ~*]
heath [hi:θ] *s* hed
heathen ['hi:ð(ə)n] **I** *s* hedning, hedningarna **II** *adj* hednisk
heather ['heðə] *s* ljung
heating ['hi:tɪŋ] *s* upphettning, uppvärmning, eldning; ***central ~*** centralvärme
heat stroke ['hi:tstrəʊk] *s* värmeslag
heat wave ['hi:tweɪv] *s* värmebölja
heave [hi:v] **I** *vb tr* lyfta, häva [ofta *~ up*]; kasta **II** *s* hävning, lyftning; tag [*a mighty ~*]
heaven ['hevn] *s* himmel; himmelriket; ***thank Heaven!*** Gud vare tack och lov!
heavenly ['hevnlɪ] *adj* **1** himmelsk; ***~ bodies*** himlakroppar **2** vard. gudomlig, underbar
heavily ['hevəlɪ] *adv* tungt [*~ loaded*], hårt [*~ taxed* (beskattad)], strängt [*~ punished*]; kraftigt [*it rained ~*]; mödosamt
heavy ['hevɪ] *adj* **1** tung; kraftig; ***~ traffic*** tung trafik; livlig trafik **2** stor [*~ expenses*], svår [*a ~ loss (defeat)*]; stark, livlig; våldsam, häftig; ***a ~ fine*** höga böter; ***a ~ smoker*** en storrökare **3** ansträngande, hård [*~ work*]
heavy-handed [ˌhevɪ'hændɪd] *adj* hårdhänt
heavy-hearted [ˌhevɪ'hɑ:tɪd] *adj* tungsint
heavyweight ['hevɪweɪt] *s* sport. tungvikt; tungviktare

Hebrew ['hi:bru:] **I** *s* **1** hebré **2** hebreiska språket **II** *adj* hebreisk
heckle ['hekl] *vb tr* häckla, avbryta
hectic ['hektɪk] *adj* hektisk, jäktig
he'd [hi:d] = *he had, he would*
hedge [hedʒ] **I** *s* häck **II** *vb tr* inhägna; omgärda, kringgärda
hedgehog ['hedʒhɒg] *s* igelkott
hedgerow ['hedʒrəʊ] *s* buskhäck, trädhäck
heed [hi:d] **I** *vb tr* bry sig om [*~ a warning*] **II** *s, **give (pay) ~ to*** ta hänsyn till; ***take ~*** ta sig i akt
heedless ['hi:dləs] *adj, ~ **of*** obekymrad om
heel [hi:l] **I** *s* **1** häl; bakfot; klack; bakkappa på sko; ***kick (cool) one's ~s*** vänta, slå dank; ***turn on one's ~ (~s)*** svänga om på klacken; ***take to one's ~s*** lägga benen på ryggen **2** speciellt amer. sl. knöl, kräk **II** *vb tr* klacka [*~ shoes*]
hefty ['heftɪ] *adj* vard. bastant; kraftig [*a ~ push*]
he-goat ['hi:gəʊt] *s* bock
heifer ['hefə] *s* kviga
height [haɪt] *s* **1** höjd; längd, storlek; ***what is your ~?*** hur lång är du? **2** kulle; topp [*mountain ~s*]; höjdpunkt, toppunkt; ***the ~ of fashion*** högsta modet; ***at its ~*** på sin höjdpunkt
heighten ['haɪtn] *vb tr* **1** göra högre, höja **2** bildl. förhöja [*~ an effect*], öka
heinous ['heɪnəs] *adj* skändlig, avskyvärd
heir [eə] *s* laglig arvinge, arvtagare
heiress ['eərɪs] *s* arvtagerska
heirloom ['eəlu:m] *s* släktklenod, arvegods
held [held] se *1 hold I*
helicopter ['helɪkɒptə] *s* helikopter
helium ['hi:ljəm] *s* helium
hell [hel] *s* helvete, helvetet; ***oh, ~!*** jäklar också!; ***a ~ of a noise*** ett jäkla oväsen; ***what the ~*** [***do you want***]***?*** vad i helvete...?, vad fan...?; ***go to ~!*** dra åt helvete!
he'll [hi:l] = *he will (shall)*
hellish ['helɪʃ] *adj* helvetisk, infernalisk
hello [hə'ləʊ] *interj* hallå!; hej!
helm [helm] *s* roder
helmet ['helmɪt] *s* hjälm; kask
helmsman ['helmzmən] *s* rorgängare, rorsman
help [help] **I** *vb tr* o. *vb itr* **1** hjälpa; bistå; hjälpa till; *~ **to*** hjälpa till att, bidra till att [*this ~s to explain*] **2** *~ **a p. to a th.*** servera ngn ngt; *~ **oneself*** ta för sig [*to* (av) *a th.*]; *~ **yourself!*** var så god! **3** låta bli, hjälpa; ***I can't ~ laughing*** jag kan inte låta bli att skratta; [***I won't do it***] ***if I can ~ it*** ...om jag slipper; ***it can't be helped*** det kan inte hjälpas, det är ingenting att göra åt det **II** *s* hjälp; ***be of ~ to a p.*** vara ngn till hjälp; ***it wasn't much (of much) ~*** det var inte till stor hjälp
helpful ['helpf(ʊ)l] *adj* hjälpsam, tjänstvillig
helping ['helpɪŋ] *s* portion [*a ~ of pie*]
helpmate ['helpmeɪt] *s* medhjälpare
Helsinki [hel'sɪŋkɪ, 'helsɪŋkɪ] Helsingfors
hem [hem] **I** *s* fåll; kant **II** *vb tr* **1** fålla; kanta **2** *~ **in*** stänga inne
he-man ['hi:mæn] (pl. *he-men* ['hi:men]) *s* vard. he-man, karlakarl
hemisphere ['hemɪˌsfɪə] *s* halvklot
hemp [hemp] *s* hampa
hen [hen] *s* höna; *~ **party*** vard. tjejfest; möhippa
hence [hens] *adv* **1** härav [*~ it follows that...*] **2** följaktligen **3** härefter; ***five years ~*** äv. om fem år
henceforth [ˌhens'fɔ:θ] *adv* o. **henceforward** [ˌhens'fɔ:wəd] *adv* hädanefter
henchman ['hentʃmən] (pl. *henchmen* ['hentʃmən]) *s* hejduk, hantlangare
henpecked ['henpekt] *adj* hunsad; ***a ~ husband*** en toffelhjälte
her [hɜ:] **I** *pers pron* (objektsform av *she*) **1** henne; om bil, land m.m. den, det **2** vard. hon [*it's ~*] **3** sig [*she took it with ~*] **II** *poss pron* hennes [*it is ~ hat*]; sin [*she sold ~ house*], dess
herald ['her(ə)ld] *vb tr* förebåda, inleda [*~ a new era*]
herb [hɜ:b] *s* ört; växt [*collect ~s*], kryddväxt
herbal ['hɜ:b(ə)l] *adj* ört- [*~ medicine*]
herd [hɜ:d] **I** *s* hjord [*a ~ of cattle*], flock **II** *vb itr* gå i hjord (i flock); *~ **together*** flockas, samlas
here [hɪə] *adv* här; hit; ***that's neither ~ nor there*** bildl. det hör inte till saken; *~ **you are!*** här har du!, var så god!; se här!
hereafter [hɪər'ɑ:ftə] *adv* härefter, hädanefter
hereby [ˌhɪə'baɪ] *adv* härmed
hereditary [hɪ'redɪtrɪ] *adj* ärftlig, arvs-
heredity [hɪ'redətɪ] *s* ärftlighet; arv
heresy ['herəsɪ] *s* kätteri; irrlära
heretic ['herətɪk] *s* kättare
heretical [hɪ'retɪk(ə)l] *adj* kättersk

herewith ['hɪə'wɪð] *adv* härmed
hermit ['hɜ:mɪt] *s* eremit; enstöring
hernia ['hɜ:njə] *s* bråck
hero ['hɪərəʊ] (pl. *heroes*) *s* hjälte
heroic [hɪ'rəʊɪk] *adj* heroisk; hjälte-; hjältemodig
heroin ['herə(ʊ)ɪn] *s* heroin
heroine ['herə(ʊ)ɪn] *s* hjältinna
heroism ['herə(ʊ)ɪz(ə)m] *s* hjältemod
heron ['herən] *s* häger
herring ['herɪŋ] *s* sill
hers [hɜ:z] *poss pron* hennes [*is that book ~?*]; sin [*she must take ~*]; jfr *1 mine*
herself [hə'self] *rfl pron* o. *pers pron* sig [*she brushed ~*], sig själv [*she helped ~*], själv [*she can do it ~*]
Herzegovina [ˌhɜ:tsəgə'vi:nə] Hercegovina
he's [hi:z, obetonat hɪz] = *he is, he has*
hesitant ['hezɪt(ə)nt] *adj* tvekande, tveksam
hesitate ['hezɪteɪt] *vb itr* tveka; vackla
hesitation [ˌhezɪ'teɪʃ(ə)n] *s* tvekan, tveksamhet
heterogeneous [ˌhetərəʊ'dʒi:nɪəs] *adj* heterogen, olikartad
hew [hju:] (*hewed hewed* el. *hewn*) *vb tr* hugga, hugga i något
hewn [hju:n] se *hew*
hey [heɪ] *interj* hej! för att påkalla uppmärksamhet; hallå!
heyday ['heɪdeɪ] *s* glansperiod, glansdagar
hibernate ['haɪbəneɪt] *vb itr* övervintra; gå i ide
hibernation [ˌhaɪbə'neɪʃ(ə)n] *s* övervintring; djurs vinterdvala; ***go into ~*** gå i ide
hibiscus [hɪ'bɪskəs] *s* bot. hibiskus
hiccough o. **hiccup** ['hɪkʌp] **I** *s* hickning, hicka; ***have the ~s*** ha hicka **II** *vb itr* hicka
hid [hɪd] se *2 hide*
hidden ['hɪdn] **I** se *2 hide* **II** *adj* gömd; dold, hemlig [*~ motives*]
1 hide [haɪd] *s* djurhud; skinn
2 hide [haɪd] (*hid hidden* el. *hid*) *vb tr* o. *vb itr* gömma, dölja [*from* för; *for* åt]; gömma sig
hide-and-seek [ˌhaɪdən'si:k] *s* kurragömma
hideous ['hɪdɪəs] *adj* otäck, ohygglig, gräslig
hide-out ['haɪdaʊt] *s* vard. gömställe, tillhåll
1 hiding ['haɪdɪŋ] *s*, ***a good ~*** ett ordentligt kok stryk
2 hiding ['haɪdɪŋ] *s*, ***be in ~*** hålla sig gömd; ***go into ~*** gömma sig
hiding-place ['haɪdɪŋpleɪs] *s* gömställe
hierarchy ['haɪərɑ:kɪ] *s* hierarki
hi-fi [ˌhaɪ'faɪ] (vard. för *high-fidelity*) *s* **1** hifi naturtrogen ljudåtergivning **2** hifi-anläggning
high [haɪ] **I** *adj* **1** hög; högt belägen; högre [*a ~ official*]; ***~ life*** den förnäma världen; ***~ mass*** katolsk högmässa; ***~ priest*** överstepräst; ***~ street*** huvudgata, storgata [ofta i namn *the High Street*]; ***the ~ season*** högsäsongen; ***be ~ and mighty*** vard. vara dryg (överlägsen); ***it is ~ time you went*** det är på tiden (hög tid) att du går **2** stark; intensiv; ***~ pressure*** högtryck; ***~ tension*** elektr. högspänning **3** vard. full, på snusen; sl. hög, tänd narkotikaberusad **4** ***~ school*** a) i Storbritannien: ungefär gymnasieskola [*~ school for girls*] b) i USA: ***junior ~ school*** ungefär grundskolans högstadium; ***senior ~ school*** ungefär gymnasieskola **II** *adv* högt **III** *s* **1** vard. topp, rekord, rekordsiffra **2** ***on ~*** i höjden (himmelen)
high-and-mighty [ˌhaɪənd'maɪtɪ] *adj* vard. högdragen, dryg
highboard ['haɪbɔ:d] *s* simn. trampolin
highbrow ['haɪbraʊ] vard. **I** *adj* intellektuell; neds. kultursnobbig **II** *s* kultursnobb
high-class [ˌhaɪ'klɑ:s] *adj* högklassig; förstklassig [*a ~ hotel*], kvalitets- [*a ~ article*]
high-fidelity [ˌhaɪfɪ'delətɪ] *adj* high fidelity- med naturtrogen ljudåtergivning [*a ~ set* (anläggning)]
highflown ['haɪfləʊn] *adj* högtravande
high-handed [ˌhaɪ'hændɪd] *adj* egenmäktig
high-heeled ['haɪhi:ld] *adj* högklackad
high jump ['haɪdʒʌmp] *s* sport. höjdhopp
highland ['haɪlənd] *s* högland; ***the Highlands*** Skotska högländerna
Highlander ['haɪləndə] *s* skotskhögländare
highlight ['haɪlaɪt] **I** *s* höjdpunkt; huvudattraktion **II** *vb tr* framhäva, accentuera
highly ['haɪlɪ] *adv* **1** högt [*~ esteemed*]; starkt [*~ seasoned*] **2** högst, ytterst [*~ interesting*]; ***~ recommend*** varmt rekommendera **3** ***think ~ of a p.*** ha höga tankar om ngn
highly-strung [ˌhaɪlɪ'strʌŋ] *adj* nervös; överspänd
high-minded [ˌhaɪ'maɪndɪd] *adj* högsint
highness ['haɪnəs] *s* **1** höjd, storlek **2** ***His***

(***Her, Your***) ***Highness*** Hans (Hennes, Ers) Höghet
high-octane [ˌhaɪ'ɒkteɪn] *adj* högoktanig
high-pitched [ˌhaɪ'pɪtʃt] *adj* hög, gäll
high-powered [ˌhaɪ'paʊəd] *adj* **1** energisk, effektiv **2** stark, kraftig [*a ~ engine*]
high-ranking ['haɪˌræŋkɪŋ] *adj* högt uppsatt, med hög rang
high-rise ['haɪraɪz] *adj,* ***~ building*** höghus
highroad ['haɪrəʊd] *s* allmän landsväg; ***the ~ to success*** bildl. vägen till framgång
high-spirited [ˌhaɪ'spɪrɪtɪd] *adj* livlig
highway ['haɪweɪ] *s* allmän landsväg
highwayman ['haɪweɪmən] *s* stråtrövare
hijack ['haɪdʒæk] vard. **I** *vb tr* kapa t.ex. flygplan; preja och råna (plundra) **II** *s* kapning
hijacker ['haɪˌdʒækə] *s* vard. flygplanskapare; rånare
hike [haɪk] vard. **I** *s* fotvandring **II** *vb itr* fotvandra; promenera
hiker ['haɪkə] *s* fotvandrare
hilarious [hɪ'leərɪəs] *adj* **1** uppsluppen; munter **2** festlig, dråplig
hilarity [hɪ'lærətɪ] *s* munterhet
hill [hɪl] *s* **1** kulle, berg; backe; ***as old as the ~s*** gammal som gatan, urgammal **2** hög, kupa av t.ex. jord, sand; stack [*ant-hill*]
hillock ['hɪlək] *s* mindre kulle; hög
hillside ['hɪlsaɪd] *s* bergssluttning, backsluttning, backe
hilly ['hɪlɪ] *adj* bergig, kullig, backig
hilt [hɪlt] *s* fäste, handtag på t.ex. svärd, dolk; ***to*** (***up to***) ***the ~*** helt och hållet
him [hɪm] *pers pron* (objektsform av *he*) **1** honom **2** vard. han [*it's ~*] **3** sig [*he took it with ~*]
himself [hɪm'self] *rfl pron* o. *pers pron* sig [*he brushed ~*], sig själv [*he helped ~*]; själv [*he can do it ~*]
1 hind [haɪnd] *s* zool. hind
2 hind [haɪnd] *adj* bakre, bak- [*~ wheel*]; ***get up on one's ~ legs*** resa sig
hinder ['hɪndə] *vb tr* hindra [*from going* från att gå]; förhindra; avhålla
hindquarter [ˌhaɪnd'kwɔːtə] *s,* pl. ***~s*** på djur länder, bakdel
hindrance ['hɪndr(ə)ns] *s* hinder [*to* för]
Hindu [ˌhɪn'duː, attributivt 'hɪnduː] **I** *s* hindu **II** *adj* hinduisk
hinge [hɪndʒ] **I** *s* gångjärn **II** *vb itr,* ***~ on*** bildl. hänga (bero) på
hint [hɪnt] **I** *s* vink, antydan; tips **II** *vb tr* o. *vb itr* antyda; ***~ at*** antyda, anspela på
hip [hɪp] *s* höft; länd
hippo ['hɪpəʊ] (pl. *~s*) *s* vard. o.
hippopotamus [ˌhɪpə'pɒtəməs] *s* flodhäst
hire ['haɪə] **I** *s* hyra; hyrande; ***for ~*** att hyra; på taxibil ledig; ***car ~ company*** biluthyrningsfirma; ***car ~ service*** biluthyrning **II** *vb tr* **1** hyra; ***~d coach*** abonnerad buss **2** speciellt amer. anställa **3** leja [*~ a murderer*]
hire-purchase [ˌhaɪə'pɜːtʃəs] *s,* ***buy*** (***pay for***) ***on ~*** köpa på avbetalning
his [hɪz] *poss pron* hans [*it's ~ car; the car is ~*]; sin [*he sold ~ car*]
hiss [hɪs] **I** *vb itr* o. *vb tr* väsa, fräsa, vissla [*at* åt]; vissla åt **II** *s* väsning, fräsande
historian [hɪ'stɔːrɪən] *s* historiker
historic [hɪ'stɒrɪk] *adj* historisk, minnesvärd
historical [hɪ'stɒrɪk(ə)l] *adj* historisk
history ['hɪstərɪ] *s* **1** historia; historien [*the first time in ~*]; ***ancient*** (***mediaeval, modern***) ~ forntidens (medeltidens, nyare tidens) historia **2** berättelse
hit [hɪt] **I** (*hit hit*) *vb tr* o. *vb itr* **1** slå till; träffa [*he did not ~ me*]; slå [*at* mot]; ***~ back*** slå tillbaka; ***~ out*** slå omkring sig **2** köra, stöta mot, köra på [*the car ~ a tree*]; träffa; stöta, slå [*against* mot]; ***~ and run*** smita om bilförare; ***~ on*** (***upon***) komma (hitta) på **3** drabba [*feel (feel oneself) ~*]; ***be hard ~*** drabbas hårt **II** *s* **1** slag, stöt; ***direct ~*** fullträff **2** succé; schlager
hitch [hɪtʃ] **I** *vb tr* **1** rycka, dra **2** göra (binda) fast [*~ a horse to* (vid) *a tree*] **II** *s* **1** ryck, knyck **2** hinder, hake, aber [*a ~ in our plans*]; ***technical ~*** tekniskt missöde
hitchhike ['hɪtʃhaɪk] **I** *vb itr* lifta **II** *s* lift
hitchhiker ['hɪtʃˌhaɪkə] *s* liftare
hither ['hɪðə] *adv* litt. hit; ***~ and thither*** hit och dit
hitherto [ˌhɪðə'tuː] *adv* hittills
HIV [ˌeɪtʃaɪ'viː] (förk. för *human immunodeficiency virus* humant immunbristvirus) HIV
hive [haɪv] *s* bikupa
HMS [ˌeɪtʃem'es] förk. för *His (Her) Majesty's Ship*
hoard [hɔːd] **I** *s* samlat förråd, lager **II** *vb tr* o. *vb itr* samla (skrapa) ihop, samla på hög, hamstra, lagra [*~ food*]
hoarder ['hɔːdə] *s* hamstrare
hoarding ['hɔːdɪŋ] *s* affischplank
hoarfrost [ˌhɔː'frɒst] *s* rimfrost
hoarse [hɔːs] *adj* hes

hoary ['hɔ:rɪ] *adj* grå, grånad, vit av ålder
hoax [həʊks] **I** *vb tr* spela ngn ett spratt **II** *s* skämt, upptåg, skoj; bluff
hobble ['hɒbl] *vb itr* halta, linka, stappla
hobby ['hɒbɪ] *s* hobby
hobby-horse ['hɒbɪhɔ:s] *s* käpphäst
hobnob ['hɒbnɒb] *vb itr* umgås intimt [*with* med]
hockey ['hɒkɪ] *s* landhockey; ~ ***rink*** ishockeybana; ~ ***stick*** hockeyklubba
hoe [həʊ] *s* verktyg hacka
hog [hɒg] **I** *s* svin **II** *vb tr* vard. hugga för sig
hoist [hɔɪst] *vb tr* hissa [~ *a flag*]; hissa (lyfta) upp [*on to* på]
1 hold [həʊld] **I** (*held held*) *vb tr* o. *vb itr* **1** hålla; hålla fast; bära (hålla) upp; hålla i sig, stå sig [*will the fine weather ~?*]; ~ ***the line, please*** tele. var god och vänta (dröj); ~ ***one's own*** (***ground***) stå på sig, hålla stånd **2** hålla [*the rope held*]; tåla; ***he can ~ his liquor*** han tål en hel del sprit; ~ ***water*** bildl. hålla, vara hållbar [*the theory doesn't ~ water*] **3** innehålla; rymma, ha plats för **4** inneha; inta [~ *a high position*] **5** behålla, hålla kvar; hålla fången, fängsla [~ *a p.'s attention*] **6** anordna, ställa till med; föra; hålla [~ *a meeting*] **7** anse; ha, hysa [~ *an opinion*]; ~ ***a th. against a p.*** lägga ngn ngt till last □ ~ **back** hålla tillbaka, hejda; hålla inne med [~ *back information*]; ~ **on** hålla fast, hålla sig fast, hålla på plats, hålla i sig [*to* i, vid; ~ *on to the rope*]; ~ ***on!*** vänta ett tag!; ~ **out** a) hålla (räcka) ut (fram) b) hålla ut, hålla stånd; räcka [*will the food ~ out?*]; ~ **together** hålla ihop (samman); binda; ~ **up a)** hålla (räcka, sträcka) upp; ~ ***up to*** utsätta för; ~ ***up to ridicule*** göra till ett åtlöje **b)** hålla uppe, stödja **c)** uppehålla, försena [*be held up by fog*], hejda, stanna [~ *up the traffic*]

II *s* **1** tag, grepp, fäste; ***catch*** (***take, lay, seize***) ~ ***of*** ta (fatta, gripa) tag i, gripa; ***have a ~ on*** ha en hållhake på **2** brottn. grepp; boxn. fasthållning; ***no ~s barred*** alla grepp är tillåtna
2 hold [həʊld] *s* sjö. el. flyg. lastrum
holdall ['həʊldɔ:l] *s* rymlig bag (väska)
holder ['həʊldə] *s* **1** innehavare [~ *of a championship*], upprätthållare [~ *of a post*]; i sammansättningar -hållare [*record-holder*] **2** behållare; munstycke [*cigarette-holder*]
hold-up ['həʊldʌp] *s* **1** rånöverfall **2** avbrott, uppehåll; trafikstopp
hole [həʊl] *s* hål; vard. håla [*a wretched little ~*]; djurs kula, lya
holiday ['hɒlədeɪ, 'hɒlədɪ] **I** *s* **1** helgdag; fridag; ***bank*** ~ allmän helgdag, bankfridag **2** ledighet, semester [*a week's ~*]; pl. ~***s*** ferier **II** *vb itr* semestra
holiday-maker ['hɒlədɪˌmeɪkə] *s* semesterfirare
Holland ['hɒlənd]
hollow ['hɒləʊ] **I** *adj* **1** ihålig **2** insjunken, infallen [~ *cheeks*] **3** tom; falsk; värdelös [~ *victory*] **II** *adv* vard. grundligt [*beat a p. ~*] **III** *s* **1** ihålighet **2** håla; grop; bäcken, dal **IV** *vb tr* göra ihålig; ~ ***out*** holka ur
holly ['hɒlɪ] *s* bot. järnek, kristtorn
hollyhock ['hɒlɪhɒk] *s* stockros
holocaust ['hɒləkɔ:st] *s* **1** brännoffer **2** stor förödelse **3** förintelse
holster ['həʊlstə] *s* pistolhölster
holy ['həʊlɪ] *adj* helig
homage ['hɒmɪdʒ] *s*, ***pay*** (***do***) ~ ***to*** hylla, bringa sin hyllning
home [həʊm] **I** *s* hem äv. anstalt; bostad; hemort; ***there is no place like ~*** el. ***east or west, ~ is best*** borta bra men hemma bäst; ***make one's ~*** bosätta sig □ **at ~ a)** hemma [*stay at ~*], i hemmet; i hemlandet **b)** ***feel at ~*** känna sig som hemma; ***make yourself at ~*** känn dig som hemma **c)** sport. hemma, på hemmaplan

II *adj* **1** hem- [~ *life*]; hemma-; ***Home Guard*** a) hemvärn [*the Home Guard*] b) hemvärnsman **2** sport. hemma- [~ *match (team)*]; ~ ***ground*** hemmaplan **3** inhemsk [~ *products*], inländsk; ~ ***affairs*** inre angelägenheter; ***the Home Secretary*** i Storbritannien inrikesministern; ***the ~ market*** hemmamarknaden; ***the Home Office*** i Storbritannien inrikesdepartementet **4** ~ ***truths*** beska sanningar

III *adv* **1** hem [*come ~*], hemåt; ***it's nothing to write ~ about*** vard. det är ingenting att hurra för **2** hemma, hemkommen; framme; i (vid) mål **3** i (in) ordentligt [*drive a nail ~*]; ***bring a th. ~ to a p.*** fullt klargöra ngt för ngn; ***go ~*** gå hem (in) [*the remark went ~*]; ta skruv
home-coming ['həʊmˌkʌmɪŋ] *s* hemkomst
home-grown [ˌhəʊm'grəʊn] *adj* inhemsk [~ *tomatoes*]

home help [ˌhəʊm'help] *s* hemhjälp; hemsamarit
homely ['həʊmlɪ] *adj* **1** enkel, anspråkslös; vardaglig **2** hemtrevlig [*a ~ atmosphere*] **3** amer. alldaglig, tämligen ful [*a ~ face*]
homesick ['həʊmsɪk] *adj*, ***be (feel) ~*** längta hem, ha hemlängtan
homeward ['həʊmwəd] *adv* hemåt
homewards ['həʊmwədz] *adv* hemåt
homework ['həʊmwɜ:k] *s* hemarbete; hemläxor; ***some (a piece of) ~*** en läxa
homicide ['hɒmɪsaɪd] *s* dråp, mord; mordkommissionen [äv. *the ~ squad*]
homo ['həʊməʊ] vard. **I** (pl. *~s*) *s* homofil **II** *adj* homofil
homosexual [ˌhəʊmə'seksjʊəl] *adj* o. *s* homosexuell
homosexuality [ˌhəʊməseksjʊ'ælətɪ] *s* homosexualitet
honest ['ɒnɪst] *adj* ärlig, hederlig, uppriktig [*~ opinion*]
honestly ['ɒnɪstlɪ] *adv* ärligt, hederligt
honesty ['ɒnɪstɪ] *s* ärlighet; hederlighet; ***~ is the best policy*** ärlighet varar längst
honey ['hʌnɪ] *s* **1** honung **2** vard. raring, sötnos
honeycomb ['hʌnɪkəʊm] *s* vaxkaka, honungskaka
honeymoon ['hʌnɪmu:n] **I** *s* smekmånad **II** *vb itr* fira smekmånad
honeysuckle ['hʌnɪˌsʌkl] *s* kaprifol
honor o. **honorable** amer., se *honour, honourable*
honorary ['ɒnərərɪ] *adj* heders- [*~ member*], honorär-, titulär- [*~ consul*]
honour ['ɒnə] **I** *s* ära; heder; ***in a p.'s ~*** till ngns ära; ***in ~ of*** för att hedra (fira); ***guard of ~*** hedersvakt; ***on my ~*** på hedersord, på min ära **II** *vb tr* hedra, ära
honourable ['ɒnərəbl] *adj* hedervärd; ärofull [*~ peace*], hederlig; ärlig [*~ conduct*]
hood [hʊd] *s* **1** kapuschong; huva, hätta, luva **2** bil. sufflett; amer. motorhuv **3** vard. ligist, bov
hoodlum ['hu:dləm] *s* vard. ligist, bov
hoodwink ['hʊdwɪŋk] *vb tr* föra bakom ljuset
hoof [hu:f, hʊf] *s* hov
hook [hʊk] **I** *s* hake, krok; metkrok; telefonklyka; ***by ~ or by crook*** på ett eller annat sätt; ***be off the ~*** vard. ha kommit ur knipan **II** *vb tr* **1** få på kroken [*~ a rich husband*] **2** ***~ on*** haka (kroka) fast (på) [*to* vid, i]
hooked [hʊkt] *adj* böjd, krökt, krokig
hooker ['hʊkə] *s* amer. sl. fnask
hooky ['hʊkɪ] *s* amer. vard., ***play ~*** skolka från skolan
hooligan ['hu:lɪgən] *s* huligan
hooliganism ['hu:lɪgənɪz(ə)m] *s* huliganism, ligistfasoner
hoop [hu:p] *s* tunnband
hooray [hʊ'reɪ] *interj* hurra!
hoot [hu:t] **I** *vb itr* skrika, hoa om uggla; tjuta om t.ex. ångvissla; tuta om t.ex. signalhorn **II** *s* **1** ugglas skrik, hoande; ångvisslas tjut; signalhorns tut **2** vard., ***I don't care (give) a ~ (two ~s)*** det bryr jag mig inte ett dugg om
hooter ['hu:tə] *s* ångvissla; tuta, signalhorn
Hoover ['hu:və] **I** egennamn **II** *s* ®, ***hoover*** dammsugare **III** *vb tr* ®, ***hoover*** dammsuga
1 hop [hɒp] **I** *vb itr* o. *vb tr* **1** hoppa, skutta; hoppa över [*~ a ditch*] **2** sl., ***~ it*** sticka, försvinna **II** *s* hopp; skutt
2 hop [hɒp] *s* humleplanta; pl. ***~s*** humle
hope [həʊp] **I** *s* hopp, förhoppning; förtröstan [*in* på, till]; ***you've got a ~ (some ~s)!*** och det trodde du! **II** *vb itr* o. *vb tr* hoppas [*for* på]; hoppas på
hopeful ['həʊpf(ʊ)l] *adj* hoppfull, förhoppningsfull
hopefully ['həʊpfʊlɪ] *adv* **1** hoppfullt **2** förhoppningsvis
hopeless ['həʊpləs] *adj* hopplös; ohjälplig, omöjlig
hopscotch ['hɒpskɒtʃ] *s* hoppa hage lek; ***play ~*** hoppa hage
horde [hɔ:d] *s* hord; svärm
horizon [hə'raɪzn] *s* horisont
horizontal [ˌhɒrɪ'zɒntl] *adj* horisontal, horisontell
hormone ['hɔ:məʊn] *s* hormon
horn [hɔ:n] *s* **1** horn; ***French ~*** mus. valthorn **2** signalhorn **3** kok. strut [*cream ~*]
hornet ['hɔ:nɪt] *s* bålgeting
horrible ['hɒrəbl] *adj* fasansfull, ohygglig; hemsk
horrid ['hɒrɪd] *adj* avskyvärd, hemsk
horrify ['hɒrɪfaɪ] *vb tr* slå med fasa, förfära
horror ['hɒrə] *s* fasa, skräck
horror-stricken ['hɒrəˌstrɪk(ə)n] *adj* o. **horror-struck** ['hɒrəstrʌk] *adj* skräckslagen
hors-d'œuvre [ɔ:'dɜ:vr] *s* hors d'œuvre; pl. ***~s*** smårätter, assietter
horse [hɔ:s] *s* **1** häst; ***eat like a ~*** äta som

en häst; ***work like a ~*** slita som ett djur **2** torkställning för kläder [äv. *clothes-horse*]; bock

horseback ['hɔ:sbæk] *s*, ***on ~*** till häst

horse chestnut [ˌhɔ:s'tʃesnʌt] *s* hästkastanj

horseplay ['hɔ:spleɪ] *s* skoj; spex

horsepower ['hɔ:sˌpaʊə] (pl. lika) *s* hästkraft

horse-race ['hɔ:sreɪs] *s* hästkapplöpning

horseradish ['hɔ:sˌrædɪʃ] *s* pepparrot

horse-trade ['hɔ:streɪd] bildl. **I** *s* kohandel **II** *vb itr* kohandla

horse-trading ['hɔ:sˌtreɪdɪŋ] *s* bildl. kohandel

horticulture ['hɔ:tɪkʌltʃə] *s* trädgårdsodling, trädgårdsskötsel, trädgårdskonst

hose [həʊz] **I** *s* **1** slang för t.ex. bevattning, dammsugare **2** varuparti långstrumpor **II** *vb tr* vattna, spruta

hose pipe ['həʊzpaɪp] *s* slang för bevattning

hosiery ['həʊzɪərɪ] *s* strumpor, trikåvaror

hospitable ['hɒspɪtəbl] *adj* gästfri, gästvänlig

hospital ['hɒspɪtl] *s* sjukhus, lasarett

hospitality [ˌhɒspɪ'tælətɪ] *s* gästfrihet

1 host [həʊst] *s* massa, mängd [*a ~ of details*]

2 host [həʊst] *s* **1** värd **2** värdshusvärd

hostage ['hɒstɪdʒ] *s* gisslan

hostel ['hɒst(ə)l] *s* hospits, gästhem; ***youth ~*** vandrarhem

hostess ['həʊstɪs] *s* värdinna

hostile ['hɒstaɪl, amer. 'hɒstl] *adj* fiende-; fientlig

hostility [hɒ'stɪlətɪ] *s* fientlighet

hot [hɒt] *adj* **1** het, varm; ***go (sell) like ~ cakes*** gå åt som smör (smör i solsken); ***get into ~ water*** vard. få det hett om öronen; ***make it ~ for a p.*** vard. göra livet surt för ngn **2** om krydda stark; om smak skarp **3** hetsig, häftig [*a ~ temper*] **4** vard. rykande färsk, het [*~ news*]

hot-blooded [ˌhɒt'blʌdɪd] *adj* hetlevrad, hetsig; varmblodig

hot dog [ˌhɒt'dɒg] *s* varm korv med bröd

hotel [həʊ'tel] *s* hotell

hothead ['hɒthed] *s* brushuvud

hotheaded [ˌhɒt'hedɪd] *adj* hetsig, häftig

hothouse ['hɒthaʊs] *s* drivhus, växthus

hotplate ['hɒtpleɪt] *s* kokplatta, värmeplatta

hot-tempered [ˌhɒt'tempəd] *adj* hetlevrad

hot-water [ˌhɒt'wɔ:tə] *adj*, ***~ bottle*** varmvattenflaska; ***~ tap*** varmvattenskran

hot-wire ['hɒtwaɪə] *vb tr* bil. vard. tjuvkoppla [*~ the engine*]

hound [haʊnd] **I** *s* **1** jakthund **2** fähund **II** *vb tr* bildl. jaga, förfölja

hour ['aʊə] *s* **1** timme; tidpunkt; pl. ***~s*** äv. arbetstid [*school ~s*]; ***a quarter of an ~*** en kvart; ***keep early ~s*** ha tidiga vanor; ***keep late ~s*** ha sena vanor; ***after ~s*** efter arbetstid; ***at an early ~*** tidigt; ***at a late ~*** sent; ***at this ~*** så här dags; ***for ~s and ~s*** i timmar, timtals; [***he came***] ***on the ~*** ...på slaget; [***buses run***] ***on the ~*** ...varje hel timme **2** stund [*the ~ has come*]

hourglass ['aʊəglɑ:s] *s* timglas

hour hand ['aʊəhænd] *s* timvisare

hourly ['aʊəlɪ] **I** *adj* varje timme, i timmen **II** *adv* varje timme [*two doses ~*]

house [substantiv haʊs, pl. 'haʊzɪz; verb haʊz] **I** *s* **1** hus; vard. kåk; villa; bostad; hem; ***it's on the ~*** vard. det är huset som bjuder; ***invite a p. to one's ~*** bjuda hem ngn; ***~ telephone*** porttelefon; ***set (put) one's ~ in order*** beställa om sitt hus; ***as safe as ~s*** så säkert som aldrig det; ***like a ~ on fire*** vard. med rasande fart **2** ***the Houses of Parliament*** parlamentshuset i London; ***the House of Commons*** underhuset; ***the House of Lords*** överhuset; ***the House of Representatives*** representanthuset i kongressen i USA **3** teat. salong; ***there was a full ~*** det var utsålt hus; ***bring down the ~ (the ~ down)*** ta publiken med storm **4** firma; ***publishing ~*** förlag

II *vb tr* **1** härbärgera, hysa, ta emot; ***the club is housed there*** klubben har sina lokaler där **2** rymma, innehålla

house agent ['haʊsˌeɪdʒənt] *s* fastighetsmäklare

housebreaking ['haʊsˌbreɪkɪŋ] *s* inbrott i hus etc.

housebroken ['haʊsˌbrəʊk(ə)n] *adj* speciellt amer. rumsren om t.ex. hund

household ['haʊshəʊld] **I** *s* hushåll, hus **II** *adj* hushålls-, hem-; ***~ name*** känt namn, kändis

householder ['haʊsˌhəʊldə] *s* husinnehavare, lägenhetsinnehavare

house-hunting ['haʊsˌhʌntɪŋ] *pres p*, ***go ~*** gå på jakt efter hus

housekeeper ['haʊsˌki:pə] *s* hushållerska, husföreståndarinna

housekeeping ['haʊsˌki:pɪŋ] *s* hushållning; ***~ money*** hushållspengar

housemaid ['haʊsmeɪd] *s* husa, husjungfru
house-owner ['haʊsˌəʊnə] *s* villaägare, fastighetsägare
house trailer ['haʊsˌtreɪlə] *s* amer. husvagn
housetrained ['haʊstreɪnd] *adj* rumsren om t.ex. hund
house-warming ['haʊsˌwɔ:mɪŋ] *s* o. *adj*, ~ el. ~ ***party*** inflyttningsfest i nytt hem
housewife ['haʊswaɪf] (pl. *housewives* ['haʊswaɪvz]) *s* hemmafru
housework ['haʊswɜ:k] *s* hushållsarbete
housing ['haʊzɪŋ] *s* **1** inhysande, härbärgering **2** bostäder [*modern* ~]; ~ ***accommodation*** bostad, bostäder; ~ ***estate*** bostadsområde; ~ ***shortage*** bostadsbrist
hovel ['hɒv(ə)l] *s* skjul; ruckel
hover ['hɒvə] *vb itr* om t.ex. fåglar, flygplan sväva, kretsa [*over* över]
hovercraft ['hɒvəkrɑ:ft] (pl. lika) *s* svävare, svävfarkost
how [haʊ] *adv* **1** hur; ~ ***do you do?*** god dag! vid presentation; ~ ***are you?*** hur står det till ?, hur mår du?; ~ ***ever*** hur i all världen **2** så, vad, hur i utrop; ~ ***kind you are!*** vad du är snäll!
however [haʊ'evə] **I** *adv* hur...än [~ *rich he may be*] **II** *konj* emellertid
howl [haʊl] **I** *vb itr* tjuta, vina; yla; vråla; ~ ***with laughter*** tjuta av skratt **II** *s* tjut, vinande; ylande; vrål
howler ['haʊlə] *s* vard. groda; grovt fel
hr. (förk. för *hour*) tim.
hrs. (förk. för *hours*) tim.
hub [hʌb] *s* **1** nav, hjulnav **2** centrum [*a ~ of commerce*]
hubbub ['hʌbʌb] *s* larm, stoj; ståhej
hubby ['hʌbɪ] *s* vard., äkta man; ***my*** ~ min gubbe
hubcap ['hʌbkæp] *s* navkapsel
huddle ['hʌdl] *vb tr* o. *vb itr* **1** ***be huddled together*** ligga tätt tryckta intill varandra; ***huddled up*** hopkrupen **2** ~ el. ~ ***together*** skocka ihop sig; trycka sig intill varandra, krypa ihop
hue [hju:] *s* färg [*the ~s of the rainbow*]; färgskiftning, nyans; bildl. schattering
huff [hʌf] **I** *vb itr*, ~ ***and puff*** blåsa och flåsa **II** *s*, ***be in*** (***get into***) ***a*** ~ vara (bli) förnärmad
huffy ['hʌfɪ] *adj* butter, tjurig [*in a ~ mood*]
hug [hʌg] **I** *vb tr* omfamna, krama **II** *s* omfamning, kram
huge [hju:dʒ] *adj* väldig, jättestor, enorm
hulk [hʌlk] *s* holk, hulk gammalt fartygsskrov
hull [hʌl] *s* fartygsskrov
hullabaloo [ˌhʌləbə'lu:] *s* ståhej, rabalder
hullo [ˌhʌ'ləʊ] *interj* hallå!, hej!
hum [hʌm] **I** *vb itr* o. *vb tr* **1** surra; brumma; om trafik brusa **2** gnola, nynna; gnola (nynna) på [~ *a song*] **II** *s* surrande; brum; sorl [*a ~ of voices*]
human ['hju:mən] **I** *adj* mänsklig, människo- [*the ~ body*]; ~ ***being*** mänsklig varelse, människa; ***the ~ race*** människosläktet **II** *s* människa vanl. i motsats till djur
humane [hjʊ'meɪn] *adj* human, människovänlig
humanism ['hju:mənɪz(ə)m] *s* **1** mänsklighet, humanitet **2** humanism
humanitarian [hjʊˌmænɪ'teərɪən] **I** *s* människovän **II** *adj* humanitär; människovänlig
humanity [hjʊ'mænətɪ] *s* **1** mänskligheten, människosläktet **2** människokärlek
humble ['hʌmbl] **I** *adj* **1** ödmjuk, underdånig; undergiven; ***your ~ servant*** Er ödmjuke tjänare; i skrivelser vördsammast **2** låg [*a ~ post*], blygsam, enkel [*a man of ~ origin*] **II** *vb tr* förödmjuka; ~ ***oneself*** ödmjuka sig
humbug ['hʌmbʌg] **I** *s* **1** humbug, skoj, bluff **2** humbug, skojare, bluffmakare **II** *interj*, *~!* prat!, snack! **III** *vb tr* lura, dra vid näsan
humdrum ['hʌmdrʌm] *adj* enformig [*a ~ life*], tråkig [*a ~ job*]
humid ['hju:mɪd] *adj* fuktig [~ *air*]
humidity [hjʊ'mɪdətɪ] *s* fukt, fuktighet
humiliate [hjʊ'mɪlɪeɪt] *vb tr* förödmjuka
humiliation [hjʊˌmɪlɪ'eɪʃ(ə)n] *s* förödmjukelse, förödmjukande
humility [hjʊ'mɪlətɪ] *s* ödmjukhet
humorist ['hju:mərɪst] *s* humorist; skämtare
humorous ['hju:mərəs] *adj* humoristisk; skämtsam
humour ['hju:mə] **I** *s* **1** humor, skämtlynne; ***sense of*** ~ sinne för humor **2** a) humör b) sinnelag; ***in a bad*** (***good***) ~ på dåligt (gott) humör **II** *vb tr* blidka
hump [hʌmp] *s* **1** puckel, knöl **2** vard., ***he's got the*** ~ han deppar
hunch [hʌntʃ] **I** *vb tr*, ~ ***up*** el. ~ kröka, dra upp [*sit with one's shoulders hunched up*] **II** *s* **1** puckel **2** vard., ***I have a ~ that*** jag har på känn att
hunchback ['hʌntʃbæk] *s* puckelrygg

hunchbacked ['hʌntʃbækt] *adj* puckelryggig
hundred ['hʌndrəd] *räkn* o. *s* hundra; hundratal; ***a ~ per cent*** hundraprocentig, fullständig; ***~s of people*** hundratals människor
hundredfold ['hʌndrədfəʊld] **I** *adv, **a ~*** hundrafalt, hundrafaldigt **II** *s, **a ~*** hundrafalt
hundredth ['hʌndrədθ] **I** *räkn* hundrade **II** *s* hundradel
hundredweight ['hʌndrədweɪt] *s* ungefär centner a) britt. = 50,8 kg b) amer. = 45,36 kg
hung [hʌŋ] se *hang I*
Hungarian [hʌŋ'geərɪən] **I** *adj* ungersk **II** *s* **1** ungrare **2** ungerska språket
Hungary ['hʌŋgərɪ] Ungern
hunger ['hʌŋgə] **I** *s* hunger; ***~ strike*** hungerstrejk **II** *vb itr* svälta, hungra
hungry ['hʌŋgrɪ] *adj* hungrig
hunt [hʌnt] **I** *vb itr* o. *vb tr* **1** jaga; ***be out (go) hunting*** vara på (gå på) jakt **2** jaga (leta) efter; leta; ***be hunting for*** vara på jakt efter **II** *s* jakt; ***be on the ~ for*** vara på jakt efter
hunter ['hʌntə] *s* jägare
hunting ['hʌntɪŋ] *s* jakt
hunting-ground ['hʌntɪŋgraʊnd] *s* jaktmark
huntsman ['hʌntsmən] *s* jägare
hurdle ['hɜ:dl] *s* **1** i häcklöpning häck; i hästsport hinder; ***~s*** häcklöpning, häck [*110 metres ~s*] **2** bildl. hinder, barriär
hurdler ['hɜ:dlə] *s* sport. häcklöpare
hurdle race ['hɜ:dlreɪs] *s* sport. **1** häcklöpning **2** hinderlöpning för hästar
hurdy-gurdy [ˌhɜ:dɪ'gɜ:dɪ] *s* mus. positiv
hurl [hɜ:l] *vb tr* slunga, vräka
hurrah [hʊ'rɑ:] o. **hurray** [hʊ'reɪ] **I** *interj* hurra! **II** *s* hurra **III** *vb itr* hurra
hurricane ['hʌrɪkən] *s* orkan
hurry ['hʌrɪ] **I** *vb tr* o. *vb itr* skynda på, jäkta [*it's no use hurrying her*]; påskynda [ofta *~ on, ~ up*]; skynda sig; skynda, rusa [*~ away (off)*]; brådska; ***~ on*** skynda vidare; ***~ up*** skynda på **II** *s* brådska, jäkt; ***be in a ~*** ha bråttom [*to* att]
hurt [hɜ:t] (*hurt hurt*) *vb tr* o. *vb itr* **1** skada, skada sig i, göra sig illa i; göra ont [*it ~s terribly*]; ***~ oneself*** göra sig illa; ***my foot ~s me*** jag har ont i foten **2** bildl. såra; ***feel ~*** känna sig sårad
hurtle ['hɜ:tl] *vb itr* rasa, störta, braka
husband ['hʌzbənd] **I** *s* man, make; ***~ and wife*** man och hustru, äkta makar **II** *vb tr* hushålla med [*~ one's resources*]
husbandry ['hʌzbəndrɪ] *s* jordbruk
hush [hʌʃ, interjektion vanl. ʃ:] **I** *vb tr* **1** hyssja åt; tysta ner; ***hushed silence*** djup tystnad; ***in a hushed voice*** med dämpad röst **2** ***~ up*** el. ~ tysta ner [*~ up a scandal*] **II** *s* tystnad **III** *interj, ~!* hyssj!, tyst!
hush-hush [ˌhʌʃ'hʌʃ] vard. **I** *adj* topphemlig [*a ~ investigation*] **II** *s* hysch-hysch
husk [hʌsk] **I** *s* skal, hylsa, skida **II** *vb tr* skala
husky ['hʌskɪ] *adj* **1** hes; beslöjad [*a ~ voice*] **2** vard. kraftig
hussar [hʊ'zɑ:] *s* husar
hussy ['hʌzɪ] *s* **1** jäntunge **2** slinka
hustle ['hʌsl] **I** *vb tr* o. *vb itr* **1** knuffa, stöta, knuffa (stöta) till; knuffas, trängas **2** vard. lura **II** *s* **1** knuffande **2** jäkt; ***~ and bustle*** fart och fläng
hut [hʌt] *s* hydda, koja; hytt; barack
hutch [hʌtʃ] *s* bur [*rabbit hutch*]
hyacinth ['haɪəsɪnθ] *s* hyacint
hyaena [haɪ'i:nə] *s* hyena
hybrid ['haɪbrɪd] *s* hybrid, korsning
hydrangea [haɪ'dreɪn(d)ʒə] *s* bot. hortensia
hydrant ['haɪdr(ə)nt] *s* vattenpost
hydraulic [haɪ'drɔ:lɪk] *adj* hydraulisk
hydrochloric [ˌhaɪdrə'klɒrɪk] *adj, **~ acid*** saltsyra
hydroelectric [ˌhaɪdrə(ʊ)ɪ'lektrɪk] *adj* hydroelektrisk; ***~ power*** vattenkraft
hydrogen ['haɪdrədʒ(ə)n] *s* väte [*~ bomb*]; ***~ peroxide*** vätesuperoxid
hydroxide [haɪ'drɒksaɪd] *s* hydroxid
hyena [haɪ'i:nə] *s* hyena
hygiene ['haɪdʒi:n] *s* hygien; hälsovård
hygienic [haɪ'dʒi:nɪk] *adj* hygienisk
hymen ['haɪmən] *s* mödomshinna
hymn [hɪm] *s* **1** hymn, lovsång **2** psalm i psalmbok
hypermarket ['haɪpəˌmɑ:kɪt] *s* stormarknad
hypersensitive [ˌhaɪpə'sensɪtɪv] *adj* överkänslig om person
hyphen ['haɪf(ə)n] *s* bindestreck
hyphenate ['haɪfəneɪt] *vb tr* skriva med bindestreck, sätta bindestreck mellan
hypnosis [hɪp'nəʊsɪs] *s* hypnos
hypnotic [ˌhɪp'nɒtɪk] *adj* hypnotisk
hypnotism ['hɪpnətɪz(ə)m] *s* **1** hypnotism **2** hypnos
hypnotist ['hɪpnətɪst] *s* hypnotisör
hypnotize ['hɪpnətaɪz] *vb tr* hypnotisera
hypochondriac [ˌhaɪpə'kɒndrɪæk] **I** *s*

hypokonder, inbillningssjuk människa **II** *adj* hypokondrisk, inbillningssjuk
hypocrisy [hɪ'pɒkrəsɪ] *s* hyckleri
hypocrite ['hɪpəkrɪt] *s* hycklare
hypocritical [ˌhɪpə'krɪtɪk(ə)l] *adj* hycklande
hypothesis [haɪ'pɒθəsɪs] (pl. *hypotheses* [haɪ'pɒθəsi:z]) *s* hypotes; ***working ~*** arbetshypotes
hypothetical [ˌhaɪpə'θetɪk(ə)l] *adj* hypotetisk
hysteria [hɪ'stɪərɪə] *s* hysteri
hysterical [hɪ'sterɪk(ə)l] *adj* hysterisk
hysterics [hɪ'sterɪks] *s* hysteri; ***go into ~*** få ett hysteriskt anfall

I

I, i [aɪ] *s* I, i
I [aɪ] (objektsform *me*) *pers pron* jag
Iberian [aɪ'bɪərɪən] *adj*, ***the ~ Peninsula*** Pyreneiska (Iberiska) halvön
ibex ['aɪbeks] *s* zool. stenbock
ice [aɪs] **I** *s* **1** is; ***cut no ~*** vard. inte göra något intryck [*with* på] **2** glass; ***an ~*** en glass **II** *vb tr* o. *vb itr* **1** lägga på is, iskyla, isa drycker **2** ***~ over*** el. ~ täcka (belägga) med is, isbelägga; frysa till [*the pond iced over*]; ***~ up*** bli nedisad; ***iced up*** överisad **3** glasera [*~ cakes*]
iceberg ['aɪsbɜ:g] *s* isberg; ***~ lettuce*** isbergssallat
icebound ['aɪsbaʊnd] *adj* isblockerad, tillfrusen; fastfrusen
icebox ['aɪsbɒks] *s* **1** isskåp **2** frysfack **3** amer. kylskåp
icebreaker ['aɪsˌbreɪkə] *s* isbrytare
ice cream [ˌaɪs'kri:m] *s* glass
ice cube ['aɪskju:b] *s* iskub, istärning
ice hockey ['aɪsˌhɒkɪ] *s* ishockey
Iceland ['aɪslənd] Island
Icelander ['aɪsləndə] *s* islänning
Icelandic [aɪs'lændɪk] **I** *adj* isländsk **II** *s* isländska språket
ice lolly ['aɪsˌlɒlɪ] *s* isglass, isglasspinne
ice pack ['aɪspæk] *s* **1** packisfält **2** isblåsa
ice rink ['aɪsrɪŋk] *s* skridskobana, isbana
ice skate ['aɪsskeɪt] *vb itr* åka skridskor
icicle ['aɪsɪkl] *s* istapp, ispigg
icily ['aɪsɪlɪ] *adv* isande, iskallt
iciness ['aɪsɪnəs] *s* iskyla, isande köld
icing ['aɪsɪŋ] *s* **1** nedisning speciellt flyg. **2** glasyr på bakverk **3** i ishockey icing
icy ['aɪsɪ] *adj* **1** iskall, isig **2** bildl. iskall [*an ~ tone*]
ID [ˌaɪ'di:] (förk. för *identity*); ~ el. ***~ card*** ID-kort
I'd [aɪd] = *I had, I would, I should*
idea [aɪ'dɪə] *s* idé; begrepp; aning [*I have no ~ what happened*]; ***the very ~ makes me sick*** bara tanken äcklar mig; ***that's the ~!*** just det, ja!; ***what's the big ~?*** vad är meningen med det här?; ***it wouldn't be a bad ~*** det skulle inte vara så dumt; ***have an ~ that...*** ana att...; ***I have no ~*** det har jag ingen aning om
ideal [aɪ'dɪəl] **I** *adj* idealisk **II** *s* ideal
idealism [aɪ'dɪəlɪzm] *s* idealism

idealist [aɪ'dɪəlɪst] *s* idealist
idealistic [aɪˌdɪə'lɪstɪk] *adj* idealistisk
idealize [aɪ'dɪəlaɪz] *vb tr* idealisera
identical [aɪ'dentɪk(ə)l] *adj* identisk; likalydande [*two ~ copies*]; *~ **twins*** enäggstvillingar
identification [aɪˌdentɪfɪ'keɪʃ(ə)n] *s* identifiering, identifikation; *~ **papers*** legitimationspapper; *~ **parade*** konfrontation för att identifiera en misstänkt
identify [aɪ'dentɪfaɪ] *vb tr* identifiera; *~ **oneself*** legitimera sig
identity [aɪ'dentətɪ] *s* identitet; *~ **card*** identitetskort
ideology [ˌaɪdɪ'ɒlədʒɪ] *s* ideologi
idiom ['ɪdɪəm] *s* idiomatiskt uttryck
idiomatic [ˌɪdɪə'mætɪk] *adj* idiomatisk
idiosyncrasy [ˌɪdɪə'sɪŋkrəsɪ] *s* egenhet, karakteristiskt drag
idiot ['ɪdɪət] *s* idiot; dumbom
idiotic [ˌɪdɪ'ɒtɪk] *adj* idiotisk, dåraktig
idle ['aɪdl] **I** *adj* **1** sysslolös; oanvänd **2** stillastående; ***be*** (***lie***) *~* stå stilla, vara ur drift **3** lat, lättjefull **4** gagnlös, fruktlös [*~ speculations*]; *~ **gossip*** löst skvaller; ***an ~ threat*** ett tomt hot **II** *vb itr* o. *vb tr* **1** lata sig, slöa **2** tekn. gå på tomgång **3** *~ **away*** slösa bort [*~ away one's time*]
idol ['aɪdl] *s* avgud, idol
idolatry [aɪ'dɒlətrɪ] *s* avgudadyrkan
idolize ['aɪdəlaɪz] *vb tr* avguda; dyrka
idyll ['ɪdɪl] *s* idyll
idyllic [ɪ'dɪlɪk, aɪ'dɪlɪk] *adj* idyllisk
i.e. [ˌaɪ'i:, ˌðæt'ɪz] = *that is* dvs.
if [ɪf] **I** *konj* **1** om, ifall, såvida; *~ **not*** a) om inte b) annars [*stop it, ~ not I'll...*]; *~ **anything*** snarare [*it had ~ anything got worse*]; *~ **only*** om bara; *~ **only to*** om inte annat så för att; *~ **so*** i så fall; ***well, ~ it isn't John!*** ser man på, är det inte John?; *~ **it had not been for him*** om inte han hade varit; *~ **that*** om ens det **2** om, ifall; ***I doubt ~ he will come*** jag tvivlar på att han kommer **II** *s, **~s and buts*** om och men
igloo ['ɪglu:] (pl. *~s*) *s* igloo
ignite [ɪg'naɪt] *vb tr* o. *vb itr* tända, sätta eld på; tändas, fatta eld
ignition [ɪg'nɪʃ(ə)n] *s* tändning, antändning; *~ **key*** tändningsnyckel, startnyckel
ignoble [ɪg'nəʊbl] *adj* gemen, tarvlig
ignominious [ˌɪgnə'mɪnɪəs] *adj* skymflig [*an ~ defeat*], nedrig
ignominy ['ɪgnəmɪnɪ] *s* vanära, skam
ignoramus [ˌɪgnə'reɪməs] *s* dumhuvud
ignorance ['ɪgn(ə)r(ə)ns] *s* okunnighet [*~ of* (om) *the facts*], ovetskap [*of* om]
ignorant ['ɪgnərənt] *adj* okunnig, ovetande
ignore [ɪg'nɔ:] *vb tr* ignorera; inte bry sig om
ileus ['ɪlɪəs] *s* med. tarmvred
ill [ɪl] **I** (*worse worst*) *adj* **1** sjuk, dålig; ***fall*** (***be taken***) *~* bli sjuk **2** *~ **fame*** (***repute***) dåligt rykte, vanrykte **3** om sak olycklig, ofördelaktig; dålig [*an ~ omen*]; ***have ~ luck*** ha otur **II** *s* **1** ont **2** skada; ***do ~*** göra illa (orätt) **3** vanl. pl. ***~s*** motgångar [*the ~s of life*], missförhållanden [*social ~s*] **III** (*worse worst*) *adv* illa; ***speak ~ of*** tala illa om
I'll [aɪl] = *I will, I shall*
ill-advised [ˌɪləd'vaɪzd] *adj* oklok, oförnuftig
ill-behaved [ˌɪlbɪ'heɪvd] *adj* ohyfsad
ill-bred [ˌɪl'bred] *adj* ouppfostrad, obelevad
ill-concealed [ˌɪlkən'si:ld] *adj* illa dold
illegal [ɪ'li:g(ə)l] *adj* illegal, olaglig, lagstridig
illegible [ɪ'ledʒəbl] *adj* oläslig, oläsbar
illegitimate [ˌɪlɪ'dʒɪtɪmət] *adj* **1** illegitim, olaglig [*an ~ action*] **2** utomäktenskaplig [*an ~ child*]
ill-feeling [ˌɪl'fi:lɪŋ] *s* agg, groll
ill-humoured [ˌɪl'hju:məd] *adj* på dåligt humör, vresig
illicit [ɪ'lɪsɪt] *adj* olovlig, olaglig; lönn-
illiteracy [ɪ'lɪtərəsɪ] *s* analfabetism
illiterate [ɪ'lɪtərət] **I** *adj* inte läs- och skrivkunnig; obildad; *~ **person*** analfabet **II** *s* analfabet
ill-luck [ˌɪl'lʌk] *s* olycka, otur
ill-mannered [ˌɪl'mænəd] *adj* ohyfsad
ill-natured [ˌɪl'neɪtʃəd] *adj* elak, ondskefull
illness ['ɪlnəs] *s* sjukdom
illogical [ɪ'lɒdʒɪk(ə)l] *adj* ologisk
ill-tempered [ˌɪl'tempəd] *adj* elak; butter
ill-treat [ˌɪl'tri:t] *vb tr* misshandla
illuminate [ɪ'lu:mɪneɪt] *vb tr* upplysa, belysa
illumination [ɪˌlu:mɪ'neɪʃ(ə)n] *s* belysning
illusion [ɪ'lu:ʒ(ə)n] *s* illusion, inbillning; ***optical ~*** synvilla
illusionist [ɪ'lu:ʒənɪst] *s* illusionist, trollkonstnär
illustrate ['ɪləstreɪt] *vb tr* illustrera, belysa
illustration [ˌɪlə'streɪʃ(ə)n] *s* illustration, belysning genom exempel; bild
illustrator ['ɪləstreɪtə] *s* illustratör

illustrious [ɪ'lʌstrɪəs] *adj* berömd, frejdad
ill-will [ˌɪl'wɪl] *s* illvilja, agg
I'm [aɪm] = *I am*
image ['ɪmɪdʒ] *s* **1** bild; avbild; ***he is the very (spitting) ~ of his father*** han är sin far upp i dagen **2** språklig bild, metafor **3** image, profil
imagery ['ɪmɪdʒərɪ] *s* bildspråk
imaginable [ɪ'mædʒɪnəbl] *adj* tänkbar
imaginary [ɪ'mædʒɪnərɪ] *adj* inbillad
imagination [ɪˌmædʒɪ'neɪʃ(ə)n] *s* fantasi; inbillning
imaginative [ɪ'mædʒɪnətɪv] *adj* fantasifull
imagine [ɪ'mædʒɪn] *vb tr* föreställa sig, tro; ***just ~!*** el. ***~!*** kan man tänka sig!
imbecile ['ɪmbəsi:l] *s* imbecill; idiot
imitate ['ɪmɪteɪt] *vb tr* efterlikna; härma, imitera
imitation [ˌɪmɪ'teɪʃ(ə)n] *s* **1** imitation, härmning **2** attributivt imiterad, oäkta [*~ pearls*], konst- [*~ leather*]
imitator ['ɪmɪteɪtə] *s* imitatör, härmare
immaculate [ɪ'mækjʊlət] *adj* obefläckad, fläckfri, felfri, ren; oklanderlig
immaterial [ˌɪmə'tɪərɪəl] *adj* oväsentlig
immature [ˌɪmə'tjʊə] *adj* omogen
immaturity [ˌɪmə'tjʊərətɪ] *s* omogenhet
immediate [ɪ'mi:djət] *adj* omedelbar, omgående; överhängande; ***in the ~ future*** inom den närmaste framtiden
immediately [ɪ'mi:djətlɪ] **I** *adv* **1** omedelbart, omgående **2** närmast, omedelbart [*the time ~ before the war*]; direkt [*be ~ affected*] **II** *konj* så snart
immense [ɪ'mens] *adj* ofantlig, enorm
immensity [ɪ'mensətɪ] *s* väldig omfattning; ofantlighet
immerse [ɪ'mɜ:s] *vb tr* sänka ner; doppa ner
immigrant ['ɪmɪgr(ə)nt] *s* immigrant, invandrare
immigrate ['ɪmɪgreɪt] *vb itr* immigrera, invandra [*into* till]
immigration [ˌɪmɪ'greɪʃ(ə)n] *s* immigration, invandring
imminent ['ɪmɪnənt] *adj* hotande, överhängande [*an ~ danger*], nära förestående
immoderate [ɪ'mɒdərət] *adj* omåttlig
immoral [ɪ'mɒr(ə)l] *adj* omoralisk; osedlig
immorality [ˌɪmə'rælətɪ] *s* omoral; osedlighet
immortal [ɪ'mɔ:tl] *adj* odödlig, oförgänglig
immortality [ˌɪmɔ:'tælətɪ] *s* odödlighet
immune [ɪ'mju:n] *adj* immun
immunity [ɪ'mju:nətɪ] *s* immunitet
immunodeficiency [ˌɪmjʊnəʊdɪ'fɪʃ(ə)nsɪ] *s* med. immunbrist; ***human ~ virus*** (förk. *HIV*) humant immunbristvirus
imp [ɪmp] *s* **1** smådjävul **2** busfrö
impact ['ɪmpækt] *s* **1** sammanstötning **2** inverkan, verkan
impair [ɪm'peə] *vb tr* försämra; försvaga
impart [ɪm'pɑ:t] *vb tr* ge, skänka, förläna
impartial [ɪm'pɑ:ʃ(ə)l] *adj* opartisk
impartiality ['ɪmˌpɑ:ʃɪ'ælətɪ] *s* opartiskhet
impassable [ɪm'pɑ:səbl] *adj* ofarbar, oframkomlig
impatience [ɪm'peɪʃ(ə)ns] *s* otålighet
impatient [ɪm'peɪʃ(ə)nt] *adj* otålig
impeach [ɪm'pi:tʃ] *vb tr* **1** jur. anklaga, åtala **2** amer. ställa inför riksrätt [*~ the President*]
impeccable [ɪm'pekəbl] *adj* oklanderlig
impede [ɪm'pi:d] *vb tr* hindra, hämma, hejda
impediment [ɪm'pedɪmənt] *s* hinder; förhinder; ***speech ~*** talfel
impel [ɪm'pel] *vb tr* driva, driva fram
impending [ɪm'pendɪŋ] *adj* överhängande; annalkande
impenetrable [ɪm'penɪtrəbl] *adj* ogenomtränglig, outgrundlig; otillgänglig
imperative [ɪm'perətɪv] *adj* **1** absolut nödvändig [*it is ~ that he should come*] **2** gram. imperativ
imperceptible [ˌɪmpə'septəbl] *adj* oförnimbar; omärklig
imperfect [ɪm'pɜ:fɪkt] *adj* ofullkomlig, bristfällig
imperial [ɪm'pɪərɪəl] *adj* kejserlig
imperialism [ɪm'pɪərɪəlɪz(ə)m] *s* imperialism
impersonal [ɪm'pɜ:sənl] *adj* opersonlig
impersonate [ɪm'pɜ:səneɪt] *vb tr* imitera
impersonation [ɪmˌpɜ:sə'neɪʃ(ə)n] *s* imitation [*~s of famous people*]
impersonator [ɪm'pɜ:səneɪtə] *s* imitatör
impertinent [ɪm'pɜ:tɪnənt] *adj* oförskämd
imperturbable [ˌɪmpə'tɜ:bəbl] *adj* orubblig
impetuous [ɪm'petjʊəs] *adj* häftig, våldsam
impetus ['ɪmpɪtəs] *s* rörelseenergi, fart
implacable [ɪm'plækəbl] *adj* oförsonlig
implant [ɪm'plɑ:nt] *vb tr* inplanta, inprägla, inskärpa [*in a p.* hos ngn]
implausible [ɪm'plɔ:zəbl] *adj* osannolik
implement [substantiv 'ɪmplɪmənt, verb 'ɪmplɪment] **I** *s* verktyg, redskap **II** *vb tr*

realisera, genomföra, förverkliga, uppfylla [~ *a promise*]

implicate ['ɪmplɪkeɪt] *vb tr* blanda in [~ *a p. in a crime*]; ***be implicated in*** äv. vara (bli) invecklad i

implication [ˌɪmplɪ'keɪʃ(ə)n] *s* **1** inblandning **2** innebörd, konsekvens

implicit [ɪm'plɪsɪt] *adj* **1** underförstådd **2** obetingad, blind [~ *faith*]

implore [ɪm'plɔ:] *vb tr* o. *vb itr* bönfalla, tigga och be

imply [ɪm'plaɪ] *vb tr* **1** innebära, föra med sig; förutsätta **2** antyda

impolite [ˌɪmpə'laɪt] *adj* oartig, ohövlig

import [substantiv 'ɪmpɔ:t, verb ɪm'pɔ:t] **I** *s* **1** import; ***~s*** importvaror **2** vikt, betydelse **II** *vb tr* importera

importance [ɪm'pɔ:t(ə)ns] *s* vikt, betydelse; ***attach ~ to*** lägga vikt vid

important [ɪm'pɔ:t(ə)nt] *adj* viktig, betydande

importer [ɪm'pɔ:tə] *s* importör

impose [ɪm'pəʊz] *vb tr* o. *vb itr* **1** lägga på [~ *taxes*]; införa [~ *a speed limit*]; ***~ a fine on a p.*** döma ngn till böter **2** ***~ on*** lura, narra

imposing [ɪm'pəʊzɪŋ] *adj* imponerande

impossibility [ɪmˌpɒsə'bɪlətɪ] *s* omöjlighet

impossible [ɪm'pɒsəbl] *adj* omöjlig

impossibly [ɪm'pɒsəblɪ] *adv* hopplöst [~ *lazy*]

impostor [ɪm'pɒstə] *s* bedragare, skojare

impotence ['ɪmpət(ə)ns] *s* **1** vanmakt **2** fysiol. impotens

impotent ['ɪmpət(ə)nt] *adj* **1** maktlös **2** impotent

impoverish [ɪm'pɒvərɪʃ] *vb tr* utarma, göra utfattig

impracticable [ɪm'præktɪkəbl] *adj* **1** ogenomförbar; oanvändbar **2** ofarbar

impractical [ɪm'præktɪk(ə)l] *adj* opraktisk

imprecise [ˌɪmprɪ'saɪs] *adj* inexakt

impregnable [ɪm'pregnəbl] *adj* ointaglig

impregnate ['ɪmpregneɪt] *vb tr* impregnera

impresario [ˌɪmpre'sɑ:rɪəʊ] (pl. *~s*) *s* impressario

impress [substantiv 'ɪmpres, verb ɪm'pres] **I** *s* märke, stämpel; ***bear the ~ of*** bära prägel av **II** *vb tr* **1** göra intryck på, imponera på; ***impressed by*** imponerad av **2** stämpla, prägla **3** inprägla, inskärpa t.ex. en idé [*on* hos]

impression [ɪm'preʃ(ə)n] *s* **1** verkan; intryck, känsla **2** märke, stämpel, prägel **3** tryckning, omtryckning

impressionable [ɪm'preʃ(ə)nəbl] *adj* mottaglig för intryck, lättpåverkad

impressive [ɪm'presɪv] *adj* imponerande, verkningsfull

imprison [ɪm'prɪzn] *vb tr* sätta i fängelse

imprisonment [ɪm'prɪznmənt] *s* fängslande; fångenskap; ***~ for life*** livstids fängelse

improbable [ɪm'prɒbəbl] *adj* osannolik

impromptu [ɪm'prɒmptju:] **I** *adv* oförberett [*speak ~*], improviserat **II** *adj* oförberedd, improviserad

improper [ɪm'prɒpə] *adj* opassande [~ *conduct*], oanständig

improve [ɪm'pru:v] *vb tr* o. *vb itr* förbättra, förbättras; ***~ on a th.*** förbättra (bättra på) ngt

improvement [ɪm'pru:vmənt] *s* förbättring

improvisation [ˌɪmprəvaɪ'zeɪʃ(ə)n] *s* improvisation

improvise ['ɪmprəvaɪz] *vb tr* o. *vb itr* improvisera

imprudent [ɪm'pru:d(ə)nt] *adj* oklok

impudence ['ɪmpjʊd(ə)ns] *s* oförskämdhet, fräckhet

impudent ['ɪmpjʊd(ə)nt] *adj* oförskämd, fräck

impulse ['ɪmpʌls] *s* **1** stöt; ***give an ~ to*** sätta fart på **2** impuls, ingivelse

impulsive [ɪm'pʌlsɪv] *adj* impulsiv

impunity [ɪm'pju:nətɪ] *s, **with ~*** ostraffat

impure [ɪm'pjʊə] *adj* oren

impurity [ɪm'pjʊərətɪ] *s* orenhet, förorening

in [ɪn] **I** *prep* i [~ *a box*; ~ *April*; *dressed ~ black*], på [~ *the street*; ~ *the morning*; ~ *the 18th century* (1700-talet); *I did it ~ five minutes*; ~ *this way*], om [*she will be back ~ a month*], med [*written ~ pencil*; ~ *a loud voice*], hos [~ *Shakespeare*], vid [~ *good health*]; ***she slipped ~ crossing the street*** hon halkade då hon gick över gatan; ***~ memory of*** till minne av; ***~ reply to*** [***your letter***] som (till) svar på...; ***~ my opinion*** enligt min mening

II *adv* in [*come ~*]; inne, hemma [*he wasn't ~*] □ *be ~* **for** få räkna med [*we're ~ for bad weather*]; ***be ~ for it*** vara illa ute; ***have it ~ for a p.*** vard. ha ett horn i sidan till ngn

III *adj* vard. inne modern; ***it's the ~ thing to...*** det är inne att...

in. förk. för *inch, inches*
inability [ˌɪnəˈbɪlətɪ] *s* oförmåga
inaccessible [ˌɪnækˈsesəbl] *adj* otillgänglig
inaccurate [ɪnˈækjʊrət] *adj* inte noggrann; felaktig, oriktig
inactive [ɪnˈæktɪv] *adj* inaktiv, overksam
inadequate [ɪnˈædɪkwət] *adj* inadekvat; otillräcklig; bristfällig
inadvisable [ˌɪnədˈvaɪzəbl] *adj* inte tillrådlig
inane [ɪˈneɪn] *adj* idiotisk, fånig
inanimate [ɪnˈænɪmət] *adj* livlös; utan liv
inapplicable [ɪnˈæplɪkəbl] *adj* inte tillämpbar
inappropriate [ˌɪnəˈprəʊprɪət] *adj* olämplig
inasmuch [ɪnəzˈmʌtʃ] *adv,* ~ ***as*** konjunktion eftersom, emedan
inattentive [ˌɪnəˈtentɪv] *adj* ouppmärksam
inaudible [ɪnˈɔ:dəbl] *adj* ohörbar
inaugural [ɪˈnɔ:gjʊr(ə)l] *adj* invignings- [*~ speech*]; installations- [*~ lecture*]
inaugurate [ɪˈnɔ:gjʊreɪt] *vb tr* **1** inviga **2** installera [*~ a president*] **3** inleda [*~ a new era*]
inauguration [ɪˌnɔ:gjʊˈreɪʃ(ə)n] *s* invigning
inbred [ˌɪnˈbred] *adj* medfödd
Inc. (förk. för *Incorporated* speciellt amer.) AB
incalculable [ɪnˈkælkjʊləbl] *adj* **1** oöverskådlig [*~ consequences*] **2** oberäknelig
incapable [ɪnˈkeɪpəbl] *adj* **1** oduglig; inkompetent **2** ~ ***of*** oförmögen till
incapacity [ˌɪnkəˈpæsətɪ] *s* oförmåga
incarnate [ɪnˈkɑ:nət] *adj* förkroppsligad; vard. inbiten, inpiskad; ***he is evil ~*** han är den personifierade ondskan
incarnation [ˌɪnkɑ:ˈneɪʃ(ə)n] *s* inkarnation, förkroppsligande
incautious [ɪnˈkɔ:ʃəs] *adj* oförsiktig
incendiary [ɪnˈsendjərɪ] *adj* mordbrands-; ***~ bomb*** brandbomb
1 incense [ˈɪnsens] *s* rökelse
2 incense [ɪnˈsens] *vb tr* göra rasande; ***incensed*** förbittrad
incentive [ɪnˈsentɪv] *s* drivfjäder, incitament
incessant [ɪnˈsesnt] *adj* oavbruten, ständig
incest [ˈɪnsest] *s* incest, blodskam
inch [ɪntʃ] *s* tum 2,54 cm; ***every ~ a gentleman*** en gentleman ut i fingerspetsarna; ***give him an ~ and he'll take a mile*** ordspr. om man ger honom ett finger så tar han hela handen; ***I don't trust him an ~*** jag litar inte ett dugg på honom; ***within an ~ of death*** mycket nära döden
incident [ˈɪnsɪd(ə)nt] *s* händelse, incident; ***frontier ~s*** gränsintermezzon
incidental [ˌɪnsɪˈdentl] *adj* tillfällig; oväsentlig
incidentally [ˌɪnsɪˈdent(ə)lɪ] *adv* tillfälligtvis, i förbigående; förresten
incinerator [ɪnˈsɪnəreɪtə] *s* förbränningsugn t.ex. för sopor
incite [ɪnˈsaɪt] *vb tr* egga, egga upp, sporra
inclination [ˌɪnklɪˈneɪʃ(ə)n] *s* **1** lutning; böjning **2** benägenhet, böjelse
incline [ɪnˈklaɪn] *vb tr* o. *vb itr* **1** luta ned; böja; luta **2** göra benägen (böjd) [*to* för]; vara benägen (böjd) för
inclined [ɪnˈklaɪnd] *adj* **1** lutande, sluttande **2** benägen, böjd [*to* för]
include [ɪnˈklu:d] *vb tr* omfatta, inbegripa
included [ɪnˈklu:dɪd] *perf p* o. *adj* inberäknad, inklusive [*all expenses ~*]; ***be ~ in*** (***on***) ***the list*** komma med på listan
including [ɪnˈklu:dɪŋ] *pres p* omfattande; inklusive [*~ all expenses*]
inclusive [ɪnˈklu:sɪv] *adj* **1** inberäknad, till och med; ~ ***of*** inklusive **2** allomfattande
incoherence [ˌɪnkəˈhɪər(ə)ns] *s* brist på sammanhang
incoherent [ˌɪnkəˈhɪər(ə)nt] *adj* osammanhängande
income [ˈɪnkʌm] *s* inkomst; ***a large ~*** stora inkomster; förmögenhet [*a private ~*]; ***live over*** (***beyond***) ***one's ~*** leva över sina tillgångar
income tax [ˈɪnkəmtæks] *s* inkomstskatt; ***~ return*** självdeklaration
incoming [ˈɪnˌkʌmɪŋ] *adj* inkommande, ankommande [*~ trains*]
incomparable [ɪnˈkɒmpərəbl] *adj* makalös
incompatible [ˌɪnkəmˈpætəbl] *adj* oförenlig
incompetence [ɪnˈkɒmpət(ə)ns] *s* inkompetens, oförmåga
incompetent [ɪnˈkɒmpət(ə)nt] *adj* inkompetent, oduglig
incomplete [ˌɪnkəmˈpli:t] *adj* ofullständig
incomprehensible [ɪnˌkɒmprɪˈhensəbl] *adj* obegriplig
inconceivable [ˌɪnkənˈsi:vəbl] *adj* obegriplig, ofattbar [*to* för]
inconclusive [ˌɪnkənˈklu:sɪv] *adj* inte avgörande; ofullständig
incongruous [ɪnˈkɒŋgrʊəs] *adj* **1** oförenlig; omaka, som inte går ihop **2** orimlig, absurd

inconsiderable [ˌɪnkən'sɪdərəbl] *adj* obetydlig, oansenlig
inconsiderate [ˌɪnkən'sɪdərət] *adj* taktlös, tanklös
inconsistency [ˌɪnkən'sɪstənsɪ] *s* **1** inkonsekvens **2** oförenlighet [*with* med]
inconsistent [ˌɪnkən'sɪst(ə)nt] *adj* **1** inkonsekvent **2** oförenlig; ***be ~ with*** äv. strida mot, inte stämma med
inconsolable [ˌɪnkən'səʊləbl] *adj* otröstlig
inconspicuous [ˌɪnkən'spɪkjʊəs] *adj* föga iögonenfallande; oansenlig
inconstant [ɪn'kɒnst(ə)nt] *adj* ombytlig
inconvenience [ˌɪnkən'vi:njəns] **I** *s* olägenhet [*to* för]; ***put a p. to ~*** vålla ngn besvär **II** *vb tr* besvära
inconvenient [ˌɪnkən'vi:njənt] *adj* oläglig; olämplig; obekväm
incorporate [ɪn'kɔ:pəreɪt] *vb tr* o. *vb itr* införliva; införlivas; ***incorporated company*** speciellt amer. aktiebolag
incorrect [ˌɪnkə'rekt] *adj* oriktig, inkorrekt
incorrigible [ɪn'kɒrɪdʒəbl] *adj* oförbätterlig
incorruptible [ˌɪnkə'rʌptəbl] *adj* omutlig
increase [verb ɪn'kri:s, substantiv 'ɪnkri:s] **I** *vb itr* o. *vb tr* öka, ökas, stiga, tillta, öka på; höja **II** *s* ökning, utökning; höjning; ***on the ~*** i tilltagande
increasing [ɪn'kri:sɪŋ] *pres p* o. *adj* ökande; ***to an ever ~ extent*** i allt större utsträckning
increasingly [ɪn'kri:sɪŋlɪ] *adv* alltmer
incredible [ɪn'kredəbl] *adj* otrolig; ofattbar
incredulous [ɪn'kredjʊləs] *adj* klentrogen
incubator ['ɪnkjʊbeɪtə] *s* **1** äggkläckningsmaskin **2** kuvös
incur [ɪn'kɜ:] *vb tr* ådra sig, åsamka sig
incurable [ɪn'kjʊərəbl] *adj* obotlig
indebted [ɪn'detɪd] *adj* **1** skuldsatt; ***be ~ to a p.*** vara skyldig ngn pengar **2** tack skyldig [*to a p.* ngn]
indecency [ɪn'di:snsɪ] *s* oanständighet
indecent [ɪn'di:snt] *adj* oanständig
indecision [ˌɪndɪ'sɪʒ(ə)n] *s* obeslutsamhet
indecisive [ˌɪndɪ'saɪsɪv] *adj* obeslutsam
indeclinable [ˌɪndɪ'klaɪnəbl] *adj* gram. oböjlig
indeed [ɪn'di:d] **I** *adv* verkligen, minsann; visserligen; ***yes, ~!*** ja visst! **II** *interj* verkligen!
indefatigable [ˌɪndɪ'fætɪgəbl] *adj* outtröttlig
indefensible [ˌɪndɪ'fensəbl] *adj* oförsvarlig
indefinable [ˌɪndɪ'faɪnəbl] *adj* odefinierbar
indefinite [ɪn'defɪnət] *adj* obestämd, vag
indefinitely [ɪn'defɪnətlɪ] *adv* obestämt; på obestämd tid
indelible [ɪn'deləbl] *adj* outplånlig; ***~ pencil*** ungefär anilinpenna
indelicate [ɪn'delɪkət] *adj* taktlös; plump
indent [ɪn'dent] *vb tr* göra indrag på, börja en bit in på [*~ each paragraph*]
independence [ˌɪndɪ'pendəns] *s* oberoende, självständighet; ***war of ~*** frihetskrig
independent [ˌɪndɪ'pendənt] **I** *adj* oberoende [*of* av], oavhängig, självständig **II** *s* independent
indescribable [ˌɪndɪ'skraɪbəbl] *adj* obeskrivlig, obeskrivbar
indestructible [ˌɪndɪ'strʌktəbl] *adj* oförstörbar; outslitlig; outplånlig
index ['ɪndeks] *s* register; index; ***card ~*** kortregister; ***~ card*** kartotekskort
index-finger ['ɪndeksˌfɪŋgə] *s* pekfinger
India ['ɪndjə] Indien
Indian ['ɪndjən] **I** *adj* indisk [*the ~ Ocean*]; indiansk; ***~ ink*** kinesisk tusch; ***~ summer*** brittsommar, indiansommar **II** *s* **1** indier **2** indian [äv. *Red (American) ~*]
india rubber [ˌɪndjə'rʌbə] *s* kautschuk; suddgummi
indicate ['ɪndɪkeɪt] *vb tr* ange, antyda, visa
indication [ˌɪndɪ'keɪʃ(ə)n] *s* angivande; tecken, kännetecken
indicative [ɪn'dɪkətɪv] *adj* **1** ***be ~ of*** tyda på **2** gram. indikativ
indicator ['ɪndɪkeɪtə] *s* visare; körriktningsvisare, blinker
indict [ɪn'daɪt] *vb tr* åtala, väcka åtal mot
indictable [ɪn'daɪtəbl] *adj* åtalbar
indictment [ɪn'daɪtmənt] *s* åtal
indifference [ɪn'dɪfr(ə)ns] *s* likgiltighet [*to* för]
indifferent [ɪn'dɪfr(ə)nt] *adj* **1** likgiltig [*~ to* (för) *danger*] **2** medelmåttig
indigestible [ˌɪndɪ'dʒestəbl] *adj* svårsmält
indigestion [ˌɪndɪ'dʒestʃ(ə)n] *s* magbesvär; ont i magen
indignant [ɪn'dɪgnənt] *adj* indignerad, förnärmad
indignation [ˌɪndɪg'neɪʃ(ə)n] *s* indignation
indignity [ɪn'dɪgnətɪ] *s* kränkning, skymf
indigo ['ɪndɪgəʊ] *s* indigoblått
indirect [ˌɪndɪ'rekt] *adj* indirekt
indiscipline [ɪn'dɪsɪplɪn] *s* brist på disciplin
indiscreet [ˌɪndɪ'skri:t] *adj* indiskret, taktlös

indiscretion [ˌɪndɪ'skreʃ(ə)n] *s* indiskretion, taktlöshet
indiscriminate [ˌɪndɪ'skrɪmɪnət] *adj* godtycklig, slumpartad; urskillningslös, omdömeslös
indispensable [ˌɪndɪ'spensəbl] *adj* oundgänglig, oumbärlig
indisposed [ˌɪndɪ'spəʊzd] *adj* indisponerad
indisputable [ˌɪndɪ'spju:təbl] *adj* obestridlig
indistinct [ˌɪndɪ'stɪŋkt] *adj* otydlig, oklar
indistinguishable [ˌɪndɪ'stɪŋgwɪʃəbl] *adj* omöjlig att särskilja
individual [ˌɪndɪ'vɪdjʊəl] **I** *adj* individuell; egenartad, särskild, personlig [~ *style*] **II** *s* individ
individuality ['ɪndɪˌvɪdjʊ'ælətɪ] *s* individualitet, egenart, särprägel
indivisible [ˌɪndɪ'vɪzəbl] *adj* odelbar
Indo-China [ˌɪndəʊ'tʃaɪnə] Indokina
indoctrinate [ɪn'dɒktrɪneɪt] *vb tr* indoktrinera
indoctrination [ɪnˌdɒktrɪ'neɪʃ(ə)n] *s* indoktrinering
indolent ['ɪndələnt] *adj* indolent, slö, loj
indomitable [ɪn'dɒmɪtəbl] *adj* okuvlig
Indonesia [ˌɪndə'ni:zjə] Indonesien
Indonesian [ˌɪndə'ni:zjən] **I** *adj* indonesisk **II** *s* indones
indoor ['ɪndɔ:] *adj* inomhus- [~ *games*]
indoors [ˌɪn'dɔ:z] *adv* inomhus, inne
indubitable [ɪn'dju:bɪtəbl] *adj* otvivelaktig
induce [ɪn'dju:s] *vb tr* **1** förmå, föranleda **2** orsaka
inducement [ɪn'dju:smənt] *s* motivation; lockbete, sporre
indulge [ɪn'dʌldʒ] *vb itr,* ~ ***in*** hänge sig åt
indulgent [ɪn'dʌldʒ(ə)nt] *adj* **1** överseende **2** släpphänt, klemig
industrial [ɪn'dʌstrɪəl] *adj* industriell, industri-; ~ ***disease*** yrkessjukdom; ~ ***dispute*** arbetskonflikt
industrialism [ɪn'dʌstrɪəlɪz(ə)m] *s* industrialism
industrialist [ɪn'dʌstrɪəlɪst] *s* industriman
industrialize [ɪn'dʌstrɪəlaɪz] *vb tr* industrialisera
industrious [ɪn'dʌstrɪəs] *adj* flitig, arbetsam
industry ['ɪndəstrɪ] *s* **1** flit **2** industri; näringsliv
inebriate [ɪ'ni:brɪeɪt] *vb tr* rusa, berusa
inedible [ɪn'edəbl] *adj* oätlig, oätbar
ineffective [ˌɪnɪ'fektɪv] *adj* ineffektiv; verkningslös
ineffectual [ɪnɪ'fektʃʊəl] *adj* verkningslös, resultatlös
inefficient [ˌɪnɪ'fɪʃ(ə)nt] *adj* ineffektiv
inequality [ˌɪnɪ'kwɒlətɪ] *s* olikhet; ***social*** ~ brist på social jämlikhet
inert [ɪ'nɜ:t] *adj* trög, slö; overksam
inertia [ɪ'nɜ:ʃjə] *s* tröghet; slöhet
inertia-reel [ɪ'nɜ:ʃjəri:l] *s,* ~ ***seat-belt*** bil. rullbälte
inestimable [ɪn'estɪməbl] *adj* ovärderlig
inevitable [ɪn'evɪtəbl] *adj* oundviklig, ofrånkomlig
inexact [ˌɪnɪg'zækt] *adj* inexakt; felaktig
inexcusable [ˌɪnɪk'skju:zəbl] *adj* oförlåtlig
inexhaustible [ˌɪnɪg'zɔ:stəbl] *adj* outtömlig
inexorable [ɪn'eksərəbl] *adj* obönhörlig
inexpensive [ˌɪnɪk'spensɪv] *adj* billig
inexperienced [ˌɪnɪk'spɪərɪənst] *adj* oerfaren
inexplicable [ˌɪnek'splɪkəbl] *adj* oförklarlig
infallible [ɪn'fæləbl] *adj* ofelbar; osviklig
infamous ['ɪnfəməs] *adj* illa beryktad, ökänd; skamlig, infam
infamy ['ɪnfəmɪ] *s* vanära; skändlighet
infancy ['ɪnfənsɪ] *s* spädbarnsålder; tidiga barnaår; tidig barndom äv. bildl.
infant ['ɪnfənt] *s* spädbarn; småbarn
infantry ['ɪnfəntrɪ] *s* infanteri, fotfolk
infantryman ['ɪnfəntrɪmən] *s* infanterist
infant school ['ɪnf(ə)ntsku:l] *s* lägsta stadiet av 'primary school' för barn mellan 5 och 7 år
infatuated [ɪn'fætjʊeɪtɪd] *perf p* o. *adj* besatt; blint förälskad
infatuation [ɪnˌfætjʊ'eɪʃ(ə)n] *s* blind förälskelse, passion
infect [ɪn'fekt] *vb tr* infektera, smitta
infection [ɪn'fekʃ(ə)n] *s* infektion, smitta
infectious [ɪn'fekʃəs] *adj* smittosam
infer [ɪn'fɜ:] *vb tr* sluta sig till; ***he inferred that*** han drog den slutsatsen att
inferior [ɪn'fɪərɪə] **I** *adj* lägre i t.ex. rang [*to* än]; underordnad [*to a p.* ngn; *to a th.* ngt]; sämre [*to* än] **II** *s* underordnad
inferiority [ɪnˌfɪərɪ'ɒrətɪ] *s* underlägsenhet; ~ ***complex*** mindervärdeskomplex
infernal [ɪn'fɜ:nl] *adj* infernalisk; vard. förbannad [*an* ~ *nuisance*]
inferno [ɪn'fɜ:nəʊ] (pl. ~*s*) *s* inferno, helvete
infertile [ɪn'fɜ:taɪl, amer. ɪn'fɜ:tl] *adj* ofruktbar, ofruktsam, steril
infest [ɪn'fest] *vb tr* hemsöka, översvämma
infidelity [ˌɪnfɪ'delətɪ] *s* otro; otrohet
infiltrate ['ɪnfɪltreɪt] *vb tr* o. *vb itr*

infiltrera; nästla sig (tränga) in i; nästla sig (tränga) in
infiltration [ˌɪnfɪl'treɪʃ(ə)n] *s* infiltration
infiltrator ['ɪnfɪltreɪtə] *s* infiltratör
infinite ['ɪnfɪnət, mat. el. gram. 'ɪnˌfaɪnaɪt] *adj* oändlig, ändlös, omätlig [~ *number*]
infinitive [ɪn'fɪnɪtɪv] gram. **I** *adj* infinitiv- **II** *s*, ***the*** ~ infinitiv
infinity [ɪn'fɪnətɪ] *s* oändlighet, oändligheten
infirm [ɪn'fɜ:m] *adj* klen, skröplig
infirmity [ɪn'fɜ:mətɪ] *s* skröplighet
inflame [ɪn'fleɪm] *vb tr* **1** hetsa, hetsa upp **2** inflammera [*an inflamed boil*] **3** underblåsa, förvärra
inflammable [ɪn'flæməbl] *adj* lättantändlig
inflammation [ˌɪnflə'meɪʃ(ə)n] *s* **1** upphetsning, glöd **2** inflammation
inflatable [ɪn'fleɪtəbl] *adj* uppblåsbar
inflate [ɪn'fleɪt] *vb tr* **1** blåsa upp, pumpa upp **2** göra uppblåst **3** driva upp [~ *prices*]
inflated [ɪn'fleɪtɪd] *perf p* o. *adj* **1** uppblåst; pumpad **2** svulstig **3** ekon. inflations- [~ *prices*]
inflation [ɪn'fleɪʃ(ə)n] *s* ekon. inflation
inflationary [ɪn'fleɪʃnərɪ] *adj* inflationsdrivande; inflationistisk
inflect [ɪn'flekt] *vb tr* gram. böja, deklinera
inflection [ɪn'flekʃ(ə)n] *s* gram. böjning; böjd form
inflexible [ɪn'fleksəbl] *adj* oböjlig; orubblig
inflict [ɪn'flɪkt] *vb tr* vålla, tillfoga [~ *suffering*], tilldela [~ *a blow*]
influence ['ɪnflʊəns] **I** *s* inflytande [*on, over* på, över; *with* hos]; inverkan, påverkan **II** *vb tr* ha inflytande på; influera, inverka på
influential [ˌɪnflʊ'enʃ(ə)l] *adj* inflytelserik
influenza [ˌɪnflʊ'enzə] *s* influensa
influx ['ɪnflʌks] *s* inflöde; tilströmmning, tillflöde
inform [ɪn'fɔ:m] *vb tr* o. *vb itr* meddela, underrätta, informera; ~ ***against*** (***on***) uppträda som angivare mot
informal [ɪn'fɔ:ml] *adj* informell
information [ˌɪnfə'meɪʃ(ə)n] (utan pl.) *s* meddelande, meddelanden; underrättelse, underrättelser, information, informationer; ***an interesting piece of*** ~ en intressant upplysning (nyhet)
informed [ɪn'fɔ:md] *adj* välunderrättad; insatt; ***keep a p.*** ~ ***as to*** hålla ngn à jour med
informer [ɪn'fɔ:mə] *s* angivare
infra-red [ˌɪnfrə'red, adjektiv äv. 'ɪnfrəred] *s* o. *adj* infraröd
infrequent [ɪn'fri:kwənt] *adj* ovanlig
infrequently [ɪn'fri:kwəntlɪ] *adv* sällan
infringe [ɪn'frɪndʒ] *vb tr* överträda, kränka
infringement [ɪn'frɪndʒmənt] *s* brott [*of* mot], överträdelse, kränkning [*of* av]
infuriate [ɪn'fjʊərɪeɪt] *vb tr* göra rasande
infuriating [ɪn'fjʊərɪeɪtɪŋ] *adj* fruktansvärt irriterande
infuse [ɪn'fju:z] *vb tr* ingjuta [*into* i], inge
ingenious [ɪn'dʒi:njəs] *adj* fyndig; genial
ingenuous [ɪn'dʒenjʊəs] *adj* öppen, frimodig
ingot ['ɪŋgət] *s* tacka, metallstycke av guld, silver
ingratiate [ɪn'greɪʃɪeɪt] *vb rfl*, ~ ***oneself with a p.*** ställa sig in hos ngn
ingratiating [ɪn'greɪʃɪeɪtɪŋ] *adj* inställsam
ingratitude [ɪn'grætɪtju:d] *s* otacksamhet
ingredient [ɪn'gri:djənt] *s* ingrediens
inhabit [ɪn'hæbɪt] *vb tr* bebo, befolka
inhabitant [ɪn'hæbɪt(ə)nt] *s* invånare
inhale [ɪn'heɪl] *vb tr* o. *vb itr* andas in, inhalera; dra halsbloss
inherent [ɪn'hɪər(ə)nt] *adj* inneboende [*in* i]; naturlig, medfödd
inherit [ɪn'herɪt] *vb tr* o. *vb itr* ärva
inheritance [ɪn'herɪt(ə)ns] *s* arv
inheritor [ɪn'herɪtə] *s* arvinge, arvtagare
inhibit [ɪn'hɪbɪt] *vb tr* hämma; hindra
inhibition [ˌɪnhɪ'bɪʃ(ə)n] *s* psykol. hämning
inhospitable [ɪn'hɒspɪtəbl] *adj* ogästvänlig
inhuman [ɪn'hju:mən] *adj* omänsklig
inimitable [ɪ'nɪmɪtəbl] *adj* oefterhärmlig
initial [ɪ'nɪʃ(ə)l] **I** *adj* begynnelse- [~ *stage*], inledande **II** *s* begynnelsebokstav; initial **III** *vb tr* märka (underteckna) med initialer
initially [ɪ'nɪʃ(ə)lɪ] *adv* i början
initiate [ɪ'nɪʃɪeɪt] **I** *vb tr* **1** inleda, initiera, starta **2** inviga [~ *a p. into* (i) *a secret*] **II** *s* invigd person; nybörjare
initiative [ɪ'nɪʃɪətɪv] *s* initiativ, företagsamhet
inject [ɪn'dʒekt] *vb tr* spruta in, injicera [*into* i]
injection [ɪn'dʒekʃ(ə)n] *s* injektion; spruta
injure ['ɪndʒə] *vb tr* skada, såra
injurious [ɪn'dʒʊərɪəs] *adj* skadlig [*to* för]
injury ['ɪndʒərɪ] *s* skada; men
injustice [ɪn'dʒʌstɪs] *s* orättvisa

ink [ɪŋk] *s* **1** bläck **2** trycksvärta, tryckfärg
inkling ['ɪŋklɪŋ] *s* aning, nys, hum [*of* om]
inland [adjektiv 'ɪnlənd, adverb ɪn'lænd] **I** *adj* belägen inne i landet **II** *adv* inne i landet
in-laws [ˌɪn'lɔ:z] *s pl* släktingar genom giftermål t.ex. svärföräldrar; ingifta
inlet ['ɪnlet] *s* sund, havsarm; liten vik
inmate ['ɪnmeɪt] *s* intern, intagen på institution; pensionär; patient
inmost ['ɪnməʊst] *adj* innerst; ***in the ~ depths of the forest*** djupast (längst) inne i skogen
inn [ɪn] *s* värdshus
innate [ˌɪ'neɪt] *adj* medfödd, naturlig
inner ['ɪnə] *adj* inre; invändig; inner-
innermost ['ɪnəməʊst] *adj* innerst
innkeeper ['ɪnˌki:pə] *s* värdshusvärd
innocence ['ɪnəsns] *s* oskuld
innocent ['ɪnəsnt] **I** *adj* oskyldig [*of* till] **II** *s* oskyldig person
innovation [ˌɪnə'veɪʃ(ə)n] *s* **1** förnyelse, nyskapande **2** innovation, nyhet
innumerable [ɪ'nju:mərəbl] *adj* otalig
inoculate [ɪ'nɒkjʊleɪt] *vb tr* med. ympa in smittämne; inokulera; ***get inoculated*** bli vaccinerad
inoffensive [ˌɪnə'fensɪv] *adj* oförarglig
in-patient ['ɪnˌpeɪʃ(ə)nt] *s* sjukhuspatient
input ['ɪnpʊt] *s* **1** intag **2** elektr. el. radio. ineffekt **3** data. indata
inquest ['ɪnkwest] *s* rättslig undersökning
inquire [ɪn'kwaɪə] *vb itr* o. *vb tr* fråga, höra sig för, höra efter; fråga om
inquiry [ɪn'kwaɪərɪ, amer. äv. 'ɪŋkwərɪ] *s* förfrågan, förfrågning; undersökning, utredning; förhör; ***judicial ~*** rättslig undersökning
inquisitive [ɪn'kwɪzɪtɪv] *adj* frågvis, nyfiken
insane [ɪn'seɪn] *adj* sinnessjuk; vansinnig
insanitary [ɪn'sænɪtrɪ] *adj* hälsovådlig
insanity [ɪn'sænətɪ] *s* sinnessjukdom; vansinne, vanvett
insatiable [ɪn'seɪʃjəbl] *adj* omättlig
inscribe [ɪn'skraɪb] *vb tr* skriva, rista; skriva (rista) in
inscription [ɪn'skrɪpʃ(ə)n] *s* inskrift
inscrutable [ɪn'skru:təbl] *adj* outgrundlig
insect ['ɪnsekt] *s* insekt; neds., om person kryp
insecticide [ɪn'sektɪsaɪd] *s* insektsmedel, bekämpningsmedel mot insekter
insecure [ˌɪnsɪ'kjʊə] *adj* osäker, otrygg
insecurity [ˌɪnsɪ'kjʊərətɪ] *s* osäkerhet, otrygghet
insensible [ɪn'sensəbl] *adj* **1** medvetslös **2** okänslig **3** omärklig
insensitive [ɪn'sensətɪv] *adj* okänslig [*to* för]
inseparable [ɪn'sepərəbl] *adj* oskiljaktig
insert [ɪn'sɜ:t] *vb tr* sätta (föra) in
insertion [ɪn'sɜ:ʃ(ə)n] *s* insättande, införande
inside [ˌɪn'saɪd] **I** *s* insida; ~ ***out*** ut och in; med avigsidan ut; ***know a th. ~ out*** känna ngt utan och innan; ***turn a th. ~ out*** vända ut och in på ngt **II** *adj* inre, invändig, inner- [~ *pocket*]; intern **III** *adv* inuti, invändigt; inåt; inne **IV** *prep* inne i, inom; in i; innanför
insidious [ɪn'sɪdɪəs] *adj* lömsk, smygande
insight ['ɪnsaɪt] *s* insikt, inblick, insyn
insignificant [ˌɪnsɪg'nɪfɪkənt] *adj* obetydlig
insincere [ˌɪnsɪn'sɪə] *adj* inte uppriktig, falsk
insincerity [ˌɪnsɪn'serətɪ] *s* brist på uppriktighet, falskhet
insinuate [ɪn'sɪnjʊeɪt] *vb tr* insinuera, antyda
insinuation [ɪnˌsɪnjʊ'eɪʃ(ə)n] *s* insinuation, antydan
insipid [ɪn'sɪpɪd] *adj* smaklös, fadd; urvattnad
insist [ɪn'sɪst] *vb itr* o. *vb tr* insistera; ~ ***on*** insistera på, yrka på
insistence [ɪn'sɪst(ə)ns] *s* hävdande [*on* av], fasthållande [*on* vid]
insistent [ɪn'sɪst(ə)nt] *adj* envis, enträgen
insole ['ɪnsəʊl] *s* innersula
insolence ['ɪnsələns] *s* oförskämdhet
insolent ['ɪnsələnt] *adj* oförskämd
insoluble [ɪn'sɒljʊbl] *adj* olöslig
insomnia [ɪn'sɒmnɪə] *s* med. sömnlöshet
inspect [ɪn'spekt] *vb tr* syna, granska; inspektera, besiktiga
inspection [ɪn'spekʃ(ə)n] *s* granskning, synande [*of* av]; inspektion, besiktning
inspector [ɪn'spektə] *s* **1** inspektör, inspektor; granskare; kontrollant; uppsyningsman **2** ***police ~*** polisinspektör
inspiration [ˌɪnspə'reɪʃ(ə)n] *s* inspiration
inspire [ɪn'spaɪə] *vb tr* inspirera
install [ɪn'stɔ:l] *vb tr* installera; sätta upp; montera
installation [ˌɪnstə'leɪʃ(ə)n] *s* installation, installering; uppsättning; montering
instalment [ɪn'stɔ:lmənt] *s* **1** avbetalning; amortering; ***by ~s*** på avbetalning **2** portion, del; avsnitt

instance ['ɪnstəns] *s* exempel [*of* på]; ***for ~*** till exempel; ***in this ~*** i detta fall
instant ['ɪnstənt] **I** *adj* ögonblicklig, omedelbar [*~ relief*]; ***~ coffee*** snabbkaffe **II** *s* ögonblick; ***this ~*** nu genast
instantaneous [ˌɪnstən'teɪnjəs] *adj* ögonblicklig; momentan
instantly ['ɪnstəntlɪ] *adv* ögonblickligen
instead [ɪn'sted] *adv* i stället
instep ['ɪnstep] *s* vrist
instigate ['ɪnstɪgeɪt] *vb tr* uppvigla; anstifta
instigator ['ɪnstɪgeɪtə] *s* tillskyndare; anstiftare; upphovsman
instil [ɪn'stɪl] *vb tr* bildl. inge [*a th. into a p. (a p.'s mind)* ngn ngt]
instinct ['ɪnstɪŋkt] *s* instinkt, drift
instinctive [ɪn'stɪŋktɪv] *adj* instinktiv
institute ['ɪnstɪtju:t] **I** *vb tr* upprätta; inleda, anställa, vidta [*~ legal proceedings*] **II** *s* institut; ***~ of education*** ungefär lärarhögskola
institution [ˌɪnstɪ'tju:ʃ(ə)n] *s* **1** inrättande **2** institution, stiftelse; institut; anstalt
institutionalized [ˌɪnstɪ'tju:ʃ(ə)nəlaɪzd] *adj* hospitaliserad
instruct [ɪn'strʌkt] *vb tr* undervisa; instruera; informera, underrätta
instruction [ɪn'strʌkʃ(ə)n] *s* undervisning; pl. ***~s*** instruktioner, föreskrifter; ***~s for use*** bruksanvisningar
instructive [ɪn'strʌktɪv] *adj* instruktiv, upplysande, lärorik
instructor [ɪn'strʌktə] *s* lärare, handledare
instrument ['ɪnstrʊmənt] *s* instrument, verktyg, redskap, hjälpmedel
insubordinate [ˌɪnsə'bɔ:dənət] *adj* olydig
insufferable [ɪn'sʌfərəbl] *adj* odräglig, outhärdlig
insufficient [ˌɪnsə'fɪʃ(ə)nt] *adj* otillräcklig
insular ['ɪnsjʊlə] *adj* öbo- [*~ mentality*]; trångsynt
insulate ['ɪnsjʊleɪt] *vb tr* isolera
insult [substantiv 'ɪnsʌlt, verb ɪn'sʌlt] **I** *s* förolämpning **II** *vb tr* förolämpa
insurance [in'ʃʊərəns] *s* försäkring; ***~ policy*** försäkringsbrev
insure [ɪn'ʃʊə] *vb tr* försäkra
insurmountable [ˌɪnsə'maʊntəbl] *adj* oöverstiglig, oövervinnelig [*~ difficulties*]
insurrection [ˌɪnsə'rekʃ(ə)n] *s* uppror
intact [ɪn'tækt] *adj* orörd, intakt; oskadad
integrate ['ɪntɪgreɪt] *vb tr* integrera
integration [ˌɪntɪ'greɪʃ(ə)n] *s* samordning; integration
integrity [ɪn'tegrətɪ] *s* integritet; hederlighet
intellect ['ɪntəlekt] *s* intellekt, förstånd
intellectual [ˌɪntə'lektjʊəl] *adj* o. *s* intellektuell
intelligence [ɪn'telɪdʒ(ə)ns] *s* **1** intelligens **2** (utan pl.) upplysning, upplysningar; ***~ service*** el. ***~*** underrättelsetjänst
intelligent [ɪn'telɪdʒ(ə)nt] *adj* intelligent
intelligible [ɪn'telɪdʒəbl] *adj* begriplig [*to* för]
intend [ɪn'tend] *vb tr* avse, ämna
intense [ɪn'tens] *adj* intensiv, häftig, sträng [*~ cold*]; livlig [*~ interest*]
intensify [ɪn'tensɪfaɪ] *vb tr* o. *vb itr* intensifiera, skärpa, öka; intensifieras, skärpas
intensity [ɪn'tensətɪ] *s* intensitet, styrka
intensive [ɪn'tensɪv] *adj* intensiv, koncentrerad; ***~ care*** med. intensivvård
intent [ɪn'tent] **I** *adj* spänd [*~ look*]; ***~ on*** helt inriktad på; ivrigt upptagen av **II** *s* syfte, avsikt
intention [ɪn'tenʃən] *s* avsikt, syfte; mening; ***with the ~ of*** i avsikt att
intentional [ɪn'tenʃ(ə)nl] *adj* avsiktlig
intercept [ˌɪntə'sept] *vb tr* snappa upp på vägen [*~ a letter*]; fånga upp
intercom ['ɪntəkɒm] *s* vard. snabbtelefon
intercourse ['ɪntəkɔ:s] *s* umgänge [*with* med]; ***sexual ~*** sexuellt umgänge, samlag
interest ['ɪntrəst] **I** *s* **1** intresse [*in* för] **2** egen fördel; ***it is to his ~ to*** det ligger i hans intresse att **3** andel; intresse [*American ~s in Asia*] **4** ränta, räntor; ***compound ~*** ränta på ränta; ***simple ~*** enkel ränta; ***five per cent ~*** fem procents ränta **II** *vb tr* intressera [*in* för]; göra intresserad [*in* av, för]
interesting ['ɪntrəstɪŋ] *adj* intressant [*to* för]
interfere [ˌɪntə'fɪə] *vb itr* **1** om person ingripa [*in* i; *with* mot]; ***~ with*** lägga sig i; mixtra med **2** om saker komma i vägen (emellan)
interference [ˌɪntə'fɪər(ə)ns] *s* **1** ingripande [*without ~ from the police*]; inblandning [*in* i] **2** störning, störningar
interior [ɪn'tɪərɪə] **I** *adj* **1** inre; invändig; inomhus-; ***~ decoration*** heminredning; ***~ decorator*** inredningsarkitekt **2** inlands-; inrikes **II** *s* **1** inre; insida; interiör **2** ***the Department of the Interior*** i USA o. vissa andra länder inrikesdepartementet;

Minister (amer. ***Secretary***) ***of the Interior*** inrikesminister
interjection [ˌɪntəˈdʒekʃ(ə)n] *s* gram. interjektion, utropsord
interlude [ˈɪntəluːd] *s* **1** mellanspel; uppehåll, paus; intervall **2** mus. mellanspel
intermarriage [ˌɪntəˈmærɪdʒ] *s* blandäktenskap
intermarry [ˌɪntəˈmærɪ] *vb itr* förenas genom giftermål [*with* med t.ex. andra familjer], gifta sig med varandra
intermediary [ˌɪntəˈmiːdjərɪ] *s* mellanhand, mäklare; förmedlare
intermediate [ˌɪntəˈmiːdjət] *adj* mellanliggande; mellan-; ~ ***stage*** mellanstadium
interment [ɪnˈtɜːmənt] *s* begravning, gravsättning
intermezzo [ˌɪntəˈmetsəʊ] (pl. vanl. ~*s*) *s* intermezzo, mellanspel äv. bildl.
interminable [ɪnˈtɜːmɪnəbl] *adj* oändlig, ändlös
intermittent [ˌɪntəˈmɪt(ə)nt] *adj* intermittent, ojämn, oregelbunden
intern [ɪnˈtɜːn] *vb tr* internera, spärra in
internal [ɪnˈtɜːnl] *adj* inre; invärtes, invändig; inner-; för invärtes bruk; inrikes-; intern; ~ ***combustion engine*** förbränningsmotor
international [ˌɪntəˈnæʃ(ə)nl] **I** *adj* internationell; världsomfattande; sport. lands- [~ *team*] **II** *s* sport. **1** landskamp **2** landslagsspelare
internee [ˌɪntɜːˈniː] *s* internerad person
internment [ɪnˈtɜːnmənt] *s* internering
inter-office [ˌɪntərˈɒfɪs] *adj* mellan avdelningarna på kontor; intern [*an* ~ *memorandum*]; ~ ***telephone*** lokaltelefon
interplay [ˈɪntəpleɪ] *s* samspel; växelverkan
interpose [ˌɪntəˈpəʊz] *vb tr* sätta emellan; inflicka [~ *a question*]
interpret [ɪnˈtɜːprɪt] *vb tr* tolka, tyda
interpretation [ɪnˌtɜːprɪˈteɪʃ(ə)n] *s* tolkning; tydning
interpreter [ɪnˈtɜːprɪtə] *s* tolk; tolkare
interrail [ˈɪntəreɪl] *vb itr* tågluffa
interrogate [ɪnˈterəgeɪt] *vb tr* förhöra [~ *a witness*]
interrogation [ɪnˌterəˈgeɪʃ(ə)n] *s* **1** utfrågning, förhör **2** ***mark*** (***note***) ***of*** ~ frågetecken
interrogative [ˌɪntəˈrɒgətɪv] *s* gram. frågeord
interrogator [ɪnˈterəgeɪtə] *s* förhörsledare, utfrågare
interrupt [ˌɪntəˈrʌpt] *vb tr* o. *vb itr* avbryta
interruption [ˌɪntəˈrʌpʃ(ə)n] *s* avbrott
intersect [ˌɪntəˈsekt] *vb tr* o. *vb itr* skära, korsa; skära varandra, korsas
interval [ˈɪntəv(ə)l] *s* mellanrum, intervall; mellanakt; paus; ***bright ~s*** tidvis uppklarnande; ***at ~s*** a) med intervaller b) med mellanrum
intervene [ˌɪntəˈviːn] *vb itr* **1** komma emellan, tillstöta **2** intervenera, ingripa [~ *in the debate*]
intervention [ˌɪntəˈvenʃ(ə)n] *s* intervention, ingripande
interview [ˈɪntəvjuː] **I** *s* intervju **II** *vb tr* intervjua
interviewer [ˈɪntəvjuːə] *s* intervjuare
intestines [ɪnˈtestɪnz] *s pl* tarmar; inälvor
intimacy [ˈɪntɪməsɪ] *s* intimt förhållande
intimate [adjektiv o. substantiv ˈɪntɪmət, verb ˈɪntɪmeɪt] **I** *adj* förtrolig, intim; ingående [*an* ~ *knowledge of*] **II** *s* förtrogen vän **III** *vb tr* antyda, låta förstå
intimidate [ɪnˈtɪmɪdeɪt] *vb tr* skrämma [*into doing a. th.* att göra ngt]
intimidation [ɪnˌtɪmɪˈdeɪʃ(ə)n] *s* skrämsel
into [ˈɪntʊ, obetonat ˈɪntə] *prep* **1** in i [*come ~ the house*]; ut i [*come ~ the garden*]; i [*jump ~ the water; divide a th. ~ two parts; 2 ~ 10 is 5* (går 5 gånger)], till [*change ~*]; ***translate ~ English*** översätta till engelska **2** vard., ***be ~ a th.*** vara intresserad av ngt, syssla med ngt
intolerable [ɪnˈtɒlərəbl] *adj* outhärdlig
intolerance [ɪnˈtɒlər(ə)ns] *s* intolerans
intolerant [ɪnˈtɒlər(ə)nt] *adj* intolerant [*to* mot]
intonation [ˌɪntəˈneɪʃ(ə)n] *s* intonation
intoxicate [ɪnˈtɒksɪkeɪt] *vb tr* berusa
intoxicating [ɪnˈtɒksɪkeɪtɪŋ] *adj* berusande
intoxication [ɪnˌtɒksɪˈkeɪʃ(ə)n] *s* berusning
intransitive [ɪnˈtrænsətɪv] *adj* gram. intransitiv
intrepid [ɪnˈtrepɪd] *adj* oförskräckt, orädd
intricate [ˈɪntrɪkət] *adj* invecklad; tilltrasslad
intrigue [ɪnˈtriːg] **I** *s* intrig, intrigerande **II** *vb itr* o. *vb tr* **1** intrigera **2** väcka intresse (nyfikenhet) hos [*the news intrigued us*]
intriguer [ɪnˈtriːgə] *s* intrigmakare
intriguing [ɪnˈtriːgɪŋ] *adj* fängslande, spännande; förbryllande

intrinsic [ɪn'trɪnsɪk] *adj* inre, inneboende [*the ~ quality*]; egentlig, verklig
introduce [ˌɪntrə'dju:s] *vb tr* **1** införa, introducera [*into* i] **2** presentera, föreställa [*to* för]; introducera; ***~ oneself*** presentera sig; ***allow me to ~...*** får jag presentera (föreställa)...
introduction [ˌɪntrə'dʌkʃ(ə)n] *s* **1** introduktion, införande [*the ~ of a new fashion*] **2** inledning [*to* till], handledning [*to* i] **3** presentation [*to* för]; ***letter of ~*** rekommendationsbrev
introductory [ˌɪntrə'dʌktrɪ] *adj* inledande
introvert ['ɪntrəvɜ:t] *s* inåtvänd person
intrude [ɪn'tru:d] *vb itr* tränga sig på, inkräkta; ***I hope I'm not intruding*** jag hoppas jag inte stör
intruder [ɪn'tru:də] *s* inkräktare
intrusion [ɪn'tru:ʒ(ə)n] *s* inkräktning, intrång [*upon, on* på, i]
intrusive [ɪn'tru:sɪv] *adj* inkräktande
intuition [ˌɪntjʊ'ɪʃ(ə)n] *s* intuition; ingivelse
inundate ['ɪnʌndeɪt] *vb tr* översvämma
invade [ɪn'veɪd] *vb tr* o. *vb itr* invadera, ockupera; göra invasion
invader [ɪn'veɪdə] *s* inkräktare, angripare
1 invalid [substantiv 'ɪnvəlɪd, 'ɪnvəli:d, verb 'ɪnvəli:d] **I** *s* sjukling; invalid **II** *vb tr* o. *vb itr* invalidiseras
2 invalid [ɪn'vælɪd] *adj* ogiltig [*an ~ cheque*], utan laga kraft [*an ~ claim*]
invaluable [ɪn'væljʊəbl] *adj* ovärderlig
invariable [ɪn'veərɪəbl] *adj* oföränderlig
invariably [ɪn'veərɪəblɪ] *adv* oföränderligt, konstant; ständigt
invasion [ɪn'veɪʒ(ə)n] *s* invasion
invent [ɪn'vent] *vb tr* uppfinna; hitta på
invention [ɪn'venʃ(ə)n] *s* uppfinning; uppfinnande
inventive [ɪn'ventɪv] *adj* uppfinningsrik
inventor [ɪn'ventə] *s* uppfinnare
inventory ['ɪnvəntrɪ] *s* inventarium
invert [ɪn'vɜ:t] *vb tr* vända upp och ned, kasta om
inverted [ɪn'vɜ:tɪd] *adj* upp och nedvänd; omvänd; ***~ commas*** anföringstecken, citationstecken
invest [ɪn'vest] *vb tr* **1** investera **2** ***~ with*** förse med [*~ a p. with power*]
investigate [ɪn'vestɪgeɪt] *vb tr* utforska, undersöka; utreda [*~ a crime*]
investigation [ɪnˌvestɪ'geɪʃ(ə)n] *s* utredning; undersökning; utforskning
investigative [ɪn'vestɪgeɪtɪv] *adj*, ***~ journalism (reporting)*** undersökande journalistik
investigator [ɪn'vestɪgeɪtə] *s* utredare; undersökare; forskare
investment [ɪn'vestmənt] *s* investering, placering [*~ of* (av) *money in stocks*]
investor [ɪn'vestə] *s* investerare; aktieägare
inveterate [ɪn'vetərət] *adj* inrotad, ingrodd; inbiten [*an ~ smoker*]
invigilate [ɪn'vɪdʒɪleɪt] *vb itr* vakta, hålla vakt vid examensskrivning
invigilator [ɪn'vɪdʒɪleɪtə] *s* skrivvakt
invigorate [ɪn'vɪgəreɪt] *vb tr* styrka, liva upp; ***an invigorating climate*** ett stärkande klimat
invincible [ɪn'vɪnsəbl] *adj* oövervinnlig
invisible [ɪn'vɪzəbl] *adj* osynlig [*to* för]
invitation [ˌɪnvɪ'teɪʃ(ə)n] *s* **1** inbjudan; ***~ card*** inbjudningskort **2** lockelse, invit
invite [ɪn'vaɪt] *vb tr* **1** inbjuda [*~ a p. to* (till, på) *dinner*] **2** be, anmoda; ***~ criticism*** inbjuda till kritik
inviting [ɪn'vaɪtɪŋ] *adj* lockande, frestande
invoice ['ɪnvɔɪs] **I** *s* faktura **II** *vb tr* fakturera
involuntary [ɪn'vɒləntərɪ] *adj* ofrivillig, oavsiktlig
involve [ɪn'vɒlv] *vb tr* **1** inveckla, dra in; ***those involved*** de inblandade **2** medföra, involvera, innefatta **3** ***an involved sentence*** en invecklad mening
involvement [ɪn'vɒlvmənt] *s* inblandning
invulnerable [ɪn'vʌlnərəbl] *adj* osårbar [*to* för]; oangriplig, oantastlig
inward ['ɪnwəd] **I** *adj* inre; invändig, invärtes: inåtgående **II** *adv* inåt
inwardly ['ɪnwədlɪ] *adv* invärtes; i sitt inre
inwards ['ɪnwədz] *adv* inåt
iodine ['aɪədi:n, 'aɪədaɪn] *s* jod
ion ['aɪən, 'aɪɒn] *s* fys. el. kem. jon
I O U [ˌaɪəʊ'ju:] *s* = *I owe you* skuldsedel
IRA [ˌaɪɑ:r'eɪ] förk. för *Irish Republican Army*
Iran [ɪ'rɑ:n]
Iranian [ɪ'reɪnjən] **I** *adj* iransk **II** *s* **1** iranier **2** iranska språket
Iraq [ɪ'rɑ:k] Irak
Iraqi [ɪ'rɑ:kɪ] **I** *adj* irakisk **II** *s* iraker, irakier
Ireland ['aɪələnd] Irland
iris ['aɪərɪs] *s* anat. el. bot. iris
Irish ['aɪərɪʃ] **I** *adj* irländsk **II** *s* **1** irländska språket **2** ***the ~*** irländarna
Irishman ['aɪrɪʃmən] (pl. *Irishmen* ['aɪrɪʃmən]) *s* irländare
irksome ['ɜ:ksəm] *adj* tröttsam, irriterande
iron ['aɪən] **I** *s* **1** järn; ***strike while the ~ is***

hot smida medan järnet är varmt **2** strykjärn, pressjärn **II** *adj* järn-; ~ ***constitution*** järnhälsa, järnfysik; ~ ***curtain*** järnridå **III** *vb tr* **1** stryka [~ *a shirt*], pressa **2** ~ ***out*** a) utjämna [~ *out difficulties*] b) släta ut [~ *out wrinkles*]

ironic [aɪ'rɒnɪk] *adj* o. **ironical** [aɪ'rɒnɪkəl] *adj* ironisk

ironing ['aɪənɪŋ] *s* **1** strykning med strykjärn; pressning **2** stryktvätt

ironing-board ['aɪənɪŋbɔ:d] *s* strykbräde

ironmonger ['aɪən,mʌŋgə] *s* järnhandlare; ***ironmonger's shop*** el. ***ironmonger's*** järnaffär, järnhandel

ironware ['aɪənweə] *s* järnvaror

irony ['aɪərənɪ] *s* ironi

irrational [ɪ'ræʃənl] *adj* irrationell

irreconcilable [ɪ,rekən'saɪləbl] *adj* oförsonlig

irregular [ɪ'regjʊlə] *adj* **1** oregelbunden; ojämn [*an ~ surface*] **2** inkorrekt, oegentlig [~ *conduct (proceedings)*]; ogiltig **3** irreguljär [~ *troops*]

irregularity [ɪ,regjʊ'lærətɪ] *s* oregelbundenhet; oriktighet; ojämnhet

irrelevant [ɪ'reləvənt] *adj* irrelevant, ovidkommande

irreplaceable [,ɪrɪ'pleɪsəbl] *adj* oersättlig

irrepressible [,ɪrɪ'presəbl] *adj* okuvlig

irresistible [,ɪrɪ'zɪstəbl] *adj* oemotståndlig

irrespective [,ɪrɪ'spektɪv] *adj*, ~ ***of*** utan hänsyn till, oavsett [~ *of the consequences*]

irresponsible [,ɪrɪ'spɒnsəbl] *adj* oansvarig; ansvarslös [~ *behaviour*]

irreverent [ɪ'revər(ə)nt] *adj* vanvördig

irrevocable [ɪ'revəkəbl] *adj* oåterkallelig

irrigate ['ɪrɪgeɪt] *vb tr* konstbevattna

irritable ['ɪrɪtəbl] *adj* retlig, på dåligt humör

irritate ['ɪrɪteɪt] *vb tr* irritera, reta; reta upp

irritating ['ɪrɪ,teɪtɪŋ] *adj* irriterande, retande

irritation [,ɪrɪ'teɪʃ(ə)n] *s* irritation, retning

is [betonat ɪz, obetonat z, s], ***helshelit*** ~ han/hon/den/det är; se vidare *be*

Islam ['ɪzlɑ:m] *s* islam

Islamic [ɪz'læmɪk] *adj* islamisk

island ['aɪlənd] *s* **1** ö [*the Orkney Islands*] **2** refug [äv. *traffic* ~]

isle [aɪl] *s* poet. el. i vissa egennamn ö [*the Isle of Wight*; *the British Isles*]

isn't ['ɪznt] = *is not*

isolate ['aɪsəleɪt] *vb tr* isolera

isolation [,aɪsə'leɪʃ(ə)n] *s* isolering; ~ ***hospital*** epidemisjukhus

Israel ['ɪzreɪl, 'ɪzrɪəl]

Israeli [ɪz'reɪlɪ] **I** *adj* israelisk **II** *s* israel

issue ['ɪʃu:] **I** *vb itr* o. *vb tr* **1** strömma ut **2** stamma, härröra **3** lämna (dela) ut [~ *rations*]; utfärda [~ *an order*]; sälja [~ *cheap tickets*]; släppa ut, ge ut [~ *new stamps*]; publicera

II *s* **1** utströmmande **2** fråga, spörsmål, stridsfråga [*political ~s*]; ***the point at*** ~ tvistefrågan, sakfrågan **3** utgivning [*the ~ of new stamps*]; utdelning [*the ~ of rations*]; utfärdande [*the ~ of orders*] **4** upplaga [*the ~ of a newspaper*], utgåva, nummer [*an ~ of a magazine*] **5** jur. avkomma, efterlevande [*die without male* ~] **6** mil. ranson, tilldelning; utrustning **7** följd, resultat

isthmus ['ɪsməs] *s* näs [*the Isthmus of Panama*]

it [ɪt] *pers pron* **1** den, det; sig; ***that's just 'it*** det är just det det är frågan om, just precis **2** utan motsvarighet i svenskan: ***walk*** ~ gå till fots; ***confound ~!*** vard. jäklar!, tusan också!; ***I take ~ that...*** jag antar att...; ***run for*** ~ vard. sticka, kila; skynda sig; ***have a good time of*** ~ ha väldigt roligt

Italian [ɪ'tæljən] **I** *adj* italiensk **II** *s* **1** italienare; italienska **2** italienska språket

italic [ɪ'tælɪk] *s*, pl. ***~s*** kursiv stil; ***in ~s*** med (i) kursiv

italicize [ɪ'tælɪsaɪz] *vb tr* kursivera

Italy ['ɪtəlɪ] Italien

itch [ɪtʃ] **I** *s* **1** klåda **2** starkt begär **II** *vb itr* **1** klia **2** bildl. känna längtan (lust); ***my fingers*** ~ (***I am itching***) ***to...*** det kliar i fingrarna på mig att få...

itching ['ɪtʃɪŋ] *s* klåda

item ['aɪtəm] *s* **1** punkt [*the first ~ on the agenda*]; moment; sak, artikel **2** ***news*** ~ notis, nyhet i tidning

itinerary [aɪ'tɪnərərɪ] *s* resväg, resplan

its [ɪts] *poss pron* dess; sin [*the dog obeys ~ master*]

it's [ɪts] = *it is*

itself [ɪt'self] *rfl pron* o. *pers pron* sig [*the dog scratched* ~], sig själv [*the child dressed* ~]; själv [*the thing ~ is not valuable*]; ***he is honesty*** ~ han är hederligheten själv

ITV [,aɪti:'vi:] (förk. för *Independent Television*) kommersiellt TV-bolag i Storbritannien

I've [aɪv] = *I have*

ivory ['aɪvərɪ] *s* elfenben; ~ ***tower*** elfenbenstorn

ivy ['aɪvɪ] *s* murgröna

J

J, j [dʒeɪ] *s* J, j
jab [dʒæb] **I** *vb tr* o. *vb itr* sticka [~ *a needle into* (i) *one's arm*], stöta; slå; stöta (slå) till; boxn. jabba [*at* mot] **II** *s* **1** stöt; slag; boxn. jabb **2** vard. stick injektion
jabber ['dʒæbə] **I** *vb itr* pladdra **II** *s* pladder
jack [dʒæk] **I** *s* **1** ***every man ~ of them*** el. ***every man ~*** vard. varenda kotte **2** kortsp. knekt **3** tele. jack **4** domkraft; vinsch **II** *vb tr,* ~ ***up*** el. ~ hissa med domkraft; ~ ***up*** vard. höja [~ *up prices*]
jackal ['dʒækɔ:l, 'dʒæk(ə)l] *s* sjakal
jackass ['dʒækæs, 'dʒækɑ:s] *s* vard. fårskalle
jackdaw ['dʒækdɔ:] *s* kaja
jacket ['dʒækɪt] *s* **1** jacka; kavaj, blazer, rock kavaj **2** omslag; skyddsomslag till bok **3** skal; ***baked ~ potatoes*** el. ~ ***potatoes*** ugnsbakad potatis
jack-in-the-box ['dʒækɪnðəbɒks] *s* gubben i lådan
jackknife ['dʒæknaɪf] *s* stor fällkniv
jackpot ['dʒækpɒt] *s* spel. jackpott; storvinst; ***hit the ~*** vard. vinna potten
Jacuzzi [dʒə'ku:zɪ] *s* ® Jacuzzi, bubbelpool
1 jade [dʒeɪd] **I** *s* **1** utsläpad hästkrake **2** slyna **II** *vb tr* trötta ut
2 jade [dʒeɪd] *s* miner. jade [*jade-green*]
jaded ['dʒeɪdɪd] *adj* tröttkörd; blasé; avtrubbad [~ *taste*]
jagged ['dʒægɪd] *adj* ojämn [*a ~ edge*], tandad [*a ~ knife*], spetsig [~ *rocks*]
jaguar ['dʒægjʊə] *s* zool. jaguar
jail [dʒeɪl] **I** *s* fängelse **II** *vb tr* sätta i fängelse
jailbird ['dʒeɪlbɜ:d] *s* fängelsekund; fånge
1 jam [dʒæm] *s* sylt, marmelad
2 jam [dʒæm] **I** *s* **1** kläm, press **2** trängsel; stockning [*traffic ~*] **3** sl., ***be in*** (***get into***) ***a ~*** vara i (råka i) knipa **II** *vb tr* o. *vb itr* **1** klämma, stoppa, pressa [*together* ihop; *into* in (ner) i]; ~ ***on the brakes*** bromsa hårt **2** ***jammed*** packad [*jammed with people*] **3** sätta ur funktion; radio. störa **4** fastna; blockeras **5** låsa sig [*the brakes jammed*]
Jamaica [dʒə'meɪkə]
Jamaican [dʒə'meɪkən] **I** *s* jamaican **II** *adj* jamaicansk

jam jar ['dʒæmdʒɑ:] *s* o. **jam pot** ['dʒæmpɒt] *s* syltburk
jangle ['dʒæŋgl] **I** *vb itr* o. *vb tr* rassla, skramla [*jangling keys*]; låta illa, skära; rassla med [~ *one's keys*] **II** *s* rassel, skrammel
janitor ['dʒænɪtə] *s* dörrvakt; amer. äv. portvakt, fastighetsskötare
January ['dʒænjʊərɪ] *s* januari
Jap [dʒæp] *s* vard. japp, japanes
Japan [dʒə'pæn] Japan
Japanese [ˌdʒæpə'ni:z] **I** *adj* japansk **II** *s* **1** (pl. lika) japan; japanska **2** japanska språket
japonica [dʒə'pɒnɪkə] *s* bot. rosenkvitten
1 jar [dʒɑ:] *s* kruka; burk
2 jar [dʒɑ:] **I** *vb itr* **1** skorra, skära [*on* (i) *the ears*] **2** skaka, darra **3** bildl., ~ ***on*** stöta, irritera **II** *s* **1** knarr; skakning, stöt **2** chock [*a nasty* ~]
jargon ['dʒɑ:gən] *s* jargong [*medical* ~]
jasmine ['dʒæzmɪn] *s* jasmin
jaundice ['dʒɔ:ndɪs] *s* gulsot
jaunt [dʒɔ:nt] *s* utflykt, utfärd
jaunty ['dʒɔ:ntɪ] *adj* hurtig, pigg; käck
javelin ['dʒævlɪn] *s* spjut
jaw [dʒɔ:] **I** *s* **1** käke; haka; ***lower*** ~ underkäke; ***upper*** ~ överkäke **2** pl. ~***s*** mun, gap; käft **3** vard. snack **II** *vb itr* vard. snacka
jay [dʒeɪ] *s* zool. nötskrika
jazz [dʒæz] **I** *s* jazz **II** *vb tr*, ~ ***up*** piffa upp
jealous ['dʒeləs] *adj* svartsjuk; avundsjuk; ~ ***of*** mån (rädd) om
jealousy ['dʒeləsɪ] *s* svartsjuka; avundsjuka
jeans [dʒi:nz] *s pl* jeans
jeep [dʒi:p] *s* jeep
jeer [dʒɪə] *vb itr* driva, gyckla, skoja [*at* med]
Jekyll ['dʒekɪl] egennamn; ~ ***and Hyde*** ([haɪd]) doktor Jekyll och mister Hyde dubbelnatur
jelly ['dʒelɪ] *s* gelé
jellyfish ['dʒelɪfɪʃ] *s* manet
jemmy ['dʒemɪ] *s* kort kofot; inbrottsverktyg dyrk
jeopardize ['dʒepədaɪz] *vb tr* äventyra, sätta på spel, riskera, våga [~ *one's life*]
jeopardy ['dʒepədɪ] *s* fara [*be in* ~]
jerk [dʒɜ:k] **I** *s* **1** ryck, knyck; stöt; ***give a*** ~ rycka till **2** ***physical*** ~***s*** vard. bensprattel gymnastik **3** speciellt amer. sl. tölp; kräk, skit **II** *vb tr* o. *vb itr* rycka; stöta till, rycka till
Jersey ['dʒɜ:zɪ] **I** egennamn **II** *s*, ***jersey*** tröja; textil. jersey
Jerusalem [dʒə'ru:sələm] geogr.; ~ ***artichoke*** jordärtskocka
jest [dʒest] **I** *s* skämt; ***in*** ~ på skämt (skoj) **II** *vb itr* skämta, skoja
jester ['dʒestə] *s* **1** skämtare **2** hist. gycklare vid t.ex. hov; hovnarr
jesting ['dʒestɪŋ] *s* skämt, skoj; gyckel
Jesus ['dʒi:zəs] egennamn; ~***!*** vard. Herre Gud!
1 jet [dʒet] *s* **1** stråle [*a* ~ *of water*]; ström **2** jetplan; jetflyg [*go by* ~], jet- [~*plane*]
2 jet [dʒet] **I** *s* miner. jet **II** *adj* jet-; jetsvart, kolsvart
jet-black [ˌdʒet'blæk] *adj* jetsvart, kolsvart
jet lag ['dʒetlæg] *s* 'jet-lag', rubbad dygnsrytm efter längre flygning
jetliner ['dʒetˌlaɪnə] *s* linjejetplan
jettison ['dʒetɪsn] **I** *vb tr* **1** kasta överbord [~ *goods to lighten a ship*]; göra sig av med [*the plane jettisoned its bombs*] **2** kullkasta [~ *a plan*] **II** *s* kastande överbord av last
jetty ['dʒetɪ] *s* **1** pir, vågbrytare **2** utskjutande brygga, kaj
Jew [dʒu:] *s* jude
jewel ['dʒu:əl] **I** *s* juvel, ädelsten; smycke; bildl. klenod, skatt, pärla; pl. ~***s*** ofta smycken **II** *vb tr* besätta (pryda) med juveler
jewel case ['dʒu:əlkeɪs] *s* juvelskrin
jeweler ['dʒu:ələ] *s* amer., se *jeweller*
jeweller ['dʒu:ələ] *s* juvelerare, guldsmed
jewellery ['dʒu:əlrɪ] *s* smycken, juveler; ***a piece of*** ~ ett smycke; ***costume*** ~ bijouterier
jewelry ['dʒu:əlrɪ] *s* amer., se *jewellery*
Jewess ['dʒu:es, dʒu:'es] *s* judinna
Jewish ['dʒu:ɪʃ] *adj* judisk
jew's-harp [ˌdʒu:z'hɑ:p] *s* mungiga
jiffy ['dʒɪfɪ] *s* vard., ***in a*** ~ i ett nafs
jig [dʒɪg] **I** *s* jigg slags dans **II** *vb itr* dansa jigg
jigsaw ['dʒɪgsɔ:] *s*, ~ ***puzzle*** el. ~ pussel
jilt [dʒɪlt] *vb tr* överge, ge på båten
jimmy ['dʒɪmɪ] *s* amer., kort kofot inbrottsverktyg
jingle ['dʒɪŋgl] **I** *vb itr* o. *vb tr* klinga; skramla, rassla; rassla med **II** *s* klingande; skramlande, rassel
jitters ['dʒɪtəz] *s pl* vard., ***it gives me the*** ~***s*** det ger mig stora skälvan
jittery ['dʒɪtərɪ] *adj* vard. skakis, uppskärrad
Jnr. o. **jnr.** ['dʒu:njə] (förk. för *junior*) jr, j:r
job [dʒɒb] *s* **1** arbete; vard. jobb; arbetsuppgift; ***a fine*** ~ ***of work*** ett fint

arbete; ***make a good ~ of a th.*** göra ngt bra; ***be out of a ~*** vara arbetslös **2** vard. jobb, fasligt besvär, slit [*what a ~!*]; ***give a p. up as a bad ~*** anse ngn som ett hopplöst fall; ***and a good ~, too!*** och gudskelov för det!

jobcentre ['dʒɒbˌsentə] *s* arbetsförmedling

jockey ['dʒɒkɪ] **I** *s* jockej **II** *vb tr* o. *vb itr* manövrera; lura [*a p. into doing a th.* ngn att göra ngt]; ***~ for position*** bildl. försöka att manövrera sig in i en fördelaktig position

jockstrap ['dʒɒkstræp] *s* suspensoar

jocular ['dʒɒkjʊlə] *adj* skämtsam; lustig

jog [dʒɒg] **I** *vb tr* o. *vb itr* **1** stöta (knuffa) till **2** ***~ a p.'s memory*** friska upp ngns minne **3** skaka, ruska **4** lunka [*along* på, fram]; sport. jogga **II** *s* **1** knuff, stöt **2** lunk

jogger ['dʒɒgə] *s* sport. joggare

john [dʒɔn] *s* sl. **1** ***the ~*** toan, muggen **2** torsk kund hos prostituerad

join [dʒɔɪn] **I** *vb tr* o. *vb itr* **1** förena; förbinda; knyta (föra, foga) samman, sätta ihop [*~ the pieces*]; ***~ together*** (***up***) foga samman, sätta ihop; förena **2** förena sig med; följa med; gå in i (vid) [*~ a society*], ansluta sig till [*~ a party*]; ***~ the army*** gå in i armén; ***won't you ~ us?*** vill du inte göra oss sällskap? **3** gränsa till **4** förenas; förena sig [*in* i; *with* med]; ***~ in*** preposition delta i, blanda sig i [*~ in the conversation*], stämma in i [*~ in a song*]; ***~ up*** vard. bli soldat, ta värvning **II** *s* skarv, fog, hopfogning

joiner ['dʒɔɪnə] *s* snickare

joint [dʒɔɪnt] **I** *s* **1** sammanfogning; tekn. fog, skarv **2** led [*finger ~s*]; ***out of ~*** ur led, ur gängorna; i olag **3** kok. stek; ***~ of lamb*** lammstek **4** sl. sylta, sämre kafé; krog; kyffe **5** sl. knarkpinne **II** *adj* förenad, förbunden; ***~ account*** gemensamt konto, gemensam räkning **III** *vb tr* foga ihop (samman), förbinda

jointly ['dʒɔɪntlɪ] *adv* gemensamt, samfällt

joke [dʒəʊk] **I** *s* **1** skämt; kvickhet, vits; ***practical ~*** practical joke, spratt; ***it's no ~*** det är minsann ingenting att skämta med (inte så roligt); ***crack ~s*** dra vitsar; ***play a ~ on a p.*** spela ngn ett spratt; ***he can't take a ~*** han tål inte skämt; ***it's getting beyond a ~*** det börjar gå för långt **2** föremål för skämt [*a standing ~*], driftkucku **II** *vb itr* skämta, skoja [*about* om; *at, with* med; *on* över, med], driva [*at, with* med]

joker ['dʒəʊkə] *s* **1** skämtare **2** kortsp. joker

joking ['dʒəʊkɪŋ] *s* skämt, skoj; ***this is no ~ matter*** det här är inget att skämta om; ***~ apart*** skämt åsido

jollity ['dʒɒlətɪ] *s* munterhet; skoj

jolly ['dʒɒlɪ] **I** *adj* glad, trevlig, rolig, munter **II** *adv* vard., ***that's ~ good*** det var riktigt bra; ***take ~ good care not to*** akta sig väldigt noga för att; ***a ~ good fellow*** en hedersprick, en fin kille; ***he knows ~ well*** han vet nog

jolt [dʒəʊlt] **I** *vb itr* o. *vb tr* **1** om t.ex. åkdon skaka till **2** skaka om, ruska; ge en chock **II** *s* skakning, ryck; bildl. chock

Jordan ['dʒɔ:dn] *s* Jordanien

Jordanian [dʒɔ:'deɪnjən] **I** *adj* jordansk **II** *s* jordanier

jostle ['dʒɒsl] *vb tr* o. *vb itr* knuffa, skuffa; knuffas, skuffas

jot [dʒɒt] **I** *s* dugg, dyft **II** *vb tr*, ***~ down*** krafsa ned, anteckna

journal ['dʒɜ:nl] *s* **1** tidskrift speciellt teknisk el. vetenskaplig; tidning **2** journal, dagbok; liggare; sjö. loggbok

journalese [ˌdʒɜ:nə'li:z] *s* tidningsjargong

journalism ['dʒɜ:nəlɪz(ə)m] *s* journalistik

journalist ['dʒɜ:nəlɪst] *s* journalist

journey ['dʒɜ:nɪ] *s* o. *vb itr* resa

Jove [dʒəʊv] myt. Jupiter; ***by ~!*** för tusan!

jovial ['dʒəʊvjəl] *adj* jovialisk; gemytlig

joy [dʒɔɪ] *s* glädje, fröjd [*at* över]

joyful ['dʒɔɪf(ʊ)l] *adj* glad; glädjande

joyous ['dʒɔɪəs] *adj* glad, glädjande [*~ news*]

joyride ['dʒɔɪraɪd] *s* nöjestur

joystick ['dʒɔɪstɪk] *s* flyg. vard. styrspak

Jr. o. **jr** ['dʒu:njə] (förk. för *junior*) jr, j:r

jubilant ['dʒu:bɪlənt] *adj* jublande, triumferande

jubilee ['dʒu:bɪli:] *s* jubileum; jubelfest

Judaism ['dʒu:deɪɪzm] *s* judendom, judendomen

Judas ['dʒu:dəs] egennamn; bildl. judas, förrädare

judge [dʒʌdʒ] **I** *s* domare; bedömare, kännare [*a good ~ of horses*]; ***be a good ~ of*** förstå sig bra på **II** *vb tr* o. *vb itr* **1** döma; bedöma; ***it's for you to ~*** det får ni själv bedöma; ***to ~ from*** el. ***judging by*** (***from***) att döma av **2** anse [*I judged him to be about 50*]

judgement ['dʒʌdʒmənt] *s* **1** dom; ***give*** (***pass***) ***~*** avkunna dom [*against, for* över] **2** ***the Last Judgement*** yttersta domen; ***the Day of Judgement*** el. ***Judgement***

Day domedagen **3** bedömning, omdöme, omdömesförmåga
judicial [dʒʊ'dɪʃ(ə)l] *adj* rättslig, juridisk; ~ ***proceedings*** lagliga åtgärder, åtal; ~ ***separation*** hemskillnad
judicious [dʒʊ'dɪʃəs] *adj* omdömesgill
judo ['dʒu:dəʊ] *s* judo
Judy ['dʒu:dɪ] egennamn; Punchs hustru i kasperteatern [*Punch and* ~]
jug [dʒʌg] *s* kanna, krus, tillbringare
juggle ['dʒʌgl] *vb itr* göra trollkonster, trolla
juggler ['dʒʌglə] *s* jonglör, trollkarl
Jugoslav [ˌju:gə'slɑ:v] se *Yugoslav*
Jugoslavia [ˌju:gə'slɑ:vjə] se *Yugoslavia*
Jugoslavian [ˌju:gə'slɑ:vjən] se *Yugoslavian*
juice [dʒu:s] *s* **1** saft; juice **2** vard. soppa bensin **3** vard. kräm elström
juicy ['dʒu:sɪ] *adj* saftig
ju-jitsu [dʒu:'dʒɪtsu:] *s* jiujitsu
jukebox ['dʒu:kbɒks] *s* jukebox
July [dʒʊ'laɪ] *s* juli
jumble ['dʒʌmbl] **I** *vb tr,* ~ ***up*** el. ~ blanda (röra) ihop **II** *s* virrvarr, röra, mischmasch
jumbo ['dʒʌmbəʊ] *s* **1** vard. jumbo elefant **2** ~ ***jet*** el. ~ jumbojet
jump [dʒʌmp] **I** *vb itr* o. *vb tr* **1** hoppa; skutta; springa i höjden om t.ex. pris; ~ ***at a chance*** gripa en chans; ~ ***to conclusions*** dra förhastade slutsatser; ~ ***to one's feet*** springa (rusa) upp; ***it made him*** ~ det kom (fick) honom att hoppa högt **2** hoppa över äv. bildl. [~ *a fence (chapter)*]; ~ ***the gun*** vard. tjuvstarta; ~ ***the lights*** (***traffic lights***) vard. köra mot rött ljus; ~ ***the queue*** vard. tränga sig före; ~ ***rope*** amer. hoppa rep
II *s* **1** hopp; skutt, språng; ***high*** ~ höjdhopp; ***long*** ~ längdhopp; ***pole*** ~ stavhopp **2** stegring [*a* ~ *in prices*]
jumper ['dʒʌmpə] *s* **1** hoppare; ***high*** ~ höjdhoppare **2** jumper plagg
jump rope ['dʒʌmprəʊp] *s* amer. hopprep
jumpy ['dʒʌmpɪ] *adj* hoppig; vard. darrig
junction ['dʒʌŋkʃ(ə)n] *s* **1** förenande; förbindelse; föreningspunkt **2** järnvägsknut; vägkorsning
juncture ['dʒʌŋktʃə] *s* kritiskt ögonblick; avgörande tidpunkt
June [dʒu:n] *s* juni
jungle ['dʒʌŋgl] *s* djungel; ~ ***gym*** klätterställning för barn
junior ['dʒu:njə] **I** *adj* yngre äv. i tjänsten [*to* än]; den yngre, junior [*John Smith, Junior*]; junior- [*a* ~ *team*]; lägre i rang; underordnad **II** *s* **1** yngre äv. i tjänsten; yngre medlem; ***he is six years my*** ~ han är sex år yngre än jag **2** sport. junior **3** amer. vard. grabben [*take it easy,* ~*!*]
juniper ['dʒu:nɪpə] *s* bot. en; ~ ***berry*** enbär
junk [dʒʌŋk] *s* skräp [*an attic full of* ~], skrot, lump, smörja; ~ ***art*** skrotkonst; ~ ***food*** skräpmat, snabbmat t.ex. popcorn, chips; ~ ***shop*** lumpbod
junkie ['dʒʌŋkɪ] *s* sl. knarkare narkoman
junta ['dʒʌntə] *s* polit. junta
Jupiter ['dʒu:pɪtə] astron. el. myt. Jupiter
jurisdiction [ˌdʒʊərɪs'dɪkʃ(ə)n] *s* jurisdiktion, rättskipning
jury ['dʒʊərɪ] *s* **1** jury; ***grand*** ~ amer. åtalsjury; ***serve on a*** ~ sitta i en jury **2** tävlingsjury, domarkommitté
just [dʒʌst] **I** *adj* rättvis; välförtjänt [~ *reward*]; skälig, rimlig [*the payment is* ~]
II *adv* **1** just [*it is* ~ *what I want*]; alldeles, exakt, precis [*it's* ~ *two o'clock*]; ***it's*** ~ ***as well*** det är lika bra (gott); ~ ***by*** strax bredvid; ***that's*** ~ ***it*** just det ja; ***he is*** ~ ***the man*** [***for the post***] han är rätte mannen... **2** just [*they have* ~ *left*], nyss; strax; ***it's*** ~ ***on six*** klockan är strax sex **3** nätt och jämnt; ***that's*** ~ ***possible*** det är ju möjligt **4** bara, endast [*she is* ~ *a child*]; ~ ***fancy!*** tänk bara! **5** vard. fullkomligt, alldeles [*he's* ~ *crazy*]; ***not*** ~ ***yet*** inte riktigt ännu
justice ['dʒʌstɪs] *s* **1** rättvisa, rätt; ***administer*** (***dispense***) ~ skipa rättvisa; ***do*** ~ ***to a p.*** göra ngn rättvisa; ***he did*** (***did ample***) ~ [***to the dinner***] han gjorde all heder åt...; ***court of*** ~ domstol, rätt **2** rätt; berättigande; ***the*** ~ ***of*** det berättigade i **3** domare; ***Justice of the Peace*** fredsdomare
justifiable [ˌdʒʌstɪ'faɪəbl] *adj* försvarlig, rättmätig
justification [ˌdʒʌstɪfɪ'keɪʃ(ə)n] *s* rättfärdigande; berättigande; urskuldande
justify ['dʒʌstɪfaɪ] *vb tr* rättfärdiga; urskulda; berättiga, försvara; ***the end justifies the means*** ändamålet helgar medlen
jut [dʒʌt] *vb itr,* ~ ***out*** skjuta ut
jute [dʒu:t] *s* bot. el. textil. jute
juvenile ['dʒu:vənaɪl, amer. 'dʒu:vən(ə)l] **I** *s* ung människa; pl. ~***s*** minderåriga **II** *adj* **1** ungdoms- [~ *books*], barn-; ~ ***court*** ungdomsdomstol; ~ ***delinquent***

(***offender***) ungdomsbrottsling **2** barnslig, omogen

K, k [keɪ] *s* K, k

kale [keɪl] *s* grönkål, kruskål

kangaroo [ˌkæŋgəˈruː] (pl. *~s*) *s* känguru

karate [kəˈrɑːtɪ] *s* karate

Kattegat [ˈkætɪgæt] *s*, ***the*** ~ Kattegatt

Kazakhstan [ˌkæzækˈstɑːn] Kazachstan

kebab [kəˈbæb] *s* kebab, grillspett

keel [kiːl] **I** *s* köl; ***on an even*** ~ på rätt köl **II** *vb itr*, ~ ***over*** el. ~ kantra

keen [kiːn] *adj* **1** skarp, vass **2** intensiv; häftig [*a ~ pain*]; stark [*a ~ sense of duty*]; levande [*a ~ interest*]; frisk [*a ~ appetite*]; hård [*~ competition*]; fin [*a ~ nose for*]; ivrig; entusiastisk; ~ ***on*** pigg på, förtjust i

keen-eyed [ˌkiːnˈaɪd] *adj* skarpsynt

keep [kiːp] **I** (*kept kept*) *vb tr* o. *vb itr* **1** hålla, behålla, hålla kvar; ~ ***alive*** hålla vid liv; ~ ***a p. company*** hålla ngn sällskap; ~ ***one's head*** behålla fattningen; ***I won't ~ you long*** jag ska inte uppehålla dig länge; ~ ***a p. waiting*** låta ngn vänta **2** förvara; bevara [*~ a secret*]; ~ ***goal*** stå i mål **3** äga, hålla sig med [*~ a car*]; underhålla, försörja **4** föra [*~ a diary*], sköta [*~ accounts*] **5** hålla sig [*~ awake*; *~ silent*]; ***how are you keeping?*** hur står det till? **6** stå sig, hålla sig [*will the meat ~?*] **7** fortsätta [*~ straight on* (rakt fram)]; ~ ***left!*** håll (kör, gå) till vänster! **8** ~ ***doing*** (~ ***on doing***) ***a th.*** fortsätta att göra ngt; ~ ***moving!*** rör på er!; ***she ~s*** (***~s on***) ***talking*** hon bara pratar och pratar □ ~ **at** *it* ligga i, inte ge upp; ~ **from** avhålla från; dölja för; ~ ***a p. from doing a th.*** hindra ngn från att göra ngt; ~ **off** hålla på avstånd; ~ ***off the grass!*** beträd ej gräsmattan!; ~ **on** fortsätta med; inte ta av sig [*~ one's hat on*]; hålla i sig [*if the rain ~s on*]; ~ ***on at*** vard. tjata på; ~ **out** hålla ute, stänga ute [*of* från]; ~ ***out of a p.'s way*** undvika ngn; ~ **to** hålla sig till; hålla fast vid [*~ to one's plans*]; stå fast vid [*~ to one's promise*]; ~ ***a th. to oneself*** hålla ngt för sig själv, tiga med ngt; ~ ***oneself to oneself*** el. ~ ***to oneself*** hålla sig för sig själv; ~ ***to the right!*** håll till höger!; ~ **under** hålla nere, kuva; ~ **up** hålla uppe, uppehålla; fortsätta med; hålla vid liv [*~ up a conversation*]; ~ ***it up*** fortsätta, hänga i, inte ge tappt; ~ ***up with*** hålla

jämna steg med
II *s* **1** underhåll; uppehälle [*earn one's ~*] **2** ***for ~s*** vard. för alltid, för gott
keeper ['ki:pə] *s* **1** vakt, vaktare; djurskötare **2** a) i sammansättningar -innehavare [*shopkeeper*], -vakt [*goalkeeper*], -vaktare b) sport. målvakt
keep-fit [ˌki:p'fɪt] *adj*, ***~ exercises*** motionsgymnastik
keeping ['ki:pɪŋ] *s* **1** förvar, vård; ***in safe ~*** i säkert förvar **2** ***be in ~ with*** gå i stil med
keepsake ['ki:pseɪk] *s* minne, minnesgåva, souvenir
keg [keg] *s* kagge, kutting
Kelvin ['kelvɪn] **I** egennamn **II** *s* fys., ***kelvin*** kelvin enhet för temperatur
kennel ['kenl] *s* hundkoja
kept [kept] se *keep I*
kerb [kɜ:b] *s* trottoarkant
kerbstone ['kɜ:bstəʊn] *s* kantsten i trottoarkant
kerchief ['kɜ:tʃɪf] *s* sjalett, halsduk
kernel ['kɜ:nl] *s* kärna i nöt, fruktsten
kerosene ['kerəsi:n] *s* speciellt amer. fotogen
ketchup ['ketʃəp] *s* ketchup [*tomato ~*]
kettle ['ketl] *s* panna
kettle-drum ['ketldrʌm] *s* puka
key [ki:] *s* **1** nyckel; lösning, förklaring; ***master ~*** huvudnyckel **2** facit **3** tangent på piano, skrivmaskin m.m.; nyckel på telegraf **4** mus. tonart
keyboard ['ki:bɔ:d] *s* klaviatur; på skrivmaskin tangentbord; ***~ instrument*** klaverinstrument
keyboarder ['ki:bɔ:də] *s* data. inskrivare
keynote ['ki:nəʊt] *s* grundton; grundtanke
keypad ['ki:pæd] *s* knappsats på telefon, fjärrkontroll m.m.; litet tangentbord
keyphone ['ki:fəʊn] *s* knapptelefon
key-ring ['ki:rɪŋ] *s* nyckelring
keystone ['ki:stəʊn] *s* bildl. grundval, kärna
kg. (förk. för *kilogram, kilograms, kilogramme, kilogrammes*) kg
khaki ['kɑ:kɪ] **I** *s* kaki **II** *adj* kakifärgad
kHz (förk. för *kilohertz*) kHz
kick [kɪk] **I** *vb tr* o. *vb itr* **1** sparka, sparka till; sparkas; om häst slå bakut; ***~ the bucket*** sl. kola dö **2** bildl. protestera [*~ against (at)* mot] **3** om skjutvapen rekylera □ ~ **against** *the pricks* spjärna mot udden; ~ **off** sparka i gång [*~ off a campaign*]; göra avspark i fotboll; ~ **out** sparka ut; kasta ut; ***be kicked out*** vard. få sparken; ~ **over** sparka omkull; ***~ over the traces*** bildl. hoppa över skaklarna; ~ **up** sparka upp t.ex. damm; vard. ställa till; ***~ up a row (fuss)*** ställa till bråk
II *s* **1** spark; ***free ~*** frispark; ***penalty ~*** straffspark **2** vard., ***get a big ~ out of*** tycka det är helskönt (kul) att; ***for ~s*** för nöjes skull **3** vard. styrka, krut i dryck **4** rekyl av skjutvapen
kick-off ['kɪkɒf] *s* avspark i fotboll
1 kid [kɪd] *s* **1** killing, kid **2** getskinn; ***~ gloves*** glacéhandskar; ***treat a p. with ~ gloves*** bildl. behandla ngn med silkesvantar **3** vard. barn, unge; ***~ brother*** lillebror; ***~ sister*** lillasyster
2 kid [kɪd] *vb tr* o. *vb itr* lura, narra; skoja (retas) med; skoja; retas; ***I'm not kidding!*** jag skämtar (skojar) inte!; ***~ around*** skoja
kidding ['kɪdɪŋ] *s* skoj; ***no ~!*** bergis!
kiddy ['kɪdɪ] *s* vard. litet barn, unge
kidnap ['kɪdnæp] **I** *vb tr* kidnappa **II** *s* kidnappning
kidney ['kɪdnɪ] *s* njure
kidney bean ['kɪdnɪbi:n] *s* skärböna, brytböna; rosenböna
kidney stone ['kɪdnɪstəʊn] *s* njursten
Kiev ['ki:ef, 'ki:ev]
kill [kɪl] **I** *vb tr* o. *vb itr* döda, mörda, slå ihjäl; slakta; ***be killed*** dö, omkomma; ***be killed in action*** stupa i strid; ***~ the time*** el. ***~ time*** få tiden att gå; ***~ two birds with one stone*** ordspr. slå två flugor i en smäll **II** *s* jakt., villebrådets dödande; byte
killer ['kɪlə] *s* mördare, dråpare
killjoy ['kɪldʒɔɪ] *s* glädjedödare
kiln [kɪln] *s* brännugn för t.ex. kalk, tegel
kilo ['ki:ləʊ] *s* (förk. för *kilogram, kilogramme*) kilo
kilo- ['kɪləʊ] *prefix* kilo- ett tusen
kilocycle ['kɪləˌsaɪkl] *s* kilocykel
kilogram o. **kilogramme** ['kɪləgræm] *s* kilogram
kilohertz ['kɪləhɜ:ts] *s* kilohertz
kilometre ['kɪləˌmi:tə] *s* kilometer
kiloton ['kɪlətʌn] *s* kiloton
kilowatt ['kɪləwɒt] *s* kilowatt
kilt [kɪlt] *s* kilt
kimono [kɪ'məʊnəʊ] (pl. *~s*) *s* kimono
kin [kɪn] *s* släkt, släktingar
1 kind [kaɪnd] *s* slag, sort; ***nothing of the ~*** inte alls så; ***something of the ~*** något ditåt; ***a ~ of*** ett slags; ***every ~ of*** el. ***all ~s of*** alla slags, alla möjliga; ***that ~ of thing***

sådant där; ***what ~ of weather is it?*** vad är det för väder?

2 kind [kaınd] *adj* vänlig, snäll; ***~ regards*** hjärtliga hälsningar; ***would you be ~ enough to...?*** el. ***would you be so ~ as to...?*** vill du vara vänlig och...?

kindergarten ['kındə,gɑ:tn] *s* lekskola, kindergarten

kind-hearted [,kaınd'hɑ:tıd] *adj* godhjärtad

kindle ['kındl] *vb tr* antända, tända

kindly ['kaındlı] **I** *adj* vänlig, godhjärtad **II** *adv* vänligt, snällt; ***~ shut the door!*** var snäll och stäng dörren!

kindred ['kındrəd] **I** *s* **1** släktskap genom födsel **2** (konstrueras med pl.) släkt, släktingar **II** *adj* besläktad; liknande

king [kıŋ] *s* **1** kung, konung **2** kung i kortlek, schack m.fl. spel; dam i damspel; ***~ of hearts*** hjärter kung

kingdom ['kıŋdəm] *s* **1** kungarike; kungadöme; ***the United Kingdom of Great Britain and Northern Ireland*** Förenade kungariket Storbritannien och Nordirland **2** bildl. rike; ***the ~ of heaven*** himmelriket **3** naturv., ***the animal*** (***vegetable, mineral***) ~ djurriket (växtriket, mineralriket)

kingfisher ['kıŋ,fıʃə] *s* zool. kungsfiskare

king-size ['kıŋsaız] *adj* jättestor, extra stor

kinsfolk ['kınzfəʊk] *s* litt. släkt, släktingar [*my ~ live abroad*]

kinship ['kınʃıp] *s* släktskap; frändskap

kinsman ['kınzmən] (pl. *kinsmen* ['kınzmən]) *s* litt. släkting, frände

kiosk ['ki:ɒsk] *s* kiosk

kipper ['kıpə] *s* 'kipper' slags fläkt, saltad o. torkad fisk, speciellt sill

kiss [kıs] **I** *vb tr* o. *vb itr* kyssa, pussa; kyssas, pussas **II** *s* kyss, puss; ***give a p. the ~ of life*** behandla ngn med mun-mot-mun-metoden

kissproof ['kıspru:f] *adj* kyssäkta

kit [kıt] *s* **1** utrustning av kläder m.m.; persedlar; mundering, utstyrsel; byggsats; ***first-aid ~*** förbandslåda **2** kappsäck; mil. packning

kitbag ['kıtbæg] *s* **1** sportbag, sportväska **2** mil. ränsel, ryggsäck

kitchen ['kıtʃ(ə)n, 'kıtʃın] *s* kök

kitchenette [,kıtʃı'net] *s* kokvrå, litet kök

kitchen range ['kıtʃınreındʒ] *s* köksspis

kitchen sink [,kıtʃın'sıŋk] *s* diskbänk

kite [kaıt] *s* **1** zool. glada **2** drake av t.ex. papper; ***fly a ~*** a) sända upp en drake b) bildl. släppa upp en försöksballong

kitten ['kıtn] *s* kattunge

kitty ['kıtı] *s* pott, insats

kiwi ['ki:wi:] *s* **1** fågel kivi **2** frukt kiwi

Kleenex ['kli:neks] *s* ® ansiktsservett

kleptomania [,kleptə'meınjə] *s* kleptomani

kleptomaniac [,kleptə'meınıæk] *s* kleptoman

km. (förk. för *kilometre, kilometres*) km

knack [næk] *s* gott handlag, grepp, förmåga; knep; ***get the ~ of a th.*** få kläm på ngt

knapsack ['næpsæk] *s* ryggsäck, ränsel

knave [neıv] *s* **1** kanalje, skojare **2** knekt i kortlek; ***~ of hearts*** hjärter knekt

knavery ['neıvərı] *s* skurkstreck

knavish ['neıvıʃ] *adj*, ***~ trick*** skurkstreck

knead [ni:d] *vb tr* knåda; älta

knee [ni:] *s* knä; ***on one's bended ~s*** på sina bara knän; ***bring a p. to his ~s*** tvinga ngn på knä

kneecap ['ni:kæp] *s* knäskål

knee-deep [,ni:'di:p] *adj* ända till knäna

kneel [ni:l] (*knelt knelt* el. *kneeled kneeled*) *vb itr* knäböja, falla på knä; ***~ down*** falla på knä

knee-length ['ni:leŋθ] *adj* knäkort

knee-pad ['ni:pæd] *s* knäskydd

knell [nel] *s* själaringning; klämtning; bildl. dödsstöt

knelt [nelt] se *kneel*

knew [nju:] se *know I*

knickerbocker ['nıkəbɒkə] *s* **1** pl. ***~s*** knickerbockers; slags golfbyxor **2** ***~ glory*** fruktvarvad glass

knickers ['nıkəz] *s pl* knickers; underbyxor, benkläder

knick-knacks ['nıknæks] *s* krimskrams

knife [naıf] **I** (pl. *knives* [naıvz]) *s* kniv; ***have*** (***have got***) ***one's ~ into a p.*** ha ett horn i sidan till ngn **II** *vb tr* knivhugga

knight [naıt] **I** *s* **1** medeltida riddare **2** knight adelsman av lägsta rang **3** springare, häst i schack **II** *vb tr* dubba till riddare; utnämna till knight, adla

knighthood ['naıthʊd] *s* riddarvärdighet, knightvärdighet

knit [nıt] (*knitted knitted* el. *knit knit*) *vb tr* o. *vb itr* **1** sticka t.ex. strumpor **2** ***~ one's brows*** rynka pannan (ögonbrynen) **3** ~ el. ofta ***~ together*** förena, binda (knyta) samman **4** växa ihop; förenas

knitting ['nıtıŋ] *s* stickning

knitting-needle ['nɪtɪŋˌni:dl] *s* strumpsticka
knitwear ['nɪtweə] *s* trikåvaror
knives [naɪvz] *s* se *knife I*
knob [nɒb] *s* **1** knopp, knapp; ratt på t.ex. radio; runt handtag, vred [*doorknob*] **2** liten bit [*a ~ of sugar (coal)*]; klick [*a ~ of butter*]
knock [nɒk] **I** *vb tr* o. *vb itr* **1** slå, slå till; bulta, knacka; [*~ at the door*] **2** kollidera, krocka [*into* med] □ **~ about** a) slå hit och dit; misshandla b) vard., om saker ligga och skräpa c) vard. driva (flacka) omkring (omkring i); **~ down** slå ned, köra på; riva ned (omkull); **~ off** a) slå av b) slå av på [*~ a pound off the price*] c) sluta [*~ off work at five*], sluta arbetet; **~ on** slå mot (i); **~ out** a) slå ut; knacka ur [*~ out one's pipe*]; b) knocka, slå ut boxare; **~ over** slå (stöta) omkull; **~ up** a) kasta upp b) vard. ställa till med, improvisera; rafsa ihop; skramla ihop
II *s* slag; knackning; smäll, stöt; ***there's a ~ at the door*** det knackar på dörren
knocker ['nɒkə] *s* portklapp
knock-kneed [ˌnɒk'ni:d] *adj* kobent
knock-out ['nɒkaʊt] *s* knockout, knockoutslag i boxning
knot [nɒt] **I** *s* **1** knut; knop; rosett; ***undo (untie) a ~*** lösa (knyta) upp en knut **2** sjö. knop **II** *vb tr* knyta i knut
knotty ['nɒtɪ] *adj* **1** knutig; knölig, knotig **2** kinkig [*a ~ problem*]
know [nəʊ] **I** (*knew known*) *vb tr* o. *vb itr* **1** veta; ha reda på, känna till; [***he's a bit stupid,***] ***you ~*** ...vet du, ...förstår du; ***you never ~*** man kan aldrig veta; ***as (so) far as I ~*** såvitt jag vet; [***he is dead***] ***for all I ~*** ...vad jag vet; ***before you ~ where you are*** innan man vet ordet av; ***~ about*** känna till, veta om; ***~ of*** känna till, veta; ***not that I ~ of*** inte såvitt (vad) jag vet **2** kunna, vara kunnig; ***he ~s all about cars*** han kan bilar; ***I ~ nothing about paintings*** jag förstår mig inte alls på tavlor; ***~ a th. by heart*** kunna ngt utantill; ***~ how to*** kunna, förstå sig på att; veta att; ***~ how to read*** kunna läsa **3** känna, vara bekant med [*I don't ~ him*]; känna igen [*I knew him by his voice* (på rösten)]; ***get to ~*** lära känna; [***he will do it***] ***if I ~ him*** ...om jag känner honom rätt
II *s*, ***in the ~*** vard. initierad, invigd
know-all ['nəʊɔ:l] *s* vard. besserwisser
know-how ['nəʊhaʊ] *s* vard. know-how, kunnande, expertis
knowing ['nəʊɪŋ] **I** *adj* **1** kunnig, insiktsfull **2** medveten; menande [*a ~ glance*] **II** *s*, ***there is no ~ where that will end*** man kan inte veta var det skall sluta
knowledge ['nɒlɪdʒ] (utan pl.) *s* kunskap, kunskaper [*of* om, i]; vetskap, kännedom [*of* om]; vetande, lärdom; ***to the best of my ~*** el. ***to my ~*** såvitt jag vet
known [nəʊn] *adj* o. *perf p* (av *know*) känd, bekant [*to a p.* för ngn]; ***make ~*** offentliggöra, göra bekant
knuckle ['nʌkl] **I** *s* knoge; led; ***rap a p. over the ~s*** slå (smälla) ngn på fingrarna **II** *vb itr*, ***~ under (down)*** falla till föga, böja sig [*to* för]
knuckle-duster ['nʌklˌdʌstə] *s* knogjärn
KO [ˌkeɪ'əʊ] boxn. sl. **I** *vb tr* = *knock out* **II** *s* = *knock-out*
koala [kəʊ'ɑ:lə] *s* koala, pungbjörn
Koran [kɔ:'rɑ:n] *s*, ***the ~*** Koranen
Korea [kə'rɪə]
Korean [kə'rɪən] **I** *s* korean **II** *adj* koreansk
kosher ['kəʊʃə] *s* koscher; vard. äkta, genuin
k.p.h. (förk. för *kilometres per hour*) km/tim, km/h
Kremlin ['kremlɪn] *s*, ***the ~*** Kreml
Kuwait [kʊ'weɪt]
kW o. **kw.** (förk. för *kilowatt, kilowatts*) kw

L

L, l [el] *s* L, l
L (förk. för *Learner*) övningsbil
£ [paʊnd, pl. vanl. paʊndz] (förk. för *pound, pounds, pound (pounds) sterling*) pund, £
l. (förk. för *litre, litres*) l
1 lab [læb] *s* vard. (kortform av *laboratory*) labb
2 lab [læb] *s* vard. (förk. för *low-alcohol beer*) ljus lager [äv. ~ *beer*]
label ['leɪbl] **I** *s* etikett; adresslapp **II** *vb tr* sätta etikett på; stämpla [*as* såsom]
labia ['leɪbjə] *s pl* blygdläppar
labor ['leɪbə] amer. **I** *s* se *labour I* **II** *vb itr* se *labour II*
laboratory [lə'bɒrətrɪ] *s* laboratorium
laborious [lə'bɔ:rɪəs] *adj* mödosam; arbetsam
labour ['leɪbə] **I** *s* **1** arbete, möda; ***hard ~*** straffarbete **2** polit., ***Labour*** el. ***the Labour Party*** arbetarpartiet; ***Labour Government*** arbetarregering **3** förlossningsarbete; värkar [äv. ~ *pains*] **II** *vb itr* arbeta hårt [~ *at* (på, med) *a task*]; sträva [*to* efter att]; ~ ***under*** ha att dras med [~ *under a difficulty*]; lida av
laboured ['leɪbəd] *adj* **1** överarbetad **2** besvärad, tung [~ *breathing*]
labourer ['leɪbərə] *s* arbetare; ***agricultural (farm) ~*** lantarbetare
labour-saving ['leɪbəˌseɪvɪŋ] *adj*, ~ ***devices*** arbetsbesparande hjälpmedel
laburnum [lə'bɜ:nəm] *s* gullregn
labyrinth ['læbərɪnθ] *s* labyrint
lace [leɪs] **I** *s* **1** snöre; snodd **2** spets, spetsar **II** *vb tr* o. *vb itr* snöra [*up* till, åt]; ~ ***up*** el. ~ snöras [*it ~s (it ~s up) at the side*]
lack [læk] **I** *s* brist [*of* på] **II** *vb tr* o. *vb itr* **1** sakna, vara utan; ~ ***for*** sakna [*they lacked for nothing*] **2** ***be lacking*** fattas, saknas; ***be lacking in*** sakna
lackey ['lækɪ] *s* lakej
lacquer ['lækə] **I** *s* lack **II** *vb tr* lackera
lad [læd] *s* pojke, grabb; ***my ~*** i tilltal min vän
ladder ['lædə] **I** *s* **1** stege, trappstege **2** maska på t.ex. strumpa **II** *vb itr*, ***my stocking has laddered*** det har gått en maska på min strumpa
ladderproof ['lædəpru:f] *adj* masksäker [~ *stockings*]
lade [leɪd] (*laded laden* el. *laded*) *vb tr* lasta varor på fartyg; ta ombord varor
laden ['leɪdn] *adj* o. *perf p* (av *lade*) **1** lastad **2** mättad; fylld [~ *with* (med, av)]
ladle ['leɪdl] **I** *s* slev [*soup ~*] **II** *vb tr* ösa med slev; sleva; ~ ***out*** ösa upp, servera
lady ['leɪdɪ] *s* **1** dam; ***ladies and gentlemen*** mina damer och herrar **2 a)** ***ladies'*** dam- [*ladies' hairdresser*] **b)** ***ladies*** damtoalett [*where is the ~ ?*] **c)** ~ ***friend*** väninna **3** ***Lady*** Lady adelstitel **4** ***Our Lady*** Vår Fru, Jungfru Maria
ladybird ['leɪdɪbɜ:d] *s* nyckelpiga
ladybug ['leɪdɪbʌg] *s* amer. nyckelpiga
lady-killer ['leɪdɪˌkɪlə] *s* kvinnotjusare
ladylike ['leɪdɪlaɪk] *adj* som en lady, kultiverad
ladyship ['leɪdɪʃɪp] *s*, ***Her Ladyship*** Hennes nåd
lag [læg] *vb itr* bli (släpa) efter [äv. ~ *behind*]
lager ['lɑ:gə] *s* ljus lager [äv. ~ *beer*]
lagoon [lə'gu:n] *s* lagun
laid [leɪd] se *3 lay*
lain [leɪn] se *2 lie I*
lair [leə] *s* vilda djurs läger, lya, kula
lake [leɪk] *s* sjö, insjö
lamb [læm] *s* lamm; ~ ***chop*** lammkotlett; ***roast ~*** lammstek
lamb's-wool ['læmzwʊl] *s* lammull
lame [leɪm] **I** *adj* **1** halt; ofärdig **2** lam [*a ~ excuse*] **II** *vb tr* göra halt (ofärdig)
lament [lə'ment] **I** *vb itr* klaga, jämra, jämra sig **II** *s* klagosång
lamp [læmp] *s* lampa; lykta
lampoon [læm'pu:n] **I** *s* pamflett, smädeskrift **II** *vb tr* smäda i skrift
lamppost ['læmppəʊst] *s* lyktstolpe
lampshade ['læmpʃeɪd] *s* lampskärm
lance [lɑ:ns] *s* lans
lancer ['lɑ:nsə] *s* lansiär
land [lænd] **I** *s* **1** land i motsats till hav, vatten; ***see how the ~ lies*** sondera terrängen **2** litt. land, rike **3** mark, jord **II** *vb tr* o. *vb itr* **1** landsätta; landa, landstiga, gå i land [*we landed at Bombay*] **2** landa [~ *a fish*]; fånga, få tag i [~ *a job*]; vinna [~ *the prize*]; ~ ***an aeroplane*** landa med ett flygplan **3** hamna [äv. ~ *up*; ~ *in the mud*], råka in [*in* i]; sluta [*in* med, i]; ~ ***oneself in great trouble*** råka in i en mycket besvärlig situation; ***be***

landed with få på halsen **4** sl. pricka in, ge [~ *a punch*]; om slag träffa, gå in
landing ['lændɪŋ] *s* **1** landning; landstigning; ***emergency (forced)*** ~ nödlandning **2** trappavsats
landing-strip ['lændɪŋstrɪp] *s* bana, stråk på flygfält
landlady ['lændˌleɪdɪ] *s* värdinna, hyresvärdinna; husägare; värdshusvärdinna
landlord ['lændlɔ:d] *s* värd, hyresvärd; husägare; värdshusvärd
landlubber ['lændˌlʌbə] *s* vard. landkrabba
landmark ['lændmɑ:k] *s* **1** gränsmärke; landmärke; orienteringspunkt **2** bildl. milstolpe
landmine ['lændmaɪn] *s* landmina
landowner ['lændˌəʊnə] *s* jordägare
landscape ['lændskeɪp] *s* landskap, natur; ~ ***gardener*** trädgårdsarkitekt
landslide ['lændslaɪd] *s* jordskred; ~ ***victory*** jordskredsseger
lane [leɪn] *s* **1** a) smal väg mellan t.ex. häckar b) trång gata, gränd; ofta bakgata **2** körfält, fil [äv. *traffic* ~] **3** farled för oceanfartyg, segelled; flyg. luftled **4** sport. bana
language ['læŋgwɪdʒ] *s* språk; ***bad*** ~ rått (grovt) språk
languid ['læŋgwɪd] *adj* slapp, matt; slö, trög
languish ['læŋgwɪʃ] *vb itr* **1** avmattas; tyna bort **2** tråna, trängta
lank [læŋk] *adj* om hår lång och rak, stripig
lanky ['læŋkɪ] *adj* gänglig
lanolin ['lænəlɪn] *s* o. **lanoline** ['lænəli:n] *s* lanolin
lantern ['læntən] *s* lykta; lanterna; ***Chinese*** ~ kulört lykta, papperslykta
1 lap [læp] *s* knä; sköte
2 lap [læp] **I** *vb tr* linda (svepa) in **II** *s* sport. varv; etapp
3 lap [læp] *vb tr* o. *vb itr* **1** lapa, slicka upp (i sig) [äv. ~ *up*] **2** om vågor plaska
lapdog ['læpdɒg] *s* knähund
lapel [lə'pel] *s* slag på t.ex. kavaj
Lapland ['læplænd] Lappland
Laplander ['læplændə] *s* o. **Lapp** [læp] *s* same, lapp
lapse [læps] **I** *s* **1** lapsus, förbiseende, misstag; felsteg **2** ***a*** ~ ***of a hundred years*** hundra år el. en tidrymd av hundra år **II** *vb itr* **1 a)** sjunka ned, förfalla, återfalla [*into* till, i] **b)** ~ ***from*** avfalla (avvika) från **2** a) upphöra; förfalla, utlöpa b) återgå **3** om tid förflyta
laptop ['læptɒp] *s*, ~ ***computer*** portföljdator
larch [lɑ:tʃ] *s* lärkträd [äv. *larch tree*]
lard [lɑ:d] **I** *s* isterflott, ister **II** *vb tr* späcka äv. bildl. [*larded with quotations*]
larder ['lɑ:də] *s* skafferi; visthus
large [lɑ:dʒ] **I** *adj* stor; vidsträckt **II** *s*, ***at*** ~ fri, lös, på fri fot
largely ['lɑ:dʒlɪ] *adv* till stor del; i hög grad; i stor utsträckning
large-scale ['lɑ:dʒskeɪl] *adj* i stor skala
large-size ['lɑ:dʒsaɪz] *adj* o. **large-sized** ['lɑ:dʒsaɪzd] *adj* stor; i stort nummer
largish ['lɑ:dʒɪʃ] *adj* ganska stor
1 lark [lɑ:k] *s* lärka
2 lark [lɑ:k] **I** *s* vard. upptåg, skoj **II** *vb itr* skoja [äv. ~ *about*]
larva ['lɑ:və] (pl. *larvae* ['lɑ:vi:]) *s* zool. larv
laryngitis [ˌlærɪn'dʒaɪtɪs] *s* laryngit, strupkatarr
larynx ['lærɪŋks] (pl. *larynges* [læ'rɪndʒi:z] el. *larynxes*) *s* struphuvud
lascivious [lə'sɪvɪəs] *adj* lysten, liderlig
laser ['leɪzə] *s* laser
lash [læʃ] **I** *vb tr* o. *vb itr* **1** piska; prygla; piska med [*the lion lashed its tail*] **2** ~ ***out*** slå vilt omkring sig **3** vard. slå på stort, spendera **II** *s* **1** snärt på piska **2** piskrapp, snärt **3** ögonfrans, ögonhår
lass [læs] *s* flicka, tös
lasso [læ'su:] **I** (pl. ~*s* el. *lassoes*) *s* lasso **II** *vb tr* fånga med lasso
1 last [lɑ:st] *s* skomakares läst
2 last [lɑ:st] **I** *adj* sist; senast; ~ ***name*** efternamn; ~ ***week*** förra veckan; ~ ***year*** i fjol, förra året; ~ ***Christmas*** i julas; ~ ***Monday*** i måndags; ***the*** ~ ***few years*** de senaste åren **II** *adv* **1** sist [*who came* ~*?*]; i sammansättningar sist- [*last-mentioned*]; ~ ***of all*** allra sist **2** senast [*when did you see him* ~*?*] **III** *s* sista; ***to (till) the*** ~ (***the very*** ~) ända in i det sista; ***from first to*** ~ från början till slut; ***at*** ~ till slut; ***at*** ~***!*** äntligen!
3 last [lɑ:st] *vb itr* o. *vb tr* **1** vara, hålla på [*how long did it* ~*?*], räcka **2** hålla; hålla sig, stå sig **3** räcka till för någon
lasting ['lɑ:stɪŋ] *adj* bestående, varaktig
lastly ['lɑ:stlɪ] *adv* till sist, slutligen
latch [lætʃ] **I** *s* dörrklinka; spärrhake; ***the door is on the*** ~ låset är uppställt **II** *vb tr* stänga med klinka; låsa
latchkey ['lætʃki:] *s* portnyckel

late [leɪt] **I** (komparativ *later* el. *latter*, superlativ *latest* el. *last*) *adj* **1** sen; för sen; ***in the ~ forties*** i slutet av fyrtiotalet; ***he is in his ~ forties*** han är närmare femtio; ***~ summer*** sensommar, sensommaren; ***be ~*** vara sen (försenad), komma sent **2** endast attributivt a) avliden, framliden b) förre, förra; före detta (f.d.); ***my ~ husband*** min avlidne man; ***the ~ prime minister*** förre (framlidne) premiärministern **3** senaste tidens [*the ~ political troubles*]; ***of ~*** på sista tiden; nyligen
II (komparativ *later*, superlativ *latest, last*) *adv* sent; för sent; ***sit (be) up ~*** sitta (vara) uppe länge om kvällarna; ***sleep ~*** sova länge

latecomer ['leɪtˌkʌmə] *s* senkomling, eftersläntrare

lately ['leɪtlɪ] *adv* på sista tiden, på sistone

lateness ['leɪtnəs] *s*, ***the ~ of his arrival*** hans sena ankomst

latent ['leɪt(ə)nt] *adj* latent, dold [*~ talent*]

later ['leɪtə] **I** *adj* senare **II** *adv* senare; efteråt; ***sooner or ~*** förr eller senare; ***~ on*** senare, längre fram; ***see you ~!*** hej så länge!

latest ['leɪtɪst] *adj* senast, sist [*the ~ fashion*]; ***it's the ~*** vard. det är sista modet; ***at the ~*** senast

lathe [leɪð] *s* **1** svarv; svarvstol **2** drejskiva

lather ['lɑ:ðə] **I** *s* lödder **II** *vb tr* o. *vb itr* tvåla in; löddra sig

lathery ['lɑ:ðərɪ] *adj* löddrig

Latin ['lætɪn] **I** *adj* latinsk; ***~ America*** Latinamerika **II** *s* latin

latitude ['lætɪtju:d] *s* **1** latitud, breddgrad [äv. *degree of ~*] **2** handlingsfrihet, rörelsefrihet; spelrum

latter ['lætə] *adj*, ***the ~*** den (det, de) senare; denne [*my brother asked his boss but the ~...*], denna, dessa

lattice ['lætɪs] *s* galler, spjälverk

Latvia ['lætvɪə] Lettland

Latvian ['lætvɪən] **I** *adj* lettisk **II** *s* **1** lett **2** lettiska språket

laudable ['lɔ:dəbl] *adj* berömvärd

laugh [lɑ:f] **I** *vb itr* skratta **II** *s* skratt

laughable ['lɑ:fəbl] *adj* skrattretande; löjlig

laughing ['lɑ:fɪŋ] **I** *adj* skrattande **II** *s* skratt, skrattande; ***it is no ~ matter*** det är ingenting att skratta åt

laughing-gas ['lɑ:fɪŋgæs] *s* lustgas

laughing-stock ['lɑ:fɪŋstɒk] *s* åtlöje; driftkucku

laughter ['lɑ:ftə] *s* skratt; ***roars (peals) of ~*** skallande skrattsalvor

1 launch [lɔ:ntʃ] *vb tr* **1** sjösätta fartyg **2** slunga, kasta [*~ a spear*], skjuta av, skjuta (sända) upp [*~ a rocket*] **3** lansera; starta [*~ a campaign*]

2 launch [lɔ:ntʃ] *s* större motorbåt

launder ['lɔ:ndə] *vb tr* tvätta

Launderette [ˌlɔ:n'dret] *s* ® tvättomat

laundress ['lɔ:ndrəs] *s* tvätterska

Laundromat ['lɔ:ndrəmæt] *s* ® speciellt amer. tvättomat

laundry ['lɔ:ndrɪ] *s* **1** tvättinrättning; ***~ room*** tvättstuga **2** tvätt; tvättkläder

Laurel ['lɒr(ə)l] egennamn; ***~ and Hardy*** komikerpar Helan Hardy och Halvan Laurel

laurel ['lɒr(ə)l] *s* lager; lagerträd; ***rest on one's ~s*** vila på sina lagrar

lav [læv] *s* (vard. kortform för *lavatory*) toa

lava ['lɑ:və] *s* lava

lavatory ['lævətrɪ] *s* toalett, wc; ***~ pan*** wc-skål; ***~ paper*** toalettpapper

lavender ['lævəndə] *s* lavendel

lavish ['lævɪʃ] **I** *adj* slösaktig, frikostig; slösande; påkostad **II** *vb tr* slösa, slösa med, vara frikostig med

law [lɔ:] *s* **1** lag; ***by ~*** enligt lag (lagen); i lag **2** juridik; ***court of ~*** domstol, rätt

law-abiding ['lɔ:əˌbaɪdɪŋ] *adj* laglydig

lawcourt ['lɔ:kɔ:t] *s* domstol, tingsrätt

lawful ['lɔ:f(ʊ)l] *adj* laglig; ***~ game (prey)*** lovligt byte; ***~ heir*** rättmätig arvinge

lawmaker ['lɔ:ˌmeɪkə] *s* lagstiftare

lawn [lɔ:n] *s* gräsmatta; ***~ tennis*** tennis

lawnmower ['lɔ:nˌməʊə] *s* gräsklippare; ***power (powered) ~*** motorgräsklippare

lawsuit ['lɔ:su:t] *s* process, rättegång, mål

lawyer ['lɔ:jə] *s* jurist; advokat, affärsjurist

lax [læks] *adj* slapp [*~ discipline*]; släpphänt

laxative ['læksətɪv] *s* laxermedel, laxativ

1 lay [leɪ] *adj* lekmanna- [*~ preacher*]

2 lay [leɪ] se *2 lie I*

3 lay [leɪ] (*laid laid*) *vb tr* o. *vb itr* **1** lägga; placera; lägga ner, dra [*~ a cable*]; duka [*~ the table*]; ***~ eggs*** lägga ägg, värpa; ***~ waste*** ödelägga **2** vid vadhållning sätta, hålla [*~ ten to* (mot) *one*] □ **~ about** vard. slå vilt omkring sig; **~ aside** a) lägga undan, spara b) lägga bort (ifrån sig) [*~ aside the book*]; **~ down** a) lägga ner (ned) b) offra [*~ down one's life*] c) fastställa, fastslå, uppställa [*~ a th. down as a rule*]; hävda; **~ out** a) lägga fram (ut) b) vard. slå ut (sanslös) c) planera, anlägga; **~ up** a) lägga upp

b) vard., ***be laid up*** ligga sjuk [*with the flu* i influensa]

layabout ['leɪəbaʊt] *s* sl. dagdrivare, odåga

lay-by ['leɪbaɪ] *s* parkeringsplats vid landsväg; rastplats

layer ['leɪə] *s* lager, skikt

layman ['leɪmən] (pl. *laymen* ['leɪmən]) *s* lekman; icke-fackman

lay-off ['leɪɒf] *s* friställning

layout ['leɪaʊt] *s* **1** planering, anläggning **2** layout; plan; uppställning

laze [leɪz] **I** *vb itr* lata sig, slöa; ~ ***around*** gå och slå dank **II** *s* latstund

laziness ['leɪzɪnəs] *s* lättja

lazy ['leɪzɪ] *adj* lat, lättjefull

lazybones ['leɪzɪˌbəʊnz] (pl. lika) *s* vard. latmask, slöfock

lb. [paʊnd, pl. paʊndz] (förk. för *pound, pounds*) skålpund

lbs. [paʊndz] pl. av *lb.*

1 lead [led] *s* **1** bly **2** blyerts, grafit; blyertsstift

2 lead [li:d] **I** (*led led*) *vb tr* o. *vb itr* **1** leda, föra [*to* till; *into* in i]; vägleda; anföra; gå före, vara ledare; ~ ***the way*** gå före och visa vägen [*to* för]; ~ ***by the nose*** få vart man vill **2** föranleda [*this led him to believe that...*], få **3** föra [~ *a miserable existence* (tillvaro)], leva [~ *a quiet life*] **4** om t.ex. väg gå, föra, leda [*to* till] **5** leda [*this led to confusion*], resultera [*to* i] **6** kortsp. ha förhand, spela ut, dra [~ *the ace of trumps*] □ ~ **astray** föra vilse; ~ **away** föra bort; ***be led away by*** bildl. låta sig ryckas med av; ~ **up to** föra (leda) till, resultera i **II** *s* **1** a) ledning b) försprång; tät c) ledtråd; tips; ***follow*** (***take***) ***a p.'s*** ~ följa ngns exempel **2** teat. huvudroll **3** elektr. ledning **4** koppel rem

leaden ['ledn] *adj* **1** bly-; blyaktig **2** tung

leader ['li:də] *s* ledare

leadership ['li:dəʃɪp] *s* ledarskap; ledning

leading ['li:dɪŋ] *adj* ledande; förnämst; ~ ***actor*** (***actress***) manlig (kvinnlig) huvudrollsinnehavare; ~ ***article*** tidn. ledare

lead pencil [ˌled'pensl] *s* blyertspenna

leaf [li:f] **I** (pl. *leaves* [li:vz]) *s* **1** löv, blad; lövverk **2** blad i bok; ***turn over a new*** ~ bildl. börja ett nytt liv **3** klaff, skiva till t.ex. bord **II** *vb itr*, ~ ***through*** bläddra i

leaflet ['li:flət] *s* flygblad, reklamlapp; folder, broschyr

leafy ['li:fɪ] *adj* lövad, lövrik, lummig

league [li:g] *s* **1** förbund **2** sport. serie; ***the League*** engelska ligan

leak [li:k] **I** *s* läcka; läckage; ***a*** ~ ***of information*** en läcka **II** *vb itr* o. *vb tr* läcka äv. bildl. [~ *news to the press*]; vara otät; ~ ***out*** sippra (läcka) ut

leakage ['li:kɪdʒ] *s* läckage, läcka

leaky ['li:kɪ] *adj* läckande, läck, otät

1 lean [li:n] *adj* mager

2 lean [li:n] (*leaned leaned* [lent, li:nd] el. *leant leant* [lent]) *vb itr* o. *vb tr* luta sig, stödja sig; luta, stödja, ställa

leaning ['li:nɪŋ] *s* **1** lutning **2** böjelse, benägenhet [*towards* för]

leant [lent] se *2 lean*

leap [li:p] **I** (*leapt leapt* [lept]) *vb itr* o. *vb tr* hoppa; hoppa över **II** *s* hopp, språng; ***by ~s and bounds*** med stormsteg

leapfrog ['li:pfrɒg] **I** *s* hoppa bock; ***play*** ~ hoppa bock **II** *vb itr* hoppa bock

leapt [lept] se *leap*

leap year ['li:pjɪə] *s* skottår

learn [lɜ:n] (*learnt learnt* [lɜ:nt] el. *learned learned* [lɜ:nt, lɜ:nd]) *vb tr* o. *vb itr* **1** lära sig [*from a p.* av ngn; *he ~s fast*], lära in; lära; ~ ***by heart*** lära sig utantill **2** få veta, höra [*from* av; *of* om]

learned [betydelse *I* lɜ:nt, lɜ:nd, betydelse *II* 'lɜ:nɪd] **I** se *learn* **II** *adj* lärd

learner ['lɜ:nə] *s* lärjunge, elev; nybörjare; ~ ***car*** övningsbil

learning ['lɜ:nɪŋ] *s* **1** inlärande; inlärning **2** lärdom; ***a man of*** ~ en lärd man

learnt [lɜ:nt] se *learn*

lease [li:s] **I** *s* arrende, uthyrande; ***get*** (***take on***) ***a new*** ~ ***of life*** få nytt liv **II** *vb tr* **1** arrendera, hyra [*from* av] **2** arrendera ut, hyra ut [äv. ~ *out*]; leasa

leasehold ['li:s(h)əʊld] *s* arrende

leaseholder ['li:sˌ(h)əʊldə] *s* arrendator

leash [li:ʃ] **I** *s* koppel, rem; ***on a*** (***the***) ~ i koppel **II** *vb tr* koppla; föra i koppel

least [li:st] (superlativ av *little*) **I** *adj* o. *adv* minst **II** *s*, ***the*** ~ det minsta; ***to say the*** ~ minst sagt, milt talat; ***at*** ~ a) åtminstone; i varje fall b) minst; ***not in the*** ~ el. ***not the*** ~ inte det minsta

leather ['leðə] *s* läder, skinn

leather-bound ['leðəbaʊnd] *adj* i skinnband

leatherette [ˌleðə'ret] *s* konstläder

leathery ['leðərɪ] *adj* läderartad, seg [~ *meat*]

leave [li:v] **I** (*left left*) *vb tr* o. *vb itr* **1** lämna; lämna kvar; efterlämna;

glömma; ***three from seven ~s four*** tre från sju är (blir) fyra; ~ ***hold*** (***go***) vard. släppa taget; ***it ~s much*** (***nothing***) ***to be desired*** det lämnar mycket (ingenting) övrigt att önska; ***he ~s a wife and two sons*** han efterlämnar hustru och två söner; ~ ***alone*** låta vara, låta bli; ***be left*** a) lämnas kvar b) finnas (bli) kvar **2** testamentera, efterlämna **3** lämna, gå (resa) ifrån, avgå ifrån; överge; avresa, avgå, ge sig av (i väg) [*for* till]; sluta, flytta; ~ ***school*** sluta (lämna) skolan **4** överlåta, överlämna [*to* åt]; ~ ***to chance*** lämna åt slumpen; ***I'll ~ it to you to...*** jag överlåter åt dig att... □ ~ **about** låta ligga framme; ~ **aside** lämna åsido, bortse ifrån; ~ **behind** lämna, lämna kvar, lämna efter sig, efterlämna; glömma kvar; ~ **off** sluta med, avbryta, upphöra med; sluta [*we left off at page 10*]; ~ **out** a) utelämna; förbigå b) låta ligga framme; ***feel left out of things*** känna sig utanför

II *s* **1** lov, tillåtelse, tillstånd; ***be on ~ of absence*** el. ***be on ~*** ha permission; vara tjänstledig; ***absent without ~*** frånvarande utan giltigt förfall **2** avsked, farväl; ***take one's ~*** säga adjö, ta farväl; ***take ~ of one's senses*** bli galen

leaven ['levn] **I** *s* surdeg **II** *vb tr* jäsa med surdeg

leaves [li:vz] *s* se *leaf I*

leave-taking ['li:vˌteɪkɪŋ] *s* avsked; avskedstagande

leaving ['li:vɪŋ] *s*, pl. ***~s*** matrester

Lebanese [ˌlebə'ni:z] **I** (pl. lika) *s* libanes **II** *adj* libanesisk

Lebanon ['lebənən] Libanon

lecherous ['letʃərəs] *adj* liderlig; vällustig

lechery ['letʃərɪ] *s* liderlighet, lusta

lecture ['lektʃə] **I** *s* **1** föreläsning, föredrag [*on* om, över]; ~ ***hall*** (***room***) föreläsningssal; ***attend ~s*** gå på föreläsningar; ***deliver*** (***give***) ***a ~*** hålla en föreläsning **2** straffpredikan **II** *vb itr* o. *vb tr* **1** föreläsa [*on* om, över]; föreläsa för **2** läxa upp

lecturer ['lektʃərə] *s* **1** föreläsare **2** universitetslektor

led [led] se *2 lead I*

ledge [ledʒ] *s* list, hylla

lee [li:] *s* lä; läsida [äv. ~ *side*]

leech [li:tʃ] *s* blodigel; igel [*hang on like a ~*]

leek [li:k] *s* purjolök

leer [lɪə] **I** *s* hånfull (lysten) blick **II** *vb itr* kasta lömska blickar [*at* på]

lees [li:z] *s pl* drägg, bottensats

leeward ['li:wəd] *s*, ***on the ~ of*** på läsidan

leeway ['li:weɪ] *s* spelrum, andrum; ***have a great deal of ~ to make up*** ha mycket att ta igen

1 left [left] se *leave I*

2 left [left] **I** *adj* vänster; ~ ***turn*** vänstersväng **II** *adv* till vänster [*of* om], åt vänster; ~ ***turn!*** mil. vänster om!; ***turn ~*** svänga (gå) till vänster **III** *s* vänster sida (hand); ***the Left*** polit. vänstern; ***on your ~*** till vänster om dig

left-hand ['lefthænd] *adj* vänster-

left-handed [ˌleft'hændid] *adj* vänsterhänt

left-hander [ˌleft'hændə] *s* **1** vänsterhänt person; sport. vänsterhandsspelare **2** vänsterslag

leftist ['leftɪst] *s* vänsteranhängare

left-luggage [ˌleft'lʌgɪdʒ] *s*, ~ ***office*** el. ~ effektförvaring, resgodsinlämning

left-off ['leftɒf] *s* vard., pl. ***~s*** avlagda kläder

left-over ['leftˌəʊvə] *s* **1** pl. ***~s*** matrester **2** kvarleva

leftwards ['leftwədz] *adv* till (åt) vänster

left-wing ['leftwɪŋ] *adj* på vänsterkanten; vänster-, vänsterorienterad

left-winger [ˌleft'wɪŋə] *s* **1** vänsteranhängare, radikal **2** sport. vänsterytter

leg [leg] *s* **1** ben lem; ***feel*** (***find***) ***one's ~s*** a) lära sig stå (gå) b) känna sig hemmastadd, finna sig till rätta; ***pull a p.'s ~*** vard. driva med ngn; ***be on one's ~s*** vara på benen igen efter sjukdom; ***be on one's last ~s*** vard. vara nära slutet **2** kok. lägg, lår; ~ ***of mutton*** fårstek, fårlår **3** byxben; skaft på strumpa el. stövel **4** ben, fot på t.ex. möbel **5** sport. omgång av t.ex. matcher [*first (second) ~*] **6** etapp av t.ex. distans, resa

legacy ['legəsɪ] *s* legat, testamentarisk gåva

legal ['li:g(ə)l] *adj* laglig, lag-; lagenlig; rättslig, juridisk; ***take ~ action*** vidta laga åtgärder

legality [lɪ'gælətɪ] *s* laglighet, lagenlighet

legalize ['li:gəlaɪz] *vb tr* legalisera, göra laglig

legation [lɪ'geɪʃ(ə)n] *s* legation, beskickning

legend ['ledʒ(ə)nd] *s* legend; saga, sägen

legendary ['ledʒ(ə)ndrɪ] *adj* legendarisk

legible ['ledʒəbl] *adj* läslig, läsbar; tydlig

legion ['li:dʒ(ə)n] *s* legion; här; ***the Foreign Legion*** främlingslegionen
legislate ['ledʒɪsleɪt] *vb itr* lagstifta
legislation [ˌledʒɪs'leɪʃ(ə)n] *s* lagstiftning
legislative ['ledʒɪslətɪv] *adj* lagstiftande
legislator ['ledʒɪsleɪtə] *s* lagstiftare
legislature ['ledʒɪslətʃə] *s* lagstiftande församling
legitimate [lɪ'dʒɪtɪmət] *adj* legitim, laglig
leg-pulling ['legˌpʊlɪŋ] *s* vard. skämt
leisure ['leʒə, amer. vanl. 'li:ʒə] *s* ledighet, fritid; frihet; ~ ***clothes*** (***wear***) fritidskläder; ***at*** ~ ledig, i lugn och ro [*do a th. at* ~]
leisurely ['leʒəlɪ, amer. vanl. 'li:ʒəlɪ] *adj* lugn, maklig; ***at a*** ~ ***pace*** i lugn (maklig) takt
lemon ['lemən] **I** *s* citron **II** *adj* citronfärgad
lemonade [ˌlemə'neɪd] *s* lemonad, läskedryck; sockerdricka
lemon curd ['lemənkɜ:d] *s* citronkräm
lemon soda [ˌlemən'səʊdə] *s* amer., se *lemon squash*
lemon sole ['lemənsəʊl] *s* sjötunga; flundra
lemon squash [ˌlemən'skwɒʃ] *s* lemon squash citronsaft och sodavatten
lemon-squeezer ['leman,skwi:zə] *s* citronpress
lend [lend] (*lent lent*) *vb tr* **1** låna, låna ut **2** ~ ***oneself to*** a) låna sig till, gå med på; förnedra sig till b) om sak lämpa sig för **3** ge, skänka [~ *enchantment*]; ~ ***a hand with a th.*** hjälpa till med ngt
lender ['lendə] *s* långivare
lending-library ['lendɪŋˌlaɪbrɪ] *s* lånbibliotek
length [leŋθ] *s* **1** längd; ***lie full*** ~ ligga raklång; ***at arm's*** ~ a) på en arms avstånd b) bildl. på avstånd [*keep a p. at arm's* ~]; ***win by three ~s*** sport. vinna med tre längder; ***ten metres in*** ~ tio meter lång; ***go to any ~s*** inte sky något; ***go to great ~s*** bildl. gå (sträcka sig) mycket långt **2** ***at*** ~ slutligen, äntligen; utförligt; ***at great*** ~ mycket utförligt
lengthen ['leŋθ(ə)n] *vb tr* förlänga, göra längre; ~ ***a skirt*** lägga ned en kjol
lengthiness ['leŋθɪnəs] *s* långrandighet
lengthwise ['leŋθwaɪz] *adv* på längden
lengthy ['leŋθɪ] *adj* lång, långvarig
lenience ['li:njəns] *s* o. **leniency** ['li:njənsɪ] *s* mildhet, överseende
lenient ['li:njənt] *adj* mild, överseende
lens [lenz] *s* lins, objektiv
Lent [lent] *s* fasta, fastan, fastlag, fastlagen
lent [lent] se *lend*
lentil ['lentl] *s* bot. lins
Leo ['li:əʊ] astrol. Lejonet
leopard ['lepəd] *s* leopard
leper ['lepə] *s* spetälsk
leprosy ['leprəsɪ] *s* spetälska
lesbian ['lezbɪən] **I** *adj* lesbisk **II** *s* lesbisk kvinna
less [les] **I** *adj* o. *adv* o. *s* (komparativ av *little*) **1** mindre; ***in*** ~ ***than no time*** på nolltid **2** ***no*** ~ ***than £100*** inte mindre än 100 pund; ***not*** ~ ***than £100*** minst 100 pund; ***it's no*** (***nothing***) ~ ***than a scandal*** det är ingenting mindre än en skandal **II** *prep* minus [*5* ~ *2 is 3*], med avdrag av (för) [*£10 a week* ~ *rates and taxes*]
lessen ['lesn] *vb tr* o. *vb itr* minska, reducera; minskas
lesson ['lesn] *s* lektion; läxa; ***I learnt a*** ~ jag fick en läxa
lest [lest] *konj* **1** för (så) att inte [*I took it away* ~ *it should be stolen*], ifall något skulle hända **2** efter ord för t.ex. fruktan, oro för att [*we were afraid* ~ *he should come late*]
1 let [let] (*let let*) *vb tr* o. *vb itr* **1** (äv. hjälpverb) låta, tillåta; ***let's have a drink!*** ska vi ta en drink?; ~ ***me introduce...*** får jag presentera...; ***just*** ~ ***him try*** el. ~ ***him try!*** vanl. han skulle bara våga! **2** släppa in [*my shoes* ~ *water*] **3** hyra ut [~ *rooms*]; ***to*** ~ att hyra

□ ~ **alone** a) låta vara, låta bli b) för att inte tala om, ännu mindre [*he can't look after himself,* ~ *alone others*]; ~ **be** låta vara, låta bli; ~ **down** a) släppa (sänka) ner b) lägga (släppa) ner [~ *down a dress*] c) bildl. lämna i sticket, svika [~ *down a friend*]; ~ **go** släppa [~ *me go!*], släppa lös (fri); släppa taget; låta gå; ~ ***oneself go*** slå (släppa) sig lös; ~ **in a)** släppa in [~ *in a p.*; ~ *in light*]; ~ ***oneself in*** låsa upp (öppna) och gå in **b)** ~ ***in the clutch*** släppa upp kopplingen **c)** ~ ***oneself in for*** inlåta sig på, ge sig in på; ***you're letting yourself in for a lot of work*** du får bara en massa arbete på halsen **d)** ~ ***a p. in on*** inviga ngn i; ~ **into a)** släppa in i; ***be*** ~ ***into*** släppas (slippa) in i **b)** inviga i, låta få veta [~ *a p. into a secret*]; ~ **loose** släppa, släppa lös; ~ **off a)** avskjuta, bränna av [~ *off fireworks*] **b)** låta slippa undan [~ *off with a fine*]; ***be*** ~ ***off*** slippa undan **c)** släppa ut t.ex. ånga; tappa av

d) släppa av [~ *me off at 12th Street!*]
e) släppa sig fjärta; ~ **on** vard. skvallra [*I won't ~ on*]; låtsas, låtsas om; ~ **out**
a) släppa ut; släppa lös; ***be ~ out*** släppas (slippa) ut (lös) **b)** avslöja [~ *out a secret*]
c) hyra ut

2 let [let] *s* sport. nätboll vid serve

let-down ['letdaʊn] *s* besvikelse

lethal ['li:θ(ə)l] *adj* dödlig, dödande

let's [lets] = *let us*

letter ['letə] *s* **1** bokstav; ***capital*** (***small***) ~ stor (liten) bokstav **2** brev, skrivelse; ~ ***of credit*** kreditiv; ~ ***to the paper*** (***editor***) insändare

letterbox ['letəbɒks] *s* brevlåda; postlåda

letter card ['letəkɑ:d] *s* postbrev

lettuce ['letɪs] *s* sallat, sallad; salladshuvud

let-up ['letʌp] *s* avbrott, uppehåll

leukaemia [lʊ'ki:mɪə] *s* med. leukemi

level ['levl] **I** *s* **1** nivå, plan; höjd; yta; [***the lecture***] ***was above my*** ~ ...låg över min horisont (nivå); ***on a ~ with*** i nivå (höjd) med, i jämnhöjd med **2** vard., ***on the*** ~ ärligt sagt; ***he's on the*** ~ han är just **3** vattenpass

II *adj* **1** jämn, slät, plan **2** vågrät; på samma plan [*with* som], i jämnhöjd, jämställd [*with* med]; jämn; ~ ***crossing*** plankorsning; järnvägskorsning i plan; ***a ~ teaspoonful*** en struken tesked; ***do one's ~ best*** göra sitt allra bästa; ***draw ~*** komma jämsides med varandra; ***keep ~ with*** hålla jämna steg med **3** ***keep a ~ head*** hålla huvudet kallt

III *vb tr* **1** jämna, planera [~ *a road*]; göra vågrät; jämna ut; ~ ***with*** (***to***) ***the ground*** el. ~ jämna med marken, rasera **2** rikta [*at, against* mot]

level-headed [ˌlevl'hedɪd] *adj* sansad

lever ['li:və] **I** *s* hävstång; spak; handtag **II** *vb tr* lyfta med hävstång

levy ['levɪ] **I** *s* uttaxering **II** *vb tr* uttaxera, lägga på [~ *a tax*]

lewd [lju:d] *adj* liderlig, oanständig

lexicographer [ˌleksɪ'kɒgrəfə] *s* lexikograf, ordboksförfattare

lexicography [ˌleksɪ'kɒgrəfɪ] *s* lexikografi

liability [ˌlaɪə'bɪlətɪ] *s* **1** ansvar; betalningsskyldighet **2** benägenhet, mottaglighet **3** pl. ***liabilities*** hand. skulder **4** belastning; olägenhet

liable ['laɪəbl] *adj* **1** ansvarig **2** skyldig; ~ ***to*** belagd med t.ex. straff, skatt; underkastad; ~ ***to duty*** tullpliktig; ***make oneself ~ to*** utsätta sig för risken av **3** mottaglig [*to* för]; benägen [*to* för]; ***colours ~ to fade*** färger som gärna vill blekna; ***it is ~ to be misunderstood*** det kan så lätt missförstås

liaison [li:'eɪz(ə)n] *s* **1** kärleks- förhållande **2** mil., ~ ***officer*** sambandsofficer

liar ['laɪə] *s* lögnare, lögnerska, lögnhals

libel ['laɪb(ə)l] **I** *s* ärekränkning speciellt i skrift **II** *vb tr* ärekränka

liberal ['lɪbr(ə)l] **I** *adj* **1** frikostig, generös **2** liberal, frisinnad **3** ***Liberal*** polit. liberal **II** *s*, ***Liberal*** polit. liberal

liberate ['lɪbəreɪt] *vb tr* befria; frige

liberation [ˌlɪbə'reɪʃ(ə)n] *s* befrielse; frigivning; frigörelse

liberator ['lɪbəreɪtə] *s* befriare

liberty ['lɪbətɪ] *s* frihet; ***the ~ of the press*** tryckfrihet, tryckfriheten; ~ ***of speech*** yttrandefrihet; ***take liberties*** ta sig friheter, vara närgången [*with* mot]; ***at*** ~ på fri fot; ***you are at ~ to*** det står dig fritt att; ***set at*** ~ frige

Libra ['li:brə] *s* astrol. Vågen

librarian [laɪ'breərɪən] *s* bibliotekarie

library ['laɪbrɪ] *s* bibliotek; film. arkiv

librettist [lɪ'bretɪst] *s* librettoförfattare

libretto [lɪ'bretəʊ] (pl. ~*s* el. *libretti*) *s* libretto

Libya ['lɪbɪə] Libyen

Libyan ['lɪbɪən] **I** *adj* libysk **II** *s* libyer

lice [laɪs] *s* se *louse 1*

licence ['laɪs(ə)ns] *s* **1** licens [*radio* ~]; ***dog*** ~ ungefär hundskatt; ***driving*** (***driver's***) ~ körkort; ***pilot's*** ~ flygcertifikat **2** tygellöshet; lättsinne **3** handlingsfrihet; ***poetic*** ~ poetisk frihet

license ['laɪs(ə)ns] **I** *vb tr* bevilja (ge) licens **II** *s* amer. = *licence*; ~ ***plate*** amer. nummerplåt, registreringsskylt

licensed ['laɪs(ə)nst] *adj* med spriträttigheter; ~ ***premises*** (***house***) restaurang (hotell) med spriträttigheter

lichen ['laɪkən, 'lɪtʃən] *s* lav

lick [lɪk] **I** *vb tr* **1** slicka; slicka på; ~ ***a p.'s boots*** (***shoes***) vard. krypa (krusa) för ngn; ~ ***into shape*** sätta fason på **2** vard. ge stryk, slå [~ *a p. at tennis*] **II** *s* **1** slickning **2** saltsleke **3** sl., ***at a great*** (***at full***) ~ i full fräs

licorice ['lɪkərɪs] *s* amer. lakrits

lid [lɪd] *s* **1** lock; ***put the ~ on*** vard. sätta stopp för; ***take the ~ off*** vard. avslöja **2** ögonlock [äv. *eyelid*]

lido ['li:dəʊ] (pl. ~*s*) *s* friluftsbad

1 lie [laɪ] **I** *s* lögn, osanning; ***a pack of ~s*** en massa lögner **II** *vb itr* ljuga [*to* för]

2 lie [laɪ] **I** (*lay lain*) *vb itr* ligga; ligga begraven; ***here ~s*** här vilar □ ~ **about** ligga och skräpa, ligga framme; ~ **back** luta (lägga) sig tillbaka; ~ **down a)** lägga sig och vila, lägga sig ner **b)** ***take an insult lying down*** finna sig i en förolämpning; ~ **in a)** ligga i, bestå i; ***everything that ~s in my power*** allt som står i min makt **b)** ligga kvar i sängen; ~ **with** åvila, ligga hos [*the fault ~s with the Government*] **II** *s* läge, belägenhet; ***know the ~ of the land*** bildl. veta hur läget är

lie-down [laɪ'daʊn] *s*, ***go and have a ~*** lägga sig och vila

lie-in ['laɪɪn] *s*, ***have a nice ~*** ligga och dra sig i sängen

lieutenant [lef'tenənt, amer. luː'tenənt] *s* **1** löjtnant inom armén; kapten inom flottan **2** i USA ungefär polisinspektör

life [laɪf] (pl. *lives* [laɪvz]) *s* **1** liv; livstid, livslängd; ***a ~ sentence*** livstidsfängelse; ***the ~ and soul of the party*** sällskapets medelpunkt; [***tell the children***] ***the facts of ~*** vard. ...hur ett barn kommer till; ***great loss of ~*** stora förluster i människoliv; ***at my time of ~*** vid min ålder; ***I had the time of my ~*** vard. jag hade jätteroligt; ***not for the ~ of me*** vard. inte för mitt liv (allt i världen); ***not on your ~*** aldrig i livet **2** levnadsteckning, biografi [*the lives of* (över) *great men*] **3** konst. natur, verklighet; ~ ***class*** krokiklass med elever som tecknar efter levande modell; ***larger than ~*** i övernaturlig storlek

lifebelt ['laɪfbelt] *s* livbälte; räddningsbälte

lifeboat ['laɪfbəʊt] *s* livbåt; livräddningsbåt

lifebuoy ['laɪfbɔɪ] *s* livboj, frälsarkrans

lifeguard ['laɪfgɑːd] *s* **1** livvakt **2** pl. ***~s*** livgarde **3** livräddare, strandvakt

life jacket ['laɪfˌdʒækɪt] *s* flytväst

lifeless ['laɪfləs] *adj* livlös, död, utan liv

lifelike ['laɪflaɪk] *adj* livslevande, naturtrogen

lifeline ['laɪflaɪn] *s* livlina; räddningslina

lifelong ['laɪflɒŋ] *adj* livslång [*~ friendship*]

life-saving ['laɪfˌseɪvɪŋ] *s* livräddning

life-size [ˌlaɪf'saɪz] *adj* i kroppsstorlek, i naturlig storlek

lifetime ['laɪftaɪm] *s* livstid; ***a ~*** ett helt liv; hela livet [*it'll last a ~*]; ***it is the chance of a ~*** det är mitt (ditt etc.) livs chans

lift [lɪft] **I** *vb tr* o. *vb itr* **1** lyfta; lyfta på; höja sig **2** häva [*~ a blockade*], upphäva **3** lätta [*the fog lifted*], lyfta, skingras **II** *s* **1** lyft, lyftande **2** ***give a p. a ~*** ge ngn lift (skjuts) **3** hiss; skidlift

ligament ['lɪgəmənt] *s* anat. ligament, ledband

1 light [laɪt] **I** *s* ljus, sken; belysning; dagsljus, dager; lampa; ***bring*** (***come***) ***to ~*** bringa (komma) i dagen; ***may I have a ~?*** kan jag få lite eld?; ***put on*** (***put out***) ***the ~*** tända (släcka) ljuset; ***shed*** (***throw***) ***~ on*** (***upon***) bildl. sprida ljus över, bringa klarhet i; ***strike a ~*** tända en tändsticka; ***in a false ~*** i falsk dager; pl. ***~s*** a) teat. rampljus b) trafikljus **II** (*lit lit* el. *lighted lighted*) *vb tr* **1** tända [äv. *~ up*] **2** lysa upp, belysa

2 light [laɪt] **I** *adj* **1** lätt [*a ~ burden*]; ~ ***comedy*** lättare komedi, lustspel; ~ ***opera*** operett; ~ ***reading*** nöjesläsning; ~ ***sentence*** mild dom; ***he is a ~ sleeper*** han sover lätt **2** lindrig, lätt [*a ~ attack of flu*] **II** *adv* lätt [*sleep ~*]; ***get off ~*** slippa lindrigt undan; ***travel ~*** resa utan mycket bagage

3 light [laɪt] (*lit lit* el. *lighted lighted*) *vb itr*, ~ ***on*** (***upon***) råka (stöta) på

light bulb ['laɪtbʌlb] *s* glödlampa

1 lighten ['laɪtn] *vb tr* lätta, göra lättare

2 lighten ['laɪtn] *vb tr* o. *vb itr* **1** lysa upp, upplysa **2** ljusna, klarna **3** blixtra

1 lighter ['laɪtə] *s* tändare

2 lighter ['laɪtə] *s* läktare, pråm

light-headed [ˌlaɪt'hedɪd] *adj* **1** yr i huvudet **2** tanklös, lättsinnig

lighthouse ['laɪthaʊs] *s* fyr, fyrtorn

lighting ['laɪtɪŋ] *s* lyse, belysning

lightly ['laɪtlɪ] *adv* lätt; ~ ***done*** lättstekt; ***get off ~*** slippa lindrigt undan

lightning ['laɪtnɪŋ] *s* blixtar, blixt; ***a flash of ~*** en blixt; ***forked ~*** sicksackblixt, sicksackblixtar; ***sheet ~*** ytblixt, ytblixtar

lightning conductor [ˌlaɪtnɪŋkən'dʌktə] *s* åskledare

lightweight ['laɪtweɪt] *s* **1** lättvikt; attributivt lättvikts- [*~ bicycle*], lätt **2** lättviktare

light year ['laɪtjɪə] *s* astron. ljusår äv. bildl.

likable ['laɪkəbl] *adj* sympatisk, trevlig

1 like [laɪk] **I** *adj* lik; ***be ~*** vara lik, likna [*she is ~ him*], se ut som; ***what's it ~?*** hur är den?; hur ser den ut?; ***I have one ~ this at home*** jag har en likadan hemma **II** *prep* som [*if I were ~ you*], såsom, liksom, likt; ~ ***this*** så här □ ~ **anything** vard. som bara den [*he ran ~*

anything]; **nothing ~** vard. inte alls, inte på långt när [*nothing ~ as (so) old*]; **something ~** omkring, ungefär; något i stil med **III** *konj* vard. som [*do it ~ I do*], såsom **IV** *s* **1** ***the ~*** något liknande (dylikt) **2** vard., ***the ~s of me*** såna som jag

2 like [laɪk] **I** *vb tr* o. *vb itr* tycka om, gilla; vilja [*do as you ~*], ha lust; ***well, I ~ that!*** iron. det må jag då säga!; ***I should ~ to know*** jag skulle gärna vilja veta; ***he can try if he ~s*** han får gärna försöka **II** *s*, ***~s and dislikes*** sympatier och antipatier

likelihood ['laɪklɪhʊd] *s* sannolikhet

likely ['laɪklɪ] **I** *adj* sannolik, trolig; ***it is ~ to be misunderstood*** det kan lätt missförstås; ***he is ~ to win*** han vinner säkert; ***not ~!*** vard. knappast!, och det trodde du! **II** *adv*, ***very*** (***most***) **~** sannolikt, troligen

like-minded [ˌlaɪk'maɪndɪd] *adj* likasinnad

liken ['laɪk(ə)n] *vb tr* likna [*to* vid]

likeness ['laɪknəs] *s* **1** likhet; ***family ~*** släkttycke **2** skepnad; form **3** porträtt; [***the portrait***] ***is a good ~*** ...är mycket likt

likewise ['laɪkwaɪz] *adv* likaledes; därtill, dessutom

liking ['laɪkɪŋ] *s*, ***take a ~ to*** fatta tycke för; ***to a p.'s ~*** i ngns smak, till ngns belåtenhet

lilac ['laɪlək] **I** *s* **1** syren **2** lila **II** *adj* lila

Lilliputian [ˌlɪlɪ'pju:ʃən] *s* lilleputt

lilt [lɪlt] *s* rytm, schvung

lily ['lɪlɪ] *s* lilja

lily of the valley [ˌlɪlɪəvðə'vælɪ] (pl. *lilies of the valley*) *s* liljekonvalj

limb [lɪm] *s* lem, arm, ben

limber ['lɪmbə] *vb tr* o. *vb itr*, **~ *up*** mjuka upp; mjuka upp sig

1 lime [laɪm] *s* lime, lime-frukt

2 lime [laɪm] *s* lind

3 lime [laɪm] **I** *s* kalk; ***slaked ~*** släckt kalk **II** *vb tr* **1** kalka vägg **2** bestryka med fågellim; snärja

limelight ['laɪmlaɪt] *s* rampljus; ***be*** (***appear***) ***in the ~*** stå (träda fram) i rampljuset

limestone ['laɪmstəʊn] *s* kalksten

limit ['lɪmɪt] **I** *s* gräns; ***that's the ~!*** vard. det slår alla rekord!, det var det värsta! **II** *vb tr* begränsa

limitation [ˌlɪmɪ'teɪʃ(ə)n] *s* begränsning

limited ['lɪmɪtɪd] *adj* begränsad, inskränkt; **~ *liability company*** el. **~ *company*** aktiebolag med begränsad ansvarighet

limo ['lɪməʊ] (pl. *~s*) *s* vard. limousine

limousine [ˌlɪmə'zi:n] *s* limousine; lyxbil

1 limp [lɪmp] *adj* böjlig; slapp, sladdrig

2 limp [lɪmp] **I** *vb itr* linka, halta **II** *s* haltande gång; ***walk with a ~*** halta

limpid ['lɪmpɪd] *adj* genomskinlig, kristallklar

1 line [laɪn] **I** *s* **1** a) lina; metrev; klädstreck b) elektr. el. tele. ledning **2** linje **3** länga, räcka; fil **4** rad [*page 10 ~ 5*]; ***drop me a ~*** skriv några rader **5** versrad **6** teat., vanl. pl. ***~s*** replik [*the actor had forgotten his ~s*], roll [*he knew his ~s*] **7** släktgren, led; ätt **8** fack, bransch [*what ~ is he in?*]; ***saving is not in my ~*** att spara ligger inte för mig **9** hand. vara, sortiment [*a cheap ~ in hats*] **10** diverse fraser och uttryck: **~ *of action*** förfaringssätt; **~ *of business*** affärsgren, bransch; **~ *of goods*** varuslag; ***be in ~ with*** ligga helt i linje med; ***are you still on the ~?*** är du kvar i telefon?; ***bring a th. into ~ with*** bringa ngt i överensstämmelse med; ***draw the ~*** bildl. dra gränsen [*at* vid], säga stopp [*at* när det gäller]; ***draw the ~ at*** inte vilja gå med på; **~ *engaged*** (amer. ***busy***)***!*** tele. upptaget!; ***fall into ~*** mil. falla in i ledet; ***hold the ~, please!*** tele. var god och vänta!; ***take a strong*** (***hard***) **~** uppträda bestämt

II *vb tr* o. *vb itr* **1** linjera **2** rada upp; mil. ställa upp på linje [äv. **~ *up***]; **~ *up*** ställa upp sig; köa **3** stå utefter, kanta [*people lined the streets*] **4** göra rynkig, fåra t.ex. pannan

2 line [laɪn] *vb tr* fodra, beklä

lined [laɪnd] *adj* **1** randig; strimmig; **~ *paper*** linjerat papper **2** rynkad, rynkig

linen ['lɪnɪn] *s* **1** linne **2** kollektivt linne [*bed-linen*]; underkläder; ***dirty*** (***soiled***) **~** smutskläder

line-printer ['laɪnˌprɪntə] *s* data. radskrivare

liner ['laɪnə] *s* linjefartyg, oceanfartyg; trafikflygplan

linesman ['laɪnzmən] *s* sport. linjedomare, linjeman

line-up ['laɪnʌp] *s* **1** uppställning äv. sport.; bildl. gruppering [*a ~ of Afro-Asian powers*] **2** samling

linger ['lɪŋgə] *vb itr* **1** dröja sig kvar **2** **~ *on*** leva vidare (kvar)

lingerie ['lænʒərɪ:] *s* damunderkläder

lingo ['lɪŋgəʊ] (pl. *lingoes*) *s* vard. språk

linguist ['lɪŋgwɪst] *s* **1** språkkunnig person **2** lingvist, språkforskare

linguistics [ˌlɪŋ'gwɪstɪks] (konstrueras med sg.) *s* lingvistik
liniment ['lɪnəmənt] *s* liniment
lining ['laɪnɪŋ] *s* foder
link [lɪŋk] **I** *s* **1** länk **2** manschettknapp **II** *vb tr* o. *vb itr* länka ihop, förena [äv. ~ *together (up)*]; ~ ***up*** el. ~ länkas ihop, förena sig
links [lɪŋks] *s* golfbana
linnet ['lɪnɪt] *s* zool. hämpling
lino ['laɪnəʊ] (pl. ~*s*) *s* vard. för *linoleum*
linoleum [lɪ'nəʊljəm] *s* linoleum; korkmatta
linseed ['lɪnsi:d] *s* linfrö
linseed oil ['lɪnsi:dɔɪl] *s* linolja
lint [lɪnt] *s* charpi, linneskav
lintel ['lɪntl] *s* överstycke på dörr el. fönster
lion ['laɪən] *s* lejon
lioness ['laɪənəs] *s* lejoninna
lionize ['laɪənaɪz] *vb tr* fira, dyrka
lip [lɪp] *s* läpp; ***upper*** ~ överläpp
lip gloss ['lɪpglɒs] *s* läppglans
liposuction ['lɪpəʊˌsʌkʃ(ə)n] *s* med. fettsugning
lip-reading ['lɪpˌri:dɪŋ] *s* läppavläsning
lipsalve ['lɪpsælv] *s* cerat
lip service ['lɪpˌsɜ:vɪs] *s* tomma ord, fagra löften, munväder
lipstick ['lɪpstɪk] *s* läppstift
liquefy ['lɪkwɪfaɪ] *vb tr* o. *vb itr* smälta; kondensera; anta vätskeform
liqueur [lɪ'kjʊə] *s* likör
liquid ['lɪkwɪd] **I** *adj* **1** flytande, i vätskeform **2** klar, genomskinlig; ~ ***eyes*** blanka ögon **3** hand. likvid [~ *assets* (tillgångar)] **II** *s* vätska
liquidate ['lɪkwɪdeɪt] *vb tr* likvidera
liquor ['lɪkə] *s* spritdryck, dryck
liquorice ['lɪkərɪs] *s* lakrits
Lisbon ['lɪzbən] Lissabon
lisp [lɪsp] **I** *vb itr* o. *vb tr* läspa; läspa fram **II** *s* läspning; ***have a*** ~ läspa
1 list [lɪst] **I** *s* lista, förteckning [*of* på]; ***shopping*** ~ inköpslista, minneslista **II** *vb tr* ta upp på en lista
2 list [lɪst] sjö. **I** *vb itr* ha (få) slagsida **II** *s* slagsida
listen ['lɪsn] *vb itr* lyssna, höra på; ~ ***in on*** avlyssna; ~ ***in to*** a) lyssna på i radio b) avlyssna [~ *in to a telephone conversation*]
listener ['lɪsnə] *s* åhörare; lyssnare
listless ['lɪstləs] *adj* håglös, apatisk; slö
lit [lɪt] se *1 light II, 3 light*
liter ['li:tə] *s* amer. liter
literacy ['lɪtərəsɪ] *s* läs- och skrivkunnighet
literal ['lɪtər(ə)l] *adj* ordagrann; bokstavlig, egentlig [*in the ~ sense*]
literally ['lɪt(ə)rəlɪ] *adv* ordagrant; bokstavligt; bokstavligt talat
literary ['lɪt(ə)rərɪ] *adj* litterär; litteratur-
literate ['lɪtərət] *adj* läs- och skrivkunnig
literature ['lɪtrətʃə] *s* litteratur
lithe [laɪð] *adj* smidig, vig; böjlig
lithograph ['lɪθəgrɑ:f, 'lɪθəgræf] *s* litografi [*a* ~]
lithography [lɪ'θɒgrəfɪ] *s* litografi
Lithuania [ˌlɪθjʊ'eɪnjə] Litauen
Lithuanian [ˌlɪθjʊ'eɪnjən] **I** *adj* litauisk **II** *s* **1** litauer **2** litauiska språket
litmus ['lɪtməs] *s* lackmus [~ *paper*]
litre ['li:tə] *s* liter [*two ~s of milk*]
litter ['lɪtə] **I** *s* **1** skräp, avfall **2** bår **3** kull [*a ~ of pigs (puppies)*] **II** *vb tr,* ~ ***up*** el. ~ skräpa ner
litterbag ['lɪtəbæg] *s* skräppåse t.ex. i bil
litterbin ['lɪtəbɪn] *s* papperskorg på allmän plats
litterbug ['lɪtəbʌg] *s* amer. vard. person som skräpar ner på allmän plats
litterlout ['lɪtəlaʊt] *s* vard. person som skräpar ner på allmän plats
little ['lɪtl] (komparativ *less*, superlativ *least*) **I** *adj* liten; pl. små; lill- [~ *finger*] **II** *adj* o. *adv* o. *s* **1** lite, litet; föga [*of ~ value*], ringa [*of ~ importance*], obetydlig [~ *damage*]; ***make ~ of*** bagatellisera; ***the*** ~ det lilla [*the ~ I have seen*] **2** ***a*** ~ **a)** lite, litet [*he had a ~ money left*] **b)** ***not a*** ~ inte så litet, ganska mycket; ***only a*** ~ bara lite
1 live [laɪv] **I** *adj* **1** levande **2** inte avbränd, oanvänd [*a ~ match*]; laddad [*a ~ cartridge*]; skarp [~ *ammunition*]; ~ ***wire*** a) strömförande ledning b) bildl. energiknippe; ***a ~ coal*** ett glödande kol **3** radio. el. TV. direktsänd; ~ ***broadcast*** direktsändning **II** *adv* radio. el. TV. direkt
2 live [lɪv] *vb itr* o. *vb tr* **1** leva [~ *a double life*]; leva kvar [*his memory will always* ~]; ***we ~ and learn*** man lär så länge man lever; ~ ***down*** rehabilitera sig efter; hämta sig efter; ~ ***through*** genomleva, uppleva; ~ ***to see*** få uppleva; ~ ***together*** leva ihop, sammanbo; ~ ***up to*** a) leva ända till b) leva upp till, göra skäl för **2** bo, vara bosatt; vistas
live-in ['lɪvɪn] *s* sambo
livelihood ['laɪvlɪhʊd] *s* uppehälle, levebröd; ***means of*** ~ födkrok

lively ['laɪvlɪ] *adj* livlig, pigg [~ *eyes*]; ***look ~!*** raska på!
liven ['laɪvn] *vb tr* o. *vb itr,* ~ ***up*** liva (pigga) upp; bli livlig (livligare), livas (piggas) upp
liver ['lɪvə] *s* lever; ~ ***disease*** leversjukdom; ~ ***paste*** leverpastej
livery ['lɪvərɪ] *s* livré
lives [laɪvz] *s* se *life*
livestock ['laɪvstɒk] *s* kreatursbesättning; boskap, husdjur
livid ['lɪvɪd] *adj* **1** blåblek; likblek **2** vard. rasande
living ['lɪvɪŋ] **I** *adj* levande; i livet [*are your parents ~?*]; ***within*** (***in***) ~ ***memory*** i mannaminne **II** *s* **1** liv, att leva [~ *is expensive these days*]; ***standard of*** ~ levnadsstandard **2** levebröd; ***earn*** (***make***) ***a*** (***one's***) ~ förtjäna sitt uppehälle [*by* på]; ***what does he do for a ~?*** vad sysslar han med (lever han av)? **3** kyrkl. pastorat **4** attributivt livs-, levnads- [~ *conditions*]; ~ ***quarters*** bostad; ***a ~ wage*** en lön som man kan leva på
living room ['lɪvɪŋru:m] *s* vardagsrum
lizard ['lɪzəd] *s* ödla
Ljubljana [lu:'bljɑ:nə]
'll [l] = *will, shall* [*I'll* = *I will, I shall*]
llama ['lɑ:mə] *s* lamadjur
lo [ləʊ] *interj,* ~ ***and behold!*** har man sett!
load [ləʊd] **I** *s* **1** last; börda **2** tekn. belastning **3** vard., pl. **~s** massor; ***~s of*** massor av, en massa **II** *vb tr* o. *vb itr* **1** lasta [~ *a ship*]; fylla [~ *the washing machine*] **2** belasta [~ *one's memory with*]; lasta; ~ ***one's stomach*** överlasta magen **3** ladda **4** ~ ***dice*** förfalska tärningar
loaded ['ləʊdɪd] *perf p* o. *adj* **1** lastad; ~ ***dice*** falska tärningar **2** sl. tät rik
1 loaf [ləʊf] (pl. *loaves* [ləʊvz]) *s* **1 a)** limpa, bröd [äv. ~ *of bread*]; ***tin*** ~ formbröd **b)** ***meat*** ~ köttfärslimpa **2** ~ ***sugar*** toppsocker
2 loaf [ləʊf] *vb itr,* ~ ***about*** slå dank, stå och hänga
loam [ləʊm] *s* lerjord
loan [ləʊn] **I** *s* lån; ***on*** ~ utlånad; till låns **II** *vb tr* låna ut
loath [ləʊθ] *adj* obenägen [*to* att]
loathe [ləʊð] *vb tr* avsky
loathing ['ləʊðɪŋ] *s* avsky; äckel
loathsome ['ləʊðsəm] *adj* vidrig, äcklig
loaves [ləʊvz] *s* se *1 loaf*
lob [lɒb] sport. **I** *s* lobb **II** *vb tr* lobba

lobby ['lɒbɪ] *s* hall, vestibul, entréhall i t.ex. hotell
lobe [ləʊb] *s,* ~ ***of the ear*** örsnibb
lobelia [lə'bi:ljə] *s* lobelia
lobster ['lɒbstə] *s* hummer
lobsterpot ['lɒbstəpɒt] *s* hummertina
local ['ləʊk(ə)l] **I** *adj* lokal, orts-, på orten [~ *population*]; ***the ~ authorities*** de lokala (kommunala) myndigheterna; ~ ***government*** kommunal självstyrelse **II** *s* **1** ortsbo; ***he is a ~*** han är härifrån **2** vard., ***the ~*** kvarterspuben
locality [lə'kælətɪ] *s* **1** lokalitet, plats, ställe; trakt, ort **2** läge, belägenhet
locate [ləʊ'keɪt] *vb tr* lokalisera; ***be located*** vara belägen; spåra
location [ləʊ'keɪʃ(ə)n] *s* **1** lokalisering, spårande **2** läge, plats **3** film., ***shoot films on ~*** filma på platsen
loch [lɒk] *s* skotsk. insjö; fjord
1 lock [lɒk] *s* lock, länk av hår
2 lock [lɒk] **I** *s* **1** lås; ***under ~ and key*** inom lås och bom; ***put a th. under ~ and key*** låsa in ngt **2** ***~, stock and barrel*** rubb och stubb **3** sluss **II** *vb tr* o. *vb itr* **1** låsa, stänga med lås; ~ ***out*** a) låsa ut (ute) b) lockouta; ~ ***up*** a) låsa (stänga) till [~ *up a room*] b) låsa in (undan); spärra in [~ *up a prisoner*] **2** gå i lås, låsas, gå att låsa; ~ ***up*** låsa efter sig **3** låsa sig
locker ['lɒkə] *s* låsbart skåp (fack)
locket ['lɒkɪt] *s* medaljong
lockjaw ['lɒkdʒɔ:] *s* vard. stelkramp
lockout ['lɒkaʊt] *s* lockout
locksmith ['lɒksmɪθ] *s* låssmed, klensmed
lock-up ['lɒkʌp] *s* arrest, finka
locomotive [ˌləʊkə'məʊtɪv] *s* lokomotiv, lok
locust ['ləʊkəst] *s* gräshoppa från Asien o. Afrika
lodge [lɒdʒ] **I** *s* **1** jakthydda, jaktstuga **2** portvaktsrum **II** *vb tr* o. *vb itr* **1** inkvartera, hysa, logera, ta in **2** framföra [~ *a complaint* (klagomål)] **3** deponera [~ *money in the bank*] **4** hyra rum, bo [*with* hos]
lodger ['lɒdʒə] *s* inneboende, hyresgäst
lodging ['lɒdʒɪŋ] *s* **1** husrum; ***~ for the night*** nattlogi **2** pl. **~s** hyresrum
lodging house ['lɒdʒɪŋhaʊs] *s* enklare hotell; ***common ~*** ungkarlshotell
loft [lɒft] *s* vind, loft
lofty ['lɒftɪ] *adj* litt. **1** hög, imponerande [*a ~ tower*], ståtlig; om rum hög i taket **2** bildl. hög [~ *ideals*]

log [lɒg] *s* **1** stock; vedträ; ***sleep like a ~*** sova som en stock **2** sjö. logg
loganberry ['ləʊgənbərɪ] *s* loganbär en korsning mellan hallon och björnbär
logbook ['lɒgbʊk] *s* sjö. el. flyg. loggbok
log cabin ['lɒg,kæbɪn] *s* timmerstuga
loggerhead ['lɒgəhed] *s*, ***be at ~s*** vara osams
logic ['lɒdʒɪk] *s* logik
logical ['lɒdʒɪk(ə)l] *adj* logisk, följdriktig
loin [lɔɪn] *s* **1** pl. ***~s*** länder **2** kok. njurstek, fransyska
loin-cloth ['lɔɪnklɒθ] *s* höftskynke
loiter ['lɔɪtə] *vb itr* söla; stå och hänga; ~ ***about*** el. ~ dra omkring
loll [lɒl] *vb itr* **1** ligga och dra sig [*~ in bed*]; sitta och hänga **2** ~ ***out*** hänga ut ur munnen [*the dog's tongue was lolling out*]
lollipop ['lɒlɪpɒp] *s* klubba, slickepinne
lolly ['lɒlɪ] *s* vard. klubba, slickepinne; ***ice ~*** isglass pinne
London ['lʌndən]
Londoner ['lʌndənə] *s* Londonbo
lone [ləʊn] *adj* litt. ensam, enslig
lonely ['ləʊnlɪ] *adj* ensam; öde, ödslig
lonesome ['ləʊnsəm] *adj* ensam
1 long [lɒŋ] *vb itr* längta [*for* efter]
2 long [lɒŋ] **I** *adj* lång; längd- [*~ jump*]
II *s* **1** ***the ~ and short of it*** summan av kardemumman, kontentan **2** lång i morsealfabetet
III *adv* **1** länge; ***~ live the King!*** leve kungen!; ***he had not ~ eaten*** han hade nyss ätit **2** hel; ***an hour ~*** en hel timme; ***all day*** (***night***) ~ hela dagen (natten)
IV *adj* o. *s* o. *adv* i diverse förbindelser: ***I shan't*** (***won't***) ***be ~*** jag är strax tillbaka; ***be ~ about a th.*** hålla på länge (dröja) med ngt; ***he was not ~ coming*** (***in coming***) han lät inte vänta på sig; ***it was not ~ before he came*** det dröjde inte länge förrän han kom; ***take ~*** ta lång tid; ***~ ago*** för länge sedan; ***as ~*** så lång tid [*three times as ~*]; ***as*** (***so***) ***~ as*** a) så länge, så länge som [*stay (stay for) as ~ as you like*], lika länge som b) om...bara [*you may borrow the book so ~ as you keep it clean*]; ***as ~ as...ago*** redan för...sedan; ***before ~*** inom kort, snart; ***for ~*** länge; på länge; ***so ~!*** vard. hej så länge!
long-distance [,lɒŋ'dɪst(ə)ns] *adj* långdistans- [*~ flight*]; ***~ call*** rikssamtal
longing ['lɒŋɪŋ] **I** *adj* längtansfull **II** *s* längtan
longish ['lɒŋɪʃ] *adj* rätt så lång, längre
longitude ['lɒndʒɪtju:d] *s* longitud, längd
long-lived [,lɒŋ'lɪvd] *adj* långlivad; långvarig
long-play ['lɒŋpleɪ] *adj* o. **long-playing** ['lɒŋ,pleɪɪŋ] *adj*, ***~ record*** (***disc***) långspelande skiva, LP
long-range [,lɒŋ'reɪndʒ] *adj* långdistans- [*~ flight*]; långtids- [*~ forecast* (prognos)]
long-standing ['lɒŋ,stændɪŋ] *adj* gammal, långvarig
long-term ['lɒŋtɜ:m] *adj* lång, långfristig [*~ loans*]; på lång sikt, långsiktig [*~ policy*]
long-winded [,lɒŋ'wɪndɪd] *adj* mångordig, omständlig, långrandig
loo [lu:] *s* vard., ***the ~*** toa, dass
look [lʊk] **I** *vb itr* o. *vb tr* **1** se, titta **2** leta, söka **3** verka, förefalla, synas; ***~ like*** se ut som, likna; ***what does he ~ like?*** hur ser han ut?; ***it ~s like rain*** det ser ut att bli regn; ***she ~s 50*** hon ser ut som 50; ***make a p. ~ a fool*** göra ngn till ett åtlöje □ ~ **about** se sig om; ~ **after** se efter; sköta om, ha (ta) hand om; sköta; bevaka [*~ after one's interests*]; ***~ after oneself*** klara sig själv, sköta om sig; ~ **at** se (titta) på; ***it isn't much to ~ at*** det ser ingenting ut; ~ **back a)** se sig om **b)** se (tänka) tillbaka **c)** ***from then on he never looked back*** från och med då gick det stadigt framåt för honom; ~ **down** se ned; ***~ down on a p.*** bildl. se ned på ngn; ~ **for** a) leta efter b) vänta sig; ~ **forward** se framåt; ***~ forward to*** se fram emot; ~ **in** titta in [*on a p.* till ngn], hälsa på [*on a p.* ngn]; ~ **into** a) se (titta) in i b) undersöka [*I'll ~ into the matter*]; ~ **on** a) se (titta) på b) betrakta [*~ on a p. with distrust*]; ~ **out a)** se (titta) ut [*~ out of* (genom) *the window*] **b)** se sig för; ***~ out!*** se upp!, akta dig! **c)** ***~ out on*** (***over***) ha utsikt över; ~ **over** a) se över b) se igenom, granska; ~ **round** a) se sig om [*~ round the town* (i staden)] b) se sig om [*for* efter]; ~ **to a)** se på (till) **b)** ***~ to a p. for a th.*** vänta sig ngt av ngn; ~ **up a)** se (titta) upp; ***~ up to a p.*** se upp till ngn **b)** ***things are looking up*** bildl. det börjar ljusna **c)** ta reda på, slå upp [*~ up a word in a dictionary*]; vard. söka upp, hälsa på; ~ **upon** betrakta [*~ upon a p. with distrust*]
II *s* **1** blick; titt; ***let me have a ~*** får jag se (titta); ***have*** (***take***) ***a ~ at*** ta en titt på **2 a)** utseende **b)** uttryck [*an ugly ~ on* (i) *his face*] **c)** min [*angry ~s*], uppsyn **d)** pl.

~s persons utseende [*she has her mother's ~s*]; ***I don't like the ~ of it*** jag tycker inte om det; det verkar oroande
look-alike ['lʊkəlaɪk] *s* dubbelgångare
looker-on [ˌlʊkər'ɒn] (pl. *lookers-on* ['lʊkəz'ɒn]) *s* åskådare
look-in ['lʊkɪn] *s* vard. **1** titt, påhälsning **2** chans [*I didn't even get a ~*]
looking glass ['lʊkɪŋglɑ:s] *s* spegel
look-out ['lʊkaʊt] *s*, ***keep a good ~*** hålla skarp utkik [*for* efter]; ***that's my*** (***his***) ~ det är min (hans) sak (ensak); ***be on the ~ for*** hålla utkik efter
1 loom [lu:m] *s* vävstol
2 loom [lu:m] *vb itr*, ***~ up*** el. ~ dyka fram (upp); ***~ ahead*** bildl. hota, vara i annalkande [*dangers looming ahead*]
loop [lu:p] **I** *s* **1** ögla; slinga; ring; hängare **2** spiral livmoderinlägg **II** *vb tr* **1** lägga i en ögla; göra en ögla på **2** flyg., ***~ the loop*** göra en loping
loophole ['lu:phəʊl] *s* **1** kryphål [*a ~ in the law*] **2** skottglugg
loose [lu:s] *adj* **1** lös; slapp [*~ skin*]; glapp; ***be at a ~ end*** vard. vara sysslolös, inte ha något för sig; ***come ~*** lossna; ***set ~*** släppa lös (fri) **2** lösaktig; ***~ morals*** lättfärdighet
loose-fitting ['lu:sˌfɪtɪŋ] *adj* löst sittande; ledig, vid
loose-leaf ['lu:sli:f] *adj* lösblads- [*~ book*]
loosen ['lu:sn] *vb tr* **1** lossa [*~ a screw*], lösa upp [*~ a knot*] **2** göra lösare, luckra upp; ***~ up*** mjuka upp [*~ up one's muscles*]
loot [lu:t] **I** *s* byte, rov **II** *vb tr* o. *vb itr* plundra
looter ['lu:tə] *s* plundrare; tjuv
lop-sided [ˌlɒp'saɪdɪd] *adj* sned, skev
lord [lɔ:d] **I** *s* **1** herre, härskare [*of* över]; ***Our Lord*** Vår Herre och Frälsare; ***in the year of our Lord 1500*** år 1500 efter Kristi födelse; ***the Lord's Prayer*** fadervår; ***good Lord!*** Herre Gud!; ***Lord knows who*** (***how***)***!*** vard. Gud vet vem (hur)! **2** lord; ***live like a ~*** leva furstligt; ***as drunk as a ~*** full som en alika; ***swear like a ~*** svära som en borstbindare **3** ***the House of Lords*** el. ***the Lords*** överhuset; ***Lord*** Lord adelstitel före namn **II** *vb tr*, ***~ it over*** spela herre över
lordship ['lɔ:dʃɪp] *s* **1** herravälde [*over* över] **2** ***Your Lordship*** Ers nåd
lore [lɔ:] *s* kultur [*Irish ~*]
lorgnette [lɔ:'njet] *s* lornjett
lorry ['lɒrɪ] *s* lastbil [äv. *motor-lorry*]
lorry-driver ['lɒrɪˌdraɪvə] *s* lastbilschaufför, lastbilsförare
lose [lu:z] (*lost lost*) *vb tr* **1** förlora, mista; tappa, tappa bort; ***~ sight of*** förlora ur sikte; bortse från, glömma; ***~ one's*** (***the***) ***way*** råka (gå, köra) vilse; ***~ weight*** gå ned i vikt **2** förspilla, ödsla [*~ time*]
loser ['lu:zə] *s* förlorare
loss [lɒs] *s* **1** förlust; ***~ of appetite*** bristande aptit; ***no ~ of life*** inga förluster i människoliv; ***~ of sleep*** brist på sömn; ***~ of time*** tidsförlust; ***sell at a ~*** sälja med förlust **2** ***be at a ~*** vara villrådig; ***he is never at a ~*** (***at a ~ what to do***) han vet alltid råd; ***be at a ~ for words*** sakna ord
lost [lɒst] **I** imperfekt av *lose* **II** *adj* o. *perf p* (av *lose*) **1** förlorad; borttappad; försvunnen; ***get ~*** komma bort, försvinna; ***~ property office*** hittegodsexpedition **2** vilsekommen [*a ~ child*]; bortkommen, vilsen [*I felt ~*]; hjälplös [*I'm ~ without my glasses*] **3** förtappad, fördömd [*a ~ soul*] **4** försummad [*~ opportunities*]; ***be ~ on*** bildl. vara bortkastad på, gå ngn förbi
lot [lɒt] *s* **1** lott **2** tomt [*building ~*], plats [*burial ~*] **3** vard. massa, mängd; ***a ~*** mycket [*he is a ~ better*]; ***~s*** massor; ***quite a ~*** en hel del, rätt mycket; ***that's a fat ~!*** det är minsann inte mycket!; ***the ~*** allt, alltihop
lotion ['ləʊʃ(ə)n] *s* vätska, lösning; vatten [*hair ~*]; ***setting ~*** läggningsvätska; ***suntan ~*** solmjölk, sololja
lottery ['lɒtərɪ] *s* lotteri; ***~ ticket*** lottsedel
lotto ['lɒtəʊ] *s* lotto, lottospel
lotus ['ləʊtəs] *s* lotus, lotusblomma
loud [laʊd] **I** *adj* **1** hög [*~ voice*], stark [*~ sound*]; högljudd; ***the ~ pedal*** mus. vard. fortepedalen **2** bildl. skrikig [*a ~ tie*]; vulgär **II** *adv* högt [*don't speak so ~!*]
louden ['laʊdn] *vb itr* o. *vb tr* bli (göra) högre
loud-hailer [ˌlaʊd'heɪlə] *s* megafon
loudmouth ['laʊdmaʊθ] *s* gaphals
loud-mouthed ['laʊdmaʊθt] *adj* högljudd; skränig
loudspeaker [ˌlaʊd'spi:kə] *s* högtalare
lounge [laʊndʒ] **I** *vb itr* o. *vb tr*, ***~ about*** el. ~ gå och driva; stå (sitta) och hänga; lata sig; ***~ away*** slöa bort [*~ away an hour*] **II** *s* **1** vestibul, foajé, hall [*the hotel ~*] **2** salong; ***cocktail ~*** cocktailbar; ***the ~ bar*** i pub den 'finaste' avdelningen
lounger ['laʊndʒə] *s* dagdrivare, lätting
lounge suit [ˌlaʊndʒ'su:t] *s* kostym

louse [laʊs] *s* **1** (pl. *lice* [laɪs]) lus **2** sl., person äckel, knöl
lousy ['laʊzɪ] *adj* **1** lusig **2** vard., *~ with* nedlusad med [*~ with money*] **3** vard. urdålig, urusel [*a ~ dinner*; *feel ~*], jäkla [*you ~ swine*]
lout [laʊt] *s* slyngel; drummel, tölp
loutish ['laʊtɪʃ] *adj* slyngelaktig; drumlig
lovable ['lʌvəbl] *adj* älsklig, förtjusande
love [lʌv] **I** *s* **1** kärlek [*for (of) a p.* till ngn; *of a th.* till ngt]; förälskelse [*for* i]; ***make ~*** älska, ligga med varandra; ***make ~ to*** älska (ligga) med; ***~ of mankind*** människokärlek; ***it is not to be had for ~ or money*** det går inte att få för pengar; ***in ~*** förälskad, kär [*with* i]; ***fall in ~ with*** förälska sig i, bli kär i **2** hälsning, hälsningar; ***my ~*** (***give my ~***) ***to him*** hälsa honom så mycket; ***send a p. one's ~*** hälsa till ngn; ***lots of ~*** el. *~* i brevslut hjärtliga hälsningar **3** älskling, raring; lilla vän **4** i tennis noll
II *vb tr* o. *vb itr* älska; tycka mycket om, vara förtjust i; ***yes, I'd ~ to!*** ja, mycket gärna!
love affair ['lʌvəˌfeə] *s* kärleksaffär
love game ['lʌvgeɪm] *s* blankt game i tennis
lovely ['lʌvlɪ] **I** *adj* förtjusande, vacker, söt; härlig, underbar **II** *s* skönhet om showflicka
love-making ['lʌvˌmeɪkɪŋ] *s* erotik, älskog, älskande
love match ['lʌvmætʃ] *s* inklinationsparti
lover ['lʌvə] *s* **1** älskare; ***the ~s*** de älskande **2** vän, älskare; ***be a ~ of*** älska, tycka om
lovesick ['lʌvsɪk] *adj* kärlekskrank
loving ['lʌvɪŋ] *adj* kärleksfull, öm; ***a ~ couple*** ett älskande par
1 low [ləʊ] *vb itr* råma, böla
2 low [ləʊ] **I** *adj* **1** låg; ***the Low Countries*** Nederländerna, Belgien och Luxemburg; ***~ pressure*** lågtryck; ***the tide is ~*** det är ebb **2** ringa, obetydlig [*~ rainfall* (nederbörd)]; ***~ in protein*** fattig på protein **3** simpel, låg, vulgär; gemen **4** nere, deppig
II *adv* **1** lågt; djupt [*bow ~*]; lågmält; ***~ down on*** (***in***) ***the list*** långt ner på listan **2** knappt **3** ***as ~ as*** ända ner till □ **lay ~** a) kasta omkull, döda b) tvinga att ligga till sängs [*influenza has laid him ~*]; **lie ~** a) ligga kullslagen b) hålla sig gömd c) vard. ligga lågt
III *s* botten, bottennotering [*a new ~ in tastelessness*]
low-alcohol [ˌləʊ'ælkəhɒl] *adj*, ***~ beer*** lättöl
lowbrow ['ləʊbraʊ] vard. **I** *adj* ointellektuell, obildad **II** *s* ointellektuell person
low-class [ˌləʊ'klɑːs] *adj* enklare, sämre, andra klassens [*a ~ pub*]
low-cut ['ləʊkʌt] *adj* urringad
low-down ['ləʊdaʊn] *adj* **1** nedrig, gemen **2** förfallen, eländig
lower ['ləʊə] **I** *adj* lägre; obetydligare; undre [*~ limit*]; nedre; ***the ~ class*** (***classes***) de lägre klasserna, underklassen **II** *adv* lägre; ***~ down*** längre ner **III** *vb tr* sänka; sätta (sänka) ned; göra lägre; dämpa; skruva ned [*~ the radio*], minska; hala (ta) ned [*~ a flag*]; fälla ned; ***~ oneself*** a) sänka sig ned b) nedlåta sig
lowermost ['ləʊəməʊst] *adj* lägst; underst
lowest ['ləʊɪst] **I** *adj* o. *adv* lägst **II** *s*, ***at the ~*** lägst [*ten at the ~*]
low-grade ['ləʊgreɪd] *adj* lågvärdig
lowland ['ləʊlənd] **I** *s* lågland; ***the Lowlands*** Skotska lågländerna **II** *adj* låglands-
low-lying [ˌləʊ'laɪɪŋ] *adj* låglänt
low-minded [ˌləʊ'maɪndɪd] *adj* lågsinnad
low-necked [ˌləʊ'nekt] *adj* låghalsad, urringad
low-paid [ˌləʊ'peɪd] *adj* lågavlönad
low-pitched [ˌləʊ'pɪtʃt] *adj* låg; lågmäld [*a ~ voice*]
low-powered [ˌləʊ'paʊəd] *adj* svag, med liten effekt [*a ~ engine*]
low-rise ['ləʊraɪz] *adj*, ***~ building*** låghus
low-tar [ˌləʊ'tɑː] *adj* med låg tjärhalt
low-voltage [ˌləʊ'vəʊltɪdʒ] *adj* svagströms- [*~ motor*], lågspännings-
loyal ['lɔɪ(ə)l] *adj* lojal, solidarisk [*to* mot, med], trofast, pålitlig [*a ~ friend*]
loyalty ['lɔɪəltɪ] *s* lojalitet; trofasthet
lozenge ['lɒzɪndʒ] *s* pastill, tablett [*throat ~*]
LP [ˌel'piː] *s* (förk. för *long-playing*) LP
LSD [ˌeles'diː] *s* LSD narkotiskt medel
Ltd. ['lɪmɪtɪd] (förk. för *Limited*) AB
lubricant ['luːbrɪkənt] *s* smörjmedel
lubricate ['luːbrɪkeɪt] *vb tr* smörja; olja; smörja (olja) in
lubricating ['luːbrɪkeɪtɪŋ] *adj* smörj- [*~ oil*]
lubrication [ˌluːbrɪ'keɪʃ(ə)n] *s* smörjning; insmörjning
lucid ['luːsɪd] *adj* klar, redig
luck [lʌk] *s* lycka, tur; ***any ~?*** lyckades

det?; ***bad*** ~ otur; motgång; ***good*** ~ lycka, tur; ***good ~ to you!*** el. ***good ~!*** lycka till!; ***hard*** (***rotten, tough***) ~ vard. otur [*on a p.* för ngn]; ***just my ~!*** iron. det är min vanliga tur!; ***the best of ~!*** lycka till!
luckily ['lʌkəlɪ] *adv* lyckligtvis, som tur var
lucky ['lʌkɪ] *adj* som har tur, med tur [*a ~ man*]; lyckosam, lycklig, tursam; lyckobringande [*a ~ charm* (amulett)]; lycko- [*it's my ~ day (number)*]; ***be ~*** a) ha tur b) vara tur [*it's ~ for him*]; ***a ~ dog*** (***beggar, devil***) en lyckans ost; ***third time ~!*** tredje gången gillt!; ***strike ~*** ha tur
lucrative ['lu:krətɪv] *adj* lukrativ, lönande
ludicrous ['lu:dɪkrəs] *adj* löjlig
lug [lʌg] *vb tr* släpa, kånka; släpa (kånka) på
luggage ['lʌgɪdʒ] *s* resgods, bagage; ***a piece of ~*** ett kolli
luggage label ['lʌgɪdʒˌleɪbl] *s* adresslapp
luggage office ['lʌgɪdʒˌɒfɪs] *s* resgodsexpedition
luggage rack ['lʌgɪdʒræk] *s* bagagehylla
luggage van ['lʌgɪdʒvæn] *s* resgodsvagn
lukewarm ['lu:kwɔ:m] *adj* **1** ljum [*~ tea*] **2** bildl. halvhjärtad [*~ support*]
lull [lʌl] **I** *vb tr* **1** vyssja, lulla [*to sleep* till sömns] **2** bildl. lugna, stilla [*~ a p.'s fears*] **II** *s* paus, uppehåll [*a ~ in the conversation*]
lullaby ['lʌləbaɪ] *s* vaggvisa, vaggsång
lumbago [lʌm'beɪgəʊ] *s* ryggskott
lumber ['lʌmbə] **I** *s* **1** skräp, bråte **2** speciellt amer. timmer, virke **II** *vb tr*, ***~ up*** el. ~ belamra
lumberjack ['lʌmbədʒæk] *s* skogshuggare
lumberyard ['lʌmbəjɑ:d] *s* brädgård
luminous ['lu:mɪnəs] *adj* självlysande [*~ paint*]; ***~ tape*** reflexband
lump [lʌmp] **I** *s* **1** klump; stycke; klimp, bit; ***~ sugar*** bitsocker; ***a ~ of sugar*** en sockerbit **2** bula, knöl **II** *vb tr*, ***~ together*** slå ihop i klump, bunta ihop; bildl. behandla i klump
lumpy ['lʌmpɪ] *adj* full av klumpar, klimpig
lunacy ['lu:nəsɪ] *s* vansinne, vanvett
lunatic ['lu:nətɪk] *s* galning, dåre
lunch [lʌntʃ] **I** *s* lunch; sen frukost; ***~ packet*** el. ***packed ~*** lunchmatsäck, lunchkorg **II** *vb itr* äta lunch
luncheon ['lʌntʃ(ə)n] (formellt för *lunch*) **I** *s* lunch **II** *vb itr* äta lunch
lunch hour ['lʌntʃˌaʊə] *s* lunchrast
lunchtime ['lʌntʃtaɪm] *s* lunchdags
lung [lʌŋ] *s* lunga; attributivt lung- [*~ cancer*]
lunge [lʌndʒ] **I** *s* utfall; häftig rörelse **II** *vb itr* o. *vb tr* göra utfall [äv. *~ out; at* mot]; stöta, sticka t.ex. vapen [*into* i]
lupin ['lu:pɪn] *s* lupin
1 lurch [lɜ:tʃ] **I** *s* krängning; raglande, vinglande **II** *vb itr* kränga; ragla, vingla
2 lurch [lɜ:tʃ] *s*, ***leave in the ~*** lämna i sticket
lure [ljʊə] **I** *s* lockelse, dragningskraft [*the ~ of the sea*] **II** *vb tr* locka, lura
lurid ['ljʊərɪd] *adj* **1** brandröd, flammande [*a ~ sunset*]; skrikig, gräll **2** makaber [*~ details*]
lurk [lɜ:k] *vb itr* stå (ligga) på lur
luscious ['lʌʃəs] *adj* **1** läcker, delikat [*~ peaches*] **2** vard. yppig [*a ~ blonde*]
lush [lʌʃ] *adj* frodig, yppig; grönskande
lust [lʌst] **I** *s* lusta; kättja; åtrå, begär [*for* efter] **II** *vb itr*, ***~ for*** åtrå; törsta efter
lustful ['lʌstf(ʊ)l] *adj* lysten [*~ eyes*], vällustig
lustre ['lʌstə] *s* glans; lyster
lustrous ['lʌstrəs] *adj* glänsande; skimrande
lusty ['lʌstɪ] *adj* kraftfull, livskraftig; kraftig [*a ~ kick*]
Lutheran ['lu:θərən] **I** *s* lutheran **II** *adj* luthersk
Luxembourg ['lʌksəmbɜ:g] Luxemburg
luxuriant [lʌg'zjʊərɪənt] *adj* frodig, yppig, ymnig; yvig [*~ hair*]
luxurious [lʌg'zjʊərɪəs] *adj* luxuös [*a ~ hotel*], lyxig, flott
luxury ['lʌkʃərɪ] *s* **1** lyx, överflöd, överdåd; lyx- [*a ~ hotel*] **2** lyxartikel, lyxvara
1 lying ['laɪɪŋ] **I** *pres p* av *1 lie II* **II** *adj* lögnaktig **III** *s* ljugande
2 lying ['laɪɪŋ] *pres p* av *2 lie I*
lymph [lɪmf] *s* anat. lymfa
lynch [lɪntʃ] *vb tr* lyncha
lynx [lɪŋks] *s* lo, lodjur
lyric ['lɪrɪk] **I** *adj* lyrisk; ***~ poetry*** (***verse***) lyrik **II** *s* lyrisk dikt; pl. ***~s*** a) lyrik b) sångtext
lyrical ['lɪrɪk(ə)l] *adj* lyrisk

M

M, m [em] *s* M, m
M (förk. för *motorway*) [*the M1* i England]
m. förk. för *metre, metres, mile, miles, minute, minutes*
'm = *am* [*I'm*]
MA [ˌem'eɪ] (förk. för *Master of Arts*) ungefär fil. kand.
ma [mɑː] *s* vard. mamma
ma'am [mæm, məm] *s* frun i tilltal av tjänstefolk
mac [mæk] *s* vard. regnrock, regnkappa
macabre [mə'kɑːbr] *adj* makaber, kuslig
macadam [mə'kædəm] *s* makadam
macaroni [ˌmækə'rəʊnɪ] *s* makaroner
macaroon [ˌmækə'ruːn] *s* mandelbiskvi, polyné
mace [meɪs] *s* muskotblomma krydda
Macedonia [ˌmæsɪ'dəʊnɪə] Makedonien
machine [mə'ʃiːn] *s* maskin
machine gun [mə'ʃiːngʌn] **I** *s* kulspruta, maskingevär **II** *vb itr* o. *vb tr* skjuta med kulspruta
machine-gunner [mə'ʃiːnˌgʌnə] *s* kulspruteskytt
machinery [mə'ʃiːnərɪ] *s* maskiner; maskineri
macho ['mætʃəʊ] (pl. *~s*) *s* macho, karlakarl
mackerel ['mækr(ə)l] (pl. lika) *s* makrill
mackintosh ['mækɪntɒʃ] *s* regnrock, regnkappa
mad [mæd] *adj* **1** vansinnig; galen, tokig; rasande; ***it's enough to drive one ~*** det är så man kan bli vansinnig; ***like ~*** som besatt, vilt; ***raving ~*** el. ***as ~ as a hatter*** spritt galen **2** ilsken [*a ~ bull*]; galen [*a ~ dog*]
madam ['mædəm] *s* i tilltal: ***Madam*** frun, fröken; ***can I help you, ~?*** kan jag hjälpa er (damen)?; ***Dear Madam*** el. ***Madam*** inledning i formella brev: utan motsvarighet i svenskan
madcap ['mædkæp] *s* vildhjärna, yrhätta
madden ['mædn] *vb tr* göra galen (ursinnig)
maddening ['mædnɪŋ] *adj* irriterande, outhärdlig [*~ delays*]
made [meɪd] **I** imperfekt av *make* **II** *adj* o. *perf p* (av *make*) **1** gjord, tillverkad **2** konstruerad, uppbyggd [*the plot is well ~*] **3** som lyckats [*a ~ man*]; ***he's ~ for life*** el. ***he's ~*** vard. hans lycka är gjord
Madeira [mə'dɪərə] *s* madeira vin
made-to-measure [ˌmeɪdtə'meʒə] *adj* måttbeställd, måttsydd
made-up [ˌmeɪd'ʌp] *adj* **1** uppdiktad [*a ~ story*] **2** sminkad, målad
madhouse ['mædhaʊs] *s* vard. dårhus
madman ['mædmən] (pl. *madmen* ['mædmən]) *s* dåre, galning
madness ['mædnəs] *s* vansinne, galenskap
Madonna [mə'dɒnə] *s* madonna [*the ~*]
Mafia o. **Maffia** ['mæfɪə, 'mɑːfɪə] *s* maffia äv. bildl.
magazine [ˌmægə'ziːn] *s* **1** illustrerad tidning; veckotidning **2** magasin i gevär
maggot ['mægət] *s* larv; mask i ost el. kött
magic ['mædʒɪk] **I** *adj* magisk [*~ rites*], troll- [*~ flute*], förtrollad; ***~ wand*** trollspö, trollstav **II** *s* magi [*black ~*], trolldom; trollkonster; magik; tjuskraft; ***like ~*** som genom ett trollslag
magical ['mædʒɪk(ə)l] *adj* magisk [*~ effect*], förtrollande
magician [mə'dʒɪʃ(ə)n] *s* trollkarl; magiker
magistrate ['mædʒɪstreɪt] *s* fredsdomare; domare; ***magistrates' court*** ungefär motsvarande tingsrätt
magnanimity [ˌmægnə'nɪmətɪ] *s* storsinthet, ädelmod
magnanimous [mæg'nænɪməs] *adj* storsint
magnate ['mægneɪt] *s* magnat
magnet ['mægnət] *s* magnet
magnetic [mæg'netɪk] *adj* **1** magnetisk; ***~ tape*** magnetband **2** tilldragande [*a ~ personality*]
magnetism ['mægnətɪz(ə)m] *s* **1** magnetism **2** dragningskraft [*his ~*]
magnetize ['mægnətaɪz] *vb tr* magnetisera
magnificence [məg'nɪfɪsns] *s* storslagenhet, prakt
magnificent [məg'nɪfɪsnt] *adj* storslagen, magnifik; praktfull
magnify ['mægnɪfaɪ] *vb tr* förstora; ***magnifying glass*** förstoringsglas
magnitude ['mægnɪtjuːd] *s* storlek; omfattning; betydelse, vikt; storleksordning
magnolia [mæg'nəʊlɪə] *s* bot. magnolia
magpie ['mægpaɪ] *s* zool. skata
mahogany [mə'hɒgənɪ] *s* mahogny
maid [meɪd] *s* **1** hembiträde, tjänsteflicka **2** poet. mö **3** ungmö; ***old ~*** gammal ungmö (nucka)

maiden ['meɪdn] **I** *s* poet. mö **II** *adj* **1** ogift [*my ~ aunt*]; *~ **name*** flicknamn som ogift **2** jungfru- [*~ speech (voyage)*]
maidenhead ['meɪdnhed] *s* mödomshinna
maidservant ['meɪd,sɜ:v(ə)nt] *s* hembiträde, tjänsteflicka
1 mail [meɪl] *s, **coat of ~*** brynja
2 mail [meɪl] **I** *s* post försändelser; *~ **order*** postorder; ***send by ~*** sända med posten **II** *vb tr* sända med posten; posta, lägga på [*~ a letter*]
mailbag ['meɪlbæg] *s* postsäck; postväska
mailbox ['meɪlbɒks] *s* amer. brevlåda
mailman ['meɪlmən] *s* amer. brevbärare
mail-order ['meɪl,ɔ:də] *adj* postorder- [*~ firm*]
maim [meɪm] *vb tr* lemlästa, stympa; skadskjuta
main [meɪn] **I** *adj* huvudsaklig, väsentlig; störst; huvud- [*~ building; ~ road*] **II** *s* **1** ***in the ~*** i huvudsak **2** ***with might and ~*** av alla krafter **3** huvudledning för vatten, gas, elektricitet; pl. ***~s*** elektr. nät; ***~s set*** radio. nätansluten apparat
mainframe ['meɪnfreɪm] *s, ~ **computer*** el. ~ stordator
mainland ['meɪnlənd] *s* fastland
mainly ['meɪnlɪ] *adv* huvudsakligen, mest
mains-operated ['meɪnz,ɒpəreɪtɪd] *adj* elektr. nätansluten
mainstay ['meɪnsteɪ] *s* stöttepelare
maintain [meɪn'teɪn] *vb tr* **1** upprätthålla, vidmakthålla [*~ law and order*] **2** underhålla, hålla i gott skick **3** hålla på, hävda [*~ one's rights*] **4** vidhålla, hävda
maintenance ['meɪntənəns] *s* **1** upprätthållande, vidmakthållande **2** underhåll, skötsel **3** vidhållande, hävdande
maize [meɪz] *s* majs
majestic [mə'dʒestɪk] *adj* majestätisk
majesty ['mædʒɪstɪ] *s* **1** storslagenhet [*the ~ of Rome*] **2** ***Your (His, Her) Majesty*** Ers (Hans, Hennes) Majestät
major ['meɪdʒə] **I** *adj* **1** större [*a ~ operation*], stor- [*a ~ war*], mera betydande [*the ~ cities*]; ***the ~ part*** större delen, huvudparten; *~ **road*** huvudled **2** mus. dur- [*~ scale*]; *~ **key*** durtonart; ***A ~*** A-dur **II** *s* mil. major
Majorca [mə'dʒɔ:kə] Mallorca
major-general [,meɪdʒə'dʒenər(ə)l] *s* generalmajor
majority [mə'dʒɒrətɪ] *s* **1** majoritet; flertal; ***the ~ of people*** de flesta människor; ***absolute ~*** absolut majoritet **2** myndig ålder; ***attain (reach) one's ~*** bli myndig
make [meɪk] **I** (*made made*) *vb tr* o. *vb itr* **1 a)** göra [*of, out of* av; *from* av, på]; tillverka, framställa; *~ **into*** göra till, förvandla till **b)** göra i ordning, laga till [*~ lunch*], koka [*~ coffee (tea)*]; baka [*~ bread*]; sy [*~ a dress*] **c)** hålla [*~ a speech*]; komma med [*~ excuses*]; *~ **the bed*** bädda; *~ **a phone call*** ringa ett samtal **2** utnämna (utse) till [*they made him chairman*] **3** få (komma) att [*he made me cry*], förmå att, tvinga att [*he made me do it*]; ***it's enough to ~ one cry*** det är så man kan gråta; ***what made the car stop?*** vad var det som gjorde att bilen stannade?; *~ **believe that one is*** låtsas att man är; *~ **do*** klara sig **4** tjäna [*~ £25,000 a year*]; göra sig, skapa sig [*~ a fortune*]; skaffa sig [*~ many friends*] **5** bilda, utgöra; *3 times 3 ~* (***makes***) *9* 3 gånger 3 är (blir) 9; ***100 pence ~ a pound*** det går 100 pence på ett pund **6 a)** uppskatta till [*I ~ the distance 5 miles*]; ***I don't know what to ~ of it*** jag vet inte vad jag ska tro om det **b)** bestämma (fastställa) till [*~ the price 10 dollars*]; ***let's ~ it 6 o'clock!*** ska vi säga klockan 6! **7** komma fram till, lyckas nå [*~ the summit*]; angöra, få i sikte [*~ land*]; hinna med (till) [*we made the bus*] **8** styra kurs, fara [*for* mot, till; *towards* mot]; skynda, rusa [*for* mot, till; *towards* mot] **9** *~ **for*** främja, bidra till [*~ for better understanding*] **10** *~ **as if*** (***as though***) låtsas som om □ ~ **away with** försvinna med; ~ **off** ge sig i väg, sjappa; ~ **out** a) skriva ut [*~ out a cheque*], utfärda [*~ out a passport*], göra upp, upprätta [*~ out a list*]; fylla i [*~ out a form*] b) tyda, urskilja, skönja c) förstå, begripa [*as far as I can ~ out*] d) påstå, göra gällande [*he made out that I was there*]; ~ **up a)** bilda; ***be made up of*** bestå (utgöras) av **b)** göra upp, upprätta [*~ up a list*] **c)** hitta på, dikta ihop **d)** sminka; *~ **oneself up*** el. *~ **up*** sminka (måla) sig, göra make up **e)** göra upp [*~ up a quarrel*]; *~ **it up*** bli sams igen **f)** *~ **up for*** ersätta, gottgöra; ta igen, hämta in [*~ up for lost time*]; *~ **it up to a p. for a th.*** gottgöra ngn för ngt **II** *s* **1** fabrikat; tillverkning; märke [*cars of all ~s*] **2** utförande, snitt **3** vard., ***on the ~*** vinningslysten
make-believe ['meɪkbɪ,li:v] **I** *s* låtsaslek **II** *adj* låtsad, spelad

maker ['meɪkə] *s* **1** tillverkare, fabrikant **2** skapare; ***the (our) Maker*** Skaparen
makeshift ['meɪkʃɪft] **I** *s* provisorium, nödlösning **II** *adj* provisorisk; nöd- [*a ~ solution*]
make-up ['meɪkʌp] *s* **1** make up; sminkning; smink, kosmetika **2** beskaffenhet, natur
makeweight ['meɪkweɪt] *s* fyllnadsgods
making ['meɪkɪŋ] *s* **1** tillverkning; tillagning; ***that was the ~ of him*** det gjorde folk av honom **2** ***have the ~s of...*** ha goda förutsättningar att bli...
maladjusted [ˌmæləˈdʒʌstɪd] *adj* **1** feljusterad **2** missanpassad; miljöskadad
malady ['mælədɪ] *s* sjukdom; sjuka, ont
malaria [mə'leərɪə] *s* malaria
Malaysia [mə'leɪzɪə]
male [meɪl] **I** *adj* manlig [*~ heir*], av mankön; han- [*~ animal*], av hankön; ***~ child*** gossebarn; ***~ elephant*** elefanthane **II** *s* **1** mansperson **2** zool. hane, hanne
malevolent [mə'levələnt] *adj* elak, illvillig
malice ['mælɪs] *s* illvilja, elakhet
malicious [mə'lɪʃəs] *adj* illvillig, elak, illasinnad
malignant [mə'lɪgnənt] *adj* **1** ondskefull, hätsk **2** med. elakartad [*~ tumour*]
mall [mɔ:l, mæl] *s* gågata, galleria
mallard ['mæləd] *s* zool. gräsand
mallet ['mælɪt] *s* mindre klubba, trähammare; sport. klubba för krocket och polo
malnutrition [ˌmælnjʊ'trɪʃ(ə)n] *s* undernäring
malt [mɔ:lt] *s* malt
Malta ['mɔ:ltə]
Maltese [ˌmɔ:l'ti:z] **I** *adj* maltesisk **II** *s* **1** (pl. lika) maltesare **2** maltesiska språket
maltreat [mæl'tri:t] *vb tr* misshandla
mamma [mə'mɑ:, amer. 'mɑ:mə] *s* mamma
mammal ['mæm(ə)l] *s* däggdjur
mammon ['mæmən] *s* mammon
mammoth ['mæməθ] *adj* jättelik, mammut-
mammy ['mæmɪ] *s* speciellt amer. vard. mamma
man [mæn] **I** (pl. *men* [men]) *s* **1** man, karl; vard., i tilltal gosse! [*hurry up, ~!*], du, hörru; ***men's clothes*** herrkläder; ***every ~ for himself*** rädda sig den som kan; ***~ for ~*** individuellt, en för en; ***~ to ~*** man mot man; man och man emellan **2** människa [*all men must die*; *feel a new ~*]; vanl. ***Man*** människan i allmän betydelse **3** arbetare [*the men were locked out*] **4** vanl. pl. ***men*** mil. meniga [*officers and men*] **5** människo-, man-, karl- [*man-hater*]; ***men friends*** manliga vänner **6** pjäs i schack; bricka i t.ex. brädspel
II *vb tr* sjö. el. mil. bemanna [*~ a ship*]; besätta med manskap [*~ the barricades*]
manage ['mænɪdʒ] *vb tr* o. *vb itr* **1** hantera; sköta, ha hand om, leda [*~ a business*] **2** klara, orka med; lyckas med; sköta, ordna; ***she managed to do it*** hon lyckades göra det **3** klara sig (det) [*we can't ~ without his help*]
manageable ['mænɪdʒəbl] *adj* hanterlig; lättskött; medgörlig, foglig
management ['mænɪdʒmənt] *s* **1** a) skötsel, ledning b) företagsledning, direktion; ***under new ~*** på skylt ny regim **2** behandling; hanterande
manager ['mænɪdʒə] *s* **1** direktör, chef; föreståndare; kamrer för banks avdelningskontor **2** manager; sport. äv. lagledare, förbundskapten
manageress [ˌmænɪdʒə'res] *s* direktris; föreståndarinna
managing ['mænɪdʒɪŋ] *adj*, ***~ director*** verkställande direktör
mandarin ['mændərɪn] *s* **1** mandarin kinesisk ämbetsman **2** byråkrat, pamp **3** mandarin frukt
mandarine [ˌmændə'ri:n] *s* mandarin frukt
mandate ['mændeɪt] *s* mandat; fullmakt, bemyndigande
mandolin o. **mandoline** [ˌmændəlɪn] *s* mandolin
mane [meɪn] *s* man på djur, äv. vard. för långt tjockt hår
man-eating ['mænˌi:tɪŋ] *adj* människoätande [*~ tiger*]
maneuver [mə'nu:və] amer., se *manœuvre*
manful ['mænf(ʊ)l] *adj* manlig
manganese [ˌmæŋgə'ni:z] *s* kem. mangan
manger ['meɪndʒə] *s* krubba
1 mangle ['mæŋgl] **I** *s* **1** mangel **2** vridmaskin **II** *vb tr* o. *vb itr* **1** mangla **2** vrida
2 mangle ['mæŋgl] *vb tr* **1** hacka sönder **2** illa tilltyga
mango ['mæŋgəʊ] (pl. *mangoes* el. *~s*) *s* mango frukt
mangy ['meɪndʒɪ] *adj* skabbig [*a ~ dog*]
manhandle ['mænˌhændl] *vb tr* misshandla
manhood ['mænhʊd] *s* **1** mannaålder [*reach ~*] **2** manlighet; mandom

mania ['meɪnjə] *s* mani; fluga, vurm
maniac ['meɪnɪæk] *s* galning, dåre
manicure ['mænɪkjʊə] **I** *s* manikyr **II** *vb tr* manikyrera
manicurist ['mænɪkjʊərɪst] *s* manikyrist
manifest ['mænɪfest] **I** *adj* uppenbar **II** *vb tr* manifestera, visa; tydligt visa, röja [~ *one's feelings*]; ~ ***oneself*** a) visa sig [*the ghost manifested itself at midnight*] b) yttra (visa) sig
manifestation [ˌmænɪfe'steɪʃ(ə)n] *s* manifestation
manifesto [ˌmænɪ'festəʊ] (pl. ~*s*) *s* manifest
manifold ['mænɪfəʊld] *adj* mångfaldig, mångahanda [~ *duties*]
manipulate [mə'nɪpjʊleɪt] *vb tr* hantera, manövrera [~ *a lever*]; manipulera
manipulation [məˌnɪpjʊ'leɪʃ(ə)n] *s* hanterande, manövrerande, manipulation
mankind [mæn'kaɪnd] *s* mänskligheten, människosläktet
manly ['mænlɪ] *adj* manlig, manhaftig
manner ['mænə] *s* **1** sätt, vis; sort, slag **2** sätt, hållning, uppträdande **3** pl. ~***s*** maner, uppförande; ***good ~s*** god ton, fint sätt; ***he has no ~s*** han förstår inte att uppföra sig **4** pl. ~***s*** seder, vanor; ***~s and customs*** seder och bruk
mannerism ['mænərɪz(ə)m] *s* maner
manœuvre [mə'nu:və] **I** *s* manöver **II** *vb tr* o. *vb itr* manövrera; leda, föra, styra
man-of-war [ˌmænəv'wɔ:] (pl. *men-of-war*) *s* örlogsfartyg; krigsfartyg
manor ['mænə] *s* herrgård; gods
manor-house ['mænəhaʊs] *s* herrgård; herresäte; slott
manpower ['mænˌpaʊə] *s* arbetskraft
manservant ['mænˌsɜ:v(ə)nt] (pl. *menservants*) *s* tjänare, betjänt
mansion ['mænʃ(ə)n] *s* **1** herrgård, förnäm bostad **2** pl. ~***s*** hyreshus
manslaughter ['mænˌslɔ:tə] *s* dråp
mantelpiece ['mæntlpi:s] *s* spiselkrans
mantle ['mæntl] *s* **1** mantel, cape **2** bildl. täcke [*a ~ of snow*]
man-to-man [ˌmæntə'mæn] *adj* ...man mot man [*a ~ fight*]; ~ ***marking*** sport. punktmarkering
manual ['mænjʊəl] **I** *adj* manuell, hand- **II** *s* handbok, lärobok
manufacture [ˌmænjʊ'fæktʃə] **I** *s* **1** tillverkning, fabrikation **2** produkt, fabriksvara; tillverkning, fabrikat **II** *vb tr* tillverka
manufacturer [ˌmænjʊ'fæktʃərə] *s* fabrikant, tillverkare; fabrikör
manufacturing [ˌmænjʊ'fæktʃərɪŋ] **I** *s* tillverkning, produktion **II** *adj* fabriks- [~ *district*]
manure [mə'njʊə] *s* gödsel
manuscript ['mænjʊskrɪpt] *s* manuskript
many ['menɪ] *adj* o. *s* många; mycket [~ *people* (folk)]; ***a good ~*** ganska (rätt) många; ~ ***a man*** mången, mången man; [***I've been here***] ~ ***a time*** ...många gånger
map [mæp] **I** *s* karta; sjökort **II** *vb tr*, ~ ***out*** kartlägga
maple ['meɪpl] *s* **1** lönn **2** lönnträ
mar [mɑ:] *vb tr* fördärva; skämma, störa
marathon ['mærəθ(ə)n] *s* maraton
marble ['mɑ:bl] *s* **1** marmor **2** kula till kulspel; ***play ~s*** spela kula
March [mɑ:tʃ] *s* månaden mars
march [mɑ:tʃ] **I** *vb itr* o. *vb tr* marschera, låta marschera; ~ ***off*** marschera i väg; föra bort; ~ ***past*** defilera förbi; ***quick ~!*** framåt marsch! **II** *s* marsch
mare [meə] *s* sto, märr
margarine [ˌmɑ:dʒə'ri:n, ˌmɑ:gə'ri:n] *s* margarin
margin ['mɑ:dʒɪn] *s* marginal; kant
marginal ['mɑ:dʒɪn(ə)l] *adj* marginal-; kant-, rand-; marginell
marguerite [ˌmɑ:gə'ri:t] *s* bot. prästkrage
marigold ['mærɪgəʊld] *s* ringblomma; ***French*** (större ***African***) ~ tagetes
marijuana [ˌmærɪ'jwɑ:nə] *s* marijuana
marinade [ˌmærɪ'neɪd, 'mærɪneɪd] kok. **I** *s* marinad **II** *vb tr* marinera
marine [mə'ri:n] **I** *adj* marin-, marin; havs-, sjö- **II** *s* **1** marin, flotta; ***the mercantile*** (***merchant***) ~ handelsflottan **2** marinsoldat
mariner ['mærɪnə] *s* sjöman, sjöfarande
marionette [ˌmærɪə'net] *s* marionett
marital ['mærɪtl] *adj* äktenskaplig
maritime ['mærɪtaɪm] *adj* maritim, sjö-; sjöfarts-
marjoram ['mɑ:dʒərəm] *s* bot. el. kok. mejram
mark [mɑ:k] **I** *s* **1** märke, fläck; spår; ***make one's ~ in the world*** el. ***make one's ~*** göra sig ett namn **2** kännetecken, kännemärke [*of* på]; ***a ~ of gratitude*** ett bevis på tacksamhet **3** märke, tecken; ***exclamation ~*** utropstecken **4** streck på en skala; ***overstep the ~*** överskrida gränsen, gå för långt; ***pass the million ~***

passera miljonstrecket; ***be up to (below) the ~*** hålla (inte hålla) måttet; ***keep a p. up to the ~*** bildl. ta ngn i örat **5** betyg [*get good ~s*], poäng **6** mål, prick, skottavla; ***hit the ~*** träffa prick; slå huvudet på spiken; ***miss the ~*** missa; ***beside the ~*** vid sidan av; inte på sin plats **7** sport. startlinje; ***on your ~s, get set, go!*** på era platser (klara), färdiga, gå!
II *vb tr* **1** sätta märke (märken) på, märka **2** markera; utmärka, känneteckna; ***~ time*** göra på stället marsch; bildl. stå och stampa på samma fläck; ***~ the time*** slå takten **3** sport. markera **4** betygsätta, rätta **5** ***~ off*** pricka för; ***~ out*** staka ut **6** lägga märke till; ***~ my words*** märk (sanna) mina ord; sport. markera **7** märka, se upp

marked [mɑːkt] *adj* märkt; markerad, tydlig, påfallande, markant

market ['mɑːkɪt] *s* **1** torg, marknad; torgdag **2** marknad [*the labour ~*]; efterfrågan [*for* på]; ***~ research*** marknadsundersökning, marknadsundersökningar; ***the black ~*** svarta börsen; ***put on the ~*** släppa ut i marknaden (handeln)

market garden ['mɑːkɪtˌgɑːdn] *s* handelsträdgård

market place ['mɑːkɪtpleɪs] *s* torg

market square [ˌmɑːkɪt'skweə] *s, **the ~*** stortorget

market town ['mɑːkɪttaʊn] *s* ungefär köping, landsortsstad med torgdag

marksman ['mɑːksmən] *s* skicklig skytt

marmalade ['mɑːməleɪd] *s* apelsinmarmelad

marmot ['mɑːmət] *s* murmeldjur

1 maroon [mə'ruːn] **I** *s* rödbrun färg, rödbrunt **II** *adj* rödbrun

2 maroon [mə'ruːn] *vb tr* landsätta (lämna kvar) på en obebodd (öde) ö (kust)

marquee [mɑː'kiː] *s* **1** tält **2** amer. tak, baldakin över entré

marquess ['mɑːkwɪs] *s* markis titel

marquis ['mɑːkwɪs] *s* markis titel

marriage ['mærɪdʒ] *s* **1** äktenskap, giftermål; ***~ guidance*** äktenskapsrådgivning **2** vigsel, bröllop; ***~ certificate*** vigselattest

marriageable ['mærɪdʒəbl] *adj* giftasvuxen

married ['mærɪd] *adj* o. *perf p* gift [*to* med]; vigd; ***the newly ~ couple*** de nygifta; ***~ life*** äktenskap; ***be ~*** vara gift; gifta sig; ***get ~*** gifta sig; ***engaged to be ~*** förlovad

marrow ['mærəʊ] *s* **1** märg **2** ***vegetable ~*** el. ***~*** pumpa, kurbits

marry ['mærɪ] *vb tr* o. *vb itr* **1** gifta sig med; gifta sig **2** ***~ off*** el. ***~*** gifta bort [*to* med] **3** viga [*to* med]

Mars [mɑːz] astron. el. myt. Mars

marsh [mɑːʃ] *s* sumpmark, kärr, träsk

marshal ['mɑːʃ(ə)l] *s* mil. marskalk

marshy ['mɑːʃɪ] *adj* sumpig, träskartad

marsupial [ˌmɑː'suːpjəl] *s* pungdjur

marten ['mɑːtɪn] *s* mård; mårdskinn

martial ['mɑːʃ(ə)l] *adj* krigisk; militär- [*~ music*]; ***~ art*** kampsport; ***~ law*** krigsrätt

martin ['mɑːtɪn] *s* zool. svala

martinet [ˌmɑːtɪ'net] *s* disciplintyrann

martyr ['mɑːtə] *s* martyr

marvel ['mɑːv(ə)l] **I** *s* underverk, under **II** *vb itr* förundra sig [*at* över]

marvellous ['mɑːvələs] *adj* underbar

Marxism ['mɑːksɪz(ə)m] *s* marxism, marxismen

Marxist ['mɑːksɪst] *s* marxist

marzipan ['mɑːzɪpæn] *s* marsipan

mascara [mæ'skɑːrə] *s* mascara

mascot ['mæskət] *s* maskot

masculine ['mæskjʊlɪn] *adj* manlig; maskulin äv. gram. [*the ~ gender*]

masculinity [ˌmæskjʊ'lɪnətɪ] *s* manlighet

mash [mæʃ] **I** *s* mos; vard. potatismos **II** *vb tr* mosa; ***mashed potatoes*** potatismos

mask [mɑːsk] **I** *s* **1** mask; munskydd **2** bildl. mask; täckmantel **II** *vb tr* maskera

masked [mɑːskt] *adj, **~ ball*** maskeradbal

masochist ['mæsəkɪst] *s* masochist

mason ['meɪsn] *s* murare; stenhuggare

masonic [mə'sɒnɪk] *adj* frimurar- [*~ lodge* (loge)]

masquerade [ˌmæskə'reɪd] **I** *s* maskerad **II** *vb itr* **1** vara maskerad (utklädd) **2** bildl. uppträda; ***~ as*** ge sig sken av att vara

1 mass [mæs] *s* (ofta ***Mass***) kyrkl. el. mus. mässa; ***attend ~*** gå i mässan; ***say ~*** läsa mässan

2 mass [mæs] **I** *s* massa; mängd, hop; ***the masses*** massan, de breda lagren; ***the ~ media*** el. ***~ media*** massmedierna, massmedia; ***~ meeting*** massmöte **II** *vb tr* mil. koncentrera, dra samman [*~ troops*]; ***massed attack*** massanfall

massacre ['mæsəkə] **I** *s* massaker [*of* på], slakt **II** *vb tr* massakrera, slakta

massage ['mæsɑːʒ] **I** *s* massage **II** *vb tr* massera

masseur [mæ'sɜː] *s* massör

masseuse [mæ'sɜːz] *s* massös

massive ['mæsɪv] *adj* massiv, stadig
mass-produce [ˌmæsprə'dju:s] *vb tr* massproducera, masstillverka
mast [mɑ:st] *s* mast; ***at half ~*** på halv stång
master ['mɑ:stə] **I** *s* **1** herre, härskare [*of* över]; överman [*find one's ~*]; mästare; husbonde; djurs husse; ***be ~ of the situation*** behärska situationen **2** skol. lärare; ***Master of Arts*** univ., ungefär filosofie kandidat **3** mästare [*a painting by an old ~*] **4** ***Master of Ceremonies*** ceremonimästare, konferencier **5** ***Master*** före pojknamn unge herr [*Master Henry*] **II** *vb tr* göra sig till (bli) herre över; övervinna; behärska [*~ a language*], bemästra [*~ the situation*]
masterful ['mɑ:stəf(ʊ)l] *adj* egenmäktig, dominerande
master key ['mɑ:stəki:] *s* huvudnyckel
masterly ['mɑ:stəlɪ] *adj* mästerlig, skicklig
mastermind ['mɑ:stəmaɪnd] **I** *vb tr* leda, dirigera, vara hjärnan bakom **II** *s*, ***be the ~ behind a th.*** vara hjärnan bakom ngt
masterpiece ['mɑ:stəpi:s] *s* mästerverk
masterstroke ['mɑ:stəstrəʊk] *s* mästerdrag
mastery ['mɑ:stərɪ] *s* **1** herravälde; övertag [*over, of* över] **2** mästerskap, skicklighet; ***have a thorough ~ of a th.*** grundligt behärska ngt
masticate ['mæstɪkeɪt] *vb tr* tugga
mastiff ['mæstɪf] *s* mastiff stor dogg
masturbate ['mæstəbeɪt] *vb itr* onanera
masturbation [ˌmæstə'beɪʃ(ə)n] *s* onani
mat [mæt] *s* **1** matta; ***be on the ~*** vard. få en skrapa **2** underlägg för t.ex. karott, tablett
matador ['mætədɔ:] *s* matador
1 match [mætʃ] *s* tändsticka; ***strike a ~*** tända en tändsticka
2 match [mætʃ] **I** *s* **1** sport. match, tävling **2** jämlike; ***be no ~ for*** inte kunna mäta sig med; ***meet one's ~*** möta sin överman **3** motstycke, make, pendang; [***these colours***] ***are a good ~*** ...går bra ihop (matchar varandra bra) **4** giftermål; parti **II** *vb tr* o. *vb itr* **1** gå bra ihop med, gå i stil med, passa till, matcha **2** finna (vara) en värdig motståndare till **3** para ihop; avpassa [*to* efter]; finna ett motstycke (en pendang) till; ***be well matched*** passa bra ihop **4** passa ihop; passa [*with* till], matcha; [***these two colours***] ***don't ~ very well*** ...går inte bra ihop; ***to ~*** som matchar
matchbook ['mætʃbʊk] *s* tändsticksplån med avrivningständstickor
matchbox ['mætʃbɒks] *s* tändsticksask
matchless ['mætʃləs] *adj* makalös
match point [ˌmætʃ'pɔɪnt] *s* matchboll i tennis
1 mate [meɪt] schack. **I** *s* matt **II** *vb tr* göra matt
2 mate [meɪt] **I** *s* **1** vard. kompis, polare; i tilltal äv. du [*hallo, ~!*] **2** sjö. styrman; ***chief ~*** överstyrman **3** make, maka **II** *vb tr* o. *vb itr* para, para sig
material [mə'tɪərɪəl] **I** *adj* materiell; väsentlig **II** *s* material, ämne, stoff; tyg; ***raw ~*** el. ***raw ~s*** råmaterial, råvaror
materialistic [məˌtɪərɪə'lɪstɪk] *adj* materialistisk
materialize [mə'tɪərɪəlaɪz] *vb itr* förverkligas
maternal [mə'tɜ:nl] *adj* **1** moderlig **2** på mödernet; ***~ grandfather*** morfar; ***~ leave*** mammaledighet
maternally [mə'tɜ:nəlɪ] *adv* moderligt
maternity [mə'tɜ:nətɪ] *s* moderskap; ***~ benefit*** ung. föräldrapenning; ***~ dress*** mammaklänning; ***~ hospital*** BB barnbördshus
math [mæθ] *s* (amer. vard. kortform för *mathematics*) matte
mathematical [ˌmæθə'mætɪk(ə)l] *adj* matematisk
mathematician [ˌmæθəmə'tɪʃ(ə)n] *s* matematiker
mathematics [ˌmæθə'mætɪks] *s* matematik
maths [mæθs] *s* (vard. kortform för *mathematics*) matte
matin ['mætɪn] *s*, pl. ***~s*** kyrkl. morgonbön
matinée ['mætɪneɪ] *s* matiné
mating ['meɪtɪŋ] *s* parning; ***~ season*** parningstid; brunsttid
matrimonial [ˌmætrɪ'məʊnjəl] *adj* äktenskaplig, äktenskaps- [*~ problems*]
matrimony ['mætrɪmənɪ] *s* äktenskap, äktenskapet; giftermål
matron ['meɪtr(ə)n] *s* **1** föreståndare; husmor i t.ex. skola **2** matrona
matronly ['meɪtrənlɪ] *adj* matronaliknande, matroneaktig
matt [mæt] *adj* matt [*~ finish* (yta)]
matter ['mætə] **I** *s* **1** materia; stoff; ämne [*solid ~*] **2** ämne; innehåll **3 a)** sak [*a ~ I know little about*], angelägenhet, affär; fråga, spörsmål [*legal ~s*] **b)** pl. ***~s*** förhållanden, förhållandena; ***it's no***

laughing ~ det är ingenting att skratta åt; ***as a ~ of course*** självfallet, självklart; ***a ~ of fact*** ett faktum; ***as a ~ of fact*** i själva verket; ***it is only a ~ of time*** det är bara en tidsfråga; ***make ~s worse*** förvärra saken (situationen); ***for that ~*** vad det beträffar **4** ***no ~*** det gör ingenting, det spelar ingen roll; ***no ~ how I try*** hur jag än försöker; ***no ~ where it is*** var den än må vara; ***what's the ~?*** vad står på?, vad har hänt?; ***what's the ~ with him?*** vad är det med honom? **5** med. var
II *vb itr* betyda, vara av betydelse; ***it doesn't ~*** det gör ingenting, det spelar ingen roll; ***it doesn't ~ to me*** det gör mig detsamma

matter-of-fact [ˌmætərəvˈfækt] *adj* saklig

mattress [ˈmætrəs] *s* madrass

mature [məˈtjʊə] **I** *adj* mogen **II** *vb tr* o. *vb itr* få att mogna; mogna

maturity [məˈtjʊərətɪ] *s* **1** mognad, mogenhet **2** mogen ålder

maul [mɔːl] *vb tr* mörbulta; illa tilltyga

Maundy [ˈmɔːndɪ] *s*, ***~ Thursday*** skärtorsdag, skärtorsdagen

mausoleum [ˌmɔːsəˈliːəm] *s* mausoleum

mauve [məʊv] **I** *adj* malvafärgad, ljuslila **II** *s* malvafärg, ljuslila

maximum [ˈmæksɪməm] **I** *s* maximum, höjdpunkt **II** *adj* högst, störst; maximi- [*~ temperature*]; maximal

May [meɪ] *s* månaden maj; ***~ Day*** första maj

may [meɪ] (imperfekt *might*) *hjälpvb* presens **1** kan, kan kanske [*he ~ have said so*] **2** får, får lov att [*~ I interrupt you?*]; kan få; ***you ~ be sure that...*** du kan vara säker på att... **3** må, måtte; ***however that ~ be*** hur det än förhåller sig (må vara) med den saken; ***come what ~*** hända vad som hända vill

maybe [ˈmeɪbiː] *adv* kanske, kanhända

mayn't [meɪnt] = *may not*

mayonnaise [ˌmeɪəˈneɪz] *s* majonnäs

mayor [meə] *s* borgmästare, mayor, ordförande i kommunfullmäktige; ***Lord Mayor*** överborgmästare

maypole [ˈmeɪpəʊl] *s* majstång

maze [meɪz] *s* labyrint; virrvarr

mazurka [məˈzɜːkə] *s* mus. mazurka

MC [ˌemˈsiː] (förk. för *Master of Ceremonies*) konferencier

MD [ˌemˈdɪː] = *Doctor of Medicine* med. dr

me [miː, obetonat mɪ] *pers pron* (objektsform av *I*) **1** mig; jag [*he's younger than ~*]; ***dear ~!*** bevare mig! **2** vard. för *my*; ***she likes ~ singing*** [***to her***] hon tycker om att jag sjunger...

mead [miːd] *s* mjöd

meadow [ˈmedəʊ] *s* äng

meagre [ˈmiːgə] *adj* mager [*a ~ result*]; knapp [*a ~ income*]; klen; torftig

1 meal [miːl] *s* mål, måltid; ***a hot ~*** lagad mat

2 meal [miːl] *s* grovt mjöl

meals-on-wheels [ˌmiːlzɒnˈwiːlz] *s pl* hemkörning av lagad mat såsom service inom hemtjänsten

mealtime [ˈmiːltaɪm] *s* mattid, matdags

1 mean [miːn] **I** *s* **1** ***the golden*** (***happy***) ***~*** den gyllene medelvägen **2** mat. medelvärde, medeltal; genomsnitt **II** *adj* medel- [*~ distance*]

2 mean [miːn] *adj* **1** snål **2** lumpen, gemen **3** oansenlig; ***he is no ~ pianist*** han är ingen dålig pianist **4** amer. vard. elak

3 mean [miːn] (*meant meant*) *vb tr* **1** betyda; innebära **2** mena [*he ~s no harm* (illa)], ämna; ha för avsikt; ***I meant to tell you*** jag tänkte tala om det för dig **3** avse, mena; ***that bullet was meant for me*** den kulan var avsedd för mig; ***what is this meant to be?*** vad skall det här föreställa?

meander [mɪˈændə] *vb itr* irra omkring

meaning [ˈmiːnɪŋ] **I** *adj* menande, talande [*a ~ look*] **II** *s* mening; betydelse, innebörd; ***what is the ~ of...?*** vad betyder...?

meaningful [ˈmiːnɪŋf(ʊ)l] *adj* meningsfull, meningsfylld [*~ work*]; betydelsefull

meaningless [ˈmiːnɪŋləs] *adj* meningslös; betydelselös

means [miːnz] *s* **1** (konstrueras ofta med sg.; pl. *means*) medel, hjälpmedel, sätt [*a ~; this ~*]; ***a ~ to an end*** ett medel att nå målet; ***by ~ of*** medelst, genom; ***by all ~*** a) så gärna b) på alla sätt; ***by any ~*** på något sätt; ***by no ~*** el. ***not by any ~*** på intet sätt, ingalunda **2** pl. ***means*** medel, tillgångar; ***live beyond one's ~*** leva över sina tillgångar

means test [ˈmiːnztest] *s* behovsprövning, inkomstprövning

meant [ment] se *3 mean*

meantime [ˈmiːntaɪm] o. **meanwhile** [ˈmiːnwaɪl] **I** *s* mellantid; ***in the ~*** under tiden **II** *adv* under tiden

measles [ˈmiːzlz] *s* mässling; ***German ~*** röda hund

measly ['mi:zlɪ] *adj* vard. ynklig, futtig
measure ['meʒə] **I** *s* **1** mått; måttredskap, mätredskap; ***weights and ~s*** mått och vikt; ***in some ~*** i viss (någon) mån **2** åtgärd; ***take ~s*** vidta mått och steg; ***take strong ~s*** vidta stränga åtgärder **II** *vb tr* mäta; ta mått på; ***get (be) measured for a suit*** ta mått till en kostym
measurement ['meʒəmənt] *s* mätning; pl. ***~s*** mått, dimensioner
meat [mi:t] *s* kött
meat ball ['mi:tbɔ:l] *s* köttbulle
meat cube ['mi:tkju:b] *s* buljongtärning
meat extract [ˌmi:t'ekstrækt] *s* köttextrakt
meat loaf [ˌmi:t'ləʊf] *s* köttfärslimpa
meat pie [ˌmi:t'paɪ] *s* köttpastej, köttpaj
meaty ['mi:tɪ] *adj* köttig; kött-
mechanic [mə'kænɪk] *s* mekaniker, reparatör; verkstadsarbetare
mechanical [mə'kænɪk(ə)l] *adj* mekanisk
mechanics [mə'kænɪks] *s* mekanik
mechanism ['mekənɪz(ə)m] *s* mekanism; mekanik
mechanize ['mekənaɪz] *vb tr* mekanisera
medal ['medl] *s* medalj
medallion [mə'dæljən] *s* medaljong
medallist ['medəlɪst] *s* medaljör; ***gold ~*** guldmedaljör
meddle ['medl] *vb itr* blanda sig i allting; ***~ with*** a) blanda sig i b) fingra på
meddlesome ['medlsəm] *adj* beskäftig; ***he is ~*** äv. han lägger sig i allt
media ['mi:djə] *s* se *medium I*
mediaeval [ˌmedɪ'i:v(ə)l] *adj = medieval*
mediate ['mɪ:dɪeɪt] *vb itr* o. *vb tr* medla
mediation [ˌmi:dɪ'eɪʃ(ə)n] *s* medling
mediator ['mi:dɪeɪtə] *s* medlare; fredsmäklare; förlikningsman
Medicaid ['medɪkeɪd] *s* amer. statlig sjukhjälp åt låginkomsttagare
medical ['medɪk(ə)l] **I** *adj* medicinsk; medicinal- [*~ herb*]; ***~ certificate*** friskintyg, läkarintyg; ***~ examination (inspection)*** läkarundersökning; ***~ practitioner*** praktiserande läkare, legitimerad läkare **II** *s* vard. läkarundersökning
medicinal [me'dɪsɪnl] *adj* **1** läkande, botande [*~ properties* (egenskaper)] **2** medicinsk; medicinal- [*~ herb*]
medicine ['medsɪn] *s* **1** medicin; läkekonst; ***Doctor of Medicine*** medicine doktor **2** medicin, läkemedel
medieval [ˌmedɪ'i:v(ə)l] *adj* medeltida, medeltids-; ***in ~ times*** under medeltiden
mediocre [ˌmi:dɪ'əʊkə] *adj* medelmåttig
meditate ['medɪteɪt] *vb itr* meditera, fundera, grubbla
meditation [ˌmedɪ'teɪʃ(ə)n] *s* meditation; funderande, grubbel
Mediterranean [ˌmedɪtə'reɪnjən] *adj* o. *s, **the ~ Sea*** el. ***the ~*** Medelhavet
medium ['mi:djəm] **I** (pl. *media* ['mi:djə] el. *mediums*) *s* **1** medium; ***the media*** massmedierna, massmedia **2** pl. ***~s*** spiritistiskt medium **3** medelväg [*a happy* (gyllene) *~*] **II** *adj* medelstor, medelgod; ***~ size*** mellanstorlek; ***~ wave*** radio. mellanvåg
medley ['medlɪ] *s* **1** blandning **2** mus. potpurri
meek [mi:k] *adj* ödmjuk; foglig
meerschaum ['mɪəʃəm] *s* sjöskumspipa
meet [mi:t] (*met met*) *vb tr* o. *vb itr* **1** mäta; träffa; mötas; ses; träffas, sammanträda; samlas; ***make both ends ~*** få det att gå ihop ekonomiskt **2** motsvara [*~ expectations*]; tillmötesgå [*~ demands*] **3** ***~ with*** träffa på, stöta på; möta, röna; ***~ with an accident*** råka ut för en olyckshändelse; ***~ with approval*** vinna gillande; ***~ with difficulties*** stöta på svårigheter
meeting ['mi:tɪŋ] *s* **1** möte; sammanträffande; sammanträde **2** sport. tävling
mega- ['megə] *prefix* mega- en miljon
megabyte ['megəbaɪt] *s* data. megabyte
megacycle ['megəˌsaɪkl] *s* megacykel
megahertz ['megəhɜ:ts] *s* megahertz
megalomania [ˌmegələ'meɪnjə] *s* storhetsvansinne, megalomani
megaphone ['megəfəʊn] *s* megafon
megaton ['megətʌn] *s* megaton
megawatt ['megəwɒt] *s* megawatt
melancholic [ˌmelən'kɒlɪk] *adj* melankolisk
melancholy ['melənkəlɪ] **I** *s* melankoli **II** *adj* melankolisk; sorglig
mellow ['meləʊ] **I** *adj* mogen **II** *vb tr* o. *vb itr* göra mogen; mogna
melodic [mɪ'lɒdɪk] *adj* melodisk, melodi-
melodious [mɪ'ləʊdjəs] *adj* melodisk
melodrama ['meləˌdrɑ:mə] *s* melodram
melodramatic [ˌmelədrə'mætɪk] *adj* melodramatisk; teatralisk
melody ['melədɪ] *s* melodi
melon ['melən] *s* melon

melt [melt] *vb itr* o. *vb tr* smälta
melting-point ['meltɪŋpɔɪnt] *s* fys. smältpunkt
member ['membə] *s* medlem; deltagare [*conference* ~]; ***Member of Parliament*** parlamentsledamot, riksdagsman
membership ['membəʃɪp] *s* **1** medlemskap **2** medlemsantal
membrane ['membreɪn] *s* membran
memo ['meməʊ] (pl. *~s*) *s* (förk. för *memorandum*) PM, P.M.
memoir ['memwɑ:] *s*, pl. ***~s*** memoarer
memorable ['memərəbl] *adj* minnesvärd
memorandum [ˌmemə'rændəm] (pl. *memoranda* [ˌmemə'rændə] el. *memorandums*) *s* **1** minnesanteckning **2** dipl. memorandum
memorial [mɪ'mɔ:rɪəl] **I** *adj* minnes- [*~ service*] **II** *s* minnesmärke [*to* över]; ***war ~*** krigsmonument
memorize ['meməraɪz] *vb tr* memorera, lära sig utantill
memory ['memərɪ] *s* minne; ***from ~*** ur minnet; ***to the best of my ~*** såvitt jag kan minnas; ***commit to ~*** lägga på minnet; ***memories of childhood*** barndomsminnen; ***in*** (***to the***) ***~ of*** till minne av; ***within living ~*** i mannaminne
men [men] *s* se *man I*
menace ['menəs] **I** *s* hot [*to* mot]; ***he's a ~*** vard. han är en plåga **II** *vb tr* hota
menagerie [mɪ'nædʒərɪ] *s* menageri
mend [mend] *vb tr* laga, reparera
menial ['mi:njəl] **I** *adj* tarvlig, enkel [*~ task*] **II** *s* föraktligt betjänt
meningitis [ˌmenɪn'dʒaɪtɪs] *s* hjärnhinneinflammation, meningit
men-of-war [ˌmenəv'wɔ:] *s* se *man-of-war*
menstruation [ˌmenstrʊ'eɪʃ(ə)n] *s* menstruation
mental ['mentl] *adj* mental, psykisk, själslig, andlig; ***~ age*** intelligensålder; ***~ arithmetic*** huvudräkning; ***~ work*** intellektuellt arbete
mentality [men'tælətɪ] *s* mentalitet
mentally ['mentəlɪ] *adv* **1** mentalt, psykiskt, själsligt; andligt **2** i tankarna, i huvudet
menthol ['menθɒl] *s* mentol
mention ['menʃ(ə)n] **I** *s* omnämnande; ***make ~ of*** omnämna **II** *vb tr* nämna, tala om [*to* för]; ***not to ~*** för att inte tala om; ***don't ~ it!*** svar på tack för all del!, ingen orsak!; ***no harm worth mentioning*** ingen nämnvärd skada
menu ['menju:] *s* matsedel, meny
mercantile ['mɜ:kəntaɪl] *adj* merkantil; ***~ marine*** handelsflotta
mercantilism ['mɜ:kəntɪlɪz(ə)m] *s* merkantilism
mercenary ['mɜ:sənərɪ] **I** *adj* **1** vinningslysten **2** om soldat lejd, lego- **II** *s* legosoldat, legoknekt
merchandise ['mɜ:tʃəndaɪz] *s* kollektivt varor
merchant ['mɜ:tʃ(ə)nt] **I** *s* köpman, grosshandlare **II** *adj* handels-; ***~ fleet*** (***navy***) handelsflotta; ***~ ship*** (***vessel***) handelsfartyg
merciful ['mɜ:sɪf(ʊ)l] *adj* barmhärtig, nådig
merciless ['mɜ:sɪləs] *adj* obarmhärtig
Mercury ['mɜ:kjʊrɪ] astron. el. myt. Merkurius
mercury ['mɜ:kjʊrɪ] *s* kvicksilver
mercy ['mɜ:sɪ] *s* **1** barmhärtighet; nåd; ***have ~ on a p.*** förbarma sig över ngn; vara ngn nådig; ***for mercy's sake*** för Guds skull **2** ***be at the ~ of a p.*** (***a th.***) vara i ngns (ngts) våld
mere [mɪə] *adj* blott, ren, bara
merely ['mɪəlɪ] *adv* endast, bara
merge [mɜ:dʒ] *vb tr* o. *vb itr* **1** slå ihop (samman) [*~ two companies*] **2** gå ihop (samman); smälta ihop
meringue [mə'ræŋ] *s* maräng
merit ['merɪt] **I** *s* förtjänst, merit [*the book has its ~s*]; värde; ***a work of great ~*** ett mycket förtjänstfullt arbete **II** *vb tr* förtjäna, vara värd
merited ['merɪtɪd] *adj* välförtjänt
mermaid ['mɜ:meɪd] *s* sjöjungfru
merriment ['merɪmənt] *s* munterhet
merry ['merɪ] *adj* munter, uppsluppen; glad; ***A Merry Christmas!*** God Jul!; ***make ~*** roa sig
merry-go-round ['merɪgəʊraʊnd] *s* karusell
merry-maker ['merɪˌmeɪkə] *s* festare
merry-making ['merɪˌmeɪkɪŋ] *s* uppsluppenhet; festglädje
mesh [meʃ] *s* maska i t.ex. nät
mesmerize ['mezməraɪz] *vb tr* magnetisera; hypnotisera
mess [mes] **I** *s* **1** röra, oreda, oordning, virrvarr; skräp; klämma, knipa; ***make a ~*** smutsa ner, stöka till; ***make a ~ of*** fördärva; trassla till; ***make a ~ of things*** trassla till allting **2** mil. el. sjö. mäss **3** hopkok, mischmasch **II** *vb tr* o. *vb itr* **1** ***~ up*** el. ~ förfuska, fördärva; smutsa

ner, stöka till **2** ~ ***about*** pillra, plottra; traska (larva) omkring
message ['mesɪdʒ] *s* **1** meddelande; budskap äv. politiskt; bud; ***can I give (leave) a ~?*** i t.ex. telefon är det något jag kan framföra? **2** telegram
messenger ['mesɪndʒə] *s* **1** bud; budbärare, sändebud; ~ ***boy*** expressbud; springpojke **2** kurir
Messiah [mə'saɪə] *s* Messias
Messrs. ['mesəz] *s* **1** herrar, herrarna **2** Firma, Herrar [~ *Jones & Co.*]
messy ['mesɪ] *adj* **1** rörig **2** smutsig; kladdig
met [met] se *1 meet*
metabolism [me'tæbəlɪz(ə)m] *s* ämnesomsättning, metabolism
metal ['metl] *s* metall
metallic [me'tælɪk] *adj* metallisk; metall-
metaphor ['metəfə] *s* metafor, bild
meteor ['mi:tjə] *s* meteor
meteorite ['mi:tjəraɪt] *s* meteorit
meteorological [ˌmi:tjərə'lɒdʒɪk(ə)l] *adj* meteorologisk; ~ ***office*** vädertjänst
meteorologist [ˌmi:tjə'rɒlədʒɪst] *s* meteorolog
1 meter ['mi:tə] *s* mätare; taxameter; ~ ***maid*** vard. lapplisa
2 meter ['mi:tə] *s* amer. meter
methane ['mi:θeɪn] *s* kem. metan
method ['meθəd] *s* metod
methodical [mə'θɒdɪk(ə)l] *adj* metodisk
Methodist ['meθədɪst] *s* kyrkl. metodist
meths [meθs] *s pl* vard. denaturerad sprit
methylated ['meθɪleɪtɪd] *adj*, ~ ***spirit (spirits)*** denaturerad sprit
meticulous [mə'tɪkjʊləs] *adj* noggrann
metre ['mi:tə] *s* meter
metric ['metrɪk] *adj* meter- [*the ~ system*]; ~ ***ton*** ton 1.000 kg
metronome ['metrənəʊm] *s* mus. metronom
metropolis [mə'trɒpəlɪs] *s* metropol, huvudstad; storstad
metropolitan [ˌmetrə'pɒlɪt(ə)n] *adj* huvudstads-, storstads-; ofta London- [*the Metropolitan Police*]
mettle ['metl] *s* mod, kurage; ***put a p. on his ~*** sätta ngn på prov
mew [mju:] **I** *vb itr* jama **II** *s* jamande
Mexican ['meksɪkən] **I** *adj* mexikansk **II** *s* mexikan
Mexico ['meksɪkəʊ]
mg. (förk. för *milligram, milligrams, milligramme, milligrammes*) mg
MHz (förk. för *megahertz*) MHz
mica ['maɪkə] *s* glimmer
mice [maɪs] *s* se *mouse*
Mickey Mouse [ˌmɪkɪ'maʊs] *s* seriefigur Musse Pigg
microbe ['maɪkrəʊb] *s* mikrob
microgroove ['maɪkrəgru:v] *s* mikrospår på grammofonskiva
microphone ['maɪkrəfəʊn] *s* mikrofon
microscope ['maɪkrəskəʊp] *s* mikroskop
microwave ['maɪkrə(ʊ)weɪv] *s*, ~ ***oven*** mikrovågsugn
mid [mɪd] *adj* mitt-, mellan-; mitten av
mid-air [ˌmɪd'eə] *adj* i luften
midday ['mɪddeɪ] *s* middagstid, middag
middle ['mɪdl] **I** *adj* mellersta, mittersta; ***the Middle Ages*** medeltiden; ***the ~ class (classes)*** medelklassen; ***the Middle East*** Mellersta östern; ~ ***finger*** långfinger; ***the Middle West*** Mellanvästern i USA **II** *s* **1** ***in the ~ of*** i mitten av (på), mitt i (på) **2** midja
middle-aged [ˌmɪdl'eɪdʒd] *adj* medelålders
middle-class [ˌmɪdl'klɑ:s] *adj* medelklass-
middleman ['mɪdlmæn] (pl. *middlemen* ['mɪdlmen]) *s* hand. mellanhand
middleweight ['mɪdlweɪt] *s* sport. **1** mellanvikt **2** mellanviktare
middling ['mɪdlɪŋ] *adj* vard. medelgod; medelmåttig
midfielder ['mɪdˌfi:ldə] *s* sport. mittfältare
midge [mɪdʒ] *s* zool. mygga
midget ['mɪdʒɪt] **I** *s* dvärg; kryp, plutt, lilleputt **II** *adj* mini- [~ *golf*], dvärg-
midland ['mɪdlənd] *s*, ***the Midlands*** Midlands, mellersta England
midnight ['mɪdnaɪt] *s* midnatt; ***the ~ sun*** midnattssolen; ***burn the ~ oil*** arbeta till långt in på natten
midriff ['mɪdrɪf] *s* anat. mellangärde
midst [mɪdst] litt. **I** *s* mitt; ***in the ~ of*** mitt i, mitt ibland (under) **II** *prep* mitt i
midsummer ['mɪdˌsʌmə] *s* midsommar; ***Midsummer Eve*** midsommarafton
midway [ˌmɪd'weɪ] *adv* halvvägs
Midwest [ˌmɪd'west] *s* amer., ***the ~*** Mellanvästern
midwife ['mɪdwaɪf] (pl. *midwives* ['mɪdwaɪvz]) *s* barnmorska
1 might [maɪt] *hjälpvb* (imperfekt av *may*) kunde; fick, kunde få; ~ ***I ask a question?*** skulle jag kunna (kunde jag) få ställa en fråga?; ***he asked if he ~ come in*** han frågade om han fick komma in

2 might [maɪt] *s* makt; kraft; ***with all one's ~*** med all makt, av alla krafter
mighty ['maɪtɪ] **I** *adj* mäktig, väldig **II** *adv* vard. väldigt
mignonette [ˌmɪnjə'net] *s* bot. reseda
migraine ['mi:greɪn, 'maɪgreɪn] *s* migrän
migrate [maɪ'greɪt] *vb itr* flytta; vandra; utvandra
migration [maɪ'greɪʃ(ə)n] *s* flyttning; vandring
mike [maɪk] *s* vard. mick mikrofon
Milan [mɪ'læn] Milano
mild [maɪld] *adj* mild; blid; svag [*a ~ protest*]; lindrig
mildew ['mɪldju:] *s* mjöldagg; mögel
mildly ['maɪldlɪ] *adv* milt; blitt; svagt
mile [maɪl] *s* engelsk mil, 'mile' (= 1760 *yards* = 1609 m); ***nautical ~*** nautisk mil, distansminut; ***it was ~s better (easier)*** vard. det var ofantligt mycket bättre (lättare); ***for ~s and ~s*** mil efter mil
mileage ['maɪlɪdʒ] *s* antal 'miles' (mil)
mileometer [maɪ'lɒmɪtə] *s* vägmätare
milestone ['maɪlstəʊn] *s* milstolpe
milieu ['mi:ljɜ:, amer. mi:l'ju:] *s* miljö, omgivning
militant ['mɪlɪt(ə)nt] **I** *adj* militant, stridbar **II** *s* militant person
militarism ['mɪlɪtərɪz(ə)m] *s* militarism
militarist ['mɪlɪtərɪst] *s* militarist
militarize ['mɪlɪtəraɪz] *vb tr* militarisera
military ['mɪlɪtərɪ] *adj* militärisk, krigs-; ***~ academy*** militärhögskola; ***~ court*** krigsrätt; ***~ service*** militärtjänst; ***compulsory ~ service*** allmän värnplikt
militate ['mɪlɪteɪt] *vb itr*, ***~ against*** motverka
militia [mɪ'lɪʃə] *s* milis, lantvärn
militiaman [mɪ'lɪʃəmən] *s* milissoldat
milk [mɪlk] **I** *s* mjölk **II** *vb tr* o. *vb itr* mjölka
milk bar ['mɪlkbɑ:] *s* ungefär glassbar där äv. mjölkdrinkar o. smörgåsar serveras
milkmaid ['mɪlkmeɪd] *s* mjölkerska; mejerska
milkman ['mɪlkmən] *s* mjölkutkörare, mjölkbud, mjölkförsäljare
milkshake [ˌmɪlk'ʃeɪk] *s* milkshake ofta med glass
milksop ['mɪlksɒp] *s* mes, mähä
milk tooth ['mɪlktu:θ] (pl. *milk teeth* ['mɪlkti:θ]) *s* mjölktand
milky ['mɪlkɪ] *adj* **1** mjölkaktig, mjölklik; mjölkig **2** ***the Milky Way*** Vintergatan
mill [mɪl] *s* **1** kvarn; ***he has been (gone) through the ~*** han har fått slita ont; ***put a p. through the ~*** sätta ngn på prov **2** fabrik; verk, bruk; ***cotton ~*** bomullsspinneri
millennium [mɪ'lenɪəm] *s* **1** årtusende **2** ***the ~*** det tusenåriga riket
miller ['mɪlə] *s* mjölnare
millet ['mɪlɪt] *s* bot. hirs
millibar ['mɪlɪbɑ:] *s* meteor. millibar
milligram o. **milligramme** ['mɪlɪgræm] *s* milligram
millilitre ['mɪlɪˌli:tə] *s* milliliter
millimetre ['mɪlɪˌmi:tə] *s* millimeter
milliner ['mɪlɪnə] *s* modist
millinery ['mɪlɪnərɪ] *s* **1** modevaror inom hattbranschen **2** modistyrket; hattsömnad
million ['mɪljən] *räkn* o. *s* miljon; ***~s of people*** miljontals människor
millionaire [ˌmɪljə'neə] *s* miljonär
millionairess [ˌmɪljə'neərɪs] *s* miljonärska
millionth ['mɪljənθ] *räkn* o. *s* miljonte; ***~ part*** miljondel
millipede ['mɪlɪpi:d] *s* tusenfoting
millstone ['mɪlstəʊn] *s*, ***a ~ round a p.'s neck*** en kvarnsten om halsen på ngn
mime [maɪm] **I** *s* mim **II** *vb itr* spela pantomim, mima
mimic ['mɪmɪk] **I** *s* imitatör; mimiker **II** *vb tr* härma, imitera
mimosa [mɪ'məʊzə] *s* mimosa
mince [mɪns] **I** *vb tr* **1** hacka; ***minced meat*** köttfärs **2** välja [*~ one's words*]; ***not ~ matters (one's words)*** inte skräda orden **II** *s* köttfärs
mincemeat ['mɪnsmi:t] *s* blandning av russin, mandel, kryddor m.m. som fyllning i paj; ***make ~ of*** vard. göra slarvsylta av
mince pie [ˌmɪns'paɪ] *s* paj med *mincemeat*
mincer ['mɪnsə] *s* köttkvarn
mincing ['mɪnsɪŋ] *adj* tillgjord; trippande
mind [maɪnd] **I** *s* **1** sinne; själ; förstånd; ***have an open ~*** vara öppen för nya idéer; ***presence of ~*** sinnesnärvaro; ***keep one's ~ on*** koncentrera sig på; ***in ~ and body*** till kropp och själ; ***in one's right ~*** el. ***of a sound ~*** vid sina sinnens fulla bruk; ***in one's mind's eye*** för sitt inre öga; ***that was a weight (load) off my ~*** en sten föll från mitt bröst; ***get a th. off one's ~*** få ngt ur tankarna; ***have a th. on one's ~*** ha ngt på hjärtat; ***be out of one's ~*** vara från sina sinnen **2** ***change one's ~*** ändra mening (åsikt); ***give a p. a piece of one's ~*** säga ngn sin mening rent ut; ***read a p.'s ~*** läsa ngns tankar; ***to my ~***

enligt min mening **3** lust, böjelse; ***have a good*** (***great***) ***~ to*** ha god lust att; ***have half a ~ to*** nästan ha lust att; ***know one's own ~*** veta vad man vill; ***make up one's ~*** besluta sig; ***be in two ~s*** vara villrådig **4** minne; ***bear*** (***have***) ***in ~*** komma ihåg, ha i minnet; ***it must be borne in ~ that*** man får inte glömma att; ***he puts me in ~ of*** han påminner mig om

II *vb tr* o. *vb itr* **1** ge akt på; ***~!*** akta dig!, se upp!; ***~ you are in time!*** se till att du kommer i tid!; ***~ you don't fall!*** akta dig så att du inte faller!; ***~ your head!*** akta huvudet!; ***~ what you are doing!*** se dig för! **2** se efter, sköta om, passa [*~ children*]; ***~ your own business!*** vard. sköt du ditt! **3** bry sig om, tänka på; ***I don't ~...*** jag bryr mig inte om...; jag har inget emot...; ***do you ~ if I smoke*** el. ***do you ~ my smoking?*** har du något emot att jag röker?; ***I don't ~*** gärna för mig, det har jag inget emot; ***would you ~ shutting the window?*** vill du vara snäll och stänga fönstret?

minded ['maɪndɪd] *adj* i sammansättningar -sinnad, -sint [*high-minded*]; -medveten; ***socially ~*** socialt inriktad

mindful ['maɪndf(ʊ)l] *adj*, ***be ~ of*** vara uppmärksam på

mind-reader ['maɪndˌri:də] *s* tankeläsare

1 mine [maɪn] *poss pron* min; ***a book of ~*** en av mina böcker; ***a friend of ~*** en vän till mig; ***it's a habit of ~*** det är en vana jag har

2 mine [maɪn] **I** *s* **1** gruva; ***a ~ of information*** bildl. en rik informationskälla **2** mil. mina; ***~ detector*** minsökare **II** *vb tr* o. *vb itr* **1** bryta [*~ ore*]; bearbeta; arbeta i en gruva **2** gräva [*~ tunnels*]; ***~ for gold*** gräva efter guld **3** mil. minera, lägga ut minor

minefield ['maɪnfi:ld] *s* **1** mil. minfält **2** gruvfält

miner ['maɪnə] *s* gruvarbetare

mineral ['mɪnər(ə)l] **I** *s* **1** mineral **2** pl. ***~s*** kollektivt mineralvatten; läskedrycker **II** *adj* mineral-; ***~ waters*** kollektivt mineralvatten; läskedrycker

mineralogist [ˌmɪnə'rælədʒɪst] *s* mineralog

mingle ['mɪŋgl] *vb tr* o. *vb itr* blanda, blandas, blanda sig

mingy ['mɪndʒɪ] *adj* vard. snål, knusslig

mini ['mɪnɪ] *s* **1** minibil, småbil **2** minikjol

miniature ['mɪnjətʃə] **I** *s* miniatyr **II** *adj* miniatyr-, i miniatyr; ***~ camera*** småbildskamera

minimal ['mɪnɪm(ə)l] *adj* minimal

minimize ['mɪnɪmaɪz] *vb tr* **1** reducera till ett minimum **2** bagatellisera

minimum ['mɪnɪməm] **I** *s* minimum **II** *adj* minsta; minimi- [*~ wage*]; minimal

mining ['maɪnɪŋ] *s* **1** gruvdrift; gruvarbete; brytning **2** mil. el. sjö. minering

minister ['mɪnɪstə] *s* **1** minister **2** präst [äv. *~ of religion*]

ministry ['mɪnɪstrɪ] *s* **1** ministär, regering **2** departement

mink [mɪŋk] *s* flodiller; mink

minor ['maɪnə] **I** *adj* **1** mindre [*a ~ operation*], smärre, mindre viktig; små- [*~ planets*]; lägre i rang; ***Asia Minor*** Mindre Asien **2** mus. moll- [*~ scale*]; ***~ key*** molltonart; ***A ~*** a-moll **II** *s* jur. omyndig person, minderårig

Minorca [mɪ'nɔ:kə] Menorca

minority [maɪ'nɒrətɪ] *s* minoritet

Minsk [mɪnsk]

minstrel ['mɪnstr(ə)l] *s* **1** medeltida trubadur **2** sångare, entertainer vanl. negersminkad

1 mint [mɪnt] *s* bot. mynta

2 mint [mɪnt] **I** *s* myntverk, mynt **II** *vb tr* mynta, prägla

minuet [ˌmɪnjʊ'et] *s* menuett

minus ['maɪnəs] **I** *prep* **1** minus **2** vard. utan [*~ her clothes*] **II** *adj* minus- [*~ sign*]

1 minute [maɪ'nju:t] *adj* ytterst liten, minimal; ***in ~ detail*** in i minsta detalj

2 minute ['mɪnɪt] *s* **1** minut; ***ten ~s to two*** (***past two***) tio minuter i två (över två); ***I won't be a ~*** jag kommer strax; ***wait a ~!*** vänta ett ögonblick!; låt mig se!; ***just a ~!*** ett ögonblick bara!; ***this ~*** genast; ***in a ~*** om ett ögonblick **2** pl. ***~s*** protokoll [*of* över, från]; ***keep*** (***take***) ***the ~s*** föra protokoll

minute hand ['mɪnɪthænd] *s* minutvisare

minx [mɪŋks] *s* slyna, markatta

miracle ['mɪrəkl] *s* mirakel, underverk

miraculous [mɪ'rækjʊləs] *adj* mirakulös

mirage ['mɪrɑ:ʒ, mɪ'rɑ:ʒ] *s* hägring

mire ['maɪə] *s* träsk, myr; dy

mirror ['mɪrə] **I** *s* spegel; ***driving ~*** backspegel **II** *vb tr* spegla

mirth [mɜ:θ] *s* munterhet; uppsluppenhet

misapprehension ['mɪsˌæprɪ'henʃ(ə)n] *s* missuppfattning; ***be under a ~*** missta sig

misbehave [ˌmɪsbɪ'heɪv] *vb itr* o. *vb rfl*, *~* el. ***~ oneself*** bära sig illa åt, uppföra sig illa

misbehaviour [ˌmɪsbɪˈheɪvjə] *s* dåligt uppförande
miscalculate [ˌmɪsˈkælkjʊleɪt] *vb tr* o. *vb itr* felberäkna; räkna fel; missräkna sig
miscalculation [mɪsˌkælkjʊˈleɪʃ(ə)n] *s* felräkning; felberäkning; felbedömning
miscarriage [ˌmɪsˈkærɪdʒ] *s* missfall
miscellaneous [ˌmɪsəˈleɪnjəs] *adj* blandad, brokig; varjehanda
mischief [ˈmɪstʃɪf] *s* **1** ont, skada **2** ***up to all kinds of*** ~ full av rackartyg; ***get into*** ~ hitta på rackartyg **3** skälmskhet
mischief-maker [ˈmɪstʃɪfˌmeɪkə] *s* orosstiftare; intrigmakare
mischievous [ˈmɪstʃɪvəs] *adj* okynnig, rackar-; skälmsk
misconception [ˌmɪskənˈsepʃ(ə)n] *s* missuppfattning
misconduct [mɪsˈkɒndʌkt] *s* dåligt uppförande
misdeed [ˌmɪsˈdiːd] *s* missgärning, missdåd
miser [ˈmaɪzə] *s* gnidare, girigbuk
miserable [ˈmɪzər(ə)bl] *adj* **1** olycklig, förtvivlad **2** bedrövlig; ynklig, usel; trist
miserly [ˈmaɪzəlɪ] *adj* girig, gnidig
misery [ˈmɪzərɪ] *s* elände; misär, nöd
misfire [ˌmɪsˈfaɪə] *vb itr* **1** om skjutvapen klicka; om motor misständа **2** slå slint [*my plans misfired*]
misfit [ˈmɪsfɪt] *s* **1** ***the coat is a*** ~ rocken passar inte **2** missanpassad person
misfortune [mɪsˈfɔːtʃ(ə)n, mɪsˈfɔːtʃuːn] *s* olycka; motgång; otur [*have the* ~ *to*]
misgiving [mɪsˈgɪvɪŋ] *s*, pl. ~***s*** farhågor
misgovern [ˌmɪsˈgʌvən] *vb tr* vanstyra
misguided [ˌmɪsˈgaɪdɪd] *adj* missriktad
mishandle [ˌmɪsˈhændl] *vb tr* misshandla
mishap [ˈmɪshæp] *s* missöde, malör
mishmash [ˈmɪʃmæʃ] *s* mischmasch, röra
misinform [ˌmɪsɪnˈfɔːm] *vb tr* felunderrätta
misinterpret [ˌmɪsɪnˈtɜːprɪt] *vb tr* misstolka
misjudge [ˌmɪsˈdʒʌdʒ] *vb tr* felbedöma
mislaid [mɪsˈleɪd] se *mislay*
mislay [mɪsˈleɪ] (*mislaid mislaid*) *vb tr* förlägga [*I have mislaid my gloves*]
mislead [mɪsˈliːd] (*misled misled*) *vb tr* föra vilse; vilseleda
misled [mɪsˈled] se *mislead*
mismanage [ˌmɪsˈmænɪdʒ] *vb tr* missköta
misplace [ˌmɪsˈpleɪs] *vb tr* felplacera; perfekt particip ***misplaced*** äv. malplacerad; bortkastad [*misplaced generosity*]
misprint [ˈmɪsprɪnt] *s* tryckfel
mispronounce [ˌmɪsprəˈnaʊns] *vb tr* uttala fel
mispronunciation [ˈmɪsprəˌnʌnsɪˈeɪʃ(ə)n] *s* feluttal; uttalsfel
misquote [ˌmɪsˈkwəʊt] *vb tr* felcitera
misread [ˌmɪsˈriːd] (*misread misread* [ˌmɪsˈred]) *vb tr* läsa fel på; feltolka, missuppfatta
misrepresent [ˈmɪsˌreprɪˈzent] *vb tr* ge en felaktig bild av; förvränga
misrule [ˌmɪsˈruːl] *s* vanstyre
1 miss [mɪs] *s* fröken [*Miss Jones*]
2 miss [mɪs] **I** *vb tr* **1** missa; inte hinna med; inte träffa mål **2** gå miste om, bli utan **3** sakna [~ *a friend*] **II** *s* miss; ***give a th. a*** ~ strunta i ngt; ***a*** ~ ***is as good as a mile*** ordspr. nära skjuter ingen hare
missile [ˈmɪsaɪl, amer. ˈmɪsl] *s* projektil; robot, robotvapen, missil; raket
missing [ˈmɪsɪŋ] *adj* försvunnen; frånvarande; borta; felande; ***be*** ~ saknas, fattas
mission [ˈmɪʃ(ə)n] *s* **1** delegation **2** mil. uppdrag **3** mission
missionary [ˈmɪʃən(ə)rɪ] *s* missionär
missis [ˈmɪsɪz] *s* vard., ***the*** (***my***) ~ frugan
misspell [ˌmɪsˈspel] (*misspelt misspelt*) *vb tr* o. *vb itr* stava fel
misspelling [ˌmɪsˈspelɪŋ] *s* felstavning; stavfel
misspelt [ˌmɪsˈspelt] se *misspell*
missus [ˈmɪsɪz] *s* se *missis*
mist [mɪst] **I** *s* dimma, dis; imma **II** *vb tr* o. *vb itr* hölja i dimma, bli (vara) dimmig; ~ ***over*** bli immig
mistake [mɪˈsteɪk] **I** (*mistook mistaken*) *vb tr* ta miste på, ta fel på; missta sig på; ~ ***a p.*** (***a th.***) ***for*** förväxla ngn (ngt) med **II** *s* misstag; missförstånd; fel
mistaken [mɪˈsteɪkən] se *mistake I*
mistakenly [mɪˈsteɪk(ə)nlɪ] *adv* av misstag
mister [ˈmɪstə] *s* herr; barnspr. i tilltal motsvaras av farbror
mistimed [ˌmɪsˈtaɪmd] *adj* oläglig; malplacerad
mistletoe [ˈmɪsltəʊ] *s* mistel
mistook [mɪˈstʊk] se *mistake I*
mistranslate [ˌmɪstrænsˈleɪt] *vb tr* översätta fel
mistress [ˈmɪstrəs] *s* **1** husmor; djurs matte; ***the*** ~ ***of the house*** frun i huset **2** älskarinna, mätress **3** härskarinna [*of* över]
mistrust [ˌmɪsˈtrʌst] *vb tr* o. *s* misstro
misty [ˈmɪstɪ] *adj* dimmig, disig, immig

misunderstand [ˌmɪsʌndəˈstænd] (*misunderstood misunderstood*) *vb tr* missförstå
misunderstanding [ˌmɪsʌndəˈstændɪŋ] *s* missförstånd; misshällighet
misunderstood [ˌmɪsʌndəˈstʊd] se *misunderstand*
1 mite [maɪt] *s* pyre, parvel
2 mite [maɪt] *s* zool. kvalster; or
mitre [ˈmaɪtə] *s* mitra, biskopsmössa
mitten [ˈmɪtn] *s* tumvante; halvvante
mix [mɪks] **I** *vb tr* o. *vb itr* **1** blanda; blanda till; blanda sig; gå ihop [*with* med]; ~ ***up*** förväxla; ***be*** (***get***) ***mixed up*** a) vara (bli) inblandad [*in* i] b) vara (bli) förvirrad **2** umgås [~ *in certain circles*] **II** *s* mix [*cake* ~]
mixed [mɪkst] *adj* blandad; ~ ***bathing*** gemensamhetsbad; ~ ***breed*** blandras; ~ ***economy*** blandekonomi; ~ ***school*** samskola
mixed-up [ˌmɪkstˈʌp] *adj* vard. förvirrad
mixer [ˈmɪksə] *s* blandare [*concrete* ~]; mixer, matberedningsmaskin; ~ ***tap*** blandare, blandningskran
mixture [ˈmɪkstʃə] *s* blandning; ***smoking*** ~ el. ~ tobaksblandning
mix-up [ˈmɪksʌp] *s* vard. **1** röra; sammanblandning; förväxling **2** kalabalik
ml. (förk. för *millilitre, millilitres*) ml
mm. (förk. för *millimetre, millimetres*) mm
moan [məʊn] **I** *vb itr* **1** jämra sig, stöna **2** vard. knota; ~ ***and groan*** gnöla och gnälla **II** *s* jämmer, stönande
moat [məʊt] *s* vallgrav, slottsgrav
mob [mɒb] **I** *s* pöbel, mobb; hop; sl. liga **II** *vb tr* omringa; ***be mobbed*** äv. förföljas
mobile [ˈməʊbaɪl, amer. såsom adjektiv ˈməʊbl] **I** *adj* rörlig; mobil; ~ ***home*** husvagn såsom permanent bostad; ~ ***hospital*** fältsjukhus; ~ ***library*** bokbuss **II** *s* konst. mobil
mobility [məʊˈbɪlətɪ] *s* rörlighet
mobilization [ˌməʊbɪlaɪˈzeɪʃ(ə)n] *s* mobilisering, mobiliserande
mobilize [ˈməʊbɪlaɪz] *vb tr* o. *vb itr* mobilisera; uppbjuda [~ *one's energy*]
mobster [ˈmɒbstə] *s* sl. ligamedlem, gangster
moccasin [ˈmɒkəsɪn] *s* mockasin
mocha [ˈmɒkə] *s* mocka, mockakaffe
mock [mɒk] **I** *vb tr* o. *vb itr* **1** driva med; driva [*at* med] **2** härma **II** *adj* oäkta, falsk; fingerad, sken-; låtsad
mockery [ˈmɒkərɪ] *s* **1** gyckel, drift **2** parodi [*a* ~ *of justice*]
mock turtle [ˌmɒkˈtɜːtl] *s*, ~ ***soup*** falsk sköldpaddssoppa
mod cons [ˌmɒdˈkɒnz] vard. förk. för *modern conveniences*
mode [məʊd] *s* **1** sätt; metod **2** bruk; mode
model [ˈmɒdl] **I** *s* **1** modell; fotomodell; mannekäng **2** mönster, förebild **II** *adj* **1** modell- [*a* ~ *train*] **2** mönstergill, exemplarisk **III** *vb tr* o. *vb itr* **1** modellera [~ *in clay*]; forma **2** planera; ~ ***oneself after*** (***on***) ***a p.*** försöka efterlikna ngn
moderate [adjektiv o. substantiv ˈmɒdərət, verb ˈmɒdəreɪt] **I** *adj* måttlig, moderat, måttfull; medelmåttig **II** *s* moderat **III** *vb tr* moderera; mildra
moderately [ˈmɒdərətlɪ] *adv* **1** måttligt; lagom **2** medelmåttigt; någorlunda
moderate-sized [ˈmɒdərətsaɪzd] *adj* medelstor, lagom stor
moderation [ˌmɒdəˈreɪʃ(ə)n] *s* måttlighet, återhållsamhet; ***in*** ~ med måtta, måttligt
modern [ˈmɒd(ə)n] *adj* modern, nutida
modernize [ˈmɒdənaɪz] *vb tr* modernisera
modest [ˈmɒdɪst] *adj* blygsam [*a* ~ *income*]; anspråkslös
modesty [ˈmɒdɪstɪ] *s* blygsamhet; anspråkslöshet
modify [ˈmɒdɪfaɪ] *vb tr* modifiera; ändra
modiste [məʊˈdiːst] *s* modist
modulate [ˈmɒdjʊleɪt] *vb tr* modulera
module [ˈmɒdjuːl] *s* modul
Mohammedan [məˈhæmɪd(ə)n] **I** *adj* muslimsk **II** *s* muslim
moist [mɔɪst] *adj* fuktig [~ *climate*; ~ *lips*]
moisten [ˈmɔɪsn] *vb tr* o. *vb itr* fukta; bli fuktig
moisture [ˈmɔɪstʃə] *s* fukt, fuktighet
Moldavia [mɒlˈdeɪvɪə] Moldavien
1 mole [məʊl] *s* födelsemärke, hudfläck
2 mole [məʊl] *s* zool. mullvad
molecule [ˈmɒlɪkjuːl] *s* molekyl
molehill [ˈməʊlhɪl] *s* mullvadshög; ***make a mountain out of a*** ~ göra en höna av en fjäder, förstora upp allting
molest [məˈlest] *vb tr* ofreda, antasta, störa
mollusc [ˈmɒləsk] *s* zool. mollusk
molten [ˈməʊlt(ə)n] *adj* smält, flytande [~ *lava*]; ~ ***metal*** gjutmetall
mom [mɒm] *s* amer. vard. mamma
moment [ˈməʊmənt] *s* **1** stund; tidpunkt; ***one*** ~ el. ***just a*** ~ ett ögonblick, vänta

litet; ***this*** ~ a) på ögonblicket, genast b) för ett ögonblick sedan; ***leisure*** (***spare***) ~***s*** lediga stunder; ***at the*** ~ för ögonblicket, för tillfället; ***at a moment's notice*** med detsamma; ***in a*** ~ ***of*** [***anger***] i ett anfall av...; ***the man of the*** ~ mannen för dagen **2** betydelse, vikt [*an affair of great* ~]

momentary ['məʊməntrɪ] *adj* momentan

momentous [mə'mentəs] *adj* viktig, betydelsefull

momentum [mə'mentəm] *s* fart, styrka, kraft [*gain* (vinna i) ~]

momma ['mɒmə] *s* amer. vard. mamma

monarch ['mɒnək] *s* monark; härskare

monarchy ['mɒnəkɪ] *s* monarki

monastery ['mɒnəstrɪ] *s* munkkloster

Monday ['mʌndeɪ, 'mʌndɪ] *s* måndag; ***Easter*** ~ annandag påsk; ***last*** ~ i måndags

monetary ['mʌnɪtrɪ] *adj* monetär, mynt-, penning-

money ['mʌnɪ] (utan pl.) *s* pengar; penning-; ~ ***matters*** penningangelägenheter; ***be in the*** ~ vard. vara tät, tjäna grova pengar; ***be short of*** ~ ha ont om pengar

money box ['mʌnɪbɒks] *s* sparbössa

money-lender ['mʌnɪˌlendə] *s* procentare, ockrare

money-making ['mʌnɪˌmeɪkɪŋ] **I** *s* penningförvärv; att tjäna pengar **II** *adj* inbringande, lönande

money order ['mʌnɪˌɔ:də] *s* amer., se *postal order* under *postal*

Mongolia [mɒŋ'gəʊljə] Mongoliet

Mongolian [mɒŋ'gəʊljən] **I** *adj* mongolisk **II** *s* mongol; mongoliska kvinna

mongrel ['mʌŋgr(ə)l] **I** *s* byracka, bondhund; bastard **II** *adj* av blandras

monitor ['mɒnɪtə] **I** *s* **1** skol. ordningsman **2** radio. el. TV. kontrollmottagare; monitor; ~ ***screen*** el. ~ bildskärm **II** *vb tr* övervaka, kontrollera

monk [mʌŋk] *s* munk person

monkey ['mʌŋkɪ] **I** *s* zool. apa; ~ ***business*** smussel, fuffens; ~ ***tricks*** vard. rackartyg; ***you little*** ~***!*** din lilla rackarunge! **II** *vb itr,* ~ ***about with*** el. ~ ***with*** vard. mixtra (greja) med

monkey nut ['mʌŋkɪnʌt] *s* vard. jordnöt

monocle ['mɒnəkl] *s* monokel

monogamous [mə'nɒgəməs] *adj* monogam

monogamy [mə'nɒgəmɪ] *s* engifte, monogami

monogram ['mɒnəgræm] *s* monogram

monologue ['mɒnəlɒg] *s* monolog

monopolize [mə'nɒpəlaɪz] *vb tr* **1** monopolisera **2** bildl. lägga beslag på

monopoly [mə'nɒpəlɪ] *s* **1** monopol, ensamrätt **2** ***Monopoly*** ® Monopol sällskapsspel

monosyllable ['mɒnəˌsɪləbl] *s* enstavigt ord

monotone ['mɒnətəʊn] *s* enformig ton

monotonous [mə'nɒtənəs] *adj* monoton, enformig

monotony [mə'nɒtənɪ] *s* monotoni, enformighet

monoxide [mə'nɒksaɪd] *s,* ***carbon*** ~ koloxid

monsoon [mɒn'su:n] *s* monsun

monster ['mɒnstə] *s* monster, vidunder

monstrous ['mɒnstrəs] *adj* monstruös

Montenegro [ˌmɒntɪ'nɪ:grəʊ]

month [mʌnθ] *s* månad; ***by the*** ~ per månad; ***for*** ~***s*** i månader; ***she's in her eighth*** ~ hon är i åttonde månaden; ***never*** (***not once***) ***in a*** ~ ***of Sundays*** vard. aldrig någonsin

monthly ['mʌnθlɪ] **I** *adj* månatlig, månads- **II** *adv* månatligen, en gång i månaden

monument ['mɒnjʊmənt] *s* monument; minnesmärke; ***ancient*** ~ fornminne

monumental [ˌmɒnjʊ'mentl] *adj* monumental, storslagen

moo [mu:] **I** *vb itr* råma **II** *s* mu; råmande

mooch [mu:tʃ] *vb itr* vard., ~ ***about*** gå och drälla, driva omkring

1 mood [mu:d] *s* gram. modus; ***the subjunctive*** ~ konjunktiven

2 mood [mu:d] *s* lynne, stämning; humör; ***be in the*** ~ vara upplagd [*for a th.* för ngt]

moody ['mu:dɪ] *adj* **1** lynnig, nyckfull **2** på dåligt humör, sur

moon [mu:n] **I** *s* måne **II** *vb itr* vard., ~ ***about*** (***around***) gå omkring och drömma

moonbeam ['mu:nbi:m] *s* månstråle

moonlight ['mu:nlaɪt] *s* månsken

moonlighting ['mu:nˌlaɪtɪŋ] *s* vard. extraknäck

moonlit ['mu:nlɪt] *adj* månljus, månbelyst

moonscape ['mu:nskeɪp] *s* månlandskap

moonshine ['mu:nʃaɪn] *s* **1** månsken **2** vilda fantasier, nonsens

moonstone ['mu:nstəʊn] *s* månsten

1 moor [mʊə] *s* hed

2 moor [mʊə] *vb tr* o. *vb itr* sjö. förtöja
moorhen ['mʊəhen] *s* moripa
mooring ['mʊərɪŋ] *s* sjö. förtöjning
moose [mu:s] *s* amerikansk älg
mop [mɒp] **I** *s* **1** mopp **2** vard. kalufs **II** *vb tr* torka, moppa [*~ the floor*]; *~ up* a) torka upp b) mil. rensa, rensa upp
mope [məʊp] *vb itr* grubbla, tjura
moped ['məʊped] *s* moped
mopping-up [ˌmɒpɪŋ'ʌp] *adj*, ***~ operations*** mil. rensningsaktioner
moral ['mɒr(ə)l] **I** *adj* moralisk, sedelärande; sedlig **II** *s* sensmoral; pl. ***~s*** moral, seder
morale [mɒ'rɑ:l] *s* stridsmoral, kampanda
morality [mə'rælətɪ] *s* **1** moral; sedelära; moralitet **2** sedlighet
moralize ['mɒrəlaɪz] *vb itr* moralisera
morbid ['mɔ:bɪd] *adj* sjuklig, morbid
more [mɔ:] *adj* o. *s* o. *adv* (komparativ till *much* o. *many*) **1** mer, mera; ***~ and ~ difficult*** allt svårare; ***~ or less*** a) mer eller mindre b) cirka [*fifty ~ or less*]; ***all the ~*** desto mera, så mycket mera; ***the ~ he gets, the ~ he wants*** ju mer han får, dess mer vill han ha **2** fler, flera [*than* än]; ***the ~ the merrier*** ju fler desto roligare **3** ytterligare, mer; vidare; ***once ~*** en gång till **4** komparativbildande adverb mer; -are; ofta (vid jämförelse mellan två) mest; -st, -ste; ***~ complicated*** mera komplicerad; ***~ easily*** lättare □ **no ~** inte mer (fler); aldrig mer; lika litet [*he knows very little about it, and no ~ do I*]; ***we saw no ~ of him*** vi såg aldrig mer till honom; ***no ~ than*** knappast mer än
morel [mɒ'rel] *s* bot. murkla
morello [mə'reləʊ] (pl. *~s*) *s* bot., ***~ cherry*** el. *~* morell
moreover [mɔ:'rəʊvə] *adv* dessutom
morgue [mɔ:g] *s* bårhus
Mormon ['mɔ:mən] *s* mormon
morn [mɔ:n] *s* poet. morgon
morning ['mɔ:nɪŋ] *s* morgon, förmiddag; ***this ~*** i morse; ***yesterday ~*** i går morse (förmiddag); ***~ coat*** jackett
Moroccan [mə'rɒkən] **I** *adj* marockansk **II** *s* marockan
Morocco [mə'rɒkəʊ] **I** Marocko **II** *s* marokäng
moron ['mɔ:rɒn] *s* vard. idiot
morose [mə'rəʊs] *adj* surmulen, butter
morphine ['mɔ:fi:n] *s* morfin; ***~ addict*** morfinist
morrow ['mɒrəʊ] *s* litt., ***the ~*** morgondagen
Morse [mɔ:s] egennamn; ***the ~ code*** el. *~* morsealfabetet
morsel ['mɔ:s(ə)l] *s* munsbit; bit, smula
mortal ['mɔ:tl] **I** *adj* **1** dödlig; döds- [*~ sin*]; ***his ~ remains*** hans jordiska kvarlevor **2** vard., ***not a ~ soul*** inte en själ, inte en enda kotte; ***they wouldn't do a ~ thing*** de ville inte göra ett jäkla dugg **II** *s* dödlig; ***ordinary ~s*** vanliga dödliga
mortality [mɔ:'tælətɪ] *s* dödlighet
mortally ['mɔ:təlɪ] *adv* dödligt
1 mortar ['mɔ:tə] *s* **1** mortel **2** mil. granatkastare **3** raketapparat
2 mortar ['mɔ:tə] *s* murbruk
mortgage ['mɔ:gɪdʒ] **I** *s* inteckning; hypotek; ***first ~ loan*** bottenlån **II** *vb tr* inteckna [*mortgaged up to the hilt*], belåna
mortician [mɔ:'tɪʃ(ə)n] *s* amer. begravningsentreprenör
mortuary ['mɔ:tjʊərɪ] *s* bårhus
mosaic [mə'zeɪɪk] *s* mosaik; mosaikarbete
Moscow ['mɒskəʊ, amer. 'mɒskaʊ] Moskva
Moslem ['mɒzlem] **I** *s* muslim **II** *adj* muslimsk
mosque [mɒsk] *s* moské
mosquito [mə'ski:təʊ] *s* zool. moskit, stickmygga; pl. ***mosquitoes*** äv. mygg
moss [mɒs] *s* mossa; attributivt moss-
mossy ['mɒsɪ] *adj* mossig; moss- [*~ green*]
most [məʊst] **I** *adj* o. *s* mest, flest, den (det) mesta; ***~ boys*** de flesta pojkar; ***for the ~ part*** mest, till största delen; för det mesta; ***make the ~ of*** göra det mesta möjliga av, ta vara på; ***at the ~*** el. ***at ~*** högst, på sin höjd; i bästa fall
II *adv* **1** mest [*what pleased me ~*]; ***the one he values ~*** (***the ~***) den som han värderar högst (mest) **2** superlativbildande mest; -st, -ste; ***the ~ beautiful of all*** den allra vackraste; ***~ easily*** lättast **3** högst, ytterst [*~ interesting*]; ***~ certainly*** alldeles säkert; ***~ probably*** (***likely***) högst sannolikt
mostly ['məʊstlɪ] *adv* **1** mest, mestadels **2** vanligen, för det mesta
MOT [ˌeməʊ'ti:] (förk. för *Ministry of Transport*); ***~ test*** el. vard. *~* årlig besiktning av motorfordon äldre än 3 år
motel [məʊ'tel] *s* motell
moth [mɒθ] *s* **1** mal **2** nattfjäril
moth-ball ['mɒθbɔ:l] *s* malkula, malmedel
moth-eaten ['mɒθˌi:tn] *adj* maläten

mother ['mʌðə] **I** *s* **1** moder, mor, mamma; ***queen ~*** änkedrottning; ***play ~s and fathers*** leka mamma, pappa, barn **2** ~ ***country*** fosterland; hemland; ~ ***tongue*** (***language***) modersmål **II** *vb tr* **1** sätta till världen; ge upphov till **2** vara som en mor för
motherhood ['mʌðəhʊd] *s* moderskap
mother-in-law ['mʌðərɪnlɔ:] (pl. *mothers-in-law* ['mʌðəzɪnlɔ:]) *s* svärmor
motherly ['mʌðəlɪ] *adj* moderlig
mother-of-pearl [ˌmʌðərəv'pɜ:l] *s* pärlemor
mothproof ['mɒθpru:f] **I** *adj* malsäker **II** *vb tr* malsäkra
motion ['məʊʃ(ə)n] **I** *s* **1** rörelse; gest, åtbörd, tecken; ~ ***picture*** film; ***make a ~ to leave*** göra en ansats att ge sig i väg **2** motion; ***submit*** (***make***) ***a ~*** väcka ett förslag; framställa ett yrkande **3** vanl. pl. ***~s*** avföring **II** *vb itr* o. *vb tr* vinka, göra tecken; vinka (göra tecken) åt (till)
motionless ['məʊʃ(ə)nləs] *adj* orörlig; i vila
motivate ['məʊtɪveɪt] *vb tr* motivera
motivation [ˌməʊtɪ'veɪʃ(ə)n] *s* motivering; motivation
motive ['məʊtɪv] *s* motiv
motor ['məʊtə] **I** *s* motor; ~ ***show*** bilsalong; ~ ***works*** bilfabrik **II** *vb itr* bila
motorbicycle ['məʊtəˌbaɪsɪkl] *s* motorcykel
motorbike ['məʊtəbaɪk] *s* vard. motorcykel
motorboat ['məʊtəbəʊt] *s* motorbåt
motorcade ['məʊtəkeɪd] *s* bilkortege
motorcar ['məʊtəkɑ:] *s* bil
motorcoach ['məʊtəkəʊtʃ] *s* buss, turistbuss
motorcycle ['məʊtəˌsaɪkl] *s* motorcykel; ~ ***combination*** motorcykel med sidvagn
motorcyclist ['məʊtəˌsaɪklɪst] *s* motorcyklist
motoring ['məʊtərɪŋ] *s* **1** bilande, bilåkning **2** motorsport
motorist ['məʊtərɪst] *s* bilist, bilförare
motorlaunch ['məʊtəlɔ:ntʃ] *s* större motorbåt; motorbarkass
motorlorry ['məʊtəˌlɒrɪ] *s* lastbil
motor race ['məʊtəreɪs] *s* motortävling
motorscooter ['məʊtəˌsku:tə] *s* skoter
motorway ['məʊtəweɪ] *s* motorväg
mottled ['mɒtld] *adj* spräcklig; marmorerad
motto ['mɒtəʊ] *s* motto, valspråk, devis
1 mould [məʊld] *s* jord, mylla; mull
2 mould [məʊld] *s* mögel; mögelsvamp
3 mould [məʊld] **I** *s* **1** form, gjutform; matris **2** kok. form **3** bildl. typ, karaktär **II** *vb tr* gjuta, forma, bilda; gestalta
mouldy ['məʊldɪ] *adj* **1** möglig **2** sl. vissen, urusel
mound [maʊnd] *s* hög, kulle; vall
1 mount [maʊnt] *s* i namn berg; ***Mount Etna*** Etna
2 mount [maʊnt] **I** *vb tr* **1** gå upp på (uppför); stiga upp på; bestiga [~ *the throne*] **2** placera [*on* på] **3** montera; sätta upp; infatta; rama in **4** mil. sätta i gång [~ *an offensive*] **II** *s* häst
mountain ['maʊntɪn] *s* berg, fjäll; ~ ***ash*** rönn
mountain ash [ˌmaʊntən'æʃ] *s* bot. rönn
mountaineer [ˌmaʊntɪ'nɪə] **I** *s* bergbestigare, alpinist **II** *vb itr* klättra i bergen
mountaineering [ˌmaʊntɪ'nɪərɪŋ] *s* bergbestigning, alpinism
mountainous ['maʊntɪnəs] *adj* bergig
mounted ['maʊntɪd] *adj* **1** ridande [~ *police*]; fordonsburen **2** monterad; uppsatt; inramad, infattad
mourn [mɔ:n] *vb itr* o. *vb tr* sörja [*for* över]; sörja över; ~ ***for a p.*** sörja ngn
mourner ['mɔ:nə] *s* sörjande; ***the ~s*** de sörjande; ***the chief ~*** den närmast sörjande
mournful ['mɔ:nf(ʊ)l] *adj* sorglig, dyster
mourning ['mɔ:nɪŋ] **I** *adj* sörjande **II** *s* sorg; sorgdräkt; ***in ~*** sorgklädd; ***go into ~*** anlägga sorg; ***go out of ~*** lägga av sorgen
mouse [maʊs] (pl. *mice* [maɪs]) *s* mus, råtta
mousetrap ['maʊstræp] *s* råttfälla
mousse [mu:s] *s* **1** kok. mousse; såsom dessert äv. fromage **2** hårmousse
moustache [mə'stɑ:ʃ, amer. 'mʌstæʃ] *s* mustascher; ***grow a ~*** anlägga mustasch
mouth [substantiv maʊθ, pl. maʊðz, verb maʊð] **I** *s* **1** mun; ***by word of ~*** muntligen; ***be down in the ~*** vara deppig; ***have one's heart in one's ~*** ha hjärtat i halsgropen; ***shut your ~!*** håll käft! **2** mynning **II** *vb tr* o. *vb itr* 'deklamera'; uttala tillgjort, tala tillgjort
mouthful ['maʊθfʊl] *s* munfull; munsbit
mouth organ ['maʊθˌɔ:gən] *s* munspel
mouthpiece ['maʊθpi:s] *s* **1** munstycke **2** mikrofon på telefon **3** bildl. språkrör
mouth-to-mouth [ˌmaʊθtə'maʊθ] *adj, **the ~ method*** mun-mot-munmetoden
mouthwash ['maʊθwɒʃ] *s* munvatten

movable ['mu:vəbl] *adj* rörlig, flyttbar
move [mu:v] **I** *vb tr* o. *vb itr* **1** flytta, flytta på; rubba; förflytta [~ *troops*]; röra sig; förflytta sig, flytta sig **2** röra på [~ *one's lips*]; ~ ***on*** gå på, cirkulera; ~ ***out*** a) gå ut b) flytta; ~ ***up*** stiga (gå) fram **3** röra; ***be moved*** bli rörd, röras, gripas [*he was deeply moved*]
II *s* flyttning; i schack etc. drag; bildl. drag [*a clever* ~], utspel; ***what's the next ~?*** vard. vad ska vi göra nu?; ***get a ~ on!*** vard. raska på!; ***be on the*** ~ vara i rörelse (i farten)
movement ['mu:vmənt] *s* **1** rörelse **2** mus. sats [*the first ~ of a symphony*] **3** t.ex. politisk, religiös rörelse [*the Labour* ~]
movie ['mu:vɪ] *s* vard. film; ***the ~s*** bio; ~ ***star*** filmstjärna; ~ ***house*** (***theater***) amer. bio; ***go to the ~s*** gå på bio
moviegoer ['mu:vɪˌgəʊə] *s* biobesökare
moving ['mu:vɪŋ] **I** *adj* o. *pres p* **1** rörlig; ~ ***picture*** vard. film; ~ ***staircase*** (***stairway***) rulltrappa **2** rörande; gripande [~ *ceremony*] **II** *s* förflyttning; ~ ***van*** amer. flyttbil
mow [məʊ] (*mowed mown*) *vb tr* meja; klippa [~ *a lawn*]
mower ['məʊə] *s* gräsklippare
mown [məʊn] se *mow*
Mozambique [ˌməʊzəm'bi:k] Moçambique
MP [ˌem'pi:] förk. för *Member of Parliament, Military Police*
m.p.h. förk. för *miles per hour*
Mr. o. **Mr** ['mɪstə] (pl. *Messrs.* ['mesəz]) (förk. för *mister*) hr, herr framför namn
Mrs. o. **Mrs** ['mɪsɪz] (förk. för *missis*) fru framför namn
MS [ˌem'es, 'mænjʊskrɪpt] (pl. *MSS* [ˌemes'es]) förk. för *manuscript*
Ms. o. **Ms** [mɪz] (pl. *Mses* ['mɪzɪz]) *s* titel för kvinna som ersättning för *Miss* el. *Mrs.* före namn [~ *[Louise] Brown*]
Mt. förk. för *Mount, mountain*
much [mʌtʃ] **I** (*more most*) *adj* o. *adv* **1** mycket [~ *older*]; ***very ~ older*** betydligt äldre; ***without ~ difficulty*** utan större svårighet; ***he doesn't look ~ like a clergyman*** han ser knappast ut som en präst; ***it looks very ~ like it*** det ser nästan så ut; ***thank you very*** ~ tack så mycket; ~ ***to my delight*** till min stora förtjusning; ~ ***too low*** alldeles för låg **2** ***pretty ~ alike*** ungefär lika; ***it is ~ the same to me*** det gör mig ungefär detsamma
II *s* **1** mycket; ***he is not ~ of a writer*** han är inte någon vidare författare; ***make ~ of*** göra stor affär av; ***I don't think ~ of*** jag ger inte mycket för; [***his work***] ***is not up to*** ~ det är inte mycket bevänt med... **2 a)** ***as*** ~ lika (så) mycket [*as* som]; ***I thought as*** ~ var det inte det jag trodde; ***it was as ~ as he could do to keep calm*** det var knappt han kunde hålla sig lugn **b)** ***how ~ is this?*** vad kostar den här?; ***how ~ does it all come to?*** hur mycket blir det? **c)** ***so*** ~ så mycket; ***so ~ the better*** (***the worse***) så mycket (desto) bättre (värre); ***so ~ for that*** så var det med det (den saken)
much-advertised [ˌmʌtʃ'ædvətaɪzd] *adj* uppreklamerad
much-needed [ˌmʌtʃ'ni:dɪd] *adj* välbehövlig
muck [mʌk] **I** *s* gödsel, dynga; vard. skit, smörja **II** *vb tr* o. *vb itr* **1** ~ ***a th. up*** vard. göra pannkaka av ngt **2** ~ ***about*** vard. larva omkring; tjafsa; ~ ***about with*** pillra med
muck-up ['mʌkʌp] *s* vard., ***make a ~ of a th.*** göra pannkaka av ngt
mucky ['mʌkɪ] *adj* vard. skitig; lerig
mucus ['mju:kəs] *s* fysiol. slem
mud [mʌd] *s* gyttja, dy; smuts, lera
muddle ['mʌdl] **I** *vb tr* trassla till; ~ ***up*** (***together***) röra ihop [*he has muddled things up*]; blanda ihop, förväxla **II** *s* röra, oreda, virrvarr; ***make a ~ of*** trassla till
muddled ['mʌdld] *adj* rörig, virrig
muddle-headed ['mʌdlˌhedɪd] *adj* virrig
muddy ['mʌdɪ] *adj* smutsig, lerig [~ *roads*]
mudflap ['mʌdflæp] *s* stänkskydd på bil
mudguard ['mʌdgɑ:d] *s* stänkskärm
mudpack ['mʌdpæk] *s* kosmetisk ansiktsmask
1 muff [mʌf] *s* muff; öron- skydd
2 muff [mʌf] *vb tr* missa, sumpa [~ *an opportunity*]
muffin ['mʌfɪn] *s* **1** slags tebröd som äts varma med smör på **2** amer. muffin; ***English ~*** slags tebröd som äts varma med smör på
muffle ['mʌfl] *vb tr* **1** linda om [~ *one's throat*]; ~ ***up*** el. ~ pälsa på [~ *oneself up well*], svepa in **2** linda om för att dämpa ljud; dämpa; perfekt particip ***muffled*** dämpad, dov [*muffled sounds*]
muffler ['mʌflə] *s* **1** halsduk **2** speciellt amer. ljuddämpare
mug [mʌg] **I** *s* **1** mugg [*a ~ of tea*], sejdel

2 sl., ansikte tryne, fejs **3** sl. lättlurad stackare **II** *vb tr* sl. överfalla och råna
mugger ['mʌgə] *s* sl. rånare, ligist
mugging ['mʌgɪŋ] *s* sl. överfall och rån
muggy ['mʌgɪ] *adj* kvav, tryckande [~ *day*]
mulatto [mjʊ'lætəʊ] (pl. ~*s* el. *mulattoes*) *s* mulatt
mulberry ['mʌlbərɪ] *s* mullbär
mule [mju:l] *s* mula; mulåsna; ***as stubborn*** (***obstinate***) ***as a*** ~ envis som synden
mulligatawny [ˌmʌlɪgə'tɔ:nɪ] *s,* ~ ***soup*** indisk currykryddad soppa med höns och ris
multilateral [ˌmʌltɪ'lætərəl] *adj* multilateral [~ *agreement*]
multimillionaire [ˌmʌltɪmɪljə'neə] *s* mångmiljonär
multinational [ˌmʌltɪ'næʃənl] *adj* multinationell [~ *company*]
multiple ['mʌltɪpl] *adj* mångfaldig; flerdubbel; ~ ***fracture*** komplicerat benbrott; ~ ***stores*** butikskedja
multiplication [ˌmʌltɪplɪ'keɪʃ(ə)n] *s* **1** multiplikation **2** mångfaldigande
multiply ['mʌltɪplaɪ] *vb tr* o. *vb itr* **1** multiplicera [*by* med] **2** öka; ökas; flerdubblas **3** föröka sig
multiracial [ˌmʌltɪ'reɪʃ(ə)l] *adj* som omfattar (representerar) många raser
multistorey [ˌmʌltɪ'stɔ:rɪ] *adj* flervånings- [~ *hotel*]; ~ ***car park*** parkeringshus
multitude ['mʌltɪtju:d] *s* **1** mängd, massa; mångfald **2** folkmassa
mum [mʌm] *s* mamma; vard. morsa
mumble ['mʌmbl] **I** *vb itr* o. *vb tr* mumla, mumla fram **II** *s* mummel
mumbo jumbo [ˌmʌmbəʊ'dʒʌmbəʊ] *s* hokuspokus; fikonspråk, jargong
1 mummy ['mʌmɪ] *s* mumie
2 mummy ['mʌmɪ] *s* barnspr. mamma; ***mummy's darling*** mammagris, morsgris
mumps [mʌmps] *s* påssjuka
munch [mʌntʃ] *vb itr* o. *vb tr* mumsa; mumsa på
mundane ['mʌndeɪn] *adj* jordisk, världslig
Munich ['mju:nɪk] München
municipal [mjʊ'nɪsɪp(ə)l] *adj* kommunal [~ *buildings*]; kommun-, stads- [~ *libraries*]; ~ ***council*** kommunfullmäktige
municipality [mjʊˌnɪsɪ'pælətɪ] *s* **1** kommun **2** kommunstyrelse
munition [mjʊ'nɪʃ(ə)n] *s,* ~***s*** krigsmateriel, vapen och ammunition
murder ['mɜ:də] **I** *s* mord [*of* på]; ***attempted*** ~ mordförsök; ***scream blue*** ~ vard. gallhojta **II** *vb tr* **1** mörda **2** bildl. misshandla [~ *a song*], rådbråka [~ *the language*]
murderer ['mɜ:dərə] *s* mördare
murderess ['mɜ:dərəs] *s* mörderska
murderous ['mɜ:dərəs] *adj* mordisk
murmur ['mɜ:mə] **I** *s* sorl, sus; mummel; ***without a*** ~ utan knot **II** *vb itr* sorla, susa; mumla
muscle ['mʌsl] *s* muskel, muskler; muskelstyrka
Muscovite ['mʌskəvaɪt] *s* moskvabo
muscular ['mʌskjʊlə] *adj* muskulös
1 muse [mju:z] *s* myt. musa
2 muse [mju:z] *vb itr* fundera, grubbla
museum [mjʊ'zɪəm] *s* museum
mushroom ['mʌʃrʊm] **I** *s* svamp; champinjon **II** *vb itr* plocka svamp
mushy ['mʌʃɪ] *adj* mosig, grötig, slafsig
music ['mju:zɪk] *s* **1** musik **2** noter [*read* ~], nothäften [*printed* ~] **3** ***face the*** ~ vard. ta konsekvenserna
musical ['mju:zɪk(ə)l] **I** *adj* **1** musikalisk; musikintresserad [*a* ~ *person*]; ***have a*** ~ ***ear*** ha bra musiköra **2** musik- [~ *instruments*]; ~ ***comedy*** musikal **3** ~ ***box*** speldosa; ~ ***chairs*** sällskapslek hela havet stormar **II** *s* musikal
musicassette ['mju:zɪkəˌset] *s* inspelad kassett för kassettbandspelare
music hall ['mju:zɪkhɔ:l] *s* **1** varietéteater; ~ ***song*** kuplett **2** amer. konsertsal
musician [mjʊ'zɪʃ(ə)n] *s* musiker
music stand ['mju:zɪkstænd] *s* notställ
musk [mʌsk] *s* mysk; ~ ***ox*** myskoxe
musket ['mʌskɪt] *s* hist. musköt
musketeer [ˌmʌskə'tɪə] *s* hist. musketerare; musketör
Muslim ['mʊzlɪm, 'mʌzlɪm] **I** *s* muslim **II** *adj* muslimsk
muslin ['mʌzlɪn] *s* muslin
musquash ['mʌskwɒʃ] *s* **1** bisamråtta **2** ~ ***fur*** el. ~ bisam pälsverk; ~ ***coat*** el. ~ bisampäls plagg
mussel ['mʌsl] *s* zool. mussla
must [mʌst, verb obetonat məst] **I** *hjälpvb* presens **1** måste, får **2** med negation får [*you* ~ *never ask*]; ~ ***not*** el. ***mustn't*** får inte [*you* ~ *not go*], skall inte [*you mustn't be surprised*] **II** *s* vard., ***a*** ~ ett måste [*that book is a* ~]
mustang ['mʌstæŋ] *s* mustang häst
mustard ['mʌstəd] *s* senap
muster ['mʌstə] **I** *s,* ***pass*** ~ hålla måttet;

duga [*as, for* till] **II** *vb tr,* ~ ***up*** uppbjuda [~ *up all one's strength*]
mustn't ['mʌsnt] = *must not*
musty ['mʌstɪ] *adj* unken [~ *smell*], instängd [~ *air*], ovädrad [~ *room*], möglig
mute [mju:t] **I** *adj* stum; mållös; tyst **II** *s* **1** stum person; teat. statist **2** mus. sordin; dämmare **III** *vb tr* dämpa; mus. sätta sordin på; ***in muted tones*** med dämpad röst
mutilate ['mju:tɪleɪt] *vb tr* stympa, lemlästa; vanställa, förvanska
mutilation [ˌmju:tɪ'leɪʃ(ə)n] *s* stympning
mutineer [ˌmju:tɪ'nɪə] **I** *s* myterist **II** *vb itr* göra myteri
mutinous ['mju:tɪnəs] *adj* upprorisk; som gör myteri
mutiny ['mju:tɪnɪ] **I** *s* myteri **II** *vb itr* göra myteri
mutter ['mʌtə] **I** *vb itr* mumla, muttra [*to oneself* för sig själv] **II** *s* mumlande, mummel
mutton ['mʌtn] *s* fårkött; ***roast*** ~ fårstek
mutual ['mju:tʃʊəl] *adj* **1** ömsesidig; ~ ***admiration society*** sällskap för inbördes beundran; ***they are*** ~ ***enemies*** de är fiender till varandra **2** gemensam [*a* ~ *friend*]; ~ ***efforts*** förenade ansträngningar
muzzle ['mʌzl] **I** *s* **1** nos, tryne **2** munkorg **3** mynning på skjutvapen **II** *vb tr* **1** sätta munkorg på **2** trycka nosen mot
my [maɪ, obetonat mɪ] **I** *poss pron* min; ***I broke*** ~ ***arm*** jag bröt armen; ***I cut*** ~ ***finger*** jag skar mig i fingret; ***without*** ~ ***knowing it*** utan att jag vet (visste) om det; ***yes,*** ~ ***dear!*** ja, kära du! **II** *interj,* ~***!*** oh!, tänk!, oj då!
Myanmar ['maɪænmɑ:]
myrtle ['mɜ:tl] *s* myrten
myself [maɪ'self] *rfl pron* o. *pers pron* mig [*I have hurt* ~], mig själv [*I can help* ~]; jag själv [*nobody but* ~], själv [*I saw it* ~]; ***all by*** ~ a) alldeles ensam (för mig själv) [*I live all by* ~] b) alldeles själv, helt på egen hand
mysterious [mɪs'tɪərɪəs] *adj* mystisk; gåtfull
mystery ['mɪstərɪ] *s* mysterium, gåta; mystik; hemlighetsfullhet, hemlighetsmakeri
mystic ['mɪstɪk] *s* mystiker
mysticism ['mɪstɪsɪz(ə)m] *s* mystik; mysticism
mystify ['mɪstɪfaɪ] *vb tr* mystifiera; förbrylla
myth [mɪθ] *s* myt; saga, sägen, legend
mythological [ˌmɪθə'lɒdʒɪk(ə)l] *adj* mytologisk
mythology [mɪ'θɒlədʒɪ] *s* mytologi

N

N, n [en] *s* N, n
N (förk. för *north, northern*) N
nab [næb] *vb tr* vard. haffa
nag [næg] *vb tr* o. *vb itr* tjata på; tjata [*at* på]
nail [neɪl] **I** *s* **1** nagel; klo **2** spik; ***as hard as ~s*** vard. stenhård, obeveklig **II** *vb tr* **1** spika, spika fast; ~ ***down*** spika igen (till) **2** ~ ***a p. down*** ställa ngn mot väggen **3** vard. sätta fast [~ *a thief*]
nail file ['neɪlfaɪl] *s* nagelfil
nail polish ['neɪl,pɒlɪʃ] *s* nagellack
nail scissors ['neɪl,sɪzəz] *s pl* nagelsax
nail varnish ['neɪl,vɑ:nɪʃ] *s* nagellack
naïve o. **naive** [naɪ'i:v] *adj* naiv, aningslös
naïveté o. **naiveté** [naɪ'i:vəteɪ] *s* naivitet
naked ['neɪkɪd] *adj* naken; bar; ***the ~ eye*** blotta ögat
namby-pamby [,næmbɪ'pæmbɪ] *adj* mjäkig, klemig, pjoskig
name [neɪm] **I** *s* **1** namn; benämning [*of, for* på, för]; ***call a p. ~s*** skälla på ngn **2** rykte, namn; ***a bad ~*** ett dåligt rykte **II** *vb tr* **1** ge namn åt; kalla; ***be named*** äv. heta, kallas; ~ ***after*** uppkalla efter **2** namnge [*three persons were named*]; säga namnet på [*can you ~ this flower?*]; benämna **3** säga, ange [~ *your price*] **4** sätta namn på, märka
namely ['neɪmlɪ] *adv* nämligen [*only one boy was there, ~ John*]; det vill säga
namesake ['neɪmseɪk] *s* namne
Namibia [nə'mɪbɪə]
Namibian [nə'mɪbɪən] **I** *adj* namibisk **II** *s* namibier
nanny ['nænɪ] *s* barnspr. **1** barnsköterska **2** mormor, farmor
1 nap [næp] **I** *s* tupplur **II** *vb itr* ta sig en tupplur; ***catch a p. napping*** ta ngn på sängen
2 nap [næp] *s* lugg, ludd på t.ex. kläde
napalm ['neɪpɑ:m, 'næpɑ:m] *s* napalm
nape [neɪp] *s*, ~ ***of the neck*** nacke
naphtha ['næfθə] *s* kem. nafta
napkin ['næpkɪn] *s* **1** ***table ~*** el. ~ servett **2** blöja; ***disposable ~*** blöja **3** amer., ***sanitary ~*** dambinda
Naples ['neɪplz] Neapel
nappy ['næpɪ] *s* (förk. för *napkin*) vard. blöja
narcissus [nɑ:'sɪsəs] *s* narciss, pingstlilja
narcomaniac [,nɑ:kə'meɪnɪæk] *s* narkoman
narcotic [nɑ:'kɒtɪk] **I** *s* narkotiskt medel; pl. ***~s*** narkotika **II** *adj*, ~ ***drugs*** narkotika
nark [nɑ:k] *s* sl. tjallare
narrate [nə'reɪt] *vb tr* berätta
narrative ['nærətɪv] *s* berättelse
narrator [nə'reɪtə] *s* berättare
narrow ['nærəʊ] *adj* **1** smal, trång **2** knapp [~ *majority*]; ***have a ~ escape*** komma undan med knapp nöd; ***that was a ~ escape*** (***shave***)! det var nära ögat! **3** trångsynt, trång [~ *views*]
narrowly ['nærəʊlɪ] *adv* **1** smalt, trångt **2** med knapp nöd [*he ~ escaped*]
narrow-minded [,nærəʊ'maɪndɪd] *adj* trångsynt, inskränkt
nasal ['neɪz(ə)l] *adj* o. *s* nasal
nasalize ['neɪzəlaɪz] *vb tr* o. *vb itr* uttala nasalt; tala nasalt
nasturtium [nə'stɜ:ʃ(ə)m] *s* krasse
nasty ['nɑ:stɪ] **I** *adj* otäck; äcklig; elak, stygg, dum [*to* mot]; ruskig [~ *weather*] **II** *s* vard. våldsvideo
nation ['neɪʃ(ə)n] *s* nation; folk; folkslag
national ['næʃənl] **I** *adj* nationell; national- [~ *income*], lands-, landsomfattande [*a ~ campaign*]; folk- [*a ~ hero*]; ~ ***anthem*** nationalsång **II** *s* undersåte
nationalism ['næʃənəlɪz(ə)m] *s* nationalism
nationalistic [,næʃənə'lɪstɪk] *adj* nationalistisk
nationality [,næʃə'nælətɪ] *s* nationalitet
nationalization [,næʃənəlaɪ'zeɪʃ(ə)n] *s* nationalisering, socialisering
nationalize ['næʃənəlaɪz] *vb tr* nationalisera, socialisera
nationwide ['neɪʃ(ə)nwaɪd] *adj* landsomfattande
native ['neɪtɪv] **I** *adj* **1** födelse- [*my ~ town*]; ~ ***country*** fosterland, hemland; ~ ***language*** modersmål **2** infödd [*a ~ Welshman*] **II** *s* inföding; infödd
NATO ['neɪtəʊ] *s* (förk. för *North Atlantic Treaty Organization*) NATO atlantpaktsorganisationen
natural ['nætʃr(ə)l] *adj* **1** naturlig; natur- [~ *product*]; naturtrogen; ~ ***science*** naturvetenskap; ~ ***state*** naturtillstånd **2** naturlig; ***it comes ~ to him*** det faller sig naturligt för honom
naturalize ['nætʃrəlaɪz] *vb tr* naturalisera
naturally ['nætʃrəlɪ] *adv* **1** naturligt **2** naturligtvis, givetvis **3** av naturen [*she is*

~ *musical*] **4** av sig själv [*it grows* ~]; ***it comes ~ to me*** det faller sig naturligt för mig

nature ['neɪtʃə] *s* **1** natur; naturen; väsen, karaktär, art, sort [*things of this* ~]; ***human ~*** människonaturen; ***by ~*** till sin natur; av naturen; ***something in the ~ of*** något i stil med **2** attributivt natur-; ***~ conservation*** naturvård; ***~ reserve*** naturreservat

naturist ['neɪtʃərɪst] *s* naturist, nudist

naught [nɔ:t] *s* **1** ingenting; ***come to ~*** gå om intet **2** amer. noll

naughty ['nɔ:tɪ] *adj* stygg, elak, oanständig

nausea ['nɔ:sjə] *s* kväljningar, illamående; äckel, vämjelse

nauseate ['nɔ:sɪeɪt] *vb tr* kvälja; äckla

nauseating ['nɔ:sɪeɪtɪŋ] *adj* kväljande; äcklig

nautical ['nɔ:tɪk(ə)l] *adj* nautisk [~ *mile*], sjö- [~ *term*]

naval ['neɪv(ə)l] *adj* sjömilitär; sjö- [~ *battle*], marin-, flott-, örlogs- [~ *base*]

nave [neɪv] *s* mittskepp i kyrka

navel ['neɪv(ə)l] *s* navel

navigate ['nævɪgeɪt] *vb tr* o. *vb itr* navigera, segla på (över); segla

navigation [ˌnævɪ'geɪʃ(ə)n] *s* navigation, navigering

navigator ['nævɪgeɪtə] *s* **1** navigatör **2** sjöfarare

navvy ['nævɪ] *s* vägarbetare; rallare

navy ['neɪvɪ] *s* örlogsflotta, marin; ***the British*** (***Royal***) ***Navy*** brittiska flottan

navy-blue [ˌneɪvɪ'blu:] *adj* marinblå

Nazi ['nɑ:tsɪ] **I** *s* nazist **II** *adj* nazistisk

Nazism ['nɑ:tsɪzəm] *s* nazism

NE (förk. för *north-east, north-eastern*) NO, NÖ

Neapolitan [nɪə'pɒlɪtən] **I** *s* neapolitan **II** *adj* neapolitansk, från Neapel

near [nɪə] **I** *adj* o. *adv* o. *prep* nära; ***the Near East*** Främre Orienten; ***in the ~ future*** i en nära framtid; ***come*** (***get, draw***) ~ närma sig; ***~ at hand*** till hands, i närheten; ***~ by*** i närheten **II** *vb tr* o. *vb itr* närma sig [*the ship neared land*]

nearby [adjektiv 'nɪəbaɪ, adverb nɪə'baɪ] **I** *adj* närbelägen [*a ~ pub*] **II** *adv* i närheten

nearer ['nɪərə] *adj* o. *adv* o. *prep* (komparativ av *near*) närmare

nearest ['nɪərɪst] *adj* o. *adv* o. *prep* (superlativ av *near*) närmast; ***~ to*** närmast; ***those ~*** (***~ and dearest***) ***to me*** mina närmaste

nearly ['nɪəlɪ] *adv* **1** nästan; närmare [~ *2 o'clock*]; ***not ~*** långt ifrån [*not ~ so bad*] **2** nära; ***~ related*** nära släkt

nearside ['nɪəsaɪd] *adj* o. *s* vid vänstertrafik vänster sida; vid högertrafik höger sida

near-sighted [ˌnɪə'saɪtɪd] *adj* närsynt

neat [ni:t] *adj* **1** ordentlig; snygg [~ *work*]; vårdad [*a ~ appearance*], prydlig [~ *writing*] **2** elegant, smidig [*a ~ solution*] **3** ren, outspädd [*drink whisky* ~]

necessary ['nesəsərɪ] **I** *adj* nödvändig; behövlig; ***when ~*** vid behov, när så behövs **II** *s*, ***the ~*** vard. pengarna som behövs

necessitate [nə'sesɪteɪt] *vb tr* nödvändiggöra

necessity [nə'sesɪtɪ] *s* **1** nödvändighet; ***of ~*** med nödvändighet; ***in case of ~*** i nödfall **2** nödvändigt ting [*food and warmth are necessities*]; ***the necessities of life*** livets nödtorft

neck [nek] **I** *s* hals; ***have a stiff ~*** vara stel i nacken; ***stick one's ~ out*** vard. sticka ut hakan; ***~ and ~*** vid kappridning jämsides, i bredd; ***win by a ~*** vinna med en halslängd; ***get it in the ~*** vard. få på huden; ***be up to one's ~ in debt*** vara skuldsatt upp över öronen **II** *vb itr* sl. hångla, grovflörta

neckerchief ['nekətʃɪf] *s* halsduk

necklace ['nekləs] *s* halsband, collier

neckline ['neklaɪn] *s* urringning

necktie ['nektaɪ] *s* slips, halsduk

nectarine ['nektərɪn, 'nektəri:n] *s* nektarin

née [neɪ] *adj* om gift kvinna född [~ *Sharp*]

need [ni:d] **I** *s* **1** behov [*of, for* av]; ***if ~ be*** om så behövs; ***you have no ~ to go*** du behöver inte gå; ***meet a ~*** täcka ett behov **2** nöd, trångmål; ***be in ~*** vara i nöd; ***a friend in ~ is a friend indeed*** i nöden prövas vännen **II** *vb tr* behöva; kräva, behövas, krävas; ***be needed*** behövas, krävas

needful ['ni:df(ʊ)l] *adj* behövlig, nödvändig

needle ['ni:dl] *s* **1** nål; visare på instrument; ***sewing ~*** synål **2** med., ***hypodermic ~*** kanyl **3** barr på gran el. fura

needlecraft ['ni:dlkrɑ:ft] *s* handarbete, sömnad

needless ['ni:dləs] *adj* onödig; ***~ to say, he did it*** självfallet gjorde han det

needlework ['ni:dlwɜ:k] *s* handarbete; sömnad, syarbete; ***do ~*** sy, handarbeta

needn't ['ni:dnt] = *need not*

needs [ni:dz] *adv* (före el. efter *must*) nödvändigtvis, ovillkorligen [*he must ~ do it*]
needy ['ni:dɪ] *adj* behövande, nödlidande
negative ['negətɪv] **I** *adj* negativ; nekande, avvisande [*a ~ answer*] **II** *s* **1** nekande; ***answer in the ~*** svara nekande **2** nekande ord **3** foto. negativ
neglect [nɪ'glekt] **I** *vb tr* försumma; nonchalera, negligera **II** *s* **1** försummelse; nonchalerande; ***~ of duty*** tjänsteförsummelse **2** vanskötsel; ***be in a state of ~*** vara vanskött
neglectful [nɪ'glektf(ʊ)l] *adj* försumlig
négligée o. **negligee** ['neglɪʒeɪ] *s* negligé
negligence ['neglɪdʒ(ə)ns] *s* försumlighet
negligent ['neglɪdʒ(ə)nt] *adj* försumlig
negotiate [nɪ'gəʊʃɪeɪt] *vb itr* o. *vb tr* förhandla; förhandla om
negotiation [nɪˌgəʊʃɪ'eɪʃ(ə)n] *s* förhandling
negotiator [nɪ'gəʊʃɪeɪtə] *s* förhandlare
negress ['ni:grəs] *s* negress, negerkvinna
negro ['ni:grəʊ] (pl. *negroes*) *s* neger
neigh [neɪ] **I** *vb itr* gnägga **II** *s* gnäggning
neighbour ['neɪbə] *s* granne
neighbourhood ['neɪbəhʊd] *s* grannskap; omgivning, trakt [*a lovely ~*]; ***in the ~ of*** a) i närheten av b) bildl. ungefär [*in the ~ of £500*]
neighbouring ['neɪbərɪŋ] *adj* grann- [*~ country (village)*]; närbelägen; angränsande
neither ['naɪðə, speciellt amer. 'ni:ðə] **I** *pron* ingen av två; ingendera; ***in ~ case*** i ingetdera fallet **II** *konj* o. *adv* **1** ***~...nor*** varken...eller **2** med föregående negation inte heller; ***~ can I*** och inte jag heller
neo-Fascism [ˌni:əʊ'fæʃɪzm] *s* nyfascism
neon ['ni:ən, 'ni:ɒn] *s* neon; ***~ sign*** neonskylt
neo-Nazism [ˌni:əʊ'nɑ:tsɪzm] *s* nynazism
nephew ['nevjʊ] *s* brorson, systerson
nepotism ['nepətɪz(ə)m] *s* nepotism, svågerpolitik
Neptune ['neptju:n] astron. el. myt. Neptunus
nerve [nɜ:v] *s* **1** nerv; ***it gets on my ~s*** det går mig på nerverna **2** vard. fräckhet; ***he's got a ~!*** han är inte lite fräck!
nerve-racking ['nɜ:vˌrækɪŋ] *adj* nervpåfrestande; enerverande
nervous ['nɜ:vəs] *adj* **1** nerv- [*~ system*], nervös; ***a ~ breakdown*** ett nervsammanbrott **2** ängslig, orolig
nervy ['nɜ:vɪ] *adj* vard. **1** nervös, nervig **2** amer. fräck
nest [nest] **I** *s* rede; bo [*a wasp's ~*], näste **II** *vb itr* bygga bo; ***go nesting*** leta fågelbon
nestle ['nesl] *vb itr* krypa ihop; ***~ up*** trycka sig, smyga sig [*against* intill]
1 net [net] **I** *s* nät; håv [*butterfly ~*], garn **II** *vb tr* fånga med (i) nät
2 net [net] **I** *adj* netto; netto- [*~ weight*] **II** *vb tr* göra en nettovinst på, inbringa netto
Netherlands ['neðələndz] **I** *s*, ***the ~*** Nederländerna **II** *adj* nederländsk
netting ['netɪŋ] *s* nätverk; ***wire ~*** metalltrådsnät
nettle ['netl] **I** *s* nässla; ***stinging ~*** brännässla **II** *vb tr* reta; såra; perfekt particip ***nettled*** äv. förnärmad
network ['netwɜ:k] *s* **1** nät äv. bildl. [*a ~ of railways*]; nätverk **2** radio. el. TV. sändarnät; radiobolag, TV-bolag
neurosis [ˌnjʊə'rəʊsɪs] (pl. *neuroses*) *s* neuros
neurotic [ˌnjʊə'rɒtɪk] **I** *adj* neurotisk, nervös **II** *s* neurotiker
neuter ['nju:tə] gram. **I** *adj* neutral [*the ~ gender*], neutrum- [*a ~ ending*] **II** *s* neutrum
neutral ['nju:tr(ə)l] **I** *adj* neutral **II** *s* **1** neutral person (stat m.m.) **2** motor., ***put the gear into ~*** lägga växeln i friläge (neutralläge)
neutrality [njʊ'trælətɪ] *s* neutralitet
neutralize ['nju:trəlaɪz] *vb tr* neutralisera
neutron ['nju:trɒn] *s* neutron [*~ bomb*]
never ['nevə] *adv* aldrig; ***~!*** vard. nej, vad säger du!, det menar du inte!; ***well, I ~!*** jag har aldrig hört (sett) på maken!
never-ceasing ['nevəˌsi:sɪŋ] *adj* o. **never-ending** ['nevərˌendɪŋ] *adj* oupphörlig
nevertheless [ˌnevəðə'les] *adv* inte desto mindre; likväl, ändå
new [nju:] *adj* ny, ny- [*~ election*]; ***~ moon*** nymåne; ***~ year*** nytt år, nyår; ***~ potatoes*** färsk potatis, nypotatis
newcomer ['nju:ˌkʌmə] *s* nykomling
new-laid [ˌnju:'leɪd, attributivt 'nju:leɪd] *adj* färsk [*~ eggs*]
newly ['nju:lɪ] *adv* nyligen [*~ arrived*], ny- [*a newly-married couple*]
newly-weds ['nju:lɪwedz] *s pl* vard., ***the ~*** de nygifta
new-mown ['nju:məʊn] *adj* nyslagen

news [nju:z] (konstrueras med sg.) *s* nyheter, nyhet, underrättelse, underrättelser; ***an interesting piece (item, bit) of ~*** en intressant nyhet; ***it's very much in the ~*** det är mycket aktuellt; ***it was on the ~*** det sas (visades) i nyheterna; ***~ broadcast*** nyhetssändning; ***~ bulletin*** nyheter i radio m.m.; ***~ cinema (theatre)*** kortfilmsbiograf; ***~ headlines*** nyhetsrubriker; ***a ~ summary*** el. ***a summary of the ~*** nyhetssammandrag, nyheterna i sammandrag
news agency ['nju:zˌeɪdʒ(ə)nsɪ] *s* nyhetsbyrå, telegrambyrå
newsagent ['nju:zˌeɪdʒ(ə)nt] *s* innehavare av tidningskiosk (tobaksaffär); ***newsagent's*** tidningskiosk, tobaksaffär
newscast ['nju:zkɑ:st] *s* radio. el. TV. nyhetssändning
newsflash ['nju:zflæʃ] *s* brådskande nyhetstelegram; kort extrameddelande i radio el. TV
news item ['nju:zˌaɪtəm] *s* tidningsnotis
newsletter ['nju:zˌletə] *s* **1** informationsblad **2** pressöversikt
newspaper ['nju:sˌpeɪpə] *s* tidning
newsreader ['nju:zˌri:də] *s* radio. el. TV. nyhetsuppläsare
newsreel ['nju:zri:l] *s* journalfilm
newsroom ['nju:zru:m] *s* **1** tidskriftsrum **2** nyhetsredaktion
newsstand ['nju:zstænd] *s* tidningskiosk
newsvendor ['nju:zˌvendə] *s* tidningsförsäljare på gatan
newt [nju:t] *s* vattenödla
New Year [ˌnju:'jɪə] *s* nyår; ***New Year's Eve*** nyårsafton
New York [ˌnju:'jɔ:k]
New Yorker [ˌnju:'jɔ:kə] *s* newyorkbo
New Zealand [ˌnju:'zi:lənd] **I** Nya Zeeland **II** *adj* nyzeeländsk
New Zealander [ˌnju:'zi:ləndə] *s* nyzeeländare
next [nekst] **I** *adj* o. *s* **1** nästa, närmast [*during the ~ two days*]; ***to be continued in our ~*** fortsättning följer i nästa nummer; ***he lives ~ door to me*** han bor alldeles bredvid mig **2** näst [*the ~ greatest*] **II** *adv* **1** därefter, därpå [*~ came a tall man*], sedan **2** näst; ***~ to*** **a)** intill, bredvid, näst efter **b)** ***~ to nothing*** nästan ingenting
next-door [ˌneks'dɔ:] *adj* närmast [*my ~ neighbours*]
next-of-kin [ˌnekstəv'kɪn] *s* närmaste anhörig (anhöriga)
NHS [ˌeneɪtʃ'es] förk. för *National Health Service*
nib [nɪb] *s* stålpenna; stift på reservoarpenna
nibble ['nɪbl] **I** *vb tr* o. *vb itr* knapra på; nafsa efter; knapra; nafsa **II** *s* napp; knaprande
nice [naɪs] *adj* trevlig; sympatisk; hygglig; snäll [*to* mot]; vacker [*a ~ day*], snygg [*a ~ dress*]; behaglig, skön; iron. snygg, fin, skön [*a ~ mess* (röra)]; ***~ and soft*** mjuk och skön; ***~ and clean*** ren och fin
nice-looking [ˌnaɪs'lʊkɪŋ, attributivt 'naɪslʊkɪŋ] *adj* snygg
niche [nɪtʃ, ni:ʃ] *s* nisch; plats
nick [nɪk] **I** *s* **1** hack, skåra **2** ***in the ~ of time*** i grevens tid **3** sl., ***in the ~*** på kåken fängelse **II** *vb tr* **1** göra ett hack i **2** sl. knycka stjäla **3** sl. haffa
nickel ['nɪkl] **I** *s* nickel; amer. femcentare **II** *vb tr* förnickla
nickel silver [ˌnɪkl'sɪlvə] *s, **electroplated ~*** el. ~ alpacka
nickname ['nɪkneɪm] **I** *s* öknamn; smeknamn **II** *vb tr* ge ngn öknamnet [*they nicknamed him Skinny*]
nicotine ['nɪkəti:n] *s* nikotin
niece [ni:s] *s* brorsdotter, systerdotter
Niger [staten ni:'ʒeə]
Nigeria [naɪ'dʒɪərɪə]
Nigerian [naɪ'dʒɪərɪən] **I** *s* nigerian **II** *adj* nigeriansk
Nigerien [ni:'ʒeərɪən] **I** *s* nigerer **II** *adj* nigerisk
nigger ['nɪgə] *s* neds. nigger, svarting; ***work like a ~*** arbeta som en slav
night [naɪt] *s* natt; kväll, afton; ***first ~*** premiär; ***last ~*** a) i går kväll b) i natt, natten till i dag; ***stop the ~*** övernatta; ***~s*** adverb om nätterna; ***at ~*** a) på kvällen b) på (om) natten (nätterna); ***by ~*** på (om) natten
nightcap ['naɪtkæp] *s* **1** nattmössa **2** vard. sängfösare
nightclub ['naɪtklʌb] *s* nattklubb
nightdress ['naɪtdres] *s* nattlinne
nightfall ['naɪtfɔ:l] *s* nattens inbrott
nightgown ['naɪtgaʊn] *s* nattlinne
nightie ['naɪtɪ] *s* vard. nattlinne
nightingale ['naɪtɪŋgeɪl] *s* näktergal sydnäktergal
nightlight ['naɪtlaɪt] *s* nattljus; nattlampa t.ex. i sovrum

nightly ['naɪtlɪ] **I** *adj* nattlig **II** *adv* på (om) natten, varje natt
nightmare ['naɪtmeə] *s* mardröm
night porter ['naɪt,pɔ:tə] *s* nattportier
night safe ['naɪtseɪf] *s* nattfack på bank
night-service ['naɪt,sɜ:vɪs] *s*, pl. ***~s*** nattrafik
nightshade ['naɪt-ʃeɪd] *s* bot., ***deadly ~*** belladonna
night-time ['naɪttaɪm] *s*, ***in the ~*** el. ***at ~*** nattetid
night watchman [,naɪt'wɒtʃmən] *s* nattvakt
nightwear ['naɪtweə] *s* nattdräkt
nil [nɪl] *s* noll; ***win two ~*** vinna med två noll
Nile [naɪl] *s*, ***the ~*** Nilen
nimble ['nɪmbl] *adj* kvick, flink, snabb
nincompoop ['nɪnkəmpu:p] *s* vard. dumhuvud
nine [naɪn] **I** *räkn* nio **II** *s* nia
nineteen [,naɪn'ti:n] *räkn* o. *s* nitton
nineteenth [,naɪn'ti:nθ] *räkn* o. *s* nittonde; nittondel
ninetieth ['naɪntɪɪθ] *räkn* o. *s* **1** nittionde **2** nittiondel
ninety ['naɪntɪ] **I** *räkn* nittio **II** *s* nittio; nittiotal; ***in the nineties*** på nittiotalet
ninth [naɪnθ] *räkn* o. *s* nionde; niondel
nip [nɪp] **I** *vb tr* o. *vb itr* **1** nypa, klämma; bita **2** vard. kila; ***~ along*** (***off, round***) kila i väg (bort, över) **II** *s* nyp, nypning
nipple ['nɪpl] *s* **1** bröstvårta **2** tekn. nippel
nitpicking ['nɪt,pɪkɪŋ] *s* vard. pedanteri
nitrate ['naɪtreɪt] *s* nitrat
nitre ['naɪtə] *s* salpeter
nitrogen ['naɪtrədʒən] *s* kväve
nitwit ['nɪtwɪt] *s* sl. dumbom, fårskalle
no [nəʊ] **I** *adj* ingen; ***~ one*** ingen; ***she's ~ angel*** hon är inte någon ängel precis; ***there is ~ knowing when...*** man kan inte (aldrig) veta när...; ***~ parking*** (***smoking***) parkering (rökning) förbjuden **II** *adv* nej, inte **III** (pl. *noes*) *s* nej; nejröst; ***the noes have it*** nejrösterna är i majoritet
no. ['nʌmbə] nr, n:r
Noah ['nəʊə] egennamn; ***Noah's Ark*** Noaks ark
nobility [nə'bɪlətɪ] *s* **1** adel; ***the ~*** britt. högadeln **2** adelskap **3** ädelhet
noble ['nəʊbl] **I** *adj* adlig, högadlig; ädel, förnäm, nobel **II** *s* adelsman
nobleman ['nəʊblmən] (pl. *noblemen* ['nəʊblmən]) *s* adelsman
noble-minded [,nəʊbl'maɪndɪd] *adj* ädel, högsint
nobody ['nəʊbədɪ] **I** *indef pron* ingen **II** *s* nolla obetydlig person
nod [nɒd] **I** *vb itr* o. *vb tr* nicka; sitta och halvsova; nicka med [*~ one's head*]; nicka till [*~ approval* (bifall)] **II** *s* nick
noise [nɔɪz] *s* buller, starkt ljud, oväsen; ***~ suppressor*** störningsskydd; ***make a ~*** bullra, föra oväsen
noiseless ['nɔɪzləs] *adj* ljudlös; tystgående
noisy ['nɔɪzɪ] *adj* bullersam, bullrande
no-man's-land ['nəʊmænzlænd] *s* ingenmansland
nominate ['nɒmɪneɪt] *vb tr* nominera; utnämna, utse
nomination [,nɒmɪ'neɪʃ(ə)n] *s* nominering; utnämning
nominative ['nɒmɪnətɪv] *s* nominativ
non [nɒn] *adv* inte; i sammansättningar: a) icke- [*non-smoker*] b) o- [*non-essential* (oväsentlig)] c) -fri [*non-iron*; *non-skid*]
non-alcoholic ['nɒn,ælkə'hɒlɪk] *adj* alkoholfri
non-aligned [,nɒnə'laɪnd] *adj* alliansfri
nonchalance ['nɒnʃələns] *s* nonchalans
nonchalant ['nɒnʃələnt] *adj* nonchalant
non-commissioned [,nɒnkə'mɪʃ(ə)nd] *adj*, ***~ officer*** mil. underofficer; underbefäl
nondescript ['nɒndɪskrɪpt] *adj* obestämbar
non-drip [,nɒn'drɪp] *adj* droppfri
none [nʌn] **I** *indef pron* ingen, inget, inga **II** *adv* ingalunda; ***I was ~ the wiser for it*** det blev jag inte klokare av
nonentity [nɒ'nentətɪ] *s* nolla, obetydlig person
non-existent [,nɒnɪg'zɪst(ə)nt] *adj* obefintlig
non-fattening [,nɒn'fæt(ə)nɪŋ] *adj* icke fettbildande
non-fiction [,nɒn'fɪkʃ(ə)n] *s* icke skönlitteratur; facklitteratur; sakprosa
non-iron [,nɒn'aɪən] *adj* strykfri [*a ~ shirt*]
nonplussed [,nɒn'plʌst] *adj*, ***be ~*** vara ställd (svarslös)
non-resident [,nɒn'rezɪd(ə)nt] *s* tillfällig gäst [*the hotel restaurant is open to ~s*]
nonsense ['nɒns(ə)ns] *s* nonsens, prat, strunt, dumheter
non-skid [,nɒn'skɪd] *adj* slirfri [*~ tyres*]
non-smoker [,nɒn'sməʊkə] *s* **1** icke-rökare **2** kupé för icke-rökare
non-smoking [,nɒn'sməʊkɪŋ] *s*, ***~ compartment*** kupé för icke-rökare

non-stop [ˌnɒn'stɒp] *adj* o. *adv* nonstop; utan att stanna, utan uppehåll
non-violence [ˌnɒn'vaɪələns] *s* icke-våld
noodle ['nu:dl] *s* nudel slags bandspaghetti
nook [nʊk] *s* vrå, skrymsle
noon [nu:n] *s* middag, klockan tolv på dagen [*before* ~]
noose [nu:s] *s* snara; löpknut
nor [nɔ:] *konj*, ***neither...~*** varken...eller; ~ ***had I*** och inte jag heller
Nordic ['nɔ:dɪk] *adj* nordisk
normal ['nɔ:m(ə)l] **I** *adj* normal **II** *s* det normala [*above* ~]
Norman ['nɔ:mən] **I** *s* normand **II** *adj* **1** normandisk **2** arkit. romansk [~ *style*]
Normandy ['nɔ:məndɪ] Normandie
north [nɔ:θ] **I** *s* **1** norr, nord; ***to the ~ of*** norr om **2** ***the North*** nordliga länder; norra delen **II** *adj* nordlig, norra, nordan-; ***North America*** Nordamerika; ***the North Atlantic Treaty Organization*** Atlantpaktsorganisationen; ***the North Pole*** nordpolen; ***the North Sea*** Nordsjön **III** *adv* mot (åt) norr, norrut; ~ ***of*** norr om
northbound ['nɔ:θbaʊnd] *adj* nordgående
north-east [ˌnɔ:θ'i:st] **I** *s* nordost, nordöst **II** *adj* nordöstlig, nordostlig, nordöstra **III** *adv* mot (i) nordost; ~ ***of*** nordost om
north-easterly [ˌnɔ:θ'i:stəlɪ] *adj* nordostlig
north-eastern [ˌnɔ:θ'i:stən] *adj* nordostlig
northerly ['nɔ:ðəlɪ] *adj* nordlig
northern ['nɔ:ð(ə)n] *adj* **1** nordlig; norra, nord- [*Northern Ireland*]; ~ ***lights*** norrsken **2** nordisk
northerner ['nɔ:ðənə] *s* person från norra delen av landet (ett land); nordbo
northernmost ['nɔ:ð(ə)nməʊst] *adj* nordligast
northward ['nɔ:θwəd] **I** *adj* nordlig **II** *adv* mot norr
northwards ['nɔ:θwədz] *adv* mot norr
north-west [ˌnɔ:θ'west] **I** *s* nordväst **II** *adj* nordvästlig, nordvästra **III** *adv* mot (i) nordväst; ~ ***of*** nordväst om
north-western [ˌnɔ:θ'westən] *adj* nordvästlig, nordvästra
Norway ['nɔ:weɪ] Norge
Norwegian [nɔ:'wi:dʒ(ə)n] **I** *adj* norsk **II** *s* **1** norrman **2** norska språket
nose [nəʊz] *s* näsa; nos; ***blow one's ~*** snyta sig; ***stick (poke) one's ~ into other people's business*** lägga näsan i blöt; ***pay through the ~*** vard. bli uppskörtad
nosey ['nəʊzɪ] *adj* vard. nyfiken i en strut
nosh [nɒʃ] *s* sl. käk mat
nosocomial [ˌnɒsə'kəʊmɪəl] *adj* med., ~ ***disease*** sjukhussjuka
nostalgia [nɒ'stældʒɪə] *s* nostalgi; hemlängtan
nostalgic [nɒ'stældʒɪk] *adj* nostalgisk
nostril ['nɒstr(ə)l] *s* näsborre
nosy ['nəʊzɪ] *adj* vard. nyfiken i en strut
not [nɒt] *adv* (efter hjälpverb ofta *n't* [*haven't; couldn't*]) inte, icke, ej; ~ ***that*** inte för (så) att [~ *that I fear him*]; ***doesn't (hasn't, can't) he (she, it, one)?*** vanl. ...eller hur?, ...inte sant?
notable ['nəʊtəbl] *adj* märklig; framstående, betydande
notably ['nəʊtəblɪ] *adv* märkbart; särskilt, i synnerhet
notch [nɒtʃ] *s* hack, jack, skåra
note [nəʊt] **I** *s* **1** anteckning; not; ~***s*** kommentar, kommentarer **2** kort brev (meddelande) **3** sedel **4** mus. a) ton b) not c) tangent **5** ton, stämning **6** ***a man of ~*** en framstående man; ***take ~ of*** lägga märke till; ***nothing of ~*** ingenting av betydelse **II** *vb tr* **1** märka, notera, observera **2** anteckna, skriva upp (ned)
note block ['nəʊtblɒk] *s* kollegieblock
notebook ['nəʊtbʊk] *s* anteckningsbok
noted ['nəʊtɪd] *adj* bekant, känd [*for* för]
note pad ['nəʊtpæd] *s* kollegieblock
notepaper ['nəʊtˌpeɪpə] *s* brevpapper
noteworthy ['nəʊtˌwɜ:ðɪ] *adj* anmärkningsvärd, beaktansvärd
nothing ['nʌθɪŋ] **I** *indef pron* ingenting, inget; ~ ***but*** ingenting annat än; ~ ***else than (but)*** blott □ *there is* ~ **for** *it but to* + infinitiv det är inget annat att göra än att...; ***for ~*** a) gratis [*he did it for* ~] b) förgäves [*suffer for* ~]; ***not for ~*** inte för inte; *there is* ~ **in** *it* a) det ligger ingenting ingen sanning i det b) det är ingen konst; *make* ~ **of** inte få ut något av; ***I can make ~ of it*** jag förstår mig inte på det; ***to say ~ of*** för att inte tala om; *there's* ~ **to** *it* a) det är ingen konst b) det ligger ingenting ingen sanning i det; **with** ~ *on* utan någonting på sig
II *adv* inte alls, ingalunda; ~ ***like*** inte på långt när
notice ['nəʊtɪs] **I** *s* **1** notis, meddelande **2** varsel; uppsägning; ***give ~*** underrätta, varsko [*of* om]; ***give ~ to quit*** el. ***give ~*** säga upp sig; ***give ~ of a strike*** varsla om strejk; ***receive (get) a month's ~*** bli

uppsagd med en månads varsel; ***until*** (***till***) ***further*** ~ tills vidare **3** kännedom [*bring a th. to a p.'s* ~]; ***attract*** ~ väcka uppmärksamhet; ***pay no*** ~ ***to*** el. ***take no*** ~ ***of*** inte bry sig om **II** *vb tr* märka, lägga märke till, iaktta

noticeable ['nəʊtɪsəbl] *adj* märkbar; påfallande

notice board ['nəʊtɪsbɔ:d] *s* anslagstavla

notification [ˌnəʊtɪfɪ'keɪʃ(ə)n] *s* underrättelse

notify ['nəʊtɪfaɪ] *vb tr* underrätta, varsko

notion ['nəʊʃ(ə)n] *s* föreställning, begrepp; idé, infall [*a stupid* ~]

notorious [nə'tɔ:rɪəs] *adj* ökänd

notwithstanding [ˌnɒtwɪθ'stændɪŋ] *prep* o. *konj* trots, oaktat; trots att

nougat ['nu:gɑ:] *s* fransk nougat

nought [nɔ:t] *s* noll, nolla; ***~s and crosses*** ungefär luffarschack

noun [naʊn] *s* substantiv

nourish ['nʌrɪʃ] *vb tr* ge näring åt, nära

nourishing ['nʌrɪʃɪŋ] *adj* närande [~ *food*]

nourishment ['nʌrɪʃmənt] *s* näring, föda

novel ['nɒv(ə)l] **I** *adj* ny, nymodig; ovanlig **II** *s* roman

novelist ['nɒvəlɪst] *s* romanförfattare

novelty ['nɒvəltɪ] *s* nyhet, nymodighet

November [nə'vembə] *s* november

novice ['nɒvɪs] *s* novis, nybörjare

now [naʊ] **I** *adv* **1** nu; ~ (***every*** ~) ***and then*** (***again***) då och då; ***before*** ~ förut; före detta; ***by*** ~ vid det här laget; ***from*** ~ ***on*** från och med nu **2** ~ ***then*** a) nå b) aj, aj [~ *then, don't touch it!*]; ***what was your name, ~?*** vad var det du hette nu igen? **II** *konj* nu då [~ *you mention it*]

nowadays ['naʊədeɪz] *adv* nuförtiden

nowhere ['nəʊweə] *adv* ingenstans; ingen vart; ~ ***else*** (***else but***) ingen annanstans (annanstans än); ~ ***near*** inte på långt när; ***we are getting*** ~ vi kommer ingen vart

nozzle ['nɒzl] *s* munstycke, pip

NSPCC (förk. för *National Society for the Prevention of Cruelty to Children*) svensk motsvarighet ung. BRIS

n't [nt] = *not* [*hasn't*; *needn't*]

nuclear ['nju:klɪə] *adj* kärn-; nukleär; kärnvapen- [~ *strike* (anfall)]; ~ ***energy*** atomenergi; ~ ***power*** kärnkraft

nuclear-powered [ˌnju:klɪə'paʊəd] *adj* kärnenergidriven, atom- [~ *submarine*]

nude [nju:d] **I** *adj* naken; bar **II** *s* naken figur; konst. naketstudie, akt; ***in the*** ~ naken

nudge [nʌdʒ] **I** *vb tr*, ~ ***a p.*** knuffa ngn med armbågen för att påkalla uppmärksamhet **II** *s* puff

nudism ['nju:dɪz(ə)m] *s* nudism

nudist ['nju:dɪst] *s* nudist

nudity ['nju:dətɪ] *s* nakenhet

nugget ['nʌgɪt] *s* klump, klimp av ädel metall

nuisance ['nju:sns] *s* otyg, oskick; olägenhet, besvär; plåga; ***what a ~!*** så tråkigt!

numb [nʌm] **I** *adj* domnad; ~ ***with cold*** stel av köld **II** *vb tr* göra stel (stelfrusen)

number ['nʌmbə] **I** *s* **1** antal, mängd; ***few in*** ~ (***in ~s***) få till antalet; ***superior in*** ~ (***in ~s***) numerärt överlägsen **2** nummer [*telephone* ~]; tal [*odd* ~]; ***cardinal*** ~ grundtal **3** nummer av tidskrift **4** teat. m.m. nummer [*a solo* ~] **5** numerus **II** *vb tr* **1** numrera; paginera **2** omfatta, uppgå till **3** räkna [*I* ~ *myself among his friends*] **4** räkna antalet av; ***his days are numbered*** hans dagar är räknade

numeral ['nju:mər(ə)l] *s* **1** gram. räkneord **2** siffra [*Roman ~s*]

numerator ['nju:məreɪtə] *s* mat. täljare

numerical [njʊ'merɪk(ə)l] *adj* numerisk, numerär [~ *superiority*]; siffer- [~ *system*]; ***in*** ~ ***order*** i nummerordning

numerous ['nju:mərəs] *adj* talrik

nun [nʌn] *s* nunna

nunnery ['nʌnərɪ] *s* nunnekloster

nurse [nɜ:s] **I** *s* **1** sjuksköterska, syster; ***male*** ~ sjukskötare **2** barnsköterska **II** *vb tr* **1** sköta barn el. sjuka; vårda **2** sköta om [~ *a cold*]

nursemaid ['nɜ:smeɪd] *s* barnflicka

nursery ['nɜ:sərɪ] *s* **1** barnkammare; ~ ***rhyme*** barnkammarrim, barnvisa; ~ ***school*** lekskola; förskola **2** plantskola, trädskola

nursing ['nɜ:sɪŋ] *s* **1** sjukvård **2** amning

nursing-home ['nɜ:sɪŋhəʊm] *s* sjukhem, vårdhem, privatklinik

nurture ['nɜ:tʃə] *vb tr* föda, föda upp, nära

nut [nʌt] *s* **1** nöt; kärna i en nöt **2** mutter **3** vard. tokstolle

nutcracker ['nʌtˌkrækə] *s*, vanl. pl. ***~s*** nötknäppare; ***a pair of ~s*** en nötknäppare

nuthatch ['nʌthætʃ] *s* zool. nötväcka

nutmeg ['nʌtmeg] *s* krydda muskot

nutrition [njʊ'trɪʃ(ə)n] *s* näring

nutritious [njʊ'trɪʃəs] *adj* näringsrik
nutritive ['nju:trətɪv] *adj*, ~ ***value*** näringsvärde
nuts [nʌts] *adj* sl. knasig, knäpp
nutshell ['nʌt-ʃel] *s* nötskal; ***to put it in a ~*** kort sagt
nutty ['nʌtɪ] *adj* **1** med nötsmak; full med nötter **2** sl. knasig, knäpp
nuzzle ['nʌzl] *vb tr* o. *vb itr* trycka nosen mot [*the horse nuzzled my shoulder*]; ~ ***against*** (***up against***) trycka nosen mot
NW (förk. för *north-west, north-western*) NV
NY förk. för *New York*
nylon ['naɪlən] *s* nylon; pl. ***~s*** nylonstrumpor
NZ förk. för *New Zealand*

O

O, o [əʊ] *s* **1** O, o **2** nolla; i sifferkombinationer noll; ***please dial 5060*** [ˌfaɪvəʊ'sɪksəʊ] var god slå (ta) 5060
oaf [əʊf] *s* dummerjöns, idiot; drummel
oak [əʊk] *s* **1** ek träd **2** ek, ekvirke
oaken ['əʊk(ə)n] *adj* av ek, ek-
oar [ɔ:] *s* åra
oarlock ['ɔ:lɒk] *s* årtull, årklyka
oasis [əʊ'eɪsɪs] (pl. *oases* [əʊ'eɪsi:z]) *s* oas
oath [əʊθ] *s* **1** ed; ***take the ~*** jur. avlägga eden **2** svordom
oatmeal ['əʊtmi:l] *s* havremjöl; ~ ***porridge*** havregrynsgröt
oats [əʊts] *s pl* havre
obedience [ə'bi:djəns] *s* lydnad, åtlydnad
obedient [ə'bi:djənt] *adj* lydig
obelisk ['ɒbəlɪsk] *s* obelisk
obese [ə'bi:s] *adj* mycket (sjukligt) fet
obesity [ə'bi:sətɪ] *s* stark (sjuklig) fetma
obey [ə'beɪ] *vb tr* o. *vb itr* lyda, hörsamma
obituary [ə'bɪtjʊərɪ] *s*, ~ ***notice*** el. ~ dödsruna, dödsannons; rubrik dödsfall
object [substantiv 'ɒbdʒɪkt, verb əb'dʒekt] **I** *s* **1** föremål, sak, ting **2** syfte, ändamål, avsikt; ***money is no ~*** det får kosta vad det vill **3** gram. objekt; ***direct ~*** ackusativobjekt **II** *vb tr* o. *vb itr* invända [*that* att]; protestera [*to* mot]; ~ ***to*** ogilla, inte tåla; ***if you don't ~*** om du inte har något emot det
objection [əb'dʒekʃ(ə)n] *s* invändning, protest [*to, against* mot]; ***I have no ~ to it*** det har jag ingenting emot
objectionable [əb'dʒekʃənəbl] *adj* förkastlig; anstötlig; obehaglig
objective [əb'dʒektɪv] **I** *adj* objektiv; saklig **II** *s* mål
obligation [ˌɒblɪ'geɪʃ(ə)n] *s* **1** förpliktelse, åtagande; åliggande, skyldighet; ***be*** (***feel***) ***under an ~*** vara (känna sig) förpliktad **2** ***be under an ~*** stå i tacksamhetsskuld
obligatory [ə'blɪgətrɪ] *adj* obligatorisk
oblige [ə'blaɪdʒ] *vb tr* **1** förpliktiga; ***be obliged to*** vara förpliktad (tvungen) att **2** tillmötesgå [*I do my best to ~ him*]; stå ngn till tjänst; ***I'm much obliged*** jag är mycket tacksam; ***much obliged!*** tack så mycket!
obliging [ə'blaɪdʒɪŋ] *adj* förekommande, tillmötesgående

oblique [ə'bli:k] *adj* sned, skev
obliterate [ə'blɪtəreɪt] *vb tr* utplåna, stryka ut
oblivion [ə'blɪvɪən] *s* glömska
oblivious [ə'blɪvɪəs] *adj* glömsk [*of* av]
oblong ['ɒblɒŋ] *adj* avlång, rektangulär
obnoxious [əb'nɒkʃəs] *adj* vidrig; förhatlig
oboe ['əʊbəʊ] *s* oboe
obscene [əb'si:n] *adj* oanständig
obscenity [əb'senətɪ] *s* oanständighet
obscure [əb'skjʊə] **I** *adj* **1** dunkel, mörk **2** svårfattlig, oklar **II** *vb tr* fördunkla; skymma [*mist obscured the view*]
obscurity [əb'skjʊərətɪ] *s* **1** dunkel, mörker **2** svårfattlighet
obsequious [əb'si:kwɪəs] *adj* inställsam
observance [əb'zɜ:v(ə)ns] *s* iakttagande, efterlevnad; fullgörande; firande
observant [əb'zɜ:v(ə)nt] *adj* uppmärksam
observation [ˌɒbzə'veɪʃ(ə)n] *s* observation, iakttagelse; ***powers of ~*** iakttagelseförmåga
observatory [əb'zɜ:vətrɪ] *s* observatorium
observe [əb'zɜ:v] *vb tr* o. *vb itr* observera, iaktta
observer [əb'zɜ:və] *s* iakttagare; observatör
obsess [əb'ses] *vb tr*, ***be obsessed by*** vara besatt av
obsession [əb'seʃ(ə)n] *s* fix idé; besatthet
obsolete ['ɒbsəli:t] *adj* föråldrad [*~ words*]; omodern [*an ~ battleship*]; förlegad
obstacle ['ɒbstəkl] *s* hinder [*to* för]
obstacle-race ['ɒbstəklreɪs] *s* hindertävling slags sällskapslek
obstinacy ['ɒbstɪnəsɪ] *s* envishet
obstinate ['ɒbstɪnət] *adj* envis
obstruct [əb'strʌkt] *vb tr* täppa till, blockera [*~ a passage*]; hindra [*~ the traffic*]
obstruction [əb'strʌkʃ(ə)n] *s* tilltäppning, hindrande; polit. el. sport. obstruktion
obtain [əb'teɪn] *vb tr* få, skaffa sig, erhålla
obtainable [əb'teɪnəbl] *adj* anskaffbar
obtuse [əb'tju:s] *adj* slö, trögtänkt
obvious ['ɒbvɪəs] *adj* tydlig, uppenbar
obviously ['ɒbvɪəslɪ] *adv* tydligen, uppenbarligen
occasion [ə'keɪʒ(ə)n] *s* **1** a) tillfälle [*on* (vid) *several ~s*] b) tilldragelse, händelse; ***on ~*** då och då; ***rise*** (***be equal***) ***to the ~*** vara situationen vuxen **2** anledning
occasional [ə'keɪʒənl] *adj* tillfällig; enstaka [*~ showers*]; ***an ~ job*** ett ströjobb
occasionally [ə'keɪʒnəlɪ] *adv* då och då
occidental [ˌɒksɪ'dentl] *adj* västerländsk
occult [ɒ'kʌlt] **I** *adj* ockult **II** *s*, ***the ~*** det ockulta
occupant ['ɒkjʊpənt] *s* invånare [*the ~s of the house*]; ***the ~s of the car were...*** de som befann sig i bilen var...
occupation [ˌɒkjʊ'peɪʃ(ə)n] *s* **1** mil. ockupation; ***~ forces*** ockupationsstyrkor **2** sysselsättning [*my favourite ~*], syssla [*my daily ~s*]; yrke [*state name and ~*]
occupational [ˌɒkjʊ'peɪʃənl] *adj* arbets- [*~ therapy*], yrkes- [*~ disease*]
occupier ['ɒkjʊpaɪə] *s* innehavare [*the ~ of the flat*]; ***the ~s of the flat*** [***had left***] äv. de som bodde i lägenheten...
occupy ['ɒkjʊpaɪ] *vb tr* **1** mil. ockupera, inta **2** inneha [*~ an important position*], vara innehavare av **3** bo i (på) [*~ a house*] **4** uppta [*~ a p.'s time*]; ***the seat is occupied*** platsen är upptagen
occur [ə'kɜ:] *vb itr* **1** inträffa, hända, ske; förekomma **2** ***~ to a p.*** falla ngn in [*to* att]
occurrence [ə'kʌr(ə)ns] *s* händelse, tilldragelse; förekomst
ocean ['əʊʃ(ə)n] *s* ocean, världshav, hav
ochre ['əʊkə] *s* miner. ockra
o'clock [ə'klɒk] *adv*, ***it is ten ~*** klockan är tio; ***at one ~*** klockan ett
octagon ['ɒktəgən] *s* åttahörning
octane ['ɒkteɪn] *s* oktan
octave ['ɒktɪv] *s* oktav
October [ɒk'təʊbə] *s* oktober
octopus ['ɒktəpəs] *s* bläckfisk
ocular ['ɒkjʊlə] *adj* okulär; ögon-; synlig
oculist ['ɒkjʊlɪst] *s* ögonläkare
odd [ɒd] *adj* **1** udda, ojämn [*an ~ number*]; omaka [*an ~ glove*]; ***~ pair*** restpar; ***keep the ~ change!*** det är jämna pengar!; ***at fifty ~*** vid några och femtio års ålder; ***a hundred ~ kilometres*** drygt hundra kilometer **2** tillfällig, extra; ***~ jobs*** ströjobb; ***at ~ moments*** på lediga stunder **3** underlig, besynnerlig, konstig
oddity ['ɒdətɪ] *s* underlighet
odd-job man [ˌɒd'dʒɒbmæn] *s* diversearbetare
odd-looking ['ɒdˌlʊkɪŋ] *adj* med underligt utseende
oddly ['ɒdlɪ] *adv* underligt, besynnerligt, konstigt [*~ enough* (nog)]
oddment ['ɒdmənt] *s*, pl. ***~s*** småsaker
odds [ɒdz] *s* **1** utsikter, odds, chanser; ***the ~ are against him*** han har alla odds emot sig; ***the ~ are in his favour*** han har

goda utsikter; ***fight against ~*** (***heavy ~***) kämpa mot övermakten **2** spel. odds; ***long ~*** höga odds; små chanser; ***short ~*** låga odds **3** ***at ~*** oense, osams **4** ***~ and ends*** småsaker

odds-on ['ɒdzɒn] *adj*, ***be an ~ favourite*** vara klar favorit

ode [əʊd] *s* ode [*on* över]

odious ['əʊdjəs] *adj* förhatlig, avskyvärd

odometer [əʊ'dɒmɪtə] *s* speciellt amer. vägmätare

odour ['əʊdə] *s* lukt; odör; doft

of [ɔv, obetonat əv] *prep* om [*north ~ York*]; av [*born ~ poor parents*]; från [*a writer ~ the 18th century; Professor Smith ~ Cambridge*]; i [*die ~ cancer*]; på [*a class ~ 30 pupils; a boy ~ ten*]; med [*a man ~ foreign appearance; the advantage ~ this system*]; ***five minutes ~ twelve*** amer. fem minuter i tolv; ***a cup ~ tea*** en kopp te; ***a number ~ people*** ett antal människor; ***the town ~ Brighton*** staden Brighton; ***on the fifth ~ May*** den femte maj; ***a novel ~ Stevenson's*** en roman av Stevenson; ***the works ~ Milton*** Miltons verk; ***the University ~ London*** Londons universitet, universitetet i London

off [ɒf] **I** *adv* o. *adj* **1** bort, i väg [*~ with you!*]; av [*get* (stiga) *~*]; på t.ex. instrumenttavla frånkopplad, från; ***~ we go!*** nu går vi!; ***far ~*** långt bort; ***Christmas is only a week ~*** det är bara en vecka till jul; ***time ~*** ledighet; ***take time ~*** ta ledigt □ **be ~** i speciella betydelser: **a)** vara av [*the lid is ~*]; vara ur, ha lossnat [*the button is ~*] **b)** ge sig av, kila; ***it's time we were ~*** det är på tiden vi kommer i väg; ***where are you ~ to?*** vart ska du ta vägen? **c)** vara ledig **d)** på restaurang vara slut [*this dish is ~ today*]; vara frånkopplad; vara inställd [*the party is ~*]; ***the wedding is ~*** det blir inget bröllop **e)** vard. inte vara färsk [*the meat was a bit ~*] **f)** ***how are you ~ for money?*** hur har du det med pengar? **2** ***~ season*** lågsäsong, dödsäsong

II *prep* **1** ner från [*he fell ~ the ladder*], av [*he fell ~ the bicycle*] **2** vid, nära [*~ the coast*] **3** vard., ***I'm ~ smoking*** jag har lagt av med att röka **4** på [*3% discount ~ the price*]

offal ['ɒf(ə)l] *s* slaktavfall; inälvor

off-chance ['ɒftʃɑ:ns] *s* liten chans [*there is an ~ that...*]; ***we called on the ~ of finding you at home*** vi chansade på att du skulle vara hemma

off-colour [ˌɒf'kʌlə] *adj* lite krasslig (vissen)

off-day ['ɒfdeɪ] *s* ledig dag; dålig dag [*one of my ~s*]

offence [ə'fens] *s* **1** lagöverträdelse, förseelse; försyndelse; ***punishable ~*** straffbar handling; ***it is an ~ to*** det är straffbart att; ***commit an ~*** bryta mot lagen **2** ***give*** (***cause***) ***~ to*** väcka anstöt hos, stöta; ***take ~*** ta illa upp; ***quick to take ~*** lättstött

offend [ə'fend] *vb tr* o. *vb itr* väcka anstöt hos; väcka anstöt; ***be offended*** bli stött [*by a p.* på ngn; *by a th.* över ngt]; ***don't be offended*** ta inte illa upp; ***~ against*** bryta (synda) mot

offender [ə'fendə] *s* lagöverträdare; syndare; ***~s will be prosecuted*** överträdelse beivras

offense [ə'fens] *s* amer., se *offence*

offensive [ə'fensɪv] **I** *adj* **1** offensiv, anfalls- [*~ weapons*] **2** anstötlig, stötande **3** vidrig, motbjudande [*an ~ smell*] **II** *s* offensiv

offer ['ɒfə] **I** *vb tr* o. *vb itr* **1** erbjuda; bjuda [*I offered him £15,000 for the house*]; ***~ for sale*** bjuda ut till försäljning; ***I offered him a cigarette*** jag bjöd honom på en cigarrett **2** utlova; ***~ a reward*** utfästa en belöning **3** framföra [*~ an apology*] **4** ***~ to*** + infinitiv erbjuda sig att [*he offered to help me*] **II** *s* erbjudande [*of* om], anbud, bud; hand. offert

offering ['ɒfərɪŋ] *s* offergåva

off-hand [ˌɒf'hænd] *adv* o. *adj* **1** på rak arm **2** nonchalant

office ['ɒfɪs] *s* **1** kontor; byrå; expedition; tjänsterum; kansli; ***~ block*** kontorsbyggnad **2** ***Office*** a) departement [*the Home Office*] b) ämbetsverk [*the Patent Office*] **3** ämbete, tjänst, befattning; ***the Government in ~*** den sittande regeringen

office boy ['ɒfɪsbɔɪ] *s* kontorspojke

officer ['ɒfɪsə] *s* **1** officer; pl. ***~s*** äv. befäl **2** ***police ~*** (vid tilltal vanl. ***~***) polis, polisman

official [ə'fɪʃ(ə)l] **I** *s* **1** ämbetsman, tjänsteman **2** sport. funktionär **II** *adj* officiell [*in ~ circles*]; ämbets-; tjänste- [*~ letter*]

officially [ə'fɪʃəlɪ] *adv* officiellt

officiate [ə'fɪʃɪeɪt] *vb itr* fungera [*~ as chairman*], tjänstgöra; officiera

offing ['ɒfɪŋ] *s*, ***in the ~*** under uppsegling

[*a quarrel in the ~*]; i kikarn [*I have a job in the ~*]
off-licence ['ɒfˌlaɪs(ə)ns] *s* spritbutik
off-peak ['ɒfpi:k] *adj, **at ~ hours*** vid lågtrafik; elektr. vid lågbelastning
offprint ['ɒfprɪnt] *s* särtryck
offset ['ɒfset] (*offset offset*) *vb tr* uppväga [*the gains ~ the losses*]
offshoot ['ɒfʃu:t] *s* bot. sidoskott
offshore [ˌɒf'ʃɔ:] *adj* o. *adv* **1** frånlands- [*~ wind*] **2** utanför kusten [*~ fisheries*]
offside [ˌɒf'saɪd] *adj* o. *s* **1** sport. offside **2** trafik.: vid vänstertrafik höger sida; vid högertrafik vänster sida
offspring ['ɒfsprɪŋ] *s* avkomma, avföda
off-the-cuff [ˌɒfðə'kʌf] *adj* improviserad
off-white [ˌɒf'waɪt] *adj* off-white, benvit
oft [ɒft] *adv* poet. ofta
often ['ɒfn] *adv* ofta; ***as ~ as not*** ganska ofta; ***more ~ than not*** oftast; ***every so ~*** då och då
ogle ['əʊgl] *vb itr* snegla [*at* på]; ögonflirta [*at* med]
ogre ['əʊgə] *s* i folksagor jätte; odjur äv. bildl.
oh [əʊ] *interj, ~!* å!, äsch!; oj!, aj!
oil [ɔɪl] **I** *s* **1** olja; ***pour ~ on troubled waters*** bildl. gjuta olja på vågorna **2** mest pl. ***~s*** **a)** oljemålningar **b)** ***paint in ~s*** måla i olja **II** *vb tr* olja in
oilcloth ['ɔɪlklɒθ] *s* vaxduk; oljeduk
oil gauge ['ɔɪlgeɪdʒ] *s* oljemätare
oil painting ['ɔɪlˌpeɪntɪŋ] *s* oljemålning
oilrig ['ɔɪlrɪg] *s* oljeborrplattform
oilslick ['ɔɪlslɪk] *s* oljefläck t.ex. på vattnet
oilstove ['ɔɪlstəʊv] *s* **1** fotogenkök **2** fotogenkamin
oily ['ɔɪlɪ] *adj* oljig, oljeaktig; fet, flottig
ointment ['ɔɪntmənt] *s* salva; smörjelse
OK [ˌəʊ'keɪ] vard. **I** *adj* o. *adv* OK; ***it's ~ by (with) me*** det är OK för min del, gärna för mig **II** *s, **the ~*** okay, klarsignal **III** *vb tr* godkänna [*the report was OK'd*]
okay [ˌəʊ'keɪ] speciellt amer. = *OK*
old [əʊld] **I** (komparativ o. superlativ *older, oldest*; ibland *elder, eldest,* se dessa ord) *adj* **1** gammal; tidigare, f.d.; ***~ boy*** a) gammal elev [*the school's ~ boys*] b) vard. gammal farbror, gamling; ***~ boy (chap, fellow, man)!*** vard. gamle vän!, gamle gosse!; ***~ girl!*** vard. flicka lilla!, lilla gumman!; ***he's an ~ hand*** vard. han är gammal i gamet; ***any ~ thing*** vard. vad katten som helst; ***the Old World*** Gamla världen; ***good ~ John!*** vard. gamle John! **2** forn- [*Old English* engelska språket före 1100]
II *s, **in days (times) of ~*** el. ***of ~*** fordom, i gamla tider; [***I know him***] ***of ~*** ...sedan gammalt
old-age [ˌəʊld'eɪdʒ] *adj, **~ pension*** [ˌəʊldeɪdʒ'penʃ(ə)n] förr ålderspension, folkpension
olden ['əʊld(ə)n] *adj, **in ~ times (days)*** i gamla tider
old-fashioned [ˌəʊld'fæʃ(ə)nd] *adj* **1** gammalmodig, gammaldags **2** lillgammal
oldish ['əʊldɪʃ] *adj* äldre, rätt gammal
old-time ['əʊldtaɪm] *adj* gammaldags
old-timer [ˌəʊld'taɪmə] *s* vard. **1** ***an ~*** en som är gammal i gamet **2** gamling
old-world ['əʊldwɜ:ld] *adj* gammaldags
olive ['ɒlɪv] **I** *s* oliv **II** *adj* olivgrön
Olympiad [ə'lɪmpɪæd] *s* olympiad
Olympic [ə'lɪmpɪk] *adj, **the ~ Games*** de olympiska spelen
ombudsman ['ɒmbʊdzmən] *s* i Storbritannien justitieombudsman
omelet o. **omelette** ['ɒmlət] *s* omelett
omen ['əʊmen] *s* omen, förebud
ominous ['ɒmɪnəs] *adj* illavarslande, olycksbådande
omission [ə'mɪʃ(ə)n] *s* **1** utelämnande **2** underlåtenhet, försummelse
omit [ə'mɪt] *vb tr* **1** utelämna **2** underlåta, försumma
omnibus ['ɒmnɪbəs] *s* **1** buss **2** ***~ book (volume)*** samlingsband, samlingsverk
omnipotent [ɒm'nɪpət(ə)nt] *adj* allsmäktig
omnivorous [ɒm'nɪvərəs] *adj* allätande
on [ɒn] **I** *prep* på [*~ the radio (TV)*; amer. *~ 19th Street*]; i [*~ the ceiling; the look ~ his face; talk ~ the telephone*]; vid [*a town ~ the Channel; Newcastle is situated ~ the Tyne*]; mot [*they made an attack ~ the town*]; till [*~ land and sea; ~ foot*]; om, kring, över [*a book (lecture) ~ a subject*]; ***~ May 1st*** den 1 maj; ***~ the morning of May 1st*** den 1 maj på morgonen, på morgonen den 1 maj; ***~ my arrival at Hull (in London), I went...*** vid ankomsten till Hull (London), gick jag...; ***~ hearing this*** [***he...***] då han fick veta detta...; ***~ second thoughts*** vid närmare eftertanke; ***this is ~ me*** vard. det är jag som bjuder; ***it's ~ the house*** vard. det är huset som bjuder; ***~ to*** ner (upp) på
II *adv* o. *adj* på [*a pot with the lid ~*]; på sig [*he drew his boots ~*]; vidare [*pass it ~!*]; ***walk right ~*** gå rakt fram; ***a little***

further ~ lite längre fram; ***from that day*** ~ från och med den dagen; ***the light is*** ~ ljuset är tänt; ***the radio is*** ~ radion är på; ***what's ~ tonight?*** vad är det för program i kväll?; vad är planerna för i kväll?; ***it's just not*** ~ vard. det går bara inte; ***what's he ~ about?*** vad bråkar (snackar) han om?; ~ ***and*** ~ utan avbrott, i ett kör

once [wʌns] **I** *adv* **1** en gång [~ *is enough*]; ~ ***or twice*** ett par gånger; ~ ***bitten*** (***bit***) ***twice shy*** ordspr. bränt barn skyr elden; ~ ***again*** (***more***) en gång till, ännu en gång; ~ ***and for all*** el. ~ ***for all*** en gång för alla; ~ ***in a while*** en och annan gång; ***for*** ~ för en gångs skull; ***at*** ~ a) med detsamma, genast b) på samma gång; ***all at*** ~ a) plötsligt, med ens b) alla på en gång **2** en gång, förr; ~ (~ ***upon a time***) ***there was a king*** det var en gång en kung **II** *konj*, ~ ***he had done it*** när han väl hade gjort det

oncoming ['ɒnˌkʌmɪŋ] **I** *adj* annalkande [*an ~ storm*]; mötande [~ *traffic*; *an ~ car*] **II** *s* ankomst [*the ~ of winter*], annalkande

one [wʌn] **I** *räkn* o. *adj* en, ett; ena [*blind in* (på) ~ *eye*]; ***for ~ thing*** för det första; ***not*** ~ inte en enda en; ***it's all ~ to me*** det gör mig detsamma; ~ (***the*** ~)...***the other*** den ena...den andra; ~ ***or two*** ett par stycken; ~ ***after another*** (***the other***) ***went out*** den ena efter den andra gick ut; ~ ***at a*** (***the***) ***time*** en och en, en i taget; ~ ***by*** ~ en och en, en åt gången, en i taget; ***I for*** ~ jag för min del

II *pron* **1** man; reflexivt sig [*pull after* ~]; ***one's*** ens [*one's own children*]; sin [~ *must always be on one's guard*]; en, en viss [~ *John Smith*]; ~ ***another*** varandra [*they like ~ another*] **2** stödjeord en [*I lose a friend and you gain* ~]; någon, något [*where is my umbrella? - you didn't bring* ~]; ***take the red box, not the black*** ~ ta den röda asken, inte den svarta; ***my dear ~s*** mina kära; ***the little ~s*** småttingarna; ***this*** (***that***) ~ ***will do*** den här (den där) duger; ***which ~ do you like?*** vilken tycker du om?

III *s* **1** etta [*three ~s*] **2** vard., ***you are a ~!*** du är en rolig en!

one-act ['wʌnækt] *adj*, ~ ***play*** enaktare

one-armed ['wʌnɑ:md] *adj*, ~ ***bandit*** vard. enarmad bandit spelautomat

one-handed [ˌwʌn'hændɪd] *adj* enhänt

one-man ['wʌnmæn] *adj* enmans-; ~ ***show*** enmansteater, enmansshow

onerous ['ɒnərəs] *adj* betungande, tyngande

oneself [wʌn'self] *rfl pron* o. *pers pron* sig [*wash* ~]; sig själv [*proud of* ~]; själv [*one had to do it* ~]

one-sided [ˌwʌn'saɪdɪd] *adj* ensidig

one-storey ['wʌnˌstɔ:rɪ] *adj* envånings-, enplans- [*a ~ house*]

one-track ['wʌntræk] *adj* vard., ***have a ~ mind*** vara enkelspårig

one-way ['wʌnweɪ] *adj* **1** enkelriktad [*a ~ street*] **2** amer., ~ ***ticket*** enkel biljett

ongoing ['ɒnˌgəʊɪŋ] *adj* pågående

onion ['ʌnjən] *s* lök, rödlök

onlooker ['ɒnˌlʊkə] *s* åskådare

only ['əʊnlɪ] **I** *adj* enda; ***my one and ~ chance*** min absolut enda chans; ***the only man*** [***for the position***] den ende rätte... **II** *adv* **1** bara, blott, endast; ~ ***once*** bara en gång; ***if ~ to*** om inte för annat så (om så bara) för att [*if ~ to spite him*]; ***not ~...but*** inte bara...utan även; ***when he was ~ three he could read*** redan vid tre års ålder kunde han läsa **2** a) först, inte förrän [*I met him ~ yesterday*] b) senast, så sent som [*he can't be away, I saw him ~ yesterday*] **3** ~ ***just*** just nu, alldeles nyss [*I have ~ just got it*] **III** *konj* men; [***I would lend you the book,***] ~ ***I don't know where it is*** ...men jag vet bara inte var den är; ~ ***that*** utom att

onrush ['ɒnrʌʃ] *s* anstormning

onset ['ɒnset] *s* **1** anfall **2** inträde

onshore [ˌɒn'ʃɔ:] *adj* o. *adv* **1** pålands- [~ *wind*] **2** på kusten **3** i land

onslaught ['ɒnslɔ:t] *s* våldsamt angrepp

onstage [ˌɒn'steɪdʒ] *adv* på scenen, in på scenen

on-the-spot [ˌɒnðə'spɒt] *adj* på ort och ställe; ~ ***fine*** ungefär ordningsbot

onto ['ɒntʊ] *prep = on to*

onus ['əʊnəs] *s* börda; skyldighet

onward ['ɒnwəd] *adj* framåtriktad; ~ ***march*** frammarsch

onwards ['ɒnwədz] *adv* framåt, vidare; ***from page 10*** ~ från och med sidan 10

onyx ['ɒnɪks] *s* miner. onyx

oodles ['u:dlz] *s pl* vard. massor [~ *of money*]

ooh [u:] *interj* oj!, åh!; usch!

ooze [u:z] *vb itr*, ~ ***out*** sippra ut, sippra fram

opal ['əʊp(ə)l] *s* opal

opaque [ə'peɪk] *adj* ogenomskinlig; dunkel; oklar

open ['əʊp(ə)n] **I** *adj* öppen; ***fling ~*** kasta (slänga) upp; ***in the ~ air*** i fria luften, i det fria; ***the ~ season*** lovlig tid för jakt o. fiske; ***~ secret*** offentlig hemlighet; ***~ shop*** företag med både organiserad och oorganiserad arbetskraft; ***~ to*** tillgänglig för, öppen för; mottaglig för [*~ to argument*]; ***~ to doubt*** underkastad tvivel; ***this is ~ to question*** detta kan ifrågasättas

II *s* **1** öppet, offentligt; ***come*** (***come out***) ***into the ~*** komma ut, bli offentlig **2** sport. open tävling öppen för proffs o. amatörer

III *vb tr* o. *vb itr* **1** öppna; inviga [*~ a new railway*]; öppnas; öppna sig; ***~ an account with*** öppna konto hos; ***~ fire*** mil. öppna eld [*on* mot] **2** vetta, ha utsikt [*the window opened on to* (mot, åt) *the garden*]; leda, föra [*into, on to* in (ut) till, ut i]; ***the room ~s on*** (***on to***) ***the garden*** rummet har förbindelse med trädgården **3** ***~ up*** öppna sig, bli meddelsam; ***~ up!*** öppna dörren!

open-air [ˌəʊpən'eə] *adj* frilufts- [*~ life*], utomhus- [*an ~ dance-floor*]

opener ['əʊpənə] *s* **1** ***tin*** (***can***) ***~*** konservöppnare **2** inledare [*~ of a discussion*]

open-handed [ˌəʊpən'hændɪd] *adj* frikostig

open-hearted [ˌəʊpən'hɑːtɪd] *adj* **1** öppenhjärtig, uppriktig **2** varmhjärtad

open-house [ˌəʊpən'haʊs] *adj*, ***he is giving an ~ party tomorrow*** det är öppet hus hos honom i morgon

opening ['əʊpənɪŋ] **I** *pres p* o. *adj* begynnelse-; ***~ chapter*** inledningskapitel; ***his ~ remarks*** hans inledande anmärkningar **II** *s* **1** öppnande; början, inledning [*the ~ of the session*]; ***~ night*** premiär; ***~ time*** speciellt öppningsdags för pubar **2** öppning äv. bildl.; tillfälle, chans [*for* till]

open-minded [ˌəʊpən'maɪndɪd] *adj* fördomsfri

opera ['ɒpərə] *s* opera

opera glasses ['ɒpərəˌglɑːsɪz] *s pl* teaterkikare

opera hat ['ɒpərəhæt] *s* chapeau-claque

operate ['ɒpəreɪt] *vb itr* o. *vb tr* **1** verka, göra verkan [*on, upon* på]; om t.ex. maskin arbeta, fungera **2** med. operera [*on a p.* ngn; *for a th.* för ngt] **3** mil. operera **4** sätta (hålla) i gång, manövrera, sköta [*~ a machine*]; leda, driva [*~ a company*]

operatic [ˌɒpə'rætɪk] *adj* opera- [*~ music*]

operating theatre ['ɒpəreɪtɪŋˌθɪətə] *s* operationssal

operation [ˌɒpə'reɪʃ(ə)n] *s* **1** ***be in ~*** vara i gång (verksamhet); ***come into ~*** a) träda i verksamhet b) om t.ex. lag träda i kraft; ***put into ~*** sätta i verket [*put a plan into ~*] **2** med. operation, ingrepp [äv. *surgical ~*]; ***have an ~ for...*** bli opererad för... **3** skötsel, hantering [*the ~ of a machine*]

operator ['ɒpəreɪtə] *s* **1** ***~!*** på t.ex. hotell a) hallå!; fröken! b) växeln!; ***telephone ~*** telefonist; ***wireless ~*** radiotelegrafist **2** med. kirurg, operatör **3** aktör på börsen

operetta [ˌɒpə'retə] *s* operett

opinion [ə'pɪnjən] *s* **1** mening, åsikt, omdöme [*of, about* om]; ***~ poll*** opinionsundersökning; ***public ~*** den allmänna opinionen; ***have a high ~ of*** ha en hög tanke om; ***in my ~*** enligt min mening (åsikt); ***a matter of ~*** en fråga om tycke och smak **2** betänkande, utlåtande [*on* om, över, i]

opinionated [ə'pɪnjəneɪtɪd] *adj* egensinnig

opium ['əʊpjəm] *s* opium; ***~ addict*** opiummissbrukare; ***~ den*** opiumhåla

opossum [ə'pɒsəm] *s* opossum, pungråtta

opponent [ə'pəʊnənt] *s* motståndare

opportune ['ɒpətjuːn] *adj* opportun, läglig

opportunist [ˌɒpə'tjuːnɪst] *s* opportunist

opportunity [ˌɒpə'tjuːnətɪ] *s* gynnsamt tillfälle, möjlighet, chans; ***at the first ~*** vid första tillfälle

oppose [ə'pəʊz] *vb tr* motsätta sig

opposed [ə'pəʊzd] *adj* motsatt [*~ views*]; ***be ~*** stå i motsats [*to* till, mot]; ***as ~ to*** i motsats till

opposite ['ɒpəzɪt] **I** *adj* o. *prep* o. *adv* mitt emot [*the ~ house*], motsatt **II** *s* motsats [*black and white are ~s*]; ***I mean the ~*** jag menar tvärtom

opposition [ˌɒpə'zɪʃ(ə)n] *s* motsättning, motstånd; opposition

oppress [ə'pres] *vb tr* **1** trycka, tynga, trycka (tynga) ned **2** förtrycka [*~ the people*]

oppression [ə'preʃ(ə)n] *s* **1** nedtryckande; förtryck [*the ~ of the people*] **2** betrycktheT **3** tryck, tyngd

oppressive [ə'presɪv] *adj* tyngande; tryckande, pressande [*~ heat*]

oppressor [ə'presə] *s* förtryckare

opt [ɒpt] *vb itr* välja; ~ ***for a th.*** välja ngt, uttala sig för ngt
optical ['ɒptɪk(ə)l] *adj* optisk, syn-; ~ ***illusion*** synvilla
optician [ɒp'tɪʃ(ə)n] *s* optiker
optics ['ɒptɪks] *s* optik
optimism ['ɒptɪmɪz(ə)m] *s* optimism
optimist ['ɒptɪmɪst] *s* optimist
optimistic [ˌɒptɪ'mɪstɪk] *adj* optimistisk
option ['ɒpʃ(ə)n] *s* val [*I had no* ~], fritt val; valfrihet; valmöjlighet
optional ['ɒpʃənl] *adj* valfri
opulent ['ɒpjʊlənt] *adj* välmående; frodig
opus ['əʊpəs] *s* opus, verk
or [ɔ:] *konj* eller; annars; ~ ***else*** annars, eller också
oracle ['ɒrəkl] *s* orakel
oral ['ɔ:r(ə)l] *adj* muntlig [*an* ~ *examination*]
orally ['ɔ:rəlɪ] *adv* muntligen, muntligt
orange ['ɒrɪndʒ] **I** *s* **1** apelsin **2** orange färg **II** *adj* orange färgad
orangeade [ˌɒrɪndʒ'eɪd] *s* apelsindryck; läskedryck med apelsinsmak
orang-outang [əˌræŋʊ'tæŋ] *s* orangutang
orate [ɔ:'reɪt] *vb itr* hålla tal; orera
oration [ɔ:'reɪʃ(ə)n] *s* oration; högtidligt tal
orator ['ɒrətə] *s* talare, orator
oratorio [ˌɒrə'tɔ:rɪəʊ] (pl. ~*s*) *s* mus. oratorium
oratory ['ɒrətrɪ] *s* talarkonst, vältalighet, retorik
orb [ɔ:b] *s* klot, sfär, glob
orbit ['ɔ:bɪt] **I** *s* t.ex. planets, satellits bana; himlakropps kretslopp; ***send into*** ~ sända upp i bana **II** *vb tr* röra sig i en bana kring, kretsa kring
orchard ['ɔ:tʃəd] *s* fruktträdgård
orchestra ['ɔ:kɪstrə] *s* orkester; ~ ***stalls*** främre parkett
orchestral [ɔ:'kestr(ə)l] *adj* orkester-
orchestrate ['ɔ:kɪstreɪt] *vb tr* orkestrera
orchid ['ɔ:kɪd] *s* orkidé
ordain [ɔ:'deɪn] *vb tr* **1** prästviga, ordinera **2** föreskriva
ordeal [ɔ:'di:l, 'ɔ:di:l] *s* svårt prov, eldprov; ***a terrible*** ~ en svår pärs
order ['ɔ:də] **I** *s* **1** ordning; ordningsföljd; system; reda; ***in*** (***in good***) ***working*** ~ i gott skick, funktionsduglig; ***out of*** ~ i oordning; i olag, ur funktion **2 a)** order, befallning, tillsägelse, bud; ~ ***of the day*** mil. dagorder **b)** jur., domstols beslut, utslag; ~ ***of the Court*** domstolsutslag **3 a)** hand. order, beställning [*for* på]; ***it's a tall*** (***large***) ~ det är för mycket begärt; ***be on*** ~ vara beställd; ***made to*** ~ tillverkad på beställning; skräddarsydd **b)** på restaurang beställning **4** bank. anvisning; utbetalningsorder **5** samhällsklass; ***the lower ~s*** de lägre klasserna (stånden) **6** orden; ordenssällskap **7** ***holy ~s*** det andliga ståndet; ***take*** (***enter***) ***~s*** (***holy ~s***) låta prästviga sig **8** ***in*** ~ ***to*** + infinitiv i avsikt att; ***in*** ~ ***for you to*** [***see clearly***] för (så) att du skall...; ***in*** ~ ***that*** för att, så att [*I did it in* ~ *that he shouldn't worry*] **9** slag, sort; ***of*** (***in***) ***the*** ~ ***of*** av (i) storleksordningen
II *vb tr* **1** beordra, befalla, säga till [*a p. to do a th.*]; ~ ***a p. about*** bildl. kommendera ngn, köra med ngn **2** beställa [~ *a taxi*], rekvirera **3** med. ordinera, föreskriva
orderly ['ɔ:dəlɪ] **I** *adj* **1** välordnad; metodisk **2** om person ordentlig **3** stillsam, lugn [*an* ~ *crowd*] **II** *s* **1** mil. ordonnans; ***officer's*** ~ kalfaktor **2** ***hospital*** ~ sjukvårdsbiträde; ***medical*** ~ mil. sjukvårdare
ordinal ['ɔ:dɪnl] *adj*, ~ ***number*** ordningstal
ordinarily ['ɔ:dɪnərəlɪ] *adv* vanligen
ordinary ['ɔ:dnrɪ] **I** *adj* **1** vanlig; vardaglig, ordinär, alldaglig **2** ordinarie [*the* ~ *train*] **II** *s*, ***something out of the*** ~ någonting utöver det vanliga
ore [ɔ:] *s* **1** malm **2** metall, ädelmetall
oregano [ˌɒrɪ'gɑ:nəʊ, ə'regənəʊ] *s* oregano
organ ['ɔ:gən] *s* **1** biol. organ; ***male*** ~ manslem **2** mus. orgel; positiv
organdie ['ɔ:gəndɪ] *s* organdi tyg
organ-grinder ['ɔ:gənˌgraɪndə] *s* positivhalare, positivspelare
organic [ɔ:'gænɪk] *adj* **1** organisk **2** biodynamisk; ~ ***farming*** biodynamisk odling
organism ['ɔ:gənɪz(ə)m] *s* organism
organist ['ɔ:gənɪst] *s* organist
organization [ˌɔ:gənaɪ'zeɪʃ(ə)n] *s* organisation, organisering
organize ['ɔ:gənaɪz] *vb tr* organisera, lägga upp, anordna, arrangera, ställa till
organizer ['ɔ:gənaɪzə] *s* organisatör; arrangör
orgasm ['ɔ:gæz(ə)m] *s* orgasm, utlösning
orgy ['ɔ:dʒɪ] *s* orgie
orient ['ɔ:rɪənt] *s*, ***the Orient*** Orienten

Oriental [ˌɔːrɪˈentl] **I** *adj* orientalisk, österländsk **II** *s* oriental, österlänning
orientate [ˈɔːrɪenteɪt] *vb tr* orientera
orientation [ˌɔːrɪenˈteɪʃ(ə)n] *s* orientering
orienteering [ˌɔːrɪənˈtɪərɪŋ] *s* sport. orientering
origin [ˈɒrɪdʒɪn] *s* ursprung, tillkomst; upphov; ***country of ~*** ursprungsland
original [əˈrɪdʒənl] **I** *adj* **1** ursprunglig, original- **2** originell, nyskapande **II** *s* original
originality [əˌrɪdʒəˈnælətɪ] *s* originalitet
originally [əˈrɪdʒənəlɪ] *adv* **1** ursprungligen **2** originellt [*write ~*]
originate [əˈrɪdʒəneɪt] *vb tr* o. *vb itr* ge (vara) upphov till; härröra, härstamma
originator [əˈrɪdʒəneɪtə] *s* upphovsman
Orlon [ˈɔːlɒn] *s* ® textil. orlon
ornament [substantiv ˈɔːnəmənt, verb ˈɔːnəment] **I** *s* ornament; utsmyckning **II** *vb tr* ornamentera; smycka
ornamental [ˌɔːnəˈmentl] *adj* ornamental, dekorativ
ornamentation [ˌɔːnəmenˈteɪʃ(ə)n] *s* ornamentering, utsmyckning; ornament
ornate [ɔːˈneɪt] *adj* utsirad; överlastad
ornithologist [ˌɔːnɪˈθɒlədʒɪst] *s* ornitolog, fågelkännare
orphan [ˈɔːf(ə)n] *s* föräldralöst barn
orphanage [ˈɔːfənɪdʒ] *s* barnhem, hem för föräldralösa barn
orris root [ˈɒrɪsruːt] *s* violrot
orthodontics [ˌɔːθə(ʊ)ˈdɒntɪks] *s* tandreglering
orthodox [ˈɔːθədɒks] *adj* ortodox; renlärig
orthodoxy [ˈɔːθədɒksɪ] *s* ortodoxi; renlärighet
orthography [ɔːˈθɒgrəfɪ] *s* ortografi, rättstavning
orthopaedic o. **orthopedic** [ˌɔːθəˈpiːdɪk] *adj* ortopedisk
oscillate [ˈɒsɪleɪt] *vb itr* svänga; pendla; oscillera; vibrera
oscillator [ˈɒsɪleɪtə] *s* oscillator
Oslo [ˈɒzləʊ]
ossify [ˈɒsɪfaɪ] *vb itr* ossifieras, förvandlas till ben; förbenas
ostensible [ɒˈstensəbl] *adj* skenbar
ostentation [ˌɒstenˈteɪʃ(ə)n] *s* ståt, prål
ostentatious [ˌɒstenˈteɪʃəs] *adj* grann, prålig [*~ jewellery*]; prålsjuk
osteopath [ˈɒstɪəpæθ] *s* osteopat, kiropraktor
ostracize [ˈɒstrəsaɪz] *vb tr* frysa ut, bojkotta
ostrich [ˈɒstrɪtʃ, ˈɒstrɪdʒ] *s* struts
other [ˈʌðə] *indef pron* annan, annat, andra; ytterligare; ***the ~ day*** häromdagen; ***every ~ week*** varannan vecka; ***it was no (none) ~ than the King*** det var ingen annan än kungen; ***someone or ~ has broken it*** någon har haft sönder den; ***somehow or ~*** på ett eller annat sätt; ***among ~s*** bland andra, bl.a.; ***among ~ things*** bland annat, bl.a.
otherwise [ˈʌðəwaɪz] *adv* annorlunda, annat, på annat sätt; annars, i annat fall; för (i) övrigt
otherworldly [ˌʌðəˈwɜːldlɪ] *adj* verklighetsfrämmande, världsfrämmande
otter [ˈɒtə] *s* utter
ouch [aʊtʃ] *interj* aj!, oj!
ought [ɔːt] *hjälpvb* (presens o. imperfekt med *to* + infinitiv) bör, borde, skall, skulle; ***I ~ to know*** det måtte jag väl veta
ouija-board [ˈwiːdʒəbɔːd] *s* psykograf använd i spiritism
1 ounce [aʊns] *s* **1** uns (vanl. = 1/16 *pound* 28,35 gram) **2** bildl. uns, gnutta
2 ounce [aʊns] *s* snöleopard
our [ˈaʊə] *poss pron* vår
ours [ˈaʊəz] *poss pron* vår [*the house is ~*]; ***~ is a large family*** vi är en stor familj
ourselves [ˌaʊəˈselvz] *rfl pron* o. *pers pron* oss [*we amused ~*], oss själva [*we can take care of ~*]; själva [*we made that mistake ~*]
oust [aʊst] *vb tr* driva bort; tränga undan
out [aʊt] *adv* o. *adj* ute, utanför, borta; ut, bort; ***take ~*** ta fram ur t.ex. fickan; ***the fire is ~*** brasan har slocknat; ***the light is ~*** ljuset är släckt; ***the tide is ~*** det är ebb; ***before the year is ~*** innan året är slut; ***I was ~ in my calculations*** jag hade räknat fel; ***you are not far ~*** vard. det är inte så illa gissat; ***be ~ and about*** vara uppe, vara på benen; ***the nicest man ~*** den hyggligaste karl som går i ett par skor; ***it was her Sunday ~*** det var hennes lediga söndag

□ ~ **of a)** ut från, ut ur [*come ~ of the house*], upp ur; ut genom; ur [*drink ~ of a cup*]; från; ute ur, borta från, utanför; utom [*~ of sight*]; ***~ of doors*** utomhus; ***times ~ of number*** otaliga gånger; ***in two cases ~ of ten*** i två fall av tio; ***get ~ of here!*** ut härifrån!; ***be ~ of training*** ha dålig kondition, vara otränad; ***feel ~ of it*** känna sig utanför **b)** utan [*~ of tea*] **c)** av, utav [*~ of curiosity; it is made ~ of wood*]; ~ **with** *it!* fram med det!, ut med språket!

out-and-out [ˌaʊtnˈaʊt] *adj* vard. tvättäkta [*an ~ Londoner*], renodlad [*an ~ swindler*]
outbalance [aʊtˈbæləns] *vb tr* uppväga
outbid [aʊtˈbɪd] (*outbid outbid*) *vb tr* bjuda över
outboard [ˈaʊtbɔːd] *adj* utombords- [*an ~ motor*]
outbreak [ˈaʊtbreɪk] *s* utbrott [*an ~ of hostilities*]; ***an ~ of fire*** en eldsvåda
outbuilding [ˈaʊtˌbɪldɪŋ] *s* uthus
outburst [ˈaʊtbɜːst] *s* utbrott [*an ~ of rage*], anfall
outcast [ˈaʊtkɑːst] *s* utstött (utslagen) människa, paria
outclass [aʊtˈklɑːs] *vb tr* utklassa
outcome [ˈaʊtkʌm] *s* resultat, utgång
outcry [ˈaʊtkraɪ] *s* rop, skri; larm
outdated [aʊtˈdeɪtɪd] *adj* omodern, gammalmodig, föråldrad, förlegad
outdid [aʊtˈdɪd] se *outdo*
outdistance [aʊtˈdɪstəns] *vb tr* distansera
outdo [aʊtˈduː] (*outdid outdone*) *vb tr* överträffa, överglänsa, övertrumfa
outdone [aʊtˈdʌn] se *outdo*
outdoor [ˈaʊtdɔː] *adj* utomhus- [*~ games*]; ***~ clothes*** ytterkläder; ***~ life*** friluftsliv
outdoors [ˌaʊtˈdɔːz] *adv* utomhus, ute
outer [ˈaʊtə] *adj* yttre, ytter-; utvändig; ***~ space*** yttre rymden
outermost [ˈaʊtəməʊst] *adj* ytterst
outfit [ˈaʊtfɪt] **I** *s* **1** utrustning [*an explorer's ~*]; utstyrsel, ekipering [*a new spring ~*], mundering; tillbehör; ***repair ~*** reparationslåda **2** vard. grupp, gäng **II** *vb tr* utrusta, ekipera
outfitter [ˈaʊtfɪtə] *s*, ***gentlemen's outfitter's*** el. ***outfitter's*** herrekipering
outgoing [ˈaʊtˌgəʊɪŋ] *adj* utgående; avgående
outgrew [aʊtˈgruː] se *outgrow*
outgrow [aʊtˈgrəʊ] (*outgrew outgrown*) *vb tr* växa om; växa ifrån; växa ur kläder
outgrown [aʊtˈgrəʊn] se *outgrow*
outing [ˈaʊtɪŋ] *s* utflykt
outlandish [aʊtˈlændɪʃ] *adj* sällsam, besynnerlig; avlägsen
outlast [aʊtˈlɑːst] *vb tr* räcka (vara) längre än
outlaw [ˈaʊtlɔː] **I** *s* fredlös; bandit **II** *vb tr* **1** ställa utom lagen, förklara fredlös **2** kriminalisera [*~ war*], förbjuda
outlay [ˈaʊtleɪ] *s* utlägg, utgifter
outlet [ˈaʊtlet] *s* **1** utlopp [*an ~ for one's energy*], avlopp **2** marknad, avsättning [*an ~ for one's products*]
outline [ˈaʊtlaɪn] **I** *s* **1** kontur; skiss, utkast [*for* till]; översikt, sammandrag [*of* över, av]; ***rough ~*** skiss, utkast; ***in broad*** (***general***) ***~*** i stora (grova) drag **2** pl. ***~s*** grunddrag, huvuddrag **II** *vb tr* skissera
outlive [aʊtˈlɪv] *vb tr* överleva [*~ one's wife*]
outlook [ˈaʊtlʊk] *s* **1** utsikt; ***~ on life*** livsinställning **2** framtids- utsikter; ***further ~*** väder- utsikterna för de närmaste dagarna **3** utkik; ***on the ~*** på utkik
outlying [ˈaʊtˌlaɪɪŋ] *adj* avsides belägen
outmoded [aʊtˈməʊdɪd] *adj* urmodig, omodern
outnumber [aʊtˈnʌmbə] *vb tr* överträffa i antal, vara fler än
out-of-date [ˌaʊtəvˈdeɪt] *adj* omodern, gammalmodig, föråldrad
out-of-doors [ˌaʊtəvˈdɔːz] *adv* utomhus, ute
out-of-print [ˌaʊtəvˈprɪnt] *adj* utgången på förlaget, utsåld från förlaget
out-of-the-way [ˌaʊtəvðəˈweɪ] *adj* **1** avsides belägen, avlägsen **2** ovanlig
out-of-work [ˌaʊtəvˈwɜːk] *adj* o. *s* arbetslös
out-patient [ˈaʊtˌpeɪʃ(ə)nt] *s* poliklinikpatient; ***out-patient's department*** (***clinic***) poliklinik
outpost [ˈaʊtpəʊst] *s* mil. el. bildl. utpost
output [ˈaʊtpʊt] *s* **1** produktion; utbyte, avkastning **2** elektr. el. radio. uteffekt **3** data. utmatning
outrage [ˈaʊtreɪdʒ] **I** *s* våldshandling, attentat; skymf, skandal **II** *vb tr* uppröra, chockera
outrageous [aʊtˈreɪdʒəs] *adj* skandalös, upprörande, skändlig [*~ treatment*]
outran [aʊtˈræn] se *outrun*
outrider [ˈaʊtˌraɪdə] *s* **1** förridare **2** föråkare, eskort
outright [adverb aʊtˈraɪt, adjektiv ˈaʊtraɪt] **I** *adv* **1** helt och hållet; på fläcken [*he was killed ~*] **2** rent ut [*ask him ~*] **II** *adj* fullständig, total; avgjord, bestridlig
outrun [aʊtˈrʌn] (*outran outrun*) *vb tr* springa om (förbi); löpa fortare än
outset [ˈaʊtset] *s* början, inledning; inträde; ***at the ~*** i (vid) början
outshine [aʊtˈʃaɪn] (*outshone outshone*) *vb tr* överglänsa
outshone [aʊtˈʃɒn] se *outshine*
outside [ˌaʊtˈsaɪd] **I** *s* **1** utsida, yttersida; yta; ngts (ngns) yttre **2** ***at the ~*** på sin höjd **II** *adj* **1** utvändig; ute-, utomhus-; ***the ~ world*** yttervärlden **2** ytterst liten [*an ~*

chance] **III** *adv* o. *prep* ute; ut [*come ~!*]; utanför; utanpå
outsider [ˌaʊt'saɪdə] *s* outsider, utomstående; oinvigd
outsize ['aʊtsaɪz] **I** *s* om t.ex. kläder extra stor storlek **II** *adj* extra stor
outskirts ['aʊtskɜ:ts] *s pl* utkanter; ytterområden
outspoken [aʊt'spəʊk(ə)n] *adj* rättfram
outstanding [aʊt'stændɪŋ] *adj* framstående, enastående
outstay [aʊt'steɪ] *vb tr* stanna längre än [*~ the other guests*]
outstrip [aʊt'strɪp] *vb tr* distansera; överträffa; överstiga
outvote [aʊt'vəʊt] *vb tr* rösta omkull
outward ['aʊtwəd] **I** *adj* **1** utgående; ***the ~ journey (voyage)*** utresan **2** yttre; utvändig; ***his ~ appearance*** hans yttre **II** *adv* utåt, ut
outward-bound [ˌaʊtwəd'baʊnd] *adj* om fartyg utgående, på utgående
outwardly ['aʊtwədlɪ] *adv* **1** utåt; utvändigt, utanpå **2** till det yttre
outwards ['aʊtwədz] *adv* utåt, ut
outweigh [aʊt'weɪ] *vb tr* uppväga; väga mer än
outwit [aʊt'wɪt] *vb tr* överlista
oval ['əʊv(ə)l] **I** *adj* oval; äggformig **II** *s* oval
ovary ['əʊvərɪ] *s* äggstock
ovation [ə'veɪʃ(ə)n] *s* ovation, bifallsstorm
oven ['ʌvn] *s* ugn
ovenproof ['ʌvənpru:f] *adj* ugnseldfast
ovenware ['ʌvnweə] *s* ugnseldfast gods
over ['əʊvə] *prep* o. *adv* över; ovanför; utanpå, ovanpå; under, i [*~ several days*]; om [*fight ~ a th.*]; ***~ and above*** förutom, utöver; ***~ the years*** under årens lopp, med åren; ***hear a th. ~ the radio*** höra ngt i radio; ***be ~ there*** vara där borta; ***go ~ there*** gå dit bort; ***there are two apples ~ (left ~)*** det finns två äpplen kvar; ***ten times ~*** tio gånger om; ***~ and ~ again*** el. ***~ and ~*** om och om igen, gång på gång; ***~ again*** en gång till, om igen; ***begin all ~ again*** börja om från början; ***all ~*** överallt, helt och hållet; ***that's him all ~*** det är typiskt han (så likt honom); ***get it ~ (~ and done with)*** få det gjort (ur världen); ***it's all ~ with him*** det är ute med honom
overabundance [ˌəʊvərə'bʌndəns] *s* överflöd, övermått

overact [ˌəʊvər'ækt] *vb itr* o. *vb tr* teat. spela över
over-age [ˌəʊvər'eɪdʒ] *adj* överårig
overall ['əʊvərɔ:l] **I** *s* **1** skyddsrock, städrock **2** pl. ***~s*** blåställ, överdragskläder, overall **II** *adj* helhets- [*an ~ impression*]; samlad [*the ~ production*]; generell [*an ~ wage increase*]
over-anxious [ˌəʊvər'æŋʃəs] *adj* alltför ängslig (ivrig)
overarm [adjektiv 'əʊvərɑ:m, adverb əʊvər'ɑ:m] sport. **I** *adj* överarms-, överhands- [*an ~ ball*] **II** *adv*, ***bowl ~*** göra ett överarmskast
overate ['əʊvəret] se *overeat*
overawe [ˌəʊvər'ɔ:] *vb tr* injaga fruktan hos; imponera på
overbalance [ˌəʊvə'bæləns] *vb itr* tappa balansen [*he overbalanced and fell*]
overbearing [ˌəʊvə'beərɪŋ] *adj* högdragen
overboard ['əʊvəbɔ:d] *adv* sjö. överbord
overcame [ˌəʊvə'keɪm] se *overcome*
overcast [ˌəʊvə'kɑ:st] *adj* mulen, molntäckt [*an ~ sky*]
overcharge [ˌəʊvə'tʃɑ:dʒ] *vb tr* o. *vb itr* ta för höga priser; ta överpris
overcloud [ˌəʊvə'klaʊd] *vb tr* o. *vb itr* täcka med moln; bli molntäckt
overcoat ['əʊvəkəʊt] *s* överrock, ytterrock
overcome [ˌəʊvə'kʌm] **I** (*overcame overcome*) *vb tr* o. *vb itr* besegra [*~ an enemy*], övervinna; segra [*we shall ~*] **II** *perf p* o. *adj* överväldigad; utmattad [*by* av]
over-confident [ˌəʊvə'kɒnfɪd(ə)nt] *adj* självsäker
overcook [ˌəʊvə'kʊk] *vb tr* koka för länge
overcrowded [ˌəʊvə'kraʊdɪd] *adj* överbefolkad; överfull [*an ~ bus*]; trångbodd [*~ families*]
overdid [ˌəʊvə'dɪd] se *overdo*
overdo [ˌəʊvə'du:] (*overdid overdone*) *vb tr* **1** överdriva, göra för mycket av **2** steka (koka) mat för länge **3** *~ **it*** förta (överanstränga) sig
overdone [ˌəʊvə'dʌn] **I** se *overdo* **II** *adj* för länge stekt (kokt)
overdose ['əʊvədəʊs] *s* överdos, för stor dos
overdraft ['əʊvədrɑ:ft] *s* bank. överdrag; överdragning, övertrassering
overdrive ['əʊvədraɪv] *s* bil. överväxel
overdue [ˌəʊvə'dju:] *adj* **1** hand. förfallen **2** försenad [*the post is ~*] **3** länge emotsedd

overeat [ˌəʊvər'iːt] (*overate overeaten*) *vb itr* äta för mycket, föräta sig
overeaten [ˌəʊvər'iːtn] se *overeat*
overestimate [verb ˌəʊvər'estɪmeɪt, substantiv ˌəʊvər'estɪmət] **I** *vb tr* överskatta, övervärdera; beräkna för högt **II** *s* överskattning; alltför hög beräkning
overexertion [ˌəʊvərɪg'zɜːʃ(ə)n] *s* överansträngning
overexpose [ˌəʊvərɪk'spəʊz] *vb tr* **1** utsätta för mycket **2** foto. överexponera
overfed [ˌəʊvə'fed] se *overfeed*
overfeed [ˌəʊvə'fiːd] (*overfed overfed*) *vb tr* övergöda, övermätta
overflew [ˌəʊvə'fluː] se *overfly*
overflow [ˌəʊvə'fləʊ] *vb tr* svämma över
overflown [ˌəʊvə'fləʊn] se *overfly*
overfly [ˌəʊvə'flaɪ] (*overflew overflown*) *vb tr* mil. överflyga, flyga över
overgrown [ˌəʊvə'grəʊn] *adj* övervuxen, igenvuxen [*a garden ~ with weeds*]
overhang [ˌəʊvə'hæŋ] (*overhung overhung*) *vb tr* bildl. sväva (hänga) över ngns huvud; hota
overhanging [ˌəʊvə'hæŋɪŋ] *adj* framskjutande, utskjutande [*an ~ cliff*]
overhaul [verb ˌəʊvə'hɔːl, substantiv 'əʊvəhɔːl] **I** *vb tr* **1** undersöka; se över; ***have one's car overhauled*** få sin bil genomgången **2** köra (segla) om [*~ another ship*] **II** *s* undersökning; översyn
overhead [adverb ˌəʊvə'hed, adjektiv 'əʊvəhed] **I** *adv* över huvudet; uppe i luften (skyn) [*the clouds ~*]; ovanpå **II** *adj*, ***~ projector*** arbetsprojektor, overheadprojektor
overheads ['əʊvəhedz] *s pl* allmänna (generella) omkostnader, fasta utgifter
overhear [ˌəʊvə'hɪə] (*overheard overheard*) *vb tr* få höra, råka avlyssna
overheard [ˌəʊvə'hɜːd] se *overhear*
overheat [ˌəʊvə'hiːt] *vb tr* överhetta
overhung [ˌəʊvə'hʌŋ] se *overhang*
overjoyed [ˌəʊvə'dʒɔɪd] *adj* överlycklig
overkill ['əʊvəkɪl] *s* **1** mil. överdödande-kapacitet totalförstöringskapacitet med kärnvapen **2** överdrifter
overladen [ˌəʊvə'leɪdn] *adj* överbelastad
overland [ˌəʊvə'lænd] *adv* på land; landvägen, till lands [*travel ~*]
overlap [ˌəʊvə'læp] *vb tr* o. *vb itr* skjuta ut över, skjuta ut över varandra, delvis sammanfalla med, delvis sammanfalla
overleaf [ˌəʊvə'liːf] *adv* på nästa sida
overload [ˌəʊvə'ləʊd] *vb tr* överlasta
overlook [ˌəʊvə'lʊk] *vb tr* **1** se (skåda) ut över; ***a house overlooking the sea*** ett hus med utsikt över havet; ***my window ~s the park*** mitt fönster vetter mot parken **2** förbise, inte märka **3** överse med [*~ a fault*]
overnight [ˌəʊvə'naɪt] *adv* **1** ***stay ~*** stanna över natt, övernatta **2** över en natt, på en enda natt [*it changed ~*]
overpower [ˌəʊvə'paʊə] *vb tr* överväldiga
overpowering [ˌəʊvə'paʊərɪŋ] *adj* överväldigande; oemotståndlig; kraftig
overran [ˌəʊvə'ræn] se *overrun*
overrate [ˌəʊvə'reɪt] *vb tr* övervärdera, överskatta; ***an overrated film*** en överreklamerad film
overreach [ˌəʊvə'riːtʃ] *vb tr* sträcka sig över; ***~ the mark*** skjuta över målet
overreact [ˌəʊvərɪ'ækt] *vb itr* överreagera
overridden [ˌəʊvə'rɪdn] se *override*
override [ˌəʊvə'raɪd] (*overrode overridden*) *vb tr* **1** sätta sig över, åsidosätta **2** överskugga
overriding [ˌəʊvəraɪdiŋ] *adj* allt överskuggande, dominerande
overrode [ˌəʊvə'rəʊd] se *override*
overrule [ˌəʊvə'ruːl] *vb tr* **1** avvisa, åsidosätta [*~ a claim*]; jur. ogilla **2** rösta ned [*overruled by the majority*]; ***overruling*** allt behärskande
overrun [ˌəʊvə'rʌn] (*overran overrun*) *vb tr* översvämma [*overrun with rats*]; härja; ***overrun with weeds*** övervuxen med ogräs
overseas [adjektiv 'əʊvəsiːz, adverb ˌəʊvə'siːz] **I** *adj* utländsk, från (till) utlandet; ***~ trade*** utrikeshandel **II** *adv* på (från, till) andra sidan havet; utomlands
overseer ['əʊvəsɪə] *s* förman, verkmästare; uppsyningsman
oversexed [ˌəʊvə'sekst] *adj* övererotisk
overshadow [ˌəʊvə'ʃædəʊ] *vb tr* överskugga, kasta sin skugga över
overshoe ['əʊvəʃuː] *s* galosch
overshoot [ˌəʊvə'ʃuːt] (*overshot overshot*) *vb tr*, ***~ the mark*** skjuta över målet
overshot [ˌəʊvə'ʃɒt] se *overshoot*
oversight ['əʊvəsaɪt] *s* förbiseende [*by* (genom) *an ~*]
oversimplify [ˌəʊvə'sɪmplɪfaɪ] *vb tr* förenkla alltför mycket [*~ a problem*]
oversize ['əʊvəsaɪz] *adj* o. **oversized** ['əʊvəsaɪzd] *adj* över medelstorlek

oversleep [ˌəʊvəˈsliːp] (*overslept overslept*) *vb itr* försova sig
overslept [ˌəʊvəˈslept] se *oversleep*
overstaffed [ˌəʊvəˈstɑːft] *adj* överbemannad
overstate [ˌəʊvəˈsteɪt] *vb tr* överdriva t.ex. påstående, uppgift; ange för högt
overstatement [ˌəʊvəˈsteɪtmənt] *s* överdrift
overstep [ˌəʊvəˈstep] *vb tr*, **~ *the mark*** gå för långt
overt [əʊˈvɜːt, ˈəʊvɜːt] *adj* öppen, uppenbar
overtake [ˌəʊvəˈteɪk] (*overtook overtaken*) *vb tr* hinna upp (ifatt); köra (gå) om
overtaken [ˌəʊvəˈteɪkn] se *overtake*
overtaking [ˌəʊvəˈteɪkɪŋ] *s* omkörning
overthrew [ˌəʊvəˈθruː] se *overthrow I*
overthrow [verb ˌəʊvəˈθrəʊ, substantiv ˈəʊvəθrəʊ] **I** (*overthrew overthrown*) *vb tr* störta, fälla [*~ the government*]; omstörta **II** *s* störtande, fällande [*the ~ of a government*]; omstörtning
overthrown [ˌəʊvəˈθrəʊn] se *overthrow I*
overtime [ˈəʊvətaɪm] **I** *s* övertid; övertidsarbete; övertidsersättning; ***be on ~*** arbeta över **II** *adj* övertids- [*~ work*] **III** *adv* på övertid; ***work ~*** äv. arbeta över
overtook [ˌəʊvəˈtʊk] se *overtake*
overture [ˈəʊvətjʊə] *s* **1** mus. uvertyr **2** ofta pl. ***~s*** närmanden, trevare
overturn [ˌəʊvəˈtɜːn] *vb tr* o. *vb itr* välta omkull, stjälpa omkull; välta, stjälpa
overweight [ˈəʊvəweɪt] *s* övervikt
overwhelm [ˌəʊvəˈwelm] *vb tr* tynga ned [*overwhelmed with grief*], överväldiga
overwhelming [ˌəʊvəˈwelmɪŋ] *adj* överväldigande, förkrossande [*an ~ victory*]
overwork [ˌəʊvəˈwɜːk] **I** *s* för mycket arbete, överansträngning **II** *vb tr* o. *vb itr* överanstränga [*~ oneself*]; överanstränga sig, arbeta för mycket
oviduct [ˈəʊvɪdʌkt] *s* anat. äggledare
owe [əʊ] *vb tr* o. *vb itr* vara skyldig [*~ money*]
owing [ˈəʊɪŋ] *adj* **1** som skall betalas; ***the amount ~*** skuldbeloppet **2** ***~ to*** på grund av, genom [*~ to a mistake*]; ***be ~ to*** bero på, ha sin orsak i
owl [aʊl] *s* uggla
own [əʊn] **I** *vb tr* o. *vb itr* äga [*I ~ this house*]; ***~ up*** vard. erkänna **II** *adj* **1** egen [*this is my ~ house*]; ***she cooks her ~ meals*** hon lagar sin mat själv; ***he has a house of his ~*** han har eget hus; ***on one's ~*** a) ensam, för sig själv [*he lives on his ~*] b) på egen hand [*he is able to work on his ~*] **2** ***an ~ goal*** sport. ett självmål
owner [ˈəʊnə] *s* ägare
owner-driver [ˈəʊnəˌdraɪvə] *s* privatbilist
owner-occupied [ˌəʊnərˈɒkjʊpaɪd] *adj* som bebos av ägaren själv; ***~ houses*** äv. egnahem
ownership [ˈəʊnəʃɪp] *s* äganderätt, egendomsrätt
ox [ɒks] (pl. *oxen* [ˈɒks(ə)n]) *s* oxe; stut
oxeye [ˈɒksaɪ] *s*, ***~ daisy*** bot. prästkrage
oxide [ˈɒksaɪd] *s* oxid
oxidization [ˌɒksɪdaɪˈzeɪʃ(ə)n] *s* oxidering
oxidize [ˈɒksɪdaɪz] *vb tr* o. *vb itr* oxidera; oxideras
oxtail [ˈɒksteɪl] *s*, ***~ soup*** oxsvanssoppa
oxygen [ˈɒksɪdʒən] *s* syre; syrgas
oyster [ˈɔɪstə] *s* ostron
oz. [aʊns, pl. ˈaʊnsɪz] förk. för *ounce, ounces*
ozone [ˈəʊzəʊn, əʊˈzəʊn] *s* ozon; ***~ layer*** ozonskikt
ozs. [ˈaʊnsɪz] förk. för *ounces*

P

P, p [pi:] *s* P, p

p [pi:] **1** [sg. o. pl. pi:] (förk. för *penny, pence*) [*40~*] **2** förk. för *piano*

p. (förk. för *page*) s., sid.

pa [pɑ:] *s* vard. pappa

pace [peɪs] **I** *s* **1** steg mått [*ten ~s away*] **2** hastighet, fart, tempo, takt; ***keep ~ with*** hålla jämna steg med; ***quicken (slacken) one's ~*** öka (sakta) farten; ***set (make) the ~*** bestämma farten, dra vid löpning; ***at a slow ~*** långsamt; ***put a p. through his ~s*** låta ngn visa vad han går för **II** *vb tr* gå av och an på (i) [äv. *~ up and down a room*]

pacemaker ['peɪs,meɪkə] *s* sport. el. med. pacemaker, hjärtstimulator; sport. äv. farthållare

pacific [pə'sɪfɪk] **I** *adj* **1** fredlig **2** ***the Pacific Ocean*** Stilla havet **II** *s*, ***the Pacific*** Stilla havet

pacifier ['pæsɪfaɪə] *s* amer. tröstnapp

pacifism ['pæsɪfɪz(ə)m] *s* pacifism

pacifist ['pæsɪfɪst] *s* pacifist, fredsivrare

pacify ['pæsɪfaɪ] *vb tr* **1** pacificera, återställa freden (lugnet) i [*~ a country*] **2** lugna

pack [pæk] **I** *s* **1** packe, knyte, bylte **2** amer. paket, ask [*a ~ of cigarettes*] **3** samling [*a ~ of liars*], massa [*a ~ of lies*]; pack **4** kortlek; ***a ~ of cards*** en kortlek **5** släpp, koppel [*a ~ of dogs*], flock, skock [*a ~ of wolves*] **6** kosmetisk mask [*a beauty ~*]

II *vb itr* o. *vb tr* **1** packa **2** *~ **up*** vard. a) lägga av [*~ up for the day*] b) paja, säcka ihop **3** packa (tränga) ihop [*~ people into a bus*]; *~ **up*** packa ner (in); *~ **it up (in)!*** sl. lägg av!; ***packed with people*** fullpackad med folk **4 a)** emballera, packa in; ***packed lunch (meal)*** lunchpaket, matsäck **b)** konservera på burk [*~ meat*] **5** *~ **off*** skicka i väg

package ['pækɪdʒ] *s* **1** packe, bunt; större paket, kolli; förpackning; *~ **deal*** paketavtal; *~ **tour*** paketresa **2** förpackning, emballage

packet ['pækɪt] *s* mindre paket

packhorse ['pækhɔ:s] *s* packhäst, klövjehäst

packing ['pækɪŋ] *s* **1** packning, förpackning **2** emballage

packing-case ['pækɪŋkeɪs] *s* packlåda, packlår

packthread ['pækθred] *s* segelgarn

pact [pækt] *s* pakt, fördrag

1 pad [pæd] **I** *s* **1** dyna; flat kudde **2** sport. benskydd **3** vaddering; ***shoulder ~*** axelvadd **4** skriv- block; ***writing ~*** skrivunderlägg **5** färgdyna, stämpeldyna **6** sl. lya, kvart bostad **II** *vb tr* **1** madrassera [*a padded cell*]; vaddera **2** *~ **out*** fylla ut med fyllnadsgods [*~ out an essay*]

2 pad [pæd] *vb itr* traska; tassa

padding ['pædɪŋ] *s* vaddering, stoppning; bildl. fyllnadsgods i t.ex. uppsats

1 paddle ['pædl] **I** *s* paddel, paddling, paddeltur, skovel på hjul **II** *vb tr* o. *vb itr* paddla

2 paddle ['pædl] *vb itr* plaska, plaska omkring

paddle steamer ['pædl,sti:mə] *s* hjulångare

paddle wheel ['pædlwi:l] *s* skovelhjul

paddock ['pædək] *s* **1** paddock **2** sadelplats

padlock ['pædlɒk] **I** *s* hänglås **II** *vb tr* sätta hänglås för

padre ['pɑ:drɪ] *s* fältpräst; vard. präst

paediatrics [,pi:dɪ'ætrɪks] (konstrueras med sg.) *s* pediatrik

pagan ['peɪgən] **I** *s* hedning **II** *adj* hednisk

1 page [peɪdʒ] *s* sida

2 page [peɪdʒ] **I** *s* hist. page, hovsven **II** *vb tr* kalla på, söka hotellgäst

pageant ['pædʒ(ə)nt] *s* festtåg, parad

pageantry ['pædʒəntrɪ] *s* pomp och ståt

pageboy ['peɪdʒbɔɪ] *s* **1** pickolo, springpojke **2** *~* el. *~ **style*** pagefrisyr

pagoda [pə'gəʊdə] *s* pagod

pah [pɑ:] *interj* asch!, pytt!; usch!

paid [peɪd] se *pay I*

pail [peɪl] *s* spann, hink

pain [peɪn] **I** *s* **1** smärta, värk; pina, plåga; ***he's a ~ in the neck (ass)*** vard. han är en riktig plåga; ***be in ~*** känna smärta **2** pl. ***~s*** möda; ***take (go to) great ~s about (over, with) a th.*** göra sig stort (mycket) besvär med ngt **II** *vb tr* smärta, pina

painful ['peɪnf(ʊ)l] *adj* smärtsam; pinsam

painkiller ['peɪn,kɪlə] *s* smärtstillande medel

painless ['peɪnləs] *adj* smärtfri, utan plågor

painstaking ['peɪnz,teɪkɪŋ] *adj* noggrann

paint [peɪnt] **I** *s* **1** målarfärg; ***wet ~!*** nymålat!; ***a box of ~s*** en färglåda **2** smink **II** *vb tr* **1** måla, stryka med målarfärg **2** sminka
paintbox ['peɪntbɒks] *s* färglåda
paint-brush ['peɪntbrʌʃ] *s* målarpensel
painter ['peɪntə] *s* målare
painting ['peɪntɪŋ] *s* **1** målning, tavla **2** målning; måleri
paintwork ['peɪntwɜ:k] *s, **the ~*** målningen, färgen; bil. lackeringen
pair [peə] **I** *s* par; ***a ~ of scissors*** en sax; ***in ~s*** parvis **II** *vb tr* o. *vb itr* **1** para (ihop) samman **2** ***~ off*** ordna sig parvis
pajamas [pə'dʒɑ:məz, amer. pə'dʒæməz] *s* speciellt amer. pyjamas
Pakistan [ˌpɑ:kɪ'stɑ:n]
Pakistani [ˌpɑ:kɪ'stɑ:nɪ] **I** *adj* pakistansk **II** *s* pakistanare
pal [pæl] *s* vard. kamrat, kompis
palace ['pælɪs] *s* palats, slott
palatable ['pælətəbl] *adj* välsmakande
palate ['pælət] *s* gom; bildl. äv. smak
palatial [pə'leɪʃ(ə)l] *adj* palatslik
palaver [pə'lɑ:və] *s* överläggning, palaver; prat
pale [peɪl] **I** *adj* blek; ***~ ale*** ljust öl **II** *vb itr* blekna, bli blek
Palestine ['pæləstaɪn] Palestina
Palestinian [ˌpælə'stɪnɪən] **I** *adj* palestinsk **II** *s* palestinier
palette ['pælət] *s* palett
paling ['peɪlɪŋ] *s* staket, plank, inhägnad
palisade [ˌpælɪ'seɪd] *s* palissad, pålverk
pall [pɔ:l] *s* **1** bårtäcke **2** ***a ~ of smoke*** en mörk rökridå
pall-bearer ['pɔ:lˌbeərə] *s* kistbärare
palliasse ['pælɪæs] *s* halmmadrass
palliate ['pælɪeɪt] *vb tr* lindra [*~ a pain*]
pallid ['pælɪd] *adj* blek
pallor ['pælə] *s* blekhet
pally ['pælɪ] *adj* vard. vänlig, kamratlig
1 palm [pɑ:m] **I** *s* handflata **II** *vb tr, **~ off a th. on a p.*** pracka (lura) på ngn ngt
2 palm [pɑ:m] *s* palm; palmkvist, plamblad
palmist ['pɑ:mɪst] *s* spåkvinna, kiromant
palmistry ['pɑ:mɪstrɪ] *s* konsten att spå i händerna, kiromanti
palmy ['pɑ:mɪ] *adj, **~ days*** storhetstid
palpitate ['pælpɪteɪt] *vb itr* klappa, slå [*his heart palpitated wildly*]
palpitation [ˌpælpɪ'teɪʃ(ə)n] *s* hjärtklappning
palsy ['pɔ:lzɪ] *s* förlamning; skakningar

paltry ['pɔ:ltrɪ] *adj* usel, futtig [*a ~ sum*]
pamper ['pæmpə] *vb tr* klema bort (med)
pamphlet ['pæmflət] *s* broschyr
1 pan [pæn] *s* **1** kok. panna [*frying-pan*] **2** säng- bäcken **3** wc-skål [äv. *lavatory-pan*]
2 pan [pæn] *vb itr* o. *vb tr* film. panorera
panacea [ˌpænə'sɪə] *s* universalmedel; patentlösning
Panama [ˌpænə'mɑ:] **I** egennamn; ***panama hat*** panamahatt **II** *s, **panama*** panamahatt
Pan-American [ˌpænə'merɪkən] *adj* panamerikansk
pancake ['pænkeɪk] *s* pannkaka; ***Pancake Day*** fettisdag, fettisdagen då man äter pannkakor
panda ['pændə] *s* **1** zool. panda **2** ***~ crossing*** övergångsställe med manuellt påverkade signaler
pandemonium [ˌpændɪ'məʊnjəm] *s* tumult, kaos, pandemonium
pander ['pændə] *vb itr, **~ to*** uppmuntra, underblåsa, vädja till [*~ to low tastes*]
pane [peɪn] *s* glasruta
panel ['pænl] *s* panel
panelling ['pænəlɪŋ] *s* träpanel; ***~ doctor*** ung. sjukförsäkringsläkare, anvisningsläkare
pang [pæŋ] *s* häftig smärta (plåga); kval; ***~s of conscience*** samvetskval
panic ['pænɪk] **I** *s* panik **II** *vb itr* gripas av panik; ***don't ~!*** ingen panik!
panicky ['pænɪkɪ] *adj* vard. panikslagen
panic-monger ['pænɪkˌmʌŋgə] *s* panikmakare
panic-stricken ['pænɪkˌstrɪk(ə)n] *adj* o. **panic-struck** ['pænɪkstrʌk] *adj* panikslagen
panoply ['pænəplɪ] *s* **1** pompa **2** stort uppbåd
panorama [ˌpænə'rɑ:mə] *s* panorama
pan-pipe ['pænpaɪp] *s* panflöjt
pansy ['pænzɪ] *s* **1** bot. pensé; ***wild ~*** styvmorsviol **2** sl. fikus, homofil; mes
pant [pænt] *vb itr* flämta, flåsa
pantalettes [ˌpæntə'lets] *s pl* mamelucker
panther ['pænθə] *s* panter
pantie ['pæntɪ] *s* vard., pl. ***~s*** trosor; ***~ girdle*** byxgördel
pantihose ['pæntɪhəʊz] *s* strumpbyxor
pantomime ['pæntəmaɪm] *s* **1** pantomim **2** julshow med musik o. dans
pantry ['pæntrɪ] *s* skafferi, serveringsrum
pants [pænts] *s pl* **1** kalsonger; trosor **2** amer. vard. långbyxor

pantskirt ['pæntskɜ:t] *s* byxkjol
pantsuit ['pæntsu:t] *s* amer. byxdress
pantyhose ['pæntɪhəʊz] *s* strumpbyxor
papa [pə'pɑ:, amer. 'pɑ:pə] *s* pappa
papacy ['peɪpəsɪ] *s* påvedöme
papal ['peɪp(ə)l] *adj* påvlig
paper ['peɪpə] **I** *s* **1** papper **2** tidning **3** skriftligt prov, skrivning **4** tapet, tapeter **II** *vb tr* tapetsera, sätta upp tapeter i (på) [*~ a room (wall)*]
paperback ['peɪpəbæk] *s* paperback; pocketbok
paperbag ['peɪpəbæg] *adj*, *~ **cookery*** stekning i smörat papper
paper carrier ['peɪpəˌkærɪə] *s* papperskasse
paper chain ['peɪpətʃeɪn] *s* pappersgirland
paper chase ['peɪpətʃeɪs] *s* snitseljakt
paper clip ['peɪpəklɪp] *s* pappersklämma, gem
paperhanger ['peɪpəˌhæŋə] *s* tapetuppsättare; ungefär motsvarande målare
paperhanging ['peɪpəˌhæŋɪŋ] *s* o. **papering** ['peɪpərɪŋ] *s* tapetsering
paperweight ['peɪpəweɪt] *s* brevpress
paperwork ['peɪpəwɜ:k] *s* skrivbordsarbete
paprika ['pæprɪkə] *s* paprika
par [pɑ:] *s*, ***not up to ~*** vard. lite vissen (dålig); ***be on a ~*** vara likställd
parable ['pærəbl] *s* bibl. liknelse
parabolic [ˌpærə'bɒlɪk] *adj* **1** mat. parabolisk **2** ~ ***aerial*** (amer. ***antenna***) parabolantenn
parachute ['pærəʃu:t] *s* fallskärm
parachutist ['pærəʃu:tɪst] *s* fallskärmshoppare; fallskärmsjägare
parade [pə'reɪd] **I** *s* parad; mönstring; ***fashion ~*** modevisning **II** *vb itr* o. *vb tr* **1** paradera; låta paradera; mönstra **2** tåga; tåga igenom, promenera fram och tillbaka på **3** skylta med [*~ one's knowledge*]
parade ground [pə'reɪdgraʊnd] *s* mil. exercisplats, paradplats
paradise ['pærədaɪs] *s* paradis; ***live in a fool's ~*** leva i lycklig okunnighet; ***bird of ~*** paradisfågel
paradox ['pærədɒks] *s* paradox
paradoxical [ˌpærə'dɒksɪk(ə)l] *adj* paradoxal
paraffin ['pærəfɪn] *s* paraffin; fotogen; ~ ***oil*** a) fotogen b) amer. paraffinolja
paragon ['pærəgən] *s* mönster, förebild
paragraph ['pærəgrɑ:f] *s* nytt stycke, avsnitt, moment
Paraguay ['pærəgwaɪ]
Paraguayan [ˌpærə'gwaɪən] **I** *s* paraguayare **II** *adj* paraguaysk
parakeet ['pærəki:t] *s* slags liten papegoja
parallel ['pærəlel] **I** *adj* parallell **II** *s* **1** parallell **2** geogr. breddgrad
paralyse ['pærəlaɪz] *vb tr* paralysera, förlama
paralysis [pə'ræləsɪs] *s* förlamning
paralytic [ˌpærə'lɪtɪk] **I** *adj* paralytisk, förlamad **II** *s* paralytiker
paramilitary [ˌpærə'mɪlɪtrɪ] *adj* paramilitär
paramount ['pærəmaʊnt] *adj* högst [*the ~ chiefs*], störst [*of ~ interest*]
paranoiac [ˌpærə'nɔɪæk] *s* paranoiker
paranoid ['pærənɔɪd] **I** *adj* paranoid **II** *s* paranoiker
parapet ['pærəpɪt] *s* bröstvärn, balustrad, räcke, parapet
paraphernalia [ˌpærəfə'neɪljə] *s* tillbehör, utrustning, attiraljer
paraphrase ['pærəfreɪz] *s* parafras, omskrivning
parasite ['pærəsaɪt] *s* parasit äv. bildl.
parasitic [ˌpærə'sɪtɪk] *adj* parasitisk
parasol ['pærəsɒl] *s* parasoll
paratrooper ['pærəˌtru:pə] *s* fallskärmsjägare
paratroops ['pærətru:ps] *s pl* fallskärmstrupper
paratyphoid [ˌpærə'taɪfɔɪd] *s* paratyfus
parboil ['pɑ:bɔɪl] *vb tr* **1** förvälla **2** överhetta
parcel ['pɑ:sl] *s* paket, packe, kolli
parch [pɑ:tʃ] *vb tr* sveda, bränna, förtorka [*parched deserts* (öknar)]
parchment ['pɑ:tʃmənt] *s* **1** pergament **2** pergamentmanuskript, pergamentdokument
pardon ['pɑ:dn] **I** *s* **1** förlåtelse; ***beg your ~!*** el. *~!* förlåt!, ursäkta!, hur sa? **2** benådning **II** *vb tr* **1** förlåta, ursäkta **2** benåda
pardonable ['pɑ:dnəbl] *adj* förlåtlig
pare [peə] *vb tr* skala [*~ an apple*]; klippa [*~ one's nails*]
parent ['peər(ə)nt] *s* förälder; målsman; ~ ***company*** moderbolag
parentage ['peər(ə)ntɪdʒ] *s* **1** härkomst, härstamning, börd **2** föräldraskap
parental [pə'rentl] *adj* föräldra- [*~ authority*]; faderlig, moderlig [*~ care* (omsorg)]
parenthesis [pə'renθəsɪs] (pl. *parentheses* [pə'renθɪsi:z]) *s* parentes; parentestecken
parenthetic [ˌpærən'θetɪk] *adj* o.

parenthetical [ˌpærənˈθetɪk(ə)l] *adj* parentetisk, inom parentes
parenthood [ˈpeər(ə)nthʊd] *s* föräldraskap
parents-in-law [ˈpeər(ə)ntsɪnlɔː] *s pl* svärföräldrar
parfait [pɑːˈfeɪ] *s* parfait slags glass
pariah [pəˈraɪə, ˈpærɪə] *s* paria
parish [ˈpærɪʃ] *s* socken, församling
parishioner [pəˈrɪʃənə] *s* församlingsbo
Parisian [pəˈrɪzjən] **I** *adj* parisisk, pariser- **II** *s* parisare, parisiska
parity [ˈpærətɪ] *s* paritet, likhet
park [pɑːk] **I** *s* park **II** *vb tr* o. *vb itr* parkera
parka [ˈpɑːkə] *s* **1** parkas **2** skinnanorak
park-and-ride [ˌpɑːkəndˈraɪd] *adj*, ***the ~ system*** infartsparkering
parking [ˈpɑːkɪŋ] *s* parkering; ***No Parking*** Parkering förbjuden; ***~ ticket*** parkeringslapp om parkeringsöverträdelse
parky [ˈpɑːkɪ] *adj* vard. kylig [*~ air (weather)*]
parlance [ˈpɑːləns] *s*, ***in common (ordinary) ~*** i dagligt tal
parley [ˈpɑːlɪ] *s* förhandling, överläggning
parliament [ˈpɑːləmənt] *s* parlament; riksdag
parliamentary [ˌpɑːləˈmentrɪ] *adj* parlamentarisk
parlor [ˈpɑːlə] *s* amer., se *parlour*
parlour [ˈpɑːlə] *s* **1** a) sällskapsrum på t.ex. värdshus; mottagningsrum b) amer. vardagsrum **2** salong [*beauty ~*]; bar [*ice cream ~*]
parlour game [ˈpɑːləgeɪm] *s* sällskapsspel
parlour maid [ˈpɑːləmeɪd] *s* husa
Parmesan [ˌpɑːmɪˈzæn] *s* parmesanost
parody [ˈpærədɪ] **I** *s* parodi **II** *vb tr* parodiera
parole [pəˈrəʊl] *s* amer. jur. villkorlig frigivning (benådning)
paroxysm [ˈpærəksɪz(ə)m] *s* paroxysm, häftigt anfall [*a ~ of laughter (rage)*]
parquet [ˈpɑːkeɪ, ˈpɑːkɪ] *s* **1** parkett, parkettgolv [äv. *~ flooring*] **2** amer. parkett på t.ex. teater
parrot [ˈpærət] *s* papegoja
parry [ˈpærɪ] *vb tr* parera, avvärja [*~ a blow*]
parse [pɑːz] *vb tr* ta ut satsdelarna i [*~ a sentence*]
parsimonious [ˌpɑːsɪˈməʊnjəs] *adj* gnidig
parsley [ˈpɑːslɪ] *s* persilja
parsnip [ˈpɑːsnɪp] *s* palsternacka
parson [ˈpɑːsn] *s* kyrkoherde
parsonage [ˈpɑːsənɪdʒ] *s* prästgård

part [pɑːt] **I** *s* **1** del, avdelning, stycke; reservdel; ***in ~*** delvis, till en del; ***take in good ~*** ta väl upp; ***take ~*** deltaga, medverka; ***take a p.'s ~*** ta ngns parti; ***for my ~*** för min del; ***on his ~*** från hans sida **2** pl. ***~s*** trakter, ort **3** teat. m.m. roll; ***play (act) a ~*** spela en roll
II *vb tr* o. *vb itr* **1** skilja, skilja åt [*we tried to ~ them*]; skiljas [*from a p.* från ngn], skiljas åt; gå åt olika håll; ***~ company*** skiljas **2** dela; bena [*~ one's hair*]
partake [pɑːˈteɪk] (*partook partaken*) *vb itr* delta; *~ of* inta, förtära
partaken [pɑːˈteɪkn] se *partake*
part-exchange [ˌpɑːtɪksˈtʃeɪndʒ] *s* dellikvid [*take a th. in* (som) *~*]
partial [ˈpɑːʃ(ə)l] *adj* **1** partiell, del- [*~ payment*] **2** partisk **3** ***be ~ to*** vara förtjust i
partiality [ˌpɑːʃɪˈælətɪ] *s* **1** partiskhet **2** smak, förkärlek
partially [ˈpɑːʃəlɪ] *adv* delvis
participant [pɑːˈtɪsɪpənt] *s* deltagare
participate [pɑːˈtɪsɪpeɪt] *vb itr* delta
participation [pɑːˌtɪsɪˈpeɪʃ(ə)n] *s* deltagande [*~ in a meeting*], medverkan
participator [pɑːˈtɪsɪpeɪtə] *s* deltagare, medverkande
participle [ˈpɑːtɪsɪpl] *s* gram. particip; ***the past ~*** perfekt particip; ***the present ~*** presens particip
particle [ˈpɑːtɪkl] *s* partikel äv. gram.
particular [pəˈtɪkjʊlə] **I** *adj* **1** särskild, speciell [*in this ~ case*] **2** om person noggrann, kinkig [*about, as to, in* i fråga om, med] **3** utförlig, detaljerad **II** *s* **1** pl. ***~s*** speciellt närmare omständigheter (detaljer); närmare upplysningar **2** ***in ~*** i synnerhet, särskilt
particularly [pəˈtɪkjʊləlɪ] *adv* särskilt, speciellt; synnerligen [*be ~ glad*]
parting [ˈpɑːtɪŋ] *s* **1** avsked **2** bena; ***make a ~*** kamma bena
partisan [ˌpɑːtɪˈzæn] *s* mil. partisan
partition [pɑːˈtɪʃ(ə)n] **I** *s* **1** delning **2** del, avdelning **3** mur, skiljevägg **II** *vb tr* **1** dela **2** *~ off* avdela
partly [ˈpɑːtlɪ] *adv* delvis, dels [*~ stupidity, ~ laziness*]
partner [ˈpɑːtnə] *s* **1** deltagare **2** kompanjon; ***sleeping ~*** passiv delägare **3** kavaljer, dam **4** i spel partner [*tennis ~*], medspelare
partnership [ˈpɑːtnəʃɪp] *s* kompanjonskap

partook [pɑ:ˈtʊk] se *partake*
part-owner [ˌpɑ:tˈəʊnə] *s* delägare
partridge [ˈpɑ:trɪdʒ] *s* rapphöna
part-time [ˌpɑ:tˈtaɪm] **I** *adj* deltids-, halvtids- [~ *work*] **II** *adv* på deltid (halvtid); ***work*** ~ ha (arbeta) deltid
part-timer [ˌpɑ:tˈtaɪmə] *s* deltidsarbetande, deltidsanställd
party [ˈpɑ:tɪ] *s* **1** parti **2** sällskap [*a* ~ *of tourists*]; ***search*** ~ spaningspatrull **3** bjudning [*tea* ~], fest, party; ***birthday*** ~ födelsedagskalas
party game [ˈpɑ:tɪgeɪm] *s* sällskapslek
party line [ˌpɑ:tɪlaɪn] *s* polit. partilinje
party-political [ˌpɑ:tɪpəˈlɪtɪk(ə)l] *adj* partipolitisk
pass [pɑ:s] **I** *vb itr* o. *vb tr* **1** passera, gå (köra) förbi (om, igenom) **2** om t.ex. tid gå [*time passed quickly*] **3** gå över, upphöra, försvinna [*the pain soon passed*] **4** gälla, gå, passera **5** parl. m.m. antas **6** sport. el. kortsp. passa **7** tillbringa [~ *a pleasant evening*], fördriva [~ *the time*] **8** räcka, skicka [~ *(~ me) the salt, please!*] **9** anta, godkänna [*passed by the censor*]; ~ ***the Customs*** gå igenom (passera) tullen **10** klara sig i examen; bli godkänd; bli godkänd i, klara [~ *an (one's) examination*] **11** föra, dra, låta fara [*over* över] □ ~ **away a)** gå bort, försvinna **b)** dö, gå bort **c)** ~ ***away the time*** fördriva tiden; ~ **off a)** gå över, försvinna [*her anger will soon* ~ *off*] **b)** ***he tried to*** ~ ***himself off as a count*** han försökte ge sig ut för att vara greve **c)** ~ ***a th. off on a p.*** pracka på ngn ngt; ~ **on** a) gå vidare, fortsätta [~ *on to* (till) *another subject*] b) låta gå vidare [*read this and* ~ *it on*]; ~ **out** vard. tuppa av, svimma; ~ **over** a) gå över b) bildl. förbigå c) räcka, överlämna [*to a p.* till (åt) ngn]; ~ **round** skicka omkring (runt), låta gå runt
II *s* **1** godkännande i examen; ***a*** ~ godkänt **2** passerkort, passersedel **3** sport. passning **4** bergspass; trång passage
passable [ˈpɑ:səbl] *adj* **1** farbar, framkomlig **2** hjälplig, skaplig
passage [ˈpæsɪdʒ] *s* **1** a) färd, resa med båt el. flyg b) genomresa; ***work one's*** ~ [***to America***] arbeta sig över... **2** passage, genomgång, väg, gång **3** ställe i t.ex. text; avsnitt
passage way [ˈpæsɪdʒweɪ] *s* passage
passbook [ˈpɑ:sbʊk] *s* bankbok, motbok
passenger [ˈpæsɪndʒə] *s* passagerare
passer-by [ˌpɑ:səˈbaɪ] (pl. *passers-by* [ˈpɑ:səzˈbaɪ]) *s* förbipasserande
passing [ˈpɑ:sɪŋ] **I** *adj* **1** i förbigående [*a* ~ *remark*] **2** ~ ***showers*** övergående regn (skurar); ***a*** ~ ***whim*** en tillfällig nyck **II** *s*, ***the*** ~ ***of time*** tidens gång; ***in*** ~ i förbigående (förbifarten)
passion [ˈpæʃ(ə)n] *s* **1** passion, lidelse, kärlek **2** ***fly*** (***get***) ***into a*** ~ bli ursinnig
passionate [ˈpæʃənət] *adj* passionerad
passive [ˈpæsɪv] **I** *adj* passiv; ~ ***smoking*** passiv rökning **II** *s* gram., ***the*** ~ passiv
passivity [pæˈsɪvətɪ] *s* passivitet
passkey [ˈpɑ:ski:] *s* huvudnyckel
Passover [ˈpɑ:sˌəʊvə] *s* judarnas påskhögtid
passport [ˈpɑ:spɔ:t] *s* pass
password [ˈpɑ:swɜ:d] *s* lösenord
past [pɑ:st] **I** *adj* gången, förfluten; ***the*** ~ ***few days*** de sista dagarna; ***for some years*** (***time***) ~ sedan några år (någon tid) tillbaka **II** *s* **1** ***the*** ~ det förflutna (förgångna); ***in the distant*** ~ i en avlägsen forntid; ***it is a thing of the*** ~ det tillhör det förflutna; ***he has a shady*** ~ han har ett tvivelaktigt förflutet **2** gram., ***the*** ~ imperfekt, preteritum **III** *prep* förbi, bortom; ~ ***danger*** utom fara; ***at half*** ~ ***one*** klockan halv två; ***a quarter*** ~ ***two*** en kvart över två **IV** *adv* förbi [*go (run)* ~]
pasta [ˈpæstə, amer. pɑ:stə] *s* kok. pasta
paste [peɪst] **I** *s* **1** deg; massa [*almond* ~] **2** pasta [*tomato* ~]; bredbar pastej [*anchovy* ~] **3** klister, fotolim **4** oäkta ädelstenar, strass **II** *vb tr*, ~ ***up*** el. ~ klistra upp
pasteboard [ˈpeɪstbɔ:d] *s* papp, kartong
pastel [ˈpæst(ə)l] *s* pastellfärg; pastellmålning
pastern [ˈpæstɜ:n] *s* karled på häst
pasteurize [ˈpɑ:stʃəraɪz, ˈpæstʃəraɪz] *vb tr* pastörisera
pastille [ˈpæst(ə)l] *s* pastill, tablett
pastime [ˈpɑ:staɪm] *s* tidsfördriv, nöje
pasting [ˈpeɪstɪŋ] *s* vard., ***give a p. a*** ~ ge ngn stryk
pastmaster [ˌpɑ:stˈmɑ:stə] *s* mästare [*a* ~ *at* (i) *chess*]
pastor [ˈpɑ:stə] *s* präst, pastor
pastoral [ˈpɑ:stər(ə)l] *adj* herde-, pastoral-, pastoral
pastry [ˈpeɪstrɪ] *s* **1** bakverk, bakelser, kakor **2** smördeg
pastryboard [ˈpeɪstrɪbɔ:d] *s* bakbord
pastrycook [ˈpeɪstrɪkʊk] *s* konditor
pasture [ˈpɑ:stʃə] *s* bete t.ex. gräs; betesmark

pastureland ['pɑ:stʃəlænd] *s* betesmark
pasty [substantiv 'pæstɪ, adjektiv 'peɪstɪ] **I** *s* pirog vanl. med köttfyllning **II** *adj* degig, blekfet [*a ~ complexion*]
pasty-faced ['peɪstɪfeɪst] *adj* blekfet
pat [pæt] **I** *s* **1** lätt slag; ***a ~ on the back*** bildl. en klapp på axeln **2** klick [*a ~ of butter*] **II** *vb tr* o. *vb itr* **1** klappa; ***~ a p. on the back*** bildl. ge ngn en klapp på axeln **2** slå lätt [*rain patting on the roof*]
patch [pætʃ] **I** *s* **1** a) lapp [*a coat with patches on the elbows*] b) lapp för öga **2** fläck, ställe, stycke **3** jordbit; täppa [*a cabbage ~*] **II** *vb tr* lappa, laga; sätta en lapp på; ***~ up*** lappa ihop äv. bildl.
patch pocket ['pætʃ,pɒkɪt] *s* påsydd ficka
patchwork ['pætʃwɜ:k] *s*, ***~ quilt*** lapptäcke
patchy ['pætʃɪ] *adj* vard. ojämn, växlande
pate [peɪt] *s* vard. skämts. skult, skalle
pâté ['pæteɪ] *s* paté, pastej; ***~ de foie gras*** ([də,fwɑ:'grɑ:]) äkta gåsleverpastej
patent ['peɪt(ə)nt] **I** *adj* **1** klar, tydlig, uppenbar **2** patenterad, patent- [*~ medicine*], privilegierad **II** *s* **1** patent; patentbrev; patenträtt **2** privilegiebrev **III** *vb tr* patentera
patent-leather [,peɪt(ə)nt'leðə] *s* blankskinn, lackskinn; i sammansättningar lack- [*~ shoes*]
paternal [pə'tɜ:nl] *adj* **1** faderlig **2** på fädernet; ***~ grandfather*** farfar
paternity [pə'tɜ:nətɪ] *s* faderskap
path [pɑ:θ, pl. pɑ:ðz] *s* **1** stig, gångstig; gång [*garden ~*] **2** bana [*the moon's ~*]
pathetic [pə'θetɪk] *adj* patetisk, gripande
pathfinder ['pɑ:θ,faɪndə] *s* **1** stigfinnare **2** mil. vägledare flygplan el. person
pathological [,pæθə'lɒdʒɪk(ə)l] *adj* patologisk, sjuklig
pathologist [pə'θɒlədʒɪst] *s* **1** patolog **2** obducent
pathology [pə'θɒlədʒɪ] *s* patologi
pathos ['peɪθɒs] *s* patos
pathway ['pɑ:θweɪ] *s* stig, gångstig; väg
patience ['peɪʃ(ə)ns] *s* **1** tålamod **2** kortsp. patiens
patient ['peɪʃ(ə)nt] **I** *adj* tålig, tålmodig **II** *s* patient; sjukling
patio ['pætɪəʊ] (pl. *~s*) *s* **1** patio **2** uteplats vid villa
patisserie [pə'tɪsərɪ] *s* **1** konditori **2** bakelser
patriarch ['peɪtrɪɑ:k] *s* patriark
patriarchal [,peɪtrɪ'ɑ:k(ə)l] *adj* patriarkalisk
patriot ['pætrɪət, 'peɪtrɪət] *s* patriot
patriotic [,pætrɪ'ɒtɪk, ,peɪtrɪ'ɒtɪk] *adj* patriotisk
patriotism ['pætrɪətɪz(ə)m, 'peɪtrɪətɪz(ə)m] *s* patriotism
patrol [pə'trəʊl] **I** *s* patrullering; patrull; ***~ car*** polisbil, radiobil **II** *vb itr* o. *vb tr* patrullera
patrolman [pə'trəʊlmæn] *s* amer. **1** patrullerande polis **2** vakt
patron ['peɪtr(ə)n] *s* **1 a)** beskyddare, gynnare **b)** ***~ saint*** skyddshelgon **2** stamkund, stamgäst
patronage ['pætrənɪdʒ] *s* **1** beskydd **2** kundkrets, kunder
patronize ['pætrənaɪz] *vb tr* **1** beskydda, gynna **2** behandla nedlåtande **3** vara kund (stamgäst) hos
patronizing ['pætrənaɪzɪŋ] *adj* nedlåtande
1 patter ['pætə] **I** *vb itr* **1** om t.ex. regn smattra [*on* mot] **2** om fotsteg tassa **II** *s* smattrande (trippande) ljud
2 patter ['pætə] **I** *vb itr* pladdra **II** *s* pladder
pattern ['pætən] *s* **1** modell, mönster [*a ~ for a dress*]; schablon **2** varuprov, prov av tyg m.m.; provbit **3** dekorativt mönster
patty ['pætɪ] *s* liten pastej
paunch [pɔ:ntʃ] *s* buk; vard. kalaskula
pauper ['pɔ:pə] *s* fattighjon
pause [pɔ:z] **I** *s* paus, avbrott, uppehåll **II** *vb itr* göra en paus
pave [peɪv] *vb tr* stenlägga; ***~ the way for*** bildl. bana väg för
pavement ['peɪvmənt] *s* **1** trottoar **2** amer. belagd väg
pavilion [pə'vɪljən] *s* **1** stort tält; prakttält **2** paviljong **3** sport., ungefär klubbhus
paving-stone ['peɪvɪŋstəʊn] *s* gatsten
paw [pɔ:] *s* djurs tass
1 pawn [pɔ:n] *s* **1** schack. bonde **2** bildl. bricka; verktyg
2 pawn [pɔ:n] **I** *s* pant; ***be in ~*** vara pantsatt **II** *vb tr* pantsätta
pawnbroker ['pɔ:n,brəʊkə] *s* pantlånare; ***pawnbroker's shop*** el. ***pawnbroker's*** pantbank
pawnshop ['pɔ:nʃɒp] *s* pantbank
pawn-ticket ['pɔ:n,tɪkɪt] *s* pantkvitto
pay [peɪ] **I** (*paid paid*) *vb tr* o. *vb itr* **1** betala; ***put paid to a th.*** vard. sätta stopp för ngt **2** löna sig [ofta *~ off*; *honesty ~s*], vara lönande □ *~* **back** a) betala igen (tillbaka) b) bildl. ge betalt (igen); *~* **for** betala, betala för, bekosta; *~* **off (up)**

betala till fullo **II** *s* betalning, avlöning; lön
pay-as-you-earn [ˌpeɪəzjʊˈɜːn] *s* källskatt
paycheck [ˈpeɪtʃek] *s* amer. lönebesked, lönecheck
pay claim [ˈpeɪkleɪm] *s* lönekrav
payday [ˈpeɪdeɪ] *s* avlöningsdag
paydesk [ˈpeɪdesk] *s* kassa i butik
payee [peɪˈiː] *s* betalningsmottagare
paying [ˈpeɪɪŋ] *adj* lönande; betalande
payload [ˈpeɪləʊd] *s* nyttolast
payment [ˈpeɪmənt] *s* betalning
pay packet [ˈpeɪˌpækɪt] *s* lönekuvert
payroll [ˈpeɪrəʊl] *s* avlöningslista; ~ ***tax*** arbetsgivaravgift
pay station [ˈpeɪˌsteɪʃ(ə)n] *s* amer. telefonkiosk, telefonhytt
pay telephone [ˈpeɪˌtelɪfəʊn] *s* telefonautomat; telefonkiosk
pay television [ˈpeɪˌtelɪvɪʒ(ə)n] *s* o. **pay-TV** [ˈpeɪˌtiːviː] *s* betal-TV
PC [ˌpiːˈsiː] förk. för *personal computer, Police Constable*
PE [ˌpiːˈiː] förk. för *physical education*
pea [piː] *s* ärt, ärta; ***as like as two ~s*** (***two ~s in a pod***) så lika som två bär
peace [piːs] *s* fred; fredsslut; frid, lugn, ro; ~ ***and quiet*** lugn och ro; ~ ***feeler*** fredstrevare; ***on a ~ footing*** på fredsfot; ~ ***negotiations*** fredsförhandlingar; ***make*** (***conclude***) ~ sluta fred [*with* med]; ***I want to have my meal in*** ~ jag vill äta i lugn och ro; ***leave in*** ~ lämna (låta vara) i fred; ***may he rest in*** ~! må han vila i frid!
peaceful [ˈpiːsf(ʊ)l] *adj* fridfull, stilla; fredlig
peace-loving [ˈpiːsˌlʌvɪŋ] *adj* fredsälskande
peacemaker [ˈpiːsˌmeɪkə] *s* fredsstiftare
peach [piːtʃ] *s* **1** persika **2** vard. goding, söt flicka
peacock [ˈpiːkɒk] *s* påfågel
peahen [ˈpiːhen] *s* påfågel, påfågelshöna
peak [piːk] *s* **1** spets; bergstopp **2** skärm, mösskärm **3** topp, höjdpunkt; ***at ~ hours of traffic*** el. ***at ~ hours*** vid högtrafik; ***in the ~ of condition*** i toppform
peaked [piːkt] *adj*, ~ ***cap*** skärmmössa
peal [piːl] **I** *s* **1** klockringning; klockklang **2** klockspel **3** skräll; ~ ***of laughter*** skallande skratt; ~ ***of thunder*** åskdunder **II** *vb itr* ringa
peanut [ˈpiːnʌt] *s* **1** jordnöt [~ *butter*] **2** sl., pl. ***~s*** 'småpotatis'
pear [peə] *s* päron
pearl [pɜːl] *s* pärla
pearl-diver [ˈpɜːlˌdaɪvə] *s* pärlfiskare
pearly [ˈpɜːlɪ] *adj* pärlliknande, pärlskimrande
peasant [ˈpez(ə)nt] *s* **1** bonde speciellt på den europeiska kontinenten; småbrukare; attributivt bond- [~ *girl*] **2** vard. lantis; bondtölp
peasantry [ˈpezəntrɪ] *s* bönder
pease pudding [ˌpiːzˈpʊdɪŋ] *s* slags kokt rätt av mosade gula ärter, ägg o. smör
pea-shooter [ˈpiːˌʃuːtə] *s* ärtbössa, ärtrör
pea soup [ˌpiːˈsuːp] *s* gul ärtsoppa
peat [piːt] *s* torv
pebble [ˈpebl] *s* kiselsten, småsten
peck [pek] *vb tr* o. *vb itr* picka (hacka) på (i); om fåglar picka; ~ ***at*** a) hacka (picka) på (i) b) vard. peta i [~ *at one's food*]
peckish [ˈpekɪʃ] *adj* vard. sugen, hungrig
peculiar [pɪˈkjuːljə] *adj* egendomlig; särskild, speciell
peculiarity [pɪˌkjuːlɪˈærətɪ] *s* egenhet
peculiarly [pɪˈkjuːljəlɪ] *adv* särskilt; besynnerligt
pedagogical [ˌpedəˈgɒdʒɪkəl] *adj* pedagogisk
pedagogue [ˈpedəgɒg] *s* pedagog
pedagogy [ˈpedəgɒdʒɪ] *s* pedagogik
pedal [ˈpedl] **I** *s* pedal; på t.ex. piano: ***loud*** ~ vard. högerpedal; ***soft*** ~ vard. vänsterpedal **II** *adj* pedal-; tramp- [~ *cycle*] **III** *vb itr* trampa; använda pedal
pedant [ˈped(ə)nt] *s* pedant; formalist
pedantic [pɪˈdæntɪk] *adj* pedantisk
pedantry [ˈpedəntrɪ] *s* pedanteri
peddle [ˈpedl] *vb tr* gå omkring och sälja; ~ ***narcotics*** langa narkotika
pedestal [ˈpedɪstl] *s* piedestal, sockel
pedestrian [pəˈdestrɪən] *s* fotgängare; ~ ***crossing*** övergångsställe; ~ ***precinct*** område med gågator, gågata
pediatrics [ˌpiːdɪˈætrɪks] (konstrueras med sg.) *s* pediatrik
pedicure [ˈpedɪkjʊə] *s* pedikyr; fotvård
pedigree [ˈpedɪgriː] *s* stamträd, stamtavla; ~ ***dog*** rashund
pedlar [ˈpedlə] *s* gatuförsäljare; langare
pee [piː] sl. **I** *s*, ***have a*** ~ kissa **II** *vb itr* kissa
peek [piːk] **I** *vb itr* kika, titta [*at* på] **II** *s*, ***have*** (***take***) ***a*** ~ ***at*** ta en titt på
peek-a-boo [ˌpiːkəˈbuː] *interj* tittut!
peel [piːl] **I** *s* skal på t.ex. frukt **II** *vb tr* o. *vb itr* **1** skala t.ex. frukt; barka träd **2** vard., ~ ***off*** ta av sig kläderna **3** flagna, fjälla

1 peep [pi:p] **I** *vb itr* om t.ex. fågelunge, råtta pipa **II** *s* pip
2 peep [pi:p] **I** *vb itr* **1** kika, titta [*at* på]; ***peeping Tom*** fönstertittare **2** titta (skymta) fram **II** *s* titt
peepshow ['pi:pʃəʊ] *s* tittskåp
1 peer [pɪə] *vb itr* kisa, plira, kika
2 peer [pɪə] *s* **1** like, jämlike **2** pär medlem av högadeln i Storbritannien; ungefär adelsman
peerage ['pɪərɪdʒ] *s* **1** ***the ~*** pärerna, högadeln **2** pärsvärdighet, adelskap
peerless ['pɪələs] *adj* makalös, oförliknelig
peeve [pi:v] *vb tr*, ***peeved at*** irriterad över
peevish ['pi:vɪʃ] *adj* retlig, vresig
peg [peg] *s* **1** pinne; sprint, stift, bult; tapp, plugg **2** klädnypa **3** hängare [*hat-peg*]; ***off the ~*** vard. konfektionssydd
pegtop ['pegtɒp] *s* snurra med metallspets
peke [pi:k] *s* vard. pekines hund
Pekinese [ˌpi:kɪ'ni:z] (pl. lika) *s* pekines
pelican ['pelɪkən] *s* pelikan
pellet ['pelɪt] *s* liten kula av trä, papper
pell-mell [ˌpel'mel] *adv* huller om buller
pelmet ['pelmɪt] *s* gardinkappa; kornisch
pelt [pelt] *vb tr* o. *vb itr* **1** kasta [*~ stones*] **2** om regn, snö vräka **3** kuta i väg
pelvis ['pelvɪs] *s* anat. bäcken
1 pen [pen] *s* fålla; hönsbur; hage
2 pen [pen] **I** *s* penna **II** *vb tr* skriva, avfatta
penal ['pi:nl] *adj*, ***~ law*** (***code***) strafflag
penalize ['pi:nəlaɪz] *vb tr* straffa
penalty ['penltɪ] *s* **1** straff, påföljd; vite, bötesstraff, böter **2** fotb., ***~ kick*** el. ~ straffspark; ***~ area*** (***box***) straffområde
penance ['penəns] *s* penitens, bot
pence [pens] se *penny*
penchant ['pɑ:ŋʃɑ:ŋ] *s* förkärlek [*for* för]
pencil ['pensl] *s* **1** blyertspenna **2** stift speciellt med. [*styptic ~*]; penna, pensel [*eyebrow ~*]
pencil-sharpener ['pensl‚ʃɑ:pənə] *s* pennvässare
pendant ['pendənt] *s* hängsmycke
pending ['pendɪŋ] *prep* i avvaktan på [*~ his return*]; under loppet av
pendulum ['pendjʊləm] *s* pendel
penetrate ['penətreɪt] *vb tr* tränga igenom, bryta igenom [*~ the enemy's lines*], tränga in i, penetrera
penetrating ['penətreɪtɪŋ] *adj* genomträngande, skarp; skarpsinnig [*~ analysis*]
penetration [ˌpenɪ'treɪʃ(ə)n] *s* genomträngande, inträngande
pen friend ['penfrend] *s* brevvän
penguin ['peŋgwɪn] *s* pingvin
penicillin [ˌpenə'sɪlɪn] *s* penicillin
peninsula [pə'nɪnsjʊlə] *s* halvö
peninsular [pə'nɪnsjʊlə] *adj* halvöliknande
penis ['pi:nɪs] *s* penis
penitence ['penɪt(ə)ns] *s* botfärdighet, ånger
penitent ['penɪt(ə)nt] *adj* botfärdig, ångerfull
penitentiary [ˌpenɪ'tenʃərɪ] *s* amer. fängelse
penknife ['pennaɪf] (pl. *penknives* ['pennaɪvz]) *s* pennkniv
pen name ['penneɪm] *s* pseudonym
pennant ['penənt] *s* vimpel, flagga som t.ex. mästerskapstecken
penniless ['penɪləs] *adj* utan ett öre, utfattig
penny ['penɪ] (pl. *pennies* när mynten avses, *pence* när värdet avses) *s* penny eng. mynt = 1/100 pund; amer. vard. encentslant; ***a pretty ~*** en nätt summa; ***they are ten*** (***two***) ***a ~*** det går tretton på dussinet; ***spend a ~*** vard. gå på toa
penny-wise ['penɪwaɪz] *adj*, ***be ~ and pound-foolish*** låta snålheten bedra visheten
pen pal ['penpæl] *s* brevvän
pen-pusher ['pen‚pʊʃə] *s* vard. kontorsslav
pension ['penʃ(ə)n] **I** *s* pension **II** *vb tr* pensionera; ***~ off*** ge pension
pensioner ['penʃənə] *s* pensionär
pensive ['pensɪv] *adj* tankfull, fundersam
pentagon ['pentəgən] *s* femhörning
pentathlete [pen'tæθli:t] *s* sport. femkampare
pentathlon [pen'tæθlɒn] *s* sport. femkamp
Pentecost ['pentɪkɒst] *s* amer. pingst, pingstdagen
penthouse ['penthaʊs] *s* lyxig takvåning
pent-up ['pentʌp] *adj* undertryckt, återhållen [*~ emotions*], förträngd
penultimate [pə'nʌltɪmət] *adj* näst sista
peony ['pɪənɪ] *s* pion
people ['pi:pl] **I** (konstrueras i betydelserna *2-4* med pl.) *s* **1** folk [*the English ~*], nation, folkslag [*primitive ~s*] **2** folk; menighet; ***the ~*** de breda lagren, den stora massan; ***people's democracy*** folkdemokrati **3** människor, personer [*fifty ~*] **4** vard. familj, anhöriga **II** *vb tr* befolka, bebo
pep [pep] vard. **I** *s* fart, fräs, kläm **II** *vb tr*, ***~ up*** pigga upp, sätta fart på
pepper ['pepə] **I** *s* **1** peppar **2** paprika [*green (red) ~*] **II** *vb tr* peppra, peppra på

peppermint ['pepəmənt] *s* smakämne pepparmint; växt pepparmynta
peppery ['pepərɪ] *adj* pepprig; bildl. hetsig
pep-pill ['peppɪl] *s* vard. uppiggande piller
peppy ['pepɪ] *adj* vard. ärtig, pigg, klämmig
pep talk ['peptɔ:k] *s* vard. kort uppmuntrande tal; peptalk, taktiksnack före tävling
per [pə] *prep* per, genom; ~ ***annum*** ([pər'ænəm]) per år; ~ ***cent*** ([pə'sent]) procent
perambulate [pə'ræmbjʊleɪt] *vb tr* o. *vb itr* vandra (ströva) omkring i; vandra (ströva) omkring
perambulator [pə'ræmbjʊleɪtə] *s* barnvagn
perceive [pə'si:v] *vb tr* märka, uppfatta
percentage [pə'sentɪdʒ] *s* procent
perceptible [pə'septəbl] *adj* märkbar
perception [pə'sepʃ(ə)n] *s* iakttagelseförmåga
perceptive [pə'septɪv] *adj* insiktsfull
1 perch [pɜ:tʃ] (pl. vanl. lika) *s* abborre
2 perch [pɜ:tʃ] **I** *s* sittpinne, pinne för t.ex. höns **II** *vb itr* flyga upp och sätta sig
percolator ['pɜ:kəleɪtə] *s* **1** kaffebryggare **2** filtreringsapparat, perkolator
percussion [pə'kʌʃ(ə)n] *s* slag, stöt; ~ ***cap*** knallhatt; ~ ***instruments*** slagverk, slaginstrument
percussionist [pə'kʌʃənɪst] *s* mus. batterist
peremptory [pə'remptrɪ] *adj* diktatorisk
perennial [pə'renjəl] **I** *adj* om växt perenn, flerårig **II** *s* perenn
perfect [adjektiv o. substantiv 'pɜ:fɪkt, verb pə'fekt] **I** *adj* **1** perfekt, fulländad; ***practice makes ~*** övning ger färdighet **2** fullständig, riktig, verklig [*he is a ~ nuisance* (plåga)] **3** vard. perfekt, härlig [*a ~ day*] **4** gram., ***the ~ tense*** perfekt **II** *s* gram., ***the present ~*** el. ***the ~*** perfekt **III** *vb tr* göra perfekt, fulländа
perfectible [pə'fektəbl] *adj* utvecklingsbar
perfection [pə'fekʃ(ə)n] *s* fulländning, perfektion; ***to ~*** perfekt, på ett fulländat sätt
perfectionist [pə'fekʃənɪst] *s* perfektionist
perforate ['pɜ:fəreɪt] *vb tr* perforera
perforation [ˌpɜ:fə'reɪʃ(ə)n] *s* perforering; tandning, tand på frimärke
perform [pə'fɔ:m] *vb tr* **1** utföra [*~ a task*], uträtta **2** framföra, spela [*~ a piece of music; ~ a part* (en roll)], uppföra, ge [*~ a play*]
performance [pə'fɔ:məns] *s* **1** utförande, verkställande **2** prestation **3** föreställning [*a theatrical ~*], uppförande av t.ex. pjäs; uppträdande
performer [pə'fɔ:mə] *s* uppträdande om person el. djur; spelare; aktör
performing [pə'fɔ:mɪŋ] *adj* dresserad
perfume [substantiv 'pɜ:fju:m, verb pə'fju:m] **I** *s* doft; parfym **II** *vb tr* parfymera
perfumer [pə'fju:mə] *s* parfymtillverkare
perfunctory [pə'fʌŋktərɪ] *adj* slentrianmässig, mekanisk; nonchalant
perhaps [pə'hæps] *adv* kanske
peril ['perəl] *s* fara; ***at one's ~*** på egen risk
perilous ['perələs] *adj* farlig, riskabel
perimeter [pə'rɪmɪtə] *s* omkrets
period ['pɪərɪəd] *s* **1** period; tidsperiod; ***for a ~ of two years*** under två års tid **2** lektion, lektionstimme **3** menstruation, mens
periodic [ˌpɪərɪ'ɒdɪk] *adj* periodisk
periodical [ˌpɪərɪ'ɒdɪk(ə)l] *s* tidskrift
peripheral [pə'rɪfər(ə)l] *adj* perifer, yttre
periscope ['perɪskəʊp] *s* periskop
perish ['perɪʃ] *vb itr* **1** omkomma; ***be perishing with cold*** frysa ihjäl **2** förstöras
perishables ['perɪʃəblz] *s pl* färskvaror
peritonitis [ˌperɪtə'naɪtɪs] *s* bukhinneinflammation, peritonit
perjury ['pɜ:dʒərɪ] *s*, ***commit ~*** begå mened
1 perk [pɜ:k] *vb itr*, ***~ up*** piggna till, repa sig
2 perk [pɜ:k] *s* vard., pl. ***~s*** extraförmåner
perky ['pɜ:kɪ] *adj* käck; pigg
1 perm [pɜ:m] **I** *s* **1** permanent; ***have a ~*** permanenta sig **2** permanentat hår **II** *vb tr* permanenta; ***~ one's hair*** permanenta sig
2 perm [pɜ:m] *s* vard. system vid tippning; systemtips
permanence ['pɜ:mənəns] *s* beständighet
permanent ['pɜ:mənənt] *adj* permanent, bestående [*of ~ value*]; varaktig, ordinarie [*~ position*]; ***~ wave*** permanent
permanently ['pɜ:mənəntlɪ] *adv* permanent, varaktigt, beständigt
permeate ['pɜ:mɪeɪt] *vb tr* tränga igenom
permissible [pə'mɪsəbl] *adj* tillåtlig
permission [pə'mɪʃ(ə)n] *s* tillåtelse, lov; ***by ~ of...*** med tillstånd av...
permissive [pə'mɪsɪv] *adj* frigjord; ***the ~ society*** det kravlösa samhället
permit [verb pə'mɪt, substantiv 'pɜ:mɪt] **I** *vb tr* medge; ***weather permitting*** om vädret tillåter; ***be permitted to*** ha tillåtelse att

II *s* tillstånd; licens; passersedel; ***fishing ~*** fiskekort; ***work ~*** arbetstillstånd

permutation [ˌpɜːmjʊˈteɪʃ(ə)n] *s* systemtips

pernicious [pəˈnɪʃəs] *adj* skadlig [*to* för]; perniciös [*~ anaemia*]

peroxide [pəˈrɒksaɪd] *s* peroxid; ***~ of hydrogen*** el. ~ vätesuperoxid

perpendicular [ˌpɜːpənˈdɪkjʊlə] *adj* lodrät, vertikal; vinkelrät

perpetrate [ˈpɜːpətreɪt] *vb tr* föröva, begå

perpetrator [ˈpɜːpətreɪtə] *s* gärningsman, förövare

perpetual [pəˈpetʃʊəl] *adj* ständig, oavbruten [*~ chatter*], oupphörlig; evig

perpetuate [pəˈpetʃʊeɪt] *vb tr* föreviga

perplex [pəˈpleks] *vb tr* förvirra, förbrylla

perplexed [pəˈplekst] *adj* förbryllad

perplexity [pəˈpleksətɪ] *s* förvirring

perquisite [ˈpɜːkwɪzɪt] *s* extra förmån

persecute [ˈpɜːsɪkjuːt] *vb tr* förfölja

persecution [ˌpɜːsɪˈkjuːʃ(ə)n] *s* förföljelse; ***~ mania*** förföljelsemani

persecutor [ˈpɜːsɪkjuːtə] *s* förföljare

perseverance [ˌpɜːsɪˈvɪər(ə)ns] *s* ihärdighet

persevere [ˌpɜːsɪˈvɪə] *vb itr* framhärda

persevering [ˌpɜːsɪˈvɪərɪŋ] *adj* ihärdig, trägen

Persia [ˈpɜːʃə] Persien

Persian [ˈpɜːʃ(ə)n] **I** *adj* persisk; ***~ blinds*** utvändiga persienner, spjälluckor; ***~ cat*** perser katt; ***~ lamb*** persian skinn; ***the Persian Gulf*** Persiska viken **II** *s* **1** perser **2** persiska språket **3** perser katt

persist [pəˈsɪst] *vb itr*, ***~ in*** framhärda i

persistence [pəˈsɪst(ə)ns] *s* framhärdande; envishet; fortlevande, fortbestånd

persistent [pəˈsɪst(ə)nt] *adj* ihärdig; ständig

person [ˈpɜːsn] *s* person; ***in ~*** personligen

personage [ˈpɜːsənɪdʒ] *s* betydande personlighet; person

personal [ˈpɜːsənl] *adj* personlig, privat; individuell; ***~ column*** i tidning personligt; ***~ computer*** (förk. *PC*) persondator; ***~ life*** privatliv; ***~ record*** personbästa; ***from ~ experience*** av egen erfarenhet; ***a ~ matter*** en privatsak

personality [ˌpɜːsəˈnælətɪ] *s* personlighet

personally [ˈpɜːsnəlɪ] *adv* personligen, för egen del; i egen person

personification [pɜːˌsɒnɪfɪˈkeɪʃ(ə)n] *s* personifikation; förkroppsligande

personify [pɜːˈsɒnɪfaɪ] *vb tr* personifiera; förkroppsliga

personnel [ˌpɜːsəˈnel] *s* personal; ***~ manager*** personalchef

perspective [pəˈspektɪv] *s* perspektiv, syn

Perspex [ˈpɜːspeks] *s* ® plexiglas

perspicacious [ˌpɜːspɪˈkeɪʃəs] *adj* klarsynt

perspiration [ˌpɜːspəˈreɪʃ(ə)n] *s* svett

perspire [pəˈspaɪə] *vb itr* svettas

persuade [pəˈsweɪd] *vb tr* övertala, förmå

persuasion [pəˈsweɪʒ(ə)n] *s* övertalning

persuasive [pəˈsweɪsɪv] *adj* övertalande

pert [pɜːt] *adj* näsvis

pertain [pɜːˈteɪn] *vb itr*, ***~ to*** hänföra sig till

pertinent [ˈpɜːtɪnənt] *adj* relevant [*to* för]

perturb [pəˈtɜːb] *vb tr* oroa, störa

Peru [pəˈruː]

perusal [pəˈruːz(ə)l] *s* genomläsning

peruse [pəˈruːz] *vb tr* läsa igenom

Peruvian [pəˈruːvjən] **I** *adj* peruansk **II** *s* peruan

pervade [pəˈveɪd] *vb tr* gå (tränga) igenom; genomsyra; prägla

pervasive [pəˈveɪsɪv] *adj* genomträngande

perverse [pəˈvɜːs] *adj* motsträvig, tvär

perversion [pəˈvɜːʃ(ə)n] *s* **1** förvrängning **2** perversitet; sexuell perversion

pervert [verb pəˈvɜːt, substantiv ˈpɜːvɜːt] **I** *vb tr* förvränga [*~ the truth*] **II** *s* pervers individ

perverted [pəˈvɜːtɪd] *perf p* o. *adj* **1** förvrängd **2** pervers; abnorm

pessary [ˈpesərɪ] *s* pessar

pessimism [ˈpesɪmɪz(ə)m] *s* pessimism

pessimist [ˈpesɪmɪst] *s* pessimist

pessimistic [ˌpesɪˈmɪstɪk] *adj* pessimistisk

pest [pest] *s* **1** plågoris **2** skadedjur

pester [ˈpestə] *vb tr* plåga, trakassera

pesticide [ˈpestɪsaɪd] *s* pesticid bekämpningsmedel

pestilence [ˈpestɪləns] *s* pest, farsot

pestle [ˈpesl] *s* mortelstöt

pest-ridden [ˈpestˌrɪdn] *adj* pesthärjad

pet [pet] **I** *s* **1** sällskapsdjur **2** kelgris; älskling **3** attributivt älsklings- [*~ phrase*]; sällskaps- [*~ dog*]; ***~ name*** smeknamn; ***~ shop*** zoologisk affär **II** *vb tr* kela med; skämma bort

petal [ˈpetl] *s* kronblad

peter [ˈpiːtə] *vb itr* vard., ***~ out*** ebba ut, sina

petite [pəˈtiːt] *adj* liten och nätt om kvinna

petition [pəˈtɪʃ(ə)n] **I** *s* begäran, anhållan; ansökan **II** *vb tr* anhålla om

petitioner [pəˈtɪʃənə] *s* supplikant

petrel ['petr(ə)l] *s* stormfågel; ***storm (stormy)*** ~ stormsvala
petrify ['petrɪfaɪ] *vb tr*, ***petrified with terror*** förstenad av skräck
petrochemical [ˌpetrəʊ'kemɪkl] *adj* petrokemisk
petrol ['petr(ə)l] *s* bensin
petroleum [pə'trəʊljəm] *s* petroleum; ~ ***jelly*** vaselin
petticoat ['petɪkəʊt] *s* underkjol
pettifogging ['petɪfɒgɪŋ] *s* lagvrängning
petting ['petɪŋ] *s* vard. petting, hångel
petty ['petɪ] *adj* **1** liten, obetydlig; trivial; ~ ***bourgeois*** småborgare; ~ ***cash*** handkassa **2** småsint
petunia [pɪ'tju:njə] *s* petunia
pew [pju:] *s* kyrkbänk
pewter ['pju:tə] *s* tenn; tennkärl, tennsaker
pH [ˌpi:'eɪtʃ], ~ ***value*** pH-värde
phallic ['fælɪk] *adj* fallos-
phantom ['fæntəm] *s* spöke; vålnad
pharmaceutical [ˌfɑ:mə'sju:tɪk(ə)l] *adj* farmaceutisk; ***the ~ industry*** läkemedelsindustrin
pharmacist ['fɑ:məsɪst] *s* apotekare, farmaceut
pharmacologist [ˌfɑ:mə'kɒlədʒɪst] *s* farmakolog
pharmacology [ˌfɑ:mə'kɒlədʒɪ] *s* farmakologi
pharmacy ['fɑ:məsɪ] *s* **1** apotek **2** farmaci
phase [feɪz] *s* fas; skede; stadium
Ph. D. [ˌpi:eɪtʃ'di:] (förk. för *Doctor of Philosophy*) ungefär fil.dr., FD
pheasant ['feznt] *s* fasan
phenomenal [fə'nɒmɪnl] *adj* vard. fenomenal
phenomenon [fə'nɒmɪnən] (pl. *phenomena* [fə'nɒmɪnə]) *s* fenomen
phew [fju:] *interj* uttryckande utmattning el. lättnad puh!; usch!, äsch!
phial ['faɪ(ə)l] *s* liten medicinflaska, ampull
philanderer [fɪ'lændərə] *s* flört person
philanthropic [ˌfɪlən'θrɒpɪk] *adj* o. **philanthropical** [ˌfɪlən'θrɑpɪk(ə)l] *adj* filantropisk, människovänlig
philanthropist [fɪ'lænθrəpɪst] *s* filantrop, människovän
philanthropy [fɪ'lænθrəpɪ] *s* filantropi
philatelist [fɪ'lætəlɪst] *s* filatelist, frimärkssamlare
philistine ['fɪlɪstaɪn] *s* **1** bracka, kälkborgare **2** ***Philistine*** bibl. filisté
philological [ˌfɪlə'lɒdʒɪk(ə)l] *adj* filologisk
philologist [fɪ'lɒlədʒɪst] *s* filolog
philology [fɪ'lɒlədʒɪ] *s* filologi, språkvetenskap
philosopher [fɪ'lɒsəfə] *s* filosof
philosophical [ˌfɪlə'sɒfɪkəl] *adj* filosofisk
philosophize [fɪ'lɒsəfaɪz] *vb itr* filosofera
philosophy [fɪ'lɒsəfɪ] *s* filosofi
phlegm [flem] *s* **1** fysiol. slem **2** flegma, tröghet
phlegmatic [fleg'mætɪk] *adj* flegmatisk, trög
phlox [flɒks] *s* bot. flox
phobia ['fəʊbɪə] *s* fobi, skräck
phoenix ['fi:nɪks] *s* myt. fågel Fenix
phone [fəʊn] vard. (för ex. se *telephone*) **I** *s* telefon **II** *vb tr* o. *vb itr* ringa, telefonera
phone booth ['fəʊnbu:ð] *s* telefonkiosk
phone-in ['fəʊnɪn] *s* radio. el. TV. telefonprogram, program som lyssnare (tittare) kan ringa till
phonetic [fə'netɪk] *adj* fonetisk
phonetician [ˌfəʊnɪ'tɪʃ(ə)n] *s* fonetiker
phonetics [fə'netɪks] *s* fonetik, ljudlära
phoney ['fəʊnɪ] vard. **I** *adj* falsk, bluff-, humbug- **II** *s* bluff, humbug; bluffmakare
phonograph ['fəʊnəgræf] *s* amer. grammofon
phosphate ['fɒsfeɪt] *s* fosfat
phosphorus ['fɒsfərəs] *s* fosfor
photo ['fəʊtəʊ] (pl. *~s*) *s* vard. foto, kort, bild
photocell ['fəʊtəsel] *s* fotocell
photocopier ['fəʊtəʊˌkɒpɪə] *s* kopieringsapparat
photocopy ['fəʊtəˌkɒpɪ] **I** *s* fotokopia **II** *vb tr* fotokopiera
photoelectric [ˌfəʊtə(ʊ)ɪ'lektrɪk] *adj* fotoelektrisk; ~ ***cell*** fotocell
photogenic [ˌfəʊtə'dʒenɪk] *adj* fotogenisk
photograph ['fəʊtəgrɑ:f] **I** *s* fotografi, foto, kort; ***have one's ~ taken*** fotografera sig **II** *vb tr* o. *vb itr* fotografera
photographer [fə'tɒgrəfə] *s* fotograf
photographic [ˌfəʊtə'græfɪk] *adj* fotografisk
photography [fə'tɒgrəfɪ] *s* fotografering, fotografi som konst
photometer [fəʊ'tɒmɪtə] *s* ljusmätare
photostat ['fəʊtəstæt] **I** *s* **1** ® fotostat fotokopieringsapparat **2** ~ ***copy*** el. ~ fotostatkopia **II** *vb tr* o. *vb itr* fotostatkopiera
phrase [freɪz] *s* fras, uttryck
phrase book ['freɪzbʊk] *s* parlör
phrasemonger ['freɪzˌmʌŋgə] *s* frasmakare

phraseology [ˌfreɪzɪ'ɒlədʒɪ] *s* fraseologi
physical ['fɪzɪk(ə)l] *adj* **1** fysisk, materiell; **~ *violence*** yttre våld **2** fysikalisk **3** fysisk, kroppslig [~ *beauty*], kropps- [~ *exercise*]; **~ *education*** gymnastik; **~ *jerks*** vard. bensprattel, gymnastik; **~ *training*** gymnastik
physician [fɪ'zɪʃ(ə)n] *s* läkare
physicist ['fɪzɪsɪst] *s* fysiker
physics ['fɪzɪks] *s* fysik som vetenskap
physiognomy [ˌfɪzɪ'ɒnəmɪ] *s* fysionomi
physiological [ˌfɪzɪə'lɒdʒɪk(ə)l] *adj* fysiologisk
physiologist [ˌfɪzɪ'ɒlədʒɪst] *s* fysiolog
physiology [ˌfɪzɪ'ɒlədʒɪ] *s* fysiologi
physiotherapist [ˌfɪzɪə'θerəpɪst] *s* sjukgymnast
physiotherapy [ˌfɪzɪə'θerəpɪ] *s* fysioterapi; sjukgymnastik
physique [fɪ'zi:k] *s* fysik [*a man of strong* ~], kroppsbyggnad
pianist ['pjænɪst] *s* pianist
piano [pɪ'ænəʊ] (pl. ~*s*) *s* piano; ***grand ~*** flygel; ***upright ~*** större piano; **~ *accordion*** pianodragspel; ***play a ~ duet*** spela fyrhändigt
pianoforte [ˌpjænə'fɔ:tɪ] *s* piano
piano-player [pɪ'ænəʊˌpleɪə] *s* **1** pianist **2** pianola
piano-tuner [pɪ'ænəʊˌtju:nə] *s* pianostämmare
piccolo ['pɪkələʊ] (pl. ~*s*) *s* pickolaflöjt
1 pick [pɪk] **I** *vb tr* o. *vb itr* **1** plocka [~ *flowers*] **2** peta [~ *one's teeth*], pilla (peta) på (i); **~ *a lock*** dyrka upp ett lås; **~ *one's nose*** peta sig i näsan; **~ *a p.'s pocket*** stjäla ur ngns ficka **3** plocka sönder, riva sönder [äv. ~ *apart*; ~ *to pieces*] **4** hacka hål i (på); ***they always ~ (are always picking) on (at) him*** vard. de hackar alltid på honom **5** välja (plocka) ut; **~ *and choose*** välja och vraka; **~ *a quarrel*** söka (mucka) gräl; **~ *sides*** välja lag; **~ *the winner*** satsa på rätt häst □ **~ out** välja, plocka (ut); **~ up a)** plocka (ta) upp **b)** lägga sig till med [~ *up a bad habit*] **c)** krya på sig, repa sig; **~ *up courage*** repa mod **d)** fånga upp; ta (få) in [~ *up a radio station*]
II *s* val något utvalt; ***the ~*** det bästa, eliten
2 pick [pɪk] *s* spetshacka, korp
pickaback ['pɪkəbæk] *s*, ***give a child a ~*** låta ett barn rida på ryggen
pickaxe ['pɪkæks] *s* spetshacka, korp
picked [pɪkt] *adj* utvald, handplockad
picket ['pɪkɪt] **I** *s* **1** mil. postering, förpost; vakt; piket **2** strejkvakter **II** *vb tr* sätta ut postering (strejkvakter) vid
picking ['pɪkɪŋ] *s*, pl. **~*s*** rester, smulor
pickle ['pɪkl] *s* lag för inläggning; pl. **~*s*** pickles
pickled ['pɪkld] *adj* marinerad; **~ *herring*** inlagd sill; **~ *onions*** syltlök
pick-me-up ['pɪkmɪʌp] *s* styrketår
pickpocket ['pɪkˌpɒkɪt] *s* ficktjuv
pick-up ['pɪkʌp] *s* **1** på skivspelare pickup; **~ *arm*** tonarm **2** pickup liten, öppen varubil
picnic ['pɪknɪk] **I** *s* picknick, utflykt; **~ *hamper*** picknickkorg **II** *vb itr* göra en picknick
picnicker ['pɪknɪkə] *s* picknickdeltagare
pictorial [pɪk'tɔ:rɪəl] *adj* illustrerad
picture ['pɪktʃə] **I** *s* **1** bild, illustration; tavla, målning; porträtt; kort, foto **2** beskrivning, framställning **3** film [äv. *motion* ~]; ***the ~s*** vard. bio; ***go to the ~s*** gå på bio **II** *vb tr* **1** avbilda; beskriva **2** föreställa sig [ofta ~ *to oneself*]
picture book ['pɪktʃəbʊk] *s* bilderbok
picture card ['pɪktʃəkɑ:d] *s* kortsp. klätt kort, målare
picture gallery ['pɪktʃəˌgælərɪ] *s* konstgalleri
picturegoer ['pɪktʃəˌgəʊə] *s* biobesökare
picture postcard [ˌpɪktʃə'pəʊs(t)kɑ:d] *s* vykort
picturesque [ˌpɪktʃə'resk] *adj* pittoresk
piddle ['pɪdl] ngt vulg. **I** *vb itr* pinka **II** *s* pink
pidgin ['pɪdʒɪn] *s*, **~ *English*** pidginengelska starkt förenklat halvengelskt blandspråk
pie [paɪ] *s* **1** paj; pastej **2** bildl., ***have a finger in the ~*** ha ett finger med i spelet; ***it's as easy as ~*** vard. det är en enkel match
piebald ['paɪbɔ:ld] *adj* fläckig, skäckig häst
piece [pi:s] **I** *s* **1** stycke, bit [*a ~ of bread*]; ***a ~ of advice*** ett råd; ***a ~ of furniture*** en enstaka möbel; ***a ~ of information*** en upplysning; ***a ~ of news*** en nyhet; ***a (the, per) ~*** per styck, stycket; ***break to ~s*** slå i bitar; ***fall (tear) to ~s*** falla (slita) i stycken (i bitar); ***go to ~s*** gå sönder, falla i bitar **2** stycke, verk; ***a ~ of music*** ett musikstycke **3** mynt [*a fifty-cent ~*; *a five-penny ~*] **4** pjäs i schackspel **II** *vb tr*, **~ *together*** sy ihop; sätta ihop
piecemeal ['pi:smi:l] *adv* styckevis; i stycken

piecework ['pi:swɜ:k] *s* ackordsarbete
piecrust ['paɪkrʌst] *s* pajdegshölje
pied [paɪd] *adj* fläckig, skäckig [~ *horse*]
pier [pɪə] *s* pir, vågbrytare; brygga
pierce [pɪəs] *vb tr* genomborra; borra hål i
piercing ['pɪəsɪŋ] *adj* genomträngande [~ *cry*]
piety ['paɪətɪ] *s* fromhet
piffle ['pɪfl] *s* vard. trams, strunt
piffling ['pɪflɪŋ] *adj* vard. fjantig; strunt-
pig [pɪg] *s* gris
pigeon ['pɪdʒɪn] *s* duva
pigeon-breasted ['pɪdʒɪnˌbrestɪd] *adj* o. **pigeon-chested** ['pɪdʒɪnˌtʃestɪd] *adj*, *be* ~ ha hönsbröst
pigeonhole ['pɪdʒɪnhəʊl] *s* fack i hylla
piggy ['pɪgɪ] *s* vard. griskulting; barnspr. nasse; ~ ***bank*** spargris
piggyback ['pɪgɪbæk] *s*, ***give a child a*** ~ låta ett barn rida på ryggen
pigheaded [ˌpɪg'hedɪd] *adj* tjurskallig, envis
piglet ['pɪglət] *s* spädgris; barnspr. nasse
pigment ['pɪgmənt] *s* pigment, färgämne
pigmentation [ˌpɪgmən'teɪʃ(ə)n] *s* pigmentering; färg
pigskin ['pɪgskɪn] *s* svinläder
pigsty ['pɪgstaɪ] *s* svinstia
pigtail ['pɪgteɪl] *s* grissvans; råttsvans hårfläta
pike [paɪk] *s* gädda
pike-perch ['paɪkpɜ:tʃ] *s* gös
pikestaff ['paɪkstɑ:f] *s*, ***as plain as a*** ~ solklart
pilchard ['pɪltʃəd] *s* större sardin, pilchard
1 pile [paɪl] **I** *s* **1** hög, stapel, trave [*a* ~ *of books*] **2** ***atomic*** ~ atomreaktor, kärnreaktor **II** *vb tr* [ofta ~ *up*] stapla, trava, samla
2 pile [paɪl] *s* lugg på t.ex. tyg; flor på sammet
piles [paɪlz] *s pl* hemorrojder
pilfer ['pɪlfə] *vb tr* o. *vb itr* snatta
pilfering ['pɪlf(ə)rɪŋ] *s* snatteri
pilgrim ['pɪlgrɪm] *s* pilgrim
pilgrimage ['pɪlgrɪmɪdʒ] *s* pilgrimsfärd
pill [pɪl] *s* piller; ***take*** (***be on, go on***) ***the*** ~ ta (gå på) P-piller (preventivpiller)
pillar ['pɪlə] *s* pelare, stolpe; bildl. stöttepelare
pillar box ['pɪləbɒks] *s* brevlåda
pillbox ['pɪlbɒks] *s* pillerask, pillerdosa, pillerburk äv. damhatt
pillion ['pɪljən] *s* på t.ex. motorcykel baksits
pillory ['pɪlərɪ] **I** *s* skampåle **II** *vb tr* ställa vid skampålen
pillow ['pɪləʊ] *s* huvudkudde; dyna
pillow case ['pɪləʊkeɪs] *s* o. **pillow slip** ['pɪləʊslɪp] *s* örngott
pilot ['paɪlət] **I** *s* **1** sjö. lots **2** pilot, flygförare, flygare; ***pilot's licence*** flygcertifikat **II** *vb tr* **1** lotsa **2** föra, vara pilot på flygplan
pilot boat ['paɪlətbəʊt] *s* lotsbåt
pilot lamp ['paɪlətlæmp] *s* kontrollampa
pilot light ['paɪlətlaɪt] *s* **1** tändlåga på t.ex. gasspis **2** kontrollampa, röd lampa
pimp [pɪmp] *s* hallick, sutenör
pimple ['pɪmpl] *s* finne, blemma, kvissla
pimply ['pɪmplɪ] *adj* finnig
pin [pɪn] **I** *s* **1** knappnål; ***be on ~s and needles*** sitta som på nålar **2** sport. kägla; ~ ***alley*** kägelbana **II** *vb tr* **1** nåla fast, fästa med knappnål el. stift [*to* vid]; ~ ***up a notice*** sätta upp ett anslag **2** ~ ***a p. down*** klämma fast ngn; bildl. få ngn att ge klart besked
pinafore ['pɪnəfɔ:] *s* förkläde
pinball ['pɪnbɔ:l] *s*, ~ ***machine*** flipperautomat
pince-nez ['pænsneɪ] *s* pincené
pincers ['pɪnsəz] *s pl* kniptång, tång
pinch [pɪntʃ] **I** *vb tr* **1** nypa, knipa ihop; klämma **2** vard. knycka, stjäla **3** sl. haffa arrestera **II** *s* **1** nyp, nypning, klämning **2** nypa [*a* ~ *of salt* äv. bildl.]; ***a*** ~ ***of snuff*** en pris snus **3** ***at a*** ~ i nödfall
pincushion ['pɪnˌkʊʃ(ə)n] *s* nåldyna
1 pine [paɪn] *vb itr* **1** tyna bort **2** tråna, trängta [*for* efter]
2 pine [paɪn] *s* **1** tall, fura; pinje **2** furu
pineapple ['paɪnˌæpl] *s* ananas
pine-clad ['paɪnklæd] *adj* tallklädd, furuklädd, pinjeklädd
pine cone ['paɪnkəʊn] *s* tallkotte
ping [pɪŋ] *vb itr* vina, vissla
ping-pong ['pɪŋpɒŋ] *s* pingpong
pinhead ['pɪnhed] *s* knappnålshuvud
1 pinion ['pɪnjən] *vb tr* bakbinda, binda fast armarna på
2 pinion ['pɪnjən] *s* drev, litet kugghjul
pink [pɪŋk] **I** *s* **1** mindre nejlika **2** skärt, rosa **II** *adj* skär, rosa
pinky ['pɪŋkɪ] *s* amer. vard. lillfinger
pinnacle ['pɪnəkl] *s* **1** spetsig bergstopp **2** bildl. höjdpunkt
pinpoint ['pɪnpɔɪnt] *vb tr* precisera [~ *the problem*]
pinprick ['pɪnprɪk] *s* nålstick, nålsting
pinstripe ['pɪnstraɪp] **I** *s* kritstreck **II** *adj* kritstrecksrandig

pint [paɪnt] *s* ungefär halvliter mått för våta varor a) britt. = 1/8 *gallon* = 0,57 liter b) amer. = 0,47 liter
pintable ['pɪnˌteɪbl] *s,* ~ ***machine*** flipperautomat
pin-up ['pɪnʌp] *s* vard. pinuppa [äv. ~ *girl*]
pioneer [ˌpaɪə'nɪə] *s* pionjär, banbrytare
pious ['paɪəs] *adj* from, gudfruktig
1 pip [pɪp] *s* sl., ***he's got the*** ~ han deppar; ***he gives me the*** ~ han gör mig galen
2 pip [pɪp] *s* kärna i t.ex. apelsin, äpple
pipe [paɪp] *s* **1** rör **2** tobakspipa **3** mus. pipa; orgelpipa; pl. ~***s*** säckpipa
pipe-cleaner ['paɪpˌkli:nə] *s* piprensare
pipedream ['paɪpdri:m] *s* önskedröm
pipeline ['paɪplaɪn] *s* rörledning; oljeledning
piper ['paɪpə] *s* pipblåsare
pipe rack ['paɪpræk] *s* pipställ
piping ['paɪpɪŋ] *adv,* ~ ***hot*** rykande varm
pippin ['pɪpɪn] *s* pippin äppelsort
piquant ['pi:kənt] *adj* pikant; skarp
pique [pi:k] **I** *s* förtrytelse **II** *vb tr* såra [~ *a p.'s pride*]
piracy ['paɪərəsɪ] *s* sjöröveri
piranha [pə'rɑ:nə, pɪ'rɑ:njə] *s* piraya sydamerikansk fisk
pirate ['paɪərət] *s* pirat, sjörövare
pirouette [ˌpɪrʊ'et] **I** *s* piruett **II** *vb itr* piruettera
Pisces ['paɪsi:z] astrol. Fiskarna
piss [pɪs] vulg. **I** *s* piss **II** *vb itr* **1** pissa **2** ~ ***off!*** stick åt helvete!
pissed [pɪst] *adj* vulg. asfull
pissed-off [ˌpɪst'ɒf] *adj* vulg. dödförbannad
piste [pi:st] *s* pist; skidspår
pistil ['pɪstɪl] *s* bot. pistill
pistol ['pɪstl] *s* pistol
piston ['pɪstən] *s* pistong, kolv
1 pit [pɪt] **I** *s* **1** a) grop, hål i marken b) fallgrop **2** gruvhål, gruvschakt; gruva **3** teat. **a)** bortre parkett **b)** ***orchestra*** ~ orkesterdike **II** *vb tr,* ~ ***oneself*** (***one's strength***) ***against*** mäta sina krafter med
2 pit [pɪt] amer. **I** *s* kärna **II** *vb tr* kärna ur
pit-a-pat [ˌpɪtə'pæt] *s* hjärtas dunkande; regns smatter
1 pitch [pɪtʃ] *s* **1** beck **2** kåda
2 pitch [pɪtʃ] **I** *vb tr* o. *vb itr* **1** sätta (ställa) upp i fast läge; slå upp, resa [~ *a tent*]; ~ ***a camp*** slå läger **2** kasta, slänga **3** mus. stämma [*pitched too high*] **4** ***pitched battle*** fältslag **5** om fartyg stampa; om flygplan tippa, kränga **II** *s* **1** grad [*a high* ~ *of efficiency*], topp; ***at its highest*** ~ på höjdpunkten; ***he was roused to a*** ~ ***of frenzy*** han blev utom sig av raseri **2** tonhöjd, tonläge; ***absolute*** ~ absolut gehör; ***standard*** ~ normalton **3** kast **4** fotbollsplan, plan
pitch-black [ˌpɪtʃ'blæk] *adj* kolsvart, becksvart
pitch-dark [ˌpɪtʃ'dɑ:k] *adj* kolmörk, beckmörk
1 pitcher ['pɪtʃə] *s* kanna; amer. äv. tillbringare; kruka, krus för t.ex. vatten
2 pitcher ['pɪtʃə] *s* i baseball kastare
pitchfork ['pɪtʃfɔ:k] **I** *s* högaffel **II** *vb tr* **1** lyfta (lassa) med högaffel **2** bildl. kasta
piteous ['pɪtɪəs] *adj* ömklig, ömkansvärd
pitfall ['pɪtfɔ:l] *s* fallgrop; bildl. äv. fälla
pith [pɪθ] *s* bot. märg
pithead ['pɪthed] *s* gruvöppning
pith helmet ['pɪθˌhelmɪt] *s* tropikhjälm
pithy ['pɪθɪ] *adj* bildl. kärnfull [~ *sayings*]
pitiable ['pɪtɪəbl] *adj* ömklig, sorglig
pitiful ['pɪtɪf(ʊ)l] *adj* **1** ömklig, sorglig, patetisk [*a* ~ *spectacle*] **2** ynklig, usel
pitiless ['pɪtɪləs] *adj* skoningslös
pittance ['pɪt(ə)ns] *s* knapp lön; ringa penning
pitter-patter [ˌpɪtə'pætə] **I** *s* smatter [*the* ~ *of the rain*]; trippande, tassande **II** *vb itr* trippa; tassa
pity ['pɪtɪ] **I** *s* medlidande; ***feel*** ~ ***for*** tycka synd om, känna medlidande med; ***have*** (***take***) ~ ***on*** ha (hysa) medlidande med; ***for pity's sake*** för Guds skull; ***what a*** ~***!*** vad synd! **II** *vb tr* tycka synd om
pivot ['pɪvət] *s* **1** pivå, svängtapp, axeltapp **2** bildl. medelpunkt
pixie ['pɪksɪ] *s* tomtenisse
pizza ['pi:tsə] *s* pizza
pizzeria [ˌpi:tsə'ri:ə] *s* pizzeria
placard ['plækɑ:d] *s* plakat, affisch; löpsedel
placate [plə'keɪt] *vb tr* blidka, försona
placatory [plə'keɪtərɪ] *adj* blidkande
place [pleɪs] **I** *s* ställe, plats; utrymme, sittplats; ***any*** (***some***) ~ amer. någonstans; ***put yourself in my*** ~ sätt dig i min situation; ***in*** ~ ***of*** i stället för; ***out of*** ~ inte på sin plats, olämplig; ***feel out of*** ~ känna sig bortkommen; ***the chair looks out of*** ~ ***there*** stolen passar inte där; ***all over the*** ~ överallt, huller om buller; ***change*** ~***s*** byta plats; ***take*** ~ äga rum **II** *vb tr* placera, sätta, ställa, lägga
place name ['pleɪsneɪm] *s* ortnamn

placenta [plə'sentə] *s* moderkaka
placid ['plæsɪd] *adj* lugn, mild; fridsam
plagiarize ['pleɪdʒjəraɪz] *vb tr* o. *vb itr* plagiera
plague [pleɪg] **I** *s* plåga; pest; farsot **II** *vb tr* vard. plåga
plague-ridden ['pleɪg,rɪdn] *adj* pesthärjad
plague-stricken ['pleɪg,strɪkən] *adj* pestsmittad, pestdrabbad
plaice [pleɪs] *s* rödspätta
plaid [plæd] *s* **1** pläd, schal buren till skotsk dräkt **2** skotskrutigt tyg (mönster)
plain [pleɪn] **I** *adj* **1** klar, tydlig; ***the ~ truth*** den enkla sanningen **2** ärlig, uppriktig [*with* mot]; ***~ dealing*** rent spel; ***~ speaking*** rent språk; ***in ~ terms*** rent ut **3** osmyckad; enfärgad [*~ blue dress*]; ***~ bread and butter*** smörgås utan pålägg, smör och bröd; ***~ chocolate*** mörk ren choklad; ***~ clothes*** civila kläder; ***~ cooking*** enklare matlagning; husmanskost **4** vanlig; om utseende alldaglig, ful **5** slät, jämn, plan **6** kortsp., ***~ card*** hacka inte trumfkort eller klätt kort **II** *adv* rent ut sagt [*he is ~ stupid*] **III** *s* slätt; jämn mark
plain-clothes ['pleɪnkləʊðz] *s* civila kläder; ***~ detective*** (***officer***) civilklädd polis, detektiv
plain-looking ['pleɪn,lʊkɪŋ] *adj*, ***she is ~*** hon har ett alldagligt utseende
plainness ['pleɪnnəs] *s* **1** tydlighet **2** enkelhet; alldaglighet
plaintiff ['pleɪntɪf] *s* jur. kärande i civilmål
plaintive ['pleɪntɪv] *adj* klagande
plait [plæt] **I** *s* fläta av hår **II** *vb tr* fläta
plan [plæn] **I** *s* plan; ***~ of campaign*** bildl. krigsplan **II** *vb tr* planera, planlägga; ***planned economy*** planhushållning
1 plane [pleɪn] *s* platan träd
2 plane [pleɪn] **I** *s* **1** plan yta, plan; bildl. nivå **2** flygplan **II** *adj* plan, slät
3 plane [pleɪn] **I** *s* hyvel **II** *vb tr* o. *vb itr* hyvla
planet ['plænɪt] *s* planet
planetarium [,plænə'teərɪəm] *s* planetarium
planetary ['plænətrɪ] *adj* planetarisk, planet- [*~ system*]
plane tree ['pleɪntriː] *s* platan
plank [plæŋk] *s* planka, bräda
planner ['plænə] *s* planerare [*town ~*]
plant [plɑːnt] **I** *s* **1** planta, växt; ört **2** anläggning; fabrik **II** *vb tr* sätta, plantera [*~ a tree*], så [*~ wheat*]
plantation [plæn'teɪʃən] *s* plantage
plaque [plæk] *s* **1** platta, minnestavla **2** plack på tänder
plash [plæʃ] *s* plask, plaskande
plaster ['plɑːstə] **I** *s* **1** murbruk, puts; gips **2** plåster **II** *vb tr* **1** putsa, rappa; gipsa **2** plåstra om **3** smeta på (över), täcka
plasterer ['plɑːstərə] *s* murare för putsarbete
plastic ['plæstɪk] **I** *adj* **1** plast-, av plast **2** plastisk, formbar **II** *s* plast
plasticine ['plæstɪsiːn] *s* modellermassa
plasticity [plæ'stɪsətɪ] *s* plasticitet
plastics ['plæstɪks] *s* plast; plastteknik
plate [pleɪt] **I** *s* **1** tallrik, fat; ***small ~*** assiett; ***have too much on one's ~*** vard. ha alldeles för mycket att göra **2** kollekttallrik i kyrkan **3** platta, plåt [*steel ~s*]; lamell [*clutch ~*]; namnplåt [äv. *name ~*], skylt **II** *vb tr* plätera; försilvra, förgylla
plateau ['plætəʊ] *s* platå, högslätt
plateful ['pleɪtfʊl] *s* tallrik mått
plate glass [,pleɪt'glɑːs] *s* spegelglas
plate rack ['pleɪtræk] *s* diskställ, torkställ
platform ['plætfɔːm] *s* **1** plattform, perrong **2** estrad
platinum ['plætɪnəm] *s* platina
platitude ['plætɪtjuːd] *s* plattityd
platitudinous [,plætɪ'tjuːdɪnəs] *adj* banal
Platonic [plə'tɒnɪk] *adj* platonisk [*~ love*]
platoon [plə'tuːn] *s* pluton
plausible ['plɔːzəbl] *adj* plausibel, rimlig; bestickande [*~ argument*]
play [pleɪ] **I** *vb itr* o. *vb tr* leka; spela; spela mot [*England played Brazil*]; ***~ a joke*** (***a prank***) ***on a p.*** spela ngn ett spratt; ***~ for time*** försöka vinna tid; maska; ***~ in goal*** stå i mål □ ~ **about (around)** springa omkring och leka; ***stop playing about*** (***around***)***!*** sluta upp och larva dig (bråka)!; ***~ about*** (***around***) ***with*** leka med, fingra på; ~ **back**: ***~ back a recorded tape*** spela av ett inspelat band; ~ **down** tona ner, avdramatisera; ~ **over** spela igenom [*~ over a tape*]; ~ **up** a) vard. bråka, ställa till besvär b) förstora upp **II** *s* **1** lek; spel **2** skådespel, teaterstycke, pjäs **3** ***be in full ~*** vara i full gång; ***bring*** (***call***) ***into ~*** sätta i gång (i rörelse) **4** fritt spelrum; ***have free*** (***full***) ***~*** ha fritt spelrum
playable ['pleɪəbl] *adj* spelbar
play-act ['pleɪækt] *vb itr* spela teater, låtsas
playback ['pleɪbæk] *s* **1** avspelning,

uppspelning; ~ ***head*** avspelningshuvud på bandspelare **2** TV. repris i slow-motion
playbill ['pleɪbɪl] *s* teateraffisch
playboy ['pleɪbɔɪ] *s* playboy
player ['pleɪə] *s* spelare
player-piano [ˌpleɪəpɪ'ænəʊ] *s* pianola
playfellow ['pleɪˌfeləʊ] *s* lekkamrat
playful ['pleɪf(ʊ)l] *adj* lekfull, skämtsam
playgoer ['pleɪˌgəʊə] *s* teaterbesökare
playgoing ['pleɪˌgəʊɪŋ] *adj* teaterbesökande
playground ['pleɪgraʊnd] *s* skolgård; lekplats
playhouse ['pleɪhaʊs] *s* teater
playing-card ['pleɪɪŋkɑ:d] *s* spelkort
playing-field ['pleɪɪŋfi:ld] *s* idrottsplan
playmaker ['pleɪˌmeɪkə] *s* sport. playmaker, speluppläggare
playmate ['pleɪmeɪt] *s* lekkamrat
play-off ['pleɪɒf] *s* sport. **1** omspel **2** slutspel
playpen ['pleɪpen] *s* lekhage
playsuit ['pleɪsu:t] *s* lekdräkt
plaything ['pleɪθɪŋ] *s* leksak
playtime ['pleɪtaɪm] *s* lektid, lekstund
playwright ['pleɪraɪt] *s* dramatiker, skådespelsförfattare
plaza ['plɑ:zə] *s* torg, öppen plats
PLC [ˌpi:el'si:] förk. för *public limited company*
plea [pli:] *s* **1** försvar, ursäkt; ***on*** (***under***) ***the ~ of ill health*** med åberopande av dålig hälsa **2** vädjan [~ *for* (om) *mercy*] **3** jur. a) parts påstående b) svaromål; ***~ of guilty*** erkännande; ***~ of not guilty*** nekande; ***put in a ~ of not guilty*** neka till brottet
plead [pli:d] *vb itr* jur. el. allm. **1** plädera, tala; ***~ with a p.*** vädja till ngn **2** ***~ guilty*** erkänna; ***~ not guilty*** neka till brottet
pleasant ['pleznt] *adj* behaglig, angenäm
pleasantry ['plezntrɪ] *s* skämt, lustighet
please [pli:z] *vb itr* o. *vb tr* **1** finna lämpligt; behaga, tilltala, glädja; ***as you ~*** som du vill (behagar); ***do it just to ~ me!*** gör det för min skull!; ***hard to ~*** svår att göra till lags; ***~ yourself!*** som du vill! **2** ***coffee, ~*** kan jag få kaffe, tack; ***~ daddy!*** åh, snälla pappa!; ***yes ~*** el. ***~*** a) ja tack b) ja, varsågod; ***come in, ~!*** var så god och stig in!; ***~ give it to me*** var snäll och ge mig den
pleased [pli:zd] *adj* nöjd, belåten, glad [*at, about* över, åt]; ***~ to meet you!*** roligt att träffas!
pleasing ['pli:zɪŋ] *adj* behaglig, angenäm
pleasurable ['pleʒərəbl] *adj* behaglig
pleasure ['pleʒə] *s* välbehag, glädje [*to* för], lust; ***give ~ to a p.*** bereda ngn nöje (glädje); ***with ~*** med nöje, gärna; ***at ~*** efter behag
pleasure boat ['pleʒəbəʊt] *s* fritidsbåt
pleasure-loving ['pleʒəˌlʌvɪŋ] *adj* nöjeslysten, njutningslysten
pleasure-seeker ['pleʒəˌsi:kə] *s* nöjeslysten person
pleasure trip ['pleʒətrɪp] *s* nöjesresa
pleat [pli:t] *s* veck; plissé
plebiscite ['plebɪsɪt] *s* folkomröstning
pledge [pledʒ] **I** *s* löfte, utfästelse [~ *of* (om) *aid*] **II** *vb tr* **1** förbinda, förplikta **2** lova, göra utfästelser om
plenary ['pli:nərɪ] *adj*, ***~ meeting*** (***session***) plenum
plenipotentiary [ˌplenɪpə'tenʃərɪ] *s* befullmäktigad envoyé [*to* hos]
plentiful ['plentɪf(ʊ)l] *adj* riklig, ymnig
plenty ['plentɪ] *s* överflöd; ***~ of*** massor av; ***there's ~ of time*** det är gott om tid
plethora ['pleθərə] *s* övermått, överflöd
pleurisy ['plʊərəsɪ] *s* lungsäcksinflammation
plexus ['pleksəs] *s*, ***solar ~*** solarplexus
pliable ['plaɪəbl] *adj* böjlig, smidig, mjuk
pliers ['plaɪəz] *s pl* plattång; kniptång, avbitare; ***a pair of ~*** en plattång (kniptång)
plight [plaɪt] *s* tillstånd, belägenhet
plimsolls ['plɪmsəlz] *s pl* gymnastikskor
plinth [plɪnθ] *s* plint under pelare; fot, sockel
plod [plɒd] *vb itr* o. *vb tr* **1** lunka; ***~ one's way*** lunka sin väg fram **2** knoga; ***~ away*** knoga 'på [*at a th.* med ngt]
plodder ['plɒdə] *s* plikttrogen arbetsmyra
plodding ['plɒdɪŋ] *adj* trög; trägen
1 plonk [plɒŋk] **I** *vb tr*, ~ el. ***~ down*** släppa med en duns **II** *adv* med en duns
2 plonk [plɒŋk] *s* vard. enklare vin
1 plot [plɒt] **I** *s* jordbit; täppa; tomt **II** *vb tr* kartlägga; lägga ut [~ *a ship's course*]
2 plot [plɒt] **I** *s* **1** komplott **2** intrig, handling i t.ex. roman **II** *vb itr* konspirera, sammansvärja sig [*against* mot]
plotter ['plɒtə] *s* konspiratör, ränksmidare
plough [plaʊ] **I** *s* **1** plog **2** astron., ***the Plough*** Karlavagnen **II** *vb tr* plöja
ploughman ['plaʊmən] *s* plöjare
ploughshare ['plaʊʃeə] *s* plogbill
plover ['plʌvə] *s* brockfågel; ***golden ~*** ljungpipare; ***ringed ~*** större strandpipare

plow [plaʊ] o. **plowman** ['plaʊmən] o. **plowshare** ['plaʊʃeə] amer., se *plough* etc.
ploy [plɔɪ] *s* vard. ploj; påhitt, knep
pluck [plʌk] **I** *vb tr* **1** plocka [~ *a flower*; ~ *a chicken*]; ~ ***up courage*** ta mod till sig **2** rycka, dra **II** *s* vard. mod
plucky ['plʌkɪ] *adj* vard. modig, djärv
plug [plʌg] **I** *s* **1** propp, tapp, plugg; ~ ***hole*** avlopp i handfat etc. **2** tekn. stickpropp **II** *vb tr* o. *vb itr* **1** plugga igen **2** ~ ***in*** elektr. koppla in [~ *in the radio*] **3** ~ ***away at*** vard. knoga på med
plum [plʌm] *s* plommon
plumage ['plu:mɪdʒ] *s* fjäderdräkt, fjädrar
plumb [plʌm] *vb tr* loda, sondera, gå till botten med
plumber ['plʌmə] *adj* rörmontör, rörmokare, rörläggare
plumbing ['plʌmɪŋ] *s* rörsystem; rörarbete
plum cake ['plʌmkeɪk] *s* russinkaka
plume [plu:m] **I** *s* plym; ***borrowed ~s*** lånta fjädrar; ***a ~ of smoke*** ett rökmoln **II** *vb tr* **1** pryda med fjädrar (plymer) **2** om fågel putsa [~ *itself*] **3** ~ ***oneself*** bildl. stoltsera [*on* med]
plummy ['plʌmɪ] *adj* **1** plommonlik **2** vard. finfin, toppen- [*a ~ job*]; fyllig [*a ~ voice*]
1 plump [plʌmp] *adj* fyllig, knubbig, trind; välgödd [~ *chicken*]
2 plump [plʌmp] *vb itr*, ~ ***for*** rösta på, fastna för [~ *for one alternative*]
plunder ['plʌndə] *vb tr* o. *vb itr* plundra, skövla
plunderer ['plʌndərə] *s* plundrare, rövare
plunge [plʌndʒ] **I** *vb itr* o. *vb tr* störta sig, rusa, dyka ner; störta, kasta, stöta [*into* in (ner) i], doppa ner **II** *s* språng, dykning; ***take the ~*** bildl. ta steget fullt ut
pluperfect [ˌplu:'pɜ:fɪkt] *s* gram., ***the ~*** pluskvamperfekt
plural ['plʊər(ə)l] gram. **I** *adj* plural **II** *s*, ~ el. ***the ~*** plural
plus [plʌs] **I** *s* plus, plustecken **II** *prep* plus [*one ~ one*]
plus-fours [ˌplʌs'fɔ:z] *s pl* plusfours, golfbyxor
plush [plʌʃ] *s* plysch
Pluto ['plu:təʊ] astron. el. myt. Pluto
plutocracy [plu:'tɒkrəsɪ] *s* plutokrati, penningvälde
plutocrat ['plu:təkræt] *s* plutokrat
plutonium [plu:'təʊnjəm] *s* kem. plutonium
1 ply [plaɪ] *s* i sammansättningar -dubbel, -skiktad [*three-ply wood*], -trådig [*three-ply wool*]
2 ply [plaɪ] *vb tr* o. *vb itr* **1** ~ ***a p. with food and drink*** rikligt traktera ngn; ~ ***a p. with drink*** truga i ngn sprit **2** göra regelbundna turer, gå mellan två platser
plywood ['plaɪwʊd] *s* plywood, kryssfaner
p.m. [ˌpi:'em] förk. e.m., på eftermiddagen (kvällen)
pneumatic [njʊ'mætɪk] *adj* pneumatisk, tryckklufts- [~ *drill*], luft-, luftfylld; ~ ***tyre*** innerslang på t.ex. cykel
pneumonia [njʊ'məʊnjə] *s* lunginflammation
po [pəʊ] (pl. ~*s*) *s* vard. potta
1 poach [pəʊtʃ] *vb tr* pochera [*poached eggs*]
2 poach [pəʊtʃ] *vb itr* o. *vb tr* tjuvjaga, tjuvfiska
poacher ['pəʊtʃə] *s* tjuvskytt; tjuvfiskare
poaching ['pəʊtʃɪŋ] *s* tjuvskytte; tjuvfiske
pocked [pɒkt] *adj* koppärrig
pocket ['pɒkɪt] **I** *s* **1** ficka; fick-, i fickformat; ***I'm £10 out of ~*** jag har förlorat tio pund [*by*, *over* på] **2** bilj. hål **3** flyg. luftgrop [äv. *air-pocket*] **II** *vb tr* **1** stoppa i fickan; tjäna [*he pocketed a large sum*] **2** bildl. svälja [~ *one's pride*], finna sig i [~ *an insult*]
pocket book ['pɒkɪtbʊk] *s* plånbok
pocketful ['pɒkɪtfʊl] *s*, ***a ~ of*** en ficka (fickan) full med
pocket handkerchief [ˌpɒkɪt'hæŋkətʃɪf] *s* näsduk
pocketknife ['pɒkɪtnaɪf] *s* fickkniv
pocket money ['pɒkɪtˌmʌnɪ] *s* fickpengar, veckopeng
pocket-size ['pɒkɪtsaɪz] *adj* o. **pocket-sized** ['pɒkɪtsaɪzd] *adj* i fickformat
pock mark ['pɒkmɑ:k] *s* koppärr
pock marked ['pɒkmɑ:kt] *adj* koppärrig
pod [pɒd] *s* fröskida, balja, kapsel
podgy ['pɒdʒɪ] *adj* vard. knubbig, rultig
poem ['pəʊɪm] *s* dikt, vers
poet ['pəʊɪt] *s* diktare, skald; poet
poetic [pəʊ'etɪk] *adj* o. **poetical** [pəʊ'etɪkəl] *adj* poetisk; diktar-, skalde- [~ *talent*]; ***in poetic form*** i versform; ***poetical works*** dikter
poetry ['pəʊətrɪ] *s* poesi, diktning
pogo stick ['pəʊgəʊstɪk] *s* kängurustylta
pogrom ['pɒgrəm] *s* pogrom
poignant ['pɔɪnənt] *adj* gripande; bitter
poinsettia [pɔɪn'setjə] *s* bot. julstjärna

point [pɔɪnt] **I** *s* **1** punkt, prick; ***the fine (finer) ~s of the game*** spelets finesser; ***~ of contact*** beröringspunkt; ***up to a ~*** till en viss grad; ***when it came to the ~*** när det kom till kritan; ***I was on the ~ of leaving*** jag skulle just gå **2 a)** grad, punkt; ***decimal ~*** decimalkomma; ***one ~ five (1.5, 1·5)*** ett komma fem (1,5); ***boiling ~*** kokpunkt **b)** streck på kompass **3** poäng i sport m.m. **4** kärnpunkt, huvudsak; poäng [*the ~ of the story*]; ***the ~ is that...*** saken är den att...; ***the ~ was to*** huvudsaken var att; ***that's not the ~*** det är inte det saken gäller; ***make a ~ of*** vara noga med, hålla styvt på; ***it's quite beside the ~*** det har inte alls med saken att göra; ***come to the ~*** komma (hålla sig) till saken **5** mening, nytta; ***there's no ~ in doing that*** det är ingen mening med att göra det; ***is there any ~ in it?*** är det någon idé?
II *vb tr* o. *vb itr* **1** peka med; rikta, sikta med [*at, towards* mot, på] **2** ~ ***out*** peka ut, peka på **3** peka [*at* mot; *towards* i riktning mot]; ~ ***to*** peka (tyda) på

point-blank [ˌpɔɪnt'blæŋk] *adv* rakt; bildl. direkt, rakt på sak [*tell a p. ~*]; ***he refused ~*** han vägrade blankt

point duty ['pɔɪntˌdju:tɪ] *s* tjänstgöring som trafikpolis; ***be on ~*** ha trafiktjänst

pointed ['pɔɪntɪd] *adj* **1** spetsig **2** bildl. skarp [*a ~ remark*]; tydlig

pointer ['pɔɪntə] *s* **1** pekpinne **2** visare på t.ex. klocka, våg **3** pointer; slags fågelhund **4** tips, förslag

pointless ['pɔɪntləs] *adj* **1** utan spets (udd) **2** meningslös **3** utan poäng

poise [pɔɪz] **I** *s* **1** jämvikt, balans **2** hållning; värdighet **II** *vb tr* bringa i jämvikt, balansera

poised [pɔɪzd] *perf p* o. *adj* **1** samlad, värdig, i jämvikt **2** balanserande [*a ball ~ on the nose of a seal*], svävande

poison ['pɔɪzn] **I** *s* gift; ~ ***pen*** anonym brevskrivare av smädebrev; ***hate like ~*** avsky som pesten **II** *vb tr* förgifta

poisoner ['pɔɪzənə] *s* giftmördare

poisonous ['pɔɪzənəs] *adj* giftig

poison-pen ['pɔɪznpen] *adj*, ~ ***letter*** anonymt smädebrev

1 poke [pəʊk] *s*, ***buy a pig in a ~*** köpa grisen i säcken

2 poke [pəʊk] **I** *vb tr* o. *vb itr* **1** stöta (knuffa) till, peta på **2** röra om i t.ex. eld **3** ~ ***fun at*** driva med; ~ ***one's nose into other people's affairs (business)*** lägga näsan i blöt **4** peta; sticka fram **II** *s* stöt, knuff; ***give the fire a ~*** röra om i brasan

poke bonnet [ˌpəʊk'bɒnɪt] *s* bahytt

1 poker ['pəʊkə] *s* kortsp. poker

2 poker ['pəʊkə] *s* eldgaffel

poker-faced ['pəʊkəfeɪst] *adj* med pokeransikte

poky ['pəʊkɪ] *adj* vard. trång [*a ~ room*]

Poland ['pəʊlənd] Polen

polar ['pəʊlə] *adj* polar; ~ ***bear*** isbjörn; ~ ***circle*** polcirkel

polarity [pə(ʊ)'lærətɪ] *s* polaritet

polarization [ˌpəʊləraɪ'zeɪʃ(ə)n] *s* fys. polarisation

polarize ['pəʊləraɪz] *vb tr* o. *vb itr* polarisera

Pole [pəʊl] *s* polack

1 pole [pəʊl] *s* påle, stolpe, stång, stake; sport. stav

2 pole [pəʊl] *s* pol

pole-axe ['pəʊlæks] **I** *s* slaktyxa **II** *vb tr* klubba ner

polecat ['pəʊlkæt] *s* iller; amer. äv. skunk

polemic [pə'lemɪk] *s*, ***~s*** polemik

polemical [pə'lemɪk(ə)l] *adj* polemisk

polenta [pə'lentə] *s* polenta, majsgröt

Pole star ['pəʊlstɑ:] *s*, ***the ~*** Polstjärnan

pole vault ['pəʊlvɔ:lt] *s* sport. stavhopp

police [pə'li:s] **I** *s* polis myndighet [*the ~ have caught him*]; poliser [*several hundred ~*]; ~ ***constable*** polisman; ~ ***court*** polisdomstol; ~ ***force*** poliskår; ~ ***officer*** polisman **II** *vb tr* bevaka, kontrollera; förse med polis

policeman [pə'li:smən] (pl. *policemen* [pə'li:smən]) *s* polis; ***policeman's badge*** polisbricka

policewoman [pə'li:swʊmən] (pl. *policewomen* [pə'li:swɪmɪn]) *s* kvinnlig polis

policlinic [ˌpɒlɪ'klɪnɪk] *s* allmänt sjukhus

1 policy ['pɒlɪsɪ] *s* politik [*foreign ~*]; policy [*a new company ~*]; linje, hållning; ***honesty is the best ~*** ärlighet varar längst; ***pursue a ~*** föra en politik

2 policy ['pɒlɪsɪ] *s* försäkringsbrev [äv. *insurance ~*]

polio ['pəʊlɪəʊ] *s* vard. polio

poliomyelitis [ˌpəʊlɪəmaɪə'laɪtɪs] *s* poliomyelit, polio

Polish ['pəʊlɪʃ] **I** *adj* polsk **II** *s* polska språket

polish ['pɒlɪʃ] **I** *s* **1** polering, putsning **2** glans, polityr; bildl. förfining, stil **3** polermedel, putsmedel; polish; ***nail ~***

nagellack; ***shoe*** **~** skokräm **II** *vb tr* **1** polera; putsa äv. bildl.; slipa **2** vard., **~ *up*** bättra på [~ *up one's French*]; **~ *off*** klara av [~ *off a job*], expediera [~ *off an opponent*]; svepa, sätta i sig [~ *off a bottle of wine*]

polished ['pɒlɪʃt] *adj* **1** polerad **2** bildl. kultiverad

polishing ['pɒlɪʃɪŋ] *adj* poler-, puts- [~ *cloth*]

politburo ['pɒlɪtˌbjʊərəʊ] (pl. ~*s*) *s* politbyrå

polite [pə'laɪt] *adj* artig, hövlig [*to* mot]

politic ['pɒlɪtɪk] *adj* klok, försiktig

political [pə'lɪtɪkəl] *adj* politisk

politician [ˌpɒlɪ'tɪʃ(ə)n] *s* politiker

politics ['pɒlɪtɪks] *s* politik; politisk åsikt

polka ['pɒlkə] *s* polka dans el. melodi

poll [pəʊl] **I** *s* **1** röstetal, röstsiffror, röstning; ***heavy*** **~** livligt (stort) valdeltagande; ***go to the ~s*** gå till val **2** undersökning [*Gallup* ~]; **~ *rating*** opinionssiffror; ***public opinion*** **~** opinionsundersökning **II** *vb tr* få antal röster vid val [*he polled 3,000 votes*]

pollen ['pɒlən] *s* pollen; **~ *count*** pollenrapport för allergiker

pollinate ['pɒlɪneɪt] *vb tr* pollinera

polling-booth ['pəʊlɪŋbu:ð] *s* valbås

polling-day ['pəʊlɪŋdeɪ] *s* valdag

polling-station ['pəʊlɪŋˌsteɪʃ(ə)n] *s* vallokal

pollster ['pəʊlstə] *s* opinionsundersökare

pollutant [pə'lu:tənt] *s* förorenande ämne, förorening

pollute [pə'lu:t] *vb tr* förorena, smutsa ned

pollution [pə'lu:ʃ(ə)n] *s* förorenande, förorening, miljöförstöring

polo ['pəʊləʊ] *s* sport. polo [*water* ~]

polonaise [ˌpɒlə'neɪz] *s* mus. polonäs

polo neck ['pəʊləʊnek] *s* polokrage; polotröja

polony [pə'ləʊnɪ] *s* slags rökt korv

polyclinic [ˌpɒlɪ'klɪnɪk] *s* allmänt sjukhus

polyester [ˌpɒlɪ'estə] *s* polyester

polygamist [pə'lɪgəmɪst] *s* polygamist

polygamous [pə'lɪgəməs] *adj* polygam

polygamy [pə'lɪgəmɪ] *s* polygami

Polynesia [ˌpɒlɪ'ni:zjə] Polynesien

polysyllable ['pɒlɪˌsɪləbl] *s* flerstavigt ord

polytechnic [ˌpɒlɪ'teknɪk] *s* högskola för teknisk yrkesutbildning

polythene ['pɒlɪθi:n] *s* polyeten, etenplast

polyunsaturated [ˌpɒlɪʌn'sætʃʊreɪtɪd] *adj* fleromättad [~ *fats*]

pomade [pə'mɑ:d] *s* pomada

pomegranate ['pɒmɪˌgrænɪt] *s* granatäpple

Pomeranian [ˌpɒmə'reɪnjən] *s* hund dvärgspets

pommel ['pʌml] *s* sadelknapp

pomp [pɒmp] *s* pomp, ståt, prakt

pompon ['pɒmpɒn] *s* rund tofs

pomposity [pɒm'pɒsətɪ] *s* uppblåsthet

pompous ['pɒmpəs] *adj* uppblåst, pompös

ponce [pɒns] *s* sl. hallick, sutenör

poncho ['pɒntʃəʊ] (pl. ~*s*) *s* poncho slags cape

pond [pɒnd] *s* damm; tjärn, liten sjö

ponder ['pɒndə] *vb itr* grubbla, fundera [*on, over* på, över]

ponderous ['pɒndərəs] *adj* tung, klumpig

pone [pəʊn] *s*, ***corn*** **~** el. **~** slags amer. majsbröd

pontiff ['pɒntɪf] *s* påve

pontificate [pɒn'tɪfɪkət] *s* påves regeringstid

1 pontoon [pɒn'tu:n] *s* ponton

2 pontoon [pɒn'tu:n] *s* kortsp. tjugoett

pony ['pəʊnɪ] *s* ponny; liten häst

pony-tail ['pəʊnɪteɪl] *s* hästsvans frisyr

pooch [pu:tʃ] *s* vard. jycke hund

poodle ['pu:dl] *s* pudel

pooh [pu:] *interj* uttryckande förakt asch!, pytt!

pooh-pooh [ˌpu:'pu:] *vb tr* rynka på näsan åt, bagatellisera, avfärda [*he pooh-poohed the idea*]

1 pool [pu:l] *s* pöl, damm; bassäng

2 pool [pu:l] **I** *s* **1** reserv, förråd; ***typing*** (***typists'***) **~** skrivcentral **2 *the football ~s*** ungefär tipstjänst; ***~s coupon*** tipskupong; ***do*** (***play***) ***the ~s*** tippa; ***win on the ~s*** vinna på tipset **3** slags biljard **II** *vb tr* slå samman, förena [~ *one's resources*]

poor [pʊə] *adj* **1** fattig [*in* på]; ***the*** **~** de fattiga **2** klen, ringa [*a ~ consolation*]; knapp, dålig **3** stackars, ynklig, usel; **~ *me!*** stackars mig (jag)!

poorly ['pʊəlɪ] **I** *adj* krasslig **II** *adv* fattigt, klent, dåligt

1 pop [pɒp] **I** *interj* o. *adv* pang, paff **II** *s* **1** knall, smäll **2** vard. läskedryck **III** *vb itr* o. *vb tr* **1** smälla, knalla **2 *I'll ~ along*** (***round***) ***to see you*** jag skall kila över till dig; **~ *in*** titta in; **~ *off*** kila i väg; **~ *out*** titta fram (ut); ***his eyes were popping out of his head*** ögonen stod på skaft på honom; **~ *up*** dyka upp **3** stoppa; **~ *one's head out of the window*** sticka ut huvudet genom fönstret

2 pop [pɒp] vard. **I** *adj* pop- [~ *art*]; populär [*a ~ concert*] **II** *s* pop
3 pop [pɒp] *s* speciellt amer. vard. pappa
popcorn ['pɒpkɔ:n] *s* **1** popcorn, rostad majs **2** puffmajs, smällmajs art som kan rostas
pope [pəʊp] *s* påve
Popeye ['pɒpaɪ] Karl Alfred seriefigur
popgun ['pɒpgʌn] *s* barns luftbössa, korkbössa
poplar ['pɒplə] *s* poppel
poplin ['pɒplɪn] *s* poplin
poppa ['pɒpə] *s* amer. vard. pappa
poppy ['pɒpɪ] *s* vallmo
poppycock ['pɒpɪkɒk] *s* vard. struntprat
Popsicle ['pɒpsɪk(ə)l] *s* ® speciellt amer. isglasspinne
pop-top ['pɒptɒp] **I** *adj* med rivöppnare [*a ~ beer can*] **II** *s* rivöppnare
popular ['pɒpjʊlə] *adj* **1** folk-, allmän; ~ ***opinion*** folkopinionen **2** populär [*a ~ song*], omtyckt; lättfattlig, enkel
popularity [ˌpɒpjʊ'lærətɪ] *s* popularitet
popularize ['pɒpjʊləraɪz] *vb tr* popularisera
popularly ['pɒpjʊləlɪ] *adv* **1** allmänt, bland folket **2** populärt
populate ['pɒpjʊleɪt] *vb tr* befolka
population [ˌpɒpjʊ'leɪʃ(ə)n] *s* befolkning
populous ['pɒpjʊləs] *adj* folkrik, tätbefolkad
porcelain ['pɔ:slɪn] *s* finare porslin
porch [pɔ:tʃ] *s* överbyggd entré, förstukvist; amer. veranda
porcupine ['pɔ:kjʊpaɪn] *s* piggsvin
1 pore [pɔ:] *s* por
2 pore [pɔ:] *vb itr* stirra; ~ ***over*** studera noga
pork [pɔ:k] *s* griskött, fläsk speciellt osaltat
pork chop [ˌpɔ:k'tʃɒp] *s* griskotlett, fläskkotlett
porker ['pɔ:kə] *s* gödsvin
pork-pie [ˌpɔ:k'paɪ] *s* **1** fläskpastej **2** ~ ***hat*** el. ~ flatkullig herrhatt
porky ['pɔ:kɪ] *adj* vard. fläskig, fet
porn [pɔ:n] *s* o. **porno** ['pɔ:nəʊ] *s* sl. porr
pornographic [ˌpɔ:nə'græfɪk] *adj* pornografisk
pornography [pɔ:'nɒgrəfɪ] *s* pornografi
porous ['pɔ:rəs] *adj* porös, full av porer
porpoise ['pɔ:pəs] *s* zool. tumlare
porridge ['pɒrɪdʒ] *s* havregröt
1 port [pɔ:t] *s* portvin
2 port [pɔ:t] *s* hamn, hamnstad
3 port [pɔ:t] *s* sjö. babord
portable ['pɔ:təbl] *adj* bärbar, portabel; ~ ***typewriter*** reseskrivmaskin
portal ['pɔ:tl] *s* portal, valvport
porter ['pɔ:tə] *s* **1** bärare, stadsbud vid järnvägsstation **2** portvakt, dörrvakt; vaktmästare; portier **3** porter slags öl
porterhouse ['pɔ:təhaʊs] *s*, ~ ***steak*** tjock skiva av rostbiff
portfolio [ˌpɔ:t'fəʊljəʊ] (pl. ~*s*) *s* portfölj
porthole ['pɔ:thəʊl] *s* sjö. hyttventil; port
portion ['pɔ:ʃən] *s* del, stycke; andel, lott; portion
portly ['pɔ:tlɪ] *adj* korpulent, fetlagd
portmanteau [pɔ:t'mæntəʊ] *s* kappsäck
portrait ['pɔ:trət] *s* porträtt; bild
portray [pɔ:'treɪ] *vb tr* porträttera, avbilda
portrayal [pɔ:'treɪəl] *s* porträtt, bild
Portugal ['pɔ:tjʊg(ə)l]
Portuguese [ˌpɔ:tjʊ'gi:z] **I** *adj* portugisisk **II** *s* **1** (pl. lika) portugis **2** portugisiska språket
port wine [ˌpɔ:t'waɪn] *s* portvin
pose [pəʊz] **I** *s* pose, attityd; posering **II** *vb tr* o. *vb itr* **1** lägga fram [~ *a question*]; ~ ***a threat*** utgöra ett hot **2** posera; göra sig till; ~ ***as*** ge sig ut för
poseur [pəʊ'zɜ:] *s* posör
posh [pɒʃ] *adj* vard. flott [*a ~ hotel*]
position [pə'zɪʃən] **I** *s* position, ställning; läge, plats **II** *vb tr* placera
positive ['pɒzətɪv] *adj* **1** positiv **2** riktig, verklig [*he is a ~ nuisance*] **3** säker [*of* på], övertygad [*of* om]
positively ['pɒzətɪvlɪ] *adv* **1** positivt **2** säkert **3** verkligen, faktiskt
posse ['pɒsɪ] *s* polisstyrka, polisuppbåd i USA
possess [pə'zes] *vb tr* äga, ha
possessed [pə'zest] *perf p* o. *adj* besatt; ***like one*** ~ som en besatt
possession [pə'zeʃən] *s* **1** besittning, innehav; ägo; ***take ~ of*** ta i besittning **2** egendom; pl. ~***s*** ägodelar
possessive [pə'zesɪv] **I** *adj* **1** hagalen; härsklysten **2** gram. possessiv; ***the ~ case*** genitiv **II** *s* gram., ***the*** ~ genitiv
possessor [pə'zesə] *s* ägare
possibility [ˌpɒsə'bɪlətɪ] *s* möjlighet [*of* av, till]
possible ['pɒsəbl] *adj* möjlig; eventuell; ***if*** ~ om möjligt; ***as far as*** ~ så vitt (långt som) möjligt
possibly ['pɒsəblɪ] *adv* **1** möjligen; eventuellt; ***I cannot ~ do it*** jag kan omöjligen göra det, det finns ingen chans

att jag kan göra det **2** kanske; mycket möjligt

1 post [pəʊst] *s* post vid t.ex. dörr; stolpe; ***the finishing*** (***winning***) **~** sport. mållinjen

2 post [pəʊst] **I** *s* befattning, post, plats, tjänst **II** *vb tr* postera; kommendera [*to* till]

3 post [pəʊst] **I** *s* post t.ex. brev; ***by* ~** med posten, per post **II** *vb tr* posta, skicka

post- [pəʊst] *prefix* efter-, post- [*post-Victorian*]

postage ['pəʊstɪdʒ] *s* porto; **~ *rate*** posttaxa; **~ *stamp*** frimärke

postal ['pəʊst(ə)l] *adj* post-, postal; **~ *giro service*** postgiro; **~ *order*** postanvisning i kuvert översänd anvisning på lägre belopp

postcard ['pəʊstkɑ:d] *s* frankerat postkort; ***picture* ~** vykort

postcode ['pəʊstkəʊd] *s* postnummer

postdate [ˌpəʊst'deɪt] *vb tr* postdatera, efterdatera

poster ['pəʊstə] *s* anslag; affisch

poste restante [ˌpəʊst'restɒnt] *s* o. *adv* poste restante

posterity [pɒ'sterətɪ] *s* efterkommande; eftervärlden [*go down to* (gå till) **~**]

post-graduate [ˌpəʊst'grædjʊət] **I** *adj* efter avlagd första examen vid universitet; **~ *studies*** forskarutbildning **II** *s* forskarstuderande

post-haste [ˌpəʊst'heɪst] *adv* i ilfart

posthumous ['pɒstjʊməs] *adj* postum

postiche [pɒ'sti:ʃ] *s* postisch, peruk

postman ['pəʊstmən] (pl. *postmen* ['pəʊstmən]) *s* brevbärare, postiljon

postmark ['pəʊstmɑ:k] *s* poststämpel

postmarked ['pəʊstmɑ:kt] *adj* stämplad, poststämplad

postmaster ['pəʊst,mɑ:stə] *s* postmästare; postföreståndare

postmistress ['pəʊstˌmɪstrəs] *s* kvinnlig postmästare (postföreståndare)

postmortem [ˌpəʊst'mɔ:təm] *s* obduktion

post office ['pəʊstˌɒfɪs] *s* postkontor; ***the* ~** postverket

postpone [pəʊs(t)'pəʊn] *vb tr* skjuta upp, senarelägga

postponement [pəʊs(t)'pəʊnmənt] *s* uppskjutande, bordläggning

postscript ['pəʊsskrɪpt] *s* postskriptum

posture ['pɒstʃə] *s* kroppsställning, hållning

post-war [ˌpəʊst'wɔ:] *adj* efterkrigs-

posy ['pəʊzɪ] *s* liten bukett

pot [pɒt] **I** *s* **1** a) kruka [*flower-pot*], burk [*a ~ of jam*], pyts [*paint-pot*] b) gryta c) kanna [*a tea-pot*] d) potta, nattkärl; ***go to* ~** vard. gå åt pipan **2** bildl. a) vard. massa [*make a ~ of money*] b) kortsp. pott **3** sl. hasch, knark **II** *vb tr* lägga in, konservera [*potted shrimps*]

potash ['pɒtæʃ] *s* **1** pottaska **2** kali

potassium [pə'tæsjəm] *s* kalium; **~ *cyanide*** cyankalium

potato [pə'teɪtəʊ] (pl. *potatoes*) *s* potatis

potbellied ['pɒtˌbelɪd] *adj*, ***be* ~** ha kalaskula

potbelly ['pɒtˌbelɪ] *s* kalaskula; isterbuk

potboiler ['pɒtˌbɔɪlə] *s* vard. beställningsarbete, dussinroman

potency ['pəʊtənsɪ] *s* fysiol. potens

potent ['pəʊt(ə)nt] *adj* **1** mäktig; kraftig [*a ~ remedy*] **2** fysiol. potent

potentate ['pəʊtənteɪt] *s* potentat

potential [pə'tenʃ(ə)l] **I** *adj* potentiell **II** *s* potential

pother ['pɒðə] *s* bråk, ståhej

pot herb ['pɒthɜ:b] *s* köksväxt

pot-holder ['pɒtˌhəʊldə] *s* grytlapp

pot-hole ['pɒthəʊl] *s* potthål, grop

potion ['pəʊʃ(ə)n] *s* dryck med giftiga el. magiska egenskaper [*love-potion*]

pot luck [ˌpɒt'lʌk] *s*, ***take* ~** hålla tillgodo med vad huset förmår

potpourri [pəʊpə'ri:] *s* mus. potpurri

pot roast ['pɒtrəʊst] *s* grytstek

pot shot [ˌpɒt'ʃɒt] *s* vard. slängskott

potted ['pɒtɪd] *perf p* o. *adj* sammandragen, förkortad [*a ~ version of the film*]

1 potter ['pɒtə] *vb itr*, **~ *about*** knåpa, pyssla, pilla [*at* med]

2 potter ['pɒtə] *s* krukmakare; ***potter's wheel*** drejskiva

pottery ['pɒtərɪ] *s* **1** porslinsfabrik; krukmakeri **2** porslin; lergods

potty ['pɒtɪ] *adj* vard. **1** futtig **2** knasig

pouch [paʊtʃ] *s* **1** liten påse, pung [*tobacco-pouch*] **2** biol., t.ex. pungdjurs pung

poulterer ['pəʊltərə] *s* fågelhandlare, vilthandlare

poultice ['pəʊltɪs] *s* grötomslag

poultry ['pəʊltrɪ] *s* fjäderfä, fågel, höns

poultry farm ['pəʊltrɪfɑ:m] *s* hönsfarm

pounce [paʊns] *vb itr*, **~ *on*** (***at***) slå ner på, kasta sig över

1 pound [paʊnd] *s* **1** skålpund (vanl. = 16 *ounces* 454 gram) **2** pund (= 100 *pence*)

2 pound [paʊnd] *s* fålla, inhägnad

3 pound [paʊnd] *vb tr* o. *vb itr* dunka, banka, hamra, bulta [*at, on* på, i]

pour [pɔ:] *vb tr* o. *vb itr* **1** hälla, ösa; ~ *out* hälla ut (upp), servera [~ *a cup of tea*] **2** strömma, forsa; välla; ***it is pouring*** (***pouring down***) det regnet öser ner; ***pouring rain*** hällande regn

pout [paʊt] *vb itr* truta (puta) med munnen

poverty ['pɒvətɪ] *s* fattigdom

poverty-stricken ['pɒvətɪ,strɪkn] *adj* utfattig, utarmad; torftig

POW [,pi:əʊ'dʌblju] (förk. för *prisoner of war*) krigsfånge

powder ['paʊdə] **I** *s* pulver; puder **II** *vb tr* **1** pudra; beströ **2** pulvrisera; ***powdered milk*** torrmjölk

powder-compact ['paʊdə,kɒmpækt] *s* puderdosa

powder puff ['paʊdəpʌf] *s* pudervippa

powder room ['paʊdəru:m] *s* damrum

power ['paʊə] *s* **1** förmåga; ***I will do everything in my*** ~ jag skall göra allt som står i min makt **2** makt; ***naval*** ~ sjömakt; ~ ***politics*** maktpolitik; ***be in a p.'s*** ~ vara i ngns våld; ***come*** (***get***) ***into*** ~ komma till makten **3** kraft, styrka [*the* ~ *of a lens*]; ~ ***failure*** strömavbrott; ~ ***mower*** motorgräsklippare

power-assisted [,paʊərə'sɪstɪd] *adj* servo- [~ *brakes*]

power brake ['paʊəbreɪk] *s* servobroms

power cut ['paʊəkʌt] *s* strömavbrott

power drill ['paʊədrɪl] *s* elektrisk borr; motorborr

power-driven ['paʊə,drɪvn] *adj* maskindriven, motordriven; eldriven

powerful ['paʊəf(ʊ)l] *adj* mäktig [*a* ~ *nation*]; kraftig [*a* ~ *blow*], stark [*a* ~ *engine*]

powerhouse ['paʊəhaʊs] *s* kraftstation, kraftverk

powerless ['paʊələs] *adj* maktlös, kraftlös

power mains ['paʊəmeɪnz] *s pl* elnät

power mower ['paʊə,məʊə] *s* motorgräsklippare

power pack ['paʊəpæk] *s* nätdel, nätanslutningsaggregat

power plant ['paʊəplɑ:nt] *s* elverk, kraftanläggning, kraftverk

power-seeking ['paʊə,si:kɪŋ] *adj* maktlysten

power shovel ['paʊə,ʃʌvl] *s* grävmaskin

power station ['paʊə,steɪʃən] *s* elverk; kraftanläggning, kraftstation, kraftverk

pox [pɒks] *s,* ***the*** ~ vard. syffe syfilis

pp. (förk. för *pages*) sidor

PR [,pi:'ɑ:] (förk. för *public relations*) PR

practicable ['præktɪkəbl] *adj* genomförbar

practical ['præktɪkəl] *adj* praktisk; genomförbar [*a* ~ *scheme*]

practically ['præktɪkəlɪ] *adv* **1** praktiskt, i praktiken **2** praktiskt taget

practice ['præktɪs] *s* **1** praktik [*theory and* ~]; ***put a th. into*** ~ tillämpa ngt i praktiken **2** praxis; bruk; sed, vana, kutym; ***make a*** ~ ***of*** ta för vana att **3** träning; ~ ***makes perfect*** övning ger färdighet; ***I am out of*** ~ jag är otränad **4** läkares el. advokats praktik **5** pl. ~***s*** tricks, knep; tvivelaktiga metoder

practise ['præktɪs] *vb tr* o. *vb itr* **1** öva sig i, öva [~ *music*]; öva sig [*in* i]; öva, träna **2** praktisera, tillämpa, utöva [~ *a profession*]; ~ ***what one preaches*** leva som man lär

practised ['præktɪst] *adj* **1** skicklig; erfaren, rutinerad **2** inövad

practising ['præktɪsɪŋ] *adj* praktiserande; ortodox [*a* ~ *Jew*]

practitioner [præk'tɪʃənə] *s* praktiserande läkare; jfr *general I 1, medical I*

pragmatic [præg'mætɪk] *adj* pragmatisk

Prague [prɑ:g] Prag

prairie ['preərɪ] *s* prärie

praise [preɪz] **I** *vb tr* berömma, prisa, lovorda **II** *s* beröm, lovord

praiseworthy ['preɪz,wɜ:ðɪ] *adj* lovvärd

pram [præm] *s* barnvagn

prance [prɑ:ns] *vb itr* om häst dansa på bakbenen; om person kråma sig

prank [præŋk] *s* spratt, upptåg

prate [preɪt] *vb itr* prata, snacka, pladdra

prattle ['prætl] **I** *vb itr* pladdra **II** *s* pladder

prattler ['prætlə] *s* pratmakare, pladdrare

prawn [prɔ:n] **I** *s* räka **II** *vb itr* fiska räkor

pray [preɪ] *vb tr* o. *vb itr* be, bönfalla; ~ [***don't speak so loud!***] var vänlig och...

prayer [preə] *s* bön

preach [pri:tʃ] *vb itr* o. *vb tr* predika

preacher ['pri:tʃə] *s* predikant, predikare

preamble [pri:'æmbl] *s* inledning, företal

preamplifier [,pri:'æmplɪfaɪə] *s* elektr. förförstärkare

prearrange [,pri:ə'reɪndʒ] *vb tr* ordna (avtala) på förhand

precarious [prɪ'keərɪəs] *adj* osäker; prekär

precaution [prɪ'kɔ:ʃ(ə)n] *s* försiktighet; ***take ~s*** vidta försiktighetsåtgärder

precautionary [prɪ'kɔ:ʃnərɪ] *adj* försiktighets- [~ *measures* (åtgärder)]
precede [prɪ'si:d] *vb tr* föregå; gå före
precedence ['presɪdəns, prɪ'sɪ:d(ə)ns] *s* företräde; företrädesrätt
precedent ['presɪd(ə)nt] *s* tidigare fall; speciellt jur. prejudikat; ***it is without ~*** det saknar motstycke
preceding [prɪ'si:dɪŋ] *adj* föregående
precept ['pri:sept] *s* föreskrift, regel
precinct ['pri:sɪŋkt] *s* **1** område; ***pedestrian ~*** område med gågator, gågata **2** amer. polisdistrikt
precious ['preʃəs] *adj* dyrbar, kostbar, värdefull; ***~ stone*** ädelsten
precipice ['presɪpɪs] *s* brant, stup
precipitate [prɪ'sɪpɪtət] *adj* brådstörtad
precipitous [prɪ'sɪpɪtəs] *adj* tvärbrant
précis ['preɪsi:] *s* sammandrag, resumé
precise [prɪ'saɪs] *adj* exakt, precis
precisely [prɪ'saɪslɪ] *adv* exakt, precis
precision [prɪ'sɪʒən] *s* precision
precocious [prɪ'kəʊʃəs] *adj* brådmogen
precocity [prɪ'kɒsətɪ] *s* brådmogenhet
preconceive [ˌpri:kən'si:v] *vb tr*, ***preconceived opinions (ideas)*** förutfattade meningar
precondition [ˌpri:kən'dɪʃ(ə)n] *s* förhandsvillkor
predecessor ['pri:dɪsesə] *s* företrädare
predestine [prɪ'destɪn] *vb tr* förutbestämma
predetermine [ˌpri:dɪ'tɜ:mɪn] *vb tr* förutbestämma
predicament [prɪ'dɪkəmənt] *s* obehaglig situation; läge, tillstånd
predicate ['predɪkət] *s* gram. predikat, predikatsdel
predict [prɪ'dɪkt] *vb tr* förutsäga, spå
predictable [prɪ'dɪktəbl] *adj* förutsägbar
prediction [prɪ'dɪkʃən] *s* förutsägelse
predilection [ˌpri:dɪ'lekʃ(ə)n] *s* förkärlek
predispose [ˌpri:dɪ'spəʊz] *vb tr*, ***be predisposed to*** vara mottaglig (benägen) för
predisposition ['pri:ˌdɪspə'zɪʃ(ə)n] *s* mottaglighet, benägenhet, anlag [*to* för]
predominance [prɪ'dɒmɪnəns] *s* övermakt, övervikt
predominant [prɪ'dɒmɪnənt] *adj* dominerande, övervägande, förhärskande
predominate [prɪ'dɒmɪneɪt] *vb itr* dominera; vara förhärskande
pre-eminent [prɪ'emɪnənt] *adj* utomordentligt framstående; överlägsen
preen [pri:n] *vb tr* om fågel putsa [~ *its feathers*]; ***~ oneself*** om person snygga till sig
prefabricate [ˌpri:'fæbrɪkeɪt] *vb tr*, ***prefabricated house*** monteringshus, elementhus
preface ['prefəs] **I** *s* förord, inledning **II** *vb tr* inleda; föregå
prefatory ['prefətrɪ] *adj* inledande
prefect ['pri:fekt] *s* i vissa brittiska skolor (ungefär) ordningsman
prefer [prɪ'fɜ:] *vb tr* föredra [*to* framför]
preferable ['prefərəbl] *adj* som är att föredra
preferably ['prefərəblɪ] *adv* företrädesvis, helst [~ *today*]
preference ['prefərəns] *s* förkärlek [*have a ~ for Italian food*]; företräde [*over* framför]; ***in ~ to*** framför [*in ~ to all others*]
prefix ['pri:fɪks] *s* förstavelse, prefix
pregnancy ['pregnənsɪ] *s* havandeskap; om djur dräktighet
pregnant ['pregnənt] *adj* **1** havande; om djur dräktig **2** ***~ with*** rik på
prehistoric [ˌpri:hɪ'stɒrɪk] *adj* o. **prehistorical** ['pri:hɪ'stɒrɪk(ə)l] *adj* förhistorisk, urtids- [~ *animals*]
prejudice ['predʒʊdɪs] **I** *s* fördomar **II** *vb tr* inge ngn fördomar; ***~ a p.'s case*** skada ngns sak
prejudiced ['predʒʊdɪst] *adj* fördomsfull
prelate ['prelət] *s* prelat
preliminary [prɪ'lɪmɪnərɪ] **I** *adj* preliminär; inledande **II** *s*, pl. ***preliminaries*** förberedelser
prelude ['prelju:d] *s* förspel, upptakt
premarital [prɪ'mærɪtl] *adj* föräktenskaplig
premature [ˌpremə'tjʊə] *adj* **1** för tidig [~ *death*] **2** förhastad [*a ~ conclusion*]
prematurely [ˌpremə'tjʊəlɪ] *adv* **1** för tidigt, i förtid; i otid **2** förhastat
premeditated [prɪ'medɪteɪtɪd] *adj* överlagd [~ *murder*]
premeditation [prɪˌmedɪ'teɪʃən] *s* uppsåt, berått mod
premier ['premjə] **I** *adj* första [~ *place*]; främsta, förnämst **II** *s* premiärminister
première ['premɪeə] *s* premiär
premise ['premɪs] *s*, pl. ***~s*** fastigheter; lokaler
premium ['pri:mjəm] *s* försäkringspremie
premonition [ˌpri:mə'nɪʃən] *s* föraning
preoccupation [prɪˌɒkjʊ'peɪʃən] *s* **1** självupptagenhet **2** främsta intresse

preoccupied [prɪ'ɒkjʊpaɪd] *adj* helt upptagen [*with* av], djupt försjunken [*with* i]

preparation [ˌprepə'reɪʃ(ə)n] *s* **1** förberedelse [*make ~s*]; färdigställande **2** tillagning, tillredning [*~ of food*]; framställning [*the ~ of a vaccine*]

preparatory [prɪ'pærətəri] *adj* **1** förberedande; för- [*~ work*]; *~ **school*** a) privat, förberedande skola för inträde i 'public schools' b) i USA högre internatskola för inträde i college **2** *~ **to*** som en förberedelse för, inför

prepare [prɪ'peə] *vb tr* o. *vb itr* **1** förbereda; preparera, göra i ordning; laga [*~ food*] **2** förbereda sig, göra sig i ordning (beredd); *~ **for an exam*** läsa på en examen

prepared [prɪ'peəd] *adj* förberedd; beredd, inställd [*for* på; *to do a th.* på att göra ngt]; villig [*I'm not ~ to...*]

preparedness [prɪ'peədnəs, prɪ'peərɪdnəs] *s* beredskap

prepay [ˌpri:'peɪ] *vb tr* betala i förväg

preponderance [prɪ'pɒndər(ə)ns] *s* övervikt; överskott [*of* på]

preposition [ˌprepə'zɪʃ(ə)n] *s* preposition

preposterous [prɪ'pɒstərəs] *adj* orimlig

prepuce ['pri:pju:s] *s* förhud på penis

prerequisite [ˌpri:'rekwɪzɪt] *s* förutsättning

prerogative [prɪ'rɒgətɪv] *s* prerogativ [*royal ~*], privilegium, företrädesrätt

preschool ['pri:sku:l] **I** *adj* förskole- [*~ age*] **II** *s* förskola

prescribe [prɪ'skraɪb] *vb tr* föreskriva; med. ordinera

prescription [prɪ'skrɪpʃ(ə)n] *s* med. recept [*make up* (expediera) *a ~*]

presence ['prezns] *s* närvaro; närhet; *~ **of mind*** sinnesnärvaro; ***your ~ is requested*** ni anmodas närvara

1 present ['preznt] **I** *adj* **1** närvarande [*at* vid]; *those* (***the people***) *~* de närvarande **2** nuvarande, innevarande [*the ~ month*], nu pågående, aktuell [*the ~ boom*] **3** gram., ***the ~ tense*** presens **II** *s* **1** ***the ~*** nuet; ***at ~*** för närvarande; ***for the ~*** för närvarande, tills vidare **2** gram., ***the ~*** presens; *~ **continuous*** progressiv presensform

2 present [substantiv 'preznt, verb prɪ'zent] **I** *s* present, gåva **II** *vb tr* **1** föreställa, presentera speciellt formellt **2** lägga fram [*~ a bill* (lagförslag)]; presentera, lämna in; framställa [*as* som] **3** överlämna [*to* åt, till], räcka fram [*to* till] **4** teat. uppföra, framföra [*~ a new play*]

presentable [prɪ'zentəbl] *adj* som kan läggas fram; presentabel

presentation [ˌprezən'teɪʃ(ə)n] *s* **1** presentation av ngn [*to* för] **2** framläggande; framställning, utformning **3** överlämnande **4** teat. uppförande, framförande [*the ~ of a new play*]

present-day ['prezntdeɪ] *adj* nutidens

presentiment [prɪ'zentɪmənt] *s* föraning

presently ['prezntlɪ] *adv* **1** snart, inom kort; kort därefter **2** för närvarande

preservation [ˌprezə'veɪʃ(ə)n] *s* **1** bevarande, bibehållande; konservering **2** vård, fridlysning

preservative [prɪ'zɜ:vətɪv] *s* konserveringsmedel

preserve [prɪ'zɜ:v] **I** *vb tr* **1** bevara, skydda [*from* för] **2** konservera [*~ fruit*], lägga in, sylta **II** *s* **1** ofta pl. ***~s*** sylt; marmelad; konserverad frukt **2** ***nature ~*** naturreservat **3** bildl. privilegium; reservat

preset [ˌpri:'set] *adj* förinställd

pre-shrunk [ˌpri:'ʃrʌŋk] *adj* krympfri

preside [prɪ'zaɪd] *vb itr* presidera, sitta som ordförande [*at, over* vid]

presidency ['prezɪdənsɪ] *s* presidentskap, presidentämbete, presidentperiod

president ['prezɪd(ə)nt] *s* **1** president **2** amer. verkställande direktör

presidential [ˌprezɪ'denʃ(ə)l] *adj* president-

press [pres] **I** *s* **1** a) tryckning [*the ~ of* (på) *a button*] b) press, tryck **2** a) press [*a hydraulic ~*] b) pressande, pressning äv. av kläder **3** tryckpress; tryckeri, tidningspress **II** *vb tr* o. *vb itr* **1** pressa [*~ one's trousers*]; trycka [*~ a p.'s hand*]; krama, klämma; *~ **the button*** trycka på knappen äv. bildl. **2** pressa, försöka tvinga [*~ a p. to do a th.*] **3** ansätta [*be hard pressed*]; ***be pressed for*** ha ont om [*be pressed for time*] **4** pressa, trycka [*on* på] **5** *~ **for*** yrka på [*~ for higher wages*] **6** *~ **on*** (***forward***) pressa på, tränga sig fram, skynda framåt

press agency ['presˌeɪdʒənsɪ] *s* pressbyrå

press box ['presbɒks] *s* pressbås

press-clipping ['presˌklɪpɪŋ] *s* o. **press-cutting** ['presˌkʌtɪŋ] *s* tidningsurklipp, pressklipp

press gallery ['presˌgælərɪ] *s* pressläktare

pressing ['presɪŋ] *adj* brådskande [*~ business*]; trängande [*~ need*]

press-stud ['presstʌd] *s* tryckknapp

press-up ['presʌp] *s* gymn., liggande armhävning
pressure ['preʃə] *s* **1** tryck, tryckning [*~ of the hand*]; press [*work under ~*]; ***high ~*** högtryck **2** ***put ~*** (***bring ~ to bear***) ***on a p.*** utöva påtryckningar på ngn
pressure cabin ['preʃəˌkæbɪn] *s* tryckkabin
pressure-cooker ['preʃəˌkʊkə] *s* tryckkokare
pressure gauge ['preʃəgeɪdʒ] *s* manometer, tryckmätare
pressure group ['preʃəgru:p] *s* påtryckningsgrupp
pressurize ['preʃəraɪz] *vb tr* **1** sätta tryck på, utöva påtryckningar på **2** ***pressurized cabin*** tryckkabin
prestige [pre'sti:ʒ] *s* prestige; anseende
prestigious [pre'stɪdʒəs] *adj* prestigefylld, prestigebetonad
presumably [prɪ'zju:məblɪ] *adv* förmodligen, troligen
presume [prɪ'zju:m] *vb tr* o. *vb itr* **1** förmoda **2** tillåta sig, ta sig friheter
presumption [prɪ'zʌmpʃ(ə)n] *s* **1** förmodan **2** övermod, arrogans
presumptuous [prɪ'zʌmptjʊəs] *adj* självsäker, övermodig, arrogant
presuppose [ˌpri:sə'pəʊz] *vb tr* förutsätta
pretence [prɪ'tens] *s* **1** förevändning, svepskäl; falskt sken [*a ~ of friendship*]; ***false ~s*** falska förespeglingar **2** pretentioner
pretend [prɪ'tend] *vb tr* **1** låtsas **2** göra anspråk på, göra gällande
pretense [prɪ'tens] *s* amer. = *pretence*
pretension [prɪ'tenʃ(ə)n] *s* anspråk [*to* på]; pretention
pretentious [prɪ'tenʃəs] *adj* pretentiös
preterite ['pretərət] *s* gram., ***the ~*** preteritum, imperfekt
pretext ['pri:tekst] *s* förevändning
pretty ['prɪtɪ] **I** *adj* söt [*a ~ girl*], näpen; ***a ~ mess*** iron. en skön röra; ***a ~ sum*** (***penny***) en nätt summa, en vacker slant **II** *adv* vard. rätt, ganska
pretty-pretty [ˌprɪtɪ'prɪtɪ] *adj* vard. snutfager; kysstäck; om färg sötsliskig
pretzel ['pretsl] *s* saltkringla
prevail [prɪ'veɪl] *vb itr* **1** råda, vara förhärskande (allmänt utbredd) **2** ***~ on*** förmå, övertala
prevailing [prɪ'veɪlɪŋ] *adj* rådande [*~ winds*], förhärskande [*the ~ opinion*]
prevalence ['prevələns] *s* allmän förekomst, utbredning
prevalent ['prevələnt] *adj* rådande, förhärskande
prevent [prɪ'vent] *vb tr* hindra, förebygga
preventable [prɪ'ventəbl] *adj* som kan hindras (förebyggas)
prevention [prɪ'venʃ(ə)n] *s* förhindrande, förebyggande; ***~ is better than cure*** ordspr. bättre förekomma än förekommas; ***the ~ of cruelty to animals*** ungefär djurskydd
preventive [prɪ'ventɪv] *adj* preventiv, hindrande, förebyggande [*~ measures*]
preview ['pri:vju:] *s* förhandsvisning
previous ['pri:vjəs] *adj* föregående, tidigare
previously ['pri:vjəslɪ] *adv* förut, tidigare
pre-war [ˌpri:'wɔ:, attributivt 'pri:wɔ:] *adj* förkrigs-, före kriget
prey [preɪ] **I** *s* rov, byte; ***be a ~ to*** vara ett offer för; ***bird of ~*** rovfågel **II** *vb itr*, ***~ on*** **a)** jaga, leva på **b)** ***~ on a p.'s mind*** tynga på ngn
price [praɪs] *s* pris; ***at any ~*** till varje pris; ***at reduced ~s*** till nedsatta priser
price freeze ['praɪsfri:z] *s* prisstopp
priceless ['praɪsləs] *adj* ovärderlig; vard. obetalbar
pricey ['praɪsɪ] *adj* vard. dyrbar, dyr
prick [prɪk] **I** *s* **1** stick, styng; sting; ***~s of conscience*** samvetskval **2** vulg. kuk **II** *vb tr* **1** sticka; sticka hål i [*~ a balloon*]; ***~ one's finger*** sticka sig i fingret **2** ***~*** (***~ up***) ***one's ears*** spetsa öronen
prickle ['prɪkl] *vb tr* o. *vb itr* sticka; stickas
prickly ['prɪklɪ] *adj* **1** taggig **2** stickande känsla; ***~ heat*** med. hetblemmor
pride [praɪd] **I** *s* stolthet [*in* över]; ***take ~*** (***a ~***) ***in*** känna stolthet över, sätta sin ära i **II** *vb rfl*, ***~ oneself on*** (***upon***) vara stolt över
priest [pri:st] *s* präst; ***woman ~*** kvinnlig präst
priestess ['pri:stes] *s* prästinna
priesthood ['pri:sthʊd] *s* prästerskap
prig [prɪg] *s* självgod pedant, petimäter
priggish ['prɪgɪʃ] *adj* självgod, petig
prim [prɪm] *adj* prydlig [*a ~ garden*]; sipp, pryd
prima donna [ˌpri:mə'dɒnə] *s* primadonna
primarily ['praɪmərəlɪ] *adv* **1** primärt, ursprungligen **2** huvudsakligen
primary ['praɪmərɪ] *adj* **1** primär, ursprunglig; ***~ school*** primärskola, lågstadieskola: a) britt., motsvarande 6-årig grundskola för åldrarna 5-11 b) amer.,

motsvarande 3- (4-)årig grundskola 2 huvudsaklig
prime [praɪm] **I** *adj* **1** främsta; ***~ minister*** premiärminister, statsminister **2** prima, förstklassig **3** primär, ursprunglig **II** *s, **in one's ~*** el. ***in the ~ of life*** i sin krafts dagar, i sina bästa år; ***he is past his ~*** han har sina bästa år bakom sig **III** *vb tr* **1** instruera [*~ a witness*] **2** vard. proppa full med mat m.m. **3** grundmåla
primer ['praɪmə] *s* nybörjarbok
primitive ['prɪmɪtɪv] *adj* primitiv
primp [prɪmp] *vb itr* snofsa (fiffa) upp sig
primrose ['prɪmrəʊs] *s* primula, viva
primula ['prɪmjʊlə] *s* bot. Primula
Primus ['praɪməs] *s* ®, ***~ stove*** primuskök
prince [prɪns] *s* prins; furste; ***~ consort*** prinsgemål
princely ['prɪnslɪ] *adj* furstlig
princess [prɪn'ses] *s* prinsessa; furstinna
principal ['prɪnsəp(ə)l] **I** *adj* huvudsaklig, främsta, förnämst; ***~ parts of a verb*** ett verbs tema **II** *s* chef; skol. rektor
principality [ˌprɪnsɪ'pælətɪ] *s* furstendöme; ***the Principality*** benämning på Wales
principally ['prɪnsəplɪ] *adv* huvudsakligen, i främsta rummet
principle ['prɪnsəpl] *s* princip [*on* (av) *~*]
prink [prɪŋk] *vb itr* snofsa (fiffa) upp sig
print [prɪnt] **I** *s* **1** tryck; ***large (small) ~*** stor (liten, fin) stil; ***get into ~*** gå i tryck; ***out of ~*** utsåld **2** avtryck [*~ of a finger (foot)*], märke, spår **3** konst. avtryck, tryck; foto. kopia **II** *vb tr* **1** trycka bok; publicera; ***printed matter*** trycksaker **2** skriva med tryckstil, texta **3** foto. kopiera
printable ['prɪntəbl] *adj* tryckbar
printer ['prɪntə] *s* boktryckare, tryckeriarbetare; ***printer's error*** tryckfel
printing ['prɪntɪŋ] *s* tryckning [*second ~*], tryck; kopiering
printing-house ['prɪntɪŋhaʊs] *s* tryckeri
printing-ink ['prɪntɪŋɪŋk] *s* trycksvärta
printing-press ['prɪntɪŋpres] *s* tryckpress
prior ['praɪə] **I** *adj* föregående; tidigare [*to* än] **II** *adv, **~ to*** före [*~ to his marriage*]; ***~ to leaving he...*** innan han gav sig i väg... **III** *s* prior
priority [praɪ'ɒrətɪ] *s* prioritet, företräde, förtur [*over* framför]; ***give ~ to*** prioritera; ***take ~ over*** gå före
priory ['praɪərɪ] *s* priorskloster
prism ['prɪz(ə)m] *s* prisma
prison ['prɪzn] *s* fängelse, fångvårdsanstalt
prison camp ['prɪznkæmp] *s* krigsfångeläger
prisoner ['prɪznə] *s* fånge; ***~ of war*** krigsfånge
prison guard [ˌprɪzn'gɑːd] *s* fångvaktare
privacy ['prɪvəsɪ, 'praɪvəsɪ] *s* avskildhet, privatliv; ***in ~*** i enrum
private ['praɪvət] **I** *adj* **1** privat, personlig [*my ~ opinion*]; enskild; ***~ bar*** finare avdelning på en pub **2** avskild; ***~ number*** tele. hemligt nummer; ***~ parts*** könsdelar; ***keep ~*** hemlighålla **II** *s* **1** mil. menig **2** ***in ~*** privat, enskilt
privately ['praɪvətlɪ] *adv* privat, personligt; enskilt; ***~ owned*** privatägd
privation [praɪ'veɪʃ(ə)n] *s* umbäranden
privet ['prɪvɪt] *s* bot. liguster
privilege ['prɪvəlɪdʒ] **I** *s* privilegium **II** *vb tr* privilegiera
privileged ['prɪvəlɪdʒd] *adj* privilegierad
privy ['prɪvɪ] **I** *adj, **~ to*** medveten om, invigd **II** *s* toalett, utedass
1 prize [praɪz] **I** *s* **1** pris; premie **2** lotterivinst; ***the first ~*** högsta vinsten **II** *vb tr* värdera högt
2 prize [praɪz] *vb tr, **~ up (open)*** bända upp
prizefight ['praɪzfaɪt] *s* proboxningsmatch
prizefighter ['praɪzˌfaɪtə] *s* proboxare
prize-giving ['praɪzˌgɪvɪŋ] *s* premieutdelning; prisutdelning
prize money ['praɪzˌmʌnɪ] *s* prissumma
prizewinner ['praɪzˌwɪnə] *s* pristagare
1 pro [prəʊ] **I** *prefix* **1** pro-, -vänlig [*pro-British*] **2** pro- [*proconsul*] **II** *s, **the ~s and cons*** skälen för och emot
2 pro [prəʊ] (pl. *~s*) *s* vard. proffs [*a golf ~*]; sl. fnask
probability [ˌprɒbə'bɪlətɪ] *s* sannolikhet
probable ['prɒbəbl] *adj* sannolik, trolig
probably ['prɒbəblɪ] *adv* troligen
probation [prəʊ'beɪʃ(ə)n] *s* **1** prov [*two years on ~*] **2** jur., ***be put on ~*** dömas till skyddstillsyn, få villkorlig dom; ***~ officer*** övervakare
probationer [prəʊ'beɪʃnə] *s* elev; novis; ***~ nurse*** el. ***~*** sjuksköterskeelev
probe [prəʊb] **I** *s* **1** sond **2** undersökning **II** *vb tr* o. *vb itr* **1** sondera **2** tränga in [*into* i]
problem ['prɒbləm] *s* problem
procedure [prə'siːdʒə] *s* procedur, förfarande, förfaringssätt
proceed [prə'siːd] *vb itr* **1** fortsätta **2** ***~ to***

+ infinitiv börja [*he proceeded to get angry*], övergå till att
proceeding [prə'si:dɪŋ] *s* **1** förfarande, förfaringssätt, procedur **2** pl. *~s* **a)** förehavanden **b)** i t.ex. domstol, sällskap förhandlingar **c)** ***take legal ~s against*** vidta lagliga åtgärder mot
proceeds ['prəʊsi:dz] *s pl* intäkter
process ['prəʊses] **I** *s* **1** förlopp; ***in ~ of construction*** under byggnad **2** process [*chemical processes*]; tekn. äv. metod [*the Bessemer ~*] **II** *vb tr* tekn. behandla äv. data.; bearbeta
procession [prə'seʃ(ə)n] *s* procession
proclaim [prə'kleɪm] *vb tr* proklamera, tillkännage, kungöra
proclamation [ˌprɒklə'meɪʃ(ə)n] *s* proklamation, tillkännagivande
procure [prə'kjʊə] *vb tr* skaffa, skaffa fram
prod [prɒd] **I** *vb tr* o. *vb itr,* ~ ***at*** el. ~ stöta till **II** *s* stöt
prodigal ['prɒdɪg(ə)l] **I** *adj* slösaktig [*of* med] **II** *s* slösare
prodigious [prə'dɪdʒəs] *adj* fenomenal
prodigy ['prɒdɪdʒɪ] *s,* ***infant ~*** el. ~ underbarn
produce [verb prə'dju:s, substantiv 'prɒdju:s] **I** *vb tr* **1** producera, framställa, tillverka; åstadkomma, framkalla [~ *a reaction*] **2** skaffa fram [~ *a witness*]; lägga fram **3** teat. regissera, iscensätta; uppföra; film. producera **II** *s* produkter av jordbruk [*garden ~*]; varor
producer [prə'dju:sə] *s* **1** producent **2** teat. regissör; film. el. radio. el. TV. producent
product ['prɒdʌkt] *s* produkt; vara
production [prə'dʌkʃ(ə)n] *s* **1** produktion, framställning, tillverkning **2** produkt, alster **3** framskaffande; framläggande **4** teat. regi, uppsättning; uppförande; film. inspelning
productive [prə'dʌktɪv] *adj* produktiv
productivity [ˌprɒdʌk'tɪvətɪ] *s* produktivitet [*increase ~*]; produktionsförmåga
prof [prɒf] *s* vard. profet professor
profane [prə'feɪn] **I** *adj* **1** profan, världslig **2** vanvördig; ~ ***language*** svordomar **II** *vb tr* vanhelga
profess [prə'fes] *vb tr* **1** tillkännage, förklara sig ha [*he professed interest in my welfare*] **2** göra anspråk på, ge sig ut för [~ *to be an authority on...*] **3** bekänna sig till [~ *Christianity*]
profession [prə'feʃ(ə)n] *s* yrke med högre utbildning; ***by ~*** till yrket
professional [prə'feʃ(ə)nl] **I** *adj* yrkes- [*a ~ politician*], förvärvs- [~ *life*], yrkesmässig; professionell **II** *s* professionell, proffs; yrkesman, fackman
professor [prə'fesə] *s* professor [*of* i]
professorship [prə'fesəʃɪp] *s* professur
proffer ['prɒfə] *vb tr* räcka fram, erbjuda
proficiency [prə'fɪʃənsɪ] *s* färdighet, skicklighet; ***certificate of ~*** kompetensbevis
proficient [prə'fɪʃ(ə)nt] *adj* skicklig, kunnig
profile ['prəʊfaɪl] *s* profil
profit ['prɒfɪt] **I** *s* **1** vinst, förtjänst **2** ***derive (gain) ~ from*** dra nytta (fördel) av **II** *vb itr,* ~ ***by (from)*** dra (ha) nytta (fördel) av, utnyttja; vinna på, tjäna på
profitable ['prɒfɪtəbl] *adj* nyttig, givande; vinstgivande, lönsam, lönande
profiteer [ˌprɒfɪ'tɪə] **I** *s* profitör **II** *vb itr* skaffa sig oskälig profit, ockra
profiteering [ˌprɒfɪ'tɪərɪŋ] *s* svartabörsaffärer, jobberi, ocker
profit-monger ['prɒfɪtˌmʌŋgə] *s* profitör
profit-sharing ['prɒfɪtˌʃeərɪŋ] *s* vinstdelning; vinstandelssystem
profligate ['prɒflɪgət] *adj* utsvävande
profound [prə'faʊnd] *adj* **1** djup [~ *anxiety*]; djupsinnig; grundlig, djupgående **2** outgrundlig [~ *mysteries*]
profundity [prə'fʌndətɪ] *s* djup; djupsinnighet; grundlighet
profuse [prə'fju:s] *adj* ymnig, riklig
profusion [prə'fju:ʒ(ə)n] *s* överflöd; rikedom, riklig mängd
progenitor [prəʊ'dʒenɪtə] *s* stamfader
progeny ['prɒdʒənɪ] *s* avkomma
prognosis [prəg'nəʊsɪs] (pl. *prognoses* [prəg'nəʊsi:z]) *s* prognos
program ['prəʊgræm] **I** *s* **1** data. program **2** speciellt amer., se *programme I* **II** *vb tr* **1** data. programmera **2** speciellt amer., se *programme II*
programme ['prəʊgræm] **I** *s* program **II** *vb tr* göra upp program för, planlägga
progress [substantiv 'prəʊgres, speciellt amer. 'prɒgres; verb prə'gres] **I** (utan pl.) *s* framsteg, framåtskridande, utveckling; ***in ~*** på (i) gång, under utförande; under arbete **II** *vb itr* göra framsteg, utvecklas; skrida framåt
progression [prə'greʃ(ə)n] *s* **1** fortgång; ***in ~*** i följd **2** progression

progressive [prə'gresɪv] **I** *adj* **1** progressiv, framstegsvänlig [~ *policy*] **2** gradvis tilltagande; ***on a ~ scale*** i stigande skala **3** gram., ~ ***tense*** progressiv (pågående) form **II** *s* framstegsvän

prohibit [prə'hɪbɪt] *vb tr* förbjuda; förhindra

prohibition [ˌprəʊhɪ'bɪʃ(ə)n] *s* förbud

project [verb prə'dʒekt, substantiv 'prɒdʒekt] **I** *vb tr* o. *vb itr* **1** projicera; slunga (skjuta) ut [~ *missiles*] **2** skjuta fram (ut); ***projecting*** framskjutande **II** *s* projekt, plan

projectile [prə'dʒektaɪl, amer. prə'dʒektl] *s* projektil

projection [prə'dʒekʃ(ə)n] *s* **1** projektion **2** utslungande, utskjutande

projector [prə'dʒektə] *s* projektor

proletarian [ˌprəʊlə'teərɪən] *s* proletär

proletariat [ˌprəʊlə'teərɪət] *s* proletariat

proliferate [prə'lɪfəreɪt] *vb itr* föröka (sprida) sig

prolific [prə'lɪfɪk] *adj* produktiv

prologue ['prəʊlɒg] *s* prolog, förspel

prolong [prə'lɒŋ] *vb tr* förlänga, dra ut, dra ut på

prolongation [ˌprəʊlɒŋ'geɪʃ(ə)n] *s* förlängning

promenade [ˌprɒmə'nɑ:d] **I** *s* promenad **II** *vb itr* o. *vb tr* promenera; promenera på [~ *the streets*]

prominence ['prɒmɪnəns] *s* **1** framträdande plats; bemärkthet **2** utsprång

prominent ['prɒmɪnənt] *adj* **1** utstående [~ *eyes*], utskjutande **2** framstående, prominent, bemärkt; framträdande

promiscuity [ˌprɒmɪ'skju:ətɪ] *s* promiskuitet

promiscuous [prə'mɪskjʊəs] *adj* som lever i promiskuitet; ~ ***sexual relations*** tillfälliga sexuella förbindelser

promise ['prɒmɪs] **I** *s* löfte [*of* om]; ***of great ~*** el. ***full of ~*** mycket lovande **II** *vb tr* o. *vb itr* lova; utlova; ***be promised a th.*** ha fått (få) löfte om ngt

promising ['prɒmɪsɪŋ] *adj* lovande

promontory ['prɒməntrɪ] *s* hög udde

promote [prə'məʊt] *vb tr* **1** befordra; sport. flytta upp **2** främja, gynna

promoter [prə'məʊtə] *s* **1** främjare; upphovsman [*of* till] **2** sport. promotor

promotion [prə'məʊʃ(ə)n] *s* **1** befordran, avancemang; sport. uppflyttning **2** främjande, befordran; ~ ***campaign*** säljkampanj

prompt [prɒmpt] **I** *adj* snabb, omgående, prompt; ***take ~ action*** vidta snabba åtgärder **II** *vb tr* **1** driva [*he was prompted by patriotism*], förmå **2** teat. sufflera; lägga orden i munnen på, påverka [~ *a witness*] **3** föranleda [*what prompted his resignation?*], framkalla, diktera

prompter ['prɒmptə] *s* **1** teat. sufflör **2** tillskyndare

promulgate ['prɒməlgeɪt] *vb tr* utfärda, kungöra, promulgera

prone [prəʊn] *adj* **1** framåtlutad; utsträckt; ***in a ~ position*** liggande på magen **2** fallen, benägen [*to* för]

prong [prɒŋ] *s* på t.ex. gaffel klo, spets, udd

pronoun ['prəʊnaʊn] *s* pronomen

pronounce [prə'naʊns] *vb tr* **1** uttala **2** avkunna, fälla [~ *judgement*] **3** förklara [*I now ~ you man and wife* (för äkta makar)], deklarera

pronounceable [prə'naʊnsəbl] *adj* möjlig att uttala

pronounced [prə'naʊnst] *adj* **1** uttalad **2** tydlig, avgjord [*a ~ difference*]

pronouncement [prə'naʊnsmənt] *s* uttalande, förklaring

pronouncing [prə'naʊnsɪŋ] *s*, ~ ***dictionary*** uttalsordbok

pronunciation [prəˌnʌnsɪ'eɪʃ(ə)n] *s* uttal

proof [pru:f] **I** *s* **1** bevis [*of* på, för] **2** korrektur **II** *adj* **1** motståndskraftig [*against* mot] **2** i sammansättningar -tät [*waterproof*], -säker [*bombproof*]

proofread ['pru:fri:d] (*proofread proofread* [båda 'pru:fred]) *vb tr* o. *vb itr* korrekturläsa

prop [prɒp] **I** *s* stötta, stöd äv. bildl. **II** *vb tr*, ~ ***up*** el. ~ stötta (palla) upp (under)

propaganda [ˌprɒpə'gændə] *s* propaganda

propagandist [ˌprɒpə'gændɪst] *s* propagandist

propagate ['prɒpəgeɪt] *vb tr* föröka; propagera för

propagation [ˌprɒpə'geɪʃ(ə)n] *s* **1** fortplantning, förökning **2** spridning

propel [prə'pel] *vb tr* driva; ***propelling pencil*** stiftpenna, skruvpenna

propellant [prə'pelənt] *s* drivmedel

propeller [prə'pelə] *s* propeller

propensity [prə'pensətɪ] *s* benägenhet

proper ['prɒpə] *adj* **1** rätt [*in the ~ way*], riktig; lämplig; tillbörlig, vederbörlig **2** anständig, passande, korrekt **3** egentlig;

London ~ det egentliga London **4** gram., ***~ noun (name)*** egennamn **5** vard. riktig [*a ~ idiot*]

properly ['prɒpəlɪ] *adv* **1** riktigt; ordentligt; lämpligt [*~ dressed*] **2** vard. riktigt, ordentligt

propertied ['prɒpətɪd] *adj* besutten [*the ~ classes*]

property ['prɒpətɪ] *s* **1** egendom, ägodelar; fastighet, ägor, lösöre; ***a man of ~*** en förmögen man **2** teat., mest pl. ***properties*** rekvisita

property-owner ['prɒpətɪˌəʊnə] *s* fastighetsägare

prophecy ['prɒfəsɪ] *s* profetia; spådom

prophesy ['prɒfəsaɪ] *vb tr* o. *vb itr* profetera, spå

prophet ['prɒfɪt] *s* profet; spåman

prophetic [prə'fetɪk] *adj* profetisk

prophylaxis [ˌprɒfɪ'læksɪs] *s* med. profylax

propjet ['prɒpdʒet] *adj* turboprop- [*~ engine*]

proportion [prə'pɔːʃ(ə)n] *s* **1** proportion; ***be out of all ~ to*** inte stå i rimlig proportion till **2** del [*a large ~ of the population*], andel

proportional [prə'pɔːʃənl] *adj* proportionell

proportionate [prə'pɔːʃənət] *adj* proportionerlig, proportionell [*to* mot, till]

proposal [prə'pəʊz(ə)l] *s* **1** förslag **2** frieri, giftermålsanbud

propose [prə'pəʊz] *vb tr* o. *vb itr* **1** föreslå **2** lägga fram **3** ämna, tänka [*I ~ to start early*] **4** fria [*to* till]

proposition [ˌprɒpə'zɪʃ(ə)n] *s* **1** påstående **2** förslag **3** vard. affär [*a paying ~*]

propound [prə'paʊnd] *vb tr* lägga fram, föreslå [*~ a scheme*]

proprietary [prə'praɪətrɪ] *adj*, ***~ goods*** märkesvaror

proprietor [prə'praɪətə] *s* ägare, innehavare

propriety [prə'praɪətɪ] *s* anständighet

props [prɒps] *s pl* teat. sl. rekvisita

propulsion [prə'pʌlʃ(ə)n] *s* framdrivning; ***jet ~*** jetdrift

prosaic [prə'zeɪɪk] *adj* prosaisk; enformig

prose [prəʊz] *s* prosa

prosecute ['prɒsɪkjuːt] *vb tr* o. *vb itr* **1** åtala; ***offenders will be prosecuted*** överträdelse beivras **2** väcka åtal

prosecution [ˌprɒsɪ'kjuːʃ(ə)n] *s* **1** fullföljande, slutförande **2** åtal; ***director of public ~s*** allmän åklagare; ***the ~*** åklagarsidan

prosecutor ['prɒsɪkjuːtə] *s* åklagare; ***public ~*** allmän åklagare

prosody ['prɒsədɪ] *s* prosodi, metrik

prospect [substantiv 'prɒspekt, verb prə'spekt, 'prɒspekt] **I** *s* utsikt; pl. ***~s*** framtidsutsikter **II** *vb itr* prospektera [*for* efter], leta

prospective [prə'spektɪv] *adj* framtida [*~ profits*]; blivande [*~ son-in-law*]; ***~ buyer*** eventuell köpare

prospector [prə'spektə] *s* prospektor, guldgrävare

prospectus [prə'spektəs] *s* prospekt, broschyr; program för kurs

prosper ['prɒspə] *vb itr* ha framgång, blomstra

prosperity [prɒ'sperətɪ] *s* välstånd [*live in ~*], välmåga; blomstring [*time of ~*]

prosperous ['prɒspərəs] *adj* blomstrande; välmående, välbärgad

prostate ['prɒsteɪt] *s*, ***~ gland*** prostata

prostitute ['prɒstɪtjuːt] **I** *s* prostituerad, fnask **II** *vb tr* prostituera [*~ oneself*]

prostitution [ˌprɒstɪ'tjuːʃ(ə)n] *s* prostitution

prostrate ['prɒstreɪt] *adj* framstupa [*fall ~*], utsträckt [*lie ~*], liggande; bildl. slagen; nedbruten

protagonist [prə'tægənɪst] *s* huvudperson i ett drama

protect [prə'tekt] *vb tr* skydda [*from, against* för, mot], beskydda

protection [prə'tekʃ(ə)n] *s* skydd, beskydd

protective [prə'tektɪv] *adj* skyddande; beskyddande [*towards* emot]

protector [prə'tektə] *s* beskyddare

protectorate [prə'tektərət] *s* protektorat

protégé ['prəʊteʒeɪ] *s* skyddsling, protegé

protein ['prəʊtiːn] *s* protein

protest [substantiv 'prəʊtest, verb prə'test] **I** *s* protest **II** *vb itr* protestera

Protestant ['prɒtɪst(ə)nt] **I** *s* protestant **II** *adj* protestantisk

protocol ['prəʊtəkɒl] *s* protokoll

prototype ['prəʊtətaɪp] *s* prototyp, förebild

protract [prə'trækt] *vb tr* dra ut på [*~ a visit*]

protracted [prə'træktɪd] *adj* utdragen

protractor [prə'træktə] *s* gradskiva

protrude [prə'truːd] *vb tr* o. *vb itr* sticka (skjuta) fram (ut)

protruding [prə'tru:dɪŋ] *adj* framskjutande, utstående [~ *ears (eyes)*]
proud [praʊd] **I** *adj* stolt [*of* över] **II** *adv* vard., ***do a p.*** ~ hedra ngn
prove [pru:v] *vb tr* o. *vb itr* **1** bevisa, styrka; ***the exception ~s the rule*** undantaget bekräftar regeln **2** ~ ***to be*** el. ~ visa sig vara
proverb ['prɒvɜ:b] *s* ordspråk
proverbial [prə'vɜ:bjəl] *adj* ordspråksmässig; legendarisk
provide [prə'vaɪd] *vb tr* o. *vb itr* **1** skaffa, sörja för, stå för; ~ ***oneself with*** förse sig med, skaffa sig **2** ge [*the tree ~s shade*], utgöra **3** ~ ***against*** vidta åtgärder mot; ~ ***for*** vidta åtgärder för; försörja [~ *for a large family*], sörja för [*he ~s for his son's education*]; ~ ***for oneself*** försörja sig
provided [prə'vaɪdɪd] *konj*, ~ ***that*** el. ~ förutsatt att, om bara, såvida
providence ['prɒvɪd(ə)ns] *s* försynen
providing [prə'vaɪdɪŋ] *konj*, ~ ***that*** el. ~ förutsatt att, såvida
province ['prɒvɪns] *s* **1** provins; landskap **2** pl. ***the ~s*** landsorten
provincial [prə'vɪnʃ(ə)l] **I** *adj* regional; provinsiell, lantlig **II** *s* landsortsbo
provision [prə'vɪʒ(ə)n] *s* **1** tillhandahållande; pl. **~s** livsmedel, matvaror, proviant; ~ ***shop*** matvaruaffär **2** bestämmelse, stadga
provisional [prə'vɪʒənl] *adj* provisorisk
provocation [ˌprɒvə'keɪʃ(ə)n] *s* provokation; ***at (on) the slightest*** ~ vid minsta anledning
provocative [prə'vɒkətɪv] *adj* utmanande
provoke [prə'vəʊk] *vb tr* **1** reta upp **2** framkalla; väcka [~ *indignation*] **3** provocera
provoking [prə'vəʊkɪŋ] *adj* retsam; ***how ~!*** så förargligt!
prow [praʊ] *s* förstäv, framstam
prowess ['praʊɪs] *s* tapperhet; skicklighet
prowl [praʊl] **I** *vb itr* o. *vb tr* stryka omkring; stryka omkring i (på) **II** *s*, ***be (go) on the*** ~ stryka omkring [*for* efter]
prowler ['praʊlə] *s* person (djur) som stryker omkring
proximity [prɒk'sɪmətɪ] *s* närhet
proxy ['prɒksɪ] *s*, ***by*** ~ genom fullmakt (ombud)
prude [pru:d] *s* pryd (sipp) människa
prudence ['pru:d(ə)ns] *s* klokhet
prudent ['pru:d(ə)nt] *adj* klok, försiktig
prudery ['pru:dərɪ] *s* pryderi; prydhet
prudish ['pru:dɪʃ] *adj* pryd, sipp
1 prune [pru:n] *s* sviskon; torkat katrinplommon
2 prune [pru:n] *vb tr* **1** beskära, tukta t.ex. träd [ofta ~ *down*]; klippa [~ *a hedge*] **2** bildl. skära ner [~ *an essay*]; rensa [*of* från]
Prussia ['prʌʃə] Preussen
Prussian ['prʌʃ(ə)n] **I** *adj* preussisk **II** *s* preussare
prussic ['prʌsɪk] *adj* kem., ~ ***acid*** blåsyra
1 pry [praɪ] *vb tr* **1** ~ ***open*** bända upp **2** bildl., ~ ***a secret out of a p.*** lirka ur ngn en hemlighet
2 pry [praɪ] *vb itr* snoka [*about* omkring, runt; ~ *into* (i) *a p.'s affairs*]
prying ['praɪɪŋ] *adj* snokande, nyfiken
PS [ˌpi:'es] (förk. för *postscript*) PS, P.S.
psalm [sɑ:m] *s* psalm i Psaltaren
pseudo ['sju:dəʊ] **I** *prefix* sken- [*pseudo-democracy*], pseudo- [*pseudo-classic*], falsk, oäkta **II** *s* vard. bluff, humbug, posör
pseudonym ['sju:dənɪm] *s* pseudonym
pshaw [pʃɔ:] *interj* äh!, äsch!
psych [saɪk] *vb tr* o. *vb itr* vard. **1** psykoanalysera **2** ~ ***out*** psyka; ***be psyched up*** vara i högform
psyche ['saɪkɪ] *s* psyke
psychedelic [ˌsaɪkə'delɪk] *adj* psykedelisk
psychiatric [ˌsaɪkɪ'ætrɪk] *adj* psykiatrisk
psychiatrist [saɪ'kaɪətrɪst] *s* psykiater
psychiatry [saɪ'kaɪətrɪ] *s* psykiatri
psychic ['saɪkɪk] *adj* psykisk; själslig
psychoanalyse [ˌsaɪkəʊ'ænəlaɪz] *vb tr* psykoanalysera
psychoanalysis [ˌsaɪkəʊə'næləsɪs] *s* psykoanalys
psychoanalyst [ˌsaɪkəʊ'ænəlɪst] *s* psykoanalytiker
psychological [ˌsaɪkə'lɒdʒɪk(ə)l] *adj* psykologisk
psychologist [saɪ'kɒlədʒɪst] *s* psykolog
psychology [saɪ'kɒlədʒɪ] *s* psykologi
psychopath ['saɪkəpæθ] *s* psykopat
psychopathic [ˌsaɪkə'pæθɪk] *adj* psykopatisk
PT [ˌpi:'ti:] förk. för *physical training*
pt. förk. för *pint*
ptarmigan ['tɑ:mɪgən] *s* fjällripa
PTO [ˌpi:ti:'əʊ] (förk. för *please turn over*) v.g.v., var god vänd!
ptomaine ['təʊmeɪn] *s* ptomain; ~ ***poisoning*** matförgiftning

pub [pʌb] *s* vard. (kortform för *public-house*) pub
pub-crawl ['pʌbkrɔ:l] **I** *s* pubrond [*go on* (göra) *a* ~] **II** *vb itr, **go pub-crawling*** gå pubrond
puberty ['pju:bətɪ] *s* pubertet
pubic ['pju:bɪk] *adj* blygd- [~ *hairs*]
public ['pʌblɪk] **I** *adj* offentlig [~ *building*], allmän [~ *holiday*]; stats- [~ *finances*]; publik; ***make ~*** offentliggöra; ***~ address system*** högtalaranläggning, högtalare t.ex. på flygplats; ***~ bar*** enklare avdelning på en pub; ***~ enemy*** samhällsfiende; ***~ house*** pub; ***~ library*** offentligt bibliotek, folkbibliotek; ***~ limited company*** (förk. *PLC*) börsnoterat aktiebolag; ***~ opinion*** allmänna opinionen, folkopinionen; ***~ opinion poll*** opinionsundersökning; ***~ relations*** PR, public relations; ***~ relations officer*** PR-man; ***~ school*** a) britt. 'public school' exklusivt privatinternat b) amer. allmän (kommunal) skola **II** *s* allmänhet [*the general* (stora) ~], publik; ***in ~*** offentligt; ***open to the ~*** öppen för allmänheten
publican ['pʌblɪkən] *s* pubinnehavare
publication [ˌpʌblɪ'keɪʃ(ə)n] *s* **1** publicering, utgivning **2** tryckalster, skrift **3** offentliggörande
publicity [pʌb'lɪsətɪ] *s* publicitet, offentlighet; reklam; ***~ agent*** manager för artist
publicize ['pʌblɪsaɪz] *vb tr* offentliggöra, ge publicitet åt
publicly ['pʌblɪklɪ] *adv* offentligt
publish ['pʌblɪʃ] *vb tr* **1** publicera; ge ut **2** offentliggöra
publisher ['pʌblɪʃə] *s* förläggare; utgivare [*newspaper* ~]
publishing ['pʌblɪʃɪŋ] *s* förlagsverksamhet; ***~ house*** (***firm***) förlag
1 puck [pʌk] *s* ungefär tomtenisse
2 puck [pʌk] *s* puck i ishockey
pucker ['pʌkə] *vb tr* o. *vb itr*, ***~ up*** el. ~ rynka (vecka); rynka (vecka) sig
pudding ['pʊdɪŋ] *s* pudding; efterrätt; ***black ~*** blodkorv; ***rice ~*** risgrynsgröt
puddle ['pʌdl] *s* pöl, vattenpuss
pudenda [pju:'dendə] *s pl* yttre könsorgan speciellt kvinnans
pudgy ['pʌdʒɪ] *adj* knubbig, rultig
puerile ['pjʊəraɪl, amer. 'pjʊərl] *adj* barnslig
puerility [pjʊə'rɪlətɪ] *s* barnslighet
puff [pʌf] **I** *s* **1** pust; puff; bloss [*a* ~ *at a pipe*] **2** sömnad puff **3** kok. **a)** ***jam ~*** smörbakelse med sylt i; ***~ pastry*** smördeg **b)** ***cream ~*** petit-chou **II** *vb itr* o. *vb tr* **1** pusta, flåsa, flämta **2** blåsa i stötar; blåsa [~ *out a candle*] **3** bolma; bolma på [~ *a cigar*]; ***~ at*** (***away at***) ***a cigar*** bolma på en cigarr **4** ***~ up*** svälla upp, svullna **5 a)** ***~ out*** blåsa upp [~ *out one's cheeks*] **b)** ***~ up*** blåsa upp; ***puffed up*** uppblåst, pösig
puffin ['pʌfɪn] *s* lunnefågel
puff-puff ['pʌfpʌf] *s* barnspr. tuff-tufftåg
puffy ['pʌfɪ] *adj* uppsvälld, svullen; påsig, pösig
pug [pʌg] *s*, ~ el. ***~ dog*** mops hundras
pugilist ['pju:dʒɪlɪst] *s* proffsboxare
pugnacious [pʌg'neɪʃəs] *adj* stridslysten
pug nose ['pʌgnəʊz] *s* trubbnäsa
puke [pju:k] *vb tr* o. *vb itr* vard. spy, kräkas
pukka ['pʌkə] *adj* vard. riktig; prima
pull [pʊl] **I** *vb tr* o. *vb itr* **1** dra, rycka; hala; dra ut [~ *a tooth*] **2** sträcka [~ *a muscle*]
□ ~ **apart** rycka (plocka) isär; ~ **down** riva (dra) ned; ~ **in** dra in; bromsa in; ***~ in at*** stanna till i (hos); ~ **off** a) dra (ta) av sig b) vard. klara av [*he'll* ~ *it off*]; ~ **out a)** dra ut [~ *out a tooth*]; ta ur; dra (hala) fram (upp) **b)** dra sig tillbaka [*the troops pulled out of the country*] **c)** köra ut [*the train pulled out of the station*]; svänga ut; ~ **through** klara sig; ~ **together**: ***~ oneself together*** ta sig samman; ta sig i kragen; ~ **up** a) dra (rycka) upp b) stanna [*he pulled up the car*]
II *s* **1** drag, ryckning; tag **2 a)** klunk **b)** drag, bloss; ***take a ~ at one's pipe*** dra ett bloss på pipan
pullet ['pʊlɪt] *s* unghöna, unghöns
pulley ['pʊlɪ] *s* block, trissa
pull-out ['pʊlaʊt] **I** *s* **1** utvikningssida **2** tillbakadragande [~ *of troops*] **II** *adj* utdrags- [~ *bed*]
pullover ['pʊlˌəʊvə] *s* pullover
pull-tab ['pʊltæb] *s* rivöppnare på burk
pull-up ['pʊlʌp] *s* rastställe, kafé vid bilväg
pulp [pʌlp] **I** *s* **1** mos, massa, gröt **2** fruktkött **3** pappersmassa **II** *vb tr* mosa
pulpit ['pʊlpɪt] *s* predikstol
pulsate [pʌl'seɪt] *vb itr* pulsera, vibrera
pulse [pʌls] *s* puls; pulsslag
pulse-jet ['pʌlsdʒet] *adj* flyg., ***~ engine*** pulsmotor
pulverize ['pʌlvəraɪz] *vb tr* pulvrisera, krossa
puma ['pju:mə] *s* puma
pumice stone ['pʌmɪsstəʊn] *s* pimpsten

pummel ['pʌml] *vb tr* puckla på, mörbulta
1 pump [pʌmp] *s*, pl. *~s* släta herrskor; amer. dampumps; gymnastikskor
2 pump [pʌmp] **I** *s* pump **II** *vb tr* pumpa
pumpkin ['pʌm(p)kɪn] *s* bot. pumpa
pun [pʌn] **I** *s* ordlek, vits **II** *vb itr* vitsa
Punch [pʌntʃ], *~ and Judy show* motsvarande kasperteater; *as pleased as ~* vard. storbelåten; *as proud as ~* vard. jättestolt
1 punch [pʌntʃ] **I** *s* puns, stans; hålslag; biljettång **II** *vb tr* stansa [*~ holes*], klippa [*~ tickets*]
2 punch [pʌntʃ] **I** *s* **1** knytnävsslag; boxn. punch **2** vard. snärt, sting **II** *vb tr* puckla på, slå till; *I punched him on the nose* jag klippte till honom
3 punch [pʌntʃ] *s* bål; toddy; *Swedish ~* punsch
punchbag ['pʌntʃbæg] *s* boxn. sandsäck
punchball ['pʌntʃbɔ:l] *s* boxn. boxboll
punchbowl ['pʌntʃbəʊl] *s* bål skål
punchcard ['pʌntʃkɑ:d] *s* hålkort
punch-drunk [ˌpʌntʃ'drʌnk] *adj* boxn. punch-drunk; omtöcknad
punch-up ['pʌntʃʌp] *s* sl. råkurr, slagsmål
punctual ['pʌŋktjʊəl] *adj* punktlig
punctuality [ˌpʌŋktjʊ'æləti] *s* punktlighet
punctuate ['pʌŋktjʊeɪt] *vb tr* interpunktera, kommatera
punctuation [ˌpʌŋktjʊ'eɪʃ(ə)n] *s* interpunktion, kommatering; *~ mark* skiljetecken
puncture ['pʌŋktʃə] **I** *s* punktering **II** *vb tr* punktera; få punktering på
pundit ['pʌndɪt] *s* skämts. förståsigpåare
pungent ['pʌndʒ(ə)nt] *adj* skarp, besk, frän
punish ['pʌnɪʃ] *vb tr* straffa, bestraffa
punishment ['pʌnɪʃmənt] *s* **1** straff, bestraffning **2** vard. stryk
punnet ['pʌnɪt] *s* spånkorg, kartong för bär
punt [pʌnt] **I** *s* punt, stakbåt **II** *vb tr* o. *vb itr* staka, 'punta'
1 punter ['pʌntə] *s* 'puntare', båtstakare
2 punter ['pʌntə] *s* **1** satsare, spelare i hasardspel **2** vadhållare, tippare
puny ['pju:nɪ] *adj* ynklig, liten, klen
pup [pʌp] *s* hundvalp
1 pupil ['pju:pl] *s* elev, lärjunge
2 pupil ['pju:pl] *s* anat. pupill
puppet ['pʌpɪt] *s* marionett, docka
puppet theatre ['pʌpɪtˌθɪətə] *s* dockteater, marionetteater
puppy ['pʌpɪ] *s* hundvalp
purchase ['pɜ:tʃəs] **I** *s* köp; inköp **II** *vb tr* köpa; *purchasing power* köpkraft
purchaser ['pɜ:tʃəsə] *s* köpare
pure [pjʊə] *adj* **1** ren, oblandad; hel- [*~ silk*] **2** ren, idel, bara [*it's ~ envy*]
purée ['pjʊəreɪ] *s* kok. puré
purely ['pjʊəlɪ] *adv* rent; bara; *~ by accident* av en ren händelse
purgative ['pɜ:gətɪv] **I** *s* laxermedel **II** *adj* laxerande
purgatory ['pɜ:gətərɪ] *s* skärseld, prövning
purge [pɜ:dʒ] **I** *vb tr* **1** rena [*of* från]; polit. rensa upp i [*~ a party*] **2** laxera **II** *s* rening; polit. utrensning
purification [ˌpjʊərɪfɪ'keɪʃ(ə)n] *s* rening, renande
purify ['pjʊərɪfaɪ] *vb tr* o. *vb itr* rena; renas
puritan ['pjʊərɪt(ə)n] **I** *s* puritan **II** *adj* puritansk
puritanical [ˌpjʊərɪ'tænɪkəl] *adj* puritansk
purity ['pjʊərətɪ] *s* renhet
purl [pɜ:l] *s* avig maska i stickning
purloin [pɜ:'lɔɪn] *vb tr* stjäla, snatta
purple ['pɜ:pl] **I** *s* purpur **II** *adj* purpurfärgad; mörklila; purpurröd
purport [pə'pɔ:t] *vb tr* påstå sig [*to be* vara]
purpose ['pɜ:pəs] *s* **1** syfte, avsikt, mening; *for cooking ~s* till matlagning; *for all practical ~s* i praktiken; *on ~* med avsikt (flit) **2** mål [*a ~ in life*]
purposeful ['pɜ:pəsf(ʊ)l] *adj* målmedveten
purposely ['pɜ:pəslɪ] *adv* med avsikt (flit)
purr [pɜ:] **I** *vb itr* spinna [*a cat ~s*] **II** *s* spinnande
purse [pɜ:s] **I** *s* **1** portmonnä, börs **2** amer. handväska **II** *vb tr* rynka, dra ihop [*~ one's brows*]
purser ['pɜ:sə] *s* sjö. el. flyg. purser
purse strings ['pɜ:sstrɪŋz] *s pl* bildl., *hold the ~* ha hand om kassan
pursue [pə'sju:] *vb tr* förfölja, jaga; fullfölja
pursuer [pə'sju:ə] *s* förföljare
pursuit [pɜ:'sju:t] *s* **1** förföljelse [*of* av], jakt [*of* på]; *be in ~ of* vara på jakt efter **2** sysselsättning; syssla
purveyor [pɜ:'veɪə] *s* leverantör
pus [pʌs] *s* med. var
push [pʊʃ] **I** *vb tr* o. *vb itr* **1** a) skjuta; skjuta på, leda [*~ a bike*], dra [*~ a pram*] b) knuffa (stöta) till, driva; knuffas [*don't ~!*] c) trycka på [*~ a button*] d) tränga sig [*he pushed past me*]; *~ one's way* tränga sig fram; *~ along* vard. kila; *~ off* a) skjuta ut b) vard. kila, sticka; *~ on* köra (gå)

vidare [*to* till]; skynda på [~ *on with one's work*]; ~ ***over*** knuffa omkull **2** pressa, tvinga; ***be pushed for time*** ha ont om tid **3** sl. langa [~ *drugs*] **II** *s* **1** knuff, puff, stöt **2** vard. framåtanda
pushbike ['pʊʃbaɪk] *s* trampcykel
pushbutton ['pʊʃˌbʌtn] *s* tryckknapp; tryckknapps- [~ *tuning* (inställning)]; ~ ***telephone*** knapptelefon
pushcart ['pʊʃkɑ:t] *s* kärra; kundvagn; barnstol på hjul
pushchair ['pʊʃ-tʃeə] *s* sittvagn
pusher ['pʊʃə] *s* **1** gåpåare **2** sl. langare; ***drug*** (***dope***) ~ knarklangare
pushover ['pʊʃˌəʊvə] *s* vard. **1** smal (enkel) sak **2** lätt byte
push-up ['pʊʃʌp] *s* armhävning från golvet
puss [pʊs] *s* kisse; ~, ~*!* kiss! kiss!
1 pussy ['pʊsɪ] *s* kissekatt, kissemiss
2 pussy ['pʊsɪ] *s* vulg. fitta, mus
pussycat ['pʊsɪkæt] *s* kissekatt, kissemisse
pussy willow ['pʊsɪˌwɪləʊ] *s* sälg; kisse
put [pʊt] (*put put*) *vb tr* o. *vb itr* **1** lägga, sätta, ställa; stoppa, sticka [~ *a th. into one's pocket*]; hälla, slå [~ *milk in the tea*]; ~ ***a p. to*** förorsaka ngn [~ *a p. to expense*]; ~ ***oneself to*** göra (skaffa) sig, dra på sig [~ *oneself to a lot of trouble (expense)*] **2** uppskatta, beräkna [~ *the value at* (till)...], värdera [*at* till] **3** uttrycka, säga [*it can be ~ in a few words*], framställa [~ *the matter clearly*]; ställa, rikta [~ *a question to a p.*] **4** hålla, satsa, sätta [~ *money on a horse*] **5** sjö., ~ ***into port*** söka hamn; ~ ***to sea*** löpa ut, sticka till sjöss
□ ~ **across** vard. föra (få) fram [*he has plenty to say but he can't ~ it across*]; ~ **aside** a) lägga bort (ifrån sig) b) lägga undan [~ *aside a bit of money*]; ~ **away** a) lägga undan (bort, ifrån sig) b) vard. avliva [*my dog had to be ~ away*]; ~ **back** a) lägga tillbaka b) vrida (ställa) tillbaka [~ *the clock back*]; ~ **by** lägga undan; spara [~ *money by*]; ~ **down a)** lägga ned (ifrån sig); sätta (släppa) av [~ *me down at the corner*] **b)** slå ned, kuva [~ *down a rebellion*] **c)** anteckna, skriva upp **d)** ~ ***down to*** tillskriva, skylla på [*he ~s it down to nerves*]; ~ **forward** a) lägga fram, framställa; föreslå b) vrida (ställa) fram [~ *the clock forward*]; ~ **in a)** lägga in, installera [~ *in central heating*], sticka in; lägga ner [~ *in a lot of work*] **b)** skjuta in **c)** lämna (ge) in; ~ ***in for*** ansöka om [*he ~ in for the job*] **d)** sjö. löpa (gå) in [~ *in to* (i) *harbour*]; ~ **off** a) lägga bort (av); sätta (släppa) av [*he ~ me off at the station*] b) skjuta upp, vänta (dröja) med c) vard. förvirra, distrahera; stöta [*his manners ~ me off*]; få att tappa lusten; ~ **on a)** lägga (sätta) på [~ *the lid on*]; sätta (ta) på [~ *on one's hat*] **b)** öka, sätta upp [~ *on speed*]; ~ ***on weight*** öka i vikt; ~ ***on the clock*** ställa (vrida) fram klockan **c)** sätta på [~ *on the radio*], sätta i gång; ~ ***on the light*** tända ljuset **d)** ~ ***on to*** tele. koppla till; ***please ~ me on to...*** kan jag få...; ~ **out a)** lägga ut (fram); räcka (sträcka) fram [~ *out one's hand*], räcka ut [~ *out one's tongue*]; hänga ut [~ *out flags*] **b)** köra (kasta) ut; ~ ***a p. out of his misery*** göra slut på ngns lidanden; ~ ***a p. out of the way*** röja ngn ur vägen **c)** släcka [~ *out the fire (light)*] **d)** göra ngn stött; störa [*the interruptions ~ me out*] **e)** ~ ***oneself out*** göra sig besvär **f)** sticka ut [*to sea* till sjöss]; ~ **together** lägga ihop (samman); sätta ihop, montera [~ *together a machine*]; ~ **up a)** sätta upp; slå upp, resa [~ *up a tent*]; ställa upp [~ *up a team*] **b)** räcka (sträcka) upp [~ *up one's hand*]; slå (fälla) upp [~ *up one's umbrella*], hissa [~ *up a flag*] **c)** höja, driva upp [~ *up the price*] **d)** utbjuda [~ *up for* (till) *sale*] **e)** hysa, ta emot [~ *a p. up for the night*]; ~ ***up at a hotel*** (***with a p.***) ta in (bo) på ett hotell (hos ngn) **f)** ~ ***up with*** stå ut med, finna sig i, tåla, tolerera
putrefaction [ˌpju:trɪ'fækʃ(ə)n] *s* förruttnelse, röta
putrefy ['pju:trɪfaɪ] *vb itr* o. *vb tr* bli (göra) rutten
putrid ['pju:trɪd] *adj* rutten; vard. urusel
putt [pʌt] golf. **I** *vb tr* o. *vb itr* putta **II** *s* putt
putting-green ['pʌtɪŋgri:n] *s* golf. **1** inslagsplats **2** minigolfbana
putty ['pʌtɪ] *s* kitt; spackel
put-up ['pʊtʌp] *adj*, ***it's a ~ job*** det var fixat i förväg, det ligger en komplott bakom
put-you-up ['pʊtjʊʌp] *s* bäddsoffa
puzzle ['pʌzl] **I** *vb tr* o. *vb itr* förbrylla; bry sin hjärna [*over, about* med] **II** *s* **1** gåta **2** pussel, läggspel
puzzling ['pʌzlɪŋ] *adj* förbryllande, gåtfull
pygmy ['pɪgmɪ] *s* pygmé, dvärg
pyjamas [pə'dʒɑ:məz] *s pl* pyjamas; ***a pair of ~*** en pyjamas
pylon ['paɪlən] *s* kraftledningsstolpe; ***radio ~*** radiomast

pyramid ['pɪrəmɪd] *s* pyramid
pyre ['paɪə] *s* bål speciellt för likbränning
Pyrenees [ˌpɪrə'ni:z] *s pl, **the ~*** Pyrenéerna
pyromaniac [ˌpaɪrə'meɪnɪæk] *s* pyroman
python ['paɪθ(ə)n] *s* pytonorm

Q

Q, q [kju:] *s* Q, q
1 quack [kwæk] **I** *vb itr* om ankor el. bildl. snattra **II** *s* snatter
2 quack [kwæk] *s* kvacksalvare; charlatan
quad [kwɒd] *s* **1** gård i college **2** vard. fyrling
quadrangle ['kwɒdræŋgl] *s* **1** geom. fyrhörning; fyrkant **2** gård i college
quadrilateral [ˌkwɒdrɪ'lætr(ə)l] **I** *s* fyrsiding **II** *adj* fyrsidig
quadruped ['kwɒdrʊped] *s* fyrfotadjur
quadruple ['kwɒdrʊpl] *adj* fyrdubbel, fyrfaldig
quadruplet ['kwɒdrʊplət] *s* fyrling
quagmire ['kwægmaɪə] *s* gungfly, moras
quail [kweɪl] *s* zool. vaktel
quaint [kweɪnt] *adj* pittoresk; pikant
quake [kweɪk] *vb itr* skaka, skälva, darra
Quaker ['kweɪkə] *s* kväkare
qualification [ˌkwɒlɪfɪ'keɪʃ(ə)n] *s* **1** kvalifikation, merit **2** villkor, krav [*~s for membership*]
qualified ['kwɒlɪfaɪd] *adj* kvalificerad, kompetent, meriterad [*for* för], behörig; berättigad
qualify ['kwɒlɪfaɪ] *vb tr* o. *vb itr* o. *vb rfl* kvalificera, meritera, berättiga [*for* till; *to* infinitiv att], kvalificera sig, meritera sig; ***qualifying match*** sport. kvalificeringsmatch [*for* för], kvalmatch
qualitative ['kwɒlɪtətɪv] *adj* kvalitativ
quality ['kwɒlətɪ] *s* **1** kvalitet; beskaffenhet **2** egenskap [*he has many good qualities*]
qualm [kwɑ:m] *s*, ***~s*** el. ***~s of conscience*** samvetskval
quandary ['kwɒndərɪ] *s* bryderi; dilemma [*be in a ~*]
quantitative ['kwɒntɪtətɪv] *adj* kvantitativ
quantity ['kwɒntətɪ] *s* kvantitet, mängd; ***an unknown ~*** ett oskrivet blad
quarantine ['kwɒrənti:n] *s* karantän
quarrel ['kwɒr(ə)l] **I** *s* gräl; ***pick a ~*** mucka gräl **II** *vb itr* gräla
quarrelsome ['kwɒr(ə)lsəm] *adj* grälsjuk
1 quarry ['kwɒrɪ] *s* villebråd
2 quarry ['kwɒrɪ] **I** *s* stenbrott; ***slate ~*** skifferbrott **II** *vb tr* bryta [*~ stone*]
quart [kwɔ:t] *s* quart rymdmått för våta varor a) britt. = 2 *pints* = 1,136 liter b) amer. = 0,946 liter
quarter ['kwɔ:tə] **I** *s* **1** fjärdedel; ***a ~ of a***

century ett kvartssekel **2** ~ ***of an hour*** kvart, kvarts timme; ***a ~ past*** (amer. ***after***) ***ten*** kvart över tio; ***a ~ to*** (amer. ***of***) ***ten*** kvart i tio **3** kvartal **4** mått, ungefär ett hekto [*a ~ of sweets*] **5** amer. 25 cent **6** kvarter [*a slum ~*] **7** håll; [***hear a th.***] ***from a reliable ~*** ...från säkert håll; ***in high ~s*** på högre (högsta) ort **8** pl. ***~s*** logi, bostad; speciellt mil. kvarter, förläggning; ***take up one's ~s*** inkvartera sig **II** *vb tr* **1** dela i fyra delar **2** mil. inkvartera [*on (with) a p.* hos ngn]

quarterdeck ['kwɔ:tədek] *s* sjö. halvdäck, akterdäck

quarter-final [ˌkwɔ:tə'faɪnl] *s* sport. kvartsfinal

quarterly ['kwɔ:təlɪ] **I** *adj* kvartals- **II** *adv* kvartalsvis

quartet [kwɔ:'tet] *s* kvartett äv. mus.

quarto ['kwɔ:təʊ] (pl. *~s*) *s* kvartsformat

quartz [kwɔ:ts] *s* miner. kvarts; ~ ***clock*** (***watch***) kvartsur; ~ ***crystal*** kvartskristall

quash [kwɒʃ] *vb tr* **1** jur. ogilla, ogiltigförklara **2** krossa, kuva [*~ a rebellion*]

quasi ['kwɑ:zɪ] *prefix* halv- [*quasi-official*], halvt; kvasi-

quay [ki:] *s* kaj

quayside ['ki:saɪd] *s* kajområde

queen [kwi:n] *s* **1** drottning **2 a)** schack. drottning, dam **b)** kortsp. dam; ~ ***of hearts*** hjärterdam

queer [kwɪə] **I** *adj* **1** konstig, underlig; skum **2** sl. homofil **II** *s* sl. fikus homofil

quell [kwel] *vb tr* kuva [*~ a rebellion*]

quench [kwentʃ] *vb tr* **1** släcka [*~ a fire*]; ~ ***one's thirst*** släcka törsten **2** dämpa

query ['kwɪərɪ] **I** *s* **1** fråga [*raise* (väcka) *a ~*], förfrågan **2** frågetecken som sätts i marginal **II** *vb tr* fråga om, ifrågasätta

quest [kwest] *s* sökande [*for* efter]; ***in ~ of*** på jakt efter

question ['kwestʃ(ə)n] **I** *s* fråga, spörsmål; ***there is no ~ about it*** det råder inget tvivel om det; ***it is out of the ~*** det kommer aldrig i fråga; ***without ~*** utan tvekan **II** *vb tr* fråga, ställa frågor till; förhöra [*he was questioned by the police*]; ifrågasätta

questionable ['kwestʃənəbl] *adj* tvivelaktig, diskutabel, oviss

questioning ['kwestʃənɪŋ] **I** *adj* frågande [*a ~ look*] **II** *s* förhör

question-mark ['kwestʃənmɑ:k] *s* frågetecken

questionnaire [ˌkwestʃə'neə] *s* frågeformulär

queue [kju:] **I** *s* kö; ***jump the ~*** vard. tränga sig före i kön **II** *vb itr*, ~ ***up*** el. ~ köa

quibble ['kwɪbl] **I** *s* spetsfundighet **II** *vb itr*, ~ ***about*** (***over***) käbbla om

quick [kwɪk] **I** *adj* snabb, hastig; kvick **II** *adv* vard. fort, kvickt [*come ~!*], snabbt

quicken ['kwɪk(ə)n] *vb tr* o. *vb itr* **1** påskynda, öka [*~ one's pace*] **2** bli hastigare

quick-freeze [ˌkwɪk'fri:z] (*quick-froze quick-frozen*) *vb tr* snabbfrysa, djupfrysa

quick-froze [ˌkwɪk'frəʊz] se *quick-freeze*

quick-frozen [ˌkwɪk'frəʊzn] se *quick-freeze*

quickie ['kwɪkɪ] *s* vard. snabbis

quickly ['kwɪklɪ] *adv* snabbt, hastigt, fort

quicksand ['kwɪksænd] *s* kvicksand

quicksilver ['kwɪkˌsɪlvə] *s* **1** se *mercury* **2** bildl., [***he is***] ***like ~*** ...som ett kvicksilver

quick-tempered [ˌkwɪk'tempəd, attributivt 'kwɪktempəd] *adj* häftig, lättretad

quid [kwɪd] (pl. lika) *s* sl. pund [*ten ~*]

quiet ['kwaɪət] **I** *adj* **1** lugn, stilla, tyst; stillsam, tystlåten; ***be ~!*** var tyst!; ***keep a th. ~*** hålla tyst med ngt; ***on the ~*** vard. i hemlighet (smyg) **2** lugn, diskret [*~ colours*] **II** *s* stillhet, lugn; tystnad; ***in peace and ~*** i lugn och ro **III** *vb tr* o. *vb itr* se *quieten*

quieten ['kwaɪətn] *vb tr* o. *vb itr* lugna [*~ a baby*], stilla, få tyst på; ~ ***down*** lugna sig; tystna

quilt [kwɪlt] *s* täcke; ~ ***cover*** (***case***) påslakan; ***down*** (***continental***) ~ duntäcke

quince [kwɪns] *s* bot. kvitten

quinine [kwɪ'ni:n] *s* kem. kinin

quintet [kwɪn'tet] *s* kvintett äv. mus.

quisling ['kwɪzlɪŋ] *s* quisling, landsförrädare

quit [kwɪt] **I** *adj* fri, befriad [*of* från] **II** (*quitted quitted* el. *quit quit*) *vb tr* o. *vb itr* **1** lämna [*~ the country*], sluta på [*~ one's job*] **2** sluta upp med, lägga av [*doing a th.* att göra ngt], flytta om hyresgäst; sluta [*~ because of poor pay*]; vard. sticka; ***give a p. notice to ~*** säga upp ngn; ***get notice to ~*** bli uppsagd

quite [kwaɪt] *adv* **1** a) alldeles, helt, absolut [*~ impossible*], precis, helt [*she is ~ young*], mycket [*~ possible*] b) ganska, rätt, nog så; ***that I can ~ believe*** det tror jag gärna; ***I don't ~ know*** jag vet inte riktigt; ***not*** ~ [*six weeks*] knappt...; ~ ***another thing*** en helt annan sak; ***she is*** ~ ***a child*** hon är bara barnet; ***when*** ~ ***a child*** redan som barn; ~ ***the best*** det allra bästa **2** ~ ***so!*** el. ~***!*** alldeles riktigt!

quits [kwɪts] *adj* kvitt [*we are* ~ *now*]

quiver ['kwɪvə] **I** *vb itr* darra, skälva [*with* av] **II** *s* darrning, skalv

quiz [kwɪz] *s* frågesport, frågelek

quizmaster ['kwɪz,mɑːstə] *s* frågesportsledare

quoit [kɔɪt] *s* sport., ~***s*** ringkastning, quoits

quota ['kwəʊtə] *s* kvot; fördelningskvot

quotation [kwəʊ'teɪʃ(ə)n] *s* **1** citat, citerande; ~ ***mark*** citationstecken, anföringstecken **2** hand. kurs [*for* på]; notering

quote [kwəʊt] **I** *vb tr* o. *vb itr* **1** citera, anföra **2** hand. notera **II** *s* vard. **1** citat **2** pl. ~***s*** citationstecken, anföringstecken

R

R, r [ɑː] *s* R, r

rabbi ['ræbaɪ] *s* rabbin

rabbit ['ræbɪt] *s* kanin; amer. äv. hare

rabbit hutch ['ræbɪthʌtʃ] *s* kaninbur

rabble ['ræbl] *s, **the*** ~ pöbeln, patrasket

rabid ['ræbɪd] *adj* rabiat, fanatisk

rabies ['reɪbiːz] *s* rabies

raccoon [rə'kuːn] *s* sjubb, tvättbjörn

1 race [reɪs] *s* ras [*the white* ~]; stam, släkte; ***the human*** ~ människosläktet

2 race [reɪs] **I** *s* kapplöpning, kappkörning; ***the*** ~***s*** kapplöpningarna; ***flat*** ~ slätlopp; ***a*** ~ ***against time*** en kapplöpning med tiden; ***run a*** ~ springa (löpa) i kapp **II** *vb itr* o. *vb tr* **1** springa (löpa, rida) i kapp, delta i kapplöpningar; springa (löpa, köra) i kapp med **2** rusa [~ *home*]

racecourse ['reɪskɔːs] *s* kapplöpningsbana

racegoer ['reɪs,gəʊə] *s, **he is a*** ~ han går ofta på kapplöpningar

racehorse ['reɪshɔːs] *s* kapplöpningshäst

racetrack ['reɪstræk] *s* **1** löparbana **2** racerbana **3** kapplöpningsbana

racial ['reɪʃ(ə)l] *adj* ras- [~ *discrimination*]

racialist ['reɪʃəlɪst] *s* rasist

racing ['reɪsɪŋ] *s* kapplöpning, hastighetstävling; tävlings-, racer- [*a* ~ *motorist* (förare)]

racism ['reɪsɪz(ə)m] *s* rasism

racist ['reɪsɪst] *s* rasist

rack [ræk] **I** *s* **1** ställ [*pipe* ~], ställning, räcke; hållare; hylla [*hat* ~]; bagagehylla **2** ***be*** (***put***) ***on the*** ~ ligga (lägga) på sträckbänken **II** *vb tr* bildl. pina, plåga; ~ ***one's brains*** bry sin hjärna

1 racket ['rækɪt] *s* sport. racket

2 racket ['rækɪt] *s* **1** oväsen, larm; ***kick up*** (***make***) ***a*** ~ vard. föra ett förfärligt oväsen **2** vard. skoj, bluff; skumraskaffär; ***it's a proper*** ~ det är rena rama bluffen

racketeer [,rækɪ'tɪə] *s* vard. svindlare, skojare, bluffmakare; utpressare

racketeering [,rækɪ'tɪərɪŋ] *s* vard. skoj, fiffel, bluff; organiserad utpressning

racy ['reɪsɪ] *adj* kärnfull [*a* ~ *style*]; pikant [*a* ~ *story*]

radar ['reɪdɑː] *s* radar; radarsystem

radial ['reɪdjəl] **I** *adj* radial [~ *tyre*] **II** *s* radialdäck

radiance ['reɪdjəns] *s* strålglans
radiant ['reɪdjənt] *adj* utstrålande; strålande [*a ~ smile*]
radiate ['reɪdɪeɪt] *vb tr* o. *vb itr* **1** utstråla, radiera **2** stråla, stråla ut [*roads radiating from Oxford*; *~ with* (av) *happiness*]
radiation [ˌreɪdɪ'eɪʃ(ə)n] *s* strålning; radioaktivitet
radiator ['reɪdɪeɪtə] *s* **1** värmeelement, radiator **2** kylare på bil
radical ['rædɪk(ə)l] **I** *adj* radikal, genomgripande [*~ changes*] **II** *s* polit. radikal
radii ['reɪdɪaɪ] *s* se *radius*
radio ['reɪdɪəʊ] **I** (pl. *~s*) *s* radio; radioapparat, radiomottagare; *~ **patrol car*** radiobil hos polisen; *~ **set*** radio **II** *vb tr* o. *vb itr* radiotelegrafera till; radiotelegrafera
radioactive [ˌreɪdɪəʊ'æktɪv] *adj* radioaktiv
radioactivity [ˌreɪdɪəʊæk'tɪvətɪ] *s* radioaktivitet
radiocardiogram [ˌreɪdɪəʊ'kɑːdɪəʊgræm] *s* radiokardiogram
radio-operator [ˌreɪdɪəʊ'ɒpəreɪtə] *s* radiotelegrafist
radiophone ['reɪdɪəʊfəʊn] *s* mobiltelefon
radiotherapy [ˌreɪdɪəʊ'θerəpɪ] *s* radioterapi
radish ['rædɪʃ] *s* rädisa; ***black*** *~* rättika
radium ['reɪdjəm] *s* radium
radius ['reɪdjəs] (pl. *radii* ['reɪdɪaɪ]) *s* radie
radon ['reɪdɒn] *s* kem. radon
RAF [ˌɑːreɪ'ef] förk. för *Royal Air Force*
raffia ['ræfɪə] *s* rafiabast
raffle ['ræfl] **I** *s* tombola **II** *vb tr* lotta ut genom tombola, lotta bort
raft [rɑːft] *s* flotte [*a rubber ~*]; timmerflotte
rag [ræg] *s* **1** trasa **2** vard. tidningsblaska
ragamuffin ['rægəˌmʌfɪn] *s* rännstensunge, trashank
rage [reɪdʒ] **I** *s* **1** raseri; ***be in*** (***fly into***) ***a*** *~* vara (bli) rasande **2** ***be the*** (***all the***) *~* vard. vara sista skriket **II** *vb itr* rasa
ragged ['rægɪd] *adj* **1** trasig, sönderssliten **2** ruggig, raggig; fransig; ovårdad
raglan ['ræglən] *s* raglan
ragout ['rægu:] *s* kok. ragu
raid [reɪd] **I** *s* räd, plundringståg; kupp [*on* mot]; razzia [*on* mot, i] **II** *vb tr* göra en räd (razzia) mot (i); plundra
raider ['reɪdə] *s* deltagare i räd (razzia)
rail [reɪl] *s* **1** stång i t.ex. räcke; ledstång; räcke; ***curtain*** *~* gardinstång; ***towel*** *~* handduksstång **2** sjö. reling **3** skena, räls; ***by*** *~* med järnväg; ***go off the ~s*** bildl. spåra ur
railcar ['reɪlkɑː] *s* järnv. motorvagn
railcard ['reɪlkɑːd] *s* rabattkort på järnvägen
railing ['reɪlɪŋ] *s*, pl. *~s* järnstaket, räcke
railroad ['reɪlrəʊd] *s* amer., se *railway*
railway ['reɪlweɪ] *s* järnväg; järnvägsbolag; attributivt, vanl. järnvägs- [*~ station*]; *~ **yard*** bangård; ***by*** *~* med (på) järnväg
rain [reɪn] **I** *s* regn; regnväder; ***right as*** *~* vard. prima; **II** *vb itr* o. *vb tr* regna; hagla [*the blows rained (rained down) on him*]; strömma [*tears rained down her cheeks*]; ösa, låta hagla [*~ blows on* (över) *a person*]; ***it never ~s but it pours*** ordspr. en olycka kommer sällan ensam; ***it's raining cats and dogs*** regnet står som spön i backen
rainbow ['reɪnbəʊ] *s* regnbåge
raincoat ['reɪnkəʊt] *s* regnrock
rainfall ['reɪnfɔːl] *s* **1** regn, regnskur **2** regnmängd, nederbörd
rainproof ['reɪnpruːf] *adj* regntät, vattentät
rainy ['reɪnɪ] *adj* regnig, regn- [*~ season*]
raise [reɪz] **I** *vb tr* **1** resa, lyfta, resa (lyfta) upp, ta upp; hissa (dra) upp; *~ **one's hand against a p.*** lyfta sin hand mot ngn hota ngn; *~ **one's eyebrows*** höja på ögonbrynen; *~ **one's glass to a p.*** höja sitt glas för ngn, dricka ngn till; *~ **one's hat to a p.*** lyfta på hatten för ngn **2** höja [*~ prices*] **3** uppföra, resa [*~ a monument*] **4** föda upp [*~ cattle*], odla; amer. äv. uppfostra [*~ children*]; *~ **a family*** amer. bilda familj, skaffa barn **5** befordra [*~ a captain to the rank of major*] **6** uppväcka [*~ from the dead*]; frammana [*~ spirits*]; *~ **hell*** (***the devil***) vard. föra ett helvetes liv **7** orsaka, väcka [*~ a p.'s hopes*]; *~ **the alarm*** slå larm; *~ **a laugh*** framkalla skratt **8** lägga (dra) fram, framställa [*~ a claim*], väcka, ta upp [*~ a question*] **9** samla, samla ihop, skaffa [*~ money*]; ta [*~ a loan*] **10** häva [*~ an embargo*] **II** *s* speciellt amer. lönelyft
raisin ['reɪzn] *s* russin
1 rake [reɪk] **I** *s* räfsa, kratta; ***thin as a*** *~* smal som en sticka **II** *vb tr* räfsa, kratta; *~ **in*** [***a lot of money***] håva in...; *~ **together*** (***up***) räfsa ihop; skrapa ihop; *~ **up*** [***the past***] riva upp...
2 rake [reɪk] *s* rumlare, rucklare
rally ['rælɪ] **I** *vb tr* o. *vb itr* **1** samla, samla ihop; samlas, samla sig; *~ **to a p.'s***

defence komma till ngns försvar; ***rallying point*** samlingspunkt **2** samla nya krafter **II** *s* **1** samling **2** möte [*a peace* ~]; massmöte **3** rally [*a motor* ~] **4** bildl. återhämtning **5** sport. slagväxling, lång boll, bollduell

ram [ræm] **I** *s* **1** bagge; om person bock [*he is an old* ~] **2** murbräcka [äv. *battering-ram*] **II** *vb tr* **1** slå (stöta, stampa) ned (in, mot); ~ ***a th. into a p.'s head*** bildl. slå in ngt i huvudet på ngn **2** vard. stoppa, proppa [~ *clothes into a bag*] **3** ramma [~ *a submarine*]

ramble ['ræmbl] **I** *vb itr* ströva (vandra) omkring [*about* (i) *the country*]; ~ ***on*** pladdra på **II** *s* strövtåg, vandring utan mål

rambler ['ræmblə] *s* **1** vandrare **2** klängros

ramification [ˌræmɪfɪ'keɪʃ(ə)n] *s* **1** förgrening **2** följd, komplikation

ramp [ræmp] *s* ramp; uppfart, nerfart

rampant ['ræmpənt] *adj* otyglad; grasserande; ***be*** ~ sprida sig, härja, frodas

rampart ['ræmpɑ:t] *s* fästningsvall

ramshackle ['ræmˌʃækl] *adj* fallfärdig

ran [ræn] se *run I*

ranch [rɑ:ntʃ, ræntʃ] *s* i USA ranch, farm

rancher ['rɑ:ntʃə, 'ræntʃə] *s* ranchägare; rancharbetare

rancid ['rænsɪd] *adj* härsken

rancour ['ræŋkə] *s* hätskhet; agg

random ['rændəm] **I** *s*, ***at*** ~ på måfå, på en höft **II** *adj* på måfå; ~ ***sample*** stickprov

randy ['rændɪ] *adj* vard. kåt

rang [ræŋ] se *1 ring I*

range [reɪndʒ] **I** *s* **1** rad, räcka; ~ ***of mountains*** bergskedja **2** skjutbana [äv. *rifle* ~] **3** räckvidd, omfång, aktionsradie; avstånd; ***frequency*** ~ frekvensområde; ***at long*** (***short***) ~ på långt (nära) håll; ***medium*** ~ medeldistans; ***price*** ~ prisklass; ***a wide*** ~ ***of colours*** en vidsträckt färgskala; ett stort urval av färger; ***a wide*** ~ ***of topics*** ett brett ämnesurval **4** ***out of*** (***beyond***) ~ ***of*** utom skotthåll för; ***within*** ~ ***of*** inom skotthåll för **5** spis **6** amer. betesmark

II *vb tr* o. *vb itr* **1** ställa i (på) rad **2** klassificera; inordna **3** ströva (vandra) i (igenom) **4** sträcka sig, löpa **5** ha sin plats, ligga [*with* bland, jämte], inrangeras **6** variera inom vissa gränser; ***children ranging in age from two to twelve*** barn i åldrar mellan två och tolv **7** ströva (vandra) omkring [~ *over the hills*] **8** nå, ha en räckvidd av

range-finder ['reɪndʒˌfaɪndə] *s* mil. el. foto. avståndsmätare

1 rank [ræŋk] **I** *s* **1** rad, räcka **2** mil. el. bildl. led; ***the ~s*** el. ***the*** ~ ***and file*** de meniga, manskapet; bildl. gemene man, de djupa leden; ***close the ~s*** sluta leden; ***rise from the ~s*** arbeta sig upp **3** rang; mil. grad [*military ~s*] **II** *vb tr* o. *vb itr* **1** ställa upp i (på) led; ordna **2** placera, sätta, inordna [*among, with* bland, jämte]; klassificera; ha en plats [*among, with* bland], ha rang [*as, with* som, av]; räknas [*among, with* bland] **3** sport. ranka; rankas

2 rank [ræŋk] *adj* **1** yppig, tät **2** grov [~ *injustice*] **3** fullkomlig [*a* ~ *outsider*]

ranking ['ræŋkɪŋ] *s* rang, rangordning, rankinglista

ransack ['rænsæk] *vb tr* **1** leta igenom, undersöka **2** plundra

ransom ['rænsəm] **I** *s* lösen **II** *vb tr* frige mot lösen

rant [rænt] *vb itr* orera; gorma

rap [ræp] **I** *s* **1** rapp, smäll, slag; knackning **2** amer. sl., ***a murder*** ~ en mordanklagelse; ***a ten-year*** ~ ett tioårigt fängelsestraff **II** *vb tr* o. *vb itr* slå, smälla; knacka, knacka på [~ *at (on) the door*]

rape [reɪp] **I** *vb tr* våldta **II** *s* våldtäkt

rapid ['ræpɪd] **I** *adj* hastig, snabb, rask **II** *s*, pl. ***~s*** fors

rapidity [rə'pɪdətɪ] *s* hastighet, snabbhet

rapier ['reɪpjə] *s* värja

rapist ['reɪpɪst] *s* våldtäktsman

rapping ['ræpiŋ] *s* rapping sångliknande snabbprat till rockmusik

rapt [ræpt] *adj* hänryckt

rapture ['ræptʃə] *s* hänryckning, extas

1 rare [reə] *adj* sällsynt

2 rare [reə] *adj* lätt stekt, blodig

rarely ['reəlɪ] *adv* sällan; sällsynt

rarity ['reərətɪ] *s* sällsynthet, raritet

rascal ['rɑ:sk(ə)l] *s* lymmel; skämts. rackare

1 rash [ræʃ] *s* med. hudutslag

2 rash [ræʃ] *adj* obetänksam, förhastad

rasher ['ræʃə] *s* tunn baconskiva [äv. ~ *of bacon*]

rasp [rɑ:sp] **I** *s* **1** rasp; grov fil **2** raspande **II** *vb tr* o. *vb itr* skorra, skorra i; ***a rasping voice*** en skrovlig röst

raspberry ['rɑ:zbərɪ] *s* **1** hallon **2** sl. föraktfull fnysning; ***blow a p. a*** ~ el. ***give a p. the*** (***a***) ~ fnysa föraktfullt åt ngn, bua ut ngn

rat [ræt] *s* råtta; ***he's a*** ~ vard. han är en skitstövel; ***smell a*** ~ vard. ana oråd

rate [reɪt] **I** *s* **1** hastighet, fart; ***at a great*** (***high***) ~ i full fart; i snabb takt; ***at any*** ~ bildl. i alla (varje) fall; ***at that*** ~ vard. i så fall **2** taxa; kurs; ~ ***of exchange*** växelkurs; ~ ***of interest*** räntefot, räntesats; ***letter postage*** ~ brevporto **3** pl. ~***s*** ungefär kommunalskatt [~*s and taxes*] **II** *vb tr* o. *vb itr* **1** uppskatta, värdera, taxera [*at* till] **2** räkna [*I ~ him among my friends*]; räknas [*as* för, som]

ratepayer ['reɪtˌpeɪə] *s* kommunal skattebetalare

rather ['rɑːðə] *adv* **1** hellre, helst; snarare; ***I'd ~ not*** helst inte **2** rätt, ganska [~ *pretty*]; ***I ~ like it*** jag tycker faktiskt rätt bra om det **3** vard., som svar ja (jo) visst; om!

ratify ['rætɪfaɪ] *vb tr* ratificera

ratio ['reɪʃɪəʊ] *s* förhållande, proportion

ration ['ræʃ(ə)n] **I** *s* ranson, tilldelning **II** *vb tr* ransonera; sätta på ranson

rational ['ræʃənl] *adj* rationell; förnufts-

rationalize ['ræʃnəlaɪz] *vb tr* o. *vb itr* rationalisera

rat race ['rætreɪs] *s* vard. karriärjakt

rattle ['rætl] **I** *s* **1** skallra [*a baby's* ~], harskramla **2** skrammel **3** rossling **II** *vb itr* o. *vb tr* **1** skramla; rassla, smattra [*the gunfire rattled*] **2** ~ ***on*** (***away***) pladdra på **3** skramla med; skaka [*the wind rattled the windows*] **4** rabbla; ~ ***off*** (***out***) rabbla upp **5** perfekt particip ***rattled*** något skakad, nervös

rattlesnake ['rætlsneɪk] *s* skallerorm

raucous ['rɔːkəs] *adj* hes, skrovlig [*a ~ voice*]

ravage ['rævɪdʒ] **I** *vb tr* härja, ödelägga, förhärja, hemsöka [*a country ravaged by war*]; plundra **II** *s* ödeläggelse; pl. ~***s*** härjning, härjningar

rave [reɪv] **I** *vb itr* **1** yra **2** rasa [*against, at* mot] **3** tala med hänförelse [*about, over* om] **II** *s* vard. entusiastiskt beröm; begeistring

ravel ['ræv(ə)l] *vb tr*, ~ ***out*** riva (repa) upp

raven ['reɪvn] *s* zool. korp

ravenous ['rævənəs] *adj* glupsk [*for* efter, på], utsvulten; vard. hungrig som en varg

ravine [rə'viːn] *s* ravin, bergsklyfta

raving ['reɪvɪŋ] **I** *adj* yrande; ***a ~ lunatic*** en blådåre **II** *adv* vard. spritt språngande [~ *mad*] **III** *s*, pl. ~***s*** yrande

ravish ['rævɪʃ] *vb tr*, ***ravished by*** hänförd av

ravishing ['rævɪʃɪŋ] *adj* hänförande, förtjusande

raw [rɔː] *adj* **1** rå; obearbetad **2** grön, otränad **3** hudlös; öm; oläkt **4** ruggig [~ *weather*]

1 ray [reɪ] *s* zool. rocka

2 ray [reɪ] *s* stråle; ***a ~ of hope*** en strimma av hopp; ***a ~ of sunshine*** en solstråle

rayon ['reɪɒn] *s* textil. rayon

raze [reɪz] *vb tr* rasera, jämna med marken [äv. ~ *to the ground*]

razor ['reɪzə] *s* rakkniv; rakhyvel; rakapparat

razor blade ['reɪzəbleɪd] *s* rakblad

RC förk. för *Red Cross, Roman Catholic*

Rd. förk. för *Road*

're [ə] = *are* [*they're; we're*]

reach [riːtʃ] **I** *vb tr* o. *vb itr* **1** sträcka; ~ ***out for*** el. ~ ***for*** sträcka sig efter **2** räcka, ge [~ *me that book*] **3** nå, räcka; nå upp till; komma (nå) fram till; ~ ***a decision*** nå (träffa) ett avgörande; ***as far as the eye can*** ~ så långt ögat når **II** *s* räckhåll; räckvidd t.ex. boxares; ***out of*** (***within***) ~ utom (inom) räckhåll [*of a p.* för ngn]; ***within easy ~ of the station*** på bekvämt avstånd från stationen

react [rɪ'ækt] *vb itr* reagera [*to* för, på]

reaction [rɪ'ækʃ(ə)n] *s* reaktion

reactionary [rɪ'ækʃənərɪ] *adj* o. *s* reaktionär

reactor [rɪ'æktə] *s*, ***nuclear*** ~ kärnreaktor

read [infinitiv o. substantiv riːd; imperfekt, perfekt particip o. adjektiv red] **I** *vb tr* o. *vb itr* **1** läsa [*in* i; *of, about* om], läsa upp, läsa högt [*to a p.* för ngn]; läsa av; studera; ~ ***a p.'s hand*** läsa i ngns hand, spå ngn i handen; ~ ***aloud*** läsa högt; ~ ***out*** läsa upp; läsa högt; ~ ***out aloud*** läsa högt **2** läsa, studera [~ *law* (juridik)] **3** stå; lyda, låta [*it ~s better now*] **4** visa [*the thermometer ~s 10°*] **II** *adj* o. *perf p*, ***be well*** ~ vara beläst **III** *s* lässtund [*a quiet* ~]

readable ['riːdəbl] *adj* **1** läslig [~ *handwriting*] **2** läsvärd [~ *book*]

reader ['riːdə] *s* **1** läsare; uppläsare **2** läsebok **3** univ., ungefär docent **4** korrekturläsare

readily ['redəlɪ] *adv* **1** villigt, gärna **2** raskt; med lätthet [~ *recognize a th.*]

readiness ['redɪnəs] *s* **1** villighet **2** beredskap; ***in*** ~ i beredskap, redo

reading ['riːdɪŋ] *s* **1** läsning, läsande; ***a man of wide*** ~ en mycket beläst man **2** lektyr; läsmaterial **3** avläsning på instrument; ***barometer*** ~ barometerstånd

4 uppläsning [*~s from* (ur) *Shakespeare*], recitation
reading-lamp ['ri:dɪŋlæmp] *s* läslampa
reading-room ['ri:dɪŋru:m] *s* läsesal, läsrum
readjust [ˌri:ə'dʒʌst] *vb tr* rätta (ordna) till; ställa om [*~ one's watch*]
ready ['redɪ] **I** *adj* **1** färdig, klar, redo, beredd [*for* på, för, till]; villig [*~ to forgive*]; *~ money* reda pengar; *~ reckoner* snabbräknare, räknetabell; *get ~* el. *get (make) oneself ~* göra sig i ordning (klar); bereda sig [*for* på, för]; *get ~, get set, go!* el. *~, steady, go!* på era platser (klara), färdiga, gå! **2** snar, benägen [*don't be so ~ to find fault*] **II** *adv* färdig- [*~ cooked* (lagad)]
ready-cooked [ˌredɪ'kʊkt] *adj* färdiglagad
ready-made [ˌredɪ'meɪd] **I** *adj* färdigsydd, färdiggjord, konfektionssydd **II** *s* konfektionskostym; konfektionssytt plagg
real [rɪəl] **I** *adj* verklig, faktisk, reell; äkta [*~ pearls*]; *in ~ earnest* på fullt allvar **II** *adv* vard. riktigt, verkligt [*have a ~ good time*]
realist ['rɪəlɪst] *s* realist
realistic [rɪə'lɪstɪk] *adj* realistisk
reality [rɪ'ælətɪ] *s* verklighet; *in ~* i verkligheten (realiteten)
realize ['rɪəlaɪz] *vb tr* **1** inse, fatta **2** förverkliga, genomföra **3** tjäna
really ['rɪəlɪ] *adv* **1** verkligen, faktiskt **2** riktigt, verkligt [*~ bad (good)*]
realm [relm] *s* litt. konungarike; *the ~ of the imagination* fantasins värld
reap [ri:p] *vb tr* bärga [*~ the harvest*], skörda
reaper ['ri:pə] *s* skördearbetare; skördemaskin
reappear [ˌri:ə'pɪə] *vb itr* visa sig igen
1 rear [rɪə] *vb tr* **1** föda upp [*~ cattle*]; uppfostra [*~ a child*] **2** lyfta på [*the snake reared its head*]
2 rear [rɪə] *s* **1** bakre del, bakdel; baksida; *in (at) the ~ of* på baksidan av, bakom **2** attributivt bak- [*~ axle*]
rear-admiral [ˌrɪər'ædmər(ə)l] *s* sjö. konteramiral
rear lamp ['rɪəlæmp] *s* bil. baklykta
rearm [ˌri:'ɑ:m] *vb tr* o. *vb itr* återupprusta
rearmament [rɪ'ɑ:məmənt] *s* återupprustning
rearmost ['rɪəməʊst] *adj* längst bak
rearrange [ˌri:ə'reɪndʒ] *vb tr* ordna om
rear-view ['rɪəvju:] *adj*, *~ mirror* backspegel
reason ['ri:zn] **I** *s* **1** skäl, anledning, grund **2** förnuft; *there is ~ (some ~) in that* det är reson i det; *it stands to ~* det är självklart; [*he complains,*] *and with ~* ...och det med rätta; *prices are within ~* priserna är rimliga **II** *vb itr* o. *vb tr* resonera, resonera som så
reasonable ['ri:zənəbl] *adj* **1** förnuftig, förståndig, resonlig, resonabel **2** rimlig, skälig [*a ~ price*]
reasoning ['ri:zənɪŋ] *s* resonemang
reassurance [ˌri:ə'ʃʊər(ə)ns] *s* ny (lugnande) försäkran; uppmuntran
reassure [ˌri:ə'ʃʊə] *vb tr* lugna; uppmuntra
reassuring [ˌri:ə'ʃʊərɪŋ] *adj* lugnande
rebate ['ri:beɪt] *s* rabatt, avdrag; återbäring [*tax ~*]
rebel [substantiv 'rebl, verb rɪ'bel] **I** *s* rebell, upprorsman; upprors-, rebell- [*the ~ forces*] **II** *vb itr* göra uppror
rebellion [rɪ'beljən] *s* uppror [*against* mot]; *rise in ~* göra uppror
rebellious [rɪ'beljəs] *adj* upprorisk, rebellisk
rebirth [ˌri:'bɜ:θ] *s* pånyttfödelse
rebound [verb rɪ'baʊnd, substantiv 'ri:baʊnd] **I** *vb itr* återstudsa, studsa tillbaka **II** *s* återstudsning, studs
rebuff [rɪ'bʌf] **I** *s* bakslag; bakläxa **II** *vb tr* avvisa; snäsa av
rebuild [ˌri:'bɪld] (*rebuilt rebuilt*) *vb tr* åter bygga upp; bygga om
rebuilt [ˌri:'bɪlt] se *rebuild*
rebuke [rɪ'bju:k] **I** *vb tr* tillrättavisa **II** *s* tillrättavisning, skrapa
recall [rɪ'kɔ:l] **I** *vb tr* **1** kalla tillbaka, kalla hem, återkalla **2** erinra sig, minnas **3** upphäva [*~ a decision*] **II** *s* **1** tillbakakallande, hemkallande **2** återkallande, upphävande; *past (beyond) ~* oåterkallelig, oåterkalleligt
recapture [ˌri:'kæptʃə] **I** *vb tr* återta, återerövra **II** *s* återtagande, återerövring
recede [rɪ'si:d] *vb itr* gå (träda, dra sig) tillbaka; *a receding forehead* en sluttande panna
receipt [rɪ'si:t] *s* **1** kvitto [*for* på] **2** pl. *~s* intäkter **3** mottagande
receive [rɪ'si:v] *vb tr* ta emot, motta, erhålla
receiver [rɪ'si:və] *s* **1** mottagare **2** *~ of stolen goods* el. *~* hälare **3** mottagare, mottagningsapparat; telefonlur

recent ['ri:snt] *adj* ny; färsk [~ *news*]; ***in (during) ~ years*** under senare år
recently ['ri:sntlɪ] *adv* nyligen
receptacle [rɪ'septəkl] *s* behållare
reception [rɪ'sepʃ(ə)n] *s* **1** mottagande, mottagning i olika betydelser; ***~ desk*** reception på hotell **2** radio. mottagningsförhållanden
receptionist [rɪ'sepʃənɪst] *s* receptionist; portier
receptive [rɪ'septɪv] *adj* receptiv, mottaglig
recess [rɪ'ses] *s* vrå, skrymsle; nisch, alkov; insänkning
recession [rɪ'seʃ(ə)n] *s* konjunkturnedgång
recharge [ˌri:'tʃɑ:dʒ] *vb tr* elektr. ladda om
recipe ['resɪpɪ] *s* kok. recept äv. bildl.
recipient [rɪ'sɪpɪənt] *s* mottagare
reciprocal [rɪ'sɪprək(ə)l] *adj* ömsesidig, reciprok
reciprocate [rɪ'sɪprəkeɪt] *vb itr* o. *vb tr* göra en gentjänst; gengälda, återgälda
recital [rɪ'saɪtl] *s* recitation, uppläsning; mus. solistuppförande
recitation [ˌresɪ'teɪʃ(ə)n] *s* recitation, uppläsning
recite [rɪ'saɪt] *vb tr* recitera, läsa upp
reciter [rɪ'saɪtə] *s* recitatör, uppläsare
reckless ['rekləs] *adj* hänsynslös; obetänksam [~ *conduct*], vårdslös [~ *driving*]
reckon ['rek(ə)n] *vb tr* o. *vb itr* **1** räkna; ***~ up*** räkna ihop (samman, upp); ***~ with*** räkna med, ta med i beräkningen **2** beräkna, uppskatta, bedöma **3** räkna, anse [*as* som]; räknas [*he ~s among* (bland, till) *the best*] **4** vard. tycka; [***he is pretty good,***] ***I ~*** ...tycker jag **5** anta, förmoda; ***~ on*** räkna (lita) på; räkna med
reckoning ['rekənɪŋ] *s* **1** räkning, uppräkning, beräkning; uppskattning **2** räkenskap; ***the day of ~*** räkenskapens dag
reclaim [rɪ'kleɪm] *vb tr* återvinna, odla upp [~ *land*]
recline [rɪ'klaɪn] *vb tr* o. *vb itr* vila, lägga ned, luta tillbaka; luta sig tillbaka, lägga sig, ligga (sitta) tillbakalutad
recognition [ˌrekəg'nɪʃ(ə)n] *s* **1** erkännande; ***receive (meet with) due ~*** röna vederbörligt erkännande **2** igenkännande; ***beyond (out of all, past) ~*** oigenkännlig
recognizable ['rekəgnaɪzəbl] *adj* igenkännlig [*by a th.* på ngt]
recognize ['rekəgnaɪz] *vb tr* **1** känna igen [*by a th.* på ngt] **2** erkänna [~ *a new government*] **3** inse [*he recognized the danger*]
recoil [rɪ'kɔɪl] **I** *vb itr* **1** rygga tillbaka [*from* för] **2** studsa tillbaka; mil. rekylera **II** *s* återstuds; mil. rekyl
recollect [ˌrekə'lekt] *vb tr* erinra sig, minnas
recollection [ˌrekə'lekʃ(ə)n] *s* hågkomst, minne, erinring; pl. ***~s*** minnen; ***not to my ~*** inte såvitt jag kan minnas
recommence [ˌri:kə'mens] *vb itr* o. *vb tr* börja på nytt
recommend [ˌrekə'mend] *vb tr* rekommendera; råda
recommendation [ˌrekəmen'deɪʃ(ə)n] *s* rekommendation; tillrådan
recompense ['rekəmpens] **I** *vb tr* gottgöra, ersätta **II** *s* gottgörelse, ersättning
reconcile ['rekənsaɪl] *vb tr* försona
reconciliation [ˌrekənsɪlɪ'eɪʃ(ə)n] *s* försoning
reconnaissance [rɪ'kɒnɪs(ə)ns] *s* speciellt mil. spaning, rekognoscering
reconnoitre [ˌrekə'nɔɪtə] *vb tr* o. *vb itr* speciellt mil. spana, rekognoscera; sondera
reconsider [ˌri:kən'sɪdə] *vb tr* på nytt överväga
reconstruct [ˌri:kən'strʌkt] *vb tr* rekonstruera [~ *a crime*]; bygga om; ombilda
record [substantiv 'rekɔ:d, verb rɪ'kɔ:d] **I** *s* **1** förteckning, register; protokoll [*of* för]; urkund, dokument; ***it is the worst on ~*** det är det värsta som någonsin funnits **2** vitsord, meritlista; rykte; ***a clean ~*** ett fläckfritt förflutet **3** sport. rekord; ***beat (break) the ~*** slå rekord **4** grammofonskiva, skiva [*gramophone ~*]; ***~ library*** skivsamling **II** *vb tr* **1** a) protokollföra; registrera b) förtälja, återge **2** spela (sjunga, tala) in på grammofonskiva (band) **3** om termometer m.m. registrera, visa
recorder [rɪ'kɔ:də] *s* **1** inspelningsapparat, registreringsapparat **2** blockflöjt
recording [rɪ'kɔ:dɪŋ] *s* registrering, protokollförande; radio., film. m.m. inspelning
record-player ['rekɔ:dˌpleɪə] *s* enklare skivspelare vanl. med högtalare; grammofon
recount [i betydelse *I 1* rɪ'kaʊnt, i betydelse *I 2* ˌri:'kaʊnt, i betydelse *II* 'ri:kaʊnt] **I** *vb tr*

1 berätta **2** räkna om [~ *the votes*] **II** *s* omräkning
recourse [rɪ'kɔ:s] *s, **have ~ to*** tillgripa
recover [rɪ'kʌvə] *vb tr* o. *vb itr* återvinna, återfå [~ *one's health*]; hämta (repa) sig; tillfriskna; ***he has recovered*** han är återställd
re-cover [ˌri:'kʌvə] *vb tr* **1** åter täcka **2** klä om, förse med nytt överdrag
recovery [rɪ'kʌvərɪ] *s* **1** återvinnande **2** återställande, tillfrisknande, återhämtning; ***make a quick ~*** återhämta sig snabbt
re-create [ˌri:krɪ'eɪt] *vb tr* skapa på nytt
recreation [ˌrekrɪ'eɪʃ(ə)n] *s* rekreation, förströelse; ~ ***ground*** rekreationsområde, fritidsområde; idrottsplats; ~ ***room*** gillestuga; hobbyrum
recruit [rɪ'kru:t] **I** *s* rekryt **II** *vb tr* o. *vb itr* **1** rekrytera, värva; värva rekryter; ***recruiting office*** värvningsbyrå; inskrivningslokal, mönstringslokal; ***recruiting officer*** rekryteringsofficer **2** förnya; friska upp
rectangle ['rektæŋgl] *s* rektangel
rectangular [rek'tæŋgjʊlə] *adj* rektangulär
rectify ['rektɪfaɪ] *vb tr* rätta till, korrigera
rector ['rektə] *s* kyrkoherde
rectory ['rektərɪ] *s* prästgård
rectum ['rektəm] *s* ändtarm
recuperate [rɪ'kju:pəreɪt] *vb itr* hämta sig, repa sig
recur [rɪ'kɜ:] *vb itr* återkomma, upprepas
recurrent [rɪ'kʌr(ə)nt] *adj* återkommande
recycle [ˌri:'saɪkl] *vb tr* tekn. återanvända [~ *scrap-metal*], återvinna
red [red] **I** *adj* röd; ***Red Indian*** indian; ~ ***tape*** byråkrati **II** *s* rött
redbreast ['redbrest] *s, **robin ~*** el. ~ rödhake
redden ['redn] *vb tr* o. *vb itr* färga (bli) röd; rodna
reddish ['redɪʃ] *adj* rödaktig
redecorate [ˌri:'dekəreɪt] *vb tr* o. *vb itr* måla och tapetsera om; nyinreda
redeem [rɪ'di:m] *vb tr* lösa ut [~ *pawned rings*]
red-handed [ˌred'hændɪd] *adj, **take** (**catch**) **a p.*** ~ ta (gripa) ngn på bar gärning
redhead ['redhed] *s* vard. rödhårig person
red-hot [ˌred'hɒt] *adj* glödhet
redid [ˌri:'dɪd] se *redo*
redirect [ˌri:dɪ'rekt] *vb tr* eftersända [~ *letters*]; dirigera om [~ *a cargo*]
rediscover [ˌri:dɪs'kʌvə] *vb tr* återupptäcka
redistribute [ˌri:dɪs'trɪbjʊt] *vb tr* dela ut (distribuera) på nytt; omfördela
redo [ˌri:'du:] (*redid redone*) *vb tr* göra om
redone [ˌrɪ:'dʌn] se *redo*
redouble [rɪ'dʌbl] *vb tr* o. *vb itr* fördubbla, fördubblas
redress [rɪ'dres] *vb tr* **1** återställa [~ *the balance*]; avhjälpa **2** gottgöra [~ *a wrong*]
reduce [rɪ'dju:s] *vb tr* o. *vb itr* **1** reducera, minska, sätta ned, sänka [~ *the price*]; förminska; reduceras, minskas; banta, gå ned; ~ ***one's weight*** gå ned i vikt, banta **2** försätta [*to* i ett tillstånd]; bringa [*to* till]; ~ ***to ashes*** lägga i aska; ***be reduced to beggary*** (***begging***) vara hänvisad till tiggeri; ~ ***to the ranks*** degradera till menig
reduction [rɪ'dʌkʃ(ə)n] *s* reduktion, reducering, minskning, inskränkning; förminskning; nedsättning, rabatt; ***sell at a ~*** sälja till nedsatt pris
redundant [rɪ'dʌndənt] *adj* överflödig, övertalig [~ *workers*]; friställd
reduplicate [rɪ'dju:plɪkeɪt] *vb tr* fördubbla
reed [ri:d] *s* vasstrå, vassrör; vass
re-educate [ˌri:'edjʊkeɪt] *vb tr* uppfostra på nytt; omskola
reef [ri:f] *s* rev
reek [ri:k] *vb itr* lukta illa, stinka
reel [ri:l] **I** *s* rulle, spole [~ *of film*]; ~ ***of cotton*** trådrulle; ***off the ~*** vard. i ett svep **II** *vb tr* o. *vb itr* **1** rulla (spola) upp på rulle; ~ ***off*** bildl. rabbla upp **2** virvla, snurra runt; ***my brain*** (***head***) ***~s*** det går runt i huvudet på mig **3** ragla, vackla
re-elect [ˌri:ɪ'lekt] *vb tr* välja om, återvälja
re-election [ˌri:ɪ'lekʃ(ə)n] *s* omval, återval
re-enter [ˌri:'entə] *vb itr* o. *vb tr* gå (komma, stiga) in igen; åter gå (komma, stiga) in i
re-examine [ˌri:ɪg'zæmɪn] *vb tr* på nytt undersöka (granska, förhöra, examinera)
ref [ref] vard. sport. (kortform av *referee*) **I** *s* domare **II** *vb itr* o. *vb tr* döma
refectory [rɪ'fektərɪ] *s* matsal i t.ex. skola
refer [rɪ'fɜ:] *vb tr* o. *vb itr* hänskjuta, hänvisa [*to* till]; ~ ***to*** a) hänvisa till, referera till, åberopa; vända sig till b) syfta på, hänföra sig till
referee [ˌrefə'ri:] **I** *s* **1** sport. domare **2** referens person **II** *vb itr* o. *vb tr* sport. döma
reference ['refər(ə)ns] *s* **1** hänvisning [*to* till]; åberopande **2** anspelning, syftning;

make ~ to omnämna **3** hänvändelse [*to* till]; ~ ***book*** uppslagsbok, uppslagsverk; ~ ***library*** referensbibliotek **4** referens äv. person; tjänstgöringsbetyg

referendum [ˌrefə'rendəm] *s* referendum, folkomröstning

referral [rɪ'fɜ:r(ə)l] *s* med. remittering, remiss; remitterad patient

refill [verb ˌri:'fɪl, substantiv 'ri:fɪl] **I** *vb tr* åter fylla; tanka **II** *s* påfyllning; patron till kulpenna

refine [rɪ'faɪn] *vb tr* **1** raffinera [~ *sugar (oil)*], förädla, rena **2** förfina

refinement [rɪ'faɪnmənt] *s* **1** raffinering, rening **2** förfining, elegans; raffinemang

refinery [rɪ'faɪnərɪ] *s* raffinaderi [*oil* ~]

reflect [rɪ'flekt] *vb tr* o. *vb itr* **1** reflektera, återspegla **2** reflektera, fundera, tänka efter

reflection [rɪ'flekʃ(ə)n] *s* **1** reflektering, återkastning **2** spegelbild, bild **3** reflexion; eftertanke, begrundan

reflector [rɪ'flektə] *s* reflektor

reflex ['ri:fleks] **I** *s* reflex, reflexrörelse **II** *adj* reflekterad; reflex- [~ *action*]

reflexive [rɪ'fleksɪv] gram. **I** *adj* reflexiv **II** *s* reflexivpronomen; reflexivt verb

reform [rɪ'fɔ:m] **I** *vb tr* o. *vb itr* **1** reformera, förbättra; bättra sig **2** omvända [~ *a sinner*] **II** *s* reform, förbättring

reformation [ˌrefə'meɪʃ(ə)n] *s* reformation; förbättring, reform

reformer [rɪ'fɔ:mə] *s* reformator; reformvän, reformivrare

1 refrain [rɪ'freɪn] *s* refräng; omkväde

2 refrain [rɪ'freɪn] *vb itr* avhålla sig, avstå [~ *from hostile action*]; ***please ~ from smoking*** rökning undanbedes

refresh [rɪ'freʃ] *vb tr* friska upp; liva (pigga) upp; ~ ***oneself*** styrka sig, pigga upp sig; förfriska sig, läska sig; ~ ***one's memory*** friska upp minnet

refreshing [rɪ'freʃɪŋ] *adj* **1** uppfriskande, styrkande, uppiggande [*a ~ sleep*]; läskande [*a ~ drink*] **2** välgörande

refreshment [rɪ'freʃmənt] *s*, vanl. pl. ***~s*** förfriskningar; ~ ***car*** byffévagn

refrigerate [rɪ'frɪdʒəreɪt] *vb tr* kyla, kyla av; frysa, frysa in

refrigeration [rɪˌfrɪdʒə'reɪʃ(ə)n] *s* kylning, avkylning; frysning, infrysning

refrigerator [rɪ'frɪdʒəreɪtə] *s* kylskåp

refuel [ˌri:'fjʊəl] *vb tr* o. *vb itr* tanka, fylla på

refuge ['refju:dʒ] *s* **1** skydd; ***take ~*** ta sin tillflykt **2** refug

refugee [ˌrefjʊ'dʒi:] *s* flykting

refund [verb ri:'fʌnd, substantiv 'ri:fʌnd] **I** *vb tr* återbetala; ersätta ngn för förlust m.m. **II** *s* återbetalning; ersättning

refusal [rɪ'fju:z(ə)l] *s* vägran; avslag

refuse [verb rɪ'fju:z, substantiv 'refju:s] **I** *vb tr* o. *vb itr* vägra, neka, refusera **II** *s* skräp, avfall, sopor; ~ ***collector*** sophämtare, renhållningsarbetare

refute [rɪ'fju:t] *vb tr* vederlägga, motbevisa

regain [rɪ'geɪn] *vb tr* återfå, återvinna

regal ['ri:g(ə)l] *adj* kunglig, konungslig

regalia [rɪ'geɪljə] *s pl* regalier, insignier

regard [rɪ'gɑ:d] **I** *vb tr* anse, betrakta; ***as ~s*** vad...beträffar, beträffande **II** *s* **1** ***in this ~*** i detta hänseende (avseende); ***with ~ to*** med avseende på, angående **2** hänsyn; ***have ~ for*** hysa aktning för; ***pay ~ to*** ta hänsyn till; ***out of ~ for*** av hänsyn till **3** pl. ***~s*** hälsningar; ***kind ~s*** hjärtliga hälsningar; ***give him my best ~s*** hälsa honom så mycket från mig

regarding [rɪ'gɑ:dɪŋ] *prep* beträffande

regardless [rɪ'gɑ:dləs] *adj* utan hänsyn [~ *of* (till) *expense*], obekymrad [*of* om]

regatta [rɪ'gætə] *s* regatta, kappsegling

regency ['ri:dʒənsɪ] *s* regentskap

regent ['ri:dʒ(ə)nt] *s* regent

reggae ['regeɪ] *s* reggae västindisk popmusik

regime [reɪ'ʒi:m] *s* regim, styrelse

regiment [substantiv 'redʒɪmənt, verb 'redʒɪment] **I** *s* mil. regemente **II** *vb tr* disciplinera; likrikta

region ['ri:dʒ(ə)n] *s* region, område, trakt

regional ['ri:dʒənl] *adj* regional

register ['redʒɪstə] **I** *s* **1** register, förteckning; ***class ~*** skol. klassbok; ***hotel ~*** resandebok; ***parish ~*** kyrkobok **2** registreringsapparat; mätare; ***cash ~*** kassaapparat

II *vb tr* o. *vb itr* **1** registrera; anteckna; skriva in; skriva in sig [~ *at a hotel*], anmäla sig [~ *for* (till) *a course*]; registrera sig; ***registered nurse*** legitimerad sjuksköterska; ***registered trade mark*** inregistrerat varumärke **2** post. rekommendera; ***registered letter*** rekommenderat brev

registrar ['redʒɪstrɑ:] *s* **1** registrator **2** borgerlig vigselförrättare; ***get married before the ~*** gifta sig borgerligt

registration [ˌredʒɪ'streɪʃ(ə)n] *s*

1 registrering; inskrivning **2** post. rekommendation

regret [rɪ'gret] **I** *vb tr* beklaga; ångra; ***we ~ to inform you*** vi måste tyvärr meddela **II** *s* ledsnad, sorg [*for, at* över], beklagande; ånger [*at* över]; ***much to my ~*** [***he never came back***] till min stora sorg...

regrettable [rɪ'gretəbl] *adj* beklaglig

regular ['regjʊlə] **I** *adj* **1** regelbunden, regelmässig, reguljär; fast, stadig [*~ work*]; jämn [*~ breathing*]; ***~ customer*** stamkund, stadig (fast) kund; ***at ~ intervals*** med jämna mellanrum **2** vard. riktig [*a ~ hero*] **3** normal, normal-; medelstor **II** *s* **1** vanl. pl. ***~s*** reguljära trupper **2** vard. stamkund

regularity [ˌregjʊ'lærətɪ] *s* regelbundenhet

regulate ['regjʊleɪt] *vb tr* reglera; rucka [*~ a watch*], justera, ställa in

regulation [ˌregjʊ'leɪʃ(ə)n] *s* **1** reglering **2 a)** regel, föreskrift, bestämmelse; pl. ***~s*** äv. ordningsstadga, reglemente, förordning [*traffic ~s*] **b)** attributivt reglementsenlig, föreskriven

rehabilitate [ˌri:ə'bɪlɪteɪt] *vb tr* rehabilitera, återanpassa

rehabilitation ['ri:əˌbɪlɪ'teɪʃ(ə)n] *s* rehabilitering, återanpassning

rehash [substantiv 'ri:hæʃ, verb ˌri:'hæʃ] **I** *s* uppkok; omstuvning [*a~ of* (på) *a newspaper article*] **II** *vb tr* stuva om, servera i ny form

rehearsal [rɪ'hɜ:s(ə)l] *s* repetition, instudering; ***dress ~*** generalrepetition

rehearse [rɪ'hɜ:s] *vb tr* o. *vb itr* repetera, studera in [*~ a part (play)*]; öva

reign [reɪn] **I** *s* regering, regeringstid; ***~ of terror*** skräckvälde **II** *vb itr* regera, härska [*over* över], råda; ***reigning champion*** regerande mästare

rein [reɪn] **I** *s* **1** tygel; ***give a horse the ~*** (***~s***) el. ***give a horse a free ~*** ge en häst lösa tyglar **2** pl. ***~s*** sele för barn **II** *vb tr* tygla

reindeer ['reɪndɪə] (pl. lika) *s* zool. ren

reinforce [ˌri:ɪn'fɔ:s] *vb tr* förstärka; underbygga; ***reinforced concrete*** armerad betong

reinforcement [ˌri:ɪn'fɔ:smənt] *s* **1** förstärkning **2** tekn. armering

reintroduce ['ri:ˌɪntrə'dju:s] *vb tr* återinföra

reject [verb rɪ'dʒekt, substantiv 'ri:dʒekt] **I** *vb tr* förkasta, avslå, avvisa; kassera; refusera **II** *s* utskottsvara, defekt vara

rejection [rɪ'dʒekʃ(ə)n] *s* förkastande, förkastelse, avvisande, avslag; kassering; refusering

rejoice [rɪ'dʒɔɪs] *vb itr* glädjas, fröjdas

rejoicing [rɪ'dʒɔɪsɪŋ] *s* glädje, fröjd, jubel

rejoin [ˌri:'dʒɔɪn] *vb tr* **1** åter sammanfoga **2** återförena sig med

relapse [rɪ'læps] **I** *vb itr* **1** återfalla; åter försjunka **2** med. få återfall **II** *s* återfall

relate [rɪ'leɪt] *vb tr* o. *vb itr* berätta; relatera; ***~ to*** hänföra sig till; ***relating to*** angående

related [rɪ'leɪtɪd] *adj* besläktad, släkt

relation [rɪ'leɪʃ(ə)n] *s* **1** relation, förhållande **2** vanl. pl. ***~s*** **a)** förhållande, relationer **b)** förbindelse, förbindelser; ***break off diplomatic ~s*** avbryta de diplomatiska förbindelserna **3** släkting

relationship [rɪ'leɪʃ(ə)nʃɪp] *s* **1** förhållande, relation, samband [*to* med] **2** släktskap

relative ['relətɪv] **I** *adj* **1** relativ **2** ***~ to*** som hänför sig till, som står i samband med **II** *s* **1** släkting **2** gram. relativ

relax [rɪ'læks] *vb tr* o. *vb itr* **1** slappa [*~ one's muscles*]; lossa, lossa på [*~ one's hold (grip)*]; koppla (slappna) av; ***feel relaxed*** känna sig avspänd; ***~!*** ta det lugnt! **2** släppa efter på [*~ discipline*]; lätta på [*~ restrictions*]; slappas, slappna **3** minska [*~ one's efforts*]

relaxation [ˌri:læk'seɪʃ(ə)n] *s* **1** avkoppling **2** slappnande; lindring; mildrande

relaxing [rɪ'læksɪŋ] *adj* avslappnande; ***~ climate*** förslappande klimat

relay [rɪ'leɪ:, i betydelse *I 2* 'ri:leɪ] **I** *s* **1** skift [*work in ~s*], arbetslag, omgång; ombyte **2** sport., ***~ race*** el. ***~*** stafettlopp **II** *vb tr* radio. reläa, återutsända

release [rɪ'li:s] **I** *s* **1** frigivning, frisläppande; befrielse **2** släppande, lossande; frigörande **3** utsläppande **II** *vb tr* **1** frige, släppa, befria **2** släppa [*~ one's hold*], lossa på [*~ the handbrake*]; frigöra; ***~ a bomb*** fälla en bomb **3** befria, lösa [*~ a p. from an obligation*], frigöra **4** släppa ut [*~ a film*]

relegate ['reləgeɪt] *vb tr* degradera; sport. flytta ned

relegation [ˌrelə'geɪʃ(ə)n] *s* degradering; sport. nedflyttning

relent [rɪ'lent] *vb itr* vekna, ge efter

relevant ['reləvənt] *adj* relevant [*to* för, i]

reliability [rɪˌlaɪə'bɪlətɪ] *s* pålitlighet

reliable [rɪ'laɪəbl] *adj* pålitlig
reliance [rɪ'laɪəns] *s* tillit, förtröstan
reliant [rɪ'laɪənt] *adj* **1** tillitsfull **2** beroende [*on* av]
relic ['relɪk] *s* **1** relik **2** kvarleva, minne [*of* från] **3** pl. **~s** kvarlevor, stoft
relief [rɪ'li:f] *s* **1** lättnad, lindring **2** understöd; bistånd, hjälp; amer. socialhjälp; **~ *work*** beredskapsarbete, beredskapsarbeten **3** lättnad [*tax* ~] **4** undsättning; befrielse **5** avlösning, vaktombyte; ***run a ~ train*** sätta in ett extratåg **6** omväxling; ***by way of ~*** som omväxling **7** **~ *map*** reliefkarta; ***stand out in bold*** (***sharp***) **~ *against*** avteckna sig skarpt mot; ***bring*** (***throw***) ***into strong ~*** starkt framhäva
relieve [rɪ'li:v] *vb tr* **1** lätta, lugna; lindra, avhjälpa [~ *suffering*], mildra; **~ *one's feelings*** ge luft åt sina känslor, avreagera sig **2** understödja, bistå, hjälpa **3** undsätta; befria **4** avlösa [~ *the guard*] **5** ge omväxling åt, variera **6** **~ *oneself*** förrätta sina behov **7** **~ *a p. of a th.*** a) avbörda ngn ngt, lasta av ngn ngt b) befria ngn från ngt [~ *a p. of his duties*]; frånta ngn ngt [~ *a p. of his command*]
religion [rɪ'lɪdʒ(ə)n] *s* religion; skol. religionskunskap; ***minister of ~*** präst
religious [rɪ'lɪdʒəs] *adj* religiös
relinquish [rɪ'lɪŋkwɪʃ] *vb tr* **1** lämna ifrån sig; överge [~ *a plan*] **2** släppa [~ *one's hold*]
relish ['relɪʃ] **I** *s* **1** krydda, piff **2** smak, tycke; aptit **3** kok. smaktillsats; kryddad sås **II** *vb tr* njuta av, uppskatta
reload [ˌri:'ləʊd] *vb tr* **1** lasta om **2** ladda om
reluctance [rɪ'lʌktəns] *s* motvillighet
reluctant [rɪ'lʌktənt] *adj* motvillig
rely [rɪ'laɪ] *vb itr*, **~ *on*** lita på
remade [ri:'meɪd] se *remake*
remain [rɪ'meɪn] *vb itr* **1** finnas (vara, bli, stå) kvar; ***it ~s to be seen*** det återstår att se **2** förbli
remainder [rɪ'meɪndə] *s* återstod, rest
remains [rɪ'meɪnz] *s pl* kvarlevor, rester
remake [ˌri:'meɪk] (*remade remade*) *vb tr* göra om
remark [rɪ'mɑ:k] **I** *s* anmärkning, yttrande; ***pass ~s on*** kommentera **II** *vb tr* o. *vb itr* anmärka, yttra; **~ *on*** kommentera
remarkable [rɪ'mɑ:kəbl] *adj* märklig
remarry [ˌri:'mærɪ] *vb itr* gifta om sig
remedial [rɪ'mi:djəl] *adj* hjälp-, stöd- [~ *measures*; ~ *teaching*]; **~ *class*** specialklass
remedy ['remɪdɪ] **I** *s* botemedel, läkemedel [*for* för, mot]; hjälpmedel, bot **II** *vb tr* bota; råda bot på, avhjälpa
remember [rɪ'membə] *vb tr* o. *vb itr* minnas, komma ihåg; **~ *me to them*** hälsa dem från mig
remembrance [rɪ'membr(ə)ns] *s* minne, hågkomst; ***in ~ of*** till minne av
remind [rɪ'maɪnd] *vb tr* påminna, erinra [*of* om]; ***which ~s me*** apropå det, förresten
reminder [rɪ'maɪndə] *s* påminnelse; påstötning
reminiscence [ˌremɪ'nɪsns] *s* minne, hågkomst
reminiscent [ˌremɪ'nɪsnt] *adj*, **~ *of*** som påminner (erinrar) om
remnant ['remnənt] *s* lämning, rest; stuvbit
remodel [ˌri:'mɒdl] *vb tr* omforma, ombilda
remorse [rɪ'mɔ:s] *s* samvetskval, ånger
remote [rɪ'məʊt] *adj* **1** avlägsen i tid, i rum el. bildl.; fjärran; avsides belägen; **~ *control*** fjärrstyrning, fjärrkontroll; ***a ~ possibility*** en ytterst liten möjlighet **2** otillgänglig
remote-controlled [rɪˌməʊtkən'trəʊld] *adj* fjärrstyrd, fjärrmanövrerad [~ *aircraft*]
remotely [rɪ'məʊtlɪ] *adv* avlägset, fjärran
removal [rɪ'mu:v(ə)l] *s* **1** flyttande; flyttning; **~ *van*** flyttbil; ***furniture ~*** möbelflyttning **2** avlägsnande; bortförande; urtagning
remove [rɪ'mu:v] *vb tr* flytta, flytta bort (undan); förflytta; föra bort; avlägsna, ta bort (ur) [~ *stains*]; ta av [~ *one's coat*]; **~ *furniture*** flytta möbler
remover [rɪ'mu:və] *s* **1** ***furniture ~*** flyttkarl **2** borttagningsmedel
remunerate [rɪ'mju:nəreɪt] *vb tr* ersätta; belöna
remuneration [rɪˌmju:nə'reɪʃ(ə)n] *s* ersättning; belöning
renaissance [rə'neɪs(ə)ns] *s* renässans
rename [ˌri:'neɪm] *vb tr* ge nytt namn, döpa om
render ['rendə] *vb tr* **1** återge t.ex. roll; tolka, framställa **2** överlämna; **~ *an account of*** lämna redovisning (redogörelse) för; **~ *assistance*** (***help***) lämna (ge) hjälp

rendezvous ['rɒndɪvu:] *s* rendezvous, möte, träff
renegade ['renɪgeɪd] *s* avfälling
renegotiate [ˌri:nɪ'gəʊʃɪeɪt] *vb itr* o. *vb tr* omförhandla
renegotiation [ˌri:nɪgəʊʃɪ'eɪʃ(ə)n] *s* omförhandling
renew [rɪ'nju:] *vb tr* förnya
renewal [rɪ'nju:əl] *s* förnyande
rennet ['renɪt] *s* löpe
renounce [rɪ'naʊns] *vb tr* avsäga sig, ge upp
renovate ['renəveɪt] *vb tr* renovera; förnya
renovation [ˌrenə'veɪʃ(ə)n] *s* renovering; förnyelse
renown [rɪ'naʊn] *s* rykte, ryktbarhet
renowned [rɪ'naʊnd] *adj* ryktbar
rent [rent] **I** *s* hyra **II** *vb tr* hyra; hyra ut
rental ['rentl] *s* hyra; avgift
renunciation [rɪˌnʌnsɪ'eɪʃ(ə)n] *s* **1** avsägelse **2** förnekande
reopen [ˌri:'əʊp(ə)n] *vb tr* o. *vb itr* åter öppna; åter börja; återuppta; åter öppnas; återupptas
reorganize [ˌri:'ɔ:gənaɪz] *vb tr* omorganisera
repaid [ri:'peɪd] se *repay*
repair [rɪ'peə] **I** *vb tr* reparera, laga; rätta till **II** *s* **1** reparation, lagning; ***~ kit*** (***outfit***) reparationslåda; ***~ shop*** reparationsverkstad; ***~ yard*** reparationsvarv; ***beyond ~*** omöjlig att reparera, ohjälpligt förfallen, obotlig **2** skick; ***in a good state of ~*** i gott stånd (skick)
reparation [ˌrepə'reɪʃ(ə)n] *s* gottgörelse, ersättning; speciellt pl. ***~s*** skadestånd
repartee [ˌrepɑ:'ti:] *s* snabb replik; slagfärdighet
repast [rɪ'pɑ:st] *s* litt. måltid
repatriate [verb ri:'pætrɪeɪt, substantiv ri:'pætrɪət] **I** *vb tr* repatriera **II** *s*, ***a ~*** en repatrierad
repatriation [ˌri:pætrɪ'eɪʃ(ə)n] *s* repatriering, hemsändning
repay [ri:'peɪ] (*repaid repaid*) *vb tr* **1** återbetala **2** återgälda; löna, gottgöra [*for* för]
repayment [ri:'peɪmənt] *s* **1** återbetalning **2** återgäldande; lön, ersättning
repeal [rɪ'pi:l] **I** *vb tr* återkalla, upphäva **II** *s* återkallelse, upphävande
repeat [rɪ'pi:t] **I** *vb tr* o. *vb itr* **1** upprepa; göra (säga m.m.) om; föra vidare **2** radio. el. TV. ge i repris **3** upprepas, återkomma; ***onions ~*** man får uppstötningar av lök **II** *s* **1** upprepning **2** radio. el. TV. repris
repeatedly [rɪ'pi:tɪdlɪ] *adv* upprepade gånger, gång på gång
repel [rɪ'pel] *vb tr* **1** driva tillbaka [*~ an invader*], slå tillbaka **2** stå emot, avvisa [*~ moisture*] **3** verka frånstötande på, stöta bort
repellent [rɪ'pelənt] *adj* **1** tillbakadrivande; avvisande **2** frånstötande, motbjudande
repent [rɪ'pent] *vb tr* o. *vb itr* ångra; ångra sig
repentance [rɪ'pentəns] *s* ånger
repentant [rɪ'pentənt] *adj* ångerfull
repercussion [ˌri:pə'kʌʃ(ə)n] *s*, pl. ***~s*** återverkningar, efterdyningar
repertoire ['repətwɑ:] *s* repertoar
repetition [ˌrepə'tɪʃ(ə)n] *s* upprepning
repetitive [rɪ'petətɪv] *adj* **1** upprepande **2** enformig, tjatig
rephrase [ˌri:'freɪz] *vb tr* formulera om
replace [rɪ'pleɪs] *vb tr* sätta (ställa, lägga) tillbaka; återställa, ersätta
replaceable [rɪ'pleɪsəbl] *adj* ersättlig
replacement [rɪ'pleɪsmənt] *s* **1** återinsättande; återställande; ersättning **2** ersättare
replay [verb ˌri:'pleɪ, substantiv 'ri:pleɪ] **I** *vb tr* spela om **II** *s* sport. omspel; TV. repris i slow-motion
replenish [rɪ'plenɪʃ] *vb tr* åter fylla, fylla på
replica ['replɪkə] *s* konst. replik; exakt kopia
reply [rɪ'plaɪ] **I** *vb tr* o. *vb itr* svara; ***~ to*** svara på, besvara **II** *s* svar, genmäle, replik; ***~ paid*** på brev svar betalt
report [rɪ'pɔ:t] **I** *vb tr* o. *vb itr* rapportera; meddela; anmäla; berätta; anmäla sig [*to* hos]; ***it is reported that*** det berättas (heter) att; ***~ a p. sick*** sjukanmäla ngn; ***~ sick*** sjukanmäla sig; ***~ for duty*** inställa sig till tjänstgöring **II** *s* **1** rapport, redogörelse [*on, about* om, över] **2** referat, reportage [*on, of* av, över, om] **3** skol. terminsbetyg **4** knall, smäll
reportage [ˌrepɔ:'tɑ:ʒ] *s* reportage; reportagestil
reporter [rɪ'pɔ:tə] *s* reporter, referent
repose [rɪ'pəʊz] *vb tr* o. *vb itr* o. *s* vila
reprehensible [ˌreprɪ'hensəbl] *adj* klandervärd, förkastlig
represent [ˌreprɪ'zent] *vb tr* representera; föreställa
representation [ˌreprɪzen'teɪʃ(ə)n] *s* framställande; framställning

representative [ˌreprɪ'zentətɪv] **I** *adj* representativ, typisk [*of* för] **II** *s* representant
repress [rɪ'pres] *vb tr* undertrycka [~ *a revolt*], kväva
repression [rɪ'preʃ(ə)n] *s* undertryckande; förtryck
reprieve [rɪ'pri:v] **I** *vb tr* ge anstånd (uppskov) **II** *s* **1** anstånd; uppskov **2** benådning
reprimand ['reprɪmɑ:nd] **I** *s* tillrättavisning **II** *vb tr* tillrättavisa
reprint [verb ˌri:'prɪnt, substantiv 'ri:prɪnt] **I** *vb tr* trycka om **II** *s* omtryck, nytryck
reprisal [rɪ'praɪz(ə)l] *s* vedergällning; repressalieåtgärd; pl. *~s* repressalier
reproach [rɪ'prəʊtʃ] **I** *s* **1** förebråelse; klander **2** *beyond ~* oklanderlig **II** *vb tr* förebrå [*for, with* för]
reproachful [rɪ'prəʊtʃf(ʊ)l] *adj* förebrående
reproduce [ˌri:prə'dju:s] *vb tr* **1** reproducera [~ *a picture*], återge [~ *a sound*] **2** biol. fortplanta; reproducera
reproduction [ˌri:prə'dʌkʃ(ə)n] *s* **1** reproducering, återgivning; reproduktion **2** biol. fortplantning
reproductive [ˌri:prə'dʌktɪv] *adj* reproducerande; fortplantnings- [~ *organs*]
reptile ['reptaɪl] *s* reptil, kräldjur
republic [rɪ'pʌblɪk] *s* republik
republican [rɪ'pʌblɪkən] **I** *adj* republikansk **II** *s* republikan
repudiate [rɪ'pju:dɪeɪt] *vb tr* tillbakavisa
repugnance [rɪ'pʌgnəns] *s* motvilja, ovilja
repugnant [rɪ'pʌgnənt] *adj* motbjudande
repulse [rɪ'pʌls] *vb tr* slå (driva) tillbaka
repulsion [rɪ'pʌlʃ(ə)n] *s* **1** tillbakaslående, tillbakadrivande **2** motvilja
repulsive [rɪ'pʌlsɪv] *adj* motbjudande
reputable ['repjʊtəbl] *adj* ansedd [*a ~ firm*]
reputation [ˌrepjʊ'teɪʃ(ə)n] *s* rykte, anseende; *have the ~ of being...* ha rykte om sig att vara...; *make a ~ for oneself* göra sig ett namn
repute [rɪ'pju:t] **I** *vb tr, be reputed as* (*to be*) anses vara **II** *s* rykte, anseende, renommé
request [rɪ'kwest] **I** *s* anhållan, begäran; anmodan; *by ~* på begäran **II** *vb tr* anhålla om; begära; anmoda, be
requiem ['rekwɪem] *s* rekviem, själamässa
require [rɪ'kwaɪə] *vb tr* o. *vb itr* behöva, fordra; kräva, begära [*do as he ~s*]
requirement [rɪ'kwaɪəmənt] *s* **1** behov **2** krav, anspråk; pl. *~s* äv. fordringar [*for* för]
requisite ['rekwɪzɪt] **I** *adj* erforderlig **II** *s* nödvändig sak; *toilet ~s* toalettartiklar
reread [ˌri:'ri:d] (*reread reread* [båda ˌri:'red]) *vb tr* läsa ˈom
rescue ['reskju:] **I** *vb tr* rädda, undsätta **II** *s* räddning, undsättning; *~ party* räddningspatrull
research [rɪ'sɜ:tʃ] **I** *s* forskning, undersökning; *do ~* forska **II** *vb itr* forska
researcher [rɪ'sɜ:tʃə] *s* o. **research-worker** [rɪ'sɜ:tʃˌwɜ:kə] *s* forskare
resell [ˌri:'sel] (*resold resold*) *vb tr* återförsälja
resemblance [rɪ'zembləns] *s* likhet [*to* med]; *bear a ~ to* påminna om
resemble [rɪ'zembl] *vb tr* likna, påminna om
resent [rɪ'zent] *vb tr* bli förbittrad över
resentful [rɪ'zentf(ʊ)l] *adj* förbittrad, stött
resentment [rɪ'zentmənt] *s* förbittring
reservation [ˌrezə'veɪʃ(ə)n] *s* **1** reservation, förbehåll **2** beställning, bokning
reserve [rɪ'zɜ:v] **I** *vb tr* **1** reservera, spara; förbehålla; *~ a seat for a p.* hålla en plats åt ngn **2** reservera, boka [~ *seats on a train*] **II** *s* **1** reserv **2** sport. reserv; *~ team* B-lag **3** viltreservat **4** tillbakadragenhet
reserved [rɪ'zɜ:vd] *perf p* o. *adj* **1** reserverad, tillbakadragen **2** reserverad [*a ~ seat*]
reservoir ['rezəvwɑ:] *s* reservoar; behållare
reshuffle [ˌri:'ʃʌfl] **I** *vb tr* **1** blanda om kort **2** polit. m.m. möblera om (om i), ombilda **II** *s* **1** omblandning av kort **2** polit. m.m. ommöblering, ombildning [*a Cabinet ~*]
reside [rɪ'zaɪd] *vb itr* vistas, bo
residence ['rezɪd(ə)ns] *s* **1** vistelse, uppehåll; *~ permit* uppehållstillstånd; *take up one's ~ in a place* bosätta sig på en plats **2** *place of ~* hemvist **3** bostad; residens
resident ['rezɪd(ə)nt] *s* **1** bofast, invånare **2** gäst på hotell
residue ['rezɪdju:] *s* återstod, rest
resign [rɪ'zaɪn] *vb tr* o. *vb itr* **1** avsäga sig, avgå från; avgå, ta avsked [*from* från] **2** resignera [*to* inför]
resignation [ˌrezɪg'neɪʃ(ə)n] *s* **1** avsägelse; avgång; *send in* (*give in*) *one's ~* lämna in sin avskedsansökan **2** resignation [*to* inför]

resigned [rɪ'zaɪnd] *adj* **1** resignerad; ***be ~ to*** finna sig i **2** avgången ur tjänst
resilient [rɪ'zɪlɪənt] *adj* elastisk, spänstig
resin ['rezɪn] *s* kåda, harts
resist [rɪ'zɪst] *vb tr* o. *vb itr* stå emot; göra motstånd; tåla [~ *heat*]; göra motstånd mot
resistance [rɪ'zɪst(ə)ns] *s* motstånd [*to* mot]
resistant [rɪ'zɪst(ə)nt] *adj* motståndskraftig [*to* mot]
resold [ˌri:'səʊld] se *resell*
resolute ['rezəlu:t] *adj* resolut, beslutsam
resolution [ˌrezə'lu:ʃ(ə)n] *s* **1** beslutsamhet **2** föresats; ***New Year's (Year) ~*** nyårslöfte; ***pass (adopt) a ~*** anta en resolution
resolve [rɪ'zɒlv] **I** *vb tr* o. *vb itr* **1** besluta, besluta sig för; besluta sig [*on* för] **2** lösa [~ *a problem*] **3** lösa upp; analysera; lösas upp **II** *s* beslut, föresats
resonance ['rezənəns] *s* resonans
resonant ['rezənənt] *adj* genljudande; resonansrik, klangfull; ljudlig; ekande
resort [rɪ'zɔ:t] **I** *vb itr*, ***~ to*** ta sin tillflykt till; tillgripa [~ *to force*] **II** *s* **1** ***have ~ to*** ta sin tillflykt till; tillgripa; ***in the last ~*** som en sista utväg, i nödfall **2** tillhåll [*a ~ of* (för) *thieves*]; tillflyktsort; rekreationsort; ***health ~*** kurort, rekreationsort; ***seaside ~*** badort
resound [rɪ'zaʊnd] *vb itr* genljuda; ***resounding*** rungande; dunder- [*a resounding success*]
resource [rɪ'sɔ:s] *s* **1** pl. ***~s*** resurser, tillgångar; ***natural ~s*** naturtillgångar **2** fyndighet; ***leave a p. to his own ~s*** låta ngn sköta sig själv
respect [rɪ'spekt] **I** *s* **1** respekt, aktning, vördnad [*for* för] **2** hänsyn; ***pay ~ to*** ta hänsyn till **3** avseende; ***in many ~s*** i många avseenden; ***with ~ to*** med avseende på **4** pl. ***~s*** vördnadsbetygelser; ***pay one's ~s to a p.*** betyga ngn sin aktning **II** *vb tr* respektera; akta; ta hänsyn till
respectability [rɪˌspektə'bɪlətɪ] *s* anständighet, aktningsvärdhet
respectable [rɪ'spektəbl] *adj* **1** respektabel, väl ansedd [*a ~ firm*]; anständig [*a ~ girl*] **2** ansenlig [*a ~ sum of money*]; hygglig, hyfsad
respectful [rɪ'spektf(ʊ)l] *adj* aktningsfull, vördsam
respective [rɪ'spektɪv] *adj* respektive
respectively [rɪ'spektɪvlɪ] *adv* var för sig; ***they got £5 and £10 ~*** de fick 5 respektive 10 pund
respirator ['respɪreɪtə] *s* respirator
respiratory [rɪ'spaɪərətrɪ] *adj* andnings-, respirations- [~ *organs*]
resplendent [rɪ'splendənt] *adj* glänsande; praktfull
respond [rɪ'spɒnd] *vb itr* svara [*to* på]
response [rɪ'spɒns] *s* **1** svar; genmäle; ***in ~ to*** som svar på **2** gensvar, respons; ***meet with (with a) ~*** väcka genklang
responsibility [rɪˌspɒnsə'bɪlətɪ] *s* ansvar [*to* inför; *for* för], ansvarighet; ***on one's own ~*** på eget ansvar
responsible [rɪ'spɒnsəbl] *adj* **1** ansvarig [*for* för; *to* inför]; ansvarsfull; ***make oneself ~ for*** ta på sig ansvaret för **2** vederhäftig, solid
responsive [rɪ'spɒnsɪv] *adj* mottaglig
1 rest [rest] **I** *s* **1** vila; lugn, ro, frid; vilopaus; ***have (take) a ~*** vila sig; ***set a p.'s mind (fears) at ~*** lugna ngns farhågor **2** mus. paus **II** *vb itr* o. *vb tr* **1** vila, vila sig [*from* efter] **2** ***~ with*** ligga hos ngn (i ngns händer) **3** ***God ~ his soul!*** må han vila i frid! **4** perfekt particip ***rested*** utvilad **5** vila, stödja [~ *one's elbows on the table*]
2 rest [rest] *s*, ***the ~*** resten, återstoden; ***as to (for) the ~*** vad det övriga beträffar
restaurant ['restrənt] *s* restaurang
restaurant-car ['restrəntkɑ:] *s* restaurangvagn
restaurateur [ˌrestərə'tɜ:] *s* restauranginnehavare, källarmästare
rest cure ['restˌkjʊə] *s* vilokur, liggkur
restful ['restf(ʊ)l] *adj* lugn, vilsam, fridfull
resting-place ['restɪŋpleɪs] *s* rastplats; viloplats; ***last ~*** sista vilorum grav
restless ['restləs] *adj* rastlös, nervös, otålig
restoration [ˌrestə'reɪʃ(ə)n] *s* **1** återställande; återupprättande; återlämnande; återinsättande **2** restaurering, renovering
restore [rɪ'stɔ:] *vb tr* **1** återställa; återlämna [~ *stolen property*]; återupprätta; ***~ to life*** återkalla till livet **2** restaurera, renovera **3** återinsätta [*to* i]; ***~ a p. to power*** återföra ngn till makten
restrain [rɪ'streɪn] *vb tr* hindra, avhålla [*from* från]; ***~ oneself*** behärska sig
restraint [rɪ'streɪnt] *s* **1** tvång; band [*on* på]; hinder; ***throw off all ~*** kasta alla

hämningar; ***without*** ~ ohämmat, fritt **2** ***exercise*** (***show***) ~ visa återhållsamhet

restrict [rɪ'strɪkt] *vb tr* inskränka, begränsa

restriction [rɪ'strɪkʃ(ə)n] *s* inskränkning, begränsning; restriktion

rest room ['restru:m] *s* amer. toalett på arbetsplats o.d.

result [rɪ'zʌlt] **I** *vb itr* **1** vara (bli) resultatet [*from* av]; ***the resulting war*** det krig som blev följden **2** ~ ***in*** resultera i **II** *s* resultat; ***as a*** (***the***) ~ ***of*** till följd av

resume [rɪ'zju:m] *vb tr* o. *vb itr* återuppta; återupptas

résumé ['rezjʊmeɪ] *s* resumé, sammanfattning

resumption [rɪ'zʌmpʃ(ə)n] *s* återupptagande

resurrect [ˌrezə'rekt] *vb tr* uppväcka från de döda; återkalla till livet

resurrection [ˌrezə'rekʃ(ə)n] *s* uppståndelse från de döda

retail [substantiv, adjektiv o. adverb 'ri:teɪl, verb ri:'teɪl] **I** *s* detaljhandel, minuthandel **II** *adj* detalj-, minut- [~ *trade*] **III** *adv*, ***buy*** (***sell***) ~ köpa (sälja) i minut **IV** *vb tr* o. *vb itr* **1** sälja (säljas) i minut **2** berätta i detalj [~ *a story*], återge

retailer ['ri:teɪlə] *s* detaljist, detaljhandlare, minuthandlare

retain [rɪ'teɪn] *vb tr* hålla kvar, behålla; bevara

retake [verb ˌri:'teɪk, substantiv 'ri:teɪk] **I** (*retook retaken*) *vb tr* **1** återta, återerövra **2** ta om film **II** *s* omtagning av film

retaken [ˌri:'teɪkn] se *retake I*

retaliate [rɪ'tælɪeɪt] *vb itr* öva vedergällning, vidta motåtgärder, ge igen

retaliation [rɪˌtælɪ'eɪʃ(ə)n] *s* vedergällning

retard [rɪ'tɑ:d] *vb tr* försena, fördröja; ***mentally retarded*** psykiskt utvecklingsstörd

retell [ˌri:'tel] (*retold retold*) *vb tr* återberätta

retention [rɪ'tenʃ(ə)n] *s* kvarhållande; bibehållande, bevarande

reticent ['retɪs(ə)nt] *adj* tystlåten, förtegen

retina ['retɪnə] *s* ögats näthinna, retina

retinue ['retɪnju:] *s* följe, svit

retire [rɪ'taɪə] *vb itr* **1** dra sig tillbaka (undan) [*to, into* till] **2** gå till sängs **3** mil. retirera

retired [rɪ'taɪəd] *adj* **1** tillbakadragen [*lead a* ~ *life*] **2** avgången, pensionerad

retirement [rɪ'taɪəmənt] *s* **1** avskildhet; ***live in*** ~ leva tillbakadraget **2** avgång; ~ ***age*** pensionsålder; ~ ***pension*** ålderspension

retiring [rɪ'taɪərɪŋ] *adj* tillbakadragen

retold [ˌri:'təʊld] se *retell*

retook [ˌri:'tʊk] se *retake I*

retort [rɪ'tɔ:t] **I** *vb tr* svara, replikera **II** *s* svar, genmäle

retouch [ˌri:'tʌtʃ] *vb tr* retuschera

retrace [rɪ'treɪs] *vb tr* följa tillbaka spår m.m.; ~ ***one's steps*** gå samma väg tillbaka

retract [rɪ'trækt] *vb tr* **1** dra tillbaka, dra in [*the cat retracted its claws*], fälla in **2** ta tillbaka [~ *a statement*]; dementera

retraining [ˌri:'treɪnɪŋ] *s* omskolning

retread [ˌri:'tred] *vb tr* regummera [~ *a tyre*]

retreat [rɪ'tri:t] **I** *s* **1** reträtt, återtåg; ***beat a hasty*** ~ hastigt slå till reträtt; ***sound*** (***blow***) ***the*** ~ blåsa till reträtt **2** tillflykt **II** *vb itr* retirera, slå till reträtt

retribution [ˌretrɪ'bju:ʃ(ə)n] *s* vedergällning; straff

retrieve [rɪ'tri:v] *vb tr* **1** återvinna, återfå, få tillbaka **2** jakt., om hundar apportera

retriever [rɪ'tri:və] *s* **1** om hund apportör **2** retriever hundras

return [rɪ'tɜ:n] **I** *vb itr* o. *vb tr* **1** återvända, återkomma, återgå **2** ställa (lägga, sätta) tillbaka **3** returnera; återlämna **4** besvara, återgälda

II *s* **1** återkomst, hemkomst, återvändande; ~ ***ticket*** turochreturbiljett; ***day*** ~ endagsbiljett; ***many happy ~s of the day!*** el. ***many happy ~s!*** har den äran att gratulera!; ***by*** ~ ***of post*** per omgående **2** återsändande, återlämnande [*the* ~ *of a book*] **3** besvarande; ~ ***match*** (***game***) returmatch, revanschmatch, revanschparti; ~ ***service*** gentjänst; ~ ***visit*** svarsvisit; ***in*** ~ i gengäld **4** ***income-tax*** ~ självdeklaration

returnable [rɪ'tɜ:nəbl] *adj* som kan lämnas tillbaka; retur- [~ *bottles*]

reunification [ˌri:ju:nɪfɪ'keɪʃ(ə)n] *s* återförening

reunion [ˌri:'ju:njən] *s* **1** återförening **2** sammankomst, samkväm

reunite [ˌri:ju:'naɪt] *vb tr* o. *vb itr* återförena; återförenas

re-use [ˌri:'ju:z] *vb tr* använda på nytt (igen)

Rev. förk. för *Reverend*

rev [rev] vard. **I** *vb tr* o. *vb itr*, ~ (*~**up***) ***an***

engine rusa en motor; ~ ***up*** el. ~ om motor rusa **II** *s* varv; ~ ***counter*** varvräknare
revaluation [ˌri:væljʊ'eɪʃ(ə)n] *s* **1** revalvering av valuta **2** omvärdering
revaluation [ˌri:væljʊ'eɪʃ(ə)n] *s* **1** revalvering, uppskrivning **2** omvärdering
revalue [ˌri:'vælju:] *vb tr* **1** revalvera valuta **2** omvärdera
reveal [rɪ'vi:l] *vb tr* avslöja, röja, yppa
revel ['revl] **I** *vb itr* festa, rumla, festa (rumla) om; ~ ***in*** frossa i, gotta sig åt (i) **II** *s*, pl. ~***s*** fest; rummel
revelation [ˌrevə'leɪʃ(ə)n] *s* avslöjande; yppande, uppdagande
reveller ['revələ] *s* rumlare, festare
revelry ['revlrɪ] *s* festande, rummel
revenge [rɪ'vendʒ] **I** *vb tr*, ~ ***oneself*** (***be revenged***) ***on a p.*** hämnas på ngn **II** *s* hämnd [*on, upon* på; *for* för]; revansch; ***take*** (***have***) ***one's*** ~ ta hämnd; ***take*** ~ ***on a p.*** hämnas på ngn
revengeful [rɪ'vendʒf(ʊ)l] *adj* hämndlysten
revenue ['revənju:] *s* statsinkomster, inkomster
reverberate [rɪ'vɜ:bəreɪt] *vb itr* genljuda
reverence ['revər(ə)ns] *s* vördnad
reverend ['revər(ə)nd] *adj* i kyrkliga titlar (förk. ofta *Rev.*), ***Reverend*** (***the Reverend***) ***J. Smith*** pastor (kyrkoherde) J. Smith
reverie ['revərɪ] *s* drömmeri; dagdröm
reversal [rɪ'vɜ:s(ə)l] *s* omkastning, omsvängning [*a ~ of public opinion*]
reverse [rɪ'vɜ:s] **I** *adj* motsatt [~ *direction*], omvänd, bakvänd [*in ~ order*], omkastad; ~ ***gear*** backväxel; ***the*** ~ ***side*** baksidan
II *s* **1** motsats; ***just*** (***quite***) ***the*** ~ alldeles tvärtom; ***the exact*** (***very***) ~ raka motsatsen [*of* till, mot] **2** baksida, avigsida **3** ***suffer a*** ~ röna motgång; lida ett nederlag **4** bil. back; ***put the car in*** ~ lägga i backen
III *vb tr* o. *vb itr* **1** vända, vända på (om); backa [~ *one's car*]; ~ ***the charges*** tele. låta mottagaren betala samtalet **2** ändra, kasta om [~ *the order*] **3** vända, slå om [*the trend has reversed*]
reversible [rɪ'vɜ:səbl] *adj* vändbar, omkastbar
revert [rɪ'vɜ:t] *vb itr* återgå, gå tillbaka [~ *to an earlier stage*]; återkomma [*to* till]
review [rɪ'vju:] **I** *s* **1** granskning; ***in the period under*** ~ under den aktuella perioden; ***come under*** ~ tas upp till granskning **2** översikt [*of* över, av]; återblick [*of* på] **3** mil. revy, mönstring **4** recension, anmälan av bok **II** *vb tr* **1** granska på nytt **2** överblicka; låta passera revy **3** mil. mönstra, inspektera [~ *the troops*] **4** recensera, anmäla bok
reviewer [rɪ'vju:ə] *s* recensent, anmälare
revile [rɪ'vaɪl] *vb tr* smäda, skymfa
revise [rɪ'vaɪz] *vb tr* **1** revidera; omarbeta, bearbeta **2** skol. repetera
revision [rɪ'vɪʒ(ə)n] *s* **1** revidering; omarbetning, bearbetning **2** skol. repetition
revisit [ˌri:'vɪzɪt] *vb tr* besöka igen (på nytt)
revitalize [ˌri:'vaɪtəlaɪz] *vb tr* återuppliva; vitalisera, liva upp
revival [rɪ'vaɪv(ə)l] *s* **1** återupplivande; återuppvaknande till sans, liv **2** repris, återupptagande [~ *of a play*] **3** ~ ***meeting*** väckelsemöte
revive [rɪ'vaɪv] *vb tr* o. *vb itr* **1** återuppliva, åter få liv i; vakna till liv igen, kvickna till **2** ge i repris [~ *a play*]
revoke [rɪ'vəʊk] *vb tr* återkalla, upphäva
revolt [rɪ'vəʊlt] **I** *vb itr* o. *vb tr* **1** revoltera, göra uppror (revolt) **2** uppröra; ***be revolted*** känna avsky [*by* vid, över] **II** *s* revolt, uppror, resning [*against* mot]
revolting [rɪ'vəʊltɪŋ] *adj* **1** upprorisk **2** motbjudande, äcklig
revolution [ˌrevə'lu:ʃ(ə)n] *s* **1** rotation kring en axel; varv **2** revolution [*the French Revolution*]
revolutionary [ˌrevə'lu:ʃənərɪ] **I** *adj* revolutionär **II** *s* revolutionär
revolutionize [ˌrevə'lu:ʃənaɪz] *vb tr* revolutionera
revolve [rɪ'vɒlv] *vb itr* vrida sig, rotera
revolver [rɪ'vɒlvə] *s* revolver
revolving [rɪ'vɒlvɪŋ] *adj* roterande; ~ ***chair*** kontorsstol, svängstol; ~ ***door*** svängdörr
revue [rɪ'vju:] *s* teat. revy
revulsion [rɪ'vʌlʃ(ə)n] *s* motvilja [*against* mot]
reward [rɪ'wɔ:d] **I** *s* belöning; hittelön; ***offer a*** ~ ***of £100*** utfästa en belöning på hundra pund **II** *vb tr* belöna
rewarding [rɪ'wɔ:dɪŋ] *adj* givande, tacksam, lönande
rewind [ˌri:'waɪnd] (*rewound rewound*) *vb tr* spola om (tillbaka) film, band m.m.
reword [ˌri:'wɜ:d] *vb tr* formulera om
rewound ['ri:waʊnd] se *rewind*

rewrite [ˌri:ˈraɪt] (*rewrote rewritten*) *vb tr* skriva om
rewritten [ˌri:ˈrɪtn] se *rewrite*
rewrote [ˌri:ˈrəʊt] se *rewrite*
rhapsody [ˈræpsədɪ] *s* **1** rapsodi **2** ***go into rhapsodies over*** råka i extas över
rhetoric [ˈretərɪk] *s* retorik, vältalighet
rhetorical [rɪˈtɒrɪk(ə)l] *adj* retorisk
rheumatic [rʊˈmætɪk] *adj* reumatisk
rheumatism [ˈru:mətɪz(ə)m] *s* reumatism
rheumatoid [ˈru:mətɔɪd] *adj* reumatoid; ~ ***arthritis*** ledgångsreumatism
Rhine [raɪn] *s, **the*** ~ Rhen
rhino [ˈraɪnəʊ] (pl. ~*s*) *s* vard. kortform för *rhinoceros*
rhinoceros [raɪˈnɒsərəs] *s* noshörning
Rhodes [rəʊdz] Rhodos
rhododendron [ˌrəʊdəˈdendr(ə)n] *s* rhododendron
rhubarb [ˈru:bɑ:b] *s* rabarber
rhyme [raɪm] **I** *s* rim; ***nursery*** ~ barnramsa, barnkammarrim **II** *vb itr* rimma
rhythm [ˈrɪð(ə)m] *s* rytm, takt
rhythmic [ˈrɪðmɪk] *adj* o. **rhythmical** [ˈrɪðmɪk(ə)l] *adj* rytmisk
rib [rɪb] *s* anat. revben; slakt. högrev av nötkött; rygg av kalv, lamm; ~***s of pork*** kok. revbensspjäll; ***poke*** (***dig***) ***a p. in the*** ~***s*** puffa (stöta) till ngn i sidan
ribbon [ˈrɪbən] *s* band, remsa, strimla; ***typewriter*** ~ färgband; ***torn to*** ~***s*** i trasor
rice [raɪs] *s* bot. ris; risgryn
rich [rɪtʃ] *adj* **1** rik [*in* på]; förmögen **2** riklig, stor [~ *vocabulary*], rikhaltig [~ *supply* (förråd)] **3** fet, kraftig [~ *food*], mäktig [~ *cake*]
riches [ˈrɪtʃɪz] *s pl* rikedom, rikedomar
richly [ˈrɪtʃlɪ] *adv* rikt; rikligt, rikligen
rickets [ˈrɪkɪts] *s* engelska sjukan, rakitis
rickety [ˈrɪkətɪ] *adj* rankig [~ *chair*], ranglig, skranglig
ricochet [ˈrɪkəʃeɪ, ˈrɪkəʃet] *vb itr* rikoschettera
rid [rɪd] (*rid rid*) *vb tr* befria, göra fri, rensa [*of* från]; ~ ***oneself of*** bli fri från, göra sig kvitt; ***get*** ~ ***of*** bli av med, göra sig av med
ridden [ˈrɪdn] perfekt particip av *ride*; i sammansättningar -härjad [*crisis-ridden*], ansatt (plågad, hemsökt) av [*fear-ridden*]
1 riddle [ˈrɪdl] *s* gåta
2 riddle [ˈrɪdl] *vb tr* genomborra
ride [raɪd] **I** (*rode ridden*) *vb itr* o. *vb tr* **1** rida, rida på **2** åka [~ *a (on a) bicycle*], köra [~ *a (on a) motorcycle*] **II** *s* ritt, ridtur; åktur, tur [*bus-ride*], resa, färd; ***go for*** (***have***) ***a*** ~ rida (åka) ut, göra en ridtur (åktur)
rider [ˈraɪdə] *s* **1** ryttare **2** i sammansättningar -åkare [*cycle* ~]
ridge [rɪdʒ] *s* rygg, kam; upphöjd rand; ~ ***of high pressure*** meteor. högtrycksrygg
ridicule [ˈrɪdɪkju:l] **I** *s* åtlöje, löje; ***hold up*** (***expose***) ***to*** ~ göra till ett åtlöje **II** *vb tr* förlöjliga
ridiculous [rɪˈdɪkjʊləs] *adj* löjlig; absurd
riding [ˈraɪdɪŋ] *s* ridning; ridsport; ***Little Red Riding Hood*** Rödluvan
rife [raɪf] *adj* **1** mycket vanlig, utbredd; ***be*** ~ äv. grassera **2** ~ ***with*** full av
riff-raff [ˈrɪfræf] *s* slödder, pack, patrask
1 rifle [ˈraɪfl] *vb tr* rota igenom för att stjäla
2 rifle [ˈraɪfl] *s* gevär, bössa
rifle range [ˈraɪflreɪndʒ] *s* skjutbana
rift [rɪft] *s* spricka; klyfta, brytning
1 rig [rɪg] *vb tr* fixa; ~ ***an election*** bedriva valfusk
2 rig [rɪg] *vb tr* **1** sjö. rigga, tackla **2** ~ ***out*** utrusta, ekipera
Riga [ˈri:gə]
1 right [raɪt] **I** *adj* **1** rätt, riktig; rättmätig; ~*?* va?, eller hur?; ***the*** ~ ***change*** jämna pengar; ***get on the*** ~ ***side of a p.*** komma på god fot med ngn; ***do the*** ~ ***thing by a p.*** handla rätt mot ngn; ***is this*** ~ ***for...?*** är det här rätt väg till...?; ***that's*** ~*!* just det!, det var rätt!, det stämmer!; ~ ***you are!*** el. ~ ***oh!*** vard. OK!, kör för det!; ***put*** (***set***) ~ ställa till rätta; ställa i ordning; reparera; rätta till, avhjälpa fel **2** om vinkel rät; ***at*** ~ ***angles with*** i rät vinkel mot
II *adv* **1** rätt, rakt; ~ ***ahead*** rakt fram **2** just, precis [~ *here*]; genast, strax [*I'll be* ~ *back*]; ~ ***away*** genast, strax; utan vidare, direkt; ~ ***now*** just nu; ögonblickligen **3** alldeles, helt; ända [~ *to the bottom*] **4** rätt, riktigt
III *s* **1** rätt [~ *and wrong* (orätt)]; ***by*** ~***s*** rätteligen **2** rättighet, rätt [*to* till]; ***fishing*** ~***s*** fiskerätt; ***all*** ~***s reserved*** med ensamrätt; ***human*** ~***s*** de mänskliga rättigheterna; ~ ***of way*** a) förkörsrätt b) allemansrätt till väg; ***by*** ~ ***of*** i kraft av, på grund av; ***he is quite within his*** ~***s*** han är i sin fulla rätt **3** ***the*** ~***s and wrongs of the case*** de olika sidorna av saken
IV *vb tr* räta upp [~ *a car*], få på rätt

köl [~ *a boat*]; ***things will ~ themselves*** det kommer att rätta till sig

2 right [raɪt] **I** *adj* höger; ~ ***hand*** höger hand; bildl. högra hand [*he is my ~ hand*]; ~ ***turn*** högersväng **II** *adv* till höger [*of* om], åt höger; ~ ***and left*** till höger och vänster, från alla håll; ~ ***turn!*** mil. höger om!; ***turn*** ~ svänga (gå) till höger **III** *s* höger sida (hand); ***the Right*** polit. högern; ***on your*** ~ till höger om dig

right-about ['raɪtəbaʊt] *adv*, ~ ***turn*** (***face***)***!*** helt höger om!

right-angled [ˌraɪtˌæŋgld] *adj* rätvinklig

righteous ['raɪtʃəs] *adj* **1** rättfärdig, rättskaffens **2** rättmätig [~ *indignation*]

rightful ['raɪtf(ʊ)l] *adj* rättmätig, rätt

right-hand ['raɪthænd] *adj* höger-; ***his ~ man*** bildl. hans högra hand

right-handed [ˌraɪt'hændɪd] *adj* högerhänt

right-hander [ˌraɪt'hændə] *s* **1** högerhänt person; sport. högerhandsspelare **2** högerslag

rightly ['raɪtlɪ] *adv* **1** rätt; riktigt [*I don't ~ know*]; ~ ***or wrongly*** med rätt eller orätt **2** med rätta [~ *proud of his work*]

right-minded [ˌraɪt'maɪndɪd] *adj* rättsinnad

righto [ˌraɪt'əʊ] *interj* vard. OK!, kör för det!

rightwards ['raɪtwədz] *adv* till (åt) höger

right-wing ['raɪtwɪŋ] *adj* på högerkanten; höger-, högerorienterad

right-winger [ˌraɪt'wɪŋə] *s* **1** högeranhängare **2** sport. högerytter

rigid ['rɪdʒɪd] *adj* **1** styv **2** rigid, sträng, strikt

rigidity [rɪ'dʒɪdətɪ] *s* **1** styvhet **2** stränghet

rigmarole ['rɪgmərəʊl] *s* **1** svammel; harang **2** omständlig (krånglig) procedur

rigorous ['rɪgərəs] *adj* **1** rigorös, sträng **2** bister, hård [~ *climate*]

rigour ['rɪgə] *s* stränghet, hårdhet; pl. ***~s*** strapatser; ***the ~s of winter*** den stränga vinterkylan

rile [raɪl] *vb tr* vard. reta, reta upp, irritera

rim [rɪm] *s* **1** kant, fals, rand **2** fälg

rime [raɪm] *s* rimfrost

rimless ['rɪmləs] *adj*, ~ ***spectacles*** glasögon utan bågar

rind [raɪnd] *s* skal [~ *of a melon*]; svål [*bacon* ~]; kant, skalk [*cheese* ~]

1 ring [rɪŋ] **I** (*rang rung*) *vb itr* o. *vb tr* **1** ringa, klinga; ringa med (i, på) klocka m.m.; ringa till, ringa upp [ofta ~ *up*]; ~ ***false*** klinga falskt; [***his story***] ***~s true*** ...låter sann; ~ ***off*** tele. ringa av, lägga på luren **2** genljuda [~ *in a p.'s ears*] **3** slå [*the bell ~s the hours*] **II** *s* ringning, signal; klingande; ***there's a ~ at the door*** (***phone***) det ringer på dörren (i telefonen); ***give me a ~ sometime*** slå en signal någon gång

2 ring [rɪŋ] **I** *s* **1** ring äv. boxn.; ***make*** (***run***) ***~s round a p.*** vard. slå (besegra) ngn hur lätt som helst **2** liga [*spy* ~] **II** *vb tr* ringa, ringmärka

ringleader ['rɪŋˌli:də] *s* upprorsledare

ringmaster ['rɪŋˌmɑ:stə] *s* cirkusdirektör

ring-opener ['rɪŋˌəʊpənə] *s* rivöppnare på burk

ring ouzel ['rɪŋˌu:zl] *s* zool. ringtrast

ring road ['rɪŋrəʊd] *s* kringfartsled

ringworm ['rɪŋwɜ:m] *s* med. revorm

rink [rɪŋk] *s* bana för ishockey, skridskoåkning

rinse [rɪns] **I** *vb tr* skölja, skölja av; ~ ***out*** el. ~ skölja ur (ren) **II** *s* **1** sköljning; ***give a th. a*** ~ skölja av ngt **2** sköljmedel; ***hair*** ~ toningsvätska

riot ['raɪət] **I** *s* upplopp, tumult; pl. ***~s*** kravaller; ***run*** ~ härja; bildl. skena iväg [*his imagination runs* ~]; växa ohejdat **II** *vb itr* ställa till (deltaga i) upplopp (kravaller)

rioter ['raɪətə] *s* upprorsmakare; deltagare i upplopp (kravaller)

riotous ['raɪətəs] *adj* tumultartad, kravallartad

rip [rɪp] *vb tr* riva, slita, fläka, skära [*open, up* upp; *off* av, loss]

ripcord ['rɪpkɔ:d] *s* utlösningslina på fallskärm

ripe [raɪp] *adj* mogen

ripen ['raɪp(ə)n] *vb itr* o. *vb tr* mogna; få att mogna

ripple ['rɪpl] **I** *vb itr* **1** om t.ex. vattenyta krusa sig **2** porla **II** *s* **1** krusning på vattnet **2** porlande; ***a ~ of laughter*** ett porlande skratt; en skrattsalva

rise [raɪz] **I** (*rose risen*) *vb itr* **1** resa sig, resa sig upp; stiga upp, gå upp **2** stiga; höja sig; ***the glass is rising*** barometern stiger; ~ ***to the occasion*** vara situationen vuxen **3** resa sig, göra uppror **4** stiga i graderna, avancera [~ *to be* (till) *a general*]; ~ ***in the world*** komma sig upp här i världen **5** uppkomma, uppstå [*from* av] **6** kok. jäsa om bröd

II *s* **1** stigning [*a ~ in the ground*], upphöjning **2** stigande, tillväxt, tilltagande, stegring, ökning; förhöjning, löneförhöjning **3** uppgång, uppkomst;

give ~ to ge upphov till; ***the ~ of industrialism*** industrialismens genombrott

risen ['rɪzn] se *rise I*

riser ['raɪzə] *s*, ***be an early ~*** vara morgontidig; ***be a late ~*** ligga länge på morgnarna

rising ['raɪzɪŋ] **I** *adj* stigande; ***the ~ generation*** det uppväxande släktet; ***a ~ young politician*** en kommande ung politiker **II** *s* **1** resning, uppror **2** uppstigning; stigande

risk [rɪsk] **I** *s* risk, fara; ***run a ~*** löpa en risk; ***be at ~*** stå på spel **II** *vb tr* riskera; våga

risky ['rɪskɪ] *adj* riskabel

risotto [rɪ'zɒtəʊ] (pl. *~s*) *s* kok. risotto

rissole ['rɪsəʊl] *s* kok. krokett; flottyrkokt risoll

rite [raɪt] *s* rit; kyrkobruk, ceremoni

ritual ['rɪtʃʊəl] **I** *adj* rituell **II** *s* ritual

rival ['raɪv(ə)l] **I** *s* rival, konkurrent, medtävlare **II** *adj* rivaliserande, konkurrerande **III** *vb tr* o. *vb itr* tävla (rivalisera) med; tävla, rivalisera

rivalry ['raɪvəlrɪ] *s* rivalitet, konkurrens

river ['rɪvə] *s* flod

rivet ['rɪvɪt] **I** *s* nit **II** *vb tr* nita; nita fast; *~ **one's eyes on*** fästa blicken på

Riviera [ˌrɪvɪ'eərə] *s*, ***the ~*** Rivieran

RN förk. för *Royal Navy*

roach [rəʊtʃ] *s* zool. mört

road [rəʊd] *s* väg; landsväg; körbana; ***Road Up*** på skylt vägarbete; ***one for the ~*** vard. en färdknäpp

roadblock ['rəʊdblɒk] *s* vägspärr

road-holding ['rəʊdˌhəʊldɪŋ] *adj*, *~ **ability*** väghållning

roadhouse ['rəʊdhaʊs] *s* finare värdshus (hotell) vid landsvägen

roadmap ['rəʊdmæp] *s* vägkarta

roadside ['rəʊdsaɪd] *s* **1** vägkant, vägens sida **2** attributivt vid vägen [*a ~ inn*]

roadsign ['rəʊdsaɪn] *s* **1** vägmärke; trafikskylt **2** vägvisare

roadster ['rəʊdstə] *s* öppen tvåsitsig sportbil

roadtest ['rəʊdtest] *s* provkörning på väg av bil m.m.

roadway ['rəʊdweɪ] *s* körbana; vägbana

roadworks ['rəʊdwɜːks] *s pl* vägarbete

roadworthy ['rəʊdˌwɜːðɪ] *adj* trafikduglig

roam [rəʊm] *vb itr* o. *vb tr* ströva omkring; ströva igenom

roar [rɔː] **I** *s* **1** rytande, vrål; *~ **of laughter*** skrattsalva **2** dån, larm, brus [*the ~ of the traffic*] **II** *vb itr* **1** ryta; vråla [*~ with pain*]; tjuta, gallskrika; *~ **with laughter*** gapskratta **2** dåna, larma, brusa

roast [rəʊst] **I** *vb tr* o. *vb itr* steka, ugnsteka; rosta; stekas **II** *s* stek **III** *adj* stekt; rostad; *~ **beef*** rostbiff; oxstek; *~ **potatoes*** ugnstekt potatis

rob [rɒb] *vb tr* plundra, råna, bestjäla [*of* på]

robber ['rɒbə] *s* rånare; rövare

robbery ['rɒbərɪ] *s* rån; röveri

robe [rəʊb] *s* **1** pl. *~**s*** ämbetsdräkt **2** galaklänning **3** badrock; amer. morgonrock

robin ['rɒbɪn] *s* rödhake [äv. *~ redbreast*]

robot ['rəʊbɒt] *s* robot; *~ **pilot*** autopilot

robust [rə'bʌst] *adj* robust; kraftig; härdig [*~ plant*]; ***have a ~ appetite*** ha frisk aptit

1 rock [rɒk] *s* **1** klippa äv. bildl.; skär; ***be on the ~s*** vard. vara pank; ***whisky on the ~s*** whisky med is **2** stenblock, klippblock; amer. sten i allm. [*throw ~s*] **3** berg, berggrund [*a house built on ~*] **4** bergart **5** ungefär polkagrisstång

2 rock [rɒk] **I** *vb tr* vagga, gunga, vyssja; skaka; *~ **with laughter*** skaka av skratt **II** *s* gungning, vaggande; skakning

rock-bottom [ˌrɒk'bɒtəm] *s* bildl., vard. absoluta botten

rock cake ['rɒkkeɪk] *s* hastbulle med russin

rock-climbing ['rɒkˌklaɪmɪŋ] *s* bergbestigning, alpinism

rock crystal [ˌrɒk'krɪstl] *s* bergkristall

rocker ['rɒkə] *s* med på vagga, gunga, gungstol

rockery ['rɒkərɪ] *s* stenparti i trädgård

rocket ['rɒkɪt] **I** *s* raket; *~ **missile*** raketvapen; *~ **propulsion*** raketdrift **II** *vb itr* flyga som en raket; bildl. skjuta i höjden [*prices rocketed*]

rocket-assisted ['rɒkɪtəˌsɪstɪd] *adj*, *~ **take-off*** raketstart

rock garden ['rɒkˌgɑːdn] *s* stenparti

Rockies ['rɒkɪz] *s pl*, ***the ~*** Klippiga bergen

rocking-chair ['rɒkɪŋtʃeə] *s* gungstol

rocking-horse ['rɒkɪŋhɔːs] *s* gunghäst

rocky ['rɒkɪ] *adj* klippig; stenig; ***the Rocky Mountains*** Klippiga bergen

rococo [rə'kəʊkəʊ] *s* rokoko

rod [rɒd] *s* **1** käpp; stång **2** metspö **3** spö, ris

rode [rəʊd] se *ride I*

rodent ['rəʊd(ə)nt] *s* zool. gnagare

rodeo [rə'deɪəʊ] (pl. *~s*) *s* rodeo riduppvisning
1 roe [rəʊ] *s* rom, fiskrom; ***soft ~*** mjölke
2 roe [rəʊ] *s* rådjur
rogue [rəʊg] *s* skurk, lymmel; skojare
roguish ['rəʊgɪʃ] *adj* **1** skurkaktig **2** skälmsk
role [rəʊl] *s* roll; uppgift, funktion
roll [rəʊl] **I** *s* **1** rulle **2** valk [*~s of fat*] **3** småfranska, fralla **4** rulla, lista, förteckning, register **5** rullande, rullning **II** *vb tr* o. *vb itr* **1** rulla [*~ a cigarette*]; rulla sig, vältra sig; ***~ in luxury*** vard. vältra sig i lyx; ***he's rolling in money*** (***in it***) vard. han har pengar som gräs; ***~ along*** a) rulla vägen fram b) vard. rulla på gå stadigt framåt; ***~ in*** rulla in; strömma in [*offers of help were rolling in*], strömma till; ***~ up*** rulla ihop sig; komma tågande; ***Roll up! Roll up!*** på t.ex. tivoli välkomna hit mina damer och herrar! **2** kavla, valsa, kavla (valsa) ut [äv. *~ out*]; ***rolled gold*** gulddoublé **3** om t.ex. åska mullra **4** sjö. rulla
rollcall ['rəʊlkɔ:l] *s* upprop
roller-coaster ['rəʊləˌkəʊstə] *s* berg-och-dalbana
roller-skate ['rəʊləskeɪt] **I** *s* rullskridsko **II** *vb itr* åka rullskridsko
rolling ['rəʊlɪŋ] *adj* rullande; vågig; ***~ country*** ett böljande landskap
rolling-pin ['rəʊlɪŋpɪn] *s* brödkavel
roll-neck ['rəʊlnek] *s*, ***~ sweater*** polotröja
roll-on ['rəʊlɒn] *s* **1** resårgördel **2** roll-on
roll-top ['rəʊltɒp] *s*, ***~ desk*** jalusiskrivbord
Roman ['rəʊmən] **I** *adj* romersk; romar- [*the ~ Empire*]; ***~ Catholic*** romersk-katolsk; romersk katolik; ***~ (roman) numerals*** romerska siffror **II** *s* romare
romance [rə'mæns] **I** *s* **1** romantik **2** romans kärlekshistoria **3** äventyrsroman **II** *vb itr* **1** fabulera **2** svärma
Romania [rəʊ'meɪnjə] Rumänien
Romanian [rəʊ'meɪnjən] **I** *adj* rumänsk **II** *s* **1** rumän **2** rumänska språket
romantic [rə'mæntɪk] **I** *adj* romantisk **II** *s* romantiker
romanticism [rə'mæntɪsɪz(ə)m] *s* romantik
romanticize [rə'mæntɪsaɪz] *vb tr* o. *vb itr* romantisera; vara romantisk; svärma
Rome [rəʊm] Rom; ***the Church of ~*** romersk-katolska kyrkan; ***when in ~ do as the Romans do*** ungefär man får ta seden dit man kommer
romp [rɒmp] *vb itr* **1** stoja, leka vilt, tumla om **2** vard., ***~ in*** (***home***) kapplöpn. vinna lätt
romper ['rɒmpə] *s*, pl. ***~s*** sparkbyxor, sparkdräkt
roof [ru:f] **I** *s* tak, yttertak, hustak; ***the ~ of the mouth*** gommen **II** *vb tr* **1** lägga tak på, taklägga **2** ge husrum åt, hysa
roof garden ['ru:fˌgɑ:dn] *s* **1** taktrådgård, takterrass **2** amer. takservering
roofing ['ru:fɪŋ] *s* takläggning; taktäckningsmaterial
roof rack ['ru:fræk] *s* takräcke på bil
1 rook [rʊk] **I** *s* zool. råka **II** *vb tr* vard. skinna, ta ockerpriser av
2 rook [rʊk] *s* schack. torn
room [ru:m, rʊm] *s* **1** rum i hus; pl. ***~s*** äv. hyresrum; ***ladies' ~*** damrum, damtoalett; ***men's ~*** herrtoalett; ***set of ~s*** våning **2** plats, rum, utrymme; ***standing ~*** ståplats, ståplatser; ***there's no ~ for the table*** bordet får inte plats; ***there's plenty of ~*** det är gott om plats; ***make ~ for*** lämna plats för
roommate ['ru:mmeɪt] *s* rumskamrat
room service ['ru:mˌsɜ:vɪs] *s* rumservice
roomy ['ru:mɪ] *adj* rymlig
roost [ru:st] **I** *s* hönspinne; ***rule the ~*** vard. vara herre på täppan **II** *vb itr* om fågel slå sig ner
rooster ['ru:stə] *s* tupp
root [ru:t] **I** *s* **1** rot; ***~ beer*** läskedryck smaksatt med växtextrakt; ***the ~ cause*** grundorsaken; ***~ filling*** rotfyllning; ***take*** (***strike***) ***~*** slå rot, få rotfäste; ***be at the ~ of*** vara roten och upphovet till; ***pull*** (***pluck, tear***) ***up by the ~s*** rycka upp med roten (rötterna) **2** mat. rot; ***square ~*** kvadratrot **II** *vb tr* **1** rotfästa; ***deeply rooted*** djupt rotad; inrotad; ***be rooted in*** ha sin grund (rot) i **2** ***~ out*** utrota
rope [rəʊp] **I** *s* **1** rep, lina, tåg; ***know the ~s*** vard. känna till knepen; ***give a p. plenty of ~*** ge ngn fria tyglar; ge ngn fritt spelrum; ***be at the end of one's ~*** amer. inte orka mer **2** ***~ of pearls*** pärlband, pärlhalsband **II** *vb tr* **1** binda med rep **2** ***~ in*** inhägna med rep; ***~ off*** (***out***) spärra av med rep **3** vard., ***~ a p. in*** förmå ngn att hjälpa till (vara med)
rope-walker ['rəʊpˌwɔ:kə] *s* lindansare
rosary ['rəʊzərɪ] *s* radband
1 rose [rəʊz] se *rise I*

2 rose [rəʊz] **I** *s* **1** bot. ros; ~ ***hip*** nypon frukt **2** rosa, rosenrött **II** *adj* **1** i sammansättningar ros-, rosen- [*rosebush*] **2** rosa, rosenröd
rosebud ['rəʊzbʌd] *s* rosenknopp
rosebush ['rəʊzbʊʃ] *s* rosenbuske
rosehip ['rəʊzhɪp] *s* bot. nypon
rosemary ['rəʊzmərɪ] *s* rosmarin
rosette [rə'zet] *s* rosett
rosewater ['rəʊzˌwɔ:tə] *s* rosenvatten
rostrum ['rɒstrəm] *s* **1** talarstol; podium **2** prispall
rosy ['rəʊzɪ] *adj* **1** rosig, rödblommig **2** rosenfärgad, rosenröd; ljus [*a ~ future*]; ***take a ~ view of*** se ljust på **3** i sammansättningar rosen-; ***rosy-cheeked*** rosenkindad
rot [rɒt] **I** *vb itr* o. *vb tr* ruttna; få att ruttna **II** *s* **1** röta, ruttenhet; förruttnelse **2** vard. strunt, smörja
rota ['rəʊtə] *s* tjänstgöringslista
rotate [rəʊ'teɪt] *vb itr* o. *vb tr* **1** rotera, svänga [*~ round* (kring) *an axis*]; låta rotera **2** växla; gå runt; låta växla; ~ ***crops*** bedriva växelbruk
rotation [rəʊ'teɪʃ(ə)n] *s* **1** rotation; varv **2** turordning; ***in*** (***by***) ~ i tur och ordning, växelvis **3** lantbr., ***crop*** ~ växelbruk
rote [rəʊt] *s*, ***by*** ~ utantill [*know by ~*]
rotten ['rɒtn] *adj* **1** rutten; skämd **2** vard. urusel [*~ weather*], vissen [*feel ~*]; ***what ~ luck!*** en sån förbaskad otur!
rotter ['rɒtə] *s* sl. odåga, rötägg, kräk
rouble ['ru:bl] *s* rubel
rouge [ru:ʒ] **I** *s* **1** rouge **2** putspulver för metall **II** *vb tr* o. *vb itr* sminka sig med rouge, lägga på rouge
rough [rʌf] **I** *adj* **1** grov, ojämn, sträv **2** gropig [*a ~ sea*] **3** hårdhänt, omild [*~ handling*]; ~ ***play*** sport. ojust spel, ruff; ***have a ~ time*** (***a ~ time of it***) vard. ha det svårt **4** ohyfsad, råbarkad; ***a ~ customer*** en rå typ **5** rå, oslipad [*a ~ diamond*] **6** grov; ~ ***copy*** kladd, koncept; ~ ***outline*** skiss, utkast; ***in ~ outlines*** i grova drag **7** ungefärlig [*a ~ estimate* (beräkning)]; ***a ~ guess*** en lös gissning **II** *adv* grovt; rått; hårt; ***play*** ~ spela ojust, ruffa **III** *vb tr*, ~ ***it*** slita ont; leva primitivt
roughage ['rʌfɪdʒ] *s* fiberrik kost; kostfiber
rough-and-ready [ˌrʌfnd'redɪ] *adj* **1** grov, ungefärlig [*a ~ estimate* (beräkning)] **2** om person rättfram
roughen ['rʌf(ə)n] *vb tr* o. *vb itr* göra (bli) grov
roughly ['rʌflɪ] *adv* **1** grovt; ***treat ~*** behandla omilt (hårt) **2** cirka, ungefär; ~ ***speaking*** i stort sett
roughneck ['rʌfnek] *s* sl. ligist, hårding
roulade [ru:'lɑ:d] *s* kok. rulad
roulette [rʊ'let] *s* rulett
round [raʊnd] **I** *adj* rund, jämn, avrundad [*a ~ sum*]; ungefärlig [*a ~ estimate*]
II *s* **1** ring, krets **2** skiva av bröd; ***a ~ of beef*** a) ett lårstycke av oxkött b) en smörgås med oxkött **3** kretslopp; rond, runda, tur; ***the postman's ~*** brevbärarens utbärningstur; ***go the ~s*** a) göra sin inspektionsrunda b) gå runt, cirkulera; grassera, härja; ***go the ~ of*** a) gå runt i b) gå laget runt bland; ***make one's ~s*** gå ronden **4** omgång, varv; ~ ***of ammunition*** mil. a) skottsalva b) skott [*he had three ~s of ammunition left*]; ***a ~ of applause*** en applåd; ***stand a ~ of drinks*** bjuda på en omgång drinkar **5** sport. rond, omgång; ***a ~ of golf*** en golfrunda
III *adv* **1** runt [*show a p. ~*], omkring, runtom; om tillbaka [*don't turn ~!*]; ~ ***about*** runtomkring, runtom; ***all ~*** runtom; överallt; överlag, laget runt; ***all the year ~*** hela året, året runt (om) **2** hit, över [*he came ~ one evening*]; ***ask a p. ~*** be ngn hem till sig **3** ~ ***about*** omkring [*~ about lunchtime*]
IV *prep* om [*he had a scarf ~ his neck*], runt, omkring, kring [*sit ~ the table*]; runtom; ~ ***the clock*** dygnet runt
V *vb tr* o. *vb itr* **1** göra rund; runda [*~ the lips*]; ~ ***off*** a) runda t.ex. hörn b) runda av summa c) avrunda, avsluta [*~ off an evening*] **2** runda, svänga om (runt) [*~ a street corner*], gå (fara, segla) runt; sjö. äv. dubblera [*~ a cape*] **3** ~ ***up*** samla (driva) ihop [*~ up the cattle*], mobilisera, samla [*~ up volunteers*] **4** ~ ***out*** bli fylligare (rundare) [*her figure is beginning to ~ out*] **5** ~ ***on a p.*** fara ut mot ngn
roundabout ['raʊndəbaʊt] **I** *adj* omständlig; ***use ~ methods*** gå omvägar; ~ ***way*** (***route***) omväg; ***in a ~ way*** indirekt, på omvägar **II** *s* **1** karusell **2** trafik. rondell
round-table [ˌraʊnd'teɪbl] *adj* rundabords-
round-the-clock ['raʊndðəklɒk] *adj* dygnslång; ~ ***service*** dygnetruntservice
round-trip ['raʊndtrɪp] *adj* amer. turochretur- [*a ~ ticket*]

round-up ['raʊndʌp] *s* **1** mobiliserande **2** razzia [*of* bland] **3** sammandrag [*a news* ~]; ***Sports*** ~ radio. el. TV. sportronden, sportextra

rouse [raʊz] *vb tr* väcka; rycka upp [*from* ur]; egga, elda upp [~ *the masses*]; reta upp [~ *a p. to anger*]; ~ ***oneself*** rycka upp sig, vakna upp; [***he is terrible***] ***when roused***...när han är uppretad

rousing ['raʊzɪŋ] *adj* väckande, eldande [*a* ~ *speech*], medryckande; översvallande [*a* ~ *welcome*]

rout [raʊt] **I** *s* vild flykt; sammanbrott, nederlag; ***put to*** ~ driva på flykten **II** *vb tr* driva på flykten; fullständigt besegra

route [ru:t] **I** *s* rutt, väg, led; marschrutt; ***on*** ~ ***number 50*** på linje 50 **II** *vb tr* sända viss väg; dirigera

routine [ru:'ti:n] **I** *s* **1** rutin; slentrian; ***office*** ~ kontorsrutiner **2** teat. nummer på repertoaren [*a dance* ~] **II** *adj* rutinmässig, slentrianmässig

rove [rəʊv] *vb itr* o. *vb tr* ströva omkring, vandra; ströva omkring i

rover ['rəʊvə] *s* vandrare; rastlös person

roving ['rəʊvɪŋ] *adj* kringströvande, irrande; ~ ***ambassador*** resande ambassadör; ~ ***reporter*** flygande reporter

1 row [rəʊ] *s* **1** rad, räcka, länga [*a* ~ *of houses*]; led **2** bänkrad **3** i stickning varv

2 row [rəʊ] **I** *vb tr* o. *vb itr* ro **II** *s* roddtur

3 row [raʊ] **I** *s* **1** oväsen, bråk; ***stop that*** ~***!*** för inte ett sånt liv! **2** gräl, bråk; ***have a*** ~ bråka, gräla **II** *vb itr* **1** väsnas, bråka **2** gräla

rowan ['rəʊən] *s* rönn

rowanberry ['rəʊən,berɪ] *s* rönnbär

rowdy ['raʊdɪ] **I** *s* bråkmakare, råskinn **II** *adj* bråkig, våldsam [~ *scenes*]

rower ['rəʊə] *s* roddare

rowing ['rəʊɪŋ] *s* rodd; ~ ***match*** kapprodd

rowing-boat ['rəʊɪŋbəʊt] *s* roddbåt

rowlock ['rɒlək, 'rəʊlɒk] *s* årtull, årklyka

royal ['rɔɪ(ə)l] *adj* kunglig; statlig; ***the*** ~ ***speech*** trontalet

royalist ['rɔɪəlɪst] **I** *s* rojalist **II** *adj* rojalistisk

royalistic [,rɔɪə'lɪstɪk] *adj* rojalistisk

royalty ['rɔɪəltɪ] *s* **1** kunglighet **2** royalty

RSPCA (förk. för *Royal Society for the Prevention of Cruelty to Animals*) brittiska djurskyddsföreningen

rub [rʌb] **I** *vb tr* o. *vb itr* gnida, gno, gnugga; ~ ***shoulders*** (***elbows***) ***with*** umgås med; neds. frottera sig med; ~ ***a p.*** (~ ***a p. up***) ***the wrong*** (***right***) ***way*** bildl. stryka ngn mothårs (medhårs) □ ~ **down** gnida ren; slipa av, putsa av; frottera; ~ **in** gnida in; ***don't*** ~ ***it in!*** bildl. du behöver inte tjata om (påminna mig om) det!; ~ **off** gnida (putsa) av (bort), sudda ut (bort); sudda ren; ~ **out** sudda (stryka) ut (bort), gnida av (bort); ~ **up** putsa, polera **II** *s* **1** gnidning, frottering; ***give the silver a*** ~***!*** putsa upp silvret! **2** ***there's the*** ~ det är där problemet ligger

1 rubber ['rʌbə] *s* kortsp. robbert; spel

2 rubber ['rʌbə] *s* **1** kautschuk, gummi [äv. *India* ~]; radergummi; ~ ***goods*** gummivaror, sanitetsvaror **2** amer. sl. gummi kondom

rubber band [,rʌbə'bænd] *s* gummisnodd

rubber-stamp [,rʌbə'stæmp] **I** *s* gummistämpel **II** *vb tr* stämpla; vard. godkänna utan vidare

rubbery ['rʌbərɪ] *adj* seg som gummi, gummiartad

rubbish ['rʌbɪʃ] *s* **1** avfall; sopor; skräp **2** bildl. skräp, smörja; struntprat

rubbish heap ['rʌbɪʃhi:p] *s* skräphög

rubbishy ['rʌbɪʃɪ] *adj* skräpig

rubble ['rʌbl] *s* **1** stenskärv; packsten **2** spillror; ***a heap of*** ~ en grushög

rub-down ['rʌbdaʊn] *s* gnidning, putsning; ***a cold*** ~ en kall avrivning

ruby ['ru:bɪ] **I** *s* rubin; rubinrött **II** *adj* rubinröd; ~ ***lips*** purpurröda läppar

rucksack ['rʌksæk] *s* ryggsäck

rudder ['rʌdə] *s* roder; flyg. sidoroder

ruddy ['rʌdɪ] *adj* rödblommig [*a* ~ *complexion*]; rödaktig

rude [ru:d] *adj* ohövlig, ohyfsad, rå, ful

rudiment ['ru:dɪmənt] *s* **1** rudiment, ansats [*of* till] **2** pl. ~***s*** första grunder

rudimentary [,ru:dɪ'mentərɪ] *adj* rudimentär; elementär

ruff [rʌf] *s* pipkrage; krås, krus

ruffian ['rʌfjən] *s* råskinn, buse, bandit

ruffianly ['rʌfjənlɪ] *adj* skurkaktig, rå

ruffle ['rʌfl] *vb tr* **1** rufsa till [~ *a p.'s hair*]; burra upp [*the bird ruffled its feathers*]; röra upp, krusa **2** ~ ***a p.'s temper*** förarga ngn; ***be ruffled*** bli stött **3** rynka, vecka

rug [rʌg] *s* **1** matta **2** filt; pläd

rugby ['rʌgbɪ] *s* rugby [äv. *Rugby*; ~ *football*]

rugged ['rʌgɪd] *adj* **1** ojämn, skrovlig; oländig, kuperad [~ *country*] **2** fårad, grov [*a* ~ *face*] **3** sträv, kärv, barsk [*a* ~ *old peasant*] **4** kraftig, robust [~ *physique*]

rugger ['rʌgə] *s* vard. rugby
ruin ['rʊɪn] **I** *s* **1** ruin, ruiner **2** ruin, undergång, förfall; ödeläggande **II** *vb tr* **1** ödelägga, förstöra **2** ruinera, störta i fördärvet **3** fördärva, förstöra [*~ one's health*]
ruination [rʊɪ'neɪʃ(ə)n] *s* **1** ruinering; ödeläggelse **2** ruin, fördärv
ruined ['rʊɪnd] *adj* **1** förfallen; i ruiner **2** ruinerad **3** fördärvad, förstörd, ödelagd
rule [ru:l] **I** *s* **1** regel; bestämmelse, föreskrift **2** styre, välde [*under British ~*]; regering **3** tumstock, måttstock **II** *vb tr* o. *vb itr* **1** regera över, styra, härska över; regera, härska [*over* över]; råda **2** fastställa, förordna; bestämma; *~ out* [*the possibility*] utesluta... **3** linjera; *ruled paper* linjerat papper **4** hand., om t.ex. pris gälla, råda [*ruling prices*]
ruler ['ru:lə] *s* **1** härskare [*of* över] **2** linjal
1 rum [rʌm] *s* rom dryck
2 rum [rʌm] *adj* vard. konstig, underlig; *a ~ customer* en konstig prick
rumba ['rʌmbə] **I** *s* rumba **II** *vb itr* dansa rumba
rumble ['rʌmbl] **I** *vb itr* mullra; om mage kurra **II** *s* mullrande
ruminate ['ru:mɪneɪt] *vb itr* **1** idissla **2** grubbla, fundera [*about* på, över]
rummage ['rʌmɪdʒ] *vb tr* o. *vb itr* leta (rota) igenom; leta, rota
rummy ['rʌmɪ] *s* rummy slags kortspel
rumour ['ru:mə] **I** *s* rykte [*a false ~*] **II** *vb tr, it is rumoured that* det ryktas att
rumour-monger ['ru:məˌmʌŋgə] *s* ryktesspridare
rump [rʌmp] *s* bakdel, rumpa
rumple ['rʌmpl] *vb tr* skrynkla ned
rumpsteak [ˌrʌmp'steɪk] *s* rumpstek
rumpus ['rʌmpəs] *s* vard. bråk, uppträde
run [rʌn] **I** (*ran run*) *vb itr* o. *vb tr* **1** springa, löpa; *~ errands* (*messages*) springa ärenden [*for* åt, för] **2** polit. m.m. ställa upp, kandidera [*for* till] **3** glida, löpa, rulla, köra **4 a)** om t.ex. maskin gå, vara i gång, vara på; *leave the engine running* låta motorn gå på tomgång **b)** gå, köra [*the buses ~ every five minutes*] **5** om t.ex. färg fälla [*these colours won't ~*]; flyta ut (omkring) **6** rinna, droppa [*your nose is running*], flyta, flöda; om sår vätska (vara) sig **7** *~ dry* torka ut, sina ut; *~ high* a) om tidvatten, pris m.m. stiga högt b) om t.ex. känslor svalla; *~ low* ta slut, tryta [*supplies are running low*] **8 a)** löpa, gälla [*the contract ~s* (*~s for*) *three years*] **b)** pågå, gå; *the play ran for six months* pjäsen gick i sex månader **9** lyda, låta; *it ~s as follows* det lyder som följer **10** *my stocking has ~* det har gått en maska på min strumpa **11** springa i kapp med [*I ran him to the corner*] **12** driva [*~ a business*]; leda, styra [*Communist-run countries*]; sköta, förestå; *~ a course* leda (hålla) en kurs **13** a) köra, skjutsa [*I'll ~ you home in my car*] b) låta glida (löpa), dra, fara med, köra [*~ one's fingers through one's hair*] **14 a)** hålla (sätta) i gång; *~ a film* köra (visa) en film; *~ a tape* spela (spela av) ett band **b)** köra med; sätta in (i trafik) [*~ extra buses*] **15** låta rinna, tappa [*~ water into a bath-tub*]; strömma av **16** *a car that is expensive to ~* en bil som är dyr i drift; *~ a temperature* vard. ha feber □ *~* **about** springa (löpa, fara) omkring; *~* **across** a) löpa (gå) tvärs över b) stöta (råka, träffa) ˈpå; *~* **against** a) stöta (råka, träffa) ˈpå, stöta ihop med; rusa emot b) sport. m.m. tävla (springa) mot; ställa upp (kandidera) mot; *~* **aground** gå (segla, ränna) på grund; *~* **along!** vard. i väg med dig!; *~* **away** springa i väg (bort); rymma; *~* **down a)** springa (löpa, fara, rinna) ner (nedför, nedåt) **b)** *be* (*feel*) *~ down* vara (känna sig) trött och nere **c)** ta slut; köra slut på; *the battery has ~ down* batteriet är slut **d)** köra över (ner) **e)** tala illa om, racka ner på; *~* **for a)** springa till (efter) **b)** *~ for it* vard. skynda sig, springa fort; *~ for one's life* springa för livet **c)** polit. m.m. ställa upp som, kandidera till [*~ for president*]; *~* **in a)** rusa in **b)** *it ~s in the family* det ligger (går) i släkten **c)** köra in [*~ in a new car* (*an engine*)]; *running in* om bil under inkörning; *~* **into** a) köra (rusa) ˈpå (in i, emot), ränna in i (emot) b) stöta (råka, träffa) ˈpå c) råka in i, stöta på; försätta i [*~ into difficulties*; *~ into debt*]; *~* **off** a) springa sin väg b) trycka; köra, dra [*~ off fifty copies of a stencil*] c) spela av (upp), köra [*~ off a tape*] d) sport. avgöra; *~* **on** a) gå ˈpå, springa (köra) vidare b) fortsätta, löpa vidare c) gå på, drivas med [*~ on petrol*]; *~* **out** a) springa (löpa) ut b) löpa (gå) ut; hålla på att ta slut, börja sina (tryta); *~* **over a)** rinna (flöda) över **b)** köra över; *he was ~ over* han blev överkörd; *~* **through** a) gå (löpa) igenom b) genomborra [*~*

a p. through with a sword]; ~ **to** a) skynda till [~ *to his help*] b) uppgå till c) omfatta [*the story ~s to 5,000 words*], komma upp till (i) d) vard. ha råd med (till); ~ **up** **a)** springa (löpa) uppför **b)** skjuta (rusa) i höjden; ~ ***up a debt*** skaffa sig skulder **c)** om pris, ~ ***up to*** uppgå till **d)** ~ ***up against*** stöta på [~ *up against difficulties*], råka ˈpå (in i)

II *s* **1** löpning, lopp; ***on the*** ~ vard. på flykt, på rymmen **2** sport., i t.ex. kricket 'run', poäng **3** kort färd; ***a*** ~ ***in the car*** en biltur **4** rutt, väg, runda **5** serie, följd, räcka [*a ~ of misfortunes*]; ***have a good*** ~ ha framgång, gå bra; ***a*** ~ ***of good*** (***bad***) ***luck*** ständig tur (otur); ***in the long*** ~ i längden, på lång sikt **6** plötslig (stegrad) efterfrågan; ***there was a*** ~ ***on the bank*** det blev rusning till banken för att få ut innestående pengar **7** vard. fritt tillträde, tillgång [*of* till] **8** maska på t.ex. strumpa

rundown [ˈrʌndaʊn] *adj* **1** slutkörd; nedgången; medtagen **2** förfallen

rune [ru:n] *s* runa

1 rung [rʌŋ] se *1 ring I*

2 rung [rʌŋ] *s* pinne på stege; steg

runner [ˈrʌnə] *s* **1** sport. m.m. löpare **2** smugglare ofta i sammansättningar [*gunrunner*] **3** bordlöpare **4** med på släde; skridskoskena **5** bot., ***scarlet*** ~ el. ~ ***bean*** rosenböna **6** tekn. löpring, löprulle; glidstång

runner-up [ˌrʌnərˈʌp] (pl. *runners-up* [ˌrʌnəzˈʌp]) *s*, ***be*** ~ komma på andra plats

running [ˈrʌnɪŋ] **I** *pres p* o. *adj* **1** löpande, springande; rinnande [~ *water*], flytande; ***take a*** ~ ***jump*** hoppa med ansats; ~ ***mate*** a) kapplöpn. draghjälp b) amer. 'parhäst', vicepresidentkandidat; ***in good*** ~ ***order*** körklar och i gott skick; ~ ***time*** körtid; films speltid **2** löpande; i rad (sträck) [*three times* ~]; ~ ***commentary*** fortlöpande kommentar, direktreferat i radio el. TV; ~ ***expenses*** löpande utgifter, driftskostnader

II *s* **1** a) springande, löpande; lopp b) gång [*the smooth ~ of an engine*]; ***make the*** ~ a) vid löpning bestämma farten b) bildl. ha initiativet; ***be in the*** ~ vara med i leken (tävlingen); ***be out of the*** ~ vara ur leken (spelet) **2** körförhållanden, löpningsförhållanden, bana [*the ~ is good*]; före **3** rinnande **4** drivande, drift; skötsel

running-board [ˈrʌnɪŋbɔ:d] *s* fotsteg på bil

running-in [ˌrʌnɪŋˈɪn] *s* inkörning av bil

run-up [ˈrʌnʌp] *s* **1** sport. sats, ansats **2** bildl. inledning, upptakt

runway [ˈrʌnweɪ] *s* flyg. startbana, landningsbana

rupture [ˈrʌptʃə] **I** *s* **1** bristning i muskel m.m.; brytande; brytning [*a diplomatic* ~] **2** med. bråck **II** *vb itr* o. *vb tr* **1** brista **2** spräcka, spränga

rural [ˈrʊər(ə)l] *adj* lantlig; lantbruks-; ~ ***district*** landskommun; ~ ***life*** lantliv, lantlivet; ***in*** ~ ***districts*** på landsbygden

ruse [ru:z] *s* list, knep, fint

1 rush [rʌʃ] *s* bot. säv; tåg

2 rush [rʌʃ] **I** *vb itr* o. *vb tr* **1** rusa, störta [*into* in i, i]; ~ ***and tear*** jäkta; ~ ***at*** rusa ˈpå (mot) **2** forsa, rusa, brusa **3** störta, driva; rusa i väg med, föra i all hast [*he was rushed to hospital*]; forcera, driva (skynda, jäkta) ˈpå [äv. ~ *on (up)*]; ~ ***a p. off his feet*** bringa ngn ur fattningen; ***don't*** ~ ***me!*** jäkta mig inte! **4** storma; kasta sig över, angripa **5** sl. skörta upp; skinna

II *s* **1** rusning, rush, tillströmning [*on, to, into* till]; ***the Christmas*** ~ julrushen, julbrådskan; ***gold*** ~ guldrush, guldfeber; ***the*** ~ ***hour*** rusningstid, rusningstiden **2** jäkt, jäktande [äv. ~ *and tear*]; brådska

rush-hour [ˈrʌʃˌaʊə] *s* rusningstid; ~ ***traffic*** rusningstrafik

rusk [rʌsk] *s* skorpa bakverk

russet [ˈrʌsɪt] **I** *adj* rödbrun; gulbrun **II** *s* rödbrunt; gulbrunt

Russia [ˈrʌʃə] Ryssland

Russian [ˈrʌʃ(ə)n] **I** *adj* rysk; om staten Ryssland ryssländsk; ~ ***salad*** legymsallad **II** *s* **1** ryss; ryska **2** ryska språket

russula [ˈrʌsjʊlə] *s* bot. kremla

rust [rʌst] **I** *s* rost **II** *vb itr* o. *vb tr* rosta; göra rostig

rustic [ˈrʌstɪk] **I** *adj* lantlig, bonde-; rustik **II** *s* lantbo

rustle [ˈrʌsl] **I** *vb itr* o. *vb tr* **1** prassla, rassla; prassla (rassla) med **2** amer. vard. stjäla boskap; stjäla [~ *cattle*] **3** vard. fixa [~ *(~ up) some food*] **II** *s* prassel, rassel; sus

rustler [ˈrʌslə] *s* amer. boskapstjuv

rustproof [ˈrʌstpru:f] *adj* rostbeständig, rostfri

rusty [ˈrʌstɪ] *adj* **1** rostig **2** a) om person otränad [*a bit ~ at tennis*] b) försummad; ***get*** ~ komma ur form, bli ringrostig

1 rut [rʌt] *s* brunst
2 rut [rʌt] *s* hjulspår; ***get into a ~*** fastna i slentrian
ruthless ['ru:θləs] *adj* skoningslös, hänsynslös
rye [raɪ] *s* **1** råg **2** i USA o. Canada: ~ el. ~ ***whiskey*** whisky gjord på råg **3** rågbröd
rye bread ['raɪbred] *s* rågbröd; grovt bröd
Ryvita [raɪ'vi:tə] *s* ® slags knäckebröd

S

S, s [es] *s* S, s
S (förk. för *south, southern*) S
$ = *dollar, dollars*
's = *has* [*what's he done?*]; *is* [*it's*]; *does* [*what's he want?*]; *us* [*let's see*]
Sabbath ['sæbəθ] *s* sabbat
sable ['seɪbl] *s* **1** zool. sobel **2** sobelpäls
sabotage ['sæbətɑ:ʒ] **I** *s* sabotage **II** *vb tr* sabotera
saboteur [ˌsæbə'tɜ:] *s* sabotör
sabre ['seɪbə] *s* sabel
sabre-rattling ['seɪbəˌrætlɪŋ] *s* bildl. vapenskrammel
sac [sæk] *s* zool. el. bot. säck
saccharin ['sækərɪn] *s* sackarin
sachet ['sæʃeɪ] *s* **1** luktpåse **2** plastkudde med t.ex. schampo **3** portionspåse för t.ex. te
1 sack [sæk] **I** *s* **1** säck **2** vard., ***get the ~*** få sparken; ***give a p. the ~*** sparka ngn; ***hit the ~*** krypa till kojs **II** *vb tr* vard. ge sparken
2 sack [sæk] **I** *s* plundring **II** *vb tr* plundra
sackcloth ['sækklɒθ] *s* säckväv, säckduk
sacking ['sækɪŋ] *s* säckväv
sacrament ['sækrəmənt] *s* kyrkl. sakrament; ***administer the last ~s to*** ge nattvarden åt
sacred ['seɪkrɪd] *adj* helig; andlig [~ *songs*], kyrko- [~ *music*]
sacrifice ['sækrɪfaɪs] **I** *s* offer; uppoffring [*make ~s*]; uppoffrande **II** *vb itr* o. *vb tr* offra
sacrilege ['sækrɪlɪdʒ] *s* helgerån, vanhelgande
sad [sæd] *adj* **1** ledsen, sorgsen **2** sorglig
sadden ['sædn] *vb tr* göra ledsen (sorgsen)
saddle ['sædl] **I** *s* sadel **II** *vb tr* sadla
saddlebag ['sædlbæg] *s* **1** sadelficka, sadelpåse **2** verktygsväska på cykel; cykelväska
sadism ['seɪdɪz(ə)m] *s* sadism
sadist ['seɪdɪst] *s* sadist
sadistic [sə'dɪstɪk] *adj* sadistisk
sadly ['sædlɪ] *adv* **1** sorgset **2** illa, svårt **3** ***be ~ in need of*** vara i stort behov av
safari [sə'fɑ:rɪ] *s* safari
safe [seɪf] **I** *adj* säker, trygg, utom fara; riskfri, ofarlig; ***at a ~ distance*** på behörigt avstånd; ***to be on the ~ side*** för att vara på den säkra sidan, för säkerhets

skull; ~ ***and sound*** välbehållen, oskadd; i gott behåll **II** *s* **1** kassaskåp **2** amer. vard. gummi kondom
safe conduct [ˌseɪfˈkɒndʌkt] *s* fri lejd
safe-deposit [ˈseɪfdɪˌpɒzɪt] *s* kassavalv; ~ ***box*** förvaringsfack i bank; bankfack
safeguard [ˈseɪfgɑːd] **I** *s* garanti, säkerhet, skydd **II** *vb tr* garantera, säkra, trygga
safely [ˈseɪflɪ] *adv* säkert, tryggt
safety [ˈseɪftɪ] *s* säkerhet, trygghet; ***Safety First*** säkerheten framför allt
safety belt [ˈseɪftɪbelt] *s* säkerhetsbälte
safety catch [ˈseɪftɪkætʃ] *s* säkring på vapen; ***release the ~*** osäkra t.ex. vapnet
safety curtain [ˈseɪftɪˌkɜːtn] *s* teat. järnridå
safety glass [ˈseɪftɪglɑːs] *s* splitterfritt glas
safety island [ˈseɪftɪˌaɪlənd] *s* amer. (trafik.) refug
safety pin [ˈseɪftɪpɪn] *s* säkerhetsnål
safety razor [ˈseɪftɪˌreɪzə] *s* rakhyvel
safety valve [ˈseɪftɪvælv] *s* säkerhetsventil
saffron [ˈsæfr(ə)n] *s* saffran; saffransgult
sag [sæg] *vb itr* svikta, ge efter; sjunka, sätta sig
1 sage [seɪdʒ] *s* bot. salvia
2 sage [seɪdʒ] *s* vis man
Sagittarius [ˌsædʒɪˈteərɪəs] astrol. Skytten
sago [ˈseɪgəʊ] *s* sago; sagogryn
Sahara [səˈhɑːrə] *s, **the ~*** Sahara
said [sed] **I** se *say I* **II** *adj* jur. sagd, nämnd [*the ~ Mr. Smith*]
sail [seɪl] **I** *s* segel; ***make (set) ~ for*** avsegla till **II** *vb itr* o. *vb tr* segla, segla på
sailing [ˈseɪlɪŋ] *s* segling; avsegling; ***list of ~s*** båtturlista
sailing boat [ˈseɪlɪŋbəʊt] *s* segelbåt
sailing ship [ˈseɪlɪŋʃɪp] *s* o. **sailing vessel** [ˈseɪlɪŋˌvesl] *s* segelfartyg
sailor [ˈseɪlə] *s* sjöman; matros; ***be a bad ~*** ha lätt för att bli sjösjuk
saint [seɪnt, obetonat snt] **I** *adj, **Saint*** framför namn (förk. *St.*) Sankt, Sankta, Helige, Heliga **II** *s* helgon; ***saint's day*** kyrkl. helgondag; helgons namnsdag
sake [seɪk] *s, **for a p.'s (a th.'s) ~*** för ngns (ngts) skull; ***die for the ~ of one's country*** dö för sitt fosterland
salad [ˈsæləd] *s* sallad; grönsallad
salami [səˈlɑːmɪ] *s* salami
salary [ˈsælərɪ] *s* månadslön
sale [seɪl] *s* **1** försäljning; ***~s manager*** försäljningschef; ***for (on) ~*** till salu; ***put up (offer) for ~*** salubjuda **2** realisation, rea; ***bargain ~*** utförsäljning till vrakpriser; ***clearance ~*** utförsäljning, lagerrensning
salesclerk [ˈseɪlzklɜːk] *s* amer., se *salesman 2*
salesman [ˈseɪlzmən] (pl. *salesmen* [ˈseilzmən]) *s* **1** representant, försäljare för firma **2** speciellt amer. försäljare, expedit, affärsbiträde
salient [ˈseɪljənt] *adj* framträdande [*~ features*]
saliva [səˈlaɪvə] *s* saliv
1 sallow [ˈsæləʊ] *s* bot. sälg
2 sallow [ˈsæləʊ] *adj* speciellt om hy gulblek
salmon [ˈsæmən] *s* lax
salmon-trout [ˈsæməntraʊt] *s* laxöring
salon [ˈsælɒn] *s* salong [*beauty ~*]
saloon [səˈluːn] *s* **1** salong [*shaving ~*]; ***the ~ bar*** i pub den 'finaste' avdelningen **2** amer. krog, bar
saloon car [səˈluːnkɑː] *s* bil. sedan
salt [sɔːlt] **I** *s* salt; ***be worth (not be worth) one's ~*** göra skäl (inte göra skäl) för sig; ***take a th. with a grain (a pinch) of ~*** ta ngt med en nypa salt **II** *adj* salt-; saltad **III** *vb tr* salta
saltcellar [ˈsɔːltˌselə] *s* saltkar
salty [ˈsɔːltɪ] *adj* salt, saltaktig, salthaltig
salute [səˈluːt] **I** *s* **1** hälsning med gest **2** mil. honnör; salut **II** *vb tr* o. *vb itr* **1** hälsa **2** mil. göra honnör för; göra honnör, salutera
salvage [ˈsælvɪdʒ] **I** *s* bärgning, räddning från skeppsbrott **II** *vb tr* bärga, rädda från skeppsbrott
salvation [sælˈveɪʃ(ə)n] *s* räddning [*tourism was their ~*], frälsning; ***the Salvation Army*** Frälsningsarmén
salve [sælv] *s* sårsalva
salver [ˈsælvə] *s* serveringsbricka
sal volatile [ˌsælvəˈlætəlɪ] *s* luktsalt
Samaritan [səˈmærɪtn] *s* samarit
same [seɪm] *adj* o. *adv* o. *pron, **the ~*** samma; densamma, detsamma, desamma; samma sak [*it is the ~ with me*]; likadan [*they all look the ~*]; lika, likadant; ***the ~ to you!*** tack detsamma; ***he is the ~ as ever*** han är sig lik; ***all the ~*** i alla fall [*thank you all the ~*], ändå; ***it's all the ~ to me*** det gör mig detsamma
sample [ˈsɑːmpl] **I** *s* prov; varuprov, provbit; provexemplar; smakprov; exempel [*of* på] **II** *vb tr* ta prov (stickprov) av; provsmaka
Samson [ˈsæmsn] bibl. Simson

sanatorium [ˌsænəˈtɔːrɪəm] *s* sanatorium; konvalescenthem; vårdhem
sanction [ˈsæŋkʃ(ə)n] **I** *s* **1** bifall, godkännande, tillstånd av myndighet **2** straffpåföljd; sanktion [*economic ~s*] **II** *vb tr* **1** bifalla, godkänna, ge tillstånd till **2** sanktionera, stadfästa
sanctity [ˈsæŋktətɪ] *s* fromhet, renhet, helighet; okränkbarhet
sanctuary [ˈsæŋktjʊərɪ] *s* **1** helgedom, helig plats **2** asyl, fristad; ***take ~*** söka sin tillflykt
sand [sænd] **I** *s* **1** sand; grus; ***bury one's head in the ~*** sticka huvudet i busken **2** pl. ***~s*** sandstrand; sandrev **II** *vb tr* sanda
sandal [ˈsændl] *s* sandal
sandbag [ˈsændbæg] *s* sandsäck, sandpåse
sandcastle [ˈsændˌkɑːsl] *s* barns sandslott
sand dune [ˈsændjuːn] *s* sanddyn
sandglass [ˈsændglɑːs] *s* timglas
sandpaper [ˈsændˌpeɪpə] **I** *s* sandpapper **II** *vb tr* sandpappra, slipa
sandpit [ˈsændpɪt] *s* **1** sandlåda för barn **2** sandtag, sandgrop
sandwich [ˈsænwɪdʒ, ˈsænwɪtʃ] *s* dubbelsmörgås med pålägg mellan; ***open ~*** enkel smörgås med pålägg
sandy [ˈsændɪ] *adj* **1** sandig, sand- **2** sandfärgad; om hår rödblond
sane [seɪn] *adj* vid sina sinnens fulla bruk; sund, förnuftig
sang [sæŋ] se *sing*
sanitarium [ˌsænəˈteərɪəm] *s* amer., se *sanatorium*
sanitary [ˈsænətərɪ] *adj* sanitär, hälsovårds-, sundhets-; hygienisk; ***~ towel*** (amer. ***napkin***) dambinda
sanitation [ˌsænɪˈteɪʃ(ə)n] *s* sanitär utrustning, sanitära anläggningar
sanity [ˈsænətɪ] *s* mental hälsa; sunt förstånd (omdöme)
sank [sæŋk] se *sink I*
Santa Claus [ˈsæntəklɔːz] *s* jultomten
sap [sæp] **I** *s* sav, växtsaft **II** *vb tr* bildl. försvaga [*~ a p.'s energy*]
sapphire [ˈsæfaɪə] **I** *s* safir **II** *adj* safirblå
Sarajevo [ˌsærəˈjeɪvəʊ]
sarcasm [ˈsɑːkæz(ə)m] *s* sarkasm, spydighet
sarcastic [sɑːˈkæstɪk] *adj* sarkastisk, spydig
sardine [sɑːˈdiːn] *s* sardin; ***be packed like ~s*** stå (sitta) som packade sillar
Sardinia [sɑːˈdɪnjə] Sardinien
Sardinian [sɑːˈdɪnjən] **I** *adj* sardisk, sardinsk **II** *s* sard, sardinare
sash [sæʃ] *s* skärp; gehäng
sat [sæt] se *sit*
Satan [ˈseɪt(ə)n]
satanic [səˈtænɪk] *adj* satanisk, djävulsk
satchel [ˈsætʃ(ə)l] *s* skolväska med axelrem
satellite [ˈsætəlaɪt] *s* satellit äv. TV.; ***~ broadcast*** satellitsändning; ***~ dish*** parabolantenn
satin [ˈsætɪn] *s* satäng, satin
satire [ˈsætaɪə] *s* satir [*on, over* över]
satirical [səˈtɪrɪk(ə)l] *adj* satirisk
satirist [ˈsætərɪst] *s* satiriker
satirize [ˈsætəraɪz] *vb tr* satirisera över
satisfaction [ˌsætɪsˈfækʃ(ə)n] *s* tillfredsställelse, belåtenhet; tillfredsställande
satisfactory [ˌsætɪsˈfæktərɪ] *adj* tillfredsställande [*to* för], nöjaktig
satisfied [ˈsætɪsfaɪd] *perf p* o. *adj* **1** tillfredsställd, nöjd, belåten **2** övertygad [*about, as to* om; *that* om att]
satisfy [ˈsætɪsfaɪ] *vb tr* **1** tillfredsställa, tillgodose; mätta [*~ a p.*] **2** övertyga [*that* om att]
satisfying [ˈsætɪsfaɪɪŋ] *adj* tillfredsställande; tillräcklig; mättande
saturate [ˈsætʃəreɪt] *vb tr* **1** genomdränka, göra genomblöt **2** mätta
saturation [ˌsætʃəˈreɪʃ(ə)n] *s* mättande, mättning
Saturday [ˈsætədeɪ, ˈsætədɪ] *s* lördag; ***last ~*** i lördags
Saturn [ˈsætən] astron. el. myt. Saturnus
sauce [sɔːs] *s* **1** sås **2** vard., ***none of your ~!*** var lagom fräck!
saucepan [ˈsɔːspən] *s* kastrull
saucer [ˈsɔːsə] *s* tefat
saucy [ˈsɔːsɪ] *adj* vard. **1** uppkäftig **2** käck [*a ~ hat*]
Saudi [ˈsaʊdɪ, ˈsɔːdɪ] *s* saudier
Saudi Arabia [ˌsaʊdɪəˈreɪbɪə, ˌsɔːdɪəˈreɪbɪə] Saudi-Arabien
Saudi Arabian [ˌsaʊdɪəˈreɪbɪən, ˌsɔːdɪəˈreɪbɪən] **I** *adj* saudisk, saudiarabisk **II** *s* saudier, saudiarab
sauna [ˈsɔːnə, ˈsaʊnə] *s* bastu
saunter [ˈsɔːntə] *vb itr* flanera; släntra
sausage [ˈsɒsɪdʒ] *s* **1** korv **2** vard., ***not a ~*** inte ett enda dugg (ett korvöre)
sauté [ˈsəʊteɪ, ˈsɔːteɪ] kok. **I** *s* sauté **II** *vb tr* sautera, bryna **III** *adj* sauterad, brynt
savage [ˈsævɪdʒ] **I** *adj* vild [*~ beast*], barbarisk **II** *s* vilde

savagery ['sævɪdʒ(ə)rɪ] *s* vildhet; barbari
save [seɪv] **I** *vb tr* o. *vb itr* **1** rädda; skydda; ***God ~ the King!*** Gud bevare konungen! **2** relig. frälsa **3** spara; spara pengar [äv. ~ *up*] **4** sport. rädda **II** *s* sport. räddning **III** *prep* o. *konj* litt. utom, så när som på [*all ~ him (he)*]; ***~ for*** så när som på
saving ['seɪvɪŋ] **I** *adj* **1** räddande; ***~ grace (feature)*** försonande drag **2** sparsam, ekonomisk; i sammansättningar -besparande [*labour-saving*] **II** *s* sparande; besparing; pl. ***~s*** besparingar, sparmedel
savings account ['seɪvɪŋzə,kaʊnt] *s* sparkasseräkning; sparkonto
savings bank ['seɪvɪŋzbæŋk] *s* sparbank
saviour ['seɪvjə] *s* frälsare; räddare
savour ['seɪvə] **I** *s* smak **II** *vb tr* njuta av
savoury ['seɪvərɪ] **I** *adj* välsmakande; kryddad, pikant **II** *s* aptitretare; smårätt
1 saw [sɔ:] se *2 see*
2 saw [sɔ:] **I** *s* såg **II** (*sawed sawn*) *vb tr* o. *vb itr* såga
sawdust ['sɔ:dʌst] *s* sågspån
sawn [sɔ:n] se *2 saw II*
Saxony ['sæksənɪ] Sachsen
saxophone ['sæksəfəʊn] *s* saxofon
saxophonist ['sæksəfəʊnɪst, ,sæk'sɒfənɪst] *s* saxofonist
say [seɪ] **I** (*said said*) *vb tr* o. *vb itr* **1** säga; ***I ~*** a) hör du, säg mig [*I ~, do you want this?*] b) uttryckande överraskning jag måste säga att, vet du vad [*I ~, that's a pretty dress!*]; ***I should ~ so!*** det tror 'jag det!; ***you don't ~ (~ so)!*** vad 'säger du!; ***it ~s in the paper*** det står i tidningen; ***he is said to be (they ~ he is) the only one who...*** han skall (lär) vara den ende som...; ***no sooner said than done*** sagt och gjort; ***when (after) all is said and done*** när allt kommer omkring **2** läsa, be [*~ a prayer*]
II *s*, ***have (say) one's ~*** säga sin mening; ***he has no (a great deal of) ~*** han har ingenting (en hel del) att säga till om
saying ['seɪɪŋ] *pres p* o. *s* **1** ***that is ~ too much*** det är för mycket sagt; ***that goes without ~*** det säger sig självt **2** ordstäv, ordspråk
says [sez] *vb*, ***he/she/it ~*** han/hon/den säger; se vidare *say I*
say-so ['seɪsəʊ] *s* vard. påstående; tillåtelse
scab [skæb] *s* **1** sårskorpa **2** vard. strejkbrytare
scabbard ['skæbəd] *s* skida, slida för svärd
scabies ['skeɪbi:z, 'skeɪbɪi:z] *s* med. skabb
scaffold ['skæf(ə)ld] *s* **1** byggnadsställning **2** schavott
scaffolding ['skæfəldɪŋ] *s* byggnadsställning
scald [skɔ:ld] *vb tr* skålla; bränna
1 scale [skeɪl] *s* vågskål; ~ el. pl. ***~s*** våg; ***a pair of ~s*** en våg
2 scale [skeɪl] *s* skala; gradindelning; ***on a large ~*** i stor skala
3 scale [skeɪl] *s* fjäll
scallop ['skɒləp] *s* zool. kammussla
scalp [skælp] **I** *s* hårbotten; skalp **II** *vb tr* skalpera
scamper ['skæmpə] *vb itr* kila (kuta) i väg
scan [skæn] *vb tr* **1** granska, studera **2** skumma [*~ a newspaper*] **3** radar. el. TV. avsöka
scandal ['skændl] *s* **1** skandal **2** skvaller
scandalmonger ['skændl,mʌŋgə] *s* skandalspridare; skvallerkärring
scandalous ['skændələs] *adj* skandalös; skamlig
Scandinavia [,skændɪ'neɪvjə] Skandinavien, Norden
Scandinavian [,skændɪ'neɪvjən] **I** *adj* skandinavisk, nordisk **II** *s* skandinav; nordbo
Scania ['skeɪnɪə] Skåne
scanner ['skænə] *s* tekn. avsökare, scanner
scant [skænt] *adj* knapp; ringa [*a ~ amount*]; ***pay ~ attention to*** ta föga notis om
scanty ['skæntɪ] *adj* knapp [*~ supply*]; ringa; klen, torftig; knapphändig
scapegoat ['skeɪpgəʊt] *s* syndabock
scar [skɑ:] **I** *s* ärr **II** *vb tr* tillfoga ärr
scarce [skeəs] *adj* **1** otillräcklig; ***money is ~*** det är ont om pengar; ***make oneself ~*** vard. försvinna, smita, dunsta **2** sällsynt [*such stamps are ~*]
scarcely ['skeəslɪ] *adv* knappt [*she is ~ twenty*]; knappast; ***~ ever*** nästan aldrig
scarcity ['skeəsətɪ] *s* **1** brist, knapphet **2** sällsynthet
scare [skeə] **I** *vb tr* skrämma **II** *s* skräck; ***get a ~*** bli skrämd (rädd); ***give a p. a ~*** skrämma ngn
scarecrow ['skeəkrəʊ] *s* fågelskrämma
scarf [skɑ:f] *s* scarf, halsduk; sjal
scarlatina [,skɑ:lə'ti:nə] *s* scharlakansfeber
scarlet ['skɑ:lət] **I** *s* scharlakansrött **II** *adj* scharlakansröd; ***~ fever*** scharlakansfeber; ***~ runner bean*** el. ***~ runner*** bot. rosenböna

scarred [skɑ:d] *adj* ärrig; märkt
scary ['skeərɪ] *adj* vard. hemsk, skrämmande
scathing ['skeɪðɪŋ] *adj* skarp, bitande [*~ criticism*]
scatter ['skætə] *vb tr* **1** sprida; strö ut [*~ seeds*], strö omkring **2** skingra [*~ a crowd*] **3** beströ [*~ a road with gravel*]
scattered ['skætəd] *adj* spridd, strödd
scavenger ['skævɪndʒə] *s* renhållningsarbetare, gatsopare
scavenging ['skævɪndʒɪŋ] *s* gatsopning; *~ **department*** renhållningsverk
scenario [sɪ'nɑ:rɪəʊ] (pl. *~s*) *s* film. o. bildl. scenario
scene [si:n] *s* **1** scen; ***behind the ~s*** bakom kulisserna (scenen) **2** skådeplats; ***the ~ of the crime*** brottsplatsen **3** uppträde; ***make*** (***create***) ***a ~*** ställa till en scen (en skandal)
scenery ['si:nərɪ] *s* **1** teat. sceneri, scenbilder **2** vacker natur [*admire the ~*]; landskap; scenerier
scent [sent] **I** *vb tr* **1** vädra [*~ a hare*; *~ trouble*] **2** parfymera; uppfylla med doft **II** *s* **1** doft, lukt; parfym **2** väderkorn; ***get ~ of*** få väderkorn på; ***put a p. on the wrong ~*** leda ngn på villospår
scented ['sentɪd] *adj* parfymerad; doftande
sceptical ['skeptɪk(ə)l] *adj* skeptisk
scepticism ['skeptɪsɪz(ə)m] *s* skepsis
sceptre ['septə] *s* spira
schedule ['ʃedju:l, speciellt amer. 'skedʒ(ʊ)l] **I** *s* schema, tidtabell; ***be behind ~*** vara försenad; ligga efter **II** *vb tr* planera; ***it is scheduled for tomorrow*** det skall enligt planerna ske i morgon; ***scheduled flights*** reguljära flygturer
scheme [ski:m] **I** *s* **1** plan, projekt **2** intrig **II** *vb itr* intrigera
schemer ['ski:mə] *s* intrigmakare
scheming ['ski:mɪŋ] *adj* beräknande, intrigant
schizophrenia [ˌskɪtsə'fri:njə] *s* schizofreni
schnorkel ['ʃnɔ:kl] *s* snorkel
scholar ['skɒlə] *s* vetenskapsman; forskare
scholarly ['skɒləlɪ] *adj* lärd; vetenskaplig
scholarship ['skɒləʃɪp] *s* **1** lärdom; vetenskaplig noggrannhet **2** skol. el. univ. stipendium
1 school [sku:l] *s* **1** skola; ***leave ~*** sluta skolan **2** attributivt skol- [*~ meals*] **3** univ. fakultet
2 school [sku:l] *s* stim, flock
schoolboy ['sku:lbɔɪ] *s* skolpojke
schoolfellow ['sku:lˌfeləʊ] *s* skolkamrat
schoolgirl ['sku:lgɜ:l] *s* skolflicka
schoolmaster ['sku:lˌmɑ:stə] *s* manlig lärare
schoolmate ['sku:lmeɪt] *s* skolkamrat
schoolmistress ['sku:lˌmɪstrɪs] *s* lärarinna, lärare
schoolroom ['sku:lru:m] *s* skolrum, skolsal
schoolteacher ['sku:lˌti:tʃə] *s* lärare
schooner ['sku:nə] *s* sjö. skonert, skonare
sciatica [saɪ'ætɪkə] *s* ischias
science ['saɪəns] *s* vetenskap; naturvetenskap
scientific [ˌsaɪən'tɪfɪk] *adj* vetenskaplig; naturvetenskaplig
scientist ['saɪəntɪst] *s* vetenskapsman, naturvetenskapsman; forskare
scissors ['sɪzəz] *s* sax; ***a pair of ~*** (ibland ***a ~***) en sax
1 scoff [skɒf] *vb tr* vard. sätta (glufsa) i sig
2 scoff [skɒf] *vb itr, ~ **at*** driva med, håna
scold [skəʊld] *vb tr* skälla på (ut)
scolding ['skəʊldɪŋ] *s* ovett, utskällning
scone [skɒn, skəʊn] *s* kok. scone, scones
scoop [sku:p] **I** *s* skopa; skyffel **II** *vb tr* ösa, skopa [*~ up*], skyffla
scooter ['sku:tə] *s* **1** sparkcykel **2** skoter
scope [skəʊp] *s* **1** vidd, omfattning, omfång **2** spelrum, utrymme
scorch [skɔ:tʃ] *vb tr* sveda, bränna, förbränna
scorcher ['skɔ:tʃə] *s* vard. **1** stekhet dag [*yesterday was a ~*] **2** panggrej
scorching ['skɔ:tʃɪŋ] *adj* stekhet, brännhet [*a ~ day*]; ***the sun is ~*** solen steker
score [skɔ:] **I** *s* **1** sport. m.m. **a)** ställning [*the ~ was 2-1*]; ***what's the ~?*** hur är ställningen?, hur står det?; ***the final ~*** slutställningen, slutresultatet **b)** poängräkning; målsiffra **2** tjog; ***a ~ of people*** ett tjugotal människor; ***~s of*** tjogtals (massvis) med **3** mus. partitur **II** *vb tr* **1** föra räkning över **2** vinna, kunna notera [*~ a success* (framgång)]; ***~ a goal*** göra mål
scoreboard ['skɔ:bɔ:d] *s* sport. poängtavla, resultattavla, matchtavla
scorn [skɔ:n] **I** *s* förakt; hån; ***be put to ~*** bli hånad **II** *vb tr* förakta; håna
scornful ['skɔ:nf(ʊ)l] *adj* föraktfull; hånfull
Scorpio ['skɔ:pɪəʊ] astrol. Skorpionen
scorpion ['skɔ:pjən] *s* skorpion
Scot [skɒt] *s* skotte; ***the ~s*** skottarna
Scotch [skɒtʃ] **I** *adj* skotsk **II** *s* **1** ***the ~***

skottarna **2** skotska språket **3** skotsk whisky
Scotchman ['skɒtʃmən] (pl. *Scotchmen* ['skɒtʃmən]) *s* skotte
Scotchwoman ['skɒtʃˌwʊmən] (pl. *Scotchwomen* ['skɒtʃˌwɪmɪn]) *s* skotska
Scotland ['skɒtlənd] Skottland; ~ ***Yard*** (***New ~ Yard***) Londonpolisens högkvarter
Scots [skɒts] mera vårdat el. speciellt i Skottland **I** *adj* skotsk **II** *s* **1** skotska språket **2** pl. av *Scot*
Scotsman ['skɒtsmən] (pl. *Scotsmen* ['skɒtsmən]) *s* mera vårdat el. speciellt i Skottland skotte
Scotswoman ['skɒtsˌwʊmən] (pl. *Scotswomen* ['skɒtsˌwɪmɪn]) *s* mera vårdat el. speciellt i Skottland skotska
Scottish ['skɒtɪʃ] mera vårdat el. speciellt i Skottland **I** *adj* skotsk **II** *s* skotska språket
scoundrel ['skaʊndr(ə)l] *s* skurk, bov
1 scour ['skaʊə] **I** *vb tr* skura [~ *a saucepan*] **II** *s* skurning; ***give a th. a good ~*** skura av ngt ordentligt
2 scour ['skaʊə] *vb tr* leta igenom; genomströva [~ *the woods*]
scourge [skɜːdʒ] **I** *s* gissel, hemsökelse, plågoris **II** *vb tr* gissla, hemsöka
scouring-powder ['skaʊrɪŋˌpaʊdə] *s* skurpulver
scout [skaʊt] **I** *s* **1** mil. spanare **2** motsvarande juniorscout 11-12 år; patrullscout 13-15 år; ***cub ~*** miniorscout; ***girl ~*** amer. flickscout **3** ***talent ~*** talangscout **II** *vb itr,* ***~ about*** (***around***) ***for*** spana (söka) efter
scoutmaster ['skaʊtˌmɑːstə] *s* scoutledare
scowl [skaʊl] **I** *vb itr* se bister ut; ***~ at*** blänga på **II** *s* bister uppsyn (blick)
Scrabble ['skræbl] *s* ® alfapet slags bokstavsspel
scraggy ['skrægɪ] *adj* mager, tanig, knotig
scramble ['skræmbl] **I** *vb itr* o. *vb tr* **1** klättra **2** rusa [*they scrambled for* (till) *the door*]; slåss, kivas [*for* om] **3** hafsa; ***~ to one's feet*** resa sig hastigt **4** blanda; ***scrambled eggs*** äggröra **II** *s* **1** klättring **2** rusning; kiv, slit **3** virrvarr
1 scrap [skræp] **I** *s* **1** bit, stycke, smula; ***not a ~*** inte ett dugg; ***a ~ of paper*** en papperslapp **2** pl. ***~s*** matrester, smulor **3** skrot **II** *vb tr* **1** skrota [~ *a ship*] **2** vard. kassera, slopa
2 scrap [skræp] vard. **I** *s* slagsmål **II** *vb itr* slåss
scrapbook ['skræpbʊk] *s* urklippsalbum
scrape [skreɪp] **I** *vb tr* o. *vb itr* **1** skrapa; skrapa mot; ~ ***together*** skrapa (rafsa) ihop **2** skrapa med [~ *one's feet*] **3** ***~ through*** vard. klara sig med nöd och näppe **4** ***bow and ~*** krusa och buga [*to a p.* för ngn] **II** *s* **1** skrapning, skrapande **2** knipa, klämma [*get into a* ~]
scrap heap ['skræphiːp] *s* skrothög
scrap iron ['skræpˌaɪən] *s* järnskrot
scrap metal ['skræpˌmetl] *s* metallskrot
scrappy ['skræpɪ] *adj* hoprafsad; osammanhängande, planlös
scrapyard ['skræpjɑːd] *s* skrotupplag
scratch [skrætʃ] **I** *vb tr* o. *vb itr* **1** klösa, riva; rispa, repa; göra repor i; klösas, rivas **2** klia, riva; klia (riva) på; klia (riva) sig **3** rista in [~ *one's name on glass*] **4** krafsa, skrapa [~ *at the door*] **II** *s* **1** skråma, rispa; repa **2** klösning
scrawl [skrɔːl] **I** *vb itr* o. *vb tr* klottra **II** *s* klotter
scream [skriːm] **I** *vb itr* skrika; tjuta **II** *s* skrik; tjut
screech [skriːtʃ] **I** *vb itr* gallskrika, gnissla [*the brakes screeched*] **II** *s* gallskrik
screen [skriːn] **I** *s* **1** skärm, fasad **2** duk [*cinema* ~]; ***television ~*** TV-ruta, bildruta; ***viewing ~*** bildskärm **3** film. **a)** ***on the ~*** på filmduken, på vita duken **b)** attributivt film- [~ *actor*]; ***the ~ version*** filmversionen **II** *vb tr* **1** skydda, skyla, dölja [*from* för, mot] **2** skärma av **3** film. filmatisera
screenplay ['skriːnpleɪ] *s* filmmanus
screw [skruː] **I** *s* skruv **II** *vb tr* skruva; ***~ down*** skruva igen
screwdriver ['skruːˌdraɪvə] *s* skruvmejsel
screw top ['skruːtɒp] *s* skruvlock
scribble ['skrɪbl] **I** *vb tr* o. *vb itr* klottra **II** *s* klotter
scribbling-block ['skrɪblɪŋblɒk] *s* o. **scribbling-pad** ['skrɪblɪŋpæd] *s* kladdblock, anteckningsblock
script [skrɪpt] *s* film. el. radio. manus; ***~ girl*** scripta
scripture ['skrɪptʃə] *s,* ***the Holy Scriptures*** el. ***the Scriptures*** den heliga skrift, Bibeln
scriptwriter ['skrɪptˌraɪtə] *s* film. el. radio. manusförfattare
scroll [skrəʊl] *s* skriftrulle
scrounge [skraʊndʒ] *vb tr* vard. snylta sig till
scrounger ['skraʊndʒə] *s* vard. snyltare
1 scrub [skrʌb] **I** *vb tr* o. *vb itr* skura,

skrubba **II** *s, **it needs a good ~*** den behöver skuras (skrubbas) ordentligt
2 scrub [skrʌb] *s* buskskog, busksnår
scrubbing-brush ['skrʌbɪŋbrʌʃ] *s* skurborste
scruff [skrʌf] *s, **the ~ of the neck*** nackskinnet
scruffy ['skrʌfɪ] *adj* vard. sjaskig, sjabbig
scruple ['skru:pl] *s,* pl. ***~s*** skrupler; ***have ~s about*** ha samvetsbetänkligheter mot
scrupulous ['skru:pjʊləs] *adj* **1** nogräknad, noga **2** samvetsgrann, noggrann
scrutinize ['skru:tɪnaɪz] *vb tr* fingranska
scrutiny ['skru:tɪnɪ] *s* fingranskning
scuffle ['skʌfl] *s* slagsmål, handgemäng
scullery ['skʌlərɪ] *s* diskrum, grovkök
sculptor ['skʌlptə] *s* skulptör, bildhuggare
sculptress ['skʌlptrəs] *s* skulptris
sculpture ['skʌlptʃə] **I** *s* skulptur **II** *vb tr* o. *vb itr* skulptera
scum [skʌm] **I** *s* **1** skum vid kokning **2** hinna på stillastående vatten **3** bildl. avskum **II** *vb tr* skumma, skumma av
scurf [skɜ:f] *s* skorv, mjäll
scurry ['skʌrɪ] *vb itr* kila, rusa; jäkta
scuttle ['skʌtl] **I** *s* lucka; sjö. ventil; ventillucka **II** *vb tr* sjö. borra i sank
scythe [saɪð] **I** *s* lie **II** *vb tr* slå med lie, meja
SE (förk. för *south-east, south-eastern*) SO, SÖ
sea [si:] *s* **1** hav [*the Caspian Sea*], sjö [*the North Sea*]; ***there is a heavy (high) ~*** det är hög sjö; ***at ~*** till sjöss (havs), på havet (sjön); ***I'm all at ~*** vard. bildl. jag förstår inte ett dugg; ***by ~*** sjöledes, sjövägen [*go by ~*]; ***go to ~*** gå till sjöss, bli sjöman; ge sig ut på en sjöresa; ***put to ~*** om fartyg löpa ut, avsegla; sjösätta **2** attributivt sjö- [*~ scout*]
sea anemone ['si:əˌnemənɪ] *s* havsanemon
sea bathing ['si:ˌbeɪðɪŋ] *s* havsbad
seaborne ['si:bɔ:n] *adj* sjöburen [*~ goods*]
seafarer ['si:ˌfeərə] *s* sjöfarare
seafaring ['si:ˌfeərɪŋ] *adj* sjöfarande
seafood ['si:fu:d] *s* fisk och skaldjur
seafront ['si:frʌnt] *s* sjösida av ort, strand
seagull ['si:gʌl] *s* fiskmås
1 seal [si:l] *s* zool. säl
2 seal [si:l] **I** *s* sigill; lack; försegling, plombering, plomb; ***put the ~ of one's approval on a th.*** bildl. sanktionera ngt **II** *vb tr* **1** sätta sigill på (under) [*~ a document*]; ***~ down*** el. ~ försegla, klistra (lacka) igen [*~ a letter*] **2** besegla [*his fate is sealed*]; avgöra [*this sealed his fate*] **3** tillsluta, försluta; täta; klistra igen [*~ up a window*]; ***~ off*** spärra av
sea level ['si:ˌlevl] *s* vattenstånd i havet; ***above ~*** över havet (havsytan)
sealing-wax ['si:lɪŋwæks] *s* sigillack, lack; ***stick of ~*** lackstång
sea lion ['si:ˌlaɪən] *s* sjölejon
sealskin ['si:lskɪn] *s* sälskinn
seam [si:m] **I** *s* **1** söm; ***burst at the ~s*** spricka (gå upp) i sömmarna; ***split at the ~*** spricka (gå upp) i sömmen **2** fog, skarv **II** *vb tr* **1** förse med en söm **2** ***seamed*** fårad [*a face seamed with* (av) *care*]
seaman ['si:mən] (pl. *seamen* ['si:mən]) *s* sjöman
seamanlike ['si:mənlaɪk] *adj* sjömansmässig; sjömans-
seamanship ['si:mənʃɪp] *s* sjömanskap
seamark ['si:mɑ:k] *s* **1** sjömärke **2** högvattenlinje
sea mile ['si:maɪl] *s* sjömil, nautisk mil
seamstress ['semstrəs] *s* sömmerska
seamy ['si:mɪ] *adj, **~ side*** avigsida av plagg; bildl. skuggsida [*the ~ side of life*]
seance ['seɪɑ:ns] *s* seans
sea nymph ['si:nɪmf] *s* havsnymf
seaplane ['si:pleɪn] *s* sjöflygplan
seaport ['si:pɔ:t] *s* hamnstad, sjöstad
search [sɜ:tʃ] **I** *vb tr* o. *vb itr* **1** söka (leta) igenom; leta (söka) i [*for* efter]; visitera [*~ a ship*], kroppsvisitera **2** söka, leta, spana [*for* efter] **II** *s* sökande, letande, spaning [*for, after* efter], genomsökning; kroppsvisitation; ***people in ~ of adventure*** folk som söker äventyr
searching ['sɜ:tʃɪŋ] **I** *adj* **1** forskande, spanande [*a ~ look*] **2** ingående [*a ~ test*] **II** *s* sökande, letande
searchlight ['sɜ:tʃlaɪt] *s* strålkastare, strålkastarljus, sökarljus
search party ['sɜ:tʃˌpɑ:tɪ] *s* spaningspatrull
search warrant ['sɜ:tʃˌwɒr(ə)nt] *s* husrannsakningsorder
seashell ['si:ʃel] *s* snäckskal, musselskal
seashore ['si:ʃɔ:] *s* havsstrand
seasick ['si:sɪk] *adj* sjösjuk
seasickness ['si:ˌsɪknəs] *s* sjösjuka
seaside ['si:saɪd, ˌsi:'saɪd] *s* **1** kust; ***go to the ~ for one's holidays*** fara till kusten (en badort) på semestern **2** attributivt kust- [*~ town*]; strand-; ***~ place (resort)*** badort
season ['si:zn] **I** *s* **1** årstid [*the four ~s*]; ***the rainy ~*** regntiden i tropikerna **2** säsong;

oysters are in (***out of***) ~ det är (är inte) säsong för ostron, det är (är inte) ostrontid **3** ***Christmas*** ~ julhelgen, jultiden; ***season's greetings*** jul- och nyårshälsningar **II** *vb tr* **1** låta mogna; ***a seasoned pipe*** en inrökt pipa **2** krydda [*~food*]; smaksätta, salta och peppra; ***highly seasoned*** starkt kryddad

seasonal ['si:z(ə)nl] *adj* säsong- [*~ work*], säsongbetonad [*~ trade*]

seasoning ['si:zənɪŋ] *s* krydda, smaktillsats; kryddning, smaksättning

season ticket ['si:zn,tɪkɪt] *s* abonnemangskort; ***monthly*** ~ månadskort

seat [si:t] **I** *s* **1** sittplats; stol, bänk; säte; plats; biljett [*book four ~s for* (till) *'Hamlet'*]; ~ ***reservation*** sittplatsbeställning; sittplats; ***keep one's*** ~ sitta kvar; ***take a*** ~ sätta sig, sitta ned; ***take one's*** ~ inta sin plats; ***this*** ~ ***is taken*** den här platsen är upptagen **2** sits på möbel **3** bak, stuss; ***the*** ~ ***of the trousers*** (***pants***) byxbaken **4** plats, mandat

II *vb tr* **1** sätta, placera, låta sitta; ta plats, sätta sig [*please be seated!*] **2** ha plats för, rymma

seat belt ['si:tbelt] *s* säkerhetsbälte, bilbälte

seated ['si:tɪd] *perf p* o. *adj* **1** sittande [*~ on a chair*] **2** belägen **3** i sammansättningar -sitsig [*a two-seated plane*]

seater ['si:tə] *s* i sammansättningar -sitsigt fordon [*two-seater*]

seaward ['si:wəd] *adv* o. **seawards** ['si:wədz] *adv* mot havet

seaweed ['si:wi:d] *s* alg, alger, tång

seaworthy ['si:,wɜ:ðɪ] *adj* sjöduglig, sjövärdig

secateurs [,sekə'tɜ:z] *s pl* sekatör, trädgårdssax; ***a pair of*** ~ en sekatör (trädgårdssax)

secluded [sɪ'klu:dɪd] *adj* avskild, avsides belägen

seclusion [sɪ'klu:ʒ(ə)n] *s* avskildhet, tillbakadragenhet

1 second ['sek(ə)nd] **I** *adj* o. *räkn* andra, andre; andra-; ***in the*** ~ ***place*** i andra rummet (hand), för det andra; ***be*** ~ ***in command*** ha näst högsta befälet; ***be*** ~ ***to none*** inte stå någon efter **II** *adv* **1** näst [*the ~ largest thing*] **2** andra klass [*travel ~*] **3** ***come*** (***finish***) ~ komma (bli) tvåa **III** *s* **1** sport. tvåa; andraplacering **2** sekundant [*~ in a duel*]; boxn. sekond **IV** *vb tr* **1** understödja, ansluta sig till [*~ a proposal*] **2** vara sekundant (boxn. sekond) åt

2 second ['sek(ə)nd] *s* sekund; ögonblick; ~ ***hand*** sekundvisare; för ex. jfr *2 minute 1*

secondary ['sekəndrɪ] *adj* sekundär; underordnad [*of ~ importance*]; ~ ***school*** sekundärskola mellan- och högstadieskola samt gymnasieskola för åldrarna 11-18

second-best [,sek(ə)nd'best] **I** *adj* näst bäst [*my ~ suit*] **II** *adv* näst bäst; ***come off*** ~ dra det kortaste strået

second-class [,sek(ə)nd'klɑ:s] *adj* andraklass-; andra klassens [*a ~ hotel*]

second-hand [,sek(ə)nd'hænd] **I** *adj* begagnad [*~ clothes*]; andrahands- [*~ information*]; ~ ***bookshop*** antikvariat **II** *adv* i andra hand [*get news ~*]

secondly ['sek(ə)ndlɪ] *adv* för det andra

second-rate [,sek(ə)nd'reɪt] *adj* andra klassens, medelmåttig

secrecy ['si:krəsɪ] *s* **1** sekretess **2** hemlighetsfullhet; ***in*** ~ i hemlighet (tysthet)

secret ['si:krət] **I** *adj* hemlig; lönn- [*~ door*]; dold [*a ~ place*]; ~ ***service*** polit. underrättelsetjänst, hemligt underrättelseväsen **II** *s* hemlighet; ***keep a th. a*** ~ ***from a p.*** hålla ngt hemligt för ngn; ***let a p. into a*** ~ inviga ngn i en hemlighet

secretarial [,sekrə'teərɪəl] *adj* sekreterar- [*~ work*]

secretariat [,sekrə'teərɪət] *s* sekretariat

secretary ['sekrətrɪ] *s* **1** sekreterare **2** polit. minister

secretary-general [,sekrətrɪ'dʒenər(ə)l] (pl. *secretaries-general*) *s* generalsekreterare

secrete [sɪ'kri:t] *vb tr* avsöndra, utsöndra

secretion [sɪ'kri:ʃ(ə)n] *s* avsöndring, utsöndring, sekretion; sekret

secretive ['si:krətɪv] *adj* hemlighetsfull

secretly ['si:krətlɪ] *adv* hemligt, i hemlighet, i tysthet

sect [sekt] *s* relig. m.m. sekt

section ['sekʃ(ə)n] *s* **1** del, avdelning; avsnitt; paragraf; sektion, stycke, bit; ***the sports*** ~ ***of*** [***a newspaper***] sportsidorna i... **2** område, sektor [*the industrial ~ of a country*]

sector ['sektə] *s* sektor

secular ['sekjʊlə] *adj* världslig; utomkyrklig

secularism ['sekjʊlərɪz(ə)m] *s* sekularism

secure [sɪ'kjʊə] **I** *adj* **1** säker, trygg, skyddad [*from, against* för, emot]; tryggad, säkrad [*a ~ future*] **2** i säkert förvar, i säkerhet **II** *vb tr* **1** befästa; säkra, säkerställa, trygga, skydda **2** säkra, göra fast [*~ the doors*]; binda, binda fast [*~ a prisoner*]; fästa **3** försäkra sig om, skaffa, lyckas skaffa sig

security [sɪ'kjʊərətɪ] *s* **1 a)** trygghet [*the child lacks ~*]; säkerhet **b)** attributivt säkerhets- [*~ risk*]; ***the Security Council*** säkerhetsrådet i FN; ***~ precautions*** säkerhetsanordningar, säkerhetsåtgärder **2** hand. säkerhet, borgen [*lend money on* (mot) *~*] **3** värdepapper; ***government ~*** statsobligation

sedate [sɪ'deɪt] *adj* stillsam, sansad; stadig

sedative ['sedətɪv] *s* lugnande medel

sedentary ['sedntərɪ] *adj* stillasittande [*a ~ life*]

sediment ['sedɪmənt] *s* sediment, avlagring, fällning, bottensats

seduce [sɪ'dju:s] *vb tr* förföra

seducer [sɪ'dju:sə] *s* förförare

seductive [sɪ'dʌktɪv] *adj* förförisk

1 see [si:] *s* stift; biskopssäte

2 see [si:] (*saw seen*) *vb tr* o. *vb itr* **1** se; se (titta) på; se (titta) efter [*I'll ~ who it is*], kolla; se till, ordna; ***we'll ~*** vi får väl se; ***~ you don't fall!*** se till (akta dig så) att du inte faller!; ***nobody was to be seen*** ingen syntes till □ ~ **about** sköta om, ta hand om; ***we'll ~ about that*** det sköter vi om; det får vi allt se, det ska vi nog bli två om; ~ **from** se i (av, på) [*I ~ from the letter that...*]; ~ **into** titta närmare på, undersöka; ~ **over** se på, inspektera; ~ **through** a) genomskåda b) slutföra; ***this will ~ you through*** på det här klarar du dig; ~ **to** ta hand om, sköta, ordna; ***~ to it that...*** se till att... **2** förstå, inse, se [*I can't ~ the use of it*]; ***oh, I ~*** å, jag förstår, jaså; ***I was there, you ~*** jag var där förstår (ser) du **3** hälsa på, besöka; gå till, söka [*you must ~ a doctor about* (för) *it*]; ***I'm seeing him tonight*** jag ska träffa honom i kväll; ***I'll be seeing you!*** el. ***~ you later!*** vard. vi ses!, hej så länge! **4** följa [*he saw me home*]; ***~ a p. off*** vinka (följa) av ngn

seed [si:d] **I** *s* **1** frö; pl. ***~s*** frö, utsäde, säd [*a packet of ~s*] **2** kärna [*raisin ~s*] **3** sport. seedad spelare; ***he is No. 1 ~*** han är seedad som etta **II** *vb tr* **1** beså, så **2** kärna ur [*~ raisins*] **3** sport. seeda

seedcake ['si:dkeɪk] *s* sockerkaka med kummin

seedless ['si:dləs] *adj* kärnfri [*~ raisins*]

seedy ['si:dɪ] *adj* **1** vard. sjaskig, sjabbig **2** vard. krasslig

seeing ['si:ɪŋ] **I** *s* **1** seende; ***~ is believing*** att se är att tro **2** syn **II** *adj* o. *pres p* seende; ***worth ~*** värd att se, sevärd **III** *konj*, ***~ that*** el. ~ eftersom, med tanke på att

seek [si:k] (*sought sought*) *vb tr* o. *vb itr* **1** söka [*~ one's fortune*]; sträva efter [*~ fame*]; ***~ a p.'s advice*** söka råd hos ngn; ***~ out a p.*** söka upp ngn; ***~ for*** söka, söka efter; ***be sought after*** vara eftersökt **2** söka sig till, uppsöka [*~ the shade*] **3** ***~ to do a th.*** försöka göra ngt

seem [si:m] *vb itr* verka, tyckas, förefalla, se ut [*it isn't as easy as it ~s*]; verka vara; ***~ to*** tyckas [*he ~s to know everybody*], verka, förefalla; ***it ~s that no one knew*** ingen tycktes veta; ***it would ~ that*** det kunde tyckas att; ***it ~s to me that*** jag tycker nog att; ***so it ~s*** det verkar så, det ser så ut

seeming ['si:mɪŋ] *adj* skenbar, låtsad

seemingly ['si:mɪŋlɪ] *adv* till synes; tydligen

seemly ['si:mlɪ] *adj* passande, tillbörlig

seen [si:n] se *2 see*

seesaw ['si:sɔ:] **I** *s* gungbräde **II** *adj* vacklande [*~ policy*] **III** *vb itr* **1** gunga gungbräde; gunga upp och ned **2** bildl. svänga fram och tillbaka

seethe [si:ð] *vb itr* sjuda, koka

see-through ['si:θru:] *adj* genomskinlig [*a ~ blouse*]

segment ['segmənt] *s* segment [*~ of a circle*]; klyfta [*orange ~*]; del

segregate ['segrɪgeɪt] *vb tr* skilja åt, segregera; genomföra rassegregation mellan

segregation [ˌsegrɪ'geɪʃ(ə)n] *s* åtskiljande, segregation; ***racial ~*** rassegregation, rasåtskillnad

seismograph ['saɪzməgrɑ:f] *s* seismograf

seismological [ˌsaɪzmə'lɒdʒɪk(ə)l] *adj* seismologisk

seize [si:z] *vb tr* o. *vb itr* **1** gripa, fatta [*~ a p.'s hand*], ta tag i; ta fast, fånga; ***be seized with apoplexy*** drabbas av ett slaganfall **2** bemäktiga sig [*~ the throne*], inta, erövra [*~ a fortress*] **3** ta i beslag, beslagta [*~ smuggled goods*] **4** ***~ on*** gripa tag i; nappa på [~ *on an offer*] **5** ~ ***up*** el. ~ om motor skära ihop

seizure ['si:ʒə] *s* **1** gripande **2** beslagtagande

seldom ['seldəm] *adv* sällan

select [sə'lekt] **I** *adj* vald [~ *passages from Milton*]; utvald; utsökt, exklusiv [*a ~ club*] **II** *vb tr* välja, välja ut; ***selected poems*** valda dikter

selection [sə'lekʃ(ə)n] *s* **1** utväljande, val; uttagning **2** urval; sortiment **3** ***~s from Shakespeare*** Shakespeare i urval

selenium [sɪ'li:njəm] *s* kem. selen

self [self] (pl. *selves* [selvz]) *s* o. *pron* **1** jag [*he showed his true ~*] **2** hand., ***pay*** ~ betala till mig själv; ***cheque drawn to*** ~ check ställd till egen order

self-adhesive [ˌselfəd'hi:sɪv] *adj* självhäftande

self-assured [ˌselfə'ʃʊəd] *adj* självsäker

self-centred [ˌself'sentəd] *adj* självupptagen, egocentrisk

self-confidence [ˌself'kɒnfɪdəns] *s* självförtroende, självtillit

self-confident [ˌself'kɒnfɪd(ə)nt] *adj* full av självförtroende; självsäker

self-conscious [ˌself'kɒnʃəs] *adj* generad, förlägen, osäker

self-contained [ˌselfkən'teɪnd] *adj* komplett; självständig

self-control [ˌselfkən'trəʊl] *s* självbehärskning

self-defence [ˌselfdɪ'fens] *s* självförsvar

self-drive [ˌself'draɪv] *adj*, ~ ***car hire*** biluthyrning

self-evident [ˌself'evɪd(ə)nt] *adj* självklar

self-explanatory [ˌselfɪk'splænətrɪ] *adj* självförklarande, självklar

self-important [ˌselfɪm'pɔ:t(ə)nt] *adj* viktig, dryg

self-indulgent [ˌselfɪn'dʌldʒ(ə)nt] *adj* njutningslysten

self-inflicted [ˌselfɪn'flɪktɪd] *adj* självförvållad

self-interest [ˌself'ɪntrəst] *s* egennytta

selfish ['selfɪʃ] *adj* självisk, egoistisk

self-made [ˌself'meɪd, attributivt 'selfmeɪd] *adj* selfmade, som själv har arbetat sig upp

self-pity [ˌself'pɪtɪ] *s* självömkan

self-possessed [ˌselfpə'zest] *adj* behärskad, lugn

self-preservation ['selfˌprezə'veɪʃ(ə)n] *s*, ***instinct of*** ~ självbevarelsedrift

self-raising [ˌself'reɪzɪŋ] *adj* självjäsande; ~ ***flour*** mjöl blandat med bakpulver

self-respect [ˌselfrɪ'spekt] *s* självaktning

self-respecting [ˌselfrɪ'spektɪŋ] *adj* med självaktning [*no ~ man*]

self-righteous [ˌself'raɪtʃəs] *adj* självgod

self-rule [ˌself'ru:l] *s* självstyre

self-sacrifice [ˌself'sækrɪfaɪs] *s* självuppoffring

selfsame ['selfseɪm] *adj*, ***the*** ~ precis samma

self-satisfied [ˌself'sætɪsfaɪd] *adj* självbelåten

self-service [ˌself'sɜ:vɪs] *s* självbetjäning, självservering; ~ ***store*** el. ~ snabbköp, självbetjäningsaffär

self-sufficient [ˌselfsə'fɪʃ(ə)nt] *adj* **1** självförsörjande **2** självtillräcklig

self-supporting [ˌselfsə'pɔ:tɪŋ] *adj* självförsörjande

self-taught [ˌself'tɔ:t] *adj* självlärd

self-timer [ˌself'taɪmə] *s* foto. självutlösare

self-willed [ˌself'wɪld] *adj* egensinnig

sell [sel] (*sold sold*) *vb tr* o. *vb itr* **1** sälja; föra, ha [*this shop ~s my favourite brand*] **2** säljas, gå [*at, for* för]; ~ ***like hot cakes*** gå åt som smör i solsken □ ~ **off** realisera bort, slumpa bort; ~ **out**: ***the book is sold out*** boken är utsåld (slutsåld)

seller ['selə] *s* säljare; i sammansättningar -handlare [*bookseller*]

selves [selvz] *s* se *self*

semantic [sɪ'mæntɪk] *adj* semantisk

semaphore ['seməfɔ:] **I** *s* **1** semafor **2** semaforering **II** *vb tr* o. *vb itr* semaforera

semblance ['sembləns] *s* sken; tillstymmelse

semen ['si:mən] *s* sädesvätska

semester [sə'mestə] *s* univ. el. skol. (i USA) termin

semicircle ['semɪˌsɜ:kl] *s* halvcirkel

semicircular [ˌsemɪ'sɜ:kjʊlə] *adj* halvcirkelformig

semicolon [ˌsemɪ'kəʊlən] *s* semikolon

semidetached [ˌsemɪdɪ'tætʃt] *adj* om hus sammanbyggd på en sida; ***a ~ house*** ena hälften av ett parhus, en parvilla

semifinal [ˌsemɪ'faɪnl] *s* semifinal

semifinalist [ˌsemɪ'faɪnəlɪst] *s* semifinalist

seminar ['semɪnɑ:] *s* univ. seminarium

semiprecious [ˌsemɪ'preʃəs] *adj*, ~ ***stone*** halvädelsten

Semitic [sɪ'mɪtɪk] *adj* semitisk

semitropical [ˌsemɪ'trɒpɪk(ə)l] *adj* subtropisk

semolina [ˌseməˈliːnə] *s* semolinagryn; mannagryn
senate [ˈsenət] *s* senat
senator [ˈsenətə] *s* senator
send [send] (*sent sent*) *vb tr* o. *vb itr* **1** sända, skicka; ***the rain sent them hurrying home*** regnet fick (tvingade) dem att skynda sig hem; ~ ***word*** låta meddela; ~ ***for*** skicka efter [~ *for a doctor*], hämta; rekvirera **2** göra [~ *a p. mad*] □ ~ **off a)** avsända [~ *off a letter*], expediera **b)** sport. utvisa [~ *a player off*] **c)** ~ ***a p. off*** ta farväl av (vinka av) ngn; ~ **on** sända (skicka) vidare, eftersända; ~ **round** *to a p.* skicka över till ngn; ~ **up** a) sända (skicka) upp (ut) [~ *up a rocket*] b) driva (pressa) upp [~ *prices up*]
sender [ˈsendə] *s* avsändare
senile [ˈsiːnaɪl] *adj* senil, ålderdomssvag
senility [səˈnɪlətɪ] *s* senilitet, ålderdomssvaghet
senior [ˈsiːnjə] **I** *adj* äldre äv. i t.ex. tjänsten [*to* än]; den äldre, senior [*John Smith, Senior*]; högre i rang; överordnad; ~ ***citizen*** pensionär **II** *s* äldre i tjänsten; äldre medlem
seniority [ˌsiːnɪˈɒrətɪ] *s* anciennitet, tjänsteålder [*by* (efter) ~]
senna [ˈsenə] *s* senna, sennablad
sensation [senˈseɪʃ(ə)n] *s* **1** förnimmelse, känsla [*a* ~ *of cold*] **2** ***cause*** (***create***) ***a great*** ~ väcka stort uppseende
sensational [senˈseɪʃ(ə)nl] *adj* sensationell, uppseendeväckande
sensationalism [senˈseɪʃənəlɪz(ə)m] *s* sensationsmakeri, sensationalism
sense [sens] **I** *s* **1** sinne [*the five ~s*]; ***the ~ of hearing*** hörselsinnet; ***a sixth*** ~ ett sjätte sinne; ***no man in his*** (***nobody in their***) ***~s*** ingen vettig människa; ***are you out of your ~s?*** är du från vettet?; ***come to one's ~s*** komma till besinning; återfå medvetandet **2** känsla [*of* av, för]; ~ ***of humour*** sinne för humor **3** vett, förstånd; ***common*** ~ sunt förnuft; [***he ought to have had***] ***more*** ~ ...bättre förstånd; ***there is no ~ in waiting*** det är ingen mening att vänta **4** betydelse, bemärkelse; ***it does not make*** ~ jag fattar det inte; det stämmer inte; ***in a*** (***the***) ***strict*** (***proper***) ~ i egentlig mening (betydelse) **II** *vb tr* känna, ha på känn
senseless [ˈsensləs] *adj* **1** meningslös **2** sanslös, medvetslös
sensibility [ˌsensəˈbɪlətɪ] *s* känslighet [*to* för], sensibilitet
sensible [ˈsensəbl] *adj* **1** förståndig, förnuftig, klok, vettig [~ *shoes*] **2** medveten [*of* om; *that* om att]
sensitive [ˈsensətɪv] *adj* känslig [*to* för]; ömtålig [*a* ~ *skin*]; sensibel
sensitivity [ˌsensəˈtɪvətɪ] *s* känslighet, sensibilitet; ~ ***training*** sensitivitetsträning
sensual [ˈsensjʊəl] *adj* sensuell [~ *lips*]
sensuality [ˌsensjʊˈælətɪ] *s* sensualitet
sensuous [ˈsensjʊəs] *adj* sinnes- [~ *impressions*], känslig
sent [sent] se *send*
sentence [ˈsentəns] **I** *s* **1** jur. dom; ***serve one's*** ~ avtjäna sitt straff; ***under ~ of death*** dödsdömd **2** gram. mening; sats **II** *vb tr* döma [*to* till]
sentiment [ˈsentɪmənt] *s* **1** känsla; känslosamhet **2** pl. ***~s*** uppfattning, mening
sentimental [ˌsentɪˈmentl] *adj* sentimental, känslosam; ~ ***value*** affektionsvärde
sentimentalist [ˌsentɪˈmentəlɪst] *s* sentimentalist
sentimentality [ˌsentɪmenˈtælətɪ] *s* sentimentalitet
sentinel [ˈsentɪnl] *s* vaktpost
sentry [ˈsentrɪ] *s* vaktpost; ***stand*** (***be on***) ~ stå på vakt
sentry box [ˈsentrɪbɒks] *s* vaktkur
separate [adjektiv ˈseprət, verb ˈsepəreɪt] **I** *adj* skild [*from* från], avskild, enskild, särskild [*each* ~ *case*], separat **II** *vb tr* o. *vb itr* skilja, skilja åt; avskilja, särskilja; separera; sära på; skiljas, skiljas åt
separately [ˈseprətlɪ] *adv* separat; var för sig
separation [ˌsepəˈreɪʃ(ə)n] *s* **1** skiljande [*from* från], frånskiljande, särskiljande, separering **2** ***judicial*** (***legal***) ~ el. ~ av domstol ådömd hemskillnad
September [sepˈtembə] *s* september
septic [ˈseptɪk] *adj* septisk, infekterad
sequel [ˈsiːkw(ə)l] *s* **1** följd, resultat [*to* av] **2** fortsättning [*to* på]
sequence [ˈsiːkwəns] *s* ordningsföljd, ordning, följd [*in rapid* ~], räcka, serie
sequin [ˈsiːkwɪn] *s* paljett
Serb [sɜːb] **I** *adj* serbisk **II** *s* **1** serb **2** serbiska
Serbia [ˈsɜːbjə] Serbien
Serbian [ˈsɜːbjən] *s* o. *adj* se *Serb*

serenade [ˌserəˈneɪd] **I** *s* serenad **II** *vb tr* o. *vb itr* ge serenad för; ge serenad
serene [səˈriːn] *adj* lugn [~ *look*], fridfull
serenity [səˈrenətɪ] *s* lugn, fridfullhet
serf [sɜːf] *s* livegen, träl
serfdom [ˈsɜːfdəm] *s* livegenskap, träldom
serge [sɜːdʒ] *s* cheviot [*blue* ~]
sergeant [ˈsɑːdʒ(ə)nt] *s* **1** mil. sergeant inom armén el. flyget; amer. furir inom armén, korpral inom flyget; ~ ***major*** fanjunkare; ***flight*** ~ fanjunkare inom flyget **2** ***police*** ~ ungefär polisassistent
serial [ˈsɪərɪəl] **I** *adj* **1** i serie; ~ ***number*** serienummer **2** serie-; som publiceras häftesvis; ~ ***story*** följetong **II** *s* följetong; serie i t.ex. radio
serialize [ˈsɪərɪəlaɪz] *vb tr* publicera som följetong; sända (ge) som en serie
series [ˈsɪəriːz] (pl. lika) *s* serie, rad, räcka
serious [ˈsɪərɪəs] *adj* allvarlig [*a* ~ *attempt*], allvarsam; seriös; verklig; ***are you ~?*** menar du allvar?
seriously [ˈsɪərɪəslɪ] *adv* allvarligt; ***quite*** ~ på fullt allvar; ***take*** ~ ta på allvar
serious-minded [ˈsɪərɪəsˌmaɪndɪd] *adj* allvarligt sinnad
seriousness [ˈsɪərɪəsnəs] *s* allvar, allvarlighet; ***in all*** ~ på fullt allvar
sermon [ˈsɜːmən] *s* predikan
serpent [ˈsɜːp(ə)nt] *s* orm
serrated [səˈreɪtɪd] *adj* sågtandad [~ *edge*]
serum [ˈsɪərəm] *s* serum
servant [ˈsɜːv(ə)nt] *s* **1** tjänare; pl. ***~s*** äv. tjänstefolk; ***domestic*** ~ hembiträde, tjänsteflicka; betjänt **2** ***civil*** ~ statstjänsteman, tjänsteman inom civilförvaltningen
servant girl [ˈsɜːv(ə)ntgɜːl] *s* tjänsteflicka, hembiträde
serve [sɜːv] **I** *vb tr* o. *vb itr* **1** tjäna **2** servera; ***dinner is served*** middagen är serverad; [***refreshments***] ***were served*** det bjöds på...; ***are you being served?*** på restaurang är det beställt?; ~ ***at table*** servera; ***serving hatch*** serveringslucka **3** expediera; vara expedit; ***are you being served?*** är det tillsagt? **4** förse, försörja **5** duga till (åt), passa; ~ (***it ~s***) ***you right!*** rätt åt dig!, där fick du! **6** ~ ***one's sentence*** el. ~ ***time*** avtjäna sitt straff, sitta i fängelse **7** sport. serva **8** tjänstgöra, tjäna, göra tjänst; ~ ***on*** [***a committee*** (***jury***)] vara medlem i (av)..., sitta i... **9** fungera, duga, passa, tjäna [*as, for* som, till] **II** *s* sport. serve
service [ˈsɜːvɪs] **I** *s* **1** tjänst, tjänstgöring; ***On His*** (***Her***) ***Majesty's Service*** påskrift tjänste; ***military*** ~ militärtjänst **2** ***health*** ~ hälsovård; ***the postal ~s*** postväsendet; ***social ~s*** socialvård, socialvården **3** regelbunden översyn, service [*take the car in for* ~] **4 a)** servering, betjäning, service [*the* ~ *was poor*]; ~ ***charge*** el. ~ serveringsavgift, betjäningsavgift **b)** servis [*dinner-service*] **5** tjänst [*you have done me a* ~]; hjälp; nytta [*it may be of* (till) *great* ~ *to you*] **6** trafik. förbindelse, linje; ***air ~s*** trafikflyg; ***postal*** ~ postförbindelse **7** kyrkl. gudstjänst, mässa [äv. *divine* ~]; förrättning, akt **8** sport. serve **II** *vb tr* ta in för service [~ *a car*]
serviceable [ˈsɜːvɪsəbl] *adj* **1** användbar, brukbar **2** slitstark, hållbar
serviceman [ˈsɜːvɪsmən] (pl. *servicemen* [ˈsɜːvɪsmən]) *s* militär
serviette [ˌsɜːvɪˈet] *s* servett
servile [ˈsɜːvaɪl] *adj* **1** servil, krypande **2** slavisk [~ *obedience*]
servitude [ˈsɜːvɪtjuːd] *s* **1** träldom, slaveri **2** ***penal*** ~ straffarbete; fängelse
servo-assisted [ˌsɜːvəʊəˈsɪstɪd] *adj*, ~ ***brake*** servobroms
session [ˈseʃ(ə)n] *s* session, sammanträde; sammankomst
set [set] **I** (*set set*) *vb tr* o. *vb itr* **1** sätta, ställa, lägga; infatta [~ *in gold*]; bestämma, fastställa; förelägga, ge [~ *a p. a task*] **2** teat. m.m., ***the scene is ~ in France*** scenen är förlagd till Frankrike **3** mus., ~ ***a th. to music*** sätta musik till ngt, tonsätta ngt **4** med. återföra i rätt läge [~ *a broken bone*] **5** om himlakropp gå ner [*the sun ~s at 8*] **6** stelna [*the jelly has not ~ yet*], hårdna □ ~ **about** a) ta itu med [~ *about a task*] b) vard. gå lös på; ~ **aside** a) lägga undan, sätta av, anslå [*for* till, för] b) bortse från; ***setting aside...*** bortsett från...; ~ **down** a) sätta ner b) skriva upp (ner); ~ **in** börja, inträda, falla på [*darkness ~ in*]; ~ **off** a) ge sig i väg (ut) [~ *off on a journey*], starta, avresa [*for* till] b) framkalla [*the explosion was ~ off by...*] c) sätta i gång, starta, utlösa [~ *off a chain reaction*] d) framhäva [*the white dress ~ off her suntan*]; ~ **out** ge sig av (ut, i väg) [~ *out on a journey*], starta, avresa [*for* till]; ~ **to** hugga i; ~ ***to work*** sätta i gång; ~ **up** a) sätta (ställa) upp, resa [~ *up a ladder*]; slå upp [~ *up a tent*] b) upprätta [~ *up an institution*], anlägga

[~ *up a factory*], grunda, inrätta; införa [~ *up a new system*]; tillsätta [~ *up a committee*] c) etablera sig
II *perf p* o. *adj* **1** fast, fastställd [~ *price*]; bestämd [~ *rules*]; ***a ~ phrase*** en stående fras, ett talesätt **2** belägen [*a town ~ on a hill*] **3** ***be ~ on*** vara fast besluten; ha slagit in på [*he is ~ on a dangerous course*] **4** vard. klar, färdig; ***all ~*** allt klart; ***get ~!*** sport. färdiga! [*on your marks! get ~! go!*]
III *s* **1** uppsättning [*a ~ of golf clubs*], sats; uppsats, saker [*toilet-set*]; omgång, sätt [*a ~ of underwear*]; servis [*tea set*]; serie [*a ~ of lectures*]; ***a chess ~*** ett schackspel **2** grupp; krets, kotteri, klick **3** apparat [*radio (TV) ~*] **4** i tennis set

setback ['setbæk] *s* bakslag, motgång

set piece [ˌset'pi:s] *s* **1** teat. kuliss **2** sport. fast situation

set point ['setpɔɪnt] *s* setboll i tennis

set square ['setskweə] *s* vinkelhake för ritare

settee [se'ti:] *s* soffa

setting ['setɪŋ] *s* **1** sättande, sättning, ställande **2** infattning för t.ex. ädelstenar **3** a) iscensättning, uppsättning b) bildl. ram, inramning [*a beautiful ~ for the procession*]; miljö, omgivning **4** mus. tonsättning **5** himlakropps nedgång [*the ~ of the sun*]

setting lotion ['setɪŋˌləʊʃ(ə)n] *s* läggningsvätska

settle ['setl] *vb tr* o. *vb itr* **1** sätta (lägga) till rätta; installera **2** kolonisera, slå sig ner i **3** avgöra [*that ~s the matter*]; göra slut på [~ *a quarrel*]; ordna, klara upp; ***~ a conflict*** lösa en konflikt; ***~ a dispute*** avgöra en tvist **4** betala, göra upp **5** fastställa, avtala, bestämma [~ *a date (day)*]; bestämma sig [*on* för] **6** bosätta sig, slå sig ner, sätta sig till rätta [ofta ~ *down*]; ***marry and ~ down*** gifta sig och slå sig till ro; ***he is settling down to his new job*** han börjar komma in i sitt nya arbete **7** om väder stabilisera sig

settled ['setld] *adj* **1** avgjord, bestämd, uppgjord; på räkning betalt **2** fast, stadgad, stadig; om väder lugn och vacker **3** bebodd, bebyggd [*a thinly* (glest) *~ area*]

settlement ['setlmənt] *s* **1** avgörande, uppgörelse; lösning av en konflikt; biläggande av en tvist; förlikning **2** fastställande; överenskommelse, avtal **3** betalning **4** bosättning, bebyggelse, kolonisering

settler ['setlə] *s* nybyggare, kolonist

set-up ['setʌp] *s* uppbyggnad, struktur, organisation; situation

seven ['sevn] **I** *räkn* sju **II** *s* sjua

seventeen [ˌsevn'ti:n] *räkn* o. *s* sjutton

seventeenth [ˌsevn'ti:nθ] *räkn* o. *s* sjuttonde; sjuttondel

seventh ['sevnθ] *räkn* o. *s* sjunde; sjundedel

seventieth ['sevntɪɪθ] *räkn* o. *s* sjuttionde; sjuttiondel

seventy ['sevntɪ] **I** *räkn* sjuttio **II** *s* sjuttio; sjuttiotal; ***in the seventies*** på sjuttiotalet

sever ['sevə] *vb tr* avskilja; hugga (rycka, bryta) av

several ['sevr(ə)l] *adj* o. *pron* flera, åtskilliga

severe [sɪ'vɪə] *adj* sträng; hård, svår; bister

severely [sɪ'vɪəlɪ] *adv* strängt, hårt; ***~ wounded*** svårt sårad

severity [sə'verətɪ] *s* stränghet, hårdhet; ***the ~ of the winter*** [***in Canada***] den stränga vintern...

Seville [sə'vɪl] Sevilla; ***~ orange*** pomerans

sew [səʊ] (imperfekt *sewed*; perfekt particip *sewn* el. *sewed*) *vb tr* o. *vb itr* sy; ***~ on*** sy fast (i); ***~ up*** sy till; sy ihop (igen)

sewer ['su:ə, 'sjʊə] *s* kloak, avloppsledning

sewing ['səʊɪŋ] *s* sömnad, sömnadsarbete

sewing-machine ['səʊɪŋməˌʃi:n] *s* symaskin

sewing-needle ['səʊɪŋˌni:dl] *s* synål

sewn [səʊn] se *sew*

sex [seks] *s* **1** kön; ***the fair ~*** det täcka könet **2** sex, erotik; ***have ~*** älska, ligga med varandra **3** attributivt köns- [~ *hormone*], sexuell, sex-; ***~ appeal*** sex appeal; ***~ equality*** jämställdhet mellan könen; ***~ maniac*** sexgalning

sexism ['seksɪz(ə)m] *s* sexism, könsdiskriminering

sex-starved ['seksstɑ:vd] *adj* sexuellt utsvulten, sexhungrig

sexual ['seksjʊəl] *adj* sexuell; ***~ desire*** könsdrift; ***~ intercourse*** samlag; ***~ organs*** könsorgan

sexuality [ˌseksjʊ'ælətɪ] *s* sexualitet

sexy ['seksɪ] *adj* vard. sexig

sh [ʃ:] *interj* sch!, hysch!

shabby ['ʃæbɪ] *adj* sjabbig, sjaskig; tarvlig

shack [ʃæk] *s* timmerkoja, hydda

shackle ['ʃækl] *s*, pl. ***~s*** bojor, fjättrar

shade [ʃeɪd] **I** *s* **1** skugga [*30° in the ~*];

throw (***put***) ***into the ~*** bildl. ställa i skuggan **2** nyans; färgton **3** aning, smula [*I am a ~ better today*] **4** skärm [*lampshade*] **II** *vb tr* skugga, skugga för

shadow ['ʃædəʊ] **I** *s* skugga [*the ~ of a man against* (på) *the wall*]; ~ ***boxing*** skuggboxning; ~ ***cabinet*** oppositionens skuggkabinett, skuggregering; ***without*** (***beyond***) ***a ~ of doubt*** utan skuggan av ett tvivel **II** *vb tr* skugga [*the detective shadowed him*]

shadowy ['ʃædəʊɪ] *adj* **1** skuggig **2** skugglik, overklig

shady ['ʃeɪdɪ] *adj* **1** skuggig; skuggande [*a ~ tree*] **2** vard. skum [*a ~ customer* (figur)]

shaft [ʃɑ:ft] *s* **1** skaft på spjut, vissa verktyg m.m. **2** schakt i gruva m.m.; trumma [*lift ~*]; ~ el. ***ventilating ~*** lufttrumma

shaggy ['ʃægɪ] *adj* raggig, lurvig; buskig

shah [ʃɑ:] *s* shah, schah

shake [ʃeɪk] **I** (*shook shaken*) *vb tr* o. *vb itr* **1** skaka, skaka ur (ner); ~ ***oneself*** skaka på sig; ~ ***hands*** skaka hand; ~ ***hands on a th.*** ta varandra i hand på ngt; ~ ***one's head*** skaka på huvudet [*over, at* åt] **2** skaka, göra upprörd; ***he was shaken by the news*** han blev skakad av nyheten **3** komma att skaka (skälva, darra) **4** skaka, skälva, darra [*with* av]

II *s* skakning; skälvning, darrning; ***give it a good ~!*** skaka av (om, på) det ordentligt!

shaken ['ʃeɪk(ə)n] se *shake I*

shaky ['ʃeɪkɪ] *adj* skakig, darrande; ostadig, ranglig [*a ~ old table*]; vacklande [*a ~ government*]

shall [ʃæl, obetonat ʃəl] (imperfekt *should,* jfr detta uppslagsord) *hjälpvb* presens skall; ***I ~ meet him tomorrow*** jag träffar (skall träffa) honom i morgon

shallot [ʃə'lɒt] *s* schalottenlök

shallow ['ʃæləʊ] *adj* grund [*~ water*]; flat [*a ~ dish*]; ytlig [*a ~ person; a ~ argument*]

sham [ʃæm] **I** *vb tr* o. *vb itr* simulera, hyckla, låtsas **II** *s* **1** hyckleri, humbug, bluff **2** imitation [*these pearls are ~s*] **3** bluffmakare, humbug **III** *adj* låtsad, fingerad, sken- [*a ~ attack*], oäkta [*~ pearls*]

shame [ʃeɪm] **I** *s* skam, blygsel; vanära; ~ ***on you!*** fy skam (skäms)!; ***what a ~!*** så tråkigt (synd)!; ***put a p. to ~*** a) skämma ut ngn b) ställa ngn i skuggan; ***be put to ~*** få stå där med skammen **II** *vb tr* få att skämmas; skämma ut, dra vanära över

shamefaced ['ʃeɪmfeɪst] *adj* skamsen

shamefacedly [ʃeɪm'feɪstlɪ, 'ʃeɪmfeɪsɪdlɪ] *adv* skamset

shameful ['ʃeɪmf(ʊ)l] *adj* skamlig, neslig

shameless ['ʃeɪmləs] *adj* skamlös, fräck

shammy ['ʃæmɪ] *s,* ~ ***leather*** el. ~ sämskskinn

shampoo [ʃæm'pu:] **I** *vb tr* schamponera **II** *s* **1** schamponering; ***give a p. a ~*** schamponera ngn; ***a ~ and set*** tvättning och läggning **2** schampo, schamponeringsmedel

shamrock ['ʃæmrɒk] *s* treklöver

shandy ['ʃændɪ] *s* en blandning av öl och sockerdricka

shan't [ʃɑ:nt] = *shall not*

shape [ʃeɪp] **I** *s* **1** form, fason; ***in any ~ or form*** i någon form; ***get out of ~*** förlora formen (fasonen) **2** tillstånd, skick; ***his finances are in good ~*** hans ekonomi är bra; ***he is in good ~*** han är i god form (har bra kondis) **II** *vb tr* forma; skapa, gestalta; ***shaped like a pear*** päronformig

shapeless ['ʃeɪpləs] *adj* formlös, oformlig

shapeliness ['ʃeɪplɪnəs] *s* vacker form

shapely ['ʃeɪplɪ] *adj* välformad, välskapad; ~ ***legs*** välsvarvade ben

share [ʃeə] **I** *s* **1** del, andel; ***have a ~ in*** a) vara medansvarig i b) få del av **2** aktie; andel **II** *vb tr* o. *vb itr* **1** dela [*with a p.* med ngn]; ha del i **2** ~ ***out*** el. ~ dela ut, fördela **3** ~ ***in*** dela; delta i, ha del i, vara delaktig i

shareholder ['ʃeəˌhəʊldə] *s* aktieägare; ***shareholder's meeting*** bolagsstämma

1 shark [ʃɑ:k] *s* zool. haj

2 shark [ʃɑ:k] *s* vard. börshaj, bondfångare

sharp [ʃɑ:p] **I** *adj* **1** skarp, vass **2** markant, klar **3** stark [*a ~ rise; a ~ taste*], syrlig [*a ~ flavour*] **4** vaken, intelligent, pigg **5** mus. **a)** höjd en halv ton; med ♯-förtecken; ***A ~*** m.fl., se under resp. bokstav **b)** en halv ton för hög

II *s* mus. kors, ♯-förtecken, ♯; ***~s and flats*** svarta tangenter på t.ex. piano

III *adv* **1** på slaget, prick [*at six (at six o'clock) ~*] **2** skarpt; tvärt [*turn* (ta av) *~ left*]; ***look ~!*** sno (raska) på!

sharpen ['ʃɑ:p(ə)n] *vb tr* o. *vb itr* göra skarp (vass); göra vassare (skarpare); skärpa, vässa, slipa; bli skarp (vass), skärpas, vässas, slipas

sharpener ['ʃɑ:pnə] *s* pennvässare

sharpness ['ʃɑ:pnəs] *s* skärpa

sharp-shooter ['ʃɑ:pʃu:tə] *s* prickskytt

sharp-sighted [ˌʃɑ:p'saɪtɪd] *adj* skarpsynt
sharp-witted [ˌʃɑ:p'wɪtɪd] *adj* skarpsinnig
shatter ['ʃætə] *vb tr* o. *vb itr* splittra, bryta sönder, krossa; splittras, brytas sönder, krossas
shattering ['ʃætərɪŋ] *adj* förödande [*a ~ defeat*]; öronbedövande [*a ~ noise*]
shave [ʃeɪv] **I** *vb tr* o. *vb itr* (imperfekt *shaved*; perfekt particip *shaved* el. speciellt som adjektiv *shaven*) **1** raka [*~ one's beard*; *~ a p.*]; ***be*** (***get***) ***shaved*** raka sig, bli rakad **2** ~ ***off*** el. ~ skrapa (hyvla, raka) av **3** snudda vid **4** raka sig **II** *s* **1** rakning; ***have*** (***get***) ***a*** ~ raka sig **2** vard., ***it was a close*** (***narrow, near***) ~ det var nära ögat; ***he had a close*** (***narrow, near***) ~ han hann undan med knapp nöd
shaven ['ʃeɪvn] **I** se *shave I* **II** *adj* rakad [*clean-shaven*]
shaver ['ʃeɪvə] *s* rakapparat [*electric ~*]
shaving ['ʃeɪvɪŋ] *s* **1** rakning; attributivt rak- [*~ brush*; *~ cream*]; ~ ***stick*** raktvål **2** pl. ***~s*** hyvelspån
shawl [ʃɔ:l] *s* sjal, schal
she [ʃi:, obetonat ʃɪ] **I** (objektsform *her*) *pers pron* hon; om fartyg, bil, land m.m. den, det **II** (pl. *~s*) *s* kvinna, flicka; hona; hon [*the child is a ~*] **III** *adj* i sammansättningar vid djurnamn hon-, -hona [*she-fox*]
sheaf [ʃi:f] (pl. *sheaves* [ʃi:vz]) *s* bunt [*a ~ of papers*]
shear [ʃɪə] (imperfekt *sheared*; perfekt particip *shorn* el. *sheared*) *vb tr* klippa [*~ sheep*]; klippa av; skära
shears [ʃɪəz] *s pl* sax trädgårdssax etc.; ***a pair of*** ~ en sax
sheath [ʃi:θ] (pl. *~s* [ʃi:ðz]) *s* **1** slida, skida, balja; fodral **2** kondom
sheath knife ['ʃi:θnaɪf] *s* slidkniv
sheaves [ʃi:vz] se *sheaf*
1 shed [ʃed] *s* skjul; stall [*engine ~*]
2 shed [ʃed] (*shed shed*) *vb tr* **1** utgjuta [*~ blood*]; ***blood will be*** ~ blod kommer att flyta; ~ ***tears*** fälla tårar **2** fälla [*~ leaves*], tappa **3** sprida [*~ warmth*]; ~ ***light on*** sprida ljus över, belysa
she'd [ʃi:d] = *she had, she would*
she-devil ['ʃi:ˌdevl] *s* djävulsk kvinna
sheen [ʃi:n] *s* glans [*the ~ of silk*], lyster
sheep [ʃi:p] (pl. lika) *s* får
sheepdog ['ʃi:pdɒg] *s* fårhund
sheepfaced ['ʃi:pfeɪst] *adj* förlägen, generad
sheep farmer ['ʃi:pˌfɑ:mə] *s* fåruppfödare
sheepfold ['ʃi:pfəʊld] *s* fårfålla
sheepish ['ʃi:pɪʃ] *adj* förlägen, generad
1 sheer [ʃɪə] *adj* **1** ren [*~ nonsense (waste)*] **2** mycket tunn, skir [*~ material* (tyg)] **3** tvärbrant [*a ~ rock*]
2 sheer [ʃɪə] *vb itr*, ~ ***off*** (***away***) bege sig i väg
sheet [ʃi:t] *s* **1** lakan **2** tunn plåt [*~ of metal*], tunn skiva [*~ of glass*]; ~ ***metal*** plåt **3** blad [*map-sheet*]; ***some ~s of paper*** några papper (pappersark); ~ ***music*** notblad **4** ~ ***lightning*** ytblixt, ytblixtar; ~ ***of water*** vidsträckt vattenyta
sheik o. **sheikh** [ʃeɪk, ʃi:k] *s* shejk, schejk
shelf [ʃelf] (pl. *shelves* [ʃelvz]) *s* hylla; avsats
shell [ʃel] **I** *s* **1** a) hårt skal; snäcka b) ärtskida **2** mil. a) granat b) patron **II** *vb tr* **1** skala [*~ shrimps*], sprita [*~ peas*] **2** mil. bombardera, beskjuta med granater
she'll [ʃi:l] = *she will (shall)*
shellac [ʃə'læk] *s* schellack
shellfish ['ʃelfɪʃ] *s* skaldjur
shelter ['ʃeltə] **I** *s* skydd; lä; tillflykt; ***air-raid*** ~ el. ~ skyddsrum; ***bus*** ~ regnskydd vid busshållplats **II** *vb tr* o. *vb itr* skydda, ge skydd; ta skydd
shelve [ʃelv] *vb tr* bordlägga, skrinlägga
shelves [ʃelvz] *s* se *shelf*
shepherd ['ʃepəd] *s* fåraherde
shepherd boy ['ʃepədbɔɪ] *s* vallpojke
shepherd dog ['ʃepəddɒg] *s* vallhund
shepherdess ['ʃepədes] *s* herdinna
sherbet ['ʃɜ:bət] *s* **1** ~ ***powder*** el. ~ tomtebrus **2** kok. sorbet
sheriff ['ʃerɪf] *s* sheriff
sherry ['ʃerɪ] *s* sherry
she's [ʃi:z, ʃɪz] = *she is*; *she has*
Shetland ['ʃetlənd] geogr. **I** ~ el. ***the ~s*** el. ***the ~ Islands*** Shetlandsöarna **II** *adj* shetlands- [*~ pony*; *~ wool*]
shield [ʃi:ld] **I** *s* sköld **II** *vb tr* skydda [*from* mot]
shift [ʃɪft] **I** *vb tr* o. *vb itr* skifta; flytta, flytta om, växla, ändra sig; ändra ställning [*he shifted in his seat*]; ~ ***gears*** bil. växla; ***he shifted into second gear*** han lade in tvåans växel **II** *s* **1** förändring, ombyte, skifte; växling **2** arbetsskift **3** växelspak
shilling ['ʃɪlɪŋ] *s* shilling förr eng. mynt = 1/20 pund
shimmer ['ʃɪmə] **I** *vb itr* skimra **II** *s* skimmer
shin [ʃɪn] **I** *s* skenben, smalben **II** *vb itr*, ~ ***up a tree*** klättra uppför ett träd

shinbone ['ʃɪnbəʊn] *s* skenben
shine [ʃaɪn] **I** (*shone shone*) *vb itr* skina; lysa; glänsa; stråla; blänka; ***a shining example*** ett lysande exempel **II** *s* glans, sken, blankhet
shingle ['ʃɪŋgl] *s* klappersten på sjöstrand
shingles ['ʃɪŋglz] *s* med. bältros
shinguard ['ʃɪngɑ:d] *s* o. **shinpad** ['ʃɪnpæd] *s* sport. benskydd
shiny ['ʃaɪnɪ] *adj* skinande, glänsande; blankputsad [~ *shoes*]; klar, blank [*a ~ nose*]; blanksliten
ship [ʃɪp] **I** *s* skepp, fartyg **II** *vb tr* **1** skeppa in, ta (föra) ombord [~ *goods*; ~ *passengers*] **2** sända, transportera [~ *goods by boat (rail)*], avlasta, skeppa
shipbuilder ['ʃɪpˌbɪldə] *s* skeppsbyggare
shipload ['ʃɪpləʊd] *s* skeppslast, fartygslast
shipmate ['ʃɪpmeɪt] *s* skeppskamrat
shipment ['ʃɪpmənt] *s* **1** inskeppning **2** sändning, transport, skeppslast
shipowner ['ʃɪpˌəʊnə] *s* skeppsredare
shipping ['ʃɪpɪŋ] *s* **1** tonnage **2** sjöfart; skeppning, sändande; ~ ***company*** rederi; ~ ***route*** trad
shipshape ['ʃɪpʃeɪp] *adj* o. *adv* snygg och prydlig; snyggt och prydligt
shipwreck ['ʃɪprek] **I** *s* skeppsbrott, förlisning **II** *vb tr* komma att förlisa; perfekt particip ***shipwrecked*** skeppsbruten, förlist; ***be shipwrecked*** lida skeppsbrott, förlisa
shipwright ['ʃɪpraɪt] *s* skeppsbyggare
shipyard ['ʃɪpjɑ:d] *s* skeppsvarv
shirk [ʃɜ:k] *vb tr* o. *vb itr* dra sig undan, smita från; smita
shirt [ʃɜ:t] *s* skjorta; sport. tröja
shirtblouse ['ʃɜ:tblaʊz] *s* skjortblus
shirtfront ['ʃɜ:tfrʌnt] *s* skjortbröst
shirting ['ʃɜ:tɪŋ] *s* skjorttyg
shirtsleeve ['ʃɜ:tsli:v] *s* skjortärm
shirtwaist ['ʃɜ:tweɪst] *s* skjortblus
shish kebab [ʃɪʃkə'bæb] *s* kok. shishkebab, grillspett
shit [ʃɪt] vulg. **I** *s* skit **II** (*shit shit* el. *shitted shitted*) *vb itr* skita **III** *interj* fan också!, jävlar!
shiver ['ʃɪvə] **I** *vb itr* darra, skälva, huttra, rysa [~ *with* (av) *cold*] **II** *s* darrning, skälvning, rysning; ***it gives me the ~s*** vard. det kommer mig att rysa
shivery ['ʃɪvərɪ] *adj* darrig; rysande
shoal [ʃəʊl] **I** *s* **1** stim [*a ~ of herring*] **2** massa, mängd; ***in ~s*** i massor **II** *vb itr* stimma; ***shoaling fish*** stimfisk
1 shock [ʃɒk] *s*, ***a ~ of hair*** en kalufs
2 shock [ʃɒk] **I** *s* **1** våldsam stöt; ~ ***wave*** stötvåg, chockvåg, tryckvåg **2** chock **II** *vb tr* uppröra, chockera
shock-absorber ['ʃɒkəbˌsɔ:bə] *s* stötdämpare
shocking ['ʃɒkɪŋ] *adj* upprörande, chockerande; vard. förskräcklig [*a ~ blunder*]
shockproof ['ʃɒkpru:f] *adj* stötsäker
shod [ʃɒd] se *shoe II*
shoddy ['ʃɒdɪ] *adj* sjabbig, sjaskig; tarvlig
shoe [ʃu:] **I** *s* sko; speciellt lågsko **II** (*shod shod*) *vb tr* sko [~ *a horse*]
shoehorn ['ʃu:hɔ:n] *s* skohorn
shoelace ['ʃu:leɪs] *s* skosnöre, skorem
shoemaker ['ʃu:ˌmeɪkə] *s* skomakare
shoestring ['ʃu:strɪŋ] *s* skosnöre
shoetree ['ʃu:tri:] *s* skoblock
shone [ʃɒn] se *shine I*
shook [ʃʊk] se *shake I*
shoot [ʃu:t] **I** (*shot shot*) *vb itr* o. *vb tr* **1** skjuta [*at* på, mot] **2** jaga; ***be*** (***go***) ***out shooting*** vara ute på jakt **3** rusa, susa [*he shot past me*]; ~ ***up*** skjuta upp; rusa i höjden [*prices shot up*] **4** fotografera, filma; spela in [~ *a film*] **5** ~*!* vard. kör på!, sätt igång! **6** kasta [~ *a glance at a p.*] **II** *s* bot. skott
shooting ['ʃu:tɪŋ] *s* **1** skjutande; attributivt skjut- [~ *practice*]; ~ ***incident*** skottintermezzo **2** jakt **3** filmning, skjutning
shooting-brake ['ʃu:tɪŋbreɪk] *s* kombivagn, stationsvagn
shooting-gallery ['ʃu:tɪŋˌgælərɪ] *s* täckt skjutbana
shooting-range ['ʃu:tɪŋreɪndʒ] *s* skjutbana
shooting-star ['ʃu:tɪŋstɑ:] *s* stjärnskott, stjärnfall
shoot-out ['ʃu:taʊt] *s* **1** eldstrid **2** fotb., ***penalty*** ~ straffsparksläggning efter förlängning
shop [ʃɒp] **I** *s* **1** affär, butik, bod, shop; ***set up*** ~ öppna affär, öppna eget; ***shut up*** ~ vard. slå igen butiken sluta; ***all over the*** ~ vard. i en enda röra, åt alla håll **2** verkstad, fabrik **3** vard., ***talk*** ~ prata jobb **II** *vb itr* göra sina inköp, handla, shoppa; ***go shopping*** gå ut och handla (shoppa)
shop assistant ['ʃɒpəˌsɪstənt] *s* affärsbiträde, expedit
shopfront ['ʃɒpfrʌnt] *s* skyltfönster
shopkeeper ['ʃɒpˌki:pə] *s*

butiksinnehavare, affärsinnehavare, handlande
shoplifter [ˈʃɒpˌlɪftə] *s* snattare
shoplifting [ˈʃɒpˌlɪftɪŋ] *s* snatteri
shopper [ˈʃɒpə] *s* person som är ute och handlar (shoppar)
shopping [ˈʃɒpɪŋ] *s* inköp, shopping; ***do some ~*** göra några inköp, handla (shoppa) lite; ~ ***bag*** shoppingväska, shoppingbag
shopsoiled [ˈʃɒpsɔɪld] *adj* butiksskadad
shop steward [ˈʃɒpˌstjʊəd] *s* arbetares förtroendeman; fackligt ombud
shopwalker [ˈʃɒpˌwɔ:kə] *s* butikskontrollant; varuhusvärd, varuhusvärdinna
shopwindow [ˌʃɒpˈwɪndəʊ] *s* skyltfönster, butiksfönster
shore [ʃɔ:] *s* strand; kust [*a rocky ~*]; ~ ***leave*** sjö. landpermission
shorn [ʃɔ:n] se *shear*
short [ʃɔ:t] **I** *adj* **1** kort, kortvarig, kortvuxen [*a ~ man*]; ~ ***for*** förkortning för; ~ ***cut*** genväg; ~ ***sight*** närsynthet; ~ ***story*** novell; ***cut a p.*** (***a th.***) ~ avbryta ngn (ngt); ***we are £5 ~*** det fattas 5 pund för oss; ***fuel is in ~ supply*** det är knapp tillgång på bränsle □ ~ **of** a) otillräckligt försedd med b) så när som på, utom; ~ ***of breath*** andfådd; ***little ~ of*** närapå, snudd på [*little ~ of a scandal*]; **be ~ of** ha ont om, ha brist på **2** kort, tvär, brysk [*with* mot]
II *adv* **1** tvärt, plötsligt **2** ***fall ~ of*** inte gå upp mot; inte motsvara; ***go ~*** bli utan [*of a th.* ngt]; ***run ~*** lida brist [*of* på]
III *s* **1** pl. ~***s*** shorts, kortbyxor **2** ***for ~*** för korthetens skull; kort och gott; ***in ~*** kort sagt **3** vard. kortslutning
shortage [ˈʃɔ:tɪdʒ] *s* brist, knapphet
shortbread [ˈʃɔ:tbred] *s* o. **shortcake** [ˈʃɔ:tkeɪk] *s* mördegskaka
short circuit [ˌʃɔ:tˈsɜ:kɪt] *s* kortslutning
shortcoming [ˈʃɔ:tˌkʌmɪŋ] *s* brist, fel
shortcrust [ˈʃɔ:tkrʌst] *adj*, ~ ***paste*** mördeg
shorten [ˈʃɔ:tn] *vb tr* o. *vb itr* förkorta, göra kortare, korta av, ta av; sömnad. lägga upp; bli kortare
shorthand [ˈʃɔ:thænd] *s* stenografi; ~ ***typist*** stenograf och maskinskriverska; ***take a th. down in ~*** stenografera ngt
short-lived [ˌʃɔ:tˈlɪvd] *adj* kortlivad, kortvarig
shortly [ˈʃɔ:tlɪ] *adv* kort [*~ after*], strax [*~ before noon*]; inom kort
short-range [ˌʃɔ:tˈreɪndʒ] *adj* kortdistans-; kortsiktig [*~ plans*]
short-sighted [ˌʃɔ:tˈsaɪtɪd] *adj* **1** närsynt **2** kortsynt
short-staffed [ˌʃɔ:tˈstɑ:ft] *adj* underbemannad
short-tempered [ˌʃɔ:tˈtempəd] *adj* obehärskad, häftig, lättretad
shortwave [ˈʃɔ:tweɪv] *s* radio. kortvåg
1 shot [ʃɒt] **I** se *shoot I* **II** *adj* **1** vattrad [*~ silk*] **2** ***get ~ of a th.*** vard. bli kvitt ngt
2 shot [ʃɒt] *s* **1** skott [*at* mot, på, efter]; ***blank ~*** löst skott; ***he was off like a ~*** vard. han for i väg som ett skott (en pil); ***he did it like a ~*** vard. han gjorde det på stubben **2** (pl. lika) kula **3** skytt **4** foto, kort **5** vard., ***have a ~ at it!*** gör ett försök!; ***not by a long ~*** inte på långt när **6** sport. skott, boll; kula; ***put the ~*** stöta kula; ***putting*** [ˈpʊtɪŋ] ***the ~*** kulstötning, kula
shotgun [ˈʃɒtgʌn] *s* hagelgevär
should [ʃʊd, obetonat ʃəd] *hjälpvb* (imperfekt av *shall*) skulle; borde, bör [*you ~ see a doctor*]; skall [*it is surprising that he ~ be so foolish*]
shoulder [ˈʃəʊldə] **I** *s* **1** skuldra, axel; ~ ***of mutton*** fårbog **2** vägkant **II** *vb tr* **1** lägga på (över) axeln [*~ a burden*], axla; ~ ***arms!*** mil. på axel gevär! **2** ta på sig [*~ the blame*]
shoulder bag [ˈʃəʊldəbæg] *s* axelväska
shoulder belt [ˈʃəʊldəbelt] *s* axelgehäng
shoulder blade [ˈʃəʊldəbleɪd] *s* skulderblad
shouldered [ˈʃəʊldəd] *perf p* o. *adj* i sammansättningar -axlad [*broad-shouldered*]
shoulder strap [ˈʃəʊldəstræp] *s* **1** mil. axelklaff **2** axelrem **3** axelband på damplagg
shouldn't [ˈʃʊdnt] = *should not*
shout [ʃaʊt] **I** *vb itr* o. *vb tr* skrika; ropa, gapa och skrika; ~ ***out*** ropa (skrika) högt; skrika (ropa) ut [*~ out one's orders*] **II** *s* skrik, rop
shouting [ˈʃaʊtɪŋ] *s* skrik, skrikande
shove [ʃʌv] **I** *vb tr* o. *vb itr* skjuta, knuffa; skjutas, knuffas **II** *s* knuff, stöt, skjuts
shovel [ˈʃʌvl] **I** *s* skovel; skyffel **II** *vb itr* o. *vb tr* skovla, skyffla, skotta
show [ʃəʊ] **I** (*showed shown*) *vb tr* o. *vb itr* **1** visa, visa fram, visa upp [*~ one's passport*]; visa sig, synas, vara (bli) synlig; ~ ***one's hand*** (***cards***) bildl. bekänna färg (kort); ***that just ~s you!*** vard. där ser du!; ***that'll ~ them!*** vard. då ska dom få se!; ~

off visa upp, vilja briljera (skryta) med; vilja briljera, göra sig till; ~ ***up*** a) visa upp b) avslöja [~ *up a fraud*] c) synas tydligt, framträda d) vard. visa sig, dyka upp **2** visa; följa [~ *a p. to the door*]; ~ ***a p. the door*** visa ngn på dörren **3** påvisa, bevisa [*we have shown that the story is false*] **4** visas, spelas, gå [*the film is showing at the Grand*]
II *s* **1** utställning [*flower* ~]; uppvisning [*fashion* ~]; teaterföreställning, revy, show; ***good ~!*** bravo!, fint!; ***put up a good ~*** göra mycket bra ifrån sig; ***be on ~*** vara utställd, kunna beses; ***run the ~*** basa för det hela **2** ståt, prål

show biz ['ʃəʊbɪz] *s* vard. showbusiness, nöjesbranschen

show business ['ʃəʊˌbɪznəs] *s* showbusiness, nöjesbranschen

showcase ['ʃəʊkeɪs] *s* monter; utställningsskåp

showdown ['ʃəʊdaʊn] *s* uppgörelse; kraftmätning

shower ['ʃaʊə] **I** *s* **1** skur **2** dusch **3** amer. lysningsmottagning **II** *vb itr* o. *vb tr* **1** falla i skurar, strömma ned [ofta ~ *down*]; låta regna ned; bildl. överhopa; ~ ***gifts upon a p.*** överhopa ngn med gåvor **2** duscha, duscha över

shower bath ['ʃaʊəbɑːθ] *s* dusch

showerproof ['ʃaʊəpruːf] *adj* regntät

showery ['ʃaʊərɪ] *adj* regnig, regn-

showgirl ['ʃəʊgɜːl] *s* balettflicka

show-jumping ['ʃəʊˌdʒʌmpɪŋ] *s* ridn. hoppning

shown [ʃəʊn] se *show I*

showpiece ['ʃəʊpiːs] *s* turistattraktion; paradnummer

showroom ['ʃəʊruːm] *s* utställningslokal

show window ['ʃəʊˌwɪndəʊ] *s* skyltfönster

showy ['ʃəʊɪ] *adj* grann, prålig; flärdfull

shrank [ʃræŋk] se *shrink*

shred [ʃred] **I** *s* remsa, strimla; ***not a ~ of evidence*** inte en tillstymmelse till bevis; ***in ~s*** i trasor, söndertrasad **II** *vb tr* skära (klippa, riva) i remsor (strimlor), strimla; ***shredded tobacco*** finskuren tobak; ***shredded wheat*** slags vetekudde som äts med mjölk till frukost

shredder ['ʃredə] *s* **1** rivjärn, råkostkvarn **2** dokumentförstörare

shrew [ʃruː] *s* **1** argbigga **2** näbbmus [äv. *shrewmouse* (pl. *shrewmice*)]

shrewd [ʃruːd] *adj* skarpsinnig, klipsk [*a ~ remark*], klok; slug, smart

shriek [ʃriːk] **I** *vb itr* gallskrika; tjuta [~ *with* (av) *laughter*] **II** *s* gallskrik

shrill [ʃrɪl] *adj* gäll, genomträngande [*a ~ cry*]

shrimp [ʃrɪmp] *s* **1** räka, tångräka **2** bildl. puttefnask, plutt

shrine [ʃraɪn] *s* **1** relikskrin, helgonskrin; helgonaltare **2** helgedom

shrink [ʃrɪŋk] (*shrank shrunk*) *vb itr* o. *vb tr* **1** krympa [*the shirt will not ~*], krympa ihop; komma att krympa **2** ~ ***back*** el. ~ rygga tillbaka [*at* vid, för]; ~ ***from doing a th.*** dra sig för att göra ngt

shrinkage ['ʃrɪŋkɪdʒ] *s* krympning; ***allow for ~*** beräkna krympmån

shrinkproof ['ʃrɪŋkpruːf] *adj* krympfri

shrivel ['ʃrɪvl] *vb itr* o. *vb tr*, ~ ***up*** el. ~ skrumpna; skrynkla ihop sig, komma att skrumpna (skrynkla ihop sig)

shroud [ʃraʊd] **I** *s* **1** svepning **2** bildl. hölje, slöja [*a ~ of mystery*] **II** *vb tr* **1** svepa lik **2** hölja, dölja [*shrouded in fog*]; ***shrouded in mystery*** höljd i dunkel

Shrove [ʃrəʊv] *s*, ~ ***Sunday*** fastlagssöndag, fastlagssöndagen; ~ ***Tuesday*** fettisdag, fettisdagen

shrub [ʃrʌb] *s* buske

shrubbery ['ʃrʌbərɪ] *s* buskage

shrug [ʃrʌg] **I** *vb tr*, ~ ***one's shoulders*** rycka på axlarna [*at* åt] **II** *s*, ***a ~ of the shoulders*** el. ***a ~*** en axelryckning

shrunk [ʃrʌŋk] se *shrink*

shrunken ['ʃrʌŋk(ə)n] *adj* hopfallen, insjunken [~ *cheeks*]

shudder ['ʃʌdə] **I** *vb itr* rysa, bäva; skälva, huttra **II** *s* rysning; skälvning; ***give a ~*** rysa till

shuffle ['ʃʌfl] **I** *vb itr* o. *vb tr* **1** gå släpande, hasa, lunka, lufsa; ~ ***one's feet*** släpa med fötterna **2** kortsp. blanda **II** *s* **1** släpande; hasande **2** kortsp. blandande; ***it's your ~*** det är din tur att blanda

shun [ʃʌn] *vb tr* undvika

shunt [ʃʌnt] *vb tr* **1** järnv. växla [~ *a train on to* (över på) *a sidetrack*] **2** elektr. shunta

shut [ʃʌt] (*shut shut*) *vb tr* o. *vb itr* stänga [~ *a door*]; stänga av; fälla ned (igen) [~ *a lid*]; slå ihop (igen) [~ *a book*], stängas, slutas till; gå att stänga [*the door ~s easily*]; ~ ***one's eyes*** blunda; ~ ***one's eyes to*** bildl. blunda för □ ~ **down** slå igen, stänga, stängas [~ *down a lid*; *the factory has ~ down*]; bildl. äv. lägga ned [~ *down a factory*]; ~ **in** stänga inne; innesluta; ~ **off** stänga av; bildl. utestänga, utesluta; ~ **out**

stänga ute; utesluta [*from* ur]; ***the trees ~ out the view*** träden skymmer utsikten; **~ to** stänga till [*~ a door to*]; **~ up a)** stänga (bomma) till (igen) [*~ up a house*]; stänga, stängas, stängas till **b)** låsa in **c) ~ *a p. up*** vard. tysta ned ngn **d)** vard. hålla käften; **~ *up!*** håll käft!

shutdown ['ʃʌtdaʊn] *s* stängning [*~ of a factory*]

shutter ['ʃʌtə] *s* **1** fönsterlucka; rulljalusi; ***put up the ~s*** stänga fönsterluckorna **2** foto. slutare; **~ *release*** utlösare

shuttle ['ʃʌtl] *s* **1** skyttel, skottspole **2 a) ~ *service*** skytteltrafik, pendeltrafik **b)** pendelbuss, pendeltåg; matarbuss

shuttlecock ['ʃʌtlkɒk] *s* badmintonboll

shy [ʃaɪ] *adj* skygg, blyg [*of* för]; ***fight ~ of*** dra sig för, gå ur vägen för [*fight ~ of a p.*]

Siamese [ˌsaɪə'mi:z] **I** *adj* **1** hist. siamesisk **2 ~** el. **~ *cat*** siames, siameskatt; **~ *twins*** siamesiska tvillingar **II** *s* **1** (pl. lika) hist. siames **2** siamesiska språket **3** (pl. lika) siameskatt

Siberia [saɪ'bɪərɪə] Sibirien

Siberian [saɪ'bɪərɪən] **I** *adj* sibirisk **II** *s* sibirier

Sicilian [sɪ'sɪljən] **I** *adj* siciliansk **II** *s* sicilianare

Sicily ['sɪsəlɪ] Sicilien

sick [sɪk] **I** *adj* **1 a)** sjuk [*her ~ husband*; amer. *he has been ~ for a week*]; ***go (report) ~*** speciellt mil. sjukanmäla sig **b)** illamående; ***be ~*** kräkas, spy [*he was ~ three times*]; ***be ~ at (to, in) one's stomach*** amer. vara (bli) illamående; ***feel ~*** känna sig illamående, må illa **2** sjuklig; makaber [*a ~ joke*]; **~ *humour*** sjuk humor **3 ~ *and tired of*** grundligt led på (åt) **II** *s, **the ~*** de sjuka **III** *vb tr* o. *vb itr,* **~ *up*** vard. spy, spy upp

sick benefit ['sɪkˌbenɪfɪt] *s* sjukpenning

sicken ['sɪk(ə)n] *vb itr* o. *vb tr* **1** insjukna, börja bli sjuk [*the child is sickening for* (i) *something*] **2** göra illamående; äckla

sickening ['sɪkənɪŋ] *adj* vidrig, beklämmande [*a ~ sight*], äcklig

sickle ['sɪkl] *s* skära skörderedskap

sick leave ['sɪkli:v] *s* sjukledighet, sjukpermission

sick list ['sɪklɪst] *s, **be on the ~*** vara sjukskriven

sickly ['sɪklɪ] **I** *adv* sjukligt **II** *adj* **1** sjuklig [*a ~ child*] **2** matt, blek **3** äcklig [*a ~ taste*]; sötsliskig [*~ sentimentality*]

sickness ['sɪknəs] *s* **1** sjukdom; i sammansättningar -sjuka [*air ~*]; **~ *benefit*** sjukpenning **2** kväljningar, illamående; kräkningar

sick pay ['sɪkpeɪ] *s* sjuklön

side [saɪd] **I** *s* a) sida b) håll, kant c) sport. lag d) attributivt sido- [*a ~ door*], sid-; ***take ~s*** ta parti (ställning) [*with a p.* för ngn] □ **at** *the ~ of* bredvid, vid sidan av; ***at a p.'s ~*** vid ngns sida; **~ by ~** sida vid sida, bredvid varandra; **on** *all ~s* på (från) alla sidor, på alla håll och kanter; ***on one ~*** a) på en sida b) avsides [*take a p. on one ~*]; ***on the ~*** vid sidan om [*earn money on the ~*]; ***look on the bright ~ of life*** se livet från den ljusa sidan; ***on the large (small) ~*** i största (minsta) laget; stort (smått) tilltagen; ***he's a bit on the old ~*** han är rätt gammal; [*put a th.*] **to** *one ~* ...åt sidan (undan) **II** *vb itr,* **~ *against (with) a p.*** ta parti mot (för) ngn

sideboard ['saɪdbɔ:d] *s* **1** byffé, skänk, sideboard **2** pl. **~*s*** vard. polisonger

sideburns ['saɪdbɜ:nz] *s pl* speciellt amer. vard. polisonger

sidecar ['saɪdkɑ:] *s* sidvagn till motorcykel

side effect ['saɪdɪˌfekt] *s* med. el. bildl. biverkan; pl. **~*s*** biverkningar

side glance ['saɪdglɑ:ns] *s* sidoblick

sidelight ['saɪdlaɪt] *s* **1** sidoljus, sidobelysning **2 *throw interesting ~s on a th.*** ge intressanta glimtar av ngt

sideline ['saɪdlaɪn] *s* **1** sport. sidlinje; ***from the ~s*** från åskådarplats **2** bisyssla

sidelong ['saɪdlɒŋ] *adj* sido- [*a ~ glance*]

side plate ['saɪdpleɪt] *s* assiett

sideshow ['saɪdʃəʊ] *s* stånd, bod på t.ex. nöjesfält

side-splitting ['saɪdˌsplɪtɪŋ] *adj* hejdlöst rolig [*a ~ farce*]; hejdlös

sidestep ['saɪdstep] *vb tr* bildl. förbigå, undvika, kringgå

sidestreet ['saɪdstri:t] *s* sidogata

sidetrack ['saɪdtræk] **I** *s* sidospår **II** *vb tr* bildl. leda in på ett sidospår

sidewalk ['saɪdwɔ:k] *s* amer. trottoar

sideward ['saɪdwəd] *adj* åt sidan

sidewards ['saɪdwədz] *adv* åt sidan

sideways ['saɪdweɪz] **I** *adv* från sidan [*viewed ~*]; åt sidan, i sidled [*jump ~*]; på sneden **II** *adj* åt sidan [*a ~ movement*], sido- [*a ~ glance*]

sidewhiskers ['saɪdˌwɪskəz] *s pl* polisonger

siding ['saɪdɪŋ] *s* järnv. sidospår, växelspår

siege [si:dʒ] *s* belägring; ***state of ~*** belägringstillstånd
siesta [sɪ'estə] *s*, ***take a ~*** ta siesta, sova middag
sieve [sɪv] **I** *s* såll, sikt; ***he has a memory like a ~*** han har ett hönsminne **II** *vb tr* sålla, sikta
sift [sɪft] *vb tr* sålla; sikta [*~ flour*]; sovra
sifter ['sɪftə] *s* sikt [*flour-sifter*]; ströare
sigh [saɪ] **I** *vb itr* sucka [*for* efter] **II** *s* suck
sight [saɪt] **I** *s* **1** syn, synförmåga **2** åsyn, anblick; ***catch (get) ~ of*** få syn på; ***lose ~ of*** förlora ur sikte; ***at (on) ~*** på fläcken [*shoot a p. on ~*]; ***play at ~*** mus. spela från bladet; ***at first ~*** vid första anblicken; ***love at first ~*** kärlek vid första ögonkastet **3** synhåll; sikte; ***be in (within) ~ of a th.*** ha ngt i sikte (inom synhåll), sikta ngt [*we were in (within) ~ of land*]; [***the end of the war***] ***was in ~*** man började skönja...; ***be out of ~*** vara utom synhåll [*of a p.* för ngn]; ***out of ~, out of mind*** ur syn ur sinn; ***keep out of ~*** hålla sig gömd, inte visa sig **4** syn [*a sad ~*], skådespel; sevärdhet [*see the ~s of the town*] **5** sikte, siktinrättning **6** vard. massa, mängd; ***a damned ~ better*** bra mycket bättre **II** *vb tr* **1** speciellt sjö. sikta [*~ land*] **2** rikta in [*~ a gun at* (mot)]
sight-read ['saɪtri:d] (*sight-read sight-read* [båda 'saɪtred]) *vb tr* o. *vb itr* spela (sjunga) från bladet
sight-reader ['saɪt,ri:də] *s*, ***be a good ~*** vara skicklig i att spela (sjunga) från bladet
sightseeing ['saɪt,si:ɪŋ] **I** *pres p*, ***go ~*** gå (åka) på sightseeing **II** *s* sightseeing; ***~ tour*** sightseeingtur, rundtur
sightseer ['saɪt,si:ə] *s* person på sightseeing, turist
sign [saɪn] **I** *s* **1** tecken; symbol; ***there is every ~ that*** allt tyder på att; ***bear ~s of*** bära spår av (märken efter); ***make the ~ of the cross*** göra korstecknet; ***make no ~*** inte ge något tecken ifrån sig **2** skylt [*street ~s*], märke [*warning ~s*]
II *vb tr* o. *vb itr* **1** underteckna, skriva under (på), skriva sitt namn **2** engagera, värva [*~ a new footballer*] **3** ge tecken åt [*~ a p. to stop*]; ***~ for*** kvittera ut □ **~ off** radio. sluta sändningen; **~ on** a) anställa [*~ on workers*], engagera [*~ on actors*], värva äv. mil.; itr. ta anställning b) anmäla sig, skriva in sig
signal ['sɪgn(ə)l] **I** *s* signal; tecken **II** *vb tr* o. *vb itr* signalera; ***~ to a p.*** el. ***~ a p.*** signalera till ngn, ge tecken åt ngn
signal box ['sɪgn(ə)lbɒks] *s* järnv. ställverk
signature ['sɪgnətʃə] *s* signatur, namnteckning; underskrift
signboard ['saɪnbɔ:d] *s* skylt; anslagstavla
signet ring ['sɪgnɪtrɪŋ] *s* signetring
significance [sɪg'nɪfɪkəns] *s* mening, innebörd; vikt, betydelse
significant [sɪg'nɪfɪkənt] *adj* menande [*a ~ look*]; betecknande [*of* för]; betydelsefull
signify ['sɪgnɪfaɪ] *vb tr* antyda, beteckna, betyda
signpost ['saɪnpəʊst] **I** *s* vägvisare, vägskylt **II** *vb tr*, ***the roads are well signposted*** vägarna är väl skyltade
silence ['saɪləns] **I** *s* tystnad, tysthet; ***~!*** tyst!, tysta! **II** *vb tr* tysta, tysta ned, få tyst, få tyst på
silencer ['saɪlənsə] *s* tekn. ljuddämpare
silent ['saɪlənt] **I** *adj* tyst [*~ footsteps*], tystlåten; ***be ~*** äv. tiga; ***become ~*** äv. tystna; ***~ film*** stumfilm **II** *s* stumfilm
silhouette [,sɪlʊ'et] *s* siluett, skuggbild
silicone ['sɪlɪkəʊn] *s* silikon
silicosis [,sɪlɪ'kəʊsɪs] *s* med. silikos
silk [sɪlk] *s* silke; siden, sidentyg; ***artificial ~*** konstsilke; konstsiden; ***pure ~*** helsilke; helsiden
silken ['sɪlk(ə)n] *adj* silkeslen
silkworm ['sɪlkwɜ:m] *s* silkesmask
silky ['sɪlkɪ] *adj* silkeslen, silkesmjuk
sill [sɪl] *s* **1** fönsterbräde **2** tröskel t.ex. i bil
silly ['sɪlɪ] *adj* dum, enfaldig
silver ['sɪlvə] *s* silver; bordssilver; ***~ anniversary*** 25-årsdag, 25-årsjubileum; ***~ birch*** björk; ***~ fir*** silvergran; ***~ jubilee*** 25-årsjubileum; ***~ paper*** stanniolpapper; ***~ plate*** a) bordssilver b) nysilver, pläter
silver-plated [,sɪlvə'pleɪtɪd] *adj* försilvrad, pläterad
silversmith ['sɪlvəsmɪθ] *s* silversmed
silvery ['sɪlvərɪ] *adj* silverliknande, silver-
similar ['sɪmɪlə] *adj* lik [*to a p.* ngn; *to a th.* ngt], liknande; likadan; dylik
similarity [,sɪmɪ'lærətɪ] *s* likhet
similarly ['sɪmɪləlɪ] *adv* på liknande sätt
simile ['sɪmɪlɪ] *s* liknelse
simmer ['sɪmə] *vb itr* småkoka, puttra; sjuda
simple ['sɪmpl] *adj* **1** enkel; anspråkslös; okonstlad **2** enfaldig, godtrogen
simple-minded [,sɪmpl'maɪndɪd] *adj* godtrogen, enfaldig, naiv

simpleton ['sɪmplt(ə)n] *s* dummerjöns, dumbom
simplicity [sɪm'plɪsətɪ] *s* **1** enkelhet; anspråkslöshet **2** lätthet, enkelhet [*the ~ of a problem*]
simplification [ˌsɪmplɪfɪ'keɪʃ(ə)n] *s* förenkling
simplify ['sɪmplɪfaɪ] *vb tr* förenkla
simply ['sɪmplɪ] *adv* **1** enkelt; anspråkslöst; okonstlat **2** helt enkelt, rent av [*~ impossible*]; bara [*he is ~ a workman*]
simultaneous [ˌsɪməl'teɪnjəs] *adj* samtidig
sin [sɪn] **I** *s* synd, försyndelse **II** *vb itr* synda
since [sɪns] **I** *adv* **1** sedan dess [*I have not been there ~*]; ***ever ~*** alltsedan dess **2** sedan [*how long ~ is it?*] **II** *prep* alltsedan, alltifrån **III** *konj* **1** sedan; ***ever ~*** alltsedan, ända sedan [*ever ~ I left*] **2** eftersom, då [*~ you are here*], emedan
sincere [sɪn'sɪə] *adj* uppriktig
sincerely [sɪn'sɪəlɪ] *adv* uppriktigt; ***Yours ~*** i brevslut Din (Er) tillgivne
sincerity [sɪn'serətɪ] *s* uppriktighet
sinew ['sɪnju:] *s* sena
sinewy ['sɪnju:ɪ] *adj* senig
sinful ['sɪnf(ʊ)l] *adj* syndfull, syndig
sing [sɪŋ] (*sang sung*) *vb itr* o. *vb tr* sjunga
singe [sɪndʒ] *vb tr* sveda, bränna [*~ cloth with an iron* (strykjärn)]
singer ['sɪŋə] *s* sångare; sångerska
single ['sɪŋgl] **I** *adj* **1** enda [*not a ~ man*] **2** enkel, odelad; ***~ bed*** enkelsäng, enmanssäng; ***~ room*** enkelrum; ***~ ticket*** enkelbiljett **3** ogift [*a ~ man (woman)*] **II** *s* **1** sport., ***~s*** singel, singelmatch; ***men's ~s*** herrsingel **2** enkel **3** grammofonskiva singel **III** *vb tr, **~ out*** välja (peka) ut; skilja ut
single-breasted [ˌsɪŋgl'brestɪd] *adj* enkelknäppt, enradig [*a ~ suit*]
single-handed [ˌsɪŋgl'hændɪd] *adv* på egen hand, ensam
single-minded [ˌsɪŋgl'maɪndɪd] *adj* målmedveten
singsong ['sɪŋsɒŋ] **I** *s* **1** sångstund; ***a ~*** äv. allsång **2** ***in a ~*** i en enformig ton **II** *adj* halvsjungande [*in a* (med) *~ voice*]
singular ['sɪŋgjʊlə] **I** *adj* **1** gram. singular **2** enastående **3** egendomlig, besynnerlig **II** *s* gram., ~ el. ***the ~*** singular
singularity [ˌsɪŋgjʊ'lærətɪ] *s* **1** sällsynthet, egendomlighet **2** egenhet
sinister ['sɪnɪstə] *adj* **1** olycksbådande **2** elak; ond, fördärvlig
sink [sɪŋk] **I** (*sank sunk*) *vb itr* o. *vb tr* **1** sjunka; sänka sig, sänka sig ned; sänka [*~ a ship*], få att sjunka; låta sjunka **2** avta, minska, minskas; falla, dala [*prices have sunk*] **II** *s* **1** diskbänk **2** a) avloppsrör b) avloppsbrunn
sinusitis [ˌsaɪnə'saɪtɪs] *s* bihåleinflammation
sip [sɪp] **I** *vb tr* o. *vb itr* läppja (smutta) på, läppja (smutta) **II** *s* smutt
siphon ['saɪf(ə)n] **I** *s* **1** hävert **2** ~ ***bottle*** el. ~ sifon **II** *vb tr, ~ **off*** suga upp, tappa upp
sir [sɜ:, obetonat sə] *s* **1** i tilltal: min herre, sir, skol. magistern; ***can I help you, ~?*** kan jag hjälpa er?; ***Dear Sir*** (***Sirs***) el. ***Sir*** (***Sirs***) inledning i formella brev: utan motsvarighet i sv. **2** ***Sir*** före förnamnet som titel åt *baronet* el. *knight* sir [*Sir John (Sir John Moore)*]
sire ['saɪə] *s* om djur, speciellt hästar fader
siren ['saɪərən] *s* **1** myt. siren **2** siren signalapparat
sirloin ['sɜ:lɔɪn] *s* kok. ländstycke; ***~ of beef*** dubbelbiff; ***~ steak*** utskuren biff
sirocco [sɪ'rɒkəʊ] (pl. *~s*) *s* scirocko, sirocko
sis [sɪs] *s* vard. (kortform för *sister*) syrra, syrran
sister ['sɪstə] *s* **1** syster **2** syster sjuksköterska el. nunna; avdelningssköterska
sisterhood ['sɪstəhʊd] *s* systerskap
sister-in-law ['sɪstərɪnlɔ:] (pl. *sisters-in-law* ['sɪstəzɪnlɔ:]) *s* svägerska
sisterly ['sɪstəlɪ] *adj* systerlig
sit [sɪt] (*sat sat*) *vb itr* **1** sitta; sätta sig; ***be sitting pretty*** vard. a) ha det bra b) ligga bra till; ***~ at table*** sitta till bords; ***~ for an examination*** gå upp i en examen; ***~ on the bench*** bildl. sitta som (vara) domare □ ~ **back** a) sätta sig till rätta; vila sig, koppla av b) sitta med armarna i kors; ~ **down** sätta sig, slå sig ned; ***~ down to dinner*** sätta sig till bords; ~ **in** a) närvara [*on* vid], deltaga [*~ in on* (i, vid) *a meeting*] b) sittstrejka; ~ **through** sitta (stanna) kvar till slutet; ~ **up** a) sitta upprätt b) sitta uppe [*~ up late*] c) sätta sig upp [*~ up in bed*] **2** om t.ex. parlament, domstol hålla sammanträde, sammanträda
sit-down ['sɪtdaʊn] *adj* **1** ***~ strike*** sittstrejk **2** sittande [*a ~ supper*]
site [saɪt] **I** *s* **1** tomt; byggplats [äv. *building ~*] **2** plats; ***the ~ of the murder*** mordplatsen **II** *vb tr* placera, förlägga
sit-in ['sɪtɪn] *s* sittstrejk; ockupation
sitting ['sɪtɪŋ] *s* **1** sittande; sittning,

posering [~ *for a painter*] **2** sammanträde, session **3** ***at one*** (***a single***) ~ i ett sträck (tag, svep); på en gång, vid en sittning
sitting room ['sɪtɪŋru:m] *s* **1** vardagsrum **2** sittplats, sittplatser, sittutrymme
situated ['sɪtjʊeɪtɪd] *adj* **1** belägen **2** bildl. ställd [*be badly* ~]; ***comfortably*** ~ välsituerad
situation [ˌsɪtjʊ'eɪʃ(ə)n] *s* **1** läge, belägenhet; bildl. äv. situation, läge [*the political* ~] **2** plats, anställning; ***~s vacant*** rubrik lediga platser
six [sɪks] **I** *räkn* sex **II** *s* sexa; ***at sixes and sevens*** a) i en enda röra b) villrådig
six-footer [ˌsɪks'fʊtə] *s* vard. sex fot (ungefär 180 cm) lång person
sixteen [ˌsɪks'ti:n] *räkn* o. *s* sexton
sixteenth [ˌsɪks'ti:nθ] *räkn* o. *s* sextonde; sextondel
sixth [sɪksθ] *räkn* o. *s* sjätte; sjättedel
sixtieth ['sɪkstɪɪθ] *räkn* o. *s* sextionde; sextiondel
sixty ['sɪkstɪ] **I** *räkn* sextio **II** *s* sextio; sextiotal; ***in the sixties*** på sextiotalet
size [saɪz] **I** *s* storlek, mått, format; nummer **II** *vb tr,* ~ ***up*** mäta, värdera, bedöma [~ *up one's chances*]
sizzle ['sɪzl] **I** *vb itr* fräsa [*sausages sizzling in the pan*] **II** *s* fräsande
1 skate [skeɪt] **I** *s* skridsko; rullskridsko [äv. *roller-skate*] **II** *vb itr* åka skridsko; åka rullskridsko [äv. *roller-skate*]
2 skate [skeɪt] *s* zool. slätrocka
skateboard ['skeɪtbɔ:d] *s* skateboard
skater ['skeɪtə] *s* skridskoåkare; rullskridskoåkare [äv. *roller-skater*]
skating ['skeɪtɪŋ] *s* skridskoåkning; rullskridskoåkning [äv. *roller-skating*]
skein [skeɪn] *s* härva [*a* ~ *of wool*]
skeleton ['skelɪtn] *s* skelett
skeptical o. **skepticism** amer., se *sceptical, scepticism*
sketch [sketʃ] **I** *s* **1** skiss; utkast **2** teat. sketch **II** *vb tr* skissera, göra utkast till
sketchy ['sketʃɪ] *adj* skissartad; knapphändig
skewer [skjʊə] **I** *s* steknål; stekspett, grillspett **II** *vb tr* fästa med steknål (stekspett, grillspett); trä upp på spett
ski [ski:] **I** *s* skida; ~ ***boots*** skidpjäxor; ~ ***stick*** (amer. ***pole***) skidstav **II** *vb itr* åka skidor
skid [skɪd] **I** *s* slirning, sladd, sladdning **II** *vb itr* slira, sladda
skier ['ski:ə] *s* skidåkare, skidlöpare
skiff [skɪf] *s* eka; jolle
skiing ['ski:ɪŋ] *s* skidåkning, skidsport
ski-jumping ['ski:ˌdʒʌmpɪŋ] *s* backhoppning
skilful ['skɪlf(ʊ)l] *adj* skicklig, duktig
skill [skɪl] *s* skicklighet, händighet
skilled [skɪld] *adj* **1** skicklig, duktig **2** yrkesskicklig; ~ ***worker*** yrkesarbetare
skim [skɪm] *vb tr* o. *vb itr* **1** skumma [~ *milk*] **2** glida fram över; glida fram **3** ögna igenom, skumma [~ *a book*]; ~ ***through the newspaper*** ögna igenom (skumma) tidningen
skimpy ['skɪmpɪ] *adj* knapp; för liten (trång)
skin [skɪn] **I** *s* **1** hud; skinn; ***next to the*** ~ närmast kroppen; ***get under a p.'s*** ~ vard. irritera ngn **2** skal [*banana* ~] **II** *vb tr* flå, dra av huden (skinnet) på [~ *a rabbit*]; skala [~ *a banana*]; ***keep one's eyes skinned*** vard. hålla ögonen öppna
skindiver ['skɪnˌdaɪvə] *s* sportdykare
skindiving ['skɪnˌdaɪvɪŋ] *s* sportdykning
skinflint ['skɪnflɪnt] *s* gnidare, snåljåp
skinny ['skɪnɪ] *adj* skinntorr, mager
skinny-dipper ['skɪnɪˌdɪpə] *s* vard. nakenbadare
1 skip [skɪp] **I** *vb itr* o. *vb tr* **1** hoppa [~ *from one subject to another*], skutta; ~ ***over*** hoppa (skutta) över; ~ ***it!*** vard. strunt i det! **2** hoppa rep **II** *s* hopp, skutt
2 skip [skɪp] *s* sopcontainer, container
skipper ['skɪpə] **I** *s* **1** skeppare **2** sport. lagkapten; lagledare **II** *vb tr* **1** vara skeppare på [~ *a boat*] **2** vara lagkapten för [~ *a team*]
skipping-rope ['skɪpɪŋrəʊp] *s* hopprep
skirt [skɜ:t] **I** *s* **1** kjol **2** vard. fruntimmer, brud **3** skört [*the ~s of a coat*] **II** *vb tr* kanta; löpa längs utmed
skirting-board ['skɜ:tɪŋbɔ:d] *s* golvlist
ski-run ['ski:rʌn] *s* skidbacke; skidspår
skit [skɪt] *s* sketch; satir, parodi
skittle ['skɪtl] *s* **1** kägla **2** ***~s*** kägelspel
Skopje [skɔ:pje]
skull [skʌl] *s* skalle; ~ ***and crossbones*** dödskalle med två korslagda benknotor dödssymbol
skullcap ['skʌlkæp] *s* kalott
skunk [skʌŋk] *s* **1** zool. skunk **2** vard. kräk
sky [skaɪ] *s*, ~ el. pl. ***skies*** himmel
sky-blue [ˌskaɪ'blu:] *adj* himmelsblå
sky-borne ['skaɪbɔ:n] *adj* luftburen, flygburen [~ *troops*]

sky-high [ˌskaɪ'haɪ] *adj* o. *adv* vard. skyhög, skyhögt; ***blow ~*** spränga i luften
skyjack ['skaɪdʒæk] *vb tr* kapa flygplan
skyjacker ['skaɪˌdʒækə] *s* flygplanskapare
skylark ['skaɪlɑ:k] *s* sånglärka
skylight ['skaɪlaɪt] *s* takfönster
skyline ['skaɪlaɪn] *s* **1** horisont **2** kontur, silhuett [*the ~ of New York*]
skyscraper ['skaɪˌskreɪpə] *s* skyskrapa
skysign ['skaɪsaɪn] *s* ljusreklamskylt
skywards ['skaɪwədz] *adv* mot himlen
skywriting ['skaɪˌraɪtɪŋ] *s* rökskrift från flygplan
slab [slæb] *s* platta [*~ of stone*], häll; tjock skiva [*~ of cheese*]
slack [slæk] **I** *adj* **1** slö, loj **2** slapp [*~ discipline*], slak **3** stilla, död [*~ season*]; trög [*trade is ~*] **II** *s*, pl. ***~s*** slacks, fritidsbyxor
slacken ['slæk(ə)n] *vb tr* **1** minska [*~ one's efforts*], sakta [*~ the speed*] **2** släppa (lossa) på
slacker ['slækə] *s* vard. slöfock, latmask
slain [sleɪn] se *slay*
slalom ['slɑ:ləm] *s* sport. slalom; ***giant ~*** storslalom
slam [slæm] **I** *vb tr* o. *vb itr* slå (smälla) igen, slås (smällas) igen [äv. *~ to*] **II** *s* smäll
slammer ['slæmə] *s* vard., ***in the ~*** på kåken, i finkan
slander ['slɑ:ndə] **I** *s* förtal, skvaller **II** *vb tr* förtala, baktala
slanderer ['slɑ:ndərə] *s* förtalare, baktalare, bakdantare
slanderous ['slɑ:ndərəs] *adj* bakdantar-; skvalleraktig [*~ tongue*]
slang [slæŋ] *s* slang
slangy ['slæŋɪ] *adj* slangartad, full av slang
slant [slɑ:nt] *vb itr* o. *vb tr* **1** slutta, luta **2** göra lutande (sned) **3** vinkla [*~ the news*]
slap [slæp] **I** *vb tr* smälla (daska) ˈtill; ***~ a p. on the back*** dunka ngn i ryggen; ***~ a p.'s face*** el. ***~ a p. on the face*** slå ngn i ansiktet **II** *s* smäll, slag; ***a ~ on the back*** en dunk i ryggen **III** *adv* vard. bums, pladask [äv. *bang ~*]
slap-bang [ˌslæp'bæŋ] *adv* vard. pang, bums
slapdash ['slæpdæʃ] *adv* o. *adj* vard. hafsigt; hafsig
slapstick ['slæpstɪk] *s* buskteater, buskis
slap-up ['slæpʌp] *adj* vard. flott [*~ dinner*]
slash [slæʃ] **I** *vb tr* o. *vb itr* **1** rista upp, skära sönder **2** vard. sänka kraftigt [*~ prices*] **3** ***~ at*** slå (piska) på (mot) **II** *s* **1** hugg, slag **2** djup skåra
slate [sleɪt] *s* **1** skiffer **2** skifferplatta, takskiffer **3** griffeltavla
slaughter ['slɔ:tə] **I** *s* slakt, slaktande; massaker **II** *vb tr* slakta; massakrera
slaughterhouse ['slɔ:təhaʊs] *s* slakteri, slakthus
Slav [slɑ:v] *s* slav medlem av ett folkslag
slave [sleɪv] **I** *s* slav, slavinna **II** *vb itr* slava, träla [*at* med, på]
slave-driver ['sleɪvˌdraɪvə] *s* slavdrivare
slavery ['sleɪvərɪ] *s* slaveri
slave trade ['sleɪvtreɪd] *s* slavhandel
slave traffic ['sleɪvˌtræfɪk] *s* slavhandel
slavish ['sleɪvɪʃ] *adj* slavisk
Slavonic [slə'vɒnɪk] **I** *adj* slavisk **II** *s* slaviska språk
slay [sleɪ] (*slew slain*) *vb tr* dräpa; litt. slå ihjäl
slayer ['sleɪə] *s* vard. mördare, baneman
sled [sled] *s* släde; kälke
sledge [sledʒ] *s* släde; kälke
sledge-hammer ['sledʒˌhæmə] *s* smedslägga
sleek [sli:k] *adj* om hår el. skinn slät, glatt
sleep [sli:p] **I** (*slept slept*) *vb itr* sova **II** *s* sömn; ***I have had a good ~*** jag har sovit gott; ***drop off to ~*** somna (lura) ˈtill; ***go to ~*** somna
sleeping ['sli:pɪŋ] *adj* o. *s* sovande, sömn-; ***~ accommodation*** sovplats, sovplatser, sängplats, sängplatser; nattlogi; ***~ policeman*** trafik. fartgupp, farthinder; ***the Sleeping Beauty*** Törnrosa
sleeping-bag ['sli:pɪŋbæg] *s* **1** sovsäck; ***sheet ~*** reselakan, lakanspåse **2** sovpåse
sleeping-car ['sli:pɪŋkɑ:] *s* o.
sleeping-carriage ['sli:pɪŋˌkærɪdʒ] *s* järnv. sovvagn
sleeping-compartment ['sli:pɪŋkəmˌpɑ:tmənt] *s* järnv. sovkupé
sleeping-draught ['sli:pɪŋdrɑ:ft] *s* sömndryck, sömnmedel
sleeping-pill ['sli:pɪŋpɪl] *s* sömntablett
sleepless ['sli:pləs] *adj* sömnlös, vaken
sleepwalker ['sli:pˌwɔ:kə] *s* sömngångare
sleepwalking ['sli:pˌwɔ:kɪŋ] *s* att gå i sömnen
sleepy ['sli:pɪ] *adj* sömnig; sömnaktig
sleet [sli:t] *s* snöblandat regn, snöslask
sleeve [sli:v] *s* **1** ärm; ***laugh up one's ~*** skratta i mjugg; ***have a th. up one's ~*** ha

ngt i bakfickan **2** grammofon skivfodral, skivomslag
sleeveboard ['sli:vbɔ:d] *s* ärmbräda
sleigh [sleɪ] *s* släde; kälke
slender ['slendə] *adj* smärt, smal, slank
slept [slept] se *sleep I*
sleuth [slu:θ] *s* vard. deckare, blodhund
sleuth-hound ['slu:θhaʊnd] *s* blodhund; spårhund
slew [slu:] se *slay*
slice [slaɪs] **I** *s* **1** skiva [*a ~ of bread*]; ***~ of bread and butter*** smörgås **2** del, andel [*a ~ of the profits*], stycke **3** stekspade; fiskspade; tårtspade **II** *vb tr* **1** skära upp i skivor, skiva [äv. *~ up*] **2** sport., ***~ a ball*** 'slica' (skruva) en boll
slick [slɪk] *adj* **1** glättad, driven [*~ style*] **2** smart [*~ salesman*]
slid [slɪd] se *slide I*
slide [slaɪd] **I** (*slid slid*) *vb itr* o. *vb tr* **1** glida; halka; rutscha, kana; låta glida, skjuta, skjuta fram (in); ***let things ~*** bildl. strunta i allting **2** sticka [*he slid a coin into my hand*] **II** *s* **1** glidning; glidande **2** isbana, kana; glidbana, rutschbana, rutschkana **3** diapositiv, diabild; ***~ projector*** småbildsprojektor; ***colour ~*** färgdia **4** hårspänne
slide rule ['slaɪdru:l] *s* räknesticka
sliding ['slaɪdɪŋ] *adj* glidande; skjut- [*~ door*]; ***~ roof*** soltak, skjutbart tak
slight [slaɪt] **I** *adj* **1** spenslig, späd **2** klen, bräcklig [*~ foundation*] **3** lätt [*~ cold*], lindrig; ringa; ***not the slightest doubt*** inte det minsta tvivel; ***not in the slightest*** inte på minsta sätt **II** *vb tr* ringakta, nonchalera; skymfa **III** *s* ringaktning
slightly ['slaɪtlɪ] *adv* lätt [*~ wounded*; *touch a th. ~*], svagt, något [*~ better*]
slim [slɪm] **I** *adj* smal, slank, smärt, spenslig **II** *vb itr* o. *vb tr* banta; göra smal (slank)
slime [slaɪm] *s* slem; dy, gyttja
slimming ['slɪmɪŋ] *s* bantning
slim-waisted ['slɪm,weɪstɪd] *adj* smal om midjan
slimy ['slaɪmɪ] *adj* slemmig; dyig, gyttjig
sling [slɪŋ] **I** (*slung slung*) *vb tr* slunga, slänga, kasta **II** *s* **1** slunga; slangbåge **2** med. bindel; ***carry*** (***have***) ***one's arm in a ~*** bära (ha) armen i band
slink [slɪŋk] (*slunk slunk*) *vb itr* smyga, smyga sig, slinka [*~ away (off, in)*]
slip [slɪp] **I** *vb itr* o. *vb tr* **1** glida; halka, halka omkull; ***~ up*** halka; ***the name has slipped my mind*** (***memory***) namnet har fallit mig ur minnet **2** smyga, smyga sig, slinka [*~ away (out, past)*]; ***~ along*** (***across, round, over***) ***to*** vard. kila i väg (över) till **3** göra fel; ***~ up*** vard. dabba sig, göra en tabbe **4** låta glida, smyga, sätta [*~ a ring on to a finger*], sticka [*~ a coin into a p.'s hand*]; ***~ one's clothes off*** (***on***) slänga (dra) av (på) sig kläderna **5** undkomma, undslippa [*~ one's captors*] **II** *s* **1** glidning; halkning **2** fel, lapsus; ***~ of the pen*** skrivfel; ***~ of the tongue*** felsägning **3** örngott **4** underklänning; midjekjol, underkjol; gymnastikdräkt **5** bit, stycke; ***~ of paper*** pappersremsa, papperslapp
slipper ['slɪpə] *s* toffel, slipper
slippery ['slɪpərɪ] *adj* hal, glatt
slipshod ['slɪpʃɒd] *adj* slarvig, hafsig
slip-up ['slɪpʌp] *s* vard. tabbe, fel
slit [slɪt] **I** (*slit slit*) *vb tr* skära (sprätta, fläka) upp **II** *s* **1** reva, skåra, snitt **2** sprund **3** springa, öppning
slither ['slɪðə] *vb itr* hasa, halka; glida
sloe [sləʊ] *s* slånbuske; slånbär
slog [slɒg] *vb itr* o. *vb tr* **1** sport. slugga; dänga ˈtill **2** knoga; ***~ away*** knoga ˈpå, knega vidare
slogan ['sləʊgən] *s* slogan, slagord
sloop [slu:p] *s* sjö. slup enmastat segelfartyg
slop [slɒp] **I** *s* **1** pl. ***~s*** slaskvatten, diskvatten **2** sentimental smörja **II** *vb itr* spillas ut, skvalpa över [äv. *~ over*]
slope [sləʊp] **I** *s* lutning; sluttning **II** *vb itr* slutta, luta
sloping ['sləʊpɪŋ] *adj* sluttande, lutande
sloppy ['slɒpɪ] *adj* **1** slaskig **2** vard. hafsig; slafsig **3** vard. sentimental, pjollrig
slosh [slɒʃ] *vb tr* kladda ˈpå [*~ paint*]; skvätta; skvalpa omkring med
slot [slɒt] *s* **1** springa; myntinkast; brevinkast **2** spår, fals
slot machine ['slɒtməˌʃi:n] *s* varuautomat; spelautomat
slouch [slaʊtʃ] *vb itr* gå (stå, sitta) hopsjunken; ***~ about*** stå och hänga
slouch hat [ˌslaʊtʃ'hæt] *s* slokhatt
Slovak ['sləʊvæk] *s* **1** slovak; ***the ~ Republic*** Slovakiska republiken, Slovakien **2** slovakiska språket
Slovakia [slə(ʊ)'vækɪə] Slovakien
Slovakian [slə(ʊ)'vækɪən] *adj* slovakisk
Slovene ['sləʊvi:n, slə'vi:n] *s* sloven
Slovenia [slə(ʊ)'vi:njə] Slovenien

Slovenian [slə'vi:njən] **I** *adj* slovensk **II** *s* slovenska språket
slovenly ['slʌvnlɪ] *adj* slarvig, hafsig
slow [sləʊ] **I** *adj* långsam, sakta; ***be ~*** gå efter (för sakta) [*be ten minutes ~*]; ***in ~ motion*** i slow-motion (ultrarapid) **II** *adv* långsamt, sakta; ***go ~*** a) gå (springa, köra) sakta (långsamt) b) maska vid arbetskonflikt c) om klocka gå efter **III** *vb itr* o. *vb tr* **1** *~ **down*** (***off, up***) sakta farten, sakta in; sakta [*~ down a car*] **2** försena, fördröja
slowcoach ['sləʊkəʊtʃ] *s* vard. slöfock
slowly ['sləʊlɪ] *adv* långsamt, sakta
slow-motion [ˌsləʊ'məʊʃ(ə)n] *adj,* ***a ~ film*** en film i slow-motion (ultrarapid)
sludge [slʌdʒ] *s* gyttja; slam
sluggish ['slʌgɪʃ] *adj* **1** lat, långsam, trög **2** trögflytande; trög [*~ market*]
sluice [slu:s] *s* sluss; dammlucka
slum [slʌm] *s* **1** slumkvarter; *~ **landlord*** slumhusägare; ***turn into*** (***become***) ***a ~*** förslummas **2** ***the ~s*** slummen
slumber ['slʌmbə] **I** *vb itr* slumra **II** *s* slummer
slummy ['slʌmɪ] *adj* förslummad, slum-
slump [slʌmp] **I** *s* prisfall, lågkonjunktur **II** *vb itr* **1** rasa [*prices slumped*] **2** sjunka ner (ihop)
slung [slʌŋ] se *sling I*
slunk [slʌŋk] se *slink*
slurp [slɜ:p] **I** *vb tr* o. *vb itr* sörpla i sig; sörpla **II** *s* sörplande
slush [slʌʃ] *s* snösörja, snöslask
slushy ['slʌʃɪ] *adj* slaskig
slut [slʌt] *s* slarva; slampa
sluttish ['slʌtɪʃ] *adj* slarvig; slampig
sly [slaɪ] *adj* **1** slug, listig; ***a ~ dog*** vard. en filur; ***on the ~*** i smyg **2** skälmsk
1 smack [smæk] **I** *s* **1** smack, smackning [*~ of* (med) *the lips*] **2** smäll, slag; ***a ~ in the eye*** (***face***) vard. bildl. ett slag i ansiktet **II** *vb tr* **1** smälla, smälla till, daska, daska till, smiska, slå **2** smacka med [*~ one's lips*] **III** *adv* vard. rakt, tvärt; bums
2 smack [smæk] **I** *s* bismak **II** *vb itr, ~ **of*** smaka
small [smɔ:l] **I** *adj* liten; pl. små; *~ **change*** småpengar, växel; *~ **talk*** småprat, kallprat **II** *s* **1** ***the ~ of the back*** korsryggen **2** pl. ***~s*** underkläder; småtvätt
smallholder ['smɔ:lˌhəʊldə] *s* småbrukare
smallish ['smɔ:lɪʃ] *adj* ganska (rätt så) liten
small-minded ['smɔ:lˌmaɪndɪd] *adj* småaktig, småsint
smallpox ['smɔ:lpɒks] *s* smittkoppor
smarmy ['smɑ:mɪ] *adj* inställsam [*~ type of a person*]
smart [smɑ:t] **I** *adj* **1** skarp, svidande [*~ blow*] **2** rask, snabb [*at a ~ pace*] **3** skärpt, duktig; pigg, vaken [*~ lad*] **4** smart, skicklig [*~ politics*] **5** stilig, flott, snofsig **6** fashionabel, fin **II** *vb itr* göra ont, svida; ha ont, plågas; *~ **under*** lida (plågas) av
smart card ['smɑ:tkɑ:d] *s* smart card, aktivkort
smarten ['smɑ:tn] *vb tr* o. *vb itr* snygga upp; *~ **up*** göra sig fin (snygg)
smash [smæʃ] **I** *vb tr* o. *vb itr* **1** slå sönder (i kras), krossa [äv. *~ up*]; gå sönder (i kras), krossas [äv. *~ to pieces*], krascha **2** *~ **into*** krocka (smälla ihop) med **3** sport. smasha **II** *s* **1** slag, smäll; brak, skräll [*fall with a ~*] **2** krock, kollision; krasch; krossande **3** sport. smash
smash-and-grab [ˌsmæʃən'græb] *adj,* ***there was a ~ raid*** (***robbery***) tjuvarna krossade skyltfönstret och tog sakerna (varorna)
smasher ['smæʃə] *s* vard. **1** panggrej, toppgrunka **2** toppenkille; toppentjej
smash-hit ['smæʃhɪt] *s* vard. jättesuccé, dundersuccé; succémelodi
smashing ['smæʃɪŋ] *adj* **1** krossande; förkrossande **2** vard. jättefin, fantastisk
smattering ['smætərɪŋ] *s* ytlig kännedom [*of* om]; ***a ~ of French*** ett hum om franska
smear [smɪə] **I** *s* fläck, fettfläck **II** *vb tr* smeta, smeta ner; fläcka
smell [smel] **I** (*smelt smelt*) *vb tr* känna lukten av; lukta på [*~ a rose*] **II** *s* lukt; ***I noticed a ~ of gas*** jag kände lukten av gas
smelling-bottle ['smelɪŋˌbɒtl] *s* luktflaska
smelling-salts ['smelɪŋsɔ:lts] *s pl* luktsalt
smelly ['smelɪ] *adj* vard. illaluktande, stinkande
smelt [smelt] se *smell I*
smile [smaɪl] **I** *vb itr* le, småle [*at* åt] **II** *s* leende; ***he was all ~s*** han var idel leende
smith [smɪθ] *s* smed
smithereens [ˌsmɪðə'ri:nz] *s pl* vard. småbitar; ***smash to ~*** slå i bitar
smithy ['smɪðɪ] *s* smedja
smock [smɒk] *s* skyddsrock
smog [smɒg] *s* smog, rökblandad dimma
smoke [sməʊk] **I** *s* **1** rök **2** vard. rök, bloss [*long for a ~*] **II** *vb itr* o. *vb tr* **1** ryka [*the*

chimney ~s], osa [*the lamp ~s*] **2** röka [*may I ~?*]; ***smoked ham*** rökt skinka
smoker ['sməʊkə] *s* **1** rökare; ***a heavy ~*** en storrökare **2** vard. rökkupé
smokescreen ['sməʊkskri:n] *s* mil. rökslöja; rökridå äv. bildl.
smoking ['sməʊkɪŋ] **I** *adj* rökande; rykande **II** *s* rökande; ***no ~ allowed*** el. ***no ~*** rökning förbjuden
smoking-compartment ['sməʊkɪŋkəm,pɑ:tmənt] *s* rökkupé
smoking-room ['sməʊkɪŋru:m] *s* rökrum
smoky ['sməʊkɪ] *adj* **1** rykande [*~ chimney*] **2** rökig [*~ room*], rökfylld; röklik, rök- [*~ taste*]
smooth [smu:ð] **I** *adj* **1** slät, jämn [*~ surface*]; blank [*~ paper*] **2** len, fin, slät [*~ skin*] **3** lugn, stilla [*~ sea; ~ crossing*] **4** välblandad, slät, jämn **5** mild, mjuk [*~ wine; ~ voice*] **II** *vb tr* **1** göra jämn (slät), jämna **2** släta 'till [äv. *~ down*]; ***~ out*** släta (jämna) ut; ***~ over*** släta över
smother ['smʌðə] *vb tr* **1** kväva **2** täcka; ***smothered with sauce*** dränkt i sås
smoulder ['sməʊldə] *vb itr* ryka; pyra
smudge [smʌdʒ] **I** *s* smutsfläck, suddigt märke **II** *vb tr* sudda ner (till), kladda ner (till)
smug [smʌg] *adj* självbelåten; trångsynt
smuggle ['smʌgl] *vb tr* o. *vb itr* smuggla
smuggler ['smʌglə] *s* smugglare
smuggling ['smʌglɪŋ] *s* smuggling
snack [snæk] *s* matbit, lätt mål
snack bar ['snækbɑ:] *s* snackbar, lunchbar
snag [snæg] *s* stötesten; ***there's a ~ in it somewhere*** det finns en hake någonstans
snail [sneɪl] *s* snigel med skal
snake [sneɪk] *s* orm
snake-bite ['sneɪkbaɪt] *s* ormbett
snap [snæp] **I** *vb itr* o. *vb tr* **1** nafsa, snappa, hugga [*at* efter]; ***~ up*** nafsa (nappa) åt sig, snappa upp **2** fräsa, fara ut [*she snapped at him*] **3** gå av (itu), brytas av (itu), bryta av (itu) [äv. *~ off*]; slita av [*~ a thread*] **4** knäppa, knäppa till; knäppa med [*~ one's fingers*], smälla med [*~ a whip*] **5** vard., ***~ into it*** raskt ta itu med saken; ***try to ~ out of it!*** försök att komma över det!

II *s* **1** a) knäpp, knäppande [*a ~ with one's fingers*] b) knäck; smäll [*the oar broke with a ~*] **2** tryckknäppe, lås [*the ~ of a bracelet*]; tryckknapp
snapdragon ['snæp,dræg(ə)n] *s* bot. lejongap
snap-fastener ['snæp,fɑ:snə] *s* tryckknapp; tryckknäppe
snappy ['snæpɪ] *adj* kvick; ***make it (look) ~!*** vard. raska på!
snapshot ['snæpʃɒt] *s* foto. kort, snapshot
snare [sneə] **I** *s* snara **II** *vb tr* snara, snärja
snarl [snɑ:l] **I** *vb itr* morra **II** *s* morrande
snatch [snætʃ] **I** *vb tr* rycka till sig, rafsa åt sig, gripa **II** *s* hugg, grepp
sneak [sni:k] **I** *vb itr* **1** smyga, smyga sig **2** skol. sl. skvallra **II** *s* skol. sl. skvallerbytta **III** *adj* överrasknings- [*~ raid*], smyg-
sneakers ['sni:kəz] *s pl* amer. gymnastikskor, tennisskor
sneer [snɪə] **I** *vb itr* **1** hånle [*at* åt] **2** ***~ at*** håna **II** *s* **1** hånleende **2** hån
sneering ['snɪərɪŋ] *adj* hånfull
sneeze [sni:z] **I** *vb itr* nysa **II** *s* nysning
sniff [snɪf] **I** *vb itr* o. *vb tr* **1** vädra, lukta [*at* på], sniffa; snörvla **2** fnysa, rynka på näsan [*at* åt] **3** andas in; sniffa på; lukta på **II** *s* **1** inandning; snörvling **2** andetag; sniff
sniffer ['snɪfə] *s* vard. **1** sniffare **2** ***~ dog*** narkotikahund
snifter ['snɪftə] *s* aromglas, sup
snigger ['snɪgə] **I** *vb itr* fnissa **II** *s* fnissande
snip [snɪp] *vb tr* klippa (knipsa) 'av
snipe [snaɪp] **I** *s* zool. beckasin; snäppa **II** *vb itr* o. *vb tr* mil. skjuta (döda) från bakhåll
sniper ['snaɪpə] *s* mil. prickskytt; krypskytt
snivel ['snɪvl] *vb itr* gnälla, lipa, snyfta
snob [snɒb] *s* snobb
snobbery ['snɒbərɪ] *s* snobberi
snobbish ['snɒbɪʃ] *adj* snobbig
snooker ['snu:kə] *s* slags biljard
snoop [snu:p] *vb itr* vard. snoka, spionera
snooper ['snu:pə] *s* vard. snokare, spion
snooty ['snu:tɪ] *adj* vard. snorkig, mallig
snooze [snu:z] vard. **I** *vb itr* ta sig en lur **II** *s* tupplur
snore [snɔ:] **I** *vb itr* snarka **II** *s* snarkning
snorkel ['snɔ:kl] *s* snorkel
snort [snɔ:t] **I** *vb itr* fnysa; frusta **II** *s* fnysning
snot [snɒt] *s* vard. snor
snotty ['snɒtɪ] *adj* vard. **1** snorig **2** snorkig
snout [snaʊt] *s* nos, tryne
snow [snəʊ] **I** *s* snö; snöfall **II** *vb itr* snöa
snowball ['snəʊbɔ:l] **I** *s* snöboll **II** *vb itr* o. *vb tr* kasta snöboll; kasta snöboll på
snow-bound ['snəʊbaʊnd] *adj* insnöad
snow-capped ['snəʊkæpt] *adj* snötäckt [*~ mountains*]

snowdrift ['snəʊdrɪft] *s* snödriva
snowdrop ['snəʊdrɒp] *s* snödroppe
snowfall ['snəʊfɔ:l] *s* snöfall
snowflake ['snəʊfleɪk] *s* snöflinga
snowman ['snəʊmæn] *s* snögubbe
snowstorm ['snəʊstɔ:m] *s* snöstorm
snowtyre ['snəʊˌtaɪə] *s* vinterdäck
snowy ['snəʊɪ] *adj* snöig, snötäckt
Snr. o. **snr.** ['si:njə] (förk. för *senior*) sr, s:r
snub [snʌb] **I** *vb tr* snäsa av **II** *s* avsnäsning **III** *adj*, ~ ***nose*** trubbnäsa
snub-nosed ['snʌbnəʊzd] *adj* trubbnosig
1 snuff [snʌf] *s* snus; ***a pinch of*** ~ en pris snus
2 snuff [snʌf] *vb tr* snoppa, putsa [~ *a candle*]; ~ ***out*** släcka med t.ex. ljussläckare
snuffbox ['snʌfbɒks] *s* snusdosa
snug [snʌg] *adj* **1** ***be*** ~ ***in bed*** ha det varmt och skönt i sängen **2** trivsam, mysig
snuggle ['snʌgl] *vb itr*, ~ ***up to (against)*** trycka sig intill
so [səʊ] **I** *adv* så; sålunda, på detta sätt; därför, följaktligen [*she's ill* ~ *she can't come*]; ***it's*** ~ ***kind of you*** det var mycket vänligt av dig; ***is that*** ~***?*** jaså?, säger du det?; ***if*** ~ i så fall; ***I'm afraid*** ~ jag är rädd för det; ***I believe*** ~ jag tror det; ***I told you*** ~***!*** vad var det jag sa!; [***It was cold yesterday.***] ***So it was.*** ...Ja,det var det; ***he's hungry and*** ~ ***am I*** han är hungrig och det är jag också (med) **II** *konj* **1** så, och därför, varför [*she asked me to go,* ~ *I went*] **2** i utrop så, jaså, alltså [~ *you're back again!*]; ~ ***there!*** så det så!; ~ ***what?*** än sen då?
soak [səʊk] **I** *vb tr* **1** blöta, lägga i blöt **2** göra genomvåt; ***soaked through*** genomvåt, genomblöt **II** *s* genomblötning; blötläggning; ***give a*** ~ el. ***put in*** ~ lägga i blöt
soaking ['səʊkɪŋ] **I** *s* uppblötning; blötläggning **II** *adj* genomvåt **III** *adv*, ~ ***wet*** genomvåt
so-and-so ['səʊənsəʊ] *s* **1** den och den, det eller det **2** neds. typ, fårskalle [*that old* ~]
soap [səʊp] **I** *s* tvål; såpa; ***a*** ~ en tvålsort; ***a cake (piece, tablet) of*** ~ en tvål; ~ ***opera*** vard. 'tvålopera' kommersiell ofta sentimental radio- el. TV-serie **II** *vb tr* tvåla, tvåla in
soapdish ['səʊpdɪʃ] *s* tvålkopp, tvålfat
soapflakes ['səʊpfleɪks] *s pl* tvålflingor
soapsuds ['səʊpsʌdz] *s pl* tvållödder, såplödder
soar [sɔ:] *vb itr* flyga (sväva) högt, stiga
soaring ['sɔ:rɪŋ] *adj* ständigt stigande, skyhög
sob [sɒb] **I** *vb itr* **1** snyfta **2** flämta **II** *s* snyftning, snyftande
sober ['səʊbə] **I** *adj* **1** nykter; ***become*** ~ nyktra till **2** måttfull, sansad; sober, dämpad, diskret [~ *colours*] **II** *vb tr* o. *vb itr* **1** få (göra) nykter [äv. ~ *up (down)*] **2** ~ ***up (down)*** nyktra till, bli nykter
so-called [ˌsəʊ'kɔ:ld, attributivt 'səʊkɔ:ld] *adj* s.k., så kallad
soccer ['sɒkə] *s* vard. (kortform för *Association football*) vanlig fotboll i motsats till rugby el. amerikansk fotboll
sociable ['səʊʃəbl] *adj* sällskaplig; gemytlig
social ['səʊʃ(ə)l] *adj* **1** social, social-; samhällelig, samhälls-; ~ ***climber*** streber; ~ ***welfare*** socialvård; ~ ***worker*** el. ~ ***welfare worker*** socialarbetare **2** sällskaplig; sällskaps- [~ *talents*]
socialism ['səʊʃəlɪz(ə)m] *s* socialism
socialist ['səʊʃəlɪst] **I** *s* socialist; ofta ***Socialist*** socialdemokrat **II** *adj* socialistisk, socialist-; ofta ***Socialist*** socialdemokratisk
society [sə'saɪətɪ] *s* **1** samhälle, samhället **2** samfund, sällskap, förening **3** ~ el. ***high*** ~ societet, societeten, sällskapslivet
sociologist [ˌsəʊʃɪ'ɒlədʒɪst] *s* sociolog
sociology [ˌsəʊʃɪ'ɒlədʒɪ] *s* sociologi
1 sock [sɒk] *s* kortstrumpa, socka; ***pull one's*** ~***s up*** vard. skärpa sig
2 sock [sɒk] sl. **I** *s*, ***a*** ~ ***on the jaw*** en snyting **II** *vb tr* slå, dänga till; ~ ***a p. on the jaw*** ge ngn en snyting
socket ['sɒkɪt] *s* **1** ***eye*** ~ ögonhåla **2** hållare, sockel, fattning [*lamp* ~]; uttag
1 sod [sɒd] *s* gräsmark, grästorv
2 sod [sɒd] vulg. **I** *s* jävel, knöl **II** *vb tr*, ~ ***it!*** fan! **III** *vb itr*, ~ ***about*** larva omkring
soda ['səʊdə] *s* **1** soda; ***bicarbonate of*** ~ bikarbonat **2** sodavatten; ***a whisky and*** ~ en whiskygrogg
soda fountain ['səʊdəˌfaʊntən] *s* ungefär glassbar; sodabar, läskedrycksbar
sodium ['səʊdjəm] *s* natrium
sofa ['səʊfə] *s* soffa
soft [sɒft] *adj* **1** mjuk; lös; ***have a*** ~ ***spot for*** vara svag för **2** dämpad [~ *light*; ~ *music*], mild; ~ ***pedal*** mus. vard. vänsterpedal **3** ~ ***drink*** läskedryck **4** lätt, lindrig [~ *job*]
soft-boiled [ˌsɒft'bɔɪld] *adj* löskokt [~ *eggs*]
soften ['sɒfn] *vb tr* **1** mjuka upp, göra

mjuk [bildl. ofta ~ *up*] **2** dämpa, mildra, lindra
soft-hearted [ˌsɒft'hɑ:tɪd] *adj* godhjärtad
software ['sɒftweə] *s* data. mjukvara, programvara
soggy ['sɒgɪ] *adj* blöt, uppblött
1 soil [sɔɪl] *s* **1** jord, jordmån, mull, mylla **2** mark [*on foreign ~*]
2 soil [sɔɪl] *vb tr* smutsa, smutsa ner, solka, solka ner; ***soiled linen*** smutskläder, smutstvätt
solar ['səʊlə] *adj* **1** sol- [*~ system (energy)*] **2** *~ **plexus*** ([ˌsəʊlə'pleksəs]) anat. el. boxn. solarplexus
solarium [sə'leərɪəm] *s* solarium
sold [səʊld] se *sell*
solder ['sɒldə] *vb tr* löda
soldier ['səʊldʒə] *s* **1** soldat; ***tin*** (***toy***) ~ tennsoldat **2** militär, krigare [*a great ~*]
1 sole [səʊl] **I** *s* **1** skosula; fotsula **2** zool. sjötunga **II** *vb tr* sula, halvsula
2 sole [səʊl] *adj* enda; ensam i sitt slag; ~ ***agent*** (***distributor***) ensamförsäljare
solecism ['sɒlɪsɪz(ə)m] *s* språkfel, groda
solely ['səʊllɪ] *adv* **1** ensam [*~ responsible*] **2** endast, uteslutande, blott
solemn ['sɒləm] *adj* högtidlig, allvarlig
solemnity [sə'lemnətɪ] *s* högtidlighet
solicit [sə'lɪsɪt] *vb tr* enträget be, hemställa hos
solicitor [sə'lɪsɪtə] *s* underrätts- advokat som ger råd i juridiska frågor
solicitude [sə'lɪsɪtju:d] *s* **1** överdriven omsorg **2** oro, ängslan [*for* för]
solid ['sɒlɪd] **I** *adj* **1** fast [*~ fuel*]; ~ ***food*** fast föda; ***frozen*** ~ hårdfrusen **2** solid; ~ ***gold*** massivt guld **3** bastant, stadig [*a ~ meal*]; stark, kraftig **4** obruten, sammanhängande; ***two ~ hours*** två timmar i sträck, två hela timmar; ***a ~ day's work*** en hel dags arbete **II** *s* **1** fys. fast kropp **2** pl. ***~s*** fast föda
solidarity [ˌsɒlɪ'dærətɪ] *s* solidaritet, samhörighetskänsla
solidify [sə'lɪdɪfaɪ] *vb tr* o. *vb itr* göra fast (solid); övergå till fast form; bli fast (solid)
solidity [sə'lɪdətɪ] *s* fasthet; soliditet
soliloquy [sə'lɪləkwɪ] *s* speciellt teat. monolog
solitary ['sɒlɪtrɪ] *adj* **1** ensam [*a ~ traveller*]; enslig; ~ ***confinement*** placering i ensamcell (isoleringscell) **2** enda [*not a ~ instance (one)*]
solitude ['sɒlɪtju:d] *s* ensamhet, avskildhet
solo ['səʊləʊ] **I** (pl. *~s*) *s* **1** mus. solo **2** solouppträdande, solonummer **II** *adj* solo-, ensam- [*~ flight* (flygning)] **III** *adv* solo, ensam [*fly ~*]
soloist ['səʊləʊɪst] *s* solist
solstice ['sɒlstɪs] *s* solstånd [*summer (winter) ~*]
soluble ['sɒljʊbl] *adj* **1** upplösbar, löslig [*~ in water*] **2** lösbar [*a ~ problem*]
solution [sə'lu:ʃ(ə)n] *s* lösande, lösning [*the ~ of a problem*]; upplösning; kem. lösning
solve [sɒlv] *vb tr* lösa [*~ a problem*], tyda
sombre ['sɒmbə] *adj* mörk, dyster
sombrero [sɒm'breərəʊ] (pl. *~s*) *s* sombrero
some [sʌm, obetonat səm] **I** *indef pron* **1** a) någon, något, några b) viss [*it is open on ~ days*] c) en del [*~ of it was spoilt*], somlig d) litet [*would you like ~ more?*]; ~ ***day*** någon (en) dag; ~ ***people*** somliga, en del **2** åtskillig, en hel del [*that will take ~ courage*]; ***for ~ time yet*** än på ett bra tag **3** vard., ***that was ~ party!*** det kan man verkligen kalla en fest! **II** *adv* framför räkneord etc. ungefär, omkring, en [*~ twenty minutes*]; ~ ***dozen people*** ett dussintal människor
somebody ['sʌmbədɪ] **I** *indef pron* någon; ~ ***or other*** någon, någon vem det nu är (var) **II** *s*, ***he thinks he is*** ~ han tror att han är något
somehow ['sʌmhaʊ] *adv* på något (ett eller annat) sätt [äv. *~ or other*]; av någon anledning [*she never liked me, ~*]
someone ['sʌmwʌn] *indef pron = somebody I*
somersault ['sʌməsɔ:lt] *s*, ***turn*** (***do***) ***a*** ~ slå en kullerbytta (volt, saltomortal)
something ['sʌmθɪŋ] *indef pron* o. *s* något, någonting; ~ ***or other*** någonting, någonting vad det nu är (var); ~ ***of the kind*** (***sort***) någonting ditåt (åt det hållet); ***you've got ~ there!*** där sa du någonting!
sometime ['sʌmtaɪm] **I** *adv* någon gång; ~ ***or other*** någon gång, någon gång i framtiden **II** *adj* förra [*~ (the ~) chairman*]
sometimes ['sʌmtaɪmz] *adv* ibland
somewhat ['sʌmwɒt] *adv* något, rätt, ganska
somewhere ['sʌmweə] *adv* någonstans; ~ ***else*** någon annanstans; ~ ***or other*** någonstans; ~ ***about*** (***round***) ***Christmas***

vid jultiden; ~ ***about*** (***round***) ***ten pounds*** ungefär 10 pund
somnolent ['sɒmnələnt] *adj* sömnig, dåsig
son [sʌn] *s* **1** son; ~ ***of a bitch*** speciellt amer. sl. jävel, knöl **2** i tilltal min gosse
sonata [sə'nɑ:tə] *s* mus. sonat
song [sɒŋ] *s* sång; visa; ***buy*** (***sell***) ***a th. for a*** ~ köpa (sälja) ngt för en spottstyver
song hit ['sɒŋhɪt] *s* schlager
son-in-law ['sʌnɪnlɔ:] (pl. *sons-in-law* ['sʌnzɪnlɔ:]) *s* svärson, måg
sonnet ['sɒnɪt] *s* sonett
sonny ['sʌnɪ] *s* vard., tilltal lille gosse, min lille gosse
sonorous ['sɒnərəs] *adj* ljudande, ljudlig; sonor, klangfull
soon [su:n] *adv* **1** snart, strax; ***as*** (***so***) ~ ***as*** så snart (fort) som; ***too*** ~ för tidigt; ~ ***after*** a) kort därefter b) kort efter att **2** ***just as*** ~ el. ***as*** ~ lika gärna; ***I would just as*** ~ ***not go there*** jag skulle helst vilja slippa gå dit
sooner ['su:nə] *adv* **1** tidigare; ~ ***or later*** förr eller senare; ***the*** ~ ***the better*** ju förr dess bättre; ***no*** ~ ***did we sit down than*** vi hade knappt satt oss förrän; ***no*** ~ ***said than done*** sagt och gjort **2** hellre, snarare
soot [sʊt] **I** *s* sot **II** *vb tr* sota, sota ner
soothe [su:ð] *vb tr* lugna; lindra
soothing ['su:ðɪŋ] *adj* lugnande, lindrande
sooty ['sʊtɪ] *adj* sotig
sop [sɒp] *vb tr*, ~ ***up*** suga upp, torka upp [~ *up water with a towel*]
sophisticated [sə'fɪstɪkeɪtɪd] *adj* sofistikerad, raffinerad; sinnrik, avancerad
sophistication [sə,fɪstɪ'keɪʃ(ə)n] *s* raffinemang; förfining, finesser
sopping ['sɒpɪŋ] *adv*, ~ ***wet*** genomblöt
soppy ['sɒpɪ] *adj* bildl. vard. fånig; blödig
soprano [sə'prɑ:nəʊ] **I** (pl. *~s*) *s* sopran **II** *adj* sopran-
sorbet ['sɔ:beɪ] *s* sorbet
sordid ['sɔ:dɪd] *adj* eländig; simpel, tarvlig
sore [sɔ:] **I** *adj* **1** öm [~ *feet*]; inflammerad; ***a sight for*** ~ ***eyes*** en fröjd för ögat; ***have a*** ~ ***throat*** ha ont i halsen **2** bildl. känslig, ömtålig **3** speciellt amer. vard. irriterad, förargad **II** *s* ont (ömt) ställe; varsår, varböld
sorrow ['sɒrəʊ] **I** *s* sorg, bedrövelse **II** *vb itr* sörja
sorrowful ['sɒrəf(ʊ)l] *adj* sorgsen; sorglig
sorry ['sɒrɪ] *adj* **1** ledsen; ***so*** ~! el. ~! förlåt!, ursäkta mig!, ursäkta!; ***I'm very*** ~ ***to hear it*** det var tråkigt att höra; ***I feel*** ~ ***for you*** jag tycker synd om dig; ***you'll be*** ~ ***for this!*** det här kommer du att få ångra! **2** ynklig [*a* ~ *sight*], eländig [*a* ~ *performance*], dålig
sort [sɔ:t] **I** *s* sort, slag; typ; ***he is a good*** (***decent***) ~ vard. han är bussig; ~ ***of*** vard. liksom, på något vis; ***all*** ~***s of things*** alla möjliga saker; ***that*** ~ ***of thing*** sådant där; ***what*** ~ ***of*** vad för slags (sorts); hurdan; ***nothing of the*** ~ inte alls så; som svar visst inte!, inte alls!; ***something of the*** ~ något sådant; ***out of*** ~***s*** a) krasslig, vissen b) ur gängorna, nere
II *vb tr* sortera, ordna; ~ ***out*** sortera, sortera ut; vard. ordna (reda) upp [~ *out one's problems*]; ***things will*** ~ ***themselves out*** vard. det ordnar sig; ***get oneself sorted out*** vard. komma i ordning; ***sorting office*** post. sorteringskontor
sorter ['sɔ:tə] *s* speciellt post. sorterare
SOS [,esəʊ'es] *s* **1** SOS; ~ ***signal*** el. ~ nödsignal **2** radio. personligt meddelande
so-so ['səʊsəʊ] *adj* o. *adv* vard. skaplig, skapligt, sådär
sot [sɒt] *s* fyllbult, fyllo
soufflé ['su:fleɪ] *s* kok. sufflé
sought [sɔ:t] se *seek*
soul [səʊl] *s* själ; ***poor*** ~ stackars människa
soul-destroying ['səʊldɪ,strɔɪɪŋ] *adj* själsdödande [~ *work*]
soul-searching ['səʊl,sɜ:tʃɪŋ] *s* självrannsakan
soul-stirring ['səʊl,stɜ:rɪŋ] *adj* gripande
1 sound [saʊnd] **I** *adj* **1** frisk [~ *teeth*], sund **2** klok; sund, riktig **3** säker, solid [*a* ~ *investment*] **4** grundlig; ***a*** ~ ***thrashing*** ett ordentligt kok stryk **II** *adv* sunt; ***be*** ~ ***asleep*** sova djupt (gott)
2 sound [saʊnd] **I** *s* **1** ljud; ***within*** (***out of***) ~ inom (utom) hörhåll [*of* för] **2** ton, klang; ***I don't like the*** ~ ***of it*** det låter inte bra, det låter oroande **II** *vb itr* o. *vb tr* **1** ljuda, tona, klinga **2** låta [*the music ~s beautiful*] **3** låta ljuda, blåsa, blåsa i [~ *a trumpet*]; ~ ***the alarm*** slå larm; ~ ***the all-clear*** ge 'faran över' **4** speciellt mil. blåsa till, beordra; ~ ***an*** (***the***) ***alarm*** slå (blåsa) alarm
3 sound [saʊnd] *vb tr* sondera, pejla
4 sound [saʊnd] *s* sund
sound barrier ['saʊnd,bærɪə] *s* ljudvall; ***break the*** ~ spränga ljudvallen

sound effects ['saʊndɪˌfekts] *s pl* ljudeffekter; radio. äv. ljudkulisser
sounding ['saʊndɪŋ] *s* sondering, pejling
soundproof ['saʊndpru:f] **I** *adj* ljudtät, ljudisolerande **II** *vb tr* ljudisolera
soundwave ['saʊndweɪv] *s* ljudvåg
soup [su:p] *s* kok. soppa; ***thick ~*** redd soppa; ***be in the ~*** vard. ha råkat i klistret
soup plate ['su:ppleɪt] *s* sopptallrik, djup tallrik
sour ['saʊə] **I** *adj* sur, syrlig; ***go ~*** surna **II** *vb tr* göra sur, komma att surna; bildl. förbittra
source [sɔ:s] *s* källa; ***~ of energy*** energikälla; ***from a reliable ~*** ur säker källa
souse [saʊs] *vb tr* lägga i saltlake (marinad); ***soused herring*** ungefär inkokt strömming
south [saʊθ] **I** *s* **1** söder, syd; ***to the ~ of*** söder om **2** ***the South*** södern, sydliga länder; södra delen; ***the South*** i USA Södern, sydstaterna **II** *adj* sydlig, södra, söder-; ***South America*** Sydamerika; ***the South Pole*** sydpolen **III** *adv* mot (åt) söder, söderut; ***~ of*** söder om
southbound ['saʊθbaʊnd] *adj* sydgående
south-east [ˌsaʊθ'i:st] **I** *s* sydost, sydöst **II** *adj* sydöstlig, sydostlig, sydöstra **III** *adv* mot (i) sydost; ***~ of*** sydost om
south-easterly [ˌsaʊθ'i:stəlɪ] *adj* sydostlig
south-eastern [ˌsaʊθ'i:stən] *adj* sydostlig
southerly ['sʌðəlɪ] *adj* sydlig
southern ['sʌðən] *adj* **1** sydlig; södra, söder- **2** sydländsk
southerner ['sʌðənə] *s* person från södra delen av landet (ett land); sydlänning
southernmost ['sʌðənməʊst] *adj* sydligast
southward ['saʊθwəd] **I** *adj* sydlig **II** *adv* mot söder
southwards ['saʊθwədz] *adv* mot söder
south-west [ˌsaʊθ'west] **I** *s* sydväst **II** *adj* sydvästlig, sydvästra **III** *adv* mot (i) sydväst; ***~ of*** sydväst om
south-western [ˌsaʊθ'westən] *adj* sydvästlig, sydvästra
souvenir [ˌsu:və'nɪə] *s* souvenir, minne, minnesgåva
sou'-wester [saʊ'westə] *s* sydväst huvudbonad
sovereign ['sɒvrən] **I** *adj* **1** högst, högsta [*~ power*] **2** suverän [*a ~ state*] **II** *s* **1** monark, regent **2** sovereign tidigare eng. guldmynt; = *£1*
sovereignty ['sɒvrəntɪ] *s* **1** suveränitet, högsta makt **2** överhöghet
Soviet ['səʊvɪət] *adj* sovjet-; sovjetisk; ***the ~ Union*** el. ***the Union of ~ Socialist Republics*** hist. Sovjetunionen, Sovjet
1 sow [səʊ] (imperfekt *sowed*; perfekt particip *sown* el. *sowed*) *vb itr* o. *vb tr* **1** så; ***as a man ~s, so shall he reap*** ordspr. som man sår får man skörda **2** beså [*~ a field with wheat*]
2 sow [saʊ] *s* sugga
sown [səʊn] se *1 sow*
soy [sɔɪ] *s* **1** soja, sojasås; ***~ sauce*** soja, sojasås **2** sojaböna
soya ['sɔɪə] *s* **1** sojaböna **2** ***~ sauce*** soja, sojasås
soya bean ['sɔɪəbi:n] *s* o. **soybean** ['sɔɪbi:n] *s* sojaböna
spa [spɑ:] *s* **1** brunnsort **2** hälsobrunn
space [speɪs] **I** *s* **1** rymd, rymden; ***outer ~*** yttre rymden; ***~ trip*** rymdfärd **2** utrymme, plats; avstånd, mellanrum; ***blank ~*** tomrum, lucka; ***living ~*** livsrum; ***the wide open ~s*** de stora vidderna; ***it takes up too much ~*** det tar för mycket plats **3** tidrymd [äv. *~ of time*], period; ***for (in) the ~ of a month*** under en månad **II** *vb tr* göra mellanrum mellan; ***~ out*** placera ut; sprida, sprida ut
spacecraft ['speɪskrɑ:ft] (pl. lika) *s* rymdfarkost, rymdskepp
spaceman ['speɪsmæn] (pl. *spacemen* ['speɪsmən]) *s* rymdfarare, astronaut, kosmonaut
spaceprobe ['speɪsprəʊb] *s* rymdsond
space-saving ['speɪsˌseɪvɪŋ] *adj* utrymmessparande, utrymmessnål
spaceship ['speɪsʃɪp] *s* rymdskepp
spacesuit ['speɪssu:t, 'speɪssju:t] *s* rymddräkt
space travel ['speɪsˌtrævl] *s* rymdfärder
spacious ['speɪʃəs] *adj* rymlig; spatiös
1 spade [speɪd] *s* kortsp. spaderkort; pl. ***~s*** spader
2 spade [speɪd] *s* spade; ***call a ~ a ~*** nämna en sak vid dess rätta namn
spadeful ['speɪdf(ʊ)l] *s* spade mått
spadework ['speɪdwɜ:k] *s* förarbete, grovarbete
spaghetti [spə'getɪ] *s* spaghetti
Spain [speɪn] Spanien
span [spæn] **I** *s* **1** avstånd mellan tumme och lillfinger utspärrade **2** brospann, valv **3** spännvidd, räckvidd, omfång; flyg. äv. vingbredd **4** tidrymd **II** *vb tr* om t.ex. bro

spänna (leda) över [~ *a river*]; omspänna, spänna (nå) över

spangle ['spæŋgl] *s* paljett; pl. ***~s*** äv. glitter

Spaniard ['spænjəd] *s* spanjor; spanjorska

spaniel ['spænjəl] *s* spaniel hundras

Spanish ['spænɪʃ] **I** *adj* spansk; ~ ***chestnut*** äkta (ätlig) kastanj; ~ ***onion*** stor gul steklök, spansk lök **II** *s* **1** spanska språket **2** ***the*** ~ spanjorerna **3** vard. lakrits

spank [spæŋk] **I** *vb tr* ge smäll (smisk); daska till; ***be spanked*** få smäll (smisk) **II** *s* smäll, dask

spanking ['spæŋkɪŋ] *s* smäll, dask; ***give a*** ~ ge smäll (smisk)

spanner ['spænə] *s* skruvnyckel; ***adjustable*** ~ skiftnyckel; ***throw a ~ into the works*** bildl. sätta en käpp i hjulet

spar [spɑ:] **I** *vb itr* sparra; träningsboxas **II** *s* sparring; träningsboxning

spare [speə] **I** *adj* ledig; extra, reserv- [*a ~ key*; ~ *parts*]; ~ ***bed*** extrasäng; ~ ***cash*** pengar som blir över, pengar över; ~ ***room*** (***bedroom***) gästrum; ~ ***time*** fritid **II** *vb tr* **1** avvara, undvara [*can you ~ a pound?*]; ***can you ~ me a few minutes?*** har du några minuter över?; [***he caught the train***] ***with a few minutes to*** ~ ...med några minuters marginal **2** a) skona [~ *a p.'s life (feelings)*] b) bespara [*a p. a th.* ngn ngt], förskona [*a p. a th.* ngn från (för) ngt] **3** spara på; ~ ***no pains*** (***expense***) inte sky (spara) någon möda (utgift) **III** *s* reservdel, lös del

spareribs ['speərɪbz] *s* kok. revbensspjäll

spark [spɑ:k] **I** *s* gnista [*a ~ of hope*] **II** *vb itr* o. *vb tr* gnistra; ~ ***off*** el. ~ utlösa, vara den tändande gnistan till

sparking-plug ['spɑ:kɪŋplʌg] *s* tändstift

sparkle ['spɑ:kl] **I** *vb itr* **1** gnistra, spraka; briljera; ***sparkling eyes*** strålande ögon **2** om vin moussera, pärla **II** *s* **1** gnistrande, sprakande; bildl. briljans **2** pärlande

sparkler ['spɑ:klə] *s* tomtebloss

spark plug ['spɑ:kplʌg] *s* tändstift

sparring-partner ['spɑ:rɪŋˌpɑ:tnə] *s* sparringpartner

sparrow ['spærəʊ] *s* sparv

sparse [spɑ:s] *adj* gles [*a ~ population*]

Spartan ['spɑ:t(ə)n] **I** *adj* spartansk **II** *s* spartan

spasm ['spæz(ə)m] *s* **1** spasm, kramp **2** anfall [*a ~ of coughing*]

spasmodic [spæz'mɒdɪk] *adj* spasmodisk; bildl. stötvis

spastic ['spæstɪk] **I** *adj* spastisk **II** *s* spastiker

1 spat [spæt] se *2 spit I*

2 spat [spæt] *s*, vanl. pl. ***~s*** korta damasker

spate [speɪt] *s* ström [*a ~ of letters*]

spatter ['spætə] **I** *vb tr* stänka ned; stänka **II** *s* stänkande; stänk; skur [*a ~ of rain*]

spatula ['spætjʊlə] *s* **1** spatel **2** kok. stekspade

spawn [spɔ:n] **I** *vb tr* o. *vb itr* lägga rom, ägg (om t.ex. fiskar); yngla, leka, lägga rom; yngla av sig **II** *s* rom; ägg av vissa skaldjur

speak [spi:k] (*spoke spoken*) *vb itr* o. *vb tr* **1** tala; ***so to*** ~ så att säga; ***speaking!*** i telefon det är jag som talar; ***Smith speaking!*** i telefon det här är Smith!; ***seriously speaking*** allvarligt talat; ***strictly speaking*** strängt taget, egentligen; ***speaking of*** på tal om, apropå; ***not to ~ of*** för att nu inte tala om (nämna); ~ ***to*** a) tilltala, tala till b) säga ˈåt, säga ˈtill, tala allvar med [*you had better ~ to the boy*] **2** säga, yttra; ~ ***the truth*** säga sanningen; tala sanning

speaker ['spi:kə] *s* **1** talare [*a fine ~*]; ***Speaker*** parl. talman **2** högtalare

speaking ['spi:kɪŋ] *adj* o. *s* talande; tal- [*a ~ part* (roll)]; i sammansättningar -talande [*English-speaking*]; ***they are not on ~ terms*** de är osams

speaking-tube ['spi:kɪŋtju:b] *s* talrör

spear [spɪə] **I** *s* spjut **II** *vb tr* genomborra med spjut

spearmint ['spɪəmɪnt] *s* tuggummi med mintsmak

special ['speʃ(ə)l] **I** *adj* speciell, särskild [~ *reasons*]; special-, extra-; ~ ***delivery*** express; ~ ***edition*** extraupplaga, extranummer **II** *s*, ***today's*** ~ dagens rätt på matsedel

specialist ['speʃəlɪst] *s* specialist

speciality [ˌspeʃɪ'ælətɪ] *s* **1** utmärkande drag, egendomlighet **2** specialitet

specialize ['speʃəlaɪz] *vb tr* o. *vb itr* specialisera; specialisera sig [*in, on* på, inom]

specially ['speʃəlɪ] *adv* särskilt, speciellt

species ['spi:ʃi:z] (pl. lika) *s* **1** art, species; ***the*** ~ el. ***the human*** ~ människosläktet; ***the origin of*** ~ arternas uppkomst **2** slag, sort, typ

specific [spə'sɪfɪk] *adj* **1** bestämd, specificerad, speciell [*a ~ purpose*] **2** specifik, speciell

specification [ˌspesɪfɪˈkeɪʃ(ə)n] *s* **1** specificering **2** ~ el. pl. **~s** specifikation
specify [ˈspesɪfaɪ] *vb tr* specificera [*the sum specified*], i detalj ange, noga uppge
specimen [ˈspesɪmən] *s* prov, provexemplar, provbit [*of* på, av]; exemplar
speck [spek] *s* liten fläck, prick; korn [*a ~ of dust*]
speckled [ˈspekld] *adj* fläckig, spräcklig
specs [speks] *s pl* vard. (kortform av *spectacles*) brillor
spectacle [ˈspektəkl] *s* **1** syn, anblick [*a charming ~*]; ***make a ~ of oneself*** göra sig löjlig (till ett spektakel) **2** pl. **~s** glasögon [*a pair of ~s*]
spectacular [spekˈtækjʊlə] *adj* effektfull; praktfull; spektakulär
spectator [spekˈteɪtə] *s* åskådare
spectre [ˈspektə] *s* spöke
speculate [ˈspekjʊleɪt] *vb itr* spekulera
speculation [ˌspekjʊˈleɪʃ(ə)n] *s* spekulation
speculator [ˈspekjʊleɪtə] *s* spekulant
sped [sped] se *speed II*
speech [spi:tʃ] *s* **1** tal; talförmåga; ***~ impediment*** talfel; ***freedom (liberty) of ~*** yttrandefrihet **2** tal; ***after-dinner ~*** middagstal; ***make (deliver, give) a ~*** hålla tal (ett anförande) [*on, about* om, över] **3** teat. replik
speechless [ˈspi:tʃləs] *adj* mållös, stum
speech-training [ˈspi:tʃˌtreɪnɪŋ] *s* talträning, talteknik
speed [spi:d] **I** *s* **1** fart, hastighet, tempo; ***at full (top) ~*** i (med) full fart; med full fräs **2** på cykel etc. växel [*a three-speed bicycle*] **II** (*sped sped*; i betydelse *2* o. *3 speeded speeded*) *vb itr* o. *vb tr* **1** rusa, rusa iväg, ila **2 a)** köra för fort **b)** ***~ up*** öka farten (takten) **3** skynda på, sätta fart på [äv. *~ up*; *~ up production*]
speedboat [ˈspi:dbəʊt] *s* snabb motorbåt, racerbåt
speed indicator [ˈspi:dˌɪndɪkeɪtə] *s* hastighetsmätare
speeding [ˈspi:dɪŋ] *s* fortkörning
speed limit [ˈspi:dˌlɪmɪt] *s* fartgräns, maximihastighet; hastighetsbegränsning
speedometer [spɪˈdɒmɪtə] *s* hastighetsmätare
speedway [ˈspi:dweɪ] *s* **1** speedwaybana; ***~ racing*** speedway **2** amer. motorväg
speedy [ˈspi:dɪ] *adj* hastig; snabb, rask; snar [*a ~ recovery*]
1 spell [spel] (*spelt spelt*) *vb tr* o. *vb itr* **1** stava, stava till; bokstavera; ***~ out*** tyda **2** innebära, betyda [*it ~s ruin*]
2 spell [spel] *s* **1** trollformel **2** förtrollning; ***be under the ~ of a p.*** vara förtrollad av ngn; vara i ngns våld
3 spell [spel] *s* **1** skift [*~ of work*], omgång **2** kort period, tid [*a cold ~*]
spellbound [ˈspelbaʊnd] *adj* trollbunden
spelling [ˈspelɪŋ] *s* stavning
spelling-bee [ˈspelɪŋbi:] *s* stavningslek, stavningstävling
spelt [spelt] se *1 spell*
spend [spend] (*spent spent*) *vb tr* o. *vb itr* **1 a)** ge (lägga) ut pengar; göra av med, spendera; ***~ freely*** strö pengar omkring sig **b)** använda tid, krafter m.m.; lägga ned, offra [*on, in* på] **2** tillbringa [*~ a whole evening over a job*], fördriva
spender [ˈspendə] *s* slösare
spending [ˈspendɪŋ] *s* utgifter; ***~ money*** fickpengar; ***~ power*** köpkraft
spendthrift [ˈspendθrɪft] **I** *s* slösare **II** *adj* slösaktig
spent [spent] **I** imperfekt av ***spend*** **II** *perf p* o. *adj* förbrukad; förbi, slut; ***time well ~*** väl använd tid
sperm [spɜ:m] *s* **1** sperma, sädesvätska **2** spermie, sädescell
spew [spju:] *vb itr* o. *vb tr* spy, spy upp (ut)
sphere [sfɪə] *s* **1** sfär, klot; glob, kula **2** bildl. sfär; gebit; ***~ of activity*** verksamhetsområde; ***~ of influence*** intressesfär
spherical [ˈsferɪk(ə)l] *adj* sfärisk; klotrund
sphinx [sfɪŋks] *s* sfinx
spice [spaɪs] **I** *s* krydda; kollektivt kryddor; ***variety is the ~ of life*** ombyte förnöjer **II** *vb tr* krydda
spicy [ˈspaɪsɪ] *adj* kryddad, aromatisk; bildl. pikant, mustig [*a ~ story*]
spider [ˈspaɪdə] *s* spindel; ***spider's web*** spindelväv, spindelnät
spike [spaɪk] *s* pigg, spets; spik, brodd under sko; dubb
spill [spɪl] (*spilt spilt*) *vb tr* spilla (stjälpa) ut; utgjuta [*~ blood*]
spilt [spɪlt] se *spill*
spin [spɪn] **I** (*spun spun*) *vb tr* o. *vb itr* **1** spinna **2** ***~ a yarn*** vard. dra en historia; ***~ out*** dra ut på [*~ out a discussion*] **3** snurra runt, snurra med [*~ a top*]; skruva boll; ***~ a coin*** singla slant **4** ***~ along*** glida (flyta, susa) fram **II** *s* **1** snurrande; skruv på boll; flyg. spinn; ***flat***

~ flyg. flatspinn; ***give (give a) ~ to a ball*** skruva en boll **2** vard. liten åktur [*go for a ~ in a car*]

spinach ['spɪnɪdʒ, 'spɪnɪtʃ] *s* spenat

spinal ['spaɪnl] *adj* ryggrads-; ~ ***column*** ryggrad; ~ ***cord*** ryggmärg

spindle ['spɪndl] *s* **1** textil. spindel; rulle, spole **2** tekn. axel; axeltapp

spin-drier ['spɪnˌdraɪə] *s* centrifug för tvätt

spin-dry [ˌspɪn'draɪ] *vb tr* centrifugera tvätt

spine [spaɪn] *s* **1** ryggrad **2** tagg **3** bokrygg

spineless ['spaɪnləs] *adj* ryggradslös; bildl. äv. mesig

spinning-wheel ['spɪnɪŋwi:l] *s* spinnrock

spin-off ['spɪnɒf] *s* biprodukt, sidoeffekt

spinster ['spɪnstə] *s* **1** jur. ogift kvinna **2** gammal fröken; ***old ~*** äv. nucka

spiral ['spaɪər(ə)l] **I** *adj* spiralformig, spiral- [*~ spring*]; ~ ***staircase*** spiraltrappa **II** *s* spiral

spire ['spaɪə] *s* tornspira; spira

spirit ['spɪrɪt] **I** *s* **1** ande äv. om person; själ, kraft [*the leading ~s*]; ***evil ~*** ond ande; ***the Holy Spirit*** den Helige Ande; ***the ~ is willing but the flesh is weak*** ordspr. anden är villig, men köttet är svagt **2** ande; spöke **3** anda, stämning; sinnelag; ***that's the ~!*** så ska det låta! **4** pl. ***~s*** humör, sinnesstämning; ***good ~s*** gott humör; ***high ~s*** gott humör, hög stämning; ***keep up one's ~s*** hålla modet (humöret) uppe **5** andemening; ***the ~ of the law*** lagens anda **6** pl. ***~s*** sprit, spritvaror **II** *vb tr,* ~ ***away*** smussla (trolla) bort

spirited ['spɪrɪtɪd] *adj* livlig, livfull

spiritual ['spɪrɪtjʊəl] **I** *adj* andlig, själslig **II** *s* spiritual, andlig negersång [äv. *Negro ~*]

spiritualism ['spɪrɪtjʊəlɪz(ə)m] *s* spiritualism, spiritism

spiritualist ['spɪrɪtjʊəlɪst] *s* spiritualist, spiritist

1 spit [spɪt] **I** *s* stekspett **II** *vb tr* sätta på spett

2 spit [spɪt] **I** (*spat spat*) *vb itr* o. *vb tr* **1** spotta [*~ on the floor*]; ~ ***at (upon)*** spotta på (åt) **2** stänka och fräsa i stekpanna **3** vard. stänka, småregna **4** ~ ***out*** spotta ut; ~ ***it out!*** kläm fram med det! **5** ***he's the spitting image of his dad*** han är sin pappa upp i dagen **II** *s* spott

spite [spaɪt] **I** *s* ondska, illvilja; agg; ***in ~ of*** trots; ***in ~ of myself*** mot min vilja **II** *vb tr* bemöta med illvilja; reta

spiteful ['spaɪtf(ʊ)l] *adj* ondskefull, elak

spittle ['spɪtl] *s* spott, saliv

spittoon [spɪ'tu:n] *s* spottkopp, spottlåda

splash [splæʃ] **I** *vb tr* o. *vb itr* **1** stänka ned [*~ with mud*]; stänka, skvätta [*~ paint all over one's clothes*], slaska; skvätta ut **2** plaska; skvalpa **3** ~ ***one's money about*** vard. strö pengar omkring sig **II** *s* **1** plaskande; skvalpande; plask; skvalp; ***make a ~*** vard. väcka uppseende **2** skvätt, stänk **3** färgstänk; ~ ***of colour*** bildl. färgklick **III** *interj* o. *adv* plask!; pladask, plums

splendid ['splendɪd] *adj* praktfull, härlig, präktig; vard. finfin, utmärkt

splendour ['splendə] *s* glans, prakt, ståt

splice [splaɪs] **I** *vb tr* splitsa rep; skarva, skarva ihop film, band m.m. **II** *s* splits; skarv

splint [splɪnt] *s* kir. spjäla, skena

splinter ['splɪntə] *s* flisa, skärva [*~ of glass (bone)*], sticka; splitter

splinterproof ['splɪntəpru:f] *adj* splitterfri

split [splɪt] **I** (*split split*) *vb tr* o. *vb itr* **1** splittra; klyva, spränga; splittras, klyvas [*into* i], spricka, spricka upp, gå sönder; ~ ***hairs*** ägna sig åt hårklyverier; ***my head is splitting*** det sprängvärker i huvudet på mig; ~ ***up*** a) klyva sig, dela sig b) vard. skiljas, separera **2** dela [*with* med]; vard. dela på bytet (vinsten); dela upp, dela på **II** *s* **1** splittring, spricka båda äv. bildl.; klyvning **2** ***do the ~s*** gå ned i spagat

split-second [ˌsplɪt'sek(ə)nd] **I** *adj* på sekunden [*~ timing*] **II** *s* bråkdel av en sekund

splitting ['splɪtɪŋ] *adj,* ***a ~ headache*** en brinnande huvudvärk

splutter ['splʌtə] *vb itr* **1** snubbla på orden **2** spotta och fräsa

spoil [spɔɪl] **I** *s,* pl. ***~s*** rov, byte **II** (*spoilt spoilt* el. *spoiled spoiled*) *vb tr* **1** förstöra, fördärva **2** skämma bort [*~ a child*]

spoilsport ['spɔɪlspɔ:t] *s* vard. glädjedödare

spoilt [spɔɪlt] se *spoil II*

1 spoke [spəʊk] se *speak*

2 spoke [spəʊk] *s* eker i hjul

spoken ['spəʊk(ə)n] **I** se *speak* **II** *adj* talad; muntlig; ~ ***English*** engelskt talspråk

spokesman ['spəʊksmən] (pl. *spokesmen* ['spəʊksmən]) *s* talesman [*of, for* för]

sponge [spʌndʒ] **I** *s* tvättsvamp **II** *vb itr* o. *vb tr* **1** vard. snylta [*on a p.* på ngn] **2** tvätta (torka) av med svamp [äv. *~ down (over)*]; ~ ***up*** suga upp med svamp

sponge bag ['spʌndʒbæg] *s* necessär

sponge cake ['spʌndʒkeɪk] *s* lätt sockerkaka
sponger ['spʌndʒə] *s* vard. snyltgäst
spongy ['spʌndʒɪ] *adj* svampig; svampaktig
sponsor ['spɒnsə] **I** *s* **1** sponsor; garant **2** fadder vid dop **3** radio. el. TV. sponsor, annonsör **II** *vb tr* vara sponsor (garant) för; stå bakom
spontaneity [ˌspɒntə'ni:ətɪ] *s* spontanitet
spontaneous [spɒn'teɪnjəs] *adj* spontan
spook [spu:k] *s* vard. spöke
spooky ['spu:kɪ] *adj* vard. spöklik, kuslig
spool [spu:l] **I** *s* spole; filmrulle **II** *vb tr* spola
spoon [spu:n] *s* sked; skopa
spoonfed ['spu:nfed] se *spoonfeed*
spoonfeed ['spu:nfi:d] (*spoonfed spoonfed*) *vb tr* mata med sked; bildl. servera allt på fat, mata som småbarn [*~ the students*]
spoonful ['spu:nf(ʊ)l] *s* sked mått; ***a ~ of*** en sked, en sked med
sporadic [spə'rædɪk] *adj* sporadisk, spridd
sport [spɔ:t] **I** *s* sport; idrott, idrottsgren; pl. ***~s*** äv. a) kollektivt sport; idrott b) idrottstävling, idrottstävlingar [*school ~s*]; ***athletic ~s*** friidrott; ***~s car*** sportbil; ***~s ground*** idrottsplats; ***~s jacket*** blazer, kavaj; sportjacka; ***in ~*** på skoj (skämt) **II** *vb tr* vard. ståta med, skylta med [*~ a rose in one's buttonhole*]
sporting ['spɔ:tɪŋ] *adj* sportig; sport-, idrotts- [*a ~ event*]; sportsmannamässig
sportsman ['spɔ:tsmən] (pl. *sportsmen* ['spɔ:tsmən]) *s* sportsman; idrottsman; jägare, fiskare
sportsmanlike ['spɔ:tsmənlaɪk] *adj* sportsmannamässig
sportsmanship ['spɔ:tsmənʃɪp] *s* sportsmannaanda; renhårighet
sportswear ['spɔ:tsweə] *s* sportkläder
sporty ['spɔ:tɪ] *adj* vard. sportig; hurtig
spot [spɒt] **I** *s* **1** fläck; prick på tärning, kort m.m.; finne, blemma; ***~ remover*** fläckurtagningsmedel **2** plats, ställe [*a lovely ~*]; punkt; ***tender ~*** öm punkt; ***~ fine*** ungefär ordningsbot; ***be in a ~*** vard. vara i klämma (knipa); ***on the ~*** på platsen (ort och ställe); på stället (fläcken) [*act on the ~*] **3** droppe, stänk [*~s of rain*]; ***a ~ of bother*** lite trassel; ***a ~ of lunch*** lite lunch **4** ***~ cash*** kontant betalning vid leverans
II *vb tr* **1** fläcka ned [*~ one's fingers with ink*]; sätta prickar på **2** få syn på, känna igen; ***~ the winner*** tippa vem som vinner
spot-check ['spɒttʃek] *s* stickprov; flygande kontroll
spotless ['spɒtləs] *adj* fläckfri, skinande ren
spotlight ['spɒtlaɪt] *s* spotlight; strålkastarljus; strålkastare; sökarljus; ***be in the ~*** bildl. stå i rampljuset
spotted ['spɒtɪd] *adj* fläckig, prickig; fläckad
spotty ['spɒtɪ] *adj* fläckig, prickig; finnig
spouse [spaʊs, spaʊz] *s* jur. äkta make (maka)
spout [spaʊt] **I** *vb itr* o. *vb tr* spruta, spruta ut **II** *s* pip [*the ~ of a teapot*]
sprain [spreɪn] **I** *vb tr* vricka, stuka [*~ one's ankle*] **II** *s* vrickning, stukning
sprang [spræŋ] se *1 spring I*
sprat [spræt] *s* skarpsill; ***tinned ~s*** ansjovis i burk
sprawl [sprɔ:l] *vb itr* o. *vb tr* **1** sträcka (breda) ut sig, vräka sig **2** breda ut sig, sprida ut sig; om handstil m.m. spreta åt alla håll **3** spreta med [*~ one's legs*]
sprawling ['sprɔ:lɪŋ] *adj* **1** spretig, ojämn [*a ~ hand* (handstil)] **2** utspridd [*~ suburbs*]
1 spray [spreɪ] *s* blomklase; liten bukett
2 spray [spreɪ] **I** *s* **1** stänk [*the ~ of a waterfall*]; yrande skum [*sea ~*]; stråle, dusch **2** sprej; sprejflaska; rafräschissör; spruta, spridare **II** *vb tr* spreja; bespruta; spruta [*a p. with a th.* ngt på ngn]
spread [spred] **I** (*spread spread*) *vb tr* o. *vb itr* **1** breda (sprida) ut, lägga ut; spänna ut [*the bird ~ its wings*]; sträcka ut **2** stryka, breda [*on* på]; täcka [*with* med] **3** sprida [*~ disease*; *~ knowledge*] **4** breda ut sig [äv. *~ out*]; sprida sig; sträcka sig [*a desert spreading for hundreds of miles*] **5** vara lätt att breda på [*butter ~s easily*]
II *s* **1** utbredning, spridning **2** utsträckning, sträcka; vidd, omfång [*the ~ of an arch*] **3** vard. kalas **4** ***middle-age*** (***middle-aged***) ***~*** vard. gubbfläsk; gumfläsk **5** pasta; bredbart pålägg
spreadeagle [ˌspred'i:gl] *vb tr* sträcka ut
spree [spri:] *s* vard. **1** fest, rummel; ***go*** (***go out***) ***on the ~*** gå ut och festa **2** ***go on a buying ~*** gripas av köpraseri
sprig [sprɪg] *s* kvist [*a ~ of parsley*]
sprightly ['spraɪtlɪ] *adj* livlig, pigg, glad
1 spring [sprɪŋ] **I** (*sprang sprung*) *vb itr* o. *vb tr* **1** hoppa [*~ out of bed*; *~ over a gate*],

rusa [*at a p.* på ngn], fara, flyga [*~ up from one's chair*]; ***the doors sprang open*** dörrarna flög upp **2** rinna, spruta; ***tears sprang to her eyes*** hennes ögon fylldes av tårar **3** ~ el. ***~ up*** **a)** om växter spira, skjuta upp **b)** bildl. dyka upp; ***industries sprang up*** [***in the suburbs***] industrier växte snabbt upp... **4** spränga [*~ a mine*], utlösa; ***~ a trap*** få en fälla att smälla (slå) igen [*upon* om] **5** plötsligt komma med [*~ a surprise on* (åt) *a p.*]; ***~ a th. on a p.*** överraska ngn med ngt

II *s* **1** språng, hopp **2** källa [*hot (mineral) ~*]; ***medicinal ~*** hälsobrunn **3** fjäder [*the ~ of a watch*]; resår; pl. *~s* äv. fjädring; ***~ mattress*** (***bed***) resårmadrass

2 spring [sprɪŋ] *s* vår, för ex. jfr *summer*

spring balance [ˌsprɪŋˈbæləns] *s* fjädervåg

springboard [ˈsprɪŋbɔ:d] *s* **1** språngbräda **2** trampolin, svikt

spring-clean [ˈsprɪŋkli:n] *vb tr* vårstäda, storstäda

spring-cleaning [ˈsprɪŋˌkli:nɪŋ] *s* vårstädning, storstädning

springtime [ˈsprɪŋtaɪm] *s* vår

springy [ˈsprɪŋɪ] *adj* fjädrande; spänstig

sprinkle [ˈsprɪŋkl] **I** *vb tr* **1** strö, strö ut, stänka **2** beströ, bestänka, bespruta **II** *s* stänk [*~ of rain*]

sprinkler [ˈsprɪŋklə] *s* **1** vattenspridare; sprinkler; stril; stänkflaska **2** vattenvagn

sprinkling [ˈsprɪŋklɪŋ] *s* **1** bestänkande, utströende, besprutande **2** bildl. inslag [*a ~ of Irishmen among them*], fåtal

sprint [sprɪnt] sport. **I** *vb itr* sprinta, spurta **II** *s* **1** sprinterlopp **2** spurt, slutspurt

sprinter [ˈsprɪntə] *s* sport. sprinterlöpare

sprite [spraɪt] *s* fe; älva; tomte

sprout [spraʊt] **I** *vb itr* o. *vb tr* **1** gro, spira, spira upp (fram), skjuta skott **2** anlägga, lägga sig till med **II** *s* skott; grodd

1 spruce [spru:s] *adj* prydlig, fin, nätt

2 spruce [spru:s] *s* bot. gran

sprung [sprʌŋ] **I** se *1 spring I* **II** *adj*, ***~ bed*** resårsäng

spry [spraɪ] *adj* rask; hurtig; pigg

spun [spʌn] **I** se *spin I* **II** *adj* spunnen; ***~ glass*** glasfibrer

spunk [spʌŋk] *s* **1** vard. mod; fart, liv [*he has no ~*] **2** vulg. sats sädesvätska

spur [spɜ:] **I** *s* sporre, eggelse; ***on the ~ of the moment*** utan närmare eftertanke, spontant **II** *vb tr*, ***~ on*** sporra, egga [*into, to* till], driva på

spurn [spɜ:n] *vb tr* försmå, förakta

1 spurt [spɜ:t] **I** *vb itr* spurta **II** *s* spurt

2 spurt [spɜ:t] **I** *vb itr* o. *vb tr* spruta, spruta ut **II** *s* stråle

sputter [ˈspʌtə] **I** *vb itr* spotta när man talar; ***~ out*** fräsa till och slockna [*the candle sputtered out*] **II** *s* spottande; sprättande; fräsande

spy [spaɪ] **I** *vb itr* o. *vb tr* spionera; få syn på; iaktta **II** *s* spion; spejare

spy glass [ˈspaɪglɑ:s] *s* liten kikare

spy hole [ˈspaɪhəʊl] *s* titthål, kikhål

spy ring [ˈspaɪrɪŋ] *s* spionliga

sq. ft. förk. för *square foot (feet)*

sq. in. förk. för *square inch (inches)*

sq. m. förk. för *square metre (metres), square mile (miles)*

squabble [ˈskwɒbl] **I** *s* käbbel **II** *vb itr* käbbla

squad [skwɒd] *s* **1** mil. grupp **2** trupp, skara; patrull; ***fraud ~*** bedrägerirotel; ***~ car*** polisbil

squadron [ˈskwɒdr(ə)n] *s* mil. skvadron inom kavalleriet; eskader inom flottan; division inom flyget; ***~ leader*** major vid flyget

squalid [ˈskwɒlɪd] *adj* snuskig, eländig

squall [skwɔ:l] *vb itr* skrika, gasta

squalor [ˈskwɒlə] *s* snusk, elände

squander [ˈskwɒndə] *vb tr* slösa (ödsla) bort

square [skweə] **I** *s* **1** fyrkant, ruta; kvadrat **2** torg; fyrkantig öppen plats; kvarter; ***barrack ~*** mil. kaserngård

II *adj* **1** fyrkantig; ***a room four metres ~*** ett rum som mäter fyra meter i kvadrat; ***~ dance*** kontradans av 4 par; ***~ foot*** kvadratfot; ***~ root*** kvadratrot **2** reglerad, balanserad [*get one's accounts ~*]; jämn, kvitt; ***get ~ with*** vard. göra upp med [*get ~ with one's creditors*] **3** renhårig, ärlig; ***get a ~ deal*** bli rättvist behandlad **4** ***~ meal*** stadig (rejäl) måltid

III *vb tr* o. *vb itr* **1** ruta; ***squared paper*** rutpapper **2** mat. upphöja i kvadrat [*~ a number*] **3** reglera, göra upp, betala [äv. *~ up; it's time I squared up with you*] **4** passa ihop, stämma överens [*with* med]

1 squash [skwɒʃ] **I** *vb tr* krama (klämma) sönder; platta till [*sit on a hat and ~ it*]; ***~ one's finger*** [***in a door***] klämma fingret... **II** *s* **1** mosande; mos **2** squash dryck [*lemon ~*] **3** sport. squash

2 squash [skwɒʃ] *s* squash slags pumpa

squat [skwɒt] **I** *vb itr* **1** sitta på huk; huka sig, huka sig ned [äv. *~ down*] **2** ockupera ett hus som står tomt **II** *adj* kort och tjock, satt

squatter ['skwɒtə] *s* husockupant

squatting ['skwɒtɪŋ] *s* husockupation

squaw [skwɔ:] *s* squaw indiankvinna

squawk [skwɔ:k] **I** *vb itr* speciellt om fåglar skria **II** *s* skri, gällt skrik

squeak [skwi:k] **I** *vb itr* pipa om t.ex. råttor; skrika gällt; gnissla, gnälla om t.ex. gångjärn; knarra om t.ex. skor **II** *s* **1** pip; gällt skrik; gnissel, gnisslande, gnäll, knarr **2** vard., ***it was a narrow ~*** det var nära ögat

squeaky ['skwi:kɪ] *adj* pipig, gäll; gnisslig, gnällig; knarrig

squeal [skwi:l] **I** *vb itr* **1** skrika gällt o. utdraget; skria; ***squealing brakes*** gnisslande (skrikande) bromsar **2** sl. tjalla **II** *s* skrik, skri; gnissel

squeamish ['skwi:mɪʃ] *adj* **1** överkänslig; pryd, sipp **2** kräsen, kinkig

squeeze [skwi:z] **I** *vb tr* **1** krama, klämma, klämma på, pressa, trycka hårt [*~ a p.'s hand*]; ***~ one's finger*** klämma sig i fingret **2** klämma, pressa in (ned) [*~ things into a box*] **II** *s* **1** kram, kramning, tryck, press; hopklämning; ***it was a tight ~*** det var väldigt trångt; ***it was a narrow*** (***tight***) ***~*** vard. det var nära ögat **2** ekon. åtstramning [*credit ~*]

squeezer ['skwi:zə] *s* fruktpress

squelch [skweltʃ] **I** *vb itr* klafsa, slafsa; skvätta ut **II** *s* klafs, smask

squint [skwɪnt] **I** *s* **1** vindögdhet; ***have a ~*** vara vindögd **2** vard., ***have a ~ at*** ta en titt på **II** *vb itr* **1** vara vindögd **2** vard. skela, snegla [*at* på]

squint-eyed ['skwɪntaɪd] *adj* vindögd

squire ['skwaɪə] *s* godsägare

squirm [skwɜ:m] **I** *vb itr* vrida sig, skruva på sig; bildl. våndas, pinas **II** *s* skruvande

squirrel ['skwɪr(ə)l] *s* ekorre

squirt [skwɜ:t] **I** *vb tr* o. *vb itr* spruta ut med tunn stråle **II** *s* tunn stråle [*~ of water*]

sq. yd. förk. för *square yard*

Sr. o. **sr.** (förk. för *senior*) sr, s:r

Sri Lanka [ˌsrɪ'læŋkə]

SS o. **S/S** förk. för *steamship*

1 St. [snt] (förk. för *saint*) S:t, S:ta

2 St. förk. för *street*

stab [stæb] **I** *vb tr* sticka ned, genomborra; sticka, köra [*~ a weapon into*]; ***~ a p. in the back*** bildl. falla ngn i ryggen **II** *s* **1** stick, sting; ***a ~ in the back*** bildl. en dolkstöt i ryggen **2** plötslig smärta; sting [*a ~ of pain*]

stability [stə'bɪlətɪ] *s* stabilitet, stadga

stabilization [ˌsteɪbɪlaɪ'zeɪʃ(ə)n] *s* stabilisering

stabilize ['steɪbɪlaɪz] *vb tr* stabilisera

stabilizer ['steɪbɪlaɪzə] *s* flyg. el. sjö. stabilisator

1 stable ['steɪbl] *adj* stabil; stadig, fast

2 stable ['steɪbl] *s* **1** stall äv. om uppsättning hästar; pl. ***~s*** stall, stallbyggnad **2** stall grupp racerförare med gemensam manager

staccato [stə'kɑ:təʊ] **I** *adv* stackato äv. mus.; stötvis **II** (pl. *~s*) *s* mus. stackato

stack [stæk] **I** *s* **1** stack av t.ex. hö **2** trave [*a ~ of books*], stapel [*a ~ of boards*], hög [*a ~ of papers*] **3** skorstensgrupp av sammanbyggda pipor; skorsten på ångbåt, ånglok m.m. **II** *vb tr* stacka; trava (stapla), trava (stapla) upp

stadium ['steɪdjəm] *s* stadion, idrottsarena

staff [stɑ:f] **I** *s* **1** stav; ***the ~ of life*** brödet **2** flaggstång **3** personal [*office ~*], stab; ***~ room*** lärarrum, kollegierum; ***temporary ~*** extrapersonal **4** mil. stab **II** *vb tr* skaffa (anställa) personal till, bemanna

stag [stæg] *s* kronhjort hanne

stage [steɪdʒ] **I** *s* **1** teat. scen; estrad; teater [*the French ~*], skådeplats; ***~ direction*** scenanvisning; ***~ management*** regi **2** stadium, skede [*at an early ~*]; ***rocket ~*** raketsteg **3** etapp; ***by easy ~s*** i korta etapper; bildl. i små portioner **II** *vb tr* **1** sätta upp, iscensätta [*~ a play*]; uppföra **2** bildl. arrangera, organisera; ***~ a comeback*** göra comeback

stagecoach ['steɪdʒkəʊtʃ] *s* diligens, postvagn

stage door [ˌsteɪdʒ'dɔ:] *s* sceningång

stage effect ['steɪdʒɪˌfekt] *s* teatereffekt

stage fright ['steɪdʒfraɪt] *s* rampfeber

stage hand ['steɪdʒhænd] *s* scenarbetare

stage manager ['steɪdʒˌmænɪdʒə] *s* inspicient, regiassistent; TV. studioman

stage name ['steɪdʒneɪm] *s* artistnamn

stage-struck ['steɪdʒstrʌk] *adj* teaterbiten

stage whisper [ˌsteɪdʒ'wɪspə] *s* teaterviskning

stagger ['stægə] **I** *vb itr* o. *vb tr* **1** vackla, ragla, stappla **2** få att vackla, förbluffa, skaka **3** sprida [*~ lunch hours*] **II** *s* vacklande, ragling, stapplande; vacklande gång

staggering ['stægərɪŋ] *adj* **1** vacklande, raglande **2** ***~ blow*** dråpslag **3** häpnadsväckande

stagnant ['stægnənt] *adj* **1** stillastående [~ *water*] **2** bildl. stagnerande; ***become ~*** stagnera
stagnate [stæg'neɪt] *vb itr* stå stilla; stagnera
stagnation [stæg'neɪʃ(ə)n] *s* stagnation; stillastående; stockning
stag party ['stæg,pɑ:tɪ] *s* vard. svensexa
staid [steɪd] *adj* stadig, stadgad
stain [steɪn] **I** *vb tr* o. *vb itr* **1** fläcka, fläcka ned; bildl. äv. befläcka [~ *one's reputation*]; missfärga **2** färga [~ *cloth*]; betsa [~ *wood*]; ***stained glass*** målat glas ofta med inbrända färger **3** få fläckar; missfärgas **4** sätta en fläck (fläckar) **II** *s* **1** fläck; ~ ***remover*** fläckurtagningsmedel **2** färgämne; bets
stained-glass ['steɪndglɑ:s] *adj*, ~ ***window*** fönster med målat glas ofta med inbrända färger
stainless ['steɪnləs] *adj* **1** fläckfri, obefläckad [*a ~ reputation*] **2** rostfri [~ *steel*]
stair [steə] *s* **1** trappsteg **2** vanl. ***~s*** trappa speciellt inomhus [*winding ~s*]; trappuppgång; ***a flight of ~s*** en trappa
staircase ['steəkeɪs] *s* trappa; trappuppgång; ***corkscrew*** (***spiral***) ~ spiraltrappa
stairhead ['steəhed] *s* översta trappavsats
stake [steɪk] **I** *s* **1** stake **2** hist., ***be burnt at the ~*** brännas på bål **3** ~ el. pl. ***~s*** insats vid t.ex. vad; ***my honour is at ~*** min heder står på spel; ***play for high ~s*** spela högt **4** del, andel [*have a ~ in an undertaking*] **II** *vb tr* **1** fästa vid (stödja med) en stake **2** ~ ***out*** a) staka ut [~ *out an area*] b) sätta av; reservera; ~ ***out a claim*** resa anspråk **3** sätta på spel, riskera [~ *one's future*], satsa
stale [steɪl] **I** *adj* **1** gammal [~ *bread*], unken [~ *air*], duven, avslagen, fadd **2** förlegad, gammal [~ *news*], sliten [~ *jokes*] **3** övertränad, speltrött **II** *vb itr* bli gammal (unken, duven)
stalemate ['steɪlmeɪt] **I** *s* **1** schack. pattställning **2** dödläge **II** *vb tr* **1** schack. göra patt **2** stoppa; få att gå i baklås (köra fast)
1 stalk [stɔ:k] *s* bot. stjälk; stängel, skaft
2 stalk [stɔ:k] *vb itr* o. *vb tr* **1** skrida, skrida fram; skrida fram genom (på) **2** smyga sig; sprida sig långsamt [*famine stalked through the country*]; smyga sig på (efter) [~ *an enemy*]; sprida sig långsamt genom
1 stall [stɔ:l] *vb itr* vard. slingra sig, komma med undanflykter; maska
2 stall [stɔ:l] **I** *s* **1** spilta, bås **2** stånd; kiosk, bod; bord, disk för varor **3** teat. parkettplats; ***orchestra ~s*** främre parkett; ***in the ~s*** på parkett **4** kyrkl. korstol **5** fingertuta **6** motor. tjuvstopp **II** *vb itr* om t.ex. motor tjuvstanna
stallion ['stæljən] *s* hingst
stalwart ['stɔ:lwət] **I** *adj* ståndaktig, trogen **II** *s* speciellt polit. ståndaktig (trogen) anhängare
stamen ['steɪmen] *s* bot. ståndare
stamina ['stæmɪnə] *s* uthållighet
stammer ['stæmə] **I** *vb itr* o. *vb tr* stamma; ~ el. ~ ***out*** stamma fram **II** *s* stamning
stamp [stæmp] **I** *vb itr* o. *vb tr* **1** stampa [~ *on the floor*]; trampa, klampa **2** stampa med [~ *one's foot*] **3** ~ ***out*** a) trampa ut [~ *out a fire*] b) utrota [~ *out a disease*] c) krossa, slå ned [~ *out a rebellion*] **4** stämpla [~ *a p. as a liar*], trycka [~ *patterns on cloth*] **5** frankera, sätta frimärke på [~ *a letter*] **6** bildl. prägla, inprägla [~ *on* (i) *one's memory*] **II** *s* **1** stampande, stamp **2** stämpel **3** frimärke; ***book of ~s*** frimärkshäfte **4** slag, sort, kaliber [*men of his ~*]
stamp-collector ['stæmpkə,lektə] *s* frimärkssamlare
stamp duty ['stæmp,dju:tɪ] *s* stämpelavgift
stampede [stæm'pi:d] **I** *s* vild flykt; panik **II** *vb itr* o. *vb tr* **1** råka i vild flykt, fly i panik **2** störta, rusa **3** hetsa [~ *a p. into a th.*]
stamping-ground ['stæmpɪŋgraʊnd] *s* vard. tillhåll, ställe [*my favourite ~*]
stamp pad ['stæmppæd] *s* stämpeldyna
stance [stæns, stɑ:ns] *s* stance, slagställning i golf m.m.; ställning
stand [stænd] **I** (*stood stood*) *vb itr* **1** stå; ~ ***to lose*** riskera att förlora; ~ ***to win*** (***gain***) ha utsikt att (kunna) vinna; ***as it now ~s, the text is ambiguous*** som texten nu lyder är den tvetydig; ***I want to know where I ~*** jag vill ha klart besked **2** stiga (stå) upp [*we stood, to see better*] **3** ligga, vara belägen **4** a) stå kvar, stå fast, stå [*let the words ~*] b) stå sig, fortfarande gälla **5** stå, förhålla sig; ***as affairs*** (***matters***) ***now ~*** som saken (det) nu förhåller sig **6** mäta, vara [*he ~s six feet in his socks*] **7** ställa, ställa upp, resa, resa

upp [~ *a ladder against a wall*] **8** tåla, stå ut med **9** bjuda på [~ *a dinner*; ~ *a p. to dinner*] □ ~ **at** uppgå till [*the number* ~*s at 50*]; ~ **back a)** dra sig bakåt, stiga tillbaka **b)** ***the house ~s back from the road*** huset ligger en bit från vägen; ~ **by a)** stå bredvid, bara stå och se på **b)** hålla sig i närheten, stå redo; ~ ***by for further news*** avvakta ytterligare nyheter **c)** bistå [~ *by one's friends*], stödja **d)** stå fast vid [~ *by one's promise*]; ~ **for** a) stå för [*what do these initials* ~ *for?*], betyda b) kämpa för [~ *for liberty*] c) kandidera för, ställa upp som kandidat till d) vard. finna sig i [*I won't* ~ *for that*]; ~ **on** hålla på [~ *on one's dignity (rights)*]; ~ **out a)** stiga (träda) fram; stå ut, skjuta fram; framträda, avteckna sig, sticka av; vara framstående; ***it ~s out a mile*** det syns (märks) lång väg; ~ ***out in a crowd*** skilja sig från mängden **b)** ~ ***out for*** hålla fast vid [~ *out for a demand*], hålla på [~ *out for one's rights*]; kräva, yrka på [~ *out for more pay*]; ~ **to** stå fast vid, hålla [~ *to one's promise*]; ~ **up** stiga (stå, ställa sig) upp; ~ ***up for*** försvara [~ *up for one's rights*]; hålla på; ta parti för; ~ ***up for yourself!*** stå 'på dig!; ~ ***up to*** trotsa, sätta sig upp mot

II *s* **1** stannande, halt; ***come to a*** ~ stanna, stanna av **2** motstånd, försök till motstånd [*his last* ~]; ***make a*** ~ hålla stånd, kämpa **3** ställning; ***take a*** ~ el. ***take up a*** ~ ta ställning, ta ståndpunkt [*on* i] **4** stånd; kiosk; åskådarläktare **5** amer. vittnesbås; ***take the*** ~ avlägga vittnesmål

standard ['stændəd] **I** *s* **1** standar [*the royal* ~], fana **2** standardmått; standard; norm, måttstock, nivå; ~ ***of living*** levnadsstandard; ***below*** ~ under det normala, undermålig; ***come (be) up to*** ~ hålla måttet **3** ~ ***lamp*** golvlampa **II** *adj* standard-, normal- [~ *time*; ~ *weights*], normal; ***Standard English*** engelskt riksspråk; ~ ***price*** normalpris; enhetspris

standard-bearer ['stændədˌbeərə] *s* fanbärare, banerförare

standardization [ˌstændədaɪ'zeɪʃ(ə)n] *s* standardisering; normalisering

standardize ['stændədaɪz] *vb tr* standardisera; normalisera

standby ['stændbaɪ] *s* **1** larmberedskap **2** gammal favorit, säkert kort **3** reserv, ersättare; ersättning

stand-in ['stændɪn] *s* stand-in; ersättare, vikarie

standing ['stændɪŋ] **I** *adj* **1** stående; upprättstående; stillastående **2** bildl. stående [*a* ~ *army*; *a* ~ *joke*] **II** *s* **1** stående; ~ ***room*** ståplats, ståplatser **2** ställning, status, anseende; ***a man of*** ~ (***of high*** ~) en ansedd man **3** ***of long*** ~ av gammalt datum, långvarig

stand-offish [ˌstænd'ɒfɪʃ] *adj* om person reserverad

standpoint ['stændpɔɪnt] *s* ståndpunkt

standstill ['stændstɪl] *s* stillastående, stopp; ***be at a*** ~ stå stilla; ***bring to a*** ~ stanna, få att stanna; ***come to a*** ~ stanna, stanna av

stank [stæŋk] se *stink I*

stanza ['stænzə] *s* metrik. strof

1 staple ['steɪpl] **I** *s* häftklammer **II** *vb tr* häfta, häfta samman

2 staple ['steɪpl] *adj* huvudsaklig [~ *food*]; ~ ***commodity*** stapelvara

star [stɑ:] **I** *s* **1** stjärna; ***the Stars and Stripes*** stjärnbaneret USA:s flagga; ***thank one's lucky ~s that*** tacka sin lyckliga stjärna att **2** film., sport. m.m. stjärna; ~ ***turn*** huvudnummer, paradnummer **II** *vb tr* o. *vb itr* teat. el. film. presentera i huvudrollen, spela huvudrollen; ***a film starring...*** en film med...i huvudrollen

starboard ['stɑ:bəd] *s* sjö. styrbord

starch [stɑ:tʃ] **I** *s* stärkelse **II** *vb tr* stärka med stärkelse

starched [stɑ:tʃt] *adj* stärkt med stärkelse

starchy ['stɑ:tʃɪ] *adj* stärkelsehaltig [~ *food*]

stare [steə] **I** *vb itr* o. *vb tr* stirra, stirra på **II** *s* stirrande blick; stirrande

starfish ['stɑ:fɪʃ] *s* sjöstjärna

stark [stɑ:k] **I** *adj* **1** skarp [~ *outlines*] **2** ren, fullständig [~ *nonsense*] **II** *adv*, ~ ***naked*** spritt naken

starlight ['stɑ:laɪt] *s* stjärnljus [*by* (i) ~]

starling ['stɑ:lɪŋ] *s* stare

star-spangled ['stɑ:ˌspæŋgld] *adj*, ***the Star-Spangled Banner*** stjärnbaneret USA:s flagga

start [stɑ:t] **I** *vb itr* o. *vb tr* **1** börja, starta; ***to ~ with*** **a)** för det första **b)** till att börja med; ***starting May 1...*** med början den 1 maj... **2** starta, ge sig iväg, sätta igång; ***let's get started!*** nu sätter vi igång!; ***I can't get the engine started*** jag kan inte få igång (starta) motorn **3** rycka till, haja till **4** ***the tears started to her eyes*** hon

fick tårar i ögonen; *~ a fire* tända en eld; *~ a p. in life* hjälpa fram ngn; *his uncle started him in business* hans farbror hjälpte honom att etablera sig
II *s* **1** början, start; avfärd; *make a fresh ~* börja om från början; *for a ~* vard. för det första **2** försprång [*a few metres' ~*] **3** startplats, start **4** *give a ~* rycka (haja) till; *by fits and ~s* ryckvis, stötvis

starter ['stɑːtə] *s* **1** sport. starter startledare; *a ~* en av de startande **2** bil. startkontakt; startknapp **3** *as a ~* el. *for ~s* vard. som en början; *have oysters as a ~ (for ~s)* ha ostron som förrätt

starting ['stɑːtɪŋ] *adj* startande; begynnelse- [*~ pay* (lön)]; utgångs- [*~ position*]

starting-block ['stɑːtɪŋblɒk] *s* sport. startblock

starting-point ['stɑːtɪŋpɔɪnt] *s* utgångspunkt

starting-post ['stɑːtɪŋpəʊst] *s* kapplöpn. startstolpe; startlinje

startle ['stɑːtl] *vb tr* **1** komma att hoppa till, skrämma; *be startled* bli förskräckt [*by* över] **2** skrämma upp [*~ a deer*]

startling ['stɑːtlɪŋ] *adj* häpnadsväckande, alarmerande [*~ news*]

starvation [stɑː'veɪʃ(ə)n] *s* svält

starve [stɑːv] *vb itr* o. *vb tr* **1** svälta, hungra; *~ to death* svälta ihjäl; *I'm simply starving* vard. jag håller på att svälta ihjäl; *~ for* hungra efter **2** låta svälta [*~ a p. to death* (ihjäl)]

starved [stɑːvd] *adj* utsvulten; *~ to death* ihjälsvulten; *be ~ of* vara svältfödd på

starving ['stɑːvɪŋ] *adj* svältande, utsvulten

state [steɪt] **I** *s* **1** tillstånd; skick [*in a bad ~*]; situation; *~ of alarm* a) larmberedskap b) oro, ängslan; *~ of health* hälsotillstånd; *~ of mind* sinnestillstånd; *~ of readiness* stridsberedskap; *the ~ of things (affairs)* förhållandena; *what a ~ you are in!* vard. vad du ser ut!; *get into a ~* vard. hetsa upp sig **2** stat; i USA m.fl. äv. delstat; *the State* Staten; *the States* Staterna Förenta staterna; *the welfare ~* välfärdssamhället; *the State Department* i USA utrikesdepartementet; *~ visit* statsbesök **3** stånd, ställning; *married ~* gift stånd
II *vb tr* uppge, påstå; framlägga [*~ one's case (opinion)*], framföra; konstatera

stated ['steɪtɪd] *perf p* o. *adj* påstådd, angiven

stately ['steɪtlɪ] *adj* ståtlig, storslagen

statement ['steɪtmənt] *s* **1** uttalande; påstående; *a ~ to the Press* ett pressmeddelande; *make a ~* göra ett uttalande **2** rapport, redovisning

stateroom ['steɪtruːm] *s* sjö. lyxhytt

statesman ['steɪtsmən] *s* statsman

statesmanship ['steɪtsmənʃɪp] *s* statskonst; statsmannaskicklighet

static ['stætɪk] *adj* statisk

station ['steɪʃ(ə)n] **I** *s* **1** station **2** stånd, rang; *a low (humble) ~ in life* en ringa ställning i livet **3** mil. bas; *naval ~* flottbas
II *vb tr* stationera, förlägga [*~ a regiment*]; postera

stationary ['steɪʃən(ə)rɪ] *adj* stillastående [*~ train*]; stationär

stationer ['steɪʃənə] *s* pappershandlare; *stationer's* pappershandel

stationery ['steɪʃən(ə)rɪ] *s* skrivmaterial, kontorsmateriel; skrivpapper

station hall ['steɪʃ(ə)nhɔːl] *s* banhall

stationmaster ['steɪʃ(ə)nˌmɑːstə] *s* stationsinspektor, stationschef, stins

station wagon ['steɪʃ(ə)nˌwægən] *s* speciellt amer. herrgårdsvagn, kombivagn

statistic [stə'tɪstɪk] *adj* o. **statistical** [stə'tɪstɪk(ə)l] *adj* statistisk

statistics [stə'tɪstɪks] *s* statistik, statistiken

statue ['stætʃuː] *s* staty; *the Statue of Liberty* frihetsstatyn i New Yorks hamn

statuette [ˌstætjʊ'et] *s* statyett

stature ['stætʃə] *s* längd; *short in (of) ~* liten till växten

status ['steɪtəs] *s* ställning, status, rang

statute ['stætjuːt] *s* skriven lag stiftad av parlament; författning

staunch [stɔːntʃ] *adj* trofast, pålitlig

stave [steɪv] *vb tr, ~ off* avvärja [*~ off defeat (ruin)*]

stay [steɪ] **I** *vb itr* o. *vb tr* **1** stanna, stanna kvar; *~ in bed late in the morning* ligga länge på morgonen; *~ on* stanna kvar; *~ out* stanna ute; utebli, hålla sig borta; *~ up* stanna (vara, sitta) uppe inte lägga sig **2** tillfälligt vistas, bo [*~ at a hotel*; *~ with* (hos) *a friend*], stanna **3** förbli, hålla sig [*~ calm*]; *if the weather ~s fine* om det vackra vädret håller i sig; *staying power* uthållighet **4** hejda [*~ the progress of a disease*] **II** *s* uppehåll; vistelse

stay-in ['steɪɪn] *adj, ~ strike* sittstrejk

stay-up ['steɪʌp] **I** *adj*, ~ ***stockings*** stay-up strumpor **II** *s*, pl. ~***s*** stay-up strumpor
St. Bernard [sn(t)'bɜ:nəd] *s* sanktbernhardshund
STD [ˌesti:'di:] förk. för *subscriber trunk dialling*
steadfast ['stedfɑ:st] *adj* stadig, ståndaktig
steady ['stedɪ] **I** *adj* **1** stadig [*a ~ table*], fast, solid, stabil [*~ foundation*]; stadgad **2** jämn [*a ~ speed*], stadig [*a ~ improvement*] **II** *adv* stadigt [*stand ~*]; ***go ~*** vard. kila stadigt **III** *interj*, ~*!* ta det lugnt! **IV** *vb tr* göra stadig; lugna [*~ one's nerves*]; stabilisera [*~ prices*]
steady-going ['stedɪˌgəʊɪŋ] *adj* stadgad
steak [steɪk] *s* biff; stekt köttskiva
steal [sti:l] (*stole stolen*) *vb tr* o. *vb itr* **1** stjäla; ~ ***a glance at*** kasta en förstulen blick på **2** smyga, smyga sig [*away* undan, bort]
stealing ['sti:lɪŋ] *s* stöld, tjuveri
stealth [stelθ] *s*, ***by ~*** i smyg
stealthy ['stelθɪ] *adj* förstulen [*~ glance*], smygande
steam [sti:m] **I** *s* **1** ånga; ***full ~ ahead!*** full fart framåt!; ***at full ~*** el. ***full ~*** för full maskin; ***let off ~*** a) släppa ut ånga b) avreagera sig **2** imma [*~ on the windows*] **II** *vb itr* o. *vb tr* **1** ~ ***up*** bli immig **2** ånga; ångkoka
steamboat ['sti:mbəʊt] *s* ångbåt
steam-boiler ['sti:mˌbɔɪlə] *s* ångpanna
steam-engine ['sti:mˌendʒɪn] *s* **1** ångmaskin **2** ånglok
steamer ['sti:mə] *s* ångare, ångfartyg
steamhammer ['sti:mˌhæmə] *s* ånghammare
steamroller ['sti:mˌrəʊlə] *s* ångvält
steamship ['sti:mʃɪp] *s* ångfartyg
steel [sti:l] *s* stål
steelworks ['sti:lwɜ:ks] *s* stålverk
1 steep [sti:p] *vb tr* lägga i blöt; genomdränka; ~ ***in vinegar*** lägga i ättika
2 steep [sti:p] *adj* **1** brant [*~ hill*] **2** vard. otrolig, orimlig [*~ price*]
steeple ['sti:pl] *s* spetsigt kyrktorn; tornspira
steeplechase ['sti:pltʃeɪs] *s* sport. **1** steeplechase **2** hinderlöpning
steer [stɪə] *vb tr* o. *vb itr* styra [*~ a car; for* till, mot], manövrera [*~ a ship*]; bildl. lotsa [*~ a bill through Parliament*]; ~ ***clear of*** bildl. undvika

steerage ['stɪərɪdʒ] *s* sjö. **1** styrning **2** mellandäck, tredje klass [*~ passenger*]
steering-column ['stɪərɪŋˌkɒləm] *s* bil. rattstång; ~ ***gear-change*** (***gearshift***) rattväxel
steering-wheel ['stɪərɪŋwi:l] *s* bil. ratt
stellar ['stelə] *adj* stjärn- [*~ light*], stellar-
1 stem [stem] **I** *s* **1** stam; stängel, stjälk **2** skaft äv. på pipa; hög fot på glas **3** sjö. stäv, för, förstäv; ***from ~ to stern*** från för till akter **II** *vb itr*, ~ ***from*** härröra från
2 stem [stem] *vb tr* stämma, stoppa, hejda
stench [stentʃ] *s* stank
stencil ['stensl] **I** *s* stencil **II** *vb tr* stencilera
stenographer [ste'nɒgrəfə] *s* amer. stenograf och maskinskriverska
stenography [ste'nɒgrəfɪ] *s* stenografi
step [step] **I** *s* **1** steg [*walk with slow ~s*]; danssteg; ***a ~ in the right direction*** bildl. ett steg i rätt riktning; ***keep ~*** hålla takten, gå i takt; ***keep in ~ with*** el. ***keep ~ with*** hålla jämna steg (gå i takt) med; ***watch*** (***mind***) ***one's ~*** se sig för; bildl. se sig noga för, se upp; ~ ***by ~*** steg för steg, gradvis; ***in ~*** i takt; ***out of ~*** i otakt **2** åtgärd; ***take ~s*** vidta åtgärder **3** trappsteg; trappa; stegpinne; fotsteg; pl. ~***s*** yttertrappa; trappstege; ***a flight of ~s*** en trappa
II *vb itr* o. *vb tr* stiga, kliva, gå; träda; trampa [*~ on the brake*]; ~ ***this way!*** var så god, den här vägen!; ~ ***into a car*** kliva in i en bil; ~ ***on it*** vard. gasa på; skynda på; ~ ***aside*** stiga (kliva) åt sidan; ~ ***down*** a) stiga ner b) bildl. träda tillbaka c) gradvis minska, sänka [*~ down production*]; ~ ***forward*** stiga (träda) fram; ~ ***in*** stiga in (på); ingripa; ~ ***inside*** stiga (kliva, gå) in; ~ ***off*** (***out***) stega upp (ut); ~ ***up*** driva upp, öka; intensifiera
stepbrother ['stepˌbrʌðə] *s* styvbror
stepchild ['steptʃaɪld] (pl. *stepchildren* ['stepˌtʃɪldr(ə)n]) *s* styvbarn
step dance ['stepdɑ:ns] *s* stepp, steppdans
stepdaughter ['stepˌdɔ:tə] *s* styvdotter
stepfather ['stepˌfɑ:ðə] *s* styvfar
stepladder ['stepˌlædə] *s* trappstege
stepmother ['stepˌmʌðə] *s* styvmor
steppe [step] *s* stäpp, grässlätt
stepping-stone ['stepɪŋstəʊn] *s* **1** klivsten över t.ex. vatten **2** bildl. trappsteg, språngbräde [*~ to promotion*]
stepsister ['stepˌsɪstə] *s* styvsyster

stepson ['stepsʌn] *s* styvson
stereo ['sterɪəʊ, 'stɪərɪəʊ] **I** *adj* stereo-; stereofonisk **II** (pl. *~s*) *s* stereo; stereoanläggning
stereophonic [ˌsterɪə'fɒnɪk, ˌstɪərɪə'fɒnɪk] *adj* stereofonisk, stereo-
stereoscope ['sterɪəskəʊp, 'stɪərɪəskəʊp] *s* stereoskop
stereotype ['sterɪətaɪp, 'stɪərɪətaɪp] **I** *s* stereotyp **II** *vb tr* stereotypera; ***stereotyped*** bildl. stereotyp
sterile ['steraɪl, amer. 'ster(ə)l] *adj* steril; ofruktbar, ofruktsam
sterility [ste'rɪlətɪ] *s* sterilitet; ofruktbarhet, ofruktsamhet
sterilization [ˌsterəlaɪ'zeɪʃ(ə)n] *s* sterilisering
sterilize ['sterəlaɪz] *vb tr* sterilisera
sterling ['stɜ:lɪŋ] **I** *s* sterling eng. myntvärde, myntenhet [*five pounds ~*] **II** *adj* **1** sterling- [*~ silver*] **2** bildl. äkta, gedigen
1 stern [stɜ:n] *adj* sträng [*a ~ father; a ~ look*], barsk, bister
2 stern [stɜ:n] *s* sjö. akter, akterspegel
steroid ['sterɔɪd] *s* kem. steroid
stethoscope ['steθəskəʊp] *s* med. stetoskop
stevedore ['sti:vədɔ:] *s* stuvare, stuveriarbetare, hamnarbetare
stew [stju:] **I** *vb tr* småkoka **II** *s* ragu, gryta; stuvning; ***Irish ~*** irländsk fårgryta
steward [stjʊəd] *s* **1** hovmästare i finare hus **2** sjö., flyg. m.m. steward, uppassare **3** funktionär vid t.ex. tävling
stewardess [ˌstjʊə'des] *s* sjö., flyg. m.m. kvinnlig steward, stewardess; flygvärdinna, bussvärdinna osv.
stewed [stju:d] *adj* kokt; *~ **beef*** ungefär köttgryta; kalops; *~ **fruit*** kompott t.ex. kokta katrinplommon
1 stick [stɪk] *s* **1** pinne, kvist **2** käpp [*walk with a* (med) *~*], stav [*ski ~*]; klubba [*hockey ~*]; ***get hold of the wrong end of the ~*** vard. få alltsammans om bakfoten; ***get a lot of ~*** få en massa stryk; ***give a p. ~*** vard. ge ngn på nöten **3** stång, bit; stift [*lipstick*]; *~ **of celery*** selleristjälk; ***a ~ of chalk*** en krita; ***a ~ of chewing-gum*** ett tuggummi
2 stick [stɪk] (*stuck stuck*) *vb tr* o. *vb itr* **1** sticka, köra [*~ a fork into a potato*]; stoppa [*~ one's hands into one's pockets*]; sätta, ställa, lägga [*you can ~ it anywhere you like*] **2** klistra; fästa, limma fast; klistra upp; *~ **no bills!*** affischering förbjuden!; *~ **a stamp on a letter*** sätta ett frimärke på ett brev **3** vard. stå ut med, tåla [*I can't ~ that fellow!*] **4** ***I got stuck*** vard. jag blev ställd, jag körde fast; ***be stuck for*** sakna, plötsligt stå där utan; ***be stuck with*** vard. få på halsen; få dras med **5** klibba (hänga, sitta) fast; fastna [*the key stuck in the lock*], sätta sig fast [*the door has stuck*], kärva; *~ **at nothing*** bildl. inte sky några medel **6** *~ **at*** vard. hålla på med, ligga i med [*~ at one's work*]; *~ **by a p.*** vard. vara lojal mot ngn; *~ **to*** hålla sig till [*~ to the point (the truth)*]; *~ **to one's promise*** (***word***) hålla sitt löfte; *~ **together*** vard. hålla ihop □ ~ **out** a) räcka ut [*~ one's tongue out*], sticka ut (fram); skjuta ut (fram); puta ut b) hålla ut, härda ut; ***it ~s out a mile*** vard. det syns (märks) lång väg; *~ **out for higher wages*** envist hålla fast vid sina krav på högre lön; ~ **up** sticka upp, skjuta upp; *~ **up for*** vard. försvara; ta i försvar, stödja [*~ up for a friend*]
sticker ['stɪkə] *s* gummerad etikett, märke att klistra på; dekal
sticking-plaster ['stɪkɪŋˌplɑ:stə] *s* häftplåster
stickleback ['stɪklbæk] *s* fisk spigg
stickler ['stɪklə] *s* pedant; ***be a ~ for etiquette*** hålla strängt på etiketten
stick-on ['stɪkɒn] *adj* gummerad, självhäftande [*~ labels*]
stick-up ['stɪkʌp] *s* sl. rånöverfall, rånkupp
sticky ['stɪkɪ] *adj* **1** klibbig, kladdig **2** om väder tryckande, klibbig **3** besvärlig, kinkig [*a ~ problem*]
stiff [stɪf] **I** *adj* **1** styv [*~ collar*], stel [*~ legs*]; *~ **brush*** hård borste; ***keep a ~ upper lip*** bita ihop tänderna, inte förändra en min **2** stram, stel [*a ~ manner*]; ***a ~ whisky*** en stor (stadig) whisky **3** hård [*~ competition*], skarp [*a ~ protest*] **4** vard. styv, dryg, jobbig [*a ~ walk*], svår, besvärlig [*a ~ climb (task)*], seg **II** *adv*, ***bore a p. ~*** tråka ut (ihjäl) ngn; ***frozen ~*** stelfrusen
stiffen ['stɪfn] *vb tr* göra styv (stel); styvna, stelna, hårdna
stifle ['staɪfl] *vb tr* kväva
stifling ['staɪflɪŋ] *adj* kvävande [*~ heat*]
stigmatize ['stɪgmətaɪz] *vb tr* bildl. brännmärka, stämpla [*~ a p. as a traitor*]
stile [staɪl] *s* klivstätta
stiletto [stɪ'letəʊ] (pl. *~s*) *s* stilett
1 still [stɪl] **I** *adj* stilla; tyst; ***keep ~*** hålla

sig stilla **II** *s* stillbild **III** *adv* **1** tyst och stilla [*sit* ~] **2** ännu, fortfarande [*he is* ~ *busy*]; ***when*** (***while***) ~ ***a child*** redan som barn **3** vid komparativ ännu [~ *better*]
IV *konj* likväl, ändå, dock
2 still [stɪl] *s* **1** destillationsapparat **2** bränneri
stillbirth ['stɪlbɜːθ] *s* **1** dödfödsel **2** dödfött barn
stillborn ['stɪlbɔːn] *adj* dödfödd
still life [ˌstɪl'laɪf] (pl. ~*s*) *s* stilleben
stilt [stɪlt] *s* stylta
stilted ['stɪltɪd] *adj* om t.ex. stil uppstyltad
stimulant ['stɪmjʊlənt] *s* stimulerande medel; stimulans
stimulate ['stɪmjʊleɪt] *vb tr* stimulera, egga
stimulation [ˌstɪmjʊ'leɪʃ(ə)n] *s* stimulering
stimulus ['stɪmjʊləs] (pl. *stimuli* ['stɪmjʊliː]) *s* stimulans; drivfjäder
sting [stɪŋ] **I** *s* **1** gadd **2** stick, sting, styng, bett av t.ex. insekt; ***take the*** ~ ***out of*** bildl. bryta udden av **II** (*stung stung*) *vb tr* o. *vb itr* **1** sticka, stinga [*stung by a bee*]; stickas; om nässla bränna; brännas **2** bildl. såra
stinging-nettle ['stɪŋɪŋˌnetl] *s* brännässla
stingy ['stɪndʒɪ] *adj* snål, knusslig, närig
stink [stɪŋk] **I** (*stank stunk*) *vb itr* o. *vb tr* stinka; ~ ***of*** stinka av, lukta; ~ ***out*** förpesta luften i, förpesta **II** *s* **1** stank, dålig lukt **2** vard. ramaskri
stinker ['stɪŋkə] *s* vard. **1** äckel, kräk **2** hård nöt att knäcka, något ursvårt
stinking ['stɪŋkɪŋ] *adj* stinkande
stint [stɪnt] *vb tr* snåla med; vara snål mot; ~ ***oneself*** snåla
stipulate ['stɪpjʊleɪt] *vb tr* stipulera, fastställa [~ *a price*]; avtala
stipulation [ˌstɪpjʊ'leɪʃ(ə)n] *s* stipulation, stipulering, bestämmelse i t.ex. kontrakt
stir [stɜː] **I** *vb tr* o. *vb itr* **1** röra, sätta i rörelse; ~ ***the imagination*** sätta fantasin i rörelse; [***a breeze***] ***stirred the lake*** ...krusade sjön; ~ ***oneself*** sätta i gång, rycka upp sig; ~ ***up*** hetsa upp; väcka [~ *up interest*]; sätta i gång, ställa till [~ *up trouble* (bråk)] **2** röra, röra i, röra om i [~ *the fire (porridge)*] **3** röra sig [*not a leaf stirred*], börja röra på sig; ***he never stirred out of the house*** han gick aldrig ut
II *s*, ***make*** (***create***) ***a great*** ~ åstadkomma stor uppståndelse
stirring ['stɜːrɪŋ] *adj* rörande, gripande, spännande [~ *events*]
stirrup ['stɪrəp] *s* stigbygel
stitch [stɪtʃ] **I** *s* **1** stygn; ***a*** ~ ***in time saves nine*** ordspr. bättre stämma i bäcken än i ån **2** maska i t.ex. stickning [*drop* (tappa) *a* ~] **3** ***have not a*** ~ ***on*** vara naken, inte ha en tråd på sig **4** håll i sidan; ***I was in stitches*** jag skrattade så jag höll på att dö **II** *vb tr* o. *vb itr* sy, sticka söm; brodera; ~ ***together*** el. ~ sy ihop; ~ ***on*** sy fast (på); ~ ***up*** sy ihop
stoat [stəʊt] *s* vessla
stock [stɒk] **I** *s* **1** stock, stubbe **2** stam av t.ex. träd **3** underlag för ympning; grundstam **4** block, stock, kloss **5** härstamning, släkt [*of Dutch* ~] **6** bot. lövkoja **7** buljong, spad **8** lager [~ *of butter*], förråd; ***take*** ~ göra en inventering; bildl. granska läget; ***have*** (***keep***) ***in*** ~ lagerföra, ha på (i) lager; ***be out of*** ~ vara slut [på lagret] **9** ekon. aktier; ~***s and shares*** el. ~***s*** börspapper, fondpapper
II *adj* **1** stereotyp, klichéartad [~ *situations*]; ~ ***example*** typexempel; ~ ***sizes*** standardstorlekar **2** ~ ***exchange*** fondbörs
III *vb tr* **1** fylla med lager [~ *the shelves*]; ***well stocked with*** välförsedd med, välsorterad i (med) **2** lagerföra, ha på lager; ~ ***up*** fylla på lagret av
stockade [stɒ'keɪd] *s* palissad, pålverk
stockbroker ['stɒkˌbrəʊkə] *s* fondmäklare, börsmäklare
stockfish ['stɒkfɪʃ] *s* stockfisk, lutfisk
Stockholm ['stɒkhəʊm]
stockinet [ˌstɒkɪ'net] *s* slät trikå
stocking ['stɒkɪŋ] *s* lång strumpa
stock-still [ˌstɒk'stɪl] *adj* alldeles stilla
stocktaking ['stɒkˌteɪkɪŋ] *s* hand. m.m. lagerinventering
stocky ['stɒkɪ] *adj* undersätsig, satt
stodgy ['stɒdʒɪ] *adj* **1** om mat tung, mastig [*a* ~ *pudding*] **2** bildl. tråkig
stoke [stəʊk] *vb tr* elda, sköta elden i [~ *a furnace*]; ~ ***the fire*** sköta elden; ~ ***up*** förse med bränsle
stoker ['stəʊkə] *s* eldare
stole [stəʊl] se *steal*
stolen ['stəʊl(ə)n] se *steal*
stolid ['stɒlɪd] *adj* trög, slö
stomach ['stʌmək] **I** *s* magsäck; mage; buk; ***on an empty*** ~ på fastande mage; ~ ***trouble*** magbesvär **II** *vb tr* **1** kunna äta, tåla **2** bildl. tåla, smälta [~ *an insult*]

stomach ache ['stʌməkeɪk] *s* magvärk; ***I have got ~ (a ~)*** jag har ont i magen
stomach pump ['stʌməkpʌmp] *s* magpump
stone [stəʊn] **I** *s* **1** sten; ***precious ~*** ädelsten; ***the Stone Age*** stenåldern; ***leave no ~ unturned*** pröva alla medel (vägar) **2** kärna i stenfrukt **3** (pl. vanl. *stone*) viktenhet = 14 *pounds* (6,36 kg) [*he weighs 11 ~ (~s)*] **II** *vb tr* **1** stena; kasta sten på **2** kärna ur stenfrukt
stone-cold [ˌstəʊn'kəʊld] *adj* iskall
stone-dead [ˌstəʊn'ded] *adj* stendöd
stone-deaf [ˌstəʊn'def] *adj* stendöv
stoneware ['stəʊnweə] *s* stengods
stony ['stəʊnɪ] *adj* **1** stenig [*~ road*] **2** stenhård, isande [*~ silence*]
stony-broke [ˌstəʊnɪ'brəʊk] *adj* sl. luspank
stood [stʊd] se *stand I*
stooge [stu:dʒ] *s* **1** ungefär 'skottavla' hjälpaktör till komiker **2** vard. underhuggare, strykpojke
stool [stu:l] *s* **1** stol utan ryggstöd; pall; ***fall between two ~s*** bildl. sätta sig mellan två stolar **2** med. avföring
stool pigeon ['stu:lˌpɪdʒən] *s* **1** lockfågel **2** vard. tjallare
1 stoop [stu:p] **I** *vb itr* **1** luta (böja) sig, luta (böja) sig ned [ofta *~ down*] **2** bildl. nedlåta sig **II** *s* kutryggighet; ***with a ~*** kutryggig
2 stoop [stu:p] *s* amer. öppen veranda
stop [stɒp] **I** *vb tr* o. *vb itr* **1** stoppa, stanna; hindra; ***~ thief!*** ta fast tjuven!; ***~ at nothing*** inte sky några medel; ***~ by for a chat*** titta in för en pratstund; ***~ dead (short)*** tvärstanna; ***~ over*** stanna över [*at* i, vid] **2** sluta, sluta med [*~ that nonsense!*]; ***~ it!*** sluta!, låt bli!; ***~ work*** sluta arbeta; lägga ner arbetet **3** stoppa (proppa) igen, täppa till (igen) [ofta *~ up*; *~ a leak*]; ***~ one's ears*** hålla för öronen; ***my nose is stopped up*** jag är täppt i näsan; ***the pipe is stopped up*** röret är igentäppt **4** om ljud m.m. sluta, upphöra **5** vard. **a)** stanna [*~ at home*], bo [*~ at a hotel*]; ***~ for*** stanna kvar till [*won't you ~ for dinner?*]; ***he is stopping here for a week*** han bor här en vecka; ***~ up late*** stanna uppe länge **b)** ***~ the night*** stanna över, ligga över
II *s* **1** stopp; uppehåll, avbrott; ***come to a full ~ (a ~)*** avstanna helt; göra halt; ***put a ~ to*** sätta stopp (p) för **2** hållplats [*bus ~*] **3** skiljetecken; stop punkt; ***full ~*** punkt
stopgap ['stɒpgæp] *s* **1** tillfällig ersättning (åtgärd); nödfallsutväg **2** ersättare
stop-light ['stɒplaɪt] *s* trafik. **1** stoppljus, rött ljus **2** bromsljus
stop-over ['stɒpˌəʊvə] *s* avbrott, uppehåll
stoppage ['stɒpɪdʒ] *s* **1** tilltäppning **2** a) avbrytande; stopp; stockning b) avbrott c) driftstörning, driftstopp d) arbetsnedläggelse
stopper ['stɒpə] *s* propp i t.ex. flaska; plugg
stop-press ['stɒppres] *s*, ***~ news*** el. ***~*** press-stopp-nyheter, pressläggningsnytt
stopwatch ['stɒpwɒtʃ] *s* stoppur, tidtagarur
storage ['stɔ:rɪdʒ] *s* **1** lagring, magasinering; ***~ battery (cell)*** elektr. ackumulator; batteri **2** magasinsutrymme, lagerutrymme; lagringskapacitet
store [stɔ:] **I** *s* **1** förråd, lager; pl. ***~s*** förråd [*military ~s*]; ***be in ~ for a p.*** vänta ngn **2** magasin, förrådshus **3 a)** vanl. ***~s*** varuhus [äv. *department ~s (~)*], storbutik [*co-operative ~s*]; ***general ~s*** lanthandel, diversehandel **b)** speciellt amer. butik, affär **II** *vb tr* lägga upp lager av, samla på lager, lagra; förvara, magasinera [*~ furniture*]; elektr. m.m. ackumulera
storehouse ['stɔ:haʊs] *s* magasin, förrådshus
storekeeper ['stɔ:ˌki:pə] *s* amer. butiksinnehavare
storeroom ['stɔ:ru:m] *s* **1** förrådsrum; skräpkammare; vindskontor **2** lagerlokal
storey ['stɔ:rɪ] *s* våning, våningsplan, etage; ***on the first ~*** en trappa upp; amer. på nedre botten
storeyed ['stɔ:rɪd] *adj* i sammansättningar med...våningar, -vånings- [*a three-storeyed house*]
stork [stɔ:k] *s* stork
storm [stɔ:m] **I** *s* **1** oväder, svår storm; ***a ~ of applause*** en bifallsstorm; ***a ~ in a teacup*** en storm i ett vattenglas **2** störtskur, skur **3** speciellt mil. stormning; ***take by ~*** ta med storm **II** *vb itr* o. *vb tr* bildl. rasa [*at* över, mot]; rusa häftigt (i raseri) [*~ out of a room*]
stormy ['stɔ:mɪ] *adj* stormig
story ['stɔ:rɪ] *s* **1** historia, berättelse **2** ***short ~*** novell; handling i t.ex. bok, film **3** osanning speciellt barns; ***tell stories*** tala osanning

story book ['stɔ:rɪbʊk] *s* sagobok
story-teller ['stɔ:rɪˌtelə] *s* **1** historieberättare; sagoberättare **2** vard. lögnare
story-writer ['stɔ:rɪˌraɪtə] *s* novellförfattare; sagoförfattare
stout [staʊt] **I** *adj* stark, kraftig; robust; om person bastant, tjock **II** *s* ungefär porter
stove [stəʊv] *s* ugn; kamin; spis
stow [stəʊ] *vb tr* o. *vb itr* stuva, stuva in, packa; ~ ***away*** a) stuva undan b) gömma sig ombord, fara som fripassagerare
stowaway ['stəʊəweɪ] *s* fripassagerare
straddle ['strædl] *vb itr* o. *vb tr* skreva; sitta grensle; sitta grensle på
straggle ['strægl] *vb itr* sacka efter; vara (ligga) spridd; spreta, bre ut sig
straggler ['stræglə] *s* eftersläntrare
straggling ['stræglɪŋ] *adj* eftersläntrande; som sprider (grenar ut) sig åt olika håll; spretig
straight [streɪt] **I** *adj* **1** rak [*a ~ line*], rät; ***is my hat on ~?*** sitter min hatt rätt?; ***put*** ~ rätta till **2** i följd, rak [*ten ~ wins*] **3** ***get*** (***put***) ~ få ordning (rätsida) på, ordna upp [*get one's affairs ~*] **4** uppriktig, ärlig, öppenhjärtig [*a ~ answer*] **5** ärlig, hederlig **II** *adv* **1 a)** rakt, rätt [*~ up (through)*], mitt, tvärs [*~ across the street*]; rak, rakt, upprätt [*sit (stand, walk) ~*]; ~ ***on*** rakt fram; ***sit up*** ~ sitta rak **b)** rätt, riktigt; logiskt [*think ~*] **2** direkt, raka vägen [*go ~ to London*], rakt [*he went ~ into...*]; genast [*I went ~ home*] **3** bildl. hederligt [*live ~*]; ***go*** ~ vard. föra ett hederligt liv **4** ~ ***away*** (***off***) genast, på ögonblicket; tvärt **5** ~ ***out*** el. ~ direkt, rent ut [*I told him ~ (~ out) that...*] **III** *s* raksträcka
straightaway [ˌstreɪtə'weɪ] *adv* genast
straighten ['streɪtn] *vb tr* räta, räta ut, rikta; räta på [*~ one's back*]; rätta till [*~ one's tie*]; ~ ***out*** räta ut; ***it will ~ itself out*** det ordnar sig
straightforward [ˌstreɪt'fɔ:wəd] *adj* **1** uppriktig, ärlig, rättfram **2** enkel, okomplicerad [*a ~ problem*]; normal
strain [streɪn] **I** *vb tr* o. *vb itr* **1** spänna, sträcka **2** slita på; överanstränga; ~ ***one's ears*** lyssna spänt; ~ ***every nerve*** anstränga sig till det yttersta; ~ ***oneself*** överanstränga sig **3** med. sträcka [*~ a muscle*] **4** sila, filtrera; passera **5** ~ ***at*** streta (slita) med **II** *s* **1** spänning, påfrestning, tryck **2** ansträngning, påfrestning [*on* för]; press, stress [*the ~ of modern life*]; överansträngning; ***mental*** ~ psykisk påfrestning; ***nervous*** ~ nervpress, stress; ***be a ~ on a th.*** fresta på ngt; ***it's a ~ on the eyes*** det är ansträngande för ögonen; ***it's a ~ on my nerves*** det sliter på nerverna; ***put a great ~ on*** hårt anstränga **3** vanl. pl. ~***s*** toner, musik
strained [streɪnd] *adj* spänd; ansträngd
strainer ['streɪnə] *s* sil; filter
strait [streɪt] *s* **1** ~ el. ~***s*** sund **2** pl. ~***s*** trångmål; ***in financial ~s*** i penningknipa
straiten ['streɪtn] *vb tr*, ***in straitened circumstances*** i knappa omständigheter
straitjacket ['streɪtˌdʒækɪt] *s* tvångströja äv. bildl.
strait-laced [ˌstreɪt'leɪst, attributivt 'streɪtleɪst] *adj* trångbröstad, bigott; pryd
1 strand [strænd] *s* repsträng; tråd
2 strand [strænd] *vb tr* sätta på grund [*~ a ship*]; ***be stranded*** stranda, sitta fast; ***be left stranded*** el. ***be stranded*** bildl. vara strandsatt
strange [streɪndʒ] *adj* främmande; egendomlig, underlig; ~ ***to say*** egendomligt (underligt)
strange-looking ['streɪndʒˌlʊkɪŋ] *adj* med ett egendomligt utseende
stranger ['streɪndʒə] *s* främling; pl. ~***s*** äv. främmande människor, obekanta
strangle ['stræŋgl] *vb tr* strypa; förkväva
stranglehold ['stræŋglhəʊld] *s* sport. strupgrepp; bildl. järngrepp; ***put a ~ on*** strypa åt
strangulate ['stræŋgjʊleɪt] *vb tr* strypa
strangulation [ˌstræŋgjʊ'leɪʃ(ə)n] *s* strypning
strap [stræp] **I** *s* **1** rem; band; packrem; ***watch*** ~ klockarmband **2** stropp **3** byxhälla **4** strigel **II** *vb tr* fästa (spänna fast) med rem (remmar)
strapping ['stræpɪŋ] *adj* vard. stor och kraftig
strata ['strɑ:tə, 'streɪtə] *s* se *stratum*
stratagem ['strætədʒəm] *s* list, fint, knep
strategic [strə'ti:dʒɪk] *adj* o. **strategical** [strə'ti:dʒɪkəl] *adj* strategisk
strategist ['strætədʒɪst] *s* strateg
strategy ['strætədʒɪ] *s* strategi, taktik
stratosphere ['strætəsfɪə] *s* stratosfär
stratum ['strɑ:təm, 'streɪtəm] (pl. *strata* ['strɑ:tə, 'streɪtə]) *s* geol. el. bildl. skikt, lager
straw [strɔ:] **I** *s* **1** strå, halmstrå; ***that was the last ~*** ordspr. det var droppen som

kom bägaren att rinna över, det var droppen...; ***catch* (*clutch, grasp*) *at a ~*** bildl. gripa efter ett halmstrå **2** halm; strå **3** sugrör **II** *adj* halm- [*~ hat*]

strawberry ['strɔ:bərɪ] *s* jordgubbe; ***wild ~*** skogssmultron, smultron

stray [streɪ] **I** *vb itr* **1** gå vilse **2** glida, vandra [*his hand strayed towards his pocket*] **II** *s* vilsekommet djur **III** *adj* **1** kringdrivande, vilsekommen [*~ cattle*], herrelös [*a ~ cat (dog)*] **2** tillfällig, strö- [*a ~ customer*]; förlupen [*a ~ bullet*]

streak [stri:k] **I** *s* **1** strimma, rand; streck; ***~ of lightning*** blixt; ***like a ~ of lightning*** el. ***like a ~*** bildl. som en oljad blixt **2** drag, inslag [*a ~ of cruelty*] **II** *vb itr* vard. susa, svepa [*the car streaked along*]

streaky ['stri:kɪ] *adj* **1** strimmig, randig [*a ~ bacon*] **2** amer. vard. uppskärrad

stream [stri:m] **I** *s* ström; vattendrag, å, bäck; ***a constant* (*continuous*) *~*** bildl. en jämn ström **II** *vb itr* **1** strömma; rinna, flöda [*sweat was streaming down his face*] **2** ***~ with*** rinna (drypa) av

streamer ['stri:mə] *s* **1** vimpel **2** serpentin; remsa

streamline ['stri:mlaɪn] **I** *s* strömlinje; strömlinjeform **II** *vb tr* strömlinjeforma; ***streamlined*** strömlinjeformad [*streamlined cars*]

street [stri:t] *s* gata; ***they are not in the same ~*** vard. de står inte i samma klass; ***walk* (*be, go*) *on the ~s*** el. ***walk the ~s*** om prostituerad gå på gatan; ***it's just up*** (amer. ***down***) ***my street*** vard. det passar mig precis; ***be streets ahead of a p.*** vard. ligga långt före ngn

streetcar ['stri:tkɑ:] *s* amer. spårvagn

street-cleaner ['stri:tˌkli:nə] *s* gatsopare

streetdoor ['stri:tdɔ:] *s* port, ytterdörr

streetlamp ['stri:tlæmp] *s* gatlykta

streetlighting ['stri:tˌlaɪtɪŋ] *s* gatubelysning

street-sweeper ['stri:tˌswi:pə] *s* gatsopare

street-walker ['stri:tˌwɔ:kə] *s* gatflicka

strength [streŋθ] *s* **1** styrka; kraft, krafter; bildl. stark sida [*one of his ~s is...*]; ***armed ~*** väpnad styrka; ett lands krigsmakt; ***go from ~ to ~*** gå från klarhet till klarhet; ***on the ~ of*** på grund av, på [*on the ~ of his recommendation*] **2** styrka, numerär [*the ~ of the enemy*]; ***be below ~*** vara underbemannad; ***in great ~*** el. ***in ~*** i stort antal; ***be in full ~*** el. ***be up to ~*** vara fulltalig

strengthen ['streŋθ(ə)n] *vb tr* o. *vb itr* stärka, styrka; förstärka; förstärkas

strenuous ['strenjʊəs] *adj* **1** ansträngande, påfrestande [*~ work*] **2** ihärdig [*make ~ efforts*]

stress [stres] **I** *s* **1** tryck; psykol. stress; ***be suffering from ~*** vara stressad **2** vikt; ***lay ~ on*** framhålla, betona; lägga vikt vid **3** betoning, tonvikt, tryck, accent; huvudton, ton [*the ~ is on the first syllable*] **4** mek. spänning; tryck, belastning **II** *vb tr* betona, framhålla, understryka

stress mark ['stresmɑ:k] *s* accenttecken

stretch [stretʃ] **I** *vb tr* o. *vb itr* **1** spänna [*~ a rope*], sträcka; tänja ut; sträcka ut; sträcka på [*~ one's neck*]; ***~ one's legs*** sträcka på benen **2** sträcka på sig [*~ and yawn*], sträcka på benen **3** sträcka sig [*the wood stretches for miles*] **4** tänja sig, töja ut sig; gå att töja ut [*rubber stretches easily*] **II** *s* sträcka; trakt, område [*a ~ of meadow*]; avsnitt, stycke [*for long stretches the story is dull*]; ***at a ~*** i ett sträck **III** *adj*, ***~ nylon*** stretchnylon; ***~ tights*** strumpbyxor

stretchable ['stretʃəbl] *adj* tänjbar, töjbar

stretcher ['stretʃə] *s* sjukbår

stretcher-bearer ['stretʃəˌbeərə] *s* sjukbärare, bårbärare

strew [stru:] *vb tr* strö, strö ut; beströ

stricken ['strɪk(ə)n] *adj* olycksdrabbad [*a ~ area*]; ***~ with panic*** gripen av panik

strict [strɪkt] *adj* sträng [*with* mot]; strikt; ***in a ~ sense*** i egentlig mening

strictly ['strɪktlɪ] *adv* strängt [*~ forbidden*]; strikt; i egentlig mening; ***~ speaking*** strängt taget

stridden ['strɪdn] se *stride I*

stride [straɪd] **I** (*strode stridden*) *vb itr* gå med långa steg [*~ off (away)*], stega, kliva **II** *s* långt steg, kliv; ***make great* (*rapid*) *~s*** bildl. göra stora (snabba) framsteg; ***get into one's ~*** börja komma i gång; ***take a th. in one's ~*** klara ngt; ***throw a p. off* (*out of*) *his ~*** få ngn att förlora fattningen

strife [straɪf] *s* stridighet, missämja; strid; ***industrial ~*** konflikter på arbetsmarknaden; ***political ~*** politiska strider

strike [straɪk] **I** (*struck struck*) *vb tr* o. *vb itr* **1** slå; slå till; slå på; ***~ dumb*** göra stum **2** träffa [*the blow struck him on the chin*]; drabba, hemsöka **3** slå (stöta, köra) emot [*the car struck a tree*]; sjö. gå (stöta) på [*the ship struck a mine*]; ~ ***bottom*** få bottenkänning **4** träffa på, upptäcka [~ *gold*] **5** a) slå, frappera [*what struck me was...*] b) förefalla, tyckas [*it ~s me as (as being) the best*] **6** stryka [~ *a name from the list*; ~ *a p. off* (från, ur) *the register*] **7** sjö. stryka [~ *sail*] **8** avsluta, göra upp, träffa [~ *a bargain with a p.*] **9** slå, stöta [*against a th.* emot ngt]; ~ ***at*** slå efter; bildl. angripa; ~ ***lucky*** ha tur **10** om klocka slå [*the clock struck four*] **11** mil. anfalla **12** strejka **13** slå ned [*the lightning struck*] □ ~ **back** slå igen (tillbaka); ~ **off** a) hugga (slå) av b) stryka [~ *off a name from the list*]; ~ **out** stryka, stryka ut (över) [~ *out a name (word)*]; ~ **up** a) inleda, knyta [~ *up a friendship*] b) stämma (spela) upp [*the band struck up a waltz*]

II *s* **1** strejk; ~ ***benefit*** (***pay***) strejkunderstöd; ~ ***fund*** strejkkassa; ***general*** ~ storstrejk, generalstrejk; ***sympathetic*** ~ sympatistrejk; ***call a*** ~ utlysa strejk; ***be out on*** ~ el. ***be on*** ~ strejka; ***go*** (***come***) ***out on*** ~ gå i strejk, lägga ner arbetet **2** mil., ***nuclear*** ~ kärnvapenanfall

strike-breaker ['straɪkˌbreɪkə] *s* strejkbrytare

striker ['straɪkə] *s* **1** strejkare, strejkande **2** fotb. anfallsspelare

striking ['straɪkɪŋ] *adj* **1** slående, påfallande, markant [*a* ~ *likeness*] **2** ***within*** ~ ***distance*** inom skotthåll (bildl. räckhåll)

strikingly ['straɪkɪŋlɪ] *adv* slående, påfallande [~ *beautiful*]; markant

string [strɪŋ] **I** *s* **1** snöre; band, snodd; ***piece of*** ~ snöre **2 a)** sträng [*the ~s of a violin*], sena [*the ~s of a tennis racket*] **b)** pl. ***~s*** stråkinstrument, stråkar **c)** attributivt stråk- [~ *orchestra (quartet)*], sträng- [~ *instruments*] **3** bildl. uttryck: ***pull the ~s*** hålla (dra) i trådarna; ***pull ~s*** använda sitt inflytande, mygla; ***without ~s*** vard. utan några förbehåll **4** ~ ***of pearls*** pärlhalsband; ***a*** ~ ***of onions*** en lökfläta **5** serie, följd [*a* ~ *of events*]; kedja [*a* ~ *of hotels*]

II (*strung strung*) *vb tr* **1** stränga [~ *a racket (violin)*] **2** ~ ***up*** el. ~ hänga upp på t.ex. snöre **3** behänga [*a room strung with festoons* (girlander)] **4** trä upp på band (snöre) [~ *pearls*]; ~ ***together*** sätta (länka) ihop [~ *words together*] **5** snoppa, rensa [~ *beans*] **6** ***be all strung up*** bildl. vara på helspänn **7** ~ ***along with*** vard. hålla ihop med; ~ ***together*** hänga ihop

string bag ['strɪŋbæg] *s* nätkasse

string bean [ˌstrɪŋ'bi:n] *s* skärböna

stringed [strɪŋd] *adj*, ~ ***instrument*** stränginstrument

stringent ['strɪndʒ(ə)nt] *adj* **1** sträng [~ *rules*]; ekon. el. polit. stram [~ *policy*] **2** strängt logisk, stringent

stringy ['strɪŋɪ] *adj* trådig, senig [~ *meat*]

1 strip [strɪp] *vb tr* o. *vb itr* **1 a)** skrapa av (bort), skala av (bort); ~ ***off*** ta av sig [~ *off one's shirt*] **b)** klä av; skrapa (plocka) ren [*of* från, på]; ~ ***a p. of a th.*** beröva ngn ngt **2** klä av sig; strippa

2 strip [strɪp] *s* **1** remsa [*a* ~ *of cloth*], list, skena [*a* ~ *of metal*], stycke **2** serie; ***comic*** ~ skämtserie, tecknad serie; ***film*** ~ bildband **3** sport. vard. lagdräkt

stripe [straɪp] **I** *s* **1** rand; strimma **2** mil. streck i gradbeteckning **II** *vb tr* göra randig

striped [straɪpt] *adj* randig; strimmig

strip-lighting ['strɪpˌlaɪtɪŋ] *s* lysrörsbelysning

stripper ['strɪpə] *s* vard. striptease-artist, strippa

strippoker [ˌstrɪp'pəʊkə] *s* klädpoker

striptease ['strɪpti:z] **I** *s* striptease **II** *vb itr* göra striptease, strippa

strive [straɪv] (*strove striven*) *vb itr* sträva, bemöda sig

striven ['strɪvn] se *strive*

strode [strəʊd] se *stride I*

1 stroke [strəʊk] *s* **1** slag [*the* ~ *of a hammer*]; klockslag **2** med. slaganfall **3** tekn. a) kolvslag b) slaglängd c) takt [*four-stroke engine*] **4** i bollspel slag; simn. simtag; ***do the butterfly*** ~ simma fjärilsim **5** streck [*thin ~s*]; ***with a*** ~ ***of the pen*** med ett penndrag **6** bildl. drag, grepp [*a masterly* ~]; ***do a*** ~ (***a good*** ~) ***of business*** göra en bra affär; ***that was a*** ~ ***of genius*** det var ett snilledrag; ***what a*** ~ ***of luck!*** en sådan tur!; ***he doesn't do a*** ~ (***a*** ~ ***of work***) han gör inte ett handtag

2 stroke [strəʊk] **I** *vb tr* stryka, smeka [~ *a cat*]; ~ ***one's beard*** stryka sig om skägget; ~ ***a p. the wrong way*** bildl. stryka ngn mothårs **II** *s* strykning

stroll [strəʊl] **I** *vb itr* o. *vb tr* promenera, flanera; promenera (flanera) på **II** *s* promenad; ***be out for a*** ~ vara ute och promenera

stroller ['strəʊlə] *s* **1** flanör **2** speciellt amer. sittvagn, paraplyvagn för barn

strong [strɒŋ] **I** *adj* stark; kraftig; stor [*there is a ~ likelihood that...*]; ivrig, varm [*~ supporters*] **II** *adv* starkt, kraftigt [*smell ~*]; ***be still going ~*** vard. ännu vara i sin fulla kraft; vara i full gång

stronghold ['strɒŋhəʊld] *s* fäste, borg

strongly ['strɒŋlɪ] *adv* starkt, kraftigt; på det bestämdaste [*I ~ advise you to go*]

strong room ['strɒŋru:m] *s* kassavalv

strong-willed [ˌstrɒŋ'wɪld] *adj* viljestark

strove [strəʊv] se *strive*

struck [strʌk] se *strike I*

structure ['strʌktʃə] *s* struktur; byggnadsverk

struggle ['strʌgl] **I** *vb itr* **1** kämpa, strida, brottas **2** streta, knoga [*~ up a hill*], kämpa (arbeta) sig [*~ through a book*]; ***~ along*** knaggla sig fram **II** *s* kamp, strid; kämpande; ***they put up a ~*** de bjöd motstånd

strum [strʌm] *vb itr* klinka [*~ on the piano*], knäppa [*~ on the banjo*]

strung [strʌŋ] se *string II*

strut [strʌt] *vb itr* stoltsera; kråma sig

stub [stʌb] **I** *s* **1** stump; ***cigar ~*** cigarrstump, cigarrfimp **2** stubbe **3** talong, stam på t.ex. biljetthäfte **II** *vb tr* **1** ***~ one's toe*** stöta tån **2** ***~ out*** el. ~ fimpa [*~ a cigarette*]

stubble ['stʌbl] *s* stubb; skäggstubb

stubborn ['stʌbən] *adj* envis [*a ~ illness*], hårdnackad [*~ resistance*]

stubby ['stʌbɪ] *adj* **1** stubbig **2** kort och bred; knubbig [*~ fingers*], satt

stuck [stʌk] se *2 stick*

stuck-up [ˌstʌk'ʌp] *adj* vard. mallig, uppblåst

1 stud [stʌd] *s* **1** stall uppsättning hästar [*racing ~*] **2** stuteri **3** avelshingst

2 stud [stʌd] **I** *s* **1** lös kragknapp; ***shirt (dress) ~*** el. ~ skjortknapp, bröstknapp **2** a) stift, spik b) dobb; på t.ex. däck dubb **II** *vb tr* **1** a) besätta (beslå) med stift b) dubba [*studded tyres*] **2** späcka [*studded with quotations*]; ***studded with jewels*** juvelbesatt

student ['stju:d(ə)nt] *s* studerande [*medical ~*]; student [*university ~s*]; amer. äv. elev

studied ['stʌdɪd] *adj* medveten, överlagd, avsiktlig [*~ insult*], utstuderad

studio ['stju:dɪəʊ] *s* ateljé; studio; pl. *~s* filmstad; ***film ~*** filmateljé, filmstudio

studious ['stju:djəs] *adj* flitig, flitig i sina studier

study ['stʌdɪ] **I** *s* **1** studier [*fond of ~*], studerande; studium, undersökning; ***~ circle*** studiecirkel; ***make a ~ of a th.*** studera ngt, bemöda sig om ngt **2** arbetsrum, läsrum; ***headmaster's ~*** rektorsexpedition **3** mus. etyd **II** *vb tr* o. *vb itr* studera, läsa [*~ medicine*], lära sig; studera (lära) in [*~ a part*]; undersöka, granska; vara mån om

stuff [stʌf] **I** *s* **1** material, ämne; materia; ***the same old ~*** det gamla vanliga; ***it's poor ~*** det är ingenting att ha; ***some sticky ~*** något klibbigt **2** vard. **a)** saker, grejor [*I've packed my ~*] **b)** ***do your ~!*** visa vad du kan!; ***he knows his ~*** han kan sin sak; ***~ and nonsense*** struntprat **II** *vb tr* **1** stoppa [*~ a cushion*], stoppa (proppa) full [*with* med]; ***~ oneself with food*** proppa i sig mat **2** ***~ up*** el. ~ täppa till; ***my nose is stuffed up*** jag är täppt i näsan **3** stoppa upp [*~ a bird*] **4** kok. fylla, färsera

stuffed [stʌft] *adj* **1** stoppad; fullstoppad, fullproppad [*~ with facts*] **2** kok. fylld [*~ turkey*], färserad **3** uppstoppad [*~ birds*]

stuffing ['stʌfɪŋ] *s* stoppning; uppstoppning; kok. fyllning [*turkey ~*], färs; inkråm

stuffy ['stʌfɪ] *adj* **1** instängd, kvav **2** täppt [*~ nose*]

stumble ['stʌmbl] *vb itr* **1** snava, snubbla; ***~ across*** stöta (råka) på **2** stappla; stamma

stumbling-block ['stʌmblɪŋblɒk] *s* stötesten [*to a p.* för ngn]

stump [stʌmp] **I** *s* stubbe **II** *vb tr, **the question stumped him*** vard. han gick bet på frågan

stun [stʌn] *vb tr* **1** bedöva [*~ a p. with a blow*] **2** överväldiga, förbluffa; chocka

stung [stʌŋ] se *sting II*

stunk [stʌŋk] se *stink I*

stunning ['stʌnɪŋ] *adj* **1** bedövande [*a ~ blow*]; chockande **2** vard. fantastisk [*a ~ performance*]; jättesnygg

stunt [stʌnt] *s* vard. **1** konstnummer, trick; ***acrobatic ~s*** akrobatkonster **2** jippo

stunted ['stʌntɪd] *adj* förkrympt; ***be ~*** vara hämmad i växten

stupefy ['stju:pɪfaɪ] *vb tr* bedöva; göra omtöcknad [*stupefied with* (av) *drink*]; göra häpen (bestört)

stupendous [stjʊ'pendəs] *adj* häpnadsväckande, förbluffande; kolossal

stupid ['stju:pɪd] *adj* dum, enfaldig

stupidity [stjʊ'pɪdətɪ] *s* dumhet, enfald
stupor ['stju:pə] *s* dvala, omtöcknat tillstånd; ***in a drunken*** ~ redlöst berusad
sturdy ['stɜ:dɪ] *adj* robust, kraftig
sturgeon ['stɜ:dʒ(ə)n] *s* stör fisk
stutter ['stʌtə] **I** *vb itr* stamma **II** *s* stamning
1 sty [staɪ] *s* svinstia
2 sty o. **stye** [staɪ] *s* med. vagel
style [staɪl] **I** *s* a) stil; stilart b) mode [*dressed in* (efter) *the latest* ~]; ***do things*** (***it***) ***in*** ~ slå på stort, leva på stor fot; ***live in great*** (***grand***) ~ el. ***live in*** ~ leva flott **II** *vb tr* **1** titulera [*he is styled 'Colonel'*] **2** formge, designa [~ *cars (dresses)*]; ~ ***a p.'s hair*** lägga frisyr på ngn
stylish ['staɪlɪʃ] *adj* stilfull, stilig; moderiktig
stylize ['staɪlaɪz] *vb tr* stilisera
stylus ['staɪləs] *s* pickupnål
styptic ['stɪptɪk] **I** *adj* blodstillande; ~ ***pencil*** alunstift **II** *s* blodstillande medel
suave [swɑ:v] *adj* förbindlig, älskvärd
subcommittee ['sʌbkəˌmɪtɪ] *s* underutskott, underkommitté
subconscious [ˌsʌb'kɒnʃəs] **I** *adj* undermedveten **II** *s* undermedvetande; ***the*** ~ det undermedvetna
subcontinent [ˌsʌb'kɒntɪnənt] *s* subkontinent [*the Indian* ~]
subdivision ['sʌbdɪˌvɪʒ(ə)n] *s* underavdelning
subdue [səb'dju:] *vb tr* underkuva [~ *a country*], kuva
subdued [səb'dju:d] *adj* **1** underkuvad **2** dämpad [~ *light*], diskret [~ *colours*]; återhållsam
subheading ['sʌbˌhedɪŋ] *s* underrubrik
subject [substantiv, adjektiv o. adverb 'sʌbdʒɪkt, verb səb'dʒekt] **I** *s* **1** undersåte; ***he is a British*** ~ han är engelsk medborgare **2** ämne i t.ex. skola, för samtal; ***change the*** ~ byta samtalsämne; ***on the*** ~ ***of*** angående, om; ~ ***of*** (***for***) föremål för **3** gram. subjekt
II *adj*, ~ ***to*** underkastad [~ *to changes*]; ***be*** ~ ***to*** utsättas för; ha anlag för, lida av [*be* ~ *to headaches*]; ***be*** ~ ***to duty*** vara tullpliktig
III *adv*, ~ ***to*** under förutsättning av [~ *to your approval* (godkännande)]; med förbehåll för [~ *to alterations*]
IV *vb tr* utsätta [*to* för]; ***be subjected to*** äv. vara föremål för, drabbas av
subjection [səb'dʒekʃ(ə)n] *s* underkuvande; underkastelse [*to* under]; beroende [*to* av]
subjective [səb'dʒektɪv] *adj* subjektiv
subject matter ['sʌbdʒɪktˌmætə] *s* innehåll, stoff [*the* ~ *of the book*]; ämne
subjugate ['sʌbdʒʊgeɪt] *vb tr* underkuva
subjunctive [səb'dʒʌŋktɪv] *adj* gram. konjunktivisk; ***the*** ~ ***mood*** konjunktiven
sublet [ˌsʌb'let] (*sublet sublet*) *vb tr* hyra ut i andra hand
sublime [sə'blaɪm] **I** *adj* storslagen **II** *s* storslagenhet
sub-machine-gun [ˌsʌbmə'ʃi:ngʌn] *s* kulsprutepistol, kpist
submarine [ˌsʌbmə'ri:n] *s* ubåt, undervattensbåt
submerge [səb'mɜ:dʒ] *vb tr* doppa (sänka) ner i vatten; översvämma
submerged [səb'mɜ:dʒd] *adj*, ***be*** ~ vara (stå) under vatten
submersion [səb'mɜ:ʃ(ə)n] *s* nedsänkning; översvämning
submission [səb'mɪʃ(ə)n] *s* **1** underkastelse [*to* under] **2** framläggande, föredragning; presentation; föreläggande
submissive [səb'mɪsɪv] *adj* undergiven, foglig
submit [səb'mɪt] *vb tr* o. *vb itr* **1** ~ ***to*** utsätta för; ~ ***oneself to*** underkasta sig **2** framlägga, föredra, presentera [~ *one's plans*]; avge [~ *a report to a p.*] **3** ge vika
subnormal [ˌsʌb'nɔ:m(ə)l] *adj* som är under det normala [~ *temperatures*]
subordinate [adjektiv o. substantiv sə'bɔ:dənət, verb sə'bɔ:dɪneɪt] **I** *adj* **1** underordnad [*a* ~ *position*]; lägre [*a* ~ *officer*], underlydande; bi- [*a* ~ *role*] **2** ~ ***clause*** gram. bisats **II** *s* underordnad [*his* ~*s*] **III** *vb tr* underordna [*to* under]; sätta i andra hand [~ *one's private interests*]
subplot ['sʌbplɒt] *s* sidohandling i roman
subpoena [səb'pi:nə] jur. **I** *s* stämning **II** *vb tr* delge en stämning
subscribe [səb'skraɪb] *vb tr* o. *vb itr* **1** teckna sig för, teckna **2** prenumerera, abonnera [~ *to* (på) *a newspaper*] **3** ge bidrag **4** ~ ***to*** skriva under [~ *to an agreement*]; bildl. ansluta sig till, dela [~ *to a p.'s views*]
subscriber [səb'skraɪbə] *s* **1** prenumerant [~ *to* (på) *a newspaper*]; telefonabonnent; ~ ***trunk dialling*** tele. automatkoppling **2** bidragsgivare
subscription [səb'skrɪpʃ(ə)n] *s*

1 a) teckning [*~ for* (av) *shares*]; insamling [*to* till]; ***start*** (***raise***) ***a ~*** sätta i gång en insamling **b)** bidrag **2 a)** prenumeration [*to* på]; abonnemang; ***take out a ~ for*** prenumerera för **b)** prenumerationsavgift; medlemsavgift; undertecknande

subsequent ['sʌbsɪkwənt] *adj* följande, efterföljande

subsequently ['sʌbsɪkwəntlɪ] *adv* därefter, sedan, efteråt

subside [səb'saɪd] *vb itr* **1** sjunka undan [*the flood has subsided*]; sjunka, sätta sig [*the house will ~*] **2** avta, lägga sig [*the wind began to ~*]

subsidiary [səb'sɪdjərɪ] **I** *adj* **1** sido- [*~ theme*]; ***~ character*** bifigur; ***~ company*** dotterbolag **2** underordnad [*to a th.* ngt] **II** *s* dotterbolag, dotterföretag

subsidize ['sʌbsɪdaɪz] *vb tr* subventionera, understödja; perfekt particip ***subsidized*** subventionerad

subsidy ['sʌbsɪdɪ] *s* subvention, statsunderstöd, bidrag, anslag

subsistence [səb'sɪst(ə)ns] *s* uppehälle, utkomst; ***means of ~*** existensmedel; ***~ allowance*** traktamente

substance ['sʌbst(ə)ns] *s* **1** ämne, materia, stoff; substans [*a chalky ~*] **2** innehåll; huvudinnehåll, innebörd, andemening [*the ~ of a speech*]

substandard [ˌsʌb'stændəd] *adj* undermålig; om språk ovårdad

substantial [səb'stænʃ(ə)l] *adj* **1** verklig, reell, påtaglig **2** avsevärd, betydande [*~ improvement*], omfattande **3** stabil, gedigen; stadig, bastant [*a ~ meal*]

substantially [səb'stænʃ(ə)lɪ] *adv* väsentligen, i allt väsentligt

substantiate [səb'stænʃɪeɪt] *vb tr* bestyrka

substantive ['sʌbstəntɪv] *s* gram. substantiv

substitute ['sʌbstɪtju:t] **I** *s* **1** ställföreträdare, ersättare, vikarie; sport. reserv; ***the substitute's bench*** sport. avbytarbänken **2** ersättning, surrogat **II** *vb tr* **1** sätta i stället [*for* för]; ***~ beer for wine*** ersätta vin med öl **2** vikariera, vara ersättare (avbytare) [*for* för]

substitution [ˌsʌbstɪ'tju:ʃ(ə)n] *s* utbyte; ersättande; ersättning

subtenant [ˌsʌb'tenənt] *s* hyresgäst i andra hand; ***be a ~*** hyra i andra hand

subterfuge ['sʌbtəfju:dʒ] *s* undanflykt, förevändning

subterranean [ˌsʌbtə'reɪnjən] *adj* underjordisk

subtitle ['sʌbˌtaɪtl] **I** *s* **1** undertitel **2** film., pl. ***~s*** text [*an English film with Swedish ~s*] **II** *vb tr* **1** förse med en undertitel **2** film. texta

subtle ['sʌtl] *adj* **1** subtil, hårfin [*a ~ difference*]; obestämbar [*a ~ charm*], diskret [*a ~ perfume*] **2** utstuderad, raffinerad [*~ methods*] **3** vaken [*a ~ observer*]

subtlety ['sʌtltɪ] *s* subtilitet, hårfinhet; skärpa, skarpsinne

subtract [səb'trækt] *vb tr* o. *vb itr* subtrahera, dra ifrån [*~ 6 from 9*], dra av

subtraction [səb'trækʃ(ə)n] *s* subtraktion

subtropical [ˌsʌb'trɒpɪk(ə)l] *adj* subtropisk

suburb ['sʌbɜ:b] *s* förort, förstad; ***garden ~*** villaförort, villastad, trädgårdsstad

suburban [sə'bɜ:b(ə)n] *adj* **1** förorts-, förstads-; ***~ area*** ytterområde **2** neds. småstadsaktig

suburbanite [sə'bɜ:bənaɪt] *s* förortsbo

subversion [səb'vɜ:ʃ(ə)n] *s* omstörtning

subversive [səb'vɜ:sɪv] *adj* omstörtande [*~ activity* (verksamhet)]

subway ['sʌbweɪ] *s* **1** gångtunnel **2** amer. tunnelbana

succeed [sək'si:d] *vb itr* o. *vb tr* **1** lyckas [*the attack succeeded*], ha framgång; ***nothing ~s like success*** ordspr. den ena framgången drar den andra med sig **2** ***~ to*** överta, ärva [*~ to an estate*]; ***~ to the throne*** el. ~ överta tronen; efterträda, komma efter

success [sək'ses] *s* framgång, lycka [*with varying ~*], medgång; succé; ***~ story*** framgångssaga; ***make a ~ of*** lyckas med; ***meet with ~*** ha framgång, göra succé

successful [sək'sesf(ʊ)l] *adj* framgångsrik [*in* i], lyckosam; lyckad [*~ experiments*]; succé- [*~ play*]; godkänd [*~ candidates*]

succession [sək'seʃ(ə)n] *s* **1** följd [*a ~ of years*], serie, rad; ordning, ordningsföljd **2** arvföljd; tronföljd

successive [sək'sesɪv] *adj* på varandra följande; successiv [*~ changes*]; ***three ~ days*** tre dagar i rad

successor [sək'sesə] *s* efterträdare, efterföljare [*to a p.* till ngn]; ***~ to the throne*** tronföljare

succumb [sə'kʌm] *vb itr* duka under [*to* för], ge efter, falla [*~ to* (för) *flattery*]

such [sʌtʃ] *adj* o. *pron* **1** a) sådan [*~ books*], dylik; liknande [*tea, coffee, and ~*

drinks] b) så [~ *big books*; ~ *long hair*]; ***we had ~ fun*** vi hade verkligen roligt; ***there is ~ a draught*** det drar så; ***I've never heard of ~ a thing!*** jag har aldrig hört på maken!; ***I shall do no ~ thing*** det gör jag definitivt inte; ***some ~ thing*** något sådant (liknande); ***~ and ~*** den och den [~ *and* ~ *a day*]; ***as ~*** som sådan, i sig [*I like the work as* ~] **2** ***~ as*** sådan som; som t.ex., som, såsom [*vehicles ~ as cars*]; ***~ books as these*** sådana här böcker; ***have you ~ a thing as a stamp?*** har du möjligen ett frimärke?; ***there are no ~ things as ghosts*** det finns inga spöken; ***~ as it is*** sådan den nu är

suchlike ['sʌtʃlaɪk] *adj* o. *pron* sådan, liknande, dylik; ***and ~ things*** el. ***and ~*** och dylikt, o.d.

suck [sʌk] **I** *vb tr* o. *vb itr* suga [~ *at* (på) *one's pipe*], suga upp; dia; suga ur [~ *an orange*]; suga på [~ *a sweet*] **II** *s* **1** sugning, sug [*at* på]; ***have a ~ at a th.*** suga på ngt **2** ***give ~ to*** amma

sucking-pig ['sʌkɪŋpɪg] *s* spädgris, digris

suckle ['sʌkl] *vb tr* dia, ge di, amma

suction ['sʌkʃ(ə)n] *s* insugning; sug

Sudan [sʊ'dɑ:n, sʊ'dæn], ***the ~*** Sudan

sudden ['sʌdn] **I** *adj* plötslig, oväntad **II** *s*, ***all of a ~*** helt plötsligt

suddenly ['sʌdnlɪ] *adv* plötsligt, med ens

sue [sju:, su:] *vb tr* o. *vb itr* jur. **1** stämma, åtala **2** processa [*for* om, för att få]; väcka åtal [*threaten to* ~]; ***~ for a divorce*** begära skilsmässa

suede [sweɪd] *s* mockaskinn

suet ['sʊɪt] *s* njurtalg

suffer ['sʌfə] *vb tr* o. *vb itr* **1** lida, få utstå, utstå [~ *punishment*], genomlida; drabbas av; plågas; ta skada, fara illa [*from* av]; ***~ damage*** lida (ta) skada; ***~ for*** få umgälla, få plikta (sota) för, lida för **2** undergå, genomgå [~ *change*] **3** tåla

sufferer ['sʌfərə] *s* lidande person; ***hay-fever ~s*** de som lider av hösnuva; ***he will be the ~*** det blir han som blir lidande

suffering ['sʌfərɪŋ] *s* o. *adj* lidande

suffice [sə'faɪs] *vb itr* o. *vb tr* vara nog, räcka, räcka till; vara tillräcklig för

sufficiency [sə'fɪʃənsɪ] *s* tillräcklig mängd [*of* av]; tillräcklighet

sufficient [sə'fɪʃ(ə)nt] **I** *adj* tillräcklig; ***be ~*** räcka [*for* till, för] **II** *s*, ***be ~ of an expert to...*** vara tillräckligt mycket expert för att...

suffix ['sʌfɪks] *s* gram. suffix, ändelse

suffocate ['sʌfəkeɪt] *vb tr* o. *vb itr* kväva; kvävas

suffocating ['sʌfəkeɪtɪŋ] *adj* kvävande, kvalmig, kvav

suffocation [ˌsʌfə'keɪʃ(ə)n] *s* kvävning

sugar ['ʃʊgə] **I** *s* **1** socker; ***brown ~*** farinsocker **2** vard. sötnos, älskling **II** *vb tr* sockra, sockra i (på); ***~ the pill*** sockra det beska pillret

sugar almonds [ˌʃʊgər'ɑ:məndz] *s pl* dragerade mandlar

sugar basin ['ʃʊgəˌbeɪsn] *s* sockerskål

sugar beet ['ʃʊgəbi:t] *s* sockerbeta

sugar bowl ['ʃʊgəbəʊl] *s* sockerskål

sugar candy ['ʃʊgəˌkændɪ] *s* kandisocker

sugar cane ['ʃʊgəkeɪn] *s* sockerrör

sugar daddy ['ʃʊgəˌdædɪ] *s* vard. äldre rik beundrare (älskare) till ung flicka

sugar-free ['ʃʊgəfri:] *adj* sockerfri

sugary ['ʃʊgərɪ] *adj* sockrad, sockrig; sockerhaltig; sötsliskig

suggest [sə'dʒest, amer. səg'dʒest] *vb tr* **1** föreslå [~ *a p. for* (till) *a post*] **2** antyda; påminna om, väcka tanken på

suggestible [sə'dʒestəbl, amer. səg'dʒestəbl] *adj* lättpåverkad; lättsuggererad, suggestibel

suggestion [sə'dʒestʃ(ə)n, amer. səg'dʒestʃ(ə)n] *s* **1** förslag [*~s for* (till) *improvement*] **2** antydan, vink; uppslag

suggestive [sə'dʒestɪv, amer. səg'dʒestɪv] *adj* tankeväckande, uppslagsrik; suggestiv; ***be ~ of*** väcka tanken på; tyda på, vittna om

suicidal [su:ɪ'saɪdl] *adj* självmords- [~ *tendencies*]

suicide ['su:ɪsaɪd] *s* självmord [*commit* (begå) ~]

suit [su:t, sju:t] **I** *s* **1** dräkt [*spacesuit*]; ***man's ~*** el. ~ herrkostym, kostym; ***woman's ~*** damdräkt, dräkt; ***a ~ of armour*** en rustning; ***a ~ of clothes*** en hel kostym; ***dress ~*** högtidsdräkt, frack; ***two-piece ~*** a) herrkostym b) tvådelad dräkt **2** kortsp. färg; ***follow ~*** bekänna (följa) färg; bildl. följa exemplet, göra likadant

II *vb tr* **1** a) passa [*which day ~s you best?*] b) klä [*white ~s her*] c) vara (göra) till lags [*you can't ~ everybody*] d) vara lämplig för e) passa ihop med [*that will ~ my plans*]; ***will tomorrow ~ you?*** passar det i morgon?; ***~ yourself!*** gör som du vill! **2** anpassa, avpassa [*to* efter]

suitability [ˌsuːtəˈbɪlətɪ, ˌsjuːtəˈbɪlətɪ] *s* lämplighet
suitable [ˈsuːtəbl, ˈsjuːtəbl] *adj* passande, lämplig [*to, for* för, till]; ***be ~*** äv. passa, duga
suitably [ˈsuːtəblɪ, ˈsjuːtəblɪ] *adv* lämpligt, passande; riktigt, rätt
suitcase [ˈsuːtkeɪs, ˈsjuːtkeɪs] *s* resväska
suite [swiːt] *s* **1** svit, följe, uppvaktning **2 a)** ***a ~ of furniture*** el. ***a ~*** ett möblemang, en möbel **b)** soffgrupp; ***a three-piece ~*** en soffgrupp i tre delar **3** svit [*a ~ at a hotel*] **4** uppsättning; serie, räcka
suited [ˈsuːtɪd, ˈsjuːtɪd] *adj* lämplig, passande, lämpad [*for, to* för]; anpassad, avpassad [*to* efter]; ***they are well ~ to each other*** de passar bra ihop
sulfate o. **sulfur** o. **sulfuric** amer., se *sulphate* etc.
sulk [sʌlk] *vb itr* tjura, vara sur
sulky [ˈsʌlkɪ] *adj* sur, tjurig
sullen [ˈsʌlən] *adj* surmulen, butter
sulphate [ˈsʌlfeɪt] *s* sulfat
sulphur [ˈsʌlfə] *s* svavel
sulphuric [sʌlˈfjʊərɪk] *adj*, ***~ acid*** svavelsyra
sultan [ˈsʌlt(ə)n] *s* sultan
sultana [sʌlˈtɑːnə] *s* **1** sultaninna **2** sultanrussin
sultry [ˈsʌltrɪ] *adj* kvav, kvalmig
sum [sʌm] **I** *s* **1** summa **2** penningsumma, belopp **3** matematikexempel, matematikuppgift; pl. ***~s*** äv. matematik; ***do ~s*** lösa räkneuppgifter **II** *vb tr* summera, addera [*up* ihop]; ***~ up*** a) sammanfatta; göra en sammanfattning b) bedöma, bilda sig en uppfattning om; ***to ~ up*** sammanfattningsvis
summarize [ˈsʌməraɪz] *vb tr* sammanfatta, göra (vara) en sammanfattning av
summary [ˈsʌmərɪ] *s* sammanfattning, sammandrag
summer [ˈsʌmə] *s* sommar; ***last ~*** förra sommaren, i somras; ***this ~*** den här sommaren, i sommar; ***in the ~*** el. ***in ~*** på sommaren; ***in the ~ of 1994*** sommaren 1994; ***in the early*** (***late***) ***~*** el. ***in early*** (***late***) ***~*** på försommaren (sensommaren), tidigt (sent) på sommaren; ***children's ~ camp*** el. ***~ camp*** barnkoloni
summer-house [ˈsʌməhaʊs] *s* **1** lusthus, paviljong **2** sommarhus, sommarställe
summertime [ˈsʌmətaɪm] *s* sommar, sommartid; ***in the ~*** el. ***in ~*** på (under) sommaren
summery [ˈsʌmərɪ] *adj* sommarlik
summit [ˈsʌmɪt] *s* **1** topp, spets [*the ~ of a mountain*] **2** topp- [*~ conference (meeting)*]
summon [ˈsʌmən] *vb tr* **1** kalla, kalla på, tillkalla; kalla in [*~ Parliament*]; ***~ a meeting*** sammankalla ett möte **2** jur. instämma, kalla, kalla in [*~ a p. as a witness*]; ***~ a p. before court*** el. ***~ a p.*** stämma ngn inför rätta **3** ***~ up*** el. ~ samla [*~ (~ up) one's courage*]
summons [ˈsʌmənz] *s* **1** kallelse, inkallelse; jur. stämning; ***serve a ~ on a p.*** delge ngn stämning **2** maning, signal
sumptuous [ˈsʌmptjʊəs] *adj* överdådig
sum-total [ˌsʌmˈtəʊtl] *s* slutsumma
sun [sʌn] **I** *s* sol; solsken; ***everything under the ~*** allt mellan himmel och jord **II** *vb tr* sola; ***~ oneself*** sola sig
sunbath [ˈsʌnbɑːθ] *s* solbad
sunbathe [ˈsʌnbeɪð] *vb itr* solbada
sunbeam [ˈsʌnbiːm] *s* solstråle
sunblind [ˈsʌnblaɪnd] *s* markis; jalusi
sunburn [ˈsʌnbɜːn] *s* solbränna
sunburned [ˈsʌnbɜːnd] *adj* o. **sunburnt** [ˈsʌnbɜːnt] *adj* solbränd
sundae [ˈsʌndeɪ, ˈsʌndɪ] *s* glasscoupe med garnering
Sunday [ˈsʌndeɪ, ˈsʌndɪ] *s* söndag; ***last ~*** i söndags
sundeck [ˈsʌndek] *s* soldäck
sundial [ˈsʌndaɪ(ə)l] *s* solur, solvisare
sundown [ˈsʌndaʊn] *s*, ***at ~*** i (vid) solnedgången
sundry [ˈsʌndrɪ] *adj* diverse [*~ items*], varjehanda; ***all and ~*** alla och envar
sunflower [ˈsʌnˌflaʊə] *s* solros
sung [sʌŋ] se *sing*
sunglasses [ˈsʌnˌglɑːsɪz] *s pl* solglasögon
sunhelmet [ˈsʌnˌhelmɪt] *s* tropikhjälm
sunk [sʌŋk] *adj* o. *perf p* (av *sink*) nedsänkt, sänkt; sjunken; ***we are ~*** [***if that happens***] vard. vi är sålda...
sunken [ˈsʌŋk(ə)n] *adj* sjunken; nedsänkt; insjunken [*~ eyes*], infallen [*~ cheeks*]
sunlamp [ˈsʌnlæmp] *s* sollampa, kvartslampa
sunlight [ˈsʌnlaɪt] *s* solljus
sunlit [ˈsʌnlɪt] *adj* solbelyst; solig
sunny [ˈsʌnɪ] *adj* solig; sol- [*~ beam (day)*]; ***look on the ~ side of things*** el. ***look on the ~ side*** se allt från den ljusa sidan

sunray ['sʌnreɪ] *s* **1** solstråle **2** ~ ***treatment*** ultraviolett strålning
sunrise ['sʌnraɪz] *s*, ***at*** ~ i (vid) soluppgången
sunroof ['sʌnru:f] *s* soltak på bil
sunset ['sʌnset] *s* solnedgång; ***at*** ~ i (vid) solnedgången
sunshade ['sʌnʃeɪd] *s* **1** parasoll **2** markis **3** solskärm
sunshield ['sʌnʃi:ld] *s* solskydd i bil
sunshine ['sʌnʃaɪn] *s* solsken
sunspot ['sʌnspɒt] *s* astron. solfläck
sunstroke ['sʌnstrəʊk] *s* solsting
sunsuit ['sʌnsu:t, 'sʌnsju:t] *s* soldräkt
suntan ['sʌntæn] **I** *s* solbränna; ~ ***lotion*** solmjölk, sololja **II** *vb itr* bli solbränd
sunup ['sʌnʌp] *s* speciellt amer. soluppgång
super ['su:pə, 'sju:pə] *adj* vard. toppen, jättefin
superabundance [ˌsu:pərə'bʌndəns, ˌsju:-] *s* överflöd, riklighet [*of* på, av]
superb [sʊ'pɜ:b, sjʊ-] *adj* storartad, enastående [*a* ~ *view*], ypperlig, utmärkt
supercilious [ˌsu:pə'sɪlɪəs, ˌsju:-] *adj* högdragen, överlägsen, övermodig
superficial [ˌsu:pə'fɪʃ(ə)l, ˌsju:-] *adj* ytlig
superficiality [ˌsu:pəˌfɪʃɪ'ælətɪ, ˌsju:-] *s* ytlighet
superfluous [su:'pɜ:flʊəs, sju:-] *adj* överflödig, onödig; ~ ***hair*** (***hairs***) generande hårväxt
superhuman [ˌsu:pə'hju:mən, ˌsju:-] *adj* övermänsklig
superintend [ˌsu:pərɪn'tend, ˌsju:-] *vb tr* övervaka, tillse, ha (hålla) uppsikt över
superintendence [ˌsu:pərɪn'tendəns, ˌsju:-] *s* överinseende, tillsyn, uppsikt
superintendent [ˌsu:pərɪn'tendənt, ˌsju:-] *s* överintendent; ledare, direktör för ämbetsverk; ***police*** ~ el. ~ poliskommissarie, kommissarie
superior [su:'pɪərɪə, sju:-] **I** *adj* **1** högre i rang osv. [*to* än]; överlägsen [*to a p.* ngn] **2** extra prima [~ *quality*] **3** överlägsen, högdragen [*a* ~ *air (attitude)*] **II** *s* överordnad [*my* ~*s*]
superiority [su:ˌpɪərɪ'ɒrətɪ, sju:-] *s* överlägsenhet [*to* över]; ***his*** ~ ***in rank*** hans överordnade ställning
superjet ['su:pədʒet, 'sju:-] *s* överljudsjetplan
superlative [su:'pɜ:lətɪv, sju:-] **I** *adj* **1** förträfflig; enastående **2** gram. superlativ; ***the*** ~ ***degree*** superlativen **II** *s* superlativ äv. gram.
superman ['su:pəmæn, 'sju:-] (pl. *supermen* [-men]) *s* **1** övermänniska **2** vard. stålman; ***Superman*** Stålmannen seriefigur
supermarket ['su:pəˌmɑ:kɪt, 'sju:-] *s* stort snabbköp
supernatural [ˌsu:pə'nætʃr(ə)l, ˌsju:-] *adj* övernaturlig
superpower ['su:pəˌpaʊə, 'sju:-] *s* supermakt
supersede [ˌsu:pə'si:d, ˌsju:-] *vb tr* **1** ersätta [*CDs have superseded gramophone records*], avlösa **2** efterträda [~ *a p. as chairman*]
supersensitive [ˌsu:pə'sensətɪv, ˌsju:-] *adj* överkänslig
supersonic ['su:pə'sɒnɪk, 'sju:-] *adj* överljuds- [~ *aircraft (bang)*]
superstition [ˌsu:pə'stɪʃ(ə)n, ˌsju:-] *s* vidskepelse, vidskeplighet
superstitious [ˌsu:pə'stɪʃəs, ˌsju:-] *adj* vidskeplig
superstore ['sju:pəstɔ] *s* stormarknad
supervise ['su:pəvaɪz, 'sju:-] *vb tr* övervaka, tillse, ha tillsyn över
supervision [ˌsu:pə'vɪʒ(ə)n, ˌsju:-] *s* överinseende, övervakning, tillsyn
supervisor ['su:pəvaɪzə, 'sju:-] *s* **1** övervakare; tillsyningsman; arbetsledare; föreståndare i t.ex. varuhus; kontrollant **2** skol. handledare, studieledare
supervisory [ˌsu:pə'vaɪzərɪ, ˌsju:-] *adj* övervakande, övervaknings- [~ *duties*]
supper ['sʌpə] *s* kvällsmat [*have cold meat for* (till) ~], kvällsmål, supé
suppertime ['sʌpətaɪm] *s* dags för kvällsmat
supplant [sə'plɑ:nt] *vb tr* ersätta [*gramophone records have been supplanted by CDs*], avlösa
supple ['sʌpl] *adj* böjlig, mjuk, smidig
supplement [substantiv 'sʌplɪmənt, verb 'sʌplɪment] **I** *s* supplement, tillägg; bilaga, bihang **II** *vb tr* öka, öka ut [~ *one's income*]; supplera; komplettera
supplementary [ˌsʌplɪ'mentərɪ] *adj* tillagd; supplement- [~ *volume*], tilläggs-; kompletterande
supply [sə'plaɪ] **I** *vb tr* **1** skaffa [~ *proof*]; speciellt hand. leverera [~ *a th. to a p.*] **2** fylla, fylla ut, täcka [~ *a want*], ersätta [~ *a deficiency*]; ~ ***a demand*** tillfredsställa ett behov
II *s* tillförsel, anskaffning, leverans [~ *of goods*]; tillgång [~ *of* (på) *food*], förråd,

lager [*a large ~ of shoes*]; pl. ***supplies*** mil. proviant; ***~ and demand*** ekon. tillgång och efterfrågan; ***medical supplies*** medicinska förnödenheter

support [sə'pɔ:t] **I** *vb tr* **1** stötta, stödja; uppehålla [*too little food to ~ life*]; försörja [*can he ~ himself?*]; [***the bridge is not strong enough to***] ***~ heavy vehicles*** ...bära tung trafik **2** stödja, understödja, backa upp [*~ a party*], främja, gynna; hålla på [*~ Arsenal*]
II *s* **1** stöd; ***arch ~*** hålfotsinlägg **2** understöd, hjälp äv. ekonomisk; ***in ~ of*** till (som) stöd för **3** underhåll, försörjning; ***means of ~*** utkomstmöjlighet, utkomstmöjligheter

supporter [sə'pɔ:tə] *s* anhängare, supporter; understödjare; försörjare

suppose [sə'pəʊz] *vb tr* anta; förmoda; ***~ he comes?*** tänk om han kommer?; ***~ we went for a walk?*** hur skulle det vara om vi tog en promenad?; ***I ~ so*** jag förmodar (antar) det; ***I ~ not*** el. ***I don't ~ so*** jag tror inte det; ***he is ill, I ~*** han är sjuk, antar jag; han är nog (väl) sjuk; ***he is supposed to be rich*** han lär (skall) vara rik; ***I am supposed to be there at five*** jag skall vara där klockan fem

supposing [sə'pəʊzɪŋ] *konj* antag att; ***~ it rains*** tänk om det skulle regna

supposition [ˌsʌpə'zɪʃ(ə)n] *s* antagande; förmodan, tro

suppository [sə'pɒzɪtərɪ] *s* med. stolpiller

suppress [sə'pres] *vb tr* **1** undertrycka, kuva, kväva [*~ a rebellion*] **2** dra in [*~ a publication*]; förbjuda, bannlysa [*~ a party*] **3** förtiga [*~ the truth*]

suppression [sə'preʃ(ə)n] *s* **1** undertryckande, kuvande **2** förbjudande, bannlysning av t.ex. parti **3** förtigande; psykol. bortträngning

suppressor [sə'presə] *s, **noise ~*** störningsskydd

supremacy [sʊ'preməsɪ, sjʊ-] *s* **1** överhöghet **2** ledarställning; överlägsenhet

supreme [sʊ'pri:m, sjʊ-] *adj* **1** högst; över-; suverän; ***~ command*** högsta kommando (befäl); ***~ commander*** överbefälhavare **2** enastående, oförliknelig

surcharge ['sɜ:tʃɑ:dʒ] *s* tilläggsavgift, extraavgift

sure [ʃʊə, ʃɔ:] **I** *adj* säker; ***be ~ of oneself*** vara självsäker; ***he is ~ to succeed*** han kommer säkert att lyckas; ***be ~ to*** (***be ~ you***) ***come*** se till att du kommer; ***to be ~*** naturligtvis; ***I don't know, I'm ~*** det vet jag faktiskt inte; ***make ~*** förvissa (försäkra) sig [*of* om; *that* om att], se till, kontrollera; ***to make ~*** för säkerhets skull; ***know for ~*** vard. veta säkert
II *adv* **1** ***~ enough*** alldeles säkert, mycket riktigt [*~ enough, there he was*] **2** ***as ~ as*** så säkert som **3** speciellt amer. vard. verkligen, minsann [*he ~ can play football*]; ***~!*** visst!

sure-fire ['ʃʊəˌfaɪə] *adj* vard. bergsäker [*a ~ winner*]

surely ['ʃʊəlɪ] *adv* **1** säkert [*slowly but ~*], säkerligen [*he will ~ fail*] **2** verkligen, minsann [*you are ~ right*] **3** väl, nog; ***~ that's impossible*** det är väl inte möjligt

surety ['ʃʊərətɪ] *s* säkerhet, borgen; borgensman

surf [sɜ:f] **I** *s* bränning, bränningar, vågsvall **II** *vb itr* sport. surfa

surface ['sɜ:fɪs] **I** *s* yta; utsida; ***on the ~*** på ytan, ytligt sett **II** *adj* yt- [*~ soil*]; dag- [*~ mining*]; ***~ mail*** ytpost; ***~ noise*** nålbrus från grammofonskiva **III** *vb itr* stiga (dyka) upp till ytan

surfboard ['sɜ:fbɔ:d] *s* surfingbräda

surfeit ['sɜ:fɪt] *s* övermått, överflöd [*of* på]

surfing ['sɜ:fɪŋ] *s* surfing

surf-riding ['sɜ:fˌraɪdɪŋ] *s* surfing

surge [sɜ:dʒ] **I** *vb itr* svalla, bölja; forsa [*water surged into the boat*], strömma, strömma till, välla, välla fram **II** *s* brottsjö, svallvåg; vågsvall, bränningar [*the ~ of the sea*]

surgeon ['sɜ:dʒ(ə)n] *s* kirurg; ***dental ~*** tandläkare

surgery ['sɜ:dʒərɪ] *s* **1** kirurgi **2** mottagning; ***~ hours*** mottagningstid

surgical ['sɜ:dʒɪk(ə)l] *adj* kirurgisk; ***~ appliances*** a) kirurgiska instrument b) stödbandage; ***~ boot*** (***shoe***) ortopedisk sko; ***~ spirit*** desinfektionssprit

surly ['sɜ:lɪ] *adj* butter, vresig, sur, surmulen

surmise [verb sə'maɪz, substantiv 'sɜ:maɪz] **I** *vb tr* o. *vb itr* gissa, förmoda, anta **II** *s* gissning, förmodan, antagande

surmount [sə'maʊnt] *vb tr* **1** övervinna [*~ a difficulty*] **2** bestiga [*~ a hill*]; ***surmounted by*** (***with***) krönt med, täckt av, med...ovanpå

surname ['sɜ:neɪm] *s* efternamn, familjenamn

surpass [sə'pɑ:s] *vb tr* överträffa
surplus ['sɜ:pləs] *s* överskott
surprise [sə'praɪz] **I** *s* överraskning; förvåning [*at* över]; ***take by ~*** överrumpla, överraska; ***much to my ~*** till min stora förvåning **II** *vb tr* överraska; förvåna; överrumpla [*~ the enemy*]
surprising [sə'praɪzɪŋ] *adj* överraskande
surprisingly [sə'praɪzɪŋlɪ] *adv* överraskande, förvånansvärt [*~ good*]
surrealistic [səˌrɪə'lɪstɪk] *adj* surrealistisk
surrender [sə'rendə] **I** *vb itr* ge sig, överlämna sig [*~ to* (åt) *the enemy*], kapitulera [*to* inför] **II** *s* överlämnande, utlämnande; kapitulation
surreptitious [ˌsʌrəp'tɪʃəs] *adj* förstulen
surround [sə'raʊnd] *vb tr* omge, innesluta, omsluta; omringa
surrounding [sə'raʊndɪŋ] *adj* omgivande, kringliggande
surroundings [sə'raʊndɪŋz] *s pl* omgivning, omgivningar; miljö
surveillance [sɜ:'veɪləns] *s* bevakning [*of* över, av], uppsikt [*of* över]
survey [verb sə'veɪ, substantiv 'sɜ:veɪ] **I** *vb tr* överblicka; granska, syna **II** *s* **1** överblick [*of* över], översikt [*of* över, av] **2** granskning, besiktning **3** uppmätning, kartläggning; lantmätning **4** undersökning [*a statistical ~*]
surveyor [sə'veɪə] *s* lantmätare
survival [sə'vaɪv(ə)l] *s* **1** överlevande **2** kvarleva
survive [sə'vaɪv] *vb tr* o. *vb itr* överleva
surviving [sə'vaɪvɪŋ] *adj* överlevande; fortlevande; ***the ~ relatives*** de efterlevande
survivor [sə'vaɪvə] *s* överlevande; ***the ~s*** äv. de kvarlevande
susceptibility [səˌseptə'bɪlətɪ] *s* känslighet, mottaglighet
susceptible [sə'septəbl] *adj* känslig, mottaglig
suspect [verb sə'spekt, substantiv 'sʌspekt] **I** *vb tr* misstänka [*of* för]; misstro; ***I suspected as much*** jag anade (misstänkte) det **II** *s* misstänkt
suspend [sə'spend] *vb tr* **1** hänga, hänga upp [*~ a th. by* (i, på) *a thread*; *~ a th. from* (i, från) *the ceiling*]; ***be suspended*** vara upphängd **2 a)** suspendera, tills vidare avstänga, utesluta [*~ a member from* (ur) *a club*] **b)** inställa; ***~ a p.'s driving licence*** dra in ngns körkort tills vidare; ***~ hostilities*** inställa fientligheterna
suspender [sə'spendə] *s* **1** strumpeband; ***~ belt*** strumpebandshållare **2** pl. ***~s*** amer. hängslen [*a pair of ~s*]
suspense [sə'spens] *s* spänning, spänd väntan [*keep (hold) a p. in ~*]
suspension [sə'spenʃ(ə)n] *s* **1** upphängning; ***~ bridge*** hängbro **2** a) suspendering, tillfällig avstängning från t.ex. tjänstgöring, äv. sport. b) tillfälligt upphävande (avskaffande); indragning; uppskov; ***~ of hostilities*** inställande av fientligheterna
suspicion [sə'spɪʃ(ə)n] *s* **1** misstanke; misstro [*of* till, mot], misstänksamhet; aning [*of (about) a th.* om ngt]; ***be above ~*** vara höjd över alla misstankar **2** antydan, skymt [*a ~ of irony*]
suspicious [sə'spɪʃəs] *adj* **1** misstänksam, misstrogen [*about (of)* mot] **2** misstänkt, tvivelaktig, suspekt, skum [*a ~ affair*]
sustain [sə'steɪn] *vb tr* **1** ***~ life (oneself)*** uppehålla livet **2** utstå, lida [*~ damage*]; ådra sig [*~ severe injuries*] **3** mus. hålla ut [*~ a note*] **4** jur. godta, godkänna [*~ a claim*; *objection sustained!*]
sustained [sə'steɪnd] *adj* ihållande, oavbruten [*~ applause*]; mus. uthållen [*a ~ note*]
sustenance ['sʌstənəns] *s* näring, föda
SW (förk. för *south-west, south-western*) SV
swab [swɒb] **I** *s* svabb; skurtrasa **II** *vb tr* svabba; torka med våt trasa
swagger ['swægə] **I** *vb itr* **1** stoltsera, kråma sig **2** skrävla **II** *s* **1** stoltserande; mallighet **2** skrävel
swaggering ['swægərɪŋ] *adj* **1** stoltserande; mallig **2** skrytsam
1 swallow ['swɒləʊ] *s* svala; speciellt ladusvala; ***~ dive*** sport. svanhopp; ***one ~ does not make a summer*** ordspr. en svala gör ingen sommar
2 swallow ['swɒləʊ] **I** *vb tr* o. *vb itr* svälja [itr. *he swallowed hard*]; bildl. äv. tro på, gå på [*he will ~ anything you tell him*]; ***~ up*** el. ~ a) svälja, äta upp b) sluka, äta upp [*the expenses ~ up the earnings*] c) uppsluka [*as if swallowed up by the earth*] **II** *s* sväljning; klunk; [***empty a glass***] ***at one ~*** ...i en enda klunk
swam [swæm] se *swim I*
swamp [swɒmp] **I** *s* träsk, kärr **II** *vb tr* **1** a) översvämma, sätta under vatten b) fylla med vatten, sänka [*a wave*

swamped the boat] **2** bildl. a) översvämma [*foreign goods ~ the market*] b) överhopa [*with* med]

swampy ['swɒmpɪ] *adj* sumpig, träskartad

swan [swɒn] *s* svan

swank [swæŋk] vard. **I** *s* **1** mallighet; snobberi **2** skrytmåns **II** *vb itr* snobba; malla sig

swanky ['swæŋkɪ] *adj* vard. **1** mallig **2** flott, vräkig [*a ~ car*]

swansong ['swɒnsɒŋ] *s* svanesång

swap [swɒp] vard. **I** *vb tr* o. *vb itr* byta [*for* mot; *~ stamps*]; utbyta [*~ ideas*]; ***~ places*** byta plats **II** *s* byte [*for* mot]

swarm [swɔ:m] **I** *s* svärm **II** *vb itr* svärma; skocka sig, trängas [*they swarmed round him*]; strömma; vimla [*~ with* (av) *people*]

swarthy ['swɔ:ðɪ] *adj* svartmuskig, mörk

swastika ['swɒstɪkə] *s* hakkors, svastika

swat [swɒt] *vb tr* smälla, smälla till [*~ flies*]

swathe [sweɪð] *vb tr* linda om; svepa, hölja, svepa (hölja) in [*swathed in furs (fog)*]

sway [sweɪ] *vb itr* o. *vb tr* **1** svänga [*~ to and fro*], svaja; vackla till **2** härska **3** få att svänga (gunga), komma att svaja (vaja) [*the wind swayed the tops of the trees*]; ***~ one's hips*** svänga på höfterna **4** bildl. påverka, inverka på; ***be swayed*** [***by one's feelings***] låta sig ledas...

sway-backed ['sweɪbækt] *adj* svankryggig speciellt om häst

swear [sweə] (*swore sworn*) *vb tr* o. *vb itr* **1** svära [*to* på]; bedyra [*he swore he was innocent*], försäkra; ***~ the oath*** avlägga ed (eden); ***~ by*** tro blint på **2** ***~ in*** låta avlägga ed [*~ in a witness*] **3** svära begagna svordomar [*at* över, åt]

swearword ['sweəwɜ:d] *s* svärord, svordom

sweat [swet] **I** *s* **1** svett; ***by the ~ of one's brow*** i sitt anletes svett; ***it was a bit of a ~*** det var svettigt **2** svettning; ***be in*** (***all of***) ***a ~*** bada i svett; vara mycket nervös; ***be in a cold ~*** kallsvettas **II** *vb itr* o. *vb tr* svettas; ***sweated labour*** hårt arbete till svältlöner

sweatband ['swetbænd] *s* **1** svettrem i hatt **2** svettband, pannband för t.ex. tennisspelare

sweater ['swetə] *s* sweater, ylletröja

sweatsuit ['swetsu:t, 'swetsju:t] *s* träningsoverall

sweaty ['swetɪ] *adj* **1** svettig **2** jobbig

Swede [swi:d] *s* **1** svensk **2** ***swede*** kålrot

Sweden ['swi:dn] Sverige

Swedish ['swi:dɪʃ] **I** *adj* svensk **II** *s* svenska språket

sweep [swi:p] **I** (*swept swept*) *vb itr* o. *vb tr* **1** sopa, feja; ***~ clean*** sopa ren; ***~ out*** sopa rent i (på); ***~ the chimney*** sota skorstenen **2** svepa, fara, komma susande (farande) [*along* fram; *over* fram, över], sträcka (utbreda) sig **3** ***~ along*** rycka med sig; ***~ aside*** fösa (dra) åt sidan; ***~ away*** (***off***) sopa bort (undan), rycka bort (undan); ***be swept off one's feet*** a) bildl. ryckas med; tas med storm b) kastas omkull **4** svepa fram över, dra fram över (genom) **5** dragga

II *s* **1** sopning; sotning; ***give the room a good ~*** sopa ordentligt i rummet; ***make a clean ~*** bildl. göra rent hus [*of* med] **2** ***at one ~*** el. ***in one ~*** i ett svep (drag) **3** sotare

sweeper ['swi:pə] *s* **1** sopare person [*street ~s*] **2** sotare **3** sopmaskin; mattsopare **4** fotb. sopkvast, libero

sweeping ['swi:pɪŋ] **I** *s* sopning, sopande; sotning; draggning **II** *adj* **1** vittgående [*~ reforms*], kraftig [*~ reductions in prices*]; förkrossande [*a ~ victory*]; ***~ statements*** generaliseringar **2** svepande [*a ~ gesture*]

sweet [swi:t] **I** *adj* **1** söt; ***~ stuff*** sötsaker, godsaker, snask **2** färsk, frisk; behaglig, ljuvlig, härlig **3 a)** söt [*a ~ dress*], näpen [*a ~ baby*] **b)** rar, älskvärd; ***it was ~ of you*** det var väldigt snällt av dig **4** ***be ~ on*** vard. vara kär (förtjust) i **II** *s* **1** karamell, sötsak, godsak; pl. ***~s*** äv. snask, godis **2** söt efterrätt, dessert

sweetbread ['swi:tbred] *s* kok. kalvbräss

sweeten ['swi:tn] *vb tr* göra söt, söta

sweetener ['swi:tnə] *s* sötningsmedel

sweetheart ['swi:thɑ:t] *s* pojkvän, flickvän; älskling; ***~!*** älskling!, sötnos!

sweetie ['swi:tɪ] *s* **1** vanl. pl. ***~s*** godis, snask **2** vard., ***~ pie*** el. ***~*** sötnos, älskling

sweetmeat ['swi:tmi:t] *s* sötsak; karamell; pl. ***~s*** äv. konfekt, godis

sweet pea [ˌswi:t'pi:] *s* luktärt

sweetshop ['swi:tʃɒp] *s* gottaffär

sweet-tempered [ˌswi:t'tempəd] *adj* älskvärd, godmodig

sweet-toothed [ˌswi:t'tu:θt] *adj* svag för sötsaker

sweet william [ˌswi:t'wɪljəm] *s* borstnejlika

swell [swel] **I** (*swelled swollen*) *vb itr* **1** svälla; svullna, svullna upp, bulna

2 bildl. svälla [*his heart swelled with* (av) *pride*] **3** bildl. stegras, öka **II** *adj* vard. flott; förnäm; alla tiders, toppen
swelling ['swelɪŋ] *s* svällande, svullnande, svullnad
swelter ['sweltə] *vb itr* förgås av värme
sweltering ['sweltərɪŋ] *adj* tryckande, kvävande [~ *heat*]; stekhet [*a ~ day*]
swept [swept] se *sweep I*
swerve [swɜ:v] **I** *vb itr* vika (böja) av från sin kurs, gira, svänga åt sidan **II** *s* vridning, sväng (kast) åt sidan
swift [swɪft] **I** *adj* snabb, hastig **II** *s* tornsvala
swig [swɪg] vard. **I** *vb tr* o. *vb itr* stjälpa i sig, halsa [~ *beer*] **II** *s* klunk, slurk
swill [swɪl] *vb tr* skölja, spola, skölja (spola) ur (av, över); ~ ***down*** skölja ned
swim [swɪm] **I** (*swam swum*) *vb itr* o. *vb tr* **1** simma; simma över [~ *the English Channel*]; ***go swimming*** gå och bada **2** snurra; ***everything swam before his eyes*** allt gick runt för honom **II** *s* **1** simning; simtur, bad; ***go for a ~*** gå och bada **2** bildl., ***be in the ~*** vara med i svängen
swimmer ['swɪmə] *s* simmare
swimming ['swɪmɪŋ] *s* simning
swimming-bath ['swɪmɪŋbɑ:θ] *s* simbassäng; pl. ~*s* äv. simhall, simbad
swimming-costume ['swɪmɪŋˌkɒstju:m] *s* baddräkt, simdräkt
swimmingly ['swɪmɪŋlɪ] *adv* bildl. lekande lätt, som smort [*everything went ~*]
swimming-pool ['swɪmɪŋpu:l] *s* simbassäng, swimmingpool
swimsuit ['swɪmsu:t, -sju:t] *s* baddräkt, simdräkt
swindle ['swɪndl] **I** *vb tr* bedra, lura **II** *s* svindel, skoj, bluff
swindler ['swɪndlə] *s* svindlare, skojare
swine [swaɪn] (pl. lika) *s* svin
swing [swɪŋ] **I** (*swung swung*) *vb itr* o. *vb tr* **1** svänga; pendla; vagga, vicka, vippa, gunga [~ *a p. in a hammock*]; dingla **2** mus. vard. swinga, spela (dansa) swing; ~ ***it*** spela swing, spela med swing **3** svänga om (runt); få att svänga; svinga [~ *a golf club*]; ~ ***one's hips*** vagga med höfterna
II *s* **1** svängning, sväng; gungning; omsvängning **2** fart, kläm, schvung; rytm; ***be in full ~*** vara i full gång (fart); ***get into the ~ of things*** komma in i det hela (i gång); ***it's going with a ~*** det går med full fart **3** gunga; ***make up on the ~s what is lost on the roundabouts*** ordspr. ta igen på gungorna vad man förlorar på karusellen **4** mus. swing
swingdoor ['swɪŋdɔ:] *s* svängdörr
swipe [swaɪp] **I** *vb itr* o. *vb tr* **1** ~ ***at*** slå (klippa) till hårt [~ *at a ball*] **2** slå (klippa, drämma) till [*he swiped the ball*] **II** *s* vard. hårt slag, rökare
swirl [swɜ:l] **I** *vb itr* virvla runt (omkring) **II** *s* virvel [*a ~ of dust*]
swish [swɪʃ] **I** *vb tr* o. *vb itr* **1** vifta till med [*the horse swished its tail*] **2** svepa (susa) fram; susa, vina [*the bullet (car) swished past*]; prassla, rassla **II** *s* svep; sus, vinande; fras
Swiss [swɪs] **I** (pl. lika) *s* schweizare; schweiziska **II** *adj* schweizisk; schweizer- [~ *cheese*]; ***chocolate ~ roll*** drömtårta; ***jam ~ roll*** rulltårta
switch [swɪtʃ] **I** *s* **1** strömbrytare, kontakt; omkopplare **2** spö [*riding ~*], smal käpp **3** omställning, övergång; omsvängning; byte
II *vb tr* o. *vb itr* **1** koppla; ~ ***off*** koppla av (ur), bryta [~ *off the current*]; släcka [~ *off the light*]; släcka ljuset; stänga (slå) av [~ *off the radio*]; ~ ***on*** koppla på, koppla in [~ *on the current*]; knäppa på, tända [~ *on the light*]; slå på strömmen, tända ljuset; sätta (slå) på [~ *on the radio*] **2** ändra [~ *methods*]; byta; leda (föra) över [~ *the talk to another subject*]; ~ ***over*** ställa om [~ *over production to the manufacture of cars*]; ~ ***over*** el. ~ gå över, byta
switchback ['swɪtʃbæk] *s* berg-och-dalbana
switchboard ['swɪtʃbɔ:d] *s* tele. växel-, telefonväxel
Switzerland ['swɪtsələnd] Schweiz
swivel ['swɪvl] **I** *s* tekn. svivel; pivå **II** *vb tr* o. *vb itr* svänga, snurra, snurra på
swivel-chair ['swɪvltʃeə] *s* snurrstol, svängbar skrivbordsstol (kontorsstol)
swollen ['swəʊl(ə)n] **I** se *swell I* **II** *adj* **1** uppsvälld, svullen [*a ~ ankle*] **2** vard., ***he has a ~ head*** han är uppblåst
swollen-headed [ˌswəʊl(ə)n'hedɪd] *adj* vard., om person uppblåst
swoon [swu:n] **I** *vb itr* svimma; ~ ***away*** svimma av **II** *s* svimningsanfall
swoop [swu:p] **I** *vb itr* slå ned [äv. ~ *down*; *the eagle swooped down on its prey*] **II** *s* plötsligt angrepp, överfall; räd, razzia
sword [sɔ:d] *s* svärd; ***cross ~s with*** växla

hugg med; ***draw one's ~*** dra blankt [*on a p.* mot ngn]
swordfish ['sɔ:dfɪʃ] *s* svärdfisk
swore [swɔ:] se *swear*
sworn [swɔ:n] **I** se *swear* **II** *adj* svuren äv. bildl. [*a ~ enemy*]; edsvuren
swot [swɒt] skol. vard. **I** *vb itr* o. *vb tr* plugga **II** *s* plugghäst
swum [swʌm] se *swim I*
swung [swʌŋ] se *swing I*
sycamore ['sɪkəmɔ:] *s* **1** ~ el. ~ ***fig*** sykomor **2** ~ el. ~ ***maple*** tysk lönn, sykomorlönn
syllable ['sɪləbl] *s* stavelse
syllabus ['sɪləbəs] *s* kursplan för visst ämne; studieplan
symbol ['sɪmb(ə)l] *s* symbol [*of* för], tecken
symbolic [sɪm'bɒlɪk] *adj* symbolisk
symbolism ['sɪmbəlɪz(ə)m] *s* symbolism; symbolik
symbolize ['sɪmbəlaɪz] *vb tr* symbolisera
symmetric [sɪ'metrɪk] *adj* o. **symmetrical** [sɪ'metrɪk(ə)l] *adj* symmetrisk
symmetry ['sɪmətrɪ] *s* symmetri; harmoni
sympathetic [ˌsɪmpə'θetɪk] *adj* **1** full av medkänsla (förståelse) [*to, towards* för], förstående, deltagande [~ *words*]; ~ ***strike*** sympatistrejk **2** sympatisk [*a ~ face*], tilltalande [*to* för]
sympathize ['sɪmpəθaɪz] *vb itr* sympatisera, hysa (ha) medkänsla [*with* med, för]; vara välvilligt inställd [~ *with* (till) *a proposal*]
sympathizer ['sɪmpəθaɪzə] *s* sympatisör
sympathy ['sɪmpəθɪ] *s* sympati [*for, with* för], medkänsla, medlidande [*for, with* med], förståelse [*for, with* för], deltagande [*for, with* med, för]
symphonic [sɪm'fɒnɪk] *adj* symfonisk
symphony ['sɪmfənɪ] *s* symfoni
symptom ['sɪm(p)təm] *s* symtom [*of* på]
symptomatic [ˌsɪm(p)tə'mætɪk] *adj* symtomatisk [*of* för]; kännetecknande [*of* för]
synagogue ['sɪnəgɒg] *s* synagoga
synchro ['sɪŋkrəʊ] *s* konstsim
synchronization [ˌsɪŋkrənaɪ'zeɪʃ(ə)n] *s* synkronisering
synchronize ['sɪŋkrənaɪz] *vb tr* o. *vb itr* synkronisera, samordna; sammanfalla; ***synchronized swimming*** konstsim
syncopate ['sɪŋkəpeɪt] *vb tr* mus. synkopera [*syncopated rhythm*]
syncopation [ˌsɪŋkə'peɪʃ(ə)n] *s* mus. synkopering
syndicate ['sɪndɪkət] *s* syndikat; konsortium
syndrome ['sɪndrəʊm] *s* syndrom
synonym ['sɪnənɪm] *s* synonym
synonymous [sɪ'nɒnɪməs] *adj* synonym
syntax ['sɪntæks] *s* syntax, satslära
synth [sɪnθ] *s* (förk. för *synthesizer*) mus. vard. synt
synthesis ['sɪnθəsɪs] (pl. *syntheses* ['sɪnθəsi:z]) *s* syntes, sammanställning
synthesize ['sɪnθəsaɪz] *vb tr* syntetisera
synthesizer ['sɪnθəsaɪzə] *s* mus. synthesizer
synthetic [sɪn'θetɪk] *adj* syntetisk; ~ ***fibre*** syntetfiber, konstfiber
syphilis ['sɪfɪlɪs] *s* syfilis
Syria ['sɪrɪə] Syrien
Syrian ['sɪrɪən] **I** *adj* syrisk **II** *s* syrier
syringe ['sɪrɪndʒ] **I** *s* spruta; injektionsspruta **II** *vb tr* spruta in [*into* i]
syrup ['sɪrəp] *s* **1** sockerlag; saft kokt med socker **2** sirap
system ['sɪstəm] *s* system; ***postal ~*** postväsen; ***prison ~*** fängelseväsen; ***solar ~*** solsystem; ***make a ~ of*** sätta i system; ***get a th. out of one's ~*** bildl. komma över något
systematic [ˌsɪstə'mætɪk] *adj* systematisk
systematize ['sɪstəmətaɪz] *vb tr* systematisera

T

T, t [ti:] *s* T, t; ***to a T*** alldeles precis, utmärkt [*that would suit me to a T*], på pricken
ta [tɑ:] *interj* vard. tack!
tab [tæb] *s* **1** lapp, flik **2** etikett, liten skylt **3** ***keep ~s on*** vard. hålla koll på
tabby ['tæbɪ] *s* spräcklig (strimmig) katt
table ['teɪbl] *s* **1** bord; ***lay*** (***set***) ***the ~*** duka bordet; ***wait at*** (amer. ***wait*** el. ***wait on***) **~** passa upp vid bordet **2** tabell [*multiplication ~*]; register; ***~ of contents*** innehållsförteckning **3** ***turn the ~s on a p.*** få övertaget igen över ngn; ***the ~s are turned*** rollerna är ombytta
tablecloth ['teɪblklɒθ] *s* bordduk
tableknife ['teɪblnaɪf] *s* bordskniv, matkniv
tableland ['teɪbllænd] *s* högplatå
table-linen ['teɪblˌlɪnɪn] *s* bordslinne
table-manners ['teɪblˌmænəz] *s pl* bordsskick
tablemat ['teɪblmæt] *s* tablett; liten duk; karottunderlägg
tablespoon ['teɪblspu:n] *s* matsked äv. mått
tablespoonful ['teɪblˌspu:nfʊl] *s* matsked mått
tablet ['tæblət] *s* **1** minnestavla **2** liten platta **3** a) tablett [*throat ~s*] b) kaka [*a ~ of chocolate*]; ***a ~ of soap*** en tvålbit
table tennis ['teɪblˌtenɪs] *s* bordtennis
table top ['teɪbltɒp] *s* bordsskiva
taboo [tə'bu:] **I** *s* tabu **II** *vb tr* tabuförklara, bannlysa
tabulator ['tæbjʊleɪtə] *s* tabulator
tacho ['tækəʊ] *s* vard. o. **tachograf** ['tækəʊgrɑ:f] *s* bil. färdskrivare
taciturn ['tæsɪtɜ:n] *adj* tystlåten, fåordig
tack [tæk] **I** *s* nubb, stift, spik **II** *vb tr* spika, nubba, fästa med stift; ***~ a th. to*** (***on to***) tråckla fast ngt vid; bildl. lägga till ngt till
tackle ['tækl] **I** *s* **1** redskap, grejor; ***shaving ~*** rakgrejor **2** fotb. tackling **II** *vb tr* **1** angripa, ge sig på, tackla [*~ a problem*] **2** sport. tackla
tact [tækt] *s* takt, finkänslighet
tactful ['tæktf(ʊ)l] *adj* taktfull, finkänslig
tactical ['tæktɪk(ə)l] *adj* taktisk
tactician [tæk'tɪʃ(ə)n] *s* taktiker
tactics ['tæktɪks] *s* taktik
tactless ['tæktləs] *adj* taktlös
tadpole ['tædpəʊl] *s* grodlarv, grodyngel
taffeta ['tæfɪtə] *s* taft
tag [tæg] **I** *s* **1** lapp, märke, etikett; ***price ~*** el. **~** prislapp **2** remsa, flik, stump **II** *vb tr*, ***~ a th. to*** (***on to***) fästa ngt vid (i), lägga till ngt till
tagliatelle [ˌtæljə'telɪ] *s* kok. bandspaghetti, tagliatelle
tail [teɪl] **I** *s* **1** svans, stjärt; ända, bakre del [*the ~ of a cart*]; ***turn ~*** vända sig bort; ta till flykten **2** skört [*the ~ of a coat*]; pl. ***~s*** vard. frack; ***in ~s*** vard. klädd i frack **3** baksida av mynt **4** fläta **II** *vb tr* o. *vb itr* **1** ***top and ~*** el. **~** snoppa bär **2** skugga [*~ a suspect*]; komma sist i [*~ a procession*] **3** **~** ***away*** (***off***) avta, dö bort [*her voice tailed away*]
tailback ['teɪlbæk] *s* lång bilkö
tailboard ['teɪlbɔ:d] *s* bakbräde på lastvagn
tail coat [ˌteɪl'kəʊt] *s* frack
tail end [ˌteɪl'end] *s* slut, sista del [*the ~ of a speech*], sluttamp
tailgate ['teɪlgeɪt] *s* bil. **1** bakdörr på halvkombi **2** bakbräde på lastvagn
taillight ['teɪllaɪt] *s* bil. baklykta
tailor ['teɪlə] **I** *s* skräddare; ***tailor's dummy*** provdocka; klädsnobb **II** *vb tr* skräddarsy; ***tailored costume*** promenaddräkt
tailoring ['teɪlərɪŋ] *s* skrädderi
tailor-made ['teɪləmeɪd] *adj* skräddarsydd
tailpiece ['teɪlpi:s] *s* slutstycke; slutkläm
tailspin ['teɪlspɪn] *s* flyg. spinn
taint [teɪnt] **I** *s* förorening; besmittelse, fördärv **II** *vb tr* **1** fläcka, besudla [*~ a p.'s name*] **2** göra skämd; ***tainted meat*** skämt kött
Taiwan [taɪ'wɑ:n]
take [teɪk] (*took taken*) *vb tr* o. *vb itr* **1** ta; fatta, gripa; ta tag i; ***~ a p.'s arm*** ta ngn under armen; ***~ a p.'s hand*** ta ngn i handen **2** ta med sig, bära, flytta; föra; leda **3** **a)** ta sig [*~ a liberty*]; ***~ a bath*** ta sig ett bad **b)** göra sig [*~ a lot of trouble*] **4** anteckna, skriva upp [*~ a p.'s name*] **5** ta, resa, åka, slå in på [*~ another road*]; ***~ the road to the right*** gå (köra) åt höger **6** ta emot [*~ a gift*]; ***~ it or leave it!*** passar det inte så får det vara!; ***~ that!*** där fick du så du teg! **7** behövas, fordras, krävas [*it took six men to* (för att) *do it*]; dra [*the car ~s a lot of petrol*]; ***it ~s so little to make her happy*** det behövs så lite för att hon ska bli glad; ***it ~s a lot to***

make her cry det ska mycket till för att hon ska gråta; ***it will ~ some doing*** det inte gjort utan vidare; ***it took some finding*** den var svår att hitta; ***she has got what it ~s*** vard. hon har allt som behövs **8** ta på sig [~ *the blame*], överta, åta sig [~ *the responsibility*] **9** ***be taken ill*** bli sjuk; ***be taken with*** få, drabbas av **10** tåla; ***he can't ~ a joke*** han tål inte skämt **11 a)** uppfatta, förstå [*he took the hint*]; ***this must be taken to mean that*** det måste uppfattas så att **b)** följa, ta [~ *my advice*] **12** tro, anse; ***I ~ it that*** jag antar att; ***do you ~ me for a fool?*** tror du jag är en idiot?; ***you may ~ my word for it*** (***may ~ it from me***) ***that*** du kan tro mig på mitt ord när jag säger att **13** vinna, ta [*he took the first set 6-3*]; kortsp. få, ta hem [~ *a trick*] **14** fatta, få [~ *a liking to*], finna, ha [~ *a pleasure in*] **15** a) läsa [~ *English at the university*]; gå igenom [~ *a course*] b) undervisa i [~ *a class*] c) gå upp i [~ *one's exam*] **16** gram. konstrueras med [*the verb ~s the accusative*] **17** ta [*the vaccination didn't ~*] **18** om växt slå rot, ta sig **19** ta, ta av [~ *to the right*]; fly [~ *to the woods*]; ***~ to the lifeboats*** gå i livbåtarna

□ ~ **after** brås på [*he ~s after his father*]; ~ **along** ta med sig, ta med; ~ **away** a) ta bort (undan) b) dra ifrån [~ *away six from nine*]; ~ **back** a) ta tillbaka, återta b) föra tillbaka i tiden; ~ **down a)** ta ned **b)** riva ned, riva [~ *down a house*] **c)** skriva ned (upp), ta diktamen på [~ *down a letter*] **d)** ***~ a p. down a peg or two*** sätta ngn på plats; ~ **in a)** ta in **b)** föra in; ***~ a lady in to dinner*** föra en dam till bordet **c)** ta emot, ha [~ *in boarders*] **d)** omfatta [*the map ~s in the whole of London*] **e)** vard. besöka, gå på; ***~ in a cinema*** gå på bio **f)** förstå, fatta [*I didn't ~ in a word*]; överblicka [[~ *in the situation*]]; uppfånga [*she took in every detail*] **g)** ***he ~s it all in*** vard. han går på allting; ***be taken in*** låta lura sig; ~ **off a)** ta bort (loss); ta av sig, ta av [~ *off one's shoes*] **b)** föra bort [*be taken off to prison*] **c)** ***~ a day off*** ta sig ledigt en dag **d)** imitera, härma; parodiera **e)** ge sig i väg; flyg. starta, lyfta, lätta; ~ **on** a) åta sig, ta på sig [~ *on extra work*] b) ta in, anställa [~ *on new workers*] c) anta, få [~ *on a new meaning*] d) ställa upp mot, ta sig an [~ *a p. on at* (i) *golf*]; ~ **out** a) ta fram (upp, ut) [*from, of* ur]; dra ut tand b) ta med ut, bjuda ut [~ *a p. out to* (på) *dinner*]; ~ **over** ta över, överta ledningen (makten, ansvaret); ***~ over from*** avlösa; ~ **to a)** börja ägna sig åt [~ *to gardening*]; hemfalla åt; ***~ to doing a th.*** lägga sig till med att göra ngt; ***~ to drink*** (***drinking***) börja dricka **b)** bli förtjust i, börja tycka om, tycka om [*the children took to her at once*]; ~ **up a)** ta upp (fram); ***~ up arms*** gripa till vapen **b)** fylla upp, fylla [*it ~s up the whole page*]; uppta, ta i anspråk, lägga beslag på [~ *up a p.'s time*] **c)** inta [~ *up an attitude*] **d)** anta [~ *up a challenge*], gå med på; ta sig an, åta sig [~ *up a p.'s cause*]; börja ägna sig åt, börja lära sig, börja spela **e)** fortsätta, ta vid [*we took up where we left off*]

takeaway ['teɪkəweɪ] *s* o. *adj* restaurang med mat för avhämtning [äv. ~ *restaurant*]; måltid för avhämtning [äv. ~ *meal*]

takehome ['teɪkhəʊm] *adj*, ***~ pay*** (***wages***) lön efter skatt, nettolön

taken ['teɪk(ə)n] se *take*

takeoff ['teɪkɒf] *s* **1** flyg. start [*a smooth ~*]; startplats **2** härmning; karikatyr

takeover ['teɪkˌəʊvə] *s* övertagande; ***State ~*** statligt övertagande; ***~ bid*** anbud att överta aktiemajoriteten i ett företag

taking ['teɪkɪŋ] *s* **1** tagande **2** pl. ***~s*** intäkter, inkomst, inkomster

talc [tælk] *s* o. **talcum** ['tælkəm] *s* talk

tale [teɪl] *s* **1** berättelse, historia, saga; ***nursery ~*** barnsaga; amsaga **2** lögn, lögnhistoria; ***tell ~s*** skvallra, springa med skvaller

talent ['tælənt] *s* talang, begåvning

talented ['tæləntɪd] *adj* talangfull, begåvad

talk [tɔ:k] **I** *vb itr* o. *vb tr* tala, prata; vard. snacka; skvallra; ***now you're talking!*** vard. så ska det låta!; ***~ big*** vard. vara stor i orden (mun) □ ~ **about** tala (prata) om; ~ **down** *to* använda en nedlåtande ton till; ~ *a p.* **into** *doing a th.* övertala ngn att göra ngt; ~ **of** tala (prata) om; ***talking of*** på tal om, apropå; ~ **on** tala (hålla föredrag) om (över); ~ *a p.* **out** *of doing a th.* övertala ngn att inte göra ngt; ~ **over** diskutera, resonera om [*let's ~ the matter over*]; ~ **round** övertala, få att ändra sig; ~ **to** a) tala (prata) med; tala till b) säga till på skarpen; ~ **with** tala (prata, samtala) med

II *s* **1** samtal; pratstund; pl. ***~s*** äv. förhandlingar [*peace ~s*]; ***small ~***

småprat, kallprat **2** a) prat [*we want action, not* ~] b) tal [*there can be no* ~ *of* (om) *that*]; ***there has been*** ~ ***of that*** det har varit tal om det; ***the*** ~ ***of the town*** det allmänna samtalsämnet **3** föredrag [*a* ~ *on* (i) *the radio*]

talkative ['tɔ:kətɪv] *adj* talför, pratsam

talker ['tɔ:kə] *s* pratmakare; ***he's a good*** ~ han talar bra; ***he's a great talker*** han kan hålla låda

talking ['tɔ:kɪŋ] **I** *s* prat [*no* ~*!*]; ***he did all the*** ~ det var han som pratade **II** *adj* talande

talking-to ['tɔ:kɪŋtu:] *s* utskällning [*get a* ~]

tall [tɔ:l] *adj* **1** lång [*a* ~ *man*], storväxt, reslig; hög [*a* ~ *building*] **2** vard. otrolig [*a* ~ *story*]

tallboy ['tɔ:lbɔɪ] *s* byrå med höga ben

Tallinn ['tælɪn]

tallow ['tæləʊ] *s* talg

tally ['tælɪ] **I** *s* poängsumma, totalsumma **II** *vb itr* stämma överens [*the lists* ~]

talon ['tælən] *s* rovfågelsklo

tame [teɪm] **I** *adj* tam **II** *vb tr* tämja; kuva

tamer ['teɪmə] *s* djurtämjare

tamper ['tæmpə] *vb itr,* ~ ***with*** mixtra med; fiffla med

tampon ['tæmpən] *s* tampong

tan [tæn] **I** *vb tr* **1** garva, barka **2** göra brunbränd; ***tanned*** solbränd **II** *s* **1** mellanbrunt **2** solbränna

tandem ['tændəm] *s* tandem, tandemcykel

tangent ['tændʒ(ə)nt] *s* geom. tangent; ***fly off at a*** ~ bildl. plötsligt avvika från ämnet

tangerine [ˌtændʒə'ri:n] *s* tangerin; slags mandarin

tangible ['tændʒəbl] *adj* påtaglig [~ *proofs*]; konkret [~ *proposals*]

tangle ['tæŋgl] **I** *vb tr* trassla till, göra trasslig; ***get tangled up*** el. ***get tangled*** trassla ihop sig **II** *s* trassel, oreda; virrvarr

tangled ['tæŋgld] *adj* tilltrasslad, trasslig

tango ['tæŋgəʊ] **I** (pl. ~*s*) *s* tango **II** *vb itr* dansa tango

tank [tæŋk] **I** *s* **1** a) tank; cistern, behållare b) reservoar [*rain-water* ~] **2** mil. stridsvagn, tank; ~ ***regiment*** pansarregemente **II** *vb itr,* ~ ***up*** tanka fullt

tankard ['tæŋkəd] *s* kanna, stop; sejdel, krus

tanker ['tæŋkə] *s* tanker, tankfartyg

tank top ['tæŋktɒp] *s* ärmlös T-shirt

tannic ['tænɪk] *adj* garv-; ~ ***acid*** garvsyra

tannin ['tænɪn] *s* tannin garvämne; garvsyra

tantalize ['tæntəlaɪz] *vb tr* fresta; reta; gäcka

tantalizing ['tæntəlaɪzɪŋ] *adj* lockande; retsam, gäckande [*a* ~ *smile*]

tantamount ['tæntəmaʊnt] *adj,* ***be*** ~ ***to*** vara liktydig med, vara detsamma som

tantrum ['tæntrəm] *s* raserianfall; ***fly into a*** ~ få ett raserianfall

Tanzania [ˌtænzə'ni:ə, ˌtæn'zeɪnɪə]

Tanzanian [ˌtænzə'ni:ən, ˌtæn'zeɪnɪən] **I** *s* tanzanier **II** *adj* tanzanisk

1 tap [tæp] **I** *s* **1** kran på ledningsrör **2** plugg, tapp i tunna **II** *vb tr* **1** tappa ur, tappa av **2** utnyttja, exploatera [~ *sources of energy*]; ~ ***a p. for money*** vigga (tigga) pengar av ngn **3** tele. avlyssna [~ *a telephone conversation*]; ~ ***the wires*** göra telefonavlyssning

2 tap [tæp] **I** *vb tr* o. *vb itr* knacka i (på); slå lätt, klappa lätt [~ *a p. on the shoulder*]; knacka [~ *at (on) the door*] **II** *s* knackning, lätt slag; ***there was a*** ~ ***at the door*** det knackade på dörren

tap-dance ['tæpdɑ:ns] **I** *s* steppdans **II** *vb itr* steppa

tap-dancing ['tæpˌdɑ:nsɪŋ] *s* steppdans

tape [teɪp] **I** *s* **1** band [*cotton* ~] **2** ***adhesive*** (***sticky***) ~ el. ~ tejp, klisterremsa; ***insulating*** ~ isoleringsband **3 a)** ljudband; ***magnetic*** ~ inspelningsband; ~ ***library*** bandarkiv; ***record on*** ~ spela in på band, banda **b)** vard. bandinspelning **4** sport. målsnöre; ***breast the*** ~ spränga målsnöret **5** måttband **6** telegrafremsa **II** *vb tr* **1** binda om (fast) med band **2** linda med tejp (isoleringsband); ~ ***up*** tejpa ihop **3** ta upp på band, banda **4** vard., ***I've got him taped*** jag vet vad han går för

tape deck ['teɪpdek] *s* bandspelardäck

tape head ['teɪphed] *s* tonhuvud på bandspelare

tape measure ['teɪpˌmeʒə] *s* måttband

taper ['teɪpə] **I** *s* **1** smalt vaxljus **2** avsmalnande form **II** *vb itr,* ~ ***off*** el. ~ smalna av

tape-record ['teɪprɪˌkɔ:d] *vb tr* o. *vb itr* spela in på band, banda; göra bandinspelningar

tape-recorder ['teɪprɪˌkɔ:də] *s* bandspelare

tape-recording ['teɪprɪˌkɔ:dɪŋ] *s* bandinspelning

tapering ['teɪpərɪŋ] *adj* spetsig; avsmalnande; långsmal

tapestry ['tæpəstrɪ] *s* gobeläng, gobelänger
tapeworm ['teɪpwɜ:m] *s* binnikemask
tar [tɑ:] **I** *s* tjära **II** *vb tr* tjära; asfaltera
target ['tɑ:gɪt] *s* måltavla, skottavla; ***be on ~*** träffa prick; ***be off ~*** missa målet; ***~ practice*** målskjutning; skjutövning
tariff ['tærɪf] *s* **1** tull **2** taxa, tariff; prislista
tarnish ['tɑ:nɪʃ] *vb tr* o. *vb itr* **1** göra matt (glanslös), missfärga; bli matt (glanslös), mista sin glans **2** bildl. skamfila [*his reputation is tarnished*]
tarpaulin [tɑ:'pɔ:lɪn] *s* presenning
tarragon ['tærəgən] *s* krydda dragon
tart [tɑ:t] *s* **1** mördegstårta med frukt; fruktpaj; ***jam ~*** mördegsform med sylt **2** sl. fnask
tartan ['tɑ:t(ə)n] *s* **1** tartan, skotskrutigt tyg (mönster) **2** pläd
Tartar ['tɑ:tə] *s* **1** tatar **2** tyrann
tartar ['tɑ:tə] *s* **1** tandsten **2** kem. vinsten
tartare ['tɑ:tɑ:] *adj*, ***~ sauce*** tartarsås
task [tɑ:sk] *s* arbetsuppgift, uppdrag; ***set a p. a ~*** ge ngn en uppgift; ***take*** (***call***) ***a p. to ~*** läxa upp ngn
task force ['tɑ:skfɔ:s] *s* mil. specialtrupp
tassel ['tæs(ə)l] *s* tofs
taste [teɪst] **I** *s* smaksinne; smak; bismak; försmak [*of* av]; smakprov; ***it is a matter of ~*** det är en smaksak; ***it would be bad ~ to refuse*** det skulle vara ofint att tacka nej; ***there is no accounting for ~s*** om tycke och smak skall man inte diskutera (disputera); ***in bad ~*** smaklös, smaklöst; ***in good ~*** smakfull, smakfullt **II** *vb tr* o. *vb itr* smaka; smaka (på)
tasteless ['teɪstləs] *adj* smaklös; osmaklig
tasty ['teɪstɪ] *adj* välsmakande; smakfull
tatter ['tætə] *s*, mest pl. ***~s*** trasor
tattered ['tætəd] *adj* trasig, söndersliten
1 tattoo [tə'tu:] *s* **1** mil. tapto; ***beat*** (***sound***) ***the ~*** blåsa tapto **2** militärparad, militäruppvisning
2 tattoo [tə'tu:] **I** *vb tr* tatuera **II** *s* tatuering
taught [tɔ:t] se *teach*
taunt [tɔ:nt] **I** *vb tr* håna **II** *s* glåpord, gliring
Taurus ['tɔ:rəs] astrol. Oxen
taut [tɔ:t] *adj* **1** spänd [*~ muscles*], styv; stram **2** fast, vältrimmad
tavern ['tævən] *s* värdshus; ölkrog
tawny ['tɔ:nɪ] *adj* gulbrun
tax [tæks] **I** *s* **1** statlig skatt; pålaga; ***~ arrears*** kvarstående skatt; ***~ avoidance*** skatteplanering; ***~ evader*** (***dodger***) skattesmitare, skattefuskare; ***~ evasion*** (***dodging***) skattesmitning, skattefusk; ***~ exile*** skatteflykting; ***~ haven*** skatteparadis lågskatteland; ***~ relief*** skattelättnad **2** bildl. påfrestning [*~ on a p.'s health*] **II** *vb tr* **1** beskatta; taxera [*at* till; *by* efter] **2** betunga, sätta på hårt prov
taxable ['tæksəbl] *adj* beskattningsbar
taxation [tæk'seɪʃ(ə)n] *s* **1** beskattning; taxering **2** skatter [*reduce ~*]
tax-collector ['tækskəˌlektə] *s* uppbördsman, skattmas
tax-free [ˌtæks'fri:, attributivt 'tæksfri:] *adj* skattefri
taxi ['tæksɪ] **I** *s* taxi, bil; ***air ~*** taxiflyg **II** *vb itr* flyg. taxa, köra på marken t.ex. före start
taxicab ['tæksɪkæb] *s* taxi, bil
taxi-driver ['tæksɪˌdraɪvə] *s* taxichaufför
taximeter ['tæksɪˌmi:tə] *s* taxameter
taxiplane ['tæksɪpleɪn] *s* taxiflyg, taxiplan
taxi rank ['tæksɪræŋk] *s* taxihållplats; rad väntande taxibilar
taxpayer ['tæksˌpeɪə] *s* skattebetalare
TB [ˌti:'bi:] *s* (vard. för *tuberculosis*) tbc
tea [ti:] *s* te dryck, måltid; tebjudning; ***afternoon*** (***five o'clock***) ***~*** eftermiddagste; ***high ~*** lätt kvällsmåltid med te, tidig tesupé vanl. vid 6-tiden; ***have ~*** dricka te; ***not for all the ~ in China*** ungefär inte för allt smör i Småland; ***that's just my cup of ~*** det är just min likör; ***she is not my cup of ~*** hon är inte min typ
tea bag ['ti:bæg] *s* tepåse
tea break ['ti:breɪk] *s* tepaus
tea caddy ['ti:ˌkædɪ] *s* o. **tea canister** ['ti:ˌkænɪstə] *s* teburk
teach [ti:tʃ] (*taught taught*) *vb tr* o. *vb itr* undervisa, undervisa i, lära [*he teaches us French*]; vara lärare; ***I'll ~ you to lie!*** jag ska lära dig att ljuga, jag!
teacher ['ti:tʃə] *s* lärare
teaching ['ti:tʃɪŋ] **I** *s* **1** undervisning; ***go in for ~*** ägna sig åt (slå sig på) lärarbanan **2** vanl. pl. ***~s*** lära, läror [*the ~s of the Church*] **II** *adj* undervisnings- [*a ~ hospital*]; lärar- [*the ~ profession*]
teaching-aid ['ti:tʃɪŋeɪd] *s* hjälpmedel i undervisningen
tea cloth ['ti:klɒθ] *s* **1** teduk **2** torkhandduk
tea cosy ['ti:ˌkəʊzɪ] *s* tehuv, tevärmare
teacup ['ti:kʌp] *s* tekopp; ***a storm in a ~*** en storm i ett vattenglas

teak [ti:k] *s* teak, teakträ
tea kettle ['ti:ˌketl] *s* tepanna, tekittel med pip
teal [ti:l] *s* fågel kricka, krickand
tea leaf ['ti:li:f] (pl. *tea leaves* ['ti:li:vz]) *s* teblad
team [ti:m] **I** *s* team, gäng, lag [*football* ~]; trupp **II** *vb itr*, ~ ***up*** vard. slå sig ihop, arbeta i team
team-mate ['ti:mmeɪt] *s* lagkamrat
team spirit ['ti:mˌspɪrɪt] *s* laganda
teamster ['ti:mstə] *s* amer. långtradarchaufför
teamwork ['ti:mwɜ:k] *s* teamwork, lagarbete, grupparbete
tea party ['ti:ˌpɑ:tɪ] *s* tebjudning
teaplant ['ti:plɑ:nt] *s* tebuske
teapot ['ti:pɒt] *s* tekanna
1 tear [tɪə] *s* tår [*flood of* ~*s*]; ***shed*** ~***s*** fälla tårar; ***burst into*** ~***s*** brista i gråt
2 tear [teə] **I** (*tore torn*) *vb tr* o. *vb itr* **1** slita, riva, riva och slita [*at* i], rycka; slita (riva, rycka) sönder; ~ ***open*** slita (riva) upp [~ *open a letter*]; ~ ***to pieces*** slita sönder (i bitar, i stycken); ***that's torn it*** vard. nu är det klippt; ***it*** ~***s easily*** den slits sönder lätt **2** rusa, flänga [~ *down the road (into a room)*] □ ~ **about** rusa omkring; ~ **along** rusa fram; ~ **away** slita (riva) bort; rusa i väg; ~ ***oneself away*** slita sig lös [*I can't* ~ *myself away from this place (book)*]; ~ **down** riva (plocka) ned; ~ **off** a) slita bort, riva av (loss) b) rusa i väg; ~ **out** a) riva ut [~ *out a page*] b) rusa ut; ~ **up** slita (riva) sönder; riva upp **II** *s* reva, rispa; rivet hål
tear-duct ['tɪədʌkt] *s* tårkanal
tearful ['tɪəf(ʊ)l] *adj* **1** tårfylld **2** gråtmild
tear gas ['tɪəgæs] *s* tårgas
tearing ['teərɪŋ] *adj*, ***at a*** ~ ***pace*** i rasande fart
tea room ['ti:ru:m] *s* teservering, konditori
tease [ti:z] **I** *vb tr* o. *vb itr* reta, retas med, retas **II** *s* retsticka
tea set ['ti:set] *s* teservis
teashop ['ti:ʃɒp] *s* teservering, konditori
teaspoon ['ti:spu:n] *s* tesked äv. mått
teaspoonful ['ti:ˌspu:nfʊl] *s* tesked mått
tea-strainer ['ti:ˌstreɪnə] *s* tesil
teat [ti:t] *s* **1** spene **2** napp på flaska
teatime ['ti:taɪm] *s* tedags
tea towel ['ti:ˌtaʊ(ə)l] *s* torkhandduk
tea tray ['ti:treɪ] *s* tebricka
tea trolley ['ti:ˌtrɒlɪ] *s* tevagn, rullbord
tec [tek] *s* (kortform för *detective*) sl. deckare, snut
technical ['teknɪk(ə)l] *adj* teknisk; fackinriktad, yrkesinriktad [*a* ~ *school*]; ~ ***knock-out*** boxn. teknisk knockout
technicality [ˌteknɪ'kælətɪ] *s* teknik; formalitet, teknisk detalj [*it's just a* ~]
technician [tek'nɪʃ(ə)n] *s* tekniker; teknisk expert
technique [tek'ni:k] *s* teknik
technocrat ['teknəkræt] *s* teknokrat
technological [ˌteknə'lɒdʒɪk(ə)l] *adj* teknologisk
technologist [tek'nɒlədʒɪst] *s* teknolog
technology [tek'nɒlədʒɪ] *s* teknologi, teknik, tekniken; ***school of*** ~ teknisk skola
teddy ['tedɪ] *s* **1** ~ ***bear*** teddybjörn, leksaksbjörn **2** teddy damunderplagg
tedious ['ti:djəs] *adj* långtråkig, ledsam
tedium ['ti:djəm] *s* långtråkighet; leda
tee [ti:] *s* golf. utslagsplats, tee pinne på vilken bollen placeras vid slag
1 teem [ti:m] *vb itr* vimla, myllra, krylla
2 teem [ti:m] *vb itr*, ***it was teeming with rain*** el. ***it was teeming*** regnet vräkte ned
teenage ['ti:neɪdʒ] *s* attributivt tonårs-
teenager ['ti:nˌeɪdʒə] *s* tonåring
teens [ti:nz] *s pl* tonår
teeny ['ti:nɪ] *adj* vard. pytteliten
teeth [ti:θ] *s* se *tooth*
teethe [ti:ð] *vb itr* få tänder
teething ['ti:ðɪŋ] *s* tandsprickning; ~ ***ring*** bitring; ~ ***troubles*** a) tandsprickningsbesvär b) bildl. barnsjukdomar, initialsvårigheter [äv. ~ *problems*]
teeth ridge ['ti:θrɪdʒ] *s* tandvall
teetotaller [ti:'təʊtələ] *s* helnykterist, absolutist
telecast ['telɪkɑ:st] **I** (*telecast telecast* el. *telecasted telecasted*) *vb tr* sända (visa) i TV, televisera **II** *s* TV-sändning
telecom ['telɪkɒm] *s* (förk. för *telecommunications*); ***British T***~ brittiska televerket
telecommunications ['telɪkəˌmju:nɪ'keɪʃ(ə)nz] (konstrueras med sg.) *s* teleteknik; telekommunikationer
telegram ['telɪgræm] *s* telegram
telegraph ['telɪgrɑ:f] **I** *s* telegraf; telegram **II** *vb tr* o. *vb itr* telegrafera [*for* efter]
telegraphese [ˌtelɪgrə'fi:z] *s* vard. telegramspråk, telegramstil

telegraphic [ˌtelɪ'græfɪk] *adj* telegrafisk, telegraf-; ~ ***address*** telegramadress
telegraphist [tə'legrəfɪst] *s* o.
telegraph-operator ['telɪgrɑ:fˌɒpəreɪtə] *s* telegrafist
telegraph pole ['telɪgrɑ:fpəʊl] *s* o.
telegraph post ['telɪgrɑ:fpəʊst] *s* telegrafstolpe, telefonstolpe
telegraphy [tə'legrəfɪ] *s* telegrafi; telegrafering
telepathic [ˌtelɪ'pæθɪk] *adj* telepatisk
telepathy [tə'lepəθɪ] *s* telepati
telephone ['telɪfəʊn] **I** *s* telefon; ~ ***box*** (***booth***) telefonkiosk, telefonhytt; ~ ***directory*** (***book***) telefonkatalog; ~ ***exchange*** telefonväxel; telefonstation; ~ ***operator*** telefonist; ***by*** (***over the***) ~ per telefon; ***be on the*** ~ vara i telefon; ha inneha telefon; ***you are wanted on the*** ~ det är telefon till dig **II** *vb tr* telefonera till, ringa, ringa upp
telephonist [tə'lefənɪst] *s* telefonist
telephoto ['telɪfəʊtəʊ] *adj* foto., ~ ***lens*** teleobjektiv
teleprinter ['telɪˌprɪntə] *s* teleprinter
telescope ['telɪskəʊp] **I** *s* teleskop, kikare **II** *vb tr* skjuta ihop, skjuta in i varandra, skjuta in
telescopic [ˌtelɪ'skɒpɪk] *adj* teleskopisk; ~ ***lens*** teleobjektiv; ~ ***aerial*** (***antenna***) teleskopantenn
teletext ['telɪtekst] *s* text-TV, teletext, videotex
televiewer ['telɪvju:ə] *s* TV-tittare
televise ['telɪvaɪz] *vb tr* sända (visa) i TV, televisera
television ['telɪˌvɪʒ(ə)n] *s* television, TV; ~ ***broadcast*** TV-sändning; ~ ***receiver*** (***set***) TV-apparat; ~ ***screen*** TV-ruta, bildruta; ~ ***viewer*** TV-tittare
telex ['teleks] **I** *s* ® telex **II** *vb tr* telexa
tell [tel] (*told told*) *vb tr* o. *vb itr* **1** tala ˈom, berätta, tala [*of* om], säga; ~ ***a p. about a th.*** berätta om ngt för ngn; ***something ~s me*** [***he is not coming***] jag känner på mig att...; ***you're telling me!*** vard. som om jag inte skulle veta det!; det kan du skriva upp!; ***I told you so!*** el. ***what did I ~ you?*** vad var det jag sa?; ***I*** (***I'll***) ~ ***you what...*** el. ~ ***you what...*** vard. vet du vad... **2** säga ˈtill (ˈåt), be [~ *him to sit down*]; ***do as you are told*** gör som man säger **3** skilja [*from* från]; känna igen [*by* på], urskilja; ***I can't ~ them apart*** jag kan inte skilja dem åt; ~ ***the difference between*** skilja mellan (på); ***who can ~?*** vem vet?; ***you never can ~*** man kan aldrig så noga veta **4** vard., ~ ***off*** läxa upp, skälla ut; ***be*** (***get***) ***told off*** få på pälsen (huden) **5** skvallra [*on* på] **6** vard., ~ ***on*** ta (fresta) på [*it ~s on my nerves*]
teller ['telə] *s* **1** berättare **2** kassör i bank
telling ['telɪŋ] *adj* träffande [*a ~ remark*]
telling-off [ˌtelɪŋ'ɒf] *s* utskällning
telltale ['telteɪl] **I** *s* skvallerbytta **II** *adj* avslöjande, skvallrande [*a ~ blush*]; ~ ***tit!*** skvallerbytta bingbong!
telly ['telɪ] *s* vard. TV
temper ['tempə] *s* humör, lynne [*be in* (på, vid) *a good (bad) ~*]; fattning; ***control*** (***keep***) ***one's*** ~ bibehålla sitt lugn; ***lose one's*** ~ tappa humöret (besinningen); ***in a*** ~ på dåligt humör; i ett anfall av vrede; ***get*** (***fly***) ***into a*** ~ fatta humör
temperament ['tempərəmənt] *s* temperament, humör [*a cheerful ~*]
temperamental [ˌtempərə'mentl] *adj* temperamentsfull
temperamentally [ˌtempərə'mentəlɪ] *adv* till temperamentet
temperance ['tempər(ə)ns] *s* **1** måttlighet, återhållsamhet **2** helnykterhet
temperate ['tempərət] *adj* **1** måttlig, återhållsam **2** tempererad [*a ~ climate*]
temperature ['tempərətʃə] *s* temperatur; feber; ***have*** (***run***) ***a*** ~ ha feber
tempest ['tempɪst] *s* storm, oväder; ***a ~ in a teapot*** amer. en storm i ett vattenglas
tempestuous [tem'pestjʊəs] *adj* stormig, våldsam
tempi ['tempi:] *s* se *tempo*
1 temple ['templ] *s* tempel; helgedom
2 temple ['templ] *s* anat. tinning
tempo ['tempəʊ] (pl. *tempos*, i betydelse *1* vanl. *tempi* ['tempi:]) *s* **1** mus. tempo **2** tempo, fart
temporary ['tempərərɪ] *adj* **1** temporär, tillfällig; provisorisk [*a ~ bridge*]; kortvarig **2** tillförordnad, extraordinarie
tempt [temt] *vb tr* fresta, förleda, locka; ~ ***fate*** utmana ödet
temptation [tem'teɪʃ(ə)n] *s* frestelse; lockelse; ***yield*** (***give way***) ***to*** ~ falla för frestelser
tempter ['temtə] *s* frestare
temptress ['temtrəs] *s* fresterska
ten [ten] **I** *räkn* tio **II** *s* tia; tiotal
tenable ['tenəbl] *adj* hållbar [*a ~ theory*]
tenacity [tə'næsətɪ] *s* seghet; orubblighet;

~ ***of purpose*** målmedvetenhet; ihärdighet
tenancy ['tenənsɪ] *s* **1** förhyrning, hyrande **2** hyrestid
tenant ['tenənt] **I** *s* hyresgäst **II** *vb tr* hyra; arrendera; bebo
tench [tentʃ] *s* sutare fisk
1 tend [tend] *vb tr* vårda, sköta [~ *the wounded*], passa [~ *a machine*]; vakta
2 tend [tend] *vb itr* tendera
tendency ['tendənsɪ] *s* tendens; ***he has a ~ to exaggerate*** han har en benägenhet att överdriva
1 tender ['tendə] *adj* **1** mör [*a ~ steak*]; öm [*a ~ spot*; *a ~ age*] **2** ömsint
2 tender ['tendə] **I** *vb tr* erbjuda [~ *one's services*]; lämna in [~ *one's resignation*] **II** *s* anbud
tender-hearted ['tendəˌhɑ:tɪd] *adj* ömsint
tendon ['tendən] *s* anat. sena
tendril ['tendrəl] *s* bot. klänge, ranka
tenement ['tenəmənt] *s* bostadshus, hyreshus
tenfold ['tenfəʊld] **I** *adj* tiodubbel, tiofaldig **II** *adv* tiodubbelt, tiofaldigt, tiofalt
tenner ['tenə] *s* vard. tiopundssedel; amer. tiodollarssedel
tennis ['tenɪs] *s* tennis; ~ ***court*** tennisbana
tenor ['tenə] *s* mus. tenor; tenorstämma
tenpence ['tenpəns] *s* tio pence
tenpenny ['tenpənɪ] *adj* tiopence-; ***a ~ piece*** en tiopenny
1 tense [tens] *s* gram. tempus, tidsform
2 tense [tens] **I** *adj* spänd; stram, sträckt **II** *vb tr* o. *vb itr* spänna, strama åt; spännas, stramas åt
tension ['tenʃ(ə)n] *s* spänning äv. elektr. [*high (low) ~*]; spändhet
tent [tent] *s* tält; ***pitch one's ~*** slå upp sitt tält
tentacle ['tentəkl] *s* tentakel
tentative ['tentətɪv] *adj* preliminär; trevande
tenterhook ['tentəhʊk] *s*, ***be on ~s*** bildl. sitta som på nålar; ***keep a p. on ~s*** hålla ngn på sträckbänken (helspänn)
tenth [tenθ] *räkn* o. *s* tionde; tiondel
tenure ['tenjʊə] *s* besittning, besittningsrätt; innehav; ***permanent ~*** fast anställning; ***security of ~*** anställningstrygghet
tepid ['tepɪd] *adj* ljum
term [tɜ:m] **I** *s* **1** tid, period [*a ~ of five years*]; skol. el. univ. termin **2** pl. ***~s*** villkor; bestämmelse, bestämmelser; pris, priser [*the ~s are reasonable*]; betalningsvillkor; ***come to ~s with a p.*** träffa en uppgörelse med ngn **3** pl. ***~s*** förhållande; ***be on good ~s with*** stå på god fot med; ***be on bad ~s with*** vara ovän med; ***meet on equal (level) ~s*** mötas som jämlikar; ***we parted on the best of ~s*** vi skildes som de bästa vänner **4** term [*a scientific ~*], uttryck; pl. ***~s*** ord, ordalag [*in general ~s*] **II** *vb tr* benämna, kalla
terminal ['tɜ:mɪnl] *s* **1** slutstation; terminal **2** elektr. klämma, kabelfäste; pol [*battery ~s*] **3** data. terminal
terminate ['tɜ:mɪneɪt] *vb tr* o. *vb itr* avsluta, göra slut på; sluta [*the word ~s in* (på) *a vowel*]
termination [ˌtɜ:mɪ'neɪʃ(ə)n] *s* slut, avslutning
terminology [ˌtɜ:mɪ'nɒlədʒɪ] *s* terminologi
terminus ['tɜ:mɪnəs] *s* slutstation, ändstation; terminal
termite ['tɜ:maɪt] *s* termit, vit myra
terrace ['terəs] **I** *s* terrass; avsats; uteplats; ~ ***house*** radhus **II** *vb tr* terrassera
terraced ['terəst] *adj* **1** terrasserad, i terrasser **2** ~ ***house*** radhus
terracotta [ˌterə'kɒtə] *s* terrakotta
terrestrial [tə'restrɪəl] *adj* jordisk, jord-; land- [~ *animals*]
terrible ['terəbl] *adj* förfärlig, förskräcklig
terrier ['terɪə] *s* terrier hundras
terrific [tə'rɪfɪk] *adj* fruktansvärd, förfärlig; enorm, oerhörd [~ *speed*]; vard. jättebra
terrify ['terɪfaɪ] *vb tr* förskräcka; ***terrified of*** livrädd för
territorial [ˌterɪ'tɔ:rɪəl] *adj* territoriell; land-, jord- [~ *claims*]; ~ ***waters*** territorialvatten
territory ['terɪtərɪ] *s* **1** territorium; land; mark **2** besittning [*overseas territories*] **3** djurs revir
terror ['terə] *s* **1** skräck, fasa; ***strike ~ into*** sätta skräck i; ***be in ~ of one's life*** frukta för sitt liv **2** vard., om person plåga, satunge **3** terror; ***reign of ~*** skräckvälde
terrorism ['terərɪz(ə)m] *s* terrorism
terrorist ['terərɪst] *s* terrorist
terrorize ['terəraɪz] *vb tr* o. *vb itr* terrorisera; ~ ***over*** terrorisera
terror-stricken ['terəˌstrɪk(ə)n] *adj* o. **terror-struck** ['terəstrʌk] *adj* skräckslagen
terry ['terɪ] *s* frotté [äv. ~ *cloth*]; ~ ***towel*** frottéhandduk
Terylene ['terəli:n] *s* ® textil. terylene

test [test] **I** *s* prov, provning, prövning, försök; test; förhör [*an oral ~*]; ***driving ~*** körkortsprov; ***nuclear ~*** kärnvapenprov; ***written ~*** skrivning, skriftligt prov; ***put to the ~*** sätta på prov; ***stand the ~*** bestå provet **II** *vb tr* prova, pröva; sätta på prov; testa; förhöra; prova ut; ***have one's eyesight tested*** kontrollera synen
testament ['testəmənt] *s* **1** jur., ***last will and ~*** testamente **2** bibl., ***the Old (New) Testament*** Gamla (Nya) testamentet
test card ['testkɑ:d] TV. testbild
test case ['testkeɪs] *s* jur. prejudicerande rättsfall
testicle ['testɪkl] *s* testikel
testify ['testɪfaɪ] *vb itr* o. *vb tr* vittna [*to* om; *against* mot; *in favour of* till förmån för], avlägga vittnesmål; intyga; vittna om
testimonial [ˌtestɪ'məʊnjəl] *s* **1** intyg, vitsord **2** rekommendation **3** sport. recettmatch
testimony ['testɪmənɪ] *s* vittnesmål, vittnesbörd [*to, of* om]; bevis [*of, to* på]; bevismaterial; ***bear ~ to*** vittna om
test paper ['testˌpeɪpə] *s* skrivning
test pattern ['testˌpætən] *s* TV. testbild
test tube ['testtju:b] *s* provrör
tetanus ['tetənəs] *s* med. stelkramp
tête-à-tête [ˌteɪtɑ:'teɪt] *s* tätatät, samtal mellan fyra ögon
tether ['teðə] *s*, ***be at the end of one's ~*** bildl. inte orka mer
Texas ['teksəs]
text [tekst] *s* text; ordalydelse
textbook ['tekstbʊk] *s* lärobok
textile ['tekstaɪl] **I** *adj* textil-, vävnads- **II** *s* vävnad; textilmaterial; pl. ***~s*** äv. textilier
textual ['tekstʃʊəl] *adj* text- [*~ criticism*]
texture ['tekstʃə] *s* struktur; konsistens
Thai [taɪ] **I** *adj* thailändsk, thai- **II** *s* **1** thailändare **2** thailändska språket
Thailand ['taɪlænd]
thalidomide [θə'lɪdəmaɪd] *s* farmakol. neurosedyn ®
Thames [temz] *s*, ***the ~*** Themsen; ***he will never set the ~ on fire*** ungefär han kommer aldrig att gå långt
than [ðæn, obetonat ðən, ðn] *konj* o. *prep* än, än vad som [*more ~ is good for him*]; ***no sooner had we sat down ~...*** knappt hade vi satt oss förrän...
thank [θæŋk] **I** *vb tr* tacka [*a p. for a th.* ngn för ngt]; ***~ goodness (God)!*** gudskelov!; ***~ Heaven!*** Gud vare tack och lov!; ***~ you!*** tack!, jo tack!; ***no, ~ you!*** nej tack!; jag betackar mig! **II** *s*, pl. ***~s*** tack; ***~s awfully (a lot)!*** vard. tack så väldigt mycket!; ***give ~s*** tacka [*to God* Gud]; ***speech of ~s*** tacktal; ***received with ~s*** el. ***with ~s*** på kvitto vilket tacksamt erkännes; ***~s to*** preposition tack vare
thankful ['θæŋkf(ʊ)l] *adj* mycket tacksam
thankless ['θæŋkləs] *adj* otacksam [*a ~ task*]
thanksgiving ['θæŋksˌgɪvɪŋ] *s* kyrkl. tacksägelse; ***Thanksgiving Day*** el. ***Thanksgiving*** i USA tacksägelsedagen allmän fridag 4 torsdagen i november
that [ðæt, obetonat ðət] **I** *pron* **1** (pl. *those*) den där, det där; denne, denna, detta; den, det [*~ happened long ago*]; så [*~ is not the case*]; pl. ***those*** de där, dessa; de; ***~ is to say*** el. ***~ is*** det vill säga, dvs., alltså; ***and that's ~!*** och därmed basta!; och hör sen!; så var det med den saken!; [***carry this for me***] ***that's a good boy (girl)*** vard. ...så är du snäll; ***he is not so stupid as all ~*** så dum är han inte; ***what of ~?*** än sen då?; [***the rapidity of light is greater***] ***than ~ of sound*** ...än ljudets; ***my car and ~ of my friend (friend's)*** min och min väns bil; [***he has one merit,***] ***~ of being honest*** ...den att vara ärlig **2** som [*the only thing (person) ~ I can see*], vilken, vilket, vilka; ***all ~ I heard*** allt vad (allt det, allt som) jag hörde **3** såvitt, vad [*he has never been here ~ I know of*]
II *konj* **1** att [*she said ~ she would come*] **2** a) som [*it was there ~ I first saw him*] b) när, då [*now ~ I think of it, he was there*] **3** eftersom [*what have I done ~ he should insult me?*] **4** om; ***I don't know ~ I do*** jag vet inte om jag gör det
III *adv* vard. så pass [*~ far (much)*]; ***he's not ~ (all ~) good*** så bra är han inte; han är inte så värst bra
thatch [θætʃ] **I** *s* halmtak, vasstak **II** *vb tr* täcka med halm; ***a thatched cottage*** en stuga med halmtak
thaw [θɔ:] **I** *vb itr* o. *vb tr* töa [*it is thawing*]; ***~ out*** el. ***~*** tina upp, tina; ***~ out the refrigerator*** frosta av kylskåpet **II** *s* tö, upptinande; polit. töväder
the [obetonat: ðə framför konsonantljud, ðɪ framför vokalljud; betonat: ði: (så alltid i betydelse *I 3*)] **I** *best art* **1** ***~ book*** boken; ***~ old man*** den gamle mannen; ***he is ~ captain of a ship*** han är kapten på en båt; ***~ London of our days*** våra dagars

London; ~ ***following story*** följande historia; ***on ~ left hand*** på vänster hand; ***speak ~ truth*** tala sanning; [***I'm going to***] ~ ***Dixons*** ...Dixons (familjen Dixon) **2** en, ett; ***to ~ amount of*** till ett belopp av; ***at ~ price of*** till ett pris av **3** emfatiskt, ***is he ~ Dr. Smith?*** är han den kände (berömde) dr Smith? **II** *pron* den, det, de; ~ ***wretch!*** den uslingen!; ~ ***idiots!*** vilka (såna) idioter! **III** *adv*, ~**...**~ ju...desto (dess, ju); ~ ***sooner ~ better*** ju förr dess hellre (bättre)

theater ['θɪətə] *s* amer. = *theatre*

theatre ['θɪətə] *s* **1** teater [*go to* (på) *the* ~] **2** hörsal (sal); ***operating ~*** operationssal

theatregoer ['θɪətəˌgəʊə] *s* teaterbesökare; pl. ~***s*** äv. teaterpubliken

theatregoing ['θɪətəˌgəʊɪŋ] **I** *s* teaterbesök; ***I like ~*** jag tycker om att gå på teatern **II** *adj*, ***the ~ public*** teaterpubliken

theatrical [θɪ'ætrɪk(ə)l] **I** *adj* **1** teater-; ~ ***company*** teatersällskap **2** teatralisk **II** *s*, pl. ~***s*** el. ***amateur*** (***private***) ~***s*** amatörteater

theft [θeft] *s* stöld, tillgrepp

their [ðeə] *poss pron* deras, dess [*the Government and ~ remedy for unemployment*]; sin [*they sold ~ car*]

theirs [ðeəz] *poss pron* deras [*is that house ~?*]; sin [*they must take ~*]; ***a friend of ~*** en vän till dem

them [ðem, obetonat ðəm] *pers pron* (objektsform av *they*) **1** dem; vard. de, dom [*it wasn't ~*] **2** sig [*they took it with ~*]

theme [θi:m] *s* tema; ~ ***park*** temapark; ~ ***song*** a) signaturmelodi b) refräng

themselves [ðəm'selvz] *rfl pron* o. *pers pron* sig [*they amused ~*], sig själva [*they can take care of ~*]; själva [*they made that mistake ~*]

then [ðen] **I** *adv* **1** a) då, på den tiden b) sedan, så; ***there and ~*** på fläcken, genast **2** alltså [*the journey, ~, could begin*]; då, i så fall [~ *it is no use*] **II** *s*, ***before ~*** innan dess, dessförinnan, förut; ***by ~*** vid det laget, då, till dess [*by ~ I shall be back*]; ***since ~*** sedan dess; ***until*** (***till***) ~ till dess **III** *adj* dåvarande [*the ~ prime minister*]

thence [ðens] *adv* litt., ***from ~*** därifrån; därav [~ *it follows that...*]

theologian [θɪə'ləʊdʒjən] *s* teolog

theological [θɪə'lɒdʒɪk(ə)l] *adj* teologisk

theology [θɪ'ɒlədʒɪ] *s* teologi

theorem ['θɪərəm] *s* teorem; sats

theoretical [θɪə'retɪk(ə)l] *adj* teoretisk

theorist ['θɪərɪst] *s* teoretiker

theorize ['θɪəraɪz] *vb itr* teoretisera

theory ['θɪərɪ] *s* teori; ***in ~*** i teorin

therapeutic [ˌθerə'pju:tɪk] *adj* terapeutisk; ~ ***baths*** medicinska bad

therapist ['θerəpɪst] *s* terapeut

therapy ['θerəpɪ] *s* terapi behandling

there [ðeə] **I** *adv* **1** a) där; framme [*we'll soon be ~*] b) dit [*I hope to go ~*]; fram [*we'll soon get ~*]; ~ ***and back*** fram och tillbaka; ***down*** (***in, out*** m.fl.) ~ a) därnere, därinne, därute m.fl. b) dit ner (in, ut m.fl.), ner (in, ut m.fl.) dit; ~ ***you are!*** a) där (här) har du! b) jaså, där är du! c) där ser du!; [***carry this for me***] ***there's a dear*** (***a good girl***) vard. ...så är du snäll! **2** det formellt subjekt [~ *were* (var, fanns) *only two left*]; ~ ***is no knowing when...*** man kan inte (aldrig) veta när... **II** *interj* så där! [~, *that will do*], så där ja! [~*! you've smashed it*]; ~, ~*!* lugnande el. tröstande såja!, seså! [~, ~*! don't cry*]; ~ ***now!*** så där ja! nu är det klart

thereabouts ['ðeərəbaʊts] *adv* däromkring

thereafter [ˌðeər'ɑ:ftə] *adv* litt. därefter

thereby [ˌðeə'baɪ] *adv* litt. därvid

therefore ['ðeəfɔ:] *adv* därför, således, följaktligen

there's [ðeəz] = *there is, there has*

thereupon [ˌðeərə'pɒn] *adv* därpå

thermometer [θə'mɒmɪtə] *s* termometer

Thermos ['θɜ:mɒs] *s* ®, ~ ***flask*** el. ~ termos, termosflaska

thermostat ['θɜ:məstæt] *s* termostat

these [ði:z] *demonstr pron* se *this*

thesis ['θi:sɪs] (pl. *theses* ['θi:si:z]) *s* **1** tes, sats; teori **2** doktorsavhandling

they [ðeɪ] (objektsform *them*) *pron* **1** de [~ *are here*] **2** den, det **3** man; ~ ***say*** [***that he is rich***] man säger..., det sägs...

they'd [ðeɪd] = *they had, they would*

they'll [ðeɪl] = *they will (shall)*

they're [ðeə] = *they are*

they've [ðeɪv] = *they have*

thick [θɪk] **I** *adj* **1** tjock [*a ~ book*]; ***I'll give you a ~ ear*** [***if you do that***] jag ska ge dig på moppe... **2** tjock [~ *hair*; ~ *fog*] **3** ***that's a bit ~*** det är lite väl magstarkt, nu går det för långt **II** *s*, ***in the ~ of the crowd*** mitt i trängseln; ***in the ~ of the fight*** mitt i striden; ***stick to a p. through ~ and thin*** följa ngn i alla väder

thicken ['θɪk(ə)n] *vb tr* göra tjock (tät), göra tjockare (tätare)
thicket ['θɪkɪt] *s* busksnår, buskage
thickness ['θɪknəs] *s* tjocklek, grovlek
thickset [ˌθɪk'set] *adj* undersätsig, satt
thick-skinned [ˌθɪk'skɪnd] *adj* tjockhudad äv. bildl.
thief [θi:f] (pl. *thieves* [θi:vz]) *s* tjuv; ***stop ~!*** ta fast tjuven!
thiefproof ['θi:fpru:f] *adj* stöldsäker
thieve [θi:v] *vb itr* o. *vb tr* stjäla
thievery ['θi:vərɪ] *s* stöld, tjuveri
thieves [θi:vz] *s* se *thief*
thievish ['θi:vɪʃ] *adj* tjuvaktig
thigh [θaɪ] *s* anat. lår
thimble ['θɪmbl] *s* fingerborg
thimbleful ['θɪmblfʊl] *s* fingerborg mått
thin [θɪn] **I** *adj* **1** tunn; mager **2** gles, tunn [*~ hair*] **II** *adv* tunt [*spread the butter on ~*] **III** *vb tr* o. *vb itr*, ***~ down*** el. ~ göra tunn (tunnare), förtunna; ***~ out*** el. ~ gallra, glesa, glesa ur, tunna ut (ur) [*~ the hair*]; bli tunn (tunnare), förtunnas, tunna (tunnas) av, bli gles (glesare), glesna, magra
thing [θɪŋ] *s* **1** sak, ting, grej; pl. ***~s*** äv. saker och ting; ***these ~s happen*** (***will happen***) sånt händer; ***it's just one of those ~s*** sånt händer tyvärr **2** speciellt vard. varelse [*a sweet little ~*]; ***poor little ~!*** stackars liten!; ***you poor ~!*** stackars du (dig)! **3** ***this is a fine ~!*** jo, det var just snyggt!; ***the great ~ about it*** det fina med (i) det; ***the last ~*** vard., adverb allra sist [*last ~ at night*]; ***the only ~ you can do*** det enda du kan göra; ***it is a strange ~ that...*** det är egendomligt att...; ***what a stupid ~ to do!*** vad dumt att göra så! **4** pl. ***~s*** i speciella betydelser **a)** tillhörigheter, saker [*pack up your ~s*]; bagage [*take off your ~s!*] **b)** redskap, grejor, saker, servis [*tea ~s*] **c)** det, saken, läget, ställningen; ***~s are in a bad way*** det går dåligt; ***as*** (***the way***) ***~s are*** som det nu är, som saken ligger till; ***how are*** (vard. ***how's***) ***~s?*** hur går det?, hur är läget?; ***you know how ~s are*** du vet hur läget (det) är; ***~s look bad for him*** det ser illa ut för honom **5** ***make a ~ of*** göra affär av; ***taking one ~ with another*** när allt kommer omkring; ***the ~ is*** saken är den; ***the ~ to do is to...*** vad man ska göra är att...; ***quite the ~*** el. ***the ~*** på modet, inne; ***that's just the ~ for you*** det är precis vad du behöver; ***for one ~,...*** för det första,...
think [θɪŋk] (*thought thought*) *vb tr* o. *vb itr* **1** tänka; tänka sig för; betänka; fundera på **2** tro [*do you ~ it will rain?*]; tycka [*do you ~ we should go on?*]; ***~ fit*** (***proper***) anse lämpligt; ***I should ~ so!*** jo, det vill jag lova!; jo, jag menar det!; ***I should jolly*** (***damn***) ***well ~ so!*** tacka sjutton för det!; [***he's a bit lazy,***] ***don't you ~?*** ...eller vad tycker du?, ...eller hur? **3** tänka (föreställa) sig [*I can't ~ how the story will end*]; ana, tro [*you can't ~ how glad I am*]; förstå [*I can't ~ where she's gone*]; ***to ~ that she*** [***is so rich***] tänk att hon... □ **~ about a)** fundera på, tänka på **b)** ***what do you ~ about...?*** vad tycker du om...?; **~ of a)** tänka på; fundera på **b)** komma på [*can you ~ of his name?*] **c)** tänka sig, föreställa sig; ***just ~ of that*** (***of it***)***!*** tänk bara!, kan du tänka dig! **d)** ***what do you ~ of...?*** vad tycker (säger, anser) du om...?; ***~ a lot of*** sätta stort värde på; ***he ~s a lot of himself*** han har höga tankar om sig själv; **~ out** tänka (fundera) ut [*~ out a new method*]; **~ over** tänka igenom, tänka över
thinkable ['θɪŋkəbl] *adj* tänkbar
thinker ['θɪŋkə] *s* tänkare; ***he is a slow ~*** han tänker långsamt
thinking ['θɪŋkɪŋ] *s* tänkande; tänkesätt; ***I am of his way of ~*** jag tycker som han
thinking-cap ['θɪŋkɪŋkæp] *s* vard., ***put on one's ~*** ta sig en ordentlig funderare på saken
think tank ['θɪŋktæŋk] *s* vard. hjärntrust, idébank
thinner ['θɪnə] *s* thinner
thin-skinned [ˌθɪn'skɪnd] *adj* bildl. överkänslig, känslig
third [θɜ:d] **I** *räkn* tredje; ***~ class*** tredje klass **II** *adv* **1** ***the ~ largest town*** den tredje staden i storlek **2** i tredje klass [*travel ~*] **3** ***come*** (***finish***) ***~*** komma (sluta som) trea **III** *s* **1** tredjedel **2** sport. trea, tredje man; tredjeplacering **3** mus. ters
third-class [ˌθɜ:d'klɑ:s] *adj* tredjeklass-; tredje klassens [*a ~ hotel*]
thirdly ['θɜ:dlɪ] *adv* för det tredje
third-rate [ˌθɜ:d'reɪt] *adj* tredje klassens, undermålig
thirst [θɜ:st] **I** *s* törst; ***~ for knowledge*** kunskapstörst **II** *vb itr* törsta [*for* efter]
thirsty ['θɜ:stɪ] *adj* törstig

thirteen [ˌθɜːˈtiːn] *räkn* o. *s* tretton
thirteenth [ˌθɜːˈtiːnθ] *räkn* o. *s* trettonde; trettondel
thirtieth [ˈθɜːtɪɪθ] *räkn* o. *s* trettionde, trettiondel
thirty [ˈθɜːtɪ] **I** *räkn* trettio **II** *s* **1** trettio, trettiotal; ***in the thirties*** på trettiotalet **2** i sammansättningar: ***five-thirty*** halv sex, fem och trettio
this [ðɪs] **I** (pl. *these*) *pron* den här, det här; denne, denna, detta [*at ~ moment*]; det; ***these*** de här, dessa; ***~ afternoon*** adverb i eftermiddag, i eftermiddags; ***these days*** nuförtiden; ***to ~ day*** hittills; [***I have been waiting***] ***these three weeks*** ...nu i tre veckor; ***do it like ~*** gör så här; ***~ one...that one*** den här...den där **II** *adv* vard. så här [*not ~ late*]
thistle [ˈθɪsl] *s* tistel
thistledown [ˈθɪsldaʊn] *s* tistelfjun
thither [ˈðɪðə] *adv* litt. dit
thong [θɒŋ] *s* läderrem; pisksnärt
thorn [θɔːn] *s* tagg, törne, torn; ***a ~ in the*** (***one's***) ***flesh*** (***side***) en påle i köttet, en nagel i ögat
thorny [ˈθɔːnɪ] *adj* **1** törnig, taggig **2** bildl. kvistig [*a ~ problem*]
thorough [ˈθʌrə] *adj* grundlig, ingående, genomgripande; riktig [*a ~ nuisance* (plåga)], fullkomlig
thoroughbred [ˈθʌrəbred] **I** *adj* fullblods-, rasren [*a ~ horse*] **II** *s* fullblod, rasdjur; fullblodshäst, rashäst
thoroughfare [ˈθʌrəfeə] *s* **1** genomfart; ***no thoroughfare*** trafik. genomfart förbjuden **2** genomfartsgata
thoroughgoing [ˈθʌrəˌgəʊɪŋ] *adj* grundlig [*he is ~*]; genomgripande, omfattande
thoroughly [ˈθʌrəlɪ] *adv* grundligt, genomgripande; i grund och botten; helt, alldeles; ***I ~ enjoyed it*** jag tyckte det var väldigt roligt
those [ðəʊz] *pron* se *that I*
though [ðəʊ] *konj* **1** fast, fastän; ***even ~*** el. ***~*** även om **2** ***as ~*** som, som om [*he looks as ~ he were ill*]
thought [θɔːt] **I** *s* tanke [*of* på]; tänkande, tänkesätt; ***train*** (***line***) ***of ~*** tankegång; ***I didn't give it a second ~*** jag tänkte inte närmare på det; ***lost*** (***deep, wrapped up***) ***in ~*** försjunken i sina tankar; ***after much*** (***mature***) ***~*** efter moget övervägande; ***on second ~s*** [***I will...***] vid närmare eftertanke... **II** se *think*
thoughtful [ˈθɔːtf(ʊ)l] *adj* tankfull, fundersam; omtänksam
thoughtless [ˈθɔːtləs] *adj* tanklös
thousand [ˈθaʊz(ə)nd] *räkn* o. *s* tusen; tusental, tusende [*in ~s*]; ***~s of people*** tusentals människor
thousandth [ˈθaʊz(ə)nθ] **I** *räkn* tusende; ***~ part*** tusendel **II** *s* tusendel
thrash [θræʃ] *vb tr* o. *vb itr* **1** ge stryk; vard. klå, besegra; ***be thrashed*** få stryk **2** ***~ out*** diskutera igenom [*~ out a problem*] **3** ***~ about*** slå vilt omkring sig
thrashing [ˈθræʃɪŋ] *s* smörj, stryk
thread [θred] **I** *s* **1** tråd; garn; fiber **2** skruvgänga **II** *vb tr* **1** trä; ***~ a needle*** trä på en nål; ***~ beads*** (***pearls***) trä upp pärlor **2** ***~*** el. ***~ one's way through*** slingra sig fram genom **3** gänga
threadbare [ˈθredbeə] *adj* **1** luggsliten, trådsliten **2** bildl. utnött, utsliten [*~ jokes*]; torftig [*~ arguments*]
threat [θret] *s* hot [*to* mot]; fara [*to* för]; ***be under the ~ of*** hotas av
threaten [ˈθretn] *vb tr* o. *vb itr* hota; hota med [*~ revenge*]; ***a threatening letter*** ett hotelsebrev; ***the threatened strike*** [***did not take place***] den hotande strejken...; ***~ a p.'s life*** hota ngn till livet
three [θriː] **I** *räkn* tre **II** *s* trea
three-dimensional [ˌθriːdaɪˈmenʃənl] *adj* tredimensionell [*~ film*]
threefold [ˈθriːfəʊld] **I** *adj* tredubbel, trefaldig **II** *adv* tredubbelt, trefaldigt
three-four [ˌθriːˈfɔː] *adj* o. *s*, ***~ time*** el. ***~*** trefjärdedelstakt
three-piece [ˈθriːpiːs] *adj* tredelad
thresh [θreʃ] *vb tr* o. *vb itr* tröska
thresher [ˈθreʃə] *s* **1** tröskare **2** tröskverk
threshold [ˈθreʃhəʊld] *s* dörrtröskel; bildl. tröskel [*on the ~ of a revolution*]
threw [θruː] se *throw I*
thrice [θraɪs] *adv* tre gånger, trefalt
thrift [θrɪft] *s* sparsamhet
thriftiness [ˈθrɪftɪnəs] *s* sparsamhet
thrifty [ˈθrɪftɪ] *adj* sparsam, ekonomisk
thrill [θrɪl] **I** *vb tr* få att rysa av spänning [*the film thrilled the audience*] **II** *s* spänning; ***it gave me a ~*** jag tyckte det var spännande
thriller [ˈθrɪlə] *s* rysare, thriller
thrilling [ˈθrɪlɪŋ] *adj* spännande, rafflande
thrive [θraɪv] *vb itr* **1** om växter el. djur växa och frodas, trivas; om barn växa och bli frisk och stark **2** blomstra, ha framgång
thriving [ˈθraɪvɪŋ] *adj* **1** om växter el. djur

som frodas, frodig **2** blomstrande [*a ~ business*], framgångsrik

throat [θrəʊt] *s* strupe, hals; svalg; ***clear one's ~*** klara strupen, harkla sig; ***cut a p.'s ~*** skära halsen av ngn; ***have a sore ~*** ha ont i halsen; ***take (seize) a p. by the ~*** ta struptag på ngn; ***jump down a p.'s ~*** vard. fara ut mot ngn; ***thrust (ram, force) a th. down a p.'s ~*** pracka (tvinga) på ngn ngt

throb [θrɒb] **I** *vb itr* **1** banka, bulta; dunka **2** skälva, darra [*~ with* (av) *excitement*] **II** *s* bankande, bultande, dunkande

throe [θrəʊ] *s*, mest pl. ***~s*** plågor, kval; ***~s*** el. ***~s of death*** dödskamp

thrombosis [θrɒm'bəʊsɪs] (pl. *thromboses* [θrɒm'bəʊsi:z]) *s* blodpropp, trombos

throne [θrəʊn] *s* tron; ***come to the ~*** komma på tronen

throng [θrɒŋ] **I** *s* **1** trängsel, vimmel **2** massa, mängd **II** *vb itr* o. *vb tr* trängas; strömma till i stora skaror; fylla till trängsel, trängas på (i) [*people thronged the streets*]

throttle ['θrɒtl] **I** *s* spjäll; strypventil; ***at full ~*** el. ***with the ~ full open*** med öppet spjäll **II** *vb tr* strypa, kväva

through [θru:] **I** *prep* **1** genom, igenom; in (ut) genom [*climb ~ a window*]; över [*a path ~ the fields*]; ***he has been ~ a good deal*** han har varit med om en hel del **2** genom, på grund av [*absent ~ illness*]; tack vare **3** om tid **a)** [***he worked***] ***all ~ the night*** ...hela natten **b)** amer. till och med [*Monday ~ Friday*]

II *adv* **1** igenom; genom- [*wet ~*]; till slut, till slutet [*he heard the speech ~*]; ***~ and ~*** alltigenom [*a gentlemen ~ and ~*]; ***wet ~ and ~*** våt helt igenom **2** tele., ***be ~*** ha kommit fram; ***get ~*** komma fram; ***put ~*** koppla [*I will put you ~ to...*]; ***you're ~ to Rome*** klart Rom **3** ***be ~*** vard., i speciella betydelser **a)** vara klar (färdig) [*he is ~ with his studies*]; ***are you ~?*** äv. har du slutat? **b)** vara slut [*he is ~ as a tennis player*] **c)** ha fått nog [*with* av; *I'm ~ with this job*]; ***we're ~*** det är slut mellan oss

III *adj* genomgående, direkt [*a ~ train*]; ***~ traffic*** genomfartstrafik; ***no through traffic*** genomfart förbjuden

through carriage ['θru:ˌkærɪdʒ] *s* direktvagn

throughout [θrʊ'aʊt] **I** *adv* **1** alltigenom, genom- [*rotten ~*]; överallt **2** hela tiden, från början till slut **II** *prep* **1** överallt i, genom hela, över hela [*~ the US*] **2** om tid, ***~ the year*** under hela året

throw [θrəʊ] **I** (*threw thrown*) *vb tr* o. *vb itr* **1** kasta, slunga, slänga; störta [*~ oneself into*]; kasta av [*the horse threw its rider*]; kasta omkull [*he threw his opponent*]; ***~ oneself on a p.*** kasta sig över ngn; ***~ one's arms round a p.*** slå armarna om ngn **2** bygga, slå [*~ a bridge across a river*] **3** vard. ställa till, ha [*~ a party for a p.*] □ ***~ away*** kasta (hälla) bort; ***it is labour thrown away*** det är bortkastad möda; ***~ in*** **a)** kasta in **b)** ***you get that thrown in*** man får det på köpet **c)** fotb. göra inkast; ***~ off*** a) kasta av (bort); kasta av sig [*he threw off his coat*] b) bli av med, bli kvitt [*I can't ~ off this cold*]; ***~ out*** **a)** kasta ut; köra ut (bort); ***~ a p. out of work*** göra ngn arbetslös **b)** sända ut [*~ out light*], utstråla [*~ out heat*] **c)** kasta fram, komma med [*~ out a remark*]; ***~ over*** a) avvisa, överge, ge upp [*~ over a plan*] b) göra slut med, ge på båten [*she threw over her boy-friend*]; ***~ up*** a) kasta (slänga) upp b) lyfta, höja [*she threw up her head*] c) kräkas (kasta) upp; kräkas d) ge upp, sluta [*~ up one's job*]

II *s* kast; ***stake everything on one ~*** sätta allt på ett kort (bräde)

throwaway ['θrəʊəweɪ] **I** *s* engångsartikel **II** *adj* engångs- [*~ container*], slit-och-släng-; ***at ~ prices*** till vrakpriser

throw-in ['θrəʊɪn] *s* fotb. inkast

thrown [θrəʊn] se *throw I*

thrum [θrʌm] *vb tr* o. *vb itr* **1** knäppa, knäppa på [*~ (~ on) a guitar*] **2** trumma, trumma på [*~ on the table*]

thrush [θrʌʃ] *s* trast; ***~ nightingale*** näktergal

thrust [θrʌst] **I** (*thrust thrust*) *vb tr* o. *vb itr* **1** sticka, stoppa [*he ~ his hands into his pockets*], köra, stöta [*~ a dagger into a p.'s back*] **2** ***~ one's way through the crowd*** tränga sig fram genom folkmassan; ***~ a th. upon a p.*** pracka på ngn ngt; ***~ oneself upon a p.*** tvinga sig på ngn **3** knuffa, skjuta [*~ aside*], tränga sig [*she ~ past me*] **II** *s* **1** stöt, knuff **2** framstöt; utfall, anfall, angrepp [*at* mot] **3** fäktning stöt

thud [θʌd] **I** *s* duns [*it fell with a ~*] **II** *vb itr* dunsa, dunsa ner; dunka

thug [θʌg] *s* bandit, mördare, gangster

thumb [θʌm] **I** *s* tumme; ***she is all ~s*** hon är fumlig (valhänt); ***have a p. under***

one's ~ hålla ngn i ledband **II** *vb tr* **1** tumma, använda flitigt [*this dictionary will be much thumbed*]; ~ el. ~ ***through*** bläddra igenom **2** ~ ***a lift*** (***ride***) vard. få lift, lifta

thumbmark ['θʌmmɑ:k] *s* märke efter tummen i t.ex. en bok

thumbnail ['θʌmneɪl] *s* tumnagel

thumbtack ['θʌmtæk] *s* amer. häftstift

thump [θʌmp] **I** *vb tr* o. *vb itr* dunka, bulta, banka; dunka (bulta, banka) på **II** *s* dunk [*a ~ on the back*], smäll, duns

thunder ['θʌndə] **I** *s* åska; dunder, dån; ***a crash*** (***peal***) ***of*** ~ en åskskräll; ***steal a p.'s*** ~ stjäla ngns idéer; förekomma ngn **II** *vb itr* **1** åska [*it was thundering and lightening*]; dåna **2** bildl. dundra [*he thundered against the new law*]

thunderbolt ['θʌndəbəʊlt] *s* åskvigg, blixt; ***like a*** ~ som ett åskslag

thunderclap ['θʌndəklæp] *s* åskskräll

thundering ['θʌndərɪŋ] **I** *adj* **1** dundrande **2** vard. väldig; grov [*a ~ lie*] **II** *adv* vard. väldigt, förfärligt

thunderous ['θʌndərəs] *adj* dånande, rungande [*~ applause*]

thunderstorm ['θʌndəstɔ:m] *s* åskväder, åska

thundery ['θʌndərɪ] *adj* åsk- [*~ rain*], åskig

Thursday ['θɜ:zdeɪ, 'θɜ:zdɪ] *s* torsdag; ***last*** ~ i torsdags

thus [ðʌs] *adv* **1** sålunda, så, så här [*do it ~*] **2** alltså, således **3** ~ ***far*** så långt; ~ ***much*** så mycket

thwart [θwɔ:t] *vb tr* korsa, gäcka [*~ a p.'s plans*]; ~ ***a p.*** motarbeta ngn

thyme [taɪm] *s* timjan

thyroid ['θaɪrɔɪd] **I** *adj*, ~ ***gland*** sköldkörtel **II** *s* sköldkörtel

tiara [tɪ'ɑ:rə] *s* tiara; diadem

Tibet [tɪ'bet]

Tibetan [tɪ'bet(ə)n] **I** *adj* tibetansk **II** *s* **1** tibetanska språket **2** tibetan

tick [tɪk] **I** *vb itr* o. *vb tr* **1** ticka **2** ~ ***over*** gå på tomgång **3** ~ ***away*** ticka fram [*the clock ticked away the minutes*] **4** ~ ***off*** el. ~ pricka (bocka) av [*~ off names*] **5** vard., ~ ***off*** läxa upp **II** *s* **1** tickande; ***in two ~s*** vard. på momangen; ***half a ~!*** vard. ett ögonblick! **2** bock, kråka vid kollationering; ***put a ~ against*** pricka (bocka) för

ticker-tape ['tɪkəteɪp] *s* telegrafremsa, teleprinterremsa

ticket ['tɪkɪt] *s* **1** biljett **2** lapp [*price ~; parking ~*]; kvitto, sedel [*pawn-ticket*]; etikett; ***lottery*** ~ lottsedel **3** vard., ***the*** ~ det enda riktiga (rätta); ***that's the*** ~ äv. det är så det skall vara

ticket agency ['tɪkɪt,eɪdʒənsɪ] *s* biljettkontor

ticket barrier ['tɪkɪt,bærɪə] *s* biljettspärr

ticket-collector ['tɪkɪtkə,lektə] *s* biljettmottagare; spärrvakt; konduktör

ticket office ['tɪkɪt,ɒfɪs] *s* biljettkontor

ticking ['tɪkɪŋ] *s* bolstervarstyg, kuddvarstyg

ticking-off [,tɪkɪŋ'ɒf] *s* vard. läxa, uppsträckning, skrapa [*give a p. a good ~*]

tickle ['tɪkl] **I** *vb tr* o. *vb itr* **1** kittla, klia; ***my nose ~s*** det kittlar i näsan **2** roa [*the story tickled me*], glädja [*the news will ~ you*]; smickra, kittla [*~ a p.'s vanity*]; ***be tickled to death*** el. ***be tickled no end*** vard. skratta ihjäl sig [*at, by* åt]; bli jätteglad [*at, by* över] **3** kittlas **II** *s* kittling; ***he gave my foot a*** ~ han kittlade mig under foten

ticklish ['tɪklɪʃ] *adj* **1** kittlig **2** kinkig, knepig

tick-tock ['tɪktɒk] **I** *s* ticktack, tickande **II** *adv* o. *interj* ticktack

tidal ['taɪdl] *adj*, ~ ***wave*** a) tidvattensvåg b) jättevåg c) bildl. stark våg [*a ~ wave of enthusiasm*]

tidbit ['tɪdbɪt] *s* speciellt amer. godbit, läckerbit

tiddler ['tɪdlə] *s* vard. liten fisk; speciellt spigg

tiddley o. **tiddly** ['tɪdlɪ] *adj* vard. **1** packad berusad **2** liten, futtig

tiddlywinks ['tɪdlɪwɪŋks] *s* loppspel

tide [taɪd] **I** *s* **1** tidvatten, ebb och flod; flod; ***high*** ~ högvatten, flod [*at* (vid) *high ~*]; ***low*** ~ lågvatten, ebb [*at* (vid) *low ~*]; ***the ~ is in*** (***up***) det är flod (högvatten) **2** bildl. strömning, tendens; ***the ~ has turned*** en strömkantring har skett; ***stem the*** ~ gå mot strömmen **II** *vb tr*, ~ ***over*** hjälpa ngn över (igenom) [*~ a p. over a crisis*]

tidings ['taɪdɪŋz] *s* litt., ***glad*** (***sad***) ~ glada (sorgliga) nyheter

tidy ['taɪdɪ] **I** *adj* **1** snygg, välvårdad; städad [*a ~ room*] **2** vard. nätt, vacker, rundlig [*a ~ sum*] **II** *vb tr* o. *vb itr*, ~ ***up*** el. ~ städa, snygga upp

tie [taɪ] **I** *vb tr* o. *vb itr* **1 a)** binda [*~ a horse to* (vid) *a tree*], knyta fast; ~ ***a p. hand and foot*** binda ngn till händer och fötter **b)** knyta [*~ one's shoelaces*] **2** bildl. binda; klavbinda, hämma **3** knytas [*the*

sash ~s in front], knytas fast (ihop) **4** sport. stå (komma) på samma poäng, få (nå) samma placering [*with* som] □ ~ **down** binda äv. bildl. [*to* vid, till; ~ *a p. down to a contract*]; binda fast; ***be tied down by children*** vara bunden av barn; ~ **on** binda på, knyta (binda) fast [~ *on a label*]; ~ **up** binda upp; binda fast; binda ihop (samman); bildl. binda [*I am too tied up with* (av) *other things*]; låsa [~ *up one's capital*]
II *s* **1** band, länk; ***business ~*** affärsförbindelse **2** slips; fluga, kravatt, rosett **3** sport. **a)** lika poängtal; oavgjort resultat; ***it ended in a ~*** det slutade oavgjort **b)** match i cupävling; ***play off a ~*** spela ˈom matchen för att avgöra en tävling
tiebreak [ˈtaɪbreɪk] *s* o. **tiebreaker** [ˈtaɪˌbreɪkə] *s* i tennis tie-break
tie clip [ˈtaɪklɪp] *s* slipshållare
tie-on [ˈtaɪɒn] *adj* som går att binda på (knyta fast) [*a ~ label*]
tie pants [ˈtaɪpænts] *s pl* snibb blöja
tiepin [ˈtaɪpɪn] *s* kråsnål
tie-up [ˈtaɪʌp] *s* **1** sammanslagning **2** samband **3** speciellt amer. stillestånd, dödläge
tiff [tɪf] **I** *s* litet gräl, gnabb **II** *vb itr* gräla
tiger [ˈtaɪgə] *s* tiger; ~ ***cub*** tigerunge; ***paper*** ~ bildl. papperstiger
tigerish [ˈtaɪgərɪʃ] *adj* tigerlik, tigeraktig
tiger lily [ˈtaɪgəˌlɪlɪ] *s* tigerlilja
tight [taɪt] **I** *adj* **1** åtsittande, åtsmitande, tajt, snäv [~ *trousers*], trång [~ *shoes*]; spänd [*a ~ rope*]; ***be (find oneself) in a ~ corner*** vara i knipa **2** fast, hård [*a ~ knot*]; ***a ~ hold*** ett fast (hårt) grepp; ***keep a ~ hand (hold) over a p.*** hålla ngn kort (i schack) **3** snål, njugg; knapp; stram [*a ~ money market*] **4** vard. packad berusad
II *adv* tätt, fast, hårt [*hug* (krama) *a p.* ~]; ***sleep ~!*** vard. sov gott!
tighten [ˈtaɪtn] *vb tr* o. *vb itr* **1** spänna; ~ ***one's belt*** bildl. dra åt svångremmen; ~ ***up*** el. ~ dra åt [~ *the screws* el. ~ *up the screws*]; skärpa [~ *up the regulations*] **2** spännas; ~ ***up*** el. ~ dras åt; skärpas [*the regulations have tightened up*]; ~ ***up on crime*** intensifiera kampen mot brottsligheten
tight-fisted [ˌtaɪtˈfɪstɪd] *adj* vard. snål
tight-fitting [ˌtaɪtˈfɪtɪŋ] *adj* åtsittande
tightrope [ˈtaɪtrəʊp] *s* spänd lina; ~ ***walker*** lindansare; ***walk on the (a) ~*** gå (dansa) på lina; ***walk a ~*** bildl. gå balansgång
tights [taɪts] *s pl* **1** ~ el. ***stretch ~*** strumpbyxor **2** trikåer artistplagg; trikåbyxor
tigress [ˈtaɪgrəs] *s* tigrinna, tigerhona
tile [taɪl] **I** *s* tegelpanna, tegelplatta; tegel; kakelplatta; ***be on (out on) the ~s*** vard. vara ute och svira **II** *vb tr* täcka (belägga) med tegel; klä med kakel
tileworks [ˈtaɪlwɜːks] *s* tegelbruk
1 till [tɪl] **I** *prep* till, tills; ~ ***then*** till dess, dittills; ***not ~*** inte förrän, först **II** *konj* till, tills, till dess att [*wait ~ the rain stops*]
2 till [tɪl] *s* **1** kassalåda; kassaapparat **2** kassa pengar
3 till [tɪl] *vb tr* odla, odla upp, bruka [~ *the soil*]; ***tilled land*** odlad jord (mark)
tillage [ˈtɪlɪdʒ] *s* odling [*the ~ of soil*]
tilt [tɪlt] **I** *vb tr* o. *vb itr* luta, vippa på [*he tilted his chair back*]; fälla [~ *back* (upp) *a seat*]; vippa; välta, tippa; ~ ***over*** välta (vicka) omkull **II** *s* **1** lutning; vippande **2** ***at full ~*** el. ***full ~*** i (med) full fart
timber [ˈtɪmbə] *s* **1** timmer, trä, virke **2** speciellt amer. timmerskog
timberline [ˈtɪmbəlaɪn] *s* trädgräns
timber merchant [ˈtɪmbəˌmɜːtʃ(ə)nt] *s* virkeshandlare, trävaruhandlare
timberyard [ˈtɪmbəjɑːd] *s* brädgård
time [taɪm] **I** *s* **1 a)** tid; tiden [~ *will show who is right*]; ~***s*** tider [*hard ~s*], tid [*the good old* (gamla goda) *~s*]; ~***!*** tiden är ute!; stängningsdags! [t.ex. på en pub: ~ *gentlemen, please!*] **b)** i förbindelse med ***long***: ***what a long ~ you have been!*** så (vad) länge du har varit!; ***it will be a long ~ before...*** det dröjer länge innan...; [***I have not been there***] ***for a long ~*** ...på länge; ***for a long ~ past*** el. ***for a long ~*** sedan länge **c)** med verb: ***time's up!*** tiden är ute!; ***it's ~ for lunch*** det är lunchdags; ***there is a ~ and place for everything*** allting har sin tid; ***there are ~s when I wonder...*** ibland undrar jag...; ***what is the ~?*** vad (hur mycket) är klockan?; ***find (get) ~ to do a th.*** hinna med ngt; ***have the ~*** el. ***have ~*** ha tid, hinna; ***have a good (nice) ~*** ha roligt, ha det trevligt; ***have ~ on one's hands*** ha gott om tid; ***keep ~*** a) hålla tider (tiderna, tiden), vara punktlig b) ta tid med stoppur c) hålla takten; ***keep good ~*** el. ***keep ~*** om ur gå rätt; ***keep bad ~*** om ur gå fel; ***take ~*** ta tid; ***take one's ~*** ta god tid på sig [*about*

(over) a th. till (för) ngt]; ***take your ~!*** ta god tid på dig!, ingen brådska!; ***tell the ~*** kunna klockan; ***can you tell me the right ~?*** kan du säga mig vad klockan är?; ***you don't waste much ~, do you?*** du är snabb, du! **d)** med vissa pronomen: [***they were laughing***] ***all the ~*** ...hela tiden; ***at all ~s*** alltid; ***any ~*** när som helst; vard. alla gånger; ***every ~!*** vard. så klart!; alla gånger!; ***I've got no ~ for*** vard. jag har ingenting till övers för; ***at no ~*** inte någon gång; ***in less than no ~*** el. ***in no ~*** på nolltid; ***at the same ~*** a) vid samma tidpunkt, samtidigt b) å andra sidan, samtidigt; ***for some ~*** en längre tid; ***for some ~ yet*** än på ett bra tag; ***by that ~*** vid det laget, då; till dess; ***this ~ last year*** i fjol vid den här tiden; ***by this ~*** vid det här laget; ***what ~ is it?*** el. ***what's the ~?*** vad (hur mycket) är klockan?

□ **about** ~ *too!* det var minsann på tiden!; **against** ~ i kapp med tiden; ***a race against*** ~ en kapplöpning med tiden; **at** *one* ~ a) en gång i tiden b) på en (samma) gång; ***at the ~*** vid det tillfället, vid den tiden [*he was only a boy at the ~*]; ***at ~s*** tidvis, emellanåt; ***at my ~ of life*** vid min ålder; ***at different ~s*** vid olika tidpunkter; **by** *the* ~ när, då, vid den tid då; **for** *the* ~ *being* för närvarande, tills vidare; **from** ~ *to* ~ då och då, emellanåt; **in** ~ med tiden [*in ~ he'll understand*]; ***just in ~*** el. ***in ~*** precis lagom (i tid) [*come in ~ for dinner*]; ***in a week's ~*** om en vecka; *all* **of** *the* ~ hela tiden; ***for the sake of old ~s*** för gammal vänskaps skull; ~ **off** fritid; ledigt; **on** ~ i tid, precis, punktlig, punktligt; *once* **upon** *a* ~ *there was...* det var en gång...

2 gång [*the first ~ I saw her; five ~s four is twenty*]; ***~ after ~*** el. ***~ and again*** gång på gång; ***many a ~*** mången gång, många gånger; ***one more ~*** vard. en gång till; ***two or three ~s*** ett par tre (några) gånger; ***one at a ~*** en åt gången, en i sänder

3 mus. takt, tempo; taktart; ***~ signature*** taktbeteckning; ***beat ~*** slå takt (takten); ***beat ~ with one's foot (feet)*** stampa takten; ***keep ~*** hålla takten

II *vb tr* **1** välja tiden för, tajma, avpassa **2** ta tid på [*~ a runner*], ta tid vid [*~ a race*], tajma

time bomb ['taɪmbɒm] *s* tidsinställd bomb

time-consuming ['taɪmkən,sju:mɪŋ] *adj* tidsödande, tidskrävande

time-honoured ['taɪm,ɒnəd] *adj* ärevördig, hävdvunnen [*~ customs*]

timekeeper ['taɪm,ki:pə] *s* tidmätare; tidkontrollör; tidtagare

timekeeping ['taɪm,ki:pɪŋ] *s* tidtagning; tidkontroll på arbetsplats

time-killer ['taɪm,kɪlə] *s* vard. tidsfördriv

timelag ['taɪmlæg] *s* tidsfördröjning

time limit ['taɪm,lɪmɪt] *s* tidsgräns; tidsfrist [*exceed the ~*]; ***impose a ~ on*** tidsbegränsa

timely ['taɪmlɪ] *adj* läglig, lämplig; i rätt tid

timepiece ['taɪmpi:s] *s* ur, tidmätare

timer ['taɪmə] *s* **1** tidtagare **2** tidur; timer

timesaving ['taɪm,seɪvɪŋ] *adj* tidsbesparande [*a ~ device*]

time signal ['taɪm,sɪgn(ə)l] *s* tidssignal

timetable ['taɪm,teɪbl] *s* **1** tågtidtabell; tidsschema **2** schema

timewasting ['taɪm,weɪstɪŋ] *adj* tidsödande

timid ['tɪmɪd] *adj* skygg; blyg, timid

timidity [tɪ'mɪdətɪ] *s* skygghet; blyghet

timing ['taɪmɪŋ] *s* **1** val av tidpunkt [*the President's ~ was excellent*], tajming äv. sport.; ***the ~ was perfect*** a) tidpunkten var utmärkt vald b) allting klaffade perfekt **2** tidtagning

timorous ['tɪmərəs] *adj* räddhågad

timothy ['tɪməθɪ] *s, ~ **grass*** timotej

tin [tɪn] **I** *s* **1** tenn [*~ soldier*] **2** bleck; plåt **3** konservburk, burk [*a ~ of peaches*], bleckburk, plåtburk, dosa **4** form, plåt för bakning **II** *vb tr* **1** förtenna **2** lägga in, konservera

tin can [,tɪn'kæn] *s* bleckburk, plåtburk

tincture ['tɪŋktʃə] *s* kem. el. med. tinktur

tinder ['tɪndə] *s* fnöske

tinfoil [,tɪn'fɔɪl] *s* stanniol; foliepapper

tinge [tɪndʒ] **I** *vb tr* färga lätt; prägla; ***be tinged with red*** skifta i rött **II** *s* lätt skiftning, nyans, färgton

tingle ['tɪŋgl] **I** *vb itr* **1** sticka, svida; klia **2** pingla, plinga **II** *s* **1** stickande känsla, stickning **2** pinglande

tinker ['tɪŋkə] *vb itr* knåpa, pilla, joxa

tinkle ['tɪŋkl] **I** *vb itr* o. *vb tr* klinga, pingla; klirra; klinka [*~ on the piano*]; ringa (pingla) med [*~ a bell*]; klinka på [*~ the keys of a piano*] **II** *s* pinglande, plingande [*the ~ of tiny bells*]; ***I'll give you a ~*** vard. jag slår en signal på telefon

tin-loaf [,tɪn'ləʊf] (pl. *tin-loaves* [,tɪn'ləʊvz]) *s* formbröd

tin mine ['tɪnmaɪn] *s* tenngruva
tinned [tɪnd] *adj* **1** förtent, förtennad **2** konserverad [~ *fruit*], på burk [~ *peas*]; ~ ***food*** burkmat; ~ ***goods*** konserver
tinny ['tɪnɪ] *adj* **1** tennhaltig; tenn- **2** metallisk; ***a ~ piano*** ett piano med spröd klang
tin-opener ['tɪnˌəʊpənə] *s* konservöppnare
tinplate ['tɪnpleɪt] *s* bleckplåt; tennplåt
tinpot ['tɪnpɒt] *adj* vard. skruttig [*a ~ firm*]; tredjeklassens [*a ~ actor*]
tinsel ['tɪns(ə)l] *s* glitter [*a Christmas tree with ~*]
tint [tɪnt] **I** *s* **1** färgton, skiftning, nyans **2** toningsvätska **II** *vb tr* färga lätt, tona [~ *one's hair*]
tintack ['tɪntæk] *s* nubb, stift
tiny ['taɪnɪ] *adj* mycket liten; ~ ***little*** pytteliten; ~ ***tot*** småtting
1 tip [tɪp] **I** *s* **1** spets, tipp, topp; ända; ***I have it at the ~s of my fingers*** jag har det på mina fem fingrar; ***walk on the ~s of one's toes*** gå på tå; ***the ~ of one's tongue*** tungspetsen; ***have a th. on the ~ of one's tongue*** bildl. ha ngt på tungan **2** munstycke på cigarett [*filter-tip*] **II** *vb tr* förse med en spets, sätta en spets på; ***tipped cigarette*** cigarett med munstycke
2 tip [tɪp] **I** *vb tr* o. *vb itr* **1** tippa; tippa (stjälpa) omkull [äv. ~ *over*, ~ *up*] **2** ~ ***one's hat*** lyfta på hatten [*to* för] **3** stjälpa av (ur), tippa ut [äv. ~ *out*] **4** vippa, stjälpa (välta, tippa) över ända, vicka omkull [äv. ~ *over*] **II** *s* tipp, avstjälpningsplats
3 tip [tɪp] **I** *vb tr* o. *vb itr* vard. **1** ge dricks till, ge dricks **2** tippa [~ *the winner*] **3** ge en vink, tipsa; ~ ***a p. off*** tipsa ngn **II** *s* **1** dricks **2** vard. vink; tips; ***take my ~!*** lyd mitt råd!
tipcart ['tɪpkɑːt] *s* tippkärra, tippvagn
tipping ['tɪpɪŋ] *s* vard., ~ [***has been abolished***] systemet att ge dricks…
tipple ['tɪpl] *vb itr* pimpla, småsupa
tippler ['tɪplə] *s* småsupare, fyllbult
tipsy ['tɪpsɪ] *adj* lätt berusad
tiptoe ['tɪptəʊ] **I** *s*, ***walk on ~*** gå på tå **II** *adv* på tå **III** *vb itr* gå på tå
tiptop [ˌtɪp'tɒp, 'tɪptɒp] *adj* o. *adv* perfekt, prima [*a ~ hotel*], tiptop
tip-up ['tɪpʌp] *adj* uppfällbar [~ *seat*]
tirade [taɪ'reɪd] *s* tirad, lång harang
1 tire ['taɪə] *vb tr* o. *vb itr* trötta; tröttna; ledsna, bli trött (led) [*of* på]
2 tire ['taɪə] *s* amer., se *tyre*
tired ['taɪəd] *adj* trött [*of* på; *with* av]; led, utledsen [*of* på]; ~ ***out*** uttröttad, utmattad; ~ ***to death*** dödstrött
tireless ['taɪələs] *adj* outtröttlig
tiresome ['taɪəsəm] *adj* **1** tröttsam; långtråkig **2** förarglig, besvärlig
tiring ['taɪərɪŋ] *adj* tröttande, tröttsam
tissue ['tɪʃuː] *s* **1** vävnad äv. biol. el. anat. [*muscular ~*]; väv **2** bildl. väv, nät, härva [*a ~ of lies*] **3** mjukt papper; cellstoff; ***face (facial) ~*** ansiktsservett; ***toilet ~*** mjukt toalettpapper
tissue paper ['tɪʃuːˌpeɪpə] *s* silkespapper
1 tit [tɪt] *s* zool. mes; ***blue ~*** blåmes; ***coal ~*** svartmes; ***great ~*** talgoxe
2 tit [tɪt] *s*, ~ ***for tat*** lika för lika; ***give ~ for tat*** ge svar på tal
3 tit [tɪt] *s* **1** vard. bröstvårta **2** vulg. tutte bröst
titanic [taɪ'tænɪk] *adj* titanisk; jättelik
titbit ['tɪtbɪt] *s* godbit, läckerbit
title ['taɪtl] *s* titel
titled ['taɪtld] *adj* betitlad; adlig [*a ~ lady*]
titleholder ['taɪtlˌhəʊldə] *s* speciellt sport. titelhållare, titelinnehavare
title page ['taɪtlpeɪdʒ] *s* titelsida, titelblad
title role ['taɪtlrəʊl] *s* titelroll
titmouse ['tɪtmaʊs] (pl. *titmice* ['tɪtmaɪs]) *s* zool. mes; ***blue ~*** blåmes; ***coal ~*** svartmes; ***great ~*** talgoxe
titter ['tɪtə] **I** *vb itr* fnittra **II** *s* fnitter
tittle-tattle ['tɪtlˌtætl] **I** *s* skvaller **II** *vb itr* skvallra
titty ['tɪtɪ] *s* **1** vard. bröstvårta; ~ ***bottle*** diflaska **2** vulg. tutte bröst
T-junction ['tiːˌdʒʌŋkʃ(ə)n] *s* T-korsning av vägar; T-knut
to [tuː, obetonat tʊ, tə] **I** *prep* **1** till **2** för; ***open ~ the public*** öppen för allmänheten; ~ ***me it was…*** för mig var det…; ***what is that ~ you?*** vad angår det dig?; [***we had the compartment***] ***all ~ ourselves*** …helt för oss själva **3** uttryckande riktning i [*a visit ~ England*]; på [*go ~ a concert*] **4** mot, emot **a)** uttryckande riktning el. placering mot [*with his back ~ the fire*]; ***hold a th. ~ the light*** hålla ngt mot ljuset **b)** efter ord uttryckande t.ex. bemötande [*good (polite) ~ a p.*] **c)** i jämförelse med [***he's quite rich now***] ~ ***what he used to be*** …mot vad han varit förut **5** hos; ***I have been ~ his house*** jag har varit hemma hos honom; ***be on a visit ~ a p.*** vara på besök hos ngn **6** betecknande proportion: ***thirteen ~ a dozen***

tretton på dussinet; [***his pulse was 140***] *~ **the minute*** ...i minuten **7** andra uttryck: ***freeze ~ death*** frysa ihjäl; ***tell a p. a th. ~ his face*** säga ngn ngt mitt upp i ansiktet; ***would ~ God that...*** Gud give att...; ***here's ~ you!*** skål!
II *infinitivmärke* **1** att **2** med syftning på en föreg. infinitiv: [***we didn't want to go***] ***but we had ~*** ...men vi måste **3** för att [*he struggled ~ get free*] **4** ***he wants us ~ try*** han vill att vi ska försöka; ***I'm waiting for Bob ~ come*** jag väntar på att Bob ska komma; ***he was the last ~ arrive*** han var den siste som kom; ***~ hear him speak you would believe that...*** när man hör honom skulle man tro att...; ***he lived ~ be ninety*** han levde tills han blev nittio
III *adv* **1** igen, till [*push the door ~*] **2** ***~ and fro*** av och an, fram och tillbaka
toad [təʊd] *s* padda
toadstool ['təʊdstu:l] *s* svamp; speciellt giftsvamp
toast [təʊst] **I** *s* **1** rostat bröd **2** skål; ***drink a ~ to the bride and bridegroom*** skåla för brudparet; ***propose a ~*** föreslå (utbringa) en skål [*to* för] **II** *vb tr* **1** rosta [*~ bread*] **2** utbringa (dricka) en skål för; skåla med
toaster ['təʊstə] *s* brödrost; grillgaffel
toasting-fork ['təʊstɪŋfɔ:k] *s* grillgaffel, rostningsgaffel
toastmaster ['təʊstˌmɑ:stə] *s* toastmaster, ceremonimästare vid större middag
toast rack ['təʊstræk] *s* ställ för rostat bröd
tobacco [tə'bækəʊ] (pl. *~s*) *s* tobak
tobacconist [tə'bækənɪst] *s* tobakshandlare; ***tobacconist's*** tobaksaffär
tobacco pouch [tə'bækəʊpaʊtʃ] *s* tobakspung
to-be [tə'bi:] *adj* blivande [*the bride ~*], framtida, kommande
toboggan [tə'bɒg(ə)n] **I** *s* toboggan, kälke **II** *vb itr* åka kälke
today [tə'deɪ] **I** *adv* **1** i dag; ***~ week*** el. ***a week ~*** i dag om en vecka **2** nu för tiden **II** *s, **a year from ~*** i dag om ett år; ***the England of ~*** dagens England
toddle ['tɒdl] *vb itr* **1** tulta, tulta omkring; ***~ along*** tulta omkring **2** vard., ***~ along*** (***off***) knalla i väg
toddler ['tɒdlə] *s* liten knatte (tulta)
toddy ['tɒdɪ] *s* **1** whisky toddy **2** palmvin
to-do [tə'du:] (pl. *~s*) *s* vard. ståhej, uppståndelse
toe [təʊ] **I** *s* tå; ***on one's ~s*** på sin vakt (alerten); ***step*** (***tread***) ***on a p.'s ~s*** trampa ngn på tårna **II** *vb tr* ställa sig (stå) vid [*~ the starting line*]; ***~ the line*** (***mark***) äv. a) ställa upp sig b) bildl. följa partilinjerna; hålla sig på mattan
toecap ['təʊkæp] *s* tåhätta
toe-in ['təʊɪn] *s* bil. toe-in
toenail ['təʊneɪl] *s* tånagel
toffee ['tɒfɪ] *s* knäck, hård kola, kolakaramell; ***he can't act for ~*** (***~ nuts***) sl. han kan inte spela för fem öre
toffee apple ['tɒfɪˌæpl] *s* äppelklubba äpple överdraget med knäck
together [tə'geðə] *adv* **1** tillsammans; ihop; samman; gemensamt **2** efter varandra, i sträck (rad); ***for days ~*** flera dagar i sträck; ***for hours ~*** i timmar
togs [tɒgz] *s pl* vard. kläder, rigg, stass
toil [tɔɪl] **I** *vb itr* arbeta hårt, slita **II** *s* hårt arbete, slit
toilet ['tɔɪlət] *s* **1** toalett t.ex. klädsel, påklädning **2** toalett, WC
toilet paper ['tɔɪlətˌpeɪpə] *s* toalettpapper
toilet roll ['tɔɪlətrəʊl] *s* toalettrulle
toilet soap ['tɔɪlətsəʊp] *s* toalettvål
toilet training ['tɔɪlətˌtreɪnɪŋ] *s* barns potträning
toilet water ['tɔɪlətˌwɔ:tə] *s* eau-de-toilette, toalettvatten
token ['təʊk(ə)n] **I** *s* **1** tecken, bevis [*of* på]; kännetecken; symbol [*of* för] **2** ***book ~*** presentkort på böcker (en bok) **3** minne, minnesgåva **II** *adj* symbolisk [*~ payment; ~ strike*]
told [təʊld] se äv. *tell*; ***all ~*** inalles
tolerable ['tɒlərəbl] *adj* dräglig, uthärdlig, tolerabel
tolerably ['tɒlərəblɪ] *adv* någorlunda, tämligen
tolerance ['tɒlər(ə)ns] *s* tolerans
tolerant ['tɒlər(ə)nt] *adj* tolerant [*to* mot]
tolerate ['tɒləreɪt] *vb tr* tolerera, tåla, finna sig i; vara tolerant mot
toleration [ˌtɒlə'reɪʃ(ə)n] *s* tolerans
1 toll [təʊl] *s* **1** avgift, tull **2** bildl., ***the death ~*** antalet dödsoffer; ***the war took a heavy ~ of the enemy*** kriget krävde många offer bland fienden
2 toll [təʊl] *vb tr* o. *vb itr* **1** ringa i, klämta i **2** slå klockslag [*Big Ben tolled five*]; med långsamma slag ringa, klämta
toll-call ['təʊlkɔ:l] *s* amer. rikssamtal

tomahawk ['tɒməhɔ:k] *s* tomahawk

tomato [tə'mɑ:təʊ, amer. tə'meɪtəʊ] (pl. *tomatoes*) *s* tomat

tomb [tu:m] *s* grav; gravvalv; gravvård

tombola [tɒm'bəʊlə, 'tɒmbələ] *s* **1** slags bingo **2** tombola

tomboy ['tɒmbɔɪ] *s* pojkflicka, yrhätta

tombstone ['tu:mstəʊn] *s* gravsten

tomcat ['tɒmkæt] *s* hankatt

tome [təʊm] *s* lunta, volym

tomfoolery [tɒm'fu:lərɪ] *s* tokigheter; skoj

tommy-gun ['tɒmɪgʌn] *s* kulsprutepistol

tommyrot ['tɒmɪrɒt] *s* vard. dumheter

tomorrow [tə'mɒrəʊ] **I** *adv* i morgon; i morgon dag; ~ ***week*** i morgon om åtta dagar, en vecka i morgon **II** *s* morgondagen; ***the day after*** ~ i övermorgon

tomtit [ˌtɒm'tɪt] *s* blåmes

tomtom ['tɒmtɒm] *s* tamtamtrumma

ton [tʌn] *s* **1** ton: **a)** britt. = 2 240 *lbs.* = 1 016 kg **b)** amer. = 2 000 *lbs.* = 907,2 kg **c)** ***metric*** ~ ton 1 000 kg **2** vard., ***~s of*** massor av, tonvis med [*~s of money*]

tone [təʊn] **I** *s* **1** ton, tonfall [*speak in* (med) *an angry* ~]; röst [*in a low* ~ (~ *of voice)*]; klang [*the* ~ *of a piano*]; ~ ***control*** tonkontroll, klangfärgskontroll; ***set the*** ~ bildl. ange tonen **2** färgton, nyans **3** stil, atmosfär, ton **II** *vb tr,* ~ ***down*** tona ner, dämpa

tone arm ['təʊnɑ:m] *s* tonarm, pickuparm

tongs [tɒŋz] *s pl* tång; ***a pair of*** ~ en tång

tongue [tʌŋ] *s* **1** tunga; mål; ***be on everybody's*** ~ vara på allas läppar; ***has the cat got your*** ~***?*** vard. har du tappat talförmågan?; ***have a ready*** ~ vara rapp i munnen; ***hold one's*** ~ hålla mun, tiga [*about a th.* med ngt]; ***keep one's*** ~ hålla mun; ***stick*** (***put***) ***one's*** ~ ***out*** räcka ut tungan; [***he said***] ***with his*** ~ ***in his cheek*** ...smått ironiskt, ...med glimten i ögat **2** språk; tungomål; ***confusion of*** ~***s*** språkförbistring **3** plös

tongue-tied ['tʌŋtaɪd] *adj* som lider av tunghäfta; mållös; tystlåten

tongue-twister ['tʌŋˌtwɪstə] *s* tungvrickare

tonic ['tɒnɪk] **I** *adj* stärkande, uppfriskande; ~ ***water*** tonic **II** *s* **1** med. tonikum, stärkande medel (medicin) **2 a)** tonic [*a gin and* ~] **b)** ***skin*** ~ ansiktsvatten

tonight [tə'naɪt] **I** *adv* i kväll; i natt **II** *s* denna kväll, kvällen, natten [*tonight's show*]

tonnage ['tʌnɪdʒ] *s* tonnage

tonne [tʌn] *s* metriskt ton

tonsil ['tɒnsl] *s* halsmandel, tonsill

tonsillitis [ˌtɒnsɪ'laɪtɪs] *s* inflammation i tonsillerna, tonsillit, halsfluss

too [tu:] *adv* **1** alltför, för; ***that's*** ~ ***bad!*** vad tråkigt (synd)!; ***a little*** ~ [***clever***] litet för...; ***I'm none*** (***not, not any***) ~ ***good at it*** jag är inte så värst bra på det **2** också, med [*me* ~], även

took [tʊk] se *take*

tool [tu:l] *s* redskap, verktyg

tool-bag ['tu:lbæg] *s* verktygsväska på cykel

toolbox ['tu:lbɒks] *s* o. **toolchest** ['tu:ltʃest] *s* verktygslåda

tool-shed ['tu:lʃed] *s* redskapsskjul, redskapsbod

toot [tu:t] **I** *vb itr* tuta **II** *s* tutning

tooth [tu:θ] (pl. *teeth* [ti:θ]) *s* tand; ***false*** (***artificial***) ~ löstand; ***cut one's teeth*** få tänder; ***dig*** (***get***) ***one's teeth into*** sätta tänderna i; ***escape by*** (***with***) ***the skin of one's teeth*** klara sig undan med knapp nöd; ***fight*** ~ ***and nail*** kämpa med näbbar och klor; ***have a*** ~ ***out*** (amer. ***pulled***) dra (låta dra) ut en tand; ***set one's teeth*** bita ihop tänderna; ***it sets my teeth on edge*** det får mig att rysa; ***have a sweet*** ~ vara en gottgris

toothache ['tu:θeɪk] *s* tandvärk

toothbrush ['tu:θbrʌʃ] *s* tandborste

toothcomb ['tu:θkəʊm] *s,* ***go over*** (***through***) ***with a*** ~ bildl. finkamma; fingranska

toothless ['tu:θləs] *adj* tandlös

toothmug ['tu:θmʌg] *s* tandborstmugg

toothpaste ['tu:θpeɪst] *s* tandkräm

toothpick ['tu:θpɪk] *s* tandpetare

tooth wheel ['tu:θwi:l] *s* kugghjul

toothy ['tu:θɪ] *adj* med en massa tänder; ***a*** ~ ***smile*** ett stomatolleende

1 top [tɒp] *s* snurra; ***sleep like a*** ~ sova som en stock

2 top [tɒp] **I** *s* **1** topp, spets; övre del; krön; ***blow one's*** ~ vard. explodera av ilska; ***at the*** ~ överst, högst upp, ovanpå; ***at the*** ~ ***of one's voice*** så högt man kan; av (för) full hals; ***from*** ~ ***to bottom*** uppifrån och ner; ***on*** ~ ovanpå, på toppen; ***be on*** ~ ha övertaget; ***come out on*** ~ bli etta, vara bäst; ***on*** ~ ***of*** a) utöver b) ovanpå, omedelbart på (efter); ***on*** ~ ***of that*** (***this***) ovanpå det, dessutom; till råga på allt; ***I feel on*** ~ ***of the world*** jag känner mig absolut i toppform; ***get on*** ~

of ta överhanden över [*don't let the work get on ~ of you*] **2** topp klädesplagg; överdel **3** bordskiva; yta
II *adj* **1** översta, högsta, över- [*the ~ floor* (våning)]; topp- [*~ prices*]; *~ C* mus. höga C; ***~ copy*** maskinskrivet original; ***in ~ gear*** på högsta växeln; ***~ hat*** hög hatt **2** främsta, bästa, topp- [*~ secret*]
III *vb tr* **1** vara överst på, toppa [*~ the list*], höja sig över, överträffa attraktionen; ***to ~ it all*** till råga på allt **2** *~ **up*** fylla på [*~ up a car battery; let me ~ up your glass*]; *~ **off*** avsluta, avrunda **3** toppa, beskära

topaz ['təʊpæz] *s* miner. topas
topboot [ˌtɒp'bu:t] *s* kragstövel
top-heavy [ˌtɒp'hevɪ] *adj* för tung upptill
topic ['tɒpɪk] *s* samtalsämne
topical ['tɒpɪk(ə)l] *adj* aktuell; ***~ allusion*** anspelning på samtida händelser; ***make ~*** aktualisera
topicality [ˌtɒpɪ'kælətɪ] *s* aktualitet
topknot ['tɒpnɒt] *s* hårknut på hjässan
topless ['tɒpləs] *adj* topless, utan överdel
top-level [ˌtɒp'levl, attributivt 'tɒpˌlevl] *adj*, ***~ conference*** konferens på toppnivå, toppkonferens
topmost ['tɒpməʊst] *adj* överst, högst
topnotch [ˌtɒp'nɒtʃ] *adj* vard. jättebra
topography [tə'pɒgrəfɪ] *s* topografi
topper ['tɒpə] *s* vard. hög hatt
topping ['tɒpɪŋ] *s* kok. garnering, toppskikt; ***a ~ of ice cream on the pie*** ett lager av glass ovanpå pajen
topple ['tɒpl] *vb itr* o. *vb tr* ramla [äv. *~ over (down)*]; störtas; stjälpa; störta
top-ranking ['tɒpˌræŋkɪŋ] *adj* topprankad
top-secret [ˌtɒp'si:krɪt] *adj* hemligstämplad; topphemlig
topspin ['tɒpspɪn] *s* i t.ex. tennis överskruv
topsy-turvy [ˌtɒpsɪ'tɜ:vɪ] **I** *adv* upp och ner **II** *adj* uppochnervänd; bakvänd
torch [tɔ:tʃ] *s* **1** bloss; fackla **2** ***electric ~*** el. ~ ficklampa **3** amer. blåslampa
torchlight ['tɔ:tʃlaɪt] *s* fackelsken; ***~ procession*** fackeltåg
tore [tɔ:] se *2 tear I*
toreador ['tɒrɪədɔ:] *s* toreador, tjurfäktare
torment [substantiv 'tɔ:ment, verb tɔ:'ment] **I** *s* plåga, pina, kval, tortyr; ***be in ~*** lida kval **II** *vb tr* plåga, pina
tormentor [tɔ:'mentə] *s* plågoande
torn [tɔ:n] se *2 tear I*
tornado [tɔ:'neɪdəʊ] (pl. *tornadoes* el. *~s*) *s* tromb, virvelstorm, tornado
torpedo [tɔ:'pi:dəʊ] **I** (pl. *torpedoes*) *s* torped **II** *vb tr* torpedera
torpedo boat [tɔ:'pi:dəʊbəʊt] *s* torpedbåt; ***~ destroyer*** torpedjagare
torpid ['tɔ:pɪd] *adj* slö, overksam
torpor ['tɔ:pə] *s* dvala; slöhetstillstånd, törnrosasömn
torque [tɔ:k] *s* tekn. vridmoment
torrent ['tɒr(ə)nt] *s* **1** ström, störtflod; ***a ~ of abuse*** en störtflod av okvädinsord **2** störtregn
torrential [tə'renʃ(ə)l] *adj* forsande; ***~ rain*** skyfallsliknande regn
torrid ['tɒrɪd] *adj* bränd; solstekt; het [*the ~ zone*]
torso ['tɔ:səʊ] (pl. *~s*) *s* torso; bål
tortoise ['tɔ:təs] *s* sköldpadda
torture ['tɔ:tʃə] **I** *s* tortyr; kval, pina **II** *vb tr* tortera; pina, plåga
torturer ['tɔ:tʃərə] *s* bödel; plågoande
Tory ['tɔ:rɪ] *s* tory, konservativ
toss [tɒs] **I** *vb tr* o. *vb itr* **1** kasta, slänga; kasta upp (av); kasta hit och dit [*the waves tossed the boat*]; ***tossed salad*** grönsallad med dressing **2** singla, singla slant med; singla slant; ***~ up*** el. ***~ for it*** singla slant om det (saken); ***~ a coin*** singla slant **3** om t.ex. fartyg rulla, gunga **4** ***~ about*** el. ~ kasta sig av och an; ***~ and turn*** vända och vrida sig □ ~ **back** el. ~ **down** kasta (stjälpa) i sig; ~ **off** a) kasta av sig b) kasta (stjälpa) i sig [*~ off a few drinks*]; ~ **up** kasta (slänga) upp; ***~ up a coin*** el. ***~ up*** singla slant
II *s* **1** kastande; kast; ***a ~ of the head*** ett kast med huvudet **2** slantsingling [*lose (win) the ~*]; ***argue the ~*** vard. diskutera fram och tillbaka
toss-up ['tɒsʌp] *s* slantsingling; lottning; ***it is a ~*** det är rena lotteriet
1 tot [tɒt] *s* **1** pyre, tulta [*a tiny ~*] **2** vard. hutt, litet glas konjak m.m.
2 tot [tɒt] *vb tr*, *~ **up*** addera, summera, lägga ihop, räkna ihop
total ['təʊtl] **I** *adj* fullständig, total, hel, slut- [*the ~ amount*]; ***~ abstainer*** absolutist, helnykterist **II** *s* slutsumma, totalsumma **III** *vb tr* **1** räkna samman, lägga ihop [äv. *~ up*] **2** uppgå till
totalitarian [ˌtəʊtælɪ'teərɪən] *adj* totalitär, diktatur- [*~ State*]
totalitarianism [ˌtəʊtælɪ'teərɪənɪz(ə)m] *s* totalitarism; diktatur
totalizator ['təʊtəlaɪzeɪtə] *s* totalisator

tote [təʊt] *s* (vard. kortform för *totalizator*) toto
totem ['təʊtəm] *s*, ~ ***pole*** totempåle
totter ['tɒtə] *vb itr* vackla; stappla; svikta
tottering ['tɒtərɪŋ] *adj* o. **tottery** ['tɒtərɪ] *adj* vacklande, stapplande; osäker, ostadig
touch [tʌtʃ] **I** *vb tr* o. *vb itr* (se äv. *touched*) **1** röra, röra vid, toucha; nudda; ta i (på); röra (snurra) vid varandra **2** gränsa till [*the two estates ~ each other*]; gränsa till varandra **3** nå, nå fram till; stiga (sjunka) till [*the temperature touched 35*]; ~ ***bottom*** a) nå botten b) sjö. få bottenkänning; ***there's no one to ~ him*** det finns ingen som går upp mot honom **4** smaka [*he never touches wine*], röra [*he didn't even ~ the food*] **5** röra, göra ett djupt intryck på □ ~ **down** flyg. ta mark, landa; ~ **off** avlossa, avfyra [~ *off a cannon*]; bildl. utlösa [~ *off a crisis*]; ~ **on** beröra, komma in på [~ *on a subject*]; ~ **up** retuschera, bättra på [~ *up a painting*]; snygga (fiffa) upp; finputsa **II** *s* **1** beröring, vidröring, snudd **2** kontakt; ***keep ~ with*** hålla kontakten med; ***lose ~ with*** tappa kontakten med; ***be (keep) in ~ with*** hålla (vara i, stå i) kontakt med; ***keep in ~!*** hör av dig!; ***get in (into) ~ with*** få (komma i) kontakt med; sätta sig i förbindelse med; ***put in ~ with*** sätta i förbindelse med **3** känsel, beröringssinne [äv. *sense of ~*]; ***you can tell it's silk by the ~*** det känns att det är siden när man tar på det **4** aning, antydan, spår; stänk [*a ~ of irony (bitterness)*]; släng [*a ~ of flu*] **5** drag, prägel, anstrykning **6** mus. el. i t.ex. maskinskrivning a) anslag b) grepp; ***have a light ~*** a) ha ett lätt anslag b) om t.ex. piano vara lättspelad **7** grepp; hand, handlag; ***with a light ~*** med lätt hand; ***the ~ of a master*** en mästares hand; ***he has a very sure ~*** han har ett mycket säkert handlag; ***lose one's ~*** tappa greppet **8** fotb. område utanför sidlinjen; ***be in ~*** vara utanför sidlinjen, vara död; ***kick the ball into ~*** sparka bollen över sidlinjen
touch-and-go [ˌtʌtʃənd'gəʊ] *adj* osäker, riskabel; ***it was ~*** det hängde på ett hår
touchdown ['tʌtʃdaʊn] *s* flyg. landning
touched [tʌtʃt] *adj* **1** rörd **2** vard. vrickad
touching ['tʌtʃɪŋ] **I** *adj* rörande, gripande **II** *prep* rörande, angående
touch-line ['tʌtʃlaɪn] *s* fotb. sidlinje
touchstone ['tʌtʃstəʊn] *s* probersten; bildl. äv. prövosten; kriterium
touch-typing ['tʌtʃˌtaɪpɪŋ] *s* maskinskrivning enligt touchmetoden
touch-up ['tʌtʃʌp] *s* retusch, retuschering
touchy ['tʌtʃɪ] *adj* retlig, snarstucken
tough [tʌf] **I** *adj* **1** seg [~ *meat*] **2** jobbig, kämpig, slitig [*a ~ job*]; seg [~ *negotiations*]; ~ ***luck*** vard. otur **3** tuff; kallhamrad; ***a ~ guy (customer)*** vard. en hårding, en tuffing **4** hård, seg [*a ~ defence*]; ***get ~ with*** ta i med hårdhandskarna mot **II** *s* buse; råskinn
toughen ['tʌfn] *vb tr* o. *vb itr* göra seg (hård); bli seg (hård)
toupee ['tu:peɪ] *s* tupé
tour [tʊə] **I** *s* rundresa; rundtur; rundvandring; teat. m.m. turné [*on ~*]; ~ ***of inspection*** inspektionsresa, inspektionsrunda; ***conducted (guided) ~*** sällskapsresa, guidad tur; ***make a ~ of*** resa runt i, göra en rundtur i **II** *vb itr* o. *vb tr* **1** göra en rundresa; turista, resa [*through, about* genom, i]; resa runt (omkring) i, besöka [~ *a country*]; göra en rundtur genom, bese [~ *the factory*] **2** teat. m.m. turnera; turnera i [~ *the provinces*]
tourism ['tʊərɪz(ə)m] *s* turism, turistväsen
tourist ['tʊərɪst] *s* turist; ~ ***agency*** resebyrå, turistbyrå
tournament ['tʊənəmənt] *s* sport. turnering, tävlingar
tousle ['taʊzl] *vb tr* rufsa (tufsa) till t.ex. hår
tout [taʊt] **I** *vb tr* försöka pracka på folk; tipsa om, sälja stalltips om **II** *s* svartabörshaj, biljettjobbare [äv. *ticket ~*]
tow [təʊ] **I** *vb tr* bogsera; släpa; bärga bil; ***ask for the car to be towed*** begära bärgning av bilen **II** *s* bogsering; ***take in ~*** bogsera
towards [tə'wɔ:dz] *prep* **1** mot, i riktning mot; till; vänd mot [*with his back ~ us*] **2** gentemot, mot [*his feelings ~ us*] **3** för [*they are working ~ peace*], till [*save money ~ a new house*] **4** om tid inemot, mot [~ *evening*]
towel ['taʊ(ə)l] *s* handduk; ***sanitary ~*** dambinda; ***Turkish ~*** frottéhandduk; ***throw in the ~*** boxn. vard. kasta in handduken
towel rail ['taʊ(ə)lreɪl] *s* handduksstång
tower ['taʊə] **I** *s* **1** torn; ~ ***block*** punkthus, höghus **2** borg; fästning; fängelsetorn **3** ~ ***of strength*** stöttepelare, kraftkälla **II** *vb*

itr torna upp sig, höja (resa) sig; ~ ***above*** (***over***) höja sig över
towering ['taʊərɪŋ] *adj* **1** jättehög, reslig **2** våldsam [*a ~ rage*]
towing ['təʊɪŋ] *s* bogsering; bärgning av bil
towline ['təʊlaɪn] *s* bogserlina, draglina
town [taʊn] *s* stad; ***the talk of the ~*** det allmänna samtalsämnet; ***go to*** (***up to***) ~ åka (fara, köra) till stan
town-dweller ['taʊnˌdwelə] *s* stadsbo
townsfolk ['taʊnzfəʊk] *s* stadsbor
towrope ['təʊrəʊp] *s* bogserlina
toxic ['tɒksɪk] *adj* toxisk, giftig, förgiftnings- [*~ symptoms*]
toy [tɔɪ] **I** *s* leksak; ~ ***poodle*** dvärgpudel **II** *vb itr* sitta och leka, leka [*~ with a pencil*]; ~ ***with the idea of buying a car*** leka med tanken på att köpa en bil
toyshop ['tɔɪʃɒp] *s* leksaksaffär
trace [treɪs] **I** *vb tr* **1** spåra; följa spåren av; spåra upp; upptäcka, finna spår av **2** kalkera **II** *s* spår; märke; ***a ~ of arsenic*** ett spår av arsenik; ***a ~ of garlic in the food*** en aning vitlök i maten
tracing-paper ['treɪsɪŋˌpeɪpə] *s* kalkerpapper
track [træk] **I** *s* **1** spår på marken, på magnetband m.m.; fotspår; järnvägsspår, bana; ***cover*** (***cover up***) ***one's ~s*** sopa igen spåren efter sig; ***keep ~ of*** bildl. hålla reda på; ***lose ~ of*** bildl. tappa kontakten med; tappa bort, tappa räkningen på; ***throw a p. off the ~*** leda ngn på villospår; ***on one's ~*** efter sig, i hälarna **2** stig, väg; kurs **3** sport. löparbana [äv. *running ~*]; ~ ***events*** tävlingar i löpning på bana **II** *vb tr* spåra, följa spåren av; ~ ***down*** försöka spåra upp, spåra
track-and-field [ˌtrækənd'fi:ld] *adj* speciellt amer., ~ ***sports*** friidrott
track shoe ['trækʃu:] *s* spiksko
track suit ['træksu:t, 'træksju:t] *s* träningsoverall
1 tract [trækt] *s* område, sträcka; pl. ***~s*** äv. vidder
2 tract [trækt] *s* religiös, politisk skrift, broschyr, traktat
tractable ['træktəbl] *adj* medgörlig, foglig
tractor ['træktə] *s* **1** traktor **2** lokomobil
trade [treɪd] **I** *s* **1** a) handel, affärer [*in a th.* med ngt]; kommers; handelsutbyte b) affärsgren, bransch [*in the book ~*]; ~ ***discount*** handelsrabatt, varurabatt; ~ ***name*** handelsnamn, firmanamn; ***foreign ~*** utrikeshandel, utrikeshandeln **2** yrke, hantverk, fack; ~ ***dispute*** arbetstvist, arbetskonflikt; ~ ***union*** fackförening; ***The Trades Union Congress*** Brittiska Landsorganisationen; ***by ~*** till yrket (facket)
II *vb itr* o. *vb tr* **1** handla, driva (idka) handel [*in a th.* med ngt] **2** spekulera, jobba [*in a th.* med (i) ngt]; ~ ***on*** utnyttja [*~ on a p.'s sympathy*] **3** vard. handla [*at* hos] **4** handla med ngt; byta, byta ut (bort) [*for* mot]; ~ ***in a th. for*** a) ta ngt i inbyte mot b) lämna ngt i utbyte mot
trade-in ['treɪdɪn] *s* vard. inbyte, inbytesvara; ~ ***car*** inbytesbil
trademark ['treɪdmɑ:k] *s* varumärke, firmamärke, fabriksmärke
trader ['treɪdə] *s* affärsman, köpman
tradesman ['treɪdzmən] (pl. *tradesmen* ['treɪdzmən]) *s* detaljhandlare, handelsman; ***tradesmen's entrance*** köksingång
trade union [ˌtreɪd'ju:njən] *s* fackförening
trade-unionism [ˌtreɪd'ju:njənɪz(ə)m] *s* fackföreningsrörelsen
trade-unionist [ˌtreɪd'ju:njənɪst] *s* fackföreningsmedlem; fackföreningsman
trade wind ['treɪdwɪnd] *s* passadvind
trading ['treɪdɪŋ] *s* handel; byteshandel
tradition [trə'dɪʃ(ə)n] *s* tradition; hävd
traditional [trə'dɪʃənl] *adj* traditionell
traditionalist [trə'dɪʃənəlɪst] *s* traditionalist
tradition-bound [trə'dɪʃ(ə)nbaʊnd] *adj* traditionsbunden
traffic ['træfɪk] **I** *vb itr* handla, driva handel [*in a th.* med ngt; *with a p.* med ngn]; driva olaga handel [*in a th.* med ngt] **II** *s* **1** trafik; ~ ***island*** refug; trafikdelare; ~ ***jam*** trafikstockning; ~ ***lane*** körfält, fil; ~ ***light*** trafikljus; ~ ***offender*** trafiksyndare; ~ ***regulations*** trafikförordning; ~ ***sign*** vägmärke, trafikmärke; ~ ***warden*** trafikvakt, lapplisa; ***one-way ~*** enkelriktad trafik **2** handel; neds. trafik [*~ in* (med) *narcotics*]
trafficker ['træfɪkə] *s* handlande; ***drug ~*** narkotikahaj, narkotikalangare
tragedy ['trædʒədɪ] *s* tragedi
tragic ['trædʒɪk] *adj* tragisk
tragi-comedy [ˌtrædʒɪ'kɒmɪdɪ] *s* tragikomedi
trail [treɪl] **I** *s* **1** strimma, slinga [*a ~ of smoke*] **2** spår; ***leave in one's ~*** ha i släptåg, medföra [*war left misery in its ~*];

be hot on the ~ of a p. vara tätt i hälarna på ngn
II *vb tr* o. *vb itr* **1** släpa, släpa i marken [*her dress trailed across the floor*], dra efter sig; släpa sig, släpa sig fram; driva [*smoke was trailing from the chimneys*]; ~ ***away*** (***off***) bildl. dö bort **2** spåra, spåra upp **3** krypa, slingra sig om t.ex. växt, orm **4** vard. komma (sacka) efter [äv. ~ *behind*]; ~ ***by one goal*** sport. ligga under med ett mål
trailer ['treɪlə] *s* **1** släpvagn, släp, trailer; amer. husvagn **2** film. trailer
train [treɪn] **I** *vb tr* o. *vb itr* **1** öva, öva in (upp), träna upp; utbilda, skola; utbilda sig; dressera [~ *animals*]; sport. träna, träna sig; mil. exercera; ~ ***as*** (***to be, to become***) ***a nurse*** utbilda sig till sjuksköterska **2** rikta in kanon, kikare m.m. [*on, upon* på, mot]
II *s* **1** järnv. tåg [*for, to* till]; ***fast ~*** snälltåg; ***special ~*** extratåg; ***change ~s*** byta tåg; ***go by ~*** åka tåg, ta tåg (tåget) **2** följe, svit; tåg, procession; rad, räcka, följd [*a whole ~ of events*], serie; ~ ***of thought*** tankegång; ***bring in one's ~*** ha i släptåg, medföra [*war brings famine in its ~*] **3** klänningssläp **4** tekn. hjulverk, löpverk [äv. ~ *of gears (wheels)*]
trained [treɪnd] *adj* tränad; utbildad, utexaminerad [*a ~ nurse*]; dresserad
trainee [treɪ'ni:] *s* praktikant, lärling, elev, aspirant
trainer ['treɪnə] *s* **1** tränare; instruktör; lagledare; handledare **2** dressör **3** träningssko
train ferry ['treɪn,ferɪ] *s* tågfärja
training ['treɪnɪŋ] *s* utbildning; träning, övning; fostran, skolning; dressyr; mil. exercis, drill; ***in ~*** i god kondition, tränad; ***be out of ~*** ha dålig kondition, vara otränad; ***go into ~*** lägga sig i träning
training-camp ['treɪnɪŋkæmp] *s* träningsläger
training-centre ['treɪnɪŋ,sentə] *s* ungefär yrkesskola, utbildningscentrum
training-cycle ['treɪnɪŋ,saɪkl] *s* motionscykel
training-school ['treɪnɪŋsku:l] *s* fackskola, yrkesskola, seminarium
training-shoes ['treɪnɪŋʃu:z] *s pl* träningsskor
trait [treɪt] *s* drag, karakteristiskt (kännetecknande) drag; karaktärsdrag, egenskap
traitor ['treɪtə] *s* förrädare [*to* mot]
tram [træm] *s* spårvagn
tramcar ['træmkɑ:] *s* spårvagn
tramline ['træmlaɪn] *s* **1** spårvagnslinje **2** spårvägsskena; pl. ~***s*** äv. spårvagnsspår
tramp [træmp] **I** *vb itr* **1** trampa; klampa; stampa **2** traska **II** *s* **1** tramp, trampande **2** luffare; landstrykare **3** trampbåt **4** speciellt amer. vard. slampa, luder, fnask
trample ['træmpl] *vb tr* o. *vb itr* trampa [*on* på, i], trampa ned, trampa på; ~ ***to death*** trampa ihjäl
tramway ['træmweɪ] *s* spårväg
trance [trɑ:ns] *s* trans; ***send a p.*** (***fall, go***) ***into a ~*** försätta ngn (falla) i trans
trannie ['trænɪ] *s* vard. transistor[radio]
tranquil ['træŋkwɪl] *adj* lugn, stilla, stillsam
tranquillity [træŋ'kwɪlətɪ] *s* lugn, ro
tranquillize ['træŋkwəlaɪz] *vb tr* lugna, stilla
tranquillizer ['træŋkwəlaɪzə] *s* lugnande medel
transact [træn'zækt] *vb tr* bedriva [~ *business*], föra [~ *negotiations*]
transaction [træn'zækʃ(ə)n] *s* transaktion, affär [*the ~s of a firm*]; affärsuppgörelse
transatlantic [,trænzət'læntɪk] *adj* transatlantisk
transcend [træn'send] *vb tr* överstiga, överskrida; överträffa, överglänsa
transcribe [træn'skraɪb] *vb tr* **1** skriva av, kopiera **2** transkribera
transcript ['trænskrɪpt] *s* avskrift, kopia; utskrift
transcription [træn'skrɪpʃ(ə)n] *s* **1** avskrivning; utskrivning **2** avskrift, kopia; utskrift **3** transkription
transfer [verb træns'fɜ:, substantiv 'trænsfə] **I** *vb tr* **1** flytta, förflytta; flytta över, föra över; ***in a transferred sense*** i överförd bemärkelse **2** överlåta [*to a p.* på ngn] **3** girera; ekon. transferera, överföra **4** sport. sälja, transferera spelare
II *s* **1** flyttning, förflyttning; överflyttning; omplacering; transfer; ~ ***fee*** sport. transfersumma, övergångssumma för spelare; ~ ***list*** sport. transferlista **2** avtryck av mönster m.m.; kopia; dekal, överföringsbild, gnuggbild [äv. ~ *picture*] **3** girering; ekon. transferering, överföring
transferable [træns'fɜ:rəbl] *adj* överflyttbar, överförbar; ***not ~*** får ej överlåtas
transfix [træns'fɪks] *vb tr* **1** genomborra

2 perfekt particip ***transfixed*** förstenad, lamslagen

transform [træns'fɔ:m] *vb tr* förvandla; omvandla; omskapa; förändra; transformera

transformation [ˌtrænsfə'meɪʃ(ə)n] *s* förvandling; omvandling; förändring; transformation

transformer [træns'fɔ:mə] *s* **1** omskapare **2** elektr. transformator

transfusion [træns'fju:ʒ(ə)n] *s* transfusion [*blood ~*]

transgressor [træns'gresə] *s* överträdare, lagbrytare; syndare

transient ['trænzɪənt] *adj* övergående, förgänglig; flyktig

transistor [træn'zɪstə] *s* **1** transistor **2** vard. transistorradio

transistorize [træn'zɪstəraɪz] *vb tr* transistorisera

transit ['trænzɪt] *s* **1** genomresa, överresa, färd; ~ ***visa*** genomresevisum, transitvisum; ***in ~*** på genomresa **2** hand. transport, befordran av varor, passagerare; [***goods lost***] ***in ~*** ...under transporten

transition [træn'sɪʒ(ə)n] *s* övergång; ~ ***stage*** övergångsstadium

transitional [træn'sɪʒənl] *adj* övergångs-, mellan- [*a ~ period*]

transitive ['trænsɪtɪv] *adj* gram. transitiv

transitory ['trænsɪtrɪ] *adj* övergående, kortvarig; obeständig

translate [træns'leɪt] *vb tr* översätta [*into* till; *by* med]

translation [træns'leɪʃ(ə)n] *s* översättning [*into* till]

translator [træns'leɪtə] *s* översättare, translator

transmission [trænz'mɪʃ(ə)n] *s* **1** vidarebefordran; översändande; överföring **2** mek. transmission; kraftöverföring **3** radio. sändning

transmit [trænz'mɪt] *vb tr* **1** vidarebefordra [*~ news*]; överlämna, överlåta [*to* till, på]; ~ ***a disease*** överföra en sjukdom **2** mek. överföra **3** radio. sända; ***transmitting station*** sändarstation

transmitter [trænz'mɪtə] *s* **1** vidarebefordrare **2** radiosändare

transparency [træn'spærənsɪ] *s* **1** genomsynlighet, genomskinlighet **2** diapositiv, diabild, ljusbild

transparent [træn'spær(ə)nt] *adj* genomsynlig; genomskinlig

transpire [træn'spaɪə] *vb itr* läcka ut; komma fram; vard. hända, inträffa

transplant [verb træn'splɑ:nt, substantiv 'trænsplɑ:nt] **I** *vb tr* **1** plantera om **2** förflytta, flytta över **3** kir. transplantera **II** *s* kir. **1** transplantation [*a heart ~*] **2** transplantat

transplantation [ˌtrænsplɑ:n'teɪʃ(ə)n] *s* **1** omplantering **2** förflyttning, överflyttning **3** kir. transplantation [*heart ~*]

transponder [træn'spɒndə] *s* TV. transponder

transport [verb træn'spɔ:t, substantiv 'trænspɔ:t] **I** *vb tr* **1** transportera, förflytta, forsla **2** ***be transported*** hänryckas; ***transported with joy*** utom sig av glädje **II** *s* **1** transport, förflyttning **2 a)** transportmedel [äv. *means of ~*] **b)** ~ ***service*** (***services***) el. ~ transportväsen, transportväsendet; ***public ~*** allmänna kommunikationer, kollektivtrafik

transportation [ˌtrænspɔ:'teɪʃ(ə)n] *s* transport, transportering, förflyttning

transpose [træn'spəʊz] *vb tr* flytta om, kasta om ordning, ord m.m.

transposition [ˌtrænspə'zɪʃ(ə)n] *s* omkastning, omflyttning

transvestism [trænz'vestɪzm] *s* transvestism

transvestite [trænz'vestaɪt] *s* transvestit

trap [træp] **I** *s* **1** fälla, snara; ***fall into the ~*** gå i fällan; ***set*** (***lay***) ***a ~ for*** gillra en fälla för **2** fallucka, falldörr, lucka i golvet el. taket **II** *vb tr* **1** snara, fånga, snärja; ***trapped in*** [***a burning building***] instängd i...; ***~ a p. into doing a th.*** lura ngn att göra ngt **2** sätta ut fällor (snaror) på (i) **3** ***~ a ball*** fotb. dämpa en boll

trapdoor [ˌtræp'dɔ:] *s* fallucka, falldörr

trapeze [trə'pi:z] *s* trapets

trappings ['træpɪŋz] *s pl* grannlåt, ståt; utsmyckning (utsmyckningar)

trash [træʃ] *s* **1** skräp, smörja **2** amer. skräp, sopor; ***~ can*** soptunna **3** vard. slödder, pack

trashy ['træʃɪ] *adj* usel, skräp- [*~ novels*]

travel ['trævl] **I** *vb itr* o. *vb tr* **1** resa, färdas, åka, fara; om t.ex. ljus, ljud gå, röra sig **2** resa omkring i **3** tillryggalägga [*~ great distances*] **II** *s* resande, att resa, resor [*enrich one's mind by ~*]; pl. ***~s*** resor [*in (during) my ~s*]; ***book of ~*** reseskildring; ***~ agency*** (***bureau***) resebyrå, turistbyrå; ***~ agent*** resebyråman; ***~ sickness*** åksjuka

traveller ['træv(ə)lə] *s* resande, resenär; ***commercial ~*** handelsresande; ***traveller's cheque*** (amer. ***check***) resecheck
travelling ['træv(ə)lɪŋ] **I** *s* resande, att resa, resor; ~ ***companion*** reskamrat; ~ ***expenses*** resekostnader **II** *adj* resande, kringresande [*~ circus*]; ~ ***library*** a) vandringsbibliotek b) bokbuss; ~ ***salesman*** handelsresande, representant
travesty ['trævəstɪ] **I** *vb tr* travestera, parodiera **II** *s* travesti, karikatyr; parodi på
trawler ['trɔ:lə] *s* **1** trålare **2** trålfiskare
tray [treɪ] *s* **1** bricka; brevkorg, låda **2** löst lådfack i skrivbord m.m.
treacherous ['tretʃərəs] *adj* förrädisk; svekfull; lömsk [*a ~ attack*]
treachery ['tretʃərɪ] *s* förräderi; svek
treacle ['tri:kl] *s* sirap; melass
tread [tred] **I** (*trod trodden*) *vb itr* o. *vb tr* **1** trampa, träda, stiga; trampa till; ~ ***on a p.'s corns*** a) trampa på ngns liktornar b) bildl. trampa ngn på tårna; ~ ***on a p.'s toes*** bildl. trampa ngn på tårna; ~ ***down*** trampa ner **2** gå [*~ a path*], vandra på **II** *s* **1** steg; gång; tramp **2** trampyta på fot el. sko **3** slitbana; slitbanemönster, däckmönster [äv. *~ pattern*]
treadmill ['tredmɪl] *s* trampkvarn
treason ['tri:zn] *s* förräderi; landsförräderi; ***high ~*** högförräderi; ***an act of ~*** ett förräderi
treasure ['treʒə] **I** *s* skatt, klenod; bildl. äv. pärla [*she's a ~*]; kollektivt skatter, klenoder **II** *vb tr* skatta, värdera
treasurer ['treʒərə] *s* skattmästare; kassör i t.ex. förening
treasury ['treʒərɪ] *s* skattkammare; bildl. äv. guldgruva; antologi
treat [tri:t] **I** *vb tr* **1** behandla [*he was treated for his illness*]; ***how is the world treating you?*** hur är läget?, hur har du det? **2** betrakta, ta [*he ~s it as a joke*] **3** bjuda [*to* på], traktera; ~ ***oneself to a th.*** kosta på sig ngt, unna sig ngt **II** *s* **1** traktering, förplägnad; barnkalas, bjudning **2** nöje, njutning, upplevelse
treatise ['tri:tɪz] *s* avhandling [*on* om]
treatment ['tri:tmənt] *s* behandling
treaty ['tri:tɪ] *s* fördrag, avtal [*peace ~*]
treble ['trebl] **I** *adj* tredubbel, trefaldig **II** *s* mus. diskant, sopran **III** *vb tr* tredubbla
tree [tri:] *s* **1** träd; ***Christmas ~*** julgran **2** skoblock, läst
treeline ['tri:laɪn] *s* trädgräns
trefoil ['trefɔɪl, 'tri:fɔɪl] *s* bot. klöver
trellis ['trelɪs] *s* galler; spaljé
tremble ['trembl] **I** *vb itr* darra, skälva; ***I ~ to think what might have happened*** jag bävar vid tanken på vad som kunde ha hänt **II** *s* skälvning, darrning; ***be all of (in) a ~*** darra i hela kroppen
tremendous [trə'mendəs] *adj* vard. kolossal, väldig; våldsam [*a ~ explosion*]
tremor ['tremə] *s* **1** skälvning, darrning **2** jordskalv [äv. *earth ~*]
trench [trentʃ] *s* dike; mil. skyttegrav, löpgrav; ~ ***warfare*** skyttegravskrig, ställningskrig
trend [trend] **I** *s* riktning, tendens; strömning; trend; ***set the ~*** skapa ett mode (en trend) **II** *vb itr* tendera, röra sig [*prices have trended upwards*]
trendy ['trendɪ] *adj* vard. toppmodern; inne-, trendig
trepidation [ˌtrepɪ'deɪʃ(ə)n] *s* bestörtning; bävan
trespass ['trespəs] **I** *vb itr* o. *vb tr* **1** inkräkta, göra intrång [*~ on a p.'s property*] **2** bildl., ~ ***on*** inkräkta på, göra intrång i [*~ on a p.'s rights*] **3** bibl. synda; ***...as we forgive them that ~ against us*** bibl. ...såsom ock vi förlåta dem oss skyldiga äro **4** bildl. överskrida [*~ the bounds of good taste*] **II** *s* lagöverträdelse; intrång; bibl. synd
trespasser ['trespəsə] *s* **1** inkräktare **2** lagbrytare; ***~s will be prosecuted*** överträdelse beivras
trespassing ['trespəsɪŋ] *s* intrång, inkräktande; ***no ~!*** tillträde förbjudet!
trestle ['tresl] *s* bock stöd
trestle table ['treslˌteɪbl] *s* bord med lösa bockar, bockbord
trial ['traɪ(ə)l] *s* **1** prov, försök, experiment; ~ ***offer*** hand. introduktionserbjudande; ~ ***period*** prövotid, försöksperiod; ~ ***run*** provkörning av bil m.m.; provtur; ~ ***of strength*** kraftprov; ***give a th. a ~*** pröva ngt; ***stand the ~*** bestå provet; ***the boy was on ~*** pojken var anställd på prov; ***put to the ~*** sätta på prov **2** jur. rättegång; process; mål; ***stand ~*** stå inför rätta; ~ ***by jury*** rättegång inför jury; ***be on ~*** vara åtalad, stå inför rätta **3** sport. försök; i motorsport el. kapplöpn. vanl. trial; ~ ***heat*** försöksheat
triangle ['traɪæŋgl] *s* triangel
triangular [traɪ'æŋgjʊlə] *adj* triangelformig

tribal ['traɪb(ə)l] *adj* stam- [*~ feuds*], släkt-
tribe [traɪb] *s* folkstam
tribunal [traɪ'bju:nl] *s* domstol, rätt, tribunal; ***rent ~*** hyresnämnd
tributary ['trɪbjʊtrɪ] *adj* o. *s*, ***~ river*** el. ~ biflod
tribute ['trɪbju:t] *s* tribut [*a ~ to his bravery*]; ***floral ~s*** blomsterhyllning, blomsterhyllningar; ***pay ~ to a p.*** ge (bringa) ngn sin hyllning; ***a ~ to*** ett bevis på
trick [trɪk] **I** *s* **1** a) knep, list b) konst, konster, konstgrepp; trick; ***a dirty (mean, shabby) ~*** ett fult spratt; ***how's ~s?*** vard. hur är läget?; ***that will do the ~*** vard. det kommer att göra susen; ***play a ~ (play ~s) on a p.*** spela ngn ett spratt; ***he has been at his old ~s again*** nu har han varit i farten igen; ***the whole bag of ~s*** vard. hela klabbet; ***box of ~s*** trollerilåda; ***be up to every ~*** kunna alla knep; ***he's up to some ~ (some ~s)*** han har något fuffens för sig **2** egenhet, ovana [*he has a ~ of repeating himself*] **3** kortsp. trick, stick **II** *vb tr* lura [*~ a p. into doing (att göra) a th.*]; ***~ a p. out of a th.*** lura av ngn ngt
trickery ['trɪkərɪ] *s* knep; skoj, bluff
trickle ['trɪkl] **I** *vb itr* droppa, drypa [*with* av], sippra, trilla, rinna sakta [*the tears trickled down her cheeks*]; ***~ out*** bildl. a) sippra ut [*the news trickled out*] b) droppa ut (av) [*people began to ~ out of the theatre*] **II** *s* droppande; droppe
trickster ['trɪkstə] *s* skojare, bluffmakare
tricky ['trɪkɪ] *adj* **1** listig, slug **2** kinkig, knepig
tricolour ['trɪkələ, 'traɪˌkʌlə] trikolor, trefärgad flagga
tricycle ['traɪsɪkl] *s* trehjulig cykel
tried [traɪd] *adj* beprövad
trifle ['traɪfl] **I** *s* **1** bagatell, småsak [*stick at ~s*]; struntsak **2** ***a ~*** som adverb en smula (aning) [*a ~ too short*] **3** 'trifle', slags dessert med lager av sockerkaka, frukt, sylt etc., täckt med vaniljkräm el. vispgrädde **II** *vb itr* o. *vb tr* **1** ***~ with*** leka med; ***he is not to be trifled with*** han är inte att leka med **2** leka [*with* med] **3** ***~ away*** förslösa, spilla [*~ away one's time*]
trifling ['traɪflɪŋ] **I** *adj* obetydlig [*a ~ error*], ringa; ***it's no ~ matter*** det är ingen bagatell, det är inget att leka med **II** *s* lek, skämt
trigger ['trɪgə] **I** *s* avtryckare på skjutvapen; ***cock the ~*** spänna hanen, osäkra vapnet (geväret m.m.); ***pull (draw) the ~*** trycka av **II** *vb tr*, ~ el. ***~ off*** starta, utlösa [*~ off a rebellion*]
trigger-happy ['trɪgəˌhæpɪ] *adj* vard. skjutglad
triggerman ['trɪgəmæn] (pl. *triggermen* ['trɪgəmen]) *s* sl. mördare, lejd mördare
trigonometry [ˌtrɪgə'nɒmətrɪ] *s* geom. trigonometri
trilby ['trɪlbɪ] *s* vard., ~ el. ***~ hat*** trilbyhatt mjuk filthatt
trill [trɪl] mus. **I** *s* drill **II** *vb tr* o. *vb itr* drilla
trilogy ['trɪlədʒɪ] *s* trilogi
trim [trɪm] **I** *adj* **1** välordnad, välskött **2** snygg, nätt, prydlig, vårdad [*~ clothes*; *a ~ figure*]
II *vb tr* **1** klippa, jämna av, putsa, trimma, tukta [*~ a hedge*; *~ one's beard*]; ***~ one's nails*** klippa (putsa) naglarna; ***~ a wick*** putsa en veke **2** dekorera, smycka (pynta); garnera **3** sjö. trimma, kantsätta [*~ the sails*]
III *s* **1** skick, form [*be in good ~*]; ***be in ~*** a) vara i ordning b) speciellt sport. vara i form; ***get into ~*** a) sätta i skick b) sport. få (komma) i form **2** sjö. trimning; om segel äv. kantsättning **3** klippning, putsning [*the ~ of one's beard (hair)*], trimning
trimmer ['trɪmə] *s* klippningsmaskin; trimningsmaskin; trimningssax; ***nail ~*** nagelklippare
trimming ['trɪmɪŋ] *s* **1** klippning, putsning, trimning **2** speciellt pl. ***~s*** a) dekoration, dekorationer, pynt; utsmyckning, utsmyckningar äv. bildl.; garnering, garneringar b) speciellt kok. extra tillbehör, garnityr **3** sjö. trimmning
trinket ['trɪŋkɪt] *s* billigt smycke; billig prydnadssak; pl. ***~s*** äv. grannlåt, nipper
trio ['tri:əʊ] (pl. *~s*) *s* trio
trip [trɪp] **I** *vb itr* o. *vb tr* **1** trippa **2** a) snubbla [äv. *~ up*; *over* på, över], snava b) begå ett felsteg; ~ el. ***~ up*** få att snubbla, sätta krokben för **II** *s* **1** tripp, resa [*a ~ to Paris*], tur, utflykt [*a ~ to the seaside*] **2** snubblande, snavande; krokben **3** sl. tripp narkotikarus
tripe [traɪp] *s* **1** kok. komage **2** sl., pl. ***~s*** tarmar; buk **3** sl. skit, smörja [*talk ~*]
triple ['trɪpl] **I** *adj* trefaldig, tredubbel; trippel- [*~ alliance*]; ***~ jump*** sport. trestegshopp, tresteg **II** *vb tr* tredubbla
triplet ['trɪplət] *s* trilling
triplicate ['trɪplɪkət] **I** *adj* om avskrift i tre

exemplar **II** *s* tredje exemplar (avskrift); ***in ~*** i tre exemplar
trip meter ['trɪpˌmi:tə] *s* bil. trippmätare
tripod ['traɪpɒd] *s* stativ till kamera etc.
tripper ['trɪpə] *s* nöjesresenär; söndagsfirare
tripping ['trɪpɪŋ] **I** *s* sport. tripping, fällning **II** *adj* trippande, lätt [*a ~ gait*]
trip recorder ['trɪprɪˌkɔ:də] *s* bil. trippmätare
tripwire ['trɪpˌwaɪə] *s* mil. snubbeltråd
trite [traɪt] *adj* nött, banal, trivial
triumph ['traɪəmf] **I** *s* triumf **II** *vb itr* triumfera; segra; jubla
triumphal [traɪ'ʌmf(ə)l] *adj*, ***~ arch*** triumfbåge; ***~ procession*** triumftåg
triumphant [traɪ'ʌmfənt] *adj* triumferande; ***be ~*** triumfera
trivial ['trɪvɪəl] *adj* obetydlig, trivial
triviality [ˌtrɪvɪ'ælətɪ] *s* **1** obetydlighet; bagatell, struntsak **2** banalitet, trivialitet
trod [trɒd] se *tread I*
trodden ['trɒdn] se *tread I*
trolley ['trɒlɪ] *s* **1** dragkärra **2** lastvagn, truck; tralla **3** rullbord, tevagn; serveringsvagn **4** amer. spårvagn
trolleybus ['trɒlɪbʌs] *s* trådbuss, trolleybuss
trolley car ['trɒlɪkɑ:] *s* amer. spårvagn
trombone [trɒm'bəʊn] *s* trombon, basun; ***slide ~*** dragbasun
troop [tru:p] **I** *s* **1** skara, skock **2** mil. trupp **II** *vb itr* **1** ***~ in*** (***out***) myllra (strömma) in (ut) **2** marschera, tåga
troop-carrier ['tru:pˌkærɪə] *s* trupptransportplan, trupptransportfartyg, trupptransportfordon
troopship ['tru:pʃɪp] *s* trupptransportfartyg
trophy ['trəʊfɪ] *s* trofé; sport. äv. pris
tropic ['trɒpɪk] **I** *s* **1** tropik, vändkrets [*the Tropic of Cancer (Capricorn)*] **2** ***the ~s*** (***Tropics***) tropikerna **II** *adj* tropisk [*the ~ zone*]
tropical ['trɒpɪk(ə)l] *adj* tropisk [*~ climate*]
trot [trɒt] **I** *vb itr* o. *vb tr* **1** trava; rida i trav; ***~ along*** trava på (i väg) **2** lunka, trava **3** ***~ out*** a) rida fram med [*~ out a horse*] b) vard. komma körande med [*~ out one's knowledge*] **II** *s* trav; lunk, lunkande, travande; ***be on the ~*** vard. vara i farten
trotter ['trɒtə] *s* **1** travare, travhäst **2** kok., ***pigs' ~s*** grisfötter
trotting ['trɒtɪŋ] *s* trav, travande; travsport; ***~ race*** travtävling
troubadour ['tru:bəˌdʊə] *s* trubadur
trouble ['trʌbl] **I** *vb tr* o. *vb itr* **1** oroa, bekymra, besvära; ***~ oneself*** a) oroa sig b) göra sig besvär; ***~ one's head about a th.*** bry sin hjärna med ngt **2** besvära; ***sorry to ~ you!*** förlåt att jag besvärar! **3** besvära sig [*about a th.* med ngt] **4** oroa sig [*about (over) a th.* för ngt] **II** *s* **1** a) oro, bekymmer b) besvär, möda [*take* (göra sig) *the ~ to write*] c) svårighet, svårigheter, trassel; ***the ~ is that...*** svårigheten (det tråkiga) är att...; ***what's the ~?*** hur är det fatt?; vad gäller saken?; ***no ~ at all!*** ingen orsak !; ***it's no ~*** det är (var) inget besvär alls; ***my car has been giving me ~ lately*** min bil har krånglat på sista tiden; ***make ~*** ställa till bråk; ***be in ~*** vara i knipa (svårigheter); ***get into ~*** råka i knipa, råka illa ut; ***I don't want to put you to any ~*** jag vill inte ställa till besvär för dig **2** åkomma, ont, besvär [*stomach ~*] **3** oro [*political ~*]; speciellt pl. ***~s*** oroligheter **4** tekn. fel, krångel [*engine ~*]
troubled ['trʌbld] *adj* **1** orolig [*~ times*]; ***fish in ~ waters*** fiska i grumligt vatten **2** orolig, bekymrad [*about* över, för]
troublemaker ['trʌblˌmeɪkə] *s* orosstiftare, bråkmakare, bråkstake
troubleshooter ['trʌblˌʃu:tə] *s* konfliktlösare; tekn. felsökare
troublesome ['trʌblsəm] *adj* besvärlig, plågsam; bråkig [*a ~ child*]
trouble spot ['trʌblspɒt] *s* oroscentrum plats där bråk ofta förekommer
trough [trɒf] *s* **1** tråg, ho **2** meteor., ***~ of low pressure*** lågtryck, lågtrycksområde
trounce [traʊns] *vb tr* slå, klå; ***be trounced*** få smörj
troupe [tru:p] *s* skådespelartrupp, teatersällskap; cirkustrupp
trousers ['traʊzəz] *s pl* långbyxor [*a pair of ~*]; ***~ pocket*** byxficka
trouser suit ['traʊzəsu:t, 'traʊzəsju:t] *s* byxdress
trousseau ['tru:səʊ] *s* brudutstyrsel
trout [traʊt] *s* forell; ***salmon ~*** laxöring
trowel ['traʊ(ə)l] *s* **1** murslev; ***lay it on with a ~*** bildl. bre på, smickra grovt **2** trädgårdsspade
truant ['tru:ənt] *s* skolkare; ***play ~*** skolka från skolan
truce [tru:s] *s* stillestånd, vapenvila
truck [trʌk] *s* **1** öppen godsvagn **2** lastbil; ***long distance ~*** långtradare **3** a) truck b) transportvagn; skottkärra

truck-driver ['trʌkˌdraɪvə] *s* **1** lastbilschaufför, långtradarchaufför **2** truckförare
truculent ['trʌkjʊlənt] *adj* stridslysten
trudge [trʌdʒ] *vb itr* traska, lunka, gå tungt
true [tru:] *adj* **1** a) sann, sanningsenlig b) riktig, rätt c) egentlig [*the frog is not a ~ reptile*]; äkta [*a ~ Londoner*], verklig, sann [*a ~ friend*] d) rättmätig [*the ~ heir; the ~ owner*]; ***come ~*** slå in, besannas [*his words came ~*]; ***hold*** (***be***) ***~*** hålla streck, gälla, äga giltighet **2** trogen, trofast [*to* mot]; ***be*** (***run***) ***~ to form*** (***type***) vara typisk (normal); ***~ to life*** verklighetstrogen
truffle ['trʌfl] *s* tryffel
truly ['tru:lɪ] *adv* **1** sant, sanningsenligt; verkligt [*a ~ beautiful picture*] **2** i brev: ***Yours ~*** Högaktningsfullt
trump [trʌmp] **I** *s* kortsp. trumf äv. bildl.; trumfkort; ***~ card*** trumfkort äv. bildl. **II** *vb tr* kortsp. ta (sticka) med trumf
trumped-up ['trʌmptʌp] *adj* vard. konstruerad, falsk [*a ~ charge* (anklagelse)]
trumpet ['trʌmpɪt] *s* **1** trumpet; ***blow one's own ~*** slå på trumman för sig själv **2** hörlur för lomhörd **3** trumpet, trumpetare i orkester
trumpeter ['trʌmpɪtə] *s* trumpetare
truncheon ['trʌntʃ(ə)n] *s* batong
trunk [trʌŋk] *s* **1** trädstam **2** bål kroppsdel **3** koffert, trunk; amer. äv. bagageutrymme, bagagelucka i bil **4** zool. snabel **5** pl. ***~s*** a) idrottsbyxor, badbyxor b) kortkalsonger
trunk road ['trʌŋkrəʊd] *s* riksväg, huvudväg
truss [trʌs] **I** *vb tr*, ~ el. ~ ***up*** a) binda [*~ hay*] b) kok. binda upp före tillredning [*~ up a chicken*] **II** *s* med. bråckband
trust [trʌst] **I** *s* **1** förtroende [*in* för], tilltro, tillit [*in* till], tro [*in* till, på]; ***put*** (***place***) ***one's ~ in*** sätta sin lit till; ***take a th. on ~*** ta ngt för gott **2** ***hold a th. in ~ for a p.*** förvalta ngt åt ngn; ***be held in ~*** el. ***be under ~*** stå under förvaltning **3** hand. trust [*steel ~*]; stiftelse
II *vb tr* **1** lita på; sätta tro till, tro på **2** a) tro fullt och fast [*a p. to do a th.* att ngn gör ngt] b) hoppas uppriktigt (innerligt); ***~ him to try to*** [***get it cheaper***]***!*** iron. typiskt för honom att han skulle försöka...! **3** ***~ a p. with a th.*** anförtro ngn ngt (ngt åt ngn)
trustee [ˌtrʌ'sti:] *s* jur. förtroendeman; förvaltare; förmyndare
trusthouse ['trʌsthaʊs] *s* trusthotell trustägt hotell
trustworthy ['trʌstˌwɜ:ðɪ] *adj* pålitlig, trovärdig [*a ~ person*], tillförlitlig
truth [tru:θ, pl. tru:ðz] *s* sanning; ***~ is stranger than fiction*** verkligheten är underbarare än dikten; ***the ~ of the matter*** det verkliga förhållandet, sanningen; ***to tell the ~*** sanningen att säga; ***tell a p. some home ~s*** säga ngn några beska sanningar
truthful ['tru:θf(ʊ)l] *adj* **1** sannfärdig, uppriktig [*a ~ person*] **2** sann, sanningsenlig
try [traɪ] **I** *vb tr* o. *vb itr* **1** försöka [*at* med]; försöka sig [*at* på] **2** a) försöka med [*~ knocking* (att knacka) *at the door*], prova, pröva [*have you tried this new recipe?*] b) göra försök med, prova; ***he tried his best*** [***to beat me***] han gjorde sitt bästa (yttersta)...; ***~ one's hand at a th.*** försöka (ge) sig på ngt **3** sätta på prov [*~ a p.'s patience*] **4** jur. a) behandla, handlägga; döma i b) anklaga, åtala [*be tried for murder*] □ ~ **on a)** prova [*~ on a new suit*] **b)** vard., ***don't ~ it on with me!*** försök inte med mig!; ~ **out** grundligt pröva, prova
II *s* försök; ***have a ~ at a th.*** göra ett försök med ngt, pröva ngt
trying ['traɪɪŋ] *adj* ansträngande, påfrestande [*to* för; *a ~ day*], besvärlig [*a ~ boy*]
tsar [zɑ:] *s* tsar
T-shirt ['ti:ʃɜ:t] *s* T-shirt, T-tröja
T-square ['ti:skweə] *s* vinkellinjal
tub [tʌb] *s* **1** balja, bytta [*a ~ of butter*], tunna [*a rain-water ~*]; tråg **2** vard. badkar **3** glassbägare
tuba ['tju:bə] *s* mus. tuba
tubby ['tʌbɪ] *adj* rund, knubbig
tube [tju:b] *s* **1** rör [*steel ~*]; slang [*rubber ~*]; ***inner ~*** innerslang **2** tub [*a ~ of toothpaste*] **3** vard. T-bana, tunnelbana [*go by ~*] **4** radio. el. TV. **a)** amer. rör **b)** ~ el. ***picture ~*** bildrör; ***the ~*** amer. vard. teve, TV
tubeless ['tju:bləs] *adj* slanglös [*a ~ tyre*]
tubercular [tjʊ'bɜ:kjʊlə] *adj* tuberkulös
tuberculosis [tjʊˌbɜ:kjʊ'ləʊsɪs] *s* tuberkulos

tubing ['tju:bɪŋ] *s* rör [*a piece of copper* ~], slang [*a piece of rubber* ~]
tubular ['tju:bjʊlə] *adj* rörformig, tubformig
TUC [ˌti:ju:'si:] (förk. för *Trades Union Congress*) *s*, ***the*** ~ Brittiska LO
tuck [tʌk] **I** *vb tr* o. *vb itr* **1** stoppa, stoppa in (ner) [~ *the money into your wallet*]; ~ ***away*** stoppa (gömma) undan; ~ ***in*** stoppa in (ner) [~ *in your shirt*], vika in; ~ ***the children into*** (***up in***) ***bed*** stoppa om barnen **2** ~ ***up*** kavla upp [~ *up your sleeves*] **3** vard., ~ el. ~ ***away*** (***in***) glufsa (stoppa) i sig; ~ ***in*** hugga för sig; ~ ***into*** hugga in på [*he tucked into the ham*] **II** *s* **1** sömnad. m.m. veck, invikning, uppslag **2** skol. vard. snask, godis
tuck-shop ['tʌkʃɒp] *s* vard. kondis, gottaffär i el. nära en skola
Tuesday ['tju:zdeɪ, 'tju:zdɪ] *s* tisdag; ***last*** ~ i tisdags
tuft [tʌft] *s* **1** tofs; tott, test **2** tuva [*a* ~ *of grass*]
tug [tʌg] **I** *vb tr* o. *vb itr* dra, streta med; hala; rycka i; rycka, slita **II** *s* **1** ryck, ryckning, tag, drag; ~ ***of war*** dragkamp **2** bogserare, bogserbåt
tugboat ['tʌgbəʊt] *s* bogserbåt
tuition [tjʊ'ɪʃ(ə)n] *s* undervisning [*private* ~], handledning
tulip ['tju:lɪp] *s* tulpan
tumble ['tʌmbl] **I** *vb itr* **1 a)** ramla, falla, trilla, störta **b)** om t.ex. byggnad, ~ el. ~ ***down*** störta samman, rasa **2** ~ ***into bed*** stupa (ramla) i säng **3** vard., ~ ***to a th.*** komma underfund med ngt **II** *s* fall äv. bildl.; störtning, nedstörtande
tumbledown ['tʌmbldaʊn] *adj* fallfärdig, förfallen
tumble-drier ['tʌmblˌdraɪə] *s* torktumlare
tumbler ['tʌmblə] *s* **1** glas utan fot; tumlare **2** tillhållare i lås **3** torktumlare
tummy ['tʌmɪ] *s* vard. el. barnspr. mage
tumour ['tju:mə] *s* tumör, svulst, växt
tumult ['tju:mʌlt] *s* **1** tumult, upplopp **2** bildl. förvirring; ***be in a*** ~ vara i uppror
tumultuous [tjʊ'mʌltjʊəs] *adj* tumultartad [*a* ~ *reception*]; stormande [~ *applause*]
tuna ['tu:nə] *s* stor tonfisk, tuna [äv. ~ *fish*]
tundra ['tʌndrə] *s* tundra
tune [tju:n] **I** *s* **1** melodi; låt; ***call the*** ~ bildl. ange tonen, bestämma; ***change one's*** ~ bildl. ändra ton, stämma ner tonen **2** [***the piano***] ***is in*** ~ (***out of*** ~) ...är stämt (ostämt); [***the piano and the violin***] ***are not in*** ~ ...är inte samstämda; ***keep in*** ~ hålla tonen; ***sing in*** ~ (***out of*** ~) sjunga rent (orent, falskt) **3** bildl., ***be in*** ~ (***out of*** ~) ***with*** stå i (inte stå i) samklang med **4** ***to the*** ~ ***of*** till ett belopp av
II *vb tr* o. *vb itr* **1** stämma [~ *a piano*] **2** radio. avstämma; ställa in; ~ ***in*** ställa in radion [~ *in to* (på) *the BBC*]; ~ ***in to another station*** ta in en annan station **3** ~ ***up*** a) finjustera, trimma t.ex. motor b) stämma, stämma instrumenten [*the orchestra is tuning up*]
tuneful ['tju:nf(ʊ)l] *adj* melodisk
tuner ['tju:nə] *s* **1** stämmare [*piano-tuner*] **2** radio. tuner mottagare utan effektförstärkare
tungsten ['tʌŋstən] *s* volfram
tunic ['tju:nɪk] *s* **1** vapenrock; för t.ex. polis uniformskavaj **2** tunika
tuning-fork ['tju:nɪŋfɔ:k] *s* mus. stämgaffel
tuning-knob ['tju:nɪŋnɒb] *s* radio. inställningsknapp
Tunisia [tjʊ'nɪzɪə] Tunisien
Tunisian [tjʊ'nɪzɪən] **I** *adj* tunisisk **II** *s* tunisier
tunnel ['tʌnl] *s* tunnel; underjordisk gång
tunny ['tʌnɪ] *s* o. **tunny fish** ['tʌnɪfɪʃ] *s* tonfisk
tuppence ['tʌp(ə)ns] *s* vard. = *twopence*; ***not worth*** ~ inte värd ett rött öre
tuppenny ['tʌpnɪ] *adj* vard. = *twopenny*
turban ['tɜ:bən] *s* turban
turbine ['tɜ:baɪn] *s* turbin
turbo-jet ['tɜ:bəʊdʒet] **I** *s* **1** turbojetmotor **2** turbojetplan **II** *adj* turbojet- [~ *engine*]
turbot ['tɜ:bət] *s* piggvar
turbulent ['tɜ:bjʊlənt] *adj* orolig, stormig, upprörd [~ *waves*; ~ *feelings*], våldsam
tureen [tə'ri:n] *s* soppskål, terrin
turf [tɜ:f] *s* **1** torv; grästorva **2** ***the*** ~ a) kapplöpningsbanan b) hästsporten
Turk [tɜ:k] *s* turk
Turkey ['tɜ:kɪ] Turkiet
turkey ['tɜ:kɪ] *s* kalkon
Turkish ['tɜ:kɪʃ] **I** *adj* turkisk; ~ ***towel*** frottéhandduk **II** *s* turkiska språket
turmeric ['tɜ:mərɪk] *s* bot. el. kok. gurkmeja
turmoil ['tɜ:mɔɪl] *s* vild oordning [*the town was in a* ~], kaos, tumult, villervalla
turn [tɜ:n] **I** *vb tr* o. *vb itr* **1** vända, vända på [~ *one's head*]; vända sig; ~ ***one's back on a p.*** bildl. vända ngn ryggen; ~ ***the other cheek*** vända andra kinden till; ~ ***a*** (***one's***) ***hand to*** ägna sig åt; [***the very thought of food***] ~***s my stomach***

...kommer det att vända sig i magen på mig; ***it makes my stomach ~*** det vänder sig i magen på mig; ***left*** (***right***) *~!* vänster (höger) om! **2 a)** vrida, vrida på (om) [*~ the key in the lock*]; skruva, snurra, skruva (snurra) på, veva; ***~ a p.'s head*** bildl. stiga ngn åt huvudet **b)** svänga, snurra, svänga (snurra) runt; ***~ on one's heel*** (***heels***) svänga om på klacken **3** vika (vända) om, svänga runt [*~ a corner*]; ***~ to the right*** el. ***~ right*** ta (vika) av till höger, svänga åt höger **4 a)** ***~ into*** förvandla (göra om) till; ***~ into*** (***to***) bli till [*the water had turned into (to) ice*], förvandlas till, övergå till (i) **b)** komma att surna [*hot weather ~s milk*]; bli sur, surna [*the milk has turned*] **c)** fylla år; ***he has turned fifty*** han har fyllt femtio; ***it has just turned three*** klockan är lite över tre **d)** bli [*~ pale*; *~ sour*] **5** visa (köra) bort [*~ a p. from one's door*]; ***~ loose*** släppa loss (ut) [*~ the cattle loose*] □ **about** *~!* helt om!; ***right*** (***left***) ***about ~!*** höger (vänster) om!; ~ **against** vända sig mot; ~ **aside** gå (stiga, dra sig) åt sidan, vika undan; vända sig bort; ~ **away** a) vända sig bort; vända (vrida) bort [*~ one's head away*] b) avvisa [*many spectators were turned away*]; ~ **back** vända tillbaka, vända om, återvända, komma tillbaka; ***there is no turning back*** det finns ingen återvändo; ~ **down** a) vika ner b) skruva ner [*~ down the radio*] c) avvisa, förkasta [*~ down an offer*], avslå; ~ **off a)** vrida (skruva, stänga) av [*~ off the light (radio)*]; ***~ off the light*** äv. släcka **b)** vika (ta) av [*~ off to the left*] **c)** vard. stöta, beröra illa [*his manner ~s me off*], avskräcka; ***~ a p. off a th.*** få ngn att tappa lusten för ngt; ~ **on a)** vrida (skruva, sätta) på [*~ on the radio*]; ***~ on the light*** tända **b)** vända sig mot, gå lös på [*the dog turned on his master*]; ge sig på **c)** vard., ***it*** (***he***) ***~s me on*** jag tänder på det (honom); ~ **out a)** vika (vända) utåt, vara vänd utåt **b)** släcka [*~ out the light*] **c)** framställa, tillverka [*the factory ~s out 5,000 cars a week*] **d)** köra (kasta) ut; köra bort; ***~ out one's pockets*** tömma fickorna **e)** möta (ställa) upp, gå (rycka) ut [*everybody turned out to greet him*]; ***~ out to a man*** gå man ur huse **f)** utfalla, sluta [*I don't know how it will ~ out*]; ***~ out well*** (***badly***) äv. slå väl (illa) ut; ***he turned out to be*** el. ***it turned out that he was*** han visade sig vara; ~ **over a)** vända; vända sig **b)** ***~ over the page*** vända bladet; ***please ~ over!*** var god vänd! **c)** välta (stjälpa) omkull, få omkull **d)** hand. omsätta [*they ~ over £9,000 a week*]; ~ **round a)** vända; vända (vrida) på; vända sig om **b)** svänga (vrida) runt; ***his head turned round*** det snurrade i huvudet på honom; ~ **to a)** vända sig mot; vända sig till [*~ to a p. for* (för att få) *help*]; ***~ to page 10*** slå upp sidan 10 **b)** ***the conversation turned to politics*** samtalet kom in på politik; ~ **up a)** vika (slå, fälla, vända) upp; vika (vända, böja) sig uppåt **b)** skruva upp [*~ up the radio*] **c)** dyka upp [*he has not turned up yet*; *I expect something to ~ up*], komma till rätta, infinna sig

II *s* **1** vändning, vridning; svängning, sväng [*left ~*]; varv; ***done to a ~*** lagom stekt (kokt) **2** vägkrök, sväng [*a ~ to the left*], krok; ***at every ~*** vid varje steg, vart man vänder sig **3 a)** förändring; ***a ~ for the worse*** (***better***) en vändning till det sämre (bättre); ***his health took a ~ for the worse*** hans hälsa försämrades **b)** ***the ~ of the century*** sekelskiftet **4 a)** tur; ***it's my ~*** det är min tur; ***take ~s in*** (***at***) ***doing a th.*** el. ***take it in ~*** (***turns***) ***to do a th.*** turas om att göra ngt; ***in ~*** a) i tur och ordning; växelvis b) i sin tur, återigen [*and this, in ~, means...*]; ***speak out of ~*** a) tala när man inte står i tur b) uttala sig taktlöst **b)** ***take a ~ at*** hjälpa till ett tag vid (med) **5** tjänst; ***one good ~ deserves another*** ordspr. den ena tjänsten är den andra värd; ***do a p. a good ~*** göra ngn en stor tjänst; ***a bad ~*** en otjänst, en björntjänst **6** läggning; ***~ of mind*** sinnelag; tänkesätt **7** liten tur; ***take a ~*** [***round the garden***] ta en sväng... **8** nummer på t.ex. varieté **9** vard. chock; ***it gave me a terrible ~*** äv. jag blev alldeles chockad

turncoat ['tɜːnkəʊt] *s* överlöpare, avhoppare; ***be a ~*** vända kappan efter vinden

turn-down ['tɜːndaʊn] *adj* nedvikbar, dubbelvikt [*a ~ collar*]

turned-up ['tɜːndʌp] *adj*, ***~ nose*** uppnäsa

turning ['tɜːnɪŋ] *s* **1** vändning; ***~ circle*** vändradie; ***~ space*** vändplats **2** avtagsväg, tvärgata [*the first ~ to (on) the right*] **3** bildl. vändpunkt

turning-point ['tɜ:nɪŋpɔɪnt] *s* vändpunkt, kritisk punkt
turnip ['tɜ:nɪp] *s* bot. rova; ***Swedish ~*** kålrot
turnover ['tɜ:nˌəʊvə] *s* hand. m.m. omsättning
turnstile ['tɜ:nstaɪl] *s* vändkors; spärr i t.ex. T-banestation
turntable ['tɜ:nˌteɪbl] *s* skivtallrik på skivspelare; ***transcription ~*** skivspelare av avancerad typ
turn-up ['tɜ:nʌp] *s* **1** uppslag på t.ex. byxa **2** sport. m.m. skräll, överraskning
turpentine ['tɜ:pəntaɪn] *s* terpentin
turps [tɜ:ps] *s* vard. terpentin
turquoise ['tɜ:kwɔɪz] *s* **1** miner. turkos **2** turkos
turtle ['tɜ:tl] *s* havssköldpadda
turtle dove ['tɜ:tldʌv] *s* turturduva
turtle neck ['tɜ:tlnek] *s* halvpolokrage, polokrage
turtle soup ['tɜ:tlsu:p] *s* sköldpaddsoppa
tusk [tʌsk] *s* bete; ***elephant's ~*** elefantbete
tussle ['tʌsl] **I** *s* strid, kamp, slagsmål **II** *vb itr* strida, kämpa, slåss [*with* med; *for* om]
tutor ['tju:tə] *s* **1** ***private ~*** el. ~ privatlärare [*to* åt, för] **2** univ. handledare
tuxedo [tʌk'si:dəʊ] (pl. *~s*) *s* amer. smoking
TV [ˌti:'vi:] *s* TV; för ex., se *television*
twaddle ['twɒdl] **I** *vb itr* svamla **II** *s* svammel
twang [twæŋ] **I** *vb itr* **1** om t.ex. sträng sjunga, dallra **2** knäppa [*~ at a banjo*] **3** tala i näsan **II** *s* sjungande (dallrande) ton; klang; ***have a nasal ~*** tala i näsan
tweed [twi:d] *s* tweed; pl. *~s* tweedkläder
tweet [twi:t] **I** *s* kvitter; pip **II** *vb itr* kvittra; pipa
tweeter ['twi:tə] *s* diskanthögtalare
tweezers ['twi:zəz] *s pl* pincett; ***a pair of ~*** en pincett
twelfth [twelfθ] *räkn* o. *s* tolfte; tolftedel; ***Twelfth Night*** trettondagsafton
twelve [twelv] **I** *räkn* tolv **II** *s* tolv, tolva
twentieth ['twentɪɪθ] *räkn* o. *s* tjugonde; tjugondel
twenty ['twentɪ] **I** *räkn* tjugo **II** *s* tjugo; tjugotal; ***in the twenties*** på tjugotalet
twice [twaɪs] *adv* två gånger [*I've been there ~*; *~ 3 is 6*]; ***~ a day*** (***week***) två gånger om dagen (i veckan); ***~ as many*** el. ***~ the number*** dubbelt så många; ***think ~ about*** (***before***) ***doing a th.*** tänka sig för innan man gör ngt
twiddle ['twɪdl] **I** *vb tr* **1** sno, snurra på **2** ***~ one's thumbs*** rulla tummarna, sitta med armarna i kors **II** *s* **1** snurrande **2** krumelur i t.ex. skrift
twig [twɪg] *s* kvist, liten gren; spö
twilight ['twaɪlaɪt] *s* skymning
twill [twɪl] vävn. **I** *s* **1** ***~ weave*** el. ~ kypert **2** twills, tvills **II** *vb tr* kypra
twin [twɪn] **I** *s* tvilling **II** *adj* tvilling- [*~ brother (sister)*]; ***~ beds*** två enmanssängar; ***~ set*** jumperset; ***~ towns*** vänorter **III** *vb tr* para ihop
twin-cylinder ['twɪnˌsɪlɪndə] *adj* tvåcylindrig
twine [twaɪn] **I** *s* segelgarn; tråd; snöre **II** *vb tr* **1** tvinna; fläta samman **2** vira, linda, fläta [*about, round* om]
twin-engine ['twɪnˌendʒɪn] *adj* o. **twin-engined** ['twɪnˌendʒɪnd] *adj* tvåmotorig
twinge [twɪndʒ] **I** *vb itr* sticka, göra ont, svida **II** *s* stickande smärta, hugg, stick, sting; ***a ~ of conscience*** samvetsagg
twinkle ['twɪŋkl] **I** *vb itr* tindra, blinka [*stars that ~ in the sky*], blänka; gnistra; fladdra **II** *s* tindrande [*the ~ of the stars*], blinkande; glimt i ögat; ***in a ~*** el. ***in the ~ of an eye*** på ett litet kick
twinkling ['twɪŋklɪŋ] *s* tindrande, blinkande; ***in a ~*** el. ***in the ~ of an eye*** på ett litet kick
twin-lens ['twɪnlens] *adj*, ***~ reflex camera*** tvåögd spegelreflexkamera
twirl [twɜ:l] **I** *vb itr* o. *vb tr* snurra runt; snurra, sno [*~ one's moustaches*] **II** *s* **1** snurr, snurrande **2** släng, snirkel
twist [twɪst] **I** *s* **1** vridning; ***he gave my arm a ~*** han vred om armen på mig **2** krök [*a ~ in the road*] **3** vrickning **II** *vb tr* **1 a)** sno, vrida; vrida ur [*~ a wet cloth*]; ***~ a p.'s arm*** vrida om armen på ngn; ***~ and turn*** vrida och vränga på **b)** tvinna, fläta ihop (samman) [*into* till] **c)** vira, linda [*round* kring] **d)** sno (slingra) sig, vrida sig; ***~ and turn*** el. ~ slingra sig fram **2** vrida ur led, vricka; förvrida; ***I have twisted my ankle*** jag har vrickat foten **3** förvränga, förvanska, vantolka, snedvrida **4** twista, dansa twist
twisted ['twɪstɪd] *adj* snodd; vriden; snedvriden; ***get ~*** sno sig, trassla ihop sig
twister ['twɪstə] *s* vard. fixare, svindlare
twitch [twɪtʃ] **I** *vb tr* o. *vb itr* **1** ***~ one's ears*** klippa med öronen; ***~ one's eyelids*** (***mouth***) ha ryckningar i ögonlocken

(kring munnen) **2** rycka till; ***his face twitches*** han har ryckningar i ansiktet **3** rycka, dra **II** *s* **1** krampryckning, muskelsammandragning **2** ryck [*I felt a ~ at my sleeve*]

twitter ['twɪtə] **I** *vb itr* kvittra **II** *s* kvitter; snatter

two [tu:] **I** *räkn* två; båda, bägge; ***a day or ~*** ett par dagar; ***~ or three days*** ett par tre dagar; ***the ~ of you*** ni båda (bägge, två) **II** *s* tvåa

two-dimensional [ˌtu:daɪ'menʃənl] *adj* tvådimensionell

two-faced [ˌtu:'feɪst, attributivt 'tu:feɪst] *adj* om person falsk, hycklande

twofold ['tu:fəʊld] **I** *adj* dubbel, tvåfaldig **II** *adv* dubbelt, tvåfaldigt

two-legged [ˌtu:'legd, ˌtu:'legɪd] *adj* tvåbent

twopence ['tʌp(ə)ns] *s* två pence

twopenny ['tʌpnɪ] *adj* tvåpence- [*a ~ stamp*]

two-piece ['tu:pi:s] *adj* tudelad, tvådelad [*a ~ bathing-suit*]

two-seater [ˌtu:'si:tə] *s* tvåsitsig bil; tvåsitsigt flygplan

two-sided [ˌtu:'saɪdɪd] *adj* tvåsidig

tycoon [taɪ'ku:n] *s* vard. magnat [*oil ~s*], pamp

type [taɪp] **I** *s* **1** typ, art, slag, sort **2** vard. individ, typ **3** boktr. typ; stilsort; ***printed in large (small) ~*** tryckt med stor (liten) stil **II** *vb tr* o. *vb itr* skriva på maskin; skriva maskin; ***a typed letter*** ett maskinskrivet brev; ***~ out*** skriva ut

typescript ['taɪpskrɪpt] *s* maskinskrivet manuskript

typewrite ['taɪpraɪt] (*typewrote typewritten*) *vb tr* o. *vb itr* skriva maskin; ***a typewritten letter*** ett maskinskrivet brev

typewriter ['taɪpˌraɪtə] *s* skrivmaskin; ***~ ribbon*** färgband

typewriting ['taɪpˌraɪtɪŋ] *s* maskinskrivning

typewritten ['taɪprɪtn] se *typewrite*

typewrote ['taɪprəʊt] se *typewrite*

typhoid ['taɪfɔɪd] *adj* o. *s*, ***~ fever*** el. ~ tyfus

typhoon [taɪ'fu:n] *s* tyfon

typical ['tɪpɪk(ə)l] *adj* typisk [*of* för]

typify ['tɪpɪfaɪ] *vb tr* vara ett typiskt exempel på, exemplifiera

typing ['taɪpɪŋ] *s* maskinskrivning; ***~ bureau*** skrivbyrå, maskinskrivningsbyrå; ***~ paper*** skrivmaskinspapper

typist ['taɪpɪst] *s* maskinskrivare, maskinskriverska

typographer [taɪ'pɒgrəfə] *s* typograf

typographic [ˌtaɪpə'græfɪk] *adj* o. **typographical** [ˌtaɪpə'græfɪk(ə)l] *adj* typografisk; tryck- [*a ~ error*]

typography [taɪ'pɒgrəfɪ] *s* typografi

tyrannical [tɪ'rænɪk(ə)l] *adj* tyrannisk

tyrannize ['tɪrənaɪz] *vb itr* o. *vb tr* **1** ***~ over*** tyrannisera **2** tyrannisera

tyrannous ['tɪrənəs] *adj* tyrannisk

tyranny ['tɪrənɪ] *s* tyranni

tyrant ['taɪər(ə)nt] *s* tyrann

tyre ['taɪə] *s* däck, ring till t.ex. bil, cykel; ***~ pressure*** ringtryck

Tyrol [tɪ'rəʊl] *s*, ***the ~*** Tyrolen

Tyrolean [ˌtɪrə'li:ən] o. **Tyrolese** [ˌtɪrə'li:z] **I** *adj* tyrolsk, tyroler- [*~ hat*] **II** (pl. lika) *s* tyrolare

tzar [zɑ:] *s* tsar

U

U, u [ju:] *s* U, u
udder ['ʌdə] *s* juver
UFO ['ju:fəʊ] (pl. *~s*) *s* (förk. för *unidentified flying object*) oidentifierat flygande föremål, ufo
Uganda [jʊ'gændə]
Ugandan [jʊ'gændən] **I** *adj* ugandisk **II** *s* ugandier
ugly ['ʌglɪ] *adj* **1** ful; elak [*an ~ rumour*]; ***an ~ customer*** vard. en otrevlig typ; ***the ~ duckling*** den fula ankungen **2** otrevlig, pinsam [*an ~ situation*]
UK [ˌju:'keɪ] (förk. för *United Kingdom*) *s, **the** ~* Förenade kungariket Storbritannien och Nordirland
Ukraine [jʊ'kreɪn], ***the*** *~* Ukraina
Ukrainian [jʊ'kreɪnjən] **I** *s* ukrainare **II** *adj* ukrainsk
ukulele [ˌju:kə'leɪlɪ] *s* ukulele
ulcer ['ʌlsə] *s, **gastric** ~* magsår
ulcerate ['ʌlsəreɪt] *vb itr* bli sårig, få sår
ulterior [ʌl'tɪərɪə] *adj* dold [*~ motives*]; ***~ motive*** baktanke
ultimate ['ʌltɪmət] *adj* slutlig, slut- [*the ~ aim*], sista; yttersta [*the ~ consequences*]
ultimately ['ʌltɪmətlɪ] *adv* till sist (slut), slutligen; i sista hand
ultimatum [ˌʌltɪ'meɪtəm] *s* ultimatum
ultramarine [ˌʌltrəmə'ri:n] *s* o. *adj* ultramarin
ultrashort [ˌʌltrə'ʃɔ:t] *adj* radio., ***~ wave*** ultrakortvåg
ultrasound [ˌʌltrə'saʊnd] *s* ultraljud
ultraviolet ['ʌltrə'vaɪələt] *adj* ultraviolett [*~ rays*]; ***~ lamp*** kvartslampa
umbilical [ʌm'bɪlɪk(ə)l] *adj, **~ cord*** navelsträng
umbrella [ʌm'brelə] *s* paraply
umpire ['ʌmpaɪə] sport. **I** *s* domare **II** *vb tr* o. *vb itr* döma
umpteen ['ʌmti:n] *adj* vard. femtielva; ***~ times*** äv. otaliga gånger
umpteenth ['ʌmti:nθ] *adj* o. **umptieth** ['ʌmtɪɪθ] *adj* bägge vard. femtielfte [*for the ~ time*]
UN [ˌju:'en] (förk. för *United Nations*) *s, **the** ~* FN Förenta nationerna
unable [ˌʌn'eɪbl] *adj, **be ~ to do a th.*** inte kunna göra ngt, vara ur stånd att göra ngt
unacceptable [ˌʌnək'septəbl] *adj* oacceptabel, oantagbar
unaccompanied [ˌʌnə'kʌmpənɪd] *adj* **1** utan sällskap; ***~ by*** utan **2** mus. oackompanjerad
unaccountable [ˌʌnə'kaʊntəbl] *adj* oförklarlig [*to* för; *for* (av) *some ~ reason*]
unaccustomed [ˌʌnə'kʌstəmd] *adj* **1** ovan [*to* vid] **2** ovanlig [*his ~ silence*]
unacquainted [ˌʌnə'kweɪntɪd] *adj* obekant [*with* med]; ovan [*with* vid]; ***be ~ with*** äv. inte känna till
unadaptable [ˌʌnə'dæptəbl] *adj* oanpassbar
unadulterated [ˌʌnə'dʌltəreɪtɪd] *adj* oförfalskad, oblandad, äkta, ren
1 unaffected [ˌʌnə'fektɪd] *adj* **1** opåverkad, oberörd [*by* av] **2** med. inte angripen
2 unaffected [ˌʌnə'fektɪd] *adj* okonstlad, otvungen, naturlig [*~ manners (style)*]
unaided [ˌʌn'eɪdɪd] *adj* utan hjälp [*by* av]; på egen hand [*he did it ~*]
unaltered [ˌʌn'ɔ:ltəd] *adj* oförändrad
unambiguous [ˌʌnæm'bɪgjʊəs] *adj* entydig, otvetydig
unanimity [ˌju:nə'nɪmətɪ] *s* enhällighet, enstämmighet, enighet
unanimous [jʊ'nænɪməs] *adj* enhällig, enstämmig, enig [*a ~ opinion*]
unarmed [ˌʌn'ɑ:md] *adj* avväpnad; obeväpnad
unashamed [ˌʌnə'ʃeɪmd] *adj* **1** oblyg; utan skamkänsla **2** ohöljd, ogenerad
unasked [ˌʌn'ɑ:skt] *adj* oombedd; objuden
unassuming [ˌʌnə'sju:mɪŋ] *adj* anspråkslös, blygsam; försynt [*a quiet, ~ person*]
unattended [ˌʌnə'tendɪd] *adj* utan tillsyn, obevakad, utan uppsikt; obemannad
unattractive [ˌʌnə'træktɪv] *adj* föga tilldragande; osympatisk
unauthorized [ˌʌn'ɔ:θəraɪzd] *adj* inte auktoriserad, obemyndigad; obehörig
unavailable [ˌʌnə'veɪləbl] *adj* inte tillgänglig; oanträffbar
unavoidable [ˌʌnə'vɔɪdəbl] *adj* oundviklig
unaware [ˌʌnə'weə] *adj* omedveten, ovetande, okunnig [*of* om; *that* om att]
unawares [ˌʌnə'weəz] *adv* omedvetet; oavsiktligt; ***take (catch) a p. ~*** överrumpla (överraska) ngn
unbalanced [ˌʌn'bælənst] *adj* **1** obalanserad, överspänd; sinnesförvirrad; ***have an ~ mind*** vara

sinnesförvirrad **2** hand. inte balanserad [*an ~ budget*]
unbearable [ˌʌn'beərəbl] *adj* outhärdlig
unbeatable [ˌʌn'bi:təbl] *adj* oöverträffbar, överlägsen; oslagbar
unbeaten [ˌʌn'bi:tn] *adj* obesegrad; oslagen [*an ~ record*], oöverträffad
unbecoming [ˌʌnbɪ'kʌmɪŋ] *adj* missklädsam
unbelievable [ˌʌnbə'li:vəbl] *adj* otrolig
unbend [ˌʌn'bend] (*unbent unbent*) *vb tr* o. *vb itr* **1** böja (räta) ut [*~ a wire*]; rätas ut **2** bildl. bli mera tillgänglig, tina upp
unbent [ˌʌn'bent] se *unbend*
unbiased o. **unbiassed** [ˌʌn'baɪəst] *adj* fördomsfri; opartisk
unbidden [ˌʌn'bɪdn] *adj* **1** objuden [*~ guests*] **2** oombedd
unbleached [ˌʌn'bli:tʃt] *adj* oblekt
unbolt [ˌʌn'bəʊlt] *vb tr* regla upp, öppna
unbosom [ˌʌn'bʊzəm] *vb itr* o. *vb rfl, ~* el. *~* ***oneself*** anförtro sig [*to* åt]
unbreakable [ˌʌn'breɪkəbl] *adj* obrytbar; okrossbar, oförstörbar
unbroken [ˌʌn'brəʊk(ə)n] *adj* **1** obruten **2** oavbruten [*~ silence*]
unbuckle [ˌʌn'bʌkl] *vb tr* **1** spänna (knäppa) upp **2** spänna av sig [*~ one's skis*]
unburden [ˌʌn'bɜ:dn] *vb tr* avbörda, avlasta, lätta [*~ one's conscience*]; befria [*of* från]; *~* ***oneself*** (***one's mind***) lätta sitt hjärta
unbusinesslike [ˌʌn'bɪznɪslaɪk] *adj* föga affärsmässig
unbutton [ˌʌn'bʌtn] *vb tr* knäppa upp; ***come unbuttoned*** gå upp
uncalled-for [ˌʌn'kɔ:ldfɔ:] *adj* **1** opåkallad, omotiverad [*~ measures*], obefogad **2** taktlös [*an ~ remark*]
uncanny [ˌʌn'kænɪ] *adj* **1** kuslig, spöklik [*~ sounds*] **2** förunderlig [*an ~ power*]
unceasing [ˌʌn'si:sɪŋ] *adj* oavbruten, oupphörlig
uncertain [ˌʌn'sɜ:tn] *adj* **1** osäker, inte säker [*of, about* på], oviss [*of, about* om] **2** obestämd; ***in no ~ terms*** i otvetydiga ordalag
uncertainty [ˌʌn'sɜ:tntɪ] *s* **1** osäkerhet; obestämdhet **2** ***the ~ of*** det osäkra (ovissa) i
unchallenged [ˌʌn'tʃæləndʒd] *adj* obestridd, oemotsagd; opåtald
unchanging [ˌʌn'tʃeɪndʒɪŋ] *adj* oföränderlig, konstant
uncharitable [ˌʌn'tʃærɪtəbl] *adj* kärlekslös, obarmhärtig [*to* mot]
unchecked [ˌʌn'tʃekt] *adj* **1** inte kontrollerad [*~ figures*] **2** ohämmad
uncivilized [ˌʌn'sɪvɪlaɪzd] *adj* ociviliserad, barbarisk; okultiverad
unclassified [ˌʌn'klæsɪfaɪd] *adj* **1** oklassificerad **2** inte hemligstämplad
uncle ['ʌŋkl] *s* farbror; morbror; ***Uncle Sam*** Onkel Sam personifikation av USA; ***Uncle Tom*** neds. neger som är inställsam mot vita; [***my watch is***] ***at my uncle's*** vard. ...på stampen
unclean [ˌʌn'kli:n] *adj* oren
unclench [ˌʌn'klentʃ] *vb tr* o. *vb itr* öppna [*he unclenched his hand (fist)*]; öppnas, öppna sig
uncock [ˌʌn'kɒk] *vb tr* säkra [*~ a gun*]
uncoil [ˌʌn'kɔɪl] *vb tr* o. *vb itr* rulla upp [*~ a rope*]; rulla av; rulla upp sig; räta ut sig
uncomfortable [ˌʌn'kʌmfətəbl] *adj* obekväm; otrivsam; obehaglig
uncommitted [ˌʌnkə'mɪtɪd] *adj* oengagerad [*~ writers*]; alliansfri [*the ~ countries*]; opartisk
uncommon [ˌʌn'kɒmən] *adj* ovanlig
uncommonly [ˌʌn'kɒmənlɪ] *adv* ovanligt
uncomplimentary ['ʌnˌkɒmplɪ'mentrɪ] *adj* mindre (föga) smickrande [*to* för]
uncompromising [ˌʌn'kɒmprəmaɪzɪŋ] *adj* principfast, obeveklig, ståndaktig, oböjlig; kompromisslös [*an ~ attitude*]
unconcerned [ˌʌnkən'sɜ:nd] *adj* **1** obekymrad [*~ about* (om) *the future*], oberörd **2** inte inblandad (delaktig) [*~ in the plot*]
unconditional [ˌʌnkən'dɪʃ(ə)nl] *adj* **1** villkorslös, ovillkorlig; *~* ***surrender*** kapitulation utan villkor **2** obetingad; kategorisk [*an ~ refusal*]
unconditioned [ˌʌnkən'dɪʃ(ə)nd] *adj* psykol. obetingad [*~ reflex*]
unconfirmed [ˌʌnkən'fɜ:md] *adj* obekräftad, obestyrkt
uncongenial [ˌʌnkən'dʒi:njəl] *adj* **1** motbjudande [*to* för] **2** olämplig [*to* för]
unconnected [ˌʌnkə'nektɪd] *adj* osammanhörande; utan samband (förbindelse)
unconquerable [ˌʌn'kɒŋkərəbl] *adj* oövervinnlig, obetvinglig; okuvlig
unconscious [ˌʌn'kɒnʃəs] **I** *adj* **1** omedveten **2** medvetslös **II** *s, **the** ~* det undermedvetna

unconstitutional ['ʌnˌkɒnstɪ'tju:ʃənl] *adj* grundlagsstridig, författningsstridig
uncontrollable [ˌʌnkən'trəʊləbl] *adj* **1** okontrollerbar **2** som man inte kan behärska, våldsam [~ *rage*]
unconventional [ˌʌnkən'venʃ(ə)nl] *adj* okonventionell, fördomsfri; icke-konventionell [~ *weapons*]
unconvincing [ˌʌnkən'vɪnsɪŋ] *adj* föga övertygande; osannolik [*an* ~ *explanation*]
uncooked [ˌʌn'kʊkt] *adj* inte färdigkokt
unco-operative [ˌʌnkəʊ'ɒpərətɪv] *adj* samarbetsovillig; föga tillmötesgående
uncork [ˌʌn'kɔ:k] *vb tr* dra korken ur, korka (dra) upp [~ *a bottle*]
uncountable [ˌʌn'kaʊntəbl] **I** *adj* **1** oräknelig, otalig **2** oräknebar; gram. äv. inte pluralbildande **II** *s* gram. oräknebart (inte pluralbildande) substantiv
uncouple [ˌʌn'kʌpl] *vb tr* koppla av (från) [~ *the locomotive*]; koppla lös
uncouth [ˌʌn'ku:θ] *adj* **1** ohyfsad [~ *behaviour*], grov, ofin **2** otymplig [~ *appearance*]
uncover [ˌʌn'kʌvə] *vb tr* **1** täcka av, avtäcka; blotta [~ *one's head*]; ta av täcket (höljet, locket) på (från) **2** bildl. avslöja [~ *a plot*]
uncovered [ˌʌn'kʌvəd] *adj* **1** avtäckt, blottad **2** otäckt, inte övertäckt [*an* ~ *shed*]; obetäckt [*an* ~ *head*] **3** hand. inte täckt [~ *by insurance*]
uncultivated [ˌʌn'kʌltɪveɪtɪd] *adj* **1** ouppodlad [~ *land*] **2** okultiverad, obildad
uncut [ˌʌn'kʌt] *adj* oskuren, oklippt, ohuggen; om bok a) oskuren b) ouppskuren; om ädelsten oslipad [*an* ~ *diamond*]; om text m.m. oavkortad
undecided [ˌʌndɪ'saɪdɪd] *adj* **1** oavgjord, obestämd, inte bestämd **2** obeslutsam
undecipherable [ˌʌndɪ'saɪfərəbl] *adj* odechiffrerbar, otydbar
undefeated [ˌʌndɪ'fi:tɪd] *adj* obesegrad
undefended [ˌʌndɪ'fendɪd] *adj* oförsvarad
undefinable [ˌʌndɪ'faɪnəbl] *adj* odefinierbar, obestämbar
undelivered [ˌʌndɪ'lɪvəd] *adj* inte avlämnad, olevererad; kvarliggande
undemanding [ˌʌndɪ'mɑ:ndɪŋ] *adj* anspråkslös, förnöjsam
undemocratic ['ʌnˌdemə'krætɪk] *adj* odemokratisk
undemonstrative [ˌʌndɪ'mɒnstrətɪv] *adj* reserverad, behärskad
undeniable [ˌʌndɪ'naɪəbl] *adj* obestridlig, oförneklig, oneklig
undeniably [ˌʌndɪ'naɪəblɪ] *adv* obestridligen, onekligen
undependable [ˌʌndɪ'pendəbl] *adj* opålitlig
under ['ʌndə] **I** *prep* **1** a) under b) mindre än [*I can do it in* ~ *a week*] **2** enligt, i enlighet med [~ *the terms of the treaty*] **II** *adv* **1** under [*one on top and one* ~], nedanför; därunder [*children of seven and* ~] **2** under; nere
under-age [ˌʌndər'eɪdʒ] *adj* omyndig, minderårig; underårig
underarm [adjektiv 'ʌndərɑ:m, adverb ˌʌndər'ɑ:m] sport. **I** *adj* underhands- [*an* ~ *ball*] **II** *adv* underifrån [*serve* ~]
underbid [ˌʌndə'bɪd] (*underbid underbid*) *vb tr* o. *vb itr* bjuda under
undercarriage ['ʌndəˌkærɪdʒ] *s* **1** flyg. landningsställ **2** underrede på fordon
undercharge [ˌʌndə'tʃɑ:dʒ] *vb tr* ta för lite betalt av
underclothes ['ʌndəkləʊðz] *s pl* o. **underclothing** ['ʌndəˌkləʊðɪŋ] *s* underkläder
undercover ['ʌndəˌkʌvə] *adj* hemlig; ~ ***agent*** hemlig agent, spion
undercurrent ['ʌndəˌkʌr(ə)nt] *s* underström
underdeveloped [ˌʌndədɪ'veləpt] *adj* underutvecklad [~ *muscles*]
underdog ['ʌndədɒg] *s*, ***the*** ~ den svagare, den som är i underläge
underdone [ˌʌndə'dʌn, attributivt 'ʌndədʌn] *adj* kok. för litet stekt (kokt); lättstekt, blodig
underdose ['ʌndədəʊs] *s* för liten (svag) dos
underestimate [verb ˌʌndər'estɪmeɪt, substantiv ˌʌndər'estɪmət] **I** *vb tr* underskatta, undervärdera; beräkna för lågt **II** *s* underskattning, undervärdering; alltför låg beräkning
underexpose [ˌʌndərɪk'spəʊz] *vb tr* foto. underexponera
underexposure [ˌʌndərɪk'spəʊʒə] *s* foto. underexponering
underfed [ˌʌndə'fed] **I** se *underfeed* **II** *adj* undernärd, svältfödd
underfeed [ˌʌndə'fi:d] (*underfed underfed*) *vb tr* ge för litet att äta, ge för litet mat
underfoot [ˌʌndə'fʊt] *adv* under fötterna (foten); ***it is dry*** ~ det är torrt på marken

undergarment ['ʌndəˌgɑ:mənt] *s* underplagg
undergo [ˌʌndə'gəʊ] (*underwent undergone*) *vb tr* undergå, genomgå [~ *a change*]; underkasta sig; få utstå [~ *hardships*]
undergone [ˌʌndə'gɒn] se *undergo*
undergraduate [ˌʌndə'grædjʊət] *s* univ. student, studerande
underground [adverb ˌʌndə'graʊnd, adjektiv o. substantiv 'ʌndəgraʊnd] **I** *adv* under jorden [*go* ~] **II** *adj* **1** a) underjordisk, underjords- b) tunnelbane-, T-bane- [~ *station*]; ~ ***railway*** tunnelbana **2** bildl. underjordisk, hemlig; ~ ***movement*** polit. underjordisk motståndsrörelse **III** *s* **1** tunnelbana, T-bana **2** polit. underjordisk motståndsrörelse
undergrowth ['ʌndəgrəʊθ] *s* undervegetation; småskog, underskog
underhand [adjektiv 'ʌndəhænd, adverb ˌʌndə'hænd] **I** *adj* **1** lömsk, bedräglig [~ *methods*] **2** hemlig, under bordet [*an* ~ *deal*]; ***use*** ~ ***means*** (***methods***) gå smygvägar **II** *adv* **1** lömskt, bakslugt; bedrägligt **2** i hemlighet, i smyg
underlaid [ˌʌndə'leɪd] se *1 underlay*
underlain [ˌʌndə'leɪn] se *underlie*
1 underlay [ˌʌndə'leɪ] (*underlaid underlaid*) *vb tr* förse med underlag; stötta
2 underlay [ˌʌndə'leɪ] se *underlie*
underlie [ˌʌndə'laɪ] (*underlay underlain*) *vb tr* ligga under; bildl. ligga bakom (under)
underline [ˌʌndə'laɪn] *vb tr* stryka under; bildl. understryka, betona; framhäva
underlinen ['ʌndəˌlɪnɪn] *s* underkläder
underlip ['ʌndəlɪp] *s* underläpp
underlying [ˌʌndə'laɪɪŋ] *adj* **1** underliggande **2** bildl. bakomliggande, som ligger bakom [*the* ~ *causes*]
undermanned [ˌʌndə'mænd] *adj* underbemannad
undermentioned [ˌʌndə'menʃ(ə)nd] *adj* nedan nämnd
undermine [ˌʌndə'maɪn] *vb tr* underminera; bildl. äv. undergräva [~ *a p.'s authority*]
underneath [ˌʌndə'ni:θ] **I** *prep* under, inunder; nedanför **II** *adv* under, inunder [*wear wool* ~]; på undersidan, nertill **III** *s* undersida; underdel
undernourished [ˌʌndə'nʌrɪʃt] *adj* undernärd, svältfödd
undernourishment [ˌʌndə'nʌrɪʃmənt] *s* undernäring
underpaid [ˌʌndə'peɪd] se *underpay*
underpants ['ʌndəpænts] *s pl* speciellt amer. underbyxor; kalsonger
underpass ['ʌndəpɑ:s] *s* **1** a) planskild korsning b) vägtunnel **2** amer. gångtunnel
underpay [ˌʌndə'peɪ] (*underpaid underpaid*) *vb tr* underbetala [~ *a p.*]
underprivileged [ˌʌndə'prɪvɪlɪdʒd] *adj* missgynnad, tillbakasatt [~ *minorities*], sämre lottad, underprivilegierad [~ *classes*]
underrate [ˌʌndə'reɪt] *vb tr* undervärdera, underskatta; värdera för lågt
underseal ['ʌndəsi:l] bil. m.m. **I** *vb tr* underredsbehandla **II** *s* underredsbehandling
undersell [ˌʌndə'sel] (*undersold undersold*) *vb tr* **1** sälja billigare än, underbjuda [~ *a p.*] **2** sälja till underpris
undershirt ['ʌndəʃɜ:t] *s* speciellt amer. undertröja
undersigned ['ʌndəsaɪnd] (pl. lika) *s* undertecknad; ***we, the*** ~, ***hereby certify*** undertecknade intygar härmed
undersize ['ʌndəsaɪz] *adj* o. **undersized** ['ʌndəsaɪzd] *adj* under medelstorlek (medellängd)
undersold [ˌʌndə'səʊld] se *undersell*
underspin ['ʌndəspɪn] *s* i t.ex. tennis underskruv
understaffed [ˌʌndə'stɑ:ft] *adj* underbemannad; ***be*** ~ äv. ha för liten personal
understand [ˌʌndə'stænd] (*understood understood*) *vb tr* o. *vb itr* **1** förstå, begripa; fatta; ***give a p. to*** ~ ***that...*** låta ngn förstå att...; ***I quite*** ~ jag förstår precis **2** förstå sig på [~ *children*]
understandable [ˌʌndə'stændəbl] *adj* förståelig, begriplig
understanding [ˌʌndə'stændɪŋ] **I** *s* **1** förstånd; fattningsförmåga; insikt [*of* i], kännedom [*of* om] **2** förståelse [*the* ~ *between the nations*] **3** överenskommelse; ***come to*** (***reach***) ***an*** ~ nå samförstånd, komma överens **4** ***on the*** ~ ***that*** på det villkoret att **II** *adj* **1** förstående **2** förståndig
understatement [ˌʌndə'steɪtmənt] *s* underdrift, understatement
understood [ˌʌndə'stʊd] **I** imperfekt av *understand* **II** *adj* o. *perf p* (av *understand*) **1** förstådd; ~ *?* uppfattat? **2** självklar, given [*that's an* ~ *thing*]; ***that is*** ~ det säger (förstås av) sig självt
understudy [substantiv 'ʌndəˌstʌdɪ, verb

ˌʌndəˈstʌdɪ] **I** *s* **1** teat. ersättare, inhoppare **2** ställföreträdare, vikarie **II** *vb tr* **1** teat., ~ ***a part*** lära in en roll för att kunna hoppa in som ersättare **2** a) assistera b) vikariera för
undertake [ˌʌndəˈteɪk] (*undertook undertaken*) *vb tr* **1** företa [~ *a journey*] **2** a) åta sig [~ *a task*; ~ *to do a th.*], förbinda sig [~ *to do a th.*] b) garantera
undertaken [ˌʌndəˈteɪk(ə)n] se *undertake*
undertaker [ˈʌndəˌteɪkə] *s* begravningsentreprenör
undertaking [ˌʌndəˈteɪkɪŋ] *s* **1** företag; arbete **2** a) åtagande b) garanti
under-the-counter [ˌʌndəðəˈkaʊntə] *adj* vard. som säljs under disken (svart)
under-the-table [ˌʌndəðəˈteɪbl] *adj* vard. under bordet; svart [~ *dealings*]
underthings [ˈʌndəθɪŋz] *s pl* vard. underkläder
undertone [ˈʌndətəʊn] *s* **1** ***in an*** ~ el. ***in ~s*** med dämpad röst, lågmält **2** bildl. underton
undertook [ˌʌndəˈtʊk] se *undertake*
undervalue [ˌʌndəˈvælju:] *vb tr* undervärdera, underskatta; värdera för lågt
undervest [ˈʌndəvest] *s* undertröja
underwater [adjektiv ˈʌndəwɔ:tə, adverb ˌʌndəˈwɔ:tə] **I** *adj* undervattens- [~ *explosion*] **II** *adv* under vattnet
underwear [ˈʌndəweə] *s* underkläder
underweight [ˈʌndəweɪt] **I** *s* undervikt **II** *adj* underviktig, under normalvikt
underwent [ˌʌndəˈwent] se *undergo*
underworld [ˈʌndəwɜ:ld] *s* **1** undre värld **2** dödsrike; ***the*** ~ äv. underjorden
undeserved [ˌʌndɪˈzɜ:vd] *adj* oförtjänt
undeserving [ˌʌndɪˈzɜ:vɪŋ] *adj* ovärdig; ***be ~ of*** inte förtjäna (vara värd)
undesirable [ˌʌndɪˈzaɪərəbl] *adj* icke önskvärd [~ *effects*]; ovälkommen [~ *visitors*]
undesired [ˌʌndɪˈzaɪəd] *adj* icke önskad (önskvärd)
undetected [ˌʌndɪˈtektɪd] *adj* oupptäckt
undeveloped [ˌʌndɪˈveləpt] *adj* **1** outvecklad; outnyttjad [~ *natural resources*], oexploaterad **2** foto. oframkallad
undid [ˌʌnˈdɪd] se *undo*
undies [ˈʌndɪz] *s pl* vard. damunderkläder
undignified [ˌʌnˈdɪgnɪfaɪd] *adj* föga värdig [*in an ~ manner*], ovärdig
undiluted [ˌʌndaɪˈlju:tɪd] *adj* outspädd
undiminished [ˌʌndɪˈmɪnɪʃt] *adj* oförminskad, oförsvagad [~ *energy*]
undiscovered [ˌʌndɪˈskʌvəd] *adj* oupptäckt
undiscriminating [ˌʌndɪˈskrɪmɪneɪtɪŋ] *adj* urskillningslös, okritisk
undisposed [ˌʌndɪˈspəʊzd] *adj* obenägen
undisputed [ˌʌndɪˈspju:tɪd] *adj* obestridd
undistinguished [ˌʌndɪˈstɪŋgwɪʃt] *adj* slätstruken [*an ~ performance*]
undisturbed [ˌʌndɪˈstɜ:bd] *adj* ostörd, lugn; orörd
undivided [ˌʌndɪˈvaɪdɪd] *adj* odelad [~ *attention*]; enad, obruten [~ *front*]
undo [ˌʌnˈdu:] (*undid undone*) *vb tr* **1** knäppa upp [~ *the buttons (one's coat)*], lösa (knyta) upp [~ *a knot*], få upp; spänna loss [~ *straps*]; ta av [~ *the wrapping*]; ta (packa) upp, öppna [~ *a parcel*]; ***come undone*** gå upp [*my shoelace has come undone*]; lossna **2** a) göra ogjord [*what is done can't be undone*] b) göra om intet
undoing [ˌʌnˈdu:ɪŋ] *s* fördärv, undergång [*it will be his ~*]
undomesticated [ˌʌndəˈmestɪkeɪtɪd] *adj* **1** föga huslig **2** otämjd
undone [ˌʌnˈdʌn] **I** se *undo* **II** *adj* **1** uppknäppt, upplöst; oknäppt, oknuten **2** ogjord
undoubted [ˌʌnˈdaʊtɪd] *adj* otvivelaktig, obestridlig; avgjord, klar [*an ~ victory*]
undoubtedly [ˌʌnˈdaʊtɪdlɪ] *adv* otvivelaktigt, utan tvivel
undress [ˌʌnˈdres] **I** *vb tr* o. *vb itr* klä av; klä av sig **II** ***s, in a state of ~*** oklädd
undressed [ˌʌnˈdrest] *adj* **1** a) avklädd b) oklädd **2** lätt klädd, halvklädd **3** obehandlad, obearbetad [~ *leather*]
undrinkable [ˌʌnˈdrɪŋkəbl] *adj* odrickbar
undue [ˌʌnˈdju:] *adj* onödig [~ *haste*], opåkallad; otillbörlig
unduly [ˌʌnˈdju:lɪ] *adv* oskäligt; överdrivet, orimligt; otillbörlig
unearned [ˌʌnˈɜ:nd] *adj* **1** ~ ***income*** inkomst av kapital **2** oförtjänt [~ *praise*]
unearth [ˌʌnˈɜ:θ] *vb tr* gräva upp (fram)
unearthly [ˌʌnˈɜ:θlɪ] *adj* **1** övernaturlig; kuslig **2** vard., ***at an ~ hour*** okristligt tidigt
uneasiness [ˌʌnˈi:zɪnəs] *s* oro, ängslan [*about* för]; obehag, olust
uneasy [ˌʌnˈi:zɪ] *adj* orolig, ängslig [*about* för]; olustig, illa till mods; ~ ***feeling*** obehaglig känsla

uneatable [ˌʌn'i:təbl] *adj* oätbar, oätlig
uneaten [ˌʌn'i:tn] *adj* inte uppäten; orörd
uneconomical ['ʌnˌi:kə'nɒmɪk(ə)l] *adj* slösaktig, oekonomisk; odryg
uneducated [ˌʌn'edjʊkeɪtɪd] *adj* obildad
unemotional [ˌʌnɪ'məʊʃənl] *adj* känslolös, kall, oberörd
unemployed [ˌʌnɪm'plɔɪd] *adj* arbetslös, sysslolös; ***the*** ~ de arbetslösa
unemployment [ˌʌnɪm'plɔɪmənt] *s* arbetslöshet; ~ ***benefit*** (amer. äv. ***compensation***) arbetslöshetsunderstöd
unending [ˌʌn'endɪŋ] *adj* **1** ändlös **2** vard. evig
un-English [ˌʌn'ɪŋglɪʃ] *adj* oengelsk
unenterprising [ˌʌn'entəpraɪzɪŋ] *adj* oföretagsam
unentertaining ['ʌnˌentə'teɪnɪŋ] *adj* föga (allt annat än) underhållande
unenviable [ˌʌn'envɪəbl] *adj* föga (inte) avundsvärd [*an ~ task*]
unequal [ˌʌn'i:kw(ə)l] *adj* olika, olika stor (lång); inte likvärdig (jämlik, jämställd); omaka; ojämn [*an ~ contest*]; ***be ~ to the task*** inte vara vuxen uppgiften
unequalled [ˌʌn'i:kw(ə)ld] *adj* ouppnådd, oöverträffad, makalös, enastående
unessential [ˌʌnɪ'senʃ(ə)l] **I** *adj* oväsentlig, oviktig **II** *s* oväsentlighet, bisak
uneven [ˌʌn'i:v(ə)n] *adj* **1** ojämn **2** udda [~ *number*] **3** olika, olika lång
uneventful [ˌʌnɪ'ventf(ʊ)l] *adj* händelsefattig
unexpected [ˌʌnɪk'spektɪd] *adj* oväntad
unexpectedly [ˌʌnɪk'spektɪdlɪ] *adv* oväntat; ~ ***good*** bättre än väntat
unexplained [ˌʌnɪk'spleɪnd] *adj* oförklarad, ouppklarad
unexplored [ˌʌnɪk'splɔ:d] *adj* outforskad
unfailing [ˌʌn'feɪlɪŋ] *adj* **1** osviklig [~ *accuracy*], ofelbar [*an ~ remedy*], säker **2** outtömlig, outsinlig
unfair [ˌʌn'feə] *adj* orättvis, ojust
unfaithful [ˌʌn'feɪθf(ʊ)l] *adj* **1** otrogen [*to* mot], trolös [*an ~ lover*] **2** otillförlitlig [~ *translation*]
unfamiliar [ˌʌnfə'mɪljə] *adj* **1** inte förtrogen [*with* med], ovan [*with* vid], främmande [*with* för] **2** obekant, främmande [*to a p.* för ngn]
unfamiliarity ['ʌnfəˌmɪlɪ'ærətɪ] *s* obekantskap, bristande förtrogenhet [*with* med]
unfashionable [ˌʌn'fæʃənəbl] *adj* omodern
unfasten [ˌʌn'fɑ:sn] *vb tr* lossa, lösgöra; lösa (knyta) upp; låsa upp, öppna
unfavourable [ˌʌn'feɪvərəbl] *adj* ogynnsam, ofördelaktig [*to (for)* för]
unfeeling [ˌʌn'fi:lɪŋ] *adj* okänslig [*to* för]; känslolös; hjärtlös
unfinished [ˌʌn'fɪnɪʃt] *adj* oavslutad, ofullbordad, inte färdig
unfit [ˌʌn'fɪt] *adj* olämplig, oduglig [*for* till, som; *to* att], oförmögen [*for* till; *to* att]; ovärdig [*for a th.* ngt]; i dålig kondition; ~ ***for human consumption*** otjänlig som människoföda
unfitted [ˌʌn'fɪtɪd] *adj* olämplig, oduglig
unflagging [ˌʌn'flægɪŋ] *adj* outtröttlig
unflinching [ˌʌn'flɪntʃɪŋ] *adj* ståndaktig, orubblig
unfold [ˌʌn'fəʊld] *vb tr* **1** veckla ut (upp) [~ *a newspaper*], vika ut (upp) **2** utveckla, framställa, lägga fram [*she unfolded her plans*]
unforeseeable [ˌʌnfɔ:'si:əbl] *adj* oförutsebar, omöjlig att förutse, oviss
unforgettable [ˌʌnfə'getəbl] *adj* oförglömlig
unforgivable [ˌʌnfə'gɪvəbl] *adj* oförlåtlig
unfortunate [ˌʌn'fɔ:tʃənət] *adj* olycklig; olycksdrabbad; ***be*** ~ ha otur
unfortunately [ˌʌn'fɔ:tʃənətlɪ] *adv* tyvärr, olyckligtvis
unfounded [ˌʌn'faʊndɪd] *adj* ogrundad [~ *suspicion*], grundlös, lös [~ *rumour*]
unfriendly [ˌʌn'frendlɪ] *adj* ovänlig [*to* mot]
unfurl [ˌʌn'fɜ:l] *vb tr* om t.ex. flagga veckla ut
ungainly [ˌʌn'geɪnlɪ] *adj* klumpig, otymplig
ungenerous [ˌʌn'dʒenərəs] *adj* **1** snål, knusslig **2** föga generös
ungodly [ˌʌn'gɒdlɪ] *adj* gudlös, ogudaktig; ***at an ~ hour*** vard. okristligt tidigt
ungovernable [ˌʌn'gʌvənəbl] *adj* oregerlig; obändig [~ *temper*]
ungrateful [ˌʌn'greɪtf(ʊ)l] *adj* otacksam
ungratified [ˌʌn'grætɪfaɪd] *adj* otillfredsställd, ouppfylld [~ *desire*]
unguarded [ˌʌn'gɑ:dɪd] *adj* **1** obevakad **2** ovarsam, tanklös [*an ~ remark*]
unhampered [ˌʌn'hæmpəd] *adj* obunden, obehindrad, inte hämmad [*by* av]
unhappily [ˌʌn'hæpəlɪ] *adv* **1** olyckligt **2** olyckligtvis
unhappiness [ˌʌn'hæpɪnəs] *s* olycka, brist på lycka

unhappy [ˌʌn'hæpɪ] *adj* olycklig; olycksalig; misslyckad, olämplig
unharmed [ˌʌn'hɑ:md] *adj* oskadd
unhealthy [ˌʌn'helθɪ] *adj* **1** sjuklig, klen **2** ohälsosam, osund, skadlig [~ *ideas*]
unheard-of [ˌʌn'hɜ:dɒv] *adj* **1** förut okänd **2** exempellös; utan motstycke
unheeded [ˌʌn'hi:dɪd] *adj* obeaktad, ouppmärksammad
unhesitating [ˌʌn'hezɪteɪtɪŋ] *adj* tveklös
unhinge [ˌʌn'hɪndʒ] *vb tr* **1** haka av [~ *a door*] **2** förrycka; ***his mind is unhinged*** han är sinnesrubbad
unholy [ˌʌn'həʊlɪ] *adj* ohelig
unhook [ˌʌn'hʊk] *vb tr* häkta (haka) av
unhospitable [ˌʌn'hɒspɪtəbl] *adj* ogästvänlig
unhurt [ˌʌn'hɜ:t] *adj* oskadad, oskadd
unicorn ['ju:nɪkɔ:n] *s* enhörning
unidentified [ˌʌnaɪ'dentɪfaɪd] *adj* oidentifierad [~ *flying object*], icke identifierad
unification [ˌju:nɪfɪ'keɪʃ(ə)n] *s* enande
uniform ['ju:nɪfɔ:m] **I** *adj* **1** likformig, enhetlig **2** jämn, konstant [~ *speed*] **II** *s* uniform
uniformity [ˌju:nɪ'fɔ:mətɪ] *s* likformighet, uniformitet, enhetlighet
unify ['ju:nɪfaɪ] *vb tr* ena, förena
unilateral [ˌju:nɪ'lætər(ə)l] *adj* ensidig, unilateral [~ *agreement*]
unimaginable [ˌʌnɪ'mædʒɪnəbl] *adj* otänkbar; ofattbar
unimaginative [ˌʌnɪ'mædʒɪnətɪv] *adj* fantasilös
unimpaired [ˌʌnɪm'peəd] *adj* oförminskad, oförsvagad, obruten [~ *health*]
unimportant [ˌʌnɪm'pɔ:t(ə)nt] *adj* obetydlig, oviktig, betydelselös, oväsentlig
unimposing [ˌʌnɪm'pəʊzɪŋ] *adj* föga imponerande
uninformed [ˌʌnɪn'fɔ:md] *adj* inte underrättad (informerad), oupplyst
uninhabitable [ˌʌnɪn'hæbɪtebl] *adj* obeboelig
uninhabited [ˌʌnɪn'hæbɪtɪd] *adj* obebodd
uninhibited [ˌʌnɪn'hɪbɪtɪd] *adj* hämningslös, ohämmad
unintelligible [ˌʌnɪn'telɪdʒəbl] *adj* obegriplig, oförståelig
unintentional [ˌʌnɪn'tenʃənl] *adj* oavsiktlig
uninterrupted ['ʌnˌɪntə'rʌptɪd] *adj* oavbruten, ostörd
uninviting [ˌʌnɪn'vaɪtɪŋ] *adj* föga inbjudande
union ['ju:njən] *s* **1** förening, enande, sammanslutning, sammanförande **2** union [*postal* ~], förbund, förening; ***students' ~*** studentkår; ***the Union of Soviet Socialist Republics*** hist. Sovjetunionen; ***the Union Jack*** Union Jack Storbritanniens flagga **3** ***the ~*** facket; ***trade ~*** el. ~ fackförening; ***national trade ~*** el. ***national ~*** fackförbund
unique [ju:'ni:k] *adj* unik, enastående
unisex ['ju:nɪseks] *adj* ungefär gemensam för båda könen, unisex- [~ *fashions*]
unison ['ju:nɪsn] *s* mus. samklang, harmoni; ***in ~*** unisont
unit ['ju:nɪt] *s* **1** enhet **2** avdelning, enhet [*production* ~]; mil. förband
unite [ju:'naɪt] *vb tr* o. *vb itr* **1** förena, föra samman [*with, to* med], samla, ena **2** förena sig, förenas, slå sig samman
united [ju:'naɪtɪd] *adj* förenad; samlad [~ *action*]; enig, enad [*present a ~ front*]; ***the United Kingdom*** Förenade kungariket Storbritannien och Nordirland; ***the United Nations Organization*** el. ***the United Nations*** Förenta nationerna; ***the United States of America*** el. ***the United States*** Förenta staterna
unity ['ju:nətɪ] *s* **1** enhet **2** endräkt, harmoni, enighet, sammanhållning
universal [ˌju:nɪ'vɜ:s(ə)l] *adj* allmän, allmänt utbredd [~ *belief*]; allomfattande; universell
universally [ˌju:nɪ'vɜ:səlɪ] *adv* allmänt, universellt, överallt
universe ['ju:nɪvɜ:s] *s* universum
university [ˌju:nɪ'vɜ:sətɪ] *s* universitet, högskola; ***~ education*** akademisk utbildning (bildning)
unjust [ˌʌn'dʒʌst] *adj* orättfärdig, orättvis
unjustifiable ['ʌnˌdʒʌstɪ'faɪəbl] *adj* oförsvarlig; otillbörlig; orättvis
unjustified [ˌʌn'dʒʌstɪfaɪd] *adj* oberättigad, obefogad
unjustly [ˌʌn'dʒʌstlɪ] *adv* orättfärdigt, orättvist
unkempt [ˌʌn'kemt] *adj* **1** okammad **2** ovårdad, vanskött
unkind [ˌʌn'kaɪnd] *adj* ovänlig; omild, inte skonsam [~ *to* (mot) *the skin*]
unknown [ˌʌn'nəʊn] **I** *adj* okänd, obekant [*to* för, i, bland] **II** *adv*, ***~ to us*** oss ovetande, utan vår vetskap

unlawful [ˌʌn'lɔ:f(ʊ)l] *adj* olaglig; orättmätig; olovlig
unleash [ˌʌn'li:ʃ] *vb tr* koppla lös (loss), släppa lös (loss) [~ *a dog; he unleashed his fury*]
unleavened [ˌʌn'levnd] *adj* osyrad [~ *bread*]
unless [ən'les] *konj* om inte; med mindre än att; annat än, utom
unlike [ˌʌn'laɪk] **I** *adj* olik **II** *prep* olikt; olika mot; i olikhet med, i motsats till [~ *most other people, he is...*]
unlikely [ˌʌn'laɪklɪ] *adj* osannolik, otrolig; ***he is ~ to come*** han kommer troligen inte
unlimited [ˌʌn'lɪmɪtɪd] *adj* **1** obegränsad, oinskränkt [~ *power*] **2** gränslös
unload [ˌʌn'ləʊd] *vb tr* o. *vb itr* **1** lasta av, lossa [~ *a cargo*]; lossas [*the ship is unloading*] **2** ta ut patronen ur [~ *the gun*]
unlock [ˌʌn'lɒk] *vb tr* o. *vb itr* låsa upp, låsas upp
unlocked [ˌʌn'lɒkt] *adj* upplåst; olåst
unlooked-for [ˌʌn'lʊktfɔ:] *adj* oväntad
unloose [ˌʌn'lu:s] *vb tr* o. **unloosen** [ˌʌn'lu:sn] *vb tr* lossa, lösa; släppa lös; knyta upp
unluckily [ˌʌn'lʌkəlɪ] *adv* **1** olyckligtvis **2** olyckligt
unlucky [ˌʌn'lʌkɪ] *adj* olycklig; olycksdiger; ***be ~*** ha otur [*at* i]
unmanageable [ˌʌn'mænɪdʒəbl] *adj* ohanterlig, svårhanterlig; oregerlig
unmanly [ˌʌn'mænlɪ] *adj* omanlig
unmanned [ˌʌn'mænd] *adj* obemannad
unmannerly [ˌʌn'mænəlɪ] *adj* obelevad, okultiverad, ohyfsad
unmarried [ˌʌn'mærɪd] *adj* ogift
unmask [ˌʌn'mɑ:sk] *vb tr* demaskera, avslöja
unmerited [ˌʌn'merɪtɪd] *adj* oförtjänt
unmistakable [ˌʌnmɪ'steɪkəbl] *adj* omisskännlig; otvetydig, ofelbar [*an ~ sign*]
unmitigated [ˌʌn'mɪtɪgeɪtɪd] *adj* oförminskad; ***~ by*** utan några förmildrande drag av; ***an ~ scoundrel*** en ärkeskurk
unmoved [ˌʌn'mu:vd] *adj* **1** oberörd, lugn, kall **2** orörd
unnecessarily [ˌʌn'nesəsərəlɪ] *adv* onödigt; i onödan
unnecessary [ˌʌn'nesəsərɪ] *adj* onödig
unnerve [ˌʌn'nɜ:v] *vb tr* göra nervös
unnoticeable [ˌʌn'nəʊtɪsəbl] *adj* omärklig
unnoticed [ˌʌn'nəʊtɪst] *adj* obemärkt
UNO ['ju:nəʊ] (förk. för *United Nations Organization*) FN
unobserved [ˌʌnəb'zɜ:vd] *adj* obemärkt
unobstructed [ˌʌnəb'strʌktɪd] *adj* obehindrad, fri [~ *view*]
unobtainable [ˌʌnəb'teɪnəbl] *adj* oåtkomlig, oanskaffbar, oöverkomlig
unobtrusive [ˌʌnəb'tru:sɪv] *adj* inte påträngande, diskret
unoccupied [ˌʌn'ɒkjʊpaɪd] *adj* **1** inte ockuperad; obebodd [~ *territory*] **2** ledig [~ *seat*], inte upptagen **3** sysslolös
unofficial [ˌʌnə'fɪʃ(ə)l] *adj* inofficiell [~ *statement*], inte officiell; ***~ strike*** vild strejk
unorthodox [ˌʌn'ɔ:θədɒks] *adj* oortodox
unpack [ˌʌn'pæk] *vb tr* o. *vb itr* packa upp (ur)
unpaid [ˌʌn'peɪd] *adj* obetald; ofrankerad [~ *letter*]; oavlönad
unpalatable [ˌʌn'pælətəbl] *adj* oaptitlig
unparalleled [ˌʌn'pærəleld] *adj* makalös
unpardonable [ˌʌn'pɑ:dnəbl] *adj* oförlåtlig
unplanned [ˌʌn'plænd] *adj* oplanerad, inte planerad
unplayable [ˌʌn'pleɪəbl] *adj* **1** ospelbar **2** om t.ex. boll omöjlig, otagbar
unpleasant [ˌʌn'pleznt] *adj* otrevlig; obehaglig [~ *taste*; ~ *truth*]
unpleasantness [ˌʌn'plezntnəs] *s* obehag; tråkigheter; bråk [*try to avoid ~*]
unplug [ˌʌn'plʌg] *vb tr* dra ur proppen ur [~ *the sink*]; dra ur sladden till [~ *the TV*]
unpolished [ˌʌn'pɒlɪʃt] *adj* opolerad; oputsad; oslipad [~ *diamond*; ~ *style*]
unpopular [ˌʌn'pɒpjʊlə] *adj* impopulär, illa omtyckt
unprecedented [ˌʌn'presɪdəntɪd] *adj* exempellös, utan motstycke, makalös
unprejudiced [ˌʌn'predʒʊdɪst] *adj* fördomsfri, opartisk
unprepossessing ['ʌnˌpri:pə'zesɪŋ] *adj* föga intagande, osympatisk
unpretentious [ˌʌnprɪ'tenʃəs] *adj* anspråkslös, blygsam, opretentiös
unprincipled [ˌʌn'prɪnsəpld] *adj* principlös; samvetslös [~ *scoundrel*]
unprintable [ˌʌn'prɪntəbl] *adj* otryckbar
unproductive [ˌʌnprə'dʌktɪv] *adj* improduktiv; ofruktbar; föga lönande
unprofessional [ˌʌnprə'feʃənl] *adj* inte professionell; oprofessionell
unprofitable [ˌʌn'prɒfɪtəbl] *adj* onyttig, föga givande; olönsam

unpromising [ˌʌn'prɒmɪsɪŋ] *adj* föga lovande, ogynnsam
unprotected [ˌʌnprə'tektɪd] *adj* oskyddad
unprovided [ˌʌnprə'vaɪdɪd] *adj* **1** inte försedd (utrustad) [*with* med] **2** ~ ***for*** oförsörjd
unpublished [ˌʌn'pʌblɪʃt] *adj* opublicerad
unpunctual [ˌʌn'pʌŋktjʊəl] *adj* inte punktlig
unpunished [ˌʌn'pʌnɪʃt] *adj* ostraffad
unqualified [ˌʌn'kwɒlɪfaɪd] *adj* **1** okvalificerad, inkompetent [*as* som; *for* till, för; *to do a th.* att göra ngt]; inte behörig, utan kompetens **2** oförbehållsam, odelad [~ *approval*]
unquestionable [ˌʌn'kwestʃənəbl] *adj* obestridlig, odiskutabel
unquestioned [ˌʌn'kwestʃ(ə)nd] *adj* obestridd, oemotsagd; obestridlig
unquestioning [ˌʌn'kwestʃənɪŋ] *adj* obetingad, blind [~ *obedience*]
unquote [ˌʌn'kwəʊt] *vb itr*, ***...~*** ...slut på citatet, ...slut citat, jfr *quote II*
unravel [ˌʌn'ræv(ə)l] *vb tr* **1** riva upp, repa upp [~ *knitting*]; reda ut **2** bildl. reda ut, klara upp, lösa [~ *a mystery*]
unreadable [ˌʌn'ri:dəbl] *adj* oläsbar; oläslig
unreal [ˌʌn'rɪəl] *adj* overklig; inbillad
unreasonable [ˌʌn'ri:zənəbl] *adj* oresonlig; omedgörlig; oskälig
unreasoning [ˌʌn'ri:zənɪŋ] *adj* oförnuftig; okritisk; oreflekterad; ~ ***hate*** blint hat
unrecognizable [ˌʌn'rekəgnaɪzəbl] *adj* oigenkännlig
unrelated [ˌʌnrɪ'leɪtɪd] *adj* obesläktad [*to* med], inte relaterad [*to* till]; ***be ~ to*** inte ha något samband med
unrelenting [ˌʌnrɪ'lentɪŋ] *adj* **1** oböjlig; obeveklig **2** ständig [~ *pressure*]
unreliable [ˌʌnrɪ'laɪəbl] *adj* opålitlig [*an ~ witness*]; ovederhäftig, otillförlitlig
unrepair [ˌʌnrɪ'peə] *s*, ***in a state of ~*** i dåligt skick, illa underhållen
unrepeatable [ˌʌnrɪ'pi:təbl] *adj* **1** som inte kan återges [~ *remarks*] **2** unik; som inte återkommer [*an ~ offer* (erbjudande)]
unrepentant [ˌʌnrɪ'pentənt] *adj* o. **unrepenting** [ˌʌnrɪ'pentɪŋ] *adj* obotfärdig
unrequited [ˌʌnrɪ'kwaɪtɪd] *adj* obesvarad [~ *love*]
unresolved [ˌʌnrɪ'zɒlvd] *adj* **1** olöst [~ *problem (conflict)*] **2** obeslutsam, tveksam
unrest [ˌʌn'rest] *s* oro, jäsning
unrestrained [ˌʌnrɪ'streɪnd] *adj* **1** ohämmad, otyglad; obehärskad **2** otvungen, fri
unrestricted [ˌʌnrɪ'strɪktɪd] *adj* **1** oinskränkt [~ *power*] **2** med fri fart, utan fartgräns
unrewarding [ˌʌnrɪ'wɔ:dɪŋ] *adj* föga givande; otacksam [*an ~ part* (roll)]
unripe [ˌʌn'raɪp] *adj* omogen
unrivalled [ˌʌn'raɪv(ə)ld] *adj* makalös, oöverträffad, utan like
unroll [ˌʌn'rəʊl] *vb tr* o. *vb itr* rulla (veckla) upp; rulla (veckla) upp sig
unruffled [ˌʌn'rʌfld] *adj* oberörd, lugn
unruly [ˌʌn'ru:lɪ] *adj* besvärlig, oregerlig
unsaddle [ˌʌn'sædl] *vb tr* **1** sadla av [~ *a horse*] **2** kasta av [~ *a rider*]
unsafe [ˌʌn'seɪf] *adj* osäker
unsatisfactory ['ʌnˌsætɪs'fæktərɪ] *adj* otillfredsställande; otillräcklig
unsatisfied [ˌʌn'sætɪsfaɪd] *adj* otillfredsställd, inte tillfredsställd
unsavoury [ˌʌn'seɪvərɪ] *adj* oaptitlig; motbjudande, osmaklig [*an ~ affair*]
unscathed [ˌʌn'skeɪðd] *adj* oskadd; helskinnad
unscrew [ˌʌn'skru:] *vb tr* o. *vb itr* skruva av (loss); skruvas av (loss)
unscrupulous [ˌʌn'skru:pjʊləs] *adj* samvetslös, skrupelfri, hänsynslös
unseeded [ˌʌn'si:dɪd] *adj* sport. oseedad
unseemly [ˌʌn'si:mlɪ] *adj* opassande
unseen [ˌʌn'si:n] *adj* osynlig, dold; osedd
unselfish [ˌʌn'selfɪʃ] *adj* osjälvisk
unsettle [ˌʌn'setl] *vb tr* bringa ur balans, störa; göra osäker (nervös)
unsettled [ˌʌn'setld] *adj* **1** orolig, osäker, ostadig [~ *weather*], instabil; som inte stadgat sig **2** ouppklarad, olöst, oavgjord [~ *questions*]; obetald, inte avvecklad [~ *debts*]
unshakable [ˌʌn'ʃeɪkəbl] *adj* orubblig
unshaved [ˌʌn'ʃeɪvd] *adj* o. **unshaven** [ˌʌn'ʃeɪvn] *adj* orakad
unshrinkable [ˌʌn'ʃrɪŋkəbl] *adj* krympfri
unsightly [ˌʌn'saɪtlɪ] *adj* ful, anskrämlig
unsigned [ˌʌn'saɪnd] *adj* inte undertecknad, utan underskrift; osignerad
unskilled [ˌʌn'skɪld] *adj* oerfaren, okunnig; ~ ***labour*** a) outbildad arbetskraft b) grovarbete; ~ ***labourer*** grovarbetare; ~ ***worker*** inte yrkeskunnig arbetare
unsociable [ˌʌn'səʊʃəbl] *adj* osällskaplig
unsolicited [ˌʌnsə'lɪsɪtɪd] *adj* oombedd
unsolved [ˌʌn'sɒlvd] *adj* olöst, ouppklarad

unsound [ˌʌn'saʊnd] *adj* **1** osund; oklok **2** ekonomiskt osäker, dålig [~ *finances*]
unsparing [ˌʌn'speərɪŋ] *adj* outtröttlig [*with ~ energy*]; ***be ~ in one's efforts*** inte spara någon möda
unspeakable [ˌʌn'spi:kəbl] *adj* **1** outsäglig [~ *joy*], obeskrivlig [~ *wickedness*] **2** avskyvärd [*an ~ scoundrel*]
unspoken [ˌʌn'spəʊk(ə)n] *adj* outtalad; osagd
unsporting [ˌʌn'spɔ:tɪŋ] *adj* o. **unsportsmanlike** [ˌʌn'spɔ:tsmənlaɪk] *adj* osportslig
unstable [ˌʌn'steɪbl] *adj* instabil, ostadig, vacklande [*an ~ foundation*], labil
unsteady [ˌʌn'stedɪ] *adj* ostadig, osäker, vacklande [*an ~ walk*]; ojämn
unstick [ˌʌn'stɪk] (*unstuck unstuck*) *vb tr, **come unstuck*** a) lossna, gå upp b) vard. gå i stöpet; råka illa ut [*he'll come unstuck one day*]
unstressed [ˌʌn'strest] *adj* obetonad [~ *syllable*]
unstuck [ˌʌn'stʌk] se *unstick*
unsuccessful [ˌʌnsək'sesf(ʊ)l] *adj* misslyckad; ***be ~*** äv. misslyckas
unsuited [ˌʌn'su:tɪd, ˌʌn'sju:tɪd] *adj* olämplig; opassande [*to* för]; ***be ~ for (to)*** äv. inte passa (lämpa sig) för
unsure [ˌʌn'ʃʊə] *adj* osäker [*of, about* på, om]; oviss [*of* om]
unsurmountable [ˌʌnsə'maʊntəbl] *adj* oöverstiglig [~ *obstacles*]; oövervinnlig
unsurpassed [ˌʌnsə'pɑ:st] *adj* oöverträffad
unsuspecting [ˌʌnsə'spektɪŋ] *adj* omisstänksam; intet ont anande
unsympathetic ['ʌnˌsɪmpə'θetɪk] *adj* **1** oförstående, likgiltig; negativt inställd **2** osympatisk, motbjudande
untamed [ˌʌn'teɪmd] *adj* otämd, okuvad
untarnished [ˌʌn'tɑ:nɪʃt] *adj* **1** fläckfri, obesudlad [*an ~ reputation*] **2** glänsande, blank [~ *silver*]
unthinkable [ˌʌn'θɪŋkəbl] *adj* otänkbar
unthought-of [ˌʌn'θɔ:tɒv] *adj* oanad, som man inte kunnat tänka sig; inte påtänkt
untidy [ˌʌn'taɪdɪ] *adj* ovårdad; ostädad
untie [ˌʌn'taɪ] *vb tr* knyta upp, lösa upp, få upp; ***come (get) untied*** gå upp
until [ən'tɪl] *prep* o. *konj* till, tills etc., se *1 till I, II*
untimely [ˌʌn'taɪmlɪ] *adj* **1** förtidig [*an ~ death*] **2** malplacerad [~ *remarks*]; oläglig [*at an ~ hour*]
untiring [ˌʌn'taɪərɪŋ] *adj* outtröttlig
untold [ˌʌn'təʊld] *adj* omätlig [~ *wealth*]
untouchable [ˌʌn'tʌtʃəbl] *adj* o. *s* i Indien kastlös
untried [ˌʌn'traɪd] *adj* oprövad, obeprövad
untrue [ˌʌn'tru:] *adj* osann, falsk, oriktig
untruth [ˌʌn'tru:θ, pl. ˌʌn'tru:ðz] *s* lögn; ***tell an ~*** tala osanning
untruthful [ˌʌn'tru:θf(ʊ)l] *adj* osann, falsk; lögnaktig
untuned [ˌʌn'tju:nd] *adj* mus. ostämd
untutored [ˌʌn'tju:təd] *adj* obildad, okunnig; otränad [*an ~ ear*]
unused [betydelse *1* ˌʌn'ju:zd, betydelse *2* ˌʌn'ju:st] *adj* **1** obegagnad, oanvänd; ***~ stamp*** ostämplat frimärke **2** ovan [*he is ~ to* (vid) *city life*]
unusual [ˌʌn'ju:ʒʊəl] *adj* ovanlig; sällsynt
unvarnished [ˌʌn'vɑ:nɪʃt] *adj* **1** osminkad [*the ~ truth*] **2** ofernissad
unveil [ˌʌn'veɪl] *vb tr* ta slöjan från [~ *one's face*]; avtäcka [~ *a statue*]; bildl. avslöja [~ *a secret*]
unverified [ˌʌn'verɪfaɪd] *adj* obekräftad, obestyrkt; okontrollerad
unvoiced [ˌʌn'vɔɪst] *adj* fonet. tonlös
unwanted [ˌʌn'wɒntɪd] *adj* inte önskad (önskvärd), oönskad, ovälkommen
unwarranted [ˌʌn'wɒrəntɪd] *adj* obefogad, oberättigad; omotiverad
unwavering [ˌʌn'weɪvərɪŋ] *adj* orubblig
unwell [ˌʌn'wel] *adj* dålig, sjuk
unwieldy [ˌʌn'wi:ldɪ] *adj* klumpig, otymplig
unwilling [ˌʌn'wɪlɪŋ] *adj* ovillig; motvillig
unwillingly [ˌʌn'wɪlɪŋlɪ] *adv* ogärna, motvilligt, mot sin vilja
unwind [ˌʌn'waɪnd] (*unwound unwound*) *vb tr* o. *vb itr* nysta (linda, rulla) upp; nystas (lindas, rullas) upp
unwise [ˌʌn'waɪz] *adj* oklok, oförståndig
unwittingly [ˌʌn'wɪtɪŋlɪ] *adv* **1** oavsiktligt, ofrivilligt **2** ovetande, ovetandes
unworkable [ˌʌn'wɜ:kəbl] *adj* outförbar, ogenomförbar [*an ~ plan*]; svårarbetad
unworldly [ˌʌn'wɜ:ldlɪ] *adj* ovärldslig; världsfrämmande
unworthy [ˌʌn'wɜ:ðɪ] *adj* ovärdig
unwound [ˌʌn'waʊnd] **I** se *unwind* **II** *adj* ouppdragen [*an ~ clock*]
unwrap [ˌʌn'ræp] *vb tr* veckla upp (ut); öppna, ta upp, packa upp [~ *a parcel*]
unwritten [ˌʌn'rɪtn] *adj* oskriven [*an ~ page*]; ***an ~ law*** en oskriven lag
unyielding [ˌʌn'ji:ldɪŋ] *adj* oböjlig, fast
unzip [ˌʌn'zɪp] *vb tr* o. *vb itr* dra ner

(öppna, dra upp) blixtlåset på; öppnas med blixtlås

up [ʌp] **I** *adv* o. *adj* **1** a) upp; uppåt b) fram [*he came ~ to me*]; ***~ the Arsenal!*** heja Arsenal!; ***~ the Republic!*** leve republiken!; ***~ and down*** fram och tillbaka, av och an; upp och ner [*jump ~ and down*]; ***~ north*** norrut; uppe i norr; ***~ there*** dit upp; däruppe; ***~ to town*** in (upp, ned) till stan (London); ***children from six years ~*** barn från sex år och uppåt **2** uppe [*stay ~ all night*]; ***be ~ and about*** vara uppe och i full gång **3** över, slut [*my leave was nearly ~*]; ***the game is ~*** spelet är förlorat; ***time's ~!*** tiden är ute!; ***it's all ~ with me*** det är ute med mig **4** sport. m.m. plus; ***be one*** (***one goal***) ***~*** leda med ett mål; ***he's always trying to be one ~*** (***one ~ on you***) han skall alltid vara värst **5** ***be ~*** **a)** vara uppe (uppstigen) **b)** ha stigit (gått upp) [*the price of meat is ~*] **c)** vara uppe i luften; flyga på viss höjd [*five thousand feet ~*] **d)** vara uppriven (uppgrävd) [*the street is ~*] **e)** ***what's ~?*** vad står på?; ***there's something ~*** det är något på gång □ *be ~* **against** stå (ställas) inför, kämpa med (mot); ***be ~ against it*** vara illa ute, ligga illa till; *be ~* **before** vara uppe till behandling i [*be ~ before Congress*]; *be ~* **for** vara uppe till [*be ~ for debate*]; *~* **to a)** upp till [*count from one ~ to ten*], fram till, tills; ***~ to now*** tills nu, hittills **b)** i nivå med; ***he*** (***it***) ***isn't ~ to much*** det är inte mycket bevänt med honom (det) **c)** ***he isn't ~ to*** [***the job***] han duger inte till (klarar inte)...; ***I don't feel ~ to working*** (***to work***) jag känner inte för att arbeta; ***I don't feel*** (***I'm not***) ***~ to it*** jag känner mig inte i form; jag tror inte jag klarar det; jag känner inte för det **d)** efter, i enlighet med [*act ~ to one's principles*] **e)** ***be ~ to a p.*** vara ngns sak [*it's ~ to you to tell her*]; ***it's ~ to you*** det är din sak, det är upp till dig **f)** ***be ~ to something*** ha något fuffens för sig; ***be ~ to mischief*** ha något rackartyg för sig; ***what is he ~ to?*** vad har han för sig?

II *prep* uppför [*~ the hill*]; uppe på (i) [*~ the tree*]; uppåt; längs [*~ the street*]; ***~ and down the street*** fram och tillbaka på gatan; ***travel ~ and down the country*** resa kors och tvärs i landet

III *s*, ***~s and downs*** växlingar, svängningar; med- och motgång; ***he has his ~s and downs*** det går upp och ned för honom

up-and-coming [ˌʌpən'kʌmɪŋ] *adj* lovande [*an ~ author*], uppåtgående

upbeat ['ʌpbiːt] *adj* optimistisk; glad; uppåt

upbringing ['ʌpˌbrɪŋɪŋ] *s* uppfostran

update [ʌp'deɪt] *vb tr* uppdatera; modernisera

upgrade [substantiv 'ʌpgreɪd, verb ʌp'greɪd] **I** *s* stigning; ***be on the ~*** bildl. vara på uppåtgående **II** *vb tr* **1** befordra **2** uppvärdera

upheaval [ʌp'hiːv(ə)l] *s* bildl. omvälvning [*social (political) ~s*]

upheld [ʌp'held] se *uphold*

uphill [ˌʌp'hɪl, adjektiv 'ʌphɪl] **I** *adv* uppåt, uppför backen **II** *s* stigning, uppförsbacke **III** *adj* **1** stigande, brant; uppförs- [*an ~ slope*]; ***be ~*** bära uppför **2** bildl. mödosam

uphold [ʌp'həʊld] (*upheld upheld*) *vb tr* **1** upprätthålla, vidmakthålla [*~ discipline*] **2** godkänna, gilla [*~ a verdict*]

upholder [ʌp'həʊldə] *s* upprätthållare

upholster [ʌp'həʊlstə] *vb tr* stoppa, klä [*~ a sofa*], madrassera

upholsterer [ʌp'həʊlstərə] *s* tapetserare

upholstery [ʌp'həʊlstərɪ] *s* **1** möbelstoppning **2** a) möbeltyg, gardintyg, draperityg b) klädsel konkret **3** tapetseraryrke, tapetserararbete

upkeep ['ʌpkiːp] *s* underhåll; underhållskostnader

upland ['ʌplənd] **I** *s*, vanl. pl. ***~s*** högland **II** *adj* högländ; höglands-

uplift [verb ʌp'lɪft, substantiv o. adjektiv 'ʌplɪft] **I** *vb tr* lyfta, höja; bildl. äv. upplyfta **II** *s* **1** höjning **2** vard. uppryckning **III** *adj*, ***~ bra*** stöd-bh

upon [ə'pɒn] *prep* på etc., jfr *on I*; ***once ~ a time there was*** i sagor det var en gång; [***the forest stretched***] ***for mile ~ mile*** ...mile efter mile

upper ['ʌpə] **I** *adj* övre, högre; över- [*the ~ jaw (lip)*]; överst; ***the ~ class*** (***classes***) de högre klasserna, överklassen **II** *s*, pl. ***~s*** ovanläder

upper-class [ˌʌpə'klɑːs] *adj* överklass-; överklassig; ***be ~*** vara överklass

uppercut ['ʌpəkʌt] *s* boxn. uppercut

uppermost ['ʌpəməʊst] **I** *adj* allra överst; allra högst; främst, förnämst; ***the thoughts that were ~ in his mind*** vad han mest tänkte på **II** *adv* allra överst; allra högst

upright ['ʌpraɪt] **I** *adj* **1** upprätt; ***put*** (***set***) ~ resa upp, ställa upp; ***stand*** ~ stå rak (upprätt) **2** hederlig **II** *s* **1** stolpe, stötta, pelare, post **2** ~ ***piano*** el. ~ piano, pianino **III** *adv* upprätt, rakt upp, lodrätt
uprising [ˌʌp'raɪzɪŋ] *s* resning, uppror
uproar ['ʌprɔ:] *s* tumult, kalabalik [*the meeting ended in an ~ (in ~)*]
uproarious [ʌp'rɔ:rɪəs] *adj* **1** tumultartad **2** larmande, vild, uppsluppen **3** vard. helfestlig [*an ~ comedy*]
uproot [ʌp'ru:t] *vb tr* rycka (dra) upp med rötterna
upset [verb o. adjektiv ʌp'set, substantiv 'ʌpset] **I** (*upset upset*) *vb tr* **1** stjälpa, välta [~ *a table*], slå omkull; komma att kantra [~ *the boat*] **2** a) kullkasta, rubba [~ *a p.'s plans*] b) göra upprörd [*the incident ~ her*]; bringa ur fattningen, förarga c) göra illamående; ***the food ~ his stomach*** han tålde inte maten
II *s* **1** fysisk el. psykisk rubbning, störning; ***have a stomach ~*** ha krångel med magen **2** sport. skräll
III *perf p* o. *adj* i oordning; kullkastad; upprörd; ***be*** (***feel***) ~ äv. ta illa vid sig [*about* av, över]; ***be emotionally ~*** vara upprörd; ***my stomach is ~*** min mage krånglar
upsetting [ʌp'setɪŋ] *adj* upprörande
upshot ['ʌpʃɒt] *s* resultat, utgång; slut; ***the ~ of the matter was...*** slutet på alltsammans blev...
upside-down [ˌʌpsaɪ'daʊn] **I** *adv* upp och ned; huller om buller **II** *adj* uppochnedvänd
upstairs [ˌʌp'steəz] *adv* uppför trappan (trapporna), upp [*go ~*]; i övervåningen
upstanding [ʌp'stændɪŋ] *adj* uppstående [*an ~ collar*]; välväxt [*a fine ~ boy*]
upstart ['ʌpstɑ:t] *s* uppkomling, parveny
upstream [ˌʌp'stri:m, som adjektiv 'ʌpstri:m] *adv* o. *adj* uppför (mot) strömmen; uppåt floden
upswing ['ʌpswɪŋ] *s* uppsving; uppåtgående trend
uptake ['ʌpteɪk] *s*, ***be quick*** (***slow***) ***on the ~*** ha lätt (svårt) för att fatta
uptight ['ʌptaɪt] *adj* vard. spänd; nervös [*about* för], skärrad, på helspänn, hämmad
up-to-date [ˌʌptə'deɪt] *adj* à jour; med sin tid
up-to-the-minute [ˌʌptəðə'mɪnɪt] *adj* fullt modern, toppmodern; helt aktuell; det senaste
uptown [ˌʌp'taʊn, adjektiv 'ʌptaʊn] *adv* o. *adj* amer. till (i, från) norra (övre) delen av stan (stans utkanter)
upturn [ʌp'tɜ:n] *vb tr* vända; vända upp och ned på
upturned [ˌʌp'tɜ:nd] *adj* **1** uppåtvänd; ~ ***nose*** uppnäsa **2** uppochnedvänd
upward ['ʌpwəd] *adj* uppåtriktad, uppåtvänd [*an ~ glance*]; uppåtgående, stigande
upwards ['ʌpwədz] *adv* uppåt, upp; uppför; ***from childhood ~*** alltifrån (ända från) barndomen; ***and ~*** och mer, och därutöver
uranium [jʊ'reɪnjəm] *s* uran
Uranus [jʊ(ə)'reɪnəs] astron. Uranus
urban ['ɜ:bən] *adj* stads- [~ *population*], tätorts-; stadsmässig
urbane [ɜ:'beɪn] *adj* belevad, världsvan
urbanity [ɜ:'bænətɪ] *s* belevenhet, världsvana
urbanization [ˌɜ:bənaɪ'zeɪʃ(ə)n] *s* urbanisering
urbanize ['ɜ:bənaɪz] *vb tr* urbanisera
urchin ['ɜ:tʃɪn] *s* rackarunge; gatpojke, gatunge [äv. *street ~*]
urge [ɜ:dʒ] **I** *vb tr* **1** ~ ***on*** (***onward***) driva på, påskynda **2** försöka övertala, enträget be, anmoda **II** *s* stark längtan [*feel an ~ to travel*]; begär, drift
urgency ['ɜ:dʒənsɪ] *s* brådskande natur; ***a matter of great ~*** ett mycket brådskande ärende
urgent ['ɜ:dʒ(ə)nt] *adj* brådskande, angelägen; ***the matter is ~*** äv. saken brådskar; ~ ***telegram*** iltelegram; ***be in ~ need of*** vara i trängande behov av
urgently ['ɜ:dʒ(ə)ntlɪ] *adv*, ***food is ~ needed*** (***required***) det finns ett trängande behov av mat
urinal [jʊə'raɪnl, amer. 'jʊrənl] *s* **1** ***bed ~*** uringlas **2** ***public ~*** el. ~ pissoar
urinate ['jʊərɪneɪt] *vb itr* kasta vatten, urinera
urine ['jʊərɪn] *s* urin
urn [ɜ:n] *s* urna; gravurna
Uruguay ['jʊərəgwaɪ]
Uruguayan [jʊərə'gwaɪən] **I** *s* uruguayare **II** *adj* uruguaysk
US [ju:'es] **I** (förk. för *United States*) *s* **1** ***the ~*** USA **2** attributivt Förenta Staternas, USA:s, amerikansk **II** förk. för *Uncle Sam*
us [ʌs, obetonat əs, s] *pers pron* (objektsform av

we) **1** oss **2** vi, oss [*they are younger than ~*] **3** vard. för *our*; ***she likes ~ singing*** [***her to sleep***] hon tycker om att vi sjunger... **4** vard. mig [*give ~ a piece*]
USA [ˌju:es'eɪ] (förk. för *United States of America*) *s*, ***the ~*** USA
usable ['ju:zəbl] *adj* användbar, brukbar
usage ['ju:zɪdʒ, 'ju:sɪdʒ] *s* **1** behandling, hantering [*rough ~*] **2** språkbruk **3** vedertaget bruk **4** användning
use [substantiv ju:s, verb: betydelse *1* o. *2* ju:z, betydelse *3* ju:s] **I** *s* **1** användning, begagnande, bruk; nytta; ***make ~ of*** använda, begagna sig av, utnyttja; ***directions for ~*** bruksanvisning; ***be in ~*** vara i bruk; ***be (go) out of ~*** vara (komma) ur bruk **2** nytta, gagn, fördel; ***what's the ~?*** vad tjänar det till?; ***be of ~*** vara (komma) till nytta; ***be of no ~*** el. ***be no ~*** inte gå att använda, vara till ingen nytta; ***he is no ~*** han duger ingenting till, han är värdelös; ***it is (there is) no ~ trying*** det tjänar ingenting till (det är ingen idé) att försöka **3 a)** ***lose the ~ of one eye*** bli blind på ena ögat; ***lose the ~ of one's legs*** förlora rörelseförmågan i benen **b)** ***room with ~ of kitchen*** rum med tillgång till (del i) kök
II *vb tr* o. *vb itr* **1** använda, begagna, bruka, nyttja [*as* som; *for* till, för; som, i stället för; *to* + infinitiv till (för) att + infinitiv]; utnyttja [*he ~s people*]; ***~ force*** bruka våld; ***may I ~ your telephone?*** får jag låna din telefon? **2** ***~ up*** el. ***~*** förbruka, göra slut på, uttömma
3 a) ***used to*** (['ju:stə, 'ju:stʊ]) brukade [*he used to say*]; ***there used to be...*** förr fanns det...; ***he used to smoke a pipe*** han brukade röka pipa; ***things are not what they used to be*** det är inte längre som förr **b)** i nekande satser: ***he used not (usen't, didn't ~) to be like that*** han brukade inte vara sådan
used [betydelse *1* ju:zd, betydelse *2* ju:st] *adj* o. *perf p* **1** använd, begagnad [*~ cars*]; ***hardly ~*** nästan som ny **2** ***~ to*** van vid [*he is ~ to hard work*]; ***you'll soon be (get) ~ to it*** du blir snart van vid det, du vänjer dig snart
useful ['ju:sf(ʊ)l] *adj* **1** nyttig [*to a p.* för ngn; *for a th.* till ngt]; användbar, lämplig, bra [*to a p.* för ngn; *for a th.* till ngt]; ***come in ~*** komma väl (bra) till pass, komma till nytta **2** vard. skaplig [*he's a ~ goalkeeper*]
usefulness ['ju:sf(ʊ)lnəs] *s* nytta, gagn; nyttighet; användbarhet, lämplighet
useless ['ju:sləs] *adj* **1** onyttig, oduglig; oanvändbar, obrukbar; värdelös **2** lönlös, gagnlös, fruktlös [*~ attempts*]
user ['ju:zə] *s* förbrukare, konsument; ***road ~*** vägtrafikant; ***telephone ~*** telefonabonnent
user-friendly ['ju:zəˌfrendlɪ] *adj* användarvänlig
usher ['ʌʃə] **I** *s* vaktmästare, platsanvisare på t.ex. bio, teater; rättstjänare i rättslokal **II** *vb tr* **1** föra, ledsaga, visa [*in*; *into, to*] **2** ***~ in*** bildl. inleda, inviga
usherette [ˌʌʃə'ret] *s* platsanviserska på t.ex. bio, teater
USSR [ˌju:eses'ɑ:] (förk. för *Union of Soviet Socialist Republics*) *s* hist., ***the ~*** Sovjet
usual ['ju:ʒʊəl] *adj* vanlig, bruklig; [***he came late,***] ***as ~*** ...som vanligt; ***as is ~*** [***in our family***] som det brukas..., som vanligt...
usually ['ju:ʒʊəlɪ] *adv* vanligtvis, vanligen; ***more than ~ hot*** varmare än vanligt
usurer ['ju:ʒərə] *s* ockrare, procentare
usurp [ju:'zɜ:p] *vb tr* tillskansa sig, bemäktiga sig, tillvälla sig [*~ power*]
usurper [ju:'zɜ:pə] *s* troninkräktare; inkräktare
usury ['ju:ʒərɪ] *s* ocker
utensil [ju:'tensl] *s* redskap, verktyg; pl. ***~s*** äv. utensilier; ***cooking ~s*** kokkärl; ***household (kitchen) ~s*** hushållsredskap, köksredskap
uterus ['ju:tərəs] (pl. *uteri*) *s* livmoder, uterus
utilitarian [ˌju:tɪlɪ'teərɪən] *adj* nytto- [*~ morality*], nyttighets- [*~ principle*]
utility [ju:'tɪlətɪ] *s* **1** praktisk nytta, användbarhet; nyttighet **2** ***public ~*** el. ***~*** a) affärsdrivande verk, statligt (kommunalt) affärsverk b) samhällsservice, allmän nyttighet; ***public ~ company*** allmännyttigt företag **3** nyttig, praktisk, funktionell
utilization [ˌju:tɪlaɪ'zeɪʃ(ə)n] *s* utnyttjande
utilize ['ju:tɪlaɪz] *vb tr* utnyttja, dra nytta av
utmost ['ʌtməʊst] **I** *adj* ytterst, störst [*with the ~ care*] **II** *s*, ***the ~*** det yttersta; ***do one's ~*** göra sitt yttersta
Utopia [ju:'təʊpjə] *s* utopi
Utopian [ju:'təʊpjən] *adj* utopisk, verklighetsfrämmande
1 utter ['ʌtə] *adj* fullständig [*an ~ denial*],

fullkomlig, total [~ *darkness*], yttersta [~ *misery*]
2 utter ['ʌtə] *vb tr* **1** ge ifrån sig, utstöta [~ *a cry*]; få fram; uttala, artikulera [~ *sounds*] **2** yttra, uttala [*the last words he uttered*]; uttrycka
utterance ['ʌtər(ə)ns] *s* uttalande, yttrande; ***give ~ to*** ge uttryck åt
utterly ['ʌtəlɪ] *adv* fullständigt, fullkomligt
U-turn ['ju:tɜ:n] *s* **1** U-sväng **2** bildl. helomvändning

V

V, v [vi:] *s* V, v; ***V sign*** V-tecken
vac [væk] *s* vard. kortform för *vacation*
vacancy ['veɪkənsɪ] *s* vakans; ledig plats
vacant ['veɪk(ə)nt] *adj* **1** tom [~ *seat*], ledig [~ *room*; ~ *situation* (plats)], vakant **2** frånvarande, uttryckslös [~ *smile*]
vacantly ['veɪk(ə)ntlɪ] *adv*, ***stare ~*** stirra frånvarande
vacate [və'keɪt] *vb tr* flytta ifrån (ur), utrymma, lämna
vacation [və'keɪʃ(ə)n] *s* **1** ferier, lov [*the Christmas* ~]; ***the long (summer) ~*** sommarlovet; ***be on ~*** ha ferier (lov); speciellt amer. ha semester **2** utrymning av t.ex. bostad; utflyttning
vacationer [və'keɪʃənə] *s* o. **vacationist** [və'keɪʃənɪst] *s* amer. semesterfirare
vaccinate ['væksɪneɪt] *vb tr* vaccinera
vaccination [ˌvæksɪ'neɪʃ(ə)n] *s* vaccinering
vaccine ['væksi:n] *s* vaccin
vacillate ['væsɪleɪt] *vb itr* vackla, tveka
vacillation [ˌvæsɪ'leɪʃ(ə)n] *s* vacklan, vacklande; vankelmod
vacuum ['vækjʊəm] **I** *s* vakuum, tomrum; lufttomt rum; ***~ cleaner*** dammsugare; ***~ flask*** termosflaska **II** *vb tr* o. *vb itr* vard. dammsuga
vacuum-packed ['vækjʊəmpækt] *adj* vakuumförpackad
vagabond ['vægəbɒnd] **I** *adj* kringflackande [~ *life*], vagabond- **II** *s* vagabond; landstrykare, lösdrivare; odåga
vagina [və'dʒaɪnə] *s* anat. slida, vagina
vague [veɪg] *adj* vag, oklar, obestämd [~ *outlines*]; ***I haven't the vaguest (the vaguest idea)*** jag har inte den ringaste aning; ***a ~ recollection*** ett dunkelt (svagt) minne
vaguely ['veɪglɪ] *adv* vagt, oklart, obestämt; ***the name is ~ familiar*** namnet förefaller bekant
vain [veɪn] *adj* **1** gagnlös, fåfäng; ***in ~*** förgäves **2** fåfäng, flärdfull
vainglorious [ˌveɪn'glɔ:rɪəs] *adj* inbilsk, högfärdig, skrytsam
vainglory [veɪn'glɔ:rɪ] *s* inbilskhet, högfärd, skrytsamhet
vainness ['veɪnnəs] *s* **1** fåfänglighet; ***the ~ of the attempt*** det fruktlösa i försöket **2** fåfänga, egenkärlek

Valentine ['væləntaɪn] **I** egennamn; ***St. Valentine's Day*** Valentins dag 14 febr.; Alla hjärtans dag **II** *s,* ***valentine*** a) valentin, valentinfästmö b) valentinbrev
valerian [və'lɪərɪən] *s* bot. valeriana
valet ['vælɪt] **I** *s* **1** kammartjänare, betjänt **2** klädserviceman på hotell **3** ~ ***stand*** el. ~ herrbetjänt möbel **II** *vb tr* **1** passa upp **2** sköta om kläderna åt
valiant ['væljənt] *adj* tapper, modig
valid ['vælɪd] *adj* giltig; ***be*** ~ äv. gälla; ***become*** ~ vinna laga kraft; ~ ***reasons*** vägande skäl
validity [və'lɪdətɪ] *s* giltighet
valise [və'li:z] *s* liten resväska
valium ['vælɪəm] *s* ® farmakol. Valium
valley ['vælɪ] *s* dal, dalgång
valorous ['vælərəs] *adj* tapper, dristig
valour ['vælə] *s* tapperhet, dristighet
valuable ['væljʊəbl] **I** *adj* värdefull, dyrbar [*to* för]; värderad **II** *s,* vanl. pl. ~***s*** värdesaker
valuation [ˌvæljʊ'eɪʃ(ə)n] *s* **1** värdering [~ *of a property*], uppskattning **2** värde, värderingsbelopp
value ['vælju:] **I** *s* **1** värde; valör; ***exchange*** ~ bytesvärde; ***have a sentimental*** ~ ha affektionsvärde; ***at its full*** ~ till sitt (dess) fulla värde; ***of*** (***to***) ***the*** ~ ***of*** till ett värde (belopp) av; ***good*** ~ ***for money*** bra valuta för pengarna **2** valör, innebörd **3** pl. ~***s*** värderingar [*moral* ~*s*] **II** *vb tr* värdera, uppskatta, taxera [*at* till]; bildl. äv. sätta värde på; ~ ***highly*** (***dearly***) sätta stort värde på
value-added ['væljʊˌædɪd] *adj,* ~ ***tax*** mervärdesskatt, moms
valued ['vælju:d] *adj* värderad, högt skattad, aktad, ärad
valueless ['væljʊləs] *adj* värdelös
valve [vælv] *s* **1** tekn. ventil, klaff; ***overhead*** ~ toppventil **2** anat. hjärtklaff
1 vamp [væmp] *vb tr* o. *vb itr* improvisera; mus. improvisera ett ackompanjemang
2 vamp [væmp] *s* vard., kvinna vamp
vampire ['væmpaɪə] *s* vampyr, blodsugare
1 van [væn] *s* **1** täckt transportbil, skåpbil, varubil [äv. *delivery* ~]; flyttbil [äv. *furniture* ~] **2** järnv. resgodsvagn [äv. *luggage* ~]; godsvagn; ***guard's*** ~ konduktörskupé **3** ***police*** ~ transitbuss, piket; ***recording*** ~ film. el. TV. inspelningsbuss; radio. reportagebil
2 van [væn] *s* se *vanguard*
3 van [væn] *s* vard., i tennis fördel; ~ ***in*** fördel in (servaren); ~ ***out*** fördel ut (mottagaren)
vandal ['vænd(ə)l] *s* vandal
vandalism ['vændəlɪz(ə)m] *s* vandalism
vandalize ['vændəlaɪz] *vb tr* vandalisera
vane [veɪn] *s* vindflöjel; kvarnvinge; blad på t.ex. propeller
vanguard ['vængɑ:d] *s* mil. förtrupp, tät; ***be in the*** ~ ***of*** gå i spetsen (täten) för
vanilla [və'nɪlə] *s* vanilj; ~ ***custard*** vaniljkräm; vaniljsås; ~ ***ice*** (***ice cream***) vaniljglass
vanish ['vænɪʃ] *vb itr* försvinna [*into* i]; ***vanishing cream*** dagkräm, puderunderlag
vanishing ['vænɪʃɪŋ] *s* försvinnande; ~ ***act*** borttrollningsnummer; ~ ***trick*** borttrollningstrick
vanity ['vænətɪ] *s* **1** fåfänga [*injure (wound) a p.'s* ~] **2** fåfänglighet, fåfänga **3** ~ ***bag*** (***case***) a) sminkväska, necessär b) aftonväska
vanquish ['væŋkwɪʃ] *vb tr* övervinna, besegra
vapid ['væpɪd] *adj* fadd, smaklös; duven; bildl. andefattig, platt [*a* ~ *conversation*]
vaporize ['veɪpəraɪz] *vb tr* o. *vb itr* förvandla till ånga; vaporisera; avdunsta
vaporizer ['veɪpəraɪzə] *s* avdunstningsapparat; sprej apparat; spridare
vapour ['veɪpə] *s* ånga; imma; dunst
variable ['veərɪəbl] *adj* växlande [~ *winds*], varierande [~ *standards*], föränderlig; ombytlig [~ *mood*], ostadig [~ *weather*]
variance ['veərɪəns] *s,* ***be at*** ~ a) om personer vara oense b) om t.ex. åsikter gå isär
variant ['veərɪənt] *s* variant; variantform
variation [ˌveərɪ'eɪʃ(ə)n] *s* variation, förändring
varicose ['værɪkəs] *adj* med. varikös; pl. ~ ***veins*** åderbråck kollektivt
varied ['veərɪd] *adj* växlande, varierande, skiftande
variety [və'raɪətɪ] *s* **1** omväxling, ombyte, variation; ~ ***is the spice of life*** ombyte förnöjer; ***by way of*** ~ som omväxling **2** mångfald, rikedom; ***for a*** ~ ***of reasons*** av en mängd olika skäl **3** sort, slag, form, typ **4** ~ ***entertainment*** el. ~ ***show*** varieté, revy; ~ ***turn*** varieténummer
various ['veərɪəs] *adj* **1** olika [~ *types*], olikartad, olikartade **2** åtskilliga, diverse, flera [*for* ~ *reasons*]

varnish ['vɑ:nɪʃ] **I** *s* fernissa; lack [*nail varnish*]; lackering **II** *vb tr* fernissa [äv. ~ *over*]; lacka, lackera [~ *one's nails*]
vary ['veərɪ] *vb tr* o. *vb itr* **1** variera, ändra; växla, skifta [*his mood varies from day to day*] **2** vara olik [*from a th.* ngt]; skilja sig
varying ['veərɪɪŋ] *adj* växlande, varierande, skiftande, olika
vase [vɑ:z, amer. veɪs, veɪz] *s* vas
vaseline ['væsəli:n] *s* ® vaselin
vast [vɑ:st] *adj* vidsträckt, omfattande, väldig, oerhörd; ***the ~ majority*** det överväldigande flertalet
vastly ['vɑ:stlɪ] *adv* oerhört, oändligt; vard. kolossalt, väldigt
vastness ['vɑ:stnəs] *s* vidsträckthet, väldighet, vidd, stor omfattning
VAT [ˌvi:eɪ'ti:, væt] *s* (förk. för *value-added tax*) moms
vat [væt] *s* stort fat [*a wine* ~]; kar
Vatican ['vætɪkən] *s*, ***the*** ~ Vatikanen
vaudeville ['vəʊdəvɪl] *s* speciellt amer., ~ ***show*** el. ~ varieté, revy
1 vault [vɔ:lt] **I** *s* valv; källarvalv; gravvalv; kassavalv **II** *vb tr* välva; perfekt particip ***vaulted*** välvd [*a vaulted roof*]; med välvt tak [*a vaulted chamber*]
2 vault [vɔ:lt] **I** *vb itr* hoppa upp, svinga sig upp [~ *into* (upp i) *the saddle*]; hoppa (svinga sig) över **II** *s* språng, stavhopp
vaulting-horse ['vɔ:ltɪŋhɔ:s] *s* gymn. bygelhäst
vaulting-pole ['vɔ:ltɪŋpəʊl] *s* stav till stavhopp
VCR [ˌvi:si:'ɑ:] förk. för *videocassette recorder*
VD [ˌvi:'di:] (förk. för *venereal disease*) VS
've [v] = *have* [*I've, they've, we've, you've*]
veal [vi:l] *s* kalvkött; ***roast ~*** kalvstek; ~ ***cutlet*** kalvschnitzel; kalvkotlett
veer [vɪə] *vb itr* o. *vb tr* **1** om vind ändra riktning, svänga om speciellt medsols [äv. ~ *round*] **2** om fartyg ändra kurs, gira **3** bildl. svänga, slå om **4** vända [~ *a ship*]
veg [vedʒ] vard. för *vegetable, vegetables*
vegetable ['vedʒətəbl] **I** *adj* vegetabilisk [~ *food*]; grönsaks- [*a ~ diet*]; växt- [~ *fibre*]; ***the ~ kingdom*** växtriket; ~ ***marrow*** pumpa, kurbits; ~ ***oil*** vegetabilisk olja **II** *s* **1** grönsak; köksväxt; ~ ***garden*** köksträdgård; ~ ***market*** grönsakstorg **2** vard., om person hjälplöst kolli, paket
vegetarian [ˌvedʒɪ'teərɪən] **I** *s* vegetarian **II** *adj* vegetarisk
vegetate ['vedʒɪteɪt] *vb itr* **1** om växt växa, utveckla sig **2** föra ett enformigt liv
vegetation [ˌvedʒɪ'teɪʃ(ə)n] *s* vegetation; växtlighet
vehemence ['vi:əməns] *s* häftighet
vehement ['vi:əmənt] *adj* häftig, våldsam
vehicle ['vi:ɪkl] *s* **1** fordon; åkdon, vagn; farkost [*space* ~] **2** bildl. uttrycksmedel; medium, språkrör
veil [veɪl] **I** *s* **1** slöja, flor; ***take the ~*** ta doket, bli nunna **2** bildl. täckmantel **II** *vb tr* beslöja, skyla, dölja; perfekt particip ***veiled*** äv. dold, förstucken [*a veiled threat*]
vein [veɪn] *s* **1** anat. ven, blodåder **2** åder, ådra äv. bildl. [*a ~ of coal (water)*]; geol. malmgång; malmåder **3** nerv i t.ex. blad; ådra i t.ex. trä, sten **4** stämning, humör; ***be in the (the right) ~*** vara upplagd, vara i den rätta stämningen; ***in a jocular (humorous) ~*** a) på skämthumör b) på skämt **5** stil [*remarks in the same* ~]
Velcro ['velkrəʊ] *s* ® kardborrband, kardborrknäppning
velocity [və'lɒsətɪ] *s* hastighet [*the ~ of light*]
velour o. **velours** [və'lʊə] *s* velour, velur; plysch; bomullssammet
velvet ['velvət] *s* sammet
velvety ['velvətɪ] *adj* sammetslen
vendetta [ven'detə] *s* vendetta, blodshämnd
vendor ['vendə] *s* gatuförsäljare
veneer [və'nɪə] **I** *vb tr* snickeri fanera **II** *s* **1** snickeri faner; fanerskiva **2** bildl. fasad, yttre sken [*a ~ of respectability*]
venerable ['venərəbl] *adj* vördnadsvärd, ärevördig
venerate ['venəreɪt] *vb tr* ära, vörda
veneration [ˌvenə'reɪʃ(ə)n] *s* vördnad [*of* för]; ***hold (have) in ~*** hålla i ära, vörda
venereal [vɪ'nɪərɪəl] *adj* venerisk, köns- [~ *disease*]
Venetian [və'ni:ʃ(ə)n] **I** *adj* venetiansk [~ *glass*]; ~ ***blind*** persienn **II** *s* venetianare
Venezuela [ˌvene'zweɪlə]
Venezuelan [ˌvene'zweɪlən] **I** *s* venezuelan **II** *adj* venezuelansk
vengeance ['vendʒ(ə)ns] *s* **1** hämnd; ***take ~ on a p.*** ta hämnd på ngn **2** ***with a ~*** vard. så det förslår (förslog)
Venice ['venɪs] Venedig
venison ['venɪsn] *s* kok. rådjurskött, hjortkött, älgkött; rådjursstek, hjortstek, älgstek

venom ['venəm] *s* gift
venomous ['venəməs] *adj* giftig
vent [vent] **I** *s* **1** a) lufthål, springa b) rökgång **2** bildl. utlopp, fritt lopp [*give ~ (free ~) to one's feelings*] **II** *vb tr* ge fritt lopp åt [*~ one's bad temper*]; ösa ut [*~ one's anger on* (över) *a p.*]; vädra, lufta [*she vented her grievance*]
vent-hole ['venthəʊl] *s* lufthål, ventilationsöppning; rökhål
ventilate ['ventɪleɪt] *vb tr* ventilera, vädra; ge uttryck åt [*~ one's feelings*]
ventilating ['ventɪleɪtɪŋ] *adj* ventilations-; ***~ shaft*** lufttrumma
ventilation [ˌventɪ'leɪʃ(ə)n] *s* ventilation, luftväxling
ventilator ['ventɪleɪtə] *s* rumsventil; ventilationsanordning, fläkt
ventriloquism [ven'trɪləkwɪz(ə)m] *s* buktaleri, buktalarkonst
ventriloquist [ven'trɪləkwɪst] *s* buktalare; ***ventriloquist's dummy*** buktalardocka
ventriloquy [ven'trɪləkwɪ] *s* buktaleri, buktalarkonst
venture ['ventʃə] **I** *s* **1** vågstycke, vågspel; satsning **2** hand. spekulation **3** försök [*at* till] **II** *vb tr* o. *vb itr* **1** våga, satsa [*~ one's life*]; riskera, sätta på spel; ***nothing ~, nothing gain*** (***have, win***) den intet vågar han intet vinner **2** våga, försöka [*~ a guess*]; ta risker, våga sig [*I won't ~ a step further*; *~ too far out*]; ***~ to*** våga, ta sig friheten att [*I ~ to suggest*]
venue ['venju:] *s* mötesplats; sport. tävlingsplats; fotb. m.m. spelplats
Venus ['vi:nəs] astron. el. myt. Venus
veracity [və'ræsətɪ] *s* sannfärdighet
veranda o. **verandah** [və'rændə] *s* veranda
verb [vɜ:b] *s* verb
verbal ['vɜ:b(ə)l] *adj* **1** ord-; i ord; verbal [*~ ability*]; språklig [*~ error*] **2** muntlig [*a ~ agreement*]
verbally ['vɜ:bəlɪ] *adv* muntligt; ordagrant
verbiage ['vɜ:bɪɪdʒ] *s* ordflöde, svada
verbose [vɜ:'bəʊs] *adj* mångordig
verbosity [vɜ:'bɒsətɪ] *s* mångordighet
verdict ['vɜ:dɪkt] *s* jurys utslag; ***~ of acquittal*** friande dom; ***bring in*** (***return***) ***a ~*** fälla utslag, avge dom; ***the jury brought in a ~ of guilty*** juryns utslag lydde på skyldig
verdigris ['vɜ:dɪgrɪ:, 'vɜ:dɪgri:s] *s* ärg
1 verge [vɜ:dʒ] **I** *s* **1** kant, rand [*the ~ of a cliff*], brädd **2** bildl. brant [*on the ~ of ruin*], rand; ***be on the ~ of doing a th.*** vara på vippen att göra ngt; ***on the ~ of tears*** gråtfärdig **3** gräskant; vägkant, vägren **II** *vb itr*, ***~ on*** gränsa till
2 verge [vɜ:dʒ] *vb itr* luta; böja sig, vrida
verger ['vɜ:dʒə] *s* kyrkvaktmästare
verifiable [verɪ'faɪəbl] *adj* bevislig; möjlig att verifiera; kontrollerbar
verification [ˌverɪfɪ'keɪʃ(ə)n] *s* bekräftande, bestyrkande, verifikation; bekräftelse [*of* av]; kontroll
verify ['verɪfaɪ] *vb tr* bekräfta, bestyrka; verifiera; kontrollera
veritable ['verɪtəbl] *adj* formlig, veritabel
vermicelli [ˌvɜ:mɪ'selɪ] *s* vermiceller slags tunna spaghetti
vermin ['vɜ:mɪn] (pl. lika) *s* skadeinsekt, ohyra; bildl. pack, ohyra
vermouth ['vɜ:məθ] *s* vermouth
vernacular [və'nækjʊlə] *s*, ***in the ~*** på vanligt vardagsspråk
vernal ['vɜ:nl] *adj*, ***~ equinox*** vårdagjämning
versatile ['vɜ:sətaɪl, amer. 'vɜ:sətl] *adj* mångsidig [*a ~ writer*], mångkunnig, allsidig
versatility [ˌvɜ:sə'tɪlətɪ] *s* mångsidighet, allsidighet
verse [vɜ:s] *s* **1** vers, poesi [*prose and ~*]; ***a volume of ~*** en diktsamling **2** strof, vers **3** versrad
versed [vɜ:st] *adj*, ***~ in*** bevandrad i
versify ['vɜ:sɪfaɪ] *vb itr* skriva vers, dikta
version ['vɜ:ʃ(ə)n] *s* version, framställning, tolkning; ***screen ~*** filmatisering; ***stage ~*** scenbearbetning
versus ['vɜ:səs] *prep* sport. mot [*Arsenal ~ (v.) Spurs*]
vertebra ['vɜ:tɪbrə] (pl. *vertebrae* ['vɜ:tɪbri:]) *s* ryggkota
vertebrate ['vɜ:tɪbrət] *s* ryggradsdjur
vertical ['vɜ:tɪk(ə)l] *adj* vertikal, lodrät
vertigo ['vɜ:tɪgəʊ] *s* svindel, yrsel, vertigo
verve [vɜ:v] *s* schvung, fart, kläm
very ['verɪ] **I** *adv* **1** mycket; ***not ~*** inte så värst, inte så vidare [*not ~ interesting*]; ***~ much more*** betydligt mer **2** ***the ~ next day*** redan nästa dag; ***the ~ same place*** precis samma plats; ***it is my ~ own*** den är helt min egen **3** framför superlativ allra [*the ~ first day*]; ***at the ~ least*** allra minst
II *adj* **1** efter ***the*** (***this, that, his*** osv.):
a) själva, själv; ***in the ~ act*** på bar gärning; ***in the ~ centre*** i själva centrum; ***the ~ idea of it*** blotta tanken på det
b) just den (det) rätta, precis [*he is the ~*

man I want], alldeles; ***before our ~ eyes*** mitt för ögonen på oss; ***the ~ opposite*** raka motsatsen **c)** till och med [*his ~ children bully him*] **d)** redan [*at the ~ beginning*]; just [*at that ~ moment*]; ända [*from the ~ beginning*] **2** allra [*I did my ~ utmost*]

vessel ['vesl] *s* **1** kärl äv. anat. [*blood vessel*]; ***empty ~s make the greatest noise*** tomma tunnor skramlar mest **2** fartyg

vest [vest] *s* undertröja; amer. väst

vested ['vestɪd] *adj*, ~ ***interest*** ekon. kapitalintresse; ***they have a ~ interest in it*** bildl. det ligger i deras intresse

vestibule ['vestɪbju:l] *s* vestibul, farstu, hall, entré

vestige ['vestɪdʒ] *s* spår [*of* av, efter]

vestment ['vestmənt] *s* kyrkl. skrud; mässhake

vestry ['vestrɪ] *s* sakristia

vet [vet] vard. **I** *s* (kortform för *veterinary, veterinary surgeon*) veterinär, djurläkare **II** *vb tr* undersöka, kolla [~ *a report*], kritiskt granska

veteran ['vetər(ə)n] *s* veteran

veterinarian [ˌvetərɪ'neərɪən] *s* amer. veterinär

veterinary ['vetərɪnərɪ] **I** *adj* veterinär- [~ *science*]; ~ ***surgeon*** veterinär **II** *s* veterinär

veto ['vi:təʊ] **I** (pl. *vetoes*) *s* veto; ***right of ~*** vetorätt **II** *vb tr* inlägga veto mot

vex [veks] *vb tr* förarga; besvära

vexation [vek'seɪʃ(ə)n] *s* förargelse

vexatious [vek'seɪʃəs] *adj* förarglig

vexed [vekst] *adj* **1** förargad **2** omtvistad, omstridd [*a ~ question*]

via ['vaɪə] *prep* via, över

viaduct ['vaɪədʌkt] *s* viadukt

vibrant ['vaɪbr(ə)nt] *adj* vibrerande

vibraphone ['vaɪbrəfəʊn] *s* vibrafon

vibrate [vaɪ'breɪt] *vb itr* vibrera; skälva; skaka; speciellt fys. svänga

vibration [vaɪ'breɪʃ(ə)n] *s* vibration

vibrator [vaɪ'breɪtə] *s* vibrator, massageapparat; äv. massagestav

vicar ['vɪkə] *s* kyrkoherde

vicarage ['vɪkərɪdʒ] *s* prästgård

1 vice [vaɪs] *s* last [*virtues and ~s*]; ***the ~ squad*** sedlighetsroteln

2 vice [vaɪs] *s* skruvstäd

vice-chairman [ˌvaɪs'tʃeəmən] *s* vice ordförande

vice-president [ˌvaɪs'prezɪd(ə)nt] *s* **1** a) vicepresident b) vice ordförande **2** amer. vice verkställande direktör

vice versa [ˌvaɪsɪ'vɜ:sə] *adv* vice versa

vicinity [vɪ'sɪnətɪ] *s* grannskap, omgivning, trakt; ***in the ~ of*** i trakten (närheten) av

vicious ['vɪʃəs] *adj* illvillig [~ *gossip*; *a ~ blow*]; elak, ond, arg; ilsken [*a ~ temper*]; argsint [*a ~ dog*]; ~ ***circle*** ond cirkel

vicissitude [vɪ'sɪsɪtju:d] *s* växling, förändring; ***the ~s of life*** livets skiften

victim ['vɪktɪm] *s* offer; ***be the (a) ~ of*** vara (falla) offer för

victimization [ˌvɪktɪmaɪ'zeɪʃ(ə)n] *s* diskriminering; trakasserande; mobbning

victimize ['vɪktɪmaɪz] *vb tr* **1** göra till offer, offra **2** trakassera; mobba

victor ['vɪktə] *s* segrare, segerherre

Victorian [vɪk'tɔ:rɪən] **I** *adj* viktoriansk från (karakteristisk för) drottning Viktorias tid 1837-1901 [*the ~ age (period)*] **II** *s* viktorian

victorious [vɪk'tɔ:rɪəs] *adj* segrande, segerrik; ***be ~*** segra

victory ['vɪktərɪ] *s* seger; ***gain (win) a ~ over*** äv. segra över

victual ['vɪtl] *s*, pl. ~*s* livsmedel, proviant

video ['vɪdɪəʊ] **I** (pl. ~*s*) *s* video **II** *adj* video- [~ *cartridge*]

video camera ['vɪdɪəʊˌkæmərə] *s* videokamera

videocassette [ˌvɪdɪəʊkə'set] *s* videokassett; ~ ***recorder*** (förk. *VCR*) videobandspelare

video game ['vɪdɪəʊgeɪm] *s* videospel

video nasty ['vɪdɪəʊˌnɑ:stɪ] *s* vard. våldsvideo

videophone ['vɪdɪəʊfəʊn] *s* bildtelefon

videoplayer ['vɪdɪəʊˌpleɪə] *s* videobandspelare

videotape ['vɪdɪəʊteɪp] **I** *s* videoband **II** *vb tr* videobanda

Vienna [vɪ'enə] **I** Wien **II** *adj* wiener-

Viennese [ˌvɪə'ni:z] **I** *adj* wiensk, wien-; ~ ***waltz*** wienervals **II** (pl. lika) *s* wienare

Vietnam [ˌvjet'næm]

Vietnamese [ˌvjetnə'mi:z] **I** *adj* vietnamesisk **II** *s* **1** (pl. lika) vietnames **2** vietnamesiska språket

view [vju:] **I** *s* **1** syn, anblick; synhåll; sikte; sikt [*block* (skymma) *the ~*]; ***take a long ~ of the matter*** betrakta saken på lång sikt **2** utsikt, vy **3 a)** synpunkt [*on, of* på], uppfattning, åsikt [*on, of* om]; syn [*on, of* på] **b)** ***point of ~*** synpunkt, synvinkel; ståndpunkt □ **in** ~ i sikte; ***in my ~*** a) i min åsyn b) enligt min uppfattning (mening); ***in ~ of*** a) inom synhåll för b) i betraktande av, med hänsyn till [*in ~ of the financial situation*]; ***in full ~ of*** fullt synlig för, mitt framför; *come* **into** ~ komma inom synhåll (i sikte); *be* **on** ~ vara till beskådande, vara utställd; **out of** ~ utom synhåll, ur sikte; **with** *a ~ to* med sikte på, med...i sikte; ***with a ~ to doing a th.*** i avsikt (syfte) att göra ngt **II** *vb tr* bese; betrakta, se på, se [*~ the matter in the right light*]; ~ ***TV*** se (titta) på TV

viewer ['vjuːə] *s* åskådare; TV-tittare

view-finder ['vjuːˌfaɪndə] *s* foto. sökare

viewing ['vjuːɪŋ] *s* tittande; TV-tittande; ~ ***hours*** (***time***) TV. sändningstid

viewpoint ['vjuːpɔɪnt] *s* **1** synpunkt; synvinkel [*from* (ur) *this* ~]; ståndpunkt **2** utsiktspunkt

vigil ['vɪdʒɪl] *s* vaka; ***keep*** (***keep a***) ~ ***over*** vaka hos

vigilance ['vɪdʒɪləns] *s* vaksamhet

vigilant ['vɪdʒɪlənt] *adj* vaksam

vigilante [ˌvɪdʒɪ'læntɪ] *s* speciellt i USA medlem av ett medborgargarde

vigorous ['vɪgərəs] *adj* kraftig, kraftfull; energisk; spänstig

vigour ['vɪgə] *s* kraft, styrka, kraftfullhet; spänstighet, vigör; energi

Viking ['vaɪkɪŋ] *s* viking

vile [vaɪl] *adj* usel; lumpen; avskyvärd; vidrig

villa ['vɪlə] *s* villa speciellt i förort el. på kontinenten; sommarvilla

village ['vɪlɪdʒ] *s* by

villager ['vɪlɪdʒə] *s* bybo, byinvånare

villain ['vɪlən] *s* **1** bov, skurk **2** vard. rackare, busunge [*you* (din) *little ~!*]

villainous ['vɪlənəs] *adj* skurkaktig, bovaktig

villainy ['vɪlənɪ] *s* skurkaktighet; ondska

Vilnius ['vɪlnɪʊs]

vim [vɪm] *s* vard. kraft, energi; kläm

vindicate ['vɪndɪkeɪt] *vb tr* **1** försvara, rättfärdiga **2** frita, fria **3** hävda, förfäkta [*~ a right*]

vindictive [vɪn'dɪktɪv] *adj* hämndlysten

vindictiveness [vɪn'dɪktɪvnəs] *s* hämndlystnad

vine [vaɪn] *s* **1** vin växt; vinranka, vinstock **2** ranka [*hop ~*]; slingerväxt

vinegar ['vɪnɪgə] *s* ättika

vinegary ['vɪnɪgərɪ] *adj* sur som ättika; vresig

vine-grower ['vaɪnˌgrəʊə] *s* vinodlare

vineyard ['vɪnjəd] *s* vingård

vintage ['vɪntɪdʒ] **I** *s* årgång av vin [*rare old ~s*] **II** *adj* av gammal fin årgång, gammal fin [*~ brandy*]

vinyl ['vaɪnɪl] *s* kem. vinyl; ~ ***acetate*** vinylacetat; ~ ***chloride*** vinylklorid

1 viola [vɪ'əʊlə] *s* mus. altfiol, viola

2 viola ['vaɪələ, vaɪ'əʊlə] *s* odlad viol

violate ['vaɪəleɪt] *vb tr* **1** kränka [*~ a treaty*], bryta mot [*~ a principle*], överträda [*~ the law*] **2** inkräkta på [*~ a p.'s privacy*] **3** vanhelga, skända; våldta

violation [ˌvaɪə'leɪʃ(ə)n] *s* **1** kränkning, överträdelse **2** störande intrång [*~ of* (i) *a p.'s privacy*] **3** vanhelgande, skändning; våldtäkt

violence ['vaɪələns] *s* **1** våldsamhet, häftighet **2** våld [*I had to use ~*]; yttre våld [*no marks* (spår) *of ~*]; våldsamheter, oroligheter; ***act of*** ~ våldsdåd; ***robbery with*** ~ våldsrån

violent ['vaɪələnt] *adj* våldsam, häftig, stark, svår [*a ~ headache*], kraftig [*~ noise*]

violet ['vaɪələt] **I** *s* **1** viol **2** violett [*dressed in ~*] **II** *adj* violett

violin [ˌvaɪə'lɪn] *s* fiol, violin

violin bow [ˌvaɪə'lɪnbəʊ] *s* fiolstråke

violin case [ˌvaɪə'lɪnkeɪs] *s* fiollåda

violinist ['vaɪəlɪnɪst] *s* violinist

violoncellist [ˌvaɪələn'tʃelɪst] *s* violoncellist

violoncello [ˌvaɪələn'tʃeləʊ] (pl. *~s*) *s* violoncell

VIP [ˌviːaɪ'piː] *s* (förk. för *Very Important Person*) VIP, högdjur, höjdare

viper ['vaɪpə] *s* huggorm; bildl. orm, skurk

virgin ['vɜːdʒɪn] **I** *s* jungfru, oskuld; ***the Virgin Mary*** jungfru Maria; ***the Blessed*** (***Holy***) ***Virgin*** den heliga jungfrun **II** *adj* jungfrulig; jungfru- [*a ~ speech (voyage)*]; obefläckad, kysk; orörd, obeträdd; ~ ***soil*** jungfrulig (orörd) mark

virginity [və'dʒɪnətɪ] *s* jungfrulighet, jungfrudom, mödom, oskuld

Virgo ['vɜːgəʊ] astrol. Virgo, Jungfrun

virile ['vɪraɪl, amer. 'vɪr(ə)l] *adj* manlig, viril

virility [vɪ'rɪlətɪ] *s* manlighet, virilitet

virtual ['vɜːtʃʊəl] *adj* verklig, faktisk

virtually ['vɜːtʃʊəlɪ] *adv* faktiskt, i realiteten; så gott som [*he is ~ unknown*]

virtue ['vɜːtjuː] *s* dygd; ***a woman of easy*** ~ en lättfärdig kvinna

virtuosity [ˌvɜːtjʊ'ɒsətɪ] *s* virtuositet

virtuoso [ˌvɜːtjʊ'əʊzəʊ] (pl. *~s* el. *virtuosi*) *s* virtuos

virtuous ['vɜːtʃʊəs] *adj* dygdig

virulent ['vɪrʊlənt] *adj* giftig; elakartad

virus ['vaɪərəs] *s* virus; smittämne; datavirus
visa ['vi:zə] **I** *s* visum; ***entrance*** (***entry***) **~** inresevisum; ***exit* ~** utresevisum **II** *vb tr* visera [*get one's passport visaed*]
viscount ['vaɪkaʊnt] *s* viscount näst lägsta rangen inom engelska högadeln
viscous ['vɪskəs] *adj* viskös, trögflytande
visibility [ˌvɪzɪ'bɪlətɪ] *s* **1** synlighet **2** meteor. sikt [*poor* (dålig) **~**]; ***improved* ~** siktförbättring; ***reduced* ~** siktförsämring
visible ['vɪzəbl] *adj* synlig [*to* för]; tydlig
vision ['vɪʒ(ə)n] *s* **1** syn [*it has improved his* **~**]; synförmåga **2** syn, vision, drömbild; uppenbarelse **3** ***a man of* ~** en klarsynt man
visionary ['vɪʒənərɪ] *s* visionär; drömmare
visit ['vɪzɪt] **I** *vb tr* o. *vb itr* besöka; göra besök (visit) hos, hälsa ˈpå; vara på besök i (på); gå på, frekventera [**~** *pubs*]; vara på (avlägga) besök **II** *s* besök, visit [*to a p.* hos ngn; *to* (i) *a town*]; ***pay*** (***make***) ***a* ~ *to a p.*** göra (avlägga) besök hos ngn; ***be on a* ~** vara på besök [*to a p.* hos ngn; *to* (i) *Italy*]
visitation [ˌvɪzɪ'teɪʃ(ə)n] *s* hemsökelse
visiting ['vɪzɪtɪŋ] **I** *s* besök, besökande; visit, visiter; **~ *hours*** besökstid **II** *adj* besökande; främmande, gästande [*a* **~** *team*]; **~ *lecturer*** gästföreläsare; **~ *nurse*** distriktssköterska
visiting-card ['vɪzɪtɪŋkɑ:d] *s* visitkort
visitor ['vɪzɪtə] *s* besökare, besökande; gäst [*summer* **~***s*]; resande; pl. **~*s*** äv. främmande [*have* **~***s*]; ***visitors' book*** gästbok
visor ['vaɪzə] *s* **1** mösskärm, skärm **2** solskydd i bil
vista ['vɪstə] *s* **1** utsikt, fri sikt, perspektiv, panorama **2** framtidsperspektiv
visual ['vɪzjʊəl] *adj* **1** syn- [*the* **~** *nerve*]; visuell [**~** *aids* (hjälpmedel) *in teaching*]; **~ *impression*** synintryck; **~ *inspection*** (***examination***) okulärbesiktning **2** synlig [**~** *objects*]
visualization [ˌvɪzjʊəlaɪ'zeɪʃ(ə)n] *s* åskådliggörande, visualisering
visualize ['vɪzjʊəlaɪz] *vb tr* åskådliggöra [**~** *a scheme*], frammana en klar bild av [**~** *a scene*]; tydligt föreställa sig
vital ['vaɪtl] **I** *adj* **1** livsviktig, vital [**~** *organs*]; livskraftig; **~ *force*** livskraft; **~ *statistics*** a) befolkningsstatistik b) skämts. byst-, midje- och höftmått på t.ex. skönhetsdrottning; former **2** väsentlig, absolut nödvändig; trängande [*a* **~** *necessity*] **II** *s*, pl. **~*s*** ädlare delar, vitala delar
vitality [vaɪ'tælətɪ] *s* vitalitet, livskraft, liv
vitalize ['vaɪtəlaɪz] *vb tr* vitalisera, ge liv åt
vitamin ['vɪtəmɪn] *s* vitamin
vitaminize ['vɪtəmɪnaɪz] *vb tr* vitaminisera
vivacious [vɪ'veɪʃəs] *adj* livlig; pigg
vivacity [vɪ'væsətɪ] *s* livlighet, livfullhet
vivid ['vɪvɪd] *adj* livlig [*a* **~** *imagination*], levande [*a* **~** *personality*]; om färg äv. ljus, glad, klar; intensiv
vivisect [ˌvɪvɪ'sekt] *vb tr* företa vivisektion på, vivisekera
vivisection [ˌvɪvɪ'sekʃ(ə)n] *s* **1** vivisektion **2** bildl. dissekering, minutiös analys
vixen ['vɪksn] *s* **1** rävhona **2** ragata, häxa
V-neck ['vi:nek] *s* V-ringning, V-skärning
vocabulary [və'kæbjʊlərɪ] *s* ordförråd, vokabulär; ordlista, gloslista, glosbok
vocal ['vəʊkl] *adj* **1** röst- [**~** *organ*]; sång- [**~** *exercise*]; mus. vokal- [**~** *music*] **2** högljudd [**~** *protests*]
vocalist ['vəʊkəlɪst] *s* vokalist
vocalize ['vəʊkəlaɪz] *vb tr* o. *vb itr* artikulera, uttala; sjunga
vocation [və'keɪʃ(ə)n] *s* kallelse [*follow one's* **~**]; kall; ***he mistook his* ~** han valde fel bana
vocational [və'keɪʃ(ə)nl] *adj* yrkesmässig; yrkes- [*a* **~** *school*]; **~ *guidance*** yrkesvägledning; **~ *training school*** fackskola, yrkesskola
vociferous [və'sɪfərəs] *adj* högljudd
vodka ['vɒdkə] *s* vodka
vogue [vəʊg] *s* mode; ***it's all the* ~** det är högsta mode
voice [vɔɪs] **I** *s* **1** röst, stämma; sångröst; talan; ***give* ~ *to*** ge uttryck åt; ***raise one's* ~** höja rösten (tonen); ***have a* ~ *in the matter*** ha (få) ett ord med i laget; ***I have no* ~ *in this matter*** jag har ingen talan i den här saken **2** gram., verbs huvudform; ***in the active*** (***passive***) **~** i aktiv (passiv) form **II** *vb tr* **1** uttala; uttrycka **2** fonet. uttala (göra) tonande
voiced [vɔɪst] *adj* fonet. tonande [**~** *consonants*]
voiceless ['vɔɪsləs] *adj* fonet. tonlös [**~** *consonants*]
void [vɔɪd] **I** *adj* **1** tom **2** **~ *of*** blottad på, utan [**~** *of interest*] **3** speciellt jur. ogiltig **II** *s* tomrum; vakuum
volatile ['vɒlətaɪl, amer. 'vɒlətl] *adj* **1** fys.

flyktig [~ *oil*] **2** bildl. flyktig, ombytlig, labil
volcanic [vɒlˈkænɪk] *adj* vulkanisk
volcano [vɒlˈkeɪnəʊ] (pl. *~s*) *s* vulkan
vole [vəʊl] *s* sork; åkersork
volition [vəˈlɪʃ(ə)n] *s* vilja; viljekraft; ***of one's own ~*** av fri vilja
volley [ˈvɒlɪ] **I** *s* **1** mil. el. bildl. salva, skur [*a ~ of arrows*]; ***a ~ of applause*** en applådåska **2** sport. volley; volleyretur **II** *vb tr* **1** avlossa en salva (skur) **2** sport. slå på volley [*~ a ball*]
volleyball [ˈvɒlɪbɔːl] *s* volleyboll
volt [vəʊlt] *s* elektr. volt
voltage [ˈvəʊltɪdʒ] *s* elektr. spänning i volt
volte-face [ˌvɒltˈfɑːs] *s* helomvändning, kovändning
voluble [ˈvɒljʊbl] *adj* talför, munvig
volume [ˈvɒljuːm] *s* **1** volym, band, del [*in five ~s*]; ***speak*** (***express***) ***~s*** bildl. tala sitt tydliga språk **2** volym; kubikinnehåll; omfång **3** radio. el. mus. volym, ljudstyrka
voluminous [vəˈljuːmɪnəs] *adj* omfångsrik; omfattande, vidlyftig
voluntary [ˈvɒləntrɪ] *adj* frivillig
volunteer [ˌvɒlənˈtɪə] **I** *s* frivillig [*an army of ~s*]; volontär **II** *vb itr* o. *vb tr* **1** frivilligt anmäla sig [*for* till] **2** frivilligt erbjuda [*~ one's services*], frivilligt lämna [*~ information*]
voluptuous [vəˈlʌptjʊəs] *adj* vällustig; fyllig [*a ~ figure*], yppig
vomit [ˈvɒmɪt] **I** *vb tr* o. *vb itr* kräkas upp, kasta upp, spy; kräkas **II** *s* kräkning, kräkningsanfall; spyor
voracious [vəˈreɪʃəs] *adj* glupsk, rovgirig
voracity [vɒˈræsətɪ] *s* glupskhet, rovgirighet
votary [ˈvəʊtərɪ] *s* anhängare [*of* av]
vote [vəʊt] **I** *s* **1** röst vid t.ex. votering; ***cast*** (***give, record***) ***one's ~*** avge (avlämna) sin röst; ***casting ~*** utslagsröst; ***he won by 20 ~s*** han vann med 20 rösters övervikt (marginal) **2** röster [*the women's ~*]; röstetal, röstsiffra **3** omröstning, votering, röstning; ***popular ~*** folkomröstning; ***have the ~*** ha rösträtt; ***put a th. to the ~*** låta ngt gå till votering; ***take a ~*** rösta [*on* om]; ***~ of censure*** (***of no confidence***) misstroendevotum [*on* mot]; ***pass*** (***move***) ***a ~ of censure*** ställa misstroendevotum; ***he proposed a ~ of thanks to...*** han föreslog att man skulle uttala sitt tack till...
II *vb itr* o. *vb tr* **1** rösta [*old enough to ~*]; rösta för **2** bevilja [*~ a grant* (anslag)], anslå [*~ an amount for* (för, till) *a th.*] **3** ***~ Liberal*** rösta med (på) liberalerna **4** ***they voted the trip a success*** de var eniga om att resan hade varit lyckad
vote-catching [ˈvəʊtˌkætʃɪŋ] *s* röstfiske
voter [ˈvəʊtə] *s* röstande, röstberättigad; väljare
voting [ˈvəʊtɪŋ] *s* röstning, votering, val; ***~ by ballot*** sluten omröstning
voting-paper [ˈvəʊtɪŋˌpeɪpə] *s* valsedel
vouch [vaʊtʃ] *vb itr*, ***~ for*** garantera, ansvara för, gå i god (borgen) för
voucher [ˈvaʊtʃə] *s* **1** kupong [*luncheon ~*], turistkupong; rabattkupong; ***gift ~*** el. ***~*** presentkort **2** kvitto; bong
vow [vaʊ] **I** *s* högtidligt löfte; ***~ of chastity*** kyskhetslöfte; ***make a ~*** avlägga ett löfte; ***take ~s*** (***the ~s***) avlägga klosterlöfte **II** *vb tr* lova högtidligt, svära, svära på
vowel [ˈvaʊ(ə)l] *s* vokal
voyage [ˈvɔɪɪdʒ] **I** *s* sjöresa; färd genom luften el. i rymden **II** *vb itr* o. *vb tr* resa till sjöss; färdas genom t.ex. luften; resa (färdas) på (över)
voyager [ˈvɔɪədʒə] *s* resande, sjöfarare
voyeur [vwɑːˈjɜː] *s* voyeur, fönstertittare
V-sign [ˈviːsaɪn] *s* (förk. för *victory sign*) v-tecken segertecken
VSOP (förk. för *Very Superior Old Pale*) beteckning för finare cognac
vulcanize [ˈvʌlkənaɪz] *vb tr* vulkanisera, vulka
vulgar [ˈvʌlgə] *adj* **1** vulgär; tarvlig; oanständig **2** vanlig, allmän **3** mat., ***~ fraction*** allmänt (vanligt) bråk
vulgarity [vʌlˈgærətɪ] *s* vulgaritet
vulnerability [ˌvʌlnərəˈbɪlətɪ] *s* sårbarhet
vulnerable [ˈvʌlnərəbl] *adj* sårbar [*to* för], ömtålig, känslig [*a ~ spot*]; utsatt [*a ~ position*]
vulture [ˈvʌltʃə] *s* zool. gam

W

W, w ['dʌblju:] *s* W, w
W (förk. för *west, western*) V
wad [wɒd] **I** *s* bunt, packe; sedelbunt [äv. ~ *of banknotes*] **II** *vb tr* vaddera, stoppa; ***wadded quilt*** vadderat täcke
wadding ['wɒdɪŋ] *s* **1** vaddering, vaddstoppning **2** vadd; cellstoff
waddle ['wɒdl] *vb itr* vagga, rulta
wade [weɪd] *vb itr* **1** vada; pulsa (traska) fram [~ *through the mud*] **2** vard., ~ ***in*** sätta i gång, hugga i; ~ ***into*** a) ta itu med, hugga i med b) gå lös på, kasta sig över; ~ ***through*** plöja igenom
wafer ['weɪfə] *s* **1** rån **2** oblat, hostia
1 waffle ['wɒfl] *s* våffla
2 waffle ['wɒfl] *vb itr* vard. svamla, dilla
wag [wæg] **I** *vb tr* o. *vb itr* vifta på (med) [*the dog wagged its tail*], vippa på (med), vicka på (med) [~ *one's foot*], höta med [~ *one's finger at* (åt) *a p.*]; vifta [*the dog's tail wagged*], vippa, vagga; ~ ***one's tongue*** bildl. pladdra; ***set tongues wagging*** bildl. sätta fart på skvallret **II** *s* **1** viftning [*a* ~ *of* (på) *the tail*], vippande, vaggande **2** skämtare
wage [weɪdʒ] **I** *s*, vanl. pl. ~***s*** lön, avlöning speciellt veckolön för arbetare; ***weekly ~s*** veckolön; ~ ***bracket*** lönenivå, lönegrupp, löneklass; ~ ***demand*** lönekrav; ~ ***dispute*** lönekonflikt; ~ ***drift*** löneglidning; ~ ***freeze*** lönestopp; ~ ***packet*** lönekuvert; ~ ***restraint*** löneåterhållsamhet; ~ ***talks*** löneförhandlingar **II** *vb tr* utkämpa [~ *a battle*; *against (on)* mot]; ~ ***war*** föra krig
wage-earner ['weɪdʒˌɜ:nə] *s* löntagare
wager ['weɪdʒə] **I** *s* vad; insats; ***lay*** (***make***) ***a*** ~ hålla (slå) vad [*on* om; *that* om att] **II** *vb tr* slå (hålla) vad om; satsa, sätta [~ *10 pounds*]
waggle ['wægl] **I** *vb tr* vifta (vippa, vicka) på (med) **II** *s* viftning, vippande, vickande [*with a* ~ *of the hips*]
waggon ['wægən] *s* se *wagon*
wagon ['wægən] *s* **1** lastvagn, transportvagn; höskrinda; järnv. öppen godsvagn; ***covered*** ~ a) täckt godsvagn b) prärievagn **2** amer. vard. polispiket; ***the*** ~ äv. Svarta Maja fångtransportvagn **3** vard., ***go on the*** ~ spola kröken sluta med spriten
wagon-lit [ˌvægɒn'li:] (pl. *wagons-lit* [uttalas som sg.] el. *wagon-lits* [ˌvægn'li:z]) *s* sovvagn; sovkupé
wagtail ['wægteɪl] *s* zool. sädesärla
waif [weɪf] *s* föräldralöst (hemlöst) barn
wail [weɪl] **I** *vb itr* **1** klaga, jämra sig **2** om t.ex. vind tjuta, vina **II** *s* högljudd klagan, jämmer
wainscot ['weɪnskət] **I** *s* panel, panelning, boasering **II** *vb tr* panela, boasera
waist [weɪst] *s* midja, liv
waistband ['weɪstbænd] *s* **1** linning; kjollinning, byxlinning; midjeband **2** gördel, skärp
waistcoat ['weɪstkəʊt] *s* väst
waist-deep [ˌweɪst'di:p] *adj* o. *adv* upp (ända) till midjan [*he stood* ~ *in the water*]
waist-high [ˌweɪst'haɪ] *adj* o. *adv* till midjan
waistline ['weɪstlaɪn] *s* midja [*a slim* ~]
wait [weɪt] **I** *vb itr* o. *vb tr* **1** vänta; dröja; stanna; ***you ~!*** vänta du bara! hotelse; ***keep a p. waiting*** el. ***make a p.*** ~ låta ngn vänta; ***everything comes to those who*** ~ ungefär den som väntar på något gott väntar aldrig för länge; ***that can*** ~ det är inte så bråttom med det; ~ ***to*** + infinitiv a) vänta för att [*we waited to see what would happen*] b) vänta på att; ***he couldn't ~ to get there*** han kunde inte komma dit snabbt nog **2** passa upp, servera **3** vänta på; ~ ***one's opportunity*** avvakta (vänta på) ett lämpligt tillfälle; ***you must ~ your turn*** du får vänta tills det blir din tur **4** vänta med; ***don't ~ dinner for me*** vänta inte på mig med middagen □ ~ **at** *table* passa upp vid bordet, servera; ~ **for** vänta på, avvakta; ~ **on** passa upp, servera; betjäna, expediera [~ *on a customer*]
II *s* **1** väntan [*for* på], väntetid, paus; ***we had a long ~ for the bus*** vi fick vänta länge på bussen **2** ***lie in ~ for*** ligga i bakhåll för
wait-and-see [ˌweɪtən'si:] *adj*, ***pursue a ~ policy*** inta en avvaktande hållning
waiter ['weɪtə] *s* kypare, uppassare, servitör; ~*!* vaktmästarn!
waiting ['weɪtɪŋ] *s* **1** väntan; ***play a ~ game*** inta en avvaktande hållning **2** trafik., ***No Waiting!*** Förbud att stanna fordon stoppförbud
waiting-list ['weɪtɪŋlɪst] *s* väntelista
waiting-room ['weɪtɪŋru:m] *s* väntrum, väntsal

waitress ['weɪtrəs] *s* servitris, uppasserska; *~!* fröken!
waive [weɪv] *vb tr* avstå från [*~ one's right*], uppge [*~ one's claim*]; *~* ***aside*** vifta bort
1 wake [weɪk] (*woke woken*) *vb itr* o. *vb tr,* *~* ***up*** el. *~* vakna, vakna upp; väcka [*the noise woke me (woke me up)*], väcka upp; bildl. väcka, sätta liv i; *~* ***up to*** bildl. väcka till insikt om
2 wake [weɪk] *s,* ***in the ~ of a p.*** el. ***in a p.'s ~*** i ngns kölvatten; ***bring in one's ~*** medföra, dra med sig
wakeful ['weɪkf(ʊ)l] *adj* **1** vaken; sömnlös **2** vaksam
waken ['weɪk(ə)n] *vb tr* o. *vb itr,* *~* ***up*** el. *~* väcka
Wales [weɪlz] geogr. egennamn; ***the Prince of ~*** prinsen av Wales titel för den brittiske tronföljaren
walk [wɔ:k] **I** *vb itr* o. *vb tr* **1** gå; promenera, vandra, flanera; *~* ***on all fours*** gå på alla fyra **2** om t.ex. spöken gå igen, spöka **3** gå (promenera, vandra, flanera) på (i); gå av och an (fram och tillbaka) i (på) [*~ the deck*]; *~* ***it*** vard. gå till fots; *~* ***the streets*** a) gå (promenera) på gatorna b) om prostituerad gå på gatan **4** vard. följa, gå med [*~ a girl home*] □ *~* **about** gå (promenera etc.) omkring i (på); *~* **away a)** gå sin väg, avlägsna sig **b)** *~* ***away with*** vard. knycka stjäla [*~ away with the silver*]; vinna [*he walked away with the first prize*]; *~* **in** gå (träda) in, stiga in (på); *~* **into** gå in (ner, upp) i; *~* **off** gå sin väg; *~* **on** gå 'på, gå (vandra) vidare; *~* **out a)** gå ut; gå ut och gå **b)** gå i strejk **c)** *~* ***out on*** vard. gå ifrån, lämna [*they walked out on the meeting; he has walked out on her*], lämna i sticket; *~* **up** a) gå (stiga) upp (uppför) b) gå (stiga) fram [*to* till]
II *s* **1** promenad; fotvandring; ***it is only ten minutes' ~*** det tar bara tio minuter att gå; ***go out for (take) a ~*** el. ***go for a ~*** gå ut och gå (promenera); ***take (take out) the dog for a ~*** gå ut med hunden, valla hunden **2** sport. gångtävling; ***20 km. ~*** 20 km gång **3** [***I know him***] ***by his ~*** ...på hans sätt att gå **4** promenadtakt; ***at a ~*** i skritt; gående **5** promenadväg, gångväg, allé **6** *~* ***of life*** samhällsställning, samhällsgrupp, samhällsklass
walkie-talkie [ˌwɔ:kɪ'tɔ:kɪ] *s* walkie-talkie
walking ['wɔ:kɪŋ] **I** *s* **1** gående; fotvandringar, promenader; *~* ***is good exercise*** att gå är bra motion; *~* ***distance*** gångavstånd; ***at a ~ pace*** i skritt; gående **2** sport. gång **II** *adj* gående, gång-; ***a ~ dictionary (encyclopedia)*** ett levande lexikon
walking-shoe ['wɔ:kɪŋʃu:] *s* promenadsko
walking-stick ['wɔ:kɪŋstɪk] *s* promenadkäpp
Walkman ['wɔ:kmən] (pl. *~s*) *s* ® freestyle kassettbandspelare i fickformat
walk-on ['wɔ:kɒn] *adj* teat. statist- [*a ~ part*]
walkout ['wɔ:kaʊt] *s* **1** strejk **2** uttåg i protest från t.ex. sammanträde
walkover ['wɔ:kˌəʊvə] *s* **1** sport. walk-over; promenadseger **2** bildl. enkel match (sak)
wall [wɔ:l] **I** *s* mur; vägg; befästningsmur; *~* ***bars*** gymn. ribbstol; ***come (be) up against a brick (stone, blank) ~*** bildl. köra (ha kört) fast; ***drive (send) up the ~*** sl. driva till vansinne, göra galen; ***have one's back to the ~*** bildl. vara ställd mot väggen; ***put (stand) a p. up against a ~*** bildl. ställa ngn mot väggen; ***run (bang) one's head against a brick (stone) ~*** bildl. köra huvudet i väggen **II** *vb tr,* *~* ***in*** omge (förse) med en mur
wallet ['wɒlɪt] *s* plånbok
wallflower ['wɔ:lˌflaʊə] *s* **1** bot. lackviol **2** vard. panelhöna
wallop ['wɒləp] **I** *vb tr* vard. klå upp, ge stryk; slå till [*~ a ball*] **II** *s* vard. slag, smocka **III** *adv* med en duns
wallow ['wɒləʊ] *vb itr* **1** vältra (rulla) sig [*pigs wallowing in the mire*] **2** bildl., *~* ***in*** vältra (vräka) sig i [*~ in luxury*], frossa i
wall-painting ['wɔ:lˌpeɪntɪŋ] *s* väggmålning, fresk
wallpaper ['wɔ:lˌpeɪpə] **I** *s* tapet, tapeter **II** *vb tr* tapetsera
wall-plug ['wɔ:lplʌg] *s* elektr. stickpropp
wallsocket ['wɔ:lˌsɒkɪt] *s* elektr. vägguttag
Wall Street ['wɔ:lstri:t] gata i New York, där börsen är belägen; ***on ~*** äv. på den amerikanska börsen
wall-to-wall [ˌwɔ:ltʊ'wɔ:l] *adj,* *~* ***carpet*** heltäckningsmatta
walnut ['wɔ:lnʌt] *s* valnöt
walrus ['wɔ:lrəs] *s* valross
waltz [wɔ:ls] **I** *s* vals dans; valsmelodi **II** *vb itr* **1** dansa vals, valsa **2** vard. dansa [*she waltzed into the room*]; ***he waltzed off with the first prize*** han tog lätt hem första priset
wan [wɒn] *adj* glåmig; matt, blek

wand [wɒnd] *s* trollstav, trollspö
wander ['wɒndə] *vb itr* **1** ~ el. ~ ***about*** vandra (ströva) omkring; om t.ex. blick, hand glida, fara, gå [*over* över]; ***his attention wandered*** hans tankar började vandra **2** ~ ***away*** (***off***) gå vilse; ~ ***from the subject*** (***point***) gå (komma) ifrån ämnet; ***his mind is wandering*** han yrar
wanderer ['wɒndərə] *s* vandrare
wandering ['wɒndərɪŋ] **I** *s* vandring; pl. ~***s*** vandringar; kringflackande **II** *adj* kringvandrande; kringflackande [*lead a ~ life*]
wane [weɪn] **I** *vb itr* **1** avta [*his strength is waning*], minska, minskas, försvagas **2** om t.ex. månen avta, vara i avtagande **II** *s*, ***on the*** ~ i avtagande, på tillbakagång; ***the moon is on the*** ~ månen är i nedan (i avtagande)
wangle ['wæŋgl] vard. **I** *vb tr* o. *vb itr* fiffla med; mygla till sig [~ *an invitation to a party*]; fiffla, tricksa; mygla **II** *s*, ***a*** ~ fiffel, mygel
want [wɒnt] **I** *s* **1** brist, avsaknad; ~ ***of*** brist på **2** speciellt pl. ~***s*** behov; önskningar; ***supply*** (***meet***) ***a long-felt*** ~ fylla ett länge känt behov **3** nöd [*freedom from* ~]; ***be in*** ~ lida nöd
II *vb tr* o. *vb itr* **1** vilja [*we can stay at home if you* ~]; vilja ha [*do you ~ some bread?*], önska sig [*what do you ~ for Christmas?*]; sökes [*cook wanted*]; ***I don't ~ it said that...*** jag vill inte att man ska säga att...; ***how much do you ~ for...?*** hur mycket begär du för...?; ***what do you ~ from*** (***of***) ***me?*** vad begär du av mig?, vad vill du mig? **2** behöva; ***it ~s doing*** det behöver göras; ***it ~s some doing*** det är ingen lätt sak; ***it ~s doing*** [***with great care***] det måste (bör) göras...; ***you ~ to be more careful*** du måste (borde) vara försiktigare **3** sakna, inte ha [*he ~s the will to do it*] **4** opersonligt, ***it ~s very little*** det fattas mycket litet **5** vilja tala med [*tell Bob I ~ him*]; ***you are wanted on the phone*** det är telefon till dig; ***wanted by the police*** efterlyst av polisen **6** amer., ~ ***in*** (***out***) vilja komma (gå) in (ut); ~ ***out*** vard. inte vilja vara med längre
wanting ['wɒntɪŋ] *adj* o. *pres p*, ***be*** ~ saknas, fattas; ***be ~ in*** sakna [*be ~ in intelligence*], brista i [*be ~ in respect*]
wanton ['wɒntən] **I** *adj* godtycklig; meningslös [~ *destruction*]; hänsynslös [*a ~ attack*] **II** *s* lättfärdig kvinna, slinka
war [wɔ:] **I** *s* krig; kamp [*the ~ against disease*]; ***civil*** ~ inbördeskrig; ~ ***crimes*** krigsförbrytelser; ~ ***criminal*** krigsförbrytare; ~ ***memorial*** krigsmonument; ~ ***of nerves*** nervkrig; ***declare*** ~ förklara krig [*on, against* mot]; ***make*** (***wage***) ~ föra krig [*on* mot]; ***go to*** ~ börja krig [*against, with* mot, med] **II** *vb itr* kriga, föra krig [*against* mot]
warble ['wɔ:bl] **I** *vb tr* o. *vb itr* speciellt om fåglar kvittra, drilla **II** *s* fågels sång, kvitter, drill
war cloud ['wɔ:klaʊd] *s* bildl. krigsmoln
war cry ['wɔ:kraɪ] *s* **1** stridsrop **2** bildl. slagord, paroll
ward [wɔ:d] **I** *s* avdelning, sal, rum på t.ex. sjukhus; ***casualty*** ~ olycksfallsavdelning på sjukhus; ***maternity*** ~ BB-avdelning, förlossningsavdelning; ***private*** ~ enskilt rum **II** *vb tr*, ~ ***off*** avvärja, parera [~ *off a blow*]; avvända [~ *off a danger*], avstyra
war dance ['wɔ:dɑ:ns] *s* krigsdans
warden ['wɔ:dn] *s* föreståndare; uppsyningsman; ***air-raid*** ~ ungefär ordningsman vid civilförsvaret; ***traffic*** ~ trafikvakt; kvinnlig äv. lapplisa
warder ['wɔ:də] *s* fångvaktare
wardrobe ['wɔ:drəʊb] *s* **1** a) garderob [äv. *built-in* ~], klädkammare b) klädskåp **2** samling kläder garderob [*renew one's* ~]
ware [weə] *s*, pl. ~***s*** varor [*advertise one's ~s*], småartiklar
warehouse ['weəhaʊs] *s* lager, varuupplag, magasin, nederlag
warfare ['wɔ:feə] *s* krig, krigföring; krigstillstånd
warhead ['wɔ:hed] *s* stridsdel, stridsspets i robot [*nuclear* ~]; stridsladdning
warhorse ['wɔ:hɔ:s] *s* vard. **1** veteran **2** om teaterpjäs el. musikstycke gammalt slagnummer
warily ['weərəlɪ] *adv* varsamt, försiktigt
wariness ['weərɪnəs] *s* varsamhet, försiktighet
warlike ['wɔ:laɪk] *adj* **1** krigisk, stridslysten, stridbar **2** krigs- [*~ preparations*]
warm [wɔ:m] **I** *adj* **1** varm **2** obehaglig, otrevlig; besvärlig; [***he left***] ***when things started to get*** ~ ...när det började osa katt **3** i lek, ***you're getting*** ~ det bränns
II *vb tr* o. *vb itr* **1** värma, värma upp [~ *the milk*]; ~ ***up*** värma upp äv. sport. **2** bli

varm (varmare); värmas, värmas upp; värma sig; ~ ***to*** (***towards***) ***a p.*** bli vänligare stämd mot ngn; ~ ***to one's subject*** gå upp i sitt ämne, tala sig varm för sin sak; ~ ***up*** a) värmas upp, bli varm [*the engine is warming up*] b) bildl. bli varm i kläderna; tala sig varm c) sport. värma upp sig

warm-blooded [ˌwɔ:m'blʌdɪd] *adj* varmblodig

warmonger ['wɔ:ˌmʌŋgə] *s* krigshetsare

warmth [wɔ:mθ] *s* värme

warm-up ['wɔ:mʌp] *s* sport. uppvärmning

warn [wɔ:n] *vb tr* o. *vb itr* **1** varna [*a p. of (about) a th.* ngn för ngt; *a p. against a p. (a th.)* ngn för ngn (ngt)]; ***he warned me against going*** el. ***he warned me not to go*** han varnade mig för att gå; ~ ***against*** (***about, of***) varna för, slå larm om **2** varsla, varsko, förvarna [*of* om; *that* om att]; ~ ***a p. off a th.*** avvisa ngn från ngt

warning ['wɔ:nɪŋ] *s* **1** varning **2** förvarning, varsel [*of* om]; ***give a p. a fair*** ~ varna (varsko) ngn i tid

warp [wɔ:p] *vb tr* o. *vb itr* göra skev (vind); snedvrida; bli skev (vind)

warpaint ['wɔ:peɪnt] *s* krigsmålning

warpath ['wɔ:pɑ:θ] *s*, ***on the*** ~ på krigsstigen, på stridshumör

warped [wɔ:pt] *adj* **1** skev, vind **2** bildl. depraverad [*a ~ mind*]

warplane ['wɔ:pleɪn] *s* krigsflygplan

warrant ['wɒr(ə)nt] **I** *s* **1** speciellt jur. a) fullmakt, befogenhet, bemyndigande b) skriven order; ~ ***of arrest*** el. ~ häktningsorder; ***a ~ is out against him*** han är efterlyst av polisen **2** grund [*he had no ~ for saying so*], stöd **3** garanti [*of* för]; bevis [*of* på] **II** *vb tr* **1** berättiga, rättfärdiga [*nothing can ~ such insolence*]; motivera **2** garantera [*warranted 22 carat gold*]; ansvara (stå) för, gå i god för

warranty ['wɒrəntɪ] *s* garanti

warren ['wɒr(ə)n] *s* kaningård

warrior ['wɒrɪə] *s* krigare; ***the Unknown Warrior*** den okände soldaten

Warsaw ['wɔ:sɔ:] Warszawa

warship ['wɔ:ʃɪp] *s* krigsfartyg, örlogsfartyg

wart [wɔ:t] *s* vårta; utväxt

wart hog ['wɔ:thɒg] *s* vårtsvin

wartime ['wɔ:taɪm] *s* krigstid

wary ['weərɪ] *adj* varsam, försiktig; på sin vakt; ***be ~ of*** akta sig för

was [wɒz, obetonat wəz], ***I*** ~ jag var; ***he/ she/it*** ~ han/hon/den/det var; se vidare *be*

wash [wɒʃ] **I** *vb tr* o. *vb itr* **1** tvätta; skölja, spola; ~ ***the dishes*** diska; ~ ***oneself*** tvätta sig; ~ ***one's hands of*** bildl. ta sin hand ifrån, inte vilja ha något att göra med; ***I ~ my hands of it*** bildl. jag tvår mina händer; ~ ***one's dirty linen in public*** bildl. tvätta sin smutsiga byk offentligt **2** om t.ex. vågor a) skölja mot, spola in över b) spola, skölja [~ *overboard*] **3** tvätta sig; tvätta av sig **4** om t.ex. tyg gå att tvätta, tåla tvätt [*a material that will ~*] **5** vard., ***it won't*** ~ det håller inte; den gubben går inte **6** om vatten m.m. skölja □ ~ **ashore** spola (spolas) i land; ~ **away** a) tvätta (spola, skölja) bort b) urholka, urgröpa [*the cliffs had been washed away by the sea*]; ~ **down** a) tvätta, spola av [~ *down a car*] b) skölja ned [~ *down the food with beer*]; ~ **off** a) tvätta bort (av) [~ *off stains*] b) gå bort i tvätten c) sköljas (spolas) bort; ~ **out** tvätta (skölja) ur; tvätta (skölja) upp [~ *out clothes*]; ***feel washed out*** vard. känna sig urlakad; ~ **up a)** diska; diska av **b)** om vågor skölja (spola) upp **c)** vard., ***washed up*** slut, färdig [*he was washed up as a boxer*] **II** *s* **1** tvättning, tvagning; ***give the car a good*** ~ tvätta (spola) av bilen ordentligt; ***have a*** ~ tvätta av sig; ***have a ~ and brush up*** snygga till sig **2** a) tvättning av kläder b) tvättkläder c) tvättinrättning; ***it will come out in the*** ~ a) det går bort i tvätten b) bildl. det kommer att ordna upp sig **3** svallvåg speciellt efter båt; skvalp; kölvatten

washable ['wɒʃəbl] *adj* tvättbar, tvättäkta

wash-and-wear [ˌwɒʃənd'weə] *adj* som går att tvätta (dropptorka) och ta på

washbasin ['wɒʃˌbeɪsn] *s* handfat, tvättfat

washboard ['wɒʃbɔ:d] *s* tvättbräde

washbowl ['wɒʃbəʊl] *s* handfat, tvättfat

washcloth ['wɒʃklɒθ] *s* disktrasa; speciellt amer. tvättlapp

washdown ['wɒʃdaʊn] *s* **1** översköljning, avtvättning, avspolning; ***give the car a*** ~ tvätta (spola) av bilen **2** kall avrivning

washer ['wɒʃə] *s* tekn. **1** packning till t.ex. kran **2** underläggsbricka

wash-house ['wɒʃhaʊs] *s* tvättstuga uthus

washing ['wɒʃɪŋ] *s* **1** tvätt, tvättning, tvagning, diskning, sköljning, spolning **2** tvättkläder

washing-day ['wɒʃɪŋdeɪ] *s* tvättdag

washing-machine ['wɒʃɪŋməʃi:n] *s* tvättmaskin
washing-powder ['wɒʃɪŋˌpaʊdə] *s* tvättpulver, tvättmedel
washing-soda ['wɒʃɪŋˌsəʊdə] *s* kristallsoda, tvättsoda
Washington ['wɒʃɪŋtən]
washing-up [ˌwɒʃɪŋ'ʌp] *s* disk, diskning; rengöring; ~ ***bowl*** diskbalja; ~ ***liquid*** flytande diskmedel; ***do the*** ~ diska
wash leather ['wɒʃˌleðə] *s* tvättskinn
washout ['wɒʃaʊt] *s* vard. fiasko; om person odugling, nolla
washproof ['wɒʃpru:f] *adj* tvättäkta
washroom ['wɒʃru:m] *s* toalettrum, tvättrum
washstand ['wɒʃstænd] *s* tvättställ; kommod
washtub ['wɒʃtʌb] *s* tvättbalja
wasn't ['wɒznt] = *was not*
wasp [wɒsp] *s* geting
waste [weɪst] **I** *adj* **1** öde, ödslig; ***lay*** ~ ödelägga, skövla; ***lie*** ~ ligga öde **2** avfalls- [~ *products*]; ~ ***paper*** pappersavfall; ~ ***paper basket*** papperskorg
II *vb tr* o. *vb itr* **1** slösa, ödsla bort, förslösa, förspilla [*in (over); a th.* på (med) ngt]; slösa med; förslösas, gå till spillo; ~ ***one's breath*** tala för döva öron; ~ ***time*** speciellt sport. maska; ~ ***a p.'s time*** uppta ngns tid; ~ ***not, want not*** den som spar han har **2** försumma, försitta [~ *an opportunity*] **3** ödelägga, föröda, skövla **4** tära på, förtära [äv. ~ *away*]; ~ ***away*** om person tyna av, avtäras; [***a body***] ***wasted by disease*** ...tärd (härjad) av sjukdom
III *s* **1** slöseri, slösande [*of* med]; ***it's a ~ of breath*** det är att tala för döva öron; ***a ~ of time*** bortkastad tid, slöseri med tid; ***go*** (***run***) ***to*** ~ gå till spillo **2** avfall; ***cotton*** ~ trassel **3** ödemark, ödevidd
wastebasket ['weɪstˌbɑ:skɪt] *s* amer. papperskorg
wastebin ['weɪstbɪn] *s* soplår, soptunna
waste disposal ['weɪstdɪsˌpəʊz(ə)l] *s* avfallshantering
waste-disposer ['weɪstdɪsˌpəʊzə] *s* avfallskvarn
wasteful ['weɪstf(ʊ)l] *adj* slösaktig
wasteland ['weɪstlænd] *s* ödejord; ofruktbar mark, ödemark; öken
wastepipe ['weɪstpaɪp] *s* avloppsrör
waster ['weɪstə] *s* **1** slösare **2** odåga
watch [wɒtʃ] **I** *s* **1** vakt, vakthållning, bevakning; uppsikt; utkik; ***keep*** (***keep a***) ~ ***for*** hålla utkik efter; ***keep*** (***keep a***) ~ ***on*** (***over***) hålla uppsikt (vakt) över **2** om person vakt, utkik; kollektivt nattvakt **3** sjö. vakt: a) vaktmanskap b) vakthållning c) vaktpass **4** klocka, ur, fickur, armbandsur; ***set one's*** ~ ställa klockan (sin klocka) [*by* efter]; ***what time is it by your ~?*** hur mycket (vad) är din klocka? **5** vaka, vakande; likvaka
II *vb itr* o. *vb tr* **1** se ˈpå, titta ˈpå, titta; ~ ***for*** a) hålla utkik efter; vänta (vakta) på [~ *for a signal*] b) avvakta, passa [~ *for an opportunity*]; ~ ***out*** se upp [~ *out when you cross the road*]; ~ ***out for*** hålla utkik efter; ge akt på; ~ ***over*** vakta, ha uppsikt över; vaka över **2** vakta, hålla vakt, stå (gå) på vakt **3** vaka [*over* över; *by (with) a p.* hos ngn] **4** se på, titta på [~ *television*]; ge akt på, iaktta, betrakta; vara noga (se upp) med [~ *one's weight*]; ~ ***it*** (***yourself***)***!*** akta dig!; ~ ***what you do!*** ge akt på vad du gör! **5** bevaka [~ *one's interests*]; vaka över, hålla ett öga på, passa, vakta, valla [~ *one's sheep*]
watchcase ['wɒtʃkeɪs] *s* boett
watchdog ['wɒtʃdɒg] *s* vakthund, bandhund
watcher ['wɒtʃə] *s* bevakare, observatör; iakttagare; ***bird*** ~ fågelskådare
watchful ['wɒtʃf(ʊ)l] *adj* vaksam, på sin vakt [*against, of* mot], uppmärksam [*for* på]; ***keep a ~ eye on*** hålla ett vakande öga på
watchmaker ['wɒtʃˌmeɪkə] *s* urmakare
watchman ['wɒtʃmən] (pl. *watchmen* ['wɒtʃmən]) *s* nattvakt, väktare
watchout ['wɒtʃaʊt] *s*, ***keep a*** ~ hålla utkik
watchstrap ['wɒtʃstræp] *s* klockarmband
watchtower ['wɒtʃˌtaʊə] *s* vakttorn, utkikstorn
watchword ['wɒtʃwɜ:d] *s* paroll, slagord, lösen, motto
water ['wɔ:tə] **I** *s* vatten; pl. ***~s*** a) vatten, vattenmassor b) farvatten [*in British ~s*]; ***body of*** ~ vattenmassa; ***table*** ~ bordsvatten; ~ ***on the knee*** med. vatten i knät; ***spend money like*** ~ ösa ut pengar; ***drink*** (***take***) ***the ~s*** dricka brunn; ***pass*** ~ kasta vatten, urinera; ***take in*** ~ ta in vatten, läcka; ***keep one's head*** (***oneself***) ***above*** ~ bildl. hålla sig flytande; ***of the first*** (***purest***) ~ av renaste vatten; bildl. av högsta klass
II *vb tr* o. *vb itr* **1** vattna; bevattna **2** ~

down spä, spä ut; bildl. göra urvattnad; ***watered down*** äv. urvattnad **3** vattra [*watered silk*] **4** vattna sig, vattnas; ***it made his mouth ~*** det vattnades i munnen på honom **5** rinna, tåras [*the smoke made my eyes ~*]

water bottle ['wɔ:təˌbɒtl] *s* **1** vattenkaraff **2** fältflaska, vattenflaska

watercan ['wɔ:təkæn] *s* vattenkanna

water cannon ['wɔ:təˌkænən] *s* vattenkanon

watercart ['wɔ:təkɑ:t] *s* vattenvagn, bevattningsvagn

waterchute ['wɔ:təʃu:t] *s* vattenrutschbana

water closet ['wɔ:təˌklɒzɪt] *s* vattenklosett, wc

watercolour ['wɔ:təˌkʌlə] *s* **1** vattenfärg, akvarellfärg; ***in ~s*** i akvarell **2** akvarellmålning, målning i vattenfärg

water-cooled ['wɔ:təku:ld] *adj* vattenkyld

watercress ['wɔ:təkres] *s* vattenkrasse

water-diviner ['wɔ:tədɪˌvaɪnə] *s* slagruteman

waterfall ['wɔ:təfɔ:l] *s* vattenfall, fors

waterfowl ['wɔ:təfaʊl] *s* vanl. kollektivt vattenfågel, sjöfågel

waterfront ['wɔ:təfrʌnt] *s* strand; sjösida av stad; ***along the ~*** längs (vid) vattnet

water gauge ['wɔ:təgeɪdʒ] *s* tekn. vattenmätare; vattenståndsmätare

water-heater ['wɔ:təˌhi:tə] *s* varmvattenberedare

water hose ['wɔ:təhəʊz] *s* vattenslang

water ice ['wɔ:tərais] *s* isglass, vattenglass

watering ['wɔ:tərɪŋ] *s* vattning, vattnande

watering-can ['wɔ:tərɪŋkæn] *s* vattenkanna för vattning

watering-cart ['wɔ:tərɪŋkɑ:t] *s* vattenvagn, bevattningsvagn

watering-place ['wɔ:tərɪŋpleɪs] *s* **1** vattningsställe **2** hälsobrunn, brunnsort

water jug ['wɔ:tədʒʌg] *s* vattentillbringare, vattenkanna

water jump ['wɔ:tədʒʌmp] *s* sport. vattengrav

water level ['wɔ:təˌlevl] *s* **1** vattenstånd, vattennivå **2** sjö. vattenlinje **3** tekn. vattenpass

water lily ['wɔ:təˌlɪlɪ] *s* näckros

waterlogged ['wɔ:təlɒgd] *adj* **1** vattenfylld, full av vatten **2** vattensjuk

watermark ['wɔ:təmɑ:k] **I** *s* **1** vattenmärke; vattenstämpel **2** vattenståndsmärke, vattenståndslinje **II** *vb tr* vattenstämpla

watermelon ['wɔ:təˌmelən] *s* vattenmelon

waterpipe ['wɔ:təpaɪp] *s* **1** vattenledning, vattenledningsrör **2** vattenpipa

water polo ['wɔ:təˌpəʊləʊ] *s* vattenpolo

water power ['wɔ:təˌpaʊə] *s* vattenkraft

waterproof ['wɔ:təpru:f] **I** *adj* vattentät; impregnerad [*~ material*]; ***~ hat*** regnhatt **II** *s* regnplagg; vattentätt tyg **III** *vb tr* göra vattentät; impregnera

waterproofing ['wɔ:təˌpru:fɪŋ] *s* impregnering

water rate ['wɔ:təreɪt] *s* vattenavgift, vattentaxa

water-resistant [ˌwɔ:tərɪ'zɪst(ə)nt] *adj* vattenbeständig, vattenfast; vattentät

water-ski ['wɔ:təski:] **I** *vb itr* åka vattenskidor **II** *s* vattenskida

water-softener ['wɔ:təˌsɒfnə] *s* vattenavhärdare

water supply ['wɔ:təsəˌplaɪ] *s* **1** vattenförsörjning; vattentillförsel **2** vattentillgång, vattenförråd

water tap ['wɔ:tətæp] *s* vattenkran

watertight ['wɔ:tətaɪt] *adj* vattentät [*~ compartments; a ~ alibi*], tät

waterway ['wɔ:təweɪ] *s* **1** farled, segelled, farvatten; kanal **2** vattenväg, vattenled

water wings ['wɔ:təwɪŋz] *s pl* armkuddar slags simdyna

waterworks ['wɔ:təwɜ:ks] *s* vattenverk

watery ['wɔ:tərɪ] *adj* **1** vattnig, sur, blöt; vatten- [*~ vapour*] **2** vattnig [*~ soup*]; tunn; urvattnad

watt [wɒt] *s* elektr. watt

wave [weɪv] **I** *s* **1** våg; bölja; ***~ of strikes*** strejkvåg; ***heat ~*** värmebölja **2** vågighet, våglinje **3** vinkning; vink; viftning **4** våg i hår; ondulering [*permanent ~*]; permanent [*cold ~*]

II *vb itr* o. *vb tr* **1** bölja, gå i vågor (böljor); vaja, fladdra **2** våga sig, falla [*her hair ~s naturally*]; våga, ondulera [*~ one's hair*] **3** vinka [*to* till; *~ goodbye*]; vifta; vinka med [*~ one's hand*], vifta med [*he waved his handkerchief*]; ***~ aside*** a) vinka bort [*~ a p. aside*]; vinka avsides b) bildl. vifta bort, avvisa, avfärda

wavelength ['weɪvleŋθ] *s* radio. våglängd

waver ['weɪvə] *vb itr* **1** fladdra [*the candle wavered*]; skälva [*her voice wavered*]; **2** vackla [*his courage wavered*]; ge vika **3** växla, skifta, vackla [*~ between two opinions*]; tveka

wavy ['weɪvɪ] *adj* vågig, vågformig

1 wax [wæks] *vb itr* speciellt om månen tillta,

växa; ~ ***and wane*** bildl. tillta och avta i styrka

2 wax [wæks] **I** *s* vax; bivax; öronvax **II** *vb tr* vaxa; bona [~ *floors*]; polera

waxen ['wæks(ə)n] *adj* **1** av vax, vax- [~ *image*] **2** vaxlik, vaxartad; vaxblek

waxwork ['wæksw3:k] *s* **1** a) vaxfigur b) vaxarbeten, vaxfigurer **2** ~***s*** vaxkabinett

waxy ['wæksɪ] *adj* vaxartad, vaxlik

way [weɪ] **I** *s* **1** väg [*they went the same* ~], håll, riktning; sträcka, stycke **2** väg, stig [*a* ~ *across the field*]; gång **3** sätt [*the right* ~ *of doing (to do) a th.*]; utväg **4** ~***s and means*** möjligheter, medel; ~ ***of life*** livsföring, livsstil **5** med 'the' el. pronomen ***that is always the*** ~ så är det alltid; ***that's the*** ~ ***it is*** så är det, sånt är livet; ***that's the*** ~ ***to do it*** så skall det göras (gå till); [***he ought to be promoted***] ***after the*** ~ ***he has worked***...som han arbetat; ***do it any*** ~ ***you like*** gör precis som du själv vill; ***you can't have it both*** ~***s*** man kan inte både äta kakan och ha den kvar, man kan inte få bådadera; ***each*** ~ varje väg; i vardera riktningen; ***put ten pounds on a horse each*** ~ kapplöpn. satsa tio pund både på vinnare och på plats; ***it is not his*** ~ ***to be mean*** snålhet ligger inte för honom; ***no*** ~***!*** vard. aldrig i livet!, sällan! **6** med verb: **ask** *the (one's)* ~ fråga efter vägen; **clear** *the* ~ bana väg, gå ur vägen; **feel** *one's* ~ känna sig fram; bildl. känna sig för; **go** *a long* ~ gå långt; räcka långt, vara dryg; ***go a long (great)*** ~ ***to (towards)*** bidra starkt till; ***go the right*** ~ ***about it*** angripa det från rätt sida, börja i rätt ände; ***are you going my*** ~***?*** skall du åt mitt håll?; ***everything was going my*** ~ allt gick vägen för mig; **have** *(have it all) one's own* ~ få sin vilja fram; ***have it your own*** ~***!*** gör som du vill!; ***let a p. have his own*** ~ låta ngn få som han vill; ***if I had my*** ~***...*** om jag fick bestämma...; ***she has a*** ~ ***with children*** hon har god hand med barn; **know** *the (one's)* ~ *about* a) vara hemmastadd på platsen b) ha reda på saker och ting; **lead** *the* ~ gå före och visa vägen, gå före; bildl. gå i spetsen, visa vägen; **lose** *one's (the)* ~ råka (gå, köra etc.) vilse; **make** ~ bereda (lämna) plats [*for* åt, för], gå undan (ur vägen) [*for* för]; ***make one's*** ~ el. ***make one's*** ~ ***in the world (in life)*** arbeta sig upp, slå sig fram

□ ~ **about (round)** omväg [*go* (göra, ta) *a long* ~ *about (round)*]; ***the other*** ~ ***round (about)*** precis tvärtom; **across** *the* ~ på andra sidan vägen (gatan); **by** *the* ~ för övrigt; ***by the*** ~***, do you know...?*** förresten vet du...?; ***not by a long*** ~ inte på långa vägar; ***by*** ~ ***of*** a) via, över b) som [*by* ~ *of an explanation*]; **in** *a* ~ på sätt och vis; ***he is in a bad*** ~ det är illa ställt med honom; ***in a small*** ~ i liten skala; ***in the*** ~ i vägen [*of* för]; ***in any*** ~ på något sätt; ***in no*** ~ på intet sätt, ingalunda [*in no* ~ *inferior*]; ~ **in** ingång, väg in, infart; ~ **off** långt borta, **on** *the (his)* ~ *to* på väg (på vägen) till; ***be on the*** ~ vara på väg; ***be well on one's*** ~ ha kommit en bra bit på väg; bildl. vara på god väg; ~ **out** a) utgång, väg ut, utfart b) bildl. utväg, råd; **out of** *the* ~ a) ur vägen [*be out of the* ~], undan, borta b) avsides, avsides belägen c) ovanlig, originell; ***go out of one's*** ~ a) ta (göra, köra etc.) en omväg, göra en avstickare b) göra sig extra besvär [*he went out of his* ~ *to help me*]; ***put a p. out of the*** ~ röja ngn ur vägen; *be* **under** ~ ha kommit i gång; ***get under*** ~ komma i gång

II *adv* vard. långt, högt; ~ ***back in the seventies*** redan på 70-talet; ***it's*** ~ ***over my head*** det går långt över min horisont

wayfarer ['weɪˌfeərə] *s* vägfarande

waylaid [weɪ'leɪd] se *waylay*

waylay [weɪ'leɪ] (*waylaid waylaid*) *vb tr* **1** ligga i bakhåll för, lurpassa på **2** hejda [*he waylaid me and asked for a loan*]

way-out [ˌweɪ'aʊt] *adj* vard. extrem; excentrisk, mysko

wayside ['weɪsaɪd] *s* vägkant; ~ ***inn*** värdshus vid vägen; ***by the*** ~ vid vägen

wayward ['weɪwəd] *adj* egensinnig; nyckfull

WC [ˌdʌblju:'si:] (förk. för *water closet*) wc

we [wi:, obetonat wɪ] (objektsform *us*) *pers pron* **1** vi **2** man [~ *say 'please' in English*]

weak [wi:k] *adj* svag; klen, bräcklig; dålig; ***the weaker sex*** det svaga (svagare) könet; ***have a*** ~ ***stomach*** ha dålig mage

weaken ['wi:k(ə)n] *vb tr* o. *vb itr* försvaga, göra svagare, förslappa, matta; försvagas, bli svagare, förslappas, mattas

weak-kneed [ˌwi:k'ni:d] *adj* **1** knäsvag **2** vek, eftergiven, velig

weakling ['wi:klɪŋ] *s* vekling, stackare

weakness ['wi:knəs] *s* svaghet [*of, in* i; *for* för]; klenhet, svag sida, brist; ***have a*** ~

for vara svag för, ha en svaghet för [*Vincent has a ~ for chocolate*]; ***in a moment of ~*** i ett svagt ögonblick
weak-willed [ˌwi:k'wɪld] *adj* viljelös
weal [wi:l] *s* strimma, rand märke på huden efter slag
wealth [welθ] *s* rikedom, rikedomar, förmögenhet; välstånd; tillgångar; ***a man of ~*** en förmögen man; ***a ~ of*** bildl. en rikedom på
wealthiness ['welθɪnəs] *s* rikedom
wealthy ['welθɪ] *adj* rik, förmögen
wean [wi:n] *vb tr* **1** avvänja [*~ a baby*]; ***~ a baby on...*** föda upp ett spädbarn på... **2** ***~ from*** avvänja från
weapon ['wepən] *s* vapen; tillhygge
weaponry ['wepənrɪ] *s* vapen kollektivt [*nuclear ~*]
wear [weə] **I** (*wore worn*) *vb tr* o. *vb itr* **1** ha på sig, vara klädd i, ha, bära [*~ a ring*], klä sig i, gå klädd i [*she always ~s blue*], använda [*~ spectacles*]; ***~ a beard*** ha skägg; ***~ one's hair long*** (***short***) ha långt (kort) hår; ***~ lipstick*** använda läppstift; ***~ one's years*** (***age***) ***well*** bära sina år med heder; ***this coat has not been worn*** den här rocken är inte använd **2** nöta (slita) på [*hard use has worn the gloves*]; nöta (trampa, köra) upp [*~ a path across the field*]; ***~ a hole in*** nöta (slita) hål på (i) **3 a)** nötas, slitas, bli nött; ***~ thin*** bli tunnsliten; bildl. börja bli genomskinlig [*his excuses are wearing thin*]; börja ta slut [*my patience wore thin*] **b)** ***~ on a p.*** gå ngn på nerverna **4 a)** hålla [*this material will ~ for years*]; stå sig; ***~ well*** hålla bra; vara väl bibehållen [*she ~s well*] **b)** vard. hålla streck; ***the argument won't ~*** argumentet håller inte □ **~ down a)** nöta (slita) ned (ut), nötas (slitas) ned (ut); ***worn down*** nedsliten, utnött **b)** trötta ut [*he ~s me down*] **c)** bryta ned, övervinna [*~ down the enemy's resistance*]; **~ off a)** nöta av (bort), nötas av (bort) **b)** gå över (bort) [*his fatigue had worn off*]; minska, avta [*the effect wore off*]; **~ on** om t.ex. tid lida, framskrida [*as the winter wore on*]; **~ out** slita (nöta) ut, slitas (nötas) ut; göra slut på; förslitas; ***be worn out*** äv. vara utarbetad (slut)
II *s* **1** bruk [*clothes for everyday ~*] **2** kläder [*travel ~*]; ***men's ~*** herrkläder, herrkonfektion **3** nötning, slitning; ~ el. ***~ and tear*** slitage, förslitning; bildl. påfrestningar; ***fair ~ and tear*** normalt slitage; ***show signs of ~*** börja se sliten ut; ***stand any amount of ~*** tåla omild behandling; ***be the worse for ~*** vara sliten (illa medfaren)
wearisome ['wɪərɪs(ə)m] *adj* **1** tröttsam, långtråkig **2** tröttande, besvärlig
weary ['wɪərɪ] **I** *adj* trött, uttröttad [*with* av] **II** *vb tr* o. *vb itr* trötta ut; tröttna [*of* på]
weasel ['wi:zl] *s* zool. vessla
weather ['weðə] **I** *s* väder, väderlek; ***wet ~*** regnväder; ***make heavy ~ of*** [***the simplest task***] bildl. göra mycket väsen (ett berg) av...; ***under the ~*** vard. vissen, krasslig; ***~ bulletin*** väderrapport; ***~ bureau*** meteorologisk byrå, vädertjänst; ***~ forecast*** väderrapport, väderprognos **II** *vb tr* sjö. el. bildl. rida ut [*~ a storm*]; bildl. äv. klara, överleva [*~ a crisis*]
weather-beaten ['weðəˌbi:tn] *adj* väderbiten, barkad [*a ~ face*]
weatherboard ['weðəbɔ:d] *s* byggn. fjällpanelbräda; pl. ***~s*** äv. fjällpanel
weatherbound ['weðəbaʊnd] *adj* hindrad (försenad) på grund av vädret
weathercock ['weðəkɒk] *s* vindflöjel, väderflöjel, kyrktupp
weather glass ['weðəglɑ:s] *s* barometer
weatherproof ['weðəpru:f] **I** *adj* väderbeständig; ***~ jacket*** vindtygsjacka **II** *vb tr* göra väderbeständig, impregnera
weathervane ['weðəveɪn] *s* vindflöjel
weave [wi:v] **I** (*wove woven*) *vb tr* o. *vb itr* **1** väva [*~ cloth*] **2** fläta [*~ a basket*], binda [*~ a garland of flowers*]; fläta in [*into* i] **II** *s* väv, vävning
weaver ['wi:və] *s* vävare, väverska
weaving ['wi:vɪŋ] *s* vävning, vävnad
web [web] *s* **1** väv **2** ***spider's ~*** el. ~ spindelväv, spindelnät
wed [wed] (*wedded wedded* el. *wed wed*) *vb tr* o. *vb itr* gifta sig med; gifta bort; viga; gifta sig
we'd [wi:d] = *we had, we would, we should*
wedded ['wedɪd] *adj* o. *perf p* gift [*to* med], vigd [*to* vid]; äkta [*the ~ couple*]; ***his lawful ~ wife*** hans äkta maka
wedding ['wedɪŋ] *s* bröllop; vigsel; ***~ anniversary*** bröllopsdag årsdag; ***~ breakfast*** bröllopslunch; ***~ day*** bröllopsdag; ***~ dress*** brudklänning
wedding cake ['wedɪŋkeɪk] *s* bröllopstårta fruktkaka i våningar täckt med marsipan och glasyr
wedding ring ['wedɪŋrɪŋ] *s* vigselring
wedge [wedʒ] **I** *s* kil; bit [*a ~ of a cake*]

II *vb tr* kila; kila fast; ***be wedged in*** el. ***be wedged*** vara inkilad (inklämd); ***~ together*** tränga ihop
wedge-shaped ['wedʒʃeɪpt] *adj* kilformig, kilformad
wedlock ['wedlɒk] *s* jur. äktenskap; ***holy ~*** det heliga äkta ståndet
Wednesday ['wenzdeɪ, 'wenzdɪ] *s* onsdag; ***last ~*** i onsdags
wee [wi:] *adj* mycket liten, liten liten [*just a ~ drop*]; ***~ little*** pytteliten; ***a ~ bit*** en liten aning (smula)
weed [wi:d] **I** *s* ogräs **II** *vb tr* **1** rensa, rensa i [*~ the garden*]; bildl. gallra, gallra i **2** ***~ out*** rensa bort [*~ out a plant*], gallra ut
weed-killer ['wi:dˌkɪlə] *s* ogräsmedel
weeds [wi:dz] *s pl*, ***widow's ~*** el. ***~*** änkedräkt, sorgdräkt
week [wi:k] *s* vecka; ***last ~*** förra veckan; ***last Sunday ~*** i söndags för en vecka sedan; ***this ~*** i veckan, den här veckan; ***today (this day) ~*** el. ***a ~ today (from now)*** i dag om en vecka; ***a ~ ago today*** i dag för en vecka sedan; ***~ by ~*** vecka för vecka; ***be paid by the ~*** få betalt per vecka; [***it went on***] ***for ~s*** ...i veckor; ***never (not once) in a ~ of Sundays*** vard. aldrig någonsin, aldrig i livet
weekday ['wi:kdeɪ] *s* vardag, veckodag
weekend [ˌwi:k'end] *s* helg, veckoslut, weekend
weekly ['wi:klɪ] **I** *adj* vecko- [*a ~ publication*]; varje vecka [*~ visits*] **II** *adv* en gång i veckan; varje vecka; per vecka **III** *s* veckotidning, veckotidskrift
weeny ['wi:nɪ] *adj* vard. pytteliten
weep [wi:p] **I** (*wept wept*) *vb itr* o. *vb tr* gråta **II** *s* gråtanfall; ***have a good ~*** gråta ut
weeping ['wi:pɪŋ] **I** *s* gråt, gråtande; ***~ fit*** gråtattack **II** *adj* **1** gråtande **2** bot., ***~ willow*** tårpil
wee-wee ['wi:wi:] barnspr. el. vard. **I** *s* kiss; ***do a ~*** kissa **II** *vb itr* kissa
weigh [weɪ] *vb tr* o. *vb itr* **1** väga [*it ~s a ton*]; ***~ one's words*** väga sina ord; ***~ on*** bildl. trycka, tynga; ***it ~s on me (my mind)*** det trycker (plågar) mig **2** sjö. lyfta (dra) upp [*~ the anchor*]; ***~ anchor*** lätta ankar □ ~ **down** tynga (trycka) ned; ***weighed down with cares*** tyngd av bekymmer; ~ **in** a) sport. väga (vägas) in b) vard. hoppa in, ingripa; ~ **together** bildl. väga mot varandra; ~ **up** bedöma [*~ up one's chances*], beräkna, avväga; ***~ a p. up*** bedöma vad ngn går för
weigh-in ['weɪɪn] *s* sport. invägning
weighing-machine ['weɪɪŋməʃi:n] *s* större våg; personvåg
weight [weɪt] *s* **1** vikt; tyngd [*the pillars support the ~ of the roof*]; ***~s and measures*** mått och vikt; ***loss of ~*** viktförlust; ***he is twice my ~*** han väger dubbelt så mycket som jag; ***be worth one's ~ in gold*** bildl. vara värd sin vikt i guld; ***give short ~*** väga knappt (snålt); ***lose ~*** gå ned i vikt, magra; ***pull one's ~*** göra sin del (insats); ***put on ~*** gå upp (öka) i vikt **2** tyngd, börda [*the ~ of his responsibility*]; tryck [*a ~ on* (över) *the chest*]; ***that was a ~ off my mind (heart)*** en sten föll från mitt bröst; ***attach ~ to*** fästa vikt vid; [***his words***] ***carry (have) no ~*** ...har ingen inverkan; ***give (lend) ~ to*** [***one's words***] ge eftertryck (kraft, tyngd) åt...; ***throw (chuck) one's ~ about*** vard. göra sig märkvärdig, flyta ovanpå **3** sport.: **a)** kula; ***put the ~*** stöta kula; ***putting the ~*** kulstötning **b)** boxn. viktklass **c)** kapplöpn. handikappvikt
weightlifter ['weɪtˌlɪftə] *s* sport. tyngdlyftare
weightlifting ['weɪtˌlɪftɪŋ] *s* sport. tyngdlyftning
weight-reducing ['weɪtrɪˌdju:sɪŋ] *s* bantning
weightwatcher ['weɪtˌwɒtʃə] *s* viktväktare
weighty ['weɪtɪ] *adj* tung; tyngande [*~ cares*]; tungt vägande [*~ arguments*]
weir [wɪə] *s* damm, fördämning
weird [wɪəd] *adj* **1** spöklik, kuslig [*~ sounds*] **2** vard. mysko, kufisk [*he is a bit ~*]
welcome ['welkəm] **I** *adj* **1** välkommen [*a ~ opportunity*]; glädjande [*a ~ sign*]; ***bid a p. ~*** hälsa ngn välkommen; ***make a p. ~*** få ngn att känna sig välkommen **2** ***you're ~!*** svar på tack, speciellt amer. ingen orsak!, för all del!; ***you're ~ (~ to it)!*** håll till godo!, väl bekomme! äv. iron.
II *s* välkomnande, mottagande [*a hearty ~*]; välkomsthälsning; ***give a p. a hearty ~*** önska ngn hjärtligt välkommen; ***give a p. a warm ~*** a) önska ngn varmt välkommen b) iron. ta emot ngn med varma servetter; ***outstay (overstay) one's ~*** stanna kvar för länge
III (*welcomed welcomed*) *vb tr* välkomna [*~ a p. (a change)*], hälsa välkommen; hälsa med glädje [*~ the return of a p.*]

welcoming ['welkəmɪŋ] *adj* välkomnande [*a ~ smile*]; välkomst- [*a ~ party*]
weld [weld] **I** *vb tr* svetsa; svetsa fast (ihop, samman) **II** *s* svets, svetsning; svetsfog, svetsställe
welder ['weldə] *s* **1** svetsare **2** svetsmaskin
welding ['weldɪŋ] *s* svetsning; svets-, svetsnings- [*~ unit* (aggregat)]; *~ **blowpipe*** (***torch***) svetsbrännare
welfare ['welfeə] *s* **1** välfärd, väl, välgång; ***the Welfare State*** välfärdsstaten, välfärdssamhället; ***the public ~*** den allmänna välfärden **2** ***social ~*** socialvård; ***child ~*** barnomsorg; ***industrial ~*** arbetarskydd; ***social ~ worker*** el. ***~ worker*** socialarbetare, socialvårdare **3** amer., ***be on ~*** leva på understöd
1 well [wel] **I** *s* **1** brunn; källa [*oil-well*] **2** mineralkälla **3** hisschakt, hisstrumma **4** fördjupning, hål **II** *vb itr, ~* el. ***~ forth*** (***out, up***) välla (strömma) [*from* ur, från]; ***tears welled up in her eyes*** hennes ögon fylldes av tårar
2 well [wel] **I** (*better best*) *adv* **1** väl, bra; noga, noggrant; mycket väl, gott, med rätta [*it may ~ be said that...*]; ***~ and truly*** ordentligt, med besked [*he was ~ and truly beaten*]; ***not very ~*** inte så bra; ***you can very ~ do that*** det kan du gott (mycket väl) göra; ***he couldn't very ~ refuse*** han kunde inte gärna vägra; ***it may ~ be that...*** det kan mycket väl hända att...; ***carry one's years ~*** bära sina år med heder; ***be ~ off*** ha det bra ställt; ***I'm very ~ off for clothes*** jag har gott om kläder; ***you're ~ out of it*** du kan vara glad att du slipper det (har sluppit undan det) **2** betydligt, ett bra stycke; ***~ away*** på god väg; ***~ on*** (***advanced***) ***in years*** till åren; ***~ past*** (***over***) ***sixty*** en bra bit över sextio år **3** ***as ~*** a) också, dessutom [*he gave me clothes as ~*] b) lika gärna [*you may as ~ stay*]; ***just as ~*** lika gärna; ***as ~ as*** a) såväl...som, både...och [*he gave me clothes as ~ as food*] b) lika bra som [*he plays as ~ as me*]; ***as ~ as I can*** så gott jag kan
II (*better best*) *adj* **1** frisk, kry, bra; ***I don't feel quite ~ today*** jag mår inte riktigt bra i dag **2** bra, gott, väl [*all is ~ with us*]; ***all's ~*** mil. el. sjö. allt väl; ***all's ~ that ends well*** ordspr. slutet gott, allting gott; ***that's all very ~*** för all del; ***it's all very ~ but...*** det är gott och väl men...; ***it's all very ~ for you to say*** det är lätt för dig att säga; ***it's*** (***it's just***) ***as well*** [***I didn't go***] det är lika så bra att...; ***be ~ in with*** ligga bra till hos [*he's ~ in with the boss*]
III *interj* nå!, nåväl!, nåja!; seså!; så!, så där ja! [*~, here we are at last!*]; ***~ I never!*** jag har aldrig hört (sett) på maken; ***~ then!*** nå!, alltså!; ***very ~!*** ja då!, jo!, gärna!; ***very ~ then!*** nåväl!, som du vill då!; *~, ~!* nå!, nåväl!; ja ja!, jo jo!; ser man på!
we'll [wi:l] = *we will, we shall*
well-adjusted [ˌweləˈdʒʌstɪd] *adj* **1** välanpassad [*a ~ child*] **2** väl inställd
well-advised [ˌwelədˈvaɪzd] *adj* välbetänkt
well-attended [ˌweləˈtendɪd] *adj* talrikt (livligt) besökt, välbesökt [*a ~ meeting*]
well-balanced [ˌwelˈbælənst] *adj* välbalanserad; allsidig [*a ~ diet* (kost)]
well-behaved [ˌwelbɪˈheɪvd] *adj* väluppfostrad, välartad
well-being [ˌwelˈbi:ɪŋ] *s* välbefinnande
well-chosen [ˌwelˈtʃəʊzn] *adj* väl vald, träffande [*a few ~ words*]
well-cooked [ˌwelˈkʊkt] *adj* välkokt, välstekt, vällagad
well-deserved [ˌweldɪˈzɜ:vd] *adj* välförtjänt
well-disposed [ˌweldɪˈspəʊzd] *adj* välvilligt inställd, vänligt sinnad
well-done [ˌwelˈdʌn] *adj* **1** välgjord **2** genomstekt [*a ~ steak*], genomkokt
well-earned [ˌwelˈɜ:nd] *adj* välförtjänt
well-established [ˌwelɪˈstæblɪʃt] *adj* väletablerad, väl inarbetad
well-hung [ˌwelˈhʌŋ] *adj* kok. välhängd
wellies ['welɪz] (kortform för *wellingtons,* se *wellington*) *s pl* vard. gummistövlar
well-informed [ˌwelɪnˈfɔ:md] *adj* **1** allmänbildad **2** välinformerad, välunderrättad
wellington ['welɪŋtən] *s, ~* el. ***~ boot*** a) gummistövel b) kragstövel, ridstövel
well-intentioned [ˌwelɪnˈtenʃ(ə)nd] *adj* **1** välmenande **2** välment
well-kept [ˌwelˈkept] *adj* välskött, välvårdad
well-knit [ˌwelˈnɪt] *adj* välbyggd
well-known ['welnəʊn] *adj* känd, välkänd, välbekant
well-made [ˌwelˈmeɪd] *adj* **1** välgjord, välkonstruerad **2** välskapad
well-mannered [ˌwelˈmænəd] *adj* väluppfostrad, belevad, hyfsad
well-meaning [ˌwelˈmi:nɪŋ] *adj* **1** välmenande **2** välment

well-meant [ˌwel'ment] *adj* välment
well-nigh ['welnaɪ] *adv* nära nog, nästan, hart när
well-off [ˌwel'ɒf] *adj* välbärgad; ***be ~*** äv. ha det bra ställt
well-read [ˌwel'red] *adj* beläst [*in* i], allmänbildad
well-spoken [ˌwel'spəʊk(ə)n] *adj* vältalig; kultiverad, belevad
well-stocked [ˌwel'stɒkt] *adj* välutrustad, välsorterad, välfylld [*a ~ cupboard*]
well-timed [ˌwel'taɪmd] *adj* läglig, lämplig; väl beräknad, vältajmad; väl vald
well-to-do [ˌweltə'du:] *adj* välbärgad
well-upholstered [ˌwelʌp'həʊlstəd] *adj* **1** välstoppad **2** vard. mullig, rund
well-wisher ['welˌwɪʃə] *s* sympatisör; välgångsönskande person
well-worn [ˌwel'wɔ:n] *adj* sliten, utnött
Welsh [welʃ] **I** *adj* walesisk **II** *s* **1** ***the ~*** walesarna **2** walesiska språket
Welshman ['welʃmən] (pl. *Welshmen* ['welʃmən]) *s* walesare
Welshwoman ['welʃˌwʊmən] (pl. *Welshwomen* ['welʃˌwɪmɪn]) *s* walesiska
welt [welt] **I** *s* **1** skomakeri rand **2** strimma, rand märke på huden efter slag **II** *vb tr* skomakeri randsy
welter ['weltə] **I** *vb itr* rulla, svalla; vältra sig **II** *s* virrvarr; förvirrad massa
welterweight ['weltəweɪt] *s* sport. weltervikt; welterviktare
wench [wentʃ] *s* vard. tjej, brud; dial. bondtös
wend [wend] *vb tr*, ***~ one's way*** bege sig [*to* mot, till]
Wendy ['wendɪ] kvinnonamn; ***~ house*** lekstuga
went [went] se *go I*
wept [wept] se *weep I*
were [wɜ:, weə, obetonat wə] (se äv. *be*) **1** ***they/we/you ~*** de/vi/du/ni var **2** imperfekt konjunktiv, ***if I ~ you I should...*** om jag vore du skulle jag...
we're [wɪə] = *we are*
weren't [wɜ:nt] = *were not*
werewolf ['wɪəwʊlf] (pl. *werewolves* ['wɪəwʊlvz]) *s* myt. varulv
west [west] **I** *s* **1** väster, väst; ***to the ~ of*** väster om **2** ***the West*** a) Västerlandet b) i USA Västern, väststaterna c) västra delen av landet; ***the Middle West*** Mellanvästern i USA **II** *adj* västlig, västra, väst- [*on the ~ coast*]; ***West Germany*** hist. Västtyskland; ***the West Indies*** pl. Västindien **III** *adv* mot (åt) väster, västerut; ***~ of*** väster om; ***go ~*** sl. a) kola vippen dö b) gå åt helsike; ***out*** (***way out***) ***West*** borta i Västern i USA
westbound ['westbaʊnd] *adj* västgående
westerly ['westəlɪ] *adj* västlig
western ['westən] **I** *adj* **1** västlig, västra, väst- **2** ***Western*** västerländsk **II** *s*, ***Western*** vildavästernfilm
westward ['westwəd] **I** *adj* västlig **II** *adv* mot väster
westwards ['westwədz] *adv* mot väster
wet [wet] **I** *adj* **1** våt, blöt, fuktig [*with* av], sur; regnig [*a ~ day*]; ***~ blanket*** glädjedödare; ***~ dream*** erotisk dröm med sädesuttömning; pollution; ***Wet Paint!*** Nymålat!; ***~ behind the ears*** vard. inte torr bakom öronen; ***~ through*** genomvåt; ***~ to the skin*** våt in på bara kroppen; ***make ~*** blöta ner **2** sl. knasig; fjompig
II *s* **1** regn [*don't go out in the ~*] **2** sl. fjomp
III (*wet wet* el. *wetted wetted*) *vb tr* **1** väta, fukta [*~ one's lips*]; blöta; ***~ one's whistle*** fukta strupen, ta sig ett glas; ***~ through*** göra genomblöt **2** väta (kissa) i (på) [*~ the bed*]; ***~ one's pants*** el. ***~ oneself*** kissa i byxorna (på sig)
wet-nurse ['wetnɜ:s] *s* amma
we've [wi:v] = *we have*
whack [wæk] vard. **I** *vb tr* smälla (slå) på (i); klå upp; ***be whacked*** vara slutkörd **II** *s* **1** slag, smäll **2** del, andel
whacking ['wækɪŋ] **I** *s* kok stryk **II** *adj* vard. väldig, kolossal; ***a ~ lie*** en grov lögn **III** *adv* vard. väldigt, jätte- [*~ big (great) parcel*]
whale [weɪl] **I** *s* zool. val, valfisk **II** *vb itr* bedriva valfångst
whalebone ['weɪlbəʊn] *s* valbard, fiskben
whale-fishing ['weɪlˌfɪʃɪŋ] *s* valfångst
whaler ['weɪlə] *s* **1** valfångare **2** valfångstfartyg; valfångstbåt
whaling ['weɪlɪŋ] *s* valfångst, valjakt
wham [wæm] *s* dunk, dunkande, smäll, slag
wharf [wɔ:f] *s* kaj, lastkaj, lastageplats, hamnplats
what [wɒt] **I** *interr pron* **1** vad [*~ do you mean?*], vilken, vilket, vilka [*~ is your reason ?*]; ***~ ever can it mean?*** vard. vad i all världen kan det betyda?; ***~ for?*** varför?; vad då till?; ***I gave him ~ for*** vard. jag gav honom så han teg; ***~ if...?***

tänk om...?; ~ ***of it?*** än sen då?; ***what's yours?*** vad vill du ha att dricka?; ***what's up?*** vad står på?; ***so ~?*** än sen då?; ***do you know ~?*** vet du vad?; ***know what's ~*** vard. ha väl reda på sig; ***I'll show you what's ~!*** vard. jag ska minsann visa dig!; ~ ***age is he?*** hur gammal är han?; ~ ***sort (kind) of fellow (a fellow) is he?*** vad är han för en? **2** i utrop, ~ ***weather!*** vilket väder!; ~ ***fools!*** vilka (sådana) idioter!; ~ ***a question!*** det var också en fråga!; ~ ***a pity!*** så synd!, vad tråkigt! **II** *rel pron* vad, det [*I'll do ~ I can*]; vad (det) som [*~ followed was unpleasant*]; ~ ***is interesting about this is...*** det intressanta med det här är...; ***and ~ is more*** och dessutom, och vad mer är; ***come ~ may*** hända vad som hända vill; ***the food, ~ there was of it*** [***was rotten***] den lilla mat som fanns kvar...

III *adv,* ~ ***with...and*** dels på grund av...och dels på grund av [*~ with hard work and tiredness, he could not...*]; ~ ***with one thing and another I was obliged to...*** och det ena med det andra gjorde att jag måste...

what-do-you-call-it ['wɒtdju,kɔ:lɪt] *s* vard. vad är det den (det) heter nu igen

whatever [wɒt'evə] **I** *rel pron* vad...än [*~ you do, do not forget...*], vad som...än; allt vad [*~ I have is yours*], allt som [*do ~ is necessary*]; ~ ***his faults*** [***, he is honest***] vilka (hur stora) fel han än må ha...; ~ ***you like (say)*** som du vill; ***do ~ you like*** gör som (vad) du vill; ***no doubt ~*** inte något som helst tvivel **II** *interr pron,* ~ ***can it mean?*** vad i all världen kan det betyda?

what-for [wɒt'fɔ:] *s* vard., ***I gave him ~*** jag gav honom så han teg

what's-his-name ['wɒtsɪzneɪm] *s* vard. vad är det han heter nu igen

whatsoever [,wɒtsəʊ'evə] *pron* se *whatever I*

wheat [wi:t] *s* vete

wheatear ['wi:tɪə] *s* stenskvätta

wheedling ['wi:dlɪŋ] **I** *s* lämpor **II** *adj* inställsam [*~ voice*]

wheel [wi:l] **I** *s* **1** hjul **2** ratt, styrratt; ***take the ~*** ta över ratten **3** skiva, trissa; ***potter's ~*** drejskiva **II** *vb tr* o. *vb itr* **1** rulla, köra, skjuta, dra [*~ a bath chair*]; ~ ***a cycle*** leda (dra) en cykel **2** svänga, svänga runt, snurra, snurra på **3** ~ ***round*** svänga, snurra, svänga (snurra) runt; vända sig om

wheelbarrow ['wi:l,bærəʊ] *s* skottkärra

wheelbase ['wi:lbeɪs] *s* hjulbas

wheelchair ['wi:ltʃeə] *s* rullstol

wheeze [wi:z] **I** *vb itr* andas med ett pipande ljud; pipa, rossla **II** *s* **1** pipande, rosslande **2** vard. trick, knep

wheezy ['wi:zɪ] *adj* pipande, rosslig

whelk [welk] *s* zool. valthornssnäcka

whelp [welp] *s* valp

when [wen] *adv* o. *konj* **1** när, hur dags; ~ ***ever...?*** vard. när i all världen...?; ***say ~!*** säg stopp! speciellt vid påfyllning av glas **2** då, när; som [*~ young*]; förrän [*scarcely (hardly)...~*]; ***it was only ~ I had seen it that...*** det var först sedan jag hade sett den som...

whence [wens] *adv* litt. varifrån; varav, hur; varför; därav [*~ his surprise*]; ***from ~*** varifrån

whenever [wen'evə] **I** *konj* när...än, närhelst, varje gång, så ofta [*~ I see him*]; ~ ***you like*** när du vill, när som helst **II** *adv,* ***~...?*** när i all världen...?

where [weə] *adv* **1** var; på vilket sätt [*~ does this affect us?*]; ~ ***ever?*** var i all världen?; ~ ***would we be, if...?*** hur skulle det gå (bli) med oss om...?; ~ ***to?*** vart? **2** vart [*~ are you going?*]; ~ ***ever?*** vard. vart i all världen? **3** där [*a country ~ it never snows*]; var [*sit ~ you like*] **4** dit [*the place ~ I went next was Highbury*]; vart [*go ~ you like*]

whereabouts [adverb ,weərə'baʊts, substantiv 'weərəbaʊts] **I** *adv* var ungefär, var någonstans [*~ did you find it?*] **II** *s* tillhåll; [***nobody knows***] ***his ~*** ...var han befinner sig

whereas [weər'æz] *konj* då (medan), däremot

whereby [weə'baɪ] *adv* varigenom, varmed

whereupon [,weərə'pɒn] *adv* varpå

wherever [weər'evə] *adv* **1** varhelst; varthelst; överallt där; överallt dit; ~ ***he comes from*** varifrån han än kommer **2** ***~...?*** var i all världen...?

whet [wet] *vb tr* **1** bryna, slipa, vässa **2** bildl. skärpa, reta [*~ one's appetite*]

whether ['weðə] *konj* om [*I don't know ~ he is here or not*], huruvida; ***the question ~...*** frågan om...; ***I doubt ~ he will come*** jag tvivlar på att han kommer; ***you must, ~ you want to or not*** du måste, antingen du vill eller inte

whetstone ['wetstəʊn] *s* bryne, brynsten
whew [hju:] *interj* puh! [*~, it's hot in here!*]; usch!
whey [weɪ] *s* vassla
which [wɪtʃ] **I** *interr pron* vilken, vilket, vilka, vem [*~ of you did it?*]; vilkendera; vilken (vilket, vilka, vem) som [*I don't know ~ of them came first*]; *~ ever...?* vard. vilken (vem) i all världen...?
II (genitiv vars = *whose*) *rel pron* som [*was the book ~ you were reading a novel?*]; vilken, vilka; något (en sak) som, vilket [*he is very old, ~ ought to be remembered*]; [*he told me to leave,*] *~ I did* ...vilket jag också gjorde, ...och det gjorde jag också; *among ~* bland vilka; *the house* el. *the roof of ~* [*could be seen above the trees*] huset vars tak...; [*we saw ten cars,*] *three of ~ were vans* ...varav (av vilka) tre var skåpbilar
whichever [wɪtʃ'evə] **I** *rel pron* vilken...än [*~ road you take, you will go wrong*], vilkendera...än; vilken...som än; den, den som [*take ~ you like best*] **II** *interr pron, ~...?* vilken (vem) i all världen...?
whiff [wɪf] **I** *s* **1** pust [*~ of wind*], fläkt, puff; *a ~ of fresh air* en nypa frisk luft **2** bloss; inandning **3** vard. cigarill **II** *vb itr* blossa [*~ at* (på) *one's pipe*]
whiffleball ['wɪflbɔ:l] *s* golf. m.m. träningsboll med hål i
while [waɪl] **I** *s* **1** stund [*a good (short) ~*]; tid; *it will be a long ~ before...* det kommer att dröja länge innan...; *all the ~* hela tiden; *for a ~* en stund, ett slag; *in a ~* om en stund; *every once in a ~* någon enstaka gång; *for once in a ~* för en gångs skull; *quite a ~* ganska länge **2** *it is not worth ~* det är inte mödan värt; *I will make it worth your ~* jag ska se till att det blir värt besväret för dig
II *konj* **1** medan, under det att; så länge [*I'll stay ~ my money lasts*] **2** medan (då) däremot [*Jane was dressed in brown, ~ Mary was dressed in blue*]; samtidigt som [*~ I admit his good points, I can see his bad*]
III *vb tr, ~ away the time* fördriva tiden [*with* med], få tiden att gå
whilst [waɪlst] *konj* se *while II 2*
whim [wɪm] *s* nyck, infall
whimper ['wɪmpə] **I** *vb itr* gnälla, gny **II** *s* gnäll, gnällande, gny, gnyende
whimsical ['wɪmzɪk(ə)l] *adj* nyckfull; excentrisk

whimsicality [ˌwɪmzɪ'kælətɪ] *s* nyckfullhet
whinchat ['wɪn-tʃæt] *s* buskskvätta
whine [waɪn] **I** *vb itr* gnälla; yla; vina [*the bullets whined through the air*] **II** *s* gnäll, gnällande; ylande; vinande
whining ['waɪnɪŋ] *adj* gnällande, gnällig; vinande
whinny ['wɪnɪ] **I** *vb itr* gnägga **II** *s* gnäggning
whip [wɪp] **I** *vb tr* o. *vb itr* **1** piska [*~ a horse*]; spöa, ge stryk **2** vispa [*~ cream*] **3** rusa, kila [*he whipped upstairs*] □ *~* **across** kila över [*~ across the road*]; *~* **down** rusa (kila) ner; *~* **in** rusa (kila) in; slänga (stoppa) in; *~* **into** rusa (kila) in i; slänga (kasta) in (ner) i [*he whipped the packet into the drawer*]; *~ into shape* få fason (hyfs) på [*~ the team into shape*]; *~* **off** rusa bort, sticka i väg; *~* **out** rusa (störta, kila) ut (fram); kvickt rycka (dra) upp [*the policeman whipped out his notebook*]; *~* **round** sticka (kila) runt [*he whipped round the corner*]; *~ round to a p.'s place* kila över till ngn; *~ round* sätta i gång en insamling; *~* **up** rusa (flänga, kila) upp (uppför); vispa upp; fixa ihop (till) [*~ up a meal*]; piska upp [*~ up excitement* (stämningen)]; väcka [*~ up enthusiasm*]
II *s* **1** piska; piskrapp; gissel **2** stålvisp **3** kok., slags mousse **4** parl. inpiskare
whipcord ['wɪpkɔ:d] *s* textil. whipcord
whip-hand [ˌwɪp'hænd] *s, have the ~* ha övertaget (makt) [*over a p.* över ngn]
whiplash ['wɪplæʃ] *s* pisksnärt
whipped [wɪpt] *adj* **1** piskad, pryglad **2** vispad; *~ cream* vispgrädde
whippersnapper ['wɪpəˌsnæpə] *s* spoling, snorvalp
whipping ['wɪpɪŋ] *s* **1 a)** piskning, piskande **b)** *get a ~* få stryk **2** vispning, vispande; *~ cream* vispgrädde
whip-round ['wɪpraʊnd] *s* vard. insamling
whiptop ['wɪptɒp] *s* pisksnurra
whirl [wɜ:l] **I** *vb itr* o. *vb tr* **1** virvla [*the leaves whirled in the air*]; snurra; virvla upp [*the wind whirled the dead leaves*]; *they were whirled away in the car* bilen susade iväg med dem; *~ round* svänga runt med **2** rusa, susa, virvla [*she came whirling into the room*] **3** *his head* (*brain*) *whirled* det gick runt för honom **4** slunga, slänga
II *s* **1** virvel; virvlande; snurr, snurrande; *a ~ of dust* ett virvlande dammoln; *his brain was in a ~* det gick

runt för honom **2** bildl. virvel [*a ~ of meetings*]; ***a ~ of excitement*** ett tillstånd av upphetsning

whirling ['wɜ:lɪŋ] *adj* virvlande, virvel-, snurrande, svängande; dansande

whirlpool ['wɜ:lpu:l] *s* **1** strömvirvel **2** bubbelpool

whirlwind ['wɜ:lwɪnd] *s* virvelvind; bildl. virvel [*a ~ of meetings*]; ***sow the wind and reap the ~*** ordspr. så vind och skörda storm; ***a ~ tour*** en blixtsnabb turné

whirr [wɜ:] *vb itr* surra, vina

whirring ['wɜ:rɪŋ] *s* surr, surrande, vin, vinande

whisk [wɪsk] **I** *s* **1** viska, dammvippa; ***fly ~*** flugviska, flugsmälla **2** visp **3** viftning [*a ~ of* (med) *the tail*]; svep [*a ~ of* (med) *the broom*] **II** *vb tr* **1** vifta [*~ the flies away*] **2** svänga (vifta) med [*the cow whisked her tail*] **3** föra i flygande fläng **4** vispa [*~ eggs*]

whisker ['wɪskə] *s* **1** vanl. pl. ***~s*** polisonger; [***that joke***] ***has got ~s*** vard. ...är urgammalt (mossigt) **2** morrhår

whiskey ['wɪskɪ] *s* amer. el. irl. whisky

whisky ['wɪskɪ] *s* whisky

whisper ['wɪspə] **I** *vb itr* viska **II** *s* viskning; rykte; ***talk in a ~ (in ~s)*** viska

whispering ['wɪspərɪŋ] **I** *s* viskande; ***~ campaign*** viskningskampanj **II** *adj* viskande

whispering-gallery [ˌwɪspərɪŋ'gælərɪ] *s* viskgalleri

whist [wɪst] *s* kortsp. whist, vist; ***a game of ~*** ett parti whist; ***~ drive*** whistturnering

whistle ['wɪsl] **I** *vb itr* o. *vb tr* vissla [*for* på, efter; *to* på; *~ a tune*]; vissla på (till); vina, susa; drilla [*the birds were whistling*]; om t.ex. ångbåt blåsa; ***~ in the dark*** försöka spela modig; ***you can ~ for it*** vard. det får du titta i månen efter

II *s* **1** vissling, vinande, susande, susning, drill, visselsignal **2** visselpipa; vissla [*factory (steam) ~*]; ***penny (tin) ~*** leksaksflöjt; ***as clean as a ~*** hur ren (fin) som helst **3** ***wet one's ~*** vard. fukta strupen, ta sig ett glas

whistling ['wɪslɪŋ] *s* visslande; vinande; drillande

whit [wɪt] *s* uns [*not a ~ of truth in it*]

white [waɪt] **I** *adj* vit; vitblek, blek; ***~ coffee*** kaffe med mjölk (grädde); ***~ flag*** vit flagga, parlamentärflagga; ***~ frost*** rimfrost; ***~ heat*** vitvärme; ***at a ~ heat*** vitglödgad; ***her anger was at ~ heat*** hon var vit (kokade) av vrede; ***work at ~ heat*** arbeta för högtryck; ***the White House*** Vita huset den amerikanske presidentens residens i Washington; ***~ lie*** vit lögn, from lögn; ***the ~ man's burden*** den vite mannens börda den vita rasens självpåtagna ansvar gentemot de färgade folken; ***~ noise*** vitt brus i t.ex. radio; ***~ slavery*** vit slavhandel; ***~ tie*** a) vit rosett (fluga) b) frack [*come in a ~ tie*]; ***~ wine*** vitt vin, vitvin

II *s* **1** vitt **2** vit; ***the ~s*** de vita, den vita rasen **3** vita: **a)** ***~ of egg*** äggvita; ***the ~ of an egg*** en äggvita **b)** ***the ~ of the eye*** ögonvitan, vitögat **4** med., ***the ~s*** flytningar

whitebait ['waɪtbeɪt] *s* småsill, skarpsill

whitecaps ['waɪtkæps] *s pl* vita gäss på sjön

white-collar ['waɪtˌkɒlə] *adj*, ***~ job*** manschettyrke; ***~ worker*** manschettarbetare

whitefish ['waɪtfɪʃ] *s* **1** sik **2** fisk med vitt kött t.ex. torsk, kolja, vitling

white-haired ['waɪtˌheəd] *adj* **1** a) vithårig b) linhårig **2** vard., ***~ boy*** gullgosse, kelgris

Whitehall [ˌwaɪt'hɔ:l] **1** gata i London med flera departement **2** bildl. brittiska regeringen

whiteheart ['waɪthɑ:t] *s*, ~ el. ***~ cherry*** bigarrå

white-hot [ˌwaɪt'hɒt] *adj* vitglödgad; bildl. glödande

white-livered ['waɪtˌlɪvəd] *adj* feg, harhjärtad, rädd

whiten ['waɪtn] *vb tr* göra vit, vitfärga, krita [*~ a pair of shoes*]; bleka

whitener ['waɪtnə] *s* vitmedel; blekmedel

white-slave [ˌwaɪt'sleɪv] *adj*, ***~ traffic (trade)*** vit slavhandel

white-tie [ˌwaɪt'taɪ] *adj* frack- [*~ dinner*]; ***~ occasion (affair)*** fracktillställning

whitewash ['waɪtwɒʃ] **I** *s* **1** limfärg, kalkfärg **2** rentvående; bortförklaring **II** *vb tr* **1** limstryka, vitlimma, vitmena, kalka **2** rentvå [*~ a p.*]; bortförklara

whitewood ['waɪtwʊd] **I** *s* **1** träd med vitt virke; speciellt tulpanträd **2** hand. granvirke **3** trävitt **II** *adj* trävit

whitey ['waɪtɪ] *s* neds. vit man

whither ['wɪðə] *adv* **1** varthän, vart **2** dit; vart, vartän

whiting ['waɪtɪŋ] *s* **1** krita; kritpulver **2** fisk vitling

whitlow ['wɪtləʊ] *s* med. nagelböld, fulslag

Whit Monday [ˌwɪt'mʌndɪ] *s* annandag pingst

Whitsun ['wɪtsn] **I** *adj* pingst- [~ *week*] **II** *s* pingst, pingsten

Whit Sunday o. **Whitsunday** [ˌwɪt'sʌndɪ] *s* pingstdag, pingstdagen

Whitsuntide ['wɪtsntaɪd] *s* pingst, pingsten, pingsthelg, pingsthelgen

whittle ['wɪtl] *vb tr* tälja på [~ *a stick*]; vässa; tälja till; ~ ***down*** bildl. reducera, skära ner

whiz [wɪz] *vb itr* vina, vissla, svischa [*the bullet whizzed past him*]

whiz-kid ['wɪzkɪd] *s* vard. underbarn, fenomen; expert

who [hu:, obetonat hʊ] (genitiv *whose*; objektsform *whom*; informellt *who*) **I** *interr pron* vem, vilka [~ *is he?*]; objektsform: [~ *(whom) do you mean?*; *he asked* ~ *I live with*]; ~ ***ever...?*** vem i all världen...?; ***Who's Who?*** uppslagsbok Vem är det? **II** *rel pron* som; vilken, vilka [*there's somebody* ~ (någon som) *wants you on the telephone;*]; objektsform: [*the man whom we met*]; informellt: [*the man* ~ *we met*]; ***all of whom*** vilka alla; ***many of whom*** av vilka många

who'd [hu:d] = *who had, who would*

whodunit o. **whodunnit** [ˌhu:'dʌnɪt] *s* (av *who has done it?* el. *who done it?*) vard. deckare detektivroman

whoever [hu:'evə] **I** *rel pron* vem som än [~ *did it, I didn't* (så inte var det jag)], vem (vilka)...än [~ *he (they) may be*]; vem (vilka) som helst som, var och en som, den som [~ *says that is wrong*], alla (de) som [~ *does that will be punished*]; vem [*she can choose* ~ *she wants*] **II** *interr pron,* ~***...?*** vem i all världen...?

whole [həʊl] **I** *adj* hel; [*it went on*] ***for five ~ days*** ...i fem hela dagar **II** *s* helhet; ***a ~*** ett helt, en helhet; en hel; ***the ~ of*** hela [*the* ~ *of Europe*]; alla; ***taken as a ~*** som helhet betraktad; ***on the ~*** på det hela taget

whole-hearted [ˌhəʊl'hɑ:tɪd] *adj* helhjärtad

wholemeal ['həʊlmi:l] *s* osiktat mjöl; grahamsmjöl; ~ ***bread*** fullkornsbröd

wholesale ['həʊlseɪl] **I** *adj* engros-, parti- [~ *price*]; bildl. mass- [~ *arrests*]; ~ ***dealer*** (***merchant***) grosshandlare, grossist; ~ ***destruction*** massförstörelse **II** *adv* en gros, i parti [*sell* ~]; bildl. i massor; i stor skala

wholesaler ['həʊlˌseɪlə] *s* grosshandlare, grossist

wholesome ['həʊls(ə)m] *adj* hälsosam [~ *food*]; sund; nyttig [~ *exercise*]

whole-time [ˌhəʊl'taɪm] *adj* heltids- [~ *job*]

wholly ['həʊllɪ] *adv* helt och hållet, helt [*I* ~ *agree with you*], fullt; fullständigt

whom [hu:m, obetonat hʊm] *pron* se *who*

whoop [wu:p] **I** *vb itr* ropa, tjuta, skrika [~ *with* (av) *joy*], heja **II** *s* rop, tjut, skrik [~*s of joy*], hejarop

whoopee [substantiv 'wʊpi:, interjektion wʊ'pi:] **I** *s,* ***make ~*** vard. festa, slå runt **II** *interj* hurra!; tjohej!

whooping cough ['hu:pɪŋkɒf] *s* kikhosta

whoops [wʊps] *interj* hoppsan!

whoopsadaisy ['wʊpsəˌdeɪzɪ] *interj* hoppsan!

whopper ['wɒpə] *s* vard. **1** baddare, bjässe, bamsing **2** jättelögn

whopping ['wɒpɪŋ] vard. **I** *adj* jättestor; ***a ~ lie*** en jättelögn **II** *adv* jätte- [*a* ~ *big fish*]

whore [hɔ:] **I** *s* hora, sköka, luder **II** *vb itr* hora; bedriva hor (otukt)

whorehouse ['hɔ:haʊs] *s* bordell, horhus

whortleberry ['wɜ:tlˌberɪ] *s* blåbär; ***red ~*** lingon

who's [hu:z] = *who is, who has*

whose [hu:z] (se äv. *who, which*) **I** *interr pron* vems [~ *book is it?*], vilkens, vilkas **II** *rel pron* vars [*is that the boy* ~ *father died?*], vilkens, vilkets, vilkas

whosoever [ˌhu:səʊ'evə] *rel pron* litt. se *whoever I*

why [waɪ] **I** *adv* **1** frågande varför; ~ ***don't I come and pick you up?*** ska jag inte komma och hämta dig?; ~ ***ever*** [***did he***]***?*** varför i all världen...?; ~ ***is it that...?*** hur kommer det sig att...? **2** relativt varför [~ *I mention this is because...*]; därför [*that is* ~ *I like him*]; till att, varför [*the reason* ~ *he did it*]; ***so that is ~*** jaså, det är därför **II** *interj* **1** t.ex. förvånat, indignerat, protesterande men...ju [*don't you know?* ~, *it's in today's paper*], nej men [~, *I believe I've been asleep*], ja men [~, *it's quite easy* (lätt gjort)] **2** t.ex. bedyrande, bekräftande ja, jo [~, *of course!*]; ***~, no!*** nej då!, nej visst inte!; ***~, yes*** (***sure***)***!*** oh ja!, ja (jo) visst!; ja då [*if that won't do,* ~ *(~ then), we must try something else*]

wick [wɪk] *s* veke

wicked ['wɪkɪd] *adj* **1** ond [~ *thoughts*], elak [*a* ~ *tongue*]; syndig; ***no peace*** (***rest***) ***for the ~*** skämts. aldrig får man någon ro **2** vard. hemsk [*the weather is* ~], usel; ***it's a ~ shame*** det är både synd och skam

wicker ['wɪkə] **I** *s* **1** vidja **2** flätverk, korgarbete **3** videkorg **II** *adj* korg- [~ *chair*], vide- [~ *basket*]; ~ ***bottle*** korgflätad flaska
wickerwork ['wɪkəwɜ:k] *s* korgarbete, flätverk; attributivt korg- [~ *furniture*]
wicket ['wɪkɪt] *s* **1** sidogrind; liten sidodörr **2** i kricket: a) grind b) plan mellan grindarna
wide [waɪd] **I** *adj* **1** vid; vidsträckt, vittomfattande [~ *interests*]; stor [~ *experience*], rik, omfattande; ~ ***screen*** vidfilmsduk; ***the ~ world*** stora vida världen **2** bred [*a ~ river*] **II** *adv* vida omkring; vitt; långt [*of* från]; långt bredvid (förbi); ***fall (go) ~ of the mark*** a) falla (gå) långt vid sidan, gå fel, missa [*the shot went ~*] b) vara (bli) ett slag i luften; ~ ***apart*** vitt skilda, långt ifrån varandra; utbredda [*arms ~ apart*]; ~ ***awake*** klarvaken; ~ ***open*** vidöppen, på vid gavel; uppspärrad [*with eyes ~ open*]; ***he left himself ~ open*** han gav en blotta på sig
wide-angle ['waɪd,æŋgl] *adj*, ~ ***lens*** vidvinkelobjektiv
wide-awake [,waɪdə'weɪk] *adj* vaken; skärpt
widely ['waɪdlɪ] *adv* vitt [~ *different*], vida; vitt och brett; vitt omkring [~ *scattered*]; ~ ***known*** allmänt känd, vittbekant
widen ['waɪdn] *vb tr* o. *vb itr* vidga, bredda [~ *the road*]; vidgas, bli vidare (bredare); ~ ***the breach (gulf)*** vidga klyftan
wide-ranging ['waɪd,reɪndʒɪŋ] *adj* omfattande, vittomspännande
wide-screen ['waɪdskri:n] *adj*, ~ ***film*** vidfilm
widespread ['waɪdspred] *adj* vidsträckt [~ *floods*]; omfattande [~ *search*]; allmänt utbrett (spritt)
widgeon ['wɪdʒən] *s* bläsand
widow ['wɪdəʊ] **I** *s* änka [*of* efter]; ***widow's weeds*** änkedräkt **II** *vb tr* göra till änka; ***he has a widowed sister*** han har en syster som är änka
widower ['wɪdəʊə] *s* änkling, änkeman
width [wɪdθ] *s* **1** bredd; vidd [~ *round the waist*] **2** ~ ***of cloth*** tygvåd
wield [wi:ld] *vb tr* hantera [~ *an axe*], sköta, använda, svinga [~ *a weapon*]
wiener ['wi:nə] *s* o. **wienie** ['wi:ni:] *s* vard. wienerkorv
Wiener schnitzel [,wi:nə'ʃnɪts(ə)l] *s* wienerschnitzel
wife [waɪf] (pl. *wives* [waɪvz]) *s* fru, hustru, maka; ***the ~*** vard. min fru, frugan
wig [wɪg] *s* peruk
wiggle ['wɪgl] **I** *vb itr* o. *vb tr* vrida sig [~ *like a worm*], slingra sig [~ *through a crowd*]; vicka; vicka med [~ *one's toes*]; vifta med [~ *one's ears*] **II** *s* vridning; vickning
wigwam ['wɪgwæm] *s* vigvam indianhydda
wild [waɪld] **I** *adj* **1** vild; förvildad; ~ ***beast*** vilddjur; ~ ***duck*** vildand; gräsand; ***sow one's ~ oats*** så sin vildhavre, rasa ut **2** ursinnig, rasande **3** vild; uppsluppen [*a ~ party*] **4** vettlös [~ *talk*], vanvettig [*a ~ idea*]; vild [~ *schemes*] **II** *adv* o. *adj* med verb vilt [*grow ~*]; ***make (drive) a p. ~*** göra ngn ursinnig (rasande); ***run ~*** a) växa vilt; förvildas; leva i vilt tillstånd b) springa omkring vind för våg [*the children are allowed to run ~*] c) skena **III** *s*, pl. ***~s*** vildmark, obygd, ödemark
wildcat ['waɪldkæt] **I** *s* **1** zool. vildkatt **2** om kvinna vildkatta; markatta **II** *adj* vard., ***a ~ strike*** en vild strejk
wilderness ['wɪldənəs] *s* vildmark, ödemark; ödslig trakt; öken
wildfire ['waɪld,faɪə] *s*, ***run (spread) like ~*** sprida sig som en löpeld
wild goose ['waɪldgu:s] **I** (pl. *wild geese* ['waɪldgi:s]) *s* vildgås **II** *adj*, ***a wild-goose chase*** ett lönlöst (hopplöst) företag; ***go (be sent) on a wild-goose chase*** gå (skickas) förgäves
wildlife ['waɪldlaɪf] *s* vilda djur; naturliv, djurliv, djurlivet
wile [waɪl] *s*, vanl. pl. ***~s*** list, knep
wilful ['wɪlf(ʊ)l] *adj* **1** egensinnig [*a ~ child*], envis **2** uppsåtlig, överlagd [~ *murder*]
will [wɪl, hjälpverb obetonat wəl, əl] **I** (imperfekt *would*) *hjälpvb* presens (ofta hopdraget till *'ll*, nekande äv. *won't*) **1** kommer att [*you ~ never manage it*]; skall [*how ~ it end?*]; ***if that ~ suit you*** om det passar; ***you ~ write, won't you?*** du skriver väl? **2** skall t.ex. ämnar [*I'll do it at once*]; ***I'll soon be back*** jag är snart tillbaka **3** vill [*he ~ not (won't) do as he is told*]; ***won't you sit down?*** var så god och sitt!; ***the door won't shut*** dörren går inte att stänga; ***shut that door, ~ you?*** stäng dörren är du snäll! **4** skall (vill) absolut; ***boys ~ be boys*** pojkar är nu en gång pojkar; ***such things ~ happen*** sånt händer **5** brukar, kan [*she ~ sit for hours*

doing nothing]; ***meat won't keep*** [***in hot weather***] kött brukar inte hålla sig... **6** torde [*you ~ understand that...*]; ***this'll be the book*** [***you are looking for***] det är nog den här boken...; ***that ~ do*** det får räcka (duga)

II *vb tr* **1** vilja [*God has willed it so*]; ***God willing*** om Gud vill **2** förmå (få)

III *s* **1** vilja; ***good ~*** god vilja, välvilja; ***ill ~*** illvilja; ***thy ~ be done*** bibl. ske din vilja; ***where there's a ~ there's a way*** man kan bara man vill; ***have*** (***get***) ***one's ~*** få sin vilja fram; ***at ~*** efter behag, fritt; [***you may come and go***] ***at ~*** ...som du vill, ...som det passar dig; ***of one's own free ~*** av egen fri vilja **2** testamente; ***my last ~ and testament*** min sista vilja, mitt testamente

willing ['wɪlɪŋ] **I** *adj* villig; beredvillig, tjänstvillig; ***I am quite ~*** det vill (gör) jag gärna **II** *s*, ***show ~*** visa god vilja

willingly ['wɪlɪŋlɪ] *adv* **1** gärna, villigt, beredvilligt, med nöje **2** frivilligt

will-o'-the-wisp [ˌwɪləðə'wɪsp] *s* **1** irrbloss, lyktgubbe **2** spelevink

willow ['wɪləʊ] *s* bot. pil, vide; ***~ warbler*** lövsångare; ***weeping ~*** tårpil

willowy ['wɪləʊɪ] *adj* smärt, slank

willpower ['wɪlˌpaʊə] *s* viljekraft, viljestyrka

willy-nilly [ˌwɪlɪ'nɪlɪ] *adv* med eller mot sin vilja; ***he will have to do it ~*** vare sig (antingen) han vill eller inte

wilt [wɪlt] *vb itr* o. *vb tr* **1** vissna, torka, sloka; börja mattas **2** komma att vissna

Wilton ['wɪlt(ə)n] *s*, ***~ carpet*** (***rug***) wiltonmatta

wily ['waɪlɪ] *adj* knipslug; förslagen

win [wɪn] **I** (*won won*) *vb tr* o. *vb itr* **1** vinna, vinna i (vid) [*~ the election*]; segra; ta hem äv. kortsp. [*~ a trick*]; tillvinna sig, erövra; ***~ the day*** vinna slaget, hemföra segern **2** ***~ a p. over*** vinna ngn för sin sak, få ngn med sig [*he soon won the audience over*]; ***~ a p. over*** få ngn över på sin sida; ***~ a p. round*** få ngn med sig **II** *s* vard. **1** sport. seger **2** vinst [*a ~ on the pools*]

wince [wɪns] **I** *vb itr* rycka till [*~ at* (vid) *an insult*; *~ with* (av) *pain*]; rygga tillbaka [*at* inför], krypa ihop [*she winced under the blow*] **II** *s* ryckning; ***without a ~*** utan att röra en min

winch [wɪntʃ] **I** *s* **1** vinsch, vindspel **2** vev, vevsläng **II** *vb tr* vinscha upp

1 wind [wɪnd] **I** *s* **1** vind [*warm ~s*], blåst; ***gust of ~*** kastby, vindstöt; ***there is a strong ~*** det blåser hårt (hård vind); ***take the ~ out of a p.'s sails*** bildl. ta loven av ngn; förekomma ngn; ***go*** (***keep, sail***) ***close to the ~*** a) segla dikt bidevind b) bildl. leva indraget (knappt); tangera gränsen för det otillåtna; ***there is something in the ~*** bildl. det är något under uppsegling; ***throw to the ~s*** bildl. kasta överbord [*throw caution* (all försiktighet) *to the ~s*] **2** ***get one's second ~*** börja andas igen, hämta andan; bildl. hämta sig; ***out of ~*** andfådd **3** väderkorn; ***get ~ of*** få nys om, få korn på **4** väderspänningar, gaser från magen; ***break ~*** a) rapa b) släppa väder; ***get*** (***have***) ***the ~ up*** vard. bli (vara) skraj **5** mus., ***the wind*** blåsarna; ***~ instrument*** blåsinstrument **6** vard., ***raise the ~*** skaffa pengar **II** *vb tr* göra andfådd [*the race winded him*]; ***be*** (***get***) ***winded*** vara (bli) andfådd

2 wind [waɪnd] (*winded winded* el. *wound wound*) *vb tr* blåsa [*~ a trumpet*], stöta i [*~ a horn*]

3 wind [waɪnd] **I** (*wound wound*) *vb tr* o. *vb itr* **1** linda, vira, sno **2** nysta [*~ yarn*]; spola [*~ thread*; *~ a film on to* (på) *a spool*]; ***~*** (***~ up***) ***wool into a ball*** nysta garn till ett nystan **3 a)** veva [*~ back* (tillbaka) *a film*; *~ down (up) a window*]; veva (vrida) på [*~ a handle* (vev)] **b)** ***~ up*** vinda (veva, hissa) upp **4** ***~ up*** vrida (dra) upp [*~ up a watch*] □ ***~ up*** bildl. **a)** sluta [*he wound up by saying*], avsluta [*~ up a meeting*]; hamna [*~ up in hospital*]; ***we wound up at a restaurant*** vi gick på restaurang efteråt som avslutning; ***he will ~ up being*** [***the boss***] han kommer att sluta som... **b)** hand. avveckla [*~ up a company*]; avsluta [*~ up the accounts*]; ***~ up an estate*** jur. utreda ett dödsbo

II *s* vridning; varv; ***give a clock one more ~*** vrida upp en klocka ett varv till

windbag ['wɪndbæg] *s* vard. pratkvarn

windbreaker ['wɪndˌbreɪkə] *s* amer. vindtygsjacka

windcheater ['wɪndˌtʃi:tə] *s* vindtygsjacka

windfall ['wɪndfɔ:l] *s* **1** fallfrukt **2** bildl. skänk från ovan, glad överraskning

windflower ['wɪndˌflaʊə] *s* vitsippa

wind force ['wɪndfɔ:s] *s* vindstyrka

wind gauge ['wɪndgeɪdʒ] *s* meteor. vindmätare
winding ['waɪndɪŋ] *adj* slingrande, krokig [*a ~ path*]; ~ ***staircase*** spiraltrappa
winding-sheet ['waɪndɪŋʃi:t] *s* liksvepning, sveplakan
windlass ['wɪndləs] *s* tekn. vindspel, vinsch; sjö. ankarspel
windmill ['wɪndmɪl] *s* väderkvarn
window ['wɪndəʊ] *s* fönster äv. på kuvert; skyltfönster
window box ['wɪndəʊbɒks] *s* fönsterlåda, balkonglåda för växter
window-cleaner ['wɪndəʊˌkli:nə] *s* fönsterputsare
window display ['wɪndəʊdɪˌspleɪ] *s* fönsterskyltning
window-dressing ['wɪndəʊˌdresɪŋ] *s* **1** fönsterskyltning, fönsterdekorering **2** bildl. skyltande, briljerande, uppvisning
window envelope ['wɪndəʊˌenvələʊp] *s* fönsterkuvert
window frame ['wɪndəʊfreɪm] *s* fönsterkarm
window ledge ['wɪndəʊledʒ] *s* fönsterbleck
windowpane ['wɪndəʊpeɪn] *s* fönsterruta
window sash ['wɪndəʊsæʃ] *s* fönsterbåge
window-shop ['wɪndəʊʃɒp] *vb itr* titta i skyltfönster, fönstershoppa
windowsill ['wɪndəʊsɪl] *s* fönsterbräde
windpipe ['wɪndpaɪp] *s* luftstrupe
windscreen ['wɪndskri:n] *s* vindruta på bil; ~ ***washer*** vindrutespolare; ~ ***wiper*** vindrutetorkare
windshield ['wɪndʃi:ld] *s* amer., se *windscreen*
windswept ['wɪndswept] *adj* vindpinad
windy ['wɪndɪ] *adj* **1** blåsig **2** vard. skraj
wine [waɪn] **I** *s* vin **II** *vb itr* o. *vb tr*, ~ ***and dine*** äta och dricka, festa; ~ ***and dine a p.*** bjuda ngn på en god middag
wine bottle ['waɪnˌbɒtl] *s* vinbutelj, vinflaska
wine cellar ['waɪnˌselə] *s* vinkällare
wineglass ['waɪnglɑ:s] *s* vinglas
wine-grower ['waɪnˌgrəʊə] *s* vinodlare
wine merchant ['waɪnˌmɜ:tʃ(ə)nt] *s* vinhandlare
wine-taster ['waɪnˌteɪstə] *s* vinprovare
wine-vinegar ['waɪnˌvɪnɪgə] *s* vinättika, vinäger
wing [wɪŋ] **I** *s* **1** vinge; ***clip a p.'s ~s*** bildl. vingklippa ngn; stäcka ngn; ***take ~*** a) flyga upp, lyfta b) bildl. ge sig av; flyga sin kos; ***on the ~*** i flykten [*shoot a bird on the ~*]; ***take a p. under one's ~*** bildl. ta ngn under sina vingars skugga **2** flygel äv. mil. el. polit.; flygelbyggnad **3** flygel på bil; ~ ***mirror*** backspegel **4** kragsnibb **5** sport. ytterkant **6** teat., speciellt pl. ***~s*** kulisser; ***be waiting in the ~s*** vänta i kulisserna; bildl. vara redo **7** mil. flygflottilj; amer. flygeskader; ~ ***commander*** överstelöjtnant vid flygvapnet **II** *vb tr* vingskjuta [*~ a bird*]
winger ['wɪŋə] *s* sport. ytter
wing nut ['wɪŋnʌt] *s* vingmutter
wingspan ['wɪŋspæn] *s* flyg. el. zool. vingbredd
wink [wɪŋk] **I** *vb itr* o. *vb tr* blinka; blinka med; ~ ***at a p.*** blinka åt ngn; ögonflörta med ngn; ~ ***at a th.*** bildl. blunda för ngt, se genom fingrarna med ngt **II** *s* **1** blink; blinkning **2** blund [*I didn't sleep a ~ last night*]; ***I couldn't get a ~ of sleep*** jag fick inte en blund i ögonen; ***forty ~s*** vard. en liten tupplur
winking ['wɪŋkɪŋ] *s* blinkning; ***as easy as ~*** lekande lätt
winkle ['wɪŋkl] *s* ätbar strandsnäcka
winner ['wɪnə] *s* **1** vinnare, segrare **2** vard. succé, fullträff
Winnie ['wɪnɪ] egennamn; ***Winnie-the-Pooh*** ['wɪnɪðə'pu:] Nalle Puh
winning ['wɪnɪŋ] **I** *adj* **1** vinnande [*the ~ horse*], segrande; vinnar- [*he is a ~ type*]; vinst- [*a ~ number*] **2** bildl. vinnande [*a ~ smile*], intagande **II** *s* **1** vinnande; erövring; utvinning **2** pl. ***~s*** vinst, vinster
winning-post ['wɪnɪŋpəʊst] *s* kapplöpn. målstolpe, mållinje, mål
wino ['waɪnəʊ] *s* (pl. *~s*) speciellt amer. sl. alkis alkoholist; ***the ~s*** äv. A-laget
winsome ['wɪnsəm] *adj* behaglig, vinnande, sympatisk, charmerande [*a ~ smile*]
winter ['wɪntə] **I** *s* (för ex. jfr äv. *summer*) vinter; attributivt vinter- [*~ sports*]; ***in the dead (depth) of ~*** mitt i smällkalla vintern **II** *vb itr* övervintra; tillbringa vintern [*~ in the south*]
wintry ['wɪntrɪ] *adj* vintrig, vinterlik, vinter-
wipe [waɪp] **I** *vb tr* o. *vb itr* torka, torka av [*~ the dishes (floor)*]; torka bort, stryka (sudda) ut [*~ a th. off* (från) *the blackboard*]; gnida; ~ ***one's eyes*** torka tårarna; ~ ***one's face*** torka sig i ansiktet; ~ ***one's feet*** torka sig om fötterna; ~ ***the***

floor with a p. vard. sopa golvet med ngn; ~ ***one's shoes*** torka av skorna □ ~ **away** torka bort; ~ **down** torka ren (av); ~ **off a)** torka av; stryka (sudda) ut [~ *off a th. from the blackboard*] **b)** utplåna; ~ ***off a debt*** göra sig kvitt en skuld; ~ ***a th. off the face of the earth*** (***off the map***) totalförstöra ngt; ~ **out a)** torka ur; torka bort, gnida ur [~ *out a stain*], stryka (sudda) ut **b)** utplåna, rentvå sig från [~ *out an insult*]; ~ ***out a debt*** göra sig kvitt en skuld **c)** tillintetgöra, förinta [*the whole army was wiped out*], utplåna; utrota [~ *out crime*]; ~ **up** torka upp; torka [~ *up the dishes*] **II** *s* avtorkning; ***give a*** ~ torka av

wiper ['waɪpə] *s* **1** torkare [*windscreen* ~] **2** torktrasa

wire ['waɪə] **I** *s* **1** tråd av metall; ledning; kabel; lina; vajer; ***barbed*** ~ taggtråd; ***pull ~s*** använda sitt inflytande, mygla **2** vard. telegram; telegraf; ***by*** ~ per telegram **II** *vb tr* o. *vb itr* **1** linda om med ståltråd **2** förse med ledningar, dra in ledningar i **3** vard. telegrafera till; telegrafera [*for* efter], skicka telegram

wirebrush ['waɪəbrʌʃ] *s* stålborste

wirecutter ['waɪəˌkʌtə] *s* slags avbitartång

wire fence ['waɪəfens] *s* o. **wire fencing** ['waɪəˌfensɪŋ] *s* ståltrådsstängsel

wire-haired ['waɪəheəd] *adj* strävhårig [*a ~ terrier*]

wireless ['waɪələs] **I** *adj* trådlös; ~ ***telegraphy*** trådlös telegrafi, radiotelegrafi **II** *s* åld. radioapparat; ~ ***operator*** radiotelegrafist

wire netting [ˌwaɪə'netɪŋ] *s* metalltrådsnät, ståltrådsnät; ståltrådsstängsel

wirepulling ['waɪəˌpʊlɪŋ] *s* spel bakom kulisserna; intrigerande; mygel

wiretapping ['waɪəˌtæpɪŋ] *s* telefonavlyssning

wire wool ['waɪəwʊl] *s* stålull

wiring ['waɪərɪŋ] *s* elinstallation; ledningsnät, ledningar

wiry ['waɪərɪ] *adj* **1** lik ståltråd; stripig [~ *hair*] **2** seg; senig

wisdom ['wɪzd(ə)m] *s* visdom, vishet, klokhet; förstånd

wisdom tooth ['wɪzdəmtu:θ] (pl. *wisdom-teeth* ['wɪzdəmti:θ]) *s* visdomstand

wise [waɪz] *adj* vis, klok, förståndig; ~ ***guy*** amer. vard. a) stöddig kille b) förståsigpåare, besserwisser; ***be ~ after the event*** vara efterklok; [***if you take it***] ***nobody will be any the wiser*** ...kommer ingen att märka något; ***we were none the wiser*** vi blev inte ett dugg klokare för det; ***get ~ to a th.*** vard. komma på det klara med ngt

wiseacre ['waɪzˌeɪkə] *s* snusförnuftig människa; besserwisser; politisk kannstöpare

wisecrack ['waɪzkræk] vard. **I** *s* kvickhet; spydighet **II** *vb itr* vara kvick; vara spydig

wish [wɪʃ] **I** *vb tr* o. *vb itr* **1** önska; vilja ha; önska sig något [*close your eyes and ~ !*]; ***I ~ to*** [***say a few words***] jag skulle vilja...; ~ ***a p. further*** vard. önska ngn dit pepparn växer; ***I ~ you would be quiet*** om du ändå ville vara tyst; ***I ~ to God*** (***Heaven***) ***that...*** jag önskar vid Gud att...; ***as you ~*** som du vill; ~ ***for*** önska sig [*she has everything a woman can ~ for*]; ~ ***on*** (***upon***) ***a star*** se på en stjärna och önska (önska sig) något **2** tillönska, önska [~ *a p. a Happy New Year*]; ~ ***a p. joy*** lyckönska ngn; ***I ~ you well!*** lycka till!

II *s* önskan, önskemål [*for* om]; längtan [*for* efter, till]; pl. ***wishes*** a) önskningar, önskemål [*for* om] b) hälsningar [*best wishes from Mary*]; ***my best*** (***good***) ***wishes*** mina varmaste lyckönskningar; ***make a ~*** önska, önska sig något; ***against*** (***contrary to***) ***a p.'s wishes*** mot ngns önskan (vilja)

wishbone ['wɪʃbəʊn] *s* gaffelben på fågel; önskeben, ben i form av en klyka som dras itu av två personer varvid den som fått den längsta delen får önska sig något

wished-for ['wɪʃtfɔ:] *adj* efterlängtad, önskad

wishful ['wɪʃf(ʊ)l] *adj* längtansfull; ~ ***thinking*** önsketänkande

wishing-well ['wɪʃɪŋwel] *s* önskebrunn

wishy-washy ['wɪʃɪˌwɒʃɪ] *adj* blaskig [~ *tea*], vattnig [~ *colours*], matt, blek; slafsig

wisp [wɪsp] *s* tapp [*a ~ of hay*], knippa, bunt; strimma, remsa, slinga; stycke, bit; ~ ***of hair*** hårtest, hårtott

wispy ['wɪspɪ] *adj* tovig [*a ~ beard*], stripig

wistaria [wɪ'stɪərɪə, wɪ'steərɪə] *s* o. **wisteria** [wɪ'stɪərɪə] *s* bot. blåregn

wistful ['wɪstf(ʊ)l] *adj* längtansfull, trånande, trånsjuk; grubblande, tankfull

wit [wɪt] *s* **1** pl. ***~s*** vett, förstånd; slagfärdighet; ***have a ready ~*** vara slagfärdig; ***collect one's ~s*** samla sig; ***she has got her ~s about her*** hon har huvudet på skaft; ***he kept his ~s about him*** han höll huvudet kallt; ***I am at my wit's*** (***wits'***) ***end*** jag vet varken ut eller in; ***live by one's ~s*** leva på sin intelligens och fiffighet; ***be out of one's ~s*** a) vara från vettet b) vara ifrån sig; ***frighten a p. out of his ~s*** skrämma ngn från vettet **2** kvickhet; espri, spiritualitet **3** kvickhuvud

witch [wɪtʃ] *s* **1** häxa; trollkäring **2** vard. häxa, käring [*an ugly old ~*]

witchcraft ['wɪtʃkrɑ:ft] *s* trolldom, häxeri

witch-doctor ['wɪtʃˌdɒktə] *s* medicinman

witch-hunt ['wɪtʃhʌnt] *s* häxjakt

witch-hunter ['wɪtʃˌhʌntə] *s* häxjägare

witching ['wɪtʃɪŋ] *adj* förhäxande, troll-, häx-; ***the ~ hour of night*** den tid på natten då häxorna är ute, spöktimmen

with [wɪð] *prep* **1** med; för [*I bought it ~ my own money*]; till, i [*take sugar ~ one's coffee*]; hos [*he is staying* (bor) *~ the Browns*]; bland [*popular ~*]; av [*stiff ~ cold; tremble ~ fear*]; mot [*be frank (honest) ~ a p.*]; på [*be angry ~ a p.*] **2** ***you can never tell ~ him*** när det gäller honom (med honom) kan man aldrig så noga veta; ***it's OK ~ me*** vard. gärna för mig; ***be laid up ~ influenza*** ligga till sängs i influensa; ***what does he want ~ me?*** vad vill han mig?; ***be ~ it*** vard. vara inne modern; hänga med

withdraw [wɪð'drɔ:] (*withdrew withdrawn*) *vb tr* o. *vb itr* **1** dra tillbaka [*~ troops from a position*], dra bort (undan); avlägsna, ta bort [*from* från, ur], ta ut [*~ money from* (från, på) *the bank*]; återkalla [*~ an accusation*] **2** dra sig tillbaka, avlägsna sig, gå avsides, gå ut [*he withdrew for a moment*]; dra sig undan (ur); träda tillbaka [*~ in favour of a younger candidate*]

withdrawal [wɪð'drɔ:(ə)l] *s* **1** tillbakadragande, avlägsnande; uttag **2** återkallande **3** utträde, tillbakaträdande, avgång; mil. återtåg

withdrawn [wɪð'drɔ:n] **I** se *withdraw* **II** *adj* bildl. tillbakadragen, inåtvänd, reserverad; ***a ~ life*** ett tillbakadraget liv

withdrew [wɪð'dru:] se *withdraw*

wither ['wɪðə] *vb tr* o. *vb itr* förtorka, göra vissen, komma att vissna; ***~*** el. ***~ away*** vissna, förtorka, tyna bort

withheld [wɪð'held] se *withhold*

withhold [wɪð'həʊld] (*withheld withheld*) *vb tr* hålla inne [*~ a p.'s wages*]; vägra att ge [*~ one's consent*]; ***~ a th. from a p.*** undanhålla ngn ngt

within [wɪ'ðɪn] **I** *prep* **1** i rumsuttryck el. bildl. inom [*~ the city*], inuti, inne i, i, innanför; ***be ~ doors*** vara inomhus (inne); ***from ~*** [***the house*** (***the room***)] inifrån... **2** i tidsuttryck: ***~ the space of*** inom loppet av; ***~ the last half hour*** för mindre än en halvtimme sedan **II** *adv* **1** inuti, innanför; inne; ***from ~*** inifrån **2** bildl. inom sig

with-it ['wɪðɪt] *adj* vard. inne, inne- modern [*~ clothes*]

without [wɪ'ðaʊt] **I** *prep* utan **II** *adv* **1** utanför, utvändigt, på utsidan; ***from ~*** utifrån **2** [***there's no bread,***] ***so you'll have to do ~*** ...så du får klara dig utan

withstand [wɪð'stænd] (*withstood withstood*) *vb tr* motstå, stå emot [*~ an attack*], tåla [*~ hard wear*], uthärda [*~ heat (pain)*]

withstood [wɪð'stʊd] se *withstand*

witness ['wɪtnəs] **I** *s* **1** vittne äv. jur.; ***be ~*** (***a ~***) ***of*** (***to***) vara vittne till, bevittna **2** bevittnare [*~ of a signature*] **II** *vb tr* o. *vb itr* **1** vara vittne till, bevittna [*~ an accident*], uppleva, vara med om; närvara vid [*~ a transaction*] **2** bevittna [*~ a document (signature)*]; vittna, betyga, intyga [*that* att] **3** vittna, vara vittne

witness box ['wɪtnəsbɒks] *s* vittnesbås

witness stand ['wɪtnəsstænd] *s* amer. vittnesbås

witticism ['wɪtɪsɪz(ə)m] *s* kvickhet; vits

witty ['wɪtɪ] *adj* kvick, spirituell; vitsig

wives [waɪvz] *s* se *wife*

wizard ['wɪzəd] **I** *s* **1** trollkarl; häxmästare **2** vard. mästare, trollkarl [*a financial ~*], geni **II** *adj* vard. fantastisk, toppen

wizardry ['wɪzədrɪ] *s* **1** trolldom **2** otrolig skicklighet; genialitet

wizened ['wɪznd] *adj* skrynklig, rynkig

wobble ['wɒbl] **I** *vb itr* o. *vb tr* **1** vackla, kränga (vingla) till; gunga, vicka [*the table ~s*] **2** få att vackla (kränga, vingla); gunga (vagga) på, vicka på [*don't ~ the table!*] **II** *s* krängning, vinglande

wobbly ['wɒblɪ] *adj* vacklande, osäker [*a ~ gait*], vinglig [*a ~ table*]; ostadig

woe [wəʊ] *s* poet. el. skämts. ve, sorg; ***tale of ~*** a) tragisk historia b) klagolåt

woebegone ['wəʊbɪˌgɒn] *adj* bedrövad

woeful ['wəʊf(ʊ)l] *adj* **1** bedrövad, sorgsen **2** dyster, trist, eländig **3** bedrövlig

wok [wɒk] **I** *s* wok **II** *vb tr* o. *vb itr* woka, laga med wok
woke [wəʊk] se *1 wake*
woken ['wəʊk(ə)n] se *1 wake*
wolf [wʊlf] **I** (pl. *wolves* [wʊlvz]) *s* varg, ulv; ***a ~ in sheep's clothing*** en ulv i fårakläder; ***a lone ~*** en ensamvarg; ***the ~ is at the door*** nöden står för dörren; ***cry ~ too often*** ge falskt alarm; ***keep the ~ from the door*** hålla nöden (svälten) från dörren; ***who is afraid of the big bad ~?*** ingen rädder för vargen här!; ***throw to the wolves*** kasta åt vargarna **II** *vb tr,* ~ el. ~ ***down*** glufsa i sig
wolf cub ['wʊlfkʌb] *s* vargunge
wolf hound ['wʊlfhaʊnd] *s* varghund
wolf pack ['wʊlfpæk] *s* vargflock, vargskock
wolfram ['wʊlfrəm] *s* **1** wolfram **2** wolframit
wolverine ['wʊlvəri:n] *s* järv
wolves [wʊlvz] *s* se *wolf I*
woman ['wʊmən] (pl. *women* ['wɪmɪn]) *s* kvinna; dam; fruntimmer; ***~ of the world*** dam av värld, världsdam; ***~ author*** (***writer***) författarinna, kvinnlig författare; ***~ friend*** kvinnlig vän, väninna vanl. till kvinna; ***women's lib*** vard. kvinnosaken; ***women's libber*** vard. a) kvinnosakskvinna b) gynnare av kvinnosaken; ***women's liberation movement*** kvinnornas frihetsrörelse; ***women's suffrage*** kvinnlig rösträtt
womanhood ['wʊmənhʊd] *s* **1** kvinnor, kvinnosläktet **2** vuxen ålder [*reach ~*]
womanizer ['wʊmənaɪzə] *s* kvinnojägare
womankind ['wʊmənkaɪnd] *s* kvinnosläktet, kvinnor, kvinnfolk
womanly ['wʊmənlɪ] *adj* kvinnlig
womb [wu:m] *s* anat. livmoder
women ['wɪmɪn] *s* se *woman*
womenfolk ['wɪmɪnfəʊk] *s,* ~ el. ***~s*** kvinnfolk, kvinnor
won [wʌn] se *win I*
wonder ['wʌndə] **I** *s* **1** under, underverk [*the seven ~s of the world*]; ***the ~ is that...*** det märkliga är att...; ***is it any ~ that...?*** är det att undra på att...?; ***it is no*** (***little, small***) ~ det är inte att undra på [*he refused, and no ~*]; ***~s*** (***~s will***) ***never cease*** (ofta iron.) ungefär undrens tid är inte förbi **2** undran [*at* över; *that* över att]
II *vb itr* o. *vb tr* **1** förundra (förvåna) sig, förvånas [*at, over* över] **2** undra [*I was just wondering*]; ***I ~!*** det undrar jag!; ***I ~ if I could speak to...*** skulle jag kunna få tala med...
wonderful ['wʌndəf(ʊ)l] *adj* underbar [*~ weather*], fantastisk
wonderland ['wʌndəlænd] *s* underland, sagoland; ***Wonderland*** underlandet [*Alice in Wonderland*]
wonky ['wɒŋkɪ] *adj* vard. ostadig [*~ on one's legs*], vinglig, skranglig [*a ~ chair*]
wont [wəʊnt, wɒnt] *adj* van; ***he was ~ to say*** han hade för vana att säga
won't [wəʊnt] = *will not*
woo [wu:] *vb tr* o. *vb itr* litt. fria till; uppvakta, fria; ***go wooing*** gå på friarstråt
wood [wʊd] *s* **1** trä; ved; virke, timmer; träslag [*teak is a hard ~*]; ***touch*** (amer. ***knock on***) ***~!*** ta i trä!; peppar, peppar! **2** ~ el. pl. ***~s*** liten skog [*go for a walk in the ~ (~s)*]; ***one*** (***you***) ***cannot see the ~ for the trees*** man ser inte skogen för bara trän; ***be out of the ~*** (amer. ***~s***) bildl. vara ur knipan, ha klarat krisen
wood anemone [ˌwʊdə'nemənɪ] *s* vitsippa
woodbine ['wʊdbaɪn] *s* vildkaprifol
wood-carver ['wʊdˌkɑ:və] *s* träsnidare
wood-carving ['wʊdˌkɑ:vɪŋ] *s* träsnideri
woodcock ['wʊdkɒk] *s* morkulla
woodcut ['wʊdkʌt] *s* träsnitt
wood-cutter ['wʊdˌkʌtə] *s* **1** skogshuggare, timmerhuggare; vedhuggare **2** träsnidare
wooded ['wʊdɪd] *adj* skogig, skogrik [*a ~ landscape*], skogbevuxen
wooden ['wʊdn] *adj* **1** av trä, trä- [*a ~ leg (spoon)*] **2** bildl. a) träaktig [*~ manners*], trägig; stel [*a ~ smile*] b) torr [*a ~ style*]
woodland ['wʊdlənd] *s* skogsbygd, skogsland
wood louse ['wʊdlaʊs] (pl. *wood lice* ['wʊdlaɪs]) *s* gråsugga
woodpecker ['wʊdˌpekə] *s* hackspett
wood pigeon ['wʊdˌpɪdʒɪn] *s* skogsduva; ringduva
woodshed ['wʊdʃed] *s* vedbod, vedskjul
woodwind ['wʊdwɪnd] *s* mus., ***the ~*** (***the ~s***) träblåsarna; ~ el. ***~ instrument*** träblåsinstrument
woodwork ['wʊdwɜ:k] *s* **1** a) byggn. träverk, timmerverk b) snickerier, träarbeten **2** snickeri; speciellt skol. träslöjd
woodyard ['wʊdjɑ:d] *s* **1** virkesupplag, timmerupplag; brädgård **2** vedgård
1 woof [wu:f] *s* vävn. väft; inslag; väv
2 woof [wu:f] **I** *vb itr* brumma; om hund morra **II** *s* brumning; om hund morrning
woofer ['wu:fə] *s* radio. bashögtalare

wooing ['wu:ɪŋ] *s* frieri
wool [wʊl] *s* **1** a) ull b) ullgarn; ***draw (pull) the ~ over a p.'s eyes*** bildl. slå blå dunster i ögonen på ngn **2** ylle, ylletyg, yllekläder; ***all (pure) ~*** helylle
woollen ['wʊlən] **I** *adj* **1** ull- [*~ yarn*], av ull **2** ylle- [*a ~ blanket*], av ylle **II** *s* ylle; vanl. pl. ***~s*** ylletyger, yllevaror; ylleplagg
wool-lined ['wʊllaɪnd] *adj* yllefodrad
woolly ['wʊlɪ] *adj* **1** ullig; ullbeklädd; ullik **2** ylle- [*~ clothes*] **3** bildl. vag, luddig [*~ ideas*]
word [wɜ:d] **I** *s* **1** ord; pl. ***~s*** äv. ordalag [*in well chosen ~s*]; ***a ~ of advice*** ett råd; ***~ of honour*** hedersord; ***put in a good ~ for a p.*** lägga ett gott ord för ngn; ***it's the last ~*** det är det allra senaste (sista skriket) [*in* i fråga om]; ***have the last ~*** a) ha (få) sista ordet b) ha avgörandet i sin hand; ***~s fail me!*** jag saknar ord!; ***have a ~ with a p.*** tala ett par ord med ngn; ***have ~s*** vard. gräla; ***I'd like a ~ with you*** a) jag skulle vilja tala lite med dig b) jag har ett par ord att säga dig; ***put in a ~*** a) få ett ord med i laget b) lägga ett gott ord [*for* för]; ***take the ~s right out of a p.'s mouth*** ta ordet ur munnen på ngn **2** pl. ***~s*** ord, text; sångtext **3** lösenord [*give the ~*]; paroll, motto **4** hedersord, löfte [*break (give, keep) one's ~*]; ***my ~!*** vard. minsann!, ser man på!; ***take my ~ for it!*** tro mig!, sanna mina ord!; ***be as good as one's ~*** kunna stå vid sitt ord **5** meddelande, besked; ***the ~ got (went) round that...*** det ryktades att...; ***have (get, receive) ~*** få bud (meddelande) [*that* om att] **6** order; ***give the ~ to do a th.*** ge order om att göra ngt; ***pass the ~*** ge order, säga ˈtill; ***say the ~*** säga ˈtill [*just say the ~ and I'll do it*] □ **at** *the (the given) ~* på givet kommando; ***take a p. at his ~*** a) ta ngn på orden b) ta ngns ord för gott; **beyond** *~s* mer än ord kan uttrycka, obeskrivligt; **by** *~ of mouth* muntligen; ***stand by one's ~*** stå vid sitt ord; *it's too funny* **for** *~s* det är så roligt så man kan dö; ***he is too stupid for ~s*** han är otroligt dum; **in** *other ~s* med andra ord; ***in so many ~s*** klart och tydligt, rent ut [*he told me in so many ~s that...*]; *put* **into** *~s* uttrycka i ord; *a man* **of** *few ~s* en fåordig man; *go back* **on** *one's ~* ta tillbaka sitt ord, bryta sitt löfte; ***play on ~s*** lek med ord, ordlek; **upon** *my ~!* förvånat minsann!, ser man på!

II *vb tr* uttrycka, formulera [*a sharply-worded protest*], avfatta [*a carefully-worded letter*]
word-blind ['wɜ:dblaɪnd] *adj* ordblind
word-for-word [ˌwɜ:dfəˈwɜ:d] *adj* ordagrann [*a ~ translation*]
wording ['wɜ:dɪŋ] *s* formulering; lydelse
word order ['wɜ:dˌɔ:də] *s* ordföljd
word-perfect [ˌwɜ:d'pɜ:fɪkt] *adj*, ***be ~ in a th.*** kunna ngt perfekt (utantill)
word play ['wɜ:dpleɪ] *s* ordlek
wordy ['wɜ:dɪ] *adj* ordrik, mångordig; vidlyftig [*~ style*]; långrandig
wore [wɔ:] se *wear I*
work [wɜ:k] **I** *s* **1** arbete, jobb, uppgift [*that is his life's ~*]; verk; ***all ~ and no play makes Jack a dull boy*** bara arbete gör ingen glad; ***good (nice) ~!*** fint!, bra gjort!; ***it was hard ~ getting there*** det var jobbigt att komma dit; ***that was quick ~*** det gick undan; ***a job of ~*** ett arbete [*he always does a fine job of ~*]; ***a piece of ~*** **a)** ett arbete, en prestation **b)** ***he is a nasty piece of ~*** vard. han är en ful fisk; ***I had my ~ cut out to [keep the place in order]*** jag hade fullt sjå med att...; ***he has done great ~ for [his country]*** han har gjort stora insatser för...; ***many hands make light ~*** ordspr. ju fler som hjälper till, dess lättare går det; ***make quick ~ of*** klara av kvickt; ***make short ~ of*** göra processen kort med; ***stop ~*** sluta arbeta; lägga ner arbetet; ***at ~*** a) på arbetet (jobbet) [*don't phone him at ~*] b) i arbete, i verksamhet, i drift, i gång [*we saw the machine at ~*]; ***be at ~ at (on)*** arbeta på, hålla på med; ***off ~*** inte i arbete, ledig; ***out of ~*** utan arbete, arbetslös; ***be thrown out of ~*** bli arbetslös; ***set (get) to ~ at (on) a th. (to do a th.)*** ta itu (sätta i gång) med ngt (med att göra ngt) **2** verk [*the ~s of Shakespeare*], arbete [*a new ~ on* (om) *modern art*], opus, alster; arbeten kollektivt [*the villagers sell their ~ to tourists*]; handarbete; ***a ~ of art*** ett konstverk **3** ***~s*** fabrik [*a new ~s*], bruk, verk **4** pl. ***~s*** verk [*the ~s of a clock*], mekanism **5** ***public ~s*** offentliga arbeten

II (*worked worked*, i betydelserna *4, 6 wrought wrought*) *vb itr* o. *vb tr* **1** arbeta, jobba, verka; ***music while you ~*** radio. musik under arbetet **2** fungera, funka [*the pump ~s*], arbeta, gå [*it ~s smoothly*], drivas [*this machine ~s by electricity*]; vara i funktion, vara i gång **3** lyckas, fungera [*will this new plan ~?*], klaffa, funka **4** bearbeta [*~ silver*]; bereda, behandla **5** manövrera, hantera; driva [*this machine is worked by electricity*]; *~ **a p. to death*** låta ngn arbeta ihjäl sig; ***~ oneself to death*** slita ihjäl sig **6** åstadkomma [*time had wrought great changes*], vålla, orsaka; vard. ordna, fixa [*how did you ~ it?*] **7** ***~ one's way*** arbeta sig fram; ***~ one's way*** (***way up***) bildl. arbeta sig upp □ ~ **against** arbeta emot, motarbeta; ***we are working against time*** det är en kapplöpning med tiden; ~ **at** arbeta på (med); ~ **away** arbeta vidare [*at, on* på], arbeta (jobba) undan (på); ~ **for** arbeta för (åt) [*~ for a p.*]; ***~ for one's exam*** arbeta på sin examen; ~ **free** slita sig loss, lossna; ~ **loose** lossna, släppa [*the screw (tooth) has worked loose*]; ~ **on** a) arbeta på (med) b) påverka; bearbeta, spela på [*~ on a p.'s feelings*]; ~ **out a)** utarbeta [*~ out a plan (a scheme)*], utforma; arbeta fram **b)** räkna ut (fram); lösa [*~ out a problem*], tyda **c)** utvecklas, gå [*let us see how it ~s out*]; lyckas [*he hoped the plan would ~ out*]; ***it may ~ out all right*** det kommer nog att gå bra; ***these things ~ themselves out*** sådant brukar ordna sig **d)** ***~ out at*** (***to***) uppgå till, gå på [*the total ~s out at (to) £10*]; ~ **towards** arbeta för [*~ towards a peaceful settlement*]; ~ **up a)** arbeta (driva) upp [*~ up a business*] **b)** bearbeta, förädla; arbeta upp; ***~ oneself up*** hetsa (jaga) upp sig; perfekt particip ***worked up*** upphetsad, upprörd; ***get all worked up over nothing*** hetsa upp sig för ingenting

workable ['wɜ:kəbl] *adj* **1** möjlig att bearbeta **2** genomförbar [*a ~ plan*], praktisk, användbar [*a ~ method*]

work addict ['wɜ:kˌædɪkt] *s* o. **workaholic** [ˌwɜ:kə'hɒlɪk] *s* vard. arbetsnarkoman

workbench ['wɜ:kbentʃ] *s* arbetsbänk

worker ['wɜ:kə] *s* **1** arbetare, jobbare; arbetstagare; ***Workers' Educational Association*** motsvarande ungefär Arbetarnas bildningsförbund; ***~s of the world, unite!*** proletärer i alla länder, förenen eder!; ***he is a hard ~*** han arbetar hårt **2** zool. arbetare: a) arbetsbi [äv. *~ bee*] b) arbetsmyra [äv. *~ ant*]

workforce ['wɜ:kfɔ:s] *s* arbetsstyrka

working ['wɜ:kɪŋ] **I** *s* **1** arbete; verksamhet; ***the ~s of a p.'s mind*** vad som rör sig inom ngn **2** bearbetande, bearbetning; exploatering, drift [*the ~ of a mine*]; skötsel

II *adj* o. attributivt *s* **1** arbetande [*the ~ masses*], arbetar-; arbets- [*~ conditions*]; drifts-; ***~ capital*** rörelsekapital, driftskapital; ***~ clothes*** arbetskläder; ***~ hours*** arbetstid **2** funktionsduglig, användbar; praktisk; ***he has a ~ knowledge of French*** han kan franska till husbehov; ***a ~ majority*** parl. en regeringsduglig (arbetsduglig) majoritet; ***in ~ order*** i användbart skick, funktionsduglig

working-class [ˌwɜ:kɪŋ'klɑ:s] *s* arbetarklass; ***the working-classes*** arbetarklassen

working-man ['wɜ:kɪŋmæn] (pl. *working-men* ['wɜ:kɪŋmen]) *s* kroppsarbetare

workless ['wɜ:kləs] *adj* arbetslös

workload ['wɜ:kləʊd] *s* arbetsbörda

workman ['wɜ:kmən] (pl. *workmen* ['wɜ:kmən]) *s* arbetare; hantverkare

workmanlike ['wɜ:kmənlaɪk] *adj* väl utförd, gedigen

workmanship ['wɜ:kmənʃɪp] *s* **1** yrkesskicklighet, kunnande **2** utförande [*articles of* (i) *excellent ~*]; ***a piece of solid ~*** ett gediget arbete

workmate ['wɜ:kmeɪt] *s* arbetskamrat

work-out ['wɜ:kaʊt] *s* **1** träningspass; ***he went there for a ~*** han gick dit för att träna **2** genomgång, prov, test **3** gymnastik, gymping

worksheet ['wɜ:kʃi:t] *s* arbetssedel

workshop ['wɜ:kʃɒp] *s* verkstad

worktop ['wɜ:ktɒp] *s* arbetsbänk, arbetsyta

world [wɜ:ld] *s* **1** värld; jord [*a journey round the ~*]; ***~ champion*** världsmästare; ***the First*** (***Second***) ***World War*** el. ***World War I*** (***II***) första (andra) världskriget; ***experience of the ~*** världserfarenhet; ***the fashionable ~*** den fina världen; ***the New*** (***Old***) ***World*** Nya (Gamla) världen; ***what's the ~ coming to?*** såna tider vi lever i!; ***the ~ to come*** (***be***) livet efter detta; ***how goes the ~ with you?*** el. ***how is the ~ using you?*** vard. hur lever världen (hur står det till) med dig ?; ***I would give the ~*** (***give ~s***) ***to know*** jag skulle ge vad som helst för att få veta; ***see the ~*** se sig om i världen; ***not for the ~*** inte för allt (något) i världen; ***for all the ~ as if*** precis som om; ***for all the ~ like*** på pricken lik, precis som; ***how*** (***what,***

where) in the ~? hur (vad, var) i all världen?; ***all the difference in the ~*** en himmelsvid skillnad; ***bring a child into the ~*** sätta ett barn till världen; ***make the best of both ~s*** finna en kompromiss; ***the food is out of this ~*** vard. maten är inte av denna världen; ***all over the ~*** över (i) hela världen; ***sail round the ~*** segla jorden runt; ***dead to the ~*** död för världen

2 massa, mängd; ***a ~ of*** en massa (mängd) [*a ~ of trouble*]; ***there is a ~ of difference between...*** det är en himmelsvid skillnad mellan...; ***it will do you a (the) ~ of good*** det kommer att göra dig oändligt gott; [***the two books***] ***are ~s apart*** det är en enorm skillnad mellan...; ***think the ~ of a p.*** uppskatta ngn enormt; avguda ngn

world-beater ['wɜ:ld,bi:tə] *s,* ***be a ~*** vara i världsklass

world-famous [,wɜ:ld'feɪməs] *adj* världsberömd

worldliness ['wɜ:ldlɪnəs] *s* världslighet

worldly ['wɜ:ldlɪ] *adj* världslig, jordisk; världsligt sinnad; ***~ goods*** världsliga ägodelar; ***~ wisdom*** världserfarenhet

world-shaking ['wɜ:ld,ʃeɪkɪŋ] *adj* som skakar (skakade) hela världen [*a ~ crisis*]

worldwide [,wɜ:ld'waɪd] *adj* världsomfattande, världsomspännande

worm [wɜ:m] **I** *s* **1** mask; småkryp; bildl. stackare; ***can of ~s*** bildl. trasslig härva; ***even a ~ will turn*** ungefär även den tålmodigaste reser sig till slut

2 inälvsmask **II** *vb tr,* ***~ oneself (~ one's way) in (into)*** orma (åla, slingra) sig in (in i); ***~ oneself into a p.'s favour*** nästla (ställa) sig in hos ngn; ***~ a th. out of a p.*** locka (lirka) ur ngn ngt

worm-eaten ['wɜ:m,i:tn] *adj* maskäten

wormwood ['wɜ:mwʊd] *s* malört

worn [wɔ:n] *adj* o. *perf p* (av *wear*) nött, sliten; bildl. äv. tärd, medtagen, trött [*with* av], avfallen; avlagd, begagnad [*~ clothes*]

worried ['wʌrɪd] *adj* orolig, ängslig [*about, over* för, över; *at* över]

worry ['wʌrɪ] **I** *vb tr* o. *vb itr* **1** oroa, bekymra, plåga, pina; ***~ the life out of a p.*** el. ***~ a p. to death*** plåga (pina) livet ur ngn; ***~ oneself*** oroa (bekymra) sig [*about* för, över]; ***don't let it ~ you*** oroa dig inte för det **2** oroa sig, ängslas, vara orolig [*about, over* över, för]; ***I should ~!*** vard. det struntar jag blankt i, det rör mig inte i ryggen; ***I'll (we'll) ~ when the time comes*** den tiden, den sorgen; ***don't you ~!*** oroa dig inte!; ***not to ~!*** vard. ingenting att bry sig om!, ta det lugnt! **II** *s* oro, bekymmer, sorg; besvär, besvärlighet

worrying ['wʌrɪɪŋ] *adj* plågsam, enerverande

worse [wɜ:s] **I** *adj* o. *adv* (komparativ av *bad, badly, ill*) värre, sämre; ***be ~ off*** ha det sämre ställt, vara sämre; ***get (grow, become) ~*** bli värre (sämre), förvärras, försämras; ***to make matters ~*** till råga på eländet; ***so much the ~ for him*** desto värre för honom; ***be the ~ for drink (liquor)*** vara berusad; ***he is none the ~ for it*** han har inte tagit skada av det **II** *s* värre saker, något ännu värre [*I have ~ to tell*]

worsen ['wɜ:sn] *vb tr* o. *vb itr* förvärra, försämra; förvärras, försämras

worship ['wɜ:ʃɪp] **I** *s* **1** dyrkan, tillbedjan; gudstjänst; andaktsövning; ***religious ~*** religionsutövning; ***place of ~*** gudstjänstlokal **2** ***Your Worship*** Ers nåd, herr domare **II** *vb tr* dyrka, tillbe; avguda

worshipper ['wɜ:ʃɪpə] *s* dyrkare, tillbedjare

worst [wɜ:st] **I** *adj* o. *adv* (superlativ av *bad, badly, ill*) värst, sämst; ***be ~ off*** ha det sämst; ***come off ~*** klara sig sämst, dra det kortaste strået

II *s,* ***the ~*** den (det, de) värsta [*the ~ is yet to come* (återstår)], den (det, de) sämsta; ***the ~ of it is that...*** det värsta (sämsta) av allt är att...; ***that's the ~ of being alone*** det är det värsta med att vara ensam; ***have (get) the ~ of it*** dra det kortaste strået, råka värst ut; ***I want to know the ~*** jag vill veta sanningen även om den är obehaglig; ***think the ~ of a p.*** tro ngn om det värsta; ***at the ~*** el. ***at ~*** i värsta fall; ***if the ~ comes to the ~*** i värsta (sämsta) fall

III *vb tr* besegra, övervinna

worsted ['wʊstɪd] **I** *s* **1** kamgarn **2** kamgarnstyg **II** *adj* kamgarns- [*~ suit*]

worth [wɜ:θ] **I** *adj* värd [*it's ~ £5*]; ***it is not ~ while*** det är inte mödan värt; ***it is ~ noticing*** det förtjänar anmärkas; ***~ reading*** värd att läsa (läsas), läsvärd; ***be ~ seeing*** vara värd att se (ses), vara sevärd; ***for all one is ~*** av alla krafter, för glatta livet; [***I'll give you a tip***] ***for what it is ~*** ...vad det nu kan vara värt **II** *s* **1** värde; ***know one's ~*** känna sitt eget värde **2** ***a hundred pounds' ~ of goods***

varor för hundra pund; ***get*** (***have***) ***one's money's ~*** få valuta för pengarna
worthless ['wɜ:θləs] *adj* värdelös
worthwhile ['wɜ:θwaɪl] *adj* som är värd att göra [*a ~ experiment*], värd besväret; givande, värdefull [*~ discussions*]; lönande
worthy ['wɜ:ðɪ] *adj* värdig [*a ~ successor*]; värd; ***~ of*** värd [*an attempt ~ of a better fate*]; ***be ~ of*** vara värd, förtjäna [*be ~ of praise*]; ***I am not ~ of her*** jag är henne inte värdig
would [wʊd, obetonat wəd, əd] *hjälpvb* (imperfekt av *will*) **1** skulle [*I (you, he) ~ do it if I (you, he) could*; *he was afraid something ~ happen*]; ***that ~ be nice*** det vore trevligt; ***~ you believe it?*** kan man tänka sig!; ***I wouldn't know*** inte vet jag; ***how ~ I know?*** hur skulle jag kunna veta det?; ***if that ~ suit you*** om det passar **2** ville [*he wouldn't do it*; *I could if I ~*]; ***I wish you ~ stay*** jag önskar du ville stanna, jag skulle vilja att du stannade; ***if it ~ only stop raining*** om det bara ville sluta regna **3** skulle absolut; ***of course it ~ rain*** naturligtvis måste (skulle) det regna **4** skulle vilja [*~ you do me a favour?*]; ***shut the door, ~ you?*** stäng dörren är du snäll! **5** brukade, kunde [*he ~ sit for hours doing nothing*] **6** torde; ***he ~ be your uncle, I suppose*** han är väl din farbror?; ***it ~ seem*** (***appear***) ***that...*** det vill synas som om...
would-be ['wʊdbi:] *adj* **1** tilltänkt [*the ~ victim*]; ***~ buyers*** eventuella köpare **2** så kallad, s.k. [*a ~ philosopher*]
wouldn't ['wʊdnt] = *would not*
1 wound [waʊnd] se *2 wind, 3 wind I*
2 wound [wu:nd] **I** *s* sår; ***a bullet ~*** ett sår efter en kula; ***inflict a ~ upon a p.*** såra ngn; ***lick one's ~s*** slicka sina sår äv. bildl.; ***reopen old ~s*** bildl. riva upp gamla sår **II** *vb tr* såra; bildl. äv. kränka; ***badly wounded*** svårt sårad
wove [wəʊv] se *weave I*
woven ['wəʊv(ə)n] se äv. *weave I*; ***~ fabric*** vävt tyg, väv, vävnad
wow [waʊ] *interj* oj då!; oj, oj! [*~! what a dress!*], det var som tusan!, nej men!
wrangle ['ræŋgl] *vb itr* gräla, käbbla
wrap [ræp] **I** *vb tr* **1 a)** ***~ up*** el. ~ svepa, svepa in [*in* i]; svepa om [*in* med]; linda (veckla, vira) in, slå in, packa in [*in* i; *~ a th. (a th. up) in paper*]; hölja, täcka; ~ (***~ up***) ***a parcel*** slå in ett paket; ***~ oneself up well*** klä på sig ordentligt **b)** ***~ a th. round*** svepa (linda, vira) ngt kring (runt, om), slå ngt kring (runt, om) [*~ paper round it*] **2** ***wrapped up in*** a) fördjupad i, helt absorberad av [*wrapped up in one's studies (work)*] b) nära (intimt) förknippad med; ***be wrapped up in oneself*** vara självupptagen; ***wrapped*** (***wrapped up***) ***in mystery*** höljd i dunkel
II *s* sjal; resfilt; pl. ***~s*** ytterplagg, ytterkläder, badkappa; ***evening ~*** aftonkappa; ***morning ~*** morgonrock
wrapper ['ræpə] *s* omslag, hölje; skyddsomslag på bok; tidningsbanderoll
wrapping ['ræpɪŋ] *s* **1** ofta pl. ***~s*** omslag, hölje; emballage **2** omslagspapper
wrapping-paper ['ræpɪŋˌpeɪpə] *s* omslagspapper
wrath [rɒθ, amer. ræθ] *s* vrede [*the day of ~*]
wreak [ri:k] *vb tr* utkräva, ta [*~ vengeance on a p.*]; ***~ havoc on*** anställa förödelse på
wreath [ri:θ, pl. ri:ðz el. ri:θs] *s* **1** krans av blommor m.m.; girland **2** vindling, virvel, slinga [*a ~ of smoke*], spiral
wreathe [ri:ð] *vb tr* **1** bekransa [*wreathed with flowers*], omge; ***be wreathed in*** bekransas (omges) av; ***his face was wreathed in smiles*** han var idel solsken **2** vira, linda, fläta, binda [*round, about* kring, runt]
wreck [rek] **I** *s* **1** skeppsbrott, förlisning, haveri **2** ödeläggelse, förstöring; **3** vrak, skeppsvrak, bilvrak; pl. ***~s*** vrakspillror **4** bildl. vrak, ruin; spillror; ***he is a ~ of his former self*** han är blott en skugga av sitt forna jag **II** *vb tr* **1** komma att förlisa (stranda, haverera); kvadda; ***be wrecked*** lida skeppsbrott, stranda, haverera äv. bildl.; förlisa [*the ship was wrecked*]; bli kvaddad **2** ödelägga, förstöra, undergräva
wreckage ['rekɪdʒ] *s* **1** vrakspillror, vrakdelar **2** skeppsbrott; haveri
wrecker ['rekə] *s* **1** vrakbärgare **2** vrakplundrare **3** skadegörare
wrecking ['rekɪŋ] *adj* amer. bärgnings-; ***~ car*** (***truck***) bärgningsbil; ***~ train*** hjälptåg
wren [ren] *s* zool. gärdsmyg
wrench [rentʃ] **I** *s* **1** häftigt ryck; ***give a ~ at*** vrida om (till) **2** vrickning, stukning **3** bildl. hårt slag, svår förlust **4** skiftnyckel **II** *vb tr* **1** rycka loss (av) [*~ a gun from a p.*], slita loss (av) [*~ the door off* (från) *its hinges*], vrida; ***~ oneself from...*** slita

(vrida) sig ur... **2** vricka, stuka [~ *one's ankle* (foten)]
wrest [rest] *vb tr* rycka, slita [*from* från; *out of a p.'s hands* ur händerna på ngn]; ~ ***a th. from a p.*** äv. pressa (tvinga) av ngn ngt [~ *a secret from a p.*]
wrestle ['resl] **I** *vb itr* o. *vb tr* brottas, kämpa [*with* med]; brottas med **II** *s* brottning; brottningsmatch
wrestler ['reslə] *s* brottare
wrestling ['reslɪŋ] *s* brottning
wrestling-match ['reslɪŋmætʃ] *s* brottningsmatch; brottartävling
wretch [retʃ] *s* **1** stackare **2** usling
wretched ['retʃɪd] *adj* **1** djupt olycklig, eländig [*feel* ~], hopplös [*a* ~ *existence*]; stackars [*the* ~ *woman*] **2** usel, futtig **3** bedrövlig, urusel [~ *weather*]; vard. förbaskad [*a* ~ *cold*]
wretchedness ['retʃɪdnəs] *s* **1** förtvivlan; elände, misär **2** uselhet
wriggle ['rɪgl] **I** *vb itr* o. *vb tr* slingra sig, vrida sig, åla sig; vrida på, vicka på [~ *one's hips*]; ~ ***out of*** åla sig ur; slingra sig ur (från) [*he tried to* ~ *out of his promise*]; ~ ***one's way*** slingra sig fram, åla sig **II** *s* **1** slingrande (ålande) rörelse, slingring; vickning **2** snirkel
wring [rɪŋ] **I** (*wrung wrung*) *vb tr* vrida [~ *one's hands in despair*]; vrida (krama) ur [~ *the water from wet clothes*]; krama, trycka [*he wrung my hand hard*]; ~ ***a p.'s neck*** vrida halsen (nacken) av ngn; ~ ***a th. out of*** (***from***) ***a p.*** pressa (tvinga) av ngn ngt [~ *money (a confession) out of (from) a p.*], pressa ur ngn ngt; ~ ***out*** vrida (krama) ur [~ *out the water from* (ur) *wet clothes*] **II** *s* vridning, kramning; ***give the washing a*** ~ vrida (krama) ur tvätten
wringer ['rɪŋə] *s* vridmaskin
wringing ['rɪŋɪŋ] *adv*, ~ ***wet*** drypande våt, dyblöt
wrinkle ['rɪŋkl] **I** *s* rynka, skrynkla, veck; rynkning [*a* ~ *of* (på) *the nose*] **II** *vb tr* o. *vb itr* rynka, rynka på [*she wrinkled her nose*]; skrynkla, skrynkla till (ned), vecka [äv. ~ *up*]; bli rynkig (skrynklig), rynka sig, skrynklas
wrinkled ['rɪŋkld] *adj* o. **wrinkly** ['rɪŋklɪ] *adj* rynkig, skrynklig
wrist [rɪst] *s* handled, handlov
wristband ['rɪstbænd] *s* **1** handlinning, manschett **2** armband
wristwatch ['rɪstwɒtʃ] *s* armbandsur
writ [rɪt] *s* jur. skrivelse, handling
write [raɪt] (*wrote written*) *vb tr* o. *vb itr* **1** skriva, skriva ner (ut), författa; vara författare; ~ ***for*** a) skriva för (i) [~ *for a newspaper*] b) skriva efter; ~ ***for a living*** leva på att skriva **2** gå att skriva med □ ~ **back** svara; ~ **down** skriva upp (ner), anteckna; ~ **off a)** avskriva [~ *off a debt*], avfärda [*it was written off as a failure*] **b)** ~ ***off for*** skriva efter, rekvirera, beställa; ~ ***off to*** skriva till; ~ **out** skriva ut [~ *out a cheque*]
writer ['raɪtə] *s* författare, skribent; ***writer's cramp*** skrivkramp; ***the present*** ~ undertecknad
write-up ['raɪtʌp] *s* vard. recension, kritik; ***a bad*** ~ en dålig recension
writhe [raɪð] *vb itr* vrida sig [~ *with* el. *under* (av, i) *pain*]; bildl. våndas, pinas
writing ['raɪtɪŋ] **I** *s* **1** skrift; ***in*** ~ äv. skriftlig; skriftligt, skriftligen; ***put*** (***put down***) ***in*** ~ el. ***take down in*** ~ skriva ner, avfatta skriftligt **2** skrivning; skrivkonst; ~ ***is difficult*** det är svårt att skriva **3** författarverksamhet, författarskap; ***he turned to*** ~ [***at an early age***] han började skriva... **4** handstil **5** inskrift, inskription; skrift; ***the*** ~ ***on the wall*** skriften på väggen, ett dåligt omen **6** skrift, arbete, verk [*his collected* ~*s*] **II** *adj* skriv-; ~ ***materials*** skrivmaterial, skrivdon
writing-desk ['raɪtɪŋdesk] *s* skrivbord
writing-pad ['raɪtɪŋpæd] *s* **1** skrivunderlägg **2** skrivblock
writing-paper ['raɪtɪŋˌpeɪpə] *s* skrivpapper, brevpapper
writing-table ['raɪtɪŋˌteɪbl] *s* skrivbord
written ['rɪtn] *adj* o. *perf p* (av *write*) skriven; skriftlig [~ *test*]; ~ ***language*** skriftspråk
wrong [rɒŋ] **I** *adj* **1** orätt [*it is* ~ *to steal*], orättfärdig; orättvis **2** fel [*he got into the* ~ *train*], felaktig, galen; ***sorry,*** ~ ***number!*** förlåt, jag (ni) har kommit fel!; ***be on the*** ~ ***side of fifty*** vara över femtio år; ***get on the*** ~ ***side of a p.*** komma på kant med ngn; ***get out of bed*** (***get up***) ***on the*** ~ ***side*** vard. vakna på fel sida; ***the*** ~ ***way round*** bakvänd; bakvänt, bakfram; ***go the*** ~ ***way about it*** börja i galen (fel) ända; ***go the*** ~ ***way to work*** gå felaktigt till väga; ***the food went*** (***went down***) ***the*** ~ ***way*** maten fastnade i vrångstrupen; ***be*** ~ ha fel, ta fel (miste); ***you're*** ~ ***there!***

där tar (har) du fel!; ***be ~ in the*** (***one's***) ***head*** vard. vara dum i huvudet; ***what's ~ with...?*** a) vad är det för fel med (på)...? b) vad har du emot...? c) hur skulle det vara med...?

II *adv* orätt, oriktigt [*act ~*]; fel, galet [*guess ~*]; vilse; ***do ~*** handla (göra) orätt (fel); ***you've got it all ~*** du har fått alltsammans om bakfoten; ***don't get me ~!*** förstå mig rätt!; ***go ~*** a) gå (komma) fel (vilse); göra fel b) misslyckas, gå snett c) vard. gå sönder, paja

III *s* orätt [*right and ~*]; orättfärdighet; oförrätt, orättvisa, ont; missförhållande; ***do a p. ~*** a) göra orätt mot ngn; förorätta ngn b) bedöma ngn orätt; ***I had done no ~*** jag hade inget ont gjort; ***be in the ~*** a) ha orätt (fel) b) vara skyldig; ***put a p. in the ~*** lägga skulden på ngn

IV *vb tr* förorätta, förfördela, kränka [*she was deeply wronged*]

wrongdoer ['rɒŋdʊə] *s* **1** syndare **2** ogärningsman, lagbrytare

wrongdoing ['rɒŋdu:ɪŋ] *s* ond gärning, missgärning; oförrätt; synd, förseelse

wrongful ['rɒŋf(ʊ)l] *adj* **1** orättvis, orättfärdig **2** olaglig, orättmätig

wrongly ['rɒŋlɪ] *adv* **1** fel, felaktigt, fel- [*~ spelt*], orätt **2** orättvist [*~ accused*]

wrote [rəʊt] se *write*

wrought [rɔ:t] **I** se *work II* **II** *adj* **1** formad, arbetad, bearbetad; smidd, hamrad [*~ copper*]; ***~ iron*** smidesjärn **2** prydd, dekorerad, utsirad

wrung [rʌŋ] se *wring I*

wry [raɪ] (adverb *wryly*) *adj* **1** sned, skev **2** spydig; ***make*** (***pull***) ***a ~ face*** göra en grimas (sur min); ***~ humour*** torr (besk) humor; ***~ smile*** tvunget leende

X, x [eks] *s* **1** X, x **2** X, x beteckning för okänd faktor, person m.m. [$x = y$; *Mr. X*] **3** kryss; äv. symbol för kyss i t.ex. brev

xenon ['zenɒn] *s* kem. xenon

xenophobia [ˌzenə'fəʊbjə] *s* främlingshat

XL (förk. för *extra large*) beteckning för extra stor i klädesplagg

Xmas ['krɪsməs] *s* kortform för *Christmas*

X-rated ['eksˌreɪtɪd] *adj* ej lämplig för barn

X-ray ['eksreɪ] **I** *s* röntgenstråle, X-stråle; röntgen **II** *vb tr* röntga; röntgenbehandla

XS (förk. för *extra small*) beteckning för extra liten i klädesplagg

xylophone ['zaɪləfəʊn] *s* mus. xylofon

Y

Y, y [waɪ] *s* **1** Y, y **2** mat. Y, y beteckning för bl.a. okänd faktor
yacht [jɒt] *s* lustjakt, yacht, segelbåt
yacht club ['jɒtklʌb] *s* segelsällskap, yachtklubb
yachting ['jɒtɪŋ] **I** *s* segling, segelsport **II** *adj* o. attributivt *s* lustjakt-, segel-, båt- [*~ trip*], seglar- [*~ cap*]
yachtsman ['jɒtsmən] (pl. *yachtsmen* ['jɒtsmən]) *s* seglare, kappseglare
Yank [jæŋk] *s* o. *adj* vard. för *Yankee*
yank [jæŋk] vard. **I** *vb tr* o. *vb itr* rycka (dra, hugga tag) i **II** *s* ryck, knyck
Yankee ['jæŋkɪ] *s* vard. yankee, jänkare
yap [jæp] **I** *vb itr* gläfsa, bjäbba; vard. tjafsa; snacka **II** *s* gläfsande, bjäbbande; vard. tjat, tjafs; snack
yappy ['jæpɪ] *adj* gläfsande, bjäbbande
1 yard [jɑ:d] *s* yard (= 3 *feet* = 0,91 m)
2 yard [jɑ:d] *s* **1** a) inhägnad gård, gårdsplan b) amer. trädgård **2** område, inhägnad; ***railway ~*** bangård **3** ***the Yard*** vard. för *Scotland Yard (New Scotland Yard)*
yardstick ['jɑ:dstɪk] *s* bildl. måttstock
yarn [jɑ:n] *s* **1** garn; tråd **2** vard. skepparhistoria; ***spin a ~*** dra en skepparhistoria
yawn [jɔ:n] **I** *vb itr* o. *vb tr* gäspa; ***~ one's head off*** gäspa käkarna ur led **II** *s* gäspning
yawning ['jɔ:nɪŋ] *adj* **1** gäspande [*a ~ audience*] **2** gapande [*a ~ abyss*]
yd. o. **yds.** (förk. för *yard, yards*) se *1 yard*
yeah [jeə] *adv* vard. ja; ***oh ~?*** jaså?
year [jɪə] *s* år; årtal; årgång; ***~ of birth*** födelseår; ***~s and ~s*** många herrans år; ***last ~*** i fjol, förra året; ***this ~*** i år; ***a ~ or two ago*** för ett par år sedan; ***~s ago*** för flera (många) år sedan; ***~ by*** (***after***) ***~*** år för (efter) år; ***by next ~*** till (senast) nästa år; ***for*** (speciellt amer. ***in***) ***~s*** i (på) åratal (många år); ***in the ~ 2000*** år 2000; ***in two ~s*** på (om) två år; ***of late*** (***recent***) ***~s*** på (under) senare år
yearbook ['jɪəbʊk] *s* årsbok; årskalender
yearlong ['jɪəlɒŋ] *adj* årslång
yearly ['jɪəlɪ] **I** *adj* årlig, års- **II** *adv* årligen
yearn [jɜ:n] *vb itr* längta, trängta [*for (after) a th.* efter ngt; *to do* efter att göra], tråna
yearning ['jɜ:nɪŋ] *s* stark åtrå, trängtan
yeast [ji:st] *s* jäst
yell [jel] **I** *vb itr* o. *vb tr* gallskrika, tjuta, vråla; skrika ut **II** *s* skrik, tjut, vrål; anskri
yellow ['jeləʊ] **I** *adj* **1** gul; ***~ fever*** gula febern **2** vard. feg **II** *s* **1** gult; **2** äggula
yellow-belly ['jeləʊˌbelɪ] *s* sl. fegis
yelp [jelp] **I** *vb itr* gläfsa, skälla, tjuta; skrika **II** *s* gläfs, skarpt skall, tjut; skrik
yes [jes] **I** *adv* ja; jo; ***~?*** verkligen?, och sedan?; ***~, sir!*** vard. jajamen!, jadå!, jodå! **II** *s* ja; ***say ~*** äv. samtycka
yes-man ['jesmæn] (pl. *yes-men* ['jesmen]) *s* jasägare, eftersägare, medlöpare
yesterday ['jestədɪ, 'jestədeɪ] **I** *adv* i går; ***I was not born ~*** jag är inte född i går **II** *s* gårdagen; ***~ morning*** (***evening***) i går morse (kväll); ***~ night*** i går kväll; i natt; ***the day before ~*** i förrgår
yet [jet] **I** *adv* **1** ännu, än; ***as ~*** än så länge, hittills; ***the most serious incident ~*** den hittills allvarligaste incidenten; ***while there is ~ time*** medan det ännu är tid; ***you will win ~*** du kommer att vinna till sist; ***have you done ~?*** har du slutat nu?; ***I have ~ to see*** [***the man who can beat me at tennis***] ännu har jag inte sett... **2** förstärkande ännu [*more important ~*]; ytterligare [*~ others*]; ***~ again*** el. ***~ once more*** ännu en gång; ***~ another*** ännu en **II** *adv* o. *konj* ändå, likväl, dock [*strange and ~ true*], i alla fall; men
yew [ju:] *s* idegran
yid [jɪd] *s* sl. (neds.) jude
Yiddish ['jɪdɪʃ] *s* jiddisch
yield [ji:ld] **I** *vb tr* o. *vb itr* **1** ge, avkasta, ge i avkastning (vinst), inbringa **2** lämna ifrån sig, överlämna, avstå, överge **3** ge efter (vika) [*to* för; *~ to threats*], ge sig; svikta; falla undan, ge med sig, vika, ge upp; ***~ ground*** falla undan [*to* för]; ***~ to temptation*** falla för frestelsen **4** lämna företräde i trafiken [*to* åt] **II** *s* avkastning; behållning, vinst; produktion; skörd
yielding ['ji:ldɪŋ] *adj* **1** foglig, eftergiven **2** böjlig, elastisk, tänjbar
YMCA [ˌwaɪ'emˌsi:'eɪ] (förk. för *Young Men's Christian Association*) KFUM
yodel ['jəʊdl] *vb tr* o. *vb itr* joddla
yoga ['jəʊgə] *s* yoga indisk religionsfilosofisk lära
yoghurt o. **yogurt** ['jɒgət] *s* yoghurt
yoke [jəʊk] **I** *s* ok äv. bildl.; ***shake*** (***throw***)

off the ~ kasta av oket **II** *vb tr* oka, lägga oket på; spänna [*~ oxen to* (för) *a plough*]; oka ihop
yokel ['jəʊk(ə)l] *s* lantis, tölp
yolk [jəʊk] *s* äggula, gula
yon [jɒn] *pron* o. *adv* se *yonder*
yonder ['jɒndə] litt. **I** *pron* den där; ***~ group of trees*** trädgruppen där borta **II** *adv* där borta; dit bort
yore [jɔ:] *s* litt., ***of ~*** fordom; ***in days (times) of ~*** i forna tider
Yorkshire ['jɔ:kʃɪə], ***~ pudding*** yorkshirepudding slags ugnspannkaka gräddad med steksky och äts med kött
you [ju:, obetonat jʊ] *pers pron* **1 a)** du; ni; som objekt etc. dig; er, Eder; ***~ fool!*** din dumbom! **b)** man [*~ get a good meal there*]; speciellt som objekt en; reflexivt sig **2** utan motsvarighet i sv.: ***don't ~ do that again!*** gör inte om det där!; ***there's a fine apple for ~!*** vard. se ett sånt fint äpple!; ***there's friendship for ~!*** vard. det kan man kalla vänskap!; iron. och det skall kallas vänskap!
you'd [ju:d] = *you had, you would*
you'll [ju:l] = *you will, you shall*
young [jʌŋ] **I** *adj* **1** ung; liten [*a ~ child*]; ***~ bird*** fågelunge; ***my ~ brother*** min lillebror; ***~ lady!*** unga dam!, min unga fröken!; ***his ~ lady*** vard. hans flickvän (flicka); ***her ~ man*** hennes pojkvän (pojke); ***~ ones*** ungar; ***the evening (night) is still ~*** kvällen har bara börjat; ***the ~*** de unga, ungdomen **2** ungdomlig **II** *s pl* ungar; ***bring forth ~*** få (föda) ungar; ***with ~*** dräktig
younger ['jʌŋgə] *adj* (komparativ av *young*) yngre etc., jfr *young I*; ***which is the ~?*** vilken är yngst?
youngest ['jʌŋgɪst] *adj* superlativ av *young*
youngish ['jʌŋgɪʃ] *adj* rätt så ung, yngre [*a ~ man*]
youngster ['jʌŋstə] *s* **1** unge, pojke, grabb **2** yngling, tonåring
your [jɔ:, obetonat jə] *poss pron* din; er, Eder; ***Your Excellency*** Ers Excellens; ***Your Majesty*** Ers Majestät; motsvarande ***you*** i betydelsen 'man' sin [*you* (man) *cannot alter ~ nature*]; ens [*~ arms get tired sometimes*]
you're [jɔ:, jʊə] = *you are*
yours [jɔ:z] *poss pron* din; er, Eder; ***what's ~?*** vard. vad ska du ha?
yourself [jɔ:'self, obetonat jə'self] (pl. *yourselves* [jɔ:'selvz, jə'selvz]) *rfl pron* o. *pers pron* dig, er, sig [*you* (du, ni, man) *may hurt ~*], dig (er, sig) själv [*you are not ~ today*]; du (ni, man) själv [*nobody but ~*], själv [*do it ~*]; ***your father and ~*** din (er) far och du (ni) själv
youth [ju:θ, i pl. ju:ðz] *s* **1** abstrakt ungdom, ungdomen, ungdomstid, ungdomstiden; ***a friend of my ~*** en ungdomsvän till mig; ***in my ~*** i min ungdom; ***~ centre*** ungefär ungdomsgård; ***~ hostel*** vandrarhem **2** yngling, ung man; ***as a ~*** som yngling, som ung **3** ungdomlighet
youthful ['ju:θf(ʊ)l] *adj* ungdomlig, ung
you've [ju:v, obetonat jʊv, jəv] = *you have*
yo-yo ['jəʊjəʊ] **I** (pl. *~s*) *s* jojo leksak **II** *adj* jojo- [*a ~ effect*], hastigt svängande **III** *vb itr* åka jojo, svänga fram och tillbaka, pendla
Yugoslav ['ju:gəslɑ:v] **I** *s* jugoslav **II** *adj* jugoslavisk
Yugoslavia [ˌju:gə'slɑ:vjə] hist. Jugoslavien
Yugoslavian [ˌju:gə'slɑ:vjən] **I** *s* jugoslav **II** *adj* jugoslavisk
Yule [ju:l] *s* dial. el. litt. jul, julen
yummy ['jʌmɪ] *adj* vard. smaskens, mumsig
yum-yum [ˌjʌm'jʌm] *interj* vard. namnam!, mums!, härligt!
YWCA [ˌwaɪ'dʌblju:ˌsi:'eɪ] (förk. för *Young Women's Christian Association*) KFUK

Z

Z, z [zed, amer. vanl. zi:] *s* Z, z
Zagreb ['zɑ:greb]
Zaire [zɑ'ɪə]
Zairean o. **Zairian** [zɑ'ɪərɪən] **I** *adj* zairisk **II** *s* zairier
Zambia ['zæmbɪə]
Zambian ['zæmbɪən] **I** *adj* zambisk **II** *s* zambier
zany ['zeɪnɪ] *s* pajas, dåre
zap [zæp] sl. **I** *vb tr* knäppa, skjuta **II** *s* kraft, fart **III** *interj* svisch!, pang!
zapper ['zæpə] *s* **1** TV. fjärrkontroll **2** person som ständigt växlar mellan TV-kanaler
zeal [zi:l] *s* iver, nit, entusiasm
zealot ['zelət] *s* fanatiker; trosivrare
zealous ['zeləs] *adj* ivrig, nitisk
zebra ['zebrə, 'zi:brə] *s* **1** zool. sebra **2** ~ ***crossing*** övergångsställe för fotgängare markerat med vita ränder
zed [zed] *s* bokstaven z
zee [zi:] *s* amer., bokstaven z
zenith ['zenɪθ] *s* zenit; höjdpunkt [*at the ~ of the career*]
zero ['zɪərəʊ] *s* **1** noll; ~ ***growth*** nolltillväxt **2** nollpunkt; fryspunkt; ***absolute*** ~ absoluta nollpunkten; ***be at*** ~ stå på noll; ***10 degrees below*** ~ äv. 10 minusgrader; ***it is below*** ~ äv. det är minusgrader
zest [zest] *s* iver, entusiasm [*with* ~]; aptit [*for* på]; ~ ***for life*** livsglädje, livslust; ***add (give, lend) a*** ~ ***to*** ge en extra krydda åt, sätta piff på
zigzag ['zɪgzæg] **I** *adj* sicksackformig, sicksack- [*a ~ line*] **II** *s* sicksack, sicksacklinje **III** *adv* i sicksack **IV** *vb itr* gå (löpa) i sicksack
zilch [zɪltʃ] *s* speciellt amer. sl. noll, ingenting
Zimbabwe [zɪm'bɑ:bwɪ]
Zimbabwean [zɪm'bɑ:bwɪən] **I** *adj* zimbabwisk **II** *s* zimbabwier
zinc [zɪŋk] *s* zink; ~ ***ointment*** zinksalva
zing [zɪŋ] *s* **1** vinande ljud **2** vard. energi
Zionism ['zaɪənɪzm] *s* sionism
zip [zɪp] **I** *s* **1** vinande, visslande [*the ~ of a bullet*] **2** vard. kläm, fart, energi [*full of* ~] **3** blixtlås **II** *vb tr,* ~ el. ~ ***open*** öppna blixtlåset på; ~ el. ~ ***up*** dra igen blixtlåset på, stänga; ***will you ~ me up*** (~ ***up my dress***)? vill du dra igen blixtlåset på min klänning?
zip code ['zɪpkəʊd] *s* amer. postnummer
zip-fastener ['zɪpˌfɑ:snə] *s* blixtlås
zipper ['zɪpə] *s* blixtlås
zippy ['zɪpɪ] *adj* vard. fartig, energisk
zither ['zɪðə] *s* cittra
zodiac ['zəʊdɪæk] *s* astrol., ***the*** ~ zodiaken [*the signs of the* ~], djurkretsen
zombi o. **zombie** ['zɒmbɪ] *s* vard. dönick
zone [zəʊn] *s* zon; bälte; ***the danger*** ~ riskzonen, farozonen; ***postal delivery*** ~ amer. postdistrikt; ***the temperate ~s*** de tempererade zonerna; ***the torrid*** ~ den tropiska (heta) zonen; ~ ***therapist*** zonterapeut; ~ ***therapy*** zonterapi
Zoo [zu:] *s* vard. zoo
zoological [ˌzəʊə'lɒdʒɪk(ə)l, i 'zoological gardens': zʊ'lɒdʒɪk(ə)l] *adj* zoologisk, djur-; ~ ***gardens*** zoologisk trädgård, djurpark
zoologist [zəʊ'ɒlədʒɪst] *s* zoolog
zoology [zəʊ'ɒlədʒɪ] *s* zoologi
zoom [zu:m] **I** *s* **1** flyg. brant stigning; bildl. brant uppgång **2** ~ ***lens*** zoomlins, zoomobjektiv **3** brummande, surrande **II** *vb itr* **1** flyg. stiga brant; bildl. stiga hastigt, skjuta i höjden [*prices zoomed*] **2** film. el. TV. zooma [~ *in (out)*]; om bildmotiv zoomas in (ut)
Zulu ['zu:lu:] *s* **1** zulu **2** zuluspråket

Engelska oregelbundna verb

INFINITIV	IMPERFEKT	PERFEKT PARTICIP
arise	arose	arisen
awake	awoke	awoken
be (*Presens indikativ: sg.* I am, you are, he/she/it is; *pl.*: they/we are)	was (*Pl.*:were)	been
bear	bore	borne; born (*'född'*)
beat	beat	beaten
become	became	become
begin	began	begun
behold	beheld	beheld
bend	bent	bent
bereave	bereft, bereaved	bereft, bereaved
beseech	besought	besought
bet	bet, betted	bet, betted
bid (*'bjuda', 'befalla'*)	bade	bidden, bid
bid (*'bjuda på auktion'*)	bid	bid
bind	bound	bound
bite	bit	bitten
bleed	bled	bled
blow	blew	blown
break	broke	broken
breed	bred	bred
bring	brought	brought
broadcast	broadcast, broadcasted	broadcast, broadcasted
build	built	built
burn	burnt	burnt
burst	burst	burst
buy	bought	bought
cast	cast	cast
catch	caught	caught
choose	chose	chosen
cleave	cleft, cleaved	cleft
cling	clung	clung

INFINITIV	*IMPERFEKT*	*PERFEKT PARTICIP*
clothe	clothed, (*poet.*) clad	clothed, (*poet.*) clad
come	came	come
cost	cost	cost
creep	crept	crept
crow	crowed, crew	crowed
cut	cut	cut
deal	dealt	dealt
dig	dug	dug
do (he/she/it does)	did	done
draw	drew	drawn
dream	dreamt, dreamed	dreamt, dreamed
drink	drank	drunk
drive	drove	driven
dwell	dwelt	dwelt
eat	ate	eaten
fall	fell	fallen
feed	fed	fed
feel	felt	felt
fight	fought	fought
find	found	found
flee	fled	fled
fling	flung	flung
fly	flew	flown
forbear	forbore	forborne
forbid	forbade	forbidden
forecast	forecast, forecasted	forecast, forecasted
forget	forgot	forgotten
forgive	forgave	forgiven
forsake	forsook	forsaken
freeze	froze	frozen
get	got	got, *amer. äv.* gotten (*i vissa bet., t. ex. 'fått', 'kommit'*)
give	gave	given
go (he/she/it goes)	went	gone
grind	ground	ground
grow	grew	grown
hang	hung	hung

(*I bet. 'avliva genom hängning' vanl.* hanged hanged)

INFINITIV	*IMPERFEKT*	*PERFEKT PARTICIP*
have (he/she/it has)	had	had
hear	heard	heard
hew	hewed	hewed, hewn
hide	hid	hidden, hid
hit	hit	hit
hold	held	held
hurt	hurt	hurt
keep	kept	kept
kneel	knelt, kneeled	knelt, kneeled
knit	knitted, knit	knitted, knit
know	knew	known
lade	laded	laden, laded
lay	laid	laid
lead	led	led
lean	leaned, leant	leaned, leant
leap	leapt	leapt
learn	learnt, learned	learnt, learned
leave	left	left
lend	lent	lent
let	let	let
lie	lay	lain
light	lit, lighted	lit, lighted
lose	lost	lost
make	made	made
mean	meant	meant
meet	met	met
mow	mowed	mown
pay	paid	paid
put	put	put
quit	quitted, quit	quitted, quit
read	read	read
rid	rid	rid
ride	rode	ridden
ring	rang	rung
rise	rose	risen
run	ran	run
saw	sawed	sawn
say	said	said
see	saw	seen
seek	sought	sought

INFINITIV	IMPERFEKT	PERFEKT PARTICIP
sell	sold	sold
send	sent	sent
set	set	set
sew	sewed	sewn, sewed
shake	shook	shaken
shear	sheared	shorn, sheared
shed	shed	shed
shine	shone	shone
shoe	shod	shod
shoot	shot	shot
show	showed	shown
shrink	shrank	shrunk
shut	shut	shut
sing	sang	sung
sink	sank	sunk
sit	sat	sat
slay	slew	slain
sleep	slept	slept
slide	slid	slid
sling	slung	slung
slink	slunk	slunk
slit	slit	slit
smell	smelt	smelt
smite	smote	smitten
sow	sowed	sown, sowed
speak	spoke	spoken
speed ('skynda', 'ila')	sped	sped
spell	spelt	spelt
spend	spent	spent
spill	spilt	spilt
spin	spun	spun
spit	spat	spat
split	split	split
spoil	spoilt, spoiled	spoilt, spoiled
spread	spread	spread
spring	sprang	sprung
stand	stood	stood
steal	stole	stolen
stick	stuck	stuck
sting	stung	stung

INFINITIV	*IMPERFEKT*	*PERFEKT PARTICIP*
stink	stank	stunk
stride	strode	stridden
strike	struck	struck
string	strung	strung
strive	strove	striven
swear	swore	sworn
sweep	swept	swept
swell	swelled	swollen
swim	swam	swum
swing	swung	swung
take	took	taken
teach	taught	taught
tear	tore	torn
tell	told	told
think	thought	thought
throw	threw	thrown
thrust	thrust	thrust
tread	trod	trodden
underbid	underbid	underbid
wake	woke	woken
wear	wore	worn
weave	wove	woven
wed	wedded, wed	wedded, wed
weep	wept	wept
win	won	won
wind	wound	wound
wring	wrung	wrung
write	wrote	written

Mått och vikt i Storbritannien (och USA)

Det internationella metersystemet används också, i synnerhet i Storbritannien

Längdmått

inch (in.)	0.083 foot	2,54 cm
foot (ft.)	12 inches	30,48 cm
yard (yd.)	3 feet	0,914 m
mile (m.)	1 760 yards	1 609 m

Ytmått

square inch (sq. in.)		6,45 cm^2
square foot (sq. ft.)	144 sq. inches	9,29 dm^2
square yard (sq. yd.)	9 sq. feet	0,84 m^2
acre	4 840 sq. yards	40,47 a
square mile (sq. m.)	640 acres	259 ha (2,6 km^2)

Rymdmått

cubic inch (cu. in.)		16,387 cm^3
cubic foot (cu. ft.)	1 728 cu. inches	0,028 m^3
cubic yard (cu. yd.)	27 cu. feet	0,765 m^3
registerton (tonnagemått)	100 cu. feet	2,83 m^3

För våta varor

pint (pt.)		0,568 l (amer. 0,473 l)
quart (qt.)	2 pints	1,136 l (amer. 0,946 l)
gallon (gal.)	4 quarts	4,546 l (amer. 3,785 l)

Matlagningsmått

1 teaspoonful 6 ml (amer. 5 ml)	1 tesked 5 ml
1 tablespoonful 18 ml (amer. 15 ml)	1 matsked 15 ml
1 cupful 284 ml (amer. 237 ml)	1 kopp (Obs! 1 kaffekopp 150 ml)

Viktmått

ounce (oz.)		28,35 g
pound (lb.)	16 ounces	0,454 kg
stone (st.)	14 pounds	6,35 kg
quarter (qr.)	28 pounds (amer. 25 pounds)	12,7 kg (amer. 11,3 kg)
hundredweight (cwt.)	112 pounds (amer. 100 pounds)	50,8 kg (amer. 45,4 kg)
ton (short, amer.)	2 000 pounds	907,2 kg
ton (long)	2 240 pounds	1 016 kg

Motsvarande värden för några svenska mått- och viktenheter

1 cm=0.394 inch	1 cm^2=0.155 square inch	1 cm^3=0.061 cubic inch
1 m=1.094 yards	1 m^2=1.196 square yards	1 m^3=1.308 cubic yards
1 km=0.621 mile	1 a=119.6 square yards	
1 mil=6.21 miles	1 ha=2.471 acres	
	1 km^2=0.386 square mile	

1 l=1.76 pints	1 g=0.035 ounce
1 dl=0.176 pints	1 hg=3.5 ounces
	1 kg=2.2 pounds
	1 ton=1.1 short tons (0.984 long ton)

Kläd- och skostorlekar

SWEDEN	BRITAIN	USA
Ladies' coats and jackets		
36	8/30	6
38	10/32	8
40	12/34	10
42	14/36	12
44	16/38	14
46	18/40	16
Men's Suits and Overcoats		
46	36	36
48	38	38
50	40	40
52	42	42
54	44	44
56	46	46
Men's Shirts		
36	14	14
37	14 1/2	14 1/2
38	15	15
39	15 1/2	15 1/2
40	15 1/2	15 1/2
41	16	16
42	16 1/2	16 1/2
43	17	17
Ladies' Shoes		
36	3	4 1/2
37	4	5 1/2
38	5	6 1/2
39	6	7 1/2
40	7	8 1/2
Men's Shoes		
40	6	6 1/2
41	7	7 1/2
42	8	8 1/2
43	9	9 1/2
44	10	10 1/2

Termometern

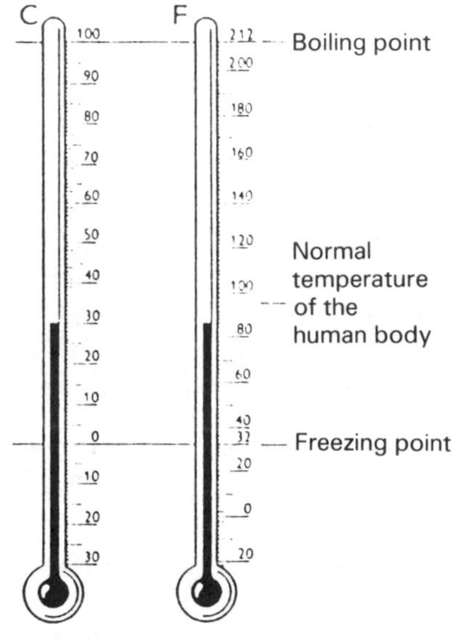

Temperatur anges i USA (liksom ibland i Storbritannien) i Fahrenheitsgrader, och motsvarigheten i Celsiusgrader framgår av ovanstående figur.

Svensk-engelsk

A

a *s* mus. A
à *prep,* **~ *fem kronor*** at five kronor; ***5 ~ 6 gånger*** 5 or 6 times
AB bolag Ltd., amer. Inc., jfr aktiebolag
abborre *s* perch (pl. vanl. lika)
abdikation *s* abdication
abdikera *vb itr* abdicate
aber *s,* ***ett ~*** a snag (drawback)
abessinier *s* kattras Abyssinian
abnorm *adj* abnormal
abnormitet *s* abnormality
abonnemang *s* subscription [*på* to, for]
abonnemangsavgift *s* subscription charges pl.; tele. telephone rental
abonnent *s* subscriber; teat. season-ticket holder
abonnera *vb itr* o. *vb tr* subscribe [*på* to, for]; ***~d buss*** hired coach, amer. chartered bus
abort *s* abortion; missfall miscarriage; ***göra ~*** have an abortion
abortmotståndare *s* anti-abortionist
abrupt I *adj* abrupt **II** *adv* abruptly
ABS-bromsar *s pl* ABS brakes (förk. för anti-lock brake system el. braking system)
absolut I *adj* absolute, definite **II** *adv* absolutely; helt utterly; säkert certainly, definitely
absolutist *s* helnykterist teetotaller, total abstainer
absorbera *vb tr* absorb
abstrakt *adj* abstract
absurd *adj* absurd
absurditet *s* absurdity
acceleration *s* acceleration
accelerationsförmåga *s* [power of] acceleration
accelerera *vb tr* o. *vb itr* accelerate
accent *s* accent; tonvikt stress
accenttecken *s* accent, stress mark
accentuera *vb tr* accentuate, stress
acceptabel *adj* acceptable; nöjaktig passable
acceptera *vb tr* accept
accessoarer *s pl* accessories
accis *s,* ***~ på bilar*** purchase tax on cars
aceton *s* acetone
acetylsalicylsyra *s* acetylsalicylic acid
ack *interj* oh dear!; i högre stil alas!
acklamation *s,* ***med ~*** by acclamation
acklimatisera I *vb tr* acclimatize **II** *vb rfl,* ***~ sig*** become acclimatized
ackompanjatör *s* accompanist
ackompanjemang *s* accompaniment
ackompanjera *vb tr* accompany
ackord *s* **1** mus. chord **2** överenskommelse contract [*på* for]; ***arbeta på ~*** do piecework
ackordsarbete *s* piecework (end. sg.)
ackordslön *s* piece wages pl.
ackumulator *s* accumulator
ackumulera *vb tr* accumulate
ackusativ *s* gram. accusative; ***i ~*** in the accusative
ackusativobjekt *s* gram. accusative (direct) object
acne *s* med. acne
a conto *s* on account
ADB (förk. för *automatisk databehandling*) ADP (förk. för automatic data processing)
addera *vb tr* add; lägga ihop add up (together)
addition *s* addition
adekvat *adj* adequate; träffande apt
adel *s,* ***~n*** the nobility
adelsman *s* nobleman
aderton *räkn* se *arton*
adjektiv *s* adjective
adjunkt *s* ung. assistant master (kvinnlig mistress) [at a secondary school]
adjutant *s* mil. aide-de-camp, aide
adjö I *interj* goodbye; vard. bye-bye! **II** *s* goodbye; ***säga ~ åt ngn*** say goodbye to a p.
adla *vb tr* raise...to the nobility
adlig *adj* noble, aristocratic
administration *s* administration
administrativ *adj* administrative
administratör *s* administrator
administrera *vb tr* administer, manage
adoptera *vb tr* adopt
adoption *s* adoption
adoptivbarn *s* adopted child
adoptivföräldrar *s pl* adoptive parents
adrenalin *s* adrenaline
adress *s* address
adressat *s* addressee
adressera *vb tr* address
adresslapp *s* address label, luggage label
adressändring *s* change of address
Adriatiska havet the Adriatic [Sea]
advent *s* Advent
adventskalender *s* Advent calendar
adventsstake *s* Advent candlestick [with

four candles lit in turn on each Sunday in Advent]
adverb *s* adverb
adverbial *s* adverbial modifier
advokat *s* lawyer; juridiskt ombud solicitor; sakförare vid domstol barrister, amer. vanl. attorney
advokatbyrå *s* kontor lawyer's office; firma firm of lawyers
aerobics *s* aerobics sg.
aerobisk *adj*, *~ träning* aerobics
aerodynamisk *adj* aerodynamic
aerogram *s* air letter, aerogram
aerosol *s* aerosol
aerosolförpackning *s* aerosol container
affekt *s* emotion; ***handla i ~*** act in the heat of the moment
affekterad *adj* affected
affektionsvärde *s* sentimental value
affisch *s* bill; större placard, poster
affischering *s* placarding; ***~ förbjuden!*** post (stick) no bills!
affischnamn *s* outstanding media personality
affär *s* **1** business; butik shop, speciellt amer. store; ***hur går ~erna?*** how's business?; ***göra en god ~*** do a good piece of business, make a good bargain; ***ha ~er med*** do business with **2** angelägenhet affair; ***sköt dina egna ~er!*** mind your own business!; ***göra stor ~ av ngt (ngn)*** make a great fuss about a th. (of a p.)
affärsbiträde *s* shop assistant, amer. salesclerk, clerk
affärsbrev *s* business letter
affärsgata *s* shopping street
affärsidé *s* business concept
affärsinnehavare *s* shopkeeper, amer. storekeeper
affärsman *s* businessman
affärsmässig *adj* businesslike
affärsresa *s* business trip
affärstid *s* business (opening) hours pl.
afghan *s* Afghan äv. hund
Afghanistan Afghanistan
afghansk *adj* Afghan
Afrika Africa
afrikan *s* African
afrikansk *adj* African
afroasiatisk *adj* Afro-Asian
afrofrisyr *s* Afro (pl. -s)
afton *s* evening; senare night; ***god ~!*** good evening!
aftonbön *s* evening prayers pl.
aftondräkt *s* evening dress
aftonklänning *s* evening gown
aga *s* corporal punishment
agent *s* agent; spion spy
agentroman *s* spy novel (story)
agentur *s* agency
agera *vb tr* o. *vb itr* act; ***~ förmyndare*** act as guardian; ***de ~nde*** those involved; ***hans ~nde*** his actions
agg *s*, ***hysa ~ mot ngn*** bear a p. ill-feeling (a grudge)
aggregat *s* aggregate; tekn. unit
aggression *s* aggression
aggressiv *adj* aggressive
aggressivitet *s* aggressiveness
agitation *s* agitation, campaign
agitator *s* agitator
agitera *vb itr* agitate
agn *s* vid fiske bait
aids *s* med. Aids, AIDS (förk. för acquired immune deficiency syndrome förvärvat immunbristsyndrom)
aidssjuk *subst adj*, ***en ~*** an Aids sufferer (victim)
aiss *s* mus. A sharp
aj *interj* oh!, ouch!; ***~, ~!*** varnande now! now!
à jour *s*, ***hålla sig ~*** keep up to date; ***hålla ngn ~*** keep a p. informed (up to date)
ajournera *vb tr* adjourn
akademi *s* academy; ***Svenska Akademien*** the Swedish Academy
akademiker *s* med examen university graduate
akademisk *adj* academic
akilleshäl *s* Achilles' heel
akleja *s* columbine
akne *s* med. acne
akrobat *s* acrobat
akrobatik *s* acrobatics (sg. el. pl.)
akrobatisk *adj* acrobatic
akryl *s* acrylic
akrylfiber *s* acrylic fibre
akrylfärg *s* acrylic paint
1 akt *s* **1** ceremoni ceremony **2** teat. act **3** urkund document
2 akt *s*, ***giv ~!*** attention!; ***ge ~ på*** observe, notice, pay attention to; ***ta tillfället i ~*** take the opportunity
akta I *vb tr* be careful with; vårda take care of; ***~ huvudet!*** mind your head! **II** *vb rfl*, ***~ sig*** take care, be careful [*för att göra det* not to do that (so)]; vara på sin vakt be on one's guard [*för* against]; se upp look out [*för* for]; ***~ dig, du!*** watch your step!
aktad *adj* respected

akter *s* sjö. stern
akterdäck *s* after-deck
akterlanterna *s* stern light; flyg. tail light
akterskepp *s* stern
aktersnurra *s* outboard motor; båt outboard motor-boat
aktie *s* share; ***~r*** koll. stock sg.
aktiebolag *s* joint-stock company; med begränsad ansvarighet limited company; börsnoterat public limited company (förk. PLC)
aktiefond *s* unit trust, amer. mutual fund
aktiekurs *s* share price (quotation)
aktiesparare *s* share investor
aktieägare *s* shareholder, speciellt amer. stockholder
aktion *s* action
aktionsradie *s* sjö. el. flyg. range
aktiv I *adj* active **II** *s* gram. the active, the active voice
aktivera *vb tr* activate
aktivist *s* activist
aktivitet *s* activity
aktning *s* respect
aktningsvärd *adj* ...worthy of respect; betydlig considerable
aktsam *adj* careful
aktsamhet *s* care
aktualisera *vb tr* bring...to the fore; åter bring up...again; ***frågan har ~ts*** the question has arisen (come up)
aktualitet *s* current (immediate) interest, topicality
aktuell *adj* ...of current interest, topical; current; nu rådande present; ifrågavarande ...in question; ***bli ~*** arise, come up, come to the fore; ***Aktuellt*** i TV the News sg.
aktör *s* skådespelare actor; person som agerar main figure, person involved, t.ex. på börsen operator
akupunktur *s* acupuncture
akupunktör *s* acupuncturist
akustik *s* ljudförhållanden acoustics pl.
akustisk *adj* acoustic
akut *adj* **I** acute **II** *s, **~en*** the emergency ward
akutmottagning *s* emergency ward
akvarell *s* watercolour
akvarium *s* aquarium
akvavit *s* aquavit, snaps
al *s* alder; för sammansättningar jfr *björk-*
alabaster *s* alabaster
à la carte *adv* à la carte
A-lag *s* **1** sport. first team; bildl. äv. A-team **2** vard., ***A-laget*** ung. the local winos pl.

alarm *s* signal alarm; ***falskt ~*** false alarm; ***slå ~*** sound the (an) alarm
alarmberedskap *s* state of alert
alarmera *vb tr* alarm; ***~ brandkåren*** call the fire brigade
alban *s* Albanian
Albanien Albania
albansk *adj* Albanian
albatross *s* albatross
albino *s* albino (pl. -s)
album *s* album; urklipps~ scrapbook
aldrig *adv* never; ***~ mer*** never again; ***~ i livet!*** not on your life!, no way!
alert I *adj* alert **II** *s, **vara på ~en*** be alert
alfabet *s* alphabet
alfabetisk *adj* alphabetical
Alfapet *s* ® Scrabble slags bokstavsspel
alg *s* alga (pl. algae)
algblomning *s* algal bloom
algebra *s* algebra
Alger Algiers
algerier *s* Algerian
Algeriet Algeria
algerisk *adj* Algerian
alias *adv* alias
alibi *s* alibi
alkali *s* alkali
alkalisk *adj* alkaline
alkis *s* vard. wino (pl. -s), boozer
alkohol *s* alcohol
alkoholfri *adj* non-alcoholic; ***~ dryck*** soft drink
alkoholhalt *s* alcoholic content
alkoholhaltig *adj* alcoholic
alkoholiserad *adj, **vara ~*** be an alcoholic
alkoholism *s* alcoholism
alkoholist *s* alcoholic
alkoholmissbruk *s* addiction to alcohol
alkoholpåverkad *adj* ...under the influence of drink
alkotest *s* breathalyser test
alkotestapparat *s* breathalyser
alkov *s* alcove, recess
all *pron* all; varje every; ***ha ~ anledning att*** have every reason to; ***~t annat*** everything else; ***~t annat än*** anything but; ***~a människor*** everybody; ***~t möjligt*** all sorts of things
alla *pron* fristående all; varenda en everybody, everyone (båda sg.); ***en gång för ~*** once and for all
Alla helgons dag *s* the Saturday between 31st October and 6th November
alldaglig *adj* everyday (end. attr.); vanlig ordinary

alldeles *adv* quite; absolut absolutely; fullkomligt perfectly; grundligt thoroughly; fullständigt completely; helt och hållet entirely; totalt utterly; ~ ***för många*** far too many; ~ ***nyss*** just now
allé *s* avenue
allehanda *adj* ...of all sorts (kinds)
allemansrätt *s* ung. legal right of access to private land
allergi *s* allergy
allergiframkallande *adj* allergenic
allergiker *s* allergic person, allergy sufferer
allergisk *adj* allergic [*mot* to]
allesammans *pron* all of us (you etc.); ***adjö ~!*** goodbye everybody!
allhelgonadag *s*, ***~en*** All Saints' Day
allians *s* alliance
alliansfri *adj* non-aligned
alliansring *s* eternity ring
alliera *vb rfl*, ~ ***sig*** ally oneself [*med* to]
allierad I *adj* allied [*med* to] **II** *subst adj* ally; ***de ~e*** the allies
alligator *s* alligator
allihop *pron* all of us resp. you etc.
allmosa *s* alms (pl. lika)
allmän *adj* vanlig common; för alla general; ***på ~ bekostnad*** at public expense; ***det ~na*** the community
allmänbildad *adj* well-informed, well-read
allmänbildning *s* all-round education, general knowledge
allmängiltig *adj* generally applicable
allmänhet *s* **1** ***i ~*** in general, generally, as a rule **2** ***~en*** el. ***den stora ~en*** the public, the public at large
allmänmänsklig *adj* ...common to all mankind, human
allmänning common
allmännytta *s*, ***~n*** **a)** the public good (interest) **b)** bostäder the public housing sector
allmännyttig *adj* ...for the benefit of everyone
allmänpraktiserande *adj*, ~ ***läkare*** general practitioner (förk. GP)
allmänt *adv* commonly, generally; ~ ***känd*** widely known; ~ ***utbredd*** widespread
allmäntillstånd *s* general condition
allra *adv*, ***den ~ bästa*** the very best; ***de ~ flesta*** (***flesta bilar***) the great majority (great majority of cars); ~ ***mest*** (***minst***) most (least) of all
allriskförsäkring *s* comprehensive insurance
alls *adv*, ***inte ~*** not at all, by no means; ***inget besvär ~*** no trouble at all
allsidig *adj* all-round; ***en ~ kost*** a balanced diet
allsmäktig *adj* almighty
allströmsmottagare *s* all-mains receiver
allsvensk *adj*, ***allsvenskan*** the Premier Division of the Swedish Football League
allsång *s* community singing
allt I *pron* fristående all, everything; ~ ***eller intet*** all or nothing; ***när ~ kommer omkring*** after all; when all is said and done; ***bara tio ~ som ~*** only ten all told (all in all); ***spring ~ vad du kan*** run as fast as you can; ***inte för ~ i världen*** not for anything in the world **II** *adv*, ~ ***bättre*** better and better; ~ ***intressantare*** more and more interesting; ~ ***sämre*** worse and worse
alltefter *prep* according to
allteftersom *konj* as
alltemellanåt *adv* from time to time
alltför *adv* far (much) too
alltiallo *s*, ***hans ~*** his right hand, his factotum
alltid *adv* always; ***för ~*** for ever
allt-i-ett-pris *s* all-in price
alltifrån *prep* om tid ever since
alltihop se *alltsammans*
allting *pron* everything
alltjämt *adv* fortfarande still; ständigt constantly
alltmer *adv* more and more
alltsammans *pron* all [of it resp. them], the whole lot (thing)
alltsedan *prep, adv* o. *konj* ever since
alltså *adv* accordingly, thus, consequently; det vill säga in other words
allvar *s* seriousness; starkare gravity; ***mena ~*** be serious; ***på ~*** (***fullt ~***) in earnest (real earnest); ***ta...på ~*** take...seriously
allvarlig *adj* serious; starkare grave
allvetare *s* walking encyclopedia; neds. know-all
alm *s* elm; för sammansättningar jfr *björk-*
almanacka *s* vägg~ calendar; fick~ diary
alp *s* alp; ***Alperna*** the Alps
alpin *adj* alpine
alster *s* product, production
alstra *vb tr* produce, generate
alt *s* mus. alto (pl. -s)
altan *s* terrace; balkong balcony
altare *s* altar
alternativ *s* o. *adj* alternative
alternera *vb itr* alternate [*med* with]

altfiol *s* mus. viola
aluminium *s* aluminium, amer. aluminum
aluminiumfolie *s* aluminium foil
aluminiumfälgar *s pl* alloy wheels (rims)
alun *s* alum
amalgam *s* kem. amalgam
amaryllis *s* bot. amaryllis
amatör *s* amateur [*på* to]
ambassad *s* embassy
ambassadör *s* ambassador
ambition *s* framåtanda ambition; pliktkänsla conscientiousness
ambitiös *adj* ambitious, conscientious
ambulans *s* ambulance
ambulera *vb itr* move from place to place
amen *interj* amen
Amerika America; ***~s förenta stater*** the United States of America
amerikan *s* o. **amerikanare** *s* American
amerikansk *adj* American, jfr *svensk*
amerikanska *s* **1** kvinna American woman **2** språk American English; jfr *svenska*
ametist *s* amethyst
amfetamin *s* amphetamine
aminosyra *s* kem. amino-acid
amiral *s* admiral
amma *vb tr* breast-feed, nurse
ammoniak *s* ammonia
ammonium *s* ammonium
ammunition *s* ammunition
amnesti *s* amnesty
amok *s, **löpa ~*** run amok
amortera *vb tr* lån pay off...by instalments
amortering *s* amorterande repayment by instalments; belopp instalment
ampel *s* för växter hanging flowerpot
ampere *s* ampere
ampull *s* ampoule; liten flaska phial
amputation *s* amputation
amputera *vb tr* amputate
AMU förk, se *arbetsmarknadsutbildning*
AMU-center *s* Vocational Training (Employment) Centre
amulett *s* amulet, talisman
an *adv, **av och ~*** up and down
ana *vb tr* have a feeling, have an idea [*att* that]; misstänka suspect; föreställa sig think, imagine; ***~ oråd*** suspect mischief; vard. smell a rat
anabol *adj* med., ***~a steroider*** anabolic steroids
analfabet *s, **vara ~*** be illiterate (an illiterate)
analfabetism *s* illiteracy
analogi *s* analogy
analys *s* analysis (pl. analyses)
analysera *vb tr* analyse, amer. analyze
analöppning *s* anus
anamma *interj, **fan ~!*** damn it!, hell!
ananas *s* pineapple
anarki *s* anarchy
anarkist *s* anarchist
anatomi *s* anatomy
anatomisk *adj* anatomical
anbefalla *vb tr* rekommendera recommend
anbelanga *vb tr, **vad det ~r*** as far as that's concerned
anblick *s* sight; ***vid första ~en*** at first sight
anbringa *vb tr* fästa fix; applicera apply
anbud *s* offer, bid
and *s* wild duck
anda *s* **1** andedräkt breath; ***dra ~n*** draw breath; ***hålla (tappa) ~n*** hold (lose) one's breath **2** stämning, andemening spirit; ***i vänskaplig ~*** in a friendly atmosphere
andakt *s* andaktsövning devotions pl.; friare, aktning reverence
andas *vb tr* o. *vb itr* breathe; ***~ in (ut)*** breathe in (out); känna sig lättad breathe freely
ande *s* **1** själ spirit, mind; ***~n är villig, men köttet är svagt*** the spirit is willing, but the flesh is weak **2** okroppsligt väsen spirit, ghost; ***den Helige Ande*** the Holy Ghost
andedrag *s* breath; ***i ett ~*** in one breath
andedräkt *s* breath; ***dålig ~*** bad breath
andel *s* share
andetag *s* breath; ***i ett ~*** in one breath
andfådd *adj* breathless, ...out of breath
andlig *adj* spiritual; ***~a sånger*** religious songs
andlös *adj* breathless; ***~ tystnad*** dead silence
andlöst *adv, **~t spännande*** breathtaking, thrilling
andning *s* breathing; ***konstgjord ~*** artificial respiration
andningsorgan *s* respiratory organ
andnöd *s* shortness of breath
andra *(andre)* **I** *räkn* second (förk. 2nd); ***den ~ från slutet*** the last but one; ***för det ~*** in the second place; vid uppräkning secondly; ***i ~ hand*** se *hand;* ***~ klassens (rangens)*** second-rate; jfr *femte* o. sammansättningar **II** *pron* se *annan*
andraga *vb tr* put forward, present
andrahandsvärde *s* second-hand value
andraklassbiljett *s* second-class ticket
andre **I** *räkn* se *andra* **II** *pron* se *annan*

andrum *s* breathing-space
andäktig *adj* devout; uppmärksam [extremely] attentive
anekdot *s* anecdote
anemi *s* anaemia
anemon *s* anemone
anfall *s* attack [*mot* against, on]; ***gå till ~ mot ngn*** attack a p.
anfalla *vb tr* attack
anfallskrig *s* war of aggression
anfallsspelare *s* striker, forward
anfordran *s*, ***vid ~*** on demand
anföra *vb tr* **1** föra befäl över be in command of **2** yttra, andraga state, say; ***~ till sitt försvar*** plead in one's defence
anförande *s* yttrande statement; tal speech
anföringstecken *s* quotation mark
anförtro *vb tr*, ***~ ngn ngt*** entrust a th. to a p.; ***~ ngn*** t.ex. en hemlighet confide...to a p.
anförvant *s* relation
ange *vb tr* **1** uppge state, mention; utvisa indicate; på karta mark; ***närmare ~*** specify **2** anmäla report; ***~ ngn*** t.ex. till polisen inform against a p.; ***~ sig själv*** give oneself up
angelägen *adj* **1** brådskande urgent **2** ***~ om ngt*** hågad för keen on a th.; ***jag är ~ om att det här inte sprids*** I am anxious that this should not be spread about
angelägenhet *s* ärende affair; sak matter
angenäm *adj* pleasant, agreeable
angina *s* med. angina
angiva se *ange*
angivare *s* informer
Angola Angola
angolan *s* Angolan
angolansk *adj* Angolan
angrepp *s* attack [*mot, på* against, on]
angripa *vb tr* attack; inverka skadligt på affect
angripare *s* attacker; polit. aggressor
angripen *adj* skadad, sjuk affected; om tänder decayed; ***~ av rost*** rusty
angränsande *adj* adjacent [*till* to]
angå *vb tr* concern; ***vad mig ~r*** as far as I am concerned
angående *prep* concerning, regarding
anhålla I *vb tr* arrestera arrest, take...into custody **II** *vb itr*, ***~ om*** request; t. ex. stipendium apply for
anhållan *s* request, application [*om* for]
anhållande *s* arrestering arrest
anhängare *s* follower, supporter
anhörig *subst adj* relative, relation; ***närmaste ~a*** next of kin
aning *s* **1** förkänsla feeling, idea [*om att* that]; ***onda ~ar*** misgivings **2** begrepp notion, conception [*om* of; *om att* that]; ***jag har ingen ~!*** I have no idea! **3** ***en ~ vitlök*** a touch of (a little) garlic; ***en ~ trött*** a bit tired
aningslös *adj* naive
anka *s* duck
ankare *s* anchor; ***kasta (lyfta, lätta) ~*** cast (weigh) anchor; ***ligga för ankar*** ride (lie) at anchor
ankdamm *s* duckpond; bildl. backwater, backwoods sg.
ankel *s* ankle
anklaga *vb tr* accuse [*för* of]
anklagelse *s* accusation
anknyta I *vb tr* attach [*till* to]; connect, [*till* with, on to] **II** *vb itr*, ***~ till*** link up with
anknytning *s* connection, attachment; tele. extension
ankomma *vb itr* **1** arrive [*till* at, in] **2** ***~ på*** bero depend on
ankommande *adj* om post, trafik incoming
ankomst *s* arrival [*till* at, in]
ankomsthall *s* arrival hall (lounge)
ankomsttid *s* time of arrival; ***beräknad ~*** estimated time of arrival (förk. ETA)
ankra *vb itr* anchor
ankunge *s* duckling
anlag *s* natural ability, aptitude; begåvning gift [*för* for]; disposition tendency [*för* towards]
anledning *s* skäl reason [*till* for]; ***ge ~ till*** cause; medföra lead to; ***med ~ av*** on account of, owing to; ***med ~ av Ert brev*** with reference to your letter
anletsdrag *s pl* features
anlita *vb tr* vända sig till turn to, engage; tillkalla call in
anlägga *vb tr* uppföra build, erect; bygga construct; grunda found
anläggning *s* erection, construction; foundation; byggnad structure; fabrik etc. works (pl. lika); parkanläggningar park grounds pl.
anlända *vb itr* arrive [*till* at, in]
anmana *vb tr* request
anmoda *vb tr* request, call upon; beordra instruct
anmodan *s* request
anmäla I *vb tr* **1** rapportera report; förlust, sjukdomsfall etc. notify **2** recensera review **II** *vb rfl*, ***~ sig*** report [*för, hos* to]; ***~ sig som sökande till...*** apply for...; ***~ sig till*** examen, tävling enter (enter one's name) for
anmälan *s* **1** report; om förlust sjukdomsfall

notification [*om* of]; till examen, tävling application, entry [*till* for] **2** recension review
anmälningsavgift *s* entry (application) fee
anmälningsblankett *s* application form
anmärka I *vb tr* yttra remark **II** *vb itr* kritisera m.m. criticize [*på ngn, ngt* a p., a th.]; find fault [*på* with]
anmärkning *s* yttrande remark, observation; förklaring note, comment; ***en ~*** kritik criticism
anmärkningsvärd *adj* remarkable
annalkande I *s*, ***vara i ~*** be approaching **II** *adj* approaching
annan (*annat, andre, andra*) *pron* **1** other, jfr *3 en III;* ***en ~*** another, another one; någon annan somebody else; ***annat*** other things; något annat something (anything) else; ***andra*** others, other people; ***någon ~*** om person anybody (en viss somebody) else; ***vilken ~*** who else; ***alla andra*** all the others, everybody else; ***någon ~ än*** a) förenat any other...but; en viss some other...than b) självständigt anybody but; en viss somebody other than; ***hon gör inte*** (***ingenting***) ***annat än gråter*** she does nothing but cry; det var ***något helt annat än*** ...something quite different from **2** vard., 'riktig' regular, proper; ***som en ~ tjuv*** just like a common thief
annandag *s*, ***~ jul*** Boxing Day; ***~ pingst*** Whit Monday; ***~ påsk*** Easter Monday
annanstans *adv*, ***någon ~*** elsewhere, somewhere (anywhere) else
annars *adv* otherwise; or, or else
annat *pron* se *annan*
annektera *vb tr* annex
annex *s* annexe, speciellt amer. annex
annons *s* advertisement (förk. advt.); vard. ad, advert; döds~ etc. announcement
annonsbyrå *s* advertising agency
annonsera *vb itr* o. *vb tr* i tidning advertise [*efter* for]; tillkännage announce
annonskampanj *s* advertising campaign
annonsör *s* advertiser
annorlunda I *adv* otherwise; ***~ än*** differently from **II** *adj* different [*än* from]
annullera *vb tr* cancel
anonym *adj* anonymous
anonymitet *s* anonymity
anor *s pl* ancestry sg.; ***ha gamla ~*** have a long history; om tradition be a time-honoured tradition
anorak *s* anorak
anordna *vb tr* get up, organize, arrange
anordning *s* arrangement; mekanism device
anorektiker *s* anorectic, anorexic
anorexi *s* med. anorexia [nervosa]
anpassa I *vb tr* suit, adjust, adapt [*efter, för, till* to] **II** *vb rfl*, ***~ sig*** adjust (adapt) oneself [*efter* to]
anpassning *s* adaptation, adjustment, [*efter, till* to]
anrikning *s* enrichment; tekn. äv. dressing
anropa *vb tr* call [*ngn om ngt* upon a p. for a th.]; tele. call up
anryckning *s* advance
anrätta *vb tr* prepare; laga cook
anrättning *s* **1** tillredning preparation; tillagning cooking **2** maträtt dish
ansa *vb tr* tend; t.ex. rosor prune
ansamling *s* accumulation
ansats *s* **1** sport. run; ***hopp med ~*** running jump; ***hopp utan ~*** standing jump **2** ansträngning attempt, effort [*till* at]; början start
ansatt *adj* se *ansätta*
anse *vb tr* **1** think, consider, be of the opinion; ***man ~r att*** it is believed (held) that **2** betrakta, hålla för regard, look upon [*som* as]
ansedd *adj* respected; distinguished; ***en ~ firma*** a firm of high standing; ***han är väl*** (***illa***) ***~*** he has a good (bad) reputation
anseende *s* reputation; standing
ansenlig *adj* considerable; large
ansikte *s* face; ***kända ~n*** personer well-known personalities; ***visa sitt rätta ~*** show one's true colours; ***skratta ngn mitt i*** (***upp i***) ***~t*** laugh in a p.'s face; ***säga ngn ngt mitt i ~t*** tell a p. a th. straight to his face; ***tvätta sig i ~t*** wash one's face; ***stå ~ mot ~ med*** stand face to face with
ansiktsbehandling *s* facial, facial treatment
ansiktsdrag *s pl* features
ansiktsfärg *s* colouring, complexion
ansiktskräm *s* face cream
ansiktslyftning *s*, ***en ~*** a face-lift äv. bildl.
ansiktsmask *s* mask; skönhets~ äv. face pack
ansiktsservett *s* face (facial) tissue
ansiktsuttryck *s* facial expression, expression
ansiktsvatten *s* skin tonic, face lotion
ansjovis *s* konserverad skarpsill sprat
anskaffa *vb tr* obtain, acquire; tillhandahålla provide, supply [*ngt åt ngn* a p. with a th.]
anslag *s* **1** meddelande notice **2** penningmedel

grant, allowance; ***bevilja ngn ett ~*** make a p. a grant **3** på tangent touch
anslagstavla *s* notice (amer. bulletin) board
ansluta I *vb tr* connect [*till* with, to] **II** *vb rfl,* ***~ sig*** stå i förbindelse connect [*till* with, to]; ***~ sig till*** personer join
ansluten *adj* connected [*till* with]
anslutning *s* connection, association [*till* with]; ***färjorna har ~ till*** tågen the ferryboats run in connection with...; mötet ***fick en storartad ~*** ...was very well supported by the public; ***i ~ till detta*** in this connection
anslå *vb tr* anvisa allow, allot; ~ tid ***till*** devote...to
anspela *vb itr* allude [*på* to], hint [*på* at]
anspelning *s* allusion [*på* to]
anspråk *s* claim; ***göra ~ på ngt*** lay claim to a th.; ***göra ~ på att*** claim to; ***ställa stora ~ på*** make great demands on; ***ta i ~*** a) erfordra require, take b) lägga beslag på requisition c) begagna make use of d) uppta, t.ex. ngns tid make demands on, take up
anspråksfull *adj* fordrande exacting
anspråkslös *adj* unassuming; om t.ex. måltid simple; om t.ex. fordringar moderate
anstalt *s* institution institution, establishment
anstifta *vb tr* cause; t.ex. myteri stir up; om brott commit
anstrykning *s* aning, spår touch, trace
anstränga I *vb tr* strain; trötta tire; ***~ sina resurser*** tax one's resources **II** *vb rfl,* ***~ sig*** exert oneself, make an effort
ansträngande *adj* strenuous, trying [*för* to]
ansträngd *adj* strained; om leende, sätt forced; ***personalen är hårt ~*** the staff is (are) overworked
ansträngning *s* effort, exertion; påfrestning strain
anstå *vb itr* **1** ***låta saken ~*** let the matter wait; ***låta ~ med*** t.ex. betalning let...stand over **2** passa become
anstånd *s* respite
anställa *vb tr* **1** ge arbete åt employ, engage, amer. hire **2** åstadkomma bring about; ***~ skada på*** cause damage to
anställd *adj,* ***vara ~*** be employed [*hos ngn* by a p., *vid* at, in]; ***en ~*** an employee
anställning *s* tjänst employment; tillfällig engagement, post, position
anställningsvillkor *s pl* terms of employment
anständig *adj* aktningsvärd respectable; passande, proper decent
anständighet *s* respectability; decency
anständighetskänsla *s* sense of propriety, decency
anstöt *s,* ***ta ~ av*** take offence at; ***väcka ~*** give offence [*hos* to]
anstötlig *adj* offensive [*för* to]; oanständig indecent
ansvar *s* responsibility; ***ställa ngn till ~*** hold a p. responsible
ansvara *vb itr* be responsible [*för* for]
ansvarig *adj* responsible [*inför* to]
ansvarighet *s* responsibility
ansvarighetsförsäkring *s* third party insurance (liability insurance)
ansvarsfull *adj* responsible
ansvarskänsla *s* sense of responsibility
ansvarslös *adj* irresponsible
ansvarslöshet *s* irresponsibility
ansätta *vb tr,* ***~s*** (***vara ansatt***) ***av fienden*** be beset by the enemy; ***hårt ansatt*** hard pressed
ansöka *vb itr,* ***~ om*** apply for; ***en ~nde*** an applicant [*till* for]
ansökan *s* application [*om* for]; ***skriftlig ~*** application in writing
ansökningsblankett *s* application form
ansökningstid *s,* ***~en utgår den 15*** applications must be sent in before the 15th
anta o. **antaga** *vb tr* **1** ta emot, t.ex. plats take; säga ja till accept **2** intaga som elev etc. admit **3** godkänna accept, agree to, adopt, approve; lagförslag pass **4** förmoda assume, suppose **5** göra till sin adopt; ***~ namnet...*** take (assume) the name of... **6** få assume; ***~ fast konsistens*** set, harden
antagande *s* mottagande acceptance; som elev admission; godkännande acceptance, adoption, approval; lagförslag passing; förmodan assumption, supposition
antagbar *adj* acceptable
antagligen *adv* presumably; probably
antagning *s* admission
antagonist *s* antagonist, adversary
antal *s* number; ***tio till ~et*** ten in number
Antarktis the Antarctic
antasta *vb tr* vara närgången mot accost, molest
antecipera *vb tr* anticipate, forestall
anteckna I *vb tr* note down, make a note of **II** *vb rfl,* ***~ sig*** put one's name down [*för* for, *som* as]
anteckning *s* note
anteckningsbok *s* notebook
antenn *s* **1** radio. aerial, speciellt amer.

antenna; radar scanner **2** zool. antenna (pl. antennae), feeler
antibiotikum *s* antibiotic
antibiotisk *adj* antibiotic
antik *adj* antique
antikhandel se *antikvitetsaffär*
antiklimax *s* anticlimax
antikropp *s* antibody
antikvariat *s* second-hand bookshop
antikvitet *s* antikt föremål antique
antikvitetsaffär *s* antique shop; second-hand furniture shop
antilop *s* antelope
antingen *konj* either; vare sig whether; *~ du vill eller inte* whether you want to or not
antipati *s* antipathy; *ha (hysa) ~* feel an antipathy [*för* towards, *mot* to]
antirasism *s* antiracism
antisemit *s* anti-Semite
antisemitism *s, ~* el. *~en* anti-Semitism
antiseptisk *adj* antiseptic; *~t medel* antiseptic
antistatbehandla *vb tr* treat with an antistatic agent (fluid)
antistatisk *adj* antistatic
antologi *s* anthology
antropolog *s* anthropologist
antropologi *s* anthropology
anträffa *vb tr* find, meet with
anträffbar *adj* available
antyda *vb tr* hint, suggest
antydan *s* vink hint [*om* of]; tecken indication [*om* of]; ansats, skymt suggestion, trace [*till* of]
antydning *s* insinuation insinuation
antända *vb tr* set fire to; t.ex. bensin ignite
anus *s* anus
anvisa *vb tr* tilldela etc. allot, assign; *~ ngn en sittplats* show a p. to a seat
anvisning *s, ~* el. *~ar* upplysning, föreskrift directions pl., instructions pl.
anvisningsläkare *s* ung. panel doctor
använda *vb tr* **1** use, employ; göra bruk av make use of; bära, t.ex. kläder, glasögon wear [*till, för* i samtliga fall for] **2** tillämpa, t.ex. regel apply; metod adopt **3** lägga ned, t.ex. tid, pengar spend [*på* on, in]; ägna devote **4** förbruka use up [*till* on]
användare *s* user
användargrupp *s* user group
användarvänlig *adj* user-friendly
användbar *adj* usable, ...of use; om t.ex. metod practicable; *i ~t skick* in working order
användning *s* use, employment; tillämpning application; *komma till ~* be of use, prove (be) useful
användningsområde *s* field of application
apa I *s* zool. monkey; svanslös ape **II** *vb itr, ~ efter ngn* ape (mimic, imitate) a p. **III** *vb rfl, ~ sig* play the fool
apartheidpolitik *s* apartheid policy
apati *s* apathy
apatisk *adj* apathetic
apelsin *s* orange
apelsinjuice *s* orange juice
apelsinklyfta *s* orange segment; friare piece of orange
apelsinmarmelad *s* marmalade, orange marmalade
apelsinsaft *s* orange juice; sockrad, för spädning orange squash
apelsinskal *s* orange peel
Apenninerna *s pl* the Apennines
aperitif *s* aperitif
A-post *s* first-class mail
apostel *s* apostle
apostrof *s* apostrophe
apotek *s* pharmacy, britt. chemist's [shop], amer. äv. drugstore
apotekare *s* pharmacist, britt. ofta dispensing chemist
apparat *s* instrument apparatus [*för* for]; anordning, t.ex. elektronisk device, appliance; radio~, TV~ set
apparatur *s* equipment (end. sg.), apparatus
appell *s* appeal
appellationsdomstol *s* court of appeal
applicera *vb tr* apply [*på* to]
applåd *s, ~* el. *~er* applause sg.; handklappningar clapping sg.; *stormande ~er* tremendous applause
applådera *vb tr* o. *vb itr* applaud, clap
approximativ *adj* approximate
aprikos *s* apricot
april *s* April (förk. Apr.); *~, ~!* April fool!; *i ~ (~ månad)* in April (the month of April); *idag är det den femte ~* today it is the fifth of April, jfr *femte;* *[den] sista ~* som adverbial on the last day of April; *i början av ~* at the beginning of April, early in April; *i mitten av ~* in the middle of April, in mid-April; *i slutet av ~* at the end of April
aprilskämt *s, ett ~* an April fools' joke (trick)
apropå I *prep, ~ det* talking of that, by the way **II** *adv* by the by (way); *helt ~* quite unexpectedly
aptit *s* appetite [*på* for]

aptitlig *adj* appetizing, savoury
aptitretande *adv* appetizing; ***den verkar ~*** it whets the appetite
aptitretare *s* appetizer
arab *s* Arab, Arabian
Arabien Arabia
arabisk *adj* om t.ex. folk Arab; om språk Arabic; ***Arabiska öknen*** the Arabian desert
arabiska *s* **1** kvinna Arabian woman **2** språk Arabic
arabvärlden *s* the Arab world
arbeta *vb itr* o. *vb tr* work; vara sysselsatt be at work; tungt labour; ***~ hårt*** work hard; ***~ med (på) ett problem*** work at (on) a problem
□ **~ bort** get rid of; **~ sig fram** work one's way along, make one's way; **~ ihjäl sig** work oneself to death; **~ in:** ***~ in förlorad arbetstid*** make up for lost time, jfr äv. *inarbetad;* **~ om** bok etc. revise; **~ sig upp** work one's way up (along); **~ över** på övertid work overtime
arbetare *s* worker; jordbruks~ o. grov~ labourer; fabriks~ hand; verkstads~ mechanic; i motsats till arbetsgivare employee
arbetarfamilj *s* working-class family
arbetarklass *s* working class; ***~en*** vanl. the working classes pl.
arbetarrörelse *s*, ***~n*** the Labour movement
arbetarskydd *s* 'välfärdsanordningar' industrial welfare (safety)
arbetarskyddslag *s* occupational safety and health act
arbete *s* work (end. sg.), labour; sysselsättning employment; plats job; ***ett ~*** a) abstrakt a piece of work, a job b) konstnärligt el. litterärt a work; handarbete, slöjd etc. a piece of work; ***det var ett ansträngande ~ att komma dit*** it was hard work (a tough job) getting there; ***tillfälliga (smärre) ~n*** odd jobs; ***ha ~ hos...*** be in the employ of...; ***lägga ned ~t*** stop work; strejka go on strike; ***söka ~*** look for a job (for work); ***sätta ngn i ~*** få att arbeta put a p. to work; ***vara i ~*** be at work; ***gå (vara) utan ~*** be out of work
arbetsam *adj* hard-working
arbetsavtal *s* labour agreement
arbetsbesparande *adj* labour-saving
arbetsbänk *s* workbench; i kök worktop
arbetsbörda *s* burden of work; ***hans ~*** the amount of work he has to do
arbetsdag *s* working-day; vardag workday
arbetsfred *s* industrial peace
arbetsför *adj* ...fit for work; ***den ~a befolkningen*** the working population
arbetsförhållanden *s pl* working conditions
arbetsförmedling *s* byrå employment exchange, jobcentre
arbetsgivaravgift *s* payroll tax
arbetsgivare *s* employer
arbetsgrupp *s* working team; kommitté working party
arbetsinkomst *s* wage (resp. salary) earnings pl.
arbetskamrat *s* fellow-worker
arbetskonflikt *s* industrial (labour) dispute
arbetskraft *s* folk labour, manpower
arbetsliv *s*, ***komma (gå) ut i ~et*** go out to work
arbetslös *adj* unemployed; ***en ~*** a man (resp. woman) who is out of work; ***de ~a*** the unemployed
arbetslöshet *s* unemployment
arbetslöshetsförsäkring *s* unemployment insurance
arbetslöshetsunderstöd *s* unemployment benefit
arbetsmarknad *s* labour market
Arbetsmarknadsstyrelse *s*, ***~n*** the National Labour Market Board
arbetsmarknadsutbildning *s* (förk. AMU) vocational training courses pl. for the unemployed and handicapped
arbetsmiljö *s* working environment
arbetsnedläggelse *s* stoppage of work
arbetsplats *s* place of work
arbetsprojektor *s* overhead projector
arbetsskada *s* industrial injury
arbetssökande *adj*, ***en ~*** a person in search of work
arbetstagare *s* employee
arbetstakt *s* working pace (speed)
arbetsterapeut *s* occupational therapist
arbetsterapi *s* occupational therapy
arbetstid *s* working hours pl.
arbetstillfälle *s* vacant job, opening
arbetstillstånd *s* labour (work) permit
arbetstvist *s* labour dispute
arbetsuppgift *s* task, assignment
arbetsvecka *s* working week
areal *s* area
arena *s* arena
arg *adj* angry, amer. äv. mad [*på ngn* with a p., *på ngt* at a th.]
Argentina the Argentine, Argentina
argentinare *s* Argentine
argentinsk *adj* Argentine

argsint *adj* ill-tempered
argument *s* argument
argumentera *vb itr* argue [*för* in favour of]
aria *s* aria
aristokrat *s* aristocrat
aristokrati *s* aristocracy
aristokratisk *adj* aristocratic
1 ark *s*, ***Noaks ~*** Noah's Ark
2 ark *s* pappersark sheet
arkebusera *vb tr* shoot, execute by a firing squad
arkebusering *s* execution by a firing squad
arkeolog *s* archaeologist
arkeologi *s* archaeology
arkipelag *s* archipelago (pl. -s)
arkitekt *s* architect
arkitektur *s* architecture
arkiv *s* archives pl.; dokumentsamling records pl.; bild~, film~ library
arkivera *vb tr* file
arktisk *adj* arctic
1 arm *adj* usel wretched; stackars poor
2 arm *s* arm
armatur *s* belysnings~ electric fittings pl.
armband *s* bracelet
armbandsur *s* wristwatch
armbindel *s* armlet, armband
armbrytning *s* arm (amer. Indian) wrestling
armbåge *s* elbow
armé *s* army
Armenien Armenia
armenier *s* Armenian
armenisk *adj* Armenian
armera *vb tr* **1** mil. arm **2** ***~d betong*** reinforced concrete
armhåla *s* armpit
armhävning *s* press-up; från golvet push-up
armring *s* bangle
arom *s* aroma
aromatisk *adj* aromatic
aromglas *s* balloon [glass], snifter
arrak *s* arrack
arrangemang *s* arrangement äv. mus.
arrangera *vb tr* arrange äv. mus.; organize
arrangör *s* arranger äv. mus.; organizer
arrendator *s* leaseholder, tenant
arrende *s* tenancy, leasehold
arrendera *vb tr* lease, rent
arrest *s* arrest; lokal cell; ***sitta i ~*** be under arrest (in custody)
arrestera *vb tr* arrest
arrestering *s* arrest
arrogans *s* arrogance
arrogant *adj* arrogant
arsenal *s* arsenal äv. bildl.
arsenik *s* arsenic
arsle *s* vulg. arse, amer. ass; som skällsord arsehole, amer. asshole
art *s* slag kind; vetensk. species (pl. lika); natur nature
arta *vb rfl*, ***~ sig*** turn out, develop; ***det ~r sig till*** lovar it promises (hotar it threatens) to be; ser ut att bli it looks like
arterioskleros *s* arteriosclerosis
artificiell *adj* artificial
artig *adj* polite; formellare courteous
artighet *s* politeness; formellare courtesy; ***en ~*** an act of politeness (courtesy)
artikel *s* article av. gram.
artikulation *s* articulation
artikulera *vb tr* articulate
artilleri *s* artillery
artist *s* artist; teat. artiste
artistisk *adj* artistic
arton *räkn* eighteen; jfr *fem* o. sammansättningar
artonde *räkn* eighteenth (förk. 18th)
artonhundratalet *s*, ***på ~*** in the nineteenth century
arv *s* inheritance; andligt heritage; testamentarisk gåva legacy; ***få i ~*** inherit [*efter* from]; ***gå i ~*** a) om egendom be handed down b) vara ärftlig be hereditary
arvfiende *s* hereditary (friare sworn) enemy
arvinge *s* heir; kvinnlig heiress
arvlös *adj*, ***göra ngn ~*** disinherit a p.
arvode *s* fee
arvsanlag *s* biol. gene; allmännare hereditary character (disposition)
arvslott *s* part (share) of an (resp. the) inheritance
arvsskatt *s* inheritance tax, death duty
arvtagare *s* heir
arvtagerska *s* heiress
as *s* kadaver [animal] carcass, carrion
asbest *s* asbestos
asfalt *s* asphalt
asfaltera *vb tr* asphalt
asiat *s* Asiatic, Asian
asiatisk *adj* Asiatic, Asian
Asien Asia; ***Mindre ~*** Asia Minor
1 ask *s* bot. ash; för sammansättningar jfr *björk-*
2 ask *s* box; ***~ tändstickor*** box of matches; ***~ cigaretter*** packet of cigarettes
aska I *s* ashes pl.; cigarettaska ash **II** *vb tr* o. *vb itr*, ***~ av*** vid rökning knock the ash off
A-skatt *s* tax deducted from income at source
askfat *s* o. **askkopp** *s* ashtray
Askungen *s* sagan Cinderella

asocial *adj* asocial, antisocial
asp *s* bot. aspen; för sammansättningar jfr *björk-*
aspekt *s* aspect
aspirant *s* sökande applicant, candidate; under utbildning trainee
1 ass *s* brev insured letter
2 ass *s* mus. A flat
assiett *s* small plate; maträtt hors-d'œuvre
assistera *vb tr* o. *vb itr* assist [*vid* in]
association *s* association
associera *vb tr* associate
assurans *s* insurance
assurera *vb tr* insure
aster *s* aster
asterisk *s* asterisk
astigmatisk *adj* astigmatic
astma *s* asthma
astmatiker *s* asthmatic
astmatisk *adj* asthmatic
astrolog *s* astrologer
astrologi *s* astrology
astrologisk *adj* astrological
astronaut *s* astronaut
astronom *s* astronomer
astronomi *s* astronomy
astronomisk *adj* astronomical; ***~a tal*** astronomical figures
asyl *s* asylum; ***begära politisk ~*** seek political asylum
asymmetrisk *adj* asymmetric, asymmetrical
ateism *s*, ~ el. ***~en*** atheism
ateist *s* atheist
ateljé *s* studio; t.ex. sy~ workroom
Aten Athens
Atlanten the Atlantic [Ocean]
atlantisk *adj* Atlantic
Atlantpakten organisationen the North Atlantic Treaty Organization (förk. NATO)
atlas *s* kartbok atlas [*över* of]
atlet *s* stark karl strong man
atletisk *adj* om kroppsbyggnad athletic
atmosfär *s* atmosphere äv. bildl.
atmosfärisk *adj* atmospheric; ***~a störningar*** radio. atmospherics pl.
atom *s* atom; för sammansättningar jfr äv. *kärn-*
atombomb *s* atom bomb
atomdriven *adj* nuclear-powered
atomsopor *s pl* nuclear waste sg.
atomubåt *s* nuclear-powered submarine
ATP allmän tilläggspension supplementary pension
att I infinitivmärke to; ***han lovade ~ inte göra det*** he promised not to do that; ***undvika ~ göra ngt*** avoid doing a th.; ***boken är värd ~ läsa*** the book is worth reading; ***efter ~ ha ätit frukost gick han*** after having (having had) breakfast he went; ***konsten ~ sjunga*** the art of singing **II** *konj* that; ***jag är säker på ~ han...*** I'm sure he (that he)...; ***frånsett ~ han...*** apart from the fact that he...; ***du kan lita på ~ jag gör det*** you may depend on it that I will do it (on me to do it); ***vad vill du ~ jag ska göra?*** what do you want me to do?; ***jag väntar på ~ han skall komma*** I am waiting for (expecting) him to come; ***ursäkta ~ jag stör!*** excuse my (me) disturbing you!
attaché *s* attaché
attachéväska *s* attaché case
attack *s* attack [*mot* on]
attackera *vb tr* attack
attackplan *s* fighter-bomber
attentat *s* mordförsök attempted assassination [*mot* of]; våldsdåd outrage, attempted outrage [*mot* against]; ***ett ~ mot ngn*** an attempt on a p.'s life
attentatsman *s* would-be assassin; perpetrator of an (resp. the) outrage
attest *s* bemyndigande authorization; intyg certificate
attestera *vb tr* belopp authorize...for payment; handling certify
attiraljer *s pl* gear sg.; grejor paraphernalia pl.
attityd *s* attitude; pose pose
attrahera *vb tr* attract
attraktion *s* attraction
attraktiv *adj* attractive
aubergine *s* aubergine
audiens *s* audience
auditorium *s* åhörare audience
audivisuell *adj* audio-visual; ***~a hjälpmedel*** audio-visual (AV) aids
augusti *s* August (förk. Aug.); jfr *april* o. *femte*
auktion *s* auction [*på* of]; ***köpa (sälja) ngt på ~*** buy a th. at an (sell a th. by) auction
auktionera *vb tr*, ***~ bort*** auction, auction off, dispose of... by auction
auktionsförrättare *s* auctioneer
auktorisera *vb tr* authorize; ***~d revisor*** chartered accountant
auktoritativ *adj* authoritative
auktoritet *s* authority
auktoritär *adj* authoritarian
aula *s* assembly hall; univ. lecture hall

au pair *s, en ~* an au pair
Australien Australia
australiensare *s* o. **australier** *s* Australian
australisk *adj* Australian
autenticitet *s* authenticity
autentisk *adj* authentic
autograf *s* autograph
autografjägare *s* autograph hunter
automat *s* automatic machine; med myntinkast slot machine
automatgevär *s* automatic rifle
automation *s* automation
automatisera *vb tr* automatize, automate
automatisk *adj* automatic
automatlåda *s* bil. automatic gearbox
automattelefon *s* dial (automatic) telephone
automatvapen *s* automatic weapon
automatväxel *s* på bil automatic gear-change; tele. automatic exchange
autopilot *s* autopilot
av I *prep* **1** of; ***en del ~ tiden*** part of the time; ***i nio fall ~ tio*** in nine cases out of ten; ***ett bord ~ ek*** an oak table **2** agent: by; huset ***är byggt ~ A.*** ...was built by A.; ***vad snällt ~ dig*** how kind of you **3** orsak: ***gråta ~ glädje*** cry for joy; ***han gjorde det ~ nyfikenhet*** he did it out of curiosity; ***~ brist på*** for want (lack) of; ***~ fruktan för*** for fear of; ***~ ett eller annat skäl*** for some reason or other **4** av sig själv: ***han gjorde det ~ sig själv*** he did it by himself (självmant of his own accord); ***det går ~ sig själv*** (***självt***) it runs (works) by itself **5** från: ***en gåva ~ min fru*** a present from my wife; ***jag ser ~ ditt brev att...*** I see from (by) your letter that... **II** *adv* bort, i väg, ned m.m. vanl. off; itu in two; avbruten broken
avancera *vb itr* advance
avancerad *adj* advanced
avbeställa *vb tr* cancel
avbeställning *s* cancellation
avbetala *vb tr, ~ **på en skuld*** (***en vara***) pay a debt (pay for an article) by (in) instalments
avbetalning *s* belopp instalment; system the hire-purchase system; ***göra en ~*** pay an instalment; ***på ~*** by instalments
avbetalningskontrakt *s* hire-purchase contract (agreement)
avbild *s* representation; kopia copy; ***sin fars ~*** the very image of his (her etc.) father
avbilda *vb tr* reproduce; depict
avbildning *s* reproduction
avbitare *s* o. **avbitartång** *s* cutting nippers (pliers) pl.
avblåsa *vb tr* se *blåsa av* under *2 blåsa*
avbländare *s* bil. dipswitch, amer. dimmer
avbrott *s* uppehåll: störning interruption; tillfälligt break; paus pause, stoppage; ***ett ~ i trafiken*** a traffic hold-up; ***utan ~*** without stopping (a break)
avbryta I *vb tr* interrupt; göra slut på break off; resa break; förbindelser etc. sever; tillfälligt avbryta, t.ex. ett arbete leave off **II** *vb rfl, ~ **sig*** break off, stop speaking
avbräck *s* bakslag setback; skada harm; materiell damage båda end. sg.; finansiellt financial loss; ***vålla...~*** be harmful (damaging) to...
avbytare *s* substitute, reserve båda äv. sport.
avböja *vb tr* avvisa decline, refuse
avböjande *adj, ~ **svar*** refusal, negative answer [*på* to]
avdankad *adj* avskedad discharged; uttjänt superannuated
avdelning *s* i ämbetsverk, varuhus etc. department; på sjukhus äv. ward; del part; avsnitt section
avdelningsföreståndare *s* på sjukhus ward sister
avdrag *s* deduction; beviljat allowance
avdragsgill *adj* deductible
avdunsta *vb itr* o. *vb tr* evaporate
avdunstning *s* evaporation
avel *s* ras stock, breed
aveny *s* avenue
avfall *s* sopor refuse, rubbish; köksavfall garbage
avfart *s* exit
avfolka *vb tr* depopulate
avfolkning *s* depopulation
avfyra *vb tr* fire, let off, discharge
avfälling *s* polit. defector; vard. backslider
avfärd *s* departure, going away
avfärda *vb tr* avvisa dismiss, brush aside
avföring *s* motion; exkrementer excrement; ***ha ~*** pass a motion
avgaser *s pl* exhaust fumes
avgasrenare *s* exhaust emission control device
avgasrening *s* exhaust emission control
avgasrör *s* exhaust pipe, exhaust
avge *vb tr* avsöndra emit, give off; ge, lämna give; bekännelse, löfte make
avgift *s* charge; t.ex. inträdes~, parkerings~ fee; färd~, taxa fare
avgiftsfri *adj* free, ...free of charge
avgiftsfritt *adv* free, free of charge

avgjord *adj* decided etc., jfr *avgöra;* tydligt distinct; ***därmed var saken ~*** that settled the matter
avgrund *s* abyss; klyfta chasm
avgränsa *vb tr* demarcate; ***skarpt ~d*** clearly-defined
avguda *vb tr* idolize, adore
avgå *vb itr* **1** om tåg etc. leave, start, depart [*till* i samtliga fall for] **2** dra sig tillbaka retire, withdraw; ta avsked resign; ***~ med seger*** be victorious, be the winner
avgående *adj* om brev, fartyg outgoing; om flyg, tåg departing
avgång *s* **1** departure [*till* for, to] **2** persons retirement, resignation
avgångshall *s* departure hall (lounge)
avgöra *vb tr* decide; ordna settle; vara avgörande för determine
avgörande I *adj* om t.ex. seger decisive; om faktor determining; ***det ~ för mig var*** what decided me was **II** *s* beslut decision, settlement
avhandling *s* skrift treatise; akademisk thesis (pl. theses), dissertation [*över* i samtliga fall on]
avhjälpa *vb tr* t.ex. fel, brist remedy
AV-hjälpmedel *s pl* AV (audio-visual) aids
avhopp *s* polit. defection äv. friare
avhoppare *s* polit. defector äv. friare
avhålla *vb rfl,* ***~ sig från*** abstain from
avhållsam *adj* abstinent; sexuellt continent
avhållsamhet *s* abstinence; sexuell continence
avhämta *vb tr* fetch, call for, collect
avi *s* hand. advice; ***~ om försändelse*** dispatch note
avigsida *s* wrong side, reverse; bildl. unpleasant side, disadvantage
avindustrialisera *vb tr* de-industrialize
avisera *vb tr* announce, notify
avisning *s* de-icing
avkall *s,* ***göra (ge) ~ på kvaliteten*** lower one's standards of quality; ***göra (ge) ~ på sina principer*** renounce (abandon) one's principles
avkastning *s* yield, proceeds pl.; vinst profit
avklädningshytt *s* vid strand bathing hut; inomhus cubicle
avkomling *s* descendant
avkomma *s* offspring
avkoppling *s* vila relaxation
avkriminalisera *vb tr* no longer consider... a criminal offence, decriminalize
avkunna *vb tr,* ***~ dom*** pronounce (pass) sentence
avlagd *adj* kasserad, ***~a kläder*** cast-off clothes
avlasta *vb tr* unload; bildl. relieve
avlastning *s* unloading; bildl. relief
avleda *vb tr* leda bort divert
avlida *vb itr* die, pass away
avliden *adj* deceased; ***den avlidne*** the deceased
avliva *vb tr* put...to death; sjuka djur destroy, put away; ***~ ett rykte*** put an end to a rumour
avlopp *s* drain; i handfat etc. plughole
avloppsledning *s* kloak sewer
avloppsrör *s* sewage pipe
avloppsvatten *s* sewage
avlossa *vb tr* avskjuta fire, discharge
avlyssna *vb tr* ofrivilligt overhear; avsiktligt listen in to; i spioneringssyfte intercept
avlång *adj* oblong; oval oval
avlägga *vb tr* bekännelse make; ***~ vittnesmål*** give evidence; jfr *besök, rapport*
avlägsen *adj* distant, remote, out-of-the-way; långt bort far-off
avlägsna I *vb tr* remove **II** *vb rfl,* ***~ sig*** go away, leave; dra sig tillbaka withdraw, retire
avlämna *vb tr* t.ex. rapport hand in, present
avläsa *vb tr* mätare etc. read
avlöna *vb tr* pay
avlönad *adj* salaried; ***väl ~*** well-paid
avlöning *s* pay; ämbetsmans salary; veckolön wages pl.
avlöningsdag *s* pay day
avlöningskuvert *s* pay packet
avlöpa *vb itr* pass off; sluta end; utfalla turn out
avlösa *vb tr* vakt, i arbete relieve; följa på succeed; ersätta replace
avmagringsmedel *s* reducing (slimming) preparation
avmattas *vb itr dep* se *mattas*
avnjuta *vb tr* enjoy
avocado *s* avocado
avogt *adv,* ***vara ~ sinnad (stämd) mot*** be unfavourably disposed towards, have an aversion to
avpassa *vb tr* fit, match; anpassa adapt, adjust, suit [*efter* i samtliga fall to]
avreagera *vb rfl,* ***~ sig*** relieve one's feelings; vard. let off steam
avreglera *vb tr* deregulate
avreglering *s* deregulation
avresa I *vb itr* depart, leave [*till* for] **II** *s* departure
avrunda *vb tr* round off; ***~d summa*** round sum

avråda *vb tr,* ~ ***ngn från*** advise (warn) a p. against
avrätta *vb tr* execute, put...to death [*genom* by]
avrättning *s* execution, putting to death
avsaknad *s* loss, want; ***vara i ~ av*** be without, lack
avsats *s* på mur, klippa ledge; i trappa landing
avse *vb tr* **1** syfta på concern, refer to **2** ha i sikte aim at, be directed towards; ämna mean, intend; ***vara avsedd för*** be intended (designed) for; ***ha avsedd verkan*** have the intended effect
avseende *s* **1** reference; ***ha ~ på*** relate (refer) to **2** hänseende respect; beaktande etc. consideration; ***fästa ~ vid*** pay attention to; ***i detta ~*** from this point of view, in this respect; ***med ~ på*** with respect to, as regards; ***lämna ngt utan ~*** disregard a th.
avsevärd *adj* considerable; märkbar appreciable
avsides *adv* aside; ***ligga ~*** lie apart; ~ ***liggande*** remote, out-of-the-way
avsigkommen *adj* down at heel, shabby
avsikt *s* intention; syfte purpose, aim; motiv, uppsåt design, motive; ***ha för ~ att gå*** intend to go; ***med ~*** on purpose, deliberately
avsiktlig *adj* intentional, deliberate
avskaffa *vb tr* abolish, do away with
avskaffande *s* abolishing, doing away with; ***slaveriets ~*** the abolition of slavery
avsked *s* **1** ur tjänst dismissal; ***anhålla om (begära) ~*** hand in one's resignation **2** ***ta ~*** say goodbye [*av* to]; take leave [*av* of]
avskeda *vb tr* dismiss, discharge
avskedande *s* dismissal, discharge
avskedsansökan *s* resignation; ***lämna in sin ~*** hand in one's resignation
avskild *adj* secluded; isolerad isolated
avskildhet *s* seclusion; isolering isolation
avskilja *vb tr* separate; lösgöra detach
avskjutningsramp *s* för raketer launching pad (platform)
avskrift *s* copy, transcript
avskriven *adj,* ***rätt avskrivet intygas...*** true (correct) copy certified by...
avskräcka *vb tr* scare; förhindra deter, discourage
avskräckande I *adj* om t.ex. verkan deterrent; ***ett ~ exempel*** an example of what one should not do **II** *adv,* ***verka ~*** act as a deterrent
avsky I *vb tr* detest, loathe **II** *s* loathing [*för* for]
avskyvärd *adj* abominable, detestable
avslag *s* på förslag rejection [*på* of]; ***få ~ på*** ngt have one's...turned down
avslagen *adj* om dryck flat, stale
avsluta *vb tr* **1** finish, finish off, complete, finalize; bilda avslutning på finish off, terminate; ***den avslutande tävlingen*** the closing competition **2** göra upp, t.ex. köp, fördrag conclude; avtal enter into
avslutad *adj* finished, completed; ***förklara sammanträdet avslutat*** declare the meeting closed
avslutning *s* avslutande del conclusion, finish; slut end, termination; skol. breaking-up, amer. commencement; ***~en*** i skolan ***äger rum 6 juni*** school breaks up on June 6th
avslå *vb tr* t.ex. begäran, förslag reject
avslöja *vb tr* reveal, disclose; person expose
avslöjande *s* revelation, disclosure; om person exposure
avsmak *s,* ***få ~ för*** take a dislike to; ***känna ~*** feel disgusted
avsnitt *s* sector; av bok etc. part; av t.ex. följetong instalment; av TV-serie episode
avspark *s* kick-off
avspegla I *vb tr* reflect **II** *vb rfl,* ~ ***sig*** be reflected
avspelningshuvud *s* på bandspelare playback head
avspisa *vb tr,* ~ ***ngn*** put a p. off
avspänd *adj* om person o. t.ex. atmosfär relaxed
avspänning *s* avslappning relaxation; polit. détente
avstava *vb tr* divide...into syllables
avstavning *s* division into syllables
avstickare *s* utflykt detour; ***göra en ~*** make a detour
avstjälpningsplats *s* tip, dump
avstyrka *vb tr,* ~ ***ngt*** object to a th.; ***avstyrkes*** authority withheld, sanction refused
avstå *vb itr,* ~ ***från*** give up [*att gå* going]; uppge abandon; försaka forgo, deny oneself; avsäga sig renounce; låta bli refrain from; undvara dispense with
avstånd *s* distance; vid t.ex. målskjutning range; ***ta ~ från*** dissociate oneself from; ***på ~*** at a (i fjärran in the, från långt håll from a) distance
avståndsmätare *s* foto. range-finder
avstämpla *vb tr* stamp; brev etc. postmark
avstänga *vb tr* se *stänga av*

avsäga *vb rfl*, **~ *sig*** t.ex. befattning resign, give up; **~ *sig tronen*** abdicate
avsändare *s* sender; på brevs baksida from
avsätta *vb tr* **1** avskeda remove, dismiss **2** sälja sell
avsättning *s* **1** avskedande removal, dismissal **2** av varor sale; ***finna (få) ~ för*** dispose of
avta *vb itr* minska decrease, diminish
avtagande *s*, ***vara i ~*** be on the decrease
avtagbar *adj* detachable
avtagsväg *s* turning; sidoväg side road
avtal *s* agreement, settlement; kontrakt contract; ***träffa ~*** come to an agreement [*om* about]
avtala I *vb itr* agree [*om* about] **II** *vb tr* agree on, settle, fix
avtalsenlig *adj* ...according to agreement
avtalsförhandlingar *s pl* wage negotiations
avtalsrörelse *s* förhandlingar round of wage negotiations pl.
avteckna *vb rfl*, **~ *sig mot*** stand out against
avtjäna *vb tr*, **~ *ett straff*** serve a sentence; vard. do time
avtryck *s* imprint, impression
avtryckare *s* på gevär trigger; på kamera shutter release
avtvinga *vb tr*, **~ *ngn ngt*** t.ex. pengar, bekännelse extort a th. from a p.
avtåg *s* departure, marching off
avtåga *vb itr* march off (out)
avtäcka *vb tr* uncover; konstverk etc. unveil
avund *s* envy
avundas *vb tr*, **~ *ngn ngt*** envy a p. a th.
avundsjuk *adj* envious [*på, över* of]
avundsjuka *s* envy
avvakta *vb tr* ankomst, svar await; händelsernas gång wait and see; vänta (lura) på wait (watch) for
avvaktan *s*, ***i ~ på*** while awaiting
avvaktande *adj*, ***inta en ~ hållning*** play a waiting game, pursue a wait-and-see policy
avvara *vb tr* spare
avveckla *vb tr* speciellt affärsrörelse wind up, settle
avveckling *s* winding up, settlement
avverka *vb tr* **1** träd fell **2** tillryggalägga cover, do [*på* in]
avvika *vb itr* skilja sig differ; från t.ex. ämne digress; från t.ex. kurs (om fartyg), sanningen deviate
avvikande *adj* differing; **~ *beteende*** deviant (abnormal) behaviour; ***en ~*** a deviant
avvikelse *s* divergence, deviation
avvisa *vb tr* **1** person turn away, put...off **2** t.ex. förslag reject; t.ex. beskyllning repudiate; t.ex. anfall repel
avvisande *adj* negative; unsympathetic
avväga *vb tr* avpassa adjust [*efter* to]; ***väl avvägd*** well-balanced
avvägning *s* adjustment, balance
avvända *vb tr* **1** leda bort divert **2** avvärja avert
avvänja *vb tr* spädbarn wean; t.ex. rökare cure; alkoholskadad detoxify, vard. detox
avvänjningskur *s* cure, aversion treatment (end. sg.)
avväpna *vb tr* disarm
avvärja *vb tr* t.ex. slag ward off; t.ex. fara äv. avert
avyttra *vb tr* dispose of
ax *s* sädesax ear
1 axel *s* geogr. el. polit. axis (pl. axes); hjulaxel axle
2 axel *s* skuldra shoulder; ***rycka på axlarna*** shrug one's shoulders; ***se ngn över ~n*** look down on a p.
axelband *s* på kläder shoulder strap
axelklaff *s* shoulder strap
axelremsväska *s* shoulder bag
axelryckning *s* shrug, shrug of the shoulders
axeltryck *s* axle load
axla *vb tr*, **~ *en börda*** bildl. shoulder a burden
azalea *s* azalea

B

b *s* mus. **1** ton B flat **2** sänkningstecken flat
babbel *s* babble; babblande babbling
babbla *vb itr* babble
babian *s* baboon
babord *s* port
baby *s* baby
babylift *s* carrycot
babysitter *s* stol bouncing cradle
babysäng *s* spjälsäng cot, amer. crib
bacill *s* germ; med. bacillus (pl. bacilli)
1 back *s* låda tray; ölback crate
2 back I *s* **1** sport. back **2** backväxel reverse gear **II** *adv* back; ***gå ~*** gå med förlust run at a loss
backa *vb tr* o. *vb itr* back, reverse; ***~ upp*** understödja back, back up
backe *s* höjd hill; sluttning hillside, slope
backhand *s* tennis etc. backhand äv. slag
backhoppare *s* ski-jumper
backhoppning *s* ski-jumping
backig *adj* hilly
backkrön *s* top of a (resp. the) hill
backljus *s* på bil reversing (back-up) light
backspegel *s* driving (rear-view) mirror
backväxel *s* reverse gear
bacon *s* bacon
bad *s* **1** badning: a) karbad bath b) utebad bathe; ***ta [sig] ett varmt ~*** have a hot bath; ***härliga ~*** splendid bathing sg. **2** se *badhus, badplats*
bada I *vb tr* bath; ***~ ett barn*** bath (amer. bathe) a child, give a child a bath **II** *vb itr* simbad bathe; karbad have a bath; ***gå [ut] och ~*** go for a bathe (a swim), go bathing (swimming); ***~nde i sol (svett)*** bathed in sunshine (perspiration); ***en ~nde*** a bather
badboll *s* beach ball
badborste *s* bath brush
badbyxor *s pl* bathing trunks, trunks
badda *vb tr* fukta bathe
baddare *s* överdängare ace; ***en ~ i tennis*** a crack tennis player
baddräkt *s* swimsuit
badhandduk *s* bath towel; för strand bathing (beach) towel
badhus *s* [public] baths pl.; simhall swimming baths (pl. lika)
badhytt *s* vid strand bathing-hut; inomhus cubicle
badkappa *s* bathrobe; för strand bathing-wrap
badkar *s* bathtub, bath
badminton *s* badminton
badmintonboll *s* shuttlecock
badmössa *s* bathing cap
badort *s* seaside resort (town)
badplats *s* strand bathing beach
badrock *s* bathrobe; för strand bathing-wrap
badrum *s* bathroom
badrumsvåg *s* bathroom scales pl.
badsemester *s* holiday by the sea
badstrand *s* beach, bathing beach
badtvål *s* bath soap
badvakt *s* swimming-pool attendant; vid badstrand lifeguard
bag *s* bag
bagage *s* luggage, baggage
bagagehylla *s* luggage (baggage) rack
bagagelucka *s* utrymme boot, amer. trunk; dörr boot (amer. trunk) lid
bagageutrymme *s* i bil boot, amer. trunk
bagare *s* baker
bagatell *s* trifle, bagatelle
bagatellisera *vb tr* make light of, minimize
bageri *s* bakery; butik baker's [shop]
bagge *s* ram
baguette *s* baguette, French stick [loaf]
bajonett *s* bayonet
bajs *s* barnspr. poo-poo, number two
bajsa *vb itr* barnspr. do a poo-poo (number two)
bak I *s* vard., säte behind, bottom; byxbak seat **II** *adv* behind, at the back; ***för långt ~*** too far back; ***~ och fram*** se *bakfram*
baka *vb tr* o. *vb itr* bake; ***~ bröd*** bake (make) bread
bakaxel *s* rear axle
bakben *s* hind leg
bakbinda *vb tr* pinion
bakdel *s* människas buttocks pl.; vard. behind, bottom; djurs hind quarters pl., rump
bakdörr *s* back door; på bil rear door
bakelse *s* pastry, fancy cake; med frukt, sylt tart; ***~r*** pastry sg.
bakficka *s* på byxor hip pocket; ***ha ngt i ~n*** have a th. up one's sleeve
bakform *s* baking-tin
bakfot *s* hind foot; ***få saken (det) om ~en*** get hold of the wrong end of the stick
bakfram *adv* back to front; the wrong way round
bakfull *adj*, ***vara ~*** have a hangover
bakgata *s* back street, lane
bakgrund *s* background

bakgård *s* backyard
bakhjul *s* rear wheel
bakhjulsdriven *adj* bil. rear-wheel driven
bakhåll *s* ambush
bakifrån *prep* o. *adv* from behind
bakkappa *s* på sko heel; fackspr. counter
baklucka se *bagagelucka*
baklykta *s* rear (tail) light (lamp)
baklås *s*, ***dörren har gått i ~*** the lock has jammed; hela saken ***har gått i ~*** ...has reached a deadlock
baklänges *adv* backward, backwards
bakläxa *s*, ***få ~*** avslag meet with a rebuff
bakom *prep* o. *adv* behind; jag undrar ***vad som ligger ~*** ...what is at the bottom of it; ~ el. ***~ flötet*** vard. stupid, daft
bakplåt *s* baking-tray
bakpulver *s* baking-powder
bakre *adj* t.ex. bänk back; t.ex. ben hind
bakruta *s* på bil rear window
baksida *s* back; på mynt etc. reverse; bildl. unpleasant side
bakskärm *s* på bil rear wing (amer. fender)
bakslag *s* motgång reverse, setback
baksmälla *s* vard. hangover
baksäte *s* back (rear) seat
baktala *vb tr* slander, backbite
baktalare *s* slanderer, backbiter
baktanke *s* ulterior (secret) motive
bakterie *s* germ; ***~er*** äv. bacteria
bakteriologisk *adj* bacteriological
baktill *adv* behind, at the back
baktung *adj* ...heavy at the back
baktända *vb itr* bil. backfire
bakugn *s* oven
bakut *adv* backward, backwards, behind
bakvagn *s* bils rear part of a (resp. the) car
bakvatten *s* backwater
bakverk *s* pastry; jfr *bakelse, kaka*
bakväg *s* back way; ***gå ~ar*** bildl. use underhand means (methods)
bakvänd *adj* ...the wrong (other) way round; tafatt awkward
bakvänt *adv* the wrong way, awkwardly
bakåt *adv* backward, backwards; tillbaka back
bakåtlutad *adj* reclining
bakåtlutande *adj* ...that slopes backwards
bakåtsträvare *s* reactionary
bal *s* ball; mindre dance
balans *s* balance; kassabrist deficit
balansera *vb tr* o. *vb itr* balance
balansgång *s*, ***gå ~*** balance oneself; bildl. strike (try to strike) a balance
balett *s* ballet
balettdansör *s* ballet dancer
balettdansös *s* ballet dancer
balettflicka *s* chorus girl
balja *s* kärl tub; mindre bowl
balk *s* träbalk beam; järnbalk girder
Balkan staterna the Balkans pl.
balkong *s* balcony
ballong *s* balloon
balsam *s* balsam; bildl. balm
balsamera *vb tr* embalm
balt *s* Balt
Baltikum the Baltic States pl.
baltisk *adj* Baltic
bambu *s* bamboo
bamsing *s* whopper
bana I *s* **1** väg path, track; lopp course; planets, satellits orbit; levnadsbana career **2** sport. track; löparbana running track; tennisbana court **3** järnv. line; spår track **II** *vb tr*, ***~ väg*** clear (pave) the way [*för* for]
banal *adj* commonplace, banal
banan *s* banana
banbrytande *adj* pioneering; epokgörande epoch-making
band *s* **1** remsa, knytband **a)** band; smalt o. i bandspelare tape; prydnadsband ribbon **b)** ***löpande ~*** conveyor belt, assembly line; han skriver ***romaner på löpande ~*** ...one novel after the other **c)** bildl. tie; bond; ***lägga ~ på sig*** check (restrain) oneself **2** bokband binding; volym volume **3** trupp, följe band, gang; jazzband etc. band
banda *vb tr* ta upp på band tape
bandage *s* bandage
banderoll *s* streamer; pappersremsa kring förpackning wrapper
bandinspelning *s* tape-recording
bandit *s* bandit
bandspaghetti *s* koll. tagliatelle
bandspelare *s* tape-recorder
bandtraktor *s* caterpillar, caterpillar tractor
bandupptagning *s* på bandspelare tape recording
bandy *s* bandy
bandyklubba *s* bandy stick
baner *s* banner, standard
bangård *s* railway (amer. railroad) yard (station station)
banjo *s* banjo (pl. -s el. -es)
bank *s* penningbank bank; ***gå på ~en*** go to the bank; ***ha pengar på ~en*** have money in (at) the bank
banka *vb itr* bulta knock loudly, bang
bankbok *s* bankbook

bankdirektör *s* bank director; vid filial bank manager
bankett *s* banquet
bankfack *s* safe-deposit box
bankgiro *s* bank giro service (konto account)
bankir *s* banker, private banker
bankkamrer *s* vid bankfilial bank manager
bankkassör *s* bank cashier
bankkonto *s* bank account
banklån *s* bank loan
Bankomat *s* ® cash dispenser (machine), ATM (förk. för automated el. automatic teller machine); vard., utomhus hole in the wall
bankrutt I *s* bankruptcy; ***göra ~*** go bankrupt **II** *adj* bankrupt
bankrån *s* bank robbery
banktjänsteman *s* bank clerk
bankör *s* spel. banker
bannlysa *vb tr* förbjuda ban
banta *vb itr* slim, reduce; ***~ ned ngt*** reduce (cut down) a th.
bantamvikt *s* bantam weight
bantning *s* slimming, reducing
bantningskur *s* slimming (reducing) cure
bantningsmedel *s* slimming (reducing) preparation
1 bar *adj* bare; naked; ***stå på ~ backe*** be penniless; ***tagen på ~ gärning*** caught red-handed; ***under ~ himmel*** under the open sky
2 bar *s* cocktailbar etc. bar; matställe snack bar, cafeteria
bara I *adv* only; merely; ***han är ~ barnet*** he is just (only) a child, he is a mere child; ***vänta ~!*** just you wait! **II** *konj* om blott if only; såvida provided
barack *s* barracks (pl. lika)
barbar *s* barbarian
barbari *s* barbarism
barbarisk *adj* barbarous
barbent *adj* barelegged
barberare *s* barber, hairdresser
barbröstad *adj* barechested; om kvinna äv. bare-breasted
bardisk *s* bar, bar counter
barfota *adj* o. *adv* barefoot, barefooted
barhuvad *adj* bareheaded
bark *s* bot. bark
barka *vb tr*, ~ el. ***~ av*** träd bark, strip
barlast *s* ballast (end. sg.)
barm *s* bosom, breast
barmark *s*, ***det är ~*** there is no snow on the ground
barmhärtig *adj* nådig merciful; medlidsam compassionate
barmhärtighet *s* nåd mercy; medlidande compassion, charity
barn *s* child (pl. children); vard. kid; spädbarn baby; ***lika ~ leka bäst*** birds of a feather flock together; ***vara med (vänta) ~*** be pregnant
barnadödlighet *s* infant mortality [rate]
barnarov *s* kidnapping; bildl. baby-snatching
barnasinne *s*, ***han har ~t kvar*** he is still a child at heart
barnavård *s* child (baby) care; samhällets child welfare
barnavårdscentral *s* child welfare centre (clinic), amer. child-health station
barnbarn *s* grandchild
barnbarnsbarn *s* great grandchild
barnbegränsning *s* birth control
barnbidrag *s* family allowance
barnbok *s* children's book
barndaghem *s* day nursery, day-care centre
barndom *s*, ~ el. ***~en*** childhood; späd infancy, babyhood
barndomsvän *s*, ***vi är ~ner*** we knew each other as children
barndop *s* christening
barnfamilj *s* family, family with children
barnflicka *s* nursemaid
barnförbjuden *adj*, ***~ film*** film for adults only, adult film
barnhem *s* children's home; för föräldralösa orphanage
barnkammare *s* nursery
barnkoloni *s* children's holiday camp
barnkär *adj* ...fond of children
barnläkare *s* specialist in children's diseases
barnlös *adj* childless, ...without a family
barnmat *s* baby food
barnmisshandel *s* child abuse
barnmorska *s* midwife
barnomsorg *s* child welfare
barnpassning *s* looking after children
barnprogram *s* children's programme
barnsjukdom *s* children's disease; ***~ar*** t.ex. hos en ny bilmodell teething troubles pl.
barnslig *adj* childlike; neds. childish
barnslighet *s* childishness (end. sg.)
barnsäker *adj* childproof
barnsäng *s* säng för barn cot, amer. crib
barntillsyn *s* childminding

barntillåten *adj*, *~ film* universal (förk. U) film
barnunge *s* child, kid
barnvagn *s* perambulator, pram; amer. baby carriage (buggy)
barnvakt *s* baby-sitter; *sitta ~* baby-sit
barnvårdare *s* child-care worker
barometer *s* barometer
barr *s* bot. needle
barra *vb itr*, granen *~r* ...is shedding its needles
barrikad *s* barricade
barrikadera *vb tr* barricade; *~ sig* barricade oneself
barriär *s* barrier
barrskog *s* pine forest, fir forest
barrträd *s* coniferous tree
barservering *s* cafeteria
barsk *adj* harsh, stern; om leende grim
bartender *s* bartender, barman; kvinnlig barmaid
barvinter *s* snowless winter
baryton *s* baritone
1 bas *s* grund, underlag base; utgångspunkt basis (pl. bases)
2 bas *s* mus. bass
3 bas *s* förman foreman, boss
basa *vb itr* vara förman be the boss
ba-samtal *s* tele. transferred-charge (amer. collect) call
basar *s* bazaar
basbelopp *s* basic amount
basera *vb tr* base; förslaget *~r sig* (*är ~t*) *på* ...is based (founded) on
basfiol *s* double bass
basilika *s* krydda basil
basis *s* basis (pl. bases); *på bred ~* on a broad basis
basker *s* o. **baskermössa** *s* beret
basket *s* o. **basketboll** *s* basketball
baslinje *s* baseline äv. tennis el. lantmät.
basröst *s* bass, bass voice
bassäng *s* basin; sim~ swimming-bath, swimming-pool
bast *s* bast; rafia~ raffia
basta *adv*, *och därmed ~!* and that's that!
bastant *adj* stadig substantial, solid
bastu *s* sauna
basun *s* trombone
basunera *vb itr*, *måste du ~ ut att...* must you advertise the fact that...
basvara *s* staple commodity
batalj *s* battle
bataljon *s* battalion
batik *s* batik
batong *s* truncheon, baton
batteri *s* t.ex. i bil, radio battery
batteridriven *adj* battery-operated
batterist *s* drummer
Bayern Bavaria
bayersk *adj* Bavarian
bayrare *s* Bavarian
BB maternity hospital (avdelning ward)
be *vb tr* o. *vb itr* **1** relig., se *bedja 1* **2** ask; starkare beg; hövligt request; *~ ngn om* (*att få*) *ngt* ask (beg) a p. for a th.; *~ ngn om en tjänst* ask a p. a favour; i hövlighetsfraser, *får jag ~ om...?* el. *jag ska ~ att få...* can (could) I have..., please?; *får jag ~ om notan?* the bill, please! **3** bjuda ask, invite; *~ hem ngn på middag* ask a p. to dinner
beakta *vb tr* uppmärksamma pay attention to, notice; fästa avseende vid pay regard to
beaktande *s* consideration
bearbeta *vb tr* t.ex. gruva work; jord cultivate; söka inverka på try to influence, work on; *~ för* t.ex. radio adapt for
bearbetning *s* gruva working; jord cultivation; t.ex. radio adaptation
bearnaisesås *s* Béarnaise sauce
bebo *vb tr* inhabit; hus occupy, live in
beboelig *adj* inhabitable, ...fit to live in
bebygga *vb tr* med hus build on; kolonisera colonize; *bebyggt område* built-up area; *glest bebyggt område* thinly-populated area
bebyggelse *s* hus houses pl., buildings pl.
beck *s* pitch
beckasin *s* snipe
bedarra *vb itr* calm down, lull
bedja *vb tr* o. *vb itr* **1** relig. pray; *~ en bön* say a prayer **2** se *be 2-3*
bedra o. **bedraga I** *vb tr* deceive; på pengar o.d. cheat, swindle [*ngn på ngt* a p. out of a th.]; vara otrogen mot be unfaithful to, cheat on **II** *vb rfl*, *~ sig* be mistaken [*på ngn* in a p., *på ngt* about a th.]
bedragare *s* deceiver; på pengar swindler, fraudster
bedrift *s* bragd exploit, feat
bedriva *vb tr* carry on; t.ex. studier pursue
bedrägeri *s* deceit, cheating; brott fraud; skoj swindle
bedrövad *adj* distressed, grieved [*över* about]
bedrövlig *adj* deplorable; usel miserable
bedårande *adj* fascinating, charming
bedöma *vb tr* judge [*efter* by]; form an opinion of; uppskatta, värdera estimate

bedömning *s* judgement; uppskattning estimate
bedöva *vb tr* med. give...an anaesthetic; med injektion give an injection to; ***~nde*** anaesthetic
bedövning *s* med. anaesthesia; ***få ~*** have an anaesthetic
bedövningsmedel *s* anaesthetic
befalla *vb tr* order, command [*att ngt skall göras* a th. to be done]
befallande *adj* commanding, overbearing
befallning *s* order, command
befara *vb tr* frukta fear
befatta *vb rfl,* ***~ sig med*** concern oneself with
befattning *s* syssla post, position; ämbete office
befinna I *vb tr,* ***~s vara*** turn out (prove) to be, be found to be **II** *vb rfl,* ***~ sig*** be, feel; mor och barn ***befinner sig väl*** ...are doing well
befintlig *adj* existing; tillgänglig available
befogad *adj* om sak justified, legitimate
befogenhet *s* persons authority (end. sg.), right
befolka *vb tr* populate; bebo inhabit; ***glest ~d*** sparsely populated
befolkning *s* population
befordra *vb tr* **1** skicka forward, send **2** främja promote, further **3** upphöja promote
befordran *s* **1** sändande forwarding; conveyance, transport **2** främjande, avancemang promotion
befria *vb tr* free, liberate; rädda rescue
befriare *s* liberator; räddare rescuer
befrielse *s* liberation, release; lättnad relief
befrielserörelse *s* liberation movement
befrukta *vb tr* fertilize
befruktning *s* fertilization; ***konstgjord ~*** artificial insemination
befäl *s,* ***ha (föra) ~*** el. ***~et över*** be in command of; befälspersoner officers pl.
befälhavare *s* commander [*över* of]; ***högste ~*** commander-in-chief
befängd *adj* absurd
befästa *vb tr* bildl. strengthen, confirm
befästning *s* fortification
begagna I *vb tr* use **II** *vb rfl,* ***~ sig av*** use, profit by, take advantage of
begagnad *adj* used; inte ny second-hand
bege *vb rfl,* ***~ sig*** make one's way; ***~ sig av (i väg) till*** leave for, set off (out) for
begeistrad *adj* enthusiastic [*för* about]
begonia *s* begonia
begrava *vb tr* bury
begravning *s* burial; sorgehögtid funeral
begravningsbyrå *s* undertakers pl., amer. morticians pl.; lokal funeral parlour (amer. home)
begravningsentreprenör *s* undertaker
begravningsplats *s* burial ground
begravningståg *s* funeral procession
begrepp *s* **1** föreställning m.m. conception, notion [*om* of]; ***jag har inget ~ om hur...*** I have no idea how...; ***reda ut ~en*** straighten things out **2** ***stå (vara) i ~ att gå*** be about to go
begripa *vb tr* understand, comprehend
begriplig *adj* intelligible, comprehensible [*för* to]
begrunda *vb tr* ponder over
begränsa I *vb tr* kanta border; inskränka limit, restrict; hejda check; sätta en gräns för set limits to; hålla inom en viss gräns confine [*till* to] **II** *vb rfl,* ***~ sig*** inskränka sig limit (restrict) oneself
begränsning *s* limitation, restriction; ofullkomlighet limitations pl.
begynnelse *s* beginning
begynnelselön *s* commencing salary, starting pay (end. sg.)
begå *vb tr* t.ex. ett brott commit; t.ex. ett misstag make
begåvad *adj* gifted, talented, clever
begåvning *s* **1** talent, gift **2** person gifted (talented) person
begär *s* desire, craving, longing; åtrå lust [*efter* i samtliga fall for]
begära *vb tr* ask for; anhålla om äv. request; ansöka om apply for; fordra require; starkare demand; göra anspråk på claim; vänta sig expect; önska sig wish for, desire
begäran *s* anhållan request [*om* for]; ***på ~*** by request; ***på allmän ~*** by general request; ***på egen ~*** at his (her etc.) own request
begärlig *adj* ...in great demand
behag *s* **1** välbehag pleasure; ***efter ~*** as one wishes, as you etc. wish, ad lib; alltefter smak according to taste **2** tjusning charm; ***kvinnliga ~*** feminine charms
behaga *vb tr* **1** tilltala please, appeal to; verka tilldragande attract **2** önska wish; ***gör som ni ~r*** do just as you like
behaglig *adj* angenäm pleasant, agreeable
behandla *vb tr* treat äv. med.; deal with; hantera handle; dryfta discuss; ansökan etc. consider
behandling *s* treatment äv. med.; hantering

handling; dryftande discussion, consideration

behov *s* need; brist want; nödvändighet necessity; vad som behövs requirements pl. [*av* for]; ***för eget ~*** for one's own use; ***vid ~*** when necessary

behovsprövning *s* means test

behå *s* brassière; vard. bra

behåll *s, **ha ngt i ~*** have a th. left; ***undkomma med livet i ~*** escape with one's life

behålla *vb tr* keep, retain; ***~ för sig själv*** för egen del keep for oneself; tiga med keep to oneself

behållare *s* container, receptacle, holder; vätske~ reservoir; större tank

behållning *s* återstod remainder; saldo balance, balance in hand; vinst, utbyte profit; ***ha ~*** utbyte ***av ngt*** profit (benefit) by a th.

behändig *adj* bekväm handy, convenient

behärska I *vb tr* control, rule; kunna master; ***~ engelska bra*** have a good command of English; ***~ ämnet*** have a good grasp of the subject **II** *vb rfl, **~ sig*** control oneself

behärskad *adj* self-controlled; måttfull moderate

behärskning *s* control; själv~ self-command

behörig *adj* **1** kompetent qualified **2** ***på ~t avstånd*** at a safe distance

behörighet *s* kompetens gratification; myndighets rättighet authority; ***ha ~ att*** be qualified to

behöva *vb tr* need, want, require; vara tvungen have (have got) to; ***radion behöver lagas*** the radio needs repairing

behövas *vb itr dep* be needed (wanted); ***det behövs pengar för att göra det*** it takes money to do that; ***när så behövs*** when necessary

behövlig *adj* necessary, ...needed

beige *adj* beige

beivra *vb tr, **överträdelse ~s*** offenders (trespassers) will be prosecuted

bekant I *adj* known [*för ngn* to a p.]; välkänd well-known; ***som ~*** as we (you) know; ***vara (bli) ~ med*** be (become) acquainted (förtrogen familiar) with **II** *subst adj* acquaintance, friend; ***en ~ till mig*** a friend of mine

bekanta *vb rfl, **~ sig med ngt*** acquaint oneself with a th.; ***~ sig med varandra*** get to know each other

bekantskap *s* kännedom knowledge; ***göra (stifta) ~ med*** become (get) acquainted with, get to know

beklaga *vb tr* vara ledsen över regret, be sorry about; ***jag ber att få ~ sorgen*** please accept my condolences (sympathy)

beklagande *s* regret, expression of regret

beklaglig *adj* regrettable; pinsam deplorable

beklädnad *s* klädsel clothing, wear; överdrag cover

beklämmande *adj* depressing; pinsam deplorable

bekosta *vb tr* pay (find the money) for

bekostnad *s, **på ngns ~*** at a p.'s expense

bekräfta *vb tr* confirm; erkänna acknowledge

bekräftelse *s* confirmation [*på* of]

bekväm *adj* **1** comfortable; behändig convenient, handy **2** om person, ~ el. ***~ av sig*** easy-going

bekvämlig *adj* comfortable; behändig convenient

bekvämlighet *s* convenience; trevnad comfort; ***alla moderna ~er*** every modern convenience sg., vard. mod cons

bekvämlighetsinrättning *s* public convenience

bekvämt *adv* comfortably; behändigt conveniently; ***ha det ~*** be comfortable

bekymmer *s* worry, anxiety; omsorg care; ***göra (vålla) ngn ~*** give a p. a lot of worry

bekymra *vb rfl, **~ sig*** trouble (worry) oneself [*för, över, om* about]

bekymrad *adj* worried, anxious [*för, över* i samtliga fall about]

bekämpa *vb tr* fight, fight against, combat

bekämpning *s* combating [*av* of]; fight [*av* against]

bekämpningsmedel *s* biocide; mot skadeinsekter etc. insecticide, pesticide

bekänna *vb tr,* ~ el. ***~ sig skyldig*** confess; ***~ färg*** kortsp. follow suit; bildl. show one's hand

bekännelse *s* confession

belasta *vb tr* load, charge; ***~ sitt minne med*** burden (load) one's memory with

belastning *s* load, charge; bildl. nackdel disadvantage, handicap

belevad *adj* well-bred; artig courteous

belgare *s* Belgian

Belgien Belgium

belgisk *adj* Belgian

Belgrad Belgrade

belopp *s* amount, sum

belysa *vb tr* lysa på light up, illuminate;

fallet belyser riskerna this case illustrates the risks
belysande *adj* åskådlig illuminating; betecknande illustrative, characteristic [*för* of]
belysning *s* lighting, illumination
belåna *vb tr* **1** inteckna mortgage; uppta lån på raise a loan on **2** ge lån på grant a loan on
belåten *adj* satisfied, pleased; förnöjd contented; ***är ni ~?*** mätt have you had enough to eat?
belåtenhet *s* satisfaction [*över* at]; contentment; ***vara till allmän ~*** be satisfactory to everybody
belägen *adj* situated [*vid* near, by]
belägg *s* instance, example [*för, på* of]; bevis evidence, proof [*för* of]
belägga *vb tr* betäcka cover
beläggning *s* cover, covering; på gata paving; på tunga fur, coating; på tänder film
belägra *vb tr* besiege
belägring *s* siege
belägringstillstånd *s* state of siege; ***proklamera ~*** proclaim martial law
belöna *vb tr* reward; med pengar remunerate
belöning *s* reward
bemanna *vb tr* man; ***~d*** manned
bemyndiga *vb tr* authorize
bemyndigande *s* authorization; befogenhet authority
bemärkelse *s* sense; ***i bildlig ~*** in a figurative sense
bemärkelsedag *s* red-letter day; högtidsdag great occasion
bemärkt *adj* noted; framstående prominent; ***göra sig ~*** make a name for oneself
bemästra *vb tr* master, overcome
bemöda *vb rfl,* ***~ sig*** take pains, try hard [*om att* inf. to inf.]
bemödande *s* effort, exertion
bemöta *vb tr* behandla treat; motta receive; besvara answer, meet
ben *s* **1** ämne o. t.ex. fiskben bone **2** lem, äv. på strumpa, stol etc. leg; ***dra ~en efter sig*** gå långsamt go shuffling along; söla hang about; ***lägga ~en på ryggen*** step on it; ***hjälpa ngn på ~en*** att resa sig help a p. to his (her etc.) feet; ***stå på egna ~*** stand on one's own feet; ***vara på ~en*** be up and about
1 bena *vb tr* fisk bone
2 bena I *vb tr,* ***~ håret*** part one's hair **II** *s* parting
benbrott *s* fractured (broken) leg, fracture
benfri *adj* boneless; om fisk boned
Bengalen Bengal
benhård *adj* bildl. rigid, strict
benig *adj* bony
benkläder *s pl* under~: mans pants, speciellt amer. underpants; dams knickers, panties
bensin *s* motorbränsle petrol, amer. gasoline, gas; kem. benzine
bensindunk *s* petrol (amer. gasoline) can
bensinmack vard., se *bensinstation*
bensinmätare *s* fuel gauge
bensinskatt *s* petrol tax, amer. gasoline tax
bensinsnål *adj* om bil economical to run; ***bilen är ~*** the car has a low petrol (amer. gasoline) consumption
bensinstation *s* petrol (amer. gas) station
bensintank *s* petrol (fuel, amer. gasoline) tank
benskydd *s* sport. shinguard, shinpad
benvit *adj* ivory-coloured
benåda *vb tr* pardon; dödsdömd reprieve
benådning *s* pardon; av dödsdömd reprieve; amnesti amnesty
benägen *adj* inclined, apt, villig willing [*att* to]
benägenhet *s* fallenhet tendency [*för* to]; disposition inclination [*för* to], disposition [*för* to]
benämna *vb tr* call, name; beteckna designate
benämning *s* name [*på* for]; beteckning designation
beordra *vb tr* order
beprövad *adj* well-tried, tested, reliable
bereda I *vb tr* prepare; förorsaka cause; skänka give, afford; ***~ plats för*** make room for; ***~ väg för*** make way for; ***~ ngn tillfälle att*** inf. give a p. an opportunity of ing-form **II** *vb rfl,* ***~ sig*** göra sig beredd prepare, prepare oneself [*på, till* for]; ***~ sig på det värsta*** prepare for (expect) the worst
beredd *adj* prepared, ready; ***göra sig ~ på*** prepare oneself (be prepared) for
beredskap *s* preparedness; ***ha i ~*** have in readiness, have ready
beredskapsarbete *s* relief work (end. sg.)
beredskapsplan *s* contingency (emergency) plan
beredvillig *adj* ready and willing
berest *adj,* ***vara mycket ~*** have travelled a great deal
berg *s* mountain; mindre hill; klippa rock
bergart *s* kind of rock
bergbestigare *s* mountaineer, mountain climber

bergbestigning *s* mountain-climbing, mountaineering; ***en ~*** a mountain climb
berggrund *s* bedrock
bergig *adj* mountainous; mindre hilly; klippig rocky
bergis *s* bröd poppy seed loaf
bergkristall *s* rock crystal
berg-och-dalbana *s* roller-coaster, big dipper, switchback
bergskedja *s* mountain chain
bergsklyfta *s* gorge, ravine
bergskred *s* landslide
bergspass *s* mountain pass
bergstopp *s* mountain peak
bergstrakt *s* mountain (mountainous) district
bergsäker *adj* dead certain
bergtunga *s* fisk lemon sole
berguv *s* eagle owl, amer. great horned owl
berika *vb tr* enrich
berlock *s* charm
bermudas *s pl* shorts Bermudas, Bermudas shorts
Bermudasöarna *s pl* the Bermudas
bero *vb itr* **1** ***~ på*** ha till orsak be due (owing) to; komma an på depend on; ***det ~r på dig, om...*** it depends on (is up to) you whether...; ***det ~r på, det!*** it all depends! **2** ***låta saken ~*** let the matter rest
beroende I *adj* **1** avhängig dependent [*av (på)* on]; ***vara ~ av (på)*** äv. depend on; ***~ på*** a) på grund av owing to [*att* the fact that] b) avhängigt av depending on [*om* whether] **2** ***vara ~*** om missbrukare be addicted **II** *s* **1** avhängighet dependence [*av* on]; beroendeställning position of dependence **2** missbrukares addiction
berså *s* arbour, bower
berusa *vb tr* intoxicate
berusad *adj* intoxicated, drunk
beryktad *adj* notorious
beråtť *adj*, ***med ~ mod*** deliberately
beräkna *vb tr* calculate; uppskatta estimate [*till* at]; ***tiden var för knappt ~d*** the time allotted was too short
beräknande *adj* calculating
beräkning *s* calculation; uppskattning estimate; ***ta ...med i ~en*** bildl. allow for ...
berätta *vb tr* tell [*ngt för ngn* a p. a th., a th. to a p.]; ***~ ngt*** skildra relate (narrate) a th.; ***~ historier*** tell stories; ***man har ~t för mig att...*** I have been told that...; ***det ~s att...*** it is said that...

berättande *adj* narrative
berättare *s* story-teller; narrator
berättelse *s* historia tale; novell short story; skildring narrative; redogörelse report, statement, account
berättiga *vb tr* entitle
berättigad *adj* om person entitled, authorized [*att* inf. to inf.], justified [*att* inf. in ing-form]; rättmätig just, legitimate
berättigande *s* justification; rättmätighet justice, legitimacy; rätt right
beröm *s* praise; ***ge ngn ~*** praise a p.
berömd *adj* famous; ***vida ~*** renowned
berömdhet *s* celebrity
berömma *vb tr* praise
berömmelse *s* fame, renown
berömvärd *adj* praiseworthy
beröra *vb tr* **1** touch; snudda vid graze **2** omnämna touch on **3** påverka affect; ***bli illa berörd av ngt*** be unpleasantly affected by a th.
beröring *s* contact, touch
beröva *vb tr*, ***~ ngn ngt*** deprive a p. of a th.
besatt *adj* **1** occupied, filled **2** ***~ av en idé*** obsessed by an idea; ***som en ~*** like a madman (one possessed)
besatthet *s* obsession
besegra *vb tr* defeat, conquer
besegrare *s* conqueror; t.ex. sport. winner
besiktiga *vb tr* inspect, examine
besiktning *s* inspection, examination
besiktningsman *s* inspector
besinning *s* sinnesnärvaro presence of mind; behärskning self-control; ***förlora ~en*** lose one's head; ***komma till ~*** come to one's senses
besitta *vb tr* possess
besittning *s* possession äv. landområde; ***ta ... i ~*** take possession of...; besätta occupy...
besk *adj* bitter
beskaffad *adj* skapad constituted; konstruerad constructed
beskaffenhet *s* nature; om vara quality; tillstånd state
beskatta *vb tr* tax
beskattning *s* taxation
beskattningsbar *adj* taxable
besked *s* **1** svar answer; upplysning information [*om* about]; ***jag skall ge (lämna) dig ~ i morgon*** I will let you know tomorrow **2** ***med ~*** properly, with a vengeance
beskedlig *adj* meek and mild; snäll obliging, good-natured; tam tame

beskickning *s* ambassad embassy; legation legation
beskjuta *vb tr* fire at; bombardera shell
beskjutning *s* firing; bombardemang shelling; ***under ~*** under fire
beskriva *vb tr* describe
beskrivande *adj* descriptive
beskrivning *s* **1** description **2** anvisning directions pl.; kok. recipe
beskydd *s* protection
beskydda *vb tr* protect, shield
beskylla *vb tr* accuse [*för* of]
beskyllning *s* accusation [*för* of]
beskåda *vb tr* look at, regard
beskådan *s* inspection; ***till allmän ~*** on view
beskäftig *adj* fussy, meddlesome
beskära *vb tr* trädg. prune; reducera cut down
beslag *s* **1** metallskydd mounting **2** kvarstad confiscation; ***lägga ~ på*** requisition; vard. take, lay hands on; ***ta i ~*** konfiskera confiscate
beslagta *vb tr* commandeer
beslut *s* decision; ***fatta ett ~*** come to a decision
besluta I *vb tr* o. *vb itr* decide [*ngt, om ngt* on a th.] **II** *vb rfl*, ***~ sig*** make up one's mind, decide
besluten *adj* determined
beslutsam *adj* resolute, determined
beslutsamhet *s* resolution, determination
besläktad *adj* related [*med* to]
besmitta *vb tr* infect
bespara *vb tr* skona spare; spara save; ***~ ngn besvär*** save a p. trouble
besparing *s* saving; ***göra ~ar*** effect economies
bespisning *s* feeding; skolmatsal dining-hall
bespruta *vb tr* syringe, spray
besprutningsmedel *s* spray; bekämpningsmedel pesticide
besserwisser *s* know-all
bestialisk *adj* bestial
bestick *s* [set of] knife, fork, and spoon; cutlery (end. sg.)
besticka *vb tr* bribe
bestickning *s* bribery, corruption
bestiga *vb tr* berg climb; tron ascend; häst mount
bestigning *s* berg- climbing, ascent; ***en ~*** a climb
bestjäla *vb tr* rob [*ngn på ngt* a p. of a th.]
bestraffa *vb tr* punish
bestraffning *s* punishment
bestrida *vb tr* **1** förneka deny; opponera sig emot contest, dispute **2** betala, ***~ kostnaderna*** bear (pay) the cost (costs)
bestseller *s* best seller
bestyr *s pl* göromål work sg., things to do
bestyrka *vb tr* confirm; intyga certify; bevisa prove
bestå I *vb tr* genomgå go (pass) through; ***~ provet*** stand the test **II** *vb itr* **1** fortfara last, endure; friare äv. go on, remain **2** ***~ av*** (***i***) consist of, be made up of
beståndsdel *s* component part
beställa *vb tr* o. *vb itr* rekvirera order; boka book; ***har ni beställt?*** på restaurang etc. have you ordered (given your order)?; ***hovmästarn, får jag ~!*** waiter, I would like to give my order!; ***~ tid hos*** make an appointment with
beställning *s* order; bokning booking; ***gjord på ~*** made to order
bestämd *adj* fixed, settled; tydlig clear, distinct; definitiv definite; fast, orubblig determined, firm; ***~ artikel*** gram. definite article
bestämma I *vb tr* fastställa fix, settle; besluta, avgöra decide, determine; definiera define; gram. modify, qualify; ***det får du ~*** [***själv***] that's for you to decide **II** *vb rfl*, ***~ sig*** decide, make up one's mind
bestämmelse *s* regel regulation; villkor condition
bestämt *adv* definitivt definitely; eftertryckligt firmly; säkerligen certainly; ***veta ~*** know for certain; ***det har ~ hänt något*** something must have happened
beständig *adj* constant
bestörtning *s* dismay
besvara *vb tr* answer; återgälda return
besvikelse *s* disappointment [*över* at]
besviken *adj* disappointed [*på* in; *över* at]
besvär *s* **1** trouble, inconvenience, bother; möda hard work; ***tack för ~et!*** thanks very much for all the trouble you have taken; ***bli*** (***vara***) ***till ~*** be a bother (nuisance); ***det är värt*** (***inte värt***) ***~et*** it is worth (not worth) while **2** jur. appeal [*över* about]
besvära I *vb tr* trouble, bother; ***förlåt att jag ~r*** excuse my troubling you; ***får jag ~ dig med att komma hit?*** would you mind coming here?; ***får jag ~ om saltet?*** may I trouble you for the salt? **II** *vb rfl*, ***~ sig*** trouble (bother) oneself, put oneself out
besvärad *adj* generad embarrassed

besvärlig *adj* troublesome; svår hard, difficult; ansträngande trying; mödosam laborious; ***det är ~t att behöva*** inf. it is a nuisance having to inf.
besvärlighet *s* difficulty
besynnerlig *adj* strange, peculiar, odd
beså *vb tr* sow
besätta *vb tr* fylla fill äv. tjänst; occupy; ***salongen var glest*** (***väl***) ***besatt*** the theatre was sparsely (well) filled
besättning *s* sjö., flyg. crew
besök *s* visit; kortare call; ***avlägga*** (***göra***) ***~ hos ngn*** pay a visit to (a call on) a p.; ***få*** (***ha***) ***~*** have (have got) a caller el. visitor (resp. callers el. visitors); ***få ~ av...*** be called upon by...
besöka *vb tr* hälsa på el. bese visit, pay a visit to, go to see; bevista attend; ofta ~ frequent; ***~ ngn*** visit (call on) a p., pay a p. a visit
besökare *s* visitor [*av, i, vid* to]; på kortare besök caller
besökstid *s* visiting-hours pl.
bet *adj*, ***bli*** (***gå***) ***~*** i spel lose the game; ***han gick ~ på uppgiften*** the task was too much for him
1 beta *vb tr* o. *vb itr*, ***~*** el. ***~ av*** om gräsätare graze
2 beta *s* bot. beet
betagande *adj* charming, captivating
betagen *adj* overcome [*av* with]; ***~ i...*** charmed by...
betala I *vb tr* o. *vb itr* pay; varor, arbete pay for; ***får jag ~!*** på restaurang can I have the bill, please!; ***det ska du få betalt för!*** sona, ge tillbaka I'll pay you out (back) for that!; ***han tar ordentligt*** (***bra***) ***betalt*** he charges a lot; ***betalt svar*** answer (reply) prepaid; ***~ av*** se *avbetala;* ***~ in*** (***ut***) pay in (out); ***~ in ett belopp på*** ett konto etc. pay an amount into... **II** *vb rfl*, ***~ sig*** pay
betalbar *adj* payable
betalning *s* payment; ***inställa ~arna*** suspend payment (payments); ***göra ngt mot ~*** ...for a consideration; ***utan ~*** free of charge
betalningsbalans *s* balance of payments
betalningsskyldig *adj*, ***vara ~*** be liable for payment
betalningsvillkor *s pl* terms, terms of payment
betal-TV *s* pay-TV
1 bete *s* boskaps~ pasturage; ***gå på ~*** be grazing (feeding)
2 bete *s* fiske. bait
3 bete *s* huggtand tusk
4 bete *vb rfl*, ***~ sig*** uppföra sig behave, act
beteckna *vb tr* betyda denote, signify; ange indicate; känneteckna characterize
betecknande *adj* characteristic, typical [*för* of]
beteckning *s* designation
beteende *s* behaviour, conduct (båda end. sg.)
beteendemönster *s* pattern of behaviour
betesmark *s* pasture, pastureland
beting *s*, ***arbeta på ~*** work by the piece (by contract)
betinga *vb tr* **1** ***~s*** (***vara ~d***) ***av*** **a)** vara beroende av be dependent (conditional) on **b)** ha sin grund i be conditioned by; ***~d reflex*** conditioned reflex **2** ***~ ett högt pris*** fetch a high price
betingelse *s* förutsättning condition
betjäna *vb tr* serve; uppassa attend, attend on; vid bordet wait on; sköta work
betjäning *s* **1** uppassning service; på hotell attendance **2** personal staff
betjäningsavgift *s* service charge
betjänt *s* manservant (pl. menservants), valet
betona *s* stress äv. fonet.; emphasize
betong *s* concrete
betongblandare *s* concrete mixer
betoning *s* stress, accent
betrakta *vb tr* **1** se på look at, observe; bese view **2** anse consider, regard
betraktande *s*, ***ta i ~*** take into consideration
betraktelse *s* meditation reflection, meditation [*över* on]
betrodd *adj* pålitlig trusted
betryggande *adj* tillfredsställande satisfactory; ***på ~ avstånd*** at a safe distance
beträda *vb tr* set foot on; ***Beträd ej gräsmattan!*** Keep off the Grass!
beträffa *vb tr*, ***vad mig*** (***det***) ***~r*** as far as I am (that is) concerned
beträffande *prep* concerning, regarding
bets *s* färg stain
betsa *vb tr* stain
betsel *s* bit; remtyg bridle
betsocker *s* beet sugar
bett *s* **1** hugg, tandställning, tugga bite; ***vara på ~et*** be in great form (in the mood) **2** tandgård set of teeth **3** på betsel bit
bettleri *s* begging
betunga *vb tr* burden; ***vara ~d av*** be oppressed (weighed down) by
betungande *adj* heavy; ***vara ~*** be a heavy burden [*för* to]
betvinga *vb tr* subdue, subjugate

betvivla *vb tr* doubt
betyda *vb tr* mean, signify; imply; beteckna denote; ***det betyder ingenting*** gör ingenting it doesn't matter, it is of no importance
betydande *adj* important; stor considerable
betydelse *s* meaning, sense; vikt significance, importance; ***det har ingen ~*** spelar ingen roll it doesn't matter
betydelsefull *adj* significant; viktig important
betydelselös *adj* meaningless, insignificant; oviktig unimportant
betydlig *adj* considerable
betyg *s* **1** intyg o. examens~ certificate; arbetsgivares reference; termins~ report **2** betygsgrad mark, amer. grade
betyga *vb tr* intyga certify
betygsätta *vb tr* mark, amer. o. friare grade
betänka *vb tr* consider; ***man måste ~ att...*** one must bear in mind that...
betänkande *s* **1** utlåtande report **2** ***efter mycket ~*** after a good deal of thought; ***utan ~*** without hesitation; ***en dags ~*** a day to think the matter over
betänketid *s* time to think the matter over
betänklig *adj* allvarlig serious; oroväckande disquieting
betänklighet *s, **~er*** apprehensions [*mot* about]
betänksam *adj* försiktig cautious; tveksam hesitant
betänksamhet *s* försiktighet caution; tveksamhet hesitation
beundra *vb tr* admire
beundran *s* admiration
beundransvärd *adj* admirable
beundrare *s* admirer
bevaka *vb tr* **1** hålla vakt vid guard **2** tillvarata look after **3** nyhet, händelse cover
bevakad *adj, **~ järnvägsövergång*** controlled level-crossing
bevakning *s* guard; ***stå under ~ (sträng ~)*** be in custody (close custody)
bevandrad *adj, **~ i*** familiar with, versed in
bevara *vb tr* **1** bibehålla preserve; upprätthålla maintain; förvara keep **2** skydda protect; ***bevare mig väl!*** dear me!; ***Gud bevare konungen!*** God save the King!
bevilja *vb tr* grant
bevis *s* proof [*på* of]; vittnesbörd evidence
bevisa *vb tr* prove
bevismaterial *s* evidence, body of evidence
bevista *vb tr* attend; närvara vid be present at
bevittna *vb tr* **1** bestyrka attest, testify **2** vara vittne till witness
bevuxen *adj* overgrown
bevåg *s, **på eget ~*** on one's own responsibility
bevänt *adj, **det är inte mycket ~ med det (honom)*** it (he) is not up to much
beväpna *vb tr* arm
beväpnad *adj* armed; ***~ med*** försedd med equipped with
bh se *behå*
bi *s* bee
bibehålla *vb tr* ha i behåll retain; bevara keep, preserve; upprätthålla maintain
bibel *s* bible; ***Bibeln*** the Bible
bibliografi *s* bibliography
bibliotek *s* library
bibliotekarie *s* librarian
biblisk *adj* biblical
biceps *s pl* biceps (pl. lika)
bidé *s* bidet
bidra se *bidraga*
bidrag *s* contribution; understöd allowance; stats~ grant, subsidy
bidraga *vb itr* contribute, make a contribution [*till* to]; ***~ med*** pengar, idéer contribute; ***en ~nde orsak*** a contributory cause
bidrottning *s* queen bee
bifall *s* **1** samtycke assent, consent; ***röna (vinna) ~*** meet with approval **2** applåder applause sg.; rop cheers pl.; ***väcka stormande ~*** call forth a volley of applause
biff *s* beefsteak, steak; ***vi klarade ~en!*** vard. we made it!
biffko *s* beef cow
biffstek *s* beefsteak, steak
bifftomat *s* beefsteak tomato
bifigur *s* minor character
biflod *s* tributary, tributary river
bifoga *vb tr* enclose; vidfästa attach
bigami *s* bigamy
bigamist *s* bigamist
bigarrå *s* whiteheart cherry, whiteheart
bigata *s* sidestreet
bigott *adj* bigoted
bihåla *s* sinus
bihåleinflammation *s* sinusitis
bijouterier *s pl* costume jewellery (amer. jewelry) sg.
bikarbonat *s* bicarbonate
bikini *s* baddräkt bikini
bikt *s* confession

bikta *vb tr* o. *vb rfl*, *~ sig* confess, confess one's sins
biktfader *s* confessor, father confessor
bikupa *s* beehive, hive
bil car, speciellt amer. automobile; taxibil taxi, taxicab; *köra ~* drive, drive a car; *åka ~* go by car
bila *vb itr* go (travel) by car
bilaga *s* till t.ex. brev enclosure; tidnings~ supplement; till bok appendix
bilateral *adj* bilateral
bilavgaser *s pl* [car] exhaust fumes
bilbesiktning se *kontrollbesiktning*
bilbälte *s* säkerhetsbälte seat belt, safety belt
bild *s* **1** picture; illustration illustration; porträtt portrait; inre bild, föreställning image; bildligt uttryck metaphor, image; *komma in i ~en* come into the picture (into it) **2** skolämne art, art education
bilda I *vb tr* åstadkomma form; grunda found; *~s* uppstå form, be formed; fostra educate; cultivate **II** *vb rfl* **1** *~ sig* skaffa sig bildning educate oneself **2** *~ sig en uppfattning om* form an opinion of
bildad *adj* educated; kultiverad cultivated
bildband *s* filmstrip
bilderbok *s* picture book
bildkunskap *s* skol. art
bildlig *adj* figurative
bildligt *adv*, *~ talat* figuratively speaking
bildlärare *s* art teacher, art master (kvinnlig mistress)
bildning *s* **1** skol~ o.d. education; kultur culture **2** åstadkommande formation
bildrulle *s* vårdslös bilist road hog
bildruta *s* TV. screen, viewing screen
bildrör *s* TV. picture tube
bildskärm *s* TV. viewing screen; data. display, display screen
bildskön *adj* strikingly beautiful
bildtext *s* caption
bildtidning *s* pictorial
bildäck *s* **1** på hjul tyre, amer. tire **2** sjö. car deck
bilfabrik *s* car factory, motor works (pl. lika)
bilfärja *s* car ferry
bilförare *s* car driver
bilförsäkring *s* motor-car insurance
bilhandske *s* driving-glove
bilindustri *s* motor industry
bilintresserad *adj* car-minded
bilism *s*, *~* el. *~en* motoring
bilist *s* motorist, driver
biljakt *s* car chase
biljard *s*.spel billiards sg.
biljardkö *s* cue
biljett *s* ticket
biljettautomat *s* ticket machine
biljettförsäljning *s* sale of tickets
biljetthäfte *s* book of tickets
biljettkontor *s* o. **biljettlucka** *s* booking-office, amer. ticket office
biljettpris *s* admission, price of admission; för resa fare
bilkarta *s* road map
bilkrock *s* car crash
bilkö *s* line (queue) of cars; speciellt efter olycka tailback
billig *adj* **1** cheap äv. bildl.; ej alltför dyr inexpensive; *för en ~ penning* cheap **2** rimlig fair, reasonable
billighetsresa *s* cheap trip
billighetsupplaga *s* cheap edition
billykta *s* car headlight
bilmekaniker *s* motor mechanic
bilmärke *s* make of car
bilnummer *s* car (registration) number
bilolycka *s* car accident
bilparkering *s* plats car park
bilradio *s* car radio
bilreparatör *s* car repairer; bilmekaniker motor mechanic
bilresa *s* car journey
bilring *s* **1** däck tyre, amer. tire **2** fettvalk spare tyre (amer.tire)
bilsjuk *adj* car-sick
bilskatt *s* car (motor) tax
bilskattekvitto *s* ung. vehicle tax receipt, britt. motsv. vehicle licence, tax disc
bilskola *s* driving school
bilsport *s* motor sport
bilstöld *s* car theft
biltelefon *s* carphone
biltjuv *s* car thief
biltrafik *s* [motor] traffic
biltull *s* toll; *väg med ~* tollway
biltur *s* drive, ride
biltvätt *s* car wash
biltävling *s* car (motor) race
biluthyrning *s* car hire (rental) service
bilverkstad *s* garage
bilväg *s* motor road
bilägare *s* car owner
bilägga *vb tr* **1** tvist etc. settle; gräl make up **2** bifoga enclose
binda I *s* bandage; dambinda sanitary towel (amer. napkin) **II** *vb tr* o. *vb itr* bind; knyta tie; *~ ngn till händer och fötter* bind a p. hand and foot; *bundet kapital* tied-up capital; *bunden vid sjuksängen* confined

to bed **III** *vb rfl,* **~ *sig*** bind (commit) oneself
□ **~ fast** tie...on [*vid* to]; **~ för: ~ *för ögonen på ngn*** blindfold a p.; **~ ihop** tie...together; **~ om** paket etc. tie up; sår bind up
bindande *adj* förpliktande binding [*för ngn* on a p.]; **~ *bevis*** conclusive evidence
bindel *s* ögon~ bandage; **~ *om armen*** t.ex. som igenkänningstecken armlet
bindestreck *s* hyphen
bindning *s* **1** av böcker binding **2** skid~ binding, fastening
bingo *s* bingo
binnikemask *s* tapeworm
bio *s* cinema; ***gå på ~*** go to the cinema (the pictures, speciellt amer. the movies)
biobesökare *s* filmgoer
biobiljett *s* cinema ticket
biobränsle *s* biofuel
biocid *s* biocide
biodlare *s* bee-keeper
biodynamisk *adj,* **~*a*** livsmedel organically grown...; **~ *odling*** organic farming
bioföreställning *s* cinema performance
biograf *s* bio cinema, speciellt amer. vard. movie, movie theater
biografi *s* biography
biografisk *adj* biographical
biolog *s* biologist
biologi *s* biology
biologisk *adj* biological
biopublik *s* cinema (speciellt amer. movie) audience; biobesökare filmgoers pl., cinemagoers pl.
biprodukt *s* by-product
biroll *s* minor part (role)
bisam *s* pälsverk musquash (amer. muskrat) fur
bisamråtta *s* muskrat, musquash
bisarr *adj* bizarre, odd
bisats *s* gram. subordinate clause
biskop *s* bishop
biskvi *s* bakverk ung. macaroon
bismak *s* slight flavour
bisonoxe *s* bison
bister *adj* om min etc. grim, forbidding; om klimat severe; ***bistra tider*** hard times
bistå *vb tr* aid, assist, help
bistånd *s* aid, assistance; ***med benäget ~ av...*** kindly assisted by...
bisvärm *s* swarm of bees
bisyssla *s* sideline
bit *s* stycke piece, bit; del part; brottstycke fragment; av socker, kol lump, knob; munsbit mouthful; vard., musikstycke piece of music; låt tune; ***äta en ~ mat*** have a snack (a bite); ***inte en ~ mat*** i huset not a scrap of food...; ***gå en bra ~*** walk quite a long way; ***det är bara en liten ~ att gå*** it is only a short distance; ***gå i ~ar*** go (fall) to pieces
bita I *vb tr* bite **II** *vb itr* bite; om kniv cut; om köld, blåst bite, cut; ***något att ~ i*** bildl. something to get one's teeth into; **~ *i gräset*** stupa bite the dust
□ **~ av** bort bite off; itu bite...in two; **~ sig fast vid** bildl. stick (cling) to; **~ ihop tänderna** clench one's teeth
bitande *adj* biting, cutting äv. om köld, blåst
bitas *vb itr* bite
bitring *s* för barn teething ring
biträda *vb tr* assistera assist [*vid* in]
biträdande *adj* assistant
biträde *s* **1** bistånd assistance, aid, support **2** medhjälpare assistant
bitsk *adj* fierce
bitsocker *s* lump sugar, cube sugar
bitter *adj* bitter
bitterhet *s* bitterness
bittermandel *s* bitter almond
bitti *adv,* ***i morgon ~*** early tomorrow morning
biverkningar *s pl* side effects
bjuda *vb tr* o. *vb itr* **1** erbjuda, räcka fram offer; servera serve **2** inbjuda ask, invite [*ngn på middag* a p. to dinner] **3** betala treat [*ngn på ngt* a p. to a th.]; ***det är jag som bjuder*** it is on me **4** påbjuda, befalla bid, order **5** göra anbud offer; på auktion bid [*på ngt* for a th.]
□ **~ hem ngn** invite (ask) a p. to one's home; **~ igen** ask (invite)...in return; **~ upp ngn** till dans ask a p. for a dance; **~ ut** till salu offer for sale; **~ *ut ngn*** på restaurang etc. take a p. out
bjudning *s* kalas party; middags~ dinner, dinner party; ***ha ~*** give (vard. throw) a party
bjudningskort *s* invitation card
bjälke *s* beam
bjällra *s* little bell
bjärt *adj* gaudy; ***stå i ~ kontrast mot*** be in glaring contrast to
bjässe *s* stor karl big strapping fellow, hefty chap; ***en ~ till ek*** a huge oak
björk *s* birch äv. virke
björkdunge *s* birch grove, clump of birches
björkkvist *s* birch twig
björklöv *s* birch leaf

björkmöbel *s* möblemang birch suite; ***björkmöbler*** bohag birch furniture sg.
björkris *s* birch twigs pl.
björkskog *s* birchwood; större birch forest
björkstam *s* birch trunk
björkved *s* birchwood
björn *s* zool. bear; ***väck inte den ~ som sover!*** ung. let sleeping dogs lie!; ***Stora (Lilla) ~*** astron. the Great (Little) Bear
björnbär *s* blackberry
björntjänst *s, **göra ngn en ~*** do a p. a disservice
björntråd *s* bear cotton thread
bl.a. se *bland*
blackout *s, **få en ~*** have a blackout
blad *s* **1** bot. leaf (pl. leaves) **2** pappers- sheet; i bok leaf (pl. leaves); ***han är ett oskrivet ~*** he is an unknown quantity **3** på kniv, åra etc. blade
bladlus *s* plant louse, green fly
bland *prep* among, amongst; ***~ andra*** (förk. *bl.a.*) among others; ***~ annat*** (förk. *bl.a.*) among other things; han blev utvald ***~ tio sökande*** ...from among ten applicants; ***~ det bästa*** jag sett one of the best things...
blanda *vb tr* mix; mingle; olika kvaliteter av t.ex. te, tobak blend; spelkort shuffle □ **~ bort korten** confuse the issue; **~ i ngt i...** mix a th. in..., add a th. to...; **~ ihop** förväxla mix up, confuse; **~ in ngn** mix a p. up, involve a p. [*i* in]; **~ till** tillreda mix
blandad *adj* mixed, mingled, blended; ***~e karameller*** assorted sweets; ***~e känslor*** mixed feelings; ***blandat sällskap*** mixed company
blandare *s* mixer; vattenblandare mixer tap, amer. mixing faucet
blandekonomi *s* mixed economy
blandning *s* mixture; av olika kvaliteter av t.ex. te, tobak blend; av konfekt etc. assortment; kem. compound
blandras *s* mixed breed; ***vara av ~*** äv. be a mongrel
blandras *s* crossbreed
blank *adj* bright, shining, glossy; oskriven, tom blank; ***ett ~t avslag (nej)*** a flat refusal; ***~t game*** i tennis love game
blanka *vb tr* polish
blankett *s* form; ***fylla i en ~*** fill in (up) a form
blankpolera *vb tr* polish
blanksliten *adj* om tyg shiny, threadbare
blankt *adv* brightly; ***neka ~ till ngt*** flatly deny a th.; ***rösta ~*** return a blank ballot-paper; ***det struntar jag ~ i!*** I don't care a damn!; han sprang ***på 10 sekunder ~*** ...in 10 seconds flat
blasé *adj* blasé
blask *s* **1** om dryck dishwater **2** slaskväder slush
blazer *s* sports jacket; klubbjacka blazer
bleck *s* tinplate, tin
bleckblåsare *s* brass player
bleckslagare *s* tinsmith
blek *adj* pale
bleka *vb tr* kem. bleach; färger fade; ***~s*** fade
blekmedel *s* bleach, bleaching agent
blekna *vb itr* om person turn pale; om färg etc., samt bildl. fade
blekselleri *s* [blanched] celery
blessyr *s* wound
bli I passivbildande *hjälpvb* be; vard. get; uttr. gradvist skeende become **II** *vb itr* **1** uttr. förändring become, get; långsamt grow; uttr. plötslig övergång turn; med vissa adj. go; i betydelsen 'vara' el. 'komma att vara' (i futurum) be; visa sig vara turn out, prove; ***tre och två ~r fem*** three and two make five; ***hur mycket ~r det?*** how much will that be (does it come to)?; ***hur ~r det med*** den saken***?*** what about...?; ***det blev märken på mattan efter skorna*** the shoes left (made) marks on the carpet; ***det ~r regn*** it is going to rain; ***det blev regn*** there was rain; ***när det ~r sommar*** when summer comes; ***han blev kapten*** förra året he was made captain...; ***~ kär*** fall in love; ***~ sjuk*** fall (be taken, get) ill **2** ***låta ~*** ngn (ngt) leave (let)...alone; ***låta ~ att*** sluta med leave off ing-form; ***jag kan inte låta ~ (låta ~ att göra det)*** I can't help it (help doing it); gör det då ***om du inte kan låta ~*** ...if you must; ***det är svårt att låta ~*** it is difficult not to; ***låt ~ det där!*** don't do that!, don't!, stop it (that)!
□ **~ av** komma till stånd take place, come off; ***vad ska det ~ av honom?*** what is going to become of him?; **~ av med** förlora lose; bli kvitt get rid of; **~ borta** stay (be) away; **~ ifrån sig** be beside oneself; starkare go frantic [*av* with]; **~ kvar** stanna remain (stay) behind; bli över be over; **~ till** come into existence (being); **~ utan** go without, have to go without; **~ över** be left over
blick *s* ögonkast look; hastig glance, glimpse; ***fästa ~en på*** fix one's eyes on; ***ha (sakna) ~ för*** have an (have no) eye for; ***kasta en ~ på*** have (take) a look (glance) at

blickfång *s* **1** som fångar blicken eye-catcher **2** blickfält field of vision
blickfält *s* field of vision
blickpunkt *s, **i ~en*** in the limelight
blickstilla *adj* om person stock-still; om t.ex. vattenyta dead calm
blid *adj* om t.ex. röst soft; om t.ex. väder mild
blidka *vb tr* appease, placate
blidväder *s, **det är (har blivit) ~*** a thaw has set in
blind *adj* blind; ***en ~*** a blind person
blindbock *s, **leka ~*** play blindman's-buff
blindhund *s* guide dog
blindskrift *s* braille
blindtarm *s* appendix
blindtarmsinflammation *s* appendicitis
blindtest *s* blindfold test
blink *s* blinkande av ljus twinkling; ljusglimt twinkle; blinkning wink
blinka *vb itr* om ljus twinkle; med ögonen blink; som tecken wink
blinker *s* bil. indicator, flashing indicator
bliva se *bli*
blivande *adj* framtida future; ***~ mödrar*** expectant mothers
blixt *s* **1** åskslag lightning (end. sg.); ***en ~*** a flash of lightning; ***~en slog ned i huset*** the house was struck by lightning; ***som en ~ från en klar himmel*** like a bolt from the blue **2** konstgjord flash
blixtkub *s* flashcube
blixtkär *adj* ...madly in love
blixtlampa *s* flash bulb
blixtljus *s* foto. flashlight
blixtlås *s* zip, zip-fastener; vard. zipper
blixtra *vb itr* **1** ***det ~r (~r till)*** there's lightning (a flash of lightning) **2** om t.ex. ögon flash
blixtsnabb *adj* ...as quick as lightning
blixtsnabbt *adv* at lightning speed
block *s* **1** massivt stycke, äv. husblock block; för skor shoetree **2** skrivblock pad, block
blockad *s* blockade
blockchoklad *s* cooking chocolate
blockera *vb tr* block, block up, jam
blockflöjt *s* recorder
blod *s* blood; ***väcka ont (ond) ~*** stir up bad blood; ***med kallt ~*** in cold blood
bloda *vb tr, **~ ned*** fläcka stain with blood; fullständigt make... all bloody
blodapelsin *s* blood orange
blodbad *s* blood bath
blodbank *s* blood bank
blodbrist *s* anaemia
blodcirkulation *s* circulation of the blood, blood circulation
bloddoping *s* blood-doping
bloddroppe *s, **till sista ~n*** to the last drop of blood
blodfattig *adj* anaemic
blodfläck *s* bloodstain
blodförgiftning *s* blood-poisoning
blodförlust *s* loss of blood
blodgivarcentral *s* blood donor (transfusion) centre
blodgivare *s* blood donor
blodgivning *s* blood donation
blodgrupp *s* blood group
blodhund *s* bloodhound
blodig *adj* **1** blodfläckad bloodstained; nedblodad ...all bloody; som kostar mångas liv bloody **2** lätt stekt underdone
blodigel *s* leech
blodkorv *s* black pudding, amer. blood sausage
blodkropp *s* blood cell (corpuscle)
blodkärl *s* blood vessel
blodomlopp *s* circulation of the blood
blodpropp *s* sjukdom thrombosis
blodprov *s, **ta ett ~*** take a blood test
blodpudding *s* black pudding, amer. blood sausage
blodsband *s* blood relationship
blodsocker *s* blood sugar
blodsprängd *adj* bloodshot
blodstänkt *adj* bloodstained
blodsugare *s* bloodsucker
blodsutgjutelse *s* bloodshed
blodsänka se *sänka I 2*
blodtest *s* blood test
blodtransfusion *s* blood transfusion
blodtryck *s* blood pressure
blodtörstig *adj* bloodthirsty
blodvärde *s* blood count
blodåder *s* vein, blood vein
blom *s, **stå i ~*** be in bloom
blomblad *s* petal
blombukett *s* bouquet, bunch of flowers
blomkruka *s* flowerpot
blomkål *s* cauliflower
blomkålshuvud *s* head of cauliflower
blomma I *s* flower **II** *vb itr* flower, bloom; speciellt om fruktträd blossom; ***...har blommat ut (är utblommad)*** ...has ceased flowering
blommig *adj* flowery
blommografera *vb itr* send flowers by Interflora

blommogram *s* ® flowers pl. sent by Interflora
blomningstid *s* flowering-season
blomster *s* flower
blomsteraffär *s* flower shop, florist's [shop]; som skylt florist
blomsterförmedling *s, **Blomsterförmedlingen*** ® Interflora
blomsterhandlare *s* florist
blomsterhyllning *s* floral tribute
blomsterlök *s* bulb, flower bulb
blomsterrabatt *s* flowerbed
blomsterutställning *s* flower show
blomstra *vb itr* blossom, bloom; frodas flourish, prosper
blomstrande *adj* flourishing, prospering
blond *adj* om person fair, fair-haired, blond (om kvinna blonde); om hår fair, light, blond
blondera *vb tr* bleach, dye...blond
blondin *s* blonde
bloss *s* **1** fackla torch **2** vid rökning, ***ta (dra) ett ~ på pipan*** take a puff at one's pipe
blossa *vb itr* **1** ***~ upp*** flare (blaze) up **2** röka puff [*på* at]
blott I *adj* mere; bare; ***~a tanken på*** the mere (very) thought of; ***med ~a ögat*** with the naked eye **II** *adv* only, but; merely; ***~ och bart*** simply and solely
blotta I *s* gap in one's defence, weak spot **II** *vb tr* expose, uncover, bare **III** *vb rfl, **~ sig*** förråda sig betray oneself, give oneself away; visa könsorgan expose oneself indecently; vard. flash
blottad *adj* avtäckt bare, uncovered
blottare *s* vard. flasher
blottställa *vb tr* expose [*för* to]
bluff *s* humbug bluff, humbug
bluffa *vb tr* o. *vb itr* bluff
bluffmakare *s* bluffer
blund *s, **inte få en ~ i ögonen*** not get a wink of sleep
blunda *vb itr* sluta ögonen samt bildl. shut one's eyes [*för* to]; hålla ögonen slutna keep one's eyes shut
blunder *s* blunder
blus *s* blouse; skjortblus shirt
bly *s* lead
blyertspenna *s* pencil, lead pencil
blyfri *adj, **~ bensin*** unleaded (leadfree) petrol (amer. gasoline)
blyg *adj* shy [*för* of]; försagd timid
blygdläppar *s pl* labia
blygsam *adj* modest
blygsamhet *s* modesty
blygsel *s* shame; ***rodna av ~*** blush with shame
blyhaltig *adj* ...containing lead; ***vara ~*** contain lead
blå (jfr *blått*) *adj* blue; om druvor black; ***få ett ~tt öga*** get a black eye
blåaktig *adj* bluish
blåbär *s* bilberry, blueberry
blådåre *s* madman
blåklint *s* cornflower
blåklocka *s* harebell, i Skottl. bluebell
blåklädd *adj* ...dressed in blue
blåkopia *s* blueprint
blålackerad *adj* ...lacquered (painted) blue
blåmes *s* blue tit
blåmussla *s* sea mussel
blåmåla *vb tr* paint...blue; ***~d*** ...painted blue
blåmärke *s* o. **blånad** *s* bruise
blåprickig *adj* blue-spotted, ...spotted blue; ***den är ~*** vanl. it has blue spots
blårandig *adj* blue-striped, ...striped blue
blårutig *adj* blue-chequered; ***den är ~*** vanl. it has blue checks
1 blåsa *s* **1** urinblåsa bladder **2** i huden o. glas blister
2 blåsa *vb itr* o. *vb tr* blow; ***det blåser*** it's windy; ***~ nytt liv i*** breathe fresh life into; ***~ på elden*** blow up the fire □ **~ av** blow off; avsluta bring...to an end; ***~ av matchen*** blow the final whistle; **~ bort** blow away; **~ ned (omkull)** blow down (over); **~ upp** blow up; öppnas blow open
blåsare *s* mus. wind player
blåsig *adj* om väder windy
blåsinstrument *s* wind instrument
blåsippa *s* hepatica
blåskatarr *s* inflammation of the bladder
blåslampa *s* blowlamp, amer. blowtorch
blåsning *s* vard., ***åka på en ~*** be swindled (cheated)
blåsorkester *s* brass band
blåst *s* wind; starkare gale
blåställ *s* dungarees, overalls (båda pl.); ***ett ~*** a pair of dungarees (overalls)
blåsväder *s* windy (stormy) weather; ***vara ute i ~*** bildl. be under fire
blåsyra *s* prussic acid
blåtira *s* vard., ***få en ~*** get a black eye
blått *s* blue; ***målad i ~*** painted blue; ***det går i ~*** it has a shade of blue in it
blåögd *adj* blue-eyed äv. bildl.
bläck *s* ink; skrivet ***med ~*** ...in ink
bläckfisk *s* cuttlefish; åttaarmad octopus

bläckpenna *s* pen
bläddra *vb itr* turn over the leaves (pages); *~ igenom* look through
blända *vb tr* **1** göra blind blind; tillfälligt o. bildl. dazzle **2** bil. *~ av* vid möte dip (amer. dim) the headlights…
bländande *adj* dazzling äv. bildl.
bländare *s* foto. diaphragm; öppning aperture; inställning stop
blänga *vb itr* glare [*på* at]
blänka *vb itr* shine, gleam
blöda *vb itr* bleed; *du blöder i ansiktet* your face is bleeding
blödig *adj* sensitive, soft, weak
blödning *s* bleeding
blöja *s* napkin; vard. nappy, amer. diaper; cellstoff~ disposable napkin
blöjbyxor *s pl* baby pants
blöt I *adj* våt wet **II** *s, ligga i ~* be in soak; *lägga* ngt *i ~* put…in soak; *lägga sin näsa i ~* poke one's nose into other people's business
blöta *vb tr* soak; göra våt wet; *~ ned…* wet…; *~ ned sig* get (get oneself) all wet
blötsnö *s* watery (wet) snow
BNP se *bruttonationalprodukt*
bo I *vb itr* live; tillfälligt stay; som inneboende lodge; ha sin hemvist reside; *~ på hotell* stay at a hotel; *~ gratis* (*billigt*) pay no (a low) rent; *~ kvar* live there still; tillfälligt stay on **II** *s* **1** fågels nest; däggdjurs lair, den **2** egendom, kvarlåtenskap personal estate (property); *sätta ~* settle, set up house
boaorm *s* boa constrictor, boa
1 bock *s* **1** get he-goat; *han är en gammal ~* he is an old goat (lecher) **2** stöd trestle, stand; tekn. horse **3** gymn. buck; *hoppa ~* play leap-frog **4** tecken tick; *sätta ~ för* ngt mark…as wrong
2 bock *s* bugning bow
1 bocka *vb itr* o. *vb rfl, ~ sig* buga bow [*för* to]; *~ djupt* make a low bow
2 bocka *vb tr, ~ av* pricka för tick off
bod *s* butik shop; marknadsstånd booth, stall; uthus shed
bodelning *s* division of the joint property of husband and wife
Bodensjön Lake (the Lake of) Constance
body *s* body, bodysuit plagg
bodybuilding *s* body-building
boendekostnader *s pl* housing costs
boendeparkering *s* local residents' parking
boett *s* watchcase
bofast *adj* resident, domiciled
bofink *s* chaffinch
bog *s* **1** shoulder **2** sjö. bow, bows pl.
bogsera *vb tr* tow; ta på släp take…in tow
bogserbåt *s* towboat, tug
bogsering *s* towage, towing
bogserlina *s* towline
bohag *s* household goods pl., furniture
bohem *s* Bohemian
bohemisk *adj* Bohemian
boj *s* sjö. buoy
bojkott *s* boycott
bojkotta *vb tr* boycott
1 bok *s* bot. beech; för sammansättningar jfr *björk-*
2 bok *s* book
boka *vb tr* beställa book, amer. reserve
bokband *s* binding, cover
bokbinderi *s* bookbindery, bindery
bokbuss *s* mobile library
bokcirkel *s* book club
bokföra *vb tr* enter, enter…in the books
bokföring *s* redovisning bookkeeping
bokförlag *s* publishing house, publishers pl.
bokförläggare *s* publisher
bokhandel *s* butik bookshop, bookstore
bokhandlare *s* bookseller
bokhylla *s* skåp bookcase; enstaka hylla bookshelf
bokhållare *s* bookkeeper
bokklubb *s* book club
bokmärke *s* **1** bookmark **2** glansbild scrap sällsynt i Storbritannien o. USA
bokomslag *s* cover, book cover
bokslut *s, göra ~* close (make up) the books
bokstav *s* letter; *liten* (*stor*) *~* small (capital) letter
bokstavsordning *s* alphabetical order
boktryckeri *s* printing-office; större äv. printing-house
bolag *s* company; *bilda* (*starta*) *~* form a company
bolagisering *s* conversion into an independent subsidiary company
bolagsstämma *s* shareholders' meeting, general meeting
Bolivia Bolivia
bolivian *s* Bolivian
boliviansk *adj* Bolivian
boll *s* ball; slag i tennis etc. stroke; skott i fotboll shot; passning pass; *lång ~* i tennis rally
bolla *vb itr* play ball; träningsslå knock up
bollplank *s* bildl. sounding board
bollsinne *s* ball sense (control)
bollspel *s* ball game

bolma *vb itr* belch out smoke; ~ ***på en cigarr*** puff away at a cigar
bolmört *s* henbane
bolsjevik *s* Bolshevik
bolster *s* feather bed
1 bom *s* stång bar; järnv. level crossing gate; gymn. horizontal bar
2 bom *s* felskott miss
bomb *s* bomb
bomba *vb tr* bomb
bombanfall *s* bombing (bomb) attack
bombardemang *s* bombardment äv. med t.ex. frågor; bombing
bombardera *vb tr* bombard äv. med t.ex. frågor; från luften bomb
bombastisk *adj* bombastik
bombattentat *s* bomb outrage
bombflyg *s* bombers pl.
bombplan *s* bomber
bombsäker *adj* bombproof
1 bomma *vb tr,* ~ ***för*** (***igen***) bar; ~ ***igen*** stänga shut...up
2 bomma *vb itr* missa miss [*på ngt* a th.]
bomull *s* cotton; rå~, vadd cotton wool
bomullsgarn *s* cotton
bomullspinne *s* cotton bud
bomullssammet *s* velveteen
bomullstråd *s* cotton thread
bomullstyg *s* cotton cloth (fabric)
bona *vb tr* vaxa wax, polish
bondböna *s* broad bean
bonde *s* farmer; lantbo, speciellt i europeiska länder utom Storbritannien peasant; i schack pawn
bondflicka *s* peasant (country) girl
bondfångare *s* confidence trickster; vard. con man
bondförstånd *s* common sense
bondgård *s* farm
bondkomik *s* slapstick, custard-pie comedy
bondpermission *s* French leave
bondstuga *s* peasant's cottage
bondtur *s* the luck of the devil
bondtölp *s* neds. country bumpkin, boor
boning *s* dwelling
bonus *s* bonus
bonusklass *s* försäkr. bonus class
bonvax *s* floor polish
bookmaker *s* bookmaker
bord *s* table; skrivbord desk; ***föra ngn till ~et*** take a p. in to dinner; ***sitta till ~s*** sit at table; ***sätta sig till ~s*** sit down to dinner (lunch etc.)
borda *vb tr* board
bordduk *s* tablecloth
borde se *böra*
bordeaux *s* Bordeaux wine; röd claret
bordell *s* brothel
bordlägga *vb tr* uppskjuta postpone
bordsben *s* table leg
bordsbön *s* grace
bordsdam *s* dinner partner, lady (woman) partner at table
bordsgranne *s* neighbour at table, partner
bordskavaljer *s* dinner partner, partner at table
bordsskick *s* table manners pl.
bordsskiva *s* table top; lös table leaf
bordsvatten *s* table water
bordsvisa *s* drinking song
bordsända *s,* ***vid övre*** (***nedre***) ***~n*** at the head (foot) of the table
bordtennis *s* table tennis; vard. ping-pong
borg *s* slott castle; fäste stronghold
borga *vb itr,* ~ ***för ngt*** vouch for a th.
borgare *s* medelklassare bourgeois (pl. lika); icke-socialist non-Socialist
borgarklass *s* middle class, bourgeoisie
borgen *s* säkerhet security; guarantee; ***gå i ~ för ngn*** stand surety for a p.; vouch for a p.; ***frige mot*** ~ release on bail
borgenslån *s* loan against a personal guarantee
borgensman *s* guarantor, surety
borgenär *s* creditor
borgerlig *adj* av medelklass middle class; neds. bourgeois; icke-socialistisk non-Socialist
borgerligt *adv,* ***gifta sig*** ~ marry before the registrar
borgmästare *s* utanför Sverige mayor
borr *s* drill; liten handborr gimlet; tandläkarborr drill, burr
borra *vb tr* o. *vb itr* bore [*efter* for]; t.ex. metall drill
borrmaskin *s* drill, drilling-machine
borrsväng *s* brace
borst *s* bristle; koll. bristles pl.; ***resa*** ~ bristle, bristle up
borsta *vb tr* brush; ~ ***skorna*** (***tänderna***) brush one's shoes (teeth); ~ ***av*** rocken brush...
borste *s* brush
borsyra *s* boracic acid
1 bort se *böra*
2 bort *adv* away; ***vi ska*** ~ är bortbjudna we are invited out; ***hit*** (***dit***) ~ over here (there); ***långt*** ~ a long way off, far away (off); ~ ***med fingrarna*** (***tassarna***)***!*** hands off!
borta *adv* away; för alltid gone; borttappad

missing, lost; bortbjuden out; förvirrad confused; ***där ~*** over there; ***här ~*** over here; ***~ bra men hemma bäst*** East, West, home is best
bortaplan *s* sport. away ground; ***spela på ~*** play away
bortbjuden *adj* invited out [*på middag* to dinner]
bortblåst *adj*, ***vara som ~*** be completely vanished
bortersta *adj* farthest, farthermost
bortfall *s* falling off, decline; inkomst~ reduction
bortförklaring *s* excuse
bortgång *s* död decease
bortgången *adj*, ***den bortgångne*** the deceased
bortifrån I *prep* from **II** *adv*, ***långt ~*** from a long way off
bortkastad *adj* se *kasta bort* under *kasta*
bortkommen *adj* förvirrad confused, lost; försagd timid
bortom *prep* beyond
bortre *adj* further, farther; ***i ~ delen av*** at the far end of
bortrest *adj*, ***han är ~*** he has gone away
bortse *vb itr*, ***~ från*** disregard, leave...out of account; ***bortsett från*** apart from
bortskämd *adj* spoilt
bortåt *prep* **1** om rum towards **2** nästan nearly
bosatt *adj* resident; ***vara ~ i*** live in
boskap *s* cattle pl., livestock
Bosnien Bosnia
bosnier *s* Bosnian
bosnisk *adj* Bosnian
bospara *vb itr* save for a home, have a home-savings account
bostad *s* privat hus house; våning flat, apartment; högtidl. residence; ***han saknar ~*** he has not got a place (anywhere) to live; ***han träffas i ~en*** som svar i telefon you can get hold of him at home
bostadsadress *s* permanent (home) address
bostadsbidrag *s* accommodation (housing) allowance
bostadsbrist *s* housing shortage
bostadsbyggande *s* house building
bostadsförmedling *s* myndighet local housing authority; privat accommodation agency
bostadshus *s* dwelling house; större residential block
bostadskvarter *s* residential quarter
bostadskö *s* housing queue
bostadsrätt *s* lägenhet ung. co-operative building-society flat (apartment)
bostadsrättsförening *s* ung. co-operative (tenant-owners') building society
bostadssökande *subst adj* person house-hunter, flat-hunter, person looking for somewhere to live
bosätta *vb rfl*, ***~ sig*** settle down, settle
bosättningslån *s* loan for setting up a home
bot *s* botemedel remedy, cure; ***råda ~ på (för)*** remedy
bota *vb tr* läka cure [*från* of]; avhjälpa remedy
botanik *s* botany
botanisk *adj* botanical
botanist *s* botanist
botemedel *s* remedy, cure [*mot* for]
botlig *adj* curable
botten *s* **1** bottom; ***nå ~*** touch bottom; ***dricka glaset i ~*** drain (empty) one's glass; ***~ opp!*** vard. bottoms up!; ***gå till ~ med...*** go (bildl. get) to the bottom of... **2** våning, ***på nedre ~*** on the ground (amer. first) floor **3** på tapet, flagga ground
Bottenhavet [the southern part of] the Gulf of Bothnia
bottenlån *s* first mortgage loan
bottenrekord *s*, ***det här är ~*** this is a new low
bottensats *s* sediment; i vin etc. lees pl., dregs pl.
Bottenviken the Gulf of Bothnia
bottenvåning *s* ground (amer. first) floor
bottna *vb itr* touch bottom; ***det ~r i...*** ...is the cause (origin) of it
Bottniska viken the Gulf of Bothnia
boulevard *s* boulevard
bouppteckning *s* lista estate inventory
bourgogne *s* vin burgundy
boutredning *s* winding up of the estate of a (the) deceased person
bov *s* villain, scoundrel; förbrytare criminal
bovaktig *adj* villainous; rascally
bowling *s* bowling
bowlingbana *s* bowling alley
box *s* låda box
boxa I *vb tr*, ***~ ut bollen*** sport. punch the ball away **II** *vb itr* boxas box
boxare *s* boxer
boxas *vb itr dep* box
boxer *s* boxer
boxhandske *s* boxing glove
boxkalv *s* box-calf

boxning *s* idrottsgren boxing
boxningsmatch *s* boxing match
boyta *s* living space
B-post *s* second-class mail
bra (jfr *bättre, bäst*) **I** *adj* **1** good; fine; ***det var ~ att du kom*** it's a good thing you came; ***det är ~ så!*** tillräckligt that's enough, thank you; ***vad skall det vara ~ för?*** what's the good (the use) of that?; ***vara ~ att ha*** come in handy **2** frisk well, all right **II** *adv* **1** well; ***tack, ~*** (***mycket ~***) fine (very well), thanks; ***hon dansar ~*** she is a good dancer; ***ha det ~*** skönt etc. be comfortable; ekonomiskt be well off; ***ha det så ~!*** have a good time!; ***se ~ ut*** om person be good-looking **2** mycket, riktigt quite, very; ***jag skulle ~ gärna vilja veta...*** I should very much like to know...
bragd *s* bedrift exploit, feat
brak *s* crash
braka *vb itr* crash; ***~ ihop*** kollidera crash; ***~ lös*** break out; ***~ ned*** collapse
brakmiddag *s* slap-up dinner
brakseger *s* overwhelming victory
brallor *s pl* vard. trousers, amer. pants
brand *s* eldsvåda fire; ***råka i ~*** take (catch) fire; ***stå i ~*** be on fire; ***sätta...i ~*** eg. set fire to...; känslor inflame
brandalarm *s* fire alarm
brandbil *s* fire engine
brandbomb *s* incendiary bomb
brandfackla *s* bildl. bombshell; ***bli en ~*** äv. arouse very heated discussion
brandfara *s* danger of fire; ***vid ~*** in case of fire
brandförsäkring *s* fire insurance
brandgul *adj* orange, reddish yellow
brandkår *s* fire brigade
brandlukt *s* smell of fire (burning)
brandman *s* fireman
brandredskap *s* fire appliance
brandrisk *s* risk of fire
brandsegel *s* jumping sheet (net)
brandskada *s* fire damage
brandsläckare *s* apparat fire extinguisher
brandstation *s* fire station
brandstege *s* fire ladder
brandsäker *adj* fireproof
brandvarnare *s* automatic fire alarm
bransch *s* line of business (trade), line, trade
brant I *adj* steep **II** *s* **1** stup precipice **2** rand verge äv. bildl.; ***på ruinens ~*** on the verge of ruin
brasa *s* fire, log-fire; ***vid*** (***kring***) ***~n*** at (round) the fireside
brasilianare *s* Brazilian
brasiliansk *adj* Brazilian
Brasilien Brazil
brasklapp *s* ung. reservation, saving clause
brassa *vb itr, **~ på*** a) elda stoke up the fire b) skjuta fire (blaze) away; ***~ på!*** sätt fart let it rip!
brasse *s* vard. Brazilian
bravad *s* exploit, achievement
bravo *interj* bravo!, well done!
bravorop *s* cheer
braxen *s* bream
bre se *breda*
bred *adj* broad; vidöppen samt vid måttuppgifter wide; om mun wide
breda *vb tr* spread; ***~ en smörgås*** butter a slice of bread □ **~ på** a) lägga på spread b) vard., överdriva lay it on thick; **~ ut** spread out (about); **~ ut sig** spread; sträcka ut sig stretch out
bredaxlad *adj* broad-shouldered
bredbar *adj* easy-to-spread; ***~ ost*** cheese spread
bredd *s* **1** breadth, width; ***i ~*** abreast; en meter ***på ~en*** ...broad (in breadth); ***mäta ngt på ~en*** measure the breadth of a th. **2** geogr. latitude, degree of latitude
bredda *vb tr* broaden, widen
breddgrad *s* degree of latitude; ***49:e ~en*** the 49th parallel
bredsida *s* broadside
bredvid I *prep* beside, at (by) the side of; gränsande intill adjacent (next) to; om hus etc. next (next door) to; vid sidan om alongside, alongside of **II** *adv* intill close by; ***här ~*** close by here; ***i huset ~*** in the next house, next door
Bretagne Brittany
bretagnisk *adj* o. **bretonsk** *adj* Breton
brev *s* letter
brevbärare *s* postman, amer. mailman
brevbäring *s* postal (mail) delivery
brevduva *s* carrier pigeon
brevinkast *s* letter slit, amer. mail drop
brevkorg *s* letter tray
brevkort *s* frankerat postcard
brevledes *adv* by letter
brevlåda *s* letterbox, amer. mailbox
brevpapper *s* notepaper; papper o. kuvert stationery
brevporto *s* letter postage
brevpress *s* paperweight
brevskola *s* correspondence school

brevskrivare *s* letter-writer, correspondent
brevtelegram *s* letter telegram
brevvåg *s* letter balance
brevvän *s* pen friend; vard. pen pal
brevväxla *vb itr* correspond
brevväxling *s* correspondence
bricka *s* **1** serverings~ tray **2** tekn. washer **3** identitets~ disc; polis~ badge **4** spel~ counter, piece
bridge *s* bridge
bridgeparti *s* game of bridge
brigad *s* brigade
briljans *s* brilliance
briljant *adj* o. *s* brilliant
briljera *vb itr* show off, shine
brillor *s pl* vard. glasses, specs, goggles
1 bringa *s* breast; speciellt kok. brisket
2 bringa *vb tr* bring; ~ ***ned*** minska reduce
brinna *vb itr* burn; flamma blaze; ***det brinner*** i spisen there is a fire...; ***det brinner*** lyser ***i hallen*** the light is on in the hall □ ~ **av** om t.ex. skott go off; ~ **ned** om hus etc. be burnt down; ~ **upp** be destroyed by fire; ~ **ut** burn itself out; om brasa go out
brinnande *adj* burning äv. bildl.; i lågor ...in flames; om passion ardent; ***ett ~ ljus*** a lighted candle
bris *s* breeze
brisera *vb itr* burst, explode
brist *s* **1** avsaknad lack; knapphet scarcity, shortage [*på* i samtliga fall of]; ***lida ~ på*** be short (in want) of; ***i ~ på bättre*** for want of something better **2** bristfällighet deficiency; skavank defect **3** underskott deficit
brista *vb itr* **1** sprängas burst; slitas (brytas) av break äv. om hjärta; ge vika give way; ~ ***i gråt*** burst into tears; ~ ***itu*** break (snap) in two; ~ ***ut i skratt*** burst out laughing **2** fattas fall short
bristande *adj* otillräcklig deficient, insufficient; bristfällig defective, faulty
bristfällig *adj* defective, faulty; otillräcklig insufficient
bristningsgräns *s* breaking-point; fylld ***till ~en*** ...to the limit
bristsjukdom *s* deficiency disease
brits *s* bunk
britt *s* Briton; ***~erna*** som nation, lag etc. the British
brittisk *adj* British; ***Brittiska öarna*** the British Isles
brittsommar *s* Indian summer
bro *s* bridge
broavgift *s* bridge toll
broccoli *s* broccoli
brodd *s* pigg spike
broder *s* brother; ***Bröderna Ek*** firmanamn Ek Brothers
brodera *vb tr* o. *vb itr* embroider; ~ ***ut*** bildl. embroider
broderfolk *s* sister nation
broderi *s* embroidery; ***ett ~*** a piece of embroidery
broderlig *adj* brotherly, fraternal
broderskap *s* brotherhood, fraternity
broderskärlek *s* brotherly love
broiler *s* broiler
brokad *s* brocade
brokig *adj* mångfärgad many-coloured, motley; grann gay; neds. gaudy; om t.ex. blandning, samling miscellaneous
1 broms *s* zool. horse fly
2 broms *s* tekn. brake; bildl. check [*på* on]
bromsa *vb tr* o. *vb itr* **1** tekn. brake **2** bildl. check
bromsband *s* brake lining
bromsförmåga *s* bil. braking power
bromskloss *s* brake block
bromsljus *s* bil. brake (stop) light
bromsolja *s* brake fluid
bromspedal *s* brake pedal
bromsskiva *s* brake disc
bromssträcka *s* braking distance
bromsvätska *s* brake fluid
bronkit *s* bronchitis
brons *s* bronze
bronsera *vb tr* bronze
bronsfärgad *adj* bronze-coloured
bronsåldern *s* the Bronze Age
bror *s* o. **brorsa** *s* vard. brother
brorsdotter *s* niece
brorson *s* nephew
brosch *s* brooch
broschyr *s* pamphlet; reklam~ leaflet
brosk *s* cartilage; ämne gristle
brott *s* **1** brutet ställe break; benbrott fracture **2** förbrytelse crime; lindrigare offence [*mot* i båda fallen against] **3** kränkning av t.ex. lag violation; av kontrakt etc. breach [*mot* i båda fallen of]
brottare *s* wrestler
brottas *vb itr* wrestle
brottmål *s* criminal case
brottning *s* wrestling
brottningsmatch *s* wrestling match
brottsbalk *s* criminal (penal) code
brottslig *adj* criminal
brottslighet *s* criminality; ***~en ökar*** crime is on the increase

brottsling *s* criminal
brottsoffer *s* victim [of the (a) crime]
brottsplats *s* scene of the (a) crime
brottstycke *s* fragment
brud *s* **1** bride **2** sl. bird, speciellt amer. dame, broad
brudbukett *s* wedding bouquet
brudgum *s* bridegroom
brudklänning *s* wedding dress
brudnäbb *s* pojke page; flicka bridesmaid
brudpar *s* bridal couple
brudslöja *s* bridal veil
brudtärna *s* bridesmaid
bruk *s* **1** användning use; av ord usage; sed practice; ***för eget ~*** for one's own (personal) use; kutym custom; ***komma ur ~*** come (go) out of use (ur modet fashion) **2** av jorden cultivation **3** fabrik factory; järnbruk works (pl. lika); pappersbruk mill
bruka *vb tr* **1** begagna sig av use **2** odla cultivate **3** 'ha för vana' usually; om person äv. be in the habit of ing-form; ***han ~r komma*** vid 3-tiden he usually (generally) comes...; ***han ~de läsa*** i timmar he used to (would) read...; ***det ~r vara svårt*** it is often (is apt to be) difficult
bruklig *adj* customary, usual
bruksanvisning *s* directions pl. for use
brum *s* från insekt samt radio hum
brumma *vb itr* om björn o. bildl. growl; om insekt samt radio hum
brun *adj* brown; solbränd äv. tanned; ***~a bönor*** maträtt brown beans; för sammansättningar jfr äv. *blå-*
brunett *s* brunette
brunn *s* well; hälsobrunn mineral spring; ***dricka ~*** drink (take) the waters
brunnsort *s* health resort, spa
brunst *s* honas heat; hanes rut
brunstig *adj* om hona ...on (in) heat; om hane rutting
brunsttid *s* mating-season
brunt *s* brown; jfr *blått*
brunögd *adj* brown-eyed
brus *s* havets roar; radio. noise; i öronen buzzing
brusa *vb itr* om havet roar; i öronen buzz; om kolsyrad dryck fizz; ***~ upp*** om person flare up, lose one's temper
brushuvud *s* hothead
brutal *adj* brutal
brutalitet *s* brutality
brutto *adv* gross
bruttolön *s* gross salary (veckolön wages)
bruttonationalprodukt *s* gross national product (förk. GNP); i Sverige ung. motsv. gross domestic product (förk. GDP)
bruttopris *s* gross price
bry I *vb tr*, ***~ sin hjärna (sitt huvud) med ngt*** rack one's brains over a th. **II** *vb rfl*, ***~ sig*** care; ***han ~r sig inte*** vard. he couldn't care less, he [just] doesn't care; ***~ sig om*** a) ta notis om pay attention to b) tycka om care for; ***jag ~r mig inte om vad*** folk säger I don't care what...; ***~ dig inte om det!*** don't bother (worry) about it!; ***~ dig inte om att*** don't trouble to
brygd *s* konkret brew
1 brygga *s* landnings~ landing-stage, jetty; på båt o. konstgjord tandrad bridge
2 brygga *vb tr* brew; kaffe make
bryggare *s* brewer
bryggeri *s* brewery
bryggmalen *adj*, ***bryggmalet kaffe*** fine-grind coffee
1 bryna *vb tr* kok. fry...till browned
2 bryna *vb tr* vässa whet, sharpen
brysk *adj* brusque, abrupt
Bryssel Brussels
brysselkål *s* Brussels sprouts pl.
bryta *vb tr* o. *vb itr* break; kol, malm mine; sten quarry; förlovning break off; ***~ ett samtal*** tele. disconnect a call; ***~ mot*** lag etc. break, violate; ***~ på tyska*** speak with a German accent
□ ~ **av** break, break off; ***~ av mot*** be in contrast to; ~ **fram** break out; ~ **sig igenom** break (force) one's way through; ~ **sig in** *i ett hus* break into a house; ~ **loss (lös)** break off (away); ~ **ned** break down; ~ **samman** break down, collapse; ~ **upp** från sällskap break up; ge sig iväg leave, depart; ***~ upp ett lås*** break open a lock; ~ **ut** break out; ***~ sig ut ur fängelset*** break out of (escape from) prison
brytning *s* gruv. etc. breaking, mining; sten quarrying; skiftning i färg tinge; i uttal accent; oenighet breach, rupture
bråck *s* rupture
bråd *adj* brådskande busy; plötslig sudden, hasty; ***en ~ död*** a sudden death
brådmogen *adj* om person precocious
brådmogenhet *s* precocity
brådska I *s* hurry, haste; ***det är ingen ~ med det*** there's no hurry; ***han gör sig (har) ingen ~*** he is in no hurry; ***i ~n*** glömde han... in his hurry (haste)... **II** *vb itr* behöva utföras fort be urgent; skynda sig hurry; ***det ~r inte*** there is no hurry about it

brådskande *adj* urgent, pressing; på brev etc. urgent; hastig hasty, hurried
1 bråk *s* mat. fraction; ***allmänt ~*** vulgar fraction
2 bråk *s* buller noise, row; gräl row, quarrel; krångel trouble, fuss; ***ställa till ~ om ngt*** make (kick up) a row (fuss) about a th.
bråka *vb itr* väsnas be noisy; gräla have a row (quarrel); krångla make (kick up) a fuss (row); ***låt bli att ~!*** skoja don't play about!
bråkdel *s* fraction; ***~en av en sekund*** a split second
bråkig *adj* bullersam noisy; oregerlig disorderly, unruly
bråkmakare *s* o. **bråkstake** *s* som stör noisy person; orosstiftare troublemaker; om barn pest, nuisance
brås *vb itr dep, **~ på ngn*** take after a p.
bråte *s* skräp rubbish, lumber
bråttom *adv, **ha ~ (mycket ~)*** be in a hurry (a great hurry) [*med* about]; ***det är ~*** it can't wait, there's no time to lose; ***det är inte ~ med det*** there's no hurry
1 bräcka *vb tr* **1** bryta break; knäcka crack; ***~s*** break; knäckas crack **2** övertrumfa, ***~ ngn*** outdo a p.
2 bräcka *vb tr* steka fry
bräcklig *adj* fragile; bildl. frail
bräcklighet *s* fragility, brittleness; bildl. frailty
bräda *s* board
brädd *s* edge, brim
bräde *s* **1** board **2** spel backgammon **3** ***sätta allt på ett ~*** stake everything on one throw
brädgård *s* timberyard, amer. lumberyard
brädsegling *s* windsurfing, sailboarding
bräka *vb itr* bleat
bränna *vb tr* o. *vb itr* burn; sveda scorch, singe; ***~nde hetta*** scorching heat; ***bli bränd*** bildl. get one's fingers burnt; ***~ vid såsen*** burn the sauce
brännare *s* burner
brännas *vb itr* burn; om nässlor sting
brännbar *adj* inflammable
brännblåsa *s* blister
brännboll *s* ung. rounders
bränneri *s* distillery
brännmärka *vb tr* brand
brännpunkt *s* focus, focal point båda äv. bildl.
brännskada *s* o. **brännsår** *s* burn
brännvidd *s* focal distance
brännvin *s* snaps; kryddat aquavit
brännässla *s* stinging nettle
bränsle *s* fuel
bränslesnål *adj* fuel-efficient, se äv. *bensinsnål*
bräsera *vb tr* braise
brätte *s* brim
bröd *s* bread (end. sg.); kaffebröd cakes pl.; bullar buns pl.; ***hårt ~*** knäckebröd crispbread
brödbit *s* piece of bread
brödburk *s* breadbin
brödkaka *s* round loaf; hårt bröd round of crispbread
brödkant *s* crust, crust of bread
brödkavel *s* rolling-pin
brödkniv *s* breadknife
brödraskap *s* brotherhood, fraternity
brödrost *s* toaster
brödskiva *s* slice of bread; ***en rostad ~*** a slice of toast
brödskrin *s* breadbin
brödsmulor *s pl* breadcrumbs, crumbs
bröllop *s* wedding
bröllopsdag *s* wedding day; årsdag wedding anniversary
bröllopsresa *s* honeymoon, honeymoon trip
bröst *s* breast; barm bosom; byst bust; ***ha ont i ~et*** have a pain in one's chest
böstarvinge *s* direct heir
bröstcancer *s* breast cancer
bröstficka *s* breastpocket
bröstkorg *s* chest
bröstsim *s* breast stroke
bröstvårta *s* nipple
B-skatt *s* tax not deducted from income at source
bua *vb itr* boo [*åt* at]
bubbelbad *s* bubble bath
bubbelpool *s* whirlpool, Jacuzzi ®
bubbla *s* o. *vb itr* bubble
buckla *s* o. *vb tr* dent
bucklig *adj* dented
bud *s* **1** anbud offer; på auktion bid; i kortspel bid, call; ***det var hårda ~*** that's tough! **2** budskap message; budbärare messenger; ***skicka ~ att...*** send word that...; ***skicka ~ efter ngn*** send for a p. **3** befallning command; bibl. commandment
budbil *s* delivery service van
budbärare *s* messenger
buddism *s, ~* el. ***~en*** Buddhism
buddist *s* Buddhist
budget *s* budget
budord *s* commandment
budskap *s* message

buffé *s* **1** bord el. disk med förfriskningar buffet; cafeteria cafeteria, refreshment room **2** möbel sideboard
buffel *s* buffalo; drulle boor, lout
buffert *s* buffer
buga *vb itr* o. *vb rfl,* **~ *sig*** bow
buggning *s* vard., placering av dolda mikrofoner bugging
bugning *s* bow
buk *s* belly, abdomen; stor mage paunch
bukett *s* bouquet
bukhinneinflammation *s* peritonitis
bukt *s* på kust bay; större gulf; ***få ~ med*** manage, master
bukta *vb itr* o. *vb rfl,* **~ *sig*** wind, curve, bend; **~ *ut*** bulge
buktalare *s* ventriloquist
bula *s* knöl bump, swelling
bulevard *s* boulevard
bulgar *s* Bulgarian
Bulgarien Bulgaria
bulgarisk *adj* Bulgarian
bulgariska *s* **1** kvinna Bulgarian woman **2** språk Bulgarian
bulimi *s* med. bulimia
bulimiker *s* bulimic
buljong *s* clear soup, broth
buljongtärning *s* beef cube
bulldogg *s* bulldog
bulle *s* bun; frukostbröd roll
buller *s* noise, din; stoj racket
bullersam *adj* noisy
bulletin *s* bulletin
bullra *vb itr* make a noise; mullra rumble
bullrig *adj* noisy
bult *s* bolt, pin; gängad screw-bolt
bulta I *vb tr* bearbeta beat; kött pound **II** *vb itr* knacka knock; dunka pound; om puls throb
bulvan *s* front, dummy
bumerang *s* boomerang äv. bildl.
bums *adv* right away, on the spot
bunden *adj* bound etc., se *binda*
bundsförvant *s* ally
bunke *s* av metall pan; av porslin bowl
bunker *s* bunker äv. i golf; betongfort pillbox
bunt *s* t.ex. kort packet; sedlar bundle; papper sheaf (pl. sheaves); rädisor etc. bunch; ***hela ~en*** the whole bunch (lot)
bunta *vb tr,* **~ *ihop*** make...up into (tie up...in) bundles
bur *s* cage; för höns coop
burdus *adj* abrupt, brusque, blunt
burk *s* pot; kruka, glasburk äv. jar; bleckburk tin, speciellt amer. can; ärter ***på ~*** tinned (canned)...; öl ***på ~*** canned...
burköl *s* canned beer
burköppnare *s* tin-opener, can-opener
burlesk *s* o. *adj* burlesque
Burma hist. Burma
burman *s* Burmese (pl. lika)
burmansk *adj* Burmese
burspråk *s* bay
busa *vb itr* be up to mischief
buse *s* rå sälle rough, ruffian, hooligan; bråkstake pest, nuisance
busfrö *s* vard. little devil (rascal)
busig *adj* mischievous; bråkig rowdy
buskage *s* shrubbery
buske *s* bush; större shrub
buskig *adj* bushy
buskis *s* vard. slapstick; ***rena ~en*** a sheer farce
buskörning *s* reckless driving
1 buss *s* tugg~ plug, quid
2 buss *s* trafik~ bus; turist~ coach, amer. bus; ***åka ~*** go by bus
busschaufför *s* bus driver; turist~ coach driver
bussförbindelse *s* bus connection
busshållplats *s* bus stop
bussig *adj* hygglig nice, decent
busslinje *s* bus service (line)
busvissla *vb itr* whistle, catcall
busvissling *s* shrill whistle; ogillande catcall; uppskattande wolf whistle
busväder *s* awful weather
butelj *s* bottle
butik *s* shop, speciellt amer. store
butiksbiträde *s* shop assistant, amer. salesclerk, clerk
butiksfönster *s* shop window
butiksföreståndare *s* shop (store) manager
butikskedja *s* multiple (chain) stores pl.
butikskontrollant *s* shop-walker
butter *adj* sullen, morose [*mot* to, towards]
buxbom *s* boxwood
by *s* village
byalag *s* local residents' association
bybo *s* villager
byffé *s* se *buffé*
bygd *s* district, countryside
bygel *s* ögla loop; ring hoop
bygga *vb tr* o. *vb itr* build; ***det bygger*** grundar sig ***på...*** it is founded on...; ***kraftigt byggd*** om person powerfully built, sturdy □ **~ in** med väggar wall in; **~ om** rebuild, alter; **~ på** öka add to; **~ till** utvidga enlarge; **~ ut** enlarge, extend, develop

bygge *s* building under construction
byggherre *s* building proprietor, commissioner of a building; byggmästare builder
byggkloss *s* building (toy) brick
bygglåda *s* box of bricks
byggmästare *s* builder; entreprenör building contractor
byggnad *s* hus building; huset är ***under ~*** ...under construction, ...being built
byggnadsarbetare *s* building worker
byggnadsentreprenör *s* building contractor
byggnadsfirma *s* building firm
byggnadslov *s* building permit
byggnadstillstånd *s* building permit
byggsats *s* construction kit, do-it-yourself kit
byig *adj* squally, gusty
bylte *s* bundle, pack
byrå *s* **1** möbel chest of drawers **2** kontor office
byråkrati *s* bureaucracy
byråkratisk *adj* bureaucratic
byrålåda *s* drawer
byst *s* bust
bysthållare *s* brassiere
byta *vb tr* skifta change; ömsesidigt exchange; ***~ kläder*** change one's clothes; ***~ plats*** flytta sig move; ömsesidigt change places (seats)
□ ~ **om** change; ~ **till sig ngt** get a th. in exchange; ~ **ut** exchange [*mot* for]
byte *s* **1** utbyte exchange; vid byteshandel barter **2** rov booty; jakt. quarry; rovdjurs prey; tjuvs haul; ***bli ett lätt ~ för ngn*** fall an easy prey to a p.
bytesbalans *s* hand. balance on current account
byteshandel *s* barter; ***idka ~*** barter
bytesrätt *s*, ***med full ~*** goods exchanged if customer not satisfied
byxben *s* trouser leg
byxdress *s* trouser suit, amer. pantsuit
byxficka *s* trouser pocket
byxgördel *s* pantie girdle
byxkjol *s* divided skirt, culottes pl.
byxor *s pl* ytter~, lång~ trousers, amer. äv. pants; fritids~ slacks
båda *pron* both; ~ (***~ två***) ***är...*** both (both of them) are...; ***~ bröderna*** both (both the) brothers; ***~ delarna*** both; ***de ~ andra*** the two others, the other two; ***vi ~ är...*** we two are...; ***vi är ~...*** we are both...
bådadera *pron* both
både *konj*, ***~...och*** both...and
båg *s* vard. humbug, bluff
båge *s* kroklinje curve; mat., elektr. arc; pilbåge bow; byggn. arch; sybåge, glasögonbåge frame
bågfil *s* hacksaw
bågformig *adj* curved, arched
bågskytt *s* archer
bågskytte *s* archery
1 bål *s* anat. trunk, body
2 bål *s* dryck punch
3 bål *s* eld bonfire; likbål funeral pyre; ***brännas på ~*** be burnt at the stake
bålgeting *s* hornet
bår *s* sjukbår stretcher, litter; likbår bier
bård *s* border; speciellt på tyg edging
bårhus *s* mortuary, morgue
bås *s* stall; friare compartment
båt *s* boat; ***åka ~*** go by boat; ***ge ngn på ~en*** throw a p. over
båtresa *s* sea voyage; kryssning cruise
bäck *s* brook
bäcken *s* **1** anat. pelvis **2** skål o. geogr. basin; säng~ bed pan **3** mus. cymbals pl.
bädd *s* bed
bädda *vb tr* o. *vb itr*, ~ el. ***~ sin säng*** make one's bed; ***~ ned*** put...to bed
bäddsoffa *s* sofa bed, bed settee
bägare *s* cup; pokal goblet
bägge *pron* se *båda*
bälg *s* bellows (pl. lika)
bälta *s* o. **bältdjur** *s* armadillo (pl. -s)
bälte *s* belt; geogr. zone
bältros *s* med. shingles sg.
bända *vb tr* o. *vb itr* bryta prize; ***~ loss*** (***upp***) prize...loose (open)
bänk *s* bench, seat; kyrkbänk pew; skolbänk desk; på teater etc. row; ***sista ~en*** the back row
bänkrad *s* row
bär *s* berry; för ätbara bär används vanl. namnet på resp. bär
bära I *vb tr* carry; vara klädd i wear; ***~ frukt*** äv. bildl. bear fruit; ***~ ett namn*** bear a name; ***~ uniform*** wear a uniform **II** *vb rfl*, ***~ sig*** löna sig pay; ***företaget bär sig*** the business pays its way
□ ~ **hem** carry (bring, take) home; ~ **på sig** carry...about (have...on) one; ~ **undan** remove; ~ **ut** carry (bring, take) out; ***~ ut post*** deliver the post; ~ **sig åt** bete sig behave; gå till väga set about it; ***hur bär man sig åt för att*** inf.? how does one set about ing-form?, what do you have to do

to inf.?; ***hur jag än bär mig åt*** whatever I do

bärare *s* carrier; av namn, bår m.m. bearer; stadsbud porter

bärbar *adj* portable

bärga *vb tr* person save, rescue; ~ el. ~ ***in*** skörd gather in...

bärgningsbil *s* breakdown lorry (van), amer. wrecking car

bärkasse *s* carrier bag

bärnsten *s* amber

bärsärkagång *s, **go ~*** go berserk, run amok

bäst I *adj* best; ***~e vän!*** my dear friend!; ***det är ~ att du går*** you had better go; ***det kan hända den ~e*** that can happen to anybody **II** *adv* best; ***ni gjorde ~ om ni gick*** (***i att gå***) it would be best for you to go; ***hålla på som ~ med ngt*** be just in the thick (midst) of a th.

bästa *s, **göra sitt ~*** (***allra ~***) do one's best (very best); ***för*** (***till***) ***ngns eget ~*** for a p.'s own good

bästis *s* vard. pal, best friend

bättra I *vb tr* improve, improve on; ~ ***på*** t.ex. målningen touch up **II** *vb rfl, ~ **sig*** improve

bättre *adj* better; ***en ~*** fin, god ***middag*** a good dinner; ***ett ~*** bra ***hotell*** a decent hotel; ***komma på ~ tankar*** think better of it; ***så mycket ~*** so much the better, all the better

bättring *s* improvement; om hälsa äv. recovery

bättringsvägen *s, **vara på ~*** be on the road to recovery

bäva *vb itr* tremble, shake

bävan *s* dread, fear

bäver *s* beaver

bävernylon *s* ® beaver nylon

böckling *s* smoked Baltic herring, buckling

bödel *s* executioner

bög *s* vard. homofil gay

Böhmen Bohemia

böja I *vb tr* **1** kröka bend; bågformigt curve; ~ ***knä inför*** bow (bend) the knee to **2** gram. inflect **II** *vb rfl, ~ **sig*** bend down; om saker, krökas bend; ***~ sig över ngn*** bend over a p.; ***~ sig ut genom*** fönstret lean out of...

böjelse *s* inclination, fancy [*för* for]

böjning *s* **1** bend, curve **2** gram. inflection; av verb conjugation

böka *vb itr* root, grub

böla *vb itr* råma low, moo; ilsket bellow

böld *s* boil; svårare abscess

böldpest *s* bubonic plague

bölja I *s* billow, wave **II** *vb itr* om hav billow; om folkhop etc. surge; om hår flow

böljande *adj* billowy; om hår wavy

bömisk *adj* Bohemian

bön *s* **1** anhållan request; enträgen appeal **2** relig. prayer

böna *s* bean

bönfalla *vb tr* o. *vb itr* plead

böngrodd *s* bot. el. kok. bean sprout

bönhöra *vb tr, ~ **ngn*** grant (hear) a p.'s prayer; ***han blev bönhörd*** he had his request granted

bönpall *s* kneeling-desk

böra *(borde bort) hjälpvb* **1** ought to, should; ***man bör inte prata*** med munnen full you should not (ought not to) talk... **2** uttr. förmodan, ***hon bör*** (***borde***) ***vara 17 år*** she must be 17; ***han bör vara framme nu*** he should be there by now

börd *s* birth; ***till ~en*** by birth

börda *s* burden, load båda äv. bildl.

bördig *adj* fruktbar fertile

börja *vb tr* o. *vb itr* begin, start; ***det ~r bli mörkt*** (***kallt***) it is getting dark (cold); ***till att ~ med*** to begin (start) with, at first; ~ ***om*** begin (start) all over again

början *s* beginning, start; ***ta sin ~*** begin; ***i ~*** el. ***till en ~*** at (in) the beginning, at first; ***i ~ av sextiotalet*** in the early sixties; ***med ~*** den 1 maj starting...

börs *s* **1** portmonnä purse **2** hand., ***på ~en*** on the Exchange

börsnotering *s* stock exchange quotation

bössa *s* **1** gevär gun; hagelbössa shotgun; räfflad rifle **2** sparbössa money box

bösspipa *s* gun barrel

böta I *vb itr* pay a fine, be fined; ~ ***för ngt*** lida pay (suffer) for a th. **II** *vb tr, **få ~ 800 kronor*** be fined 800 kronor

böter *s pl* fine sg.; ***döma ngn till 800 kronors ~*** fine a p. 800 kronor, impose a fine of 800 kronor on a p.; ***han slapp undan med ~*** he was let off with a fine

bötesbelopp *s* fine

böteslapp *s* för felparkering parking ticket

bötesstraff *s* fine

bötfälla *vb tr, ~ **ngn*** fine a p.

C

c *s* mus. C
ca (förk. för *cirka*) ca., approx.
cabriolet *s* convertible
cafeteria *s* cafeteria
camouflage *s* camouflage
camouflera *vb tr* camouflage
campa *vb itr* camp out, go camping
campare *s* camper
camping *s* camping
campingplats *s* camping ground (site)
cancer *s* cancer
cancerframkallande *s* ...that causes cancer; med. carcinogenic
cancertumör *s* cancer tumour
cannabis *s* cannabis
cape *s* cape
cardigan *s* cardigan
CD *s* o. **CD-skiva** *s* CD, compact disc
CD-spelare *s* CD (compact disc) player
ceder *s* cedar
celeber *adj* distinguished, celebrated
celebritet *s* celebrity
celibat *s* celibacy; ***leva i ~*** be a celibate
cell *s* cell
cellist *s* cellist
cello *s* cello (pl. -s)
cellofan *s* Cellophane ®
cellskräck *s* claustrophobia
cellstoff *s* wadding, Cellu-cotton ®
cellulosa *s* cellulose; pappersmassa wood pulp
Celsius, *30 grader ~* (*30°C*) 30 degrees Celsius (30°C)
celsiustermometer *s* Celsius thermometer
cembalo *s* harpsichord
cement *s* cement
cendré *adj* ash-blond
censor *s* censor
censur *s* censorship
censurera *vb tr* censor
center *s* centre
Centerpartiet *s* polit. the Centre Party
centigram *s* centigram, centigramme
centiliter *s* centilitre
centimeter *s* centimetre
central I *s* centre; huvudbangård central station **II** *adj* central; ***~t prov*** standardized (national) test; ***det ~a*** väsentliga ***i...*** the essential thing about...
centralantenn *s* communal aerial (amer. antenna)
centralförvaltning *s* central administration
centralisera *vb tr* centralize
centralstation *s* central station
centralt *adv*, ***det är ~ beläget*** it is centrally situated
centralvärme *s* central heating
centrifug *s* för tvätt spin-drier
centrifugalkraft *s* centrifugal force
centrifugera *vb tr* tvätt spin-dry
centrum *s* centre
cerat *s* lipsalve, amer. chapstick
ceremoni *s* ceremony
ceremoniell *adj* ceremonious
cerise *adj* cerise
certifikat *s* certificate
cess *s* mus. C flat
champagne *s* champagne
champinjon *s* mushroom
champion *s* champion
champis *s* vard., champagne champers, bubbly
chans *s* chance, opportunity
chansa *vb itr* take a chance, chance it
chansartad *adj* hazardous, chancy
charad *s* charade; ***levande ~er*** lek charades sg.
charkuteriaffär *s* pork-butcher's [shop (amer. store)], provision dealer's, delicatessen
charkurerivaror *s pl* cured (cooked) meats and provisions
charlatan *s* charlatan, quack
charm *s* charm
charma *vb tr* charm
charmant *adj* delightful, charming; utmärkt excellent
charmfull *adj* o. **charmig** *adj* charming
charmlös *adj* charmless
charmör *s* charmer
charterflyg *s* trafik charter flight
charterresa *s* charter trip
chartra *vb tr* charter
chassi *s* chassis (pl. lika)
chaufför *s* driver; privat~ chauffeur
chauvinism *s*, ~ el. ***~en*** chauvinism
chauvinist *s* chauvinist
check *s* cheque, amer. check [*på* visst belopp for]; ***betala med ~*** pay by cheque
checka *vb tr* o. *vb itr* check; ***~ in*** (***ut***) check in (out)
checkhäfte *s* cheque book, amer. checkbook

checklön *s* salary paid into one's cheque account
chef *s* head [*för* of]; firmas äv. principal; direktör manager; vard. boss
chefredaktör *s* chief editor
chevaleresk *adj* chivalrous
cheviot *s* serge
chic *adj* chic, stylish
chiffer *s* cipher, code
Chile Chile
chilen *s* o. **chilenare** *s* Chilean
chilensk *adj* Chilean
chip *s* data. chip
chips *s pl* potato crisps (amer. chips)
chock *s* stöt, nervchock shock
chocka *vb tr* shock
chockera *vb tr* shock
chockskadad *adj, **bli** ~* get a shock
choke *s* choke
choklad *s* chocolate; dryck äv. cocoa; ***en ask** ~* praliner a box of chocolates
chokladbit *s* pralin chocolate
chokladkaka *s* kaka choklad bar of chocolate
chokladpralin *s* chocolate
chosefri *adj* natural, unaffected
ciceron *s* guide
cider *s* cider
cigarett *s* cigarette; vard. fag, cig, ciggy
cigarettetui *s* cigarette case
cigarettmunstycke *s* löst cigarette holder
cigarettpaket *s* med innehåll packet of cigarettes
cigarettpapper *s* cigarette paper
cigarettrök *s* cigarette smoke
cigarettstump *s* cigarette end
cigarettändare *s* lighter
cigarill *s* cheroot
cigarr *s* cigar
cigarrcigarett *s* cheroot
cigarrlåda *s* låda cigarrer box of cigars
cigarrsnoppare *s* cigar-cutter
cigarrstump *s* cigar end
cigarrök *s* cigar smoke
cigarrökare *s* cigar-smoker
cigg *s* vard. cig, ciggy
cikoria *s* chicory
cirka *adv* about, roughly
cirkapris *s* hand. recommended retail price
cirkel *s* circle
cirkelformig *adj* o. **cirkelrund** *adj* circular
cirkelsåg *s* circular saw
cirkla *vb itr* kretsa circle
cirkulation *s* circulation
cirkulera *vb itr* circulate; ***låta** ~* circulate, send round
cirkulär *s* circular
cirkus *s* circus
cirkusartist *s* circus performer
cirkusdirektör *s* circus manager
ciss *s* mus. C sharp
cistern *s* tank; för vatten cistern
citadell *s* citadel
citat *s* quotation; ***~, slut på ~*** quote, unquote
citationstecken *s* quotation mark; pl. äv. inverted commas, quotes
citera *vb tr* quote
citron *s* lemon
citronklyfta *s* wedge of lemon; friare piece of lemon
citronpress *s* lemon-squeezer
citronsaft *s* lemon juice (sockrad, för spädning squash)
city *s* affärscentrum centre, business and shopping centre, amer. downtown
civil *adj* civil; motsats militär civilian; ***en** ~* a civilian; ***i det ~a*** in civilian life
civilbefolkning *s* civilian population
civildepartement *s* ministry of public administration
civilekonom *s* graduate from a School of Economics; mera allm. economist
civilförsvar *s* civil defence
civilförvaltning *s* civil service
civilingenjör *s* Master of Engineering; mera allm. engineer
civilisation *s* civilization
civilisera *vb tr* civilize
civilist *s* civilian
civilklädd *adj* ...in plain (civilian) clothes
civilminister *s* minister of public administration
civilmål *s* civil case (suit)
civilrätt *s* civil law
civilstånd *s* civil status
clementin *s* clementine
clinch *s* boxn. clinch; ***gå i** ~* go into a clinch äv. friare
clips *s pl* öronclips earclips
clown *s* clown
Coca-Cola *s* ® Coca-Cola
cockerspaniel *s* cocker spaniel
cocktailbar *s* cocktail lounge
cognac *s* brandy; finare cognac
collie *s* hund collie
Colombia Colombia
colombian *s* Colombian
colombiansk *adj* Colombian
comeback *s* reappearance; ***göra** ~* make a comeback

commandosoldat *s* commando (pl. -s)
container *s* container; för avfall skip; amer. Dumpster®
copyright *s* copyright
cornflakes *s pl* cornflakes
cortison *s* cortisone
cowboyfilm
cowboyfilm *s* cowboy film, Western
crack *s* crack narkotika
crawl *s* crawl
crawla *vb itr* do the crawl
crescendo *s* o. *adv* crescendo
cupfinal *s* cup final
cupmatch *s* cup tie
curling *s* curling
curry *s* curry
cyanid *s* cyanide
cyankalium *s* potassium cyanide
cykel *s* **1** serie cycle **2** fordon bicycle, cycle; vard. bike
cykelbana *s* väg cycle track
cykelkedja *s* cycle chain
cykelklämma *s* byx~ cycle clip
cykelpump *s* cycle pump
cykelställ *s* cycle stand
cykeltur *s* längre cycling tour; kortare cycle ride
cykeltävling *s* cycle race
cykelverkstad *s* cycle repair shop
cykla *vb itr* cycle; vard. bike; göra en cykeltur go cycling
cyklamen *s* cyclamen
cyklist *s* cyclist
cyklon *s* cyclone; lågtryck äv. depression
cyklopöga *s* för dykare skindiver's mask
cylinder *s* tekn. cylinder
cylindrisk *adj* cylindrical
cymbal *s* mus., bäcken cymbal
cyniker *s* cynic
cynisk *adj* cynical; rå coarse
cynism *s* cynicism
Cypern Cyprus
cypress *s* cypress
cypriot *s* Cypriot
cypriotisk *adj* Cypriot
cysta *s* cyst

D

d *s* mus. D
dabba *vb rfl,* ***~ sig*** make a blunder; trampa i klaveret put one's foot in it
dadel *s* date
dadelpalm *s* date palm
dag *s* **1** day; ***en ~*** el. ***en vacker ~*** one day; avseende framtid äv. some day, one of these days (fine days); ***god ~!*** good morning (resp. afternoon, evening)!; vid presentation how do you do?; ***vara ~en efter*** have a hangover; ***~ för ~*** day by day, every day; ***mannen för ~en*** the man of the moment; ***leva för ~en*** live for the moment; ***i ~*** today; ***i ~ om ett år*** a year from today; ***nu (just) i ~arna*** a) gångna during the last few days b) kommande during the next few days; ***i forna (gamla) ~ar*** in days of old; ***i våra ~ar*** in our day, nowadays; ***om (på) ~en (~arna)*** in the daytime, by day; ***mitt på ljusa ~en*** in broad daylight; ***på gamla ~ar var han...*** as an old man he was... **2** dagsljus daylight; ***se ~ens ljus*** first see the light (light of day); ***bringa (komma) i ~en*** bring (come) to light; ***han är sin far upp i ~en*** he's just like (he's the spitting image of) his father
dagbarn *s* child in the care of a childminder; ***ha ~*** be a childminder
dagbarnvårdare *s* childminder
dagbok *s* diary; ***föra ~*** keep a diary
dagdrivare *s* idler, loafer
dagdröm *s* daydream
dagdrömma *vb itr* daydream
dagdrömmare *s* daydreamer
dagg *s* dew
daggdroppe *s* dewdrop
daggmask *s* earthworm
daghem *s* day nursery, day-care centre
daghemsplats *s* place in a day nursery (day-care centre)
dagis *s* vard., se *daghem*
daglig *adj* daily; ***i ~t bruk (tal)*** in everyday use (speech)
dagligen *adv* daily, every day
dagmamma *s* childminder
dagordning *s* föredragningslista agenda
dags *adv,* ***hur ~?*** at what time?, what time?, when?; ***det är ~ att gå nu*** it is

time to go now; ***det är så ~*** för sent ***nu!*** it is a bit late now!
dagsböter *s* fine sg. [proportional to one's daily income]
dagsljus *s* daylight; ***vid ~*** by daylight
dagsmeja *s* midday thaw
dagsnyheter *s pl* radio. news sg.
dagspress *s* daily press
dagstidning *s* daily paper, daily
dagtid *s* daytime; ***studera på ~*** study in the daytime
dahlia *s* dahlia
dakapo I *s* encore **II** *adv* once more; mus. da capo
dal *s* valley
dala *vb itr* sink, go down, fall
Dalarna Dalarna, Dalecarlia
dalgång *s* long valley
dalkarl *s* Dalecarlian
dalkulla *s* Dalecarlian woman (girl)
dallra *vb itr* quiver, tremble
dallring *s* quiver, tremble
dalripa *s* zool. willow grouse (pl. lika)
dalta *vb itr*, ***~ med ngn*** pamper a p.
1 dam *s* **1** lady; höjdhopp ***för ~er*** ...for women **2** bordsdam [lady] partner **3** kortsp. el. schack. queen
2 dam *s* spel, ***spela ~*** play draughts (amer. checkers)
damasker *s pl* gaiters; herr~ vanl. spats
damast *s* damask
dambinda *s* sanitary towel (amer. napkin)
dambyxor *s pl* under~ knickers, panties; trosor briefs
damcykel *s* lady's bicycle (cycle)
damfrisering *s* lokal ladies' hairdressing saloon
damfrisör *s* ladies' hairdresser
damfrisörska *s* ladies' hairdresser
damkonfektion *s* women's (ladies') wear
1 damm *s* fördämning dam; vattensamling pond; vid kraftverk etc. pool, reservoir
2 damm *s* dust
damma I *vb tr* dust; ***~ av i ett rum*** dust a room; ***~ ned*** make...dusty **II** *vb itr* ryka make a lot of dust; ***vad det ~r!*** what a lot of dust there is!
dammig *adj* dusty
dammkorn *s* speck of dust
dammoln *s* cloud of dust
dammsuga *vb tr* vacuum
dammsugare *s* vacuum cleaner
dammtrasa *s* duster
damrum *s* ladies' cloakroom (amer. rest room)
damsadel *s* side-saddle
damsingel *s* tennis women's singles (pl. lika)
damsko *s* lady's shoe
damskräddare *s* ladies' tailor
damtidning *s* ladies' magazine
damtoalett *s* lokal ladies' lavatory (cloakroom, amer. rest room); ***var är ~en?*** ofta where is the ladies?
damunderkläder *s pl* ladies' underwear sg., lingerie sg.
damväska *s* handbag, lady's handbag
dank *s*, ***slå ~*** idle, loaf about
Danmark Denmark
dans *s* dance; dansande, danskonst dancing; bal ball; efter supén ***blev det ~*** ...they (we etc.) had some dancing; ***en ~ på rosor*** a bed of roses
dansa *vb itr* o. *vb tr* dance; skutta trip; ***~ bra*** (***dåligt***) be a good (poor) dancer; ***~ vals*** dance (do) the waltz, waltz
dansare *s* dancer
dansbana *s* [open air] dance floor
dansband *s* dance band
dansgolv *s* dance floor
dansk I *adj* Danish **II** *s* Dane
danska *s* **1** kvinna Danish woman **2** språk Danish; för ex. jfr *svenska*
danskfödd *adj* Danish-born; för andra sammansättningar jfr *svensk-*
danslektion *s* dancing-lesson
danslokal *s* dance hall
dansmusik *s* dance music
dansorkester *s* dance band
dansör *s* dancer
dansös *s* [female] dancer
darra *vb itr* tremble; huttra shiver; skaka shake
darrig *adj* svag, dålig shaky
dass *s* vard., ***gå på ~*** go to the lav (loo, amer. john)
1 data *s pl* **1** årtal dates **2** fakta data, facts
2 data *s* data. computer; ***ligga på ~*** be on computer; ***lägga på ~*** put on computer
databas *s* data base
databehandla *vb tr* computerize
databehandling *s* data processing, computerization
databrott *s* computer crime
dataregister *s* computer file
dataspel *s* computer game
datasättning *s* computer typesetting
dataterminal *s* data (computer) terminal
datavirus *s* computer virus
dataöverföring *s* data transmission
datera *vb tr* o. *vb rfl*, ***~ sig*** date

dativ *s* dative; ***i ~*** in the dative
dator *s* computer
datorisera *vb tr* computerize
datorisering *s* computerization
datum *s* date
datummärka *vb tr* t. ex. mat open-date
datummärkning *s* t. ex. mat open-dating
datumparkering *s* ung. night parking on alternate sides of the street
datumstämpel *s* date stamp
DDT *s* bekämpningsmedel DDT
de se *den*
debarkera *vb itr* disembark, land
debatt *s* debate; diskussion discussion
debattera *vb tr* o. *vb itr* debate; diskutera discuss
debattinlägg *s,* ***i ett ~ om...*** in an article (a speech etc.) on...
debattör *s* debater
debetsedel *s* income-tax demand note
debitera *vb tr* debit
debut *s* debut, first appearance
debutera *vb itr* make one's debut
december *s* December (förk. Dec.); för ex. jfr *april* o. *femte*
decennium *s* decade
decentralisera *vb tr* decentralize
dechiffrera *vb tr* decipher; kod decode
decibel *s* decibel
deciliter *s* decilitre
decimal *s* decimal
decimalbråk *s* decimal, decimal fraction
decimeter *s* decimetre
deckare *s* vard. **1** roman detective story **2** detektiv tec, amer. dick
dedikation *s* dedication
defekt I *s* defect **II** *adj* defective
defensiv *s* o. *adj* defensive
defilera *vb itr,* ***~*** el. ***~ förbi*** march (file) past
definiera *vb tr* define
definierbar *adj* definable
definition *s* definition
definitiv *adj* bestämd definite; oåterkallelig definitive, final
deflationistisk *adj* deflationary
deformera *vb tr* deform
defroster *s* bil. defroster
deg *s* dough; smördeg paste
dega *vb itr,* ***gå [omkring] och ~*** hang about doing nothing
degenerera *vb itr* degenerate
degenererad *adj* degenerate
degig *adj* degartad doughy
degradera *vb tr* degrade
degradering *s* degradation
dekal *s* sticker
deklarant *s* som deklarerar inkomst person making an income-tax return
deklaration *s* **1** declaration, statement **2** på varuförpackning ingredients, constituents **3** själv~ income-tax return
deklarationsblankett *s* income-tax return form
deklarera *vb tr* o. *vb itr* **1** declare, state **2** själv~ make one's return of income; tull~ declare; ***~ för*** 190 000 kronor return one's income at...
dekoder *s* decoder
dekolletage *s* décolletage
dekor *s* teat. décor
dekoration *s* decoration; föremål ornament
dekorativ *adj* decorative
dekoratör *s* decorator
dekorera *vb tr* decorate
dekret *s* decree
del *s* **1** part, portion; avdelning section; band volume; ***en ~ av befolkningen*** part of the population; ***en ~ (en hel ~) brev förstördes*** some (a great many) letters were destroyed; ***en hel ~*** tror det a great many people...; ***för all ~!*** ingen orsak! don't mention it!, that's quite all right!; ***för den ~en*** as far as that goes, for that matter; ***till en ~*** delvis in part; några some of them; ***till stor ~*** to a large extent **2** andel share; beskärd del lot; rum ***med ~ i kök*** ...with use of kitchen; ***ta ~ i ngt*** take part in a th.; ***jag för min ~ tror...*** for my part (as for me), I think... **3** kännedom, ***få ~ av*** be informed of (about); ***ta ~ av innehållet i*** study (acquaint oneself with) the contents of
dela I *vb tr* särdela divide [*i* into]; dela i lika delar, dela sinsemellan share; ***~ med 5*** divide by 5; ***~ på vinsten*** share the profits; ***det är inget att ~ på*** it is not worth dividing; ***~ ngns åsikt*** share a p.'s view **II** *vb rfl,* ***~ sig*** divide
□ **~ av** avskilja partition off; **~ upp** indela divide (split) up, break up [*i* into]; sinsemellan share [*mellan* among]; om två between; ***~ upp sig*** divide, split; **~ ut** distribute, deal (give) out
delad *adj,* ***det råder ~e meningar*** opinions differ
delaktig *adj,* ***vara ~ i*** a) medverka i beslut etc. participate in b) i brott etc. be implicated (mixed up) in

delaktighet *s* medverkan participation; i brott etc. implication [*i* in]
delegat *s* delegate
delegation *s* delegation, mission
delegera *vb tr* delegate
delfin *s* dolphin
delfinarium *s* dolphinarium
delge *vb tr, ~ **ngn ngt*** inform a p. of a th.
delikat *adj* delicate; om mat etc. delicious
delikatess *s* delicacy
delikatessaffär *s* delicatessen
delning *s* division, partition; delande äv. sharing
delpension *s* partial pension
dels *konj, **~...~...*** partly...partly...; å ena sidan...å andra sidan... on one hand..., on the other...
delstat *s* federal (constituent) state
delta o. **deltaga** *vb itr* **1** take part; som medarbetare collaborate; närvara be present [*i* at] **2** *~ **i ngns sorg*** sympathize with a p. in his sorrow
delta *s* geogr. delta
deltagande I *subst adj* medverkande, ***de ~*** those taking part **II** *s* **1** taking part; participation; medverkan co-operation; anslutning, t.ex. val~ turn-out **2** medkänsla sympathy
deltagare *s* participator; i t.ex. kurs member; ***deltagarna*** ofta those taking part; i tävling the competitors
deltid *s, **arbeta ~*** have a part-time job
deltidsanställd *adj, **vara ~*** work part-time
delvis *adv* partially, partly
delägare *s* i firma partner
dem *pron* se *den*
demagog *s* demagogue
demagogisk *adj* demagogic
dementera *vb tr* deny
dementi *s* denial
demilitarisera *vb tr* demilitarize
demilitarisering *s* demilitarization
demobilisera *vb tr* o. *vb itr* demobilize
demobilisering *s* demobilization
demokrat *s* democrat
demokrati *s* democracy
demokratisk *adj* democratic
demolera *vb tr* demolish
demon *s* demon, fiend
demonstrant *s* demonstrator
demonstration *s* demonstration
demonstrationståg *s* procession of demonstrators
demonstrativ *adj* demonstrative äv. gram.
demonstrera *vb tr* o. *vb itr* demonstrate
demontera *vb tr* fabrik, maskin dismantle
demoralisera *vb tr* demoralize
demoralisering *s* demoralization
den *(det; de; dem,* vard. *dom; dens; deras)* **I** *best art* the; ***~ allmänna opinionen*** public opinion; ***de närvarande*** those present **II** *pron* **1** den, det it; de they; dem them; ***pengarna? de ligger på bordet*** the money? it is on the table; ***det regnar*** it's raining; ***vem är det som knackar?*** who is [it] knocking?; ***det var mycket folk där*** there were many people there; kommer han? ***jag hoppas*** (***tror***) ***det*** ...I hope (think) so; ***det var det, det!*** that's that!; ***varför frågar du det?*** why do you ask? **2** demonstrativt: den, det that; ***den*** (***det***) ***där*** that, ***den*** (***det***) ***här*** this; ***de där, dem*** those; ***de här*** these; ***~ dåren!*** that (the) fool!; ***är det här mina handskar? - ja, det är det*** are these my gloves? - yes, they are; ***se på ~*** mannen***!*** look at him! **3** determinativt: den som the person (one) who; sak the one that; vem som helst som anyone that; i ordspråk he who; ***saken är ~ att...*** the fact is that...; han har en förtjänst, ***~ att vara ärlig*** ...that of being honest; ***han är inte ~ som klagar*** he is not one to complain; ***allt det som...*** everything that...
denim *s* tyg denim
denimjeans *s pl* denims
denne *(denna, detta, dessa) pron* den här this (pl. these); den där that (pl. those); syftande på förut nämnd person (nämnda personer) he, she, they; den (de) senare the latter; ***jag frågade värden, men ~...*** I asked the landlord, but he (the latter)...
densamme *(densamma, detsamma, desamma) pron* the same; den, det it; de they; ***tack, detsamma!*** the same to you!; ***det gör detsamma*** it doesn't matter; ***med detsamma*** genast at once
deodorant *s* deodorant
departement *s* ministry, department
depeschbyrå *s* ung. news office and ticket agency
deponens *s* deponent, deponent verb
deponera *vb tr* deposit [*hos* with]
deportera *vb tr* deport
deportering *s* deportation
deppa *vb itr* vard. feel low, have the blues
deppig *adj, **vara ~*** feel low, have the blues
depraverad *adj* depraved
depression *s* depression äv. ekon.
deprimerad *adj* depressed

deprimerande *adj* depressing
deputation *s* deputation
depå *s* depot
deras *poss pron* förenat their; självständigt theirs
desamma se *densamme*
desertera *vb itr* desert
desertering *s* desertion
desertör *s* deserter
design *s* design
designer *s* designer, industrial designer
desillusionerad *adj* disillusioned
desinfektion *s* disinfection
desinfektionsmedel *s* disinfectant
desinficera *vb tr* disinfect
desorienterad *adj* confused, bewildered
desperado *s* desperado (pl. -s)
desperat *adj* desperate
desperation *s* desperation
despot *s* despot
despotisk *adj* despotic
1 dess *s* mus. D flat
2 dess I *poss pron* its **II** *adv*, ***innan ~*** before then; ***sedan ~*** since then; ***till ~*** el. ***tills ~*** till then, until then; ***till ~ att*** till, until; ***~ bättre*** all (so much) the better; lyckligtvis fortunately; ***ju förr ~ bättre*** the earlier (sooner) the better
dessa se *denne*
dessbättre *adv* fortunately
dessemellan *adv* in between; om tid at times
dessert *s* sweet, dessert; vard. afters
dessertsked *s* dessertspoon
dessförinnan *adv* before then; förut beforehand
dessutom *adv* besides; vidare furthermore
dessvärre *adv* unfortunately
destillation *s* distillation
destillera *vb tr* distil
destination *s* destination
desto *adv*, ***~ bättre*** all (so much) the better; lyckligtvis fortunately
destruktiv *adj* destructive
det se *den*
detalj *s* detail; ***sälja i ~*** hand. sell retail
detaljerad *adj* detailed
detaljhandel *s* retail trade
detaljhandlare *s* retailer
detektiv *s* detective
detektivroman *s* detective story
determinativ *adj* determinative
detonation *s* detonation
detonera *vb itr* o. *vb tr* detonate
detronisera *vb tr* dethrone
detsamma se *densamme*
detta se *denne*
devalvera *vb tr* devalue
devalvering *s* devaluation
dia *vb tr* o. *vb itr* om djur, barn suck; ge di suckle
diabetes *s* diabetes
diabetiker *s* diabetic
diabild *s* transparency; ramad slide
diabolisk *adj* diabolical
diagnos *s* diagnosis (pl. diagnoses); ***ställa ~*** make a diagnosis [*på* of]
diagnostisera *vb tr* diagnose
diagnostisk *adj*, ***~t prov*** diagnostic test
diagonal *s* o. *adj* diagonal
diagram *s* diagram; med siffror chart
dialekt *s* dialect
dialektal *adj* dialectal
dialog *s* dialogue
diamant *s* diamond
diameter *s* diameter
diapositiv *s* transparency; ramat slide
diarré *s* diarrhoea
dieselmotor *s* diesel engine
diet *s* diet; ***hålla ~*** be on a diet
differens *s* difference
differentiera *vb tr* differentiate
diffus *adj* diffuse; oskarp blurred
difteri *s* diphtheria
diftong *s* diphthong
dig *pron* se *du*
diger *adj* thick, bulky
digital *adj* digital
digna *vb itr* tyngas ned be weighed down
dike *s* ditch, trench
dikt *s* poem; ***rena ~en*** påhitt pure fiction
dikta *vb tr* o. *vb itr* författa write; skriva vers write poetry
diktamen *s* dictation; ***ta ~ på*** ett brev take down...
diktare *s* writer; poet poet
diktator *s* dictator
diktatur *s* dictatorship
diktera *vb tr* dictate [*för* to]
diktning *s* diktande writing; poesi poetry; produktion literary production
diktsamling *s* collection of poems
dilemma *s* dilemma
dilettant *s* amateur, dilettante
diligens *s* stagecoach
dill *s* dill
dilla *vb itr* vard. babble, talk nonsense
dimension *s* dimension
diminutiv *s* o. *adj* diminutive
dimljus *s* fog light (lamp)

dimma *s* fog; lättare mist
dimmig *adj* foggy; lättare misty
dimpa *vb itr,* ~ ***ner*** drop down
dimridå *s* smoke screen
din *(ditt, dina) poss pron* your; självständigt yours; ~ ***dumbom!*** you fool (idiot)!; ***D~ tillgivne E.*** i brev Yours ever (sincerely), E.; ***du har gjort ditt*** you've done your part (bit)
diné *s* dinner
dinera *vb itr* dine
dingla *vb itr* dangle; ~ ***med benen*** dangle one's legs
diplom *s* diploma
diplomat *s* diplomat
diplomati *s* diplomacy
diplomatisk *adj* diplomatic
dipmix *s* dip mix
dippa *vb tr* o. *vb itr* i dipmix dip
direkt I *adj* direct; omedelbar immediate **II** *adv* directly; omedelbart immediately; raka vägen direct; ***inte ~ rik, men...*** not exactly rich, but...
direktförbindelse *s* med flyg etc. direct service
direktion *s* styrelse board of directors
direktiv *s* instructions pl.
direktreferat *s* i radio running commentary
direktsändning *s* i radio live broadcast
direktör *s* director; ***verkställande ~*** managing director, amer. president [*för* of]
direktöverföring *s* direct transmission
dirigent *s* conductor
dirigera *vb tr* o. *vb itr* direct; mus. conduct; ~ ***om*** trafiken redirect, re-route, divert
dis *s* haze
disciplin *s* discipline
disco *s* vard. disco (pl. -s)
disharmoni *s* discord, disharmony
disharmonisk *adj* disharmonious
disig *adj* hazy
1 disk *s* **1** butiksdisk etc. counter; bardisk bar **2** data. disk
2 disk *s* washing-up äv. konkret
diska *vb tr* o. *vb itr,* ~ el. ~ ***av*** wash up, do the washing-up (dishes); ett enda föremål wash
diskant *s* treble
diskare *s* washer-up
diskborste *s* washing-up (dish) brush
diskbråck *s,* ***ha ~*** have a slipped disc
diskbänk *s* kitchen sink, sink
diskett *s* data. floppy disk, diskette
diskho *s* washing-up sink
diskjockey *s* disc jockey; vard. deejay, DJ
diskmaskin *s* dishwasher
diskmedel *s* flytande washing-up liquid (i pulverform powder), detergent
diskonto *s* bank~ minimum lending rate
diskotek *s* lokal discotheque; vard. disco
diskplockare *s* table clearer, waiter's assistant, amer. bus boy (girl)
diskrepans *s* discrepancy
diskret *adj* discreet
diskretion *s* discretion
diskriminera *vb tr* discriminate; ~ ***ngn*** discriminate aganst a p.
diskriminering *s* discrimination [*av* against]
diskställ *s* i kök plate rack
disktrasa *s* dishcloth
diskus *s* discus; kastning discus-throwing; som sportgren discus
diskuskastare *s* discus-thrower
diskussion *s* discussion [*om* about]
diskussionsämne *s* subject (topic) of (for) discussion
diskutabel *adj* tvivelaktig questionable
diskutera *vb tr* o. *vb itr* discuss
diskvalificera *vb tr* disqualify
diskvalificering *s* disqualification
diskvatten *s* dishwater
dispens *s,* ***få ~*** be granted an exemption
disponent *s* företagsledare managing director, amer. president; souschef manager
disponera *vb tr* o. *vb itr* **1** ~ el. ~ ***över*** ha till förfogande have...at one's disposal; ha tillgång till have access to **2** planera arrange
disponerad *adj,* ***vara ~ för*** be disposed (inclined) to; ha anlag för have a predisposition (tendency) towards
disponibel *adj* available, disposable
disposition *s* **1** ***stå (ställa ngt) till ngns ~*** be (place a th.) at a p.'s disposal **2** av en uppsats etc. plan, outline; av stoffet disposition, arrangement **3** ***~er*** åtgärder arrangements
dispyt *s* dispute; ***råka (komma) i ~*** get involved in a dispute
diss *s* mus. D sharp
distans *s* distance
distansundervisning *s* distance tuition
distingerad *adj* distinguished
distinkt *adj* distinct
distinktion *s* distinction
distrahera *vb tr,* ~ ***ngn*** distract a p.
distribuera *vb tr* distribute
distribution *s* distribution
distributör *s* distributor
distrikt *s* district

distriktssköterska *s* district nurse; som gör hembesök health visitor
disträ *adj* absent-minded
dit *adv* **1** demonstrativt there; ~ ***bort*** (***ned***) away (down) there; ***det är långt*** ~ it is a long way there; om tid that's a long time ahead **2** relativt where; ***den plats*** ~ ***han kom*** the place he came to
dithörande *adj* ...belonging to it (resp. them); hörande till saken relevant
ditkomst *s*, ***vid ~en*** on my (his etc.) arrival there
dito *adj* o. *adv* ditto (förk. do.)
ditresa *s*, ***på ~n*** on the journey there
1 ditt *pron* se *din*
2 ditt *s*, ~ ***och datt*** this and that, all sorts of things
dittills *adv* till (up to) then; så här långt so far
ditvägen *s*, ***på*** ~ on the (my etc.) way there
ditåt *adv* in that direction, that way; ***någonting*** ~ something like that
diva *s* diva
divan *s* couch, divan
diverse *adj* various; ~ ***saker*** äv. odds and ends
diversearbetare *s* casual labourer, odd-job man
dividera *vb tr* divide [*med* by]
division *s* mat. el. mil. division
djungel *s* jungle
djup I *adj* deep; ***i de ~a leden*** among the rank and file; ~ ***sorg*** profound grief, deep sorrow; ***i*** ~ ***sorg*** (***sorgdräkt***) in deep mourning; ~ ***tallrik*** soup plate **II** *s* depth; ***försvinna i ~et*** go to the bottom; ***gå på ~et med*** go to the bottom of; ***komma ut på ~et*** get out into deep water
djupdykning *s* deep-sea diving
djupfrysa *vb tr* deep-freeze
djupfryst *adj*, ***~a livsmedel*** deep-frozen (frozen) foods
djupsinne *s* profundity, depth of thought
djupsinnig *adj* profound, deep
djupt *adv* deep; mest bildl. deeply, profoundly; ~ ***allvarlig*** very serious; ~ ***urringad*** om klänning low-cut; ***andas*** ~ draw a deep breath; ***buga sig*** ~ make a low bow; ***sova*** ~ sleep deeply; ***han sov*** ~ he was fast asleep
djur *s* animal; större beast; ***arbeta som ett*** ~ work like a horse
djurpark *s* zoo
djurplågeri *s* cruelty to animals
djurriket *s* the animal kingdom
djurskyddsförening *s* society for the prevention of cruelty to animals
djurskötare *s* på zoo keeper, zoo keeper
djurvän *s* lover of animals
djäkla etc., se *jäkla* etc.
djärv *adj* bold; dristig daring
djärvhet *s* boldness, daring
djävel *s* devil; ***djävlar!*** bugger!, damn!
djävla *adj* o. *adv* bloody; damned, amer. goddam; ***din*** ~ ***drulle!*** you bloody (damned) fool!
djävlas *vb itr dep* be bloody-minded
djävlig *adj* om person bloody nasty, damned nasty [*mot* to]; om sak bloody rotten (awful), damned rotten (awful)
djävligt *adv* svordom bloody, damned
djävul *s* devil
djävulsk *adj* devilish; diabolisk diabolical
docent *s* univ. reader, senior lecturer
dock *adv* o. *konj* yet, still; emellertid however
1 docka *s* o. *vb tr* o. *vb itr* sjö. dock äv. om rymdraket
2 docka *s* leksak doll, barnspr. dolly; marionett puppet; skyltdocka dummy
dockskåp *s* doll's house
dockvagn *s* doll's pram
doft *s* scent, odour
dofta *vb itr* smell; ***det ~r*** (***~r av***) ***rosor*** there is a scent (smell) of roses
dogmatisk *adj* dogmatic
doktor *s* doctor (förk. Dr.)
doktorsavhandling *s* doctor's thesis (pl. theses)
doktrin *s* doctrine
dokument *s* document
dokumentation *s* documentation
dokumentera I *vb tr* document; bevisa give evidence of **II** *vb rfl*, ~ ***sig som...*** establish oneself as...
dokumentskåp *s* filing-cabinet
dokumentärfilm *s* documentary, documentary film
dold *adj* hidden, concealed; ***~a kameran*** candid camera
doldis *s* vard. unperson, anonymous public figure
dolk *s* dagger
dolkstöt *s* stab, dagger-thrust
dollar *s* dollar, amer. vard. buck
dollarsedel *s* dollar note (amer. bill)
1 dom *pron* o. *best art* se *den*
2 dom *s* judgement; i brottmål sentence; jurys utslag verdict; ***fällande*** (***friande***) ~ verdict

of guilty (not guilty); ***~en över honom löd på...*** he was sentenced to...
domare *s* **1** judge; vid högre rätt justice **2** sport., allmän idrott m.m. judge; tennis m.m. umpire; fotboll, boxn. referee
domdera *vb itr* go on, shout and swear, boss about
domedag *s* doomsday, judgement day
domherre *s* bullfinch
dominans *s* dominance
dominera *vb tr* o. *vb itr* dominate; spela herre domineer; vara mest framträdande predominate
domino *s* spel dominoes sg.
domkraft *s* jack
domkyrka *s* cathedral
domna *vb itr,* ~ el. ~ ***av*** (***bort***) go numb; min fot ***har ~t*** ...has gone to sleep
domprost *s* dean
domptör *s* tamer
domslut *s* **1** judgement **2** sport. decision
domstol *s* lawcourt
domän *s* domain, province
donation *s* donation
donator *s* donor
Donau the Danube
donera *vb tr* donate, give
dop *s* baptism; barndop christening
dopa *vb tr* sport. dope
doping *s* drug-taking; sport. doping
dopingprov *s,* ***ett ~*** a drug test
dopklänning *s* christening robe
dopp *s,* ***ta sig ett ~*** have a dip (plunge)
doppa *vb tr* dip; hastigt plunge
dos *s* dose; ***en för stor ~*** an overdose
dosa *s* box; av bleck tin
dossier *s* dossier
dotter *s* daughter
dotterbolag *s* subsidiary company, subsidiary
dotterdotter *s* granddaughter
dotterson *s* grandson
dov *adj* om smärta dull, aching
doyen *s* doyen
dra I *vb tr* o. *vb itr* **1** draw; kraftigare pull; hala haul; släpa drag; i schack etc. move; ~ ***ngn inför rätta*** bring a p. up before court; ***~...ur led*** put...out of joint **2** locka attract; ***ett stycke som ~r folk*** a play that draws people **3** om te m.m. draw; ***låta teet stå och ~*** let the tea draw **4** tåga march; gå go, pass; ***~ åt skogen*** go to blazes; ***gå och ~*** sysslolöst lounge (hang) about; ***det ~r*** there is a draught **5** ***bilen ~r mycket bensin*** the car takes a lot of petrol **II** *vb rfl,* ***~ sig*** **1** flytta sig move; ***klockan ~r sig*** the clock is slow **2** ***ligga och ~ sig*** på soffan be lounging... **3** ***~ sig för ngt*** (***för att***) be afraid of a th. (of ing-form); ***inte ~ sig för ngt*** (***för att***) not be afraid of a th. (of ing-form), not hesitate to
□ **~ av** a) klä av take (pull) off b) dra ifrån deduct; **~ av sig** take off; **~ bort** go away; **~ fram** draw (pull) out; bildl. bring up, produce; ***~ fram stolen*** till fönstret draw up the chair...; **~ för** gardin draw..., pull...across; **~ förbi** go past, pass by; **~ ifrån** a) gardin etc. draw (pull) aside; ta bort take away b) ta (räkna) ifrån deduct c) sport. draw away; **~ igen** dörr etc. shut, close; **~ igenom** läsa igenom go (run) through, start a th.; **~ igång** get...going; **~ ihop** trupper concentrate; **~ ihop sig** contract; sluta sig close; ***det ~r ihop sig till regn*** it looks like rain; **~ in** a) dra tillbaka, återkalla withdraw; på viss tid suspend; körkort take away (på kort tid suspend) b) inskränka cut down; **~ med sig** innebära mean, involve; **~ på sig** c) t.ex. strumpor put (pull) on d) t.ex. skulder incur; **~ till** t.ex. dörr pull (draw)...to; dra åt hårdare pull...tighter, tighten; ***~ till bromsen*** apply the brake; **~ till med** a) en svordom, lögn come out with... b) gissa på make a guess at; **~ till sig** attrahera attract; ***~ till sig uppmärksamhet*** attract attention; **~ tillbaka** withdraw; **~ sig tillbaka** retirera retreat; bildl. retire; **~ upp** draw (pull) up; klocka wind up; **~ sig ur spelet (leken)** quit the game, back out; **~ ut** a) t.ex. tand extract b) förlänga draw out, prolong; tänja ut stretch out; strejken ***~r ut på tiden*** ...is dragging on; ***det ~r ut på tiden*** it's taking a long time; blir sent it's getting rather late; **~ över tiden** run over the time
drabba I *vb tr* träffa hit, strike; beröra affect; ***~s av...*** råka ut för meet with... **II** *vb itr,* ***~ samman*** (***ihop***) meet
drabbning *s* slag battle; stridshandling action; friare encounter
drag *s* **1** ryck pull, tug; med stråke, penna etc. stroke; i spel o. bildl. move; ***i korta ~*** in brief; ***i stora ~*** in broad outline **2** särdrag, ansiktsdrag feature **3** luftdrag draught, amer. draft; han tömde glaset ***i ett ~*** ...at a (one) draught (gulp)
draga se *dra*
dragga *vb itr* drag [*efter ngt* for a th.]
dragig *adj* draughty, amer. drafty
dragkamp *s* tug-of-war

dragkedja *s* zip-fastener; vard. zipper
dragkärra *s* handcart, barrow
dragning *s* **1** lotteri- draw **2** attraktion attraction
dragningskraft *s* power of attraction, attraction
dragningslista *s* lottery prize list
dragon *s* krydda tarragon
dragplåster *s* bildl. drawing-card, draw
dragspel *s* accordion; concertina concertina
drake *s* dragon; leksak kite; ***släppa upp en ~*** fly a kite
drama *s* drama; bildl. tragedy
dramatik *s* drama
dramatisera *vb tr* dramatize
dramatisk *adj* dramatic
drapera *vb tr* drape
draperi *s* piece of drapery, drapery
dras *vb itr*, ***~ (få ~) med*** sjukdom, bekymmer be afflicted with
drastisk *adj* drastic
dregla *vb itr* dribble
dressera *vb tr* train
dribbla *vb itr* dribble
dribbling *s* dribbling; ***en ~*** dribble
dricka *vb tr* o. *vb itr* drink; ***~ te med citron*** have (take) lemon in one's tea; ***ska vi ~ något?*** shall we have something to drink?
dricks *s* tip sg.; ***hur mycket skall jag ge i ~?*** what tip should I give?
dricksglas *s* glass, drinking-glass, tumbler
drickspengar *s pl* se *dricks*
dricksvatten *s* drinking-water
drift *s* **1** begär, böjelse urge, instinct **2** verksamhet operation, working; igånghållande running; skötsel management; ***ta i ~*** put into operation (service); ***vara billig i ~*** be economical, be cheap to run
driftstörning *s* operational disturbance, breakdown in production
driftsäker *adj* dependable, reliable
1 drill *s* mus. trill; om fågel warble
2 drill *s* mil. drill
1 drilla *vb itr* mus. trill; om fågel warble
2 drilla *vb tr* mil. drill
drink *s* drink
driva I *s* snowdrift **II** *vb tr* o. *vb itr* drive; om moln, båt drift; maskin operate; bedriva, idka carry on; affär, fabrik run; ***gå och ~*** ströva loaf about; flanera roam about; ***~ med ngn*** skoja pull a p.'s leg; göra narr av make fun of a p.
□ ~ **igenom** bildl. force (carry) through; ***~ sin vilja igenom*** have (get) one's own way; ~ **omkring** drift about; ~ **på** press (urge, push) on; ~ **upp** pris etc. force up
drivbänk *s* hotbed, forcing-bed
driven *adj* skicklig clever, skilled
drivhus *s* hothouse
drivhuseffekt *s* greenhouse effect
drivkraft *s* motive force (power); bildl. driving force
drivmedel *s* fuel
drog *s* drug
dromedar *s* dromedary
dropp *s* droppande drip, dripping; med. drip
droppa I *vb itr* drip; ***det ~r från kranen*** the tap is dripping (leaking) **II** *vb tr* drop [*i* into]
droppe *s* drop; ***det var ~n som kom bägaren att rinna över*** it was the last straw
dropptorka *vb itr* drip-dry
droska *s* cab
droskägare *s* taxi (cab) owner
drottning *s* queen äv. bildl. o. schack.
drucken *adj* drunk; ***en ~ man*** a drunk, a drunken man
drulle *s* clumsy fool
drummel *s* lout; lymmel rascal
drunkna *vb itr* be (get) drowned; ***~ i...*** bildl. be snowed under (swamped) with...; ***han ~r!*** he's drowning!
drunkningsolycka *s* fatal drowning accident
druva *s* grape
druvklase *s* bunch of grapes; på vinranka cluster of grapes
druvsocker *s* dextrose
dryck *s* drink; tillagad, t.ex. kaffe beverage
dryckesvisa *s* drinking-song
dryfta *vb tr* discuss, talk over
dryg *adj* **1** om person: högfärdig stuck-up **2** om sak: som räcker länge lasting; väl tilltagen ample; rågad heaped; mödosam hard, heavy; ***en ~ timme*** a good (full) hour
drygt *adv*, ***~ 300*** fully 300; ***~ hälften av...*** a good half of...
drypa *vb itr* drip; ***~ av svett*** drip with sweat
dråp *s* manslaughter, homicide
dråplig *adj* really funny; ***vara ~*** äv. be a real scream
dråpslag *s* deathblow; bildl. vanl. staggering blow
dråsa *vb itr*, ***~*** el. ***~ ned*** come tumbling down; ***~ i vattnet (golvet)*** tumble into the water (on to the floor)
dräglig *adj* tolerable

dräkt *s* **1** dress (end. sg.); national~ costume **2** jacka, kjol suit, costume
drälla I *vb tr* spill **II** *vb itr* **1** ***gå och ~*** slå dank loaf about **2** ***det dräller av folk på gatorna*** the streets are teeming with people
dränera *vb tr* drain
dränering *s* drainage
dräng *s* farm hand; hantlangare henchman; ***sådan herre sådan ~*** like master, like man
dränka *vb tr* drown äv. bildl.; översvämma flood; ***~ in med olja*** steep...in oil
dräpa *vb tr* kill
dräpande *adj* slående telling; förintande crushing
dröja *vb itr* **1** be late [*med att komma* in coming]; söla dawdle; ***~ med ngt*** delay (put off) a th.; ***svaret har dröjt länge*** the answer has been a long time coming **2** vänta wait; stanna stop, stay; ***var god och dröj!*** i telefon äv. hold on (hold the line), please!; ***dröj lite*** (***ett tag***)***!*** hang on!, wait a moment!; ***dröj inte länge!*** don't be long!; ***det dröjer länge, innan...*** it will be a long time before...; ***det dröjde inte länge förrän*** (***innan***) han bad mig... it was not long before...
dröjsmål *s* delay
dröm *s* dream
drömma *vb itr* o. *vb tr* dream
drömmande *adj* dreamy
drömmare *s* dreamer
drömtårta *s* chocolate Swiss roll
du *pers pron* you; ***dig*** you
dubb *s* stud äv. bildubb; knob
1 dubba *vb tr* film dub [*till* into]
2 dubba *vb tr* däck provide...with studs
dubbdäck *s* studded tyre
dubbel I *adj* double; ***dubbla antalet*** double (twice) the number; ***priserna har stigit till det dubbla*** prices have doubled **II** *s* tennis etc. doubles (pl. lika); match doubles match
dubbelarbetande *adj*, ***~ kvinnor*** women who work outside the home
dubbelarbete *s* som görs två gånger duplication of work; två arbeten two jobs
dubbelfönster *s* double-glazed window
dubbelgångare *s* double; vard. look-alike
dubbelhaka *s* double chin
dubbelknäppt *adj* double-breasted
dubbelliv *s* double life
dubbelmatch *s* tennis etc. doubles match
dubbelmoral *s* double standard
dubbelnamn *s* double-barrelled name
dubbelnatur *s* dual (split) personality
dubbelriktad *adj*, ***~ trafik*** two-way traffic
dubbelrum *s* double room
dubbelslipad *adj* om glasögon bifocal
dubbelspel *s* bedrägeri double-dealing, double-crossing; ***spela ~*** play a double game
dubbelsäng *s* double bed
dubbelt *adv* i dubbelt mått doubly; två gånger twice; ***~ så gammal som*** twice as old as; ***betala*** (***se***) ***~*** pay (see) double
dubblera *vb tr* double; ***~ ett tåg*** run a relief train
dubblett *s* duplicate
ducka *vb itr* o. *vb tr* duck
duell *s* duel
duett *s* duet
duga *vb itr* do; vara lämplig be suitable (fit); vara god nog be good enough [*till, åt, för* i samtliga fall for]; ***det duger inte!*** that won't do!, that's no good!; ***visa vad man duger till*** show what one can do
dugg *s* **1** regn drizzle **2** dyft, ***inte ett ~*** not a thing (bit); ***inte ett ~ blyg*** not a bit shy
dugga *vb itr* drizzle
duggregn *s* drizzle
duglig *adj* capable, competent
duk *s* cloth; segelduk, målarduk canvas; ***på vita ~en*** on the screen
1 duka *vb tr* o. *vb itr*, ~ el. ***~ bordet*** lay the table; ***ett ~t bord*** a table ready laid; ***komma till ~t bord*** have everything laid on (made easy for one); ***~ av*** el. ***~ av bordet*** clear the table; ***~ fram*** (***upp***) put...on the table
2 duka *vb itr*, ***~ under*** succumb [*för* to]
duktig *adj* good; skicklig clever, capable [*i* at]; stor etc. big, large; ansenlig considerable
dum *adj* stupid, foolish; barnspr., 'elak' nasty [*mot* to]; ***inte så ~*** ganska bra not bad
dumbom *s* fool, idiot; ***din ~!*** you fool (idiot)!
dumburk *s* vard., ***~en*** the goggle (idiot) box; amer. the boob tube
dumhet *s* stupidity, foolishness; handling act of folly, blunder; ***~er!*** nonsense!; ***prata ~er*** talk nonsense; ***vad är det här för ~er?*** what's all this nonsense?
dumhuvud *s* blockhead
dumma *vb rfl*, ***~ sig*** make a fool of oneself; begå en dumhet make a blunder
dumpa *vb tr* priser, avfall dump
dumskalle *s* o. **dumsnut** *s* vard. blockhead, nitwit

dun *s* down
dunder *s* ljud rumble, thunder; ***med ~ och brak*** with a crash
dundra *vb itr* thunder; om åska rumble
dunge *s* group of trees; lund grove
1 dunk *s* behållare can
2 dunk *s* bankande thumping; om puls, maskin etc. throb, throbbing; slag, knuff thump
dunka *vb itr* o. *vb tr* thump äv. om hjärtat; om puls, maskin etc. throb; ***~ på pianot*** pound on the piano; ***~ ngn i ryggen*** slap (thump) a p. on the back
dunkel *adj* rätt mörk dusky; mörk, dyster gloomy; svårfattlig, oklar obscure; hemlighetsfull mysterious
dunkudde *s* down pillow
duns *s* thud
dunsa *vb itr* thud
dunsta *vb itr, ~* el. ***~ av*** (***bort***) evaporate
duntäcke *s* down quilt, duvet
dupera *vb tr* take in
duplicera *vb tr* duplicate
duplicering *s* duplication
dur *s* mus. major; ***gå i ~*** be in the major key
durk *s* golv floor; ammunitionsdurk magazine
durkslag *s* colander
dusch *s* shower
duscha I *vb itr* have a shower **II** *vb tr* give...a shower
dussin *s* dozen (förk. doz.); 100 kr ***~et*** (***per ~***) ...a dozen
dussinroman *s* cheap novel, potboiler
dussintals *adj* dozens
dussinvis *adv* per dussin by the dozen
dust *s* kamp fight, tussle
duva *s* pigeon; mindre dove; bildl. o. polit. dove
dvala *s, **ligga i ~*** zool. hibernate
dvs. (förk. för *det vill säga*) that is to say, that is, i.e.
dvärg *s* dwarf; på cirkus etc. midget
dy *s* mud, sludge
dyblöt *adj* soaking wet
dyft *s, **inte ett ~*** not a bit (thing)
dygd *s* virtue
dygdig *adj* virtuous
dygn *s* day, day and night; ***ett*** (***två***) ***~*** twenty-four (forty-eight) hours; ***arbeta ~et om*** work day and night; ***~et runt*** round the clock, day and night
dygnsparkering *s* twenty-four hour parking
dyka *vb itr* dive; kortvarigt duck; ***~ ned i*** dive into; ***~ upp*** emerge [*ur* out of]
dykare *s* diver
dykning *s* diving; enstaka dive
dylik *adj* ...of that (the) sort, ...like that; ***eller*** (***och***) ***~t*** or (and) the like
dyna *s* cushion
dynamisk *adj* dynamic
dynamit *s* dynamite
dynamo *s* dynamo (pl. -s)
dynasti *s* dynasty
dynga *s* dung
dyr *adj* expensive; som kostar mer än det är värt, vanl. dear
dyrbar *adj* dyr costly; dear, expensive; värdefull valuable
dyrgrip *s* article of great value
dyrk *s* skeleton key
1 dyrka *vb tr, **~ upp*** lås pick
2 dyrka *vb tr* tillbedja worship; beundra äv. adore; avguda äv. idolize
dyrkan *s* worship, adoration
dyrort *s* dyr ort locality with a high cost of living
dysenteri *s* dysentery
dyster *adj* gloomy, dismal
dysterhet *s* gloom; gloominess
då I *adv* then, at that time, in those days; i så fall in that case; om så är if so; ***~ och ~*** now and then; ***~ så!*** då är det ju bra well, it's all right then!; ***vad nu ~?*** what's up now?; ***det var ~ det!*** times have changed since then!; ***när*** (***vem***) ***~?*** when (who)? **II** *konj* **1** om tid when; just som as, just as; medan while; ***nu ~*** now that; ***~ jag var barn*** when I was a child **2** eftersom as, seeing that; ***~ ju*** since
dåd *s* illdåd outrage; bragd deed, feat
dåförtiden *adv* at that time
dålig *adj* **1** bad, poor; sämre sorts inferior; svag, klen weak; ***~ sikt*** poor visibility; ***~ smak*** bad taste; ***tala ~ svenska*** speak poor Swedish; ***~a tänder*** bad teeth; ***~a varor*** inferior goods; ***det var inte ~t det!*** that's not bad!; ***~ i engelska*** poor at English; ***det är ~t med potatis i år*** there's a shortage of potatoes this year **2** krasslig unwell; inte riktigt kry out of sorts; illamående sick; ***bli ~*** be taken ill; ***jag känner mig ~*** I don't feel well, I feel rotten
dåligt *adv* badly, poorly; ***affärerna går ~*** business is bad
dån *s* roar, roaring; åskmuller roll, rolling
dåna *vb itr* dundra roar; om åska roll
dåraktig *adj* foolish, silly, idiotic
dåre *s* fool, idiot

dårhus *s* madhouse
dårskap *s* folly
dåsa *vb itr* doze, drowse; **~ *till*** doze off
dåsig *adj* drowsy
dåvarande *adj*, **~ *ägaren*** till huset the then owner...; ***under ~ förhållanden*** as things were then
däck *s* **1** på båt deck **2** på hjul tyre, amer. tire
däggdjur *s* mammal
dämma *vb tr*, **~** el. **~ *av (för, upp)*** dam, dam up
dämpa *vb tr* moderate, subdue, check; **~ *en boll*** fotb. trap a ball
dämpad *adj* subdued; **~ *musik*** soft music
dänga *vb tr*, **~ *till ngn*** punch (wallop) a p.
där *adv* there; **~ *bak*** at the back; **~ *bakom mig*** there behind me; **~ *i huset*** in that house; ***han ~*** that fellow; **~ *ser du!*** there you are!; ***det var ~ som...*** that was where...; hon är så söt **~ *hon sitter*** ...sitting there
däran *adv*, ***vara illa ~*** be in a bad way (in a fix)
därav *adv* of that (it, those, them etc.); ***på grund ~*** for that reason; **~ *följer att...*** from that it follows that...; ***men ~ blev ingenting*** but nothing came of it
därbak *adv* at the back there
därborta *adv* over there
därefter *adv* efter detta after that; sedan then, afterwards; i enlighet därmed accordingly; ***det blev också ~*** the result was as might be expected
däremot *adv* emellertid however; å andra sidan on the other hand; tvärtom on the contrary
därframme *adv* därborta over there
därför *adv* fördenskull so, therefore; av den orsaken for that (this) reason; **~ *att*** because; ***det är just ~ som...*** that's just the reason why...
därhemma *adv* at home
däri *adv* in that; **~ *ligger svårigheten*** that is where the difficulty comes in
däribland *adv* among them
därifrån *adv* from there; från denna etc. from that (it, them etc.); ***långt ~*** far from it; ***ut ~*** out of it; ut ur rummet etc. out of that room etc.; ***gå (resa) ~*** leave there
därigenom *adv* på så sätt in that way; tack vare detta thanks to that; **~** genom att göra det ***kunde han...*** by doing so he could...
därinne *adv* in there
därjämte *adv* in addition, besides
därmed *adv* med detta with that; därigenom thereby; **~ *var saken avgjord*** that settled the matter; ***i samband ~*** in that connection
därnere *adv* down (below) there
därom *adv* about that; ***norr ~*** north, to the north of it
därpå *adv* om tid after that, then; på denna (detta, dessa) on it (that, them)
därtill *adv* to it (that, them); ***med hänsyn ~*** in view of that; ***orsaken ~*** the reason for that; **~ *kommer att han...*** moreover (besides), he...
därunder *adv* under it (that, them, there); ***och ~*** mindre än detta and less (under, below)
däruppe *adv* up there
därute *adv* out there
därutöver *adv* ytterligare in addition; mer more; 100 kronor ***och ~*** ...and upwards
därvid *adv* at that; i det sammanhanget in that connection
därvidlag *adv* i detta avseende in that respect
dö *vb itr* die; ***jag är så hungrig så jag kan ~*** I'm dying of hunger; **~ *i (av) cancer*** die of cancer; ***en döende*** a dying person; **~ *bort*** die away (down); **~ *ut*** die out
död I *adj* dead; ***den ~e*** the dead man; den avlidne the deceased; ***de ~a*** the dead **II** *s* death; ***ta ~ på*** kill; slå ihjäl put...to death; utrota exterminate; ***ligga för ~en*** be dying; ***vara nära ~en*** be at death's door; misshandla ngn ***till ~s*** ...to death
döda *vb tr* kill
dödande *s* o. *adj* killing
dödfull *adj* dead drunk
dödfödd *adj* stillborn
dödlig *adj* mortal; ***en ~ dos*** a lethal dose; ***ett ~t gift*** a deadly poison; ***en ~ sjukdom*** a fatal illness; ***en vanlig ~*** an ordinary mortal
dödlighet *s* mortality; dödstal death rate
dödläge *s* deadlock, stalemate
dödsannons *s* i tidning obituary notice; ***hans ~*** the announcement of his death
dödsattest *s* o. **dödsbevis** *s* death certificate
dödsbo *s*, ***~et*** the estate of the deceased
dödsbädd *s* deathbed
dödsdag *s*, ***hans ~*** the day (årsdagen anniversary) of his death
dödsdom *s* death sentence
dödsdömd *adj* ...sentenced (condemned) to death; ***försöket är dödsdömt*** the attempt is doomed to failure
dödsfall *s* death

dödsfara *s, **han var i ~*** he was in danger of his life
dödsfiende *s* mortal enemy
dödsfälla *s* death trap
dödshjälp *s* euthanasia
dödskalle *s* death's-head, skull
dödskamp *s* death struggle
dödsoffer *s* vid olycka victim
dödsolycka *s* fatal accident
dödsorsak *s* cause of death
dödspatrull *s* death squad
dödsruna *s* obituary, obituary notice
dödsstraff *s* capital punishment
dödsstöt *s* deathblow
dödssynd *s* bildl. crime; ***de sju ~erna*** the Seven Deadly Sins
dödstrött *adj* dead tired
dödstyst *adj* dead silent
dödstystnad *adj* dead silence
dölja *vb tr* conceal, hide; maskera disguise [*för* i samtliga fall from]; ***jag har inget att ~*** I have nothing to hide; ***hålla sig dold*** be hiding, be in hiding
döma *vb tr* o. *vb itr* **1** judge [*av, efter* by, from]; i brottmål sentence, condemn; ***att ~ av...*** judging from (by)...; ***av allt att ~*** to all appearances; ***~ ngn till 500 kronors böter*** fine a p. 500 kronor; ***~ ngn till döden*** sentence a p. to death; ***planen är dömd att misslyckas*** the scheme is doomed to failure **2** sport. act as judge; tennis m.m. umpire; fotboll, boxn. referee
döpa *vb tr* baptize; ge namn christen; fartyg name
dörr *s* door; ***stå för ~en*** bildl. be at hand; ***visa ngn på ~en*** show a p. the door
dörrhandtag *s* door handle; runt doorknob
dörrklocka *s* doorbell
dörrknackare *s* hawker, pedlar; tiggare beggar
dörrmatta *s* doormat
dörrnyckel *s* doorkey
dörrvakt *s* doorkeeper, porter
dörädd *adj* o. **döskraj** *adj* vard. ...scared stiff
dösnack *s* vard. drivel, crap
dötrist *adj* deadly boring
döv *adj* deaf
dövstum *adj* deaf and dumb; ***en ~*** a deaf mute
dövörat *s, **han slog ~ till*** he just wouldn't listen [*för* to]

E

e *s* mus. E
eau-de-cologne *s* eau-de-Cologne
ebb *s* ebb-tide, low tide; ***~ och flod*** the tides pl.; ***det är ~*** the tide is out
ebba *vb itr, **~ ut*** bildl. ebb [away], peter out
ebenholts *s* ebony
ecu *s* myntenhet ecu (förk. för European Currency Unit)
Ecuador Ecuador
ecuadorian *s* Ecuadorian
ecuadoriansk *adj* Ecuadorian
ed *s* oath; ***gå ~ på det*** take an oath on it, swear to it
eder *pron* se *er*
EES (förk. för *Europeiska ekonomiska samarbetsområdet*) EEA (förk. för European Economic Area)
effekt *s* effect; tekn. el. fys. power
effektfull *adj* striking, effective
effektförvaring *s* left-luggage office, cloakroom
effektiv *adj* om sak effective; om person o. sak efficient
effektivitet *s* effectiveness; efficiency
efter I *prep* **1** after; bakom behind; i riktning mot at; ***längs ~*** along; ***närmast*** (***näst***) ***~*** next to **2** för att få tag i for; ***gå ~*** läkare etc. go and fetch...; ***springa ~ flickor*** run after girls **3** enligt according to, after; segla ***~ kompass*** ...by the compass; ***~ vad han säger*** according to him; ***~ vad jag vet*** as far as I know **4** från from; ***ögonen har han ~ sin far*** he has got his father's eyes; ***spåret ~ en räv*** the track of (left by) a fox **5** om tid after; alltsedan since; inom in; ***~ hand*** småningom gradually, bit by bit; ***~ en stund*** in (after) a little while; ***~ att ha slutat skolan*** after leaving school; ***~ det att han hade gått*** after he went (he had gone); ***~ vad som hänt*** after what has happened **II** *adv* **1** om tid after; ***kort ~*** shortly after (afterwards) **2** bakom, kvar behind; jag gick före och ***hon kom ~*** ...she came after (behind) me; ***vara ~*** på efterkälken ***med*** be behind with
efterapa *vb tr* imitate, copy
efterapning *s* konkr. imitation; i bedrägligt syfte counterfeit
efterbliven *adj* i utvecklingen backward

efterdyningar *s pl* repercussions, consequences; efterverkningar after-effects
efterforska *vb tr* inquire into, investigate
efterforskning *s* undersökning investigation, inquiry
efterfråga *vb tr,* den är ***~d*** (***mycket ~d***) ...in demand (in great demand)
efterfrågan *s* förfrågan inquiry; hand. demand [*på* for]
efterföljande *adj* following; sedermera följande subsequent
eftergift *s* concession
eftergiven *adj* indulgent, yielding, compliant [*mot* to, towards]
eftergymnasial *adj* post-gymnasium, jfr *gymnasium*
efterhand *s, **i ~*** efter de andra last, after the others; efteråt afterwards
efterhängsen *adj* persistent
efterklok *adj* ...wise after the event
efterkontroll *s* t.ex. medicinsk check-up, follow-up
efterkrav *s* cash on delivery (förk. COD); ***sända varor mot ~*** send goods COD
efterkrigstiden *s* the post-war period
efterkälke *s, **komma*** (***hamna***) ***på ~en*** get behindhand; fall (get left) behind
efterlevande I *adj* surviving **II** *s, **de ~*** the survivors
efterlikna *vb tr* imitate
efterlysa *vb tr* sända ut signalement på issue a description of; något förkommet advertise the loss of; ***vi efterlyser*** mera konsekvens i we would like to see (have)...; ***han är efterlyst*** (***efterlyst av polisen***) he is wanted (wanted by the police)
efterlysning *s* som rubrik Wanted el. Wanted by the Police; i radio police message
efterlämna *vb tr* leave
efterlängtad *adj* much longed-for...
eftermiddag *s* afternoon; ***kl. 3 ~en*** (förk. *e.m.*) at 3 o'clock in the afternoon (förk. at 3 p.m.); ***i ~s*** this afternoon; ***på ~en*** in the afternoon
eftermiddagskaffe *s* afternoon coffee
efternamn *s* surname; ***vad heter du i ~?*** what is your surname?
efterräkning *s, **~ar*** obehagliga påföljder unpleasant consequences
efterrätt *s* sweet, dessert, vard. afters; amer. dessert
eftersatt *adj* försummad neglected
efterskott *s, **i ~*** in arrears; efter leverans after delivery
efterskrift *s* postscript
efterskänka *vb tr, **~ ngns skuld*** remit a p.'s debt
eftersläntrare *s* straggler; senkomling latecomer
eftersläpning *s* lag, falling behind
eftersmak *s* aftertaste; ***en obehaglig ~*** a bad taste (bad taste in the mouth)
eftersom *konj* då ju since; då as, seeing that; ***allt ~*** efter hand som as
efterspana *vb tr* search for; ***han är ~d av polisen*** he is wanted (wanted by the police)
efterspaning *s, ~* el. ***~ar*** search sg.
eftersträva *vb tr* söka åstadkomma aim (try to aim) at; söka skaffa sig try to obtain, strive after
eftersända *vb tr* vidarebefordra forward, send on; ***eftersändes*** på brev please forward
eftersändning *s* av brev forwarding
eftersändningsadress *s* forwarding address
eftersökt *adj, **den är mycket ~*** it is in great demand
eftertanke *s* reflection; övervägande consideration; ***utan ~*** without due reflection; ***vid närmare ~*** on second thoughts
eftertrakta *vb tr* covet
eftertryck *s, **ge ~ åt*** emphasize, stress; ***med ~*** emphatically
eftertrycklig *adj* emphatic, forcible
efterträda *vb tr* succeed
efterträdare *s* successor
eftertänksam *adj* thoughtful, pensive, meditative
efterverkningar *s pl* after-effects
eftervård *s* aftercare
eftervärlden *s* posterity; ***gå till ~*** go down to posterity
efteråt *adv* afterwards; senare later
EG (förk. för *Europeiska gemenskaperna*) EC (förk. för the European Communities)
egen *adj* own; ***för ~ del*** kan jag for my part (own part)...; ***med*** mina ***egna ögon*** with my own eyes; ***har han egna barn?*** has he any children of his own?; ***med ~ ingång*** with a private (separate) entrance
egenart *s* distinctive character, individuality
egenartad *adj* peculiar, singular
egendom *s* tillhörigheter property; ***fast*** (***lös***) ***~*** real (personal) property (estate)
egendomlig *adj* strange, peculiar, odd
egendomlighet *s* strangeness, peculiarity, oddity

egenhet *s* peculiarity
egenhändig *adj* ~t skriven ...in one's own hand (handwriting); ~ ***namnteckning*** signature
egenkär *adj* conceited
egenkärlek *s* conceit
egenmäktig *adj,* ***~t förfarande*** taking the law into one's own hands
egennamn *s* proper noun (name)
egennytta *s* self-interest
egensinnig *adj* self-willed; envis obstinate
egenskap *s* quality; utmärkande characteristic; ställning, roll capacity; ***järnets ~er*** the properties of iron
egentlig *adj* real, actual, true; riktig, äkta proper; ***i ~ mening*** in a strict sense
egentligen *adv* really; strängt taget strictly speaking
egenvård *s* self care
egenvärde *s* intrinsic value
egg *s* edge, cutting edge
egga *vb tr,* ~ el. ~ ***upp*** incite; driva på egg...on; ~ ***upp*** en folkmassa stir up...
eggande *adj* stimulating; ~ ***musik*** exciting music
egnahem *s* private (owner-occupied) house
egocentriker *s* egocentric
egocentrisk *adj* egocentric
egoism *s* egoism, selfishness
egoist *s* egoist
egoistisk *adj* egoistic, selfish
Egypten Egypt
egyptier *s* Egyptian
egyptisk *adj* Egyptian
egyptiska *s* **1** kvinna Egyptian woman **2** fornspråk Egyptian
ehuru *konj* although; om också even if
eiss *s* mus. E sharp
ej *adv* not
ejder *s* eider, eider duck
ejderdun *s* eider, eiderdown
ek *s* oak; för sammansättningar jfr äv. *björk-*
1 eka *s* flat-bottomed rowing-boat
2 eka *vb itr* echo; ***det ~r här*** there is an echo here
eker *s* spoke
EKG se *elektrokardiogram*
ekipage *s* horse and carriage; häst med ryttare horse, horse and rider; bil med förare car, car and driver
ekipera *vb tr* equip, fit out
ekipering *s* utrustning equipment, outfit
eko *s* echo (pl. -es); ***ge ~*** echo; bildl. resound; ***dagens ~*** radio. Radio Newsreel
ekollon *s* acorn
ekologi *s* ecology
ekonom *s* economist
ekonomi *s* economy; som läroämne economics sg.; ekonomisk ställning, finanser finances pl.
ekonomiförpackning *s* paket, påse etc. economy-size packet (bag etc.)
ekonomisk *adj* economic, financial; sparsam, besparande economical
ekorre *s* squirrel
e.Kr. (förk. för *efter Kristus*) AD (förk. för Anno Domini latin)
eksem *s* eczema
ekvation *s* equation
ekvator *s,* ***~n*** the equator
elaffär *s* electric outfitter's [shop], electricians pl.
elak *adj* speciellt om barn naughty; nasty [*mot* to]; ondskefull evil, wicked; illvillig spiteful, malicious
elakartad *adj* om sjukdom etc. malignant
elaking *s* nasty (spiteful) person; ***din ~!*** you naughty (nasty) boy (girl etc.)!
elasticitet *s* elasticity
elastisk *adj* elastic
elavbrott *s* power failure
eld *s* fire; ***fatta (ta) ~*** catch fire; ***ge ~*** fire; ***sätta (tända) ~ på*** set fire to, set...on fire; ***leka med ~en*** bildl. play with fire; ***jag får inte ~ på veden*** the wood won't light; ***har du ~?*** have you got a light?
elda I *vb itr* heat; tända en eld make a fire; ~ ***med ved (olja)*** use wood (oil) for heating **II** *vb tr* **1** ~ el. ~ ***upp*** a) värma upp t.ex. rum heat b) bränna upp burn up c) egga rouse, stir; ~ ***upp sig*** get excited **2** ~ ***en brasa*** tända light (ha have) a fire
eldare *s* på båt stoker, fireman
eldfara *s* danger (risk) of fire; ***vid ~*** in case of fire
eldfarlig *adj* inflammable
eldfast *adj* fireproof
eldgaffel *s* poker
eldig *adj* ardent, passionate
eldning *s* heating; tändning av eld [the] lighting of fires
eldningsolja *s* fuel (heating) oil
eldsläckare *s* apparat fire-extinguisher
eldstad *s* fireplace
eldsvåda *s* fire; ***vid ~*** in case of fire
eldupphör *s* cease-fire
eldvapen *s* firearm
elefant *s* elephant
elefantbete *s* elephant's tusk

elegans *s* elegance, smartness
elegant *adj* elegant, smart; ***en ~ lösning*** a neat solution
elektricitet *s* electricity
elektrifiera *vb tr* electrify
elektriker *s* electrician
elektrisk *adj* electric
elektrod *s* electrode
elektrokardiogram *s* (förk. *EKG*) electrocardiogram (förk. ECG)
elektron *s* electron
elektronblixt *s* electronic flash
elektronik *s* electronics sg.
elektronisk *adj* electronic
element *s* **1** element **2** värmelednings~ radiator; ***elektriskt ~*** electric heater
elementär *adj* elementary
elev *s* pupil; vid högre läroanstalter student; i butik, lärling apprentice
elevråd *s* pupils' (resp. students') council
elfenben *s* ivory
elfirma *s* firm of electricians
elfte *räkn* eleventh (förk. 11th); ***i ~ timmen*** at the eleventh hour; jfr *femte*
elftedel *s* eleventh [part]
elförbrukning *s* consumption of electricity
elgitarr *s* electric guitar
eliminera *vb tr* eliminate
elit *s* élite; ***~en av...*** the pick of...
elitserie *s*, ***~n*** the premier (super) league; amer. the major league
elitspelare *s* top-class player
eljest *adv* otherwise; annars så or, or else; i motsatt fall if not
elkraft *s* electric power
eller *konj* or; ***varken... ~*** neither...nor; ***hon röker inte, ~ hur?*** she doesn't smoke, does she?; ***han röker, ~ hur?*** he smokes, doesn't he?; ***den är bra, ~ hur?*** it's good, isn't it (don't you think)?
ellips *s* **1** geom. ellipse **2** språkv. ellipsis (pl. ellipses)
elliptisk *adj* geom. el. språkv. elliptical
elmontör *s* electrician
elmätare *s* electricity meter
elpanna *s* electric boiler
elreparatör *s* electrician
elräkning *s* electricity bill
elspis *s* electric cooker
elva I *räkn* eleven; jfr *fem* o. sammansättningar **II** *s* eleven äv. sport.; jfr *femma*
elvamannalag *s* eleven-a-side team
elverk *s* electricity board; för produktion power station
elvisp *s* electric mixer
elvärme *s* electric heating
elände *s* misery; otur, besvär nuisance; ***till råga på ~t*** (***allt ~***) to make matters worse
eländig *adj* wretched, miserable; vard., dålig rotten, lousy
e.m. (förk. för *eftermiddag*) p.m.
emalj *s* enamel
emballage *s* packing; omslag wrapping
embargo *s* embargo (pl. -es)
embarkera *vb itr* embark
embryo *s* embryo (pl. -s)
emedan *konj* because; eftersom as, since
emellan *prep* o. *adv* between
emellanåt *adv* occasionally, sometimes
emellertid *adv* however
emfatisk *adj* emphatic
emigrant *s* emigrant
emigration *s* emigration
emigrera *vb itr* emigrate
emot I *prep* against; riktning towards; ***mitt ~*** opposite **II** *adv*, ***mitt ~*** opposite; ***inte mig ~*** I don't mind
emotionell *adj* emotional
emotse se *motse*
1 en *s* bot. juniper
2 en *adv* omkring some, about
3 en *(ett)* **I** *räkn* one; ***~ och ~ halv timme*** an (one) hour and a half; ***~ till*** another, one more; jfr *fem* o. sammansättningar, *två-* o. *tre-* **II** *obest art* a; framför vokalljud an; ***~ sax*** a pair of scissors **III** *pron* one; ***min ~a syster*** one of my sisters; ***den ~a...den andra*** one...the other; ***från det ~a till det andra*** from one thing to another; ***den ~a dagen efter den andra*** one day after the other; vi talade om ***ett och annat*** ...one thing and another; ***~ eller annan bok*** some book or other; ***på ett eller annat sätt*** somehow, somehow or other; ***vad är du för ~?*** who are you?, what sort of person are you?
ena I *vb tr* unite; göra till enhet unify **II** *vb rfl*, ***~ sig*** agree [*om* on, about]
enaktare *s* one-act play
enarmad *adj*, ***~ bandit*** vard. spelautomat one-armed bandit
enas *vb itr dep* agree; förenas become united
enastående *adj* unique
enbart *adv* uteslutande solely
enbär *s* juniper berry
encyklopedi *s* encyclopedia
enda *(ende) pron* only; ***hon är ~ barnet*** she is an only child; ***den ~*** the only (one)

thing; ***med ett ~ slag*** at a single blow; ***inte en ~ gång*** not once; ***inte en ~ människa*** not a single person; ***hans ~ talang*** his one talent
endast *adv* only
endera *(ettdera) pron* av två one (one or other) of the two; du måste göra ~ ***delen*** ...one thing or the other; ~ ***dagen*** one of these days
endiv *s* chicory, amer. endive
energi *s* energy
energibesparande *adj* energy-saving
energiförbrukning *s* energy consumption
energikrävande *adj* ... that requires a great deal of energy; tekn. energy-intensive
energikälla *s* energy source
energisk *adj* energetic
energislukande *adj* se *energikrävande*
energisnål *adj* energy-saving, economical
enfaldig *adj* silly, foolish
enformig *adj* monotonous; trist drab
engagemang *s* **1** anställning engagement **2** intresse commitment
engagera *vb tr* **1** anställa engage **2** ~ ***sig i*** become involved in; delta i engage in, take an active part in
engagerad *adj* invecklad involved [*i* in]; känslomässigt committed, dedicated [*i* i båda fallen to]
engelsk *adj* English; brittisk ofta British; ***Engelska kanalen*** the Channel el. the English Channel; ~ ***mil*** mile; ~***a pund*** pounds sterling
engelska *s* **1** kvinna Englishwoman (pl. Englishwomen) **2** språk English; jfr *svenska 2*
engelskfientlig *adj* anti-English, Anglophobe
engelskfödd *adj* English-born; för andra sammansättningar jfr äv. *svensk-*
engelsk-svensk *adj* English-Swedish, Anglo-Swedish
engelsman *s* Englishman (pl. Englishmen); ***engelsmännen*** som nation, lag etc. the English
England England; Storbritannien ofta Britain, Great Britain
engångsbelopp *s* single payment, lump sum
engångsföreteelse *s* isolated case (phenomenon)
engångsförpackning *s* disposable (throwaway) package
engångsglas *s* non-returnable bottle
enhet *s* **1** odelat helt, samhörighet unity **2** mat., sjö. unit
enhetlig *adj* uniform
enhetlighet *s* uniformity
enhetstaxa *s* standard rate
enhällig *adj* unanimous
enig *adj* unanimous; enad united; ***bli*** (***vara***) ~ agree [*om* about, on]
enighet *s* unity; samförstånd agreement
enkel *adj* **1** simple; lätt äv. easy; ***bara en vanlig ~ människa*** just an ordinary person **2** inte dubbel single; ***en ~ biljett*** a single (amer. one-way) ticket
enkelhet *s* simplicity
enkelknäppt *adj* single-breasted
enkelriktad *adj*, ~ ***trafik*** one-way traffic
enkelrum *s* single room
enkelt *adv* simply; ***helt*** ~ simply
enkrona *s* one-krona piece
enkät *s* inquiry, poll; frågeformulär questionnaire
enlighet *s*, ***i ~ med*** in accordance with
enligt *prep* according; ~ ***lag*** by law
enmansshow *s* o. **enmansteater** *s* one-man show äv. friare
enorm *adj* enormous, immense
enplansvilla *s* one-storeyed house (villa), bungalow
enrum *s*, ***tala i*** ~ speak privately (in private)
ens *adv*, ***inte*** ~ not even; ***med*** ~ all at once
ensak *s*, ***det är min*** ~ that's my business
ensam *adj* alone; enstaka solitary; ensamstående single; enda sole; övergiven lonely
ensamhet *s* solitude; övergivenhet loneliness
ensamstående *adj* single
ensamvarg *s* lone wolf
ense *adj*, ***bli*** (***vara***) ~ agree
ensemble *s* mus. ensemble; teat. cast
ensidig *adj* one-sided; ***en ~ kost*** an unbalanced diet
enskild *adj* privat private; personlig personal; särskild individual; ***den ~e*** the individual
enslig *adj* solitary, lonely
enstaka *adj* enskild separate; sporadisk occasional; ensam solitary; ***någon ~ gång*** once in a while
enstämmig *adj* unanimous
entlediga *vb tr* dismiss
entledigande *s* dismissal
entonig *adj* monotonous
entré *s* **1** ingång entrance; förrum entrance hall **2** inträde admission; avgift entrance fee **3** ***göra sin*** ~ make one's entry (appearance)

entréavgift *s* entrance fee
entrecote *s* kok. entrecôte
entreprenör *s* contractor; entrepreneur
enträgen *adj* urgent; ihärdig insistent
enträget *adv* urgently, insistently
entusiasm *s* enthusiasm
entusiasmera *vb tr* fill...with enthusiasm
entusiast *s* enthusiast
entusiastisk *adj* enthusiastic [*över* about]; *~ för* keen on
entydig *adj* unambiguous, unequivocal
envar *pron* var man everybody; ***alla och ~*** each and everyone
enveten *adj* obstinate, stubborn
envis *adj* obstinate, stubborn; ***~ som synden*** stubborn as a mule
envisas *vb itr dep* be obstinate, persist [*med att* inf. in ing-form]
envishet *s* obstinacy, stubbornness
envåldshärskare *s* autocrat; diktator dictator
enväldig *adj* autocratic
epidemi *s* epidemic
epidemisjukhus *s* isolation hospital
epidemisk *adj* epidemic
epilepsi *s* epilepsy
epileptiker *s* epileptic
episod *s* episode; intermezzo incident
epok *s* epoch
epokgörande *adj* epoch-making
er *pron* **1** personligt, se *ni* **2** possessivt your; självständigt yours; ***Ers Majestät*** Your Majesty; för ex. jfr äv. *1 min*
erbjuda I *vb tr* offer; ***~ ngn att*** inf. offer a p. a chance to inf.; medföra present **II** *vb rfl, ~ **sig*** med inf. offer; yppa sig present itself, arise
erbjudande *s* offer; ***få ~ att*** inf. be offered a chance to inf.
erektion *s* erection
erfara *vb tr* få veta learn; röna experience
erfaren *adj* experienced, practised; ***en gammal ~...*** a veteran...
erfarenhet *s* experience; ***jag har gjort den ~en att...*** I have found by experience that...
erforderlig *adj* requisite, necessary
erfordra *vb tr* require
erfordras *vb itr dep* be required
erhålla *vb tr* receive; skaffa sig obtain
erhållande *s* mottagande receipt
erinra *vb tr* remind; ***~ sig*** remember, recall
erinran *s* påminnelse reminder [*om* of]
erkänna *vb tr* acknowledge, confess; medge admit; ***~ ett brott*** confess to a crime; ***~ ett misstag*** acknowledge a mistake; ***~ mottagandet av*** acknowledge the receipt of
erkännande *s* acknowledgement, confession; medgivande admission
erlägga *vb tr* pay; ***~ betalning*** make payment
erläggande *s, **mot ~ av*** on payment of
erotik *s* sex
erotisk *adj* sexual, erotic
ersätta *vb tr* **1** ***~ ngn*** compensate a p. [*för* for]; ***~ ngn för hans arbete*** remunerate a p. for his work; ***~ skadan*** repair the damage **2** vara i stället för, byta ut replace [*med* by]
ersättande *s* utbytande replacement [*med* by]
ersättare *s* substitute
ersättning *s* **1** gottgörelse compensation; för arbete remuneration; skadestånd damages pl.; ***ge ngn ~ för ngt*** compensate a p. for a th. **2** utbyte replacement
ertappa *vb tr* catch; ***~ ngn med att*** inf. catch a p. ing-form
erövra *vb tr* conquer; inta capture; vinna win
erövrare *s* conqueror
erövring *s* conquest; intagande capture
eskimå *s* Eskimo (pl. vanl. -s)
eskort *s* escort
eskortera *vb tr* escort
espresso *s* kaffe espresso coffee, ***kopp ~*** espresso (pl. äv. -s)
1 ess *s* kortsp. ace
2 ess *s* mus. E flat
esse *s, **vara i sitt ~*** be in one's element
essens *s* essence
essä *s* essay
est *s* Estonian
estet *s* aesthete
estetisk *adj* aesthetic
Estland Estonia
estländare *s* Estonian
estländsk *adj* o. **estnisk** *adj* Estonian
estniska *s* **1** kvinna Estonian woman **2** språk Estonian
estrad *s* platform; musik- bandstand
etablera I *vb tr* inrätta, grunda establish **II** *vb rfl, ~ **sig*** slå sig ned settle down; ***~ sig som affärsman*** set up in business
etablissemang *s* establishment
etanol *s* kem. ethanol, ethyl alcohol
etapp *s* stage; sport. lap
etc. (förk. för *etcetera*) etc.
etikett *s* **1** umgängesformer etiquette **2** lapp label

Etiopien Ethiopia
etiopier *s* Ethiopian
etiopisk *adj* Ethiopian
etisk *adj* ethical
etnisk *adj* ethnic
etsa *vb tr* etch; ***det har ~t sig fast i mitt minne*** it has engraved itself on my memory
etsning *s* etching
ett se *3 en*
etta *s* **1** one; ***~n*** el. ***~ns växel*** first gear; ***komma in som ~*** sport. come in first; jfr *femma* **2** vard. one-room flat (apartment)
ettdera se *endera*
etthundra se *hundra, femhundra* o. sammansättningar
ettrig *adj* hetsig fiery; hetlevrad hot-tempered
ettårig *adj* one-year-old...; växt annual
ettåring *s* om barn one-year-old child; för andra sammansättningar jfr äv. *fem-*
etui *s* case
etymologi *s* etymology
eukalyptus *s* eucalyptus
Europa Europe
europamästare *s* European champion
Europaväg *s* European highway
europé *s* European
europeisk *adj* European; ***~a unionen*** the European Union
Eurovision *s* TV. Eurovision
evakuera *vb tr* evacuate
evakuering *s* evacuation
evangelisk *adj* evangelical
evangelium *s* gospel
evenemang *s* great event (occasion)
eventualitet *s* eventuality; möjlighet possibility; ***för alla ~er*** in order to provide against emergencies
eventuell *adj* possible; ***~a fel*** any faults that may occur; ***våra ~a förluster*** our possible losses; our losses, if any; ***~a kostnader*** any costs that may arise
eventuellt *adv* possibly; ***jag kan ~ hjälpa dig*** I may be able to help you; ***om han ~ skulle komma*** if he should come
evig *adj* eternal, everlasting; ***den ~a staden*** Rom the Eternal City; ***det var en ~ tid sedan...*** it is ages since...
evighet *s* eternity; ***det är en ~ (~er) sedan...*** it is ages since...
evigt *adv* eternally, everlastingly; ***för ~*** for ever
evolution *s* evolution
exakt *adj* exact
exalterad *adj* uppjagad over-excited
examen *s* **1** själva prövningen examination, exam; ***ta (kuggas i) ~*** pass (fail) an examination **2** utbildningsbetyg degree; lärar- etc. certificate
examinator *s* examiner
examinera *vb tr* förhöra examine
excellens *s*, ***Ers ~*** Your Excellency
excentrisk *adj* eccentric
exceptionell *adj* exceptional
exekution *s* execution
exekutionspluton *s* firing-squad
exempel *s* example, instance [*på* of]; ***till ~*** (förk. *t.ex.*) for example (instance)
exempelvis *adv* for (by way of) example
exemplar *s* av bok etc. copy; av en art specimen
exemplarisk *adj* exemplary
exemplifiera *vb tr* exemplify
exil *s* exile
existens *s* tillvaro existence; utkomst livelihood
existera *vb itr* exist
exklusiv *adj* exclusive
exklusive *prep* excluding, exclusive of
exkrementer *s pl* excrement sg.
exotisk *adj* exotic
expandera *vb itr* expand
expansion *s* expansion
expediera *vb tr* **1** sända send, send off, dispatch; beställning carry out; telefonsamtal put through **2** betjäna serve, attend to
expediering *s* **1** sändning sending, sending off, dispatch; av beställning carrying out; av telefonsamtal putting through **2** ***~ av kunder*** serving customers
expedit *s* shop assistant, amer. clerk, salesclerk
expedition *s* **1** lokal office **2** resa, trupp etc. expedition
experiment *s* experiment
experimentell *adj* experimental
experimentera *vb itr* experiment
expert *s* expert [*på* on, in]
exploatera *vb tr* exploit
exploatering *s* exploitation
explodera *vb itr* explode, blow up; om något uppumpat burst
explosion *s* explosion
explosiv *adj* explosive
expo *s* exhibition; vard. expo (pl. -s)
exponera *vb tr* expose äv. foto.
exponering *s* exposure äv. foto.
exponeringsmätare *s* exposure meter
exponeringstid *s* time of exposure, exposure time

export *s* utförsel export; varor exports pl.
exportera *vb tr* export
exportvara *s* export commodity
exportör *s* exporter
express *adv* express
expressbrev *s* express (special delivery) letter
expressbyrå *s* removal firm, transport agency, amer. express company; i annonser ofta removals
expresståg *s* express, express train
expropriation *s* compulsory acquisition, expropriation
expropriera *vb tr* compulsorily acquire, expropriate
extas *s* ecstasy; ***råka i ~*** go into ecstasies
extatisk *adj* ecstatic
extensiv *adj* extensive
exteriör *s* exterior
extern *adj* external
extra I *adj* tilläggs- extra, additional; ovanlig special **II** *adv* extra; ovanligt exceptionally
extrahera *vb tr* extract [*ur* from]
extraknäck *s* vard., bisyssla job on the side; extraknäckande moonlighting
extraknäcka *vb itr* earn money (do a job) on the side, moonlight
extrakt *s* extract [*ur* from]
extrapris *s, **det är ~ på...*** ...is (are) on special offer (amer. äv. on special)
extratåg *s* special (dubblerat relief) train
extravagans *s* extravagance
extravagant *adj* extravagant
extrem *adj* extreme
extremism *s* extremism
extremist *s* extremist
extremitet *s* extremity

F

f *s* mus. F
fabel *s* fable
fabricera *vb tr* manufacture; hitta på, t.ex. historia make up, fabricate
fabrik *s* factory; bruk, verk works (pl. lika); textil~ mill
fabrikant *s* tillverkare manufacturer
fabrikat *s* **1** vara manufacture, product **2** tillverkning make
fabrikationsfel *s* manufacturing defect
fabriksarbetare *s* factory hand (worker)
fabriksny *adj* ...fresh from the factory
fabrikstillverkad *adj* factory-made
fabriksvara *s* factory-made article; ***fabriksvaror*** manufactured goods
facit *s* svar key; slutresultat final result
fack *s* **1** i hylla etc. compartment, pigeon-hole **2** gren inom industri branch, trade; fackförening trade union
fackeltåg *s* torchlight procession
fackförbund *s* av fackföreningar vanl. national trade (amer. labor) union
fackförening *s* trade union
fackföreningsrörelse *s* trade-union movement
fackidiot *s* narrow specialist
fackla *s* torch
facklig *adj, **~a frågor*** trade-union matters
fackligt *adv, **han är ~ organiserad*** he belongs to a trade union
facklitteratur *s* specialist (technical) literature; motsats skönlitteratur non-fiction
fackman *s* professional; sakkunnig expert
fackspråk *s* technical language (jargon)
fackterm *s* technical term
fadd *adj* flat, stale
fadder *s* godfather, godmother; friare sponsor
fader *s* father; jfr *far*
faderlig *adj* fatherly, paternal
fadersfixerad *adj, **vara ~*** have a father fixation
faderskap *s* fatherhood; jur. paternity
fadervår *s* bönen the Lord's Prayer (katolsk Our Father)
fadäs *s, **göra en ~*** commit a faux pas, put one's foot in it
fager *adj* fair
faggorna *s pl, **vara i ~*** be coming (approaching)

fagott *s* bassoon
fajta *vb itr* o. **fajtas** *vb itr dep* fight
faktisk *adj* actual, real
faktiskt *adv* as a matter of fact, really
faktor *s* factor
faktum *s* fact
faktura *s* invoice
fakturera *vb tr* invoice
fakultet *s* faculty
falang *s* polit. wing
falk *s* falcon, hawk
fall *s* **1** fall **2** förhållande, rättsfall case; ***i alla ~*** a) i alla händelser in any case, anyhow b) trots det nevertheless, all the same; ***i annat ~*** otherwise; ***i bästa ~*** at best; ***i så ~*** in that case, if so; ***i värsta ~*** if the worst comes to the worst
falla I *vb itr* fall; ***låta förslaget ~*** drop the proposal; ***dom (utslag) faller idag*** judgement will be pronounced (a decision will be reached) today; ***det faller av sig självt*** it goes without saying; ***fallande tendens*** downward tendency **II** *vb rfl, **det faller sig naturligt [för mig] att...*** it comes natural [to me] to...
□ ~ **av** fall off; ~ **bort** drop (fall) off; ~ **igenom** om t.ex. lagförslag be defeated; ~ **ihop** fall in (down); bryta samman break down, collapse; ~ **in**: ***det föll mig in*** it occurred to (struck) me; ***det skulle aldrig ~ mig in!*** I wouldn't dream of it!; ~ **ned** fall (drop) down; ~ **omkull** fall over (down); ~ **undan** yield, give away [*för* to]
fallenhet *s* begåvning aptitude [*för* for]
fallfrukt *s* koll. windfalls pl.
fallfärdig *adj* ramshackle, tumbledown
fallgrop *s* pitfall
fallrep *s, **han är på ~et*** he's going downhill; ekonomiskt he's on the brink of ruin
fallskärm *s* parachute; ***hoppa med (ut i) ~*** make a parachute jump
fallskärmsavtal *s* golden parachute
fallskärmshoppare *s* parachute jumper
fallucka *s* trapdoor
falsett *s* mus. falsetto
falsk *adj* false; om check, sedel etc. forged; ***~a förhoppningar*** vain hopes; ***~t pass*** forged passport
falskdeklarant *s* tax evader
falskdeklaration *s* falskdeklarerande tax evasion; falsk självdeklaration fraudulent income-tax return
falskt *adv* falsely; mus. out of tune; ***spela ~*** kortsp. cheat
falukorv *s* lightly smoked boiled sausage
familj *s* family; ***~en Brown*** the Brown family, the Browns pl.; ***bilda ~*** marry and settle down
familjebidrag *s* family allowance
familjedaghem *s* registered childminding home, family day nursery
familjefar *s* father (head) of a family
familjeföretag *s* family business
familjeförhållanden *s pl* family circumstances
familjeförsörjare *s* breadwinner
familjehotell *s* kollektivhus block of service flats
familjekrets *s* family circle
familjemedlem *s* member of a family
familjeplanering *s* family planning
familjerådgivare *s* family guidance counsellor
familjerådgivning *s* family guidance (counselling)
familjär *adj* familiar [*mot* with]
famla *vb itr* grope [*efter* for, after]
famn *s* **1** armar arms pl.; fång armful; ***stora ~en*** a big hug; ***ta i ~*** embrace, hug **2** mått fathom
famntag *s* embrace, hug
1 fan *s* den Onde the Devil; ***fy ~!*** hell!; ***springa som (av bara) ~*** run like hell; ***det var som ~!*** well, I'll be damned!; ***vad (var, vem) ~...?*** what (where, who) the devil...?; ***det ger jag ~ i*** I don't care a damn about that; ***tacka ~ för det!*** I should bloody (svag. damn) well think so!
2 fan *s* entusiast fan
fana *s* flag, banner
fanatiker *s* fanatic
fanatisk *adj* fanatical
fanatism *s* fanaticism
fanfar *s* fanfare, flourish
fanskap *s* vard., ***hela ~et*** the whole damned lot
fantasi *s* inbillningsförmåga imagination; inbillning, infall fancy; ***rena ~er*** påhitt pure inventions
fantasifoster *s* figment of the imagination
fantasifull *adj* imaginative
fantasilös *adj* unimaginative
fantasipris *s* fancy price
fantasivärld *s* world of make-believe (of the imagination)
fantastisk *adj* fantastic
fantisera *vb itr* fantasize [*om* about], dream [*om* of]; ***~ ihop*** invent
fantom *s* phantom

far *s* father; vard. dad, pa; barnspr. daddy, amer. papa; ***~s dag*** Father's Day; ***han är ~ till A.*** he is the father of A.

1 fara *s* danger; risk risk; ***det är ~ för krig*** there is a danger of war; ***det är ingen ~ för det!*** there is no fear (danger) of that!; ***det är ingen ~ med honom*** he's all right, don't worry about him; ***vara utom ~*** be out of danger; ***vid ~*** in case of danger; ***signalen 'faran över'*** the all-clear signal

2 fara *vb itr* go [*till* to]; avresa leave, set out [*till* for]; resa, färdas travel; ***han lät blicken ~ över...*** he ran his eye over...; ***han far illa av att*** inf. it is bad for him to inf.
□ **~ fram** husera carry (go) on; härja ravage; ***~ hårt fram med ngn*** give a p. a rough time of it; **~ ifrån** t.ex. sin väska leave...behind; **~ in i** enter, go into; **~ i väg** go off, set out; rusa go (rush) off; **~ omkring (hit och dit)** resa go (travel, köra drive) about; **~ upp** a) rusa upp jump up (to one's feet) b) öppna sig fly open; ***~ upp ur sängen*** jump out of bed; **~ ut mot ngn** let fly at a p.

farbror *s* uncle, paternal uncle; friare [nice old] gentleman; ***~ Johansson*** Mr. Johansson; ***kan ~ säga...?*** can you please tell me...?

farfar *s* grandfather, paternal grandfather; vard. grandpa, granddad; ***~s far (mor)*** great-grandfather (great-grandmother)

farföräldrar *s pl*, ***mina ~*** my grandparents [on my father's side]

farhåga *s* fear, apprehension [*för* about]

farinsocker *s* brown sugar

farkost *s* boat, craft (pl. craft)

farled *s* [navigable] channel, fairway

farlig *adj* dangerous [*för* for]; riskfylld risky; ***den ~a åldern*** the critical years; ***det är inte så ~t*** it is not so bad; det gör ingenting it doesn't matter

farlighet *s* danger

farm *s* farm

farmaceut *s* pharmacist

farmakolog *s* pharmacologist

farmakologi *s* pharmacology

farmare *s* farmer

farmor *s* grandmother, paternal grandmother; vard. grandma, granny; ***~s far (mor)*** great-grandfather (great-grandmother)

farozon *s* danger zone

fars *s* farce

farsa *s* vard. dad, old man, amer. poppa

farsartad *adj* farcical

farsot *s* epidemic; bildl. äv. plague

farstu *s* entrance hall, vestibule; trappavsats landing

fart *s* speed; takt, tempo pace; ***få ~*** gather speed; ***minska ~en*** slow down, reduce speed; ***sätta ~*** skynda på hurry up; vard. step on it; ***av bara ~en*** automatically; i hastigheten unintentionally; ***i full ~*** at full speed; ***med en ~ av*** 100 km at the rate (speed) of...; hon är jämt ***i ~en*** ...on the go; tjuvar har varit ***i ~en*** ...at work; ***det är ingen ~ i honom*** he's without any go; ***sätta ~ i (på) ngn*** put some pep into a p.; skynda på make a p. hurry up

fartbegränsning *s* speed limit

fartblind *adj*, ***vara ~*** fail to adjust to a slower speed

fartdåre *s* vard. speeder, speed merchant

fartgupp *s* o. **farthinder** *s* speed hump, sleeping policeman

farthållare *s* sport. pacemaker; ***automatisk ~*** bil. cruise control

fartkontroll *s* trafik. speed check

fartsyndare *s* speeder

fartyg *s* vessel, ship

farvatten *s* område waters pl.

farväl *interj* o. *s* farewell

fas *s* skede phase

fasa I *s* horror; skräck terror; ***krigets fasor*** the horrors of war **II** *vb itr* frukta shudder [*för* at]; ***~ för att*** inf. dread ing-form

fasad *s* front, facade

fasadbelysa *vb tr* floodlight

fasadbelysning *s* floodlighting; strålkastare floodlights pl.

fasan *s* pheasant

fasanhöna *s* hen pheasant

fasansfull *adj* förfärlig horrible, terrible

fasantupp *s* cock pheasant

fascinera *vb tr* fascinate

fascism *s*, ***~*** el. ***~en*** Fascism

fascist *s* Fascist

fascistisk *adj* Fascist

fasett *s* facet

fashionabel *adj* fashionable

faslig *adj* dreadful; ***ett ~t besvär*** an awful bother

fason *s* form shape, form; ***förlora ~en*** om sak lose its shape; ***få ~ på ngn*** lick a p. into shape; ***sätta (få) ~ på ngt*** put a th. into shape; ***vad är det för ~er?*** what do you mean by behaving like that?

1 fast I *adj* **1** firm; fastsatt fixed; ej flyttbar stationary; motsats flytande solid; stadigvarande fixed, permanent; ~

anställning permanent appointment (job); ~ ***egendom*** real property (estate); ***ta ~ form*** assume a definite shape; ***med ~ hand*** with a firm hand; ***på ~a land*** on dry land; ~ ***lön*** fixed salary; ***ha ~ mark under fötterna*** äv. bildl. be on firm ground; ~ ***pris*** fixed price; ~ ***situation*** sport. dead-ball situation, set piece **2** ***bli ~*** fasttagen get caught; ***ta (få) ~*** get (catch) hold of **II** *adv* firmly; ***vara ~ anställd*** be permanently employed; ~ ***besluten*** firmly resolved, determined

2 fast *konj* though, although

1 fasta *s*, ***ta ~ på*** ngns ord make a mental note of; komma ihåg bear...in mind; ta som utgångspunkt take as one's starting point

2 fasta I *s* **1** fastande fasting; ***tre dagars ~*** a fast of three days **2** ***~n*** fastlagen Lent **II** *vb itr* fast; ***på ~nde mage*** on an empty stomach

faster *s* aunt, paternal aunt

fastighet *s* house (jordagods landed) property; fast egendom real estate

fastighetsmäklare *s* estate (house) agent

fastighetsskatt *s* tax on real estate

fastighetsskötare *s* caretaker

fastighetsägare *s* house-owner

fastlagen *s* Lent

fastlagsbulle se *semla*

fastlagsris *s* twigs pl. with coloured feathers [used as a decoration during Lent]

fastland *s* mainland; världsdel continent

fastlåst *adj* som kört fast deadlocked

fastna *vb itr* get caught, catch; klibba stick, get stuck; komma i kläm jam, get wedged; ***jag ~de*** bestämde mig ***för...*** I decided on...; ~ ***i minnet*** stick in the (one's) memory; ***han ~de med rocken på en spik*** his coat caught on a nail; ***min blick ~de på...*** my eye was caught by...

fastslå *vb tr* konstatera establish [*att* the fact that]; bestämma settle, fix

fastställa *vb tr* bestämma appoint, fix; konstatera establish

fastställande *s* bestämmande appointment, fixing; konstaterande establishment

fastvuxen *adj* firmly (fast) rooted [*vid* to]

fastän *konj* though, although

fat *s* för mat dish; tefat saucer; tunna barrel; mindre cask; kar vat; ***öl från ~*** draught beer

fatal *adj* ödesdiger fatal, disastrous

fatalist *s* fatalist

1 fatt *adj*, ***hur är det ~?*** what's the matter?; vard. what's up?

2 fatt *adv*, ***få ~ i (på)*** get hold of; ***ta ~ i*** catch hold of

fatta I *vb tr* o. *vb itr* **1** gripa catch, grasp; hugga tag i seize, take hold of **2** hysa m.m. conceive, form; ~ ***ett beslut*** come to a decision; vid möte pass a resolution; ~ ***misstankar mot ngn*** conceive a suspicion of a p.; ~ ***mod*** take courage; ~ ***tycke för*** take a fancy to **3** begripa understand, grasp; ***ha lätt (svårt) att ~*** be quick (slow) on the uptake **II** *vb rfl*, ~ ***sig kort*** be brief

fattas *vb itr dep* be wanting (lacking); saknas be missing; behövas be needed; ***det ~ 80 kronor*** i kassan there is 80 kronor short; ***klockan ~ tio minuter i sex*** it's ten minutes to six; ***det ~ (fattades) bara, att jag skulle...!*** I wouldn't dream of ing-form!; ***det ~ bara (skulle bara ~)!*** I should jolly well think so!

fattig *adj* poor; behövande needy; ***de ~a*** the poor; ***en ~ stackare*** a poor wretch

fattigdom *s* poverty

fattiglapp *s* vard., ***en ~*** a down-and-out

fattning *s* **1** grepp grip, hold **2** för glödlampa socket, lamp holder; för t.ex. ädelsten setting, mounting **3** behärskning composure; ***behålla (förlora) ~en*** keep (lose) one's head (vard. cool); ***bringa ngn ur ~en*** disconcert a p.

fatöl *s* draught beer

favorisera *vb tr* favour

favorit *s* favourite

favoriträtt *s* favourite dish

favorituttryck *s* favourite expression, pet phrase

favör *s* favour; fördel advantage

fax *s* fax

faxa *vb tr* fax

f.d. (förk. för *före detta*) se *före*

fe *s* fairy

feber *s* fever; bildl. äv. excitement; ***hög ~*** a high temperature (fever); ***få ~*** run a temperature

feberaktig *adj* feverish äv. bildl.

feberfri *adj* ...free from fever

febertermometer *s* clinical thermometer

febrig *adj* feverish

febril *adj* feverish

februari *s* February (förk. Feb.); jfr *april* o. *femte*

federal *adj* federal

federation *s* federation

feg *adj* cowardly; ***en ~ stackare*** a coward
feghet *s* cowardice
fejd *s* feud
fel I *s* fault; defekt defect; misstag mistake, error; ***ett ~ i glaset*** a flaw in the glass; ***hela ~et är att...*** the whole trouble is that...; ***det är ~ (något ~) på...*** there is something wrong with...; ***vara utan ~*** äv. be faultless; ***begå (göra) ett ~*** make a mistake (mindre slip), commit a fault (an error, 'tabbe' a blunder); ***vems är ~et?*** whose fault is it (that)? **II** *adj* wrong; ***uppge ~ adress*** give the wrong address **III** *adv* wrong; ***gå ~*** go the wrong way, lose one's way; ***min klocka går ~*** my watch is wrong; ***ha ~*** be wrong; ***jag har kommit ~*** I've gone wrong; tele. I've got the wrong number; ***slå ~*** ej träffa miss, fail; ***ta ~*** make a mistake, get it wrong; ***jag tog ~ på honom och A.*** I mistook him for A.; ***ta ~ på tiden*** make a mistake about the time
fela *vb itr* **1** fattas be wanting [*i* in] **2** begå fel err; handla orätt do wrong
feladresserad *adj* wrongly addressed
felaktig *adj* oriktig incorrect; behäftad med fel faulty, defective; osann false; ***~ användning*** misapplication
felaktighet *s* fel error, fault, mistake
felande *adj* som fattas missing, wanting
felbedömning *s* miscalculation
felfri *adj* faultless, flawless
felparkerad *adj, **stå ~*** be wrongly parked
felparkering *s* förseelse parking offence
felringning *s* wrong number
felräkning *s* miscalculation
felskrivning *s, **en ~*** a slip of the pen; med skrivmaskin a typing error
felstavad *adj* wrongly spelt, misspelt
felstavning *s* misspelling
felsteg *s* slip, false step
felsägning *s, **en ~*** a slip of the tongue
feltryck *s* misprint
felunderrättad *adj* misinformed
felöversatt *adj* mistranslated
fem *räkn* fem; ***vi ~*** the five of us; ***vi var ~*** there were five of us; ***~ och ~*** fem åt gången five at a time; ***vinna med 5-3*** win by (win) 5-3; ***kunna ngt på sina ~ fingrar*** have a th. at one's finger-tips; ***en ~ sex gånger*** some five or six times; ***~ hundra (tusen)*** five hundred (thousand); ***tåget går 5.20*** the train leaves at five twenty; han kom ***klockan halv ~*** ...at half past four; ***han bor på Storgatan 5*** he lives at 5 (No. 5) Storgatan
femcylindrig *adj* five-cylinder...; ***den är ~*** it has five cylinders
femdagarsvecka *s* five-day week
femföreställning *s* five-o'clock performance
femhundra *räkn* five hundred; jfr *hundra*
femhundrade *räkn* five hundredth
femhundradel *s* five hundredth [part]
femhundratal *s, **~et*** århundrade the sixth century; ***på ~et*** in the sixth century
femhundraårsminne *s* jubileum five-hundredth anniversary
femhörning *s* pentagon
feminin *adj* feminine äv. om man
femininum *s* genus the feminine gender
feminism *s, **~*** el. ***~en*** feminism
feminist *s* feminist
femkamp *s* pentathlon
femkampare *s* pentathlete
femkronorsmynt *s* five-krona piece
femma *s* five; ***en ~*** belopp five kronor; ***~n*** a) om hus, buss etc. No. 5, number 5 b) skol. the fifth class (form); ***~n i hjärter*** the five of hearts; ***han kom in som (ligger) ~*** he came in (he is) fifth; ***det var en annan ~*** vard. that's quite another matter
femrummare *s* o. **femrumslägenhet** *s* five-room flat (apartment)
femsidig *adj* five-sided
femsiffrig *adj* five-figure...
femsitsig *adj, **bilen är ~*** the car seats five
femslaget *s, **vid ~*** on the stroke of five; vid femtiden at about five
femtal *s* five; ***ett ~*** some (about) five
femte *räkn* fifth (förk. 5th); ***Gustaf den ~*** Gustaf (Gustavus) the Fifth; ***den (det) ~ från slutet*** the last but four; ***för det ~*** in the fifth place; vid uppräkning fifthly; ***den ~ (5) april*** adverbial on the fifth of April, on April 5th; i brevdatering April 5th el. 5th April; ***idag är det den ~*** today it is the fifth; ***vart ~ år*** every fifth year (five years)
femtedel *s* fifth [part]; ***två ~ar*** two fifths; ***en ~s sekund*** a fifth of a second
femteplacering *s, **få en ~*** come fifth
femti se *femtio*
femtiden *s, **vid ~*** at about five (five o'clock)
femtielfte *räkn* vard., ***för ~ gången*** for the umpteenth (umptieth) time
femtilapp *s* fifty-krona note
femtio *räkn* fifty; jfr *fem* o. sammansättningar

femtiofem *räkn* fifty-five
femtiofemte *räkn* fifty-fifth
femtionde *räkn* fiftieth
femtiotal *s* fifty; ***~et*** åren 50-59 the fifties; ***på ~et*** 1950-talet in the fifties (nineteen-fifties), in the 50's (1950's); ***i början*** (***i slutet***) ***på ~et*** in the early (late) fifties
femtioårig *adj* fifty-year-old
femtioåring *s* fifty-year-old
femtioårsdag *s* fiftieth anniversary (födelsedag birthday)
femtioårsjubileum *s* fiftieth anniversary
femtioårsminne *s* fiftieth anniversary
femtioårsåldern *s*, ***en man i ~*** a man aged about fifty; ***vara i ~*** be about fifty
femtioöring *s* fifty-öre piece
femton *räkn* fifteen; ***klockan 15*** at 3 o'clock in the afternoon, at 3 p.m.; jfr *fem* o. sammansättningar
femtonde *räkn* fifteenth (förk. 15th); jfr *femte*
femtondel *s* fifteenth [part], jfr *femtedel*
femtonhundra *räkn* fifteen hundred
femtonhundrafemtio *räkn* fifteen hundred and fifty
femtonhundrameterslopp *s* fifteen-hundred-metre (1500-metre) race
femtonhundratalet *s* the sixteenth century; ***på ~*** in the sixteenth century
femtonåring *s* fifteen-year-old
femtusen *räkn* five thousand
femtusende *räkn* five thousandth
femtåget *s* the five-o'clock train
femvåningshus *s* i fem plan five-storeyed house
femväxlad *adj* om växellåda five-speed...; ***den är ~*** it has five forward speeds
femårig *adj* **1** fem år gammal five-year-old... **2** som varar (varat) i fem år five-year...; avtalet ***är ~t*** ...is for five years
femåring *s* five-year-old
femårsdag *s* fifth anniversary (födelsedag birthday)
femårsjubileum *s* fifth anniversary
femårsminne *s* fifth anniversary
femårsperiod *s* five-year period
femårsplan *s* five-year plan
femårsåldern *s*, ***en pojke i ~*** a boy aged about five; ***vara i ~*** be about five
fena *s* fin äv. flyg.; ***utan att röra en ~*** without moving a limb
fenomen *s* phenomenon (pl. phenomena)
fenomenal *adj* phenomenal, extraordinary
ferier *s pl* holidays; speciellt univ. o., amer. vacation
ferieskola *s* summer school
fernissa *s* o. *vb tr* varnish
fertil *adj* fertile
fess *s* mus. F flat
fest *s* festival; firande celebration; festlighet festivity; högtidlighet ceremony; festmåltid banquet, feast; bjudning party; ***gå på ~*** go (go out) to a party
festa *vb itr* **1** kalasa feast [*på* on] **2** ~ el. ***~ om*** roa sig have a good time; dricka booze
festföreställning *s* gala performance
festival *s* festival
festklädd *adj* festively-dressed...; i aftondräkt ...in evening dress
festlig *adj* fest- festival...; storartad grand; komisk comical
festlighet *s* festivity
festmåltid *s* banquet, feast
festspel *s pl* festival sg.
festtåg *s* procession
festvåning *s* assembly (banqueting) rooms pl.
fet *adj* fat; om person äv. stout; ***~t hår*** greasy hair; ***~ mat*** (***mjölk***) rich food (milk)
fetisch *s* fetish
fetlagd *adj* stout
fetma *s* fatness; hos person vanl. stoutness
fett *s* fat; smörjfett grease; flott lard
fettbildande *adj* fattening
fetthalt *s* fat content; fettprocent percentage of fat
fetthaltig *adj* fatty
fettisdag *s*, ***~en*** tisdagen efter fastlagssöndagen Shrove Tuesday
fettsugning *s* liposuction
fia *s* spel. ludo, amer. ung. pachisi
fiasko *s* fiasco (pl. -s el. -es); ***göra ~*** be a fiasco
fiber *s* fibre äv. i kost
fiberoptik *s* fibre optics sg.
fiberrik *adj*, ***~ kost*** a diet that is rich in fibre
ficka *s* pocket; ***stoppa ngt i ~n*** put a th. in one's pocket
fickformat *s*, ***en*** kamera ***i ~*** a pocket-size...
fickkniv *s* pocketknife
ficklampa *s* [electric] torch, flashlight
fickpengar *s pl* pocket money sg.
fickstöld *s*, ***en ~*** a case of pocket-picking
ficktjuv *s* pickpocket
fickur *s* pocket watch
fiende *s* enemy [*till* of]
fiendskap *s* enmity; ***leva i ~*** be at enmity

fientlig *adj* hostile [*mot* to]; mil. enemy...
fientlighet *s* hostility
fiffa *vb tr* vard., ~ ***upp*** smarten up
fiffel *s* crooked dealings pl., cheating
fiffig *adj* fyndig clever, ingenious, smart
fiffla *vb itr* vard. cheat, wangle, fiddle
fifty-fifty *adv,* ***dela*** ~ share (go) fifty-fifty
figur *s* figure; individ individual; ***göra en slät*** (***ömklig***) ~ cut a poor figure
figurera *vb itr* appear, figure
figursydd *adj* close-fitting, tailored
figuråkning *s* figure-skating
fik *s* vard. café
fika *s* vard. **I** *s* kaffe coffee **II** *vb itr* dricka kaffe have some coffee
fikon *s* fig
fikonlöv *s* fig leaf
fiktion *s* fiction
fiktiv *adj* fictitious
1 fil *s* rad row; körfält lane
2 fil *s* filmjölk sour milk
3 fil *s* verktyg file
fila *vb tr* o. *vb itr* file
filé *s* kok. fillet
filial *s* branch
filialkontor *s* branch office
Filippinerna *pl* the Philippines, the Philippine Islands
filkörning *s* traffic-lane driving, driving in traffic lanes
film *s* film; på bio äv. picture, movie; ***en tecknad*** ~ a (an animated) cartoon
filma I *vb tr* o. *vb itr* göra film, göra film av film [*ngt* a th.] **II 1** *vb itr* medverka i film act in films **2** vard. låtsas sham, fake, pretend
filmateljé *s* film studio
filmatisera *vb tr* adapt...for the screen
filmatisering *s* screen version
filmcensur *s* film censorship
filmduk *s* screen
filmfotograf *s* cameraman
filmföreställning *s* film (cinema) performance
filminspelning *s* filming, shooting
filmjölk *s* sour milk
filmkamera *s* film camera
filmproducent *s* film producer
filmregissör *s* film director
filmroll *s* film role
filmrulle *s* foto. roll of film
filmskådespelare *s* film actor
filmstjärna *s* film (movie) star
filosof *s* philosopher
filosofera *vb itr* philosophize [*över* about]
filosofi *s* philosophy
filosofie *adj,* ~ ***doktor*** (förk. *fil. dr*) Doctor of Philosophy (förk. Ph.D. efter namnet); ~ ***kandidat*** (förk. *fil. kand.*) britt. motsv., ung. Bachelor of Arts (förk. BA); i naturvetenskap Bachelor of Science (förk. B.Sc.) båda efter namnet
filosofisk *adj* philosophic, philosophical
filt *s* **1** sängfilt blanket **2** tyg felt, felting
filter *s* filter; på cigarett filter tip
filtercigarett *s* filter-tipped cigarette
filtpenna *s* felt pen, marker
filtrera *vb tr* filter
filur *s,* ***en riktig liten*** ~ a cunning little devil
fimp *s* fag-end
fimpa *vb tr* stub out
fin *adj* fine; elegant smart; bra äv. very good; ***~a betyg*** high marks; ***en ~ middag*** äv. a first-rate dinner; ***på ett ~t sätt*** tactfully; ***~t!*** fine!, good!; ***göra ~t i rummet*** tidy up (make things look nice) in the room; ***klä sig ~*** dress up; ***han är ~ på att*** inf. he is very good at ing-form
final *s* **1** sport. final; ***gå*** (***komma***) ***till ~en*** go (get) to the final (finals) **2** mus. finale
finalist *s* finalist
finansdepartement *s* ministry of finance
finanser *s pl* finances
finansiell *adj* financial
finansiera *vb tr* finance
finansman *s* financier
finansminister *s* minister of finance
finanspolitik *s* financial policy
finemang *interj,* ~*!* fine!, great!
finess *s* **1** förfining refinement **2** ***~er*** fiffiga detaljer exclusive features
finfin *adj* tip-top, splendid; first-rate
finfördela *vb tr* pulverisera grind into fine particles, atomize, pulverize
finger *s* finger; ***ge honom ett ~ och han tar hela handen*** give him an inch, and he will take a mile; ***ha ett ~ med i spelet*** have a finger in it (in the pie); ***han lägger inte fingrarna emellan då det gäller...*** he doesn't handle...with kid gloves; ***se genom fingrarna med ngt*** shut one's eyes to a th.; ***slå ngn på fingrarna*** bildl. catch a p. out
fingerad *adj* fictitious; ***fingerat namn*** assumed name
fingeravtryck *s* fingerprint
fingerborg *s* thimble
fingerfärdig *adj* dexterous, deft
fingerfärdighet *s* dexterity, deftness

fingerspets *s* o. **fingertopp** *s* fingertip; ***ut i ~arna*** to the (his etc.) fingertips
fingervante *s* woollen glove
fingervisning *s* hint, pointer
fingra *vb itr*, ***~ på*** finger; tanklöst fiddle about with
finhackad *adj* finely-chopped
finish *s* sport. el. tekn. finish
fink *s* finch
finka *s* vard., arrest clink; i finkan äv. in the cooler (slammer)
finkamma *vb tr* bildl. comb out, go over...with a fine-tooth comb
finklädd *adj* ...dressed up
finkänslig *adj* taktfull tactful, discreet
finkänslighet *s* tact, discretion
Finland Finland
finlandssvensk I *adj* Finland-Swedish, Finno-Swedish **II** *s* Finland-Swede
finländare *s* Finlander, Finn
finländsk *adj* Finnish
finländska *s* kvinna Finnish woman
finmalen *adj* finely ground; om kött finely minced
finna I *vb tr* find; inse, märka see; anse think, consider; röna meet with; ***~ för gott*** att think fit... **II** *vb rfl*, ***~ sig vara*** find oneself; ***~ sig i*** a) tåla stand, put up with b) foga sig i submit to
finnas *vb itr dep* vara be; existera exist; påträffas be found; ***det finns*** there is (resp. are); ***finns det*** har ni...? have you got...?; ***den finns att få*** it is to be had; ***~ kvar*** a) vara över be left b) inte vara borttagen be still there; ***~ till*** exist
1 finne *s* Finn
2 finne *s* kvissla pimple
finnig *adj* pimply
finsk *adj* Finnish; ***Finska viken*** the Gulf of Finland
finska *s* **1** kvinna Finnish woman **2** språk Finnish; jfr *svenska*
finskfödd *adj* Finnish-born; för andra sammansättningar jfr *svensk-*
finskuren *adj* finely cut
finsmakare *s* gourmet
fint *s* feint; bildl. trick, dodge
finta *vb itr* sport. feint; fotb. äv. sell the dummy; ***~ bort ngn*** sell a p. the dummy
fintvätt *s* tvättande the washing of delicate fabrics; tvättgods delicate fabrics pl.
finurlig *adj* slug shrewd; sinnrik clever, ingenious
fiol *s* violin; ***stå för ~erna*** bildl. pay the piper
fiolspelare *s* violinist
1 fira *vb tr* sänka, ~ el. ***~ ned*** let down, lower
2 fira *vb tr* högtidlighålla celebrate; tillbringa spend; ***~ minnet av*** commemorate
firma *s* firm
firmafest *s* office (staff) party
firmamärke *s* trade mark
firmanamn *s* style, firm name
fisk *s* **1** fish (pl. fish el. fishes); koll. fish (sg. el. pl.) **2** ***Fiskarna*** astrol. Pisces
fiska *vb tr* o. *vb itr* fish
fiskaffär *s* fishmonger's
fiskare *s* fisherman
fiskbulle *s* fishball
fiske *s* fishing [*av* of]; som näring fishery
fiskebåt *s* fishing-boat
fiskeflotta *s* fishing-fleet
fiskegräns *s* fishing-limits pl.
fiskekort *s* fishing-licence, fishing-permit
fiskeläge *s* fishing village
fiskerätt *s* fishing-rights pl.
fiskevatten *s* fishing-grounds pl.
fiskfilé *s* fillet of fish
fiskkrokett *s* kok. fishcake
fiskmås *s* gull, seagull
fisknät *s* fishing-net
fiskpinnar *s pl* kok. fish fingers (amer. sticks)
fiskredskap *s* koll. fishing-tackle
fiss *s* mus. F sharp
fitta *s* vulg. cunt, pussy
fix *adj* **1** fixed; ***~ idé*** fixed idea **2** ***~ och färdig*** all ready
fixa *vb tr* vard. fix
fixare *s* vard. fixer
fixera *vb tr* fix; betrakta look fixedly at
fixering *s* psykol. fixation
fixstjärna *s* fixed star
fixtid *s* core time (hours pl.)
fjant *s* fjäskig person busybody; narr silly fool
fjantig *adj* fånig silly; löjlig ridiculous
fjol *s*, ***i ~*** last year; ***i ~ sommar*** last summer
fjolla *s* silly woman (resp. girl)
fjollig *adj* silly, foolish
fjompig *adj* larvig silly; sjåpig namby-pamby
fjord *s* speciellt i Norge fiord; i Skottland firth
fjorton *räkn* fourteen; ***~ dagar*** a fortnight; jfr *fem* o. sammansättningar
fjortonde *räkn* fourteenth (förk. 14th); ***var ~ dag*** once a fortnight; jfr *femte*
fjun *s* koll. down (end. sg.)
fjäder *s* **1** feather; prydnads~ plume **2** tekn. spring
fjäderdräkt *s* plumage

fjäderfä *s* poultry koll.
fjädervikt *s* sport. featherweight
fjädrande *adj* springy, elastic
fjädring *s* spring system; upphängning suspension
1 fjäll *s* mountain; högfjäll alp, high mountain; för sammansättningar jfr *berg* el. *bergs-*
2 fjäll *s* på fisk etc. scale
fjälla I *vb tr* fisk scale **II** *vb itr* om person peel
fjällripa *s* zool. ptarmigan
fjärde *räkn* fourth (förk. 4th); jfr *femte*
fjärdedel *s* quarter, fourth [part]; jfr *femtedel*
fjäril *s* butterfly; natt~ moth
fjärilsim *s* butterfly stroke
fjärran I *adj* distant, far-off; ***F~ Östern*** the Far East **II** *adv* far; ***när och ~*** far and near **III** *s, **i ~*** in the distance
fjärrkontroll *s* remote control; vard. zapper
fjärrstyrd *adj* remote-controlled; ***~ robot*** guided missile
fjärrstyrning *s* remote control
fjärrvärme *s* district heating
fjäsk *s* kryperi fawning [*för* on]
fjäska *vb itr, **~ för*** krypa för fawn on, crawl to
f.Kr. (förk. för *före Kristus*) BC (förk. för *before Christ*)
flabb *s* vard. guffaw, cackle
flabba *vb itr* vard. guffaw, cackle [*åt* at]
flack *adj* flat äv. om kulbana
flacka *vb itr* rove; ***~ och fara*** be on the move; ***~ omkring*** (***omkring i***) roam about
fladdermus *s* bat
fladdra *vb itr* flutter
flaga I *s* flake; hudflaga scale **II** *vb itr* o. *vb rfl, **~ sig*** flake, flake off, scale (peel) off
flagg *s* flag
flagga I *s* flag **II** *vb itr, **~ på halv stång*** fly the flag at half-mast
flaggdag *s, **allmän ~*** official flag-flying day
flaggskepp *s* flagship
flaggstång *s* flagstaff, flagpole
flagig *adj* flaky, scaly
flagna *vb itr* flake [*av* off], scale (peel) off
flagrant *adj* flagrant; friare obvious
flak *s* **1** isflak floe **2** lastbilsflak platform [body]
flamingo *s* flamingo (pl. -s el. -es)
flamländsk *adj* Flemish
flamma I *s* flame äv. om ngns älskade **II** *vb itr* blaze; ***~ upp*** äv. bildl. flame up
flammig *adj* om färg patchy
Flandern Flanders
flanell *s* flannel
flanera *vb itr, **vara ute och ~*** be out for a stroll
flanör *s* stroller, man-about-town
flaska *s* bottle
flaskhals *s* bottleneck äv. bildl.
flat *adj* flat; ***~ tallrik*** flat (ordinary) plate
flatskratt *s* guffaw
flax *s* vard. luck; ***ha ~*** be lucky
flaxa *vb itr* flutter; om vingar flap
flegmatisk *adj* phlegmatic
flera I *adj* (äv. *fler*) more **II** *pron* åtskilliga several; flera olika various, different; ***~ människor*** several people; ***vi är ~*** (***~ stycken***) there are several of us
flerfaldig *adj, **~a*** pl. many, numerous; ***han är ~ mästare*** he has been a champion many times over
flerfamiljshus *s* block of flats, amer. apartment block
flermotorig *adj* multi-engined
fleromättad *adj* polyunsaturated
flersiffrig *adj, **~t tal*** number running into several figures
flerstegsraket *s* multi-stage rocket
flertal *s* **1** ***~et*** the majority; ***~et människor*** most people; ***ett ~*** flera... a number of... **2** gram. plural
flesta *adj, **de ~ pojkar*** most boys; ***de ~ tycker att...*** the majority think that...
flexa *vb itr* vard. be on flexitime
flexibel *adj* flexible
flextid *s* flexitime, flextime
flicka *s* girl; flickvän girlfriend
flickaktig *adj* girlish
flicknamn *s* girl's name; tillnamn som ogift maiden name
flickscout *s* guide, amer. girl scout
flicktycke *s, **ha ~*** be popular with the girls
flickvän *s* girlfriend
flik *s* på kuvert flap; hörn av plagg corner
flimmer *s* flicker
flimra *vb itr* flicker; ***det ~r för ögonen på mig*** everything is swimming before my eyes
flin *s* grin
flina *vb itr* grin [*åt* at]
flinga *s* flake; ***flingor*** majsflingor cornflakes
flink *adj, **vara ~ i fingrarna*** have deft fingers
flinta *s* flint
flintskalle *s* bald head
flintskallig *adj* bald

flippa *vb itr,* ~ ***ut*** freak out
flipperautomat *s* o. **flipperspel** *s* pinball machine
flisa *s* skärva chip; sticka splinter
flit *s* **1** diligence **2** ***med*** ~ avsiktligt on purpose
flitig *adj* diligent; arbetsam hard-working; om t.ex. biobesökare regular; ofta upprepad frequent
flock *s* flock; t.ex. av vargar pack
flockas *vb itr dep* flock, flock together [*kring* round]
flod *s* **1** river; bildl. flood **2** högvatten high tide; ***det är*** ~ the tide is in
flodhäst *s* hippopotamus
flodvåg *s* tidal wave
flopp *s* vard. flop
1 flor *s* tyg gauze; slöja veil
2 flor *s,* ***stå i*** ~ blomma be in bloom; blomstra be flourishing
flora *s* flora
florera *vb itr* be prevalent; blomstra flourish
florett *s* foil
florsocker *s* icing (amer. confectioners') sugar
floskler *s pl* tomt prat empty phrases
1 flott *adj* stilig smart; vard. posh; frikostig generous
2 flott *s* grease; stekflott dripping; isterflott lard; fett fat
1 flotta *s* **1** ett lands navy **2** samling fartyg fleet
2 flotta *vb tr,* ~ ***ned*** med flott make...greasy
flottbas *s* naval base
flotte *s* raft
flottfläck *s* grease spot
flottig *adj* greasy
flottyr *s* deep (deep-frying) fat
flottyrkoka *vb tr* deep-fry, fry...in deep fat
fluffig *adj* fluffy
fluga *s* **1** fly; ***slå två flugor i en smäll*** ordspr. kill two birds with one stone **2** mani craze, mania **3** kravatt bow-tie
flugfiske *s* fly-fishing
flugsmälla *s* fly-swatter
flugsnappare *s* fly-catcher
flugsvamp *s,* ***vanlig*** ~ fly agaric
flugvikt *s* sport. flyweight
fluktuera *vb itr* fluctuate, vary
flum *s* vard. woolliness
flummig *adj* vard., svamlig woolly, wishy-washy, airy-fairy
flundra *s* skrubbflundra flounder
fluor *s* grundämne fluorine; ***tandkräm med*** ~ toothpaste with fluoride
fly *vb itr* fly, flee [*för* before]; ta till flykten run away; ~ ***ur landet*** flee the country
flyg *s* **1** flygväsen aviation, flying **2** flygplan plane; koll. planes pl.; ***med*** ~ by air **3** flygvapen air force
flyga *vb itr* o. *vb tr* fly; ***jag har aldrig flugit*** I have never been up in the air (up in a plane); ~ ***i luften*** explodera blow up, explode
□ ~ **av** blåsa av fly off; lossna come off suddenly; ~ **på** rusa på fly at, attack; ~ **upp** rusa upp spring up; öppnas fly open
flyganfall *s* air raid
flygare *s* aviator; pilot pilot; mil. äv. airman
flygbas *s* air base
flygbiljett *s* air ticket
flygblad *s* leaflet
flygbolag *s* airline, airline company
flygel *s* **1** wing; stänkskärm wing, amer. fender **2** mus. grand, grand piano
flygfält *s* airfield
flygförbindelse *s* plane connection; flygtrafik air service
flygkapten *s* pilot
flyglarm *s* air-raid warning (alarm)
flyglinje *s* airline, airway
flygmekaniker *s* air mechanic
flygning *s* **1** flygande flying; ***under*** ~ while flying **2** flygfärd flight
flygolycka *s* air crash; mindre flying accident
flygpassagerare *s* air passenger
flygplan *s* aeroplane, amer. airplane; aircraft (pl. lika); vard. plane; stort trafikplan airliner
flygplanskapare *s* hijacker, skyjacker
flygplats *s* airport
flygpost *s* airmail
flygsjuka *s* airsickness
flygspaning *s* air reconnaissance
flygtid *s* flying (flight) time
flygtrafik *s* air traffic (service)
flygvapen *s* air force
flygvärdinna *s* air hostess
1 flykt *s* flygande flight
2 flykt *s* flyende flight; rymning escape; ***vild*** ~ headlong flight; speciellt mil. rout; ***driva på*** ~***en*** put to flight; speciellt mil. rout
flyktförsök *s* attempted escape; ***göra ett*** ~ make an attempt to escape
flyktig *adj* **1** kortvarig fleeting; övergående passing **2** kem. volatile
flykting *s* refugee; flyende fugitive
flyktingläger *s* refugee camp
flyktingström *s* stream of refugees
flyktväg *s* escape route

flyta *vb itr* float; rinna flow; ***det kommer att ~ blod*** blood will be shed; ***låta pundet ~*** let sterling float, float the pound
□ ~ **ihop** a) om floder meet b) bli suddig become blurred; ~ **in** om t.ex. pengar come in; ~ **upp** come (rise) to the surface
flytande I *adj* **1** på ytan floating; ***hålla det hela ~*** keep things going; ***hålla sig ~*** keep oneself afloat äv. bildl. **2** rinnande flowing; ***tala ~ engelska*** speak fluent English **3** i vätskeform liquid; ej fast fluid **4** vag vague; ***gränserna är ~*** the limits are fluid **II** *adv* fluently
flytning *s* med. discharge; ***~ar*** från underlivet the whites
flytta I *vb tr* **1** flytta på move **2** förlägga till annan plats transfer; flytta bort remove **3** i spel move **II** *vb itr* byta bostad move; lämna en ort (anställning) leave; om flyttfågel migrate; ***~ från (ur)*** lämna leave; ***~ på*** move **III** *vb rfl*, ***~ sig*** el. ***~ på sig*** move; maka åt sig make way (room)
□ ~ **bort** bära bort carry (take) away; ~ **fram** move...forward (up); ***~ fram ngt*** uppskjuta put off a th.; ***~ fram klockan en timme*** put the clock on (forward) an hour; ~ **ihop** put (move)...together; för att bo ihop go to live together; ***de har ~t ihop*** they live together; ~ **in** move in; ~ **om** omplacera move (shift)...about, rearrange; ~ **ut** move...out
flyttbar *adj* movable; bärbar portable
flyttbil *s* furniture (removal) van
flyttfirma *s* removal firm
flyttfågel *s* bird of passage, migratory bird
flyttkalas *s* house-warming party
flyttning *s* byte av bostad removal
flyttningsbetyg *s* för folkbokföringen certificate of change of address
flytväst *s* life jacket
flå *vb tr* skin
flåsa *vb itr* puff and blow; flämta pant
fläck *s* spot; av blod, bläck etc. stain äv. bildl.; ***på ~en*** genast on the spot; ***jag får det inte ur ~en*** I can't move it
fläcka *vb tr* stain; ***~ ned*** stain...all over
fläckborttagningsmedel *s* spot (stain) remover
fläckfri *adj* spotless, stainless äv. bildl.
fläckig *adj* smutsig spotted, soiled
fläckurtagningsmedel *s* spot (stain) remover
fläderbär *s* elderberry
fladdermus *s* bat
fläkt *s* **1** vindpust breeze; ***en frisk ~*** a breath of fresh air **2** fläktapparat fan
fläktrem *s* fan belt
flämta *vb itr* andas häftigt pant, puff
flärd *s* fåfänga vanity; ytlighet frivolity
flärdfull *adj* fåfäng vain
fläsk *s* griskött pork; bacon bacon
fläskfilé *s* fillet of pork
fläskig *adj* flabby, fat, fleshy
fläskkotlett *s* pork chop
fläskläpp *s*, ***ha (få) ~*** have (get) a thick lip
fläskpannkaka *s* diced pork (bacon) pancake
fläta I *s* plait, braid **II** *vb tr* plait, braid
flöda *vb itr* flow; ymnigt stream, pour; ***~ av...*** abound with...
flöde *s* flow
flöjt *s* flute
flört *s* **1** flirtation **2** person flirt
flörta *vb itr* flirt äv. bildl.
flörtig *adj* flirtatious
flörtis *s* vard. flirt
flöte *s* float; ***bakom ~t*** vard. stupid, daft
f.m. (förk. för *förmiddag*) a.m.
FN (förk. för *Förenta Nationerna*) UN (förk. för United Nations)
fnask *s* vard. prostitute, tart, amer. äv. hooker
fniss *s* giggle
fnissa *vb itr* giggle [*åt* at]
fnitter *s*, ***ett ~*** a giggle; ***massa ~*** lots of giggling (tittering)
fnittra *vb itr* giggle, titter [*åt* at]
fnysa *vb itr* snort; ***~ åt*** föraktfullt sniff at
fnysning *s* snort
fnöske *s* tinder
foajé *s* foyer; lobby
fobi *s* phobia
1 foder *s* i kläder lining; ***sätta ~ i*** line
2 foder *s* fodermedel feedstuff; torrt fodder
1 fodra *vb tr* sätta foder i line
2 fodra *vb tr* mata feed
fodral *s* case; av tyg etc. cover; klänning sheath
1 fog *s*, ***ha [fullt] ~ för ngt*** have every reason for a th.; ***det har ~ för sig*** it is reasonable
2 fog *s* joint, seam
foga I *vb tr* förena med fog join [*i*, *vid* to]; friare, bildl. add, attach [*till* to] **II** *vb rfl*, ***~ sig*** give in [*efter ngn* to a p.]; ***~ sig efter bestämmelserna*** comply with the regulations
fokus *s* focus
fokusera *vb tr* o. *vb itr* focus

folder *s* folder, leaflet [*över* on, about]
folie *s* foil; plastfolie film
foliepapper *s* foil
folk *s* **1** people; ***hela ~et*** the entire population, the whole nation; ***~en i tredje världen*** the peoples (nations) of the third world **2** människor people pl.; ***mycket ~*** many people; ***~ säger att...*** äv. they say that...
folkbokföring *s* national registration
folkdans *s* folk dance; dansande folk-dancing
folkdemokrati *s* people's democracy
folkdräkt *s* national (peasant) costume
folkgrupp *s* ethnic group
folkhjälte *s* national hero
folkhälsa *s* public health
folkhögskola *s* folk high-school
folkkär *adj* very popular, ...loved by the people
folklig *adj* nationell national; populär popular; folkvänlig affable
folkmassa *s* crowd of people, crowd
folkmord *s* genocide
folkmängd *s* antal invånare population
folknöje *s* popular entertainment (amusement)
folkomröstning *s* popular vote, referendum
folkpark *s* people's amusement park
Folkpartiet *s* ung. the Liberal Party
folkpartist *s* member of the Liberal Party
folkpension *s* state retirement pension
folkpensionär *s* retirement pensioner, senior citizen
folkräkning *s* census [of population]
folkrörelse *s* popular (national) movement
folksaga *s* folk tale, legend
folksamling *s*, ***det blev en ~*** a crowd of people collected
folksjukdom *s* national (widespread) disease
folkskygg *adj* unsociable, shy
folkslag *s* nation, people
folktandvård *s* national dental service
folktom *adj* deserted
folktro *s* popular belief
folkvald *adj* popularly elected
folkvandring *s* migration
folkvisa *s* folk song, ballad
folkvälde *s* democracy
f.o.m. se *från och med* under *från*
1 fond *s* bakgrund background
2 fond *s* kapital fund
fondbörs *s* stock exchange
fondkuliss *s* teat. backcloth
fonetik *s* phonetics sg.
fonetisk *adj* phonetic
fontän *s* fountain
forcera *vb tr* force; påskynda speed up
fordon *s* vehicle
fordra *vb tr* begära, kräva demand; yrka på insist on; göra anspråk på claim; ***det ~r mycket tid*** it requires (demands) a lot of time
fordran *s* demand [*på ngn* on a p.; *på* el. *på att få* for]; penning~ claim
fordrande *adj* exacting, demanding
fordras *vb itr dep* behövas be needed etc., jfr *behövas*
fordringar *s pl* **1** demands; anspråk claims; vad som erfordras requirements; ***ha stora (för stora) ~ på livet*** ask a lot (too much) of life **2** penning~ claims, debts
fordringsägare *s* creditor
forehand *s* tennis etc. forehand äv. slag
forell *s* trout (pl. lika)
form *s* **1** form; ***förlora ~en*** lose its shape; ***ta ~*** take shape; ***vara ur ~ (inte vara i) ~*** be out of (not be in) form **2** gjutform mould **3** kok., porslinsform dish, basin; eldfast casserole; bakform baking tin
forma *vb tr* form, shape; ***~ sig*** form (shape, mould) itself (resp. themselves) [*till* into]
formalitet *s* formality; ***en ren ~*** only a matter of form (a formality)
format *s* size; om bok format
formation *s* formation
formbröd *s* tin loaf
formel *s* formula (pl. formulae)
formell *adj* formal
formgivare *s* designer
formgivning *s* designing; modell, mönster design
formlära *s* språkv. accidence
formsak *s* matter of form, formality
formulera *vb tr* formulate; avfatta äv. frame
formulering *s* formulation; framing; wording
formulär *s* blankett form
forn *adj* former, earlier; forntida ancient
fornminne *s* relic (monument) of antiquity (of the past)
forntid *s* förhistorisk tid prehistoric times pl.
forntida *adj* ancient
fors *s* rapids pl.
forsa *vb itr* rush; ***regnet ~r ned*** the rain is coming down in torrents

forska *vb itr* search [*efter* for]; vetenskapa do research (research work); *~ i* investigate
forskare *s* lärd scholar; naturvetenskapsman scientist; med speciell uppgift research-worker
forskning *s* vetenskaplig research, research work; undersökning investigation
forsla *vb tr* transport, convey; *~ bort* carry away, remove
fort *adv* fast; på kort tid quickly; snabbt rapidly; snart soon; *det gick ~* it was quick work; *gå för ~* om klocka be fast; *så ~* el. *så ~ som* as soon as
forta *vb rfl, ~ sig* om klocka gain
fortbilda *vb rfl, ~ sig* continue one's education (training)
fortbildning *s* further education (training)
fortbildningskurs *s* continuation course
fortfarande *adv* still
fortgå *vb itr* go on
fortgående *adj* continuing
fortkörning *s, få böta för ~* be fined for speeding
fortplanta *vb rfl, ~ sig* breed, propagate; sprida sig spread
fortplantning *s* breeding, propagation; spridning spread
fortsatt *adj, få ~ hjälp* continue to receive help, get further help
fortskaffningsmedel *s* means of conveyance, conveyance
fortskrida *vb itr* proceed; framskrida advance
fortsätta *vb tr* o. *vb itr* continue, go (keep) on; *~ rakt fram* keep straight on; *han fortsatte sin väg* he went on his way
fortsättning *s* continuation; *~ följer i nästa nummer* to be continued in our next; *god ~* el. *god ~ på det nya året!* ung. A Happy New Year!; *i ~en* in future
fortunaspel *s* bagatelle
forward *s* forward
fosfat *s* phosphate
fosfor *s* phosphorus
fossil *s* o. *adj* fossil
foster *s* foetus, speciellt amer. fetus
fosterbarn *s* foster-child
fosterfördrivning *s* abortion
fosterhem *s* foster home
fosterland *s* native country
fosterländsk *adj* patriotic
fosterskada *s* damage to the foetus
fostra *vb tr* uppfostra bring up, rear
fostran *s* bringing up
fot *s* foot (pl. feet); på bord, lampa etc. stand; *sätta sin ~* set foot [*hos ngn* in a p.'s house]; *komma på fötter* ekonomiskt get on to one's feet; *försätta på fri ~* set free; *vara på fri ~* be at liberty (at large); *stå på god ~ med ngn* be on an excellent footing with a p.; *på resande ~* on the move; *till ~s* on foot
fotbad *s* footbath
fotboll *s* **1** boll football **2** spelet [association] football; vard. el. amer. soccer
fotbollsmatch *s* football match
fotbollsplan *s* football ground (spelplanen field, pitch); *~en* vard. the park
fotbollsspelare *s* footballer
fotbroms *s* footbrake
fotfäste *s* foothold, footing
fotgängare *s* pedestrian
fotknöl *s* ankle
fotled *s* ankle joint
foto *s* photo (pl. -s)
fotoaffär *s* camera shop, photographic dealer's
fotoalbum *s* photograph (photo) album
fotoateljé *s* photographer's studio
fotoblixt *s* flashlight, photoflash
fotocell *s* photo-electric cell, photocell
fotogen *s* paraffin, amer. kerosene
fotogenisk *adj* photogenic
fotogenlampa *s* paraffin (amer. kerosene) lamp
fotograf *s* photographer
fotografera *vb tr* photograph; *låta ~ sig* have one's photograph taken
fotografi *s* **1** photograph **2** som konst photography
fotografisk *adj* photographic
fotokopia *s* photocopy
fotokopiera *vb tr* photocopy
fotostatkopia *s* photocopy
fotpall *s* footstool
fotspår *s* footprint; *gå i ngns ~* follow in a p.'s footsteps
fotsteg *s* steg step; *höra ~* hear footsteps
fotstöd *s* footrest
fotsula *s* sole of a (the) foot
fotsvett *s, ha ~* have sweaty feet pl.
fotvandrare *s* walker; vard. hiker
fotvandring *s* utflykt walking-tour; vard. hike
fotvård *s* pedikyr pedicure; med. chiropody
fotvårdsspecialist *s* chiropodist
fotända *s* på säng footboard
foxterrier *s* fox terrier
foxtrot *s* foxtrot
frack *s* rock tail coat; frackkostym dress suit; vard. tails pl.; *klädd i ~* in evening dress
frackmiddag *s* full-dress (white-tie) dinner

frackskjorta *s* dress shirt
fradga *s* o. *vb itr* froth, foam
fragment *s* fragment
frakt *s* **1** last: sjö. freight, cargo; järnvägs~, bil~, flygfrakt goods pl. **2** avgift: sjö. el. flyg. freight; järnvägs~, bilfrakt carriage
frakta *vb tr* sjö. freight; med järnväg, bil, flyg carry, convey
fraktgods *s* koll., ***som ~*** järnv. by goods train
fraktur *s* med. fracture
fralla *s* vard., småfranska roll
fram *adv* **1 a)** om rörelse: framåt, vidare on, along, forward; till platsen (målet) there; ***jag måste ~!*** I must get through!; ***kom ~!*** a) ur gömställe, led m.m. come out! b) hit come here!; ***ta ~*** take out; ***ända ~*** dit all the way there; ***ända ~ till...*** as far as...; ***~ och tillbaka*** there and back; av och an to and fro **b)** om läge: framtill forward, in front **2** tid, ***längre ~*** later on; ***~ på hösten*** later on in the autumn; ***långt ~ på dagen*** late in the day; ***till långt ~ på natten*** until well into the night
framaxel *s* front axel
framben *s* foreleg
framdel *s* front part, front
framdeles *adv* längre fram later on; i framtiden in the future
framemot *prep, **~ kvällen*** towards evening
framfusig *adj* pushing, aggressive
framför I *prep* before, in front of; över above, ahead of; ***~ allt*** above all; ***föredra te ~ kaffe*** prefer tea to coffee **II** *adv* in front
framföra *vb tr* **1** överbringa convey; deliver äv. uttala; lyckönskan, tack proffer; ärende state; ***framför min hälsning till...!*** give my kind regards to...! **2** uppföra, förevisa present, produce; musik perform
framförallt *adv* above all
framgå *vb itr* be clear (evident) [*av* from]
framgång *s* success; ***ha ~*** be successful
framgångsrik *adj* successful
framhjul *s* front wheel
framhjulsdrift *s* front-wheel drive
framhjulsdriven *adj* bil. front-wheel driven
framhålla *vb tr* påpeka point out; betona emphasize, stress
framhärda *vb itr* persist, persevere
framhäva *vb tr* låta framträda bring out, set off; betona emphasize
framifrån *adv* from the front
framkalla *vb tr* **1** call (draw) forth, produce; åstadkomma bring about; förorsaka cause **2** foto. develop
framkallning *s* foto. development, developing
framkomlig *adj* om väg passable, trafficable; bildl. practicable
framkomma *vb itr* bli känt come out
framkomst *s* ankomst arrival; ***vid ~en*** on arrival
framliden *adj, **framlidne...*** the late...
framlägga *vb tr* t.ex. teori put forward
framlänges *adv* forward, forwards; på tåg facing the engine
frammarsch *s* advance; ***vara på ~*** bildl. be gaining ground
framme *adv* **1** i förgrunden in front; vid målet there; ***han står här ~*** he is standing here; ***långt ~ i salen*** well to the front of the hall; ***när är vi ~?*** when do we get there? **2** synlig, 'ute' out; till hands ready; ***låta*** ngt ***ligga ~*** leave...about
framryckning *s* advance
framsida *s* front
framskriden *adj* advanced; ***tiden är långt ~*** it is getting late
framskärm *s* på bil front wing (amer. fender)
framsteg *s* progress (end. sg.); ***göra ~*** make progress; ***stora ~*** great progress
framstupa *adv, **ramla ~*** fall flat (flat on one's face)
framstå *vb itr* visa sig vara stand (come) out [*som* as]
framstående *adj* prominent; högt ansedd eminent, distinguished
framställa *vb tr* **1** skildra describe, relate **2** tillverka produce, make
framställning *s* **1** beskrivning description, representation **2** förslag proposal [*om* for] **3** tillverkning production
framstöt *s* thrust, drive; bildl. energetic move
framsynt *adj* far-seeing, far-sighted
framsynthet *s* foresight
framsäte *s* front seat
framtand *s* front tooth
framtid *s* future; ***för (i) all ~*** for all time
framtida *adj* future
framtidsutsikter *s pl* future prospects
framtill *adv* in front, at the front; i främre delen in the front part
framtoning *s* image
framträda *vb itr* **1** uppträda, visa sig appear; ***~ i radio*** broadcast on the radio **2** avteckna sig stand out

framträdande I *s* uppträdande appearance **II** *adj* viktig prominent, outstanding
framtung *adj* ...heavy at the front
framvagn *s* bils front part of a (resp. the) car
framåt I *adv* ahead; along; vidare onwards; ***fortsätt ~!*** keep straight on!; ***luta sig ~*** lean forward **II** *prep* fram emot towards **III** *adj, **vara ~** [**av sig**]* be very go-ahead
framåtanda *s, **ha stor ~*** be very go-ahead
framåtskridande *s* framsteg progress
framåtsträvande *adj* go-ahead
framöver *adv, **en lång tid ~*** for a long time ahead (to come)
franc *s* franc
frank *adj* frank, open, straightforward
frankera *vb tr* sätta frimärke på stamp
Frankrike France
frans *s* fringe
fransig *adj* trasig frayed
fransk *adj* French
franska *s* **1** French; jfr *svenska 2* **2** se *franskbröd*
franskbröd *s* vitt bröd white bread; småfranska roll; långfranska French loaf
fransman *s* Frenchman (pl. Frenchmen); ***fransmännen*** som nation, lag etc. the French
fransyska *s* kvinna Frenchwoman (pl. Frenchwomen); jfr *svenska 1*
frapperande *adj* striking; förvånande astonishing
fras *s* phrase äv. mus.
fraseologi *s* phraseology
frasera *vb tr* phrase äv. mus.
frasig *adj* crisp
fraternisera *vb itr* fraternize
fred *s* peace; ***jag får aldrig vara i ~*** I never get (have) any peace; ***låt mig vara i ~!*** leave me alone (in peace)!
fredag *s* Friday; ***~en den 8 maj*** adverbiellt on Friday, May 8th; ***förra ~en*** last Friday; ***i ~s*** last Friday; ***i ~s för en vecka sedan*** a week ago last Friday; ***i ~s i förra veckan*** on Friday last week; vi träffas ***om*** (***på***) ***~*** ...next Friday; ***om*** (***på***) ***~arna*** on Fridays; ***på ~ om åtta dar*** (***om en vecka***) Friday week
fredagskväll *s* Friday evening (senare night); ***på ~arna*** on Friday evenings (nights)
fredlig *adj* peaceful
fredlös *adj* outlawed; ***en ~*** an outlaw
fredsfördrag *s* peace treaty
fredsförhandlingar *s pl* peace negotiations (talks)
fredsmäklare *s* mediator
fredspipa *s* pipe of peace
fredspris *s, **~et*** Nobels the Nobel Peace Prize
fredsrörelse *s* peace movement
fredstrevare *s* peace-feeler
fredsvillkor *s pl* peace terms
fredsälskande *adj* peace-loving
freestyle *s* kassettbandspelare Walkman ®
fregatt *s* frigate
frekvens *s* frequency äv. radio.
frekvent *adj* frequent, common
frekventera *vb tr* t.ex. nöjeslokal frequent, patronize
frenetisk *adj* frenzied, frantic
freon *s* ® Freon, CFC (förk. för chlorofluorocarbon)
fresia *s* bot. freesia
fresk *s* fresco (pl. -es el. -s)
fresta *vb tr* o. *vb itr* **1** tempt **2** *~ **på*** vara påfrestande be a strain on
frestelse *s* temptation; ***falla för en frestelse*** (***för ~r***) yield to temptation
fri *adj* free; öppen, oskymd open; ***~ idrott*** athletics; ***det står dig ~tt att*** inf. you are free (at liberty) to inf.; ***vara ~ från misstankar*** be clear of (be above) suspicion; ***i det ~a*** in the open (open air)
1 fria I *vb tr* frikänna acquit [*från* of]; ***~nde dom*** verdict of acquittal (of not guilty) **II** *vb rfl, **~ sig från misstankar*** clear oneself of suspicion
2 fria *vb itr* propose [*till ngn* to a p.]
friare *s* suitor
fribrottning *s* all-in wrestling, freestyle
frid *s* peace; lugn tranquillity; ***allt är ~ och fröjd*** everything in the garden is lovely
fridfull *adj* peaceful, serene
fridlysa *vb tr* djur, växt etc. place...under protection, preserve; ***fridlyst område*** naturskyddsområde nature reserve
fridsam *adj* peaceable, placid
frieri *s* proposal, offer of marriage
frige *vb tr* släppa lös free, set...free, release
frigid *adj* frigid
frigiditet *s* frigidity
frigivning *s* setting free, release
frigjord *adj* fördomsfri open-minded; emanciperad emancipated
frigöra I *vb tr* liberate, set...free **II** *vb rfl, **~ sig*** free oneself, emancipate oneself
frigörelse *s* befrielse liberation; emancipation emancipation
frihandel *s* free trade
frihet *s* freedom, liberty; ***i ~*** at liberty; ***ta***

sig ~en att göra ngt take the liberty of doing a th.; ***ta sig ~er mot ngn (med ngt)*** take liberties with a p. (a th.)
frihetskamp *s* struggle for liberty
frihetsstraff *s* imprisonment
frihetsälskande *adj* freedom-loving
friidrott *s* athletics sg.
frikallad *adj*, ***~ från värnplikt*** exempt from military service
frikostig *adj* generous, liberal
frikostighet *s* generosity, liberality
friktion *s* friction
friktionsfri *adj* frictionless
frikyrklig *adj* Free Church...
frikänna *vb tr* acquit [*från* of]
frikännande *s* acquittal
friluftsbad *s* open-air baths (pl. lika)
friluftsdag *s* ung. sports day
friluftsliv *s* outdoor life
friluftsområde *s* open-air recreation area
friluftsteater *s* open-air theatre
frimurare *s* freemason, mason
frimärke *s* stamp
frimärksalbum *s* stamp album
frimärksautomat *s* stamp machine
fringis *s* vard., extra förmån fringe benefit
fripassagerare *s* stowaway
frireligiös *adj* nonconformist
frisersalong *s* hairdresser's (barber's) [shop]
frisésallat *s* endive, amer. chicory
frisim *s* freestyle
frisinnad *adj* liberal, broad-minded
frisk *adj* ej sjuk well; end. predikativt healthy; återställd recovered; ***~ och kry*** hale and hearty; ***~a tänder*** sound teeth; ***~ aptit*** a keen appetite; ***~ luft*** fresh air
friska *vb tr*, ***~ upp*** freshen up; ***~ upp sina kunskaper*** brush up one's knowledge
friskintyg *s* certificate of health
friskna *vb itr*, ***~ till*** recover
friskskriva *vb tr* declare...fit
frisksportare *s* keep-fit type, health (fitness) freak
frisläppa *vb tr* set...free, release
frispark *s* sport. free kick
frispråkig *adj* outspoken
frissa *s* vard. [ladies'] hairdresser
frist *s* anstånd respite, grace
fristad *s* skyddad ort sanctuary, refuge
fristil *s* sport. freestyle
fristående *adj* ...that stands by itself, detached
friställd *adj* arbetslös redundant
frisyr *s* hair style
frisör *s* o. **frisörska** *s* hairdresser, barber
frita *vb tr* **1** med våld rescue **2** från skyldighet release, exempt; från ansvar relieve
fritagning *s* rescue operation
fritagningsförsök *s* rescue attempt (bid)
fritera *vb tr* deep-fry
fritid *s* spare time, leisure; ledig tid time off
fritidsbåt *s* pleasure boat
fritidsgård *s* youth recreation centre
fritidshem *s* after-school recreation centre [for junior schoolchildren]
fritidshus *s* holiday (weekend) cottage, summer house
fritidskläder *s pl* leisure (casual) wear sg.
fritidsområde *s* recreation area (ground)
fritidssysselsättning *s* spare-time occupation
fritis *s* vard., se *fritidshem*
frivillig I *adj* voluntary **II** *subst adj* mil. volunteer
frivilligt *adv* voluntarily, of one's own free will
frivolt *s* gymn. somersault
frodas *vb itr dep* thrive, flourish
frodig *adj* luxuriant; om person fat, plump; om kvinna äv. buxom
from *adj* gudfruktig pious
fr.o.m. se *från och med* under *från*
fromage *s* ung. [cold] mousse
fromhet *s* piety
front *s* front
frontalkrock *s* head-on collision
1 frossa *s*, ***ha ~*** have the shivers
2 frossa *vb itr*; guzzle; ***~ i...*** wallow (revel) in...
frossare *s* glutton, guzzler
frossbrytning *s* fit of shivering
frosseri *s* gluttony, guzzling
frost *s* frost; rimfrost hoarfrost
frosta *vb tr*, ***~ av*** defrost
frostbiten *adj* frostbitten
frostnatt *s* frosty night
frostskadad *adj* ...damaged by frost
frotté *s* terry cloth
frottéhandduk *s* terry (Turkish) towel
frottera *vb tr* rub
fru *s* gift kvinna married woman (lady); hustru wife; ***~ Ek*** Mrs. Ek; ***hur mår ~ Ek?*** tilltal how are you, Mrs. Ek?
frukost *s* morgonmål breakfast; för ex. jfr *middag 2*
frukostbord *s*, ***vid ~et*** vid frukosten at breakfast
frukostflingor *s pl* breakfast cereal sg.
frukostmiddag *s* early dinner

frukt *s* fruit
frukta *vb tr* o. *vb itr* fear, be afraid [*ngt* of a th., *att* that]; *~ för ngns liv* fear for a p.'s life
fruktaffär *s* fruit shop, fruiterer's
fruktan *s* rädsla fear, dread [*för* of]
fruktansvärd *adj* terrible, dreadful
fruktbar *adj* fertile; givande fruitful
fruktkniv *s* fruit knife
fruktkräm *s* stewed fruit purée [thickened with potato flour]
fruktlös *adj* futile, fruitless
fruktodling *s* fruit-growing; *en ~* a fruit farm
fruktsallad *s* fruit salad
fruktsam *adj* om kvinna fertile
fruktträd *s* fruit tree
fruktträdgård *s* orchard
fruntimmer *s* neds. female, speciellt amer. dame
frusen *adj* frozen
frustrerad *adj* frustrated
frys *s* freezer
frysa *vb itr* **1** till is freeze; bli frostskadad get frost-bitten **2** om person feel cold, be freezing; *jag ~er om händerna* my hands are cold
□ *~* **fast** freeze; *~* **in** el. *~* **ned** matvaror freeze, refrigerate; *rören har frusit sönder* the frost has burst the pipes; *~* **till (igen)** freeze, freeze over
frysbox *s* freezer, chest freezer
frysdisk *s* frozen-food display, refrigerated counter (cabinet)
frysfack *s* freezing-compartment
fryspunkt *s* freezing-point
frysrum *s* cold-storage room
frysskåp *s* freezer, cabinet freezer
frystorka *vb tr* freeze-dry
fråga I *s* question; *vad är det ~ om?* a) vad gäller saken? what's it all about? b) vad står på? what's the matter?; *mannen i ~* the man in question; *han kan komma i ~* som chef he is a possible choice...; *det (han) kan inte komma i ~* it (he) is out of the question; *sätta i ~* betvivla question, call...in question; *i ~ om* beträffande concerning, with regard to **II** *vb tr* o. *vb itr* ask; söka svar i (hos) question; *~ efter ngn* ask for a p.; *~ efter en bok* i bokhandeln inquire for a book; *~ ngn om vägen* ask a p. the way **III** *vb rfl, ~ sig* ask oneself, wonder
frågeformulär *s* questionnaire
frågesport *s* quiz
frågetecken *s* question mark äv. bildl.
frågvis *adj* inquisitive
från *prep* from; *bort ~ (ned ~)* off; *~ och med* (förk. *fr.o.m.* el. *f.o.m.*) *den 1 maj* as from May 1st; *~ och med den dagen* var han... from that very day...; *~ och med nu* skall jag from now on...; *~ och med sid. 10* from page 10 on; *börja ~ början* begin at the beginning; *gå ~ bordet* leave the table; *hr A. ~ Stockholm* Mr A. of Stockholm
frånskild *adj* om makar divorced; *en ~* a divorcee
frånta *vb tr, ~ ngn* take...away from a p.; beröva deprive a p. of
frånvarande *adj* absent; *de ~* those absent; tankspridd absent-minded; upptagen av sina tankar preoccupied
frånvaro *s* absence [*av* of, *från* from]
fräck *adj* impudent; vard. cheeky, amer. fresh [*mot* to]; *det var det ~aste!* vard. what cheek (a nerve)!
fräckhet *s* impudence, insolence; vard. cheek, nerve (samtliga end. sg.); *hans ~er* yttranden his impudent (cheeky) remarks
fräknar *s pl* freckles
fräknig *adj* freckled
frälsa *vb tr* save, redeem
frälsare *s* saviour
frälsning *s* salvation
Frälsningsarmén *s* the Salvation Army
främja *vb tr* promote, further
främjande *s* promotion, furtherance
främling *s* strange [*för* to]; utlänning foreigner
främlingslegion *s, ~en* the Foreign Legion
främlingspass *s* alien's passport
främmande I *adj* obekant strange, unknown, unfamiliar [*för* to]; utländsk foreign **II** *s* gäster guests pl., visitors pl., company
främre *adj* front, fore
främst *adv* först first; längst fram in front; om rang foremost; huvudsakligen chiefly; *gå ~* go first, walk in front; *ligga ~* i tävling lead
främsta *(främste) adj* förnämsta foremost; viktigaste chief; första first, front
frän *adj* om lukt, smak pungent, acrid; *~ kritik* biting criticism
fräsa I *vb itr* väsa hiss; brusa fizz; vid stekning sizzle; om katt spit [*åt* at] **II** *vb tr* hastigt steka fry, frizzle; *~ smör* heat butter
fräsch *adj* fresh, fresh-looking; ren clean
fräscha *vb tr, ~ upp* freshen up; bildl. refresh, brush up

fräta *vb tr* o. *vb itr*, ~ el. ~ ***på*** (***sönder***) ngt om syra etc. corrode; ***~nde ämne*** corrosive
frö *s* seed
fröhandel *s* butik seed-dealer's
fröjd *s* glädje joy; lust delight
fröken *s* ogift kvinna unmarried woman; ung dam young lady; lärarinna teacher; som titel Miss; ***F~!*** till uppasserska Waitress!, vard. Miss!; ***kan ~ säga mig...*** could you please tell me..., Miss; ***lilla ~*** vard. young lady; ***F~ Ur*** the speaking clock; ***F~ Väder*** the telephone weather service, britt. the Weather Phone
frömjöl *s* pollen
fuchsia *s* bot. fuchsia
fuffens *s* hanky-panky; ***ha något ~ för sig*** be up to mischief
fukt *s* damp; väta moisture
fukta *vb tr* moisten, wet
fuktig *adj* damp; t.ex. om klimat moist; råkall damp; ***~a läppar*** moist lips
fuktighet *s* dampness; moistness; humidity
ful *adj* ugly; alldaglig plain; amer. äv. homely; ***~ fisk*** ugly customer; ***~ gubbe*** dirty old man; ***~a ord*** bad language sg.; ***~ vana*** nasty habit; ***~ i mun*** foul-mouthed
fuling *s* nasty customer
full *adj* **1** full [*av, med* of]; fylld filled [*av* with]; ***det är ~t*** fullsatt we are full up; ***hälla*** (***slå***) ***glaset ~t*** fill the glass; ***på ~t allvar*** quite seriously; ***njuta av ngt i ~a drag*** enjoy a th. to the full; ***~t förtroende*** complete confidence; ***med ~ rätt*** quite rightly; ***ha ~ tjänst*** i skola be a full-time teacher; ***månen är ~*** the moon is full **2** onykter ...drunk, drunken...; vard. tipsy, ...tight; ***supa sig ~*** get drunk
fullastad *adj* fully loaded
fullbelagd *adj* full, ...full up
fullblod *s* thoroughbred
fullbokad *adj* fully booked, ...booked up
fullborda *vb tr* slutföra complete, finish; ***ett ~t faktum*** an accomplished fact
fullfjädrad *adj* bildl. full-fledged, accomplished
fullfölja *vb tr* slutföra complete, finish; genomföra follow (carry) out
fullgod *adj* perfectly satisfactory; utmärkt perfect
fullgöra *vb tr* perform, discharge, fulfil, carry out, execute
fullkomlig *adj* **1** felfri perfect **2** fullständig complete, entire
fullkomlighet *s* perfection
fullkomligt *adv* perfectly, completely; helt entirely, utterly
fullkornsbröd *s* wholemeal bread
fullmakt *s* bemyndigande authorization; ***ge ngn ~ att*** inf. authorize a p. to inf.
fullmåne *s* full moon
fullo *s*, ***till ~*** to the full, fully
fullpackad *s* o. **fullproppad** *adj* crammed, packed [*med* with]
fullsatt *adj* full, crowded, packed
fullständig *adj* komplett etc. complete, entire, full; total etc. perfect, total
fullt *adv* completely, fully; alldeles quite; ***ha ~ upp med arbete*** have plenty of work; ***arbeta för ~*** work like mad; ***med radion på för ~*** with the radio on at full blast; ***inte ~*** ett år not quite...
fulltalig *adj* complete; ***en ~ publik*** a full audience
fullträff *s* direct hit; pjäsen blev ***en verklig ~*** ...a real (smash) hit
fullvuxen *adj* full-grown; ***bli ~*** grow up
fullvärdig *adj*, ***~ kost*** a balanced diet
fullända *vb tr* **1** complete, finish **2** fullkomna perfect; ***~d skönhet*** perfect beauty
fulländning *s* perfection
fumla *vb itr* fumble [*med* with, at]
fumlig *adj* fumbling
fundament *s* foundation, foundations pl.
fundamental *adj* fundamental, basic
fundera *vb itr* tänka think [*på, över* of, about]; grubbla ponder [*på, över* over]; ***~ på*** överväga ***att*** inf. think of (consider) ing-form; ***jag skall ~ på saken*** I will think the matter over; ***jag har ofta ~t över*** undrat ***varför han...*** I have often wondered why he...; ***~ ut*** think (work) out
fundering *s*, ***~ar*** tankar thoughts; idéer ideas
fundersam *adj* tankfull thoughtful, meditative
fungera *vb itr* **1** gå riktigt work, function; hissen ***~r inte*** ...is out of order, ...is not working **2** tjänstgöra act, serve [*som* as]
funka *vb itr* vard. work, function; act [*som* as]; jfr äv. *fungera*
funktion *s* function; ***fylla en ~*** serve a purpose; ***ur ~*** out of order
funktionär *s* official; vid tävling steward
furir *s* corporal; inom flottan leading seaman
furste *s* prince
furstendöme *s* principality
furstlig *adj* princely
furu *s* virke pine, pinewood; ett bord ***av ~*** a deal table

fusk *s* **1** skol. o. i spel cheating **2** slarvigt arbete botched (bungled, hafsverk scamped) work
fuska *vb itr* skol. o. i spel cheat
fusklapp *s* crib
fuskverk *s*, ***ett ~*** a botched piece of work
futtig *adj* ynklig paltry; lumpen mean
futurum *s* the future tense
fux *s* häst bay, bay horse
fy *interj* oh!; ***~ fan!*** hell!; ***~ skäms!*** shame on you!; till barn naughty, naughty!
fylla *vb tr* **1** fill; stoppa full stuff äv. kok.; ***det fyller sitt ändamål*** it serves its purpose; ***~ bensintanken*** fill up the tank, fill up; ***~ vin i*** glasen pour wine into...; ***hennes ögon fylldes av tårar*** her eyes filled with tears **2** ***när fyller du år?*** when is your birthday?; ***han fyllde femtio i går*** he was fifty yesterday
□ **~ i** *en blankett* fill in (up) a form; **~ igen** t.ex. hål fill up, stop up; **~ på** a) kärl fill el. fill up b) vätska pour el. pour in; ***~ på bensin*** tanka fill up
fyllbult *s* vard. boozer, wino (pl. -s)
fylleri *s* drunkenness
fyllerist *s* drunk
fyllig *adj* **1** om person plump; speciellt om kvinna buxom; om figur, kroppsdel ample, full **2** bildl., om t.ex. framställning full, detailed; om urval etc. rich; om vin full-bodied; om ton, röst rich, mellow
fyllnadsgods *s* bildl. padding
fyllnadsval *s* by-election
fyllning *s* filling äv. tand~; kok. stuffing; i pralin etc. centre
fyllo *s* vard. drunk
fylltratt *s* drunkard; vard. boozer
fynd *s* det funna find; upptäckt discovery; ***göra ett ~*** gott köp make a bargain
fyndig *adj* påhittig, om person inventive; rådig resourceful; slagfärdig witty; om sak ingenious
fyndpris *s* bargain price
fyr *s* fyrtorn lighthouse
1 fyra *vb itr*, ***~ av*** fire, let off, discharge
2 fyra I *räkn* four; ***mellan ~ ögon*** in private, privately; ***på alla ~*** on all fours; jfr *fem* o. sammansättningar **II** *s* four; ***~ns växel*** fourth gear; jfr *femma*
fyrbent *adj* four-legged
fyrcylindrig *adj* four-cylinder...
fyrdubbel *adj* fourfold, quadruple
fyrdubbla *vb tr* multiply...by four, quadruple
fyrfaldig *adj* fourfold; ***ett ~t leve för...*** four (eng. motsv. three) cheers for...
fyrfotadjur *s* quadruped, four-footed animal
fyrhjulsdrift *s* bil. four-wheel drive
fyrhändigt *adv* mus., ***spela ~*** play a duet (resp. duets)
fyrkant *s* kvadrat square; speciellt geom. quadrangle
fyrkantig *adj* square
fyrklöver *s* four-leaf clover; bildl. quartet
fyrling *s* quadruplet; vard. quad
fyrop *s pl* boos, cries of 'shame!'
fyrsidig *adj* quadrilateral
fyrsiding *s* quadrilateral
fyrskepp *s* lightship
fyrtaktsmotor *s* four-stroke engine
fyrtio *räkn* forty; jfr *femtio* o. sammansättningar
fyrtionde *räkn* fortieth
fyrtorn *s* lighthouse
fyrvaktare *s* lighthouse-keeper
fyrverkeri *s*, **~** el. ***~er*** fireworks pl.; ***ett ~*** a firework display
fyrverkeripjäs *s* firework
fysik *s* **1** vetenskap physics sg. **2** kroppskonstitution physique, constitution
fysikalisk *adj* physical
fysiker *s* physicist
fysiolog *s* physiologist
fysionomi *s* physiognomy
fysioterapi *s* physiotherapy
fysioterapist *s* physiotherapist
fysisk *adj* physical
1 få I *hjälpvb* **1** få tillåtelse att be allowed (permitted) to; ***~r jag gå nu?*** may (can) I go now?; ***jag ~r inte glömma det*** I must not forget it **2** ha tillfälle el. möjlighet att be able to, have an opportunity (a chance) to; ***vi ~r tala om det senare*** äv. we can talk about that later; ***vi ~r väl se*** we'll see about that; ***~ höra, ~ se, ~ veta*** etc., se resp. verb **3** vara tvungen att have to, have got to; ***du ~r ta (lov att ta)*** en större väska you want..., you need..., you must have... **II** *vb tr* erhålla etc. get, obtain, receive, have; ***kan jag få*** lite te***?*** can I have...please?; ***jag ska be att ~ lite frukt*** i butik I should like some fruit; ***vem har du ~tt den av?*** who gave you that?; ***vad ~r vi till middag?*** what's for dinner?; ***det ska du ~ för!*** I'll pay you out for that!; ***där fick han!*** det var rätt åt honom! serves him right!; **~** förmå ***ngn att göra ngt*** make a p. do a th., get a p. to do a th.; ***~ ngn i säng*** get a p. to bed
□ **~ av (av sig)** get...off; **~ bort** avlägsna remove; **~ ngn fast** catch a p.; **~ fram** ta fram

get...out [*ur* of]; ~ **för sig** sätta sig i sinnet get into one's head...; inbilla sig imagine...; ~ **i** *ngt i...* get a th. into...; ~ **i sig** tvinga i sig get...down; *det skall du ~ igen!* I'll pay you back for that!; ~ **ihop** samla get...together, collect; ~ **in** get...in; ~ ***in*** ihop ***pengar*** collect money; ~ **loss** get...off; få ur get...out; ~ **på (på sig)** get...on; ~ **tillbaka** get...back; ~ **upp** a) öppna open; lyckas öppna manage to open; t.ex. lock get...off b) kunna lyfta raise, lift; få uppburen get...up; ~ ***upp farten*** komma i gång get up speed; ~ **ut** get...out [*ur* of]; t.ex. lön, arv obtain; lösa solve; ~ ***ut det mesta möjliga av...*** utnyttja make the most of...; ~ **över** få kvar have (have got)...left (to spare)

2 få *pron* few; ***blott*** ~ only a few; ***inte så*** ~ quite a few; ***några*** ~ a few; ***ytterst*** ~ very few

fåfäng *adj* **1** flärdfull vain **2** resultatlös vain, ...in vain

fåfänga *s* flärd vanity

fågel *s* bird; tamfågel, kok. poultry koll.; ***varken ~ eller fisk*** neither fish, flesh nor fowl

fågelbo *s* bird's nest

fågelbord *s* birdtable

fågelbur *s* birdcage

fågelfrö *s* birdseed

fågelholk *s* nesting box

fågelperspektiv *s* bird's-eye view

fågelskrämma *s* scarecrow

fågelskådare *s* birdwatcher

fågelvägen *s*, det är en mil ~ ...as the crow flies

fåll *s* sömnad. hem

1 fålla *vb tr* sömnad. hem

2 fålla *s* inhägnad pen, fold

fåne *s* fool, idiot

fånga I *s*, ***ta ngn till*** ~ take a p. prisoner, capture a p.; ***ta sitt förnuft till*** ~ be sensible (reasonable) **II** *vb tr* catch, take

fånge *s* prisoner; straffånge convict

fången *adj* fängslad captured, imprisoned, captive; ***hålla*** ~ keep...in captivity, hold...prisoner

fångenskap *s* captivity; befria ngn ***ur ~en*** ...from captivity

fångläger *s* prison camp; mil. prisoner of war camp

fångst *s* byte catch

fångvaktare *s* warder

fånig *adj* silly, stupid; löjlig ridiculous

fåntratt *s* vard. fool, idiot

fåordig *adj* taciturn

får *s* sheep (pl. lika); kött mutton

fåra *s* o. *vb tr* furrow

fårkött *s* mutton

fårskalle *s* vard. blockhead

fårskinn *s* sheepskin

fårstek *s* roast mutton

fårull *s* sheep's wool

fåtal *s* minority; ***endast ett*** ~ only a small number

fåtalig *adj*, ***de är ~a*** they are few (few in number); ***den ~a publiken*** the small audience

fåtölj *s* armchair, easy chair

fädernesland *s* native country

fägring *s* poet. beauty

fähund *s* lymmel blackguard, rotter

fäkta *vb itr* fence; ~ ***med armarna*** gesticulate violently

fäktare *s* fencer

fäktning *s* fencing

fälg *s* på hjul rim

fälla I *s* trap; ***lägga ut en ~ för*** set a trap for **II** *vb tr* **1** få att falla fell; speciellt jakt. bring down; låta falla drop; sänka, t.ex. bom lower; ~ ***ett förslag*** defeat a proposal; ~ ***tårar*** shed tears **2** förlora, t.ex. blad, hår shed, cast **3** avge, ~ ***ett yttrande*** make a remark **4** förklara skyldig convict [*för* of] **III** *vb itr* om tyg etc. lose its colour, fade; ***färgen fäller*** the colour runs

□ ~ **ihop** t.ex. fällstol fold up; ~ **ned** lock shut; bom, sufflett lower; krage turn down; paraply put down; ~ **upp** lock open; krage turn up; paraply put up

fällkniv *s* clasp knife, jack knife

fällstol *s* folding chair; utan ryggstöd camp stool; vilstol deckchair

fält *s* field

fältherre *s* commander, general

fältkikare *s* field glasses pl.

fältkök *s* field kitchen

fältmarskalk *s* field marshal

fältslag *s* pitched battle

fälttåg *s* campaign

fältuniform *s* field uniform, battle dress

fängelse *s* prison, gaol, speciellt amer. jail; ***få livtids*** ~ get a life sentence, be imprisoned for life; ***sitta*** (***sätta ngn***) ***i*** ~ be (put a p.) in prison (gaol)

fängelsecell *s* prison cell

fängelsedirektör *s* prison governor (amer. warden)

fängelsestraff *s* imprisonment, term of

imprisonment; ***avtjäna ett ~*** serve a prison sentence
fängsla *vb tr* **1** sätta i fängelse imprison; arrestera arrest **2** tjusa captivate, fascinate; ***~nde*** spännande, intressant absorbing, thrilliing
fängslig *adj, **hålla** (**ta**) **i ~t förvar*** keep in (take into) custody
fänkål *s* fennel; krydda fennel seed
fänrik *s* inom armén second lieutenant; inom flyget pilot officer; amer., inom armén o. flyget second lieutenant
färd *s* resa journey; till sjöss voyage; ***vara i full ~ med att*** inf. be busy ing-form
färdas *vb itr dep* travel
färdig *adj* avslutad finished, completed, done; klar, beredd ready, prepared [*till* for]; ***~ att användas*** ready for use; ***få*** (***göra***) ***ngt ~t*** a) avsluta finish a th. b) iordningställa get a th. ready [*till* for]; ***skriva brevet ~t*** finish writing the letter; ***är du ~*** (***~ med arbetet***)***?*** have you finished (finished your work)?; ***han är alldeles ~*** slut he is done for; ***vara ~*** nära ***att*** inf. be on the point of ing-form
färdigförpackad *adj* pre-packed
färdighet *s* skicklighet skill, proficiency
färdigklädd *adj* dressed
färdiglagad *adj, **~ mat*** ready-cooked food
färdigställa *vb tr* prepare, get...ready
färdigsydd *adj* konfektionssydd ready-made
färdigt *adv, **äta*** (***läsa***) ***~*** finish eating (reading)
färdledare *s* guide, leader
färdskrivare *s* bil. tachograph, vard. tacho; flyg. flight recorder, vard. black box
färdtjänst *s* mobility service, transportation service for old (disabled) persons
färdväg *s* route
färg *s* colour; målarfärg paint; till färgning dye; nyans shade, tint; kortsp. suit; ***få ~*** om ansikte get a colour; ***vad är det för ~ på*** (***vilken ~ har***) ***bilen?*** what colour is the car?
färga *vb tr* colour; tyg, hår dye; ***duken har ~t av sig*** the dye has come off the cloth
färgad *adj* coloured; målad painted; med färgning dyed; ***de ~e*** som grupp the coloured people
färgband *s* för skrivmaskin typewriter ribbon
färgbild *s* colour picture
färgblind *adj* colour-blind
färgfilm *s* colour film
färgfoto *s* bild colour photo
färgglad *adj* richly coloured
färggrann *adj* richly coloured, full of colour; neds. gaudy
färghandel *s* paint dealer and chemist
färgklick *s* bildl. splash of colour
färglåda *s* paintbox
färglägga *vb tr* colour; foto. tint
färglös *adj* colourless
färgpenna *s* coloured pencil
färgskala *s* range of colours
färgstark *adj* colourful
färgstämd *adj* colour-matched
färg-TV *s* colour television (TV)
färgäkta *adj* colour-fast; tvättäkta wash-proof
färja *s* ferry; speciellt mindre ferryboat
färjförbindelse *s* ferry service
färre *komp* fewer
färs *s* minced meat; t.ex. på fisk mousse
färsk *adj* frisk, ej konserverad fresh; ***~t bröd*** fresh (new) bread; ***~ frukt*** fresh fruit; ***~ potatis*** new potatoes
färskvaror *s pl* perishables
Färöarna *pl* the Faeroe Islands, the Faeroes
fästa I *vb tr* fasten, fix, attach; ***~ blicken på*** fix one's eyes on; ***vara mycket fäst vid*** be very much attached to **II *~ sig vid ngn*** become attached to a p.; ***~ sig vid ngt*** pay attention to a th.
fäste *s* **1** stöd, tag hold; fotfäste foothold, footing; ***få ~*** get a hold (grip) **2** befästning stronghold äv. bildl.
fästing *s* tick
fästman *s* fiancé
fästmö *s* fiancée
fästning *s* fort, fortress
föda I *s* food; näring nourishment; uppehälle living; ***fast ~*** solid food; ***flytande ~*** liquid food **II** *vb tr* **1** give birth to; ***han föddes*** den 1 mars he was born... **2** alstra breed **3** ge föda åt feed; försörja support, maintain; ***~ upp*** djur breed, rear
född *adj* born; ***Födda*** rubrik Births; ***hon är ~ B.*** her maiden name was B.; ***när är du ~?*** when were you born?; ***han är ~ svensk*** he is a Swede by birth
födelse *s* birth; ***efter*** (***före***) ***Kristi ~***, se *Kristus*
födelseannons *s* announcement in the births column
födelseattest *s* birth certificate
födelsedag *s* birthday
födelsedatum *s* date of birth
födelsekontroll *s* birth control
födelsemärke *s* birthmark

födelsenummer *s* birth registration number
födelseort *s* birthplace; i formulär place of birth
födoämne *s* food (end. sg.); food-stuff
födsel *s* förlossning delivery; födelse birth; ***från ~n*** from birth
1 föga *adj* o. *adv* very little; ***~ trolig*** not very likely, improbable
2 föga *s*, ***falla till ~*** yield, submit [*för* to]
fögderi *s* tax collection district
föl *s* foal; unghäst colt; ungsto filly
följa *vb tr* **1** follow; efterträda succeed **2** ledsaga accompany; ***~ ngn till tåget*** (***båten*** etc.) see a p. off; ***jag följer dig en bit på väg*** I will come with you part of the way
□ **~ av ngn** see a p. off; **~ efter** follow; **~ med** komma med come (dit go) along [*ngn* with a p.]; ***~ med ngn*** äv. accompany a p.; hänga med, han talar så fort att jag inte kan ***~ med*** ...follow him; ***han kan inte ~ med i klassen*** he cannot keep up with the rest of the class; ***~ upp*** follow up
följaktligen *adv* consequently, accordingly
följande *adj* following; ***den ~ diskussionen*** blev... the discussion that followed...; ***på ~ sätt*** in the following way
följas *vb itr dep*, ***~ åt*** go together
följd *s* **1** succession, sequence; ***en ~ av olyckor*** a series of accidents; fem år ***i ~*** ...in succession **2** konsekvens consequence; ***ha*** (***få***) ***till ~*** result in; ***ha till ~ att...*** have the result that...
följesedel *s* delivery note
följeslagare *s* companion, follower
följetong *s* serial story, serial
föna *vb tr* håret blow-wave, blow-dry
fönster *s* window
fönsterbleck *s* window ledge
fönsterbräde *s* window sill
fönsterkarm *s* window frame
fönsterlucka *s* shutter
fönsterputsare *s* window-cleaner
fönsterruta *s* windowpane
fönstertittare *s* peeping Tom, voyeur
1 för *s* på båt stem, prow
2 för I *prep* **1** for; ***ha användning ~*** have use for; ***det blir inte bättre ~ det*** that won't make it any better; ***han är lång ~ sin ålder*** he is tall for his age; ***jag får inte ~ pappa*** father won't let me; han får göra vad han vill ***~ mig*** ...as far as I'm concerned **2** to; ***visa ngt ~ ngn*** show a th. to a p.; ***~ mig*** i mina ögon to me; ***blommorna dör ~ mig*** my flowers keep dying **3** vid genitivförhållande of; ***chef ~*** head of; ***priset ~*** varan the price of...; ***tidningen ~ i går*** yesterday's paper **4** i tidsuttryck, ***~ fem dagar framåt*** for the next five days; få men ***~ livet*** ...for life; ***~ ...sedan*** ...ago; ***~ ett år sedan*** a year ago; ***~ länge sedan*** long ago, se äv. ex. under *länge* **5** i andra förbindelser, ***dölja*** (***gömma***)***...~ ngn*** hide...from a p.; ***oroa sig ~ ngn*** (***ngt***) worry about a p. (a th.); ***skriva ~ hand*** write by hand; jag har köpt det ***~ egna pengar*** ...with my own money; ***ta lektioner ~ ngn*** have lessons with a p.; köpa tyg ***~ 100 kronor metern*** ...at 100 kronor a metre; bli sämre ***~ varje dag*** el. ***~ varje dag som går*** ...every day; var och en ***~ sig*** ...separately; ***hålla handen ~ munnen*** hold one's hand before one's mouth; ha en hel våning ***~ sig själv*** ...to oneself; ***vara ~ sig själv*** ensam be alone **II** *konj* ty for; ***~ att*** därför att because; ***inte ~ att jag*** hört något not that I...; ***~ att*** på det att so (in order) that; ***~ att produktionen skall kunna ökas måste vi...*** for production to be increased we must...; vägen var ***för*** (***alltför***) ***smal ~ att två bilar skulle kunna mötas*** ...too narrow for two cars to pass; han talar bra ***~ att vara utlänning*** ...for a foreigner **III** *adv* **1** alltför too; ***~ litet*** too little **2** gardinen ***är ~*** fördragen ...is drawn; luckan (regeln) ***är ~*** ...is to
föra I *vb tr* **1** convey; bära carry; forsla transport; ta med sig: hit bring; dit take; ***~ ngn till sjukhus*** take a p. to hospital; ***~ handen över...*** pass one's hand over... **2** leda lead, guide; ledsaga conduct; dit take; hit bring; ***~ ett flygplan*** fly a plane; ***~ förhandlingar*** conduct (carry on) negotiations; ***~ en politik*** pursue a policy **II** *vb itr* lead; ***det skulle ~*** oss ***för långt*** it would carry (take) us too far
□ **~ bort** take (lead, carry)...away (undan off), remove; **~ fram** idé etc. bring up; **~ in** introduce, take (hitåt bring)...in, lead (conduct)...; **~ med sig** carry (take)...along with one; **~ samman** bring...together; **~ upp** skriva upp enter [*på* on]; ***för upp det på mitt konto*** put it down to my account; **~ ut** varor export; **~ vidare** skvaller etc. pass on
förakt *s* contempt; ***hysa ~ för ngn*** feel contempt for a p.

förakta *vb tr* ringakta despise, scorn
föraktfull *adj* contemptuous, scornful
föraktlig *adj* värd förakt contemptible; futtig paltry
föraning *s* premonition, presentiment [*om att* that]
förankra *vb tr* anchor [*vid* to]; ***fast ~d*** djupt rotad deeply rooted
förankring *s* anchorage äv. bildl.
föranleda *vb tr* **1** förorsaka bring about, cause; ge upphov till give rise to **2** förmå, ***~ ngn att*** inf. cause (lead) a p. to inf., make a p. inf. utan 'to'
föranlåten *adj, **känna (se) sig ~ att*** feel called upon to
förarbete *s* preparatory work (end. sg.)
förare *s* av bil etc. driver; av motorcykel etc. rider; av flygplan pilot
förarga *vb tr* annoy, provoke
förargelse *s* **1** förtret vexation, annoyance **2** anstöt offence; ***väcka ~*** cause offence
förargelseväckande *adj* offensive; scandalous; ***~ beteende*** disorderly conduct
förarglig *adj* förtretlig annoying; retsam irritating, tantalizing
förarhytt *s* driver's cab; på tåg driver's compartment; på flygplan cockpit
förarplats *s* driver's seat
1 förband *s* **1** bandage; kompress etc. dressing; ***första ~*** first-aid bandage **2** mil. unit; flyg. formation
2 förband *s* mus. warm-up band
förbandslåda *s* first-aid kit
förbanna *vb tr* curse, damn
förbannad *adj* cursed; svordom vanl. bloody, damned, confounded, amer. goddamn; ***bli ~*** vard. get furious [*på* with]
förbannat *adv* vard. bloody, damned; svagare confounded
förbannelse *s* curse
förbarma *vb rfl, **~ sig*** take pity; speciellt relig. have mercy [*över* on]
förbarmande *s* mercy, pity
förbaskad *adj* vard. confounded, damned
förbehåll *s* reserve, reservation; inskränkning restriction; villkor condition; ***med (under) ~ att...*** provided that...
förbehålla *vb tr, **~ ngn ngt*** reserve a th. for a p.; ***~ sig rätten att*** inf. reserve the right to inf.
förbehållen *adj* reserved [*för* for]
förbereda I *vb tr* prepare [*för, på* for] **II** *vb rfl, **~ sig*** prepare oneself [*för, på ngt* for a th.]; göra sig i ordning get ready, get oneself ready [*för, till* for]
förberedande *adj* preparatory, preliminary
förberedelse *s* preparation
förbi *prep adv* past, by
förbifart *s, **i ~en*** in passing
förbigå *vb tr* pass...over; strunta i ignore
förbigående *s, **i ~*** in passing
förbigången *adj* passed over; ***känna sig ~*** feel left out
förbinda I *vb tr* **1** sår bandage, dress **2** förena join, attach [*med* to]; connect [*med* with, to], combine, associate [*med* with]; ***det är förbundet med stor risk*** it involves a considerable risk **II** *vb rfl, **~ sig*** förplikta sig bind (pledge) oneself
förbindelse *s* connection; mellan personer o. mellan stater relations pl.; kärleks~ love affair; ***daglig (direkt) ~*** daily (direct) service; ***diplomatiska ~r*** diplomatic relations; ***kulturella ~r*** äv. cultural intercourse sg.; ***tillfälliga [sexuella] ~r*** casual sex; ***stå i ~ med*** a) ha kontakt med be in touch (contact) with b) vara förenad med be connected with; ***sätta ngt i ~ med*** connect a th. with; ***sätta sig (ngn) i ~ med*** get in (put a p. in) touch with
förbise *vb tr* overlook; avsiktligt disregard
förbiseende *s, **av (genom ett) ~*** through an oversight
förbistring *s* confusion
förbittrad *adj* bitter; ursinning furious [*över* about, at; *på* with]
förbittring *s* bitterness; ursinne fury
förbjuda *vb tr* forbid; om myndighet prohibit
förbjuden *adj* forbidden; prohibited; ***Rökning ~*** No Smoking
förbli *vb itr* remain
förblinda *vb tr* blind
förbluffa *vb tr* amaze, astound
förblöda *vb itr* bleed to death
förbruka *vb tr* consume, use; göra slut på use up; krafter exhaust; pengar spend
förbrukare *s* consumer, user
förbrukning *s* consumption
förbrukningsartikel *s* article of consumption
förbrylla *vb tr* bewilder, confuse
förbrytare *s* criminal; grövre felon
förbrytelse *s* crime
förbränna *vb tr* burn up
förbränning *s* burning; fys. combustion
förbränningsmotor *s* internal-combustion engine
förbrödra *vb rfl, **~ sig*** fraternize

förbud *s* prohibition [*mot* of], ban [*mot* on]
förbund *s* mellan stater alliance, union; förening etc. äv. federation
förbundskapten *s* sport. manager
förbundsrepublik *s* federal republic
förbättra *vb tr* improve
förbättring *s* improvement
fördel *s* **1** advantage [*framför* over, *för* to, *med* of]; ***dra (ha) ~ av*** benefit (profit) by **2** tennis advantage; vard. van
fördela *vb tr* distribute; uppdela divide
fördelaktig *adj* advantageous [*för* to]
fördelardosa *s* bil. distributor
fördelare *s* bil. distributor
fördelarlock *s* bil. distributor cap
fördelning *s* distribution; division
fördjupa I *vb tr* deepen **II** *vb rfl*, ***~ sig i*** studier etc. become absorbed in...
fördom *s*, ~ el. ***~ar*** prejudice sg.
fördomsfri *adj* unprejudiced
fördomsfull *adj* prejudiced
fördrag *s* avtal treaty
fördriva *vb tr*, ***~ tiden*** pass (kill) time
fördröja *vb tr* delay, retard
fördubbla *vb tr* double; öka redouble
fördubblas *vb itr dep* double, redouble
fördäck *s* foredeck
fördärv *s* ruin; undergång destruction
fördärva *vb tr* ruin, destroy; moraliskt corrupt, deprave
fördärvad *adj* ruined; depraved
fördöma *vb tr* condemn
fördömd *adj* damned; svordom äv. confounded
fördömlig *adj* reprehensible, ...to be condemned
1 före *s* se *skidföre*
2 före I *prep* **1** before, ahead of; ***inte ~*** kl. 7 not before (earlier than)... **2** ***~ detta*** (förk. *f.d.*)*:* ***~ detta ambassadör i...*** formerly ambassador in...; ***~ detta rektorn vid...*** the late headmaster at...; ***~ detta världsmästare*** ex-champion **II** *adv* before; ***dagen ~*** the day before; ***med fötterna (huvudet) ~*** feet (head) foremost (first); ***vara (ligga) ~*** be ahead; ***min klocka går ~*** my watch is too fast
förebild *s* prototype [*för, till* of]; mönster pattern, model
förebrå *vb tr* reproach [*för* with]; klandra blame [*för* for]
förebråelse *s* reproach; ***få ~r*** be reproached (blamed)
förebud *s* omen
förebygga *vb tr* förhindra prevent; förekomma forestall
förebyggande *adj* preventive
förebåda *vb tr* varsla om promise; något ont portend, forebode
föredra *vb tr* prefer [*framför* to]
föredrag *s* anförande talk; föreläsning lecture [*över* on]; ***hålla [ett] ~*** give (deliver) a talk (resp. lecture)
föredöme *s* example
förefalla *vb itr* seem, appear [*ngn* to a p.]
föregripa *vb tr* forestall, anticipate
föregå *vb tr* **1** komma före precede **2** ***~ ngn med gott exempel*** set a p. a good example
föregående *adj* previous, preceding
föregångare *s* företrädare predecessor
förehavande *s*, ***hans ~n*** his doings
förekomma I *vb tr* hinna före forestall; anticipate; förebygga prevent; ***bättre ~ än ~s*** prevention is better than cure **II** *vb itr* occur, be met with
förekommande *adj* **1** ***i ~ fall*** där så är lämpligt where appropriate **2** obliging; artig courteous
förekomst *s* occurrence, presence
föreligga *vb itr* exist; finnas tillgänglig be available
föreläsa *vb itr* lecture [*i, över* on]
föreläsare *s* lecturer
föreläsning *s* lecture; ***gå på ~*** go to (attend) a lecture; ***hålla ~ (föreläsningar)*** lecture
föremål *s* object
förena *vb tr* unite [*med* to]; sammanföra bring...together; förbinda join, connect; kombinera combine
förening *s* **1** sällskap association, society **2** förbindelse association, union, combination; kem. compound
föreningslokal *s* club (society) premises pl.
förenkla *vb tr* simplify
förenlig *adj* consistent, compatible [*med* with]
förent *adj*, ***Förenta nationerna*** (förk. *FN*) the United Nations (förk. UN) sg.; ***Förenta Staterna*** the United States (förk. US) el. the United States of America (förk. USA) sg.
föresats *s* intention
föreskrift *s*, ~ el. ***~er*** directions, instructions
föreskriva *vb tr* prescribe
föreslå *vb tr* propose, suggest
förespråkare *s* advocate [*för* for]

förespå *vb tr* förutsäga predict; profetera prophesy
förestå I *vb tr* be the head of, be in charge of **II** *vb itr* be near (överhängande imminent)
förestående *adj* stundande approaching; speciellt om något hotande imminent
föreståndare *s* manager, director; för institution superintendent, head [*för* i samtliga fall of]
föreställa I *vb tr* **1** återge represent **2** presentera introduce **II** *vb rfl,* ~ ***sig*** tänka sig imagine, visualize, picture
föreställning *s* **1** begrepp idea, conception [*om* of] **2** teater~ etc. performance
föresätta *vb rfl,* ~ ***sig*** besluta make up one's mind; sätta sig i sinnet set one's mind [*att* inf. on ing-form]
företag *s* undertaking; affärs~ etc. enterprise, business, company, firm
företagare *s* industrialist, owner of a business enterprise; arbetsgivare employer
företagsam *adj* enterprising
företagsamhet *s* enterprising spirit, initiative; ***fri*** ~ free enterprise
företagsledare *s* executive, business executive
företeelse *s* phenomenon; ***en vanlig*** ~ an everyday occurrence
företräda *vb tr* representera represent
företrädare *s* **1** föregångare predecessor **2** för idé etc. advocate, upholder **3** ombud representative
företräde *s* **1** förmånsställning preference, priority [*framför* over]; ***lämna*** ~ ***åt trafik från höger*** give way to traffic coming from the right **2** förtjänst advantage [*framför* over]
företrädesrätt *s* precedence, priority
förevändning *s* pretext; ursäkt excuse [*för* for]; ***under*** ~ ***av*** on the pretext of; ***under*** ~ ***att*** on the pretext that
förfader *s* ancestor, forefather
förfall *s* **1** decline, decay **2** förhinder, ***laga*** ~ valid excuse; ***utan giltigt*** ~ without a valid reason
förfalla *vb itr* **1** fördärvas fall into decay (om byggnad etc. disrepair); om person go downhill **2** bli ogiltig become invalid **3** ~ el. ~ ***till betalning*** be (fall) due
förfallen *adj* fördärvad, vanvårdad decayed, dilapidated
förfallodag *s* date of payment, due date
förfalska *vb tr* falsify; t.ex. tavla fake; namn, sedlar etc. forge
förfalskare *s* forger
förfalskning *s* förfalskande faking, forgery; om sak fake, forgery
förfara *vb itr* gå till väga proceed [*vid* in]; handla act
förfarande *s* procedure
förfaras *vb itr dep* be wasted; om god mat äv. go bad
författa *vb tr* write, compose
författare *s* author, writer [*av, till* of]
författarinna *s* authoress, author, woman writer
författning *s* statsskick constitution
författningsenlig *adj* constitutional
förfluten *adj* past; förra last; ***ett förflutet som*** sjöman a past as a...
förflytta I *vb tr* move; omplacera transfer **II** *vb rfl,* ~ ***sig*** move
förfoga *vb itr,* ~ ***över*** have...at one's disposal
förfogande *s,* ***ställa ngt till ngns*** ~ place a thing at a p.'s disposal
förfriskning *s* refreshment
förfrusen *adj* frostbitten
förfrågan *s* inquiry [*om* about]
förfärlig *adj* terrible, frightful, dreadful
förfölja *vb tr* pursue, chase; t.ex. folkgrupp persecute
förföljare *s* pursuer
förföljelse *s* pursuit; om t.ex. folkgrupp persecution [*mot* of]
förföljelsemani *s* persecution mania
förföra *vb tr* seduce
förförare *s* seducer
förförelse *s* seduction
förförisk *adj* seductive
förförstärkare *s* elektr. preamplifier
förgasare *s* carburettor
förgifta *vb tr* poison
förgiftning *s* poisoning
förgjord *adj,* ***det är som förgjort!*** everything seems to be going wrong!, it's maddening!
förgrund *s* foreground; ***stå*** (***träda***) ***i ~en*** be (come to) the forefront
förgrymmad *adj* ursinnig enraged, incensed; svagare indignant [*på* with, *över* at]
förgylla *vb tr* gild äv. bildl.
förgången *adj* past, ...gone by
förgätmigej *s* forget-me-not
förgäves *adv* in vain
förhala *vb tr* dra ut på delay; ~ ***tiden*** play for time
förhand *s,* t.ex. veta ***på*** ~ beforehand; t.ex. betala, tacka ***på*** ~ in advance
förhandla *vb itr* negotiate [*om* about]

förhandlare *s* negotiator
förhandling *s* negotiation
förhandsvisning *s* preview
förhastad *adj* premature; ***dra ~e slutsatser*** jump to conclusions
förhinder *s, **få ~*** vara förhindrad att gå (komma etc.) be prevented from going (coming etc.)
förhindra *vb tr* prevent [*från att* inf. from ing-form]
förhoppning *s* hope; förväntning expectation; ***ha (hysa) ~ar om*** have hopes of
förhoppningsfull *adj* hopeful; lovande promising
förhoppningsvis *adv* hopefully
förhud *s* foreskin, prepuce
förhålla *vb rfl, **~ sig*** förbli keep, remain; ***så förhåller det sig med den saken*** that is how matters stand
förhållande *s* **1** state of things, conditions pl.; ***~n*** omständigheter circumstances; ***under alla ~n*** in any case **2** relationer relations pl.; inbördes ~ relationship; kärleks~ affair **3** proportion proportion; ***i ~ till*** in proportion to; i jämförelse med in relation to
förhårdnad *s* callus
förhänge *s* curtain
förhöja *vb tr* heighten, enhance; ***förhöjt pris*** increased price
förhör *s* examination; rättsligt inquiry; skol. test
förhöra *vb tr* examine; ***~ ngn på läxan*** test a p. on the homework
förinta *vb tr* annihilate, destroy
förintelse *s* annihilation, destruction
förivra *vb rfl, **~ sig*** get carried away; rush things
förkasta *vb tr* reject
förkastlig *adj* reprehensible, ...to be condemned
förklara 1 *vb tr* explain [*för* to]; ***det ~r saken*** that accounts for it; ***~ bort ngt*** make excuses for a th. **2** tillkännage declare; uppge state; ***~ krig mot*** declare war on; ***~s skyldig*** be found guilty [*till* of]
förklaring *s* **1** förtydligande explanation **2** uttalande declaration, statement
förklarlig *adj* explicable, explainable; begriplig understandable
förkläda *vb tr* disguise [*till* prins as a...]
förkläde *s* **1** plagg apron **2** person chaperon; ***vara ~ åt*** chaperon
förklädnad *s* disguise
förknippa *vb tr* associate
förkommen *adj* missing, lost
förkorta *vb tr* shorten; t.ex. ord abbreviate
förkortning *s* shortening (end. sg.); t.ex. ord abbreviation
förkroma *vb tr* chromium-plate
förkrossande *adj* t.ex. nederlag crushing; t.ex. majoritet overwhelming
förkyld *adj, **bli ~*** catch cold (a cold)
förkylning *s* cold
förkämpe *s* advocate, champion [*för* of]
förkärlek *s* predilection, partiality [*för* for]
förköp *s* advance booking; ***köpa i ~*** book...in advance
förköpshäfte *s* trafik. reduced rate ticket
förkörsrätt *s* right of way [*framför* over]
förlag *s* bok~ publishing firm, publisher
förlaga *s* original
förlama *vb tr* paralyse
förlamning *s* paralysis
förleda *vb tr* lura entice [*till* into]; ***~s att tro att...*** be deluded into believing that...
förlegad *adj* antiquated, obsolete
förlika *vb rfl, **~ sig*** become reconciled, reconcile oneself [*med* to]; fördra put up [*med* with]
förlikning *s* försoning reconciliation; i arbetstvist conciliation; uppgörelse settlement
förlisa *vb itr* be lost (shipwrecked)
förlisning *s* shipwreck
förlita *vb rfl, **~ sig på ngn*** trust in a p.
förljugen *adj* dishonest, false
förlopp *s* händelse~ course of events
förlora *vb tr* o. *vb itr* lose; ***~ i styrka (värde)*** lose force (value); ***~ på affären*** lose on the bargain
förlorad *adj* lost; ***~e ägg*** poached eggs; ***ge...~*** give...up for lost; ***gå ~*** be lost [*för* to]
förlossning *s* delivery, childbirth
förlova *vb rfl, **~ sig*** become engaged [*med* to]
förlovad *adj* engaged [*med* to]; ***Förlovade*** rubrik Engagements; ***de ~e*** the engaged couple
förlovning *s* engagement
förlust *s* loss; ***lida stora (svåra) ~er*** sustain heavy losses
förlåta *vb tr* forgive; ***förlåt!*** för något som man gjort sorry!; ***förlåt*** inledning till fråga excuse (pardon) me
förlåtelse *s* forgiveness; ***be om ~*** ask a p.'s forgiveness
förlägen *adj* generad embarrassed; blyg shy

förlägga *vb tr* **1** placera locate, place **2** slarva bort mislay **3** böcker publish
förläggare *s* bok~ publisher
förläggning *s* mil. station, camp
förlänga *vb tr* lengthen, prolong; utsträcka extend
förlängning *s* prolongation; utsträckning extension
förlängningssladd *s* extension flex (amer. cord)
förlöjliga *vb tr* ridicule
förlösa *vb tr* deliver
förman *s* arbetsledare foreman, supervisor
förmaning *s* mild warning
förmedla *vb tr* mediate, bring about; ***~ ett lån*** negotiate a loan; ***~ nyheter*** supply news
förmedling *s* mediation; agency äv. byrå
förmenande *s*, ***enligt mitt ~*** in my opinion
förmera *adv*, ***vara ~ än*** be superior to
förmiddag *s* morning; ***kl. 11 på ~en*** (förk. *f.m.*) at 11 o'clock in the morning (förk. at 11 a.m.); ***i ~s*** this morning; ***på ~en*** during the morning
förmildra *vb tr*, ***~nde omständigheter*** extenuating circumstances
förminska se *minska*
förminskning *s* reduction, decrease [*av, i* on, in]; nedskärning cut [*av* in]
förmoda *vb tr* anta suppose
förmodan *s* supposition; ***mot ~*** contrary to expectation
förmodligen *adv* presumably
förmyndare *s* guardian [*för* of]
förmyndarsamhälle *s*, ***~t*** the nanny state
förmå I *vb tr* o. *vb itr* **1** kunna, orka be able to, be capable of ing-form **2** ***~ ngn att*** (***till att***) induce (bring) a p. to **II** *vb rfl*, ***~ sig till att*** bring (induce) oneself to
förmåga *s* ability, capability; ***ha*** (***sakna***) ***~ att*** koncentrera sig be able (unable) to...; ***över min ~*** beyond my powers
förmån *s* fördel advantage; ***sociala ~er*** social benefits; ***till ~ för*** for the benefit of
förmånlig *adj* advantageous [*för* to]
förmögen *adj* **1** wealthy **2** i stånd capable [*till* of; *att* inf. of ing-form]
förmögenhet *s* rikedom fortune; kapital capital
förmögenhetsskatt *s* capital (wealth) tax
förnamn *s* first name; om kristen äv. Christian name, speciellt amer. given name; ***vad heter du i ~?*** what is your first etc. name?
förnedra *vb tr* degrade; ***~ sig*** degrade oneself
förnedring *s* degradation
förneka *vb tr* ej erkänna deny
förnimma *vb tr* uppfatta perceive; känna feel
förnimmelse *s* sensation
förnuft *s* reason; ***sunt ~*** common sense
förnuftig *adj* sensible, reasonable
förnya *vb tr* renew; upprepa repeat
förnyelse *s* renewal; repetition
förnäm *adj* distinguished, noble; högdragen superior; förnämlig excellent, fine
förnämlig *adj* excellent, fine
förnämst *adj* främst foremost; ypperligast finest; viktigast principal, chief
förnärma *vb tr* offend
förnödenheter *s pl* necessities
förnöjsam *adj* contented, ...easily pleased
förolyckas *vb itr dep* omkomma lose one's life; försvinna be lost; haverera be wrecked; ***de förolyckade*** the victims of the accident, the casualties
förolämpa *vb tr* insult
förolämpning *s* insult [*mot* to]
förord *s* företal preface, foreword
förorda *vb tr* recommend [*hos* to, *till* for]
förordna *vb tr* **1** utse appoint **2** bestämma ordain, decree
förordnande *s* tjänste~ appointment; ***få ~ som rektor*** be appointed headmaster
förordning *s* stadga regulation
förorena *vb tr* contaminate, pollute
förorening *s* förorenande contamination, pollution; ämne pollutant
förorsaka *vb tr* cause
förort *s* suburb
förorätta *vb tr* wrong, injure; ***~d*** injured
förpacka *vb tr* pack
förpackning *s* package; det att förpacka packaging
förpassa *vb tr*, ***~ ngn ur landet*** order a p. to leave the country
förpesta *vb tr* poison äv. bildl.
förplikta *vb tr*, ***~ ngn till att*** bind a p. to; ***känna sig ~d*** feel bound
förpliktelse *s* åtagande obligation; skyldighet duty
förpliktiga *vb tr* se *förplikta*
förr *adv* **1** förut before **2** formerly; ***~ i tiden*** (***världen***) formerly, in former times **3** tidigare sooner, earlier **4** hellre rather, sooner
förra *adj* förutvarande former, earlier; ***den förre...den senare*** the former...the latter; ***~ veckan*** last week

förresten *adv* för övrigt besides, furthermore; vad det anbelangar for that matter
förrförra *adj*, *~ **veckan*** the week before last
förrgår *s*, ***i** ~* the day before yesterday
förrycka *vb tr* rubba upset; snedvrida disturb
förryckt *adj* tokig crazy, mad
förrymd *adj* om t.ex. fånge escaped
förråd *s* store, stock, supply; lokal storeroom
förråda *vb tr* betray [*för* to]; *~ **sig*** give oneself away
förrädare *s* traitor [*mot* to]
förräderi *s* treachery [*mot* to]; lands~ treason; ***ett** ~* an act of treachery (treason)
förrädisk *adj* treacherous [*mot* to]
förrän *konj* before; ***inte** ~* först not until (till); ***det dröjde inte länge** ~* it was not long before
förrätt *s* first course; ***som** (**till**) ~* as a first course (a starter), for starters
förrätta *vb tr* t.ex. dop officiate at; t.ex. auktion conduct; vigseln ***~des av*** ...was conducted by
förrättning *s* tjänste~ function, official duty, office
försagd *adj* timid
försaka *vb tr* go without, deny oneself
församlas *vb itr dep* assemble, gather
församling *s* **1** assembly **2** kyrkl. congregation; socken parish
förse I *vb tr* provide, furnish; ***~dd med*** om sak vanl. equipped (fitted) with **II** *vb rfl*, *~ **sig*** skaffa sig provide oneself [*med* with]
förseelse *s* offence
försena *vb tr* delay; ***vara ~d*** be late
försening *s* delay
försiggå *vb itr* take place; pågå go (be going) on
försigkommen *adj* advanced; tidigt utvecklad precocious
försiktig *adj* aktsam careful; förtänksam cautious
försiktighet *s* carefulness; caution
försitta *vb tr* miss
försjunken *adj*, *~ **i tankar*** lost (absorbed) in thought
förskingra *vb tr* embezzle, misappropriate
förskingrare *s* embezzler
förskingring *s* embezzlement
förskola *s* preschool, kindergarten
förskoleålder *s* preschool age
förskollärare *s* preschool (kindergarten) teacher
förskott *s* advance
förskottsbetalning *s* payment in advance
förskräcka *vb tr* frighten, scare
förskräckelse *s* fright, alarm; ***komma undan med blotta ~n*** escape very lightly
förskräcklig *adj* frightful, dreadful, awful
förskärare *s* carving-knife
försköna *vb tr* beautify
förslag *s* proposal; råd suggestion; plan scheme, project [*till* for]
förslummas *vb itr dep* become (turn into) a slum
försmak *s* foretaste [*av* of]
försmå *vb tr* avvisa reject; förakta despise
försmädlig *adj* **1** hånfull sneering **2** annoying
försnilla *vb tr* embezzle
försommar *s* early summer
försona *vb tr* förlika reconcile [*med ngn* with a p.]; ***ett ~nde drag*** a redeeming feature
försoning *s* förlikning reconciliation
försonlig *adj* conciliatory
försorg *s*, ***genom ngns** ~* through the agency of a p.
försova *vb rfl*, *~ **sig*** oversleep
förspel *s* mus. o. bildl. prelude; film. short film; vid samlag foreplay
försprång *s* start; försteg lead; ***få ~ före ngn*** get the start of a p.
först *adv* **1** först...och sedan first; först...men at first; ***allra** ~* first of all; *~ **och främst*** first of all; framför allt above all **2** inte förrän not until, only; *~ **efter en stund*** only after a while; ***han kommer ~ om en vecka*** he won't come for another week
första *(förste) räkn* o. *adj* first (förk. 1st); begynnelse- initial; speciellt i titlar principal, chief, head; ***på ~ bänk*** i sal etc. in the front row; ***från ~ början*** from the very start (beginning); ***de ~ dagarna*** var... the first few days...; ***i ~ hand*** in the first place, first; upplysningar ***i ~ hand*** ...at first hand, first hand...; *~ **hjälpen*** first aid; *~ **klassens*** first-class, first-rate; *~ **sidan*** i tidning the front page; ***vid ~ bästa tillfälle*** at the first opportunity; ***på ~ våningen*** bottenvåningen on the ground (amer. first) floor; en trappa upp on the first (amer. second) floor; ***förste bäste*** the first that comes (resp. came) along; ***för det** ~* in the first place, for one thing; vid uppräkning firstly; jfr *femte* o. *andra*
förstad *s* suburb

förstaklassbiljett *s* first-class ticket
förstamajdemonstration *s* May-Day demonstration
förstatliga *vb tr* nationalize
förstatligande *s* nationalization
försteg *s, **ha ett ~ framför ngn*** have an advantage over a p.
förstklassig *adj* first-rate; tip-top
förstnämnd *adj* first-mentioned
förstoppning *s* constipation
förstora *vb tr, ~* el. *~ **upp*** enlarge äv. foto.; optiskt, bildl. magnify
förstoring *s* foto. enlargement
förstoringsglas *s* magnifying glass
förströ *vb tr* roa entertain; *~ **sig*** amuse oneself
förströdd *adj* absent-minded
förströelse *s* diversion; nöje äv. amusement
förstummas *vb itr dep* become silent; av häpnad be struck dumb
förstå I *vb tr* understand; ***låta ngn ~ att...*** give a p. to understand that...; ***å, jag ~r!*** oh, I see!; *~ **att*** kunna konsten know how to; *~ **mig rätt!*** don't get me wrong!; ***såvitt jag ~r*** as (so) far as I understand (can see); ***det ~r jag väl!*** of course!; ***göra sig ~dd*** make oneself understood **II** *vb rfl, ~ **sig på att*** know (understand) how to; *~ **sig på*** ngt understand...; kunna know about...; ***jag ~r mig inte på henne*** I can't make her out
förståelig *adj* understandable
förståelse *s* understanding; sympati sympathy
förstående *adj* understanding, sympathetic
förstånd *s* intelligence; vett sense; fattningsförmåga understanding; ***tala ~ med ngn*** make a p. see reason; ***det går över mitt ~*** it is beyond me; jag gjorde ***efter bästa ~*** ...to the best of my judgement
förståndig *adj* intelligent; förnuftig sensible; klok wise
förstås *adv* of course
förståsigpåare *s* expert [*på* on, in]; skämts. pundit
förstärka *vb tr* strengthen; utöka reinforce; radio etc. amplify
förstärkare *s* ljud~ amplifier
förstärkning *s* strengthening; reinforcement äv. mil.
förstöra *vb tr* destroy; tillintetgöra annihilate; fördärva ruin; *~ **nöjet för ngn*** spoil (ruin) a p.'s pleasure; *~ **ögonen genom*** läsning ruin one's eyes by...
förstöras *vb itr dep* be destroyed (ruined)
förstörelse *s* destruction
försumlig *adj* negligent, neglectful [*mot* of]
försumma *vb tr* vansköta neglect; underlåta leave...undone; missa miss; *~ **att*** fail (omit) to
försummelse *s* neglect; underlåtenhet omission
försupen *adj, **han är ~*** he is a (an) habitual drunkard
försurning *s* acidification
försvaga *vb tr* weaken
försvagas *vb itr dep* grow weak, weaken
försvar *s* defence äv. sport. [*av, för* of]; ***det svenska ~et*** stridskrafterna the Swedish armed forces pl.; försvarsanordningarna the Swedish defences pl.; ***ta...i ~*** defend (stand up for)...
försvara I *vb tr* defend; ta i försvar äv. stand up for **II** *vb rfl, ~ **sig*** defend oneself
försvarare *s* defender äv. sport.; försvarsadvokat counsel for the defence
försvarlig *adj* **1** försvarbar defensible, justifiable **2** ansenlig considerable
försvarsadvokat *s* defence lawyer, counsel for the defence
försvarsdepartement *s* ministry of defence
försvarslös *adj* defenceless
försvarsminister *s* minister of defence
försvinna *vb itr* disappear; plötsligt vanish; gradvis fade [away]; ***försvinn!*** go away!; gå ut! get out!; ***värken försvann*** the pain passed [off]
försvinnande *s* disappearance
försvunnen *adj* lost, missing; ***den försvunne*** the missing person
försvåra *vb tr* make...difficult (more difficult); lägga hinder i vägen för obstruct
försynt *adj* considerate, tactful, discreet
försåtlig *adj* treacherous
försäga *vb rfl, ~ **sig*** give oneself away, say too much
försäkra I *vb tr* **1** assure [*ngn om ngt* a p. of a th.]; ***han ~de att...*** he assured me (her etc.) that... **2** ta en försäkring insure [*hos* with] **II** *vb rfl, ~ **sig om*** ngt make sure of...; ***låta ~ sig*** insure oneself
försäkran *s* assurance
försäkring *s* liv-, hem- etc. insurance; ***teckna*** ta ***en ~*** take out an insurance policy
försäkringsbesked *s* från allmän försäkringskassa social insurance card
försäkringsbolag *s* insurance company
försäkringsbrev *s* insurance policy
försäkringskassa *s, **allmän ~*** expedition ung. regional social insurance office

försäkringspremie *s* insurance premium
försäkringsvillkor *s pl* terms of insurance
försäljare *s* salesman, seller
försäljning *s* sale, sales pl.
försämra *vb tr* deteriorate
försämras *vb itr dep* deteriorate, get worse
försämring *s* deterioration, change for the worse
försändelse *s* varu~ consignment; post~ item of mail
försätta *vb tr* i visst tillstånd put; ***~ i frihet*** set free (at liberty)
försök *s* **1** ansats attempt; experiment experiment; prov trial **2** i rugby try
försöka *vb tr* o. *vb itr* try, attempt, endeavour; ***försök inte!*** don't try that on me!, don't give me that!
försöksheat *s* trial heat
försökskanin *s* guinea pig
försörja I *vb tr* sörja för provide for; underhålla support, keep; förse supply **II** *vb rfl,* ***~ sig*** earn one's living [*genom* by]
försörjning *s* support, maintenance; provision; ***~ med livsmedel*** food supply
förtal *s* slander
förtala *vb tr* slander
förteckning *s* list [*på, över* of]
förtid *s,* ***i ~*** prematurely
förtidig *adj* premature; ***~ död*** untimely death
förtidspension *s* early retirement pension; för invalider disablement pension
förtiga *vb tr* keep...secret, conceal [*för ngn* i båda fallen from a p.]
förtjusande *adj* charming; härlig delightful; vacker lovely
förtjusning *s* glädje delight [*över* at]
förtjust *adj* glad delighted [*över* at, *i* with]; ***bli ~*** betagen ***i*** become fond of; ***vara ~ i*** kär i be in love with; tycka om, t.ex. barn, mat be fond of
förtjäna I *vb tr* vara värd deserve **II** *vb tr* o. *vb itr* tjäna earn, make
förtjänst *s* **1** inkomst earnings pl.; ***gå med ~*** run at a profit **2** merit merit; ***~er*** goda sidor good points; ***det är din ~ att...*** it is thanks to you that...
förtjänstfull *adj* meritorious, creditable
förtjänt *adj,* ***göra sig ~ av*** deserve
förtret *s* förargelse annoyance, vexation
förtretlig *adj* annoying, irritating
förtroende *s* confidence [*för* in]
förtroendeingivande *adj,* ***vara ~*** inspire confidence
förtroendeman *s* representative
förtroendepost *s* position of trust
förtroendevotum *s* vote of confidence
förtrogen *adj,* ***vara ~ med*** känna till be familiar with
förtrogenhet *s* familiarity
förtrolig *adj* confidential; intim intimate
förtrolla *vb tr* enchant; tjusa fascinate
förtrollning *s* enchantment; fascination
förtryck *s* oppression; tyranny
förtrycka *vb tr* oppress
förtryckare *s* oppressor
förträfflig *adj* excellent
förtröstan *s* trust [*på* in]; tillförsikt confidence
förtulla *vb tr* låta tullbehandla clear...through the Customs; betala tull för pay duty on; har ni något ***att ~?*** ...to declare?
förtur *s* o. **förtursrätt** *s* priority [*framför* over]
förtvivlad *adj* olycklig extremely unhappy; utom sig ...in despair
förtvivlan *s* despair; desperation [*över* i båda fallen at]
förtydligande *s* elucidation, clarification
förtäckt *adj* veiled; ***i ~a ordalag*** in a roundabout way
förtära *vb tr* consume äv. bildl.; äta eat; dricka drink; ***han har inte förtärt någonting*** på tre dagar he hasn't had anything to eat or drink...; ***farligt att ~!*** på flaska etc. vanl. poison!
förtäring *s* mat och dryck food and drink, refreshments pl.
förtöja *vb tr* o. *vb itr* moor [*vid* to]
förtöjning *s* mooring
förunderlig *adj,* ***en ~ förmåga*** an uncanny ability
förut *adv* om tid before; förr formerly; tidigare previously
förutfattad *adj,* ***~ mening*** prejudice
förutom *prep* besides, apart from
förutsatt *adj,* ***~ att*** provided, provided that
förutse *vb tr* foresee, anticipate; vänta expect
förutseende I *adj* far-sighted, far-seeing **II** *s* foresight
förutspå *vb tr* förutsäga predict
förutsäga *vb tr* predict; speciellt meteor. forecast; förespå prophesy
förutsägelse *s* prediction; speciellt meteor. forecast; spådom prophecy
förutsätta *vb tr* presuppose; anta presume, assume
förutsättning *s* villkor condition [*för* of],

prerequisite [*för* of]; ***under ~ att...*** på villkor att on condition that...
förutvarande *adj* förre former
förvalta *vb tr* t.ex. kassa administer; förestå manage
förvaltare *s* administrator; lantbr. steward
förvaltning *s* administration; management; stats~ public administration
förvandla *vb tr* transform, convert [*till* i båda fallen into]; till något sämre reduce [*till* to]
förvandlas *vb itr dep,* ***~ till*** övergå till turn (change) into
förvandling *s* transformation
förvanska *vb tr* distort
förvar *s,* ***i gott*** (***säkert***) ~ in safe keeping
förvara *vb tr* keep
förvaring *s* keeping
förvaringsbox *s* locker
förvaringsutrymme *s* storage space
förvarna *vb tr* forewarn
förvarning *s,* ***utan*** ~ without notice (previous warning)
förveckling *s* complication
förverka *vb tr* forfeit
förverkliga *vb tr* realize; t.ex. plan carry...into effect
förverkligande *s* realization
förvildas *vb itr dep* become uncivilized; run wild
förvilla *vb tr* vilseleda mislead; förvirra confuse, bewilder
förvirra *vb tr* confuse, bewilder; ***göra ngn ~d*** confuse a p.
förvirring *s* confusion; oreda disorder
förvisa *vb tr* expel; ***~ ngn ur riket*** deport
förvissa *vb rfl,* ***~ sig om ngt*** make sure of a th.; ***~ sig om att...*** make sure that...
förvissad *adj* övertygad convinced [*om ngt* of a th., *om att...* that...]
förvissning *s* assurance
förvisso *adv* certainly
förvränga *vb tr* distort
förvuxen *adj* overgrown; missbildad deformed
förvållande *s,* ***utan eget*** ~ through no fault of his (hers etc.)
förvåna I *vb tr* surprise, astonish; starkare amaze **II** *vb rfl,* ***~ sig*** be surprised (astonished, starkare amazed); ***det är ingenting att ~ sig över*** it is not to be wondered at
förvånande *adj* o. **förvånansvärd** *adj* surprising, astonishing; starkare amazing
förvåning *s* surprise, astonishment; starkare amazement
förväg *s,* ***i*** ~ in advance, beforehand
förvänta *vb tr* o. *vb rfl,* ***~ sig*** expect
förväntan *s* expectation [*på* of]; ***lyckas över*** ~ succeed beyond expectation
förväntansfull *adj* expectant
förväntning *s* expectation; ***ställa stora ~ar på*** expect great things from
förvärra *vb tr* make...worse, aggravate
förvärras *vb itr dep* grow worse
förvärv *s* acquisition
förvärva *vb tr* acquire
förvärvsarbetande *adj* gainfully employed
förvärvsarbete *s* gainful employment; ***hon har*** ~ she has a paid job outside the home
förväxla *vb tr* mix up, confuse
förväxling *s* confusion
föråldrad *adj* antiquated; om ord obsolete; gammalmodig out-of-date
förädla *vb tr* **1** ennoble **2** tekn. work up; speciellt metaller refine [*till* i båda fallen into]
föräktenskaplig *adj* premarital
förälder *s* parent
föräldraförening *s* parents' association
föräldrahem *s* parental home, home
föräldraledighet *s* parental leave
föräldralös *adj* orphan; hon är ~ ...an orphan
föräldramöte *s* skol. parent-teacher (med enbart föräldrar parents') meeting
föräldrapenning *s* parental allowance
föräldrar *s pl* parents
föräldraskap *s* parenthood
förälska *vb rfl,* ***~ sig*** fall in love [*i* with]
förälskad *adj* ...in love; ***~e blickar*** amorous glances
förälskelse *s* kärlek love [*i* for]; svärmeri love-affair
förändra *vb tr* change [*till* into]; ändra på alter
förändras *vb itr dep* change [*till det bättre* for the better]; delvis alter
förändring *s* change; alteration
förödande *adj* devastating
förödelse *s* devastation; ***anställa stor*** ~ make great havoc
förödmjuka *vb tr* humiliate
förödmjukelse *s* humiliation
föröka *vb rfl,* ***~ sig*** fortplanta sig breed, propagate, multiply
förökning *s* fortplantning propagation
föröva *vb tr* commit
förövare *s* perpetrator, committer

fösa *vb tr* driva drive; skjuta shove, push

G

g *s* mus. G
gabardin *s* gaberdine
gadd *s* sting
gadda *vb rfl*, **~ *ihop sig*** gang up [*mot* on]
gaffel *s* fork
gage *s* fee
gaggig *adj*, ***vara* ~** be gaga (senile)
gagn *s* nytta use; fördel advantage, benefit
gagna *vb tr* o. *vb itr*, **~ *ngn* (*ngt*)** be of use (advantage) to a p. (a th.); **~ *ngns intressen*** serve a p.'s interests
gagnlös *adj* useless, ...of no use
gala *vb itr* crow; om gök call
galaföreställning *s* gala performance
galant *adv* förträffligt splendidly; ***det gick* ~** it went off fine
galauniform *s* full-dress uniform
galax *s* astron. galaxy
galen *adj* **1** mad, crazy [*i* about]; ***bli* ~** go mad **2** felaktig wrong
galenskap *s* vansinne madness; tokighet folly; ***göra ~er*** do crazy things
galet *adv* felaktigt wrong
galge *s* **1** för avrättning gallows (pl. lika) **2** klädhängare clothes-hanger
galghumor *s* gallows (macabre) humour
galjonsfigur *s* figure-head
galla *s* vätska bile, gall båda äv. bildl.; ***ösa sin* ~ *över*** vent one's spleen on
gallblåsa *s* gall bladder
galler *s* skydds~ grating; i bur, cell m.m. bars pl.
galleri *s* gallery
galleria *s* köpcentrum galleria, arcade, shopping mall
gallfeber *s*, ***reta* ~ *på ngn*** drive a p. mad
gallra *vb tr* plantor, träd thin out; **~ *bort*** sort out
gallring *s* thinning out; sorting out
gallskrik *s* yell
gallskrika *vb itr* yell
gallsten *s* gallstone; ***ha* ~** have gallstones
gallsyra *s* bile acid
gallupundersökning *s* Gallup poll
galning *s* madman
galopp *s* ridn. gallop
galoppbana *s* racecourse
galoppera *vb itr* gallop
galosch *s* galosh, overshoe; bildl., ***om inte ~erna passar*** if you don't like it

galvanisera *vb tr* galvanize
gam *s* vulture
game *s* **1** i tennis game; ***blankt ~*** love game **2** ***vara gammal i ~t*** be an old hand
gamling *s* old man (person); ***~ar*** old folks; vard. oldies
gammal (jfr *äldre; äldst*) *adj* old; forntida ancient; ej längre färsk stale; ***en fem år ~ pojke*** a five-year-old boy, a boy of five; ***den gamla goda tiden*** the good old times (days) pl.
gammaldags *adj* old-fashioned
gammaldans *s* old-time dance (dansande dancing)
gammalmodig *adj* old-fashioned, ...out of fashion
gammalvals *s* old-time waltz
gangster *s* gangster, mobster
gangsterliga *s* gang, mob
ganska *adv* tämligen fairly i förbindelse med något positivt; riktigt very, quite; 'rätt så' rather; vard. pretty
gap *s* mouth; hål gap äv. bildl. klyfta
gapa *vb itr* öppna munnen open one's mouth; glo gape; skrika bawl, shout, yell
gaphals *s* vard. loudmouth
gapskratt *s* roar of laughter, guffaw
gapskratta *vb itr* roar with laughter, guffaw
garage *s* garage
garantera *vb tr* o. *vb itr* guarantee
garanti *s* guarantee [*för att* that]
gardera I *vb tr* guard; vid tippning ***~ med*** etta cover oneself with... **II** *vb rfl,* ***~ sig*** guard oneself; mot förlusten cover oneself
garderob *s* **1** wardrobe, amer. closet; kapprum cloakroom **2** kläder wardrobe
gardin *s* curtain
gardinstång *s* curtain rod
garn *s* **1** tråd yarn; ullgarn wool; bomullsgarn cotton **2** nät net
garnera *vb tr* **1** kläder etc. trim **2** kok. garnish, decorate
garnering *s* **1** på kläder trimming **2** kok. garnish, decoration, topping
garnison *s* garrison
garnnystan *s* ball of yarn (wool)
1 garva *vb tr* tan
2 garva *vb itr* vard. laugh; högljutt guffaw
garvad *adj* tanned; bildl. hardened; erfaren experienced
garvsyra *s* tannic acid, tannin
1 gas *s* gas; ***ge mer ~*** bil. step on the gas
2 gas *s* tyg gauze
gasbinda *s* gauze bandage
gasboll *s* i tennis pressurized ball
gasell *s* gazelle
gaska *vb itr* vard., ***~ upp sig*** cheer up
gaskammare *s* gas chamber
gaskök *s* gas ring
gasmask *s* gas mask
gasol *s* LGP (förk. för liquefied petroleum gas); ® Calor gas
gasolkök *s* ® Calor gas stove
gaspedal *s* accelerator, accelerator (throttle) pedal
gass *s* heat
gassa I *vb itr* be broiling (broiling hot) **II** *vb rfl,* ***~ sig i solen*** bask (starkare broil) in the sun
gassig *adj* broiling, broiling hot
gasspis *s* gas cooker
gastkramande *adj* hair-raising
gasugn *s* gas oven
gasverk *s* gasworks (pl. lika)
gata *s* street; ***gammal som ~n*** as old as the hills
gatflicka *s* street-walker, prostitute
gathörn *s* street corner
gatlykta *s* street lamp
gatsten *s* paving-stone
gatuarbetare *s* street repairer
gatuarbete *s,* ~ el. ***~n*** road-work sg.; reparation street repairs pl.
gatukorsning *s* crossing
gatukök *s* 'street kitchen', hamburger and hot-dog stand
gatuplan *s* street level, ground (amer. first) floor
gatuvåld *s* street violence
1 gavel *s,* ***på vid ~*** wide open
2 gavel *s* **1** på hus gable **2** se *sänggavel*
ge I *vb tr* **1** give; bevilja grant; räcka hand; vid bordet pass; avkasta yield **2** kortsp. deal; ***du ~r!*** it's your deal! **II** *vb rfl,* ***~ sig*** kapitulera surrender, yield; ge tappt give in
□ **~ sig av** be (set) off; sjappa make off; **~ bort** som present give; göra sig av med give away; **~ efter för** yield to, give in to; **~ ifrån sig** lukt etc. emit, give off; lämna ifrån sig give up, surrender; **~ igen** give back, return; hämnas retaliate; **~ sig in på** ett företag embark upon; en diskussion etc. enter into; **~ sig i väg** leave, set off; **~ med sig** yield, give in; **~ sig på** ngn set about...; **~ till** ett skrik give...; **~ tillbaka** lämna give back, return; vid växling give a p. change [*på* for]; **~ upp** give up; ***~ upp ett skrik*** give a cry; **~ ut** pengar spend; böcker etc. publish,

issue; ~ ***sig ut för att vara...*** pretend to be...
gebit *s* field, province
gedigen *adj* solid; ***gedigna kunskaper*** sound knowledge sg.
gegga *s* o. **geggamoja** *s* vard. goo, gunge, gunk
geggig *adj* vard. gooey; lerig mucky
gehör *s*, ***efter ~*** by ear; ***han vann ~ för sina synpunkter*** his views met with sympathy
geist *s* go, drive
gejser *s* geyser
gelatin *s* gelatine
gelé *s* **1** jelly äv. bildl. **2** hårgelé gel
gem *s* pappersklämma paper clip, clip
gemen *adj* **1** nedrig mean, dirty, low **2** ***~e man*** ordinary people pl.; ***i ~*** in general
gemenhet *s* egenskap meanness, baseness
gemensam *adj* common; förenad joint; ***inte ha något ~t*** have nothing in common; ***med ~ma krafter*** by united efforts
gemensamt *adv* jointly
gemenskap *s* samhörighet solidarity; gemensamhet community
gemytlig *adj* genial, jovial, good-humoured
gemytlighet *s* joviality, good humour
gemål *s* consort
gen *s* arvsanlag gene, factor
genant *adj* embarrassing, awkward [*för* for]
genast *adv* at once, immediately
genera *vb tr* besvära trouble, bother
generad *adj* embarrassed [*över* at]
general *s* general
generaldirektör *s* director-general
generalförsamling *s* general assembly
generalguvernör *s* governor-general
generalisera *vb tr* generalize
generalkonsul *s* consul-general
generalmajor *s* major-general
generalrepetition *s* dress rehearsal [*på* of]
generalsekreterare *s* secretary-general
generalstab *s* general staff
generation *s* generation
generationsklyfta *s* generation gap
generator *s* generator
generell *adj* general
generositet *s* generosity, liberality
generös *adj* generous, liberal
Genève Geneva
gengångare *s* ghost, spectre
gengäld *s*, ***i ~*** in return
geni *s* genius
genial *adj* o. **genialisk** *adj* lysande brilliant; om saker ingenious
genialitet *s* snille genius; svagare brilliance
genitiv *s* genitive; ***i ~*** in the genitive
genklang *s* echo; bildl. response, sympathy
genom *prep* through; via via, by way of; medelst by, by means of; på grund av through, owing to, thanks to; ***kasta ut ngt ~ fönstret*** throw a th. out of (through) the window; ***~ hans hjälp*** by (thanks to) his assistance; ***~ en olyckshändelse*** through (owing to) an accident
genomarbetad *adj* ...thoroughly gone through, well worked out (planned)
genomblöt *adj* wet through, soaking wet
genombrott *s* breakthrough; ***industrialismens ~*** the industrial revolution; ***få sitt ~*** som författare make one's name
genomdriva *vb tr* bildl. force (carry) through
genomdränka *vb tr* saturate
genomfart *s* thoroughfare, passage; ***~ förbjuden*** no thoroughfare
genomfartsled *s* through route
genomfrusen *adj* ...chilled to the bone
genomföra *vb tr* carry (out) through
genomförbar *adj* practicable
genomgripande *adj* sweeping, radical
genomgå *vb tr* go through
genomgående I *adj* om drag common, general **II** *adv* throughout
genomgång *s* **1** survey; snabb run-through, ***vid ~en av läxan*** sade läraren on going through the homework... **2** väg igenom passage
genomleva *vb tr* live (go) through, experience
genomlida *vb tr* endure, suffer, go through
genomresa *s*, ***~ genom Europa*** journey through Europe
genomresevisum *s* transit visa
genomskinlig *adj* transparent
genomskinlighet *s* transparency
genomskåda *vb tr* see through
genomskärning *s* tvärsnitt cross-section; två cm ***i ~*** ...in thickness (diameter)
genomslagskraft *s* penetration, ability to penetrate
genomsnitt *s* average; ***i ~*** on average, on an (the) average
genomstekt *adj* well-done
genomträngande *adj* piercing; om lukt penetrating

genomtänkt *adj*, ~ el. ***väl*** ~ well thought-out
genomvåt *adj* ...wet through, soaking wet, drenched [*av* with]
genre *s* genre
genrep *s* vard. dress rehearsal
gensvar *s* genklang response
gentemot *prep* emot towards, to; i förhållande till in relation to; i jämförelse med in comparison with
gentil *adj* frikostig generous; elegant stylish
gentleman *s* gentleman
genuin *adj* äkta genuine; verklig real
genus *s* gram. gender
genväg *s*, ***gå*** (***ta***) ***en*** ~ take a short cut
geografi *s* geography
geografisk *adj* geographical
geolog *s* geologist
geologi *s* geology
geometri *s* geometry
gepard *s* cheetah
geriatri *s* o. **geriatrik** *s* geriatrics sg.
gerilla *s* guerrillas pl.
gerillakrig *s* guerrilla war (krigföring warfare)
gerillasoldat *s* guerrilla
geschäft *s* business; jobberi racket
gess *s* mus. G flat
gest *s* gesture
gestalt *s* figure; i roman character; form shape, form
gestalta *vb tr* shape, form
gestikulera *vb itr* gesticulate
get *s* goat
geting *s* wasp
getingbo *s* wasp's nest
getingstick *s* wasp sting
getost *s* goat's-milk cheese
getto *s* ghetto
gevär *s* rifle; jaktgevär gun
giffel *s* kok. croissant
1 gift *s* poison; hos ormar etc. venom
2 gift *adj* married [*med* to]
gifta I *vb tr*, ~ ***bort*** marry off **II** *vb rfl*, ~ ***sig*** marry [*med ngn* a p.]; ~ ***om sig*** get married again
gifte *s* marriage
giftermål *s* marriage
giftfri *adj* non-poisonous
giftgas *s* poison gas
giftig *adj* poisonous; venomous äv. 'spydig'
giftighet *s*, ~***er*** i ord spiteful remarks
giftutsläpp *s* toxic emission (waste)
gigantisk *adj* giant..., gigantic
gigolo *s* gigolo (pl. -s)
gikt *s* gout
giljotin *s* guillotine
gilla *vb tr* approve of; tycka bra om like
gillande *s* approval
gillestuga *s* ung. recreation room
gillra *vb tr*, ~ ***en fälla*** set a trap
giltig *adj* valid
giltighet *s* validity
gin *s* spritdryck gin
ginseng *s* ginseng
ginst *s* broom
gips *s* plaster
gipsa *vb tr* med. put...in plaster
gir *s* om bil etc. turn, swerve
gira *vb itr* om bil etc. turn, swerve; sjö. yaw, sheer
giraff *s* giraffe
girera *vb tr* överföra transfer
girig *adj* snål avaricious, miserly
girigbuk *s* miser
girland *s* festoon, garland
giro *s* se *bankgiro* el. *postgiro*
giss *s* mus. G sharp
gissa I *vb tr* o. *vb itr* guess **II** *vb rfl*, ~ ***sig till*** guess
gissel *s* scourge
gisslan *s* hostage; om flera personer hostages; ***de tre i*** ~ the three hostages
gissning *s* guess, conjecture
gitarr *s* guitar
gitarrist *s* guitarist
gitta *vb itr*, ***jag gitter inte*** höra på längre I can't be bothered to...
giv *s* kortsp. o. bildl. deal
giva *vb tr* se *ge*
givakt *s*, ***stå i*** ~ stand at attention
givande *adj* profitable; lönande paying
given *adj* given; avgjord clear, evident; ***det är givet!*** of course!; ***det är en*** ~ ***sak*** it's a matter of course (a foregone conclusion); ***ta för givet att...*** take it for granted that...
givetvis *adv* of course, naturally
givmild *adj* generous, open-handed
gjuta *vb tr* tekn. cast; hälla pour
gjuteri *s* foundry
gjutform *s* mould
gjutjärn *s* cast iron
glacéhandskar *s pl* kid gloves
glaciär *s* glacier
glad *adj* happy; nöjd pleased [*över* about, with]; förtjust delighted [*över* with]; ~ ***påsk!*** Happy Easter!; ***en*** ~ ***överraskning*** a pleasant surprise; ***jag är*** ~ ***att*** du kom I'm glad (starkare delighted) that...

gladeligen *adv* gärna willingly; lätt easily
gladiolus *s* gladiolus (pl. gladioli)
gladlynt *adj* cheerful; good-humoured
glamorös *adj* glamorous
glans *s* **1** lustre; siden~ etc. gloss; guld~ glitter; pålagd polish **2** sken brilliance **3** prakt splendour, magnificence; ***klara ngt med ~*** come out of a th. with flying colours
glansfull *adj* brilliant
glansig *adj* glossy; glänsande lustrous
glansis *s* ung. glassy ice
glanslös *adj* lustreless, dull
glansnummer *s* star turn
glansperiod *s* heyday (end. sg.); ***dramats ~*** the golden age of drama
glapp *adj* loose
glappa *vb itr* be loose
glas *s* glass; dricksglas utan fot tumbler; glasruta pane, pane of glass
glasbruk *s* glassworks (pl. lika)
glasera *vb tr* glaze; maträtt ice, frost
glasfiber *s* fibreglass
glasigloo *s* bottle bank
glasklar *adj* ...as clear as glass, limpid
glasmästare *s* glazier
glasruta *s* pane, pane of glass
glass *s* ice cream
glassförsäljare *s* ice-cream vendor (seller)
glasspinne *s* isglass ice lolly, amer. popsicle
glasstrut *s* ice-cream cornet (större cone)
glasull *s* glass wool
glasyr *s* glazing; kok. icing, frosting
glasögon *s pl* spectacles, glasses; skydds~ goggles
glasögonfodral *s* spectacle (glasses) case
glasögonorm *s* Indian cobra
1 glatt *adv* cheerfully, joyfully
2 glatt *adj* smooth; glänsande glossy, shiny; hal slippery
gles *adj* thin; om befolkning sparse; ***han har ~t mellan tänderna*** he is gap-toothed
glesbygd *s* thinly-populated area
glesna *vb itr* thin out, get thin (thinner)
glida *vb itr* glide, slide; halka slip
glimma *vb itr* gleam; glittra glitter
glimmer *s* miner. mica
glimt *s* gleam, flash; skymt glimpse
gliring *s* gibe, sneer, taunt
glitter *s* glitter, lustre; julgrans~ tinsel
glittra *vb itr* glitter; tindra sparkle
glittrig *adj* glittering; prålig glitzy
glo *vb itr* stare; dumt gape [*på* at]
glob *s* globe
global *adj* global
gloria *s* halo (pl. -s el. -es)
glorifiera *vb tr* glorify
glosa *s* ord word
glosbok *s* vocabulary
glugg *s* hole, aperture
glukos *s* glucose
glupsk *adj* greedy; om storätare gluttonous
glupskhet *s* greed; gluttony
glycerin *s* glycerin, glycerine
glykol *s* glycol
glykos *s* glucose
glåmig *adj* pale and washed out
glåpord *s* taunt, jeer
glädja I *vb tr* give...pleasure [*med att* inf. by ing-form]; delight; ***det gläder mig*** I am glad (starkare delighted) **II** *vb rfl*, ***~ sig*** be glad [*åt* el. *över* about]
glädjande *adj* trevlig pleasant; tillfredsställande gratifying
glädje *s* joy; delight [*över* at]; lycka happiness; ***gråta av ~*** cry for joy; ***han antog*** mitt förslag ***med ~*** he gladly accepted...
glädjedag *s* day of rejoicing
glädjedödare *s* killjoy; vard. wet blanket
glädjeflicka *s* prostitute, vard. pro (pl. -s), amer. äv. hooker
glädjekvarter *s* vard. red-light district
glädjelös *adj* joyless; cheerless
glädjespridare *s* cheerful soul; 'solstråle' ray of sunshine
glädjeämne *s* subject for (of) rejoicing
gläfsa *vb itr* yelp, yap [*på* at]
glänsa *vb itr* shine, glitter; om t.ex. tårar glisten
glänsande *adj* **1** shining, glittering; om t.ex. ögon lustrous **2** utmärkt brilliant, splendid
glänt *s*, dörren ***står på ~*** ...is slightly open (is ajar)
glänta *vb itr*, ***~ på dörren*** open the door slightly
glätta *vb tr* smooth; polera polish
glöd *s* **1** glödande kol live coal, embers pl. **2** sken glow; hetta heat; stark känsla ardour; lidelse passion
glöda *vb itr* glow
glödande *adj* glowing; om metall red-hot; om känslor ardent; lidelsefull passionate
glödga *vb tr* make...red-hot
glödhet *adj* om metall red-hot; friare glowing hot
glödlampa *s* electric bulb, bulb
glögg *s* vinglögg glogg, mulled wine served with raisins and almonds
glömma *vb tr* forget; ***~ kvar*** leave...behind

glömsk *adj* forgetful; disträ absent-minded
glömska *s* egenskap forgetfulness; ***falla i ~*** be forgotten, fall into oblivion
gnabb *s* bickering
gnabbas *vb itr dep* bicker
gnaga *vb itr* gnaw; smågnaga nibble [*på ngt* a th., at a th.]
gnagare *s* rodent
gnata *vb itr* nag [*på* at, *över* about]
gnida I *vb tr* o. *vb itr* rub **II** *vb itr* snåla be stingy [*på* with]
gnidare *s* miser, skinflint
gnidig *adj* stingy, miserly
gnissel *s* squeak, squeaking; om dörr creak
gnissla *vb itr* squeak; om dörr etc. creak
gnista *s* spark; av hopp äv. ray
gnistra *vb itr* sparkle [*av* with]
gno I *vb tr* gnugga rub; med borste scrub **II** *vb itr* knoga toil, work hard; springa scurry, hurry
gnola *vb tr* o. *vb itr* hum [*på ngt* a th.]
gnugga *vb tr* rub; ***~ sig i ögonen*** rub one's eyes
gnuggbild *s* transfer
gnuggis *s* vard., se *gnuggbild*
gnutta *s* tiny bit; droppe drop; nypa pinch
gny *vb itr* dåna roar; gnälla grumble
gnägga *vb itr* neigh; lågt whinny
gnäll *s* jämmer etc. whining, whimpering; knotande grumbling; klagande complaining
gnälla *vb itr* **1** jämra sig whine; yttra missnöje grumble; klaga complain **2** om dörr creak
gnällig *adj* gäll shrill; missnöjd whining
gobeläng *s* tapestry
god (jfr *gott*) **I** *adj* (jfr *bra*) **1** good; angenäm nice, pleasant; ***en ~ vän*** a great friend; ***en ~*** obetonat ***vän (vän till mig)*** a friend of mine; ***var så ~!*** a) här har ni here you are; ta för er help yourself, please b) ja gärna you are welcome!; naturligtvis by all means!; skämts. be my guest!; ***var så ~ och sitt!*** sit down, won't you?; ***var ~ och stäng dörren!*** shut the door, please! **2** ansenlig considerable; ***här finns ~ plats*** there is plenty of room here **II** *s,* det blir ***för mycket av det ~a*** ...too much of a good thing; ***gå i ~ för*** guarantee; ***gott*** **a)** ***det gjorde gott!*** kändes skönt that was good!; kom ska du få ***något gott att äta*** ...something nice to eat; ***allt gott*** för framtiden all the best **b)** ***ha gott om*** tid (äpplen) have plenty of...; ***det är (finns) gott om...*** tillräckligt med there is (are) plenty of...; med subst. i sg. there is a great deal of...
godartad *adj* om sjukdom etc. non-malignant, benign
godbit *s* titbit, speciellt amer. tidbit
goddag *interj* good morning (resp. afternoon, evening)
godhet *s* goodness; vänlighet kindness
godhjärtad *adj* kind-hearted
godis *s* vard. sweets pl., amer. candy
godkänna *vb tr* **1** gå med på approve, agree to; om myndighet etc. pass **2** ***~ ngn*** i examen pass a p.; ***ej ~*** reject; ***bli godkänd*** pass
godkännande *s* approval
godmodig *adj* good-natured
godmorgon *interj* good morning
godnatt *interj* good night
godo *s,* göra upp saken ***i ~*** ...amicably; ***jag har*** 100 kr ***till ~ hos dig*** you owe me...; ***hålla till ~ med*** put up with; ***håll till ~!*** tag för er! help yourself!
gods *s* **1** koll., varor etc. goods pl.; last, amer. freight; material material **2** lantgods estate
godsaker *s pl* sweets, amer. candy sg.
godsexpedition *s* goods (parcels) office
godståg *s* goods train
godsvagn *s* goods waggon (wagon)
godsägare *s* landed proprietor, landowner
godta o. **godtaga** *vb tr* approve of, approve, accept; förslag agree to
godtagbar *adj* acceptable
godtrogen *adj* gullible, credulous
godtycke *s* **1** ***efter eget ~*** at one's own discretion **2** egenmäktighet, ***rena ~t*** pure arbitrariness
godtycklig *adj* arbitrary
1 golf *s* bukt gulf
2 golf *s* spel golf
golfbana *s* golf course
golfklubb *s* golf club
golfklubba *s* golf club
golfspelare *s* golfer
Golfströmmen the Gulf Stream
Goliat Goliath
golv *s* floor; golvbeläggning flooring
golvbrunn *s* drain
golvlampa *s* standard lamp, floor-lamp
golvmodell *s* floor model
golvur *s* grandfather clock
gom *s* palate
gomsegel *s* soft palate
gondol *s* båt gondola
gondoljär *s* gondolier
gonggong *s* gong
gonorré *s* gonorrhoea
gorilla *s* gorilla äv. om livvakt
gorma *vb itr* brawl, shout and scream

gosa *vb itr* cuddle
gosig *adj* soft and warm, cuddly
gosse *s* boy, lad; kille chap, guy
gott I *s* se *god II 3* **II** *adv* **1** well; *~ och väl 50 personer* a good 50 people; *lukta ~* smell nice (good); *sova ~* sleep well (soundly); *göra så ~ man kan* do one's best; *så ~ som ingenting* practically nothing **2** lätt, *det kan jag ~ förstå* I can very well understand that **3** gärna, *det kan du ~ göra* you can very well do that (so)
gotta *vb rfl, ~ sig* have a good time; *~ sig åt ngt* revel in a th.
gottfinnande *s, efter eget ~* as you think best
gottgris *s* vard., *han är en ~* he loves sweets (amer. candy), he has a sweet tooth
gottgöra *vb tr* **1** ~ ngt: sona, avhjälpa make up for; en förlust make good... **2** ersätta, *~ ngn för ngt* recompense (betala remunerate) a p. for a th.
gottgörelse *s* ersättning recompense; betalning remuneration; skadestånd damages pl.
gourmand *s* gourmand
grabb *s* pojke boy; kille chap, guy
graciös *adj* graceful
grad *s* **1** degree; utsträckning extent; *i hög ~* to a great degree (extent); *i högsta ~* in the highest degree, extremely; *till den ~ blyg att...* shy to such a degree that... **2** måttsenhet degree; *10 ~er kallt (varmt)* 10 degrees centigrade below (above) zero **3** rang rank, grade; *stiga i ~erna* rise in the ranks
gradera *vb tr* klassificera grade; tekn. graduate
gradskiva *s* protractor
gradvis I *adv* by degrees **II** *adj* gradual
grafik *s* konst~ graphic art; gravyr engraving
grafit *s* graphite
grahamsmjöl *s* wholemeal (graham) flour
gram *s* gram, gramme
grammatik *s* grammar
grammatikalisk *adj* grammatical
grammatisk *adj* grammatical
grammofon *s* gramophone, amer. phonograph
grammofonskiva *s* gramophone record (disc), amer. phonograph record (disc)
gran *s* spruce; fir; julgran Christmas tree, för sammansättningar jfr äv. *björk*
1 granat *s* miner. garnet
2 granat *s* mil. shell
granateld *s* shell fire
granatäpple *s* pomegranate
granbarr *s* spruce needle; friare vanl. fir needle
grand *s, lite ~ (grann)* just a little (bit)
granit *s* granite
grankotte *s* spruce cone, fir cone
grann *adj* vacker fine-looking; t.ex. om väder magnificent; brokig gaudy; lysande brilliant
granne *s* neighbour
grannland *s* neighbouring (adjacent) country
grannlåt *s* showy decoration sg.; kläder etc. finery sg.; granna saker showy ornaments pl.
grannskap *s* neighbourhood
granska *vb tr* undersöka examine; syna scrutinize; kontrollera t.ex. siffror check
granskare *s* examiner, inspector
granskning *s* undersökning examination; synande scrutiny; kontroll check-up
grapefrukt *s* grapefruit
grassera *vb itr* om sjukdom etc. be rife (prevalent); starkare rage
gratifikation *s* bonus, gratuity
gratinera *vb tr* bake...in a gratin dish; *~d* fisk ...au gratin
gratis *adv* for nothing, free
gratiserbjudande *s* free offer
grattis *s* vard., *~!* congratulations!
gratulation *s* congratulation; *hjärtliga ~er på födelsedagen!* Many Happy Returns of the Day!
gratulera *vb tr* congratulate [*till* on]
gratäng *s* gratin
1 grav *adj* svår, allvarlig serious
2 grav *s* **1** för död grave; murad tomb **2** dike trench
gravad *adj, ~ lax* raw spiced salmon
gravallvarlig *adj* solemn, dead serious
gravera *vb tr* rista in engrave [*i, på* on]
graverande *adj, ~ omständigheter* aggravating circumstances
gravid *adj* pregnant
graviditet *s* pregnancy
gravlax *s* raw spiced salmon
gravplats *s* begravningsplats burial ground; grav grave, burial place
gravsten *s* gravestone, tombstone
gravsättning *s* interment
gravyr *s* engraving; etsning etching
gravör *s* engraver
gredelin *adj* lilac, mauve
grej *s* vard., sak thing; manick gadget
greja vard. **I** *vb tr* fix, manage **II** *vb rfl, det ~r sig* that'll be all right
grek *s* Greek
grekisk *adj* Greek

grekiska *s* **1** språk Greek **2** kvinna Greek woman; jfr *svenska*
grekisk-ortodox *adj,* ***~a kyrkan*** the Greek (Eastern) Orthodox Church
Grekland Greece
gren *s* **1** branch; med kvistar bough; mindre twig; förgrening ramification; del av tävling event **2** skrev crutch
grena *vb rfl,* ***~ sig*** el. ***~ ut sig*** branch out, fork
grensle *adv* astride [*över* of]
grep *s* o. **grepe** *s* pitchfork; gödselgrep manure-fork
grepp *s* grasp [*i, om* of]; hårdare grip; tag hold äv. brottn.; handgrepp manipulation; metod method; ***ett klokt ~*** a wise move; ***jag får inget ~ om det*** I can't get the hang of it
greppa *vb tr* vard. grab (take) hold of; komma underfund med get the hang of
greve *s* count; britt. earl
grevinna *s* countess
griffeltavla *s* slate
grill *s* grill; kylargrill grille
grilla I *vb tr* grill **II** *vb itr* ha grillfest have a barbecue
grillbar *s* grill bar
grillfest *s* barbecue
grillkorv *s* sausage for grilling
grillspett *s* skewer; med kött kebab, shish kebab
grimas *s* grimace, wry face
grimasera *vb itr* make (pull) faces, grimace
grin *s* flin grin; grimas grimace
grina *vb itr* vard., gråta cry; ***~ illa*** se *grimasera*
grind *s* gate
grinig *adj* **1** gnällig whining; kinkig, om barn fretful **2** knarrig grumpy; kritisk fault-finding
gripa I *vb tr* **1** seize [*i* armen by…]; t.ex. tjuv capture, catch; ***~ ngt*** el. ***~ om ngt*** grasp (clutch, grip) a th.; ***~ tag i*** catch hold of **2** röra touch, move, affect **II** *vb itr,* ***~ efter ngt*** snatch at a th.
□ **~ sig an** ngt set about…; **~ in** ingripa intervene; hjälpande step in
gripande *adj* rörande touching, moving
griptång *s* pincers pl.
gris *s* pig äv. om person; kok. pork; ***köpa ~en i säcken*** buy a pig in a poke; ***min lilla ~*** my little sweetie
grisa *vb itr,* ***~ ner*** make the place in a mess
griskött *s* pork
gro *vb itr* sprout; växa grow
groda *s* **1** zool. frog **2** fel blunder, howler
grodd *s* germ, sprout
grodfötter *s pl* sport. frogman (diving) flippers
grodman *s* frogman
grodyngel *s* tadpole
grogg *s* whisky (konjaksgrogg brandy) and soda, amer. vard. highball
grogglas *s* tomt whisky tumbler
grogrund *s* bildl. breeding ground
grop *s* pit; större hollow; i väg hole; i kind, haka dimple
gropig *adj* …full of holes; om sjö rough; om väg, luft bumpy
grosshandel *s* wholesale trade (handlande trading)
grosshandlare *s* o. **grossist** *s* wholesale dealer, wholesaler
grotesk *adj* grotesque
grotta *s* cave; större cavern
grottekvarn *s* treadmill
grov *adj* coarse; obearbetad, ungefärlig rough; tjock thick; ohyfsad äv. rude [*mot* to]; ***vara ~ i munnen*** be foul-mouthed; ***ett ~t brott*** a serious crime; ***~a*** ansikts***drag*** coarse features; ***i ~a drag*** in rough outline el. outlines; ***ett ~t fel*** a gross (grave) blunder; ***en ~ lögn*** a big (whopping) lie; ***~ röst*** gruff (rough) voice; ***~ sjö*** heavy sea; ***~t smicker*** fulsome flattery; ***~t tyg*** rough (coarse) cloth
grovarbetare *s* unskilled labourer
grovarbete *s* heavy work, spadework; grovarbetares unskilled work (labour)
grovgöra *s* heavy work, spadework
grovkornig *adj* **1** oanständig coarse **2** foto. coarse-grain
grovlek *s* degree of coarseness (tjocklek thickness); storlek size
grovmalen *adj* coarsely ground; om kött coarsely minced
grovtarm *s* anat. colon
grubbel *s* brooding
grubbla *vb itr* fundera ponder, brood; bry sin hjärna puzzle one's head [*på, över* about]
grumlig *adj* muddy; om vätska cloudy
1 grund *s* **1** foundation [*till* of]; basis (pl. bases); ***lägga ~en till*** lay the foundation (foundations) of; brinna ner ***till ~en*** …to the ground **2** ***i ~*** fullständigt entirely; ***i ~en*** el. ***i ~ och botten*** i själ och hjärta at heart (bottom) **3** mark ground **4** skäl reason,

grounds pl. [*till* for]; ***på ~ av*** on account of; till följd av as a result of
2 grund I *adj* shallow **II** *s,* ***gå (stå) på ~*** run (be) aground
grunda I *vb tr* **1** found; affär, tidning äv. establish **2** stödja base **3** grundmåla ground, prime **II** *vb rfl,* ***~ sig*** rest [*på* on]
grundad *adj* om t.ex. farhåga well-founded
grundare *s* skapare founder
grunddrag *s* fundamental (essential) feature; ***~en av Europas historia*** the main outlines of European history
grundfärg *s* **1** fys. primary colour **2** mål. first coat, priming
grundlag *s* författning constitution
grundlig *adj* thorough; ingående close; noggrann careful; genomgripande thorough-going
grundlägga *vb tr* lay the foundation of
grundläggande *adj* fundamental; basic
grundläggare *s* skapare founder
grundorsak *s* primary (original) cause
grundregel *s* fundamental (basic) rule
grundskola *s* 'grundskola', nine-year compulsory school
grundslag *s* i tennis ground stroke
grundtal *s* cardinal number
grundtanke *s* fundamental idea
grundval *s* foundation, basis (pl. bases)
grundvatten *s* groundwater
grundämne *s* element
grunka *s* vard., sak thing; manick gadget
grupp *s* group; klunga cluster
grupparbete *s* teamwork
gruppera I *vb tr* group, group...together [*i* into] **II** *vb rfl,* ***~ sig*** group oneself
grupplivförsäkring *s* group life insurance
gruppresa *s* conducted tour
gruppterapi *s* group therapy
grus *s* gravel; ***spela på ~*** tennis play on a clay court, fotboll play on a gravel pitch
grusa *vb tr* gravel; t.ex. ngns förhoppningar dash; gäcka frustrate
grusbana *s* tennis clay court
grusplan *s* fotboll gravel pitch
grusväg *s* gravelled road
1 gruva *vb rfl,* ***~ sig för ngt*** dread (be dreading) a th.
2 gruva *s* mine; kolgruva äv. pit
gruvarbetare *s* miner; kol~ äv. collier
gruvdistrikt *s* mining district
gruvdrift *s* mining
gruvlig *adj* dreadful, horrible; vard. awful
gry *vb itr* dawn äv. bildl.
grym *adj* cruel [*mot* to]
grymhet *s* cruelty [*mot* to]; ***en ~*** an act of cruelty
grymta *vb itr* grunt
grymtning *s* grunting; ***en ~*** a grunt
gryn *s* korn grain
gryning *s* dawn, daybreak
gryta *s* pot; av lergods casserole äv. maträtt
grytbitar *s pl* stewing steak sg.
grytlapp *s* pot-holder, kettle-holder
grytlock *s* pot lid
grå *adj* grey, amer. gray; för sammansättningar jfr äv. *blå-*
gråaktig *adj* greyish, amer. grayish
gråhårig *adj* grey-haired, amer. gray-haired
gråkall *adj* bleak, chill
gråna *vb itr* turn (go) grey (amer. gray); ***~d*** åldrad grey-headed; om hår grey (amer. gray)
gråsej *s* coalfish
gråsparv *s* house sparrow
gråsprängd *adj* grizzled
gråt *s* gråtande crying; tyst äv. weeping; tårar tears pl.
gråta *vb tr* o. *vb itr* cry [*efter* for, *för* about]; tyst äv. weep; ***~ av glädje*** weep (cry) for joy; ***~ ut*** have a good cry
gråtfärdig *adj,* ***vara ~*** be on the verge of tears
gråtmild *adj* tearful; sentimental sentimental
grått *s* grey, amer. gray; jfr *blått*
grädda *vb tr* i ugn bake; plättar fry, make
gräddbakelse *s* cream cake
grädde *s* cream
gräddfil *s* **1** sour cream **2** vard., (körfil) VIP lane
gräddglass *s* full-cream ice
gräddkanna *s* cream jug
gräddtårta *s* cream gateau (pl. gateaux), cream cake
gräl *s* quarrel; ***råka i ~ med ngn*** fall out with a p. [*om* over]
gräla *vb itr* tvista quarrel; ***~ på ngn*** scold a p.
gräll *adj* glaring
grälsjuk *adj* quarrelsome
gräma I *vb tr,* ***det grämer mig att*** I can't get over the fact that **II** *vb rfl,* ***~ sig*** fret [*över* over]
gränd *s* alley, lane
gräns *s* geogr. o. ägogräns boundary; statsgräns frontier; gränsområde border, borders pl.; yttersta gräns limit; ***allting har en ~*** there is a limit to everything; ***sätta en ~ för*** begränsa set bounds (limits) to; ***...ligger vid ~en*** ...lies on the border

gränsa *vb itr,* ~ ***till*** border on
gränsfall *s* borderline case
gränsle *adv* astride [*över* of]
gränslös *adj* boundless, limitless
gränsområde *s* border district
gräs *s* grass
gräsand *s* mallard, wild duck
gräsbevuxen *adj* grass-covered, grassy
gräshoppa *s* grasshopper
gräsklippare *s* lawn-mower
gräslig *adj* shocking, terrible, awful
gräslök *s* kok. chives pl.
gräsmatta *s* lawn; vild grassy space
gräsplan *s* matta lawn; t.ex. fotb. grass pitch
gräsrotsnivå *s* bildl., ***på*** ~ at grass-roots level
gräsrötter *s pl* bildl. grass roots
gräsänka *s* grass widow
gräsänkling *s* grass widower
gräva I *vb tr* o. *vb itr* dig [*efter* for]; speciellt om djur burrow **II** ~ ***fram*** dig out äv. bildl.; ~ ***ned*** gömma bury; ~ ***ut*** excavate
grävling *s* badger
grävmaskin *s* excavator
grävskopa *s* bucket; grävmaskin excavator
gröda *s* crops pl.; skörd crop
grön *adj* green äv. oerfaren; för sammansättningar jfr äv. *blå-*
grönaktig *adj* greenish
grönfoder *s* green fodder
gröngöling *s* **1** fågel green woodpecker **2** person greenhorn
grönkål *s* kale
Grönland Greenland
grönområde *s* green open space
grönsak *s* vegetable
grönsaksaffär *s* greengrocer's
grönsaksland *s* plot of vegetables
grönsallad *s* växt lettuce; rätt green salad
grönska I *s* gräs green; lövverk greenery; grönhet greenness **II** *vb itr* vara grön be green; bli grön turn green
grönt *s* **1** grön färg green; jfr *blått* **2** grönsaker green-stuff **3** till prydnad greenery
gröpa *vb tr,* ~ ***ur*** hollow (scoop) out
gröt *s* porridge; av t.ex. ris pudding
grötig *adj* thick äv. om röst; mushy; oredig muddled
gubbaktig *adj* ...like an old man; senil senile
gubbe *s* person old man; ***grön*** (***röd***) ~ trafik. green (red) man; ***min lilla*** ~***!*** till barn my boy!
gubbstrutt *s* vard. old buffer (codger)
gud *s* god; ***gode Gud!*** Good Lord!, Good heavens!; ***för Guds skull!*** ...for goodness' (God's, Heaven's) sake!
gudabenådad *adj* inspired, supremely gifted
gudagåva *s* divine gift; friare godsend
gudbarn *s* godchild
gudfar *s* godfather
gudfruktig *adj* God-fearing, pious
gudinna *s* goddess
gudmor *s* godmother
gudomlig *adj* divine
gudsfruktan *s* fromhet godliness, piety
gudskelov *interj,* ~ ***att du kom!*** thank goodness (Heaven) you came!
gudstjänst *s* divine service; allmännare worship
guida *vb tr* guide
guide *s* guide
gul *adj* yellow; ~***t ljus*** trafik. amber light; ~***a ärter*** split peas; för sammansättningar jfr äv. *blå-*
gula *s* yolk
gulaktig *adj* yellowish
gulasch *s* kok. goulash
gulblek *adj* sallow
guld *s* gold
guldarmband *s* gold bracelet
guldbröllop *s* golden wedding
guldfisk *s* goldfish
guldgruva *s* gold mine äv. inkomstkälla
guldgrävare *s* gold-digger; guldletare prospector
guldklimp *s* **1** gold nugget **2** person treasure
guldkrog *s* first-class (posh) restaurant
guldmedalj *s* gold medal
guldplomb *s* gold filling
guldsmed *s* goldsmith; juvelerare vanl. jeweller
guldstämpel *s* gold mark
guldtacka *s* gold bar (ingot)
guldålder *s* golden age
gulhyad *adj* yellow-skinned
gullig *adj* vard. sweet, nice, cute
gullregn *s* bot. laburnum
gullstol *s,* ***bära ngn i*** ~ chair a p., carry a p. in triumph
gullviva *s* cowslip
gulna *vb itr* turn yellow
gulsot *s* jaundice
gult *s* yellow; jfr *blått*
gumma *s* old woman; ***min lilla*** ~***!*** till barn ...little (young) lady!
gummera *vb tr* gum; ~***d*** gummed
gummi *s* **1** ämne rubber; klibbig substans gum **2** radergummi india rubber; speciellt amer.

eraser **3** kondom French letter, amer. rubber, safe
gummiplantage *s* rubber plantation
gummislang *s* rubber tube (till cykel etc. rubber tyre)
gummisnodd *s* elastic (rubber) band
gummistövel *s* rubber (gum) boot
gummisula *s* rubber sole
gunga I *s* swing **II** *vb itr* i gunga etc. swing; på gungbräde seesaw; vagga rock; om t.ex. mark totter äv. bildl.; svaja under ngns steg rock
gungbräde *s* seesaw
gunghäst *s* rocking-horse
gungning *s* swinging; vaggning rocking
gungsele *s* Baby-bouncer ®
gungstol *s* rocking-chair
gunst *s* favour; ***stå högt i ~ hos ngn*** be in high favour with a p.
gunstling *s* favourite
gupp *s* bump; grop pit, hole
guppa *vb itr* på väg jolt, jog; på vatten bob, bob up and down
guppig *adj* om väg bumpy
gurgelvatten *s* gargle
gurgla I *vb tr* o. *vb itr* gargle **II** *vb rfl,* ***~ sig*** gargle
gurgling *s* gargling, gargle
gurka *s* cucumber; liten inläggnings~ gherkin
gurkmeja *s* bot. el. kok. turmeric
guvernant *s* governess
guvernör *s* governor
gyckel *s* skämt fun; upptåg joking, jesting, larking
gyckla *vb itr* skoja joke, jest; ***~ med ngn*** make fun of (poke fun at) a p.
gycklare *s* joker; yrkesmässig o. hist. jester
gylf *s* fly, vard. flies pl.
gyllene *adj* golden; av guld vanl. gold
gym *s* workout gymnasium (pl. gymnasia)
gymnasial *adj* **1** eg., attributivt 'gymnasium', jfr *gymnasium* **2** omogen puerile
gymnasieelev *s* pupil at a 'gymnasieskola' ('gymnasium'); jfr *gymnasium*
gymnasieskola *s* continuation school [on the 'gymnasium' level], jfr *gymnasium*
gymnasist *s* se *gymnasieelev*
gymnasium *s* 'gymnasium', britt. motsv., ung. sixth form [of a grammar school], amer. motsv., ung. senior high school
gymnast *s* gymnast
gymnastik *s* övningar etc. gymnastics sg.; skol. äv. physical education (förk. PE), physical training (förk. PT), gym; morgon~ etc. exercises pl.
gymnastikdirektör *s* ung. certified gymnastics instructor
gymnastikdräkt *s* gym suit (dams tunic); skolflickas gym slip
gymnastiklärare *s* physical training (vard. gym) master; i idrott games master
gymnastiksal *s* gymnasium; vard. gym
gymnastisera *vb itr* do gymnastics
gymnastisk *adj* gymnastic
gympa I *s* vard., gymnastik gym, PE, PT, jfr *gymnastik;* gymping aerobics sg. **II** *vb itr* gymnastisera do gymnastics; göra gymping do an aerobics workout
gymping *s* aerobics sg.
gynekolog *s* gynaecologist
gynekologisk *adj* gynaecological
gynna *vb tr* favour; beskydda patronize; främja further, promote
gynnare *s* **1** benefactor; beskyddare patron **2** skämts. fellow, customer
gynnsam *adj* favourable [*för* to]
gyrokompass *s* gyrocompass
gyroskop *s* gyroscope
gyttja *s* mud
gyttjig *adj* muddy
gyttra *vb tr,* ***~ ihop*** cluster...together
gå I *vb itr* **1** ta sig fram till fots, promenera walk; med avmätta steg pace; med långa steg stride; ***jag har varit ute och ~tt*** I have been out for a walk; ***~ till fots*** walk, go on foot; ***~ till*** besöka go and see, visit **2** fara, leda vanl. go; färdas travel; bege sig av leave; om t.ex. vagn o. maskin run; om väg, dörr lead; ***bilen har ~tt*** 5 000 mil the car has done...; klockan ***~r rätt (fel)*** ...is right (wrong); ***det ~r ett rykte (en sjukdom)*** there is a rumour (illness) about; ***tiden ~r*** time passes (is passing); ***~ i (ur) vägen för ngn*** get into (out of) a p.'s way; ***~ med*** glasögon wear...; ***~ i*** el. ***~ omkring i*** t.ex. trasor, tofflor go about in...; ***~ på*** föreläsningar attend (go to)... **3** avlöpa go off, pass off, turn out; låta sig göra be possible; lyckas succeed; ***det ~r nog*** that will be all right; klockan ***~r inte att laga*** it is impossible to repair...; ***~r det att laga?*** can it be repaired?; ***det gick i alla fall!*** I (you etc.) managed it, anyhow!; ***det gick bra för honom*** i prov etc. he got on (did) well; ***hur det än ~r*** whatever happens; ***hur ~r det med*** festen? what about...? **4** säljas: gå åt sell; t.ex. på auktion be sold **5** bära sig pay **6** sträcka sig go, extend; nå reach **7** ***~ på*** el. ***till*** belöpa sig till amount (come) to; kosta cost **II** *vb tr,* ***~ ed*** take an

oath; ~ *ärenden* have some jobs to do; för inköp go shopping
□ ~ **an** passa, gå för sig do; vara tillåten be allowed; vara möjlig be possible; ***det ~r inte an*** it won't do; ~ **av** stiga av get off; brista break; om skott go off; ~ **bort** på bjudning go out [*på middag* to dinner]; dö die; försvinna om t.ex. fläck disappear; ~ **efter** om klocka be slow; hämta go and fetch; ~ **emot** stöta emot go (resp. run) against...; ~ rösta ***emot förslaget*** vote against the proposal; ***allt ~r mig emot*** nothing seems to go right for me; ~ **fram till** go up to; ~ **förbi** passera förbi go past (by); gå om overtake; hoppa över pass over; ~ **före** i ordningsföljd precede; om klocka be fast; ha företräde framför go (rank) before; ~ **ifrån** lämna leave; avlägsna sig get away; glömma kvar leave...behind; ~ **igenom** go through; ~ **ihop** sluta sig close up; förena sig join; passa ihop agree; ***få det att ~ ihop*** ekonomiskt make both ends meet; ~ **in**: ~ ***in för*** go in for; ~ ***in i*** klubb etc. join, enter; ~ ***in på*** t.ex. ämne enter upon; ~ **isär** come apart; om åsikter etc. diverge; ~ **med** göra sällskap go (komma come) along too; ~ ***med i*** klubb etc. join; ~ ***med på*** samtycka till agree to; medge agree; ~ **ned** *(ner)* go down, fall; ~ **om** passera pass, go past; ~ **omkull** om firma become (go) bankrupt; ~ **på** a) stiga upp på get on b) fortsätta go on; gå framåt go ahead; skynda på make haste c) om kläder go on; ~ **samman** go together, join; ~ **till** försiggå come about; hända happen; ordnas be arranged (done); ~ **tillbaka** avta decrease; försämras, gå utför deteriorate; ~ **under** om person be ruined; om fartyg go down; ~ **upp** go up; ur säng get up; om himlakropp rise; om pris etc. go up, rise; öppna sig open; om plagg tear; om knut come undone; ***det gick upp för mig, att...*** it dawned upon me that...; ~ ***upp i rök*** go up in smoke, open, tear, come undone; ~ ***upp i*** införlivas med become merged in; ~ ***upp mot*** el. ***emot*** kunna mäta sig med come up to; ***ingenting ~r upp mot...*** there is nothing like...; ~ ***upp till*** belöpa sig till amount to; ~ **ur** stiga av get out of...; lämna leave; om fläck come out; försvinna disappear; ~ **ut och gå** go out for a walk, take a walk; ~ ***ut skolan*** leave (genomgå finish) school; gå till ända come to an end, run out; ***vad det ~r ut på*** what it amounts to; hans tal ***gick ut på att...*** the drift of his speech was that...; ~ ***ut ur rummet*** leave the room; ***låta*** sin vrede etc. ~ ***ut över*** vent... upon; ~ **vidare** fortsätta [*i, med* go on with]; ~ **åt** behövas be needed; ta slut be used up; säljas sell; ~ **över** go (run, rise, be) above; överstiga surpass; upphöra pass, cease; granska go (look) over; ~ ***över till*** go over to, pass to; byta till change to

gående *adj,* ***en ~*** a pedestrian; ~ ***bord*** buffet

gågata *s* pedestrian street; område med gågator precinct, mall

gång *s* **1** sätt att gå walk; ***känna igen ngn på ~en*** recognize a p. by his way of walking **2** färd (om fartyg) run, passage; rörelse, verksamhet, om maskin etc. working, running; motorn ***har en jämn ~*** ...runs smoothly **3** i o. mellan hus passage; i kyrka o. teat. aisle; i buss gangway, amer. aisle **4** tillfälle, omgång m.m. time; ***en ~*** once; om framtid one (some) day; ens even; ***en ~ i tiden*** (***världen***) förr at one time; ***en ~ om året*** (***vart tredje år***) once a year (every three years); ***en ~ till*** once more; ***det var en ~*** i saga once upon a time there was; ***en annan ~*** another time; om framtid some other time; ***en och annan ~*** every now and then; ***någon ~*** ibland once now and then; ***någon ~*** i maj some time...; ***för en ~s skull*** for once; ***med en ~*** all at once; ***på en ~*** samtidigt at a (the same) time; plötsligt all at once; ***två ~er*** twice; ***tre ~er*** three times; ***två ~er två är fyra*** twice (two times) two is four

gångare *s* sport. walker

gångbana *s* pavement, amer. sidewalk

gångjärn *s* hinge

gångsport *s* walking

gångstig *s* path, footpath

gångtrafikant *s* pedestrian

gångtunnel *s* subway, amer. underpass

gångväg *s* public footpath

gåpåare *s* pusher, go-getter

går *s, **i ~*** se *igår*

gård *s* **1** yard; bakgård backyard, courtyard; ***ett rum åt ~en*** a back room **2** bondgård farm; herrgård estate

gårdag *s, **~en*** yesterday

gårdsplan *s* courtyard

gås *s* goose (pl. geese); ***det är som att slå vatten på en ~*** it's like water off a duck's back; ***det går vita gäss*** there are white-caps

gåshud *s* gooseflesh

gåsleverpastej *s* äkta pâté de foie gras

gåsmarsch *s*, ***gå i ~*** walk in single file
gåta *s* riddle, mystery, puzzle
gåtfull *adj* mysterious, puzzling
gåva *s* gift, present; donation donation
gåvoskatt *s* gift tax
gäcka *vb tr* frustrate; undgå, förbrylla baffle
gäckas *vb itr dep*, ***~ med*** håna mock (scoff) at
gädda *s* pike (pl. äv. lika)
gäl *s* gill
gäldenär *s* debtor
gäll *adj* shrill; om färg crude
gälla *vb itr* o. *vb tr* **1** ***~ för*** räknas som count; vara värd be worth **2** vara giltig be valid; ***detta gäller*** el. ***gäller för*** samtliga fall this holds good for... **3** angå concern; ***vad gäller saken?*** what is it about?; ***det gäller liv eller död*** it is a matter of life and death; ***när det gäller*** when it really matters (comes to it)
gällande *adj* giltig valid [*för* for]; om lag etc. ...in force; rådande current; ***göra ~*** hävda maintain; ***göra sig ~*** **a)** hävda sig assert oneself **b)** vara framträdande be in evidence
gäng *s* gang; kotten set
gänga I *s* thread; ***vara ur gängorna*** om person be off colour **II** *vb tr* thread
gängse *adj* current; vanlig usual
gärde *s* åker field
gärdsgård *s* av trä wooden fence
gärdsmyg *s* fågel wren
gärna *adv* villigt willingly; med nöje gladly, with pleasure; i regel often; ***~ det!*** by all means!; ***inte ~*** knappast hardly; ***jag skulle bra ~ vilja veta...*** I should very much like to know...
gärning *s* **1** handling deed, action; ***tagen på bar ~*** caught red-handed **2** verksamhet work
gärningsman *s* perpetrator; svagare culprit
gäspa *vb itr* yawn
gäspning *s* yawn
gäst *s* guest [*i (vid)* at]; på hotell vanl. resident
gästa *vb tr* besöka visit
gästartist *s* guest artist (star)
gästfri *adj* hospitable [*mot* towards, to]
gästfrihet *s* hospitality
gästgivargård *s* inn
gästrum *s* spare bedroom, guest room
gästspel *s* teat. special (guest) performance
göda *vb tr* fatten, fatten up
gödkyckling *s* spring chicken, broiler
gödningsmedel *s* fertilizer
gödsel *s* manure; konstgödsel fertilizer
gödsla *vb tr* manure; konstgödsla fertilize
gödsling *s* manuring, fertilizing
gök *s* fågel cuckoo
gömma I *s* hiding-place **II** *vb tr* dölja hide, hide...away, conceal [*för* from] **III** *vb rfl*, ***~ sig*** hide, hide oneself [*för* from]
gömställe *s* hiding-place
göra I *vb tr* o. *vb itr* **1** do; tillverka, skapa make, do; ***~ affärer*** do business; ***~ ett försök*** make an attempt; ***~ ett mål*** score a goal; ***~ en paus*** pause, have a break; ***~ en resa*** make a journey; ***det gör ingenting!*** it doesn't matter!; ***gör det något, om...?*** will it be all right if...?; ***~ sitt bästa*** do one's best; ***vad gör det?*** what does it matter?; ***ha att ~ med*** have to do with, deal with; ***då får du med mig att ~!*** then you will catch it from me (will have me to deal with)!; ***du har ingenting här att ~!*** you have no business to be here!; ***det har ingenting med dig att ~!*** it's none of your business (nothing to do with you)!; ***det är ingenting att ~ åt det*** it can't be helped; ***~ ngn galen*** drive a p. mad; ***~ ngn olycklig*** make a p. unhappy; ***~ saken värre*** make matters worse; ***~ ngn till kapten*** make a p. captain **2** med att-sats: förorsaka make, cause; ***det gjorde att bilen stannade*** that made the car (caused the car to) stop **3** i stället för förut nämnt verb do; han reste sig ***och det gjorde jag också*** ...and so did I; har du läst läxorna? ***- Nej, det har jag inte gjort*** ...No, I haven't; ***regnar det? - Ja, det gör det*** is it raining? - Yes, it is **4** utgöra make; två gånger två ***gör fyra*** ...make (makes) four **II** *vb rfl*, ***~ sig förstådd*** make oneself understood; ***~ sig besvär att*** take the trouble to; ***~ sig en förmögenhet*** make a fortune
□ **~ av med** a) pengar spend b) ta livet av kill; ***~ sig av med*** get rid of; **~ om** på nytt do (make)...over again; upprepa do...again; **~ sig till** göra sig viktig show off; sjåpa sig be affected; ***det gör varken till eller från*** it makes no difference (no difference either way); **~ undan** ngt get...done; **~ upp** eld etc. make; klara upp, hämnas settle; förslag etc. draw up
gördel *s* girdle
gör-det-själv *adj* do-it-yourself (förk. DIY)
görlig *adj* practicable, feasible; ***för att i ~aste mån*** inf. in order as far as possible to inf.

görningen *s, det är något i ~* there is something brewing
göromål *s* business, work (båda end. sg.)
gös *s* fisk pike-perch
Göteborg Gothenburg, Göteborg

h *s* mus. B
1 ha I *hjälpvb* tempusbildande have; ***du ~r snart glömt det*** you will soon have forgotten it; ***det ~de jag aldrig trott*** I would (should) never have thought it **II** *vb tr* **1** have, have got; t.ex. kläder wear; ***vilken färg ~r den?*** what colour is it?; ***~ rätt (fel)*** be right (wrong); ***det kan vara bra att ~*** it will come in handy; ***vad ~r du här att göra?*** what are you doing here?; ***vad ska man ~ det till?*** what's it for?; ***nu ~r jag det!*** now I've got it! **2** få, erhålla have; ***vad vill du ~?*** what do you want?; om förtäring what will you have?; ***jag skulle vilja ~...*** I want..., please; I should like...; ***här ~r du pengarna*** here's the money **3** ***~ det bra*** gott ställt be well off; ***~ det så bra!*** have a good time!; ***~ det trevligt*** have a nice time; ***hur ~r du det?*** how's things?; ***~ ledigt*** be free, be off duty; ***~ lätt att*** find it easy to
□ **~ ngt emot:** ***jag ~r inget emot...*** I have nothing against...; ***~r du något emot att jag röker?*** do you mind my smoking?; **~ för sig** tro, mena think; föreställa sig have an idea; inbilla sig imagine; ***vad ~r du för dig*** vad gör du? what are you doing?; **~ kvar** ha över have...left; ännu ha still have; **~ med** el. **~ med sig** have with one, bring, bring along; **~ på sig** vara klädd i have...on, wear; ***~r du en penna på dig?*** have you got a pencil on you?; ***vi ~r bara en dag på oss*** we have only one day left; **~ sönder** t.ex. en vas break; t.ex. en klänning tear
2 ha *interj* ha!
Haag the Hague
habegär *s* acquisitiveness; ***~et*** the possessive instinct
1 hack *s, **följa ngn ~ i häl*** follow hard (close) on a p.'s heels
2 hack *s* skåra notch, cut, mark
1 hacka *s* vard., ***tjäna en ~*** earn a bit of cash
2 hacka I *s* spetsig pick, pickaxe **II** *vb tr* i bitar chop; fint mince **III** *vb itr, **~ i (på)*** hack at; om fågel pick (peck) at; ***~ på*** kritisera pick on □ **~ loss** hack (chop) away; **~ sönder** cut (break) up
hackhosta *s* hacking cough

hackkyckling *s, han är allas ~* they are always picking on him
hackspett *s* woodpecker
haffa *vb tr* vard. nab, cop, nick
hafs *s* slarv slovenliness
hafsig *adj* slovenly; om arbete etc. slipshod
hage *s* **1** beteshage enclosed pasture **2** barnhage play pen **3** ***hoppa ~*** play hopscotch
hagel *s* **1** hail **2** blyhagel shot, small shot
hagelgevär *s* shotgun
hagelskur *s* shower of hail, hailstorm
hagla *vb itr* hail
hagtorn *s* hawthorn
haj *s* shark äv. om person
1 haja *vb itr, ~ **till*** be startled, start
2 haja *vb tr* vard., ***~r du?*** do you get it?; ***jag ~r inte varför...*** it beats me why...
1 haka *s* chin; ***tappa ~n*** be taken aback
2 haka *vb tr, ~ **sig fast*** cling [*vid* to]; ***~ upp sig*** get stuck; ***~ upp sig på småsaker*** worry about (get hung up on) trifles
hake *s* hook; t.ex. fönsterhake catch; ***det finns en ~ någonstans*** there is a snag (catch) somewhere
hakkors *s* swastika
haklapp *s* bib
hakrem *s* chin strap
hal *adj* slippery
hala *vb tr* o. *vb itr, ~ **ned*** haul down; lower äv. flagga
halka I *s* slipperiness; kör försiktigt ***i ~n*** ...on the slippery roads **II** *vb itr* slip; slira skid; ***~ omkull*** slip
halkbana *s* skidpan
halkig *adj* slippery
halkkörning *s* skidpan driving [practice]
hall *s* hall
hallick *s* vard. pimp, ponce
hallon *s* raspberry
hallucination *s* hallucination
hallå *interj* hallo!, hullo!, hello!; ***~, ~!*** i högtalare attention, please!
hallåman *s* radio. o. TV announcer
halm *s* straw
halmhatt *s* straw hat
halmstrå *s* straw
halmtak *s* thatched roof
hals *s* neck; strupe throat; ***~ över huvud*** headlong; ***han fick ett ben i ~en*** he got a bone stuck in his throat; ***hög i ~en*** high at the neck; ***ha ont i ~en*** have a sore throat; ***falla ngn om ~en*** fall on a p.'s neck; ***få ngn (ngt) på ~en*** be saddled with a p. (a th.)
halsa *vb tr, ~ **en öl*** vard. swig a bottle of beer
halsband *s* necklace; för hund collar
halsbloss *s, **dra ~*** inhale
halsbrytande *adj, ~ **fart*** breakneck (hair-raising) speed
halsbränna *s* heartburn
halsduk *s* scarf; stickad muffler
halsfluss *s* tonsillitis
halsgrop *s,* jag kom ***med hjärtat i ~en*** ...with my heart in my mouth
halshugga *vb tr* behead
halstablett *s* throat lozenge (pastille)
halster *s* gridiron, grill
halstra *vb tr* grill
1 halt *s* t.ex. sockerhalt, metallhalt content
2 halt *s* uppehåll halt
3 halt *adj* lame
halta *vb itr* limp
halv *adj* half; ***en och en ~ timme*** an hour and a half, one and a half hours; ***möta ngn på ~a vägen*** meet a p. half-way; ***klockan ~ fem*** at half past four, at four-thirty; vard. half four
halva *s* **1** hälft half (pl. halves) **2** halvbutelj half-bottle, half a bottle **3** ***~n*** andra snapsen ung. the second glass
halvautomatisk *adj* semi-automatic
halvbesatt *adj* half-filled
halvblod *s* människa half-breed, half-caste
halvbror *s* half-brother
halvbutelj *s* half-bottle, half a bottle
halvdan *adj* medelmåttig mediocre
halvdöd *adj* half dead [*av* with]
halvera *vb tr* halve, divide...into halves
halvfabrikat *s* semi-manufactured article
halvfemtiden *s, **vid ~*** at about half past four (four-thirty)
halvlek *s* sport. half
halvljus *s, **köra på ~*** drive with dipped (amer. dimmed) headlights
halvmesyr *s* half-measure
halvmåne *s* half moon
halvofficiell *adj* semi-official
halvpension *s* på pensionat o.d. half board
halvsova *vb itr* be half asleep
halvstor *adj* medium-sized, medium
halvstrumpa *s* short sock, sock
halvsula *vb tr* halfsole
halvsyster *s* half-sister
halvsöt *adj* om vin medium sweet
halvt *adv* half

halvtid *s* **1** sport. half-time **2** ***arbeta ~ (på ~)*** have a half-time job, be on half-time
halvtidsanställd *adj,* ***vara ~*** be a half-timer
halvtimme *s,* ***en ~*** half an hour
halvtorr *adj* om vin medium dry
halvvägs *adv* half-way, midway
halvår *s,* ***ett ~*** six months
halvädelsten *s* semiprecious stone
halvö *s* peninsula
halvöppen *adj* half open; på glänt ...ajar
hambo *s* Hambo polka; ***dansa ~*** do (dance) the Hambo
hamburgare *s* hamburger
hammare *s* hammer
hammock *s* garden hammock
hamn *s* hamnstad port; anläggningen harbour
hamna *vb itr* land up, land; sluta end up, end
hamnarbetare *s* dock worker, docker
hamnkvarter *s* dock district
hamnstad *s* port
hampa *s* hemp
hampfrö *s* hempseed
hamra *vb tr* o. *vb itr* hammer, beat
hamster *s* hamster
hamstra *vb tr* o. *vb itr* hoard
hamstrare *s* hoarder
han *pers pron* he; ***honom*** him; ***~, honom*** om djur it
hand *s* hand; ***~en på hjärtat,*** tyckte du om det? honestly,...?; ***ge ngn en hjälpande ~*** lend a p. a hand; ***ha fria händer*** have a free hand; ***ha ~ om*** be in charge of; ***skaka ~*** shake hands [*med ngn* with a p.]; ***ta ~ om*** take care (charge) of; ***gjord för ~*** handmade, made by hand; ***i andra ~*** in the second place; ***hyra ut i andra ~*** sublet; ***det får komma i andra ~*** it will have to come second (later), we'll (I'll) wait with that; ***köpa i andra ~*** buy second-hand; ***i första ~*** in the first place, first; upplysningar ***i första ~*** ...at first hand, first-hand...; ***hålla ngn i ~ (handen)*** hold a p.'s hand; ***ta ngn i ~*** hälsa shake hands with a p.; ***bort (upp) med händerna!*** hands off (up)!; ***på egen ~*** alone; ***ha till ~s*** have handy; denna förklaring ***ligger nära till ~s*** ...is a very likely one; ***ge vid ~en*** visa indicate, show
handarbete *s* sömnad needlework; broderi embroidery; stickning knitting; ***ett ~*** a piece of needlework (embroidery)
handbagage *s* hand-luggage, hand-baggage
handbojor *s pl* handcuffs
handbok *s* handbook [*i* of]; manual
handboll *s* handball
handbroms *s* handbrake
handduk *s* towel; ***kasta in ~en*** boxn. o. vard. throw in the towel
handel *s* varuhandel trade; handlande trading; i stort commerce; affärer business; speciellt olovlig traffic; ***driva (idka) ~ med*** land, person trade with; vara trade (deal) in; ***vara (finnas) i ~n*** be on the market
handelsbalans *s* balance of trade
handelsbojkott *s* trade embargo (pl. -es)
handelsbolag *s* trading company
handelsdepartement *s* ministry of commerce
handelsfartyg *s* merchant vessel
handelsförbindelse *s,* ***~r*** trade (commercial) relations
handelsminister *s* minister of commerce
handelsresande *s* sales representative, travelling salesman, commercial traveller
handelsträdgård *s* market garden
handelsvara *s* commodity
handfallen *adj* nonplussed, perplexed, ...at a loss
handfast *adj* om person, bestämd firm; ***~a regler*** definite rules
handfat *s* washbasin, handbasin
handflata *s* palm, palm of the hand
handfull *s,* ***en ~*** jord a handful of...
handgemäng *s* scuffle
handgjord *adj* handmade
handgranat *s* hand grenade
handgrepp *s* manipulation
handgriplig *adj* påtaglig palpable; tydlig obvious
handgripligheter *s pl,* ***gå till ~*** come to blows
handha *vb tr* sköta manage; ha hand om be in charge of
handikapp *s* handicap
handikappa *vb tr* handicap
handikappad *adj* handicapped; invalidiserad äv. disabled
handla *vb itr* **1** göra affärer **a)** driva handel trade, deal, do business [*med* vara in...; *med ngn* with a p.] **b)** göra uppköp do one's shopping [*hos A.* at A.'s]; ***gå ut och ~*** go out shopping; ***~ mat*** buy food **2** bete sig act; göra äv. do; ***~ rätt*** do right, act rightly **3** ***~ om*** **a)** röra sig om be about **b)** gälla be a question of
handlag *s,* ***ha gott ~ med*** barn have a good hand with..., know how to handle...

handlande *s* handelsman dealer; handelsidkare tradesman; butiksägare shopkeeper
handled *s* wrist
handleda *vb tr* instruct; vägleda guide; i studier etc. supervise
handledare *s* instructor; studie~ etc. supervisor
handledning *s* instruction; vägledning guidance; i studier etc. supervision
handling *s* **1** agerande action **2** i bok, pjäs etc. story, action; intrig plot [*i* of] **3** urkund document; ***lägga ngt till ~arna*** put a th. aside
handlingsfrihet *s* freedom of action
handlägga *vb tr* behandla, bereda deal with, handle
handlöst *adv, **falla** ~* fall headlong
handpenning *s* deposit
handplocka *vb tr* handpick äv. bildl.
handskas *vb itr dep, ~ **med*** hantera handle; behandla treat
handske *s* glove
handskfack *s* i bil glove locker (compartment)
handsknummer *s* size in gloves
handskriven *adj* handwritten, ...written by hand; ***ett handskrivet papper*** a page of handwriting
handslag *s* handshake
handstil *s* handwriting
handsydd *adj* hand-sewn
handtag *s* **1** på dörr, väska etc. handle; runt knob **2** ***ge ngn ett ~*** hjälp lend a p. a hand
handvändning *s*, det är gjort ***i en ~*** ...in no time
handväska *s* handbag, amer. äv. purse
hane *s* **1** hanne male; fågelhane ofta cock **2** ***spänna ~n*** på gevär cock the trigger
hangar *s* hangar
hangarfartyg *s* aircraft carrier
hankatt *s* male cat, tomcat
hanne *s* male; fågelhanne ofta cock
hans *poss pron* his; om djur o. sak vanl. its; för ex. jfr *1 min*
hantel *s* dumbbell
hantera *vb tr* handle; sköta manage
hantlangare *s* helper, mate; neds. henchman
hantverk *s* handicraft
hantverkare *s* craftsman, artisan
hare *s* **1** hare; ynkrygg coward **2** (löpning) pacemaker; hundkapplöpning hare, mechanical hare
harem *s* harem
haricots verts *s pl* French (string) beans
harkla *vb itr, ~ **sig*** clear one's throat
harkrank *s* zool. crane fly
harm *s* indignation [*över* at]
harmoni *s* harmony äv. mus.
harmoniera *vb itr* harmonize
harmonisk *adj* harmonious; mus. harmonic
harmynt *adj* harelipped
harpa *s* **1** mus. harp **2** käring old hag
harts *s* resin
harv *s* harrow
harva *vb tr* harrow
hasa *vb itr* o. *vb tr* glida slide; dra fötterna efter sig shuffle; ~ ***ned*** slip down
hasard *s* gamble; hasardspelande gambling; ***det är rena ~en*** it is all a matter of chance
hasardspel *s* gamble, game of chance; hasardspelande gambling
hasch *s* vard. hash
hasselnöt *s* hazelnut
hast *s* hurry, haste; ***i största ~*** in great haste
hastig *adj* snabb rapid, quick; skyndsam hurried
hastighet *s* **1** fart speed; snabbhet rapidity; ***högsta tillåtna ~*** the speed limit, the maximum speed **2** brådska, ***i ~en*** glömde han... in his hurry...
hastighetsbegränsning *s* speed limit
hastighetsmätare *s* speedometer
hastigt *adv* rapidly, quickly, hurriedly; ***helt ~*** plötsligt all of a sudden
hat *s* hatred [*mot* of]; speciellt i motsats till kärlek hate
hata *vb tr* hate
hatfull *adj* o. **hatisk** *adj* spiteful
hatt *s* hat; på tub cap; ***hög ~*** top (silk) hat
hattask *s* hatbox
hattnummer *s* size in hats
hausse *s* boom, rise in prices
hav *s* sea; världshav ocean
havande *adj* gravid pregnant
havandeskap *s* pregnancy
haverera *vb itr* sjö. be wrecked äv. friare; om flygplan, bil etc. crash
haveri *s* sjö. shipwreck; flyg~, bil~ etc. crash
havre *s* oats pl.
havregryn *s* koll. porridge oats pl.
havregrynsgröt *s* porridge, oatmeal porridge
havsabborre *s* bass fisk
havsband *s, **i ~et*** i yttersta skärgården on the outskirts of the archipelago
havsbotten *s* sea (ocean) bed; ***på ~*** at the bottom of the sea

havskräfta *s* Norway lobster, Dublin Bay prawn; ***friterade havskräftor*** scampi
heat *s* sport. heat
hebreisk *adj* Hebrew
hebreiska *s* språk Hebrew
hed *s* moor; ljunghed heath
heder *s* honour
hederlig *adj* ärlig honest, decent; hedrande honourable
hederlighet *s* ärlighet, redbarhet honesty
hedersbetygelse *s* mark of honour (respect); ***under militära ~r*** with military honours
hedersdoktor *s* honorary doctor
hedersgäst *s* guest of honour
hedersord *s, **på ~!*** honestly!, word of honour!
hederspris *s* special prize
hederssak *s, **det är en ~ för honom*** he makes it (regards it as) a point of honour
hedning *s* heathen
hednisk *adj* heathen
hedra *vb tr* honour; ***det ~r honom att*** han**...** it does him credit that...
hej *interj* hälsning hallo!, amer. hi!, hi there!; ***~ då!*** adjö bye-bye!; ***~ så länge!*** so long!
heja I *interj* sport. come on...!, up...! **II** *vb itr, **~ på*** **a)** lag cheer, cheer on **b)** säga hej åt say hallo to
hejaklack *s* cheering section (supporters pl.)
hejarop *s* cheer
hejda *vb tr* stop; få under kontroll check
hejdlös *adj* uncontrollable; våldsam violent; ofantlig tremendous
hektar *s* hectare; ***ett (en) ~*** britt. motsv. 2.471 acres
hektisk *adj* hectic
hekto *s* o. **hektogram** *s* hectogram, hectogramme
hektoliter *s* hectolitre
hel *adj* **1** whole, full, complete; ***~a dagen*** all day, all the day, the whole (entire) day; ***~a tiden*** all the time, the whole time; ***~a året*** throughout the year; vad tycker du om ***det ~a?*** ...it all?; ***på det ~a taget*** i stort sett on the whole **2** ej sönder whole; om glas etc. unbroken
hela *s* **1** helbutelj large (full-size) bottle **2** ***~n går!*** ung. now for the first! **3** ***Helan och Halvan*** komikerpar Laurel Halvan and Hardy Helan
helautomatisk *adj* fully automatic
helbutelj *s* large (full-size) bottle
helförsäkring *s, **~ för motorfordon*** comprehensive car insurance
helg *s* ledighet holiday, holidays pl.
helgdag *s* holiday
helgerån *s* sacrilege
helgon *s* saint
helhet *s* whole; ***i sin ~*** ...in full, ...in its entirety
helhetsintryck *s* overall (total) impression
helhjärtad *adj* whole-hearted
helig *adj* holy, sacred; ***Erik den ~e*** St. Eric
helikopter *s* helicopter
helinackorderad *adj, **vara ~*** have full board and lodging
heller *adv* efter negation either; jag hade ingen biljett ***och inte han ~*** ...and he hadn't either, ...nor had he
hellinne *s* pure linen
helljus *s, **köra på ~*** drive with one's headlights on
hellre *adv, **jag vill ~*** I would rather (sooner); ***~ det än*** inget rather that than...; ***ju förr dess ~*** the sooner the better
hellång *adj* full-length
helnykterist *s* teetotaller, total abstainer
helomvändning *s, **göra en ~*** do an about-turn (a U-turn); bildl. do a turnaround, perform a volte-face
helpension *s* full board (board and lodging)
helsida *s* full page
helsiden *s* pure silk
helsike *s* vard., se *helvete*
Helsingfors Helsinki
helskinnad *adj, **komma (slippa) ~ undan*** escape unhurt
helspänn *s, **på ~*** om person tense; vard. uptight
helst *adv, **jag vill (skulle) ~*** I would rather; ***jag vill allra ~*** I want most of all to; ***hur som ~*** anyhow; ***hur mycket (länge) som ~*** hur mycket (länge) ni vill as much (as long) as you like; jag betalar ***hur mycket (vad) som ~*** ...any amount; ***ingen som ~ anledning*** no reason whatever; ***när som ~*** any time; när ni vill whenever you like; ***vad som ~*** anything; vad ni vill anything you like; ***var (vart) som ~*** anywhere; var (vart) ni vill wherever you like; ***vem som ~*** anybody; vem ni vill whoever you like; ***vilken som ~*** a) av två either b) vilken ni vill whichever you like
helsäker *adj* quite sure (certain)

helt *adv* äv. ~ ***och hållet*** entirely, completely; alldeles quite; ~ ***enkelt omöjligt*** simply impossible; ~ ***nyligen*** quite recently; ***inte förrän*** ~ ***nyligen*** only recently; ~ ***om!*** about turn (speciellt amer. face)!
heltid *s,* ***arbeta på*** ~ work full-time
heltidsanställd *adj,* ***vara*** ~ be employed full-time
heltäckande *adj,* ~ ***matta*** wall-to-wall carpet
heltäckningsmatta *s* wall-to-wall carpet
helvete *s* hell; ***ett*** ~***s*** oväsen a hell of a...; ***dra åt*** ~ go to hell
helvetisk *adj* hellish, infernal
helylle *s* all (pure) wool
hem *s* home
hembageri *s* local baker's [shop]
hembakad *adj* o. **hembakt** *adj* home-made
hembiträde *s* servant, maid
hembränning *s* illicit distilling
hembygd *s,* ~***en*** one's native home (district)
hembygdskunskap *s* skol., ung. local geography, history and folklore
hemdator *s* home computer
hemfärd *s* home (homeward) journey
hemförlova *vb tr* mil. demobilize
hemförsäkring *s* householders' comprehensive insurance
hemförsäljning *s* door-to-door selling
hemgift *s* dowry
hemgjord *adj* home-made
hemhjälp *s* home (domestic) help
hemifrån *adv* from home; ***gå*** (***resa***) ~ leave home
heminredning *s* interior decoration
hemkomst *s* home-coming, return
hemkonsulent *s* domestic (home) adviser
hemkunskap *s* skol. domestic science, home economics sg.
hemlagad *adj,* ~ ***mat*** home-made food, home cooking
hemland *s* native country
hemlig *adj* secret [*för* from]; dold äv. concealed, hidden; ~***t nummer*** tele. ex-directory (amer. unlisted) number
hemlighet *s* secret; ***i*** ~ secretly, in secret
hemlighetsfull *adj* mysterious; förtegen secretive
hemlighålla *vb tr* keep...secret [*för ngn* from a p.]
hemligstämplad *adj* top-secret, classified
hemlängtan *s* homesickness; ***känna*** ~ feel homesick
hemläxa *s* homework (end. sg.)
hemlös *adj* homeless
hemma *adv* at home; du kan bo ~ ***hos oss*** ...at our place, ...with us; ~ ***hos Eks*** at the Eks'
hemmafru *s* housewife (pl. housewives)
hemmagjord *adj* home-made
hemmaman *s* house-husband
hemmaplan *s* sport. home ground; ***spela på*** ~ play at home
hemmastadd *adj* ...at home
hemmavarande *adj* ...living at home
hemorrojder *s pl* haemorrhoids, piles
hemort *s* home district; jur. domicile
hemresa *s* home (homeward) journey (till sjöss voyage)
hemsamarit *s* home help
hemsk *adj* ghastly, terrible; vard. awful
hemskillnad *s* judicial separation
hemskt *adv* vard., väldigt awfully, frightfully
hemslöjd *s* handicraft
hemspråk *s* home language
hemspråkslärare *s* home-language teacher
hemstad *s* home town
hemställa *vb tr* o. *vb itr,* ~ ***hos ngn om ngt*** anhålla request a th. from a p.
hemställan *s* request
hemsöka *vb tr* härja: om t.ex. fiende invade; om t.ex. sjukdom afflict; om t.ex. naturkatastrof devastate
hemtjänst *s* home-help service
hemtrakt *s* home district
hemtrevlig *adj* ombonad cosy, snug
hemvårdare *s* trained home help
hemväg *s* way home; ***på*** ~***en*** blev jag... on my (the) way home...
hemvärn *s* home defence; ~***et*** the Home Guard
hemåt *adv* homeward, homewards
henne *pron* se *hon*
hennes *poss pron* her; om djur o. sak vanl. its; självständigt hers; för ex. jfr *1 min*
Hercegovina Herzegovina
herde *s* shepherd
hermelin *s* ermine
heroin *s* heroin
heroisk *adj* heroic
herr se *herre 2*
herravälde *s* makt domination; styrelse rule [*över* over]; behärskning mastery; kontroll control [*över* of]; ***förlora*** ~***t över bilen*** lose control of the car
herrbetjänt *s* valet stand
herrcykel *s* man's cycle (bicycle)
herrdubbel *s* tennis men's doubles (pl. lika)

herre *s* **1** gentleman (pl. gentlemen), man (pl. men); ***vill min ~ vänta?*** would you mind waiting, sir?; ***mina herrar!*** gentlemen! **2** ***herr*** titel Mr.; ***tycker herr A. det?*** i tilltal do you think so, Mr. A.?; ***herrarna A. och B.*** Mr. A. and Mr. B.; ***herr ordförande!*** Mr. Chairman!; t.ex. på brev ***Herr Bo Ek*** Mr. Bo Ek **3** härskare, husbonde master; ***herrn i huset*** the master of the house; ***vara sin egen ~*** be one's own master (om kvinna mistress); ***vara ~ över situationen*** be master of the situation **4** ***Herren*** the Lord; ***~ gud!*** vard. Good Heavens (God)!; ***i (på) många herrans år*** for ages, for donkey's years
herrekipering *s* affär men's outfitter's
herrelös *adj* ownerless
herrfrisering *s* [men's] hairdresser, barber
herrfrisör *s* [men's] hairdresser, barber
herrgård *s* byggnad country house; gods country estate
herrgårdsvagn *s* bil estate car, isht amer. station wagon
herrkonfektion *s* kläder men's ready-made clothing
herrkostym *s* suit, man's suit
herrsingel *s* tennis men's singles (pl. lika)
herrskap *s* **1** äkta makar, ***~et Ek*** Mr. and Mrs. Ek **2** i tilltal till sällskap av båda könen, ***när skall ~et resa?*** when are you leaving?; ***mitt ~!*** ladies and gentlemen!
herrsko *s* man's shoe; ***~r*** men's shoes
herrskräddare *s* men's tailor
herrstrumpa *s* man's sock
herrtidning *s* men's paper (magazine); med halvnakna (nakna) flickor girlie magazine
herrtoalett *s* men's lavatory; ***var är ~en?*** ofta where's the gents?
hertig *s* duke
hertiginna *s* duchess
hes *adj* hoarse
heshet *s* hoarseness
het *adj* hot; ***en ~ debatt*** a heated discussion; ***en ~ potatis*** vard. a hot potato; ***få det ~t om öronen*** get into hot water
heta *vb itr* **1** be called (named); ***vad heter han?*** what is his name?; ***allt vad*** bröd ***heter*** everything in the way of...; ***vad heter det*** ordet etc. ***på engelska?*** what is that in English? **2** opers., ***det heter i lagen...*** the law says...; ***det heter att han är son till...*** he is said to be the son of...
heterogen *adj* heterogeneous
hets *s* förföljelse persecution [*mot* of]; uppviglande agitation [*mot* against]; jäkt bustle, rush and tear
hetsa *vb tr* jäkta rush; egga bait; ***~ upp*** egga excite, work up; ***~ upp sig*** get excited
hetsig *adj* häftig, om t.ex. lynne hot; om t.ex. dispyt heated; hetlevrad hot-tempered; lättretad hot-headed
hetsjakt *s* jakt. hunt; jagande hunting; ***~ på*** agitation against; förföljelse av baiting (persecution) of
hetsäta *vb itr* be a compulsive eater; med. suffer from bulimia
hetsätning *s* compulsive eating; med. bulimia
hett *adv* hotly; ***solen brände ~*** the sun burnt hot; ***det gick ~ till*** man slogs things got pretty rough
hetta I *s* heat **II** *vb itr* vara het be hot; alstra hetta give heat
hibiskus *s* hibiscus
hicka *s* o. *vb itr* hiccup, hiccough
hierarki *s* hierarchy
hi-fi (förk. för *high-fidelity*) *s* hi-fi
himla vard. **I** *adj* awful, terrific **II** *adv* awfully, terrifically
himlakropp *s* celestial (heavenly) body
himmel *s* sky; himmelrike heaven; ***röra upp ~ och jord*** move heaven and earth; solen ***stod högt på himlen*** ...was high in the sky; ***under Italiens ~*** under Italian skies
himmelrike *s* heaven, paradise
himmelsk *adj* heavenly; bildl. äv. divine
hinder *s* obstacle [*för* to]; sport.: häck fence, hurdle; ***det möter inget ~*** there is nothing against it (no objection to that)
hinderlöpning *s* steeplechase
hindra *vb tr* **1** förhindra prevent; avhålla keep, restrain; ***det är ingenting som ~r att du...*** there is nothing to prevent you from ing-form **2** vara till hinders för hinder, obstruct, impede; ***~ trafiken*** impede (obstruct) the traffic
hindu *s* Hindu
hingst *s* stallion
hink *s* bucket, pail
1 hinna *vb tr* o. *vb itr* nå, komma reach, get; ha tid have (få tid find, get) time (the time); komma i tid manage to be in time □ **~ fram** arrive [in time]; **~ med** ett arbete finish (manage to finish)...; ***~ med tåget*** catch (manage to catch) the train; ***~ med att äta*** have time to eat; **~ upp** ifatt catch...up
2 hinna *s* tunn film; zool. membrane

hipp *adv*, ***det är ~ som happ*** it comes to the same thing
1 hiss *s* lift, amer. elevator
2 hiss *s* mus. B sharp
hissa *vb tr* hoist, hoist up
hisskorg *s* lift (amer. elevator) cage
hissna *vb itr* feel dizzy (giddy); ***~nde*** höjd, belopp dizzy
hisstrumma *s* lift (amer. elevator) shaft (well)
historia *s* **1** skildring el. vetenskap history; ***gå till historien*** go down in history **2** berättelse story; skepparhistoria äv. yarn; ***berätta en ~*** tell a story **3** sak thing, affair
historieberättare *s* story-teller
historiebok *s* history book
historik *s* history [*över* of]
historiker *s* historian
historisk *adj* **1** historical **2** märklig historic
hit *adv* here; ***kom ~ med*** boken*!* bring...here!; ***~ och dit*** here and there, to and fro; ***ända ~*** as far as this (here); ***han kom ~*** i går he arrived here...
hithörande *adj* ...belonging to it (resp. them); ***alla ~*** frågor all the relevant...
hitom *prep* on this side, on this side of
hitresa *s*, ***på ~n*** on the journey here
hitta I *vb tr* find; t.ex. guld, olja strike; ***~ på*** a) tänka ut think of, hit on b) dikta ihop make up **II** *vb itr* finna vägen find the way; känna vägen know the way
hittebarn *s* foundling
hittegods *s* lost property
hittelön *s* reward
hittills *adv* up to (till) now, hitherto; så här långt so far
hitåt *adv* in this direction, this way
HIV *s* med. HIV (förk. för *human immunodeficiency virus*) humant immunbristvirus
HIV-negativ *s* med. HIV-negative
HIV-positiv *s* med. HIV-positive
hjord *s* herd; fårhjord o. relig. flock
hjort *s* deer (pl. lika); kronhjortshanne stag
hjortron *s* cloudberry, dwarf mulberry
hjul *s* wheel
hjula *vb itr* turn cartwheels
hjulaxel *s* på vagn axle-tree
hjulbent *adj* bandy-legged, bow-legged
hjulnav *s* hub
hjulspår *s* wheel track
hjälm *s* helmet
hjälp *s* help, assistance; understöd support; botemedel remedy [*mot, för* for]; ***ge första ~en*** vid olycksfall give first aid; ***tack för ~en!*** thanks for the help!; ***komma ngn till ~*** come to a p.'s assistance (aid)
hjälpa *vb tr* o. *vb itr* help, assist, aid; avhjälpa remedy; be of use; om botemedel be effective (good) [*mot (för)* for]; ***det hjälper inte att göra så*** it's no use doing that; ***det kan inte ~s*** it can't be helped; ***~ ngn av med rocken (kappan)*** help a p. off with his (her) coat; ***~ till*** help
hjälpas *vb itr dep*, ***~ åt*** help one another
hjälplös *adj* helpless
hjälpmedel *s* aid; botemedel remedy
hjälpsam *adj* helpful [*mot* to]
hjälpstation *s* first-aid station
hjälpsökande *adj* ...seeking relief; ***en ~*** an applicant for relief
hjälpverb *s* auxiliary verb
hjälte *s* hero (pl. -es)
hjältebragd *s* o. **hjältedåd** *s* heroic deed
hjältinna *s* heroine
hjärna *s* brain; förstånd o. hjärnsubstans brains pl.; ***han har fått det på ~*** vard. he has got it on the brain
hjärnblödning *s* cerebral haemorrhage
hjärndöd I *adj*, ***han är ~*** he is brain dead **II** *s* brain death
hjärnhinneinflammation *s* meningitis
hjärnskakning *s* concussion
hjärntrust *s* brains trust, think tank
hjärntvätt *s* brainwashing; ***en ~*** a brainwash
hjärntvätta *vb tr* brainwash
hjärta *s* heart; saken ***ligger mig varmt om ~t*** I have...very much at heart; ***ha ngt på ~t*** have a th. on one's mind; ***Alla hjärtans dag*** St Valentine's Day
hjärtattack *s* heart attack
hjärter *s* kortsp. hearts pl.; ***en ~*** a heart
hjärterdam *s* kortsp. the queen of hearts
hjärterfem *s* kortsp. the five of hearts
hjärtesak *s*, ***det är en ~ för mig*** I have it very much at heart
hjärtinfarkt *s* heart attack, coronary
hjärtklappning *s* palpitation
hjärtlig *adj* cordial; starkare hearty; ***~a gratulationer på födelsedagen!*** Many Happy Returns of the Day!; ***~t tack!*** thanks very much!
hjärtlös *adj* heartless
hjärtsjuk *adj* ...suffering from heart-disease
hjärttrakt *s*, ***i ~en*** in the region of the heart
hjärttransplantation *s* heart transplant (transplantering transplantation)

hjässa *s* crown, top of the head
ho *s* trough; tvättho laundry sink
hobby *s* hobby
hobbyrum *s* recreation room, hobby-room
hockey *s* hockey
hockey-bockey *s* sport. hockey-bockey, bandy played on an ice-hockey rink
hockeyklubba *s* hockey stick
hojta *vb itr* shout, yell
holk *s* fågelholk nesting box
holka *vb tr*, ~ ***ur*** hollow, hollow out; bildl. undermine
Holland Holland
holländare *s* Dutchman; ***holländarna*** som nation, lag etc. the Dutch
holländsk *adj* Dutch
holländska *s* **1** kvinna Dutchwoman **2** språk Dutch; jfr *svenska*
holme *s* islet
homofil *s* man homo, gay; kvinna lesbian
homogen *adj* homogeneous
homosexuell *adj* homosexual; ***en*** ~ a homosexual
hon *pers pron* she; ***henne*** her; ~, ***henne*** om djur it
hona *s* female
honkatt *s* female cat, she-cat
honkön *s* female sex
honnör *s* hälsning salute
honom *pron* se *han*
honorar *s* fee
honung *s* honey
honungskaka *s* i bikupa honeycomb
hop *s* skara crowd; hög heap
hopa I *vb tr* heap (pile) up, accumulate **II** *vb rfl*, ~ ***sig*** accumulate; ökas increase
hopfällbar *adj* folding..., collapsible
hopfälld *adj* shut-up; om paraply closed
hopkok *s* concoction, mishmash
1 hopp *s* hope; ***ha*** ~ (***ha gott*** ~) ***om att*** inf. have hopes of ing-form
2 hopp *s* **1** jump, leap; dykning dive **2** sport. jumping; över bock etc. vaulting
hoppa *vb itr* jump, leap, dive; mest om fågel hop
□ ~ **av** jump off; bildl. back out, defect; polit. seek political asylum; ~ **in** som ersättare step in [*för ngn* in a p.'s place]; ~ **på ngn** fly at a p.; ~ **till** give a jump, start; ~ **över** utelämna skip, leave (miss) out
hoppas *vb itr* o. *vb tr dep* hope [*på* for]
hoppbacke *s* ski jump
hoppborg *s* bouncy castle
hoppfull *adj* hopeful
hoppingivande *adj* hopeful
hopplös *adj* hopeless; desperate
hopprep *s* skipping-rope, amer. jump rope; ***hoppa*** ~ skip, amer. jump rope
hopslagen *adj* om bok closed; om bord etc. folded-up
hora *s* whore
horisont *s* horizon; ***det går över min*** ~ it is beyond me
horisontal *adj* horizontal
hormon *s* hormone
horn *s* horn
hornhinna *s* cornea
horoskop *s* horoscope
horribel *adj* horrible, awful
hortensia *s* hydrangea
hos *prep*, ***arbeta*** ~ ***ngn*** work for a p.; han bor ~ ***sin farbror*** (~ ***oss***) ...at his uncle's (at our) place; jag har varit ~ ***doktorn*** ...to the doctor; ~ ***oss*** i vårt land in this (our) country; ***jag satt*** ~ ***honom*** i soffan I sat by him...; ***det finns något*** ~ ***henne...*** there is something about her...; uttrycket finns ~ ***Shakespeare*** ...in Shakespeare
hospitaliserad *adj* institutionalized
hosta I *s* cough **II** *vb itr* cough
hostdämpande *adj*, ~ ***medicin*** medicine that relieves coughs
hostmedicin *s* cough mixture
hot *s* threat [*mot* against, *om* of]
hota *vb tr* o. *vb itr* threaten
hotande *adj* threatening
hotell *s* hotel; ~ ***Svea*** the Svea Hotel
hotelldirektör *s* hotel manager
hotellrum *s* hotel room
hotelse *s* threat [*mot* against]
hotfull *adj* threatening
1 hov *s* på djur hoof
2 hov *s* court; ***vid*** ~***et*** at court
hovleverantör *s*, ***kunglig*** ~ purveyor to His (Her) Majesty
hovmästare *s* på restaurang head waiter
hud *s* skin; djurhud hide; ***få på*** ~***en*** vard. get it in the neck; få stryk get a hiding
hudfärgad *adj* flesh-coloured
hudkräm *s* skin cream
hudvård *s* skin care
hugg *s* **1** cut; med kniv stab; slag blow, stroke; med tänder bite; ***vara på*** ~***et*** vard. be in great form (in the mood) **2** smärta stab of pain
hugga *vb tr* o. *vb itr* **1** cut, strike; med kniv stab; klyva i små stycken chop; ~ ***sten*** cut stone; ~ ***ved*** chop wood **2** med tänderna bite; ~ ***tänderna i ngt*** sink one's teeth into a th. **3** gripa catch (seize) hold of [*i*

t.ex. armen by]; ***det är hugget som stucket*** it comes to the same thing
□ ~ **av** cut off; i två bitar chop (cut)...in two; ~ **i** ta i av alla krafter make a real effort; ~ **ned** träd fell (cut down)
huggorm *s* viper, adder
huk *s,* ***sitta på ~*** squat, sit on one's heels
huka *vb rfl,* ***~ sig*** crouch, crouch down
hull *s* flesh; ***lägga på ~et*** put on flesh; ***ha gott ~*** be well filled out; om djur be fat
huller om buller *adv* in a mess
human *adj* humane; hygglig kind; om pris reasonable
humanistisk *adj* humanistic; ***~a fakulteten*** the Faculty of Arts
humanitär *adj* humanitarian
humbug *s* humbug
humla *s* bumble-bee
humle *s* hops pl.
hummer *s* lobster
humor *s* humour; sinne för ~ sense of humour
humorist *s* humorist
humoristisk *adj* humorous
humör *s* lynne temper, temperament; sinnesstämning humour; ***tappa ~et*** bli ond lose one's temper; ***på dåligt ~*** in a bad temper (mood); ***på gott ~*** in a cheerful (good) mood
hund *s* dog; jakthund äv. hound
hundbett *s* dog bite
hundkex *s* dog biscuit
hundkoja *s* kennel
hundpensionat *s* boarding-kennel
hundra *räkn* hundred; ***ett ~*** a (one) hundred; ***ett tusen ett ~*** a (one) thousand one hundred; ***flera ~*** several hundred; ***några ~*** a few hundred
hundrade I *s* hundred **II** *räkn* hundredth
hundradel *s* hundredth [part]; ***två ~ar*** two hundredths; ***en ~s sekund*** a hundredth of a second
hundrafem *räkn* a (one) hundred and five
hundrafemte *räkn* hundred and fifth
hundralapp *s* one-hundred-krona note
hundraprocentig *adj* one-hundred-per-cent...
hundras *s* breed of dog
hundratal *s* hundred; ***ett ~ människor*** some hundred people; räkna***...i ~*** ...by the hundred
hundratals *adv,* ***~ människor*** hundreds of people
hundratusen *räkn* a (one) hundred thousand
hundraårig *adj* hundred-year-old..., ...a (one) hundred years old
hundraåring *s* centenarian
hundraårsjubileum *s* centenary
hundraårsminne *s* centenary
hundskatt *s* dog tax, britt. motsv. dog licence (amer. license)
hundutställning *s* dog show
hundvalp *s* pup, puppy
hunger *s* hunger [*efter* for]; svält starvation
hungersnöd *s* famine
hungerstrejk *s* hunger strike
hungerstrejka *vb itr* hunger-strike
hungra *vb itr* be hungry (starving) [*efter* for]
hungrig *adj* hungry; utsvulten starving [*på* for]
hunsa *vb tr* o. *vb itr,* ~ el. ***~ med*** bully
hur *adv* how; ***~ då?*** how?; ***~ så?*** varför why?; på vilket sätt in what way?; ***~ gammal är han?*** how old is he?; ***~ sa?*** what did you say?; ***~ skicklig han än är*** however clever he may be; ***~ jag än gör*** whatever I do
hurdan *adj* whatever; ***~ är han?*** what's he like?
hurra I *interj* hurrah!, hurray! **II** *s* cheer, hurrah **III** *vb itr* hurrah, hurray, cheer; ***~ för ngn*** give a p. a cheer; ***ingenting att ~ för*** vard. nothing to write home about
hurrarop *s* cheer
hurtbulle *s* vard. hearty type, hearty
hurtig *adj* rask brisk; pigg lively
hurts *s* pedestal
huruvida *konj* whether
hus *s* **1** house; större building; ***gå för fulla ~*** draw crowded houses; ***göra rent ~ med*** make a clean sweep of; ***var har du hållit ~?*** wherever have you been? **2** snigels shell **3** tekn., lagerhus housing
husbehov *s,* ***till ~*** for household requirements; någotsånär passably
husbonde *s* master
husdjur *s* domestic animal
husesyn *s,* ***gå ~*** make a tour of inspection [*i* of]
husgeråd *s* household utensils pl.
hushåll *s* household; husligt arbete housekeeping; ***10 personers ~*** a household of 10
hushålla *vb itr* **1** keep house **2** vara sparsam economize [*med* on]
hushållerska *s* housekeeper
hushållning *s* **1** housekeeping **2** sparsamhet economizing; economy

hushållsarbete *s* housework (end. sg.)
hushållsmaskin *s* electrical domestic appliance
hushållspapper *s* kitchen [roll] paper; vi måste köpa ~ ...some kitchen rolls
hushållspengar *s pl* housekeeping money (allowance) sg.
hushållsrulle *s* kitchen roll
huskur *s* household remedy
huslig *adj* domestic; intresserad av hushållsarbete domesticated
husläkare *s* family doctor
husmanskost *s* plain food
husmor *s* housewife (pl. housewives)
husockupant *s* squatter
husockupation *s* squatting
husrum *s* accommodation
husse *s* vard. master
hustru *s* wife
hustrumisshandel *s* wife-battering, wife-beating
husundersökning *s* search
husvagn *s* caravan, amer. trailer
husvill *adj* homeless
hut I *interj, **vet ~!*** watch it!, none of your cheek! **II** *s, **lära ngn veta ~*** teach a p. manners
huttra *vb itr* shiver [*av* with]
huv *s* hood; för skrivmaskin etc. cover; på penna cap
huva *s* hood
huvud *s* head; ***han har ~et på skaft*** he has got a good head on his shoulders; ***hålla ~et kallt*** keep cool; vard. keep one's cool; ***dum i ~et*** stupid; ***framgången (vinet) steg honom åt ~et*** success (the wine) went to his head
huvudansvar *s* chief (main) responsibility
huvudbonad *s* headgear
huvudbry *s, **vålla ngn ~*** cause a p. a lot of trouble, give a p. a lot of problems
huvudbyggnad *s* main building
huvuddel *s* main (greater) part
huvuddrag *s* essential feature; ***svensk historia i dess ~*** the main outlines of Swedish history
huvudgata *s* main street
huvudgavel *s* på säng headboard
huvudingång *s* main entrance
huvudkontor *s* head office
huvudkudde *s* pillow
huvudled *s* major road
huvudman *s* **1** för ätt head [*för* of] **2** jur. el. hand. principal
huvudperson *s* litt. chief character
huvudpunkt *s* main (chief) point
huvudroll *s* principal (leading) part
huvudräkning *s* mental arithmetic (calculation)
huvudrätt *s* main course
huvudsak *s* main thing, main question; ***i ~*** on the whole
huvudsakligen *adv* mainly, mostly
huvudsats *s* gram. main clause
huvudstad *s* capital [*i* of]
huvudstupa *adv* med huvudet före head first; headlong äv. bildl.
huvudvikt *s, **lägga ~en på (vid) ngt*** lay particular (the main) stress on a th.
huvudväg *s* main road
huvudvärk *s* headache; ***det är inte min ~*** vard. it's not my headache
huvudända *s* på säng headboard
hux flux *adv* all of a sudden
hy *s* complexion; hud skin
hyacint *s* hyacinth
hyckla I *vb tr* pretend, feign **II** *vb itr* be hypocritical [*inför, för* to]
hycklande *adj* hypocritical
hycklare *s* hypocrite
hyckleri *s* hypocrisy
hydda *s* hut; stuga cabin, cottage
hydraulisk *adj* hydraulic
hyena *s* hyena
hyfs *s* good manners pl.
hyfsa *vb tr,* ~ el. ~ ***till*** snygga upp trim (tidy) up
hyfsad *adj* om person well-mannered; om sak decent
hygglig *adj* **1** decent, nice **2** skaplig decent; om pris fair, reasonable
hygien *s* hygiene
hygienisk *adj* hygienic
1 hylla *s* shelf; bagagehylla rack
2 hylla *vb tr* gratulera congratulate; hedra pay tribute to
hyllning *s* congratulations pl., tribute [*för* to]
hylsa *s* case; huv, kapsyl cap
hylsnyckel *s* box spanner
hynda *s* bitch
hypermodern *adj* ultra-modern
hypernervös *adj* extremely nervous
hypnos *s* hypnosis
hypnotisera *vb tr* hypnotize
hypnotisk *adj* hypnotic
hypnotisör *s* hypnotist
hypotes *s* hypothesis (pl. hypotheses)
hyra I *s* för bostad rent; för tillfällig lokal, bil, TV etc. hire **II** *vb tr* o. *vb itr* rent; tillfälligt hire;

att ~ rubrik a) rum to let b) lösöre, båt etc. for hire; ~ *ut* a) hus etc. let; för lång tid lease b) lösöre, båt etc. hire out
hyrbil *s* rental car
hyresbidrag *s* housing (rent) allowance
hyresgäst *s* tenant
hyreshus *s* block of flats, amer. apartment house
hyreslägenhet *s* rented flat (apartment)
hyresnämnd *s* rent tribunal
hyresreglering *s* rent control
hyresvärd *s* landlord
hysa *vb tr* house, accommodate; ge skydd åt shelter
hysch *interj* hush!, shsh!
hyss *s*, *ha en massa ~ för sig* be up to a lot of mischief
hysteri *s* hysteria; anfall hysterics pl.
hysterisk *adj* hysterical; *få ett ~t anfall* go into hysterics
hytt *s* på båt cabin; i badhus cubicle
hyttplats *s* berth
hyvel *s* plane
hyvelbänk *s* carpenter's bench
hyvelspån *s* koll. shavings pl.
hyvla *vb tr* plane; ~ *av* plane...smooth
håg *s*, *glad i ~en* in a happy mood; *slå ngt ur ~en* dismiss a th. from one's mind
hågad *adj* inclined
hål *s* hole [*på* in]; i tand cavity; öppning aperture; lucka gap
håla *s* **1** grotta cave, cavern; större djurs o. bildl. den **2** avkrok hole
hålfot *s* arch
hålfotsinlägg *s* arch support
hålig *adj* insjunken hollow
hålkort *s* punched (punch) card
håll *s* **1** riktning direction; *på alla ~* everywhere; bildl. on all sides; *på annat ~* elsewhere; han gick *åt mitt ~* ...my way; de gick *åt var sitt ~* ...separate ways; ha ngt *på nära ~* ...close at hand **2** smärta stitch
hålla I *vb tr* o. *vb itr* **1** hold äv. (om mått) rymma; innehålla contain; bibehålla keep; ~ *sitt löfte* keep (stick to) one's promise; ~ *farten* keep up the speed; ~ *ett föredrag* give a lecture; ~ *ett tal* make a speech; ~ *tiden* vara punktlig be punctual; affärerna *håller stängt* ...are closed; ~ *till höger* keep to the right **2** vara slitstark last äv. bildl.; om t.ex. rep, spik hold; inte spricka not break; om is bear **3** ~ *på* en häst bet on..., back...; ~ *på* ett lag support... **II** *vb rfl*, ~ *sig* **1** i viss ställning hold oneself; förbli, vara keep, keep oneself; förhålla sig keep; förbli remain, stay; ~ *sig väl med* ngn keep in with... **2** behärska sig restrain oneself **3** stå sig: om t.ex. matvaror keep; om väderlek hold, last **4** kosta på sig, ~ *sig med bil* keep a car **5** ~ *sig till* inte lämna keep (stick) to
□ ~ **av** tycka om be fond of; ~ **efter** övervaka *ngn* keep a close check on a p.; ~ **fast** hold...fast; ~ *fast vid* stick (hold) to; ~ **för öronen** hold one's hands over one's ears; ~ **i** fast **ngt** hold a th.; ~ *i sig* fortfara continue; ~ **ihop** a) keep...together b) inte gå sönder hold together c) 'sällskapa' be together; ~ **sig inne** keep indoors; ~ **kvar** få att stanna kvar keep; fasthålla hold; ~ *sig kvar* remain, manage to remain; ~ **med ngn** instämma agree with a p.; ~ **på a)** vara i färd med, ~ *på att skriva* be (sysselsatt med be busy) writing; ~ *på med* ngt be busy with... **b)** fortsätta go (keep) on; vara last; vara i gång be going on **c)** vara nära att, ~ *på att* inf. be on the point of ing-form; ~ **till** bo live; vara, hållas be; *var håller den till* where is it to be found?; ~ **undan** väja keep out of the way [*för* of]; ~ *sig undan* gömd keep in hiding [*för* from]; ~ **upp**: ~ *upp dörren för ngn* open the door to a p.; ~ *upp med* upphöra stop, cease [*att röka* smoking]; ~ **ut** uthärda hold out
hållare *s* holder
hållbar *adj* **1** slitstark etc. durable; om matvara non-perishable **2** som kan försvaras tenable
hållfast *adj* strong, firm
hållfasthet *s* strength, firmness
hållhake *s*, *ha en ~ på* have a hold on
hålligång *s* vard., *det var ~ på festen* there was a rave-up...
hålligångare *s* vard. swinger, raver
hållning *s* kropps~ carriage; uppträdande bearing; inställning attitude [*mot* to, towards]
hållplats *s* för buss etc. stop; järnv. halt
hålremsa *s* punched tape
håltimme *s* skol. gap [between lessons], free period
hån *s* scorn; *ett ~ mot* an insult to
håna *vb tr* make fun of
hånfull *adj* scornful
hångla *vb itr* neck [*med ngn* a p.]
hånle *vb itr* smile scornfully
hånleende *s* scornful smile
hår *s* hair
hårband *s* hair-ribbon
hårborste *s* hairbrush
hårborttagningsmedel *s* hair-remover
hård *adj* hard äv. bildl.; sträng severe [*mot* on,

towards]; ~ ***konkurrens*** keen competition; ***hårt väder*** rough weather; ***han satte hårt mot hårt*** he gave as good as he got, he took a tough line
hårddisk *s* data. hard disk
hårdhandskar *s pl,* ***ta i med ~na*** take a tough line [*med* against]
hårdhet *s* hardness; stränghet severity
hårdhjärtad *adj* hard-hearted
hårdhudad *adj* thick-skinned
hårdhänt *adj* omild rough; sträng heavy-handed [*mot* with]
hårding *s* vard. tough guy (customer)
hårdkokt *adj* om ägg o. bildl. hard-boiled
hårdna *vb itr* harden, become hard (harder)
hårdnackad *adj* stubborn
hårdsmält *adj* indigestible äv. bildl.
hårdstekt *adj* för mycket stekt ...roasted (i stekpanna fried) too much
hårdvaluta *s* hard currency
hårdvara *s* data. hardware
hårfrisör *s* hairdresser
hårfrisörska *s* hairdresser
hårfäste *s* edge of the scalp
hårig *adj* hairy
hårklippning *s* hair-cutting
hårklämma *s* hair clip (grip)
hårmousse *s* mousse
hårnål *s* hairpin
hårresande *adj* hair-raising
hårspänne *s* hairslide
hårstrå *s* hair
hårt *adv* hard; strängt severely; stadigt tight; fast, tätt firmly; ***arbeta ~*** work hard; ***dra åt ~*** tighten very much; ***det känns ~*** bittert it feels bitter; ***ta*** ngt ~ bildl. take...very much to heart
hårtork *s* hair-drier
hårvatten *s* hair lotion
hårväxt *s,* ***klen ~*** a poor growth of hair; ***generande ~*** superfluous hair
håv *s* bag net; ***gå med ~en*** bildl. fish for compliments
håva *vb tr,* ~ ***in*** bildl. rake in
häck *s* **1** hedge **2** vid häcklöpning hurdle
häcklöpare *s* hurdler
häcklöpning *s* hurdle race; häcklöpande hurdle-racing
häda *vb itr* blaspheme
hädelse *s* blasphemy
häfta *vb tr,* ~ ***fast...vid*** fasten...on to
häftapparat *s* stapler
häfte *s* liten bok booklet; frimärks~ etc. book
häftig *adj* **1** om sak violent; hetsig hot; intensiv intense; om person, hetlevrad hot-headed; lättretad quick-tempered **2** vard., jättebra super, smashing
häftklammer *s* staple
häftstift *s* drawing-pin, amer. thumbtack
häger *s* heron
hägg *s* bot. bird cherry
hägring *s* mirage
häkta *vb tr* jur. take...into custody, detain
häkte *s* custody; fängelse gaol, jail
häl *s* på fot o. strumpa heel; ***följa ngn tätt i ~arna*** follow close on a p.'s heels
hälare *s* receiver of stolen goods, fence
häleri *s* receiving stolen goods
hälft *s* half (pl. halves); ***betala ~en var*** pay half each, go halves; ***~en så stor som*** half as large as
häll *s* berghäll flat rock; stenplatta slab; kokplatta hob, top
hälla *vb tr* pour; ~ ***ngt i*** (***på***) ett kärl pour a th. into...; ~ ***i vin*** (***te***) ***i*** pour out wine (tea) into; ~ ***ut*** pour out; spilla spill
hälleflundra *s* halibut
hällregn *s* pouring rain
1 hälsa *s* health
2 hälsa *vb tr* o. *vb itr* **1** välkomna greet; ~ ***ngn välkommen*** welcome a p. **2** säga goddag etc. vid personligt möte, ~ ***på ngn*** say how do you do (mindre formellt say hallo) to a p. **3** skicka hälsning, ~ ***till ngn*** send a p. one's compliments (regards, till närmare bekant love); ~ ***dem så hjärtligt från mig!*** give them my kindest (best) regards (my love)!; ~ ***din fru!*** please remember me (send my love) to your wife!; ***han ~r att...*** he sends word that...; ***vem får jag ~ ifrån?*** a) anmäla what name, please? b) i telefon what name am I to give?
□ ~ **på ngn** besöka call round on a p.; ~ ***på*** (***komma och ~ på***) ***ngn*** come round and see a p.
hälsena *s* Achilles' tendon
hälsning *s* greeting; ***~ar*** som man sänder äv. compliments, regards; till närmare bekant love sg.; ***hjärtliga ~ar*** i brevslut kindest (best) regards; mer intimt love
hälsobrunn *s* spa
hälsokontroll *s* individuell health check-up
hälsokost *s* health foods pl.
hälsosam *adj* sund healthy; nyttig, t.ex. om föda wholesome
hälsoskäl *s,* ***av ~*** for reasons of health
hälsotillstånd *s,* ***hans ~*** the state of his health
hälsovård *s* organisation health service

hälsovårdsnämnd *s* public health committee
hämma *vb tr* hejda check; psykol. inhibit; ~ ***blodflödet*** stop the bleeding
hämnas *vb itr dep* avenge (revenge) oneself [*på ngn för ngt* on a p. for a th.]
hämnd *s* revenge, vengeance
hämning *s* psykol. inhibition
hämningslös *adj* uninhibited; ohämmad unrestrained
hämta I *vb tr* fetch [*ngt åt ngn* a p. a th.]; avhämta collect, take away; t.ex. upplysningar get; ***komma och*** ~ call (come) for; ~ ***litet luft*** get some air; ~ ***in*** ta in bring in **II** *vb rfl,* ~ ***sig*** recover [*efter, från* from]
hända *vb itr* happen; förekomma occur; äga rum take place; ~ drabba ***ngn*** happen to a p.; ***det har hänt*** en olycka there has been...; ***det*** (***sådant***) ***händer så lätt*** such things happen; ***det kan nog*** ~ ***att jag går*** I may perhaps go; ***det må vara hänt!*** all right, then!; kanske maybe!
händelse *s* occurrence; viktigare event; obetydligare incident; ***av en ren*** ~ by mere accident (chance); ***jag såg...av en*** ~ I happened to see...; ***för den*** ~ ***att*** in case; ***i*** ~ ***av eldsvåda*** in the event of a fire
händelseförlopp *s* course of events; handling story
händelselös *adj* uneventful
händelserik *adj* eventful
händig *adj* handy
hänföra I *vb tr* **1** ~ ***till*** assign to **2** fascinera captivate, fascinate **II** *vb rfl,* ~ ***sig till*** avse have reference to; räknas till belong to
hänförelse *s* rapture, enthusiasm
hänga *vb tr* o. *vb itr* **1** hang; ***stå och*** ~ hang about **2** ***det hänger*** beror ***på...*** it depends on...
□ ~ **av sig** ytterkläderna hang up one's things; ~ **efter ngn** be running after a p.; ~ **sig fast vid** hang on (cling) to; ~ **för** ett skynke hang...in front; ~ **ihop a)** sitta ihop stick together; ha samband hang together **b)** ~ ***ihop med*** be bound up with; ~ **med** förstå follow; följa (gå) med go along with; ~ ***med de andra*** keep up with the rest; ~ ***med*** i svängen be with it, keep up with things; ~ **samman med** be bound up with; ~ **upp** hang up; ~ ***upp sig på*** fästa sig vid fasten on; bekymra sig över worry (make a fuss) about
hängare *s* i kläder samt galge hanger
hängbro *s* suspension bridge
hänge *vb rfl,* ~ ***sig åt*** give oneself up to, devote oneself to
hängig *adj* krasslig ...out of sorts
hängiven *adj* devoted; tillgiven äv. affectionate
hänglås *s* padlock
hängmatta *s* hammock
hängränna *s* [rain] gutter
hängslen *s pl* braces, amer. suspenders
hängsmycke *s* pendant
hängväxt *s* hanging plant
hänseende *s* respect; ***i tekniskt*** ~ as regards technique, technically
hänsyn *s* consideration; regard; hänseende äv. respect; ***ta*** ~ ***till*** a) beakta take...into consideration b) bry sig om pay attention to; ***av*** ~ ***till*** av omtanke out of consideration for; ***med*** ~ ***till*** beträffande with regard to; i betraktande av in view of
hänsynsfull *adj* considerate
hänsynslös *adj* ruthless; ansvarslös reckless
hänsynslöshet *s* ruthlessness; ansvarslöshet recklessness
hänvisa *vb tr* refer [*till* to]
hänvisning *s* reference
häpen *adj* astonished; starkare amazed [*över* at]
häpna *vb itr* be astonished (starkare amazed)
häpnad *s* astonishment; starkare amazement
häpnadsväckande *adj* amazing, astounding
här *adv* here; där there; ~ ***bakom mig*** here behind me; ~ ***i huset*** (***landet***) in this house (country); ***damen*** ~ this lady; ~ ***bor jag*** this is where I live; ~ ***har du!*** var så god! here you are!; ~ ***har du boken!*** here's the book for you!; ~ ***och där*** (***var***) here and there
härav *adv* of (by) this (it, these, them etc.); ***på grund*** ~ for this reason; ~ ***följer att...*** from this it follows that...
härbak *adv* at the back here
härborta *adv* over here
härbärge *s* husrum shelter, lodging
härd *s* hearth; bildl. centre, seat; speciellt för något dåligt hotbed [*för* i samtliga fall of]
härda *vb tr* harden [*mot* to]; ~***d*** motståndskraftig hardy; okänslig hardened
härdig *adj* hardy äv. om växt
härefter *adv* in future; efter detta after this (that); från denna tid from now; efteråt afterwards; härpå then
härframme *adv* härborta over here

härhemma *adv* at home; hos mig (oss) in this house; här i landet in this country
häri *adv* in this; ~ ***ligger svårigheten*** this is where the difficulty comes in
häribland *adv* among these
härifrån *adv* from here; från denna (detta) from this (it, them); ***ut*** ~ out of it; ut ur rummet etc. out of this room etc.; ***ut*** ~*!* försvinn get out of here!; ***gå*** (***resa***) ~ leave here
härigenom *adv* på så sätt in this way; tack vare detta thanks to this; lokalt, genom denna (detta) through this (it, there)
härinne *adv* in here (där there)
härja I *vb tr* ravage; ödelägga devastate, lay waste; ***se*** ~***d ut*** look worn and haggard **II** *vb itr,* ~ ***i*** (***på, bland***) ravage; väsnas play about, run riot; grassera be prevalent
härkomst *s* börd extraction, birth; härstamning descent; ursprung origin
härlig *adj* glorious, wonderful; förtjusande lovely; skön delightful; läcker delicious; ~***t!*** bra fine!
härma *vb tr* imitate; förlöjliga mimic; ~ ***efter*** imitate
härmapa *s* vard. copy-cat
härmed *adv* med detta with this; härigenom thereby; ~ med dessa ord with these words; ~ ***bifogas*** enclosed please find; ~ ***får jag meddela att...*** I hereby wish to inform you that...; ***i samband*** ~ in this connection
härnere *adv* down (below) here (där there)
härom *adv* om det about it; staden ligger ***norr*** ~ ...to the north from here
häromdagen *adv* the other day
häromnatten *adv* the other night
häromåret *adv* a year or two ago
härovan *adv* up here, above
härpå *adv* om tid after this, then; på denna (detta, dessa) on it (this, them)
härröra *vb itr,* ~ ***från*** ha sitt ursprung i originate from; härstamma från derive from
härs *adv,* ~ ***och tvärs*** in all directions; ~ ***och tvärs genom*** (***över***)***...*** all over...
härska *vb itr* rule; regera reign; råda prevail, be prevalent; ***det*** ~***r*** är, råder... there is (are)...
härskande *adj* ruling; gängse prevalent
härskare *s* ruler; herre master [*över* of]
härsken *adj* ej färsk rancid
härstamma *vb itr,* ~ ***från*** vara ättling till be descended from; komma från originate from
härstamning *s* descent; ursprung origin
härtappad *adj* i Sverige ...bottled in Sweden
härunder *adv* under it (this, them, here)
häruppe *adv* up here (där there)
härute *adv* out here
härva *s* skein; virrvarr tangle
härvid *adv* at this; i detta sammanhang in this connection
härvidlag *adv* i detta avseende in this respect
häst *s* **1** horse; ***sitta till*** ~ be on horseback **2** gymn. horse, vaulting-horse **3** schack. knight **4** ~***ar*** vard., se ex. under *hästkraft*
hästhov *s* **1** horse's hoof **2** blomma coltsfoot (pl. -s)
hästkapplöpning *s* horse-race; löpande horse-racing
hästkastanj *s* horse chestnut
hästkraft *s* horsepower (förk. h.p.) (pl. lika); ***en motor på 50*** ~***er*** a fifty horse-power engine
hästkur *s* drastic cure
hästlängd *s* sport. length
hästsko *s* horseshoe
hästsport *s* equestrian sports pl.
hästsvans *s* horse's tail; frisyr pony-tail
hätsk *adj* hatisk spiteful [*mot* towards]
häva I *vb tr* **1** lyfta heave **2** upphäva t.ex. blockad raise; annullera annul **II** *vb rfl,* ~ ***sig*** **1** lyfta sig raise oneself **2** höja och sänka sig heave
hävd *s* tradition custom
hävda I *vb tr* påstå assert, maintain; göra gällande claim **II** *vb rfl,* ~ ***sig*** hold one's own; göra sig gällande assert oneself
häxa *s* witch
häxjakt *s* witch-hunt
häxmästare *s* wizard
hö *s* hay
1 höft *s,* ***på en*** ~ på måfå at random; på ett ungefär roughly
2 höft *s* hip
höftben *s* hipbone
höfthållare *s* girdle
höftled *s* hipjoint
1 hög *s* samling heap; staplad pile [*med, av* of]; ***samla pengar på*** ~ accumulate money
2 hög *adj* **1** high; lång, t.ex. om träd, person tall; stor large; t.ex. om anspråk great; högt uppsatt om person o. rang eminent; om officer high-ranking; ***det är*** ~ ***tid att jag går*** it is high time for me to go (that I went); ***vid*** ~ ***ålder*** at an advanced age **2** högljudd loud; mus. high
högaktning *s* deep respect

högaktningsfullt *adv* respectfully; ***H~*** i brev Yours faithfully
högavlönad *adj* highly-paid
högdragen *adj* haughty; överlägsen supercilious
höger I *adj, subst adj* o. *adv* right; ***på ~ hand*** (***till*** ~) ***ser man...*** on your (the) right you see...; ***han är min högra hand*** he is my right-hand man; ***på ~ sida*** (***högra sidan***) ***om*** on the right-hand side of; ***gå på ~ sida!*** keep to the right!; komma ***från ~*** ...from the right; sitta ***till ~ om*** ...to the right of **II** *s* **1** polit., ***~n*** the Right; som parti the Conservatives pl. **2** boxn., ***en rak ~*** a straight right
högerback *s* right back
högerhandske *s* right-hand glove
högerhänt *adj* right-handed
högerkurva *s* right-hand bend
högerorienterad *adj, **vara ~*** be right-wing
högerparti *s* Conservative (right-wing) party
högerregel *s, **tillämpa ~n*** give right-of-way to traffic coming from the right
högerstyrd *adj* right-hand driven
högertrafik *s* right-hand traffic
högervriden *adj, **vara ~*** be right-wing; ***en ~*** a right-winger
högform *s, **vara i ~*** be in great form
högfrekvens *s* high frequency
högfrekvent *adj, **ordet är ~*** the word is very frequent
högfärd *s* pride [*över* in]; fåfänga vanity; inbilskhet conceit
högfärdig *adj* proud [*över* of]; vain, conceited [*över* about]; mallig stuck-up
högförräderi *s* high treason
höghus *s* high-rise building, high-rise
höginkomsttagare *s* high-income earner
högintressant *adj* highly interesting
högklackad *adj* high-heeled
högklassig *adj* high-class
högkonjunktur *s* boom, time of prosperity
högkvarter *s* headquarters (sg. el. pl.)
högljudd *adj* ljudlig loud; högröstad loud-voiced, loud-mouthed
högmod *s* pride; arrogance
högmodern *adj* ultramodern
högmodig *adj* proud [*över* of]; arrogant
högmässa *s* protestantisk morning service; katolsk high mass
högoktanig *adj, **~ bensin*** high-octane petrol (amer. gasoline)
högre I *adj* higher etc., jfr *2 hög;* rang etc. superior [*än* to]; övre upper **II** *adv* higher, more highly; ***tala ~!*** speak louder!, speak up!
högrest *adj* reslig tall
högröstad *adj* loud, loud-voiced
högskola *s* college; universitet university
högskoleutbildning *s* university (college) education
högsommar *s* high summer; ***på ~en*** in the height of the summer
högspänn *s, **på ~*** in a state of high tension
högspänning *s* high voltage
högst I *adj* highest etc., jfr *2 hög; **~a domstolen*** the Supreme Court [of Judicature]; ***på ~a växeln*** in top gear; ***min ~a önskan*** my greatest wish; ***det ~a*** jag kan betala the most... **II** *adv* **1** highest, most highly; mest most; när aktierna ***står som ~*** ...are at their highest; ***allra ~ upp*** at the very top [*på, i* of] **2** mycket, synnerligen very, most **3** ej mer än, ~ (***allra*** ~) ***5 personer*** 5 people at most (at the very most); det varar ***~ en timme*** ...not more than an hour at the most
högstadium *s, **högstadiet*** i grundskolan the senior level (department) of the 'grundskola', se *grundskola*
högstbjudande *adj, **den ~*** the highest bidder
högsäsong *s, **~en*** the height of the season
högt *adv* **1** high; i hög grad, mycket highly; högt upp high up; ***älska ngn ~*** love a p. dearly **2** om ljud loud; högljutt loudly; ej tyst, ej för sig själv aloud; mus., om ton high
högtalare *s* loudspeaker
högtid *s* festival, feast
högtidlig *adj* allvarlig solemn; ceremoniell grand
högtidsstund *s* really enjoyable occasion, real treat
högtrafik *s, **vid ~*** at peak hours
högtravande *adj* high-flown
högtryck *s* meteor. high pressure; område area of high pressure
höja I *vb tr* raise; öka äv. increase; förbättra improve; främja promote **II** *vb rfl, **~ sig*** rise; ***~ sig över*** be superior to
höjd *s* height; kulle äv. hill; abstrakt: speciellt geogr. äv. altitude; nivå level; mus. pitch; ***bergets högsta ~*** the summit (top) of the mountain; ***det är ~en!*** that's the limit!; ***på sin ~ tio år*** ten years at the most
höjdhopp *s* high jump (hoppning jumping)
höjdhoppare *s* high jumper
höjdpunkt *s* climax; huvudattraktion

highlight; kulmen height, culmination, acme

höjning *s* höjande raising, increasing; increase; improvement; ökning rise (amer. raise)

hök *s* hawk äv. polit.

hölja *vb tr* täcka cover; insvepa wrap up; ***höljd i dimma (dunkel)*** shrouded in fog (mystery)

hölje *s* omhölje envelope; täcke cover, covering; av lådtyp etc. case

hölster *s* pistol~ holster

höna *s* hen; kok. chicken

höns *s* fowl; koll. poultry sg., fowls pl., chickens pl.; kok. chicken

hönsbuljong *s* chicken broth

hönsbur *s* hen coop, coop

höra I *vb tr* o. *vb itr,* ~ el. ***få*** ~ hear; få veta äv. learn, be told; uppfatta ofta catch; ta reda på find out; ~ ***av ngn att...*** learn from (be told by) a p. that...; ~ ***på ngn (ngt)*** listen to a p. (a th.); ***det hörs på honom att...*** you can tell by (from) his voice that...; ***hör du,*** är det sant att... I say..., look here... **II** *vb itr* **1** ~ ***till*** belong to; vara en av be one of; vara bland be among; vara tillbehör till go with; ***vart hör det här?*** var brukar det ligga (stå)? where does this go (belong)? **2** ~ ***under*** en rubrik etc. come under

□ ~ **av ngn** hear from a p.; ***jag låter ~ av mig*** nästa vecka you will hear from me...; ~ **efter** ta reda på find out; fråga inquire [*hos* of]; ~ **hemma i** belong to; ~ **hit** höra hemma här belong here; ***det hör inte hit*** till saken that's got nothing to do with it; ~ **ihop** *(samman)* belong (bruka följas åt go) together; ~ ***ihop (samman) med*** be connected with; bruka åtfölja go with; ~ **på** listen [*ngn* to a p.; *ngt* to a th.]; ***det hör till*** anses korrekt it is the proper thing

hörapparat *s* hearing aid

hörbar *adj* audible

hörglasögon *s pl* hearing-aid glasses

hörhåll *s,* ***inom (utom)*** ~ within (out of) earshot

hörlurar *s pl* headphones, earphones

hörn *s* corner

hörna *s* corner äv. sport.

hörntand *s* canine tooth

hörsal *s* lecture hall

hörsel *s* hearing

hörselskadad *adj,* ***vara*** ~ have impaired hearing

hösnuva *s* hay fever

höst *s* autumn, amer. fall; ***~en*** autumn; ***~en 1994*** the (adv. in the) autumn of 1994; [***nu***] ***i*** ~ this autumn; ***i*** ~ nästa höst next autumn; ***i ~as*** last autumn; ***om (på) ~en (~arna)*** in the autumn

höstack *s* haystack, hayrick

höstdag *s* autumn (höstlik autumnal) day

höstdagjämning *s* autumnal equinox

höstlik *adj* autumnal, autumn-like

hösttermin *s* autumn term, amer. fall semester

hötorgskonst *s* trashy (third-rate) art, kitsch

hövding *s* chief

hövlig *adj* artig polite; belevad courteous [*mot* to]

I

i I *prep* **1** om rum o. friare **a)** 'inuti', 'inne i', 'inom' in; 'vid' at; ***betala ~ kassan*** i butik pay at the cashdesk; ***promenera ~*** hit och dit i ***stan*** walk about the town; ***sitta ~ soffan*** sit on the sofa; höra ngt ~ ***högtalaren*** ...over the loudspeaker; ***titta ~*** kikaren look through...; ***göra ett besök ~*** resa till... pay a visit to; ***falla ~ vattnet*** fall into the water; ***knacka ~ väggen*** knock on the wall; ***slå ~ stycken*** smash to bits **b)** lokal betydelse m.m., ***biskopen ~ A.*** the Bishop of A; ***den största staden ~ landet*** the biggest town in the country **c)** med adjektiv, ***hon är fin ~ håret*** her hair is nice; ***jag är trött ~ armen*** my arm is tired **d)** friare, ***5 ~ 15 går 3 gånger*** 5 into 15 goes 3 times **2** om tid **a)** 'under' in; 'vid' at; 'sista' last; ***~ april*** in April; ***fem minuter ~ fem*** five minutes to five; ***~ påsk*** at Easter; ***~ höst*** this (nästkommande next) autumn; ***~ natt*** som är el. som kommer tonight; som var last night **b)** hur länge? for; ***~ månader*** for months; ***nu ~ tio år*** for the last (om framtid next) ten years **c)** 'per', ***med en fart av*** 90 km ***~ timmen*** at the rate of...an (per) hour **3** 'gjord av', ***en staty ~ brons*** a statue in bronze; ett bord ***~ ek*** an oak..., ...made of oak **4** på grund av, ***~ brist på*** for want of; ***dö ~*** cancer die of...; ***ligga sjuk ~*** influensa be down with... **5** i form av, ***hur mycket har du ~ fickpengar?*** how much pocket money do you get?; ***ha*** 290 000 ***~ lön*** have a salary of...; ***~ regel*** as a rule **6** i vissa uttryck: ***~ och för sig*** säger uttrycket föga in itself...; ***~ och för sig*** utgör åldern inget hinder taken by itself...; jag kan göra det ***~ och för sig*** as a matter of fact...; ***~ och med detta nederlag*** var allt förlorat with this defeat...; ***~ och med att*** så snart som as soon as; ***du gjorde rätt ~ att hjälpa honom*** you were right in helping him **II** *adv*, ***en vas med blommor ~*** a vase with flowers in it; ***vill du hälla (slå) ~ åt mig?*** please pour out some for me!

iakttagare *s* observer

iakttagelse *s* observation

iakttagelseförmåga *s* powers pl. of observation

ibland *adv* sometimes, now and then

icing *s* ishockey icing

icke *adv* not; för ex. se *inte*

icke-angreppspakt *s* non-aggression pact

idag *adv* today; ***~ om ett år*** a year from today

ide *s*, ***gå i ~*** om djur go into hibernation; ***ligga i ~*** hibernate

idé *s* idea; föreställning äv. notion; ***det är ingen ~!*** there is no point!, it's no use!; ***det är ingen ~ att göra...*** it is no good doing...; ***hur har du kommit på den ~n?*** what put that idea into your head?

ideal *s* o. *adj* ideal

idealisera *vb tr* idealize

idealisk *adj* ideal, perfect

idealism *s* idealism

idealist *s* idealist

idealistisk *adj* idealistic

idegran *s* yew, yew tree

idel *adj* sheer, pure; ***hon var ~ öra*** she was all ears

ideligen *adv* continually, perpetually

identifiera *vb tr* identify

identifiering *s* identification

identisk *adj* identical

identitet *s* identity

identitetsbricka *s* identity disc

identitetshandlingar *s pl* identification papers

identitetskort *s* identity card

ideologi *s* ideology

idiomatisk *adj* idiomatic

idiot *s* idiot

idiotisk *adj* idiotic

idiotsäker *adj* vard. foolproof

idissla *vb itr* ruminate, chew the cud

idisslare *s* ruminant

idka *vb tr* carry on; utöva practise, go in for

ID-kort *s* ID card, ID

idol *s* idol; favorit great favourite

idrott *s* koll. sports pl., sport; fotboll, tennis etc. games pl.; ***allmän (fri) ~*** athletics

idrotta *vb itr* go in for sport (games)

idrottsdag *s* sports day, games day

idrottsförening *s* athletic association

idrottsgren *s* branch of athletics, sport, type of game

idrottsledare *s* sports leader; arrangör sports (för fri idrott athletics) organizer

idrottsman *s* sportsman; friidrottsman athlete

idrottsplats *s* sports ground (field)

idrottstävling *s* athletic contest

idyll *s* idyll; plats idyllic spot

idyllisk *adj* idyllic

ifall *konj* **1** såvida if, in case; antag att supposing **2** huruvida if, whether
ifatt *adv*, ***hinna (köra) ~ ngn*** catch a p. up
ifjol *adv* last year
ifrågasätta *vb tr* question, call...in question
ifrågavarande *adj*, ***~ fall*** the case in question
ifrån I *prep* se *från;* ***köra*** etc. ~ ngn (ngt) bort ifrån drive etc. away from...; ***vara ~*** utom ***sig*** be beside oneself [*av* with] **II** *adv* borta away; ***kan du gå ~*** en stund? can you get away...?
igelkott *s* hedgehog
igen *adv* **1** ånyo again; ***om ~*** en gång till once more **2** tillbaka, åter back **3** tillsluten shut, closed
igenkännlig *adj* recognizable [*för* to]
igenom I *prep* through, se äv. *genom;* ***hela dagen ~*** throughout the day **II** *adv* through
igloo *s* **1** igloo **2** för flaskor bottle bank
ignorera *vb tr* ignore, take no notice of
igång *adv* se *gång 1*
igångsättning *s* start, starting up
igår *adv* yesterday; ***~ kväll*** yesterday evening; ***~ morse*** yesterday morning
ihjäl *adv* to death; ***skjuta ~ ngn*** äv. shoot a p. dead; ***svälta ~*** die of hunger (starvation)
ihop *adv* tillsammans together, se vid. förb. som *fälla (krympa) ~* etc.
ihåg *adv*, ***komma ~*** remember, recollect; lägga på minnet bear...in mind
ihålig *adj* hollow, empty
ihållande *adj* om t.ex. applåder prolonged; om t.ex. regn continuous
ihärdig *adj* om person persevering
ikapp *adv* **1** i tävlan, ***cykla (segla*** m.fl.) ~ have a cycling (sailing m.fl.) race; ***springa ~ med ngn*** race a p. **2** ***hinna (köra) ~ ngn*** komma närmare catch a p. up
ikväll *adv* this evening, tonight
i-land *s* industrialized country
ilgods *s* koll. express goods pl.; ***som ~*** by express
ilgodsexpedition *s* express office
illa *adv* badly; ***inte ~!*** not bad!; ***det kan gå ~ för dig*** you may get into trouble; ***göra ~*** do wrong; ***göra ngn ~*** hurt a p.; ***det luktar (smakar) ~*** it smells (tastes) nasty (bad); ***må ~*** ha kväljningar feel (be) sick; ***det ser ~ ut*** it looks bad; ***hon ser inte ~ ut*** she is not bad-looking; ***ta ~ upp*** take offence; ***ta inte ~ upp!*** don't be offended!; ***tala ~ om ngn*** run down a p.; ***vara ~ ute*** i knipa be in trouble, be in a bad fix; ***om det vill sig ~*** blir du... if things are against you...
illaluktande *adj* nasty-smelling; starkare evil-smelling
illamående I *s* indisposition; feeling of sickness **II** *adj*, ***känna sig ~*** känna kväljningar feel sick, amer. feel sick at (to, in) one's stomach
illasinnad *adj* om person ill-disposed; om handling malicious
illavarslande *adj* ominous, sinister
illdåd *s* outrage
illegal *adj* illegal
illegitim *adj* illegitimate
illojal *adj* disloyal; ***~ konkurrens*** unfair competition
illusion *s* illusion; villfarelse delusion
illustration *s* illustration
illustratör *s* illustrator
illustrera *vb tr* illustrate
illvilja *s* spite
illvillig *adj* spiteful, nasty, malicious
ilmarsch *s* forced march
ilsamtal *s* i telefon priority (express) call
ilska *s* anger, rage
ilsken *adj* angry, speciellt amer. mad; om djur savage, fierce
ilskna *vb itr*, ***~ till*** fly into a temper (rage)
imitation *s* imitation
imitatör *s* imitator; varietéartist etc. mimic
imitera *vb tr* imitate
imma *s* mist, steam
immig *adj* misty, steamy
immigrant *s* immigrant
immigration *s* immigration
immigrera *vb itr* immigrate [*till* into]
immun *adj* immune
immunbrist *s* med. immunodeficiency
immunitet *s* immunity
imorgon *adv* tomorrow
imorse *adv* this morning
imperativ *s* gram., ***i ~*** in the imperative
imperfekt *s* the past tense, the preterite
imperialism *s*, ~ el. ***~en*** imperialism
imperium *s* empire
imponera *vb itr* impress [*på ngn* a p.]
imponerande *adj* impressive, striking
impopulär *adj* unpopular [*hos, bland* with]
import *s* import; varor imports pl.
importera *vb tr* import [*till* into]
importör *s* importer
impotens *s* impotence

impotent *adj* impotent
impregnera *vb tr* impregnate; göra vattentät waterproof; *~d* waterproof
impressario *s* impresario (pl. -s)
improduktiv *adj* unproductive
improvisation *s* improvisation; vard. ad-libbing
improvisera *vb itr* o. *vb tr* improvise; vard. ad-lib; *ett ~t tal* an off-the-cuff speech
impuls *s* impulse
impulsiv *adj* impulsive
impulsköp *s, ett ~* an impulse buy; *göra ett ~* buy on the impulse
in *adv* in; in i huset etc. inside, indoors; *~ i* into
inackordera *vb tr* board and lodge
inackordering *s* board and lodging
inaktiv *adj* inactive
inaktuell *adj* förlegad out of date; ej aktuell just nu ...no longer in question
inalles *adv, ~* 500 kr ...in all, ...altogether
inandas *vb tr dep* breathe in, inhale
inandning *s* breathing in, inhalation; *en djup ~* a deep breath
inarbetad *adj, en ~ firma* an established firm; *~ tid* compensatory leave for overtime
inbegripa *vb tr* innefatta comprise, include
inberäkna *vb tr* include
inbetala *vb tr* pay in; *~ ett belopp på* ett konto etc. pay an amount into...
inbetalning *s* payment; avbetalning part payment, instalment
inbetalningskort *s* paying-in form
inbilla *vb rfl, ~ sig* imagine, fancy
inbillad *adj* imagined; om t.ex. sjukdom imaginary
inbillning *s* imagination
inbillningsförmåga *s* imagination, imaginative power (faculty)
inbiten *adj* t.ex. om ungkarl confirmed; t.ex. om vana inveterate
inbjuda *vb tr* invite
inbjudan *s* invitation
inbjudande *adj* inviting; lockande tempting
inbjudning *s* invitation
inbjudningskort *s* invitation card
inblandad *adj, bli ~* get mixed up, get involved [*i* in]
inblandning *s* interference
inblick *s* insight [*i* into]
inbringa *vb tr* yield, bring in
inbringande *adj* profitable
inbrott *s* **1** burglary; *göra ~ i* burgle; speciellt på dagen break into **2** *vid dagens ~* at daybreak
inbrottstjuv *s* burglar; speciellt på dagen housebreaker
inbunden *adj* **1** om bok bound **2** om person reserved; vard. uptight
inbyggd *adj* om högtalare, badkar built-in
inbytesbil *s* trade-in car
inbördes I *adj* ömsesidig mutual; *~ testamente* joint will **II** *adv* mutually
inbördeskrig *s* civil war
incest *s* incest
incitament *s* incentive
indela *vb tr* divide, divide up; klassificera classify [*i* into]
indelning *s* division, classification
index *s* index [*över* of]
indexreglera *vb tr* tie...to the cost-of-living index
indexreglerad *adj* index-tied, index-bound
indian *s* American Indian, Indian
Indien India
indier *s* Indian
indignation *s* indignation
indignerad *adj* indignant [*över* at]
indikation *s* indication [*om, på* of]
indikativ *s, i ~* in the indicative
indirekt I *adj* indirect **II** *adv* indirectly
indisk *adj* Indian; ***Indiska oceanen*** the Indian Ocean
indiskret *adj* indiscreet
individ *s* individual; vard., 'kurre' äv. specimen
individuell *adj* individual
Indokina Indo-China
indoktrinera *vb tr* indoctrinate
indoktrinering *s* indoctrination
indones *s* Indonesian
Indonesien Indonesia
indonesisk *adj* Indonesian
industri *s* industry
industrialisera *vb tr* industrialize
industrialism *s, ~* el. *~en* industrialism
industriarbetare *s* industrial worker
industriland *s* industrialized country
industriområde *s* industrial area (district)
industrisemester *s* general industrial holiday
ineffektiv *adj* om person o. sak inefficient; mest om sak ineffective
inemot *prep* framemot towards; nästan close on, nearly, almost
inexakt *adj* inexact, inaccurate
infall *s* påhitt, idé idea; nyck fancy
infalla *vb itr* inträffa fall [*på* en tisdag on...]

infanteri *s* infantry
infanterist *s* infantryman
infart *s* infartsled approach; privat uppfartsväg drive, driveway; ***förbjuden ~*** trafik. no entry
infektera *vb tr* infect
infektion *s* infection
infernalisk *adj* infernal
inferno *s* inferno (pl. -s)
infiltrera *vb tr* infiltrate
infinitiv *s,* ~ el. ***~en*** the infinitive
infinna *vb rfl,* ***~ sig*** visa sig appear; ***~ sig vid*** attend
inflammation *s* inflammation
inflammera *vb tr* inflame
inflation *s* inflation
inflationistisk *adj* inflationary
influensa *s* influenza; vard. the flu el. flu
influera *vb tr* influence
inflytande *s* influence [*på* on]
inflytelserik *adj* influential
inflyttning *s* moving in
information *s* information (end. sg.)
informell *adj* informal
informera *vb tr* inform [*om* of]
infraröd *adj* o. **infrarött** *s* infra-red
infravärme *s* infra-red heat
infria *vb tr* förhoppning, löfte fulfil
infånga *vb tr* catch; rymling etc. äv. capture
infödd *adj* native
inföding *s* native
inför *prep* **1** i rumsbetydelse o. friare before; i närvaro av in the presence of; ***stå ~*** ett svårt problem be brought up against... **2** i tidsbetydelse o. friare: omedelbart före on the eve of [*vid* at]; ***~ julen*** with Christmas at hand (approaching)
införa *vb tr* introduce; importera import
införstådd *adj,* ***vara ~ med*** be in agreement with, accept
ingalunda *adv* by no means; inte alls not at all
inge *vb tr* ingjuta inspire; ***~ ngn*** mod, förtroende inspire a p. with...
ingefära *s* ginger
ingen *(intet* el. *inget, inga) pron* **1** no; ***det kom inga brev i dag*** there were no (weren't any) letters today; ***~ dum idé!*** not a bad idea! **2** självständigt om person, ***ingen, inga*** nobody, no one (båda sg.); neutralt, ***intet, inget*** nothing; jag sökte men ***hittade inga*** ...found none, ...did not find any (one); ***~ av dem har*** kommit tillbaka none of them have (has)...; av två neither of them has... **3** ***~ annan*** ~ annan människa nobody (no one) else; ***~ annan*** bok no other...
ingendera *(ingetdera) pron* a) av två neither b) av flera än två none
ingenjör *s* engineer
ingenmansland *s* no-man's land
ingenstans *adv* nowhere
ingenting *pron* nothing; ***~ nytt*** nothing new; inga nyheter no news; ***~ av detta*** none of this; ***det är ~ att ha*** it is not worth having
ingravera *vb tr* engrave
ingrediens *s* ingredient
ingrepp *s* **1** med. operation **2** intrång encroachment; ingripande interference
ingripa *vb itr* intervene [*i* in]; hjälpande step in
ingripande *s* inskridande intervention; inblandning interference
ingå *vb itr* höra till, ***~ i*** be (form) part of; inbegripas i be included in
ingående *adj* grundlig thorough, detailed
ingång *s* entrance
inhalera *vb tr* inhale
inhemsk *adj* domestic, home...
inhämta *vb tr* få veta, lära pick up, learn; ***~ kunskaper i*** acquire knowledge of
inifrån *prep adv* from inside (within)
initial *s* initial
initiativ *s* initiative
initierad *adj* well-informed [*i* on]; initiated [*i* in, into]
injektion *s* injection
injicera *vb tr* inject
inkalla *vb tr* mil. call up, amer. draft
inkallelse *s* **1** summons **2** mil., inkallande calling up, amer. drafting; order call-up, amer. draft call
inkallelseorder *s* calling-up (amer. induction) papers pl.
inkassera *vb tr* collect; få receive; lösa in cash
inkast *s* **1** i bollspel throw-in; ***göra ett ~*** take a throw-in **2** för mynt etc. slot
inkludera *vb tr* include, comprise
inklusive *prep* including, inclusive of
inkommande *adj* om brev, fartyg incoming
inkompetens *s* oduglighet incompetence; obehörighet lack of qualifications
inkompetent *adj* oduglig incompetent; ej kvalificerad unqualified
inkomst *s* **1** persons regelbundna income [*av, på* from]; ***jag har höga ~er*** I have a high income **2** ~ el. ***~er*** intäkter receipts [*av*

from], takings [*av* from], proceeds [*av* of], samtliga pl.
inkomstskatt *s* income tax
inkomsttagare *s* wage-earner
inkonsekvent *adj* inconsistent
inkorporera *vb tr* incorporate [*i, med* in el. into]
inkräkta *vb itr* trespass, intrude [*på* on]
inkräktare *s* trespasser, intruder; i ett land invader [*i* of]
inkvartera *vb tr* accommodate [*hos* with]
inkvartering *s* accommodation
inköp *s* purchase; ***det kostar*** 500 kr ***i ~*** the cost price is...
inköpa *vb tr* köpa purchase, buy
inköpspris *s* cost (purchase) price
inkörning *s* av bil, motor running-in
inlagd *adj* **1** kok. pickled; ***~ sill*** pickled herring **2** ***~ på sjukhus*** admitted (sent) to hospital; jfr *lägga in* under *lägga*
inland *s* **1** motsats kustland interior **2** ***i in- och utlandet*** at home and abroad
inleda *vb tr* börja begin; t.ex. debatt, samtal open
inledande *adj* introductory, opening, preliminary, initial
inledning *s* början beginning, opening; förord introduction
inlåta *vb rfl*, ***~ sig i*** (***på***) a) t.ex. diskussion enter into... b) t.ex. affärer embark on... c) t.ex. samtal, politik engage in...
inlägg *s* **1** något inlagt insertion **2** i diskussion etc. contribution [*av ngn* from a p., *i* to]
inlärning *s* learning; utantill memorizing
innan I *konj prep* before; ***~ dess*** before that (this) **II** *adv* dessförinnan before
innanför *prep* inside, within; bakom t.ex. disken behind
inne I *adv* **1** om rum in; inomhus indoors; ***~ i*** t.ex. huset inside, in; ***längst ~ i*** garderoben at the back of... **2** om tid, ***nu är tiden ~ att*** inf. now the time has come to inf. **II** *adj*, ***det är ~*** vard., på modet it's with it, it's the in-thing
innebandy *s* sport. indoor bandy
innebära *vb tr* betyda imply, mean; föra med sig involve
innebörd *s* meaning [*av, i* of]
innefatta *vb tr* innesluta i sig contain; inbegripa include; bestå av consist of
inneha *vb tr* hold, possess
innehavare *s* holder; ägare owner; t.ex. av rörelse proprietor
innehåll *s* contents pl.; innebörd content
innehålla *vb tr* contain
innerskär *s* sport., ***åka ~*** do the inner edge
innerst *adv*, ***~ inne*** a) farthest in b) i grund och botten at heart, deep down
innersta *adj* innermost; ***hans ~ tankar*** his inmost thoughts
innerstad *s* inner city; ***i ~en*** in the centre
innersula *s* insole
innesluta *vb tr* enclose
innestående *adj* insatt på bankkonto on deposit
innevarande *adj* om tid present
innovation *s* innovation
inofficiell *adj* unofficial
inom *prep* within; inside; ***~ ett år*** in (within) a year; ***~ kort*** in a short time, shortly
inomhus *adv* indoors
inomhusantenn *s* indoor aerial (amer. antenna)
inomhusbana *s* för tennis covered court; för ishockey indoor rink; för idrott indoor track
inomhusfotboll *s* indoor football
inomhustennis *s* indoor tennis
inordna *vb tr* inrangera arrange, range
inpå *prep* close to; ***till långt ~*** natten until far into...
inre *adj* inner; invärtes, intern internal; invändig interior; om mått inside; ett lands ***~ angelägenheter*** internal affairs
inreda *vb tr* fit up, equip [*till* as]; decorate; med möbler furnish
inredning *s* **1** inredande fitting-up, equipment, decoration, furnishing **2** konkret fittings pl.; väggfast fixtures pl.
inredningsarkitekt *s* interior designer (decorator)
inregistrerad *adj*, ***inregistrerat varumärke*** registered trademark
inresetillstånd *s* entry permit
inrikes I *adj* inländsk domestic, home, inland **II** *adv* in (within) the country
inrikesdepartement *s* ministry (amer. department) of the interior; ***~et*** britt. the Home Office
inrikesflyg *s*, ***~et*** the domestic airlines pl.
inrikesminister *s* minister (amer. secretary) of the interior; ***~n*** britt. the Home Secretary
inrikespolitik *s* domestic politics pl. (resp. policy)
inrikespolitisk *adj*, ***en ~ debatt*** a debate on domestic policy; ***~a frågor*** questions relating to domestic policy
inriktad *adj*, ***vara ~ på att*** inf. a) sikta mot

aim at ing-form b) koncentrera sig på concentrate on ing-form
inrotad *adj* deep-rooted
inrätta *vb tr* **1** grunda establish, set up **2** anordna arrange
insamling *s* collection; penning~ subscription
insats *s* **1** i spel etc. stakes pl.; kontant~ deposit **2** prestation achievement; bidrag contribution; idrotts~ performance
insatslägenhet *s* ung. cooperative [building society] flat (apartment)
inse *vb tr* see, realize
insekt *s* insect
insektsmedel *s* insecticide
insida *s* inside, inner side; 'inre' interior
insikt *s* **1** inblick insight; kännedom knowledge [*i*, *om* of] **2** *~er* kunskaper knowledge sg. [*i* of]
insinuera *vb tr* o. *vb itr* insinuate
insistera *vb itr* insist
insjukna *vb itr* fall ill, be taken ill [*i* with]
insjö *s* lake
inskrida *vb itr* step in, intervene
inskrivare *s* data. keyboarder
inskrivning *s* i skola, kår etc. enrolment, registration
inskränka I *vb tr* begränsa restrict, limit; minska reduce, cut down (back), cut **II** *vb rfl*, *~ sig till* nöja sig med confine (restrict) oneself to
inskränkning *s* restriction, limitation, reduction
inskränkt *adj* restricted, limited; om person narrow, limited
inslag *s* element; del, 'nummer' äv. feature; tillsats contribution
inspark *s* fotb. goalkick
inspektera *vb tr* inspect
inspektion *s* inspection
inspektör *s* inspector; kontrollör supervisor
inspelning *s* recording; film~ production
inspelningshuvud *s* på bandspelare recording head
inspiration *s* inspiration
inspirera *vb tr* inspire
insprutning *s* injection
installation *s* installation
installera I *vb tr* install **II** *vb rfl*, *~ sig* install oneself
instans *s* jur. instance; myndighet authority
instinkt *s* instinct
instinktiv *adj* instinctive
institut *s* institute; t.ex. bank~ institution
institution *s* institution äv. samhällsinstitution; *engelska ~en* vid univ. the English Department
instruera *vb tr*, *~ ngn i ngt* teach a p. a th.; *~ ngn* ge föreskrifter *att* inf. instruct a p. to inf.
instruktion *s* instruction; ~ el. *~er* instructions; anvisning directions (båda pl.)
instruktionsbok *s* instruction book, manual
instruktiv *adj* instructive
instruktör *s* instructor
instrument *s* instrument
instrumentbräda *s* på bil dashboard, fascia
inställa I *vb tr* upphöra med stop, discontinue, suspend; inhibera cancel **II** *vb rfl*, *~ sig* speciellt vid domstol appear
inställbar *adj* adjustable
inställd *adj*, *vara ~* beredd *på ngt* be prepared for a th.
inställning *s* **1** reglering adjustment **2** attityd attitude, outlook
inställsam *adj* ingratiating; krypande cringing
instämma *vb itr* agree
instängd *adj* **1** ...shut (inlåst locked) up, shut-in **2** om luft stuffy, close
insyltad *adj* vard., *~ i* mixed up in
insändare *s* debattinlägg letter to the press (till viss tidning editor)
insättning *s* i bank insatt belopp deposit
inta o. **intaga** *vb tr* **1** plats m.m. take a) försätta sig i, t.ex. liggande ställning place oneself in b) ha, t.ex. en ledande ställning occupy, hold, have c) t.ex. ståndpunkt take up **2** erövra take, capture **3** måltid etc. have, eat **4** betaga, fängsla captivate
intagande *adj* captivating, attractive, engaging
intagen *s* se *ta in* under *ta*
intagning *s* taking in; på t.ex. sjukhus admission
intakt *adj* intact
inte *adv* not; *~ det?* verkligen! no?, really?; *~ en enda gång* not once; *jag har ~ tid* I have no time; *jag vet ~* I don't know; hon är förtjusande, *~ sant?* ...isn't she?; *~ bättre (sämre) för det* no better (worse) for that
integrera *vb tr* integrate
integritet *s* integrity
intellekt *s* intellect
intellektuell *adj* intellectual
intelligens *s* egenskap intelligence
intelligent *adj* intelligent, clever
intensifiera *vb tr* intensify

intensitet *s* intensity
intensiv *adj* intense; koncentrerad intensive
intensivvård *s* intensive care
intention *s* intention
interiör *s* det inre interior
interjektion *s* gram. interjection
intermezzo *s* intermezzo; t.ex. vid en gräns incident (pl. vanl. -s)
intern I *adj* internal; ~ ***TV*** closed-circuit TV **II** *s* på anstalt inmate; i fångläger internee
internationell *adj* international
internatskola *s* boarding school
internera *vb tr* i fångläger intern; på anstalt detain [*i, på* in]
internering *s* internment; på anstalt detention
interrogativ *adj* interrogative
interurbansamtal *s* long-distance call
intervall *s* interval
intervenera *vb itr* intervene
intervention *s* intervention
intervju *s* interview
intervjua *vb tr* interview
intet *obest pron* litt. nothing
intetsägande *adj* om fraser etc.; tom empty; meningslös meaningless
intill I *prep* **1** om rum: fram till up to; ***alldeles ~*** rummet quite close to... **2** om tid until **3** om mått etc. up to **II** *adv,* ***i rummet ~*** in the adjoining room; vi bor ***alldeles ~*** ...next door
intim *adj* intimate
intimitet *s* intimacy
intolerans *s* intolerance
intolerant *adj* intolerant
intonation *s* intonation
intransitiv *adj* intransitive
intressant *adj* interesting
intresse *s* interest
intressera I *vb tr* interest [*ngn för ngt* a p. in a th.]; ***det ~r mig mycket (inte)*** äv. it is of great (no) interest to me **II** *vb rfl,* ***~ sig för*** take an interest in, be interested in
intresserad *adj* interested [*av* in]
intressesfär *s* sphere of interest
intrig *s* intrigue; plot äv. i roman, drama
intrigera *vb itr* intrigue
intrigmakare *s* intriguer, schemer
intrikat *adj* intricate
introducera *vb tr* introduce [*hos* to]
introduktion *s* introduction
introduktionserbjudande *s* trial offer
intryck *s* impression
intrång *s* encroachment, trespass; ***göra ~ på (i)*** encroach (trespass) on (in)
inträda *vb itr* inträffa set in; börja commence, begin; uppstå arise
inträde *s* **1** entrance; friare entry; tillträde admission; ***göra sitt ~ i*** enter **2** avgift entrance-fee
inträdesavgift *s* entrance fee
inträdesbiljett *s* admission ticket
inträffa *vb itr* hända happen; infalla occur, fall
intuition *s* intuition
intuitiv *adj* intuitive
intyg *s* certificate; av privatperson, utförligare testimonial
intyga *vb tr,* ***härmed ~s att...*** this is to certify that...
intåg *s* entry
intäkt *s,* ***~er*** proceeds, takings, receipts
inunder *adv prep* underneath, beneath, below
inuti *adv prep* inside
invadera *vb tr* invade
invalid *s* disabled person
invalidiserad *adj* disabled
invaliditet *s* disablement, disability
invandra *vb itr* immigrera immigrate [*i, till* into, to]
invandrare *s* immigrant
invandrarspråk *s* immigrant language
invandrarverk *s,* ***Statens ~*** the Swedish Immigration Board
invandring *s* immigration
invasion *s* invasion
inveckla *vb tr,* ***~s (bli ~d) i ngt*** get involved (mixed up) in a th.
invecklad *adj* komplicerad complicated
inventarier *s pl* effects, movables
inventarium *s* inventory
inventering *s* inventory; lager~ stock-taking
inverka *vb itr* have an effect (influence) [*på ngt* on a th.]
inverkan *s* effect, influence
investera *vb tr* invest
investering *s* investment
invid I *prep* by; utefter alongside; nära close to **II** *adv* close (near) by
inviga *vb tr* **1** byggnad etc. inaugurate **2** ***~ ngn i ngt*** göra förtrogen med ngt initiate a p. into a th.; ***~ ngn i en hemlighet*** let (take) a p. into a secret
invigning *s* inauguration
invit *s* inbjudan invitation; vink hint
invånare *s* inhabitant
invända *vb tr,* ***jag invände att...*** I

objected that...; ***jag har inget att ~ mot det*** I have no objections to it
invändig *adj* internal; om ficka etc. inside
invändigt *adv* internally; i det inre in the interior; på insidan on the inside
invändning *s* objection [*mot* to, against]; ***göra ~ar mot*** raise objections to
invärtes *adj* om sjukdom, bruk etc. internal
inåt I *prep* towards, the interior of **II** *adv* inwards; gå ***längre ~*** ...further in
inåtvänd *adj* ...turned inwards; om person introvert; ***en ~ person*** an introvert
inälvor *s pl* bowels; djurs entrails
Irak Iraq
irakier *s* Iraqi
irakisk *adj* Iraqi
Iran Iran
iranier *s* Iranian
iransk *adj* Iranian
iris *s* anat. el. bot. iris
Irland Ireland
irländare *s* Irishman (pl. Irishmen); ***irländarna*** som nation, lag etc. the Irish
irländsk *adj* Irish
irländska *s* **1** kvinna Irishwoman (pl. Irishwomen) **2** språk Irish
ironi *s* irony; hån sarcasm
ironisera *vb itr,* ***~ över*** speak ironically of, make ironical remarks about
ironisk *adj* ironic, ironical; hånfull sarcastic
irra *vb itr,* ***~*** el. ***~ omkring*** wander about
irrationell *adj* irrational
irritation *s* irritation
irritera *vb tr* irritate, annoy
is *s* ice; ***ha ~ i magen*** keep a cool head; ***lägga ngt på ~*** äv. bildl. put a th. on ice; ***whisky med ~*** whisky on the rocks
isande *adj* icy
isbana *s* ice rink
isbelagd *adj* icy, ice-covered
isberg *s* iceberg
isbergssallad *s* iceberg lettuce
isbit *s* piece (lump, bit) of ice
isbjörn *s* polar bear
isblåsa *s* ice pack
isbrytare *s* ice-breaker
ischias *s* sciatica
isdubb *s* ice prod
isflak *s* ice floe
isfri *adj* ice-free
isglass *s* pinne ice lolly, amer. popsicle
ishall *s* indoor ice rink, ice-skating hall
ishav *s,* ***Norra*** (***Södra***) ***~et*** the Arctic (Antarctic) Ocean
ishockey *s* ice hockey
ishockeyklubba *s* ice-hockey stick
isig *adj* icy
iskall *adj* ...as cold as ice, ice-cold; isande icy
iskub *s* ice cube
iskyla *s* icy cold; bildl. iciness
islam *s* Islam
islamisk *adj* Islamic
Island Iceland
islossning *s* break-up of the ice; bildl. thaw
isländsk *adj* Icelandic
isländska *s* **1** kvinna Icelandic woman **2** språk Icelandic
isländning *s* Icelander
isolera *vb tr* **1** isolate **2** tekn. insulate
isolering *s* **1** isolation **2** tekn. insulation
Israel Israel
israel *s* person Israeli
israelier *s* Israeli
israelisk *adj* Israeli
istapp *s* icicle
ister *s* lard
isterbuk *s* potbelly
isär *adv* apart
Italien Italy
italienare *s* Italian
italiensk *adj* Italian
italienska *s* **1** kvinna Italian woman **2** språk Italian; jfr *svenska*
italienskfödd *adj* Italian-born; för andra sammansättningar jfr äv. *svensk-*
itu *adv* i två delar in two, in half; sönder, ***gå*** (***vara***) ***~*** go to (be in) pieces
iver *s* eagerness
ivrig *adj* eager, keen
iväg *adv* off, away
iögonenfallande *adj* conspicuous; slående striking

J

ja *interj* yes; ~ ***då!*** oh yes!; ~ ~ ***mänsan!*** you bet!, not half!, speciellt amer. sure thing!
jack *s* tele. socket, jack
jacka *s* jacket
jackett *s* morning coat, cut-away
jag *pers pron* I; ***mig*** me; ***det är ~*** it's me, i telefon speaking; ***han tog mig i armen*** he took my arm; ***en vän till mig*** a friend of mine; ***kom hem till mig!*** come round to my place!; ***jag var utom mig*** I was beside myself
jaga *vb tr* hunt; med gevär shoot; 'förfölja' chase; ***vara ute och ~*** be out hunting; ~ ***efter*** lyckan run after (pursue)...; ~ ***bort*** drive away
jagare *s* krigsfartyg destroyer
jaguar *s* jaguar
jaha *interj* well; bekräftande yes; jaså oh I see
jaka *vb itr* say 'yes' [*till* to]
jakande I *adj* affirmative **II** *adv* affirmatively; ***svara ~*** reply in the affirmative
1 jakt *s* båt yacht
2 jakt *s* jagande hunting, shooting; jaktparti hunt, resp. shoot; ***~en efter*** mördaren the hunt for...; ***vara på ~ efter*** be hunting for, be on the hunt for
jaktflygplan *s* fighter
jaktgevär *s* sporting gun; hagelgevär shotgun
jaktplan *s* fighter
jalusi *s* spjälgardin Venetian blind
jama *vb itr* miaow, mew
Jamaica Jamaica
jamaican *s* Jamaican
jamaicansk *adj* Jamaican
januari *s* January (förk. Jan.); jfr *april* o. *femte*
Japan Japan
japan *s* Japanese (pl. lika)
japansk *adj* Japanese
japanska *s* **1** kvinna Japanese woman **2** språk Japanese; jfr *svenska*
jargong *s* jargon; snack, svada jabber
jaröst *s* vote in favour, aye
jasmin *s* jasmine
jaså *interj* oh!, indeed!, is that so?, really?
javisst *interj* certainly, of course
jazz *s* jazz; ***dansa ~*** dance to jazz
jazzbalett *s* jazz ballet
jazzband *s* jazz band
jeans *s pl* jeans
jeep *s* jeep
jersey *s* tyg jersey
Jesusbarnet *s* the Infant (the Child) Jesus
jetdrift *s* jet propulsion
jetmotor *s* jet engine
jetplan *s* jet plane, jet
jfr (förk. för *jämför*) compare (förk. cf.)
jippo *s* reklamjippo publicity stunt; allsköns ***~n*** ballyhoo sg.
jiujitsu *s* ju-jitsu, jiu-jitsu
JO se *justitieombudsman*
jo *interj* svar på nekande fråga why[, yes]; ~ ***då!*** oh yes!
jobb *s* job, work (end. sg.); ***jag har haft mycket ~ med*** (***med att*** inf.) I've had a lot of work with (it was quite a job to inf.)
jobba *vb itr* **1** vard., arbeta work **2** spekulera speculate
jobbare *s* **1** vard. worker **2** speculator
jobberi *s* börs speculation
jobbig *adj*, ***det är ~t*** it's tough (hard) work; ***han är ~*** he's trying (tiresome)
jockej *s* o. **jockey** *s* jockey
jod *s* iodine
joddla *vb itr* yodel
jogga *vb itr* jog
joggare *s* jogger
joggning *s* jogging
joggningsskor *s pl* jogging shoes
Johan kunganamn John
Johannes påvenamn John; ***Johannes döparen*** St. John the Baptist
joker *s* joker; ~ ***i leken*** the joker in the pack
jolle *s* liten roddbåt el. segeljolle dinghy
joller *s* babble; jollrande babbling
jollra *vb itr* babble
jonglera *vb itr* juggle
jonglör *s* juggler
jord *s* **1** jordklot earth; ***resa runt ~en*** go round the world **2** mark ground; jordmån soil; mylla earth; stoft dust; ***gå under ~en*** bildl. go underground **3** område land; ***ett stycke ~*** a piece of land
jorda *vb tr* **1** begrava bury **2** elektr. earth, amer. ground; ***~d*** kontakt earthed, amer. grounded; ***~d ledning*** earth (amer. ground) lead
Jordanien Jordan
jordanier *s* Jordanian
jordansk *adj* Jordanian
jordbruk *s* agriculture, farming
jordbrukare *s* farmer

jordbruksdepartement *s* ministry of agriculture
jordbruksminister *s* minister of agriculture
jordbunden *adj* earth-bound
jordbävning *s* earthquake
jordfästning *s* funeral service
jordglob *s* globe
jordgubbe *s* strawberry
jordgubbssylt *s* strawberry jam
jordisk *adj* earthly, terrestrial; världslig worldly
jordklot *s* earth; *~et* äv. the globe
jordledning *s* radio. earth (amer. ground) lead
jordmån *s* soil äv. bildl.
jordnära *adj* earthy
jordnöt *s* peanut
jordskalv *s* earthquake
jordskred *s* landslide äv. polit.
jordskredseger *s* landslide victory
jordyta *s* markyta surface of the ground; ***på ~n*** jordens yta on the earth's surface
jordärtskocka *s* Jerusalem artichoke
jour *s,* ***ha ~*** el. ***ha ~en*** be on duty
jourhavande *adj* ...on duty, ...in charge; om besökande läkare doctor on call
journal *s* **1** dagbok, tidning journal **2** film. news-reel
journalist *s* journalist
journalistik *s* journalism
jourtjänst *s* läkares emergency (on-call) duty; t.ex. låssmeds emergency (round-the-clock) service
jovialisk *adj* jovial, genial
jox *s* vard. stuff, rubbish
ju I *adv* naturligtvis of course; visserligen it is true; som bekant as we know; ***där är han ~!*** why, there he is!; ***jag har ~ sagt det*** flera gånger I have said so..., haven't I?; I told you so..., didn't I? **II** *konj,* ***~ förr dess*** (***desto***) ***bättre*** the sooner the better
jubel *s* hänförelse enthusiasm; glädjerop shouts pl. of joy [*över* at]
jubilar *s* person celebrating a special anniversary
jubileum *s* anniversary
jubla *vb itr* högljutt shout with joy; inom sig rejoice
jude *s* Jew
judehat *s* hatred of the Jews
judekvarter *s* Jewish quarter
judendom *s,* ~ el. ***~en*** Judaism
judinna *s* Jewess
judisk *adj* Jewish
judo *s* judo
jugoslav *s* Yugoslav
Jugoslavien hist. Yugoslavia
jugoslavisk *adj* Yugoslav, Yugoslavian
juice *s* fruit juice
jul *s* Christmas (förk. Xmas); ***god ~!*** A Merry Christmas!; ***i ~as*** last Christmas; ***på*** (***om***) ***~en*** at Christmas (Christmas-time); få ngt färdigt ***till ~*** ...by Christmas
jula *vb itr* tillbringa julen spend Christmas
julafton *s* Christmas Eve
julbok *s* Christmas book; som julklapp book for Christmas
juldag *s,* ~ el. ***~en*** Christmas Day
julfirande *s,* ***~t*** the celebration of Christmas
julgran *s* Christmas tree
julgransplundring *s* children's party after Christmas [at which the Christmas tree is stripped of its decorations]
julgransprydnader *s pl* Christmas tree decorations
julhelg *s* Christmas; ***under ~en*** during Christmas (ledigheten the Christmas holidays)
juli *s* July; jfr *april* o. *femte*
julklapp *s* Christmas present; vad gav du honom ***i ~?*** ...for Christmas?
jullov *s* Christmas holidays pl.
julmust *s* [type of] root beer [drunk at Christmas]
julotta *s* early church service on Christmas Day
julskinka *s* Christmas ham
julstjärna *s* bot. poinsettia
julsång *s* Christmas carol
jultomte *s,* ~ el. ***~n*** Father Christmas, Santa Claus
jumbo *s,* ***komma*** (***bli***) ~ come (be) last
jumbojet *s* jumbo jet
jumbopris *s* booby prize
jumper *s* jumper
jungfru *s* ungmö maid, maiden; kysk kvinna virgin; ***Jungfrun*** astrol. Virgo; ***J~ Maria*** the Virgin Mary
jungfruresa *s* maiden voyage
juni *s* June; jfr *april* o. *femte*
junior *adj* o. *s* junior
junta *s* polit. junta
Jupiter astron. el. myt. Jupiter
juridik *s* law
juridisk *adj* legal
jurist *s* **1** praktiserande lawyer; rättslärd jurist **2** juris studerande law student
jury *s* jury

1 just *adv* just; precis exactly; ***ja, ~ han!*** yes, him!, the very man!; varför välja ~ ***honom?*** ...him of all people?; ~ ***det!*** that's right!
2 just I *adj* rättvis fair; korrekt correct; i sin ordning all right, in order **II** *adv* fairly; correctly
justera *vb tr* **1** adjust, regulate, set...right **2** sport. injure
justering *s* **1** adjusting, regulating **2** sport. injury
justitiedepartement *s* ministry of justice
justitieminister *s* minister of justice
justitieombudsman *s, ~nen* (förk. *JO*) the [Swedish] Parliamentary Ombudsman
juvel *s* jewel äv. bildl.; ädelsten gem
juvelerare *s* jeweller
juvelskrin *s* jewel case
juver *s* udder
jycke *s* hund dog; vard. pooch
Jylland Jutland
jägare *s* hunter
jäkel *s* devil; ***jäklar!*** damn!, damn it!, confound it!
jäkla I *adj* blasted, darned; starkare damned **II** *adv* damned, confoundedly
jäklig *adj* om person damn (damned) nasty [*mot* to]; om sak vanl. damn (damned) rotten
jäkt *s* brådska hurry; fläng bustle, hustle; ***storstadens ~*** the rush and tear of the city
jäkta I *vb itr* be always on the move (go); ~ ***inte!*** don't rush!; ta det lugnt take it easy! **II** *vb tr, ~ **mig inte!*** don't rush me!
jäktig *adj* terribly busy, hectic
jäktigt *adv, **ha det** ~* have a terribly busy time of it
jämbördig *adj* **1** jämgod ...equal in merit [*med* to], ...in the same class [*med* as] **2** av lika god börd ...equal in birth; bli behandlad ***som ~ (en ~)*** ...as an equal
jämföra *vb tr* compare [*med* vid jämförelse with, vid liknelse to]; ***jämför*** (förk. *jfr*) compare (förk. cf)
jämförbar *adj* comparable
jämförelse *s* comparison
jämförelsevis *adv* comparatively
jämförlig *adj* comparable
jämgammal *adj* ...of the same age
jämgod *adj* se *jämngod*
jämka *vb tr* o. *vb itr* **1** ~ el. ~ ***på*** flytta move, shift; ~ ***på*** justera adjust **2 a)** avpassa adapt [*efter* to]; modifiera modify **b)** slå av på, ~ ***något på*** priset knock something off... **c)** medla etc., ~ ***mellan*** två parter mediate between...
jämlik *adj* equal
jämlike *s* equal
jämlikhet *s* equality
jämmer *s* jämrande groaning, moaning; elände misery
jämmerrop *s* wailing; ***ett ~*** a wail
jämn *adj* **1** utan ojämnheter even; plan level; slät smooth **2** regelbunden even, regular; likformig uniform; konstant constant; kontinuerlig continuous; ***hålla ~a steg med*** keep in step with; bildl. keep pace (level, up) with **3** ***ha ~a pengar*** have the exact change; ***det är ~t!*** t.ex. till en kypare never mind the change!
jämna *vb tr* level, make...level (even, smooth); klippa jämn, 'putsa' trim; bildl., t.ex. vägen för ngn smooth; ~ ***till (ut)*** level, make...level; jfr *utjämna*
jämnan *s, **för** ~* all the time
jämngod *adj, **vara ~a*** be equal to one another; ***vara ~ med*** be just as good as
jämnhög *adj* equally high (resp. tall); lika hög överallt of a uniform height
jämnhöjd *s, **i ~ med*** on a level with
jämnmod *s* equanimity
jämnstor *adj* lika stor överallt ...of a uniform size; ***vara ~a*** be equal in size
jämnstruken *adj* medelmåttig mediocre; om betyg uniformly low
jämnt *adv* **1** even, evenly, level, smoothly, regularly etc. (jfr *jämn*); ***dela ~*** divide equally; ***inte dra ~*** vara oense not get on well together **2** precis exactly
jämnårig *adj* ...of the same age [*med* as]; ***mina ~a*** persons of my own age
jämra *vb rfl, ~ **sig*** kvida wail, moan; stöna groan; gnälla whine; klaga complain [*över* i samtliga fall about]
jämsides *adv* side by side; sport. neck and neck [*med* with]; abreast [*med* of]
jämspelt *adj* evenly matched
jämstor se *jämnstor*
jämställa *vb tr* place...side by side (on a level, on an equality) [*med* with]
jämställd *adj, **vara ~ med*** be on an equal footing (a par) with
jämställdhet *s* **1** mellan könen sex equality **2** parity; ***det råder ~ mellan dem*** they are on an equal footing
jämt *adv* alltid always; ~ el. ~ ***och ständigt*** for ever; oupphörligt incessantly; gång på gång constantly

jämte *prep* tillika med in addition to, together with; inklusive including
jämvikt *s* balance; ***vara i ~*** äv. bildl. be balanced (well-balanced)
jämväl *adv* likewise; även also
jänta *s* dial. lass
järn *s* iron
järnaffär *s* ironmonger's, amer. hardware store
järnek *s* holly
järngrepp *s* iron grip
järnhandel *s* ironmonger's, amer. hardware store
järnhård *adj* ...as hard as iron
järnmalm *s* iron ore
järnnätter *s pl* frosty nights
järnridå *s* teat. safety curtain; polit. iron curtain
järnvilja *s* iron will
järnväg *s* railway, amer. vanl. railroad; ***resa med ~*** go by rail
järnvägslinje *s* railway line
järnvägsolycka *s* railway accident
järnvägsspår *s* railway track
järnvägsstation *s* railway station, amer. railroad station
järnvägsvagn *s* railway carriage, amer. railroad car; godsvagn railway truck (wagon)
järnvägsövergång *s* railway crossing; plankorsning level (amer. grade) crossing
järpe *s* zool. hazel hen, hazel grouse (pl. lika)
jäsa *vb itr* ferment; ***låta*** degen **~** allow...to rise
jäsning *s* fermentation; bildl. ferment
jäst *s* yeast
jätte *s* giant
jättebillig *adj* dirt-cheap, terrifically cheap
jättebra *adj* terrific
jättefin *adj* first-rate, smashing
jättegod *adj* terrifically good
jättehög *adj* enormously high (om t.ex. träd tall)
jättelik *adj* gigantic, colossal, immense
jättesteg *s* giant stride
jättestor *adj* gigantic, colossal
jävig *adj* om vittne etc. challengeable; ej behörig disqualified
jävla etc., se *djävla* etc.
jökel *s* glacier
jösses *interj*, *~!* well, I'm blowed!, Good God!

K

kabaré *s* underhållning cabaret
kabel *s* cable
kabeljo *s* dried cod; långa dried ling
kabeltelegram *s* cablegram
kabel-TV *s* cable television (TV)
kabin *s* passagerares cabin
kabinett *s* skåp, regering cabinet
kabinväska *s* flyg., ung. carry-on case (bag)
kackerlacka *s* cockroach
kackla *vb itr* cackle
kadaver *s* carcass; ruttnande as carrion
kadett *s* cadet
kadmium *s* cadmium
kafé *s* café; på hotell etc. coffee room
kaffe *s* coffee; ***två ~!*** two coffees, please!; ***~ utan grädde*** black coffee
kaffebryggare *s* coffee percolator (machine)
kaffebröd *s* koll. buns and cakes pl.
kaffeböna *s* coffee bean
kaffedags *s* coffee time, time for coffee
kaffegrädde *s* coffee cream
kaffekanna *s* coffee pot
kaffekopp *s* coffee cup; kopp kaffe cup of coffee
kaffekvarn *s* coffee mill, coffee-grinder
kaffepanna *s* coffee kettle
kaffepaus *s* o. **kafferast** *s* coffee break
kafferep *s* coffee party
kaffeservis *s* coffee service
kaj *s* quay; lossningsplats wharf
kaja *s* jackdaw
kajuta *s* cabin
kaka *s* cake äv. tårta, sockerkaka etc.; småkaka biscuit, amer. cookie; finare bakverk pastry
kakao *s* pulver, dryck cocoa
kakaoböna *s* cocoa bean
kakel *s* platta tile; koll. tiles pl.
kakelugn *s* tiled stove
kakfat *s* cake dish
kakform *s* baking-tin, cake-tin
kaki *s* färg o. tyg khaki
kakmix *s* [ready-made] cake mix
kaktus *s* cactus
kal *adj* bare; skallig bald
kalabalik *s* uproar, tumult; rörig situation mix-up
kalas *s* fest party; måltid feast; ***betala ~et*** bildl. pay for the whole show, foot the bill
kalasa *vb itr* feast [*på* on]

kalaskula *s* vard. potbelly, paunch
kalcium *s* calcium
kalender *s* calendar; almanacka diary
kalhygge *s* clear-felled (clear-cut) area
kaliber *s* calibre
Kalifornien California
kalifornisk *adj* Californian
kalium *s* potassium
kalk *s* kem. lime; bergart limestone; ***släckt ~*** slaked lime
kalkera *vb tr* trace
kalkerpapper *s* genomskinligt tracing-paper
kalkon *s* turkey
kalkonfilm *s* turkey [film (movie)]
kalksten *s* bergart limestone
kalkyl *s* calculation
kalkylator *s* räkneapparat calculator
kalkylera *vb tr* o. *vb itr* calculate, estimate
1 kall *adj* cold; sval cool; kylig chilly; ***jag är ~ om fötterna*** my feet are cold
2 kall *s* levnadskall vocation, calling; livsuppgift mission in life
kalla I *vb tr* benämna call; ***~ ngn för lögnare*** call a p. a liar **II** *vb tr* o. *vb itr,* ~ el. ***~ på*** tillkalla send for, call; officiellt summon; ***~ in*** a) inbeordra summon b) mil. call up, speciellt amer. draft
kallbad *s* ute bathe
kallblodig *adj* cold-blooded; lugn cool; oberörd indifferent; ***ett ~t mord*** a murder in cold blood
kallbrand *s* gangrene
kalldusch *s* eg. cold shower; ***det kom som en ~*** bildl. it was a real let-down (a nasty surprise)
Kalle Anka seriefigur Donald Duck
kallelse *s,* ***~ till*** möte notice (summons) to attend...
kallfront *s* meteor. cold front
kallna *vb itr* get cold; cool
kallprat *s* small talk
kallsinnig *adj* cold; likgiltig indifferent
kallskuren *adj,* ***kallskuret*** ung. cold buffet dishes pl.
kallskänka *s* cold-buffet manageress
kallsup *s,* ***jag fick en ~*** I swallowed a lot of cold water
kallsvett *s* cold sweat (perspiration)
kallt *adv* coldly; oberört coolly
kalops *s* ung. Swedish beef stew
kalori *s* calorie
kalorifattig *adj* ...with a low calorie value, low-calorie...
kaloririk *adj* ...with a high calorie value, high-calorie...
kalsonger *s pl* underpants, pants
kalufs *s* forelock; tjock mane
kalv *s* **1** djur calf (pl. calves) **2** kött veal **3** läder calf-leather
kalva *vb itr* calve
kalvbräss *s* sweetbread
kalvfilé *s* fillet of veal
kalvkotlett *s* veal chop (benfri cutlet)
kalvkött *s* veal
kalvskinn *s* calf leather
kalvstek *s* maträtt roast veal
kam *s* comb; på tupp crest
kamaxel *s* bil., ***överliggande ~*** overhead camshaft
Kambodja Cambodia
kambodjan *s* Cambodian
kambodjansk *adj* Cambodian
kamé *s* cameo (pl. -s)
kamel *s* camel; enpucklig dromedary
kameleont *s* chameleon äv. bildl.
kamelia *s* camellia
kamera *s* camera
kamerahus *s* camera body
kameraobjektiv *s* camera lens
kamgarnstyg *s* worsted
kamin *s* stove; el~, fotogen~ heater
kamma *vb tr,* ***~ sig (håret)*** comb one's hair
kammare *s* rum chamber
kammarmusik *s* chamber music
kamomill *s* camomile
kamomillte *s* camomile tea
kamp *s* strid fight, battle; möda struggle [*om, för* for]
kampanj *s* campaign
kampsport *s* martial art
kamrat *s* companion; comrade; arbets~ fellow-worker; vän friend
kamratanda *s,* ***god ~*** a spirit of comradeship
kamratlig *adj* friendly
kamratskap *s* comradeship
kamrer *s* räkenskapsförare [i chefsställning senior] accountant; chef för bankavdelning bank manager
kan se *kunna*
kana I *s* slide; ***åka ~*** slide **II** *vb itr* slide
Kanada Canada
kanadensare *s* Canadian
kanadensisk *adj* Canadian
kanal *s* geogr. el. TV. el. bildl. channel; konstgjord canal; ***Engelska ~en*** the Channel
kanalisera *vb tr* canalize
kanalje *s* rascal; skurk scoundrel

kanalväljare *s* TV. channel selector
kanariefågel *s* canary
Kanarieöarna *pl* the Canary Islands, the Canaries
kandelaber *s* candelabra
kanderad *adj* candied
kandidat *s* sökande candidate [*till* for]; uppsatt nominee
kanel *s* cinnamon
kanfas *s* canvas
kanhända *adv* perhaps, maybe
kanin *s* rabbit; barnspr. bunny
kanna *s* kaffe~, te~ pot; grädd~ jug; trädgårds~ etc. can
kannibal *s* cannibal
kannibalism *s* cannibalism
1 kanon *s* mil. gun; åld. cannon
2 kanon *s* mus. canon, round
kanot *s* canoe
kanske *adv* perhaps, maybe; ***jag ~ träffar*** honom i kväll I may (might) meet...
kansler *s* chancellor
kant *s* edge; bård etc. border; ***hålla sig på sin ~*** keep oneself to oneself; ***komma på ~ med ngn*** fall out with a p.
kantarell *s* chanterelle
kantra *vb itr* **1** sjö. capsize **2** om vind veer
kantsten *s* kerbstone, speciellt amer. curbstone
kantstött *adj* om porslin, glas chipped
kanvas *s* canvas
kanyl *s* injektionsnål injection needle
kaos *s* chaos
kaotisk *adj* chaotic
1 kap *s* udde cape
2 kap *s* fångst capture
1 kapa *vb tr* ta capture; t.ex. flygplan hijack
2 kapa *vb tr* hugga, skära av cut away; lina cut
kapabel *adj* able [*till* to]; capable [*till* of]
kapacitet *s* capacity; ***han är en stor ~*** he is a person of great ability
kapare *s* flyg. hijacker
kapell *s* **1** kyrka, sido~ chapel **2** mus. orchestra **3** överdrag cover
kapellmästare *s* conductor
kapital *s* o. *adj* capital
kapitalism *s,* ~ el. ***~en*** capitalism
kapitalist *s* capitalist
kapitalvaror *s pl* capital goods
kapitel *s* chapter; ämne topic, subject
kapitulation *s* surrender, capitulation
kapitulera *vb itr* surrender, capitulate
kapning *s* hijacking; ***en ~*** a hijack
kappa *s* **1** coat; ***vända ~n efter vinden*** be a turn-coat (a time-server) **2** på gardin pelmet
kapplöpning *s* race; kapplöpande racing [*efter* for]; häst~ horse-race; löpande horse-racing; ***en ~ med tiden*** a race against time
kapplöpningsbana *s* racetrack; häst~ racecourse
kapplöpningshäst *s* racehorse
kapprodd *s* boat race
kapprum *s* cloakroom
kapprustning *s* arms race
kappsegling *s* sailing-race; kappseglande sailing-boat racing, yacht-racing
kaprifol *s* honeysuckle
kapris *s* krydda capers pl.
kapsejsa *vb itr* capsize; välta turn over
kapsel *s* capsule
kapsyl *s* på t.ex. vinbutelj cap; på t.ex. ölflaska top; skruv~ screw cap
kapsylöppnare *s* bottle-opener
kapten *s* sjö., mil. el. sport. captain
kapuschong *s* hood
kaputt *adj* ruined, ...done for; om sak broken
kar *s* tub; större vat; badkar bath tub, bath
karaff *s* carafe; med propp decanter
karakterisera *vb tr* characterize; vara betecknande för be characteristic of
karakteristik *s* characterization
karakteristisk *adj* characteristic, typical [*för* of]
karaktär *s* character; beskaffenhet nature, quality; läggning disposition; viljestyrka willpower
karaktärsdrag *s* characteristic, trait of character
karaktärslös *adj* ...lacking in character
karamell *s* sweet, amer. candy
karantän *s* quarantine
karat *s* carat; ***18 ~s guld*** 18-carat gold
karate *s* sport. karate
karateslag *s* karate chop
karavan *s* caravan; bil~ motorcade
karbad *s* bath; varmt hot bath
karbonpapper *s* carbon paper, carbon
karda I *s* card; för ull äv. carding-comb **II** *vb tr* card **III** *vb itr* om katt knead
kardanaxel *s* propeller (drive) shaft
kardborre *s* bot. burr
kardborrknäppning *s* ® Velcro [fastening]
kardemumma *s* cardamom
kardinal *s* cardinal
kardinalfel *s* cardinal error
kardiogram *s* cardiogram

karensdag *s, ~ar* qualifying (waiting) period [before benefit may be claimed]
karg *adj* om jord, landskap barren, bare; ~ ***på ord*** sparing of words
Karibiska havet the Caribbean Sea, the Caribbean
karies *s* caries, decay
karikatyr *s* caricature; politisk skämtteckning cartoon
karikatyrtecknare *s* caricaturist; politisk skämttecknare cartoonist
karl *s* man (pl. men), fellow, chap
karlakarl *s, **en** ~* a real man
karlaktig *adj* manly; om kvinna mannish
Karl Alfred seriefigur Popeye
Karlavagnen the Plough, amer. äv. (vard.) the Big Dipper
karlgöra *s, **ett** ~* a man's job
karljohanssvamp *s* cep
karm *s* **1** armstöd arm **2** dörr-, fönsterkarm frame
karmstol *s* armchair
karneval *s* carnival
kaross *s* vagn coach
karosseri *s* body, coachwork
karott *s* fat deep dish
karp *s* carp (pl. lika)
Karpaterna *pl* the Carpathians
karriär *s* career
karriärist *s* careerist
kart *s* unripe fruit
karta *s* geogr. map [*över* of]
kartblad *s* map sheet
kartbok *s* atlas
kartell *s* cartel
kartlägga *vb tr* map; bildl. map out
kartläsning *s* map-reading
kartong *s* papp cardboard; pappask carton
kartotek *s* kortregister card index (register)
karusell *s* merry-go-round, roundabout
karva *vb tr* o. *vb itr* tälja whittle [*i, på* at]; skära carve, cut
kasern *s* barracks (pl. lika)
kasino *s* casino (pl. -s)
kask *s* hjälm helmet
kaskad *s* cascade
kaskoförsäkring *s* bil. insurance against material damage to a (resp. one's) motor vehicle
kasperteater *s* ung. Punch and Judy show
Kaspiska havet the Caspian Sea
kass *adj* vard. useless, worthless, no good
kassa *s* **1** pengar money, funds pl. **2** kontor cashier's office; där man betalar cashdesk; på varuhus, snabbköp cashpoint; på postkontor counter; biljettkassa box office
kassaapparat *s* cash register
kassabehållning *s* cash in hand
kassabok *s* cashbook
kassafack *s* safe-deposit box
kassakvitto *s* cash receipt, receipt
kassarabatt *s* cash discount
kassaskrin *s* cashbox
kassaskåp *s* safe
kassavalv *s* strong room
kasse *s* **1** av plast el. papper carrier bag, amer. paper [shopping] bag; av nät string bag **2** vard. målbur goal
1 kassera *vb tr* scrap; underkänna reject
2 kassera *vb tr,* ~ ***in*** collect; lösa in cash
kassett *s* musik~, TV~ etc. cassette
kassettbandspelare *s* cassette recorder
kassettdäck *s* cassette deck
kassettradio *s* cassette radio
kassör *s* cashier; i förening etc. treasurer
kassörska *s* cashier
1 kast *s* throw; med metspö etc. cast; ***stå sitt*** ~ take the consequences; ***ge sig i*** ~ ***med*** tackle
2 kast *s* klass i t.ex. Indien caste
kasta I *vb tr* throw; häftigt fling; lätt toss; vräka hurl; speciellt bildl. samt vid fiske cast **II** *vb rfl,* ~ ***sig*** throw oneself; ~ ***sig i*** en bil jump into...; ~ ***sig i*** vattnet plunge into...
□ ~ **av** throw (vårdslöst fling) off; ~ ***av sig*** throw off; ~ **bort** throw away; tid waste; det skulle vara ***bortkastad tid*** (***bortkastat arbete***) ***att*** ...time (work) thrown away to; ~ **ned några rader** jot down a few words; ~ **om** ändra riktning (ordningen på), om vinden veer round; t.ex. två rader transpose; ~ **omkull** throw (knock) down (over); ~ **på sig kläderna** fling one's clothes on; ~ **upp** kräkas vomit; ~ **ut** throw (fling)...out [*genom* t.ex. fönster of]; ~ ***ut pengar på*** waste one's money on; ~ **sig över** ngn, ngt fall upon...
kastanj *s* äkta chestnut; häst~ horse chestnut
kastanjetter *s pl* castanets
kastrera *vb tr* castrate
kastrull *s* saucepan
kastspö *s* casting rod
kasus *s* gram. case
katalog *s* catalogue [*över* of]; telefon~ directory
katalogisera *vb tr* catalogue
katalysator *s* kem. catalyst, catalyser; i bil catalytic converter
katapult *s* catapult

katapultstol *s* ejection seat
katarakt *s* cataract
katarr *s* catarrh
katastrof *s* catastrophe; t.ex. tåg~, flyg~ disaster
katastrofal *adj* catastrophic, disastrous
katbil *s* bil med katalysator cat car
kateder *s* lärares teacher's desk
katedral *s* cathedral
kategori *s* category; klass class
kategorisk *adj* categorical; tvärsäker dogmatic
katod *s* cathode
katolicism *s*, ~ el. *~en* Catholicism
katolik *s* Catholic
katolsk *adj* Catholic
katrinplommon *s* prune
katt *s* cat; vard. puss, pussycat; ***leka ~ och råtta med ngn*** play a cat-and-mouse game with a p.; ***det vete ~en*** blowed if I know; ***det ger jag ~en i*** I don't care a damn about that; ***du kan ge dig ~en på det*** you bet your life
Kattegatt the Kattegat
kattlik *adj* cat-like, feline
kattunge *s* kitten
kattutställning *s* cat show
kaukasisk *adj* Caucasian
Kaukasus the Caucasus
kautschuk *s* radergummi india rubber, rubber; speciellt amer. eraser
kavaj *s* jacket
kavajkostym *s* lounge suit
kavaljer *s* bords~, dans~ partner
kavalkad *s* cavalcade
kavalleri *s* cavalry
kavallerist *s* cavalryman
kavat *adj* käck plucky; morsk cocky
kaviar *s* caviare, caviar
kavla *vb tr* roll □ ~ **ned** strumpa roll down; ärm unroll; ~ **upp** roll up; ~ **ut** deg roll out
kavle *s* brödkavle rolling-pin
kavring *s* dark rye bread
kaxig *adj* morsk cocky; kavat plucky
Kazachstan Kazakhstan
kebab *s* kok. kebab
kedja I *s* chain äv. bildl. **II** *vb tr* chain [*vid* to]
kedjebrev *s* chain letter
kedjebutik *s* chain store
kedjehus *s* terraced (row) house [linked by a garage to the adjacent houses]
kedjeröka *vb itr* chain-smoke
kedjerökare *s* chain-smoker
kejsardöme *s* empire
kejsare *s* emperor
kejsarinna *s* empress
kejsarsnitt *s* med. Caesarean section
kela *vb itr*, ~ ***med*** smeka pet, fondle
kelgris *s* pet; favorit favourite
kelig *adj* cuddly, affectionate
kelt *s* Celt
keltisk *adj* Celtic
keltiska *s* språk Celtic
kemi *s* chemistry
kemikalier *s pl* chemicals
kemisk *adj* chemical; ~ ***tvätt*** dry-cleaning
kemist *s* chemist
kemtvätt *s* dry-cleaning; tvätteri dry-cleaner's
kemtvätta *vb tr* dry-clean
kennel *s* kennels pl.
keps *s* peaked cap, cap
keramik *s* ceramics sg.; alster pottery
keramisk *adj* ceramic
kerub *s* änglabarn cherub
keso *s* ® cottage cheese
ketchup *s* ketchup
kex *s* biscuit, amer. cracker
KFUK the YWCA (förk. för Young Women's Christian Association)
KFUM the YMCA (förk. för Young Men's Christian Association)
kidnappa *vb tr* kidnap
kika *vb itr* peep [*på* at]
kikare *s* binoculars pl.; tubkikare telescope
kikhosta *s* whooping cough
kikna *vb itr* choke with coughing; ~ ***av skratt*** choke with laughter
kil *s* wedge; sömnad. gusset
1 kila *vb tr* med kil wedge; ~ ***fast*** wedge
2 kila *vb itr* skynda hurry; ***nu ~r jag!*** now I'll be off!; ~ ***hem*** be off home; ~ ***över*** gatan pop over...
kille *s* pojke boy; karl fellow, guy
killing *s* kid
kilo *s* kilo (pl. -s); ***ett*** ~ britt. motsv., ung. 2.2 pounds (förk. lb el. lbs)
kilogram *s* kilogram, kilogramme
kilometer *s* kilometre; ***en*** ~ britt. motsv., ung. 0.62 miles
kilowatt *s* kilowatt
kilt *s* kilt
kimono *s* kimono (pl. -s)
Kina China
kina *s* farmakol. quinine
kinaschack *s* sällskapsspel Chinese chequers (amer. checkers) sg.
kind *s* cheek
kindben *s* o. **kindkota** *s* cheekbone

kindtand *s* molar
kines *s* Chinese (pl. lika)
kinesisk *adj* Chinese
kinesiska *s* **1** kvinna Chinese woman **2** språk Chinese; jfr *svenska*
kinin *s* quinine
kinkig *adj* **1** om person: fordrande exacting; petnoga particular **2** om sak: besvärlig difficult; brydsam awkward; ömtålig ticklish, delicate
kiosk *s* kiosk; tidnings~ newsstand
kippa *vb itr,* ***~ efter andan*** gasp for breath
kir *s* kir slags drink
kiropraktor *s* chiropractor
kirurg *s* surgeon
kirurgi *s* surgery
kirurgisk *adj* surgical
kisa *vb itr* med ögonen peer
kiss *s* vard. wee-wee; vulg. pee
kissa *vb itr* vard. wee-wee, do a wee-wee; vulg. have (do) a pee
kisse *s* o. **kissekatt** *s* o. **kissemiss** *s* vard. pussy, pussycat
kissnödig *adj* vard., ***jag är ~*** I've got to do a wee-wee (vulg. pee)
kista *s* möbel chest; likkista coffin
kitslig *adj* småaktig petty; överdrivet kritisk censorious; lättstött touchy
kitt *s* cement; fönsterkitt putty
kitta *vb tr* cement; med fönsterkitt putty
kittel *s* stewpan; större cauldron; grytliknande pot; speciellt te~ kettle
kittla *vb tr* o. *vb itr* tickle
kittlare *s* klitoris clitoris, vard. clit
kittlig *adj* ticklish
kiv *s* quarrel; kivande quarrelling [*om* about]; ***på pin ~*** out of pure cussedness, just to tease
kivas *vb itr dep* gräla quarrel
kiwi *s* o. **kiwifrukt** *s* kiwi fruit
kjol *s* skirt
kjollinning *s* waistband
kk vard. (förk. för *konkurs*), ***gå i (göra) ~*** go bankrupt
klabb *s,* ***hela ~et*** the whole lot
klack *s* på sko heel
klacka *vb tr* heel
klackning *s* heeling
klackring *s* signet ring
klackspark *s* fotb. back-heel; ***ta ngt (det hela) med en ~*** take a th. as it comes (things as they come)
1 kladd *s* utkast rough copy (koncept draft)
2 kladd *s* kludd daub; klotter scribble
kladda *vb itr* **1** kludda, måla daub; klottra scribble; ***~ ner*** soil; med bläck smudge...all over; ***~ ner sig*** make a mess all over oneself **2** tafsa, ***~ på ngn*** paw (grope) a p.
kladdblock *s* scratch pad
kladdig *adj* klibbig sticky; nedkladdad smeary; ~t skriven scribbly
klaff *s* flap; på bord äv. leaf (pl. leaves)
klaffa *vb itr* stämma tally; fungera work
klaffbord *s* folding table
klaga *vb itr* **1** beklaga sig complain [*över* about, of; *för, hos* to]; knota grumble [*över* at, over]; högljutt lament **2** inkomma med klagomål lodge a complaint
klagan *s* klagomål complaint [*över* about]; knot grumbling; veklagan lament; högljudd wail, wailing
klagomål *s* complaint; ***anföra (framföra) ~ hos ngn mot ngt*** lodge a complaint about a th. with a p.
klagosång *s* lament
klammer *s* **1** hakparentes square bracket **2** häft~ staple
klampa *vb itr* gå tungt tramp
klamra *vb rfl,* ***~ sig fast vid*** cling firmly to
klamydia *s* med. chlamydia
klan *s* clan
klander *s* blame; kritik criticism
klandra *vb tr* blame, censure, criticize
klang *s* ring; ljud sound; av glas clink; av klockor ringing
klanta *vb rfl,* ***~ sig*** make a mess of things
klantig *adj* vard. clumsy; dum stupid
klantskalle *s* vard. blockhead; clumsy fool
klapp *s* smeksam pat; lätt slag tap
klappa *vb tr* o. *vb itr* ge en klapp pat, tap; smeka stroke; knacka knock; om hjärta beat; ***~ i händerna*** clap one's hands
klappjakt *s* bildl. witch-hunt [*på* for]
klappra *vb itr* clatter; om tänder chatter
klappstol *s* folding chair
klar *adj* **1** clear; om t.ex. färg, solsken bright; tydlig plain; märkbar distinct; ***få ~t för sig, hur...*** realize how...; ***ha ~t för sig,*** vad... be clear about (as to)...; ***komma (vara) på det ~a med*** ngt realize... **2** färdig ready; ***~t...*** tele. you are through to...; ***~a, färdiga, gå!*** ready, steady, go!; ***det är ~t*** fixat ***nu*** it's OK now; ***är du ~ med arbetet?*** have you finished your work?
klara I *vb tr* **1** göra klar clarify; strupen clear **2** reda upp settle, arrange; lyckas med cope with; lösa, t.ex. problem solve; få...gjord get...done; gå i land med manage; ***~ sin examen*** pass one's exam; ***~ av*** ordna clear off; skuld, räkning äv. settle; bli kvitt get rid

of; ~ ***upp*** reda upp clear up **II** *vb rfl,* ~ ***sig*** manage, get on (by); bli godkänd i examen pass; rädda sig get off, escape; vid sjukdom pull through; ~ ***sig bra i skolan*** do well at school; ~ ***sig själv*** manage by oneself; ekonomiskt fend for oneself

klargöra *vb tr* förklara etc. make...clear, demonstrate [*för ngn* to a p.], clarify; ~ ***för ngn att...*** make it clear to a p. that...

klarhet *s* clarity; ***bringa ~ i ngt*** throw (shed) light on a th.; ***få ~ i*** ngt get a clear idea of...

klarinett *s* clarinet

klarinettist *s* clarinettist

klarlägga *vb tr* make...clear, clarify, demonstrate

klarna *vb itr* om himlen clear; om vädret clear up; ljusna brighten up äv. bildl.; bli klarare, om läge become clearer

klarsignal *s, **få*** ~ get the green light (the go-ahead)

klarsynt *adj* clear-sighted

klart *adv* clearly, brightly, plainly; avgjort decidedly; t.ex. fientlig openly

klartecken *s* bildl., ***få (ge ngn)*** ~ get (give a p.) the green light (the OK)

klarvaken *adj* wide awake

klase *s* fastsittande cluster; lös bunch

klass *s* class; skol., avdelning class, form, amer. (i båda fallen) grade; klassrum classroom; rang grade, order; ***ett första ~ens hotell*** a first-class hotel

klassamhälle *s* class society

klassföreståndare *s* form master

klassicism *s,* ~ el. *~en* classicism

klassificera *vb tr* classify

klassiker *s* classic

klassisk *adj* antik o. om t.ex. musik classical; tidlös classic

klasskamp *s* class struggle

klasskamrat *s* classmate

klasskillnad *s* class distinction

klassmedveten *adj* class-conscious

klassrum *s* classroom

klatschig *adj* effektful striking; flott smart

klaustrofobi *s* claustrophobia

klausul *s* clause

klaver *s, **trampa i ~et*** put one's foot in it, drop a brick

klaviatur *s* mus. keyboard

klen *adj* sjuklig etc. feeble; ömtålig delicate; bräcklig frail [*till hälsan* in health]; underhaltig, skral poor

klenod *s* dyrgrip priceless article, treasure; släktklenod heirloom

klenät *s* kok., ung. cruller

kleptoman *s* kleptomaniac

kleptomani *s* kleptomania

kleta I *vb itr* mess about, make a mess **II** *vb tr,* ~ ***ner*** mess up

kletig *adj* gooey, mucky, sticky

kli *s* bran

klia I *vb itr* itch **II** *vb tr* scratch **III** *vb rfl,* ~ ***sig*** scratch oneself; ~ ***sig i huvudet*** scratch one's head

klibba *vb itr* vara klibbig be sticky; fastna stick, cling [*på, vid* to]

klibbig *adj* sticky

kliché *s* sliten fras cliché

1 klick *s* lump; mindre smörklick knob

2 klick *s* kotteri clique, set

klicka *vb itr* 'strejka' go wrong; misslyckas fail; om skjutvapen misfire

klient *s* client

klientel *s* kundkrets clientele, clients pl.

klimakterium *s* climacteric

klimat *s* climate

klimatförhållanden *s pl* climatic conditions

klimax *s* climax

klimp *s* lump; guldklimp nugget; kok., ung. dumpling

klimpig *adj* lumpy

1 klinga *s* blade

2 klinga *vb itr* ring; ljuda, låta sound; om mynt jingle; om glas tinkle; vid skålande clink

klinik *s* clinic

klipp *s* **1** med sax snip; filmklipp cut; tidningsklipp cutting, clipping **2** bra köp good bargain; smart affär smart (big) deal

1 klippa I *vb tr* cut; gräs mow; biljett clip; putsa, t.ex. skägg, häck trim; ~ ***till*** mönster etc. cut out; ~ ***till ngn*** land (give) a p. one **II** *vb rfl,* ~ ***sig*** få håret klippt have one's hair cut

2 klippa *s* berg rock; brant havsklippa cliff

klippdocka *s* cut-out [doll]

klippig *adj* rocky; ***Klippiga bergen*** the Rocky Mountains, the Rockies

klippkort *s* punch-ticket

klippning *s* klippande cutting etc. (jfr *1 klippa*); av håret hair-cutting

klipsk *adj* snarfyndig quick-witted; förslagen crafty

klirra *vb itr* jingle; om glas clink; om metall ring

klister *s* paste; lim glue; ***råka i klistret*** get into trouble (a mess)

klistra *vb tr* paste, stick; ~ ***fast ngt på ngt*** paste (stick) a th. on to a th.; ***sitta som***

fastklistrad (*~d*) *vid* TV:n be glued to...; *~ igen* stick down
klitoris *s* clitoris, vard. clit
kliva *vb itr* med långa steg stride; stiga step; klättra climb; trampa tread; *~ i* bil climb (båt step) into
klo *s* claw; på gaffel, grep prong
kloak *s* sewer
klocka *s* **1** att ringa med bell **2** fick~, armbands~ watch; vägg~ etc. clock; *hur mycket* (*vad*) *är ~n?* what's the time?; *~n är ett* (*halv ett*) it is one o'clock (half past twelve); *~n är fem minuter över ett* (*i ett*) it is five minutes past one (to one); *~n är* (*börjar bli*) *mycket* it is (is getting) late
klockarmband *s* av läder watchstrap; av metall watch bracelet
klockradio *s* clock radio
klok *adj* förståndig wise; förnuftig sensible; intelligent intelligent; *jag blir inte ~ på honom* (*detta*) I cannot make him (it) out; *han är inte riktigt ~* vard. he's not all there, he's nuts (crackers)
klokhet *s* förstånd wisdom; förnuft sense; intelligens intelligence
klor *s* chlorine
klorera *vb tr* chlorinate
kloroform *s* chloroform
klorofyll *s* chlorophyll
klosett *s* toilet
kloss *s* träklump block
kloster *s* monastery; nunne~ convent, nunnery
klosterkyrka *s* abbey
klot *s* kula ball; glob globe
klotter *s* scrawl, scribble; offentligt graffiti pl.
klottra *vb itr* o. *vb tr* scrawl, scribble
klubb *s* club
klubba *s* club; slickepinne lolly, lollipop
klubbjacka *s* blazer
klucka *vb itr* **1** om höns etc. cluck **2** om vätska gurgle; om vågor lap
kludda *vb itr* o. *vb tr*, *~ i* boken daub...; *~ ner* smudge
klump *s* lump; jord~ clod; klunga clump
klumpeduns *s* clumsy lout, bungler
klumpig *adj* clumsy; tafatt äv. awkward
klunga *s* grupp group; skock bunch
klunk *s* gulp, draught; *en ~* kaffe a drink of...
klurig *adj* om person artful; fiffig ingenious, clever
kluven *adj* split, cloven
klyfta *s* **1** bergs~ cleft; bred o. djup chasm, gap äv. bildl. **2** apelsin~ segment; i dagligt tal piece; ägg~, äpple~ etc. slice; vitlöks~ clove
klyftig *adj* clever, smart, shrewd
klyka *s* grenklyka fork; årklyka rowlock, amer. oarlock
klyscha *s* fras hackneyed phrase, cliché
klyva **I** *vb tr* split, cleave; skära itu cut...in two; dela divide up **II** *vb rfl*, *~ sig* split
klå *vb tr* **1** ge stryk thrash, beat **2** pungslå fleece, cheat
klåda *s* itching; retning irritation
klåfingrig *adj*, *vara ~* be unable to let things alone
klåpare *s* bungler, botcher [*i* at]
klä **I** *vb tr* **1** dress; förse med kläder clothe; *~ julgranen* decorate the Christmas tree **2** passa suit; *det ~r dig* äv. it becomes you **II** *vb rfl*, *~ sig* dress; *~ sig själv* dress oneself; *~ sig fin* dress up
□ *~* **av ngn** undress a p.; *~ av sig* undress; *~* **om** möbler re-cover; *~ om* (*om sig*) change; *~* **på sig** dress; *~* **ut sig** dress oneself up [*till* as]; *~* **över** möbler etc. cover
kläcka *vb tr* hatch; *~ ur sig* come out with
kläda se *klä*
klädborste *s* clothes brush
klädd *adj* dressed; *hur ska jag vara ~?* what am I to wear?
klädedräkt *s* costume; klädsel dress (end. sg.)
kläder *s pl* clothes; klädsel clothing, dress (båda end. sg.); *jag skulle inte vilja vara i hans ~* I wouldn't like to be in his shoes
klädesplagg *s* article of clothing
klädhängare *s* galge clothes hanger, hanger; krok coat peg, peg
klädnypa *s* clothes peg, amer. clothespin
klädsam *adj* becoming [*för* to]
klädsel *s* sätt att klä sig dress; överdrag covering; i bil upholstery
klädskåp *s* wardrobe
klädstreck *s* clothes line
kläm *s* **1** *få fingret i ~* get one's finger caught; *komma i ~* get jammed; *råka i ~* get into a mess (fix) **2** kraft, energi force, vigour; fart etc. go, dash
klämflaska *s* squeeze bottle
klämma **I** *s* **1** för papper etc. clip **2** *råka i ~* get into a mess (fix) **II** *vb tr* o. *vb itr* squeeze; om sko pinch; *jag har klämt mig i fingret* I have squeezed my finger
□ *~* **fast** fästa fix, fasten; *~* **ut** *ngt ur...* squeeze a th. out of...; *~* **åt** clamp down on
klämmig *adj* om person ...full of go (fun)
klämta *vb itr* toll [*i klockan* the bell]

klänga I *vb itr* klättra climb; cling **II** *vb rfl,* ~ ***sig fast vid*** cling tight on to
klängros *s* climbing rose, rambler
klängväxt *s* climber, climbing plant
klänning *s* dress; för kvällsbruk gown
kläpp *s* i ringklocka tongue, clapper
klätterjärn *s* climbing-irons pl.
klätterställning *s* för barn climbing frame, jungle gym
klättra *vb itr* climb; ~ ***ned*** climb down; ~ ***upp i trädet*** climb (climb up) the tree
klösa *vb tr* scratch
klöver *s* **1** bot. clover **2** kortsp. clubs pl.; ***en*** ~ a club
klöverdam *s* the queen of clubs
klöverfem *s* the five of clubs
knacka *vb tr* o. *vb itr* knock; hårt rap; lätt tap; om motor knock; på skrivmaskin tap; ~ ***på*** dörren knock etc. at...; ***det*** ~***r*** there's a knock; ~ ***sönder*** break...to pieces
knagglig *adj* om väg etc. rough, bumpy; ***på*** ~ ***engelska*** in broken English
knaka *vb itr* creak
knall *s* bang; åskknall crash; korks pop
1 knalla *vb itr* smälla bang; crash; om kork pop
2 knalla *vb itr, **det** ~**r och går*** I'm jogging along (managing)
knalleffekt *s* sensation, sensational effect
knallhatt *s* tänd- percussion cap
knallröd *adj* bright (vivid) red
1 knapp *s* **1** button **2** knopp knob
2 knapp *adj* scanty; om t.ex. seger narrow; kortfattad brief; ***med*** ~ ***nöd räddade han sig från att drunkna*** he narrowly escaped drowning; ***han kom*** (***hann, slapp***) ***undan med*** ~ ***nöd*** he had a narrow escape, he escaped by the skin of his teeth; ***om en*** ~ ***timme*** in less than an (one) hour
knappa *vb tr,* ~ ***in på*** skära ned reduce, cut down
knappast *adv* se *knappt 2*
knapphet *s* scantiness, briefness; om seger narrowness; brist shortage [*på* of]
knapphål *s* buttonhole
knapphändig *adj* scanty; kortfattad brief
knappnål *s* pin
knappnålshuvud *s* pinhead
knappsats *s* keypad
knappt *adv* **1** otillräckligt scantily; om t.ex. seger narrowly; kortfattat briefly; snålt sparingly; ***vinna*** ~ win by a narrow margin **2** knappast hardly, scarcely; nätt och jämnt barely; ~***...förrän*** hardly (scarcely)...when, no sooner...than
knapptelefon *s* push-button (press-button) telephone, keyphone
knapra *vb itr* nibble [*på ngt* [at] a th.]
knaprig *adj* crisp
knark *s* dope
knarka *vb itr* take drugs (dope), be a drug addict
knarkare *s* drug addict; vard. junkie
knarra *vb itr* om t.ex. trappa creak; om skor äv. squeak; om snö crunch
knasig *adj* vard. daft, potty; ***han är*** ~ äv. he's nuts
knaster *s* crackle
knastra *vb itr* crackle; om grus crunch
knatte *s* little fellow (lad)
knattra *vb itr* rattle; om t.ex. skrivmaskin clatter
knega *vb itr* sträva, slita toil; slava drudge
knekt *s* kortsp. jack, knave
knep *s* trick; list stratagem, ruse
knepig *adj* slug artful; besvärlig tricky
knipa I *s* straits pl.; ***råka i*** ~ get into a fix (jam) **II** *vb tr* nypa pinch; ~ ***ihop läpparna*** compress one's lips; ~ ***ihop ögonen*** screw up one's eyes **III** *vb itr, **om det kniper*** bildl. at a pinch
knippa *s* o. **knippe** *s* rädisor, blommor etc. bunch
knipsa *vb tr,* ~ ***av*** clip (snip) off
knipslug *adj* shrewd; listig crafty, sly
kniptång *s* pincers pl.
kniv *s* knife; rakkniv razor
knivblad *s* blade of a (resp. the) knife
knivhot *s, **under*** ~ at knifepoint
knivhugg *s* stab
knivskaft *s* handle of a (resp. the) knife
knivskarp *adj* ...sharp as a razor
knocka *vb tr* knock out
knockout *s* knock-out
knoga *vb itr* arbeta plod; med studier grind away
knoge *s* knuckle
knogjärn *s* knuckle-duster
knop *s* sjö. knot
knopp *s* **1** bot. bud; ***skjuta*** ~ bud **2** knapp, kula knob **3** vard., huvud nob, nut
knorra *vb itr* grumble [*över* at]
knot *s* grumbling [*över* at]
1 knota *vb itr* grumble [*över* at]
2 knota *s* ben bone
knotig *adj* bony, scraggy; om träd knotty
knott *s* gnat; koll. gnats
knottrig *adj* om hud rough

knubbig *adj* plump; om barn äv. chubby
knuff *s* push, shove; med armbågen nudge
knuffa *vb tr* push, shove; med armbågen nudge; ~ ***sig fram*** elbow one's way along; ~ ***till*** push (knock, bump) into
knuffas *vb itr dep*, ~ ***inte!*** don't push (shove)!
knull *s* vulg. fuck
knulla *vb tr* o. *vb itr* vulg. fuck
knussla *vb itr* be stingy
knusslig *adj* stingy, mean
knut *s* **1** knot **2** husknut corner
knutpunkt *s* centre; järnv. junction
knyck *s* ryck jerk; svagare twitch
knycka I *vb itr* rycka jerk; svagare twitch **II** *vb tr* stjäla pinch
knyckla *vb tr*, ~ ***ihop*** crumple up
knyst *s*, ***inte ett*** ~ inte ett ljud not the least sound; ***inte säga ett*** ~ not breathe a word [*om* about]
knysta *vb itr*, ***utan att*** ~ without breathing a word, without murmuring
knyta *vb tr* **1** tie **2** ~ ***näven*** clench (hotfullt shake) one's fist [*åt, mot* at] **3** bildl., ~ ***förbindelser*** establish connections; ~ ***fast*** tie, fasten [*vid, på* to]; ~ ***till*** säck etc. tie up; ~ ***upp*** lossa untie
knyte *s* bundle [*med* of]
knytkalas *s* Dutch treat
knytnäve *s* fist
knåda *vb tr* knead äv. massera
knåpa *vb itr* pyssla potter about [*med* at]
knä *s* knee; sköte lap; sitta ***i ~t på ngn*** ...on a p.'s knee, ...on (in) a p.'s lap; ***falla*** (***kasta sig***) ***på ~ för...*** fall on one's knees before...; ***ligga på*** ~ be kneeling
knäbyxor *s pl* short trousers; till folkdräkt etc. breeches
knäböja *vb itr* bend the knee, kneel
knäck *s* **1** spricka crack; hårt slag blow; ***den tog ~en på mig*** it nearly killed me **2** karamell toffee, amer. taffy
knäcka *vb tr* **1** spräcka crack; bryta av break **2** person break, ruin
knäckebröd *s* crispbread
knähund *s* lapdog
knäled *s* knee joint
1 knäpp *s* **1** ljud click; knyst sound; smäll snap; med fingrarna flick **2** köldknäpp spell
2 knäpp *adj* vard. tokig nuts, screwy
1 knäppa *vb itr*, ~ ***med fingrarna*** hörbart snap one's fingers; ~ ***på*** sträng pluck, twang
2 knäppa *vb tr* **1** med knapp button; ~ ***igen*** (***ihop, till***) t.ex. rocken button up; ~ ***upp*** t.ex. rocken unbutton; knappen undo **2** ~ [***ihop***] ***händerna*** clasp one's hands **3** ~ ***av*** (***på***) t.ex. ljuset, radion switch off (on)...
knäppis o. **knäppskalle** *s* vard. nutcase, crackpot
knäskydd *s* kneepad, knee-protector
knäskål *s* kneecap
knäsvag *adj* darrig shaky, ...weak in the knees
knäveck *s* hollow of the knee
knöl *s* **1** ojämnhet bump; upphöjning boss, knob; svulst tumour; på träd knob; på rot tuber **2** vard. bastard, speciellt amer. son-of-a-bitch; svagare swine
knölaktig *adj* swinish; ***en ~ karl*** a bastard (son-of-a-bitch)
knölig *adj* ojämn: om t.ex. väg bumpy; om madrass etc. lumpy; om t.ex. finger, träd knobby, knotty
ko *s* cow
koagulera *vb itr* coagulate, clot
koalition *s* coalition
kobent *adj* knock-kneed
kobra *s* cobra
kock *s* cook
kod *s* code; ***knäcka en*** ~ break a code
koda *vb tr* code
kodein *s* codeine
koffein *s* caffeine
koffert *s* resväska trunk
kofot *s* bräckjärn crowbar; kort inbrottsverktyg jemmy, amer. jimmy
kofta *s* stickad cardigan; grövre jacket
kofångare *s* på bil bumper
kohandel *s* polit. horse-trading
koj *s* sjö. hammock; ***gå*** (***krypa***) ***till ~s*** turn in
koja *s* cabin, hut; usel hovel
kok *s*, ***ett ~ stryk*** a hiding (thrashing)
koka I *vb tr* ngt i vätska boil; i kort spad stew; laga till, t.ex. kaffe, soppa make **II** *vb itr* boil □ ~ **ihop** t.ex. en historia concoct; ~ **över** boil over
kokain *s* cocaine
kokbok *s* cookery book, speciellt amer. cookbook
kokerska *s* cook, female (woman) cook
kokett I *adj* coquettish **II** *s* coquette
kokettera *vb itr* coquet
kokhet *adj* boiling (piping) hot
kokkonst *s* cookery, culinary art
kokkärl *s* cooking utensil
kokmalen *adj*, ***kokmalet kaffe*** coarse-grind coffee
kokosfett *s* coconut butter (oil)

kokosflingor *s pl* desiccated coconut sg.
kokosnöt *s* coconut
kokospalm *s* coconut palm
kokplatta *s* hotplate
kokpunkt *s*, ***på ~en*** at the boiling-point; ***nå ~en*** reach boiling-point äv. bildl.
koks *s* coke
koksalt *s* common salt
kokvrå *s* kitchenette
kol *s* **1** bränsle: stenkol coal; träkol charcoal **2** kem. carbon
kola *s* hård toffee; mjuk caramel
koldioxid *s* carbon dioxide
kolera *s* cholera
kolesterol *s* cholesterol
kolgruva *s* coalmine; stor colliery
kolgruvearbetare *s* collier, coal-miner
kolhydrat *s* carbohydrate
kolibri *s* humming-bird
kolik *s* colic
kolja *s* haddock
koll *s* check; ***göra en extra ~*** check specially, double-check
kolla *vb tr* vard. check; ~ el. ~ ***in*** sl. titta på look at; ~ ***upp ngt*** check up on a th.
kollaps *s* collapse
kollapsa *vb itr* collapse
kollationera *vb tr* motläsa collate; jämföra compare; räkenskaper check
kollega *s* yrkesbroder colleague; ***mina kolleger*** på kontoret my fellow-workers
kollegieblock *s* note pad (block)
kollegium *s* **1** lärarkår teaching staff **2** sammanträde staff (teachers') meeting
kollekt *s* collection
kollektion *s* collection äv. om modekläder
kollektiv *adj* o. *s* collective äv. gram.
kollektivansluta *vb tr* grupp affiliate...as a body
kollektivavtal *s* collective agreement
kollektivhus *s* block of service flats
kollektivtrafik *s* public transport
kolli *s* package
kollidera *vb itr* collide; om t.ex. TV-program clash
kollision *s* collision; om t.ex. TV-program clash
kolmörk *adj* pitch-dark
kolon *s* **1** skiljetecken colon **2** med. colon
koloni *s* colony
kolonial *adj* colonial
kolonisera *vb tr* colonize
koloniträdgård *s* allotment garden
kolonn *s* column
koloratur *s* mus. coloratura
koloss *s* colossus
kolossal *adj* colossal, enormous, tremendous
koloxid *s* carbon monoxide
koloxidförgiftning *s* carbon monoxide poisoning
kolsvart *adj* coal-black, jet-black
kolsyra *s* **1** syra carbonic acid **2** gas carbon dioxide
kolsyrad *adj*, ***kolsyrat vatten*** aerated water
koltablett *s* charcoal tablet
koltrast *s* blackbird
kolugn *adj* cool as a cucumber
kolumn *s* column
kolv *s* **1** i motor etc. piston **2** på gevär butt **3** i lås bolt **4** glaskolv flask
koma *s* med. coma
kombi *s* estate car, speciellt amer. station wagon
kombination *s* combination
kombinera *vb tr* combine
komedi *s* comedy
komedienn *s* comedienne
komet *s* comet
komfort *s* comfort
komfortabel *adj* comfortable
komik *s* comedy
komiker *s* comedian; skådespelare comic actor
komisk *adj* rolig comic; skrattretande comical
1 komma *s* skiljetecken comma; i decimalbråk point
2 komma I *vb itr* **1 a)** come; hinna, hamna get; ***jag kommer inte på festen*** I'm not going to the party; ***hur långt kom vi*** i läseboken ***sist?*** how far did we get...last time?; ***när hans tur kom*** when it came to (was) his turn; ***vart vill du ~?*** vad syftar du på? what are you driving at?; ***kom inte och säg, att...*** don't say that...; ~ ***springande*** come running along **b)** med obetonad prep., ~ ***av*** bero på be due to; ~ ***från*** en fin familj come of...; ~ ***i säng*** get to bed; ~ ***i tid*** be (hit come, dit get there) in time; ~ ***med*** a) ha med sig bring b) lögner come out with, tell c) ursäkter make; ***vad har du att ~ med?*** säga what have you got to say (erbjuda offer)?; ***det kommer på ett ut*** it comes to the same thing; ***när jag kommer till*** Lund when I get (till dig come) to...; avseende slutmål when I reach...; ***jag kommer kanske till*** London inom kort I may be coming (reser be going) to...; ~ ***till*** uppgörelse come to **2** ~ ***att*** inf.

a) uttr. framtid: ***kommer att*** inf. will (ibl. i första person shall); småningom come to inf. **b)** råka happen to inf.; ***jag kom att tänka på*** att jag... it occurred to me... **II** *vb tr* få, föranleda, ~ ***ngn att göra ngt*** make a p. do a th. **III** *vb rfl*, ~ ***sig*** hända etc. come about, happen; ***hur kom det sig att*** han...*?* how is it (did it come about) that...?

□ ~ **av sig** stop short; tappa tråden lose the thread; ~ **bort** gå förlorad get (be) lost; ~ **efter** följa efter follow; komma senare come afterwards; bli efter fall behind; ~ **emellan a)** ***fingrarna kom emellan*** my etc. fingers got caught **b)** bildl. intervene; ~ **emot** stöta emot go (snabbare run, häftigare knock) against (into)...; ~ **fram** a) stiga fram: hit come (dit go) up; ur gömställe come out [*ur* of] b) ~ vidare get on (igenom through, förbi past); på telefon get through c) hinna (nå) fram get there (hit here); anlända arrive d) bli känd, komma ut come out; ~ **före ngn** get there (hit here) before a p.; ~ **ifrån** get away; bli ledig get off; ~ ***igen*** återkomma return; ännu en gång come again; ***kom igen!*** kom an come on!; ~ **in** come in, enter; lyckas ~ in get in; ~ ***in i*** come (hamna get) into; ~ ***in på*** a) sjukhus etc. be admitted to b) samtalsämne get on to; ~ **iväg** get off (away, started); ~ **loss** get away; ~ **med:** ~ ***med ngn*** följa come (dit go) along with a p., join in; ~ ***med i*** klubb etc. join; hinna med tåg (båt) catch...; ~ **omkring:** ***när allt kommer omkring*** after all; ~ **på** a) stiga på get (resp. come) on b) erinra sig think of c) upptäcka find out, discover d) hitta på hit on, think of; ~ **till** uppstå arise, come about; grundas be established; tilläggas be added; ***dessutom kommer*** moms ~ in addition there will be...; ~ **tillbaka** return, come (go resp. get) back; ***jag kommer snart tillbaka!*** I'll soon be back!; ~ **undan** undkomma escape; ~ **upp** come up; dit upp go up; stiga upp get up; ~ ***upp i en hastighet av...*** reach a speed of...; ~ **ut** a) come (dit go) out [*ur* of] b) om bok etc. come out, be published; ~ **åt** nå reach; röra vid touch; ~ **över** come (dit go, lyckas ~ get) over (tvärs över, t.ex. flod across); få tag i get hold of; hitta find; övervinna, t.ex. förlust get over

kommande *adj* coming, ...to come

kommando *s* command; ***ta ~t över*** take command of

kommandosoldat *s* commando (pl. -s el. -es)

kommendera *vb tr* command

kommentar *s* **1** ***~er*** skriftliga notes; muntliga comments [*till* on]; ***inga ~er!*** el. ***ingen ~*** no comment! **2** utläggning commentary [*till* on]

kommentator *s* commentator

kommentera *vb tr* comment on; förse med noter annotate

kommers *s* business; ***det var livlig ~*** på torget there was a brisk trade...

kommersialisera *vb tr* commercialize

kommersiell *adj* commercial

komminister *s* ung. assistant vicar

kommissarie *s* polis~ superintendent, lägre inspector; amer. captain, lägre lieutenant

kommission *s* commission

kommitté *s* committee

kommun *s* stads~ municipality; lands~ rural district; myndigheterna local authority

kommunal *adj* local government...; ~ ***vuxenutbildning*** [municipal el.local]adult education; ***åka ~t*** go by public transport

kommunalskatt *s* ung. local taxes pl.

kommunalval *s* local government election

kommunfullmäktig *s* ung. local government councillor

kommunfullmäktige *s* ung. local government council

kommunicera *vb tr* o. *vb itr* communicate

kommunikation *s* communication

kommunikationsdepartement *s* ministry of transport and communications

kommunikationsmedel *s* means (pl. lika) of communication

kommunikationsminister *s* minister of transport and communications

kommuniké *s* communiqué, bulletin

kommunism *s*, ~ el. ***~en*** Communism

kommunist *s* Communist

kommunistisk *adj* Communist

komp *s* vard. accompaniment, comp

kompa *vb tr* vard. accompany, comp

kompakt *adj* compact

kompani *s* company

kompanjon *s* partner

kompanjonskap *s* partnership

komparation *s* comparison

komparativ I *s* gram. the comparative; ***i ~*** in the comparative **II** *adj* comparative

komparera *vb tr* compare

kompass *s* compass

kompassnål *s* compass needle

kompendium *s* compendium

kompensation *s* compensation

kompensera *vb tr* compensate; uppväga compensate for
kompetens *s* competence; kvalifikationer qualifications pl.
kompetent *adj* competent
kompis *s* vard. pal, mate, amer. buddy
komplement *s* complement
komplett I *adj* complete **II** *adv* alldeles completely, absolutely
komplettera *vb tr* complete; göra fullständigare äv. supplement; ***~nde*** tilläggs- supplementary
komplettering *s* kompletterande completion; tillägg complementary addition; utvidgning amplification
komplex *s* **1** psykol. complex **2** hus block
komplicera *vb tr* complicate
komplikation *s* complication
komplimang *s* compliment
komplimentera *vb tr* compliment [*för* on]
komplott *s* plot; ***vara i ~ med ngn*** be in conspiracy with a p.
komponent *s* component
komponera *vb tr* mus. compose; friare put together
komposition *s* composition
kompositör *s* composer
kompost *s* compost
kompott *s* compote [*på* of]; frukt~ stewed fruit
kompress *s* compress
komprimera *vb tr* compress
kompromettera *vb tr* compromise
kompromiss *s* compromise
kompromissa *vb itr* compromise [*om* about]
komvux (förk. för *kommunal vuxenutbildning*) se under *kommunal*
kon *s* cone
koncentrat *s* concentrate
koncentration *s* concentration
koncentrationsförmåga *s* power of concentration
koncentrationsläger *s* concentration camp
koncentrera I *vb tr* concentrate [*på* on] **II** *vb rfl*, ***~ sig*** concentrate [*på* on]
koncept *s* draft [*till* of]; ***tappa ~erna*** fattningen become all confused
koncern *s* combine, group of companies
koncis *adj* concise
kondensera *vb tr* condense
kondensvatten *s* condensation water
1 kondis *s* vard., se *konditori*
2 kondis *s* vard., se *kondition*
kondition *s* kropps~ condition, fitness; ***jag har*** (***är i***) ***bra ~*** I'm in good shape, I'm very fit; ***jag har*** (***är i***) ***dålig ~*** I'm in bad shape, I'm not very fit
konditionalis *s* gram. the conditional
konditor *s* pastrycook, confectioner
konditori *s* servering café; butik confectioner's
kondoleans *s* condolences pl.
kondom *s* sheath, condom; vard. French letter, amer. safe, rubber
konduktör *s* buss~ conductor; järnvägs~ guard, amer. conductor
konfekt *s* choklad~ chocolates pl.; karameller sweets pl., amer. candy, candies pl.; blandad chocolates and sweets pl.
konfektion *s* kläder ready-made clothing
konfektionssydd *adj* ready-made
konferencier *s* compère, Master of Ceremonies (förk. MC)
konferens *s* conference; sammanträde meeting
konferera *vb itr* confer [*om* about, as to]; diskutera äv. discuss the matter
konfetti *s* confetti
konfidentiell *adj* confidential
konfirmand *s* candidate for confirmation
konfirmation *s* confirmation
konfirmera *vb tr* confirm
konfiskation *s* confiscation
konfiskera *vb tr* confiscate
konfiskering *s* confiscation
konflikt *s* conflict
konfrontation *s* confrontation; för identifiering identification parade, line-up
konfrontera *vb tr*, ***~ ngn med...*** confront a p. with...
konfundera *vb tr* confuse
konfys *adj* confused, bewildered
Kongo floden the Congo
Kongoles *s* Congolese (pl. lika)
kongolesisk *adj* Congolese
kongress *s* conference; större congress; ***~en*** i USA Congress
konjak *s* brandy; äkta cognac
konjugation *s* conjugation
konjugera *vb tr* conjugate
konjunktion *s* conjunction
konjunktiv *s* gram., ~ el. ***~en*** the subjunctive
konjunktur *s* ~läge state of the market; ~utsikter trade outlook
konkav *adj* concave
konkret *adj* concrete
konkretisera *vb tr* make...concrete
konkurrens *s* competition
konkurrenskraftig *adj* competitive

konkurrent *s* competitor [*om* for]
konkurrera *vb itr* compete [*om* for]
konkurs *s* bankruptcy; ***gå i (göra) ~*** go (become) bankrupt
konnässör *s* connoisseur [*på* of, in]
konsekutiv *adj* consecutive
konsekvens *s* överensstämmelse consistency; påföljd consequence
konsekvent I *adj* consistent **II** *adv* consistently; genomgående throughout
konselj *s* cabinet meeting; ***~en*** statsrådsmedlemmarna the Cabinet
konsert *s* **1** concert; av solist recital **2** musikstycke concerto (pl. -s)
konsertera *vb itr* give a concert (resp. concerts)
konsertflygel *s* concert grand
konsertförening *s* concert society
konserthus *s* concert hall
konsertmästare *s* leader of an (resp. the) orchestra, amer. concertmaster
konserv *s*, ***~er*** tinned (speciellt amer. canned) goods
konservatism *s*, ~ el. ***~en*** conservatism
konservativ *adj* conservative
konservburk *s* tin, can
konservera *vb tr* preserve äv. kok.
konservering *s* preservation
konserveringsmedel *s* preservative
konservöppnare *s* tin-opener, can-opener
konsistens *s* consistency
konsol *s* bracket
konsolidera *vb tr* consolidate
konsonant *s* consonant
konspiration *s* conspiracy, plot
konspiratör *s* conspirator, plotter
konspirera *vb itr* conspire, plot
konst *s* **1** art; konstverk (koll.) art, works pl. of art; ***~en att*** inf. the art of ing-form; ***det är ingen ~!*** that's easy!; ***han kan ~en att*** inf. he knows how to inf. **2** ***göra ~er*** konststycken do tricks (om akrobat stunts)
konstant *adj* constant
konstatera *vb tr* fastställa establish; bekräfta certify; iakttaga notice; lägga märke till note, see; utröna find; påvisa show
konstbevattna *vb tr* irrigate
konstellation *s* constellation
konstfiber *s* synthetic (artificial) fibre
konstföremål *s* object of art
konstgalleri *s* art gallery
konstgjord *adj* artificial
konsthantverk *s* handicraft
konstig *adj* odd, strange, queer
konstis *s* artificial ice
konstitution *s* constitution
konstlad *adj* affekterad affected; onaturlig laboured
konstläder *s* artificial (imitation) leather, leatherette
konstnär *s* artist
konstnärlig *adj* artistic
konstra *vb itr* **1** krångla be awkward; ***~ med*** tamper with **2** göra invecklad, ***~ till allting*** make a big business of everything (of things)
konstruera *vb tr* construct; verbet ***~s med ackusativ*** ...takes the accusative
konstruktion *s* construction; uppfinning invention
konstruktiv *adj* constructive
konstsamlare *s* art collector
konstsamling *s* art collection
konstsiden *s* o. **konstsilke** *s* rayon, artificial silk
konstsim *s* synchronized swimming, vard. synchro
konststycke *s* trick; ***något av ett ~*** something of a feat
konstutställning *s* art exhibition
konstverk *s* work of art
konståkare *s* figure-skater
konståkning *s* figure-skating
konstälskare *s* art-lover
konsul *s* consul
konsulat *s* consulate
konsulent *s* consultant, adviser
konsult *s* consultant, adviser
konsultation *s* consultation
konsultera *vb tr* consult
konsum *s* förening co-operative society; förening o. butik co-op
konsumbutik *s* co-operative store (shop); vard. co-op
konsument *s* consumer
konsumentprisindex *s* retail (amer. consumer) price index
konsumentupplysning *s* consumer guidance
konsumera *vb tr* consume
konsumtion *s* consumption
konsumtionsvaror *s pl* consumer goods
kontakt *s* **1** contact; ***komma i ~ med*** get into contact (touch) with **2** strömbrytare switch; stickpropp plug; vägguttag point, amer. outlet
kontakta *vb tr* contact
kontaktlim *s* impact adhesive
kontaktlinser *s pl* contact lenses
kontaktsvårigheter *s pl* difficulty sg. in

making contacts with people (in mixing with others)
kontant I *adj* cash; ~ ***betalning*** cash payment; ***mot ~ betalning*** for cash **II** *adv,* ***betala*** bilen ~ pay cash for...
kontanter *s pl* ready money sg.; ***i ~*** cash in hand
kontantpris *s* cash price
kontemplativ *adj* contemplative
kontenta *s,* ***~n av...*** the gist of...
kontinent *s* continent
kontinental *adj* continental
kontinuerlig *adj* continuous
kontinuitet *s* continuity
konto *s* account; löpande räkning current account; ***skriv (sätt) upp det på mitt ~!*** put it down to my account!
kontokort *s* credit card
kontor *s* office
kontorist *s* clerk; ***hon (han) är ~*** she (he) works in an office
kontorsanställd *subst adj* office employee
kontorsmateriel *s* office supplies pl.
kontorspersonal *s* office (clerical) staff
kontorstid *s* office hours pl.
kontoutdrag *s* statement of account
kontrabas *s* contrabass; basfiol double bass
kontrahent *s* contracting party
kontrakt *s* contract; överenskommelse agreement
kontrast *s* contrast [*mot, till* to]
kontrastera *vb itr* contrast [*mot* with]
kontrastverkan *s* contrasting effect
kontring *s* sport. breakaway; boxn. counter, counterblow; ***på ~*** i lagspel on the break
kontroll *s* check, check-up [*av, över* on]; full behärskning, tillsyn control [*över* of]
kontrollampa *s* pilot (warning) lamp
kontrollant *s* supervisor, inspector
kontrollbesiktning *s* av fordon vehicle test; motsvaras i Storbr. av MOT (förk. för Ministry of Transport) test
kontrollera *vb tr* **1** granska check; pröva, undersöka test; övervaka supervise **2** behärska control
kontrollstämpel *s* på silver etc. hallmark
kontrollör *s* controller
kontrovers *s* controversy
kontroversiell *adj* controversial
kontur *s* outline, contour
konung *s* king
konvalescens *s* convalescence
konvalescent *s* convalescent, convalescent patient
konvalescenthem *s* convalescent home
konvalje *s* lily of the valley (pl. lilies of the valley)
konvenans *s,* ***~en*** convention; ***bryta mot ~en*** commit a breach of etiquette
konvention *s* convention
konventionell *adj* conventional
konversation *s* conversation
konversera *vb itr* o. *vb tr* converse [*om* about, on]
konvex *adj* convex
konvoj *s* convoy
kooperation *s* co-operation
kooperativ *adj* co-operative
koordination *s* co-ordination
koordinera *vb tr* co-ordinate
kopia *s* copy; avskrift transcript; foto. print
kopiator *s* [photo]copier
kopiera *vb tr* copy; skriva av transcribe; foto. print
kopieringsapparat *s* photocopier
kopp *s* cup; som mått äv. cupful
koppar *s* copper
koppel *s* hund~ leash; grupp hundar pack of hounds
koppla *vb tr* couple, couple up; radio., tele. connect
□ **~ av** vila relax; **~ in** ansluta, t.ex. apparat plug in; anlita call in; **~ på** elektr. switch (turn) on; **~ upp** elektr. link up, connect; **~ ur** a) elektr. disconnect b) bil. declutch
koppleri *s* procuring, pimping
koppling *s* kopplande coupling, connecting; förbindelse connection; bil. clutch
kopplingspedal *s* clutch pedal, clutch
kopplingsschema *s* wiring-diagram
kora *vb tr* choose, select [*till* as]
korall *s* coral
koran *s,* ***Koranen*** the Koran
korean *s* Korean
koreansk *adj* Korean
koreograf *s* choreographer
koreografi *s* choreography
korg *s* basket
korgboll *s* basketball
korgmöbler *s pl* wicker furniture sg.
korgosse *s* choirboy
korint *s* currant
kork *s* cork; ***dra ~en ur*** flaskan uncork...
korka *vb tr* cork; ***~ igen (till)*** cork
korkad *adj* vard., dum stupid
korkmatta *s* linoleum
korkskruv *s* corkscrew
korn *s* **1** sädeskorn grain; ***ett ~ av sanning*** a grain of truth **2** sädesslag barley

kornblixt *s* sheet lightning; ***en ~*** a flash of sheet lightning
kornett *s* cornet
korp *s* fågel raven
korpidrott *s* inter-company athletics (sport)
korporation *s* corporate body
korpral *s* corporal
korpulent *adj* stout, corpulent
korrekt *adj* correct; felfri faultless
korrektur *s* proofs pl.
korrekturläsa *vb tr* proofread
korrespondensinstitut *s* correspondence school
korrespondensundervisning *s* postal tuition
korrespondent *s* correspondent
korrespondera *vb itr* correspond
korridor *s* corridor
korrigera *vb tr* correct; revidera revise
korrosion *s* corrosion
korrugerad *adj*, ***~ järnplåt*** corrugated iron
korrumpera *vb tr* corrupt
korruption *s* corruption, graft
kors I *s* cross; mus. sharp; ***lägga armarna (benen) i ~*** cross one's arms (legs); ***sitta med armarna (händerna) i ~*** bildl. twiddle one's thumbs, sit doing nothing **II** *adv*, ***~ och tvärs*** åt alla håll in all directions
korsa *vb tr* cross; två arter äv. cross-breed; skära intersect; ***~ gatan*** cross the street; ***~ ngns planer*** cross (thwart) a p.'s plans; ***~ över*** cross out, strike through
korsband *s*, sända ***som ~*** trycksaker ...as printed matter
korsdrag *s* draught, amer. draft
korseld *s* crossfire
korsett *s* corset
korsfästa *vb tr* crucify
korsfästelse *s* crucifixion
korsförhör *s* cross-examination
Korsika Corsica
korsikan *s* o. **korsikanare** *s* Corsican
korsikansk *adj* Corsican
korslagd *adj* crossed; ***med ~a armar*** with folded arms; sitta ***med ~a ben*** ...cross-legged
korsning *s* crossing; av två arter äv. crossbreeding; hybrid crossbreed
korsord *s* crossword, crossword puzzle
korsrygg *s*, ***~en*** the small of the back
korsstygn *s* cross-stitch
korstecken *s*, ***göra korstecknet*** make the sign of the cross
korståg *s* crusade
1 kort *s* **1** spelkort, vykort etc. card; ***sköta (spela) sina ~ väl*** play one's cards well **2** foto photo (pl. -s), picture
2 kort I *adj* short; ***med ~a mellanrum*** at short (brief) intervals; stanna bara ***en ~ stund*** ...for a little while; ***en ~ tid därefter*** shortly afterwards; ***göra ~are*** shorten; förkorta abbreviate **II** *adv* shortly, briefly; ***för att fatta mig ~*** to be brief; ***~ sagt*** in short, in brief
korta *vb tr* shorten
kortautomat *s* på bensinstation credit-card fuel pump
kortbrev *s* letter card
kortbyxor *s pl* shorts
kortdistanslöpare *s* short-distance runner, sprinter
kortfattad *adj* brief, short
korthet *s* shortness; ***i ~*** briefly
korthårig *adj* short-haired
kortklippt *adj* om person, ***vara ~*** have one's hair cut short
kortlek *s* pack of cards
kortlivad *adj* short-lived
kortregister *s* card index [*över* of]
kortsida *s* short side
kortsiktig *adj* short-term...
kortslutning *s* short circuit
kortspel *s* **1** spelande playing cards **2** enstaka spel card-game
kortspelare *s* card-player
kortsynt *adj* short-sighted
korttelefon *s* cardphone
kortvarig *adj* ...of short duration, short
kortvåg *s* short wave
kortväxt *adj* short
kortärmad *adj* short-sleeved
korv *s* sausage; ***varm ~*** hot dog (koll. dogs pl.)
korva *vb rfl*, ***~ sig*** om strumpa be sagging, ständigt sag
korvgubbe *s* hot-dog man
korvstånd *s* hot-dog stand
kos *s*, ***gå (springa) sin ~*** go (run) away
kosack *s* Cossack
koscher *adj* kosher
kosing *s* vard. dough sg., bread sg.
kosmetika *s pl* cosmetics, make-up sg.
kosmetisk *adj* cosmetic
kosmonaut *s* cosmonaut
kosmos *s* världsalltet the cosmos
kossa *s* **1** barnspr. moo-cow **2** neds. om kvinna cow, bitch
kost *s* fare; ***~ och logi*** board and lodging

kosta *vb tr* o. *vb itr* cost; **~ *vad det ~ vill*** no matter what the cost, money is no object; **~ *på*** lägga ut, offra spend [*på ngn (ngt)* on a p. (a th.)]; **~ *på sig ngt*** treat oneself to a th.
kostbar *adj* dyrbar costly; värdefull precious
kostfiber *s* roughage
kostnad *s,* **~** el. ***~er*** cost sg.; utgifter expense sg., expenses pl.
kostnadsfri *adj* ...free of cost (avgiftsfri of charge)
kostsam *adj* costly, expensive, dear
kostvanor *s pl* eating habits
kostym *s* **1** suit **2** teater~ costume; maskerad~ fancy dress
kostymbal *s* fancy-dress (costume) ball
kota *s* ryggkota vertebra (pl. vertebrae)
kotknackare *s* vard. bone-setter, chiropractor
kotlett *s* chop; benfri cutlet
kotte *s* **1** cone **2** ***inte en ~*** not a soul
kotteri *s* coterie, set; neds. clique
kovändning *s,* ***göra en ~*** do a turnabout (turnround, amer. turnaround), perform a volte-face
koögd *adj* cow-eyed
kpist *s* sub-machine-gun
krabat *s,* ***din lilla ~!*** you little beggar (monkey, rascal)!
krabba *s* crab
krafs *s* skräp trash; krimskrams knick-knacks pl.
krafsa *vb tr* o. *vb itr* scratch; **~ *ned*** jot (scribble) down
kraft *s* **1** force; drivkraft etc.; äv. elektr. power; ***~erna svek honom, hans ~er avtog*** his strength failed; ***pröva sina ~er på*** try one's strength on; ge sig i kast med grapple with; ***av alla ~er*** så mycket man orkar with all one's might, for all one is worth **2** man man; kvinna woman; arbetare worker; ***vara den drivande ~en*** be the driving force; firman har förvärvat ***nya ~er*** ...new people **3** ***träda i ~*** come into force (effect); ***i ~ av*** by virtue of
kraftanläggning *s* power plant (station)
kraftansträngning *s,* ***göra en ~*** make a real effort
kraftig *adj* **1** kraftfull powerful; våldsam violent, hard; ***en ~ dos*** a strong dose **2** stor, avsevärd great, considerable **3** stor till växten big; stadigt byggd sturdy, robust; tjock, tung heavy äv. t.ex. om tyg
kraftledning *s* power (transmission) line
kraftlös *adj* svag, klen weak, feeble
kraftmätning *s* trial of strength; friare showdown; tävlan contest
kraftverk *s* power station
krage *s* collar
kragstövel *s* top boot
krake *s* stackare wretch; ynkrygg coward
kram *s* hug; smeksam cuddle; i brevslut love
krama *vb tr* **1** trycka, pressa squeeze **2** omfamna hug, embrace; smeksamt cuddle
kramgo *adj* cuddly
kramp *s* i ben, fot etc. cramp
krampaktig *adj* spasmodic; ***~t försök*** desperate attempt
krampanfall *s* attack of cramp, spasm
kramsnö *s* wet (packed) snow
kran *s* vattenkran tap, speciellt amer. faucet; lyft~ crane
krans *s* blomster~, äv. vid begravning wreath; ring, krets ring äv. bakverk
kranvatten *s* tap water
kras *s,* ***gå i ~*** go to (starkare fly into) pieces
krasch *s* crash, smash
krascha *vb tr* o. *vb itr* crash, smash; itr. bildl. go to pieces
kraschlanda *vb itr* crash-land
kraschlandning *s* crash-landing
krass *adj* materialistic, self-interested; ***den ~a verkligheten*** harsh reality
krasse *s* blomster~ nasturtium, Indian cress; krydd~ garden cress
krasslig *adj* seedy, out of sorts
krater *s* crater
kratta I *s* redskap rake **II** *vb tr* rake
krav *s* demand; anspråk claim
kravaller *s pl* riots, disturbances
kravatt *s* necktie, tie
kravbrev *s* demand note; påminnelse reminder
kravla *vb itr* crawl; **~ *sig upp på*** crawl up on to
kraxa *vb itr* croak
kreativ *adj* creative
kreatur *s* farm animal; ~ pl., nötkreatur cattle
kredit *s* credit; ***köpa på ~*** buy on credit
kreditera *vb tr* credit
kreditkort *s* credit card
kreditåtstramning *s* credit squeeze
krematorium *s* crematorium
kremera *vb tr* cremate
kremering *s* cremation
Kreml the Kremlin
kremla *s* russula
kreti och pleti *s* every Tom, Dick and Harry sg.
kretong *s* cretonne

krets *s* circle; ring ring; strömkrets circuit; ***känd i vida ~ar*** widely known
kretsa *vb itr* circle
kretslopp *s* t.ex. blodets circulation; t.ex. jordens revolution
krevera *vb itr* explode, burst
kricket *s* cricket
kricketspelare *s* cricketer
krig *s* war; krigföring warfare; ***föra ~ mot*** make (wage) war on
kriga *vb itr* war, make war [*mot* on, against]
krigare *s* soldier; litt. el. åld. warrior
krigförande *adj*, ***~ makt*** belligerent
krigföring *s* warfare
krigisk *adj* warlike, martial
krigsfara *s* danger of war
krigsfartyg *s* warship, man-of-war (pl. men-of-war)
krigsfånge *s* prisoner of war (förk. POW)
krigsförklaring *s* declaration of war
krigskorrespondent *s* war correspondent
krigsmakt *s*, ***~en*** the armed (fighting) forces pl.
krigsrisk *s* danger (risk) of war
krigsrätt *s* domstol court-martial (pl. äv. courts-martial); ***ställas inför ~*** be court-martialled
krigsskådeplats *s* theatre of war
krigsstig *s*, ***på ~en*** on the warpath äv. bildl.
krigstid *s*, ***i ~*** in wartime
krigstillstånd *s* state of war
krigsutbrott *s* outbreak of war
Krim the Crimea
kriminal *s*, ***~en*** the criminal police
kriminalare *s* detective
kriminalitet *s* crime
kriminalkommissarie *s* detective superintendent (lägre inspector)
kriminalpolis *s*, ***~en*** the criminal police
kriminalvård *s* treatment of offenders
kriminell *adj* criminal
krimskrams *s* knick-knacks pl.
kring *prep* **1** runt om round, speciellt amer. around; omkring, i fråga om tid about, round about; ***mystiken ~*** försvinnandet the mystery surrounding... **2** om, angående about, concerning
kringfartsled *s* trafik. ring road, amer. beltway
kringgå *vb tr* lagen, reglerna evade, circumvent, get round
kringla *s* kok. pretzel; vete~ twist bun
kringliggande *adj* omgivande surrounding
kringresande *adj* travelling, touring
kringspridd *adj* o. **kringströdd** *adj* ...scattered about
krinolin *s* crinoline
kris *s* crisis (pl. crises)
krisdrabbad *adj* ...hit by a crisis (depression depression); om t.ex. område depressed
krispaket *s* austerity package
kristall *s* crystal; glas äv. cut glass
kristallisera *vb tr* o. *vb itr* crystallize [*till* into]
kristallklar *adj* crystal-clear
kristallkrona *s* cut-glass chandelier
kristen *adj* o. *subst adj* Christian
kristendom *s*, ~ el. ***~en*** Christianity
kristendomskunskap *s* skol. religion; bibelkunskap scripture
kristenhet *s*, ~ el. ***~en*** Christendom
kristid *s* time of crisis
Kristi Himmelsfärdsdag Ascension Day
kristlig *adj* kristen Christian
Kristus Christ; ***efter ~*** (förk. *e.Kr.*) AD; ***före ~*** (förk. *f.Kr.*) BC
krita *s* **1** chalk; färgkrita crayon **2** ***ta på ~*** buy on tick; ***när det kommer till ~n*** when it comes to it
kriterium *s* criterion (pl. criteria) [*på* of]
kritik *s* bedömning, klander criticism; recension review; kort notice; ***~en*** kritikerna the critics, the reviewers (båda pl.); ***under all ~*** beneath contempt
kritiker *s* critic; recensent reviewer
kritisera *vb tr* klandra criticize, find fault with
kritisk *adj* critical [*mot* of]
kritvit *adj* ...white as chalk
kroat *s* Croat
Kroatien Croatia
kroatisk *adj* Croatian
krock *s* bilkrock etc. collision, crash
krocka *vb itr* om bil etc., ***~ med ngt*** collide with a th., crash into a th.
krocket *s* croquet
krocketklubba *s* croquet mallet
krockkudde bil. airbag, crashbag
krog *s* restaurant; värdshus inn
krok *s* hook; ***nappa på ~en*** swallow the bait
krokben *s*, ***sätta ~ för ngn*** trip a p. up
krokett *s* kok. croquette
krokig *adj* crooked; i båge curved; böjd bent
krokna *vb itr* bend, become crooked (bent); vard. tappa orken fold up
krokodil *s* crocodile
krokryggig *adj*, ***gå*** (***vara***) ~ walk with (have) a stoop

krokus *s* crocus
krom *s* chromium
kromosom *s* chromosome
krona *s* **1** crown; ~ ***eller klave*** heads or tails; ***sätta ~n på verket*** supply the finishing touch **2** svenskt mynt [Swedish] krona (pl. kronor), (förk. SKr, SEK)
kronblad *s* petal
kronhjort *s* red deer
kronisk *adj* chronic
kronologisk *adj* chronological
kronprins *s* crown prince
kronprinsessa *s* crown princess
kronärtskocka *s* artichoke, globe artichoke
kropp *s* body
kroppkaka *s* potato dumpling stuffed with chopped pork
kroppsarbete *s* manual labour (work)
kroppsbyggnad *s* build
kroppsdel *s* part of the body
kroppslig *adj* bodily, physical
kroppslukt *s* body odour (förk. BO)
kroppsnära *adj* body-hugging, figure-hugging
kroppsställning *s* posture
kroppstemperatur *s* body temperature
kroppsvisitation *s* [personal] search; vard. frisk; visitering frisking
kroppsvisitera *vb tr* search; vard. frisk
kroppsvärme *s* heat of the body
kroppsövningar *s pl* physical exercises
krossa *vb tr* crush; slå sönder break, shatter
krubba *s* manger, crib; jul~ crib
krucifix *s* crucifix
kruka *s* blomkruka pot; vard., om person coward
krukväxt *s* potted plant
krullig *adj* curly; tätare frizzy
krumbukt *s*, ***utan ~er*** straight out
krumelur *s* snirkel flourish
krupp *s* med. croup
krus *s* kärl jar; med handtag jug, pitcher
krusa I *vb tr*, ~ ***sig*** curl, crisp; om vattenyta ripple **II** *vb tr* o. *vb itr* stand on ceremony; ~ ***ngn*** el. ~ ***för ngn*** make a fuss of a p.; ställa sig in hos make up to a p., chat up a p.
krusbär *s* gooseberry
krusiduller *s pl* i skrift flourishes; mera allmänt frills
krusig *adj* curly; speciellt bot. curled; om vattenyta rippled
kruskål *s* kale
krustad *s* croustade
krut *s* gun powder
krutdurk *s* powder magazine; ***sitta på en ~*** vard. sit on top of a volcano
krutgubbe *s* tough old boy
krux *s* crux
kry *adj* ...well, fit
krya *vb rfl*, ~ ***på sig*** get better, recover; ~ ***på dig!*** try to get better!
krycka *s* crutch; handtag på käpp etc. handle, crook
krydda I *s* spice äv. bildl.; t.ex. peppar, salt seasoning, flavouring; bords~ condiment **II** *vb tr* speciellt med salt o. peppar season; speciellt med andra kryddor spice äv. bildl.
kryddhylla *s* spice-rack
kryddnejlika *s* clove
kryddost *s* seed-spiced (clove-spiced) cheese
kryddpeppar *s* allspice
kryddväxt *s* aromatic plant; speciellt exotisk spice
krylla *vb itr*, ***det ~de av myror*** the place was crawling with ants; ***det ~de av folk*** the place was swarming with people
krympa *vb tr* o. *vb itr* shrink; ~ ***ihop*** shrink
krympfri *adj* unshrinkable; krympfribehandlad pre-shrunk
krympling *s* cripple
krympmån *s*, ***beräkna ~*** allow for shrinkage
kryp *s* creepy-crawly; om pers.: neds. creep; smeksamt om barn little mite
krypa *vb itr* crawl; speciellt tyst creep; ~ ***för ngn*** bildl. cringe to a p.; ~ ***i säng*** (***till kojs***) go to bed; ~ ***ihop*** t.ex. i soffan huddle up; ***sitta hopkrupen*** sit huddled up
krypbyxor *s pl* crawlers, amer. creepers
krypfil *s* slow-traffic (amer. creeper) lane
kryphål *s* bildl. loophole
krypin *s* gömställe, hål nest; lya den
krypköra *vb itr* edge along
krypskytt *s* mil. sniper
kryptisk *adj* cryptic
krysantemum *s* chrysanthemum
kryss *s* kors cross; på tipskupong draw
kryssa *vb itr* **1** sjö., gå mot vinden sail to windward; segla omkring cruise **2** ~ ***för*** markera mark with a cross
kryssare *s* cruiser
kryssning *s* långfärd cruise
krysta *vb itr* vid avföring strain; vid förlossning bear down
krystad *adj* sökt strained, laboured
kråka *s* **1** fågel crow **2** märke tick
kråkfötter *s pl* bildl. scrawl sg.

kråkslott *s* old dilapidated mansion
krångel *s* trouble, fuss; ***det är något ~ med motorn*** there is something wrong with the engine
krångla *vb itr* **1** ställa till krångel make a fuss (difficulties); förorsaka besvär give trouble; ***~ till*** röra till make a mess of; göra invecklad complicate **2** 'klicka' go wrong; magen (motorn) ***~r*** there is something wrong with...
krånglig *adj* svår difficult; invecklad complicated; besvärlig troublesome; kinkig awkward; dålig, t.ex. om mage weak
kräfta *s* **1** zool. crayfish **2** ***Kräftan*** astrol. Cancer
kräftskiva *s* crayfish party
kräk *s* stackare poor thing, wretch; knöl brute
kräkas I *vb itr dep* vomit, be sick **II** *vb tr,* ***~ blod*** vomit blood
kräla *vb itr* krypa crawl; ***~ i stoftet*** bildl. grovel [*för* to]
kräldjur *s* reptile
kräm *s* cream
krämpa *s* ailment
kränga I *vb tr* dra, t.ex. tröja över huvudet force; ***~ av sig*** pull off **II** *vb itr* sjö. heel over; slänga, om bil, flygplan etc. sway
krängning *s* heeling, swaying
kränka *vb tr* bryta mot violate; inkräkta på infringe; förolämpa offend; såra injure
kränkande *adj* förolämpande insulting
kränkning *s* violation; av t.ex. rättigheter infringement; förolämpning offence
kräpp *s* crepe
kräppnylon *s* stretch nylon
kräsen *adj* fastidious, particular
kräva *vb tr* demand, call for; ta i anspråk, t.ex. tid take; ***~ ngn på betalning*** demand payment from a p.; ***olyckan krävde tre liv*** the accident claimed the lives of three people
krävande *adj* om arbete etc. exacting; svår arduous, heavy; påfrestande, t.ex. om tid trying
krögare *s* källarmästare restaurant-keeper, restaurateur
krök *s* bend; av väg äv. curve
1 kröka I *vb tr* bend; i båge äv. curve; t.ex. ryggen bend **II** *vb itr* bend
2 kröka *vb itr* vard., supa booze
kröken *s* vard. booze, liquor; ***spola ~*** go on the wagon
krön *s* bergskrön etc. crest; högsta del top
kröna *vb tr* crown
krönika *s* chronicle; artikel över visst ämne column
kröning *s* kunga~ etc. coronation
kub *s* cube
Kuba Cuba
kuban *s* Cuban
kubansk *adj* Cuban
kubik *s,* ***5 i ~*** the cube of 5
kubikmeter *s* cubic metre
kuckeliku *interj* cock-a-doodle-doo!
kudde *s* cushion; huvudkudde pillow
kugga *vb tr* vard., i tentamen plough, amer. flunk
kugge *s* cog äv. bildl.
kuggfråga *s* catch (tricky) question
kugghjul *s* gearwheel, cogwheel, tooth wheel
kuk *s* vulg. prick, cock
kukeliku *interj* cock-a-doodle-doo!
kul *adj* vard., trevlig nice; roande amusing
kula *s* **1** ball; gevärs~ bullet; bröd~, pappers~ etc. pellet; leksak marble; ***spela ~*** play marbles **2** sport., ***stöta ~*** put the shot **3** ***börja på ny ~*** start afresh
kulen *adj* om dag raw and chilly, bleak
kulinarisk *adj* culinary
kuling *s* gale; ***frisk ~*** strong breeze
kuliss *s* teat., vägg sidescene; sättstycke set piece; bildl. front; ***bakom ~erna*** behind the scenes; ***i ~en (~erna)*** in the wings
kull *s* av däggdjur litter; av fåglar brood; friare batch
kullager *s* ball bearing
kulle *s* hill; liten hillock, mound
kullerbytta *s* somersault; fall fall
kullersten *s* cobblestone, cobble
kullkasta *vb tr* t.ex. ngns planer upset
kulmen *s* culmination; höjdpunkt climax
kulminera *vb itr* culminate [*i* in]; reach one's climax (statistiskt peak)
kulpenna *s* o. **kulspetspenna** *s* ball (ballpoint) pen, ballpoint
kulspruta *s* machine gun
kulsprutepistol *s* sub-machine-gun
kulstötning *s* putting the shot
kult *s* cult
kultiverad *adj* t.ex. om smak, språk cultured, refined, cultivated
kultur *s* civilisation civilization; bildning culture; jordbruk cultivation; bakterie~ culture
kulturchock *s* culture shock
kulturell *adj* cultural
kulturkrock *s* cultural clash
kultursida *s* i tidning cultural page

kulör *s* colour; schattering shade
kulört *adj* coloured; ~ ***lykta*** papperslykta Chinese lantern
kummel *s* fisk hake
kummin *s* caraway
kumpan *s* kamrat companion; medbrottsling accomplice
kund *s* customer; mera formellt client
kunde se *kunna*
kundkrets *s* customers pl., clientele
kundvänlig *adj* customer-friendly
kung *s* king
kungafamilj *s* royal family
kungapar *s* royal couple
kunglig *adj* royal
kunglighet *s* royalty; person royal personage
kungsörn *s* golden eagle
kungöra *vb tr* announce, proclaim
kungörelse *s* announcement, proclamation
kunna I *hjälpvb (kan* resp. *kunde)* **1** can (resp. could); ***jag skall göra så gott jag kan*** I will do my best; ***han kan köra bil*** förstår sig på att he knows how to drive a car; är i stånd att he is capable of driving a car; ***det kan inte vara sant*** that can't be true; ***jag kan inte komma imorgon*** I can't (shan't be able to) come tomorrow **2** may (resp. might) **a)** 'kan kanske', ***du kunde ha förkylt dig*** you might have caught a cold; ***det kan (kunde)*** tänkas ***vara sant*** it may (might) be true; ***det är så man kan bli galen*** it's enough to make one go mad **b)** uttr. tillåtelse etc., 'får', ***kan (kunde) jag få*** lite mera te***?*** may (can, might, could) I have..., please? **c)** 'må' samt i förbindelse med 'gärna', ***du kan lika gärna*** göra det själv you may as well... **d)** i avsiktsbisatser, hon låste dörren ***så att ingen kunde komma in*** ...so that no one might (could) come in **3** speciella fall, ***vem kan det vara?*** who can it be?; ***vad kan klockan vara?*** I wonder what the time is?; ***hur kan det komma sig att...?*** how is (comes) it that...?; brukar, ***sådant kan ofta hända*** such things will often happen...; ***barn kan vara mycket prövande*** children can be very trying **II** *vb tr* know; ~ ***läxan*** skol. know one's homework; ***han kan bilar*** he knows all about cars; ***han kan flera språk*** he knows (kan tala can speak) several languages
kunnande *s* knowledge; skicklighet skill
kunnig *adj* well-informed [*i* on]; skicklig clever, skilled [*i* at]
kunnighet *s* kunskaper knowledge [*i* of]; skicklighet skill [*i* at]
kunskap *s* knowledge (end. sg.) [*i, om* of]; ***~er i*** knowledge of...
kunskapstörst *s* thirst for knowledge
kupa *s* shade
kupé *s* **1** järnv. compartment **2** fordon coupé
kupera *vb tr* stubba dock; kortsp. cut
kuperad *adj* kullig hilly
kuplett *s* revue (comic) song
kupol *s* dome
kupong *s* coupon
kupp *s* polit. coup; stöld robbery, haul, raid; ***göra en ~*** stage a coup; förkyla sig ***på ~en*** ...as a result; till råga på allt ...on top of it
kuppförsök *s* attempted coup (rån robbery)
kur *s* med. cure äv. bildl.
kura *vb itr,* ~ ***ihop sig*** huddle oneself up; ***sitta och ~*** ha tråkigt mope
kurator *s* social~ welfare officer; skol~ school welfare officer; sjukhus~ almoner
kurera *vb tr* cure [*från* of]
kuriositet *s* curiosity
kurir *s* courier
kurort *s* health resort; brunnsort spa
kurra *vb itr,* ***det ~r i magen på mig*** my stomach is rumbling
kurragömma *s,* ***leka ~*** play hide-and-seek
kurre *s* om person fellow, chap, speciellt amer. guy
kurs *s* **1** course; ***hålla ~ på (mot)*** steer (head) for **2** hand. rate [*på* for]; ***stå högt i ~*** be at a premium (bildl. in great favour) [*hos* with] **3** skol. el. univ. course; ***gå på (gå en) ~ i...*** attend a course in...
kursdeltagare *s* course member
kursfall *s* hand. fall (decline) in prices (rates)
kursiv *s* italics pl.
kursivera *vb tr* italicize
kursivläsning *s* oförberedd reading without preparation; flyktig rapid reading
kursivt *adv,* ***läsa ~*** read without preparation (flyktigt rapidly)
kurva *s* curve; vägkrök äv. bend; diagram graph
kurvig *adj* om kvinna curvaceous; om väg curved
kusin *s* cousin
kusk *s* driver
kuslig *adj* uncanny, awful
kust *s* coast; strand shore
kustartilleri *s* coast artillery
kustbevakning *s,* ***~en*** the coast guard
kuta *vb itr* vard. ~ ***i väg*** trot (dart) away

kutryggig *adj, **vara** ~* have a stoop
kutter *s* segel~ cutter; fiske~ vessel
kuttra *vb itr* coo äv. bildl.
kutym *s* usage, custom, practice; ***det är ~ att*** it is customary to
kuva *vb tr* subdue; undertrycka repress
kuvert *s* **1** brev~ envelope **2** bords~ cover
kuvertavgift *s* cover charge
kuvertbröd *s* roll, French roll
kuvös *s* incubator
kvacksalvare *s* quack, quack doctor; fuskare dabbler
kvadda *vb tr* krossa smash
kvadrat *s* square; ***2 meter i ~*** 2 metres square
kvadratmeter *s* square metre
1 kval *s* lidande suffering; pina torment
2 kval *s* sport., omgång qualifying round; match qualifying match
kvala *vb itr* sport. qualify; ***~ in till*** qualify for
kvalificera *vb tr* o. *vb rfl, **~ sig*** qualify [*till, för* for]
kvalificerad *adj* qualified; om arbetskraft skilled
kvalificering *s* qualifying, qualification
kvalifikation *s* qualification
kvalitativ *adj* qualitative
kvalitet *s* quality
kvalitetsvara *s* quality product
kvalmatch *s* qualifying match
kvalmig *adj* kvav close, stifling
kvantitativ *adj* quantitative
kvantitet *s* quantity
kvar *adv* på samma plats som förut still there (resp. here); lämnad left, left behind; ***bli (finnas, stanna, vara) ~*** äv. remain; ***ha ~*** behålla keep; ***har vi långt ~?*** av vägen are we far off?; ***låta*** ngt ***ligga (stå) ~ där*** leave...there
kvarbliven *adj, **kvarblivna*** biljetter ...remaining (left) over
kvarglömd *adj* ...left behind; ***~a effekter*** lost property
kvark *s* surmjölksost curd cheese, cottage cheese
kvarleva *s* remnant; från det förflutna relic; ***hans jordiska kvarlevor*** his mortal remains
kvarlevande *adj* surviving; ***de ~*** the survivors
kvarliggande *adj* ...left about (around); ej avhämtad unclaimed
kvarlåtenskap *s, **hans ~*** uppgår till... the property left behind him...

kvarn *s* mill
kvarnsten *s* millstone; ***en ~ om halsen på ngn (om ngns hals)*** a millstone round a p.'s neck
kvarskatt *s* tax arrears pl., back tax
kvarstå *vb itr* remain
kvart *s* **1** fjärdedel quarter; ***en (ett) ~s...*** a quarter of a (an)... **2** kvarts timme quarter of an hour; ***klockan är en ~ över (i) två*** it's a quarter past (to) two
kvartal *s* quarter
kvarter *s* **1** hus~ block; område district; konstnärs~ etc. quarter **2** mån~ quarter
kvartett *s* quartet äv. mus.
kvarts *s* miner. quartz
kvartsfinal *s* sport. quarter-final
kvartslampa *s* ultraviolet lamp, sunlamp
kvartssekel *s* quarter of a century
kvartsur *s* quartz watch (på vägg clock)
kvast *s* broom; ***nya ~ar sopar bäst*** new brooms sweep clean
kvav *adj* close; instängd stuffy; tryckande oppressive, sultry
kverulant *s* grumbler
kverulera *vb itr* make a fuss, grumble
kvick *adj* **1** snabb quick **2** vitsig witty; smart
kvickhet *s* **1** snabbhet quickness **2** spiritualitet wit **3** kvickt uttryck witticism, joke
kvickna *vb itr, **~ till*** revive, come to (round)
kvicksilver *s* mercury
kvicktänkt *adj* quick-witted, ready-witted
kviga *s* heifer
kvinna *s* woman (pl. women)
kvinnlig *adj* av ~t kön female; typisk för en kvinna feminine; ~ av sig womanly; ***~ läkare*** woman doctor; ***~ rösträtt*** women's suffrage
kvinnoklinik *s* women's clinic
kvinnoläkare *s* specialist in women's diseases, gynaecologist
kvinnosakskvinna *s* feminist; vard. women's libber
kvinnosjukdom *s* woman's disease (pl. women's diseases)
kvinnotjusare *s* lady-killer
kvintett *s* quintet äv. mus.
kvissla *s* pimple, spot
kvist *s* på träd etc. twig
kvitt *adj* **1** ***vara ~*** be quits **2** ***bli ~ ngn (ngt)*** bli fri från get rid (quit) of a p. (a th.)
kvitta *vb tr* set off [*med, mot* against]; ***det ~r*** it's all one (the same)
kvitten *s* bot. quince

kvittens *s* receipt
kvitter *s* chirp; kvittrande chirping
kvittera *vb tr* o. *vb itr* räkning receipt; skriva under sign; sport. equalize; *~s* på räkning received with thanks; *~ ut* sign for; på posten collect
kvitto *s* receipt [*på* for]
kvittra *vb itr* chirp
kvot *s* quota; vid division quotient
kvotera *vb tr* fördela i kvoter allocate...by quotas
kväkare *s* Quaker
kvälja *vb tr, **det kväljer mig*** it makes me feel sick
kväljande *adj* sickening
kväll *s* afton evening; senare night; ***god ~!*** good evening (vid avsked äv. night)!; ***i ~*** this evening, tonight; ***om*** el. ***på ~en*** (***~arna***) in the evening (evenings); ***kl. 10 på ~en*** at 10 o'clock in the evening (at night)
kvällsmat *s* supper
kvällsnyheter *s pl* i radio late news
kvällstidning *s* evening paper
kvällsöppen *adj, **ha kvällsöppet*** be open in the evening
kväva *vb tr* choke; av syrebrist el. rök vanl. suffocate; med t.ex. kudde smother; bildl., opposition suppress; revolt quell; ***vara nära att ~s*** be almost choking [*av* with]
kväve *s* nitrogen
kyckling *s* chicken
kyffe *s* poky hole; ruckel hovel
kyl *s* kylskåp fridge; ***~ och frys*** fridge-freezer
kyla I *s* **1** cold; svalka chilliness **2** bildl. coldness **II** *vb tr, **~ av*** cool down, chill
kylare *s* på bil radiator
kylarvätska *s* antifreeze, antifreeze mixture
kyldisk *s* refrigerated display counter (cabinet)
kylhus *s* cold store
kylig *adj* cool; starkare cold
kylknöl *s* chilblain
kylskada *s* frostbite
kylskåp *s* refrigerator; vard. fridge
kylväska *s* cool bag (box)
kypare *s* waiter
kyrka *s* church; ***gå i ~n*** go to (attend) church
kyrkbröllop *s* church wedding
kyrkbänk *s* pew
kyrkklocka *s* **1** church bell **2** ur church clock
kyrklig *adj, **~ begravning*** Christian burial; ***~ vigsel*** church wedding
kyrkoadjunkt *s* curate
kyrkobesökare *s* regelbunden churchgoer
kyrkobok *s* parish register
kyrkobokföring *s* parish registration
kyrkogård *s* cemetery; kring kyrka churchyard
kyrkoherde *s* vicar, rector; katol. parish priest
kyrkvaktmästare *s* verger
kysk *adj* chaste äv. bildl.
kyskhet *s* chastity
kyss *s* kiss
kyssa *vb tr* kiss
kyssas *vb itr dep* kiss
kåda *s* resin
kåk *s* **1** ruckel ramshackle house; vard. house, building **2** ***på ~en*** vard. in clink (the slammer)
kål *s* **1** cabbage **2** bildl., ***göra*** (***ta***) ***~ på*** nearly kill
kåldolma *s* ung. stuffed cabbage roll
kålhuvud *s* head of cabbage, cabbage
kålrot *s* swede, Swedish turnip
kånka *vb itr, **~ på ngt*** lug a th.
kåpa *s* **1** munkkåpa cowl **2** tekn., skyddskåpa cover; rökhuv hood
kår *s* body; mil. el. dipl. corps (pl. lika)
kåre *s* vindil breeze; ***det går kalla kårar efter ryggen på mig*** a cold shiver runs down my back
kåsera *vb itr* muntligt ung. give a talk; skriftligt write a light article [*om, över* on]
kåseri *s* causerie
kåsör *s* i tidning columnist
kåt *adj* vard. randy, horny
käbbel *s* bickering, nagging
käbbla *vb itr* bicker; gnata nag; ***~ emot*** answer back
käck *adj* ...full of go; om klädesplagg smart
käft *s, ~* el. ***~ar*** jaws pl.; ***håll ~*** (***~en***)***!*** shut up!; ***slå ngn på ~en*** give a p. one on the jaw
käfta *vb itr, **~ emot*** answer back
kägelbana *s* skittle alley
kägla *s* **1** cone **2** i kägelspel skittle
käk *s* vard., mat grub, nosh
käka vard. **I** *vb itr* have some grub **II** *vb tr, **~ middag*** have dinner
käkben *s* jawbone
käke *s* jaw
kälkbacke *s* toboggan-run
kälke *s* toboggan, sledge
kälkåkning *s* tobogganing, sledging

källa *s* flods source; ***varma källor*** hot springs; ***från säker ~*** from a reliable source
källare *s* förvaringslokal cellar; källarvåning basement
källarmästare *s* restaurant-keeper, restaurateur
källarvalv *s* cellar vault
källarvåning *s* basement
källskatt *s* tax at the source
källvatten *s* spring water
kämpa *vb itr* slåss fight; brottas struggle; ***~ emot*** bjuda motstånd offer resistance
kämpe *s* **1** stridsman warrior **2** förkämpe champion [*för* of]
kämpig *adj*, ***ha det ~t*** have a tough time
känd *adj* known; väl~ well known; ryktbar famous; välbekant familiar [*för ngn* to a p.]; det är ***en allmänt ~ sak*** äv. ...a fact familiar to all
kändis *s* vard. celebrity, celeb, well-known personality
känga *s* boot, amer. shoe; ***ge ngn en ~*** have a dig at a p.
känguru *s* kangaroo (pl. -s)
känn *s*, ***ha*** ngt ***på ~*** feel...instinctively
känna I *vb tr* o. *vb itr* **1** feel; pröva try and see; ***~ avund*** (***besvikelse***) be el. feel envious (disappointed); ***~ en svag doft*** notice a faint scent; ***~ gaslukt*** smell gas; ***känn efter om*** kniven är vass see whether... **2** känna till, vara bekant med know; ***~ ngn till namnet*** (***utseendet***) know a p. by name (sight); ***lära ~ ngn*** get to know a p. **II** *vb rfl*, ***~ sig*** feel; ***~ sig kry*** (***trött***) feel well (tired)
□ ~ **av** märka feel; ~ **efter** *i sina fickor* search (feel) one's pockets; ***~ efter om*** dörren är låst see if...; ~ **igen** recognize; ~ **på sig** att... have a (the) feeling...; ~ **till** know (have heard) of
kännare *s* konst~ etc. connoisseur; expert expert
kännas *vb itr dep* **1** feel; ***det känns inte*** I (you etc.) don't feel it; ***hur känns det?*** how do you feel?; ***det känns på lukten*** att... you can tell by the smell... **2** ***~ vid*** erkänna, t.ex. misstag, barn acknowledge
kännbar *adj* ...that makes (resp. made) itself felt; förnimbar perceptible; märkbar noticeable; avsevärd considerable; svår severe
kännedom *s* kunskap knowledge [*om* of]; bekantskap acquaintance [*om* with]; ***få ~ om*** (***om att***) receive information about (that)
kännemärke *s* o. **kännetecken** *s* igenkänningstecken mark, distinctive mark; utmärkande egenskap characteristic [*på* of]
känneteckna *vb tr* characterize, mark
känning *s* **1** kontakt touch **2** smärtsam förnimmelse sensation of pain; ***få ~ av inflationen*** be affected by the inflation **3** förkänsla presentiment
känsel *s* sinne feeling
känsla *s* feeling; sinnesförnimmelse sensation; sinne sense; stark (djup) ~ emotion
känslig *adj* sensitive [*för* to]; mottaglig susceptible; lättrörd emotional; ömtålig delicate
känsloladdad *adj* emotionally charged
känsloliv *s* emotional life
känslomässig *adj* emotional
känslosam *adj* emotional; sentimental sentimental
käpp *s* stick; tunn, äv. rotting cane; stång rod; ***sätta en ~ i hjulet*** throw a spanner into the works
käpphäst *s* hobby-horse
kär *adj* **1** avhållen dear [*för* to]; älskad beloved [*för* by]; ***Käre Herr Ek!*** i brev Dear Mr. Ek; ***~a vänner!*** my dear friends! **2** förälskad in love [*i* with]; ***bli ~ i*** fall in love with
kärande *s* plaintiff; i brottmål prosecutor
käring *s* old woman
kärkommen *adj* welcome
kärl *s* vessel; förvaringskärl container
kärlek *s* love [*till* of, for]
kärleksaffär *s* love affair, romance
kärleksfull *adj* älskande loving, affectionate
kärleksförhållande *s* love affair
kärleksförklaring *s* declaration of love
kärlekshistoria *s* **1** berättelse love story **2** kärleksaffär love affair
kärleksliv *s* love life
kärna *s* fruktkärna i äpple, citrusfrukt pip; i melon, druva seed; i stenfrukt stone; i nöt kernel; ***~n*** det väsentliga the essence [*i* of]
kärnavfall *s* nuclear waste
kärnbränsle *s* nuclear fuel
kärnfrisk *adj* om person thoroughly healthy, fit as a fiddle
kärnfysik *s* nuclear physics sg.
kärnhus *s* core
kärnklyvning *s* nuclear fission
kärnkraft *s* nuclear power
kärnkraftverk *s* nuclear power station (plant)

kärnladdning *s* nuclear charge
kärnmjölk *s* buttermilk
kärnreaktor *s* nuclear reactor
kärnvapen *s* nuclear weapon
kärnvapenförbud *s* ban on nuclear weapons, nuclear ban
kärnvapenprov *s* nuclear test
kärr *s* marsh; myr swamp, fen
kärra *s* cart; skottkärra barrow
kärv *adj* harsh; ***~a tider*** hard times
kärva *vb itr* om motor bind
kärve *s* sheaf (pl. sheaves)
kätting *s* chain; ankar~ äv. cable
kö *s* **1** queue, file; ***bilda ~*** form a queue **2** biljard~ cue
köa *vb itr* queue, queue up
köbricka *s* queue number (check)
kök *s* **1** kitchen **2** kokkonst cuisine
köksa *s* assistant female cook
köksavfall *s* kitchen refuse, garbage
köksfläkt *s* se *spisfläkt*
köksingång *s* kitchen (back) entrance
köksmästare *s* chef
köksträdgård *s* kitchen garden
köksväxt *s*, ***~er*** grönsaker vegetables; kryddväxter pot herbs, sweet herbs
köl *s* keel
kölapp *s* queue ticket
köld *s* cold; frost frost; kall väderlek cold weather
köldgrad *s* degree of frost
köldknäpp *s* cold spell
Köln Cologne
kön *s* sex
könsdelar *s pl*, ***yttre ~*** genitals, private parts
könsdiskriminering *s* sex discrimination, sexism
könsdrift *s* sex (sexual) instinct
könsmogen *adj* sexually mature
könsorgan *s* sexual organ
könsrollsdebatt *s* debate on the role of the sexes
könssjukdom *s* venereal disease
könsumgänge *s* sexual intercourse
köp *s* purchase; ***göra ett gott ~*** make a good bargain; ta varor ***på öppet ~*** ...on a sale-or-return basis; ***till på ~et*** dessutom ...in addition
köpa *vb tr* buy, purchase [*av ngn* from a p.]
□ ~ **in** buy in; ~ **in sig i** buy one's way into; ~ **upp** buy up; ***~ upp sina pengar*** spend all one's money
köpare *s* buyer, purchaser
köpeavtal *s* o. **köpekontrakt** *s* contract of sale
Köpenhamn Copenhagen
köpeskilling *s* o. **köpesumma** *s* purchase sum
köping *s* market town
köpkort *s* credit card
köpkraft *s* purchasing (spending) power
köpman *s* handlande tradesman; grosshandlare merchant
köpslå *vb itr* bargain; kompromissa compromise
köptvång *s*, ***utan ~*** with no obligation to purchase
1 kör *s* sångkör choir; t.ex. i opera chorus
2 kör *s*, ***i ett ~*** without stopping
köra I *vb tr* **1** drive; motorcykel ride; forsla take; tyngre gods carry, transport **2** stöta, sticka, stoppa run, thrust **3** ~ visa ***en film*** show a film; filmen ***har körts tre veckor*** ...has run three weeks **4** data. run **5** jaga, mota ***~ ngn på dörren*** turn a p. out **II** *vb itr* **1** drive; på cykel (motorcykel) ride; åka go, ride; färdas travel; om bil, tåg etc. run, go; ***bilen körde rakt på...*** the car ran straight into...; ***~ mot rött*** (***rött ljus***) jump the traffic lights **2** kuggas i tentamen be ploughed (amer. flunked)
□ ~ **bort** drive away; forsla undan take away; driva bort drive (send)...away (off), pack...off; ~ **fast** get stuck äv. bildl.; ~ **fram** *bilen till* dörren drive the car up to...; ***bilen körde fram till*** trappan the car drove up to...; ~ **ifatt** catch up with; ~ **igång med** vard., starta go ahead with; ~ **ihjäl ngn** run over a p. and kill him (her); ~ **ihop** kollidera run into one another; ***~ ihop med*** run into, collide with; ~ **in** en ny bil run in; ~ **om** passera overtake, pass; ~ **omkring** itr. drive (resp. ride) round; ~ **omkull ngn** knock a p. down; ~ **på ngn** kollidera med run into a p.; **kör till!** all right! O.K!; ~ **upp** för körkort take one's driving test; ~ kasta **ut ngn** turn a p. out; ~ **över ngn** run over a p.; vard., ej ta hänsyn till steamroller
körbana *s* på gata road, roadway
körfält *s* lane, traffic lane
körhastighet *s* speed
körkort *s* driving (driver's) licence
körriktning *s* direction
körriktningsvisare *s* indicator
körsbär *s* cherry
körsbärslikör *s* cherry brandy
körsbärstomat *s* cherry tomato
körsbärsträd *s* cherry tree, cherry

körskola *s* driving school
körsnär *s* furrier
körtel *s* gland
körvel *s* bot. chervil
kött *s* flesh äv. bildl.; slaktat meat; ***mitt eget ~ och blod*** my own flesh and blood
köttaffär *s* butik butcher's
köttbit *s* piece of meat
köttbulle *s* meat-ball
köttfärs *s* råvara minced meat; rätt meat loaf
köttfärslimpa *s* meat loaf
köttgryta *s* kärl stewpot; rätt hotpot, steak casserole
köttig *adj* fleshy
köttkvarn *s* mincer, meat-mincer
köttskiva *s* slice of meat
köttsoppa *s* broth, meat broth
köttspad *s* stock, gravy

L

1 labb *s* vard., hand paw; näve fist
2 labb *s* vard. (förk. för *laboratorium*) lab
labil *adj* unstable
laboratorium *s* laboratory
laborera *vb itr,* ***~ med*** t.ex. en teori work (go) on; experimentera med experiment with
labyrint *s* labyrinth, maze
lack *s* **1** sigillack sealing-wax; lacksigill seal **2** fernissa lacquer, varnish **3** lackläder patent leather
lacka *vb tr* seal...with sealing-wax
lackera *vb tr* lacquer; naglar samt trä etc. varnish; ***~ om en bil*** have a car repainted
lackering *s* det att lackera varnishing, lacquering; den lackerade ytan varnish, lacquer; bil~, konkret paintwork
lackfärg *s* enamel paint, lacquer
lackmus *s* litmus
lacknafta *s* white spirit
lada *s* barn
ladda *vb tr* fylla load; skjutvapen äv. charge; elektr. charge; ***~ om*** reload; elektr. recharge; ***~ batterierna*** bildl. recharge one's batteries
laddning *s* charge; det att ladda loading, charging
laddningsapparat *s* charger
ladugård *s* cowhouse, cowshed
1 lag *s* **1** sport. o. arbetslag team; sport. äv. side; ***ha ett ord med i ~et*** have a voice (a say) in the matter; ***över ~*** genomgående without exception, all along the line **2** ***i kortaste ~et*** rather (a bit) short; 100 kronor ***är i mesta*** (***minsta***) ***~et*** ...is pretty much (precious little); ***i senaste ~et*** only just in time; ***vid det här ~et*** by now
2 lag *s* law; antagen av statsmakterna act; det är ***i ~ förbjudet*** ...prohibited by law
1 laga *adj* lagenlig legal; ***vinna ~ kraft*** gain legal force
2 laga I *vb tr* **1** ~ el. ***~ till*** make; genom stekning etc. äv. cook; t.ex. måltid prepare; ***~ mat*** cook; ***~ maten*** do the cooking; ***äta ~d mat*** eat cooked food **2** reparera repair, mend; stoppa darn; lappa patch, patch up; tänder fill **II** *vb itr,* ***~*** (***~ så***) ***att...*** se till see (see to it) that...; ställa om arrange (manage) it so that...
laganda *s* team spirit

lagarbete *s* teamwork
lagbrott *s* breach of the law
lagbrytare *s* law-breaker
lagenlig *adj* ...according to law
1 lager *s* **1** förråd stock [*av, i* of]; lokal storeroom, magasin warehouse; ***ha...på ~*** have...in stock (on hand) **2** skikt layer; av färg äv. coat
2 lager *s* bot. laurel; ***vila på sina lagrar*** rest on one's laurels
3 lager *s* öl lager
lagerblad *s* o. **lagerbärsblad** *s* bay leaf
lagerkrans *s* som utmärkelsetecken laurel wreath
lagerlokal *s* storeroom; magasin warehouse
lageröl *s* lager, lager beer
lagförslag *s* bill, proposed bill
lagkamrat *s* team-mate
lagledare *s* sport. manager of a (resp. the) team
laglig *adj* laga legal; erkänd av lagen, t.ex. regering lawful
laglydig *adj* law-abiding
lagning *s* **1** kok. making; genom stekning etc. cooking **2** reparation repair, mend; stoppning darn; av tänder filling
lagom I *adv* nog just enough; det är ***alldeles (just) ~ saltad*** ...salted just right; ***komma precis ~*** i tid be just in time; lägligt come at the right moment **II** *adj*, ***på ~ avstånd*** at just the right distance; ***är det här ~?*** is this enough (about right)?; räcker det? will this do?; skon ***är ~ (precis ~) åt mig*** ...fits me (fits me exactly) **III** *s*, ***~ är bäst*** everything in moderation
lagra *vb tr* förvara store; för förbättring: om t.ex. vin leave...to mature; om t.ex. ost leave...to ripen
lagrad *adj* om t.ex. vin matured; om t.ex. ost ripe
lagsport *s* team game
lagstadgad *adj* statutory, ...fixed by law
lagstiftande *adj* legislative
lagstiftning *s* legislation
lagtävling *s* team competition
lagun *s* lagoon
lagård *s* cowhouse, cowshed
lakan *s* sheet
lake *s* burbot
lakej *s* lackey äv. bildl.
lakrits *s* liquorice, speciellt amer. licorice
lam *adj* paralysed; föga övertygande lame; svag feeble
lamm *s* lamb
lammkött *s* kok. lamb
lammstek *s* roast lamb
lampa *s* lamp; glödlampa bulb
lampskärm *s* lampshade
lamslå *vb tr* paralyse; ***lamslagen av skräck*** paralysed with fear
land *s* **1** country; i högre stil land **2** fastland land; strand shore; ***se (veta) hur ~et ligger*** bildl. see how the land lies; ***i ~*** t.ex. gå, vara ashore, on shore; på landbacken on land; ***gå (stiga) i ~*** go ashore; ***gå i ~ med*** bildl. manage, cope with; ***till ~s och till sjöss*** t.ex. färdas by sea and land **3** jord land; trädgårdsland plot; med t.ex. grönsaker patch **4** landsbygd, ***bo (fara ut) på ~et*** live in (go into) the country
landa *vb itr* land
landbacke *s*, ***på ~n*** on land (shore)
landgång *s* **1** sjö. gangway, gangplank **2** smörgås long open sandwich
landkrabba *s* vard. landlubber
landning *s* flyg. landing, touchdown
landningsbana *s* runway
landremsa *s* strip of land
landsbygd *s* country, countryside
landsflykt *s* exile
landsflyktig *adj* ...in exile
landsflykting *s* exile
landsförvisa *vb tr* exile, expatriate
landshövding *s* ung. county governor [*i* of]
landskamp *s* international, international match
landskap *s* **1** provins province **2** natur o. tavla landscape; sceneri scenery
landslag *s* sport. international team
landsman *s* fellow-countryman; ***vad är han för ~?*** what is his nationality?
landsmål *s* dialect
landsomfattande *adj* nationwide
Landsorganisationen, ~ *i Sverige* (förk. *LO*) the Swedish Trade Union Confederation
landsort *s*, ***~en*** the provinces pl.
landsortsbo *s* provincial
landssorg *s* national mourning
landstiga *vb itr* land
landstigning *s* landing
landsting *s* ung. county council
landstingsman *s* ung. county councillor
landställe *s* country house, place in the country
landsväg *s* main road
landsända *s* part of a (resp. the) country
landsätta *vb tr* land; från fartyg äv. disembark
landsättning *s* landing, disembarkation

langa I *vb tr* räcka från hand till hand pass...from hand to hand; skicka hand; kasta chuck **II** *vb tr* o. *vb itr*, ~ el. ~ ***sprit*** bootleg, bootleg liquor; ~ ***narkotika*** push drugs
langare *s* sprit~ bootlegger; knark~ drug (dope) pusher
lanolin *s* lanolin
lans *s* lance
lansera *vb tr* introduce; t.ex. mode, idé start, launch
lantarbetare *s* farm worker, agricultural labourer
lantbo *s* rustic; ~***r*** vanl. country people
lantbruk *s* **1** agriculture; arbete farming **2** ställe farm
lantbrukare *s* farmer
lantbröd *s* ung. farmhouse bread; ***ett*** ~ a farmhouse loaf
lantegendom *s* estate
lanterna *s* sjö. light; flyg. navigation (position) light
lantgård *s* farm
lantis *s* vard. country bumpkin, yokel
lantlig *adj* rural; landsortsmässig provincial
lantmätare *s* surveyor, land surveyor
lantställe *s* country house, place in the country
lapa *vb tr* o. *vb itr* om djur lap
1 lapp *s* same Lapp, Laplander
2 lapp *s* till lagning patch; papperslapp piece (slip) of paper
lappa *vb tr* patch; laga mend; ~ ***ihop*** patch up, repair
Lappland Lapland
lapplisa *s* [female] traffic warden; vard. meter maid
lappländsk *adj* Lapland..., Laplandish
lapsus *s* lapse, slip
larm *s* **1** oväsen noise **2** alarm alarm; larmsignal alert; ***slå*** ~ sound the alarm; varna warn; protestera raise an outcry
larma I *vb itr* make a noise (din) **II** *vb tr* alarmera call
larmrapport *s* alarming report, scare
1 larv *s* zool. larva (pl. larvae); av t.ex. mal caterpillar; av t.ex. skalbagge grub; av fluga maggot
2 larv *s* vard. rubbish, nonsense; dumt uppträdande silliness
larva *vb rfl*, ~ ***sig*** vard., prata dumheter talk rubbish; vara dum be silly; bråka play about
larvfötter *s pl* caterpillars, caterpillar treads
larvig *adj* vard. silly
lasarett *s* hospital, general hospital
laser *s* laser
laserskrivare *s* laser printer
laserstråle *s* laser beam
lass *s* last load; lastad vagn loaded cart; ***ett*** ~ billass ***kol*** a lorry-load (truck-load) of coal
lassa *vb tr* load; ~ allt arbetet ***på ngn*** load...on to a p.
lasso *s*, ***kasta*** ~ throw the (a) lasso
1 last *s* **1** skeppslast cargo (pl. -es el. -s), freight; börda load; ***med full*** ~ with a full load **2** ***lägga ngn ngt till*** ~ lay a th. to a p.'s charge
2 last *s* fel etc. vice
1 lasta *vb tr* o. *vb itr* load; ta ombord take in; ta in last take in cargo; ~ ***av*** unload; ~ ***på*** load [*på* on, to]; ~ ***ur*** unload
2 lasta *vb tr* klandra blame [*för* for]
lastbar *adj* vicious, depraved
lastbil *s* lorry, tyngre truck; amer. truck
lastgammal *adj* extremely old, ancient
lastning *s* loading
lat *adj* lazy
lata *vb rfl*, ~ ***sig*** be lazy; slöa laze, idle
latin *s* Latin; jfr *svenska 2*
Latinamerika Latin America
latinsk *adj* Latin
latitud *s* latitude äv. bildl.
latmask *s* lätting lazybones (pl. lika)
latsida *s*, ***ligga på ~n*** be idle
lava *s* lava
lavemang *s* enema
lavendel *s* lavender
lavin *s* avalanche
lavinartad *adj* ...like an avalanche, ...like wildfire
lax *s* salmon (pl. lika)
laxera *vb itr* take a laxative
laxermedel *s* laxative
laxöring *s* salmon-trout (pl. lika)
le *vb itr* smile [*åt* at]; ~ ***mot*** smile at (bildl. on)
leasa *vb tr* lease
leasing *s* leasing
1 led *s* way; rutt route; riktning direction, way
2 led *s* anat. el. tekn. joint; ***ur*** ~ out of joint
3 led *s* **1** länk link; stadium stage **2** mil. el. gymn.: personer bakom varandra file; rad line, row; ***sluta ~en*** close ranks äv. bildl. **3** släktled generation
4 led *adj* **1** trött, ***vara*** ~ ***på*** be tired (weary, sick) of **2** stygg nasty [*mot* to]
1 leda *s* weariness [*vid* of]; trötthet boredom; avsmak disgust, loathing; höra ngt ***till*** ~ ...till one is sick of it

2 leda I *vb tr* lead; t.ex. undersökning, förhör conduct; förestå manage; ha hand om be in charge of; vägleda guide; rikta, t.ex. tankar direct; fys. el. elektr. conduct; transportera, t.ex. vatten convey **II** *vb itr* lead äv. sport.
ledamot *s* member
ledande *adj* leading; om t.ex. princip guiding; ***de ~*** those in a leading position
ledare *s* **1** leader, head **2** i tidning leader, editorial **3** fys. conductor
ledarskap *s* leadership
ledband *s* **1** anat. ligament **2** ***gå i ~*** be tied to a p.'s apron strings
ledbuss *s* articulated bus
ledgångsreumatism *s* rheumatoid arthritis
ledig *adj* **1** free; sysslolös unoccupied; om tid free; ***på ~a stunder*** in my (his etc.) spare (leisure) time; ***bli ~ från arbetet*** get off work (duty); ***göra sig ~*** take time off; ***ha (få) ~t från skolan*** have (be given) a holiday from school; ***hon är ~ (har ~t) i dag*** she has today off; har sin lediga dag she has her day off today **2** obesatt vacant; om t.ex. sittplats vanl. unoccupied; ej upptagen om t.ex. taxi ...not engaged; disponibel spare; att tillgå available; som skylt på taxi for hire; på t.ex. toalett vacant; ***~a platser*** tjänster vacancies; ***är bilen ~?*** till taxichauffören are you engaged (free)?; ***är den här platsen ~?*** el. ***är det ~t här?*** is this seat taken? **3** otvungen easy; bekväm, om t.ex. kläder comfortable, loose-fitting; ***~a!*** mil. stand easy!
ledigförklara *vb tr* announce...as vacant
ledighet *s* ledig tid leisure, time off; semester holiday
ledigt *adv* **1** ***ha (få) ~*** se ex. under *ledig 1* **2** med lätthet easily; obehindrat, t.ex. röra sig ~ freely; ***röra sig ~*** otvunget move with ease; ***sitta ~*** om kläder fit comfortably
ledning *s* **1** skötsel etc. management; ledarskap leadership; väg~ guidance; ***ta ~en*** take the lead; ta befälet take over command; ***under ~ av*** a) under the guidance of b) mus. conducted by **2** om person, ***~en*** inom företag the management **3** elektr., tråd wire; grövre cable; kraft~ o., tele. line; rör pipe
ledsaga *vb tr* accompany; beskyddande escort
ledsam *adj* sorglig sad, boring, tedious; tråkig dull
ledsen *adj* sorgsen sad; besviken disappointed [*över* at]; sårad hurt [*över* about]; ***jag är ~ att jag gjorde det*** I am sorry I did it; ***jag blir inte ~ om*** I don't mind if...; ***var inte ~*** bekymrad ***för det!*** don't worry about that!
ledsna *vb itr* grow (get) tired [*på* of]
ledstång *s* handrail
ledtråd *s* clue [*till* to]
leende I *adj* smiling **II** *s* smile
legal *adj* legal
legalisera *vb tr* legalize
legation *s* legation
legend *s* legend
legendarisk *adj* legendary
legera *vb tr* alloy
legering *s* alloy
legitim *adj* legitimate
legitimation *s* styrkande av identitet identification; kort identity card
legitimationskort *s* identity card
legitimera I *vb tr* **1** göra laglig legitimate **2** ***~d*** läkare registered (fully qualified)... **II** *vb rfl,* ***~ sig*** prove one's identity
legymer *s pl* vegetables
leja *vb tr* hire; anställa take on
lejd *s,* ***ge ngn fri ~*** grant a p. safe-conduct
lejon *s* **1** lion **2** ***Lejonet*** astrol. Leo
lejongap *s* snapdragon
lejoninna *s* lioness
lejonkula *s* lion's den
lejonunge *s* young lion, lion cub
lek *s* **1** ordnad game; lekande play; ***på ~*** for fun; ***vara ur ~en*** be out of the running **2** fiskars spawning; fåglars pairing, mating **3** kortlek pack
leka *vb tr* o. *vb itr* play; ***han (det) är inte att ~ med*** he (it) is not to be trifled with
lekande *adv,* ***det går (är) ~ lätt*** it's as easy as anything (as pie)
lekfull *adj* playful
lekkamrat *s* playmate, playfellow
lekman *s* layman
lekplats *s* playground
leksak *s* toy, plaything
leksaksaffär *s* toyshop
lekskola *s* förr nursery school, kindergarten
lekstuga *s* barns playhouse
lektion *s* lesson äv. bildl.
lektor *s* 'lektor', lecturer [*i* in]; skol. ung. senior master (kvinnlig mistress)
lektyr *s* reading; konkret something to read, reading matter
lem *s* limb; manslem male organ
lemlästa *vb tr* maim; göra till invalid cripple
len *adj* mjuk soft; slät smooth
leopard *s* leopard
lera *s* clay; sandblandad loam
lergods *s* earthenware, pottery

lerig *adj* muddy
lerjord *s* clay soil
lesbisk *adj* lesbian
leta *vb itr* look, ihärdigt search [*efter* i båda fallen for]
□ ~ **fram** hunt out [*ur* from]; ~ ***sig fram*** find one's way; ~ **igenom** t.ex. rum search, search through; ~ **reda (rätt) på** try (lyckas manage to) find
lett *s* Latvian
lettisk *adj* Latvian
lettiska *s* **1** kvinna Latvian woman **2** språk Latvian
Lettland Latvia
leukemi *s* leukaemia
leva *vb itr* o. *vb tr* live; vara i livet be alive; ***leve Konungen!*** long live the King!; ~ tillbringa ***sitt liv*** spend one's life; ~ ***ett*** anständigt ***liv*** lead (live) a...life; ~ ***av*** (***på***) ngt live on...; ~ ***sig in i*** ngns känslor enter into...; ~ ***kvar*** live on, survive
levande *adj* living; som motsats till död (äv. bildl.): predikativt alive; attributivt living; livfull lively, vivid; ~ ***blommor*** natural (real) flowers; ***i ~ livet*** in real (actual) life; ~ ***ljus*** pl. candles
leve *s* cheer; ***utbringa ett*** [***fyrfaldigt***] ~ ***för*** give (föreslå call for) four (britt. motsv. three) cheers for
levebröd *s* livelihood, living; yrke job
lever *s* liver
leverans *s* delivery
leverantör *s* supplier; stor~ contractor
leverera *vb tr* tillhandahålla supply, provide [*ngt till ngn* a p. with a th.]; sända deliver
leverfläck *s* mole
leverne *s* liv life; ***bättra sitt*** ~ mend one's ways
leverop *s* cheer
leverpastej *s* liver paste
levnad *s* life
levnadsbana *s* career
levnadsglad *adj* ...full of vitality (zest)
levnadskostnader *s pl* cost sg. of living
levnadsstandard *s* standard of living
lexikon *s* dictionary
libanes *s* Lebanese (pl. lika)
libanesisk *adj* Lebanese
Libanon Lebanon
liberal *adj* liberal
liberalism *s*, ~ el. ~***en*** liberalism
libretto *s* libretto (pl. libretti el. librettos)
Libyen Libya
libyer *s* Libyan
libysk *adj* Libyan
licens *s* licence
licensavgift *s* licence fee
lida I *vb itr* suffer [*av* from]; ~ ***av*** ha anlag för (t.ex. svindel) be subject to; ***jag lider*** pinas ***av det*** it makes me suffer; ***få ~ för ngt*** have to suffer (pay) for a th. **II** *vb tr* plågas av suffer
lidande I *adj* suffering [*av* from]; ***bli ~ på ngt*** om person be the sufferer (loser) by a th. **II** *s* suffering
lidelse *s* passion
lidelsefull *adj* passionate
liderlig *adj* om person lecherous, lewd
lie *s* scythe
liera *vb rfl*, ~ ***sig*** ally oneself [*med* with]
lierad *adj* connected
lift *s* **1** skidlift etc. lift **2** ***få*** ~ get a lift
lifta *vb itr* hitch-hike
liftare *s* hitch-hiker
liga *s* tjuvliga etc. gang; fotbollsliga etc. league
ligament *s* anat. ligament
ligga *vb itr* **1** lie; vila be lying down; vara sängliggande be in bed; sova, ha sin sovplats sleep; vara, befinna sig be; vara belägen be, be situated (located), stand; vistas stay; ~ ***först*** (***sist***) i tävling lead (be last); ~ ***lågt*** lie low, keep out of the way, keep a low profile; ~ ***sjuk*** be ill in bed; huset ***ligger nära stationen*** ...is close to the station; ***var ska*** knivarna ~? where do...go?; ~ ***och läsa*** lie reading; i sängen read in bed; ~ ***och sova*** be sleeping; ***det ligger i släkten*** it runs in the family; ~ ha samlag ***med*** sleep with; ***huset ligger mellan*** två sjöar the house lies (is situated) between...; ~ vetta ***mot...*** face...; ~ ***på sjukhus*** be in hospital; staden ***ligger vid floden*** (***kusten***) ...stands on the river (is on the coast); rummet ***ligger åt*** (***mot***) ***gatan*** ...overlooks the street **2** om fågelhona, ~ ***på ägg*** sit on her eggs; ~ ***och ruva*** be brooding
□ ~ **efter** be behind with; *låt inte* pengarna ~ **framme** don't leave...lying about; ~ **kvar** *i sängen* remain in bed; ~ ***kvar*** [***över natten***] stay the night; ~ **nere** om t.ex. arbete be at a standstill; ~ *bra (illa)* **till** om t.ex. hus be well (badly) situated; i t.ex. tävling be well (badly) placed; ~ ***bra till för...*** passa suit...well; ta reda på ***hur saken ligger till*** ...how matters stand; ***som det nu ligger till*** as (the way) things are now; ~ **under** *med ett mål* trail by one goal; ~ **ute med** ha lånat ut *pengar* have money

owing to one; ~ **över** övernatta stay overnight (the night)
liggande *adj* lying; vågrät horizontal; ***bli ~*** om sak, ligga kvar remain; bli kvarlämnad be left; inte göras färdig remain undone
liggare *s* bok register [*för* of]
liggsår *s* bedsore
liggunderlag *s* ground sheet
liggvagn *s* **1** järnv. couchette **2** barnvagn pram, amer. baby carriage
ligist *s* hooligan, amer. äv. hoodlum
liguster *s* privet
1 lik *s* corpse, dead body
2 lik *adj* like; de är ***mycket ~a*** (***~a varandra***) ...very much alike; ***hon är ~ honom till utseendet*** she is like him in appearance (looks); ***här är allt sig ~t*** everything is just the same as ever here; ***det är just ~t honom!*** it is just like him!
lika I *adj* av samma värde etc. equal; om t.ex. antal even; samma, likadan the same; 2 plus 2 ***är ~ med 4*** ...make (makes) 4; ***fem ~*** i spel five all **II** *adv* **1** vid verb likadant in the same way (manner); i lika delar equally **2** vid adj. o. adv.: as, just as; i lika grad equally; ***~ bra som jag*** as good as me; ***han är ~ gammal som jag*** he is my age, he is as old as me; ***vi är ~ gamla*** we are the same age (just as old)
likaberättigad *adj, **vara ~*** have equal rights [*med* with]
likadan *adj* similar [*som* to], ...of the same kind [*som* as]; alldeles lika the same
likadant *adv* in the same way; ***göra ~*** do the same
likartad *adj* liknande similar [*med* to]
likasinnad *adj* like-minded
likaså *adv* likaledes likewise; också also
like *s* equal; ***en*** prakt ***utan ~*** an unparalleled...
likgiltig *adj* indifferent [*för ngt* to a th.]; ***det är mig ~t*** vad du gör it is all the same to me...
likhet *s* speciellt till utseende resemblance; till art similarity [*med* to]; jämlikhet equality; ***i ~ med*** liksom like; i överensstämmelse med in conformity with
likhetstecken *s* equals sign, equal-sign
likkista *s* coffin
likna I *vb itr* vara lik be like, resemble [*ngn* a p.; *ngn till utseendet* a p. in looks]; se ut som look like **II** *vb tr, **~ vid*** compare to
liknande *adj* likartad similar; dylik ...like that (this)
liknelse *s* jämförelse simile; bibl. parable
liksom I *konj, **han är målare ~ jag*** he is a painter, like me (just as I am) **II** *adv* så att säga so to speak, somehow, sort of
likström *s* direct current, DC
likställd *adj, **vara ~ med*** be on an equality (a par) with
liktorn *s* corn
liktydig *adj* synonym synonymous; ***vara ~ med*** be tantamount to
liktåg *s* funeral procession
likvagn *s* hearse
likvid I *s* payment **II** *adj* tillgänglig, ***~a medel*** liquid capital sg.
likvidera *vb tr* liquidate
likvidering *s* liquidation
likväl *adv* ändå yet, still, nevertheless
likvärdig *adj* equivalent [*med* to]
likör *s* liqueur
lila *s* o. *adj* lilac, mauve; mörklila purple; violett violet; jfr *blått*; för sammansättningar jfr *blå-*
lilja *s* lily
liljekonvalje *s* lily of the valley (pl. lilies of the valley)
lilla *adj* se *liten*
lillasyster *s* little (young, kid) sister
lillebror *s* little (young, kid) brother
lilleputt *s* Lilliputian; friare miniature
lillfinger *s* little finger, speciellt amer. äv. pinkie
lillgammal *adj* brådmogen precocious; ***ett ~t barn*** äv. an old-fashioned child
lilltå *s* little toe
lim *s* glue
limma *vb tr* glue
limousine *s* limousine; vard. limo (pl. -s)
limpa *s* **1** avlång bulle loaf (pl. loaves); brödsort av rågmjöl rye bread **2** ***en ~*** cigaretter a carton of...
lin *s* flax
lina *s* rope; smäckrare cord; stållina wire; ***visa sig på styva ~n*** show one's paces; briljera show off
linbana *s* häng- aerial ropeway; skidlift ski-lift
lind *s* lime tree
linda *vb tr* vira wind; svepa wrap; binda tie □ ~ **in** wrap up; ~ **om** halsen muffle...; ~ svepa ***om sig ngt*** wrap oneself up in a th.
lindansare *s* tightrope walker
lindra *vb tr* nöd, smärta relieve; verka lugnande soothe
lindrig *adj* mild mild äv. om sjukdom; lätt light; obetydlig slight
lindring *s* av smärta, nöd etc. relief; av straff reduction [*i* of]

lingon *s* lingonberry, red whortleberry; ***inte värt ett ruttet ~*** vard. not worth a bean (damn)
lingonsylt *s* lingonberry (red whortleberry) jam
lingvistik *s* linguistics sg.
liniment *s* liniment, embrocation, rubbing lotion
linjal *s* ruler; tekn. rule
linje *s* line; *~ 5* trafik. number 5; bussarna ***på ~ 5*** ...on route number 5; ***över hela ~n*** bildl. all along the line, throughout
linjedomare *s* linesman
linjera *vb tr* rule
linka *vb itr* limp, hobble
linne *s* **1** tyg o. linneförråd linen **2** plagg vest, nightdress
linneskåp *s* linen cupboard (amer. closet)
linning *s* band
linoleum *s* linoleum
linolja *s* linseed oil
lins *s* **1** optisk o. i öga lens **2** bot. lentil
lintott *s* vard. person towhead
lipa *vb itr* vard. **1** gråta blubber, blub **2** ***~ åt ngn*** räcka ut tungan stick one's tongue out at a p.
lir *s* vard. spel play
lira *vb tr* o. *vb itr* vard. spela play
lirka *vb itr*, ***~ med ngn*** coax a p.
lismare *s* fawner
Lissabon Lisbon
1 list *s* listighet cunning; knep trick
2 list *s* **1** kantlist strip **2** bård border, edging
1 lista *s* förteckning list [*på, över* of]
2 lista *vb tr*, ***~ ur ngn ngt*** worm a th. out of a p.; ~ fundera ***ut*** find out
listig *adj* cunning, sly; förslagen smart
lita *vb itr*, ***~ på*** förlita sig på depend on; ha förtroende för trust
Litauen Lithuania
litauer *s* Lithuanian
litauisk *adj* Lithuanian
litauiska *s* **1** kvinna Lithuanian woman **2** språk Lithuanian
lite se *litet II*
liten *(litet, lille, lilla, små)* **I** *adj* small; little; ytterst liten tiny, minute; kort short; tacksam för ***minsta lilla bidrag*** ...the least little contribution; ***lilla du!*** my dear!; ***din lilla*** (***lille***) ***dumbom!*** you little fool!; ***ett litet sött*** (***sött litet***) ***hus*** a pretty little house **II** *subst adj*, ***stackars ~!*** poor little thing!; ***redan som ~*** even as a child
liter *s* litre
litet I *adj* se *liten I* **II** *(lite) subst adj* o. *adv* **1** föga little; få few; ***inte så ~*** få ***fel*** not a few faults; ***rätt ~ folk*** rather few people; ***det vill inte säga så ~!*** that's saying a great deal! **2** något, en smula a little; ***~ bröd*** some (a little) bread; vill du ha ***~ jordgubbar?*** ...some (a few) strawberries?; ***~ upplysningar*** some (a little) information; ***~ av varje*** a little (a bit) of everything
litografi *s* metod lithography; ***en ~*** a lithograph
litteratur *s* literature
litteraturhistoria *s* [vanl. the] history of literature
litterär *adj* literary
liv *s* **1** life; livstid lifetime; ***ge ~ åt*** t.ex. rummet give life to; ***ta ~et av ngn*** (***sig***) take a p.'s (one's) life; ***springa för ~et*** (***brinnande*** el. ***glatta ~et***) run for all one's worth; ***för mitt ~ kan jag inte*** begripa I can't for the life of me...; ***i hela mitt ~*** all my life; ***är*** (***har du***) ***dina föräldrar i ~et?*** are your parents living (alive)?; ***trött på ~et*** tired of living (life); ***vara vid ~*** be alive **2** ***komma ngn inpå ~et*** lära känna ngn get to know a p. intimately **3** midja waist äv. på plagg; ***vara smal om ~et*** have a small (slender) waist **4** klänningsliv etc. bodice **5** oväsen row, noise; bråk fuss
liva *vb tr*, ***~ upp*** liven up
livad *adj* munter merry; uppsluppen hilarious
livboj *s* lifebuoy
livbåt *s* lifeboat
livbälte *s* lifebelt
livfull *adj* ...full of life; livlig lively; om skildring vivid
livförsäkring *s* life insurance
livlig *adj* lively; om skildring etc. vivid; om efterfrågan keen; om intresse great, keen; om trafik heavy
livlös *adj* lifeless; uttryckslös expressionless
livmoder *s* womb, uterus (pl. uteri)
livrem *s* belt, waist belt
livräddning *s* life-saving
livränta *s* life annuity
livsfara *s* danger of life; ***han svävar i ~*** his life is in danger
livsfarlig *adj* highly dangerous; dödlig fatal
livsföring *s* way of life
livshotande *adj* skada etc. grave; dödlig fatal
livslängd *s* om person length of life; om sak life
livsmedel *s pl* provisions
livsmedelsaffär *s* provision shop

livsmedelskedja *s* chain of food stores, grocery chain
livsmedelstillsats *s* food additive
livsstil *s* life style
livstecken *s* sign of life
livstid *s* life, lifetime
livsvillkor *s* vital necessity
livsåskådning *s* outlook on life
livvakt *s* bodyguard
ljud *s* sound; klang (om instrument) tone
ljuda *vb itr* låta sound; höras be heard
ljudband *s* tape
ljudbildband *s* sound filmstrip
ljuddämpare *s* silencer på bil o. vapen; amer. muffler på bil
ljudförstärkare *s* amplifier
ljudisolera *vb tr* soundproof
ljudisolerad *adj* soundproof
ljudkassett *s* audio cassette
ljudlös *adj* soundless
ljudradio *s* sound broadcasting
ljudskrift *s* sound notation, phonetic transcription
ljudstyrka *s* volume of sound
ljudvåg *s* soundwave
ljug *s* vard., ***det är bara ~*** it's just a pack of lies
ljuga *vb itr* lie [*för ngn* to a p.]; tell a lie (lies)
ljum *adj* lukewarm, tepid
ljumske *s* groin
ljung *s* heather
ljungpipare *s* fågel golden plover
ljus I *s* light; stearinljus candle; ***föra ngn bakom ~et*** take a p. in; ***leta efter ngt med ~ och lykta*** search high and low for a th. **II** *adj* light; om dag, klangfärg clear; om hy, hår fair; om öl pale; ***mitt på ~a dagen*** in broad daylight
ljusblå *adj* light (pale) blue
ljusglimt *s* gleam of light; bildl. ray of hope
ljushuvud *s*, ***han är inget ~*** he's not very bright
ljushårig *adj* fair, fair-haired, blond (om kvinna blonde)
ljuskrona *s* chandelier
ljusmanschett *s* candle ring
ljusna *vb itr* get (grow) light; om utsikter get brighter
ljusning *s* förbättring change for the better
ljusomkopplare *s* bil. dipswitch, amer. dimmer
ljuspunkt *s* bildl. bright spot
ljusstake *s* candlestick
ljusår *s* light year äv. bildl.
ljusäkta *adj* ...that will not fade, ...resistant to light
ljuv *adj* sweet; förtjusande delightful
ljuvlig *adj* delightful, lovely; utsökt exquisite
LO se *Landsorganisationen*
lobelia *s* bot. lobelia
1 lock *s* hårlock curl; längre lock, lock of hair
2 lock *s* på kokkärl, låda etc. lid
locka *vb tr* o. *vb itr*, ~ förleda ***ngn till att*** inf. entice a p. into ing-form; kalla etc. call; fresta tempt; ***det låter inte vidare ~nde*** it doesn't sound very tempting; ~ ***till sig ngn*** entice a p. to come to one; ~ ***ur ngn ngt*** draw a th. out of a p.
lockbete *s* bait äv. bildl.
lockelse *s* enticement [*för* to]; frestelse lure; temptation [*till* to]
lockig *adj* curly
lockout *s* lockout
lockouta *vb tr* lock out
lockpris *s* specially reduced price
lodare *s* layabout; luffare tramp
lodis *s* vard., se *lodare*
lodjur *s* lynx
lodrät *adj* vertical; ***~a ord*** i korsord clues down
1 loge *s* i lada barn
2 loge *s* teat. box; klädloge dressing-room
loggbok *s* logbook
logi *s* accommodation, lodging
logik *s* logic
logisk *adj* logical
loj *adj* om person indolent; slö apathetic
lojal *adj* loyal [*mot* to]
lojalitet *s* loyalty
lok *s* engine
lokal I *s* premises pl.; rum room **II** *adj* local
lokalbedövning *s* local anaesthesia
lokalisera *vb tr* locate [*i, till* in]; begränsa localize
lokalkännedom *s*, ***ha god ~*** know a place (locality) well
lokalradio *s* local radio
lokalsamtal *s* tele. local call
lokalsinne *s*, ***ha dåligt ~*** have no sense of direction
lokaltrafik *s* järnv. suburban services pl.
lokaltåg *s* local (suburban) train
lokalvårdare *s* cleaner
lokatt *s* se *lodjur*
lokförare *s* engine-driver
lokomotiv *s* engine, railway engine
londonbo *s* Londoner
longitud *s* longitude
lopp *s* löpning run; tävling race; ***~et är kört***

it's all over, we've had it; ***dött ~*** dead heat; ***i det långa ~et*** in the long run; ***inom ~et av*** within; ***under dagens ~*** during the day

loppa *s* flea; ***leva ~n*** live it up

loppmarknad *s* second-hand market

loppspel *s* tiddlywinks sg.

lort *s* smuts dirt; starkare filth

lortig *adj* dirty; starkare filthy

loss *adv* loose; ***riva ~*** tear off; ***skruva ~*** unscrew

lossa *vb tr* **1** lösgöra loose; ***~ på*** band (knut) untie, undo; göra lösare loosen **2** urlasta unload **3** avlossa (skott) fire

lossna *vb itr* come loose; come off; om t.ex. knut come undone (om ngt limmat unstuck); om tänder get loose

lots *s* pilot

lotsa *vb tr* pilot; vägleda guide

lott *s* del, öde lot; andel share; jordlott allotment, plot; lottsedel lottery ticket; ***dra ~ om ngt*** draw (cast) lots for a th.; ***falla (komma) på ngns ~*** fall to a p.'s lot

1 lotta *s* member of the Women's Services

2 lotta *vb itr, **~ om ngt*** draw lots for a th.

lottad *adj, **de sämst ~e*** those who are worst off

lottdragning *s* [vanl. the] drawing of lots

lotteri *s* lottery

lottlös *adj, **bli ~*** be left without any share

lottning *s, **avgöra ngt genom ~*** decide a th. by drawing lots

lottsedel *s* lottery ticket

lov *s* **1** ledighet holiday; ferier holidays pl.; ***få ~*** get a day etc. off **2** tillåtelse permission; ***får jag ~?*** may I?; vid uppbjudning may I have the pleasure (the pleasure of this dance)?; ***får det ~ att vara*** en cigarr***?*** may I offer you...?; ***be ngn om ~ att få göra ngt*** ask a p.'s permission to do a th. **3** ***få ~*** vara tvungen ***att*** have to, must **4** beröm praise; ***Gud ske ~!*** thank God!

lova *vb tr* promise; ***jo, det vill jag ~!*** vard.; I'll say!

lovande *adj* promising

lovdag *s* holiday

lovlig *adj* tillåten permissible; ***~ tid*** jakt. the open season

lovord *s* praise

lovorda *vb tr* o. **lovprisa** *vb tr* praise

LP-skiva *s* LP (pl. LPs)

lucka *s* **1** ugnslucka etc. door; fönsterlucka shutter; taklucka o. sjö. hatch **2** öppning hole, opening; expeditionslucka counter **3** tomrum gap

luckra *vb tr* loosen, break up

ludd *s* fjun fluff; dun down; på tyg nap

luddig *adj* fjunig fluffy; dunig downy; bildl., oklar woolly

luden *adj* hairy, shaggy; bot. downy

luffa *vb itr* vara på luffen tramp

luffare *s* tramp

luffarschack *s* noughts and crosses sg.

luft *s* air; ***behandla ngn som ~*** treat a p. as if he (she etc.) did not exist; ***det ligger i ~en*** it's in the air

lufta *vb tr* air

luftbevakning *s* aircraft warning service

luftbro *s* airlift

luftdrag *s* draught, amer. draft

luftfart *s* air traffic

luftfuktighet *s* humidity

luftförorening *s* air pollution (ämne pollutant)

luftförsvar *s* air defence

luftgrop *s* air pocket

luftig *adj* airy; lätt, porös light

luftkonditionering *s* air-conditioning

luftkudde *s* bil. airbag

luftlandsätta *vb tr* mil. airdrop

luftlandsättning *s* mil. airdrop

luftmadrass *s* air bed (mattress)

luftombyte *s* change of air (climate)

luftpost *s* airmail

luftrörskatarr *s* anat. bronchitis

luftstrupe *s* windpipe

luftström *s* air current

lufttrumma *s* ventilating (air) shaft

lufttryck *s* meteor. atmospheric (air) pressure

lufttät *adj* airtight

luftvärn *s* anti-aircraft (förk. AA) defence (defences pl.)

lugg *s* hår fringe

lugga *vb tr, **~ ngn*** pull a p.'s hair

luggsliten *adj* threadbare

lugn I *s* calm; ro peace; ordning order; fattning composure; ***i ~ och ro*** in peace and quiet **II** *adj* calm; stilla quiet; fridfull peaceful; ej orolig easy in one's mind; ej upprörd calm; fattad composed; ***du kan vara ~ för att han klarar det*** don't worry, he'll manage it; ***med ~t samvete*** with an easy conscience

lugna I *vb tr* calm, quiet; småbarn soothe; inge tillförsikt reassure **II** *vb rfl, **~ sig*** calm down; ***~ dig!*** äv. don't get excited!, take it easy!

lugnande *adj* om nyhet etc. reassuring; om

verkan etc. soothing; ~ ***medel*** sedative, tranquillizer
lugnt *adv* calmly, quietly, peacefully; ***ta det ~!*** take it easy!
lukt *s* smell, odour; behaglig scent
lukta *vb tr* o. *vb itr* smell [*på ngt* at a th.]
luktfri *adj* odourless
luktsalt *s* smelling salts pl.
luktsinne *s* sense of smell
luktärt *s* sweet pea
lummig *adj* woody; lövrik leafy; skuggande shady
lump *s* **1** trasor rags pl.; skräp junk **2** ***ligga i ~en*** vard. do one's military service
lumpbod *s* junk shop
lumpen *adj* småsint mean; tarvlig shabby
lunch *s* lunch; formellt luncheon; ***äta*** fisk ***till ~*** have...for lunch
lunchkupong *s* luncheon voucher
lunchrast *s* lunch hour
lunchrum *s* dining-room, lunchroom; självservering canteen
lund *s* grove
lunga *s* lung äv. bildl.
lungcancer *s* lung cancer
lunginflammation *s* pneumonia
lungsäcksinflammation *s* pleurisy
lunka *vb itr* jog (trot) along
lupin *s* bot. lupin
1 lur *s* **1** horn horn **2** tele. receiver; radio. earphone
2 lur *s* bakhåll, ***ligga på ~*** lie in wait, lurk
lura I *vb itr* ligga på lur lie in wait [*på ngn* for a p.] **II** *vb tr* 'skoja' take...in; bedraga deceive; speciellt på pengar cheat, swindle [*på* i båda fallen out of]; ***~ ngn att*** inf. fool a p. into ing-form
□ **~ av ngn ngt** genom bedrägeri cheat a p. out of a th.; **~ på ngn** få ngn att köpa **ngt** trick a p. into buying a th.; **~ till (åt) sig** secure...by trickery
lurifax *s* sly dog
lurpassa *vb itr*, ***~ på ngn*** lie in wait for
lurvig *adj* om hår rough; om hund shaggy
lus *s* louse (pl. lice)
lusläsa *vb tr* read through thoroughly
lussekatt *s* saffron bun [eaten on Lucia Day 13th December]
lust *s* böjelse, håg inclination; åtrå desire; ***jag har ~ att gå dit*** I feel like going there
lusta *s* lust, desire
lustbetonad *adj* pleasurable
lustgas *s* laughing gas
lustgård *s*, ***Edens ~*** the Garden of Eden
lustig *adj* funny, comic, comical; konstig odd; ***göra sig ~ över*** make fun of
lustighet *s*, ***säga en ~*** say an amusing thing; vitsa crack a joke
lustigkurre *s* joker, character
lustjakt *s* yacht
1 lut *s*, ***ställa ngt på ~*** stand a th. slantwise
2 lut *s* tvättlut lye
1 luta *s* mus. lute
2 luta I *vb itr* **1** lean; slutta slope; vila, stöda recline, rest **2** vard., ***det ~r nog ditåt*** it looks like it **II** *vb tr* lean [*mot* against] **III** *vb rfl*, ***~ sig bakåt*** (***fram*** el. ***framåt***) lean back (forward); ***~ sig ut genom fönstret*** lean out of the window; ***~ sig ned*** bend down
lutad *adj* leaning; framåtlutad ...leaning forward
lutande *adj* leaning; om t.ex. tak, handstil sloping
luteran *s* Lutheran
lutersk *adj* Lutheran
lutfisk *s* stockfish; maträtt boiled ling
luv *s*, ***komma*** (***råka***) ***i ~en på varandra*** fly at each other (each other's throats)
luva *s* cap, woollen cap
Luxemburg Luxembourg
luxemburgare *s* Luxembourger
luxuös *adj* luxurious
lya *s* lair, hovel; den äv. rum
lycka *s* happiness; tur luck; ***~ till!*** good luck!; ***göra ~*** ha framgång be a success
lyckad *adj* successful; ***vara mycket ~*** be a great success
lyckas *vb itr dep* succeed [*i att* inf. in ing-form]; om person äv. manage; ***jag lyckades göra det*** I managed to do it, I succeeded in doing it
lycklig *adj* glad happy [*över* about, at]; gynnad av lyckan fortunate; tursam lucky; framgångsrik successful; ***~ resa!*** pleasant journey!
lyckligtvis *adv* luckily, fortunately
lyckokast *s* unexpected success, real hit
lyckosam *adj* fortunate; framgångsrik successful
lycksalig *adj* really happy, blissful
lycksökare *s* adventurer; opportunist opportunist
lyckt *adj*, ***inför*** (***inom, bakom***) ***~a dörrar*** behind closed doors
lyckträff *s* stroke of luck
lyckönska *vb tr* congratulate [*till* on]
lyckönskning *s* congratulation

1 lyda I *vb tr* hörsamma obey; t.ex. någons råd take, follow **II** *vb itr,* ~ ***under*** sortera under come (belong) under
2 lyda *vb itr* ha viss lydelse run, read
lydelse *s* ordalydelse wording
lydig *adj* obedient [*mot* to]
lydnad *s* obedience
lyft *s* vard., framsteg boost, big step forward
lyfta I *vb tr* lift; höja, t.ex. armen, huvudet raise; ~ ***ankar*** (***ankaret***) weigh anchor; ~ ***bort*** (***undan***) take away; uppbära, t.ex. lön draw, earn **II** *vb itr* **1** om flygplan take off **2** ~ ***på hatten*** raise one's hat; ~ ***på luren*** lift the receiver
lyftkran *s* crane, lifting crane
lyftning *s* bildl., [***högre***] ~ elevation, inspiration; själslig äv. exaltation
lyhörd *adj* **1** om öra, sinne keen, sharp; om person ...with (that has) a keen (sharp) ear **2** om rum etc., ***det är lyhört i det här rummet*** this room is not soundproof
lykta *s* lantern; gat~, billykta lamp
lyktstolpe *s* lamppost
lymfa *s* anat. lymph
lymmel *s* scoundrel
lyncha *vb tr* lynch
lynchning *s* lynching
lynne *s* läggning temperament; sinnelag disposition
lyra *s* bollkast throw; med slagträ hit; ***en hög*** ~ a high ball
lyrik *s* lyric poetry; dikter lyrics pl.
lyriker *s* lyric poet
lysa *vb itr* o. *vb tr* **1** skina shine; glänsa gleam; om t.ex. stjärnor äv. glitter, twinkle; ~ ***igenom*** om solen shine (om färg show) through **2** ***det har lyst för dem*** (***paret***) the banns have been published for them (the couple)
lysande *adj* shining; klar bright; bildl. brilliant; om framgång dazzling
lyse *s* light
lysmask *s* glow-worm
lysning *s* [vanl. the] banns pl.; ***ta ut*** ~ ask to have the banns published
lysningspresent *s* ung. wedding present
lysrör *s* fluorescent lamp, strip light
lysrörsbelysning *s* fluorescent (strip) lighting
lyssna *vb itr* listen [*efter* for; *på, till* to]
lyssnare *s* listener
lysten *adj* desirous [*efter* of]; glupsk greedy
lyster *s* glans lustre
lyte *s* kroppsfel bodily defect, disability; missbildning deformity
lyx *s* o. **lyxartikel** *s* luxury
lyxig *adj* luxurious
lyxkrog *s* first-class restaurant
låda *s* box; större case; draglåda drawer
låg (jfr *lägre I, lägst I*) *adj* low; ~***a böter*** a small fine
låga *s* flame; starkare blaze; på gasspis burner; ***gå upp*** (***stå***) ***i lågor*** go up (be) in flames
lågavlönad *adj* low-paid
låginkomsttagare *s* low-income earner
lågkonjunktur *s* recession, depression
låglönegrupp *s* low-wage group
lågmäld *adj* quiet
lågoktanig *adj,* ~ ***bensin*** low-octane petrol (amer. gasoline)
lågprisvaruhus *s* discount store
lågsint *adj* base, mean
lågsko *s* shoe
lågstadium *s,* ***lågstadiet*** i grundskolan the junior level (department) of the 'grundskola', se *grundskola*
lågt *adv* low; ***ligga*** ~ se *ligga 1;* staden ***ligger*** ~ ...stands on low ground; solen (termometern) ***står*** ~ ...is low
lågtflygande *adj* low-flying
lågtrafik *s,* ***vid*** ~ at off-peak hours
lågtryck *s* meteor. depression; område area of low pressure
lån *s* loan; ***ge ngn ett*** ~ lend a p. money
låna *vb tr* **1** få till låns borrow [*av* from]; ***får jag*** ~ din telefon? may I use...? **2** låna ut lend [*åt* to]; ~ ***bort*** (***ut***) lend; boken ***är utlånad*** från bibliotek ...is out on loan
låneansökan *s* loan application
lånebibliotek *s* lending-library
lång (jfr *längre I, längst I*) *adj* **1** long; ***det tar inte*** ~ ***tid att*** it won't take long to; det tar ***tre gånger så*** ~ ***tid*** ...three times as long **2** om person, reslig tall
långbyxor *s pl* long trousers
långdistanslöpare *s* long-distance runner
långdragen *adj* långvarig protracted, lengthy; långtråkig tedious
långfilm *s* long (feature) film
långfinger *s* middle finger
långfranska *s* white French loaf
långfredag *s* Good Friday
långgrund *adj* shallow
långhårig *adj* long-haired
långpromenad *s* long walk
långrandig *adj* bildl. long-winded
långsam *adj* slow; gradvis gradual
långsamhet *s* slowness
långsiktig *adj* long-term...

långsint *adj, **han är ~*** he doesn't forget things easily
långsmal *adj* long and narrow
långsynt *adj* long-sighted
långsökt *adj* far-fetched
långt *adv* om avstånd far; a long way (distance); om tid long; ***gå ~*** walk a long way; i livet go far; ***det går för ~*** bildl. that is going too far; huset är ***~ ifrån färdigt*** ...far from completed; ***det är ~ till jul*** it is a long time to Christmas; ***det är inte ~ till jul*** Christmas is not far off
långtidsparkering *s* long-stay (long-term) parking (område car park)
långtidsprognos *s* long-range forecast
långtradarchaufför *s* truck-driver, amer. äv. teamster
långtradare *s* lastbil long-distance lorry (truck)
långtradarkafé *s* transport café, amer. truck stop
långtråkig *adj* boring
långtur *s* long tour (trip)
långvarig *adj* long; långt utdragen prolonged
långvåg *s* long wave
långvård *s* long-term medical treatment
långärmad *adj* long-sleeved
lånord *s* loan word
låntagare *s* borrower
1 lår *s* large box; packlår packing-case
2 lår *s* anat. thigh; kok. leg
lårben *s* thighbone
lås *s* lock; hänglås padlock; på väska, armband etc. clasp; dörren ***gick i ~*** ...locked itself; ***inom ~ och bom*** under lock and key
låsa *vb tr* lock; med hänglås padlock; väska, armband etc. clasp; ***~ in*** lock...up; ***~ upp*** unlock
låssmed *s* locksmith
låt *s* melodi tune; visa song
1 låta *vb itr* ljuda, verka sound [*som* like]; ***hur låter melodin?*** how does the melody go?; ***så ska det ~!*** bildl. that's the spirit!, now you're talking!
2 låta *hjälpvb, **~ ngn*** göra ngt a) inte hindra let a p....; tillåta allow a p. to... b) se till att get a p. to...; förmå make a p....; ***~ göra ngt*** se till att ngt blir gjort have (get) a th. done; ***låt oss göra det!*** let's do it!; ***~ ngn förstå*** att give a p. to understand...; ~ dörren ***stå öppen*** leave...open; ***~ ngt (ngn) vara*** leave (let) a th. (a p.) alone
låtsa *vb tr* o. *vb itr* se *låtsas*
låtsas *vb tr* o. *vb itr* pretend [*att, som om* that]; ***han låtsades inte om att...*** he didn't show that...; ***inte ~*** bry sig ***om*** ngn (ngt) take no notice of...
lä *s* lee; skydd mot vinden shelter; ***där ligger du i ~*** that (he, she) puts you in the shade, doesn't it?
läcka I *s* leak äv. bildl. **II** *vb itr* o. *vb tr, **~ information*** leak information
läcker *adj* delicious
läckerhet *s, **en ~*** a delicacy
läder *s* leather; ***en sko av ~*** a leather shoe
läge *s* situation, position; tillstånd state
lägenhet *s* våning flat, amer. apartment
läger *s* tältläger etc. camp; ***slå ~*** pitch a camp
lägerplats *s* camping-ground
lägga I *vb tr* placera put, place; i liggande ställning lay; ***~ ngn*** till sängs put a p. to bed; låta ***~ håret*** have one's hair set; ***~ ägg*** lay eggs; ***~ en duk på*** bordet lay a cloth on... **II** *vb rfl* **1** ***~ sig*** lie down; gå till sängs go to bed; placera sig place oneself **2** avta, om t.ex. storm abate, subside; gå över pass off
□ ~ **av** put aside; ***avlagda kläder*** cast-off clothes; ***lägg av!*** vard. lay off!, stop it!, pack it up!; ~ **fram** put forward; ~ **i** *ettan (ettans växel)* put the car in first (in first gear); ~ **sig i** bildl. interfere; ~ **ifrån sig** put down [*på* bordet on...]; undan put away; lämna kvar leave, leave...behind; ~ **ihop** a) vika ihop fold, fold up b) addera ihop add up; ~ **in a)** stoppa etc. in put...in; slå in wrap up; ***~ in sig på*** sjukhus go into... **b)** konservera preserve; på glas bottle; ~ **ned** a) packa ned pack b) upphöra med, t.ex. verksamhet discontinue; inställa, t.ex. drift shut down; stänga, t.ex. fabrik close down c) offra, t.ex. pengar, tid spend; ~ **om** ändra change, alter, omorganisera reorganize; förbinda bandage, sår dress; ~ **på** put on; t.ex. förband apply; posta post; ***~ på*** el. ***~ på luren*** tele. hang up, ring off; ~ **till** tillfoga add; bidra med contribute; ***~ sig till med*** t.ex. glasögon begin to wear; t.ex. skägg grow; ~ **undan** ~ bort, reservera put aside; spara put away; ~ **upp** a) kok. dish up b) sömnad. shorten c) t.ex. arbete organize, plan; ~ **ut** pengar spend, lay out; ***han har lagt ut*** blivit tjockare he has put on weight (filled out)
läggdags *adv* time for bed, bedtime
läggning *s* karaktär disposition; fallenhet bent
läggningsvätska *s* setting lotion
läglig *adj* timely; passande convenient, ...at the right time

lägre I *adj* lower etc., jfr *låg;* i rang etc. inferior [*än* to] **II** *adv* lower
lägst I *adj* lowest etc., jfr *låg* **II** *adv* lowest
lägstbjudande *adj, den ~* the lowest bidder
läka *vb tr* o. *vb itr* heal
läkarbehandling *s* medical treatment
läkare *s* doctor, physician; *allmänt praktiserande ~* general practitioner
läkarhjälp *s, tillkalla ~* call for a doctor
läkarhus *s* medical centre
läkarintyg *s* doctor's certificate
läkarrecept *s* prescription
läkarundersökning *s* medical examination
läkarvård *s* medical treatment
läkas *vb itr dep* heal
läkemedel *s* medicine, drug
läktare *s* inomhus gallery; åskådar~ stand, grandstand
läktarvåld *s* violence on the terraces, [football] hooliganism
lämna *vb tr* **1** leave; överge abandon; ge upp give up **2** ge give; låta ngn få äv. let...have; överräcka hand; t.ex. förklaring äv. offer; t.ex. anbud äv. make; t.ex. upplysningar äv. provide; t.ex. hjälp äv. afford; avlämna deliver; överlämna hand...over; avkasta, inbringa yield □ **~ ifrån sig** ge ifrån sig hand over; **~ in** hand (skicka send) in; skrivelse give in; till förvaring leave; **~ kvar** ngt leave...; oavsiktligt leave...behind; **~ tillbaka** return; **~ ut** t.ex. paket hand out; t.ex. varor deliver; dela ut distribute
lämpa *vb rfl, ~ sig* passa be convenient; *~ sig för* ngt be suited for...
lämpad *adj* suitable, appropriate
lämplig *adj* passande suitable; t.ex. behandling äv. appropriate, fitting; läglig convenient
län *s* 'län', administrative province; britt. motsv. county
länga *s* rad range, row
längd *s* length; kroppslängd, höjd height; brödlängd flat long-shaped bun; *i ~en* in the end (long run)
längdhopp *s* long jump (hoppning jumping)
längdhoppare *s* long jumper
längdriktning *s, i ~en* lengthways
länge *adv* long, for a long time; *sova ~* sleep late; *på ~* for a long time; *än (ännu) så ~* har ingenting hänt so far...; *så ~ som* konj. as long as; *för ~ sedan* a long time ago; middagen *är färdig för ~ sedan* ...has been ready for a long time; *det var ~ sedan (sen)!* we haven't met for a long time!
längre I *adj* longer etc., jfr *lång 1-2; en ~* ganska lång *promenad* a longish (rather long) walk; jag kan inte stanna *någon ~ tid* ...for very long **II** *adv* further, farther; endast om avstånd; om tid longer; *du älskar mig inte ~* you don't love me any more (longer); *~ fram* om tid later on
längs *prep adv, ~* el. *~ efter* along, alongside
längst I *adj* longest etc., jfr *lång 1-2; i det ~a* as long as possible; in i det sista to the very last **II** *adv* om rum furthest, farthest endast om avstånd; ända right; om tid longest; *~ fram* at the very front
längta *vb itr* long; starkare yearn [*efter ngt* for a th.; *efter att* inf. to inf.]; *~ efter* sakna miss; *~ hem* long for home, be homesick
längtan *s* longing; starkare yearning [*efter, till* for]
längtansfull *adj* longing; starkare yearning
länk *s* **1** led link **2** kedja chain
länsa *vb tr* tömma empty [*på* of]
länsstyrelsen *s* the county administrative board
länstol *s* armchair, easy chair
läpp *s* lip
läppja *vb itr, ~ på* dryck sip, sip at
läppstift *s* lipstick
lär *hjälpvb* **1** sägs etc., *han ~ sjunga bra* they say he sings well, he is said to sing well **2** torde, *det ~ (~ inte)* inf. it is likely (not likely) to inf.
lära I *s* vetenskapsgren science; lärosats doctrine; tro faith **II** *vb tr* **1** undervisa teach, instruct **2** ~ sig learn **III** *vb rfl, ~ sig* learn; snabbt pick up [*ngt av ngn* i båda fallen a th. from a p.]; *få ~ sig* learn; undervisas be taught □ **~ om** relearn
läraktig *adj* ...ready (willing) to learn
lärare *s* teacher [*i* ett ämne of, in]; sport. etc. instructor
lärarhögskola *s* school (institute) of education; mindre teacher's training college
lärarinna *s* teacher, woman teacher
lärarvikarie *s* supply (substitute) teacher
lärd *adj* learned
lärjunge *s* pupil [*i* en skola at]; bibl. o. friare disciple [*till ngn* of a p.]
lärka *s* lark, sky lark
lärkträd *s* larch, larch tree
lärling *s* apprentice
läroanstalt *s* educational institution
lärobok *s* textbook; skolbok äv. school-book; *~ i geografi* geography textbook

läromedel *s pl* textbooks and teaching aids
läroplan *s* curriculum (pl. cirricula)
lärorik *adj* instructive
läroämne *s* subject
läsa *vb tr* o. *vb itr* **1** read; t.ex. bön say; ~ ***ngt för ngn*** read a th. to a p. **2** studera study; ~ engelska ***för ngn*** ta lektioner take lessons in...with a p.; ~ ***sina läxor*** prepare (do) one's homework **3** undervisa, ~ engelska ***med ngn*** ge lektioner give a p. lessons in...
□ ~ **igenom ngt** read a th. through; ~ **in** en kurs, en roll learn; ~ **på** läxa etc. prepare; ~ **upp** read, read out
läsare *s* reader
läsbar *adj* readable
läsebok *s* reader
läsecirkel *s* book club
läsekrets *s* circle of readers, public
läsida *s* lee side; ***på ~n*** on the leeward
läsk *s* vard. soft drink; lemonad lemonade
läska *vb tr* **1** ~ ***sin törst*** quench one's thirst; ***en ~nde dryck*** a refreshing drink **2** med läskpapper blot
läskedryck *s* soft drink; lemonad lemonade
läskig *adj* vard. horrible, nasty, horrid
läskpapper *s* blotting-paper
läskunnig *adj* ...able to read
läslig *adj* möjlig att läsa legible; tydbar decipherable
läsning *s* reading
läspa *vb itr* lisp
läspenna *s* data pen
läspning *s* lisping; ***en ~*** a lisp
läsvärd *adj* readable, ...worth reading
läsår *s* skol. school year
läte *s* sound; djurs call, cry
lätt I *adj* **1** ej tung light äv. friare; ***en ~ förkylning*** a slight cold; ***med ~ hand*** lightly; varsamt gently **2** ej svår easy, simple; ***inte ha det ~*** not have an easy time of it; ***han har ~ för*** språk he has a gift for...; ***hon har ~ för att gråta*** she cries easily **II** *adv* **1** ej tungt light; lindrigt slightly, gently; litet somewhat; ***ta ngt ~*** el. ***ta ~ på ngt*** take a th. lightly; bagatellisera make light of a th. **2** ej svårt easily; vard. easy; ***man blir ~ trött,*** om one gets easily (is apt to get) tired,...
lätta I *vb tr* **1** göra lättare lighten; bildl. ease, relieve; ~ ***sitt hjärta för ngn*** unburden one's mind to a p.; ***känna sig ~d*** feel relieved; ~ ***upp*** stämning etc. relieve; humör liven up **2** ~ ***ankar*** weigh anchor **II** *vb itr* **1** bli lättare become (get) lighter; bildl. ease **2** om dimma lift
lättantändlig *adj* inflammable
lättfattlig *adj* easily comprehensible; ...easy to understand
lätthanterlig *adj* ...easy to handle (manage)
lätthet *s* ringa tyngd lightness; ringa svårighet easiness, simplicity
lättja *s* laziness, idleness
lättjefull *adj* lazy
lättklädd *adj* tunnklädd thinly (lightly) dressed
lättlurad *adj* gullible, ...easily taken in
lättläst *adj* om handstil very legible; om bok etc. very readable
lättmetall *s* light metal, aluminium, amer. aluminum
lättmetallfälgar *s pl* alloy wheels (rims)
lättmjölk *s* low-fat milk
lättnad *s* relief; mildring relaxation; lindring easing-off
lättrogen *adj* credulous; lättlurad gullible
lättsinnig *adj* thoughtless; ansvarslös irresponsible
lättskrämd *adj*, ***vara ~*** be easily scared
lättskött *adj* ...easy to handle
lättsmält *adj* om mat easily digested; om bok very readable
lättsåld *adj* ...easy to sell
lättsövd *adj*, ***vara ~*** be a light sleeper
lättvikt *s* o. **lättviktare** *s* sport. lightweight
lättvin *s* light wine
lättöl *s* low-alcohol beer (vard. förk. lab)
läxa I *s* **1** hemläxa homework (end. sg.); ***många läxor*** a lot of homework **2** ***ge ngn en ~*** tillrättavisning teach a p. a lesson **II** *vb tr*, ~ ***upp ngn*** tell a p. off
löda *vb tr* solder; ~ ***fast*** solder...on
lödder *s* lather; fradga foam, froth
löfte *s* promise
lögn *s* lie, falsehood
lögnaktig *adj* lying
lögnare *s* liar
löjeväckande *adj* ridiculous
löjlig *adj* ridiculous; orimlig absurd
löjrom *s* whitefish roe
löjtnant *s* lieutenant; inom flottan sub-lieutenant
löjtnantshjärta *s* bot. bleeding heart
lök *s* kok. onion; blomsterlök bulb
lömsk *adj* illistig sly; förrädisk treacherous
lön *s* avlöning: speciellt veckolön wages pl.; speciellt månadslön salary; mera allm. pay (end. sg.)

löna *vb rfl,* ~ ***sig*** pay; ***det ~r sig inte att*** inf. tjänar ingenting till it's no use (no good) ing-form
lönande *adj* profitable
löneförhandlingar *s pl* wage (resp. salary) negotiations, jfr *lön*
löneförhöjning *s* rise, rise in wages (resp. salary), jfr *lön*
löneförmån *s* benefit attaching to one's salary (veckolön wages)
löneglidning *s* wage drift
lönekontor *s* salaries department, pay office
löneskatt *s* payroll tax
lönestopp *s* wage freeze
lönlös *adj* gagnlös useless, futile
lönn *s* bot. maple
lönndörr *s* secret (hidden) door
lönnmördare *s* assassin
lönsam *adj* profitable
lönsamhet *s* profitability
lönt *adj,* ***det är inte ~ att försöka*** it is no use trying
löntagare *s* wage-earner, salary-earner, jfr *lön*
löntagarfond *s* employee fund, wage-earners' investment fund
löpa I *vb itr* o. *vb tr* run; sträcka sig äv. extend; ~ ***ut*** om avtal, tid etc. run out, expire **II** *vb itr* om hona be on (in) heat
löpande *adj,* ~ ***utgifter*** running (current) expenses; ~ ***band*** se *band 1 b*
löparbana *s* track, running track
löpare *s* **1** sport. runner **2** schack. bishop **3** duk runner
löpe *s* rennet
löpeld *s,* ***som en*** ~ like wildfire
löpning *s* sport. running; lopp run; tävling race
löpsedel *s* placard
lördag *s* Saturday; jfr *fredag* med ex.
lördagskväll *s* Saturday evening (senare night); ***på ~arna*** on Saturday evenings (nights)
lös I *adj* **1** loose; löstagbar detachable; separat separate, single; ***en ~ hund*** a dog off the leash, a stray dog; ***gå*** ~ fri be at large; ***vara*** ~ hålla på att lossna be coming off; ha lossnat be (have come) off (loose); ***elden är*** ~ a fire has broken out; som utrop fire, fire! **2** ej hård el. fast loose; mjuk äv. soft **3** om ammunition etc. blank; om rykte etc. baseless, groundless; ***på ~a grunder*** on flimsy grounds; köpa en vara ***i ~ vikt*** ...loose **II** *adv,* ***gå ~ på*** angripa ***ngn*** (***ngt***) attack a p. (th.)
lösa I *vb tr* **1** ~ el. ~ ***upp*** loosen; knut etc. äv. undo, untie **2** upplösa, ~ el. ~ ***upp*** i vätska dissolve **3** klara upp solve; konflikt etc. settle **4** betala biljett etc. pay for; köpa buy; ~ ***in*** check (om bank) pay; ~ ***ut*** ngt ***på posten*** get...out at the post office **II** *vb rfl,* ~ ***sig*** i vätska dissolve; ~ ***sig själv*** om fråga etc. solve itself
lösaktig *adj* loose, dissolute
lösegendom *s* personal property
lösen *s* **1** lösepenning ransom; post. surcharge **2** paroll watchword
lösensumma *s* ransom
lösgöra *vb tr* lösa, släppa lös set...free; befria release
löshår *s* false hair
löskokt *adj* soft-boiled
löskrage *s* loose collar
löslig *adj* i vätska soluble, dissolvable; om problem etc. solvable; lös loose
lösning *s* **1** av problem etc. solution [*av, på* of] **2** vätska solution
lösningsmedel *s* solvent
lösnummer *s* single copy
lösryckt *adj* fristående, om ord etc. disconnected
löst *adv* loosely; lätt lightly
löstagbar *adj* detachable
löstand *s* false tooth
lösöre *s* personal property
löv *s* leaf (pl. leaves)
lövkoja *s* bot. stock
lövskog *s* deciduous forest
lövsångare *s* fågel willow warbler

M

mack *s* vard. petrol (amer. gas) station
macka *s* vard., se *smörgås 1*
madeira *s* vin Madeira
madonna *s* Madonna
madonnabild *s* picture of the Madonna
madrass *s* mattress
madrassera *vb tr* pad; ***~d cell*** padded cell
maffia *s* Mafia, Maffia äv. bildl.
magasin *s* **1** förrådshus storehouse; lager o. möbel warehouse **2** tidskrift magazine
magasinera *vb tr* store
magasinsprogram *s* TV. magazine
magblödning *s* gastric haemorrhage
magcancer *s* stomach cancer
magdans *s* belly dance
mage *s* stomach; vard. tummy äv. barnspr.; ***ha dålig ~*** have a weak stomach; ***ha ont*** smärtor ***i ~n*** have a stomach ache (vard. belly ache); ***vara hård (trög) i ~n*** be constipated; ***vara lös i ~n*** have diarrhoea
mager *adj* ej fet lean; om person, kroppsdelar thin; ~ halvfet ***ost*** low-fat cheese
maggrop *s* pit of the stomach
magi *s* magic
maginfluensa *s* gastric influenza (flu)
magisk *adj* magic
magister *s* lärare schoolmaster
magkatarr *s* gastric catarrh, gastritis
magknip *s* stomach ache; vard. belly ache
magnat *s* magnate, tycoon
magnesium *s* magnesium
magnet *s* magnet
magnetisera *vb tr* magnetize
magnetisk *adj* magnetic
magnetism *s* magnetism
magnifik *adj* magnificent, splendid
magnolia *s* magnolia
magplask *s* belly flop; bildl. fiasco
magra *vb itr* become (grow) thin (thinner); banta slim
magsaft *s* gastric juice
magstark *adj*, ***det var ~t!*** vard. that's a bit thick!
magsår *s* gastric ulcer
magsäck *s* stomach
mahogny *s* mahogany
maj *s* May; jfr *april* o. *femte*
majestät *s* majesty; ***Ers (Eders) ~*** Your Majesty
majonnäs *s* mayonnaise
major *s* major
majoritet *s* majority
majs *s* maize, amer. corn
majsflingor *s pl* cornflakes
majskolv *s* corncob; ***~ar*** som maträtt corn on the cob sg.
majstång *s* maypole
mak *s*, gå ***i sakta ~*** ...at a leisurely pace
1 maka *s* wife
2 maka *vb tr* o. *vb itr*, ***~ ngt*** flytta move a th.; ***~ på ngt*** flytta undan remove a th.; ***~ (~ på) sig*** move
makaber *adj* macabre; om detaljer äv. lurid
makadam *s* macadam
makalös *adj* matchless; ojämförlig incomparable
makaroner *s pl* koll. macaroni sg.
make *s* **1** ***~n till den här handsken*** the other glove [of this pair] **2** i äktenskap, ***~ (äkta ~)*** husband; ***äkta makar*** husband and wife **3** motstycke match, equal; ***jag har aldrig hört (sett) på ~n!*** well, I never!
Makedonien Macedonia; hist. Macedon
makedonier *s* Makedonian
makedonsk *adj* Macedonian
maklig *adj* bekväm easy-going; långsam slow, leisurely
makrill *s* mackerel
makt *s* power äv. stat; våld force; ***ha ~en*** be in power; ***sätta ~ bakom ordet*** back up one's words by force; ***det står inte i min ~ att*** inf. it is not in my power to inf.; ***med all ~*** with all one's might; ***sitta vid ~en*** be in power
maktbalans *s* balance of power
maktgalen *adj* power-mad
makthavande *subst adj*, ***de ~*** those in power
makthavare *s* person (pl. people) in power
maktlysten *adj* power-seeking
maktlystnad *s* lust for power
maktlös *adj* powerless
maktmedel *s pl* forcible means; ***använda ~*** use force
maktmissbruk *s* abuse of power
mal *s* insekt moth
mala *vb tr* o. *vb itr* t.ex. kaffe grind [*till* into]; kött mince
malaria *s* malaria
mall *s* mönster pattern äv. ritmall
mallig *adj* stuck-up, cocky, snooty
Mallorca Majorca
malm *s* miner. ore; bruten rock
malpåse *s* mothproof bag; ***lägga i ~*** bildl. put... in mothballs

malt *s* malt
Malta Malta; ***ris à la ~*** kok. cold creamed rice
maltdryck *s* malt liquor
Malteser *s* Maltese (pl. lika)
malva *s* mallow; färg mauve
maläten *adj* moth-eaten; luggsliten shabby
malör *s* mishap, misfortune
mamelucker *s pl* damunderbyxor directoire knickers, pantalettes
mamma *s* mother [*till* of], jfr *mor*; vard. ma, mum, amer. mom; barnspr. mummy, amer. mammy; ***leka ~, pappa, barn*** play mothers and fathers
mammakläder *s pl* maternity wear sg.
mammaklänning *s* maternity dress
mammaledig *adj*, ***vara ~*** be on maternal leave
mammaledighet *s* maternal leave
1 man *s* hästman etc. mane
2 man *s* **1** man (pl. men); besättningsman, arbetare hand; ***hans närmaste ~*** his right-hand man; ***tredje ~*** jur. third party; ***per ~*** per person (head, man) **2** make husband
3 man *obest pron* den talande inbegripen one; 'vi' we; speciellt i talspråk, anvisningar etc. you; 'folk' people; 'de' they; ***förr trodde ~ att*** jorden var platt people used to think (it was formerly thought) that...; ***~ påstår att...*** it is said (they say) that...
mana *vb tr* uppmana exhort; egga incite; uppfordra call upon
manager *s* manager; teat. publicity agent
manchester *s* o. **manchestersammet** *s* corduroy
mandarin *s* **1** frukt tangerine, mandarin **2** kinesisk ämbetsman mandarin
mandat *s* uppdrag commission; fullmakt mandate; riksdags~ (säte) seat
mandel *s* almond; anat. tonsil
mandelmassa *s* almond paste, marzipan
mandelspån *s* almond flakes pl.
mandolin *s* mandolin, mandoline
mandom *s* manhood
maner *s* manner; stil style; tillgjordhet mannerism
manet *s* jellyfish
mangan *s* manganese
mangel *s* mangle
mangla *vb tr* tvätt etc. mangle; utan objekt do the mangling
mango *s* frukt mango (pl. -es el. -s)
mangrant *adv* in full numbers
mani *s* mania, craze [*på* for]
manick *s* vard. gadget
manifest *s* manifesto (pl. -s)
manifestation *s* manifestation
manifestera *vb tr*, ***~ sig*** ta sig uttryck manifest itself
manikyr *s* manicure
manikyrera *vb tr* manicure
maning *s* upp~ exhortation; vädjan appeal
manipulation *s* manipulation; ***bedrägliga ~er*** fraudulent manipulation sg., juggling sg.
manipulera *vb tr* o. *vb itr*, ~ el. ***~ med*** manipulate
manke *s*, ***lägga ~n till*** put one's back into it
mankön *s* male sex
manlig *adj* av mankön male; typisk för en man masculine, male; speciellt om goda egenskaper manly
mannagryn *s* koll. semolina sg.
mannaminne *s*, ***i ~*** within living memory
mannekäng *s* person model
mannekänga *vb itr* model
mannekänguppvisning *s* fashion show (parade)
manschauvinist *s* male chauvinist
manschett *s* cuff; ***darra på ~en*** bildl. shake in one's shoes
manschettknapp *s* cuff link
mansgris *s* vard., ***mullig ~*** male chauvinist pig
manskap *s* koll. men pl.; sjö. crew
manslem *s* penis, male organ
manssamhälle *s* male-dominated society
mansålder *s* generation
mantalsskriva *vb tr*, ***mantalsskriven i*** Stockholm registered (domiciled) in...
mantalsskrivning *s* residential registration [for census purposes]
manuell *adj* manual
manus *s* o. **manuskript** *s* manuscript (förk. MS); film~ script
manöver *s* manœuvre
manövrera *vb tr* o. *vb itr* manœuvre; sköta handle, manage
mapp *s* för brev etc. folder; pärm file
maratonlopp *s* marathon, marathon race
mardröm *s* nightmare, bad dream
margarin *s* margarine
marginal *s* margin
marginalanteckning *s* marginal note
marginalskatt *s* marginal tax (rate of tax)
Maria drottningnamn o. bibl. Mary
Marie Bebådelsedag Annunciation (Lady) Day 25 mars

marig *adj* vard. awkward, tricky
marijuana *s* marijuana
marin *s* mil. navy; ***Marinen*** i Sverige the Swedish Naval Forces pl.
marinad *s* kok. marinade
marinblå *adj* navy blue
marinera *vb tr* marinade
marionett *s* marionette, puppet
marionetteater *s* puppet theatre
1 mark *s* jordyta ground; jordmån soil; markområde land; ***ta ~*** land; ***jämna med ~en*** raze to the ground; ***på svensk ~*** on Swedish soil
2 mark *s* mynt mark
3 mark *s* spelmark counter
markant *adj* påfallande marked, pronounced
markera *vb tr* mark äv. sport.; ange indicate; poängtera emphasize, stress
markerad *adj* marked; utpräglad pronounced
markis *s* solskydd awning, sunblind
marknad *s* **1** mässa fair **2** hand. market
marknadsföra *vb tr* market
marknadsföring *s* marketing
markpersonal *s* flyg. ground staff
marmelad *s* jam; av citrusfrukter marmalade
marmor *s* marble
marmorera *vb tr* marble
marmorskiva *s,* bord ***med ~*** marble-topped...
marockan *s* Moroccan
marockansk *adj* Moroccan
Marocko Morocco
Mars astron. el. myt. Mars
mars *s* månaden March (förk. Mar.); jfr *april* o. *femte*
marsch *s* march äv. mus.
marschall *s* ung. pitch torch, link
marschera *vb itr* march; ***~ iväg*** march off
marschfart *s* bil. etc. cruising speed
marsipan *s* marzipan
marskalk *s* **1** mil. marshal **2** vid bröllop 'marshal', male attendant of the bride and bridegroom
marsvin *s* guinea pig
martyr *s* martyr
marxism *s,* ~ el. ***~en*** Marxism
marxist *s* Marxist
marxistisk *adj* Marxist
maräng *s* meringue
mascara *s* mascara
1 mask *s* zool. worm; i kött, ost maggot
2 mask *s* ansiktsmask mask; ***han höll ~en*** he did not give the show away (höll sig för skratt kept a straight face)
1 maska *s* mesh; vid stickning stitch; i strumpa ladder, run
2 maska *vb itr* go slow; friare, el. sport. play for time, waste time
maskera *vb tr* mask
maskerad *s* fancy-dress ball
maskeraddräkt *s* fancy dress
maskin *s* machine; motor, ång~ etc. engine; ***~er*** ~anläggning machinery, plant (båda sg.); ***för full ~*** sjö. at full speed; ***arbeta för full ~*** work full steam; ***skriva*** (***skriva på***) ***~*** type
maskinell *adj* mechanical; ***~ utrustning*** machinery
maskineri *s* machinery äv. bildl.; mechanism
maskinist *s* engine-man; i fastighet boiler-man; sjö. engineer
maskinskrivning *s* typing
maskinskötare *s* machine-minder
maskning *s* going slow; friare o. sport. playing for time, wasting time
maskopi *s,* ***de står i ~ med varandra*** they are working together
maskot *s* mascot
maskros *s* dandelion
maskulin *adj* masculine äv. om kvinna
maskulinum *s* genus the masculine gender
maskäten *adj* worm-eaten
masonit *s* ® masonite
massa *s* mass; pappersmassa etc. pulp; ***en ~*** (***hel ~***) mängd a (quite a) lot; ***massor av*** (***med***) böcker (öl) lots of...
massage *s* massage
massageapparat *s* massage apparatus; stav vibrator
massaker *s* massacre
massakrera *vb tr* massacre
massera *vb tr* massage
massiv *adj* solid, massive
masskorsband *s,* sända ***som ~*** ...as bulk mail
massmedium *s* mass medium (pl. media)
massmord *s* wholesale (mass) murder
masstillverka *vb tr* mass-produce
masstillverkning *s* mass production
massvis *adv,* ***~ av*** (***med***) lots (tons) of...
massör *s* masseur
massös *s* masseuse
mast *s* mast; flaggmast pole
mastig *adj* om mat solid, heavy; om program heavy
mat *s* food; måltid meal; ***en bit ~*** something (a bite) to eat, a snack; ***~en är färdig*** dinner is ready; ***efter ~en*** måltiderna after meals

mata *vb tr* feed
matador *s* matador
matarbuss *s* feeder bus
matberedare *s* food processor
matbestick *s* se *bestick*
matbord *s* dining-table
matbröd *s* bread
match *s* match; tävling competition
matcha *vb tr* o. *vb itr* om färg, plagg match
matchboll *s* match point
matdags *adv, det är ~* it is time to eat
matematik *s* mathematics sg.
matematiker *s* mathematician
matematisk *adj* mathematical
material *s* material; rå~ etc. materials pl.
materialism *s, ~* el. *~en* materialism
materialist *s* materialist
materialistisk *adj* materialistic
materiel *s* t.ex. elektrisk equipment; t.ex. skriv~ materials pl.
materiell *adj* material
matfett *s* cooking fat
matförgiftning *s* food poisoning
matiné *s* matinée, afternoon performance
matjessill *s* sweet pickled herring
matjord *s* mylla earth, soil
matkupong *s* voucher
matkällare *s* food cellar
matlagning *s* cooking; ***vara duktig i ~*** be a good cook
matlust *s* appetite
matnyttig *adj* **1** ...suitable as food; ätlig edible **2** t.ex. om kunskaper useful
matolja *s* cooking oil
matrecept *s* recipe
matrester *s pl* leavings, scraps; i tänder food particles
matrona *s* matron, matronly woman
matros *s* seaman; motsats till lätt~ able seaman; friare sailor
matrum *s* dining-room
maträtt *s* dish; del av meny course
matsal *s* dining-room; större dining-hall; på fabrik etc. canteen
matsedel *s* menu, bill of fare
matsilver *s* table silver
matsked *s* tablespoon; ***en ~ smör*** a tablespoonful of butter
matsmältning *s* digestion
matsmältningsbesvär *s* indigestion
matstrupe *s* gullet
matställe *s* restaurant, eating-place
matsäck *s* lunch~ packed lunch; smörgåsar sandwiches pl.

1 matt *adj* **1** kraftlös faint; svag, klen weak, feeble **2** ej blank matt; glanslös dull
2 matt *adj, **schack och ~!*** checkmate!
1 matta *s* mjuk matta carpet; mindre rug; dörrmatta mat
2 matta *vb tr* göra svag make...feel weak
mattas *vb itr dep* become weak (weaker) etc.; om färg, glans fade; om t.ex. intresse flag
1 matte *s* vard., motsats 'husse' mistress
2 matte *s* vard., matematik maths, amer. math
matthet *s* faintness, weakness
matvanor *s pl* eating habits
matvaror *s pl* provisions, eatables
matvaruaffär *s* provision shop
matvrak *s* glutton
matvrå *s* dining alcove
matvägrare *s* barn child who refuses to eat
matäpple *s* cooking apple
mausoleum *s* mausoleum
max *s* vard., se *maximum; **till ~*** as much as possible, to the maximum extent, vard. to the max
maxa *vb tr* vard., se *maximera*
maxim *s* maxim
maximal *adj* maximum
maximalt *adv* maximally
maximera *vb tr* limit, put an upper limit to
maximibelopp *s* maximum amount
maximihastighet *s* maximum (top) speed
maximum *s* maximum (pl. äv. maxima)
mazurka *s* mus. mazurka
1 med *s* på kälke etc. runner; på gungstol rocker
2 med I *prep* **1** with; ***ordet börjar ~ a*** the word begins with an a; ***hon har två barn ~*** sin förste man she has two children by...; ***tala ~ ngn*** speak to (with) a p.; ***en korg ~ frukt*** a basket of fruit; ***en plånbok ~*** 100 kr. a wallet containing...; en kommitté ~ ***fem medlemmar*** ...consisting of five members **2** uttr. sätt: ***skrivet ~ blyerts*** written in pencil; ***~ en hastighet av*** 60 km at a speed (rate) of...; ***~ fem minuters mellanrum*** at intervals of five minutes; ***~ andra ord*** in other words; ***~ hög röst*** in a loud voice; ***betala ~ check*** pay by cheque; ***~ järnväg*** by railway; ***~ post*** by post; vad menar du ***~ det?*** ...by that?; ***höja ~*** 10% raise by...; ***vinna ~ 2-1*** win (win by) 2-1 **3** 'och' and; ***~ flera*** (förk. *m.fl.*) and others; ***~ mera*** (förk. *m.m.*) etcetera (förk. etc.), and so on; och andra saker and other things **4** 'beträffande': ***nöjd ~*** content with; ***noga ~*** particular about (as to); ***ha plats*** (***tid***) ***~*** have room (time) for; ***det***

bästa ~ det the best thing about it; ***så var det ~ det!*** so much for that!; ***det är ingen fara ~ honom*** he's all right; ***det är gott ~*** en kopp te it's nice to have...; jag tycker om... I do like...; ***vad är det för roligt ~ det?*** what's so funny about that? **5** i vissa uttryck: ***~ en gång*** el. ***~ ens*** all at once; ***~ åren*** blev han over the years...; ett möte skall hållas ***~ början kl.18*** ...commencing at 6 p.m.; ***hit ~*** pengarna***!*** hand over...!; ***adjö ~ dig!*** bye-bye!, so long!; ***tyst ~ dig!*** be quiet! **II** *adv* också too, as well; han är trött på det ***och det är jag ~*** ...and so am I
medalj *s* medal
medaljör *s* medallist
medan *konj* while
medansvarig *adj,* ***vara ~*** share the responsibility [*för* for]
medarbetare *s* medhjälpare collaborator; ***från vår utsände ~*** from our special correspondent
medbestämmanderätt *s* voice, right to be consulted
medborgare *s* citizen
medborgarskap *s* citizenship
medborgerlig *adj,* ***~a rättigheter*** civil rights
medbrottsling *s* accomplice
meddela *vb tr,* ***~ ngn*** inform a p. [*ngt* of a th.]; ge besked let a p. know; ***från London ~s att*** it is reported from London that
meddelande *s* budskap message; underrättelse information, news; tillkännagivande announcement; nyhets~ report; ***ett ~*** underrättelse a piece of information (news); ***få ~ om*** be informed of
medel *s* **1** sätt, metod means (pl. lika); botemedel remedy [*mot* for] **2** ~ pl. pengar money sg., funds
medeldistanslöpare *s* middle-distance runner
medelhastighet *s* average speed
Medelhavet the Mediterranean [Sea]
medelklass *s,* ***~en*** the middle classes pl.
medellivslängd *s* average length of life
medellängd *s* average length (persons height)
medelmåtta *s* **1** ***över*** (***under***) ***~n*** above (below) the average **2** om person mediocrity
medelmåttig *adj* mediocre
medelpunkt *s* centre, focus
medelst *prep* by, by means of
medelstor *adj* medium, medium-sized, middle-sized
medelstorlek *s* medium size
medelsvensson *s* the (resp. an) average Swede
medeltal *s,* ***i ~*** on an (the) average, on average
medeltemperatur *s* mean temperature
medeltid *s* hist., ***~en*** the Middle Ages pl.
medelålder *s,* ***en man i ~n*** el. ***en ~s man*** a middle-aged man
medfaren *adj,* ***illa ~*** om t.ex. bok, bil ...badly knocked about
medfödd *adj* congenital [*hos* in]; om talang etc. native, inborn
medfölja *vb tr* o. *vb itr,* ***~ ngt*** bifogas be enclosed with a th.; räkning ***medföljer*** ...is enclosed
medföra *vb tr* **1** om person carry (take, hitåt bring)...along with one; om tåg, båt: passagerare convey, take; post etc. carry **2** ha till följd involve; vålla bring about; leda till lead to
medge *vb tr* **1** erkänna admit **2** tillåta allow, permit **3** bevilja grant
medgivande *s* **1** erkännande admission; eftergift concession **2** tillåtelse permission; samtycke consent
medgörlig *adj* reasonable, ...easy to get on with
medhjälpare *s* assistant, helper
medhåll *s* stöd support; ***få ~ hos*** be supported by
medicin *s* medicine; ***få smaka sin egen ~*** get a taste of one's own medicine
medicinera *vb itr* take medicine el. medicines
medicinsk *adj* medical
medikament *s* medicine, medicament
medinflytande *s* participation; ***ha ~ över*** have a voice in
meditation *s* meditation
meditera *vb itr* meditate
medium *s* medium
medkänsla *s* sympathy
medla *vb itr* mediate; som skiljedomare arbitrate
medlare *s* mediator; skiljedomare arbitrator
medlem *s* member
medlemsavgift *s* membership fee
medlemskap *s* membership [*i* of]
medlemskort *s* membership card
medlidande *s* pity, compassion; medkänsla sympathy

medling *s* mediation; skiljedom arbitration; uppgörelse settlement
medmänniska *s* fellow-creature
medmänsklig *adj* brotherly, human
medpassagerare *s* fellow-passenger
medryckande *adj* captivating; tändande stirring
medsols *adv* clockwise
medspelare *s* sport. el. kortsp. partner; i lagsport fellow-player; teat. etc. co-actor; ***en av medspelarna*** sport. one of the other players
medtagen *adj* utmattad exhausted
medtävlare *s* competitor (äv. sport.), rival [*om* for]
medurs *adv* clockwise
medverka *vb itr* bidraga contribute [*i* t.ex. tidning to; *till* to]; delta take part; hjälpa till assist [*i (vid), till* in]
medverkan *s* bistånd assistance; deltagande participation
medvetande *s* consciousness [*om* of]
medveten *adj* conscious, aware [*om* of]
medvetslös *adj* unconscious
medvind *s, **segla i ~*** have the wind behind one; bildl. be doing well
medvurst *s* German sausage [of a salami type]
megabyte *s* data. megabyte
megafon *s* megaphone
megahertz *s* megahertz
megaton *s* megaton
megawatt *s* megawatt
meja *vb tr* mow; säd cut, reap; ***~ ned*** folk mow down...
mejeri *s* dairy
mejram *s* marjoram
mejsel *s* chisel; skruv~ screwdriver
mejsla *vb tr* chisel
meka *vb itr* vard., ***~ med*** bilen (mopeden) do repair work on...; mixtra med tinker about with...
mekanik *s* lära mechanics sg.
mekaniker *s* mechanic
mekanisera *vb tr* mechanize
mekanisk *adj* mechanical
mekanism *s* mechanism
melankoli *s* melancholy
melankolisk *adj* melancholy
mellan *prep* ~ två between; ~ flera, 'bland' among; där var ***~ femtio och sextio personer*** ...some fifty or sixty people
mellanakt *s* interval, amer. intermission
Mellaneuropa Central Europe
mellaneuropeisk *adj* Central European
mellangärde *s* diaphragm, midriff
mellanhand *s* medlare intermediary; hand. middleman; gå genom flera ***mellanhänder*** ...middlemen's hands
mellanhavande *s* räkning outstanding account; tvist difference; ***~n*** affärer dealings
mellanlanda *vb itr* make an intermediate landing
mellanlandning *s* intermediate landing; ***flyga utan ~*** fly non-stop
mellanmål *s* snack [between meals]
mellanrum *s* intervall interval; avstånd space; lucka gap
mellanskillnad *s* difference
mellanstadium *s, **mellanstadiet*** i grundskolan the intermediate level (department) of the 'grundskola', se *grundskola*
mellanstorlek *s* medium size
mellantid *s* interval; ***under ~en*** in the meantime, meanwhile
mellanting *s, **ett ~ mellan...*** something between...
mellanvikt *s* o. **mellanviktare** *s* sport. middleweight
mellanvåg *s* radio. medium wave
mellanöl *s* medium-strong beer
Mellanöstern the Middle East
mellerst *adv* in the middle
mellersta *adj* middle, central; ***~ Sverige*** Central Sweden
melodi *s* melody, tune
melodifestival *s, **~en*** i TV the Eurovision Song Contest
melodisk *adj* melodious
melodramatisk *adj* melodramatic
melon *s* melon
melonskiva *s* slice of melon
memoarer *s pl* memoirs
memorandum *s* memorandum (pl. vanl. memoranda)
1 men I *konj* but **II** *s* hake snag
2 men *s* skada harm, injury
mena *vb tr* o. *vb itr* **1** åsyfta mean [*med* by]; ***det ~r du väl inte!*** you don't say! **2** anse think [*om* of]
menande *adj* meaning, significant
mened *s, **begå ~*** commit perjury
menig *subst adj* mil. private
mening *s* **1** åsikt opinion; ***säga sin ~ rent ut*** speak one's mind **2** avsikt intention; syfte purpose; ***det var inte ~en*** ursäkt I didn't mean to; ***vad är ~en med det här?*** vad är det bra för what is the idea of this?; vad vill det här säga what is all this

about? **3** innebörd sense; betydelse meaning; ***det är ingen ~ med att*** inf. there is no point in ing-form **4** gram., sats sentence
meningsfull *adj* meaningful, purposeful
meningslös *adj* meaningless; oförnuftig senseless
meningsutbyte *s* exchange of views
menisk *s* anat. meniscus
menlös *adj* harmless; intetsägande vapid
mens *s* vard. o. **menstruation** *s* period, menstruation; ***ha ~*** have one's period
mental *adj* mental
mentalitet *s* mentality
mentalsjuk *adj* mentally deranged (ill)
mentalsjukdom *s* mental disease
mentalsjukhus *s* mental hospital
mentol *s* menthol
menuett *s* minuet
meny *s* menu
mer o. **mera** *adj* o. *adv* more; ytterligare further; ***någon ~ gång*** ...another time; mera ...any more; ***jag träffade honom aldrig ~*** I never saw him again; ***ingen ~ än han*** såg det no one besides (except) him...; ***var det någon ~ som såg det?*** did anybody else see it?; han vet ***mer än väl*** ...perfectly well
meridian *s* meridian
merit *s* kvalifikation qualification; förtjänst merit
meritera I *vb tr* qualify **II** *vb rfl*, ***~ sig*** qualify, qualify oneself
merkantil *adj* commercial
Merkurius astron. el. myt. Mercury
mersmak *s*, ***det ger ~*** it whets the appetite (makes you want more)
mervärdesskatt *s* value-added tax, VAT
1 mes *s* zool. titmouse (pl. titmice)
2 mes *s* stackare namby-pamby, softy, wimp
mesig *adj* vard. namby-pamby, wimpish
mesost *s* whey-cheese
Messias Messiah
mest I *adj* o. *subst adj* most, the most; 'mer än hälften av' most; det upptar ***den ~a tiden*** ...most of the time; ***det ~a av*** arvet the greater part of...; ***det ~a av vad som*** görs most of what...; ***det ~a*** (***allra ~a***) jag kan göra the most (very most)... **II** *adv* **1** most, the most; ***~ beundrad är hon*** för sin skönhet she is most admired...; ***hon är ~ beundrad*** av dem she is the most admired...; ***en av våra ~ kända*** författare one of our best-known (most well-known)... **2** för det mesta mostly, mainly; ***han fick ~*** huvudsakligen ***pengar*** he got chiefly money; ***som pojkar är ~*** just as boys generally are
mestadels *adv* mostly; till största delen for the most part; i de flesta fall in most cases
meta I *vb tr* angle for **II** *vb itr* angle, fish
metall *s* metal
metallarbetare *s* o. **metallare** *s* vard. metal-worker
metallisk *adj* metallic
meteorolog *s* meteorologist; vard. t.ex. i TV weahterman, weather forecaster
meteorologi *s* meteorology
meteorologisk *adj* meteorological
meter *s* metre, amer. meter
metersystem *s*, ***~et*** the metric system
metervara *s*, tyget ***finns i ~*** ...is sold by the metre
metervis *adv* per meter by the metre
metod *s* method
metodik *s* metodlära methodology; metoder methods pl.
metodisk *adj* methodical
metodist *s* Methodist
metrev *s* fishing-line, line
metrik *s* prosody
metrisk *adj* prosodic; rytmisk metrical
metronom *s* metronome
metspö *s* fishing-rod, rod
Mexico Mexico
mexikan *s* o. **mexikanare** *s* Mexican
mexikansk *adj* Mexican; ***Mexikanska bukten*** the Gulf of Mexico
m.fl. (förk. för *med flera*) and others
mick *s* vard., mikrofon mike
middag *s* **1** tid noon, midday; ***god ~!*** good afternoon!; ***i går ~*** yesterday at noon **2** måltid dinner; ***sova ~*** have an afternoon nap (a siesta); ***äta ~ ute*** borta äv. dine out; ***äta*** fisk ***till ~*** have...for dinner
middagsbjudning *s* dinner party
middagsbord *s* dinner table
middagstid *s*, ***vid ~*** (***middagstiden***) a) at dinner-time b) vid 12-tiden at noon
midja *s* waist; markerad waistline
midjeväska *s* belt bag, vard. bum bag, amer. vard. fanny pack
midnatt *s* midnight
midnattssolen *s* the midnight sun
midsommar *s* midsummer; som helg Midsummer; jfr *jul*
midsommarafton *s* Midsummer Eve
midsommardag *s* Midsummer Day
midsommarstång *s* maypole
midvinter *s* midwinter
mig *pron* se *jag*

migrän *s* migraine
mikrofilm *s* microfilm
mikrofon *s* microphone; vard. mike
mikroskop *s* microscope
mikrovågshuvud *s* TV. LNB (förk. för *low-noise block converter*)
mikrovågsugn *s* microwave oven
mil *s*, ***en ~*** ten kilometres, britt. motsv., ung. six miles; ***engelsk ~*** mile
Milano Milan
mild *adj* mild; t.ex. om färg, regn soft; lindrig, t.ex. om straff light; t.ex. om röst, sätt gentle; ***~a makter*** (***tid***)***!***, ***du ~e!*** Good gracious!
milis *s* militia
militant *adj* militant
militarism *s* militarism
militär I *s* **1** soldat serviceman; speciellt i armén soldier; ***en hög ~*** a high-ranking officer; ***bli ~*** join the armed forces **2** koll., ***~en*** the military pl., the army **II** *adj* military
militärbas *s* military base
militärtjänst *s* military service
miljard *s* billion
miljon *s* million
miljonaffär *s* transaction involving (amounting to) millions (resp. a million)
miljondel *s* millionth; jfr *femtedel*
miljontals *adv*, ***~ människor*** millions of people
miljonär *s* millionaire
miljö *s* yttre förhållanden environment; omgivning surroundings pl.
miljöaktivist *s* environmentalist; vard. neds. ecofreak
miljöbrott *s* environmental crime
miljöfarlig ...harmful to the environment, ecologically harmful
miljöförstöring *s* environmental pollution
miljöombyte *s* change of environment (surroundings)
miljöskadad *adj* ...harmed by one's environment; missanpassad maladjusted
miljövård *s* environmental control
miljövänlig *adj* environment-friendly, ecofriendly
millibar *s* millibar
milligram *s* milligram, milligramme
milliliter *s* millilitre
millimeter *s* millimetre
milstolpe *s* milestone äv. bildl.
mima *vb itr* mime
mimik *s* facial expressions pl.
mimosa *s* mimosa
1 min *(mitt, mina) pron* my; självständigt mine; ***Mina damer och herrar!*** Ladies and Gentlemen!; ***jag har gjort mitt*** I have done my part (bit); ***jag och de ~a*** me and my family (my people)
2 min *s* ansiktsuttryck expression; uppsyn air; utseende look; ***göra ~er*** grimasera make (pull) faces [*åt ngn* at a p.]; ***hålla god ~ i elakt spel*** grin and bear it
mina *s* mine
mindervärdig *adj* inferior
mindervärdighet *s* inferiority
mindervärdighetskomplex *s* inferiority complex
minderårig *adj* omyndig ...under age; ***~a*** juveniles
mindre I *adj* smaller; kortare shorter; ringare less; obetydlig slight; ***Mindre Asien*** Asia Minor; ***av ~ betydelse*** of less (minor) importance; det kostar ***en ~*** liten ***förmögenhet*** ...a small fortune **II** *subst adj* o. *adv* motsats: 'mera' less; ***där var ~*** färre ***bilar*** än här there were fewer cars...; ***ingen ~ än*** statsministern no less a person than...; det är ***~ troligt*** ...not very likely
minera *vb tr* mine
mineral *s* mineral
mineralhalt *s* mineral content
mineralriket *s* the mineral kingdom
mineralvatten *s* mineral water
miniatyr *s* miniature
miniatyrformat *s*, ***i ~*** in miniature
minigolf *s* miniature golf
minimal *adj* extremely small, minimal
minimibelopp *s* minimum amount
minimum *s* minimum (pl. äv. minima)
minior *s* o. **miniorscout** *s* flicka Brownie, Brownie Guide; pojke Cub, Cub Scout
miniräknare *s* minicalculator, pocket calculator
minister *s* minister
ministär *s* ministry; cabinet
mink *s* mink
minkpäls *s* mink coat
minnas *vb tr dep* remember; recollect, recall; ***om jag minns rätt*** (***inte minns fel***) if I remember rightly
minne *s* **1** memory äv. dators; hågkomst recollection; ***~n*** memoarer memoirs; ***jag har inget ~ av att jag gjorde det*** I can't remember doing it; ***ha*** (***hålla***) ngt ***i ~t*** keep (bear)...in mind; ***lägga...på ~t*** komma ihåg remember...; ***till ~*** (***minnet***) ***av*** in memory (remembrance) of **2** souvenir souvenir, keepsake

minnesanteckning *s* memorandum (pl. vanl. memoranda)
minnesbeta *s, **ge ngn en ~*** teach a p. a lesson that he (she etc.) won't forget
minnesförlust *s* loss of memory
minnesgåva *s* souvenir, keepsake
minneslista *s* memorandum (pl. vanl. memoranda), check (till inköp shopping) list
minnesmärke *s* **1** minnesvård memorial, monument [*över* to] **2** från det förgångna relic, ancient monument
minnesvärd *adj* memorable [*för* to]
Minorca Menorca
minoritet *s* minority
minoritetsparti *s* minority party
minsann *adv* sannerligen certainly, indeed
minska I *vb tr* reduce [*med* by]; skära ned cut down; förminska decrease; sänka lower **II** *vb itr* decrease, lessen, diminish; sjunka decline; ~ 5 kilo ***i vikt*** go down...in weight
minskas *vb itr dep* se *minska II*
minskning *s* reduction, decrease [*av, i* of, in]; nedskärning cut [*av* in]
minst I *adj* **1** motsats 'störst' smallest; kortast shortest; obetydligast slightest **2** motsats 'mest' least, the least; motsats 'flest' fewest, the fewest; ***han fick ~*** he got least (the least); ***där det finns ~*** (***~ med***) bilar where there are fewest... **3** ***det ~a du kan göra är att...*** the least you can (could) do is to...; jag begrep inte ***det ~a*** ...a thing **II** *adv* least; åtminstone at least; ***när man ~*** väntar det when you least...; ***~ sagt*** to say the least
minsvepning *s* minesweeping
minsökare *s* mine detector
minus I *s* minus; underskott deficit [*på* of] **II** *adv* minus; med avdrag av less
minusgrad *s* degree below zero
minustecken *s* minus sign
minut *s* minute
minuthandel *s* retail trade
minutiös *adj* meticulous; detaljerad minute, elaborate
minutvisare *s* minute hand
mirakel *s* miracle
mirakulös *adj* miraculous
misch-masch *s* mishmash
miserabel *adj* miserable, wretched
miss *s* misslyckande miss
missa *vb tr* o. *vb itr* miss
missanpassad *adj* maladjusted
missbelåten *adj* dissatisfied, displeased
missbelåtenhet *s* dissatisfaction, displeasure
missbildad *adj* malformed, misshapen
missbildning *s* malformation; lyte deformity
missbruk *s* abuse
missbruka *vb tr* abuse; alkohol, narkotika be addicted to
missbrukare *s* av alkohol person who is addicted to alcohol, over-indulger in alcohol; av narkotika drug addict
missfall *s, **få ~*** have a miscarriage
missfoster *s* abortion
missfärga *vb tr* discolour, stain
missförhållande *s, ~* el. ***~n*** unsatisfactory state of things sg., bad conditions pl.; sociala ***~n*** ...evils
missförstå *vb tr* misunderstand
missförstånd *s* misunderstanding
missgynna *vb tr* treat...unfairly, be unfair to
misshandel *s* maltreatment; ***utsätta för ~*** maltreat, assault, batter
misshandla *vb tr* maltreat; kroppsligt äv. handle...roughly, assault; om t.ex. barn, kvinnor äv. batter, knock...about
mission *s* mission
missionär *s* missionary
missklädsam *adj* unbecoming
missköta *vb tr* mismanage; försumma neglect
missleda *vb tr* mislead
misslyckad *adj* unsuccessful; ***vara ~*** be a failure
misslyckande *s* failure; fiasko fiasco (pl. -s)
misslyckas *vb itr dep* fail [*med* in; *med att* inf. to inf.]
missmodig *adj* downhearted, dejected
missnöjd *adj* dissatisfied, displeased; stadigvarande discontented
missnöje *s* dissatisfaction, displeasure; stadigvarande discontent [*över* at]; ogillande disapproval [*med* of]
missräkning *s* disappointment [*över* at]
missta *vb rfl, **~ sig*** make a mistake; ***om jag inte ~r mig*** if I'm not mistaken; ***~ sig på*** misjudge
misstag *s* mistake, error; förbiseende oversight; ***av ~*** by mistake
misstanke *s* suspicion; ***hysa misstankar mot*** suspect; ***väcka misstankar*** arouse suspicion
misstolka *vb tr* misinterpret
misstro *vb tr* distrust; tvivla på doubt
misstroende *s* distrust [*till, mot* of]
misstroendevotum *s, **ställa ~*** move a vote of no confidence

misstrogen *adj* distrustful
misströsta *vb itr* despair [*om* of]
misstycka *vb itr* o. *vb tr*, ***om du inte misstycker*** if you don't mind
misstänka *vb tr* suspect [*för* of]
misstänksam *adj* suspicious [*mot* of]
misstänksamhet *s* suspicion; egenskap suspiciousness
misstänkt *adj* **1** suspected [*för* of]; ***en ~*** a suspect **2** tvivelaktig suspicious
missunna *vb tr* grudge, begrudge; avundas envy
missuppfatta *vb tr* misunderstand
missuppfattning *s* misunderstanding
missvisande *adj* misleading, deceptive
missämja *s* dissension, discord, bad feeling
missöde *s* mishap; ***tekniskt ~*** technical hitch; ***genom ett ~*** en olycklig slump by mischance
mist *s* mist; tjocka fog
mista *vb tr* lose; undvara do without
miste *adv* wrong; ***ta ~*** make a mistake; ***gå ~ om*** miss
mistel *s* mistletoe
misär *s* nöd extreme poverty, destitution
mitella *s* sling
1 mitt *pron* se *1 min*
2 mitt I *s* middle; centrum centre **II** *adv*, ***~ emellan*** half-way between; ***~ emot*** just opposite; ***~ framför*** (***för***) just in front [*ngt* of a th.]; ***~ för ögonen på ngn*** right before a p.ś eyes; ***~ i*** in the middle (very middle) [*ngt* of a th.]; among; ***~ ibland oss*** in our midst; dela ngt ***~ itu*** ...into two equal parts, ...in half; ***~ på*** (***under, uppe i***) in the middle of; ***~ över*** gatan straight across...
mitterst *adv* in the middle (centre) [*i* of]
mittersta *adj*, ***~*** el. ***den ~*** raden the middle...
mittfältare *s* sport. midfielder
mittpunkt *s* centre
mix *s* kok. mix
mixer *s* kok. el. radio. mixer
mixtra *vb itr*, ***~ med*** knåpa potter (tinker) with
mjuk *adj* soft; t.ex. om handlag gentle; mör tender; smidig lithe, flexible
mjuka *vb tr*, ***~ upp*** göra mjuk make...soft, soften; ***~ upp*** t.ex. sina muskler limber up
mjukglass *s* soft ice cream
mjuklanda *vb itr* make a soft landing
mjukna *vb itr* soften, become (grow) soft
mjukost *s* soft cheese
mjukplast *s* non-rigid plastic
mjukvara *s* data. software
mjäkig *adj* sloppy, sentimental; om t.ex. pojke namby-pamby
mjäll *s* i håret dandruff, scurf
mjälte *s* spleen
mjöl *s* vetemjöl flour
mjölig *adj* floury; ***~ potatis*** mealy potatoes
mjölk *s* milk
mjölka *vb tr* milk
mjölkaffär *s* dairy
mjölkaktig *adj* milky
mjölkdroppe *s* drop of milk
mjölke *s* fisk~ milt, soft roe
mjölkflaska *s* av glas: milk bottle; flaska mjölk bottle of milk
mjölkpaket *s* milk carton; paket mjölk carton of milk
mjölktand *s* milk tooth
mjölnare *s* miller
m.m. (förk. för *med mera*) and so on; och andra saker and other things
mobb *s* mob
mobba *vb tr* bully, harass, gang up on
mobbning *s* mobbing, bullying, persecution; ***~ av*** äv. ganging up on...
mobilisera *vb tr* o. *vb itr* mobilize
mobilisering *s* mobilization
mobiltelefon *s* mobile telephone, cellphone
mocka *s* **1** kaffe mocha **2** skinn suède
mockajacka *s* suède jacket
mockasin *s* moccasin
mod *s* courage; vard. bottle; ***förlora ~et*** lose heart, be discouraged; ***känna sig väl till ~s*** feel at ease; ***vara vid gott ~*** be in good heart (spirits)
modd *s* slush
mode *s* fashion; 'fluga' rage, craze; ***en*** målare ***på ~t*** a fashionable...; ***komma på ~t*** become the fashion, become fashionable; ***komma ur ~t*** go out of fashion, become unfashionable
modedocka *s* bildl. fashion plate
modefluga *s* passing fashion
modehus *s* fashion house
modell *s* model; ***sitta*** (***stå***) ***~*** pose
1 modellera *s* modelling clay; plastiskt material plasticine
2 modellera *vb tr* model
modellklänning *s* model dress (gown)
modemedveten *adj* fashion-conscious
moder *s* mother; ***M~ jord*** Mother Earth; jfr *mor*
moderat I *adj* måttlig moderate; skälig

reasonable; polit. Conservative **II** *s, ~erna* the Moderate (Swedish Conservative) Party
moderation *s* moderation, restraint
moderbolag *s* parent company
moderkaka *s* placenta
moderlig *adj* motherly; som tillkommer en mor maternal
moderlighet *s* motherliness
modern *adj* nutida modern, contemporary; tidsenlig up to date; på modet fashionable; *~ lägenhet* flat (apartment) with modern conveniences (with mod cons)
modernisera *vb tr* modernize
modersfixerad *adj, vara ~* have a mother fixation
modersfixering *s* mother fixation
moderskap *s* motherhood, maternity
moderskapspenning *s* maternity allowance
moderskärlek *s* maternal (a mother's) love
modersmjölk *s* mother's (breast) milk
modersmål *s* mother tongue
modeskapare *s* stylist
modetidning *s* fashion paper
modfälld *adj* discouraged, disheartened
modifiera *vb tr* modify
modifikation *s* modification
modig *adj* courageous, plucky, brave
modist *s* milliner, modiste
modul *s* module
modulera *vb tr* modulate
mogen *adj* ripe; speciellt bildl. mature; *vid ~ ålder* at a mature age; *~ för* ripe (ready) for
mogna *vb itr* ripen; bildl. mature
mognad *s* ripeness; speciellt bildl. maturity
mojna *vb itr* lull, slacken
mojäng *s* vard. gadget
Moldavien Moldavia
molekyl *s* molecule
moll *s* mus. minor; *gå i ~* be in the minor key
moln *s* cloud
molnfri *adj* cloudless
molnig *adj* cloudy, overcast
molntäcke *s, lättande ~* decreasing cloud
moment *s* faktor element, factor; punkt point, item; stadium stage; i lagtext clause
momentan *adj* momentary
moms *s* VAT, jfr *mervärdesskatt*
monark *s* monarch
monarki *s* monarchy
mongol *s* Mongol, Mongolian
Mongoliet Mongolia
mongolisk *adj* Mongolian
monitor *s* monitor
monogam *adj* monogamous
monogami *s* monogamy
monogram *s* monogram
monokel *s* monocle
monolog *s* monologue, soliloquy
Monopol ® *s* sällskapsspel Monopoly
monopol *s* **1** monopoly **2** *M~* ® sällskapsspel Monopoly
monopolisera *vb tr* monopolize
monoton *adj* monotonous
monster *s* o. **monstrum** *s* monster
monsun *s* monsoon
Montenegro Montenegro
monter *s* showcase, display case; utställningsutrymme stand
montera *vb tr* mount; t.ex. bil, radio assemble; *~ ned* dismantle, dismount
montering *s* mounting; t.ex. bil, radio assembly
monteringsfärdig *adj* prefabricated
montör *s* fitter; t.ex. bil~, radio~ assembler
monument *s* monument
monumental *adj* monumental
moped *s* moped
mopedist *s* mopedist, moped rider
mopp *s* mop
moppa *vb tr* mop
moppe *s* vard. moped moped
mops *s* pug, pug dog
mor *s* mother, jfr äv. *mamma; ~s dag* Mother's Day; *bli ~* become a mother; *hon är ~ till A.* she is the mother of A.
moral *s* etik ethics sg.; moraluppfattning morality (end. sg.); seder morals pl.; anda, speciellt stridsmoral morale (end. sg.)
moralisera *vb itr* moralize [*över* on]
moralisk *adj* moral; etisk ethical
moralism *s, ~* el. *~en* moralism
morbror *s* uncle, maternal uncle
mord *s* murder [*på* of]
mordbrand *s* arson; *anstifta ~* commit arson
mordförsök *s* attempted murder
morfar *s* grandfather, maternal grandfather; vard. grandpa, granddad; *~s far (mor)* great-grandfather (great-grandmother)
morfin *s* morphine
morfinist *s* morphine addict, morphinist
morföräldrar *s pl, mina ~* my grandparents [on my mother's side]
morgon *s* motsats 'kväll' morning; gryning dawn; *i ~* tomorrow; jfr äv. ex. under *kväll*
morgondag *s, ~en* tomorrow

morgonkaffe *s* early morning coffee
morgonluft *s* morning air; börja ***vädra ~*** bildl. begin to see one's chance
morgonrock *s* dressing gown
morgonstund *s*, ***~ har guld i mund*** the early bird catches the worm
morgontidning *s* morning paper
morkulla *s* fågel woodcock
mormon *s* Mormon
mormonsk *adj* Mormon
mormor *s* grandmother, maternal grandmother; vard. grandma, granny; ***~s far (mor)*** great-grandfather (great-grandmother)
morot *s* carrot äv. bildl.
morra *vb itr* growl, snarl [*åt* at]
morrhår *s pl* whiskers
morsa *s* vard. mum, ma, amer. mom
morse *s*, ***i ~*** this morning; ***i går ~*** yesterday morning
morsealfabet *s* Morse alphabet (code)
morsgris *s* vard. kelgris mother's darling
morsk *adj* kavat self-assured; kaxig cocky, stuck-up
mortel *s* mortar
mortelstöt *s* pestle
mos *s* kok. mash; av äpplen sauce
mosa I *vb tr*, ***~*** el. ***~ sönder*** reduce...to pulp; tillintetgöra crush (sport. beat) completely **II** *vb rfl*, ***~ sig*** pulp
mosaik *s* mosaic
mosaisk *adj* relig. Mosaic
mosig *adj* mosad pulpy
moské *s* mosque
moskit *s* mosquito
moskovit *s* Muscovite
Moskva Moscow
mossa *s* moss
moster *s* aunt, maternal aunt
mot *prep* i riktning mot towards; ***gränsen ~ Finland*** the Finnish border; hålla upp ***~ ljuset*** ...to the light; ***rusa ~ dörren*** dash to the door; ***skjuta ~*** shoot at; i fråga om inställning: to, towards; ***vänlig (grym) ~*** kind (cruel) to; för att beteckna motstånd, kontrast, motsvarighet against, for; tabletter ***~ huvudvärk*** ...for a headache (headaches); göra ngt ***~ betalning*** ...for money; ***~ kvitto*** against a receipt
mota *vb tr*, ***~*** spärra vägen för ***ngn (ngt)*** bar (block) the way for a p. (a th.)
motanfall *s* o. **motangrepp** *s* counter-attack
motarbeta *vb tr* sätta sig upp mot oppose; motverka counteract; bekämpa combat
motbjudande *adj* repugnant, repulsive [*för* to]
motell *s* motel
motgift *s* antidote [*mot* against, for, to]
motgång *s* misfortune; bakslag reverse, setback
motion *s* **1** kroppsrörelse exercise **2** förslag motion; lagförslag bill [*i* on; *om* for]
motionera I *vb tr* give...exercise **II** *vb itr* take exercise
motionscykel *s* cycle exerciser
motionsgymnastik *s* keep-fit exercises pl.
motiv *s* bevekelsegrund motive [*för, till* for, of]; skäl reason [*för* for]
motivation *s* motivation [*för* of]
motivera *vb tr* **1** utgöra skäl för give cause for; rättfärdiga justify, explain; ange skäl för state one's reasons for **2** skapa lust för motivate
motivering *s* berättigande justification, explanation [*för* of, for]; angivande av skäl statement of one's reasons
motkandidat *s* rival candidate
motocross *s* moto-cross, scramble
motoffensiv *s* counter-offensive
motor *s* förbrännings~ engine; elektrisk motor
motorbåt *s* motorboat
motorcykel *s* motor cycle; vard. motorbike
motorcyklist *s* motor cyclist
motordriven *adj* motor-driven
motorfartyg *s* motor ship (förk. MS)
motorfel *s*, ***få ~*** get engine trouble
motorfordon *s* motor vehicle
motorfordonsförsäkring *s* motor vehicle insurance
motorförare *s* motorist, driver
motorgräsklippare *s* power lawn-mower
motorhuv *s* bonnet, amer. hood
motorism *s* motorism, motoring
motorstopp *s* engine failure; ***jag fick ~*** the (my) car stalled
motorstyrka *s* engine power
motorsåg *s* power saw
motortrafikled *s* ung. main arterial road, major road
motortävling *s* motor race
motorväg *s* motorway, amer. expressway, freeway
motorvärmare *s* engine pre-heater
motpart *s* opponent; ***~en*** the other side (party)
motprestation *s* service in return
motsats *s* opposite, contrary [*mot, till* of]; påstå ***raka ~en*** ...quite (just) the opposite; ***stå i skarp ~ till ngt*** form a

sharp contrast to a th.; ***i ~ till mig*** är han... unlike me...
motsatt *adj* opposite, contrary; ***det ~a könet*** the opposite sex; ***~a åsikter*** opposed views
motse *vb tr* se fram emot look forward to; förutse expect
motsida *s, **~n*** the opposite (sport. opposing) side
motsols *adv* anti-clockwise
motspelare *s* sport. opponent
motstridig *adj* conflicting, contradictory
motstycke *s* counterpart
motstå *vb tr* resist, withstand
motstående *adj* opposite
motstånd *s* resistance, opposition; ***göra ~ mot*** offer resistance to
motståndare *s* opponent, adversary
motståndskraft *s* resistance, power of resistance [*mot* to]
motståndskraftig *adj* resistant [*mot* to]
motsvara *vb tr* correspond to; t.ex. beskrivningen answer, answer to; t.ex. krav fulfil, come up to; vara likvärdig med be equivalent to
motsvarande *adj* corresponding; jämgod equivalent
motsvarighet *s* överensstämmelse correspondence; motstycke counterpart [*till* to, of], opposite number
motsäga *vb tr* contradict
motsägande *adj* contradictory
motsägelse *s* contradiction
motsätta *vb rfl, **~ sig*** oppose
motsättning *s* opposition; fientligt förhållande antagonism; ***stå i ~ mot*** (***till***) be in contrast to
mottaga *vb tr* receive
mottagande *s* reception; speciellt hand. receipt
mottagare *s* person o. apparat receiver
mottaglig *adj* susceptible [*för* to]
mottagning *s* reception; doktorn har ***~ varje dag*** ...surgery (consulting) hours every day; rektorn ***har ~ 10-12*** ...receives visitors 10-12
mottagningsrum *s* läkares consulting-room, surgery
mottagningstid *s* time for receiving visitors; läkares surgery hours
motto *s* motto (pl. -es el. -s)
moturs *adv* anti-clockwise
motverka *vb tr* motarbeta counteract; hindra obstruct
motvikt *s* counterbalance, counterweight
motvilja *s* olust dislike [*mot* of, for]
motvillig *adj* reluctant
motvillighet *s* reluctance
motvind *s, **segla i ~*** sail against the wind; bildl. be doing badly, be under the weather
motåtgärd *s* countermeasure
mountainbike *s* mountainbike
mousse *s* **1** kok. mousse **2** hårmousse mousse
moussera *vb itr* sparkle; ***~nde vin*** sparkling wine
1 mucka *vb tr* vard., ***~ gräl*** pick a quarrel
2 mucka *vb itr* vard. mil. be demobbed
muffins *s* ung. queen (fairy) cake, amer. muffin
mugg *s* mug, cup
Muhammed Mohammed
muhammedan *s* Mohammedan
mula *s* mule
mulatt *s* mulatto (pl. -s el. ~es)
mule *s* muzzle
mulen *adj* overcast, cloudy
mullbär *s* mulberry
mullig *adj* plump
mullra *vb itr* rumble, roll
mullvad *s* mole äv. bildl.
mulna *vb itr* cloud over, become overcast
mul- och klövsjuka *s* foot-and-mouth disease
multilateral *adj* multilateral
multinationell *adj* multinational
multiplicera *vb tr* multiply [*med* by]
multiplikationstabell *s* multiplication table
multna *vb itr* moulder, rot
mumie *s* mummy
mumla *vb tr* o. *vb itr* mumble; muttra mutter
mums vard. **I** *interj, **~!*** yum-yum! **II** *s, **det smakar ~*** it's yummy
mumsa *vb itr* vard. munch; ***~ på ngt*** el. ***~ i sig ngt*** munch a th.
mumsig *adj* vard. delicious, yummy
mun *s* mouth; ***hålla ~*** keep quiet; vard. shut up; ***vara stor i ~*** talk big; ***prata bredvid ~*** (***munnen***) let the cat out of the bag; ***tala i ~nen på varandra*** speak at the same time
mungiga *s* jew's-harp
mungipa *s* corner of one's mouth
munk *s* **1** person monk **2** bakverk doughnut
munkavle *s* o. **munkorg** *s* muzzle; ***sätta ~ på*** muzzle
munläder *s, **ha gott ~*** have the gift of the gab

mun-mot-munmetoden *s* the mouth-to-mouth method, the kiss of life
munsbit *s* mouthful
munspel *s* mouth organ
munstycke *s* mouthpiece; på cigarett tip
munter *adj* merry; glättig cheerful
muntlig *adj* oral; om t.ex. överenskommelse verbal
muntra *vb tr,* ~ ***upp*** cheer...up
munvatten *s* mouthwash
mur *s* wall
mura *vb tr* bygga (av tegel) build...of brick; ~ en brunn med cement wall...; ~ ***igen*** (***till***) wall up; med tegel brick up
murare *s* tegel~ bricklayer; speciellt sten~ mason
murbruk *s* mortar
murgröna *s* ivy
murken *adj* decayed; starkare rotted
murkla *s* morel
mus *s* mouse (pl. mice)
muselman *s* Muslim
museum *s* museum; för konst äv. gallery
musik *s* music
musikal *s* musical
musikalisk *adj* musical
musikant *s* musician, music-maker
musikbänk *s* hi-fi unit
musiker *s* musician
musikkår *s* band, orchestra
musikstycke *s* piece of music
musikverk *s* musical composition (work)
musiköra *s* musical ear
muskel *s* muscle
muskelknutte *s* vard. muscle-man, man mountain
muskelsträckning *s,* ***få en*** ~ get a sprained muscle
muskelstärkare *s* spring exerciser
muskot *s* nutmeg
muskotblomma *s* krydda mace
muskulatur *s* muscles pl.
muskulös *adj* muscular
muslim *s* Muslim
muslimsk *adj* Muslim
muslin *s* muslin
Musse Pigg seriefigur Mickey Mouse
mussla *s* mussel
must *s* av äpplen juice
mustasch *s* moustache
mustig *adj* **1** kraftig, närande rich **2** bildl., om t.ex. historia racy, juicy
muta *vb tr* bribe
mutor *s pl* bribes
mutter *s* tekn. nut
muttra *vb itr* mutter
mycken *(mycket; myckna) adj* i omedelbar anslutning till följande subst.: a) much; framför eng. subst. i pl. many b) en hel del a great (good) deal of; framför eng. subst. i pl. a great many; fullt med plenty; efter ~ ***diskussion*** (***mycket diskuterande***) ...a great deal of discussion; ***det var mycket folk*** på mötet there were many (a lot of) people...; ***vara till*** ~ ***nytta*** be of great use
mycket *adv* utan anslutning till följande subst. **1** följt av adj. o. adv. very, very much; starkare most; ***de är*** ~ ***lika*** (***rädda***) they are very (very much) alike (afraid); ***den är för*** ~ ***kokt*** (***stekt***) it has boiled (fried) too long; det är ~ ***möjligt*** ...quite possible **2** med komparativ much; ***så*** ~ ***bättre*** all (so much) the better; ~ ***färre*** fel far fewer... **3** i övriga fall, ***det görs*** ~ för barnen much is done...; ***hon är*** ~ ***över*** femtio she is well over...; ***det är*** ~ ***hans fel*** it is to a great extent his fault; ***jag beklagar*** ~ att I very much regret...; boken innehåller ~ ***av intresse*** ...much that is interesting; ***en gång för*** ~ once too often; ***koka*** ngt ***för*** ~ ...too long; ***hur*** ~ fick han how much...?; ***hur*** ~ ***jag än*** försöker however much...; ***lika*** ~ as much; ***lika*** ~ ***till*** as much again; ***så*** ~ ***fick jag inte*** I didn't get as much as that; ***det gör inte så*** ~ om han går it doesn't matter very much...; ***inte så*** ~ ***som*** ett öre not so much as...; ***utan att så*** ~ ***som svara*** without even answering
mygel *s* wangling, fiddling, wire-pulling, jfr *mygla*
mygga *s* stick~ mosquito (pl. -es el. -s); knott gnat, midge
myggbett *s* mosquito bite
mygla *vb itr* fiffla wangle, fiddle; gå bakvägar, intrigera äv. use underhand means, pull wires
myglare *s* wangler, fiddler, wire-puller
mylla *s* mould, earth
myller *s* swarm, crowd, throng
myllra *vb itr* swarm [*av* with]
München Munich
myndig *adj* **1** ***bli*** ~ come of age; ~ ***ålder*** majority **2** befallande authoritative
myndighet *s* **1** myndig ålder majority, full age **2** uppträda ***med*** ~ ...with authority **3** makt authority **4** ~***erna*** the authorities
myndighetsperson *s* person in authority
mynna *vb itr,* ~ ***i*** el. ~ ***ut i*** a) om flod etc. fall

into; om gata etc. lead to b) bildl. end in; ~ ***ut i intet*** come to nothing
mynning *s* mouth; på vapen muzzle
mynt *s* coin; ***utländskt ~*** foreign currency; ***slå ~ av*** bildl. make capital out of
mynta *s* mint
myntinkast *s* på automat slot
myr *s* bog, swamp
myra *s* ant
myrstack *s* ant-hill
myrten *s* myrtle
mysa *vb itr* smile contentedly
mysig *adj* vard., trivsam nice and cosy, groovy; om person sweet, nice
mysk *s* musk
myskoxe *s* musk ox
mysli *s* o. **müsli** *s* muesli
mysterium *s* mystery
mystiker *s* mystic
mystisk *adj* gåtfull mysterious; relig. mystic
myt *s* myth [*om* of]
myteri *s* mutiny; ***göra ~*** mutiny
mytologi *s* mythology
1 må *vb itr* känna sig be, feel; ***hur ~r du?*** how are you?; ***~ så gott!*** keep well!
2 må *hjälpvb*, ***vad som än ~ hända*** whatever may happen; det var vackert ***~ du tro!*** ...I can tell you!; ***det ~ vara hänt!*** all right!
måfå *s*, ***på ~*** at random
måg *s* son-in-law (pl. sons-in-law)
måhända *adv* maybe
1 mål *s*, ***har du inte ~ i mun?*** haven't you got a tongue in your head?; ***sväva på ~et*** hum and haw, be evasive
2 mål *s* jur. case
3 mål *s* måltid meal; ***ett ~ mat*** a meal
4 mål *s* **1 a)** vid skjutning mark; skottavla o. bombmål target **b)** i bollspel goal; ***göra ett ~*** score a goal **c)** vid kapplöpning etc. finish; speciellt vid hästkapplöpning winning-post; ***komma (gå) i ~*** come in **2** bildl. goal; syfte aim, purpose; ***skjuta över ~et*** overshoot the mark
måla I *vb tr* o. *vb itr* paint; bildl. äv. depict **II** *vb rfl*, ***~ sig*** sminka sig make (make oneself) up
målande *adj* om stil, skildring graphic, vivid
målare *s* painter
målarfärg *s* paint
målbrott *s*, ***han är i ~et*** his voice is breaking
målbur *s* goal
måleri *s* painting
målföre *s* voice; ***återfå ~t*** find one's voice
målinriktad *adj* se *målmedveten*
mållinje *s* sport. finishing-line; fotb. goal-line
mållös *adj* stum speechless [*av* with]
målmedveten *adj* purposeful, single-minded
målmedvetenhet *s* purposefulness
målning *s* painting; färg paint
målskillnad *s* goal difference
målskjutning *s* target-shooting
målsman *s* **1** förmyndare guardian; förälder parent **2** förespråkare advocate [*för* of]
målsnöre *s* finishing-tape
målstolpe *s* goalpost
målsättning *s* aim, purpose, goal
måltavla *s* target
måltid *s* meal
målvakt *s* goalkeeper; vard. goalie
1 mån *s*, ***i någon ~*** to some extent, to a certain degree
2 mån *adj*, ***~ om*** angelägen om anxious about; aktsam med careful of; noga med particular about
månad *s* month; jfr *2 vecka* ex.; 20 000 kr i ***~en (per ~)*** ...a (per) month
månadshyra *s* monthly rent
månadsskifte *s* turn of the month
månadssten *s* birthstone
månadsvis *adv* monthly, by the month
månatlig *adj* monthly
månatligen *adv* monthly
måndag *s* Monday; jfr *fredag* med ex.
måndagskväll *s* Monday evening (senare night); ***på ~arna*** on Monday evenings (nights)
månde *hjälpvb*, ***vad ~ detta betyda?*** what can this mean?
måne *s* moon
månförmörkelse *s* eclipse of the moon
många *obest pron* many; ***~*** anser att many (a great number of, a lot of) people...; ***ganska (rätt) ~*** quite a number, quite a lot; ***så ~ brev!*** what a lot of letters!
mångdubbel *adj*, ***mångdubbla värdet*** many times the value
mångfald *s* stort antal, ***en ~*** t.ex. plikter a great number of
mångfaldig *adj* manifold; skiftande diverse, varied
mångfaldiga *vb tr* multiply
månggifte *s* polygamy
mångmiljonär *s* multimillionaire
mångsidig *adj* many-sided; all-round
mångtydig *adj* tvetydig ambiguous
mångårig *adj* ...of many years, long-standing...

månlandning *s* moon-landing
månlandskap *s* lunar landscape
månresa *s* trip to the moon
månsken *s* moonlight
mård *s* marten
mås *s* gull
måste *hjälpvb, **han** ~* a) he must; angivande 'yttre tvång' he has (resp. will have) to, he is (resp. will be) obliged to b) var tvungen att he had to, he was obliged to; ***han har måst*** betala he has had to (been obliged to)...; ***jag ~*** kan inte låta bli att ***skratta*** I can't help laughing
mått *s* measure [*på* of]; ***~et är rågat!*** I've had enough of it!; ***hålla ~et*** come up to expectations; inge ***ett visst ~ av respekt*** ...a certain amount of respect; ***ta ~ på ngn*** till en kostym take a p.'s measurements...; ***av stora ~*** bildl. of great proportions; ***gjord efter ~*** made to measure; ***efter våra ~*** by our standards
måtta *s* moderation; ***det är ingen ~ på*** vad han fordrar there is no limit to...; ***med ~*** moderately
måttband *s* measuring-tape
måttbeställd *adj* ...made to measure, amer. custom-made
måtte *hjälpvb, **~ du aldrig ångra det!*** may you never regret it!; ***han ~ vara sjuk*** eftersom... he must be ill...; ***han ~ inte ha hört det*** he cannot have heard it
måttenhet *s* unit of measurement
måttfull *adj* moderate; sansad sober
måttlig *adj* moderate
måttstock *s* measure, standard
måttsystem *s* system of measurement
mäkla *vb tr* o. *vb itr* medla mediate
mäklare *s* hand. broker
mäktig *adj* **1** powerful; väldig tremendous, huge **2** om föda heavy
mängd *s* **1** kvantum quantity, amount; antal number; mat. set; ***i riklig ~*** in abundance **2** ***~en*** folket, massan the crowd
människa *s* man (pl. men); person person; mänsklig varelse human being; ***~n*** i allmänhet man; ***människor*** folk people; ***människorna*** mänskligheten mankind sg.; ***alla människor*** everybody sg.; ***ingen ~*** nobody; ***någon ~*** somebody, anybody; ***en gammal ~*** an old person; ***gamla människor*** old people; hur är han (hon) ***som ~?*** ...as a person?
människokärlek *s* humanity, love of mankind; kristlig ~ charity
människoliv *s* life, human life
människonatur *s, ~* el. ***~en*** human nature
människosläkte *s, **~t*** the human race, mankind
människovän *s* humanitarian
människovänlig *adj* humanitarian, humane
människovärdig *adj* ...fit for human beings
mänsklig *adj* human; human humane
mänsklighet *s* **1** ***~en*** människosläktet mankind **2** humanitet humaneness
märg *s* **1** benmärg marrow **2** bot. pith
märka *vb tr* **1** mark; ***märkt med rött*** marked in red **2** lägga märke till notice, observe; ***märk att...*** note that...; skillnaden ***märks knappt*** ...is hardly noticeable
märkbar *adj* noticeable; uppenbar obvious
märke *s* **1** mark; spår trace; fabrikat: t.ex. bils make; t.ex. kaffe~, tobaks~ brand; klubb~ etc. badge; ***ha ~n efter*** misshandel show marks of...; ***sätta ~ för*** put a mark against **2** ***lägga ~ till*** notice
märkesjeans *s pl* designer jeans
märkesnamn *s* proprietary (brand) name
märkesvaror *s pl* proprietary (branded) products (goods kollektivt)
märklig *adj* remarkable; egendomlig strange, odd; ***det var ~t!*** how extraordinary!
märkpenna *s* marker
märkvärdig *adj* egendomlig strange; anmärkningsvärd remarkable; ***göra sig ~*** viktig make oneself important
mäss *s* mess; lokal äv. messroom
mässa *s* **1** kyrkl. mass; ***gå i ~n*** attend Mass **2** utställning fair, exhibition
mässing *s* brass
mässingsinstrument *s* brass instrument
mässling *s* measles
mästare *s* master; sport. champion
mästarinna *s* [woman] champion
mästerlig *adj* masterly
mästerligt *adv* in a masterly way
mästerskap *s* championship
mästerstycke *s* o. **mästerverk** *s* masterpiece
mäta I *vb tr* o. *vb itr* measure **II** *vb rfl, ~ sig, **han kan inte ~ sig med...*** he cannot match...
mätare *s* meter; mätinstrument gauge
mätarställning *s* meter indication (reading)
mätbar *adj* measurable
mätinstrument *s* measuring instrument
mätning *s* mätande measuring; ***göra ~ar*** take (make) measurements

mätt *adj*, ***jag är ~ ,tack*** I simply couldn't eat another thing; I've had enough, thanks; ***äta sig*** (***bli***) **~** have enough to eat, satisfy one's hunger; ***han kunde inte se sig ~ på det*** he never tired of looking at it

mätta *vb tr* **1** satisfy; ***frukt ~r inte*** fruit does not fill you **2** kem. o. friare saturate

mättad *adj* kem. o. friare saturated

mö *s* flicka maid, maiden

möbel *s* enstaka piece of furniture; ***möbler*** furniture sg.

möbeltyg *s* furnishing fabric

möblemang *s* furniture (end. sg.); ***ett ~*** a suite of furniture

möblera *vb tr* förse med möbler furnish; ordna möblerna i arrange the furniture in

möblering *s* furnishing

möda *s* besvär pains pl., trouble; ***göra sig ~*** take pains (trouble); ***endast med ~*** kunde han only with difficulty...

mödom *s* virginity

mödomshinna *s* hymen, maidenhead

mödosam *adj* laborious, difficult

mödrahem *s* maternity home

mödravård *s* maternity welfare

mödravårdscentral *s* antenatal clinic

mögel *s* mould; på papper etc. mildew

mögla *vb itr* go (get) mouldy (mildewy)

möglig *adj* mouldy; om papper etc. mildewy

möhippa *s* ung. hen party for a bride-to-be, speciellt amer. shower

möjlig *adj* possible; tänkbar conceivable; ***i ~aste mån*** as far as possible

möjligen *adv* possibly; kanhända perhaps; ***kan man ~*** träffa... is it possible, I wonder, to...; ***har du ~*** en tia på dig? do you happen to have...?

möjliggöra *vb tr* make (render)...possible

möjlighet *s* possibility; chans chance; utsikt prospect [*till* i samtliga fall of]

mönster *s* pattern

mönstergill *adj* model end. attributivt; ideal; om t.ex. uppförande exemplary

mönstra *vb tr* **1** förse med mönster pattern **2** granska inspect, scrutinize **3** inräkna muster **4** sjö., anställa på fartyg sign (take)...on

mönstring *s* **1** granskning inspection, scrutiny **2** mil. enlistment

mör *adj* om kött, frukt tender; om skorpor etc. crisp

möra *vb tr*, **~ *kött*** tenderize meat

mörbulta *vb tr* beat...black and blue; ***alldeles ~d*** efter matchen aching all over...

mörda *vb tr* murder; utan objekt commit a murder (murders); speciellt bildl. kill

mördande *adj* friare murderous; om t.ex. blick withering

mördare *s* murderer

mördeg *s* shortcrust pastry

mörk *adj* dark; dyster sombre, gloomy; ***~ choklad*** plain chocolate; ***~ kostym*** dark lounge suit; ***det ser ~t ut*** bildl. things look bad

mörkblå *adj* dark blue

mörker *s* dark, darkness; ***efter mörkrets inbrott*** after dark; ***famla i mörkret*** grope in the dark

mörkertal *s* number of unrecorded cases, hidden statistics sg.

mörklagd *adj* om person dark, dark-haired

mörklägga *vb tr* black out

mörkläggning *s* blackout

mörkna *vb itr* get dark; ***det ~r*** it's getting dark

mörkrostad *adj*, ***mörkrostat kaffe*** dark roast coffee

mörkrädd *adj*, ***vara ~*** be afraid of the dark

mörkögd *adj* dark-eyed

mört *s* roach; ***pigg som en ~*** fit as a fiddle

mössa *s* cap

mösskärm *s* cap peak

möta *vb tr* meet; råka på come across; speciellt röna meet with

mötande *adj* t.ex. person ...that one meets; t.ex. trafik oncoming...

mötas *vb itr dep* meet

möte *s* meeting; avtalat appointment; konferens conference; ***stämma ~ med*** make an appointment with, arrange to meet

möteslokal *s* mötesplats meeting place; samlingsrum assembly (conference) room (rooms pl.)

N

nackdel *s* disadvantage, drawback
nacke *s* back of the (one's) head; ***bryta ~n*** el. ***~n av sig*** break one's neck
nackstöd *s* i bil headrest
nafs *s*, ***i*** (***på***) ***ett ~*** vard. in a flash (jiffy)
nafsa *vb tr* o. *vb itr* snap [*efter* at]
nafta *s* naphtha
nagel *s* nail; ***bita på naglarna*** bite one's nails
nagelband *s* cuticle
nagelborste *s* nail brush
nagellack *s* nail varnish, nail polish, nail enamel
nagelsax *s* nail scissors pl.
nagga I *vb tr*, ***~ i kanten*** göra hack i notch, nick; bildl., t.ex. kapital eat into, nibble at **II** *vb itr*, ***~*** gnaga ***på ngt*** gnaw (nibble) a th. (at a th.)
naggande *adv*, ***liten men ~ god*** there isn't much of it (him, her etc.) but what there is, is good
nagla *vb tr*, ***~ fast*** nail...on [*vid* to]
naiv *adj* naive
naivitet *s* naiveté
naken *adj* naked äv. bildl.; speciellt konst. nude
nakenbadare *s* nude bather; vard. skinny-dipper
nalkas *vb itr dep* approach
nalle *s* leksak o. barnspr. teddy bear, teddy; ***Nalle Puh*** Winnie-the-Pooh
namn *s* name [*på* of]; ***ha gott ~ om sig*** have a good name (reputation); ***skapa*** (***göra***) ***sig ett ~*** make a name for oneself; ***vad*** (***varför***) ***i Guds*** (***herrans, fridens***) ***~...?*** what (why) on earth...?; ***i sanningens ~*** to tell the truth; känna ngn bara ***till ~et*** ...by name; ***en man vid ~ Bo*** a man called (named) Bo, a man by (of) the name of Bo; kalla ngn ***vid ~*** ...by his (her etc.) name
namnbyte *s* change of name
namne *s* namesake
namnge *vb tr* name
namninsamling *s* list of signatures
namnsdag *s* name day
namnteckning *s* signature
napalm *s* napalm
1 napp *s* dinapp teat, speciellt amer. nipple; tröst dummy, comforter, amer. pacifier
2 napp *s* fiske bite; svagare o. bildl. nibble [*på* at]
1 nappa *vb tr* o. *vb itr* om fisk bite; svagare o. bildl. nibble [*på* at]; ***det ~de han på genast*** he jumped at it at once
2 nappa *s* skinnsort nappa
nappatag *s* tussle, set-to
nappflaska *s* feeding (baby's) bottle
narciss *s* narcissus (pl. narcissi)
narig *adj* om hud chapped, rough
narkoman *s* drug addict; vard. junkie
narkos *s* narcosis (pl. narcoses); ***ge ngn ~*** administer an anaesthetic to a p.
narkotika *s pl* narcotics; vard. drugs
narkotikahandel *s* drug traffic
narkotikahandlare *s* drug trafficker (dealer)
narkotikahund *s* sniffer dog
narkotikalangare *s* drug (dope) pusher
narkotikamissbruk *s* drug abuse
narkotikamissbrukare *s* drug addict
narkotisk *adj* narcotic; ***~a medel*** narcotics
narr *s* fool; ***göra ~ av ngn*** make fun of a p.
nasal *adj* nasal
nasalljud *s* nasal, nasal sound
nasse *s* barnspr. piggy, piglet
nation *s* nation
nationaldag *s* national day (holiday)
nationaldräkt *s* national (peasant) costume
nationalekonom *s* economist
nationalekonomi *s* economics sg.
nationalism *s* nationalism
nationalitet *s* nationality
nationalmuseum *s* national museum; för konst national gallery
nationalsång *s* national anthem
nativitet *s* birthrate
natrium *s* sodium
natt *s* night; ***god ~!*** good night!; ***~en till söndagen*** kom han ...on Saturday night; ***i ~*** a) last night b) kommande tonight c) nu i natt this night; ***i går ~*** yesterday night; ***om*** (***på***) ***~en*** (***nätterna***) at (by) night; ***stanna över ~en*** stay overnight (the night)
nattaxa *s* på buss etc. night-service fare
nattdräkt *s* nightwear; ***i ~*** in nightwear
nattduksbord *s* bedside table
nattetid *adv* at (by) night, in the night
nattfack *s* night safe (amer. depository)
nattflyg *s* trafik night-flights pl.; plan night plane
nattfrost *s* night frost
nattklubb *s* nightclub

nattkärl *s* chamber pot
nattlig *adj* nocturnal; var natt nightly
nattlinne *s* nightdress, nightgown; vard. nightie
nattlogi *s* husrum accommodation for the night
nattmangling *s* all-night negotiations pl.
nattparkering *s* night (overnight) parking
nattportier *s* night porter
nattradio *s* all-night radio
nattrafik *s* night services pl.
nattrock *s* dressing-gown
nattskift *s* night shift
nattskjorta *s* nightshirt
nattsköterska *s* night nurse
nattuggla *s* person night owl, nightbird
nattvak *s* late hours pl.
nattvakt *s* **1** person night watchman **2** tjänstgöring night watch
nattvard *s*, *~en* the Holy Communion
nattåg *s* night train
natur *s* nature; läggning disposition; karaktär character; natursceneri etc. scenery, natural scenery; *~en* som skapande kraft etc. nature; komma ut *i ~en* ...into the country (countryside); *en vacker ~* omgivning beautiful scenery; *det ligger i sakens ~* it is in the nature of things; *ute i ~en* out of doors
natura *s*, *in ~* in kind
naturaförmåner *s pl* emoluments; vard. perks
naturalisera *vb tr* naturalize
naturalistisk *adj* naturalistic
naturbarn *s* child of nature
naturbegåvning *s*, *vara en ~* be a person of natural talents
naturbehov *s*, *förrätta sina ~* relieve oneself
naturgas *s* natural gas
naturkunskap *s* skol. science
naturlag *s* natural law, law of nature
naturlig *adj* natural; *ett* porträtt *i ~ storlek* a life-size...
naturligtvis *adv* of course, naturally
naturreservat *s* nature reserve (preserve)
naturskön *adj* ...of great natural beauty
naturtillgång *s* natural asset; *~ar* äv. natural resources
naturtrogen *adj* ...true to life, lifelike
naturvetare *s* scientist
naturvetenskap *s* science
naturvetenskaplig *adj* scientific
naturvård *s* nature conservation
nautisk *adj* nautical

nav *s* hub; propellernav boss
navel *s* navel
navelsträng *s* navel string; vetensk. umbilical cord
navigation *s* navigation
navigera *vb tr* o. *vb itr* navigate
nazism *s*, *~* el. *~en* Nazism
nazist *s* Nazi
nazistisk *adj* Nazi
Neapel Naples
neapolitansk *adj* Neapolitan
necessär *s* toilet bag (case)
ned *adv* down; nedför trappan downstairs; *~* (*längst ~*) *på* sidan at the bottom (very bottom) of...
nedan *adv* below
nedanför I *prep* below **II** *adv* below, down below
nedanstående *adj* nedan angiven etc. the...below
nedbantad *adj*, *~ budget* reduced budget
nedbringa *vb tr* minska reduce
nedbruten *adj*, *vara ~* bildl. be broken down
nederbörd *s* regn rainfall; snö snowfall; *riklig ~* heavy rainfall (resp. snowfall)
nederlag *s* defeat
nederländare *s* Netherlander, Dutchman
Nederländerna *pl* the Netherlands
nederländsk *adj* vanl. Dutch
nederst *adv* at the bottom [*i, på, vid* of]
nedersta *adj*, *~* (*den ~*) hyllan the lowest (bottom)...; *~ våningen* the ground (amer. first) floor
nedfall *s* fall-out
nedfrysning *s* refrigeration
nedfällbar *adj*, *~ sits* tip-up seat
nedför I *prep* down **II** *adv* downwards
nedförsbacke *s* downhill slope, descent
nedgång *s* **1** till källare, tunnelbana etc. way down **2** om himlakroppar setting; tillbakagång om pris decline; minskning decrease; *solens ~* sunset
nedifrån *adv* from below (underneath)
nedisad *adj* ...covered with ice, iced up
nedkomma *vb itr*, *~ med* en son give birth to...
nedkomst *s* förlossning delivery, confinement
nedlåta *vb rfl*, *~ sig* condescend; förnedra sig stoop
nedlåtande *adj* condescending, patronizing
nedlägga *vb tr* se *lägga ned* under *lägga*

nedläggelse *s* o. **nedläggning** *s* inställelse shutting-down, closing-down
nedre *adj* lower
nedrusta *vb itr* disarm; begränsa reduce armaments
nedrustning *s* disarmament; begränsningar arms limitations pl.
nedräkning *s* vid t.ex. start count-down
nedsatt *adj* om t.ex. hörsel impaired; ~ ***pris*** reduced price
nedslag *s* **1** på skrivmaskin stroke; ***200*** ~ i minuten 200 letters… **2** blixtnedslag stroke of lightning; mil., projektils impact; sport., vid hopp etc. landing
nedslående *adj* bildl. disheartening, depressing
nedsläpp *s* ishockey face-off; ***göra*** ~ face off
nedsmutsad *adj* very dirty; om luft, vatten etc. polluted, contaminated
nedsmutsning *s* om luft etc. pollution, contamination
nedstämd *adj* depressed, low-spirited
nedsättande *adj* disparaging
nedsättning *s* lowering; minskning reduction
nedsövd *adj* …under an anaesthetic
nedtill *adv* at the foot (bottom) [*på* of]; därnere below, down below
nedtrappning *s* de-escalation
nedåt I *prep* down; längs down along **II** *adv* downwards; ~ ***böj!*** gymn. downward bend!
nedåtgående I *s*, ***vara i*** ~ om konjunkturer etc. be on the downgrade **II** *s* om pris falling
nedärvd *adj* hereditary
negation *s* negation
negativ I *adj* negative **II** *s* foto. negative
neger *s* black, Negro (pl. -es)
negera *vb tr* negate
negerande *adj* negative
negligé *s* negligee
negligera *vb tr* neglect; strunta i ignore
negress *s* black woman, Negress, Negro (pl. -es)
nej I *interj* no; ~ ***då!*** visst inte oh, no!, not at all!; ~, ***vilken överraskning!*** well, what a surprise!; ~ ***men se…!*** why…! **II** *s* no; avslag refusal; ***tacka*** ~ ***till ngt*** decline a th. with thanks
nejlika *s* **1** bot.: stor carnation; enklare pink **2** krydda clove
nejröst *s* no
neka I *vb itr* deny **II** *vb tr* vägra refuse; ~ ***ngn tillträde*** refuse a p. admittance
nekande *adj* negative; ***ett*** ~ ***svar*** a refusal
nektarin *s* nectarine
neon *s* neon
neonljus *s* neon light
neonskylt *s* neon sign
Neptunus astron. el. myt. Neptune
ner *adv* o. sammansättningar, se *ned* etc.
nere I *adv* down **II** *adj* deprimerad down, depressed
nerv *s* nerve; ***han går mig på ~erna*** he gets on my nerves
nervig *adj* vard., nervös nervous
nervlugnande *adj*, ~ ***medel*** tranquillizer
nervositet *s* nervousness
nervpress *s* nervous strain
nervpåfrestande *adj* nerve-racking
nervsammanbrott *s* nervous breakdown
nervvrak *s* nervous wreck
nervös *adj* nervous; orolig uneasy; ~ el. ~ ***av sig*** highly-strung; neurotisk neurotic
netto *adv* net; ***betala*** ~ ***kontant*** pay net cash
nettolön *s* net wages (månadslön salary), take-home pay
nettovinst *s* net profit
neuros *s* neurosis (pl. neuroses)
neurotisk *adj* neurotic
neutral *adj* neutral
neutralisera *vb tr* neutralize äv. bildl.
neutralitet *s* neutrality
neutron *s* neutron
neutrum *s* neuter; ***i*** ~ in the neuter
ni *pers pron* you; ***er*** you; refl. yourself (pl. yourselves)
nia *s* nine; jfr *femma*
nick *s* **1** nod **2** sport. header
nicka *vb itr* o. *vb tr* **1** nod [*åt, till ngn* at, to a p.] **2** sport. head
nickel *s* nickel
nidingsdåd *s* outrage
niga *vb itr* curtsy, curtsey [*för ngn* to a p.]
nigning *s* curtsying, curtseying; ***en*** ~ a curtsy (curtsey)
nikotin *s* nicotine
nikotinförgiftning *s* nicotine poisoning
Nilen the Nile
nio *räkn* nine; jfr *fem* o. sammansättningar
nionde *räkn* ninth (förk. 9th); jfr *femte*
niondel *s* ninth [part]; jfr *femtedel*
nisch *s* niche
1 nit *s* iver zeal; starkare ardour
2 nit *s* lott o. bildl. blank
3 nit *s* tekn. rivet
nita *vb tr*, ~ el. ~ ***fast*** rivet
nitisk *adj* ivrig zealous; starkare ardent
nitti se *nittio*

nittio *räkn* ninety; jfr *femtio*
nittionde *räkn* ninetieth
nitton *räkn* nineteen; jfr *fem* o. sammansättningar
nittonde *räkn* nineteenth (förk. 19th); jfr *femte*
nittonhundranittiotalet *s* the nineteen nineties pl.; ***på ~*** in the nineteen nineties
nittonhundratalet *s* the twentieth century; jfr *femtonhundratalet*
nivå *s* level, standard
njure *s* kidney
njursten *s* stone in the kidney (kidneys)
njuta I *vb tr* enjoy **II** *vb itr* enjoy oneself
njutbar *adj* enjoyable
njutning *s* pleasure; starkare delight
Noa o. **Noak** Noah; ***~s ark*** Noah's ark
nobba *vb tr* vard. say no to, turn down, decline
nobben *s* vard., ***få ~*** be turned down
nobelpris *s* Nobel Prize [*i* litteratur for...]
nobelpristagare *s* Nobel Prize winner
nog *adv* **1** tillräckligt enough, sufficiently; ***han var fräck ~ att*** inf. he had the cheek (impudence) to inf.; ***stor ~*** el. ***~ stor*** large enough, sufficiently large; ***inte ~ med att han vägrade, han t.o.m...*** not only did he refuse, he even... **2** ***konstigt ~ kom hon sent*** funnily enough she came late **3** förmodligen probably; helt säkert certainly; ***han är ~ snart här*** I expect he will soon be here; ***de kommer ~!*** helt säkert äv. they'll come all right!
noga I *adv* precis precisely, exactly; ingående closely; omsorgsfullt carefully; ***akta sig ~ för att*** inf. take great care not to inf.; ***jag vet inte så ~,*** hur (när)... I don't know exactly... **II** *adj* noggrann careful; kinkig particular; fordrande exacting [*med ngt* i samtliga fall about a th.]
noggrann *adj* omsorgsfull careful [*med* about]; exakt accurate; ingående close
nogräknad *adj* particular [*med* about]
noll *räkn* nought, amer. naught; på instrument zero; speciellt i telefonnummer 0, uttalas [əʊ] sport. nil; tennis love; ***det är ~ grader*** Celsius the thermometer is at zero (freezing-point)
nolla *s* nought, amer. naught; ***en ~*** om person a nobody (nonentity); ***hålla ~n*** sport. keep a clean sheet
nollpunkt *s* zero [point]; ***~en*** absolute zero; ***stå på ~en*** äv. bildl. be at zero
nollställa *vb tr* mätare etc. set...to zero, reset
nollsummespel *s* zero-sum game
nolltaxa *s* i kollektivtrafik free travel
nolltaxerare *s* vard. taxpayer who pays no income-tax due to deductions that exceed tax on income
nolltid *s*, ***på ~*** vard. in no time
nolläge *s* zero (neutral) position
nominativ *s* nominative; ***i ~*** in the nominative
nominera *vb tr* nominate
nonchalans *s* nonchalance; försumlighet negligence; likgiltighet indifference; vårdslöshet carelessness
nonchalant *adj* nonchalant; försumlig negligent; likgiltig indifferent; vårdslös careless
nonchalera *vb tr* pay no attention to; försumma neglect
nonsens *s* nonsense, rubbish, bosh
nonstop *adj* non-stop
nord *s* o. *adv* north [*om* of]
Nordafrika som enhet North (norra Afrika Northern) Africa
nordafrikansk *adj* North-African
Nordamerika North America
nordamerikansk *adj* North-American
nordan *s* o. **nordanvind** *s* north wind
nordbo *s* Northerner; skandinav Scandinavian
Norden Skandinavien the Scandinavian (mer officiellt Nordic) countries pl., Scandinavia
Nordeuropa the north of Europe, Northern Europe
Nordirland Northern Ireland
nordisk *adj* northern; skandinavisk Scandinavian; mer officiellt Nordic
nordkust *s* north coast
nordlig *adj* från el. mot norr, om t.ex. vind, riktning, läge northerly; om vind äv. north; i norr northern
nordligare I *adj* more northerly **II** *adv* farther north
nordligast I *adj* northernmost **II** *adv* farthest north
nordost I *s* väderstreck the north-east **II** *adv* north-east [*om* of]
nordostlig *adj* north-east, north-eastern, north-easterly
nordpol *s*, ***~en*** the North Pole
nordsida *s* north side
Nordsjön the North Sea
Nordsverige the north of Sweden, Northern Sweden
nordväst I *s* väderstreck the north-west **II** *adv* north-west [*om* of]

nordvästlig *adj* north-west, north-western, north-westerly
nordvästra *adj* the north-west (north-western)
Norge Norway
norm *s* måttstock standard; rättesnöre norm; regel rule
normal *adj* normal
normalisera *vb tr* normalize
normalstorlek *s* normal (standard) size
norr I *s* väderstreck the north; ett rum ***mot*** (***åt***) ~ ...to the north, ...facing north **II** *adv* north, to the north [*om* of]
norra *adj* t.ex. sidan the north; t.ex. delen the northern; ~ ***halvklotet*** the Northern hemisphere; ~ ***Sverige*** the north of Sweden, Northern Sweden
norrifrån *adv* from the north
norrläge *s,* hus ***med*** ~ ...facing north
norrländsk *adj* Norrland, ...of Norrland
norrlänning *s* Norrlander
norrman *s* Norwegian
norrsken *s* northern lights pl.
norrstreck *s* på kompass North point
norrut *adv* åt norr northward, northwards; i norr in the north, out north; ***resa*** ~ go (travel) north
norsk *adj* Norwegian
norska *s* **1** kvinna Norwegian woman **2** språk Norwegian; jfr *svenska*
norskfödd *adj* Norwegian-born; för andra sammansättningar, jfr äv. *svensk-*
nos *s* **1** zool. o. vard., 'näsa' nose; om häst, nötkreatur muzzle **2** tekn., spets nose
nosa *vb itr* sniff, smell [*på ngt* at a th.]
noshörning *s* rhinoceros; vard. rhino (pl. -s)
nostalgisk *adj* nostalgic
not *s* nottecken, anmärkning note; ***~er*** nothäfte music sg.; ***vara med på ~erna*** understand what the thing is all about, catch on
nota *s* **1** räkning bill; speciellt hand. account **2** lista list [*på* of]
notera *vb tr* anteckna note (take) down; uppge pris på quote; sport. o. friare: seger record
notis *s* **1** meddelande etc. notice; i tidning news-item; tillkännagivande announcement **2** ***inte ta ~ om*** take no notice of
notorisk *adj* notorious
notställ *s* music stand
nottecken *s* mus. note
notvärde *s* mus. time value
notväxling *s* polit. exchange of notes
nougat *s* choklad~ soft chocolate nougat; fransk nougat nougat
novell *s* short story
novellsamling *s* collection of short stories
november *s* November (förk. Nov.); jfr *april* o. *femte*
novis *s* novice
nu *adv* now; ~ ***genast*** at once; ~ ***gällande*** priser ruling...; ~ ***då*** (***när***) now that; ~ ***på*** söndag this (this coming)...; ~ ***är det snart jul*** Christmas will soon be here; ~ ***kommer han!*** here he comes!; ~ ***ringer det!*** there goes the bell!
nubb *s* tack; koll. tacks pl.
nubbe *s* snaps (pl. lika)
nucka *s,* ***gammal*** ~ old spinster
nudda *vb tr* o. *vb itr,* ~ ***vid*** brush against; skrapa lätt graze
nudel *s* noodle
nudism *s* nudism
nudist *s* nudist
nuförtiden *adv* nowadays, these days
nukleär *adj* nuclear
numera *adv* nu now; nuförtiden nowadays
numerus *s* gram. number
nummer *s* number; om tidningsupplaga issue; på sko etc. size; i program item; varieté turn
nummerlapp *s* kölapp queue ticket
nummerordning *s* numerical order
nummerplåt *s* number (amer. vanl. license) plate
nummerskiva *s* tele. dial
nummerupplysningen *s* tele. directory enquiries pl. (amer. assistance)
numrera *vb tr* number; ***~d plats*** reserved seat
numrering *s* numbering
nunna *s* nun
nunnekloster *s* convent, nunnery
nutid *s,* ***~en*** the present times pl.; ***~ens*** ...of today, today's
nutida *adj* ...of today, today's; modern modern; tidsenlig up-to-date
nutria *s* nutria
nuvarande *adj* present; dagens ...of today; ***i ~ stund*** at the present moment
ny *adj* new; hittills okänd novel; färsk fresh; nyligen inträffad recent; ***en*** ~ en annan another, another one; ***ett ~tt*** annat ***pappersark*** a fresh sheet of paper; ***den ~a generationen*** the rising generation; ***en*** ~ Hitler a second...; ***det ~a i*** what is new about (in); ***på ~tt*** once more
nyanlagd *adj* recently-built, newly-built;

den är ~ it has been recently (newly) built
nyans *s* shade, nuance
nyansera *vb tr* avtona shade off; variera vary, nuance
Nya Zeeland New Zealand
nybakad *adj* om bröd etc. fresh
nybildad *adj* recently-formed
nybliven *adj*, ***en ~ mor*** a woman who has recently become a mother
nybyggare *s* settler
nybyggd *adj* recently-built, newly-built
nybygge *s* hus under byggnad house under construction; färdigt bygge new building
nybörjare *s* beginner [*i* at]
nyck *s* idé fancy; infall whim
nyckel *s* key
nyckelbarn *s* latchkey child
nyckelben *s* collar bone
nyckelfigur *s* key figure
nyckelhål *s* keyhole
nyckelknippa *s* bunch of keys
nyckelpiga *s* ladybird, amer. ladybug
nyckelposition *s* key position
nyckelring *s* key ring
nyckelroll *s* key role (part)
nyckfull *adj* capricious; godtycklig arbitrary
nyfascism *s*, ~ el. ***~en*** neo-Fascism
nyfiken *adj* curious [*på* about]; vard. nosy, nosey
nyfikenhet *s* curiosity; ***väcka ngns ~*** arouse a p.'s curiosity; ***av ren ~*** out of sheer curiosity
nyfödd *adj* new-born
nyförvärv *s* new (recent) acquisition; om t.ex. fotbollsspelare new signing
nygift *adj* newly-married
nyhet *s* **1** något nytt, ny sak novelty; förändring innovation **2** underrättelse, ~ el. ***~er*** news sg.; ***en ~*** a piece of news; ***inga ~er är goda ~er*** no news is good news
nyhetsbyrå *s* news agency
nyhetsförmedling *s* news distribution, news service
nyhetssammandrag *s* news summary
nyhetsutsändning *s* radio. el. TV. newscast
nyklippt *adj* om hår ...that has (had etc.) just been cut; ***jag är ~*** I have just had my hair cut
nykomling *s* newcomer
nykter *adj* sober äv. 'sansad'
nykterhet *s* sobriety, soberness
nykterist *s* teetotaller
nyktra *vb itr*, ***~ till*** become sober
nylagad *adj* om mat freshly-made...
nyligen *adv* recently
nylon *s* nylon
nylonstrumpa *s* nylon stocking
nymf *s* nymph
nymodig *adj* modern; neds. new-fangled
nymålad *adj* freshly-painted, newly-painted; ***Nymålat!*** Wet Paint!
nymåne *s* new moon
nynazism *s*, ~ el. ***~en*** neo-Nazism
nynna *vb tr* o. *vb itr* hum [*ngt* el. *på ngt* a th.]
nyp *s* pinch
nypa I *s* **1** hålla ngt ***i ~n*** ...in one's hand **2** ***en ~*** smula, t.ex. mjöl a pinch of...; frisk luft a breath of...; ***med en ~ salt*** bildl. with a pinch (grain) of salt **II** *vb tr* pinch, nip
nypermanentad *adj*, ***jag är ~*** I have just had a perm
nypon *s* frukt rose hip; buske dogrose
nyponsoppa *s* rose-hip soup
nypremiär *s* revival; ***ha ~*** om pjäs be revived
nys *s*, ***få ~ om*** get wind of
nysa *vb itr*, ~ el. ***~ till*** sneeze
nysilver *s* electroplated nickel silver (förk. EPNS); ***av ~*** electroplated...
nysning *s* sneezing; ***en ~*** a sneeze
nysnö *s* newly-fallen snow
nyspulver *s* sneezing powder
nyss *adv*, ***han anlände ~*** he arrived just now; ***han har (hade) ~ anlänt*** he has (had) just arrived
nystan *s* ball
nystartad *adj* recently-started
nytta *s* use, good; fördel advantage; ***dra ~ av*** ngt benefit (profit) by...; ***göra någon ~*** uträtta ngt get something done; hjälpa be of help; medicinen ***gör ~*** ...does some good; ***vara ngn till stor ~*** be of great use to a p.
nyttig *adj* useful; till nytta ...of use; hälsosam good
nyttolast *s* maximum load, payload
nyttotrafik *s* commercial traffic
nyutkommen *adj*, ***en ~*** bok a recent...
nyval *s* new election
nyvärdesförsäkring *s* replacement value insurance
nyzeeländare *s* New Zealander
nyår *s* new year; som helg New Year
nyårsafton *s* New Year's Eve
nyårsdag *s* New Year's Day
nyårslöfte *s* New Year resolution
nyårsvaka *s*, ***hålla ~*** see the New Year in
1 nå *interj* well!

2 nå *vb tr* o. *vb itr* reach; ***jag kan ~s per telefon (på nummer...)*** I can be reached by phone (you will find me at number...)
nåd *s* **1** ***få ~*** be pardoned; om dödsdömd be reprieved **2** titel, ***Ers ~*** Your Grace
nådeansökan *s* petition for mercy
nådestöt *s,* ***ge ngn ~en*** put a p. out of his misery
någon *(något, några) pron* **a)** 'en viss' some, somebody, someone; 'en (ett)' one, a, an; 'ett visst' some, something; 'somliga', 'några stycken' some **b)** 'någon (något, några) alls' any, anybody, anyone, anything; 'en (ett)' a, an, one **c)** någon (något), av två either; ***har du ~*** en ***cigarett?*** have you a cigarette?; ***-Ja, jag tror jag har ~ här*** -Yes, I think I have one here; varje kväll är det dans på ***något av de större hotellen*** ...one (one or other) of the big hotels; därmed har beviset förlorat ***något*** någon del ***av sin kraft*** ...some of its force; ***har ~ av pojkarna*** gått? have any of the boys...?; ***om ~ söker mig*** if anybody (någon viss person somebody) calls; ***om man inte har något att säga*** if you haven't got anything to say; ***jag har något viktigt att göra*** I have something important to do; ***några*** cigaretter ***hade han inte*** he hadn't got any...; ***för några få dagar sedan*** a few days ago; ***några av pojkarna kunde simma*** some of the boys could swim
någondera *(någotdera) pron* av två either; ***från ~ sidan*** from either side; ***~ av er*** måste ha sagt det one of you...
någonsin *adv* ever; ***aldrig ~*** never
någonstans *adv* somewhere resp. anywhere; ***var ~?*** where?, whereabouts?
någonting *pron* oftast something resp. anything (jfr *någon)*
någorlunda I *adv* fairly **II** *adj* fairly good
något I *pron,* se *någon* **II** *adv* en smula somewhat, a little, a bit; lätt slightly; ganska rather
nål *s* needle; på grammofon stylus; hårnål, knappnål pin; ***sitta som på ~ar*** be on pins and needles
nåla *vb tr,* ***~ fast ngt*** pin a th. on [*på, vid* to]
nåldyna *s* pincushion
nålsöga *s* eye of a (resp. the) needle
nåväl *interj* nå well!; då så all right!
näbb *s* bill, beak; ***försvara sig med ~ar och klor*** defend oneself tooth and nail
näbbmus *s* shrewmouse (pl. shrewmice)
näck *adj* vard., naken naked, nude
näckros *s* water lily
näktergal *s* thrush nightingale; sydnäktergal nightingale
nämligen *adv* **1** ty for; eftersom since; emedan as; ser ni you see; ***det är ~ så (saken är ~ den), att...*** the fact is that... **2** framför uppräkning el. som upplysning namely; bara en man ansågs lämplig, ***~ X*** ..., and that was X
nämna *vb tr* omnämna mention; uppge state
nämnare *s* mat. denominator
nämnd *s* utskott committee
nämndeman *s* ung. lay assessor
nämnvärd *adj,* ***ingen ~*** förbättring no...to speak of
näpen *adj* nice, pretty, sweet
näppeligen *adv* hardly, scarcely
1 när I *konj* om tid when **II** *adv* when; hur dags at what time
2 när *adv,* ***han är inte på långt ~ så lång*** som jag he is nowhere near as tall...; alla var närvarande ***så ~ som på två*** ...but two; ***så ~*** nästan almost
1 nära I *adj* near, close; ***i (inom) en ~ framtid*** in the near (immediate) future **II** *adv* o. *prep,* hon var ***~ döden*** ...near death; ***hon har ~ till tårar*** she is easily moved to tears; ***stå någon ~*** be very near (close) to a p.; ***jag var ~ att falla*** I nearly (almost) fell
2 nära *vb tr* **1** nourish, feed; underhålla support, nourish; underblåsa foment **2** hysa cherish, entertain
närande *adj* nourishing
närbelägen *adj* nearby, ...near (close) by
närbesläktad *adj* ...closely related
närbild *s* close-up
närbutik *s* local shop (store), speciellt amer. convenience store
närgången *adj* impertinent; ***vara ~ mot*** take liberties with; göra sexuella närmanden mot make a pass at
närhelst *konj* whenever
närhet *s* **1** grannskap neighbourhood, vicinity **2** nearness
närig *adj* snål stingy; girig grasping
näring *s* föda nourishment, food; ***ge ~ åt*** t.ex. ett rykte lend support to
näringsfrihet *s* freedom of trade
näringsgren *s* branch of business, industry
näringsliv *s* trade and industry, industry
näringsrik *adj* nutritious, ...of high food value
näringsvärde *s* nutritive (food) value
näringsämne *s* nutritive substance
närliggande *adj* **1** nearby, ...near (close)

by **2** bildl., ***en ~*** lösning a...that lies near at hand, an obvious...

närma I *vb tr* bring...nearer (closer) **II** *vb rfl*, ***~ sig*** approach; gränsa till border on; ***~ sig 40 år*** be getting on for forty; filmen ***~r sig slutet*** ...is drawing to an end

närmande *s*, ***~n*** advances

närmare (jfr *nära*) **I** *adj* nearer, closer; ytterligare further; ***vid ~ granskning*** on close examination; ***~*** ingående ***kännedom om*** an intimate knowledge of **II** *adv* nearer, closer; t.ex. granska more closely; ***~ bestämt*** more exactly, to be precise; jag har ***tänkt ~ på saken*** ...thought the matter over **III** *prep* nearer, closer (nearer) to; inemot close on; nästan nearly

närmast I *adj* nearest; omedelbar immediate; om t.ex. vän closest; närmast i ordningen next; ***under de ~e*** (***de två ~e***) dagarna during the next few (two)...; ***inom den ~e framtiden*** in the immediate (near) future; ***hans ~e släktingar*** his nearest relations; ***i det ~e*** almost **II** *adv* **1** nearest, closest; t.ex. närmast berörd most closely; närmast i ordningen next; ***tiden ~*** omedelbart ***före*** kriget the time immediately before...; ***var och en är sig själv ~*** every man for himself; ***den ~ sörjande*** the chief mourner **2** först och främst first of all, in the first place **III** *prep* nearest, closest (nearest, next) to

närradio *s* community radio

närstående *adj* close, intimate

närsynt *adj* short-sighted

närsynthet *s* short-sightedness

närtrafik *s* local services pl.

närvara *vb itr*, ***~ vid*** be present at, attend

närvarande *adj* **1** tillstädes present; ***de ~*** those present **2** nuvarande present; ***för ~*** for the present (time being)

närvaro *s* presence; ***i gästernas ~*** before the guests

näs *s* landremsa isthmus; udde foreland

näsa *s* nose; ***ha ~ för*** have a nose for; ***räcka lång ~ åt*** cock a snook at; ***sätta ~n i vädret*** put on airs; ***tala i ~n*** talk through one's nose; ***dra ngn vid ~n*** take a p. in; ***gå dit ~n pekar*** follow one's nose

näsblod *s*, ***jag blöder ~*** my nose is bleeding

näsborre *s* nostril

näsbränna *s* vard., ***få sig en ~*** get a telling-off

näsduk *s* handkerchief

nässelfeber *s* nettle-rash

nässla *s* nettle

näst I *adv* next; ***den ~ bästa*** the second best; ***den ~ sista*** the last but one **II** *prep* after, next to

nästa *adj* next; ***~ dag*** nu följande next day; påföljande the next (following) day

nästan *adv* almost; praktiskt taget practically; ***~ aldrig*** hardly ever; ***~ ingenting*** hardly anything

näste *s* nest äv. bildl.

nästla *vb rfl*, ***~ sig in hos ngn*** ingratiate oneself with a p.

näsvis *adj* cheeky, saucy, impertinent

nät *s* net; spindels web; nätverk network; elektr. mains pl.

nätansluten *adj* elektr. mains-operated

näthinna *s* anat. retina

nätt I *adj* söt pretty; prydlig neat; ***en ~ summa*** a tidy sum **II** *adv* prettily, neatly; ***~ och jämnt*** only just

nätverk *s* network

näve *s* fist; ***slå ~n i bordet*** bang one's fist on the table

nöd *s* nödställd belägenhet distress; behov need; svagare want; nödvändighet necessity; ***det går ingen ~ på honom*** he has nothing to complain of; ***i ~ och lust*** for better or for worse; ***med ~ och näppe*** narrowly; ***han kom undan med ~ och näppe*** he had a narrow escape

nödbedd *adj*, ***vara ~*** need pressing

nödbroms *s* emergency brake

nödfall *s*, ***i ~*** if necessary

nödgas *vb itr dep* be compelled to inf., have to inf.

nödig *adj* nödvändig necessary

nödlanda *vb itr* make an emergency landing

nödlandning *s* emergency landing

nödläge *s* distress

nödlögn *s* white lie

nödlösning *s* emergency (tillfällig temporary) solution

nödrop *s* cry of distress; signal distress signal

nödsakad *adj*, ***se sig ~ att*** inf. find oneself compelled to inf.

nödsignal *s* distress signal; per radio SOS

nödutgång *s* emergency exit

nödvändig *adj* necessary; oumbärlig essential

nödvändiggöra *vb tr* necessitate

nödvändighet *s* necessity

nödvändigtvis *adv* necessarily

nöja *vb rfl*, ***~ sig med*** be satisfied

(content) with; ***han nöjde sig med*** inskränkte sig till ***en kort kommentar*** he confined himself to a short comment
nöjd *adj* tillfredsställd satisfied, content; belåten pleased
nöje *s* **1** glädje pleasure, delight, joy; ***jag har ~t att känna...*** I have the pleasure of knowing...; ***för ~s skull*** for fun
2 förströelse amusement
nöjesbransch *s,* ***~en*** show business; vard. show-biz
nöjesfält *s* amusement park
nöjesliv *s* underhållning entertainments, amusements; liv av nöjen life of pleasure
nöjeslysten *adj* ...fond of amusement (pleasure)
nöjesläsning *s* light reading
nöjesresa *s* pleasure trip
nöjesskatt *s* entertainment tax
nöt *s* bot. nut
nöta *vb tr* o. *vb itr,* ***~*** el. ***~ på*** wear; kläder wear out; ***tyget tål att ~ på*** the cloth will stand wear; ***~ av*** (***ut***) wear off (out)
nöthårsmatta *s* cowhair carpet (mindre mat)
nötknäppare *s* nutcrackers pl.; ***en ~*** a pair of nutcrackers
nötkreatur *s pl* cattle; ***fem ~*** five head of cattle
nötkött *s* beef
nötskal *s* nutshell
nötskrika *s* fågel jay
nött *adj* worn; bildl. hackneyed
nötväcka *s* fågel nuthatch

O

oaktat *prep* notwithstanding
oaktsam *adj* careless
oanad *adj* unsuspected, unthought of
oangenäm *adj* unpleasant, disagreeable
oansenlig *adj* insignificant; om t.ex. lön modest; om utseende plain
oanständig *adj* indecent
oanständighet *s* indecency
oansvarig *adj* irresponsible
oanträffbar *adj* unavailable; ***har har varit ~*** hela dagen I (we etc.) have been unable to get hold of him...
oanvänd *adj* unused
oanvändbar *adj* useless
oaptitlig *adj* unappetizing
oartig *adj* impolite
oas *s* oasis (pl. oases)
oavbruten *adj* uninterrupted, continuous
oavgjord *adj* undecided; ***en ~ match*** a draw
oavgjort *adv,* ***sluta ~*** end in a draw; ***spela ~*** draw
oavhängig *adj* independent
oavsett *prep* oberoende av irrespective of; frånsett apart from; ***~ om han kommer eller inte*** whether he comes or not
oavsiktlig *adj* unintentional
obalans *s* lack of balance; ***komma i ~*** get out of balance
obalanserad *adj* unbalanced
obarmhärtig *adj* merciless; skoningslös relentless
obducera *vb tr* perform a postmortem (an autopsy) on
obduktion *s* postmortem, autopsy
obeaktad *adj* unnoticed; ***lämna ~*** disregard
obebodd *adj* uninhabited
obeboelig *adj* uninhabitable
obefintlig *adj* om sak non-existent
obefogad *adj* unwarranted; grundlös unfounded
obefolkad *adj* uninhabited
obegagnad *adj* unused; ***så gott som ~*** as good as new
obegriplig *adj* incomprehensible; otydbar unintelligible
obegränsad *adj* unlimited
obegåvad *adj* unintelligent

obehag *s* olust discomfort; besvär trouble; ***känna ~*** feel ill at ease
obehaglig *adj* disagreeable, unpleasant; otrevlig nasty
obehärskad *adj* uncontrolled; om person ...lacking in self-control
obehörig *adj* unauthorized; som saknar kompetens unqualified; ***~a äga ej tillträde*** no admittance
obekant I *adj* **1** okänd unknown [*för* to] **2** med ngn (ngt) unacquainted, unfamiliar [*med* with] **II** *subst adj* person stranger
obekräftad *adj* unconfirmed
obekväm *adj* uncomfortable; oläglig inconvenient
obemannad *adj* om t.ex. raket unmanned; om fyr, järnvägsstation etc. unattended
obemärkt *adj* unnoticed; ringa humble
obenägen *adj* ohågad disinclined [*för* for]; ovillig unwilling
oberoende I *s* independence **II** *adj* independent [*av* of]
oberäknelig *adj* unpredictable
oberättigad *adj* unjustified, groundless
oberörd *adj* bildl. unmoved, unaffected [*av* by]; likgiltig indifferent [*av* to]; ***det lämnade mig ~*** it did not affect me, it left me cold
obesegrad *adj* unconquered; speciellt sport. undefeated
obeskrivbar *adj* o. **obeskrivlig** *adj* indescribable
obeslutsam *adj* irresolute
obestridlig *adj* indisputable
obestämd *adj* indefinite; obeslutsam indecisive; oklar vague; ***uppskjuta ngt på ~ tid*** postpone a th. indefinitely; ***~ artikel*** gram. indefinite article
obeständig *adj* ostadig inconstant; ombytlig changeable; ***lyckan är ~*** fortune is fickle
obesvarad *adj* unanswered; om hälsning unreturned; ***~ kärlek*** unrequited love
obesvärad *adj* ostörd undisturbed; av t.ex. för mycket kläder unhampered; otvungen, ledig easy, free and easy
obetald *adj* unpaid
obetingad *adj* ovillkorlig unconditional; ***~ reflex*** unconditioned reflex
obetonad *adj* unstressed
obetydlig *adj* insignificant, trifling; ringa slight
obetänksam *adj* thoughtless, inconsiderate
obevakad *adj* unguarded; ***~ järnvägsövergång*** open (unguarded) level crossing
obeväpnad *adj* unarmed
obildad *adj* uneducated, uncultured
objekt *s* object äv. gram.
objektiv I *s* kamera~ etc. lens **II** *adj* objective
objuden *adj* uninvited, unasked
oblekt *adj* unbleached
obligation *s* hand. bond
obligatorisk *adj* compulsory
oblodig *adj* om statskupp etc. bloodless
oblyg *adj* shameless, immodest, impudent
oboe *s* oboe
obotlig *adj* incurable; om skada irreparable
obs. (förk. för *observera*) Note, NB
obscen *adj* obscene
obscenitet *s* obscenity
observant *adj* observant
observation *s* observation
observatorium *s* observatory
observatör *s* observer
observera *vb tr* observe, note
obstruktion *s* sport. el. polit. obstruction
obäddad *adj* om säng unmade
oböjlig *adj* inflexible; gram. indeclinable
obönhörlig *adj* inexorable, implacable
ocean *s* ocean, sea
ocensurerad *adj* uncensored
och *konj* and; ***~ så vidare*** (förk. *osv.*) and so on, et cetera (förk. etc.); ***han satt ~ läste en bok*** he was (sat) reading a book
ociviliserad *adj* uncivilized
ocker *s* usury; med varor profiteering
ockerpris *s* exorbitant price
ockerränta *s* extortionate interest
ockrare *s* usurer, money-lender
också *adv* also, ...too, ...as well
ockupant *s* occupant, occupier; hus~ äv. squatter
ockupation *s* occupation
ockupationsmakt *s* occupying power
ockupationsstyrkor *s pl* occupation forces
ockupera *vb tr* occupy
o.d. (förk. för *och dylikt*) and the like
odaterad *adj* undated
odds *s* odds pl.
odefinierbar *adj* indefinable
odelad *adj* undivided; om bifall unqualified
odemokratisk *adj* undemocratic
odiplomatisk *adj* undiplomatic
odisciplinerad *adj* undisciplined
odiskutabel *adj* indisputable
odjur *s* monster
odla *vb tr* bruka cultivate; frambringa grow, raise; ***~de pärlor*** culture (cultured) pearls
odlare *s* cultivator, grower, planter

odling *s* odlande cultivation; av t.ex. grönsaker growing; område plantation
odryg *adj* uneconomical
odräglig *adj* olidlig unbearable
oduglig *adj* incompetent, unqualified [*till* for], incapable [*till* t.ex. arbete of]; om sak useless
odåga *s* good-for-nothing
odödlig *adj* immortal
odödlighet *s* immortality
odör *s* bad (nasty) smell (odour)
oegentlig *adj* oriktig, olämplig improper, irregular
oegentligheter *s pl* irregularities
oekonomisk *adj* uneconomical
oemotståndlig *adj* irresistible
oemottaglig *adj* insusceptible [*för* to]; för smitta äv. immune
oenig *adj* divided; oense ...in disagreement
oenighet *s* disagreement; brist på samförstånd dissension
oense *adj*, ***bli ~*** disagree; osams fall out [*med* with]; ***vara ~*** disagree [*om* about]
oerfaren *adj* inexperienced, unpractised [*i* in]
oerhörd *adj* enorm enormous, tremendous
oersättlig *adj* irreplaceable
ofantlig *adj* enormous, tremendous
ofarlig *adj* ...not dangerous, harmless
ofattbar *adj* incomprehensible, inconceivable [*för* to]
ofelbar *adj* felfri infallible
offenliganställd *s* public employee; statstjänsteman civil servant
offensiv *s* o. *adj* offensive
offentlig *adj* public; officiell official
offentliggöra *vb tr* announce, make...public
offentlighet *s* publicity; ***~en*** allmänheten the public (general public)
offer *s* uppoffring sacrifice äv. relig.; byte, rov victim, prey; i krig, olyckshändelse victim, casualty
offert *s* hand. offer [*på* vid försäljning of, vid köp for]; ***lämna en ~*** make (submit) an offer
officer *s* officer [*i* in; *vid* of]
officiell *adj* official
offra I *vb tr* uppoffra sacrifice äv. relig.; satsa spend; ägna devote [*på* to]; ***~ sitt liv*** give (lay down) oneś life **II** *vb rfl*, ***~ sig*** sacrifice oneself [*för* for]
offside *s* o. *adj* o. *adv* sport. offside
ofog *s* mischief; oskick nuisance
oframkomlig *adj* om väg impassable
ofrankerad *s* om brev unstamped
ofreda *vb tr* antasta molest
ofrivillig *adj* involuntary
ofruktbar *adj* om t.ex. jord barren, sterile
ofrånkomlig *adj* oundviklig inevitable
ofta *adv* often; ***allt som ~st*** every now and then
ofullbordad *adj* unfinished, uncompleted
ofullkomlig *adj* imperfect
ofullständig *adj* incomplete
ofärgad *adj* om t.ex. glas uncoloured; om tyg undyed; om skokräm neutral
oförarglig *adj* harmless, inoffensive
oförberedd *adj* unprepared
oförbätterlig *adj* incorrigible
ofördelaktig *adj* disadvantageous; om utseende unprepossessing
oförenlig *adj* incompatible; om t.ex. åsikter irreconcilable
oföretagsam *adj* unenterprising
oförglömlig *adj* unforgettable
oförhappandes *adv* av en slump accidentally, by chance
oförklarlig *adj* inexplicable, unaccountable
oförlåtlig *adj* unforgivable
oförmåga *s* inability, incapability
oförrättad *adj*, ***med oförrättat ärende*** without having achieved anything, empty-handed
oförsiktig *adj* incautious; vårdslös careless
oförskämd *adj* insolent, impudent
oförskämdhet *s* insolence; ***en ~*** an impertinence
oförsonlig *adj* irreconcilable, implacable
oförståndig *adj* oklok unwise; dum foolish
oförsvarlig *adj* indefensible, inexcusable
oförtjänt *adj* undeserved
oförutsedd *adj* unforeseen, unexpected
oförändrad *adj* unchanged, unaltered
ogenerad *adj* free and easy; oberörd unconcerned
ogenomförbar *adj* impracticable, unworkable, unrealizable
ogenomskinlig *adj* opaque
ogift *adj* unmarried, single
ogilla *vb tr* **1** disapprove of, dislike **2** jur.: avslå disallow; upphäva overrule; t.ex. besvär, talan dismiss
ogillande I *s* disapproval, rejection **II** *adj* disapproving
ogiltig *adj* invalid
ogin *adj* disobliging
ogrundad *adj* unfounded
ogräs *s* weeds pl.; ***ett ~*** a weed; ***rensa ~*** weed

ogräsmedel *s* weed-killer
ogynnsam *adj* unfavourable [*för* for]
ogärna *adv* motvilligt unwillingly, reluctantly
ogästvänlig *adj* inhospitable
ohanterlig *adj* om sak unwieldy
ohederlig *adj* dishonest
ohotad *adj* unthreatened; sport. o.d. unchallenged
ohyfsad *adj* ill-mannered; ohövlig impolite; om ngns yttre untidy
ohygglig *adj* förfärlig dreadful, frightful
ohygienisk *adj* unhygienic
ohyra *s* vermin pl.
ohållbar *adj* om ståndpunkt etc. untenable; om situation precarious; ogrundad baseless
ohälsosam *adj* unhealthy; om föda unwholesome
ohämmad *adj* unrestrained; utan hämningar uninhibited
ohörbar *adj* inaudible
ohövlig *adj* impolite
oigenkännlig *adj* unrecognizable
oinskränkt *adj* om frihet unrestricted
ointaglig *adj* mil. impregnable
ointressant *adj* uninteresting
ointresserad *adj* uninterested [*av* in]
oinvigd *adj* uninitiated [*i* in]
oj *interj*, *~!* oh!, oh dear!; vid smärta ow!
ojust I *adj* oriktig incorrect; orättvis unfair **II** *adv* incorrectly; ***spela ~*** commit a foul
ojämförlig *adj* incomparable
ojämn *adj* uneven; skrovlig rough; oregelbunden irregular; växlande variable; om tal, udda odd, uneven; ***~ kamp*** unequal struggle; ***~ väg*** rough (bumpy) road
ok *s* yoke äv. bildl.
okammad *adj* dishevelled
oklanderlig *adj* irreproachable; felfri faultless
oklar *adj* **1** indistinct; om ljus, sikt, färg dim **2** otydlig unclear, indistinct
oklok *adj* unwise, imprudent
oknäppt *adj* om plagg unbuttoned; knappen ***är ~*** ...is not done up
okomplicerad *adj* simple, uncomplicated
okonstlad *adj* oförställd unaffected
okonventionell *adj* unconventional
okritisk *adj* uncritical
okryddad *adj* unseasoned
oktan *s* octane
oktantal *s* octane rating (number); ***bensin med högt ~*** high octane petrol
oktav *s* mus. octave
oktober *s* October (förk. Oct.); jfr *april* o. *femte*
okultiverad *adj* uncultivated; ohyfsad unpolished
okunnig *adj* **1** ovetande ignorant; omedveten unaware, unconscious; oupplyst uninformed [*om* i samtliga fall of; *om att...* that...] **2** olärd ignorant [*i* of]
okunnighet *s* ignorance
okuvlig *adj* indomitable
okynne *s* mischievousness, mischief
okynnig *adj* mischievous
okänd *adj* unknown; obekant unfamiliar; främmande strange [*för* i samtliga fall to]
okänslig *adj* insensitive
olag *s*, ***i ~*** out of order
olaga *adj* o. **olaglig** *adj* unlawful, illegal
oldboy *s* sport. veteran
olidlig *adj* insufferable
olik *adj* unlike
olika I *adj* different; skiftande varying; växlande various; ***smaken är ~*** tastes differ; ***det är ~*** varierar it varies **II** *adv* differently, in different ways
olikartad *adj* dissimilar, different
olikhet *s* unlikeness; skillnad difference
oliktänkande *subst adj*, ***en ~*** a dissident
olinjerad *adj* unruled
oliv *s* olive
olivolja *s* olive oil
olja I *s* oil; ***gjuta ~ på vågorna*** bildl. pour oil on troubled waters **II** *vb tr* oil
oljeblandad *adj* ...containing (mixed with) oil
oljeborrning *s* drilling for oil
oljeborrplattform *s* oil rig
oljebyte *s* oil change
oljebälte *s* på vattnet [long] oilslick
oljeeldning *s* oil-heating
oljefat *s* oil drum
oljefläck *s* på vattenyta oilslick
oljefärg *s* oil colour
oljekanna *s* oilcan
oljeledning *s* pipeline
oljemålning *s* oil painting
oljemätare *s* oil gauge
oljepanna *s* oil-fired boiler
oljeraffinaderi *s* oil refinery
oljetank *s* oil tank (cistern)
oljetanker *s* oil tanker
oljeutsläpp *s* discharge (dumping) of oil
oljud *s* noise
olle *s* tröja [thick] sweater
ollon *s* acorn
ologisk *adj* illogical

olovlig *adj* unlawful; förbjuden forbidden
olust *s* obehag uneasiness; missnöje dissatisfaction; motvilja dislike, distaste
olustig *adj* ur humör ...out of spirits; obehaglig unpleasant
olycka *s* **1** misfortune; otur bad luck; motgång trouble; bedrövelse unhappiness; elände misery **2** missöde mishap; olyckshändelse accident; katastrof disaster; ***en ~ kommer sällan ensam*** it never rains but it pours; ***en ~ händer så lätt*** accidents will happen **3** om person wretch
olycklig *adj* betryckt unhappy [*över* about]; eländig miserable; drabbad av otur unfortunate, unlucky; beklaglig unfortunate
olycksbådande *adj* ominous
olycksfall *s* accident, casualty
olycksfallsförsäkring *s* accident insurance
olycksfågel *s* unlucky creature (person), person dogged by bad luck
olyckshändelse *s* accident; lindrigare mishap
olycksplats *s*, ***~en*** the scene of the accident
olydig *adj* disobedient [*mot* to]
olydnad *s* disobedience
olympiad *s* Olympiad
olympisk *adj*, ***de ~a spelen*** the Olympic Games
olåst *adj* unlocked
olägenhet *s* besvär inconvenience; nackdel drawback
oläglig *adj* olämplig inconvenient
olämplig *adj* unsuitable, unfit; oläglig inconvenient
oländig *adj*, ***~ terräng*** rough (rugged) ground
oläsbar *adj* o. **oläslig** *adj* om handstil etc. illegible; om bok unreadable
olöslig *adj* kem. o. bildl. insoluble
1 om *konj* if; ***~ så är*** if so; ***~ inte*** if not, unless
2 om I *prep* **1** 'omkring' round, speciellt amer. around; ha en halsduk ***~ halsen*** ...round one's neck; ***falla ngn ~ halsen*** fall on a p.'s neck; ***jag är kall ~ händerna*** my hands are cold **2** om läge of; ***norr ~...*** north of... **3** om tid, ***~ dagen*** (***dagarna***) in the daytime, by day; två gånger ***~ dagen*** ...a day; ***~ fredagarna*** on Fridays; ***~ morgnarna*** in the morning; ***året ~*** all the year round; inom, ***~ ett år*** in a year (a year's time); ***i dag ~ sex veckor*** six weeks from today **4** 'angående' etc. about, of; ***historien ~*** the story about (of); 'över' (ämne etc.) on; ***föreläsa ~*** lecture on; 'på', om antal, en grupp ***~ 40 personer*** ...of 40 people **II** *adv* **1** 'omkring', en bok ***med papper ~*** ...wrapped in paper; ***helt*** (***höger***) ***~!*** about (right) turn! **2** 'på nytt', ***måla ~*** en vägg repaint...; ***många gånger ~*** many times over; ***göra ~*** re-make
omaka *adj* odd..., om t.ex. äkta par ill-matched
omanlig *adj* unmanly
omarbeta *vb tr* revise
omarbetning *s* revision; för scenen, filmen adaptation
ombesörja *vb tr* attend to, take care of
ombilda *vb tr* omskapa transform; omorganisera reorganize
ombonad *adj* om bostad etc. cosy, snug
ombord *adv* on board, aboard
ombud *s* representative
ombudsman *s* representant representative
ombyggnad *s*, huset ***är under ~*** ...is being rebuilt
ombyte *s* change; utbyte exchange; ***~ förnöjer*** variety is the spice of life
ombytlig *adj* changeable
omdebatterad *adj* debated; omstridd controversial
omdirigera *vb tr* trafiken redirect, re-route
omdöme *s* omdömesförmåga judgement; åsikt opinion
omdömeslös *adj* om person ...lacking in judgement
omedelbar *adj* immediate, direct
omedgörlig *adj* unreasonable, unco-operative
omedveten *adj* unconscious [*om* of]
omelett *s* omelette, omelet
omfamna *vb tr* embrace
omfamning *s* embrace
omfatta *vb tr* täcka cover; kartan ***~r hela staden*** ...covers the whole town
omfattande *adj* vidsträckt extensive, wide; far-reaching
omfattning *s* extent; utsträckning range
omfång *s* storlek size; omfattning extent
omfångsrik *adj* extensive
omfördela *vb tr* redistribute
omförhandla *vb tr* renegotiate
omförhandling *s* renegotiation
omge *vb tr* surround
omgift *adj* remarried
omgivning *s*, ***~*** el. ***~ar*** t.ex. en stads surroundings pl.; trakt neighbourhood; miljö environment

omgående I *adj, **per** ~* promptly, immediately **II** *adv* promptly, immediately
omgång *s* **1** uppsättning set; hop batch **2** sport. etc. round; tur turn; gång time; ***i ~ar*** efter varandra by (in) turns; ***i två ~ar*** on two separate occasions; betala i ***två ~ar*** in two instalments
omhänderta *vb tr* take care of, look after
omild *adj* om behandling harsh; om kritik severe
omintetgöra *vb tr* plan, förhoppningar etc. frustrate, thwart; planerna ***omintetgjordes*** ...were brought to nothing
omisskännlig *adj* unmistakable
omistlig *adj* indispensable
omkastning *s* sudden change; av ordningen inversion; i åsikter, politik reversal
omklädningshytt *s* dressing (changing) cubicle
omklädningsrum *s* dressing-room, changing-room
omkomma *vb itr* be killed, die; ***de omkomna*** the victims, those killed
omkostnader *s pl* costs; utgifter expenses
omkrets *s* circumference
omkring I *prep* round, about, speciellt amer. around; ***runt ~*** around, round about **II** *adv* **1** round, around; hit och dit about; ***runt ~*** all round (around); ***när allt kommer ~*** after all, when all is said and done **2** ungefär about
omkull *adv* down, over
omkörning *s* overtaking; ***han gjorde en snabb ~*** he overtook rapidly
omkörningsfil *s* fast (overtaking, amer. passing) lane
omlopp *s* circulation; astron. revolution; en del rykten ***är i ~*** ...are going about
omloppsbana *s* astron. orbit
omläggning *s* om ändring change, alteration; omorganisering reorganization, change-over; av trafik diversion
omnämna *vb tr* mention [*för ngn* to a p.]
omodern *adj* out of date, unfashionable; om bostad ...without modern conveniences
omogen *adj* unripe; om person immature
omoralisk *adj* immoral
omorganisera *vb tr* reorganize
omotiverad *adj* **1** unjustified, unwarranted **2** utan motivation unmotivated
omplacera *vb tr* tjänsteman etc. transfer...to another post; pengar re-invest
omplacering *s* av tjänsteman etc. transfer; av pengar investment
ompröva *vb tr* reconsider, re-examine
omprövning *s* reconsideration; ***ta ngt under ~*** reconsider a th.
omringa *vb tr* surround
område *s* **1** geogr. territory; mindre district, area; trakt region **2** fack etc. field
omröstning *s* vote, voting
omsider *adv* at last; ***sent ~*** at long last
omskola *vb tr* retrain
omskolning *s* retraining
omskära *vb tr* circumcise
omslag *s* **1** för bok etc. cover; för paket wrapper **2** förändring change
omslagsflicka *s* cover girl
omslagspapper *s* wrapping (brown) paper
omsluta *vb tr* omge surround, enclose, encircle
omsorg *s* **1** omvårdnad care [*om* of, om person äv. for] **2** noggrannhet care; omtanke attention; besvär trouble
omsorgsfull *adj* careful; grundlig thorough
omspel *s* sport. replay; play-off
omstridd *adj* disputed
omständighet *s* circumstance; ***vara i goda (dåliga)*** ekonomiska ***~er*** be well (badly) off
omständlig *adj* detailed; långrandig long-winded
omstörtande *adj, **~ verksamhet*** subversive activity
omsvep *s,* säga ngt ***utan ~*** ...straight out
omsvängning *s* sudden change
omsätta *vb tr* **1** omvandla convert; ***~ i pengar*** turn into cash **2** hand., sälja sell; växel etc. renew
omsättning *s* hand. turnover, sales pl.; växels renewal
omtala *vb tr* meddela report; omnämna mention; ***mycket ~d*** much discussed
omtanke *s* omsorg care [*om* for]; omtänksamhet consideration
omtumlad *adj* dazed, ...in a daze
omtyckt *adj* popular [*av* with]; ***illa ~*** unpopular
omtänksam *adj* considerate [*mot* to, towards]
omtänksamhet *s* consideration
omusikalisk *adj* unmusical
omutlig *adj* incorruptible
omval *s* re-election
omvandla *vb tr* transform, change
omvandling *s* transformation, change
omvårdnad *s* care, nursing
omväg *s* detour, roundabout way; ***ta en ~*** make a detour

omvälja *vb tr* re-elect
omvänd *adj* **1** omkastad inverted, reversed **2** relig. el. friare converted
omvända *vb tr* relig. convert
omvändelse *s* conversion
omvänt *adv* inversely
omvärdering *s* revaluation, reassessment
omvärld *s*, ***~en*** el. ***ens ~*** the world around
omväxlande *adj* t.ex. program varied; alternerande alternate
omväxling *s* variety, variation; ***för ~s skull*** for a change
omyndig *adj* minderårig ...under age; ***en ~*** a minor
omåttlig *adj* immoderate, excessive, exorbitant
omänsklig *adj* inhuman
omärklig *adj* unnoticeable, imperceptible
omöblerad *adj* unfurnished
omöjlig *adj* impossible
omöjlighet *s* impossibility
onanera *vb itr* masturbate
onani *s* masturbation
onaturlig *adj* unnatural
ond *adj* o. *subst adj* **1** moraliskt evil, wicked; ***~ cirkel*** vicious circle **2** arg angry, amer. mad [*på* with; *över* about] **3** ont **a)** ***roten till allt ont*** the root of all evil; ***intet ont anande*** unsuspectingly; ***det är inget ont i det*** there is no harm in that; ***jag har inget ont gjort*** I have done no wrong **b)** värk pain, ache; ***göra ont*** hurt; ***ha ont*** be in pain, suffer; ***ha ont*** (***mycket ont***) ***i huvudet*** have a headache (a bad headache) **c)** ***det är ont om*** smör ...is scarce, there is a shortage of...; ***ha ont om...*** be short of...
ondska *s* evil, wickedness; elakhet malice, spite
ondskefull *adj* wicked; elak spiteful, malicious
onekligen *adv* undeniably, certainly
onkel *s* uncle
onormal *adj* abnormal
onsdag *s* Wednesday; jfr *fredag* med ex.
onsdagskväll *s* Wednesday evening (senare night); ***på ~arna*** on Wednesday evenings (nights)
ont se *ond 3*
onyanserad *adj* ...without nuances
onyttig *adj* odugli g useless, ...of no use
onyx *s* onyx
onåd *s* disfavour, disgrace
onödan *s*, ***i ~*** unnecessarily, without cause
onödig *adj* unnecessary, needless
oordnad *adj* i oordning disordered, disorderly; om förhållanden unsettled
oordning *s* disorder; ***råka i ~*** become disarranged
oorganiserad *adj* unorganized; ***~ arbetskraft*** non-union labour
opal *s* opal
opartisk *adj* impartial; neutral neutral
opassande *adj* improper, unbecoming
opedagogisk *adj* unpedagogical
opera *s* opera; byggnad opera house; ***gå på ~n*** go to the opera
operasångare *s* opera singer
operation *s* operation
operationsbord *s* operating table
operationssal *s* operating theatre
operera I *vb itr* operate **II** *vb tr* operate on; ***~ bort*** remove
operett *s* klassisk operetta, light opera; mera modern musical comedy
opersonlig *adj* impersonal
opinion *s* opinion; ***den allmänna ~en*** public opinion
opinionsmöte *s* public meeting
opinionssiffror *s pl*, ***dåliga ~*** poor poll ratings
opinionsstorm *s* storm of opinion
opinionsundersökning *s* opinion poll
opium *s* opium
opponera *vb rfl*, ***~ sig*** object [*mot* to]
opportunist *s* opportunist
opportunistisk *adj* opportunist
opposition *s* opposition; ***~en*** polit. the Opposition
oppositionsledare *s* leader of the Opposition
opraktisk *adj* unpractical, impractical
oproportionerlig *adj* disproportionate
oprövad *adj* untried
opsykologisk *adj* unpsychological
optik *s* optics
optiker *s* optician; affär optician's
optimism *s* optimism
optimist *s* optimist
optimistisk *adj* optimistic
optisk *adj* optical; ***~ affär*** optician's
opus *s* work, production; mus. opus
opåkallad *adj* uncalled for
opålitlig *adj* unreliable, untrustworthy
orakad *adj* unshaved, unshaven
orakel *s* oracle
orange *s* o. *adj* orange; jfr *blått*
orangutang *s* orang-outang
oratorium *s* mus. oratorio (pl. -s)
ord *s* word; ***~ och inga visor*** plain

speaking; ***begära ~et*** ask permission to speak; ***få ~et*** be called upon to speak; ***hålla*** (***stå vid***) ***sitt ~*** keep one's word; ***innan jag visste ~et av*** before I knew where I was; ***i ~ och handling*** in word and deed; ***med ett ~*** in a (one) word; ***ta till ~a*** begin to speak
ordagrann *adj* literal
ordalag *s*, ***i allmänna ~*** in general terms
ordblind *adj* word-blind
ordbok *s* dictionary
orden *s* samfund order; ordenstecken decoration, order
ordentlig *adj* **1** orderly, methodical; noggrann careful; prydlig neat; proper tidy; välskött well-kept **2** riktig proper; rejäl real; grundlig thorough; jag har fått ***en ~ förkylning*** ...a terrible cold; ***ett ~t mål mat*** a square meal
ordentligt *adv* in an orderly (a methodical, a careful) manner; ***uppför dig ~!*** behave yourself!; ***bli ~ våt*** get thoroughly wet
order *s* **1** befallning order, command; ***få ~ om att*** be ordered (instructed) to; ***ge ~ om ngt*** order a th.; ***lyda ~*** obey orders; ***på ~ av*** by order of **2** hand. order [*på* for]
ordföljd *s*, ***rak*** (***omvänd***) ~ normal (inverted) word order
ordförande *s* vid sammanträde chairman, chairperson; i förening äv. president [*i* of]
ordförandeskap *s* chairmanship; i förening äv. presidency
ordförklaring *s* explanation (definition) of a word
ordförråd *s* vocabulary
ordinarie *adj* om tur etc. regular; om tjänst permanent
ordination *s* med. prescription
ordinera *vb tr* med. prescribe
ordinär *adj* ordinary, common
ordklass *s* part of speech
ordlek *s* pun
ordlista *s* glossary, vocabulary
ordna I *vb tr* o. *vb itr* ställa i ordning arrange, fix; sina affärer settle; skaffa get, find; ta hand om see to; t.ex. tävlingar organize **II** *vb rfl*, ***det ~r sig nog!*** that (it) will be all right, don't you worry!, things will sort themselves out

□ ~ **om** ändra rearrange; ombestyra arrange; ~ **upp** reda ut settle
ordning *s* **1** order; ordentlighet orderliness; snygghet tidiness; metod method; ***den allmänna ~en*** law and order; ***jag får ingen ~ på det här*** I can't get this straight; ***hålla ~ på...*** keep...in order; det är ***helt i sin ~*** ...quite in order; ***i vanlig ~*** as usual; ***göra i ~*** ngt get...ready (in order); ***göra sig i ~*** get ready; ***ställa i ~*** get (put)...in order **2** följd order, sequence
ordningsföljd *s* order, sequence, succession
ordningsmakt *s*, ***~en*** the police pl.
ordningsman *s* i skolklass monitor
ordningssinne *s* feeling for order
ordningstal *s* ordinal number
ordningsvakt *s* t.ex. i tunnelbanan ung. patrolman
ordrik *adj*, ***språket är ~t*** ...has a large vocabulary
ordspråk *s* proverb
ordval *s* choice of words
ordväxling *s* dispute
orealistisk *adj* unrealistic
oreda *s* oordning disorder, confusion; röra muddle
oregano *s* oregano
oregelbunden *adj* irregular
orena *vb tr* contaminate, pollute, defile
oresonlig *adj* unreasonable; envis stubborn
organ *s* organ; språkrör mouthpiece; tidning newspaper
organdi *s* tyg organdie
organisation *s* organization
organisatör *s* organizer
organisera *vb tr* organize
organism *s* organism
orgasm *s* orgasm
orgel *s* organ
orgie *s* orgy
oriental *s* Oriental
orientalisk *adj* oriental
Orienten the Orient, the East
orientera I *vb tr* orientate; informera inform **II** *vb rfl*, ***~ sig*** orientate oneself, take one's bearings [*efter* kartan by, from...]
orienterare *s* sport. orienteer
orientering *s* orientation; information information; sport. orienteering
orienteringsämne *s* skol. general subject
original *s* **1** original **2** person eccentric **3** maskinskrivet huvudexemplar top copy
originalitet *s* originality
originell *adj* ursprunglig original; säregen eccentric, queer
oriktig *adj* incorrect; orätt wrong
orimlig *adj* absurd; oskälig unreasonable
orka *vb tr* o. *vb itr*, jag, du etc. ***~r*** (***~de***) ...can (could); ***nu ~r jag inte*** hålla på ***längre*** I cannot (can't) go on any longer;

jag ~r inte mer t.ex. mat I cannot (can't) manage any more; ***att du bara ~r!*** how can you manage?
orkan *s* hurricane
orkester *s* orchestra
orkesterledare *s* bandleader
orkestrera *vb tr* orchestrate
orkidé *s* orchid
orlon *s* ® Orlon
orm *s* snake
ormbunke *s* fern
ormtjusare *s* snake-charmer
ornament *s* ornament, decoration
ornitolog *s* ornithologist
oro *s* anxiety, uneasiness [*för, över* about]; speciellt politisk o. social unrest
oroa I *vb tr* göra ängslig make...anxious (uneasy); bekymra worry, trouble **II** *vb rfl*, ***~ sig för*** be anxious about, worry about (over)
orolig *adj* ängslig anxious, uneasy; unsettled, unquiet; rastlös, bråkig restless
orolighet *s*, ***~er*** disturbances
oroshärd *s* trouble spot
orosmoln *s*, ***~en hopar sig*** the storm clouds are gathering
oroväckande *adj* alarming
orre *s* fågel black grouse (pl. lika)
orsak *s* cause [*till* for]; ***ingen ~!*** not at all!, amer. you're welcome!; ***av denna ~*** for that reason
orsaka *vb tr* cause
ort *s* plats place; trakt district
ortodox *adj* orthodox
ortopedisk *adj* orthopaedic, speciellt amer. orthopedic
orubbad *adj* unmoved; om t.ex. förtroende unshaken
orutinerad *adj* inexperienced
oråd *s*, ***ana ~*** suspect mischief; vard. smell a rat
oräknelig *adj* innumerable
orättvis *adj* unjust, unfair [*mot* to]
orättvisa *s* unfairness (end. sg.), injustice
orörd *adj* untouched; kvar unmoved
orörlig *adj* immobile; utan att röra sig motionless
os *s* smell, unpleasant smell
osa *vb itr* smoke; ryka reek; ***det ~r bränt*** there is a smell of burning
o.s.a. (förk. för *om svar anhålles*) please reply, RSVP (förk. för répondez s'il vous plaît franska)
osagd *adj* unsaid, unspoken; ***det låter jag vara osagt*** I would not like to say
osaklig *adj* ...not to the point, irrelevant
osammanhängande *adj* incoherent, disconnected
osams *adj*, ***bli ~*** quarrel, fall out
osann *adj* untrue, false
osanning *s* falsehood; ***tala ~*** tell lies (a lie)
osannolik *adj* unlikely, improbable
osjälvisk *adj* unselfish, selfless
osjälvständig *adj* ...lacking in independence, unoriginal
oskadd *adj* unhurt, unharmed; om sak undamaged, intact; ***han återvände ~*** he returned safe and sound
oskadliggöra *vb tr* render...harmless
oskarp *adj* slö blunt; suddig blurred, unsharp
oskick *s* ovana bad habit
oskiljaktig *adj* inseparable
oskuld *s* **1** innocence; kyskhet chastity, virginity **2** jungfru virgin; oskuldsfull person innocent
oskyddad *adj* unprotected; för väder o. vind unsheltered
oskyldig *adj* innocent, ...not guilty [*till* of]; oförarglig inoffensive
oskälig *adj* unreasonable; om pris etc. excessive
oslagbar *adj* unbeatable
oslipad *adj* om ädelsten o. glas uncut; om ädelsten äv. unpolished; om kniv dull; bildl. unpolished
osläckt *adj* unextinguished, unquenched; ***~ kalk*** quicklime, unslaked lime
osmaklig *adj* unappetizing, distasteful; starkare disgusting
osockrad *adj* unsweetened
osportslig *adj* unsporting
OSS (förk. för *Oberoende staters samvälde*) CIS (förk. för Commonwealth of Independent States)
oss *pron* se *vi*
1 ost *s* o. *adv* east; jfr *öster*
2 ost *s* cheese; ***lyckans ~*** lucky dog (beggar)
ostadig *adj* unsteady, unstable; ***~t väder*** changeable weather
osthyvel *s* cheese slicer
Ostindien the East Indies pl.
ostkaka *s* Swedish cheese (curd) cake
ostkant *s* cheese rind
ostkust *s* east coast
ostlig *adj* east, easterly; eastern; jfr *nordlig*
ostraffad *adj* unpunished
ostron *s* oyster
ostädad *adj* untidy

ostämd *adj* mus. untuned
osund *adj* unhealthy; om föda unwholesome; om t.ex. metoder unsound
osv. (förk. för *och så vidare*) etc.
osympatisk *adj* unpleasant, disagreeable
osynlig *adj* invisible
osäker *adj* uncertain [*på, om* of]; otrygg insecure; riskfull unsafe; ***känna sig ~*** bortkommen feel unsure; isen ***är ~*** ...is not safe
otacksam *adj* speciellt person ungrateful [*mot* to, towards]; ***~ uppgift*** thankless task
otacksamhet *s* ingratitude, ungratefulness
otakt *s,* ***gå i ~*** walk out of step; spela ***i ~*** ...out of time
otal *s,* ***ett ~*** a vast number of, countless
otalig *adj* innumerable, countless
otalt *adj,* ***ha ngt ~ med ngn*** have a score to settle (a bone to pick) with a p.
otillfredsställande *adj* unsatisfactory
otillfredsställd *adj* unsatisfied
otillgänglig *adj* inaccessible [*för* to], unapproachable [*för* by]
otillräcklig *adj* om kvantitet insufficient; om kvalitet inadequate
otippad *adj,* ***en ~ segrare*** an unbacked winner
otjänst *s,* ***göra ngn en ~*** do a p. a bad turn (a disservice)
otrevlig *adj* disagreeable, unpleasant
otrogen *adj* t.ex. i äktenskap unfaithful; svekfull faithless [*mot* to]
otrolig *adj* incredible, unbelievable
otränad *adj* untrained, ...out of training
otta *s,* ***i ~n*** early in the morning
otur *s* bad luck; ***ha ~*** be unlucky
otvivelaktigt *adv* undoubtedly; no doubt
otvungen *adj* free and easy, natural
otydlig *adj* indistinct
otålig *adj* impatient [*på* with; *över* at]
otålighet *s* impatience
otäck *adj* nasty [*mot* to]; ryslig horrible, awful
otäcking *s* vard. rascal, devil
otämd *adj* untamed
otänkbar *adj* inconceivable, unthinkable, unimaginable
oumbärlig *adj* indispensable
oundgänglig *adj* necessary; oumbärlig indispensable
oundviklig *adj* unavoidable; som ej kan undgås inevitable
oupphörlig *adj* incessant, continuous, perpetual
ouppmärksam *adj* inattentive
outgrundlig *adj* inscrutable
outhärdlig *adj* unbearable
outsider *s* sport. etc. outsider
outspädd *adj* undiluted
outtröttlig *adj* indefatigable; om energi etc. tireless
outtömlig *adj* inexhaustible
oval *s* o. *adj* oval
1 ovan I *prep* above, over **II** *adv* above; ***här ~*** above; ***som ~*** as above
2 ovan *adj* ej van unaccustomed, unused [*vid* to]; oövad unpractised, untrained; oerfaren inexperienced
ovana *s* **1** brist på vana unfamiliarity [*vid* with] **2** ful vana bad habit
ovanför *prep adv* above
ovanifrån *adv* from above
ovanlig *adj* unusual; sällsynt uncommon, rare, infrequent
ovannämnd *adj* above-mentioned
ovanpå I *prep* on top of **II** *adv* on top
ovanstående *adj,* **~** lista the above...
ovarsam *adj* vårdslös careless
ovation *s* ovation
overall *s* boiler suit; för småbarn zipsuit; skid~ ski suit; jogging~ jogging-suit; tränings- track suit
overklig *adj* unreal
overksam *adj* **1** sysslolös idle, inactive **2** ineffective
ovetenskaplig *adj* unscientific
ovett *s* scolding; otidigheter abuse; ***få ~*** get a scolding
ovidkommande *adj* irrelevant [*för* to]
ovilja *s* agg animosity; starkare aversion [*mot* to]
ovillig *adj* ej villig unwilling; ohågad reluctant
ovillkorlig *adj* unconditional
ovillkorligen *adv* absolutely
oviss *adj* uncertain; tveksam doubtful
ovisshet *s* uncertainty, doubt; ***i ~*** uncertain, in a state of uncertainty
ovårdad *adj* om klädsel etc. dishevelled; om person slovenly; om språk careless, substandard
oväder *s* storm
ovälkommen *adj* unwelcome
ovän *s* enemy; ***vara ~ med ngn*** be on bad terms with a p.
ovänlig *adj* unkind; ej vänskaplig unfriendly
oväntad *adj* unexpected
ovärderlig *adj* invaluable [*för* to]
ovärdig *adj* unworthy; skamlig shameful
oväsen *s* noise; ***föra ~*** make a noise

oväsentlig *adj* unessential, inessential; oviktig unimportant [*för* to]
oxbringa *s* kok. brisket of beef
oxe *s* **1** ox (pl. oxen); kok. beef **2** ***Oxen*** astrol. Taurus
oxfilé *s* fillet of beef
oxkött *s* beef
oxstek *s* roast beef
oxsvanssoppa *s* oxtail soup
ozon *s* ozone
ozonskikt *s*, ***~et*** the ozone layer, the ozonosphere
oåterkallelig *adj* irrevocable
oåtkomlig *adj* inaccessible [*för* to]; ***förvaras ~ för barn*** to be kept out of children's reach
oäkta *adj* falsk false; imiterad imitation...
oändlig *adj* infinite, endless, interminable; fortsätta ***i det ~a*** ...for ever and ever
oärlig *adj* dishonest [*mot* to, towards]
oätbar *adj* uneatable
oätlig *adj* om t.ex. svamp inedible
oäven *adj*, ***inte ~*** fairly good, ...not bad
oöm *adj* om sak durable, hard-wearing; om person robust
oöverlagd *adj* rash; ej planlagd unpremeditated
oöverskådlig *adj* om följder etc. incalculable; om tid indefinite
oöverstiglig *adj* insurmountable
oöversättlig *adj* untranslatable
oöverträffad *adj* unsurpassed [*i fråga om* for]

P

p *s*, ***sätta ~ för...*** put a stop to...
pacemaker *s* med. el. sport. pacemaker
pacificera *vb tr* pacify
pacifism *s*, ~ el. ***~en*** pacifism
pacifist *s* pacifist
pack *s* slödder rabble, riff-raff
packa *vb tr* pack, pack up; ***~t med folk*** packed (crowded) with people □ ~ **ihop sig** tränga ihop sig crowd; ~ **in** pack up, put in; ~ **ner** pack up; ~ **upp** unpack
packad *adj* vard., berusad tight, tipsy
packe *s* pack, package; bunt bundle
packis *s* pack ice
packlår *s* packing-case
packning *s* **1** packing; konkret pack; bagage luggage, bagage **2** tekn. gasket; till kran etc. washer
padda *s* toad
paddel *s* paddle
paddla *vb itr* paddle
paff *adj*, ***jag blev alldeles ~*** I was quite taken aback
paginera *vb tr* paginate, page
pagod *s* pagoda
pain riche *s* French stick loaf
paj *s* pie; utan deglock tart
paja I *vb itr* vard., ~ el. ***~ ihop*** break down, collapse, go to pieces **II** *vb tr* ruin
pajas *s* clown
paket *s* parcel; litet packet; större samt bildl. package; ***ett ~ cigaretter*** a packet (amer. a pack) of cigarettes
paketavtal *s* enhetsavtal package deal
paketcykel *s* carrier cycle
paketera *vb tr* packet
pakethållare *s* carrier, luggage carrier
paketresa *s* package tour
Pakistan Pakistan
pakistanare *s* Pakistani
pakistansk *adj* Pakistani
pakt *s* pact, treaty
palats *s* palace
Palestina Palestine
palestinier *s* Palestinian
palestinsk *adj* Palestinian
palett *s* konst. palette, pallet
paljett *s* spangle
pall *s* möbel stool; fotstöd footstool
palla *vb tr* stötta, ***~ upp*** chock (block) up
palm *s* palm

palmblad *s* palm leaf
palmsöndag *s* Palm Sunday
palsternacka *s* parsnip
paltbröd *s* blood bread
paltor *s pl* rags, duds
pamp *s* bigwig, VIP (förk. för Very Important Person)
pampig *adj* vard. magnificent, grand
Panamakanalen the Panama Canal
panamerikansk *adj* Pan-American
panda *s* panda
panel *s* panel, panelling (end. sg.)
panera *vb tr* breadcrumb, coat...with egg and breadcrumbs
pang *interj* bang!, crack!, pop!
panga *vb tr* vard. smash
pangsuccé *s* vard. roaring success, smash hit
panik *s* panic
panikslagen *adj* panic-stricken
pank *adj* vard., ***vara ~*** be broke
1 panna *s* kok. pan; kaffepanna kettle; värmepanna furnace; ångpanna boiler
2 panna *s* anat. forehead
pannbiff *s* ung. hamburger
pannkaka *s* pancake; ***det blev ~ av alltihop*** it fell flat; ***göra ~ av ngt*** make a mess of a th., muck up a th.
pannrum *s* boiler room
panorama *s* panorama
panorera *vb itr* pan
pansar *s* armour (end. sg.)
pansarplåt *s* armour-plate
pant *s* pledge, pawn; i lek forfeit; ***betala ~*** för t.ex. tomglas pay a deposit
pantbank *s* pawnshop
panter *s* panther
pantkvitto *s* pawn ticket
pantomim *s* pantomime, dumb show
pantsätta *vb tr* i bank pawn
papegoja *s* parrot
papiljott *s* curler
papp *s* pasteboard; kartong cardboard
pappa *s* **1** father [*till* of]; vard. dad, pa; barnspr. daddy, amer. papa; jfr *far* **2** ***~ långben*** daddy-long-legs
pappaledig *adj*, ***vara ~*** be on paternal leave
pappaledighet *s* paternal leave
papper *s* paper; brevpapper stationery; omslagspapper wrapping paper; ***ett ~*** a piece of paper; ***några ~*** ark some sheets of paper
pappersarbete *s* paperwork
pappersark *s* sheet of paper
pappersavfall *s* waste paper
pappersbruk *s* paper mill
pappersexercis *s* red tape
pappershandel *s* stationer's
papperskasse *s* paper carrier [bag], amer. paper [shopping] bag
papperskniv *s* paper knife, paper-cutter
papperskorg *s* waste-paper basket, amer. wastebasket; utomhus litterbin
papperslapp *s* slip of paper
pappersmassa *s* paper pulp
papperspåse *s* paper bag
pappersservett *s* paper napkin
pappkartong *s* cardboard box
paprika *s* grönsak pepper, sweet pepper; krydda paprika
par *s* **1** sammanhörande pair; två stycken couple; ***ett ~*** handskar (byxor) a pair of...; ***ett gift ~*** a married couple **2** ***ett ~*** några... a couple of..., two or three...; ***om ett ~ dagar*** in a day or two, in a few days
para I *vb tr* **1** ***~ ihop*** match, pair, pair...together **2** djur mate **II** *vb rfl*, ***~ sig*** mate
parabol *s* o. **parabolantenn** *s* TV. vanl. satellite dish
parad *s* parade
paradera *vb itr* parade
paradis *s* paradise
paradisdräkt *s*, ***i ~*** in one's birthday suit
paradoxal *adj* paradoxical
paraduniform *s* full dress uniform
paragraf *s* section; jur. paragraph
Paraguay Paraguay
paraguayare *s* Paraguayan
paraguaysk *adj* Paraguayan
parallell *s* o. *adj* parallel
paralysera *vb tr* paralyse
paramilitär *adj* o. *s* paramilitary
paranoid *adj* paranoid
paranoiker *s* paranoiac, paranoid
parant *adj* elegant elegant; flott chic
paranöt *s* brazil nut, brazil
paraply *s* umbrella
paraplyvagn *s* buggy, baby buggy
parasit *s* parasite
parasitera *vb itr* sponge [*på* on]
parasoll *s* parasol, sunshade
paratyfus *s* paratyphoid fever, paratyphoid
pardon *s*, ***utan ~*** without mercy
parentes *s* parenthesis (pl. parentheses), brackets pl.
parera *vb tr* parry; avvärja fend off
parfym *s* perfume; billigare scent
parfymaffär *s* perfumery [shop]

parfymera *vb tr* perfume, scent
parisare *s* person Parisian
parisisk *adj* Parisian
park *s* park
parkera *vb tr* o. *vb itr* park
parkering *s* parking; plats parking place
parkeringsautomat *s* parking meter
parkeringsböter *s pl, få* ~ get a parking fine
parkeringsförbud *s, det är* ~ parking is prohibited
parkeringshus *s* multistorey car park
parkeringslapp *s* parking ticket
parkeringsljus *s* parking light
parkeringsmätare *s* parking meter
parkeringsplats *s* parking place; område car park, amer. parking lot; rastplats vid landsväg lay-by
parkeringsvakt *s* för parkeringsmätare traffic warden; vid parkeringsplats car-park attendant
parkett *s* **1** teat. stalls pl.; ***främre*** ~ orchestra stalls; ***bakre*** ~ pit **2** golv parquet flooring
parkettgolv *s* parquet floor
parlament *s* parliament
parlamentarisk *adj* parliamentary
parlör *s* phrase book
parmesanost *s* Parmesan
parning *s* mating
parningslek *s* mating dance
parningstid *s* mating season
parodi *s* parody [*på* of]
parodiera *vb tr* parody, mimic
paroll *s* watchword, slogan
part *s* del portion, share; jur. party
parti *s* **1** del part äv. mus.; avdelning section; av bok passage **2** hand., kvantitet lot; varusändning consignment **3** polit. party **4** spelparti game **5** gifte match **6** ***ta ngns*** ~ take a p.'s part (side)
partiell *adj* partial
partikel *s* particle
partikongress *s* party conference
partiledare *s* party leader
partipolitik *s* party politics (sg. el. pl.)
partipolitisk *adj* party-political
partisan *s* partisan
partisk *adj* partial, biased, one-sided
partiskhet *s* partiality, bias, one-sidedness
partitur *s* mus. score
partner *s* partner
party *s* party
parvis *adv* in pairs (couples)
pass *s* **1** passage pass **2** legitimation passport **3** tjänstgöring duty; ***vem har ~et i kväll?*** who is on duty tonight? **4** ***så ~ mycket*** så mycket as much as this; ***så*** ~ till den grad ***stor att...*** so big that...; ***komma väl (bra) till*** ~ come in handy
passa I *vb tr* o. *vb itr* **1** ge akt på attend; se efter see to, look after; betjäna wait upon; ~ ***telefonen*** answer the telephone; ~ ***tiden*** be punctual; ~ ***på*** utnyttja ***tillfället*** take the chance (opportunity); ~ ***tåget*** be in time for the train **2** vara lagom, lämpa sig etc. fit, suit; vara lämplig be fit [*till* for], be suitable [*till* for; *för* to]; vara läglig be convenient [*för ngn* to a p.]; möbeln ***~r inte här*** ...is out of place here; ***det ~r mig utmärkt*** it suits me excellently; ***de ~r för varandra*** they are suited to each other **3** vara klädsam suit, become **4** kortsp. el. sport. pass **II** *vb rfl,* ~ ***sig*** **1** lämpa sig be convenient; ***när det ~r sig*** when it is convenient **2** anstå be becoming, be fitting **3** se upp look out
□ ~ **ihop** fit, fit together; ~ ***ihop*** om personer suit each other; ~ ***ihop med*** ngt match...; ~ **in** a) tr. fit...in (into) b) itr. fit, fit in; ~ **på** look out; ~ ***på medan...*** take the opportunity while...; ~ **upp** betjäna attend; vid bordet wait [*på ngn, ngn* on a p.]; ***pass upp!*** look out!
passadvind *s* trade wind
passage *s* passage
passagerare *s* passenger
passande *adj* lämplig suitable; fit; läglig convenient [*till* i samtliga fall for]; riktig, rätt appropriate, proper
passare *s* compasses pl.; ***en*** ~ a pair of compasses
passbyrå *s* passport office
passera *vb tr* o. *vb itr* pass; överskrida cross; sport. overtake; ~ ***förbi*** pass by
passersedel *s* pass
passform *s* om kläder etc. fit
passfoto *s* passport photo
passion *s* passion
passionerad *adj* entusiastisk keen, ardent; ~ ***kärlek*** passionate love
passionerat *adv* passionately
passiv I *adj* passive; ~ ***rökning*** passive smoking **II** *s* gram. the passive, the passive voice
passkontroll *s* examination of passports; kontor passport office
passkontrollant *s* passport official, immigration officer
passning *s* **1** eftersyn attention **2** sport. pass

pasta *s* kok. pasta
pastej *s* pie; liten patty
pastell *s* pastel
pastellmålning *s* pastel
pastill *s* pastille, lozenge
pastor *s* frikyrklig pastor; ~ ***Bo Ek*** the Rev. Bo Ek
pastorsexpedition *s* ung. parish registrar's office
pastorsämbete *s* parish authority
paté *s* pâté
patent *s* patent [*på* for]
patentlås *s* safety (yale) lock
patentlösning *s* patent (ready-made) solution, panacea
patetisk *adj* högtravande highflown; lidelsefull passionate; gripande pathetic
patiens *s* patience, amer. solitaire; ***lägga ~*** play patience
patient *s* patient
patolog *s* pathologist
patologi *s* pathology
patologisk *adj* pathological
patos *s* lidelse passion, devotion; falskt ~ pathos
patriark *s* patriarch
patriarkalisk *adj* patriarchal
patriot *s* patriot
patriotisk *adj* patriotic
patron *s* för skjutvapen cartridge; för t.ex. kulpenna refill
patronhylsa *s* cartridge case
patrull *s* patrol
patrullera *vb tr* o. *vb itr* patrol
paus *s* **1** pause; uppehåll break; teat., radio. interval **2** mus. rest
paviljong *s* pavilion
PC *s* persondator PC, personal computer
pedagog *s* educationist; lärare pedagogue
pedagogik *s* pedagogy
pedagogisk *adj* pedagogical; uppfostrande educational
pedal *s* pedal
pedant *s* pedant; friare meticulous person, perfectionist; vard. nitpicker
pedanteri *s* pedantry; friare meticulousness, perfectionism; vard. nitpicking
pedantisk *adj* pedantic; friare meticulous; vard. nitpicking
pediatrik *s* paediatrics sg., speciellt amer. pediatrics sg.
pedikyr *s* pedicure
pejla *vb tr* o. *vb itr* **1** take a bearing of; flyg., med radio locate **2** loda sound; ~ ***läget*** (***stämningen***) bildl. see how the land lies; ~ ***läget*** (***stämningen***) ***hos*** (***bland***) sound, sound out
peka *vb itr* point [*på* at, to]
pekfinger *s* forefinger, index finger
pekines *s* hund pekinese (pl. lika)
pekoral *s* pretentious (high-flown) trash
pekpinne *s* pointer
pelare *s* pillar; kolonn column
pelargon *s* bot. geranium
pelargång *s* colonnade; arkad arcade
pelikan *s* pelican
pendang *s* counterpart
pendel *s* pendulum
pendeltrafik *s* commuter (shuttle) service
pendeltåg *s* commuter train
pendla *vb itr* swing, oscillate; t.ex. om förortsbo commute
pendlare *s* commuter
pendling *s* svängning oscillation
pendyl *s* ornamental clock
penetrera *vb tr* penetrate
peng *s* slant coin, little sum of money; se äv. *pengar*
pengar *s pl* koll. money sg.; ***kontanta*** (***reda***) ~ cash, ready money; ***förtjäna*** (***göra***) ***stora*** ~ make (earn) big money; ***vara utan*** ~ äv. be penniless (out of cash)
penibel *adj* awkward
penicillin *s* penicillin
penis *s* penis
penna *s* pen; blyertspenna pencil
pennalism *s* bullying
penningbekymmer *s pl* financial worries
penningbrist *s* shortage (lack) of money
penninglott *s* state lottery ticket
penninglotteri *s* state lottery
penningplacering *s* investment
penningsumma *s* sum of money
penningvärde *s* money value
pennkniv *s* penknife
pennskaftsfattning *s* i bordtennis penholder grip
pennvässare *s* pencil-sharpener
pensé *s* pansy
pensel *s* brush
pension *s* **1** underhåll pension; ***få*** (***avgå med***) ~ get (retire on) a pension **2** flickpension girls' boarding school
pensionat *s* boarding house; mindre hotell private hotel
pensionera *vb tr* pension, grant a pension to; ~***d*** pensioned, retired
pensionering *s* pensioning; ***till sin ~ var han...*** up to his retirement he was...

pensionsförsäkring *s* retirement annuity (pension insurance)
pensionsålder *s* pensionable (retirement) age
pensionär *s* pensioner, retirement pensioner, senior citizen
pensla *vb tr,* ~ ***med ägg*** brush with beaten egg; ~ ***ett sår*** med jod paint a wound...
pentry *s* kokvrå kitchenette; sjö. el. flyg. galley
peppar *s* pepper; ~, ~*!* touch wood!, amer. knock on wood!; ***dra dit ~n växer!*** go to blazes!
pepparkaka *s* gingerbread biscuit; ***mjuk*** ~ gingerbread cake
pepparkorn *s* peppercorn
pepparkvarn *s* pepper mill
pepparmint *s* smakämne peppermint
pepparmynta *s* växt peppermint
pepparrot *s* horseradish
peppra *vb tr* o. *vb itr* pepper [*ngt* el. *på ngt* a th.]
per *prep* **1** med by; ~ ***brev*** (***post***) by letter (post) **2** ~ ***månad*** a (per) month; månadsvis by the month; ~ ***gång*** varje gång every (each) time; åt gången at a time
perenn *adj* perennial
perfekt I *adj* perfect **II** *s* the perfect tense; ~ ***particip*** past (perfect) participle
perfektionist *s* perfectionist
perforera *vb tr* perforate
perforering *s* perforation
periferi *s* **1** cirkels circumference **2** ytterområde periphery
period *s* period
periodisk *adj* periodic; ~ ***tidskrift*** periodical
periodsupare *s* periodical drinker
periodvis *adv* periodically
periskop *s* periscope
permanent I *adj* permanent **II** *s* perm
permanenta *vb tr* hår perm; låta ~ ***sig*** have a perm
permission *s* leave of absence; ***ha*** ~ be on leave
permittera *vb tr* **1** mil. grant leave to **2** friställa dismiss temporarily
perplex *adj* perplexed
perrong *s* platform
persedel *s* mil. item of equipment; ***persedlar*** utrustning equipment, kit (båda sg.)
perser *s* Persian äv. katt
persian *s* Persian lamb
Persien Persia
persienn *s* Venetian blind
persika *s* peach
persilja *s* parsley
persisk *adj* Persian
persiska *s* **1** kvinna Persian woman **2** språk Persian
person *s* person; framstående personage; ~***er*** vanl. people; ~***erna*** teat. the cast sg.; ***i egen hög*** ~ in person
personal *s* staff; speciellt mil. personnel; ***ha för liten*** ~ be understaffed; ***höra till*** ~***en*** be on the staff
personalavdelning *s* personal (staff) department
personalchef *s* personnel manager (director, officer)
personalfest *s* staff (på firma o.d. office) party
personbevis *s* birth certificate
personbil *s* private car
personbästa *s* sport. personal best
persondator *s* personal computer (förk. PC)
personifiera *vb tr* personify
personkult *s* cult of personality
personlig *adj* personal, individual; ~***t*** på brev private; ***ringa ett*** ~***t samtal*** make a personal call; ***för min*** ~***a del*** for my part; ~***t pronomen*** personal pronoun
personligen *adv* personally
personlighet *s* personality; person personage, figure; ***han är en*** ~ he has personality
personnamn *s* personal name
personnummer *s* personal code number
personsökare *s* [radio] pager, bleeper
persontåg *s* motsats godståg passenger train; motsats snälltåg ordinary (slow) train
perspektiv *s* perspective; ~***en*** utsikterna the prospects
perspektivfönster *s* picture window
Peru Peru
peruan *s* Peruvian
peruansk *adj* Peruvian
peruk *s* wig
perukmakare *s* wigmaker
pervers *adj* perverted
perversitet *s* pervertedness (end. sg.), sexual perversion
pessar *s* diaphragm, pessary
pessimism *s* pessimism
pessimist *s* pessimist
pessimistisk *adj* pessimistic
pest *s* plague
peta *vb tr* o. *vb itr* pick, poke; ~ ***naglarna***

clean one's nails; ~ (~ ***sig i***) ***näsan*** pick one's nose; ~ ***på ngt*** pick (poke) at a th.
petig *adj* pedantisk finicky, finical
petitess *s* trifle
petition *s* petition [*om* for]
petunia *s* petunia
p.g.a. (förk. för *på grund av*) on account of
P-hus *s* se *parkeringshus*
pH-värde *s* pH value
pianist *s* pianist, piano-player
piano *s* piano (pl. -s); ***spela*** ~ play the piano
pianola *s* pianola, player-piano
pianostol *s* piano stool
pianostämmare *s* piano-tuner
pianotråd *s* piano wire
picknick *s* picnic
pickolo *s* pageboy, page, amer. bellboy
pickup *s* på skivspelare samt liten varubil pick-up
pickupnål *s* stylus
piedestal *s* pedestal
piff *s* zest; ***sätta ~ på maten*** give a relish to the food; ***sätta ~ på ngt*** add a little extra touch to a th.
piffa *vb tr,* ~ ***upp*** smarten up
piffig *adj* chic, smart; ***en ~ maträtt*** a tasty dish
piga *s* maid
1 pigg *s* spike; spets point
2 pigg *adj* **1** brisk, spry; vaken alert; ***~a ögon*** lively eyes; ***känna sig ~*** feel fit **2** ***vara ~ på ngt*** be keen on a th.
pigga *vb tr,* ~ ***upp*** buck up; muntra upp cheer up
piggna *vb itr,* ~ ***till*** come round
piggsvin *s* porcupine
piggvar *s* turbot
pigment *s* pigment
pik *s* spydighet dig, taunt; ***ge ngn en ~*** make a sly dig at a p.
pika *vb tr* taunt
pikant *adj* piquant; kryddad äv. spicy
piket *s* **1** polisstyrka police (riot, flying) squad **2** polisbil police van, amer. patrol wagon
1 pil *s* träd willow
2 pil *s* för pilbåge arrow; för pilkastning dart; ***kasta ~*** play darts
pilbåge *s* bow
pilgrim *s* pilgrim
pilgrimsfärd *s,* ***göra en ~*** go on a pilgrimage
pilkastning *s* spel darts sg.
pilla *vb itr,* ~ knåpa ***med ngt*** potter at a th.
piller *s* pill
pillerburk *s* pillbox äv. damhatt
pillesnopp *s* barnspr. willy
pilot *s* pilot
pilsner *s* ung. lager
1 pimpla *vb tr* o. *vb itr* dricka tipple
2 pimpla *vb tr* o. *vb itr* fiske. jig [*ngt* for a th.]
pimpsten *s* pumice, pumice stone
pina I *s* pain, torment, suffering **II** *vb tr* torment, torture
pinal *s* sak thing
pincené *s* eyeglasses pl.; ***en ~*** a pair of eyeglasses
pincett *s* tweezers pl.
pingis *s* vard. ping-pong
pingla *vb itr* tinkle, jingle
pingst *s,* ~ el. ***~en*** Whitsun, jfr *jul*
pingstafton *s* Whitsun Eve
pingstdag *s* Whit Sunday
pingsthelg *s,* ***~en*** Whitsun
pingstlilja *s* narcissus
pingströrelse *s,* ***~n*** the Pentecostal Movement
pingstvän *s* Pentecostalist
pingvin *s* penguin
pinje *s* pine
pinne *s* peg; för fåglar perch; vedpinne stick
pinnhål *s,* ***komma ett par ~ högre*** rise a step or two
pinnstol *s* railback chair
pinsam *adj* painful; besvärande awkward
pinuppa *s* vard. pin-up
pion *s* peony
pionjär *s* pioneer
1 pip I *s* ljud peep, cheep; råttas squeak **II** *interj* peep!
2 pip *s* på kärl spout
1 pipa *vb itr* om fågel chirp, cheep; om råtta squeak; om vinden whistle
2 pipa *s* pipe; visselpipa whistle; ***röka ~*** smoke a pipe; ***gå åt ~n*** go to pot
piphuvud *s* pipe bowl
pipig *adj* om röst squeaky
pippi *s* **1** barnspr., fågel birdie, dickey bird **2** ***ha ~ på*** vard. have a 'thing' about (a mania for)
piprensare *s* pipe-cleaner
pipskaft *s* pipe stem
pipskägg *s* pointed beard
pipställ *s* pipe rack
pir *s* pier; mindre äv. jetty
pirat *s* pirate
piratsändare *s* pirate transmitter

pirog *s* pastej Russian pasty; *~er* vanl. piroshki
pirra *vb itr, det ~r i magen på mig* I have butterflies in my stomach
pirrig *adj* jittery; enerverande nerve-racking
piruett *s* pirouette
pisk *s* whipping; *få ~* be whipped
piska I *s* whip **II** *vb tr* o. *vb itr* whip; starkare lash; prygla äv. flog; mattor beat; *~ upp en stämning av...* whip up an atmosphere of...
piskrapp *s* lash, cut with a whip
pisksnärt *s* piskslag crack
pissa *vb itr* vulg. piss; mindre vulg. pee, piddle
pissoar *s* urinal
pist *s* skidbana piste
pistol *s* pistol; vard. gun
pistong *s* tekn. piston
pitt *s* vulg. cock, prick
pittoresk *adj* picturesque
pizza *s* pizza
pizzeria *s* pizzeria
pjoller *s* babble; struntprat drivel
pjoska *vb itr, ~ med ngn* coddle (pamper) a p.
pjoskig *adj* namby-pamby
pjäs *s* **1** teat. play **2** föremål o. mil. piece **3** schack. man (pl. men)
pjäxa *s* skiing-boot
placera I *vb tr* **1** place; gäster seat **2** *~ pengar* invest money **II** *vb rfl, ~ sig* sätta sig seat oneself; *~ sig som etta* sport. come first; *inte bli ~d* not be placed □ *~* **om** möbler etc. rearrange, shift about; tjänsteman etc. transfer...to another post; pengar re-invest; *~* **ut** sätta ut set out
placering *s* placing; om pengar investment
plack *s* på tänder plaque
pladask *adv, falla ~* come down flop
pladder *s* babble, prattle
pladdra *vb itr* babble, prattle
plagg *s* garment, article of clothing
plagiat *s* plagiarism; *ett ~* a piece (an act) of plagiarism
plagiera *vb tr* plagiarize
1 plakat *s* bill; större placard, poster
2 plakat *adj* vard. dead drunk
1 plan *(-en -er) s* **1** öppen plats open space, piece of ground; liten, t.ex. framför hus, äv. area; bollplan etc. ground, field; tennisplan court **2** planritning plan [*till* for, of] **3** planering etc. plan [*på* for]; *ha ~er på ngt* (*på att* inf.) plan a th. (to inf.); *hysa ~er mot* have designs on
2 plan *(-et -) s* **1** planyta plane; nivå äv. level; *ligga i samma ~ som* be on the same level as; *i två ~* in two planes **2** flygplan plane
3 plan *adj* plane, level; *~ yta* plane surface
planenlig *adj* ...according to plan
planera *vb tr* planlägga plan, design, project; *~* göra förberedelser *för* make preparations for
planeringskalender *s* engagement diary, planner
planet *s* planet
planetsystem *s* planetary system
plank *s* staket fence; kring bygge etc. hoarding
planka *s* plank; av furu el. gran deal
plankstek *s* planked steak
planlägga *vb tr* plan; *planlagt mord* premeditated murder
planläggning *s* planning, design
plansch *s* plate, illustration; väggplansch wall chart
planta *s* plant
plantage *s* plantation
plantera *vb tr* plant; *~ om* transplant; krukväxt repot
plantering *s* konkret plantation; anläggning park, garden
plantskola *s* nursery
plask *s* splash
plaska *vb itr* splash
plaskdamm *s* paddling pool (pond)
plast *s* plastic
plastbehandlad *adj* plastic-coated
plastfolie *s* clingwrap, clingfilm
plastkasse *s* plastic carrier [bag], amer. plastic [shopping] bag
plastpåse *s* plastic bag
plastvaror *s pl* plastic goods
platan *s* plane tree
platina *s* platinum
platonsk *adj* Platonic; *~ kärlek* Platonic love
plats *s* **1** place; 'ort och ställe' spot; sittplats, mandat seat; utrymme space; tillräcklig plats room; *beställa ~* t.ex. på bilfärja book a passage; *få en bra ~* sittplats get a good seat; *få ~ med* find room for; hotellet *har ~ för 100 gäster* ...has accommodation for 100 guests; *lämna ~ för* make room for; *ta* (*ta upp*) *stor ~* take up a great deal of space (room); *tag ~!* järnv. take your seats, please!; *bo på ~en* live on the spot; *ställa ngt på sin ~* put a th. where it belongs; *sätta ngn på ~* vard. take a p. down a peg, put a p. in his (her) place

2 anställning situation, job; befattning post, position; ***få*** ~ get a job [*hos* with]; ***söka*** ~ look for a job
platsannons *s* advertisement in the situations-vacant column
platsansökan *s* application for a situation etc., jfr *plats 2*
platsbiljett *s* seat reservation
platt I *adj* flat **II** *adv* flatly
platta I *s* plate, rund disc; grammofon~ record, disc **II** *vb tr,* ~ ***till*** (***ut***) flatten, flatten out; ~ ***till ngn*** squash a p.
plattform *s* platform
plattfotad *adj* flat-footed
plattityd *s* platitude
platå *s* plateau
plenum *s* plenary meeting (session)
Plexiglas ® *s* Perspex ®
plikt *s* skyldighet duty [*mot* towards]
pliktkänsla *s* sense of duty
pliktskyldig *adj* dutiful
plikttrogen *adj* faithful, dutiful, loyal
plint *s* **1** byggn. plinth **2** gymn. box
plita *vb itr* skriva write busily; ~ ***ihop*** put...together with a great effort
plock *s* småplock odds and ends pl.
plocka *vb tr* o. *vb itr* pick; samla gather; ~ ***en fågel*** (***ögonbrynen***) pluck a fowl (one's eyebrows); ~ t.ex. äpplen pick... □ ~ **bort** remove, take away; ~ **fram** take out; ~ **ihop** gather...together, collect; ~ **ner** take down; ~ **sönder** pick (take)...to pieces; ~ **upp** pick up; ur låda take out; ~ **åt sig** grab
plog *s* plough, amer. plow
ploga *vb tr* o. *vb itr,* ~ ***vägen*** clear the road of snow
plomb *s* **1** tandfyllning filling **2** försegling seal
plombera *vb tr* **1** tand fill **2** försegla seal
plommon *s* plum
plommonstop *s* bowler, amer. derby
plommonträd *s* plum tree
plottra *vb itr* småsyssla potter about; ~ ***bort*** fritter away
plottrig *adj* messy, muddled, confused
plugg *s* **1** tapp plug, stopper; i tunna tap, bung **2** vard., pluggande swotting, cramming; skola school
plugga I *vb tr,* ~ ***igen*** plug up **II** *vb tr* o. *vb itr* vard., plugläsa swot, grind
plugghäst *s* swot, swotter, crammer
1 plump *adj* coarse, rude, rough
2 plump *s* blot
plumpudding *s* Christmas pudding
plundra *vb tr* utplundra plunder; råna rob, loot [*på* of]
plundring *s* plunder, plundering, robbing, looting
plural *s* the plural; ***stå i*** ~ be in the plural; ***första person*** ~ first person plural
pluralform *s* plural form
pluralis se *plural*
pluraländelse *s* plural ending
plus *s* o. *adv* plus
plusgrad *s* degree above zero
pluskvamperfekt *s* the pluperfect (pluperfect tense)
plustecken *s* plus sign
Pluto astron. el. myt. Pluto, äv. seriefigur
plutokrat *s* plutocrat
pluton *s* platoon
plutonium *s* plutonium
plutt *s* vard., barn tiny tot; småväxt person little shrimp
plym *s* plume
plymå *s* cushion
plysch *s* plush
plåga I *s* smärta pain; pina torment; plågoris nuisance **II** *vb tr* pina torment; starkare torture; ~ ***livet ur ngn*** worry (plague) the life out of a p.
plågas *vb itr dep* suffer, suffer pain
plågoris *s* scourge; svagare pest, nuisance
plågsam *adj* painful
plån *s* på tändsticksask striking surface
plånbok *s* wallet
plåster *s* plaster; ***som*** ~ ***på såret*** to make up for it, as a consolation
plåstra *vb itr,* ~ ***ihop*** patch...up äv. bildl.; ~ ***om*** sår dress
plåt *s* **1** koll. sheet-metal, metal **2** skiva plate äv. foto.
plåta *vb tr* vard. take a snapshot (picture) of
plåtburk *s* tin, can, amer. can
plåtskada *s,* ~ el. ***plåtskador*** på bil damage to the bodywork (coachwork)
plåtslagare *s* sheet-metal worker
plåttak *s* tin (plated) roof
pläd *s* filt rug
plädera *vb itr* plead
pläter *s* silver på koppar [Sheffield] plate
plätera *vb tr* plate
plätt *s* kok. small pancake
plöja *vb tr* plough, amer. plow
plöjning *s* ploughing, amer. plowing
plös *s* på sko tongue
plötslig *adj* sudden, abrupt
plötsligt *adv* suddenly, abruptly, all of a sudden
P.M. *s* memo (pl. -s)

pneumatisk *adj* pneumatic
pocketbok *s* paperback
podium *s* platform; för talare rostrum; för dirigent podium
poem *s* poem
poesi *s* poetry
poet *s* poet
poetisk *adj* poetic, poetical
pointer *s* hund pointer
pojkaktig *adj* boyish
pojke *s* boy, lad; friare fellow, chap
pojklymmel *s* young rascal (scamp)
pojknamn *s* boy's name
pojkstreck *s* boyish (schoolboy) prank, lark
pojkvasker *s* vard. little fellow; större stripling
pojkvän *s* boyfriend
pokal *s* speciellt pris cup; för dryck goblet
poker *s* poker
pokeransikte *s* poker-face
pokulera *vb itr,* ***de satt och ~de*** they sat drinking together
pol *s* pole
polack *s* Pole
polar *adj* polar
polare *s* vard. pal, mate
polarisation *s* polarization
polarisera *vb tr* o. *vb itr* polarize
polaritet *s* polarity
polcirkel *s* polar circle; ***norra*** (***södra***) ***~n*** the Arctic (Antarctic) circle
polemik *s* polemic, controversy
polemisera *vb itr* carry on a controversy
Polen Poland
polera *vb tr* polish
polermedel *s* polish
policy *s* policy
poliklinik *s* out-patients' department (clinic)
polio *s* polio
polioskadad *adj,* ***han är ~*** he has polio (is a polio victim)
polis *s* **1** myndighet o. koll. police pl. **2** polisman policeman, police officer, amer. vanl. patrolman; ***en kvinnlig ~*** a policewoman
polisanmälan *s* report to the police; ***göra ~ om ngt*** report a th. to the police
polisassistent *s* senior police constable
polisbil *s* patrol car
polisbricka *s* policeman's badge
polisdistrikt *s* police district, amer. precinct
polisförhör *s* police interrogation
polishund *s* police dog
poliskommissarie *s* police superintendent; lägre chief inspector, amer. captain; lägre lieutenant
poliskår *s* police force
polisman se *polis 2*
polismästare *s* police commissioner
polisonger *s pl* sidewhiskers, speciellt amer. sideburns
polispiket *s* riot (flying) squad; bil police van, amer. patrol wagon
polisrazzia *s* police raid
polisspärr *s* kedja police cordon; vägspärr road-block
polisstat *s* police state
polisstation *s* police station
polisundersökning *s* o. **polisutredning** *s* police investigation
politbyrå *s* politburo (pl. ~s)
politik *s* politics (sg. el. pl.); handlingssätt policy
politiker *s* politician
politisk *adj* political
polka *s* polka
polkagris *s* peppermint rock, amer. rock candy
pollen *s* pollen
pollett *s* check, counter; gas~ disc
pollettera *vb tr,* ***~ bagaget*** have one's luggage (baggage) labelled (registered), amer. check one's baggage
pollettering *s* registering, registration, amer. checking
polo *s* polo
polokrage *s* polo neck, turtle neck
polonäs *s* polonaise
polotröja *s* polo neck (turtle neck) sweater
polsk *adj* Polish
polska *s* **1** kvinna Polish woman **2** språk Polish; jfr *svenska*
Polstjärnan *s* the pole star (North Star)
polyester *s* polyester
polyné *s* kok. macaroon
polyp *s,* ***~er i näsan*** adenoids
pomerans *s* Seville (bitter) orange
pommes frites *s pl* chips, French fried potatoes, French fries
pomp *s* o. **pompa** *s* pomp
pondus *s* authority; värdighet dignity
ponera *vb tr* suppose
ponny *s* pony
ponton *s* pontoon
pontonbro *s* pontoon bridge
popartist *s* vard. pop artiste
popcorn *s* popcorn
popgrupp *s* pop group
poplin *s* poplin

popmusik *s* pop music
poppel *s* poplar
popsångare *s* pop singer
popularisera *vb tr* popularize
popularitet *s* popularity
populär *adj* popular [*bland* with]
populärvetenskap *s* popular science
por *s* pore
porla *vb itr* murmur, ripple, purl
pormask *s* blackhead
pornografi *s* pornography
pornografisk *adj* pornographic
porr *s* vard. porno, porn
porrfilm *s* porno film (movie)
porrtidning *s* porno magazine
porslin *s* china; äkta ~ porcelain
porslinstallrik *s* china plate
port *s* ytterdörr streetdoor, front door; inkörsport gate; portgång gateway
portabel *adj* portable
porter *s* stout; svagare porter
portfölj *s* briefcase; ***minister utan ~*** minister without portfolio
portföljdator *s* laptop [computer]
portförbjuda *vb tr,* ***~ ngn*** refuse a p. admittance
portgång *s* gateway, doorway
portier *s* receptionist, reception clerk; vaktmästare hall porter
portion *s* portion; ***i små ~er*** bildl. in small doses
portionera *vb tr,* ~ el. ***~ ut*** portion, portion (ration) out
portionsvis *adv* in portions
portkod *s* entry (security) code [number]
portmonnä *s* purse
portnyckel *s* latchkey, front-door key
porto *s* postage
portofri *adj* post-free, ...free of postage
portofritt *adv* post-free, ...free of postage
portohöjning *s* increase in postal rates
porträtt *s* portrait; speciellt foto picture
porträttera *vb tr* portray
porträttlik *adj* lifelike
porträttmålare *s* portrait painter
porttelefon *s* entryphone, house phone
Portugal Portugal
portugis *s* Portuguese (pl. lika)
portugisisk *adj* Portuguese
portugisiska *s* **1** kvinna Portuguese woman **2** språk Portuguese; jfr *svenska*
portvakt *s* dörrvakt porter; i hyreshus caretaker
portvin *s* port, port wine
porös *adj* porous; svampaktig spongy

pose *s* pose, attitude
posera *vb itr* pose
position *s* position
1 positiv I *adj* positive; ***~t svar*** affirmative answer, answer in the affirmative **II** *s* gram. the positive
2 positiv *s* mus. barrel organ
positivhalare *s* o. **positivspelare** *s* organ-grinder
possessiv *adj* possessive äv. gram.
post *s* **1** brevpost etc. post, mail; ***sända...med (per) ~*** post..., mail..., send...by post (mail) **2** postkontor post-office; ***Posten*** postverket the Post Office **3** hand., i bokföring etc. item, entry; belopp amount; varuparti lot **4** vaktpost sentry **5** befattning post, appointment
posta *vb tr* post, mail
postadress *s* postal address
postanstalt *s* post office
postanvisning *s* money order; ***hämta pengar på en ~*** cash a money order
postbox *s* post-office box
poste restante *adv* poste restante
postexpedition *s* post office; mindre branch post office
postexpeditör *s* post-office clerk
postfack *s* post-office box
postförbindelse *s* postal communication
postförskott *s* cash (amer. collect) on delivery (förk. COD); ***sända ngt mot ~*** send a th. COD
postgiro *s* postal giro service (konto account)
postiljon *s* sorting clerk; brevbärare postman, amer. mailman
postisch *s* hairpiece, postiche
postkontor *s* post office
postkort *s* postcard
postkupp *s* rån post-office (mail) robbery
postlucka *s* post-office counter
postlåda *s* letterbox, amer. mailbox
postmästare *s* postmaster
postnummer *s* postcode, amer. ZIP code
postorderfirma *s* mail-order firm
postpaket *s* postal parcel; ***som ~*** by parcel post
poströst *s* postal vote
postskriptum *s* postscript
postsparbanksbok *s* post-office savings-bank book
poststämpel *s* postmark
posttaxa *s* postage rate
posttjänsteman *s* post-office employee
posttur *s* hämtning collection; leverans till

adressaten post delivery; ***med första ~en*** by the first post
Postverket the Post Office Administration; i Storbr. the [General] Post Office
postväsen *s* postal services pl.
potatis *s* potato; koll. potatoes pl.; ***färsk ~*** new potatoes
potatisbulle *s* potato cake
potatischips *s pl* potato crisps (amer. chips)
potatiskrokett *s* potato cake
potatismjöl *s* potato flour
potatismos *s* creamed (vanl. utan tillsats mashed) potatoes pl.
potatispress *s* ricer
potatissallad *s* potato salad
potatisskal *s* potato peel (avskalade peelings)
potatisskalare *s* redskap potato-peeler
potens *s* fysiol. potency; mat. power
potentat *s* potentate
potentiell *adj* potential
potpurri *s* potpourri
pott *s* pot, pool
potta *s* nattkärl chamber pot
poäng *s* **1** point; skol., betygspoäng mark, amer. grade; ***segra på ~*** win on points **2** slutkläm, mening point; ***fatta (missa) ~en i*** en historia see (miss) the point of...
poängberäkning *s* sport. etc. scoring
poängställning *s* score
poängtera *vb tr* emphasize, point out
p-piller *s* contraceptive (birth) pill; ***sluta med ~*** give up the Pill; ***ta (äta) ~*** be on the Pill
p-plats se *parkeringsplats*
PR *s* PR, public relations pl.; reklam publicity
pracka *vb tr, **~ på ngn ngt*** fob a th. off on a p., thrust a th. down a p.'s throat
Prag Prague
prakt *s* splendour, magnificence
praktexemplar *s* magnificent specimen; real beauty
praktfull *adj* splendid, magnificent; prunkande gorgeous
praktik *s* practice; ***sakna ~ i (på)...*** lack experience in (of)...; ***i ~en*** in practice
praktikant *s* trainee
praktisera *vb tr* o. *vb itr* practise; ***allmänt ~nde läkare*** general practitioner
praktisk *adj* practical; lätthanterlig handy
praktiskt *adv* practically; ***~ taget*** practically
pralin *s* chocolate; med krämfyllning chocolate cream
prao *s* (förk. för *praktisk arbetslivsorientering*) skol. practical occupational experience (guidance)
prassel *s* rustle, rustling
prassla *vb itr* rustle
prat *s* samspråk talk, chat; pladder chatter; skvaller gossip; ***~!*** el. ***sånt ~!*** nonsense!; ***löst (tomt) ~*** idle talk
prata *vb itr* o. *vb tr* talk, chat; skvallra gossip; ***~ omkull ngn*** talk a p. down
pratbubbla *s* i serieruta balloon
pratig *adj* talkative, chatty
pratkvarn *s* chatterbox
pratmakare *s* great talker, chatterbox
pratsam *adj* o. **pratsjuk** *adj* talkative, chatty
pratstund *s* chat
praxis *s* practice, custom
precis I *adj* precise, exact **II** *adv* exactly, precisely, just; ***komma ~*** be punctual; kom ***~ klockan 8*** ...at eight (eight o'clock) sharp
precisera *vb tr* villkor etc. specify; uttrycka klart define exactly; ***närmare ~t*** to be precise
precision *s* precision
predika *vb tr* o. *vb itr* preach [*över* on]
predikan *s* sermon [*över* on]
predikant *s* preacher
predikat *s* predicate
predikatsfyllnad *s* complement
predikstol *s* pulpit
prefix *s* prefix
prejudikat *s* precedent
prekär *adj* precarious, insecure
preliminär *adj* preliminary
preliminärskatt *s* preliminary tax
preludium *s* mus. prelude
premie *s* försäkringsavgift premium; extra utdelning bonus; pris prize
premieobligation *s* premium bond
premiera *vb tr* prisbelöna award prizes (a prize) to; belöna reward
premiss *s* förutsättning condition; filos. premise
premiär *s* teat. first (opening) night (performance)
premiärminister *s* prime minister, premier
prenumerant *s* subscriber
prenumeration *s* subscription
prenumerera *vb itr, **~ på*** subscribe to, take in
preparat *s* preparation

preparera *vb tr* prepare
preposition *s* preposition
presenning *s* tarpaulin
presens *s* the present tense, the present; *~ particip* the present participle
present *s* present, gift
presentation *s* introduction [*för* to]
presentera *vb tr* **1** föreställa introduce [*för, i* to]; *~ sig* introduce oneself **2** framlägga, förete present
presentkort *s* gift voucher
president *s* president [*i* of]
presidentperiod *s* presidency
presidentval *s* presidential election
presidera *vb itr* preside [*vid* at]
preskribera *vb tr* jur., ***brottet är ~t*** the period for prosecution has expired
press *s* **1** tidningspress, redskap etc. press **2** påtryckning pressure; påfrestning strain; ***utöva ~ på ngn*** bring pressure to bear on a p.
pressa *vb tr* press; krama squeeze; ***~ ett pris*** force a price down; ***~ potatis*** rice potatoes □ ~ **fram** en bekännelse extort... [*ur* from]; ~ **ihop** compress, squeeze...together; ~ **upp** t.ex. priser force up; ~ **ut ngt ur** press a th. out of; ***~ ut pengar av ngn*** blackmail a p.
pressande *adj* t.ex. värme oppressive; t.ex. arbete arduous
pressbyrå *s* press agency
presscensur *s* press censorship
pressfotograf *s* press photographer
pressklipp *s* press cutting (clipping)
presskonferens *s* press conference
pressveck *s* crease
prestation *s* arbets~, sport~ performance; bedrift achievement, feat
prestationsförmåga *s* capacity, performance
prestera *vb tr* perform, accomplish, achieve
prestige *s* prestige
prestigebetonad *adj* o. **prestigefylld** *adj* prestigious
pretendent *s* pretender [*på, till* to]
pretention *s* pretension
pretentiös *adj* pretentious
preteritum *s* gram. the preterite
preussare *s* Prussian
Preussen Prussia
preussisk *adj* Prussian
preventiv *adj* o. *s* preventive
preventivmedel *s* contraceptive
preventivpiller *s* contraceptive (birth) pill; se äv. *p-piller*
prick *s* **1** punkt dot; fläck speck; på tyg etc. spot; på måltavla bull's eye; ***träffa mitt i ~*** bildl. hit the mark; ***sätta ~en över i*** bildl. add the finishing touch; ***på ~en*** to a T, exactly **2** straffpoäng penalty point **3** person, ***en hygglig ~*** a decent fellow
pricka *vb tr* **1** t.ex. linje dot; med nål etc. prick **2** träffa hit **3** ge en prickning censure □ ~ **av** tick (check)...off; ~ **för** tick off, mark
prickig *adj* spotted, spotty
prickning *s* bildl. reproof
prickskytt *s* sharp-shooter
prima *adj* first-class, first-rate
primadonna *s* prima donna; på talscen leading lady
primitiv *adj* primitive
primula *s* primula; vard. primrose
primuskök *s* ® Primus, Primus stove
primär *adj* primary
primör *s* early vegetable (fruit)
princip *s* principle; ***av ~*** on principle; en man ***med ~er*** ...of principle
principfast *adj* firm
principfråga *s* question (matter) of principle
principiell *adj*, ***av ~a skäl*** on grounds of principle
prins *s* prince
prinsessa *s* princess
prinskorv *s* ung. chipolata sausage
prioritera *vb tr* give priority to
prioritet *s* priority
pris *s* **1** price; ***hålla för höga ~er*** charge too much; ***falla i ~*** fall in price; ***till nedsatt ~*** at a reduced price; ***till ~et av*** at the cost of; ***till varje ~*** at all costs, at any price **2** belöning prize; ***få första ~et*** be awarded the first prize; ***ta ~et*** be easily first (best); vard. take the cake (biscuit) **3** beröm praise
prisa *vb tr* praise; ***~ sig lycklig*** count oneself lucky
prisbelöna *vb tr* award a prize (prizes) to; ***prisbelönt roman*** prize novel
prishöjning *s* rise (increase) in prices (the price)
prisklass *s* price range (class)
priskontroll *s* price control
priskrig *s* price war
prislapp *s* price ticket (tag)
prislista *s* hand. price list; sport. prize list
prisläge *s* price range (level); ***i alla ~n*** at all prices

prismedveten *adj* price-conscious
prisnedsättning *s* price reduction
prispall *s* winners' stand, rostrum
prispengar *s pl* prize money sg.
prisras *s* collapse (sudden fall) in prices
prisskillnad *s* difference in (of) price (prices)
prisstopp *s* price freeze; ***införa ~*** freeze prices
prissumma *s* prize money
prissänkning *s* price reduction
prissätta *vb tr* fix the price (prices) of, price
prissättning *s* price-fixing, pricing
pristagare *s* prizewinner
prisuppgift *s* quotation [*på* for]; ***lämna ~ på*** state (give) the price of
prisutdelning *s* distribution of prizes
prisutveckling *s* price trend
privat I *adj* private, personal; ***i det ~a*** in private life **II** *adv* privately, in private
privatanställd *adj*, ***~ person*** person in private employment
privatbil *s* private car
privatbilist *s* private motorist
privatbruk *s*, ***för ~*** for private (personal) use
privatisera *vb tr* privatize, put under private ownership
privatlektion *s* private lesson
privatliv *s* private life
privatperson *s* private person; ***som ~*** är han in private (private life)...
privatsekreterare *s* private secretary
privatägd *adj* privately-owned
privilegiera *vb tr* privilege
privilegium *s* privilege
PR-man *s* PR (public-relations) officer
problem *s* problem
problematisk *adj* problematic, complicated
problembarn *s* problem child
procedur *s* procedure
procent *s* per cent; tal percentage; ***få ~ på*** omsättningen get a percentage on...
procentare *s* vard. money-lender, loan-shark
procentsats *s* rate per cent, percentage
procentuell *adj* percentage...
process *s* **1** förlopp process, operation **2** jur. lawsuit, action, case; ***göra ~en kort med ngn*** make short work of a p.
procession *s* procession
producent *s* producer; odlare grower
producera *vb tr* produce; odla äv. grow
produkt *s* product
produktion *s* production; speciellt lantbr. produce
produktiv *adj* productive; om t.ex. författare prolific
produktivitet *s* productivity
professionell *adj* professional
professor *s* professor [*i* of; *vid* at, in]
professur *s* professorship, chair
profet *s* prophet
profetera *vb tr* o. *vb itr* prophesy
profetia *s* prophecy
proffs *s* pro (pl. pros)
proffsboxare *s* professional boxer
proffsig *adj* vard. professional
profil *s* profile; personlighet personality; avbilda ***i ~*** ...in profile (side-face)
profit *s* profit
profitera *vb itr* förtjäna profit, benefit [*på* by]; utnyttja take advantage [*på* of]
profitör *s* profiteer
profylax *s* prophylaxis, preventive medicine
prognos *s* ekon. el. meteor. forecast
prognoskarta *s* weather chart
program *s* programme; data. program
programenlig *adj* ...according to programme
programledare *s* konferencier compère
programmera *vb tr* programme; data. program
programmering *s* programming
programpunkt *s* item on a (the) programme
programväljare *s* t.ex. på tvättmaskin programme selector (control)
progressiv *adj* progressive; ***~ form*** gram. progressive (continuous) form (tense)
projekt *s* project, plan, scheme
projektil *s* projectile, missile
projektor *s* projector
proklamation *s* proclamation
proklamera *vb tr* proclaim
proletariat *s* proletariat
proletär *s* o. *adj* proletarian
prolog *s* prologue [*till* to]
promemoria *s* memorandum (pl. vanl. memoranda)
promenad *s* **1** spatsertur walk; flanerande stroll; ***ta en ~*** go for a walk **2** plats promenade
promenadsko *s* walking-shoe
promenera *vb itr* take a walk (stroll), stroll; promenade; ***gå ut och ~ med***

hunden take...out for a walk; ~ ***omkring*** stroll about
promille *(pro mille)* **I** *adv* per thousand (mille, mil) **II** *s, **hög*** ~ av alkohol ung. high percentage of alcohol
prominent *adj* prominent
promotor *s* företags~ o. sport. promotor
pronomen *s* pronoun
propaganda *s* propaganda
propagera *vb itr* make (carry on) propaganda [*för* for]
propeller *s* propeller
propellerblad *s* propeller blade
proper *adj* snygg tidy, neat; ren clean; ***en ~ flicka*** a decent (nice) girl
proportion *s* proportion; ***ha sinne för ~er*** have a sense of proportion; ***inte alls stå i ~ till...*** be out of all proportion to...
proportionell *adj* proportional, proportionate [*mot* to]
proportionerlig *adj* proportionate; symmetrical
proposition *s* lagförslag government bill; ***framlägga en*** ~ bring in (introduce, present) a bill
propp *s* stopper; för tvättställ, tapp plug; elektr. fuse, fuse plug; blodpropp clot; av öronvax lump of wax; ***en ~ har gått*** a fuse has blown
proppa *vb tr, **~...full*** cram, stuff; ***~ i ngn*** mat cram...into a p.; ***~ i sig*** gorge oneself [*ngt* with a th.]; ***~ igen*** ett hål stop up, plug up
proppfull *adj* crammed, packed [*med* with]
proppmätt *adj, **äta sig** ~* gorge oneself [*på* with]; ***vara*** ~ vard. be full up
propå *s* proposal
prosa *s* prose; ***på*** ~ in prose
prosaisk *adj* prosaic, unimaginative
prosit *interj, ~!* [God] bless you!, God bless!
prospekt *s* reklamtryck prospectus; för hotell etc. brochure
prost *s* dean
prostata *s* prostate, prostate gland
prostituerad *adj* prostitute; ***en*** ~ a prostitute
prostitution *s* prostitution
protegé *s* protégé
protein *s* protein
protektionism *s* protectionism
protes *s* arm, ben etc. artificial arm (leg etc.); tandprotes denture, dental plate
protest *s* protest; ***inlägga*** ~ lodge a protest
protestant *s* Protestant
protestantisk *adj* Protestant
protestera *vb itr* o. *vb tr* protest [*mot* against], object [*mot* to]
protestmöte *s* protest meeting
protokoll *s, **föra ~ vid*** ett sammanträde keep the minutes of...
prototyp *s* prototype
prov *s* **1** test; prövning trial; examensprov examination; ***bestå ~et*** stand the test; anställa ngn ***på*** ~ ...on trial; ***sätta på*** ~ put to the test; ***ta*** en vara ***på*** ~ take...on approval **2** bevis proof **3** varuprov sample; av tyg etc. pattern; provexemplar specimen
prova *vb tr* o. *vb itr* test; pröva på, provköra etc. try; grundligt try out; kläder try on; ***~ av*** test; provsmaka sample, taste; ***~ ut*** t.ex. glasögon, hatt try out
provdocka *s* tailor's dummy
provhytt *s* fitting cubicle (större room)
proviant *s* provisions pl., supplies pl.
provins *s* province
provinsiell *adj* provincial
provision *s* commission
provisorisk *adj* tillfällig temporary; ~ ***regering*** provisional government
provisorium *s* provisional arrangement, makeshift
provkollektion *s* collection of samples
provkörning *s* av bil etc. trial run; på väg road test
provocera *vb tr* provoke; ***~nde*** provocative
provokation *s* provocation
provokativ *adj* provocative
provrum *s* att prova kläder i fitting-room
provrör *s* test tube
provrörsbarn *s* test-tube child
provsmaka *vb tr* taste, sample
provstopp *s* för kärnvapen nuclear test ban
prunka *vb itr* make a fine show
pruta *vb itr* om köpare haggle; köpslå bargain; om säljare reduce the price; ***~ på*** en vara haggle over the price of...
prutt *s* vulg. fart
prutta *vb itr* vulg. fart, let off
pryd *adj* prudish
pryda *vb tr* smycka adorn; dekorera decorate; ***den pryder sin plats*** it is decorative
pryderi *s* prudishness, prudery
prydlig *adj* neat, trim
prydnad *s* decoration; prydnadssak o. bildl. ornament
prydnadssak *s* ornament
prydnadsväxt *s* ornamental plant
prygel *s* flogging

prygla *vb tr* flog
pryl *s* vard. thing, gadget
prål *s* ostentation; grannlåt finery
prålig *adj* gaudy
pråm *s* barge; hamnpråm lighter
prägel *s* avtryck impression; på mynt o. bildl. stamp; drag touch; karaktär character; ***sätta sin ~ på*** leave (set) one's mark on
prägla *vb tr* mynta coin, mint; stämpla stamp; känneteckna characterize, mark
präktig *adj* utmärkt fine, splendid, grand; stadig stout; tjock thick; ***en ~ förkylning*** a proper cold
pränta *vb tr* write...carefully; texta print
prärie *s* prairie
präst *s* clergyman; speciellt katol. samt icke-kristen priest; frikyrklig minister; ***kvinnliga ~er*** women priests
prästgård *s* vicarage, rectory
prästkrage *s* bot. oxeye daisy
pröjsa *vb itr* o. *vb tr* vard. pay
pröva I *vb tr* try, try out; undersöka test; granska examine; ***~ ngns tålamod*** try a p.'s patience **II** *vb rfl*, ***~ sig fram*** feel one's way
prövning *s* **1** prov, undersökning test, trial, examination; t.ex. av fullmakt investigation **2** lidande trial, affliction
P.S. *s* (förk. för *post scriptum*) PS
psalm *s* i psalmboken hymn; i Psaltaren psalm
psalmbok *s* hymn book
psaltare *s*, ***~n*** i Bibeln Psalms pl., the Book of Psalms
pseudonym *s* pseudonym, pen name
P-skiva *s* parking disc (amer. disk)
psyka *vb tr* vard. psych, psych out
psyke *s* mentality, psyche
psykedelisk *adj* psychedelic
psykiater *s* psychiatrist
psykiatri *s* psychiatry
psykiatrisk *adj* psychiatric
psykisk *adj* mental
psykoanalys *s* psychoanalysis
psykolog *s* psychologist
psykologi *s* psychology
psykologisk *adj* psychological
psykopat *s* psychopath
psykos *s* psychosis (pl. psychoses)
pub *s* pub
pubertet *s* puberty
publicera *vb tr* publish
publicitet *s* publicity
publik *s* auditorium audience; åskådare spectators pl.; läsekrets äv. readers pl.; antal besökare attendance
publikation *s* publication
publikdragande *adj* popular, attractive
publikfriande *adj* ...that plays (play) to the gallery, crowd-pleasing
publiksuccé *s* hit, success; bok best seller
puck *s* i ishockey puck
puckel *s* hump, hunch
puckelpist *s* skidsport. mogul
puckelrygg *s* hunchback
puckelryggig *adj* hunchbacked
pudding *s* kok. pudding
pudel *s* poodle
puder *s* powder
puderdosa *s* compact
pudra I *vb tr* powder; med socker etc. dust **II** *vb rfl*, ***~ sig*** powder oneself
puff *s* knuff push; lätt med armbågen nudge
puffa *vb tr* knuffa push; lätt med armbågen nudge
puka *s* kettle-drum; ***pukor*** i orkester timpani
pulka *s* pulka, little sledge
pullover *s* pullover
pulpet *s* desk
puls *s* pulse; ***ta ~en på ngn*** med. feel a p.'s pulse; ***känna ngn på ~en*** sound a p. out
pulsa *vb itr* trudge, plod [*i* snön through...]
pulsera *vb itr* beat, throb, pulsate, pulse
pulsåder *s* artery
pulver *s* powder
pulverisera *vb tr* pulverize
puma *s* puma
pump *s* pump
1 pumpa *vb tr* pump; ***~ däcken*** blow up the tyres
2 pumpa *s* bot. pumpkin; amer. squash
pumps *s pl* court shoes, amer. pumps
pund *s* **1** myntenhet pound (förk. £) **2** vikt pound (förk. lb., pl. lb. el. lbs.)
pundsedel *s* pound note
pung *s* påse pouch; börs purse; anat. scrotum
punga *vb itr*, ***~ ut med*** fork out, cough up
pungdjur *s* marsupial
pungslå *vb tr*, ***~ ngn*** fleece a p.
punkt *s* point; skiljetecken full stop, amer. period; sak, fråga point, matter; i kontrakt, 'nummer' på program etc. item; ***sätta ~ för ngt*** bildl. put a stop to a th.; ***låt mig tala till ~!*** let me finish!
punktera *vb tr* sticka hål på puncture
punktering *s*, ***få ~*** have a puncture (vard. a flat tyre)
punktlig *adj* punctual
punktlighet *s* punctuality

punktmarkering *s* sport. man-to-man marking
punktskrift *s* blindskrift braille
punktstrejk *s* selective strike
punsch *s* Swedish (arrack) punch
pupill *s* anat. pupil
puré *s* purée
puritan *s* puritan
purjo *s* o. **purjolök** *s* leek
purken *adj* vard. sulky, sullen
purpur *s* purple
purpurröd *adj* blåröd purple; högröd crimson
1 puss *s* pöl puddle, pool
2 puss *s* kyss kiss
pussa *vb tr* o. **pussas** *vb itr* kiss
pussel *s* puzzle; läggspel jigsaw puzzle, jigsaw; ***lägga ~*** do a jigsaw puzzle
pussla *vb itr,* ***~ ihop*** put together
pust *s* vindpust breath of air
pusta *vb itr* flåsa puff; ***~ ut*** hämta andan take breath; ta en paus take a breather
puta *vb itr,* ***~ med munnen*** pout; ***~ ut*** om kläder etc. bulge, stick out
puts *s* **1** rappning plaster **2** putsmedel polish
putsa *vb tr* **1** rengöra clean; polera polish; klippa ren trim; ***~ ett rekord*** better a record **2** rappa plaster
putsmedel *s* polish
putsning *s* **1** cleaning, polishing; ***en ~*** a clean, a polish **2** rappning plastering; konkret plaster
putt *s* golf. putt
putta *vb tr* vard., ***~ till ngt*** give a thing a push
puttra *vb itr* kok. simmer; bubbla bubble
pygmé *s* pygmy
pyjamas *s* pyjamas pl., amer. pajamas pl.; ***en ~*** a pair of pyjamas
pynt *s* finery; t.ex. julpynt decorations pl.
pynta *vb tr* o. *vb itr* smycka decorate; göra fint smarten things up
pyra *vb itr* smoulder äv. bildl.
pyramid *s* pyramid
pyre *s* mite, tiny tot
Pyrenéerna *pl* the Pyrenees
pyreneisk *adj,* ***Pyreneiska halvön*** the Iberian Peninsula
pyroman *s* pyromaniac
pys *s* little chap (boy)
pyssla *vb itr* busy oneself; ***gå och ~*** potter about; ***~ om*** nurse
pysslig *adj* handy
pytonorm *s* python
pyts *s* bucket; färgpyts pot
pytteliten *adj* tiny, teeny
pyttipanna *s* hash of fried diced meat, onions, and potatoes
på I *prep* **1** om rum on; 'inom' samt framför namn på större ö vanl. in; 'vid' at; om riktning to, into, on to; ***~ Hamngatan*** in (amer. on) Hamngatan; ***~ Hamngatan 25*** at 25 Hamngatan; ***~ himlen*** in the sky; ***bo ~ hotell*** stay at a hotel; ***~ landet*** in the country; ***han hade inga pengar ~ sig*** he had no money on (about) him; ***~ sjön*** till havs at sea; köpa ngt ***~ torget*** ...in the market; ***göra ett besök ~...*** pay a visit to...; ***gå ~ bio*** go to the cinema; den går ***på ~*** at the cinema; ***handeln ~ utlandet*** trade with foreign countries; ***knacka ~ dörren*** knock at the door; ***stiga upp ~ tåget*** get into (on to) the train; ***fara*** (***fara ut***) ***~ landet*** go into the country **2** om tid, de är födda ***~ samma dag*** ...on the same day; ***~ samma gång*** at the same time; ***~ hösten*** in the autumn; ***~ fredag morgon*** on Friday morning; ***i dag ~ morgonen*** this morning; ***~ 1900-talet*** in the 20th century; ***~ fritiden*** in one's leisure time; ***vi har en vecka ~ oss*** we've got a week; ***vi har till lördag ~ oss*** we've got till Saturday **3** vid ordningsföljd after; ***gång ~ gång*** time after time **4** 'per' in; ***det går*** 100 pence ***~ ett pund*** there are...in a pound **5** i prep. attribut of; 'lydande på' for; ***en check ~*** 500 kr a cheque for...; ***en flicka ~ femton år*** a girl of fifteen; en gädda ***~ fem kilo*** ...weighing five kilos; ***en sedel ~ fem pund*** a five-pound note **6** andra uttryck, ***~ engelska*** in English; säga ngt ***~ skoj*** ...for a joke; ***arbeta ~*** ngt work at...; ***ringa ~ sköterskan*** ring for the nurse; ***jag märkte ~ hennes ögon att...*** I could tell by her eyes that...; ***blind ~ ena ögat*** blind in one eye **II** *adv,* ***en burk med lock ~*** a pot with a lid on it; ***han rodde ~*** he rowed on, he went on rowing
påbrå *s,* ***ha gott ~*** come of good stock
påbud *s* decree
påbörja *vb tr* begin; ***ett ~t arbete*** a job already begun
pådrag *s,* maskinen gick ***med fullt ~*** ...at full speed; polisen arbetar ***med fullt ~*** ...in full force
påfallande I *adj* striking **II** *adv* strikingly
påflugen *adj* pushing
påfrestande *adj* trying
påfrestning *s* strain, stress

påfyllning *s* påfyllande filling up; en portion till another helping; en kopp till another cup
påfågel *s* peacock speciellt tupp; höna peahen
påföljd *s* consequence
påföra *vb tr,* ~ ***ngn skatt*** levy tax on a p.
pågå *vb itr* go (be going) on; fortsätta continue; vara last
pågående *adj,* ~ ***form*** gram. progressive (continuous) form (tense); ***under*** ~ ***föreställning*** while the performance is in progress
påhitt *s* idé idea; knep invention; lögn invention
påhittig *adj* ingenious
påhopp *s* attack
påk *s* thick stick, cudgel
påkalla *vb tr* kräva call for, claim, demand; ~ ***ngns uppmärksamhet*** attract a p.'s attention
påklädd *adj* dressed
påkostad *adj* expensive
påkörd *adj,* ***bli*** ~ be run into; omkullkörd be knocked down
pålaga *s* tax, duty
påle *s* pole, post; mindre pale, stake
pålitlig *adj* reliable, trustworthy
pålitlighet *s* reliability, trustworthiness
pålägg *s* **1** smörgåsmat: skinka, ost etc. ham, cheese etc. **2** tillägg extra (additional) charge; höjning increase
påläggskalv *s* framtidsman coming young man
påminna *vb tr* o. *vb itr,* ~ ***ngn om ngt*** få att minnas remind a p. of a th.; fästa uppmärksamheten på call a p.'s attention to a th.; ***han påminner om sin bror*** he resembles his brother, he reminds one of his brother; ***påminn mig om att jag skall*** inf. remind me to inf.
påminnelse *s* reminder [*om* of]
påpasslig *adj* attentive; 'vaken' alert; ***vara*** ~ gripa tillfället seize the opportunity
påpeka *vb tr* point out
påpekande *s* anmärkning remark; påminnelse reminder
påringning *s* tele. phone call
påse *s* bag
påseende *s* granskning inspection, examination; ***sända*** varor, böcker ***till*** ~ send...on approval; ***vid första*** ~***t*** at the first glance
påsig *adj* baggy; ~***a kinder*** puffy cheeks
påsk *s* Easter; ***glad*** ~***!*** Happy Easter!; jfr *jul*
påskafton *s* Easter Eve
påskdag *s* Easter Day (Sunday)
påskhelg *s,* ~***en*** Easter
påskina *vb tr,* ***låta*** ~ antyda intimate, hint
påskkäring *s* liten flicka 'Easter witch', young girl dressed up as a witch who goes from door to door at Easter
påsklilja *s* daffodil
påsklov *s* Easter holidays pl.
påskrift *s* text, t.ex. på etikett inscription; etikett, t.ex. på flaska label; underskrift signature
påskris *s* se *fastlagsris*
påskynda *vb tr* hasten, speed up; t.ex. förloppet accelerate
påskägg *s* Easter egg
påslag *s* på lön increase, rise
påslakan *s* quilt (duvet) cover
påssjuka *s* mumps sg.
påstigning *s* boarding, entering
påstridig *adj* obstinate, stubborn
påstå *vb tr* say; uppge state; hävda assert; vidhålla maintain; ***det*** ~***s*** they say, it is said; ***han*** ~***r sig kunna*** inf. he claims he is able to inf.
påstådd *adj* alleged
påstående *s* uppgift statement; hävdande assertion
påstötning *s* påminnelse reminder
påta *vb itr* peta, gräva poke about
påtaglig *adj* obvious; märkbar marked
påtryckning *s* pressure; ***utöva*** ~***ar på ngn*** bring pressure to bear (put pressure) on a p.
påtryckningsgrupp *s* pressure group
påträffa *vb tr* se *träffa på* under *träffa 1*
påträngande *adj* om person pushing; om t.ex. behov, fara urgent, instant
påtvinga *vb tr,* ~ ***ngn ngt*** force a th. on a p.
påtår *s* second (another) cup
påtänkt *adj* contemplated
påve *s* pope
påverka *vb tr* influence, affect
påverkan *s* influence, effect
påvisa *vb tr* påpeka point out; bevisa prove
påökt *s,* ***få*** ~ på lönen get a rise in pay
päls *s* på djur fur, coat; plagg fur coat, fur; ***ge ngn på*** ~***en*** stryk give a p. a hiding
pälsa *vb tr,* ~ ***på sig ordentligt*** wrap oneself up well
pälsfodrad *adj* fur-lined
pälsmössa *s* fur cap
pälsvaror *s pl* furs
pälsverk *s* fur; koll. furs pl.
pärla *s* pearl; av glas etc. bead; droppe, t.ex. av

dagg drop; bildl., om t.ex. konstverk o. person gem; ***äkta pärlor*** real pearls; ***imiterade pärlor*** imitation pearls; ***odlade pärlor*** culture (cultured) pearls
pärlband *s* string of pearls (av glas etc. beads)
pärlemor *s* mother-of-pearl
pärlhalsband *s* pearl necklace
pärlhyacint *s* grape hyacinth
pärm *s* bokpärm cover; samlingspärm file; för lösa blad binder; mapp folder
päron *s* pear
päronformig *adj* pear-shaped
päronträd *s* pear tree, pear
pärs *s* prövning ordeal
pöbel *s* mob
pöl *s* vattenpöl, blodpöl etc. pool; smutsig vattenpöl puddle
pölsa *s* hash of offal and grain
pösa *vb itr* svälla swell, swell up; jäsa rise
pösig *adj* puffy

Q

quatre mains *adv* mus., ***spela à ~*** play a duet (resp. duets)
quenell *s* kok. quenelle
quiche *s* kok. quiche
quilta *vb tr* sömnad. quilt
quisling *s* quisling

R

rabalder *s* uppståndelse commotion; oväsen uproar; tumult disorder
rabarber *s* rhubarb
1 rabatt *s* flower bed; kant~ flower border
2 rabatt *s* hand. discount; nedsättning reduction; ***lämna 20% ~*** allow a 20% discount [*på priset* off the price]
rabattkort *s* reduced rate ticket
rabattkupong *s* o. **rabattmärke** *s* discount coupon
rabbin *s* rabbi
rabbla *vb tr,* ~ el. ***~ upp*** rattle (reel) off
rabies *s* rabies
racer *s* racer; bil (båt etc.) äv. racing car (boat etc.)
racerförare *s* racing driver
rackare *s* rascal; skälm rogue
rackartyg *s* mischief
rackarunge *s* young rascal
racket *s* racket; bordtennis~ bat
rad *s* **1** räcka, led row; serie series (pl. lika); antal number; ***tre dagar i ~*** three days running (in succession); ***en ~ frågor*** a number of questions **2** i skrift line; ***börja på ny ~*** nytt stycke start a fresh paragraph; ***skriv ett par ~er till mig*** write me a line **3** teat., ***på första ~en*** in the dress circle; ***andra ~en*** the upper circle; ***tredje ~en*** the gallery
rada *vb tr,* ***~ upp*** ställa i rad (rader) put...in a row (resp. in rows); räkna upp cite, enumerate
radar *s* radar
radarskärm *s* radar screen
radera *vb tr,* ~ el. ***~ bort*** (***ut***) sudda ut erase, rub out; ***~ ut*** utplåna, t.ex. stad raze
radergummi *s* rubber, india rubber, amer. o. för bläck eraser
raderhuvud *s* på bandspelare erasing head
radhus *s* terrace (terraced) house, amer. row house
radialdäck *s* radial tyre (amer. tire)
radiator *s* radiator
radie *s* radius (pl. radii)
radikal I *adj* radical; grundlig thorough **II** *s* person radical
radio *s* **1** radio; rundradio broadcasting; ***Sveriges R~*** the Swedish Broadcasting Corporation; ***höra ngt i ~*** hear a th. on the radio; ***sända i ~*** broadcast; ***höra*** (***lyssna***) ***på ~*** listen in **2** radiomottagare radio, radio set, receiver
radioaktiv *adj* radioactive; ***~ strålning*** nuclear radiation; ***~t avfall*** radioactive waste; ***~t nedfall*** fall-out
radioaktivitet *s* radioactivity
radioantenn *s* aerial, amer. vanl. antenna
radioapparat *s* radio, radio set, receiver
radiobil *s* **1** polisbil radio patrol car **2** på nöjesfält dodgem bumper car **3** för radioinspelning recording van, mobile unit
radiolicens *s* radio licence
radiolyssnare *s* radio listener
radiomottagare *s* radio, radio set, receiver
radioprogram *s* radio programme
radiostation *s* radio station
radiostyrd *adj* radio-controlled
radiosändare *s* apparat radio transmitter; sändarstation radio station
radiotelegrafist *s* radio operator
radioterapi *s* radiotherapy
radioutsändning *s* broadcast
radium *s* radium
radon *s* radon
radskrivare *s* data. line printer
raffig *adj* vard. stunning, very smart
raffinaderi *s* refinery
raffinera *vb tr* refine
raffinerad *adj* refined; elegant elegant
rafflande *adj* nervkittlande thrilling
rafsa *vb itr,* ***~ ihop*** sina saker scramble...together; ***~ ihop*** ett brev scribble down...
ragata *s* bitch; litt. vixen
raggmunk *s* kok. ung. potato pancake
raggsocka *s* ung. thick oversock (skiing-sock)
ragla *vb itr* stagger, reel
ragu *s* kok. ragout
raid *s* raid [*mot* on]
rak *adj* straight; upprätt erect, upright; ***på ~ arm*** offhand, straight off
raka *vb tr* shave; ***~ sig*** shave
rakapparat *s* elektrisk shaver, electric razor
rakblad *s* razor blade
rakborste *s* shaving-brush
raket *s* rocket; ***fara i väg som en ~*** be off like lightning
raketdriven *adj* rocket-propelled
raketvapen *s* missile, rocket missile
rakhyvel *s* safety razor
rakitis *s* rickets sg.
rakkniv *s* razor
rakkräm *s* shaving cream

raklång *adj*, ***falla ~*** fall flat; ***ligga ~*** lie stretched out (full length)
raksträcka *s* straight, straight stretch äv. sport.; amer. äv. straightaway
rakt *adv* rätt straight, right, direct; alldeles quite; starkare absolutely; helt enkelt simply; gå ***~ fram*** ...straight on; ***han gick ~ på sak*** he came straight to the point
raktvål *s* shaving soap
rakvatten *s* aftershave [lotion]
rallare *s* navvy
rally *s* bil~ motor rally, rally
ram *s* infattning frame; scope, framework; ***sätta inom glas och ~*** frame
rama *vb tr*, ***~ in*** frame
ramaskri *s* outcry
ramla *vb itr* falla fall, tumble; ***~ av*** fall off
ramp *s* **1** sluttande uppfart ramp **2** teat.: golvramp footlights pl.; takramp stage lights pl. **3** avskjutningsramp launching pad
rampfeber *s* stage fright
rampljus *s* belysning footlights pl.; ***stå i ~et*** bildl. be in the limelight
ramponera *vb tr* damage; förstöra wreck
ramsa *s* jingle, string of words (names); barnramsa nursery rhyme
ranch *s* ranch
rand *s* streck etc. stripe; kant edge; brädd brim, brink; ***ränderna går aldrig ur*** a leopard cannot change its spots
randig *adj* striped; om fläsk streaky
rang *s* rank; företrädesrätt precedence; ***en konstnär av första ~*** a first-rate artist
ranka *vb tr* rangordna rank
rankningslista *s* ranking list
rannsaka *vb tr* search, examine; jur. try
rannsakan *s* o. **rannsakning** *s* search; jur. trial
ranson *s* ration
ransonera *vb tr* ration
ransonering *s* rationing
ranunkel *s* buttercup
rapa *vb itr* belch
rapning *s* belch
1 rapp *s* slag blow; snärt lash; starkare stroke
2 rapp *adj* quick; flink nimble
rappa *vb tr* kalkslå plaster
rapphöna *s* o. **rapphöns** *s* partridge
rapport *s* report; redogörelse account; ***avlägga ~ om ngt*** report on a th.
rapportera *vb tr* report [*om* on]
raps *s* rape
rapsodi *s* rhapsody
rar *adj* snäll nice; vänlig kind; söt sweet
raring *s* darling, love, honey
raritet *s* rarity
1 ras *s* race; om djur breed; stam stock
2 ras *s* landslide; av byggnad collapse
rasa *vb itr* **1** störta, ~ el. ***~ ned*** fall down; störta ihop collapse; störta in cave in **2** om vind etc. rage
rasande *adj* furious
rasblandning *s* mixture of races (av djur breeds)
rasdiskriminering *s* racial discrimination
rasera *vb tr* riva ned demolish; förstöra destroy; jämna med marken raze, lay...in ruins; bildl., t.ex. tullmurar abolish
raseri *s* fury, frenzy; vrede rage; stormens raging
raseriutbrott *s* fit of rage
rasfördom *s* racial prejudice
rasförföljelse *s* racial persecution
rashat *s* racial (race) hatred
rashund *s* pedigree dog
rashäst *s* thoroughbred
rasism *s* racialism, racism
rasist *s* racialist, racist
rask *adj* snabb quick, fast
raska *vb itr*, ***~ på*** hurry, hurry up
raskatt *s* pedigree cat
rasp *s* verktyg o. ljud rasp
raspolitik *s* racial (race) policy
rassla *vb itr* skramla rattle; slamra clatter; prassla rustle
rast *s* paus break; frukostrast break, break for lunch
rasta I *vb tr* motionera exercise; ***~ hunden*** air the dog **II** *vb itr* ta rast have a break, rest
rastlös *adj* restless
rastplats *s* o. **rastställe** *s* vid vägen för bilister lay-by
rata *vb tr* reject
ratificera *vb tr* ratify
ratificering *s* ratification
rationalisera *vb tr* rationalize
rationalisering *s* rationalization
rationell *adj* rational
ratt *s* wheel; bil., sjö. etc. äv. steering-wheel; på TV, radio etc. knob
rattfull *adj*, föraren ***var ~*** ...drove while under the influence of drink
rattfylleri *s* drink-driving
rattfyllerist *s* drink-driver
rattlås *s* steering lock
rattstång *s* steering-column
ravin *s* ravine
rayon *s* textil. rayon
razzia *s* raid

rea vard., se *realisation, realisera*
reagera *vb itr* react [*för, på* to]
reaktion *s* reaction
reaktionsförmåga *s* ability to react
reaktionär *adj* o. *s* reactionary
reaktor *s* nuclear reactor, reactor
realinkomst *s* real income
realisation *s* sale, bargain sale
realisationsvinst *s* capital gain
realisera I *vb tr* **1** sälja till nedsatt pris sell off **2** förverkliga realize, carry out **II** *vb itr* hold (have) sales
realism *s* realism
realistisk *adj* realistic
realitet *s* reality
reallön *s* real wages pl.
realvärde *s* real value
rebell *s* rebel
rebus *s* picture puzzle
recensent *s* critic, reviewer
recensera *vb tr* review
recension *s* review
recept *s* **1** med. prescription **2** kok. o. bildl. recipe [*på* for]
receptbelagd *adj* ...obtainable only on a doctor's prescription
receptfri *adj* ...obtainable without a doctor's prescription
reception *s* **1** mottagning reception **2** på hotell reception desk
recettmatch *s* sport. benefit (testimonial) match
reciprok *adj* reciprocal
reda I *s* ordning order; ***få ~ på*** få veta find out, get to know; ***ha ~ på ngt*** know a th.; ***hålla ~ på*** hålla uppsikt över look after; hålla sig à jour med keep up with; ***ta ~ på*** a) utforska find out b) ta hand om see to **II** *adj*, ***~ pengar*** ready money, hard cash **III** *vb tr* ordna, t.ex. bo, måltid prepare; ***~ upp*** lösa upp unravel; ***~ ut*** klarlägga explain
redaktion *s* personal editorial staff; editors pl.
redaktör *s* editor
redan *adv* already; så tidigt som as early as; till och med even; ***~ då jag kom in*** märkte jag... the moment I entered...; ***~ följande dag*** the very next day; ***~ som barn*** while still a child, even as a child
redare *s* shipowner
rede *s* bo nest
rederi *s* företag shipping company
redig *adj* klar clear; tydlig plain
redigera *vb tr* edit; avfatta write
redlöst *adv*, ***~ berusad*** blind drunk
redning *s* kok. thickening
redo *adj* färdig ready; beredd prepared
redogöra *vb itr*, ***~ för ngt*** account for a th., describe (give an account of) a th.
redogörelse *s* account [*för* of]; report [*för* on]
redovisa *vb tr* o. *vb itr*, ***~ ngt*** el. ***~ för ngt*** account for a th.
redovisning *s* account
redskap *s* verktyg tool; speciellt hushålls~ utensil; koll. equipment
reducera *vb tr* reduce; förminska diminish; sänka t.ex. priser cut, lower
reducering *s* reduction
reduceringsmål *s* sport., ***få ett ~*** pull one back
reduktion *s* reduction; sänkning av t.ex. priser cut
reell *adj* verklig real; faktisk äv. actual
referat *s* redogörelse account, report; översikt review; i radio commentary
referendum *s* referendum (pl. äv. referenda)
referens *s* reference
referensram *s* frame of reference
referera I *vb tr*, ***~ ngt*** report a th.; ***~ en match*** sport. commentate on (cover) a match **II** *vb itr*, ***~ till*** ngn (ngt) refer to...
reflektera I *vb tr* reflect **II** *vb itr* fundera reflect [*över ngt* on a th.]; tänka think [*över ngt* about a th.]; ***~ på att*** sluta think of leaving
reflex *s* reflex; återspegling reflection
reflexanordning *s* på fordon rear reflector
reflexband *s* luminous tape
reflexbricka *s* luminous (reflector) tag (disc)
reflexion *s* **1** fys. reflection **2** begrundan reflection; anmärkning observation
reflexiv *adj* gram. reflexive
reflexrörelse *s* reflex movement, reflex
reform *s* reform; nydaning reorganization
reformera *vb tr* reform; nydana reorganize
refräng *s* refrain, chorus
refug *s* trafik. traffic island, refuge
refusera *vb tr* förkasta reject, turn down
regatta *s* regatta
1 regel *s* på dörr bolt
2 regel *s* rule; föreskrift regulation; ***i*** (***som***) ~ as a rule
regelbunden *adj* o. **regelmässig** *adj* regular; ordnad settled
regelrätt *adj* regular; enligt reglerna ...according to rule (the rules)
regelvidrig *adj* ...against the rules
regemente *s* mil. regiment

regera *vb tr* o. *vb itr* härska rule; styra govern; vara kung etc. reign
regering *s* government; styrelse rule; monarks regeringstid reign
regeringschef *s* head of government
regeringskris *s* government crisis
regeringsparti *s* government party
regeringsställning *s*, ***i ~*** in power (office)
regeringstid *s* monarks reign
regi *s* **1** teat., ***i B:s ~*** produced (directed) by B **2** ledning, ***i egen (privat) ~*** under private management; ***i universitetets regi*** arranged (conducted) by the university
regim *s* regime; ledning management
region *s* region
regional *adj* regional
regissera *vb tr* teat. el. film. direct; britt. teat. äv. produce
regissör *s* teat. el. film. director; britt.äv. producer
register *s* register; förteckning list; i bok index
registrera *vb tr* register
registrering *s* registration
registreringsbevis *s* för motorfordon certificate of registration
registreringsnummer *s* registration number
registreringsskylt *s* number (amer. license) plate
regla *vb tr* med regel bolt; låsa lock
reglage *s* regulator; spak lever
reglemente *s* regulations pl.
reglera *vb tr* regulate; justera adjust; fastställa fix; göra upp, t.ex. arbetstvist settle; ***~d arbetstid*** regulated working hours
reglering *s* **1** reglerande regulating, regulation; justerande adjustment; fastställande fixing; uppgörelse settlement **2** menstruation period, menstruation
regn *s* rain; ***det ser ut att bli ~*** it looks like rain
regna *vb itr* rain; ***låtsas som om det ~r*** take no notice
regnblandad *adj*, ***~ snö*** sleet
regnbåge *s* rainbow
regndroppe *s* raindrop
regnig *adj* rainy
regnkappa *s* raincoat
regnmätare *s* rain gauge
regnområde *s* area of rain
regnskog *s* rain forest
regnskur *s* shower, shower of rain; häftig downpour
regnställ *s* rainsuit
regntät *adj* raintight
regnväder *s* rainy weather
reguljär *adj* regular
rehabilitera *vb tr* rehabilitate
rejäl *adj* **1** pålitlig reliable; redbar honest **2** ***en ~ förkylning*** a nasty cold; ***en ~ prissänkning*** a substantial reduction
rek *s* brev registered letter
reklam *s* annonsering etc. advertising, publicity (båda end. sg.); konkret advertisement; ***göra ~*** advertise [*för ngt* a th.]
reklamation *s* klagomål complaint; ersättningsanspråk claim
reklambyrå *s* advertising agency
reklamera *vb tr* klaga på make a complaint about; kräva ersättning för put in a claim for
reklamerbjudande *s* special offer
reklamfilm *s* advertising film
reklamkampanj *s* advertising campaign
reklampris *s* bargain price
reklam-TV *s* commercial television
rekommendation *s* **1** anbefallning recommendation **2** post. registration
rekommendera *vb tr* **1** anbefalla recommend **2** post., ***~t brev*** registered letter, amer. certified mail
rekonstruera *vb tr* reconstruct
rekord *s* record; ***slå ~ i*** ngt beat (break) the...record; ***sätta ~*** set up a record
rekordartad *adj* record...; oöverträffad unprecedented
rekordförsök *s* attempt at the (resp. a) record
rekordhållare *s* record-holder
rekordhög *adj*, ***~a priser*** record (sky-high) prices
rekordpublik *s* record crowd (på teater o.d. audience)
rekordtid *s* record time
rekreation *s* recreation; vila rest
rekryt *s* recruit; värnpliktig conscript
rekrytera *vb tr* recruit
rekrytering *s* recruitment
rektangel *s* rectangle
rektangulär *adj* rectangular
rektor *s* vid skola headmaster; kvinnlig headmistress; vid institut o. fackhögskolor principal, director; vid högskola rector
rektorsexpedition *s* headmaster's study
rekviem *s* requiem
rekvirera *vb tr* beställa order; skicka efter send for; begära ask for
rekvisita *s* teat. el. film. properties pl.
rekvisition *s* beställning order

relatera *vb tr* relate, give an account of
relation *s* **1** redogörelse account, report **2** förhållande relation; intimare, mellan personer relationship; ***stå i ~ till*** be related to
relativ *adj* relative äv. gram.
relativt *adv* relatively
relevans *s* relevance
relevant *adj* relevant [*för* to]
relief *s* relief
religion *s* religion; tro faith
religionskunskap *s* skol. religion
religiös *adj* religious
relik *s* relic
reling *s* sjö. gunwale
relä *s* relay
rem *s* strap; livrem belt; drivrem belt
remi *s* schack draw
remiss *s* **1** parl., ***sända på ~ till...*** refer to...for consideration **2** med. referral, letter of introduction; sjukhus~ note of admission
remissdebatt *s* full-dress debate on the budget and the Government's policy
remittera *vb tr* refer
remsa *s* strip; strimla ribbon; telegraf~ tape
1 ren *s* dikesren ditch bank; landsvägsren verge, speciellt amer. shoulder
2 ren *s* zool. reindeer (pl. lika)
3 ren *adj* clean; oblandad pure; outspädd neat; bildl. pure; förstärkande äv. mere, sheer; ***~ choklad*** ordinary chocolate; ***en ~ förlust*** a dead loss; det är ***~a*** (***~a rama***) ***lögnen*** ...a downright (sheer) lie; ***ett ~t samvete*** a clear conscience; ***~a sanningen*** the plain (absolute) truth; ***en ~ slump*** a mere chance; ***~t spel*** fair play; ***~ vinst*** net (clear) profit; ***göra ~t*** städa etc. clean up
rena *vb tr* clean; vätska o. bildl. purify
rendera *vb tr* t.ex. obehag cause; t.ex. åtal bring
rendezvous *s* rendezvous (pl. lika); träff date
rengöra *vb tr* clean; tvätta wash; golv scrub
rengöring *s* cleaning, washing, scrubbing
rengöringskräm *s* för ansiktet cold cream, cleansing cream
rengöringsmedel *s* cleaning agent, cleanser
renhet *s* cleanness; om t.ex. vatten, luft purity äv. bildl.
renhållning *s* cleaning; sophämtning refuse (amer. garbage) collection
renhållningsarbetare *s* refuse (amer. garbage) collector
renhållningsverk *s* public cleansing department
renhårig *adj* ärlig honest
rening *s* cleaning; kem. o. bildl. purification
renkött *s* reindeer meat
renlig *adj* cleanly
renodla *vb tr* cultivate; förfina refine; ***~d*** pure; bildl. absolute, downright
renommé *s* reputation, repute; ***ha gott*** (***dåligt***) ~ have a good (bad) reputation (name)
renovera *vb tr* renovate
renovering *s* renovation
rensa *vb tr* rengöra clean; fågel draw; bär pick; magen o. bildl. purge; ***~ luften*** bildl. clear the air; ~ el. ***~ bort ogräs*** weed; ***~ bort*** remove; ***~ ut*** bildl. weed out
rent *adv* **1** cleanly; ***tala ~*** talk properly **2** alldeles quite, completely; ***~ av*** faktiskt actually; till och med even; det är ***~ av en skandal*** ...a downright scandal; ***~ ut*** plainly, outright; ***~ ut sagt*** to use plain language
rentvå *vb tr* bildl. clear [*från* of]
renässans *s* **1** renaissance; förnyelse revival **2** ***~en*** hist. the Renaissance
reorganisera *vb tr* reorganize
rep *s* rope; lina cord; ***hoppa ~*** skip, amer. jump rope
repa I *s* scratch **II** *vb tr* rispa scratch **III** *vb rfl,* ***~ sig*** ta upp sig improve; tillfriskna recover [*efter* from]
reparation *s* repair, repairs pl.; lagning mending
reparationsverkstad *s* repair workshop; för bilar ofta garage
reparatör *s* repairer, repairman
reparera *vb tr* repair; laga mend, amer. äv. fix
repertoar *s* repertoire; spelplan programme
repetera *vb tr* upprepa repeat; skol. revise; teat., öva in rehearse
repetition *s* upprepning repetition; skol. revision; teat. rehearsal
repetitionskurs *s* refresher course
repetitionsövning *s* mil. military refresher course
repig *adj* scratched
replik *s* reply, answer; teat. line
replikera *vb tr* reply, answer
repmånad *s* mil., ***göra ~*** do one's military refresher course
reportage *s* i tidning etc. report; i radio commentary; i TV ung. live transmission; bearbetat, i radio o. TV documentary
reportagefilm *s* documentary
reporter *s* reporter

representant *s* representative [*för* of]; parl. member, deputy
representanthuset *s* the House of Representatives
representation *s* **1** polit. etc. representation **2** värdskap entertainment
representationskostnader *s pl* entertainment expenses
representativ *adj* representative; typisk typical; stilig, värdig distinguished
representera I *vb tr* företräda, motsvara represent **II** *vb itr* utöva värdskap entertain
repressalier *s pl* reprisals
reprimand *s* reprimand; svagare rebuke
repris *s* av pjäs o. film revival; av radio- o. TV-program repeat; sport. (TV) i slowmotion action replay; ***programmet ges i ~*** nästa vecka there will be a repeat of the programme...
reproducera *vb tr* reproduce
reproduktion *s* reproduction
reptil *s* reptile
republik *s* republic
republikan *s* republican
republikansk *adj* republican
repövning *s* mil. military refresher course
1 resa I *s* speciellt till lands journey; till sjöss voyage; överresa crossing; vard., om alla slags resor trip; med bil ride, trip; med flyg flight; ***resor*** speciellt längre travels; ***enkel ~ kostar*** 90 kr the single fare is...; ***lycklig ~!*** pleasant journey!, bon voyage! **II** *vb itr* färdas travel, journey; med ortsbestämning vanl. go [*till* to]; avresa leave, depart [*till* for]; ***~ över*** Atlanten cross... □ **~ bort** go away [*från* from]; ***han är bortrest*** he has gone away; **~ förbi** go past (by); passera pass; **~ igenom** pass through
2 resa I *vb tr*, **~** el. ***~ upp*** sätta upp raise; ***~ ett tält*** pitch a tent; ***~ på sig*** get (stand) up **II** *vb rfl*, ***~ sig*** stiga upp rise, get (stand) up, get on one's feet; ***~ sig*** el. ***~ sig upp i sängen*** sit up in bed; om håret stand on end
resande *s* **1** det att resa travel, travelling **2** resenär traveller; passagerare passenger
resebroschyr *s* travel (holiday) brochure
resebyrå *s* travel agency
resecheck *s* traveller's cheque (amer. check)
reseda *s* mignonette
reseersättning *s* compensation for travelling expenses
reseffekter *s pl* luggage, baggage (båda sg.)
reseförsäkring *s* travel insurance
resehandbok *s* guide
resekostnad *s*, ***~er*** cost sg. of travelling, travelling expenses pl.
reseledare *s* guide, tour leader, courier
resenär *s* traveller; passagerare passenger
reseradio *s* portable radio
reserv *s* reserve
reservat *s* reserve, national park
reservation *s* **1** protest protest **2** reservation; ***med en viss ~*** with a certain reservation; ***med ~ för*** fel barring (allowing for)...
reservdel *s* spare part
reservdäck *s* för bil etc. spare tyre (amer. tire)
reservera *vb tr* reserve; hålla i reserv keep...in reserve; förhandsbeställa book; belägga (plats) take
reserverad *adj* reserved
reservnyckel *s* spare key
reservoar *s* reservoir; cistern cistern
reservoarpenna *s* fountain pen
reservutgång *s* emergency exit (door)
reseskildring *s* bok travel book
reseskrivmaskin *s* portable typewriter
reseur *s* travel alarm clock
resfeber *s*, ***ha ~*** be nervous (excited) before a journey
resgods *s* luggage, baggage
resgodsexpedition *s* luggage (baggage) office
resgodsförsäkring *s* luggage (baggage) insurance
resgodsförvaring *s* o. **resgodsinlämning** *s* konkret left-luggage office, cloakroom, amer. checkroom
residens *s* residence; säte seat
resignation *s* resignation
resignera *vb itr* foga sig resign oneself [*inför* to]
resignerad *adj* resigned
reslig *adj* tall; lång o. ståtlig stately
resning *s* **1** uppresande raising **2** höjd elevation **3** uppror rising, revolt **4** jur. new trial
resolut *adj* beslutsam resolute, determined
resolution *s* resolution [*om ngt* on a th.]
reson *s* reason; ***ta ~*** listen to reason
resonans *s* resonance
resonemang *s* diskussion discussion; samtal talk, conversation; tankegång reasoning, argument, line of argument
resonera *vb itr* discuss, talk; argumentera reason, argue
resonlig *adj* reasonable
respekt *s* respect; aktning esteem

respektabel *adj* respectable; anständig decent
respektera *vb tr* respect
respektingivande *adj* ...that commands respect; imponerande imposing
respektive I *adj* respective **II** *adv* respectively; ***de kostar ~ 30 och 40 kronor*** (***30 ~ 40 kronor***) ...30 and 40 kronor respectively
respektlös *adj* disrespectful
respirator *s* respirator
respons *s* response
resrutt *s* route
ressällskap *s* **1** ***få*** (***göra***) **~ *till*** Rom travel together to... **2** person travelling companion; grupp party of tourists
rest *s* remainder, rest; surplus; kvarleva remnant; ***~er*** av mat leftovers; ***för ~en*** för övrigt besides, furthermore; för den delen for that matter
restaurang *s* restaurant
restaurangvagn *s* dining-car, diner, restaurant-car
restaurera *vb tr* restore
restaurering *s* restoration
restera *vb itr* remain
resterande *adj* remaining
restid *s* åtgående tid travelling time
restlager *s* surplus stock
restriktion *s* restriction
restriktiv *adj* restrictive
restskatt *s* unpaid tax arrears pl., back tax
resultat *s* result; utgång, utfall outcome
resultatlös *adj* fruktlös fruitless, futile
resultera *vb itr* result [*i* in]
resumé *s* résumé
resurs *s* resource; ***~er*** penningmedel means
resväska *s* suitcase
resår *s* **1** spiralfjäder coil spring **2** gummiband elastic
resårband *s* elastic; ***ett ~*** a piece of elastic
resårbotten *s* sprung bed
resårmadrass *s* spring interior mattress
reta *vb tr* **1** framkalla retning irritate; stimulera stimulate; **~ *aptiten*** whet the appetite **2** förarga, ~ el. **~ *upp*** irritate, annoy
retas *vb itr dep* tease
retfull *adj* irritating, annoying
rethosta *s* dry (nervous) cough
retirera *vb itr* retreat, retire, withdraw
retlig *adj* lättretad irritable; lättstött touchy
retorik *s* rhetoric
retorisk *adj* rhetorical
retroaktiv *adj* retrospective, retroactive
reträtt *s* mil. o. bildl. retreat; ***slå till ~*** retreat
retsam *adj* irritating, annoying
retsticka *s* tease
retur *s* **1** ***tur och ~*** se under *2 tur 2* **2 ~ *avsändaren*** return to sender; ***vara på ~*** i avtagande be decreasing (on the decline) **3** sport., returmatch return match (game); returboll i tennis etc. return
returbiljett *s* return (amer. round-trip) ticket
returglas *s* returnable bottle
returmatch *s* return match
returnera *vb tr* return, send back
returpapper *s* waste paper [for recycling]
retuschera *vb tr* retouch
reumatiker *s* rheumatic
reumatisk *adj* rheumatic
reumatism *s* rheumatism
1 rev *s* fiske. fishing-line
2 rev *s* sandrev, klipprev reef
1 reva *s* ranka tendril; utlöpare runner
2 reva *s* rämna tear, rent, rip
3 reva *vb tr* sjö. reef
revalvera *vb tr* revalue
revalvering *s* revaluation
revansch *s* revenge
revben *s* rib
revbensspjäll *s* kok. spareribs pl.
revelj *s* mil. reveille
revers *s* hand. promissory note
revidera *vb tr* revise; räkenskaper audit; priser readjust
revir *s* jaktområde preserves pl.; djurs territory
revision *s* revision; av räkenskaper audit
revisionsbyrå *s* firm of accountants
revisor *s* auditor; ***auktoriserad ~*** chartered (certified) accountant, amer. certified public acccountant
revolt *s* revolt
revoltera *vb itr* revolt
revolution *s* revolution
revolutionera *vb tr* revolutionize; ***~nde*** epokgörande revolutionary
revolutionär *adj* o. *s* revolutionary
revolver *s* revolver, gun
revorm *s* med. ringworm
revy *s* review; teat. revue, show
revär *s* stripe
Rhen the Rhine
rhododendron *s* rhododendron
Rhodos Rhodes
ribba *s* lath; vid höjdhopp bar
ribbstickad *adj* rib-knitted
ribbstol *s* wall bars pl.

ricinolja *s* castor oil
rida *vb itr* o. *vb tr* ride
ridande *adj*, ~ ***polis*** mounted police
ridbyxor *s pl* riding-breeches
riddare *s* knight
riddarsporre *s* bot. delphinium
ridhjälm *s* riding helmet
ridhus *s* riding school
ridhäst *s* saddle (riding) horse
ridning *s* riding
ridskola *s* riding school
ridsport *s* riding
ridspö *s* riding-whip, horsewhip
ridstövel *s* riding-boot
ridtur *s* ride
ridå *s* curtain äv. bildl.
rigg *s* sjö. rigging, tackling
rigid *adj* rigid
rigorös *adj* rigorous, strict, severe
rik *adj* rich; mycket förmögen äv. wealthy; om jordmån, fantasi fertile; ~ ***på*** rich in, full of; ***bli*** ~ get rich, make money; ***de ~a*** the rich
rike *s* stat state, country, realm; kungadöme, o. relig. kingdom; kejsardöme empire; ***Sveriges*** ~ the Kingdom of Sweden
rikedom *s* **1** förmögenhet wealth (end. sg.), fortune, riches pl. **2** abstrakt richness [*på* in], wealth [*på* of]; ymnighet abundance
riklig *adj* abundant, ample; rik rich; ***~t med*** mat plenty of...
riksbank *s*, ***Sveriges R~*** el. ***Riksbanken*** the Bank of Sweden
riksdag *s*, ***~en*** el. ***Sveriges Riksdag*** the Riksdag, the Swedish Parliament
riksdagshus *s*, ***~et*** the Riksdag (Parliament) building
riksdagsledamot *s* o. **riksdagsman** *s* member of the Riksdag, member of parliament
riksdagsval *s* general election
riksgräns *s* frontier, border
rikssamtal *s* long-distance (national) call
Riksskatteverket *s* the National [Swedish] Tax Board
riksspråk *s* standard language; ***det svenska ~et*** Standard Swedish
rikssvenska *s* Standard Swedish
riksväg *s* main (arterial) road
riksåklagare *s* Prosecutor-General, Chief Public Prosecutor
rikta I *vb tr* vända åt visst håll direct; vapen etc. aim, level, point [*mot* i samtliga fall at]; räta straighten; ~ ***in*** t.ex. kikare etc. train [*mot* on] **II** *vb rfl*, ~ ***sig*** vända sig address oneself; om bok etc. be intended [*till* for]; om kritik be directed [*mot* against]
riktig *adj* rätt right, proper; felfri correct; berättigad justified; förstärkande: äkta real, regular; ordentlig proper; ***det är inte ~t mot honom*** it is not fair on him; de slogs ***på ~t*** på allvar ...in earnest
riktigt *adv* korrekt correctly; verkligen really; alldeles, ganska quite; ordentligt properly; mycket very; ***jag mår inte ~ bra*** I am not feeling quite well; saken är ***inte ~ skött*** ...not properly handled; det är ~ ***synd*** ...a real (really a) pity; ***göra en sak ~*** do a thing right
riktlinje *s* bildl., ***dra upp ~rna för ngt*** lay down the general outlines for a th.
riktmärke *s* aim, objective [*för* of]
riktning *s* **1** direction; ***i ~ mot...*** in the direction of... **2** direction; linje line, lines pl.; vändning turn; rörelse movement
riktnummer *s* tele. dialling (amer. area) code
riktpunkt *s* objective, aim [*för* of]
rim *s* rhyme
rimfrost *s* hoarfrost, rime, white frost
rimlig *adj* skälig reasonable; sannolik probable
rimligen *adv* o. **rimligtvis** *adv* reasonably; sannolikt quite likely
1 rimma *vb itr* rhyme [*på* with, to]; stämma agree, tally
2 rimma *vb tr* kok. salt...lightly
ring *s* ring; på bil etc. tyre, amer. tire; kring solen o. månen halo (pl. -s el. -es); sport. ring
1 ringa *adj* liten small, slight; obetydlig trifling; ***av ~ intresse*** of little interest; ***inte det ~ste tvivel*** not the slightest doubt; ***inte det ~ste*** inte alls not in the least
2 ringa *vb tr* o. *vb itr* ring; klämta toll; ~ ***ett samtal*** make a phone-call; ~ ***på*** (***i***) ***klockan*** ring the bell
□ ~ **på hos ngn** ring a p.'s doorbell; ~ **upp ngn** ring (call) a p. up
ringakta *vb tr* person despise; sak disregard
ringaktning *s* contempt, disregard
ringblomma *s* marigold
ringfinger *s* ring finger
ringhörna *s* corner of a (resp. the) ring
ringklocka *s* bell; dörrklocka doorbell
ringla *vb itr* o. *vb rfl*, ~ ***sig*** om t.ex. väg, kö wind; om hår, rök curl
ringled *s* trafik., se *kringfartsled*
ringlek *s* ring game
ringning *s* ringing
ringtryck *s* bil. tyre (amer. tire) pressure

rinna *vb itr* run; flyta äv. flow; strömma äv. stream
□ ~ **bort** run away; ~ **i väg** om tid slip away; ~ **ut:** ***floden rinner ut i*** havet the river flows into...; ~ ***ut i sanden*** bildl. come to nothing; ~ **över** flow (run) over
ripa *s* grouse (pl. lika)
1 ris *s* sädesslag rice
2 ris *s* **1** kvistar twigs pl. **2** till aga rod
risgryn *s* koll. rice; ***ett*** ~ a grain of rice
risgrynsgröt *s* [boiled] rice pudding
risig *adj* **1** snårig scrubby, ...full of dry twigs **2** vard., förfallen tumbledown, ramshackle; ovårdad, sjabbig shabby; ***känna sig*** ~ feel lousy
risk *s* risk [*för* of]; ***på egen*** ~ at one's own risk; ***löpa ~en att*** inf. run the risk of ing-form
riskabel *adj* risky; farlig dangerous
riskera *vb tr* risk; ~ ***att falla*** risk falling
riskfylld *adj* risky; farlig dangerous
risotto *s* kok. risotto (pl. ~s)
rispa I *s* scratch; i tyg rent **II** *vb tr* scratch
rista *vb tr* skära carve, cut; ~ ***in*** med nål etc. engrave [*i* on]
rit *s* rite
rita *vb tr* draw; göra ritning till design; ~ ***av*** draw; kopiera copy; ~ ***upp*** (***ut***) draw
ritare *s* draughtsman
ritning *s* drawing; byggn. äv. design
ritt *s* ride, riding-tour
ritual *s* ritual
riva *vb tr* **1** klösa scratch; om rovdjur claw; med rivjärn grate; slita tear **2** t.ex. hus pull down
□ ~ **av a)** tear (rip, strip) off; ~ ***av ett blad på*** almanackan tear a leaf off... **b)** vard., ~ ***av*** en låt tear off...; ~ **loss (lös)** tear (rip) off; ~ **ned** tear down; ~ **omkull** knock down; ~ **sönder** tear; ~ **upp** öppna tear (rip) open; gata etc. take up; ~ ***upp ett beslut*** cancel (go back on) a decision
rival *s* rival [*om* of]
rivalisera *vb itr,* ~ ***med ngn om ngt*** compete with a p. for a th.
rivalitet *s* rivalry
Rivieran the Riviera
rivig *adj* **1** med schwung swinging, lively **2** om person ...full of go
rivjärn *s* grater
rivning *s* rasering demolition, pulling down
rivningshus *s* house to be demolished
rivstart *s* flying start, bildl. äv. jumpstart; ***starta med en*** ~ tear away (off), jumpstart äv. bildl.
rivstarta *vb itr* tear away (off); bildl. make a flying start
rivöppnare *s* ring-opener, pop-top, pull-tab
1 ro *s* vila rest; frid peace; stillhet stillness; ***jag får ingen ~ för honom*** he gives me no peace; ***slå sig till*** ~ make oneself comfortable; dra sig tillbaka settle down
2 ro *vb tr* o. *vb itr* row
roa I *vb tr* amuse; underhålla entertain; ***vara ~d av att dansa*** like (enjoy) dancing
II *vb rfl,* ~ ***sig*** amuse oneself
robbert *s* kortsp. rubber
robot *s* människa robot; mil. guided missile
robotbas *s* guided missile base
robotvapen *s* guided missile
robust *adj* robust, sturdy
1 rock *s* coat; ***vara för kort i ~en*** be too short, ej duga not be up to the mark (job)
2 rock *s* mus. rock, rock music
rocka *s* fisk ray; speciellt ätlig skate
rockficka *s* coat pocket
rockhängare *s* galge coat-hanger; krok coat-hook; i rock tab
rockmusik *s* rock, rock music
rockvaktmästare *s* cloak-room attendant
rococo *s,* ~***n*** the Rococo period
rodd *s* rowing
roddare *s* oarsman, rower
roddbåt *s* rowing (row) boat
roddsport *s* rowing
roddtur *s* row, pull
roddtävling *s* rowing-match
rodel *s* sport. toboggan; sportgren tobogganing
roder *s* roderblad rudder; hela styrinrättningen helm; ***lyda*** ~ answer the helm
rodna *vb itr* turn red, redden; om person, av blygsel etc. blush; av t.ex. ilska flush [*av* with]
rodnad *s* hos sak redness (end. sg.); hos person blush, flush
rododendron *s* rhododendron
roffa *vb tr* rob [*ngt från ngn* a p. of a th.]; ~ ***åt sig*** grab
rofferi *s* robbery
rojalism *s* royalism
rojalist *s* royalist
rojalistisk *adj* royalist, royalistic
rokoko *s* rococo; ~***n*** the Rococo period
rolig *adj* skojig funny; trevlig nice, pleasant; roande amusing; ***det var ~t att få träffa dig*** it was nice to meet you; ***det var ~t att höra*** I am glad to hear it; ***så ~t!*** how nice!; så skojigt what fun!

rolighetsminister *s* funny man, joker, wag
roligt *adv* amusingly; ***ha ~t*** enjoy oneself, have fun
roll *s* part, role; ***~erna är ombytta*** the tables are turned; ***det spelar ingen ~*** it does not matter; ***det har spelat ut sin ~*** it has had its day
rollator *s* walking frame, walker
rollista *s* cast
rollspel *s* role play; ~ande role-playing
Rom Rome
1 rom *s* fiskrom roe äv. som maträtt; spawn
2 rom *s* dryck rum
roman *s* bok novel
romanförfattare *s* novelist
romans *s* romance
romantik *s* romance
romantisera *vb tr* romanticize
romantisk *adj* romantic
romare *s* Roman
romarriket *s* the Roman Empire
romersk *adj* Roman
romersk-katolsk *adj* Roman Catholic
rond *s* round; vakts äv. beat
rondell *s* trafik. roundabout, amer. traffic circle
rop *s* call, cry; högre shout; ~ ***på*** hjälp call (cry) for...
ropa *vb tr* o. *vb itr* call, call out, cry; högre shout; ~ ***efter ngn*** call out after a p., call out to (tillkalla call) a p.; ~ ***på hjälp*** call for help
□ ~ **an** call; tele. call up; ~ **ngn till sig** call a p.; ~ **upp** namn read out, call over; ~ **ut** meddela call out, announce
ros *s* bot. rose
rosa *s* o. *adj* rose, pink
rosenbuske *s* rosebush
rosenkindad *adj* rosy-cheeked
rosenknopp *s* rosebud
rosenrasande *adj* furious
rosenröd *adj* rosy, rose-red; ***se allt i rosenrött*** see everything through rose-coloured spectacles
rosenträ *s* rosewood
rosenvatten *s* rosewater
rosett *s* prydnad, knuten bow; rosformig rosette
rosig *adj* rosy, rose-coloured
rosmarin *s* rosemary
rossla *vb itr* wheeze, rattle
rossling *s* wheeze, rattle
rost *s* på järn o. växter rust
1 rosta *vb itr* rust, get rusty; ~ ***sönder*** rust away
2 rosta *vb tr* roast; bröd toast; ***~t bröd*** toast; ***en ~d brödskiva*** a slice of toast
rostbiff *s* roast beef
rostfri *adj* rustless; om stål stainless
rostig *adj* rusty
rostskydd *s* rust protection; medel rust preventive
rostskyddsmedel *s* rust preventive, anti-rust agent
rot *s* root; bildl. äv. origin; ***slå ~*** take root
rota *vb itr* root, poke; ~ ***i en byrålåda*** poke about in a drawer
rotation *s* rotation, revolution
rotel *s* department; inom polisen squad, division
rotera *vb itr* rotate, revolve, turn
rotfrukt *s* root vegetable
rotfyllning *s* av tand root filling
rotfäste *s*, ***få ~*** take root, get a roothold
rotmos *s* mashed turnips pl.
rotselleri *s* celeriac
rotting *s* cane
rotvälska *s* double Dutch
roulett *s* roulette
rov *s* prey; byte booty, loot
rova *s* bot. turnip äv. vard. om fickur
rovdjur *s* predatory animal, beast of prey
rovfågel *s* bird of prey
rovgirig *adj* rapacious, ravenous
rubb *s*, ~ ***och stubb*** the whole lot
rubba *vb tr* flytta på move, dislodge; bringa i oordning disturb, upset; ngns förtroende etc. shake; ~ ***ngns planer*** upset a p.'s plans
rubbad *adj* förryckt crazy
rubbning *s* störning disturbance
rubel *s* rouble
rubin *s* ruby
rubinröd *adj* ruby-red, ruby
rubricera *vb tr* förse med rubrik headline; beteckna classify
rubrik *s* i tidning headline; t.ex. i brev o. över kapitel heading
rucka *vb tr* en klocka regulate, adjust; ~ ***på*** beslut change, modify; en sten move
ruckel *s* kyffe hovel, ramshackle house
ruckning *s* regulation, adjustment
rudiment *s* rudiment
rudimentär *adj* rudimentary
ruff *s* sport. foul
ruffa *vb itr* sport. foul
ruffel *s*, ~ ***och båg*** vard. monkey business, hanky-panky, fiddling
ruffig *adj* **1** sport. rough, foul **2** sjaskig shabby; fallfärdig dilapidated

rufsa *vb tr,* ~ (~ ***till***) ***ngn i håret*** ruffle a p.'s hair
rufsig *adj* ruffled, dishevelled
ruggig *adj* se *ruskig*
ruin *s* ruin
ruinera *vb tr* ruin
ruinerad *adj* ruined, bankrupt
rulad *s* kok. roulade, roll
rulett *s* roulette
rulla I *vb tr* o. *vb itr* roll **II** *vb rfl,* ~ ***sig*** roll; om blad etc. curl
□ ~ **igång** en bil jumpstart; ~ **ihop** roll up; ~ **in** vagn etc. wheel in; ~ **ned** gardin etc. pull down; ~ **upp** ngt hoprullat unroll; gardin pull up
rullbord *s* serving trolley
rullbälte *s* inertia-reel [seat-belt]
rulle *s* roll; trådrulle, filmrulle samt på metspö reel; ***det är full*** ~ it's going like a house on fire; på fest the party is in full swing
rullgardin *s* blind, amer. window shade, shade
rullkrage *s* polo neck
rullskridsko *s* roller-skate
rullstol *s* wheelchair, bath chair
rulltrappa *s* escalator, moving staircase
rulltårta *s* jam (av choklad och med smörkräm) Swiss roll, amer. jelly (resp. chocolate) roll
rum *s* **1** room; uthyrningsrum lodgings pl.; logi accommodation (end. sg.); ***möblerade*** ~ i annons äv. furnished apartments; ~ ***att hyra*** rubrik äv. apartments to let **2** utrymme room; ***få*** ~ ***med*** find room for; ***lämna*** ~ ***för ngt*** make room for a th.; ***ta för stort*** ~ take up too much room (space); ***komma i första*** ~***met*** come first; ***äga*** ~ take place
rumba *s* rumba; ***dansa*** ~ do (dance) the rumba
rumla *vb itr,* ~ el. ~ ***om*** be on the spree
rumpa *s* vard., stuss backside, behind
rumsadverb *s* adverb of place
rumsförmedling *s* för hotellrum etc. agency for hotel accommodation; för uthyrningsrum accommodation agency
rumskamrat *s* roommate
rumsren *adj* house-trained, speciellt amer. housebroken; bildl. regelrätt, just ...on the level
rumstemperatur *s* room temperature
rumän *s* Romanian
Rumänien Romania
rumänsk *adj* Romanian
rumänska *s* **1** kvinna Romanian woman **2** språk Romanian
runa *s* rune
runalfabet *s* runic alphabet
rund I *adj* round; knubbig plump; ~***a ord*** sexord four-letter words; ***i runt tal*** in round numbers **II** *s* ring, circle
runda I *vb tr* **1** göra rund round; ~ ***av*** round off **2** fara (gå) runt round **II** *s,* ***gå en*** ~ ***i*** parken take a stroll round...
rundkindad *adj* round-cheeked
rundlagd *adj* plump
rundresa *s* circular tour
rundtur *s* sightseeing tour
rundvandring *s,* ***en*** ~ ***i staden*** a tour of (a walk round) the town
runsten *s* rune stone
runt I *adv* round; ***låta ngt gå*** ~ vid bordet pass a th. round **II** *prep* round; ~ ***hörnet*** round the corner; ***året*** ~ all the year round
runtom I *adv* round about, around; ~ ***i landet*** all over the country **II** *prep* round, all round
rus *s* intoxication; ***sova*** ~***et av sig*** sleep it off (oneself sober); ***gå i ett ständigt*** ~ be in a constant state of intoxication; ***i ett*** ~ ***av lycka*** transported with joy
rusa I *vb itr* rush, dash **II** *vb tr,* ~ ***en motor*** race an engine
□ ~ **efter** hämta rush for; ~ **fram till** rush (dash) up to; ~ **förbi** rush (dash) past; ~ **i väg** rush (dash) off; ~ **upp** start up, spring to one's feet; ~ ***upp ur sängen*** spring out of bed
rusdryck *s* intoxicant
rush *s* rush [*efter* for]
rusig *adj* intoxicated [*av* with, by]
ruska *vb tr* o. *vb itr* shake; ~ ***på huvudet*** shake one's head
ruskig *adj* om väder nasty; motbjudande disgusting; hemsk horrible
ruskväder *s* nasty (foul, awful) weather
rusning *s* rush [*efter* for]
rusningstid *s* rush-hour, rush-hours pl.
rusningstrafik *s* rush-hour traffic
russin *s* raisin
russinkaka *s* plum cake
rusta I *vb tr* mil. arm; utrusta equip; speciellt fartyg fit out **II** *vb itr* prepare [*till (för)* for]; mil. arm; ~ ***upp*** reparera repair, do up
rustik *s* rustic
rustning *s,* ***en*** ~ pansar a suit of armour; ***i full*** ~ in full armour
ruta *s* **1** fyrkant square; på TV-apparat screen **2** i fönster etc. pane
rutad *adj,* ***rutat papper*** squared paper

ruter *s* kortsp. diamonds pl.; ***en ~*** a diamond
ruterdam *s* the queen of diamonds
ruterfem *s* the five of diamonds
rutig *adj* checked, check...
rutin *s* experience; vana, slentrian routine
rutinerad *adj* experienced
rutinmässig *adj* routine...; ***det är ~t*** it is a matter of routine
rutscha *vb itr* slide, glide
rutschbana *s* o. **rutschkana** *s* på lekplats slide; på nöjesfält spiralformig helter-skelter; vatten chute, water chute
rutt *s* route; trafiklinje service
rutten *adj* rotten
ruttna *vb itr* rot, putrefy
ruva *vb itr* sit, brood; grubbla brood
rya *s* o. **ryamatta** *s* rya rug, type of long-pile rug
ryck *s* knyck jerk; dragning tug, pull
rycka I *vb tr* o. *vb itr* dra pull, tug; häftigare jerk, twitch; slita tear; ***~ på axlarna åt ngt*** shrug one's shoulders at a th. **II** *vb itr,* ***~ närmare*** om t.ex. fienden close in; ***~ till ngns undsättning*** rush to a p.'s help □ **~ bort** tear etc. (om döden snatch) away; **~ fram** mil. advance; **~ in** mil., till tjänstgöring join up; **~ in i** ett land march into...; ***~ in i ngns ställe*** take a p.'s place; **~ loss (lös)** ngt pull (jerk)...loose; **~ till** start, give a start; ***~ till sig*** snatch; **~ upp sig** pull oneself together; **~ ut** om brandkår etc. turn out
ryckig *adj* knyckig jerky
ryckning *s* ryck pull, tug; spritning twitch
ryckvis *adv* i ryck by fits and starts
rygg *s* back; ***vända ngn ~en*** turn one's back to (bildl. on) a p.; ***gå bakom ~en på ngn*** do things behind a p.'s back; ***hålla ngn om ~en*** bildl. support a p., back a p. up
rygga *vb itr* shrink back, flinch [*för* from]
ryggfena *s* zool. dorsal fin
ryggmärg *s* spinal marrow (cord)
ryggrad *s* backbone äv. bildl.; anat. spine
ryggradsdjur *s* vertebrate
ryggradslös *adj* om person spineless, ...without backbone; ***~a djur*** invertebrates
ryggsim *s* backstroke
ryggskott *s* lumbago
ryggstöd *s* support for the back; på stol back
ryggsäck *s* rucksack
ryggtavla *s* back
ryggvärk *s* backache
ryka *vb itr* smoke; ***det ryker ur skorstenen*** the chimney is smoking
rykta *vb tr* häst dress, groom
ryktas *opers dep,* ***det ~ att...*** it is rumoured that...
ryktbar *adj* renowned, famous
ryktbarhet *s* renown, fame
rykte *s* **1** kringlöpande nyhet rumour, report [*om* of]; ***~t går att...*** there is a rumour that... **2** allmänt omdöme om ngn (ngt) reputation; ***ha gott ~*** have a good reputation; ***ha ~ om sig att vara...*** have the reputation of being...
ryktessmidare *s* o. **ryktesspridare** *s* rumour-monger
rymd *s* **1** världsrymd space; ***yttre ~en*** outer space **2** rymdinnehåll capacity
rymddräkt *s* spacesuit
rymdfarare *s* space traveller
rymdfarkost *s* spacecraft (pl. lika)
rymdflygning *s* space flight
rymdfärd *s* space flight, space journey
rymdkapsel *s* space capsule
rymdmått *s* cubic measure
rymdpilot *s* space pilot
rymdraket *s* space rocket
rymdstation *s* spacestation
rymdvarelse *s* extraterrestial (förk. ET), alien
rymdålder *s,* ***~n*** the space age
rymlig *adj* spacious, roomy
rymling *s* fugitive, runaway, escapee
rymma I *vb itr* fly run away; om fånge etc. escape **II** *vb tr* kunna innehålla hold; ha plats för have room for; innefatta contain
rymmas *vb itr dep,* ***de ryms i salen*** there is room for them in the hall; ***den ryms i fickan*** it goes into the pocket
rymning *s* ur fängelse etc. escape
rynka I *s* i huden wrinkle, line; på kläder crease **II** *vb tr* o. *vb itr,* ***~ pannan*** wrinkle one's forehead; ögonbrynen knit one's brows; speciellt ogillande frown; ***~ på näsan åt*** turn up one's nose at **III** *vb rfl,* ***~ sig*** om tyg crease
rynkig *adj* **1** om hud wrinkled **2** skrynklig creased
rysa *vb itr* av köld shiver; av fasa etc. shudder [*av* with]
rysare *s* thriller
rysk *adj* Russian
ryska *s* **1** kvinna Russian woman **2** språk Russian; jfr *svenska*
ryskfientlig *adj* anti-Russian

ryskfödd *adj* Russian-born; för andra sammansättningar jfr äv. *svensk-*
ryslig *adj* dreadful, horrible, awful
ryslighet *s, ~er* horrors
rysning *s* shiver, shudder
ryss *s* Russian
Ryssland Russia
rysländsk *adj* Russian
ryta *vb itr* o. *vb tr* roar [*åt* at]
rytande *s, **ett ~*** a roar
rytm *s* rhythm
rytmisk *adj* rhythmic, rhythmical
ryttare *s* rider, horseman
ryttartävling *s* horse-riding competition
1 rå *adj* **1** ej kokt el. stekt raw **2** om t.ex. silke raw; om t.ex. olja crude **3** om t.ex. skämt coarse; ***den ~a styrkan*** brute force
2 rå *vb rfl, **~ sig själv*** be one's own master □ **~ för**: ***jag ~r inte för det*** I cannot help it; **~ om** äga own; **~ på** be stronger than; ***jag ~r inte på honom*** I can't manage him
råbarkad *adj* coarse, crude, boorish
råbiff *s* scraped raw beef with a raw egg yolk; ung. steak tartare
råd *s* **1** advice (end. sg.); ***ett ~*** (***gott ~***) a piece of advice (good advice); ***lyda ngns ~*** take a p.'s advice; ***be ngn om ~*** el. ***fråga ngn till ~s*** ask a p.'s advice **2** medel means; utväg way out; ***det blir väl ingen annan ~*** there will be no alternative; ***han vet alltid ~*** he is never at a loss **3** pengar, ***jag har inte ~ till*** (***med***) ***det*** I can't afford it **4** rådsförsamling council
råda I *vb tr* ge råd advise; ***vad råder du mig till?*** what do you advise me to do? **II** *vb itr* **1** ha makten rule; disponera dispose [*över* of]; ***om jag fick ~*** if I had my way; omständigheter ***som jag inte råder över*** ...over which I have no control **2** förhärska prevail; ***det råder*** there is (resp. are)...
rådande *adj* prevailing, current; förhärskande predominant; ***under ~ förhållanden*** in the existing (present) circumstances; ***den ~*** (nuvarande) regimen the present...
rådfråga *vb tr* consult
rådfrågning *s* consultation
rådgivare *s* adviser
rådgivning *s* advice
rådgivningsbyrå *s* advice (information) bureau
rådgöra *vb itr, **~ med*** consult (confer) with
rådhus *s* town (city) hall
rådig *adj* resolute; fyndig resourceful
rådjur *s* roe deer (pl. lika)
rådlig *adj* advisable; klok wise
rådman *s* jur. member of a municipal court
rådslag *s* deliberation, consultation
rådvill *adj* villrådig perplexed, ...at a loss
råg *s* rye
råga I *vb tr* heap, pile up **II** *s, **till ~ på allt*** to crown it all, on top of it all
rågbröd *s* rye bread
råge *s* full (good) measure
rågmjöl *s* rye flour
rågsikt *s* sifted rye flour
rågummi *s* raw rubber; till sko crêpe rubber
1 råka *s* zool. rook
2 råka I *vb tr* träffa meet; stöta ihop med run (come) across **II** *vb itr* **1** händelsevis komma att happen to; ***han ~de falla*** he happened to fall **2** komma, ***~ i fara*** get into danger; bilen ***~de i sladdning*** ...started skidding; ***~ i händerna på*** fall into the hands of □ **~ på ngn** come (run) across a p.; **~ ut**: ***~ illa ut*** get into trouble; ***~ ut för*** bedragare fall into the hands of...; ***jag har ~t ut för honom*** tidigare I have come up against him...; ***~ ut för*** en olycka meet with...
råkas *vb itr dep* meet
råkost *s* raw (uncooked) vegetables and fruit
råma *vb itr* moo; starkare bellow
1 rån *s* bakverk wafer
2 rån *s* robbery
råna *vb tr* rob; ***~ ngn på ngt*** rob a p. of a th.
rånare *s* robber
rånförsök *s* attempted robbery
rånkupp *s* robbery
rånmord *s* murder with robbery
råolja *s* crude oil
råris *s* unpolished (rough) rice
råsiden *s* raw silk
råtta *s* rat; liten mouse (pl. mice)
råttfälla *s* mousetrap, rat-trap
råttgift *s* rat poison
råvara *s* raw material
räcka I *vb tr* **1** överräcka hand; ***vill du ~ mig saltet*** please pass me the salt; ***~ ngn handen*** give a p. one's hand; ***~ varandra handen*** shake hands **2** nå reach **II** *vb itr* **1** förslå be enough (sufficient), suffice [*för, till* for] **2** vara, hålla på last **3** nå reach, extend, stretch
□ **~ fram** hold (stretch) out; bilvägen ***räcker inte ända fram*** ...does not go all the way; *få det att* **~ till** make it do; **~ upp**

handen put up one's hand; ***han räcker inte upp till*** bordskanten he does not reach (come) up to...; ~ **ut** *handen efter ngt* reach out for a th.
räcke *s* på t.ex. balkong rail; på trappa: inomhus banisters pl.; utomhus railing
räckhåll *s,* ***inom ~*** (***~ för ngn***) within reach (a p.'s reach)
räckvidd *s* reach, range
räd *s* raid [*mot* on]
rädd *adj* afraid (end. predikativt) [*för* of; *för att* to]; skrämd frightened, scared [*för* of]; alarmed; ***~ av sig*** timid; ***vara ~ om*** aktsam om be careful with; t.ex. sina kläder take care of; ***var ~ om dig!*** take care of yourself!
rädda *vb tr* save; ur överhängande fara rescue [*från, ur, undan* from]; bevara preserve [*åt* for]; ***~ livet på ngn*** save a p.'s life; hans liv ***stod inte att ~*** ...was beyond saving
räddare *s* rescuer; befriare deliverer
räddhågad *adj* timid
räddning *s* rescue; räddande saving, rescuing
räddningsaktion *s* rescue action
räddningsbåt *s* lifeboat
räddningskår *s* rescue (salvage) corps; bil. breakdown service
räddningsmanskap *s* rescue party
rädisa *s* radish
rädsla *s* fear, dread [*för* of]
räffla *s* o. *vb tr* groove
räfsa I *s* rake **II** *vb tr* rake [*ihop* together]
räka *s* liten, tångräka shrimp; större prawn
räkel *s,* ***en lång ~*** a lanky fellow
räkenskap *s,* ***föra ~er*** keep accounts
räkenskapsår *s* financial year
räkna *vb tr* o. *vb itr* **1** count, reckon; beräkna calculate; hans dagar ***är ~de*** ...are numbered; ***~s som*** omodern be regarded as...; ***~ med ngt*** vänta sig expect a th.; ta med i beräkningen allow for a th.; påräkna count (reckon, calculate) on a th.; en motståndare ***att ~ med*** ...to be reckoned with; ***~t i pund*** in pounds; ***i pengar ~t*** in terms of money **2** mat. do arithmetic (sums); ***~ ett tal*** do a sum **3** uppgå till number
□ ~ **efter:** ***jag måste ~ efter*** I must work it out; ~ **ifrån** dra av deduct; frånse leave...out of account; ~ **ihop** t.ex. pengar count up; en summa add up; ~ **med** count, count in, include; ~ **upp** nämna i ordning enumerate; pengar count out; ~ **ut** beräkna calculate, work out; fundera ut figure out; förstå make out; boxn. count out; ***~ ut ett tal*** do a sum
räknas *vb itr dep,* ***han*** (***det***) ***~ inte*** he (that) does not count
räknedosa *s* minicalculator
räknemaskin *s* calculating machine, calculator
räkneord *s* numeral
räknesticka *s* slide-rule
räknetal *s* sum
räkneverk *s* counter
räkning *s* räknande counting; beräkning calculation; mat. arithmetic; nota bill; konto account; ***en ~ på*** 500 kr. a bill for...; ***föra ~ över ngt*** keep an account of a th.; ***gå ner för ~*** boxn. o. bildl. take the count; ***hålla ~ på ngt*** keep count of a th.; ***tappa*** el. ***tappa bort ~en*** lose count; behålla ngt ***för egen ~*** ...for oneself; ***för ngns ~*** on a p.'s account (behalf); platsen hålls ***för hans ~*** ...for him; ***ett streck i ~en*** an unforeseen obstacle; ***ta ngt med i ~en*** take a th. into account; ***vara ur ~en*** be out of the running
räls *s* rail
rälsbuss *s* railbus
rämna I *s* crack **II** *vb itr* crack, split
1 ränna *s* groove; avloppsränna drain; farled channel
2 ränna *vb itr* run; ***~ omkring*** (***ute***) om kvällarna run about...
rännsten *s* gutter
rännstensunge *s* guttersnipe
ränsel *s* knapsack, rucksack
ränta *s* interest (end. sg.); ***~ på ~*** compound interest; ***ta 15% i ~*** charge 15% interest; ***mot ~*** at interest
räntabel *adj* interest-bearing; vinstgivande profitable
ränteavdrag *s* deduction of interest, tax-relief on interest
räntefri *adj* ...free of interest
räntehöjning *s* increase in the rate of interest
ränteinkomst *s* income from interest
räntesats *s* rate of interest
räntesänkning *s* reduction in the rate of interest
rät *adj* right; om linje straight; ***~ vinkel*** right angle; ***2 ~a*** i stickning 2 plain
räta *vb tr* o. *vb itr,* ***~*** el. ***~ ut*** straighten, straighten out; ***~ på benen*** stretch one's legs; ***~ ut sig*** om sak become straight
rätsida *s* right side, face

1 rätt *s* maträtt dish; del av måltid course; ***dagens ~*** på matsedel today's special
2 rätt *s* **1** rättighet right; rättvisa justice; ***ge ngn ~*** admit that a p. is right; ***kontraktet ger honom ~ till...*** the contract entitles him to...; ***du gjorde ~ som vägrade*** you were right to refuse; ***göra ~ för sig*** göra nytta do one's share; betala för sig pay one's way; ***ha ~*** be right [*i ngt* about a th.]; ***ha ~ till ngt*** have a right to a th.; ***komma till sin ~*** do oneself justice; ta sig bra ut show to advantage; ***han är i sin fulla ~*** he is quite within his rights; ***med ~ eller orätt*** rightly or wrongly; ***med all (full) ~*** with perfect justice **2** rättsvetenskap law **3** domstol court, court of law
3 rätt I *adj* riktig right, correct; rättmätig rightful; sann, verklig true, real; ***~ skall vara ~*** fair is fair; ***det är inte mer än ~*** it's only fair; ***det är ~ åt honom!*** serves him right!; ***göra det ~a*** do what is right, do the right thing; ***i ordets ~a bemärkelse*** in the proper sense of the word **II** *adv* **1** korrekt rightly, correctly; ***eller ~are sagt*** or rather; ***går din klocka ~?*** is your watch right?; ***höra ~*** hear right; ***räkna ~*** antal count right; räknetal do it right; ***stava ~*** spell correctly **2** förstärkande quite; ganska fairly, pretty, rather; ***jag tycker ~ bra om henne*** I quite like her **3** rakt straight, direct, right
rätta I *s* **1** ***med ~*** rightly, justly; ***finna sig till ~*** settle down, find one's way about; ***komma till ~*** be found; ***komma till ~ med*** manage, handle; t.ex. problem cope with; t.ex. svårigheter overcome; ***sätta sig till ~*** settle oneself; ***tala ngn till ~*** bring a p. to reason; ***visa ngn till ~*** show a p. the way **2** jur., ***inför ~*** in court, before court; ***dra ngt inför ~*** bring (take) a th. to court; ***stå inför ~*** be on trial, stand trial; ***ställas inför ~*** be put on trial **II** *vb tr* o. *vb itr* **1** korrigera correct, put...right; ***~ en skrivning*** mark a paper; ***~ till*** t.ex. fel put...right, correct; missförhållande etc. remedy **2** avpassa adjust [*efter* to] **III** *vb rfl*, ***~ sig*** **1** correct oneself **2** ***~ sig efter*** t.ex. ngns önskningar comply with; beslut etc. abide by, go by; andra människor, omständigheterna adapt oneself to
rättegång *s* rannsakning trial; process legal proceedings pl.; speciellt civilmål lawsuit
rättelse *s* correction
rättesnöre *s*, ***tjäna till ~ för ngn*** serve as a guide to a p.
rättfram *adj* straightforward, frank
rättfärdig *adj* just, righteous
rättfärdiga *vb tr* justify
rättighet *s* right; befogenhet authority; jfr *spriträttigheter*
rättika *s* black radish
rättmätig *adj* om t.ex. arvinge rightful, lawful; om krav etc. legitimate
rättning *s* korrigering correcting; av skrivningar äv. marking
rättrogen *adj* faithful; friare orthodox
rättsfall *s* legal case
rättshjälp *s* legal aid
rättsinnad *adj* o. **rättsinnig** *adj* right-minded
rättskrivning *s* spelling, orthography
rättslig *adj* laglig legal; ***på ~ väg*** by legal means
rättslärd *adj* ...learned in the law; ***en ~*** a jurist
rättslös *adj* om pers. ...without legal rights
rättsmedicin *s* forensic medicine
rättspsykiater *s* forensic psychiatrist
rättssal *s* court, courtroom
rättssamhälle *s* community governed by law (founded on the rule of law)
rättsskydd *s* legal protection
rättstavning *s* spelling, orthography
rättsväsen *s* judicial system
rättvis *adj* just [*mot* to]; skälig fair; opartisk impartial
rättvisa *s* justice; skälighet fairness; opartiskhet impartiality; ***~n*** lag o. rätt justice; ***göra ~ åt ngt*** do justice to a th.
rättvisekrav *s*, ***det är ett ~ att...*** it's only fair that..., justice demands that...
rättvänd *adj* ...turned right way round (right side up)
rättänkande *adj* right-minded
rätvinklig *adj* right-angled
räv *s* fox
rävhona *s* vixen, she-fox
rävjakt *s* fox-hunting
rävspel *s* intriguing, intrigues pl.
rävunge *s* fox cub
röd *adj* red; högröd scarlet; ***~a armén*** the Red Army; ***Röda havet*** the Red Sea; ***~a hund*** German measles; ***Röda korset*** the Red Cross; ***i dag ~ i morgon död*** here today, gone tomorrow; ***se rött*** see red; för sammansättningar jfr äv. *blå-*
rödaktig *adj* reddish, ruddy
rödbeta *s* beetroot, amer. beet
rödblommig *adj* om person florid; om t.ex. hy äv. rosy, ruddy

rödbrun *adj* russet
rödbrusig *adj* red-faced...
rödhake *s* fågel robin, robin redbreast
rödhårig *adj* red-haired
röding *s* fisk char
rödkindad *adj* red-cheeked, rosy-cheeked
rödkål *s* red cabbage
Rödluvan Little Red Riding Hood
rödlök *s* red onion
rödnäst *adj* red-nosed
rödsprit *s* förr methylated spirit[s]; vard. meths pl.
rödspätta *s* plaice (pl. lika)
rödvin *s* red wine
rödögd *adj* red-eyed
1 röja *vb tr* förråda betray, give away; yppa reveal; avslöja expose; visa show
2 röja *vb tr* skog clear; ~ ***mark*** clear land; ~ ***väg för*** clear (pave) the way for; ~ ***ngn ur vägen*** remove a p.; ~ ***undan*** t.ex. hinder clear away; person, hinder remove
röjning *s* clearing
rök *s* smoke; ***gå upp i*** ~ go up in smoke
röka *vb itr* o. *vb tr* smoke
rökare *s* smoker; ***icke*** ~ non-smoker
rökbomb *s* smoke-bomb
rökelse *s* incense
rökfri *adj* smokeless
rökförbud *s*, ***det är*** ~ smoking is prohibited
rökig *adj* smoky
rökkupé *s* smoking-compartment, smoker
rökning *s* smoking; ~ ***förbjuden*** no smoking
rökpipa *s* pipe, tobacco pipe
rökrum *s* smoking-room
röksvamp *s* puffball
rön *s* iakttagelse observation; upptäckt discovery
röna *vb tr* meet with, experience
rönn *s* mountain ash; speciellt i Skottland rowan
rönnbär *s* rowanberry
röntga *vb tr* X-ray
röntgenbehandling *s* X-ray treatment
röntgenbild *s* X-ray picture
röntgenfotografera *vb tr* X-ray
röntgenstrålar *s pl* X-rays
rör *s* **1** ledningsrör pipe; mest tekn. tube **2** i radio el. TV valve, amer. tube
röra I *s* mess; virrvarr mix-up; oreda muddle; ***vara en enda*** ~ be all in a mess **II** *vb tr* **1** sätta i rörelse move, stir; ***inte*** ~ ***ett finger*** not stir a finger **2** vidröra touch; angå concern; ***det rör mig inte i ryggen*** I couldn't care less; ~ ***ngn till tårar*** move a p. to tears **III** *vb itr*, ~ ***i gröten*** stir the porridge; ~ ***på benen*** stretch one's legs; ***han rörde på huvudet*** he moved his head; ~ ***på sig*** move; motionera get some exercise **IV** *vb rfl*, ~ ***sig*** **a)** move; motionera get exercise; ***rör dig inte!*** don't move!; ~ ***sig fritt*** move about freely **b)** ***han har mycket pengar att*** ~ ***sig med*** he has a lot of money at his disposal; ***det rör sig om din framtid*** it concerns your future; ***det rör sig om*** stora summor ...are involved; ***vad rör det sig om?*** what is it about?
□ ~ **ihop** kok. etc. mix; bildl. mix up; ~ **om:** ***om*** ~ [*i*] kok. stir; ~ ***om i*** byrålådan poke about in...
rörande I *adj* touching, moving **II** *prep* angående concerning, regarding
rörd *adj* gripen moved, touched
rörelse *s* **1** motsats vila motion; av levande varelse movement; ***sätta fantasin i*** ~ stir the imagination; ***sätta sig i*** ~ begin to move **2** politisk etc. movement **3** affärs~ business, enterprise
rörelsefrihet *s* freedom of movement
rörelseförmåga *s* ability to move
rörelsehindrad *adj* disabled
rörelsekapital *s* working capital
rörig *adj* messy; ***vad här är ~t!*** what a mess!
rörledning *s* pipeline
rörledningsfirma *s* plumbing firm
rörlig *adj* flyttbar movable; om priser, ränta flexible; ***~t kapital*** working capital
rörläggare *s* o. **rörmokare** *s* plumber
rörsocker *s* cane sugar
röst *s* **1** stämma voice; ***med hög (låg)*** ~ in a loud (low) voice **2** polit. vote; ***lägga ned sin*** ~ abstain from voting
rösta *vb itr* vote; ~ ***om ngt*** vote on a th.; ~ ***på ngn*** vote for a p.
röstberättigad *adj* ...entitled to vote
röstfiske *s* vote-catching
röstkort *s* voting card
röstlängd *s* electoral register
rösträkning *s* rösträknande counting of votes; ***en*** ~ a count (count of votes)
rösträtt *s* ngns right to vote
röstsedel *s* voting-paper, ballot paper
röta *s* rot, putrefaction; förmultning decay
rött *s* red; jfr *blått*
röv *s* vulg. arse, amer. ass
röva *vb tr* rob [*ngt från ngn* a p. of a th.]
rövare *s* robber; ***leva*** ~ raise hell

rövarhistoria *s* cock-and-bull story

S

sabba *vb tr* vard. ruin, spoil, muck up; ~ ***alltihop*** äv. throw a spanner in (into) the works
sabbat *s* Sabbath
sabbatsår *s* sabbatical, sabbatical year
sabel *s* sabre
sabla *adj* o. *adv* blasted, damned
sabotage *s* sabotage
sabotera *vb tr* o. *vb itr* sabotage
sabotör *s* saboteur
Sachsen Saxony
sacka *vb itr,* ~ ***efter*** lag (drop) behind
sackarin *s* saccharin
sadel *s* saddle; ***sitta säkert i ~n*** bildl. be (sit) firmly in the saddle
sadelmakare *s* saddler
sadism *s* sadism
sadist *s* sadist
sadistisk *adj* sadistic
sadla I *vb tr* saddle **II** *vb itr,* ~ ***om*** byta yrke change one's profession (trade)
safari *s* safari
saffran *s* saffron
saffransbröd *s* saffron-flavoured bread
safir *s* sapphire
saft *s* natursaft juice; kokt med socker fruit-syrup; apelsinsaft orange juice; ***pressa (krama) ~en ur en citron*** squeeze a lemon
saftig *adj* juicy
saga *s* fairy tale (story); fornnordisk saga; myt. myth; ***berätta en ~ för mig!*** tell me a story!
sagesman *s* informant
sagobok *s* book of fairy tales (stories), story book
sagoland *s* fairyland, wonderland
sagolik *adj* fabulous; fantastisk t.ex. om tur fantastic; ***en ~ röra*** an incredible mess
Sahara the Sahara
sak *s* **1** thing, object **2** omständighet etc. thing; angelägenhet matter, business (end. sg.); ~ att kämpa för cause; rättsfall case; ***en ~*** 'någonting' something; ***~er och ting*** things; ***~en är den att han...*** the fact is that he...; ***~en är klar!*** that settles it!; ***vad gäller ~en?*** what's it about?; ***göra gemensam ~ med ngn*** make common cause with a p.; ***jag ska säga dig en ~*** I tell you what; do you know what; ***jag***

skall tänka på (över) ~en I'll think it (the matter) over; ***det är en annan ~ med dig*** it's different with you; ***det är min (inte min) ~*** that's my (none of my) business; ***det är din ~ att göra det*** it is up to you to do it; ***~ samma*** no matter; never mind; ***det är en självklar ~*** it is a matter of course; ***han har rätt i ~*** essentially he is right; ***så var det med den ~en!*** and that's that!; ***han är säker på sin ~*** he is sure of his point; ***till ~en!*** let us come to the point!

sakfråga *s, **själva ~n*** the point at issue

sakförare *s* solicitor, lawyer

sakkunnig *adj* expert, competent

sakkunskap *s* expert knowledge

saklig *adj* matter-of-fact; objektiv objective

sakna *vb tr* **1** inte ha, vara utan lack, be without; behöva want, be in want of; lida brist på be wanting (lacking) in; ***ryktet ~r grund*** the rumour is without foundation; ***huset ~r hiss*** there is no lift in the house; ***han ~r humor*** he has no sense of humour; verbet ***~r infinitiv*** ...has no (lacks an) infinitive **2** inte kunna hitta, ***jag ~r mina nycklar*** I have lost my keys **3** märka frånvaron av miss

saknad I *adj* missed; borta missing; ***~e*** subst. adj. persons missing **II** *s, **~ efter ngn*** regret at a p.'s loss

saknas *vb itr dep* vara borta be missing

sakrament *s* sacrament

sakristia *s* vestry

sakta I *adj* långsam slow; varsam gentle; dämpad, tyst soft; ***i ~ mak*** at an easy pace **II** *adv* långsamt slowly; varsamt gently; ***~ i backarna!*** take it easy!; ***gå för ~*** om urverk be slow **III** *vb tr* o. *vb itr, **~ av (ned)*** el. ***~ farten*** slow down **IV** *vb rfl,* klockan ***~r sig*** ...is losing (is losing time)

sal *s* hall; matsal dining-room; salong drawing-room

salami *s* salami

saldo *s* balance; ***ingående ~*** balance brought forward; ***utgående ~*** balance carried forward

salig *adj* blessed; vard., lycklig very happy; ***min ~ far*** om avliden my poor father; ***~ i åminnelse*** of blessed memory

saliv *s* saliva

sallad *s* **1** bot. lettuce **2** maträtt salad

salladsbestick *s, **ett ~*** a pair of salad servers

salladsblad *s* lettuce leaf

salladsdressing *s* salad dressing

salladshuvud *s* lettuce

salong *s* **1** i hem drawing-room, amer. parlor; finare lounge **2** publiken på teater o.d. audience **3** utställning exhibition

salt *s* o. *adj* salt

salta *vb tr* salt; ***en ~d räkning*** a stiff bill; ***~ in (ned)*** lägga i saltlake brine

saltgurka *s* pickled gherkin

salthalt *s* salt content

saltkar *s* för bordet saltcellar

saltomortal *s* somersault

saltsjö *s* insjö salt lake

saltströare *s* saltcellar, amer. äv. saltshaker

saltsyra *s* hydrochloric acid

saltvatten *s* salt water

salu *s, **till ~*** on (for) sale

salubjuda *vb tr* o. **saluföra** *vb tr* offer...for sale

saluhall *s* market hall

salustånd *s* stall; speciellt på marknad booth; på mässa stand

salut *s* salute

salutera *s* salute

salutorg *s* market place

1 salva *s* skott~ etc. samt bildl. volley

2 salva *s* till smörjning ointment

salvia *s* sage

samarbeta *vb itr* co-operate, work together; speciellt i litterärt arbete o. polit. collaborate

samarbete *s* co-operation; collaboration, jfr *samarbeta*

samarbetsvillig *adj* co-operative

samba *s* samba; ***dansa ~*** do (dance) the samba

samband *s* connection; ***stå i ~ med*** have (bear) a relation to

sambeskattning *s* joint taxation

sambo *s* live-in; mera formellt cohabiter, cohabitee

same *s* Lapp, Laplander

samexistens *s* coexistence

samfund *s* society, association

samfälld *adj* joint; enhällig unanimous

samfärdsel *s* communications pl.; trafik traffic

samfärdsmedel *s* means (pl. lika) of transport

samförstånd *s* mutual understanding, understanding; enighet agreement

samhälle *s, ~* el. ***~t*** society; ort place

samhällelig *adj* social

samhällsanda *s* public spirit; ***god ~*** äv. good citizenship

samhällsdebatt *s* public discussion of social problems
samhällsfarlig *adj*, ***vara ~*** be a public danger
samhällsfientlig *adj* anti-social
samhällsgrupp *s* social group
samhällsklass *s* social class, class of society
samhällskunskap *s* civics sg.
samhällslära *s* sociology
samhällsskick *s* social structure, type of society
samhällsställning *s* social position
samhällstillvänd *adj* social-minded
samhällstjänst *s* community service
samhörighet *s* solidarity; själsfrändskap affinity
samisk *adj* Lapp
samklang *s* accord, harmony; ***stå i ~ med*** be in harmony with
samkväm *s* social gathering
samla I *vb tr*, ~ el. ***~ ihop*** gather; planmässigt collect; få ihop get together; ~ på hög amass, accumulate; förena, ena unite, unify; ***~ frimärken*** collect stamps; ***~ en förmögenhet*** amass a fortune **II** *vb itr*, ***~ på*** ngt collect...; ***~ till*** ngt a) spara save up for... b) lägga ihop club together for... **III** *vb rfl*, ***~ sig*** a) se *samlas* b) collect (compose) oneself; koncentrera sig concentrate
samlad *adj* collected äv. 'sansad'; församlad assembled, total; ***Strindbergs ~e skrifter*** the collected (complete) works of Strindberg
samlag *s* sexual intercourse; speciellt med. coitus
samlare *s* collector
samlas *vb itr dep* om personer gather, get (come) together; församlas assemble; träffas meet; hopas collect
samlevnad *s* mellan människor social life, living together; ***fredlig ~*** mellan nationer o. grupper peaceful coexistence
samling *s* av personer gathering; grupp group; av t.ex. böcker, mynt collection; ***hela ~en*** the whole lot
samlingslokal *s* meeting-place; samlingssal assembly hall
samlingsplats *s* meeting-place
samlingspunkt *s* meeting-point, rallying-point
samlingsregering *s* coalition government
samlingssal *s* assembly hall
samliv *s* life together; äktenskapligt married life
samma *(samme) adj* the same [*som* as]; likadan similar [*som* to]; ***~ dag han for*** the day he left; ***sak ~*** no matter; de är ***i ~ ålder*** ...the same age; ***på ~ gång*** at the same time; ***på ~ sätt*** in the same way
samman *adv* together
sammanbiten *adj* resolute
sammanblandning *s* förväxling confusion, mixing up; blandning mixing; konkret mixture, blend
sammanbo *vb itr* live together, live in; mera formellt cohabit
sammanbrott *s* collapse, breakdown; ***få ett ~*** collapse, break down
sammandrabbning *s* encounter, clash
sammandrag *s* summary; ***här är nyheterna i ~*** here is the news summary
sammanfalla *vb itr* coincide
sammanfatta *vb tr* sum up, summarize
sammanfattning *s* summary
sammanfattningsvis *adv* to sum up
sammanföra *vb tr* bring...together
sammanhang *s* samband connection; i text context
sammanhållning *s* solidarity; enighet unity
sammanhängande *adj* connected; utan avbrott continuous
sammankalla *vb tr* summon, assemble
sammankomst *s* meeting, gathering; vard. get-together
sammanlagd *adj* total total; ***deras ~a inkomster*** their incomes taken together
sammanlagt *adv* in all
sammansatt *adj* om t.ex. ord compound; av olika beståndsdelar composite; ***vara ~ av*** bestå av be composed of
sammanslagning *s* union; fusion merger, fusion
sammanslutning *s* förening association, society; polit. union, federation
sammanställa *vb tr* put together, compile
sammanställning *s* putting together; av t.ex. antologi, register compilation
sammanstötning *s* kollision collision; strid clash
sammansvärjning *s* conspiracy, plot
sammansättning *s* **1** det sätt varpå ngt är sammansatt composition; struktur structure; kombination combination **2** ord som består av två el. flera ord compound
sammanträda *vb itr* meet, assemble
sammanträde *s* meeting, committee meeting

sammanträffa *vb itr* råkas meet
sammanträffande *s* **1** möte meeting **2** ~ av omständigheter coincidence
sammet *s* velvet
sammetsklänning *s* velvet dress
sammetslen *adj* velvety
samordna *vb tr* co-ordinate
samråd *s* consultation
samråda *vb itr* consult each other; ***~ med ngn*** consult a p.
samröre *s* dealings pl., collaboration; ***ha ~ med*** have dealings with
sams *adj, **vara ~*** a) vänner be friends, be on good terms b) eniga be agreed [*om ngt* on (about) a th.]
samsas *vb itr dep* **1** enas agree [*om ngt* on (about) a th.] **2** ***~ om*** t.ex. utrymmet share
samspel *s* mus., teat. ensemble; sport. teamwork; bildl. interplay
samspråk *s* talk, conversation; ***komma i ~ med varandra*** start talking (chatting) with each other
samspråka *vb itr* talk, converse; förtroligt chat
samstämmig *adj* enhällig unanimous
samsända *vb tr* radio. el. TV. broadcast (transmit) simultaneously
samsändning *s* radio. el. TV. joint broadcast (transmission)
samt *adv* and, and also; tillsammans med together (along) with
samtal *s* conversation, talk; tele. call
samtala *vb itr* talk, converse [*om* about]
samtalsämne *s* topic, topic of conversation; ***byta ~*** change the subject
samtid *s, **~en*** vår tid our age (time)
samtida *adj* o. *subst adj* contemporary; ***våra ~*** our contemporaries
samtidig *adj* i samma ögonblick simultaneous
samtidigt *adv* på samma gång at the same time; i samma ögonblick simultaneously
samtliga *adj, ~* passagerare all the...; ***~ var där*** all of them (us etc.) were there
samtycka *vb itr* consent, assent, agree [*till* i samtliga fall to]
samtycke *s* consent; gillande approval
samvaro *s* being together; tid tillsammans time together; umgänge relations pl.; ***under vår sista ~*** when we were last together
samverka *vb itr* co-operate
samverkan *s* co-operation
samvete *s* conscience; ***ha dåligt ~ för ngt*** have a bad (guilty) conscience about a th.; ***ha gott (rent) ~*** have a clear conscience
samvetsgrann *adj* conscientious; ängsligt ~ scrupulous
samvetskval *s pl* pangs of conscience, remorse sg.
samvetslös *adj* ...without any conscience, unscrupulous
samvetsöm *adj, ~* värnpliktig conscientious objector
samvälde *s, **Brittiska ~t*** the Commonwealth
samåka *vb itr* car-pool; ***vi samåker till jobbet*** we share one car to work
samåkning *s* car-pooling
sanatorium *s* sanatorium, amer. sanitarium
sand *s* sand; till vägar grit
sanda *vb tr* mot halka grit
sandal *s* sandal
sandbil *s* gritting truck; vard. gritter, amer. sandtruck
sandig *adj* sandy
sandkorn *s* grain of sand
sandlåda *s* att leka i sandpit, amer. sand-box
sandpapper *s* sandpaper; ***ett ~*** a piece of sandpaper
sandpappra *vb tr* sandpaper
sandslott *s* barns sandcastle
sandstrand *s* beach, sandy beach
sandsäck *s* sandbag
sandwich *s* o. **sandvikare** *s* vard., ung. canapé
sanera *vb tr* **1** befria från skadliga ämnen decontaminate; från olja disperse **2** t.ex. stadsdel clear...of slums; t.ex. fastighet renovate; riva pull down **3** bildl. reconstruct, reorganize; t.ex. videomarknaden clean up; t.ex. finanser put...on a sound basis
sanering *s* **1** det att befria från skadliga ämnen decontamination; oljesanering dispersal **2** av t.ex. stadsdel slum clearance; av t.ex. fastighet renovation; rivning pulling down **3** bildl. reconstruction, reorganization; av t.ex. videomarknaden cleaning-up; finanser etc. putting...on a sound basis
sang *s* kortsp. no trumps; ***en (två) ~*** one (two) no-trumps
sanitetsbinda *s* sanitary towel (amer. napkin)
sanitetsvaror *s pl* sanitary articles
sanitär *adj* sanitary; ***vara (utgöra) en ~ olägenhet*** be a private nuisance
sank I *s, **borra (skjuta)...i ~*** sink **II** *adj* sumpig, vattensjuk swampy, marshy, water-logged
sankt *adj* saint (förk. St.)

sanktbernhardshund *s* St. Bernard [dog]
sanktion *s* sanction; ***tillgripa ~er*** straffåtgärder resort to sanctions
sanktionera *vb tr* sanction
sann *adj* true [*mot* to]; ***inte sant?*** wasn't it?, don't you think so?; ***så sant jag lever!*** as sure as I live
sanna *vb tr,* ***~ mina ord!*** mark my words!
sannerligen *adv* indeed, really; förvisso certainly
sanning *s* truth; ***tala ~*** tell (speak) the truth; ***~en att säga*** var jag... to tell the truth...; ***säga ngn ett ~ens ord*** (***några beska sanningar***) tell a p. a few home truths
sanningsenlig *adj* truthful; sann true
sannolik *adj* probable, likely
sannolikhet *s* probability, likelihood; ***med all ~*** in all probability
sannolikt *adv* probably, very likely
sannspådd *adj,* ***han blev ~*** his predictions came true
sans *s* medvetande, ***förlora ~en*** lose consciousness; ***komma till ~*** come round
sansad *adj* sober, sober-minded, level-headed; vettig sensible; modererad moderate; ***lugn och ~*** calm and collected
sard *s* o. **sardinare** *s* Sardinian
sardell *s* anchovy
sardin *s* sardine
sardinburk *s* burk sardiner tin of sardines
Sardinien Sardinia
sardinsk *adj* o. **sardisk** *adj* Sardinian
sarg *s,* ***~en*** i ishockey the sideboards pl.
sarga *vb tr* såra wound; illa tilltyga mangle
sarkasm *s* sarcasm
sarkastisk *adj* sarcastic
satan *s* **1** den onde Satan, the Devil **2** i kraftuttryck, ***ett ~s oväsen*** a (the) devil of a row
satellit *s* satellite äv. TV.
satellitprogram *s* TV. satellite programme
satellitstat *s* satellite state
satellitsändning *s,* ***en ~*** a satellite broadcast
satir *s* satire [*över* on, upon]
satiriker *s* satirist
satirisera *vb itr,* ***~ över*** satirize
satirisk *adj* satirical
sats *s* **1** språkv. sentence; om t.ex. huvudsats el. bisats vanl. clause **2** ansats take-off; ***ta ~*** vid hoppning take a run **3** mus. movement **4** uppsättning set **5** kok. batch
satsa I *vb tr* stake; riskera venture; investera invest **II** *vb itr* i spel make one's stake (stakes); ***~ på*** hålla på bet on
satsdel *s,* ***ta ut ~arna*** [***i en mening***] analyse a sentence
satsning *s* inriktning concentration; försök bid; ***en djärv ~*** a bold venture
satt *adj* stocky, square-built
sattyg *s* vard. mischief
Saturnus astron. el. myt. Saturn
satäng *s* satin
Saudi-Arabien Saudi Arabia
saudiarabisk *adj* Saudi Arabian
saudier *s* Saudi
sav *s* sap
savann *s* savannah
sax *s* scissors pl.; större shears pl.; ***en ~*** a pair of scissors (shears)
saxofon *s* saxophone; vard. sax
saxofonist *s* saxophonist
scarf *s* scarf (pl. scarves)
scen *s* på teater stage; del av akt scene; ***~en*** teatern the stage, the theatre; ***ställa till en ~*** make a scene
scenarbetare *s* stage hand, scene-shifter
scenario *s* scenario (pl. -s)
schablon *s* mönster pattern, model
schablonavdrag *s* i självdeklaration standard (general) deduction
schablonmässig *adj* stereotyped; conventional, mechanical
schack *s* spel chess; ***hålla...i ~*** keep...in check
schackbräde *s* chessboard
schackdrag *s* move äv. bildl.
schackmatt *adj* checkmate
schackparti *s* game of chess
schackpjäs *s* chessman
schackspelare *s* chessplayer
schakt *s* tekn. el. gruv. shaft
schakta *vb tr* excavate; t.ex. lös jord remove
schalottenlök *s* shallot
schampo *s* shampoo (pl. -s)
schamponera *vb tr* shampoo, give...a shampoo
schamponering *s* shampoo (pl. -s)
scharlakansfeber *s* scarlet fever, scarlatina
scharlakansröd *adj* scarlet
schattering *s* nyans shade
schatull *s* casket
schejk *s* sheik, sheikh
schema *s* t.ex. arbets~ schedule; t.ex. färg~ scheme; skol. timetable, amer. schedule; ***lägga ett ~*** make a timetable (amer. schedule)

schematisk *adj* schematic; ***en ~ framställning*** an outline
schimpans *s* chimpanzee
schism *s* schism, split
schizofren *s* o. *adj* schizophrenic
schizofreni *s* schizophrenia
schlager *s* hit, song hit, popular song
schlager-EM *s* i TV the Eurovision Song Contest
schlagerfestival *s* hit-song contest (festival)
schlagersångare *s* popular singer
schwartzwaldtårta *s* Black Forest gateau
Schwarzwald the Black Forest
Schweiz Switzerland
schweizare *s* Swiss (pl. lika)
schweizerfranc *s* Swiss franc
schweizerost *s* Swiss cheese; emmentaler Emmenthal
schweizisk *adj* Swiss
schvung *s* fart, kläm go, dash, pep
schysst *adj* o. *adv* vard. OK, fine; rättvis fair, decent
schäfer *s* Alsatian
scout *s* scout; flick~ guide, amer. girl scout
scripta *s* vard. script (continuity) girl
se *vb tr* o. *vb itr* see; titta look; ***jo, ~r du...*** well, you see...; ***hur man än ~r det*** whatever way you look at it; ***jag ~r det som*** min plikt I regard it as...; ***jag tål inte ~ honom*** I can't stand the sight of him; ***få*** råka ~ see, catch sight of; ***där ~r du!*** there you are!; ***i stort ~tt*** på det hela taget on the whole; i allmänhet generally speaking; ~ ***på*** (obetonat) titta på look at; ta en titt på have a look at; uppmärksamt watch; ***hur ~r du på saken?*** what is your view of the matter?; ~ ***allvarligt på saken*** take a serious view of the matter; ***jag ~r på dig att...*** I can tell by your face that...; ~ ***sig i spegeln*** look at oneself in the mirror □ ~ **efter** ta reda på see [*om* if]; leta look; övervaka look after; ~ **fram emot (mot)** look forward to; ~ **sig för** look out, take care; ~ **igenom** look through; ~ **ned på** bildl. look down on; ~ **sig om** vända sig look around; ~ ***sig om efter*** söka look about for; ~ ***sig om (omkring) i världen*** see the world; ~ **på** look on; iaktta watch; ***~r man på!*** well, well!, I say!; ~ **till** övervaka look after, see to; ~ ***till att*** ngt görs see (see to it) that...; ~ **upp** a) titta upp look up [*från* from] b) akta sig look (watch) out [*för* for]; vara försiktig take care, be careful; ~ ***upp för*** steget***!*** mind...!; ~ ***upp till*** beundra look up to; ~ **ut a)** titta ut look out **b)** ha visst utseende look [*som* like]; ~ ***ut att*** inf. look like ing-form; verka seem to inf.; ***han ~r bra ut*** he is good-looking; ***hur ~r han ut?*** what does he look like?; ***hur ~r det ut i*** rummet***?*** what is...like?; ***så du ~r ut!*** what a state you are in!; ***det ~r så (inte bättre) ut*** it looks (seems very much) like it; ***det ~r ut att bli regn (en vacker dag)*** it looks like rain (like being a fine day); ~ ***ut [åt sig]*** välja choose (pick out); ~ **över** se igenom look over
seans *s* seance
sebra *s* zebra
sed *s* bruk custom; praxis practice; sedvana usage; ***~er och bruk*** manners and customs
sedan I *adv* **1** därpå then; senare later; efteråt afterwards; ~ ***har jag inte sett henne*** I haven't seen her since (after that); ***det är ett år ~ nu*** it is a year ago now **2** vard., ***än sen då?*** iron. so what? **II** *prep* alltsedan: vid uttryck för tidpunkt since; vid uttryck för tidslängd for; ~ ***dess*** since then; ***hon är (har varit) sjuk ~ i går (ett år)*** she has been ill since yesterday (for a year) **III** *konj* alltsedan since; efter det att after; när when; ~ ***(ända ~) jag kom hit*** since (ever since) I came here; ***det var först ~ jag hade sett den som...*** it was not until I had seen it that...
sedel *s* banksedel banknote, note, amer. bill
sedelautomat *s* cash-operated fuel pump
sedelbunt *s* bundle of banknotes (notes)
sedermera *adv* later on; afterwards
sedlighet *s* morality
sedlighetsbrott *s* sexual offence
sedlighetsrotel *s*, ***~n*** the vice squad
sedvanlig *adj* customary; vanlig usual; vedertagen accepted
sedvänja *s* custom; praxis practice
seedad *adj* sport. seeded
seg *adj* tough; envis stubborn
segdragen *adj* long drawn-out, protracted
segel *s* sail; ***hissa ~ (seglen)*** hoist sail (the sails)
segelbåt *s* sailing-boat; större yacht
segelflygning *s* **1** flygning sailplaning, gliding **2** färd sailplane (gliding) flight
segelflygplan *s* sailplane, glider
seger *s* victory; sport. äv. win; besegrande conquest
segerherre *s* victor
segerrik *adj* victorious
segertåg *s* triumphal procession

seghet *s* toughness; envishet stubbornness
segla *vb itr* o. *vb tr* sail
seglare *s* person yachtsman
seglats *s* segeltur sailing tour (trip); längre sjöresa voyage
segling *s* **1** seglande sailing; sport~ äv. yachting **2** segeltur sailing tour
seglivad *adj*, ***vara ~*** bildl. tough, hard to get rid of
segna *vb itr*, ***~ till marken*** sink to the ground; ***~ död ned*** drop down dead
segra *vb itr* win; vinna seger be victorious, triumph; ***~ eller dö*** conquer or die; ***~ över*** besegra conquer; övervinna overcome
segrare *s* victor; i tävling winner
segrarpall *s* winner's (resp. winners') stand, rostrum
segregation *s* segregation
segregera *vb tr* segregate
segsliten *adj* utdragen long drawn-out
seismograf *s* seismograph
sejdel *s* tankard; utan lock mug
sekatör *s* pruning shears pl., secateurs pl.; ***en ~*** a pair of pruning shears (secateurs)
sekel *s* century
sekelskifte *s*, ***vid ~t*** at the turn of the century
sekret *s* fysiol. secretion
sekretariat *s* secretariat
sekreterare *s* secretary
sekretess *s* secrecy
sekretär *s* bureau
sekt *s* sect
sektion *s* section
sektor *s* sector; ***den statliga ~n*** the public sector
sekund *s* second
sekunda *adj* sämre second-rate, inferior
sekundvisare *s* second-hand
sekundär *adj* secondary
sekvens *s* sequence
sele *s* harness; barnsele reins pl.
selen *s* kem. selenium
selleri *s* celery; rot~ celeriac
semafor *s* semaphore
semester *s* holiday, holidays pl., vacation
semesterersättning *s* holiday compensation
semesterfirare *s* holiday-maker
semesterort *s* holiday resort
semesterparadis *s* vard. ideal holiday resort
semestra *vb itr* ha semester be on holiday; tillbringa semestern spend one's holiday
semifinal *s* semifinal
semikolon *s* semicolon
seminarium *s* univ. seminar
semitisk *adj* Semitic
semla *s* cream bun with almond paste [eaten during Lent]
1 sen *adv prep konj* se *sedan*
2 sen *adj* **1** motsats tidig late; ***för ~ ankomst*** late arrival; ***det börjar bli ~t*** it is getting late **2** ***inte vara ~ att*** inf. not be slow to inf.
sena *s* sinew; anat. äv. tendon; på tennisracket string
senap *s* mustard
senare I *adj* later; motsats förra latter; subsequent; kommande future; ***det blir en ~ fråga*** that will be a question for later on; ***på ~ år*** de här åren in the last few years **II** *adv* later; längre fram later on
senast I *adj* latest; sist i ordning last; ***de ~e veckorna*** the last few weeks **II** *adv* latest; motsats först last; jag såg honom ***~ igår*** ...only yesterday; ***~ (allra ~)*** i morgon ...at the latest (the very latest); du ska vara hemma ***senast kl. 4*** ...by 4 o'clock at the latest
senat *s* senate
senator *s* senator
senig *adj* sinewy; om kött äv. stringy
senil *adj* senile
senilitet *s* senility
senior I *adj* senior **II** *s* sport. senior
sensation *s* sensation
sensationell *adj* sensational
sensitivitetsträning *s* sensitivity training
sensmoral *s*, ***~en är...*** the moral is...
sensuell *adj* sensual
sent *adv* late; ***gå och lägga sig ~*** som vana keep late hours; ***komma för ~ till...*** a) inte passa tiden be late for... b) gå miste om be too late for...
sentida *adj* ...of our days
sentimental *adj* sentimental
separat I *adj* separate; särskild special **II** *adv* separately
separatfred *s* separate peace
separation *s* separation
separera *vb tr* o. *vb itr* separate
september *s* September (förk. Sept.); jfr *april* o. *femte*
Serbien Serbia
serbisk *adj* Serbian
serbokroatiska *s* språk Serbo-Croatian
serenad *s* serenade
sergeant *s* sergeant
serie *s* **1** series (pl. lika); i radio el. TV etc. series; följetong serial; följd, svit sequence;

sport. league **2** tecknad ~ comic strip, cartoon
seriefigur *s* character in a comic strip
seriekrock *s* multiple collision
serietidning *s* med tecknade serier comic, comic paper
serietillverkad *adj* mass-produced
serietillverkning *s* serial (mass) production
seriös *adj* serious; högtidlig solemn
serum *s* serum
serva *vb tr* o. *vb itr* sport. serve; ***vem ~r?*** whose serve (service) is it?
serve *s* serve, service
serveess *s* tennis ace
servegame *s* sport. service game
servegenombrott *s* sport. [service] breakthrough
servera I *vb tr* serve; hälla i pour out; ***~ sig själv*** help oneself; ***middagen är ~d*** el. ***det är ~t*** dinner is served (ready) **II** *vb itr* serve (wait) at table
serveretur *s* sport. service return
servering *s* **1** betjäning service; uppassning waiting **2** lokal restaurant; på järnvägsstation etc. refreshment room, buffet
serveringsavgift *s* service charge
servett *s* napkin, serviette
service *s* service
servicebox *s* night safe (amer. depository)
servicehus *s* block of service flats (apartments) [for the elderly or disabled]
servicestation *s* service station
serviceyrke *s* service occupation
servis *s* porslin etc. service, set
servitris *s* waitress
servitör *s* waiter
servobroms *s* servo (power) brake
ses *vb itr dep* råkas meet, see each other; ***vi ~!*** see you later!
session *s* session; friare meeting
set *s* set äv. i tennis; i bordtennis o. badminton game
setboll *s* set point; i bordtennis o. badminton game ball
setter *s* hund setter
Sevilla Seville
sevärd *adj*, ***den är ~*** it's worth seeing
sevärdhet *s*, ***~erna i staden*** the sights of the town; ***det är en verklig ~*** it's really worth seeing
1 sex *räkn* six; jfr *fem* o. sammansättningar
2 sex *s* det sexuella sex
sexa *s* **1** six; jfr *femma* **2** måltid light supper
sexcylindrig *adj* six-cylinder...
sexig *adj* sexy
sexism *s* sexism
sexist *s* sexist
sexliv *s* sex life
sextio *räkn* sixty; jfr *femtio* o. sammansättningar
sextionde *räkn* sixtieth
sextiowattslampa *s* sixty-watt bulb
sexton *räkn* sixteen; jfr *femton* o. sammansättningar
sextonde *räkn* sixteenth (förk. 16th); jfr *femte*
sextondelsnot *s* mus. semiquaver, amer. sixteenth-note
sexualdrift *s* sex (sexual) urge
sexualförbrytare *s* sexual offender
sexualitet *s* sexuality
sexualliv *s* sex life
sexualundervisning *s* sex instruction
sexuell *adj* sexual, sex...
sfinx *s* sphinx
sfär *s* sphere
sheriff *s* sheriff
sherry *s* sherry
shoppa *vb itr* shop; ***gå och ~*** go shopping
shoppingvagn *s* shopping trolley, cart
shoppingväska *s* shopping bag
shorts *s pl* shorts
show *s* show
si *adv*, det görs ***än ~, än så*** ...now this way, now that; ***det är lite ~ och så med hans kunskaper i...*** his knowledge of...isn't up to much (is rather so-so)
sia *vb tr* o. *vb itr* prophesy [*om* of]
Siames *s* katt Siamese (pl. lika)
siamesisk *adj* Siamese
Sibirien Siberia
sibirisk *adj* Siberian
siciliansk *adj* Sicilian
Sicilien Sicily
sicksack *s*, ***i ~*** in a zigzag, zigzag
sida *s* **1** side; ***~ vid ~*** side by side; det är ***hans starka ~*** ...his strong point; ***byta ~*** i bollspel change ends; ***han har sina goda sidor*** he has his good points; ***ställa sig på ngns ~*** bildl. side (take sides) with a p.; han förtjänar lite ***vid ~n om*** ...on the side; ***å ena ~n...å andra ~n*** on one (the one) hand...on the other; ***lägga*** ngt ***åt ~n*** put...aside (away); bildl. put...on one side; ***gå åt ~n*** step aside; ***gå åt ~n för*** ngn make room for... **2** i bok page; ***se ~n*** (förk. *sid.*) ***5*** see page (förk. p.) 5
sidbyte *s* sport. change of ends
siden *s* silk
sidfläsk *s* rökt el. saltat bacon

sidled *s, i* ~ sideways, laterally
sidlinje *s* i tennis sideline; i fotboll touchline
sidospår *s* sidetrack
sidvind *s* side wind
siesta *s* siesta; ***ta*** ~ take a siesta
siffertips *s* correct score forecast
siffra *s* figure; konkret äv. numeral; enstaka i flersiffrigt tal digit; antal number; ***romerska siffror*** Roman numerals; skriva ***med siffror*** ...in figures
sifon *s* siphon
sig *pron,* ~ el. ~ ***själv*** maskulin himself; feminin herself; neutrum itself; pl. themselves; 'man' oneself; ***man måste försvara*** ~ one must defend oneself; ***hon hade inga pengar på*** ~ she hadn't any money about her; ***han tvättade*** ~ ***om händerna*** he washed his hands; ***hon sade*** ~ ***vara nöjd*** she said she was satisfied; ***känna*** ~ ***trött*** feel tired; ***lära*** ~ learn; ***rädd av*** ~ timid, inclined to be timid; han hade ***ingenting på*** ~ ...nothing on; ***gå hem till*** ~ go home
sightseeing *s* sightseeing; ***vara ute på*** ~ (***en*** ~) be out sightseeing (on a sightseeing tour)
sigill *s* seal
sigillring *s* seal ring
signal *s* signal; ringning ring; ***ge*** ~ make a signal; med signalhorn sound the horn; ***slå en*** ~ (***en*** ~ ***till ngn***) ringa upp give a p. a ring
signalement *s* description [*på* of]
signalera *vb tr* o. *vb itr* signal
signatur *s* signature; författarnamn pseudonym
signaturmelodi *s* signature tune
signera *vb tr* sign
signifikativ *adj* typisk typical; betydelsefull significant
sik *s* whitefish
1 sikt *s* såll sieve
2 sikt *s* **1** visibility; ***ha fri*** ~ have a clear view **2** tidrymd, ***på lång*** ~ on a (the) long view
1 sikta *vb tr* sålla sift, pass...through a sieve; t.ex. grus screen; i kvarn bolt
2 sikta I *vb tr* sight **II** *vb itr* aim [*på (mot, till)* at]
sikte *s* sight äv. på skjutvapen; ***ta*** ~ ***på*** aim at
siktförbättring *s* improved visibility
siktförsämring *s* reduced visibility
sil *s* **1** strainer; durkslag colander **2** sl., narkotikados shot
sila I *vb tr* strain **II** *vb itr* om t.ex. vatten, sand trickle; om ljus filter; ***regnet ~r ned*** it is steadily pouring down
silhuett *s* silhouette
silikon *s* silicone
silikonbehandlad *adj* silicone-treated
silikos *s* silicosis
silke *s* silk
silkesgarn *s* silk yarn
silkeslen *adj* silky
silkesmask *s* silkworm
silkespapper *s* tissue paper
silkesvantar *s pl,* ***behandla ngn med*** ~ treat (handle) a p. with kid gloves
sill *s* herring; ***inlagd*** ~ pickled herring
silver *s* silver
silverbröllop *s* silver wedding
silvergran *s* silver fir
silvermedalj *s* silver medal
silverputs *s* silver polish
silversmed *s* silversmith
silverstämpel *s* silver mark
simbassäng *s* swimming-pool; inomhus swimming-bath
simbyxor *s pl* trunks, swimming trunks
simdyna *s* swimming float
simfenor *s pl* sport. flippers
simhall *s* swimming baths (pl. lika)
simkunnig *adj,* ***han är*** ~ he can swim
simlärare *s* swimming teacher (instructor)
simma *vb itr* swim; ~ ***bra*** be a good swimmer
simmare *s* swimmer
simning *s* swimming
simpel *adj* common, ordinary; enkel simple; lumpen mean; tarvlig vulgar
simsalabim *interj* hey presto
simskola *s* swimming school
Simson bildl. Samson
simsport *s* swimming
simtag *s* swimming stroke; ***ta ett*** ~ swim a stroke
simulera I *vb tr* sham, simulate **II** *vb itr* spela sjuk sham illness, malinger
simultantolkning *s* simultaneous interpretation (translation)
sin *(sitt, sina) poss pron* a) his; her; its; syftande på flera ägare their; med syftning på 'one' one's b) självständigt: his; hers; its; theirs; one's own; ***på ~a ställen*** (***håll***) in places, here and there; ***på*** ~ ***tid*** förr formerly; ***någon har glömt kvar*** ~ ***väska*** somebody has forgotten his (vard. their) bag
sina *vb itr* go dry; om t.ex. förråd give out,

run short; ***aldrig ~nde*** ström never-ceasing...
singel *s* **1** tennis etc. singles (pl. lika); match singles match **2** grammofonskiva single
singelolycka *s* one-car accident
singla *vb tr* kasta toss; ~ ***slant om*** toss for; ***ska vi ~ slant?*** let's toss up!
singular *s* the singular; ***stå i ~*** be in the singular; ***första personen ~*** first person singular
singularform *s* singular form
singularis se *singular*
sinnad *adj* lagd minded; inriktad disposed; ***fientligt*** (***vänskapligt***) ~ nation hostile (friendly)...
sinne *s* **1** fysiol. sense; ***vara från*** (***vid***) ***sina ~n*** be out of one's (in one's right) mind (senses); ***vid sina ~ns fulla bruk*** in full possession of all one's senses (faculties) **2** själ, håg mind; hjärta heart; sinnelag disposition, nature; ***ett glatt ~*** a cheerful disposition; ***ha ~ för*** have a sense of, have a feeling for; ha blick för have an eye for; förstå sig på have an instinct for; man vet inte vad han ***har i ~t*** ...is up to; ***sätta sig i ~t att*** inf. set one's mind on ing-form; ***vara glad*** (***lätt***) ***till ~s*** be in a happy mood (be light at heart)
sinnelag *s* disposition, temperament
sinnesförvirrad *adj* mentally deranged
sinnesförvirring *s* mental derangement
sinnesintryck *s* sense impression
sinnesnärvaro *s* presence of mind
sinnesrubbad *adj* **1** mentalt sjuk mentally disordered **2** vard. crazy
sinnesrörelse *s* emotion
sinnessjuk se *mentalsjuk*
sinnesstämning *s* frame (state) of mind, mood
sinnlig *adj* sensuell sensual; köttslig carnal
sinnrik *adj* ingenious
sinom *pron, **i ~ tid*** in due course
sinsemellan *adv* between (om flera äv. among) themselves
sionism *s* Zionism
sippa *s* wild anemone, windflower
sippra *vb itr* trickle; droppvis tränga ooze; ~ ***ut*** trickle (ooze, läcka leak) out
sirap *s* treacle, syrup, amer. molasses
siren *s* myt. siren äv. larmapparat
sirlig *adj* prydlig elegant, graceful
sist *adv* last; ***ligga ~*** i tävling be last; ~ ***i*** boken, kön at the end of...; ~ ***men inte minst*** last but not least; det har hänt mycket ***sedan ~*** ...since the last time; ***till ~*** till slut finally, in the end; avslutningsvis lastly
sista *(siste) adj* last; bakerst äv. back; senaste latest; slutlig final; ***på ~ bänk*** i sal etc. in the back row; ~ ***delen*** the last (av två the latter) part; ***de ~*** (***de två ~***) ***dagarna*** the last few (the last two) days; ~ ***gången*** the last time; förra gången last time; ***lägga ~ handen vid...*** put the finishing touches to...; ***i ~ hand*** last, last of all; det är ~ ***modet*** ...the latest fashion; ~ ***sidan*** i tidning the back page; ***in i det ~*** to the very last
sistnämnda *adj* last-mentioned
sistone *s, **på ~*** lately
sisu *s* never-say-die attitude, bulldog spirit
sits *s* seat; på stol äv. bottom
sitt *pron* se *sin*
sitta *vb itr* **1** sit; sitta ned sit down; vara, befinna sig be; ***var så god och sitt!*** sit down, please!; ~ ***hemma*** be (stanna stay) at home; ~ ***och läsa*** sit reading; hålla på att be reading; ~ ***i fängelse*** be in prison; ***han sitter i telefon*** he is engaged on the phone **2** om sak be; ha sin plats be placed; hänga hang; vara satt be put (anbragt fixed, fitted); klänningen ***sitter bra*** ...fits well (is a good fit)
□ ~ **av** avtjäna t.ex. straff serve; ~ **fast** ha fastnat stick, be stuck; vara fastsatt be fixed; vara fastklibbad adhere; inte lossna hold; ~ **i** om t.ex. skräck remain; fläcken ***sitter i*** ...is still there; ~ **ihop** have stuck together; vara hopsatt be put (fastened) together; ~ **inne** a) inomhus be (hålla sig stay) indoors b) i fängelse be in prison; vard. do time; ~ **kvar a)** inte resa sig remain sitting (seated); ***sitt kvar!*** don't get up! **b)** vara kvar remain; ~ **med i** styrelsen be a member of...; ~ **ned (ner)** sit down; ~ **uppe** sit up; om sak: vara uppsatt be up; ~ **åt** be tight; starkare be too tight
sittande *adj* sitting; ***den ~ regeringen*** the Government in office; ***i ~ ställning*** in a sitting position
sittplats *s* seat
sittstrejk *s* sit-down strike
sittvagn *s* för barn pushchair, amer. stroller
situation *s* situation; ***vara ~en vuxen*** be equal to (rise to) the occasion
sjabbig *adj* shabby
sjafsig *adj* hafsig slovenly
sjakal *s* jackal
sjal *s* shawl; halsduk scarf (pl. äv. scarves)
sjalett *s* kerchief

sjappa *vb itr* vard. bolt, make off
sjaskig *adj* slovenly; sjabbig shabby
sjok *s* t.ex. av tyg, snö sheet
sju *räkn* seven; jfr *fem* o. sammansättningar
sjua *s* seven; jfr *femma*
sjuda *vb itr* seethe; småkoka simmer
sjuk *adj* ill vanl. predikativt; attributivt o. amer. äv. predikativt sick; ***bli ~*** fall (be taken) ill [*i influensa* with the flu]; ***en ~*** el. ***en ~ person*** a sick person; ***han är ~*** he is ill (amer. äv. sick); ***~ humor*** sick humour
sjuka *s* illness; svårare disease
sjukanmäla *vb tr*, ***~ ngn (sig)*** report a p. (report) sick
sjukbädd *s* sjuksäng sickbed; ***vid ~en*** at the bedside
sjukdom *s* illness; svårare, av bestämt slag disease äv. bildl.; ***smittsam ~*** infectious (epidemic) disease
sjukdomsfall *s* case of illness
sjukersättning *s* sickness benefit
sjukfrånvaro *s* absence due to illness
sjukförsäkring *s* health insurance
sjukgymnast *s* physiotherapist
sjukgymnastik *s* physiotherapy
sjukhem *s* nursing home
sjukhus *s* hospital; ***ligga på ~*** be in hospital
sjukhussjuka *s* hospital infection; med. nosocomial disease
sjukintyg *s* certificate of illness; utfärdat av läkare doctor's certificate
sjukledig *adj*, ***vara ~*** be on sick-leave; han har varit ***~ en vecka*** ...absent for a week owing to illness
sjuklig *adj* lidande sickly, unhealthy
sjukling *s* sick person, invalid
sjukpenning *s* sickness benefit
sjukrum *s* sickroom
sjuksal *s* hospital ward, ward
sjukskriva *vb tr*, ***jag har blivit sjukskriven*** I have got a doctor's certificate, I am on the sick list
sjukskötare *s* male nurse
sjuksköterska *s* nurse
sjuksköterskeelev *s* student nurse
sjuksyster *s* nurse
sjuksäng *s* sickbed
sjukvård *s* skötsel nursing, care of the sick; behandling medical treatment; organisation medical service
sjukvårdare *s* male nurse; mil. medical orderly
sjukvårdsartiklar *s pl* sanitary (medical) articles
sjukvårdsbiträde *s* nurse's assistant
sjumannalag *s* seven-a-side team
sjunde *räkn* seventh (förk. 7th); jfr *femte*
sjundedel *s* seventh [part]; jfr *femtedel*
sjunga *vb tr* o. *vb itr* sing; ***~ rent (falskt)*** sing in tune (out of tune); ***~ in på band*** record a th. on tape
□ **~ med** join in the singing; **~ ut** sing up; bildl. speak one's mind
sjunka *vb itr* sink; falla fall, drop; bli lägre subside; minska decrease; priserna ***har sjunkit*** ...have fallen (gone down, declined); temperaturen ***sjunker*** ...is going down äv. om feber; ...is falling; ***~ i pris*** go down in price; ***~nde tendens*** downward tendency (trend); ***~ ihop*** falla ihop collapse; ***~ ned i*** en stol, gyttjan sink into...
sjunkbomb *s* depth charge (bomb)
sjuttio *räkn* seventy; jfr *femtio* o. sammansättningar
sjuttionde *räkn* seventieth
sjutton *räkn* **1** seventeen; jfr *femton* o. sammansättningar **2** i svordomar o. vissa uttryck, ***fy ~!*** Lord!; ***ja, för ~!*** yes, damn it!; javisst you bet!; ***vad ~ skulle jag göra det för?*** why on earth should I do that?; ***full i ~*** full of mischief; ***för ~ gubbar*** for goodness' sake; ***det var dyrt som ~*** it cost quite a packet, it cost the earth
sjuttonde *räkn* seventeenth (förk. 17th); jfr *femte*
sjå *s*, ***ett fasligt ~*** a tough job
sjåpa *vb rfl*, ***~ sig*** be namby-pamby; göra sig till be affected, put it on
sjåpig *adj* namby-pamby; tillgjord affected
själ *s* soul; hjärta heart; sinne mind; ande spirit; ***lägga in hela sin ~ i*** put one's heart and soul into; ***i ~ och hjärta*** innerst inne in one's heart of hearts
själsdödande *adj* soul-destroying
själslig *adj* mental; andlig spiritual
själv *pron* **1** ***du ~*** yourself; ***jag ~*** myself; ***han ~*** himself; ***hon ~*** herself; ***den (det) ~*** itself; ***man ~*** oneself, yourself; ***vi (ni, de) ~a*** ourselves (yourselves, themselves); ***mig ~*** myself; ***hon har pengar ~*** egna she has got money of her own; ***han kom ~*** personligen he came in person; ***du ser (hör) ~ hur...*** you can see (hear) for yourself how...; ***du ~ då!*** what about you (yourself)?; ***gå ~!*** you go!; ***säg ~ när!*** say when! **2** ***~a arbetet*** arbetet i sig the work itself; ***~a*** blotta ***tanken*** the very idea; ***~a (~aste) kungen*** the king himself; t.o.m. kungen even the king

självaktning *s* self-respect, self-esteem
självbedrägeri *s* self-deception
självbehärskning *s* self-command, self-control
självbelåten *adj* self-satisfied
självbestämmanderätt *s* right of self-determination
självbetjäning *s* self-service
självbevarelsedrift *s* instinct of self-preservation
självbiografi *s* autobiography
självbiografisk *adj* autobiographical
självdeklaration *s* income-tax return
självdisciplin *s* self-discipline
självfallen *adj* obvious, self-evident
självförebråelse *s* self-reproach
självförsvar *s* self-defence
självförsörjande *adj* self-supporting; om land self-sufficient
självförtroende *s* self-confidence; ***ha ~*** be self-confident
självförverkligande *s* self-fulfilment
självförvållad *adj* self-inflicted
självgod *adj* self-righteous
självhäftande *adj* self-adhesive
självinstruerande *adj*, ***~ material*** self-instructional material
självironi *s* irony directed at oneself, self-irony
självisk *adj* selfish, egoistic
självklar *adj* uppenbar obvious, self-evident; ***ja, det är ~t!*** yes, of course!
självkostnadspris *s*, ***till ~*** at cost price
självkritik *s* self-criticism
självkänsla *s* self-esteem
självlockig *adj* om hår naturally curly
självlysande *adj* luminous
självlärd *adj* self-taught
självmant *adv* of one's own accord
självmedveten *adj* säker self-assured, self-confident
självmord *s* suicide; ***begå ~*** commit suicide
självmordsförsök *s* attempted suicide; ***göra ett ~*** attempt to commit suicide
självmål *s*, ***ett ~*** an own goal
självporträtt *s* self-portrait
självrannsakan *s* soul-searching
självrisk *s* försäkr. excess
självservering *s* lokal self-service restaurant
självskriven *adj* självklar natural; ***~ till en plats*** just the person for the job
självstudier *s pl* private (individual) studies
självständig *adj* independent
självständighet *s* independence
självsvåldig *adj* egenmäktig arbitrary, high-handed
självsvält *s* med. aneroxia [nervosa]
självsäker *adj* self-assured, self-confident
självuppoffring *s* self-sacrifice
självverkande *adj* automatic, self-acting
självändamål *s* end in itself
sjätte *räkn* sixth (förk. 6th); ***ett ~ sinne*** a sixth sense; jfr *femte*
sjättedel *s* sixth [part]; jfr *femtedel*
sjö *s* insjö lake; hav sea; ***jag sitter inte i ~n*** har inte bråttom I'm in no hurry; det går ingen nöd på mig I'm all right; ***till ~ss*** sjöledes by sea; på sjön at sea; ***gå till ~ss*** om person go to sea; om båt put to sea; ***ute till ~ss*** on the open sea
sjöduglig *adj* seaworthy
sjöfart *s* navigation; ***handel och ~*** trade and shipping
sjögräs *s* seaweed
sjögående *adj* seagoing
sjögång *s* high (rough) sea; ***det är svår ~*** there is a heavy sea
sjöjungfru *s* mermaid
sjökapten *s* sea captain
sjökort *s* chart
sjölejon *s* sea lion
sjöman *s* sailor; i mera officiellt språk seaman
sjömil *s* nautisk mil nautical mile
sjömärke *s* navigation mark, seamark
sjörapport *s* väderleksrapport weather forecast for sea areas
sjöresa *s* voyage, sea voyage; överresa crossing
sjörövare *s* pirate
sjösjuk *adj* seasick; ***lätt bli ~*** be a bad sailor
sjösjuka *s* seasickness
sjöstjärna *s* zool. starfish
sjöstrid *s* naval encounter
sjöstridskrafter *s pl* naval forces
sjösätta *vb tr* launch
sjösättning *s* launching
sjötomt *s* site (bebyggd piece of ground) bordering on the sea (vid insjö on a lake)
sjötunga *s* sole
s.k (förk. för *så kallad*), ***den ~ Pastoralsymfonin*** the Pastoral Symphony, as it is called; ***denne ~ författare*** that so-called author
ska se *1 skola*
skabb *s* scabies
skada I *s* persons injury; saks damage (end. sg.); ont harm; ***det är ingen ~ skedd*** there

is no harm done; ***få svåra skador*** be seriously injured (hurt, om sak damaged); ***ta ~ av*** bli lidande suffer from; om sak be damaged by; ***ta ~n igen*** make up for it **II** *vb tr* person injure; sak damage; vara skadlig för be bad for, harm; ***det ~r inte att försöka*** there is no harm in trying

skadad *adj* om person o. kroppsdelar injured; om sak damaged; ***den ~e*** the injured person; ***de ~e*** the injured

skadeanmälan *s* notification of damage (loss)

skadeglad *adj* om t.ex. min malicious

skadeglädje *s* malicious pleasure (delight)

skadegörelse *s* damage [*på* to]

skadereglerare *s* claims adjustor

skadereglering *s* claims adjustement

skadestånd *s* damages pl.

skadeståndsskyldig *adj* ...liable to damages

skadeverkan *s* o. **skadeverkning** *s* skada damage (end. sg.); skadlig verkan harmful effect

skadlig *adj* injurious, harmful; ***det är ~t (~t för hälsan) att röka*** smoking is bad for the health

skaffa I *vb tr* get; få tag på get hold of; inhämta obtain; ~ ***ngn ngt*** a) get (finna find) a p. a th. b) förse ngn med ngt provide a p. with a th.; ~ ***barn*** have children, raise a family **II** *vb rfl*, ~ ***sig*** get oneself; förskaffa sig procure; t.ex. kunskaper acquire; t.ex. vänner make; inhämta obtain; lyckas få secure; tillvinna sig gain; ådraga sig contract; förse sig med provide oneself with

skafferi *s* larder; större pantry

skaft *s* på t.ex. redskap, bestick handle; bot. stalk, stem

skaka *vb tr* o. *vb itr* shake [*av* with]; om åkdon jolt; ***han ~de i hela kroppen*** he was trembling all over; ~ ***på*** ngt shake...; ~ ***på huvudet*** shake one's head

□ ~ **av...från ngt** shake...off a th.; ~ ***av*** mattan shake..., give...a shake; ~ ***av sig...*** shake off... äv. bildl.; ~ **fram** shake out [*ur* of]; bildl. produce, find; ~ **om** ngt shake up..., shake...well; ~ ***om ngn*** give a p. a shake

skakad *adj* upprörd shaken, upset

skakande *adj* om t.ex. nyheter upsetting, distressing

skakel *s* skalm shaft

skakig *adj* shaky; om vagn jolting, jogging

skakis *adj* vard. shaky; nervös jittery

skakning *s* shaking; enstaka shake; vibration vibration; med ***en ~ på huvudet*** ...a shake of the head

skal *s* hårt, på t.ex. nötter, skaldjur, ägg shell; mjukt skin; speciellt på citrusfrukter peel; avskalade (t.ex. potatis~) koll. peelings pl.

1 skala *s* scale; på radio tuning dial; göra ngt ***i stor ~*** ...on a large scale

2 skala *vb tr* t.ex. frukt, potatis, räkor peel; ägg shell; ~ ***av*** peel

skalbagge *s* beetle

skalbolag *s* shell company

skald *s* poet

skaldjur *s* shellfish

1 skall *hjälpvb* se *1 skola*

2 skall *s* hunds barking; av trumpet blast

skalla *vb itr* om sång, musik ring out, peal; eka resound; ***ett ~nde skratt*** a roar (peal) of laughter

skalle *s* skull; huvud head; vard. nut

skallerorm *s* rattlesnake

skallgång *s* efter bortsprungen etc. search; efter förbrytare chase

skallig *adj* flint~ bald, bald-headed

skallra I *s* rattle **II** *vb itr* rattle; ***tänderna ~de på honom*** his teeth chattered

skalm *s* **1** skakel shaft **2** på glasögon sidepiece, amer. bow; på sax blade

skalp *s* o. **skalpera** *vb tr* scalp

skalv *s* quake

skam *s* shame; skamfläck disgrace [*för* to]

skamfilad *adj*, ***ett skamfilat rykte*** a tarnished reputation

skamfläck *s* stain, blot [*på, i* on]; ***en ~ för*** a disgrace to

skamkänsla *s* sense (feeling) of shame

skamlig *adj* shameful, disgraceful; friare scandalous

skamlös *adj* shameless; fräck impudent

skamsen *adj* shamefaced; ***vara ~ över*** be ashamed of

skamvrå *s*, ***stå (ställa) i ~n*** stand (put) in the corner

skandal *s* scandal; ***det är en ~ (rena ~en)!*** it's a disgrace!

skandalös *adj* scandalous; uppträdande outrageous

skandinav *s* Scandinavian

Skandinavien Scandinavia

skandinavisk *adj* Scandinavian

skapa *vb tr* create, make; ***han är som skapt för det*** he is just cut out for it

skapande *adj* creative

skapare *s* creator; av t.ex. mode el. stil originator

skapelse *s* creation

skaplig *adj* tolerable, passable, not bad
skara *s* troop, band; ***i stora skaror*** in large crowds
skare *s* frozen crust [on the snow]
skarp I *adj* sharp; brant steep; om smak o. lukt strong; om ljud piercing; om ljus, färg etc. bright, glaring; om sinnen keen; ~ ***ammunition*** live ammunition; ~ ***protest*** strong protest **II** *s*, ***ta i på ~en med någon*** crack down on a p.; ***säga till*** ngn ***på ~en*** tell a p. off
skarpsinne *s* sharp-wittedness
skarpsinnig *adj* acute, sharp-witted
skarv *s* fog joint; sömnad. seam; tekn. splice
skarva *vb tr* o. *vb itr* lägga till ett stycke add a piece [*ngt* to a th.]; ~ ***ihop*** join; sömnad. piece...together; tekn. splice
skarvsladd *s* extension flex (amer. cord)
skata *s* magpie
skateboard *s* skateboard
skatt *s* **1** rikedom treasure; ***~er*** riches **2** avgift etc.: tax; kommunal~ (koll.) ung. local taxes pl.; i Storbr. ung. rates pl.; på vissa varor (tjänster) duty; ***det är ~ på*** bensin there is a tax on...
skatta I *vb tr* värdera, uppskatta estimate [*till* at]; value; ~ ***sig lycklig*** count oneself fortunate **II** *vb itr* betala skatt pay taxes [*för inkomst* on an income]; ***han ~r för...om året*** he is assessed at...a year
skattebetalare *s* taxpayer
skatteflykt *s* undandragande av skatt tax evasion
skatteflykting *s* tax exile
skattefri *adj* tax-free
skattefusk *s* tax evasion
skattehöjning *s* increase in taxation
skattekort *s* preliminary tax card
skattekrona *s*, ***skatten har fastställts till 35 kronor per ~*** the rate has been fixed at 35 per cent of the rateable income
skattekvitto *s* se *bilskattekvitto*
skattelättnad *s* tax relief
skattemyndighet *s*, ***~er*** tax authorities
skattepaket *s* taxation package proposals
skatteparadis *s* tax haven
skattepliktig *adj* om person ...liable to tax; om varor o. inkomst taxable
skatteskolkare *s* tax evader (dodger)
skatteskuld *s* tax debt
skattesmitare *s* tax evader (dodger)
skattesänkning *s* tax reduction
skattetabell *s* tax table
skattetryck *s* pressure (burden) of taxation
skattkammare *s* treasury
skattmas *s* tax-collector
skattmästare *s* treasurer
skattsedel *s* ung. income-tax demand note
skattskyldig *adj* ...liable to tax
skava *vb tr* o. *vb itr* gnida, riva rub, chafe; skrapa scrape; ***skorna skaver*** my shoes make my feet sore; ~ ***av*** (***bort***) t.ex. färg scrape, scrape off
skavank *s* fel defect, fault
skavsår *s* sore, chafe
ske *vb itr* hända happen; inträffa äv. occur; äga rum take place; ***det kommer att ~*** en förbättring there will be...; ***vad som ~r*** (***händer och ~r***) what is going on
sked *s* spoon; ***ta ~en i vacker hand*** bildl. make the best of a bad job
skede *s* period; fas phase; stadium stage
skeende *s* course, course of events
skela *vb itr* squint
skelett *s* skeleton; stomme framework
skelögd *adj* squint-eyed, cross-eyed
skelögdhet *s* squint
sken *s* **1** ljus etc. light; starkt äv. från eldsvåda glare **2** falskt yttre etc. show, appearance; förevändning pretext, pretence; ***~et bedrar*** appearances are deceptive; ***ge sig ~ av att vara...*** pretend to be...
1 skena *vb itr* bolt; ~ ***i väg*** run away äv. bildl.; ***en ~nde häst*** a runaway horse
2 skena *s* järnv. o. löpskena rail; på skridsko blade, runner
skenbar *adj* apparent
skenben *s* shin bone
skendemokrati *s* pseudo-democracy
skenhelig *adj* hypocritical
skenhelighet *s* hypocrisy
skenmanöver *s* diversion
skepnad *s* figure; ***i*** en tiggares ~ in the guise of...
skepp *s* **1** ship; fartyg vessel **2** arkit. nave; sidoskepp aisle
skeppa *vb tr* ship, send...by ship
skeppare *s* master; vard. skipper
skepparhistoria *s* yarn, sailor's yarn
skeppsbrott *s* shipwreck
skeppsbruten *adj* shipwrecked; ***en ~*** a shipwrecked man (woman)
skeppsredare *s* shipowner
skeppsvarv *s* shipyard
skepsis *s* scepticism, amer. vanl. skepticism
skeptisk *adj* sceptical, amer. vanl. skeptical
sketch *s* sketch
skev *adj* vind warped; bildl. äv. distorted, warped

skick *s* **1** tillstånd condition, state; ***i dåligt (gott) ~*** in bad (good) order (speciellt om hus repair); ***i sitt nuvarande ~*** in its present state (shape) **2** uppförande behaviour; sätt manners pl.

skicka *vb tr* sända send [*med, per* by]; expediera forward; vid bordet pass; ***vill du ~ hit brödet (saltet)?*** please pass me the bread (salt)

□ **~ efter** send for; **~ i väg** send off; **~ med** ngt send...along (too); **~ omkring** send (vid bordet pass) round; **~ tillbaka** return, send back; **~ vidare** send (vid bordet pass) on

skicklig *adj* duktig clever, skilful; kunnig capable; ***vara ~ i (i att göra) ngt*** be good (clever) at a th. (at doing a th.)

skicklighet *s* cleverness, skill

1 skida *s* slida sheath, scabbard

2 skida *s* sport. ski; ***åka skidor*** ski; göra en skidtur go skiing

skidbacke *s* ski slope (för skidhopp jump)

skidbindning *s* ski binding

skidbyxor *s pl* skiing trousers

skidföre *s, **det är bra (dåligt) ~*** ung. the snow is good (bad) for skiing

skidlift *s* ski lift

skidlöpare *s* skier

skidstav *s* ski stick (amer. pole)

skidtolkare *s* ski-jorer

skidtur *s* skiing-tour

skidvalla *s* ski wax

skidåkare *s* skier

skidåkning *s* skiing

skiffer *s* tak~ slate

skift *s* shift; arbetslag äv. gang

skifta *vb tr* o. *vb itr* change, alter; omväxla med varandra alternate; ***~ i rött*** be tinged with red

skiftarbete *s* shift work

skifte *s* change

skiftning *s* förändring change; rött ***med en ~ i blått*** ...with a tinge of blue

skiftnyckel *s* adjustable spanner (wrench)

skikt *s* layer; av färg äv. coat

skild *adj* **1** åtskild separated; frånskild divorced **2** ***~a*** olika different, varying; ***vitt ~a intressen*** widely differing interests

skildra *vb tr* describe; depict

skildring *s* description; outline, sketch

skilja I *vb tr* o. *vb itr* **1** avskilja, åtskilja separate; med våld sever; en tunn vägg ***skilde oss åt*** we were separated by... **2** särskilja distinguish [*mellan (på)* between]; ***~ mellan (på)*** tell the difference between **II** *vb rfl, **~ sig*** **1** part [*från ngn* avlägsna sig från from a p.; *från ngt* sälja etc. with a th.]; vara olik differ, be different **2** jur. ***~ sig*** get a divorce; ***~ sig från sin man*** divorce one's husband

skiljas *vb itr dep* **1** part; ***~ ifrån*** lämna ***ngn*** äv. leave a p.; ***~ åt*** part **2** ta ut skilsmässa get a divorce

skiljetecken *s* punctuation mark

skiljeväg *s* crossroad

skillnad *s* olikhet difference; åtskillnad distinction; ***till ~ från henne*** unlike her

skilsmässa *s* äktenskaplig divorce; ***begära (söka) ~*** jur. sue for a divorce; ***de ligger i ~*** they are seeking a divorce

skimmer *s* shimmer, glimmer; ***ett ~ av*** löje an air of...

skimra *vb itr* shimmer, glimmer

skina *vb itr* shine; starkare blaze

skingra I *vb tr* disperse; t.ex. tvivel dispel; t.ex. mystiken clear up, solve **II** *vb rfl, **~ sig*** disperse, scatter

skingras *vb itr dep* disperse, scatter

skinka *s* **1** kok. ham **2** vard., om kroppsdel buttock

skinn *s* skin; päls fur; beredd hud leather; ***hålla sig i ~et*** behärska sig control oneself

skinnjacka *s* läderjacka leather jacket

skinntorr *adj* skinny, scraggy

skipa *vb tr, **~ rätt*** administer justice; ***~ rättvisa*** rättvist fördela etc. see that justice is done

skippa *vb tr* vard., hoppa över skip

skiss *s* sketch; friare outline [*till* of]

skissera *vb tr* sketch; friare outline

skit *s* exkrementer shit äv. om person; smuts filth; skräp damned junk (rubbish); ***prata ~*** talk tripe; ***prata ~ om ngn*** run a p. down

skita *vb itr* vulg. shit; ***det skiter jag i*** I don't care a damn about that; ***~ ner*** make...dirty; ***~ ner sig*** get dirty

skitig *adj* vard. filthy

skitsnack *s* vard. crap, bullshit

skiva *s* **1** platta etc. plate; av trä etc. board; tunn sheet; grammofon~ record, disc; bords~ top; lös leaf (pl. leaves) **2** uppskuren slice **3** kalas party

skivad *adj* sliced, ...in slices

skivbroms *s* disc (speciellt amer. disk) brake

skivling *s* svamp agaric

skivpratare *s* i radio disc jockey

skivspelare *s* record-player

skivtallrik *s* på grammofon turntable

skjorta *s* shirt

skjortblus *s* shirtblouse, shirtwaist
skjortknapp *s* påsydd shirt button; lös bröstknapp shirt stud
skjul *s* redskaps~ etc. shed; kyffe hovel
skjuta *vb tr* o. *vb itr* **1** med skjutvapen shoot; ge eld, avfyra fire **2** flytta push; starkare shove; *~ på* uppskjuta *ngt* put off (postpone) a th. **3** *katten sköt rygg* the cat arched its back
□ ~ **av** skjutvapen, skott fire, discharge; ~ **fram a)** *~ fram stolen till* brasan push the chair up to… **b)** sticka ut jut out, project; ~ **ifrån sig** ngn (ngt) push (starkare shove)…away; ~ **igen** dörr etc. push…to; stänga close, shut; ~ **till** bidra med contribute; *~ till vad som fattas* make up for the deficiency; ~ **upp** a) t.ex. dörr push…open; rymdraket launch b) uppskjuta put off, postpone
skjutbana *s* shooting-range; täckt shooting-gallery
skjutsa *vb tr* köra drive; *~ ngn* give a p. a lift
skjutspets *s* sport. target player
skjutvapen *s* firearm
sko I *s* **1** lågsko shoe; känga boot; halvkänga bootee **2** hästsko horse shoe **II** *vb tr* förse med skor shoe äv. häst **III** *vb rfl, ~ sig* göra sig oskälig vinst *på ngns bekostnad* line one's pocket at a p.'s expense
skoblock *s* shoetree
skoborste *s* shoebrush, bootbrush
skock *s* oordnad mängd crowd; mindre klunga group; av djur herd, flock
skocka *vb rfl, ~ sig* o. **skockas** *vb itr dep* crowd (herd, flock) together [*kring* round]
skodon *s pl* shoes, boots and shoes; hand. footwear sg.
skog *s* större forest; mindre wood; ofta woods pl.; *det går åt ~en* it's all going wrong (to pieces)
skogbevuxen *adj* o. **skogig** *adj* forested, wooded
skogsarbetare *s* woodman, lumberjack
skogsbrand *s* forest fire
skogsbruk *s* forestry
skogsbryn *s* edge of a wood (större forest)
skogsdunge *s* grove
skogsparti *s* piece of woodland
skogstrakt *s* woodland
skohorn *s* shoehorn
skoj *s* **1** skämt joke, jest; pojkstreck prank; ofog mischief; drift joking **2** bedrägeri swindle, humbug; vard. racket
skoja I *vb itr* skämta joke; ha hyss för sig, bråka etc. lark about, play pranks, be up to mischief; ~ driva *med ngn* kid a p. **II** *vb itr* o. *vb tr* bedraga cheat, swindle [*på* out of]
skojare *s* **1** bedragare cheat, swindler; bluffmakare trickster; kanalje blackguard **2** skämtare joker; spjuver rogue
skojig *adj* lustig, konstig funny; trevlig nice
skokräm *s* shoe polish (cream)
1 skola *(skall,* vard. *ska; skulle)* **I** *hjälpvb* **1** uttr. ren framtid *skall* = kommer att: i första person will (shall); i övriga fall will; *skulle* i första person would (should); i övriga fall would; ofta äv. konstruktion med be going to; *jag hoppas ni ska trivas här* I hope you will be happy here; *jag frågade honom om han skulle komma hem till middag* I asked him if he would be home for dinner; *jag ska träffa honom* i morgon I will (I shall, I'll) meet him…, I am going to meet him…; *ingen visste vad som skulle hända* nobody knew what would (was going to) happen **2** konditionalt *skulle*: i första person would (should); i övriga fall would; *det skulle inte förvåna mig om han gifte om sig* I wouldn't (shouldn't) be surprised if he remarried; *det skulle jag tro* I would (should) think so; *om jag varit som du, skulle jag ha vägrat* in your place I would (should) have refused; *utan hans hjälp skulle hon ha drunknat* without his help she would have been drowned **3** om något omedelbart förestående *skall* (*skulle*) = ämnar (ämnade), tänker (tänkte): *jag ska spela tennis i eftermiddag* I'm going to play tennis this afternoon; *jag ska just* (*just till att*) *packa* I'm about (just going) to pack; *det såg ut som om det skulle bli regn* it looked as if it were (was) going to rain; *när ska du resa?* when are you leaving (going)?; *ska du stanna över natten?* are you staying the night? **4** om något på förhand bestämt, enligt avtal el. ödet, konstruktion med be to; inf., *konserten skall äga rum i domkyrkan* the concert is to take place in the cathedral; *om vi skall vara där* klockan tre måste vi if we are to be there…; *föreställningen skulle börja klockan åtta* the performance was to begin at eight; *kriget skulle vara mer än fyra år* the war was to last for more than four years **5** uttr. subjektets egen vilja, avsikt: *skall* will; *skulle* would; *jag ska se vad jag kan göra* I will (I'll) see what I

can do; ***jag skulle ge vad som helst för att få igen den*** I would (I'd) give anything to have it back **6** uttr. annans vilja än subjektets: ***skall*** shall; ***skulle*** should; ***ska jag öppna fönstret?*** shall I open the window?; ***jag vet inte vad jag ska säga*** I don't know what to say; ***jag lovade att han skulle få pengarna*** I promised that he would (should) have the money; ***vad vill du att jag ska göra?*** what do you want me to do?; ***hon bad mig att jag skulle komma genast*** she asked (told) me to come at once; ***jag väntade mig inte att du skulle vara här*** I didn't expect you to be here **7** uttr. lämplighet och tvång ***skall*** el. ***skulle*** **a)** = bör (borde): should i alla personer ought to **b)** = måste: presens must; imperfekt had to; ***han skulle ha varit mer försiktig*** he should (ought to) have been more careful; ***du skulle ha sett honom*** you should have seen him; ***varför ska du alltid gräla?*** why must you always quarrel? **8** uttr. åsikt, förmodan ***skall*** (***skulle***) = säges (sades), påstås (påstods): konstruktion med be said (supposed) to; ***hon skall vara mycket musikalisk*** she is said (supposed) to be (they say that she is) very musical; ***hon skulle*** enligt vad det påstods ***vara omgift med en amerikanare*** she was said (supposed) to be remarried to an American **9** i att-satser: ***det är synd att han ska vara så lat*** it is a pity that he should be so lazy; ***det är konstigt att det ska vara så svårt*** it's strange that it should be so difficult; ***jag längtar efter att skolan ska sluta*** I long for school to break up; ***han litar på att jag skall hjälpa henne*** he relies on me to help her; ***han var angelägen om att hon skulle komma tillbaka*** he was anxious for her to return **10** i avsikts-, villkors- o. medgivandebisatser: ***skulle*** should; ***han sänkte rösten för att vi inte skulle höra vad han sade*** he lowered his voice so (in order) that we might (should, would) not hear what he said; ***om han skall räddas, måste något göras genast*** if he is to be saved, something must be done at once; ***om*** om händelsevis ***något skulle inträffa, skickar jag ett telegram*** if anything should happen, I will (I'll) send a telegram; ***om*** om mot all förmodan ***jag skulle vinna högsta vinsten, skulle jag resa till Japan*** if I were to draw the first prize, I would (should) go to Japan

11 speciella fall: ***det ska du säga som aldrig har försökt!*** that's easy for you to say who have never tried!; ***du skulle bara våga!*** you just dare!; ***vad ska det här betyda?*** what is the meaning of this?; ***vad ska det tjäna till?*** what is the use (good) of that?; ***vad ska det här föreställa?*** what is this supposed to be?; ***naturligtvis skulle det hända just mig*** of course it would happen to me of all people

II med utelämnat huvudverb i sv.: ***jag ska av*** tänker stiga av ***här*** I'm getting off here; ***jag ska*** (***skulle***) ***bort*** (***hem, ut***) I'm (I was) going out (home, out); ***jag ska i väg nu*** I must be off (be going) now; ***vad ska jag med det till?*** what am I supposed to do with that?

2 skola I *s* school; ***sluta*** (***lämna***) ***~n*** leave school **II** *vb tr* utbilda train; **~ *om*** retrain

skolbarn *s* schoolchild (pl. schoolchildren)

skolbespisning *s* school meals pl.

skolexempel *s, **ett ~ på...*** a typical (classic) example of...

skolflicka *s* schoolgirl

skolgång *s* schooling; school attendance; ***~en börjar tidigt*** children begin school early

skolgård *s* playground; speciellt mindre school yard

skolk *s* truancy

skolka *vb itr*, ~ el. **~ *från skolan*** play truant (amer. hooky); **~ *från*** t.ex. en lektion shirk; **~ *från arbetet*** keep away from one's work

skolkamrat *s* schoolfellow, schoolmate

skolkare truant

skolklass *s* school class (form)

skolkort *s* biljett schoolchildren's season-ticket

skollov *s* ferier holidays pl.,vacation

skollärare *s* schoolmaster, schoolteacher

skollärarinna *s* schoolmistress, schoolteacher

skolmogen *adj* ...ready (sufficiently mature) for school

skolning *s* utbildning training

skolplikt *s* compulsory school attendance

skolpojke *s* schoolboy

skolradio *s* broadcasting (program broadcast) for schools

skolresa *s* school journey

skolsal *s* klassrum classroom

skolskjuts *s* bil car (bus) for transporting children to school

skolstyrelse *s* ung. local education authority
skoltandvård *s* school dental service
skoltrött *adj* ...tired of school
skol-TV *s* school TV; program TV programme for schools
Skolverket *s* the [Swedish] Board of Education
skolväska *s* school bag (med axelrem satchel)
skolålder *s* school age
skolår *s* school year
skomakare *s* shoemaker
skomakeri *s* shoemaker's
skona *vb tr* spare [*ngn från ngt* a p. a th.]
skonare *s* o. **skonert** *s* schooner
skongång *s* i tvättmaskin delicate programme
skoningslös *adj* merciless
skonsam *adj* mild lenient; hänsynsfull considerate; barmhärtig merciful; varsam careful; ~ ***mot huden*** kind to the skin
skonsamhet *s* leniency; consideration; care; jfr *skonsam*
skopa *s* scoop; för vätska ladle
skorpa *s* **1** bakverk rusk **2** hårdnad yta crust
skorpion *s* **1** scorpion **2** ***Skorpionen*** astrol. Scorpio
skorsten *s* chimney; på fartyg o. lok funnel
skosnöre *s* shoelace, amer. shoestring
skospänne *s* shoe buckle
skosula *s* sole
skoter *s* motorscooter
skotsk *adj* Scottish, Scots; speciellt om skotska produkter Scotch
skotska *s* **1** kvinna Scotswoman (pl. Scotswomen); i Engl. äv. Scotchwoman (pl. Scotchwomen) **2** språk Scots
skott *s* **1** vid skjutning shot äv. i sport.; laddning charge **2** på växt shoot, sprout
skotta *vb tr* shovel
skottavla *s* target
skottdag *s* leap day
skotte *s* person Scotsman (pl. Scotsmen), Scot; i Engl. äv. Scotchman (pl. Scotchmen); ***skottarna*** som nation el. lag etc. the Scots, the Scotch
skottglugg *s* loop hole; ***komma*** (***hamna, råka***) ***i ~en*** bildl. come under fire
skotthåll *s,* ***inom*** (***utom***) ~ within (out of) gunshot (range) [*för* of]
skottkärra *s* wheelbarrow
Skottland Scotland
skottlinje *s* line of fire
skottlossning *s* skottväxling firing, shooting
skottsäker *adj* ogenomtränglig bullet-proof
skottväxling *s* exchange of shots
skottår *s* leap year
skraj *adj,* ***vara*** ~ have got the wind up
skral *adj* **1** underhaltig poor; illa medfaren rickety **2** krasslig ...out of sorts, ...poorly
skramla I *s* rattle **II** *vb itr* rattle; om mynt jingle; om kokkärl etc. clatter
skrammel *s* skramlande rattling, jingling, clattering; ***ett*** ~ a rattle
skranglig *adj* gänglig lanky; rankig rickety
skrank *s* railing, barrier; vid domstol bar
skrapa I *s* **1** redskap scraper **2** skråma scratch **3** tillrättavisning telling-off **II** *vb tr* o. *vb itr* scrape; riva, krafsa scratch
skrapning *s* med. dilatation and curettage (förk. *D&C*)
skratt *s* laughter; enstaka ~, sätt att skratta laugh; ***få sig ett gott*** ~ have a good (hearty) laugh; ***skaka*** (***tjuta***) ***av*** ~ shake (roar) with laughter; ***jag försökte hålla mig för*** ~ I tried to keep a straight face, I tried not to laugh; ***vara full i*** (***av***) ~ be ready to burst with laughter
skratta *vb itr* laugh [*åt* at]; ~ ***till*** give a laugh; ~ ***ut ngn*** laugh a p. down
skrattgrop *s* dimple
skrattretande *adj* laughable, ridiculous
skrattsalva *s* burst (starkare roar) of laughter
skrattspegel *s* distorting mirror
skrev *s* crotch, crutch
skreva *s* klyfta cleft; spricka crevice
skri *s* människas scream, shriek, yell; rop cry
skriande *adj,* ***ett*** ~ ***behov av*** a crying need for; ***behovet är*** ~ there is a crying need; ***en*** ~ ***brist på*** an acute shortage of
skribent *s* writer; journalist scribe
skrida *vb itr* gå långsamt glide; om tid pass on; ~ ***fram*** om person march (stride) along
skridsko *s* skate; ***åka ~r*** skate; göra en skridskotur go skating
skridskobana *s* skating-rink
skridskoåkare *s* skater
skridskoåkning *s* skating
skrift *s* **1** motsats tal o. tryck writing; skrivtecken characters pl. **2** handling etc. written (tryckt printed) document; tryckalster publication
skriftlig *adj* written
skriftligt *adv* in writing
skriftspråk *s,* ***~et*** the written language
skrik *s* cry; rop shout; tjut yell; gällt scream, shriek; ***sista ~et*** modet the latest fashion, all the rage

skrika *vb itr* o. *vb tr* utstöta skrik cry, call (cry) out; ropa shout; gällt scream, shriek
skrikande I *adj* shouting, screaming; om färg glaring, loud **II** *s* shouting, screaming
skrikhals *s* gaphals loudmouth; gnällmåns cry-baby
skrikig *adj* **1** om barn screaming attributivt; om röst shrill; ***barnet är så ~t*** the child screams such a lot **2** om färg glaring, loud
skrin *s* box; för smycken äv. case
skrinlägga *vb tr* uppge give up; lägga på hyllan shelve
skriva *vb itr* o. *vb tr* write; ***~ ren (rent)*** copy out...; ***~ maskin (på maskin)*** type; ~ beloppet ***med bokstäver*** set out...in writing
□ ~ **av** copy; ~ **in** bokföra etc. enter; ~ **in sig** register; ~ **om** på nytt rewrite; ~ **på** t.ex. lista write one's name on; ~ **under** sign (put) one's name to...; utan objekt sign, sign one's name; ~ **upp** anteckna write (take) down; debitera put...down [*på ngn* to a p.'s account]; ~ **ut** write out; på maskin type; ~ **ut ngn** från t.ex. sjukhus discharge a p.
skrivbok *s* skol. exercise book
skrivbord *s* writing-desk, desk; större writing-table
skrivbordsalmanacka *s* desk calendar
skrivbordslåda *s* desk drawer
skrivbordsunderlägg *s* writing-pad
skrivbyrå *s* maskinskrivningsbyrå typewriting agency
skrivelse *s* official letter, written communication
skriveri *s* writing
skrivfel *s* slip of the pen; på maskin typing-error
skrivhjul *s* på skrivmaskin daisy-wheel
skrivmaskin *s* typewriter
skrivmaskinspapper *s* typing-paper
skrivning *s* skriftligt prov written test (för examen exam)
skrivstil *s* handwriting, hand
skrivunderlägg *s* writing-pad
skrivvakt *s* invigilator
skrock *s* superstition
skrockfull *adj* superstitious
skrot *s* scrap metal; järn~ scrap iron
skrota *vb tr,* ~ el. ***~ ned*** scrap
skrothandlare *s* scrap merchant
skrothög *s* scrap heap
skrovlig *adj* rough; sträv harsh
skrovmål *s, **få sig ett ~*** have a good tuck-in (blow-out)
skrubb *s* rum cubby-hole
skrubba *vb tr* skura scrub; gnida rub
skrubbflundra *s* zool. flounder
skrubbsår *s* graze
skrumpen *adj* shrivelled; hopkrympt shrunken
skrumpna *vb itr* shrivel, shrivel up; krympa shrink
skrupel *s* scruple
skrupelfri *adj* unscrupulous
skruv *s* screw; ***ha en ~ lös*** bildl. have a screw loose; ***det tog ~*** that did it (did the trick), that went home
skruva *vb tr* o. *vb itr* screw; boll spin
□ ~ **av** unscrew, screw off; stänga av turn off; ~ **fast** screw (fasten)...on (tight); ~ **ned** gas, radio etc. turn down, lower; ~ **på** gas, radio etc. turn on; ~ **upp** gas, radio etc. turn up
skruvmejsel *s* screwdriver
skruvnyckel *s* spanner, wrench
skruvstäd *s* vice
skrymmande *adj* bulky
skrymsle *s* nook, corner
skrynkelfri *adj* creaseproof
skrynkla I *s* crease; wrinkle äv. i huden **II** *vb tr* tyg, ***~ sig*** crease, crumple, wrinkle; ***~ ihop*** crumple up
skrynklig *adj* creased; wrinkled äv. om hud
skryt *s* boasting; ***tomt ~*** an empty boast
skryta *vb itr* boast [*över, med* of, about]
skrythals *s* o. **skrytmåns** *s* boaster, braggart
skrytsam *adj* om person boastful
skråla *vb itr* bawl, bellow, roar
skråma *s* scratch, slight wound
skräck *s* fright, dread [*för* of]; ***sätta ~ i ngn*** strike a p. with terror
skräckinjagande *adj* terrifying
skräckslagen *adj* terror-struck, terror-stricken
skräckvälde *s* reign of terror
skräda *vb tr, **inte ~ orden*** not mince matters (one's words)
skräddare *s* tailor
skräddarsydd *adj* tailor-made, amer. custom-made
skräll *s* crash äv. bildl.; smäll bang; sport. sensation, turn-up
skrälla *vb itr* om t.ex. trumpet, högtalare blare; om fönster rattle; om åska crash; sport. cause a sensation (an upset)
skrälle *s, **ett ~ till*** bil (hus etc.) a ramshackle old...
skrällig *adj* musik etc. blaring

skrämma *vb tr* frighten, scare; ***låta ~ sig*** be intimidated; ***~ bort*** (***ihjäl***) frighten el. scare...away (to death); ***~ upp*** göra rädd frighten
skrämsel *s* fright, alarm, jfr *skräck*
skrämseltaktik *s* intimidating tactics pl.
skrän *s* yell, howl; skränande yelling, howling
skräna *vb itr* yell, howl
skräp *s* rubbish, trash
skräpa *vb itr*, ***~ ned*** make a mess; ***~ ned*** (***ned i***) rummet etc. litter up...
skräpig *adj* untidy, littered
skräpmat *s* junk food
skrävla *vb itr* brag, swagger
skrävlare *s* braggart, swaggerer
skröplig *adj* bräcklig frail; om hälsa weak
skugga I *s* motsats ljus shade; av ett föremål shadow; ligga ***i ~n av ett träd*** ...in the shade of a tree; ***inte ~n av en chans*** not an earthly (not the ghost of a) chance **II** *vb tr* **1** ge skugga åt shade **2** bevaka shadow, tail
skuggbild *s* silhouette
skuggboxas *vb itr dep* shadow-box
skuggboxning *s* shadow boxing
skuggig *adj* shady
skuggregering *s* shadow cabinet
skuggrik *adj* very shady
skuggsida *s* shady side
skuld *s* **1** debt **2** fel fault; brottslighet guilt; ***~en är min*** it's my fault, I'm to blame; ***vara ~ till...*** be to blame for...; orsak till be the cause of...
skulderblad *s* shoulder blade
skuldfri *adj* **1** utan skulder ...free from debt (debts) **2** oskyldig guiltless, innocent
skuldkänsla *s* sense of guilt
skuldmedveten *adj* ...conscious of one's guilt
skuldra *s* shoulder
skuldsatt *adj* ...in debt
skull *s*, ***för min ~*** for my sake, just to please me; ***för min egen ~*** i eget intresse in my own interest
skulle *hjälpvb* se *1 skola*
skulptur *s* sculpture
skulptör *s* sculptor
1 skum *adj* **1** mörk dark; obscure **2** suspekt shady, suspicious; illa beryktad disreputable
2 skum *s* foam; fradga froth
skumbad *s* foam bath
skumgummi *s* foam rubber
skumma I *vb itr* foam; fradga froth **II** *vb tr* skim
skummjölk *s* skim (skimmed) milk
1 skumpa *vb itr* jog, bump
2 skumpa *s* vard. champagne champers sg., bubbly
skumplast *s* foam plastic
skumsläckare *s* foam extinguisher
skunk *s* skunk
skur *s* shower
skura *vb tr* o. *vb itr* golv scrub; göra ren clean
skurborste *s* scrubbing-brush
skurk *s* scoundrel, villain
skurkaktig *adj* scoundrelly, villainous
skurkstreck *s* rotten (dirty) trick
skurpulver *s* scouring-powder
skurtrasa *s* scouring-cloth
skuta *s* small cargo boat; vard., båt boat
skutt *s* hopp leap, bound
skutta *vb itr* leap, bound
skvala *vb itr* pour; forsa gush, rush
skvaller *s* gossip; förtal slander
skvalleraktig *adj* gossipy; som förtalar slanderous
skvallerbytta *s* gossip, gossipmonger; ***~ bingbång!*** telltale tit!
skvallerkärring *s* old gossip
skvallertidning *s* gossip magazine (paper)
skvallra *vb itr* gossip; sprida ut rykten tell tales
skvalmusik *s* non-stop pop [music]
skvalp *s* kluckande splash
skvalpa *vb itr* i kärl splash to and fro; ***~ ut*** (***över***) spill, splash (slop) over
skvatt *s*, ***inte ett ~*** not a thing (bit)
skvätt *s* drop; som skvätt ut splash; ***en ~ vatten*** a few drops of water
skvätta I *vb tr* o. *vb itr* stänka splash **II** *vb itr* småregna drizzle
1 sky *s* **1** moln cloud **2** himmel sky; ***skrika i högan ~*** cry to the skies
2 sky *s* köttsky gravy
3 sky *vb tr* shun; ***inte ~ någon möda*** spare no pains; ***inte ~ någonting*** stick at nothing
skydd *s* protection; mera konkret shelter [*mot* against]; ***söka ~*** seek protection, seek (take) shelter; ***i ~ av mörkret*** under cover of darkness
skydda *vb tr* protect; mera konkret shelter; försvara defend; skyla, ge betäckning cover; trygga safeguard; bevara preserve; ***~ sig*** protect (mera konkret shelter) oneself
skyddsanordning *s* safety device, guard
skyddshelgon *s* patron saint
skyddshjälm *s* protective helmet
skyddskonsulent *s* probation officer

skyddsling *s* ward, protégé; om kvinna protégée
skyddsombud *s* representative (ombudsman)
skyddsområde *s* mil. prohibited (restricted) area
skyddsrock *s* overall; läkares etc. white coat
skyddsrum *s* air-raid shelter
skyddstillsyn *s* probation
skyfall *s* cloudburst
skyffel *s* skovel shovel; sop~ dustpan
skyffla *vb tr* skotta shovel
skygg *adj* shy [*för* of]; blyg timid
skygghet *s* shyness; blyghet timidity
skygglappar *s pl* blinkers, amer. blinders
skyhög *adj* extremely high; om t.ex. priser sky-high
skyhögt *adv* sky-high
skyla *vb tr* hölja cover; dölja hide; ***~ över*** cover up
skyldig *adj* **1** som bär skuld guilty [*till* of]; ***göra sig ~ till*** t.ex. ett brott commit...; ***den ~e*** the guilty person, the culprit **2** ***vara*** (***bli***) ***~ ngn pengar*** (***en förklaring***) owe a p. money (an explanation); ***vad är*** (***blir***) ***jag ~?*** what do I owe you? **3** förpliktad bound, obliged
skyldighet *s* duty, obligation [*mot* towards]
skylla *vb tr* o. *vb itr,* ***~ ngt på ngn*** blame a p. for a th.; ***~ på ngn*** throw (lay) the blame on a p.; ***det får du ~ dig själv för*** you have yourself to blame for that; ***skyll dig själv!*** det är ditt eget fel it is your own fault!; ***~ ifrån sig*** throw the blame on someone else
skylt butiksskylt etc. sign, signboard; dörrskylt, namnskylt plate; vägvisare signpost
skylta I *vb itr,* ***~ med ngt*** put a th. on show, display a th. **II** *vb tr* väg signpost
skyltdocka *s* tailor's dummy, mannequin
skyltfönster *s* shopwindow
skyltning *s* konkret display, display of goods; i skyltfönster window display
skymf *s* förolämpning insult
skymfa *vb tr* insult; kränka outrage
skymma I *vb tr* block; dölja conceal, hide; ***du skymmer mig*** you are in my light **II** *vb itr* get dark; ***det börjar ~*** it is getting dark
skymning *s* twilight, dusk
skymt *s* glimpse; spår trace; ***se en ~ av...*** catch a glimpse of...
skymta I *vb tr* få en skymt av catch a glimpse of **II** *vb itr* visa sig, dyka upp appear here and there; ***~ fram*** peep out; otydligare loom
skymundan *s,* ***hålla sig i ~*** undangömd keep oneself out of the way
skynda I *vb itr* ila, hasta hasten; skynda sig, raska på, se *II* **II** *vb rfl,* ***~ sig*** hurry, hurry up; hasten; ***~ dig!*** el. ***~ dig på!*** hurry up!, come on!; ***jag måste ~ mig*** har bråttom I am in a hurry
□ ~ **fram** el. ~ **sig fram** *till platsen* hurry to the spot; ~ **på** hurry, hurry up; ***~ på ngn*** hurry a p.
skyndsam *adj* speedy; brådskande quick
skynke *s* täckelse cover, covering
skyskrapa *s* skyscraper
skytt *s* **1** shot, marksman **2** ***Skytten*** astrol. Sagittarius
skytte *s* shooting; med gevär rifle-shooting
skyttegrav *s* trench
skyttel *s* vävn. shuttle
skytteltrafik *s* shuttle service; ***gå i ~*** shuttle
skåda *vb tr* behold, see
skådeplats *s* scene, scene of action
skådespel *s* play, drama; bildl. spectacle
skådespelare *s* actor
skådespelerska *s* actress
skådespelsförfattare *s* playwright, dramatist
skål I *s* **1** bunke bowl; flatare basin, dish **2** välgångsskål toast; ***dricka ngns ~*** (***en ~ för ngn***) drink to a p.'s health (to the health of a p.) **II** ***~!*** *interj* your health!, here's to you!; vard. cheers!
skåla *vb itr* glas mot glas clink (touch) glasses; ***~*** dricka ***med ngn*** drink a p.'s health; ***~ för ngn*** drink a p.'s health
skålla *vb tr* scald
skållhet *adj* scalding hot
Skåne Skåne, Scania
skåning *s* person from (living in) Skåne, Scanian
skånsk *adj* Skåne..., Scanian
skåp *s* cupboard, closet
skåpbil *s* van, delivery van
skåpsupa *vb itr* take (have) a drop on the quiet (sly)
skåra *s* hugg, rispa cut; repa scratch
skägg *s* beard
skäggig *adj* bearded; orakad unshaved
skäl *s* **1** reason [*till* for]; orsak cause, grounds pl.; ***det vore ~ att*** it would be advisable to; ***av det enkla ~et*** for that simple reason **2** rätt, ***göra ~ för sig*** göra

nytta do one's share; vara värd sin lön be worth one's salt
skälig *adj* rimlig reasonable; rättvis fair
skäligen *adv* **1** tämligen rather, pretty **2** reasonably
skäll *s*, ***få ~*** get a telling-off
skälla *vb itr* **1** om hund bark [*på* at] **2** om person, ***~ på ngn*** call a p. names; ***~ ut*** läxa upp scold, tell...off
skällsord *s* insult, word of abuse
skälm *s* spjuver rogue
skälmaktig *adj* o. **skälmsk** *adj* roguish, mischievous
skälva *vb itr* shake; starkare quake
skälvning *s* darrning tremor
skämd *adj* om frukt rotten; om kött tainted
skämma *vb tr* spoil, mar; ***~ bort*** spoil [*med* by]; klema bort pamper; ***~ ut*** disgrace, put...to shame; ***~ ut sig*** disgrace oneself
skämmas *vb itr dep* **1** blygas be (feel) ashamed (ashamed of oneself); ***skäms du inte?*** el. ***du borde ~!*** aren't you ashamed of yourself?, you ought to be ashamed of yourself!; ***~ för (över)...*** be ashamed of... **2** bli skrämd become rotten (tainted)
skämt *s* joke, jest; skämtande joking; ***~ åsido!*** joking apart!; ***han tål inte ~*** he can't take a joke; ***på ~*** for a joke, in jest
skämta *vb itr* joke, jest [*med* with]; ***~ med ngn*** driva med pull a p.'s leg; göra narr av make fun of a p.
skämtare *s* joker, jester, wag
skämtartikel *s* party novelty, novelty
skämthistoria *s* funny story, joke
skämtsam *adj* joking, jesting
skämtserie *s* comic strip, comic
skämttecknare *s* cartoonist
skämtteckning *s* cartoon
skämttidning *s* comic, comic paper
skända *vb tr* desecrate; våldtaga violate
1 skänk *s* matsalsmöbel sideboard
2 skänk *s* gåva gift; få ngt ***till ~s*** som gåva ...as a gift; gratis ...for nothing
skänka *vb tr* give; förära present [*ngn ngt* a p. with a th.]; ***~ bort*** give away
1 skär *s* liten klippö rocky islet, skerry
2 skär *adj* ljusröd pink; för sammansättningar jfr äv. *blå-*
skära I *s* redskap sickle **II** *vb tr* o. *vb itr* cut; kött carve; ***~ tänder*** grind (gnash) one's teeth **III** *vb rfl*, ***~ sig*** såra sig cut oneself; ***~ sig i fingret*** cut one's finger
skärande *adj* om ljud piercing, shrill
skärbräde *s* cutting-board
skärböna *s* French (string) bean
skärgård *s* archipelago (pl. -s), islands and skerries pl.; ***Stockholms ~*** the Stockholm archipelago
skärm *s* screen; t.ex. lampskärm shade; brätte peak
skärma *vb tr*, ***~ av*** t.ex. ljus screen
skärmbild *s* X-ray picture
skärmbildsundersökning *s* X-ray examination
skärmmössa *s* peaked cap
skärp *s* belt; långt knytskärp sash
skärpa I *s* sharpness; tydlighet (hos bild) definition; om t.ex. kritik severity; klarhet clarity **II** *vb tr* sharpen; stegra, öka intensify, increase; t.ex. motsättningar accentuate; t.ex. straff make...severer; ***det skärpta läget*** the tense situation **III** *vb rfl*, ***~ sig*** rycka upp sig pull oneself together, wake up
skärpt *adj* intelligent bright, sharp
skärrad *adj* jittery, nervy
skärskåda *vb tr* undersöka examine, view; syna scrutinize, scan
skärtorsdag *s* Maundy Thursday
skärva *s* broken piece; splitter splinter
sköld *s* shield
sköldpadda *s* land~ tortoise; havs~ turtle
skölja *vb tr* rinse; ***~ sig i munnen*** rinse one's mouth; ***~ av*** t.ex. händer wash; t.ex. tallrik rinse; ***~ upp*** tvätta upp give...a quick wash; ***~ ur*** rinse
sköljning *s* rinsing; ***en ~*** a rinse
skön *adj* **1** vacker beautiful **2** angenäm nice; härlig lovely; bekväm comfortable; ***~t!*** bra fine!; ***det är ~t att han...*** it is a good thing he... **3** iron. nice, fine, pretty; ***en ~ röra*** a fine (pretty) mess
skönhet *s* beauty äv. om person
skönhetsdrottning *s* beauty queen
skönhetsfel *s* o. **skönhetsfläck** *s* flaw, blemish
skönhetsmedel *s* cosmetic, beauty preparation
skönhetssalong *s* beauty parlour (amer. parlor)
skönhetssinne *s* sense of beauty
skönhetstävling *s* beauty competition
skönhetsvård *s* beauty care (behandling treatment)
skönja *vb tr* urskilja discern; börja se begin to see
skönjbar *adj* discernible; synbar visible
skönlitteratur *s* imaginative (pure) literature; på prosa fiction

skör *adj* brittle; ömtålig fragile
skörd *s* harvest, crop
skörda *vb tr* reap; säd harvest; frukt gather
skörta *vb tr,* ~ ***upp*** fästa upp tuck up; bedraga overcharge; ***bli uppskörtad*** vard. have to pay through the nose
sköta I *vb tr* **1** vårda nurse; behandla treat; om läkare attend; vara aktsam om be careful with, look after...well **2** förestå, leda manage, run; hantera handle; maskin etc. work, operate; ha hand om (t.ex. ngns affärer) look after; kunna ~ ***ett arbete*** ...carry on a job; ~ ***sitt arbete*** go about (attend to) one's work; ***sköt du ditt (dina affärer)!*** mind your own business! **3** ~ el. ~ ***om*** ombesörja attend (see) to; ta hand om take care of; behandla deal with; göra do; ha hand om be in charge of **II** *vb rfl,* ~ ***sig*** **1** sköta om sig look after (take care of) oneself **2** uppföra sig conduct oneself; ***hur sköter*** klarar ***han sig?*** how is he doing (getting on)?
skötbord *s* nursing table
sköte *s* knä lap
skötebarn *s* pet; huvudintresse chief concern
sköterska *s* nurse
skötsam *adj* stadgad steady; pliktrogen conscientious
skötsel *s* vård care; av sjuka nursing; ledning management, handling; t.ex. av hushåll running
skötselanvisning *s,* ~***ar*** på plagg etc. care instructions; för t.ex. apparat maintenance sg., operating instructions
skövla *vb tr* devastate; förhärja ravage
sladd *s* **1** elektr. flex, amer. cord **2** slirning skid; ***jag fick ~ på bilen*** my car skidded
sladda *vb itr* slira skid
sladdbarn *s* skämts. afterthought
sladder *s* **1** prat chatter **2** skvaller gossip
slafsig *adj* slarvig sloppy; om mat mushy
1 slag *s* sort kind, sort; typ type; vi har ***ett ~s nya (röda) blommor*** ...a new (red) kind of flower; boken ***är i sitt ~ utmärkt*** ...is excellent in its way
2 slag *s* **1** stöt, hugg blow; i spel stroke; med knytnäven punch; ***göra ~ i saken*** settle the matter **2** rytmisk rörelse beat; tekn. stroke **3** klockslag stroke **4** ***ett*** ~ en kort stund for a moment (a little while); ***vänta ett ~!*** wait a moment (bit)! **5** mil. battle; ~***et vid*** Lund the battle of... **6** med. apoplexy; ***få*** ~ vanl. have a stroke; vard. have a fit **7** på kavaj etc. lapel; på byxor turn-up, amer. cuff
slaganfall *s* apoplectic stroke, fit of apoplexy
slagen *adj* besegrad defeated, beaten
slagfält *s* battlefield
slagfärdig *adj* kvick quick-witted
slagkraft *s* effektivitet effectiveness; vapens striking power
slagkraftig *adj* effective
slagord *s* slogan, catchword
slagsida *s* sjö. list; ***få*** ~ heel over
slagskepp *s* battleship
slagskämpe *s* fighter
slagsmål *s* fight; bråk row; ***råka i ~ med...*** get into a fight with...
slagträ *s* i bollspel bat
slagverk *s* mus., ~***et*** i orkester the percussion
slak *adj* slack; matt feeble, weak
slaksband *s* TV. scratch tape
slakt *s* slaktande slaughter
slakta *vb tr* kill, butcher; i större skala äv. slaughter samtliga äv. bildl.; ~ ***ned*** kill, slaughter
slaktare *s* butcher
slakteri *s* **1** slaughterhouse **2** slakteriaffär butcher's
slakthus *s* slaughterhouse
slalom *s* slalom; ***åka*** ~ slalom
slalombacke *s* slalom slope
slalomåkare *s* slalom skier, slalomer
slalomåkning *s* slalom-skiing, slaloming
1 slam *s* kortsp. slam
2 slam *s* gyttja mud; kloakslam sludge
slammer *s* clatter, rattle [*av, med* of]
slampa *s* slut
slamra *vb itr* clatter, rattle; ~ ***med ngt*** clatter (rattle) a th.
1 slang *s* språkv. slang
2 slang *s* tube äv. cykelslang; t.ex. vattenslang hose
slangbåge *s* catapult
slanglös *adj,* ~***t däck*** tubeless tyre
slank *adj* slender
slant *s* mynt coin; kopparmynt copper; ~***ar*** pengar money sg.; förtjäna ***en*** ~ ...some (a bit of) money
slapp *adj* slak slack, limp; nonchalant easy-going
slapphet *s* slackness, limpness; nonchalans easy-goingness
slappna *vb itr* slacken; ~ ***av*** relax
slarv *s* carelessness; försumlighet negligence
slarva I *s* careless woman (girl) **II** *vb itr* be careless; ~ ***bort*** förlägga lose; slösa bort fritter away

slarver *s* careless fellow; odåga good-for-nothing
slarvfel *s* careless mistake
slarvig *adj* careless, negligent
1 slask *s* **1** slush; slaskväder slushy weather **2** slaskvatten slops pl.
2 slask *s* vask sink
slaska I *vb tr,* ~ ***ned*** splash **II** *vb itr* **1** blaska dabble (splash) about **2** ***det*** ~***r*** it's slushy weather, the weather is slushy
slaskband *s* TV. scratch tape
slaskhink *s* slop pail
slaskig *adj* om väder o. väglag slushy
slaskvatten *s* slops pl.
slaskväder *s* slushy weather
1 slav *s* folk Slav
2 slav *s* slave [*under ngt* to a th.]
slava *vb itr* slave; friare drudge
slavdrivare *s* slave-driver
slaveri *s* slavery
slavhandel *s* slave trade
1 slavisk *adj* Slavonic
2 slavisk *adj* osjälvständig slavish
slejf *s* på sko strap; ärmslejf tab; ryggslejf half-belt
slem *s* fysiol. mucus; i t.ex. luftrören phlegm
slemhinna *s* mucous membrane
slemlösande *adj,* ~ ***medel*** expectorant
slemmig *adj* slimy
slentrian *s* routine
slev *s* soppslev etc. ladle
sleva *vb tr,* ~ ***i sig*** ngt shovel down..., put away...
slicka *vb tr* o. *vb itr,* ~ el. ~ ***på*** lick; ~ ***sig om munnen*** lick oneś lips; ~ ***av*** (***ur***) ren lick...clean; ~ ***i sig*** om katt lap up
slickepinne *s* lolly, lollipop
slida *s* sheath; anat. vagina
slinga *s* t.ex. rör~ coil; av rök etc. wisp; ögla loop; hår~ lock
slingra I *vb tr* o. *vb itr* wind **II** *vb rfl,* ~ ***sig*** om t.ex. väg, flod wind; om växt trail; om t.ex. rök wreathe; bildl. try to get round things; ~ ***sig ifrån*** bildl. dodge, shirk; ~ ***sig undan*** get (dodge) out of it (things)
slingrande *adj* o. **slingrig** *adj* om t.ex. väg, flod winding
slinka *vb itr* kila slip; smyga slink, steal
slint *s,* ***slå*** ~ misslyckas fail, backfire
slipa *vb tr* grind, polish; glas o. ädelstenar cut
slipad *adj* knivig, slug smart, shrewd
slipover *s* slipover
slippa *vb tr* o. *vb itr* **1** ~ el. ~ ***ifrån*** (***undan***): befrias från be excused from; undgå escape; bli kvitt get rid of; inte behöva not have to, not need to; ***för att*** ~ besväret to save (avoid)...; ***kan jag inte få*** (***låt mig***) ~ ***göra det!*** I'd rather not do it; do I have to do it?; ***låt mig*** ~ ***höra*** eländet I don't want to have to listen to...; ***slipp*** låt bli ***då!*** don't then! **2** släppas, ~ ***över*** bron be allowed to pass...
□ ~ **fram** få passera be allowed to pass; ~ **igenom** get (släppas be let) through; ~ **lös** get (break) loose; ~ **undan** undkomma escape; ~ **ut** get (släppas be let) out [*ur* of]; bli frigiven be released
slips *s* tie
slipsten *s* grindstone
slira *vb itr* skid; om hjul spin; om koppling etc. slip
slirig *adj* slippery
sliskig *adj* sweet and sickly; lismande oily
slit *s* arbete toil, drudgery
slita I *vb tr* o. *vb itr* **1** nöta, ~ [***på***] t.ex. kläder wear out **2** riva tear; rycka pull **3** knoga work hard, drudge [*med ngt* at a th.]; ~ ***ont*** have a rough time of it **II** *vb rfl,* ~ ***sig*** om t.ex. djur break (get) loose; ~ ***sig från...*** om pers. tear oneself away from...
□ ~ **av** sönder break; bort tear off; ~ **loss** (**lös**) tear off (loose); ~ ***sig lös*** tear oneself away; ~ **sönder** riva i bitar tear...up (to pieces); ~ **ut** nöta ut wear out
slitage *s* wear and tear
sliten *adj* worn; luggsliten shabby
slit-och-slängsamhälle *s,* ~***t*** ung. the consumer society
slits *s* skåra, sprund slit
slitsad *adj,* ***en*** ~ ***kjol*** a slit skirt
slitsam *adj* toilsome, laborious
slitstark *adj* hard-wearing; hållbar durable
slockna *vb itr* go out
slogan *s* slogan
sloka *vb itr* droop, flag
slokhatt *s* slouch hat
slopa *vb tr* avskaffa abolish; ge upp give up; utelämna leave out; sluta med discontinue
slott *s* palace; borg castle
slovak *s* Slovak
Slovakien Slovakia
slovakisk *adj* Slovakian; ***Slovakiska republiken*** the Slovak Republic
sloven *s* Slovene
Slovenien Slovenia
slovensk *adj* Slovenian
slow motion *s,* ***i*** ~ in slow motion
sluddra *vb itr* slur one's words; om berusad talk thickly
sluddrig *adj* slurred; om berusad thick

slug *adj* shrewd; listig sly, cunning; klipsk clever
sluka *vb tr* swallow; hungrigt devour äv. bildl.
slum *s* slumkvarter slum; ***~men*** the slums pl.
slummer *s* slumber; lur doze, nap
slump *s* **1** tillfällighet chance; ***~en gjorde att*** vi träffades it so happened that...; ***av en ren ~*** by mere chance (accident); ***på en ~*** at random, at haphazard **2** rest remnant
slumpa I *vb tr*, ***~ bort*** sell off... **II** *vb rfl*, ***det ~de sig så att...*** it so happened (chanced) that...
slumpmässig *adj* random
slumra *vb itr* slumber; halvsova doze; ***~ till*** doze off
slumrande *adj* slumbering
slunga I *s* sling **II** *vb tr* sling; häftigt fling, hurl
slurk *s* skvätt drop; ***en ~ kaffe*** a few drops of coffee
sluskig *adj* shabby
sluss *s* passage lock; dammlucka sluice
slut I *s* end, ending; ***~et gott, allting gott*** all's well that ends well; ***få (göra) ~ på*** stoppa put an end to; ***göra ~ på*** konsumera finish; ***göra ~ med ngn*** break off with a p.; ***ta ~*** upphöra end; tryta give out; smöret ***börjar ta ~*** ...is running short; arbetet ***tar aldrig ~*** ...will never end; smöret ***har tagit ~ för oss*** we have no...left; ***den andre (femte) från ~et*** the last but one (four); ***i (vid) ~et av (på)*** at the end of; ***på ~et*** at (in) the end; ***till ~*** till sist finally, in the end; äntligen at last; avslutningsvis lastly **II** *adj* over; avslutad at the end, finished; förbrukad used up, all gone; slutsåld sold out; utmattad done up; utsliten done for; ***det är ~ med friden*** there will be no more peace; ***det är ~ mellan oss*** it is all over between us
sluta I *vb tr* o. *vb itr* **1** avslutas end, finish; göra färdig finish, finish off; upphöra med stop, cease; lämna leave; ***~ skolan*** leave school; boken ***~r sorgligt*** ...has a sad ending; ***vi ~r*** kl. 3 we finish (stop)...; ***det har ~t regna*** it has stopped (left off) raining; ***~ röka*** give up smoking; ***han har ~t hos oss (på firman)*** he has left us (the firm); ***~*** upphöra ***med ngt (med att göra ngt)*** stop a th. (stop doing a th.); ***det ~de med att*** han... the end of it was that...; ***~!*** stop it! **2** ***~ till*** close, shut **3** uppgöra conclude; ***~ fred*** make peace **II** *vb rfl*, ***~ sig*** **1** stänga sig: om t.ex. dörr shut; om t.ex. blomma close **2** ansluta sig, ***~ sig till*** ngn attach oneself to..., join... **3** dra slutsats, ***~ sig till*** conclude [*av* from]
slutare *s* foto. shutter
sluten *adj* stängd closed; förseglad sealed; privat private
slutföra *vb tr* fullfölja complete, finish
slutgiltig *adj* final, definitive
slutkapitel *s* last (final) chapter
slutkörd *adj*, ***vara ~*** be done up, be whacked
slutlig *adj* final; ytterst ultimate; slutgiltig definite; ***~ skatt*** final tax
slutligen *adv* finally, in the end, ultimately
slutlikvid *s* slutbetalning final settlement, payment of balance
slutomdöme *s* final verdict
slutresultat *s* final result (outcome)
slutsats *s* conclusion; ***dra en ~ av*** ngt draw a conclusion from...; ***dra förhastade ~er*** jump to conclusions
slutscen *s* final (closing) scene
slutsignal *s* sport. final whistle
slutskattesedel *s* final income tax demand note
slutskede *s* final stage (fas phase)
slutspel *s* sport. final tournament; i vissa sporter play-off; i schack endgame
slutstation *s* terminus
slutsumma *s* sum total, total amount
slutsåld *adj*, ***vara ~*** be sold out, be out of stock
slutta *vb itr* slope, slant
sluttande *adj* sloping
sluttning *s* slope
slyngel *s* young rascal; rackarunge scamp
slå I *vb tr* o. *vb itr* tilldela slag, besegra beat; träffa med (ge) ett slag strike, hit, smite; stöta, smälla knock, bang; tele., ett nummer dial; ***klockan ~r två*** the clock is striking two; ***det slog mig*** frapperade mig it struck me; ***~*** ngt ***i golvet*** knock...on to the floor; ***~*** en boll ***i nät*** hit (sparka kick)...into the net; ***~ en spik i*** ngt drive (hammer, knock) a nail into...; ***~ i dörrarna*** slam (bang) the doors; ***~ i lexikon*** consult a dictionary **II** *vb itr* **1** vara i rörelse: om t.ex. hjärta beat; om dörr be banging; ***regnet ~r mot*** fönstret the rain is beating against... **2** bli uppskattad be a hit **III** *vb rfl*, ***~ sig*** skada sig hurt oneself; ***~ sig i huvudet (på knät)*** hurt el. bump one's head (knee); ***~ sig för sitt bröst*** stoltsera thump one's chest

□ **~ an** ton, tangent strike; vara tilltalande catch on [*på* with]; **~ av** a) hugga etc. av knock off; bryta itu break...in two b) koppla av switch off c) pruta, ~ ***av på*** t.ex. pris, krav reduce; ~ **fast** a) eg. hammer...on [*på* ngt to...] b) bildl., se *fastslå;* ~ **i** t.ex. spik drive...in; ~ ***i vin i*** ett glas pour out wine into...; ~ **ifrån** koppla från switch off; ~ **igen** a) stänga t.ex. bok, dörr close (shut)...with a bang b) ge igen hit (strike) back; ~ **ihjäl** kill; ~ **ihop** t.ex. bok, paraply close; slå samman put...together; blanda ihop mix...together; förena join, combine; ~ ***sig ihop*** inbördes join together; ~ **in** a) hamra in drive (knock) in b) slå sönder: t.ex. fönster smash; t.ex. dörr batter...down; ~ ***in ngt*** lägga in wrap up a th. [*i papper, i ett paket* in paper, into a parcel]; ~ **ned** a) slå omkull (till marken) knock...down; kuva, t.ex. uppror crush, smash b) komma nedfallande fall, drop; om fågel alight; ~ ***ned i*** om blixten strike; ~ ***sig ned*** sätta sig sit (settle) down; bosätta sig settle, settle down; ~ ***dig ned!*** take a seat!; ~ **om** förändras change äv. om väder; ~ ***om*** ett papper ***om ngt*** put (wrap)...round a th.; ~ **omkull** knock...down (over); ~ **på** koppla på t.ex. motor switch on; ~ **runt** om t.ex. bil overturn; ~ **sönder** break...to pieces, smash; ~ **till** a) ge...ett slag strike, hit b) koppla på t.ex. motor switch on c) acceptera take the chance d) bestämma sig settle (clinch) the deal; ~ **tillbaka** t.ex. anfall beat off, repel; ~ **upp** e) sätta upp put up f) fälla upp, t.ex. paraply, sufflett put up; krage turn up g) öppna open; t.ex. dörr throw...open; ~ ***upp sidan 10 i boken*** open the book at page 10; se på turn to page 10 in the book; ~ ***upp ett ord i*** ett lexikon look up a word in...; ~ **ut** a) t.ex. fönster smash b) i boxning knock out c) om blomma come out; öppna sig open; om träd burst into leaf; ~ ***väl ut*** turn out well

slående *adj* påfallande, träffande striking

slån *s* o. **slånbär** *s* sloe

slåss *vb itr dep* fight [*om ngt* over (for) a th.]

släcka *vb tr* put out; t.ex. törst slake, quench; ***ljuset är släckt*** the light is out

släde *s* sleigh; mindre t.ex. hund~ sledge; ***åka*** ~ sleigh, go sleighing

slägga *s* **1** sledgehammer **2** sport., redskap hammer; ***kasta*** ~ throw the hammer; släggkastning throwing the hammer

släggkastning *s* throwing the hammer

släkt I *s* **1** ätt family; ***det ligger i ~en*** it runs in the family **2** släktingar relations pl., relatives pl. **II** *adj* related [*med* to]

släkte *s* generation generation; ras race

släkting *s* relation, relative

släktkär *adj,* ***vara*** ~ have a strong family feeling

släktled *s* generation generation

släktmöte *s* family gathering

släktnamn *s* family name, surname

släktskap *s* relationship, kinship; bildl. äv. affinity

slända *s* troll~ dragonfly; dag~ mayfly

släng *s* **1** sväng swerve; knyck jerk [*med huvudet* of one's head] **2** lindrigt anfall touch

slänga *vb tr* vard. chuck, sling; vårdslöst toss; häftigt fling; kasta bort throw (chuck) away, swing

slängkappa *s* cloak

slängkyss *s,* ***kasta en ~ åt ngn*** blow a p. a kiss

slänt *s* sluttning slope; backsluttning hillside

släp *s* **1** på klänning train **2** släpvagn trailer

släpa I *vb tr* dra drag; med möda haul; längs marken trail; ~ ***fötterna efter sig*** drag one's feet **II** *vb itr,* ~ ***på*** bära på lug...along; dra på drag...along; ***gå med ~nde steg*** shuffle along; ~ ***efter*** lag behind; ~ ***fram ngt ur*** källaren drag a th. out of...; ~ ***med sig*** ngt drag...about with one

släpig *adj* om t.ex. gång shuffling; om t.ex. röst drawling

släplift *s* sport. ski-tow, T-bar lift

släppa I *vb tr* ngt leave hold of, let go of; ngn let...go; ~lös let...loose; frige set...free, release; ***släpp mig!*** let me go!; ***släpp min hand!*** let go of my hand!; ~ ***hundarna på...*** set the dogs on... **II** *vb itr* om t.ex. färg come off; om t.ex. värk pass off **III** *vb rfl,* ~ ***sig*** fjärta let off

□ ~ **efter** vara eftergiven give in; ~ **fram (förbi)** let...pass; ~ **ifrån sig** let...go; avhända sig part with; avstå från give up; ~ **igenom** let...through; ~ **in ngn i...** let (admit) a p. into...; ~ ***in*** luft let in...; ~ **lös** t.ex. fånge set...free, release; djur turn...loose; koppla lös unleash; ~ **på** vatten, ström turn on; ~ **upp** t.ex. ballong send up; koppling i bil let in; ~ **ut** let...out [*ur* of]; olja, föroreningar discharge; fånge äv. release; djur turn...out; sömnad. let out

släpphänt *adj* easy-going, indulgent [*med, mot* towards]

släpvagn *s* trailer; för spårväg trailer coach

slät *adj* jämn om t.ex. hy, hår, yta smooth; plan

level, plane; om yta äv. even; om mark äv. flat; enkel, om t.ex. ring plain
släta *vb tr*, ~ *till* smooth down; plana flatten; ~ *ut* smooth out; ~ *över* t.ex. problem smooth over...
släthårig *adj* om hund smooth-haired
slätrakad *adj* clean-shaven, close-shaven
slätstruken *adj* bildl. mediocre, indifferent
1 slätt I *s* plain; slättland flat land **II** *adv* jämnt, *ligga* ~ be smooth
2 slätt *adv* dåligt, *stå sig* ~ *i* konkurrensen come off badly in...
slätvar *s* fisk brill
slö *adj* blunt, dull; trög slow, sluggish; håglös listless, apathetic
slöa *vb itr* idle, laze
slödder *s* mob, riff-raff, rabble
slöfock *s* lazybones sg.
slöja *s* veil äv. bildl.
slöjd *s* handicraft; träslöjd woodwork
slösa I *vb tr* waste; vara frikostig med, t.ex. beröm lavish [*på* i bägge fallen on]; ~ *bort* waste **II** *vb itr* be wasteful; ~ *med* slösa bort waste; vara frikostig med be lavish with (t.ex. beröm of); t.ex. pengar spend...lavishly
slösaktig *adj* wasteful; frikostig lavish
slöseri *s* wastefulness, extravagance
smacka *vb itr* när man äter eat noisily; ~ *med läpparna* smack one's lips; ~ *med tungan* click one's tongue
smak *s* taste; viss utmärkande flavour; bismak savour äv. bildl.; *~en är olika* tastes differ; *få ~ för* acquire a taste for; *det ger ~ åt* (*sätter ~ på*) soppan it gives a flavour to...; *falla ngn i ~en* strike (take) a p.'s fancy
smaka *vb tr* o. *vb itr*, ~ el. *~på* taste; ~ *bra* (*sött, citron*) taste nice (sweet, of lemon); *det ~r ingenting* (*konstigt*) it has no (a queer) taste; *det ~r* pedanteri it smacks of...; *det ska ~ gott med* lite kaffe ...will be very welcome
smakfull *adj* tasteful; elegant stylish
smaklig *adj* välsmakande savoury, delicate; aptitlig appetizing; ~ *måltid!* enjoy your meal!
smaklös *adj* tasteless
smakprov *s* taste; bildl. sample
smaksak *s* matter of taste
smaksinne *s* sense of taste
smaksätta *vb tr* flavour
smakämne *s* flavouring
smal *adj* narrow; ej tjock thin; slank slender; *det är en ~ sak för honom* it's quite easy for him; *hålla sig ~* keep slim; *vara ~ om höfterna* have narrow hips
smalfilm *s* cinefilm, substandard (movie) film
smalfilmskamera *s* cinecamera, movie camera
smalna *vb itr* become el. get narrow (tunnare, magrare thinner)
smaragd *s* emerald
smart *adj* smart; slug sly
smash *s* sport. smash
smasha *vb tr* o. *vb itr* sport. smash
smaskens *adj* o. **smaskig** *adj* vard. yummy
smatter *s* skrivmaskins clatter; trumpets blare
smattra *vb itr* om skrivmaskin etc. clatter; om trumpet blare
smed *s* smith; grovsmed blacksmith
smedja *s* smithy, forge
smeka *vb tr* caress; kela med fondle
smekmånad *s* honeymoon
smeknamn *s* pet name
smekning *s* caress, endearment
smeksam *adj* caressing, fondling; om tonfall bland
smet *s* blandning, äv. kaksmet mixture; pannkakssmet etc. batter; grötlik massa sticky mass
smeta *vb tr* o. *vb itr* daub; något kladdigt smear; ~ *ned sig* get oneself into a mess (all mucky)
smetig *adj* smeary, sticky
smicker *s* flattery
smickra *vb tr* flatter
smickrande *adj* flattering [*för* to]
smida *vb tr* forge; hamra ut hammer out; bildl. (t.ex. planer) devise; ~ *medan järnet är varmt* strike while the iron is hot
smide *s* **1** smidning forging, smithery **2** föremål wrought-iron goods
smidig *adj* böjlig, spänstig flexible; vig, rörlig lithe; mjuk (om t.ex. ngns sätt) smooth and easy
smidighet *s* böjlighet, spänstighet flexibility; vighet litheness; mjukhet smoothness
smil *s* smile
smila *vb itr* smile
smilfink *s* vard. smarmy type, toady, fawner
smilgrop *s* dimple
smink *s* make-up; sminkmedel paint; rött rouge; teat. greasepaint
sminka *vb tr* make...up äv. teat.; ~ *sig* make up
sminkning *s* konkret make-up
smisk *s*, *få* ~ get a smacking (på stjärten spanking)

smiska *vb tr* smack; på stjärten spank
smita *vb itr* **1** ge sig i väg run away [*från* from]; försvinna make off; föraren ***smet från olycksplatsen*** ...left the scene of the accident; ***~ från*** t.ex. tillställning slip away from; t.ex. betalning, skatter evade, dodge **2** om kläder, ***~ åt*** fit tight
smitning *s* trafik. case of hit-and-run
smitta I *s* infection; genom beröring contagion **II** *vb tr* o. *vb itr* infect; ***han ~de mig*** I caught it from him, he gave it to me; ***bli ~d av ngn*** catch an infection from a p.; sjukdomen ***~r*** ...is infectious (vid beröring contagious)
smittbärare *s* disease carrier, carrier
smittkoppor *s pl* smallpox sg.
smittsam *adj* infectious; genom beröring contagious, catching
smittämne *s* contagion; virus virus; bacill bacteria
smocka I *s* wallop, sock, biff **II** *vb tr, ~ **till ngn*** sock (biff) a p.
smoking *s* dinner jacket, amer. tuxedo; vard. tux
smolk *s* bildl., ***~ i glädjebägaren*** a fly in the ointment
smuggel *s* smugglande smuggling
smuggelgods *s* smuggled goods pl., contraband
smuggla *vb tr* o. *vb itr* smuggle
smugglare *s* smuggler
smuggling *s* smugglande smuggling
smula I *s* **1** speciellt bröd~ crumb; allmännare bit, scrap **2** litet, ***en ~*** a little, a bit; en aning a trifle **II** *vb tr, ~ **sönder*** crumble
smultron *s* wild strawberry
smussel *s* hanky-panky, monkey business
smussla *vb itr* practise underhand tricks; fiffla cheat
smuts *s* dirt, filth
smutsa *vb tr, ~ **ned*** make...dirty; ***~ ned sig*** get dirty
smutsig *adj* dirty, filthy; nedsmutsad, om t.ex. kläder soiled; om t.ex. disk unwashed; ***bli ~*** get dirty
smutskasta *vb tr* throw (fling) mud at; ***~ ngns person*** drag a p.'s name through the mud
smutskläder *s pl* dirty linen sg.
smutta *vb itr* sip; ***~ på*** dryck sip, sip at
smycka *vb tr* adorn; pryda ornament; dekorera decorate
smycke *s* piece of jewellery; ***~n*** jewellery sg.
smyckeskrin *s* jewel case (box)
smyg *s, **i ~*** olovandes on the sly (quiet)
smyga *vb itr* o. *vb rfl, ~ **sig*** steal; smita slip; gå tyst creep; ***~ på tå*** tiptoe; ***ett fel har smugit sig in*** an error has slipped in
smygande *adj* om t.ex. gång stealthy, sneaking; bildl., om t.ex. sjukdom, gift insidious
små se *liten*
småaktig *adj* futtig mean; petnoga niggling; om t.ex. kritik carping
småaktighet *s* meanness; petighet niggling; i t.ex. kritik carping
småbarn *s* small (little) child; spädbarn baby, infant
småbarnsföräldrar *s pl* the parents of small children
småbil *s* small car; mycket liten minicar, mini
småbildskamera *s* minicamera
småbitar *s pl* small pieces (bits)
småborgare *s* member of the lower middle-class
småborgerlig *adj* lower middle-class; bourgeois
småbruk *s* konkret smallholding
småbrukare *s* smallholder
småbröd *s* koll. fancy biscuits pl., amer. cookies pl.
småfolk *s* koll., enkelt folk humble folk, ordinary people pl.
småfranska *s* roll
småföretag *s* small-scale business (firm)
småföretagare *s* small entrepreneur
småhus *s* small [self-contained] house
småkaka *s* fancy biscuit, amer. cookie
småle *vb itr* smile [*mot, åt* at]
småleende *s* faint smile
småningom *adv, **så ~*** gradually, little by little
småpaket *s* post. small packet
småpengar *s pl* small coins; växel~ small change sg.
småprat *s* chat; kallprat small talk
småprata *vb itr* chat
smårätter *s pl* ung. fancy dishes
småsak *s* liten sak little (small) thing; bagatell trifle
småsparare *s* small saver (depositor)
småstad *s* small town; landsortsstad provincial town
småstadsaktig *adj* provincial
småstadsbo *s* provincial
småstuga *s* cottage
småsyskon *s pl* younger (small) sister (el.

sisters) and brother (el. brothers), younger sisters (brothers)
småtimmarna *s pl, på (fram på)* ~ in the small hours
smått I *adj* small etc., jfr *liten I* **II** *subst adj,* ~ ***och gott*** all sorts of nice little things; ***i*** ~ i liten skala on a small scale **III** *adv* en smula a little, slightly, somewhat
småttingar *s pl* o. **småungar** *s pl* small children, kids
småvägar *s pl* bypaths
smäcker *adj* slender
smäda *vb tr* abuse
smädelse *s,* ~ el. ~***r*** abuse sg.
smädlig *adj* abusive; om skrift libellous
smäll *s* **1** knall bang; av piska crack; av kork pop; vid kollision smash; vid explosion detonation **2** slag med handen smack, slap; med piska lash; stöt blow **3** smisk smacking, spanking
smälla I *vb tr* **1** slå, dänga bang, knock **2** smiska smack, spank **II** *vb itr* om dörr etc. bang, slam; om piska, gevär crack; om kork pop; om skott go off; ~ ***i*** dörrarna bang (slam)...
smällare *s* fyrverkeri cracker, banger
smällkaramell *s* cracker
smälta *vb tr* o. *vb itr* **1** melt; metaller fuse [*till* i båda fallen into] **2** mat digest; komma över get over □ ~ **bort** melt away; ~ **ihop** melt (fuse)...together
smältpunkt *s* melting-point
smärgel *s* emery
smärre *adj* smaller, less; ***några*** ~ ***fel*** a few minor errors
smärt *adj* slender, slim
smärta *s* pain; lidande suffering; sorg grief; ***ha svåra smärtor*** be in great pain
smärtfri *adj* painless
smärtgräns *s* pain threshold äv. bildl.
smärtsam *adj* painful
smärtstillande *adj* pain-relieving; analgesic; ~ ***medel*** analgesic
smör *s* butter; ***bre*** ~ ***på...*** spread butter on...; ***gå åt som*** ~ ***(som*** ~ ***i solsken)*** go like hot cakes
smörblomma *s* buttercup
smördeg *s* puff pastry
smörgås *s* **1** ***en*** ~ utan pålägg a slice (piece) of bread and butter; med pålägg an open sandwich **2** ***kasta*** ~ lek play ducks and drakes, skip stones across the water
smörgåsbord *s* smorgasbord, large mixed hors d'œuvre
smörgåsmat *s* skinka, ost etc. ham, cheese etc.
smörj *s* beating (thrashing); ***få*** ~ get a beating (thrashing)
smörja I *s* skräp rubbish; muck äv. 'smuts' **II** *vb tr* med fett (olja) grease (oil); rund~ lubricate
smörjmedel *s* lubricant
smörjning *s* lubrication, greasing
smörjolja *s* lubricating oil
smörklick *s* pat of butter
smörkniv *s* butter knife
smörkräm *s* buttercream
smörpapper *s* grease-proof paper
smörstekt *adj* ...fried in butter
snabb *adj* rapid, quick, swift; om t.ex. tåg, löpare fast; om t.ex. affär, hjälp prompt; ***i*** ~ ***takt*** at a rapid (quick) pace
snabba I *vb tr,* ~ ***på (upp)*** speed up **II** *vb itr* o. *vb rfl,* ~ ***sig*** (~ ***på***) hurry up, look lively (snappy)
snabbfrysa *vb tr* quick-freeze
snabbgående *adj* fast
snabbkaffe *s* instant coffee
snabbkurs *s* crash (rapid) course
snabbköp *s* o. **snabbköpsaffär** *s* self-service shop (self-service store); större supermarket
snabbmat *s* fast (convenience) food
snabbtelefon *s* intercom system o. telefon
snabbtänkt *adj* quick-witted, ready-witted
snabel *s* elefants trunk
snack *s* o. **snacka** *vb tr* vard., se *prat, prata*
snaggad *adj,* ***vara*** ~ have one's hair cut short, have a crew cut
snappa *vb tr* o. *vb itr* snatch [*efter* at]; ~ ***till (åt) sig*** snatch; ~ ***upp*** en nyhet etc. snatch (pick) up; ett ord etc. catch
snaps *s* glas brännvin snaps (pl. lika), dram
snar *adj* snabb speedy; omedelbar prompt; nära förestående near, immediate
snara *s* snare; fälla trap
snarare *adv* **1** om tid sooner **2** hellre rather; ***det var*** ~ ***tjugo*** än tio it was nearer twenty...
snarast *adj* o. *adv,* ***med det*** ~***e*** el. ~ ***möjligt*** as soon as possible, at the earliest possible date
snarka *vb itr* snore
snarkning *s* snarkande snoring; ***en*** ~ a snore, snoring
snarlik *adj* rather like
snarstucken *adj* touchy, short-tempered
snart *adv* soon; inom kort shortly; ***så*** ~ el. ***så*** ~ ***som*** konj., så fort as soon as; så ofta

whenever; ***så ~ som möjligt*** as soon as possible; så har det varit ***i ~ tio år*** ...for nearly ten years
snask *s* sötsaker sweets pl., amer. candy
snaska *vb itr* o. *vb tr* **1** äta sötsaker eat sweets; ***~ ngt*** munch a th. **2** äta snaskigt be messy
snatta *vb tr* o. *vb itr* pilfer; vard. pinch; i butik shoplift
snattare *s* shoplifter
snatteri *s* pilfering; i butik shoplifting
snattra *vb itr* om anka quack; pladdra chatter, jabber
snava *vb itr* stumble, trip
sned I *adj* lutande slanting; sluttande sloping; krokig, vind crooked; på snedden diagonal **II** *s, **på ~*** askew; med hatten ***på ~*** ...on one side
snedparkering *s* angle-parking
snedrekrytering *s* uneven recruitment (representation)
snedsprång *s* bildl. escapade; kärlekshistoria affair
snedstreck *s* slanting line (stroke)
snedtak *s* sloping roof
snedvriden *adj* twisted, distorted
snedögd *adj* slant-eyed
snegla *vb itr, **~ på...*** förstulet glance furtively at...
snett *adv* slantingly; på sned askew; på snedden diagonally; hatten ***sitter ~*** ...is crooked; tavlan ***hänger ~*** ...is slanting
snibb *s* hörn corner; spets point
snickarbyxor *s pl* bib-and-brace overalls
snickare *s* speciellt inrednings~ joiner; timmerman carpenter; möbel~ cabinet-maker
snickeri *s* **1** abstrakt o. koll. joinery (carpentry) work, cabinet work **2** snickarverkstad joiner's (cabinet-maker's) workshop
snickra *vb itr* do joinery (carpentry) work
snida *vb tr* carve
snideri *s* carving
sniffa *vb itr* o. *vb tr* sniff [*på* at]
snigel *s* slug; med snäcka snail
snigelfart *s, **med ~*** at a snail's pace
sniken *adj* greedy [*efter* for]; covetous [*efter* of]
snille *s* genius
snilleblixt *s* brainwave, flash of genius
snillrik *adj* brilliant
snits *s* style, chic
snitsa *vb tr* vard., ***~ till (ihop)*** a) t.ex. middag knock up, fix; ett tal put together b) piffa upp smarten up
snitsig *adj* stylish, chic
snitt *s* cut; med. incision; tvärsnitt section
sno I *vb tr* **1** hoptvinna twist; vira twine, wind; snurra twirl, turn **2** vard., stjäla pinch **II** *vb rfl, **~ sig*** **1** linda sig twist, twine [*om* round]; trassla ihop sig get twisted **2** vard., skynda sig get cracking
snobb *s* snob; kläd~ dandy
snobba *vb itr, **~ med*** t.ex. kunskaper show off; t.ex. fina bekantskaper swank (brag) about
snobberi *s* snobbery
snobbig *adj* snobbish
snobbism *s* snobbery
snodd *s* cord; för garnering braid, lace
snofsig *adj* vard. smart, natty
snok *s* zool. grass snake
snoka *vb itr* poke, pry, snoop; ***~ upp (reda på)*** hunt up
snopen *adj* besviken disappointed; obehagligt överraskad disconcerted
snopp *s* **1** på cigarr tip **2** barnspr. el. vard., penis thing, willie
snoppa *vb tr* ljus snuff; krusbär etc. top and tail; bönor string; ~ el. ***~ av*** cigarr cut; ***~ av ngn*** snub a p.
snor *s* vard. snot
snorig *adj* snotty, snotty-nosed
snorkel *s* schnorkel, snorkel
snorkig *adj* vard. snooty, cocky
snorunge *s* o. **snorvalp** *s* snotty-nosed kid; som är uppkäftig saucy (cheeky) brat
snubbla *vb itr* stumble, trip
snudd *s, **det är ~ på skandal*** it's little short of a scandal
snudda *vb itr, **~ vid*** brush against; skrapa lätt graze
snurra I *s* leksak top; vind~ windmill **II** *vb itr* o. *vb tr* spin, twirl; kring axel turn [*omkring* on]; rotate, revolve; ***allting ~r runt för mig*** my head is in a whirl
snurrig *adj* vard., yr giddy, dizzy; tokig crazy
snus *s* luktsnus snuff; 'svenskt' ung. moist snuff
snusa *vb itr* tobak take snuff
snusdosa *s* snuffbox
snusen *s* vard., ***lite på ~*** a bit tipsy
snusförnuftig *adj* would-be wise; platitudinous
snusk *s* dirt, filth
snuskig *adj* dirty, filthy
snusmalen *adj, **snusmalet kaffe*** very fine-grind coffee
snut *s* vard., polis cop; ***~en*** koll. the cops pl.
snuva *s, **få (ha) ~*** catch (have) a cold

snuvig *adj, vara ~* have a cold
snyfta *vb itr* sob
snyftning *s* sob
snygg *adj* prydlig tidy, neat; ren clean; vacker etc. pretty, nice, fine; om en man handsome, good-looking; *jo, det var just ~t!* iron. this is a fine thing!
snygga *vb tr* o. *vb itr, ~ till (upp) sig* make oneself tidy; piffa upp sig smarten oneself up; *~ upp* städa tidy up
snyltgäst *s* person sponger, gatecrasher
snyta *vb rfl, ~ sig* blow oneś nose
snyting *s* vard., *ge ngn en ~* sock (biff) a p.
snål *adj* **1** stingy, mean [*mot* towards] **2** om vind biting
snåla *vb itr* vara snål be stingy (mean); nödgas leva snålt stint oneself; *~ in på* spara save on
snålhet *s* stinginess, meanness [*mot* towards]; *låta ~en bedra visheten* be penny-wise and pound-foolish
snåljåp *s* skinflint, miser, speciellt amer. cheapskate
snålskjuts *s, åka ~* bildl. take advantage [*på* of]
snår *s* thicket, brush
snäcka *s* snäckdjur mollusc; skal shell
snäll *adj* good; vänlig kind; ~ och rar nice [*mot* i samtliga fall to]; väluppfostrad well-behaved; *~a du* gör det*, var ~ och* gör det will (would) you...?; *men ~a du,* hur*...!* but my dear,...!
snälltåg *s* fast (express) train, express
snärja *vb tr* snare, entangle, trap; *~ in sig* get entangled
snärtig *adj* **1** om slag sharp; om replik cutting **2** klämmig smart, chic
snäsa *vb tr, ~* el. *~ till ngn* snap at a p.; åthuta tell a p. off; *~ av ngn* snub a p.
snäv *adj* tight, close; om kjol o.d. close-fitting; trång, knapp narrow
snö *s* snow
snöa *vb itr* snow; *det ~r* it is snowing
snöblandad *adj, snöblandat regn* sleet
snöblind *adj* snowblind
snöboll *s* snowball
snödjup *s* depth of snow
snödriva *s* snowdrift
snödroppe *s* växt snowdrop
snöfall *s* snowfall, fall of snow
snöflinga *s* snowflake
snöglopp *s* sleet
snögubbe *s* snowman
snöig *adj* snowy
snökedja *s* tyre chain
snöplig *adj* t.ex. om nederlag ignominious; t.ex. om resultat disappointing; *få (ta) ett ~t slut* come to a sorry end
snöplog *s* snowplough, amer. snowplow
snöra *vb tr* lace, lace up
snöre *s* string; grövre cord; segelgarn twine; för garnering braid; målsnöre tape; *ett ~* a piece of string etc.
snöripa *s* kok. grouse
snörliv *s* stays pl.; korsett corset
snörpa *vb itr, ~ på munnen* purse one's lips
snöröjning *s* snow clearance
snöskoter *s* snowmobile
snöskottning *s* clearing (shovelling) away snow (the snow)
snöskred *s* avalanche, snowslide
snöslask *s* sleet, wet snow; sörja slush
snöslunga *s* snow-blower
snöstorm *s* snowstorm; våldsam blizzard
snösväng *s* vard., snöröjning snow-clearance; arbetsstyrka snow-clearance force
snötäcke *s* covering of snow; *~ts tjocklek* the depth of snow
snötäckt *adj* snow-covered
Snövit i sagan Snow White
so *s* sugga sow
soaré *s* soirée
sobel *s* djur o. skinn sable
sober *adj* sober
social *adj* social
socialarbetare *s* social (welfare) worker
socialbidrag *s* social welfare allowance
socialbyrå *s* social welfare office
socialdemokrat *s* social democrat; *~erna* the Social Democrats
socialdemokrati *s* social democracy
socialdemokratisk *adj* social democratic
socialfall *s* social case
socialförsäkring *s* social (national) insurance
socialgrupp *s* social group (class)
socialisera *vb tr* socialize; förstatliga nationalize
socialism *s, ~* el. *~en* socialism
socialist *s* socialist
socialistisk *adj* socialistic
socialminister *s* minister of health and social affairs
socialvård *s* social welfare
socialvårdare *s* social worker
societet *s* society; *~en* Society
sociolog *s* sociologist
sociologi *s* sociology
socka *s* sock

sockel *s* base; lampfattning socket
socken *s* parish
socker *s* sugar
sockerbeta *s* sugar beet
sockerbit *s* lump of sugar
sockerdricka *s* lemonade
sockerfri *adj* sugarless; t.ex. tuggummi sugar-free
sockerhalt *s* sugar content
sockerkaka *s* sponge cake
sockerlag *s* syrup
sockerrör *s* sugar cane
sockersjuk *adj* diabetic; ***en ~*** a diabetic
sockersjuka *s* diabetes
sockerskål *s* sugar basin (bowl)
sockervadd *s* candy floss, amer. cotton candy
sockerärt *s* sugar pea
sockra *vb tr* o. *vb itr,* ~ el. ***~ i*** (***på***) sugar; ***~ det beska pillret*** sugar the pill
soda *s* soda
sodavatten *s* soda water, soda
soffa *s* sofa; mindre o. pinn~ settee; vil~ couch; t.ex. järnvägsvagn o. park~ seat
soffbord *s* coffee table
soffgrupp *s* group of sofa and armchairs; möblemang lounge (three-piece) suite
soffliggare *s* valskolkare abstainer
sofistikerad *adj* sophisticated
soja *s* sås soy (soya) sauce
sojaböna *s* soya bean, soybean
sol *s* sun
sola *vb rfl,* ***~ sig*** sun oneself, bask in the sun (sunshine)
solarium *s* solarium
solbad *s* sunbath
solbada *vb itr* sunbathe, take a sunbath
solbränd *adj* brun sunburnt, tanned
solbränna *s* sunburn, tan
soldat *s* soldier; menig äv. private
soldäck *s* sundeck
soleksem *s* sun rash
solenergi *s* solar energy
solfjäder *s* fan
solförmörkelse *s* solar eclipse
solglasögon *s pl* sunglasses
solglimt *s* glimpse of the sun
solid *adj* solid; ***~ ekonomi*** sound economy; ***~a kunskaper i...*** a sound knowledge of...
solidarisera *vb rfl,* ***~ sig*** fully identify oneself [*med* with]
solidarisk *adj,* ***vara ~ med ngn*** be loyal to a p.
solidaritet *s* solidarity
solig *adj* sunny
solist *s* soloist
solka *vb tr,* ***~ ned*** soil
solkig *adj* soiled
solklar *adj* uppenbar obvious, clear, self-evident
solklänning *s* sun dress
solkräm *s* sun (suntan) lotion
solljus *s* sunlight
solnedgång *s* sunset, sundown; ***i*** (***vid***) ***~en*** at sunset
solo I *adj* o. *adv* solo; helt ensam alone **II** *s* solo (pl. solos, mus. äv. soli)
solochvåra *vb tr,* ***~ ngn*** play the lonely-hearts racket with a p., trick a p. out of money by false promises of marriage
solochvårare *s* lonely-hearts racketeer, confidence trickster who obtains money from a woman by false promises of marriage
sololja *s* suntan oil (lotion)
solros *s* sunflower
solsken *s* sunshine; ***det är ~*** vanl. the sun is shining
solskydd *s* i bil sun shield (visor); skydd mot solen i allm. protection from the sun
solsting *s,* ***få ~*** have (get) a sunstroke
solstråle *s* sunbeam, ray of sunshine
solsystem *s* solar system
soltak *s* på bil sunshine roof, sunroof
soluppgång *s* sunrise; ***i*** (***vid***) ***~en*** at sunrise
solur *s* sundial
som I *pron* om person who (objektsform whom); om djur el. sak which; allm. ofta that; ***allt*** (***mycket***) ***~*** all (much) that; ***han var den förste*** (***ende***) ***~ kom*** he was the first (the only one) to come; platsen ***~ han bor på*** ...where (in which) he is living; det var här ***~ jag mötte honom*** ...that I met him; ***det är någon ~ knackar på dörren*** there is someone knocking at the door **II** *konj* **1** as; like; varför gör du inte ***~ jag?*** ...as (vard. like) I do?, ...like me?; ***om jag vore ~ du*** if I were you; ***~ pojke simmade han ~ en fisk*** as a boy he swam like a fish **2** angivande orsak: eftersom as, since **III** *adv* framför superlativ: när vattnet är ***~ högst*** ...at its highest; ***när*** festen ***pågick ~ bäst*** right in the middle of...; när man är ***~ mest*** (***minst***) ***förberedd*** ...most (least) prepared
somlig *pron,* ***~t, ~a*** some; ***~t*** självständigt

some things pl.; **~a** självständigt some, some (certain) people
sommar *s* summer; ***i somras*** last summer, jfr äv. *höst*
sommardag *s* summer day
sommargäst *s* holiday (summer) visitor (guest); om fågel summer visitor
sommarlik *adj* summery, summer-like
sommarlov *s* summer holidays pl., vacation
sommar-OS *s* the summer Olympics pl.
sommarsolstånd *s* summer solstice
sommarstuga *s* summer (weekend) cottage
sommarställe *s* place in the country, summer cottage (större house)
sommartid *s* **1** årstid summer, summertime **2** framflyttad tid summer time
somna *vb itr* fall asleep, go to sleep; **~ *om*** fall asleep again, go back to sleep again
son *s* son
sona *vb tr* atone for, make amends for
sonat *s* sonata
sond *s* probe äv. rymdsond
sondera *vb tr* probe, sound; **~** möjligheterna explore...; **~ *terrängen*** see how the land lies
sondotter *s* granddaughter
sonhustru *s* daughter-in-law (pl. daughters-in-law)
sonson *s* grandson
sopa *vb tr* o. *vb itr* sweep
sopbil *s* refuse collection vehicle, refuse lorry, amer. garbage truck
sopborste *s* dust brush; med längre skaft broom
sophink *s* refuse bucket (bin), amer. garbage can
sophämtare *s* refuse (amer. garbage) collector; vard. dustman
sophämtning *s* refuse (amer. garbage) collection
sophög *s* dustheap, refuse (amer. garbage) heap
sopkvast *s* broom
sopnedkast *s* refuse (amer. garbage) chute
sopor *s pl* avfall refuse sg., amer. garbage sg.; skräp rubbish sg.
sopp *s* svamp bolete
soppa *s* **1** soup **2** vard. mess
sopptallrik *s* soup plate
soppåse *s* bin-liner, amer. trash bag
sopran *s* person o. röst soprano (pl. -s)
sopskyffel *s* dustpan
sopstation *s* central refuse (amer. garbage) disposal plant
soptipp *s* refuse (amer. garbage) dump, refuse tip
soptunna *s* dustbin, refuse bin, amer. trash (garbage) can
sorbet *s* sorbet
sorg *s* **1** bedrövelse sorrow, grief [*över* för]; bekymmer worry; ***till min stora ~*** måste jag to my great regret... **2** sörjande o. sorgdräkt mourning; förlust genom dödsfall bereavement; ***anlägga ~*** go into mourning [*efter* for]
sorgband *s* mourning band
sorgdräkt *s* mourning
sorgebarn *s* problem child
sorgfri *adj* bekymmerfri carefree
sorgklädd *adj* ...in (wearing) mourning
sorglig *adj* ledsam, beklaglig sad; bedrövlig deplorable; ***ett ~t faktum*** a melancholy fact; det är ***~t men sant*** ...sad but unfortunately true
sorglös *adj* carefree; obekymrad unconcerned; lättsinnig happy-go-lucky
sorgmarsch *s* funeral march
sorgmusik *s* funeral music
sorgsen *adj* sad; sorgmodig melancholy, mournful
sork *s* vole, fieldmouse
sorl *s* murmur
sorla *vb itr* murmur
sort *s* slag sort, kind; typ type; kvalitet quality, grade; hand., märke brand
sortera I *vb tr* sort, assort; efter kvalitet äv. grade, classify [*efter* according to] **II** *vb itr*, **~ *under*** a) lyda under be subordinate to b) höra under belong (come) under
sortering *s* **1** sorterande sorting; ***av första (andra) ~*** graded as firsts (seconds) **2** se *sortiment*
sorti *s* exit [*från, ur* from]
sortiment *s* assortment, range, selection
SOS *s*, ***ett ~*** an SOS
sot *s* soot; i motor carbon
1 sota I *vb tr* **1** skorsten etc. sweep; motor decarbonize **2 ~** el. **~ *ned*** smutsa soot, make...sooty **II** *vb itr* alstra sot smoke, give off soot
2 sota *vb itr*, ***få ~ för ngt*** smart for a th.
sotare *s* person chimney-sweep
sotig *adj* sooty; smutsig grimy
souvenir *s* souvenir, keepsake
sova *vb itr* sleep, be asleep; **~ *gott*** djupt be sound (fast) asleep; ***sov gott!*** sleep well!; ***jag skall ~ på saken*** I'll have to sleep on it (on the matter)
□ **~ av sig** t.ex. rus, ilska sleep off...; **~ ut**

tillräckligt länge have enough sleep; ~ **över** tiden oversleep; ~ ***över*** hos ngn stay the night
Sovjet *s* hist. the Soviet Union; ***Högsta ~*** the Supreme Soviet
sovjetisk *adj* Soviet
Sovjetryssland hist. Soviet Russia
Sovjetunionen hist. the Soviet Union, the Union of Soviet Socialist Republics (förk. USSR)
sovkupé *s* sleeping-compartment
sovmorgon *s, **ha ~*** have a lie-in
sovplats *s* järnv., sjö. sleeping-berth
sovplatsbiljett *s* sleeping-berth ticket
sovra *vb tr* t.ex. material sift, sort out
sovrum *s* bedroom
sovstad *s* dormitory suburb
sovsäck *s* sleeping-bag
sovvagn *s* sleeping-car
spackel *s* **1** verktyg putty knife **2** ~färg putty
spackla *vb tr* putty
spad *s* liquid; för soppor o. såser stock
spade *s* spade
spader *s* **1** kortsp. spades pl.; ***en ~*** a spade **2** vard., ***få ~*** go mad; ***jag tror jag får ~!*** I'll go mad in a minute!, this is driving me mad!
spaderdam *s* the queen of spades
spaderfem *s* the five of spades
spagetti *s* koll. spaghetti sg.
1 spak *s* lever; flyg. control column (stick)
2 spak *adj* lätthanterlig manageable; foglig docile
spaljé *s* för växt trellis, espalier
spaljéträd *s* espalier, trained fruit-tree
spalt *s* typogr. column
spalta *vb tr* klyva split, split up
spana *vb itr* med blicken look out; intensivt watch; om polis investigate; mil. reconnoitre; ~ ***efter*** be on the look-out for, search for
spanare *s* spejare scout; flyg. observer; om polis investigator, detective
Spanien Spain
spaning *s* search sg.; polis~ investigation; mil., flyg. reconnaissance; ***vara på ~ efter ngt*** bildl. be on the look-out (the search) for a th.
spaningsplan *s* reconnaissance plane
spanjor *s* Spaniard
spanjorska *s* Spanish woman (lady etc.); jfr *svenska 1*
spann *s* brospann span
spannmål *s* corn, speciellt amer. grain; brödsäd cereals pl.

spansk *adj* Spanish; ~ ***peppar*** se *paprika*
spanska *s* språk Spanish; jfr *svenska 2*
spanskfödd *adj* Spanish-born; för andra sammansättningar, jfr *svensk-*
spara *vb tr* o. *vb itr* **1** save [*till* for] **2** hushålla med economize [*på* on]; skona, t.ex. sin hälsa spare; ~ ***på*** sockret! go easy on...!
□ ~ **ihop** save up, lay up [*till* i båda fallen for]; hopa accumulate; ~ **in** dra in **på ngt** economize on a th.
sparare *s* saver
sparbank *s* savings bank
sparbanksbok *s* savings book
sparbössa *s* money box, savings-box
spargris *s* piggy bank
spark *s* kick; ***få en ~*** get kicked; ***få ~en*** vard. get the sack, be fired; ***ge ngn ~en*** give a p. the sack, fire a p.
sparka *vb tr* o. *vb itr* kick; ~ ***boll*** vanl. play football; ***bli ~d*** från jobbet get the sack, be fired
□ ~ **av sig** täcket kick off one's bedclothes; ~ **igen** dörren kick...shut; ~ **till** ngn, ngt give...a kick; ~ **upp** t.ex. dörr kick...open
sparkapital *s* saved (savings) capital
sparkbyxor *s pl* rompers
sparkcykel *s* scooter
sparkdräkt *s* romper suit, rompers pl.
sparkstötting *s* kick-sled
sparpaket *s* austerity package
sparra *vb itr* o. *vb tr*, ~ ***mot ngn*** be a p.'s sparring-partner
sparringpartner *s* sparring-partner
sparris *s* koll. asparagus
sparsam *adj* ekonomisk economical; ***vara ~ med*** bränslet economize on...; ***vara ~*** med pengar be economical; ~ ***med*** t.ex. beröm, ord sparing of
sparsamhet *s* economy, thrift
spartan *s* Spartan
spartansk *adj* Spartan
sparv *s* sparrow
sparvhök *s* sparrow hawk
spasmodisk *adj* spasmodic
spastiker *s* spastic
spastisk *adj* spastic
spatsera *vb itr* walk, go for a walk
spatsertur *s* walk
speceriaffär *s* grocer's shop (amer. store)
specerier *s pl* groceries
specialerbjudande *s* special offer
specialfall *s* special case

specialisera *vb tr,* ~ ***sig*** specialize [*på, i* in]
specialist *s* specialist [*på* in]; expert expert [*på* on (in)]
specialitet *s* speciality
specialklass *s* remedial class
specialkunskap *s* specialist knowledge
speciallärare *s* remedial teacher
specialutbildad *adj* specially trained
speciell *adj* special, especial, particular
specificera *vb tr* specify
specifik *adj* specific
specifikation *s* specification [*över* of]; detailed description [*över* of]
spedition *s* spedierande forwarding, dispatch, shipping
speditör *s* forwarding (shipping) agent (agents pl.)
speedway *s* speedway
spegel *s* mirror, looking-glass
spegelbild *s* reflected image
spegelblank *adj* om t.ex. sjö glassy; om t.ex. golv, metall shiny
spegelreflexkamera *s* reflex camera
spegelvänd *adj* reversed, inverted
spegla I *vb tr* reflect, mirror **II** *vb rfl,* ~ ***sig*** be reflected; om person look in a mirror
speja *vb itr* spy, spy about (round) [*efter* for]
spejare *s* mil. reconnaissance scout
spektakulär *adj* spectacular
spektrum *s* spectrum (pl. spectra) äv. bildl.
spekulant *s* **1** intending (prospective) buyer **2** börsspelare speculator
spekulation *s* speculation; ***på*** ~ on speculation (vard. spec)
spekulera *vb itr* speculate [*över* about (on)]
spel *s* **1** mus. playing **2** teat., spelsätt acting **3** sällskaps-, kort- o. idrottsspel game; spelande playing; spelsätt vanl. play; hasardspel gambling; stick i kortspel trick; ~ ***om pengar*** playing for money; förlora (vinna) ***på*** ~ ...by gambling **4** spelrum clearance, play **5** olika uttryck, ***~et är förlorat*** the game is up; ***ha fritt*** ~ have free scope; ***spela ett högt*** ~ play a dangerous game; ***ha ett finger*** (***sin hand***) ***med i ~et*** have a hand in it; ***stå på*** ~ be at stake; ***sätta ngt på*** ~ risk a th., put a th. at stake; ***sätta...ur*** ~ put...out of the running
spela *vb tr* o. *vb itr* play; visa t.ex. film show; ~ hasard gamble; låtsas vara pretend; ~ ***fiol*** (***piano***) play the violin (the piano, vard. play piano); ~ ***kort*** play cards; ~ ***teater*** act; ~ ***sjuk*** pretend to be ill; ~ ***för ngn*** a) inför ngn play to a p. b) ta lektioner take piano etc. lessons from a p.; ~ ***på*** en häst bet on...; ~ ***på lotteri*** take part in a lottery (lotteries pl.)
□ ~ **in a)** ~ ***in en film*** make (produce) a film; ~ ***in ngt*** på band record a th. **b)** inverka come into play; ~ **upp** spelläxa play [*för* to]; t.ex. en vals strike up; ljudband play back
spelare *s* player; hasard~ gambler; vadhållare better
spelautomat *s* gambling (slot) machine
spelbord *s* för kortspel card-table; för hasardspel gambling (gaming) table
speldosa *s* musical box
spelfilm *s* feature film
spelhall *s* amusement hall (arcade)
spelhåla *s* gambling-den, gambling-house
spelkort *s* playing-card
spelman *s* folk musician; fiolspelare fiddler
spelmark *s* counter
spelregel *s* rule of the game
spelrum *s* scope, play, margin; ***fritt*** ~ free scope
spelskuld *s* gambling debt
speluppläggare *s* sport. playmaker
spenat *s* spinach
spendera *vb tr* spend
spene *s* teat, nipple
spenslig *adj* slender; om figur äv. slight
sperma *s* sperm
spermie *s* sperm
1 spets *s* udd point; på reservoarpenna nib; ände t.ex. på finger, tunga tip; topp top; bergspets äv. peak; ***stå*** (resp. ***ställa sig, sätta sig***) ***i ~en för ngt*** be (resp. put oneself) at the head of a th.; ***driva saken till sin*** ~ carry matters to extremes
2 spets *s* textil., ~ el. ***~ar*** lace (end. sg.)
spetsa *vb tr* göra spetsig, ~ till sharpen, point; ~ ***öronen*** prick up one's ears
spetsig *adj* pointed; vass sharp; om vinkel etc. acute
spetskrage *s* lace collar
spett *s* spit
spetälsk *adj* leprous; ***en*** ~ a leper
spetälska *s* leprosy
spex *s* farce, burlesque
spexa *vb itr* clown about
spigg *s* fisk stickleback
spik *s* nail; stift nubb, tack; ***slå*** (***träffa***) ***huvudet på ~en*** bildl. hit the nail on the head
spika *vb tr* o. *vb itr* nail; med nubb etc. tack;

~ ***fast*** nail [*vid* on to]; ~ ***en dag*** för sammanträdet fix a day...
spikhuvud *s* head of a nail
spikrak *adj* dead straight
spiksko *s* sport. spiked (track) shoe
spill *s* waste, wastage, loss
spilla *vb tr* o. *vb itr* spill, drop; bildl. waste, lose; ~ ***ord*** (***tid***) ***på ngt*** waste words (time) on a th.
spillo *s*, ***gå till*** ~ go (run) to waste
spillolja *s* waste oil
spillra *s* skärva splinter; friare remnant, remains pl.; ***spillror*** av t.ex. flygplan, hus wreckage
spillvatten *s* överloppsvatten waste water
spilta *s* för häst stall; lös box, loose box
1 spindel *s* tekn. spindle
2 spindel *s* zool. spider
spindelnät *s* o. **spindelväv** *s* cobweb; spider (spider's) web
spinkig *adj* very thin, slender
spinn *s* flyg. spin, spinning dive
spinna *vb tr* o. *vb itr* spin; om katt, motor purr
spion *s* spy; hemlig agent secret agent
spionage *s* espionage
spionera *vb itr* spy [*på* on; *åt* for]
spioneri *s* spying; espionage (end. sg.)
spira I *s* **1** topp spire **2** härskarstav sceptre **II** *vb itr*, ~ el. ~ ***upp*** (***fram***) skjuta skott sprout, sprout up (forth); ***~nde liv*** budding (growing) life
spiral *s* spiral; preventivmedel loop, coil
spiralfjäder *s* coil (spiral) spring
spiraltrappa *s* spiral (winding) staircase
spiritualism *s* spiritualism
spiritualitet *s* elegans brilliancy; fyndighet wit
spirituell *adj* witty
spis *s* stove; köksspis kitchen range; elektrisk, gasspis cooker; eldstad open fireplace
spisa *vb tr* o. *vb itr* eat
spisfläkt *s* cooker hood ventilator (fan)
spisning *s* eating; ***utan vidare*** ~ without further ado
spjut *s* spear; kastspjut javelin äv. sport.; kort dart; ***kasta ~ t*** throw the javelin
spjutkastning *s* sport. throwing the javelin
spjäll *s* i eldstad damper; i maskin throttle valve
spjälsäng *s* cot, amer. crib
spjärna *vb itr*, ~ ***emot*** streta emot offer resistance
splint *s* flisor splinters pl.
splitter *s* splinter
splitterfri *adj* shatterproof
splitterny *adj* brand-new
splittra I *s* splinter **II** *vb tr* shatter, splinter, shiver; klyva split; bildl. divide, divide up; ***han är ~d*** he lacks inner harmony, he divides his energies **III** *vb rfl*, ~ ***sig*** splinter; bildl. divide one's energies
splittring *s* söndring disruption; oenighet division, split
1 spola *vb tr* o. *vb itr* ~ vatten etc. flush; skölja rinse; med. syringe; ~ på WC flush the pan; ~ ***av*** t.ex. bilen wash down; förkasta reject
2 spola *vb tr* vinda upp på spole wind, spool; ~ ***av*** unspool; ~ ***om*** (***tillbaka***) band, film rewind
spolarvätska *s* windscreen (amer. windshield) washer fluid
spole *s* **1** för symaskin spool; för film, färgband, band etc.: tom spool; full reel; hårspole curler **2** elektr., radio. coil
spoliera *vb tr* spoil, wreck; ödelägga ruin
spoling *s* stripling; neds. whipper-snapper
sponsor *s* sponsor
sponsra *vb tr* sponsor
spontan *adj* spontaneous
spontanitet *s* spontaneity
sporadisk *adj* sporadic; enstaka isolated
sporra *vb tr* spur
sporre *s* spur
sport *s* sport
sporta *vb itr* go in for sports (games)
sportaffär *s* sports shop
sportartiklar *s pl* sports equipment sg. (goods)
sportbil *s* sports car
sportdykare *s* skindiver
sportdykning *s* skindiving
sportfiskare *s* angler
sportfiske *s* angling
sportig *adj* sporty
sportjacka *s* blazer sports jacket
sportkläder *s pl* sports clothes
sportlov *s* winter sports holiday[s pl.]
sportnyheter *s pl* sports news sg., sportscast sg.
sportredaktör *s* sports editor
sportsida *s* sporting page
sportslig *adj* sporting
sportsman *s* sportsman
sportsmässig *adj* sportsmanlike, sporting
sportstuga *s* ung. week-end (summer) cottage
sportvagn *s* bil sports car
spott *s* saliv spittle, saliva
spotta *vb itr* o. *vb tr* spit
spottkopp *s* spittoon, amer. cuspidor

spottstyver *s*, köpa ngt *för en ~* ...for a song
spraka *vb itr* knastra crackle; gnistra sparkle
sprallig *adj* jolly, frisky
spratt *s* practical joke; *spela ngn ett ~* play a trick on a p.
sprattelgubbe *s* jumping jack; sprallig person jack-in-the-box
sprattla *vb itr* flounder; om småbarn kick about; vard., om t.ex. dansös caper about
sprej *s* o. **spreja** *vb tr* spray
sprejburk *s* spray can
sprejflaska *s* atomizer
spreta *vb itr* om ben sprawl; ~ el. ~ *ut* stick out; ~ *med* fingrarna spread...
spretig *adj* straggly; ~ *handstil* sprawling hand
spricka I *s* crack; i hud chap; i t.ex. vänskap breach; t.ex. inom parti split **II** *vb itr* crack; om hud chap; brista break; sprängas sönder burst; rämna split; äta tills man är *nära att ~* ...ready to burst; förhandlingarna *har spruckit* ...have broken down
sprida *vb tr* o. *vb rfl*, *~ sig* spread, ~ ut sig, skingra sig disperse, scatter; *~ ljus över ngt* bildl. shed light on a th.; *~ ett rykte* spread a rumour; *~ omkring* scatter...about; *~ ut* spread out; friare spread, circulate
spridd *adj* utbredd spread; enstaka isolated, stray; kringspridd scattered, dispersed; *~a skurar* scattered showers; *på ~a ställen* here and there
spridning *s* spreading, spreading out, scattering; dispersion, jfr *sprida;* tidningar *med stor ~* ...with a wide circulation
spring *s* springande running about; *det är ett ~ av folk* dagen i ända there is a stream of people popping in and out...
1 springa *s* narrow opening; t.ex. dörr~ chink; t.ex. i brevlåda slit; för mynt slot
2 springa *vb itr* o. *vb tr* **1** löpa run; *~ sin väg (kos)* run away; *~ benen av sig* run oneself off one's legs; *~ efter ngn* vara efterhängsen run (be) after a p.; *~ i affärer* go shopping **2** brista, *~ i luften* explode, be blown up
□ ~ **bort** run away (off); *en bortsprungen hund* a dog that has run away; ~ **efter** hämta run for, run and fetch; ~ **fatt ngn** catch a p. up; ~ **fram** run forward (up); t.ex. ur gömställe spring out [*ur* from]; ~ **före** framför run in front, run ahead [*ngn* of a p.]; ~ **in** genom dörren run (run in)...; ~ **ned** run down (nedför trappan downstairs); ~ **om** ngn (ngt) overtake...; ~ **upp** a) löpa run up (uppför trappan upstairs) b) resa sig jump (spring) up
springande *adj*, *den ~ punkten* the vital point
springare *s* schack. knight
springpojke *s* errand (messenger, delivery) boy
sprinkler *s* sprinkler
sprinter *s* sprinter
sprinterlopp *s* sprint, dash
sprit *s* alkohol alcohol; industriell spirit; dryck spirits pl.; stark~ liquor
sprita *vb tr* ärter etc. shell, pod
spritdryck *s* alcoholic liquor; *~er* spirits
spritförbud *s* prohibition
spritkök *s* spirit stove (heater)
spritlangare *s* ung. bootlegger
spritpåverkad *adj* ...under the influence of drink (liquor, alcohol), intoxicated
spritrestriktioner *s pl* spirits restrictions
spriträttigheter *s pl*, *ha ~* be fully licensed
spritsmugglare *s* liquor smuggler, bootlegger
spritt *adv*, *~ språngande galen* raving mad; *~ språngande naken* stark naked
spritta *vb itr* t.ex. av glädje jump, bound [*av* for]; *~ till (upp)* give a start, start
spritärter *s pl* shelling (kok. green) peas
sprudla *vb itr* bubble; *~ av liv* bubble over with high spirits (with life)
sprudlande *adj* exuberant; om kvickhet sparkling
sprund *s* på kläder slit, opening
spruta I *s* hand~ o. för injektion syringe; för besprutning, målning sprayer; rafräschissör spray, atomizer; brandspruta fire-engine; *få en ~* get an injection (vard. a shot) **II** *vb tr* o. *vb itr* spurt; med fin stråle squirt; ~ ut med stor kraft spout; bespruta sprinkle; med slang hose; speciellt färg samt mot ohyra spray; *~ in* inject
sprutlackering *s* spraying; färg spray paint
sprutmåla *vb tr* spray-paint
sprutpistol *s* spray gun
språk *s* language; uttryckssätt style; tal~ speech; siffrorna *talar sitt tydliga ~* ...speak for themselves; *ut med ~et!* speak up!, out with it!
språka *vb itr* talk, speak [*om* about]
språkbegåvad *adj*, *han är mycket ~* he has a gift for languages
språkbegåvning *s* gift for languages
språkbruk *s* usage, linguistic usage
språkfel *s* linguistic error

språkkunnig *adj, **vara ~*** have a good knowledge of languages
språkkunskaper *s pl* knowledge sg. of languages
språkkurs *s* language course
språkkänsla *s* feeling for language
språklärare *s* o. **språklärarinna** *s* language teacher
språkrör *s* mouthpiece
språkundervisning *s* language teaching
språng *s* jump, leap; ***vara på ~*** i farten be running about
språngbräda *s* springboard
språngmarsch *s* run; ***i ~*** at a run
språngsegel *s* brandsegel jumping sheet
spräcka *vb tr* crack äv. röst; plan spoil
spräcklig *adj* speckled, spotted
spränga *vb tr* burst; med sprängämne blast; ~ i luften blow up; slå sönder, t.ex. dörr break (force)...open; ***~ banken*** i spel break the bank; ***~ bort*** med sprängämne blast away; ***~ sönder*** burst, med sprängämne blast (flera delar to pieces)
sprängbomb *s* high-explosive bomb
sprängladdning *s* explosive (bursting) charge
sprängämne *s* explosive
sprätt *s, **han satte ~ på pengarna*** he ran through the money
sprätta *vb tr, **~ upp*** söm rip up; bok cut; kuvert slit open (up)
spröd *adj* brittle; om t.ex. sallad crisp; ömtålig fragile
spröt *s* **1** zool. antenna, feeler **2** i paraply rib
spurt *s* sport. spurt
spurta *vb itr* sport. spurt
sputnik *s* sputnik
spy *vb itr* o. *vb tr* vomit; ***~ ut*** eld, rök belch forth
spydig *adj* malicious; ironisk sarcastic
spydighet *s* egenskap malice; ***~er*** malicious remarks
spå *vb tr* o. *vb itr* **1** utöva spådom tell fortunes; ***~ ngn i kort (i handen)*** tell a p. his fortune by the cards (by the lines of the hand) **2** förutsäga predict, foretell
spådom *s* förutsägelse prediction, prophecy
spågumma *s* o. **spåkärring** *s* [old] fortune-teller
spån *s* flisa chip; koll.: filspån filings pl.; hyvelspån shavings pl.
spånkorg *s* chip basket
spånskiva *s* material particle board, chipboard; ***en ~*** a sheet of particle board (chipboard)
spår *s* **1** märke mark; friare trace; fotspår footstep; t.ex. efter vagn, djur track; jakt. trail; lukt scent; på grammofonskiva groove; på band track; ledtråd (vid brott) clue; ***följa ~et*** om hund follow the track; om polisen follow up the clue; ***följa ngn i ~en*** bildl. follow a p.'s footsteps; allt ***gick i de gamla ~en*** bildl. ...was in the same old groove; ***vara inne på fel ~*** bildl. be on the wrong track; ***komma...på ~en*** get on the track of... **2** järnv. track; skenor rails pl., line
spåra *vb tr* följa spåren av track, trace; ***~ upp*** track down; ***~ ur*** om tåg etc. leave the rails; bildl. go astray, get off the rails
spårhund *s* sleuth-hound, bloodhound
spårlöst *adv, **han försvann ~*** he disappeared without a trace (into thin air), ...into thin air
spårvagn *s* tram, tramcar, amer. streetcar
spårvagnsförare *s* tram (amer. streetcar) driver
spårvagnskonduktör *s* tram (amer. streetcar) conductor
spårvagnslinje *s* tramline
spårvidd *s* gauge, width of track
spårväg *s* tramway, amer. streetcar line
spä *vb tr, **~ ut*** dilute; blanda mix
späck *s* lard; valfisk~ blubber
späcka *vb tr* med späck lard; fylla stuff; bildl. interlard, stud
späckad *adj* larded; ***en ~ plånbok*** a bulging wallet
späd *adj* om t.ex. växt, ålder tender; om gestalt slender; ömtålig delicate
späda *vb tr, **~ ut*** dilute; blanda mix
spädbarn *s* infant, baby
spädbarnsdödlighet *s* infant mortality
spädgris *s* sucking-pig
spädning *s* dilution; spädande diluting, mixing
spänd *adj* utsträckt stretched; om rep, muskel taut; om person tense; ivrig att få veta anxious to know; ***ett spänt förhållande*** strained relations pl.; ***högt ~ förväntan*** eager expectation; ***spänt intresse*** intense interest
1 spänn *s, **vara på ~*** om person be in suspense
2 spänn *s* vard., krona krona (pl. kronor)
spänna I *vb tr* sträcka ut stretch äv. om muskel; dra åt, t.ex. rep tighten; anstränga, t.ex. krafter, röst strain; ***~ ngns förväntningar*** raise a p.'s expectations; ***~ hanen på ett gevär*** cock a gun **II** *vb rfl, **~ sig*** tense oneself; anstränga sig strain oneself; ***spänn dig inte!***

relax!
□ ~ **av (av sig)** unfasten; ngt fäst med rem unstrap; med spänne unbuckle; ~ **fast** fasten (med rem strap, med spänne buckle)...on [*vid* to]; ~ ***fast*** säkerhetsbältet fasten...; ~ **på (på sig)** put on; säkerhetsbälte fasten; ~ **åt** tighten
spännande *adj* exciting, thrilling; ***det skall bli ~ att få se*** it will be very interesting to see
spänne *s* clasp; på skärp buckle; för håret slide; hårklämma hair clip
spänning *s* allm. el. elektr. tension; i volt voltage; tekn. strain, stress; bildl. excitement; oro suspense; ***vänta med ~*** wait excitedly (eagerly)
spänst *s* kroppslig vigour, physical fitness; elasticitet springiness; om t.ex. fjäders elasticity; vitalitet vitality
spänsta *vb itr* motionera take exercise to keep fit
spänstig *adj* om person fit, vigorous; om gång springy; elastisk elastic; vital vital; ***hålla sig ~*** keep fit, keep in form (good form)
spärr *s* **1** catch, stop, lock; locking device **2** vid in- o. utgång barrier **3** hinder barrier; barrikad barricade; polisspärr på väg road-block
spärra *vb tr* block up, bar; stänga för trafik close [*för* to]; ~ ***en check*** stop payment of a cheque; ~ ***ett konto*** block (freeze) an account
□ ~ **av** gata (väg) close; med t.ex. bockar block; med rep rope off; med poliskordong cordon off; isolera isolate, shut off; ~ **in** shut (låsa lock)...up; ~ **upp ögonen** open one's eyes wide
spärranordning *s* locking (blocking) device
spärreld *s* barrage
spärrvakt *s* ticket collector
spätta *s* fisk plaice (pl. lika)
spö *s* kvist twig; metspö fishing-rod; ridspö horsewhip; smal käpp switch; ***regnet står som ~n i backen*** it's pouring down; vard. it's raining cats and dogs
spöka *vb itr* **1** om en avliden haunt a place; ***det ~r här (i huset)*** this place (house) is haunted **2** vard., ***det är nog*** kabelfelet ***som ~r igen*** ligger bakom it is probably...that is behind it (ställer till trassel is causing trouble) again
spöke *s* vålnad ghost, spectre
spökhistoria *s* ghost story
spöklik *adj* ghostlike, ghostly; kuslig uncanny, weird
spörsmål *s* question; ***juridiska ~*** legal matters
squash *s* sport. o. slags pumpa squash
straffsparksläggning *s* fotb. penalty shoot-out
stab *s* staff
stabil *adj* stable; stadig solid; om person steady
stabilisator *s* sjö. el. flyg. stabilizer
stabilisera *vb tr* o. *vb rfl*, ~ ***sig*** stabilize
stabilitet *s* stability
stabschef *s* mil. chief of staff
stack *s* höstack stack; hög heap; myrstack ant-hill
stackare *s* poor creature (starkare devil)
stackars *oböjl adj*, ~ ***jag (mig)!*** poor me!; ~ ***liten!*** poor little thing!
stackato *s* o. *adv* staccato
stad *s* town; större city; i administrativt avseende borough; ***gamla ~en (stan)*** the old part of the town
stadfästa *vb tr* dom confirm; lag establish; fördrag ratify
stadga I *s* **1** stadighet steadiness, stability; stadgad karaktär firmness of character **2** förordning regulations pl.; lag law **II** *vb tr* **1** göra stadig steady **2** förordna direct; påbjuda decree
stadgad *adj* **1** om person steady; om rykte settled **2** föreskriven prescribed
stadig *adj* steady; stabil stable; om måltid substantial; ***ha ~t arbete*** have regular work; ~ ***blick*** steady gaze; ~ fast ***kund*** regular client; ***~t väder*** settled weather
stadigvarande *adj* permanent; ständig constant
stadion *s* stadium
stadium *s* stage; skede phase
stadsbefolkning *s* urban (town) population
stadsbibliotek *s* town library
stadsbud *s* bärare porter
stadsdel *s* quarter of a (resp. the) town, district
stadsfullmäktig *s* town (i större stad city) councillor
stadshotell *s* ung. principal hotel in a (resp. the) town
stadshus *s* town (i större stad city) hall
stadsplanering *s* town-planning, city-planning
stafett *s* sport. **1** pinne baton **2** tävling etc. relay
stafettlöpare *s* relay runner
stafettlöpning *s* relay race (löpande racing)

staffli *s* easel
stag *s* lina etc.: sjö. stay; till tält guy; stång av trä el. metall strut
stagnation *s* stagnation
stagnera *vb itr* stagnate
staka *vb tr* t.ex. väg mark; ~ ***ut*** t.ex. tomt stake out (off); gränser mark out
stake *s* **1** stör stake **2** ljusstake candlestick
staket *s* av trä fence; av metall railing
stall *s* **1** byggnad stable; för cykel shed **2** grupp racerförare stable
stallbroder *s* companion; neds. crony
stam *s* **1** bot. stem; trädstam trunk **2** ätt family, lineage; folkstam tribe; djurstam strain; en man ***av gamla ~men*** ...of the old stock
stamfader *s* progenitor, earliest ancestor
stamgäst *s* regular, regular frequenter
stamkund *s* regular customer
stamma *vb itr* i tal stammer, stutter
stamning *s* stammering, stuttering
stampa *vb itr* o. *vb tr* med fötterna stamp; ~ ***i marken*** om häst paw the ground; ~ ***takten*** beat time with one's foot; ***stå och ~ på samma fläck*** be getting nowhere
stamtavla *s* genealogical table; pedigree äv. om djur
standard *s* standard; ***höja ~en*** raise the standard
standardformat *s* standard size
standardhöjning *s* rise in the standard of living
standardisera *vb tr* standardize
standardmått *s* standard size
standardsänkning *s* lowering of the standard of living
stank *s* stench; vard. stink
stanna I *vb itr* **1** bli kvar stay; ~ ***över natten*** stay (stop) the night; ~ ***borta*** stay away; ~ ***hemma*** stay at home **2** bli stående stop; om fordon (avsiktligt) pull up; ~ ***tvärt*** stop short; klockan ***har ~t*** ...has stopped; ***det ~de vid hotelser*** it got no further than threats **II** *vb tr* hejda stop
□ ~ **av** stop, cease; ~ **kvar** remain
stanniol *s* tinfoil
stanniolpapper *s* tinfoil
stans *s* tekn. punch
stansa *vb tr* punch
stapel *s* hög pile; av ved stack; ***gå av ~n*** äga rum come off, take place
stapelvara *s* staple, staple commodity
stapla *vb tr*, ~ el. ~ ***upp*** pile, pile up, stack
stappla *vb itr* gå ostadigt totter, stumble [*fram* along]; vackla stagger

stare *s* starling
stark *adj* strong; kraftig powerful; fast firm; stor great; intensiv intense; om ljud loud; om krydda äv. hot; ***~t kaffe*** strong coffee; ~ ***köld*** bitter cold; ~ ***trafik*** heavy traffic
starksprit *s* spirits pl., amer. hard liquor
starkström *s* power (heavy) current
starkvin *s* fortified wine, dessert wine
starköl *s* strong beer
starr *s* med., ***grå ~*** cataract; ***grön ~*** glaucoma
start *s* start; flyg. take-off; ***flygande*** (***stående***) ~ sport. flying (standing) start
starta I *vb itr* start; flyg. take off; bege sig av set out **II** *vb tr* start, start up; ~ ***eget*** start out on one's own
startbana *s* flyg. runway
startblock *s* sport. starting-block
startfält *s* sport. line-up
startförbud *s* flyg., ***det råder ~*** (~ ***har utfärdats***) all planes are grounded
startgrop *s*, ***ligga i ~arna*** bildl. be ready to start, be waiting for the starting-signal
startkabel *s* bil. jump lead; ***starta med startkablar*** jump-start
startkapital *s* initial capital
startklar *adj* ...ready to start (flyg. take off)
startlinje *s* starting-line
startmotor *s* starter, self-starter
startnyckel *s* bil. ignition key
startpistol *s* sport. starter's gun
startraket *s* booster rocket
startskott *s*, ***~et gick*** the pistol went off
stass *s* vard. finery
stat *s* polit. state; ***~en*** the State; statsmakten the Government
station *s* station; tele. exchange
stationera *vb tr* station
stationsinspektor *s* stationmaster
stationsvagn *s* bil station wagon
stationär *adj* stationary
statisk *adj* static
statist *s* teat. walker-on; speciellt film. extra
statistik *s* statistics som ämne sg., siffror pl.
statistisk *adj* statistical
stativ *s* stand; till kamera etc. äv. tripod
statlig *adj* statens etc. vanl. State...
statsanslag *s* Government (State, public) grant
statsanställd I *adj* ...employed in Government service **II** *subst adj* Government employee
statsbesök *s* state visit
statsbidrag *s* State subsidy (grant)
statschef *s* head of State

statsfientlig *adj* ...hostile to the State
statsfinanser *s pl* Government finances, finances of the State
statsförvaltning *s* public (State) administration
statskunskap *s* political science
statskupp *s* coup d'état
statskyrka *s* established (State) church
statsman *s* statesman; politiker politician
statsminister *s* prime minister, premier
statsobligation *s* Government bond
statsråd *s* **1** minister cabinet minister **2** konselj cabinet council
statssekreterare *s* under-secretary of State
statstjänst *s* Government (public, civil) service
statstjänsteman *s* civil (public) servant
statsunderstöd *s* State subsidy (grant)
statsöverhuvud *s* head of State
statuera *vb tr*, ***för att ~ ett exempel*** as a lesson (warning) to others
status *s* status; ställning äv. standing
statussymbol *s* status symbol
staty *s* statue
stav *s* **1** käpp etc. staff; vid stavhopp pole; skidstav ski stick **2** sportgren pole-vault
stava *vb tr* o. *vb itr* spell; ***~ fel*** make a spelling mistake
stavelse *s* syllable
stavfel *s* spelling mistake
stavhopp *s* sportgren pole vault; hoppning pole-vaulting
stavhoppare *s* pole-vaulter
stavning *s* spelling
stay-up *adj* o. *s*, ~ [***strumpa***] stay-up [stocking]
stearin *s* candle grease
stearinljus *s* candle
steg *s* step; kliv stride; raketsteg stage; utvecklingen går framåt ***med stora ~*** ...with rapid strides; ***ta första ~et*** take the first step; ***ta ~et fullt ut*** bildl. go the whole way (hog)
stega *vb tr*, ~ el. ***~ upp*** en sträcka pace (step) out...
stege *s* ladder äv. bildl.
steglits *s* fågel goldfinch
stegra *vb tr* t.ex. priser increase, raise; t.ex. oro heighten; förstärka intensify; ***de ~de levnadskostnaderna*** the increase sg. in the cost of living
stegring *s* ökning increase, rise
stegvis **I** *adv* step by step **II** *adj* gradual
stek *s* joint; tillagad vanl. roast, joint of roast meat
steka **I** *vb tr* roast; i ugn äv. bake; i stekpanna fry; den är ***för litet*** (***mycket***) ***stekt*** ...underdone (overdone) **II** *vb itr* om solen be broiling (scorching) **III** *vb rfl*, ***~ sig i solen*** be broiling in the sun
stekfat *s* meat dish
stekos *s* smell of frying
stekpanna *s* frying pan
stekspade *s* slice, spatula
stekspett *s* spit
stektermometer *s* meat thermometer
stekugn *s* roasting-oven
stel *adj* stiff; styv rigid; om umgänge formal; ***~ av fasa*** paralysed with fear
stelbent *adj* bildl. formal, rigid
stelhet *s* stiffness; styvhet rigidity; formalitet formality
stelkramp *s* tetanus; vard. lockjaw
stelna *vb itr* om kroppsdel etc. stiffen, get stiff; av köld (fasa) be numbed; om vätska solidify
sten *s* stone; liten pebble; stor boulder, rock; ***en ~ har fallit från mitt bröst*** it is a load off my mind
stena *vb tr* stone
stenbock *s* **1** zool. ibex **2** ***Stenbocken*** astrol. Capricorn
stenbrott *s* quarry
stencil *s* stencil
stencilera *vb tr* stencil
stendöd *adj* stone-dead
stendöv *adj* stone-deaf
stengods *s* stoneware
stengolv *s* stone floor
stenhus *s* stone (av tegel brick) house
stenhög *s* heap of stones
stenig *adj* stony
stenkast *s* avstånd stone's throw
stenograf *s* shorthand writer
stenografi *s* shorthand, stenography
stenparti *s* trädg. rock garden, rockery
stenskott *s* damage to a car caused by a stone (by stones) flying up from the road
stensätta *vb tr* lägga pave
stenåldern *s* the Stone Age
stenöken *s* stony desert; storstad concrete jungle
steppdans *s* dansande tap-dancing; enstaka tap-dance
stereo *s* stereo (pl. -s)
stereoanläggning *s* stereo equipment, stereo
stereofonisk *adj* stereophonic

stereotyp *adj* stereotyped
steril *adj* sterile; ofruktbar barren
sterilisera *vb tr* sterilize
sterling *s*, ***pund*** ~ pound sterling
steroid *s* steroid
stetoskop *s* stethoscope
steward *s* steward
stia *s* svinstia sty, pigsty
stick I *s* **1** av nål etc. prick; av t.ex. bi sting; av mygga bite; av vapen stab, thrust **2** kortsp. trick; ***lämna ngn i ~et*** leave a p. in the lurch **II** *adv*, ***~ i stäv mot...*** directly contrary to...
sticka I *s* **1** flisa splinter; pinne stick; ***få en ~ i*** fingret get a splinter in... **2** textil. knitting-needle **II** *vb tr* **1** prick; stinga: om t.ex. bi sting; mygga bite; köra, stöta stick; ***~ hål i*** (***på***) prick (make) a hole (resp. holes) in; t.ex. ballong puncture; ***~*** en kniv ***i ngn*** stick...into a p.; ***~*** en nål ***i*** (***igenom***) ***ngt*** run...into (through) a th.; ***~ sig i fingret*** prick one's finger [*på* with] **2** stoppa put, stick; 'köra' thrust **3** textil. knit **III** *vb itr* **1** röken ***sticker i näsan på mig*** ...makes my nose smart; ***solen sticker i ögonen*** the sun blazes into your eyes **2** vard., ***stick!*** push off!, hop it!, scram!; ***jag sticker*** (***måste ~***) I'm (I must be) off; ***~ hem*** pop (nip) home
□ ~ **emellan med** ett par ord put in...; ~ **fram** stick out; ~ **ihjäl (ned) ngn** stab a p. to death; ~ **upp** a) skjuta upp, synas stick up (out); om växt shoot up b) vara uppnosig be cheeky
stickande *adj* smärtande shooting; svagare tingling; om lukt, smak pungent; om sol, hetta blazing, scorching
stickgarn *s* knitting-yarn
stickig *adj* som sticks prickly
stickkontakt *s* elektr.: propp plug; vägguttag point
stickling *s* cutting
stickning *s* textil. knitting äv. om det som stickas
stickprov *s* spot check
1 stift *s* kyrkl. diocese
2 stift *s* **1** sprint etc. pin; häft~ drawing-pin; amer. thumbtack **2** blyerts~ lead; reserv~ lead refill; på reservoarpenna nib; i tändare flint; tänd~ plug; grammofon~ stylus
stifta *vb tr* grunda found
stiftare *s* grundare founder
stiftelse *s* foundation
stig *s* path; upptrampad track
stiga *vb itr* **1** gå step, walk **2** höja sig rise; ascend, go up; om flygplan climb **3** öka, växa rise, grow; ***brödet har stigit i pris*** bread has gone up in price
□ ~ **av** gå av get off; från buss etc. äv. alight; från cykel dismount; ***jag vill ~ av*** bli avsläppt ***vid...*** I want to be put down at...; ~ **fram** step forward; ~ **in** get in; ***~ in i bilen*** get into the car; ***~ in i rummet*** enter the room; ***stig in!*** vid knackning come in!; ~ **ned (ner)** step down, descend; ~ **på** a) i rummet enter b) gå på: tåg, buss etc. get on..., cykel get on (mount)...; ~ **undan** step out of the way; ~ **upp** get up; kliva upp get out [*ur* t.ex. badkaret of...]; ***~ upp i*** en vagn get into...; ***~ upp på*** en stege get up on (mount)...
stigande *adj* rising; om ålder advancing; ***~ efterfrågan*** growing demand; ***med ~ intresse*** with increasing interest; ***~ skala*** ascending scale; ***~ tendens*** rising (upward) tendency
stigbygel *s* stirrup
stigning *s* rise; i terräng samt, flyg. ascent, climb; backe rise; ökning increase
stil *s* **1** handstil handwriting, writing **2** boktr. type; tryckstil print **3** sätt att utföra ngt style; manner; ***i stor ~*** i stor skala on a large scale; vräkigt in style, in grand style; något ***i den ~en*** ...like that; ***något i ~ med*** something like; ***det är ~ på henne*** she has style
stilett *s* stiletto (pl. -s)
stilettklack *s* stiletto (spike) heel
stilig *adj* elegant, smart; vacker handsome
stilistisk *adj* stylistic
still *adv* se *stilla I*
stilla I *adj* o. *adv* ej upprörd calm; stillsam quiet; fridfull peaceful; svag gentle; tyst silent; ***S~ havet*** the Pacific [Ocean]; ***ligga*** (***sitta***) ~ lie (sit) still; hålla sig ~ keep still (quiet); inte röra sig not move (stir); ***sitta ~*** kvar remain seated; ***stå ~*** a) inte flytta sig stand still b) om t.ex. fabrik, maskin stand (be) idle **II** *vb tr* t.ex. hunger satisfy; lindra, t.ex. lidande alleviate
stillasittande *adj* om t.ex. arbete, liv sedentary
stillastående *adj* om t.ex. fordon stationary; om maskin idle
stillatigande *adv* silently, in silence
stillbild *s* film. still
stilleben *s* konst. still life (pl. still lifes)
stillestånd *s* vapen~ armistice
stillhet *s* stillness, calm; quiet; tranquillity;

peace; jfr *stilla;* det skedde ***i all ~*** ...quietly; begravningen ***sker i ~*** ...will be private
stillsam *adj* quiet; rofylld tranquil
stiltje *s* vindstilla calm; lugn period period of calm; stillestånd stagnation
stim *s* **1** fiskstim shoal, school **2** oväsen noise
stimfisk *s* shoaling fish
stimmig *adj* noisy
stimulans *s* stimulering stimulation
stimulera *vb tr* stimulate
sting *s* av t.ex. bi sting; av mygga bite; av nål etc. prick; 'snärt' sting, bite, go
stinka *vb itr* stink
stins *s* stationmaster
stint *adv,* ***se ~ på ngn*** stare hard at a p.; ***se ngn ~ i ögonen*** look a p. straight in the eye
stipendiat *s* speciellt studie~ holder of a scholarship
stipendium *s* speciellt studie~ scholarship; bidrag grant
stipulera *vb tr* stipulate
stirra I *vb itr* stare [*på* at] **II** *vb rfl,* ***~ sig blind på ngt*** bildl. let oneself be hypnotized by a th.
stirrande *adj* staring; ***~ blick*** tom vacant eye (look)
stjäla *vb tr* o. *vb itr* steal
stjälk *s* bot. stem; tjockare stalk
stjälpa *vb tr* o. *vb itr* **1** välta omkull overturn, tip over **2** hälla pour, tip; ***~ i sig*** gulp down; ***~ ur*** (***ut***) innehåll pour out; spilla spill
stjärna *s* star
stjärnbaneret *s* the star-spangled banner, the stars and stripes
stjärnbild *s* constellation
stjärnfall *s* shooting star
stjärngosse *s* 'star boy', boy in long white shirt and pointed cap [who attends on 'Lucia']
stjärnhimmel *s* starry sky
stjärt *s* tail äv. bildl.; på människa bottom, behind; på flicka, vard. pussy
stjärtfena *s* tail fin; flyg. äv. fin
sto *s* mare; ungt filly
stock *s* log; ***sova som en ~*** sleep like a log
stocka *vb rfl,* ***~ sig*** stagnate; om trafik be (get) held up
stockholmare *s* Stockholmer
stockholmska *s* **1** kvinna Stockholm woman (flicka girl) **2** språk Stockholm dialect
stockning *s* avbrott stoppage; ***~ i trafiken*** traffic jam, hold-up
stockros *s* hollyhock
stoff *s* material material, stuff; innehåll (i bok etc.) subject-matter
stofil *s,* ***gammal ~*** old fogey
stoft *s* **1** damm etc. dust **2** avlidens remains, ashes (båda pl.)
stoj *s* oljud noise; larm uproar
stoja *vb itr* make a noise, be noisy
stol *s* chair; utan ryggstöd stool; sittplats seat; ***sticka under ~ med ngt*** conceal a th., keep a th. back
stollift *s* sport. chairlift
stollig *adj* crazy, cracked
stolpe *s* säng~, lykt~, mål~ post; telefon~ etc. pole; ***skjuta i ~n*** hit the post; ***det gick ~ och in*** it went in off the post
stolpiller *s* med. suppository
stolt *adj* proud [*över* of]
stolthet *s* pride [*över* in]
stoltsera *vb itr* boast [*med* of]; pride oneself [*med* on]
stomatolleende *s* vard. toothy smile
stomme *s* frame, framework; utkast skeleton
stopp *s* **I** stoppage; ***sätta ~ för ngt*** put a stop to a th.; ***säg ~!*** say when! **II** *interj* stop!, halt!
1 stoppa I *vb tr* stop; sätta stopp för put a stop to **II** *vb itr* **1** stop, come to a standstill **2** stå emot stand up [*för* to]; hålla last; ***det ~r inte med*** 100 kr. ...isn't enough
2 stoppa *vb tr* **1** strumpor etc. darn, mend **2** fylla fill; ~ full stuff; möbler upholster; ~ fickorna ***fulla*** fill... **3** instoppa etc. put, thrust □ **~ i sig** äta put away; **~ in** stoppa undan tuck away [*i* in, into]; **~ ned** put (tuck) down; **~ om** a) möbler re-upholster b) t.ex. ett barn tuck...up in bed; **~ till** fylla igen (t.ex. hål) stop up, fill up; täppa till (t.ex. rör) choke, block up; **~ undan** stow away; **~ upp** djur etc. stuff
stoppboll *s* sport. drop shot
stoppförbud *s* trafik., ***det är ~*** waiting is prohibited
stoppgarn *s* darning-wool
stoppgräns *s* stopping limit
stopplikt *s* trafik. obligation to stop
stoppljus *s* på bil brake (stop) light
stoppmärke *s* trafik. stop sign
stoppning *s* **1** lagning darning, mending **2** möbel~ upholstery
stoppnål *s* darning-needle
stoppsignal *s* stop signal
stoppskylt *s* trafik. stop sign

stopptecken *s* stop signal
stoppur *s* stop watch
stor *adj* **1** large; i betydelsen rymlig, vidsträckt, i stor skala; vard. big; lång tall; speciellt abstrakt samt i betydelsen framstående etc. great; ***~t antal*** a large (great) number; ***en ~ del av tiden*** a good (great) deal of the time; ***till ~ del*** largely; ***till min ~a förvåning*** much to my surprise; ***vara till ~ hjälp*** be a great help; ***en ~ karl*** a big (lång tall) man; ***en verkligt ~ man*** a truly great man; ***det är ~a pengar*** that's a lot of money; ***~ publik*** a large audience; ***en ~ summa pengar*** a large (big) sum of money; ***i ~t sett*** (***i det ~a hela***) on the whole; ***slå på ~t*** do things in a big way, do the thing in style **2** vuxen grown up; ***~a damen*** vard. quite a little lady; ***bli ~*** grow up **3** ***~ bokstav*** capital letter
storartad *adj* grand, magnificent, splendid
storasyster *s* big sister
storbelåten *adj* highly satisfied
Storbritannien Great Britain
stordator *s* mainframe computer
stordåd *s* great achievement (exploit)
storebror *s* big brother
storfamilj *s* extended family
storfinans *s* high finance, big business
storhet *s* **1** egenskap greatness, grandeur **2** person celebrity
storhetstid *s* days pl. of glory
storhetsvansinne *s* megalomania
stork *s* stork
storkna *vb itr* choke, suffocate
storkovan *s* vard., ***vinna ~*** win a fortune, hit the jackpot
storlek *s* size; ***till ~en*** in size
storm *s* hård vind gale; speciellt med oväder samt friare storm; ***en ~ i ett vattenglas*** a storm in a teacup, amer. a tempest in a teapot
storma I *vb itr, **det ~r*** a storm is raging; ***~ fram*** rush at **II** *vb tr* mil. o. friare storm
stormakt *s* great (big) power
stormande *adj* stormy; ***~ bifall*** a storm of applause; ***göra ~ succé*** be a tremendous success
stormarknad *s* hypermarket, superstore
stormförtjust *adj* absolutely delighted
stormig *adj* stormy
stormning *s* assault; stormande storming
stormsteg *s* bildl., ***med ~*** by leaps and bounds
stormvarning *s* gale warning
storrökare *s* heavy smoker
storsint *adj* magnanimous
storsinthet *s* magnanimity
storslagen *adj* grand, grandiose, magnificent
storslalom *s* giant slalom
storspov *s* fågel curlew
storstad *s* big city (town); världsstad metropolis
storstadsdjungel *s* vard. asphalt (concrete) jungle
storstilad *adj* grand, grandiose
Stor-Stockholm Greater Stockholm
storstrejk *s* general strike
storstädning *s* spring-cleaning
stort *adv* greatly, largely; ***inte ~ mer än*** ett barn little (not much) more than...
stortrivas *vb itr dep* get on very well, be very happy
stortå *s* big toe
storvilt *s* big game
storvuxen *adj* o. **storväxt** *adj* big; om person samt träd äv. tall
storätare *s* big (heavy) eater, gourmand
storögd *adj* large-eyed, big-eyed
straff *s* punishment; speciellt jur. penalty; ***belägga ngt med ~*** impose a penalty on a th.; ***få sitt ~*** be punished; ***till ~*** as a punishment
straffa *vb tr* punish
straffarbete *s* hard labour, imprisonment with hard labour
straffbar *adj* punishable; ***det är ~t att*** inf. it is an offence to inf.
straffregister *s* criminal records pl. (register)
straffränta *s* penal interest, interest on arrears
straffspark *s* sport. penalty, penalty kick
straffsparksläggning *s* fotb. penalty shoot-out
straffånge *s* convict
stram *adj* snäv tight; sträng severe; stel stiff
strama *vb itr* om kläder etc. be tight
strand *s* shore; badstrand, sandstrand beach; flodstrand bank
stranda *vb itr* om fartyg run ashore; misslyckas fail, break down
strandning *s* fartygs stranding; misslyckande failure; t.ex. förhandlingars breakdown
strapats *s, **~er*** hardships
strass *s* paste, strass
strategi *s* strategy
strategisk *adj* strategic
strax *adv* **1** om tid directly, in a minute (moment); snart presently; genast at once; ***~ efter*** middagen just after...; ***~ innan*** han

for just before...; är du klar? -***Jag kommer ~!*** ...I'm coming in a minute (moment)!; ***jag kommer ~ tillbaka*** I'll be back in a minute (moment); ***klockan är ~ 2*** it is close on two o'clock **2** om rum, ***~ bredvid (intill)*** close by

streber *s* climber, pusher

streck *s* **1** pennstreck, penseldrag etc. stroke; linje o. skiljelinje line; tvärstreck cross; på skala mark; ***låt oss dra ett ~ över det*** glömma det let's forget it; ***ett ~ i räkningen*** an unforeseen obstacle **2** rep cord, line; för tvätt clothes-line **3** ***ett fult ~*** a dirty trick **4** ***hålla ~*** hold good, be true

strecka *vb tr,* ***~ för i en bok*** mark passages in a book; ***~ under*** underline, score

streckkod *s* på varor bar code

strejk *s* strike; ***utlysa ~*** call a strike

strejka *vb itr* **1** gå i strejk go on strike; vara i strejk be on strike **2** inte fungera: bilen ***~r*** ...is out of order; bromsarna ***~r*** ...dont work

strejkaktion *s* industrial action

strejkande *adj* striking; ***de ~*** the strikers

strejkbrytare *s* strike-breaker; neds. scab, blackleg

strejkvakt *s* picket

stress *s* stress

stressad *adj* ...suffering from stress, ...under stress

stressande *adj* o. **stressig** *adj* stressful, ...causing stress

streta *vb itr* knoga work hard, toil [*med ngt* at a th.]; mödosamt förflytta sig struggle; ***~ emot*** resist, struggle

1 strid *adj* om ström etc. swift, rapid

2 strid *s* kamp fight, fighting (end. sg.); speciellt hård struggle; speciellt mellan tävlande contest; drabbning battle; oenighet contention, strife (båda end. sg.); konflikt conflict; dispyt dispute; ***en ~ på liv och död*** a life-and-death struggle; ***inre ~*** inward struggle; ***i ~ mot*** regler etc. in violation of...; ***det står i ~ med (mot)*** avtalet it goes against...

strida *vb itr* **1** kämpa fight, struggle; tvista dispute **2** ***det strider mot...*** it is contrary to (is against)...

stridbar *adj* ...with plenty of fighting spirit; aggressiv aggressive

stridig *adj* motstridande conflicting, contending

stridigheter *s pl* conflicts; meningsskiljaktigheter differences

stridsanda *s* fighting spirit

stridsberedskap *s* readiness for action

stridslysten *adj* aggressiv aggressive

stridsmedel *s pl,* ***konventionella ~*** conventional weapons

stridsrop *s* war cry

stridsspets *s* warhead

stridsvagn *s* tank

stridsyxa *s* battle-axe; ***gräva ned ~n*** bury the hatchet

stridsåtgärd *s* offensive action; facklig strike action

stridsövning *s* tactical exercise, manœuvre

strikt *adj* strict; i klädsel, uppträdande sober

strila *vb tr* o. *vb itr* sprinkle; ***~nde regn*** steady rain

strimla I *s* strip, shred **II** *vb tr* kok. shred

strimma *s* streak; rand stripe; ***en ~ av hopp*** a gleam of hope

strippa I *vb itr* do a striptease, striptease **II** *s* person stripper

stropp *s* strap; på sko etc. loop

struken *adj,* ***en ~ tesked*** a level teaspoonful

struktur *s* structure; speciellt textil. texture

strul *s* vard. krångel muddle; besvär trouble, bother

strulig *adj* vard. trying, difficult

struma *s* med. goitre

strumpa *s* stocking; herrstrumpa sock

strumpbyxor *s pl* tights, stretch tights, pantyhose sg.

strumpeband *s* suspender; ringformigt (utan hållare) samt, amer. garter

strumpebandshållare *s* suspender (amer. garter) belt

strumpläst *s,* gå omkring ***i ~en*** ...in one's stockinged (stocking) feet; ***han mäter*** 1,80 ***i ~en*** he stands...in his stockings

strunt *s* skräp rubbish, trash; ***~ i det!*** never mind!

strunta *vb itr,* ***~ i*** not bother about; ***det ~r jag blankt i!*** I don't care (give) a hang about that!

struntprat *s* o. *interj* nonsense, rubbish

struntsak *s* bagatell trifle, trifling matter

struntsumma *s* trifle, trifling sum

strupe *s* throat

struphuvud *s* larynx (pl. larynges el. ~es)

struptag *s,* ***ta ~ på ngn*** seize a p. by the throat, throttle a p.

strut *s* pappersstrut cornet, screw (twist) of paper; glasstrut etc. cone

struts *s* ostrich

stryk *s*, ***få ~*** get a beating (thrashing); ***ful som ~*** as ugly as sin
stryka *vb tr* **1** smeka stroke; gnida rub **2** med strykjärn etc. iron **3** bestryka med färg etc. coat, paint; breda på, t.ex. salva spread **4** stryka ut (över) cross (strike) out, cancel
□ **~ av** torka av wipe; **~ bort** t.ex. en tår brush away; torka bort wipe off; ta bort remove; **~ för ngt med rött** mark a th. in red; **~ med** gå ut be finished off; om pengar be used up; dö die, perish; **~ ned** förkorta cut down; **~ omkring på gatorna** t.ex. om ligor roam the streets; **~ på** t.ex. salva spread; **~ under** underline, emphasize, stress; **~ ut** el. **~ över** t.ex. ett ord cross (strike) out, cancel
strykande *adj*, ***ha ~ åtgång*** have a rapid sale; varorna ***hade ~ åtgång*** ...went like hot cakes
strykbräde *s* ironing-board
strykfri *adj* non-iron
strykjärn *s* iron, flat-iron
strykklass *s*, ***sätta...i ~*** discriminate against, victimize
strykmaskin *s* ironing machine
strykning *s* **1** med handen etc. stroke; gnidning rub **2** med strykjärn ironing **3** med färg coating; konkret coat, coat of paint **4** uteslutning cancellation
stryktips *s* results pool
strypa *vb tr* strangle
strå *s* straw; hårstrå hair; grässtrå blade of grass; ***dra det kortaste*** (***längsta***) ***~et*** get the worst (best) of it; ***dra sitt ~ till stacken*** do one's bit; ***inte lägga två ~n i kors*** not lift a finger [*för att* to]
stråke *s* bow; ***stråkar*** i orkester strings
stråkinstrument *s* stringed instrument
stråla *vb itr* beam, shine; om t.ex. ögon sparkle [*av* with]; ***~ av hälsa*** be radiant with health
strålande *adj* lysande brilliant; ***~ väder*** glorious weather
strålbehandling *s* radiotherapy
stråle *s* ray; av ljus beam; av vätska, gas jet
strålkastare *s* rörlig searchlight; för illumination floodlight; teat. spotlight; på bil etc. headlight
strålning *s* radiation
strålskydd *s* protection against radiation
strålskyddsinstitut *s*, ***~et*** the National Institute of Radiation Protection
stråt *s* väg, kosa way, course
sträck *s*, ***i ~*** el. ***i ett ~*** at a stretch; without stopping
sträcka I *s* stretch; avstånd, väg~ distance; del~ section **II** *vb tr* spänna stretch; försträcka, ***~ en muskel*** (***sena***) pull (stretch) a muscle (tendon); ***~ vapen*** lay down one's arms **III** *vb itr*, ***~ på benen*** stretch one's legs; ***~ på sig*** tänja och sträcka stretch, stretch oneself; räta på sig straighten oneself up; ***sträck på dig!*** stå rak! stand straight! **IV** *vb rfl*, ***~ sig*** **1** tänja och sträcka stretch, stretch oneself; ***~ sig efter ngt*** reach (reach out) for a th. **2** ha viss utsträckning stretch, range
□ **~ fram** t.ex. handen put (hold) out; **~ ut** put (hold, tänja stretch) out; dra ut, spänna stretch; förlänga extend
sträckbänk *s*, ***hålla ngn på ~en*** i spänning keep a p. on tenterhooks
sträckning *s* **1** ut~ extension **2** ***få en ~*** muskel~ pull (stretch) a muscle
1 sträng *adj* hård omild, severe; bestämd, noga strict; bister, allvarlig stern, austere; ***lagens ~aste straff*** the maximum penalty; ***vara ~ mot*** be severe (mot barn strict) with
2 sträng *s* mus. samt racket~ string
stränga *vb tr* string; ***~ om*** restring
stränginstrument *s* string (stringed) instrument
sträv *adj* rough; om smak o. bildl. harsh
sträva *vb itr* strive; kämpa struggle; ***~ efter att*** inf. endeavour (strive) to inf.
strävan *s* ambition; mål aim; bemödande effort, efforts pl.
strävhårig *adj* om hund wire-haired
strävsam *adj* industrious, hard-working
strö *vb tr* sprinkle, strew; ***~ omkring*** scatter, scatter about; ***~ pengar omkring sig*** splash money about
ströare *s* castor
ströbröd *s* breadcrumbs pl.
strödd *adj* utspridd scattered
ströjobb *s* odd (casual) job
strökund *s* chance (stray) customer
ström *s* **1** strömning current; vattendrag, flöde stream; ***en ~ av tårar*** a flood of tears; ***i en jämn ~*** in a constant stream **2** elektr. current; elkraft power
strömavbrott *s* power failure (cut)
strömbrytare *s* switch
strömförande *adj* live
strömlinjeformad *adj* streamlined
strömma *vb itr* stream; flyta, flöda äv. flow, run; starkare pour; ***~ in*** om vatten etc. rush in, flow in; om t.ex. folk, brev stream (pour) in; ***~ till*** om vatten etc. flow; om folkskaror come flocking; ***~ över*** overflow

strömming *s* Baltic (small) herring
strömning *s* current
strösocker *s* granulated sugar; finare castor sugar
strössel *s* koll. hundreds and thousands pl., amer. sprinkles
ströva *vb itr,* ~ el. ~ ***omkring*** roam, rove, ramble, stroll
strövtåg *s* vandring ramble, excursion äv. bildl.
stubb *s* åkerstubb, skäggstubb stubble
stubbe *s* träd~ stump
stubben *s,* ***på*** ~ vard. on the spot
stubin *s* fuse; ***ha kort*** ~ om person be short-tempered
stucken *adj* offended, hurt [*över* at]
student *s* studerande student
studera *vb tr* o. *vb itr* study
studerande *s* univ. student
studie *s* study [*över* of]
studiebesök *s* visit for purposes of study, study visit
studiebidrag *s* study grant
studiecirkel *s* study circle
studiehandbok *s* students' guide, university handbook
studiehjälp *s* financial aid to those studying at the 'gymnasium' level
studielån *s* study loan
studiemedel *s* ekonomiskt stöd study allowances (bidrag grants)
studieplan *s* syllabus
studierektor *s* director of studies
studieresa *s* study tour
studierådgivning *s* student counselling (guidance)
studiestöd *s* financial aid to students
studievägledare *s* study counsellor (adviser)
studievägledning *s* study counselling (guidance)
studio *s* studio (pl. -s)
studium *s* study [*av, i* of]
studs *s* bounce
studsa *vb itr* om boll bounce; ~ ***tillbaka*** rebound, bounce back
studsmatta *s* trampoline; till motion rebounder
stuga *s* cottage; koja cabin
stuka *vb tr* **1** skada, ömslå sprain; ~ el. ~ ***sig i handleden*** sprain one's wrist **2** ~ el. ~ ***till*** platta till batter, knock...out of shape
stum *adj* **1** dumb [*av* with]; ***bli*** ~ be struck dumb; ***i*** ~ ***beundran*** in mute admiration **2** om bokstav: ej uttalad mute, silent
stumfilm *s* silent film, silent
stump *s* rest stump
stund *s* kort tidrymd while; tidpunkt moment; ***stanna en*** ~ stay for a while; ***en kort*** ~ a short while, a moment; ***det dröjer bara en liten*** ~ it will only be a moment; ***inte en lugn*** ~ not a moment's peace; ***han trodde att hans sista*** ~ ***var kommen*** he thought that his last hour had come; ***för en*** ~ ***sedan*** a little while (a few minutes) ago; ***på lediga*** ~***er*** in one's spare time; ***till min sista*** ~ to my dying day
stunda *vb itr* approach, draw near
stundande *adj* coming
stundom *adv* o. **stundtals** *adv* at times, now and then
1 stup *s* brant precipice, steep slope
2 stup *adv,* ~ ***i ett*** (***kvarten***) non-stop, every five minutes
stupa *vb itr* **1** luta brant descend abruptly, fall steeply **2** ***nära att*** ~ ***av trötthet*** ready to drop with fatigue; ~ ***i säng*** tumble into bed **3** dö i strid be killed in action; ***de*** ~***de*** those killed in action (in the war)
stupfull *adj* vard. dead drunk
stuprör *s* drainpipe, downpipe; amer. downspout
stursk *adj* näsvis cheeky; fräck insolent, impudent; mallig stuck-up
stut *s* oxe bullock
stuteri *s* stud, stud farm
stuv *s* remnant; ~***ar*** äv. oddments
1 stuva *vb tr* stow
2 stuva *vb tr* grönsaker etc. cook...in white sauce; ~***d potatis*** potatoes in white sauce; ~***d spenat*** creamed spinach
stuvare *s* o. **stuveriarbetare** *s* stevedore, speciellt amer. longshoreman
stuvning *s* vit sås white sauce; kött~ stew
styck *s,* 10 kronor ~ (***per*** ~) ...each; ***pris per*** ~ price each; sälja ***per*** ~ ...by the piece
stycka *vb tr* **1** kött etc. cut up; ~ ***sönder*** cut...into pieces **2** jord, mark parcel out
stycke *s* **1** del, avsnitt etc. piece, part, bit; text~ passage; som börjar med ny rad paragraph; vi fick gå ***ett*** ~ ***av vägen*** ...part of the way; ***ett gott*** ~ härifrån a fair distance...; ***ett gott*** ~ ***in på*** 2000-talet well into...; bilen gick bara ***ett litet*** ~ ...a little (short) way; ***i*** ~***n*** sönder in pieces, broken; ***slå i*** ~***n*** knock...to pieces **2** ***fem*** ~***n apelsiner*** five oranges; ***vi var fem*** ~***n***

there were five of us; ***några ~n*** some, a few; 10 kronor **~*t*** ...each **3** musik~ piece, piece of music; teater~ play **4 *i många ~n*** avseenden in many respects
styckning *s* av kött etc. cutting-up; av mark parcelling out
stygg *adj* speciellt om barn naughty; elak nasty [*mot* to]; ond wicked
styggelse *s* abomination [*för* to]
stygn *s* stitch
stylta *s* stilt
stympa *vb tr* lemlästa mutilate, maim
stympning *s* mutilation, maiming
styr *s*, ***hålla...i ~*** keep...in check; ***hålla sig i ~*** control oneself
styra *vb tr* o. *vb itr* **1** fordon, fartyg etc. steer **2** regera govern, rule; leda direct; ***de ~nde i samhället*** those in power **3 ~ *om*** ordna see to, arrange, manage
styrbord *s* starboard
styre *s* **1** cykelstyre handlebars pl. **2** styrelse rule
styrelse *s* förenings etc. committee; bolags~ board of directors; företagsledning management; ***sitta med i ~n*** be on the board (committee)
styrelseledamot *s* o. **styrelsemedlem** *s* member of a (the) board (förenings committee)
styrka I *s* **1** strength; kraft power, force; intensitet intensity; ***vindens ~*** the force of the wind; ***andlig ~*** strength of mind **2** trupp force; arbetsstyrka working staff; antal, numerär strength **II** *vb tr* **1** göra starkare, befästa strengthen, confirm; ge kraft, mod fortify **2** bevisa prove; med vittnen attest, verify
styrkedemonstration *s* show of force
styrketräning *s* strength training
styrketår *s* vard. bracer, stiffener, pick-me-up
styrman *s* sjö. **1** mate; ***förste*** (***andre***) **~** first (second) mate **2** som styr helmsman
styrning *s* styrande steering; ***automatisk ~*** automatic control
styrsel *s* stadga firmness, steadiness; stability; 'ryggrad' backbone
styrspak *s* flyg. control column
styrstång *s* på cykel handlebars pl.
styv *adj* **1** stiff; **~ *bris*** fresh breeze **2** duktig, skicklig, **~ *i*** matematik, tennis etc. good at...
styvbarn *s* stepchild
styvbror *s* stepbrother
styvfar *s* stepfather
styvmoderligt *adv*, ***vara ~ behandlad*** be unfairly treated
styvmor *s* stepmother
styvmorsviol *s* wild pansy
styvna *vb itr* stiffen
styvsyster *s* stepsister
styvt *adv* **1** stiffly; ***hålla ~ på ngt*** (***att*** inf.) insist on a th. (on ing-form) **2** duktigt, ***det var ~ gjort!*** well done!
stå I *vb itr* **1** stand; ***hur ~r det*** (***spelet***)***?*** what's the score?; ***det ~r 2-1*** it (the score) is two one; ***det ~r en karl där*** there is a man standing there; **~ *och hänga*** hang around; **~ *för*** ansvara för be responsible for; leda, ha hand om be at the head (in charge) of; **~ *för vad man säger*** stand by what one has said; **~ *i ackusativ*** be in the accusative; **~ *i affär*** work in a shop; ***ha mycket att ~ i*** have many things to attend to, have plenty to do; ***valet ~r mellan...*** the choice lies between...; ***barometern*** (***visaren***) ***~r på...*** the barometer (hand) points to...; **~ *vid*** vad man har sagt stand by..., keep (stick) to... **2** ha stannat, om klocka have stopped; hålla, om tåg etc. stop, wait **3** finnas skriven be written; ***vad ~r det på skylten?*** what does it say on the sign?; ***läsa vad som ~r om...*** read what is written (i tidning what they say) about...; ***det ~r i boken*** it is in the book; ***det ~r i boken att...*** it says in the book that...; ***han ~r som konstnär*** i passet he is put down as an artist **II** *vb rfl*, **~ *sig*** hävda sig hold one's own; hålla sig, om mat etc. keep; fortfarande gälla, om teori etc. hold good, stand; bestå last

□ **~ bakom** ngt bildl. be behind...; **~ efter** vara underlägsen **ngn** be inferior to a p.; **~ emot** resist, withstand; tåla stand; **~ fast vid** t.ex. anbud stand by; t.ex. åsikt stick to; t.ex. krav insist on; **~ framme** till bruk etc. be ready; skräpa be left about; **~ inne** vara inomhus be indoors; ***låta*** pengarna **~ *inne*** leave...on deposit; **~ kvar** stanna kvar remain, stay on; **vad ~r på?** hur är det fatt what's the matter?; vard. what's up?; **~ *på sig*** stick to one's guns; **~ *på dig!*** don't give in!, stick up for yourself!; **hur ~r det till?** hur mår du how are you?; ***hur ~r det till hemma*** (***med familjen***)***?*** how is your family?; **~ upp** stiga upp, höja sig rise; **~ ut: *jag ~r inte ut längre*** I can't stand (bear, put up with) it any longer; **~ över** ngt vara höjd över be above...; ***jag ~r över till*** väntar

I'll wait till; ~ ***över sin tur*** i spel pass, miss one's turn
stående *adj* standing; vertical; stillastående stationary; ~ ***fras*** set phrase; ***bli*** ~ a) inte sätta sig remain standing b) stanna stop c) bli kvarlämnad be left
ståhej *s* vard. hullabaloo, fuss
stål *s* steel
stålborste *s* wire brush
stålindustri *s* steel industry
Stålmannen seriefigur Superman
stålpenna *s* nib
stålull *s* steel wool
stålverk *s* steelworks (pl. lika)
stånd *s* **1** salustånd stall; speciellt på marknad booth; på mässa stand **2** civilstånd status **3** samhällsklass social class **4** nivå height **5** fysiol. erection **6** ställning etc., ***hålla*** ~ hold one's ground (own), hold out [*mot* fienden against...] **7** skick etc. condition, state; ***vara i*** ~ ***att*** inf. be able to inf., be capable of ing-form; ***få till*** ~ bring about; upprätta establish; ***komma till*** ~ come (be brought) about; äga rum come off, take place; ***sätta*** ngt ***ur*** ~ put (throw)...out of gear; ***vara ur*** ~ ***att*** inf. be incapable of ing-form, be unable to inf.
ståndaktig *adj* firm; orubblig steadfast, constant
ståndare *s* bot. stamen
ståndpunkt *s* standpoint, point of view
stång *s* stake etc. pole; i galler etc. bar; räcke rail; ***hålla ngn ~en*** hold one's own against a p.; flaggan är ***på halv*** ~ ...at half-mast
stångas *vb itr dep* butt; med varandra butt each other
stånka *vb itr* flåsa puff and blow, breathe heavily; stöna groan [*av* with]
ståplats *s*, ***~er*** ~utrymme standing room
ståt *s* pomp; prakt splendour
ståta *vb itr*, ~ ***med*** parade, make a display of
ståtlig *adj* storslagen grand, magnificent; imponerande: om person imposing; om t.ex. byggnad stately, impressive
städ *s* anvil
städa I *vb tr* rengöra clean; vard. do; snygga upp i tidy up **II** *vb itr* clean (tidy) up
städare *s* cleaner
städerska *s* cleaner; städhjälp charwoman; vard. char; på hotell chambermaid; på båt stewardess
städrock *s* overall
städskåp *s* broom cupboard (amer. closet)

ställ *s* ställning stand; för disk, pipor m.m. rack
ställa I *vb tr* **1** put, place, stand; ~ en dörr ***öppen*** lämna öppen leave...open; ~ ngt ***i utsikt*** hold out the prospect of...; ~ ***ngn inför*** en svårighet confront a p. with...; ***~s*** (~ ***ngn***) ***inför valet mellan...*** have to choose (make a p. choose) between...; ~ ***en fråga till ngn*** ask a p. a question, put a question to a p.; ~ ngt ***till förfogande*** make...available; ***ha det bra ställt*** ekonomiskt be well off **2** ställa in set; ~ ***sin klocka*** set one's watch [*efter* kyrkklockan by...]; ~ klockan ***på ringning kl. 6*** set...for six o'clock **3** uppställa, t.ex. villkor make; lämna, t.ex. garanti give **II** *vb rfl*, ~ ***sig*** placera sig place oneself; ***ställ dig här!*** stand here!; ~ ***sig i kö*** (***rad***) queue (line) up; ~ ***sig i vägen för ngn*** put oneself in a p.'s way; ~ ***sig upp*** stand up, rise
□ ~ **ifrån sig** put...down; undan put away; lämna, glömma leave...behind; ~ **in a)** put...in; reglera adjust [*efter* to]; ~ ***in radion på en station*** tune in a station; ~ ***in sig på ngt*** bereda sig på prepare oneself for a th.; räkna med count on a th. **b)** ~ ***sig in hos*** ngn ingratiate oneself with...; vard. cringe (suck up) to... **c)** inhibera etc., se *inställa;* ~ **om** placera om rearrange; ~ **till med** anordna arrange, organize; sätta i gång med start; t.ex. bråk make; vålla cause; ***vad har du nu ställt till med?*** what have you been up to now?; ~ **undan** put aside; ~ **upp** a) placera put...up; t.ex. schackpjäser lay out; ordna, t.ex. i grupper place, arrange b) uppbåda: t.ex. en armé raise; ett lag put up c) göra upp: t.ex. program, rapport draw up d) framställa: t.ex. teori put forward, advance; t.ex. villkor make; t.ex. regel lay down e) delta take part, join in; vara villig stand by, show willing; ~ ***upp mot...*** i tävling meet...; ~ ***upp som presidentkandidat*** run for the presidency
ställbar *adj* adjustable
ställd *adj* svarslös nonplussed; bragt ur fattningen put out, embarrassed
ställe *s* **1** place; plats, fläck äv. spot; passus i skrift etc. passage; ***på ~t*** genast on the spot; ***göra på ~t marsch*** mark time; ***på en del*** (***sina***) ***~n*** in some places, here and there **2** ***i ~t*** instead; i gengäld in return; ***jag skulle inte vilja vara i ditt*** ~ I wouldn't be in your shoes; ***i ~t för*** instead of [*att gå* going]

ställföreträdare *s* deputy; ersättare substitute; representant representative
ställning *s* **1** position; plats place; samhälls~ o. affärs~ standing; poäng~ score; ***hur är ~en?*** i spel what is the score?; ***ta ~*** a) ha egen uppfattning take one's stand b) bestämma sig make up one's mind; ***en man i hög ~*** a man of high (of good social) position; ***i sittande ~*** in a sitting position; sittande sitting down **2** ställ stand; stomme frame
ställningstagande *s* ståndpunkt standpoint [*i* en fråga on...], attitude [*till* towards]
stämband *s* vocal cord
stämgaffel *s* tuning-fork
stämjärn *s* chisel
1 stämma I *s* röst voice; mus. part; i orgel stop **II** *vb itr* överensstämma correspond, tally; ***räkningen stämmer*** the account is correct; ***det stämmer!*** that's right!, quite right!
□ ~ **in** falla in, ***alla stämde in i sången*** everyone joined in the song; ~ **ned** göra förstämd depress; ~ ***ned tonen*** come down a peg or two; ~ **upp** raise; orkestern ***stämde upp*** ...struck up; ~ **överens** agree, accord
2 stämma *vb tr* o. *vb itr* hejda stem, check
3 stämma I *s* sammanträde meeting, assembly **II** *vb tr* jur. summon [*inför domstol* to appear before the court]; ~ ***ngn för...*** sue a p. for...
1 stämning *s* sinnes~ mood, temper; atmosfär atmosphere; ***~en var tryckt*** there was a feeling of depression; ***vara i ~ (den rätta ~en) för...*** be in the right mood for...; ***i glad (festlig) ~*** in high spirits
2 stämning *s* jur. summons; ***delgiva ngn ~*** serve a writ upon a p.
stämpel *s* **1** verktyg stamp; gummi~ rubber stamp **2** avtryck stamp; på guld, silver hallmark; post~ postmark; inbränd brand, mark
stämpelavgift *s* stamp duty
stämpeldyna *s* stamp pad
stämpelkort *s* clocking-in card
stämpelur *s* time clock
1 stämpla I *vb tr* med stämpel stamp; märka mark; frimärke cancel; ***brevet är ~t*** den 3 maj the letter is postmarked...; ~ ***in (ut)*** på stämpelur clock in (out); ~ ***in*** belopp register **II** *vb itr, **gå och ~*** om arbetslös be on the dole
2 stämpla *vb itr* konspirera plot, conspire
stämpling *s* komplott plot, conspiracy
ständig *adj* oavbruten constant, continuous; stadigvarande permanent; oupphörlig continual
stänga *vb tr* o. *vb itr* tillsluta shut; slå igen close; med lås lock; med regel bolt; ~ ***butiken*** för dagen shut up shop; posten ***är stängd*** ...is closed
□ ~ **av** shut off; väg close; spärra av block up; vatten, gas shut (vrida av turn) off; elström, radio, TV switch off; huvudledning, telefon cut off; från tjänst etc. suspend; ***gatan är avstängd!*** street closed to traffic!; ***avstängt!*** no admission!; ~ **igen** shut (lock) up; ~ **in** låsa in shut (lock)...up; inhägna hedge...in; ~ ***in sig*** shut (lock) oneself up; ~ **till** close, shut; ~ **ute** shut (lock)...out; utesluta exclude
stängningsdags *adv* closing time
stängsel *s* fence; räcke rail; barrier
stänk *s* splash; droppe tiny drop; från vattenfall etc. spray; ***ett ~*** regn~ a drop of rain; ***ett ~*** citronsaft a dash of...; ***ett ~ av vemod*** a touch of melancholy
stänka I *vb tr* splash; svagare sprinkle äv. tvätt; ~ ***smuts på ngn*** spatter a p. with mud; ***bli nedstänkt*** get splashed all over **II** *vb itr* skvätta splash
stänkskydd *s* på bil mudflap
stänkskärm *s* flygel på bil wing; mudguard äv. på cykel; amer. fender
stäpp *s* steppe
stärka *vb tr* **1** styrka strengthen; bekräfta confirm **2** med stärkelse starch
stärkande *adj* strengthening; ~ ***medel*** tonic
stärkelse *s* starch
stärkkrage *s* starched collar
stäv *s* sjö. stem
stäva *vb itr* head; ~ ***mot...*** bear towards...
stävja *vb tr* check; undertrycka suppress
stöd *s* support; stötta prop; hjälp aid; ***få ~*** ekonomiskt ***av...*** be subsidized by...; ***till (som) ~ för*** påstående etc. in support (confirmation) of; minnet as an aid to
stödbehå *s* uplift bra
stöddig *adj* självsäker self-important, cocksure
stödja I *vb tr* support; luta rest, lean; grunda base, found; ~ ***armbågarna mot bordet*** rest one's elbows on the table **II** *vb rfl,* ~ ***sig*** support oneself; luta sig lean, rest; ~ ***sig på*** t.ex. faktum base one's opinion on; ~ ***sig på ngn*** åberopa cite a p. as one's authority
stödundervisning *s* remedial teaching

stök *s* städning cleaning; fläng bustle; före jul etc. preparations pl.
stöka *vb itr* städa clean up; ~ ***till*** make a mess; ~ ***till i rummet*** litter up the room
stökig *adj* untidy, messy
stöld *s* theft; thieving (end. sg.); inbrotts~ burglary
stöldförsäkring *s* insurance against theft (inbrott burglary)
stöldgods *s* stolen goods pl.
stöldsäker *adj* thiefproof
stön *s* groan; svagare moan
stöna *vb itr* groan; svagare moan
stöpa *vb tr* gjuta cast, mould; ~ ***ljus*** make (dip) candles
stöpslev *s,* ***vara*** (***ligga***) ***i ~en*** bildl. be in the melting-pot
1 stör *s* fisk sturgeon
2 stör *s* stång pole, stake
störa *vb tr* o. *vb itr* disturb; avbryta interrupt; ***förlåt att jag stör*** excuse my disturbing you; ***får jag ~ ett ögonblick?*** could you spare me a minute?
störande I *adj* bullersam rowdy; besvärande troublesome, annoying **II** *adv,* ***uppträda ~*** create a disturbance
störning *s* disturbance; avbrott interruption; rubbning disorder; radio.: genom annan sändare jamming (end. sg.); ***~ar*** från motorer etc. interference sg.
störningsskydd *s* radio. noise suppressor
störningssändare *s* radio. jamming station
större *adj* larger, bigger, greater (etc. jfr *stor*); ~ ***delen av...*** most of...; ***till ~ delen*** for the most part, mostly; ***ett ~ krig*** relativt stort a major war; ***en ~ summa*** relativt stor a big (large) sum
störst *adj* largest, biggest, greatest etc. (jfr *stor*); ~ ***i världen*** biggest in the world; ***~a delen av...*** most of...; ***till ~a delen*** for the most part, mostly
störta I *vb tr* beröva makten overthrow; ~ ***ngn i fördärvet*** bring about a p.'s ruin **II** *vb itr* **1** falla fall (tumble, topple) down [*ned i* into]; om flygplan crash; om häst fall **2** rusa rush, dash **III** *vb rfl,* ~ ***sig*** kasta sig throw oneself; rusa rush (dash) headlong; ~ ***sig i fördärvet*** ruin oneself
□ ~ **emot** a) i riktning mot rush etc. towards b) anfalla rush at; ~ **fram** ut rush etc. out; ~ **in** om tak etc. fall in, come down; om vägg fall down; ~ **ned** falla fall (tumble) down; rusa rush down; rasa come down; ~ **samman** collapse
störtdykning *s* nose (vertical) dive
störthjälm *s* crash helmet
störtlopp *s* sport. downhill race (ss. gren racing)
störtregn *s* torrential rain
störtregna *vb itr,* ***det ~r*** it is pouring down
stöt *s* **1** slag, törn etc. a) thrust; slag blow; knuff push b) shock äv. elektr. o. vid jordbävning; fys. impact c) skakning hos fordon etc. jolt **2** vard., inbrott job
stöta I *vb tr* **1** thrust; slå knock, bang, bump **2** krossa pound **3** bildl. offend **II** *vb itr* knock, bump, strike [*mot* against, into]; ~ ***på grund*** run aground **III** *vb rfl,* ~ ***sig med ngn*** get on the wrong side of a p.
□ ~ **emot ngt** knock (bump, strike) against a th.; ~ **ihop** kollidera med knock into each other; råkas run across each other; ~ ***ihop med*** kollidera med run into, collide with; träffa run across (into); ~ **på** träffa, finna come across; ~ ***på*** t.ex. svårigheter meet with; ~ **till** knuffa till knock against
stötande *adj* offensive; svagare objectionable
stötdämpare *s* shock-absorber
stötesten *s* stumbling-block [*för* to]
stötfångare *s* bumper
stötsäker *adj* shockproof
stött *adj* **1** om frukt bruised **2** förnärmad offended [*över* at (by); *på* with]
stötta I *s* prop; stöd support, stay **II** *vb tr* prop, prop up
stöttepelare *s* bildl. mainstay, pillar
stövel *s* high boot; ***stövlar*** speciellt av gummi wellingtons
stövelknekt *s* bootjack
subjekt *s* subject
subjektiv *adj* subjective
substans *s* substance; ämne matter
substantiell *adj* substantial
substantiv *s* noun
substantivera *vb tr* substantivize; ***~t adjektiv*** adjective used as a noun
subtil *adj* subtle
subtilitet *s* subtlety
subtrahera *vb tr* subtract
subtraktion *s* subtraction
subvention *s* subsidy
subventionera *vb tr* subsidize
succé *s* success; om bok, pjäs etc. äv. hit; ***göra ~*** meet with (be a) success
successiv *adj* stegvis gradual
suck *s* sigh; ***dra en djup ~*** heave a deep sigh; ***dra sin sista ~*** breathe one's last

sucka *vb itr* sigh [*av* with; *efter* for]
Sudan the Sudan
sudd *s* **1** tuss wad; tavelsudd duster **2** suddighet blur; bläckfläckar etc. smudges pl.
sudda *vb itr* o. *vb tr* **1** svärta av sig smudge **2** måla, kludda daub □ ~ **bort (ut)** radera rub out, erase; ~ ***ut på*** svarta tavlan rub (wipe)...clean, wipe out; med radergummi rub out
suddgummi *s* india rubber, eraser
suddig *adj* kluddig smudgy; otydlig blurred, indistinct; oredig confused
sufflé *s* soufflé
sufflett *s* hood, amer. top
sufflör *s* teat. prompter
sug *s* **1** suction **2** ***tappa ~en*** lose heart, give up
suga *vb tr* o. *vb itr* suck; ***sjön suger*** the sea air gives you an appetite; ~ ***på en pipa*** suck at a pipe; ~ ***ur*** t.ex. apelsin, sår suck; ~ ***ut*** bildl. suck...dry; t.ex. arbetare sweat; ~ ***åt sig*** absorb, suck up
sugande *adj*, ***ha en ~ känsla i magen*** have a hollow (sinking) feeling in one's stomach
sugen *adj*, ***känna sig ~*** hungrig feel peckish; ***jag är ~ på*** en kopp kaffe I feel like...
sugga *s* sow
suggerera *vb tr* influence [*till* into]
suggestion *s* suggestion
suggestiv *adj* suggestive
sugmärke *s* love-bite, amer. hickey
sugrör *s* till saft etc. straw
sukta *vb itr*, ~ ***efter*** long for
sula *s* o. *vb tr* sole
sultan *s* sultan
summa *s* sum
summarisk *adj* summary; kortfattad äv. concise
summer *s* buzzer
summera *vb tr*, ~ el. ~ ***ihop*** sum up, add up
sump *s* kaffesump grounds pl.
sumpa *vb tr* missa miss; tappa lose; ~ ***chansen*** miss (pass up) the opportunity
sumpgas *s* marsh gas, methane
sumpmark *s* swamp, marsh
1 sund *s* sound, strait, straits pl.
2 sund *adj* sound, healthy; om föda wholesome
sup *s* dram, snifter; glas brännvin snaps (pl. lika)
supa *vb tr* o. *vb itr* drink; starkare booze; ~ ***ngn full*** make a p. drunk; ~ ***sig full*** get drunk
supé *s* supper, evening meal
supera *vb itr* have supper
superlativ I *s* gram. the superlative; ***i ~*** in the superlative **II** *adj* superlative
supermakt *s* superpower
suppleant *s* deputy, substitute
supplement *s* supplement [*till* to]
supporter *s* supporter
suput *s* vard. drunkard, boozer
sur *adj* **1** motsats söt sour äv. bildl.; syrlig acid äv. kem.; butter äv. surly; ***göra livet ~t för ngn*** lead a p. a dog's life; ***bita i det ~a äpplet*** swallow the bitter pill; ***han är ~ på mig*** he is cross with me; ***vara ~ över ngt*** be angry (sore) about a th. **2** blöt wet; om mark waterlogged; om pipa foul
surdeg *s* leaven; ***jäsa med ~*** leaven
surfa *vb itr* go surfing (vindsurfa windsurfing)
surfare *s* sport. surfer; vindsurfare windsurfer
surfing *s* surf-riding
surfingbräda *s* surfboard; till windsurfing sailboard
surkål *s* sauerkraut
surmulen *adj* sullen, surly
surna *vb itr* sour, turn sour
surr *s* hum, buzz; vinande whir
surra *vb itr* hum, buzz; vina whir
surrealism *s* surrealism
surrealistisk *adj* surrealistic
surrogat *s* substitute
surströmming *s* fermented Baltic herring
sus *s* **1** vindens sigh; ***det gick ett ~ genom rummet*** a murmur (buzz) went through the room **2** ***leva i ~ och dus*** lead a wild life
susa *vb itr* **1** ***det ~r i träden*** the wind is sighing in the trees; farten var så hög att ***det ~de om öronen på oss*** ...the wind whistled about our ears **2** om kula etc. whistle, whiz; ~ ***förbi*** whistle (rush, tear) by, whiz past; ~ ***i väg*** rush off
susen *s* vard., ***göra ~*** ge resultat do the trick, settle it; vinet ***i såsen gjorde ~*** ...gave an extra touch to the sauce
sushi *s* kok. sushi
suspekt *adj* suspicious; predikativt äv. suspect
suspendera *vb tr* suspend
sussa *vb itr* vard., sova sleep; barnspr. go to bye-byes
sutare *s* fisk tench
sutenör *s* pimp, ponce

suverän **I** *s* sovereign **II** *adj* enväldig sovereign, supreme; överlägsen superb, terrific
suveränitet *s* sovereignty, supremacy
svacka *s* hollow, depression; ekon. decline
svada *s* talförhet volubility; ordflöde torrent of words
svag *adj* weak; feeble; utmattad faint; lätt, om t.ex. vin, öl light; ringa slight; otydlig, om ljud faint, soft; skral poor; ***ett ~t hopp*** a faint hope; ***det ~a könet*** the weaker sex; ***~ puls*** feeble pulse; ***~ vind*** light breeze; ***~ värme*** kok. low heat; ***vara ~ för...*** have a weakness for (be fond of)...; ***vara ~ i armarna*** have got weak arms
svagdricka *s* small beer
svaghet *s* weakness äv. brist, fel; ***ha en ~ för*** choklad have a weakness for...
svagsint *adj* feeble-minded
svagström *s* low-voltage current
sval **I** *adj* cool **II** *s* i kök chiller
svala *s* swallow; ***en ~ gör ingen sommar*** ordspråk one swallow does not make a summer
svalg *s* anat. throat
svalka **I** *s* coolness; friskhet freshness **II** *vb tr* cool; uppfriska äv. refresh; ***~ av*** cool off (down)
svall *s* av vågor surge, surging
svalla *vb itr* om vågor surge, swell; om blod boil; om känslor etc. run high
svallning *s*, ***hans känslor var*** (***råkade***) ***i ~*** his passions were roused (he flew into a passion)
svallvåg *s* brottsjö surge; efter fartyg backwash
svalna *vb itr* cool; ***~ av*** cool down (off)
svamla *vb itr* drivel; utan sammanhang ramble
svammel *s* drivel; osammanhängande rambling
svamp *s* **1** fungus; speciellt ätlig mushroom; ***plocka ~*** pick (gather) mushrooms **2** tvättsvamp sponge
svampgummi *s* sponge rubber
svampkarta *s* mushroom chart
svampplockning *s* mushrooming, picking mushrooms
svampstuvning *s* creamed mushrooms
svan *s* swan
svankrygg *s* speciellt om häst sway-back; ***ha ~*** be sway-backed
svans *s* tail
svansa *vb itr*, ***gå och ~*** swagger about
svar *s* **1** answer, reply; gensvar response [*på* i samtliga fall to]; ***~ betalt*** reply paid; ***ge ngn ~ på tal*** give a p. tit for tat **2** ***stå till ~s för ngt*** be held responsible for a th.
svara *vb tr* o. *vb itr* **1** answer, reply; reagera respond [*med* with; *på* to]; med motåtgärd counter [*med* with; *med att* inf. by ing-form]; ***det är rätt ~t*** that's right; ***~ i telefon*** answer the telephone (phone); ***~ inför rätta för ngt*** stå till svars answer for a th. in court; ***~ på*** en fråga, ett brev, en annons answer...; ***det kan jag inte ~ på*** I can't say **2** ***~ för*** ansvara för, ordna answer (be responsible) for; ***~ för*** kostnaderna stand... **3** ***~ mot*** motsvara correspond to, agree with
svarande *s* jur. defendant; i skilsmässomål respondent
svarslös *adj*, ***vara*** (***stå***) ***~*** be nonplussed, not know what to reply
svarsvisit *s* return visit (call)
svart **I** *adj* black; dyster dark; ***~a börsen*** the black market; ***~ färg*** black; ***Svarta havet*** the Black Sea; ***~ hål*** astron. black hole; ***stå på ~a listan*** be on the black list; ***~a tavlan*** skol. the blackboard; ***en ~*** a black; ***de ~a*** the blacks; för sammansättningar jfr äv. *blå-* **II** *adv* olagligt illegally **III** *s* färg black; ***ha ~ på vitt på...*** have...in black and white; ***göra ~ till vitt*** prove that black is white; ***måla*** skildra***...i ~*** paint...in black colours; ***se allting i ~*** look on the dark side of things; jfr *blått*
svartabörsaffär *s* black-market transaction
svartabörshaj *s* black-marketeer
svarthårig *adj* black-haired; ***han är ~*** he has black hair
svartlista *vb tr* blacklist
svartmes *s* coal tit
svartmuskig *adj* swarthy
svartmåla *vb tr* paint...black
svartna *vb itr* blacken, become black; ***det ~de för ögonen på mig*** everything went black before my eyes
svartpeppar *s* black pepper
svartsjuk *adj* jealous [*på* of]
svartsjuka *s* jealousy
svartsjukedrama *s* brott crime passionnel
svartskäggig *adj* black-bearded
svartvit *adj* black and white
svartögd *adj* black-eyed; för sammansättningar jfr äv. *blå-*
svarv *s* lathe, turning-lathe
svarva *vb tr* o. *vb itr* turn
svarvare *s* turner
svarvstol *s* turning-lathe
svavel *s* sulphur, amer. sulfur

svavelhalt *s* sulphur (amer. sulfur) content
svavelhaltig *adj* sulphurous, amer. sulfurous
svavelsyra *s* sulphuric (amer. sulfuric) acid
sweater *s* sweater
1 sveda *s* smarting pain; ***ersättning för ~ och värk*** compensation for pain and suffering
2 sveda *vb tr* singe; förbränna scorch, burn
svek *s* förräderi treachery [*mot* to]; trolöshet deceit
svekfull *adj* treacherous
svensexa *s* stag party
svensk I *adj* Swedish **II** *s* Swede
svenska *s* **1** kvinna Swedish woman (dam lady, flicka girl); ***hon är ~*** she is Swedish (a Swede) **2** språk Swedish; ***~n*** Swedish; ***på ~*** in Swedish; ***vad heter...på ~?*** what is the Swedish for...?
svensk-engelsk *adj* t.ex. ordbok Swedish-English; t.ex. förening Anglo-Swedish, Swedish-British
svenskfödd *adj* Swedish-born
svenskspråkig *adj* **1** Swedish-speaking...; ~ författare ...who writes in Swedish **2** avfattad på svenska ...in Swedish **3** där svenska talas ...where Swedish is spoken
svensktalande *adj* Swedish-speaking...; ***vara ~*** speak Swedish
svenskundervisning *s* the teaching of Swedish; ordna, få ~ ...instruction in Swedish
svep *s* sweep; razzia raid; ***i ett ~*** at one sweep; friare at one go
svepa *vb tr* wrap up; minor sweep □ ~ **fram** om t.ex. vind sweep along; snöstormen ***svepte fram över landet*** ...swept over the country; ~ **[i sig]** vard., dricka, tömma knock back; ~ **in** wrap up; ***~ in sig*** wrap oneself up
svepskäl *s* pretext; ***komma med ~*** make excuses
Sverige Sweden
svetsa *vb tr,* ~ el. ***~ ihop*** (***samman***) weld
svetsare *s* welder
svetsning *adj* welding
svett *s* sweat, perspiration
svettas *vb itr dep* sweat, perspire
svettdroppe *s* drop (bead) of perspiration
svettig *adj* sweaty, perspiring; ***vara alldeles ~*** be all in a sweat; ***jag är ~ om händerna*** my hands are sweaty
svida *vb itr* smart, sting; ***det svider i halsen på mig*** av t.ex. peppar my throat is burning; vid förkylning I have a sore throat; ***röken sved i ögonen på mig*** the smoke made my eyes smart
svidande *adj* smarting, burning; ***ett ~ nederlag*** a crushing defeat
svika I *vb tr* överge fail, desert; bedra deceive; förråda betray; ***~ sitt löfte*** break one's promise; ***~ sin plikt*** fail in one's duty **II** *vb itr* fail, fail to come (appear)
svikande *adj,* ***med aldrig ~...*** with never-failing...
sviklig *adj* fraudulent
svikt *s* fjädring springiness; spänst elasticity; böjlighet flexibility
svikta *vb itr* böja sig bend; vackla totter; gunga shake; om t.ex. tro waver; om t.ex. krafter, motstånd give way, yield
svikthopp *s* sport. springboard diving; ***göra ett ~*** do a spring-board dive
svimma *vb itr* faint, swoon; ***~ av*** faint away
svimning *s* faint, swoon
svin *s* pig; ***han är ett ~*** he is a swine
svinaktig *adj* om t.ex. pris outrageous; oanständig dirty, filthy
svinaktigt *adv* beastly; ***det var ~ gjort*** that was a dirty rotten trick; ***uppföra sig ~*** behave like a swine
svindel *s* **1** yrsel dizziness, giddiness, vertigo **2** bedrägeri swindle
svindla I *vb itr* få yrsel, ***det ~r för ögonen på mig*** I feel dizzy **II** *vb tr* bedra swindle, cheat
svindlande *adj* om t.ex. höjd dizzy, giddy; om pris, lycka etc. enormous; ***i ~ fart*** at breakneck speed
svindlare *s* swindler, cheat
svindyr *adj* terribly expensive
swing *s* dans o. musik swing
svinga *vb tr* o. *vb itr* swing
svinhus *s* pigsty
svinkall *adj,* ***det är ~t*** it's freezing (beastly cold)
svinkött *s* pork
svinläder *s* pigskin
svinn *s* waste, wastage, loss
svinstia *s* pigsty
svira *vb itr* rumla be on the spree
svischa *vb itr* swish
sviskon *s* prune
svit *s* **1** följe, rad rum o. mus. suite; serie succession; kortsp. sequence **2** ***~erna av*** t.ex. sjukdom the after-effects of...
svordom *s* svärord swearword; förbannelse curse, oath; ***~ar*** koll. swearing sg.
svullen *adj* swollen

svullna *vb itr* swell; ~ ***up*** swell, swell up
svullnad *s* swelling
svulst *s* swelling, tumour
svulstig *adj* inflated, turgid
svulten *adj* mycket hungrig starving [*på* for]
svuren *adj* sworn
svåger *s* brother-in-law (pl. brothers-in-law)
svågerpolitik *s* nepotism
svångrem *s* belt; ***dra åt ~men*** bildl. tighten one's belt
svår *adj* difficult, hard; mödosam heavy, tough; allvarlig grave, serious; severe; ***i ~are*** allvarligare ***fall*** in serious (more serious) cases; ***ett ~t fel*** misstag a serious (grave) error (mistake); ***en ~ förkylning*** a bad (severe) cold; ***ha ~a plågor*** be in great pain; ***ett ~t prov*** a severe test; ***en ~ sjukdom*** (***skada***) a serious illness (injury); ***ett ~t slag*** bildl. a sad blow; ***~ värk*** severe pain; ***göra det ~t för ngn*** make things difficult for a p.; ***ha det ~t*** lida suffer greatly; slita ont have a rough time of it; ekonomiskt be badly off; ***ha ~t för ngt*** find a th. difficult
svårartad *adj* serious, grave; med. malignant
svårbegriplig *adj* o. **svårfattlig** *adj* ...difficult (hard) to understand
svårflörtad *adj*, ***vara ~*** be hard to get round (approach); svår att entusiasmera be hard to please
svårframkomlig *adj* om väg almost impassable
svårhanterlig *adj* ...difficult (hard) to handle (manage)
svårighet *s* difficulty [*att* inf. in ing-form]; möda hardship; besvär trouble; hinder obstacle
svårlöst *adj* om problem ...difficult (hard) to solve
svårmod *s* melancholy; dysterhet gloom; sorgsenhet sadness
svårsmält *adj* ...hard to digest, indigestible
svårstartad *adj* ...difficult (hard) to start
svårtillgänglig *adj* om plats ...difficult of access; om person, reserverad distant, reserved, stand-offish
svårtolkad *adj* o. **svårtydd** *adj* ...difficult (hard) to interpret
svägerska *s* sister-in-law (pl. sisters-in-law)
svälja *vb tr* o. *vb itr* swallow; t.ex. stolthet pocket
svälla *vb itr* swell; utvidga sig expand
svält *s* starvation; hungersnöd famine
svälta *vb itr* starve; ~ ***ihjäl*** starve to death
svältgräns *s* hunger line
svämma *vb itr*, ***floden ~de över sina bäddar*** the river overflowed its banks
sväng *s* krök turn, bend; kurva curve; vägen ***gör en tvär ~*** ...takes a sharp turn; ***vara med i ~en*** be out and about a great deal; ***ta ut ~arna*** vard. go the whole hog; festa live it up
svänga *vb tr* o. *vb itr* **1** swing; vifta med wave; vända turn; vibrera vibrate **2** göra en sväng (vändning) turn; om vind change; ~ ***om hörnet*** turn the corner; ~ ***åt höger*** turn to the right □ ~ **av** *åt vänster* turn off to the left; ~ **in på** en gata turn into...; ~ **om** turn around; om vind veer round
svängdörr *s* swing (roterande revolving) door
svänghjul *s* flywheel
svängning *s* rörelse swing; vibration vibration; kringsvängning rotation, revolution; variation fluctuation; friare i t.ex. politik change, shift
svängrum *s* space, elbow-room
svära *vb tr* o. *vb itr* **1** gå ed swear [*på* to; *vid* by] **2** begagna svordomar swear, curse [*över, åt* at]
svärd *s* sword
svärdfisk *s* swordfish
svärdotter *s* daughter-in-law (pl. daughters-in-law)
svärdslilja *s* iris
svärfar *s* father-in-law (pl. fathers-in-law)
svärföräldrar *s pl* parents-in-law
svärm *s* t.ex. av bin, människor swarm; av fåglar flight
svärma *vb itr* **1** swarm [*omkring* round] **2** ~ ***för ngn*** (***ngt***) have a crush on a p. (a passion for a th.)
svärmare *s* drömmare dreamer
svärmeri *s* förälskelse infatuation; starkare passion
svärmor *s* mother-in-law (pl. mothers-in-law)
svärord *s* swearword
svärson *s* son-in-law (pl. sons-in-law)
svärta I *s* blackness; färgämne blacking **II** *vb tr*, ~ el. ~ ***ned*** blacken
sväva *vb itr* float, be suspended; om fågel soar; kretsa hover; hänga fritt hang; ~ ***i fara*** be in danger
svävare *s* o. **svävfarkost** *s* hovercraft (pl. lika)
sy *vb tr* o. *vb itr* sew; kläder vanl. make; ~ ***fast*** (***i***) ***en knapp i*** rocken sew a button on; ~ ***ihop*** sew up
syateljé *s* dressmaker's [workshop]

sybehör *s pl* sewing-materials
sybord *s* work-table
syd *s* o. *adv* south; jfr äv. *nord, norr* med ex. o. sammansättningar
sydafrikan *s* South African
sydafrikansk *adj* South-African
sydlig *adj* southerly; south; southern; jfr *nordlig*
sydländsk *adj* southern, ...of the South
sydlänning *s* southerner
sydost I *s* väderstreck the south-east; vind south-easter, south-east wind **II** *adv* south-east [*om* of]
sydpol *s, ~en* the South Pole
sydväst I *s* **1** väderstreck the south-west; vind south-wester, south-west wind **2** huvudbonad sou'wester **II** *adv* south-west [*om* of]
syfilis *s* syphilis
syfta *vb itr* sikta, eftersträva aim [*till* at]; *~ på* anspela på allude to; mena mean; *~r du på mig?* are you referring to me?; *~ tillbaka på ngt* refer back to a th.
syfte *s* ändamål purpose, end; mål aim; *~t med* hans resa the purpose of...; *i* (*med*) *~ att* inf. with a view to ing-form
syjunta *s* sewing circle
syl *s* awl; *inte få en ~ i vädret* not get a word in edgeways
sylt *s* jam, preserve, preserves pl.
sylta I *s* kok. brawn, amer. headcheese **II** *vb tr* o. *vb itr* **1** koka sylt preserve **2** bildl., *~ in sig* trassla in sig get involved, get mixed up [*i* in]
syltburk *s* jam jar; med innehåll jar of jam
syltlök *s* syltad lök, koll. pickled onions pl.
symaskin *s* sewing-machine
symbol *s* symbol
symbolisera *vb tr* symbolize
symbolisk *adj* symbolic, symbolical
symfoni *s* symphony
symfoniorkester *s* symphony orchestra
symmetri *s* symmetry
symmetrisk *adj* symmetric, symmetrical
sympati *s* medkänsla sympathy [*för* for]; *fatta ~ för ngn* take to a p., take a liking to a p.
sympatisera *vb itr* sympathize [*med* with]
sympatisk *adj* trevlig nice, pleasant
sympatistrejk *s* sympathetic strike
sympatisör *s* sympathizer
symtom *s* symptom [*på* of]
symtomatisk *adj* symptomatic [*för* of]
syn *s* **1** synsinne sight; *ha dålig ~* have a bad eyesight; *få ~ på...* catch sight of... **2** synsätt view [*på* of] **3** anblick sight **4** vision vision; spökbild apparition **5** utseende, sken, *för ~s skull* for the sake of appearances; *till ~es* som det ser ut apparently; skenbart seemingly
syna *vb tr* besiktiga inspect; granska examine
synagoga *s* synagogue
synas *vb itr dep* **1** vara synlig be seen; visa sig appear, show; *fläcken syns inte* the spot does not show; *det syns tydligt att...* it is obvious (evident) that...; *~ till* appear, be seen **2** framgå, tyckas appear
synbar *adj* synlig visible [*för* to]
synbarligen *adv* uppenbart obviously
synd *s* **1** sin; *ett ~ens näste* a hotbed of sin; *envis som ~en* as stubborn as a mule; hata ngn *som ~en* ...like poison **2** skada, orätt, *så ~!* what a pity (shame)!; *det är ~ att* han inte kommer it is a pity that...; *jag tycker ~ om henne* I feel sorry for her
synda *vb itr* sin; *~ mot en regel* offend against a rule
syndabock *s* scapegoat
syndaflod *s* flood, deluge; *~en* bibl. the Flood
syndare *s* relig. sinner; friare offender
syndfull *adj* sinful
syndig *adj* sinful; starkare wicked
syndrom *s* syndrome
synfel *s* defect of vision, visual defect
synfält *s* field of vision
synhåll *s, inom ~* within sight [*för* of]; *utom ~* out of sight
synkronisera *vb tr* synchronize
synlig *adj* visible [*för* to]; *bli ~* come into sight
synnerhet *s, i ~* particularly (especially)
synnerlig *adj* särskild particular, special; utpräglad pronounced; märklig singular
synnerligen *adv* ytterst extremely; särskilt particularly
synonym I *adj* synonymous **II** *s* synonym [*till* of]
synorgan *s* visual organ
synpunkt *s* ståndpunkt standpoint; åsikt view; *från* (*ur*) *juridisk ~* from a legal point of view
synskadad *adj* visually handicapped
synskärpa *s* acuteness of vision, visual acuity
synt *s* mus. vard. synth
syntax *s* syntax
syntes *s* synthesis (pl. syntheses)
syntetfiber *s* synthetic fibre

syntetisk *adj* synthetic
synthesizer *s* mus. synthesizer
synvidd *s* range of vision
synvilla *s* optical illusion
synvinkel *s* aspect; synpunkt point of view
synål *s* sewing-needle
synålsbrev *s* packet of needles
syra *s* **1** kem. acid **2** smak acidity, sourness
syre *s* oxygen
syrebrist *s* lack of oxygen
syren *s* lilac
syrgas *s* oxygen
Syrien Syria
syrier *s* Syrian
syrisk *adj* Syrian
syrlig *adj* sourish; om t.ex. leende, ton acid; om min sour
syrra *s* vard. sister
syrsa *s* cricket
syskon *s, **ha ~*** bröder och systrar have brothers and sisters; ***de är ~*** bror och syster they are brother and sister
syskonbarn *s* **1** pojke nephew; flicka niece **2** kusin cousin
syskrin *s* workbox
sysselsatt *adj* upptagen occupied, engaged; strängt upptagen busy; anställd employed
sysselsätta I *vb tr* ge arbete åt employ; upptaga occupy, keep...busy **II** *vb rfl, **~ sig*** occupy oneself; busy oneself
sysselsättning *s* occupation, employment, work; ***full ~*** ekon. full employment; ***ha full ~ med ngt*** have one's hands full with a th.; ***sakna ~*** have nothing to do; vara arbetslös be unemployed
syssla I *s* **1** göromål business, work båda utan pl.; i hushåll etc. duty; sysselsättning occupation **2** tjänst, befattning: högre office; lägre occupation, job **II** *vb itr, **~ med*** vara sysselsatt med busy oneself (be busy) with; ***vad ~r du*** just nu ***med?*** what are you doing?; ***vad ~r du med på söndagar?*** how do you spend your Sundays?; ***~ med trädgårdsarbete*** do gardening
syssling *s* second cousin
sysslolös *adj* idle; arbetslös unemployed
system *s* **1** system; vid tippning perm; ***sätta ngt i ~*** make a system of a th. **2** ***~et*** vard., se *systembutik*
systematisera *vb tr* systematize
systematisk *adj* systematic, orderly, methodical
systembolag *s* bolag state-controlled company for the sale of wines and spirits
systembutik *s* State liquor shop (store)
systemtips *s* permutation; vard. perm
syster *s* sister äv. nunna; sjuksköterska vanl. nurse; ***systrarna Larson*** the Larson sisters
systerdotter *s* niece
systerfartyg *s* sister ship
systerson *s* nephew
sytråd *s* sewing-thread
1 så *vb tr* o. *vb itr*, ***~*** el. ***~ ut*** sow äv. bildl.
2 så I *adv* **1** uttr. sätt so; sålunda thus; på så sätt like this (that); ***hur ~?*** varför why?; ***~ där (här)*** like that (this); ***~ går det*** när man... that is what happens...; ***den är placerad ~ att*** man når den it is placed in such a way that...; ***han bara säger ~*** he only says that; ***~ är det*** that is how it is; det är rätt that's it; ***~ är (var) det med det (den saken)!*** well that's that!; ***är det bra ~?*** is it all right?; tillräckligt is that enough?; ***~ kallad*** se *s.k.* **2** uttr. grad so; framför attributivt adjektiv such; vid jämförelse as; ***~ här varmt är det sällan*** i mars it is seldom as warm as this (this warm)...; ***jag sjunger inte ~ bra*** I don't sing very well; ***~ dum är han inte*** he is not as stupid as that (that stupid); jag har aldrig sett ***~ snälla människor (något ~ vackert)*** ...such kind people (anything so beautiful); ***han är inte ~ dum att han flyttar*** he's not silly enough to move **3** i utrop, ***~ roligt!*** how nice!; ***~ synd!*** what a pity!; ***~ du ser ut!*** what a sight you are!; ***~ där ja, nu kan vi gå*** well, now we can go; ***~ det ~!*** so that's that!, so there! **4** sedan, då then; ***gå till höger, ~ ser du...*** turn to the right and you will see...; ***om du inte vill, ~ slipper du*** if you don't want to do it, you needn't **II** *konj* **1** uttr. avsikt, ***~ [att]*** so that, in order that; so as to inf. **2** uttr. följd, ***~ att*** so that; och därför and so; ***det är ~ att man kan bli tokig*** it is enough to make one go mad **III** *pron, **i ~ fall*** in that case, if so
sådan (vard. *sån) pron, **en ~ bok (~ där bok)*** a book like that; ***en ~ stor bok!*** what a big book!; ***~ är han*** that's how he is; ***ser jag ~ ut?*** do I look like that?; ***arbetet som ~t*** the work as such; ***en ~ som han*** a man like him; ***jag har en ~ (några ~a) hemma*** I have one (some) at home; papperstallrikar? - ***~a använder jag inte*** ...I don't use them; ***~t händer*** these (such) things will happen; ***~t gör man inte*** it's just not done; karameller ***och ~t***

...and suchlike; han sade *ingenting ~t* ...nothing of the kind
sådd *s* sående sowing; det sådda seed
såg *s* verktyg saw
såga *vb tr* o. *vb itr* saw
sågspån *s* koll. sawdust
sågtandad *adj* serrated
således *adv* följaktligen consequently
såll *s* sieve
sålla *vb tr* sift
sålunda *adv* thus, in this manner
sång *s* **1** sjungande singing äv. som skolämne; song **2** sångstycke song
sångare *s* **1** singer **2** fågel warbler
sångbok *s* songbook
sångerska *s* female singer, singer
sångfågel *s* songbird, songster
sångkör *s* choir
sångröst *s* singing-voice
sångstämma *s* vocal part
såpa *s* soft soap
såpbubbla *s* soap bubble; ***blåsa såpbubblor*** blow bubbles
såphal *adj* slippery, greasy
sår *s* wound; inflammerat sore; brännsår burn
såra *vb tr* **1** wound, injure; ***den ~de*** the wounded person; ***de ~de*** the wounded **2** kränka hurt; stöta offend
sårbar *adj* vulnerable
sårbarhet *s* vulnerability
sårsalva *s* ointment
sås *s* sauce; köttsås gravy; salladssås dressing
såsom *konj* as; like; ***~ barn*** as a child; behandla ngn ***~ ett barn*** ...like a child
såsskål *s* sauce boat, gravy boat
såtillvida *adv* i så måtto so (thus) far; ***~ som*** in so far as
såvida *konj* if, in case; förutsatt att provided that; ***~ ...inte*** unless...
såvitt *adv*, ***~ jag vet*** as far as I know
såväl *konj*, ***~ A som B*** A as well as B, both A and B
säck *s* sack; mindre bag
säcka *vb itr*, ***~ ihop*** collapse, break down
säckig *adj* baggy
säckpipa *s* bagpipes pl.
säckpipsblåsare *s* bagpiper
säckväv *s* sacking, sackcloth
säd *s* corn, speciellt amer. grain; utsäde seed, grain
sädesax *s* ear of corn
sädesfält *s* med gröda field of corn
sädesslag *s* kind of corn, cereal
sädesvätska *s* semen
sädesärla *s* zool. wagtail

säga I *vb tr* say; berätta, tillsäga tell; betyda mean; ***säg det!*** vem vet? who knows?; ***säg inte det!*** var inte så säker I wouldn't say that; ***var snäll och säg mig...*** please tell me...; ***så att ~*** so to say (speak); ***om jag får ~ det själv*** though I say it myself; ***om, låt oss ~,*** tre dagar in, let's say, ...; ***det må jag ~!*** well, I never!; kom snart, ***ska vi ~ i morgon?*** ...shall we say tomorrow?; ***det vill ~*** (förk. *dvs.*) that is, that is to say (förk. i.e.); ***vad vill det här ~?*** what does this mean?; ***~ vad man vill, men hon...*** say what you will (like), but she...; ***gör som jag säger*** do as I say (tell you); ***jag säger då det!*** well, I never!; ***jag bara säger som det är*** I am merely stating facts; ***var det inte det jag sa?*** I told you so!; ***då säger vi det!*** that's settled, then!; ***säger du det?*** really?, you don't say?; ***det säger du bara!*** you're only saying that; ***vad säger du om det?*** what do you say to that?; ***det säger inte så mycket*** that is not saying much; ***vem har sagt det?*** who said that (so)?; ***namnet säger mig ingenting*** the name conveys nothing to me; ***jag har hört ~s att...*** I have heard it said that...; ***han sägs vara rik*** he is said to be rich; ***sagt och gjort*** no sooner said than done; ***det är för mycket sagt*** that is saying too much; ***det är inte sagt*** är inte säkert that's not sure; ***som sagt*** (***som sagt var***) as I said before; ***oss emellan sagt*** between ourselves **II** *vb rfl*, ***hon säger sig vara lycklig*** she says she is happy; ***det säger sig självt*** that goes without saying □ ~ **emot** contradict; ~ **ifrån** flatly refuse; ~ **om** upprepa say...again, repeat; ~ **till** befalla tell, order; ***~ till ngn*** ge ngn besked tell a p., let a p. know; om ni önskar något, ***så säg till!*** ..., say so!; ***säg till*** när det räcker*!* say when!; ***är det tillsagt?*** vid expediering are you being attended to?; ***han har ingenting att ~ till om*** he has no say; ***han har en hel del att ~ till om*** he has a great deal of say; ~ **upp** anställd vanl. give...notice; hyresgäst vanl. ...give notice to quit; ***~ upp bekantskapen med ngn*** break off relations with a p.; ***~ upp sig*** (***sin anställning***) give notice; ~ **åt** *ngn att* inf. tell a p. to inf.
sägen *s* legend, myth
säker *adj* förvissad sure, certain [*på* of (about)]; riskfri safe; trygg secure; stadig steady; betryggad assured; ***ett ~t gömställe***

a safe hiding-place; ***vara på den säkra sidan*** be on the safe side; ***ett ~t tecken*** a sure sign; ***det är alldeles ~t*** otvivelaktigt it is quite certain; ***känna sig ~*** feel secure (safe); ***kan jag vara ~ på det?*** can I be sure of that?; räkna på may I count on that?; ***är du ~ på det?*** are you sure (certain, positive) about that?; ***det kan du vara ~ på*** (***var så ~***) you may be certain (sure), you bet; ***han tog det säkra för det osäkra och...*** to be on the safe side he...

säkerhet *s* **1** visshet certainty; safety; trygghet security; i uppträdande assurance; ***den allmänna ~en*** public safety; ***för ~s skull*** to be on the safe side; ***vara i ~*** be safe, be in safety; ***med all ~*** säkerligen certainly, without doubt; ***veta med ~*** know for certain **2** security; ***lämna ~ för*** ett lån give (leave) security for...; ***låna ut pengar mot ~*** lend money on security

säkerhetsbälte *s* i t.ex. bil, flygplan seat belt; safety belt äv. säkerhetsanordning

säkerhetskedja *s* på dörr door-chain; på smycke safety-chain

säkerhetslina *s* livlina lifeline

säkerhetsnål *s* safety pin

säkerhetspolis *s* security police

säkerhetsskäl *s,* ***av ~*** for security reasons

säkerhetsåtgärd *s* precautionary measure

säkerligen *adv* certainly, no doubt

säkerställa *vb tr* guarantee, secure

säkert *adv* med visshet certainly; högst sannolikt very likely, probably; tryggt safely; stadigt securely; ***ja ~!*** certainly!; ***det vet jag alldeles ~*** I know that for certain; ***jag vet inte ~ om...*** I am not quite sure whether...

säkra *vb tr* secure; t.ex. freden safeguard; sin ställning äv. consolidate

säkring *s* **1** elektr. fuse **2** på vapen safety-catch

säl *s* seal

sälg *s* sallow, pussy willow

sälja *vb tr* o. *vb itr* sell; marknadsföra market

säljare *s* seller; försäljare salesman

sälla *vb rfl,* ***~ sig till*** join

sällan *adv* seldom, rarely, infrequently; ***endast ~*** only on rare occasions; ***inte så ~*** rather often

sällsam *adj* strange, peculiar, singular

sällskap *s* umgänge company, society; samling personer party, company; följeslagare companion; förening society, association; ***göra ~ med ngn till stationen*** go with (accompany) a p. to the station; ***jag gjorde henne ~*** eskorterade henne ***hem*** I saw her home; ***vi gjorde ~ till teatern*** we went together to the theatre; ***ha ~ med*** en flicka be going out with...; ***hålla ngn ~*** keep a p. company; ***komma*** (***råka***) ***i dåligt ~*** get into bad company; ***i ~ med*** together (in company) with

sällskaplig *adj* road av sällskap sociable

sällskapslek *s* party (parlour) game

sällskapsliv *s* social life; societetsliv society life

sällskapsmänniska *s* sociable person

sällskapsresa *s* conducted tour

sällskapssjuk *adj,* ***han är ~*** he needs (loves) company (tillfälligt is longing for company)

sällskapsspel *s* party (parlour) game

sällsynt *adj* rare, uncommon, unusual

sälskinn *s* sealskin

sämja *s* harmony, concord, unity

sämjas *vb itr dep* enas agree [*om ngt* on (about) a th.]

sämre *adj* o. *adv* worse; underlägsen inferior

sämskskinn *s* chamois leather

sämst *adj* o. *adv* worst; ***i ~a fall*** if the worst comes to the worst; ***de ~ avlönade*** the most poorly paid

sända *vb tr* send [*med, per* by]; med järnväg, fartyg consign, ship; radio. transmit; program broadcast; ***...sänds i radio och TV*** ...will be broadcast and televised

sändare *s* radio. transmitter

sändarstation *s* broadcasting (transmitting) station

sändebud *s* ambassador; envoyé envoy

sänder *adv,* ***i ~*** i taget at a time; en efter en one by one, one at a time

sändning *s* **1** sändande sending; varuparti consignment, shipment; leverans delivery **2** i radio o. TV. transmission; program broadcast

sändningstid *s* viewing time (hours pl.)

säng *s* bed; utan sängkläder bedstead; barnsäng cot; ***gå i ~ med ngn*** go to bed with a p.; ***komma i ~*** get to bed; ***få kaffe på ~en*** have coffee in bed; ***ta ngn på ~en*** take a p. by surprise; ***gå till ~s*** go to bed; om sjuk take to one's bed; ***ligga till ~s*** be (lie) in bed; sitta ***vid ngns ~*** ...at (by) a p.'s bedside

sängdags *adv* time for (to go to) bed, bedtime; ***vid ~*** at bedtime

sängfösare *s* nightcap

sänggavel *s* end of a (the) bed; huvudända headboard; fotända footboard
sängkammare *s* bedroom
sängkant *s*, ***vid ~en*** at the bedside
sängkläder *s pl* bedclothes, bedding sg.
sänglampa *s* bedside lamp
sängliggande *adj* på längre tid bedridden; ***vara ~*** be confined to bed (one's bed)
sänglinne *s* bed linen
sängtäcke *s* quilt
sängvätare *s* bed-wetter
sängöverkast *s* bedspread
sänka I *s* **1** fördjupning depression, hollow **2** med. sedimentation rate; ***ta ~n*** carry out a sedimentation test [*på ngn* on a p.] **II** *vb tr* **1** lower; priser, skatter etc. äv. reduce; ***~ farten*** reduce speed; ***~ ned*** sink **2** ***~ ett fartyg*** sink a ship
sänkning *s* sänkande lowering; t.ex. av priser äv. reduction; av fartyg sinking
sära *vb tr*, ~ el. ***~ på*** skilja från varandra separate, part; ***~ på benen*** part one's legs
särbehandling *s* special treatment
särbeskattning *s* individual (separate) taxation
särdeles *adv* synnerligen extremely, exceedingly, most
särdrag *s* characteristic; egenhet peculiarity
säregen *adj* egendomlig strange, peculiar, odd
särklass *s*, ***stå i ~*** be in a class by oneself
särprägel *s* distinctive stamp (character)
särskild *adj* speciell special, particular; ***~ ingång*** separate entrance; ***jag märkte ingenting särskilt*** I did not notice anything particular; ***jag har inte något särskilt för mig*** I have nothing particular to do
särskilja *vb tr* separate; åtskilja distinguish between
särskilt *adv* speciellt particularly, specially; i synnerhet äv. in particular; ***jag brydde mig inte ~ mycket om det*** I did not bother too much about it
särskola *s* special school [for mentally retarded children]
särställning *s*, ***inta en ~*** hold an exceptional (a unique) position
särtryck *s* offprint
säsong *s* season
säte *s* **1** hemvist, stolsits seat **2** persons bakdel seat
säteri *s* ung. manor [farm]
sätt *s* **1** way, manner, fashion (end. sg.); metod äv. method; medel means (pl. lika); ***hans ~ att undervisa*** his method of teaching; ***på ~ och vis*** i viss mån in a way; ***på alla möjliga ~*** (***på alla ~ och vis***) in every possible way; ***på annat ~*** in another way; ***på det ~et*** in that (this) way (manner), like that (this); ***på det ena eller andra ~et*** (***på ett eller annat ~***) somehow or other; ***på så ~*** in that way; jaså I see! **2** uppträdande manner, behaviour; umgängessätt manners pl.
sätta I *vb tr* **1** placera put, place, set; fästa, sticka stick; ordna place, arrange; anbringa fit, fix; ***~ ngn till att göra ngt*** set a p. to do a th.; ***~ smak på*** smaksätta flavour; ge smak åt give a flavour to; ***~ barn till världen*** bring children into the world **2** satsa stake, bet; plantera set; t.ex. potatis plant; typogr. compose, set up **II** *vb rfl*, ***~ sig*** **1** sitta ned sit down; ta plats take a seat; placera sig place oneself; ***sätt dig här!*** come and sit here!; ***~ sig upp i*** sängen sit up in...; ***~ sig i bilen*** (***på cykeln***) ***och köra*** get into the car (on the bicycle) and drive (cykel ride); ***~ sig vid ratten*** take the wheel **2** bildl., om person put oneself [*i* en situation in...]; ***~ sig på ngn*** spela översittare bully a p. **3** om sak: sjunka settle; fastna stick [*i* halsen in...]
□ **~ av** a) släppa av put down b) reservera set aside; **~ sig emot** ngn, ngt, opponera sig oppose...; fästa fix, fasten; ***~ sig fast*** fastna stick, get stuck; ***~ fast ngn*** fånga, ange put a p. away, run in a p.; **~ fram** a) ta fram put out; t.ex. mat put...on the table; t.ex. stolar draw up b) klocka put...forward; **~ för** t.ex. en skärm put (place)...in front; ***~ för en lucka*** put up a shutter; **~ i** put in; t.ex. knapp sew...on; t.ex. ett häftstift apply; t.ex. tändstift fit in; installera install; ***~ i ett foder i*** ngt line...; ***~ i ngn*** t.ex. en idé put...into a p.'s head; ***~ i sig*** mat put away...; **~ ihop** put...together, join; kombinera combine; författa, komponera compose; t.ex. ett program draw up; **~ in** put...in; lämna till förvaring deposit; ***~ in pengar på*** ett konto pay money into...; ***~ ngn*** (***sig***) ***in i*** ngt acquaint a p. (oneself) with..., make a p. (oneself) acquainted with...; **~ i väg** set (dash, run) off; **~ ned** a) put (set) down b) minska reduce; sänka lower; försvaga, t.ex. krafter weaken; **~ på** put on; montera på fit on; ***~ på ngt på*** ngt put a th. on...; montera på fit a th. on to...; ***~ på sig*** ngt put on...; säkerhetsbälte fasten...; ***~ på*** laga ***lite kaffe*** make some coffee; ***~ på radion***

turn on the radio; ~ **upp a)** placera etc. put up; resa, ställa upp set up; uppföra erect; höja, t.ex. pris raise; hänga upp hang; placera högre put...higher up; ~ ***upp ngt på*** en hylla put a th. up (place a th.) on... **b)** upprätta: t.ex. kontrakt draw up; t.ex. lista make out (up) **c)** teat., iscensätta stage **d)** starta: t.ex. tidning, affär start; ~ ***upp*** ett fotbollslag get together...; ~ ***sig upp mot*** ngn set oneself up against...; ~ **ut** a) ställa ut put...out (utomhus outdoors); till beskådande display; plantera ut plant b) skriva ut: t.ex. datum put down; t.ex. komma put; ange t.ex. på karta mark, show

sättare *s* typogr. compositor, typesetter

sätteri *s* composing room

sättsadverb *s* adverb of manner

säv *s* rush

söder I *s* väderstreck the south; ***Södern*** the South **II** *adv* south, to the south [*om* of]; jfr *norr* m. ex. o. sammansättningar

Söderhavet the South Pacific

söderifrån *adv* from the south

söderut *adv,* ***resa*** ~ go (travel) south; jfr äv. *norrut*

södra *adj* the south; t.ex. delen the southern; jfr *norra*

söka I *vb tr* o. *vb itr* **1** leta look; ~ el. ~ ***efter*** leta efter look (ihärdigt search) for; ~ ***läkare för*** ngt see (consult) a doctor about...; ***sekreterare söks*** i annons secretary wanted **2** vilja träffa want to see; försöka träffa try to get hold of; ***vem söks (söker ni)?*** who do you want to see?; ***det är en herre som söker dig*** there is a gentleman to see you **3** ansöka om apply for **II** *vb rfl,* ~ ***sig till*** uppsöka seek; dras till make for; ta sin tillflykt till resort to; ~ ***sig till ngn*** seek a p.

□ ~ **in i (vid)** en skola apply for admission in...; ~ **upp** ngn look...up, go to see...; ~ **ut** utvälja choose, pick out

sökande *s* aspirant applicant, candidate [*till* en plats for...]

sökare *s* foto. view-finder

sökarljus *s* searchlight; på t.ex. bil äv. spotlight

sökt *adj* långsökt far-fetched

söla I *vb itr* masa dawdle, loiter; dra ut på tiden waste time **II** *vb tr* smutsa soil, dirty

sölig *adj* **1** långsam dawdling, slow **2** smutsig soiled, dirty

söm *s* textil. seam; ***gå upp i ~marna*** come apart at the seams; ***utan*** ~ seamless

sömlös *adj* seamless

sömmerska *s* dressmaker

sömn *s* sleep; ***ha god*** ~ sleep well; ***falla i*** ~ fall asleep; ***gå i ~en*** walk in one's sleep; vara sömngångare be a sleep-walker; ***under ~en*** during sleep

sömnad *s* sewing; konkret äv. needlework

sömngångare *s* sleepwalker

sömnig *adj* sleepy

sömnlös *adj* sleepless

sömnlöshet *s* insomnia

sömnmedel *s* med. hypnotic; vard. sleeping-pill

sömnpiller *s* sleeping-pill

sömnsjuka *s* afrikansk sleeping-sickness

sömntablett *s* sleeping-tablet, sleeping-pill

sömntuta *s* vard. great sleeper, sleepyhead

söndag *s* Sunday; ***på sön- och helgdagar*** on Sundays and holidays; jfr *fredag* med ex.

söndagsbilaga *s* Sunday supplement

söndagsbilist *s* week-end motorist

söndagskväll *s* Sunday evening (senare night); ***på ~arna*** on Sunday evenings (nights)

söndagsskola *s* Sunday school

sönder *pred adj* o. *adv* **1** bruten broken; i bitar in pieces; sönderriven torn; söndersliten tattered; ***gå*** ~ brista etc. break; krossas smash; gå i bitar go (come) to pieces; spricka burst; ***ha*** ~ slå (bryta etc.) ~ break; i flera delar break to pieces...; riva ~ tear...to pieces; ***ta*** ~ ta isär take...to pieces (bits) **2** i olag out of order; slut (om t.ex. glödlampa) gone; ***gå*** ~ go (get) out of order; stanna break down; ***ha*** ~ damage; starkare ruin

sönderbombad *adj* ...destroyed by bombs, ...wrecked by bombs

sönderfall *s* disintegration

sönderfalla *vb itr* i bitar fall to pieces; disintegrate

sönderslliten *adj* tattered, threadbare, ...torn to pieces

söndra *vb tr* dela divide; t.ex. parti disrupt, break up

söndring *s* oenighet dissension, discord

sörja I *vb tr,* ~ ***ngn*** avliden mourn (sakna regret the loss of) a p.; bära sorgdräkt efter wear (be in) mourning for a p.; ***han sörjes närmast av maka och barn*** the chief mourners are his wife and children **II** *vb itr* **1** mourn, grieve; ~ ***över*** grieve for (over); sakna beklaga, regret **2** ~ ***för*** se till see to; sköta om take care of; dra försorg om provide for; ~ ***för ngns behov*** supply a p.'s wants; ~ ***för*** framtiden make

provision for...; ~ ***för att*** ngt görs see to it that..., see that...
sörjande *adj,* ***de närmast*** ~ the chief mourners
sörpla *vb tr,* ~ ***i sig*** ngt drink (soppa etc. guzzle) down...noisily
söt *adj* sweet; rar nice; småvacker pretty, amer. äv. cute; färsk (om t.ex. mjölk) fresh; ***~t vatten*** i insjö fresh water
söta *vb tr* sweeten
sötma *s* sweetness
sötmandel *s* sweet almond (koll. almonds pl.)
sötningsmedel *s* sweetening agent, sweetener
sötnos *s* sweetie, sweetie pie, honey, amer. äv. cutie
sötsaker *s pl* sweets, amer. candy sg.
sötsliskig *adj* sickly-sweet; om t.ex. leende sugary; om t.ex. färg pretty-pretty
sötsur *adj* sour-sweet
sött *adv* rart etc. sweetly; ***det smakar*** ~ it tastes sweet
sötvatten *s* fresh water
sötvattensfisk *s* fresh-water fish
söva *vb tr* **1** put (send, vagga lull)...to sleep; suset ***är ~nde*** ...makes you sleepy (drowsy) **2** med., ~ el. ~ ***ned*** ge narkos administer an anaesthetic to

T

ta I *vb tr* o. *vb itr* take; ta med sig hit, komma med bring; ta fast catch; lägga beslag på seize; ta sig (t.ex. en kopp kaffe, en tupplur) have; ta betalt charge; göra verkan take effect; om kniv etc. bite; ***han kan ~ folk*** he knows how to take people; ~ ***ett lån*** raise a loan; ***han tog det hårt*** it affected him deeply; ***det tog*** gjorde verkan it went home; bromsen ***~r inte*** ...doesn't work; ***vem ~r ni mig för?*** who do you think I am?; ~ ***i*** (***på***) vidröra ***ngt*** touch a th.; ~ ***ngn i armen*** take a p. by the arm **II** *vb rfl,* ~ ***sig*** **1** skaffa sig: t.ex. en ledig dag, en promenad take; t.ex. en bit mat, en cigarett have **2** lyckas komma get; ***kan du ~ dig*** hitta ***hit?*** can you find your way here? **3** förkovra sig improve; tillfriskna recover [*efter* from]; om planta [begin to] grow

□ ~ **av a)** take off, remove; ~ ***av sig*** take off **b)** vika av turn off; ~ **bort** avlägsna take away, remove; ~ **efter** imitate, copy; ~ **emot** mottaga receive; ta hand om: t.ex. beställning, avgifter etc. take; t.ex. inackorderingar, tvätt take in; antaga accept; ***det är något som ~ emot*** there's something in the way; ***anmälningar ~s emot av...*** applications may be handed in to...; ~ **fast** fånga catch; få fast get hold of; ~ ***fast tjuven!*** stop thief!; ~ **fram ngt** take a th. out [*ur* of]; ~ ***fram*** för att visa upp produce [*ur* out of]; ~ ***sig fram*** hitta find one's way; ~ **för sig** servera sig help oneself [*av ngt* to a th.]; ~ **sig för** göra do; gripa sig an med set about; ~ **i** hugga i go at it; ***det är väl att ~ i*** överdriva now you're exaggerating (overdoing it); ~ **ifrån ngn ngt** take a th. away from a p.; beröva deprive a p. of a th.; ~ **igen** tillbaka take...back; ~ ***igen förlorad tid*** make up for lost time; ~ ***igen sig*** återhämta sig recover; ~ **in** take (bring) in; station i radio etc. tune in to; ~ ***in ngn*** ge tillträde admit a p. [*i* t.ex. förening to]; ***vara intagen på sjukhus*** be in hospital; ~ ***in vatten*** läcka let in water; ~ ***in på hotell*** (***hos ngn***) put up at a hotel (at a p.'s house); ~ **itu med** set about; ~ **med** föra hit, ha med sig bring; föra bort take; inbegripa include; ~ **om** upprepa take (say, read etc.)...again (over again); ~ **på** o. ~ **på sig** t.ex. skor put on; ~ ***på sig skulden*** take

the blame; ~ **till** börja använda take to; begagna sig av use; överdriva exaggerate; ***vad skall jag ~ mig till?*** what am I to do?; ~ **upp** take (bring) up; ur ficka etc. take out [*ur* of]; samla upp gather up; öppna (t.ex. paket) open; ***han tog upp sig*** mot slutet av matchen he improved...; ~ **ur** take out [*ur* of]; avlägsna (t.ex. kärnor, en fläck) remove; ~ **ut** dra ut take (bring) out; extrahera extract; få ut get out [*ur* of]; hämta ut (t.ex. pengar på bank etc.) draw; ~ ***ut en melodi på*** ett instrument pick out a tune on...; ~ **vid** börja begin; fortsätta follow on, follow; ~ ***illa vid sig*** be upset [*av, över* about]; ~ **åt sig** dra till sig: t.ex. smuts attract; fukt absorb; tillskriva sig (t.ex. äran) take, claim
tabbe *s* vard. blunder, bloomer, howler
tabell *s* table [*över* of]
tablett *s* tablet; liten duk table mat
tabu *s* taboo (pl. -s); ***belägga med ~*** taboo
tabulator *s* tabulator; ~tangent tabulator key
taburett *s* **1** stol stool **2** statsrådsämbete ministerial post
tack *s* thanks pl.; ***ja ~!*** som svar på: Vill du ha...? yes, please!; ***nej ~!*** no, thank you (thanks)!; ***hjärtligt ~ för...*** many thanks for...; ~ ***så mycket!*** many thanks!; ~ ***för senast!*** motsvaras av we had a nice time (had such a nice party) at your place the etc. the other day (evening etc.); ~ ***för maten!*** motsvaras av I did enjoy the meal!, what a nice meal!; ~ ***för att du kom!*** thanks for coming!; ~ ***vare*** hans hjälp thanks to...
1 tacka *vb tr* o. *vb itr* thank; ~ ***ja (nej) till ngt*** accept (decline) a th. with thanks; ***ingenting att ~ för!*** don't mention it!; ~ ***för det!*** naturligtvis of course!; ~ ***vet jag...*** give me...any day
2 tacka *s* får ewe
3 tacka *s* av guld, silver bar, ingot
tackla *vb tr* sport. o. bildl. tackle
tackling *s* sport. tackle; tacklande tackling
tacksam *adj* grateful [*mot* to]
tacksamhet *s* gratitude [*mot* to]
tacksamhetsskuld *s*, ***stå i ~ till ngn*** owe a debt of gratitude to a p., be under an obligation to a p.
tacktal *s* speech of thanks
tafatt *adj* awkward
tafsa *vb itr* vard., ~ ***på ngt*** fiddle with a th.; ~ ***på ngn*** paw a p. about; ~ ***på*** en kvinna grope...
taft *s* taffeta
tag *s* **1** grepp grip, grasp, hold; t.ex. simtag, årtag stroke; ***släppa ~et*** let go; ***fatta (gripa, hugga) ~ i*** catch hold of; ***få ~ i (på)*** get hold of **2** stund, slag: ***försök själv ett ~*** have a go (a try) yourself; ***i första ~et*** i första försöket at the first try (go); med detsamma straight off; ***två i ~et*** two at a time; jag skall resa bort ***ett ~*** ...for a while
taga se *ta*
tagel *s* horsehair
tagen *adj* medtagen done up; rörd moved
tagetes *s* French (större African) marigold
tagg *s* prickle; törntagg thorn
taggig *adj* prickly; med törntaggar thorny
taggtråd *s* barbed wire
tajma *vb tr* vard. time
tak *s* yttertak roof; innertak ceiling äv. i bet. maximum; på bil äv. top; ***ha ~ över huvudet*** have a roof over one's head; rummet ***är högt i ~*** ...has a high ceiling
takkrona *s* chandelier
taklampa *s* ceiling lamp
taklucka *s* roof hatch
takpanna *s* tile, roofing tile
takräcke *s* på bil roof rack
takränna *s* gutter
takt *s* **1** tempo, mus. time; fart pace, rate; ***slå ~en*** beat time; ***gå i ~*** keep (walk) in step **2** rytmisk enhet bar **3** finkänslighet tact, discretion
taktfast *adj* om steg measured; rytmisk rhythmic
taktfull *adj* tactful, discreet
taktik *s* tactics (vanl. pl.)
taktiker *s* tactician
taktisk *adj* tactical
taktlös *adj* tactless
taktpinne *s* baton, conductor's baton
tal *s* **1** antal, siffertal number; räkneuppgift sum **2** anförande speech; ***det är ~ om att*** inf. there is some talk of ing-form; ***det har aldrig varit ~ om det*** there has never been any question of that; ***hålla ~*** el. ***ett ~*** make a speech; ***på ~ om det*** apropå by the way; ***föra något på ~*** take (bring) a matter up; ***komma på ~*** come up
tala *vb tr* o. *vb itr* speak; konversera talk; ***allvarligt ~t*** seriously speaking; ***det är mycket som ~r för*** tyder på ***att han har...*** there is a lot that points towards his having...; ~ ***för sig själv*** talk to oneself; å egna vägnar speak for oneself; ***det är ingenting att ~ om!*** don't mention it!; ***för att inte ~ om...*** not to mention...; ~ ***till*** speak (talk) to; högtidl. address
□ ~ **in...** på band record...; ~ **om** tell [*ngt*

för ngn a p. a th.]; ~ ***inte om det för någon!*** don't tell anybody!; ~ **ut** så att det hörs speak up; rent ut speak one's mind
talan *s, **föra ngns** ~* plead a p.'s cause; ***han har ingen*** ~ he has no voice in the matter
talande *adj* uttrycksfull expressive; om blick significant; ***den*** ~ talaren the speaker
talang *s* talent; ***han är en*** ~ he is a talented (gifted) person
talangfull *adj* talented, gifted
talare *s* speaker; väl~ orator
talarstol *s* rostrum; vid möte platform
talas *vb itr dep, **vi får** ~ **vid om saken*** we must have a talk about it
talesman *s* spokesman [*för* of, for]
talesätt *s* set phrase, locution
talfel *s* speech defect
talför *adj* talkative, loquacious
talförmåga *s* faculty (power) of speech
talg *s* tallow; njurtalg suet
talgoxe *s* fågel great tit (titmouse)
talk *s* puder talcum powder
tall *s* träd pine, pine tree, Scotch pine (fir); för sammansättningar jfr äv. *björk*
tallbarr *s* pine needle
tallkotte *s* pine cone
tallrik *s* plate; ***en*** ~ ***soppa*** a plate of soup
talman *s* parl. speaker
talong *s* på biljetthäfte etc. counterfoil
talrik *adj* numerous; ~***a*** t.ex. vänner äv. many (a great number of)...
talspråk *s* spoken language
tam *adj* tame; ~***a djur*** domestic animals
tambur *s* hall; kapprum cloakroom
tampong *s* tampon
tand *s* tooth (pl. teeth) äv. på kam; såg etc.; ***borsta tänderna*** brush (clean, do) one's teeth; ***jag har fått blodad*** ~ my appetite has been whetted; bli ivrig taste blood; ***visa tänderna*** bildl. o. om djur bare (show) one's teeth
tandborste *s* toothbrush
tandem *s* tandem, tandem bicycle
tandgarnityr *s* set of teeth; protes denture
tandhygien *s* dental hygiene
tandhygienist *s* dental hygienist
tandklinik *s* dental clinic
tandkräm *s* toothpaste
tandkött *s* gums pl.
tandlossning *s* loosening of the teeth
tandläkare *s* dentist, dental surgeon
tandpetare *s* toothpick
tandprotes *s* denture, dental plate
tandreglering *s* correction of irregularities of the teeth; med. orthodontics sg.
tandskydd *s* boxn. gumshield
tandsköterska *s* dental nurse
tandsten *s* tartar
tandställning *s* för tandreglering brace
tandtråd *s* dental floss
tandvård *s* dental service; personlig dental care
tandvärk *s, **ha*** ~ have toothache el. a toothache
tangent *s* mus. o. på skrivmaskin key
tangentbord *s* på skrivmaskin keyboard
tangera *vb tr,* ~ ***rekordet*** equal the record
tango *s* tango; ***dansa*** ~ do (dance) the tango
tank *s* **1** behållare tank **2** stridsvagn tank
tanka *vb tr* o. *vb itr* bil. fill up; vard. tank up; sjö. el. flyg. refuel
tankbil *s* tank lorry (truck), tanker
tankbåt *s* tanker
tanke *s* thought; idé idea [*om, på* of]; åsikt opinion [*om* about]; ***det är min*** ~ avsikt ***att resa*** I intend to go; ***jag hade inte en*** ~ ***på att*** gå dit it never occurred to me to...; ***det för*** (***leder***) ~***n till...*** it makes one think of...; ***ha ngt i tankarna*** have a th. in mind; ***komma på andra tankar*** change one's mind; ***komma på bättre tankar*** think better of it; ***slå det ur tankarna!*** put that out of your head!
tankegång *s* train (line) of thought
tankeläsare *s* thought-reader
tanker *s* tanker
tankeställare *s, **det gav oss en*** ~ that was an eye-opener, that gave us something to think about
tankeväckande *adj* thought-provoking
tankeöverföring *s* thought transference
tankfartyg *s* tanker
tankfull *adj* thoughtful, pensive
tanklös *adj* thoughtless
tankning *s* bil. filling-up; sjö. el. flyg. refuelling
tankspridd *adj* absent-minded
tankspriddhet *s* absent-mindedness
tankstreck *s* dash
tant *s* aunt; friare lady, nice old lady; ~ ***Johansson*** Mrs. Johansson
tantig *adj* vard. old-maidish, old-womanish
Tanzania Tanzania
tanzanier *s* Tanzanian
tanzanisk *adj* Tanzanian
tapet *s* wallpaper; vävd etc. tapestry; ***vara på*** ~***en*** bildl. be on the carpet

tapetrulle *s* roll of wallpaper
tapetsera *vb tr* paper; ~ ***om*** repaper
tapetserare *s* upholsterer
tapetsering *s* paperhanging
tapisseri *s* tapestry
tapp *s* **1** i tunna etc. tap **2** till hopfästning peg
1 tappa *vb tr,* ~ vin ***på buteljer*** draw...off into bottles, bottle; ~ ***på vattnet i badkaret*** run the water into the bath
2 tappa *vb tr* **1** låta falla drop, let...fall **2** förlora lose; ~ ***huvudet*** lose one's head; ~ ***bort*** lose
tapper *adj* brave, courageous
tapperhet *s* bravery, courage
tappt *adv,* ***ge*** ~ give in
tariff *s* tariff
tarm *s* intestine
tarmvred *s* ileus
tarvlig *adj* simpel vulgar; lumpen shabby
tarvligt *adv,* ***bära sig*** ~ ***åt*** behave shabbily [*mot* to]
taskig *adj* vard. rotten, lousy
taskspelare *s* juggler, conjurer
tass *s* paw
tassa *vb itr* patter, pad
tatuera *vb tr* tattoo
tatuering *s* tattooing; ***en*** ~ a tattoo
tavelgalleri *s* picture gallery
tavelutställning *s* exhibition of paintings
tavla *s* **1** målning picture **2** anslagstavla board; skottavla target **3** vard., tabbe blunder
tax *s* dachshund
taxa *s* rate, charge, tariff; för körning fare; för telefonering fee
taxameter *s* meter, taximeter
taxera *vb tr* för beskattning assess...for taxes [*till* at]
taxering *s* för skatt tax assessment
taxeringsvärde *s* ratable value
taxi *s* taxi, taxicab, cab
taxichaufför *s* taxi (cab) driver
taxistation *s* taxi rank, amer. taxistand
T-bana se *tunnelbana*
tbc *s* tuberkulos TB
TCO se ex. under *tjänsteman*
1 te *s* tea; ***dricka*** (***laga***) ~ have (make) tea
2 te *vb rfl,* ~ ***sig*** förefalla appear, seem; se ut look
teak *s* teak
teater *s* theatre; ***spela*** ~ act; ***gå på ~n*** go to the theatre; ***gå in vid ~n*** go on the stage
teaterbesök *s,* ***ett*** ~ a visit to the theatre
teaterbesökare *s* theatregoer
teaterbiten *adj* stage-struck
teaterföreställning *s* theatrical performance
teaterkikare *s* opera glasses pl.
teaterkritiker *s* dramatic critic
teaterpjäs *s* play, stage play
teatersalong *s* auditorium
teaterscen *s* stage, theatrical stage
teatersällskap *s* theatrical (theatre) company
teatralisk *adj* theatrical
tebjudning *s* tea party
teburk *s* tea caddy
tecken *s* sign [*på, till* of]; kännetecken, bevis mark; högtidl. token; signal signal [*till* for]; skrivtecken character
teckenspråk *s* sign-language
teckna I *vb tr* o. *vb itr* **1** avbilda draw; skissera sketch, outline; ~ ***efter*** modell draw from... **2** skriva sign; ~ ***aktier*** subscribe for shares **II** *vb rfl,* ~ ***sig för...*** på en lista put down one's name for...
tecknare *s* **1** drawer, draughtsman, amer. draftsman **2** av aktier subscriber
teckning *s* **1** avbildning drawing; skiss sketch **2** av aktier etc. subscription
tedags *s,* ***vid*** ~ at teatime
teddy *s* **1** tyg fur fabric **2** damplagg teddy
teddybjörn *s* teddy bear
tefat *s* saucer; ***flygande*** ~ flying saucer
teflon *s* ® Teflon
tegel *s* murtegel brick
tegelpanna *s* roofing-tile
tegelsten *s* brick
tegeltak *s* tiled roof
tejp *s* adhesive (sticky) tape
tejpa *vb tr* tape; laga med tejp mend (tejpa fast fasten)...with tape
teka *vb itr* ishockey face off
tekanna *s* teapot
teknik *s* metod technique; ingenjörskonst engineering; vetenskap technology
tekniker *s* technician; ingenjör engineer
teknisk *adj* technical
teknokrat *s* technocrat
teknolog *s* technologist
teknologi *s* technology
teknologisk *adj* technological
tekopp *s* teacup; kopp te cup of tea
tekula *s* tea-maker, speciellt amer. tea ball
telefon *s* telephone; vard. phone; ***det är ~ till dig*** you are wanted on the phone; ***svara i*** ~ answer the phone; ***tala i*** ~ talk (speak) on the phone
telefonabonnent *s* telephone subscriber

telefonapparat *s* telephone
telefonautomat *s* slot (coin-operated) telephone, amer. pay station
telefonavlyssning *s* telephone (wire) tapping
telefonera *vb tr* o. *vb itr* telephone; vard. phone; ~ ***till ngn*** telephone (phone) a p.
telefonhytt *s* callbox
telefonist *s* operator, telephone operator
telefonkatalog *s* telephone directory (book)
telefonkiosk *s* public callbox, telephone booth (kiosk), amer. pay station, telephone booth
telefonkort *s* phonecard
telefonkö *s* telephone queue service, telephone queue
telefonlur *s* receiver, telephone receiver
telefonnummer *s* telephone number
telefonpåringning *s* telephone call
telefonsamtal *s* telephone call; ***vi hade ett långt*** ~ we had a long conversation on the phone
telefonstation *s* telephone exchange
telefonstolpe *s* telephone pole
telefonsvarare *s,* ***automatisk*** ~ telephone answering machine, answerphone
telefontid *s* answering hours pl.
telefonvakt *s* telephone answering service
telefonväckning *s,* ***beställa*** ~ order an alarm call
telefonväxel *s* t.ex. på företag, hotell switchboard
telegraf *s* telegraph
telegrafera *vb tr* o. *vb itr* telegraph
telegrafiskt *adv* telegraphically, by telegram
telegrafist *s* telegraphist, telegraph operator
telegrafstation *s* telegraph office
telegram *s* telegram; vard. wire; via undervattenskabel cable, cablegram; radio~ radiogram, radiotelegram
telegrambyrå *s* news agency
telekommunikationer *s pl* telecommunications
telemarkare *s* skidsport. telemark
teleobjektiv *s* telephoto lens
telepati *s* telepathy
teleprinter *s* teleprinter
teleskop *s* telescope
telestation *s* telephone and telegraph office
Televerket the [Swedish] Telecommunications Administration; mera vard. Swedish Telecom
television *s* television; se äv. *TV* med ex. o. sammansättningar
telex *s* telex
telexa *vb tr* telex
tema *s* **1** theme **2** gram., ***ett verbs*** ~ the principal parts of a verb
temadag *s* skol. day devoted to a particular theme or topic
temapark *s* theme park
temp *s* vard., ***ta ~en*** take one's (a p.'s) temperature; ***ta ~en på ngn*** take a p.'s temperature
tempel *s* temple
temperament *s* temperament; ***ha*** ~ be temperamental
temperamentsfull *adj* temperamental
temperatur *s* temperature; ***ta ~en*** take one's (a p.'s) temperature; ***ta ~en på ngn*** take a p.'s temperature
tempererad *adj* om klimat, zon temperate
tempo *s* fart pace, speed, rate; takt tempo
temporär *adj* temporary
tempus *s* tense
tendens *s* tendency; om priser etc. trend
tendera *vb itr* tend [*mot, åt, till* towards]
tenn *s* tin; i tennföremål pewter
tennis *s* tennis
tennisbana *s* tennis court
tennisracket *s* tennis racket
tennsaker *s pl* pewter goods, pewter sg.
tennsoldat *s* tin soldier
tenor *s* person o. röst tenor
tenta vard. **I** *s* exam, preliminary exam **II** *vb itr* be examined [*för ngn* by a p.]
tentakel *s* tentacle, feeler
tentamen *s* examination
tentera I *vb tr,* ~ ***ngn*** examine a p. [*i* in; *på* on] **II** *vb itr* be examined [*för ngn* by a p.]
teolog *s* theologian
teologi *s* theology
teoretiker *s* theorist
teoretisk *adj* theoretical
teori *s* theory
tepåse *s* tea bag
terapeut *s* therapist
terapeutisk *adj* therapeutic
terapi *s* therapy
term *s* term
termin *s* univ., skol. term, amer. äv. semester
terminal *s* terminal äv. data.
terminologi *s* terminology
termometer *s* thermometer

termos *s* o. **termosflaska** *s* vacuum (Thermos ®) flask
termoskanna *s* vacuum (Thermos ®) jug
termostat *s* thermostat
terpentin *s* turpentine
terrakotta *s* terracotta
terrass *s* terrace
terrassera *vb tr* terrace
terrier *s* terrier
territorialvatten *s* territorial waters pl.
territoriell *adj* territorial
territorium *s* territory
terror *s* terror
terrorisera *vb tr* terrorize
terrorism *s* terrorism
terrorist *s* terrorist
terräng *s* ground, country; ***kuperad ~*** hilly country; ***förlora*** (***vinna***) ~ lose (gain) ground
terrängcykel *s* mountainbike
terränglöpning *s* cross-country running (tävling run el. race)
terylen *s* ® Terylene
tes *s* thesis (pl. theses)
teservis *s* tea set
tesil *s* tea-strainer
tesked *s* teaspoon äv. mått
tesort *s* tea, kind of tea
test *s* prov test
testa *vb tr* test
testamente *s* **1** will; formellt last will and testament; ***upprätta sitt ~*** make (draw up) one's will **2** ***Gamla*** (***Nya***) ***Testamentet*** the Old (New) Testament
testamentera *vb tr*, ***~ ngt till ngn*** (***ngn ngt***) bequeath a th. to a p., leave a p. a th.
testbild *s* i TV test card (pattern), amer. test pattern
testikel *s* testicle
testning *s* testing
tevagn *s* tea trolley, tea waggon
tevatten *s* water for the tea
teve se *TV* med ex. o. sammansättningar
t.ex. (förk. för *till exempel*) e.g.
text *s* text; filmtext subtitles pl.; sångtext words pl.
texta *vb tr* o. *vb itr* med tryckbokstäver write...in block letters
textil *adj* textile
textilier *s pl* textiles
textilindustri *s* textile industry
textilslöjd *s* skol. textile handicraft
textkritik *s* textual criticism
text-TV *s* teletext
Thailand Thailand
thailändsk *adj* Thai
thinner *s* thinner
thriller *s* thriller
tia *s* ten; sedel ten-krona note (mynt piece), jfr *femma*
Tibet Tibet
tibetan *s* Tibetan
tibetansk *adj* Tibetan
ticka *vb itr* tick
ticktack *s* tick-tack
tid *s* time; period period; intervall interval; ögonblick moment; kontorstid etc. hours pl.; ***långa ~er*** kunde han... for long periods...; ***beställa ~ hos*** läkare etc. make an appointment with; ***ge sig god ~*** allow oneself plenty of time; ***har du ~ ett slag?*** have you a moment to spare?; ***ta god ~ på sig*** take one's time [*med* ngt over...]; ***det är inte sådana ~er numera*** times are not like that nowadays; jag var sjuk ***första ~en*** ...during the first few days (weeks etc.); ***den gamla goda ~en*** the good old times (days) pl.; ***den gustavianska ~en*** the Gustavian period; ***för en ~ sedan*** some time ago; ***vara före sin ~*** be ahead of one's time; ***i ~ och otid*** ideligen at all times; ***inom den närmaste ~en*** in the immediate future; ***med ~en*** in time, in course of time; ***det är på ~en att jag*** (***vi***) ***går*** it is about time to leave; ***på min ~...*** in my time (day)...; ***på senare ~*** el. ***på senaste*** (***sista***) ***~en*** recently, lately; ***under ~en*** meantime, meanwhile; ***under ~en*** 1-15 maj between...; ***gå ur ~en*** depart this life; ***vid ~en för*** t.ex. sammanbrottet at the time of; ***vid samma ~*** i morgon at this time...
tidevarv *s* period, epoch, age
tidig *adj* early; ***~are*** föregående previous, former
tidigt *adv* early; ***~ på morgonen*** early in the morning; ***tidigare*** earlier; förut previously; hon kommer ***tidigast i morgon*** ...tomorrow at the earliest
tidning *s* newspaper, paper; veckotidning magazine; ***det står i ~en*** it is in the paper
tidningsartikel *s* newspaper article
tidningsbilaga *s* supplement to a (the) paper
tidningsförsäljare *s* newsvendor
tidningskiosk *s* newsstand; större bookstall
tidningspapper *s* newspaper; hand. newsprint

tidpunkt *s* point of time, moment; ***vid ~en för...*** at the time of...
tidrymd *s* period, space of time [*av* of]
tidsadverb *s* adverb of time
tidsbegränsning *s* time limit
tidsbesparande *adj* time-saving
tidsbesparing *s*, ***~en*** the saving of time, the time saved
tidsbrist *s* lack of time
tidsenlig *adj* nutida up to date; modern modern
tidsfråga *s*, det är bara ***en ~*** ...a matter of time
tidsfördriv *s* pastime, time-killer
tidsförlust *s* loss of time
tidsinställd *adj*, ***~ bomb*** time bomb
tidskrift *s* periodical; teknisk journal; lättare magazine
tidskrävande *adj* time-consuming
tidsnöd *s*, ***vara i ~*** be short of time
tidssignal *s* i radio time signal
tidsvinst *s* saving of time
tidsålder *s* age, era
tidsödande *adj* time-wasting, time-consuming
tidtabell *s* timetable, amer. äv. schedule
tidtagarur *s* stopwatch, timer
tidtagning *s* timekeeping
tidvatten *s* tide
tidvattensvåg *s* tidal wave
tidvis *adv* at times
tiga *vb itr* be silent [*med* about], keep silent
tiger *s* tiger
tigerunge *s* tiger cub
tigga *vb tr* o. *vb itr* beg; ***gå och ~*** go begging; ***~ och be ngn om*** ngt beg a p. for...
tiggare *s* beggar
tiggeri *s* begging
tigrinna *s* tigress
tik *s* bitch, she-dog
till I *prep* **1** om rum o. friare to; in i into; mot towards; dricka vin ***~ middagen*** ...with one's dinner; ***få soppa ~ middag*** have soup for dinner; ***färdas ~ fots*** (***lands, sjöss***) travel (go) on foot (by land resp. sea); ***resa in ~ staden*** travel (go) up to town; ***resa ~ utlandet*** go abroad; ***tåget ~ S.*** the train for S. **2** om tid: ***från 9 ~ 12*** from 9 to 12; har vi mjölk ***~ i morgon?*** ...for tomorrow?; vigseln är bestämd ***~ den 15:e*** ...for the 15th; han börjar skolan ***~ hösten*** ...this autumn; han gav mig presenter ***~ jul och ~ födelsedagen*** ...at Christmas and on my birthday; reser du hem ***~ jul?*** ...for Christmas?; ***natten ~ fredagen*** som adv. on (during) the night before Friday; det skulle vara färdigt ***~ i dag*** ...by today **3** avsedd för for; uttr. tillhörighet, förhållande of; ***två biljetter ~*** Hamlet two tickets for...; här är ett brev ***~ dig*** ...for you; ***hans kärlek ~...*** his love of...; ***han är son ~*** en läkare he is the son of...; författaren ***~ boken*** ...of the book; ***nyckeln ~*** skåpet the key to (som tillhör of)...; en vän ***~ mig*** (***min bror***) ...of mine (my brother's) **4** andra uttryck: ***förvandla ~*** transform into; ***en förändring ~ det sämre*** a change for the worse; ***detta gjorde honom ~*** en berömd man this made him...; ***~ antalet*** (***kvaliteten***) in number (quality); känna ngn ***~ namnet*** (***utseendet***) ...by name (sight); ***~ yrket*** by profession; ***köpa ngt ~ ett pris av*** buy a th. at the price of **5** i vissa förbindelser **a)** ~ el. ***~ att*** inf. to inf.; kulor ***~ att skjuta med*** ...for shooting [with], ...to shoot with **b)** ***~ och med*** (***t.o.m.***) up to, up to and including **6** ***~ dess*** (***dess att***) till, until **II** *adv* **1** ytterligare, ***en dag ~*** one day more, another day; ***en kopp te ~*** another cup of tea; ***köp tre*** flaskor ***~!*** buy three more...!; ***lika mycket ~*** as much again; ***litet ~*** a little more **2** i vissa förb., ***det gör varken ~ eller från*** it makes no difference; ***~ och från*** då och då off and on; ***gå ~ och från*** come and go; ***~ och med*** even; ***åt byn ~*** towards the village; ***~ dess*** till then, until then; ***~ dess att*** till, until
tillagning *s* kok. making, cooking; av måltid preparation; ***~ av mat*** cooking
tillbaka *adv* back; bakåt backwards; ***sedan lång tid ~ är han...*** for a long time past he has been...
tillbakablick *s* retrospect end. sg. [*på* of]; i film etc. flashback [*på* to]
tillbakadragande *s* withdrawal; av t.ex. trupper äv. pull-out
tillbakadragen *adj* försynt retiring; reserverad reserved; ***ett tillbakadraget liv*** a retired life
tillbakagång *s*, ***vara på ~*** be on the decline, be falling off
tillbakavisa *vb tr* förslag reject; beskyllning repudiate
tillbehör *s pl* till bil, dammsugare etc. accessories
tillblivelse *s* coming into being

tillbringa *vb tr* spend [*med att* inf. in ing-form]
tillbringare *s* jug, amer. pitcher
tillbud *s* olycks~ near-accident, narrow escape; ***det var ett allvarligt ~*** there might have been a serious accident
tillbörlig *adj* due; lämplig fitting, proper
tilldela *vb tr*, ***~ ngn*** ngt allot...to a p.; utmärkelse confer...on a p.; pris award a p....; ***~ ngn ett slag*** deal a p. a blow
tilldelning *s* ranson allowance, ration; ransonerande allocation
tilldra o. **tilldraga** *vb rfl*, ***~ sig* 1** ske happen, occur; utspelas take place **2** attrahera attract
tilldragande *adj* attractive
tilldragelse *s* occurrence; viktigare event
tillfalla *vb itr*, ***~ ngn*** go to a p.; oväntat fall to a p.
tillfart *s* o. **tillfartsväg** *s* approach (access) road
tillflykt *s* refuge [*mot, undan* from]; medel, utväg resort, resource; ***ta sin ~ till*** take refuge in; en person take refuge with, go to...for refuge
tillflyktsort *s* place of refuge
tillfoga *vb tr* **1** tillägga add **2** vålla, ***~ ngn ngt*** t.ex. förlust inflict a th. on a p.
tillfreds *adj* satisfied, content [*med* with]
tillfredsställa *vb tr* satisfy; göra till lags suit, please; hunger etc. äv. appease
tillfredsställande *adj* satisfactory [*för ngn* to a p.]
tillfredsställelse *s* satisfaction [*för* to; *över, med* at]
tillfriskna *vb itr* recover [*efter, från* from]
tillfrisknande *s* recovery
tillfråga *vb tr* ask; rådfråga consult [*om* about, as to]
tillfångata *vb tr* take...prisoner, capture
tillfälle *s* när ngt inträffar occasion; lägligt opportunity; slumpartat chance; ***begagna ~t att*** inf. take (seize) the opportunity to inf.; ***gripa ~t*** el. ***ta ~et i akt*** seize the opportunity; ***för ~t*** just nu for the time being; för närvarande at present; ***vid ~*** ska jag... some time or other...; ***vid första bästa ~*** at the first opportunity
tillfällig *adj* då och då occasional; händelsevis accidental; om t.ex. bekantskap chance...; kortvarig temporary; övergående momentary; ***~t arbete*** casual work, odd jobs pl.
tillfällighet *s* slump chance; sammanträffande coincidence; ***av en ren ~*** by pure chance, by sheer accident
tillfälligt *adv* för kort tid temporarily; för närvarande for the time being
tillföra *vb tr* bring; ~ skaffa ***ngt till...*** supply (provide)...with a th.
tillförlitlig *adj* reliable, ...to be relied on
tillförordna *vb tr* appoint...temporarily
tillförordnad *adj*, ~ professor acting...
tillförsel *s* supply
tillförsikt *s* confidence [*till* in]
tillgiven *adj* **1** attached; om nära släkting affectionate; trogen devoted **2** i brev, ***Din tillgivne...*** Yours sincerely (till nära släkting el. vän affectionately),...
tillgivenhet *s* attachment; hängivenhet devotion [*för* to]; kärlek affection [*för* for]
tillgjord *adj* affected; konstlad artificial
tillgodo *adv* se *till godo* under *godo*
tillgodogöra *vb rfl*, ***~ sig*** assimilate; t.ex. undervisningen profit by
tillgodohavande *s* för sålda varor etc. outstanding account; i bank etc. credit balance [*hos, i* with]
tillgodokvitto *s* credit note
tillgodose *vb tr* krav etc. meet, satisfy; behov supply
tillgripa *vb tr*, ***~ våld*** resort to (use) violence
tillgå *vb tr*, ***det finns att ~*** it is to be had, it is obtainable [*hos* from]
tillgång *s* **1** tillträde access [*till* to]; ***ha ~ till*** vatten have... at hand; ***med ~ till kök*** with the use of kitchen **2** förråd supply [*på* of]; ***~ och efterfrågan*** supply and demand **3** resurs: person samt, hand. asset; ***~ar*** penningmedel means
tillgänglig *adj* **1** accessible [*för* to]; om t.ex. resurser available [*för ngn* to a p.; *för ngt* for a th.]; öppen open [*för* to]; ***med alla ~a medel*** by every available means **2** om person ...easy to approach
tillhandahålla *vb tr*, ***~ ngn ngt*** supply a p. with a th.
tillhygge *s* weapon
tillhåll *s* tillflyktsort retreat, refuge [*för* for]; haunt äv. om djurs ~
tillhöra *vb itr* se *höra II 1*
tillhörande *adj* ...belonging to it (them)
tillhörighet *s*, ***mina*** (***dina*** etc.) ***~er*** my (your etc.) belongings (possessions)
tillika *adv* also, ...too; dessutom besides
tillintetgöra *vb tr* nedgöra defeat...completely; förstöra destroy, ruin; förinta annihilate
tillintetgörelse *s* defeat, destruction, ruin, annihilation

tillit *s* confidence [*till* in], reliance [*till* on]
tillitsfull *adj* confident; ~ mot andra trusting
tillkalla *vb tr* send for; sammankalla summon
tillknäppt *adj* om person reserved
tillkomma *vb itr* **1** tilläggas be added; ***dessutom tillkommer*** moms in addition there will be... **2** ~ tillhöra ***ngn***: vara ngns rättighet be a p.'s due; vara ngns plikt be a p.'s duty; ***det tillkommer inte mig att*** inf. it is not for me to inf.
tillkommande *adj* future; ***hans*** ~ his wife to-be
tillkomst *s* uppkomst origin; upprättande establishment; tillblivelse coming into being; om politisk rörelse etc. rise
tillkännage *vb tr* announce; bestämt declare [*för* to]
tillkännagivande *s* announcement, declaration
tillmäta *vb tr*, ~ ***ngt stor betydelse*** attach great importance to a th.
tillmötesgå *vb tr* person oblige; begäran etc. comply with; önskan äv. meet
tillmötesgående I *adj* obliging **II** *s* obligingness
tillnamn *s* surname, family name
tillnärmelsevis *adv* approximately; ***inte*** ~ så stor som**...** nothing like (nowhere near)...
tillreda *vb tr* bereda prepare, get...ready
tillrop *s* call, shout
tillryggalägga *vb tr* cover, do [*på* in]
tillråda *vb tr* advise, recommend
tillrådan *s*, ***på min*** ~ on my advice
tillrådlig *adj* advisable
tillräcklig *adj* sufficient; nog enough; ~ för ändamålet, om t.ex. kunskaper adequate; ***~t med*** tid, mat sufficient (enough)...
tillräknelig *adj* ...responsible for one's actions, sane
tillrätta *adv* se *rätta I 1*
tillrättavisa *vb tr* rebuke; starkare reprimand
tillrättavisning *s* rebuke; starkare reprimand
tills *konj prep* till, until
tillsammans *adv* together; inalles altogether, in all; gemensamt jointly; ~ ***har vi*** 200 kr. we have...between (om fler än två among) us
tillsats *s* tillsättande addition; ngt inblandat added ingredient; liten tillsats av sprit etc. dash; av kryddor seasoning
tillsatsämne *s* additive
tillskansa *vb rfl*, ~ ***sig*** appropriate; ~ ***sig makten*** usurp power
tillskott *s* tillskjutet bidrag contribution, additional (extra) contribution; tillökning addition
tillskriva *vb tr* tillerkänna, ~ ***ngn ngt*** ascribe (attribute) a th. to a p.; ~ ***sig äran*** take the credit to oneself
tillskärare *s* tailor's cutter, cutter
tillspetsad *adj*, ***bli*** ~ om läge etc. become critical (acute)
tillströmning *s* av vatten inflow; av människor stream; rusning rush
tillstymmelse *s* suspicion [*till* of]; ***inte en*** ~ ***till sanning*** not a vestige of truth
tillstyrka *vb tr* support, recommend
1 tillstånd *s* tillåtelse permission, leave; bifall consent; bemyndigande authorization; tillståndsbevis permit; ***med benäget*** ~ ***av...*** by kind permission of..., by courtesy of...
2 tillstånd *s* skick state, condition; ***i berusat*** ~ in a state of intoxication; ***i dåligt*** ~ in bad condition
tillståndsbevis *s* licence, permit
tillställning *s* entertainment; fest party
tillstöta *vb itr* tillkomma, hända occur; om sjukdom set in
tillsyn *s* supervision; ***ha*** ~ ***över*** supervise; barn look after
tillsyningsman *s* supervisor [*för*, *över* of]
tillsynslärare *s* ung. assistant (deputy) headmaster (kvinnlig headmistress resp. headmaster's assistant el. deputy)
tillsägelse *s* befallning order, orders pl. [*om* for]; ***utan*** ~ without being told; ***få en*** ~ tillrättavisning be given a reprimand
tillsätta *vb tr* utnämna appoint; kommitté äv. set up; besätta (plats) fill
tilltag *s* streck trick
tilltaga *vb itr* increase [*i* in]; om t.ex. inflytande grow; utbreda sig spread
tilltagande I *adj* increasing; om t.ex. inflytande growing **II** *s*, ***vara i*** ~ be on the increase, be increasing
tilltagen *adj*, ***vara knappt*** ~ om tyg etc. not be quite enough; ***vara rikligt*** ~ om t.ex. portion be ample in quantity
tilltal *s* address; ***svara på*** ~ answer when one is spoken to
tilltala *vb tr* **1** vända sig till address, speak to **2** behaga appeal to; om person attract
tilltalande *adj* attractive, pleasing [*för* to]
tilltalsnamn *s* first (given) name; ***~et understrykes*** please underline most commonly used first name
tilltalsord *s* form (term) of address
tilltro *s* tro credit; förtroende confidence [*till*

in]; ***vinna ~*** om rykte etc. gain credence [*hos* with]

tillträda *vb tr* egendom etc. take over, take over possession of; arv, egendom come into, come into possession of; ***~ tjänsten*** enter on one's duties

tillträde *s* **1** entrance, admission [*till* to]; tillåtelse att gå in admittance; ***Tillträde förbjudet!*** No Admittance! **2** tillträdande av egendom entry [*av* into possession of]; taking over [*av* of]; ***vid ~t av tjänsten*** blev han... on taking up his duties...

tilltugg *s*, ett glas öl ***med ~*** ...with something to eat with it (with snacks)

tilltvinga *vb rfl*, ***~ sig ngt*** obtain a th. by force

tilltyga *vb tr*, ***~ ngn illa*** handle a p. roughly, manhandle a p., knock a p. about

tilltänkt *adj* proposed; tillämnad intended; planerad projected

tillvalsämne *s* skol. optional (elective) subject

tillvarata *vb tr* ta hand om take care (charge) of; bevaka safeguard; utnyttja, t.ex. möjligheter take advantage of

tillvaratagande *s*, ***~t av...*** the taking care (charge) of... etc.; jfr *tillvarata*

tillvaro *s* existence; liv life

tillverka *vb tr* manufacture, make [*av* out of]; framställa produce [*av* from]

tillverkare *s* manufacturer, maker; producer

tillverkning *s* fabrikation manufacture, make, production; per år etc. output; ***den är av svensk ~*** it is made in Sweden

tillväga *adv*, hur ska man ***gå ~*** ...set (go) about it

tillvägagångssätt *s* procedure, course of action

tillväxt *s* growth; ökning increase [*i* in]

tillåta I *vb tr* allow, permit; gå med på consent to; ***tillåter ni att jag röker?*** do you mind if I smoke?; ***om vädret tillåter*** weather permitting **II** *vb rfl*, ***~ sig*** permit (allow) oneself; ***~ sig*** ta sig friheten ***att*** inf. take the liberty to inf. (of ing-form)

tillåtelse *s* permission

tillåten *adj* allowed, permitted; laglig lawful

tillägg *s* addition; pris~ extra (additional) charge; järnv. excess (extra) fare

tillägga *vb tr* add [*till* to]

tilläggspension *s* supplementary pension

tillägna I *vb tr*, ***~ ngn*** en bok dedicate...to a p. **II** *vb rfl*, ***~ sig* 1** förvärva acquire; tillgodogöra sig take in **2** lägga sig till med appropriate

tillämpa *vb tr* apply [*på* to]; ***~d matematik*** applied mathematics

tillämplig *adj* applicable [*på* to]

tillämpning *s* application [*på* to]

tillökning *s* tillökande increasing, enlargement; påökning increase [*av* of]; ***vänta ~ i familjen*** be expecting an addition to the family

tillönska *vb tr* wish

timglas *s* hourglass, sandglass

timid *adj* timid

timjan *s* thyme

timlärare *s* non-permanent teacher paid on an hourly basis

timlön *s*, ***få (ha) ~*** be paid by the hour

timme *s* hour; lektion lesson; ***en fyra timmars resa*** a four-hour journey; ***90 km (80 kr) i ~n*** 90 kilometres (80 kronor) an hour; ***om en ~*** in an hour

timmer *s* timber, amer. lumber

timmerman *s* carpenter

timotej *s* timothy grass, timothy

timpenning *s* se *timlön*

timtals *adv* for hours

timvisare *s* hour (small) hand

1 tina *s* **1** laggkärl tub **2** fiske~ pot

2 tina *vb tr* o. *vb itr*, ***~*** el. ***~ upp*** thaw; smälta melt

tindra *vb itr* twinkle; gnistra sparkle

ting *s* sak thing; föremål object

tingshus *s* district court-house

tingsrätt *s* i stad municipal (på landet district) court

tinner *s* thinner

tinning *s* temple

tio *räkn* ten; jfr *fem* o. sammansättningar

tiodubbel *adj* tenfold

tiokamp *s* decathlon

tiokampare *s* decathlete

tiokrona *s* ten-krona piece

tionde *räkn* tenth (förk. 10th); jfr *femte*

tiondel *s* tenth [part]; jfr *femtedel*

tiotal *s* ten; ***ett par ~*** some twenty or thirty; jfr *femtiotal*

tiotusentals *adv* tens of thousands; ***~ människor*** tens of thousands of people

1 tipp *s* spets tip [*av, på* of]

2 tipp *s* **1** avstjälpningsplats refuse (amer. garbage) dump **2** avstjälpningsanordning tipping device

1 tippa I *vb tr* stjälpa ut tip, dump **II** *vb itr* tip; ***~ över*** tip over

2 tippa *vb tr* o. *vb itr* **1** förutsäga tip **2** med tipskupong do the pools (football pools)
1 tippning *s* tipping, dumping
2 tippning *s* fotbolls~ doing the pools (football pools)
tips *s* **1** upplysning tip, tip-off [*om* about; *as* to] **2** ***vinna på ~*** el. ***~et*** win on the pools
tipskupong *s* pools coupon, football pools coupon
tirad *s* tirade
tisdag *s* Tuesday; jfr *fredag* med ex.
tisdagskväll *s* Tuesday evening (senare night); ***på ~arna*** on Tuesday evenings (nights)
tissel *s*, ***~ och tassel*** viskande whispering; skvaller tittle-tattle
tissla *vb itr*, ***~ och tassla*** viska whisper
tistel *s* bot. thistle
titel *s* title; ***en bok med ~n...*** a book entitled...
titelhållare *s* titleholder
titelroll *s* title role
titt *s* **1** blick look; hastig glance; ***ta (ta sig) en ~ på...*** have a look (glance) at... **2** kort besök call [*hos ngn* on a p.]; ***tack för ~en!*** it was kind of you to look me up (to look in)!
titta *vb itr* look; ta en titt have a look; flyktigt glance [*på* i samtliga fall at]; ***~ fram*** peep out; synas show; ***~ in*** komma in och hälsa på look (drop) in [*till* ngn on...]
tittare *s* TV~ viewer
tittarstorm *s* i TV ung. storm of protest from TV-viewers
tittartid *s*, ***på bästa ~*** i TV during peak viewing hours
titthål *s* peep-hole
titulera *vb tr*, ***~ ngn*** professor address a p. as...
tivoli *s* amusement park, fun fair
tjafs *s* vard., prat drivel; strunt rubbish; fjant fuss
tjafsa *vb itr* vard., prata talk drivel (rubbish); fjanta fuss
tjalla *vb itr* vard., skvallra, ange squeal
tjat *s* nagging [*om* about]
tjata *vb itr* gnata nag [*på ngn* [at] a p.; *om ngt* about a th.]
tjatig *adj* **1** gnatig nagging **2** långtråkig boring
tjeck *s* Czech
tjeckisk *adj* Czech; ***Tjeckiska republiken*** the Czech Republic
tjeckiska *s* **1** kvinna Czech woman **2** språk Czech
Tjeckoslovakien hist. Czechoslovakia
tjeckoslovakisk *adj* Czechoslovak, Czechoslovakian
tjej *s* vard. girl
tjock *adj* thick ej om person; 'kraftig' stout; fet fat; tät (t.ex. skog, rök) dense
tjocka *s* fog
tjockflytande *adj* thick, viscous
tjockis *s* vard. fatty
tjocklek *s* thickness
tjocktarm *s* large intestine
tjog *s* score; ***fem ~*** ägg five score [of]...
tjugo *räkn* twenty; jfr *fem, femtio* o. sammansättningar
tjugokronorssedel *s* twenty-krona note
tjugonde *räkn* twentieth (förk. 20th); jfr *femte*
tjur *s* bull
tjura *vb itr* sulk, be in a sulk
tjurfäktare *s* bullfighter
tjurfäktning *s* bullfighting; ***en ~*** a bullfight
tjurig *adj* sulky
tjurskalle *s* vard. obstinate (pig-headed) person
tjurskallig *adj* vard. pig-headed
tjusa *vb tr* charm, enchant, fascinate
tjusig *adj* charming, lovely
tjusning *s* charm, enchantment; fascination; ***fartens ~*** the fascination of speed
tjut *s* howling; ***ett ~*** a howl
tjuta *vb itr* howl; om mistlur hoot; vard , gråta cry
tjuv *s* thief (pl. thieves); inbrottstjuv burglar; på dagen ofta housebreaker
tjuvaktig *adj* thievish, thieving
tjuvgods *s* stolen property (goods pl.)
tjuvkoppla *vb tr* bil. hotwire
tjuvlarm *s* burglar alarm
tjuvlyssna *vb itr* eavesdrop
tjuvlyssnare *s* eavesdropper
tjuvläsa *vb tr* o. *vb itr*, ***~*** en bok read...on the sly
tjuvnyp *s*, ***ge ngn ett ~*** make a dig at a p.
tjuvpojke *s* young rogue (rascal)
tjuvskytt *s* poacher, game poacher
tjuvskytte *s* poaching, game poaching
tjuvstart *s* false start
tjuvtitta *vb itr*, ***~ i*** en bok take a look into...on the sly
tjäder *s* zool. capercaillie, capercailzie
tjäle *s* frost in the ground, ground frost
tjällossning *s*, ***~en*** the breaking up of the frost in the ground, the thawing of the frozen soil
tjälskada *s* frost damage

tjäna *vb tr* o. *vb itr* **1** göra tjänst (tjänst åt) serve; **~ *som (till)...*** serve as...; ***det ~r ingenting till att gå dit (att du går dit)*** it is no use (no good) going (your going there); ***vad ~r det till?*** what is the use (the good) of that? **2** förtjäna earn, make
tjänare *s* servant; ***~!*** vard. hallo!, amer. hi there!
tjänarinna *s* maidservant
tjänst *s* service; befattning post; speciellt statlig appointment; ämbete office; ***göra ngn en ~*** do a p. a favour (a service); ***lämna sin ~*** befattning resign one's appointment; ***vara i ~*** be on duty; ***vara i ~ hos ngn*** be employed by a p.; ***stå till ngns ~*** be at a p.'s service (disposal); ***vad kan jag stå till ~ med?*** what can I do for you?
tjänstebil *s* official car; bolags etc. company car
tjänstebostad *s* flat (apartment, resp. house) attached to one's post (job); högre ämbetsmans official residence
tjänstebrev *s* post. official matter (mail); motsats privatbrev official letter
tjänstefel *s* breach of duty
tjänsteflicka *s* servant, servant girl, maid
tjänstefolk *s* servants pl.
tjänsteman *s* statlig civil servant, official; i enskild tjänst salaried employee; kontorist clerk; ***Tjänstemännens Centralorganisation*** (förk. *TCO*) The Swedish Confederation of Professional Employees
tjänstepension *s* occupational (service) pension
tjänstepistol *s* service pistol
tjänsteplikt *s* plikt i tjänsten official duty
tjänsteresa *s* i statstjänst official journey; affärsresa business journey
tjänsterum *s* office
tjänstevapen *s* service pistol
tjänsteår *s* year of service
tjänstgöra *vb itr* serve, do duty [*som* as]; om person äv. act [*som* as...]
tjänstgöring *s* duty; arbete work
tjänstledig *adj*, ***vara ~*** be on leave (on leave of absence)
tjänstledighet *s* leave of absence
tjänstvillig *adj* obliging, helpful
tjära *s* o. *vb tr* tar
T-korsning *s* trafik. T-junction
toa *s* vard. lav, loo, amer. john; se äv. *toalett*
toalett *s* **1** rum lavatory; wc toilet, W.C; på restaurang etc. men's (ladies') room, amer. washroom; offentlig public convenience; ***gå på ~en*** go to the lavatory etc. **2** klädsel dress, toilet
toalettartikel *s* toilet requisite; ***toalettartiklar*** äv. toiletry
toalettbord *s* toilet table, dressing-table
toalettpapper *s* toilet paper; ***en rulle ~*** a toilet roll
tobak *s* tobacco
tobaksaffär *s* tobacconist's, newsagent
tobaksvaror *s pl* tobacco sg.
toffel *s* slipper
tofs *s* tuft; på djur crest; på kläder etc. tassel
tok *s* **1** person fool **2** ***gå på ~*** go wrong
tokig *adj* mad, crazy; dum silly
tolerans *s* tolerance [*mot* towards]
tolerant *adj* tolerant [*mot* towards]
tolerera *vb tr* tolerate, put up with
tolfte *räkn* twelfth (förk. 12th); jfr *femte*
tolftedel *s* twelfth [part]; jfr *femtedel*
tolk *s* interpreter
tolka *vb tr* interpret; handskrift decipher; återge render; översätta translate; uttrycka (t.ex. känslor) express
tolkning *s* interpretation, rendering, translation, jfr *tolka;* version version
tolv *räkn* twelve; ***klockan ~ på dagen (natten)*** vanl. at noon (midnight); jfr *fem* o. sammansättningar
tom *adj* empty; ***~ma sidor*** blank pages; ***en ~ stol*** a vacant chair
t.o.m. (förk. för *till och med*) up to, up to and including; som adverb even
tomat *s* tomato (pl. -es)
tomatketchup *s* tomato ketchup
tombola *s* tombola
tomglas *s* koll. empty bottles pl.
tomgång *s* motor. idling; ***gå på ~*** idle
tomhänt *adj* empty-handed
tomrum *s* ej utfylld plats vacant space; lucka gap; på blankett blank space; fys. vacuum
tomt *s* obebyggd building site, amer. lot; kring villa garden; större grounds pl.
tomte *s* **1** hustomte ung. brownie **2** ***~n*** jultomten Father Christmas, Santa Claus
tomtjobbare *s* land speculator
tomträtt *s* site-leasehold right
1 ton *s* vikt metric ton, britt. motsv. (1016 kg) ton
2 ton *s* mus. m.m. tone; om viss ton note; ***använd (ta) inte den ~en mot mig!*** don't take that tone with me!; ***ta sig ~ mot ngn*** try to domineer a p.; ***det hör till god ~*** it is good form
tona I *vb itr* ljuda sound, ring **II** *vb tr* ge

färgton åt tone; håret tint; ~ ***bort*** ljud, bild (i radio o. TV) fade out
tonarm *s* på grammofon tone arm
tonart *s* mus. key
tonfall *s* intonation
tonfisk *s* tunny [fish], tuna
tongivande *adj,* ***vara*** ~ set the tone (fashion)
tongång *s,* ***kända ~ar*** familiar strains
tonhuvud *s* på bandspelare tape head
tonhöjd *s* pitch
tonnage *s* tonnage
tonsill *s* tonsil
tonsätta *vb tr* set...to music
tonsättare *s* composer
tonvikt *s* stress; bildl. emphasis; ***lägga*** ~ (***~en***) ***på*** stress, put the stress on, emphasize
tonåren *s pl,* en flicka ***i*** ~ ...in her teens
tonåring *s* teenager
topas *s* topaz
topografi *s* topography
topp *s* **1** top; krön crest; bergstopp summit; spets pinnacle, peak; ***hissa flaggan i*** ~ run up the flag; ***med flaggan i*** ~ bildl. with all flags flying **2** blus top
toppa *vb tr* **1** ta av toppen på top **2** stå överst på (t.ex. lista) top, head
toppen *interj* vard. super, great
toppfart *s* top speed
toppform *s,* ***vara i*** ~ be in top form
topphastighet *s* top speed
topplista *s* vard., ***den är etta på ~n*** it is top of the charts
topplock *s* bil. cylinder head
topplockspacknnig *s* bil. cylinder-head gasket
toppluva *s* knitted (woollen) cap
topplån *s* last mortgage loan
toppmöte *s* summit (top-level) meeting
toppventil *s* motor. overhead valve
torde *hjälpvb* uppmaning, ***ni*** ~ ***observera*** you will (behagade will please, bör should) observe; förmodan, ***det*** ~ ***finnas*** många som... there are probably...
torftig *adj* enkel plain; fattig poor; knapp, skral scanty, meagre
torg *s* **1** salutorg market place, market **2** öppen plats square
tork *s* **1** apparat drier **2** ***hänga ut på*** ~ hang...out to dry
torka I *s* drought, dry weather **II** *vb tr* dry; genom t.ex. gnidning wipe; om du diskar så ***skall jag*** ~ ...I'll do the drying-up; ~ ***fötterna*** på dörrmattan wipe one's feet...; ~ ***sina tårar*** wipe away one's tears **III** *vb itr* bli torr dry, get dry
□ ~ **av** t.ex. skorna wipe; damma av dust; ~ ***av ansiktet*** dry one's face; ~ ***av dammet på ngt*** wipe the dust off a th.; ~ **upp** a) tr. wipe (mop) up b) itr. dry up, get dry again; ~ **ut** om t.ex. flod dry up, run dry
torkhuv *s* hood (salon) hair-drier
torkning *s* drying
torkrum *s* drying room
torkskåp *s* drying cupboard
torkställ *s* för disk plate rack
torktumlare *s* tumble-drier
torn *s* tower; spetsigt kyrktorn steeple; klocktorn belfry; schack. rook, castle
tornado *s* tornado (pl. -es el. -s)
tornspira *s* spire; kyrktorn steeple
torp *s* crofter's holding (stuga cottage)
torpare *s* crofter
torped *s* torpedo (pl. -es)
torpedbåt *s* torpedo boat
torpedera *vb tr* torpedo äv. bildl.
torr *adj* dry; om jord parched; tråkig dull, boring; ***han är inte*** ~ ***bakom öronen*** he is very green; ***ha sitt på det ~a*** be comfortably off
torrboll *s* vard., om person bore
torrklosett *s* earth closet
torrmjölk *s* powdered (dried) milk
torrschamponering *s* dry shampoo
torrskodd *adj* dry-shod
torsdag *s* Thursday; jfr *fredag* med ex.
torsdagskväll *s* Thursday evening (senare night); ***på ~arna*** on Thursday evenings (nights)
torsk *s* **1** cod (pl. lika), codfish **2** vard. prostituerads kund john
tortera *vb tr* torture
tortyr *s* torture
torv *s* **1** geol. peat **2** grästorv sod, turf
torva *s* **1** grästorva piece of turf **2** ***den egna ~n*** one's own plot of land
total *adj* total, entire, complete
totalisator *s* totalizator; vard., toto tote
totalitär *adj* totalitarian
touche *s* anstrykning samt mus. el. konst. touch
tradition *s* tradition
traditionell *adj* traditional
traditionsbunden *adj* tradition-bound
trafik *s* traffic; ***fartyget går i regelbunden*** ~ ***mellan...*** the vessel runs regularly between...
trafikant *s* väg~ road user; fotgängare pedestrian
trafikera *vb tr* bana, linje etc.: om resande use,

frequent; om trafikföretag work, operate; om buss etc. run on
trafikerad *adj*, ***hårt ~ gata*** street full of traffic, very busy street
trafikflyg *s* flygväsen civil aviation; flygtrafik air services pl.
trafikflygare *s* airline pilot
trafikflygplan *s* passenger plane; större air liner
trafikfälla *s* road trap
trafikförordning *s* traffic regulations pl.
trafikförseelse *s* traffic offence
trafikförsäkring *s* third party motor insurance
trafikhinder *s* traffic obstacle
trafikkaos *s* chaos on the roads; ***det var ~*** trafikstockning there was a snarl-up
trafikkort *s* heavy-vehicle licence
trafikledare *s* air-traffic controller
trafikljus *s* traffic light
trafikmärke *s* traffic sign
trafikolycka *s* traffic (road) accident
trafikpolis *s* **1** avdelning traffic police **2** polisman traffic policeman
trafiksignal *s* traffic signal (light)
trafikskola *s* driving school
trafikstockning *s* traffic jam
trafiksyndare *s* traffic offender
trafikvakt *s* o. **trafikövervakare** *s* traffic warden
trafikövervakning *s* traffic supervisor
tragedi *s* tragedy
tragik *s* tragedy
tragikomisk *adj* tragi-comic, tragi-comical
tragisk *adj* tragic
trailer *s* släpvagn o. film trailer
trakassera *vb tr* ansätta, plåga pester, harass; förfölja persecute
trakasserier *s pl* pestering, harassment, persecution (alla endast sg.)
trakt *s* område district, area; grannskap neighbourhood; ***här i ~en*** äv. in these parts
traktamente *s* allowance for expenses, subsistence allowance
traktor *s* tractor; band~ caterpillar
1 tralla *s* trolley
2 tralla *vb tr* o. *vb itr* warble; sjunga sing
trampa *vb tr* o. *vb itr* kliva omkring tramp; trycka ned (med foten) tread; upprepat trample; ***~ sin cykel*** uppför backen pedal one's cycle...; ***~ vatten*** tread water; ***~ ngn på tårna*** tread on a p.'s toes äv. bildl.
trampbil *s* för barn pedal car
trampolin *s* simn. highboard, diving-board; gymn. springboard
trams *s* vard. nonsense, rubbish
trana *s* crane
trans *s* trance; ***vara i ~*** be in a trance
transaktion *s* transaction
transformator *s* transformer
transformera *vb tr* transform
transfusion *s* blod~ blood transfusion
transistor *s* transistor
transistorradio *s* transistor radio
transithall *s* flyg. transit (departure) hall
transitiv *adj* transitive
transpiration *s* perspiration
transpirationsmedel *s* deodorant
transplantation *s* transplantation; ***en ~*** a transplant
transplantera *vb tr* transplant; speciellt hud graft
transponder *s* TV. transponder
transport *s* **1** frakt transport, speciellt amer. transportation; till sjöss freight, shipment **2** i bokföring amount brought (carried) forward
transportabel *adj* transportable; bärbar portable
transportera *vb tr* frakta transport; till sjöss freight, ship
transportmedel *s* means (pl. lika) of transport
transvestism *s* transvestism
transvestit *s* transvestite
trapets *s* gymn. trapeze
trappa I *s* stairs; speciellt utomhus steps (båda pl.); inomhus: längre äv. staircase; ***en ~*** a flight of stairs (resp. steps); bo ***en ~ upp*** ...on the first (amer. second) floor; möta ngn ***i ~n*** ...on the stairs **II** *vb tr*, ***~ ned*** de-escalate; ***~ upp*** escalate
trappavsats *s* inomhus landing
trappräcke *s* banisters pl.
trappsteg *s* step
trappstege *s* stepladder
trappuppgång *s* staircase, stairs pl.
trasa I *s* **1** trasigt tygstycke rag; ***gå klädd i trasor*** go about in rags **2** dammtrasa duster; skurtrasa scouring-cloth **II** *vb tr*, ***~ sönder*** tear...to rags
trasig *adj* **1** söndertrasad ragged, tattered; sönderriven torn; fransig frayed **2** sönder broken; i olag ...out of order
traska *vb itr* trot; mödosamt plod, trudge
trasmatta *s* rag mat; större rag rug
trassel *s* **1** bomulls~ cotton waste **2** besvär trouble, bother; komplikationer

complications pl.; ***ställa till ~*** cause a lot of trouble; bråka kick up a fuss
trassla *vb tr,* ***~ till sina affärer*** get one's finances into a muddle; ***~ inte till saker och ting!*** don't complicate things!
trasslig *adj* entangled; muddled, confused; ***han har ~a affärer*** his finances are shaky
trast *s* thrush
tratt *s* funnel
trav *s* trot; travsport trotting; rida ***i ~*** ...at a trot; ***hjälpa ngn på ~en*** put a p. on the right track, give a p. a start
1 trava *vb tr,* ~ el. ***~ upp*** pile (stack) up
2 trava *vb itr* trot; ***komma ~nde*** come trotting along
travbana *s* trotting-track, trotting-course
trave *s* av böcker, ved etc. pile, stack
travhäst *s* trotter, trotting-horse
travsport *s* trotting, harness racing
tre *räkn* three; jfr *fem* o. sammansättningar
trea *s* **1** three; ***~ns växel*** third gear; jfr *femma* **2** vard. three-room flat (apartment)
tredimensionell *adj* three-dimensional
tredje *räkn* third (förk. 3rd); ***för det ~*** in the third place; vid uppräkning thirdly; jfr *femte* o. *andra*
tredjedag *s,* ***~ jul*** the day after Boxing Day
tredjedel *s* third [part]; jfr *femtedel*
tredubbel *adj* tre gånger så stor vanl. treble; i tre skikt etc. vanl. triple; trefaldig threefold; ***betala tredubbla priset*** pay treble (three times) the price
tredubbla *vb tr* multiply...by three, treble
trefjärdedelstakt *s* three-four time
trehjuling *s* vagn three-wheeler; cykel tricycle
trehundra *räkn* three hundred; jfr *femhundra* o. sammansättningar
trekant *s* triangle
trekantig *adj* triangular
trekvart *s* three quarters pl.; ***~s timme*** three quarters of an hour
trekvartsstrumpa *s* knee sock
trend *s* trend
trendig *adj* vard. trendy
trerummare *s* three-room flat (apartment)
tresteg *s* o. **trestegshopp** *s* sport. triple jump
trestegsraket *s* three-stage rocket
trestjärnig *adj* three-star...
trettio *räkn* thirty; jfr *femtio* o. sammansättningar
trettionde *räkn* thirtieth (förk. 30th); jfr *femte*
trettioårig *adj,* ***~a kriget*** the Thirty Years' War; jfr *femårig*
tretton *räkn* thirteen; ***det går ~ på dussinet*** they are ten (two) a penny; jfr *fem* o. sammansättningar
trettondagen *s* Epiphany, Twelfth Day
trettondagsafton *s* the Eve of Epiphany, Twelfth Night
trettonde *räkn* thirteenth (förk. 13th); jfr *femte*
treva I *vb itr* grope about [*efter* for] **II** *vb rfl,* ***~ sig fram*** grope one's way along
trevande *adj,* ***~ försök*** fumbling (tentative) effort
trevare *s* feeler
trevlig *adj* nice; angenäm pleasant; rolig enjoyable; sympatisk attractive; ***vi hade mycket ~t*** we had a very nice time of it
trevnad *s* comfort, comfort and well-being
trevåningshus *s* three-storey house
triangel *s* triangle
triangeldrama *s* domestic triangle; teat. eternal triangle drama
tribun *s* estrad platform, tribune
tribunal *s* tribunal
tribut *s* tribute
trick *s* knep trick, stunt; kortsp. odd trick
tricksa *vb itr* get up to tricks, monkey about; i fotboll juggle, dribble
trikå *s* **1** tyg stockinet **2** ***~er*** plagg tights
trikåvaror *s pl* knitwear sg., hosiery sg.
trilla *vb itr* rulla roll; om tårar äv. trickle; ramla tumble; falla fall
trilling *s* triplet
trim *s* trim; ***vara i god ~*** be in good trim
trimma *vb tr* trim äv. hund; ***~ en motor*** tune (soup) up an engine
trimning *s* trim; trimmande trimming
trind *adj* knubbig chubby, plump
trio *s* trio (pl. -s) äv. mus.
tripp *s* short trip; ***ta sig (göra) en ~ till...*** go for a trip to...
trippa *vb itr* trip (go tripping) along
trippelvaccin *s* triple vaccine, vaccine against diphtheria, tetanus and whooping cough
trippmätare *s* bil. trip meter (recorder), trip mileage counter
trissa *vb tr,* ***~ upp priset*** force up the price
trist *adj* dyster gloomy, melancholy; enformig monotonous; tråkig dreary; ledsam sad
tristess *s* gloominess, melancholy;

enformighet monotony; leda dreariness; ledsamhet sadness
triumf *s* triumph
triumfbåge *s* triumphal arch
triumfera *vb itr* triumph; jubla exult
triumferande *adj* triumphant, exultant
triumftåg *s* triumphal procession
trivas *vb itr dep* känna sig lycklig be (feel) happy; blomstra flourish, prosper; ***han trivs inte i*** Sverige he isn't happy in..., he doesn't like being in...; ***vi trivs med varandra*** we get on well with one another
trivial *adj* trivial
trivialitet *s* triviality
trivsam *adj* pleasant; om plats cosy
trivsel *s* comfort, comfort and well-being
trivselvikt *s, **min ~ är...*** the weight I feel comfortable with is...
tro I *s* belief [*på* in]; tilltro, tillit samt relig. faith [*på* in]; ***sätta ~ till*** ngt trust, believe; ***leva i den ~n att*** be convinced that; ***handla i god ~*** act in good faith **II** *vb tr* o. *vb itr* believe; anse think, suppose; föreställa sig fancy, imagine; ***Ja, jag ~r det*** Yes, I think (believe) so; ***jag kan (kunde) just ~ det!*** I dare say!, I'm not surprised!; det var roligt, ***må du ~!*** ...,I can tell you!; ***~ ngn om*** ngt believe...of a p.; ***det hade jag inte trott om dig*** I had not expected that from you; ***~ på*** ngn (ngt) believe in; förlita sig på trust, have faith (confidence) in; sätta tro till believe; ***jag ~r inte på honom*** vad han säger I don't believe him **III** *vb rfl, **~ sig vara...*** think (believe) that one is..., believe (imagine) oneself to be...
troende *subst adj* believing; ***en ~*** a believer
trofast *adj* om kärlek faithful; om vänskap loyal
trofé *s* trophy
trogen *adj* faithful; lojal loyal [*mot* to]
trohet *s* fidelity; trofasthet faithfulness, loyalty [*mot* to]
trolig *adj* sannolik probable, likely; trovärdig credible, believable; ***hålla det för ~t*** att... think it likely...
troligen *adv* o. **troligtvis** *adv* very (most) likely, probably
troll *s* troll; elakt hobgoblin, goblin; ***när man talar om ~en, så står de i farstun*** talk of the devil and he's sure to appear
trolla *vb itr* göra trollkonster do conjuring tricks; ***~ bort*** spirit (conjure) away; ***~ fram*** en supé produce...as if by magic (from nowhere)
trollbunden *adj* spellbound
trolleri *s* magic, enchantment
trollkarl *s* magician, wizard; trollkonstnär conjurer
trollkonst *s* conjuring trick
trollkonstnär *s* conjurer
trolovad *adj, **hans (hennes) ~e*** his (her) betrothed
trolovning *s* betrothal
trolös *adj* faithless, disloyal [*mot* to]
trolöshet *s* faithlessness; breach of faith
trombon *s* trombone
trombos *s* med. thrombosis (pl. thromboses)
tron *s* throne
trona *vb itr* be enthroned
tronföljare *s* successor to the throne
trontal *s* speech from the throne
tropikerna *s pl* the tropics
tropikhjälm *s* sunhelmet
tropisk *adj* tropical
trosa *s, **trosor*** briefs; ***en ~*** el. ***ett par trosor*** a pair of briefs
trossamfund *s* religious community
trosskydd *s* panty liner (shield)
trotjänare o. **trotjänarinna** *s, **gammal ~*** faithful old servant
trots I *s* motspänstighet obstinacy; motstånd defiance **II** *prep* in spite of; ***~ att*** in spite of the fact that
trotsa *vb tr* defy; djärvt möta (t.ex. stormen) brave; ***det ~r all beskrivning*** it is beyond description
trotsig *adj* utmanande defiant; motspänstig obstinate
trotsålder *s, **vara i ~n*** be at a defiant (an assertive, an obstinate) age
trottoar *s* pavement, amer. sidewalk
trottoarkant *s* kerb, amer. curb
trottoarservering *s* pavement restaurant (café)
trovärdig *adj* om t.ex. berättelse credible; om person trustworthy; tillförlitlig reliable
trovärdighet *s* credibility; trustworthiness; reliability; jfr *trovärdig*
trubadur *s* troubadour
trubba *vb tr, **~ av*** blunt äv. bildl.
trubbel *s* trouble, bother
trubbig *adj* oskarp blunt, blunted
trubbnäsa *s* snub nose
truck *s* truck
truga *vb tr, **~ ngn*** press a p.; ***~ på ngn ngt*** press (force) a th. on a p.; ***~ sig på ngn*** force oneself on a p.
trumbroms *s* drum brake
trumf *s* trump

trumfa *vb itr* kortsp. play a trump (trumps)
trumfess *s* ace of trumps
trumhinna *s* eardrum
trumma I *s* mus. el. tekn. drum; ***slå på ~*** (***~n***) beat the drum; ***slå på ~ för sig själv*** blow one's own trumpet (amer. one's horn) **II** *vb itr* o. *vb tr* drum
trumpen *adj* sullen, sulky; butter morose
trumpet *s* trumpet; ***spela*** (***blåsa i***) ~ play (som signal sound) the trumpet
trumpetare *s* trumpeter
trumpetstöt *s* trumpet blast
trumslagare *s* drummer
trupp *s* troop, body, band; mil. detachment; sport. squad; teat. troupe; ***~er*** styrkor äv. forces
trust *s* trust
1 trut *s* fågel gull
2 trut *s* vard., mun mouth; ***håll ~en!*** hold your jaw!, shut up!
truta *vb itr*, ***~ med munnen*** pout one's lips
tryck *s* **1** press pressure äv. bildl.; tonvikt stress [*på* on]; påfrestning strain; känna liksom ***ett ~ över bröstet*** ...a weight on one's chest; ***utöva ~ på ngn*** put pressure on a p. **2** typogr. samt på tyg etc. print; tryckning printing; ***komma ut i ~*** appear (come out) in print
trycka I *vb tr* o. *vb itr* **1** press; klämma squeeze; tynga weigh...down, oppress; ***~ ngns hand*** shake a p.'s hand; ***~ ngn till sitt bröst*** press (mera känslobetonat clasp) a p. to one's bosom; ***~ på en knapp*** press a button **2** typogr. samt på tyg etc. print **II** *vb rfl*, ***~ sig mot*** en vägg press (tätt intill flatten) oneself against...
□ ~ **av** avfyra fire, pull the trigger; ~ **ihop** flera föremål press (klämma squeeze)...together; ~ **in** press (force) in; ~ **ned** press down; friare depress; ~ **om** bok etc. reprint
tryckalster *s* publication; se äv. *trycksak*
tryckbokstav *s* block letter
tryckeri *s* printing works (pl. lika)
tryckfel *s* misprint
tryckfrihet *s* freedom of the press
tryckkabin *s* flyg. pressure cabin
tryckknapp *s* **1** i plagg press-stud, snap fastener **2** strömbrytare pushbutton
tryckkokare *s* pressure-cooker
tryckluft *s* compressed air
tryckluftsborr *s* pneumatic drill
tryckning *s* **1** pressure; tryckande äv. pressing **2** typogr. printing
tryckpress *s* printing press
trycksak *s* piece of printed matter; ***~er*** printed matter sg.
tryffel *s* truffle; kok. truffles pl.
trygg *adj* secure; utom fara safe [*för* from]
trygga *vb tr* make...secure (safe) [*för, emot* from]
trygghet *s* security; utom fara safety
tryne *s* snout; vard., ansikte mug
tryta *vb itr* give out; om förråd äv. run short (out)
tråckla *vb tr* sömnad. tack; ***~ fast*** tack on [*på* to]
tråd *s* thread; bomullstråd cotton, cotton-thread; metalltråd wire; fiber fibre; ***hon har inte en ~ på kroppen*** she hasn't a stitch on her body; ***dra i ~arna*** dirigera pull the strings; ***tappa ~en*** bildl. lose the thread; ***få ngn på ~en*** i telefon get a p. on the line
trådrulle *s* med tråd reel of cotton, amer. spool of thread
trådsliten *adj* threadbare
tråg *s* trough; flatare tray
tråka *vb tr* **1** ***~ ihjäl*** (***ut***) ***ngn*** bore a p. to death **2** trakassera pester
tråkig *adj* lång- boring; trist dreary; enformig dull; obehaglig unpleasant; beklaglig unfortunate; sorglig sad; ***så ~t!*** ledsamt what a pity!
tråkmåns *s* vard. bore
trålare *s* trawler
tråna *vb itr* yearn, pine [*efter* for]
trång *adj* narrow; om t.ex. skor tight; ***det är ~t i rummet*** a) föga utrymme there is not much space in the room b) överfullt the room is packed (crowded)
trångbodd *adj*, ***vara ~*** ha liten bostad be cramped for space
trångsynt *adj* narrow-minded
trångt *adv*, ***bo ~*** be cramped for space; ***sitta ~*** be cramped; om plagg fit too tight
1 trä *vb tr* trä på (upp) thread [*på* on]; t.ex. armen genom rockärmen pass, slip; ***~ en tråd på en nål*** thread a needle
2 trä *s* wood; virke timber; stolar ***av ~*** äv. wooden...; ***ta i ~!*** touch (amer. knock on) wood!
träaktig *adj* träig woody; om person wooden
träben *s* wooden leg
träbit *s* piece (bit) of wood
träbock *s* person bore
träd *s* tree
1 träda *vb tr* se *1 trä*
2 träda *vb itr* stiga step; gå go; trampa tread;

~ *i dagen* come to light äv. bildl.; ~ *i förbindelse med ngn* enter into communication with a p.
□ ~ **emellan** step (go) between; ~ **fram** step (go, komma come) forward; plötsligt emerge [*ur* out of]; ~ **in** eg. step (go, komma come) in, enter; ~ *in i* ett rum enter...; ~ **tillbaka** step (go) back; bildl. withdraw, retire
trädgräns *s* timberline, treeline
trädgård *s* garden, amer. äv. yard
trädgårdsarkitekt *s* landscape gardener
trädgårdsmästare *s* gardener
trädstam *s* tree trunk
trädstubbe *s* tree stump
träff *s* **1** mål~ hit **2** vard., möte date; sammankomst (för flera) get-together, gathering
träffa *vb tr* **1** möta meet; händelsevis run across; jag hoppades *att ~ honom hemma* ...to find him at home; *~s direktör B.?* is Mr. B. in?; i telefon can I speak to Mr. B.?; ~ *på* möta, råka på meet with, run (come) across **2** ej missa hit; slå till strike **3** ~ *ett avtal* come to an agreement; ~ *ett val* make a choice
träffad *adj, hon kände sig ~ av hans anmärkningar* she took his remarks personally
träffande *adj* välfunnen apt; 'på kornet' to the point
träffas *vb itr dep* meet; händelsevis chance (happen) to meet
träffsäker *adj* om person ...sure of aim
träfiberplatta *s* fibreboard
trägen *adj* persevering
trähus *s* wooden house
trähäst *s* wooden horse
träkarl *s* kortsp. dummy
träkol *s* charcoal
träldom *s* bondage, slavery
trämassa *s* wood pulp
träna *vb tr* o. *vb itr* train; öva sig, öva sig i practise; om instruktör coach
tränare *s* trainer; instruktör coach
tränga *vb tr* driva drive, press; skjuta push; tvinga force
□ ~ **bort** psykol. repress; ~ **sig fram** t.ex. genom folkmassan push one's way forward; ~ **sig före** i kö jump the queue; ~ **igenom** penetrate; ~ **ihop** t.ex. en massa människor crowd (pack)...together; ~ *ihop sig* crowd together; ~ **in** *ngn i ett hörn* press (force) a p. into a corner; ~ (~ *sig*) *in i...* force one's way into...; *kulan trängde in i* kroppen the bullet penetrated into...; ~ **undan ngn** push a p. aside; ~ **ut ngn** i gatan force a p. out; *gasen trängde ut* genom dörrspringan the gas forced its way out...
trängande *adj* urgent, pressing
trängas *vb itr dep* crowd; knuffas jostle one another
trängsel *s* crowding; människomassa crowd, crush, throng
träning *s* training; övning practice; instruktion coaching
träningsoverall *s* track (sweat) suit
träningsskor *s pl* training shoes, trainers
träningsvärk *s, ha ~* be stiff [after training resp. exercise]
träsk *s* fen, marsh; bildl. slough, sordidness
träsked *s* wooden spoon
träsko *s* wooden shoe, clog
träslöjd *s* woodwork äv. som skolämne; carpentry
träsnitt *s* woodcut
träta *vb itr* quarrel [*om* about]
trävaruhandlare *s* timber merchant
trög *adj* sluggish; långsam slow, slack [*i* at]; flegmatisk phlegmatic; slö dull; *ett ~t lås* a stiff lock; *vara ~ i magen* be constipated
trögflytande *adj* tjockflytande viscous; om vattendrag sluggish
trögtänkt *adj* slow-witted
tröja *s* sweater; sporttröja jersey; undertröja vest, singlet, amer. undershirt
tröska *vb tr* thresh
tröskel *s* threshold äv. bildl.
tröst *s* comfort, consolation
trösta I *vb tr* comfort, console; i högre stil solace **II** *vb rfl, ~ sig* console oneself [*med* by]
tröstlös *adj* inconsolable; hopplös hopeless, desperate
tröstnapp *s* comforter, dummy, amer. pacifier
trött *adj* tired, weary [*på* of]; *arbeta sig ~* work till one is tired out
trötta *vb tr* tire, weary
trötthet *s* tiredness, weariness, fatigue
tröttkörd *adj* utarbetad overworked
tröttna *vb itr* become (get, grow) tired [*på* of]
tröttsam *adj* tiring; om person tiresome
tsar *s* tsar, czar
T-shirt *s* o. **T-tröja** *s* T-shirt
tu *räkn* two; *ett ~ tre* plötsligt all of a sudden; *det är inte ~ tal om den saken* there is no question about that; *på ~ man hand* in private

tub *s* **1** tube **2** kikare telescope
tuba *s* tuba
tuberkulos *s* tuberculosis [*i* of]
tudela *vb tr* divide...into two [parts]
tudelning *s* division into two [parts]
tuff *adj* vard. **1** tough **2** elegant smart, with-it
tuffing *s* vard. a tough guy
tugga I *s* munfull bite; vad som tuggas chew **II** *vb tr* o. *vb itr* chew
tuggbuss *s* quid of tobacco
tuggtobak *s* chewing-tobacco
tuggummi *s* chewing-gum
tukt *s* discipline
tukta *vb tr* **1** hålla i tukt o. lydnad chastise, discipline; bestraffa punish **2** forma (t.ex. häck) prune
tull *s* **1** avgift customs duty, customs pl.; brotull etc. toll; ***betala ~ på (för) ngt*** pay duty (customs) on (for) a th. **2** myndighet Customs pl.; tullstation custom house; ***passera genom ~en*** get (pass) through the Customs
tulla *vb itr* betala tull, ***~ för ngt*** pay duty on a th.
tullavgift *s* customs duty
tullbehandla *vb tr* clear...through the Customs
tullbehandling *s* customs examination
tullbevakning *s* customs supervision
tullfri *adj* duty-free, ...free of duty
tullhus *s* custom (customs) house
tullkontroll *s* customs check
tullpliktig *adj* dutiable, ...liable to duty
tulltjänsteman *s* customs officer (official)
tullvisitation *s* av resgods customs examination
tulpan *s* tulip
tulpanlök *s* tulip bulb
tum *s* inch
tumla *vb itr* **1** falla fall, tumble; vältra sig roll **2** torka i tumlare tumble-dry
tumlare *s* **1** zool. porpoise **2** glas tumbler **3** tork~ tumbler
tumma I *vb tr* o. *vb itr*, **~** el. ***~ på*** fingra på finger a th.; nöta på (t.ex. en bok) thumb a th. **II** *vb itr*, ***~ på ngt*** a) överenskomma agree on a th. b) jämka på make modifications in a th.
tumme *s* thumb; ***hålla tummarna för ngn*** keep one's fingers crossed for a p.; ***rulla tummarna*** twiddle one's thumbs
tummeliten *s*, ***T~*** Tom Thumb
tumregel *s* rule of thumb
tumskruv *s* thumbscrew; ***sätta ~ar på ngn*** bildl. put the screws on a p.
tumstock *s* folding rule
tumult *s* tumult; rabalder uproar; upplopp riot
tumvante *s* mitten
tumör *s* tumour
tung *adj* heavy; ***jag känner mig (jag är) ~ i huvudet*** my head feels heavy
tunga *s* tongue; ***jag har det (ordet) på ~n*** I have it (the word) on the tip of my tongue; på våg äv. needle, pointer; ***vara ~n på vågen*** bildl. hold the balance, tip the scale; ***ha en rapp ~*** have a quick tongue
tungomål *s* språk language
tungrodd *adj* trög heavy; osmidig (om t.ex. organisation) unwieldy
tungsinne *s* melancholy, gloom
tungsint *adj* melancholy, gloomy
tungspets *s* tip of the tongue
tungt *adv* heavily; ***hans ord väger ~ hos...*** his words carry weight with...; ***~ vägande*** skäl weighty...
tungvikt *s* o. **tungviktare** *s* heavyweight
tungvrickare *s* tongue-twister
tunika *s* tunic
Tunisien Tunisia
tunisier *s* Tunisian
tunisisk *adj* Tunisian
tunn *adj* thin; om dryck weak, watery
1 tunna *s* barrel; mindre cask; ***hoppa i galen ~*** do the wrong thing, make a blunder; ***tomma tunnor skramlar mest*** empty vessels make the greatest noise (sound)
2 tunna *vb tr*, **~** el. ***~ ut*** göra tunnare make...thinner; späda dilute
tunnel *s* tunnel; speciellt gång~ äv. subway
tunnelbana *s* underground; vard. tube, amer. subway
tunnflytande *adj* thin, very liquid
tunnklädd *adj* thinly dressed (clad)
tunnland *s* ung. acre
tunntarm *s* small intestine
tupera *vb tr* hår backcomb
tupp *s* cock, amer. vanl. rooster
tuppa *vb itr*, ***~ av*** pass (flake) out; slumra till nod off
tuppkam *s* cockscomb
tupplur *s* little (short) nap
1 tur *s* lycka luck; ***ha ~ med sig*** lyckas be lucky; ***som ~ var*** luckily; ***mera ~ än skicklighet*** more good luck than skill
2 tur *s* **1** ordning, omgång turn; ***i ~ och ordning*** in turn; ***jag står i ~*** it's my turn **2** resa, utflykt trip, tour; utflykt äv. excursion; på cykel, till häst äv. ride; i bil äv. drive; båten ***gör fyra ~er dagligen*** runs four times

daily; 150 kr. ~ ***och retur*** ...return (there and back); ~ ***och retur*** Malmö a return ticket (amer. round-trip ticket) to... **3** i dans figure
turas *vb itr dep,* ~ ***om att*** läsa take it in turns to inf., take turns in (at) ing-form; ~ ***om med*** ngn take turns with...
turban *s* turban
turbin *s* turbine
turbinmotor *s* turbine engine, turbo-motor
turism *s* tourism
turist *s* tourist
turista *vb itr* vard., ~ ***i*** go touring in, tour
turistbuss *s* touring (long-distance) coach
turistbyrå *s* travel (tourist) agency
turistklass *s* tourist class
turistort *s* tourist resort
turk *s* Turk
Turkiet Turkey
turkisk *adj* Turkish
turkiska *s* **1** språk Turkish **2** kvinna Turkish woman
turkos *s* o. *adj* turquoise
turlista *s* tidtabell timetable
turné *s* tour; ***göra en*** ~ go on a tour
turnera *vb itr* tour
turnering *s* tournament
tursam *adj* lucky, fortunate
turturduva *s* turtle dove; ***turturduvor*** älskande par love-birds
turtäthet *s,* vissa tider ***är tågens*** ~ ***större*** ...the trains run more frequently
turvis *adv* by (in) turns, in turn
tusan *s* hang it!; ***ge*** ~ ***i allt*** not care a damn about anything
tusch *s* färg Indian ink
tuschpenna *s* felt pen
tusen *räkn* **1** thousand; ~ el. ***ett*** ~ a thousand; jfr *hundra* **2** gilla ngn ***till*** ~ vard. ...no end, ...a hell of a lot
tusende I *s* thousand **II** *räkn* thousandth; jfr *femte*
tusendel *s* thousandth [part]; jfr *hundradel*
tusenfoting *s* centipede, millipede
tusenkonstnär *s* Jack-of-all-trades
tusenkronorssedel *s* o. **tusenlapp** *s* one-thousand-krona note
tusensköna *s* daisy
tusental *s* thousand; jfr *hundratal*
tusentals *adv* thousands; ~ ***människor*** thousands of people
tuss *s* av bomull, tråd etc. wad
tussilago *s* coltsfoot (pl. -s)
1 tuta *s* fingertuta fingerstall
2 tuta *vb itr* o. *vb tr* signalera hoot; ~ ***i ngn ngt*** vard. put a th. into a p.'s head
tuttar *s pl* vulg. tits, titties, boobs
tuva *s* grästuva tuft
TV *s* television, TV; vard. telly, amer. the tube samtliga äv. TV-apparat; ***se*** (***titta***) ***på*** ~ watch television (TV, vard. the telly); ***intern*** ~ closed-circuit television
TV-antenn *s* television (TV) aerial (amer. äv. antenna)
TV-apparat *s* television (TV) set (receiver); vard. telly, amer. tube
TV-bild *s* television (TV) picture
tveeggad *adj* two-edged; bildl. double-edged
tvegifte *s* bigamy
tveka *vb itr* hesitate, be doubtful [*om* about]
tvekamp *s* duel
tvekan *s* hesitation, indecision; tvivel doubt; ***utan*** ~ without hesitation; utan tvivel without doubt
tveklöst *adv* doubtless, without doubt
tveksam *adj* tvekande hesitant; osäker doubtful, uncertain
tveksamhet *s* hesitation
tvestjärt *s* earwig
tvetydig *adj* ambiguous, equivocal; oanständig indecent
tvilling *s* **1** twin **2** ***Tvillingarna*** astrol. Gemini
tving *s* tekn. clamp, cramp
tvinga *vb tr* force, compel □ ~ **fram** en bekännelse *av ngn* extort...from a p.; ~ **i sig** maten force down...; ~ **på** *ngn ngt* force a th. on a p.; ~ **till** *sig ngt* obtain a th. by force
tvinna *vb tr* twine, twist
tvist *s* kontrovers dispute, controversy [*om* about]; ***avgöra*** (***bilägga***) ***en*** ~ decide (settle) a dispute (controversy)
tvista *vb itr* dispute; gräla quarrel [*om* about]
tvistemål *s* jur. civil case (suit)
tvivel *s* doubt; ***utan*** ~ no doubt, without any doubt
tvivelaktig *adj* doubtful; diskutabel dubious; skum shady, fishy
tvivelsmål *s* doubt; ***sväva i*** ~ have doubts (doubts in one's mind)
tvivla *vb itr* doubt; ~ ***på*** betvivla doubt
TV-kanal *s* television (TV) channel
TV-licens *s* television (TV) licence
TV-pjäs *s* television (TV) play

TV-reklam *s* television advertising (reklaminslag commercial)
TV-rum *s* TV (television) room (större lounge)
TV-ruta *s* [viewing] screen
TV-spel *s* video game
TV-tittare *s* televiewer
tvungen *adj* **1** ***bli*** (***vara***) ~ ***att...*** tvingas be forced (compelled); speciellt av inre tvång be obliged to...; få lov att have to...; ***vara så illa*** ~ have no other choice **2** stel forced
1 två *vb tr,* ***jag ~r mina händer*** I wash my hands of it
2 två *räkn* two; ***båda*** ~ both; ~ ***gånger*** twice; jfr *fem* o. sammansättningar
tvåa *s* **1** two; i spel äv. deuce; ***~ns växel*** second gear; jfr *femma* **2** vard. two-room flat (apartment)
tvådelad *adj,* ~ baddräkt two-piece...
tvåfilig *adj* two-laned, two-lane...
tvåhjuling *s* vagn two-wheeler; cykel bicycle
tvåhundra *räkn* two hundred; jfr *femhundra* o. sammansättningar
tvål *s* soap; ***en*** ~ a piece (bar, tablet) of soap
tvåla *vb tr,* ~ ***in*** soap, lather
tvålask *s* soap-container
tvålfager *adj* vard., ***vara*** ~ be good-looking in a slick way, be pretty-pretty
tvålflingor *s pl* soapflakes
tvålkopp *s* soapdish
tvållödder *s* soaplather
tvåmotorig *adj* twin-engined, twin-engine...
tvång *s* compulsion; våld force; nödvändighet necessity; ***genom*** (***med***) ~ by compulsion (coercion, force)
tvångsarbete *s* forced labour
tvångsföreställning *s* obsession
tvångsläge *s,* befinna sig (vara) ***i*** ~ ...in an emergency situation
tvångsmata *vb tr* force-feed
tvångsmatning *s* force-feeding
tvångströja *s* straitjacket äv. bildl.
tvåplansvilla *s* two-storeyed house
tvårummare *s* two-room flat (apartment)
tvåsidig *adj* two-sided, bilateral
tvåspråkig *adj* bilingual
tvåspråkighet *s* bilingualism
tvåtaktsmotor *s* two-stroke engine
tvåvåningshus *s* two-storey house
tvåårig *adj* om växt biennial; jfr *femårig*
tvär I *s,* t.ex. ligga ***på ~en*** ...crosswise, ...across; ***sätta sig på ~en*** om person become obstinate (awkward) **II** *adj* brant steep; om t.ex. krök, vändning abrupt, sharp; plötslig sudden; kort, ogin blunt, abrupt
tvärbromsa *vb itr* brake suddenly
tvärbromsning *s* sudden braking
tvärdrag *s* korsdrag draught
tvärgata *s* crossroad; ***nästa*** ~ till höger the next turning...
tvärs *adv,* ~ ***över gatan*** just across the street; se äv. *härs*
tvärsigenom *prep adv* right (straight) through (tvärsöver across)
tvärsnitt *s* cross-section äv. bildl.
tvärstanna *vb itr* stop dead
tvärsäker *adj* absolutely sure (certain), positive, dead certain; självsäker cocksure
tvärsöver *prep adv* right (straight) across
tvärtemot *prep* quite contrary to
tvärtom *adv* on the contrary; ***det förhåller sig*** ~ it is the other way round; ***...och*** ~ ...and vice versa
tvärvändning *s,* ***göra en*** ~ make a sharp turn
tvätt *s* washing, wash; inrättning laundry; ***kemisk*** ~ dry cleaning (inrättning cleaner's)
tvätta I *vb tr* wash; kemiskt dry-clean; ~ ***fönster*** clean windows **II** *vb rfl,* ~ ***sig*** wash; have a wash; ~ ***sig om händerna*** wash one's hands
tvättbar *adj* washable
tvättbjörn *s* raccoon
tvättbräde *s* washboard
tvätterska *s* laundress; 'tvättgumma' washerwoman
tvättfat *s* washbasin, handbasin
tvättinrättning *s* laundry
tvättkläder *s pl* washing sg., laundry sg.
tvättklämma *s* clothes peg, amer. clothespin
tvättkorg *s* clothes basket, laundry basket
tvättlapp *s* face flannel, face cloth
tvättmaskin *s* washing-machine
tvättmedel *s* detergent; i pulverform äv. washing powder
tvättning *s* washing, laundering; cleaning äv. kemisk
tvättomat *s* ® Laundrette
tvättprogram *s* wash (washing) programme
tvättstuga *s* rum laundry room; wash-house äv. uthus
tvättställ *s* väggfast washbasin; kommod washstand
tvättsvamp *s* sponge, bath sponge

tvättäkta *adj* sann true; genuin genuine, authentic; inbiten out-and-out

ty *konj* for; därför att because

tycka I *vb tr* o. *vb itr* anse think; inbilla sig fancy, imagine; ***tycker du inte?*** don't you think so?; ***vad tycker du om*** boken? how do you like...? **II** *vb rfl,* ***~ sig höra (se)...*** think (fancy, imagine) that one hears (sees)...; ***~ sig vara något*** think oneself somebody □ **~ om** uppskatta like äv. ***~ bra om*** vara förtjust i be fond of, care for; ***~ om att*** inf. like (be fond of, love) ing-form; ***jag tycker illa om*** honom I don't like (I dislike)...; ***jag tycker illa om att göra det*** I don't like (I dislike) doing it

tyckas *vb itr dep* seem; ***det kan ~ så*** it may seem so; ***vad tycks om*** min hatt? how do you like...?

tycke *s* **1** åsikt opinion; ***i mitt ~*** in my opinion, to my thinking (my mind) **2** smak fancy, liking; ***fatta ~ för*** take a fancy (liking) to; ***om ~ och smak skall man inte diskutera*** there's no accounting for tastes

tyda I *vb tr* tolka interpret; dechiffrera decipher; lösa solve **II** *vb itr,* ***~ på*** indicate; friare point to

tydlig *adj* lätt att se, inse, förstå plain, clear; lätt att urskilja, om t.ex. fotspår, bevis, uttal distinct; markerad marked; läslig legible; uppenbar obvious

tydligen *adv* evidently, obviously

tyfon *s* typhoon

tyfus *s* typhoid fever

tyg *s* **1** material [*till* for]; cloth; ***~er*** textiles **2** ***allt vad ~en håller*** for all one is worth

tygel *s* rein; ***ge ngn fria tyglar*** give a p. a free hand; ***hålla*** ngn ***i strama tyglar*** keep...in check

tygla *vb tr* rein in; lidelser etc. bridle, curb; begär restrain, check

tygstycke *s* piece (rulle roll) of cloth

tyll *s* tulle

tyna *vb itr,* ***~ av (bort)*** languish (pine) away

tynga I *vb itr* vara tung weigh heavily [*på* on]; trycka press [*på* on] **II** *vb tr* belasta, t.ex. minnet burden, load; sorgen ***tynger henne*** ...weighs her down; ***tyngd av*** skatter burdened with...; ***tyngd av år*** weighed down by years

tyngande *adj* heavy; tungt vägande weighty; om t.ex. skatt oppressive

tyngd *s* weight; tungt föremål etc. load båda äv. bildl.; speciellt fys. gravity; ***en ~ har fallit från mitt bröst*** a load (weight) has been lifted from my mind, that's a weight off my mind

tyngdkraft *s,* ***~en*** gravity, the force of gravity

tyngdlyftning *s* weight-lifting

tyngdlöshet *s* weightlessness

tyngdpunkt *s* centre of gravity; bildl. äv. main point

typ *s* type äv. boktr. [*av* of]; sort äv. model

typexempel *s* typical example

typisk *adj* typical, representative [*för* of]

typograf *s* typographer

typografi *s* typography

tyrann *s* tyrant

tyranni *s* tyranny

tyrannisera *vb tr* tyrannize

tyrannisk *adj* tyrannical; härsklysten domineering

Tyrolen the Tyrol

tyrolerhatt *s* Tyrolean hat

tysk I *adj* German **II** *s* German; för sammansättningar jfr *svensk*

tyska *s* **1** kvinna German woman **2** språk German; jfr *svenska*

Tyskland Germany

tyst I *adj* silent; quiet; ljudlös noiseless; ***~ förbehåll*** mental reservation; ***var ~!*** be quiet!; göra gott ***i det ~a*** ...on the quiet **II** *adv* silently, quietly; t.ex. gå, tala softly, quietly; ***håll ~!*** keep quiet!; ***hålla ~ med ngt*** keep a th. quiet (a th. to oneself); ***tala ~*** speak low

tysta *vb tr* silence; ***~ ned*** ngn silence...; ngt suppress..., hush...up

tystgående *adj* silent, noiseless

tysthet *s* tystnad silence; tystlåtenhet quietness; ***i ~*** el. ***i all ~*** i hemlighet in secrecy, privately

tystlåten *adj* fåordig silent; förtegen reticent

tystna *vb itr* become silent; upphöra cease

tystnad *s* silence; ***förbigå ngt med ~*** pass a th. over in silence

tystnadsplikt *s* läkares etc. professional secrecy

tyvärr *adv* unfortunately; ***~!*** alas!, bad luck!; ***~ kan jag inte komma*** äv. I'm sorry to say I can't come; ***~ inte*** I'm afraid not

tå *s* toe; ***gå på ~*** walk on tiptoe, tiptoe

tåflörta *vb itr* play footsie

1 tåg *s* rep rope; grövre cable

2 tåg *s* **1** march; tågande marching; festtåg etc. procession **2** järnv. etc. train; ***byta ~*** change trains

tåga *vb itr* march; i t.ex. demonstrationståg walk (march) in procession
tågförare *s* train-driver, engine-driver
tågförbindelse *s* train service (connection)
tågluffa *vb itr* go (travel) by Interrail, travel on an Interrail card, interrail
tågluffare *s* train-hiker, person who goes by Interrail
tågolycka *s* railway accident
tågresa *s* train journey
tågtidtabell *s* railway timetable (amer. schedule)
tåhätta *s* på sko toecap
tåla *vb tr* uthärda bear, endure; stå ut med stand; finna sig i suffer, put up with, tolerate; ***jag tål*** det (honom) ***inte*** I can't stand (bear, put up with)...; ***han tål en hel del*** [***sprit***] he can hold his liquor; ***han tål inte skämt*** he can't take a joke; ***jag tål inte krabba*** crab disagrees with me; det ***tål att tänka på*** ...needs thinking about; sådant ***bör inte ~s*** ...ought not to be tolerated
tålamod *s* patience; ***ha ~*** be patient; ***förlora ~et*** lose one's patience
tålig *adj* o. **tålmodig** *adj* patient, long-suffering
tålmodighet *s* patience; long-suffering
tåls *s*, ***ge sig till ~*** have patience, be patient
tånagel *s* toenail
1 tång *s* verktyg tongs pl.; ***en ~*** (***två tänger***) a pair (two pairs) of tongs
2 tång *s* bot. seaweed
tår *s* **1** tear; ***brista i ~ar*** burst into tears; ***rörd till ~ar*** moved to tears **2** skvätt drop; ***en ~ kaffe*** a few drops of coffee
tårfylld *adj* ...filled with tears; om t.ex. blick, röst tearful
tårgas *s* tear gas
tårkanal *s* tear duct
tårpil *s* träd weeping willow
tårta *s* cake; speciellt med grädde gateau (pl. gateaux); av mör- el. smördeg vanl. tart; ***det är ~ på ~*** it's saying the same thing twice
tårtbit *s* piece of cake
tårtbotten *s* flan case
tårtspade *s* cake slice
tårögd *adj*, ***vara ~*** have tears in one's eyes
täcka *vb tr* cover; i form av skyddande lager coat; skydda protect; fylla, t.ex. ett behov äv. supply; speciellt hand. meet
täcke *s* cover, covering; lager äv. coating; sängtäcke quilt, duvet; duntäcke down (continental) quilt
täckjacka *s* quilted jacket
täckmantel *s*, ***under vänskapens ~*** under the cloak of friendship
täcknamn *s* assumed (cover) name
täckning *s* covering; hand. cover
täckorganisation *s* front organization
täckt *adj* covered; ***~ bil*** closed car
tälja *vb tr* o. *vb itr* skära cut; snida carve
täljare *s* mat. numerator
täljkniv *s* sheath knife
tält *s* tent; större, för cirkus etc. marquee
tälta *vb itr* bo i tält camp, camp out
tältare *s* tenter, camper
tältduk *s* canvas
tältplats *s* camping-ground, camping-site
tältstol *s* camp stool
tältsäng *s* camp bed
tämja *vb tr* tame; husdjur domesticate
tämligen *adv* fairly, moderately
tända I *vb tr* light; elljus turn (switch, put) on; ***~ eld*** (***en brasa***) make a fire; ***~ på*** (***eld på***)... set fire to... **II** *vb itr* fatta eld catch fire; om tändsticka ignite
tändare *s* cigarett~ etc. lighter
tändhatt *s* percussion cap, detonator
tändning *s* bil. ignition; tändande lighting
tändningsnyckel *s* motor. ignition key
tändrör *s* mil. fuse
tändsticka *s* match
tändsticksask *s* matchbox; ask tändstickor box of matches
tändstift *s* motor. sparking (spark) plug
tänja I *vb tr* stretch; ***~ ut*** stretch; draw out, prolong **II** *vb rfl*, ***~ sig*** el. ***~ ut sig*** stretch
tänjbar *adj* stretchable; elastic äv. bildl.
tänka I *vb itr* think [*på* of]; förmoda suppose; föreställa sig imagine; tro believe; ***tänk att hon är*** så rik***!*** to think that she is...!; ***tänk bara!*** just think (fancy, imagine)!; ***tänk om du skulle*** träffa honom supposing (what if) you were to...; ***~ för sig själv*** inom sig think to oneself; ***var det inte det jag tänkte!*** just as I thought!; ***det är*** (***vore***) ***något att ~ på*** that's worth considering (thinking about) **II** *vb tr*, ***~*** el. ***~ att*** inf.: ämna be going to inf.; fundera på att be thinking of ing-form; ***tänker du stanna*** hela kvällen***?*** are you going to stay...?, do you intend (mean) to stay...? **III** *vb rfl*, ***~ sig* 1** föreställa sig imagine; ***kan ni ~ er*** vad som har hänt***?*** can you imagine...?, would you believe...?; ***~ sig för*** think carefully (twice) **2** ämna bege sig, ***vart har du tänkt dig*** resa***?*** where have you thought of going to?

□ ~ **efter** think, reflect, consider; ***när man tänker efter*** äv. when one comes to think of it; ~ **igenom** en sak think...out; ~ **om** do a bit of rethinking, reconsider matters; ~ **ut** fundera ut think (work) out; ~ **över** think over, consider
tänkande I *s* thinking, imagining; begrundan meditation, reflection; filosofi thought **II** *adj* thinking; ***en ~ människa*** äv. a thoughtful (reflecting) man
tänkare *s* thinker
tänkbar *adj* conceivable, imaginable, thinkable; möjlig possible; ***den enda*** (***bästa***) ***~a*** lösningen the only conceivable (the best possible)...
tänkvärd *adj* ...worth considering; minnesvärd memorable
täppa I *s* trädgårds~ garden patch **II** *vb tr, ~ till* (*igen*) stop up, obstruct; ~ ***till munnen på ngn*** bildl. shut a p.'s mouth; ***jag är täppt i näsan*** my nose is stopped up
tära *vb tr* o. *vb itr* förtära consume; ~ ***på*** t.ex. ngns krafter tax...; t.ex. ett kapital break into...; ***en tärande sjukdom*** a wasting disease
1 tärna *s* zool. tern, sea swallow
2 tärna *s* brudtärna bridesmaid
tärning *s* spel~ dice pl.; kok. cube; ***~en är kastad*** the die is cast
tärningsspel *s* game of dice; spelande dice-playing
1 tät *s* head; ***gå i ~en för...*** head..., walk (march) at the head of...
2 tät *adj* **1** t.ex. om rader close; svårgenomtränglig thick; om skog o. dimma samt fys. dense; ej porös massive, compact; om snöfall heavy **2** ofta förekommande frequent; upprepad repeated
täta *vb tr* täppa till stop up; göra...vattentät make...watertight
tätatät *s* tête-à-tête
täthet *s* closeness; density äv. fys.; compactness; frequency; jfr *2 tät*
tätna *vb itr* become (get) denser (more compact, thicker)
tätningslist *s* för fönster etc. draught (amer. draft) excluder, strip
tätort *s* tätbebyggd densely built-up (tätbefolkad populated) area
tätt *adv* closely; thickly, tight; ***hålla ~*** om båt, kärl be watertight; ***locket sluter ~*** the lid fits tight; ***stå ~*** stand closely together; ~ ***efter*** close behind; ~ ***intill*** (***invid***) close up (by); close up to...
tättbebyggd *adj* densely built-up
tättbefolkad *adj* densely populated
tättskriven *adj* closely-written
tävla *vb itr* compete [*med* with; *om* for]
tävlan *s* competition [*om* for]; tävlande rivalry
tävlande I *adj* competing; rivaliserande rival **II** *subst adj*, ***en ~*** a competitor, a rival
tävling *s* competition äv. pris~; contest äv. sport.; t.ex. i löpning race
tävlingsbana *s* löparbana racetrack; hästtävlingsbana racecourse
tävlingsbidrag *s* entry, competition entry; lösning av tävlingsuppgift solution
tävlingsbil *s* racing car
tävlingsförare *s* racing driver (motorist)
tö *s* thaw
töa *vb itr* thaw
töcken *s* dimma mist; dis haze
töja *vb rfl*, ~ ***sig*** stretch
töjbar *adj* stretchable, elastic
tölp *s* boor; drummel äv. lout
tölpaktig *adj* boorish, loutish
töm *s* rein
tömma *vb tr* **1** göra tom empty; brevlåda clear; sitt glas drain; ~ ***ut*** empty out, empty; hälla ut pour out **2** tappa, ~ ***på flaskor*** pour into bottles
tönt *s* vard. drip, wet, wimp, jerk
töntig *adj* vard. fånig sloppy, silly; ynklig pathetic; om t.ex. underhållning feeble, corny
töras *vb itr dep* **1** våga dare, dare to **2** få lov att, hur mycket kostar den ***om jag törs fråga?*** ...if I may ask?
törn *s* stöt blow, bump; bildl. äv. shock
törna *vb itr*, ~ ***emot*** ngt bump (knock) into (against)...; starkare crash into...; ~ ***ihop*** collide
törne *s* tagg thorn; mindre prickle
Törnrosa the Sleeping Beauty
törnrosasömn *s* bildl. torpor, slumber
törnrosbuske *s* vild briar, briar-bush
törst *s* thirst [*efter* for]
törsta *vb itr* thirst [*efter* for]; ~ ***ihjäl*** die of thirst
törstig *adj* thirsty
tös *s* vard. girl, lass; poet. maid
töväder *s* thaw äv. bildl.; ***det är ~*** a thaw has set in

U

ubåt *s* submarine
UD se *utrikesdepartement*
udd *s* point; på t.ex. gaffel prong; bildl. sting
udda *adj* odd, uneven; *~ eller jämnt* odd or even; *en ~* omaka *sko* an odd shoe
udde *s* hög cape, promontory, headland; låg el. smal point
uddlös *adj* pointless
Uganda Uganda
ugandier *s* Ugandan
ugandisk *adj* Ugandan
uggla *s* owl
ugn *s* oven; brännugn kiln; smältugn furnace
ugnseldfast *adj* oven-proof
ugnslucka *s* oven door
ugnspannkaka *s* ung. batter pudding
ugnssteka *vb tr* roast, roast...in the oven; t.ex. fisk bake
u-hjälp *s* u-landshjälp aid to the developing countries
Ukraina the Ukraine
ukrainare *s* Ukrainian
ukrainsk *adj* Ukrainian
ukulele *s* ukulele
u-land *s* developing country
ull *s* wool; *av ~* made of wool, woollen...
ullgarn *s* wool (woollen) yarn, wool
ullig *adj* woolly, fleecy
ullsax *s* sheep shears pl.
ulster *s* ulster
ultimatum *s* ultimatum
ultrakonservativ *adj* ultraconservative
ultrakortvåg *s* radio. ultra-short waves pl., very high frequency (förk. VHF)
ultraljud *s* ultrasound
ultramarin *adj* o. *s* ultramarine
ultraradikal *adj* ultraradical
ultrarapid I *adj, ~ bild* slow-motion picture **II** *s, i ~* in slow motion
ultraviolett *adj* ultraviolet
ulv *s* wolf (pl. wolves)
umbärande *s* privation, hardship
umgås *vb itr dep* be a frequent visitor [*hos ngn* at a p.'s house (place)]; see each other, be together; *ha lätt att ~ med folk* find it easy to get on with people; *~ i fina kretsar* move (mix) in good society
umgänge *s* förbindelse relations pl., dealings pl.; sällskap company, society; *dåligt ~* bad (low) company; *intimt (sexuellt) ~* sexual intercourse
umgängeskrets *s* circle of friends and acquaintances
umgängesliv *s* social life
undan I *adv* **1** bort away; ur vägen out of the way; åt sidan aside; *gå ~* väja get out of the way **2** fort, raskt, *det går ~ med arbetet* the work is getting on fine; *låt det gå ~!* make haste! **3** *~ för ~* little by little; en i taget one by one **II** *prep* from; ut ur out of
undanbe o. **undanbedja I** *vb rfl, ~ sig* t.ex. återval decline... **II** *vb tr, blommor undanbedes* no flowers by request; *rökning undanbedes* refrain from smoking, no smoking
undandra o. **undandraga** *vb rfl, ~ sig* t.ex. sina plikter shirk, evade
undanflykt *s, komma med ~er* be evasive, make excuses
undangömd *adj* ...hidden away (out of sight)
undanhålla *vb tr, ~ ngn ngt* withhold a th. (keep a th. back) from a p.
undanröja *vb tr* t.ex. hinder clear away; person, hinder remove
undanskymd *adj* ...hidden away (out of sight)
undanta o. **undantaga** *vb tr* except; *ingen undantagen* nobody excepted
undantag *s* exception; *ett ~ från regeln* an exception to the rule; *~et bekräftar regeln* the exception proves the rule; *med ~ av (för)* with the exception of
undantagsfall *s, i ~* in exceptional cases
undantagslöst *adv* without exception, invariably
undantagstillstånd *s, proklamera ~* proclaim a state of emergency
1 under *s* wonder, marvel, miracle; *göra ~* work (do) wonders, work miracles; *som genom ett ~* as if by a miracle
2 under I *prep* **1** i rumsbetydelse under; nedanför below, beneath; *stå ~ ngn* i rang be (rank) below a p.; *ta ngn ~ armen* take a p.'s arm; *ett slag ~ bältet* a blow below the belt; *vara känd ~ namnet...* be known by (go by el. go under) the name of...; *5 grader ~ noll* five degrees below freezing-point (zero) **2** i tidsbetydelse: under loppet av during, in; svarande på frågan 'hur länge' for; *~ dagen* during the day; det regnade oavbrutet *~ fem dagar* ...for five days; *~ en resa* skall man when travelling...; *~ tiden* in the

meantime; ~ ***det att han talade*** skrev han while he was speaking... **II** *adv* underneath; nedanför below
underarm *s* forearm
underbar *adj* wonderful, marvellous
underbarn *s* infant prodigy
underbemannad *adj* undermanned
underbetala *vb tr* underpay
underbyxor *s pl* herr~ underpants, pants; i trosmodell briefs; dam~ knickers, panties; trosor briefs
underdel *s* lower part, bottom
underdånig *adj* ödmjuk humble
underexponera *vb tr* underexpose
underfund *adv*, ***komma ~ med*** find out, understand
underförstå *vb tr*, predikatet ***är ~tt*** ...is understood; ***detta ~s*** (***är ~tt***) i avtalet this is implied...
undergiven *adj* submissive
undergräva *vb tr* undermine
undergång *s* **1** ruin, fall; förstörelse destruction; ***världens ~*** the end of the world **2** subway, amer. underpass
underhaltig *adj* ...below standard, inferior
underhand *adv* privately
underhandla *vb itr* negotiate [*om* for]
underhuggare *s* underling, subordinate
underhåll *s* **1** understöd maintenance; t.ex. årligt allowance **2** skötsel maintenance, upkeep
underhålla *vb tr* **1** försörja support, maintain **2** hålla i stånd maintain, keep up **3** roa entertain, amuse
underhållande *adj* roande entertaining, amusing
underhållning *s* entertainment
underhållningsbranschen *s* teater m.m. show business; vard. show biz
underhållningsmusik *s* light music
underifrån *adv* from below (underneath)
underjordisk *adj* underground
underkant *s*, ***i ~*** on the small (kort short, låg low) side
underkasta I *vb tr* subject...to **II** *vb rfl*, ***~ sig*** submit to
underkastelse *s* submission; kapitulation surrender
underkjol *s* underskirt, petticoat
underkläder *s pl* underclothes, underwear sg.
underklänning *s* slip
underkropp *s* lower part of the body
underkuva *vb tr* subdue, subjugate
underkäke *s* lower jaw
underkänna *vb tr* ogilla not approve of; avvisa reject; skol. fail
underkänt *s*, ***få ~*** fail, be failed [*i* in]
underlag *s* foundation, basis (pl. bases)
underlakan *s* bottom sheet
underlig *adj* strange, curious; konstig odd
underliv *s* abdomen; könsdelar genitals pl.
underlåta *vb tr*, ***han underlät att*** meddela oss he failed to...
underlåtenhet *s*, ***~ att betala*** failure to pay
underläge *s* weak position; ***vara i ~*** sport. be doing badly
underlägg *s* t.ex. karott~ mat; skriv~ writing pad; för vinglas o.d. coaster; för ölglas beer mat
underlägsen *adj* inferior [*ngn* to a p.]
underläkare *s* assistant physician (kirurg surgeon); houseman, amer. intern
underläpp *s* lower lip, underlip
underlätta *vb tr* facilitate, make...easier
undermedvetande *s* subconsciousness
undermedveten *adj* subconscious; ***det undermedvetna*** the subconscious (subconscious mind)
underminera *vb tr* undermine, sap
undermålig *adj* substandard, inferior
undernärd *adj* underfed, undernourished
undernäring *s* undernourishment, malnutrition
underordnad I *adj* subordinate; ***~ ngn*** (***ngt***) subordinate to a p. (to a th.) **II** *subst adj* subordinate
underrede *s* på fordon undercarriage
underredsbehandling *s* undersealing; konkret underseal
underrubrik *s* subheading
underrätta *vb tr*, ***~ ngn om ngt*** inform a p. of a th.
underrättelse *s*, ***~*** el. ***~r*** information [*om* about, on]; mil. etc. intelligence [*om* of]; nyhet el. nyheter news [*om* of] samtliga sg.
underrättelsetjänst *s* intelligence, intelligence service
underskatta *vb tr* underrate, underestimate
underskott *s* deficit; ***~ på*** 1000 kr a deficit of...
underskrida *vb tr* fall short of, be below
underskrift *s* signature; ***förse...med sin ~*** sign...
underst *adv* at the bottom [*i* lådan etc. of...]; lägst lowest
understa *adj*, ***den ~*** lådan etc. the lowest (av två the lower)..., the bottom...

understiga *vb tr* be (fall) below, fall short of; *~nde* below, under, less than
understryka *vb tr* underline, emphasize, stress
understöd *s* till behövande relief; periodiskt underhåll allowance; anslag subsidy, grant
understödja *vb tr* support; hjälpa assist, aid
undersåte *s* subject
undersöka *vb tr* examine; investigate; *~nde journalistik* investigative reporting (journalism)
undersökning *s* examination; investigation; prov test, testing; *medicinsk ~* medical examination; *vid närmare ~* on closer examination (inspection)
underteckna *vb tr* sign; *~d* (resp. *~de*) I (resp. we), the undersigned
undertrycka *vb tr* suppress; underkuva subdue, oppress
undertröja *s* vest, speciellt. amer. undershirt
underutvecklad *adj* underdeveloped
undervattensbåt *s* submarine
undervattenskabel *s* submarine cable
underverk *s* miracle, wonder
undervisa *vb tr* o. *vb itr* teach; handleda instruct [*i* in]; *han ~r i engelska* he teaches English
undervisning *s* teaching; meddelad instruction; handledning tuition; utbildning education; *få ~ i* engelska be taught...
undervärdera *vb tr* underestimate, underrate
underårig *adj* ...under age; *vara ~* äv. be a minor
undgå *vb tr* slippa undan escape; undvika avoid; *jag kunde inte ~ att höra det* I couldn't avoid (help) hearing it
undkomma *vb itr* escape, get away
undra *vb itr* wonder [*på (över) ngt* at a th.]
undran *s* wonder [*över* at]
undre *adj* lower; *den ~ världen* the underworld
undsätta *vb tr* mil. relieve; rädda rescue
undsättning *s* relief; *komma till ngns ~* come to a p.'s rescue
undsättningsexpedition *s* relief expedition
undulat *s* budgerigar; vard. budgie
undvara *vb tr* do without; avvara spare
undvika *vb tr* avoid
ung *adj* young; *som ~* var han as a young man..., when he was young...; *de ~a* the young, young people
ungdom *s* **1** abstrakt youth; *i min ~* in my youth (young days), when I was young **2** ~ el. *~ar* young people pl., youth; *några ~ar* some young people; *~en av idag* young people today
ungdomlig *adj* youthful
ungdomlighet *s* youthfulness, youth
ungdomsbok *s* book for young people (juveniles)
ungdomsbrottslighet *s* juvenile delinquency
ungdomsår *s pl* early years; youth sg.
unge *s* **1** av djur: t.ex. fågelunge young bird; *ungar* young, young ones **2** vard., barn kid
ungefär I *adv* about; *~ vid min ålder* at about my age; *~ samma sak* much the same thing; *~ så här* something like this **II** *s, på ett ~* approximately, roughly
ungefärlig *adj* approximate
Ungern Hungary
ungersk *adj* Hungarian
ungerska *s* **1** kvinna Hungarian woman **2** språk Hungarian
ungkarl *s* bachelor
ungkarlshotell *s* working men's hotel, common lodging-house
ungkarlsliv *s* bachelor life
ungmö *s* maid, maiden; *gammal ~* old maid, spinster
ungrare *s* Hungarian
uniform *s* uniform
unik *adj* unique
union *s* union
unison *adj* unison
universalmedel *s* panacea, cure-all
universaltång *s* universal pliers pl.
universell *adj* universal
universitet *s* university; *ligga vid ~et* be at the university
universum *s* universe; världsalltet the Universe
unken *adj* musty, fusty; avslagen stale
unna I *vb tr, ~ ngn ngt* not grudge (begrudge) a p. a th.; *det är dig väl unt!* you deserve it!; *inte ~ ngn ngt* grudge (begrudge) a p. a th. **II** *vb rfl, ~ sig ngt* allow oneself a th.
uns *s* vikt ounce; *inte ett ~* bildl. not a scrap
upp *adv* up; uppåt upwards; uppför trappan upstairs; *hit ~* up here; *högst ~* at the top; *ända ~* right up; *gata ~ och gata ned* up one street and down another; *vända* ngt *~ och ned* turn...upside-down; *~ med händerna* hands up!
uppassare *s* servitör waiter; på båt o. flyg steward
uppasserska *s* servitris waitress; på båt o. flyg stewardess

uppassning *s* vid bordet waiting; attendance
uppbjuda *vb tr,* ~ ***alla*** [***sina***] ***krafter*** summon all one's strength
uppblåst *adj* **1** luftfylld blown, inflated **2** högfärdig conceited
uppbringa *vb tr* **1** kapa capture, seize **2** skaffa procure
uppbrott *s* breaking up; avresa departure
uppbåd *s* skara troop, band; ***ett stort ~ av poliser*** a strong force of policemen
uppbära *vb tr* erhålla, t.ex. lön pension, draw; inkassera collect
uppbörd *s* inkassering collection; av skatt äv. levy
uppdaga *vb tr* upptäcka discover, bring...to light
uppdatera *vb tr* update, bring...up to date
uppdelning *s* division, distribution
uppdiktad *adj* invented
uppdrag *s* commission; uppgift task; ***enligt ~ av*** by direction (order) of; ***få i ~ att*** inf. be commissioned (instructed) to inf.; ***ge ngn i ~ att*** inf. commission (instruct) a p. to inf.; ***på ~ av*** styrelsen by order of...
uppdragsgivare *s* **1** arbetsgivare employer **2** hand. principal; klient client
uppe *adv* up; i övre våningen upstairs; upptill at the top [*på* of, above]; ***vara ~*** hela natten sit (stay) up...; ***vi var ~ i*** 120 km we were doing...
uppehåll *s* **1** avbrott, paus break; järnv., flyg. etc. stop, halt, wait; ***göra ~*** stop; halt; järnv. etc. äv. wait; ***tåget gör 10 minuters ~*** i Laxå the train stops for 10 minutes...; ***utan ~*** without stopping (pausing) **2** vistelse stay
uppehålla I *vb tr* **1** fördröja detain, delay, keep **2** underhålla, t.ex. bekantskap keep up, maintain; ~ ***livet*** support (sustain) life **II** *vb rfl,* ~ ***sig*** vistas stay, stop [*hos* with]; ha sin hemvist reside
uppehållstillstånd *s* residence permit
uppehållsväder *s,* ***mest ~*** mainly dry (fair)
uppehälle *s,* ***fritt ~*** free board and lodging; ***förtjäna sitt ~*** earn one's living
uppenbar *adj* obvious; självklar evident
uppenbara *vb rfl,* ~ ***sig*** reveal oneself [*för* to]; visa sig appear
uppenbarelse *s* **1** relig. revelation; drömsyn vision **2** varelse creature
uppenbarligen *adv* obviously, evidently
uppfartsväg *s* drive, approach
uppfatta *vb tr* apprehend; höra catch; begripa understand
uppfattning *s* apprehension; begripande understanding; begrepp idea, notion [*om, av* of]; ***bilda*** (***göra***) ***sig en ~ om ngt*** form an opinion (idea) of a th.; ***enligt min ~*** in my opinion
uppfinna *vb tr* invent; t.ex. metod devise
uppfinnare *s* inventor
uppfinning *s* invention
uppfinningsrik *adj* inventive; fyndig ingenious
uppfostra *vb tr* bring up; amer. äv. raise; ***illa ~d*** badly brought up, ill-bred; ***väl ~d*** well brought up, well-bred
uppfostran *s* upbringing
uppfriskande *adj* refreshing
uppfylla *vb tr* **1** fylla, genomtränga fill; ***uppfylld av beundran*** filled with (full of) admiration **2** fullgöra fulfil; plikt äv. perform; löfte äv. carry out; ngns önskningar comply with, meet
uppfyllelse *s* fulfilment; av t.ex. plikt performance; ***gå i ~*** be fulfilled, come true
uppfånga *vb tr* catch; signaler pick up; ljus, ljud intercept
uppfällbar *adj* om t.ex. säng, klaff ...that can be raised; om sits, stol tip-up
uppfödning *s* av djur breeding, rearing, amer. raising
uppföljning *s* follow-up
uppför I *prep* up **II** *adv* uphill
uppföra I *vb tr* **1** bygga build, erect **2** framföra: pjäs, opera, musik perform **II** *vb rfl,* ~ ***sig*** skicka sig, bära sig åt behave, behave oneself; ~ ***sig väl*** behave
uppförande *s* **1** byggande building, erection, construction; huset ***är under ~*** ...is under construction **2** framförande: teat. el. mus. performance **3** yttre uppträdande behaviour; moraliskt uppträdande conduct; ***dåligt ~*** el. ***ett dåligt ~*** bad behaviour, misbehaviour
uppförsbacke *s* uphill slope, ascent, hill
uppge *vb tr* state; ange give; rapportera report; ***han uppgav sig vara...*** he declared himself to be...; ~ ***sin ålder till...*** state one's age to be...
uppgift *s* **1** information (end. sg.) [*om, på* about, on; *angående* as to]; påstående statement [*över* as to]; ***närmare ~er*** further information **2** åliggande task; kall mission; skol.: skriftligt prov written exercise (speciellt för examen paper); mat. problem; ***få i ~ att göra ngt*** be given the task of doing a th.; ***han har till ~ att*** it is his task to; mekanismen ***har till ~ att*** the purpose of...is to

uppgjord *adj,* ~ ***på förhand*** pre-arranged; ***matchen var*** ~ på förhand the match was fixed

uppgå *vb itr,* ~ belöpa sig ***till*** amount to

uppgång *s* **1** väg upp way up; trapp~ staircase **2** om himlakroppar rise, rising; höjning, om pris etc. rise

uppgörelse *s* **1** avtal agreement, arrangement; ***träffa en*** ~ come to (make) an agreement **2** avräkning settlement, settlement of accounts **3** dispute; scen scene

upphetsad *adj* excited

upphetsande *adj* exciting

upphetsning *s* excitement

upphittad *adj* found

upphittare *s* finder

upphov *s* origin; källa source; orsak cause; ***ge*** ~ ***till*** give rise to; ***vara*** ~ ***till...*** be the cause of...

upphovsman *s* originator; anstiftare instigator [*till* i båda fallen of]

upphällning *s,* ***vara på*** ~***en*** be on the decline

upphäva *vb tr* avskaffa abolish, do away with; förklara ogiltig declare...null and void; annullera annul, cancel; avbryta, t.ex. belägring, blockad raise

upphöja *vb tr* raise; ~ befordra ***ngn till...*** promote a p....; ***10 upphöjt till 2*** (***3***) mat. 10 squared (cubed)

upphöra *vb itr* sluta cease, stop; ta slut come to an end, be over; ***firman har upphört*** the firm has closed down (no longer exists)

uppifrån I *prep* down from, from **II** *adv* from above; ~ ***och ned*** from top to bottom

uppiggande *adj* stärkande bracing; stimulerande stimulating

uppkalla *vb tr* benämna name, call [*ngn (ngt) efter...* a p. (a th.) after...]

uppkok *s* bildl. rehash [*på* of]

uppkomling *s* upstart

uppkomma *vb itr* arise [*av* from]

uppkomst *s* ursprung origin

uppkäftig *adj* cheeky, saucy

uppköp *s* purchase

uppkörning *s* körprov driving test

uppladdning *s* mil. build-up

uppladdningsbar *adj* rechargeable

upplaga *s* edition; om tidning etc.: utgåva äv. issue; spridning circulation

upplagd *adj,* ***jag känner mig inte*** ~ ***för att*** inf. I'm not in the mood for (I don't feel like) ing-form

uppleva *vb tr* erfara experience; bevittna witness

upplevelse *s* experience

upplopp *s* **1** tumult riot, tumult **2** sport finish

upplysa *vb tr,* ~ ***ngn om*** underrätta inform a p. of...; ge upplysning give a p. information on (about)...

upplysande *adj* informative; lärorik instructive; förklarande explanatory

upplysning *s* **1** belysning lighting, illumination **2** underrättelse information (end. sg.); ***en*** ~ a piece of information; ~***ar*** information sg.; ***närmare*** ~***ar*** further particulars (information)

upplyst *adj* kunnig, bildad enlightened

upplåta *vb tr,* ~ ***ngt åt ngn*** put a th. at a p.'s disposal

uppläggning *s* arrangement äv. kok.

uppläsning *s* reading, recitation

upplösa I *vb tr* **1** dissolve **2** skingra, t.ex. möte disperse; trupp disband **II** *vb rfl,* ~ ***sig*** dissolve; sönderfalla decompose; upphöra be dissolved; skingras disperse, disband

upplösning *s* dissolution; sönderfall disintegration, break-up; skingring dispersion, disbandment; dramas denouement

upplösningstillstånd *s,* ***vara i*** ~ bildl. be on the verge of a breakdown (collapse)

uppmana *vb tr* enträget urge, request

uppmaning *s* urgent request

uppmjukning *s* softening, softening up

uppmuntra *vb tr* encourage

uppmuntran *s* encouragement

uppmärksam *adj* attentive [*på, mot* to]; iakttagande observant [*på* of]; ***göra ngn*** ~ ***på...*** draw (call) a p.'s attention to...

uppmärksamhet *s* attention; artighet attentiveness; iakttagelseförmåga observation; ***fästa*** (***rikta***) ***ngns*** ~ ***på...*** draw (call, direct) a p.'s attention to...; ***fästa*** ~ ***vid...*** pay attention to...; ***väcka*** ~ attract attention

uppmärksamma *vb tr* lägga märke till notice, observe; ***en*** ~***d bok*** a book that has (had) attracted much attention

uppnosig *adj* cheeky, saucy

uppnå *vb tr* reach; ernå attain, achieve

uppnäsa *s* snub (turned-up) nose

uppochnedvänd *adj* ...upside-down; bildl. äv. topsy-turvy

uppoffra I *vb tr* sacrifice [*för* to]; avstå från

give up, forgo **II** *vb rfl,* ~ ***sig*** sacrifice oneself [*för* for]
uppoffrande *adj* self-sacrificing
uppoffring *s* sacrifice
upprepa *vb tr* repeat; förnya renew; ~***de gånger*** repeatedly
upprepning *s* repetition; förnyande renewal
uppriktig *adj* sincere, frank [*mot* with]
uppriktighet *s* sincerity, frankness [*mot* with]
uppriktigt *adv* sincerely, frankly; ~ ***sagt*** frankly, to be frank (honest)
upprop *s* **1** skol., mil. etc. rollcall, calling over [of names] **2** vädjan appeal
uppror *s* **1** resning etc. rebellion; mindre revolt; ***göra*** ~ revolt, rebel **2** upphetsning excitement
upprorisk *adj* rebellious
upprusta *vb itr* rearm; reparera repair, carry out repairs; öka kapaciteten hos expand, improve
upprustning *s* rearmament; reparation repair (end. sg.); ökning av kapacitet expansion, improvement
uppryckning *s* shake-up, shaking-up
upprymd *adj* elated; lätt berusad tipsy
uppräkning *s* enumeration
upprätt *adj* o. *adv* upright, erect
upprätta *vb tr* **1** få till stånd establish; grunda found **2** avfatta draw up **3** rehabilitera rehabilitate; ~ ***ngns rykte*** restore a p.'s reputation
upprättelse *s* redress, satisfaction, rehabilitation
upprätthålla *vb tr* vidmakthålla maintain, keep up, uphold; bevara preserve
uppröjning *s* clearing, clearance; bildl. clean-up
uppröra *vb tr* väcka avsky hos revolt; chockera shock; ~ ***sinnena*** stir up people's minds
upprörande *adj* revolting; shocking
upprörd *adj* harmsen indignant; uppskakad upset; chockerad shocked
uppsagd *adj,* ***vara*** ~ have had notice (notice to quit); ***bli*** ~ get notice (notice to quit)
uppsats *s* skol. composition; större, litterär essay [*om* on]
uppsatsämne *s* subject for composition (essay)
uppsatt *adj,* ***en högt*** ~ ***person*** a person in a high position
uppseende *s,* ***väcka*** ~ attract attention; starkare create a sensation
uppseendeväckande *adj* sensational
uppsikt *s* supervision, superintendence [*över* of]; ***ha*** ~ ***över*** have charge of, supervise; ***stå under*** ~ be under supervision
uppskakande *adj* upsetting; starkare shocking
uppskatta *vb tr* **1** beräkna etc. estimate; värdera value [*till* i båda fallen at] **2** sätta värde på appreciate
uppskattning *s* estimate; värdering valuation; värdesättning appreciation
uppskattningsvis *adv* approximately
uppskjuta *vb tr* put off, postpone; rymdraket launch
uppskjutning *s* rymdraket launching
uppskov *s* uppskjutande postponement [*med* of]; ***bevilja ngn en månads*** ~ allow a p. a respite of one month; ***utan*** ~ without delay
uppskärrad *adj* excited, jumpy, jittery
uppslag *s* **1** på byxa turn-up, amer. cuff; på damplaggs ärm cuff **2** idé idea; förslag suggestion
uppslagsbok *s* reference book; encyklopedi encyclopedia
uppslagsord *s* headword, main entry
uppsluka *vb tr* engulf, swallow up
uppsluppen *adj* ...in high spirits
uppslutning *s* anslutning support; ***det var god*** ~ ***på mötet*** many people attended the meeting
uppspelt *adj* in high spirits
uppstigning *s* rise; ur sängen getting up; flyg. o. på berg ascent
uppstoppad *adj* om djur stuffed
uppsträckning *s* reprimand; vard. telling-off
uppstå *vb itr* **1** uppkomma arise [*av* from]; come into existence; om t.ex. mod appear; plötsligt spring up; result [*av* from] **2** bibl. rise; ~ ***från de döda*** rise from the dead
uppstående *adj,* ~ ***krage*** stand-up collar
uppståndelse *s* **1** oro excitement, stir, fuss **2** relig. resurrection
uppställning *s* **1** anordning arrangement, disposition **2** mil. formation; sport. line-up
uppstötning *s* belch; ***få en*** ~ (~***ar***) belch
uppsving *s* rise; hand. boom
uppsvullen *adj* o. **uppsvälld** *adj* swollen
uppsyn *s* **1** ansiktsuttryck countenance; min air; utseende look **2** övervakning supervision, control
uppsåt *s* speciellt jur. intent; avsikt intention
uppsägning *s* notice to quit; ***med tre månaders*** ~ with three months' notice

uppsägningstid *s* period of notice; ***med en månads ~*** with one month's notice
uppsättning *s* **1** upprättande putting up, jfr *sätta upp* under *sätta* **2** teat. stage-setting **3** sats set
uppta o. **upptaga** *vb tr* **1** antaga, tillägna sig adopt **2** ta i anspråk, fylla take up
upptagen *adj* **1** sysselsatt busy [*med att arbeta* working]; occupied; ***jag är ~*** i kväll, bortbjuden etc. I am engaged...; av arbete I shall be busy... **2** besatt occupied; sitt-***platsen är ~*** the seat is taken; ***det är upptaget*** tele. the number is engaged
upptagetton *s* tele. engaged tone
upptakt *s* början beginning [*till* of]; prelude
uppteckna *vb tr* skriva ned take (write) down
upptill *adv* at the top [*på* of]; däruppe above
upptrappning *s* escalation
uppträda *vb itr* **1** framträda appear; visa sig make one's appearance; om skådespelare äv. act, perform **2** uppföra sig behave, behave oneself
uppträdande *s* framträdande appearance; uppförande behaviour
uppträde *s* scene; ***ställa till ett ~*** make a scene
upptåg *s* prank; skälmstycke practical joke
upptågsmakare *s* practical joker
upptäcka *vb tr* discover; komma på, ertappa detect; få reda på find out
upptäckt *s* discovery; detection, jfr *upptäcka*
upptäcktsfärd *s* o. **upptäcktsresa** *s* expedition; ***göra en ~ i...*** explore...
upptäcktsresande *s* explorer
upptänklig *adj* imaginable, conceivable
uppvaknande *s* awakening
uppvakta *vb tr* **1** göra...sin kur court; besöka t.ex. myndighet call on; ***vi ~de honom på hans födelsedag*** we congratulated (came to congratulate) him on his birthday **2** göra hovtjänst hos attend upon
uppvaktning *s* **1** visit; ***på hans födelsedag blev det stor ~*** many people congratulated (came to congratulate) him on his birthday **2** följe attendants pl.; prins *C.* ***med ~*** ...with his suite
uppvigla *vb tr* stir up
uppviglare *s* agitator agitator
uppvigling *s* agitation
uppvisa *vb tr* t.ex. pass produce; påvisa show
uppvisning *s* exhibition, show; mannekäng~ parade; t.ex. gymnastik~ display
uppväcka *vb tr* framkalla awaken; t.ex. vrede provoke
uppväg *s, **på ~en*** on the (one's) way up (norrut up north)
uppväga *vb tr* counterbalance; ersätta compensate (make up) for; ***mer än ~*** outweigh
uppvärmning *s* heating; ***elektrisk ~*** electric heating
uppväxande *adj* growing up; ***det ~ släktet*** the rising generation
uppväxt *s* growth
uppväxttid *s* childhood and adolescence
uppåt I *prep* up to (towards); ***~ landet*** från havet up country; norrut in the north of the country **II** *adv* upwards **III** *adj, **vara ~*** glad be in high spirits
uppåtgående I *s, **vara i (på) ~*** om priser etc. be on the upgrade **II** *adj* om pris rising
1 ur *s* fickur, armbandsur watch; väggur etc. clock; ***Fröken Ur*** the speaking clock
2 ur *s, **i ~ och skur*** in all weathers
3 ur *prep* out of; från from; ***~ bruk*** out of use
uran *s* uranium
Uranus astron. Uranus
urarta *vb itr* degenerate [*till* into]
urbanisera *vb tr* urbanize
urberg *s* primary (primitive) rock (rocks pl.)
urgammal *adj* extremely old; forntida ancient
urholka *vb tr* bildl. undermine
urholkning *s* fördjupning hollow, cavity
urin *s* urine
urinblåsa *s* bladder
urinera *vb itr* urinate, pass urine
urinprov *s* specimen of urine
urinvånare *s* original inhabitant, aboriginal; ***urinvånarna*** äv. the aborigines
urklipp *s* press cutting, amer. clipping
urkund *s* document, record
urladdning *s* discharge; explosion explosion; bildl. outburst
urlastning *s* unloading
urmakare *s* watchmaker; butik watchmaker's [shop]
urminnes *adj, **sedan ~ tid (tider)*** from time immemorial
urmodig *adj* completely out of date; gammalmodig old-fashioned
urna *s* urn
urpremiär *s* first performance
urringad *adj* low-necked, décolleté

urringning *s, djup* ~ plunging neckline, décolletage
ursinne *s* fury, frenzy; raseri rage
ursinnig *adj* furious
urskilja *vb tr* skönja discern; 'kunna urskilja' make out; särskilja distinguish
urskillning *s* discernment, discrimination; omdömesförmåga judgement
urskog *s* primeval (virgin) forest
urskulda I *vb tr* excuse **II** *vb rfl, ~ sig* excuse oneself
ursprung *s* origin [*till* of]; *till sitt ~* in origin
ursprunglig *adj* original, primitive
ursprungligen *adv* originally
ursäkt *s* excuse; *be om ~* apologize; *be ngn om ~* apologize to a p.
ursäkta I *vb tr* excuse, pardon; *~ mig!* excuse (pardon) me!; *~ att jag...* excuse my ing-form **II** *vb rfl, ~ sig* excuse oneself [*med att...* on the grounds that...]
urtavla *s* dial, clock face
urtiden *s, i ~* in prehistoric times pl.
urtråkig *adj* vard. deadly (dead) dull (boring)
Uruguay Uruguay
uruguayare *s* Uruguayan
uruguaysk *adj* Uruguayan
urusel *adj* vard. rotten, lousy, putrid
urval *s* choice, selection; dikter i ~ selected...
urvattnad *adj* watered-down; fadd wishy-washy; om färg watery
urverk *s* works pl. of a watch (resp. clock); *som ett ~* like clockwork
uråldrig *adj* extremely old, ancient
USA the US, the USA
usch *interj* ooh, ugh; *~ då!* ugh!
usel *adj* wretched, miserable; dålig worthless; gemen vile, mean
U-sväng *s* U-turn
ut *adv* out; utomlands abroad; *dag ~ och dag in* day in day out; *vända ~ och in på ngt* turn a th. inside out; *gå ~ på gatan* (*isen*) go out into the street (on to the ice); *gå ~ på restaurang* go to a restaurant; *~ ur* out of
utagerad *adj, saken är ~* the matter is settled (over and done with)
utan I *prep adv* without; *~ arbete* out of work; *~ honom skulle jag* aldrig klarat det but for him I should...; *~ att han märker* (*märkte*) *det* without his el. him noticing it; *känna ngt ~ och innan* know a th. inside out **II** *konj* but; *inte blott...~ även* not only...but also
utanför I *prep* outside; framför before **II** *adv* outside; *lämna mig ~!* bildl. leave me out of it!
utanordna *vb tr, ~ ett belopp* order a sum of money to be paid
utanpå I *prep* outside, on the outside of; över on the top of, over; *gå ~* överträffa beat **II** *adv* outside, on the outside; ovanpå on the top
utantill *adv, lära sig ngt ~* learn a th. by heart
utarbeta *vb tr* work out; t.ex. rapport, svar prepare; t.ex. program draw up
utarbetad *adj* worn out, overworked
utbetala *vb tr* pay out
utbetalning *s* payment
utbetalningskort *s* post. postal cheque
utbilda *vb tr* educate; i visst syfte train; undervisa instruct; *~ sig för läkaryrket* study for the medical profession; hon är *~d sjuksköterska* ...a trained (qualified) nurse
utbildning *s* education; training; instruction; jfr *utbilda*
utbildningsanstalt *s* educational (training) institution
utbildningsdepartement *s* ministry of education
utbildningsminister *s* minister of education
utbjuda *vb tr* offer
utblottad *adj* destitute [*på* of]
utbreda I *vb tr* spread; utsträcka extend **II** *vb rfl, ~ sig* spread
utbredd *adj* spread; *allmänt* (*vida*) *~* widespread; om t.ex. bruk äv. general
utbredning *s* spreading, extension
utbringa *vb tr* leve give; föreslå call for; ngns skål drink to a p.'s health
utbrista *vb itr* yttra exclaim, burst out
utbrott *s* av t.ex. krig, sjukdom outbreak [*av* of]; vulkans eruption; av känslor outburst
utbryta *vb itr* break out
utbränd *adj* burnt-out
utbud *s* erbjudande offer; *~et av* varor *har ökat* the offering of...for sale has increased
utbuktning *s* bulge
utbyggnad *s* tillbyggnad extension, annexe
utbyta *vb tr* exchange [*mot* for]
utbyte *s* **1** exchange; *i ~ mot* in exchange for **2** behållning profit, benefit; *ha ~ av* get benefit from

utdela *vb tr* distribute, deal (give) out
utdelning *s* distribution, dealing out; av post delivery; aktie~ dividend
utdrag *s* extract, excerpt [*ur* from]
utdragbar *adj* extensible; ***~t bord*** extension table
utdragen *adj* lång drawn out; långrandig lengthy
utdöd *adj* utslocknad extinct; övergiven dead
utdöende *adj,* arten ***befinner sig i ~*** ...is dying out
utdöma *vb tr* **1** straff impose **2** förklara oduglig condemn; förkasta reject
ute *adv* **1** rumsbetydelse out; utomhus outdoors, out of doors; utanför outside; ***där ~*** out there; ***vara ~ på havet*** (***landet***) be out at sea (in the country); ***vara ~ och resa*** be out travelling **2** tidsbetydelse, ***allt hopp är ~*** all hope is at an end; ***tiden är ~*** time is up; ***det är ~ med honom*** it is all up with him **3** ***vara illa ~*** i knipa be in trouble (in a bad fix); ***vara för sent*** (***tidigt***) ~ be too late (too early); ***vara ~ efter*** ngn (ngt) be after...
utebli o. **utebliva** *vb itr* om person fail to come, stay away, not turn up; om sak not be forthcoming; ej bli av not come off; ***~ från*** t.ex. möte fail to attend, be absent from
utefter *prep* along, all along
utegrill *s* barbecue
utegångsförbud *s* under viss tid curfew
uteliv *s* friluftsliv outdoor life
utelämna *vb tr* leave out, omit; förbigå pass over
uteservering *s* lokal open-air café (restaurant)
utesluta *vb tr* exclude; ur förening etc. äv. expel [*ur* from]; ***det är uteslutet*** it is out of the question
uteslutande *adv* solely, exclusively
utexaminerad *adj* trained, certificated; ***bli ~ från*** t.ex. högskola graduate from...
utfall *s* **1** bildl. attack **2** result, outcome
utfalla *vb itr* **1** utmynna fall, fall out [*i* into] **2** om vinst go [*på* nummer to...]; om pengar become due
utfart *s* way (vattenled passage) out; ur stad exit road, main road out of town
utfartsväg *s* exit road, main road out of town
utflykt *s* utfärd excursion, outing, trip
utforma *vb tr* ge form åt design, model, give final shape to; formulera draw up, formulate
utformning *s* design, shaping; formulering drawing up, formulation
utforska *vb tr* ta reda på find out; undersöka investigate; speciellt land explore
utfällbar *adj* folding, collapsible
utfärda *vb tr* issue; t.ex. revers make out
utfästa *vb tr,* ***~ en belöning*** offer a reward
utfästelse *s* löfte promise, pledge; åtagande engagement
utför **I** *prep* down **II** *adv* down, downhill; ***färdas ~*** descend; ***det går ~ med honom*** bildl. he is going downhill
utföra *vb tr* perform; ***~ ett arbete*** do (perform, execute) a piece of work; ***~ en beställning*** carry out an order
utförande *s* verkställande, framförande etc. performance, execution, carrying out; arbete workmanship; modell design
utförbar *adj* practicable, workable
utförlig *adj* detailed; uttömmande exhaustive
utförsbacke *s* downhill slope, descent
utförsåkning *s* sport. downhill run (race)
utförsälja *vb tr* sell out (off)
utförsäljning *s* sale, clearance sale
utge **I** *vb tr* bok publish **II** *vb rfl,* ***~ sig för att vara...*** pretend to be...
utgift *s* expense; ~ el. ***~er*** expenditure sg.
utgivare *s* av bok etc. publisher; ***vara ansvarig ~*** be legally responsible
utgivning *s* publication
utgå *vb itr* **1** härstamma come, issue [*från, ur* from]; ***jag ~r från att du vet...*** I assume you know **2** uteslutas be excluded; utelämnas left out (omitted)
utgående **I** *adj* outgoing; ***~ post*** outgoing mail **II** *s,* ***vara på ~*** om person be about to leave; om fartyg be outward bound
utgång *s* **1** väg ut exit, way out **2** slut end, close; slutresultat result, outcome
utgångspunkt *s* starting-point
utgåva *s* edition
utgöra *vb tr* constitute, make up, form; belöpa sig till amount to; ***~s*** bestå ***av*** consist (be made up) of
uthyrning *s* letting; för lång tid leasing; ***till ~*** om t.ex. båt for hire; om t.ex. rum to let
uthållig *adj* ...with good staying power; ståndaktig persevering
uthållighet *s* staying power, perseverance
uthärda *vb tr* stand, bear
utifrån **I** *prep* from **II** *adv* from outside
utjämna *vb tr* skillnad level (even) out
utjämning *s* levelling-out, evening-out
utkant *s* av stad outskirts pl.

utkast *s* koncept draft, rough draft; skiss sketch [*till* of]
utkastare *s* vakt chucker-out, amer. bouncer
utkik *s* person o. utkiksplats look-out; ***hålla ~*** keep a look-out [*efter* for]
utklassa *vb tr* sport. outclass
utklädd *adj* dressed up
utkomma *vb itr* om bok etc. come out, be published
utkomst *s*, ***ha*** (***få***) ***sin ~*** earn one's living
utkämpa *vb tr* fight; kämpa till slut fight out
utkörning *s* av varor delivery
utlandet *s*, ***från ~*** from abroad; ***i ~*** abroad
utlandskorrespondent *s* utrikeskorrespondent foreign correspondent
utlandssvensk *s* Swede living abroad, expatriate Swede
utled *adj* o. **utledsen** *adj* thoroughly tired el. fed up [*på* of]
utlopp *s* utflöde outflow; avlopp outlet äv. bildl.; ***ge ~ åt*** sin vrede give vent to...
utlova *vb tr* promise; erbjuda offer
utlysa *vb tr* give notice of, announce
utlåning *s* utlånande lending; lån loans pl.
utlåningsränta *s* interest on a loan; räntefot lending rate
utlåtande *s* opinion; sakkunnigas report
utlägg *s* outlay, expenses pl.
utlämna *vb tr* deliver, hand over; överlämna give up, surrender; till annan stat extradite
utlämnande *s* o. **utlämning** *s* delivering, handing over; överlämnande surrender; till annan stat extradition
utländsk *adj* foreign
utlänning *s* foreigner; speciellt jur. alien
utlösa *vb tr* tekn. release; sätta igång start, trigger, trigger off
utlösning *s* **1** releasing, release **2** sexuell orgasm
utmana *vb tr* challenge; trotsa defy; i t.ex. sport take on
utmanande *adj* challenging, defiant; om t.ex. uppträdande, klädsel provocative
utmanare *s* challenger
utmaning *s* challenge
utmattad *adj* exhausted
utmattning *s* fatigue, exhaustion
utmed *prep* along, all along
utmynna *vb itr* se *mynna ut* under *mynna*
utmåla *vb tr* paint, depict [*för* to; *som* as]
utmärglad *adj* avtärd emaciated, haggard
utmärka I *vb tr* känneteckna characterize **II** *vb rfl*, ***~ sig*** distinguish oneself [*genom* by]
utmärkande *adj* characteristic, distinguishing quality
utmärkelse *s* distinction; ära honour
utmärkt *adj* excellent; förstklassig first-rate
utmätning *s* jur. distraint, distress; ***göra ~*** distrain
utnyttja *vb tr* tillgodogöra sig utilize, make use of; exploatera exploit
utnyttjande *s* utilization, exploitation
utnämna *vb tr* appoint; ***han har utnämnts till professor*** he has been appointed professor
utnämning *s* appointment
utnött *adj* worn out; sliten well-worn
utochinvänd *adj* ...turned inside out
utom *prep* **1** utanför outside; jag har inte ***varit ~ dörren*** ...been out of doors (out); ***~ fara*** el. ***~ all fara*** out of danger; ***~ allt tvivel*** beyond doubt; ***bli ~ sig*** be beside oneself [*av* with] **2** med undantag av except, with the exception of; förutom besides, in addition to; ***alla ~ han*** all except him, all but he; ***ingen ~ jag*** no one but (except) me; det var fyra gäster ***~ jag*** ...besides me; hela landet ***~ Stockholm*** ...excluding Stockholm
utombordare *s* outboard motorboat
utombords *adv* outboard, outside
utombordsmotor *s* outboard motor
utomhus *adv* outdoors, out of doors
utomhusantenn *s* outdoor aerial
utomhusbana *s* för tennis open-air court; för ishockey outdoor rink
utomlands *adv* abroad
utomordentlig *adj* extraordinary; förträfflig excellent
utomstående *subst adj*, ***en ~*** an outsider
utomäktenskaplig *adj* om förbindelse extra-marital; om barn illegitimate
utopi *s* utopia; idé, plan utopian scheme (idea)
utpekad *adj*, ***känna sig ~*** feel accused; ***den ~e*** mördaren the alleged...
utplåna *vb tr* obliterate [*ur*, *från* from]; blot (wipe) out; hela byn ***~des*** ...was wiped out
utpost *s* outpost; förpost advanced post
utpressare *s* blackmailer
utpressning *s* blackmail
utprova *vb tr* try out, test
utpräglad *adj* marked, pronounced
utreda *vb tr* undersöka investigate
utredning *s* undersökning investigation; betänkande report; kommitté commission, committee
utrensning *s* utrensande weeding out; polit. purge

utresa *s* outward journey; sjö. outward passage (voyage)
utresetillstånd *s* exit permit
utresevisum *s* exit visa
utrikes I *adj* foreign **II** *adv* abroad; ***resa ~*** go abroad
utrikesdepartement *s* ministry for foreign affairs; ***~et*** britt. the Foreign and Commonwealth Office, amer. the State Department
utrikeskorrespondent *s* foreign correspondent
utrikesminister *s* minister for foreign affairs; ***~n*** britt. the Secretary of State for Foreign and Commonwealth Affairs, amer. the Secretary of State
utrikespolitik *s* foreign politics pl. (handlingssätt policy)
utrikespolitisk *adj*, ***en ~ debatt*** a debate on foreign policy; ***~a frågor*** questions relating to foreign policy
utrop *s* cry, exclamation
utropa *vb tr* **1** ropa högt exclaim, cry out **2** offentligt förkunna proclaim
utropstecken *s* exclamation mark
utrota *vb tr* root out, eradicate; t.ex. råttor exterminate
utrusta *vb tr* equip; speciellt fartyg fit out; beväpna arm
utrustning *s* equipment, outfit
utryckning *s* **1** efter alarm turn-out **2** hemförlovning discharge from active service
utrymma *vb tr* **1** lämna evacuate; t.ex. hus vacate **2** röja ur clear out
utrymme *s* plats space, room; spelrum scope; ***fordra mycket ~*** take up a lot of space
utrymning *s* evacuation; röjning clearing
uträtta *vb tr* do; t.ex. uppdrag perform, carry out; åstadkomma accomplish, achieve
utröna *vb tr* ascertain, find out [*om* whether]
utsago *s*, ***enligt ~ är han...*** he is said to be...; ***enligt hans ~*** according to him
utsatt *adj* **1** blottställd exposed [*för* to]; sårbar vulnerable; ***vara ~ för...*** föremål för be subjected to...; mottaglig för be liable to... **2** ***på ~ tid*** at the time fixed (appointed time)
utse *vb tr* välja choose [*till* ledare etc. as...; *till* en post for...]; utnämna appoint; ***~ ngn till ordförande*** appoint a p. chairman
utseende *s* yttre appearance; persons vanl. looks pl.; ***känna ngn till ~t*** know a p. by sight
utsida *s* outside; yttre exterior
utsikt *s* **1** överblick view; rummet ***har ~ mot parken*** ...overlooks the park; ***hålla ~*** keep a look-out **2** prospect; chans chance; ***han har goda ~er att*** inf. his prospects of ing-form are good; ***det finns alla ~er (föga ~) till...*** there is every prospect (not much chance) of...
utsiktstorn *s* outlook tower
utsirad *adj* ornamented, decorated
utsirning *s* ornament, ornamentation
utsjasad *adj* dead (dog) tired
utskjutande *adj* projecting
utskott *s* committee
utskrattad *adj*, ***bli ~*** be laughed down
utskällning *s* telling off, scolding
utslag *s* **1** hud~ rash; ***få ~*** break out in a rash **2** på våg turn of the scale; av visare etc. deflection **3** avgörande decision; ***fälla ~ (ett ~)*** give a decision (verdict) **4** yttring manifestation; exempel instance
utslagen *adj* **1** sport. o.d., ur tävling eliminated; boxn. knocked out **2** ***en ~ [människa]*** a dropout (social casualty); ***vara ~ från*** arbetsmarknaden be excluded from... **3** ***vara ~*** om blomma be out (in bloom)
utslagsgivande *adj* decisive
utslagsröst *s*, ***ha ~*** have the casting vote
utslagstävling *s* sport. elimination (knock-out) competition
utsliten *adj* worn out; ***~ fras*** hackneyed phrase
utslocknad *adj* om vulkan, ätt extinct
utsläpp *s* avlopp outlet; tömning discharge; dumpning dumping
utsmyckning *s* ornament; utsmyckande ornamentation (end. sg.)
utspark *s* sport. goal kick
utspel *s* **1** åtgärd move, action; initiativ initiative; förslag proposals pl. **2** kortsp. lead
utspelas *vb itr dep* take place
utspisning *s* feeding
utspridd *adj* scattered, spread out
utspädd *adj* diluted
utspädning *s* dilution
utstakad *adj* staked out; bestämd determined
utstråla I *vb itr* radiate, emanate **II** *vb tr* radiate äv. bildl.; t.ex. ljus emit
utstrålning *s* radiation, emanation; om person personal charm, charisma
utsträckning *s* extension; i tid prolongation; vidd extent; ***i stor ~*** to a

great extent; ***i största möjliga ~*** to the greatest possible extent
utsträckt *adj* outstretched, extended; ***ligga ~*** lie stretched out
utstuderad *adj* raffinerad studied; listig artful; inpiskad out-and-out
utstyrsel *s* utrustning outfit
utstå *vb tr* stå ut med endure; genomgå suffer, go through
utstående *adj* om t.ex. tänder, öron protruding; utskjutande projecting
utställare *s* **1** på utställning exhibitor **2** av check drawer
utställning *s* exhibition, show; visning display
utställningsföremål *s* exhibit
utställningslokal *s* showroom; med flera rum showrooms
utstöta *vb tr* ljud utter
utstött *adj*, ***en ~ människa*** an outcast
utsuga *vb tr* exploit, bleed...white
utsugning *s* bildl. exploitation
utsvulten *adj* starved, famished
utsvävande *adj* liderlig dissipated
utsvävningar *s pl* dissipation sg.; friare extravagances
utsåld *adj* sold out; om vara äv. ...out of stock; ***utsålt*** i annons etc. full house
utsäde *s* **1** sådd sowing **2** frö, koll. seed, seed-corn
utsändning *s* sending out; radio. el. TV. broadcast, transmission; TV. äv. telecast
utsätta I *vb tr* **1** blottställa expose; underkasta subject [*för* to] **2** bestämma fix, appoint **II** *vb rfl*, ***~ sig för*** expose oneself to; ***~ sig för risken att*** inf. run the risk of ing-form
utsökt *adj* exquisite, choice
utsövd *adj* thoroughly rested
uttag *s* **1** elektr. socket; vägg~ point, plug point **2** penning~ withdrawal
uttagningstävling *s* trial, trials pl.
uttal *s* pronunciation [*av* ord of]; ***ha bra engelskt ~*** äv. have a good English accent
uttala I *vb tr* **1** ord pronounce; ***~ fel*** mispronounce **2** uttrycka, t.ex. önskan express **3** t.ex. dom pronounce, pass **II** *vb rfl*, ***~ sig*** express oneself, give (express) one's opinion [*om* on]; ***~ sig för*** (resp. ***mot***) ngt declare oneself in favour of (resp. against)...
uttalande *s* statement, pronouncement
uttalsbeteckning *s* phonetic notation
uttaxera *vb tr* levy
uttaxering *s* levying; ***en ~*** a levy
utter *s* djur o. skinn otter
uttjänad *adj* o. **uttjänt** *adj* om sak ...which has served its time; utsliten worn out
uttorkad *adj* dried up
uttryck *s* expression; ***stående ~*** set phrase; ***ge ~ åt...*** give expression (om känsla vent) to...; ***ta sig*** (***komma till***) ***~ i...*** find expression in...; ***som ett ~ för*** min uppskattning as a mark (token) of...
uttrycka I *vb tr* express; jag vet inte ***hur jag skall ~ det*** äv. ...how to put it **II** *vb rfl*, ***~ sig*** express oneself; ***för att ~ sig kort*** to be brief
uttrycklig *adj* express; tydlig explicit
uttryckligen *adv* expressly, explicitly
uttrycksfull *adj* expressive
uttryckslös *adj* expressionless; om blick vacant
uttrycksmedel *s* means (pl. lika) of expression
uttryckssätt *s* mode of expression
utträkad *adj* bored, ...bored to death
utträda *vb itr*, ***~ ur*** förening leave..., withdraw (retire) from...
utträde *s* withdrawal, retirement
uttröttad *adj* weary, ...tired out [*av* with]
uttåg *s* march out, departure
uttömma *vb tr* bildl. exhaust, spend; ***~ sina krafter*** exhaust oneself, spend one's strength
uttömmande I *adj* exhaustive; very thorough **II** *adv* exhaustively; thoroughly
utvald *adj* chosen, picked; ***några få ~a*** a select few
utvandrare *s* emigrant
utvandring *s* emigration
utveckla I *vb tr* develop; t.ex. teorier expound; visa display, show; t.ex. elektricitet, värme generate **II** *vb rfl*, ***~ sig*** develop; växa äv. grow
utvecklas *vb itr dep* develop, grow
utveckling *s* framåtskridande development; vetensk. evolution; framsteg progress
utvecklingsland *s* developing country
utvecklingsstadium *s* stage of development
utvecklingsstörd *adj* mentally retarded
utverka *vb tr* obtain, procure, secure
utvidga I *vb tr* göra bredare widen; t.ex. sitt inflytande extend; t.ex. marknaden expand; göra större enlarge **II** *vb rfl*, ***~ sig*** se *utvidgas*
utvidgas *vb itr dep* widen, widen out; expand äv. om metall; enlarge
utvidgning *s* widening; extension, expansion, enlargement; jfr *utvidga*
utvilad *adj* thoroughly rested

utvinna *vb tr* extract, win [*ur* from]
utvisa *vb tr* **1** visa ut order (send)...out; sport. send (order)...off; order...off; i ishockey send...to the penalty box; ur landet banish, expel **2** visa show; utmärka indicate
utvisning *s* ordering out (off); sport. sending off; ur landet expulsion
utväg *s* expedient, means (pl. lika), way out; ***jag ser ingen annan ~ än att*** inf. I see no other way out but to inf.
utvändig *adj* external, outside
utvändigt *adv* externally, outside, on the outside
utvärdera *vb tr* evaluate
utvärdering *s* evaluation
utvärtes *adj* external, outward; ***till ~ bruk*** for external use (application)
utväxla *vb tr* exchange
utväxling *s* **1** utbyte exchange **2** tekn. gear, gearing
utåt I *prep* uttr. riktning out towards; t.ex. landet out into **II** *adv* outwards; ***längre ~*** further out; dörren ***går ~*** ...opens outwards
utåtriktad *adj* o. **utåtvänd** *adj* ...turned (directed) outwards; om person extrovert, outgoing
utöka *vb tr* increase; se äv. *öka*
utöva *vb tr* t.ex. makt exercise; inflytande exert; t.ex. välgörenhet, yrke practise; t.ex. verksamhet carry on
utöver *prep* over and above, beyond
utövning *s* t.ex. av makt exercise; t.ex. av yrke practice; t.ex. inflytande exertion
uv *s* great horned owl, eagle owl
uvertyr *s* overture [*till* to]

V

vaccin *s* vaccine
vaccination *s* vaccination
vaccinera *vb tr* vaccinate
vacker *adj* **1** beautiful; söt pretty; storslagen fine; trevlig nice; ***en ~ dag,*** se *dag* **2** om t.ex. summa considerable
vackla *vb itr* totter; ragla stagger; vara obestämd vacillate; om t.ex. priser fluctuate
vacklan *s* vacillation; obeslutsamhet indecision
vacklande *adj* tottering; raglande staggering; obestämd vacillating; om t.ex. priser fluctuating; obeslutsam unsettled; om hälsa uncertain, failing
1 vad *s* på ben calf (pl. calves)
2 vad *s* **1** vadhållning bet; ***skall vi slå ~ om det?*** shall we bet on it? **2** jur. notice of appeal
3 vad I *pron* frågande what; ~ el. ***va?*** hur sa what?; artigare I beg your pardon?, pardon?; ***~ för en (ett, ena, några)*** förenat o. självständigt: what; avseende urval which, which one (pl. ones); ***nej, ~ säger du!*** really!, you don't say!; ***vet du ~!*** I'll tell you what!; jag vet inte ***~ som hände*** ...what happened; ***~ värre är*** what is worse; ***~ helst*** whatever **II** *adv*, ***~ du är lycklig!*** how happy you are!; ***~ tiden går fort!*** how time flies!
vada *vb itr* wade
vadare *s* o. **vadarfågel** *s* wading bird, wader
vadd *s* wadding; bomullsvadd cotton wool
vaddera *vb tr* pad, pad out, wad
vaddtäcke *s* quilt
vadhållning *s* betting, making bets
vag *adj* vague; dimmig hazy
vagabond *s* vagabond, tramp, vagrant
vagel *s* med. sty
vagga I *s* cradle äv. bildl. **II** *vb tr* rock; ***~...i sömn*** rock...to sleep
vaggvisa *s* cradle song, lullaby
vagina *s* vagina
vagn *s* carriage; lastvagn etc. waggon, wagon, truck; tvåhjulig kärra cart; bil car
vaja *vb itr* om t.ex. flagga fly, float
vajer *s* cable; tunnare wire
vak *s* hole in the ice
vaka I *s* vigil, night watch **II** *vb itr* hålla vaka sit up; ha nattjänst be on night duty; ***~ hos***

en patient watch by…; ~ ***över*** övervaka keep watch over, watch over

vakande *adj* watching; ***hålla ett ~ öga på*** keep a close (sharp) eye on

vakans *s* vacancy

vakant *adj* vacant

vaken *adj* **1** ej sovande awake (end. predikativt); attributivt waking; ***i vaket tillstånd*** when awake **2** mottaglig för intryck, om t.ex. sinne alert; pigg bright; uppmärksam wide-awake

vakna *vb tr,* ~ el. ~ ***upp*** wake, wake up

vaksam *adj* vigilant, watchful

vaksamhet *s* vigilance, watchfulness

vakt *s* **1** watch äv. sjö.; watching; speciellt mil. guard; tjänstgöring äv. duty; ***gå på ~*** mil. be on guard, be on duty; sjö. be on watch; ***vara på sin ~*** vara försiktig be on one's guard **2** person guard; vaktpost sentry

vakta *vb tr* o. *vb itr* watch; bevaka guard; t.ex. barn look after; hålla vakt keep guard

vaktare *s* guardian; fång~ warder

vaktbolag *s* security company, Securicor ® [sɪ'kjʊərɪkɔː]

vaktel *s* quail

vakthavande *adj,* ~ ***officer*** the officer on duty

vaktkur *s* sentry box

vaktmästare *s* uppsyningsman caretaker, speciellt amer. janitor; i museum attendant; i kyrka verger; dörrvakt doorman, porter; på bio etc. commissionaire, attendant; kypare waiter

vaktparad *s,* ***~en*** styrkan the guard

vakuum *s* vacuum

vakuumförpackad *adj* vacuum-packed

vakuumförpackning *s* vacuum packaging (konkret pack, package)

vakuumtorka *vb tr* vacuum-dry

1 val *s* zool. whale

2 val *s* **1** choice; utväljande äv. selection; ***vara i ~et och kvalet*** be faced with a difficult choice **2** genom omröstning election; själva röstandet voting; det blir ***allmänna ~*** …a general election; ***förrätta ~*** hold an election (elections); ***förrätta ~et*** conduct (preside at) the election; ***gå till ~*** go to the polls

valack *s* häst gelding

valagitation *s* electioneering, election campaign

valbar *adj* eligible [*till* for]; ***icke ~*** ineligible

valbarhet *s* eligibility

valberedning *s* election (nominating) committee

valberättigad *adj* …entitled to vote

valborg *s* o. **valborgsmässoafton** *s* the eve of May Day, Walpurgis [væl'pʊəgɪs] night

valdag *s* polling (election) day

valdistrikt *s* electoral (voting) area

Wales Wales

walesare *s* Welshman (pl. Welshmen); ***walesarna*** som nation the Welsh

walesisk *adj* Welsh

walesiska *s* **1** kvinna Welshwoman (pl. Welshwomen) **2** språk Welsh

valfisk *s* whale

valfläsk *s* election promises pl., bid for votes

valfri *adj* optional

valfrihet *s* freedom of choice

valfusk *s* electoral rigging; ***bedriva ~*** rig an election

valfångare *s* whaler

valförrättare *s* presider at an (the) election

valförrättning *s* omröstning election; själva röstandet voting

valhänt *adj* klumpig clumsy, awkward

valk *s* **1** i huden callus; av fett roll **2** hårvalk pad

valkampanj *s* election campaign

valkrets *s* constituency

1 vall *s* upphöjning bank, embankment; fästningsvall rampart, earthwork

2 vall *s* betesvall grazing-ground, pasture ground

1 valla *vb tr* vakta tend, watch; ~ ***hunden*** walk the dog, take the dog for a walk

2 valla I *s* skidvalla wax **II** *vb tr,* ~ ***skidor*** wax skis

vallfart *s* pilgrimage

vallfärda *vb itr* go on (make) a pilgrimage

vallgrav *s* moat

vallmo *s* poppy

vallmofrö *s* poppy seed

vallokal *s* polling-station

vallängd *s* electoral register

vallöfte *s* electoral pledge (promise)

valmanskår *s* electorate, constituency

valmöte *s* election meeting

valnöt *s* walnut

valp *s* pup, puppy; pojke cub

valpa *vb itr* whelp

valross *s* walrus

valrörelse *s* election campaign

1 vals *s* waltz; ***dansa ~*** dance (do) a waltz

2 vals *s* tekn., i kvarn etc. roller; i valsverk roll; på skrivmaskin cylinder
1 valsa *vb itr* waltz
2 valsa *vb tr* tekn., ~ el. ~ *ut* roll out
valsedel *s* voting-paper, ballotpaper
valskvarn *s* roller mill
valstrid *s* election campaign (contest)
valthorn *s* French horn
valurna *s* ballot box
valuta *s* myntslag currency; utländsk ~ foreign exchange; ***få ~ för pengarna*** get value for one's money
valutabestämmelser *s pl* currency (för utlandsvaluta foreign exchange) regulations
valutahandel *s* exchange dealings pl.
valutakurs *s* rate of exchange, exchange rate
valutamarknad *s* foreign exchange market
valv *s* vault
valör *s* value; sedelvalör denomination
vamp *s* vamp
vampyr *s* vampire
van *adj* practised, experienced, trained; skicklig skilled, expert; förtrogen accustomed, used [*vid ngt* to a th.; *[vid] att* inf. to ing-form]
vana *s* speciellt omedveten habit; speciellt medveten practice; sedvana custom; vedertaget bruk usage; erfarenhet experience; färdighet practice; ***sin ~ trogen*** true to one's habit; ***av gammal ~*** by force of habit; ***ha för ~ att*** inf. have a (be in the) habit of ing-form; medvetet make a practice of ing-form
vandalisera *vb tr* vandalize, destroy
vandalism *s* vandalism
vandra *vb itr* gå till fots walk; gå på vandring, fotvandra ramble, hike; ströva utan mål wander, roam, stroll
vandrande *adj* **1** walking etc., jfr *vandra* **2** ~ ***njure*** med. floating kidney
vandrare *s* wanderer; fot~ walker, rambler, hiker; resande traveller
vandrarhem *s* youth hostel
vandring *s* wandering; utflykt walking-tour; fotvandring ramble, hike
vandringspris *s* challenge trophy
vanebildande *adj* habit-forming
vanföreställning *s* delusion, fallacy
vanheder *s* disgrace, dishonour
vanhedra *vb tr* disgrace, dishonour, bring disgrace (shame) on...
vanhedrande *adj* disgraceful, dishonourable
vanhelga *vb tr* profane, desecrate
vanhelgande *s* profanation, desecration, sacrilege
vanilj *s* vanilla
vaniljglass *s* vanilla ice cream; ***en ~*** äv. a vanilla ice
vaniljsocker *s* vanilla sugar
vaniljsås *s* custard sauce, vanilla custard
vanka *vb itr*, ~ el. ***gå och ~*** saunter, wander
vankas *vb itr dep*, ***det vankades*** bullar (för oss) we were treated to...
vankelmod *s* vacillation; ombytlighet inconstancy
vankelmodig *adj* vacillating; ombytlig inconstant
vanlig *adj* bruklig usual [*hos* with]; accustomed, habitual; sedvanlig customary [*hos* with]; vardaglig ordinary; gemensam för många, motsats sällsynt common; allmän general; ofta förekommande frequent; ***mindre ~*** less (not very) common; ***i ~a fall*** in ordinary cases, as a rule; ***~a människor*** ordinary people; ***på ~t sätt*** in the ordinary (usual) manner (way); ***som ~t*** as usual; bättre ***än ~t*** ...than usual
vanligen *adv* generally, usually, ordinarily, commonly
vanlottad *adj* ...badly (unfairly) treated
vanmakt *s* maktlöshet powerlessness, impotence
vanmäktig *adj* powerless, impotent
vanpryda *vb tr* disfigure, spoil the look of
vanrykte *s* disrepute
vansinne *s* insanity, madness; dårskap folly; ***det vore rena ~t att*** inf. it would be insane to inf.
vansinnig *adj* mad; utom sig frantic [*av* with]; ***har du blivit ~?*** are you mad (out of your mind)?; ***han gör mig ~*** he drives me mad (crazy)
vanskapad *adj* o. **vanskapt** *adj* deformed, malformed, misshapen
vansklig *adj* svår difficult, hard; riskabel risky; kinkig awkward
vansköta *vb tr* mismanage; försumma neglect
vanskötsel *s* mismanagement; försummelse neglect
vante *s* glove; tumvante mitten; ***lägga vantarna på...*** vard. lay hands on...
vantolka *vb tr* misinterpret
vantrivas *vb itr dep* be (feel) uncomfortable, not feel at home, get on badly [*med ngn* with a p.]; om djur, växter

not thrive; ***jag vantrivs med*** arbetet I am not at all happy in...
vantrivsel *s* dissatisfaction, unhappiness (inability to get on) in one's surroundings
vanvett *s* insanity; galenskap madness
vanvettig *adj* insane; galen mad, crazy
vanvård *s* mismanagement, neglect
vanvårda *vb tr* mismanage, neglect
vanvördig *adj* disrespectful, irreverent [*mot* to]
vanvördnad *s* disrespect, irreverence [*mot* to]
vanära I *s*, ***dra ~ över*** sin familj bring disgrace on... **II** *vb tr* disgrace, dishonour
vapen *s* **1** weapon; i pl. vanl. arms; koll. weaponry sg.; ***bära (föra) ~*** bear (carry) arms; ***nedlägga vapnen (sträcka ~)*** lay down one's arms, surrender; ***gripa (kalla...) till ~*** take up (call...to) arms **2** vapensköld coat of arms
vapenbroder *s* brother-in-arms (pl. brothers-in-arms); comrade-in-arms (pl. comrades-in-arms)
vapendragare *s* bildl. supporter, partisan
vapenfri *adj*, ***~ tjänst*** non-combatant duties pl.
vapenför *adj* ...fit for military service
vapengömma *s* arms cache
vapenhandlare *s* arms dealer
vapenlicens *s* licence to carry a gun, firearms permit
vapenlös *adj* unarmed; värnlös defenceless
vapensköld *s* coat of arms
vapenstillestånd *s* armistice; vapenvila truce, cessation of hostilities; tillfälligt cease-fire
vapenvila *s* cessation of hostilities; tillfällig cease-fire
vapenvägrare *s* conscientious objector (förk. CO)
1 var *s* med. pus, matter
2 var *pron* **1** varje särskild each; varenda every; ***~ femte dag*** every fifth day, every five days; ge dem ***ett äpple ~*** ...an apple each **2** ***~ och en*** var och en för sig each; alla everyone, everybody; ***~ och en av...*** each of (alla every one of)...; ***vi betalar ~ och en för sig*** each of us will pay for himself (resp. herself); han talade med ***~ och en för sig*** ...each individually **3** ***~ sin: vi fick ~ sitt äpple*** we got an apple each; de gick ***åt ~ sitt håll*** ...in different directions
3 var *adv* where; ***~ då (någonstans)?*** where?; ***~ i all världen är det?*** where on earth is it?; ***~ som helst*** anywhere; ***~ än (helst)*** wherever
1 vara *vb* **I** *vb itr* be; finnas till äv. exist; ***för att ~ så ung är du...*** considering you are so young you are...; ***vi är fem stycken*** there are five of us; ***det är Eva*** sagt i telefon Eva speaking, Eva here; ***hur vore det om vi skulle gå på bio*** i kväll? what (how) about going to the cinema...?; ***får det ~*** en kopp te? would you like...?; ***det får (vi låter det) ~ som det är*** we'll leave it as it is (at that); ***var ska (brukar)*** knivarna ***~?*** where do...go?; ***jag var hos*** hälsade på ***honom*** I went to see him; ***hur är det med...?*** hur mår how is (resp. are)...?; hur förhåller det sig med how (what) about...?; ***man måste ~ två om det (om att göra det)*** that's a job for two (it takes two to do it); ***vad är den här (ska den här ~) till?*** what is this for? **II** *hjälpvb* be; ***när (var) är han född?*** when (where) was he born?; ***bilen är gjord i Sverige*** the car was made in Sweden; ***bilen är gjord*** för export the car is made...; ***han är (var) bortrest*** he has (had) gone away

□ **~ av med** ha förlorat have lost; vara kvitt have got (be) rid of; **~ kvar** stanna remain, stay on; **~ med** deltaga take part; närvara be present [*på (vid)* at]; ***får jag ~ med?*** may I join in (göra er sällskap join you)?; ***jag var med*** när det hände I was there (present)...; ***~ med om (på)*** samtycka till agree to; ***~ med om*** bevittna see; uppleva experience; ***vad är det med henne?*** what's the matter with her?, hur mår hon? how is she?; **~ om sig** look after one's own interests, look after number one; **~ till** exist, be; ***den är till för det*** that's what it's there (meant) for
2 vara *vb itr* räcka last; pågå go on; fortsätta continue
3 vara *s* artikel article; product; ***varor*** koll. äv. goods
4 vara *s*, ***ta ~ på*** ta hand om take care of, look after; utnyttja make use of
5 vara *vb itr* om sår etc. fester
varaktig *adj* långvarig lasting; beständig permanent
varandra *pron* each other, one another
varannan *räkn* every other (second)
vardag *s* weekday; arbetsdag äv. workday; ***till ~s*** vardagsbruk for everyday use (om kläder wear)
vardaglig *adj* everyday, ordinary; banal

commonplace; om utseende plain; språkv. colloquial
vardagsklädd *adj* ...dressed in everyday (ordinary) clothes
vardagskläder *s pl* everyday (ordinary) clothes
vardagslag *s, **i ~*** om vardagarna on weekdays; vanligtvis usually; till vardagsbruk for everyday use (om kläder wear)
vardagsliv *s* everyday (ordinary) life
vardagsmat *s* everyday (ordinary) food
vardagsrum *s* living room, sitting room
vardera *pron* each
varefter *adv* after which
varelse *s* being; ***levande ~*** living creature
varenda *pron* every, every single
vare sig *konj* **1** either; ***jag känner inte ~ honom eller hans bror*** I don't know either him or his brother **2** antingen whether; han måste gå ***~ han vill eller inte*** whether he wants to or not
vareviga *adj, **~ en*** every single one
varför *adv* why; ***~ det (då)?*** why?; jag var förkyld, ***~ jag stannade hemma*** ...so (for which reason, and that's why) I stayed at home
varg *s* wolf (pl. wolves); ***jag är hungrig som en ~*** I could eat a horse
varghona *s* o. **varginna** *s* she-wolf
vargunge *s* wolf cub
varhelst *adv* wherever
variant *s* variant
variation *s* variation äv. mus.
variera *vb tr* o. *vb itr* vary; vara ostadig fluctuate
varieté *s* **1** föreställning variety show, performance **2** lokal variety theatre
varifrån *adv* from where, where...from
varigenom *adv* through (by) which
varje *pron* varje särskild each; varenda every; vardera av endast två either; vilken som helst any; ***i ~ fall*** in any case; ***lite av ~*** a little of everything
varjämte *adv* besides which (person whom)
varken *konj, **~...eller*** neither...nor; den är ***~ bättre eller sämre än tidigare*** ...no better nor worse than before
varm *adj* warm; het hot; bildl. warm; hjärtlig hearty; ***tre grader ~t*** three degrees above zero; ***bli ~ i kläderna*** begin to find one's feet; ***tala sig ~*** warm to one's subject; ***vara ~ om fötterna*** have warm feet
varmbad *s* hot bath
varmblodig *adj* warm-blooded; bildl. hot-blooded
varmfront *s* meteor. warm front
varmhjärtad *adj* warm-hearted, generous
varmluft *s* hot air
varmrätt *s* huvudrätt main dish (course)
varmvatten *s* hot water
varmvattensberedare *s* geyser, water-heater
varmvattenskran *s* hot-water tap
varna *vb tr* warn [*för ngn* against a p.; *för att göra ngt* not to do a th., against doing a th.]; ***han ~de oss för det*** he warned us against it
varning *s* warning, caution; ***~ för hunden!*** beware of the dog
varningsblinker *s* bil. hazard light
varningslampa *s* warning lamp
varningsmärke *s* o. **varningsskylt** *s* trafik. warning sign
varningstriangel *s* warning (reflecting) triangle
varpå *adv* on which; tid after (on) which, whereupon
vars *pron* relativt whose; om djur o. saker äv. of which
varsam *adj* aktsam careful [*med* with]
varsamhet *s* care, caution
varse *adj, **bli ~*** märka notice, observe, see
varseblivning *s* perception
varsel *s* **1** förebud premonition **2** förvarning notice
varsko *vb tr* underrätta inform; förvarna warn [*ngn om ngt* a p. of a th.]
varsla *vb itr, **~ om strejk*** give notice of a strike
varstans *adv,* det ligger papper ***lite ~*** ...here, there, and everywhere, ...all over the place
Warszawa Warsaw
var så god *interj* se under *god I 1*
1 vart *adv* where; ***~ än (helst)*** wherever; jag vet inte ***~ jag skall gå*** ...where to go; ***~ som helst*** anywhere
2 vart *s, **jag kommer inte någon (kommer ingen) ~*** I'm getting nowhere
vartill *adv* to (of) which
varudeklaration *s* description of goods (merchandise); förpackningsrubrik: innehåll contents pl.; ingredienser ingredients used
varuhiss *s* goods lift (amer. elevator)
varuhus *s* department (departmental) store (stores pl. lika)
varumagasin *s* lager warehouse
varumärke *s* trademark
varunder *adv* under which
varuprov *s* sample

1 varv *s* skeppsvarv shipyard, shipbuilding yard; flottans naval yard (dockyard), naval shipyard
2 varv *s* **1** omgång turn, round; tekn. revolution; vid stickning etc. row **2** lager, skikt layer
varva *vb tr* **1** lägga i skikt put...in layers **2** sport. lap **3** skol. etc., ***~d kurs*** sandwich course
varvid *adv* at which; han snubblade, ***~ han föll...*** in doing which he fell
varvräknare *s* revolution (vard. rev) counter
varvsindustri *s* shipbuilding industry
varvtal *s* number of revolutions (vard. revs)
vas *s* vase
vaselin *s* vaseline
vask *s* avlopp sink
vaska *vb tr* wash
1 vass *adj* sharp; spetsig pointed; om t.ex. blick, ljud piercing
2 vass *s* bot. reed; koll. reeds pl.
Vatikanen the Vatican
watt *s* watt
vatten *s* **1** water; ***ta in ~*** läcka take in water; ***ta sig ~ över huvudet*** take on more than one can manage, bite off more than one can chew; en diamant, en idealist ***av renaste ~*** ...of the first (purest) water **2** vätska, ***~ i knät*** water on the knee **3** urin, ***kasta ~*** pass (make) water
vattenavhärdare *s* water softener
vattenbehållare *s* water tank; större reservoir; för varmvatten boiler
vattenbrist *s* shortage (scarcity) of water
vattendelare *s* watershed, divide
vattendrag *s* watercourse, stream
vattenfall *s* waterfall; större falls pl.
vattenfast *adj* waterproof, water-resistant
vattenfärg *s* watercolour
vattenförsörjning *s* water supply
vattenhink *s* water bucket
vattenkanna *s* water jug, amer. water pitcher; för vattning watering-can
vattenkanon *s* water cannon
vattenklosett *s* water closet
vattenkoppor *s pl* chicken-pox sg.
vattenkraft *s* water power
vattenkran *s* water tap, tap, amer. water faucet, faucet
vattenkrasse *s* watercress
vattenkvarn *s* water mill
vattenkyld *adj* water-cooled
vattenledning *s* water main
vattenmätare *s* water gauge; water meter
vattenpass *s* water level
vattenplaning *s* bil. aquaplaning
vattenpolo *s* water polo
vattenpuss *s* o. **vattenpöl** *s* puddle, pool of water
vattenskida *s* water-ski; ***åka vattenskidor*** water-ski
vattenslang *s* hose
vattenspridare *s* water sprinkler
vattenstånd *s* water level
vattenstämpel *s* watermark
vattentillförsel o. **vattentillgång** *s* water supply
vattentorn *s* water tower
vattentät *adj* om tyg waterproof; om kärl watertight
vattenverk *s* waterworks (pl. lika)
vattenyta *s, **på ~n*** on the surface of the water
vattenånga *s* steam
vattenödla *s* newt
vattkoppor *s pl* chickenpox sg.
vattna *vb tr* water
vattnas *vb itr dep, **det ~ i munnen på mig*** it makes my mouth water
vattnig *adj* watery
Vattumannen astrol. Aquarius
vattusot *s* dropsy
vax *s* wax
vaxa *vb tr* wax
vaxartad *adj* waxlike
vaxböna *s* wax bean, butter bean
vaxdocka *s* wax doll
vaxduk *s* oilcloth
vaxkabinett *s* waxworks exhibition (museum)
vaxkaka *s* honeycomb
vaxljus *s* wax candle; smalare taper
wc *s* WC, toilet, lavatory
ve *interj, **~ och fasa!*** blast!, damnation!
veck *s* fold; i sömnad pleat; byxveck etc. crease; i ansiktet wrinkle; ***bilda ~*** fold; ***lägga pannan i ~*** pucker one's brow
1 vecka I *vb tr* pleat, fold; ***~d kjol*** pleated skirt **II** *vb rfl, **~ sig*** fold; skrynkla sig crease; speciellt om papper crumple, crinkle
2 vecka *s* week; utkomma ***en gång i ~n*** ...once a week; ***förra ~n*** last week; ***om en ~*** in a week (week's time); ***i dag om en ~*** a week from today, a week today
veckig *adj* creased; skrynklig crumpled
veckla *vb tr* linda, vira wind; ***~ ihop*** fold...up (together); ***~ upp*** (***ut***) unfold; t.ex. paket undo
veckodag *s* day of the week
veckohelg *s* weekend

veckolön *s* weekly wages pl.
veckopeng *s* o. **veckopengar** *s pl* weekly pocket money sg.
veckoslut *s* weekend
veckotidning *s* weekly publication (magazine), weekly
ved *s* wood; bränsle firewood
vederbörande I *adj* the...concerned; behörig the proper (appropriate)... **II** *s* the person (jur. party) concerned; pl. those concerned
vederbörlig *adj* due, proper; ***på ~t*** säkert ***avstånd*** at a safe distance; ***med ~t tillstånd*** with due permission
vedergällning *s* retribution; gottgörelse recompense, reward; hämnd retaliation
vedergällningsaktion *s* act of reprisal
vederhäftig *adj* reliable, trustworthy
vederlag *s* compensation
vedermöda *s*, ~ el. ***vedermödor*** hardship, hardships pl.
vedertagen *adj* erkänd accepted, recognized
vedervärdig *adj* repulsive, repugnant
vedhuggare *s* wood-cutter
vedträ *s* log of wood
vegetabilier *s pl* vegetables
vegetabilisk *adj* vegetable
vegetarian *s* vegetarian
vegetarisk *adj* vegetarian
vegetation *s* vegetation
vek *adj* pliable; svag weak; mjuk soft; känslig gentle, tender; ***bli ~*** äv. soften, grow soft
veke *s* wick
vekling *s* weakling
velig *adj* obeslutsam vacillating
wellpapp *s* corrugated paper (tjockare cardboard)
velour *s* velour
weltervikt *s* welterweight
vem *pron* who (objektsform who el. whom); vilkendera which, which of them; ~ ***där?*** who is (mil. goes) there?; jag vet inte ~ ***som kom*** ...who came; ***~s är det?*** whose is it?; ~ ***det än är*** whoever it may be
vemod *s* sadness, melancholy
vemodig *adj* sad, melancholy
ven *s* vein
Venedig Venice
venerisk *adj* venereal; ~ ***sjukdom*** venereal disease
venetianare *s* Venetian
venetiansk *adj* Venetian
Venezuela Venezuela
venezuelan *s* Venezuelan
venezuelansk *adj* Venezuelan
ventil *s* **1** i rum ventilator, air regulator **2** tekn. valve
ventilation *s* ventilation
ventilera *vb tr* **1** ventilate; vädra air **2** dryfta debate, discuss
Venus astron. el. myt. Venus
veranda *s* veranda, amer. äv. porch
verb *s* verb
verbböjning *s* conjugation of a verb (of verbs)
verifiera *vb tr* verify
verifiering *s* o. **verifikation** *s* verification; kvitto receipt
veritabel *adj* veritable, true
verk *s* **1** arbete work, labour; dåd deed; ***samlade ~*** collected works; ***i själva ~et*** in reality, actually; ***sätta...i ~et*** carry out, put...into effect; förverkliga realize; ***gå (skrida) till ~et*** go (set) about it **2** ämbetsverk civil service department **3** fabrik works pl. **4** i ur works pl.
verka *vb itr* **1** handla, arbeta work, act; ~ ***för...*** work for... **2** göra verkan work, act; medicinen ***~de inte*** ...had no effect **3** förefalla seem, appear; ~ ***barnslig*** seem childish
verkan *s* resultat effect, result; följd consequence; kem. action; inflytande influence; intryck impression; ***göra ~*** have an effect, be effective; ***ha ~ på...*** have an effect on...
verklig *adj* real; sann, äkta true, genuine; faktisk actual; ***ett ~t nöje*** a true (real) pleasure
verkligen *adv* really; faktiskt actually, indeed; förvisso certainly; ***nej ~?*** really?; ***jag hoppas ~*** att du har rätt I do (betonat) hope...
verklighet *s* reality; faktum fact; sanning truth; ***bli ~*** become a reality, materialize; ***i ~en*** i verkliga livet in real life; i själva verket in reality; faktiskt in fact, as a matter of fact
verklighetsflykt *s* escape from reality
verklighetsfrämmande *adj* unrealistic
verklighetstrogen *adj* realistic, ...true to life
verkmästare *s* foreman
verkningsfull *adj* effective, impressive
verkningsgrad *s* efficiency
verksam *adj* active; driftig energetic; arbetsam industrious, busy; verkande effective; ***vara ~ som...*** work as...
verksamhet *s* activity, activeness; handling, rörelse action; maskins operation; arbete,

sysselsättning work; fabriks~ etc. enterprise; affärs~ äv. business; ***sätta...i ~*** set...working
verkstad *s* workshop; bil~ garage
verkstadsgolv *s, **arbetarna på ~et*** the workers on the shop floor
verkstadsindustri *s* engineering industry
verkställa *vb tr* carry out, perform; order execute; utbetalning make
verkställande I *adj* executive; ***~ direktör*** managing director, amer. president **II** *s* carrying out, performance; t.ex. av dom execution
verkställighet *s* execution; ***gå i ~*** be put into effect, be carried out (into effect)
verktyg *s* tool, instrument båda äv. bildl.; redskap äv. implement, utensil
verktygslåda *s* toolbox, toolchest
vermouth *s* vermouth
vernissage *s* opening of an (the) exhibition
vers *s* verse; dikt poem; ***sjunga på sista ~en*** be on one's (its) last legs, be on the way out
version *s* version
versmått *s* metre
versrad *s* line of poetry
vertikal *adj* o. *s* vertical
vertikalplan *s* vertical plane
vertikalvinkel *s* vertical angle
vessla *s* **1** zool. weasel **2** snöfordon snowcat, snowmobile, weasel
vestibul *s* vestibule, entrance hall; i hotell lounge, lobby
veta *vb tr* know; ***såvitt (vad) jag vet*** as far as I know; ***det vet jag väl!*** irriterat I know that (all about that)!; ***vet du vad, vi*** går på bio! I'll tell you what, let's...; ***få ~*** få reda på find out, get to know, learn; få höra hear of, be told; ***man kan aldrig ~*** you never know (never can tell)
□ ~ **av** ngt know of..., be aware of...; ***vet du av att...*** do you know that...; ***honom vill jag inte ~ av*** I won't have (don't want) anything to do with him; ***där vet man inte av någon vinter*** they don't know what winter is there; **~ med sig** be conscious, be aware [*att man är* of being, that one is]; **~ om** know about, be aware of; **~ varken ut eller in** be at one's wits' end, be at a loss what to do
vetande *s* knowledge; ***mot bättre ~*** against one's better judgement
vete *s* wheat
vetebröd *s* wheat bread, white bread; kaffebröd buns pl.
vetebulle *s* bun
vetemjöl *s* wheat flour
vetenskap *s* science
vetenskaplig *adj* scientific; humanistisk scholarly
vetenskapligt *adv* scientifically; in a scholarly manner
vetenskapsman *s* naturvetenskapsman scientist; humanist scholar
veteran *s* veteran
veteranbil *s* veteran car
veterinär *s* veterinary surgeon, amer. veterinarian; vard. vet
veterligen *adv* o. **veterligt** *adv, **mig ~*** to my knowledge
vetgirig *adj* eager to learn
vetgirighet *s, **hans ~*** his inquiring mind (kunskapstörst thirst for knowledge)
veto *s* veto; ***inlägga ~ mot ngt*** veto a th.
vetskap *s* knowledge
vett *s* sense; ***ha ~ att*** have the sense to...; ***vara från ~et*** be out of one's senses
vetta *vb itr, **~ mot (åt)*** face, face on to
vettig *adj* sensible, reasonable
vettskrämd *adj* ...frightened (scared) out of one's senses (wits)
vev *s* crank, handle
veva I *s, **i den ~n*** just at that (the same) moment (time) **II** *vb itr* turn the handle [*på ngt* of a th.]
vevaxel *s* crankshaft
vevstake *s* connecting rod
whisky *s* whisky, amer. o. irländsk whiskey
whiskygrogg *s* whisky and soda
vi *pers pron* we; ***oss*** us; rfl. ourselves
via *prep* via, by, by way of
viadukt *s* viaduct
vibration *s* vibration
vibrera *vb itr* vibrate
vice *adj* vice-, deputy
vice versa *adv* vice versa
vicevärd *s* landlord's agent, deputy landlord
vichyvatten *s* soda water, soda
vicka *vb itr* vara ostadig wobble, be unsteady; gunga rock, sway
vickning *s* late light supper [after a party)
1 vid *adj* wide; vidsträckt extensive, broad
2 vid *prep* **1** i rumsbetydelse at; bredvid by; nära near; ***sitta ~ ett bord*** sit at (bredvid by) a table; ställa sin cykel ***~ dörren*** (***~*** mot ***ett träd***) ...by the door (against a tree); ***staden ligger ~ en flod*** the town stands

on a river; ***huset ligger ~ en gata*** nära centrum the house is in (amer. on) a street...; han stoppades ~ ***gränsen*** ...at the frontier; ***sida ~ sida*** side by side **2** uttr. verksamhetsområde: ***vara anställd ~*** en firma be employed in (at)...; ***han är ~ marinen (polisen)*** he is in the Navy (the police); ***vara (gå in) ~ teatern*** be (go) on the stage **3** 'över' over; 'fäst vid' to; ***sitta och prata ~*** ett glas vin sit talking over...; ***sitta ~ sina böcker*** hela dagen sit over one's books...; ***den är fäst (sitter) ~*** en stång it is fastened (attached) to... **4** i tidsbetydelse at; sluta skolan ~ ***arton år*** ...at the age of eighteen; ~ ***avtäckningen*** at (under during) the unveiling ceremony; ~ ***besök i England*** bör man... when on (when paying) a visit to England..., when visiting England...; ~ ***hans död*** efter, till följd av on his death; ~ ***sin död*** när han dog when he died; ~ ***halka*** när (om) det är halt when it is slippery; ~ ***jul (middagen)*** at Christmas (dinner); de betalas ~ ***leverans*** ...on delivery; vakna ~ ***ljudet av musik*** ...at (till to) the sound of music; ~ ***midnatt*** at (omkring about, inte senare än by) midnight; ~ ***dåligt väder*** in bad weather; ***vara ~ god hälsa*** be in good health

vida *adv* **1** i vida kretsar widely; ~ ***omkring*** far and wide **2** i hög grad, ~ ***bättre*** far (much, a good deal) better, better by far

vidare *adj* o. *adv* ytterligare further; mera more; i rum farther, further; i tid longer; ~ ***meddelas att...*** it is further (furthermore) reported that...; ***se ~*** sid. 5 see also...; ***och så ~*** and so on; ***tills ~*** så länge for the present; tills annat besked ges until further notice; ***utan ~*** resolut straight off; genast at once; ***inte (inget) ~ bra*** not very (too, particularly) good; han är ***ingen ~ lärare*** ...not much of a (not a very good) teacher; ***flyga*** ~ fly on [*till* to]; ***läsa*** ~ read on, go on reading

vidarebefordra *vb tr* forward, send on

vidarebefordran *s* forwarding; ***för ~ till*** to be forwarded (sent on) to

vidareutbildning *s* further education (training)

vidbränd *adj,* gröten ***är ~*** ...has got burnt

vidd *s* **1** omfång width **2** omfattning extent, scope; räckvidd range **3** vidsträckt yta, ***~er*** wide open spaces

vide *s* buske osier; träd willow

video *s* apparat o. system video (pl. -s); ***spela in på ~*** video-record

videoband *s* video tape

videobandspelare *s* video cassette recorder (förk. VCR)

videoinspelning *s* video recording

videokamera *s* video camera

videokassett *s* video cassette

videospel *s* video game

videotelefon *s* videophone

videovåld *s* video nasties pl.

videovåldsfilm *s* video nasty

vidga I *vb tr* göra vidare widen; göra större enlarge, expand äv. metall **II** *vb rfl,* ***~ sig*** bli vidare widen; bli större enlarge; öka, växa expand

vidgning *s* widening; enlargement, expansion; jfr *vidga*

vidgå *vb tr* own; bekänna confess

vidhålla *vb tr* hold (keep, adhere, stick) to

vidimera *vb tr* attest

vidimering *s* attestation

vidja *s* osier

vidkommande *s,* ***för mitt ~*** tänker jag... as far as I am concerned..., for my part...

vidkännas *vb tr dep* **1** bära, lida, ***få ~*** kostnaderna have to bear...; ***få ~*** förluster have to suffer **2** erkänna acknowledge

vidlyftig *adj* utförlig circumstantial, detailed; mångordig wordy

vidmakthålla *vb tr* maintain, keep up

vidmakthållande *s* maintenance, keeping up

vidrig *adj* disgusting, repulsive

vidröra *vb tr* touch; omnämna touch on

vidskepelse *s* superstition

vidskeplig *adj* superstitious

vidskeplighet *s* superstition

vidsträckt *adj* extensive, wide, vast

vidstående *adj,* ~ sida the adjoining...

vidsynt *adj* **1** tolerant broad-minded **2** framsynt far-sighted

vidta o. **vidtaga** *vb tr* åtgärder take; ~ ***förändringar*** make changes

vidunder *s* monster

vidunderlig *adj* monstrous

vidvinkelobjektiv *s* wide-angle lens

vidöppen *adj* wide open

Wien Vienna

wienare *s* Viennese (pl. lika)

wienerbröd *s* Danish pastry, vard. Danish

wienerkorv *s* frankfurter, speciellt amer. wienerwurst; vard. wiener, wienie

wienerlängd *s* ung. [long] bun plait

wienerschnitzel *s* Wiener schnitzel

wienervals *s* Viennese waltz
Vietnam Vietnam
vietnames *s* Vietnamese (pl. lika)
vietnamesisk *adj* Vietnamese
vift *s, **vara ute på ~*** be out on the spree
vifta *vb itr* o. *vb tr* wave; ***~ på svansen*** om hund wag its tail; ***~ bort*** flugor whisk away...
viftning *s* wave, wave of the hand; på svansen wag, wag of its tail
vig *adj* smidig lithe; rörlig agile, nimble
viga *vb tr* **1** helga, inviga consecrate **2** sammanviga marry
vigsel *s* marriage, wedding
vigselakt *s* marriage ceremony
vigselattest *s* marriage certificate
vigselring *s* wedding ring
vigör *s* vigour; ***vid full ~*** in full vigour
vik *s* bay; större samt havsvik gulf; mindre creek
vika I *s, **ge ~*** give way (in), yield, submit [*för* to]; falla ihop collapse **II** *vb tr* **1** fold **2** reservera, ***~ en kväll*** för festen etc. set aside an evening...; ***~ en plats*** reserve a seat **III** *vb itr* ge vika yield, give way (in) [*för* to]; ***~ om hörnet*** turn (turn round) the corner **IV** *vb rfl, **~ sig*** böja sig bend; ***benen vek sig under henne*** her legs gave way under her
□ **~ av** turn off [*från vägen* from the road], jfr *avvika;* **~ ihop** fold up; **~ in på** en sidogata turn into (down)...; **~ undan** give way [*för* to]
vikariat *s* post as a substitute (as a deputy, som lärare äv. as a supply teacher), temporary post
vikarie *s* för t.ex. lärare substitute; ställföreträdare äv. deputy; ersättare äv. stand-in; för lärare äv. supply teacher
vikariera *vb itr, **~ för ngn*** substitute (deputize, stand in) for a p., act as a substitute (a deputy) for a p.
vikarierande *adj* deputy; om t.ex. rektor acting
vikbar *adj* foldable
viking *s* Viking
vikingatiden *s* the Viking Age
vikingatåg *s* Viking raid
vikt *s* **1** weight; sälja ***efter ~*** ...by weight; ***gå ned*** (***upp***) ***i ~*** lose (put on) weight; ***hålla ~en*** keep one's weight down **2** betydelse importance; ***fästa stor ~ vid ngt*** attach great importance to a th.
viktig *adj* **1** important; väsentlig essential; ***det ~aste*** är att... the main (important) thing... **2** högfärdig self-important; mallig stuck-up; ***göra sig ~*** give oneself airs
viktigpetter *s* vard. pompous (conceited) ass
vila I *s* rest, repose; ***en stunds ~*** a little rest; ***i ~*** at rest **II** *vb tr* o. *vb itr* rest [*mot* against; *på* on]; ***saken får ~ tills vidare*** the matter must rest there for the moment; ***här ~r...*** here lies...; ***~ ut*** have a good rest **III** *vb rfl, **~ sig*** rest, take a rest
vild *adj* wild; ***~a djur*** wild animals; ***~ strejk*** wildcat strike; ***Vilda Västern*** the Wild West; ***bli ~*** ursinnig become (get) furious (amer. mad)
vilddjur *s* wild beast
vilde *s* savage
vildhet *s* wildness, savagery
vildmark *s* wilderness
vildsint *adj* fierce, ferocious
vildsvin *s* wild boar
vilja I *s* will; önskan wish, desire; avsikt intention; ***min sista ~*** testamente my last will and testament; ***få sin vilja fram*** have (get) one's own way; ***av egen fri ~*** of one's own free will; ***med bästa ~ i världen går det inte*** with the best will in the world it is not possible **II** *vb tr* o. *vb itr* o. *hjälpvb* önska want, wish, desire; tycka om like; mena, ämna mean; vara villig be willing; ***~ ha*** want; ***vill du vara snäll och*** el. ***skulle du ~*** inf. will you please inf., would you mind ing-form; ***jag vill att du skall göra*** (***gör***) ***det*** I want you to do it; ***vill du ha*** lite mera te***? - Ja, det vill jag*** would you like...? - Yes, I would; ***vad vill du att han skall göra?*** what do you want (wish) him to do?; ***gör som du vill*** do as you like (please, wish); ***om Gud vill...*** God willing..., ...please God; vet du ***vad jag skulle ~?*** ...what I would like to do?; ***jag skulle ~ ha...*** I want..., I should like (like to have)...; ***jag vill hellre ha*** te än kaffe I would rather have...; ***det vill jag hoppas*** I do hope so; ***jag vill minnas*** att... I seem to remember...; ***vad vill du ha att dricka?*** what will you have (what do you want) to drink?; arbetet ***vill aldrig ta slut*** ...seems never to end
vilje *s, **göra ngn till ~s*** do as a p. wants (wishes)
viljestark *adj* strong-willed
viljestyrka *s* willpower
viljesvag *adj* weak-willed
vilken *pron* **1** relativt: om person who (objektsform whom); om djur el. sak which;

allmänt that; ~ ***som helst*** anyone; ~ ***som helst som*** whoever, whichever; ***dessa pojkar, vilka alla*** är bosatta i... these boys, all of whom...; ***dessa böcker, vilka alla*** är... these books, all of which...; ***i vilket fall*** han måste in which case...; ***i vilket fall som helst*** in any case **2** frågande: obegränsat what; självständigt om person who (objektsform who el. whom); urval which, which one (pl. ones); ***vilkens, vilkas*** whose; ***vilka böcker*** har du läst? what (av ett begränsat antal which) books...?; ~ ***är*** vad heter Sveriges största stad? what is...?; ***vilka är*** de där pojkarna? who are...?; jag vet inte ~ ***av dem som kom först*** ...which of them came first **3** andra ex., res ~ ***dag du vill*** ...any day you like; ***vilka åtgärder han än må vidta*** whatever steps he may take **4** i utrop, ~ ***dag!*** what a day!; ***vilket väder!*** what weather!; ***vilka höga berg!*** what high mountains!

vilkendera *pron* which, whichever

1 villa *s* illusion, delusion

2 villa *s* house; finare, på kontinenten o. ibl. i Storbr. villa; enplans~ ofta bungalow

villasamhälle *s* o. **villastad** *s* residential district

villaägare *s* house-owner

villebråd *s* game; förföljt ~ quarry

villervalla *s* confusion, chaos

villfarelse *s* error, mistake, delusion

villig *adj* willing; beredd äv. ready; ***vara ~ att*** be willing (prepared) to

villighet *s* willingness, readiness

villkor *s* condition; köpe~ etc. terms pl.; ***ställa som ~ att...*** make it a condition that...; ***på det ~et att...*** on condition that...; ***på inga ~*** on no condition

villkorlig *adj* conditional; ***de fick ~ dom*** they were given a conditional (suspended) sentence

villkorsbisats *s* conditional clause

villkorslös *adj* unconditional

villospår *s, **vara på ~*** be on the wrong track

villoväg *s, **leda (föra) ngn på ~ar*** lead a p. astray; ***råka (komma) på ~ar*** go astray

villrådig *adj, **vara ~ om vad man skall göra*** be at a loss what to do

vilodag *s* day of rest

vilohem *s* rest home

vilopaus *s* o. **vilostund** *s* break, rest

vilse *adv, **gå ~*** lose one's way, get lost

vilseleda *vb tr* mislead, lead...astray

vilseledande *adj* misleading

vilsen *adj* lost

vilstol *s* deck chair; av sängtyp folding lounge chair

vilt I *adv* **1** wildly, furiously; ***växa ~*** grow wild **2** ~ ***främmande*** quite strange **II** *s* game

vilthandel *s* butik poulterer's, poultry shop

vimla *vb itr* swarm [*av* with]; ***det ~r av folk på gatorna*** the streets are swarming (teeming) with people

vimmel *s* folk~ throng, crowd

vimmelkantig *adj* yr giddy, dizzy; förvirrad confused

vimpel *s* streamer; mil. pennant

vimsig *adj* scatterbrained

vin *s* **1** dryck wine **2** växt vine

vina *vb itr* whine; om pil etc. whistle

vinbär *s, **röda ~*** redcurrants; ***svarta ~*** blackcurrants

1 vind *s* wind; lätt vind breeze; ***driva ~ för våg*** drift aimlessly; ***låta ngt gå ~ för våg*** leave a th. to take care of itself; ***få ~ i seglen*** catch the wind; bildl. begin (start) to do well; ***ha ~ i seglen*** sail with a fair wind; bildl. be successful; ***borta med ~en*** gone with the wind

2 vind *s* i hus attic; vindsrum äv. garret

vindflöjel *s* weathercock, vane

vindruta *s* på bil windscreen

vindrutespolare *s* windscreen washer

vindrutetorkare *s* windscreen wiper

vindruva *s* grape

vindruvsklase *s* bunch (cluster) of grapes

vindskammare *s* attic, garret

vindskontor *s* lumber room

vindspel *s* windlass, winch; stående capstan

vindstilla *adj* calm, becalmed

vindsurfa *vb itr* windsurf

vindsurfingbräda *s* sailboard

vindsvåning *s* attic, attic storey

vindtygsjacka *s* windproof jacket, windcheater

vindtät *adj* windproof

vindögd *adj* squint-eyed, cross-eyed

vinfat *s* wine barrel, wine cask

vinflaska *s* wine bottle; med vin bottle of wine

vinge *s* wing

vingla *vb itr* gå ostadigt stagger; stå ostadigt sway; om möbler wobble

vinglig *adj* staggering; om möbler wobbly, rickety

vingmutter *s* wing nut

vingård *s* vineyard

vinjett *s* vignette
vink *s* med handen wave; tecken sign, motion; antydan hint; ***förstå ~en*** take the hint
vinka *vb itr* o. *vb tr* ge tecken beckon, motion [*åt* to]; vifta wave; ***~ av ngn*** wave a p. off; ***han ~de henne till sig*** he beckoned to her to come up (over) to him
vinkel *s* angle; hörn corner; vrå nook
vinkelformig *adj* angular
vinkelhake *s* set square, triangle
vinkeljärn *s* angle iron (bar)
vinkellinjal *s* T-square
vinkelrät *adj* perpendicular [*mot* to]; ***~ mot...*** äv. at right angles to...
vinkla *vb tr,* ***~ nyheterna*** slant the news
vinkällare *s* wine cellar
vinlista *s* wine list, wine card
vinna *vb tr* o. *vb itr* i strid, tävlan, spel win; t.ex. tid, terräng gain [*genom, med, på* by]; ha vinst profit [*på* by]; ha nytta benefit [*på* from]; ***du vinner ingenting med att hota*** threats won't get you anywhere; ***~ på*** en affär profit (benefit) from el. by...; tjäna pengar make money on...; ***~ på*** ta in på ***ngn*** gain on a p.
vinnande *adj* winning; intagande attractive
vinnare *s* winner
vinning gain, profit; ***för snöd ~s skull*** out of sheer greed
vinningslysten *adj* greedy, grasping
vinodlare *s* vine-grower
vinranka *s* grapevine
vinrättigheter *s pl,* ***ha ~*** be licensed to serve wine; ***ha vin- och spriträttigheter*** be fully licensed
vinsch *s* winch
vinscha *vb tr,* ~ el. ***~ upp*** hoist, winch
vinst *s* gain; förtjänst profit, profits pl.; avkastning yield, returns pl.; utdelning dividend; i lotteri lottery prize; ***högsta ~en*** the first prize; ***ren ~*** net profits pl.; ***ge ~*** yield a profit; ***sälja...med ~*** sell...at a profit; ***på ~ och förlust*** at a venture, on speculation
vinstandel *s* share of (in) the profits; utdelning dividend
vinstgivande *adj* profitable, remunerative, paying
vinstlista *s* lottery prize list
vinstlott *s* winning ticket
vinstnummer *s* winning number
vinstock *s* grapevine, vine
vinter *s* winter; ***i vintras*** last winter, jfr äv. *höst*
vinterbonad *adj* ...fit for winter habitation
vinterdag *s* winter (winter's) day
vinterdvala *s* winter sleep, hibernation; ***ligga i ~*** hibernate
vinterdäck *s* snow (winter) tyre
vintergata *s,* ***Vintergatan*** the Milky Way
vinterkörning *s* med bil winter driving, driving in the winter
vinter-OS *s* the winter Olympics pl.
vintersolstånd *s* winter solstice
vintersport *s* winter sports pl.
vintertid *s* winter, wintertime
vinthund *s* greyhound
vinyl *s* vinyl
vinylacetat *s* vinyl acetate
vinäger *s* o. **vinättika** *s* wine-vinegar
viol *s* violet
violett *s* o. *adj* violet; jfr *blått*
violin *s* violin
violinist *s* violinist
violoncell *s* cello (pl. -s)
violoncellist *s* violoncellist, cellist
vipp *s,* ***vara på ~en att*** inf. be on the point of (be within an ace of) ing-form
vippa *vb itr* swing (guppa bob) up and down; gunga seesaw; ***~ på stjärten*** wag one's tail; ***~ på stolen*** tilt the (one's) chair
vipport *s* garagedörr overhead door, up-and-over
vira *vb tr* wind; för prydnad wreathe
wire *s* cable; tunnare wire
viril *adj* virile, manly
virka *vb tr* o. *vb itr* crochet
virke *s* wood, timber
virkning *s* crocheting, crochet work
virknål *s* crochet hook (needle)
virrig *adj* muddled, confused
virrvarr *s* förvirring confusion; villervalla muddle; röra jumble; oreda mess, tangle
virtuos *s* virtuoso (pl. -s el. virtuosi)
virtuositet *s* virtuosity
virus *s* virus
virvel *s* whirl, swirl
virvelvind *s* whirlwind
virvla *vb itr* whirl, swirl
1 vis *s* way, manner, fashion
2 vis *adj* wise; starkare sage
1 visa *s* song; folkvisa ballad
2 visa I *vb tr* show [*för* to]; peka point [*på* at (to)]; ådagalägga äv. exhibit, demonstrate, display; ***kyrkklockan ~r rätt tid*** the church clock tells the right time; ***~ ngn aktning*** pay respect to a p.; ***~ ngn på dörren*** show a p. the door **II** *vb*

rfl, *~ **sig*** show oneself; framträda appear; bli tydlig become apparent; synas äv. be seen; ***det kommer att ~ sig om...*** it will be seen whether...; ***detta ~de sig vara ogenomförbart*** this proved (proved to be) impracticable
□ ~ **fram** förete show, exhibit, display; ~ **upp** fram, t.ex. pass, ta fram produce; ~ **ut ngn** order (send) a p. out
visare *s* på ur hand; på instrument pointer, indicator, needle
visavi I *s* man (woman) opposite **II** *prep* mittemot opposite; beträffande regarding
visdom *s* wisdom; lärdom learning
visdomstand *s* wisdom tooth
visent *s* European bison
vishet *s* wisdom
vision *s* vision
visionär I *adj* visionary **II** *s* visionary, dreamer
visit *s* call, visit; ***avlägga ~ hos ngn*** pay a p. a visit, call on a p.
visitation *s* examination; kropps~ search
visitera *vb tr* examine; kropps~ search; inspektera inspect
visitkort *s* visiting-card, card; amer. calling card
viska *vb tr* o. *vb itr* whisper
viskning *s* whisper
visning *s* showing; demonstration demonstration; förevisning exhibition, display, show
visp *s* whisk; mekanisk äv. beater
vispa *vb tr* whip, whisk; ägg etc. beat
vispgrädde *s* whipped (till vispning whipping) cream
viss *adj* **1** certain [*om, på* of]; sure [*om, på* of, about] **2** särskild certain; bestämd: om tidpunkt äv. given; om summa fixed; ***en ~*** herr Andersson a certain...; ***i ~ mån*** to a certain (to some) extent; ***i ~a avseenden*** in some respects (ways)
visselpipa *s* whistle
vissen *adj* faded; förtorkad withered; ***känna sig ~*** feel off colour, feel rotten
visserligen *adv* helt visst certainly; förvisso to be sure; ***han är ~ duktig, men...*** it is true that he is clever, but...
visshet *s* certainty; ***få ~ om...*** find out...for certain
vissla I *s* whistle **II** *vb tr* o. *vb itr* whistle; ~ ***ut*** hiss; artist hiss...off the stage
vissling *s* whistle
vissna *vb itr* fade, wither
visst *adv* certainly, to be sure; utan tvivel no doubt; ***ja ~!*** certainly!, of course!; ~ ***inte!*** certainly not!
vistas *vb itr dep* stay; bo reside, live
vistelse *s* stay
vistelseort *s* place of residence, permanent residence
visuell *adj* visual
visum *s* visa
vit *adj* white; ***den ~a duken*** the screen; ***en ~*** a white, a white man; ***de ~a*** the whites; för sammansättningar jfr äv. *blå-*
vita *s* äggvita, ögonvita white
vital *adj* vital; livskraftig vigorous
vitalitet *s* vitality; livskraft vigour
vitamin *s* vitamin
vitaminbrist *s* vitamin deficiency
vitaminisera *vb tr* vitaminize
vite *s* fine, penalty; ***vid ~ av...*** under penalty of a fine of...
vitglödande *adj* white-hot
vithårig *adj* white-haired
vitkål *s* cabbage, white cabbage
vitlimma *vb tr* whitewash
vitling *s* fisk whiting
vitlök *s* garlic
vitlöksklyfta *s* clove of garlic
vitna *vb itr* whiten, turn (grow, go) white
vitpeppar *s* white pepper
vitriol *s* vitriol
vitrysk *adj* Byelorussian, Belorussian
vitryss *s* Byelorussian, Belorussian
Vitryssland Byelorussia, Belorussia
vits *s* ordlek pun; kvickhet joke, jest
vitsa *vb itr* joke, crack jokes
vitsig *adj* kvick witty
vitsippa *s* wood anemone
vitsord *s* skriftligt betyg testimonial; skol. mark, amer. grade
vitsorda *vb tr* intyga testify to, certify; ~ ***att ngn är...*** certify that a p. is...
1 vitt *s* white; jfr *blått* o. *svart*
2 vitt *adv* widely; ~ ***och brett*** far and wide; ***prata ~ och brett om...*** talk at great length about...
vittgående *adj* far-reaching; ~ ***reformer*** extensive reforms
vittna *vb itr* witness; intyga testify [*om* to]; ~ ***mot*** (***för***) ***ngn*** give evidence against (in favour of) a p.; ~ ***om*** visa show
vittne *s* witness; ***vara ~ till ngt*** witness a th.
vittnesbås *s* witness box
vittnesbörd *s* testimony, evidence
vittnesmål *s* evidence, testimony; ***anlägga ~*** give evidence

vittomfattande *adj* far-reaching, extensive
vittra *vb itr* falla sönder moulder, crumble, crumble away
vittvätt *s* white laundry (linen), whites pl.
vitvaror *s pl* white goods
vivre *s, **fritt** ~* free board and lodging
VM se *världsmästerskap*
vodka *s* vodka
wok *s* kok. wok
woka *vb tr* o. *vb itr* kok. wok
vokabelsamling *s* vocabulary
vokabulär *s* ordförråd vocabulary; ordlista äv. glossary
vokal *s* vowel
vokalist *s* vocalist
volang *s* flounce; smalare frill
volfram *s* tungsten
1 volt *s* elektr. volt
2 volt *s* ridn. el. fäkt. volt; ***göra (slå) ~er*** gymn. turn somersaults
volym *s* volume äv. bokband
votera *vb itr* o. *vb tr* vote
votering *s* voting
votum *s* vote
vov *interj, ~ ~!* bow-wow!
vovve *s* barnspråk bow-wow
vrak *s* wreck äv. bildl.
vraka *vb tr* reject
vrakgods *s* wreckage
vrakpris *s* bargain price
vrakspillror *s pl* wreckage sg.
vred *s* handle; runt äv. knob
vrede *s* wrath; ursinne fury, rage; ***låta sin ~ gå ut över ngn*** vent one's anger on a p.
vredesmod *s, **i** ~* in wrath (anger)
vredesutbrott *s* fit of rage
vredgad *adj* angry, furious
vresig *adj* peevish, cross
vresighet *s* peevishness, crossness
vricka *vb tr* stuka sprain; rycka ur led dislocate
vrickad *adj* vard. crazy, cracked
vrickning *s* stukning sprain, dislocation
vrida *vb tr* o. *vb itr* turn; sno twist, wind; ***~ händerna*** wring one's hands; ***~ tvätt*** wring out the washing; ***~ och vränga på ngt*** twist and turn a th.
□ ~ **av** twist off; ~ **fram klockan** put the clock forward; ~ **om** nyckeln turn...; ~ **på** t.ex. kranen turn on; ~ **till kranen** turn off the tap; ~ **upp klockan** wind up the clock
vriden *adj* **1** snodd twisted, contorted **2** tokig cracked, crazy
vridmoment *s* tekn. torque
vrist *s* instep; ankel ankle
vrå *s* corner, nook
vråk *s* fågel buzzard
vrål *s* vrålande roaring, bawling; ***ett ~*** a roar (bawl)
vråla *vb itr* roar, bawl, bellow
vrång *adj* ...difficult to deal with, cussed, disobliging
vrångbild *s* distorted picture
vrångstrupe *s, **jag fick den i ~n*** it went down the wrong way
vräka I *vb tr* **1** heave; kasta toss, throw **2** köra ut från en bostad evict, eject **II** *vb itr, **regnet vräker ned*** it's pouring down; ***snön vräker ned*** the snow is coming down heavily **III** *vb rfl, **sitta och ~ sig*** lounge about
□ ~ **bort** kasta throw away; ~ **omkull** throw...over; ~ **ur sig** blurt out; ~ **ut pengar** spend money like water
vräkig *adj* ostentatious; flott flashy, showy; slösaktig extravagant
vränga *vb tr* vända ut o. in på turn...inside out; förvränga distort, twist
vulgaritet *s* vulgarity
vulgär *adj* vulgar, common
vulkan *s* volcano (pl. -s)
vulkanisera *vb tr* vulcanize
vulkanisk *adj* volcanic
vurm *s* passion, craze, mania [*för (på)* for]
vurma *vb itr, **~ för ngt*** have a passion for a th.
vuxen *adj* fullvuxen adult, grown-up; ***de vuxna*** adults, grown-ups
vuxenutbildning *s* adult education
vy *s* view
vykort *s* picture postcard
vyssja *vb tr* lull [*i sömn* to sleep]
vådaskott *s* accidental shot
vådlig *adj* farlig dangerous
våffeljärn *s* waffle iron
våffla *s* waffle
1 våg *s* **1** redskap scale, scales pl.; större weighing-machine; med skålar balance **2** ***Vågen*** astrol. Libra
2 våg *s* wave
våga I *vb tr* o. *vb itr* dare; riskera äv. risk; ***~r han gå?*** dare he go?, does he dare to go?; ***~ livet*** venture (risk) one's life; ***du skulle bara ~!*** just you dare!, just you try! **II** *vb rfl, **~ sig dit*** dare to go there; ***~ sig på ngn (ngt)*** angripa dare to tackle a p. (a th.)
vågad *adj* djärv daring, bold; riskfylld risky, hazardous; oanständig indecent
vågarm *s* arm (lever) of a balance

vågbrytare *s* breakwater
vågdal *s* trough of the sea (the waves); bildl. down period, doldrums pl.; ***komma in i en ~*** get into a down period
vågformig *adj,* ***~ rörelse*** wave-like (undulating) movement
våghals *s* daredevil
våghalsig *adj* reckless, rash
vågig *adj* wavy; böljande undulating
våglängd *s* radio. wavelength
vågrät *adj* horizontal; plan level; ***~a ord*** i korsord clues across
vågsam *adj* risky, hazardous, daring, bold
vågspel *s* o. **vågstycke** *s* bold (daring) venture; vågsam handling daring act
våld *s* makt power; tvång force, compulsion; våldsamhet violence; ***yttre ~*** violence; ***bruka*** (***öva***) ***~*** use force el. violence [*mot* against]; ***vara i ngns ~*** be in a p.'s power, be at a p.'s mercy; ***med ~*** by force
våldföra *vb rfl,* ***~ sig på*** use violence on
våldsam *adj* violent; vild furious
våldsamhet *s* violence
våldsdåd *s* act of violence
våldta *vb tr* rape
våldtäkt *s* rape
våldtäktsman *s* rapist
vålla *vb tr* förorsaka cause, be the cause of
vålnad *s* ghost, phantom
vånda *s* agony; kval torment
våndas *vb itr dep* suffer agony, be in agony
våning *s* **1** lägenhet flat, amer. apartment **2** etage storey; våningsplan floor; ***på*** (***i***) ***andra ~en*** en trappa upp on the first (amer. second) floor
våningsbyte *s* exchange of flats (apartments)
1 vår *poss pron* our; självständigt ours; ***de ~a*** our people; för ex. jfr vidare *1 min*
2 vår *s* spring, springtime; ***i våras*** last spring, jfr äv. *höst*
våras *vb itr dep,* ***det ~*** spring is coming
1 vård *s* minnesvård memorial, monument
2 vård *s* care [*om, av* of]; uppsikt äv. charge; jur. custody; ***sluten ~*** institutional care; på sjukhus hospital treatment; ***öppen ~*** non-institutional care; ***få god ~*** be well looked after; ***ha ~ om...*** have charge (care) of...
vårda *vb tr* take care of; se till look after; bevara preserve; ***han ~s på sjukhus*** he is (is being treated) in hospital
vårdad *adj* om person o. yttre well-groomed, neat; om t.ex. språk polished
vårdag *s* spring day, day in spring
vårdagjämning *s* vernal (spring) equinox
vårdare *s* keeper; sjuk~ male nurse
vårdcentral *s* health centre
vårdhem *s* nursing home
vårdnad *s* custody [*om* of]
vårdnadshavare *s* målsman guardian
vårdslös *adj* careless [*med* with, about]; försumlig negligent [*med* about], neglectful [*med* of]
vårdslöshet *s* carelessness; negligence; neglect
vårdtecken *s,* ***som ett ~*** as a token
vårdyrke *s* social service (sjukvårdande nursing) occupation
vårflod *s* spring flood
vårlik *adj* spring-like
vårstädning *s* spring-cleaning
vårta *s* wart
vårtbitare *s* green grasshopper
vårtecken *s* sign of spring
vårtermin *s* spring term (amer. äv. semester)
vårtrötthet *s* spring fatigue
våt *adj* wet; fuktig damp, moist; ***bli ~ om fötterna*** get one's feet wet
våtservett *s* wet wipe
väcka *vb tr* **1** göra vaken wake, wake...up; på beställning vanl. call; bildl. rycka upp rouse; ljud som kan ***~ de döda*** ...raise (awaken) the dead; ***~ ngn till liv*** call a p. back to life; ur svimning revive a p. **2** framkalla arouse; uppväcka, t.ex. känslor, äv. awaken; ***~ förvåning*** cause astonishment; ***~ minnen*** el. ***~ minnen till liv*** awaken (call up) memories **3** framställa, t.ex. fråga raise, bring up
väckarklocka *s* alarm, alarm clock
väckelse *s* relig. revival
väckelsemöte *s* revival meeting
väckning *s,* ***beställa ~*** book an alarm call; ***får jag be om ~ kl. 7?*** will you call me at 7, please?
väder *s* weather; ***det är dåligt ~*** the weather is bad; ***vad är det för ~ i dag?*** what's the weather like today?
väderbiten *adj* weather-beaten
väderkorn *s,* ***ha gott ~*** have a keen scent
väderkvarn *s* windmill
väderlek *s* weather
väderleksrapport *s* weather forecast (report)
väderlekstjänst *s* meteorological (weather forecast) service
väderleksutsikter *s pl* rapport weather forecast sg.

väderprognos *s* weather forecast
väderrapport *s* weather forecast (report)
vädersatellit *s* weather satellite
väderstreck *s* point of the compass; ***de fyra ~en*** äv. the [four] cardinal points
vädja *vb itr* appeal
vädjan *s* appeal
vädra *vb tr* o. *vb itr* **1** lufta air **2** få väderkorn på scent; ***~ ngt*** få nys om get wind of a th.
vädring *s* luftning airing; ***hänga ut*** kläder ***till ~*** hang...out to air
vädur *s* **1** zool. ram **2** ***Väduren*** astrol. Aries
väg *s* road; bildl. way; stig path; ***en timmes ~ att gå (att köra) härifrån*** one hour's walk (drive, ride) from here; ***~en till*** lycka och framgång the way (road) to...; ***allmän ~*** public road; ***gå (resa) sin ~*** go away, leave; ***gå ~en rakt fram*** go (walk) right on, follow the road; ***resa (ta) ~en över*** Paris go via (by way of)...; ***vart har hon tagit ~en?*** where has she gone?; ***stå i ~en för ngn*** stand in a p.'s way äv. bildl.; ***något i den ~en*** something like that; ***vara på ~ till...*** be on one's way to...; ***följa ngn en bit på ~en*** accompany a p. part of the way; ***stanna på halva ~en*** stop half-way; ***jag var just på ~ att säga det*** I was about to say it; ***inte på långa ~ar*** not by a long way (vard. chalk); hur ska man ***gå till ~a?*** ...set (go) about it?; ***ur ~en!*** get out of the way!; ***vid ~en*** vägkanten on (by) the roadside
väga I *vb tr* weigh äv. bildl.; ***~ skälen för och emot*** weigh (consider) the pros and cons **II** *vb itr* weigh; ***det står och väger*** it's in the balance
vägande *adj, **tungt ~ skäl*** very weighty (important) reasons
vägarbetare *s* road worker (mender)
vägarbete *s* roadworks pl., road repairs pl.; på skylt Road Up
vägbana *s* roadway
vägbeläggning *s* konkret road surface
vägegenskaper *s pl* bil. road-holding qualities
vägg *s* wall; ***bo ~ i ~ med ngn*** i rummet intill occupy the room next to a p.; i lägenheten intill live next door to a p.; ***köra huvudet i ~en*** run one's head against a wall; ***ställa ngn mot ~en*** bildl. put a p. up against a wall; ***det är uppåt ~arna*** galet it's all wrong
väggfast *adj* ...fixed to the wall; ***~a inventarier*** fixtures
väggkontakt *s* vägguttag point; strömbrytare wall switch
vägglus *s* bug
väggmålning *s* wall painting, mural
vägguttag *s* elektr. point, wall socket
vägkant *s* roadside, wayside; vägren verge
vägkorsning *s* crossroads (pl. lika), crossing
väglag *s* state of the road (resp. roads); ***det är dåligt ~*** the roads are in a bad state
vägleda *vb tr* guide, instruct
vägledning *s* guidance, instruction
väglängd *s* distance
vägmärke *s* road (traffic) sign
vägnar *s pl, **å (på) ngns ~*** on behalf of a p., on a p.'s behalf
vägnät *s* road network
väg- och vattenbyggnad *s* road and canal construction, civil engineering
vägra *vb tr* o. *vb itr* refuse [*ngn ngt* a p. a th.]; ***det ~des honom (han ~des) att resa*** he was refused permission to go
vägran *s* refusal
vägren *s* **1** vägkant verge **2** mittremsa central reserve
vägskäl *s* fork, fork in the road; ***vid ~et*** at the cross-roads
vägspärr *s* road block
vägsträcka *s* distance
vägtrafikant *s* road-user
vägtrafikförordning *s* road traffic regulations pl.
vägvett *s* road sense
vägvisare *s* **1** person guide **2** vägskylt signpost
vägövergång *s* över annan led viaduct, amer. overpass
väja *vb itr, ~* el. ***~ undan*** make way [*för* for], give way [*för* to]; ***~ undan för*** slag dodge; ***~ åt höger*** move to the right
väktare *s* watchman; nattvakt security officer; ***lagens ~*** pl. the guardians of the law
väl I *s* welfare, well-being **II** *adv* **1** bra well; ***hålla sig ~ med ngn*** keep in with a p.; ***det vore ~ om...*** it would be a good thing if... **2** grad, ***hon är ~*** något för ***ung*** she is a bit too young **3** förmodligen probably; ***du är ~ inte*** sjuk***?*** you are not..., are you?; ***han får ~ vänta*** he will have to wait; ***han är ~ framme nu*** he must be there by now; ***det är ~ inte möjligt!*** surely it is not possible!; ***det hade ~ varit bättre att...?*** wouldn't it have been better to...?; ***det vet jag ~!*** I know that! **4** andra betydelser, ***jag önskar***

det ~ bara ***vore över*** I only wish it were over; ***när han ~*** en gång ***somnat*** var han... once he had fallen asleep...; jag mötte inte henne ***men ~*** däremot ***hennes bror*** ...but her brother; ***gott och ~ en timme*** well over one hour
välartad *adj* well-behaved
välbefinnande *s* well-being; god hälsa health
välbehag *s* pleasure, delight
välbehållen *adj* safe and sound; om sak in good condition
välbehövlig *adj* badly needed
välbekant *adj* well known
välbelägen *adj* well-situated, nicely-situated
välbeställd *adj* well-to-do, wealthy
välbesökt *adj* well-attended
välbetänkt *adj* well-advised, judicious
välbärgad *adj* well-to-do
välde *s* **1** rike empire; ***det romerska ~t*** the Roman Empire **2** makt domination
väldig *adj* enorm enormous; vard., t.ex. bekymmer awful; t.ex. succé terrific; vidsträckt vast
väldigt *adv* mycket very
välfärd *s* welfare
välfärdssamhälle *s* o. **välfärdsstat** *s* welfare state
välförsedd *adj* well-stocked; well-supplied
välförtjänt *adj* om t.ex. vila well-earned; om belöning well-merited; om t.ex. popularitet well-deserved
välgjord *adj* well-made
välgrundad *adj* well-founded
välgång *s* prosperity, success
välgångsönskningar *s pl* good wishes; ***bästa ~!*** best wishes!
välgärning *s* kind (charitable) deed
välgörande *adj* om sak beneficial
välgörare *s* benefactor
välgörenhet *s* charity
välgörenhetsinrättning *s* charitable institution
välja *vb tr* o. *vb itr* **1** choose [*bland* from among, out of, *mellan, på* between, *till* as, for]; noga select; plocka ut pick out [*bland* from]; yrke adopt, take up; ***~ bort*** skolämne drop; ***~ ut*** select, pick out **2** genom röstning utse elect; ***~ ngn till*** ordförande elect a p....; ***~ om*** re-elect
väljare *s* voter
väljarkår *s* electorate
välklädd *adj* well-dressed
välkommen *adj* welcome [*till, i* to]
välkomna *vb tr* welcome
välkomsthälsning *s* welcome
välkänd *adj* **1** well known **2** ansedd ...of good repute
välla *vb itr*, ***~ fram*** well forth; strömma stream (pour) forth
vällevnad *s* luxurious (high) living
välling *s* på mjöl gruel
välluktande *adj* sweet-smelling, fragrant
vällust *s* sensual pleasure
vällustig *adj* sensual, voluptuous
välmenande *adj* well-meaning
välmening *s* good intention; ***i all (bästa) ~*** with the best of intentions
välment *adj* well-meant, well-intentioned
välmående *adj* **1** vid god hälsa healthy; blomstrande flourishing **2** välbärgad prosperous
välsedd *adj* popular; om gäst welcome
välsigna *vb tr* bless
välsignad *adj* blessed
välsignelse *s* blessing; uttalad benediction
välsituerad *adj* well-to-do
välskapat *adj*, ***ett ~ barn*** a fine, healthy child
välskött *adj* well-managed; om t.ex. hushåll well-run; om t.ex. händer well-kept; om t.ex. tänder well-cared-for; om t.ex. yttre well-groomed
välsmakande *adj* läcker tasty, delicious
välsorterad *adj* well-assorted, well-stocked
välstekt *adj* well-done, well-cooked
välstånd *s* prosperity; rikedom wealth
vält *s* roller
välta *vb tr* o. *vb itr* overturn, tip over
vältalare *s* orator, good speaker
vältalig *adj* eloquent
vältalighet *s* eloquence
vältra I *vb tr* roll; ***~ skulden på ngn*** lay the blame on a p. **II** *vb rfl*, ***~ sig i*** gräset roll over in...; ***~ sig i*** lyx be rolling in...; ***~ sig i*** smutsen wallow in...
väluppfostrad *adj* well-bred, well-mannered
välvd *adj* arched, vaulted
välvilja *s* benevolence, goodwill; ***hysa ~ mot ngn*** be well disposed towards a p.
välvillig *adj* benevolent, kind, kindly; ***ställa sig ~ till*** ett förslag be favourably disposed to...
välvårdad *adj* well-kept; om t.ex. yttre well-groomed
välväxt *adj* shapely; ***vara ~*** have a fine figure
vämjas *vb itr dep*, ***~ vid ngt*** be disgusted (nauseated) by a th.

vämjelig *adj* disgusting, nauseating
vämjelse *s* disgust, loathing
vän *s* friend; ***gamle ~!*** old chap (fellow)!; ***en god*** nära **~** a great (close) friend [*till* of]; ***en ~*** el. ***god ~ till min bror*** (***till mig***) a friend of my brother's (a friend of mine); ***bli ~*** el. ***god ~ med...*** make friends with...; ***bli ~ner*** el. ***goda ~ner*** become friends
vända I *vb tr* o. *vb itr* turn; vända om (tillbaka) turn back; återvända return; ***vänd!*** el. ***var god vänd*** (förk. *v.g.v.*) please turn over (förk. PTO); **~** el. ***~ med*** bilen turn...round, reverse...; ***~ om hörnet*** round (turn) the corner; ***~ på*** bladet, sidan turn (turn over)...; ***~ på sig*** turn round; ***~ på steken*** bildl. look at it (turn it) the other way round **II** *vb rfl,* ***~ sig*** turn; kring en axel äv. revolve; om vind shift, veer; ***lyckan vände sig*** the (his etc.) luck changed; ***~ sig i sängen*** turn over in the (one's) bed; ***~ sig till ngn*** ~ sig om mot ngn turn to (towards) a p.; rikta sig till ngn address a p.; för att få ngt apply to a p.; ***inte veta vart man skall ~ sig*** not know where (till vem to whom) to turn
□ **~ om** tillbaka turn back; åter~ return; **~ sig om** turn, turn round; **~ upp och ned på** ngt turn...upside-down; **~ ut och in på** vränga turn...inside out
vändbar *adj* reversible
vändkors *s* turnstile
vändkrets *s* tropic
vändning *s* turn; förändring change; uttryckssätt: fras phrase; uttryck expression; ***en ~ till det bättre*** a change for the better; ***ta en ny*** (***en allvarlig***) **~** take a new (a serious) turn; ***vara kvick*** (***rask, snabb***) ***i ~arna*** be a fast worker, be alert; ***vara långsam i ~arna*** drag one's feet, be a slowcoach; ***i en hastig ~*** all of a sudden
vändpunkt *s* turning-point
väninna *s* girlfriend, woman friend
vänja I *vb tr* accustom [*vid* to] **II** *vb rfl,* ***~ sig*** accustom oneself; bli van grow (get) accustomed, get used [*vid* to]; ***~ sig vid att*** inf. get into the habit of ing-form; ***man vänjer sig snart*** you soon get used to it; ***~ sig av med att*** inf. break oneself of the habit of ing-form
vänkrets *s* circle of friends
vänlig *adj* kind [*mot* to]; vänskaplig friendly [*mot* to, towards]
vänlighet *s* kindness, friendliness; ***visa ngn en ~*** do a p. a kindness
vänort *s* twin town
vänskap *s* friendship; ***fatta ~ för ngn*** become attached to a p.; ***för gammal ~s skull*** for old friendship's sake, for old times' sake
vänskaplig *adj* friendly; om förhållande, sätt äv. amicable; ***stå på ~ fot med ngn*** be on friendly terms with a p.
vänskapsband *s* bond (tie) of friendship
vänskapsmatch *s* friendly, friendly match
vänster I *adj, subst adj* o. *adv* left; ***~ sida*** left (left-hand) side; jfr *höger I* ex. **II** *s* polit., ***~n*** the Left; sport., ***en rak ~*** a straight left
vänsteranhängare *s* leftist, leftwinger
vänsterback *s* left back; för andra sammansättningar jfr äv. *höger-*
vänsterhänt *adj* left-handed
vänsterorienterad *adj,* ***vara ~*** be left-wing
vänsterparti *s* left-wing party
vänsterprassel *s* vard., ***ett*** (***lite***) **~** an affair on the side
vänstervriden *adj* polit., ***vara ~*** be left-wing; ***en ~*** a left-winger
vänstervridning *s* polit. left-wing views (tendencies) (båda pl.)
vänta I *vb itr* o. *vb tr* wait [*på* for]; invänta await; förvänta **~** el. ***~ sig*** expect [*av* of, from]; ***var god och ~*** i telefon hold the line, please; inte veta ***vad som ~r en*** ...what may be in store for one; ***jag ~r dem*** i morgon I am expecting them...; ***det hade jag inte ~t mig av honom*** I didn't expect that from (of) him; ***det är att ~*** it is to be expected; ***~ med att göra ngt*** put off (postpone) a th. (doing a th.); ***~ på att han skall*** inf. wait for him to inf.; ***få ~*** have to wait; ***låta ngn ~ på sig*** keep a p. waiting; svaret ***lät inte ~ på sig*** ...was not long in coming **II** *vb rfl,* ***~ sig*** se ex under *I*
□ **~ in:** ***tåget ~s in*** kl. 10 the train is due in (to arrive) at...; **~ ut ngn** tills ngn kommer wait for a p. to come
väntan *s* waiting; förväntan expectation
väntelista *s* waiting list
väntetid *s* wait, waiting time
väntrum *s* o. **väntsal** *s* waiting room
väpnad *adj* armed
väppling *s* bot. trefoil, clover
1 värd *s* host; hyresvärd landlord
2 värd *adj* worth; värdig worthy of; pjäsen ***är ~ att ses*** ...is worth seeing; ***det är inte mödan värt*** it is not worth while

värde *s* value; speciellt inre värde worth; ***sätta stort ~ på ngt*** attach great value (importance) to a th.; ***falla (minska, sjunka) i ~*** drop (fall, decrease) in value; ekon. äv. depreciate; ***stiga (gå upp) i ~*** rise in value; ekon. äv. appreciate
värdebeständig *adj* stable in value
värdebrev *s* rekommenderat registered (assurerat insured) letter
värdefull *adj* valuable
värdeförsändelse *s* assurerat paket insured (rekommenderat registered) parcel (brev letter)
värdehandling *s* valuable document
värdelös *adj* worthless, valueless
värdeminskning *s* depreciation, decrease in value
värdepapper *s* security; obligation bond; aktie share
värdera *vb tr* **1** fastställa värdet på value, estimate, estimate the value of **2** uppskatta value; sätta värde på appreciate
värdering *s* valuation, estimation
värderingsman *s* official valuer
värdesak *s* article (object) of value; ***~er*** äv. valuables
värdestegring *s* increase (rise) in value
värdesätta *vb tr* se *värdera*
värdfolk *s* vid bjudning host and hostess
värdig *adj* **1** worthy; förtjänt av worthy of; passande fitting **2** om egenskap dignified
värdighet *s* **1** egenskap dignity [*i* of]; ***han ansåg det vara under sin ~ att*** inf. he considered it beneath him (beneath his dignity) to inf. **2** ämbete etc. office, position; rang rank
värdigt *adv* with dignity
värdinna *s* hostess; hyresvärdinna, pensionatsvärdinna landlady
värdland *s* host country
värdshus *s* gästgivargård inn; restaurang restaurant
värdshusvärd *s* innkeeper, landlord
värja I *vb tr* försvara defend **II** *vb rfl*, ***~ sig*** defend oneself [*mot* against] **III** *s* rapier
värk *s* ache, pain; ***~ar*** födslovärkar labour pains; ***reumatisk ~*** rheumatic pains pl.
värka *vb itr* ache; ***fingret värker*** my finger aches
värktablett *s* painkiller
värld *s* world; jord earth; jag vill inte såra henne ***för allt i ~en*** ...for the world, ...for anything (anything in the world); ***vad i all ~en*** har hänt? what on earth...; ***vem i all ~en...?*** who on earth...?; ***i hela ~en*** all over the world, over the whole world; ***komma sig upp i ~en*** come up in the world; ***komma till ~en*** come into the world; ***vi måste få saken ur ~en*** let's have done with it
världsalltet *s* the universe
världsatlas *s* atlas of the world
världsbekant *adj* ...known all over the world
världsberömd *adj* world-famous
världsbild *s* world picture, conception of the world
världsdel *s* part of the world, continent
världsfrånvarande *adj* ...who is living in a world of his own
världshandel *s* world trade (commerce)
världshav *s* ocean
världsherravälde *s* world dominion
världskarta *s* map of the world
världskrig *s* world war; ***första (andra) ~et*** World War I (World War II), the First (Second) World War
världskris *s* world crisis
världslig *adj* motsats andlig worldly
världslighet *s* worldliness
världsmakt *s* world power
världsmedborgare *s* citizen of the world
världsmästare *s* o. **världsmästarinna** *s* world champion
världsmästerskap *s* world championship
världsomfattande *adj* world-wide
världsomsegling *s* seglats sailing trip round the world
världsrekord *s* world record
världsrykte *s* world fame (reputation)
världsrymden *s* outer space
världsvan *adj* urbane
världsåskådning *s* outlook on (view of) life
värma I *vb tr* warm; göra het heat **II** *vb rfl*, ***~ sig*** warm oneself, get warm
värme *s* warmth; fys. el. hög heat; eldning heating; ***vid 30 graders ~*** at 30 degrees above zero
värmealstrande *adj* heat-producing
värmebehandling *s* med. heat treatment, thermotherapy
värmebeständig *adj* heatproof, heat-resistant
värmebölja *s* heatwave
värmeflaska *s* hot-water bottle
värmelampa *s* infrared lamp
värmeledande *adj* heat-conducting
värmeledning *s* **1** fys. conduction of heat **2** anläggning heating, central heating

värmeledningselement *s* radiator
värmepanna *s* boiler
värmeplatta *s* hotplate
värmepump *s* heat pump
värmeskåp *s* warming cupboard
värn *s* försvar defence; beskydd protection
värna *vb tr* o. *vb itr,* ~ el. ~ ***om*** defend, protect [*mot* against]
värnlös *adj* defenceless
värnplikt *s,* ***allmän*** ~ compulsory military sevice; ***göra ~en*** (***sin*** ~) do one's military service
värnpliktig *adj* ...liable for military service; ***en*** ~ a conscript, amer. draftee
värpa I *vb tr* lay **II** *vb itr* lay, lay eggs
värphöna *s* laying hen, layer
värpning *s* laying
värre *adj* o. *adv* worse; ***dess*** ~ tyvärr unfortunately; ***det gör bara saken*** ~ it only makes matters worse; ***det var*** ~ ***det*** det var tråkigt that's too bad, what a nuisance
värst I *adj* worst; ***i ~a fall*** if the worst comes to the worst; ***det är det ~a jag vet*** it's a thing I can't stand; ***det ~a var att...*** the worst of it was that... **II** *adv* worst, the worst; ***han blev*** ~ ***skadad*** he got injured worst (the worst); filmen var ***inte så*** ~ ***bra*** ...not all that (not very, not so) good
värsting *s* vard. bad boy; ungdomsbrottsling hardened young offender
värva *vb tr* rekrytera recruit, enlist; t.ex. fotbollspelare sign; ~ ***ngn för en sak*** enlist a p. in a cause; ~ ***röster*** solicit votes
värvning *s* recruiting; recruitment, enlistment; ***ta*** ~ enlist [*vid* in], join the army
väsa *vb itr* hiss; ~ ***fram*** hiss, hiss out
väsen *s* **1** någots innersta natur essence; beskaffenhet nature; läggning character, disposition; personlighet samt varelse being **2** oväsen noise, row; ***mycket*** ~ ***för ingenting*** a lot of fuss (much ado) about nothing
väsentlig *adj* essential; betydande considerable; ***i allt ~t*** in all essentials
väska *s* bag, case; handväska handbag
väskryckare *s* bag-snatcher
väsnas *vb itr dep* make a noise (fuss)
vässa *vb tr* sharpen; bryna whet
1 väst *s* plagg waistcoat, amer. vest
2 väst *s* o. *adv* west; jfr *väster, nord, norr* med ex. o. sammansättningar
västanvind *s* west wind, westerly wind
väster I *s* väderstreck the west; ***Västern*** the West **II** *adv* west, to the west [*om* of]; jfr *norr* med ex. o. sammansättningar
västerifrån *adv* from the west
Västerlandet *s* the West
västerländsk *adj* western
västerlänning *s* Westerner
västerut *adv,* ***resa*** ~ go (travel) west; jfr äv. norrut
Västeuropa Western Europe
Västindien the West Indies pl.
västlig *adj* west, western; jfr *nordlig*
västra *adj* the west; t.ex. delen the western; jfr *norra*
västtysk *adj* o. *s* hist. West German
Västtyskland hist. West Germany
väta *vb tr* o. *vb itr* wet
väte *s* hydrogen
vätebomb *s* hydrogen bomb; vard. H-bomb
väteklorid *s* hydrogen chloride
vätesuperoxid *s* hydrogen peroxide
vätska *s* liquid; kropps~ body fluid
väv *s* web; material fabric, woven fabric; vävnadssätt weave
väva *vb tr* weave
vävare *s* weaver
vävd *adj* woven
vävnad *s* **1** vävning weaving **2** konkret woven fabric; tissue äv. biol.
vävnadsindustri *s* textile industry
vävning *s* weaving
vävstol *s* loom
växa *vb itr* grow; öka increase; ~ ***ngn över huvudet*** bildl. get beyond a p.'s control; ***vara situationen vuxen*** be equal to the occasion

□ ~ **bort:** ***det växer bort*** it will disappear; ~ **ifrån** ngt grow out of..., outgrow...; ~ **igen** om sår heal, heal up; om stig become overgrown with weeds; ~ **ihop** grow together; ~ **till:** ***flickan har vuxit till sig*** she has grown into a fine girl; ~ **upp** grow up, grow; ~ **ur** sina kläder grow out of...
växande *adj* growing; ökande increasing
växel *s* **1** bankväxel bill of exchange; ***dra en*** ~ ***på ngn*** draw a bill on a p.; ***dra växlar på framtiden*** count too much on the future **2** växelpengar change, small change **3** på bil gear; ***köra på tvåans*** ~ drive in second gear **4** spårväxel switch **5** tele. exchange; växelbord switchboard
växelbruk *s* lantbr. rotation of crops
växelkontor *s* exchange office

växelkurs *s* rate of exchange, exchange rate
växellåda *s* gear box
växelspak *s* gear lever, gear shift
växelström *s* alternating current, AC
växelvis *adv* alternately; by turns
växla I *vb tr* **1** t.ex. pengar change; utbyta, t.ex. ord, ringar exchange; ***kan du ~*** 100 kronor ***åt mig?*** can you give me change for...?; ***~ en sedel*** cash a note **2** järnv. shunt, switch **II** *vb itr* **1** skifta vary; ändra sig change **2** bil. change (speciellt amer. shift) gear (gears); ***~ till lägre växel*** change to a lower gear; om tåg shunt **3** ***~ om*** alternate
växlande *adj* varying, changing; vindar variable; natur varied
växt *s* **1** tillväxt growth; ökning increase; kroppsväxt build; längd height, stature; ***han är liten (stor) till ~en*** he is short (tall) in (of) stature **2** planta plant; ört herb; svulst growth, tumour
växthus *s* greenhouse, glasshouse
växthuseffekt *s* greenhouse effect
växtriket *s* the vegetable kingdom
växtvärk *s* growing pains pl.
vördnad *s* reverence, veneration; aktning respect; ***betyga ngn sin ~*** pay reverence (one's respects) to a p.
vördnadsbetygelse *s* token (mark) of respect
vördnadsbjudande *adj* venerable; friare imposing
vördsam *adj* respectful

x-krok *s* x-hook, angle-pin picture hook
x-kromosom *s* X-chromosome
xylofon *s* mus. xylophone
xylofonist *s* mus. xylophonist

yacht *s* yacht
y-kromosom *s* Y-chromosome
yla *vb itr* howl
ylle *s* wool; filt ***av ~*** äv. woollen...
yllefilt *s* woollen blanket
yllestrumpa *s* woollen stocking (kortare sock)
ylletröja *s* jersey, sweater
ylletyg *s* woollen cloth (fabric)
yllevaror *s pl* woollens, woollen goods
ymnig *adj* riklig abundant; om regn, snöfall äv. heavy; överflödande profuse
ymnigt *adv* abundantly, heavily
ympa *vb tr* **1** träd graft **2** med. inoculate
ympning *s* **1** av träd graft, grafting **2** med. inoculation
yngel *s* koll. fry (vanl. pl.); grodyngel tadpole
yngla *vb itr* om t.ex. groda spawn; ***~ av sig*** breed
yngling *s* youth, young man
yngre *adj* younger; nyare more recent; i tjänsten junior; ***en ~*** rätt ung ***herre*** a youngish gentleman
yngst *adj* youngest
ynklig *adj* ömklig pitiable; eländig, usel miserable, wretched; futtig paltry
ynkrygg *s* coward, funk
ynnest *s* favour
ynnestbevis *s* favour, mark of favour
yoga *s* yoga
yoghurt *s* yoghurt, yogurt
yppa I *vb tr* röja reveal; uppenbara äv. disclose **II** *vb rfl*, ***~ sig*** erbjuda sig present itself; om tillfälle etc. äv. arise, turn up; uppstå arise
ypperlig *adj* utmärkt excellent, superb; präktig splendid; förstklassig first-rate
ypperst *adj* förnämst finest, best
yppig *adj* om växtlighet luxuriant; fyllig buxom; om figur full; ***~ barm*** ample bosom
yr *adj* dizzy, giddy [*av* with]; ***bli ~*** (***~ i huvudet***) get dizzy (giddy); ***~ i mössan*** flurried, bewildered
yra I *s* **1** vild framfart frenzy; glädjeyra delirium of joy; ***i segerns ~*** in the flush of victory **2** snöyra snowstorm **II** *vb itr* **1** rave; om febersjuk be delirious; ***~ om ngt*** rave about a th. **2** om snö, sand whirl (drift) about
yrka *vb tr* o. *vb itr*, ***~*** el. ***~ på*** fordra demand; resa krav på call for; som rättighet claim; kräva insist
yrkande *s* begäran demand; claim äv. jur.
yrke *s* lärt, konstnärligt profession; inom hantverk o. handel trade; sysselsättning occupation; arbete job; ***utöva ett ~*** practise a profession resp. carry on a trade; ***till ~t*** by profession
yrkesarbetande *adj* gainfully employed
yrkesarbetare *s* skilled worker
yrkesinspektion *s* factory (industrial) inspection
yrkeskvinna *s* professional woman
yrkeslärare *s* vocational teacher
yrkesman *s* fackman professional; hantverkare craftsman
yrkesmusiker *s* professional musician
yrkesmässig *adj* t.ex. om förfarande professional; t.ex. om trafik commercial
yrkesorientering *s*, ***praktisk ~*** practical vocational guidance
yrkessjukdom *s* occupational disease
yrkesskada *s* industrial injury
yrkesskicklig *adj* skilled, ...skilled in one's trade
yrkesskicklighet *s* skill in one's trade; hantverksskicklighet craftsmanship
yrkesskola *s* vocational school
yrkesutbildad *adj* skilled, trained
yrkesutbildning *s* vocational training
yrkesutövning *s* exercise of a profession (inom hantverk el. handel a trade)
yrkesval *s* choice of a profession (inom hantverk el. handel a trade)
yrkesvalslärare *s* careers teacher
yrkesvana *s* professional experience, experience in one's trade; jfr *yrke*
yrkesvägledare *s* careers officer, amer. career counselor
yrkesvägledning *s* vocational guidance (amer. counseling)
yrsel *s* svindel dizziness; feberyra delirium
yrsnö *s* drift snow
yrvaken *adj* drowsy
yrväder *s* snowstorm, blizzard
ysta *vb tr* mjölk curdle; ***~ ost*** make cheese
yster *adj* livlig frisky, boisterous
yta *s* surface; areal area
ytbehandla *vb tr* finish
ytbeklädnad *s* facing
ytlig *adj* superficial; om person äv. shallow
ytlighet *s* superficiality, shallowness
ytmått *s* square measure
ytter *s* sport. winger
ytterbana *s* outside track

ytterdörr *s* outer door, front door
ytterficka *s* outside pocket
ytterkant *s* outer (outside) edge
ytterkläder *s pl* outdoor clothes
ytterlig *adj* extreme, excessive; fullständig utter
ytterligare I *adj* vidare further; därtill kommande additional; mer more **II** *adv* vidare further; i ännu högre grad additionally; ännu mera still more; ~ ***två månader*** another two months
ytterlighet *s* extreme; ytterlighetsåtgärd extremity
ytterlighetsparti *s* extremist party
ytterlighetsåtgärd *s* extreme measure; ~***er*** äv. extremities
ytterområde *s* fringe area; förort suburb
ytterrock *s* overcoat
yttersida *s* outer side; utsida outside, exterior
ytterskär *s* sport., ***åka*** ~ do the outside edge
ytterst *adv* **1** längst ut farthest out **2** i högsta grad extremely, most
yttersta *adj* **1** längst ut belägen outermost; längst bort belägen farthest; friare utmost **2** sist last; om t.ex. orsak ultimate; ***ligga på sitt*** ~ be at death's door **3** störst, högst utmost, extreme; ***göra sitt*** ~ do one's utmost; ***utnyttja ngt till det*** ~ exploit a th. to the utmost
yttertak *s* roof
yttra I *vb tr* uttala utter; säga say; t.ex. sin mening express **II** *vb rfl,* ~ ***sig*** **1** uttala sig express (give) an (one's) opinion [*om* about (on)]; ta till orda speak **2** visa sig show (manifest) itself [*i* in]; ***hur ~r sig*** sjukdomen*?* what are the symptoms of...?
yttrande *s* uttalande remark, utterance; anförande statement; utlåtande opinion [*över, i* on]
yttrandefrihet *s* freedom of speech
yttranderätt *s* right of free speech
yttre I *adj* **1** längre ut belägen outer; utanför el. utanpå varande äv. exterior, external, outward, outside; ~ ***likhet*** outward (external) resemblance; ~ ***skada*** external injury **2** utifrån kommande external; ~ ***våld*** physical violence **II** *subst adj* exterior; ngns äv. external appearance; ngts äv. outside; ***till det*** ~ outwardly, externally
yttring *s* manifestation [*av* of]
yvas *vb itr dep,* ~ ***över ngt*** pride oneself on a th., be proud of a th.
yvig *adj* om hår etc. bushy; tät äv. thick

yxa I *s* axe, speciellt amer. ax; med kort skaft hatchet; ***kasta ~n i sjön*** bildl. throw up the sponge, give up **II** *vb tr,* ~ ***till*** rough-hew
yxskaft *s* axe handle

Z

Zaire Zaire
zairier *s* Zairean, Zairian
zairisk *adj* Zairean, Zairian
Zambia Zambia
zambier *s* Zambian
zambisk *adj* Zambian
zebra *s* zebra
zenit *s* zenith
zigenare *s* gipsy, gypsy
zigenarliv *s* gipsy life
zigenerska *s* gipsy [woman]
Zimbabwe Zimbabwe
zimbabwier *s* Zimbabwean
zimbabwisk *adj* Zimbabwean
zink *s* zinc
zinksalva *s* zinc ointment
zodiaken *s* the zodiac
zodiaktecken *s* astrol. sign of the zodiac
zon *s* zone; friare area
zongräns *s* zonal boundary; trafik. fare stage
zontaxa *s* zone fare system; avgift zone tariff
zonterapeut *s* zone therapist
zonterapi *s* zone therapy
zoo *s* zoologisk trädgård zoo; zoologisk affär pet shop
zoolog *s* zoologist
zoologi *s* zoology
zoologisk *adj* zoological; ~ ***affär*** pet shop; ~ ***trädgård*** zoological gardens pl., Zoo
zoom *s* foto. zoom
zooma *vb itr* foto., ~ ***in*** (***ut***) zoom in (out)
zoonterapeut *s* zone therapist
zulu *s* Zulu

Å

1 å *s* small river, stream, amer. äv. creek; ***gå över ~n efter vatten*** take a lot of unnecessary trouble
2 å *prep* se *på*
3 å *interj* oh!
åberopa *vb tr* hänvisa till refer to
åberopande *s*, ***under ~ av*** with reference to
åbäke *s* om sak monstrosity; ***ditt ~!*** you big lump!
åbäkig *adj* unwieldy, clumsy
ådagalägga *vb tr* lägga i dagen manifest; visa show, display
åder *s* vein
åderbråck *s* varicose veins pl.
åderförkalkad *adj* ...suffering from hardening of the arteries (med. arteriosclerosis); ***han börjar bli ~*** vard. he's getting senile
åderförkalkning *s* hardening of the arteries; med. arteriosclerosis; friare senility
åderlåta *vb tr* bleed äv. bildl.
1 ådra I *s* vein **II** *vb tr* vein; sten, trä grain
2 ådra o. **ådraga I** *vb tr* cause **II** *vb rfl*, ***~ sig*** sjukdom contract; förkylning catch; utsätta sig för incur; uppmärksamhet attract; ***~ sig skulder*** incur debts
åh *interj* oh!
åhå *interj* oh!, oho!, I see!
åhöra *vb tr* listen to, hear; föreläsning attend
åhörare *s* listener; ~ pl. audience
åhörarplatser *s pl* public seats; på teater etc. auditorium sg.
åhörarskara *s* audience
åka *vb itr* o. *vb tr* **1** fara go; som passagerare äv. ride; köra drive; vara på resa travel; ***~ bil*** go by car; ***~ buss*** (***tåg***) go (travel) by bus (train); ***~ båt*** go by boat; ***~ gratis*** travel free (free of charge); ***~ hiss*** go by lift; ***~ motorcykel*** ride a motor cycle; ***jag fick ~ med honom till*** stationen he gave me a lift to... **2** glida, halka slip, glide
□ ~ **av** halka av slip off; ~ **bort** resa go away; ~ **dit** vard., bli fast be (get) caught; ~ **fast** be (get) caught; ~ **förbi** go (köra drive) past (by); passera pass; *låta ngn* ~ **med** give a p. a lift; ***får jag ~ med?*** may I have a lift?; ~ **om** ngn overtake..., pass...; ~ **på** **a)** kollidera med run into **b)** vard. råka ut för: ~

på en förkylning (***smäll***) catch a cold (a packet)
åker *s* åkerjord arable land; åkerfält field
åkerbruk *s* agriculture, farming
åkeri *s* [firm of] haulage contractors, road carriers pl.
åklagare *s* prosecutor; ***allmän ~*** public prosecutor, amer. prosecuting (district) attorney
åkomma *s* complaint
åkpåse *s* i barnvagn toes muff
åksjuk *adj* travel-sick
åksjuka *s* travel sickness
åktur *s* drive, ride; ***göra en ~*** go for a drive (ride)
ål *s* eel; havsål conger eel
åla *vb itr* o. *vb rfl,* ***~ sig*** crawl on one's knees and elbows
ålder *s* age; ***i en ~ av 70 år*** (***vid 70 års ~***) at the age of 70; ***han är i min ~*** he is my age; ***barn i ~n 10-15*** children between 10 and 15 years of age
ålderdom *s* old age
ålderdomlig *adj* gammal old; gammaldags old-fashioned; om t.ex. språk archaic
ålderdomshem *s* home for aged (old) people
åldersdiskriminering *s* ageism
åldersgräns *s* age limit
ålderspension *s* retirement pension
åldersskillnad *s* difference in age
ålderstigen *adj* aged, advanced in years
ålderstillägg *s* ung. seniority allowance
åldrad *adj* aged
åldras *vb itr dep* age, grow old (older)
åldrig *adj* aged
åldring *s* old man (woman)
åldringsvård *s* geriatric care
åligga *vb itr,* ***~ ngn*** be incumbent on a p., be a p.'s duty
åliggande *s* plikt duty; skyldighet obligation; uppgift task
älägga *vb tr* beordra order, instruct
åläggande *s* injunction, order
åminnelse *s,* ***till ~ av*** in commemoration of
ånga I *s* steam; dunst vapour (båda end. sg.) **II** *vb itr* o. *vb tr* steam
ångare *s* o. **ångbåt** *s* steamboat; större steamer
ånger *s* regret; samvetskval remorse; ledsnad regret [*över* at]
ångerfull *adj* regretful, repentant [*över* of]; remorseful
ångervecka *s* week after date of purchase in which one has the right to cancel a hire-purchase agreement, coding-off period
ångest *s* anxiety, anguish
ångestfylld *adj* anxiety-ridden, ...filled with anguish, agonized, anguished
ångfartyg *s* steamship (förk. S/S, SS)
ångkoka *vb tr* steam
ångmaskin *s* steam-engine
ångpanna *s* boiler
ångra I *vb tr* regret, be sorry for; ***jag ~r att jag gjorde det*** I regret doing it **II** *vb rfl,* ***~ sig*** a) känna ånger regret it, be sorry b) ändra sig change one's mind
ångvält *s* steam-roller
ånyo *adv* anew, again
år *s* year; hon dog ***~ 1986*** ...in (in the year) 1986; ***förra ~et*** last year; ***hon fyller ~ i morgon*** tomorrow is her birthday; ***han är tjugo ~*** (***tjugo ~ gammal***) he is twenty (twenty years old el. years of age); ***~et om*** (***runt***) all the year round; ***så här ~s*** at this time of the year; ***ett två ~s*** (***två ~ gammalt***) ***barn*** a two-year-old child, a child of two; ***~ från*** (***för***) ***~*** year by year; ***i ~*** this year; ***i många ~*** for many years; om framtid for many years to come; han är ***en man i sina bästa ~*** ...a man in his prime, ...in the prime of his life; ***med ~en*** over the years; ***om två ~*** in two years (years' time); ***två gånger om ~et*** twice a year; ***under ~ens lopp*** in the course of time; ***vid mina ~*** at my age
åra *s* oar; mindre scull; paddelåra paddle
åratal *s,* ***i*** (***på***) ***~*** for years (years and years)
årgång *s* **1** av tidning etc. year's issue; speciellt bunden annual volume **2** av vin vintage
århundrade *s* century
årklyka *s* rowlock, amer. oarlock
årlig *adj* annual, yearly
årligen *adv* annually, yearly, every year
årsavgift *s* annual charge; i förening etc. annual subscription
årsberättelse *s* annual report
årsbok *s* yearbook, annual
årsdag *s* anniversary [*av* of]
årsinkomst *s* annual (yearly) income
årsklass *s* age class (group)
årskontrakt *s* contract by the year
årskort *s* annual (yearly) season ticket
årskull *s* age group; t.ex. studenter batch
årskurs *s* skol. form, amer. grade; läroplan curriculum (pl. äv. curricula)

årslön *s* annual (yearly) salary; ***ha...i ~*** have an annual income of...
årsmodell *s, **av senaste ~*** of the latest model
årsmöte *s* annual meeting
årsskifte *s* turn of the year
årstid *s* season, time of the year
årtal *s* date, year
årtionde *s* decade
årtull *s* rowlock, amer. oarlock
årtusende *s* millennium (pl. äv. millennia); ***ett ~*** vanl. a thousand years
ås *s* geol. el. byggn. ridge
åsamka se *ådraga*
åse *vb tr* betrakta watch; bevittna witness
åsido *adv* aside; ***skämt ~*** joking apart
åsidosätta *vb tr* inte beakta disregard, set aside
åsikt *s* view, opinion [*om* of, about]
åska I *s* thunder; ***~n har slagit ned i trädet*** the lightning has struck the tree **II** *vb itr, **det ~r*** it is thundering
åskledare *s* lightning-conductor
åskmoln *s* thundercloud
åsknedslag *s* stroke of lightning
åskvigg *s* thunderbolt
åskväder *s* thunderstorm
åskådare *s* spectator; mera passiv onlooker; mera tillfällig bystander; ***åskådarna*** publiken, på teater etc. the audience; vid idrottstävling the crowd båda sg.
åskådarläktare *s* på t.ex. idrottsplats stand
åskådlig *adj* klar clear
åskådning *s* outlook, way of thinking
åsna *s* donkey, ass båda äv. om person
åstadkomma *vb tr* få till stånd bring about; förorsaka cause, make; frambringa produce; prestera achieve
åsyfta *vb tr* aim at; avse, mena intend, mean; hänsyfta på refer to
åsyn *s* sight; ***i ngns ~*** in a p.'s presence
åt I *prep* till to; i riktning mot towards, in the direction of; ***~ höger*** to the right; ***nicka ~ ngn*** nod at a p.; ***ropa ~ ngn*** call out to a p.; ***skratta ~*** laugh at; ***ge ngt ~ ngn*** give a th. to a p.; ***köpa ngt ~ ngn*** buy a th. for a p.; ***två ~ gången*** two at a time **II** *adv, **skruva ~*** screw...tight, tighten
åtaga *vb rfl, **~ sig*** ta på sig undertake, take upon oneself; ansvar etc. äv. take on, assume
åtagande *s* undertaking, engagement
åtal *s* av åklagare prosecution; av målsägare legal action; ***allmänt ~*** public prosecution; ***väcka ~ mot*** take legal proceedings against
åtala *vb tr* om åklagare prosecute; om målsägare bring an action against; ***bli (stå) ~d för stöld*** be prosecuted for theft; ***den ~de*** the defendant
åtalbar *adj* indictable
åtanke *s, **ha ngn (ngt) i ~*** remember a p. (a th.), bear a p. (a th.) in mind
åtbörd *s* gesture
åter *adv* **1** tillbaka back, back again **2** ånyo, igen again, once more; ***öppnas ~*** äv. reopen **3** å andra sidan on the other hand
återanpassa *vb tr* rehabilitera rehabilitate
återanpassning *s* rehabilitation
återanskaffningsvärde *s* replacement value
återanvända *vb tr* re-use; tekn. recycle
återanvändning *s* re-use; tekn. recycling
återberätta *vb tr* retell; i ord återge relate
återbesök *s* hos t.ex. läkare next visit (appointment)
återbetala *vb tr* repay, pay back
återbetalning *s* repayment
återblick *s* retrospect (end. sg.) [*på* of]; i bok, film etc. flashback [*på* to]
återbud *s, **ge (skicka) ~*** om inbjuden send word to say (ringa phone to say) that one cannot come
återbäring *s* refund; hand. rebate; försäkr. dividend
återerövra *vb tr* recapture, reconquer
återerövring *s* recapture, reconquest
återfall *s* relapse [*i* into]; ***få ~*** have a relapse
återfinna *vb tr* find...again; citatet ***återfinns på sid.*** *27* ...is to be found on page 27
återfå *vb tr* get...back, recover; ***~ hälsan*** recover one's health, recover
återförena *vb tr* reunite
återförening *s* reunion
återförsäljare *s* detaljist retailer, distributor
återge *vb tr* **1** tolka render; reproduce [*i tryck* in print]; framställa represent **2** ge tillbaka, ***~ ngn hälsan*** restore a p.'s health
återgivande *s* o. **återgivning** *s* reproduction, rendering
återgå *vb itr* **1** återvända go back; gå tillbaka be returned **2** upphävas be cancelled
återgälda *vb tr* repay; gengälda return, reciprocate
återhållsam *adj* måttfull temperate, moderate
återhållsamhet *s* temperance, moderation

återhämta I *vb tr* recover **II** *vb rfl,* ~ ***sig*** recover [*efter, från* from]
återigen *adv* again
återinföra *vb tr* reintroduce; varor reimport
återinträde *s* re-entry [*i* into]
återkalla *vb tr* **1** kalla tillbaka call...back; t.ex. ett sändebud recall **2** annullera cancel
återkomma *vb itr* return, come back; i tanke recur
återkommande *adj* regelbundet recurrent; ***ofta*** ~ frequent
återkomst *s* return
återlämna *vb tr* give back, return
återresa *s* journey back; ***på*** ~***n*** on one's (the) way back
återse *vb tr* see (meet)...again
återseende *s* reunion; ***på*** ~***!*** be seeing you!
återspegla *vb tr* reflect, mirror
återspegling *s* reflection
återstod *s* rest, remainder; lämning remains pl.
återstå *vb itr* remain; vara kvar äv. be left (left over); ***det*** ~***r att bevisa*** it remains to be proved
återstående *adj* remaining; ***hans*** ~ ***dagar*** the rest of his days
återställa *vb tr* restore; lämna replace, return
återställare *s* pick-me-up, bracer; ***han tog en*** ~ äv. he took a hair of the dog that bit him
återställd *adj, **han är alldeles*** ~ he has quite recovered
återsända *vb tr* send back, return
återta o. **återtaga** *vb tr* **1** take back; återerövra recapture; återvinna recover **2** återkalla withdraw; upphäva cancel
återtåg *s* retreat
återuppliva *vb tr* revive
återupplivningsförsök *s* attempt at resuscitation; ***göra*** ~ ***på ngn*** make an attempt to bring a p. back to life
återupprätta *vb tr* re-establish; ge upprättelse åt rehabilitate
återuppstå *vb itr* rise again; friare be revived
återuppta o. **återupptaga** *vb tr* resume, take up...again
återupptäcka *vb tr* rediscover
återval *s* re-election
återverka *vb itr* react, have repercussions [*på* on]
återvinna *vb tr* win back; återfå regain; avfall, mark reclaim; t.ex. aluminium från ölburkar recycle
återvinning *s* av avfall, mark reclamation; t.ex. aluminium från ölburkar recycling
återväg *s* way back
återvälja *vb tr* re-elect
återvända *vb itr* return, turn (go, come) back
återvändo *s, **det finns ingen*** ~ there is no turning (going) back
återvändsgata *s* cul-de-sac
återvändsgränd *s* blind alley, cul-de-sac; ***råka in i en*** ~ bildl. reach a deadlock
åtfölja *vb tr* gå med accompany; bildl. attend; följa efter follow
åtgång *s* förbrukning consumption; avsättning sale
åtgången *adj, **illa*** ~ ...that has been roughly treated (handled)
åtgärd *s* measure; mått o. steg step, move; ***vidta*** ~***er*** take measures (steps)
åtgärda *vb tr, **det måste vi*** ~ göra något åt we must do something about it
åtkomlig *adj* som kan nås within reach [*för* of]
åtlyda *vb tr* obey
åtlydnad *s* obedience
åtlöje *s* ridicule; ***göra sig till ett*** ~ make a laughing-stock of oneself
åtminstone *adv* at least; minst ...at the least; i varje fall at any rate
åtnjuta *vb tr* enjoy; erhålla receive
åtnjutande *s* enjoyment; ***komma i*** ~ ***av*** benefit by
åtrå I *s* desire; speciellt sexuellt lust [*efter* for] **II** *vb tr* desire
åtråvärd *adj* desirable
åtsittande *adj* tight, tight-fitting
åtskild *adj* separate; ***ligga*** ~***a*** lie apart
åtskilja *vb tr* separate
åtskiljas *vb itr dep* part
åtskillig *adj* **1** a great (good) deal [före substantiv of] **2** ~***a*** flera several
åtskilligt *adv* a good deal, considerably
åtskillnad *s, **göra*** ~ ***mellan*** make a distinction between
åtstramning *s* av kredit squeeze; av ekonomin tightening-up end. sg.
åtstramningspaket *s* austerity package
åtta I *räkn* eight; ~ ***dagar*** vanl. a week; ~ ***dagar i dag*** this day week; jfr *fem* o. sammansättningar **II** *s* eight; jfr *femma*
åttahörning *s* octagon
åttio *räkn* eighty; jfr *femtio* o. sammansättningar

åttionde *räkn* eightieth
åttonde *räkn* eighth (förk. 8th); ***var ~ dag*** every (once a) week; jfr *femte*
åttondel *s* eighth [part]; jfr *femtedel*
åverkan *s*, ***göra ~ på ngt*** cause damage to a th.

äckel *s* **1** nausea; bildl. disgust; ***känna ~ för*** feel sick (nauseated) at **2** äcklig person creep, disgusting creature, horror
äckelpotta *s* vard. pig
äckla *vb tr* nauseate, sicken; friare disgust
äcklig *adj* nauseating, sickening; vard. yucky; friare disgusting
ädel *adj* noble; av ädel ras thoroughbred; ***av ~ börd*** of noble birth
ädelmetall *s* precious metal
ädelost *s* blue-veined cheese, blue cheese
ädelsten *s* precious stone; juvel gem, jewel
äga *vb tr* ha i sin ägo, besitta possess; ha have; vara personlig ägare till, rå om own; ***~ rum*** take place
äganderätt *s* ownership, proprietorship [*till* of]; besittningsrätt right of possession
ägare *s* owner; till restaurang, firma etc. proprietor
ägg *s* egg
äggformig *adj* egg-shaped
äggkopp *s* egg cup
äggledare *s* anat. Fallopian tube, oviduct
äggröra *s* scrambled eggs pl.
äggskal *s* egg shell
äggstanning *s* baked egg
äggstock *s* ovary
äggtoddy *s* egg nog, egg flip
äggula *s* yolk, egg yolk; ***en ~*** the yolk of an egg; ***två äggulor*** the yolks of two eggs
äggvita *s* **1** egg white; ***en ~*** the white of an egg; ***två äggvitor*** the whites of two eggs **2** ämnet albumin
äggviteämne *s* protein; enkelt albumin
ägna I *vb tr* devote [*åt* to]; ***~ sin tid åt...*** devote one's time to... **II** *vb rfl*, ***~ sig åt*** devote oneself to; utöva ***~ sig åt ett yrke*** follow a profession
ägnad *adj* suited, fitted [*för* for]; ***~ att väcka oro*** calculated to cause alarm
ägo *s*, ***komma i ngns ~*** come into a p.'s hands; ***vara i ngns ~*** be in a p.'s possession
ägodelar *s pl* property sg., possessions
äkta *adj* **1** motsats: falsk genuine; autentisk authentic; om silver etc. real; uppriktig sincere; sann, verklig true **2** ***~ hälft*** better half; ***~ makar*** husband (man) and wife; ***~ par*** married couple, husband and wife; ***det ~ ståndet*** the married state

äktenskap *s* marriage; *~et* jur. äv. matrimony, wedlock; ***efter tio års ~*** after ten years of married life; ***ingå ~ med*** marry; ***född inom*** (***utom***) ***~et*** born in (out of) wedlock
äktenskaplig *adj* matrimonial
äktenskapsannons *s* matrimonial advertisement
äktenskapsbrott *s* adultery
äktenskapsförord *s* premarital settlement
äktenskapslöfte *s* promise of marriage
äktenskapsskillnad *s* divorce
äkthet *s* genuineness; autenticitet authenticity
äldre *adj* older [*än* than]; framför släktskapsord elder, amer. vanl. older; i tjänst etc. senior [*än* to]; tidigare earlier; Sten Sture ***den ~*** ...the Elder; ***av ~ datum*** of an earlier date; ***en ~*** rätt gammal ***herre*** an elderly gentleman
äldst *adj* oldest; framför släktskapsord eldest, amer. vanl. oldest; av två äv. older resp. elder; i tjänst etc. senior; tidigast earliest
älg *s* elk, amer. moose
älska *vb tr* o. *vb itr* love; tycka om like, be fond of; ha samlag make love
älskad *adj* beloved; predikativt vanl. loved; ***~e Kerstin!*** Kerstin darling!; i brev my dear Kerstin,...
älskare *s* lover
älskarinna *s* mistress
älskling *s* darling; som tilltal äv. love, sweetheart, sweetie, speciellt amer. honey; käresta sweetheart; favorit pet
älsklingsbarn *s* favourite child; ***familjens ~*** the pet of the family
älsklingsrätt *s* favourite dish
älskog *s* love-making
älskvärd *adj* amiable, charming
älskvärdhet *s* amiability, charm
älta *vb tr* bildl. go over...again, dwell on
älv *s* river
älva *s* fairy, elf (pl. elves)
ämbete *s* office
ämbetsman *s* public (Government) official, official
ämbetsrum *s* office
ämbetsverk *s* civil service department
ämna *vb tr* intend (mean) to
ämne *s* **1** material material **2** stoff, materia matter **3** samtalsämne, skolämne etc. subject; ***hålla sig till ~t*** keep to the subject (point)
ämneslärare *s* specialist (subject) teacher
ämnesomsättning *s* metabolism
än I *adv* **1** se *ännu* **2** också, ***om ~*** even if, even though; ett rum ***om ~ aldrig så litet*** ...however small (small it may be); ***hur mycket jag ~ tycker om honom*** however much I like him, much as I; ***när*** (***var***) ***jag ~...*** whenever (wherever) I...; ***vad*** (***vem***) ***som ~...*** whatever (whoever)..., no matter what (who)... **3** ***~ sen då?*** well, what of it?, so what? **4** ***~...~...*** sometimes..., sometimes...; ***bli ~ varm ~ kall*** go hot and cold by turns **II** *konj* efter komparativ than; ***äldre ~*** older than
ända I *s* **1** end; spetsig tip; stump bit, piece; sjö., tågända rope, bit of rope; ***nedre*** (***övre***) ***~n av*** (***på***) ngt the bottom (top) of...; ***gå till ~*** come to an end; ***vara till ~*** be at an end **2** vard., persons behind, bottom **II** *adv*, ***han bor ~ borta*** i... he lives as far away as...; ***~ från början*** from the very beginning; ***~ in i minsta detalj*** down to the very last detail; ***~ sedan dess*** ever since then; ***~ till*** jul until...; fram till right up to...; resa ***~ till London*** ...as far as (all the way to) London
ändamål *s* purpose; avsikt aim; ***~et med*** the purpose (object, aim) of; ***~et helgar medlen*** the end justifies the means; ***för detta ~*** for this purpose, to this end
ändamålsenlig *adj* ...adapted (suited, fitted) to its purpose, suitable
ände se *ända I*
ändelse *s* ending, suffix
ändhållplats *s* terminus
ändra I *vb tr* alter; byta change; ***~ en klänning*** alter a dress; ~ el. ***~ på*** alter; mera genomgripande change **II** *vb rfl*, ***~ sig*** förändras alter, change; ändra beslut change one's mind; komma på bättre tankar think better of it
ändring *s* alteration, change; rättning correction; ***en ~ till det bättre*** a change for the better
ändstation *s* för tåg, buss etc. terminus
ändtarm *s* rectum
ändå *adv* **1** likväl yet, still; inte desto mindre nevertheless; trots allt all the same; i vilket fall som helst anyway **2** vid komparativ still, even; ***~ bättre*** still (even) better **3** ***om du ~ vore här!*** if only you were here!
äng *s* meadow
ängel *s* angel
änglalik *adj* angelic
ängslan *s* anxiety; oro alarm, uneasiness

ängslas *vb itr dep* be (feel) anxious (alarmed) [*för, över* about]; oroa sig worry [*för, över* about]
ängslig *adj* rädd, orolig anxious, uneasy [*för, över* about]
änka *s* widow
änkedrottning *s* queen dowager (regents moder mother)
änkeman *s* widower
änkepension *s* widow's pension
änkling *s* widower
ännu *adv* **1** om tid: speciellt om ngt ej inträffat yet; fortfarande still; hittills as yet, yet, so far; så sent som only, as late as; ***är han här ~?*** har han kommit is he here yet?; är han kvar is he still here?; ***det har ~ aldrig hänt*** it has never happened so far (as yet); ***~ i denna dag*** to this very day; ~ så sent som ***i går*** only yesterday; ***~ så länge*** hittills so far, up to now **2** ytterligare more; ***~ en*** one more, yet another; ***~ en gång*** once more **3** framför komparativ still, even; ***~ bättre*** still (even) better
äntligen *adv* till slut at last, finally; sent omsider at length
äppelmos *s* mashed apples pl., apple sauce
äppelträd *s* apple tree
äppelvin *s* cider
äpple *s* apple
äppleskrott *s* apple core
ära I *s* honour; beröm credit; berömmelse glory, renown; ***ge (tillskriva) ngn ~n för*** ngt give a p. the credit for...; ***det gick hans ~ för när*** that wounded his pride; ***ha ~n att*** inf. have the honour (pleasure) of ing-form; ***jag har den ~n, jag har den ~n att gratulera!*** allow me to congratulate you!; ***har den ~n!*** på födelsedag many happy returns!, many happy returns of the day!, happy birthday!; ***sätta en (sin) ~ i att*** inf. make a point of ing-form; ***dagen till ~*** in honour of the day; en fest ***till ngns ~*** ...in a p.'s honour **II** *vb tr* honour
ärad *adj* honoured; aktad esteemed
äregirig *adj* ambitious
ärekränkande *adj* defamatory; i skrift libellous
ärekränkning *s* defamation; i skrift libel
ärelysten *adj* ambitious
ärende *s* **1** uträttning errand; ***gå ~n*** om bud go on errands; ***ha ett ~ till stan*** have business (something to do) in town; ***skicka ngn i ett ~*** send a p. on an errand **2** fråga matter; ***offentliga ~n*** public affairs
ärevarv *s* sport. lap of honour
ärftlig *adj* hereditary
ärftlighet *s* biol. heredity; om sjukdom hereditariness
ärftlighetslära *s* theory of heredity, genetics
ärg *s* verdigris
ärkebiskop *s* archbishop
ärkefiende *s* arch-enemy
ärkehertig *s* archduke
ärkeängel *s* archangel
ärla *s* wagtail
ärlig *adj* honest; hederlig honourable; rättvis fair; ***med ~a eller oärliga medel*** by fair means or foul
ärlighet *s* honesty; ***~ varar längst*** honesty is the best policy
ärligt *adv*, ***~ talat*** to be honest
ärm *s* sleeve
ärmhål *s* armhole
ärmlinning *s* wristband
ärmlös *adj* sleeveless
ärr *s* scar äv. bildl.
ärrig *adj* scarred; koppärrig pockmarked
ärt *s* o. **ärta** *s* pea
ärtbalja *s* o. **ärtskida** *s* pod, pea pod
ärtsoppa *s* pea soup
ärva *vb tr* o. *vb itr* inherit [*av, efter* from]; ärva pengar come into money; ***~ ngn*** be a p.'s heir
ärvd *adj* inherited; medfödd hereditary
äsch *interj* oh!, pooh!
äska *vb tr* anslag etc. ask for, demand; ***~ tystnad*** call for silence
äss *s* ace
äta *vb tr* o. *vb itr* eat; ***~ upp*** eat up; ***vad skall vi ~ till*** middag? what shall we have for...?
ätbar *adj* eatable
ätbarhet *s* edibility
ätlig *adj* edible
ätt *s* family; kunglig dynasty
ättika *s* vinegar; ***lägga in i ~*** pickle
ättiksgurka *s* sour pickled gherkin
ättiksprit *s* vinegar essence
ättiksyra *s* acetic acid
ättling *s* descendant, offspring (pl. lika)
även *adv* också also,...too; likaledes ...as well as; till och med even; ***~ om*** even if, even though; ***inte blott...utan ~*** not only...but also...
ävensom *konj* as well as
även så *adv* also,...likewise
äventyr *s* **1** adventure **2** flirt, romans affair
äventyra *vb tr* risk, hazard, jeopardize

äventyrare *s* adventurer
äventyrlig *adj* adventurous; riskabel risky
äventyrslust *s* love of adventure
äventyrslysten *adj* adventure-loving

ö *s* island; i vissa önamn el., poet. isle; ***på en ~*** in (liten on) an island
öbo *s* islander
1 öde *s* fate; bestämmelse destiny; ***~t*** Fate, Destiny; lyckan Fortune; ***ett grymt ~*** a cruel fate
2 öde *adj* waste; ödslig desolate, deserted
ödelägga *vb tr* lägga öde lay...waste; förhärja ravage, devastate
ödeläggelse *s* devastation, ruin, destruction
ödemark *s* waste, desert; vildmark wilderness
ödesdiger *adj* fatal; olycksbringande disastrous
ödesmättad *adj* fateful, fatal
ödla *s* lizard
ödmjuk *adj* humble; undergiven meek
ödmjuka *vb rfl,* ***~ sig*** humble oneself [*inför* before]
ödmjukhet *s* humility, humbleness
ödsla *vb tr* o. *vb itr,* ***~ med*** be wasteful with; ~ el. ***~ bort*** waste, squander
ödslig *adj* desolate; dyster dreary
öga *s* eye; ***få upp ögonen för*** become alive to; inse realize; ***få ögonen på*** catch sight of; ***ha ~ för*** have an eye for; ***han har ögonen med sig*** he keeps his eyes open; ***ha ett gott ~ till ngt*** have one's eye on a th.; ***hålla ett ~ på*** keep an eye on; ***kasta ett ~ på*** have a look at; ***~ för ~*** an eye for an eye; ***med blotta ~t*** with the naked eye; ***mellan fyra ögon*** in private, privately; ***stå ~ mot ~ med*** stand face to face with; ***det var nära ~t!*** that was a narrow escape (close shave)!
ögla *s* loop, eye
ögna *vb itr,* ***~ i ngt*** have a glance (look) at a th.; ***~ igenom*** glance through
ögonblick *s* moment; ***ett ~!*** one moment please!; ***vilket ~ som helst*** at any moment; ***för ~et*** för tillfället for the moment, just now; ***i samma ~*** at that very moment; ***om ett ~*** el. ***på ~et*** in a moment, in an instant; ***på ett ~*** in the twinkling of an eye
ögonblicklig *adj* instantaneous; omedelbar immediate
ögonblickligen *adv* omedelbart instantly, immediately

ögonbryn *s* eyebrow
ögonfrans *s* eyelash, lash
ögonglob *s* eyeball
ögonhåla *s* eye socket
ögonkast *s* glance; ***kärlek vid första ~et*** love at first sight
ögonlock *s* eyelid
ögonläkare *s* eye specialist, oculist
ögonskugga *s* eyeshadow
ögonsten *s, **ngns ~*** the apple of a p.'s eye
ögontjänare *s* time-server
ögonvatten *s* eye lotion, eyewash
ögonvittne *s* eyewitness
ögonvrå *s* corner of the (one's) eye
ögrupp *s* group of islands
öka I *vb tr* increase [*med* by]; bidra till add to; utvidga enlarge; förhöja t.ex. nöjet, värdet av enhance **II** *vb itr* increase; ***~ i vikt*** put on weight
ökas *vb itr dep* increase
öken *s* desert; bibl. wilderness
öknamn *s* nickname
ökning *s* increase [*i* of]; addition [*till* to]; enlargement, enhancement; jfr *öka*
ökänd *adj* notorious
öl *s* beer; ***ljust ~*** pale ale; ***mörkt ~*** stout
ölburk *s* tom beer can; full can of beer
ölflaska *s* tom beer bottle; full bottle of beer
ölglas *s* beer glass; glas öl glass of beer
öm *adj* **1** ömtålig tender; känslig sensitive; som vållar smärta sore, aching; ***en ~ punkt*** a sore point **2** kärleksfull tender, loving
ömhet *s* **1** tenderness, soreness **2** tillgivenhet tenderness, affection
ömklig *adj* ynklig pitiful, pitiable; eländig wretched
ömma *vb itr* **1** göra ont be (feel) tender (sore) **2** ***~ för*** feel compassion for, feel for
ömmande *adj* behjärtansvärd, ***ett ~ fall*** a deserving case
ömse *adj, **på ~ håll (sidor)*** on both sides
ömsesidig *adj* mutual, reciprocal
ömsesidighet *s* reciprocity
ömsom *adv, **~...~...*** sometimes..., sometimes...
ömtålig *adj* som lätt tar skada easily damaged; om matvara perishable; skör frail; klen (om hälsa), kinkig (om t.ex. fråga) delicate
ömtålighet *s* liability to damage; fragility; delicacy, jfr *ömtålig*
önska *vb tr* wish; ~ sig wish for; åstunda desire; gärna vilja, vilja ha want; ***~*** el. ***~ sig ngt till födelsedagen*** want (wish for) a th. for one's birthday
önskan *s* wish, desire; ***mot min ~*** against my wishes
önskedröm *s* dream; ***det är bara en ~*** it's just a pipedream
önskelista *s, **det står överst på min ~*** it is at the top of the list of presents I would like
önskemål *s* wish, desire
önskeprogram *s* i radio o. TV request programme
önsketänkande *s* wishful thinking
önskvärd *adj* desirable; ***icke ~*** undesirable
önskvärdhet *s* desirability
öppen *adj* open; offentlig, om t.ex. plats public; uppriktig frank, candid; ***~ tävlan*** public (open) competition; ***ligga ~ för alla vindar*** be exposed to the winds; ***vara ~ mot ngn*** be open (frank) with a p.
öppenhet *s* openness; uppriktighet frankness, candour
öppenhjärtig *adj* frank, outspoken
öppenhjärtighet *s* open-heartedness; uppriktighet frankness
öppethållande *s* opening-hours pl.
öppna I *vb tr* open; låsa upp unlock; ***~ för ngn*** open the door for a p., let a p. in; varuhuset ***~s (~r) klockan 9*** ...opens at nine o'clock **II** *vb rfl, **~ sig*** open; vidga sig open out
öppning *s* opening; springa crack; för mynt slot
öra *s* **1** ear; ***dra öronen åt sig*** get cold feet, become wary; ***ha ~ för musik*** have an ear for music; ***höra dåligt (vara döv) på det högra örat*** hear badly with (be deaf in) one's right ear; ***vara förälskad (skuldsatt) upp över öronen*** be head over heels (be over head and ears) in love (in debt) **2** handtag handle; på tillbringare ear
öre *s* öre; ***utan ett ~ på fickan*** without a penny (a bean); ***inte värd ett rött ~*** not worth a brass farthing (amer. a cent)
Öresund the Sound
örfil *s* box on the ear (ears)
örfila *vb tr, **~*** el. ***~ upp ngn*** box a p.'s ears
örhänge *s* **1** smycke earring; långt eardrop; örclips earclip **2** schlager hit
örlogsfartyg *s* warship
örlogsflotta *s* navy
örn *s* eagle
örngott *s* pillow case (slip)
öronbedövande *adj* deafening
öroninflammation *s* inflammation of the ear

öronläkare *s* ear specialist
öronpropp *s* **1** mot buller earplug **2** vaxpropp plug of wax **3** radio, hörpropp earphone
öronsjukdom *s* disease of the ear
öronvärk *s* earache
örring *s* earring
örsnibb *s* ear lobe, lobe
örsprång *s* earache
ört *s* herb, plant
ösa I *vb tr* scoop; sleva ladle; hälla pour; ~ ***en båt*** bale out a boat; ~ ***presenter över ngn*** shower a p. with presents **II** *vb itr, **det öser ned*** it's pouring down; vard. it's raining cats and dogs
ösregn *s* pouring rain, downpour
ösregna *vb itr* pour; ***det ~r*** it's pouring down
öst *s* o. *adv* east; jfr *öster, nord, norr* med ex. o. sammansättningar
östan *s* o. **östanvind** *s* east wind, easterly wind
östasiatisk *adj* East Asiatic
Östasien Eastern Asia
östblocket *s* hist. the Eastern bloc
öster I *s* väderstreck the east; ***östern*** the East, the Orient **II** *adv* east, to the east [*om* of]; jfr *norr* med ex. o. sammansättningar
österifrån *adv* from the east
Österlandet the East, the Orient
österländsk *adj* oriental, eastern
österlänning *s* Oriental
österrikare *s* Austrian
Österrike Austria
österrikisk *adj* Austrian
Östersjön the Baltic [Sea]
österut *adv, **resa** ~* go (travel) east; jfr äv. *norrut*
Östeuropa Eastern Europe
östlig *adj* easterly; east; eastern; jfr *nordlig*
östra *adj* the east; t.ex. delen the eastern; jfr *norra*
östtysk *adj* o. *s* hist. East German
Östtyskland hist. East Germany
öva I *vb tr* **1** träna train [*ngn i ngt* a p. in a th., *ngn i att* inf. a p. to inf.]; ~ ***in*** lära in practise; roll, pjäs rehearse; ~ ***upp*** train; exercise **2** utöva exercise **II** *vb rfl*, ~ ***sig i att*** inf. practise ing-form; ~ ***sig i engelska*** practise English
över I *prep* **1** i rumsbetydelse o. friare over; högre än above; tvärsöver across; ned över, ned på on, upon; ~ ***hela*** jorden, kroppen all over...; ***gå ~ gatan*** walk across the street, cross the street; ***kasta sig ~*** ngn fall on...; ***leva ~ sina tillgångar*** live beyond one's means; via via, by way of **2** i tidsbetydelse over; resa bort ~ ***julen*** ...over Christmas; ***klockan är ~ fem*** it is past (speciellt amer. äv. after) five **3** mer än over, more than, above; ~ ***hälften av*** over (more than) half of; ~ ***medellängd*** over (above) average height **4** om, angående, ***en biografi*** ~ Strindberg a biography of...; ***en karta ~ Sverige*** a map of Sweden; ***en essä (föreläsning)*** ~ an essay (a lecture) on **II** *adv* **1** over; ovanför above; tvärsöver across **2** slut over, at an end; förbi äv. past **3** kvar left, left over; ***det som blev ~*** what was left (left over), the remainder
överallt *adv* everywhere; ~ ***där*** det finns, vanl. wherever...
överanstränga I *vb tr* overstrain, overexert **II** *vb rfl*, ~ ***sig*** overstrain (overexert) oneself
överansträngd *adj* overstrained; utarbetad overworked
överansträngning *s* overstrain, over-exertion, overwork
överarm *s* upper arm
överbefolkad *adj* overpopulated
överbefolkning *s* overpopulation
överbefälhavare *s* supreme commander, commander-in-chief
överbelasta *vb tr* overload; äv. elektr.; bildl. overtax
överbetala *vb tr* overpay
överbevisa *vb tr* jur. convict [*ngn om ett brott* a p. of a crime]; friare convince [*ngn om* a p. of]
överblick *s* survey, general view [*över* of]
överblicka *vb tr* survey
överbliven *adj* remaining, left
överbord *adv, **falla** ~* fall overboard
överbrygga *vb tr* bridge
överdel *s* top (upper) part; av plagg äv. top
överdos *s* overdose
överdosera *vb tr* overdose
överdrag *s* **1** t.ex. skynke cover, covering; på möbel loose cover; lager av färg coat, coating **2** på konto overdraft
överdragskläder *s pl* overalls
överdrift *s* exaggeration; om påstående äv. overstatement; ***gå till ~*** go too far, go to extremes
överdriva *vb tr* o. *vb itr* exaggerate; ***du överdriver*** går för långt you're overdoing it
överdriven *adj* exaggerated, excessive
överdrivet *adv* exaggeratedly; ~ noga, artig etc. too...
överdåd *s* slöseri extravagance; lyx luxury

överdäck *s* upper deck
överens *adj, adv,* ***vara ~*** ense be agreed (in agreement, in accord), agree [*om* on]; ***komma ~ om ngt*** agree (come to an agreement) on (about) a th.; ***komma bra ~ med ngn*** get on well with a p.; ***stämma ~*** agree; passa ihop äv. correspond [*med* with]
överenskommelse *s* agreement; arrangement; ***enligt ~*** as agreed (arranged)
överensstämma *vb itr* agree; passa ihop äv. correspond [*med* with]
överensstämmelse *s* agreement; motsvarighet correspondence; ***i ~ med*** enligt in accordance with
överexponera *vb tr* overexpose
överexponering *s* overexposure
överfall *s* assault, attack
överfalla *vb tr* assault, attack
överfart *s* crossing; överresa äv. voyage, passage
överflyga *vb tr* overfly
överflygning *s* overflight
överflöd *s* ymnighet abundance, profusion; rikedom affluence; övermått superabundance [*på, av* i samtliga fall of]; ***finnas i ~*** be abundant; ***leva i ~*** live in luxury
överflöda *vb itr* abound [*av, på* in, with]
överflödig *adj* superfluous, redundant; ***känna sig ~*** feel unwanted
överflödssamhälle *s,* ***~t*** the Affluent Society
överfull *adj* overfull; packad crammed
överföra *vb tr* överflytta, sprida transfer, transmit; ***~ en sjukdom*** transmit a disease
överföring *s* av pengar transfer; av varor conveyance, transport, transportation; av elkraft, radio. transmission
överförtjust *adj* delighted, overjoyed
överge *vb tr* abandon; svika desert; lämna leave, forsake; ge upp give up
övergiven *adj* abandoned, deserted
överglänsa *vb tr* outshine, eclipse
övergrepp *s* övervåld outrage; intrång encroachment
övergå *vb tr* o. *vb itr,* ***det ~r mitt förstånd*** it passes (is above) my comprehension
övergående *adj* passing; tillfällig temporary; kortvarig transitory
övergång *s* **1** omställning change-over; från ett tillstånd till ett annat transition; förändring change **2** för fotgängare crossing, pedestrian crossing **3** övergångsbiljett transfer ticket
övergångsbestämmelse *s* provisional (temporary) regulation
övergångsbiljett *s* transfer ticket
övergångsstadium *s* transition stage
övergångsställe *s* för fotgängare crossing, pedestrian crossing
övergångstid *s* transition period, period (time) of transition
övergångsålder *s* klimakterium change of life, climacteric
övergöda *vb tr* overfeed
övergödd *adj* overfed
överhand *s,* ***få (ta) ~en*** få övertaget get the upper hand [*över* of]; sprida sig spread; ***få (ta) ~en över ngn*** om känsla get the better of a p.; elden ***tog ~*** ...got out of control
överhet *s,* ***~en*** the authorities pl.
överhetta *vb tr* overheat
överhopa *vb tr* load; ***~d med arbete*** overburdened with (vard. up to the eyes in) work
överhuvud *s* head; ledare chief
överhuvudtaget *adv* on the whole; alls at all
överhängande *adj* hotande impending, imminent; brådskande urgent
överilad *adj* rash, hasty
överinseende *s* supervision, superintendence
överkant *s* upper edge (side); ***i ~*** för stor, lång, hög etc. rather on the large (long, high etc.) side
överkast *s* säng~ bedspread, coverlet
överklaga *vb tr* appeal against
överklagande *s* appeal [*av* against]
överklass *s* upper class; ***~en*** the upper classes pl.
överklassig *adj* upper-class...
överkomlig *adj* om hinder surmountable; om pris reasonable, moderate
överkropp *s* upper part of the body
överkäke *s* upper jaw
överkänslig *adj* hypersensitive, oversensitive; allergisk allergic [*för* to]
överkörd *adj,* ***bli ~*** i trafiken etc. be (get) run over; bildl., i diskussion etc. be steamrollered
överlagd *adj* uppsåtlig premeditated; ***noga ~*** övertänkt well considered
överlakan *s* top sheet
överlasta *vb tr* overload, overburden
överleva *vb tr* o. *vb itr* survive; ***~ ngn (ngt)*** äv. outlive a p. (a th.); ***~ sig själv*** om företeelse outlive its day, become out of date

överlevande *adj* surviving; ***de ~*** the survivors
överlista *vb tr* outwit, dupe
överljudshastighet *s* supersonic speed
överljudsplan *s* supersonic aircraft
överlupen *adj* **1** ***~ av*** besökare overrun with...; ***~ med arbete*** overburdened with work **2** övervuxen, ***~ av (med)*** mossa overgrown (covered) with...
överlycklig *adj* overjoyed
överlåta *vb tr* **1** överföra transfer, make over [*ngt till (åt, på) ngn* a th. to a p.]; ***biljetten får ej ~s*** the ticket is not transferable **2** hänskjuta leave; ***jag överlåter åt dig att*** inf. I leave it to you to inf.
överlåtelse *s* transfer [*på, till* to]
överläge *s* advantage; ***vara i ~*** be in a superior (an advantageous) position, have the upper hand; sport. be doing well
överlägga *vb itr* confer [*med ngn om ngt* with a p. about a th.]; deliberate
överläggning *s* deliberation, discussion; ***~ar*** samtal talks
överlägsen *adj* superior [*ngn* to a p.]; högdragen supercilious
överlägsenhet *s* superiority [*över* to]; högdragenhet superciliousness
överläkare *s* avdelningschef chief (senior) physician (kirurg surgeon); sjukhuschef medical superintendent
överlämna *vb tr* avlämna deliver, deliver up (over); framlämna hand...over; räcka pass, pass...over; skänka present, give; ge upp, t.ex. ett fort deliver up, surrender, give...up; överlåta leave; ***den saken ~r jag åt dig*** I leave that to you
överlämnande *s* delivery; av t.ex. gåva presentation
överläpp *s* upper lip
övermakt *s* i antal superior numbers pl.; i stridskrafter superiority in forces; ***kämpa mot ~en*** fight against heavy odds
överman *s* superior; ***finna sin ~*** meet one's match
övermanna *vb tr* overpower
övermod *s* förmätenhet presumption, arrogance
övermogen *adj* overripe
övermorgon *s*, ***i ~*** the day after tomorrow
övermått *s* excess; överflöd superfluity
övermäktig *adj* superior; ***smärtan blev henne ~*** the pain became too much for her
övermänniska *s* superman
övermänsklig *adj* superhuman
övernatta *vb itr* stay overnight, stay (spend) the night
övernaturlig *adj* supernatural; ***i ~ storlek*** larger than life
överord *s pl* överdrift exaggeration sg.
överordnad I *adj* superior; ***kapten är ~ löjtnant*** a captain is a lieutenant's superior; ***i ~ ställning*** in a superior (responsible) position **II** *subst adj* superior; ***han är min ~e*** äv. he is above me
överplagg *s* outer garment
överpris *s* excessive price; ***betala ~ för*** be overcharged for
överraska *vb tr* surprise, take...by surprise
överraskande I *adj* surprising **II** *adv* surprisingly; ***det kom fullständigt ~*** it came as a complete surprise
överraskning *s* surprise
överreagera *vb itr* overreact
överreklamerad *adj* overrated
överresa *s* crossing; längre voyage, passage
överrock *s* overcoat
överrumpla *vb tr* surprise, take...by surprise
överrumpling *s* surprise
överräcka *vb tr* hand over; skänka present
överrösta *vb tr*, oväsendet ***~de honom*** ...drowned his voice; ***~ ngn*** skrika högre än shout a p. down, shout louder than a p.
övers *s*, ***ha tid till ~*** have spare time; ***jag har ingenting till ~ för sådana människor*** I've no time for such people
överse *vb itr*, ***~ med*** ngt overlook...
överseende I *adj* indulgent [*mot* towards] **II** *s* indulgence [*med* with]; ***ha ~ med ngn*** be indulgent towards a p.; ***ha ~ med ngt*** overlook a th.
översikt *s* survey; sammanfattning outline, summary [*över, av* i samtliga fall of]
översiktskarta *s* key map, general map
översittare *s* bully; ***spela ~*** bully, play the bully; ***spela ~ mot ngn*** bully a p.
översitteri *s* bullying
överskatta *vb tr* overrate, overestimate
överskattning *s* overrating, overestimation
överskjutande *adj* t.ex. belopp surplus..., excess...
överskott *s* surplus; vinst profit
överskrida *vb tr* t.ex. gräns cross; t.ex. sina befogenheter exceed, overstep, go beyond
överskrift *s* till artikel etc. heading, caption; till dikt etc. title; i brev form of address
överskugga *vb tr* overshadow

överskåda *vb tr* survey, take in
överskådlig *adj* klar och redig clear, lucid; lättfattlig... easy to grasp
överskådlighet *s* clearness, lucidity
överslag *s* förhandsberäkning rough estimate (calculation) [*över* of]
översnöad *adj* ...covered with snow, snowy
överspänd *adj* overstrung, highly-strung
överst *adv* uppermost, on top; ~ ***på sidan*** at the top of the page
översta *adj*, ***den*** ~ lådan etc. the top (av två the upper)...; ***den allra*** ~ grenen, hyllan the topmost (uppermost)...
överste *s* colonel
överstelöjtnant *s* lieutenant-colonel; inom flygvapnet ung. wing commander
överstepräst *s* high priest
överstiga *vb tr* exceed, go (be) beyond (above)
överstycke *s* top, top (upper) piece
överstånden *adj*, ***det värsta är överståndet*** the worst is over; ***få det överståndet*** get it over (over with)
översvallande *adj* om person effusive, gushing; ~ ***entusiasm*** unbounded enthusiasm; ~ ***glädje*** transports of joy, rapturous delight; ~ ***vänlighet*** overflowing kindness
översvämma *vb tr* flood äv. bildl.
översvämning *s* flood
översyn *s* overhaul; ***ge*** bilen ***en*** ~ äv. overhaul...
översållad *adj* strewn, covered [*med* with]
översätta *vb tr* translate [*till* into]
översättare *s* translator
översättning *s* translation [*till* into]
överta *vb tr* take over; t.ex. ansvaret, befälet äv. take; t.ex. praktik, affär succeed to
övertag *s* överläge advantage [*över* over]
övertala *vb tr* persuade; ***låta*** ~ ***sig att*** inf. be persuaded (talked) into ing-form
övertalig *adj* ...too many in number; överflödig redundant
övertalning *s* persuasion
övertalningsförmåga *s* persuasive powers pl.
övertid *s* overtime; ***arbeta på*** ~ work overtime
övertidsarbete *s* overtime work
övertidsersättning *s* overtime pay (compensation)
övertramp *s* sport. o. bildl., ***göra*** ~ overstep the mark
överträda *vb tr* infringe, trespass against
överträdelse *s* infringement, trespass; ~ ***beivras*** offenders (vid förbjudet område trespassers) will be prosecuted
överträffa *vb tr* surpass, exceed; överglänsa outdo; ~ ***sig själv*** surpass (excel) oneself
övertyga *vb tr* convince [*om* of]; ***ni kan vara ~d om att...*** you may rest assured that...; ~ ***sig om*** make sure of
övertygande *adj* convincing
övertygelse *s* conviction; ***handla efter sin*** ~ act up to one's convictions
övervaka *vb tr* supervise, superintend; hålla ett öga på keep an eye on, watch over
övervakare 1 jur. probation officer **2** som håller uppsikt över supervisor
övervakning *s* **1** jur. probation; ***stå under*** ~ be on probation **2** uppsikt supervision, superintendence
övervara *vb tr* attend, be present at
övervikt *s* overweight; bagage~ excess luggage (baggage); ***med tio rösters*** ~ with (by) a majority of ten
övervinna *vb tr* overcome; besegra conquer
övervintra *vb itr* pass the winter; ligga i ide hibernate
övervintring *s* wintering; i ide hibernation
övervuxen *adj* overgrown, overrun
övervåning *s* upper floor (storey)
1 överväga *vb tr* ta i betraktande consider
2 överväga *vb tr* o. *vb itr* uppväga outweigh; ja-röster ***överväger*** ...are in the majority
1 övervägande *s* consideration, deliberation; ***ta ngt i*** ~ take a th. into consideration
2 övervägande *adj* förhärskande predominant; ***den*** ~ ***delen av*** the great majority of
överväldiga *vb tr* overwhelm, overpower
överväldigande *adj* overwhelming
övervärdera *vb tr* overestimate, overrate
överväxel *s* bil. overdrive
överårig *adj* över pensionsålder superannuated; friare, för gammal ...too old; över viss maximiålder ...over age
överösa *vb tr*, ~ ***ngn med*** t.ex. gåvor, ovett shower...on a p.
övning *s* **1** end. sg.: praktik, vana practice; träning training; ~ ***i att*** dansa practice in ing-form **2** med pl. exercise; t.ex. brandövning, strukturövning drill; ***gymnastiska ~ar*** gymnastic exercises
övningsbil *s* driving-school car, britt. motsv. äv. learner's (learner) car
övningsexempel *s* uppgift exercise; mat. etc. problem

övningsförare *s* learner-driver
övningskörning *s* med bil driving practice
övningslärare *s* teacher in a practical subject
övningsuppgift *s* skol. exercise
övningsämne *s* skol. practical subject
övre *adj* upper; översta äv. top; ***~ däck*** upper deck
övrig *adj* återstående remaining; annan other; ***det*** (***de***) ***~a*** the rest; ***det ~a Europa*** the rest of Europe; ***det lämnar mycket*** (***intet***) ***~t att önska*** it leaves a great deal (nothing) to be desired; ***för ~t*** a) dessutom besides, moreover b) i förbigående sagt incidentally, by the way c) annars otherwise d) vidare further
övärld *s* skärgård archipelago (pl. -s); poet. island world

Ordbokstecken

~ betecknar hela uppslagsordet

[ ] används kring ord och uttryck som kan uteslutas samt kring uttalsbeteckning

( ) används kring ord eller ordgrupper som kan ersätta närmast föregående ord (synonym eller alternativ)

används också kring uppgift om böjning eller annan grammatisk upplysning

⁅ ⁆ används kring konstruktionsmönster eller belysande exempel

används i engelsk-svenska delen också kring del av engelsk fras som inte översätts. Motsvaras i översättningen av tre punkter Exempel: **fright:** ⁅*her new hat*⁆ *is a ~* ... är förskräcklig

□ används för att markera avdelning med ledord (i fet stil) i alfabetisk ordning

Uttal

Uttalsmarkeringen i **engelsk-svenska** delen följer huvudsakligen senaste upplagan av Jones/Gimson: *English Pronouncing Dictionary.*

Vokaler

Långa		*Korta*	
[iː]	st**ee**l	[ɪ]	r**i**ng
		[e]	p**e**n
		[æ]	b**a**ck
[ɑː]	f**a**ther	[ʌ]	r**u**n
[ɔː]	c**a**ll	[ɒ]	t**o**p
[uː]	t**oo**	[ʊ]	p**u**t
[ɜː]	g**ir**l	[ə]	**a**bout

Diftonger

[eɪ]	n**a**me
[aɪ]	l**i**ne
[ɔɪ]	b**oy**
[əʊ]	ph**o**ne
[aʊ]	n**ow**
[ɪə]	h**ere**
[eə]	th**ere**
[ʊə]	t**our**

Konsonanter

Tonande		*Tonlösa*	
[b]	**b**ack	[p]	**p**eo**p**le
[d]	**d**rink	[t]	**t**oo
[g]	**g**o	[k]	**c**all
[v]	**v**ery	[f]	**f**ish
[ð]	**th**ere	[θ]	**th**ink
[z]	free**z**e	[s]	**s**trike
[ʒ]	u**s**ual	[ʃ]	**sh**op
[dʒ]	**j**ob	[tʃ]	**ch**eck
[j]	**y**ou		
		[h]	**h**ere

[m]	**m**y
[n]	**n**ext
[ŋ]	ri**ng**
[l]	**l**ong
[r]	**r**ed
[w]	**w**in

Huvudtryck markeras med lodrätt accenttecken *i överkant,* som placeras *före* den stavelse som uppbär huvudtrycket: **about** [əˈbaʊt]

Bitryck markeras med lodrätt accenttecken *i nederkant,* som placeras *före* den stavelse som uppbär bitrycket: **academic** [ˌækəˈdemɪk]

Ljud som kan utelämnas i uttalet omges av rund parentes: **cushion** [ˈkʊʃ(ə)n]

Other Hippocrene Dictionaries and Language Books of Interest...

Danish-English/English-Danish Practical Dictionary
32,000 entries • 601 pages • 4³/₈ x 7 • ISBN 0-87052-823-8 • $16.95pb • (198)

Dutch-English/English-Dutch Standard Dictionary
35,000 entries • 578 pages • 5½ x 8 • ISBN 0-7818-0541-4 • $16.95pb • (629)

Dutch-English/English-Dutch Concise Dictionary
14,000 entries • 418 pages • 4 x 6 • ISBN 0-87052-910-2 • $11.95pb • (361)

Beginner's Dutch
173 pages • 5 x 7 • ISBN 0-7818-0735-2 • $14.95pb • (248)

Dictionary of 1,000 Dutch Proverbs
131 pages • 5 x 7 • ISBN 0-7818-0616-X • $11.95pb • (707)

English for Poles Self-Taught
3,600 entries • 496 pages • 6 x 8½ • ISBN 0-7818-0273-3 • $19.95pb • (317)

American Phrasebook for Poles, Second Edition
152 pages • 5½ x 8½ • ISBN 0-7818-0554-6 • $8.95pb • (644)

American Phrasebook for Russians
160 pages • 5½ x 8½ • ISBN 0-7818-0054-4 • $8.95pb • (135)

Esperanto-English/English-Esperanto Dictionary and Phrasebook
2,500 entries • 3¾ x 7½ • 223 pages • ISBN 0-7818-0736-0 • $13.95pb • (309)

Beginner's Esperanto
342 pages • 5½ x 8½ • ISBN 0-7818-0230-X • $14.95pb • (51)

Estonian-English/English-Estonian Concise Dictionary
6,500 entries • 300 pages • 3⁵/₈ x 5³/₈ • ISBN 0-87052-081-4 • $11.95pb • (379)

Finnish-English/English-Finnish Concise Dictionary
12,000 entries • 219 pages • 4 x 6 • ISBN 0-87052-813-0 • $11.95pb • (142)

Mastering Finnish, Revised Edition
288 pages • 6 x 9 • ISBN 0-7818-0800-6 • $16.95pb • (184)

Treasury of Finnish Love
127 pages • 5¼ x 7¼ • ISBN 0-7818-0397-7 • $11.95hc • (118)

French-English/English-French Practical Dictionary
With Larger Print
35,000 entries • 386 pages • 5½ x 8½ • ISBN 0-7818-0178-8 • $9.95pb • (199)

French-English/English-French Dictionary of Colloquial Phrases and Expressions
6,000 entries • 468 pages • 5¾ x 8¼ • ISBN 0-7818-0627-5 • $24.95pb • (748)

French-English Dictionary of Gastronomic Terms
20,000 entries • 500 pages • 5¾ x 8¼ • ISBN 0-7818-0555-4 • $24.95pb • (655)

French Handy Dictionary
3,400 entries • 122 pages • 5 x 8 • ISBN 0-7818-0010-2 • $8.95pb • (155)

Hippocrene Children's Illustrated French Dictionary
500 entries • 94 pages • 8½ x 11 • ISBN 0-7818-0710-7 • $14.95hc • (797)
***Audiobook* • ISBN 0-7818-0824-3 • $5.95 • (522)**

Mistakable French
Faux Amis and Key Words
900 entries • 224 pages • 5½ x 8½ • ISBN 0-7818-0649-6 • $12.95pb • (720)

Dictionary of 1,000 French Proverbs
131 pages • 5 x 7 • ISBN 0-7818-0400-0 • $11.95pb • (146)

Comprehensive Bilingual Dictionary of French Proverbs
479 pages • 5½ x 8¼ • ISBN 0-7818-0594-5 • $24.95pb • (700)

Mastering French
262 pages • 5½ x 8¼ • ISBN 0-87052-055-5 • $14.95pb • (511)
***2 cassettes* • ISBN 0-87052-060-1 • $12.95 • (512)**

Mastering Advanced French
348 pages • 5¼ x 8½ • ISBN 0-7818-0312-8 • $14.95pb • (41)
***2 cassettes* • ISBN 0-7818-0313-6 • $12.95 • (54)**

German-English/English-German Practical Dictionary
Large Print Edition
35,000 entries • 388 pages • ISBN 0-7818-0355-1 • $9.95pb • (200)

German Handy Dictionary
3,200 entries • 122 pages • 5 x 8 • ISBN 0-7818-0014-5 • $8.95pb • (378)

Mastering German
340 pages • 5½ x 8½ • ISBN 0-87052-056-3 • $11.95pb • (514)
***2 cassettes* • ISBN 0-87052-061-X • $12.95 • (515)**

Dictionary of 1,000 German Proverbs
131 pages • 5½ x 8½ • ISBN 0-7818-0471-X • $11.95pb • (540)

Greek-English/English-Greek Standard Dictionary
25,000 entries • 686 pages • 4¼ x 7 • ISBN 0-7818-0600-3 • $16.95pb • (695)

Greek Dictionary and Phrasebook
1,500 entries • 263 pages • 3¾ x 7 • ISBN 0-7818-0635-6 • $14.95pb • (715)

The Essential Greek Handbook
270 pages • 4½ x 7 • ISBN 0-7818-0668-2 • $14.95pb • (714)

Gypsy-English/English-Gypsy Concise Dictionary
6,000 entries • 229 pages • 4 x 6 • ISBN 0-7818-0775-1 • $12.95pb • (191)

English-Hebrew/Hebrew-English Conversational Dictionary
Romanized, Revised Edition
7,000 entries • 160 pages • 5½ x 8½ • ISBN 0-7818-0137-0 • $9.95pb • (257)

Romanized English-Hebrew/Hebrew-English Conversational Compact Dictionary
7,000 entries • 155 pages • 3¼ x 4¾ • ISBN 0-7818-0568-6 • $7.95pb • (687)

Hebrew-English/English-Hebrew Dictionary and Phrasebook
2,000 entries • 180 pages • 3¾ x 7 • ISBN 0-7818-0811-1 • $11.95pb • (126)

Hungarian-English/English-Hungarian Concise Dictionary
7,000 entries • 281 pages • 4 x 6 • ISBN 0-7818-0317-9 • $14.95pb • (40)

Hungarian-English/English-Hungarian Compact Dictionary
7,000 entries • 350 pages • 3¼ x 4¼ • ISBN 0-7818-0623-2 • $8.95pb • (708)

Hungarian Handy Extra Dictionary
4,400 entries • 209 pages • 5 x 8 • ISBN 0-7818-0164-8 • $8.95pb • (2)

Beginner's Hungarian
101 pages • 5½ x 7 • ISBN 0-7818-0209-1 • $7.95pb • (68)

Hungarian Basic Course
266 pages • 5½ x 8½ • ISBN 0-87052-817-3 • $14.95pb • (131)

Treasury of Hungarian Love
127 pages • 5¼ x 7¼ • ISBN 0-7818-0477-9 • $11.95hc • (550)

Icelandic-English Comprehensive Dictionary
72,000 entries • 942 pages • 5½ x 8 • ISBN 0-7818-0464-7 • $60.00hc • (444)

English-Icelandic Comprehensive Dictionary
33,000 entries • 862 pages • 5½ x 8 • ISBN 0-7818-0465-5 • $60.00hc • (449)

Icelandic-English/English-Icelandic Concise Dictionary
5,000 entries • 176 pages • 4 x 6 • ISBN 0-87052-801-7 • $9.95pb • (147)

Italian-English/English-Italian Practical Dictionary
35,000 entries • 488 pages • 5½ x 8¼ • ISBN 0-7818-0354-3 • $12.95pb • (201)

Italian-English/English-Italian Dictionary and Phrasebook
2,100 entries • 170 pages • 3¾ x 7 • ISBN 0-7818-0812-X • $11.95pb • (137)

Italian Handy Dictionary
3,000 entries • 120 pages • 5 x 7¾ • ISBN 0-7818-0011-0 • $8.95pb • (196)

Hippocrene Children's Illustrated Italian Dictionary
500 entries • 94 pages • 8½ x 11 • ISBN 0-7818-0771-9 • $14.95hc • (355)

Mastering Italian
341 pages • 5½ x 8½ • ISBN 0-87052-057-1 • $11.95pb • (517)
***2 cassettes* • ISBN 0-87052-066-0 • $12.95 • (521)**

Mastering Advanced Italian
278 pages • 5½ x 8½ • ISBN 0-7818-0333-0 • $14.95pb • (160)
***2 cassettes* • ISBN 0-7818-0334-9 • $12.95 • (161)**

Dictionary of 1,000 Italian Proverbs
131 pages • 5½ x 8½ • ISBN 0-7818-0458-2 • $11.95pb • (370)

Japanese-English/English-Japanese Concise Dictionary
Romanized
8,000 entries • 235 pages • 4 x 6 • ISBN 0-7818-0162-1 • $11.95pb • (474)

Japanese Handy Dictionary
4,200 entries • 120 pages • 5 x 7 • ISBN 0-87052-962-5 • $8.95pb • (466)

Japanese-English/English-Japanese Dictionary and Phrasebook
2,300 entries • 220 pages • 3¾ x 7 • ISBN 0-7818-0814-6 • $12.95pb • (205)

Hippocrene Children's Illustrated Japanese Dictionary
500 entries • 94 pages • 8½ x 11 • ISBN 0-7818-0817-0 • $14.95hc • (31)

Beginner's Japanese
290 pages • 6 x 8 • ISBN 0-7818-0234-2 • $11.95pb • (53)

Mastering Japanese
339 pages • 5½ x 8½ • ISBN 0-87052-923-4 • $14.95pb • (523)
***2 cassettes* • ISBN 0-87052-983-8 • $12.95 • (524)**

Latvian-English/English-Latvian Practical Dictionary
16,000 entries • 286 pages • 4½ x 7 • ISBN 0-7818-0059-5 • $16.95pb • (194)

Lithuanian-English/English-Lithuanian Concise Dictionary
8,000 entries • 382 pages • 4 x 6 • ISBN 0-7818-0151-6 • $14.95pb • (489)

Lithuanian-English/English-Lithuanian Compact Dictionary
8,000 entries • 382 pages • 3¼ x 4¾ • ISBN 0-7818-0536-8 • $8.95pb • (624)

Beginner's Lithuanian
471 pages • 6 x 9 • ISBN 0-7818-0678-X • $19.95pb • (764)

Norwegian-English/English-Norwegian Concise Dictionary
10,000 entries • 599 pages • 4 x 6 • ISBN 0-7818-0199-0 • $14.95pb • (202)

Mastering Norwegian
179 pages • 5¼ x 8½ • ISBN 0-7818-0320-9 • $14.95pb • (472)

Polish-English Unabridged Dictionary
250,000 entries • 3,800 pages • 2 volumes • ISBN 0-7818-0441-8 • $150.00hc • (526)
CD-Rom, Revised **• 250,000 entries • ISBN 0-7818-0627-5 • $55.00 • (951)**

Polish-English/English-Polish Standard Dictionary
Revised Edition With Business Terms
32,000 entries • 780 pages • 5½ x 8½ • ISBN 0-7818-0282-2 • $19.95pb • (298)

Polish-English/English-Polish Practical Dictionary
31,000 entries • 703 pages • 5¼ x 8½ • ISBN 0-7818-0085-4 • $11.95pb • (450)

Polish-English/English-Polish Concise Dictionary
With Complete Phonetics
8,000 entries • 408 pages • 3⅝ x 7 • ISBN 0-7818-0133-8 • $9.95pb • (268)

Polish-English/English-Polish Compact Dictionary
9,000 entries • 240 pages • 4 x 6 • ISBN 0-7818-0496-5 • $8.95pb • (609)

Highlander Polish-English/English-Highlander Polish Dictionary
2,000 entries • 111 pages • 4 x 6 • ISBN 0-7818-0303-9 • $9.95pb • (297)

Polish Handy Extra Dictionary
2,800 entries • 125 pages • 4 x 6 • ISBN 0-7818-0504-X • $11.95pb • (607)

Polish-English Dictionary of Slang and Colloquialism
5,000 entries • 361 pages • 6 x 9 • ISBN 0-7818-0570-8 • $19.95pb • (692)

Polish Phrasebook and Dictionary
6,000 entries • 252 pages • 5½ x 8½ • ISBN 0-7818-0134-6 • $11.95pb • (192)

Beginner's Polish
118 pages • 5½ x 8½ • ISBN 0-7818-0299-7 • $9.95pb • (82)

Mastering Polish
288 pages • 5½ x 8½ • ISBN 0-7818-0015-3 • $14.95pb • (381)
2 cassettes **• ISBN 0-7818-0016-1 • $12.95 • (389)**

Romanian-English/English-Romanian Standard Dictionary
18,000 entries • 567 pages • ISBN 0-7818-0444-2 • $17.95pb • (99)

Beginner's Romanian
105 pages • 5½ x 7 • ISBN 0-7818-0208-3 • $7.95pb • (79)

Romanian Conversation Guide
200 pages • 5½ x 8½ • ISBN 0-87052-803-3 • $9.95pb • (153)

Romanian Grammar
100 pages • 5½ x 8½ • ISBN 0-87052-892-0 • $8.95pb • (232)

Romansch-English/English-Romansch Dictionary and Phrasebook
4,500 entries • 193 pages • 5½ x 7 • ISBN 0-7818-0778-6 • $12.95pb • (316)

Russian-English Comprehensive Dictionary
40,000 entries • 852 pages • 6 x 9
Paperback • ISBN 0-7818-0560-0 • $35.00 • (689)
Hardcover • ISBN 0-7818-0506-6 • $60.00 • (612)

English-Russian Comprehensive Dictionary
50,000 entries • 800 pages • 8½ x 11
Paperback • ISBN 0-7818-0442-6 • $35.00 • (50)
Hardcover • ISBN 0-7818-0353-5 • $60.00 • (312)

Russian-English/English-Russian Standard Dictionary
Revised Edition with Business Terms
32,000 entries • 418 pages • 5 x 8 • ISBN 0-7818-0280-6 • $18.95pb • (322)

Russian-English/English-Russian Concise Dictionary
10,000 entries • 536 pages • 4 x 6 • ISBN 0-7818-0132-X • $11.95pb • (262)

Russian-English/English-Russian Compact Dictionary
13,000 entries • 512 pages • 3 x 4¾ • ISBN 0-7818-0537-6 • $9.95pb • (688)

Russian Phrasebook and Dictionary, Revised
3,000 entries • 256 pages • 5½ x 8½ • ISBN 0-7818-0190-7 • $11.95pb • (597)
***Cassettes* • ISBN 0-7818-0192-3 • $12.95 • (432)**

Dictionary of Russian Verbs
20,000 verbs • 750 pages • 5¼ x 8½ • ISBN 0-88254-420-9 • $35.00pb • (10)

Dictionary of Russian Proverbs, Bilingual
5,335 proverbs • 606 pages • 5¼ x 8½ • ISBN 0-7818-0424-8 • $35.00pb • (555)

Dictionary of 1,000 Russian Proverbs
181 pages • 5½ x 8½ • ISBN 0-7818-0564-3 • $11.95pb • (694)

Hippocrene Children's Illustrated Russian Dictionary
500 entries • 94 pages • 8½ x 11 • ISBN 0-7818-0772-7 • $14.95hc • (259)

Beginner's Russian
131 pages • 5¼ x 8½ • ISBN 0-7818-0232-6 • $9.95pb • (61)

Mastering Russian
367 pages • 5¼ x 8½ • ISBN 0-7818-0270-9 • $14.95pb • (11)
***2 cassettes* • ISBN 0-7818-0271-7 • $12.95 • (13)**

Sorbian (Wendish)-English/English-Sorbian (Wendish) Concise Dictionary
5,000 entries • 361 pages • 4 x 6 • ISBN 0-7818-0780-8 • $11.95pb • (238)

Spanish-English/English-Spanish Practical Dictionary
35,000 entries • 407 pages • 5 x 8½ • ISBN 0-7818-0179-6 • $9.95pb • (211)

Spanish-English/English-Spanish Concise Dictionary (Latin American)
8,000 entries • 310 pages • 4 x 6 • ISBN 0-7818-0261-X • $11.95pb • (258)

Spanish-English/English-Spanish Compact Dictionary (Latin American)
8,000 entries • 310 pages • 3 x 4¾ • ISBN 0-7818-0497-3 • $8.95pb • (549)

Spanish Handy Dictionary
3,800 entries • 120 pages • 5 x 8 • ISBN 0-7818-0012-9 • $8.95pb • (189)

Spanish-English/English-Spanish Dictionary of Computer Terms
5,700 entries • 120 pages • 5 x 8 • ISBN 0-7818-0148-6 • $16.95hc • (36)

Spanish-English/English-Spanish Dictionary and Phrasebook (Latin American)
2,000 entries • 250 pages • 3¾ x 7 • ISBN 0-7818-0773-5 • $11.95pb • (261)

Hippocrene Children's Illustrated Spanish Dictionary
500 entries • 94 pages • 8½ x 11 • ISBN 0-7818-0733-6 • $14.95hc • (206)
Audiobook **• ISBN 0-7818-0825-1 • $5.95 • (565)**

Mastering Spanish
338 pages • 5 x 8 • ISBN 0-87052-059-8 • $11.95pb • (527)
2 cassettes **• ca. 2 hours • ISBN 0-87052-067-9 • $12.95 • (528)**

Mastering Advanced Spanish
326 pages • 5 x 8 • ISBN 0-7818-0081-1 • $14.95pb • (413)
2 cassettes **• ca. 2 hours • ISBN 0-7818-0089-7 • $12.95 • (426)**

Spanish Grammar
211 pages • 5½ x 8½ • ISBN 0-87052-893-9 • $12.95pb • (273)

Spanish Verbs: Ser and Estar
219 pages • 5½ x 8½ • ISBN 0-7818-0024-2 • $8.95pb • (292)

Spanish Proverbs, Idioms & Slang of Yesterday and Today
196 pages • 6 x 9 • ISBN 0-7818-0675-5 • $14.95pb • (760)

Dictionary of 1,000 Spanish Proverbs
131 pages • 5 x 8 • ISBN 0-7818-0412-4 • $11.95pb • (254)

Hippocrene Children's Illustrated Swedish Dictionary
500 entries • 94 pages • 8½ x 11 • ISBN 0-7818-0822-7 • $14.95hc • (57)

Ukrainian-English/English-Ukrainian Standard Dictionary
32,000 entries • 286 pages • 5½ x 8½ • ISBN 0-7818-0374-8 • $24.95pb • (6)

Ukrainian-English Standard Dictionary
16,000 entries • 286 pages • 5½ x 8½ • ISBN 0-7818-0189-3 • $14.95pb • (6)

Ukrainian-English/English-Ukrainian Practical Dictionary
Revised Edition with Menu Terms
8,000 entries • 448 pages • 4½ x 7 • ISBN 0-7818-0306-3 • $14.95pb • (343)

Language and Travel Guide to Ukraine
Revised Edition
375 pages • 5½ x 8½ • b/w photos, maps • ISBN 0-7818-0802-2 • $16.95pb • (430)

Ukrainian Phrasebook and Dictionary
3,000 entries • 5½ x 8½ • 205 pages • ISBN 0-7818-0188-5 • $11.95pb • (28)

Beginner's Ukrainian
312 pages • 5½ x 8½ • ISBN 0-7818-0443-4 • $11.95pb • (88)

Yiddish-English/English-Yiddish Practical Dictionary
Expanded Edition
4,000 entries • 215 pages • 4½ x 7 • ISBN 0-7818-0439-6 • $9.95pb • (431)

Dictionary of 1,000 Jewish Proverbs
131 pages • 5½ x 8½ • ISBN 0-7818-0529-5 • $11.95pb • (628)

All prices subject to change without prior notice. To order Hippocrene Books, contact your local bookstore, call (718) 454-2366 or write to: Hippocrene Books, 171 Madison Avenue, New York, NY 10016. Please enclose check or money order, adding $5.00 shipping (UPS) for the first book and $.50 for each additional book.